The Collection of Book Reviews from The Asahi Shimbun: 2001-2008

朝日書評大成

2001▶2008

朝日新聞社文化くらし報道部 編

三省堂

デザイン
松田行正＋杉本聖士

はじめに

朝日新聞は毎週日曜日の朝刊・読書面に書評を掲載しています。原則として、毎週八点、新刊の単行本を取り上げています。年間八万点ほどという出版物の中から書評に取り上げる本には、新しい事実を掘り起こすなどニュース性があったり、重要な説を展開したり、その分野で大切な位置をしめたりするほか、長く読み継がれる普遍性のある本などといった特徴があります。いずれにせよ、本は時代を映します。なぜ、今、その本が出版されたのか――時代の要請をすくい上げ、時代の標となるような本が出版された事実を紙面に刻んで後世に伝えることも、朝日新聞の読書面の使命の一つだと考えています。

多くの知見をもとに本を選ぶため、朝日新聞では書評委員会制度を採っています。書評委員は二〇人ほどに依頼しています。文芸、哲学、美術、政治学、科学、経済学など様々な専門分野の方々です。隔週で集まり、会議を開きます。会議では、編集部が選別した約一〇〇点の本をもとに、書評委員が選び、書評に取り上げるかを判断します。編集部と相談することもあります。そして、毎週の読書面に、一〇〇〇字を超える大型一本、約八〇〇字の中型五本、四〇〇字ほどの小型二本が掲載されます。

本とは新しい世界への扉であり、読書は未知の世界への旅や冒険です。新しい自分を発見するきっかけにもなるでしょう。書評は、扉を開け一歩を踏み出すよう、読者の背中を押すものでありたいと思います。今週もまた、「私の一冊」を見つけてほしい。そんな思いをこめ、多くの方に興味をもってもらえるような豊かな紙面作りをこれからも目指していきます。

『朝日書評大成』（全2巻）には、二〇〇一年から二〇一六年までの読書欄に掲載された、約七〇〇〇の書評を収録しています。一部、書評委員以外の評者の方にも執筆をお願いしました。すべての評者と、本の著者の方々への感謝を込めて、本書をお届けしたいと思います。

二〇一七年五月

朝日新聞社文化くらし報道部長　阿部毅

1. 本書の構成

朝日新聞社の署名入り書評二〇〇一年一月から二〇一六年一二月末まで、一六年間の書評を年別・発行月日順に配列した。本書は、二〇〇一年一月から二〇〇八年一二月までの「上巻」となり、掲載書名約三八〇〇点、評者約二〇〇人となる。

なお、本書が元としたデータは朝日新聞社管理の書評データを利用し、二〇〇四年一月以降のＩＳＢＮコード・ジャンル表示については、ブック・アサヒ・コムのデータを利用した。

各書評の構成は、主に①発行年月日・番号、②書名、③著者・編者、訳者・監訳者、写真家ほか、④出版社名・定価、⑤ＩＳＢＮコード、⑥ジャンル、⑦書評見出し、⑧書評本文、⑨原題、⑩評者・所属ほか、⑪著者略歴ほか、から成る。

【本書未収録書評リスト】

未収録の書評リストを発行年月日順に掲げた。

【索引】

・書名索引／著者・編者索引／訳者・監訳者索引／写真家ほか索引／評者索引／出版社索引／キーワード索引から成る。
・長音は直前の母音に置き換えた五十音配列とした。
・外国語・外来語の原音における「Ｖ」音は原則としてバビブベボであらわした。

2. 書評の配列について

発行年月日順に配列した。同日の書評には、便宜的に①②③……と番号を表示した。

3. 書評本文について

・書評本文は、原則として新聞発行時の内容と同じとした。
・難解な人名・用語・書名・難読語などに（　）で振り仮名を付けているものや、数字の漢数字と洋数字の混在もある。外国人名等の表記についても発行時のままとした。
・評者の所属、職業等も発行時のままとした。よって、現在の所属や職業が変わっている場合がある。
・歴史的事実が今日的観点からそぐわない箇所もある。なお、実名表示に関しても、発行時のままとした。
・定価は二〇〇四年四月以降、消費税を含めた総額表示とした。

追記―収録した書評は、評者あるいは著作権継承者から転載許諾を得ました。可能な限り意思確認の努力を重ねましたが、転載を許諾されないご意向を示された評者、未回答、転居などの事情で諾否を把握できなかった評者については収録を見合わせました。これらについては本文と評者名以外の本のデータを「本書未収録書評リスト」に収めました。おわびとともに申し添えます。

例

①発行年月日・番号
②書名
③著者・編者、訳者・監訳者、写真家ほか
④出版社名・定価
⑤ISBNコード（二〇〇四年一月以降）
⑦書評見出し
⑧書評本文

二〇〇四年一二月五日❸

『直立歩行　進化への鍵』

クレイグ・スタンフォード 著
長野敬＋林大 訳
青土社・二五二〇円
ISBN9784791761487

科学・生物

悠久の時間の産物としての二足歩行

かつては恐竜にも二足歩行を得意とするものがいた。短時間短距離ならチンパンジーも立って歩ける。だが、ヒトのように長時間にわたり、効率的に直立歩行できる生物種は他に存在しない。

ヒトをヒトたらしめたのは直立歩行だった。自由になった手で道具を操り、脳の発達にも大きく貢献したからだ。だが、直立歩行への進化の因果律は今なお多くの謎に包まれている。

本書はさまざまな学説、研究データなどを紹介しながら、その謎に分け入る。ユニークなのは、「ただ一つの理由で、あるいはただ一つのステップで二足歩行が現れたという観念を振り捨てることだ」と説いている点だ。

こんなシナリオがある。環境の変化で森林が減り、サヴァンナ（草原地帯）が増えた。サヴァンナに出たヒトの祖先（サル）は周囲の安全を確認したり、遠くの獲物を見渡したりするために、すっくと立ち上がり、やがて二足歩行を得意とするようになった……。

だが著者は、今は「ヒトの進化の決定的な段階は、サヴァンナではなく森のなかで繰り広げられた」との説が有力と強調する。果実を入手するため、枝の上に立つ。実がなくなると地上に下りて別の木に移り、まずは低い実に手を伸ばす。こうした行動は完全な直立歩行ではないが、原型ではある。同じような行動が「何百万回も繰り返されれば、祖先には利用できなかった食料資源を利用できる類人猿の系統が自然選択で有利」になり、同類他者に差をつけたとも考えられる。

「肉食」がヒトへの進化に大きな影響を与えたとの指摘も興味深い。直立歩行し、道具を使うようになった祖先は、肉を好んで食べるようになった。栄養の収支は大きく改善され脳の拡大につながり、知能の発達にも貢献した。狩猟生活への移行には、「心身の設計」を変化させる壮大な物語が潜んでいたのである。

直線的ではない。むしろさまざまな伏線が試行錯誤を経ながら、進化の推力となる。「二足歩行は、数百万年かけて形づくられた手の込んだ芸術作品」という著者の修辞が説得力を持っている。

（原題、UPRIGHT : The Evolutionary Key to Becoming Human）

評・吉田文彦（本社論説委員）

Craig Stanford　南カリフォルニア大教授。J・グドール研究センター共同所長。

⑥ジャンル（二〇〇四年一月以降）
⑨原題
⑩評者・所属ほか
⑪著者略歴ほか

＊⑤については、文庫等がある場合、情報を追加した。
＊⑥⑨⑪については、無いものもある。
＊⑦については、一段書評のみ削除統一した。
＊検索の便を考え、奇数ページノンブルの右横に見開きページの書評年月日・番号を入れた。

総目次

平成十三年

2001

二〇〇一年一月一四日❶ 『豚の文化誌　ユダヤ人とキリスト教徒』

C・ファーブル＝ヴァサス 著　宇京頼三 訳

柏書房・三八〇〇円

この生き物がかくも〝宗教的〟である理由

製造過程の触媒に豚の酵素が使われていたというだけで、インドネシア味の素の日本人社長や役員が逮捕されてしまった（後に釈放）。宗教的戒律なんぞとまるで無縁の生活を送る私は「ひぇー、豚のタブーは厳しいなあ」と呑気（のんき）に驚いてみせるのみだが、ちょっと待て。この「豚のタブー」はそもそも何を起源にしているのか？　豚の何がいけなかったのか？　実はトンと知らなかった。

考えてみれば、豚ってやつはすごい動物である。なにしろ世界の宗教地図が「豚への態度」によって色分けされている、といっても過言ではない。これほど宗教的な動物が他（ほか）にいるか？　西方起源の宗教のみならず、最近は仏教講話を垂れるブッタとシッタカブッタなる豚までいる。これはまあ、あまり関係ないにしても、とにかく人類の精神史における豚の存在感は、やはり尋常ではないのだ。無神論者にさえ、豚はイデオロギー的な象徴や戯画として重宝されてきた（＝資本主義の豚）。ビートルズやピンク・フロイドだって、豚をシンボリックに使って社会批判を歌った。

なぜそれが豚でなければならなかったのか？

厖大（ぼうだい）な神話・民俗誌を繙（ひもと）きながら、その謎（なぞ）を解明してくれているのが本書である。なぜユダヤ人は豚を禁忌にしたのか？　なぜキリスト教文化は豚肉食を奨励する一方で、豚を侮蔑（ぶべつ）の対象にしてきたのか？　その背景には、日本人の、いや少なくとも私の理解と想像力に余る複雑なパラドックスが潜んでいた。それはまさしく西欧社会史のダークサイドであり、ナチズムでさえその一挿話にすぎないと思えてしまうほどの、壮大かつ濃密な暗黒神話そのものである。「異文化理解」などと軽々しく口にできなくなりそうだ。

原題は『異形の獣』。キャッチフレーズは〈現代の奇書〉。でも、本当に「奇」にして「異形」なのは人間様の方であること、それだけは理解できる。

今後、チョリソや豚骨ラーメンを食べる時には「キミたちって、つくづくすごい動物なんだねえ」と畏敬（いけい）と鎮魂の念を表明しておこう。

評・山崎浩一（コラムニスト）

Claudine Fabre-Vassas　44年生まれ。民俗学者。仏国立科学研究所研究部長。古今の演劇形態を調査。

二〇〇一年一月一四日❷ 『ラット一家と暮らしてみたら』

服部ゆう子 著

岩波書店・二二〇〇円

学習と発見に満ちた 知的動物の生活記録

かわいいネズミと言えば、アニメの「トムとジェリー」に登場する、こまっしゃくれたジェリーだろうか？　しかし、実際にネズミが好きだという人はあまり多くはないに違いない。ところが、実はネズミという動物は非常に知的でかわいいのだ。

ラットの「数の認識」を研究している友達が、常日ごろ、ラットは賢くて情が通じると言っていたが、本書を読んで納得がいった。ラットは多産で寿命が短い。こういう動物は、サルなどの少産で長寿命の動物と比べて知能はあまり発達しないと考えられてきた。しかし、それは違うのである。社会生活をし、雑食で環境適応性の高いラットは、わずか二、三年の「人生」ながら、学習と発見に満ちた複雑な生活をしている。

ネズミの仲間の中でも、実験動物のラットは、ヨーロッパではペット動物として親しまれている。著者は、ドイツに住む日本人で、フェレットというイタチの仲間を飼いたかったのだが、夫にすすめられて代わりにラットを飼い始める。これまでの十年間に百五十匹に上るラットとともに暮らしたのだから驚異的な人物だ。本書は、その飼育観察の記録である。恐る恐る雌に求愛する雄、巣作りでイライラしている妻に怒られる夫、冒険好きと引っ込み思案、成長していく子どもたちのとまどいと、いたずらの楽しさ。彼らの一喜一憂が脈々と伝わってきて、読み出したら本を置くことができなかった。

どんどん増えるラットたちに著者がつける名前がまたよい。ソクラテス家、ダーウィン家、ニュートン家、ガリレオ家など。ソクラテスは雌で、その夫はおっとりした髪結い亭主。ガブリエーレという雌は、ラット不信、人間不信で誰（だれ）にでもすぐに噛（か）みつく。その夫のパスカルは幼すぎたがゆえに彼女に受け入れてもらえた。いつでもププとかわいい声で鳴くププ・ダーウィンと、彼女と巣をともにすることなく通い婚で通した夫。どれもみんな、それはそれはユニークな存在である。本書を読んだあとでは、あなたのネズミに対する考えは、きっと大きく変わるだろう。

評・長谷川眞理子（早稲田大学教授）

はっとり・ゆうこ　45年生まれ。神奈川大学工学部物理学教室助手を経てサイエンスライター。ドイツ在住。

二〇〇一年一月一四日③

『寺山修司・遊戯の人』

杉山正樹 著

新潮社・一六〇〇円

臨場感あふれる評伝　短歌の分析に説得力

短歌、俳句、演劇、映画、写真、競馬評論など、多彩な脱領域的活動を展開し、十八年前に四十七歳で亡くなった鬼才・寺山修司についてはすでに多くの回想記や評伝が刊行されている。そのほとんどを私は読んできたが、杉山正樹氏が書いたこの評伝はその中でももっとも優れた、刺激的成果の一つと言える。

著者の強みは、一九五四年、十八歳の寺山が雑誌「短歌研究」にデビューした時から、同誌の編集者として寺山とつきあい、それ以後も長い交友関係があったこと。早大の学生帽をかぶった長身の寺山が編集部に初めて現れ、のちに作家となる編集長の中井英夫を「目鼻立ちあざやかな」風貌（ふうぼう）でたちまち魅了する場面など、実にスリリングな臨場感がある。

だが、本書が回想記を超えて優れた寺山論になりえているのは、短歌、演劇、映画などの寺山作品に対する著者自身の考察と分析に説得力のある創見がいくつも見られることだ。

特に読ませるのは、寺山短歌に対する分析。発表当時、寺山の短歌は既成作品を換骨奪胎し、リアルな自己告白を拒否する作風で歌壇の非難を浴びたが、逆に「私性」を捨てることによって、「どの世代にも受容され」、「誰もが過去のどこかで経験したような心の古層」に訴えてくる名歌になりえたと著者は説く。

病苦に苦しみ、三年半もの入院生活を送った青年時代の寺山が決して「病気の歌」を作らなかったこと、実生活をありのままに描かないそうした姿勢の背後に母親が米兵の「オンリー」だったことなどによる「心的外傷（トラウマ）」があったという指摘にも胸をつかれる。

寺山をテーマに修士論文を書く若い女性にあてて手紙を書くという書簡形式で書かれた本書の叙述も、評伝としてユニークだ。書簡体をとることによって、語り口が親密になり、時系列に従わずに書ける自在さも生まれる。演劇実験室「天井桟敷」の主宰者だった寺山の「書簡演劇」にヒントを得た書き方だが、奇抜な実験劇を次々に編み出した寺山にふさわしいスタイルでつづられた評伝である。

評・扇田昭彦（演劇評論家）

すぎやま・せいじゅ　33年生まれ。「短歌研究」「文芸」の編集長を歴任。著書に『郡虎彦・その夢と生涯』など。

二〇〇一年一月一四日❹

『昭和のくらし博物館』

小泉和子 著
河出書房新社・一五〇〇円

よくぞ捨てずにいた懐かしい生活の品々

この本をぱらぱらめくりながら、あれ？と思った。うちの家族写真が載っている。え？ どうしてこの本に？ と思って慌てた。でもよく見ると顔が違う。あれれ、と変な気持ちで見ていくと、今度はぼくのお袋の写真が出ている。庭先の流しで、盥（たらい）と洗濯板でごしごしやっていて、お袋の写真がどうしてここに？ と思ったが、これもよく見ると顔が違った。よそのお母さんだった。

昔の物や道具を懐かしむ本やムックはときどきあるが、この本では何故（なぜ）か不意を突かれた。先述の家族写真、父は背広、母は着物、子供はオカッパ頭によそ行きの服。おそらく写真館の一室だろうが、その配置といい、ポーズ、表情といい、要するに「うちの記念写真」にそっくりなのだ。いや「うちの」と思っていたが、じつはあの時代、どの家でもみんな同じ作法で生きていたんだ。いやあの時代に限らずいつだって、五十年もたって遠く眺めれば、みんなほとんど「うち」にそっくりなのだろう。

ただこの本で驚くのは、ここにある生活道具のほとんどが著者の家で使われていたもので、しかもその自分の家ごと博物館にしたという、そのことのリアリティーが凄（すご）い。よくとってあった。それも大邸宅などでなく、当時はじまった住宅金融公庫で建てたごくふつうの庶民的な家だ。ぼくだってとっておく癖はある方だが、え、これも、あれも、凄い、悔しいなあと思う。

昔はほとんどの出産が自宅の座敷で、お産婆さんの介助でおこなわれたものだが、その時に使う力綱とか、産湯用の盥とかもある。ふつうならもういらないからと捨てるものだが、それが捨てずに残されたときの輝きは凄い。それもとくに「捨てる技術」にみんなが飛びつくようなこんにち、ブリキの湯たんぽ一つが、まるで正倉院の御物みたいだ。

戦中戦後の生活はいまよりはるかに不便で苛酷（かこく）なものであったが、しかしダイヤモンドというのは地下の超高温高圧の中でこそ結晶して、後に発掘される。物品にも因果応報があるのだと思った。

評・赤瀬川原平（作家・美術家）

こいずみ・かずこ 33年生まれ。生活史研究所主宰、昭和のくらし博物館（東京都大田区）館長。

二〇〇一年一月一四日❺

『ポケモン・ストーリー』

畠山けんじ、久保雅一 著
日経BP社・一四〇〇円

「面白さ」見抜く力がピカチュウを生んだ

キャラクタービジネスは、いま最も注目される分野のひとつ。本書はその妙味と難しさをたっぷり教えてくれる。

ポケモンは、ゲームソフトから誕生した。ゲームソフトは、作家のアイデアを見込んで開発費を出す企業がなければ、生まれない。ゲームボーイの通信機能を使ってモンスターを交換する、というゲーム作家、田尻智の画期的なアイデアに、プロデューサーの石原恒和と任天堂の川口孝司が乗った。六年かかってソフトが完成したが、次世代ゲーム機が出る時期のゲームボーイ用ソフトには、任天堂も期待しなかったという。しかし、小学館の漫画誌「コロコロコミック」の久保雅一との出会いが、ポケモンをメディアへと広げ、TVアニメの爆発的ヒットにつながっていく。

この誕生の経緯は、最初からマンガの世界があったミッキーマウスやスヌーピーと大きく異なる。田尻のコンセプトはゲームの中にしかなかった。しかし、マンガになり、アニメになっても、ポケモンワールドは連続性を保ったのだ。これは簡単なことじゃない。

本書から読み取るキャラクタービジネスの

要諦（ようてい）。第一に、見えない商品の「面白さ」を見抜いて、それに賭（か）けねばならぬ。石原がポケモンカードゲームをつくったときも、業界人の大半はその魅力を見抜けなかったという。第二に、関係者の真の労苦は、キャラクターが生まれた後から始まる。人々の想像力にのみ支えられるビジネスゆえに、ライセンスは厳しく管理されねばならないし、常に新企画への挑戦が要る。第三に、成功は個人の能力に帰するところが大きい。原作権が任天堂などの企業複合体にある点が、ミッキーやスヌーピーとの重要な違いだが、実際にポケモン軍団をつくるのは、企業というより川口や久保や石原や田尻という個人だ。ポケモンが彼ら個人の寿命を超えられるかどうかが、今後のカギだろう。

〃親子で読めるビジネス書〃かどうかはともかく、ビジネスの裏側まで丁寧に描き、サービス精神にあふれた本だ。

評・大田弘子（政策研究大学院大学助教授）

はたけやま・けんじ　54年生まれ。フリーライター。
くぼ・まさかず　59年生まれ。ポケモン映画プロデューサー。

二〇〇一年一月一四日⑥

『ワイルダーならどうする？』

キャメロン・クロウ著　宮本高晴訳
キネマ旬報社・四七〇〇円

あの名作の誕生秘話　本人から聞く楽しさ

新年そうそう宝物のような本を紹介できてうれしい。高価だけれど、珍しい写真もたっぷり掲載されているので、ワイルダー映画のファンはぜひ！

今から三年前のこと。一九〇六年生まれ（当時九十一歳）のビリー・ワイルダー監督のもとへ一九五七年生まれ（当時四十歳）のキャメロン・クロウ監督が何度も足を運んでインタビューを重ねた。その一部始終を記録した本である。

何よりもまず、ワイルダー監督の健在ぶりに驚かされる。毎日のように自分の事務所に顔を出し、昨今の映画もよく見ているという事実もさることながら、明快で理知的な精神にはほとんど衰えが感じられないのだ。クロウ監督が映画とプライベートな体験とのかかわりについて聞きだそうとしても「私の人生は、まあどちらかというと……家の四分の三がアウシュヴィッツで灰になったことを別にすれば、まあそれほどね……」と一蹴（いっしゅう）するところ、いかにもワイルダーらしい。自分をドラマティックに盛り上げて語れない人間だからこそ喜劇が作れたのだとあらためて思う。

「麗しのサブリナ」と「昼下りの情事」ではほんとうはケイリー・グラントを起用したかったとか、「七年目の浮気」ではほんとうはウォルター・マッソーを起用したかったとか、師匠エルンスト・ルビッチ監督のいわゆるルビッチ・タッチの秘密とか……ワイルダー本人の口から語られる楽しさに酔う（私が最もわくわくしたのは、「お熱いのがお好き」でジャック・レモンがマラカスを振りながらしゃべる場面を引き合いにして笑いのリズムについて語るくだりだ）。

聞き手のクロウ監督は、尊大でも卑屈でもないワイルダーの人柄をよく伝えていて、すがすがしい後味が残る。

蛇足を承知で書くが、帯に「三谷幸喜からビリー・ワイルダーへ」という正月放映のTV番組のことが書いてあり、このインタビュー集の宣伝に使われているのには白けた。あんな失礼な番組はなかったと私は思うので。

評・中野翠（コラムニスト）

Cameron Crowe　ライターから映画監督に。監督・脚本作に「シングルス」「ザ・エージェント」など。

二〇〇一年一月二一日❶

『あなたの情報はこうして盗まれている』

C・ジェニングス、L・フィーナ 著
荒木ゆりか 訳
翔泳社・二三〇〇円

「百番目の窓」にまでカギかける術を指南

いまや日本でも五人に一人がインターネットを利用している。日本政府もIT基本法を成立させるなど、普及に熱心である。どこにでも瞬時にアクセスできれば、たしかに同法が言うように生活の利便性は向上するだろう。しかし、それは同時にどこからでもアクセスされるということである。私たちのプライバシーは常に危険に晒（さら）されていると考えなければならない。

本書は、個人情報がどのように流出し、蓄積され、利用されているかを様々な実例と可能性をあげて述べ、それから身を守る技術を教えてくれている。

インターネットを通じて本を買うとき必ず住所、氏名、クレジットカード番号を入力する。しかし、先方に伝わる個人情報はこれだけではない。何度も利用すれば、読書傾向すなわち頭の構造までもが先方に知られる。もちろん街の本屋の場合も、同じ本屋で買うのであれば、同様のことは起こる。

しかし、両者の決定的な違いは、インターネットに流れた個人情報は世界中の人に見られる可能性があることである。さらに、色々な場面で個々に伝えた個人情報がインターネット上で蓄積され、組み合わされる結果、知らぬ間に「全人格」が丸裸にされてしまっているかもしれない。

個人情報の流出は、複雑な暗号の設定や「ファイアウォール」の構築など、「窓」に鍵（かぎ）をかけることで防止できるかもしれない。しかし、たとえ九十九の窓に鍵をかけても、最後の一つ「百番目の窓」が無防備に開いていれば、そこからすべてが漏れてしまう。厳格なプライバシー保護政策をもつ企業とだけ取引するようにしても、その企業がでたらめな企業に合併されてしまえば、すべて台無しになるおそれがある。これも「百番目の窓」である。

「プライバシーというのは権利というよりむしろ、技術へと変貌してしまった」と著者は言う。ネット上でどこまで嘘（うそ）をつけるかなど、自分を守りながら有用な情報を引き出す「プライバシーゲーム」の進め方を、本書は指南してくれている。

評・真渕勝（京都大学教授）

Charles Jennings　インターネット起業家。
Lori Fena　インターネット上の個人の権利擁護団体会長。

二〇〇一年一月二一日❷

『ナボコフ短篇全集Ⅰ』

ウラジーミル・ナボコフ 著　諫早勇一ほか 訳
作品社・三八〇〇円

「些細」を積み重ねて 人生の深部描き出す

短篇（たんぺん）小説は短い。そこで、テーマも浅いと思う向きもあるかもしれない。しかしこの全集を手にすれば、そんな考えはひっくり返る。もとよりナボコフの代表作は長篇『ロリータ』『賜物』だろう。ところが彼の文学の核はむしろ短篇にこそとさえ思えてくる。

ナボコフは生前、いくつかの短篇集を自ら編んだ。しかし今回の全集は息子ドミトリイにより、未収録の作品も集められ、執筆年代順に並べ替えられた。それだけにこの全集1ではじめて、ロシア革命後、亡命したナボコフがケンブリッジ大学時代に発表した「森の精」をはじめ、卒業後に居を移したベルリンでロシア語で書いた初期短篇も読むことができる。

「ひょっとすると、大切なのは、人間の苦しみや歓びなどではまったくなくて、むしろ、生きた肉体の上での光と影の戯れや、この特別な日の特別な瞬間、またとない独特な方法で集められた些細（ささい）なことがらの調和のほうなのかもしれない」

本全集中の「けんか」にある一節だが、そ

のまま彼の短篇の魅力とその創作の秘密を伝える。

「人生の苦しみや歓び」を無視しているわけではない。「独特な方法で集められた些細なことがら」に注視し、積み重ね、亡命者たちの寥々(りょうりょう)たる生活を浮かび上がらせる。しかし彼の短篇は、そうした政治的な状況をも超えて、人間が出会う「特別な瞬間」の奇妙さ、滑稽(こっけい)さを、残酷な味つけをして描き出し、普遍的な人生の深部に読者を向き合わせる。

所収の三十五作品に連作はなく、物語も手法もすべて異なる。あたかも「光と影の戯れ」のように、次々と色調は変化し、驚くほど多彩だ。これは凄(すご)い。だから一気に読まず、せいぜい一日に二、三篇ずつ、それぞれの色調をゆっくりと味わって欲しい。

そうして集められた短篇群を読了するとき、亡命地で孤独に、しかし文学に信頼と野心を賭(か)けた一人の作家の苦闘する姿がほの見えてくる。つまり私は全集2の刊行を待ちわびるほど、心おどる十数日をおくることができたのだった。

評・松山巖(評論家)

Vladimir Nabokov 1899~1977年。作家。ロシア革命でドイツへ亡命、40年アメリカへ。

二〇〇一年一月二一日③

『ビートルズ』

和久井光司 著

講談社選書メチエ・一八〇〇円

読んで聞き直したら 発見と驚きと納得が

いちおう私は現役のビートルズ世代である。一九六六年の来日公演も、翌年の衛星生中継でのスタジオライブも、七〇年の解散も、リアルタイムで体験した。中学一年生だった来日公演の日には、学校でわざわざ朝礼があって、校長がテレビ中継を見るべからずと訓話し、家では目を吊(つ)り上げた親から監視されるという珍事もあった。それが今やビートルズは、教科書にも載っている二十世紀の文化遺産、偉人である。

しかし、近くて馴染(なじ)みが深いものほど全体像はかえって見えないものだ。ファンの端くれのつもりだった私だが、本書を読んで目から鱗(うろこ)が何枚も落ちた。

といっても本書はたんに情報量を誇る「おたく」本ではない。むしろ明晰(めいせき)なビジョンに貫かれた論考の書である。その一つは、従来黒人音楽がルーツと考えられてきたロックなどの二十世紀のポピュラー音楽が、黒人音楽だけでなく、ケルト系移民文化との混交だという観点である。ビートルズの出身地リバプールはアイルランドに向いた港町で、あのタイタニック号の母港だった。ジョン・レノンもポール・マッカートニーもケルト人の血を引いている。二つの文化の交差点を、まさにビートルズは象徴していたのである。

もう一つは、ビートルズの演奏と録音史を丹念に追跡しなおして、彼らが優れたバンドからスタジオのクリエーターに進化していったプロセスを鮮やかに浮かび上がらせた点である。そのあたりはミュージシャンでもある著者ならではの鋭い指摘や発見が物を言っている。その結果メンバー四人のそれぞれの資質の差異、ことに〝短編〟作家ジョンと〝長編〟作家ポールとの差異と対立の構図が、これまでになく明瞭(めいりょう)になった。

本書を読み終えて最近出たベストCDに耳を傾けると、年代につれて変化していく演奏と音質の違いが改めて如実に聴き取れて興奮した。それとともにポピュラー音楽がたんなる身近な流行音楽ではなく、二十世紀の音楽史として研究と考察が必要な学問分野になったことを痛感させられもした。

評・清水良典(文芸評論家)

わくい・こうじ 58年生まれ。音楽家。81年に「スクリーン」を率いてデビュー。音楽評論やエッセーも執筆。

二〇〇一年一月二一日❹

『古墳の語る古代史』

白石太一郎 著

岩波現代文庫・一〇〇〇円

平易にバランスよく　研究の到達点を示す

日本の考古学は今きびしい世間の視線にさらされている。もちろん旧石器時代だけのことだなどと済ますことはできまい。この機会に、考古学の〈体質〉にかかわる真摯（しんし）な自己批判がなされるべきなのだろう。

とは言え、考古学の魅力が損なわれたわけではない。ここ二、三十年ほどの間に、考古学は次々に画期的な発見や成果をあげてきている。世間の評判も考古学的発見への期待と裏腹なのだ。

本書は、そうした発見と研究の成果を盛り込んだ古墳時代論である。第一部で古墳の歴史を簡潔にまとめ、第二部では、各地の古墳やその遺物から古墳時代の歴史を読みとっていく試みが次々に提示される。まるで古墳論のアラカルトがずらりと並んでいる感じである。どれから食べて（読んで）もよい。賞味の結果だが、いずれもソフトかつ美味であった。

だれでも関心がありそうな点を例示しよう。ひとつは、出現期古墳についての最近の年代観によると、もはや邪馬台国九州説は成り立たないし、邪馬台国東遷説も成立の余地がなくなったとしているところだ。ふたつめには、四世紀末からの巨大古墳の大阪平野への移動は、南下した高句麗軍との対決という軍事的緊張と国際関係によって説明できるとしている点だ。そして三つめは、騎馬民族征服王朝説は成り立たないが、その魅力の源には近代日本の民族的幻想と誤解があり、それは今も生きていると論じている部分などだろう。

本書を読むことによって、年輪年代決定法などのような客観的な年代測定法の発展が、遺跡の絶対年代の誤差を急速に少なくしてきていることがよくわかる。しかしもう一方では、本書の仮説を他の考古学者たちのそれと比較・対照してみると、かなりの違いがあることがわかり、推理と解釈の余地の大きさこそが、考古学の醍醐味（だいごみ）なのだと改めて実感することになる。

ともあれ本書は、全国の古墳に周到な目配りがしてあり、著者の仮説もじつにバランスがとれているように思われる。どうだろう、この機会に古代国家形成論の謎（なぞ）解きに挑戦してみては。

評・黒田日出男（歴史学者）

しらいし・たいちろう　38年生まれ。国立歴史民俗博物館副館長。著書に『古墳と古墳群の研究』ほか。

二〇〇一年一月二八日❶

『犬大将ビッキ』

出久根達郎 著

中央公論新社・一六五〇円

病気の犬と母の老い　飄々とつづる介護記

夕刻、犬を連れて歩いていると、多くの犬とすれ違う。こっちが散歩なら、あっちも散歩。キャンキャン吠（ほ）える犬、暗い目をした犬。遊びたがる犬に、おとなしい犬。さまざまな犬と次々にすれ違う。こんなにも多くの犬がいることに、うかつなことに自分が犬を飼うまでは気がつかないものだ。みんな、大変だなあと思う。毎日散歩させなくてはならないから、これが意外に手間だ。犬を飼うには体力がいる。

たとえば出久根さんちのビッキはよく病気をする犬で、そのたびに病院に連れていくのだが、病気のペットをいかにして病院に運ぶか。その手段に悩むくだりは他人事（ひとごと）ではない。自家用車がある人、家族の多い人、金や時間に余裕のある人などはいいが、そうでないと途方に暮れるのである。出久根さんちでは脱衣籠（かご）に丈夫な紐（ひも）をつけ、首から吊（つ）るす駅弁の売り子さん状態を開発するのだが、これだって体力がいる。ビッキが死んだあとで、年齢的に「犬を飼えるのはせいぜいあと一匹」だとカミさんが言うくだりは象徴的だ。

ところで本書は「そもそも私はビッキという犬を中心に、二人の年寄りの晩年を描くつもりだったのである」とあとがきにあるように、著者の母と義母という二人の「バアさん」が登場する。もともとビッキは母親のボケ防止と話し相手のために飼い始めたのだが、犬は横目を使うから虫が好かんと嫌われ、結局は出久根さん夫妻が飼うことになったという経緯がある。母の歩行が不自由になり、部屋を這（は）うように移動しているとき、ビッキがはしゃいで「バアさん」の顔を嘗（な）めると「犬になめられるようになっちゃ、人間もおしまいだよ」といまいましそうに言う場面は、哀（かな）しくもおかしい。つまり本書は老いた母の介護記でもあるのだが、それが飄々（ひょうひょう）としたエッセイとなっているのは、そこに病気がちのビッキではあっても、こどものようにはしゃぎまわる犬を重ねているからにほかならない。犬を飼うには体力がいるが、元気を与えてくれるのもまた犬なのである。犬馬鹿（ばか）の私はそう思う。

評・北上次郎（文芸評論家）

でくね・たつろう 44年生まれ。作家、古書店主。著書に『佃島ふたり書房』『猫の似づら絵師』ほか。

二〇〇一年一月二八日❷

『ランボー、砂漠を行く』

鈴村和成 著

岩波書店・三四〇〇円

「無味乾燥な書簡」に新しい詩を探す試み

「砂漠を行く」といっても、これはシルヴェスター・スタローンのあのランボーではなく、十九世紀フランスの詩人アルチュール・ランボーの話である。だが、なぜ詩人が砂漠へ？

ランボーは、十六歳のとき長篇（ちょうへん）詩「酩酊（めいてい）船」を携えてパリへ出奔し、ヴェルレーヌに認められ、おまけに愛されて、二人でヨーロッパを放浪して歩く。二年後、別れようとするランボーをヴェルレーヌがピストルで撃って傷つけ、この関係は終わりを告げる。

やがてランボーは、文学に革命をもたらす二冊の散文詩集『地獄の季節』と『イリュミナシオン』を残して二十歳で詩と母国を捨て、ジャワやキプロスを流浪したのち、エチオピアのハラルを拠点にコーヒーや象牙（ぞうげ）や武器を扱う砂漠の交易商になる。

そして十一年後、骨肉腫を患い、マルセイユに帰って右脚を切断し、半年後に三十七歳の生涯を閉じる。残されたのは「砂漠のように無味乾燥な」商用書簡だけ——というのが、私たちの教えられてきたランボー像である。これだけでも十分にロマンティックな話ではある。こうして「早熟な天才詩人」の伝説が生まれ、後半の砂漠の生活は無視されることになった。

ところが、この本で鈴村さんは、厖大（ぼうだい）な「アフリカ書簡」を読み解き、無数の関係資料や研究書を博捜して、砂漠のランボーの足どりを復元し、彼にまったく新しい光を当ててみせる。彼が詩を捨てたというのは本当だろうか。彼が捨てたのは特定の詩、イメージの美しさを追求する詩だけではなかったか。「無味乾燥」だと言われる「アフリカ書簡」は、そうしたイメージの「汚れ」を洗い落とし、「裸の眼に見える」ものだけを伝えようとする新しい詩ではなかったのか、と。

たとえば、旅程だけを記した無愛想な手紙がある。これも、「風の足裏を持つ男」と呼ばれ、砂漠を歩きつづけたランボーが、その「淡々とした歩行のリズムだけを伝える透明なテクスト」として書いたもの、とも読める。いくぶん謎（なぞ）めいたこの「乾いた」ランボーには、尽きない興味をかきたてられる。

評・木田元（哲学者）

すずむら・かずなり 44年生まれ。横浜市立大教授。著書に『ロラン・バルト』、詩集に『微分せよ、秒速で』など。

二〇〇一年一月二八日❸

『伝書鳩　もうひとつのIT』

黒岩比佐子 著
文春新書・六八〇円

聖書から新聞社まで　ただならぬ人との縁

テレビがまだ白黒のころ、人気ドラマだった「事件記者」のタイトルバックには新聞社屋の上をハトの群れが旋回していた。電話や無線技術が発達途中で、一刻を争う記者は出先から原稿やフィルムをハトにつけて放した。特ダネ競争は伝書バトの能力で決した。ハトは新聞の象徴だったのである。

番組の始まった年に生まれた黒岩比佐子は「事件記者」を知らない。ものごころついた時にはハトの舞う風景は消えていた。それがある日、日比谷公園のドバトはむかし新聞社にいた伝書バトのなれの果てだと聞き哀れに思う。さらに敗戦直後の旧近衛師団司令部に軍用バトの訓練を頼まれたという人に会う。彼は司令部の一画に「小銃から重機関銃まで多数の武器が置かれている」のを目撃したと告げた。武装解除下というのに、一体何をしようとしていたのだろうか。

何がきっかけになるか分からない。彼女はハトを調べ出す。旧約聖書にある大洪水の後、ノアがハトを放すとオリーブの枝をくわえて戻ってきた話から、紀元前四三年、敵に包囲されたブルータスがハトを使って援軍を呼んだこと、シェークスピアの時代はハトで手紙をやりとりするのが慣行だったこと、いささか疑わしいが、幽閉中のマリー・アントワネットも伝書バトを利用したらしいとの説、ロスチャイルド家が巨万の富を得たのはそもそも伝書バトのおかげでワーテルローのナポレオン敗北をいち早く知り株買い付けに走ったということなど、ハトと人間とのただならぬ関係は尽きない。日本の古事記にも「鳩（はと）」は出てくる。

従軍バトと新聞バトの物語がとりわけて面白い。ざんごう戦の戦場では有線網が破壊され、頼みはハトだった。標語ができた。「国の為めみんなで殖やせ伝書鳩」。靖国には馬と犬とともに「鳩（きゅう）魂塔」が建つ。新聞バトには働き者とさぼり屋がいたというから、新聞記者に似ていたのかも知れない。「成績の悪い鳩ほど長生きし、よく働く鳩は短命だった」。定年後の新聞バトは愛鳩家に引き取られ天寿を全うした。公園のはただのドバトということになる。

評・河谷史夫（本社編集委員）

くろいわ・ひさこ　58年生まれ。ライター、編集者。著書に『音のない記憶　ろうあの天才写真家井上孝治の生涯』。

二〇〇一年一月二八日❹

『プリンス近衛殺人事件』

V・A・アルハンゲリスキー 著　瀧澤一郎 訳
新潮社・一八〇〇円

シベリアでの謎の死　極秘文書発掘し新説

旧ソ連の極秘文書が、少しずつ利用可能となっている。その結果、様々な分野で歴史の書き換えが必要となっている。本書は、旧ソ連の政策決定過程を熟知したベテランジャーナリストが、長年にわたって収集した膨大な資料をもとに、プリンス近衛と近衛文隆の運命を中心に、シベリア抑留問題に取り組んだ、注目すべきノンフィクションである。

近衛文隆は、近衛文麿の長男に生まれ、アメリカのプリンストン大学に学び、帰国して父の秘書官などを務めた。やがて出征し、旧満州で敗戦を迎え、ソ連に強制連行され、抑留中に亡くなった。

その間の消息はごく断片的にしか知られていなかったが、著者は近衛の尋問調書、移動記録などを発掘して、抑留と取り調べの実態を明らかにするとともに、政治局会議の秘密議事録などからスターリンを中心とするソ連政府の意向を探り出している。

それによれば、スターリンは文隆を親ソ政治家に育成しようと、執拗（しつよう）に脅し、誘惑したが、文隆はこれを拒み続けた。日ソ国交回復の直前、文隆は謎（なぞ）の死を遂げる。それは、文隆が帰国して、抑留に耐えぬいたプリンスとして迎えられ、強力な反ソ親米のリーダーになる可能性を恐れたソ連が行った「殺人」であるという。ミステリー風のスタイルで書かれているが、説得力がある。

その前提として、著者はさらに驚くべき説を提示している。すなわち、従来、シベリアには六十万人が抑留され、そのうち六万―七万人が亡くなったとされていたが、それはソ連のごまかしによるものであり、実際は最低百五万人が抑留され、五十万人以上が亡くなったというのである。

本書の依拠資料は、まだ誰（だれ）にでも見られるわけではない。資料の公開と検討が、歴史研究の基礎である。したがって、本書の説を全面的に受け入れるのは時期尚早かもしれないが、それにしても驚くべき話である。今後、専門家の間で議論が深まることを望みたい。

評・北岡伸一（東京大学教授）

V. A. Arkhangelsky 28年生まれ。ロシアの作家、ジャーナリスト。イズベスチヤ紙副編集長などを歴任。

二〇〇一年一月二八日⑤

『光の教会　安藤忠雄の現場』

平松剛 著

建築資料研究社・一九〇〇円

破格の安さで美しく 高みをめざして格闘

「ほんとに、お金ないの？」「ほんとに、ない」「それは、ええもんが建つかもしれん」

バブルのただなか、建築家・安藤忠雄は、経済合理性からかけはなれた建築に挑んだ。予算は坪単価五十万円という破格の安さ、しかし、世界一美しい教会。小さな工務店を経営する一柳幸男は、安藤とともに、ものづくりへの熱意のすべてをこの赤字物件に注ぐ。施主と工務店と建築家の、それぞれの戦いの果てに、大阪・茨木春日丘教会は完成した。

建物をつくるのは格闘なんだと、この本を読んで、しみじみ思った。

建築家は、十字架を壁に切り、そこからはいる自然光に人間の気持ちが全部集まる「光の教会」にしたいと考えた。しかし、アイデアを形にするには、建築構造や予算や人手や、実に多くの難題が立ちはだかる。安藤の頭にしかない完成図に、工務店は手探りで食いつくしかない。要求されるレベルを職人に伝えるために、現場監督は胃が痛む思いがする。「クーラーなんか要らんやろ」という建築家とつきあうには、施主にもまたトコトン切り結ぶ覚悟がいる。

しかも、建築家はどこまでも考えることをやめないのである。完成が近づくにつれて、この建築はまだ高いところへ行ける、と安藤には遥（はる）かに遠い着地点が見え始める。雨で工期が遅れる間にも新しいアイデアが練られ、提案が続く。計画変更がもたらす工事のロスに、現場監督の苦労は倍増する。完成後も、建築は終わらない。使い手に使いこなす力量を要求し、建築家の工夫はまだ続く。こうして「人の心が経済を超える」建築がなされたとき、そこに緊張感あふれる空間が生まれた。人間の精神の所産、とたしかに言えるような空間。

建築構造学の専門家が取材して著した本だけに、ひとつの建物ができる過程が詳細にわかって、実に興味深い。その真摯（しんし）な過程が、安藤忠雄と一柳幸男という二人の人物像を縦糸にして軽妙に描かれている。いい本を読ませてもらった。

評・大田弘子（政策研究大学院大学助教授）

ひらまつ・つよし 69年生まれ。建築家。早大大学院で建築構造学を学び、構造設計事務所勤務を経て独立。

二〇〇一年一月二八日❻

『ユリシーズの涙』

ロジェ・グルニエ 著　宮下志朗 訳
みすず書房・二三〇〇円

犬への畏敬と愛情と　悲しみの動物慈しむ

グルニエ家の愛犬ユリシーズが死んだとき、主人は二度と犬は飼うまいと思った。もういっしょに散歩できない。ひそかな合図を交わしあえない。不思議なまでに深い交感で結ばれていた、あの人生の道づれがいなくなった。何よりも犬は人間の何分の一かの寿命を定められている。遅かれ早かれ喪失を覚悟しなくてはならない。犬がよく「悲しみの動物」といわれる意味を思い知った。

ユリシーズとの散歩のかわりに、ユリシーズにひっぱられるようにして、犬を主題にした文学作品をめぐって散歩することにした。その道すがらに生まれた、味わい深い、ちいさなエッセイが四十あまり。親しみとユーモアをこめて、さりげなく、とともにたえず身近に見つめてきた人のこまやかな観察にもとづいて語られている、犬のよろこびと悲しみ、誇りと恥じらい、警戒、不安、固有の習性、絶望……。そこに一貫して流れているのは、このすぐれた生き物に対する深い畏敬（いけい）と愛情だ。

ところで人間は犬について何を知っているだろう。その限りない無私の愛情に酬（むく）いる何をもっているだろう？　たいていは平然と自分たちの尺度をおしつけて見下している。その無知、無神経、えて勝手ぶり、傲慢（ごうまん）さかげんはどうだ。犬が好きになると人間が嫌いになる。

「犬を愛することは、多かれ少なかれ、人間についての絶望心を惹起（じゃっき）せずにおかない」

私自身、つい昨年、ながらくつき合ってきた犬を亡くした。だからよけいに悲しく、セツなく、そして辛（つら）い本だった。たしかに私は愛犬を失って途方にくれた。しばらく仕事が手につかなかった。痛恨の思いを文につづった。しかし、実をいうと私が愛したのはわが家の犬であって、よその犬は嫌いである。たいていはニクらしいのだ。

「だれしも犬について語るときは本心をあらわすもので、その人の性格が露呈する」

評・池内紀（ドイツ文学者）

Roger Grenier　19年仏カーン生まれ。作家。著書に『シネロマン』『水の鏡』ほか。

二〇〇一年二月四日❶

『大正天皇』

原武史 著
朝日選書・一三〇〇円

「心を病んだ」の巷説　その真相に迫れたか

真実を歪（ゆが）めないかぎり、一つの時代が幻想の色に彩られることを、私は好もしく思う。その意味で《大正》というわずか十数年の短い時代は、この国の近代史の中で、陽炎（かげろう）のように妖（あや）しく揺れて、私たちに眩暈（めまい）に似た夢を見せてくれる。《大正》は《明治》の心弱い息子であり、《昭和》の病んだ父だった。――だからこそ、《大正》は美しい幻だった。

そんな思い込みがあったので、私はこの本に、時代が罹（かか）った美しい病の証左を期待して、裏切られた。もちろんそれは、私の勝手である。――大正天皇は病身ではあったが、ヒューマンな方だった。皇太子時代には、エネルギッシュに全国を巡啓して、国民に親しく接された。つまり、《遠眼鏡事件》をはじめとする卑俗な風聞は、信じるに値しない。――『大正天皇』はそう証明するために、たとえば東北巡啓のスケジュールを、列車の時刻表のような精密さで記しているが、そうした資料は俗説の否定にはまるでなっていないのだ。そのための《大正》へのアプローチは、たとえそれがどんなに困難なことであっても、まずたとえば医師の証言なりカルテなりによって、医学的あるいは病理学的に、ある時期から《おかしくなった》という事実に対しても行わなければなるまい。だから、方法として一面的なのだ。ここに挙げられた多くの健常の証左は、公正を欠くから脆弱（ぜいじゃく）であり、その結果、《遠眼鏡事件》は、曖昧（あいまい）な巷説（こうせつ）のまま取り残されることになる。

ジョセフィン・テイの「時の娘」はフィクションだから、創作の資料を並べてリチャード三世の悪のイメージを逆転させることが許される。けれど『大正天皇』は言わば論文である。この不公正からは《真理は時の娘である》というローマの古諺（こげん）さえ思い出されない。

心を病んだ天皇がいたから、暗い錦絵のように美しい大正文化が現れた。この時代、すでに天皇は《象徴》だった。あのころの文学には、クレゾールの匂（にお）いがする。島田清次郎が狂い、佐藤春夫が癲狂院（てんきょういん）に呻（うめ）き、芥川は発狂の恐れに脅（おび）えた。この本に、そうした《文化の目》がないことも、私には不満だった。

評・久世光彦（作家）

はら・たけし　62年生まれ。明治学院大助教授。98年『「民都」大阪対「帝都」東京』でサントリー学芸賞。

二〇〇一年二月四日❷

『ロードショーが150円だった頃』

川本三郎 著
晶文社・一九〇〇円

細やかにいきいきと 映画の魅力を一冊に

映画がもっとも輝いていた昭和三十年代（一九五〇年代から六〇年代初め）、十代の映画少年だった著者は、ハリウッド映画に夢中になった。センダンは双葉より芳し。中学生のころから、著者は映画をみるたびに、劇場プログラムを買い求め、今に至るまで大切に保存しているという。本書は、これら著者の宝物であるプログラムをふんだんに用いながら、著者が十代のころ見て、心揺さぶられたハリウッド映画の数々について、初発の感動をいきいきと蘇（よみがえ）らせながら説き尽くした、無類の面白さあふれる映画エッセーである。

ここで取り上げられるハリウッド映画は、西部劇、空想科学映画、戦争映画、社会派ドラマ、恋愛映画等々、およそ考えられる限りのジャンルの作品が網羅されている。また、各作品に登場する俳優についても、堂々たる主役から目立たない脇役（わきやく）に至るまで、実に細やかに言及されており、「神は細部に宿りたもう」と、著者の観察眼の鋭さに思わず脱帽させられる。

こうして多角的にとらえられているとはいえ、圧巻はやはり西部劇についての叙述である。ゲーリー・クーパー主演の「真昼の決闘」、グレン・フォード主演の「必殺の一弾」等々、著者が愛する西部劇の主人公は荒々しくマッチョな男ではなく、いずれも心に傷を持つ者の暗さと、人間としての根源的なやさしさをあわせ持つ。こうした西部劇の作り手（脚本家や監督）の多くは、五〇年代のハリウッド映画界を揺るがせた「赤狩り」の標的となった人々である。彼らのひそやかな抵抗の意志が、あまたの陰影に富む西部劇の秀作を生み、ハリウッド映画の質を高めていくさまが、本書全体を通じて、さりげなく、しかしくっきりと浮き彫りにされており、まことに読みごたえがある。

このほか、本書の随所に、豊満な美女エリザベス・テーラーを始め、少年時代の著者の女神だった、さまざまなタイプの麗しきスターへのオマージュがちりばめられており、その意味でも、著者とともに憧（あこが）れの映画の世界に浸る楽しさを味わえること、請け合いである。

評・井波律子（国際日本文化研究センター教授）

かわもと・さぶろう　44年生まれ。評論家。著書に『クレジットタイトルは最後まで』ほか。

二〇〇一年二月四日❸

『黒い花びら』

村松友視 著

河出書房新社・一五〇〇円

優しすぎ一途すぎた天才歌手の壮絶な生

まず驚かされたのは、この本を読み進む自分の脳裏に「黒い花びら」がエンドレスで鳴り響き続けていたことだ。この歌が大ヒットしたのは昭和三十四年、私の幼稚園時代。「♪黒い鼻クソ〜」などと替え歌を歌い戯れた記憶はかすかにあるものの、原曲にまともに耳を傾けた機会は数えるほどだったはず。にもかかわらず、イントロの黒っぽいサックス、虚空の闇(やみ)に木霊(こだま)する荒々しくも甘美なヴォーカル、サワリ部分のブルージーでスリリングな連続ブレイク……そのことごとくが、鮮明に脳裏に再生されたのだ。

水原弘という名前から真っ先に「アース製薬の殺虫剤の看板」を連想してしまう世代に属するはずの私ですら、あのヒット曲(J-POP時代の「ヒット曲」とは同音異義語)の魔力に取り憑(つ)かれていたとは……。だとすれば、それを歌った当人は、いったいどうなってしまうのだろうか?

この本こそが、その誠実な答えである。

多感な学生時代にあの歌と声にハマってしまったという著者は、死後二十余年を経て「悲劇的でスキャンダラスな生涯」というステレオタイプに凍結されたままのこの天才歌手の壮絶な生き様を、解凍し洗い直してみせる。キーワードは「無頼」と「破滅」。しかし読み進むうちに、そんなキーワードすらロマンティックな紋切り型にすぎると思えてくる。勝新太郎、永六輔、川内康範、竹中労……といった豪華曲者(くせもの)キャストに縁取られた人間・水原弘像は、「無頼」と呼ぶには優しすぎ、その志向を「破滅」と呼ぶにはあまりに一途すぎるのだ。結局、最後に残る答えは、自らの歌の魔力に取り憑かれた、役者バカならぬ「歌手バカ」の宿命——とでも言うしかない。もちろんそんな歌手(に限らず)は、現在では絶滅種だが。

それにしても、同じバンド出身の対照的キャラクターの水原弘と坂本九が、同じ永六輔・中村八大コンビの大ヒット曲で「高度成長期の光と影」を歌い分け、そしてバブル前にほぼ同年齢で急逝している——というのも、なにやら因縁めいた話だ。

評・山崎浩一(コラムニスト)

むらまつ・ともみ 40年生まれ。作家。著書に『トニー谷、ざんす』『俵屋の不思議』『力道山がいた』ほか。

二〇〇一年二月四日❹

『ピカレスク 太宰治伝』

猪瀬直樹 著

小学館・一六〇〇円

師・井伏との確執を新視点から問題提起

いやーな感じがした人がかなりいたのではあるまいか。ノンフィクション作家風情が偉そうにしゃしゃり出てきやがって、とか。長老格の文学者。近代文学研究者。太宰治ファン。そして井伏鱒二の信奉者。

心中お察し申し上げる。評伝の多くは神話づくりに貢献してきた。それにくらべ、『ピカレスク』の着地点は偶像破壊以外の何物でもない。しかし、私は思ったな。研究者から批評家まで、こういう本を自力で創出できなかった「文学業界」って何?

事件(とあえて呼ぼう)の発端は、太宰が残した遺書である。そこにはこう記されていた。「みんな、いやしい慾張りばかり。井伏さんは悪人です」。一九四八年、三十九歳になる直前に入水した太宰と、当時五十歳だった井伏鱒二は師弟関係にあった。唐突に出てきた師の名前。周囲は真意をはかりかね、井伏も新聞で「思いあたる節がない」と答えている。

それから約半世紀。九三年に九十五歳で井伏が大往生をとげた後まで、この謎(なぞ)は放置されてきた。謎であることさえ忘れ去られた事件の闇(やみ)に、著者は果敢に切りこんでいく。そして太宰や井伏の人間像のみならず、作品評価にもかかわる事実を次々明るみに出していくのである。五度目の心中で逝った太宰は、本当には死ぬ気がなく、むしろ生に固執する職業的な作家だったこと。下敷きの存在が知られる『斜陽』だけでなく、いまなら盗用と呼ばれかねない方法で、あの小説もこの小説も執筆されていたこと。わけてもショックなのは終章の推理である。太宰の死後、原爆に取材した『黒い雨』で井伏は国民的作家に祭り上げられた。だが！　いや、このへんでやめておこう。

　太宰も井伏も同時代人。本書に出てくるような事実は、あるいは一部では知られていたのかもしれない。でも、表には出てこなかった。本書によって私たちの作家像は確実に変更を迫られる。太宰はまだしも、井伏ファンにはきつい一撃だろう。しかし、偶像破壊は始まりであって終わりではない。これをどう解釈するか。それは読者一人一人の問題だ。

評・斎藤美奈子（文芸評論家）

いのせ・なおき　46年生まれ。作家。著書に『ミカドの肖像』『ペルソナ　三島由紀夫伝』など。

二〇〇一年二月四日⑤

『推理作家の出来るまで　上・下』

都筑道夫 著

フリースタイル・各三九〇〇円

ダイナミックな自伝　風俗史としても出色

　まだ池袋西口駅前に闇市（やみいち）があった昭和二十年代の半ば、母に手を引かれてそこを歩いたことがある。網の上で焼いた餅（もち）が幾らだったのか記憶にないが、それがたまらなくおいしそうに見え、立ち止まると、母が困ったような顔をした。私が小学校に上がる前の、その光景を覚えているのは、焼き餅の匂（にお）いと母の困った表情が対照的だったからだろう。そのときの母の表情は貧しいためにわが子に焼き餅を買ってあげられないことの困惑だと、本書を読むまで思っていた。

　都筑道夫は本書の「小川町青灯社」の項で、池袋の西口駅前広場にブラックマーケットがずっと残っていたのは、東口のそれが食い物屋であったのに比べ、西口は飲み屋だったからだと書いたあと、次のように記している。

「おまけに、そのバラックの飲み屋群は、小さな二階がついていて、青線地帯でもあった。池袋の駅のすぐ前に、売春宿があったといっても、なかなか信じられないかもしれないが、東口のほうには、畑さえあった」

　あのときの母の困ったような表情は、青線地帯の真ん中で立ち止まった幼児への困惑だったのかもしれない。おかげで、記憶の中の風景がすっくと立ち上がってきた。

　「ミステリマガジン」に十三年間連載したまま、長らく未刊だった自伝エッセーである。前半は昭和十年代の東京が克明に描かれ、それだけでも読みごたえ十分だが（風邪が一晩でなおってしまう風一夜薬がそば屋だけで売っていた等）、読み切り雑誌で時代小説を書きまくり、『七十五羽の烏（からす）』で作家としての方向性を持つまでの業界事情はもっと面白い。特に日本の推理小説が「変わりものが読む泥臭い小説」からしゃれた知的エンターテインメントに大きく変わっていく昭和二十年代の末から昭和三十年代にかける記述は、具体的な挿話が幾つも積み重なってダイナミックだ。

　つまり本書は、昭和の風俗史に興味のある方も、日本の推理小説史に興味のある方も、ともにたっぷりと堪能できる贅沢（ぜいたく）な書なのである。

評・北上次郎（文芸評論家）

つづき・みちお　29年生まれ。作家。著書に『やぶにらみの時計』ほか。

二〇〇一年二月四日❻

『シドニー！』

村上春樹 著

文芸春秋・一六一九円

極私的に静かに語る 退屈の先にある感銘

作家業の傍らアマチュア・アスリートとして多くのマラソン競技に参加してきた著者の、シドニー・オリンピック観戦記である。当然あの高橋尚子選手が金メダルを獲（と）った女子マラソンが中心だろうと、つい思ってしまう。たしかに重要なトピックの一つだが、いたって著者の観察は平静だ。その上、女子マラソンと並ぶハイライトだった柔道にいたっては、一試合も出てこない。一貫して著者は、オリンピックに付きまとう〝国民的〟興奮に背を向けて、自分の目と心に忠実な、極私的な態度を崩さない。

現地での比較的軽いタッチの観戦日記を挟む格好で、始めと終わりに小説風、あるいは会見手記風の、シリアスな短章が置かれている。シドニーでまったく陽（ひ）の当たらなかった二人のアスリート、有森裕子と犬伏孝行である。いうまでもなく前者はアトランタのヒーローであり、後者は男子マラソン期待のランナーだったが競技中に脱水症で途中棄権した選手だ。過去のヒーローと、敗者。それでも二人はまだ「現役」のランナーなのだ。お祭り騒ぎの奥底の、痛々しいほど過酷な競技人生が鮮烈に浮かび上がってくる。

現地取材の二十三日間、著者は毎日競技場へ通い、とことん退屈しながら、そしてオーストラリアという一風変わった異国に戸惑いながら、ホテルで大量の原稿を書きつづけた。「そこにあるのは、とてもとてもクォリティーの高い退屈さ」だと著者はいう。しかしその「退屈さを通して感銘（のようなもの）を」手に入れること。それが今では「僕らが現実的に手に入れることのできる、まっとうな部類の精神の高みではないか」と彼は考える。

私を含めたテレビの前の観戦者たちも、たしかに退屈していたろう。競技自体よりもメダル獲得の結果に心を奪われていたりした。そういう場所からは決して見えない現代の退屈のリアリティーを、著者はオリンピックというグロテスクな現象と付き合い尽くすことで見てしまった。心静かな、地声で語られたシドニー・オリンピックである。

評・清水良典（文芸評論家）

むらかみ・はるき 49年生まれ。作家。著書に『ねじまき鳥クロニクル』『神の子どもたちはみな踊る』など。

二〇〇一年二月一一日❶

『陰陽寮 四 晴明復活篇・上』『陰陽寮 伍 晴明復活篇・下』

富樫倫太郎 著

徳間ノベルズ・上巻九〇五円、下巻八〇〇円

自由奔放テンポ快調 物語が錯綜する快感

「伝奇小説の面白さの一つは、ストーリーが次々にふくれあがっていく面白さでもある」と言ったのは日本の伝奇小説の雄・半村良で、国枝史郎に触れて「私には〔蔦葛（つたかずら）〕〔纐纈城（こうけつじょう）〕の魅力の秘密が、毎月行き当たりばったりのようにして書きついで行くことにあるような気がしてならない」と書いている。たしかに伝奇小説の傑作群は、白井喬二や国枝史郎だけにとどまらず、ここまで風呂敷（ふろしき）をひろげちゃっていったいこのあと、どうなるんだろうと思う展開を示すことが多い。物語の終盤で「説明」、あるいは「収束」に入ると、その破天荒な面白さが急激に萎（しぼ）んでしまうケースが少なくないのも、伝奇小説の面白さの本質を語っているようだ。

ということを前提に置けば、富樫倫太郎がいま書きついでいる「陰陽寮（おんみょうりょう）」シリーズは、現代の伝奇小説の最良の見本といっていいような気がする。

舞台はもちろん、平安時代。政治家たちの権力争いを背景に、安倍晴明と道鬼の陰陽師

対決から始まって、鬼道丸を筆頭とする浮浪児集団、獅子王（ししおう）を首領とする盗賊団、さらには土蜘蛛（つちぐも）族や若狭に攻め入った謎（なぞ）の刀伊（とい）軍など、次々に登場して物語はどんどん錯綜（さくそう）していくのである。膨大な数の人物が出てきて、そのたびに話は横道にズレていくのだが、それがすこぶる快感だ。

骸骨（がいこつ）だけの人間が血を浴びることで復活し、石の大仏までが立ち上がるが、そういうファンタスティックな設定も物語の中に巧みに溶け込んでいる。主人公格の安倍晴明ですら途中から異空間に行ってしまい、物語から退場するのだから嬉（うれ）しい。自由奔放な想像力を駆使して快調なテンポで綴（つづ）られるのである。次々に謎が出てくるものの、それを解決する前に次の謎が浮上してくるから、何がなんだかわからなくなるが、これこそが伝奇小説の王道といっていい。

本書はシリーズの四巻目と五巻目になり、刀伊軍の背景がやや説明されるものの、まだパワーは全開である。読み始めるなら、いまだ。

評・北上次郎（文芸評論家）

とがし・りんたろう　61年生まれ。作家。著書に『陰陽寮』シリーズ、『雄呂血』ほか。

二〇〇一年二月一一日❷

『ゲノムが語る23の物語』

マット・リドレー 著　中村桂子ほか 訳
紀伊国屋書店・二四〇〇円

最新情報で思い知る　ネズミも昆虫も友達

ヒューマンゲノム・プロジェクトがひとまず完成し、私たちは今、自分たちを作っている遺伝子の総体を読むことのできる初めての時代にはいった。本書は、明快でおもしろいと定評のあるイギリスの科学ジャーナリストによる、最新ヒトゲノム解説である。

ヒトの染色体は、二十二対の常染色体と一対の性染色体とからなっている。本書は、これらの染色体を一対ずつ順番に取り上げ、それぞれにまつわるトピックスを語っていく。この着想が斬新（ざんしん）だ。がん、アルツハイマー病、血液型、ストレス、知能、成長などなどにかかわる遺伝子が、何番染色体のどこにある何文字の遺伝暗号からなり、どういう仕組みで私たちを作っているのか、この二十三の物語は、私たちの進化の道筋と現状、つまり、過去と現在とを明かす物語でもある。

読み終わって、印象に残ることが二つある。一つは、遺伝子がいかに「保守的」であるかということだ。ほとんどすべての生物は同じ遺伝暗号を使っている。また、ヒトの酵素を作ったりホルモンを作ったりしている遺伝子の大部分は、ネズミでも似たようなものだ。ヒトの受精卵を発生させてからだを作っていくもとを決めている遺伝子など、ネズミどころか昆虫とだって似たり寄ったりなのだ。

もう一つは、遺伝子が解明されていくことに対する著者の健全な楽観主義である。遺伝子を知ることによって、これまで不可知だった運命がある程度変わる、諦（あきら）めなくてもよくなる、どうするかは個人の選択であるという、個人主義と人間の英知に信をおいた楽観主義が、著者の立場だ。読者の意見はさまざまだろう。

こんなに透明感のある楽観主義の持ち主はどんな顔をしているのかと、著者の写真がのっているはずの原書のカバーの折り返しを見たら、そこにあったのは、著者の二十三対の染色体の写真であった！（訳書では表紙にある）。確かに、遺伝子こそが私たち自身のアイデンティティーである。原書のこの洒落（しゃれ）たトリックは、未来の社会における個人の遺伝情報のあり方を予言する、象徴的な意味を感じさせた。

評・長谷川眞理子（早稲田大学教授）

Matt Ridley　58年英国生まれ。オックスフォード大で動物学専攻。科学ライター。

二〇〇一年二月一一日❸

『「ニューヨーカー」とわたし　編集長を愛した四十年』

リリアン・ロス 著　古屋美登里 訳
新潮社・二三〇〇円

「悔いなし」繰り返す　かくも長き三角関係

判事のカミさんも三角関係に狂う人の世だ。男と女のかたちは対の数だけあるだろう。妻子ある上司と部下が恋におちるなど珍しくもないが、家庭をそのままに「愛」が四十年も続いたのは珍しかろう。あの「ニューヨーカー」に君臨した名編集長と「世界一の女性記者」を志した花形ライターとの道行きである。

事が始まったとき、男は四十代半ばで女は三十代。むろん恋路に分別は無関係である。理性を働かせたとすれば、「別れない」と言う妻を尊重して、夜はあっち、朝はこっち、感謝祭はあっち、クリスマスイブはこっち、ということにしたことだろうか。

ウィリアム・ショーンといえば伝説の人である。ハーシーでヒロシマ特集を組み、アーレントに「イェルサレムのアイヒマン」を書かせ、カーソンの「沈黙の春」を載せた。会いたいと言われればだれにも会い、思いやり深く、相手の身になって考え、必ずエレベーターまで見送った。これはと見込んだ書き手を「あなたができることはほかの人にはできないんですよ」と励まし続け、「あなたのために書く」という気分にさせた。天性の編集者というべきか。

この男が、しかし「人生を誤った」と思っていた。「詩人になりたいと願いながら、実際は詩人の世話をし」た仕事に実在感はついになく、己は「幽霊」と称した。結婚生活についても「そこにいるがそこにはいない」と言った。「ぼくが何者か、きみにはわかるかい?」。この人こそ「わたしの男」なのだった。

二度逃げ出したが結局、彼女は自分の人生を彼の人生に重ねた。結婚証明書だけは手に入らなかったけれど「ぼくの妻」と呼ばれ「きみがいるからこそ、毎日存在し続けることができるんだ」と言われた。だが最期はあっちで来た。駆けつけると妻から告げられる。「あの人はわたしの腕のなかで息をひきとったの」。記事には「自分」を現さないのを流儀としてきた彼女だったが、こればかりは書かずにはいられなかったのだろう。「わたしは後悔してはいない」という独語がこの本の随所に繰り返される。

評・河谷史夫（本社編集委員）

Lillian Ross　1945～87年。「ニューヨーカー」記者。著書に『パパがニューヨークにやってきた』など。

二〇〇一年二月一一日❹

『鎌倉びとの声を聞く』

石井進 著
NHK出版・一三〇〇円

緊迫感漂う丁々発止　生々しく武士像描く

NHKの大河ドラマで「北条時宗」が始まった。国難の時代である今にふさわしいと思う人もいるだろうし、なじみのない時代だなと感じる方もおられることだろう。そこで、鎌倉武士たちは一体どのように考え、モンゴルといかに戦ったのかを知りたい人に、ぜひ一読を勧めたい本が出た。

有名な『蒙古襲来絵詞（もうこしゅうらいえことば）』の読解が中心である。この絵巻の主人公は、肥後国の御家人竹崎季長（すえなが）。彼は、モンゴル襲来に際しての自らの戦いぶりを絵巻にしたのである。モンゴル襲来をこのように鮮やかに描いた絵画史料はこれしかないし、その詞書（ことばがき）からは、鎌倉びとたちの生々しい声が聞こえてくるようだ。

モンゴル襲来前の季長は、一族間の争いに敗れて、本領を失っていた。惨めな季長。文永の役に起死回生を期して出陣した彼は、わずか五騎で奮戦し、肥後の軍勢の先がけとなったが、その軍功は幕府のもとに届かない。そこで訴訟のために関東へと向かった。

ようやく鎌倉へたどり着きはしたが、だれも会ってはくれない。やっとのことで御恩奉行である、幕府の実力者・安達泰盛に面会することができた。

「一番がけの殊勲をたてたのに、将軍への注進に洩（も）れたのは遺憾千万です。どうか私の功績を認めてください」と季長。すると泰盛は「貴殿が負傷されたことは感状に明記されている。負傷も立派な戦功なのだから、それでよいではないか。一体、何がご不足なのか」と反問する。「私が申し上げたいのは一番がけの勲功です。万一、それが偽りとわかれば、すぐにでも私の首をとってください」……。泰盛の鋭い問いかけ。季長は必死になって応答し続け、直訴はついに聞き届けられた。泰盛は勲功の賞として地頭に任命する将軍家下文（くだしぶみ）を手渡し、特に馬まで与えたのである。鎌倉武士のなんと心憎い為政者ぶりであろう。緊迫したやりとりの叙述は見事である。

「蒙古襲来」という、著者長年のテーマへの周到な考察が、なんと平易にわかりやすく語り尽くされていることか。そこに本書の魅力がある。

評・黒田日出男（歴史学者）

いしい・すすむ 31年生まれ。東京大学名誉教授。著書に『日本中世国家史の研究』『鎌倉幕府』ほか。

二〇〇一年二月一一日⑤

『ムッソリーニ　―イタリア人の物語』

ロマノ・ヴルピッタ 著

中公叢書・一八五〇円

定説を真っ向否定のもう一つの独裁者像

よその国のことは言えた義理ではないが、イタリアの政治もなんだかいつもふらふらして見える。この国では近いうちに総選挙がある。その後にできる新内閣は、戦後五十六年にして五十九番目になる。

放縦、混とん、反秩序。政治もまた、イタリア式なのか。そんなありきたりの印象に収まらない人物が昔いた。この本の主人公である。著者は元外交官のイタリア人で在日歴が長く、本書も日本語で書いている。日本人の出来合いのイタリア観は心得ているようで、だからだろう、筆致は冷静にしてなお挑発的に響く。

本書も触れているように、私たちのムッソリーニ像はチャプリンの映画「独裁者」によるところが多い。床屋で座ったいすの高さをヒトラーと競い合う、例のあれだ。私たちはムッソリーニもイタリアも、実はほとんど何も知らない。読み進むうちそれに気付く。

一例は、「（ムッソリーニは）ファシストの行き過ぎを抑えられた唯一の政治家」という本書の評価。両次大戦の戦間期、この国にも過激な民族主義と暴力がはびこった。それを扇動するようで、実は制動していたのが彼だった！　だから独裁制の導入は、著者の史観に立てば、彼の政治的敗北の結果であった。

もう一例。ヒトラーと違い、ムッソリーニにはアジア人への差別感が薄かった。黄禍論を否定した。中東やアジアの独立も支持した。人種に序列をつけるナチスの特異な思想との差異を、著者は強調する。

この独裁者に少し甘すぎる気もする。ムッソリーニの動機は「教育」を通じ、統一されたイタリア国民をつくることにあった。その教育の最良の手段として戦争を考えた。著者のこの理解はわかる。それならば、戦争が生んだ惨禍への著者の認識をもっと知りたい。

現代に至るまで、イタリアの政治勢力には「統一」や「和解」への願望が共通して根強い。この国民を統治する難しさは、だれもが口にする。ひとつ間違えれば、国を破滅にも導く。半世紀前、それをしでかした男の政治哲学と人生を描写したこの本は、歴史への批判意識を込めて読みたい。

評・中川謙（本社論説副主幹）

Romano Vulpitta 39年ローマ生まれ。在日イタリア大使館一等書記官などを経て京都産業大教授。

二〇〇一年二月一一日❻

『シェークスピアを盗め！』

ゲアリー・ブラックウッド 著　安達まみ 訳

白水社・一七〇〇円

史実もとに冒険物語「ご本人」も登場して

シェイクスピアに関心がある人なら、四百年前のロンドンにタイムスリップして、シェイクスピアが活躍していた伝説的な「グローブ座」で名作「ハムレット」を見てみたいと思ったことがあるはずだ。

本書はそんな私たちの願望をかなえてくれるおもしろい冒険小説だ。しかも、主人公とともにシェイクスピアの劇団を内部から疑似体験できるのだから、こたえられない。青少年向けに書かれた本だが、そんな枠組みに関係なく楽しめる。

主人公は十七世紀はじめの英国に生きる孤児院育ちの十四歳の少年ウィッジ。奉公先で速記術を学んだ彼は、新しい主人から人気劇作家シェイクスピアの台本を「盗む」よう命じられ、田舎の村から騒然とした活気にあふれるロンドンにやってくる。当時は著作権がいい加減で、ヒット作の台本を他の劇団が盗んで上演する行為が横行していた。

主人公の設定がよくできている。はじめウィッジは敵方のスパイとして一座に入りこみ、台本を盗もうとするのだが、女性を演じる少年俳優として舞台に立つうちに演劇の面白さに目覚めていく。家族を知らない彼が「家族みたいな」一座の空気に魅了され、さまざまな危機と試練を乗り越えていく姿も共感をそそる。やがて、彼はオフィーリア役を巧みに演じて、エリザベス女王から称賛される光栄にも浴するのだ。

かなりの部分、歴史的事実を踏まえ、実在の俳優が何人も出てくるこの小説には、もちろんシェイクスピアも登場する。ここでは「広い額と黒の巻き毛の、ジプシーのような男」と形容されるこの天才劇作家は、同時に「ひとを寄せつけない」、「引きこもりがちで、考えごとをしてる」なぞめいた人物として、ある距離感をもって描かれる。シェイクスピアの実像がはっきりしないだけに、作者としては慎重にならざるをえなかったのだろうが、もっと至近距離から大胆に描いてほしかったという気もする。

この作品は好評で、アメリカで続編が出たという。主人公のその後をぜひ知りたい。

評・扇田昭彦（演劇評論家）

Gary Blackwood　45年生まれ。アメリカの作家。青少年向け小説を執筆。本作で全米図書館協会最優秀賞。

二〇〇一年二月一八日❶

『ネメクモア』

渡辺啓助 著

東京創元社・四〇〇〇円

知られざる作品集め ニヒルなロマン再び

ちょうど十年前に、おなじ著者の『鴉（からす）白書』が出たとき、たいへん失礼ながら、まず渡辺啓助という〈探偵小説家〉が、お元気だというのにびっくりした。九十歳でみごとに冷静な文章をお書きになり、自身で校訂も装画もされたという。漆黒の表紙に〈A white paper of crow〉という白文字が鮮やかだった。

渡辺啓助と言えば「新青年」であり、「新青年」と言えば、大正末から昭和十年代にかけてよく売れたモダーンな雑誌だった。欧米のコントやファッションの情報など、センスのいい記事も評判だったが、何よりも個性的だったのは、海外の〈探偵小説〉の紹介と、それに触発されたわが国の作家の作品を、次々に載せたことだった。乱歩の初期の傑作の多くは、この雑誌に発表された。松野一夫らのイラストめいた表紙絵や挿絵も新しかった。絵の中から音楽が聞こえてきた。

〈推理小説〉ではなく〈探偵小説〉だった。どこが違うかというと、ちょっとニヒルなロマンがあった。たとえば、乱歩の屋根裏の散歩がそうであり、渡辺啓助の鴉への不思議なこだわりがそうだった。啓助の弟の渡辺温がいちばん〈新青年的〉だという人もいる。この人は「可哀相な姉」や「兵隊の死」などの、幻みたいな数少ない作品を残して、二十七歳で夭折（ようせつ）した。

『ネメクモア』には、自選の、あまり知られていない作品がいくつも入っている。「深夜の獣魂病者」や「消しゴムお蝶」がそれである。その代わり「偽眼（いれめ）のマドンナ」などの代表作と言われるものはない。『鴉白書』から十年経（た）って、百歳になった著者の茫漠（ぼうばく）とした視野には、闇（やみ）の中の灯のように、これらの作品が瞬いて見えるのだろう。

東京創元社はいい版元である。元のとれないこうした本をたくさん出している。「ポオ全集」も「リラダン全集」も、売れはしまいが、いまの文化の中になくてはならないものである。因（ちな）みに、渡辺啓助の「偽眼のマドンナ」や「地獄横町」は、『聖悪魔』（国書刊行会）で読むことができる。――〈ネメクモア〉とは、〈私だけを愛して〉というフランス語である。

評・久世光彦（作家）

わたなべ・けいすけ　01年生まれ。作家。29年「偽眼のマドンナ」でデビュー。著書に『鴉』『クムラン洞窟』。

二〇〇一年二月一八日②

『北朝鮮事典　切手で読み解く朝鮮民主主義人民共和国』

内藤陽介 著

竹内書店新社・二八〇〇円

驚くべき種類の図像　装丁までマニアック

思わずこの本に手が伸びたのは、装丁のデザインの痛快な違和感だった。金日成と金正日が、悪いことはまるでしたことがないという笑顔で、にっこりと白い歯を見せている。それが赤青黄のカラフルな色と、英語とハングル文字に飾られて、ひと昔前のウォーホールのポップアート、毛沢東が口紅を塗ったような感じのあれを思い出した。しかもこの本は厚さが三センチ近くで、その木口（こぐち）をぎゅっと伸ばすと金日成像があらわれ、逆方向にぎゅっとやると金正日像があらわれる。

マニアックな印象である。中を開くと全部切手なのでまた驚いた。下の段に切手の写真がずらりと並び、上にはその解説がぎっしり。その項目が「あ」から「わ」まで順序よく流れて、本のタイトルが「北朝鮮事典」だから、なるほど、うまいなと思った。

北朝鮮はいまや世界随一の「思想」の国だ。正しい「思想」のもとにすべてが整えられている、らしい。

一方切手というのは、考えてみればすべて意味ある図像だ。無意味な図像などあるわけもなく、人物も、建物も、山や風景も、キムチでさえも、すべてが意味づけられる。

ということで、考えたら北朝鮮と切手というのは、あんがい相性がいいのだろう。

切手はもとは郵便の印紙に過ぎないけれど、一方では数あるコレクションの中の最大アイテムとなっているから、そこを狙っての珍種発行ということが、とくに小国の外貨稼ぎとしておこなわれている。その点でも相性はいいのだ。

しかし驚くべき切手の種類で、これがみな蒐集品（しゅうしゅうひん）なのだろうか。蒐集のエネルギーというのは切手に限らずカメラ、時計、骨董（こっとう）その他もろもろ、ある種の低温火傷（やけど）の広がりみたいな、恐怖と恍惚（こうこつ）があるものである。この本の「よ」のところ、よど号事件の切手はさすがにないが、「この郵便物は、乗取り事故の日航機に搭載されていたため遅延しました」という付箋（ふせん）つきの封書が掲載されている。この微細な努力の強力さが、じつにあぶない。

評・赤瀬川原平（作家・美術家）

ないとう・ようすけ　67年生まれ。東大大学院人文社会系研究科助手。著書に『マオの肖像』など。

二〇〇一年二月一八日④

『政治とは何か　竹下登回顧録』

竹下登 著

講談社・一八〇〇円

今日の袋小路生んだ「損失補てん」の手法

気配りの竹下とはよく言ったものである。一九八九年に宰相の座を降りたあとも、昨年六月に死去するまで「キングメーカー」「闇（やみ）将軍」として政界に君臨し続けた竹下登。本書では、「腹に一物」ある「ずるい」人間だと自らを評しながら、数多くの逸話を淡々と語る。同期の国会議員のなかで自分は最後に政務次官になるように働きかけ、参院議員を二期務めるとお払い箱になる社会党議員の再就職にさえ気を使った……。とりわけ興味深いのは、ようやく大臣になれたものの短命内閣のために短期間で辞めざるをえなかった議員を、「僕は当然責任を感じて（再び大臣にするなど）損失補填（ほてん）をやりましたわね。時間をかけて」と語っていることである。

竹下は蔵相を何度も務めたわりには政策通に見えない、不思議な政治家である。しかし、彼の政策運営のキーワードもやはり、「損失補填」であった。

日米繊維交渉に触れた個所である。前任者の宮沢喜一が処理しきれなかった問題を、田中角栄通産相は、輸出自主規制にともなう国内業者の損失を補償することで、一挙に解決した。竹下は言う。「（日米経済交渉と言っても）国内対策ばかりやっているんですよね」。田中の問題処理能力ではなく、その後定着する自民党流の問題処理方法に注目しているのである。

「政治とは何か」という問いに対して、経済成長の果実を使って国内業者をなだめ、「損失補填」することによって問題を処理することであったと、竹下は答えている。裏を返せば、困難に直面して展望を示し、使命を説き、言葉で説得する術（すべ）を、この国の指導者たちは学ばずに来てしまったということである。

だが、札びらを切って片づけられる時代は終わった。不況が長引いて財政が逼迫（ひっぱく）しているいま、「損失補填」の原資は失われた。この手法の完成者である竹下でさえ、ある時点で気がついていたことだ。しかし、今の指導者たちは「損失補填」に代わる新しい政治手法を見いだしていない。彼らは、この本をどう読むのだろうか。

評・真渕勝（京都大学教授）

たけした・のぼる　1924～2000年。元首相。本書は政策研究大学院大の伊藤隆、御厨貴両教授が聞き取りをした。

二〇〇一年二月一八日⑤

『司法を救え』

福井秀夫、川本明 編著

東洋経済新報社・一七〇〇円

量の増加が改革の要　利用者の視点で提言

法曹界で、仲間うちの情報漏えい事件があったことは、驚くにはおよばない。少数精鋭のエリートと位置づけられ、ギルドのごとき体質をもち、身内の論理で制度をつくってくれば、驕（おご）りも澱（よど）みも生まれよう。しかし、日本社会にとって司法のゆゆしき問題は、規律の乱れだけではない。

高くて、遅くて、不親切――法曹人口が極度に少ないがゆえに、現在の司法は果たすべき役割を果たさず、消費者や企業に役立つものになっていない。質量ともに貧弱なサービスこそ、司法の最大の問題だ。本書は、ここにぴたりと照準を合わせた。「数を増やせば質が低下する」という議論への痛烈な反論だ。

司法試験の合格者は、一九六〇年代から九〇年まで、年間五百人程度に抑制されてきた。司法への需要が増えるのに供給が制限されれば、高くて遅くて不親切になっても不思議はない。資格審査であるはずの司法試験は、かくして法曹界に都合のよい参入規制になってきた。司法試験を本来の資格審査に変え、法曹人口を大幅に増やせ、と本書は繰り返し主張する。

量の増加が司法改革の要（かなめ）だといわれると、意外な感があるかも知れない。しかし、苦労しなくても食べていける状況にあれば、切磋琢磨（せっさたくま）による質の向上はなく、多様なニーズに対応する機敏な動きもない。既得権を守る参入規制は、結果的に一般常識から離れた閉鎖的集団をつくるのである。司法制度改革審議会の中間報告では、合格者を三千人に増やすと書かれたが、時期は明記されていない。

司法改革審と同時期につくられた民間の「司法改革フォーラム」の議論が、本書のベースになっている。複数名の分担執筆だが、各論者の主張は首尾一貫している。貫かれたのは、利用者の視点だ。消費者の立場に徹して論ずることで、司法サービスの特殊性よりむしろ、一般のサービスと同じであるべきポイントが浮き彫りにされた。司法も、教育も、医療も、とかく〝聖域〟扱いされてきた分野で、今日の問題は起こっているのである。

評・大田弘子（政策研究大学院大学助教授）

ふくい・ひでお　法政大社会学部教授。
かわもと・あきら　資源エネルギー庁電力市場整備課長。

二〇〇一年二月一八日❻

『熱帯魚』

吉田修一 著
文芸春秋・一四二九円

言い訳なくクールに 酷薄に衝動のままに

優しさというやつは信用ならない。たいていの場合の優しさとは、小心な自己防衛でしかない。吉田修一の小説には、そんな優しさを擬装しない、抜き身の殺気のような感情がざらりと転がっている。いや、感情なんかに分類できない瞬時の衝動といってもいい。

本書に収められた三編のうち「突風」という作品が一番好きだ。会社の長期休暇を久しぶりに取れた青年が、「へんな『勘』」に動かされ、マレーシアのリゾートホテルの予約を取り消して、九十九里浜で住み込みアルバイトを始める。住み込み先の奥さんと語らううちに、ふと車で逐電しようと誘惑する。本気になりかけている奥さんを乗せたまま、新宿まで来たところで、ふいに彼は奥さんを駅前の雑踏ですげなく降ろしてしまう。一週間後に会おうと約束するが、むろん忘れる。

なにしろクールだ。酷薄である。本気なのか遊びなのか、好意なのか悪意なのか、そんな区別もつかない突風のような衝動のまま青年は行動し、また出来事はいっさいの言い訳なく突き放して語られる。

大工見習の青年が台風の日の建築現場に家主の娘を連れ込んでボヤ騒ぎを起こす表題作。しっくり行かない恋人に「僕」が突如激昂（げっこう）してしまった顛末（てんまつ）を描いた「グリンピース」。いずれもタッチは共通している。無思慮でキレやすい若者という紋切り型を、ついこちらは頭に浮かべてしまうのだが、常識や思慮を超えて心を振動させ牽引（けんいん）する力の、どんな「優しさ」よりも繊細な回路を著者は掬（すく）い取っている。ひょっとしたらそれは、この作家によって初めて言語に移しかえられた感覚かもしれない。

「傷つけないようにといたわられることに、一番傷つく人間だっている」と「グリンピース」の「僕」は言う。他人を恐れ合うそ寒い社会で、傷つけあうことを恐れない至近接触の発熱を、彼は生き方のマナーとして選択している。ひょっとしたらこの著者は、赤裸々に正直な生き方を探りつづけている新しいタイプのモラリストなのかもしれない。

評・清水良典（文芸評論家）

よしだ・しゅういち　68年生まれ。作家。97年に「最後の息子」で文学界新人賞を受賞。

二〇〇一年二月二五日❶

『谷崎潤一郎＝渡辺千萬子　往復書簡』

谷崎潤一郎、渡辺千萬子 著
中央公論新社・一九〇〇円

文豪の熱烈な賞賛が彼女を大胆な相棒に

むかし卒業論文というものを書いたときに、私は谷崎が七十代半ばで書いた最晩年の小説『瘋癲（ふうてん）老人日記』を中心に論じた。老人が息子の若い嫁「颯子（さつこ）」に性的な刺激を受け、殊にその足に踏まれたいという被虐的な夢想にのめり込む、という谷崎ならではの小説である。指導教官には「君には老人の性欲なんて分からないだろう」などと揶揄（やゆ）されたが、当時も今もそれが谷崎の傑作であるという気持ちは変わらない。

本書は、その『瘋癲老人日記』の「颯子」のモデルと言われてきた女性と谷崎との、ほとんどが未発表の往復書簡集である。『瘋癲老人日記』で颯子の足を「柳鰈（やなぎがれい）ノヤウ」と書いたことを「君の足から思ひついたのです」と明かしている手紙があったりする。

谷崎は若い頃（ころ）から、十年おきくらいに創作欲の源泉となる女性を見出（いだ）しては、執筆生活をリフレッシュしてきた。これまで『痴人の愛』のナオミや、『盲目物語』『春琴抄』のヒロインの源泉となった女性のことは公然と語られてきたが、晩年の相手のことは、身内への配慮もあり秘められてきた。そのベールが今、千萬子さん本人の手によって取り払われたのだ。当然ながら私のような谷崎マニアには超の字を三つ付けたいくらい興味深いわけだが、一般の読者にとっても超が二つ付くほど面白いことは請け合いである。

名声の頂点にいた「文豪」に手放しに寵愛（ちょうあい）され、贅沢（ぜいたく）なプレゼントやお小遣いを贈られ歌に詠まれ、小説のモデルにもなった女性って一体どういう人なのか。若くてピチピチしていただけでなく、もちろん惚（ほ）れられるだけのことがあった女性なのである。

英文科を出たミステリーマニアの現代的な女性が、複雑な一家に嫁ぎ、変わり者扱いされながら鬱屈（うっくつ）して暮らしている。そんな彼女が谷崎の熱烈な賞賛（しょうさん）と助言を乞（こ）う声におずおず応（こた）えるうちに、大胆な批判さえ直言する〝相棒〟へと変貌（へんぼう）していくさまが読みとれる。そんな彼女に共振するように、谷崎もまた大胆な創作の世界を切り拓（ひら）いていくのである。その軌跡は、共作のドラマのように感動的だ。

評・清水良典（文芸評論家）

たにざき・じゅんいちろう　1886～1965年。
わたなべ・ちまこ　30年生まれ。夫は谷崎の3度目の妻の子。

二〇〇一年二月二五日❷

『あなたの想い出』

高平哲郎 著
晶文社・一九〇〇円

ジャズにのせて描く愛すべき「遊民たち」

どんな面白い話でも、話しおわって、ちょい間があって、《それがどうした》と言われたら、真っ白に白けるものだ。また世の中には、そうした性質（たち）の悪い水を差す奴（やつ）が結構いるもので、そいつらの目を盗んで冗談っぽく暮らすのは、なかなか難しい。

遡（さかのぼ）れば、明治の後期から昭和のはじめにかけて棲息（せいそく）した《高等遊民》という一族が、世の《それがどうした》の声を聞き流して、半醒（はんせい）半夢の日々を送ったのが、こうした種族のハシリかもしれない。「吾輩は猫である」に出てくる、《ハーキュリスの牛》の迷亭や、《首縊（くく）りの力学》の寒月がそうである。彼らは怪しげなペダントリーを連発して《それがどうした》の連中を煙（けむ）に巻いた。彼らには、あり余る知性と、ほんの少しのニヒリズムと、陽炎（かげろう）みたいに頼りない含羞（はじら）いがあった。

だから、もともとインディアンのような亡（ほろ）びの種族だったのだろう。彼らに戦争は似合わない。いつか彼らの姿は消えた。

――平和になって、ダンディに姿を変えた

《高等遊民》の末裔（まつえい）たちが、一人また一人と戻ってきた。たとえば、久保田二郎や淀川長治や、野口久光、色川武大、植草甚一といった手合いである。この連中の特徴は、ジャズが似合うことだった。カラフルな無頼がスウィングしていた。だが、世間の多くはやはり《それがどうした》と冷たかった。

高平哲郎の「あなたの想い出」は、彼らを偲（しの）んで打ち上げる冬の花火である。戦後の《遊民たち》も大方は死んでしまった。それが高平には哀（かな）しくてならない。彼らにつきまとって、飲み潰（つぶ）れていたころが、キラキラ輝く黄金の日々に思われるのだ。だから高平は、懐かしい彼らに、一曲ずつジャズのスタンダードを捧（ささ）げる。八木正生には「There's a Small Hotel」を、景山民夫には「I'll See You in My Dreams」を、そして三木のり平には「After You've Gone」を――。

高平が死んだら、私は「Indian Love Call」を捧げよう。

評・久世光彦（作家）

たかひら・てつお 47年生まれ。編集者、プロデューサー。著書に『スタンダップ・コメディの勉強』など。

二〇〇一年二月二五日❸

『民族とナショナリズム』

アーネスト・ゲルナー 著　加藤節 監訳

岩波書店・二四〇〇円

最強のイデオロギー その成因を解明する

ナショナリズムは、過去二世紀近く、もっとも強力なイデオロギーだった。冷戦が終わり、社会主義イデオロギーが退場した現在、なお強い力を持ち続けている。にもかかわらず、ナショナリズムは極めてとらえがたいものであり、とくに哲学者、思想家によって真剣に取り上げられることは少なかった。本書は、小さな本ではあるが、正面からナショナリズムを論じた注目すべき著作である。

ナショナリズムとは、政治的な単位（つまり国家）と民族的な単位とが一致しなければならないと主張する政治的原理である、とゲルナーは定義する。そして、この原理が侵害されることによって喚起される怒りや、この原理が実現されたときの満足感が、ナショナリズムの感情であり、こうした感情によって動機付けられたものが、ナショナリズムの運動だとする。

ところが、そもそも国家も民族（ネーション）も、いつどこにでもあるものではない。国家は農耕社会になって登場したものであり、産業社会になって普遍的に広がったものである。また、民族は、同じ文化を共有する（と思われている）集団と定義されるが、そうした意識の成立も、産業社会の時代のことである。

また現在、世界には二百ほどの国家があるが、言語（それが文化の中心である）は八千もある。しかし、世界中がナショナリズムで沸騰しているわけではない。つまりナショナリズムは、どこにでも生まれる現象ではないのである。

このようにゲルナーは、とくにヨーロッパとイスラームの文化と民族に関する該博な知識を駆使して、国家と文化を歴史の中に位置づけ、ナショナリズムの生成と類型について論じ、ナショナリズムが近代世界における特定の社会条件の下でのみ支配的となる愛国主義だということを明らかにしている。やや難解なところもあるが、その議論は正統的で、深みがあり、かつ華麗である。ゲルナーは、哲学者、人類学者として著名な碩学（せきがく）ながら、これまでほとんど邦訳はなかった。訳者の努力を多としたい。

評・北岡伸一（東京大学教授）

Ernest Gellner 1925～95年。パリで生まれ、プラハで育つ。渡英後、ロンドン大哲学教授などを歴任。

二〇〇一年二月二五日④

『自転車乗りの夢』

佐々木幹郎 著
五柳書院・二五〇〇円

朔太郎・中也・山頭火 自在な距離感で描く

自転車レースやサイクリングのファンの期待は裏切るけれど、本書は、日本の詩人・作家二十五人について詩人が語ったエッセー集。

表題のエッセーは冒頭にすぐ登場する。

不器用だった萩原朔太郎が自転車に挑戦した。転倒をくり返し、車輪を曲げ、打ち傷。前橋市内では老婆にぶつかる。それでもめげず、ついには二十キロ離れた国定村まで遠乗り。こうして生まれたのが、漢語調の詩「国定忠治の墓」一編。ここまではまだ前段。

著者は国定村を訪れる。二十キロは遠かった。かの詩人は上州名物「空っ風」をついて必死でペダルを踏んだはずだ。朔太郎好みの虚無感ゆえか、むしろユーモラスでは。忠治の墓を見てびっくり。巨大な石碑があり、その横に高さ一メートルほどの石柱。こっちが本物の墓。ところが朔太郎は当時すでにあった石碑も石柱の墓も無視し、詩のなかでは「一塊の土塚」と詠んだ。なぜだろう。あれこれ考える。「水と緑と詩のまち——前橋けいりん」なんて看板を眺めながら。

こう要約するとわかる。朔太郎の癖や性格から、詩人が詩に見ようとした風景、そして観光資源となった詩の置かれた現在まで、短文ながらサラリと浮かび上がらせる。どのエッセーも切り口がユニーク。

中原中也がくり返し聴いたレコードを実際にかけてみて。山頭火の句碑が百基以上もあるのは。高見順が小説を書くあいまに広げたスケッチブック四十冊の内容は。寺山修司が著者と最後に交わした問答とは。はじめて会ったとき谷川雁が示した態度とは。中上健次が自己の考えを主張するときの口癖は。

といった風に、作品が生まれた現場へ出かけたり、会った詩人たちの物言いやしぐさを思い起こしたり、フットワークは軽く、眼(め)と耳はきびきびと動く。

「自転車乗りの夢」とはピッタリの題だ。スイスイと詩人たちに近づき、ちょっと停車して彼らの肖像を活写する。卓抜なデッサン力。いいや、対象とした詩人たちを敬愛し、詩への夢を託せばこそだ。だからときに苦く、厳しい夢もある。

評・松山巖（評論家）

ささき・みきろう 47年生まれ。詩人。詩集に『死者の鞭』、評論集に『中原中也』ほか。

二〇〇一年二月二五日⑤

『日活ロマンポルノ全史』

松島利行 著
講談社・二八〇〇円

時代映す滅びの美学 才能豊かな人士集う

ロマン・ポルノではない。ロマンポルノである。

一九七〇年代初めに出現し、やがて姿を消した。あの不思議な映像群を巡るドキュメントである。「・」を抜いたわけにも本書は断りを入れている。「時代のシンボル的な言葉」としてひとくくりの造語にしたという。著者のこだわり、よくわかる。

六〇年代に全盛の「ピンク映画」の単なる延長ではない。昨今のアダルトものとも全く違う。そうではなく、ロマンポルノはあのころの時代相を象徴的に詰め込んだ、特異な現象であった。と、著者は言いたいに違いない。それを、登場するあまたの映画人の言動に代弁させているのが読ませどころだろう。

それにしても、なんとまあ多彩な人士がこの世界とかかわっていたことか。

後に東大学長になる文学者が、たいした批評の論陣を張ってみせた。評論家の一群には、ほかにエリート官僚、高校教員など。国立大出の監督あり、新劇出身の女優あり。ロッキード事件の関係者宅に軽飛行機で突っ込み、爆死した男優もいた。いまをときめく個性派の俳優には、ロマンポルノ出演者が少なくない。

かくも多くの人材を吸引したもの。それが「七〇年代の日活撮影所の異常に高揚した空気」であった、と本書はいう。そういえば、万事にわたり、みんなの気持ちが妙に高ぶっていたな、と往時を思い起こす。

高度成長は区切りを迎え、若者の反乱も転機にさしかかろうとしていた。映画産業もまた、斜陽の道にあった。起死回生を狙った路線がまんまと当たった。才能豊かな人材が、もともと「反社会的」な題材に集中し、そのうえ反体制的な「滅びの美学」の色彩まで帯びるに至る。そこに警察の摘発の手が入る。

題名の「全史」とは、世の風潮が「シラケとやさしさ」にゆっくり移ろうとする、あの変化の季節のすべてを指していたのか、と改めて思い直す。

熱い炎が燃え尽きるとき、あやしげな光を放つ。時代の発する残光があの映像を輝かせていたのだ、と読後にそんな想像も巡らせてみた。

評・中川謙（本社論説副主幹）

まつしま・としゆき 37年生まれ。毎日新聞の映画担当記者、編集委員を経て映画評論家。

二〇〇一年二月二五日❻

『そして粛清の扉を』

黒武洋 著

新潮社・一五〇〇円

ぐいぐいと読ませる見事なプロット構成

二つの出版社が共同で新人賞を主催するというのはきわめて珍しい試みで、しかもその二社が文芸の老舗（しにせ）新潮社と新興の幻冬舎というのだから、これでは業界で話題になるのも当然。そのホラーサスペンス大賞の第一回の大賞受賞作が本書である。ちなみに、大賞受賞作の出版は二社間で交互に権利を持つらしいが、一回目の刊行をどちらにするかはコイントスで決めたという。

四十代半ばの女性教師が卒業式の前日、二十九人の高校生を人質にとって粛清を開始するという筋立ては『バトル・ロワイアル』を想起させるが、選考委員の大沢在昌が選評で指摘しているように、こちらの方がはるかに反社会的と言っていい。それは、この主人公が、被害者側からの報復は許されると考えているからである。報復される側の高校生が例外なく病んだハイティーンで、その病んでいるからこそ犯した罪状を読者に提示しながら粛清が行われていくという筋立ては、読者の心理的拒否を回避するための技法だろう。もちろん、主人公にそういう行動を取らせるのは、作者も同じ観点に立っていることを意味するわけではない。こういう設定自体が、問題提起なのだろう。

身代金受け渡しのアイディアをはじめとするプロットがよくできていることは称賛しておきたい。ヒロインが何を狙っているのかを伏せたまま物語を進める構成も効いている。なによりも一気に読ませる筆力とオリジナリティーが見事。

しかしながら、問題も幾つかある。その一つは文章が生硬であることで、そのためにいささか読みづらいのは難。もう一つは、全体に急ぎすぎであることで、もう少し書き込みがあってもよかったのではないか。これだけのプロット構成力があるのだから、じっくりと書き込めばパワーは倍増するに違いない。ようするに本書は、まだ粗削りながらも力で押し切った感が強い。最近の新人作家の中では愉（たの）しみな一人だが、この作家の真価は次作で問われる。

評・北上次郎（文芸評論家）

くろたけ・よう 64年生まれ。銀行勤務を経て、フリーの脚本、演出家。第1回ホラーサスペンス大賞受賞。

二〇〇一年三月四日❶

『マスタベーションの歴史』

石川弘義 著

作品社・二二〇〇円

「その行為」の社会史 抑圧・復権・波乱万丈

千摺（せんずり）、手淫（しゅいん）、自慰、自家発電、オナニー、ひとりエッチ……。世代によって呼び方もさまざまだろうが、とにかくその行為の社会史を、百五十点におよぶ歴史的文献に基づいてまとめ上げた、きわめて真摯（しんし）な労作である。「その行為」「きわめて真摯」などという言い回しが、すでにこのテーマの微妙な歴史性を、はからずも暗示してしまっているわけだが。

古くは旧約聖書創世記のオナンの逸話（オナニーの語源）から、新しくはポスト・エイズ時代の米国で流行した最新の〈マスタベーション復権論〉まで、とにかく本文の半分が引用と言ってよいほど厖大（ぼうだい）かつ希少な文献が、年代順に次から次へと紹介される。

その白眉（はくび）は、やはり十九世紀、ヴィクトリア時代のピューリタニズムと黎明（れいめい）期の精神医学が結託して狂い咲いた〈マスタベーション＝精神病因説〉だろう。

当時の欧米医学界では、ズボンのポケット、自転車、体育器具、階段の手摺（す）りまでがマスタベーションの温床として大マジメに糾弾されている。また、大人のオモチャまがいの珍妙な「マスタベーション防止器具」（勃起〈ぼっき〉するとアラームが鳴ったり針が刺さったりする仕掛け！）のカタログ等も豊富に収録されていて、そこにマッチポンプ式不安商法の萌芽（ほうが）を見て取ることもできる。

ついでに、全粒粉のグレアム・ブレッドやケロッグのコーンフレークも、その起源は実は「マスタベーション防止食品」だった……という驚くべきエピソードも紹介されている。

それに比べると、二十世紀以後のフロイト的性抑圧論に基づく〈マスタベーション擁護論〉は、やや正論にすぎて、なんだか退屈に思えるほどである。

「サタンの誘惑による秘密の悪癖」がやがて「性的表現の基本形」または「究極のセイフ・セックス」として、ご都合主義的に（つまり非婚・少子化がさらに進めば再タブー化もありうる？）称揚されるまでの波瀾（はらん）万丈の大逆転サクセスストーリー。読み耽（ふけ）りすぎてなんだかゲッソリしてしまったら、スポーツにでも興じてご自慰、いや、ご自愛ください。

評・山崎浩一（コラムニスト）

いしかわ・ひろよし 33年生まれ。成城大教授、社会心理学者。著書に『欲望の戦後史』など。

二〇〇一年三月四日❷

『まなざしの記憶 だれかの傍らで』

植田正治、鷲田清一 著

TBSブリタニカ・二五〇〇円

支え合う写真と哲学 眺め、読み、思考する

及ばずながら新聞記者も絵解きを書かされることがある。カバが大あくびする写真に「世の中不景気であるせいか、動物園には大人の客が増えている」なんてくっつけてお茶を濁すたぐいだった。やたら事件事故が多い当節はもうはやらない。

近ごろ絵解きは哲学者が書く。先に鷲田清一が著した『「聴く」ことの力』は新鮮だった。そこには彼が敬愛してやまないという植田正治の写真が挟み込まれていた。しゃべりすぎる哲学を「聴く」ことへと転じたいとする試みにも増して「写真の横に文章を添えたいという一心でかろうじて言葉を絞りだしえた」との記述に感じ入った。これは、その続刊である。

たとえば「あるひとのことを、そのひとの顔を思い浮かべることなしにおもうことはできない」と書き出す。背中に顔がある役者、顔を隠す人たち、「肖像画が出てきたら、おしまいなんだ」というピカソ、客が目覚めたら笑いかける添い寝の仕事の女が出てくる吉本ばななの小説……とたゆたいつつ、顔と仮面の抜き難い関係が語られるなかに、幾葉かの

「顔」の写真が配される。文字をたどり、写真を眺め、読者も考えることになるだろう。ひとの存在の核は顔面か、と。

ひとの存在のなぞを解くのが哲学者の仕事だろう。鷲田はそれを、見る、聴く、かぐ、触れる、なでる、まさぐる、といった五感から始める。植田に遭遇して「すべて見てみたい」と望んだとき「この思想家の書いたものはみな読んでみたいとおもったあの青い日、汗くさい日」がよみがえった。「ホスピタリティ」というものを考えるとき、いつも鷲田は植田の撮った砂丘の風景を思い浮かべる。その自写像をみては「すすんで〈盲〉になる行為」を考える。「血縁、地縁とは異なった仕方でたがいにささえあうそんな生活のありかた」へのいざないが鷲田のもくろみだが、それは文章が終わるところに写真が始まり、写真の終わるところに文章が始まるというつづら折りを行くおもむきである。時は過ぎ、人は流れる。鷲田より三回り年上だった植田は昨夏逝き、すでに亡い。

評・河谷史夫（本社編集委員）

うえだ・しょうじ 1913〜2000年。写真家。
わしだ・きよかず 49年生まれ。大阪大大学院教授、哲学・倫理学。

二〇〇一年三月四日③

『日本語を書く部屋』

リービ英雄 著
岩波書店・一八〇〇円

憶良と野茂つないで 本物の国際化を探求

日本にも国際化が必要だ――毎日のように聞く論議である。しかし「国際化」とは何だろう。

リービ英雄は「国際化」の例として、思いもよらない人物の名前を出す。なんと山上憶良である。「貧窮問答歌」の中で「世間（よのなか）を憂しとやさしと思へども 飛び立ちかねつ鳥にしあらねば」と歌った山上憶良。朝鮮半島の百済の生まれといわれる憶良は、大陸の技術を持って日本に渡り、そのまま日本に住みついて、日本語で和歌を詠み、役職を得た。著者は自身をこの古代の渡来人に重ねる。著者もまた憶良と同様「日本語をもって日本に参加した」人だからである。「本物の国際化」とは「日本民族という近代がつくった枠の外で生まれた人たちが、自由に日本に参加できること」だと著者はいう。万葉時代の日本はその意味で「国際化」されていた。では、いまの日本は？

ここで著者は再び思いもよらない名前を出す。もう一人の英雄、すなわち「野茂英雄」である。「野茂英雄」は日本のブランドである以上に、世界のブランドとして日本人に「発見」された。野茂の登場は、再び日本が万葉時代的な「国際化」への道にふみだす契機となるのではないか――。

山上憶良と野茂英雄がひとつの文脈でつながるなんて！『日本語を書く部屋』は、日本、日本語、日本文学といった概念に、こんな感じで静かな揺さぶりをかける魅力的なエッセイ集だ。明治以来、「国際化」といえば西洋文化を受け入れるか否かの文脈でしか、私たちは考えてこなかった。万葉集の研究者を経て日本語で小説を書く道を選んだ著者は、そのような「近代の思考方法」にあちこちで風穴をあける。

日本語を読み書きする外国人に戸惑う人はまだ少なくない。だが、リービ英雄はいう。中国生まれの漢字と国産の平仮名を交ぜ書きする日本語の書き言葉には、もともと大陸に隣接した島国の国際的な歴史が刻まれている。その歴史に自分が参加するのは不思議でもなんでもないのだ、と。この本の存在自体が開かれた日本語の可能性を物語っている。

評・斎藤美奈子（文芸評論家）

りーび・ひでお 50年アメリカ生まれ。作家。『星条旗の聞こえない部屋』で野間文芸新人賞。ほかに『天安門』。

二〇〇一年三月四日❹

『百人百句』

大岡信 著

講談社・一八〇〇円

西鶴から自由律まで 一人一句の大胆選択

私のような俳句好きには、こたえられない本である。著者は、言うまでもなく、本紙朝刊一面の「折々のうた」の執筆者。この本もその副産物だそう。

「百人一首」にならえば「百人一句」となりそうなものだが、大岡さんは、「百人百様、一人ひとりがまったく別様の個性を発揮している句ばかり」だからというので「百人百句」。なるほど、同じ十七文字に盛るにも、「水鳥やむかふの岸へつういつい」（広瀬惟然）から「軍鼓（ぐんこ）鳴り／荒涼と／秋の／痣（あざ）となる」（高柳重信）まで、本当に百人百様である。

それにしても、西鶴らの談林派から芭蕉とその弟子たちの蕉門、蕪村や暁台らの天明期、成美や一茶らの化政期、子規と虚子にはじまる近代俳句、紅葉・漱石・芥川らの文人俳句、碧梧桐の新傾向、秋桜子の新興俳句、戦後の前衛俳句、それに無季、自由律と、俳句も長い歴史を刻んだものだ。

そのなかから百人を選び、春・夏・秋・冬・新年・無季と分けてはあるが、時代順に配列してあるから、これを読めば、俳句の歴史もそのさまざまな流れもおおよそ分かってくる。芭蕉も一句、現代俳人も一句というのだから大胆不敵な選択ではあるが。

俳句好きの読者としては、自分のひいきの俳人のどの句が採られているかが気になるところだ。芭蕉や蕪村あたりは名句ぞろい、どれを選んだって文句は言えないが、芥川龍之介の「木がらしや目刺にのこる海のいろ」や久保田万太郎の「湯豆腐やいのちのはてのうすあかり」などは予想どおり、満足満足という具合だ。しかし、自由律の指導者荻原井泉水の「空をあゆむ朗朗と月ひとり」や水原秋桜子の「冬菊のまとふはおのがひかりのみ」など、予想を裏切られても、改めて俳句の幅の広さを教えられて楽しくなる。

大岡さんは、この本で、俳句に即して日本語の「柔軟性、可塑性、論理性、簡明にして多義的な豊かさ、そして鋭利さ」を示したいと言っているが、これだけ豊富な実例を挙げて裏づけられると、心から納得させられる。いや、日本語はすばらしい。

評・木田元（哲学者）

おおおか・まこと 31年生まれ。詩人、評論家。著書に『折々のうた』『紀貫之』『名句歌ごよみ』など多数。

二〇〇一年三月四日❺

『二十世紀』

橋本治 著

毎日新聞社・二四〇〇円

「なぜ?」を出発点に百年のイメージ描く

二十世紀百年の歩みを一年きざみで描き出したコラム集である。こういうクロニクル（編年史）形式というのは、がいして独自の世界観や構成力に欠ける人間が「苦肉の策」として採用しがちなものだ。実際、私はこの形式で一冊書いたことがある。

しかし、この『二十世紀』という本にはそういう「苦肉の策」の匂（にお）いはまるでなかった。力業。たぶん、著者は純粋に自分自身のための歴史教科書を作りたいという一念だったのだろう（それ故、著者の話法に慣れていない人には読みにくいかもしれない）。今の世の中をどうとらえるか、それを考え抜いたあげく、この百年の歴史のイメージを明確にする必要があったのだろう。その奥には、半世紀余り前の日本の敗戦が、戦後間もなくの生まれである著者にとって一貫して大きな謎（なぞ）（なぜ日本はあんな戦争をしたのか？）としてあったに違いない。

著者は自分自身の半生を賭（か）けて、「なぜ世の中はこう動いたのか？」「どこでどうまちがったのか？」という、ごく単純で根本的な疑問を頑（かたく）ななまでに手ばなさない。

私はこの本によって二十世紀の知識というよりイメージを得た。また、自分が少なからず十九世紀的思考の中にあることを知った。

「(二十世紀は)十九世紀的な原則の上に二十世紀的な現実がのっかっているだけの時代」「二十世紀は『普及の時代』だった。つまり『自分ではなんにも発明しないで他人の発明品を改良して売るだけの猿マネ日本人』にはとても似つかわしい時代だった」——。知識を与えてくれる専門書は多いが(これもたいせつ)、イメージを与えてくれる本は少ない。

この本のハイライトは次のくだりだろう。「『必要なものは作る、必要じゃないものは作らない』——こういう原則を確立しないと、このイライラとした落ち着きのない世界は、平静にならない。手っ取り早く言ってしまえば、私は、産業革命以前の『工場制手工業』の段階に戻るべきだと思う」。うーん……。歴史にやり直しが利けばいい。

評・中野翠(コラムニスト)

はしもと・おさむ 48年生まれ。作家。『宗教なんかこわくない!』『ひらがな日本美術史』など著書多数。

二〇〇一年三月四日⑥

『動物たちの不思議な事件簿』

ユージン・リンデン 著 羽田節子 訳

紀伊国屋書店・二〇〇〇円

言葉が分かるゴリラ 笑うオウムの心とは

動物が何を感じ、何を考えているのかは、どうしたらわかるだろうか? 人は動物とコミュニケーションの手段を共有しているわけではないので、これは、たいへんに難しい問題である。

そこで、かつて心理学で一世を風靡(ふうび)した行動主義は、動物の心の存在を一切、無視することによって、動物心理学を「科学化」しようとしたくらいである。しかし、動物を飼ったことのある人ならだれでも、彼らにも心があると信じているに違いない。

本書の著者は、動物の心を解釈することの難しさは承知のうえで、そのような逸話を次から次へと読者の前に並べてみせる。これがどれも実におもしろい。

著者は、以前、言語訓練を受けた類人猿たちについての本を書いたことがある。類人猿たちと研究者とのやりとりの話は、本書にもたくさん登場する。しかし、あるゴリラの母親は、人間の言語を教えてもらったわけではないのだが、「赤ちゃんの顔が汚いわよ。こっちによこしなさい」と飼育係が言うと、すぐに赤ん坊を飼育係の方に差し出したそうだ。

動物がこちらの言うことを理解しているように見えることはよくあるが、いったい彼らにはどうしてわかるのだろうか?

人に育てられて野生に戻った、インドのあるトラの雌は、赤ん坊を産んだ巣穴が洪水で水浸しになったとき、赤ん坊をくわえて川を泳ぎわたり、もとの飼い主の家の二階に「避難した」。ある人の家で飼われていたオウムは、同じ家にいるパコという名前の鳥が嫌いだった。このオウムは言葉を話すのだが、ある日、飼い主がシャモを調理していると、そのオウムは「かわいそうなパコ!」と叫んだ。そして、パコは生きていることを飼い主が示すと、オウムはけらけらと「笑った」という。さて、これはなんだろう?

珍談、奇談の連続で非常に楽しめる。最近の動物行動学は、動物の心的状態を研究対象とするようになってきた。本書はそれらのことだけでなく、より広く、他者を理解するとはどういうことか、新たな目を開かせてくれる。

評・長谷川眞理子(早稲田大学教授)

Eugene Linden 47年米国生まれ。ジャーナリスト。著書に『チンパンジーは語る』。

二〇〇一年三月一一日❶

『ウィリアム・ティンダル　ある聖書翻訳者の生涯』

デイヴィッド・ダニエル 著　田川建三 訳
勁草書房・八四〇〇円

英語を形作った訳業　権力に挑み刑死招く

読書という行為の何ものにも代え難いうれしさは、つい昨日まで相見ることもなかった人と行き会えて、まるで百年来の知己のごとくなれるという精神の化学反応をくぐれることにある。書物の中での知り合いは生身の人間と違って裏切ることもないだろう。

ウィリアム・ティンダルという聖書を英語に訳した男のことを、私など門外漢が知る由もなかった。英語の聖書なら「欽定（きんてい）訳」だし、それが英語をかたちづくってきたのだと思い込んでいた。無知の思い込みは恥である。「欽定」にさかのぼることざっと九十年、一人の学者によって英訳が試みられた。それは知識の独占にすがる権力者を周章ろうばいさせ、逮捕、投獄のあげく「焚刑（ふんけい）」に処せられる。時は十六世紀。世は宗教改革の最中。思えば「聖書を翻訳する」という、ただそれだけのことが人の命と引き換えにされたのだ。激烈な時代の激烈な伝記である。

ラテン語を学び、ギリシャ語に通じ、ヘブライ語にも堪能だった彼はギリシャ語原典から聖書を訳した。簡単にみえて、しかしこれが至難の仕事だった。英語はまだ未熟で、地域語の一つにすぎず、一つひとつの訳語を、訳者は作り上げていかなければならなかったのだ。シェークスピア以前に「ティンダルはイングランドのための言語を作った」。知識人に向かって彼は言った。「遠からず、鋤で畑を耕している少年の方が現在のあなたよりも聖書についてもっとよく知ることができるようにしてみせる」

知的支配層の恐怖はまさにそのことだった。ティンダルは「聖書の中に教皇なるものが存在しないことを知っていた」し「教皇とは、誤謬の産物」だ。「聖書がまず最初に来なければいけない」。民衆は「生まれ育った言語」で聖書を読むべきである。「へつらう様子はなく、まして卑屈なところなどない。しかも十分ていねい」な態度で彼は仕事を進めた。それがおためごかしに近づいてきた俗物に欺かれる。万事休す、訳業の中断。何事も終わりが来る。悔しいがそれはこの男の意思とは無関係に成就された。

評・河谷史夫（本社編集委員）

David Daniell　ロンドン大名誉教授、英文学。最近設立されたティンダル協会会長も務める。

二〇〇一年三月一一日❷

『人名の世界地図』

21世紀研究会 編
文春新書・七八〇円

豊富なエピソードで異国の名前が身近に

こういう本を長いこと探していたような気がする。特に知りたいことがあってとか、ある目的のためにとかではなかったから、人に聞いて回ることもしなかった。それだけに、この本を見つけたときは嬉（うれ）しかった。――何ということはない。外国の人の姓や名の由来やその語源、ところ変わって、それがいろんなヴァリエーションに転じていく面白さ、あるいは〈William〉は、〈William Shakespeare〉では名前だが〈Tennessee Williams〉だと姓になる――そんな謂（いわ）れや理由が知りたかっただけの話なのだ。

それが世界各国にわたって、ほとんど網羅されているのが『人名の世界地図』である。これによると、たとえば中国には十三億の人がいるが、たった二十種ほどの姓が人口の半分を占めているという。トップスリーは〈王〉〈李〉〈張〉で、その後に〈劉〉〈陳〉〈楊〉〈周〉〈黄〉などがつづく。

私は中学生のころから外国の詩や小説を読みはじめた。ところが、すぐに一つの壁にぶつかった。特に西欧の話に現れる人の名に馴染（なじ）めないのだ。習慣もあるのだろうが、まず名前が憶（おぼ）えられない。だから早川のポケット・ミステリなんかは便利で助かった。主な登場人物の名前や職業が書かれた栞（しおり）が付いていたのだ。私はいつもその栞を傍らに、ヴァン・ダインやディクスン・カーを読んだ。戦後のあのころはまだ、推理小説でさえ〈異文化〉だったのだろう。読者の要望に応（こた）えて、版元は〈異人の解説〉のための栞を付けたのだと思う。このごろのものには、それがない。半世紀の間に、西欧はそれほどに近くなった。

遅蒔（おそま）きながら、この本を座右に置いて、避けて通りがちだった外国の小説を読んでみよう。人名とおなじように、土地の名に馴染めなかったら、同シリーズの『地名の世界地図』を用意すればいい。ともに個人ではなく〈研究会〉の編だけに、文章に好みや不必要な思い入れがなく、客観的で読み易（やす）い。

関係ないが、私が好きな外国の女の名は、〈クリスティーヌ〉と〈サマンサ〉である。

評・久世光彦（作家）

21世紀研究会は、歴史学、文化人類学、考古学、宗教学、生活文化史学の研究者9人で構成。

二〇〇一年三月一一日③

『投機バブル　根拠なき熱狂』

ロバート・J・シラー著　植草一秀監訳
ダイヤモンド社・二四〇〇円

文化や心理に煽られ 増幅を繰り返す株価

米国の株価は、典型的な「投機バブル」だ、と本書はいう。「株価は企業の将来収益で決まり、バブルは例外的現象」という通常の学説が、第一級の経済学者である著者によって周到に突き崩されていく。株式市場は効率的でも単純でもなく、株価を決定する厳密な科学など何もない。投資のプロでも、文化や心理に左右される点で素人と大差ない。よって、バブルに陥りやすい、と。

実際、株価に確たる根拠はないと感じている人は多いはずだ。日本経済がいかに問題を抱えていようが、日経平均三万九千円と一万二千円の差は誰（だれ）にも説明できまい。本書はこの実感を、膨大かつ優れた理論的・実証的研究の裏づけをもって解き明かす。

米国のバブルは、株価と直接関係しない多くの要因で複合的にもたらされた、という。インターネットによる生活の変化とか、ビジネスの成功者が尊敬される文化とか、漠たる要因の数々が、人々の心理の素地をつくった。これが現実の株価上昇で強化され、ネズミ講的な心理に煽（あお）られて、増幅される。「熱狂」が生まれ、株は下がらないという根拠なき確信に結びついた。

だから、投機バブルは一時的な動きではない。人々の関心や期待が徐々に形成される緩やかな動きであり、その終わりもまた暴落ではなく、暴落は「終わりの始まり」にすぎない。人々の心理や文化が移ろい、時間をかけて株価が下落する。本書が米国で出版された昨年三月以降、ナスダック株価が急速に下落したが、本書を読むかぎり、これで調整が行われたとみるほど事態は簡単ではないらしい。

バブル期以降、わが国もまた株価に翻弄（ほんろう）されてきた。本書の説を応用すれば、バブル崩壊で生まれた株への嫌気などが複合的にからみあって、いまは長い下落期にあるのかもしれない。とすれば、短期的な株価対策は効果をもたず、中長期的に株式市場への信頼感をつくり、人々の生活の見通しを明るくする政策こそ必要、といえないか。重要なのは、株価そのものよりも、経済の実態なのである。

評・大田弘子（政策研究大学院大学助教授）

Robert J. Shiller　46年生まれ。エール大教授。主著に『Macro Markets』など。

二〇〇一年三月一一日④

『東アジアの日本大衆文化』

石井健一 編著

蒼蒼社・二六〇〇円

史観よりも「事実」で人気と浸透度を検証

昨年一月、韓国の主要紙「東亜日報」や「中央日報」に、日本のファッション誌「anan」韓国版の創刊広告がデカデカと掲載された。そこに添えられたコピーは、日本語で「お元気ですか」。韓国で大ヒットした岩井俊二の映画「ラブレター」の中で、中山美穂が叫んでいたセリフだ。韓国の若者の間では、ちょっとした流行語になっていた。韓国で日本語の流行語が生まれ、それを「倭色文化排斥」の急先鋒（せんぽう）だった韓国メディアが大きく掲載する。数年前までは想像もできなかったことだ（本書より）。

……なんて話を聞くと、普段は「anan」も岩井俊二もバカにしてるくせに「やっぱり日本人として嬉（うれ）しい。日本大衆文化開放で日韓関係は確実に〝過去ばなれ〟に向かうだろう」などと手放しで過大評価したくもなる。その一方で、もう一人の自分が「そりゃ甘いって。大衆文化と反日感情が異次元のものだってことは、W杯呼称問題や教科書問題でも明らかじゃんか。開放政策は表向きのもので、本質は何も変わりゃしないさ」と、シニカルに過小評価しようとする。

台湾の日本好きの〈哈日族（ハージーズー）〉にしても、大方の日本人の反応は両極に分裂する。それだけで「台湾人＝親日」と決めつけちゃったり、さもなきゃ「あれは一部の若者に限った一過性の流行にすぎない」と黙殺したり、「新たな文化帝国主義の被害者」扱いしちゃったり……。日本人にとって東アジアというのは、どうも現在の事実よりも史観が、データよりもイデオロギーが優先されてしまう地域であるらしい。

そこで、この本。韓・中・香・台の各国・地域における日本のポップカルチャー浸透の実態が、現地フィールド調査によって検証されている。データの扱い方や分析も冷静かつ複眼的。意外な事実も多い。

統計と図表だらけの一見味気ない本だ。が、あくまでも予断のない事実に立脚しようとする姿勢は、東アジアにおける今後の「日本の身の振り方」を考えるための、貴重な視界を提供してくれる。次はぜひ『日本の東アジア大衆文化』もよろしく。

評・山崎浩一（コラムニスト）

いしい・けんいち 59年生まれ。筑波大講師（社会工学）。共著に『変わるメディアと社会生活』ほか。

二〇〇一年三月一一日⑤

『近代作家自筆原稿集』

保昌正夫 監修　青木正美 収集・解説

東京堂出版・八〇〇〇円

神経質派にわが道派　オーラ漂う「手書き」

手にとって拡（ひろ）げるや、圧力を伴った熱風のようなものが目に飛び込んでくる。森鴎外から大江健三郎にいたる五十人の作家たちの生原稿の写真集である。ほぼB4原寸大で、そのうち七点は用紙の黄ばみや編集者が記入した指定の朱筆も生々しいカラー写真。

オーラが漂うとは、このことだ。手書きの文字は、活字からは窺（うかが）えない作家のもう一つの肉体といってもいい。こんな字を書いていたのか、と意外な思いに打たれる例もあれば、やっぱりなあ、と嘆息をつく例もある。きっちり几帳面（きちょうめん）派は鴎外に藤村、嘉村磯多に梶井基次郎。ちまちま神経質派なら芥川竜之介を筆頭に直木三十五に川崎長太郎。堂々わが道を往（ゆ）く派は、谷崎潤一郎に坂口安吾に林芙美子か。

森茉莉は、句読点のあとに空白を一マス余分に付ける癖があり、編集者がいちいちツメている。石原慎太郎は圧巻の殴り書きで、全編〝解読〟が付いている。また下書きや初出の原稿が少なからず交じっていて、たとえば安部公房の『チチンデラ　ヤパナ』という奇妙な題の原稿は、のちに『砂の女』の冒頭になった。

つくづく興味は尽きない。作家の推敲（すいこう）の跡を追って読んでいると、なるほど近代とは誇り高い「文学」の時代だったのだなと、しみじみしてくる。

しかし、これだけのコレクション（ほんの一部ということだが）を、著者は一人で身銭を切って買い集めたのである。古書店主であるとはいえ、商売や利殖のためだけではなく、明らかに自分の収集のために買っている。なんともおそるべき情熱である。払った金額も正確に記しながら、苦労話や因縁話が「解説」として全点に添えられているが、それがまた原稿のヴィジュアルに劣らず面白いのだ。最低値段の千円で買ったという、まだ無名時代の山川方夫。一方、三島由紀夫のたった四枚の原稿の値段は二百万円を超えていた。

ワープロ原稿がほとんどの現代の作家には、将来いったい何が残されるのだろうか、などと、余計な心配を思わずしてしまった。

評・清水良典（文芸評論家）

ほしょう・まさお 25年生まれ。日本近代文学館理事。

あおき・まさみ 33年生まれ。古本業。

二〇〇一年三月一一日❻

『黄金（こがね）座の物語』

太田和彦 著

小学館・一五〇〇円

懐かしい日本映画がこの町で待っている

実にのびのびと感傷的で、懐古的で、素人くさい。あんまりのびのびとしているので気持ちよく乗せられてしまった。昔の、ある種の日本映画が好きな人だったら、読みながら何度もほほえみを誘われずにはいられないだろう。あの虚構の世界の中へ入っていきたいという、映画好きにとっての見果てぬ夢を実現してみせたような小説なのだから。

何しろこの小説の舞台は黄金町という町で、ある夜、「僕」が商店街の居酒屋「銀月」を訪れると、おやじは加東大介によく似ていて、カウンターには横顔が笠智衆そっくりの初老の紳士が盃（さかずき）をかたむけていて、やがて「お父様、やっぱりここにいらしたのね」と紳士を迎えに来た娘は原節子に瓜（うり）ふたつ……という町なのだ。わくわく。その初老の紳士（平山先生という）に連れられてバー「ルナ」に入って行くと、「白シャツに小さな黒い蝶ネクタイ、赤いタータンチェックのチョッキのマスターが声をかけた。年齢五十がらみ。縁なし眼鏡の光る、やや皮肉げな面もちは俳優の中村伸郎によく似ている」というのには、私は爆笑。

その黄金町には黄金座という風変わりな映画館があって、週に一本だけ昔の日本映画を上映している。清水宏監督（歌女おぼえ書、按摩と女、花形選手、家庭日記、簪〈かんざし〉、小原庄助さん）、成瀬巳喜男監督（鶴八鶴次郎、妻よ薔薇のやうに）、島津保次郎監督（兄とその妹、隣の八重ちゃん、婚約三羽烏、男性対女性）の作品を中心にしたラインナップだ。「僕」は居酒屋の片隅で「平山先生」と、その日に見た映画の感想を語り合う。この批評部分がなかなか楽しい。なぜ古い映画は魅力的なのかが、さりげなく解き明かされて行く。「映画は二度生まれる」というのは名言かもしれない。

昔の日本映画を軸にして「批評」と「物語」を合体させた、面白い仕掛け。ジャック・フィニイの小説『ゲイルズバーグの春を愛す』やウディ・アレンの映画「カイロの紫のバラ」も連想させる愛すべき本だ。

評・中野翠（コラムニスト）

おおた・かずひこ 46年生まれ。グラフィックデザイナー、作家。著書に『居酒屋大全』『シネマ大吟醸』など。

二〇〇一年三月一八日❶

『ゴシップと醜聞　三面記事の研究』

玉木明 著

洋泉社新書y・六八〇円

奇聞醜聞を満載した 新聞を考えるヒント

新聞記事には二種類ある。面白いか、面白くないかだ。面白ければ読まれる。面白くないと読まれない。社説は読まれなかった。読まれたのは三面記事だ。むかし新聞は四ページで、第三面に市井雑事、花柳界の情報、役者や力士のうわさ話がつまっていた。

読者にも二いろあった。知識支配層と庶民である。新聞を支える読者としての庶民像を求める玉木明は「知識階層に向けて書かれた社説（政論記事）」に関心はない。ひたすら三面記事に向かう。「巷間の奇聞、醜聞、犯罪」。大衆は何を読み、何を面白がったか。

「錦絵新聞」以来、強盗、殺人、心中、その他、三面には人間の欲と情のなれの果てが満載されてある。「嫉妬が高じて、妻が亭主の浮気相手の下女を殺し、その陰門をくりぬいて、亭主に喰わせた」とのすさまじい記事がある。「なんでもあり」の精神。そこにこそ玉木は「新聞の三面記事の原形」を見る。

「人々はその奇聞、醜聞のなかに自分とは異なるもの、すなわち〈奇なるもの〉〈醜なるもの〉を感受しつつ、その〈異なるもの〉のなかに〈異ならざるもの〉、すなわち〈わたし〉を発見し、確認するのだ」

時代が移る。ただ「面白い話」から「スキャンダルとしての物語」へと三面記事も変容する。「万朝報」の連載「蓄妾（ちくしょう）の実例」は、伊藤博文から無名人に至る「蓄妾」の事実を告発してやまない。ここに「人が人を裁く」断罪記事の形が生まれた。それは今日の週刊誌、ワイドショーにまで引き継がれるのだった。

「異なるもの」を断罪する風潮が、やがて戦へと走り出す近代日本の「国民意識」の生成と裏腹だったと指摘する玉木の視点は鋭い。「国民のあるべき姿」ばかりが強いられた息苦しさは破裂するほかない。やっと来た「戦後」には「希望」が見えたはずであった。

だが再出発点で新聞は何か「誤解」してしまった。「断罪報道」が相変わらず続くなか、大衆が「憎悪の感情」と「不信感」をメディアにつのらせていることに気づいているかと玉木は問う。生涯一記者による、これは「考えるヒント」である。

評・河谷史夫（本社編集委員）

たまき・あきら　40年生まれ。フリージャーナリスト。著書に『言語としてのニュー・ジャーナリズム』など。

二〇〇一年三月一八日❷

『第一次文明戦争』

マフディ・エルマンジュラ 著　仲正昌樹 訳

御茶の水書房・二四〇〇円

「イスラムの不穏」を世界史の規模で解明

トゲでも刺さっているみたいにチクチクとうずく。いま地球の上にはそんな傷口があちこちにある。イスラム世界に多い。米英が折に触れて爆弾を落とすイラク、世界的な遺産が吹き飛ばされたアフガニスタン。

病根は何なのか。独裁者サダム・フセインか、なぞの原理主義集団タリバーンか。そうではない。根はもっと深い所に発しているはずだ。だれもが抱くこの疑念に、本書は正面から向かい合おうとする。

主に湾岸戦争を題材にしている。だが、単純なサダム悪玉論にはくみしていない。イラクを攻撃した多国籍軍の行動も是認しない。その点で世の常識とは逆らう。地図は普通、北を上にして描かれる。その上下をひっくり返したらどう見えるか。意表を突かれた時のうろたえに似た感覚を、本書に覚えるのである。

題名が刺激的だ。しかも著者の世界観を端的に表している。それによれば両次世界大戦は、日本もかかわったが結局は欧州の戦争に過ぎない。湾岸戦争はイラク一国対国際社会の形はとっている。しかし、内実は文明間の争いだ。西側世界とイスラムが代表する第三世界が文明をかけて衝突した、史上初の世界戦争。

ここで本書は私たちを、自分の国・日本にも立ち返らせる。アジアにあって早くから科学技術に力を入れたこの国は、先の大戦に首を突っ込み、たたきつぶされる。イラクもやはりアラブ世界にあって、科学技術による近代化を図った稀有（けう）な例である。そしていま、戦前の日本にも似た運命をたどりつつある——。

この史観はうっかりすると、逆に単純な欧米悪玉論にも落ち込みかねない。だが著者にはたしかな歯止めがあるように見える。それは自らのイスラム文明に対してもまた抱く自省の念である。イスラムは、変化の器であるべきコーランをどれだけ真剣に活用したか。「イジュティハード（批判的探求）」の精神を科学技術に体現させる努力をどこまで払ったか。

「我々の内なる弱さ」を見据えながら大国支配の世界の構造に切り込もうとする著者のまなざしは、ひどく熱いようで実は冷めている。

評・中川謙（本社論説副主幹）

Mahdi Elmandjra　33年モロッコ生まれ。ユネスコ勤務を経てモハメド5世大学教授。

二〇〇一年三月一八日③

『高さを求めた昔の日本人』

国立歴史民俗博物館 編

山川出版社・二五〇〇円

何のため、どうやって　巨大建築のなぞ解明

有名な三内丸山遺跡や吉野ケ里遺跡、そして池上曽根遺跡などに「復原」された巨大な建造物を見た人の反応はさまざまだろう。私などは、遺跡に残る柱穴から、どうしてこんな建造物を再現できるのか、どんな学問的根拠に基づいて建てられたのだろうかと、うさんくさく思い続けてきた。本書はこうしたかねての疑問に、ある程度答えてくれた。もとになったのは、考古学と建築史の最前線にいる研究者たちが一堂に会し、熱っぽく論じあったシンポジウムである。

まず、巨大建造物を再現するに当たっての「原則」が明らかにされる。基本となるのは、発掘された建物跡や残された柱などの部材、埴輪（はにわ）や絵画などの造形物。さらには柱の間隔とその太さ・高さとの法則性……。これらをもとに上屋の大きさや構造が推定されるという。なるほど。「砂上の楼閣」ではないわけだ。

「再現」の持つ意義と問題点もきちんと論じられている。「再現」は、遺跡の公園化だけでなく、それを進める過程で研究が進むという意味で重要だという。しかし一方で、それは最終的には推測と想像の産物であり、複数ないし多数の仮説がせめぎ合う中での一仮説に過ぎない。新発見のたびに変容していく学問世界がそこにある。

では、なぜかくも巨大な建造物が建てられたのか。その一つの回答が、佐原真・国立歴史民俗博物館館長の長文エッセーである。佐原氏は法隆寺五重塔や平城宮朱雀門などの例を引きながら、それらは登るためのものではなく、見あげるため、そして力と権威を見せつけるためのものであったと論じている。

最近の出雲大社の発掘で、宮司をつとめる千家（せんげ）家に伝わった本殿の絵図通りの、三本の巨木を束ねた中世の巨大な柱が出現した。社伝によれば、かつて出雲大社の高さは四十八メートルあり、さらに昔は九十六メートルもあったという。絵図の表現の正しさが一部証明されたいま、社伝が伝える「高さ」をどう解釈すべきなのか？

古代の建造物についての研究は新たな段階に入ったようだ。

評・黒田日出男（歴史学者）

国立歴史民俗博物館は千葉県佐倉市所在。本書は1999年11月20日開催のシンポジウム記録を加筆修正した。

二〇〇一年三月一八日④

『アメリカが見つかりましたか　戦後篇』

阿川尚之 著
都市出版・一八〇〇円

格闘あり感涙もあり 出合い体験さまざま

アメリカほど、近代の日本が深く長くつきあった外国はない。そしてアメリカほど日本と異質な国もない。無数の日本人が、アメリカとの強烈な出合いを体験してきた。本書は戦前と戦後の二部に分け、二十七人の留学記や滞在記を選び出し、論じている。

先に出た戦前編は、ジョン万次郎、福沢諭吉、津田梅子、新島襄、内村鑑三、新渡戸稲造、朝河貫一ら十一人を、新たに刊行された戦後編は都留重人、ミッキー安川、小田実、安岡章太郎、江藤淳、石川好、西部邁、村上春樹ら十六人を取り上げる。巨大で異質なアメリカに対し、必死で溶け込もうとする人があり、最初から拒絶反応をする人があり、覚めた目で鋭い観察をする人がある。至るところに胸を熱くする瞬間や、怒りの爆発や、足元が崩れ落ちるような経験がある。みんな必死だったのだなあ、と思う。それを著者が、自らの体験と重ね合わせつつ考える一章一章が、とても個性的で魅力的だ。

戦前と戦後と、二巻のうち、どちらかを選ぶなら、私はまず戦後編を薦めたい。その中でも白眉（はくび）は江藤淳を論じた章である。静かで美しいプリンストンの町で、若き日の江藤は、アメリカに受け入れられようと、けなげなまでに格闘し、やり遂げたと確信する。その江藤がなぜ、後年、反米に傾斜していくのか。親米派の著者は、敬意と同情を失うことなく、その変化の原因をたどろうとする。

これと対照的なのが、村上春樹である。同じプリンストンで、アメリカの自由を自然に呼吸しつつ、やや自らの世界の中に閉じこもりながら、こだわりなくアメリカとつきあう。それが本当によいことなのかどうか、若干の留保をつけながら、著者は深い共感を覚える。

読み進めながら、アメリカは昔から少しも変わらない国だと感じさせられる。そして日本人がアメリカの中に見つけるのは、結局のところ日本自身の姿であり、自分自身の姿なのだということに思い当たる。「アメリカが見つかりましたか」という魅力的なタイトルはそこから来ている。

評・北岡伸一（東京大学教授）

あがわ・なおゆき　51年生まれ。慶応大教授。高校時代から米国留学を経験。本書の戦前編は98年11月に刊行。

二〇〇一年三月一八日⑤

『水の自然誌』

E・C・ピルー 著　古草秀子 訳
河出書房新社・二四〇〇円

「脱ダム宣言」を機に冷静に楽しく学べる

こんな本を待っていた。水のことがよくわかる。とりわけ水のことを何も知っていないことがよくわかる。カナダ人ピルー先生の言うとおりだ。

「読者のみなさん一人ひとり、自分が使っている水の出所を知っておかれた方がいい」

読者のみなさん、わが家の台所の蛇口をひねると出てくる水が、どこで取水され、どんなぐあいに浄化されて送られてくるのか、ごぞんじだろうか？

長野県知事が脱ダム宣言をした。賛否両論がまき起こっている。どちらに与（くみ）するにせよ、水のこと、川のことを知っていなくては、はじまらない。「河川の速度をコントロールしているのは何だろう？　これはなかなか重大な問題だ」

水の量がふえると流れが速くなる。とするとダム一つひとつについても、その川の水量、ふだんのとき、年平均の流速、過去の出水時の最大流量……。そういったことを知っている必要がある。川ごとにまるきりちがうからだ。これまで当事者から、その種の最少必要なデータが、きちんと示されたことがあっただろうか？「百年に一度の洪水にそなえる」といった大ざっぱな言い方ですまされてこなかったか。

地下水、川の水と川、湖の水、湿原、河川工事、ダム建設。まさに切実な問題として身近に迫っていることばかりだ。「植物の力」についても語られている。カエデの木一本が、どれほどの水を吸い上げて大気に蒸発させるものか。植物が回路として水の循環を促している。となると一つの森が伐（き）り倒されるとはどういうことだろう？

川がしばしば驚くほど規則的に、意味のある蛇行をしていることだって知っておいていい。外国の学者が外国の例をひいて語っている。だからいいのだ。おかげで私たちはごく冷静に読んで、たのしく水を学ぶことができる。丁寧な図があって、科学的で、わかりやすい。知らないのだから、まず、学ぶことからはじめればいいのだ。脱ダム宣言にしても、そのために出されたはずだ。

評・池内紀（ドイツ文学者）

E. C. Pielou　カナダ在住の科学者、ナチュラリスト。著書に『After the Ice Age』ほか。

二〇〇一年三月一八日⑥

『ビアトリクス・ポター』

ジュディ・テイラー 著　吉田新一 訳

福音館書店・三八〇〇円

自然愛す絵本作家の頑固で個性的な人生

ピーター・ラビットのお話は、日本でも大人気である。白い箱に入った「小さな本」は、まぎれもない子どものお話でありながら、独特な挿絵によっていっそう素晴らしい魅力をたたえ、おとなも虜（とりこ）になってしまう。その作者、ビアトリクス・ポターとはどんな人物だったのだろうか？　著者のジュディ・テイラー氏は、生前に交流のあった人々を見つけ出し、新たな逸話を発掘するなどして、ひときわ生き生きとその人物像を描き出している。

ロンドンの裕福な家に生まれ、毎年、休暇は一家そろって田園の屋敷ですごした。英国の伝統である自然誌の絵を描き、湖水地方に広大な土地を買い求め、ナショナルトラスト運動の中心となった。

これは、たいした女性である。湖水地方に水上飛行機が現れるや、その騒音撲滅のキャンペーンをはる。自由貿易には反対。生産農地を遊びに使うのは「だめ」と言って、自分の農地の一部を村のボウリング場に寄付することは断る。家に電気は引かない。社会主義は嫌い。断固として自分の世界がある、頑固で保守的な人なのだ。

絵本作家として彼女を世に出した編集者のノーマン・ウォーンと、四十歳近くなって恋をし、結婚の決心までするが、彼が急逝したためにかなわなかった。彼女のナショナルトラスト運動の後ろには、ブレーンとしてハードウィック・ローンズリー師がいた。彼にとって、彼女は意中の人であったらしい。四十七歳になってから結婚した夫のヒーリスとは、本当はどんな関係だったのだろうか？……

本書には、写真好きの父親が撮った人物や風景の写真が豊富に掲載され、縞柄（しまがら）の靴下をはいたきりっとした女の子が、やがて自立した女性になり、意志の強い中年の農園主になっていくさまが、手に取るようにわかる。かわいらしいお話を書いたこの女性は、決してかわいいだけではなかった。古い伝統に従いつつ、強烈な個性を持った、「英国の変人」の一人であったと言えよう。

評・長谷川眞理子（早稲田大学教授）

Judy Taylor　32年英国生まれ。児童書編集者でポター研究の第一人者。93年に来日。

二〇〇一年三月二五日❷

『加田伶太郎全集』

福永武彦 著

扶桑社文庫・七六二円

芳醇な読書の楽しみ満喫させる最高傑作

『草の花』『忘却の河』『海市』など、多くの名作を残した作家福永武彦は、推理小説の愛読者だった。のみならず、昭和三十一年（一九五六年）から三十七年にかけ、年季の入った蘊蓄（うんちく）を傾けて、加田伶太郎の筆名のもとに自ら本格派推理小説を著した。本書『加田伶太郎全集』は、その全作品にあたる十編の短編推理小説、および一編のSF小説を収めたもの。ちなみに筆名の「加田伶太郎（カダレイタロウ）」は「誰（たれ）だろうか（タレダロウカ）」の、また、ほとんどの作品に登場する探偵役の、さる私立大学古典文学科助教授「伊丹英典（イタミエイテン）」は「名探偵（メイタンテイ）」の、アナグラムだというから、なんとも堂に入った遊戯感覚というほかはない。

かつて江戸川乱歩は福永武彦すなわち加田伶太郎の作品を評して、「謎（なぞ）と論理の本格探偵小説」「論理遊戯の文学」と述べた。ことほどさように、上質な遊び心にもとづき、すみずみまで緻密（ちみつ）な趣向を凝らしたその作品は、読者に謎解きの知的快感を満喫させてくれる。十編の短編推理小説はいずれも秀逸だが、とりわけ密室殺人をテーマにした「完全犯罪」、若くして死んだ姉の幽霊が出現し、被害者を心理的に追いつめる顛末（てんまつ）をスリリングに描いた「赤い靴」の二編は、トリック組み立ての精密さといい、結末の意外性といい、推理作家加田伶太郎の最高傑作といえよう。

加田伶太郎の推理小説もほとんど殺人事件をテーマとするが、その作品世界にはまったくおどろおどろしさや、血なまぐささは見られない。それは、高度の教養人であった英国の推理小説作家と同様、推理小説をあくまで謎解きゲーム、気晴らしの知的遊戯とみなす、余裕に満ちた姿勢によるものであろう。

こうした姿勢によって紡ぎ出された、本書の世界に浸りながら、私は昨今稀（まれ）なる読書の芳醇（ほうじゅん）な楽しみを味わうことができた。巻末に、著者の推理小説論、および先述の江戸川乱歩をはじめ、平野謙、都筑道夫、丸谷才一等々、諸家の加田伶太郎論が併録されているのも楽しい。

評・井波律子（国際日本文化研究センター教授）

ふくなが・たけひこ　小説家。1918〜79年。ミステリーは加田伶太郎名義で執筆した。著書に『死の島』ほか。

二〇〇一年三月二五日❸

『LTCM伝説　怪物ヘッジファンドの栄光と挫折』

ニコラス・ダンバー 著　寺沢芳男 監訳

東洋経済新報社・二四〇〇円

金融革新を追い求め 市場に敗れた「頭脳」

LTCM（ロングターム・キャピタル・マネジメント）は、大口投資家の資金を集めて運用するヘッジファンドの頂点にあった。二人のノーベル賞学者を経営陣にもち、高度な金融技術を駆使して君臨したが、一九九八年、ロシア危機に端を発する金融混乱のなかで破綻（はたん）。影響のあまりの大きさに、米国政府が支援策に介入し、連邦準備制度理事会グリーンスパン議長は、三回の利下げを余儀なくされた。

この〝夢のファンド〟は、なぜ崩れさったのか。本書は、最高の頭脳が市場の不確実性に挑んだ戦いを、映画のような面白さで描いている。

資金が世界中をかけめぐる時代には、株式や債券や為替が、何らかの理由で割高・割安になっていれば、そこに収益の機会がみつかる。LTCMは、金融工学の理論を活用して投資機会を見つけ、リスクを利益に変えてきた。が、市場が売り一色になるという異常事態で、理論の当然のごとき前提が崩れる。売り手と買い手が常に存在するという、流動性の前提が崩れたのである。少額の資本をテコに、多額の借り入れを行って運用してきたＬＴＣＭは、予想を超えた市場の動きに綻（ほころ）びをみせ、そして急速に落下した。

滅びの過程で、学者たちの進言を退けるくだりは興味深い。知で武装したはずの集団が、最後は理論にそむく選択をしてしまうのである。ＬＴＣＭが克服できなかったものは何か。人間の油断か、それとも市場の群集心理か。ＬＴＣＭというひとつの「伝説」と、完全には解けない謎（なぞ）を残して、いまも戦場は続く。

しかし、本書から金融市場の危うさだけを読み取るのは誤りだ。金融工学は、資産運用の可能性を格段に発展させた。リスクを明示的にとらえ、対処する方法を追求した。それが万能でなかったからといって、価値が否定されるものではない。むしろ、日本のように、多額の金融資産を持ちつつ生かしきれない国のほうが事態は深刻だ。本書は、失敗を経ながら革新を生み出す米国金融界の土壌の豊かさをも、余すところなく描き出している。

評・大田弘子（政策研究大学院大学助教授）

Nicholas Dunbar　英国のデリバティブ専門誌「ＲＩＳＫ」のテクニカル・ライター。

二〇〇一年三月二五日④

『公僕　The Japanese Civil Servant』

三島正 著

メディアファクトリー・二七〇〇円

万事きっちり正しい不思議な役人の肖像

公務員を撮った写真集である。公務員といっても市役所や県庁のお役人ではなく、え？　こんな人も公務員か、と意外に思うような、たとえば迎賓館の警備係とか、宮内庁所属の鵜匠（うしょう）とか、京都府警の騎馬隊とか、宇宙開発事業団のロケットチームとか、そういう人々がその現場で、ちゃんと制服を着て、全員きちんと正面を向いて写っている。

そしてタイトルが公僕である。いまはまず、ふつうには使わない言葉だ。公務員はたしかに、解釈の上では公僕、おおやけのしもべであるけど、いまはとてもしもべとは感じられない。「すみません」なんて小さくなるのはこちらの方だ。でも公僕といって間違ってはいないわけで、その正しさが妙な不思議をもたらしている。

この写真自体もそうだ。いまはカメラも安くなって無数にあふれ、何でも簡単に撮ってすませるような時代に、この写真はおそらく大判のカメラで三脚をがっちり据えて、人物をきっちりと配置し、ぬかりなく照明もセットして、万全を期したという感じをぎらぎらに出して撮っていて、その撮影の「正しさ」がまた妙な不思議をもたらしている。

大昔は大判のカメラしかないからそれを使っていたが、いまの流動の激しい時代に大判カメラで撮ると、時代にストップモーションをかけて、止まったところに一つ一つ眼（め）を近づけて見るような、現代のナマの考古学といったような不思議が生まれるのである。

とくにこの本では露出をぐっと抑えて、風景を夕暮れみたいに暗くして、人物の顔中心にスポットが当たっている。まるで舞台写真のような雰囲気で、その舞台に「お役人」とはイメージしにくい特殊な公務員の「公式ポートレイト」が浮かび上がる。

でも考えたら、ふつうに公務員なのだ。何ごともそうだが、ふつうのものでもある部分を拡大して見れば、それはじつに特殊に見える。今回はこのカメラのスポットを浴びているが、ふだんはその現場で「粛々と」働いている人々だ。それを思うと、公僕というタイトルが違和感なく迫るのである。

評・赤瀬川原平（作家・美術家）

みしま・ただし　64年生まれ。写真家。雑誌を中心に活動。『兵士に聞け』『兵士を見よ』の写真を手がけた。

二〇〇一年三月二五日5

『体の贈り物』

レベッカ・ブラウン 著　柴田元幸 訳
マガジンハウス・一六〇〇円

エイズケアの見聞を感傷ぬきに魅力的に

本書を初めて手に取ったとき、なんておしゃれな短編集だろうと思った。タイトルが「体の贈り物」で、目次には「汗の贈り物」「充足の贈り物」という風に、十一の贈り物が並んでいる。

しかし読んで驚いた。これは末期のエイズ患者を訪問して世話をする、ホームケア・ワーカーの女性の見聞を描いた小説だったのである。彼女が訪問するのは、自力で身の回りのことができなくなったり、ホスピスが空くのを待っているような患者たち。つまり死が目前に迫っている人たちである。感傷や同情など何の役にも立たない。しかし愛情や親身な語りかけを彼らは必要としている。経験から得られた冷静な判断と、適切な介護をこなしながら、「私」はその一人一人とデリケートな信頼関係を築いていく。

こんな風に紹介すると、やるせない深刻な小説を予想されてしまうかもしれない。だが本書はとても魅力的な、宝石箱のような短編集なのである。

お気に入りの店のシナモンロールを「私」が買っていくのを心待ちにしていたリックが、ある日いつものは要らないから手ぶらで来てくれと電話で告げてくる。訪ねると彼は急に具合が悪くなっていて、救急車を呼ばなければならない。部屋を片付けようとした「私」は、例のシナモンロールとコーヒーの用意が二人分、テーブルに整えられてあるのを発見する。これが冒頭の「汗の贈り物」。

あるいは、ようやくホスピスが空いたと連絡が入ったエドが、行くのを渋って駄々をこねては「私」を困らせる。決心して承諾した彼は泣き出すが、涙管が損傷していて涙は出ない。この「涙の贈り物」の続編が、あとのほうにある。ホスピスからエドは、なんと脱走してしまうのである。ホスピスから生きて自分の足で出て行ったエドを、他の患者仲間が「スーパー・エド」と讃（たた）える。これが「動きの贈り物」。

人生の大切なものを次々と喪（うしな）っていく彼らが、むしろ私たちにそれを贈り物として手渡してくれる。それは哀（かな）しみより希望に染まっている。

評・清水良典（文芸評論家）

Rebecca Brown　56年米国生まれ。作家。著書に『犬たち』など。

二〇〇一年三月二五日6

『浅草フランス座の時間』

井上ひさし、こまつ座 編著
文春ネスコ・一七〇〇円

渥美清や踊り子さん 戦後大衆芸能の輝き

東京の浅草に一九五〇年代初めに開場した「浅草フランス座」は、ストリップの殿堂であるとともに、渥美清、長門勇、谷幹一、関敬六など多くのコメディアンを生んだ。本書は、浅草最後の黄金時代にフランス座の文芸部にいた井上ひさしと、氏が座付き作者を務めるこまつ座のスタッフが編んだ「浅草フランス座」を軸にした戦後大衆芸能史である。

インタビュー、対談、回想記、評論から、見事な裸体をさらすストリッパーたちの舞台写真を集めた「踊り子年鑑」まで、盛りだくさんの本だ。

と言っても、ストリップに的を絞った本ではない。井上ひさしの関心は明らかにストリッパーよりコメディアンの方にあって、同じ時期にフランス座で活躍した故・渥美清との対談は、特に読みごたえがある。

当時のフランス座の演目はストリップを中心にしたショーと喜劇の二本立てだったが、喜劇に出演するコメディアンたちには「鬼気迫る異様なおかしさ」（渥美清）があったという。コメディアン同士の「演技の食い合い」から、渥美清が台本から大幅に外れて、「ストーリーの展開の主導権」を握ってしまうこともあった。「あれはもう軽喜劇とは言えないですね。そうだ、あれは狂喜劇だ！」と井上が言えば、「そう、出てたヤツは、みな狂気」と渥美が応じている。

こうした言葉から浮かび上がるのは、のちに「寅さん」で国民的スターになってからの渥美清とかなり違う、過剰でエキセントリックな笑いに情熱を傾ける初期の渥美清である。そう言えば、小林信彦著『おかしな男 渥美清』（新潮社）にも、大スターになる前の渥美清が著者に「狂気のない奴は駄目だ」と断言する場面があった。

本書に二十二歳の井上ひさしが書き、五七年にフランス座で上演された台本『看護婦の部屋』が初めて収録されているのも見逃せない。舞台で演じられた井上戯曲の第一作である。なぜか必ずバレエのポーズをとって看護婦に言い寄る男（長門勇が演じた）がナンセンスでおかしい。

評・扇田昭彦（演劇評論家）

いのうえ・ひさし 34年生まれ。作家、劇作家。『吉里吉里人』など。こまつ座は84年旗揚げ。井上戯曲を上演。

二〇〇一年四月一日①

『敗北を抱きしめて 上』

ジョン・ダワー 著 三浦陽一、高杉忠明 訳

岩波書店・二二〇〇円

「内側」の声聞き 近代の深部えぐる

「敗北をembraceして」、そんな不思議な題をもつアメリカの日本研究の大著が現れた。

「抱きしめる」という第一義の他（ほか）に、embraceは受け入れる、取り囲む、機会をとらえる、教義を奉じる、状況を見て取る、あるいは悟る、など、見知らぬ何かに直面したときにやがては積極的に反応する、精神の動きという意味もある。なかなか翻訳しにくいこの外国語の単語が、ジョン・ダワーという米国きっての太平洋戦争の研究者がつづった日本占領史のキーワードとなっている。

占領者と被占領者が「抱擁」で結ばれていた、という身体的かつ思考的な比喩（ひゆ）を軸に、敗戦直後のあの六年間を、雄大なスケールと、一流のノンフィクション特有の厳密なディテールと豊かな手ざわりをもって、語り直す。「新植民地主義的な軍事独裁政治が真の民主主義を生」みだそうとした、世界の近代史にかつてなかった矛盾に満ちた状況への複合的な反応を、数百ページにわたって、一度もテンションをゆるめず、追求する。通常の「日本研究」とは違った次元の本なのである。

戦後の「日米」を大胆に語り直すに際して、ダワー氏がまず誰（だれ）よりも「内側」の声を、「外側」の読者はもちろん、半世紀が経（た）ってからの、おそらく「内側」のどんな読者もおどろくほど、明瞭（めいりょう）に、こまかく、響かせているのである。

聞け「内側」の声。

おびただしいほどの、「内側」の、被占領者の声がとどき、元は占領者のものであった「外側」のことばに翻訳され、記録され、引用され、膨大なナラティブの細部として生きている。権力者から闇屋（やみや）まで、哲学者からパンパンガールまで、有名人と凡人、男と女と子供の声と、それを通して甦（よみがえ）る、挫折と、痛恨と、占領者をもおどろかせた変革への大いなる希望。「カムカムエブリボディ」と「リンゴの唄」の不思議な「明るさ」が聞き分けられた、と思うと、「人間は生き、人間は堕（お）ちる」と告げた坂口安吾のヘビー級の名言も、「いまの世の中で一ばん美しいのは犠牲者です」という太宰治の訴えも伝わる。断絶と連続が微妙に混在した「甘くてほろ苦い感覚」の「敗北の文化」の全体像に迫るべく、それらの声が新たに響き合う。

八月十五日に始まり、「遺産と、ファンタジーと、夢」という最終章にいたるまで、「外側」から「内側」の実感をつかみ、日本人の、まさに固有な状況から、近代の深部をえぐり出す。

ここまで、二十世紀の日本人の現実を「抱きしめて」書いた英語の本は、少ない。ここまで、欧米人の独占所有物ではない、近代体験そのものを浮かび上がらせた本は、さらに少ない。

評・リービ英雄（作家）

John W. Dower 38年生まれ。マサチューセッツ工科大教授。本書でピュリツァー賞。下巻は5月刊。

二〇〇一年四月一日②

『パブロフの鱒』

ポール・クイネット 著　森田義信 訳
角川書店・一八〇〇円

釣り上げる「野生」と「希望」

著者は釣り好きな臨床心理学者。釣りをすることの心理学を、理論や臨床例をまじえつつ解説する。軽妙洒脱(しゃだつ)な、いかにも米国的なエッセーだが、釣り道具などカタカナが頻出する饒舌(じょうぜつ)な文体になじめない読者は、表題となった「パブロフの鱒(ます)」の章から読むといいだろう。

一世紀前のロシアの生理学者パブロフは、犬に餌(えさ)を与える直前にベルの音を聞かせる実験を行った。やがて犬はベルの音だけでよだれをたらすようになった。この有名な条件反射の実験に使われた多数の犬のうち、一頭だけは実験に失敗したという。実験室に入れようとすると反抗し、逃げだしてしまったからだ。

この失敗例からパブロフは、束縛から逃れようとすることは、あらゆる動物がもつ基本的な本能だと確信した。釣り針にかかった魚は全存在を賭(か)けて逃げようとする。釣り人は逃すまいと全神経を集中する。逃走本能と捕食本能という、ふだんは隠されている二大本能の全面対決、これこそが釣りの醍醐味(だいごみ)だろう。

「魚に声を出すことができたなら、釣りというのはずいぶん残酷な趣味ですね」。ある人からそう問われ、せめて野蛮といってほしいと、むきになって反論したことがある私は、本書の著者が「残酷」や「野蛮」の意味を「野生」という言葉で論じているのを知ってうれしくなった。「釣り糸を通じて、ひとつの種から別の種へ野生が伝わっていく」体験の大切さ、それが本書の主張である。

著者が釣りを語りながら考察するのは、生きる力や生きることの意味。繰り返し、水面の下に「希望」があると書く。自然から切り離された都会人はとくに、釣りに出かけて「希望」に出会い、「野生」を思い出すことが必要だという。著者の臨床心理学者としての専門は自殺。それは死への願望ではなく、絶望し生きる意味を見失った結果だ。

本書はおそらく、進化生物学者ウィルソンの『バイオフィリア』(邦訳は平凡社)に触発されて書かれた。併読を勧めたい。

評・新妻昭夫(恵泉女学園大学教授)

Paul Quinnett　米国の大学で臨床心理学を教える。釣りに関するエッセーも多数。

二〇〇一年四月一日③

『愛別外猫雑記』

笙野頼子 著
河出書房新社・一六〇〇円

呪詛と愛に満ちた迫真の文章

近隣の野良猫たちを保護したがために都内のマンションを追い出され、千葉県S倉市に家を買ってしまった作家の、濃厚な戦いの一部始終である。登場猫たちの写真もふんだんに入ったいわば「実録」なのだが、猫好きの人々に媚(こ)びるような書き物からは遥(はる)かに遠く、まがまがしい言葉の渦と、それゆえの愛に満ちた、迫真の文章というほかないものだ。

笙野頼子は、以下の三つの事柄を深く肝に銘じている点において、つねに正しい。第一に、いまの社会においては、「まっとうさ」への信頼が、強い「ゆがみ」となって自分自身にはね返ってくること。第二に、疑いようのない「まっとうさ」が、その「ゆがみ」の構図のなかでは必然的に「誤り」となってしまうこと。第三に、そうであればこそ、「ゆがんだ正しさ」とも呼ぶべきこの信念に殉ずる勇気を失うべきでないこと。

そもそも「猫好き」なる表現が、彼女をいらだたせずにはおかない。猫嫌いの家系に育って三十半ばまで餌(えさ)をやったこともないと公言する人間を、たしかに愛猫家とは呼べないだろう。作家の立場は、どこまでも明快である。

「私は決して猫が好きなのではありません今まで好きになった相手がたまたま猫だっただけそれをたとえ何回繰り返したところで猫好き、と友達を種類で纏められるおぼえはない」

大切な飼い猫には去勢や不妊手術をほどこしておきながら、野良猫には餌を与えるだけで不幸な子猫を増やし、あげくうるさい汚いと罵（ののし）る自称愛猫家とも、猫全体を抽象的な概念として語る「運動」とも、彼女ははっきりした距離を保つ。私はもっぱら大切な友人のために、「友情」のために動いているのだ、と。

猫騒動とモーゼのような出東京のさなかにも、作家は厳しい仕事をこなしている。呪詛（じゅそ）と哀れみと滑稽（こっけい）さにあふれた筆致が、猫たちの成長をたどった頁（ページ）の、初々しい戸惑いと幸福感をも高めていく。猫との「友情」は、文学との「友情」に直結しているのだ。

評・堀江敏幸（作家）

しょうの・よりこ 56年生まれ。作家。短編集『渋谷色浅川』も先月末に刊行。

二〇〇一年四月一日④

『だれが「本」を殺すのか』

佐野眞一 著

プレジデント社・一八〇〇円

「真犯人」探し現場を駆け回る

本がまったく売れない。もはやこれは本殺しだ。その「事件ルポルタージュ」と著者のいう本書が、すでに五万部も売れているのだとか。ちょっとへんな気がしないでもない。

いま巷（ちまた）で出版危機といわれている事態には、どこかわかりにくいところがある。「売れない、売れない」といいながら、出版社は年に六万五千点もの本をだしつづける。五万部どころか、たちまち数十万部を売りつくす本だってまれではない。そのハデな見かけの裏側で、大小の出版社が倒産や身売りに追いこまれ、町の書店が一年に一千店の割合で消えていく。この四年間で書籍と雑誌をあわせての年間総売り上げは一五パーセントも減った。なにがどうなっているのか。

その謎（なぞ）をとくべく、著者は二年がかりで、日本全国、出版産業のおびただしい現場を一気に駆けめぐった。川上から川下まで「本の世界」をはじめて串刺（くしざ）しにした、と豪語するだけのことはある。

それにしても、書店や取次や出版社の経営者、編集者、地方出版や電子出版や図書館の人たち、はては新聞雑誌の書評欄担当者まで、この業界の連中は実によくしゃべる。最後のほうで電子出版推進派として登場する私も例外ではない。そして関係者がしゃべればしゃべるほど、読む側では「お前が犯人なんだよ」と断罪したくなる。これはミステリーの定石。なぜか著者と読者についてのまとまった言及がない。あやしい。やつらこそ真犯人なのではないか。

業界のやり手諸氏が、出版人につきものの「いいものを作ってりゃ売れるんだ、というひとりよがりの意識」を口々に批判している。読むうちに、だんだんヘソが曲がってくるのがわかる。むかしは「悪書」が悪書だったが、いまは「良書」こそが業界の足をひっぱる悪書という通念ができあがりつつあるらしい。

私は悪書狩りはきらいだ。よし、ここ当分は、ひとりよがりの「良書」に味方するぞ。

評・津野海太郎（編集者・和光大学教授）

さの・しんいち 47年生まれ。ノンフィクション作家。著書に『東電OL殺人事件』ほか。

二〇〇一年四月一日⑤

『白の闇』

ジョゼ・サラマーゴ 著　雨沢泰 訳
NHK出版・二三〇〇円

理性の喪失描く設定の卓抜さ

作家カフカは語らなかった。なぜ門は永遠に開かず、見えている城にはたどり着けないのか。沈黙ゆえにカフカは「謎（なぞ）の作家」の名声を残した。

メディアの時代の文学者は沈黙を許されない。ポルトガルの偉大な作家サラマーゴはテレビカメラの前で語る。

「目の前が真っ白になって何も見えなくなる。白い闇とは、人間が理性を見失った状態の比喩（ひゆ）なのです」

おかげで後世の文学研究者の仕事は減ってしまった。小説の翻訳を読む読者も、あらかじめ解釈を知り過ぎている。

それでも、この長い寓話（ぐうわ）には、ある種の生命力が残る。理由はやはり最初の設定の卓抜さのためだろう。

ある日、男の視界が真っ白になる。診察した医師も警察官も、町中が原因不明の白い病魔に襲われる。政府は患者を隔離するが、監視する兵士も逃れられない。やがて経済も日常生活も停止して、荒廃した町はゆっくりと腐っていく。

登場人物にも、町にも名前がないという点もポイントだ。名前を奪われた抽象的な存在。それが現代の世界ではないかと作品は問いかける。

問題は、作者の言う「理性の使用法を見失った時に何が起きるかを描く」という意図が、十分には伝わってこないことだ。理性の崩壊を二十世紀の全体主義の体験に重ね合わせているのだとすれば、重要なのは救いを求めて広場に集まる群衆の場面。「だれも組織のことを話していない」「組織のことは、きっと別の広場でやっているんだ」。ようやく謎に出会ったと期待すると、裏切られる。

人間精神への希望が主題なのだろうが、その前に暴力と死体と腐臭の描写に延々とつきあわされる読み手の側は、しだいに当惑させられていく。だいたい理性の喪失の比喩に失明を使うなんて悪趣味ではないのか。

それもこれも、読者を混乱させ、不条理な気分に引きずり込む高度な技法なのか。作品の発表は一九九五年。九八年にノーベル文学賞。

評・清水克雄（本社編集委員）

José Saramago　22年ポルトガル生まれ。著書に『修道院回想録』など。

二〇〇一年四月一日⑥

『民族誌的近代への介入』

太田好信 著
人文書院・二三〇〇円

翻訳が紡ぎ出す人類学の未来

本書は、西洋近代の学問である人類学に対する、極東の一人類学者の異議申し立てといえる。

人類学は、異文化を調査し記述する学問と簡潔に定義できる。その研究対象は、近代西洋と接触する以前の「純粋な異文化」であり、そのような知識を持っている人々がインフォーマント（情報提供者）として選ばれた。

しかし、二十世紀以降の世界にそのような文化があるのか。現代世界の動向と無縁に未開を生きる素朴な人々がいるのだろうか。研究者もインフォーマントも同時代の歴史的状況に生きているのだ。

現実には日本を含めた異文化に生きる人々も近代西洋などの他の異文化と接触し、それを「翻訳」もしくは摂取して自文化を生み出している。これが表題の「民族誌的近代」の現況であり、そこに身を据えてかかわっていくことが、著者のいう「介入」なのだろう。

本書では、人類学がスローガンとしてきた「現地の人々の視点から」の再解釈が提起される。サバルタン（従属的な地位にある人々）の発言を、単に被害者などの告発とみなすのではなく、例えば、それまで政治的参加を否定されてきた人々が自ら語り出すことで政治に対する「主体的関与」を獲得する物語と受け止め、理解する。そこで初めて、いびつな形で制度化されてしまった人類学の精神が解放され、新たな視点が生まれるとする。

日本の人類学は、西洋の人類学を翻訳を通じて学び、さらに彼らが自分たちの言葉で記録した異文化を母語（日本語）に翻訳して理解してきた。だが、こうした従属的立場にあるからこそ、日本の人類学者は異文化のみならず、自文化も対象化して理解できると著者は指摘する。そのうえで、この「非母語によって異文化理解を表現するプロセス」を自らの学問体系に組み込んでいくこと。多言語的状況を生かすところに、日本の人類学（ひいては翻訳文化といわれる日本文化）の未来を切り開く可能性があることを本書は教えている。

評・川村邦光（大阪大学教授）

おおた・よしのぶ　54年生まれ。文化人類学者。著書に『トランスポジションの思想』。

二〇〇一年四月一日⑦

『鈴の音が聞こえる　猫の古典文学誌』

田中貴子 著

淡交社・二〇〇〇円

絵巻、浮世絵、名所図会といった古典絵画類を見ていると、ここかしこに猫がいる。とりわけ浮世絵は猫の天下。文学もしかり。「源氏物語」から江戸の洒落本（しゃれほん）、黄表紙、読本（よみほん）に至るまで、かわいいばかりではなく恐ろしい化け猫、くやしいヤツ、ずうずうしそうな顔、いろいろな猫がいる。誰（だれ）かそんな本書いてくれないかなあ、と思っていた矢先あらわれたのがこの本だ。

狐（きつね）や狸（たぬき）など変化（へんげ）動物の方が古典ではおなじみなのだが……と思っていると、ちゃんとそこに触れてくる。

かつて猫は狸の同類と扱われていた由。これは知らなかった。化け猫の尻尾（しっぽ）が二股（ふたまた）に分かれているのは九尾の狐と関係ある由。なあるほど。猫は猫だけで猫しているのではなく、狐、狸、虎（とら）、鼠（ねずみ）など様々な動物との関係において意味を担っていたのである。本離れ古典嫌いの昨今、こういう入り口から古典文学の面白さを知っていただけるなら、どんどん出してほしいたぐいの古典案内だ。

評・田中優子（法政大学教授）

二〇〇一年四月一日⑧

『たたかう新聞　「ハンギョレ」の12年』

伊藤千尋 著

岩波ブックレット・四四〇円

韓国で一九八八年に創刊され、民主化に貢献した「ハンギョレ新聞」の軌跡。ありがちな民主化美談かと思いきや、これが実におもしろい。

何より驚かされたのが、その組織形態。「権力と資本からの独立」を掲げ、民衆から小額の株を集めて創業（「株式会社」とは、本来はこういうものだったのだ！）。株主総会は子連れの主婦やカップルも集まり、ほとんどお祭り。社長や編集局長は、社員の選挙で選ぶ。「書きたい記事を書く」ために多くの記者が集まり、広告主の企業をも批判する紙面作りが行われる。韓国で最初にコンピュータ組版（くみはん）を導入し、映画雑誌で当たりをとるなど、進取の精神も強い。

こういう新聞が、「民族・民主・民生」を理念にするという、韓国の「民族主義」と民主化の関係も興味深い。民主化の「政治の季節」が一段落し、一時代を築いたこの新聞も壁に直面している様子も描かれているが、そうした困難も含めて、実に考えさせられる「民主主義の実験物語」。

評・小熊英二（慶応大学助教授）

二〇〇一年四月一日⑨

『渡り歩き』

岩田宏 著

草思社・二三〇〇円

エッセイとはこういうものかとうならせるエッセイ集だ。まず話題がいい。誰(だれ)も知らない、あるいは誰も知らないでいた傑作。たとえば元シュルレアリスト詩人ロベール・デスノスの幻の小説、スペイン内戦時のイビサ島に取材したエリオット・ポールの本、挿絵画家ジョージ・デュモーリアが晩年に突如として書いた奇妙な夢小説、俳優セルジュ・レジアニの自伝的書簡集、等々。

しかし話題以上にそれを披露する語り口がいい。本から本へ「渡り歩」きながら、同時にその時々の本にまつわる生の記憶を渡り歩く。そしてそれがおのずと前世紀二、三〇年代モダニズムの遺産をよすがに二十世紀を渡り歩いてきた著者の、いわば「舞踏会の手帳」となる。時は過ぎ去る。だからといってかつて美しかった女性、または女性たちの老いてゆく後ろ姿の品位までもがそこなわれるわけではない。そのことを感傷のない、透明に乾いたモラリストの文体で語っている。

評・種村季弘(ドイツ文学者)

二〇〇一年四月一日⑩

『世界を肯定する哲学』

保坂和志 著

ちくま新書・六八〇円

哲学書ではあっても、哲学者の名を知るためにあるのではない。その哲学者の思考の枠ぐみで使われる用語を学習するためでもない。それどころか、著者の哲学に説得されるためのものでもなかろう。かつて雑誌「世界」で一年にわたって連載された、この小説家のエッセーを読んで、読者自身が自分の哲学を考えることになる。いま世界のなかで思考している、自分という存在は何かと。

思考する言語の直前に肉体があり、その肉体の直前に世界があって、そのきわどいズレのようなところから、リアリティの発生するスリルが、読んでいて心おどる。しかしそれが、世界を肯定したことになるのだろうか。こうして生きているのはたしかだが、それを歓(よろこ)びと肯定するのに、ぼくは少しためらう。ためらいながらあえて断言する、著者の文体にとりこまれているのかもしれぬが。

書名は自前の岩波新書でなく、ちくま新書にした「世界」編集部を肯定するのかな。

評・森毅(数学者)

二〇〇一年四月一日⑪

『HERO』

福田靖ほか 著

フジテレビ出版・九五二円

高度経済成長からのすでにながい時代にそだった日本人は、どういう人になるのだろう。テレビ番組「HERO」にはひとつの希望がある。主人公は中卒の検事。ジーパンで仕事をし通販でモノを買う消費の達人である。彼は商品の使用価値に通じている。

総理大臣候補の汚職の証拠をにぎりながら、効果的な時機まで告発を待っている若手代議士が殺されそうになりながらまだ証拠をにぎりつづけているところに会いにゆき、そんな大きなことをねらわずに、身近な小さなことをしてほしいという。彼を守って殺された見ず知らずのガードマンの息子にあやまってほしいと。若手代議士は説得されて「私は政治の言葉で語ったが、彼は人間の言葉で語った」と言う。

ライフスタイルはやがて制度の使い道をかえる。今の日本の民主主義を消費者主権と軽く見ないほうがいい。使用価値からの逆襲もあり得る。国会についても。

評・鶴見俊輔(哲学者)

二〇〇一年四月一日⑫

『水晶散歩』

井辻朱美 著
沖積舎・二八〇〇円

井辻朱美は現代の軽やかな短歌の先駆けとなった歌人の一人である。ヨーロッパの神話や文学を土台として、〈私〉的な湿り気を全く含まない独特のファンタジックな世界を生み出して久しい。この第五歌集に至って、想像力の飛翔（ひしょう）と人間的成熟とは、見事なバランスを示している。

なにものかぱあんと手を打つそのときに
風はみだれて青空に散る

そのかみにわれは四人　惑星のみどりし
たたる述語の海よ

しんじつにおもたきものは宙に浮かぶ
惑星・虹（にじ）・陽（ひ）を浴びた塵（ちり）

みだれる風の形象、惑星のみどりしたたる述語のひびき、虹や陽を浴びた塵の惑星と等しい重さ、すべてが作者にはありありと感知されており、そのことが生きる喜びを少しも妨げてはいない。むしろ、詩的感受が生の十全な享受とひとつになったような地点に、作者は立っているように思われる。

評・水原紫苑（歌人）

二〇〇一年四月八日①

『遠い場所の記憶　自伝』

エドワード・W・サイード 著　中野真紀子 訳
みすず書房・四三〇〇円

離散した人々の声響かせる回想

パレスチナの流血が、連日のように伝えられている。何度か取材で中東に足を運んだが、紛争の根の深さに目がくらむ思いがした。

私たちは六百万におよぶ第二次大戦中のユダヤ人虐殺を知っている。だがイスラエル建国以来、離散した三百万人のパレスチナの人々の内面について、どれほど知っているだろう。

パレスチナを代表する知識人が書いたこの回想は、その歴史の暗がりを照らし出す光源といえる。

著者の生い立ちは複雑だ。エルサレムに生まれたが、父が帰化していたため国籍は米国。英語とアラビア語を母語とし、しかもアラブでは少数派のキリスト教徒だった。

少年は生まれながらの異邦人だった。裕福な事業家の子としてカイロで育ち、英国式エリート教育をたたき込まれる。だが西欧支配層からは「よそ者」、アラブ社会では「外国人」として遠ざけられる。故郷とは、いつも「私が除外されている」場所だった。

孤独が、少年に比類ない観察者の目を授けた。中東に事業を広げ、「男らしさ」を植えつけようと息子に暴力をふるう父。惜しみない愛情を注ぎながら、時に夫の規範に同調して少年をどん底に突き落とす母。本国の没落に気づかず、権威の借り着がこっけいなまでにすり切れた英国人教師。著者が描く群像は、たそがれるアラブ植民地の残影を鮮やかによみがえらせる。

だが本書が特異なのは、自分を語ることが、現代史を語ることになった点だ。この物語に描かれた場所は、もう著者の記憶のうちにしかない。一九四八年のイスラエル建国によってパレスチナ人は故郷を追われ、ナセル登場でカイロ租界は崩壊し、少年期を過ごしたレバノンの避暑地は内戦に消えた。

著者はかねて、欧米報道における「文化的な支配」が、パレスチナの歴史を根こそぎ抹殺してきた、と批判してきた。だが声高な主張は、新たな憎しみを招きかねない。代わりに著者は、離散した人々の声を記憶の泉から汲（く）み上げ、美しい多声曲に編んだ。本書は、個人に宿る記憶の細部を積み上げることで、失われた悲傷の歴史に迫るパレスチナの自伝なのである。

著者は数年前、白血病に侵された。命の限りを見つめる著者は、長い回想の末にこう書く。「今では、しかるべきところに収まっていることは望ましくないとさえ思える。あるべきところから外れ、さ迷いつづけるのがよい」。どこにも帰属しない自由を選び取る知性の強靭（きょうじん）なしなやかさ。身じろがぬ覚悟が、著者の到達点の高みをしるしている。

（原題、Out of Place）評・外岡秀俊（本社編集委員）

Edward W. Said　35年生まれ。コロンビア大英文学・比較文化教授。著書に『オリエンタリズム』『文化と帝国主義』ほか。

二〇〇一年四月八日②

『メイプルソープ』

パトリシア・モリズロー 著　田中樹里 訳
新潮社・三三〇〇円

栄光と背徳にまみれた生涯

ふつう伝記は読了すれば、主人公の人生が栄光に満ちていようと悲惨であろうと、ああそうだったかと納得する。

しかしこの伝記からうける感触は異なる。主人公はただ背徳を積み重ねたのか、それとも彼の生涯こそ現代の栄光なのか、判断がつかず混乱する。つまり主人公であるメイプルソープの写真を見たときの感触そのままだ。

サディスティックな金髪美女。性器を露出した黒人男性のヌード。メイプルソープの写真はSMセックスやゲイセックスがモチーフだっただけに、いつも物議をかもした。しかし単なるポルノならさほど話題にもなるはずもない。

著者ははじめて彼の写真を見たとき「キリスト磔刑（たっけい）図を思い起こさせた」と語る。たしかに彼の写真は花の写真であれ、セルフポートレートであれ、生の痛苦、死の影を感じさせる。あの暗さは彼の内面の発露か。ここに秘密がある。しかも彼は一九八九年にエイズで死に、その死が彼の写真の値を高騰させた。

だから読者の伝記への期待は、彼の「暗い秘密」とスキャンダラスな死の暴露にあらかじめ集中する。通常の伝記とは前提からして違う。著者はこの期待に応（こた）えるどころか、ヘキエキするほど執拗（しつよう）に彼の四十二年の生涯を追った。

典型的なカトリック中流家庭に育った少年期。十代後半に自分のホモセクシュアリティーに気づくが、家族には死ぬ間際まで告白せず芸術で名声を求めようとする。ここまではわかる。凄（すさ）まじいばかりのドラッグとセックス。ゲイのパトロンを得て、成功へと駆けのぼる。これもまあ。しかしエイズとわかってからも数多くの黒人男性と関係したとなると。彼は規範をすべて過剰に逸脱する。

むろん卑劣な屑（くず）野郎と見なすこともできる。実際、証言者の多くはそう発言し、父親は墓に息子の名を刻むことを拒否した。にもかかわらず罵倒（ばとう）さえも栄光に思える不思議。彼は現代社会の生け贄（にえ）だったのか。この伝記はメイプルソープの神話をさらに再生産した。

（原題、Mapplethorpe : A Biography）

評・松山巖（評論家）

Patricia Morrisroe　米国のジャーナリスト。「ニューヨーク・タイムズ」などで活躍中。

二〇〇一年四月八日③

『日本怪奇幻想紀行六之巻　奇っ怪建築見聞』

水木しげるほか 著
同朋舎発行、角川書店発売・一七〇〇円

ヘンテコ建物の「極意」をガイド

ひとはヘンテコな建築物が好きだ。機能を無視した造りや無駄な装飾に囲まれた建物に接すると足を止めて、しばし眺めてしまう。ヘンテコ建築に魅せられるのは、日常的な感覚がずらされる面白さだし、設計した人間の脳の中身をのぞいたような気になるからだろう。

本書は建築家など奇っ怪建築に魅せられた九人の書き手によるガイドブックである。二重螺旋（らせん）の塔、ある農夫が切り立つ崖（がけ）を掘削して造った高壮館、過剰な装飾に彩られた目黒・雅叙園観光ホテルなど、すでにこの世からは消えてしまった建物もあれば、都市の片隅に放置されることによって周囲の風景から孤立し、ヘンテコ度が高まっている建物もある。

水木しげるが描くのは、昭和初期に十余年をかけて建てられた住宅「二笑亭」である。ハタ迷惑としか言いようのない男、元足袋職人の渡辺釜蔵は婿入り先の家作収入を懐に世界漫遊の旅に出た。帰国後、自ら設計し二笑亭に取り掛かる。ひとが通れない出入り口、昇れない鉄梯子（ばしご）、ガラス入り節孔（ふしあな）窓……。釜蔵の創作意欲は、財産を使い果たすまで続く。それは釜蔵の長い躁（そう）状態のなせるパワーだろうが、本人は幸福だったに違いないし、家族を別にすれば周囲も面白がっていた様子だ。ヘンテコ建築の極意はここにある。家族団欒（だんらん）とか世間との協調とか、ありきたりの幸福や、進歩を是とする思想に背を向けた、その存在にひとは魅了されるのである。

昭和三十年代にプラスチックの「透明住宅」を建てた工芸作家の徳力彦之助は家造りの方法論として「虫の家」を語っている。蚕の繭や蜘蛛（くも）の糸など自らが分泌する高分子物質を素材とし簡単に移動する家の可能性を論じた。そこで思い起こされるのは、昨今の引きこもりの若者の部屋だ。好きなモノに囲まれた空間は、虫の暮らしに似ていなくもないが、徳力の理論と違って動くことができない。

本書に登場する奇っ怪建築物も同じ場所に立ち尽くす、その姿が悲しみをたたえている。

評・与那原恵（ノンフィクションライター）

著者9人のオムニバス。妖怪（ようかい）・芸能などを主題にしたシリーズの完結の巻。

二〇〇一年四月八日④

『ペトロス伯父と「ゴールドバッハの予想」』

アポストロス・ドキアディス 著　酒井武志 訳
早川書房・一八〇〇円

天才数学者という過酷な生涯

変な題目。分類不能の内容。数学の超難問を解こうとして人生を棒に振った天才数学者の孤独な生涯を、甥（おい）が綴（つづ）った物語だ。ペトロス伯父以外、出てくる数学者も数学上の発見もすべて事実。天才数学者であるが変人の伯父が数学者になりたいという甥の夢を邪魔する。なぜ？どうして？というストーリーらしきものはあるが、大きく盛り上がるわけでもない。だが読み始めるとやめられなくなり、読んだあと確実に心に残る何かがある。

ペトロス伯父は言う。「数学者は生まれるものであり、作られるものではない」

簡単に言えば「数学がだめな人はいくらやってもだめ」。あんまりであるが、その過酷さを知ると納得してしまうから不思議である。神に恵まれた才能を持ちながら、孤独と不安にさいなまれ、三十代からは自らの才能が消えていくのを自覚するという過酷な生涯。それが、この本の数学者像である。事実、この本にも出てくるゲーデルやチューリングなど至高の業績を残した「真の天才」達（たち）ほとんどが、狂気や自殺や孤独死など恵まれたとは言えない人生を送っている。コンプレックスや優越感とか名誉欲といった人間的な欠陥を、数学者も多く抱えているのだ。普通の人でよかった。どうせ悩むなら数学なんかで悩みたくないという気持ちにさせられる。

著者は十五歳でコロンビア大学で数学を学んだというから十分天才の部類に入る。「人生の成功の秘訣（ひけつ）は達成可能な目標を持つこと」という意味の言葉が出てくるが、それは著者本人の自戒かもしれない。しかしそれでも数学に惹（ひ）かれる、という矛盾した思いが切々と伝わってくる。

何かの教訓になるわけでもないし、結論があるわけでもない。こういう世界があり、こういう人達がいることを知って欲しいというだけ。そして多分、著者は自分の未練を本にして断ち切りたかっただけ。しかし数学者になれなかった、私もあなたも十分楽しめる。

（原題、Uncle Petros and Goldbach's Conjecture）

評・坂村健（東京大学教授）

Apostolos Doxiadis　53年生まれのギリシャ人。小説のほか映画、演劇を手がける。

二〇〇一年四月八日❺

『ケインズ』

ロバート・スキデルスキー 著　浅野栄一 訳
岩波書店・二五〇〇円

新資料踏まえ遺産問い直す

この十年間、わが国ではケインズ的と形容される景気刺激策が繰り返し実施されてきた。その結果、膨大な財政赤字が積み上がる結果となっている。こうした政策に根拠を与えたとされるケインズというのは、どのような人物で、その理論はいかなるものであろうか。

ケインズの評伝としては、ハロッドによる『ケインズ伝』が有名であるが、その後に出現した大量の新資料を踏まえて、スキデルスキーはより詳細なケインズ研究を行っている。本書は、そうした研究成果を踏まえてスキデルスキー自身が、簡明に一般読者にも読みやすい形でケインズの全体像を論じたものである。本書は、正確なケインズ理解を得るための格好の手引書だといえる。

本書では、「その人間像・経済学者像」と題された序章のあと、ケインズの生涯、その哲学的背景、『貨幣論』までの理論、『一般理論』、そして政策的活動について、順次語られていく。しかし、日本の現状を考えると、現時点で本書を読む場合に、やはり最も興味深いのは、最後の「ケインズの遺産」を論じた現代的評価の部分であろう。

実は欧米では、一九七〇年代の経済悪化の原因になったとして、ケインズ的政策は一度全否定されている。その後、ケインズに対する評価はある程度回復しているものの、国家の裁量的な需要管理能力に対する、九〇年代の日本でみられたような素朴な信頼は、もはや存在していない。こうした経験から教訓とすべきことは、ケインズ的政策がよく機能するためには、政府の側に思慮分別があり抑制が働いている必要がある、ということだとスキデルスキーは結んでいる。

この本書の結語は、ケインズの理論を「何でもあり」を正当化するような教養だと思いこんでいる輩（やから）に、猛省を促すものである。ケインズの全体像とその現代的評価を偏りのない形で知ることは、わが国における経済政策のあり方を考える上でも不可欠で、そのために本書はいま有益である。

（原題、Keynes）

評・池尾和人（慶応大学教授）

Robert Skidelsky　39年生まれ。英ウォリック大教授。著書に『サッチャリズム』。

二〇〇一年四月八日❻

『永遠（とわ）に去りぬ』

ロバート・ゴダード 著　伏見威蕃 訳
創元推理文庫・一二二〇円

余韻に満ちた驚きのミステリー

驚きが、四つある。

まず最初の驚きは、センチメンタルなダメ男を描かせるとゴダードが相変わらずうまいこと。

たとえば、山道で二言三言交わしただけの女性が後日死体で発見されると、もしあのとき彼女の誘いに乗っていたら彼女の運命は変わっていたかもしれないと主人公は考える。それが本書の冒頭である。彼が事件を調べ始めるのは、そのかすかな罪の意識があるからだ。

探偵志願の動機として、これほどロマンチックなものもないが、ゴダードの筆にかかると、それが途端にリアリティを帯びてくる。こういう男がいても不思議ではないと思わせるのはゴダードの勝利だ。

二番目は、複雑なプロットを巧みに交錯させる芸が冴（さ）えわたっていること。物語の半分のところで犯人が名乗り出るのだが、もちろんそのままでは終わってしまうから、ここから思わぬ方向にどんどんズレていくのが快感だ。真相をめぐって二転三転するプロットが見事といっていい。

三番目は、調査の過程で浮かび上がるヒロインの生活と性格が、語る人によってことごとく異なり、本当の彼女はどういう人間であったのか、読者もまたわからなくなって混乱したあとに、くっきりとした肖像を鮮やかに浮き彫りにすることである。山道ですれ違った四十代半ばの美しいヒロインが、かくて彫り深く活写される。

つまり本書は、センチメンタルな男を主人公にして、巧緻（こうち）なプロットを駆使した、余韻たっぷりな味わい深いミステリーなのである。

本書が書かれたのは、『鉄の絆』『閉じられた環』の直後で、『日輪の果て』の直前である。すなわちゴダードが不調に陥っていた九〇年代半ばの作品であるにもかかわらず、例外的に傑作となっていることにも留意したい。これが四番目の、そしていちばんの驚きだ。

（原題、Borrowed Time）

評・北上次郎（文芸評論家）

Robert Goddard　54年英国生まれ。作品に『鉄の絆』ほか。

二〇〇一年四月八日⑦

『死んでなお生きる詩人』

北川朱実 著

思潮社・二六〇〇円

晩年に遅まきの栄誉を得た天野忠を別にすれば、いずれも不遇な生涯を送るしかなかった十三人の詩人たちを、著者は寄り添うように深い思いをこめて語っている。たとえば、生業であった蒲鉾（かまぼこ）造りの名人にして、言葉少なに起爆力を封じ込めたような詩を書きつづけ、六十六歳でようやく刊行することのできた詩集がH氏賞に決まりかけるが、新人ではないという理由で受賞を逸した清水正一……。

自死や病苦や事故によって中断された生涯。しかし、死んで「ちいさな歴史」になった詩人たちは、詩才という厄介なものを抱きながら、やさしさや愚直さが招き寄せたともいえる生涯を、それぞれの仕方でいっしんにまっとうしてみせたのだともいえる。

読後の印象は、レクイエムの静謐（せいひつ）に近い。読んでいて思わず顔を上げ、しばし佇（たたず）むような思いをしたのは、人と人との意識を連通管のようにつないでいる（かもしれない）深い心の水脈に、素手で触れたような気がしたからだ。

評・鶴ヶ谷真一（エッセイスト）

二〇〇一年四月八日⑨

『中谷宇吉郎集　第6巻』

中谷宇吉郎 著

岩波書店・四七〇〇円

雪と氷の科学者の著作集の一冊。戦後アラスカに研究に行ったおりの記録「アメリカ通信」が中心だが、専門以外の、なんということもない文章も心に残る。たとえば「ケリイさんのこと」。

アメリカの物理学者ケリイさんは石狩川視察の帰途、猛吹雪にあう。この「行きくれた旅人」を泊めてくれたのが一軒家のおばあさん。二人は対座し、夜を明かす。ひとことも言葉が通じなかった。だがケリイさんいわく、おばあさんが言いたかったことは全部わかった、日本人の言うことがあれほどよくわかったことは今までになかった、と。

その随筆には「雑記」「夜話」などの題名がよくついているが、この話は文字通りの「夜話」だろう。「西洋の旦那（だんな）！」という日本語をめぐる話「日本のこころ」もおもしろい。温泉と普通の風呂（ふろ）のちがいを科学する「温泉2」にもあたためられる。肩のこらない、一見軽い話なのに、永く響くものがある。すべて、時代をこえていく文章だ。

評・荒川洋治（現代詩作家）

二〇〇一年四月八日⑪

『草を褥（しとね）に　小説牧野富太郎』

大原富枝 著

小学館・一八〇〇円

「草を褥に木の根を枕（まくら）、花と恋して九十年」などと、自らをざれ歌に表現した牧野富太郎は、まさに植物学研究のためにこの世に生まれたような人だった。しかし、その牧野を支えるために生まれてきたような、妻寿衛子のことはほとんど知られていない。

牧野に関する従来の伝記とは異なり、本書は妻の苦闘にスポットをあてている。経済観念ゼロの夫にかわって質屋に通い、乳飲み子をかかえながら借金取りを撃退したり、待合を経営したりする。過労がたたって東京帝大の付属病院に入院するが、臨終のさいにも入院費が切れたため、情け容赦もなくシーツにくるまれ、ベッドから放り出されてしまった。

著者の大原富枝は昨年亡くなった。父親が少年時代、郷里の高知県佐川町の郷校で、牧野から教えをうけたことがあるという。最晩年の著者の、父祖への思いが牧野一族への関心と交錯し、単なる伝記以上に感銘深いノンフィクションとなっている。

評・紀田順一郎（評論家）

二〇〇一年四月八日⑫

『「わかる」とは何か』

長尾真 著

岩波新書・七〇〇円

最近の科学技術の発展は目覚ましい。そのために人間は多くの恩恵を受けているが、それに伴う危険の方に注目する人もいる。クローン人間などについて、時には人類滅亡かと思うほどの不安を抱かせる論もあるが、それはほんとうに科学技術のことを「わかって」言っているのだろうか。

科学のことが「わかる」とはどんなことか。情報科学の研究者で京大学長である著者が、科学における「わかる」ことについて丁寧に「わかりやすく」説いているのが本書である。まず「科学的説明」について論じた後に、そこに用いられる「言語」の在り方を論じ、科学的説明が社会的に広く受け入れられるための工夫についても述べる。

これに加えて、現代科学が「分析」の時代より「総合」の時代に入りつつあることを述べ、科学的理解と人間的理解の接点にまで論を伸ばしている。入学の季節。大学の新入生に理科系、文科系を問わず、必読の書として推薦したい。

評・河合隼雄（臨床心理学者）

二〇〇一年四月一五日①

『敵討（かたきうち）』

吉村昭 著

新潮社・一五〇〇円

「活劇」より空しさ　世の無常描く

敵討といえば、私たちが子どもの頃（ころ）に読んだ少年講談のたぐい、半分は敵討がらみだった。忠臣蔵だけではない。曽我兄弟、荒木又右衛門、田宮坊太郎……むろん成功して世間の喝采（かっさい）を浴びた敵討ばかりだ。

だが、吉村さんのこの本を読むと、敵討の成功率は百に一つくらいのものらしい。それはそうだろう。写真もなければ電話もなく、頼るものといえば、朧（おぼ）ろげな記憶に残る仇（かたき）の顔と自分の足しかない時代に、逃げまわる仇を探しあてて討ち果たすなんて容易なことではない。二十年三十年かかることも少なくないし、その前に討手の方が行き倒れになったり、気持ちがくじけて刀を売り払い、市井に姿を消してしまうことさえ珍しくなかった。

この本には、敵討を主題にした二つの中篇（へん）が収められているが、吉村さんの眼（め）は、成功した敵討の明るい結末にではなく、あてどもなく仇を探して歩く敵討の悲惨な実情と、一生を賭（か）けて事を果たしたあとの余生の空（むな）しさに向けられているようだ。

表題作の「敵討」は、天保年間（一八三〇－四四年）に伯父と父を闇討（やみうち）同然に殺害された伊予松山藩江戸詰の藩士熊倉伝十郎が、七年がかりで仇の本庄茂平次を探し出し討ち果たす話である。

だが、ただの個人的な刃傷沙汰（にんじょうざた）と思われたこの事件の背後にも、老中水野忠邦によって推し進められた天保の改革や、その実行役だった鳥居耀蔵による洋学者弾圧という歴史の大きな動きのあったことが、敵討の終わったあとで明らかになる。

討つ者も討たれる者も、歴史の大波に翻弄（ほんろう）されて泡沫（うたかた）のように見えてきて、無常の思いにさそわれる。

もう一つの「最後の仇討」は、幕末の秋月藩の政争で父と母を惨殺された十一歳の臼井六郎が、十二年におよぶ苦難の末、明治十三年（一八八〇年）になってから、今は東京上等裁判所の判事に出世している仇敵（きゅうてき）を討つ話だ。

世上では「孝子の鑑（かがみ）」と賞（ほ）めたたえられるが、すでに明治六年に「仇討（あだうち）禁止令」を発令していた新政府は六郎に終身刑を申しわたす。時代は大きく移っていたのである。

憲法発布の大赦で減刑され、三十四歳で出獄した六郎は、世間の歓迎に背を向けて九州に帰り、ひっそりと余生を送ったという。

吉村さんはこの二篇を書くためにも、厖大（ぼうだい）な史料に自分で眼を通し、伝十郎や六郎の足跡（そくせき）を自分の足で踏査したそうだ。そして、感傷も批判もなく、硬質な文章でひたすら事実に語らせるのだが、それがかえって読む者の心に深い感銘を残す。

評・木田元（哲学者）

よしむら・あきら　27年生まれ。作家。近著に『私の好きな悪い癖』『島抜け』『夜明けの雷鳴　医師高松凌雲』など。

二〇〇一年四月一五日②

『鱗姫』

嶽本野ばら 著

小学館・一二〇〇円

知的で古色めく乙女の怖い話

朝日新聞を読む貴方（あなた）はご存じないでしょうけれど（と高飛車に決めつけてしまいます）、乙女という高貴な種族が、この世には棲息（せいそく）しているのでございます。え、そうです。乙女は新聞なんか読むものですか。読書だったら吉屋信子か野溝七生子。絵なら中原淳一か高畠華宵。宝石よりも硝子（ガラス）玉。もちろんフリフリの馬鹿（ばか）っぽいお洋服が大好きです。

わかったわかった、そういう子たちねと思った貴方は、たぶんわかっていません。嶽本野ばらをお読みなさい。史上最強の少女論『それいぬ』（文春文庫PLUS）で、まずお勉強しなくては。んまァ『それいぬ』って『それいゆ』の親戚（しんせき）ねと思った貴方は素質があります。〈女子高生、女子大生なんて呼び方はお下劣ですから、女学生と申しましょう。さすればメールよりも交換日記、クレープよりもあんみつでございます〉。これが正しい乙女の道というものです。

理論武装ができたところで、いよいよこの小説です。大正時代みたいな雰囲気ですが『鱗（うろこ）姫』の舞台は現代。主人公は京都の由緒正しきお嬢様学校に通う正真正銘の乙女です。〈春になればもう、少し早いと笑われようが日傘をさすのは当然なのです〉と語る〈爆発的に見目麗しい〉彼女には、だれにもいえない秘密がありました。銀閣寺の洋館に住む叔母様を慕っていることでしょうか。京都大学に通うお兄様を密（ひそ）かに愛していることでしょうか。いいえ。お肌に関する秘密だとしか申せません。ましてどれほど過酷な運命が彼女を待ち受けているかなんて、こわくてとても書けません！

古い少女小説のフェイクなのかギミックなのかパロディーなのか。そういや著者近影を見た男の友人が「綺麗（きれい）なお姉様じゃん」と評しました。お、お姉様？　乙女な読者なら、著者はお姉様じゃなく王子様だと見ぬくと思うのですけれど。乙女は一種の架空概念、女性の専売特許にあらずです。謎（なぞ）めいた作者と倒錯的だがじつは知的な作品世界。どうぞ貴方も読んで失神してください。

評・斎藤美奈子（文芸評論家）

たけもと・のばら　京都府生まれ。作家。著書に『それいぬ』『ミシン』など。

二〇〇一年四月一五日③

『サッカーの敵』

サイモン・クーパー著　柳下毅一郎訳
白水社・二七〇〇円

「奇談」「裏話」の波状攻撃

部族の戦士たちが一個の球体を蹴（け）りあうさまに数十億の地球人が熱狂する光景を地球全域で目撃した異星人は、それをいったいなんだと思うだろうか？　その奇怪な祭儀こそが、この惑星の最も重要な政治機構だと思うんじゃなかろうか？

それはさほど的外れな見方ではないかもしれない。「サッカーの惑星」を巡る、このディープな探検記を読むと、本気でそう思えてくる。

著者は九〇年代前半の六大陸・二十二カ国を取材し、それぞれのサッカー界の「アンダーワールド」をスリリングかつユーモラスに活写していた。

ソ連崩壊後の混乱からマフィア利権の巣窟（そうくつ）と化したウクライナの名門クラブ、ユーゴ内戦の最前線で戦ったクロアチア・ザグレブのサポーター、欧州選手権のたった一試合でナチス時代の怨霊（おんりょう）を蘇（よみがえ）らせたオランダとドイツの国民、スペイン内戦の延長戦を続けるFCバルセロナとレアル・マドリッドのサポーター、北アイルランドやスコットランドのサッカー宗教戦争、私設ギャング団を使って監督・選手を支配するアルゼンチンのクラブ、W杯を一試合勝ち進むごとに二十億ドルの経済損失を被るブラジル、旧宗主国と部族対立が混乱に拍車をかけるアフリカ・サッカー界……。

日韓のW杯呼称問題なんぞカワイイもんだと思えるほど、キナ臭くウサン臭い「奇談」の波状攻撃。時には取材源とのオフレコの約束も突破して、著者の筆致は危険なスペースに飛び込んでいく。

サッカーというもはやスポーツを超えた何かの、確かにこれはリアルな実像なのだろう。サッカーから政治を排除するかわりに親善や道徳を持ち込める、などと幻想するナイーブな想像力は、本書にかかればイチコロかもしれない。

が、だからといって、これを鵜呑（うの）みにしてサッカー界の全貌（ぜんぼう）を知った気になってしまうのも、また神話の上塗りにすぎない。地球人の美徳も悪徳も愛情も憎悪もすべて呑み込んで、奇妙な球体は常に転がり続けるのだ。

（原題、Football Against the Enemy）

評・山崎浩一（コラムニスト）

Simon Kuper　69年生まれ。サッカージャーナリスト。

二〇〇一年四月一五日④

『ウエハースの椅子』

江國香織著
角川春樹事務所・一四〇〇円

繊細なバランスの〈少女小説〉

この〈話〉を読みながら、いろんなことを考えた。スイスイと気持ちよく私の中に入ってきて、気持ちのいいまま出ていってくれる文章を、自然に委（まか）せておいていいものなのだろうか。それとも、たとえば子供の日のお姫さまごっこで、〈おともだち〉はいつだってエリザベスになりたがるのに、自分はマリウスとかマルセルみたいなフランスの少年の役を選んだという思い出だとか、夏の夕方、妹と試みた〈小さな家出〉の記憶だとかに、もっと拘（こだわ）り、そこにしばらく立ち止まって考えなくてはいけないのか――それは江國香織という〈女の子〉とつき合うのに、とても大切なことだとはわかっているのに、私にはその辺りがよくわからないのだ。この人の本は、若い女の人たちによく読まれているというが、彼女たちはどうなのだろう。

文章にしたってそうだ。《（死は）いつか私たちを迎えにきてくれるベビーシッターのようなものだ。私たちはみんな神様の我儘（わがまま）な赤んぼうなのだ》――みたいなかすかな溜息（ためいき）が洩（も）れるかと思うと、しばらくして、《絶望は死に至る病だ》というキエルケゴールが出てくる。私たちが憶（おぼ）えている《死に至る病とは絶望のことである》よりも、少し心優しい訳である。そうした奇妙に繊細なバランスに惹（ひ）かれながら、そしてこの人が前に書いた『神様のボート』を思い出しながら、私はこの人の作品にふさわしいジャンルの呼び名にようやく思い当たった。それは、〈少女小説〉だった。

私は、野溝七生子も、尾崎翠も、少し下って川端康成も太宰も三島由紀夫も、このごろでは皆川博子も小川洋子も川上弘美も——この人たちの優れた小説は、どれも〈少女小説〉だと思っている。奇異に思われるかもしれないが、江國香織という人は、これらの人の中で、実はいちばん三島由紀夫に似ている。違いを言えば、三島由紀夫の文章に似合う挿絵が岩田専太郎と蕗谷虹児だとするなら、この人の場合は、ビュッフェ辺りかなと思うくらいである。

評・久世光彦（作家）

えくに・かおり 64年生まれ。作家。著書に『こうばしい日々』『すいかの匂い』など。

二〇〇一年四月一五日⑤

『税金の常識・非常識』

平野拓也 著

ちくま新書・六八〇円

「失われた10年」を税制から検証

日本の消費税率五％は欧米諸国に比べて格段に低い。しかし、税収全体に占める消費税収入の割合は税率一七・五％のイギリスとほぼ同じである。この奇妙な対比は、イギリスでは食料品や居住用建物が非課税であるのに対して、日本ではそうではないために生じている。相続税は日本では最高税率が七〇％であるが、カナダやオーストラリアなど相続税のない国もある。

本書は、このように諸外国の税制と比較することによって、日本の税制の特徴と理論的な裏付けが不明確であるという意味での「歪（ゆが）み」を浮かびあがらせてくれている。源泉徴収制度を「納税愚民」育成策と呼ぶなど、ときに刺激的な表現もみられるが、全体として客観的に解説されている。しかし、本書に惹（ひ）かれるのは、税金に関するあれこれの知識を提供してくれているからだけではない。

著者はいう。バブル崩壊後の「失われた一〇年の原因の一つに、世界に立ち遅れた税制」があった。一九八九年、消費税が導入されると同時に、所得税・法人税の最高税率の引き下げが行われた。「小さな政府」を標榜（ひょうぼう）するサッチャー、レーガンの税制改革を追いかけての改革である。

しかし、それでも両国に比較してはるかに高い税率であることに変わりはなかった。最高税率を引き下げるというのは、「お金持ちの優遇」ではなく、「お金持ちを目指す人たち」の意欲を刺激することであり、ITなどの新しい産業にとっての起爆剤になる。しかし、それが不十分であったために、日本は、世界最高率の税制というハンディを背負って九〇年代の国際競争に立ち向かうことになったというのである。

そういえば、九五、九六年にようやく立ち直りかけた日本経済に冷や水を浴びせかけたのも九七年の消費税率の引き上げであった。「失われた一〇年」に、これまであまり注目されてこなかった税制という観点から接近する、示唆に富む本である。

評・真渕勝（京都大学教授）

ひらの・たくや 35年生まれ。大阪税関に長年勤務後、著述業に。『納税革命』など。

二〇〇一年四月一五日❻

『スプーン　超能力者の日常と憂鬱』

森達也 著
飛鳥新社・一七〇〇円

認めたくないわけに分け入る

困ったことに面白い。時にあっけに取られ、時にクスクス笑いながら読んだ。

なぜ困ったかというと、この本は超能力者についてのリポートなのだが、あいにく私は超能力に関心がないからだ。いや、超能力と聞いただけでゲンナリする。信じる人も信じない人も超能力というと目の色を変える、ムキになる。そのこと自体にゲンナリするのだ。著者が森達也というしぶといリアリスト（昨年『放送禁止歌』という好著を放った人）でなかったら、私はこの本を手に取ろうともしなかっただろう。

著者は超能力者三人（(1)スプーン曲げの清田益章 (2)UFOの秋山眞人 (3)ダウジングの堤裕司）の人物像を追ったTVドキュメンタリーを撮った。彼ら三人は実際に超能力的なことを目の前で実現してしまうのだが、著者は驚いたり怪しんだりしながらも一貫して「黙殺はできないが熱狂もしない」。彼らが繰り出す超能力的なワザそれ自体ではなく別のところに注目している。

「(スプーンを曲げる）手首から先ばかりを凝視したって何もわからない。僕は彼ら全体を見る。客観的な証明など何の価値もない。僕が彼らを『どう思うか』が重要なのだ。その表出がドキュメンタリーの仕事なのだ」「どうしてぼくらはこれほどに（超能力的なことを）認めたくないのだろう？　僕らはいったい何に怯（おび）えているのだろう？　あるいは何を憎んでいるのだろう？」

著者の関心は自分の心の中へ、社会の中へと向かって行く。超能力的な事柄をおどろおどろしくとりあげ、その一方でいきりたって否定してみせるという「両論併記」と言えば聞こえはいいが、マッチポンプ式のショーアップに走るメディア。また、それを求める多くの人びと。その心の奥にはいったい何があるのか。著者の視線はそこまで届いている。

超能力なんて暑苦しいものを題材にしながら、終始かすかな涼風が吹いている。こんな本は珍しいのではないか。

評・中野翠（コラムニスト）

もり・たつや　56年生まれ。ドキュメンタリー作家。著書に『「A」撮影日誌』など。

二〇〇一年四月一五日❼

『サクラを救え』

平塚晶人 著
文芸春秋・一七六二円

日本の桜の代表格、ソメイヨシノには「六十年寿命説」がある。事実、終戦直後に植えられたその多くが今や瀕死（ひんし）の危機にあるらしい。

なぜ短命なのか。ソメイヨシノは交配で作られた人工の品種だ。花数は多いが実を結ばず、接ぎ木だけで増やされて来た日本中のソメイヨシノは全（すべ）てが同じ遺伝子を持つクローンなのだという。遺伝子が同じだから開花の足並みも揃（そろ）って花見には好都合だが、世代交代を重ねつつ強い株が残っていく淘汰（とうた）を経験していないため病気や虫に弱い。

本書はこうして「六十年寿命説」の根拠を科学的に明かした上で、その早逝の宿命に挑んで桜を救おうとしている人々の姿を丹念な取材で描き出してゆく。唯一気になったのは、散り際の潔さから、死を美化する風潮や軍国主義に桜が利用された「負の歴史」への言及があまりに淡泊なこと。桜に付着した死のイメージを分析し、イデオロギーから「サクラを救う」視点もあってよかったのではないか。

評・武田徹（評論家）

二〇〇一年四月一五日⑧

『郷土の好古家・考古学者たち　東日本編、西日本編』

斎藤忠 著
雄山閣出版・各三八〇〇円

斎藤忠は九十二歳という高齢であるにもかかわらず、極めて旺盛（おうせい）な記憶力の持ち主で、含蓄豊かに考古学・考古学者の歴史を描き出している。既に『考古学史の人びと』などの著作も多数ある。

近世から現代にいたる、全国各地の考古学研究者を丹念に再発掘した『郷土の好古家・考古学者たち』には、とりわけ情報が豊富にある。東日本編に続いて、このたび西日本編が出た。

考古学者といっても、狭い意味での考古学の領域にとどまらないのがいい。普通なら考古学史にはまず登場しないであろう人物、たとえば、魅力的な蒐集（しゅうしゅう）家である山中笑（共古）に記述があてられていたり、人類学者鳥居龍蔵のたぐいまれな幅の広さについて、東日本編・西日本編にまたがって余すところなく描かれていたりするのが面白い。

この著作は、単に考古学の通史と考えるだけでなく、江戸時代以来の学問のもう一つの伝統である蒐集の精神史とみることもできる。

評・山口昌男（札幌大学学長）

二〇〇一年四月一五日⑨

『花天月地』

黒田杏子 著
立風書房・三六〇〇円

著者は二十八年をかけて各地の桜をひとりで訪ねた。称して「日本列島桜花巡礼」。また、俳句の仲間と関西の三十三の観音を巡る「西国吟行」を果たし、今は、関東の三十三観音を巡る「坂東吟行」、そして四国八十八カ所を巡る「遍路吟行」を続けているという。ちなみに、この人の旅姿はしゃれたもんぺスタイル。

そのもんぺスタイルの俳人が、旅先でのいろんな季語との出会いを綴（つづ）ったのがこの本。四百六十ページをこす厚い本だが、どのページからでも気軽に読める。そして、どのページにおいても時間がゆっくり流れており、その時間のなかにいきいきと季語が息づいている。たとえば次のように。「花を眺める人間を花も又（また）眺めてくれているのだ」。この花のまなざしが、まさに生きている季語の表情だ。

「この世の時間が拡（ひろ）がり、全身の細胞がいきいきとしてくる」とは旅を続ける著者の感慨だが、この本を読んだ私もそのような快い気分になった。

評・坪内稔典（俳人）

二〇〇一年四月一五日⑩

『文学は別解で行こう』

鹿島茂 著
白水社・二二〇〇円

「別解」というタイトルがいい。鹿島茂の面白さをよく言いあてている。

ぼんやり流布しているイメージに、まるで別の見方をぶつけるお手並みは痛快。たとえばヴェルヌの『八十日間世界一周』は冒険小説というのが文学史の正解だが、別解によればこれは信用小説である。なぜなら主人公は「女王の銀行」に二万ポンドの預金を持ち、この信用を維持するため世界一周を利用するからだ。それにしても、なぜどのように？――読者は謎（なぞ）解きのスリルとともに新説を知る。

そしてナットクするのである。別解の数々がすごい教養に裏打ちされていることを。当時のフランス経済の仕組みに分け入る知識あればこそ、株式仲買人というヴェルヌの経歴の意味、印象派画家たちが貧乏だった理由、さらにはワーグナーの借金癖を「株式会社」ととらえる視点まで、大胆な説を提起できる。真に新鮮なのは解答よりむしろ「問い」なのである。めずらしく元気の出る文学入門。

評・山田登世子（仏文学者）

二〇〇一年四月一五日⑪

『ダムと日本』

天野礼子 著

岩波新書・七〇〇円

田中康夫長野県知事の「脱ダム宣言」（未着工ダムの原則中止）。猛反発した県議会の対抗条例案が先月下旬、可決されたが、先行きは不透明だ。だが、本書によればオランダ、ドイツなどの河川行政は、すでに川を昔に戻すのが潮流になっているという。

こうした現状を踏まえ、国内、欧米のダム、河川流域の現場を通じて、ダムが必要とされた歴史、社会環境が俯瞰（ふかん）されるのだが、著者のダム論がよって立つのは、日本を「川の国」、日本人を「川の民」とする視点だ。「川の民」が歴史の中で習得した、環境を殺さぬ、自然と共生しながらの伝統的な河川工法、漁師や河川流域の生活者が実践してきた利水、治水法など周囲の環境を再自然化してゆく知恵を現代に生かせ、と提案する。

著者は、五三年生まれのアウトドアライター。八八年より「長良川河口堰建設に反対する会」の事務局長も務める。文体はやや熱いが、そこに使命感が宿っている。

評・小林照幸（ノンフィクション作家）

二〇〇一年四月一五日⑫

『日本のタンポポとセイヨウタンポポ』

小川潔 著

どうぶつ社・一六〇〇円

タンポポに二種類あることは、中学校の理科の教科書にも載っている。日本犬と西洋犬のちがいと同じで、耳（外総苞片（がいそうほうへん））が立っているのが日本の在来のタンポポ、耳が垂れているのが外来種のセイヨウタンポポ。

セイヨウタンポポが日本の在来種を駆逐しつつある、とよくいわれる。著者は「駆逐」説に根拠がないことに気づき、調査と実験を二十年間つづけてきた。たとえば植物園の一角をブルドーザーで更地にする。一年後に花を咲かせたタンポポは外来種二十八株、在来種十四株。七年後には外来種が五十八株に対して、在来種はなんと五百五株だった。

他の場所ではどうなのか。その調査には市民や学生など多数のボランティアの協力が必要だった。その結果、セイヨウタンポポは在来種の生育できない劣悪な場所に生えていることが判明した。「駆逐」ではなく、環境の悪化なのである。

評・新妻昭夫（恵泉女学園大学教授）

二〇〇一年四月二二日❶

『慶応三年生まれ　七人の旋毛曲（つむじまが）り』

坪内祐三 著

マガジンハウス・二九〇〇円

奇縁の連鎖が絶妙な明治の青春群像

やっぱり人材輩出の当たり年というのはあるらしい。慶応三年、つまり江戸最後の年に夏目漱石・宮武外骨・南方熊楠・幸田露伴・正岡子規・尾崎紅葉・斎藤緑雨という曲者七人が揃（そろ）って生まれた。

ロイヤル・ストレート・フラッシュのような顔ぶれじゃないか。しかも慶応三年というのが念入りだ。彼らは明治とともに生をうけたと言ってよく、個人史がぴったり明治史と重なる。できすぎた偶然と思わずにいられない。

『慶応三年生まれ　七人の旋毛曲り』はこの偶然にしつこく注目した本だ。同い年というくくり方で横断的にこの七人の青春時代を追って行く。七人それぞれが主役の話が同時進行的に描かれて行く。映画で言ったらマルチプロットのスタイルだが、この七人の青年たちの人生は思いのほか多くの接点があった。

例えば、漱石と子規が同じ大学予備門に通う親友だったのは有名だが、同期の学生として熊楠もいたし、一学年上には紅葉もいたこと。あるいは、子規は文壇の先輩の露伴に処女作の小説を見てもらったが、それよりも俳句の方をほめられ、それが俳人正岡子規を生み出す大きなきっかけになったこと。一見別世界の文豪同士に思える紅葉と露伴は、実はともに型破りの「趣味人」淡島寒月から西鶴（当時はまったく忘れられていた）のすばらしさを教えられたこと……。

私にはこういう奇縁の連鎖それ自体がなんとも言えず面白い。彼らの同世代の一人としてその世界にいるようでわくわくする。著者の真意もたぶん、「日本の近代文学の歩みを追う」とか「明治の時代相をあぶり出す」とかいう狙いよりも、奇縁の妙味をかみしめたいということなのではないか。

私がこの本の中で最も興味をひかれたのは紅葉の父・谷斎（こくさい）の死をめぐるエピソードだ。谷斎は腕のいい牙彫（げぼ）り師にして幇間（たいこもち）という有名な畸人（きじん）だった。冬のある日、谷斎と五番組頭と落語家の三遊亭円遊（ステテコの円遊）の三人は品川へ網漁にでかけ、獲（と）ったフグにあたって亡くなったという話。とびきりの江戸っ子三人のいかにもそれらしい死――。本筋とはあまり関係がなくても、こういうエピソードを織りまぜずにはいられないところが著者の持ち味だと思う。

海外に行ってしまったので仕方がないが熊楠のパートが弱いこと、破調の文章が気になったこと。この二点は不満だが、読み出したらやめられない、生き生きとした明治の青春群像ドラマだ。

評・中野翠（コラムニスト）

つぼうち・ゆうぞう　58年生まれ。評論家。著書に『靖国』『古くさいぞ私は』『文庫本を狙え！』など。

二〇〇一年四月二二日❷

『山の郵便配達』

彭見明 著　大木康 訳

集英社・一六〇〇円

厳しい自然受け入れ生きる人々

中国の中央に位置する、湖南省の農村に生まれた作家の短編六本。中国の現代文学といえば、都市部出身の反体制色の強い作家が注目されがちだが、ここには別の中国がある。題材も語り口もすべて異なるものの、ともかくどれも巧（うま）い。

長い年月、郵便袋を天秤棒（てんびんぼう）に結びつけ、肩にかけ、犬を連れ、三日がかりで山岳地帯の村々を歩き、郵便の集配を続けてきた老人。犬は登り道では首にかけた皮ひもで彼を引っぱる。だからペットではなく仲間だ。しかし老人の足は痛む。そこで息子に後を託すため、彼は息子と犬と最後の郵便集配の旅へ出る。この数日間を書いたのが表題作。

映画化され、現在話題だ。ただ映画は原作にない挿話も多く、いささか牧歌的に仕上がった。息子はすんなり苛酷（かこく）な職を継ぐ。これをデキスギと思う方もあるだろう。原作ではじつは息子も「十数歳の時にはもう否応（いやおう）なしに」、農夫となり「黙々と牛のように働」いてきたのだ。

といって苛酷さを声高に語らない。文章は抑制され、展開はスピーディー。だから膨らみがある。厳しい自然を人々は受け入れ、生きてきた。それ以上語るべきことがあるか、これが作者の視線だ。

二編目の「沢国（たくこく）」。嫂（あによめ）と毎日、湖に出て漁をする少女。早朝に網を仕かけ、夕方に引き上げる。巨大な青い湖、壮大な落日。乱舞する蝶（ちょう）。銀色に輝く魚群。波音だけの静けさのなかで少女の心は揺れる。このまま嫂のようになるのか。が、そんな惑いさえ大自然は溶かし込む。作者の原風景だろう。秀作。

他の四編。都会へ出ようとする娘に悩む老人。世に受け入れられぬまま餓死する私塾の教師。心臓の弱い女をめとり、抱くこともならぬ鉄道員。都会生活になじめず、女の愛にも気づかない青年。悲惨な話になりかねないが、主人公たちの生真面目（きまじめ）さが明るさを点（とも）す。

どれも小さな物語。しかしその小ささのなかに、人間の矜持（きょうじ）と欲望、老いと若さ、大自然と都市化、と普遍的なテーマがつまっている。

（原題、那山　那人　那狗）

評・松山巖（評論家）

ポン・チエンミン　53年生まれ。俳優などを経て作家。本書で全国優秀短編小説賞。

二〇〇一年四月二二日③

『インターネットで日本語はどうなるか』

西垣通、ジョナサン・ルイス 著
岩波書店・二〇〇〇円

多言語化する最前線を紹介

ときならぬ国難の到来に向けて人びとの危機感をあおる。あおる側もあおられる側も、頭にカッと血がのぼる。そこに「日本語の危機」といった言語問題がからめばなおさらだ。

インターネットは英語が絶対権力をもって支配する世界である。これからはもっとそうなるにちがいない。

こうした単純化された前提に立てば、インターネットは第二の黒船ということになり、わが国論は例によって開国派と攘夷（じょうい）派にたちまち二分される。前者代表が「二十一世紀日本の構想」懇談会による「英語第二公用語」論だとすれば、後者のそれは日本文芸家協会その他がとなえる「漢字を救え！」論。でも、この対立はニセの対立だと著者たちはいう。頭を冷やして考えれば、英語による専制とは逆に、インターネット世界では多言語共存に向けての環境整備が着々とすすめられているのがわかるはずなのに。

開国派からも攘夷派からも、この反常識的判断には多くの異論がとびだすだろう。それでも自分の考えを冷静に提示し明快に論証していく。そこに本書の身上がある。いまは国別に分かれた言語コードを強引に統一したことで、アメリカ企業による文化破壊として悪名高いユニコードをすっきり擁護してみせるのもその一例。なかなか気合がはいっている。

本書で知ったのだが、ふたりの共著者は、インターネット上で「L／P（言語／権力）フォーラム」（http://lp.ia.dendai.ac.jp/）という、日本語、英語、韓国語、中国語、インドネシア語による討論サイトを運営している。

現代思想好きの大学院生でもなければ、ちょっと敬遠したくなるようなサイト名だが、ぜひ接続してみるといい。さまざまな参加者の発言を、あえて、いまはまだ喜劇的なまでに未熟な翻訳ソフトをつかって多言語表示してしまう。その思い切りのよさとトボトボ感の組み合わせがいい。頭だけでなく、からだのほうもしっかり動く人たちらしい。

評・津野海太郎（編集者・和光大学教授）

にしがき・とおる 48年生まれ。東大情報学環教授。
Jonathan Lewis 65年生まれ。東京電機大助教授。

二〇〇一年四月二二日④

『フクロウの不思議な生活』

クリス・ミード 著　斎藤慎一郎 訳
晶文社・一九〇〇円

「耳で見る」森の賢者の生態

フクロウにじっと見つめられたことがある。傷ついて段ボール箱に保護された大型のワシミミズクだった。「なんだ人間か」という顔をされた。

以来、どこかからフクロウに見られているような気がする。それほど印象的で強烈な視線だった。

英国の鳥類学者ミード先生の本を読んで視線のなぞが解けた。「フクロウの驚くべき適応能力の一つは、『耳で見ること』です」。双眼鏡のような視力だけでなく、聴覚も異様に発達している。顔が円盤の形をしているのは、小さな音をとらえる集音器の役割があるからなのだという。

目だけでなく、いわば顔全体で相手を識別する。正面から見つめられた側が落ち着かない気分になるのも当然だ。

羽毛がしなやかなので無音で飛ぶことができる。風のない静かな夜には家族を呼ぶ声が二キロ以上先まで響く。

そんな生態を分かりやすく解説した博物誌。世界に百三十種類以上いる仲間のうち、英国に住むフクロウの話が中心。古代から知恵の象徴とされ、森の賢者とも呼ばれる彼らが、実際いかに賢い生きものなのかを愛情を込めてつづる。

教訓的なエピソードも多い。危険に出会った時に、しきりに頭を回転させたり、お辞儀をしたりする。少しだけ視点をずらすことで、広い視野と遠近感を取り戻そうとする知恵なのだという。

気が重くなるのはフクロウと環境問題の部分。何百万年もの間、変化に巧みに適応してきた森の賢者も、わずか百年で人間が引き起こした環境破壊には耐え切れなくなっているのだという。

自然界の食物連鎖の頂点にいるフクロウが、農薬と化学物質によって、いかに悲惨な影響を受けたか。交通事故や放置された釣り糸のために、どんなに無慈悲な目に遭っているのか。著者の告発は控えめで、傷ついたフクロウの保護の仕方などに多くのページがさかれている。それだけに、かえって深刻さが伝わる。人間を見つめるワシミミズクの冷たい視線を、また思い出した。

（原題、ＯＷＬＳ）

評・清水克雄（本社編集委員）

Chris Mead　英国の鳥類研究家。野鳥保護のフィールドワーカーとして知られる。

二〇〇一年四月二二日⑤

『日本の軍事システム』

江畑謙介 著
講談社現代新書・六八〇円

現実的防衛論へ格好の入門書

軍備はないに越したことはない。しかし予見しうる将来に、軍備がいらない時代が来る可能性はない。重要なのは、必要な場合には役に立つ軍備を、なるべく国民の負担にならないような形で備えておくことだ。

本書は、現代世界の構造と、軍事技術の水準に照らして、日本の軍備の有効性を検討したものである。現代の軍事では、アメリカが情報化を中心に飛躍的な革新を進めている。しかしアメリカは地域の小規模な紛争にまでは手が回らない。したがって日本は、アメリカとの同盟を抑止力として維持しつつ、アメリカの軍事力を補完し、あわせて世界秩序維持のための役割を担うべきだというのが、著者の立場である。

この立場からすると、日本の軍備には問題が多い。たとえば日本は千両を超える戦車を持っている。イギリスの四倍である。その中の90式戦車は五十トンもあって、北海道から動かすことは難しい。冷戦当時、ソ連の北海道侵攻に備えたものが、そのまま配備されているのである。

他方で、いわゆる国際貢献や災害支援のためには、足りないものが多い。空中給油機、大型の輸送艦や輸送機などは、専守防衛の建前から、長年タブー視されてきた。その他、外聞を気にして無意味な制約を加えた軍備を、著者は次々と具体的に批判する。さらに、武器輸出を禁止した結果、国産の武器がはなはだ高価なものとなっていることも批判する。

戦後日本では、憲法が戦力不保持を定め、非武装論が強い力を持っていた。そのため日本の軍備は、アメリカの要求を世論に配慮して切り詰めるという形で整備され、十分な有効性の検討なしに、ずるずると膨張してきた。

冷戦が終わって十年、日本の軍事システムの根本的な見直しが必要だ。著者の立場はきわめて明晰（めいせき）で、賛成するにせよ反対するにせよ、分かりやすい。納税者の立場から現実的な防衛論を展開するための国民レベルの入門書として、とても役に立つ本だ。

評・北岡伸一（東京大学教授）

えばた・けんすけ　49年生まれ。軍事評論家。著書に『アメリカの軍事戦略』など。

二〇〇一年四月二二日❻

『片想い』

東野圭吾 著

文芸春秋・一七一四円

凝りに凝った技巧派の芸

もともと東野圭吾はひねったミステリーを書く技巧派作家として知られていた。そのひねりを愛する一部の熱狂的読者はもちろんいたものの、作家的には時代に迎えられず悪戦苦闘してきたといっていい。一九九八年の『秘密』、翌年の『白夜行』で一気にブレイクしたのは、その東野圭吾の美質がようやく時代にマッチしてきたということもあるが、この間の成熟も見逃せない。

たとえば、東野圭吾の新作『片想い』を読まれたい。性同一性障害をモチーフにする本書には幾つかの仕掛けがある。ミステリーなので詳細は避けるけれど、アメフト部のOB西脇哲朗が久しぶりに当時の女子マネジャー日浦美月に会うと彼女は男になっていた、というところから始まる本書は、その彼女（彼）が事件に巻き込まれて主人公西脇哲朗の家に転がり込んでくるメーンストーリーだけでも現代ミステリーとして成立しただろうが、それだけでは単色すぎるとこの作者は考えるのである。

その一つが、西脇哲朗と理沙子の夫婦だ。まず、この共稼ぎ夫婦の亀裂を作者は丁寧に描き込んでいく。現代ミステリーの一部が主人公の私生活を描き込むことで一般小説に接近してきたという事情を一方に置けば、この哲朗と理沙子の亀裂も同様に受け取られかねないが、しかしこれは性同一性障害というモチーフを浮き彫りにするためにほかならない。つまり、性同一性障害は日浦美月という人間だけの問題ではなく、我々の問題でもあるという構造を、物語の背後に置くのだ。これがまず一つ。

もう一つは、西脇哲朗の青春だ。優勝をかけたリーグ戦最終試合の回想だ。古き良き男の世界をめぐる回想がこの物語に必要なのは、既成概念に縛られていることの愚かさを問うためにほかならない。ここから、男とは何か、女とは何か、という地点まではただの一歩だ。作りすぎとの指摘があるかもしれないが、これこそが技巧派作家の芸なのである。

評・北上次郎（文芸評論家）

ひがしの・けいご　58年生まれ。作家。近著に『白夜行』『予知夢』。

二〇〇一年四月二二日❼

『2001年哲学の旅』

池田晶子 編著

新潮社・二二〇〇円

「なぜ自分は生まれてきたのか」と考えている人に対して、「そんなことを考えていると何にもできなくなる」と叱咤（しった）し、現実的な生活設計を立てるよう意見する人は多い。だが存在の謎（なぞ）にぶつかっている人は「いかに生きるか」ではなく、「生きているということはどういうことなのか」が問題なのだ。このような人は「哲学する才能」があるのだが、役に立たないこの才能は理解されにくい。だから著者の「宿命の別名が才能であり、それしかできないという欠落でもある」という言葉は、深く腑（ふ）に落ちる。

著者は西洋哲学の聖地を旅し、またニュートリノの研究者や、哲学の大御所、そして死刑囚とも対話を重ねる。どこでも、相手が誰（だれ）でも、「存在の謎」を考え、突き詰めていく。さすがこの著者だけあって普通の入門書ではない。「哲学する才能」ある人はもちろん、現実的な悩みが尽きない人にも、「悩むのでなく考える」道（これぞ哲学の神髄！）を示す心強い本である。

評・岩宮恵子（臨床心理士）

二〇〇一年四月二二日⑧

『以下、無用のことながら』

司馬遼太郎 著
文芸春秋・一九〇五円

本書は久々に読んだ司馬遼太郎である。帯には〝没後5年、待望の刊行〟〝単行本未収録のエッセイ71編を厳選〟とあるが、エッセイというには身辺雑記的なところがほとんどなく、テーマが多岐にわたって内容が深い。まさに該博、その炯眼（けいがん）はあらゆるものごとに通じ、よくもまぁこれほどの量の知識がひとりの人間のアタマに詰め込まれていたものだと感心する。平明な文体、明晰（めいせき）な文章、多種多様なエピソードを介してテーマを掘り下げていく語り口が懐かしい。

司馬遼太郎は生涯、旅をつづけ、その土地の風土から過去に分け入って歴史を論じた。渉猟した膨大な知識は咀嚼（そしゃく）されて再構成され、歴史小説や歴史紀行により深い味わいと華やぎをもたらした。読者を愉（たの）しませることにおいて彼は稀有（けう）のひとであり、それは本書でもなんら色あせることはない。文明論、文化論、芸術論、人物論と、さまざまな読み方のできるところが、またおもしろかった。

評・黒川博行（作家）

二〇〇一年四月二二日⑨

『インド待ち』

周防正行 著
集英社・一七〇〇円

「インドと言えばカレー！」の時代は終わった。今もインドの人たちは毎食カレーを食べているが、本書を読み終えた僕の中では「インドと言えば映画にパパルとライムジュース！」なのだ。

「Shall we ダンス？」の周防正行監督が、テレビ番組のいちレポーターとして、そして映画人として、インド映画に込められた「インドの魂」の謎（なぞ）を探り、カメラの前でコメントし、泊まり歩いたホテルのフィットネスクラブのサービスとインドの料理の真実をまとめた「テレビ・ドキュメントのドキュメント」にして、仰天のインド映画業界を通してインドの今の文化の息遣いがハァハァと感じられる、著者お得意の見聞録。ありがちな「文化比較論」にならなかったのは、インド映画に込められた「インドの魂・アートマン」のおかげ。映画大国インドはその魂を未来永劫（えいごう）に共有するのだろう。

映画における歌と踊りの謎をユリイカ！した監督のネクスト・ワン、早く見たいね。

評・新城和博（編集者）

二〇〇一年四月二二日⑪

『ゴールキーパー論』

増島みどり 著
講談社現代新書・六八〇円

「一番重要なものだと思うのは、人間というか、男としての雰囲気だと思う。いいＧＫには必ず雰囲気というものがある。いくら技術が上手（うま）くても雰囲気のないＧＫはいるし、これは面白いんだけど年齢じゃあないんだ」

サッカーの元日本代表ＧＫであった松永成立のコメントが本書の性格をよく伝えている。これはおそらく史上初めてサッカーから水球まで、ジャンルを横断した形で、ゴールキーパーという特殊な役割の男たちにスポットを当て、そこに共通する発想や誇りを考えようとした本だ。まず、その視点が第一に秀逸。

それから痛みの感覚や、恐怖感が消える意識、冷静さや孤独といった、実感的な部分まで踏み込んだ取材の良さに驚く。なかでも水球、日本代表ＧＫ、水谷真大の章で「股間（こかん）の痛み」という話題になり、女性である増島氏が「あの痛みだけは唯一『他人（ひと）事』なのだ」と、残念そうだったのがとてもよかった。

評・えのきどいちろう（コラムニスト）

二〇〇一年四月二二日⑫

『変わる商店街』

中沢孝夫 著
岩波新書・七〇〇円

さびれた商店街を各地で見かけるが、山形県高畠町や東京都足立区の東和銀座商店街は「普通の市民」の努力で「まちの賑（にぎ）わい」を見せている。本書は著者が全国各地をまわり、遠くアメリカまで行って、つぶさに取材した、活性化しつつある商店街の感動的ともいえる報告書だ。

著者によれば「半世紀以上も都市を消費してきたわれわれは、消費しつくした後に自らまちづくり、都市づくりを迫られている」。商店街衰退の原因を大型店や規制緩和、クルマ社会に求めることを著者は否定する。人は自分の利益のために「まちそれ自体を消費」してしまうと著者は新しい視点を教えてくれる。

著者が足で取材して得た結果は「商店街の復活」よりもむしろ「まちづくり」だ。それはまち（街、町）全体に魅力を取り戻すことで、著者の主張は現場に密着した新鮮な都市論にもなっている。

本書を読めば、故郷のまちや、今住むまちを著者と同じ目で見るようになるだろう。

評・常盤新平（作家）

二〇〇一年四月二九日❶

『模倣犯　上・下』

宮部みゆき 著
小学館・各一九〇〇円

丁寧な人物描写、生かしきれたか

①下町の公園で若い女の腕が発見され、近くに住む老人が、それが孫娘ではないかと不安を覚える辺りで、私は傍らに一枚の紙を用意した。この先、膨大な数の人物と出会う予感がしたのだ。次いで私は、近郊も含めた東京の大ざっぱな地図を別紙に描き、さらにもう一枚、事件から遡（さかのぼ）って十数年の年表まで作った。こんなことは初めてである。ドストエフスキーのときだってメモなんかとらなかった。――私はきっと、頭が悪くなったのだ。

②よく〈細部に神宿る〉と言う。宮部さんには元から登場人物の描写にそうした行き届いた丁寧さがある。単に細密なデータを並べるのではなく、温かくヒューマンな目で見た刑事であり、被害者の家族であり、容疑者なのだ。だから、どの人物たちにも、体温があり、体臭があり、その顔や歩き方まで見えてくる。その筆力は半端ではない。――あとは、彼らが話の中でどんな風に有機的に絡み合い、どこへ収斂（しゅうれん）していくか、である。

③「模倣犯」は、ほぼ客観的に書かれた小説である。けれど話を展開していく上で、その都度ある〈話者〉が設定される。つまり、内なる〈心理〉にまで立ち入る人物ということだ。「模倣犯」ではそれがかなりの数に上る。たとえば、第一部の一章では真一という少年、二章では被害者の祖父の老人、三章では主婦のルポライター、といった具合である。だがこの手法は、ときに危険でもある。読者が〈話者〉にシンパシーを持ってしまうからだ。その上〈話者〉にある種の〈免罪符〉を与えることにもなりかねないのだ。だから、〈話者〉の選択はとても難しい。――このとき、宮部さんの温かく丁寧な描写は、両刃（もろは）の剣になる。

④それだけ綿密に組み立てて、事件の真相が現れる。簡単な話、私は共犯の栗橋という男を、宮部さんが肯定しているのか否定しているのか、よくわからない。主犯についてはもっと曖昧（あいまい）である。そして言ってみれば、この二人の人物のために積み重ねられた、それまでの〈丁寧な描写〉は、いったい何なのだろうと、考えてしまう。その瞬間、あんなにも鮮やかで、親しかった人々の顔や声は、呆気（あっけ）なく消えてしまった。

⑤とにもかくにも、これだけのスケールの作品では、主犯の悪に際立った輝きがなくてはならない。ハンニバル・レクターは、圧倒的な知性とダンディズムという抽象的な裏打ちがあって、はじめて具体的な人間になり、その絶対的な悪は、彼の魅力を通して輝く抽象の世界のものになった。――私は複雑な気持ちで、三枚の紙を眺め直した。

評・久世光彦（作家）

みやべ・みゆき　60年生まれ。『理由』で直木賞受賞。著書に『蒲生邸事件』『クロスファイア』など。

二〇〇一年四月二九日③

『「レンブラント」でダーツ遊びとは』

ジョセフ・L・サックス 著　都留重人 監訳
岩波書店・三六〇〇円

文化遺産の所有で問う「公と私」

ある美術品コレクターが自宅の遊戯室で、自分が所有するレンブラントの名画を標的にダーツ遊びに興じている。

「オレの〝お宝〟をどう扱おうがオレの勝手だ。がはは」という彼の言い分は、法的には咎（とが）めようがない。でも、やはり「われわれ」は、それを許せないと感じる。まるで自分自身がダーツの矢に射られるような「痛み」すら覚える。これはいったいなぜなのだろうか？

本書のなにやら謎（なぞ）めいたタイトルの、それが由来だ。

レンブラントに限らない。たとえば史上最高額で競り落とした印象派絵画を「自分といっしょに火葬してくれ」とうそぶく億万長者。功名心のために発掘品を捏造（ねつぞう）するゴッドハンド考古学者。支配地域の仏教遺跡を破壊するイスラム原理主義者。歴史的景観や建造物を破壊する開発業者……。彼らが「われわれ」にもたらす痛みとは、つまり「人類が共有すべき文化的遺産が排他的に独占され侵害されること」への痛みなのだ。

本書はその「判例集」のようなものと言えるかもしれない。芸術品、歴史遺跡・遺物、公文書、学術資料、古生物化石、さらにそれらの研究成果……。著者がこれでもかとばかりに次から次へと俎上（そじょう）にのせる〈公〉と〈私〉の紛争例は、それ自体が壮大な文化遺産コレクションだ。その登場人物も、カフカ、ジョイス、サリンジャー、アインシュタイン、ケネディ……と絢爛（けんらん）たる豪華キャスト。

とはいえ著者は、単純に〈公〉の〈私〉に対する優越を説くのではない。文化を国家や役人に委（ゆだ）ねる安易な公共幻想を戒め、「私益と公益を結合させる見えざる手」を健全に機能させるという、いかにもなアメリカン・ウエイを模索している。一方で、知的所有権・自己決定権・個人情報保護といった私的権利の拡大が文化遺産の公的保護を圧迫する、やはりアメリカンな現状に警鐘も鳴らす。

とてもそのように見えないことだけが残念だが、今日的な話題性と知的スリルに溢（あふ）れる本なのだ。

（原題、Playing Darts with a Rembrandt）

評・山崎浩一（コラムニスト）

Joseph L. Sax　カリフォルニア大学バークリー校教授。

二〇〇一年四月二九日④

『チューリップ』

アンナ・パヴォード 著　白幡節子 訳
大修館書店・三三〇〇円

花めぐる人の愚かさ、滑稽さ

美しい本だ。色刷り図版が目を楽しませてくれ、十八世紀末の傑作花譜、ソーントン『花の神殿』のチューリップは「なまめかしさ」さえ感じさせる。著者は十五世紀から今日にいたる資料を丹念に渉猟し、より美しい花を追い求めた人々の一途な努力と、その成功と失敗、時代や地域による流行の変遷を、淡々とした筆致で語りつくそうとしている。

オランダはいまもチューリップの輸出国であり、一六三〇年代には破産する人が続出するほどの異常なチューリップ・ブームがあったことも有名だ。日本では長崎に出島が築かれたころ。しかし、当時のヨーロッパで流行したチューリップは、今日の花壇を飾るそれとはまったくちがう。「ブレイク」した、つまり花弁に絞り模様の入った花の美しさが競われていたのである。とくに赤地に白い炎状や羽状の模様が好まれたという。

チューリップの花は、本来は赤や黄色の単色である。どうしてブレイクするのかは、なぞだった。交配してもブレイクは伝わらない。親球根から子の球根が増えるのを待つしかないのだが、ブレイクしたものは球根がなかなか大きくならない。それが投機と高騰の原因だった。当然ながら球根泥棒や詐欺師が横行した。

ブレイクの仕組みが解明されたのは、じつに三百年後のこと。絞り模様はアブラムシが媒介するウイルスによる病変だった。病気であれば、栽培が困難なのも稀少（きしょう）なのも不思議ではない。

それにしても花はなぜ美しいのか。花を手折りたくなるのは人情だし、まして病気の花に全財産を賭（か）けさせるほどに人を狂わせる。だが、花は植物の生殖器官であり、花弁の色や模様は甘い蜜（みつ）とともに昆虫を誘引するための適応。花は人間のために咲いているのではない。

花を愛することは人間の側の一方的な片想（おも）い。花の歴史が、著者の意図をはなれて、人間の愚かさや滑稽（こっけい）さを浮き彫りにするのは必然なのかもしれない。しかし、それでもなお花は美しく、人々を魅了しつづける。

（原題、The Tulip）

評・新妻昭夫（恵泉女学園大学教授）

Anna Pavord　英インディペンデント紙の園芸欄担当。チューリップ愛好家でもある。

二〇〇一年四月二九日⑤

『すべてきみに宛てた手紙』

長田弘 著

晶文社・一八〇〇円

静けさの中で言葉に耳を澄ます

前略　折にふれて発表したエッセーを、読者の「きみ」に宛（あ）てた三十九通の手紙として一冊に編み直す。その着想の楽しさに心ひかれ、本を手にしました。

杜甫の詩や墓碑銘をめぐる考察。絵本や伝記の読み方から、冬の音楽の楽しみをめぐる随想まで。話題はさまざまですが、どの文章にも感じるのは、深い洞察に支えられた簡潔な言葉の美しさです。

たとえば二十世紀を振り返る手紙。あなたは百年のありようを、たった一言でこう表現します。「過去、ではありません。過ぎ去ったのは、未来です」

教育については、「教」と「育」の違いをこう書きます。「『教』としての教育がもとめるのは万人のためのマニュアル、『育』としての教育がもとめるのは個性のためのプログラムです」

あるいは幼時に疎開を経験した戦争の記憶については、こうです。「わたしが子どもだったとき、厳しかったのは時代であり、優しかったのは季節でした」

政治家は「力の言葉」を語ります。詩人は「言葉の力」を大切にします。これ以上ないほどぜい肉を落とし、きりりと引き締まった散文の姿。その断面から生命力がにおい立つような文章の裁ち方。本を読みながら、平明な言葉が放つ力の強さに、しばし立ちどまりました。

「書くことは二人称をつくりだす試みです」。そう書くあなたは、手紙がそなえる親しみと共感を、読者に取り戻したと思います。

本に引用されたジャズ奏者チャールズ・ミンガスの言葉が心に残ります。「子どもたちに音楽を聴かせたい。騒音はもう十分すぎるほどあたえられてきた。この社会に蔓延（まんえん）する騒音をすこしでもとりのぞいて、いい音楽を聴くためにその耳をつかうことができるようにしたい」

私たちは、あまりに冗舌な言葉に取り囲まれています。静寂を取り戻さなければ、もう澄んだ音色は聞こえません。

三十九通を心の状差しに入れ、心の静けさが必要になったら、折々に手紙を開こうと思います。

評・外岡秀俊（本社編集委員）

おさだ・ひろし　39年生まれ。詩人。著書に『一日の終わりの詩集』『記憶のつくり方』。

二〇〇一年四月二九日⑥

『ギークス　ビル・ゲイツの子供たち』

ジョン・カッツ 著　松田和也 訳
飛鳥新社・一八〇〇円

オタクも取り込む米名門大学

「ギーク」とは日本語だと「ネットワーク・オタク」。ほとんどの時間をネットの世界で過ごす。本書はメディア評論家でジャーナリストの筆者と、あるギークの少年との交流の記録である。

　少年の身体はアイダホの田舎で育った。彼の精神はネットの中で育った。田舎の狭い実世界に早々と見切りを付けたからである。ギークは米国ですらまだ認知されていない。ネット社会に不可欠の「技術エリート」という見方も出てきたが、イメージは悪い。暗い、臭い、青白い。いわゆるオタクである。

　ギークであることの誇りと仲間意識、周囲との確執、変わった文化など興味深い。ここまでなら日本のオタクにも見られそう。しかし、後の展開は違う。

　筆者の勧めで彼はシカゴに出る。ネットの中で身につけた広汎（こうはん）な知識と教養。大都会の中に自分の場所を見つけるのは簡単だ。取りにいかない限り自分のものにならないが、必要なものはすべてネットの中にある。

　その彼も大学の授業を聴講したことから、体系的教育の必要性に目覚める。そして、名門シカゴ大学の門をたたき、ついには入学を果たす。田舎高校出身、成績最悪、補導歴ありのオタク少年のサクセスストーリー。

　日本でなら経歴だけで門前払いであろう彼と対等の立場で議論し、その知識と教養を正当に評価する選抜部長のすごさ。高校で殺人を犯す不幸なギークの話もあるが、そうしたリスクを認めてなお、周囲と違う人をどう取り込んで社会に活（い）かせるか。彼の国と日本との違いは大きい。

　この本の結びにこうある。「あなたが（中略）選ばれたのは、本学の学生と教師の名を高からしめている、創造的労働の喜び――まさに究極の喜び――を理解しておられたからです。われわれの決定は点数ではなく、あなたの行動と言葉に基づくものです」

　この合格通知書だけでも読む価値がある。

評・坂村健（東京大学教授）

（原題、GEEKS）

Jon Katz　ワシントン・ポスト記者、編集者を経てメディア評論家。

二〇〇一年四月二九日⑦

『ヨーハン・ディーツ親方自伝』

E・コンゼンツィウス 編　佐藤正樹 訳
白水社・二七〇〇円

　いい自伝は生きがいい。本書は十八世紀のプロイセン国王フリードリヒ一世の宮廷理髪師が、身内の教訓にと私的に遺（のこ）した自伝。当時の庶民生活を伝える一級品の歴史資料であり、しかも波瀾（はらん）万丈の人生と気（き）っ風（ぷ）のいい語り口が読み手を刺激してやまない。

　理髪師は外科医を兼ねており、危地に赴くのが修業の一つ。対トルコ戦に従軍し陸路ハンガリーまで行くかと思えば、捕鯨船に船医として乗り込み、北極の氷に閉じ込められる。ヘロドトスの「歴史」張りに、先々での奇談、珍談が次々に語られるのも魅力だ。

　親方になり宮廷理髪師の地位に就くが、私生活は妻との離婚騒動や理髪師同職組合との喧嘩（けんか）騒ぎなど訴訟続きの毎日。そんな彼を支え続け、自伝の筆を執らせたのは、「恵み深き神」への一途な信仰だった。九死に一生を得るごとに、神への感謝を忘れない。

　自己の信念に従って生きる試行錯誤の人生。ひたむきさが、三百年の歳月を越えて伝わってくる。

評・塩崎智（歴史ジャーナリスト）

二〇〇一年四月二九日❽

『インナービューズ』

キース・ジャレット 著　山下邦彦 訳

太田出版・二四〇〇円

キース・ジャレット、いうまでもなく現代最高のジャズ・ピアニストである。

お洒落（しゃれ）でインテリ風の音楽家といったイメージがあるかもしれないが、本書で語るキースは、ジャズマンというより、ほとんど宗教家だ。

なぜなら、重要なことは、音楽のスタイルやプレーヤーの個性などではなく、音を通じて、自分と聴衆が「覚醒（かくせい）」に導かれることだ、というのが彼の主張なのである。

作曲家の感情を重視するロマン派以降の音楽哲学を徹底的に否定するところは、ニュートラルな音のゲームを楽しむ現代的な音楽観に通じそうな気もするが、さにあらず。キースは音楽のスタイルや近代人の個性をこえて、色のない光のような純粋音楽という境地へ行ってしまう。要するに、バッハだけが実現できた神の世界の音楽である。

キースのピアノから神なき現代の奇跡の音が聞こえてくるかはともかくとして、この孤高にして過激な音楽観は一度耳を傾けるに値する。

評・中条省平（学習院大学教授）

二〇〇一年四月二九日❾

『日本外交官、韓国奮闘記』

道上尚史 著

文春新書・六六〇円

四十代エリート外交官。世界経済とアジアの政治・安保に精通する。韓国語を駆使して韓国の多数の大学や団体で講義し、新聞に投稿しラジオに出演する。

実にスーパーな著者の本書での主張は、つねに気負いがなく明快だ。日本人に対しては、「悪いのはみな日本」という「左」＝「良心派」も、「日本はすべて正しい」という「右」＝「嫌韓派」もどちらも誤りと切り捨てる。また韓国人に対してはその偏狭な日本観を果敢に堂々とただす。

たとえば安全保障問題や日本の安保理常任理事国入りに関する韓国側の過剰な警戒心を「誤解」と断定。韓国に「ホンネ」で「もの申す」姿勢がたのもしい。ここにあるのは、強靱（きょうじん）な「バランス」だ。

だが官僚にありがちなことなかれ主義ではない。戦略的で創造的なバランスとでもいおうか。日本を大人の国にし、日韓関係を成熟させるための道は、このようなぎりぎりのバランスにしかないという点で、私も考えを同じくする。

評・小倉紀蔵（東海大学助教授）

二〇〇一年四月二九日❿

『友情の文学誌』

高橋英夫 著

岩波新書・七四〇円

友情は文学のテーマだった。けれど現代文学に友を描いた作品はなぜか少ない。こんな問いから語り出される。

李白と杜甫、ゲーテとシラー、西行と西住らの友誼（ゆうぎ）の諸層にもふれるのは著者ならではだが、本書の軸は日本の近代文学に表れた友情だ。

漱石が『猫』の文中に亡友子規の手紙を引用したのはなぜか。鴎外は十三歳下の福間博とも、七歳上の賀古鶴所とも友としてつき合った。賀古との書簡は互いに候文を用いた。候文こそ彼らの友情に相応（ふさわ）しい文体ではなかったか。「友情が精神の発動、文化のエレメントである場合、友情は文体を帯びるだろう」。こんな卓見が随所に。

しかも漱石から芥川、白樺派へ。芥川から堀辰雄へ。堀から小林秀雄、白洲正子、吉田健一へと連想を進ませ、友情の水脈をごく自然に辿（たど）る。いずれも著者が長年親しんだ文学者たちだ。本書には、友情の水脈への思いと、著者自身の文学への友情とがこめられている。

評・松山巖（評論家）

二〇〇一年四月二九日⑪

『軟弱者の言い分』

小谷野敦 著

晶文社・一六〇〇円

おれは『もてない男』だとすねてみせたかと思うと、つぎは一転『バカのための読書術』と態度が大きくなる。そのリバウンドで、今度はまたこういう本を？というのはどうやら考えすぎらしい。

中身は、ここ数年のうちにあちこちに書いた数十篇（ぺん）の雑文・小文集。いってみれば、小谷野ファンのための遊園地というところだろうか。「自分探し」が大嫌いだという話もあれば、木村佳乃は可愛いという話もある。

しかも、気楽に書いている分、あの文章の芸とオタクぶりが、ますます光る結果になった。前著『バカの……』でかつての呉智英への心酔を語った著者は、今回もわが思想と読書の遍歴を告白して笑いをとるのを忘れていない。

男子校でいじめにあい、『キャンディ・キャンディ』に救いを求めた軟弱少年が、無能感と全能感の間で揺れながら、ついに幸福（結婚）をつかむまでの半生……。インテリ版『だから、あなたも生きぬいて』とも読める。

評・山口文憲（エッセイスト）

二〇〇一年五月六日❶

『小熊秀雄童話集』

小熊秀雄 著

創風社・一五〇〇円

奇妙な物語　ユーモアと残虐と悲しみと

小熊秀雄は、昭和初期に活躍した特異な個性を持った詩人である。北海道で生まれ樺太で育ち、流浪の暮らしののち二十歳で創作活動に入った。昭和十五年、肺結核によってわずか三十九歳の生涯を終えるまで「しゃべりまくった」詩人と評された。生前は二冊の詩集しか刊行されなかったが、生命の強い力がみなぎる「蹄鉄（ていてつ）屋の歌」や、〈こんな豚喰（く）えるか〉と繰り返す「プラムバゴ中隊」、作家たちに激しい言葉を投げつけた「文壇風刺詩篇」などがよく知られている。また、小説、評論、漫画台本、油絵など小熊の仕事は多岐にわたっている。

本書は、彼の童話十八作品をあつめて編まれた。どれも不思議な空気にあふれた作品である。童話とは思えない痛みと苦しみ。残虐さ。そしてときどき顔をのぞかせる諧謔（かいぎゃく）やユーモア。それなのに胸の奥に静かな悲しみがぽつんと残る。

物語としてはそうとう奇妙だ。たとえば「お月さまと馬賊」。暴れまわっていた馬賊の大将が押し入った酒場。残っていた酒をちびりちびりとやっているうちに上機嫌になり、窓から月を眺めている。やがて大将は捕らえられ獄門に首をさらされる。首だけになった大将はまだ酔いが残っていて月を眺めながら歌をうたっている。

さらには大将ののんきな様子に魅せられた家来の首も獄門にならんだ。首だけの家来が、ぺこりとおじぎをして言うことに「私も風流な男になりますから」。つぎつぎと首だけになった馬賊の家来がやってきて、みんなで合唱をしては街の人に「やかましい」と言われる始末。やがて馬賊の首は……。

作品には小熊が親しんだ北の地方の情景があざやかに描かれている。緑の平原で草をはむ「ある夫婦牛の話」は、その末路の悲惨さをおおう叙情が胸に迫る。また、アイヌの伝承にもとづいた「マナイタの化けた話」は小さな帆前船でやってくる赤い男の話。この男の正体は意外なモノだった。

六十年も前に死んだニヒリストの詩人。彼の童話は切なく美しい。そして、その日本語の端正なこと。物語はおそろしく大胆な展開なのに、読後はどれも静謐（せいひつ）な印象を残す。

小熊の作品は、戦争や貧困が暗い影を落とした時代抜きには語れないという。かつて中野重治は小熊の魅力を「あらゆる孤独と突進」にあると記した。たしかに彼は、生きた時代を憎んだ。しかし、彼の憎しみは清浄と呼べるほどに高まり、作品となった。だからこそ小熊秀雄は、陽気な絶望にたたずむ現代の読者の胸を揺さぶるのだ。

評・与那原恵（ノンフィクションライター）

おぐま・ひでお　1901～40年。詩人。新聞記者を経て、日本プロレタリア作家同盟に参加。著書に『小熊秀雄詩集』『小熊秀雄全集』など。

二〇〇一年五月六日②

『知識資本主義』

アラン・バートン＝ジョーンズ 著
野中郁次郎 監訳
日本経済新聞社・二二〇〇円

中核に、伝達難しい「暗黙知」

昔から「知は力」であった。けれども、力の源泉は他（ほか）にもあり、これまで長らく富に起因する力の優勢が続いていた。しかし近年、富の力よりも知が重要となる方向に、時代は急速に動いている。これが、産業化社会から情報化社会への移行ということである。

本書は、知識資本が最も重要な生産要素となる、知識を基盤とする経済への移行に伴う社会の変化を考察しようとするものである。もっとも、力（あるいは価値）の源泉の重点シフトは、わが国でも公文俊平氏や堺屋太一氏によって早くから議論されており、本書の内容のすべてが目新しいわけではない。

しかしながら、企業組織の変貌（へんぼう）に焦点を絞って、就労の形態や学習の意味が変わることを詳述している点で、本書は特色ある主張を展開しているといえる。

知識には、デジタル化して伝達可能な「形式知」と、それができない「暗黙知」の二種類がある。前者は、情報化社会では誰（だれ）にでもアクセスが容易になるので、価値の源泉ではなくなる。それゆえ、知識が重要になるといっても、企業がすべての知識を内部にため込もうとするわけではない。企業内には価値の源泉となる暗黙知だけが統合され、他の知識はむしろ社外の市場で取引されるようになる。

こうして伝統的な雇用形態は崩れ、自由契約社員が増えるだけでなく、アウトソーシングも拡大する。社外の知識提供者や仲介者のあり方も変わっていく。その結果、未熟練労働に対する雇用は減少し、職場で要求される知識の水準は著しく切り上がっていくことになる。

したがって、知識資本主義の下では、当然にわれわれは、絶え間なく学習を続け高度な知識を身につけていかなければ、有用な存在として生き残れない。

しかし、この当然の要請に応（こた）えるだけの教育基盤が、いまの日本の社会に備わっているのかと反省すると、とても心細くなる。日本社会に知識資本主義への移行の準備が不足していることを、本書は雄弁に警告している。

（原題、Knowledge Capitalism）

評・池尾和人（慶応大学教授）

Alan Burton-Jones　英・豪を拠点にするＩＴのコンサルタント。

二〇〇一年五月六日③

『女人しぐれ』

平山壽三郎 著
講談社・一八〇〇円

粋ですてきな女性作家一代記

平山さんは会社を定年退職後、六十歳を過ぎてから小説を書きはじめた人だが、第一作『東京（とうけい）城残影』で時代小説大賞を受賞し、第二作の『明治おんな橋』も舞台にかけられて話題を呼んだ。

どちらも、幕府崩壊後の激動の時代に、家族のために身を売るような辛酸を嘗（な）めながら、けなげに明治を生きぬいた女たちを描いて、しみじみと心に染みる名品だった。

この第三作では、昭和の初めに女流文学者たちの元締のような役割を果たした長谷川時雨（しぐれ）がとりあげられる。

今ではすっかり忘れられてしまったが、日本橋生まれの時雨は、明治の末に新聞の懸賞に入選して、歌舞伎界はじまって以来の女性脚本家として脚光を浴びた上、六代目菊五郎と演劇改革の運動を起こし、当時は知らない者のいない有名人だったそう。気（き）っ風（ぷ）がよく、美人で粋（いき）で、まァすてきな女性だったらしい。

大正の初めにその時雨に近づき、やがて夫婦同然に暮らしはじめるのが、十二歳も年下で、目の出ない文学青年の三上於菟吉（おときち）。その周辺には、宇野浩二、広津和郎、直木三十五、佐藤春夫、芥川龍之介、菊池寛といった文学青年がたむろしていて、次々に文壇にデビューしていく。時雨は自分の仕事を放擲（ほうてき）して、いらだつ於菟吉を励まし、やがて菊池や直木と並ぶ大衆小説家に育てあげる。かわいい姉さん女房になりきるのだ。

　ところが、昭和に入って於菟吉が流行作家になると、時雨はその印税を湯水のように使って「女人（にょにん）芸術」という雑誌を刊行し、そこに平塚らいてう、与謝野晶子、神近市子からまだ無名の林芙美子あたりまで幅広い女性作家を糾合する。なんとも端倪（たんげい）すべからざる女性なのだ。

　この雑誌の廃刊後も時雨は、時の流れに押し流されながらも、いつも女流文学者たちの中心に祭りあげられ、昭和十六年の死まで激しく生きる。その背景となった大正末期から昭和初頭にかけての女流文壇や大衆文学興隆の経緯も、私にはとても興味深かった。

評・木田元（哲学者）

ひらやま・じゅさぶろう　33年生まれ。作家。著書に『東京城残影』『明治おんな橋』。

二〇〇一年五月六日❹

『上海ベイビー』

衛慧 著　桑島道夫 訳
文春文庫・五八一円

エロスの表現に「淋しさ」漂う

　大陸では発禁処分を受けて世界中のジャーナリズムで話題になった本の、香港版を手に入れた。スタイリッシュな表紙には乱れ髪の、まだ若いのに何十年分の経験をつんだと思わせる目の女の顔の下に、「私小説」とある。巻末の広告ページを見ると、「私人生活」などと題する「中国当代女性自白書」というジャンルに入っていることに気づく。

　『上海ベイビー』は、「ポルノ」でも「新人類文学」でもなく、大陸では長い間表現されなかった一つの「私」の爆発的な「自白書」で、それが「私小説」ということになっているようだ。「我（ウォー）」の話、「我的心情」「我下意識」などを語りの軸に、やがては「我是誰？」という問いで終わる長い読みものは、しかしかえって都市の風景と風俗の記録としての面白みが浮き立つ。「我」が性的不能の恋人と一緒に和平飯店の屋上に上り、近代史をきざみこんだあのバンドを見下ろしがてら「在愛人身辺用繊痩的手指自涜」。平たんなのに発禁となった現代白話文が、「か細い指を使ってみずからを慰め」とさりげなく和訳されてみると、逆に近代史のより深い断絶の上に表現を得た大陸のエロスは、ストーリーとは別の、表現そのものの淋（さび）しさが漂う。

　大陸の中で最も「外」にさらされた一角、上海の描写は、著者が師と呼ぶヘンリー・ミラーのニューヨークやパリの描写に匹敵し、冷たい近代性の中で意外なぬくもりを見出（いだ）して、軽く、美しく書きとめられる。自分たちの「新しさ」を信じてやまない多くの登場人物の日常と「最先端」の性生活も、ミラーが作った図式と似通っている。そしてミラーの多くの「自白書」のように、二十ページを読めば欲望に貫かれた文明劇にスリルを覚えるが、二百ページを読めばそのとめどない重複と、均質な語り口にやがて苛（いら）立ちを感じる。

　ポルノでなく、前衛小説でもない。上海の「当代」を写した「我」の風俗誌を、面白がりながらも、あの膨大な大陸からより大きな現代文学が現れてくるのを、つい渇望してしまう。

（原題、上海宝貝）

評・リービ英雄（作家）

ウェイ・ホェイ　73年生まれ。作家。98年「蝴蝶的尖叫」で注目される。

二〇〇一年五月六日❺

『きのうの空』

志水辰夫 著

新潮社・一七〇〇円

過剰をそいで冴え渡る筆致

完成されたスタイルを捨て去るのに作家はどれほどの勇気を必要とするのだろうか。志水辰夫のこの七年間の悪戦苦闘は、その「冒険」に挑んだ作家の誠実な格闘の記録として長く記憶にとどめておきたい。

志水辰夫は最初から確立された作風と文体をもって登場した作家で、デビュー長編『飢えて狼（おおかみ）』や、早すぎた代表作『背いて故郷』など傑作が少なくない。ところがこの希代の頑固作家は、読者が増えれば増えるほど、それまでの自己の作品を否定するかのように、作風を変えていったのである。その変化の、ある意味での到達点が七年前の傑作短編集『いまひとたびの』だったと思う。ここには、初期ハードボイルドの匂（にお）いがどこにもない。さまざまな人生の断片を鮮やかに切り取ったスケッチ集だった。

しかしこれだけの話ならミステリーから一般小説へのシフト、という意味で理解できるが、志水辰夫はその成功を確認しながらも、さらに次の段階へと向かうのである。今度は文体の変化だ。叙情あふれる志水辰夫の文体は、読者に「シミタツ節」と愛され、根強いファンを掴（つか）んでいるというのに、その変革にとりかかったのだから、いやはや何とも。

その悪戦苦闘のはてに生まれたのが本書といっていい。十編を収録した作品集である。少年から老年まで、リレーするかのように名前の異なる主人公が次々に立ち現れる。モチーフは「田舎の生活」だ。もはやミステリーでもなければ、叙情味たっぷりのシミタツ節もない。さまざまな男たちのさまざまな小さなドラマが静かに丁寧に語られていくだけだ。

作者名を伏せれば、これが志水辰夫の作品であることも判別できないかもしれないが、しかし過剰なものをぎりぎり削（そ）ぎ落としたおかげで、私たちの人生が見事に立ち上がってくる。派手な事件は何ひとつ起こらないが、その些細（ささい）なことの積み重ねが私たちの生活だ。これは私たちの物語だ。志水辰夫の冴（さ）え渡る筆致をたっぷりと堪能されたい。

評・北上次郎（文芸評論家）

しみず・たつお 36年生まれ。作家。作品に『飢えて狼』『行きずりの街』ほか。

二〇〇一年五月六日❻

『サンカ社会の研究』

三角寛 著

現代書館・五〇〇〇円

真偽問われる漂泊の民俗誌

本書は長らく絶版となっていた。沖浦和光の解題を付して、三十五年ぶりの復刊である。

サンカとは、今は定住したようで姿を消したが、箕（み）作りや竹細工、川魚漁などを生業とし、一所に定住せず、移動する漂泊の民である。三角はそのありようを「虹（にじ）のやうに漂浪する」と表現してみせる。

サンカはある時期、「極悪の犯罪集団」として語られたこともあった。たとえば昭和初年に東京を跳梁（ちょうりょう）した〝説教強盗〟は、その犯行範囲の広さと、逃亡が巧みなことから、警察では「サンカではないか」と考えたという。三角もこうした見方にのって、昭和のエログロ時代に猟奇的なサンカ小説を書きまくったが、のちにサンカ研究に取り組み、三十年にわたる成果をまとめる。それが本書である。しかし、その学問的な信憑（しんぴょう）性が問題とされ、柳田国男などの民俗学者からは無視されてきた。

三角によれば、サンカは家の観念がなく、財産相続もない。土地に縛られていないから、天幕と鍋（なべ）一つあれば、「野末、山里いたるところで」暮らしていける。いわばエコロジカルな生活者である。また彼らは「ヤマト民族の母体」「国津神の直系」で、天照大神の神代からの伝承を持つ。ただし記紀のような天孫降臨の神話はなく、イザナギノミコトを初代天皇、二代天皇の天照大神を祖神（おやがみ）とする「太陽宗」を旨とする。ロマンに彩られた漂泊民、それがサンカなのだ。

しかし、沖浦の解題によると、サンカの発生は、江戸時代の後期ごろと推測されるという。また「太陽宗」などは、不敬罪のなくなった戦後に、三角が創作したと思われる。

しかし、沖浦の周到な解題を参照しつつ読むなら、本書はサンカと呼ばれた漂泊民に関する民俗誌として少なからぬ意味を持っている。私たちはそこで、ロマンに彩られた古代民族ではなく、非定住民ゆえにたえず差別にさらされてきた人々の、埋もれた歴史と民俗に出あうことができるのである。

評・川村邦光（大阪大学教授）

みすみ・かん　1903～71年。朝日新聞記者を経て作家。作品に『昭和毒婦伝』ほか。

二〇〇一年五月六日⑦

『約翰伝偽書（ヨハネでんぎしょ）』

塚本邦雄 著

短歌研究社・三五二四円

短歌に関（かか）わる誰（だれ）一人として、塚本邦雄の存在を意識せずに通り過ぎることはできない。しかし、独特の反世界の美学も戦争への呪詛（じゅそ）も、かつての力強さを失った観のある最新歌集で、まず目につくのはメタリックな修辞の底から否応（いやおう）なく滲（にじ）み出て来る生身の感慨である。老年の直情は青春のひたむきさにも近い。

嬬恋村に来てうつくしき馬に逅ふわが父も駿馬にこそ消しか

鶺鴒の蒼きまなじり、人われに死ぬまでは橙黄のまなじり

「酩酊船（バトー・イーヴル）」書きたる頃のランボーは海を知らざりけり十九歳

「わが父も駿馬にこそ消しか」の憧（あこが）れ、「人われに死ぬまでは橙黄のまなじり」の畏（おそ）れ、「海を知らざりけり十九歳」のいつくしみ、いずれもふるえるほどたしかである。

歌がこのような「まこと」の涙ぐましさを伝えてしまうのは、歌人塚本の宿命が精緻（せいち）な方法論を超えたことを意味しているのだろうか。

評・水原紫苑（歌人）

二〇〇一年五月六日⑨

『無知』

ミラン・クンデラ 著　西永良成 訳

集英社・一九〇〇円

社会主義の祖国チェコから夫と娘らとともにパリに亡命したイレナ。おなじく亡命先のデンマークで結婚し、獣医として暮らしていたヨゼフ。冷戦が終わり、体制が変わった二十年後、ともに連れ合いも失った二人は、どこかに気後れを抱きながらも、故郷へと足を向けることになる。『オデュッセイア』の物語を重ね、亡命者の「大いなる帰還」を期待しながら。

だがこの「大いなる帰還」はすぐ無関心に取り囲まれ、頓挫（とんざ）させられてしまう。二人が出会うのはこの状況だ。ほんのわずかな接点のみを昔日の祖国で持っていた男女。しかもヨゼフはイレナを想（おも）いだすことさえできない。両者はすれちがいながらも結ばれ、また、はなれてゆく。

この作品を読み終えたとき、どんな顔ができるだろう。主人公たちの孤独を共有した深刻な顔か。それとも人間という「無知」な存在を笑った顔だろうか。「泣き／笑い」どちらにも振れ得るクンデラの面白さを確認できる作品である。

評・小沼純一（文芸評論家）

二〇〇一年五月六日⑩

『図解・日本の中世遺跡』

小野正敏ほか 編
東京大学出版会・六八〇〇円

本書は、近年いよいよ進展しつつある考古学の成果を集大成しつつ、平安後期から戦国時代まで、日本の中世史や社会の様々な側面を浮かび上がらせようとする大胆な試みであり、また代表的な遺跡の遺構や遺物の正確な図を選び抜いた、便利なハンドブックでもある。

京、平泉、鎌倉など中心的都市の姿からはじめて、生産と技術、生活の諸相を広く通覧し、トイレの変遷や出土人骨からの顔の復原（ふくげん）にいたるまで、中世社会の絵解き百科全書のおもむきがある。考古学の専門家には必携の書であろうが、私のような素人にも実にありがたい出版だ。任意のページを開き、拾い読みするだけでも数々の新知識が得られるし、当時の日本列島の多様性が実感できるからだ。

図版は鮮明。ただ余りにも盛りだくさんのため、いささか見にくいものがあるのは残念だ。もちろん一冊でこれだけ膨大な情報を入手するためには、がまんすべき限界内なのかもしれないが。

評・石井進（歴史学者）

二〇〇一年五月六日⑪

『越境する家族』

川上郁雄 著
明石書店・三五〇〇円

一九七〇年代半ば以降、インドシナ半島の激動は大量の難民を生みだし、その一部は「ボートピープル」として我が日本にも漂着した。

それから二十年余り、定住難民の第一世代は老齢化し、あのころ幼かった人々は成人した。その間に、ベトナム本国ではドイモイ（刷新）政策が開始された。

本書は、日本におけるベトナム系難民の軌跡を追い、彼らを取り巻く内外の状況変化を視野に入れつつ、とりわけその生活と心理に肉薄した労作である。地域住民として日本社会に向き合う難民たちは、その一方で、ベトナム祖国、そして他の難民受け入れ国であるアメリカやフランスへと広がる独自の「大家族」ネットワークの一員でもある。彼らのアイデンティティーや生活戦略に見える揺らぎを、著者の目は見逃さない。

ベトナムの文化・社会的背景の掘り下げ方などに物足りなさは残るものの、日本における最初の本格的な難民研究として高く評価したい。

評・白石昌也（早稲田大学教授）

二〇〇一年五月一三日❶

『わたしたちが孤児だったころ』

カズオ・イシグロ 著　入江真佐子 訳
早川書房・一八〇〇円

孤独な探偵が見いだした「いま」とは

カズオ・イシグロの語り手は、人生を変えるかもしれない重要な岐路で、未来よりも過去を選択する。それが必ずしも逃避でないのは、過去の探索がやがて自分自身の現在へ、過去の報告を終えたあとの現在へと跳ね返ってくるからだ。一九三〇年代の上海を中心に展開していく本書の語り手、私立探偵クリストファー・バンクスが担う「わたし」のまなざしも、少年時代の記憶をめぐって、これまでになく激しい歪（ゆが）みを「いま」にさらけ出す。

バンクスが私立探偵という職業を選んだのは、上海の共同租界で九歳のとき遭遇した、両親の失踪（しっそう）事件を解決するためだった。幸福な生活を奪われ、とつぜん孤児となった彼は、叔母を頼って上海からロンドンへ渡り、一九二三年にケンブリッジを卒業。私立探偵として名を馳（は）せたあと、一九三七年、ついに上海に戻って、念願の調査に乗り出す。語りはいきおい現在と過去を複雑に往還し、読者は「わたし」の目線にあわせて、かつて隣家に住んでいた日本人の友人や叔父や養育係の女性などの人物像を、ゆるやかに、かつ切迫した想（おも）いでたどっていくことになる。

物語の中心は、共同租界という特殊な空間にある。中国であって中国でなく、植民地のようでいて植民地ではない囲い地。少年時代の「わたし」は、本国のコピーにすらなれないその土地で「もっとイギリス人らしく」なりたいと願い、彼の親友である日本人も「もっと日本人らしく」あろうと努めなければならなかった。つまり租界とは、はじめから虚構の足場なのだ。二十年前の事件を解明する有力な手がかりは、このサンクチュアリの外部にあり、日本軍の侵攻によって消滅の危機に瀕（ひん）している。だからこそ、守られていない囲いの外へと足を踏み出したとたん、物語は強烈な幻視と情動に染まるのだ。

謎（なぞ）解きがそのまま自分探しにつながるという仕掛けは、一人称の語りからなる私立探偵物のミステリでは見慣れたものだが、既成の枠を借りている以上、先の展開を明かすことはルールとして控えなければならない。いずれにせよ、どのような結末が提示されようとも、上海の貧民窟（くつ）にある目的地をめざして、コンラッドの『闇の奥』にも似た狂気を感じさせながら彷徨（ほうこう）する「わたし」の身体とそれを包む時間の大きなぶれ方に、カズオ・イシグロの新境地がある、と言っていいだろう。

（原題、When We Were Orphans）

評・堀江敏幸（作家）

Kazuo Ishiguro　54年長崎生まれ。5歳で渡英。『日の名残り』で英ブッカー賞受賞。

二〇〇一年五月一三日❷

『哲学する民主主義』

ロバート・パットナム 著　河田潤一 訳

NTT出版・三九〇〇円

地方分権のカギは住民の意識

一九七〇年代、イタリアにおいて地方分権改革が行われ、全国に二十の州が誕生した。すべての州政府は農業、住宅、医療、経済開発など広範囲の権限を与えられた。だが、それから二十年余りたった現在、州政府の実際の仕事（パフォーマンス）には大きな隔たりが生じている。

役所の窓口での対応が迅速な州もあれば、怠惰な州もある。環境問題への取り組み、住宅・都市開発の進捗（しんちょく）度、予算編成の迅速さ、医療行政の充実度などでも、州によって大きなバラツキがある。同じ仕組みと権限をもつ州政府の間にこのような違いが生じたのはなぜだろうか。

これに対する標準的な答えは、経済的な近代化水準であった。豊かな地域ほど、よい政府をもつというものである。しかし、著者はこの説明をしりぞける。「社会資本」こそが民主的な政府をうまく機能させる鍵（かぎ）であるというのである。

住民が家庭に閉じこもって互いに孤立しているのでもなければ、親分子分関係で結びついているのでもない。互いに対等な立場で公共の問題に関心をもち、自発的に活動・協力している。そういう伝統のあるところで、政府は高いパフォーマンスを発揮しているというのである。「社会資本」とは、下水道などのインフラではなく、歴史的に築かれ蓄積された人的なネットワークのことを言う。

よい市民がよい政府をもつと言ってしまえば、当然の結論に思えるかもしれない。しかし、たとえば、日本においても地方分権が実行されたが、それぞれの自治体が今後どのような行政を行うかは、そこにいる住民次第であると言い直せば、どうであろうか。また、行政を被告席に座らせる行政評価とは、実は住民自身が被告席に座る住民評価であると言い換えればどうであろうか。

歴史の積み重ねを重視する本書に対しては運命論的であるという批判もなされている。しかし、長期にわたる入念な調査に基づく結論であるだけに、迫力がある。大部な専門書を平明な日本語に訳された訳者の労も多としたい。

（原題、Making Democracy Work）

評・真渕勝（京都大学教授）

Robert D. Putnam　ハーバード大学教授。国家安全保障会議スタッフなどを歴任。

二〇〇一年五月一三日❸

『逆立ちする子供たち　角兵衛獅子の軽業を見る、聞く、読む』

阿久根巖 著

小学館・二三〇〇円

消えはてた芸をありありと

「逆立ちする子供たち」とは、角兵衛獅子(かくべえじし)のことである。大佛次郎原作の、というよりアラカン主演の映画「鞍馬天狗」シリーズに登場する杉作少年や、美空ひばりの「越後(えちご)獅子の唄(うた)」をすぐに思い出す方も多いだろう。

ところで、なぜ子供たちは頭に小さな赤い獅子頭をのせていたのか、角兵衛獅子とか越後獅子と呼ばれるのはなぜかといえばわからない。「越後獅子の唄」の通り、彼らはみなし子で親方にしごかれたのかとなるとさらにわからない。

じつは源流は獅子舞にあり、芸には厄払い、祝福の意がこめられていた。江戸中期に至り、新潟県月潟村を本拠にした、白山神社奉納の座が、江戸に上る。農閑期だけの門付け芸であったが、村の十余組が全国を巡るまでになる。幕末には海外でも人気を博した。

ところが明治に入り、法が変わり、児童虐待だ、可愛(かわい)そうと世間の目は急変。おかげで月潟村は冷たい視線を浴び、村の組織は消え、親方は知らぬ子を集めるようになり、やがて芸も消滅。

著者は文献を丹念に渉猟し、伝承と史実を検証して芸の帰趨(きすう)を辿(たど)る。篤実な研究者らしく、決して曖昧(あいまい)な推測を書くことはない。しかしサーカスや曲芸が本当に大好きなのだろう。子供たちは悲惨だったという、一面的なイメージを覆そうとする。これが本書の眼目だ。

芸には進歩があり、そこに喜びもある。子供は養成され、さらに一人前の軽業師になろうとしたのではと考えた。

なによりこの仮説を立証するのは本書中の百点近い図版。うち四分の一ほどは著者自身が収集している。並の情熱ではない。その図版から角兵衛獅子の晴れの芸は、単なる逆立ちではなく積み上げた升や木枕(きまくら)の上での逆立ちであり、軽業師ともなれば、宙に張った破れ易(やす)い紙の上でも、背より高く積んだ木枕の上でも、芸を披露したことを解き明かす。

図版を眺めるだけで、著者ならずとも本当にこんな芸があったのか、見たい!とワクワクした。

評・松山巖(評論家)

あくね・いわお　25年生まれ。日本サーカス史研究家。著書に『サーカス誕生』など。

二〇〇一年五月一三日❹

『〈歴史〉はいかに語られるか』

成田龍一 著

NHKブックス・一〇二〇円

だれが、だれに、どう伝えるのか

検定に合格した歴史教科書の問題が連日報道されている。そこで問われているのは「歴史的な事実」というより、むしろ「歴史の語り方」である。『〈歴史〉はいかに語られるか』は、こんなときだからこそ、立ち止まって頭を冷やすのにぴったりの本かもしれない。

著者によれば、「歴史の語り方」が大きな問題系として浮上してきたのはごく最近、一九九〇年代のことである。しかし、過去にも同様に「語り方」が模索された時期があった。総動員体制の直前にあたる一九三〇年代である。

明治維新から六〇年たち、モダン日本の達成感の中で、近代のスタート地点である維新とは何だったかを問い直す動きが出てくる。一九三一年の「満州事変」からはじまる十五年戦争によって、戦争の語りが無数に登場する。また、貧困や失業、農村の疲弊などの社会問題が表面化したのも三〇年代であった。

歴史と戦争と生活の現場(あるいは貧困)。三つのテーマに沿って本書がとりあげるのは、どちらかといえば「文学」に分類されてきた作品である。維新については島崎藤村『夜明け前』。戦争については火野葦平の兵隊三部作や林芙美子の戦地報告。生活現場の声としては平野婦美子『女教師の記録』や豊田正子『綴方教室』が選ばれている。え、それが歴史？という感じだが、思えば私たちは難しい専門書ではなく、こうした読み物を通して「歴史」や「戦争」を学んだのではなかっただろうか。最近の例でいえば、たとえば『少年H』である。

　歴史を叙述するのが人間である以上、だれが、だれに向かって、何を、どう語るかを抜きにした「歴史」などありえない。歴史小説、戦争報告、子どもの作文。三〇年代に出てきたのは「日本国民」が「日本国民」に向かって「国民の歴史」を語るという方向性だった。二十一世紀のいまは逆。長く自明視されてきた「国民」という概念自体が問われている。過去の亡霊に惑わされるなという静かなメッセージを感じた。

評・斎藤美奈子（文芸評論家）

なりた・りゅういち　51年生まれ。日本女子大教授。著書に『歴史学のスタイル』など。

二〇〇一年五月一三日⑤

『モダン都市の読書空間』

永嶺重敏 著

日本エディタースクール出版部・二六〇〇円

車中読書を支えた多彩な流通

都市の日本人は、おもにどこで本を読んでいるのか。いろいろあろうが、「電車の中で」が上位にくるのは、ほぼ確実といっていいだろう。書斎で？　明窓浄机？　ご冗談でしょう。

　この車中読書の習慣がはじまったのが、本書のいうモダン都市、一九二〇年代の東京においてだったという。いくつかの前提があった。まず第一に、地方出身のサラリーマンに代表される、多忙で、向上心にとんだ知的中産層が出現したこと。第二に、郊外に住みついたかれらを都心の仕事場にはこぶ電車網が急速にかたちづくられたこと。そして第三に、円本や文庫本、あるいは「文芸春秋」にはじまる軽エッセイ主体の雑誌など、車中読書にふさわしい本を気軽に入手できるしくみがととのえられたこと。

　このとき以来、日本人は「都市内を移動しながら動的に読書する」人間になった。行きつくところ、いまや私など歩きながら路上で本を読んでいる。室内型「読書する人」の静かに安定した像が、しだいに薄れていくのがわかる。

　サラリーマンや学生だけでなく、おなじ頃（ころ）、労働者や主婦や子どもたちも、さかんに本を読むようになった。雑誌回読会、露天の古本屋、貸本屋、割引販売、図書館など、かれらの読書をささえた流通上の工夫の種々相が、綿密な文献調査によっていきいきと掘りおこされる。おどろいたのは、月おくれの雑誌や売れなくなった本の安売りルートの多彩さだ。こまかな抜け穴が硬直した流通機構を内側からつきくずす。出版流通の歴史はたえざる変転の歴史だった。そうと思いさだめれば、いまさらオンライン書店や新古書店チェーンごときにおたおたすることはない。

　出版史研究には往々にして業界的、好事家的な狭さがつきまとう。読んでいて、あまり面白くない。そんな印象を大きく変える一冊。車中読書が携帯電話に押しまくられている。そのことの衝撃がこうした労作を生んだのかもしれない。

評・津野海太郎（編集者・和光大学教授）

ながみね・しげとし　55年生まれ。東大史料編纂所図書室勤務。

二〇〇一年五月一三日❻

『邪魔』

奥田英朗 著
講談社・一九〇〇円

日常の不安感、掘り下げた傑作

本書の帯には「クライム・ノベル」とあるが、そう名付けてしまうことに若干の抵抗がある。まあ、名称などはどうでもいいのだが、しかしやっぱりこれは奥田英朗の小説というしかない。

十七歳の高校生と、三十四歳の主婦、そして三十六歳の刑事、この三人の人生の歯車が少しずつズレていく過程を緊密に描く長編である。そのディテールが圧巻だ。そのズレ方が新鮮だ。

たとえば三十四歳の主婦及川恭子が、火傷（やけど）して入院した夫のもとに駆けつけるとき、タクシーの窓から小さくなる自分の家を見て、この家はどうなるんだろうと不安に駆られるシーンが冒頭近くに出てくる。その言いようのない不安から、ラスト近くの「悪夢が来たけりゃ来ればいい。どうせ現実以上の悪夢などあるわけがないのだ」という地点にまでズレていく過程を読まれたい。作者はその間の挿話をディテール豊かに、リアルに、そして丁寧に積み重ねているので、及川恭子の変貌（へんぼう）が鮮やかに立ち上がってくる。まったく、うまい。

主要な登場人物の人生の歯車がズレていくかたちを描くという点では、前作の『最悪』と同様の構成で、今回も高校生と刑事の挿話だけに限っていれば、前作のレベルにとどまっていただろうが、主婦の挿話を中心軸に置くことで、小説の凄味（すごみ）が増している。迫力も描写も今回の方がベターだろう。お断りしておくと、前作の『最悪』は傑作なのである。この作品はそれ以上の傑作だということだ。

本書は、『シンプル・プラン』や『ビッグ・ピクチャー』などの海外ミステリーに共通する匂（にお）いを持った作品で、こういう小説が日本でも書かれるようになったのかという感慨がある。派手な事件が何一つ起きなくても、我々の日常生活の中にひそんでいる謎（なぞ）と不安を掘り下げることでミステリーに成りうることを見事に実証してみせてくれるのである。現代エンターテインメントの水準を示す一冊だ。

評・北上次郎（文芸評論家）

おくだ・ひでお　59年生まれ。作家。作品に『ウランバーナの森』『最悪』など。

二〇〇一年五月一三日❼

『ハバナへの旅』

R・アレナス 著　安藤哲行 訳
現代企画室・二二〇〇円

同じ著者の本を以前、途中で放り出した。キューバ革命に参加し、マリエル港開放事件のおり国を捨てた男の自叙伝である。作家として革命に列したのではなく、革命成就後になって文章を書き始めた男が、その文章ゆえ血をもって獲得したはずの故国に居所を失ったという点に興味があった。だが、著者はその私の興味に通り一遍、曖昧（あいまい）な言葉で応（こた）えた。自由の女神の足許（あしもと）で星条旗に忠誠を誓った亡命者なら誰（だれ）でも口にするような、「自由」への渇仰で。

これは、その著者の分身が故国に残した妻と子を訪れる物語である。電灯も無く、電力も足らないハバナは、ニューヨークの陰画のように暗い。闇（やみ）があるから光がある。映画の謂（いわ）れ。人は資本主義の魔都で真の革命を幻視する。身を置く故郷など、実は世界のどこにもありはしない。やっと、彼はそのことに気付く。革命は永遠に成就などしない、と。

私は私で仕方なし、放り出した本を改めて開く。自分の迂闊（うかつ）さに舌打ちしながら。

評・矢作俊彦（作家）

二〇〇一年五月一三日⑧

『天使のような修道士たち』

L・J・R・ミリス 著　武内信一 訳
新評論・三五〇〇円

題名と、映画化されたエーコの『薔薇（ばら）の名前』をひいた帯から、ヨーロッパ修道院の陰翳（いんえい）濃い内側を覗（のぞ）き見ることを期待すると、大いに外れる。この本は従来の、中世における修道院の、俗世界とのかかわりに関する通説を否定する、論争の書である。

いわく、修道院が開かれていたのは、高い社会階層に対してだけ。その「社会福祉」は、経済的には微々たるもの。追求されていた霊的価値は、普通の人々の救済とは無縁に等しい。ここには、修道院が俗世界からの離脱を目指せば、必然的に俗世界での意味は希薄になるはずだ、という著者の冷静な見極めがある。

だから中世も後期になって、「一所定住」でなく、人々の間に出ていく托鉢（たくはつ）修道会が力を持つと、状況は違ってくる。ことに、修道院の知的な蓄積が「大学」を排出口として出ていくようになると。

今日ではその大学が「修道院」的閉鎖性を持つように見える。となると、教授は托鉢に出るか？

評・船曳建夫（文化人類学者）

二〇〇一年五月一三日⑨

『日本語の化学』

岩松研吉郎 著
ぶんか社・一〇〇〇円

化学という題がまず気になった。読んでみて納得。日本語がいかに変化しやすい言葉かを立証する本だ。それも「最近の日本語は乱れておる」と眉（まゆ）をひそめる立場ではなく、おもちゃのように遊んで楽しむ立場で書かれている。序説に述べられた「言葉遊びのしがいのある日本語」というビジョンは刺激的だ。

さて、その中身はというと、つまりは「現代若者語指南」。実際に採取された若者の会話をめぐって、意表を衝（つ）かれる問題と、答え、解説がずらりと並んでいる。

著者は読者を、世の親父（おやじ）世代に想定しているらしい。「バカっぽく、無責任、緊張感ゼロ」の若者の日本語に対する、大方のおじさんたちの違和感を、ときには代弁しながら、一方では「正しいとされる日本語」が、いかに硬直した幻想であるかを暴いていく。

大変革期のまっただ中で、背骨を失い軟体動物のようになった現代の日本語。もはや〝国語〟ではない、未知の言語が浮き上がってくる。

評・清水良典（文芸評論家）

二〇〇一年五月一三日⑩

『読ませる技術』

山口文憲 著
マガジンハウス・一三〇〇円

最近おもしろいコラムやエッセイが少ない。どうしてだろうと思いながら、本書を読んで勉強した。

著者はカルチャーセンターでコラム・エッセイ講座を十年以上担当してきた。そこでの話がこの本のもとになっている。だから本書は、素人向けにコラムやエッセイの書き方を教えるハウツー本である。ところが著者は「うまい文章を書く秘訣（ひけつ）というのはありません」という。あるのは「まずい文章を書かないコツ」だけだ。

以下、すでに誰（だれ）かが書いていることは書くな、世間の常識をなぞるな、などから、時間・空間の移動やカギ括弧の使い方などまで、具体的なノウハウが満載されている。

著者は、プロとアマチュアは違うといい、プロの作法を教えているのだが、読了して愕然（がくぜん）とした。ここにあるまずい例の数々は、最近のプロのコラムやエッセイにそのまま当てはまるではないか。本書は痛烈な当世コラムニスト・エッセイスト批判である。

評・永江朗（フリーライター）

二〇〇一年五月一三日⑪
『デジタルテレビ日米戦争』
J・ブリンクリー 著　浜野保樹、服部桂 訳
アスキー・二八〇〇円

一九八六年に米連邦通信委員会（FCC）で初披露された時、NHKのハイビジョンは間違いなく世界最高のTV映像システムだった。しかし九三年にそれは早くも時代遅れになっていた。ハイビジョンに刺激されて新しいデジタル放送技術が続々と提案されたからだ。

次世代TVの標準規格を巡る熾烈（しれつ）な争奪戦を描いた本書で「敗者」は明らかだ。アナログ時代のしがらみに縛られ、新技術の波に乗り損なうNHKの姿は痛々しい。だが一方で「勝者」は見当たらない。結局、標準規格は一本化できず、玉虫色の決着のまま放送開始に至ったが、コンピューター業界の思惑も複雑に絡んで、その前途はまだまだ多難が予想される。高い志と強い指導力を備えたリーダー不在のまま進められた技術競争は不毛な消耗戦しか導かない……。ハイテク社会が同じ愚かな轍（てつ）を二度と踏まぬために、反面教師として読まれるべき同時代史の記録である。

評・武田徹（評論家）

二〇〇一年五月一三日⑫
『それでも私は旅に出る』
金纓 著
岩波書店・二三〇〇円

どうせ死ぬのに日々あくせく生きるのにも似て、人はいずれ帰ってくるにしても、それでも旅へ出るものらしい。

韓国生まれ、結婚で日本に帰化した牧師が、出産、子育て、布教といっさいに生きてきて、やはり牧師だった夫をにわかに亡くした。気がつくと、数えで五十歳目前。何もかも捨てて旅に出た。「なぜ旅をするかって、さあねえ」

乳がんが見つかる。手術。リンパ節へ転移していたが、加療を断ってリュックを背負う。海を越え、国境を越え、「生と死」の線も越えて、九十七カ国を回った。人を知り、自分を確かめる三年半だった。

「華々しいところよりは少しひっそりとした場所」を好んで行く。「私はカメラを持って歩かない。写真を撮らないかわり、その風景や場面を心にしっかりと刻みつける」には我が意を得た。「本当に必要な物はなにか」

「人間の死ぬときは決まっているような気がしてならない」。だから、旅は続く。

評・河谷史夫（本社編集委員）

二〇〇一年五月二〇日①
『世界の環境危機地帯を往く』
マーク・ハーツガード 著　忠平美幸 訳
草思社・二八〇〇円

密度濃い「テーマに最適」の好著

大気汚染、放射能汚染、人口爆発、極貧の人々――いままでなんとなく気になっていたが、ピンとこなかったこれらの環境問題に、カメラのレンズの焦点がいきなり合った、というのがこの本の第一印象である。

題名だけ見るといささかつらそうな本だが、一ページ目の中国の巨大製紙工場への無許可取材、そこで見たもの、そしてたまたま起きたガス爆発の話などを読み出すと、あとは最後まで一気。

ジャーナリストの筆者が六年間で十九カ国を回った体験に、多くのデータを加えて書いた本書はまさに内容が濃い。独裁者による事態のさらなる悪化。十分あるのに平等に分配されない食糧。人口・環境問題は低開発国よりまず米国を始め先進諸国から。この本にタブーはない。企業、政治家、実業家、運動家、すべて実名で登場する。

わかればわかるほど絶望的になってくるが、ここで終わらせないところが著者の米国人的前向きさだ。低環境負荷型社会に移行する際の需要を経済成長につなげる「グローバル・グリーン・ディール」なる具体策まで提言する。これがうまくいくかにわかに判断できないが、市場経済にのっとる限り企業が得をし

ないシステムに未来はないと言い切る、その現実認識は明快だ。

医療の進歩による人口増加を含め、環境問題は科学技術により起こった。そして、その解決も科学技術によるしかない。資源効率を現在の四倍にすれば環境保全と経済発展との両立が可能とする「ファクター4」が紹介され、民主主義と市場経済が正常に働けば、むしろそれは必然であるとする。しかし、科学技術以外の多くの問題が複雑に絡みつき、効率革命への道は険しいことも実例で述べられる。

最大の問題児が先ごろ温暖化防止の京都議定書から離脱した米国である。世界人口の約二五%で世界のエネルギーの約八〇%を使う先進諸国。その中でも米国の浪費は群を抜く。だからこそ、本書を米国人が書いたことに意味がある。米国人の消費行動を変えることが地球全体に大きな影響があるからだ。

本書は環境本の多くに見られる問題の単純化の愚を避け、バランス良く多方面に目を配っており、環境問題をトータルに考えるのに最適の一冊となっている。

環境問題ではっきりしているのは、まず問題を理解すること。ひとごとでなく現在進行形であること。今やれることは今やる。そしてあきらめない。本書ではチェコのハベル大統領まで登場させ、そのことを力説している。

（原題、Earth Odyssey）　評・坂村健（東京大学教授）

Mark Hertsgaard　米国の多数の新聞、雑誌に寄稿。著書に『ビートルズ』など。

二〇〇一年五月二〇日❷

『クライム・ゼロ』

マイクル・コーディ著　内田昌之訳
徳間書店・一八〇〇円

良心か狂気か「人類救済計画」

「地上から戦争と暴力を根絶したい」と願う善良な平和主義者であるあなたが、ついにその手段を獲得した。ヒトゲノムの解読によって発見された「男だけが持つ犯罪誘発遺伝子」を破壊するウイルスベクターを開発したのだ。これを世界にばらまきさえすれば、悪は滅びユートピアが実現する。「これは生物テロなんかじゃない。〈平和問題の最終的解決〉であり〈人類の救済計画〉なのです」と心の中で天使が囁（ささや）く。さあ、どうする？　この天使の誘惑にあなたは勝てるか？　勝つ必要などあるのか？

——一見、通俗的なハリウッド風近未来サスペンスのくせに、この小説が読者に問いかけるテーマは、やけに重たい。

舞台は凶悪犯罪や性暴力の絶えない二〇〇八年の米国。それも遺伝子治療の新技術開発を競い合い、日本人スパイ事件も起きる熾烈（しれつ）なバイテク業界。そしてここが重要なのだが、古典的な悪役がいない。登場人物のだれもが「悪と暴力を憎む善玉」なのだ。〈良心〉〈犯罪（クライム）ゼロ〉なる暴力撲滅計画を推進する女性FBI長官も女性遺伝学者も、私欲や私怨（しえん）と無縁の「純粋潔癖な正義感」の持ち主。物語中で展開される彼女たちのもっともらしい「完璧（かんぺき）な平和論」を拝聴すると、フェミニストじゃなくても、ふとこちら側に肩入れしたくなってしまうほど。

ナチスの断種やホロコースト、スターリンやポル・ポトの粛清、オウムのポア計画……それらをぼくたちは簡単に「悪夢」や「狂気」に分類しちゃうわけだけど、じゃあこれはどうなの？——と、アップデート化された難易度の高い例題を提示して、作者はシニカルに笑う。

なんでも作者は「マイクル・クライトンの再来」などと呼ばれているそうな。「再来」というより「より毒性を強めた変異種」だと思う。さすがは『すばらしき新世界』のオルダス・ハクスリーや『時計じかけのオレンジ』のアンソニー・バージェスを生んだ国の作家だ。

おっと、いかん。こういう「遺伝子信仰」が危ないんだった。

（原題、Crime Zero）

評・山崎浩一（コラムニスト）

Michael Cordy　60年ロンドン生まれ。作家。『イエスの遺伝子』でデビュー。

二〇〇一年五月二〇日❸
『頭蓋骨のマントラ　上・下』
エリオット・パティスン 著　三川基好 訳
ハヤカワ文庫・各六六〇円

細部が光る快作ミステリー

刑務所内で殺人事件が起こり、その捜査を囚人がまかされるというストーリーはエリオット・パティスンの独創ではない。ミッチェル・スミス『ストーン・シティ』は、酔っぱらい運転で少女をひき殺し、州立刑務所に収容された大学教授が、刑務所内で起きた殺人事件を捜査する羽目を描いた長編だった。そういう作品があるから同じ手は使えない。では、パティスンはどうしたか。

舞台をチベットの奥地にある強制労働収容所にするのだ。主人公は中国経済部の主任監察官だった男、単道雲。北京で起きた史上最大の汚職事件を二件解決し、何十人もの高官を強制労働キャンプに送ってきた刑事で、北京で最後に一人だけ残った正直者と言われていたが、大物が絡んだ汚職事件を追及して北京を追われ、いまはインドとの国境に近いチベット南部の刑務所で道路建設の作業に従事している男だ。この男が殺人事件の捜査をまかされるのである。

かくてチベットの風俗風習、そして複雑な政治的状況を背景に、きわめて特異なミステリーが始まっていく。その背景だけでも十分に読みごたえがあるのだが、しかしこの特殊な舞台を強調しすぎると、この作品の美点が見えにくくなりそうだ。では、この長編の美点とは何か。

主人公に捜査を命じた大佐の秘書から「小単（シアオシャン）」と呼びかけられる場面を見られたい。それは、祖母が彼を呼ぶときに使った言い方で、自分より若い者に対する古風な呼びかけだが、それを思い出して、彼は突然寂寥（せきりょう）感に襲われるのである。あるいは、父親に書いた手紙を燃やし、その灰が天にのぼっていくのを見守るシーンを読まれたい。監視役につけられた軍曹に、彼は「ただ心に相手の心を思い浮かべればいい。そうすれば手紙は届く」と言うのだが、こういう細部が光っていることに留意したい。この人物造形が全体を引き締めて、奥行きのあるミステリーになっていることはぜひ指摘しておきたい。今年の翻訳ミステリーのベスト3級の傑作だ。

（原題、The Skull Mantra）

評・北上次郎（文芸評論家）

Eliot Pattison　作家。本作で米探偵作家クラブ最優秀新人賞。

二〇〇一年五月二〇日❹
『鳥類学者のファンタジア』
奥泉光 著
集英社・二三〇〇円

孤独な魂にささげる宗教小説

小説やノンフィクションなどで、長編ものがよく読まれているようだ。本書も長編もの。漱石「猫」流の軽妙な語り口で、読者をグイグイとひっぱっていく。

主人公はジャズピアニストの希梨子。霧深い夜、黒衣の女に出会う。ピアニストの霧子、敗戦直前のナチス・ドイツで死去したとされた希梨子の祖母だった。やがて希梨子＝フォギーは父の実家におもむき、忘れ去られたオルゴールを発見する。このオルゴールのかなでるメロディーが導きの糸となり、突如として時空を超えた「魂の冒険」が始まる。鉤十字（ハーケンクロイツ）の旗のもとで、霧子と再会する。怪しいオカルトと音楽の充満する、一九四四年の敗戦間際のドイツが舞台となっている。

本書は神秘主義的な色彩が濃厚であり、オカルト小説と呼べるだろう。だが、うわついた超能力や超常現象が物語られているわけではない。オカルトとは「隠されたもの」を意味する。本書は宇宙の隠された神秘を解き明かそうとする点で、文字通りのオカルト小説であり、さらには、祈りをテーマとする、孤独な魂に捧（ささ）げられた宗教小説なのだ。

二十世紀末に生きているフォギーは、ホロコーストを知っている。そこでは、救いへの祈りが役立たなかった。しかし、宗教と無縁のフォギーは、「生きていくには誰かから祈ってもらう必要があるらしい」と納得する。それは自分のためでも、祖母の霧子のためでも、ホロコーストのユダヤ人のためでもあろう。

虐殺や戦死、不慮の事故死、あるいは平凡な死、いずれにせよ、忘れ去られた死者の魂は「孤独な旅人」としてさすらっている。あるいは、フォギーのモノローグのように、「生きている人間も、死んだ人間も、誰もが廃墟を旅している」。この「孤独な旅人」の魂に対して、生きている者ができる唯一のこと、それは思い出し記憶すること、祈ることなのだというのが、作者のメッセージだ。この小説は、ひからびた宗教という皮袋に新しい酒（スピリット）を注ぎ込んだ「魂の冒険」小説だと実感できる。

評・川村邦光（大阪大学教授）

おくいずみ・ひかる　56年生まれ。作家。著書に『グランド・ミステリー』ほか。

二〇〇一年五月二〇日⑤

『〈母〉の根源を求めて』

J・クリステヴァ、C・クレマン 著
永田共子 訳
光芒社・二八〇〇円

挑発し響き合う往復書簡集

「歌うなら私はアルトだ」とクリステヴァは書いている。実際には透き通ったメゾソプラノのように美しく響く彼女の肉声を思い出した。

東欧の小国からフランスに渡って三十年余り。いつも高い声で人間の危機に警鐘を鳴らしてきた思想家の彼女が、新しい世紀を前に長い手紙を書いた。フランス生まれの批評家クレマンとの往復書簡集には、ありきたりの文明批評やグローバリズム批判とは異質な深さがある。

「技術の進歩は、まったく無邪気に生を『管理する』ことしか目指しておらず、全体主義と同じ脅威に満ちています」。そう告発するクリステヴァは一方で「私はポリティカル・コレクトというのが嫌いです」と書く。

遠くまで響く声を引き出しているのは、相手のクレマンの力量によるところが大きい。長年暮らした第三世界の貧しい国々を旅しながら、「私はここアフリカでも毎日のように聖なるものに出会います」と西欧的な知の世界に生きるクリステヴァに挑戦的な言葉の矢を放つ。

ともに作家でもある二人の真剣な言葉のせめぎあいが刺激的だ。アフリカのアニミズムからインドの宗教、ユダヤ神秘主義に女性原理、さらには精神分析やギリシャ悲劇へと次々と飛躍する議論についていくのは容易ではない。

だが、そうした難解な部分は読み飛ばしても、この本の魅力は残る。一年をかけて実際にやりとりされた手紙に、時間がつくる特別なリズムがあるからだ。

「この文通が続けば続くほど、私たちが離れていくように見えてなりません」と途中でいらだつクリステヴァ。それが終わり近く、「結局私の書きたいこと、それは、私たちはそれほど孤立していないということです」と書く。「何年もの間、一人で孤独の歌を歌っていると思っていた」とクレマンが答える。穏やかな声に戻った二人は、静かに羽を休める水鳥の姿をともに思い浮かべている。

往復書簡というより一つの物語のようだ。

（原題、*Le feminin et le sacre*）

評・清水克雄（本社編集委員）

J. Kristeva　41年ブルガリア生まれ。思想家。
C.Clément　39年フランス生まれ。作家。

二〇〇一年五月二〇日❻

『石橋湛山日記』

石橋湛一、伊藤隆 編
みすず書房・上下計二〇〇〇〇円

時流に流されず戦う姿、随所に

　日本で最高の言論人は誰（だれ）かと問えば、石橋湛山はまずその有力候補だろう。個々の主張については異論もありうるし、石橋自身、態度を変えたこともある。たとえば、最初は憲法九条を歓迎したが、のちに改憲論となった。しかし、時流に流されず、圧力にひるまず、骨太の自由主義を貫いた人物として、石橋の右に出る人はいないだろう。

　本書は昭和二十年初頭から三十二年一月まで（昭和二十四年分のみ欠落）、現存する石橋日記をすべて収めたものである。それは、石橋が言論人から政治家へと転身し、ついに首相となるまでの時期である。記述は簡潔だが、しばしば石橋の鋭い観察や意見が記されており、また戦後政治の形成過程について、多くの事実を知らせてくれる。人間石橋湛山を知る上でも、まことに興味深い。

　昭和二十年八月十八日の日記に、石橋は、「予は或（ある）意味に於て、日本の真の発展の為めに、米英等と共に日本内部の逆悪と戦つてゐたのであつた。今回の敗戦が何等予に悲みをもたらさゞる所以（ゆえん）である」と書いている。

　たしかに石橋は「日本の真の発展の為」に戦いつづけた人であった。敗戦後は、GHQの無理解や横暴と戦い、また多数の経済学者の「インフレ脅威論」と戦って大胆な経済の拡大を提唱した。二十二年から二十六年まで公職から追放されたが、復帰後は吉田茂と戦った。もちろん、むやみに戦ったわけではない。ただ根源的に考え、安易に妥協をしなかったに過ぎない。そうした戦う湛山の真面目が日記の随所にうかがわれる。

　とくに印象的だったのは、戦後初期における石橋の生活の単純さである。横須賀線で通勤し、本格的な読書をし、社説や評論を書き続け、必要な人に会う。このような、もっとも大切なことだけに集中して取り組む生活態度がなければ、あの剛毅（ごうき）な議論は生まれなかっただろう。それが、現代の多忙さの中に、われわれが見失ったもっとも重要なものなのかも知れない。

評・北岡伸一（東京大学教授）

いしばし・たんざん　1884～1973年。東洋経済新報社長を経て56年首相。2カ月で病気辞任。

二〇〇一年五月二〇日❼

『リキエスタ叢書』

トランスアート発売・一〇〇〇～一三〇〇円

市場原理優先の時代にひと言

　電子的な印刷方式により、たとえ一冊の注文でも直ちに製本して届けるというのが「オンデマンド出版」だが、なかなか実体が見えにくかったところ、このほど岩波書店、晶文社、筑摩書房、白水社、平凡社、みすず書房の出版六社と大日本印刷との共同企画による「リキエスタ」叢書（そうしょ）がスタートした。

　初回の十八点は顔見せのようなものだが、内容は充実している。たとえば網野善彦『職人歌合』は職人の歴史的な変遷に着目、日本人の社会観の基本的な誤りを正すという趣旨で、歴史論議の盛んな折から頂門の一針ともなるべきもの。九年前の「岩波セミナーブックス」の一冊として出たが、しばらく品切れとなっていた。

　『小野二郎の書物論』や『中平卓馬の写真論』などのように、既刊の単行本から中核部分を再編集したもの、ストリンドベリ『死の舞踏』や内田魯庵『気まぐれ日記』などのように、全集本の中から需要の高い作品を抜き出したものもある。かと思えば松原正毅『風景の発見』や西郷信綱『出雲国風土記国引き考』などのように、学術誌や出版PR誌に載ったものを、単行本化したものもある。

柳田泉の『明治文学研究夜話』や木村毅『明治文学余話』などは、全集の月報に連載されたままになっていた碩学（せきがく）の遺著で、学問の方法論についても考えさせられる点で、意義深いものだ。

　判型はブックレットだが、装丁には気を使っているし、活字も大きめで、紙の本のよさが発揮されている。戦後「一時間文庫」という叢書が、時代を代表する学者や作家の著作を百数十ページ程度のコンパクトな形で提供、話題となった。「リキエスタ」も同じようなイメージだが、成功すれば重厚な資料ものが出ることも期待されよう。

　市場原理ばかりまかり通る昨今の出版界にあって、どこかに時代へのメッセージを含むような、一ひねりした書目を選び出したあたり、編集者たちのセンスは冴（さ）えている。

評・紀田順一郎（評論家）

二〇〇一年五月二〇日⑧

『だめだこりゃ』

いかりや長介 著
新潮社・一四〇〇円

いま長さんのテレビ・コマーシャルがいい。人生の余裕を穏やかに滲（にじ）ませて、ちょっとユーモラスで——というのが多く、それはそれで、なかなかのものなのだが、何度も見ているうちに、こいつは何か企（たくら）んでいるのではあるまいか、いや、それに違いないと思えてくるから面白い。長さんがブラウン管から消えたすぐ後の余韻の中に、謀反の気配が漂い、さっきまでの殊勝な顔と裏腹の〈胡散（うさん）臭さ〉が覗（のぞ）いて見えるのだ。

　実はそれが、いかりや長介の命である。この人がそこらによくいる人情刑事だの、瀕死（ひんし）の老人だのを誠実に演じてみせたって、私には面白くも可笑（おか）しくもない。老刑事の長さんが、突然シャブ中になったり、虫の息の患者の長さんが豹変（ひょうへん）して、看護婦に襲いかかったりするのではないかとドキドキさせるのが、この人の身上だと、私はかねがね思っているのだ。

　『だめだこりゃ』も、老優の回顧録ではなく、そうした〈謀反の毒〉なのである。

評・久世光彦（作家）

二〇〇一年五月二〇日⑩

『小学生の俳句歳時記』

金子兜太 監修
蝸牛新社・一〇〇〇円

この本は小学生の俳句選集。各種の俳句コンテストの優秀作をあらきみほが収集、季節とテーマに分けて整理した。テーマは「学校で」「生活」「遊び」「家族」。

　次は「夏」の句。「そらをとぶバイクみたいなはちがくる」（みかみまさあき）。「プールの中みんなの声が水になる」（小野寺真由美）。

　「言葉を五・七・五にしてみるのはゲームみたいに楽しい」とあらきは言う。これらの句、たしかに楽しい。

　今日、小学生の俳句作りは一種のブームだが、あらきの言うように、小学生たちはゲーム感覚で俳句を作る。言葉を組み合わせる俳句の作り方がゲームに似ているのだ。そのことに顔をしかめる文学派の大人もいるが、小学生たちは俳句を作ることで言葉の楽しさを身につけている。それはとてもすてきではないか。

　すてきな句をさらに引く。「わたしはほ欠（けつ）すわってあせをかいている」（武島和歌子）。「ほたるとり父と歩けば父のにおい」（内山泉美）。

評・坪内稔典（俳人）

二〇〇一年五月二〇日⑪

『須賀敦子のミラノ』

大竹昭子 文・写真

河出書房新社・一八〇〇円

わずか八年の作家活動だったが、須賀敦子ほど心に深く染みいる感動を与えた作家はいないだろう。二十九歳でイタリアに渡り十三年を過ごした。帰国後、『ミラノ　霧の風景』によって作家デビューしたのは六十一歳。残された作品を読むたびに須賀の早すぎた死を嘆かざるを得ない。

大竹昭子はミラノを訪ね須賀の足跡を追い、著作と静かに対話を重ねる愛惜の旅をつづった。ページの合間に窓を開け放つようにはさまれた著者撮影の写真も美しい。

「自分の靴音に敏感になる」石の街。路面電車、須賀の友人たちの面影を探す路上、書店、鉄道官舎、墓地。須賀作品に登場する風景と、ゆかりの人々との出会い。雨降る街角でよみがえる『トリエステの坂道』の傘のエピソード。

自由と孤独が背中合わせの「淋しい生き方」を覚悟した作家。しかし須賀の孤独は「硬質な輝きをもった恒星のような孤独、人を励ますことのできる強い決意」だった。

評・与那原恵（ノンフィクションライター）

二〇〇一年五月二七日①

『虹の解体』

リチャード・ドーキンス 著　福岡伸一 訳

早川書房・二二〇〇円

「不思議を驚く」こそ人間の証明

ドーキンスは彼の最初の著書『利己的遺伝子』で、科学界のみならず読書界をも震撼（しんかん）させた。あれから二十年、彼自身の専門分野を超えて、物理学から認知科学、星占いや人気ドラマ「X-ファイル」、DNA鑑定と裁判の陪審員制度まで、じつに幅広い話題を扱って自然科学全般を語る本書を世に問うことになった。オックスフォード大学に開設された「科学的精神普及のための寄付講座」初代教授としての初仕事である（寄付したのはマイクロソフト社のC・シモーニ）。

五十歳代後半での立場と専門分野の大きな転換には、彼の利己的遺伝子説が「人間も利己的遺伝子に操作されている生存機械」にすぎないと主張しているかのように誤解されたことへの反省があった。彼のもとに届いた外国の教師からの手紙が序文で紹介されている。女生徒が「人生は目的もない空疎なもの」と知って泣き崩れた。教師はその生徒に、友達が虚無的な悲観論に染まらないよう、利己的遺伝子説のことは話さないよう忠告したという。しかし、事実を解明し説明しようとする自然科学は、そんな「無味乾燥で救いがない」ものなのか。

近代科学の祖ニュートンは、太陽光をプリズムで七色のスペクトルに分解した。一世紀後の英国の詩人キーツは、この「虹（にじ）の解体」こそが諸悪の根源だと憤慨したという。科学は感性を麻痺（まひ）させ人間から夢を奪うということらしい。それにドーキンスがどう反論しているか。亜流を承知で本書の議論を真似（まね）てみれば、リンゴが木から落ちる、ただそれだけのことから、宇宙をつかさどる万有引力の法則へ。そこには詩人にもまさる想像力があるということだ。詩も科学も、人間がもつ「不思議を驚く感性（センス・オブ・ワンダー）」が生み出したもの。

『利己的遺伝子』の読者の多くが、その衝撃的な内容に目を奪われ、見落としていた一行がある。大脳の発達のおかげで、「地上で唯一われわれ［人間］だけが、利己的な遺伝子たちの専制支配に反逆できる」ことを、彼は慎重に強調していた。人間以外の動物は確かに「不思議」を危険と見なして回避し、想像力を発揮することはない（でなければ淘汰（とうた）されてしまう）。人間だけが大脳の機能として「不思議を驚く感性」を発達させ、そして感動をわかちあう装置として芸術や科学を構築してきた。この感性が、悲しさを共有する同情心と表裏一体をなして、人間を人間たらしめている。

本書のようなすぐれた科学書を、芸術作品や音楽を鑑賞するように読むことができる幸福、それこそ「不思議を驚く感性」の賜物（たまもの）だろう。（原題、Unweaving the Rainbow）

評・新妻昭夫（恵泉女学園大学教授）

Richard Dawkins　41年ナイロビ生まれ。英オックスフォード大で学ぶ。生物学者。

二〇〇一年五月二七日❷

『近代建築の証言』

ジョン・ピーター 著
小川次郎、小山光、繁昌朗 共訳
TOTO出版・三三三三円

誠実に語る「そこにある理由」

個人の創造力が産みだした物の中で、建築ほど空間的にも時間的にも大きなスペースを占めるものはほかにない。ほかの物は邪魔ならどかせばいい。見苦しければ捨てればいい。しかし、建築はそうはいかない。壊すといっても多大な費用と手間がかかる。多くの社会的コストの上に成り立っている。だからこそ、建築家には作品への説明責任が生じる。

なぜそこに、その空間が、素材が、恒久的にあらねばならないのか、という問いを常に突きつめ、時代の言葉で説明し続ける責任がある。情報化社会では建築家自身の生涯についての説明も含めて一つの作品と考えるべきだろう。

その意味で本書は、カーン、コルビュジエ、ライトなど五十九人の近代建築の巨匠に四十年をかけてインタビューしたという貴重な記録であり、同時に彼らの建築の完成でもある。各建築家の略歴、作品の所在、参考文献、年表、インタビューの一部を収録したCDなど、盛りだくさんの資料が収められており、情報化社会にふさわしい一冊となっている。

多くの建築家が合理性に基づいた明晰（めいせき）な思考を展開している。丹下健三の「鉄を多用したかったが、日本は貧乏なのでコンクリートにした」という述懐などはその最たるものであろう。しかし同時に、社会、哲学、美学について深い考察もなされている。多くの建築家が日本文化からの影響について語っている点も興味深い。ここにあるのは単なる合理性に堕してはいない――まさにモダン建築なのだ。

ところで、これからもし、『ポストモダン建築の証言』といった本を編纂（へんさん）することがあれば、本書は現代の建築家にとって越えねばならないハードルとなるだろう。合理性だけでは造形は行き詰まる。そこで、象徴性に価値を移すことでユニークな造形を正当化しようとしているのが現代のポストモダン建築だ。ならばその象徴性を時代の言葉で「説明」し、流行を越えた作品がつくれるか。かなり高いハードルである。

（原題、The Oral History of Modern Architecture）

評・坂村健（東京大学教授）

John Peter　1917～98年。著書に『近代建築の巨匠』など。

二〇〇一年五月二七日❹

『転向再論』

鶴見俊輔、鈴木正、いいだもも 著
平凡社・二〇〇〇円

国民挙げての「宙返り」再び？

「転向」が死語になって久しい。「思想」が色あせた今は、時流にあわせて軽やかに変わるのが望ましい。本書は、そうした風潮に放たれた一矢である。

六二年まで、鶴見氏ら「思想の科学研究会」が、七年間をかけて三巻本に編んだ『共同研究　転向』（平凡社）は、戦後思想史に残る事件だった。

研究会は転向を「国家権力の強制のもとに起こる自発的な思想の変化」ととらえた。三三年に日本共産党指導者が、獄内から方向転換を表明し、多くの追随者を生んだ。四〇年以降は、戦争を支持して初めて「転向」とみなされた。軍国主義に雪崩をうった共産主義、自由主義の日本的な「くずれ方」。それが転向である。

では「非転向」が正しいのか。戦時中も獄中でソビエト政策を守った共産主義者の「非転向」を、「転向」と同じく不毛と断じたのが吉本隆明氏だ。論争を通じて転向論は、「背教」を難じる「殉教」の論理ではなく、この国で思想は、いかに現実と切り結ぶ批判精神を持続できるかという核心にまで深められた。

「再論」で鶴見氏は、戦争に向け国民単位で「宙返り」をした日本が、再び「宙返り」しないかと自問し、「転向」という言葉が廃れた事実に、今の日本をとらえる視角を提示する。鈴木氏は、古在由重らの例をもとに転向論研究の新たな視点を示す。いいだ氏は、戦争の奔流を通じて多くの思想が変質した全体像を、「人間喜劇」さながらに再現する。

　人は何度も転向する。そうしなければ自分を保つことすら難しい。では、転向の是非を測る照合基準とは何か。鶴見氏は、それを「アイデンティティー」ではなく「インテグリティー」（高潔、誠実）と呼び、「まともな人間」として生きていく考えだという。

　大切なのは「まともな人間」の基準に照らして、思想が外に開かれた柔軟さと、強じんさを保つことができるかどうかだろう。だれもが同調して雪崩をうつ時代は、そう昔ではない。遠い先のことでもないように思える。

評・外岡秀俊（本社編集委員）

つるみ・しゅんすけ　22年生まれ。哲学者。
すずき・ただし　28年生まれ。思想史家。
いいだ・もも　26年生まれ。作家、批評家。

二〇〇一年五月二七日⑤

『森の仕事と木遣り唄』

山村基毅 著
晶文社・二四〇〇円

山の労働の知恵と技がここに

　はじまりは十年ほど前の北海道。かつて樺太などで木を伐（き）り出す仕事をしていた古老が唄（うた）う「木遣（きや）り唄」を耳にしたことだった。伐採した丸太を数人がかりで転がしながら運ぶとき、働き手の「気」を合わせるために唄われたという。

　木遣り唄、というと東京・深川あたりのはんてん姿の男たちが唄う祝儀唄というイメージがあるが、古老の木遣り唄は、純粋に森の労作唄だった。

　この唄につよくひかれた著者は、労働の場で口ずさまれる唄を探しに、数年かけて日本全国の「森の仕事」の現場を訪ねる旅に出た。たくさんの森の男たちに出会い、彼らの言葉を受け止めながら、山の中を歩く。そして、かつて労作唄が響いた森の姿、さらには変貌（へんぼう）する日本の林業の現在を描きだしていく。

　木遣り唄は、その労働の場（切り出す木の太さ、運材方法）や唄う人によって違い、たくさんの種類があったそうだ。ある山衆は語る。「木遣りは、仕事の指示や力を合わせるためもあるんですが、それと働く者の励みにもなるんですね」

　山の労働にある知恵や技術、経験に裏打ちされ伝えられた技能そのものを「木遣り唄」は体現していた。さらに、日本各地の木遣り唄には同じ節、同じ歌詞があることに着目し、全国の森林を移動しながら働く男たちの足跡を実感する。

「森そのものが唄うわけではないのだが、いつの間にか私は、木遣り唄を『森が唄う唄』と感じるようになった」

　しかし、いま木遣り唄は唄われない。原因は昭和三十年ごろからの機械化による労働の変化、さらには輸入材の自由化、そして日本の林業そのものの衰退にある。国有林の立木伐採面積は、ここ四十年で約半分になっているという。

　しかし著者は、林業の荒廃を憂えるばかりではない。山の仕事を誇り、林業の未来に希望をもつ人たちの声を書き留めている。森はいまも「唄って」いるのだ。

　優れたインタビュアーである著者の力量がいかんなく発揮された労作である。

評・与那原恵（ノンフィクションライター）

やまむら・もとき　60年生まれ。ルポライター。著書に『聞こえますか森の声』など。

二〇〇一年五月二七日❻

『絵本　夢の江戸歌舞伎』

服部幸雄、一ノ関圭 著

岩波書店・二六〇〇円

華やぐ劇空間、細部まで再現

一ノ関圭。七〇年代後半、「茶箱広重」や「らんぷの下」など、江戸・明治期の美術家を主人公にした繊細な短編をいくつか発表して、ふいにすがたを消した芸大出のマンガ家である。インターネットで検索をかければ、いまもまだ、彼女の行方を知りたがっている多くのファンのいることがわかる。

その伝説の人が二十年ぶりに表舞台にすがたをあらわした。しかも、このたびは江戸の歌舞伎劇場の一日をいきいきと再現する大型絵本の絵師として。相棒がすばらしい。かつて『大いなる小屋——江戸歌舞伎の祝祭空間』で、失われた歌舞伎小屋にみなぎる熱気を実証的かつ官能的によみがえらせて、一般の芝居好きや現場の演劇人たちの想像力を少なからず刺激してくれた服部幸雄。かれはまた江戸東京博物館で中村座の復元を手がけた人物でもある。まことにぜいたくな組み合わせなのだ。

江戸の劇場では客席からとつぜん太い支柱がにょきにょき立ち上がり、仰天する観客の頭上に巨大な橋が弧をえがいて出現する。そしてそこを、にぎやかな鳴り物にのって、赤い衣装のお姫さまが大勢の腰元たちをひきつれて渡っていくといった、ばかばかしくも華麗な演出がしばしば試みられていたらしい。

以前、服部の著作で読んだおぼえのあるこの橋渡しの光景が、大きな俯瞰（ふかん）で克明に視覚化されている。なるほど、コレだったのか！　劇場を埋めつくした観客（ざっと数えて六百人）のどよめきが聞こえてきそう。大道具や小道具方から衣装方、狂言作者、床山、看板書きにいたるまで、こうした大がかりな演出をささえる職人工房の細部が、びっしり描きこまれているのもうれしい。

ふたりの作者の八年にわたる共同作業の成果だという。群衆の中に馬琴や一茶や北斎のすがたをさがす遊びもある。高倍率の拡大鏡を手にページを繰ってほしい。（ちなみに一ノ関の旧作は、いまは小学館文庫にはいっている）

評・津野海太郎（編集者・和光大学教授）

はっとり・ゆきお　32年生まれ。千葉大名誉教授。

いちのせき・けい　50年生まれ。漫画家。

二〇〇一年五月二七日❽

『龍馬　青雲篇、脱藩篇』

津本陽 著

角川書店・各一六〇〇円

帯に——『竜馬がゆく』から40年——とある。わたしは「司馬・竜馬」の一、二巻を読み、それから「津本・龍馬」の青雲篇（へん）、脱藩篇を読んだ。おどろいた。同じ坂本龍馬という破格の人物を軸にすえて日本の幕末を描きながら、まったく印象のちがう歴史小説だった。龍馬の先見性や近代思想のよってきたるところを、司馬遼太郎は龍馬自身の天賦の資質ととらえ、津本陽は龍馬のたぐいまれな柔軟な受容性というふうにとらえている。

四十年のあいだに明らかになった新たな史実が加味された「津本・龍馬」は決してスーパーマンでなく、等身大の人間として目の前に立ち上がってくる。まずなにより、国訛（なま）りがいい。土佐、薩摩、長州、江戸、登場人物はみんな、その国の言葉を喋（しゃべ）る。剣戟（けんげき）や戦闘場面がリアルで、手に汗にぎる。幕末の経済、流通、技術開発、世界情勢……、目を見ひらかされる記述がいっぱいある。重厚かつ飄逸（ひょういつ）、龍馬の実像に迫った続編を早く読みたい。

評・黒川博行（作家）

二〇〇一年五月二七日⑨

『順伊（スニ）おばさん』

玄基榮 著　金石範 訳
新幹社・一六〇〇円

韓国で長年タブーだった一九四八年の済州島「四・三」虐殺事件の真相に迫り、済州島出身の小説家が書いた四つの短編を、同じ題材を日本語の作家としてのライフワークにしてきた金石範が翻訳した。

二十世紀の忌まわしい歴史における数々の民間人虐殺が、リアリズム文学の内容をくり返し左右し、歪（ゆが）めもした。古（いにしえ）からの「天刑の地」とされ、近代にも東アジアのへき地であった済州島の「虐殺文学」は、極端なほどにローカル色の、執ようなまで固有文化の細部を描きつくすことによって、ノンフィクションにおちいらないで散文詩的な力を発揮しながら、かえって普遍的ないくつかのストーリーとして、今はじめてぼくら外の読者に伝わる。「里」から「くぼみ畑」の臨場感、儒教的家族のしがらみと、一人の「おばさん」生存者のノイローゼが、おどろくほど、伝わる。東アジア近代史の惨事を内容とした、めずらしい、翻訳文学の佳品なのである。

評・リービ英雄（作家）

二〇〇一年五月二七日⑪

『さんずいづくし』

別役実 著
白水社・一六〇〇円

「さんずいづくし」という一見まっとうな題名。これがまず曲者である。さんずいの付く漢字にまつわるエッセー集と来れば、そこそこ真面目（まじめ）かつ楽しい、といった内容を期待するのが普通だからだ。

しかし。本書はまったく真面目でなどない。ほとんど「デタラメ」である。

どのくらい「デタラメ」かと言えば、たとえば「湿る」という漢字について。医学書の「舌」の項に、「手紙を出すに当たって、切手の裏に湿り気を与える器官」との説明も加えるべきだという意見があるなどと、平気で書く。もちろんそんな意見は存在しませんので、念のため。

「デタラメ」づくしとも言うべき本書を読んでいて、なぜか心の底からリフレッシュできた。新鮮な感動があった。

それはおそらく、私が「ウソ」か「ホント」かの二者択一に絡め取られて、日々を暮らしているからだろう。

「デタラメ」こそ創造の源。劇作家・別役実の静かなる過激さが堪能できる一冊である。

評・林あまり（歌人）

二〇〇一年五月二七日⑫

『県民性の日本地図』

武光誠 著
文春新書・七二〇円

県民性に関する本はこれまでにも『県人評判記』など数多く出版され、その都度楽しませてもらってきたが、しばらくして新しい本が出ると、何となくまた手にとってみたくなるから不思議だ。アメリカでも、テキサス人、カリフォルニア人など州別にその特徴を言うことがあるので、人間は元来こういうことを考えるのが好きなのだろう。固有の土地や歴史が人を作るということは、たしかにあることでもある。

今回の本の特徴は、主に歴史的な観点から各県人の特徴が書かれている点だ。たとえば石川県と富山県人については、「前田家の秩序を重んじる厳しい姿勢が、控えめで忍耐づよく、ともすれば保守的になりがちな石川県民の気質を生み出し」、「前田家の支配がゆるかった富山の支藩では、富山の薬売りに代表される、さまざまな工夫をこらした商工業の展開がみられた」というわけである。こうした県民性を生かし、教育の地方分権が進むことを期待したい。

評・井上一馬（エッセイスト）

『火山に恋して　ロマンス』

スーザン・ソンタグ 著　富山太佳夫 訳
みすず書房・四〇〇〇円

虚実入り乱れる壮大華麗な物語

スーザン・ソンタグは、ナチズムに、ベトナム戦争に、エイズに対する偏見にと、つねにアクチュアルな問題へ攻撃的で容赦のない批評を発表してきた。しかしだからといって、小説となれば話は別だ。理屈っぽい作品ではと危ぶんだ。

ところが、この大部な小説はそんな危惧（きぐ）を見事に裏切る。読みはじめ、ぐんぐんとひきこまれ、一気に読んだ。

時代はフランス革命前夜の十八世紀末。舞台はイタリアの、ヴェスヴィオ火山を望むナポリ。主人公は、ナポリに赴任した英国公使カヴァリエーレなのだが、冒頭すぐに彼が、用を足すナポリ国王に付き添う場面が登場する。たらふく食べ、異様に太った国王は便器で力みながら、主人公と会話する。醜悪でなんとも可笑（おか）しい件（くだ）り。じつは登場人物すべてどこか過剰で、タガが外れている。

カヴァリエーレ自身は火山研究者として後世に名を残す。古代遺跡に造詣（ぞうけい）も深く、なにより美術蒐集（しゅうしゅう）にとりつかれている。つまり、理性と啓蒙（けいもう）の時代、百科全書派、考古学ブーム、ピクチャレスクの世紀を体現した人物だ。

その彼に、遊びしか頭にないナポリ国王、王の子を次々と宿しながら権力にしがみつく王妃、音楽の才能に富む彼の夫人キャサリン、キャサリンと互いにひかれ合うベックフォード（巨万の富の持ち主で、後に大寺院建設を企てる）、さらに未来を予言する巫女（みこ）もからんでくる。と紹介しても、まだ第一部なのだ。

第二部にいたり、キャサリン没後に主人公の妻となる絶世の美女エマと、英国海軍史上、最大の英雄ネルソン提督が現れる。エマは下賎（げせん）の出ながら、天性の美貌（びぼう）と才覚により、宮中の華となり、権力者王妃にとり入る。しかもエマと提督は熱烈に愛し合い、主人公は二人の関係を認めるという奇妙な三角関係が生まれ、折からフランス革命も勃発（ぼっぱつ）し、火山も噴火。

加えてサド侯爵、ゲーテ、ピラネージ、ウォルポールら歴史上の人物もちらりと顔を見せるし、ナポリを占拠した革命派を徹底して粛清する架空の警察長官も暗躍。要するに山田風太郎の〝明治もの〟を壮大に、華麗にした小説といえなくもない。哄笑（こうしょう）と悲惨、祝祭と革命、権力と情欲、虚実入り乱れ、しかも絢爛（けんらん）たる王宮、奇想の館（やかた）が盛り込まれ、火山も噴き上げているのだから。

しかしこの作者の真骨頂は、最後の最後に唐突に置かれた一文だ。この一文こそ、闘う批評家ソンタグの面目躍如。火山のように激しく強く、登場人物たちの価値を一気にひっくり返すどころか、凡庸な悪が充満している現代社会をも射（さ）し、挑発する。

（原題、The Volcano Lover, A Romance）

評・松山巖（評論家）

Susan Sontag　33年生まれ。批評家。著書に『ラディカルな意志のスタイル』など。

二〇〇一年六月三日❷

『「雪国」あそび』
村松友視 著
恒文社21・一六〇〇円

愉しく切ない奇妙なオマージュ

二十年ほど前、和田誠さんの『倫敦(ロンドン)巴里(パリ)』という〈遊びの文章〉を集めた本を読んで、ほとんど感動してしまった。──笑いながら。白眉(はくび)は川端康成の「雪国」の冒頭にある《国境の長いトンネルを抜けると雪国であった。夜の底が白くなった》──の文体模写(パスティーシュ)、つまり、たとえばこれを、野坂昭如さん、五木寛之さん、淀川長治さんなどが書いたらどうなるかを、和田さんがやってみせるのだ。これは至芸だった。村松さんも《これを一読したとき、私は雀躍(こおど)りしてよろこんだ》と『「雪国」あそび』に書いているが、それを読んで私は雀躍りして喜んだ。──村松さんは〈遊び〉の愉(たの)しさにとても敏感で、ときに、日が暮れても、まだ遊び呆(ほう)けている子供みたいな人である。

『「雪国」あそび』みたいな本を何と言えばいいのだろう。〈小説〉ではもちろんないが、エッセイとも違う。〈物語〉の気安さには近いが、山あり谷ありの末、結末があるわけでもない。今日までの村松さんと、「雪国」との腐れ縁を、ブツブツ呟(つぶや)きながらの奇妙なオマージュとでも言おうか。その中には、モデルと言われる芸者駒子探しもあれば、男と女の間に淀(よど)んでいる暗い淵(ふち)を、恐る恐る覗(のぞ)き込む滑稽(こっけい)な緊張もあり、そうかと思うと「雪国」の〈仕掛け〉をパズルのように解いてみせる愉しさもある。そしてこの本が変に面白いのは、たぶん村松さんがこの名作を〈遊び〉という広角レンズの眼鏡で見ているからだ。「雪国」を読んだことがある人なら、誰(だれ)だって嬉(うれ)しくなるだろう。──『「雪国」あそび』とはよくぞ名付けたものである。

ところが、面白さに引っ張られて読み終わってみると、《夜の底が白くなった》ような不思議な思いに捉(とら)われる。さっきまでの笑い顔が、ふと真顔になる。そして、静かで懐かしい沈黙がやってくるのだ。村松さんが、泣いている。──村松友視はいつだって、〈遊び〉が大好きな泪目(なみだめ)の童子である。

評・久世光彦(作家)

むらまつ・ともみ 40年生まれ。『時代屋の女房』で直木賞受賞。

二〇〇一年六月三日❸

『明治電信電話(テレコム)ものがたり 情報通信社会の〈原風景〉』
松田裕之 著
日本経済評論社・二〇〇〇円

今につながる期待、不安、選択

日本に最初に電信機がもちこまれたのは、黒船四隻を率いて浦賀港に現れたペリーによってである。十年余り後、福沢諭吉は『西洋事情』の表紙に、黒船と機関車よりも大きく、地球を取り囲む電線と電柱を描かせた。

全国的な郵便事業が開始されたのは明治五(一八七二)年。それからわずか六年後に全国主要都市に電信網が整えられ、さらに十一年後には、電話事業が開始された。すさまじい勢いで進行した「元祖IT革命」の原動力は、西洋への憧憬(しょうけい)と畏怖(いふ)であった。

本書は、当時の人々が電信電話をどうとらえ、どう利用したかを、史実に沿いつつ、小説のなかの一場面や政治家の日記、当時の風聞などを紹介して、描きだしている。電信電話に対する思い入れと戸惑いは今日にも通じるものがある。その意味で、情報通信社会の「原風景」をよく伝えている。

たとえば、日本で最初の電話帳は氏名の五十音順ではなく、電話番号順に記されており、維新の功労者や成功者ほど若い番号が割り振られた。電話が伝達手段というよりも、ステータスシンボルと位置づけられていたことが読みとれる。また、「電線に荷物を掛けておくと目的地までとどく」「電話でコレラが伝染する」という珍談奇談も、新しい技術に対する庶民の期待と不安をうかがわせる。

しかし、もっとも興味を引かれたのは、維新後の各地での反乱を鎮圧するうえで電信が絶大な威力を発揮し、西南戦争においても電線が政府軍とともに延長されていったことである。電話事業が、大論争の後、官営とされたのも治安維持、すなわち安全保障の観点からであった。

それから約一世紀後、電信電話事業は民営化された。電電公社が、国鉄ほど深刻な問題を抱えていなかったにもかかわらず、当時の中曽根首相によって民営化されたのも、また安全保障への関心からであった。為政者と情報の、技術をはさんだ関係は、この百年で大きく変わったというべきなのだろう。

評・真渕勝（京都大学教授）

まつだ・ひろゆき 58年大阪府生まれ。甲子園大学経営情報学部助教授。

二〇〇一年六月三日④

『葉書でドナルド・エヴァンズに』

平出隆 著

作品社・二八〇〇円

形式の制約が想像力を広げる

架空の国々の切手を水彩で描き、主題別、発行年別にシートとして分類し続けるという奇妙な情熱にとりつかれた画家ドナルド・エヴァンズ。一九四五年、アメリカはニュージャージー州モリスタウンに生まれたエヴァンズは、七七年、当時住んでいたアムステルダムで火事に遭い、三十一歳の若さで急逝した。

本書は、この夭折（ようせつ）の画家に対して深い共感を抱いた詩人による、評伝とも紀行文ともつかない美しい「散文集」である。タイプのピリオド・キーで目打ちをほどこした切手サイズの紙枠を用いるという拘束のうちに逆説的な想像力の飛翔（ひしょう）を読んだ平出氏は、自身にもまたその規矩（きく）を課してみせる。つまり、一頁（ページ）を一枚の葉書（はがき）に見立てるのだ。

こうして、エヴァンズの足跡を追い、彼にゆかりの土地や友人たちを訪ねる旅の報告が、ときに時間と空間の大きな入れ替えをともないながら、この限られた紙幅のなかで、淡々と、まるでスライド映写機から映し出された映像のように重ねられていく。切手収集にとりつかれた画家の幼年時代も、彼を愛した母親の肖像も、建築士として働いていた頃（ころ）の様子も、画業に打ち込んだ数年間も、痛ましい最期も、すべてが葉書というおなじ重量、おなじ料金体系のなかで、並列的に扱われている。

しかしエヴァンズの世界とみごとに合致した、未使用の官製葉書とも清潔な墓碑とも見受けられる白い表紙から漂う秩序への憧憬（しょうけい）は、著者自身の祖母や癌（がん）に冒されて死んでいく親友の姿を描いた数頁で、ほんの一瞬ぐらつく。そして、不思議なことに、抑制の利いた声のなかでふいにあらわになるそのわずかな動揺がかえって全体の静けさを増し、画家への思慕をも強めているのだ。

エヴァンズ「発行」の切手は、一八五二年から一九七三年に及んでいる。生涯の四倍に当たる時空を生きた画家を語るために用意されたこれら断章群に、たぶん終わりはないだろう。夢の持続も、また秩序のうちなのだから。

評・堀江敏幸（作家）

ひらいで・たかし 50年生まれ。詩人。『左手日記例言』で読売文学賞。

二〇〇一年六月三日⑤

『ぼくが読んだ面白い本・ダメな本　そしてぼくの大量読書術・驚異の速読術』

立花隆 著

文芸春秋・一七一四円

驚くべき〝守備範囲〟の広大さ

「週刊文春」連載の著者の書評を、過去五年分まとめたもの。五週間に一回、毎回三冊以上、関連して触れる本も多いので、約三百冊が紹介されている。全体の序論として著者の書物論があり、最後には「ものを捨てる」思想に対する痛烈な批判が記されている。

著者の読書は徹底して実用本位である。それも薄っぺらな実用性ではなく、知識を広げ、深めるのに本当に役に立つ本だけを、大量に読む。書評の方針も同様に実用本位で、すでに有名で紹介する必要のない本は除き、読むに値する本、有益なメッセージがぎっしりつまっている本、そしてとくに「思わずヘエーッと心の中で驚きの叫びを上げてしまいそうになる一節に出会う喜び」のある本を選び、その本のエッセンスを、出来るだけ本文を引用して紹介する。

とりあげる本の範囲の広さもすごい。冒頭から、神話、リサイクル、ランボー、日米戦争、麻原彰晃、ニュートン、錦絵、メガメディア、奇術といった具合で、著者のダ・ヴィンチ的活動をうかがわせる。著者は人間の異常な部分に強い関心を持っているので、異端、異説の本が続く。それを疑問に思う人もあるだろうが、過信しなければ問題ない。著者も言っている。「本に書いてあるからといって、何でもすぐに信用するな。自分で手にとって、自分で確かめるまで、人のいうことは信じるな。この本も含めて」

著者の速読法も参考になる。その基本は熱中である。熱中すれば早くなる。そして、段落の冒頭だけを次々に読んで最後までたどりつき、全体を一つのチャートとして把握する。とくに新しい方法ではないが、共感する人も多いだろう。

一読して、人間の未来についてやや暗い気分になるような本が多い。しかし、これだけのことを知りうる人間の能力はすごいと思う。読書の世界の無限の広がりを示して、人を勇気付ける本でもある。

評・北岡伸一（東京大学教授）

たちばな・たかし　40年生まれ。評論家。著書に『人体再生』『脳を鍛える』など。

二〇〇一年六月三日⑥

『不良債権はなぜ消えない』

渡辺孝 著

日経BP社発行・一六〇〇円

問題の根深さ巨大さ浮き彫り

またもや、不良債権問題に関心が集まっている。IT革命が景気回復の牽引車（けんいんしゃ）になるのでは、というひところの期待が薄れる中で、金融機関が抱える不良債権が、景気の足を引っぱっているとの見方が強まってきたからだ。そうした見方に押される格好で、政府は「不良債権の最終処理」へ動こうとしている。

しかし、不良債権の定義ひとつ取っても技術的に複雑な要素が多く、正確に問題を理解するのは金融の専門家でも難しいところがある。それゆえ、関心の高まりにかかわらず、一般の理解が深まったとは見えない。こうした状況はきわめて危険だといえる。

というのは、巨額の不良債権が減らずに残っている状態で、入念な準備がないままで処理に取りかかったり、手順を誤ったりすると、意図に反したとんでもない帰結（例えば、制御不能なデフレ・スパイラルへの突入）を引き起こすリスクがあるからだ。

こうした状況下でタイミングよく出版された本書は、問題解決の前提となる「正確な認識」を提供してくれている。不良債権の定義など技術的な部分についても的確な解説を加えている。読めば、不良債権問題のマグニチュードの大きさに改めて圧倒されるだろう。

経済活動規模（GDP）との対比でみた日本の金融機関が抱える不良債権総額のレベルは、米国のピーク時（一九九一年末）の三倍はある。しかも、不良債権の発生はいまだピーク・アウトさえしていない。こうした問題の根深さを直視した上で、われわれはその解決に当たらなければならない。

本書は、政府の緊急経済対策が不良債権問題のごく一部だけを取り上げたものに過ぎないことも教えている。それだけでなく、数年間でこの問題のすべてを本当に解決しようとするなら、どんな手段を講じなければならないかも提案している。不良債権問題の処理を誤らないために、本書の認識が広く共有されることを望みたい。

評・池尾和人（慶応大学教授）

わたなべ・たかし 50年生まれ。日本銀行考査役などを経て、文教大学国際学部教授。

二〇〇一年六月三日⑦

『ペニス』

津原泰水 著

双葉社・二〇〇〇円

気合を入れて向き合わなければ、読めない小説がある。作者のたくらみを忖度（そんたく）しながら、一語一句に立ちどまり、驚き、いつしか言葉たちの奔流に嬉々（きき）として身を投じている自分に呆然（ぼうぜん）と気づく……そんな読み方を満喫させてくれる作品に巡り逢（あ）う機会は、そうそう多くはない。とりわけ、この日本では。埴谷雄高『死霊』をどこか彷彿（ほうふつ）せしめるたたずまいの本書は、その稀（まれ）なる一例であると、私は思う。

主人公は、性的不能者である中年男性。彼が単身、管理人をつとめる都下の自然公園には、年齢性別さまざまな怪しい人々——その中には美しい屍体（したい）となった少年までもが含まれる——が去来しては、主人公がきりもなく紡ぎだす夢想と、侘（わ）びしげな現実の双方を妖（あや）しく掻（か）き乱す。あたかも大千世界の縮図さながらに。

エンターテインメントの書かれ方・読まれ方に一石を投ずるかのような作者渾身（こんしん）のトライアルに、長期間誌面を提供し続けた「小説推理」編集部の見識を高く評価したい。

評・東雅夫（「幻想文学」編集長）

二〇〇一年六月三日⑧

『正蔵一代』

八代目・林家正蔵 著

青蛙房・二八〇〇円

曲がったことが大嫌いで何かにつけて人とぶつかるところから「トンガリ」と呼ばれた林家正蔵（八代目。晩年は彦六）の思い出話。聞き書きスタイルの一代記だ。三十年近く前に出版された『林家正蔵集』の別巻をあらたに単行本化したもの。私は今回初めて読んだ。

誰（だれ）がまとめたのかは知らないが、文章は正蔵の話し言葉の妙をよく伝えていて、前半（少年時代、かけだし時代）が実に楽しい。「朱引外（しびきそと）」だの「はまち」だのという江戸ローカルの言葉が何気（なにげ）なく飛び出す。意味はよくわからないまま、わくわくする。後半は昔の噺家（はなしか）たちの経歴をめぐる話が中心で、資料的にはたいへん貴重と思われるけれど、私はちょっと退屈。

ただし、一朝老人に関してとくに一章をさいて詳しく語られていたのは収穫だった。一朝は正蔵や圓生をはじめ昭和の名人たちに大きな影響を与えた人で、私はかねがね興味をひかれていたのだ。やっぱり面白い爺（じい）さんだ！

評・中野翠（コラムニスト）

二〇〇一年六月三日⑨

『歩兵の本領』

浅田次郎 著

講談社・一五〇〇円

「戦争を放棄した国家が、明らかな軍隊を保有している」という現実が日本の自衛隊である。だがその内幕暴露でも、プロパガンダでもなく、『歩兵の本領』という一見レトロなタイトルをしたこの短編集は、かつて自分も隊士の一人だった作者が語る九つの人情話である。時代は一九七〇年ごろの高度成長期、そのさなかに「給料は法外に安く、仕事は危険きわまりなく、環境はこのうえなく劣悪で、おまけによその国の軍隊とはちがって、名誉も誇りもなかった」といわれる自衛隊になぜ若者が入ったのか。一篇（いっぺん）ごとに社会史がある。米軍スタイルの装備のかげに、いかに旧陸軍内務班から受け継いだ員数合わせと体罰が幅をきかせているか。作者は暴力と殺意までも描きながら、要所を泣かせドコロで落とす。軍隊と貧困とには詩的なつながりがある。憲法第九条に賛成だろうが反対だろうが、「兵隊さん」の存在を理解しておかないと日本は怖いことになるよ、と語りかけているのである。

評・野口武彦（文芸評論家）

二〇〇一年六月三日⑩

『ケルト復興』

中央大学人文科学研究所 編

中央大出版部・六六〇〇円

ケルトに寄せる西欧人の思いは、仏教伝来以前の日本に対する我々の感覚と似ているのではないか。

ケルト人はローマ侵入以前の西欧の民。

十九世紀中ごろから二十世紀初頭、西欧一帯で彼ら独自の「原ヨーロッパ」的なものへの関心が高まった。本書はこの「ケルト復興」現象をテーマにした共同研究の論文集。

詩人イェーツらによるアイルランド文芸復興の域を超え、ウェールズやブルターニュ地方、さらにアメリカのアイルランド移民も研究範囲に収める。文学史のみならず、社会史的アプローチも試み、意欲的に全体像に迫る。

ヨーロッパがケルト文化という基底の上に重層的に築かれた世界であることが実感される。アイルランド文芸復興で中心となったのは生粋の「アイリッシュ」ではなく、イギリス系アイルランド人だったという事実も興味深い。同叢書（そうしょ）は五年に一冊、ケルト論集を出版し、今回は三作目。二〇〇六年が楽しみだ。

評・塩崎智（歴史ジャーナリスト）

二〇〇一年六月三日⑪

『カレーライフ』

竹内真 著

集英社・一九〇〇円

結局読んでいる途中に一度、読み終えてから再びカレーを作ってしまった。この千三百枚の書き下ろしは、本当に全編カレー、カレー、カレーの小説だった。

「カレーライス」なるもの、もちろんルーツはインドだが、植民地支配していたイギリスが開発したカレー粉をもとに日本において独自の発達を遂げて「日本の家庭料理」となった。その背景をうまく踏まえた上に戦後の日本と沖縄の歴史を隠し味として、「青春小説」を作り上げた著者の着想が、なんとも美味（おい）しい。

祖父が作った幻のカレーの味を求めて、富士・米国・印度そして琉球を旅する主人公の調理師のたまごといとこ達（たち）（というところもうまい設定だ）が成長するさまは、一晩おいてさらに美味しくなった日曜のカレーのよう。若者が大人になるために必要なこと、それは奇妙な旅と一緒につきあってくれる仲間と、懐かしいご馳走（ちそう）の味を思い出すことだった。

評・新城和博（編集者）

二〇〇一年六月三日⑫

『一葉の井戸』
米川千嘉子 著
雁書館・二八〇〇円

今日の若手世代に属する歌人たちの中で、おそらく最も透徹した精神性と、奥行き深い古典の素養を備えた作者である。四冊目になるこの歌集では、家族との平穏な日々のうちに、ほとんど痛みを伴って研ぎ澄まされてゆく孤心がうたわれている。さびしく鬱々（うつうつ）とした意識をもちながらも、表現は他者を容（い）れる豊かさとやさしさを失わないのが作者の美質であろう。以前にはなかった、女性性のつややかなぬめりのようなものもほの見えている。

生地店
羅紗（らしゃ）夫人・フエルト夫人・絹夫人板に巻かれてひんやりとをり
共棲みの前世の記憶 デルフト焼きの青男（あををとこ）青女（あををんな）くち寄す
春雪のなかの羽毛を拾ひくるこの子を生みしさびしさ無限

「絹夫人」や「青女」や「春雪のなかの羽毛」の冷たい官能を味わいつつ、読者としては、今少し、おのれを解き放つことも望みたい。

評・水原紫苑（歌人）

二〇〇一年六月一〇日❶

『城 カフカ小説全集3』
フランツ・カフカ 著 池内紀 訳
白水社・二九〇〇円

『見出された時Ⅱ 失われた時を求めて13』
マルセル・プルースト 著 鈴木道彦 訳
集英社・四六〇〇円

明晰な新訳、作家の魅力引き出す

世界中で出る本をこんなに次々に翻訳し、翻訳が文化の重要な一翼をになっている国はほかにないと思う。「翻訳大国」という呼び名には自嘲（じちょう）がこめられているが、そうはいっても、翻訳のあるのはありがたいことだ。おかげで、極東の島国にいながら、世界への広い眺望が得られる。

まさかと思うものまで訳されている。たとえば、二十世紀初頭のオーストリアの作家ムージルの日記。この作家は文学と哲学の境界にいた人なので、私にも関係がある。その日記を読みたいと思っていたが、なにしろ厖大（ぼうだい）な量、ドイツ語で読むほどの根気はない。老い先は短いし、今生（こんじょう）ではとてもムリと諦（あきら）めていた。ところが今年初め、その『ムージル日記』の翻訳（圓子修平訳、法政大学出版局）が出た。千四百ページを超え、定価も二万八千円、とても人に薦められる本ではないが、私は小躍りして喜んだ。生きているうちに読めるぞ！ 圓子さん、ありがとう。

読みやすい新訳が出るのもありがたい。池内紀さんの個人訳『カフカ小説全集』がそうだ。私たちが昔読んだ新潮社版の『カフカ全集』は、カフカから原稿を託（たく）された友人のマックス・ブロートが編集した版に拠（よ）っていた。だが、熱烈なシオニストで、カフカに一人のメシアを見ようとしていたブロートの編集には、ある偏（かたよ）りがあった。ブロートの没後、カフカの原稿どおりの新版が出され、池内さんはそれに拠っている。そのせいだけではないのだろうが、明るく読みやすいカフカになった。カフカには、かなり笑いも──ユーモラスだったりアイロニカルだったりする笑いもあるのだ。

そして、なによりもプルーストの『失われた時を求めて』。十三巻本の鈴木道彦さんの新訳が三月に完結した。十年余りかかったそうである。明晰（めいせき）な訳文で、とても読みやすい。この大著、私も昔新潮社版の井上究一郎訳で幾度も読みかけては挫折していたが、この新訳で今度こそ読み通すことができそうだ。

いや、井上訳が悪いというのではない。井上訳の方がプルーストのうねるような文体をよく伝えていると言う人もいる。私が、最初に読んだ米川正夫訳のドストエフスキーに固執するように、カフカもプルーストも旧訳に固執する人がいてもいい。

自分でも翻訳をするのでよく分かるのだが、翻訳者にはある種の職人気質（かたぎ）があって、原文の構造やリズムをできるだけ訳文に移し入れようとするものだ。そのため、日本語としての読みやすさが犠牲になることがある。特に最初の翻訳にはその傾きが強い。

だが、すでにそういう翻訳があって、新訳を出そうというときには話が変わる。もっと思いきりよく日本語としての読みやすさを考慮できる。このばあいもそうで、池内訳のカフカ、鈴木訳のプルーストの平明さは否定できない。

おまけに、プルーストのこの新訳、原書にあるヴァン・ドンゲンのしゃれた挿絵を入れ、造本もすばらしい。これも一冊四千五百円前後と値が張るので、誰（だれ）にでも薦めるというわけにはいかないが、ケータイの料金でも節約して、たまにはこんな本らしい本で読書の喜びを味わってほしい。

評・木田元（哲学者）

（原題、Das Schloß）

（原題、Le Temps Retrouvé2）

Franz Kafka　1883～1924年。プラハ生まれ。作家。他に『審判』『変身』など。

Marcel Proust　1871～1922年。フランスの作家。約15年かけて本著を執筆。

二〇〇一年六月一〇日②

『子どもはことばをからだで覚える』

正高信男 著

中公新書・六八〇円

ロゴス偏重の人間観　問いなおす

ますます「子どもの促成栽培」がお盛んである。少子化と情報化の波のなか、親たちはわが子に過大な知識を詰め込み、一日も早く「全知全能の幼児」に育つことを願ってやまない。カルト的育児論で理論武装した親バカは、ついに胎児にまで英語とモーツァルトの音波砲を浴びせるにいたる……。そんな親こそ、一日も早く幼児虐待のかどでしょっぴいて親権を剥奪（はくだつ）すべきである。と、この本を読み終えた私は、本気で思う。

すでに八年前、『0歳児がことばを獲得するとき』で赤ちゃんの言語発達にまつわる常識を覆していた著者による、これはさらに一歩踏み込んだ続編である。

タイトルから誤解を受けそうだが、これはけっして育児書ではない。あなたが子ども嫌いのシングル志向であっても、一読の価値は十二分にある。ひょっとすると、あなたの言語観や身体観、さらには人間観さえ変えてしまいかねない。そもそもここに書かれていることは、すべてあなた自身も体験してきたはずだ。ただ忘れてしまっただけなのだ。

まだ言葉も理解できない赤ちゃんが、なぜ絵本を読んでとせがむのか？　それを読んでやる大人の声が、なぜ周波数の高い独特の旋律と抑揚を持つ「赤ちゃん語」になるのか？　それを赤ちゃんは、なぜ心地よいと感じるのか？　声をあげて笑う赤ちゃんが、なぜ同時に手足をバタつかせるのか？　それを大人は、なぜ「かわいい」と感じるのか？　赤ちゃんの「指さし」には、どんな意味があるのか？「行く」と「来る」の使い分けを身につけるとき、幼児の身体に何が起きるのか？　さらには音楽の起源とは、いったい何なのか？

これまで私たちが深く考えもしなかったそれらの謎（なぞ）こそが、実は人類が言語を獲得するプロセスとメカニズムを解く鍵（かぎ）でもある。身体全体を巻き込んだ営みである言語がいったん獲得されてしまうと、主知的なロゴス至上主義・テキスト偏重主義に支配され、身体性を排除するようになる。実は音楽とは、それを補完するための文化だったのではないか——というのも、著者の仮説のひとつだ。

「ひたすら赤ちゃん言葉で語りかけ、歌を口ずさんであやす」というシンプルな人類共通の子育て文化は、そんな原初の身体的英知への回帰と確認の行為でもあるのかもしれない。

女たちよ。こんな感動的な体験を「男社会に押しつけられた苦役」として忌避してしまっていいのか？

男たちよ。こんな刺激的な認識世界を、女たちに独占させておいていいのか？

評・山崎浩一（コラムニスト）

まさたか・のぶお　54年生まれ。京大霊長類研究所助教授。専門は比較行動学。

二〇〇一年六月一〇日❸

『森の列島(しま)に暮らす　森林ボランティアからの政策提言』

内山節 編著

コモンズ・一七〇〇円

森づくり　実践踏まえ政策提言

各地で森林が荒廃している。外材輸入の急増で国内材の価格が低落し、手入れする資金も人手も不足しているためだ。森林は誰(だれ)のもので、管理責任は誰にあるのか。国有林や私有林など、森林には所有者がいて、おもに林業の場となってきた。しかし今日の環境問題の議論で、森林の機能や価値の多義性があきらかとなった。水源林、魚付き林、景観、多様な生物の生息場所、大気中の二酸化炭素の固定やレクリエーションの場など。

したがって森林の荒廃は、下流の都市に暮らす市民にとっても看過できない自分たちの問題。そういう認識を共有し、休日に山へ出かけ森の手入れを手伝う「森林ボランティア」が、二十年ほど前から各地で同時多発的に生まれた。それら市民グループのネットワーク組織として結成されたのが非営利活動法人(NPO)「森づくりフォーラム」であり、そのシンクタンク部門というべき「森づくり政策市民研究会」がまとめたのが本書だ。

本書の約三分の一を費やして展開される二十六項目の政策提言は具体的だ。確かな現状分析と現場での実践から生まれたからだろう。たとえば一九九八年度の林野行政の改革のさい、累積赤字のうち二兆八千億円が一般会計で処理されたことに疑問を呈する。その一方で、森を管理する人々へ国が一定の賃金を支払う「直接支払制度」を提案する。これは欧州連合(EU)諸国が山間地農民に対し実施している制度で、日本でも昨年春から中山間地の急傾斜農地を対象にして導入されている(当初予算額三百三十億円)。

本書の提言のうちもっとも注目すべきは、住民登録の「二重登録制度」。主要な生活の場である都市と、山仕事の場である山村の両方に住民登録し、地方税は分割納入したいという。市民の暮らしの意識が、ボランティア活動を通じて大きく変化しつつある証拠といえよう。

それにしても二兆八千億円と三百三十億円! どこでどう議論されて決定されたのか。勉強不足の評者は、新聞で読んだ記憶がない。

評・新妻昭夫(恵泉女学園大学教授)

うちやま・たかし　50年生まれ。哲学者。「森づくりフォーラム」代表理事。

二〇〇一年六月一〇日❹

『101歳、人生っていいもんだ。』

ジョージ・ドーソン、リチャード・グローブマン著　忠平美幸 訳

飛鳥新社・一七〇〇円

米黒人の20世紀、いきいきと

かっこいいジイさんである。

ジョージ・ドーソンはアメリカ・テキサス生まれ、当年とって百三歳。汽車の車両も水飲み場もカフェも、白人と黒人が区別されていた時代に育ち、八歳から働きだした。人種差別や貧困に苦しみながらもプライドを忘れず、いつも前向きに生きてきた。九十八歳で読み書きを習いはじめ、クラスメートに囲まれる忙しい日々をおくっている。

本書はドーソンの人生を聞き書きでまとめたものである。聞き手は、ドーソンのことを新聞記事で知り、会いにいった白人の小学校教師。彼はときに戸惑いながらも、年齢の差、立場の違いを超えた深いつながりを育(はぐく)んでいく。

ドーソンの人生は、アメリカ黒人の二十世紀そのものといっていい。はじめに語られるのは、十歳のときに目撃した衝撃的な出来事だ。罪もない黒人青年が白人たちにリンチされ殺されてしまうのだ。ドーソンの父親は「黒人と白人は混じり合わない。混ざったらやっかいなことになる」と諭す。

「そう、わたしはこの一〇〇年間に、良いことも悪いことも全部見てきた」

しかしドーソンは黒人差別の歴史を声高に語ることはない。いきいきと話すのは子供のころから働いたたくさんの場所、旅した土地、交わした会話や出会った人々のことだ。そのエピソードのひとつひとつに彼のチャーミングな人柄が伝わってくる。

記憶はどれも鮮明で、色や匂(にお)いや音までも浮かんでくるように語られる。この記憶力のすばらしさ。なにしろ八十年前に初めて汽車にのったときの車掌の発車案内の口調から駅に張られていた地図の色まで覚えているのだから驚きだ。

アメリカ南部人はとくにお話し好きだ、と翻訳家の青山南著『南の話』(毎日新聞社)で読んだばかりだけれど、たしかにドーソンの話術も巧みで飽きさせない。三世紀をまたいだ人生は「あっという間」だったそうだ。

(原題、Life Is So Good)

評・与那原恵(ノンフィクションライター)

George Dawson　1898年生まれ。
Richard Glaubman　小学校教師。

二〇〇一年六月一〇日⑤

『愛の領分』

藤田宜永 著
文芸春秋・一七一四円

秘密が匂う、作者の最高傑作

恋愛小説は、美しい場面と小道具で決まるというのが持論だが、本書では主人公が幼いころを回想するシーンを見られたい。旅館の息子に生まれた淳蔵が祖母に頼まれて仲居の千代子を呼びにいく場面である。夏の夜だ。襖(ふすま)がほんの少し開いていて、その隙間(すきま)から、足の爪(つめ)を切っている千代子の姿が見える。裾(すそ)がたくし上げられた若竹色の着物からこぼれた白い脚が、幼い淳蔵の目に飛び込んでくる。千代子は右膝(ひざ)を立て、それを細い腕で囲むようにして爪切りを動かしている。左膝は畳の上に無防備に折れ、小桜の花びらをあしらった着物の裾の奥に白く柔らかい流れとなって消えている。この場面を淳蔵は、後年千代子の娘佳世と知り合ってから思い出すのだが、その官能が物語の背後に隠れているのがいい。

小道具は、スーツだ。洋服の仕立職人となった淳蔵に、物語のラスト近くで昌平は言う。「お前の作ったスーツは最高だ」。複雑に絡み合った感情の糸はもうどうしようもなく、憎しみでもなく友情でもなく、互いの立場を確認したあとに言う台詞(せりふ)だが、スーツというモノが二人の間にあることに留意したい。こういう小道具が効いている。

藤田宜永はミステリー畑でデビューした作家で、『鋼鉄の騎士』で日本推理作家協会賞まで受賞している作家だが、『樹下の想い』から恋愛小説に転身し、短編集『ぬくもり』『艶めき』、長編『求愛』『艶紅』と一作ごとに作品の緊密度を高めてきた。本書がそういう作者のある意味での到達点を示しているのは、前記した美しい場面の挿入と小道具の秀逸な使い方にも現れている。

ケレンたっぷりな小説に話題が集まる現代エンターテインメントの中で、藤田宜永の構築する世界は地味なぶんだけ損をしているが、その着実な歩みは注目に値する。「不倫でもないのに秘密の匂(にお)いがする」という帯の惹句(じゃっく)は編集者がつけたものだろうが、この長編の雰囲気を巧みに伝えている。藤田宜永のベストだ。

評・北上次郎(文芸評論家)

ふじた・よしなが　50年生まれ。作家。著書に『鋼鉄の騎士』『樹下の想い』ほか。

二〇〇一年六月一〇日⑥

『人はなぜ戦うのか　考古学からみた戦争』

松木武彦 著

講談社選書メチエ・一七〇〇円

考古学から大胆に「今」を問う

戦争をめぐって二十世紀の超偉人、アインシュタインとフロイトの間で往復書簡が交わされたことがあった。両者ともに、人間が生来的に攻撃（闘争）本能をもっていることを否定できない事実として認めていた。

だが、考古学者としての著者は戦争発生の要因を本能には求めない。人口と資源を軸とする経済的要因、そして際限のない非物質的な利得の追求を生み出す意識や思想（世界観）を軸とする非経済的要因、この二つの視点から戦争の考古学的研究を始めるのである。

興味深い点をあげてみよう。日本列島で確認できる最古の武器は、弥生時代の遺跡から出土した朝鮮系の短剣と矢じりである。古墳時代にいたっても、短剣や刀が墓に納められていく。著者は戦士のイデア（理想像）になった武器が剣や刀で、理想的な戦い方が接近戦であったと指摘する。槍（やり）や弓や鉄砲ではなく、刀にこよなく愛着心がもたれ、やがて刀は〝武士の魂〟となるという。

また日本列島では、朝鮮半島などと比べて、本格的な防御施設があまり発達せず、物よりも人を動員し、物質的合理性よりも人格的精神性を重視した、と著者はいう。そして弥生時代以降の戦争の伝統やスタイルが、近代日本の戦争にまで大きく影響を及ぼしているとする指摘は、かなり大胆なものだ。

著者は最終章で「戦争はなくせるか」と問いかける。戦争発生のメカニズムとした経済的要因については、環境保全や食料生産技術の発達によって、その可能性を低減させると予測する。もう一つの非経済的要因については、縄文時代や江戸時代、戦後の「平和」期の文化を歴史的に見直すことによって、戦争抑止の可能性があると指摘している。

考古学の存立が問われている現在、考古学を過去の発掘にとどめようとするのではなく、大胆かつ繊細に、現在を問う〝学問の冒険〟をめざしている著者の姿勢には、新しい知性の誕生を発見できよう。

評・川村邦光（大阪大学教授）

まつぎ・たけひこ　61年生まれ。岡山大助教授。

二〇〇一年六月一〇日⑦

『子供のまま大人になった人たち』

春日武彦 著

角川春樹事務所・一八〇〇円

著者は精神科医だが、サイコパスだのADHDだの引きこもりだのという言葉（専門的な匂（にお）いによって門外漢を何となくわかった気にさせる言葉）をいっさい使っていないのがすがすがしい。

啓蒙（けいもう）的な、あるいはハウツー的な本ではない。精神分析の本というより、「内なる子供性」をめぐるいっぷう変わった文学的エッセー集だ。

著者はおもに読書体験と自身の少年期の体験の中から、自分にとっての「イノセント」のイメージをあぶり出して行く。フラナリー・オコナーの『善良な田舎者』の残酷少年、石原慎太郎の『弟』の子犬溺死（できし）事件と裕次郎少年の奇病（意外にも私にはこのエピソードが最も印象的だった）、英雄リンドバーグの謎（なぞ）めいた私生活……。

そして著者は言う。性善説、性悪説といった分類の仕方に則（のっと）って言うなら、自分は「性グロテスク説」だ、と。

巷（ちまた）に氾濫（はんらん）するあの手この手の「イノセント」讃美（さんび）に辟易（へきえき）している人にすすめたい。

評・中野翠（コラムニスト）

二〇〇一年六月一〇日⑧
『「わからない」という方法』
橋本治 著
集英社新書・七〇〇円

心理療法は、治療者がクライエントと一対一で、時間をかけて「わからない」ことを突き詰める効率の悪いローテクの仕事である（治療者に解決方法が「わかっている」わけではない）。「わからない」を突き詰めた揚げ句、何かが「腑（ふ）」に落ちたとき、クライエントは自分なりの解決方法を見出（みいだ）していくことが可能になる。

「腑に落ちる」とは、身体とつながる深い納得を示す言葉だ。ハイテクは便利で効率がいいが人間関係を希薄にする。「脳」と「身体」の関係も途切れがちになり、「腑に落ちる」感覚は忘れられる。

著者は、教育の崩壊や構造不況、仮想現実の独り歩きなどは、この身体感覚をなおざりにしているところでおきているという。そして身体感覚をとことん信頼する、地味なローテクでの処方箋（せん）を提示する。本書は「知性する身体」の覚醒（かくせい）をうながす、すぐれた身体論である。ローテク一途で、関係性と身体性を重視する心理療法の存在意義が実証されたようで、心強い。

評・岩宮恵子（臨床心理士）

二〇〇一年六月一〇日⑨
『源氏物語いま語り』
三田村雅子、河添房江、松井健児 編
翰林書房・二四〇〇円

周到な本である。

昨今の文学「研究」はひたすら政治好みで、二言目には制度だイデオロギーだ男性支配だと言ってついには文学作品を糾弾するところまで行き着く。本書は、編者三人を中心に、ゲストとして瀬戸内寂聴、橋本治、大和和紀のような『源氏』の現代語訳やマンガ化をものした人、河合隼雄、山口昌男のように『源氏』に関心を持つ他分野の研究者、また専門家を迎えての座談会や対談の集大成である。何が周到かといえば、三人の編者の、上記のような最近の文学研究の「流行」に対する距離の取り方であり、その融通無碍（むげ）ぶりなのである。

編者たちは、大量消費される物語としての『源氏』をとりあえず容認するような素振（そぶ）りを見せつつ、そのことの危険性をも自覚し、現代日本におけるマスコミ向けの評論とアカデミズムの「政治派」との中間に位置しようとしている。中でも、橋本と、最後に登場する藤井貞和を囲んでの討議が読みごたえがある。

評・小谷野敦（東京大学非常勤講師）

二〇〇一年六月一〇日⑩
『ウォールストリート　投資銀行残酷日記』
J・ロルフほか 著
主婦の友社・一八八〇円

米国の投資銀行を舞台にした内幕物ノンフィクションだ。類書にソロモン・ブラザーズの債券取引を扱った『ライアーズ・ポーカー』、モルガン・スタンレーのデリバティブ取引の舞台裏を書いた『大破局』などの佳作がある。

これに対して、本書は新興勢力のDLJ社が企業買収案件の取扱高で急成長した過程を、二人の元エリート行員がリアルかつコミカルに書いている。名門校出の超一流の人材を採用しながら、使い捨てもいとわぬほど酷使するそのドライな経営が、顧客に対する強引なまでの取引手法と対になって描かれる。

日本の大手銀行が国際競争力を取り戻すには投資銀行部門の収益力強化が必須（ひっす）の条件となっている。しかし、一歩間違えると、その近未来像はこれら一連のノンフィクションに描かれた米国の「虚像」と重ならない保証はない。

ハリウッド映画をみる感覚で愉快に読める。ただし、対岸の火事として笑ってばかりもいられない。

評・菊地悠二（帝京大学教授）

二〇〇一年六月一七日❶

『「いのち」の近代史』

藤野豊 著
かもがわ出版・七五〇〇円

ハンセン病をめぐる史実、つぶさに

国が敗訴した五月十一日のハンセン病国家賠償請求訴訟・熊本地裁判決から一カ月。この間の報道で、国の隔離政策、差別・迫害の歴史をはじめて知ったという人も多いのではないだろうか。

でも、あなたはたぶん、その全貌（ぜんぼう）は知らない。『砂の器』を見たなんていうのは知ってるうちに入らない。

じゃ、どうすれば「知る」ことができるのか。レンタルビデオ店に走る前に、まずこの本を読もう。『「いのち」の近代史』。副題は『「民族浄化」の名のもとに迫害されたハンセン病患者』。幕末から「らい予防法」が廃止された一九九六年まで、百年以上にわたる迫害の歴史を追った渾身（こんしん）のハンセン病史である。大著だけど、記述は平易。時間とお金はこういう本にこそ使わなくちゃ。

近現代のハンセン病政策には、隔離と断種という二つの柱があった。

・感染症だから→隔離が必要だ。

・遺伝病だから→断種が必要だ。

まったく矛盾する、しかも根も葉もない二つの論理を、いつだれがどのように正当化し、政策に移していったかを、本書は克明に解きあかす。隔離の歴史は一九〇七年にはじまり、「民族浄化」の名目で強化され、戦中は植民地にも拡大適用され、戦後は「らい予防法」と「優生保護法」にささえられてきた。

この本が傑出しているのは、右のような史実を、あくまで患者の側に立って記述している点である。隔離政策には戦前も戦後も「患者救済」という大義名分が張りついていた。隔離政策のイデオローグであった医師の光田健輔が文化勲章を受けるくらいで、元患者と官僚、学会、医師らとの間には、いまだに大きな認識の隔たりがある。著者は各地の療養所を訪ね歩き、自治会が大切に保管してきた資料から、当局側の言い分、新聞報道の欺瞞（ぎまん）を容赦なくあばきだす。

さらに特筆すべきは、迫害の隠蔽（いんぺい）に手を貸してきた文化も批判の対象になっている点だ。貞明皇后の「皇恩」はじめ、患者は皇族賛美のダシに使われてきた。戦前のハンセン病映画として名高い『小島の春』も「らい予防法」廃止後に撮られた『愛する』も差別映画に近く、『砂の器』も手放しで礼賛はできない。

隔離した上で愛と同情を施す――本書が厳しく問うているのは、そんな「救らい」思想そのものの差別性なのである。特効薬ができて治る病気になった後も迫害は続いた。では、それ以前の政策は正しかったのか。元患者さんたちの人権回復を考える上で必読の書。「知りたい」というあなたの疑問や欲求にきっと答えてくれる。

評・斎藤美奈子（文芸評論家）

ふじの・ゆたか 52年生まれ。富山国際大学助教授。著書に『強制された健康』など。

二〇〇一年六月一七日❷

『それがぼくには楽しかったから』

L・トーバルズ、D・ダイヤモンド 著
風見潤 訳、中島洋 監修
小学館プロダクション・一八〇〇円

オタクの原理が「革命」支える

ウィンドウズの牙城（がじょう）を崩すとして話題のコンピューター基本ソフト（OS）「リナックス」の開発者、リーナス・トーバルズの初の著作だ。早すぎる自伝、リナックス開発物語、独特の「ナード」（ネットワーク・オタク）社会のリポート……。さまざまな読み方が出来る。

しかし、この本はまず何より「～主義」の本だ。『国富論』の資本主義、『資本論』の共産主義と同じ。その主義を知って欲しかったから、プライバシーの露出を嫌うトーバルズが、あえて「ナード」でない人向けに「紙」で本を出した。

もちろん、アダム・スミスやマルクスに比べると構成でも深さの点でも劣るのはいなめない。トーバルズのコンピューター用語満載のオタク文章と共著者ダイヤモンドのプロっぽいリポート。取材過程での二人の会話。家族の「ホントにこの人は物覚えが悪くて」といったコメント。が、この構成のなさが不思議にしっくりくる。トーバルズはリナックスについてこう語る。「しっかりした枠組みを持

った組織がなくても大成功している。何もかも自然発生的に起こったことだ」

資本主義も共産主義も突き詰めると、生産の動機について語っている。ならば、この本が提唱するのは「楽しみ」主義だ。生活の苦労がなく社会性（人から認められること）が満たされれば、人は楽しみのために最良の仕事をする。これこそが「ナード」社会の中の生産原理。経済学者が聞いたら卒倒しそうな「革命的」状況を、コンピューターとネットワークが可能にした。

「楽しみ」主義の前には、ビル・ゲイツもアップルのスティーブ・ジョブスもコンピューター科学の権威者も過去の人だ。世界の大物とけんかしてもインターネットを通じて支えてくれる仲間がいるという強み。リナックスの成功も多くの「ナード」が無償で協力したからだ。

何を青臭いことをと批判する人もいるだろう。そういう向きはリナックスの成功を思い起こしてほしい。時代は確実に変わっているのだ。

（原題、Just For Fun）

評・坂村健（東京大学教授）

Linus Torvalds　69年生まれ。
David Diamond　編集者。

二〇〇一年六月一七日③

『暦の歴史』

ジャクリーヌ・ド・ブルゴワン 著
池上俊一 監修　南條郁子 訳
創元社・一四〇〇円

不思議さまざまの支配の道具

なぜ一日は二十四時間で、一週間は七日なのか。なぜ一日は真夜中に始まり、一年は北半球の真冬の季節にスタートするのか。仕事や日常生活に欠かせない暦には、合理的な説明では割り切れない不思議なことが多い。

その理由は、暦が人類の長い歴史の積み重ねから生まれてきたからだと著者はいう。目に見えない時間を区切るために先人が試行錯誤してきた足跡を解き明かす手軽な入門書。豊富な図版と写真で分かりやすく視覚に訴える。

世界には多様なかたちの暦があるという。古代のエジプトやインドでは一日は日の出とともに始まるものだった。日没とともに一日がやってくる暦をもつ文化も珍しくない。いつの時代も時間と暦を管理するのは権力者の大事な仕事で、暦は支配の道具として使われた。

興味深いのは、いかなる王も革命家も、「一日は二十四時間で一週間は七日」という古代バビロニア以来の慣習を変えられなかったことだ。フランス革命の時には一日を十時間、一カ月を十日ごとに区切る革命暦が布告されたが、民衆に支持されずに短命に終わった。空間の計算には合理的に見える十進法も、時間をはかる目的には不向きなのか。

暦は社会的な集団を結束させるが、逆に変動の時代には、まず時間の秩序や暦から揺らいでいくという話も教訓的だ。太陽暦の採用で秩序が回復される以前の共和制末期のローマでは、暦は乱れ切っていたという。中世にヨーロッパの都市に広まった大時計は、教会の支配力を弱め、新しい市民の時代を準備した。

最近になって時間や暦への関心が高まっているのも、あるいは現代人の時間の感覚が微妙にずれ始めているからなのかもしれない。実際に、インターネットは日付変更線や時差の意味を失わせているし、二十四時間化する都会では、一日の始まりの時があいまいになっている。

いま、時間の秩序が揺らぎ始めているとすれば、それはどんな時代の大変動の予兆なのだろうか。

（原題、Le calendrier maitre du temps?）

評・清水克雄（本社編集委員）

Jacqueline de Bourgoing　パリ政経学院助教授。

二〇〇一年六月一七日④

『鷗外最大の悲劇』

坂内正 著

新潮選書・一四〇〇円

論争怪物としての肖像描く

グロテスクな論争怪物としての森鴎外の肖像。もし私がこの本のサブタイトルをつけるとしたら、そうなる。

明治期の後半、国軍をむしばむ脚気禍の原因を白米のとりすぎにみる海軍と、それに反対する陸軍とのあいだで、はげしい論争がたたかわされた。陸軍代表は陸軍省医務局の高官、森林太郎。論の正否は事実が証明している。日清日露（ろ）の両役をつうじて、脚気による海軍の被害はごくわずかだったのに対して、陸軍は、なんと三万二千をこえる数の死者をだしてしまったのだ。

この論争のいきさつについては、つとに板倉聖宣の大著『模倣の時代』による精緻（せいち）な考察がある。ただし、おもに学閥・学派の制度面から脚気問題にせまった板倉とちがって、坂内はその論を森鴎外という特異な一個人の言動にしぼる。脚気論争だけではない。おなじ時期、鴎外は坪内逍遙（しょうよう）との没理想論争をはじめとする、おおくの文学論争にもかかわっていた。それらの論争を読みくらべてみる。するとそこに一匹の怪物のすがたが浮かび上がってくるのがわかる。論争怪物、ないしは自尊心のお化けだ。

エリートとしての自分の誇りをホンのすこしでも傷つけられたと感じると、即座に敵におそいかかる。なにせ神童そだちの感じやすい人だから、すぐに傷つく。うけた傷は何倍もにして返さないと満足できない。呆然（ぼうぜん）とするあいてを、カサにかかって痛めつける。裏からの人身攻撃はもちろん、お得意の文章力を駆使して、あいての論点を故意にずらし、矮小（わいしょう）化し、ヨーロッパの最新理論でおどしつける。しつこいしつこい。

鴎外は最晩年の作『霞亭生涯の末一年』で、主人公の死因は脚気ではなかったと長々と論証してみせた。説得力ゼロ。著者はそこに、敗北におわった、しかし当人はその事実を最後までみとめようとしなかった脚気論争のかげを見る。老鴎外に三万二千人の死んだ兵士の記憶がのしかかる。しんどい人生だったのである。

評・津野海太郎（編集者・和光大学教授）

さかうち・ただし 30年生まれ。文芸評論家。著書に『カフカ解読』ほか。

二〇〇一年六月一七日⑤

『グリーンスパン』

ボブ・ウッドワード 著　山岡洋一、高遠裕子 訳

日本経済新聞社・二三〇〇円

神話的人物めぐる金融ドラマ

米連邦準備制度理事会（ＦＲＢ）のアラン・グリーンスパン議長の活動を追いながら、ここ十数年間の米国金融を描いたノンフィクションである。

就任時のグリーンスパンは、インフレ・ファイターとして定評のあった前任者ボルカーに比べて、市場から十分な信認を得ていなかった。そして、就任後わずか七十二日目の一九八七年十月十九日にブラック・マンデーに遭遇するといった具合に、いまでこそ神話化されている「グリーンスパン時代」の幕開きは、実は波乱に満ちたものであった。

ところが、株価暴落の危機を乗り越え、インフレの芽を摘むための利上げを実現していく過程で、徐々に評価を高めていく。最初の再任（任期四年）のハードルを前に当時のブッシュ政権の圧力によって、ＦＲＢの独立性を危うくしかねない綱渡り的な利下げも強いられる。

第二期には予防的金融引き締めを成功させ、市場の大いなる信認を獲得していく。第三期には「ニュー・エコノミー」の出現をいち早く察知し、変化に見合った政策の採用で、景

気拡大の持続をもたらす。「神話」の誕生である。

本書は、三度目の再任を受け、第四期に入った直後の昨年六月で終わる。それゆえ、自らの成功が生み出した「過大な信認」が重荷となって苦闘する、現在のグリーンスパンの姿は叙述されていない。この意味で結末は定かでなく、どんでん返しがまだあるのかもしれない。

しかし、描かれているだけでも圧倒的迫力のドラマであることは確かだ。ウォーターゲート事件報道で知られるボブ・ウッドワードの取材は周到を極め、この金融のドラマを一気に読ませる。

ワシントン政治を生き抜く権謀術数に長（た）け、米国の経済的繁栄を支えたという実績からして、グリーンスパンはやはり「偉大な人物」だといえる。だが同時に、彼の実像がデータおたくの知的なプラグマティストであって、決して神格化されるべき存在でないことも、本書から知ることができる。

（原題、Maestro）

評・池尾和人（慶応大学教授）

Bob Woodward　ワシントン・ポスト紙編集局次長。

二〇〇一年六月一七日❻

『ヤダーシュカ　ミーチャ』

大庭みな子 著

講談社・一三〇〇円

書き残される開かれた出会い

語りの大家が倒れて、半身不随となった。ある時点から彼女が病床のままで再び語るようになった。その語りの回復の記録となった本は、今年二冊刊行された。一冊は、小説と相通ずるやわらかで柔軟な文体によるエッセイ集で、もう一冊は、エッセイになりがちな記憶の事実をフィクションに結晶させた、この短編小説なのである。

『雲を追い』というエッセイ集の中で、大庭みな子は「どこから雲が湧（わ）くのか、どこに消えたのか、しばらく雲を追うことにしよう」という決意を告げた。アラスカに滞在していた頃（ころ）に関（かか）わりをもった二人の個人名を題にした『ヤダーシュカ　ミーチャ』は、そのような追跡をつづった。「夢かうつつか、うつつとも夢とも知れ」ない「灰色の遠景」の中で空虚と化した過去の人物たちを語りの中でその実体を甦（よみがえ）らせる。書き残すと作者がいう。

最初はみんな、シルエットに近い希薄な像を結び、書き残されているうちにその輪かくが一つ一つ、鮮明に浮かぶ。和歌のようにやわらかで明るさも滲（にじ）む文体によって生かされているかれらには、ポーランド語とスペイン語と韓国語の名前がある。「外」に対しては当然のことのように開かれてゆく、と同時に、島国内部の、まさに和文脈の歴史を背負った散文によって、かれらが思い出されて、甦る。

ヤダーシュカ、ミーチャ、チコ、ビョン・ワン・リー。他言語の固有名を残して、しばらく湧いてはやがて消えてゆくかれらは、特に「躯（からだ）を重ねた男」であった場合、「永遠に生かせるのがせめて女の使命」だという語り手の、そのエロスに包まれてゆらぐ、と思うと、とつぜんの洞察によってくっきりと固定されて、甦るのだ。

語りの力を回復しつつ、次々と雲を追って雲をつかむ。形もない時間の中から、消えうせる人、また人の形をもぎ取る。書き残すという文学の行為は、勇ましい。

評・リービ英雄（作家）

おおば・みなこ　30年生まれ。作家。『三匹の蟹』『寂兮寥兮（かたちもなく）』ほか。

二〇〇一年六月一七日⑦

『教養としての〈まんが・アニメ〉』

大塚英志＋ササキバラ・ゴウ 著
講談社現代新書・七〇〇円

手塚治虫は悩んでいた。マンガに登場するキャラクターは愛らしい三頭身の身体を持つ「記号」である。成長しなければ死にもしないそんな記号で人の生死にかかわるテーマをいかに描くか――。この手塚の問題意識は彼の後継者に確実に受け継がれる。萩尾望都が、吾妻ひでおが、岡崎京子が、マンガで「人間」を描こうと身を粉にする努力を重ねて来た。

そうした軌跡を辿（たど）り直す本書は安易なメディア批判への反論も兼ねる。保守的な識者は、内面に深入りせずに生きる若者たちの登場を「マンガやアニメの悪影響だ」とすぐに口にするが、それは事実誤認だ。人を表層的な記号と同一視する道を開いたのは数値処理による効率化を目指した情報化社会なのだ。そんな社会に生きる上で、記号と生身の人間との格差を埋めるべく悪戦苦闘して来たマンガやアニメの歴史を正しく読み解くことこそ、記号化の趨勢（すうせい）に流されずに抗（あらが）う足場としての「教養」になるという主張は力強い。

評・武田徹（評論家）

二〇〇一年六月一七日⑧

『雨の名前』

高橋順子 文　佐藤秀明 写真
小学館・二四〇〇円

四百を越す日本語の雨の名前を取り上げ、その名前を簡潔に解説した本だ。

青葉雨、青梅雨、暴れ梅雨、狐（きつね）の嫁入り、虹（にじ）の小便、婆威（ばばおど）し。これらは夏の雨の一例。ちなみに、虹の小便は天気雨を指す徳島県の言葉。婆威しは長崎県の言葉で夕立のこと。「庭一面に豆でも干していたか、あわてふためく婆の姿」と解説されている。

名前からだけでも、想像がふくらんで楽しいが、この本では、詩人の高橋順子のエッセー、郷愁が少しにじむ佐藤秀明の写真が、日本の雨に豊かな陰影をもたらしている。

次は「雨を見る人」というエッセーに引かれている八木重吉の詩「雨」。「雨は土をうるほしてゆく／雨といふもののそばにしやがんで／雨のすることをみてゐたい」

古い日本語では眺めと長雨（ながめ）が重ねられていた。降り続く雨をぼんやりと眺めていると歌がわき、物語ができた。雨を見ることから文学が始まったのだった。私も「雨を見る人」になろう。

評・坪内稔典（俳人）

二〇〇一年六月一七日⑨

『「２００１年宇宙の旅」講義』

巽孝之 著
平凡社新書・七二〇円

一九六八年に公開されたスタンリー・キューブリック監督の伝説的ＳＦ映画「２００１年宇宙の旅」をめぐって、アーサー・Ｃ・クラークの原作はもとより、内外のＳＦ文学史、アニメも含めた映画史、さらに二十世紀思想史、電脳社会の意識変革史にまで話題を拡（ひろ）げた考察である。これでもかというほど多彩な視点を繰り出しながら、クリアに整理しおおせるあたり、並みの蘊蓄（うんちく）本ではない。

たとえば謎（なぞ）の石板「モノリス」といい、ラストシーンといい、映画は難解さが当時から取り沙汰（ざた）された。しかし、たんに先覚的な作家が深遠な意図を込めたというだけではない。あの作品はその後の仮想現実の飛躍的な変化を予言する以上に、促し、現実化したと著者は言う。

米国のスターウオーズ計画やコンピューター・ウイルスなど、ＳＦ的な意識や視線が、我々の現実を取り巻いている。そういう現在から、あの「２００１年」を振り返る愉悦と眩暈（めまい）が詰まった書である。

評・清水良典（文芸評論家）

二〇〇一年六月一七日⑩

『出版大崩壊』

小林一博 著
イースト・プレス・一五〇〇円

本や雑誌の売り上げが、一九九七年から四年連続してマイナス成長となり、一万軒もの書店が廃業に追いこまれているのに、書籍の新刊点数は毎年のように増え続け、九八年には年間の点数が六万点を突破した。こうした事態を「出版大崩壊」現象と呼ぶ本書は、この現象が何によってもたらされたかを、出版業界の裏事情にまでメスを入れながら多角的に分析している。

たとえば、新刊ラッシュは本が売れないために生じたもので、これは「大手出版社などの一部版元の場合、本の代金は、取次（とりつぎ）に納入さえすれば実際に売れていなくても『前払い』で入ってくる」という「取次金融」的な流通システムによるものだという指摘もその一つである。新刊書の増大は、中小出版社の本を書店から追いやり、その経営を圧迫する。だから「大手は率先して新刊点数を減らせ」と主張、経営のスリム化を呼びかけているが、出版の崩壊から脱するための方策として傾聴に値する提言である。

評・植田康夫（上智大学教授）

二〇〇一年六月一七日⑪

『メディアの予言者』

服部桂 著
廣済堂出版・一〇〇〇円

マーシャル・マクルーハン。一九六〇年代、その独特なメディア理論と「グローバル・ビレッジ」など、電子メディア社会の到来を予言する数々のユニークなキーワードによって、一世を風靡（ふうび）したカナダのメディア研究者である。当時、彼の言動は、マスコミなどにもてはやされたものの、アカデミックな世界からはむしろ「際物」扱いされ、短期間のブームの後、それらの言説は「化石」化してしまう。

筆者は、このマクルーハンの業績と、その業績に対する周辺の論評を丹念になぞりながら、「マクルーハン・ブーム」が悲劇に終わる過程を分析するとともに、彼の理論を今日のメディア状況から逆照射する。それにより、当時、テレビという新しいメディアを念頭に発言していたマクルーハンの「コトバ」を、今日の電子メディア時代を読み解くにあたっての道標として、蘇（よみがえ）らせていく。最後の章はコンピューター思想史としても面白い。

評・音好宏（上智大学助教授）

二〇〇一年六月一七日⑫

『遺伝子改造社会』

池田清彦＋金森修 著
洋泉社新書y・六八〇円

頭が悪いのもべっぴんでないのも、親をうらむほかはない。親はその親を、と問責はご先祖までさかのぼって雲散霧消するだろうが、これからはそうはいかないらしい。

DNAの解読で人間の心と形が遺伝子に因果づけられるに従い「人類自身を変革する可能性」を入手する時代が来る。その問題点を明快な語り口の生物学者と硬骨の科学史家が総ざらいしてみせる。

すでにある遺伝子組み換え作物に始まり、病気の発症前診断から子孫の改良まで話柄は広い。「人間が考えてることは、だいたいできちゃうからね」と学者が言えば、「人間そのものの改造に手をつけるであろう」と史家は見る。願い通り美人で知能の高い子を産むことも可能になるか。

だがそういうことと人の幸不幸とはまた別事だろう。何が大事かと言えば、個々人が生きる考えを確立することであって、「技術の進歩」に一喜一憂することではないとこの本は言っている。

評・河谷史夫（本社編集委員）

二〇〇一年六月二四日❶

『科学は今どうなっているの?』

池内了 著

晶文社・二二〇〇円

明快でまっとうに「進歩」を問う

科学は今どうなっているの?　と私も疑問に思うことがある。

たとえばつい最近話題になった代理母出産のニュース。私はもやもやとした不安な気持ちになった。生殖医療の進歩には「子供を持ちたいという切実な患者さんの声」があったとしても、それで代理母出産はOKという気持ちにはなれない。なんだか、人間はしてはいけないことをしてしまっているのではと思う。これはただの「勘」のようなもので、うまく説明できないことがもどかしい。

私がイメージする科学とは、理科っぽい、難しそうな学問のことだ。苦手な分野なのできっとわからないだろうと、深く考えることを避けてきた。

そう思いつつ、本書を手にとった。内容はここ六年ほどの科学時評である。もんじゅの事故、地震予知、遺伝子、クローンやエイズ薬害問題などの背景を考察している。どれもわかりやすく、ニュートラルな立場で語っている。その視線は科学の分野にとどまらず、現代日本社会の批評としてもじつに面白い本だった。

著者は独創的な理論を展開する国際的天文学者である。幼いころの不思議と感じる気持ちを今も持ちつづけ、それを学問の領域に閉じ込めないまっとうな感性を保っている。

「未知の闇を探るのが科学者の仕事なのだから、間違いを犯すのが科学者であり、知識の限界を知っているのも科学者」と書く著者は、科学は進歩を目指すが時には立ち止まることも必要だと説く。

さらに、科学や医学が「専門家の所有物」になっている危うさを訴える。たとえば、オウム真理教の「科学者」たちは「専門」として優秀だが、そこをはずれると途端に幼稚になる、だが、それは職業的科学者も同じだと言う。

また日本では「生産の技としての科学技術」が大手を振っており、科学者としての社会的役割をじっくり考える癖が身についていないという指摘は、近年の原発や医療事故などで明らかになっている。

本書にも登場するが、かつて中谷宇吉郎や寺田寅彦ら文筆家としても優れた科学者がいて、科学の世界をのぞかせてくれた。池内了の文章も星空を眺めた人らしく広がりがあり、一般の読者に向けた「語りかけの言葉」をもっている。

科学者にもっとも大切な資質は、専門的な知識ではなく、人間とは何か、世界とは何かを自らに問いつづけることだと本書を読んで思う。私が急速に進歩する生殖医療に違和感をもったのは、この問いの不在を感じたからかも知れない。私はただの「勘」を信じる気になっている。

評・与那原恵（ノンフィクションライター）

いけうち・さとる　44年生まれ。名大大学院教授。著書に『私のエネルギー論』など。

二〇〇一年六月二四日❷

『デッドリミット』

ランキン・デイヴィス 著　白石朗 訳

文春文庫・七九〇円

被告も陪審も追い詰められ

リーガル・サスペンスは、スコット・トゥローなどの文学派から、マルティニなどのプロット派まで百花繚乱（りょうらん）だが、いずれにしても検察側と弁護側の攻防を軸にする。その攻防をたっぷりと描いたあとで、陪審員の評決がどう出るか、固唾（かたず）をのんで見守るというのがリーガル・サスペンスの常套（じょうとう）だ。それは文学派でもプロット派でも変わらない。ところが本書は、陪審員の討議を物語の中心に据えている。検察側と弁護側の攻防は、その討議の材料にすぎない。つまりこれは、陪審員小説である。巻末に詳細な解説を寄せている村上貴史の指摘にあるように、『十二人の評決』という先行作品があるので、ランキン・デイヴィスの独創ではないが、それが異色。陪審員がそれぞれどういう人物なのかは徐々に知らされる。事件の細部も、討議が進むにつれて少しずつ明らかになっていく。最初は何もわからない。冒頭に読者に提示されるのは、被告は圧倒的な不利な状況にあり、陪審員の意見が有罪にまとまるのは時間の問題であるということだけだ。

これだけでも面白いのだが、ランキン・デ

イヴィスはそこにもう一つの趣向を付け加える。首相の兄である法務総裁が誘拐され、その誘拐犯から、事件の真犯人を探し出して被告を無罪にせよと要求が来ることだ。陪審員の評決が下りるまでに真犯人を探し出せ、と言うのだが、問題はその評決がいつ下りるのか誰（だれ）にもわからないことで、デッドリミットはあるものの、それがいつなのかわからないというこの皮肉が最大のミソといっていい。さらに、被告は圧倒的に不利な状況にあるという冒頭の設定がここで活（い）きてくるのもいい。陪審員はすぐにも被告が有罪との意見をまとめるかもしれないのに、その限られた時間内に誘拐犯のアジトを見つけたり、真犯人を探し出すことが可能なのか、というサスペンスが始まっていくのである。読み終えてみると、背景に奥行きがなかったりするのだが、それを気づかせずに読ませるのがこの作者の芸だ。

（原題、Hung Jury）

評・北上次郎（文芸評論家）

Rankin Davis　元法廷弁護士キース・ランキンとトニー・デイヴィスのペンネーム。

二〇〇一年六月二四日③

『フランス小説の扉』

野崎歓 著

白水社・二二〇〇円

恋を縦糸に読む「歓び」語る

翻訳を通じてフランス小説の魅力にとらわれ、その滋味を深々と身体に染み込ませて自らもすぐれた研究者、翻訳家となったひとりの文学青年が、原典の美しさ、すばらしさを理解しつつ、なお先達の翻訳作品のなかに尽きせぬ富を再確認し、真率で熱のこもった謝辞を連ねる一種の文学的自伝をここにものした。名付けて、『フランス小説の扉』。

フランス小説最盛期である十九世紀から、スタンダール、バルザック、ネルヴァル、モーパッサンを選んで「恋」の一語でそれらをつなぎ、氏の専門領域であるネルヴァルを介してプルースト、ブルトンを論じ、そこからソレルス、ヴィアン、ウェルベックへと読者を導いていく三部構成の見晴らしの良さと説得力。

二つの世紀にまたがる芸術を、これほどやわらかい紐（ひも）で結んでくれた事例はかつてなかったし、とりわけ《今なお興奮を味わわせてくれる傑作の数々が、断固「反フランス的」なものとして書かれている》との指摘は、けだし名言と言ってさしつかえないだろう。

その名言を支えているのが、あちこちで輝きを放つ、鋭い批評の数々だ。冒頭に置かれた瑞々（みずみず）しいスタンダール『パルムの僧院』論だけでも、主人公ファブリスは「いわば考えることを免除された存在」であり、独房にいる彼のもとへ飛び込むクレリアの台詞（せりふ）は「可憐（かれん）な恫喝（どうかつ）」であり、スタンダールの主要人物はみな《「聞き役」となる相手を必要としない強い孤独者》である、といった印象的な表現にこと欠かない。

著者の名にふさわしい「歓（よろこ）び」に満ちた行文でつぎつぎに紹介される作品群をたどっていくうち、読者は、年表が添えられているわけでもないのにフランス近代小説の流れを、引用されている小説に即してすっきりと把握し、しかもそれらの作品にいつしか深い愛情を抱きはじめていることに気づかされる。野崎氏の「歓び」はまちがいなく伝染性であり、しかもそれに感染することじたいに、幸福の証（あかし）があるのだ。

評・堀江敏幸（作家）

のざき・かん　59年生まれ。東大大学院助教授。近著に『ジャン・ルノワール越境する映画』。

二〇〇一年六月二四日④

『画家たちの夏』

大矢鞆音 著

講談社・二二〇〇円

よみがえる「戦いは、今」の鮮烈

「美術の秋」と人はいう。だがそれは鑑賞する側の言葉だ。画家たちが秋の展覧会の出品に向け、制作に心血を注ぐのは盛夏である。本書は、五人の画家の「夏の戦場」を描いた力作だ。

　胃がんに伏しながら、死力を振り絞って絶筆「アイヌ」を仕上げた不遇の画家清原斉。三十六歳で射止めた日展審査員の輝かしい地位を捨て、反逆の道を疾走した風雲児中村正義。「生涯最後の絵」を描くため、五十歳で奄美に移り住んだ孤高の画家田中一村。酷寒のシベリア抑留を経て、おおらかな海女の裸像や澄明な水のきらめきを描き続けた若木山（たかし）。

　一見、何の脈絡もない四人の人生を結びつけるのは、父大矢黄鶴を描いた一編である。著者の父は花鳥画家であり、兄も弟も長じて日本画家になった。その著者が愛惜をこめて描き出す夏は、背にびっしり大粒の汗を浮かべて打ち込む父の姿であり、「画家の戦いは、今なのだ」と息を詰めて見つめた幼い日の記憶である。夏はまた大作に挑むため売り絵の収入が途絶え、母が内職、子が質屋通いで日々のたつきを支える季節でもあった。

　こうした原体験と、四十年近い編集者生活で美術出版を手がけた経験が、画家たちの創作を間近から描く手法に臨場感を与えた。父を含め、五人はいずれも敗戦直後に初入選した画家たちだ。画壇の権力になじまなかった点も共通している。著者は序章「それぞれの夏」を加えることで、日本画壇から忘れ去られた同世代の画家たちの戦いを、色鮮やかな六曲一隻屏風（びょうぶ）によみがえらせた。

　日本画は、数少ない岩絵の具から、粒子の違いや加熱によって無数の色調を作る。職人技が重きをなすゆえんだ。本書は、そうした日本画の入門書としても読めるし、数多く挿入された美しい複製画の解題としても楽しめる。だが、日本画から離れ、さまざまな人の身の処し方を描いた本としても味わい深い。

　青春を過ぎ、人生の朱夏をどう迎えるか。暑さに向かうこれからの季節にふさわしい一冊といえる。

評・外岡秀俊（本社編集委員）

おおや・ともね　38年生まれ。ＮＨＫ出版編集顧問、「安野光雅美術館」館長。

二〇〇一年六月二四日⑤

『ぼくらはみんな生きている』

坪倉優介 著

幻冬舎・一四〇〇円

言葉をめぐる根源的なドラマ

　子どもの歌のようなタイトルではなく、「18歳ですべての記憶を失（な）くした青年の手記」というサブタイトルに興味をひかれて、この本を手に取った。

　記憶喪失というと、つい、懐かしのメロドラマ「心の旅路」を連想し、まったく無責任に悲劇系のロマンティック気分をかきたてられてしまう。あれはあくまで映画の世界での話とは思っていたが、この手記を読んで驚いた。「心の旅路」とは違った、思いがけない方向に、ショックも妙味も感動もあったのだ。

　大阪芸術大学に入学したばかりの青年が、交通事故で記憶を失う。この青年の場合は生活の記憶だけでなく、言葉もほとんど失ってしまうのだ。言葉を失うということの意味に、まず圧倒される。食べるということはどういうことかさえわからなくなり、人間も観葉植物も時計も、たんに細長かったり、つるつるしていたり、揺れていたり……というレベルでしか認識できなくなるのだから。人間はいかに深く強く言葉によって支えられている生きものであるのか、ということがよくわかる。

　言葉を獲得して行く話の中で、最も印象に

残ったのは次のくだりだ。「かあさんが、ぼくのまえになにかをおいた。けむりが、もやもやと出てくるのを見て、すぐに中をのぞく。すると光るつぶつぶがいっぱい入っている。きれい」。母親に教えられて、青年はそれを食べる。ある感想を持つ。母親はそれを「おいしい」ということだと教える。「そうなのか、あのぴかぴか光る物のことを『ごはん』というんだ。それに口の中で、こういう風になることを『おいしい』というのか」。「心の旅路」ではなく「奇跡の人」の少女が初めて「水」と叫んだ瞬間を思い出す。

　何しろ、言葉を失った時のことを言葉を使って書くのだから、考えてみれば妙だが、そんな矛盾を気付かせずに、すんなりと読ませる。闘病記というより特異な体験記。言葉と意識をめぐる根源的なドラマとして私は興味深く読んだ。

評・中野翠（コラムニスト）

つぼくら・ゆうすけ　70年生まれ。89年、交通事故で記憶を失う。現在は草木染作家。

二〇〇一年六月二四日⑦

『堕ちた天使　アザゼル』

ボリス・アクーニン 著　沼野恭子 訳
作品社・二四〇〇円

　著者はロシアの高名な日本文学研究者。だが、筆名のアクーニンは「悪人」に由来するというから、なかなかユーモアと遊び心を心得た学者のようだ。そのことは本書の随所に現れている。従来のイメージからすると、旧ソ連の小説は政治的イデオロギーがらみで手に取りにくかったが、本書はそんな印象を払拭（ふっしょく）させてくれる新生ロシアの文芸だ。

　物語は、一八七六年のモスクワを舞台に、富裕な学生の自殺事件の背後に潜む国際級の陰謀を追う新米刑事の活躍を語っている。いわば、歴史ミステリーである。

　ミステリーを創作してベストセラー作家となった学者といえば、イタリアのウンベルト・エーコが有名だが、本書は彼の作品ほどペダンチックでも思索的でもない。純粋に娯楽小説として楽しめる。しかし、そこは学者の筆になる作品、同時代人としての十九世紀の文豪に言及したり、当時の社会情勢や精神が取り込まれていて、読者の知的好奇心もくすぐってくれる。

評・風間賢二（翻訳家）

二〇〇一年六月二四日⑧

『宮尾本　平家物語1　青龍之巻』

宮尾登美子 著
朝日新聞社・二二〇〇円

　華やかであり、にぎやかであった。何が？
――平清盛の青春が。

　白河院の愛した祇園女御（にょご）、その女御の妹と白河院との間に誕生したのが、清盛である。平忠盛が、その幼児をいただいて育てる。

　だから、清盛成長の背景に広がるのは、平安時代末期の宮廷社会であり、貴族文化である。小説の前半は、主役も傍役（わきやく）も女性であり、女性がことに生き生きと描かれる。

　へえ、なんで女性作家が平家物語を書くの？などと思った私が間違いだった。これは、新しい平家物語の創作になるだろう。

　なるほど、平家は、源氏とはぜんぜん違った武家かもしれぬ。平家は、貴族社会が産（う）み出した武家であった。〽平家の公達あわれ、の歌の出てくるゆえんだ。

　平家の出場所はどこか。本書は、保元、平治の乱までを描くが、終わり近くで、崇徳（すとく）院の「日本国の大魔縁となり」という呪文（じゅもん）を記す。その貴族社会の深淵（しんえん）からであろう。

評・秋山駿（文芸評論家）

二〇〇一年六月二四日⑨

『人間の顔をした科学』

高木仁三郎 著
七つ森書館・二二〇〇円

昨年亡くなった高木仁三郎は、最初から反原子力発電の人ではなかった。原子力というものの可能性を信じ、その未来に賭(か)けていた人だった。しかし、そうはいかないと分かったとき、彼は自らへの問いかけを含めて、痛苦を伴った転換を図る。高木の指摘が、原発を推進する人の側からも耳を傾けられるのは、自分の「過去」を隠さないその誠実さに起因する。

この本は最後の講演集だが、実に分かりやすく、いま直面している「科学と人間」の問題を語っている。とくに説得力があるのは、「知れば知るほど、いろいろな問題が見えてくる」と述懐していることである。進歩はまた、未知の領域を広げるのだということで、謙虚な至言だろう。原子力産業は「巨大さゆえにやめられなくなってしまっている」とも高木は語っている。放漫経営の企業に過剰融資をして引き返せなくなった銀行や、不必要な公共事業を続ける政府にも似た構造になっているということだろうか。

評・佐高信(経済評論家)

二〇〇一年六月二四日⑩

『官能の哲学』

松浦寿輝 著
岩波書店・二八〇〇円

『官能の哲学』といいながらも「官能」について直接的に一貫して議論しているわけではない。視覚と身体性について、あるいは修辞学と欲望について、またすでに久しく批判されてきた作品内の限定的解釈の限界についてなど、これまでに書かれた複数のエッセイのアンソロジーとして構成されている。しかし、読み終えてみると、たしかに「官能」ということをめぐって多様な方向から語っていたのだとも思えてくる。

中でも興味深いのは、「電子的レアリスム」についての検討である。電子メディアによる現実感は、スクリーンやフィルムをなくし光線そのものによっており、メディアの存在を希薄なものにし直接的にした。一方、これまでのリアルなイメージは、媒介物の存在に支えられてきた。著者は、その媒介にこそ快楽があったのだという。だが、電子的メディアによる高速度性を享楽することと、どのように共存させるかに思考の揺れを見せている。

評・柏木博(デザイン評論家)

二〇〇一年六月二四日⑪

『カッパドキア』

大村幸弘 文 大村次郷 写真
集英社・一九〇〇円

トルコのアナトリア中部にある岩と谷の奇観の地、カッパドキア。アジアとヨーロッパの接点に位置するこの地方の歴史は、宗教抜きでは語れない。本書は、宗教壁画や風景などの写真に考古学的成果を合わせて、その「祈り」の実像に迫ろうとする。

本書の中心は古代のキリスト教だ。カッパドキアには、キリスト教修道者が凝灰岩の大地を穿(うが)って築いた洞くつ修道院や聖堂が残り、その数は千を超すとされる。なぜこの荒地が選ばれたのか。「黙示録」の終末思想、宗教的弾圧、俗世を離れた修道の適地、などといった観点からその理由が述べられる。また謎(なぞ)を秘めた「地下都市」についても、修道者が共同生活を営む修道院とするなど、新解釈が提示されている。祈りの様子が目に浮かぶようだ。

写真家・大村次郷による紀行「アジアをゆく」の最終配本。弟・幸弘氏の簡潔で要を得た文章との息もあったシリーズ出色の一冊だ。

評・中園聡(鹿児島国際大学助教授)

二〇〇一年六月二十四日⑫

『ムツゴロウの遺言』

三輪節生 著
石風社・一八〇〇円

有明海の養殖ノリ被害以来、注目が集まる諫早湾干拓事業。一九九七年四月、二百九十三枚の巨大な鋼板が次々に落とされ、潮受け堤防の水門が閉じられた。本書はその前年に諫早通信局に配属された新聞記者が、賛否両派だけでなく、あらゆる関係者を精力的に取材した記録である。

公共事業は慈善事業ではないので、費用対効果、すなわち投資額と予想される経済効果の比率が計算される。本書によれば、事業予算が当初の二倍近くまで膨れ上がった九九年時点で、投資を一〇〇として効果はわずかに投資額を上回る一〇一にすぎない。干拓地は農地とされるが、農業の低迷で入植者がいるのか危ぶまれ、しかも消失した干潟の浄水効果と、それに代わる浄水施設の建設費などは計算されていない。

ひび割れた泥の上のカニや魚の屍(しかばね)の向こうに浮かび上がってくるのは、鉄とコンクリートの構築物以上に巨大で無表情な行政の姿勢だ。

評・新妻昭夫(恵泉女学園大学教授)

二〇〇一年七月一日❶

『甦るニコライ二世』

H・カレール=ダンコース 著　谷口侑 訳
藤原書店・三八〇〇円

改革はばむ大国の宿命と苦悩

ロシアは大国として復活するだろうか。その可能性を考えるためには、ロシア革命に先立つ時代を再検討する必要がある。かつてソ連の崩壊を予言した著者が、ニコライ二世の時代を取り上げるのはそのためである。

ニコライ二世は一八九四年、二十六歳で即位した。トクヴィルがアメリカとロシアの台頭を予言してから半世紀、ロシアは著しい発展を遂げつつあった。一八六一年の農奴制の廃止以来、司法制度、徴兵制度、教育制度で大胆な改革が行われ、八〇年以後の経済発展はめざましかった。領土は拡大し、人口も六一年の七千万から九七年には一億二千五百万に急増していた。

ニコライ二世時代には、ウィッテが経済政策を主導した。金本位制度が確立され、貿易が拡大し、鉄道建設が進み、外資が流入して、財政も黒字となった。

しかしこうした成果は農民と労働者にまでは及ばず、伝統的な急進的反政府運動が力を増していた。それは、日露戦争のさなか、革命的騒乱へと発展する。

しかしロシアはもう一度この危機を乗り越える。専制政治を棄(す)てて、ドゥーマ(国会)を設置する。改革をリードしたストルイピンは、一九〇九年、二十年の猶予があれば、ロシアは見違えるようになるだろう、と言っていた。

実際、ニコライ二世の時代は輝かしい時代だった。権力と改革の時代であり、チェーホフやゴーリキやストラヴィンスキーに代表される、精神と文化の「銀の時代」だった。しかしそれと同時に、革命的焦燥の時代でもあった。そして、権力と改革は、ついに革命的焦燥を振り切ることができなかった。一一年、ストルイピンは暗殺され、一四年、ロシアは世界大戦に突入して崩壊への道を歩み始める。一七年、ニコライ二世は退位させられ、その翌年、処刑された。

ニコライ二世がもっと大胆な政治改革を決断できれば、ロシア革命は避けられたかもしれないと著者は考える。しかしそれは極めて難しい課題だった。民族的多様性、巨大な階級格差、国土の広大さ、農民の政治的無関心の中で、しかも知識人は政府に背を向けて急進化する中で、政府はむきだしの権力として政治的近代化を進めなければならなかった。

これらの点で、ほぼ同じ時期に近代化を始めた日本とロシアとは、著しい対照をなしている。また、ニコライ二世は、大津事件、日露戦争と、日本に関係の深い人物である。そうした日露の対比と、相互に及ぼしあった影響を思い起こしつつ、ロシアの将来を考えるとき、興味の尽きない本である。

(原題、Nicolas II)　評・北岡伸一(東京大学教授)

H. Carrère d'Encausse　パリ政治学院卒。歴史学者。著書に『崩壊したソ連帝国』。

二〇〇一年七月一日❷

『病気はなぜ、あるのか』

R・M・ネシー、G・C・ウィリアムズ 著
長谷川寿一ほか 訳
新曜社・四二〇〇円

進化論的に探る虫垂炎の由来

本書（原著一九九四年）は「進化医学（ダーウィン医学）」という新しい分野を提唱し確立するために書かれた。従来の医学とのちがいは、病気が「どのようにして」起こるか（至近要因）ではなく、病気は「なぜ」あるのか（究極要因）を研究するという点にある。

盲腸とその先端の虫垂は、祖先の哺乳（ほにゅう）類では重要な消化器官だったが、人間では退化器官である。従来の医学は、虫垂炎の原因が細菌感染であること（至近要因）を突きとめ、適切な治療法を確立してきた。一方、進化医学は、虫垂炎の究極要因を検討する。炎症がおこると虫垂への血流が増加する。細菌感染に対する生体の防御反応である。だが虫垂が小さいほど、炎症で腫（は）れると血流がはばまれ、炎症の悪化で虫垂が破裂する可能性が高い。したがって自然淘汰（とうた）は、虫垂のこれ以上の退化を阻止すると予想される。過去の遺産である虫垂と虫垂炎は、将来もなくならないということだ。

他の例も一部だけ列挙してみよう。発熱は免疫機能を高めるための、嘔吐（おうと）は毒物を排出するための防御反応として進化してきたと考えられる。痛風は血液中の尿酸の結晶化が原因だが、尿酸は強い抗酸化作用があり、老化防止と人間の長い寿命に関係して尿酸濃度は増加してきたらしい。くしゃみで感染する風邪などの病原菌は、人間が通常通りに行動してくれたほうが感染率は高いので、その毒性を弱める方向に自然淘汰は作用するだろう。肥満を心配しつつも高カロリーの食べものに手が出てしまうのは、サバンナで飢餓の不安におびえながら暮らしていたころの名残だと考えられる。

このような進化医学による説明は、著者らが繰り返し強調するように、病気の診断や治療には役立たない。しかし、病気に対する深い理解を、医者だけでなく患者予備軍である私たちにも提供してくれる。病気をむやみに恐れたり、ただ医者まかせにしたりするのではなく、病気に前向きにむかいあう知恵と勇気を私たちはもちたい。

（原題、Why We Get Sick）

評・新妻昭夫（恵泉女学園大学教授）

R. M. Nesse　ミシガン大の精神科医。
G. C. Williams　進化生物学の指導的学者。

二〇〇一年七月一日❸

『爆破　モンキーレンチギャング』

エドワード・アビー 著　片岡夏実 訳
築地書館・二四〇〇円

痛快！環境テロリストの冒険

一九九九年、シアトルでのＷＴＯ（世界貿易機関）閣僚会議は、反グローバル資本主義を唱えるＮＧＯなどの大規模なデモによって流会に追い込まれるハメになった。この時、デモ参加者たちの間で行動マニュアルとして広く読まれていた、といわれるのが本書である。

しかもそれが、開発の進むコロラドの荒野を舞台に、四人組環境テロリスト《モンキーレンチ・ギャング》が巨大ダム爆破をもくろむ物語と聞けば、さぞや頭の固い狂信的エコロジスト作家による独善的かつ単細胞なカルト小説……と、普通はそう思ってしまう。やれやれ「地球のためなら人類皆殺し」かよ、と。

そんな先入観は、読み始めたとたんに爆破される。

ちょっと頭のイカレた爆破マニアのベトナム帰還兵、ニューエイジかぶれのユダヤ系美人フェミニスト、理論と資金担当の腕利き中年外科医、地元の観光ガイドでもある敬虔（けいけん）なモルモン教徒。これが《ギャング》のメンバーだ。そんなミスマッチな四人組が、怪しげな議論や差別的な罵（ののし）り合いを

繰り返しながらも、奇妙な同志愛で結ばれ、冒険的ゲリラ活動にのめり込んでいく痛快ドタバタ・コメディー——それこそが本書の実態だ。しかも実在の事件だというから驚き。

「身体的な暴力は行使しない」というたったひとつのルール以外、彼らには組織論もイデオロギーもない。「地球にやさしく」などという偽善的かつ傲慢（ごうまん）なエセ環境主義は、彼らにとって最も唾棄（だき）すべき存在だ。少しでも教条主義的なことを言おうものなら、たちまち「同志」から嘲笑（ちょうしょう）される始末。

じゃあ彼らの行動原理とは何か？　この物語のどこが行動マニュアルなのか？

そう、原理もマニュアルも持たないことこそが彼らの最大の強みであり、権力にとって最悪の脅威なのだ。おそらく本書はそんな「逆説のマニュアル」として四半世紀もの間、支持され続けてきた。いや、それ以上に、この無類の面白さをこそ支持したい。

（原題、The Monkey Wrench Gang）

評・山崎浩一（コラムニスト）

Edward Abbey　1927年～89年。ネイチャーライター。他の邦訳に『砂の楽園』など。

二〇〇一年七月一日④

『私の一世紀』

ギュンター・グラス 著　林睦實、岩淵達治 訳

早稲田大学出版部・四八〇〇円

一年一話、二十世紀の百物語

「私の一世紀」というタイトルから、読者は政治にコミットし、発言し続けるグラスの二十世紀論だと思うかもしれない。ところが本書は短編集である。

一九〇〇年から一九九九年まで一年毎（ごと）に、その年に関係のある事件や事象を背景にした百の短編を綴（つづ）る。一九〇〇年なら、その年に中国で起きた義和団事件を征圧するために北京へ向かった志願兵の「私」が、義和団員の処刑を眺めた話。一九〇六年なら、ドイツ海軍初のUボートの進水式に中尉として参加した「私」の、四十年後の回想。といった構成で、一話ずつさまざまな「私」を登場させ、二十世紀全体を見つめ直す。

はじめはとっつきにくい。日本人にはなじみの薄い事件や風俗も扱われている上に、大半の短編は、その年を何十年後かに回顧するスタイルを採っているからだ。ある年を登場人物「私」に証言させるだけではなく、その人物がその後、どう行動したか、記憶の中で事件は変質したのかまで描こうとする。

愛国者もいる。社会主義者もいる。政治に無関心な者もいる。ナチス時代を懐かしむ者も。息子たちを戦争で殺された母親も。ユダヤ人虐殺を報道できなかった記者も。戦後、過激派に賛同しながらテロを許せなかった者も。ベルリンの壁を越えてきた少年に恋した少女も。そして愛国少年だったグラス自身も。

読むうちに、かつて日本にあった怪談会、百物語を思い起こした。ロウソクを点（とも）した部屋に人は集い、一人ずつ怪談を語ってはロウソク一本を消す。本編もまた怪談集なのでは。戦争、アウシュビッツ、核戦争の記憶さえ変質し定かでない、より複雑でグロテスクな。

百物語はロウソクすべてが消え、闇（やみ）で終わる。グラスもまた百話目に幽霊を登場させる。亡き母を蘇（よみがえ）らせ、こう語らせる。「二〇〇〇年がやってくるのも楽しみだわ。……また戦争にさえならなきゃね……すぐそこの下でも世界中どこでも争いはいやね……」。残るのは闇ではなく希望だ。

（原題、Mein Jahrhundert）

評・松山巖（評論家）

Gunter Grass　27年生まれ。著書に『ブリキの太鼓』など。

二〇〇一年七月一日⑤

『政治家やめます。ある自民党代議士の十年間』

小林照幸 著
毎日新聞社・一七〇〇円

二世議員はなぜ引退したのか

「親父（おやじ）が自分に、長男に地盤を譲ったのは間違いでした。私には代議士としての素養はありませんでした」。一九九九年、支持者の前で久野統一郎は次期総選挙に出馬しないと宣言した。父親に騙（だま）されるようにして竹下首相の前に連れ出され、その場の雰囲気から後継者となることを約束して十二年、衆議院議員を三期十年を務めた後の突然の宣言である。

本書は「普通の人」を自認する代議士の目を通じて見た政治家の日常を淡々と描いている。政治家の役割とは何か、資質とは何かが根底にある問いである。

久野をなによりも驚かせたのは、先輩政治家たちの気配りであった。そして彼もまた学習していく。有権者には笑顔を、支持者には海外視察ごとのお土産を、同僚議員には関心ない分野であっても支持を。ねらいはもちろん再選である。

なぜ久野は政治家をやめたのか。国会と選挙区をかけずり回る生活になじめなかった以外に、二つの原因があったようだ。一つは中央での自民党と公明党との連立に嫌気がさしたことである。地元では反公明色を打ち出し、選挙対策として「神も仏もない」と自嘲（じちょう）しながらも創価学会以外のすべての宗教に入信した久野にとって、対応のしようのない出来事であった。

いま一つは地元の地方選挙でどの候補者を支援するかという問題であった。自民党が公認候補と推薦候補の二人を立てた場合、悩みはまだ浅い。やっかいなのは、その上に、父親の代から支援してくれた勢力の推す候補が立つ時であった。キャリアを積めば「貸し」も増えるが「借り」も増える。しかし、二世議員の場合は先代の「借り」をも返さなければならないからである。

二世議員への批判は強いが、安定した選挙基盤のおかげで、長期的に政策を考える余裕を少しはもてる。これは二世議員の効用である。しかし、同時に先代の資産だけでなく、負債をも引き継がなければならない。彼が自由に動ける余地は少ないのである。

評・真渕勝（京都大学教授）

こばやし・てるゆき　68年生まれ。ノンフィクション作家。『朱鷺の遺言』で大宅賞。

二〇〇一年七月一日⑥

『二十世紀を生きた人びと』

安田徳太郎 著
青土社・四八〇〇円

運動の中で貫いた医者の面目

安田徳太郎は、フックスの『風俗の歴史』の翻訳者として知られている。だが彼は、治安維持法の改悪に反対して暗殺された山本宣治（通称・山宣）のいとこであり、ともに産児制限運動を闘った同志でもあった。安田の本領は内科医であり、彼は医療を介して左翼運動家と結びついた。本書には、社会運動家でもあった安田が生前に執筆した評論など三十九編が収められている。

山宣と安田が産児制限運動に参加したのは、一九二二年に来日したアメリカの運動家マーガレット・サンガーに誘われたのがきっかけだった。この運動は関西では労働者を中心に展開されたため、安田は多くの労働運動家や活動家と接触する。そのあたりの事情は、本書所収の「共産党の指導者たち」にくわしい。

十数年後、国民優生法が成立する。戦後、これを継承したのが優生保護法であり、遺伝性疾患の素質を持つ者に対する不妊手術が定められた。この国民優生法の成立前、安田は論文「断種法への批判」を執筆。台頭しつつあった「大和民族の純潔強化の運動」を批判して、断種を法制化しようとする政府の動きに反対した。

しかし、それは孤立無援の闘いだった。当時は左翼も進歩的知識人もナチスの断種法の影響を受けており、社会改善・発展のために、劣性とされる悪質の遺伝病者の断種を実施することに賛成していたのである。こうした状況下での彼の優生主義批判はまさに先駆的なものであり、今日の医療や人権問題を考えるうえで学ぶべきところが大いにある。

安田の左翼運動における位置は「日和見主義の臆病（おくびょう）もの」とされたが、それは誰（だれ）もがなれるわけではない困難な位置であった。安田は医者としての本領から社会運動にかかわったものの、常に自らを律し、自由に裏打ちされた意志を保持していた。本書には過酷な弾圧下、志操高く活動を続けた左翼運動家たちの姿が生き生きと描かれており、時代の貴重な証言にもなっている。

評・川村邦光（大阪大学教授）

やすだ・とくたろう　1898～1983年。医師、社会運動家。著書に『人間の歴史』ほか。

二〇〇一年七月一日⑦

『真夜中に海がやってきた』

S・エリクソン 著　越川芳明 訳

筑摩書房・二三〇〇円

過去に起きた事件からまったく新しい歴史を編む黙示録学者、自分が製作した殺人映画のフィルムを回収し廃棄していく女性プロデューサー、性欲ならぬ記憶を売るメモリー・ガールが織りなす不可思議な物語である。舞台もロサンジェルス、東京、パリ、ロンドンなどを自在に往復し、時間も過去と現在と未来を行き来して、混沌（こんとん）とした生と性のありかを探索する。

喚起力に富むイメージはリアルでありながら、どことなく夢のような眩惑（げんわく）感をもち、夢がそうであるように、読む者の無意識を刺激してやまない。不安感を激しくかきたてると同時に、目前に展開する極彩色のイメージに心から歓（よろこ）び、陶酔もする。

この二律背反の感情を生む物語のうねり、それを統御するミステリー作家ばりの卓越したストーリーテリング、そして巧緻（こうち）極まりないプロット。『黒い時計の旅』『Xのアーチ』など幻視能力にたけた現代アメリカ文学の魔術師エリクソンが描くノワールだ。

評・池上冬樹（文芸評論家）

二〇〇一年七月一日⑧

『歴史という名の書物』

山内昌之 著

新潮社・一七〇〇円

「歴史には不条理がつきまとう」と言われれば、なるほどその通りで身も蓋（ふた）もない。「歴史とは脱領域なのだ」も同様である。だが書評で綴（つづ）る史論というべき本書には、その身と蓋を語って見せるたくみな芸があり、全部で七十六編の短文が、磁石の上の鉄粉のようにきれいに整列している。

筆者はイスラム史の専門家だから原理主義だけがイスラム文化ではないことを説くが、それ以上に本書の面白さは、書評の形式でも世界情勢が語れるという妙味にある。

外交青書から捕物帳まで、歴史小説から生態系まで、エスタブリッシュメントから体制批判までにわたる視野の広さは、たとえばクラスノヤルスク合意と田中真紀子バッシング、コーラン焼却事件といった現代日本のアクチュアルな出来事の背後にある歴史を絶好の遠近感で見せてくれる。各篇（へん）は国際感覚を測量するためにはまたとない「工具」になっていて、何よりも書かれている本が読みたくなることが身上なのである。

評・野口武彦（文芸評論家）

二〇〇一年七月一日⑨
『眼のない自画像　画家幸徳幸衛の生涯』
木村林吉 著
三好企画・一八〇〇円

あの「大逆事件」で知られる幸徳秋水の甥（おい）として、生涯叔父の影から逃れることのできなかった洋画家、幸徳幸衛の生涯を描く評伝である。

幸衛は秋水こと伝次郎の兄の息子で、父亡きあと叔父に引き取られ、明治三十八年、十五歳の折、連れだってアメリカへ渡った。翌年、秋水が帰国し、右の事件で処刑されてのちも、幸衛は絵画を学ぶため、ひとり異郷に留（とど）まる。

各地の展覧会で入選を果たし、妻子を置いてフランスに移ってからもサロン・ドートンヌなどでその力量を認められながら、四半世紀におよぶ海外生活を終えて日本に戻った幸衛には、しかしどこまでも「秋水の甥」というレッテルがついてまわった。周囲の偏見を完全に振り払うことができぬまま、彼は道半ばにして、四十三歳で没している。

著者は幸衛の従弟（いとこ）にあたる。自立した画家としての幸衛の再評価をうながす本書の記述は、身びいきにならず、控えめだ。引用された幸衛の妻の手紙も忘れがたい。

評・堀江敏幸（作家）

二〇〇一年七月一日⑪
『手紙魔まみ、夏の引越し（ウサギ連れ）』
穂村弘 著
小学館・一六〇〇円

現代短歌のニューウエーブの旗手穂村弘の九年振（ぶ）りの書きおろし歌集である。全体が、「まみ」という「女の子」からの手紙をもとに再構成された、一種のリミックスの仕掛けになっている。歌は甘美でみずみずしい。九〇年に『シンジケート』で鮮烈にデビューした作者は、加齢と成熟、そして現在の閉塞（へいそく）した状況の打開という問題を、他者の声に重ねてうたうことで独創的に解いて見せた。

明け方に雪そっくりな虫が降り誰にも区別がつかないのです

アイ・ラヴ・エジソン、アイ・ラヴ・エジソン、川沿いの径（みち）を小さな水車抱えて

大切なことをひとりで為し遂げにゆくときのための名前があるの

しかし、軽快な口語文体とは裏腹に、「雪そっくりな虫」を見つめる作者の心は、意外に重く沈んでいるのではないだろうか。詩歌人として、「大切なことをひとりで為し遂げにゆくとき」が、近づいているのではないか。

評・水原紫苑（歌人）

二〇〇一年七月一日⑫
『潜入　在日中国人の犯罪』
富坂聰 著
文芸春秋・一四二九円

北京大学への留学経験を持つ著者ならではのリポートだ。具体的で臨場感がある。

非合法な「潜入」が高収益ビジネスとなっている。船での密航は今は昔、手口は残留孤児を騙（かた）った戸籍詐欺、偽装結婚、旅券の偽・変造など正面から堂々入るものへと巧妙化している。ハナから犯罪目的で密入国を重ねる者も。こうして、中国人社会内に限定されていた犯罪が日本人を標的とするようになった。

ボーダーレス化に伴う普遍的な難問だ。外国人が増加すれば潜在的犯罪者も増えることは、歴史が教える。入国・在住者管理体制の不備、弱い警察力、甘すぎる罰則など、国際標準に比べて不十分な秩序維持体制は放置すべきでない、と著者は言う。うなずける指摘だ。

「ゼロ成長でいいんです。外国から来る密航者たちが『魅力の無い国だ』って思うくらいでちょうどいい」

入国管理局幹部の自嘲（じちょう）的な言葉が、われわれに選択を迫るようで印象に残った。

評・葛西敬之（JR東海社長）

二〇〇一年七月八日❶

『消えゆく言語たち』

ダニエル・ネトル、スザンヌ・ロメイン 著
島村宣男 訳
新曜社・三二〇〇円

危機に瀕することばと「世界」

昔、田中克彦さんの『ことばと国家』（岩波新書）を読んで、脳天をどやしつけられるような衝撃を受けた。

私たちは当然のように、日本語を「国語」「母国語」と呼び、英語やドイツ語を「外国語」と呼ぶ。だが、田中さんに言わせると、これは、日本国という行政圏と日本語の使用圏域とがたまたま一致しているところから、いや、一致していると思いこんだところから生じた思いちがいなのである。

「思いこみ」と言ったのは、日本国にはアイヌ語や琉球語を話す人たちもいることを無視しているからだ。同様に、英語も英国の国語ではないし、ドイツ語もドイツ連邦共和国の国語ではない。英語はアメリカ、カナダ、オーストラリア、ニュージーランドでも使われているし、ドイツ語も、オーストリア、スイス、ベルギーでも使われているからだ。母の話していた言葉、mother（マザー）tongue（タング）も「母語」であって「母国語」ではない。

それなのに、〈ことば〉をすぐ〈国家〉に結びつけ、「国語」「外国語」と安易に呼ぶのは、誤った思いこみにもとづく思いちがいだと、田中さんは教える。この種のことばを不用意に使っていた私は、深く反省させられた。

視点は違うが、本書も、言語について私たちに痛烈な反省を迫る本である。

数え方は難しいが、世界には五千から六千七百くらいの言語があると推定されている。そのうち、一位中国語、二位英語、三位スペイン語……と、話者人口の上位十五位（日本語は八位）までの大言語で、世界総人口五十九億人の半分をカヴァーしている。残りの大部分には、それぞれ一万人以下の話者しかいない。

なかでも、五十人から三百人くらいの話者しかいない小言語が、ニューギニアになんと約一千、アフリカに約二千密集している。これらの地帯は、植物や動物の種が高い密度で分布しているところでもある。生物の多様性と言語の多様性は密接に連動しているらしい。著者たちは「生物—言語多様性」という術語を使うのだが、この多様性が開発の進行と共に急激に失われつつあるのだ。

いや、ここに限らない。オーストラリアで、南北アメリカ大陸で、東南アジアで、つまり世界中で同じことが起こっている。日本でもウィルタ語はすでに失われ、アイヌ語も死滅に瀕（ひん）している。一方には、経済的要求から単一言語を目指すグローバリズムがある。そうしたなかで、多様な言語を保全しなければならない理由とそのための方策を、この本は熱っぽく訴える。ことばを失うことは世界を失うことだ、と。（原題、Vanishing Voices）

評・木田元（哲学者）

Daniel Nettle　文化人類学者。
Suzanne Romaine　社会言語学者。

二〇〇一年七月八日❷

『懐かしい未来　甦る明治・大正・昭和の未来小説』

長山靖生 編著
中央公論新社・一八〇〇円

近代の期待と不安「ねじねじ」に

本書は明治から戦中の昭和にかけて発表された「未来小説」のアンソロジーである。どれも編著者の長山靖生氏のセンスと博識がキラリと光った作品で、章ごとの解説も読みごたえがある。小説の作者は幸田露伴、押川春浪、海野十三、夢野久作ら、よく知られた作家もいるが、私は本書で初めて知った作家も多かった。

どの作品にも「未来の可能性に対する強い意志」がある。月世界への旅、人々が平等に暮らす理想社会、死の恐怖さえない進歩する医学、人間の代わりに働くロボット、画期的な発明などなど。

ところで長山氏によれば、近代まで日本にかぎらず世界には今日的な意味での「未来」はなかったという。近代以前の人類は進歩や向上をあまり信じておらず、理想とは聖人君子がいた「古（いにし）えの昔」にあったのだった。ところがダーウィンの進化論が登場するや、人間は競争を通じて進化し、社会もまた進化するという考えが浸透する。さらに科学技術の進歩が人間の欲望を肯定していく。

こうした思想が輸入された日本でも明治維新以降「理想は過去にではなく未来にある」と考えられるようになった。

このような背景で多くの「未来小説」が生まれたのだが、とはいえ、作家たちはそのような未来をただバラ色とも思っておらず、本書の作品にも技術の進歩への懐疑、開発されたトンデモ兵器の先にあるもの、人間性の喪失など近代日本の不安が色濃く出ている。そこに彼らが生きた「現在」がうつしだされており、それを読みとるのが本書の醍醐味（だいごみ）だ。

長山氏の著作に人々の欲望が「歴史」をつくってしまうという妄想の系譜をとらえた傑作『偽史冒険世界』があるが、過去も未来も結局は「今」の人間が語っているにすぎないという点など昨今の歴史教科書論争と重ねあわせても興味深い。

本書に収録された作品はどれも面白い。それにしても、あの文豪・幸田露伴に「ねじねじは宇宙の大法なり」というセリフが登場する小説があったとは驚きであった。

評・与那原恵（ノンフィクションライター）

ながやま・やすお 62年生まれ。評論家。著書に『人はなぜ歴史を偽造するのか』など。

二〇〇一年七月八日③

『日本文学盛衰史』

高橋源一郎 著
講談社・二五〇〇円

伝言ダイヤルにハマる啄木!?

高橋源一郎の小説にはいつもたくさんの固有名詞が登場する。サザエさんとかランディ・バースとかブッチ・キャシディとか。ところが、ここで気を許して、よし野球の話だなとか「明日に向って撃て！」だなと思って読みだすと、途中で必ず裏切られる。固有名詞の上に安住する者は帰ってよし！ 引導をわたされた私たちは、自分の脳がいかに「意味」に侵されているかを思い知らされ、悔しまぎれに叫ぶのである。高橋さん、あなたの小説はむずかしすぎるよぉ！

『日本文学盛衰史』はそんな（ってどんな？）高橋源一郎が放つ久々の長編小説である。素材は明治文学史。したがって固有名詞も絢爛（けんらん）豪華だ。二葉亭四迷、石川啄木、夏目漱石、森鴎外、田山花袋、島崎藤村、樋口一葉、他大勢。文学史上に燦然（さんぜん）と輝くこういった面々が、九〇年代的サブカルチャーと相互乗り入れし、過去とも現代ともつかぬ、いかれた世界が出現する。〈「啄木は渋谷でブルセラショップの店長をやっているそうだ」／金田一京助がこのショッキングなニュースを山本太市郎から聞いたのは明治四十三年の夏のことであった〉。やったあ。こんどはむずかしくないぞ。

まさかこれを高尚な明治文学を汚すけしからん小説と受け取る人はいないだろう（いや、いるか）。とはいえ、挑発にみちたこの悪ノリを楽しめるかどうか、伝言ダイヤルにハマる石川啄木や「蒲団（ふとん）・女子大生の生本番」ってなアダルトビデオを撮る田山花袋に哄笑（こうしょう）できるかどうかは人によるかもしれない。一番楽しんだのは作者で、二番目が作者の周辺の人々、三番目が読者、かな。

硬直化した文学史をぶっとばすために対置されたであろう九〇年代風俗のほうがむしろ懐かしく見える皮肉。近代文学の生成の現場を小説家らしい手法で描いた本書は、同時に読者を『日本文学盛衰史』という現代文学の生成の現場に立ち会わせる。文学史小説というふれこみである。が、ちょっぴり苦い私小説を読んだような気が私はした。

評・斎藤美奈子（文芸評論家）

たかはし・げんいちろう 51年生まれ。作家。著書に『あ・だ・る・と』など。

二〇〇一年七月八日❹

『信長燃ゆ　上・下』

安部龍太郎 著

日本経済新聞社・各一六〇〇円

相克する天才二人、そして恋

安部龍太郎のデビュー作『血の日本史』の文庫版解説で縄田一男が書いている「伝説」はなかなか興味深い。安部龍太郎が「週刊新潮」に『血の日本史』を連載しているとき、病床でそれを一読するなり「この作家に会わせろ」と隆慶一郎が言ったというのである。二人の対面は隆慶一郎の死によって実現しなかったが、そこから「隆慶一郎が最後に会いたがった男」という伝説が生まれたという。

古代から明治維新までの日本史を四十六の短編で描く『血の日本史』も度肝を抜くデビュー作だったが、やはりこの作家の真価はその六年後に刊行された大作『関ケ原連判状』にあると言っていい。古今集における秘伝「古今伝授」を切り札に朝廷から和議の勅命を引き出すことを画策する細川幽斎を登場させて、家康と三成の天下分け目の戦いに第三極を持ち込むプロットは実に新鮮だった。

本書『信長燃ゆ』も、いかにも安部龍太郎らしい長編といっていい。安土城の本丸御殿が内裏の清涼殿とそっくりの造りでありながら東西の配置が逆になっていたという近年の研究があるようだが、そこから著者は、信長の住んでいた天主が西側にあった事実を引き、朝廷を乗り越えようとしていた信長の意志がそこにあると結論する。『信長燃ゆ』はそこから始まっていく。すなわち、武家による一元的な国家支配をめざす信長と、朝廷の存続を画策する五摂家筆頭の近衛前久の対立だ。この二人の関係は、微妙で複雑な共感と理解がその間に横たわっていて、けっして単純な対立ではないというのがミソ。つまりある種の天才同士の共感と対立といっていい。この相克が丁寧にダイナミックに活写される。

もう一つは、勧修寺晴子と信長の恋だ。朝廷の使者になって会いに行く晴子と信長の対面シーンが白眉（はくび）。二人の感情が交錯する場面の美しさを見られたい。こういう感情の噴出を描くのが、この作家はうまい。つまりこれは、骨太の歴史小説であると同時に、細やかな恋愛小説でもあるのだ。

評・北上次郎（文芸評論家）

あべ・りゅうたろう　55年生まれ。作家。作品に『彷徨える帝』ほか。

二〇〇一年七月八日❺

『大いなる西部劇』

逢坂剛、川本三郎 著

新書館・二三〇〇円

トリビアルな記憶の早射ち競争

映画の本には対談形式がよく似合う。いい本が何冊もある。蓮実重彦・武満徹『シネマの快楽』とか、山田宏一・和田誠『たかが映画じゃないか』とか。

本書では、五十代後半の作家と評論家が、少年時代から打ちこんできた西部劇の魅力を、ことこまかに語り合う。一九五〇年代に頂点をむかえ、いまはもう完全に廃れたジャンルであるだけに、おもわず想起に力がこもる。いずれ自分たちが消えてなくなれば、西部劇について語る人間など、どこにもいなくなってしまうかもしれないのだから。

では西部劇ならなんでもOKなのかといえば、さにあらず。たとえば二人ともジョン・ウェインが大きらい。『駅馬車』もいやだし『黄色いリボン』もだめ。「ああ、やっぱり逢坂さんもそうか。嬉（うれ）しいなあ（握手する）。私、実は長い間孤独だったんですよ」

「とくにインディアンが出てくるやつはだめなんです」と逢坂。「それに騎兵隊ものは、原則として嫌い」「私もそうなんです。騎兵隊ものは西部劇じゃなくて、軍隊ものですよね。ああ、よかった。少数派ではなかったんだ」

西部劇のかなめは組織や集団ではなく、孤独な個人のたたかいなのだ。その代表として南北戦争の敗残兵がしばしば登場してくる。川本によれば、『シェーン』のアラン・ラッドも、『ヴェラクルス』のゲーリー・クーパーも、『ゴーストタウンの決闘』のリチャード・ウィドマークも、みんなそうだったらしい。あのジョン・ウェインでさえ、『捜索者』で暗鬱(あんうつ)な「南軍くずれ」に扮(ふん)したときは例外的によかったではないか。

だから西部劇の華は一対一の決闘シーン。そういえば対談だって一対一の決闘の一種だろう。トリビアルな記憶の早射(う)ち競争。でも時折、「ああ、題名が出てこないなあ」と泣きがはいる。その嘆きに味がある。ペキンパーの『ワイルドバンチ』で、年をとって馬に乗りそこなうウィリアム・ホールデンみたい。

評・津野海太郎(編集者・和光大学教授)

おうさか・ごう 43年生まれ。作家。

かわもと・さぶろう 44年生まれ。評論家。

二〇〇一年七月八日⑥

『郵便局民営化計画』

原田淳 著

東洋経済新報社・一六〇〇円

環境変化分析して〝必然〟導く

郵政事業改革については、二〇〇三年度から公社化することが既に決まっているが、改革を旗印とする小泉内閣になって、その後も展望した抜本的な見直しの議論が始まることになった。

しかし、郵政三事業見直しの議論は、これまで余りに政治的に扱われすぎたために、問題の所在があやふやになっているきらいがある。例えば、国営維持か民営化かといった経営形態は、手段であって、最終的な目的ではあり得ない。ところが、手段と目的を取り違え、その点に議論が集中することも少なくなかった。

本書は、そうした従来の議論とは一線を画して、「消費者や納税者の利益」のために民営化(株式会社化)という抜本的改革が必要であると論じる。著者は、経団連系のシンクタンクである21世紀政策研究所の少壮の研究員である。

見直しの目的は、郵便局のネットワークを維持・発展させて、それが広く活用されていくようにするとともに、将来的に国民負担(税金投入による損失補填(ほてん)など)が生じないようにすることである。この観点から、本書は郵便、郵便貯金、簡易保険の三事業の現状を分析し、いま起きている環境変化の下では、現行システムの維持が困難になりつつあることを明らかにしている。

郵便事業を例にとると、独占となっている信書等(など)の分野では、インターネット利用の急拡大により需要の鈍化が見込まれる。一方、成長が期待される小口配送の分野では、民間業者との競争激化で郵便局のシェアは低下を続けている。この結果、現在、黒字化している都市部での事業基盤が揺らげば、全国ネットワークを独立採算制で維持するという現行システムは行き詰まってしまうという。

打開策は、三事業をそれぞれ株式会社化し事業分割することにより、経営の自由度を高め収益源の多様化を進めることだというのが、本書の結論である。

海外の郵政事業改革の動きも紹介されており、改革のあるべき姿を探るためには大いに参考になろう。

評・池尾和人(慶応大学教授)

はらだ・じゅん 59年生まれ。21世紀政策研究所主任研究員。

二〇〇一年七月八日⑦

『北朝鮮を知りすぎた医者』

N・フォラツェン 著　瀬木碧 訳

草思社・一八〇〇円

朝鮮民主主義人民共和国（北朝鮮）の平壌には国際援助組織のスタッフ約九十人が常駐している。その中の一人のドイツ人医師が書いた貴重な手記である。彼は、やけど患者に自らの皮膚を提供したことから「友好メダル」を授与され、これを印籠（いんろう）代わりに「謎（なぞ）の国」の現実の中に分け入っていく。

錆（さ）びたメスで行う麻酔なしの手術、薬もせっけんもなく点滴にビール瓶を使う地方病院の実態が淡々と描かれる。患者の六割は栄養失調の子供だという。写真の子供たちの虚（うつ）ろな眼（め）は、すべての希望を拒んでいるかのようだ。

支援のためには門戸を開放すべきだとの信念の下、著者は米国の記者団を平壌市内に案内し、国外退去命令を受ける。その行動は性急で、周囲の状況が輪郭を整えないままに飛び去っていくような奇妙な読後感を残す。「この国でいちばん問題なのは、だれも未来を信じていないことだ」との洞察はストンと腑（ふ）に落ちた。

評・鈴木典幸（財団法人ラヂオプレス理事）

二〇〇一年七月八日⑧

『鶴見良行著作集11 フィールドノート1』

鶴見良行 著

みすず書房・六六〇〇円

気ままな旅が、わたしたちの発想を育てるんだよ。鶴見良行の口癖だったという。まだある。聞くと見るとは大違い。頬（ほお）を緩めていったという。

その人の著作集（全12巻）の刊行が続けられている。この巻は五つの旅の記録である。時期は82年から86年まで、東南アジアの島嶼（とうしょ）が舞台である。1章ミンダナオの旅から3章のサバ、スラウェシ、テルナテの旅までの記録は、初公開される日々のノートだ。

――83年7月29日。コタキナバル。クーラーがうるさくて、あまりよく眠れず、6時半起床。魚市場へ。多くの主婦がビニール袋を持って買物に来ている。鮮度に対する感覚もあるわけだ――。

著者は、バナナやナマコといった食材の交流を通し、一国だけで歴史や文化を考えることの危うさを描き切った。そこの目線が、呼吸が伝わってくる。豊富な著者による写真と、編者の注がうれしい。ページが先に進まないのだ。これまた気ままな読書であり、旅でもある。

評・中川六平（編集者）

二〇〇一年七月八日⑨

『「日本」を考える』

内田義彦 著

藤原書店・三二〇〇円

ユートピアの条件、それは「愚かさ」である。聖なるものは、世俗の知恵をはなれた無垢（むく）なこころに宿る――冒頭におさめられた『夕鶴』論は近代の内なるユートピア指向を語って斬新（ざんしん）かつ深遠だ。

この深みを、現代の日本は忘れている。社会の存立には超越的なものが不可欠であり「愛」と「信」はみえない要件なのだ。ところが知恵に汚れたわたしたちは、その「愚かさ」を忘れてしまう。天に飛び去る白いつうの姿は、哀切に、その忘失の痛みを照らしだす。

スミスにルソーを重ねつつ、モノや知識では満たされない高みを、半世紀も前からたずね続けてきたこの思想史家の、稀有（けう）な深さとしなやかさ。その言葉は、時に邪気に富んで愉快に弾む。河上肇を指して「真剣な幼児の精神」と言うが、これは内田義彦そのひとの精神でもあろう。

モダン、ポストモダン、IT革命と、騒がしく行き過ぎる現代日本の流行をよそに、はるかな英知が胸にしみる。

評・山田登世子（仏文学者）

二〇〇一年七月八日⑩

『野十郎の炎』

多田茂治 著

葦書房・一八〇〇円

昭和三十五年の秋、千葉の農村の小さな駅に、長身白髪の品のいい老人が降り立ち、いあわせた農家の女性に、「私は絵描（か）きで、ここらあたりにアトリエを造りたいのだが、適当な土地はございませんでしょうか」と尋ねた。やがて絵描きは高台の畑地に小屋を造り井戸を掘り、そこをパラダイスと呼んだ……。

画家の高島野十郎は、明治二十三年、久留米の素封家の五男に生まれ、帝大水産学科を首席で卒業しながら、恩賜の銀時計を辞退して画家になろうと決意する。終生、師にもつかず画壇とも交わらずに独自の道を歩み、細密にして不思議な静けさをたたえた風景や静物を描きつづけた。

昭和五十年の秋、土地の人々に敬愛された野十郎は、無名のままひっそりと八十五歳の生涯を終えた。著者はこの同郷の画家の足跡を丹念にたどり、死後の栄光を寿（ことほ）ぐ。故郷の古寺に立つ石碑に刻まれた画家の言葉。「足音を立てず／轍跡を残さず／空気を動かさず／寺門を出る……」

評・鶴ヶ谷真一（エッセイスト）

二〇〇一年七月八日⑪

『不思議宇宙のトムキンス』

G・ガモフ、R・スタナード 著　青木薫 訳

白揚社・一九〇〇円

子供のころ心震わせた本が今も書店に並んでいるのは嬉（うれ）しい。その読書に関（か）かわる一切の感覚や感情が押し寄せて、時間旅行でもしたような気分になる。この原著『不思議の国のトムキンス』は、まさにそうした一冊だった。

ジョージ・ガモフが書いた素人向けの科学読み物である。平凡な銀行員のトムキンス氏が、量子論や相対性理論、宇宙論などの仮説に基づいた不思議な世界をさ迷い歩く。

初読から二十年ほど後、同じ本の重版を見つけた。早速息子に買い与えると、彼は学説的に古いと言う。たしかに戦前に書かれた本だ。「スター・トレック」も「ネクストジェネレーション」の時代に入っている。なるほど、こうした本は寿命が短いと気づかされ、大いに落胆したものだ。それが新しい科学の成果を取り入れ、改作された。平背の装丁も牧歌的な挿画も失われてしまい、時間旅行は叶（かな）わないが、新刊書籍がすぐさま棚から消えていく時代には、嬉しい。

評・矢作俊彦（作家）

二〇〇一年七月八日⑫

『姥ざかり花の旅笠　小田宅子の「東路日記」』

田辺聖子 著

集英社・一七〇〇円

読んでいると地図を見たくなる。「へえここでこういうものを見たのか」「ああ足すべらしちゃって」なんて言いながら、読み終わるとほんとに旅をしたような気がしてすがすがしい疲れだ。本書は、小田宅子（いえこ）『東路日記』と桑原久子『二荒（ふたら）詣日記』をもとにして書かれた。時は天保十二（一八四一）年一月から六月。そのとき宅子五十二歳、久子五十歳である。二人とも北九州は筑前の商家の主婦。

思い立って旅に出る。伊勢参りならよくあることと思いきや、なんと伊勢から善光寺、日光、とうとう江戸に出て芝居や吉原まで見物。東海道を通って帰るかと思えば、山道を歩いて諏訪から京都見物の後ようやく帰途に着く。二人は和歌を学ぶ仲間。学問の盛んだった地方都市の女性がいかに好奇心にあふれていたかがよくわかる。

江戸時代の女性の旅記録は約百八十種。田辺聖子は日記の合間に江戸時代の生活や旅の案内を入れて、これまた知的好奇心を刺激してくれる。

評・田中優子（法政大学教授）

二〇〇一年七月一五日❷

『場所』

瀬戸内寂聴 著
新潮社・一七〇〇円

あなたはいつか桃色の骨になる

今年の一月から、瀬戸内さんの全集二十巻が出版され、いま六巻目の「遠い声・余白の春」まで出たところである。赤い表紙に、黒で縁取りされた金文字の装いは、正装した尼さまのようで、ちょっとこっちも襟を正してしまいそうである。

〈お姉さん〉も大きくなったものだ。瀬戸内さんは、デビュー作の「女子大生・曲愛玲(チュイアイリン)」のころから、私の色っぽい〈お姉さん〉だった。お姉さんはその後、「花芯」で着物の裾(すそ)からチラと白い膨脛(ふくらはぎ)を見せてくれ、「夏の終り」では、耳朶(みみたぶ)に温かい息を吹きかけてくれた。私はお姉さんに誘われるまま、赤い石段を後からついて昇った。――あれから四十年になる。

だから、お姉さんの名が晴美から寂聴になって、私は戸惑った。瀬戸内さんが〈女〉をやめるのかと思ったのだ。けれど、私はすぐに安堵(あんど)した。墨染めの衣を纏(まと)ったお姉さんを見て、私は尾崎紅葉の「二人比丘尼(ににんびくに) 色懺悔(いろざんげ)」を思い出した。白の練絹(ねりぎぬ)の下から覗(のぞ)く緋(ひ)の色は、中年になった私を、昔みたいに熱くした。――私はいまでも、お姉さんは私のために尼さまになってくれたのだと思っている。

瀬戸内さんは、全集に収められた作品の解説を、自分で書いてみようと思い立った。普通なら、訳知り顔の誰(だれ)かが書くところである。一冊目の、初期の短篇(たんぺん)について書いていて気が変わった。八十年に及ぶ人生で踏んできた、様々な〈場所〉の地面の重さや、固さや柔らかさや、その土地に吹く風の匂(にお)いが、時を超えて蘇(よみがえ)ってきたのだ。もう一度そこへ行ってこの足で〈場所〉の上に立ってみよう。

瀬戸内さんは誰の力も借りず、一人で〈場所〉を訪ねた。眉山(びざん)、油小路三条、三鷹下連雀、塔ノ沢、本郷壱岐坂――かつてお姉さんが心を燃やし、体を燃やした男たちは、みんないなくなってしまったが、その〈場所〉だけは、足の下に確かにあった。こうして「場所」は、こよなく色っぽい一篇の小説になった。――お姉さんも、いずれいなくなる。お姉さんは、死んで桃色の骨になるだろう。

評・久世光彦(作家)

せとうち・じゃくちょう 22年生まれ。作家。著書に『女徳』『美は乱調にあり』など。

二〇〇一年七月一五日❸

『梯(きざはし)の立つ都市(まち) 冥府と永遠の花』

日野啓三 著
集英社・一七〇〇円

闇の底から引き出された希望

闇(やみ)よりも深い闇のなかでかすかに瞬いている光の筋。たてつづけに襲ってくる癌(がん)と闘いながらこの十年のあいだに日野啓三が研ぎ澄ませてきた身体感覚は、視覚のみに頼らず、五感のすべてでその見えない光芒(こうぼう)をとらえうるほどの進化を遂げている。

収録された八つの短篇(たんぺん)を満たしているのは、いずれも意識ひとつ隔てたむこう側にひろがる世界との敵意のない交感であり、闇の底から引き出された希望のかたちであって、語り手の「私」は、細胞の隅々にしみわたる、静謐(せいひつ)で力強い、「何かとても大きくめぐるもの」との邂逅(かいこう)を繰り返し伝えようとする。

自我を超越し、エゴを鎮める事象との遭遇が、人跡まれな秘境や大自然のなかだけでもたらされ、そういう場所へ赴かなければ慰藉(いしゃ)がありえないとしたら、見すえられた闇はただのっぺらぼうの闇に終わる。闇が闇よりも、そして「病み」よりも深くなるためには、夢とうつつの境目の、つまり梯の都市の細部に宇宙や自然界と呼応するものを探しださなければならない。

都心のビル街を包む青白い夜の歩道で出くわした、「私」の分身とおぼしき人影。私鉄の駅周辺の、常夜灯に照らされて不気味にのびていく冷たい鉄路と踏切。自宅に住み着いているヤモリやヒルなどの命ある「先住者」。お濠（ほり）の闇に浮かぶ、亡き女友達の化身のごとき白鳥。騒音と排気ガスにまみれた首都高速の高架下で垂らした鼻血の紅。

日々の生活圏内でぶつかったそれらの光景が、ビクトリア湖や東シベリア海沖の島々、核実験で汚染された大塩湖などと結ばれて、「物と世界が意味も目的も不明なままに、いま実在しているという必然」を照射する。この必然がまた、生きる力の源となっていくのである。

「氷が孕む亀裂は実は希望の証でもある」と「私」はつぶやく。死と表裏した、亀裂としての希望の光。ひどく醒（さ）めた熱狂のうちにそれを見据える、ねばり強い思索の書だ。

評・堀江敏幸（作家）

ひの・けいぞう　29年生まれ。作家。『あの夕陽』で芥川賞。著書に『抱擁』『断崖の年』など。

二〇〇一年七月一五日❹

『ハドリアヌス帝の回想』

マルグリット・ユルスナール 著
多田智満子 訳
白水社・二八〇〇円

時空を超えて甦る皇帝の語り

フランス人に生まれてフランス語を母語とする女性が、若い頃（ころ）からラテン語とギリシャ語をマスターし、アメリカのメーン州に面した孤島の「ほとんど北極的な静寂のなか」に住みついて、西欧の古代を近代フランス語に甦（よみがえ）らせようと小説に書いた。マルグリット・ユルスナールは伝統的なほどに近代から外れた近代作家であった。パリなど、旧大陸ヨーロッパの「現場」から遠く離れた新大陸に在（あ）りながら、あの文明の古層にあった感性を、彼女が表現しようとした。大方の歴史小説のようにただ復元したのではなく、古代人という他者の声を、「内」から、現在形的に、表そうとしたのである。そのような表現を生み出すために、作者は自分の本から「まさに自分を消し去ろう」としたという。

ユルスナールの新しい日本語訳作品集の第一巻として、「ハドリアヌス帝の回想」が今久しぶりに刊行された。この本はユルスナールの古代表現の試みの最高峰である。ここで試されているのは、近代小説のことばに、いってみれば「翻訳」された古代人の独白であり、自らを「消し去った」作者が、あたかも私小説の代筆をしたかのように、巨大な「私」の語りなのだ。

ユルスナールのそんな傑作は、おまけに、西洋の新旧両大陸から遠く離れた島国の近代のことばのテキストとして、多田智満子の名訳によって、さらに生まれ変わった。シチリアのエトナ山頂から、ギリシャもアフリカも入る自らの帝国を国見し、「わたしの生涯のひとつの絶頂」となった、と古代ローマの皇帝が語り、その風景が「雲の金色の笹縁（ささべり）も鷲も不滅の酒つぎびとも、何ひとつ欠けたものはなかった」と日本語で繰り広げられたとき、時間と空間を飛び越えた二つの「翻訳」の妙技をぼくらが味わう。

遠く離れた場所から声が聞き分けられ、そしてさらに遠いところまで声がこだました。その声の動きは、今こそ、新しい。

（原題、Memoires d'Hadrien）

評・リービ英雄（作家）

Marguerite Yourcenar　1903年～87年。フランスの女性作家。セレクションは全6巻。

二〇〇一年七月一五日⑤

『ガラクタをちゃぶ台にのせて』

さえきあすか 著

晶文社・二〇〇〇円

ハンパな古さに新鮮な驚きが

野球少年が描かれた古いランドセルと紅白の縞柄（しまがら）のやっぱり古い水筒――。表紙の写真からわくわくする。

いっぷう変わった物欲エッセー集だ。

著者の好みをどう説明したらいいのだろう。骨董（こっとう）趣味とかアンティーク趣味というのとはちょっと違う。そんな渋くて堂々とした趣味ではない。もともと高級品でもなく、ハンパに古いガラクタだが、安物のかわいらしさがあったり、今ではひどく謎（なぞ）めいて見えたり、過ぎ去った時代への興味を激しくかきたてる。著者はそんなガラクタを偏愛している。

例えば、明治時代に子供が迷子にならないようにと親が持たせた「迷子札」、昭和初期に流行した「黒いマスク」、蚊とり線香がうずまき形になる以前に使われていた「棒状の蚊とり線香」、大正時代のいささか怪しげな健康器具「オゾンパイプ」、使用法不明の「ネクタイ更生器」……など。

私も軽症とはいえガラクタ趣味なので、面白いところに目をつけるものだと一つ一つ感心してしまう（「モガの羽子板」、サイコー！）。

著者は装飾的な物より生活臭の強い物のほうに惹（ひ）かれるようだ。地方各地の牛乳びんに惹かれるというくだりに特にそういう傾向を感じる。ガラクタを見る目のユニークさ。それがこの本の一番の魅力だ。さらに、名もなきガラクタに秘められた歴史や物語を探って行くところ。物の背後にあるものへの愛の深さ。

巷（ちまた）に物があふれ、海外一流ブランド品まで大衆化しつくし、物欲が本来のすこやかさを失っている今。著者同様、古いガラクタに新鮮な驚きや慰安を感じる人たちは増えているのではないか。この本の宣伝文句に「骨董ニューウェーブ参上」とあるのも大げさではないと思う。

平易で率直な語り口で読みやすいが、「モノたち」とか、物を「その子」とか、買って帰ることを「つれて帰る」といった擬人化的表現には、私はちょっと閉口した。女文化の中でのハヤリだからしかたないのか。

評・中野翠（コラムニスト）

さえき・あすか 68年生まれ。「弓屋かえる堂」の屋号でガラクタ紹介のミニコミ誌を発行。

二〇〇一年七月一五日⑥

『イメージの現象学』

ジュゼッペ・カリオーティ 著　鈴木邦夫 訳

白揚社・二八〇〇円

「ワイドショー政治」への警告

私たちの日常の暮らしは、視覚的なイメージに取り囲まれている。消費行動や流行から世論の形成まで、目に見えるイメージが現代人に与える影響は、ますます大きくなっている。

多くの社会学者によって語られてきたテーマだが、昨今の「ワイドショー政治」現象のすさまじさなどを見ると、事態はもう一つ先に進んでいるような気がする。

なぜテレビのブラウン管に繰り返して現れるイメージは人々の心をとらえ、激しい感情移入をひきおこすのか。考え込んでいたところ一冊の本に出合った。著者はイタリアの物理学者。社会分析の専門家ではないが、知覚の科学を背景にした論には妙な説得力がある。

イメージが現代人を支配しているのは「翻訳されたり解釈されたりする必要がなく、容易に意味をくみ取ってもらえるからだ」と著者はいう。「イメージは言葉より説得力があり、かつ即効性があるのでたくみに心を捕らえてしまう」

その結果、人々はイメージに順応し、自分がイメージに支配されていることに気づきさえしない。「イメージは努力しなくても理解できるという幻想を与え、ときには受け取っているものを自分が創っているような感覚を与えることさえある」

こうした現象が進む理由について、著者は言葉が力を失ったためだと指摘する。古い言葉にかわって大量の新しい言葉が日常生活の中に入り込み、変化が速すぎるために、「心の中にぽっかり穴があいた状態」に人々は投げ出されている。その空洞を埋めるためにイメージにすがりつくのだという。

古い世代の知識人のカリオーティは「イメージの文化の爆発」は、まるで中世への回帰のようだと嘆く。ただ、「対抗するには、イメージについて学び、コントロールする努力が必要だ」という結論の部分は少し物足りない。その先を聞いてみたい。

（原題、Eidos e Psiche）

評・清水克雄（本社編集委員）

Giuseppe Caglioti　31年生まれ。ミラノ理工科大教授（物性物理学）。

二〇〇一年七月一五日⑦

『おいしいワインが出来た！』

岩本順子 著
講談社文庫・六二九円

おいしいワインは、運命的な味がする。そして必然的な出会いをもたらすようだ。

ある夏の昼下がりに飲んだドイツワインの伝統種・リースリングで造られた白ワインに魅せられた筆者（在ハンブルク）は、その「軽やかで、無垢（むく）で、透明感があって、感動的ですらあった」ワインを造ったケラー醸造所に、飛び込み同然で実習生となり、ラインヘッセン地方の見晴らしの良いぶどう畑で、一年間の「至福」の体験をする。

ワイン造りの名門ケラー家の四季折々の生活を通して描かれるのは、ワイン造りの面白さ（ぶどうという果実の不思議さ）と奥深さ、ドイツ農村生活の豊かさ、そしてそのワイン造りに人生の情熱と愛の全（すべ）てをかけてきたケラー家、その八代目のクラウスとヘディ夫婦の物語だ。筆者が読みとったあの運命的な味わいは、彼らの歴史そのものだった。「クオリティの陰にはクヴェーレン（労苦）がある」と彼らは言う。その「労苦」こそが真の「至福」へと繋（つな）がるのだろう。

評・新城和博（編集者）

二〇〇一年七月一五日⑧

『朝鮮語を考える』

塚本勲 著
白帝社・一六〇〇円

朝鮮語をだれも学ぼうとしなかった時代。大阪でひとりの男が立ち上がる。一九六〇年代のことだ。それから『朝鮮語大辞典』完成までの二十三年間のすさまじい格闘は、まさに壮大な「プロジェクトＫｏｒｅａ」だ。外部からは思想的に誹謗（ひぼう）され妨害され、三百人のスタッフに亀裂が入る。塚本氏は祖先の土地を売った金を注ぐ。何度も病に倒れる。使命感と義務感のみで走る。語彙（ごい）二十三万の大辞典はついに成ったが、塚本氏もスタッフも困憊（こんぱい）した。刀折れ矢尽き、「人生失敗した」。

著者が朝鮮語に向かう根底には、「玄界灘のため、猪飼野（在日）のため」に「きれいごとでない親善」を、という姿勢がある。差別をなくすための朝鮮学、という運動論であり、日朝・日韓の相互批判を通して対等な関係を構築すべきだという。「朝鮮語の専任講師を千人に増やそう」とか、国家的規模で「朝鮮・韓国研究・親善センター」をつくるべきだという古くからの持論は、今も新しい。

評・小倉紀蔵（東海大学助教授）

二〇〇一年七月一五日❾

『白樺の手紙を送りました』

V・L・ヤーニン 著　松木栄三、三浦清美 訳

山川出版社・二八〇〇円

ロシア近郊に所在した中世都市ノヴゴロドでは、白樺（しらかば）の樹皮が手紙として広く利用されていた。一九五一年以来、十一～十五世紀の地層から約八百点の丸まった手紙が出土した。本書は白樺文書の発掘に半生を捧（ささ）げた研究者の手記である。

数こそ日本の木簡に及ばないものの、市民の手紙からは、年代記に記されない中世ロシアの庶民の生活が浮き彫りにされる。年代記に登場する歴史的人物の書簡も発見され、歴史学と考古学の回合が達成された件（くだ）りでは著者の興奮が伝わってくる。発掘の醍醐味（だいごみ）は出土物と既存文字資料が結びつき、歴史に生身の人間の血が通う瞬間にある。

遺跡の地下水位が高く、文字が樹皮に刻まれたという偶然が重なり、手紙は奇跡的に地中に保存されていた。ヤーニン氏という、歴史学・考古学・貨幣学・印章学などの稀有（けう）な複合的研究能力の持ち主が発掘に当たったことも天恵と言わざるをえない。

評・塩崎智（歴史ジャーナリスト）

二〇〇一年七月一五日❿

『プリンシプルのない日本』

白洲次郎 著

ワイアンドエフ・一六〇〇円

白洲次郎は、裕福な商家に生まれケンブリッジに留学し、戦前早くに日米戦争と敗戦を予見して東京郊外の鶴川村に「農夫」として隠棲（いんせい）、戦後は吉田茂の特使役で渡米するなど側近として活躍した。

まさに題名のプリンシプル（原則）の何であるかを分かっていた男といえるだろう。原則に基づく判断は短期的には、ずれているようでも、長期的には正鵠（せいこく）を射る。今では「白洲正子の夫」として知られるこの人物が、戦後すぐに書いた本書中の文章は、長いスパンから見て日本の問題を的確に洗い出している。「戦後」の日本に指摘した病根、たとえば経済界の行政への甘え、官僚の無責任、政治家の談合的体質は「バブル後」の今も変わらないのだ。

中でも、戦争が歴史的事実である以上「戦後」は永久に続く、という一句に目が覚める思いがする。バブルの経済的な「処理」が終わっても、この社会の精神にもたらしたバブルの問題は永久に残ることに気付かされる。

評・船曳建夫（文化人類学者）

二〇〇一年七月一五日⓬

『現代俳句　上・下』

川名大 著

ちくま学芸文庫・各一五〇〇円

この本の副題は「名句と秀句のすべて」。昭和に活躍した俳人を中心に、上巻に七十二名、下巻に五十四名の俳人の作品をとりあげて鑑賞している。

著者は表現史という視点から長く俳句史を研究してきた。その研究の成果が本書の随所に示されている。京極杞陽、内田暮情、藤木清子、林田紀音夫、寺田澄史、島津亮などを発掘しているのがその一例。「蝿とんでくるや箪笥の角よけて」（杞陽）のユーモア、「ひとりゐて刃物のごとき昼とおもふ」（清子）の深い孤独感、「怒らぬから青野でしめる友の首」（亮）のきわどい愛情などは、たしかに現代俳句の豊かさの一面だろう。

もっとも、一句の独立性を重視する私には、渡辺白泉の「提燈を遠くもちゆきてもて帰る」を戦争批判の秀句とする読み方などは疑問。作者や時代を読むことで一句を深読みしているのではないか。ともあれ、現代の俳句の多彩な展開が楽しめる力作だ。

評・坪内稔典（俳人）

二〇〇一年七月二二日❶

『水俣病の科学』

西村肇、岡本達明 著
日本評論社・三三〇〇円

科学者の責任説明、30年後に果たす

水俣病の急性劇症型患者が最初に発生したのは一九五三年の末。政府がその原因をチッソ水俣工場のアセトアルデヒド生産工程で生じたメチル水銀と特定し、二十世紀最大の公害病を認定したのは六八年だった。それから三十年以上をへて、本書はあらためて原因物質と病気との因果関係を詳細に検討する。

なぜ再検討なのか。まずは二人の著者の経歴を紹介しておくべきだろう。岡本氏はチッソ水俣工場の唯一の大卒社員として、七〇年から七年間、第一組合委員長をつとめた。西村氏は九三年に東大工学部を退官。七〇年代には公害を研究し、水俣病も視野に入っていた。しかし「公害研究をやめるか地方大学に移るか」という産学の圧力に屈してしまった――それが「三〇年たってしまった理由です」(「あとがき」)。

再検討の理由を、著者たちは、水俣病には科学的に未解明の部分が多いからといい、そのことが問題を曖昧(あいまい)にしてきたと指摘する。たとえば、アセトアルデヒド合成の触媒に無機水銀を用いたとき、水銀とメチル基はどのように結合するのか。従来の化学による説明は学界ではすでに否定されているという。そこで西村氏は最新の「量子化学」を適用し、メチル水銀生成の新説を本書で提出する。

またアセトアルデヒドは以前から、また世界中の他の工場でも生産されていたのに、なぜ五三年末になって、しかも水俣だけで患者が発生したのか。それを説明するには生産工程の変遷や、メチル水銀の年毎(ごと)の排出量のデータが不可欠である。だが工場の内部資料は、ほとんどが闇(やみ)のなか。そこで岡本氏は、生産現場で働いていた人々の証言を記録し、また内部資料を苦労して入手し、さらに水俣湾の魚介類の汚染調査資料などを収集した。その膨大なデータの解析は、工学部で化学反応プロセスの設計・制御を専門としてきた西村氏が担当し、水俣湾に排出されたメチル水銀の定量的な変化を解明して、五三年末からの患者発生との因果関係を突きとめた。

本書は専門書でも、責任追及の本でもない。事実を社会全体で共有しようという目的をもって書かれたことは、「ですます」調の平易な文体からあきらかだ。公害など環境問題は、当事者間だけではなく社会全体の問題であり、だれもが程度の差こそあれ関係者といえる。とくに危険性に気づきうる立場にいる者の責任は重い。一度は背を向けた西村氏は、「三〇年たって」、科学者の説明責任(アカウンタビリティー)をはたした。社員として組織内部にいた岡本氏も、同じ思いだろう。

評・新妻昭夫(恵泉女学園大学教授)

にしむら・はじめ 33年生まれ。東大名誉教授。
おかもと・たつあき 35年生まれ。

二〇〇一年七月二二日❷

『青いバラ』

最相葉月 著
小学館・一六〇〇円

「不可能の花」は「欲望の花」

薔薇(ばら)でなくて、ひとはどんな花の品種をこれだけ集めるだろうか。――澁澤龍彦は、ナポレオンの妻ジョゼフィーヌがマルメゾンの庭園に二百六十種ものバラの品種を蒐集(しゅうしゅう)したという事実にふれて『フローラ逍遥(しょうよう)』にそう記している。

古来、バラほど人々を魅了し、何世紀にもわたって熱狂させた花はない。バラはさまざまな薄いドレスをまとって人を惑わすのに、もっとそこに近づこうとすると遠ざかってしまう。

色とりどりに地上に咲くバラには今でも叶(かな)えられないものがある。それが「青いバラ」だ。著者は、青いバラをめぐる旅に出る。なぜ人はバラにとりつかれるのか、なぜ青いバラを求めるのか。

その旅はバラをとりまくロマンティックな物語にとどまらない。著者の硬質な文体に導かれて、バラが語られた歴史、バラの栽培史をたどり、読者は「日本のバラの父」と仰がれる育種家・鈴木省三と出会う。鈴木がバラの育種に情熱を捧(ささ)げるきっかけとなったフランス人の侮蔑(ぶべつ)的な言葉。だが

優れた育種家が生まれたのは、背景に日本の伝統園芸の文化があったからだ。そして本書は、青いバラがこの世にない科学的な理由、そこに挑むバイオテクノロジーの現在へとたどりつく。

前作『絶対音感』と同様、著者の徹底した取材と文献を貪欲（どんよく）に発掘する力が本書にも発揮されていて、バラに秘められた人間のドラマと科学技術の結びつきを示していくくだりは圧巻である。感性で語られる「美」に科学的な視線を与えるダイナミックな構成は、著者ならではだ。

青いバラは、不可能を意味した。青のバラが作出できないのは、バラに青の色素がないからだ。しかしいま、進歩するテクノロジーの遺伝子操作によって青いバラは現実の花になろうとしている。

不可能の花とは何だろう。それは人々の「欲望の花」と置き換えられるかもしれない。欲望が叶えられたとき失われるのは、まだ見ぬ青いバラに焦がれた人々の時間である。届かぬ思いもバラのように美しい。

評・与那原恵（ノンフィクションライター）

さいしょう・はづき 63年生まれ。ノンフィクション作家。著書に『絶対音感』など。

二〇〇一年七月二二日③

『はじめての宗教学 『風の谷のナウシカ』を読み解く』

正木晃著

春秋社・一八〇〇円

宮崎アニメが教材の入門の書

宗教学というのは、とくに若い世代にとっては取っ付きのよい学問とはいえないだろう。そこで、そうした若い世代に宗教学への関心を持ってもらうために、本書は、宮崎駿氏の人気アニメ作品『風の谷のナウシカ』を教材として使うという新機軸を試みている。

なお著者は、宗教学を人間の心だけでなく、その心と体の交差する領域を研究対象とする学問だととらえている。それゆえ、案内される学問世界は幅広く、狭義の宗教学を越えて、文化人類学や民俗学的な知見にまで及んでいる。本書には、南方熊楠の話まで出てくる。

まず、「風の谷」というタイトルに秘められた意味を探ることから、話が始まる。風は生命エネルギーを象徴するといった意味解きを通じて、宗教学の学問的な面白さを読者に感じさせるのが、著者の狙いだ。そして前半部では、ナウシカの性格付けをめぐって、「トリックスター」（道化の神話的形象）のような人類学の概念が紹介されたり、アニメに登場する「王蟲（おうむ）」とナウシカの関係を考えることを機縁として、「異類婚姻譚（たん）」といった民俗学のトピックが説明されたりする。

本書の後半では、キリスト教とインドの図像（イコン）学・色彩学が解説される。ここは、著者の専門分野らしく記述が詳しい。その導入には、ナウシカの服の色が話題とされている。最後には、アニメの舞台となっている「腐海」の樹木の話からはじまって、東洋的神秘思想の世界観が語られている。

『風の谷のナウシカ』を教材として使うという著者の新機軸は、総じて成功しているといえ、本書は、きわめて自然な形で宗教学を学べる楽しい入門書となっている。高校生や大学生のアニメ世代には、間違いなく薦められる。

ただし、『風の谷のナウシカ』はあくまでも教材とされているだけだから、それを「読み解く」という副題から、本格的なナウシカ論を期待した読者は、ちょっと肩すかしを食った感じがするかもしれない。

評・池尾和人（慶応大学教授）

まさき・あきら 53年生まれ。早大大学院非常勤講師。著書に『チベット密教』など。

二〇〇一年七月二二日④

『親鸞とその時代』

平雅行 著
法蔵館・一八〇〇円

「悪人正機説」に新しい視点

果敢な親鸞論、中世仏教論である。

これまで鎌倉仏教論では、法然や親鸞が古代以来の旧仏教を革新したとされてきた。著者はこの通説を批判、実際には旧仏教が中心で、新仏教は「異端」に過ぎず、影響は驚くほど小さかったとする。

その上で、著者が親鸞の思想の核心として取り上げるのは「善人なをもて往生をとぐ、いはんや悪人をや」という『歎異抄（たんにしょう）』の有名なフレーズ、悪人正機説だ。もっとも、悪人正機説自体は親鸞独自のものではなく、すでに旧仏教が説いていた。中世の流行歌集『梁塵秘抄（りょうじんひしょう）』に歌われるほどポピュラーだったのだ。

著者によれば、旧仏教は自力で悟ることが可能な「善人」をプラスに、自力では悟りも往生もできない「悪人」＝一般民衆をマイナスに評価し、仏の慈悲によって、「バカな」劣った悪人でも往生できる、まして善人の往生は当然、と説いた。この悪人正機説には、民衆を宗教的資質において劣るとみる愚民観がある。

これに対して親鸞は、すべての人間が悪人、すなわち殺生の罪を犯しかねない存在であると説き、この悪人をさらに、阿弥陀仏の救いを疑って自力で作善に励み、救いを得ようとする「疑心の善人」と、あくまで阿弥陀仏を信心する「他力の悪人」とに分けた。そして旧仏教とは逆に、前者にマイナス、後者にプラスの評価を与えた。独自の善人・悪人観であり、悪人正機説を乗り越え、信心を往生の要因とした救済論、「信心正因説」を展開していると、著者は指摘する。通説とは異なる親鸞像である。

親鸞が、あえて信心の者を「他力の悪人」、不信心の者を「疑心の善人」と呼んでみせたところに彼のすごさがあり、それが『歎異抄』の思想的衝撃につながった、とも著者は言う。

仏教が国家や社会と直結していた中世という時代。著者はそのコンテクストの中で、仏教者としてのみならず、政治を批判する思想家としての親鸞をも考察することにも成功している。仏教史研究を発展させた一冊である。

評・川村邦光（大阪大学教授）

たいら・まさゆき　51年生まれ。阪大教授。著書に『日本中世の社会と仏教』など。

二〇〇一年七月二二日⑤

『犬になれなかった裁判官』

安倍晴彦 著
NHK出版・一五〇〇円

肉声で語る司法統制の実情

「犬」という語に毒がある。「犬になれなかった」という言葉に自負がある。

この本は、三十六年間にわたって「司法官僚統制」に抗した裁判官の孤独な戦いの記録である。挑戦的な表題から、激越な「内部告発」を予想する向きもあるだろう。だが穏やかな文面から読みとれるのは、「ふつうの市民」の感覚だ。

一例をあげよう。権威主義を嫌う著者は、刑事法廷でも被告人を「さん」づけで呼んだ。市民集会、ボランティアにも参加した。こうした試みが周囲に波風を立て、異端視に結びつく。それほど「官僚統制」が強く、裁判官は「自主規制」で心のくつろぎを失っているという。

一昔前、最高裁の取材を担当したことがある。ある程度は事情を知っているつもりでいたが、肉声で語られた司法統制の実情にはがく然とさせられた。本書は、法服の内側で市民感覚が枯れつつあることへの警告であり、今の司法改革の議論から抜け落ちた「市民」の視点を示す貴重な証言といえるだろう。

著者は司法修習生の時に、憲法擁護を掲げ

る「青年法律家協会」に加わった。任官七年目には簡裁で、戸別訪問を禁止する公職選挙法の規定に違憲判決を出した。最高裁の合憲判決に「弓引く」判決だった。自民党などから「偏向裁判」批判の風圧が高まった時期である。

最高裁は統制を強め、著者は次第に組織から疎んじられる。本庁ではなく支部や家裁勤務が異例に長く、最後まで合議の裁判長にはならなかった。昇級も遅れ、後輩に次々に追い抜かれた。

だが本書を価値あるものにしているのは、不当な処遇にあっても淡々と、「法服を着た市民」の立場を貫いた著者の姿勢だ。「裁判は隣人の助言」を信条とする著者は、家裁でも堅苦しい雰囲気をほぐし、親身に当事者に耳を傾け続けた。周囲から漫画『家栽の人』のモデルに擬せられたというのも納得できる。

権威が恐れるのは、どんな不遇にも揺るがない「人間味」なのかもしれない。そんな後味が残った。

評・外岡秀俊（本社編集委員）

あべ・はるひこ 33年生まれ。62年に裁判官に任官、98年退官。現在は弁護士。

二〇〇一年七月二二日⑥

『ふくろうの声 魯迅の近代』

中島長文 著

平凡社選書・二七〇〇円

「人肉を食べる」者の生に迫る

冷徹であくまでもリアル。既成の枠組みを信じず、思いもかけない視点から問いを発し、論証を積み重ね、網をしぼるようにぎりぎりと核心に迫る。

魯迅の文章を評したわけではない。本書の著者の姿勢だ。魯迅に関してはこれまでに多くの論考がある。管見ながらしかし、この本ほど彼の生の深部に肉薄した作業はないのでは。

まず著者は、一九〇二年から七年間の、魯迅の日本留学時代を考える。彼がこの時期を回想した文章は少ない。ところが当時、留学生仲間の雑誌には文を発表している。その文章を検証すると姉崎嘲風と斎藤信策（高山樗牛の弟）の論に文意も構成も酷似する。「悪くいえば盗用し」たのである。

だが、著者の本意は盗用云々（うんぬん）にはない。魯迅は日本の文学者を通じ、個人主義を学び、西欧近代の知と理想に共鳴し、旧弊な中国を変革する論理を掴（つか）んだのだ。にもかかわらず「狂人日記」を発表するまで彼は十年間沈黙する。

帰郷した若き理想家を待っていたのは、母の命じる見知らぬ女との婚礼であった。求める道とは正反する。けれど彼は「孝子として」「母の贈り物」を受け入れる。著者は魯迅の妻朱安に光をあて、彼と別れた後も妻として黙々と家を支えた生涯を辿（たど）る。魯迅の身近に彼のために「奴隷的習性」から脱せぬ女がいた。彼女の存在は彼が拠（よ）って立つ近代の論理をつき崩す。魯迅もまた、母から差し出された「人肉を食べる」者であった。彼はこの矛盾を一身に背負う。

描かれるのは一人の人間を取り囲む地獄図だ。弟周作人との突然の絶縁についても傍証を重ね、謎（なぞ）を追う。そこに現れるのも家族にからむ悲劇である。それでも魯迅はなおも声を発する、低くくぐもらせながらも。彼は文弱の徒ではなく、革命に殉じる文人、中国伝統の、一個の「士」であり続けたからだ。

ここには伝統社会の倫理と近代の知とにひき裂かれながら、夜明けを望む、血まみれた裸の魯迅がいる。

評・松山巖（評論家）

なかじま・おさふみ 38年生まれ。中国文学者。訳書に『両地書』（魯迅全集）など。

二〇〇一年七月二二日⑦

『陰陽師10』

夢枕獏 原作　岡野玲子 著
白泉社・八二九円

たまりにたまった澱（よど）みを浄化するには犠牲は避けられない。とはいえ大きな喪失感と強烈な痛みのなかで、次の一歩はどう踏み出せばいいのか。破滅の淵（ふち）から蘇（よみがえ）ることなどできるのだろうか。そしてその回復と再建の問題に深く関（かか）わるとき、そこでは何を成すべきなのだろう。

これは今話題の構造改革にも通底するし、個人的な重大問題の解決を迫られている人の状況とも重なる。本書にはその再建のための真実のプロセスが描かれている。

陰陽師安倍晴明は焼失した内裏の新造にあたっての地鎮で、天と地とを結び直すというまさに宇宙規模での構造改革に臨む。なぜなら彼はこの次元での改革こそが、現実的な再建を支えると知ったからだ。「知る」ことは厳しい責任と覚悟を強いる。彼はすべてを捨てて叡知（えいち）に身を捧（ささ）げ、地鎮のために命を賭（か）けて舞う。そのなかで晴明は命の謎（なぞ）、すなわち存在の多層性に覚醒（かくせい）し、宇宙の成り立ちの真理に近づいてゆくのだ。魂に響く一冊。

評・岩宮恵子（臨床心理士）

二〇〇一年七月二二日⑨

『福祉ＮＰＯ』

渋川智明 著
岩波新書・七〇〇円

生活が煮詰まってくると、仕事を変えたくなる。

取材体験を生かして女の探偵事務所は？　もっと地道に高齢者用買い物代行や温泉付き添い業などは？と考える。

以前は儲（もう）かりたいとすぐ電卓を叩（たた）いたりしたが、年を重ねた最近は人の役に立つことをしたいと思ったりもする。

やって嬉（うれ）しい気持ちになれる仕事で、そこそこの生活もできて……、と言えばＮＰＯ（非営利組織）だろう。

市民の市民による市民のためのビジネス。目下、介護福祉分野などで地域に貢献するＮＰＯへの期待は大きい。会社で辣腕（らつわん）をふるっていたサラリーマンが、面白そうだと転出して起業する事例も増えているようだ。

リストラされたらＮＰＯ、定年になったらＮＰＯ、フリーターをやめたくなったらＮＰＯ、と皆がどんどん非営利会社を立ち上げたらどんなふうに日本は変わるだろう。

真面目（まじめ）なＮＰＯの入門書だが、読んでいるとつい私も、という気にさせられる。

評・久田恵（作家）

二〇〇一年七月二二日⑩

『発掘捏造』

毎日新聞旧石器遺跡取材班 著
毎日新聞社・一四〇〇円

石器を埋める瞬間をとらえた連続写真。昨年十一月に発覚した旧石器発掘捏造（ねつぞう）事件の衝撃は、今も記憶に新しい。

本書はスクープをものにした取材班によって書かれた、事件発覚までと、その後の取材の全貌（ぜんぼう）である。前半では証拠写真をもとに、捏造の張本人である藤村新一氏を「告白」にまで追い込んでいく様子が、後半では事件後の学界やマスメディアへの影響が記される。

地道に研究をしてきた多くの考古学者にとって、この事件は青天の霹靂（へきれき）だった。が、これまでにも「日本最古の水田跡発見」といった類（たぐい）の衝撃的記事が、研究者間の論争以上に、学界のすう勢決定に大きな影響を与えてきた事実がある。この事件は、考古学者への強烈なしっぺ返しと言えなくもない。

考古学者、ジャーナリスト、そして一般読者。皆がそれぞれの立場で受けた「あの衝撃」を本書によって再考するのは意味あることだろう。

評・中園聡（鹿児島国際大学助教授）

二〇〇一年七月二二日⑪

『バリ島人の性格』

G・ベイトソン、M・ミード 著　外山昇 訳

国文社・五〇〇〇円

テーマ別にならべられた七百枚を優に超すモノクローム写真。日々の生活のなかでごくごく自然になされるふるまいが、一枚一枚に明示された時と場所によってくっきりと浮かび上がってくる。しかも関連をもった写真を隣り合わせにし、個別に、また大枠で説明を加えてゆくことで、言葉だけではこぼれおちてしまうもの、語りきれないものへ接近しようとする意志が伝わってくる。

一九三〇年代後半、英語圏の人類学者二人がバリ島を訪れ、育（はぐく）んだ、実に豊かで示唆に富んだ成果、人類学の古典的名著――初の翻訳である。

そうした意義の一方で、本書から生々しく伝わってくるのは、「異文化」に身をおき、目の前に生起することどもを個別にまた全体としてどう捉（とら）え、どう記述し伝えるのかを考え抜いてゆく力である。著者たちのこの力は、コミュニケーションの困難といわれる現在においてこそ、読み返される意味を持っているに違いない。

評・小沼純一（文芸評論家）

二〇〇一年七月二二日⑫

『将棋の子』

大崎善生 著

講談社・一七〇〇円

プロ棋士となるには、日本将棋連盟の奨励会に入る必要がある。全国各地の将棋の天才が集うが、奨励会では天才も一会員。簡単には勝てない。

満二十三歳までに初段、満二十六歳までにプロである四段にならねば退会という年齢制限に多くが泣く。故郷に戻る者、放浪の異国で活路を求める者など、天才少年の第二の人生は多様だ。

著者は日本将棋連盟の元職員で『将棋世界』の編集長も歴任し、多くの夢破れた若者の姿を見て「将棋の本質は厳しいもの」と思ってきた。だが、昨年四月、多額の借金に追われ家族もない四十歳の元天才と札幌で再会、思い違いを知る。彼は、古新聞回収で日々をしのぐも「今は何もないだけに、将棋が強かった誇りが今の自分の支え」と力強く語る。将棋は、それをやるものに何かを与え続けているのだ。著者は「将棋の本質は優しいもの」と結び、将棋好きでも奨励会入りできなかった自身をも顧みる。

評・小林照幸（ノンフィクション作家）

二〇〇一年七月二九日❶

『コリア驚いた！　韓国から見たニッポン』

李元馥 著　松田和夫、申明浩 訳

朝日出版社・一五〇〇円

フェアで笑える「日韓」ウオッチ

日韓関係がまだ「過去最良」だった昨年、韓国で出版され六十万部のベストセラーになった学習マンガの邦訳版である。ある意味では、今こそが日本で読まれる「過去最良」のタイミングかもしれない。いや、そう信じたい。

「コリア驚いた！」という「アエラ」の脱力コピー的邦題は、けっしてダテじゃない。「特に留意したことは、できるかぎり民族感情を排し、客観的でフェアな目で日本を見るということでした」（日本語版へのまえがき）と著者も告白しているように、そんな留意が韓国ではある種の「驚き」なのだ。そして、そのためにはマンガ（特にギャグタッチの学習マンガ）というメディアが持つ脱力的ユーモアと相対的視点が必要だった。

そんなお家の事情は本編のマンガにも描かれている。「かなりの人々が日本を誉（ほ）めたりうらやんだりするが、国民感情を考慮して表立っては言わない」「こんな状況では日本について話をしても誉められるより批判されるのが当たり前」というわけで、小さな声で日本を誉める人々が「それでも韓国人か！」と責められている絵。著者はそれを受けて「日本を他の外国のように〝外国〟として見る姿勢が必要なんだ」と説く。

本編は《日本の7つの成功理由》と《日本の7つの苦悩》の二部構成。「20世紀でもっとも成功した国」としての日本のさまざまな歴史的・文化的要因が、前半は肯定的に、後半は否定的に描かれている。いかにもマンガチックな戯画化（そりゃ当たり前だ）なのだが、このへんは日本人自身にもわかりやすく、耳の痛い指摘も苦笑まじりに素直に受け入れることができる。

ドイツ留学体験を持つ著者は、日本（というより日韓関係）を「できるかぎり客観化」するため随所で欧米的視点を導入している。それは日本のリベラル知識人にも共通する苦肉の策ともいえる。

そのため日本の画一性、排外性、接待文化、模倣文化などを批判する矛先が、そのまま韓国にもはね返ってしまうヤブヘビも起き、そのたびに著者は自分にツッコミを入れている。たとえば日本の教科書検定制度を批判しながら「でも、韓国では国定教科書だけどね」といった具合。それがまんまとご愛敬に思えてしまうのもマンガの効用かな。

マンガは確かに日韓の共有言語だ。いっそのこと今後、外交から民間交流まで、日韓間のコミュニケーションは全部マンガで行ってみてはどうだろう？　本当に一冊の教科書で崩れてしまうほど脆弱（ぜいじゃく）な関係なら、一冊のマンガで修復できないとも限らない。

評・山崎浩一（コラムニスト）

イ・ウォンボク　46年生まれ。徳成女子大教授。韓国漫画・アニメ学会前会長。

二〇〇一年七月二九日②

『真珠湾の真実　ルーズベルト欺瞞の日々』

ロバート・B・スティネット 著
妹尾作太男 監訳
文芸春秋・二〇〇〇円

「大統領の陰謀」に物証で迫る

ルーズベルト大統領は真珠湾攻撃を事前に知っていたという説は古くからある。対独戦を決意していた大統領は、世論の反対を考慮し、日本に戦争を起こさせ「裏口」から参戦したというのである。

これに関する現在の通説は、①一九四一年六月の独ソ開戦以来、大統領は対日圧力を強め、日本が屈服すればよいし、戦いを挑んでくるならそれでもいいと考え、②十一月下旬には、日本からの攻撃が切迫していると知っていたが、③正確な日時や場所までは知らなかった、というところだろう。

本書の説はさらに大胆なもので、ルーズベルトは日本を意図的に追い詰め、真珠湾攻撃計画も把握していたが、奇襲が成功するよう、わざと防衛措置は講じず、ハワイのキンメル司令官らにも情報を隠し、その後もこうした工作を隠蔽（いんぺい）するための措置を取った、という。

著者は、日本の外交電報のみならず、海軍の電報も傍受解読されていた事実をつきとめ、これを情報公開法で入手して、右の推論に至った。とくに衝撃的なのは、連合艦隊が十一月に択捉（えとろふ）島の単冠（ひとかっぷ）湾に集結することも、そこからハワイ方面に向かったことも、アメリカが把握していたことである。これらについては、電報現物の写真が掲載されている。

本書で「陰謀」説が完全に証明されたわけではない。大統領個人の関与についての発見は少ないし、暗号電報の解読日時や伝達経路については不明のことも多い。それにしても、大統領周辺が日本の動きをここまで正確に把握していたことは驚くべきことであり、「陰謀」説は今後さらに力を増すであろう。

ただ、著者は大統領のウソを非難しておらず、むしろ参戦の決断を称賛している。日本人としても、ルーズベルトを非難しても始まらない。国際政治に権謀術数はつきものであり、勝ち目のない戦争に引きずり込まれた方が愚かというほかはない。「裏口からの参戦」を、感情的にならずに論じる季節がようやくやってきたような気がする。

（原題、Day of Deceit）

評・北岡伸一（東京大学教授）

R. B. Stinnett　24年米国生まれ。第2次大戦に従軍。戦後は米紙記者。

二〇〇一年七月二九日❸

『エニアック　世界最初のコンピュータ開発秘話』

スコット・マッカートニー 著　日暮雅通 訳

パーソナルメディア・一九〇〇円

考案者を葬ったパワーゲーム

コンピューターの黎明（れいめい）期については、意外なほど人名が知られていない。

現在使われているコンピューターの基本構造を専門家はノイマン型と言う。ジョン・フォン・ノイマンという偉大な物理数学者の名前だ。では最初に考えたのはノイマンなのか。それらの謎（なぞ）の解明も含め、世界最初のコンピューター、エニアックの開発の経緯を豊富な証言や資料などを元にまとめたのが本書である。

ノイマンの陰で忘れられた二人の若き天才はエッカートとモークリー。本書の前半は二人の生い立ち、ペンシルベニア大学での出会い、そして完全電子式計算機の構想を立て、第二次大戦を追い風として、幾多の苦難を乗り越え完成させるまでを語っている。適度な技術的ディテールもうまくまとまっているし、プロジェクトの人間的側面も興味深い。

そして一転、後半は名誉や特許をめぐる争いの話である。戦争が終わった途端に身内の戦いになるドライさ。途中から開発に加わったのに立ち回りのうまい大科学者ノイマン、成果を取り上げようとする軍や大学、市場を狙う大企業……。二人は大学と決別し世界初のコンピューター専門会社を作るが、会社は人手に渡り、名誉はノイマンに取られ、エニアックの特許すら大企業と国のパワーゲームの中で宙に消える。

古き良き「発明家」の時代の終わりである。多額の資金と組織を必要とする現代の発明。しかし、そこにあくまで個人を求めるのもまた米国。米国コンピューター業界の貪欲（どんよく）さの精神的原点が読み解けるという意味でも貴重な本であろう。

さて、後半はまさに悲劇の連続なのだが、その中で誰（だれ）よりも二人がコンピューターの発展を素直に喜んでいたというのが救いである。ノイマンすらコンピューターは大型化していくと言う中で、二人だけは小型化し万人が持つ時代を夢想していた。一センチ角のチップに収まった自らの成果の子孫たちに囲まれた晩年。企業家としては失格でも、発明家としては幸福だったのかもしれない。

（原題、ENIAC）

評・坂村健（東京大学教授）

Scott McCartney　ウォールストリート・ジャーナル紙記者。

二〇〇一年七月二九日❹

『豊島（てしま）産業廃棄物不法投棄事件』

大川真郎 著

日本評論社・一八〇〇円

行政の愚挙が住民の壮挙呼ぶ

住民運動が組織され、行政と対立するとき、空港やダムなど現実の問題が発端となっている。しかし、膠着（こうちゃく）状態に陥るのは、問題そのものとは別の原因によることが多い。いずれか一方、通常は行政の、不用意な発言と行動がそれだ。

事件は、瀬戸内海、小豆島の西に浮かぶ豊島（てしま）、人口千四百人の小さな島で起こった。事業者が廃棄物処理場の許可申請を香川県にした一九七五年から、許可とその後の取り消し、公害調停、そして二〇〇〇年の調停成立に至る二十五年間、県の不用意な対応が、ただでさえ解決困難な事件をさらに複雑にしてしまった。

ごく初期の頃（ころ）、県知事は処理場建設に反対する住民運動を住民エゴと決めつけ、「豊島は海は青く空気はきれいだが、住民の心は灰色だ」と発言した。これが、知事を「殿様」とあがめてきた高齢化の進む島民の間にさえ、知事への反発を生むきっかけとなった。老人たちは「打ち首」覚悟のデモに打って出たのである。「豊島の人だけが県民ではない」との県議の発言は、豊島の住民運動を県全体に拡大させていった。記者会見を傍聴した住民運動代表に対して、幹部職員は「あんたがおるから話せんのや」と記者会見そのものを拒否したこともある。

島民を見下したような発言と行動がなければ、運動はここまでは拡大せず、廃棄物によって汚染された土地を元に戻すという日本での初めての「成果」もなかったのかもしれない。運動が成功したのは、行政の稚拙さの「おかげ」である。だが、そのために住民たちの支払ったコストはあまりにも大きい。

最後まで紛糾した争点は「知事の謝罪」を合意文にどのように盛り込むかであった。中坊公平弁護団長は合意成立後、県への「怨念（おんねん）の時代」が終わったと総括した。県の犯した最初の失敗、すなわち問題の発端ではなく、その後の対応の仕方こそが、住民の怒りをかった真の原因であったことがよくみてとれる。住民側の弁護士による記録であるが、淡々とした筆致で描かれている。

評・真渕勝（京都大学教授）

おおかわ・しんろう 41年生まれ。弁護士。豊島問題の住民弁護団副団長を務めた。

二〇〇一年七月二九日⑤

『ハムレットは太っていた！』

河合祥一郎 著
白水社・二八〇〇円

作品から役者たちの姿〝復元〟

シェイクスピアは手だれの座つき作者だった。書斎ではなく現場の人。それなのに、かんじんの俳優連中のすがたが、四百年という歴史のモヤのかなたにかすんで、よく見えない。資料がとぼしく、だれがどの役をやったのかということさえ、まだ決着のついていない点が多々あるらしい。

では逆に考えてみたらどうだろうか、と著者は提案する。座つき作者というからには、作品そのものが最良の資料になりうるはずだ。シェイクスピアは仲間の俳優たちに当てて役をつくった。そこから逆算すれば、見えない俳優のすがたが見えてくるにちがいない。

こうして、たとえば『オセロー』のイアーゴー役を、堂々たる体躯（たいく）にユーモラスな味をただよわせたジョン・ローウィンという人気役者に特定してゆく。さしずめ亡くなった尾上松緑や、新劇の北村和夫の感じか。そういう男性的な役者がイアーゴーを演じる。みかけの男っぽさが内側からボロボロに崩れ去る。その過程が表のオセロー悲劇にかさなる。なるほど、みるからに賢（さかし）げな悪役よりも、こちらのほうがよほど面白そう。

ロマン主義以後の痩（や）せて神経質なハムレット像に固執する人びとは、「あの子は太っている」というガートルードの台詞（せりふ）をどう処理するかでなやみつづけた。いままではfatを「汗かき」と解釈するのが通説になっているのだとか。

しかし著者はこの解釈が気にくわない。現にルネサンス期のイギリスにはfat and fair（太って美しい）といういいまわしがあった。逆に「スリム」や「スレンダー」には貧乏くさい感じがつきまとう。からだの感じ方がいまとは正反対なのだ。だったら「太った」でいいじゃないの。なにも悩む必要はない。

ケンブリッジ大学の博士論文を一般向けに書きなおした本。本場イギリスのシェイクスピア研究の碩学（せきがく）諸氏に、おめずおくせず立ち向かう。その綿密な推理に感心した。早く英語版がでるといい。

評・津野海太郎（編集者・和光大学教授）

かわい・しょういちろう 60年生まれ。東大大学院助教授。著書に『謎解き「ハムレット」』。

二〇〇一年七月二九日❻

『翼はいつまでも』

川上健一 著
集英社・一六〇〇円

初恋と友情と旅立ち、ふたたび

川上健一の小説を読むことが出来るとは実にうれしい。初恋小説の傑作である『雨鱒の川』から、なんと十一年ぶりの新作だ。しかも中学生小説だ。さらに、野球小説だ。

小説現代新人賞を受賞した『跳べ、ジョー！ B・Bの魂が見てるぞ』がスポーツ小説だったように、川上健一はもともとスポーツ小説を得意とする作家である。さらに、『宇宙のウインブルドン』や『ららのいた夏』がそうであったように、青春小説の名手でもある。その作家が得意の青春スポーツ小説で復活したのだ。この夏、いちばんのプレゼントといっていい。

時代は、ビートルズの「プリーズ・プリーズ・ミー」がラジオから流れていたころ。舞台は青森。主人公は中学二年の久志少年だ。極度に緊張するとエラーを連発するために球拾い専門の野球部員である。同じように落ちこぼれのチームメートがいて、彼らはいつもつるんでいる。この長編は、久志少年の中学二年の秋から中学三年の夏の終わりまでの一年を描いていくが、第一部ではそういう野球少年の日々がゆっくりと語られていく。

この長編の白眉（はくび）は、十和田湖で過ごす数日の夏休みを描く第二部で、ここで「初恋と友情と旅立ち」という少年小説の三大要素が全開する。よくある話とも言えるのだが、そもそも「初恋と友情と旅立ち」が少年小説の王道なのだから仕方がない。問題はそれをどう描くかだ。

そこで具体的に何が起きて、作者がどう描いているのかは書かないけれど、将来に対する漠とした不安、夢と期待、友とのいさかい、淡い初恋。そうした遠い昔の記憶を思い出していくのも、その感情と風景がここに鮮やかに描かれているからである。

人物造形のうまさと巧みな挿話、さらにビートルズの曲が効果的に使われていることなども特筆しておかなければならない。エピローグとして語られる三十年後の同期会が、この物語に余韻を与えて胸に残る。いい小説だ。

評・北上次郎（文芸評論家）

かわかみ・けんいち 49年生まれ。作家。作品に『雨鱒の川』ほか。

二〇〇一年七月二九日❼

『図説 モンゴル帝国の戦い』

R・マーシャル 著 遠藤利国 訳
東洋書林・三八〇〇円

十三世紀、朝鮮半島からドナウ川までの地表の三分の一を席巻したモンゴル軍。その強さの秘訣（ひけつ）は、進取の気性に富んだ合理精神にあった。射程三百五十メートルを誇る投石機、焼夷弾（しょういだん）の元祖のような燃えるタール、そして手榴弾（しゅりゅうだん）や爆弾は、すべて中国やイスラム諸国など被征服先進文明から取り入れ改善したものだ。兵站（へいたん）、通信を完備したこの軍団に西欧諸軍は惨敗を喫する。明確な指令系統もなく、四十五キロの重装備に縛られたヨーロッパの華の騎士は、モンゴル兵の敵ではなかった。

モンゴルが東西文明交流に果たした役割、宗教に対する姿勢、また西欧で一時は伝説的な東方のキリスト教徒君主プレスター・ジョンと勘違いされ救世主と思われていた話なども興味が尽きない。

豊富な写真や図版は、読み手の想像を容易に中世ユーラシア各地へと誘う。この世界史的大パノラマの前に元寇（げんこう）の印象は余りに薄く、一ページで片付けられてしまうのもうべなるかな。

評・塩崎智（歴史ジャーナリスト）

二〇〇一年七月二九日❽

『所長　ムロージェク短篇集』

S・ムロージェク 著　芝田文乃 訳
未知谷・二〇〇〇円

不条理で発狂している現実に生きる人々は、その状況を奇想天外な想像力で笑い飛ばすしかない。今日のポーランドで国際的な名声を誇る劇作家・作家・漫画家ムロージェクの我が国独自の編纂（へんさん）によるショートショート集『所長』（全68編）は、グロテスクな現実に対抗する自由奔放にして奇抜な想像力が生み出した過激な笑いの結晶である。

一階しかない建物にエレベーターを作るナンセンスな話、誰（だれ）もがいやがる未処理問題記録保管所の整理をかってでた事務員が書類の山の雪崩にあって圧死してしまうブラックユーモアな話などに代表されるように、いずれの作品も戦後ポーランドの硬直した官僚主義や現実とはズレた社会主義イデオロギーを痛烈に風刺しているが、同時に人間存在の普遍的な真実を鋭く見つめる寓話（ぐうわ）となっている。

ゴーゴリやカフカ、あるいは筒井康隆の短編のような不条理で奇妙な味わいのある誇張された滑稽譚（こっけいたん）に目のない読者にお薦めの一冊。

評・風間賢二（翻訳家）

二〇〇一年七月二九日❾

『あらゆる場所に花束が……』

中原昌也 著
新潮社・一三〇〇円

新しい文学と呼ぶにふさわしい三島賞受賞作である。しかしこれほど紹介しにくい小説もまたとあるまい。通常の小説の約束事がハナから無視されている。「醜いアヒルの家」なる研究所とか、血液バキュームカーとか、妙なものがいろいろ出てくるが、話の脈絡があるようであまりない。人物も何人か登場するが、いわゆる主人公と相手役といった役割があまりない。むやみと攻撃的なイメージや語りが、切り刻まれた欠片（かけら）のようにちりばめられている。

いわばこれは「小説」に対する白昼の暴行だ。それでいて次々と繰り出される言葉の刺戟（しげき）の氾濫（はんらん）が、やがて一種麻薬的な快感を呼びさます。本書はゴダールの映画みたいに、読者を崇拝者と忌避者にはっきり二分するはずだ。

崇拝しないまでも、私は肯定する。日本語の「小説」の外塀が壊されて、すかっと広い荒野が現れた。血の色の花吹雪が舞っている。嵐（あらし）の野外でもっと吹けと叫ぶ陶酔を思い出した。

評・清水良典（文芸評論家）

二〇〇一年七月二九日❿

『「弱者」という呪縛』

小浜逸郎、櫻田淳 著
PHP研究所・一四〇〇円

最近「障害とは個性なのだ」という表現をよく耳にする。そうした表現が選ばれた背景には「障害を乗り越えてなされる行為はみな尊い」とみなすように強いる「呪縛（じゅばく）」がある。それゆえに障害者はいつまでも正しく評価されず、むしろ自立を妨げられているのだ——。

本書は評論家・小浜と自ら重度障害者である櫻田が弱者を巡る矛盾について語り合った対談集。タブーに切り込む果敢さには胸がすくが、気になる点もある。そもそも弱者とは対人関係の中で立場の強弱に応じてそのつど生成される相対的な役割だ。そんな弱者を強者が思いやることは特に非難されるべきではない。

問題はそうした弱者が「守られるべき」存在として聖域化されてゆく過程にあることは小浜も指摘しているのだが、対談では弱者への思いやりの全（すべ）てを断罪しかねない激しさを帯びる個所がある。そうした「過剰」さに注意しつつ読み、そこに展開された批評を的確に受け止めたい一冊だ。

評・武田徹（評論家）

二〇〇一年七月二九日⑫

『写真　明治の戦争』

小沢健志 編著

筑摩書房・八〇〇〇円

凄絶（せいぜつ）な内容にもかかわらずイメージをここまで披露してくれることを、ある種のぜいたくと感じてしまう。人物と風景を収めた歴史の写真集を、ときにはそのように鑑賞することがある。最近、アジア大陸における日本の近代戦争の意味が議論されているからこそ、議論のベールのうらから、その「現実」を断片的であるが細かく記録したイメージが、特殊な力を発揮してくれる。

おだやかな田園風景をとらえた島国内の、西南戦争から、舞台が大陸に移り、技術が進み、被写体に対する遠慮もなくなったようで、「日清」と「日露」両戦争のぜいたくなイメージが展（ひら）く。馬上の司令官と、朝鮮人の「苦力（クーリー）」、「満州」の広野の中に近代軍の設備と建築物が次々と現れる。その殺風景さが過酷であるが、大規模の破壊と、死体の累積以上にぞっとさせるのは、遠足ムードの麦わら帽子で山の上から「観戦する各国武官」の写真ではないだろうか。

評・リービ英雄（作家）

二〇〇一年八月五日❶

『オウム　なぜ宗教はテロリズムを生んだのか』

島田裕巳 著

トランスビュー・三八〇〇円

教義を追い、日本社会の一面に迫る

「宗教は社会の鏡であり、社会のかかえる矛盾が集約された世界なのである」

この一文は、オウム真理教について書かれたものとしては、目新しいものではない。一連の事件のあと、評論家やマスコミはオウムをこのようにとらえ、彼らが引き起こした事件と信者の姿に「日本社会」の病理を感じた。だが地下鉄サリン事件から六年を経て、長引く裁判も注目されなくなった。そしてオウムは「アレフ」と名を変えて生きつづけている。

そうしたなかで著者は「オウムとは何か」を今も深く思考する。島田裕巳は「オウム」によって人生のコースを大きく変えられた宗教学者である。サリン事件後、著者はオウムと深いかかわりがあり、教鞭（きょうべん）をとっていた大学の学生に入信をすすめたと事実無根の報道をされた。この一件は裁判によって著者の反論が全面的に認められ、本書でもその報道を操作したのは何者かを追跡しているが、彼のスティグマは今日もはがれていない。

著者は宗教団体オウムの教義を丹念に追った。オウムの教義は、阿含宗、仏教、チベット密教などが混ざりあい、外部からはわかりにくいが、オウム内部では整合性があることを著者は説き明かしている。その態度は宗教学者ならではであり、宗教の本質に触れる迫力がある。

さらに教義が体系を整えていくなかで、その背景にある麻原の屈折した人生の足跡、教祖に傾斜していく信者たちの心理、殺人を肯定するテロリズムへとつき進む道程を鮮明に描いた。

かつてオウムを取材した私は、信者たちが修行によって得た身体的な変化を感動的に語ったことを覚えている。それほどに現代の若者は自身の肉体に相対する場面がなかったのだ。また、絶対的な教祖が出現したのは、麻原の力だけではなく、そうした存在を望んだ信者たちの内面にあったと著者はいう。

島田も若いころにある宗教団体に属したことがあり、そうした体験から「共同体」の心地よさも、閉ざされた空間のゆがみも断罪していない。ひるがえればそれは狂気の集団の姿ではなく、日本社会のある一面であるという指摘も説得力をもっている。

また、オウム信者に強い影響力を与えたといわれる宗教学者・中沢新一のオウムへの視線や、作家・村上春樹がオウムという存在の何に反応し作品化したのかという論考も著者らしい視点だ。

オウムを奇妙な宗教団体だと片隅に追いやっても彼らは生きつづける。オウムは私たちの「歴史」の子供たちなのだから。

評・与那原恵（ノンフィクションライター）

しまだ・ひろみ　53年生まれ。宗教学者。著書に『宗教の時代とは何だったのか』など。

二〇〇一年八月五日❷

『つらつら椿　浜藻歌仙帖』

別所真紀子 著

新人物往来社・一九〇〇円

連歌の楽しみ、なぞ解きの妙味

少しばかり知ったかぶりをさせていただくと、江戸の俳諧の妙味は、発句（ほっく）（いわゆる俳句）によりも付合（つけあい）にある。

鳶（とび）の羽も刷（かいつくろひ）ぬはつしぐれ　去来

一ふき風の木の葉しづまる　芭蕉

股引（ももひき）の朝から濡るる川越えて　凡兆

といったぐあいに、複数の連衆（れんじゅう）が五・七・五の長句と七・七の短句を、即（つ）きすぎず離れすぎないように交互に付け合い、月や花や恋の句も適度にちりばめて、三十六句からなる一つの作品（「歌仙」）を作りあげる。座を捌（さば）き、句を選んで、作品の完成度を高めるのが宗匠（そうしょう）の役割。世界にも類のない芸術様式だ。

この本の著者はご自身も現代の連歌師（れんがし）、前作『雪はことしも』で、昔から読んできた芭蕉一門の歌仙の制作現場を、まるで実況中継でもするかのように再現してみせられ、感動した覚えがある。

この第二作は、文化文政期に実在した女性俳諧師、五十嵐浜藻（はまも）を主人公に仕立てた創作、四話の連作である。

俳諧の連衆には身分も性別もない。まだ三十代半ばの浜藻宗匠のもとに集まるのも、油問屋のご隠居、吉原の大籬（おおまがき）のあるじ、河東節（かとうぶし）の色っぽい師匠、かつぎの絵草紙屋、油屋の隠居が娘同然に面倒をみているみなしごの姉妹、そこにあとから八丁堀の同心も加わり、色とりどりだ。浜藻の師、夏目成美（せいび）は病床に伏しているが、その友人の小林一茶が出府のたびに顔を出し、一座に加わる。

四話それぞれで歌仙が巻かれ、その付合の情景も興味深いが、この多彩な連衆の誰（だれ）かかれかに絡んで起きる事件を解決してゆく浜藻も魅力的だ。事件がらみで登場し、そのまま連衆の一人に落ち着く同心の忍坂（おしざか）甚之助が強力な助っ人。

表題は浜藻の句「おもふこと捨（すて）てつらつら椿かな」に由来する。別所さんによって、捕物帳と人情物の味わいをくわえた「俳諧小説」という新しいジャンルが開かれたことになる。俳句好きの読者にぜひともお薦めしたい一冊。

評・木田元（哲学者）

べっしょ・まきこ　34年島根県生まれ。作家。「雪はことしも」で歴史文学賞受賞。

二〇〇一年八月五日❸

『夜啼きの森』

岩井志麻子 著

角川書店・一五〇〇円

志麻しゃん、心した方がええ

しゃあけどなあ、志麻しゃん。わしゃあ性懲りもなく、またあんたの岡山弁の話読まされてしもうて、何やら体ん中の骨が気持ちよう融（と）けていくみてえな気分と、そう思う一方、肺病と貧乏の臭（にお）いと、夜這（よば）いの後に立ち籠（こ）めるぼっけえ嫌あな男と女の臭いとに包まれて、いまにも吐きそうになっとる自分が、正直言うて、ようわからんのじゃ。しゃあけえ、何とも纏（まと）まりのつかん御託を並べるかもしれんけえど、そこは堪忍してつかあさい。

昭和十三年に岡山の小さな村で起こった〈津山三十人殺し〉については、その猟奇的な事件性から、横溝正史の『八つ墓村』や西村望の『丑三つの村』をはじめ、多くのフィクション、ノンフィクションが書かれているが、二年前、岩井志麻子が「ぼっけえ、きょうてえ」で世に出たとき、私は早晩この人も、きっとこの素材で書くだろうと思っていた。

近来、〈土俗〉という言葉は次第にマイナーなイメージになってきたが、この〈土俗〉に、日本人の精神性と宿命観を改めて求めようとする傾きが、ホラー趣味の流行と相俟（あいま）

って、このところ強いようだ。〈山本周五郎賞〉の選考会で、最も「ぼっけえ、きょうてえ」を推挽(すいばん)されたのは、青森恐山(おそれざん)に近い出身の長部日出雄さんだった。一篇(いっぺん)中に自在に使われている〈方言〉が伝える滅びの切なさと、それゆえの甘美さと、滑稽(こっけい)なくらいの純心に、長部さんは手もなく降参した。

岩井志麻子は、いまのところ短篇の方が上手(うま)い。「あまぞわい」とか「依って件(くだん)の如し」とか、優れたものも多い。『夜啼きの森』はこの人のはじめての長篇だが、どうしてもう一つ、力強くないのか。哀(かな)しみが薄いのか。

それはなあ、志麻しゃん。あんたの気持ちが、岡山から少し遠退(とおの)いとるんじゃ。こうした話は、土俗を差別するか、さもなくば、鼻と口まで溺(おぼ)れて沈むか、どっちかしかないんじゃ。これは、きょうてえことじゃから、心した方がええと思うがのう。

評・久世光彦(作家)

いわい・しまこ 64年生まれ。作家。著書に『ぼっけえ、きょうてえ』『岡山女』など。

二〇〇一年八月五日⑤

『赤い百合』

アナトール・フランス 著　杉本秀太郎 訳

臨川書店・二八〇〇円

世紀を超えてなお艶めく傑作

かりに「情痴小説」なる表現領域が存在するなら、アナトール・フランスの長編『赤い百合』は、刊行後百年を経てもなお色香の褪(あ)せない、この分野における傑作のひとつだろう。

主人公テレーズは政界にも影響力を持つ大銀行家の娘で、政界進出を目論(もくろ)む爵位のある男と気のない結婚をしているのだが、夫婦の交わりは絶えて無い。彼女にとって夫は「居ても居なくても同じ」の、なんの意味もない存在である。それはつまり、彼女自身の暮らしにも意味がないというに等しい。

ならば人生の「意味」はどこにあるのか。彼女にはこの三年ほど「週に二度も四度も身を任せて」きた若い恋人がいる。「それなのに物足りない」とわけもなく不安にかられたテレーズは、みずから別れ話を切り出す。そんなとき、今度は芸術に理解のある彫刻家の男があらわれ、ふたりは共通の友人の住むフィレンツェで結ばれるのだが、別れたはずの男の執着心が彼らの先行きに不吉な影を投げかける。以下は見慣れた修羅場の連続だ。

しかしそれだけならただの色恋沙汰(ざた)に終わってしまう。テレーズの「しなやかな上半身、肉付きのいい腰、放埒(ほうらつ)なまでに反りの強い胴」の存在感と、肉の喜びの頂点から一挙に冷めていく男たちの嫉妬(しっと)の嫌らしさ、そして愛の当事者たちを側面から支える、十九世紀末サロン小説の骨法を押さえた豊かな会話。物語全体を覆う艶(つや)やかさは、舞台となるパリとフィレンツェの対比にも似た、この身体と知の微妙な平衡感覚に由来している。

フィレンツェの紋章である赤い百合の毒とエロスの雫(しずく)を一滴も漏らさず運んでいくのは、石川淳(春陽堂)、小林正(白水社)の訳業を踏まえたうえであらたに練り直された杉本秀太郎の、テレーズの背後にぴたりと寄り添うような、ほのかに汗ばんだ日本語である。蒸し暑い夏の盛りだからこそ手にとって、肌の最も敏感な部分が脈打つのを楽しむ。これは、そういう小説だ。

(原題、Le Lys rouge)

評・堀江敏幸(作家)

Anatole France 1844～1924年。作家。21年ノーベル賞受賞。

二〇〇一年八月五日⑥

『屠場文化　語られなかった世界』

桜井厚、岸衛 編

創土社・二四〇〇円

多彩な「牛をめぐる文化」描く

冒頭の話にドキッとする。ある授業で学生に質問した。「トジョウについてどう思いますか?」。彼らはキョトンとしている。仕方なく黒板に「屠場」「屠畜場」「屠殺場」と書く。出てきた答えの大半はネガティブなイメージのもので、中にいくつか被差別部落に言及したものが混じっていた。――私たちの認識も同じレベルじゃないのかな。

屠場と書いて「トジョウ」と読む。ちなみにこの言葉、私のパソコンでは漢字に変換できなかった。こんなことからも「屠」の字がいかにタブー視されてきたかがわかる。しかし、屠場はある。それは語られるべき時機にきた、と著者らはいう。舞台はブランド牛の近江牛で知られる滋賀県近江八幡市。『屠場文化』はそこの市営屠場で働く人々、出入りする人々への聞き取り調査から、屠場の歴史と現在を描き出した労作である。

〈むつかしいにゃ、牛の説明すんの。ほいでね、前歯がね、ね、この歯がね、これ八本あるんです。下はありませんよ。牛の歯は下はないです。(聞き手に向かって)今勉強しなはれ(笑)〉

と、こんな調子で、お国訛(なま)りもそのままに再現される語り。にしても牛と食肉の間をつなぐ職種のなんと多彩なことだろう。牛の売買を請け負う「博労(ばくろう)」(家畜商)、解体の専門職人「屠夫」、皮や骨などの副生物を用途別に加工する「ゴミ皮屋」(化製場)、取り出した内臓を洗って卸す「内臓屋」、彼らに雇われて現場の仕事をする「洗い子」、そして枝肉を得意先に卸す食肉問屋……。

牛一頭で無駄にするのはモーという鳴き声だけ。この本の特徴は「食肉生産工場」と言い換えたとたんにこぼれ落ちてしまうだろう、そんな屠場周辺の営みの数々を、ひとつの「文化」ととらえた点だ。とかく差別問題に回収されがちなテーマに、もうひと回り大きな視野を与えた意義は大きい。肝心なのは「屠」の字を隠すことではなく、「屠」にまつわるイメージを転換することだという主張に共感した。

評・斎藤美奈子(文芸評論家)

さくらい・あつし　47年生まれ。千葉大教授。
きし・まもる　47年生まれ。高校教諭。

二〇〇一年八月五日⑦

『巴』

松浦寿輝 著

新書館・一八〇〇円

晩夏の夕暮れ時には、徘徊(はいかい)の虫が騒ぎだす。閑散とした商店街や屋敷町をあてどなく歩き回ってみたくなる。けれど御用心、黄昏(たそがれ)時は別名「逢魔(おうま)が時」――予期せぬ災厄や怪異と出くわしかねない魔の刻(とき)なのだから。たとえばそう、異色の都市幻想ミステリーたる本書の主人公のように。

女のヒモとなってその日暮らしを続けていた大槻は、逢魔が時の坂道で行き会った知人に誘われ、根津権現裏にある怪しげな老人の屋敷に出入りするようになる。高名な書家だという老人は、身内の美少女と大男を起用した淫猥(いんわい)な映画制作に入れあげているらしく、大槻にその手伝いを頼みたいと語るのだが……。

不気味な隠花植物めく一党に導かれて主人公が垣間見る都会のアンダーワールド――路地裏の廃屋や無人のビルや暗黒の下水道に人とも魔ともつかぬ影がうごめく様を描きだす稠密(ちゅうみつ)な文体が何より魅力的だ。「巴(ともえ)」の謎(なぞ)をめぐる奇計も秀逸。大乱歩の懐かしき猟奇世界を彷彿(ほうふつ)せしめる傑作である。

評・東雅夫(文芸評論家)

二〇〇一年八月五日⑩

『アメリカン・バブル』

木下玲子 著
新潮社・一五〇〇円

雑誌連載時のタイトルは、「アメリカX」。Xとはエクスペリメンタル、実験を意味する。著者はIT革命とBT（バイオ）革命の株価狂乱に沸いた九〇年代クリントン政権の特徴を壮大なる実験とみなし、Xの現場を歩いた。

その旅は、子殺し事件で幕を開け、父親不在とシングルマザーの増加、精子バンク、電子エリートの台頭へと続く。マイクロソフト社ではひと月三百人の億万長者が誕生し、給料を自分のコンピューター会社に投資した受付嬢は五年後に億万長者となった。

だが、二〇〇〇年春、ネットバブルは崩壊。そして、今、ブッシュ・アメリカは孤立主義を突き進んでいる。

F・L・アレンは、現代消費社会の曙（あけぼの）としての二〇年代を三一年に『オンリー・イエスタデイ（ほんの・きのうのこと）』と回顧した。だが、今では、ほんの数年前の九〇年代が、すでに遠い昔のように思える。早く「シンス・イエスタデイ」を紡がねば。著者のそんな切迫した思いが伝わってくる。

評・最相葉月（ノンフィクション作家）

二〇〇一年八月五日⑪

『倣古抄』

高橋睦郎 著
邑心文庫・二八〇〇円

現代を代表する詩人である著者が、古代から近世までの古体の詩作品を、半世紀に渉（わた）って書きためたという、前人未到の仕事。祝詞・神楽歌に始まって、謡曲や狂言、さらに地唄や常磐津も登場し、巻末には自身の覚書の付いた独吟歌仙も収められている。

素晴らしい力業に圧倒されるが、少しも衒学（げんがく）的な匂（にお）いはない。逆に、ひとつひとつの作品が、現代人にとっての形式の親しみにくさを越えて、詩人のやわらかな〈私〉の素顔を垣間見させてくれるような のは何故だろう。いわゆる〈個人〉や〈自我〉ではなくて、どこまでも、光に身を開く鳥のような〈私〉なのである。

その光は死者たちからやって来る。死者たちの言葉によってうたう時、詩人の魂は、最も透明に解き放たれるということだろうか。

考えてみれば、近代以降にこのような試みの書がなかったことのほうが不思議である。新世紀の始まりにふさわしい一冊だ。

評・水原紫苑（歌人）

二〇〇一年八月五日⑫

『井上ひさし伝』

桐原良光 著
白水社・二四〇〇円

単行本では初めての井上ひさし伝である。毎日新聞学芸部のベテラン編集委員の書き下ろしだ。

現存の人気作家の伝記は、対象となる作家との距離の取り方が難しいが、著者はあえて井上氏の至近距離に身を置いてインタビューを重ね、氏の故郷の山形県川西町など各地に足を運んで、多くの関係者の証言を集めた。その結果、井上氏の視点を核とし、井上作品への共感にあふれた本書が生まれた。

放送作家時代の井上氏の代表作「ひょっこりひょうたん島」の登場人物たちが実はみな死者たちで、あの作品の明るさは「死後の明るさ」だったことなど、一般にあまり知られていない事実に光を当てたのも収穫である。井上氏の自伝的な文章と証言者たちの談話の間にしばしばズレがあるのも興味深い。

井上氏の歩みとその作品を著者独自の視点で分析し、掘り下げるという点では物足りなさも残るが、心のこもった作家案内として役立つ本だ。

評・扇田昭彦（演劇評論家）

二〇〇一年八月一九日❶

『書物について　その形而下学と形而上学』

清水徹 著

岩波書店・四六〇〇円

IT時代に探るモノと想像力の歴史

白い紙にテクストを印刷して四角く綴(と)じたもの。それを「本」と呼ぶか「書物」と呼ぶかで、こちらの心持ちもガラリとちがってくる。

本なら、それは日常的な道具である。気持ちよくテクストが読めればそれでいい。だが「書物」と呼ぶと、同じものがある種の魔法の箱と化して、私たちのうちに「全世界を一冊の書物に封じこめる」式の幻想をかきたてにかかる。これはフランス世紀末の難解詩人マラルメの有名なことばで、本書でも、かれの「究極の書物」計画の謎(なぞ)が一章をさいて明快に解き明かされている。

このことからもわかるように、本書の著者、清水徹は、そのマラルメの流れをくむ名うての「書物」派として知られる。「本」派と「書物」派とでは歴史のとらえ方もちがう。「本」派はテクスト重視だから、こんにちの本のはじまりをグーテンベルクによる金属活字の発明(十五世紀)に見る。他方、「書物」派の著者は、古代的な巻物を消滅においやった冊子体革命(二世紀)のほうがはるかに決定的なできごとだったと考え、この革命が生んだ「書物という物体そのものにかかわる私たちの物質的想像力」の大胆な歴史を書きあげた。

なにせヨーロッパの精髄にかかわる精神史的記述なので多くの書物が参照される。プラトンやユゴーやシュレーゲルなどの古典から、ハブロック『プラトン序説』やオング『声の文化と文字の文化』やシャルチエ『書物の秩序』といった定番の研究書まで。マクルーハン『グーテンベルクの銀河系』もでてくる。その一つ一つをていねいに読みこみ、とるべきところはとり、納得のゆかない点は断固として批判する。そして、あいまいさや媚(こ)びや知的おどかしぬきで、読みながら考えたことを正確に書きしるす。なるほど、まっとうな読書(勉強)とはこういうことなのか。

本書の底には、書物とそれにかかわる人間の想像力が、十九世紀にはじまる印刷技術高度化の結果としての「書物の氾濫(はんらん)」と、二十世紀のコンピュータ技術がもたらした「電子化」によって、大きな曲がり角に立たされているという認識がある。ただし新しい危機に古い情緒で対抗するのは著者の好みではないらしい。そんなくらいなら、とかれは考える。いっそ未熟なデジタル派にかわって、「来るべき書物」のかたちを自分で設計してしまったほうが、よほど面白い。

溌剌(はつらつ)として挑戦的。六十歳をこえた私がいうのもなんだが、とても七十歳をむかえた人の著作とは思えん。

評・津野海太郎(編集者・和光大学教授)

しみず・とおる 31年生まれ。仏文学者、文芸評論家。著書に『書物の夢　夢の書物』など。

二〇〇一年八月一九日❷

『地方発　明治妖怪ニュース』

湯本豪一 編

柏書房・二三〇〇円

丹念に集めた開化期お化け話

夏といえば怪談だ。つい最近、夕方、大学の研究室で集まってお茶を飲んでいると、ふとしたことから、怪談や怪奇体験の話が始まった。夜ばかりでなく、朝にも現われて、住人の眼(め)を醒(さ)ましにくるという律儀な特攻隊の幽霊など、自分の体験談や人から聞いた話で座は盛り上がった。

さて、本書は全国各地の地方新聞から拾い集めた明治の怪談集である。北海道から九州におよぶ。まずは各地の地方紙を探しまくった労苦がしのばれる。

ひとつだけ紹介してみよう。ある猟師が二羽の雉(きじ)を射止めた猟の帰途、兎(うさぎ)を担いだ知人の猟師に出会い、兎に二十銭札三枚加えて、二羽の雉と交換した。兎汁をこしらえ、女房と酒盛りをしているところに近所の者も加わった。近所の者が酸味がきつく変な味がすると言い出し、女房は腹が痛いと吐き出した。調べてみると、兎のかわりに手足のばらばらになった赤児(あかご)の死骸(しがい)があり、紙幣は木の葉だった。これは「狐(きつね)に一杯やられしなり」と締め括(くく)られるが、かなり怖い話だ。

圧倒的に多いのは狐と狸（たぬき）の怪談である。妖怪（ようかい）として、狐・狸は第一人者だったのだ。奇怪な出来事はなにごとも「狐狸（こり）の所業」で片がついたのである。しかし、文明開化の時代はそれですまなくなる。科学的で合理的な説明が必要になった。ひとつは「神経病」つまり精神錯乱による妄想、もうひとつは妖怪の実在を信仰して伝承する「妖怪の遺伝」である。しかし、このような説明はとってつけたようで、読者にはおもしろくなかったと想像できる。

科学と迷信の分岐する時期にあった文明開化期だが、やはり怪異それ自体が読者の関心を呼び、これだけたくさんの記事が生み出されたのである。本書の興味深い点は、古典的なものから現代に通じるものまで、怪異現象を網羅し、妖怪の文化史となっているところにある。それは声で演出して語られない、文字だけの怪談なのだが、記事を読んで再び語り伝えられ、時代を越えて存続していったというのが私の発見である。

評・川村邦光（大阪大学教授）

ゆもと・こういち 50年生まれ。川崎市市民ミュージアム学芸員。『図説 幕末明治流行事典』ほか。

二〇〇一年八月一九日❸

『階層化日本と教育危機 不平等再生産から意欲格差社会（インセンティブ・ディバイド）へ』

苅谷剛彦 著

有信堂・三八〇〇円

所得格差が生む「やる気」格差

どうもおかしい。常々そう思いながら、問題の所在を正確に言い当てられず、心にくすぶり続ける疑問がある。教育改革もその一つだ。受験競争の弊害をなくそう。子供にゆとりを与え、学習意欲を高めよう。かけ声はよかった。だがこの十年の改革の末に私たちが目にしているのは、基礎学力や学ぶ意欲の衰えと、格差の拡大ではなかったろうか。

本書は克明なデータをもとに、こうした「教育改革」の逆説を照らし出す。手堅い実証研究でありながら、今の課題に真正面から切り込む争論の書である。

著者の方法論は一貫している。教育と社会が交差する局面を、「階層化」というキーワードを通して分析する手法だ。教育は世代にまたがる営みであり、親世代の階層差が反映する。同時に、教育の結果として生まれる職業機会や所得の格差は、次世代の階層化をもたらす。

こうした見方に、違和感を覚える人もいるだろう。どの子も能力に違いはなく、がんばれば満点を取れるはずだ。教育の大衆化と共に、そうした「平等主義」が私たちの常識となったからだ。

だが著者は、二十年近い間隔を置いて同じ高校群で実施した調査などをもとに、学力だけでなく、努力にも階層差が反映している実態を明らかにする。だれもが学習意欲を失っているのではない。文部省が進めた「ゆとり教育」の中で、専門・管理職や高学歴の親を持つ子とそうでない子とでは、やる気と努力の差が拡大する傾向が強まっているという。教育における「中流幻想」の崩壊である。

最近は「自己責任」を唱える論調が盛んだ。だがこの議論は格差を個人の責任に帰することで、たやすく不平等容認の論理にすり替わる可能性がある。著者はまず格差を最小限に抑え、いったん学びのプロセスから降りても、再度挑戦する機会を与えるよう提言する。

「改革」を唱えるのはやさしいが、過去の「改革」の失敗に学ぶことは難しい。本書は、その困難を引き受けた研究者の決意表明である。

評・外岡秀俊（本社編集委員）

かりや・たけひこ 55年生まれ。東大大学院教授。著書に『大衆教育社会のゆくえ』など。

二〇〇一年八月一九日④

『もうひとりの孫悟空』

李馮 著　飯塚容 訳
中央公論新社・一六〇〇円

歴史の大河をともに下るスリル

世界の古典文学の中に、特に宗教的な探求がきっかけとなって大きな叙事詩が詠まれたり、意外な展開に富んだストーリーがつづられたりしたものがある。探求が出発の動機で主人公たちが旅に出かけて、さまざまな冒険に出くわす。紀行が文学の大きなジャンルであった。中国大陸では「西遊記」のような旅の物語が生まれた。

現代中国の若手作家による「もうひとりの孫悟空」は、そのような伝統を、とても自覚的に受けついでいるようだ。中国のそれぞれの時代における歴史人物または物語人物のストーリーを、李馮は自由自在に、エネルギッシュな筆致で語り直す。その「人物」群にはサルもいれば、宮廷人と盗賊、名僧と皇帝もいる。そして日本の阿部仲麻呂やイタリアのマテオ・リッチのように外から大陸に「探求」をして旅に出かけてきた人たちもいる。

一見、歴史小説のように見えるのだが、この作者の手法は擬古的な古典主義ではない。かといって、西洋の近代文学の大きな流れを作ったパロディともいえない。現代の視点から伝統をひっくり返してやろうという意図はない。大陸の広大な空間と、次々と都が栄え都が滅びまた王朝が成り立つという時間の深みに迫り、作者が固有名をちりばめながら、いきいきと、再発見の「探求」をくりかえす。

日本語訳のノートによると、表題作の主人公の「孫悟空」は、原文ではただ「行者」と名づけられているようだ。転生しながら王朝から王朝へと軽やかに動くこの「行者」のフットワークを楽しみながら、読者は歴史の大河を共に下ってゆくというスリルを覚える。簡明な文章で描かれたいくつもの場面を味わいながら、「時間」の紀行を楽しむかのように。

歴史と伝統のナラティブを組み直した試み、不思議な「実験小説」集。登場人物たちが雲に乗ったような軽い展開を見せながら時空を飛びながら細かく、そして活発に動く。あの中国大陸が、動きの舞台として、もうひとつ、書き直されたのである。

（原題、另一種声音）

評・リービ英雄（作家）

リー・フォン　68年生まれ。作家。北京在住。近著に『今夜無人入睡』。

二〇〇一年八月一九日⑤

『日本国債の研究』

富田俊基 著
東洋経済新報社・二二〇〇円

史上空前の事態に冷徹なメス

わが国は現在、国債だけで三百八十九兆円という世界史にも類例のない大規模な債務残高を抱えながら、その額をなおも増大させ続けている。本書はこの日本国債累増の検証を通じて、一九九〇年代の日本経済と経済政策を丹念に振り返り、今後の展望を探った労作である。

国債残高が急増しても、その金利が低位にあることをもって、懸念するに及ばないとの見方がある。しかし、まず本書は外国政府の発行する円建て債券と日本国債の金利を比較することで、すでに市場が日本国債に対して上乗せ金利を要求するようになっていることを明らかにし、そうした楽観を厳しく戒める。

景気の一時的な変動をならすためであれば、財政出動にも合理性がある。しかし、九〇年代以降の日本経済の低迷は、規模の大きな景気循環ではなく、冷戦終了後の構造変化に起因する。冷戦終了とともに旧社会主義国や新興経済諸国の参加で市場経済がグローバルに拡大し、世界レベルでの産業構造の変化が起こった。この恒久的なショックに、大規模な景気対策を繰り返すことで立ち向かった結果、国債の累増がもたらされた。

しかも、政府の債務は国債だけに限られない。中央と地方をあわせた長期債務残高は六百六十六兆円に至ろうとしており、特殊法人等が抱える債務もかなり巨額化していると懸念される。また、公的年金の積立金不足も国の債務だ。

それゆえ、いま求められているのは、状況認識と政策思想の転換だといえる。本書では、九七年不況についても、当時の橋本内閣が推し進めた財政構造改革の結果ではないことを論証し、財政再建に取り組むと景気悪化を招くのではないかという呪縛（じゅばく）にとらわれることなく、改革に向かうべきだとしている。

日本経済の問題解決に妙手はなく、冷戦終了に伴うグローバル化とIT（情報技術）革命の進展という構造変化に対応する努力を重ねる以外に活路はない。本書は、この冷徹な事実を正面から我々に突きつけている。

評・池尾和人（慶応大学教授）

とみた・としき　47年生まれ。野村総合研究所研究理事。著書に『財投解体論批判』。

二〇〇一年八月一九日⑥

『にっぽん野球の系譜学』

坂上康博 著

青弓社・一六〇〇円

時代に翻弄された原っぱの夢

娯楽の少ない戦後の地方都市の子どもたちにとって、数少ない楽しい遊びが野球だった。世の中には遊びとは無縁な、苦しい鍛錬のための野球もあることを後で知って、不思議に思った記憶がある。

日本人の多様な野球観を整理した本を開いて、昔の疑問を思い出した。著者はスポーツ社会学の専門家。野球が日本社会に根付いていく過程で、どのような時代との緊張関係があったのかを、一次資料でたんねんに検証する。

興味深いのは、日本野球の特異性として外国の研究者に指摘される忠誠心や協調精神の重視、集団主義などは、日清・日露戦争後のナショナリズムを背景につくり出されたとする見方だ。野球否定論から身を守る色彩もあったという。

国家統制が強まった第二次大戦の戦時下には、野球のもつ鍛錬や精神修養の要素が強調されたという。忍耐や努力が叫ばれた戦後の高度成長期には、今度は野球にも「根性」が求められる。

こうして見ると、外来文化として日本にやってきた野球が、いつも時代の波に翻弄（ほんろう）され続けてきた姿が浮かびあがる。そのたびにもとの姿は変形してきた。

しかし、本来の日本野球は「青空のもとで身体を解放する愉快な体験」だったと著者は言う。

「春風やまりを投げたき草の原」「うちあぐるボールは高く雲に入りて又落ち来る人の手の中に」と正岡子規が熱中したのも、楽しく愉快な野球だった。

時代とともに「愉快」の要素が封じ込められてきた日本野球にも、何度か転機は訪れているという。野球少年の寺山修司や井上ひさしが原っぱでボールを追いかけた敗戦後の一時期も、そうだった。

そう考えると、日本が大国として無理に背伸びしようとする時代には、野球にも協調精神や窮屈な集団主義が求められるという規則性があるようだ。

精神主義とは縁遠いイチローや新庄の活躍に人々が興奮するいまの日本は、その意味では意外に健全な時代なのかもしれない。

評・清水克雄（本社編集委員）

さかうえ・やすひろ　59年生まれ。福島大助教授。他著に『権力装置としてのスポーツ』。

二〇〇一年八月一九日⑦

『永田町政治の興亡』

G・L・カーティス著　野口やよい訳

新潮社・一八〇〇円

いまや永田町の論理と一般国民の常識とは大きく乖離（かいり）し、国民の不満は大きい。溝を埋めるはずだった政治改革はどうなってしまったのか。なぜ日本は今のような閉塞（へいそく）状況に陥ったのか。こうした問題を歴史的に考えるうえで本書は多くの知見を示す。

著者は米国を代表する日本研究者。代議士の誕生についての著作でデビューし、本書で五五年体制下で作られた政治システムの性格と終焉（しゅうえん）について分析した。抜本的な政治改革は避けられない。著者も言うように問題はその内容だ。小さな政府論者の多くが、行政の効率向上・官僚の削減に全力をあげる。しかし日本の行政効率は外国に比べ高い。問題なのは人の数ではなく政府の過剰な権力である。政治家主導の政策決定は指導者の個人的資質が問題で、安易な制度改革には危険が伴う。歴史を踏まえた著者の問題提起は示唆に富む。構造改革論者小泉首相誕生の意味を考えるために格好の本だ。

評・佐道明広（政策研究大学院大学助教授）

二〇〇一年八月一九日⑧

『毛沢東のベトナム戦争』

朱建栄著

東京大学出版会・六〇〇〇円

一九六〇年代後半、米国やフランス、日本でベトナム反戦運動が燃え盛っていたころ、中国では文化大革命の嵐（あらし）が吹き荒れた。文革の淵源（えんげん）を探る本書は、六四～六五年の時期を、中国の内政と外交における決定的な転換期と見定め、そこにベトナム戦争が及ぼした影響を徹底的に分析する。

ソ連との全面対決を決断するにあたって毛沢東が懸念したのは、米国の動きであり、ベトナムでの戦火拡大が、中国に波及することであった。他方で、ベトナム人民の抗米闘争を支援することは、ソ連に対抗するうえでも不可欠だ。毛沢東はぎりぎりの選択を迫られる。その結果が、のべ三十二万人に及ぶ後方支援部隊の北ベトナム派遣であり、米軍の爆撃機と中国の高射砲部隊が直接対峙（たいじ）した。しかしその事実を当時、米中ともに公表することはなかった。

著者は、日本在住の中国人研究者。中国、日本、欧米の資料を駆使し、中国の戦争への介入過程などを跡づけた労作だ。

評・白石昌也（早稲田大学教授）

二〇〇一年八月一九日⑨

『「帝国」の文学　戦争と「大逆」の間』

絓秀実著

以文社・三二〇〇円

天皇制について発言することには、政治的勇気とは別に独特の気の重さがつきまとうのはなぜか。著者はその心理にわだかまる葛藤（かっとう）を「大逆」と名づけている。

日本近代の「国民文学」は日露戦争の戦後文学として生まれた。ナショナリズムとは、「私」と「国民」とを等価にする心理であり、その根底には「王殺し」が「父殺し」や「師匠殺し」と連続して重なる深層が広がっている。

夏目漱石を論じて記す「明治天皇は自ら病死する」という奇妙なフレーズが本書のスタンスをよく物語ろう。論は幸徳秋水らの天皇暗殺計画事件にとどまらず、島崎藤村の『破戒』、田山花袋の『蒲団（ふとん）』、徳田秋声の『黴（かび）』などが「大逆」と裏表の関係にある「父殺し」の主題を秘めており、またそれぞれに不徹底であったゆえんを事こまかに読みたどる。

近代日本がその政治的思春期に精神界でなすべくして果たせなかった「王殺し」の痕跡を解読した批評である。

評・野口武彦（文芸評論家）

二〇〇一年八月一九日⑩

『デモクラシーとは何か』

R・A・ダール 著　中村孝文 訳
岩波書店・二八〇〇円

超大国の政策が、たった一州のわずかな票差でがらりと変わった。ワイドショー内閣への支持はテレビの視聴率のように移ろう。「政治は賢い人に任せたら」というささやきに、ついうなずきかける。

本書はそれに待ったをかける。「賢明なひと」に統治をゆだねると、必ず「強制だけが残る」のだ。世の中、専門家に任せた方がいいことは確かに多い。だが、統治については、その能力が「明らかにすぐれた人はいない」。この平明な理は忘れられがちだ。

政治には、賢者も愚者もない。著者の言う「本質的平等の原理」とは、この考えに根ざすように見える。全人を平等に扱う方が「人の協力をずっと取りつけやすい」。愚者の等しい参加が民主主義の価値、効能だというのだろう。

その上で本書は説く。民主主義を前進させる「歴史的な力」などあてにできない。すべて「私たち自身にかかっている」と。この政治制度、万人に等しくしんどいのだ、と教えている。

評・中川謙（本社論説副主幹）

二〇〇一年八月一九日⑫

『明治の文学第20巻　正岡子規』

坪内祐三、中沢新一 編
筑摩書房・二四〇〇円

正岡子規の今年は百回忌。忌月の九月を中心に子規をめぐる多彩な行事が各地で計画されている。

そんな折、タイミングよく出たのが『明治の文学第20巻』のこの本。編集に当たった中沢は、「陽気と客観」と題した解説において、子規の魅力を次のように説く。「あらゆる個体を否定して、自分の中に呑(の)み込んでいく『客観の王』である死と、子規は正面から向かいあって、いっときたりと相手の目から目をそらすことがなかった。するとそこに、とてつもないユーモアの感覚がはじけ飛ぶのである」

この本に集められているのは、まさにその「ユーモアの感覚がはじけ飛ぶ」文章や俳句論など。たとえばわずか一頁(ページ)の小品「酒」。学生時代、数学の試験勉強をしていた子規は、勢いをつけるために友達と酒を飲みに行く。ところが一合の酒で酔っ払い、勉強どころでなくなり、翌日の百点満点の試験ではわずかに十四点。子規は書く。「酒も悪いが先生もひどいや」

評・坪内稔典（俳人）

二〇〇一年八月二六日❶

『比較制度分析に向けて』

青木昌彦 著　瀧澤弘和、谷口和弘 訳
NTT出版・五八〇〇円

多元的な価値を重視する画期的論考

比較制度分析とは、時空を越えた普遍的な経済システムはあり得ない、との認識から、さまざまな経済事象を分析して経済システムの多元的な価値を重んじる経済学の新しい分野で、著者はその第一人者。普遍的な規範の存在を前提とする主流派経済学を相対化する考えとして画期的とされる。その方法を公共財という概念を手がかりに考えてみよう。

公共財とは、費用を払わなくとも、払った人と同様に、同じ量の便益を受け取ることのできる性質をもつ、財やサービスのことをいう。古典的な例でいえば、灯台は、建設・維持費を負担しない者も利用できるという意味で、公共財である。しかし、まさにこの性質のゆえに「ただ乗り」の動機が生まれる。だから灯台が必要であれば、結果として誰(だれ)かがみんなから、強制的に費用を徴収しなければならない。こうして「ガバメント(政府)」が登場する、と従来の経済学は考えた。

しかし、このような「ただ乗り」戦略は、常に採用されうるのだろうか。ただ乗りによって得られる利得よりも、ただ乗りした結果「村八分」扱いされることで失われる利得の方が大きいと、十分に予想されるのならば、ただ乗りをする動機はなくなると考えられる。そうであれば、関係者は自発的に費用を負担することになり、必要な財やサービスが公権力によらなくても供給されることになる。こうして「ガバナンス（秩序）」が形成されることになる。

必要な費用を、政府が強制的に集めるにせよ、関係者が自発的に納めるにせよ、そこには一定のルールが必要である。本書がいう「制度」とはこうしたルールのことである。ルールには、政府によって外部的に、すなわち「外生的」に与えられるものもあれば、関係者のなかから「内生的」に生じるものもある。

本書の最大の貢献は、ルールが関係者の相互作用から内生的に生まれてくるロジックが、明確に示されていることだ。そこから「ガバメント」は「ガバナンス」によって支えられなければ実効性を持ち得ないことも明らかにされる。

グローバルスタンダードへの性急な傾斜が、いかに理論的裏付けの乏しいものであるかも、これによってよく理解できる。ゲーム理論を駆使して、政治学や法学など隣接する諸科学を組み合わせ、経済システムの多元的価値を数式を使って論証した、刺激的な書物である。

本書のもとになった論文は、すぐれた経済学の業績に与えられるシュンペーター賞を受賞した。原文は英語で、邦訳のほか中国語、フランス語、イタリア語への翻訳が予定されている。

（原題、Towards A Comparative Institutional Analysis）

評・真渕勝（京都大学教授）

あおき・まさひこ　38年生まれ。スタンフォード大教授。

二〇〇一年八月二十六日②

『真名仮名（まなかな）の記（き）』

森内俊雄 著

講談社・二〇〇〇円

書に狂い救われる姿 寛やかに

左手を見ると人さし指の爪（つめ）が剥（は）がれ落ちそうになっている。激痛に襲われる、そう予感したとき、夢から醒（さ）める。

森内俊雄には狂気をモチーフにした作品が多い。それだけにこの作家らしい書き出しなのだが、その後の趣向は異なる。夢から逃れるため、書棚から伝藤原伊房筆『源氏物語絵巻』を取り出し、その見事な書跡を眺め、気を鎮める。そこから自身五十六歳になってはじめた書の話へと進んでいく。

「書を学ぶことも、また狂ではなかろうか」とまずは記す。たしかにこの連作小説には、書をめぐって憑（つ）かれたような人が次々と登場する。彼らは書を語り、硯（すずり）や筆を愛（め）で、印材や墨にこだわって倦（う）むことがない。作家もまた六年間、一日も休まず、いろは歌を半紙二枚に小筆で書き続けてきた。小筆だけですでに八十本をもつ。それでも筆を求め、東京の各店を歩き、筆の生産日本一を誇る広島の熊野町まで足を延ばす。

その地で蜘蛛（くも）の糸で実用の筆を作ろうと試みた筆司がいたことを知る。蜘蛛を飼い、実験を重ねたものの成功はしなかった。しかしタンポポの胞子の筆が、スピッツの毛の筆が、少女の金髪の筆がある。久しく絶えていた紀州松煙の墨を復興した墨工房も訪ねる。作家はまた自ら石を探し、木と竹を求め、篆刻（てんこく）も試みる。一時預かった透明な石印材を眺めるうちに、石の精霊さえ幻視する。

すべて狂といえば狂である。だからといって陰湿な話ではない。明るく、寛（ひろ）やかな印象を残す。

それは作家が歩き、声を聴き、ものを味わい、五感を覚醒（かくせい）させるからだ。なにより手の力だ。愛用の小筆の筆管が割れ、籐椅子（とういす）屋のおばさんに直してもらう。その安価な筆管は作家に書を書く喜びを回復させる。最後もまた手である。手に握るのは、礼文島の土産物店で文鎮に使うつもりで買った瑪瑙（めのう）の原石だ。

書を学べば狂に至ることもあるだろう。しかしまた書は狂から人を救うのである。

評・松山巖（評論家）

もりうち・としお　36年生まれ。作家。著書に『氷河が来るまでに』『晒し井』など。

二〇〇一年八月二六日❸

『日本近現代人名辞典』

臼井勝美、高村直助、鳥海靖、由井正臣 編
吉川弘文館・二〇〇〇〇円

便利な情報源、読みごたえあり

辞書や事典ほど安くて役に立つ本はない。『蘭学事始』を読んだ人は、どんな苦労がそこに詰まっているか、知っている。日本ではまれだが、英米の書評ではよく辞書や事典を取り上げる。

この本は、定評ある吉川弘文館の『国史大辞典』全十五巻から近現代の人物の項目を抜き出し、補足を加えて一冊にまとめたもの。ペリー来航以後に活躍し、九九年末までに没した人物（総理大臣については小泉純一郎まで）、全部で四千五百項目を千百八十一ページに収める。

類書では『コンサイス日本人名事典』（三省堂、改訂新版、九三年、千四百二十四ページ、四千三百円）が代表的で、一万四千項目（約半数が近現代）。新しいものでは『日本史人物辞典』（山川出版社、〇〇年、九百四十五ページ、四千七百円）が一万項目余り。『新潮日本人名辞典』（新潮社、九一年、二千八十六ページ、九千七百九円）もよかったが、絶版。

英語の一冊本では、私は『メリアム・ウェブスターズ・バイオグラフィカル・ディクショナリー』（九五年、千百七十ページ）を手元に置いている。三万項目以上で二十八ドル、すごく安い。

本書の特色は大項目主義である。第一線の専門家九百四十人が署名入りで執筆している。遠山茂樹の大久保利通、鹿野政直の福沢諭吉などは一ページを超える力作で、ずっしり読みごたえがある。渡辺昭夫の吉田茂も見事な出来栄え。伊藤隆による犬養毅は、民衆のリーダーであり、アジア主義者であり、策士であった複雑な性格を、巧みに指摘している。参考文献も多数挙げられている（福沢では十四点）。

その代わり項目数はやや少なく、力道山、牛場信彦、高坂正尭はない。経歴の羅列だけに終わっていて、やや物足りない項目もある。死因や墓地まで書いてあるが、いらないような気がする。

結論。少し高いが、歴史マニアなら持っていて損はない。近現代史の情報源として便利で、『国史大辞典』を凝集したような迫力がある。高校以上の学校と公立図書館には必ず備えるべきだ。

評・北岡伸一（東京大学教授）

うすい・かつみ 24年生まれ。筑波大名誉教授。著書に『満洲国と国際連盟』など。

二〇〇一年八月二六日❹

『木曜日のボール』

近藤篤 著
NHK出版・一六〇〇円

「世界」と出会うキュートな旅

以前から雑誌などで読むたびに、近藤篤は素敵（すてき）な文章を書く人だなと思っていた。初めて読んだのは、十年ほど前になるだろうか。ペルーの大統領選に出馬した作家、バルガスリョサのインタビューだったと思う。ペルーという国の肌触りがよくわかって印象に残った。また、漂泊の俳人、種田山頭火の記事もよかった。近藤の生まれ故郷の風景や人々の横顔が鮮やかに織り込まれて、山頭火を描いているのにシブさに走らず、チャーミングにまとめていた。

近藤篤はサッカーを中心に撮るカメラマンである。一昨年『ボールの周辺』という写真集を上梓（じょうし）した。南米やヨーロッパ、アジアなどサッカー好きの少年たちや、スタジアムを埋め尽くすサポーターたちの幸せそうな顔があって、私もニンマリしてしまうキュートな写真集だった。世界には貧富の差や紛争などが絶えなくて、生きていくことは大変だけど、ボールひとつで楽しい風景にしてしまえる「男の子」たちが羨（うらや）ましい。

この『木曜日のボール』は、著者が旅した世界各地の写真とエッセーをまとめたものだ。

たくさんの人たちと出会い、話し込んでは一緒にボールを蹴(け)っている。ときには著者自身、災難に見舞われることもあり、切ない別れもある。

標高二六〇〇メートル、チリのアタカマ砂漠のサッカー場。トウモロコシの収穫やリャマの毛を刈り取る合間に地元チームは、対戦を挑む外国人バックパッカー相手に連勝を誇る。地雷が埋まっているカンボジアにもボールを蹴る若者がいる。「でもどんなに傷だらけでも、今日も明日も明後日も、ボール少年はボールを蹴る」。トルコ・ギョレメ村にいるハサンさんは(アインシュタインそっくり!)経営するレストランの儲(もう)けを地元チームに注(つ)ぎ込んでいる。

世界を全部見ることはできないけれど、こんなふうに「世界」と出会うこともできるのだ。「好きなこと」がまだ見つからない十代の若者にぜひ読んでほしい一冊。

評・与那原恵(ノンフィクションライター)

こんどう・あつし 63年生まれ。写真家。写真集に『ボールの周辺』『KANE』など。

二〇〇一年八月二六日⑤

『密航漁夫 吉田亀三郎の生涯』

小島敦夫 著

集英社・一六〇〇円

語り継ぎたい「進取の精神」

一九一二年、日本では元号が明治から大正に変わる直前の七月二十一日付米「サンディエゴ・ユニオン」紙が、吉田亀三郎ら五人の日本人の「漂着」を写真入りで報じた。出国前にあつらえた縦縞(たてじま)ワイシャツにネクタイをしめ、堂々と胸をはっている。彼らは嵐(あらし)に遭遇して漂流したと主張したが、出稼ぎ目的の「密航」であることは明白だった。五人は移民局で取り調べをうけ、日本へ送還された。

海事史を専門とする著者の亀三郎への興味は、「日本人初の太平洋帆走横断」、しかも帆かけの木造漁船、打瀬船(うたせぶね)による快挙という信じがたい事実の発掘にあった。が、二十年をかけて記録を探索し、存命中の関係者に取材をかさねるなかで見えてきたのは、当時の無名の人々の進取の精神と、国境を軽々と越えるしたたかな行動力だった。

四国は愛媛県の北西端、佐田岬のつけ根の川之石の集落に、亀三郎の顕彰碑はひっそりとたたずむ。送還された翌年、亀三郎は二十五人の同行者をつのり、この宇和の海からふたたび太平洋にいどむ。六十四日でカナダ沿岸に到達し、二度目の密航は成功した。

評者にとって何より意外だったのは、他にも密航船があいつぎ、また密航者の彼らを受け入れる社会が彼(か)の地にあったことである。亀三郎は鮭(さけ)漁場などを転々としつつ、その能力と人柄で宇和の漁師の名を高め、十七年後に新造船の上で倒れるまで家族に送金しつづけた。先の顕彰碑を建立したのは同行者の平家宗春で、家族を呼び寄せカナダに永住していた。密航者でも一定期間居住すれば市民権を獲得できたのである。

本書を開いたのは、偶然にも「海の日」(七月二十日)。海洋国の歴史を想起するための祝日ならば、海を生きる場として黙々と働き、自力で太平洋の対岸へ出稼ぎに出た庶民の物語こそ語り継ぎたい。「虹(にじ)架かる水平線や夢遥(はる)か(太平洋に乗り出して)」。同行者、井上慶三郎が洋上でしたためた一句である。

評・新妻昭夫(恵泉女学園大学教授)

こじま・あつお 38年生まれ。海洋ジャーナリスト。著書に『朝鮮通信使の海へ』など。

二〇〇一年八月二六日⑥

『文学部をめぐる病い』

高田里恵子 著
松籟社・二三八〇円

独文系「男性同盟」にみる精神史

いまやご高齢の旧制高校出身者には、いささかきつい一撃であろう。だが、それ以外の人にとって、これほど興味津々というか感慨深い本もない。真っ当な批評の書であるにもかかわらず、途中、何度も噴き出してしまった。

・舞台……旧制高校・帝大・軍隊
・時代……ファシズム下の昭和十年代
・登場人物……高名なドイツ文学者たち

そんな設定の実録小説を読んだ気分。表題をつければ「車輪の上」。語られているのはインテリゲンチャの悲喜劇とでも評すしかない、ある世代の男たちの涙と栄光と勘違いの記録である。

たとえば主役のひとり、某独文学者氏。ヘッセやケストナーの翻訳で知られる氏は、戦時中、大政翼賛会文化部長としてナチス文学の紹介に努めた。が、それを糾弾するのが本書の目的ではない。問題は、積極果敢な軍国主義者でもなかったのに、彼が体制に迎合するでも抵抗するでもない半端な態度を通したこと。善良な小心者であったがゆえに、結果的には戦争に加担してしまった彼らのお気楽なニヒリズムのほうなのだ。

戦前戦後の知識人にままみられる右のような心性を、著者は一種の病理とみなし、病(やま)いの根源を旧制高校文化、ひいては彼らが心酔したドイツ経由の教養主義に求める。

法学部に進んで官僚になる出世コースにも乗れず、左翼運動に身を投じる勇気もなく、教養に生きる道を選んだ情けない（がリベラルな）ボク。帝大文学部は、そんな優越感と劣等感とが半ばした愛すべき文学青年たちの巣窟(そうくつ)だった……。かかる観点からすると『ビルマの竪琴』も『車輪の下』も『きけ　わだつみのこえ』さえも、特殊な「学校小説」としての相貌(そうぼう)をおびはじめる。

副題にいう「教養主義・ナチス・旧制高校」とは、男性同盟的な美しい結束のことだと皮肉まじりに著者は書く。近代日本の精神史を批判的に検証した本であり、すぐれた男性論でもある。おもしろすぎる分、頭から湯気を吹いて怒る人もいそうだなあ。

評・斎藤美奈子（文芸評論家）

たかだ・りえこ　58年生まれ。桃山学院大助教授（ドイツ文学）。共訳書に『魔の木』。

二〇〇一年八月二六日⑦

『全面自供!』

赤瀬川原平 著　松田哲夫 聞き手
晶文社・二八四〇円

赤瀬川先生は私の師匠である。これは、その先生の百冊目のご高著だ。この本にいたって先生は自らの秘密をついに余すことなく語られている――というほどのことはないが、これほど直截(ちょくせつ)に千円札事件について語られたことはなかったような気がする。先生は確信犯なので、自供などするわけがないと思ってきた。それが「全面自供」である。しかし供述調書ではない。これは、世界中の警察に知られた悪人であることを自負するような、偉大な確信犯の、探偵に対する挑戦状なのである。

表現にとって禁断の場所は、陰毛や性器や天皇のように誰(だれ)にでも見えているものばかりではない。そっくりに描いて見せるだけで犯罪になる千円札もそのひとつだ。こうして紙幣贋造(がんぞう)の巨悪は現代芸術家となる。「禁断の場所」とは、実は先生自身なのである。

余談ながら、晶文社ともあろう出版社が、この本を丸背のハードカバーで出さない。本にとっていよいよ嫌な時代になったなと嘆息した。

評・矢作俊彦（作家）

二〇〇一年八月二六日❽

『重光・東郷とその時代』

岡崎久彦 著
ＰＨＰ研究所・二三〇〇円

歴史はいつも時代の勝者を飾る物語へと傾く。満州事変から敗戦までの歴史で勝者となったのは言うまでもなく米国側。東京大空襲、広島、長崎への原爆投下に見られる無差別殺戮（さつりく）の正当化は勝者の「正戦論」から導かれた。

ＧＨＱの労働局諮問委員会メンバーだったヘレン・ミアーズ氏は、1948年刊行の『アメリカの鏡・日本』でこの「正戦」を疑問視し、米国は日本を裁くほど公正でないと主張した。通常なら戦後半世紀もたつと封印が解け事実が見えてくる。ところが敗者の側が自己催眠からさめていないかのようだ。戦後の冷戦体制という温室が快適すぎたためか？

日本の戦争責任が問われるたびに戦後派として痛感するのは、勝者の裁きに寄りかからずに、自らの手で時代の真実を公正に検証できないのかという思いだ。本書は元外交官によるその試みと読める。自分が同じ立場にあったらと真摯（しんし）に自問する姿勢で当時の政治外交が俯瞰（ふかん）されている。

評・葛西敬之（ＪＲ東海社長）

二〇〇一年八月二六日❾

『あなたは男でしょ。強く生きなきゃ、ダメなの』

吉田司 著
草風館・一九〇〇円

夏バテ解消には、こういう「激辛ライター」（オビ）のホットな評論集がいい。ちなみに、歌の文句みたいなこの書名は、「オレが棄（す）てた（棄てられた）女」が、別れ際に言い放ったせりふだという。

著者は一九四五年九月の生まれ。団塊の世代というにはややフライング気味だが、いわゆる全共闘世代の一人で、ノンフィクションという「世代芸」の本流を行く書き手として高い評価を得てきた。

本書でも、文中にたびたび流行歌を引用するなど、様式性へのこだわりは強いが、問題意識はつねに清新。あの時代の用語でいう「自己解体」の徹底ぶりがうかがえる。

しかし、小川プロとともに三里塚にこもり、水俣をへて物書きになったという著者の「戦歴」も、いまでは解説が必要かも。これは、先の大戦でいうと、真珠湾攻撃のときには赤城の甲板にいて、沖縄戦の際には大和の艦橋にいたというぐらいのものだが、そういうとなおわかんない？

やっぱ教科書が悪いか。

評・山口文憲（エッセイスト）

二〇〇一年八月二六日❿

『落語的ガチンコ人生講義』

立川談四楼 著
新潮ＯＨ！文庫・五六二円

「落語は、どうして着物姿で正座で語るのですか？」

落語家・立川談四楼は一九九九年四月から一年間、専修大学文学部の古典講座で三百人の学生に落語論を教えた。

文学部ゆえ落語の知識は少しあるかと談四楼は思っていたが、講義早々、落語への質疑アンケートで幻想と知る。冒頭の言葉は一例だ。携帯電話が鳴り、私語も溢（あふ）れた教室で落語がわからない学生相手の二十四回の講義風景が本書である。前期は、落語界出身のタレントや立川流創設などの逸話で接点を求めるが、談四楼は何かと戸惑う。

夏休み明けの後期は、学生との距離の接近が読み所だ。構内で会釈もしない学生に、談四楼は腹も立てたが、夏休みの課題リポートでまずは和らぐ。多くが、課題と共に将来への不安、悩みを書いたのだ。学生と同世代の前座の落語家が持つ不安、真打ちの今でも持つ悩みを談四楼は顧みて「皆同じ人間なんだ」と実感し、手ごたえをつかむのである。

評・小林照幸（ノンフィクション作家）

二〇〇一年八月二六日⑪

『ニューヨーク黄金時代』

海野弘 著

平凡社・二八〇〇円

ニューヨークを歩いていると、眩暈（めまい）を感じることがある。見上げれば首が直角になるモダンな無国籍摩天楼の合間に、十八、九世紀に遡（さかのぼ）るヨーロッパ風の重厚な建物が鎮座している。その極端な歴史的コントラストについていけなくなるのだ。

歴史の浅いアメリカでは、築百年ほどの「国宝級建築物」の例に欠かない。豪邸、男性専用クラブ、図書館、美術館、ホテルなど、いずれも、南北戦争後、急速に発展を遂げたアメリカの富の象徴だ。本書には、そのスポンサーであるニューヨークの紳士淑女たちの野望、嫉妬（しっと）、失意などがからんだエピソードが豊富に盛り込まれている。

口絵になっている内部装飾のカラー写真は秀逸。

登場人物もカーネギー、ルーズベルト大統領など、必要最小限に絞られているため、一都市史にしては読みやすい。充実したビジュアルと相まって、オールド・ニューヨークの魅力を満喫させてくれる一冊だ。

評・塩崎智（歴史ジャーナリスト）

二〇〇一年八月二六日⑫

『臨床医のノート』

徳永進 著

エム・イー振興協会・二二〇〇円

現代医学の光と影を、医学の内側から著した本だ。著者は、山陰にある大きな病院の内科部長だが、自ら田舎医者と称している。患者さんが大好きな医者で、有名なエッセイストであるが、すぐれた臨床医でもある。いきいきとした医療とは何かを問い、医療の本当のやさしさを追う。

死にかけている膵臓癌（すいぞうがん）の患者を前にして、「声は聞こえるでしょうか」と尋ねる家族。「声をかけてあげてください」と彼が答える。「お母さん、ありがとう」「急いで逝かんでもええだで、ゆっくりで」「みんなが心に留めとるで、おばさんの生き方、覚えていますから」

あたたかな土地の言葉が、次々に飛んだ。一人の臨床医によって、悲しい死の場面が、豊かな別れの場面に変わった。日本の医療も捨てたものじゃないと思った。

ハンセン病、医療過誤、高度医療、老人医療、ターミナルケアをテーマに、内科医の著者がみごとなメスを入れた。

評・鎌田實（諏訪中央病院管理者）

二〇〇一年九月二日①

『〈戦争責任〉とは何か』

木佐芳男 著

中公新書・七八〇円

日独で探りたい「複眼的な戦後処理」

「単純な『ドイツ善玉・日本悪玉』論や、日本人の宗教観や国民性に原因があるという文化決定論」に反論しても、「『日本を理解したい』との思いがよほど相手にあって辛抱強く聞いてくれない限り『ドイツは謝ったのに、日本は……』と言われ、最後まで耳を傾けてもらうのは難しい」。八月二十八日付本紙《記者は考える》欄で、朝日新聞アメリカ総局の三浦俊章記者がそう嘆いていた。日独の戦後処理を一面的に比べるナンセンスさを説いても、わかってもらえない、と。おまけに相手が外国人でなくても同じ困難が伴うから困ってしまう。この図式は、放っておくとますますエスカレートし「ドイツは過去を完璧（かんぺき）に清算したのに、日本はな～んにもやってないどころか軍国主義復活を企（たくら）んでいる」ことにされてしまう。そして、それがオールマイティの外交カードに使われ、反論どころか疑うことさえ許されない空気が国際社会に広がっていく。

しかし他方の「善玉」ドイツでは、ちょっと違った流れが生まれている。冷戦後・統一後の九〇年代から、ドイツの戦後処理神話を根底から問い直す動きが広まりつつあるのだ。つまり、戦後ドイツは①絶対悪ナチスに責任を押しつけることでドイツ全体の戦争責任を曖昧（あいまい）にしてきた。②しかもそれはユダヤ民族に対するもので周辺諸国に対するものではなかった。③ドイツ国防軍の戦争犯罪は忘れられてきた……というのだ。ナチスと国防軍の違いさえ知らなかった身には衝撃的だが、その新しい動きを現地の証言・資料によってリポートしているのが本書だ。八五年のヴァイツゼッカーの名演説さえ巧妙なレトリックで構築されたトリックだった、などと聞くと耳を疑いたくなるが、そう言われれば演説そのものの方を疑ってみたことはなかった。

この流れを担っているのは、言うまでもなくリベラル派だ。やはり保守派からは「自虐派」扱いされている。その彼らが日本のリベラル派の神話を崩しつつあるのは一見皮肉だが、そんな「ねじれ」を超えて日独リベラル派が《より複眼的な戦後処理論》を再構築するために協力し合ってもいい時期かもしれない。

「それによって日本の戦争責任や戦後処理の欠陥が免責されるわけではない」と著者も釘（くぎ）を刺す通り、これは取扱注意本である。「優等生の答案をカンニングできなくなった」ことが、癒（いや）しや慰めになるはずがないのだから。

確かに戦後ドイツと日本は「善玉と悪玉」ではないけれど「大人と子供」ではある——それが一読、いや二読した率直な印象だった。

評・山崎浩一（コラムニスト）

きさ・よしお 53年生まれ。読売新聞ボン、ベルリン特派員を経てフリー。

二〇〇一年九月二日❷

『25時』

デイヴィッド・ベニオフ 著　田口俊樹 訳

新潮文庫・六二九円

明日は刑務所。青年の悔恨深く

切ない物語だ。やるせない物語だ。

二十七歳のモンティが犬を連れて町中を散歩していると、いろいろな風景が目に飛び込んでくる。それは特別の風景ではない。毎日繰り返されているような、どこにでもあるような、そういう町中の風景にすぎない。ところが、そのすべてがモンティには鮮やかに見える。なぜなら彼は翌日になると連邦刑務所に入らなければならないからだ。刑期は七年。彼を待っているのは七年の地獄だ。つまり何気（なにげ）ない風景を見るのもその日で最後なのである。だから、彼にはすべての風景が新鮮に見える。

本書は主人公のモンティが刑務所に入る前日の二十五時間を描く長編だが、彼とその周囲にいる人間の一日を淡々と記述していく。ただそれだけの話で、派手な事件は何ひとつ起こらないものの、最後まで緊迫感が持続し続ける。それは、なぜこういうことになってしまったのかという悔恨、やり直すことは本当に出来ないのかという願い、誰（だれ）にもどうすることが出来ないという絶望。彼とその周囲にいる人々のそういうさまざまな感情が鮮やかに交錯し続けるからである。

モンティが麻薬の売人になった経緯が回想として随所に挿入される。最初のきっかけはほんのちょっとしたことだ。それが徐々に取り返しのつかないことになっていく。その回想が絶妙だ。特に、七歳のときに亡くなった母の病床に、消防士のヘルメットをかぶって見舞いに行った幼い日の回想が光っている。

友人も恋人も父も、なぜモンティを止めることが出来なかったのかという悔いを抱えている。いちばん自分を責めているのはもちろんモンティだが、しかし、もう遅すぎる。残された選択肢は三つ。このまま刑務所に入って地獄を味わうか、拳銃（けんじゅう）で自分を撃つか、逃亡するか。モンティのボスが主催するパーティーが開かれて、雪降るニューヨークの夜に知人たちがみな集まってくる。それがお別れ会だ。はたしてモンティはどの道を選ぶのか。ラストが切ない。

（原題、The 25th Hour）

評・北上次郎（文芸評論家）

David Benioff 70年ニューヨーク生まれ。作家。本書が初めての長編小説。

二〇〇一年九月二日④

『I was born　ソウル・パリ・東京』

ミーヨン 著
松柏社・一六〇〇円

小さな差異が理解への扉開く

差異は小さければ小さいほどわかりにくい。明確に説明することはできないけれど確固としてある、かすかな皮膚の痛みにも似た感覚。しかし小さくて微妙な差異こそ、じつは決定的に大きなずれを生み、同時に理解への扉を開いてくれるものだ。

ソウルに生まれ、写真を学ぶために留学したパリで日本人男性と結ばれて、現在は東京に住む著者がはじめて日本語で書きあげた本書には、厄介でかついとおしい奇妙な痛みの感覚がいたるところで顔を出す。少女時代には楽しく遊ぶこともあったふたりの兄たちとの、海外に出るとき娘の写真を携行してくれたやさしい父との、かつては洋服の趣味まで一致していた母とのあいだに、徐々に生じてくる齟齬（そご）。

そうした身近な存在の変容を頭ごなしに否定せず、いとおしさを伴う痛みに留（とど）め得ているのは、異境での体験があるからだ。たとえばパリ。あの街には東洋人として一括される人間がいる。日本人も韓国人も台湾人も中国人もひとまず東洋人になり、自身が属している血や国籍や歴史や言語にまとわりつく背景が消されて、似たもの同士になる。紋切り型のイメージにとらわれることなく、冗談まじりに本質的な批判も口にできるのだ。

問題は、その先にある。有益な差異がなんとか見えてくるのは、「異なるとしても、それは国が違うからではなく、一人ひとり個人が違うからなのだ」との思いにたどり着いたあとのことだからである。日本で暮らすようになっても、著者はなにが正しくてなにがまちがっているのか、安易に白黒をつけない。ひたすらその差異に感覚を研ぎ澄ます。

だから「人は、自分の経験していない世界に対して、どれほどの理解を抱くことができるのだろうか」という自問への完璧（かんぺき）な答えはない。あるのはただ、三つの都市で生きたのちに「ナニジンである前に、私でありたい」と日本語で記し、それを華美でない映像で支える瑞々（みずみず）しい書き手の眼差（まなざ）しだけである。

評・堀江敏幸（作家）

Mi-Yeon　63年ソウル生まれ。写真家。大学卒業後、88年に渡仏、90年に来日。

二〇〇一年九月二日⑤

『関所抜け　江戸の女たちの冒険』

金森敦子 著
晶文社・二三〇〇円

しなやかしたたか庶民の知恵

幕府によって女性の移動が厳しく制限されていた江戸時代。それでも、困難に立ち向かって遠方への旅に挑戦する多くの女性たちがいた。残された一冊の金銭帳を手がかりに、当時の庶民の旅を再現する。臨場感あふれる文章は、一緒に冒険を体験する気分にさせてくれる。

旅の案内役は現在の秋田県の商人の家の中年女性。幕末の一八六二年の旧暦八月。にわかに思い立った彼女は旧知の船問屋の夫人と連れだって国を出る。目指すは四国や京都、伊勢の名所旧跡。だが、その前には幕府の関所や各藩の番所が立ちふさがる。関所破りは死罪。果たして彼女たちは無事に先に進めるのか。

結論から言うと、本のタイトルにもあるように、さまざまな手段で一行は関門を通り抜けていく。しかも、越後高田の関川関所で「夜分案内賃四十文」、市振関所が「六十文」など、関所抜けの費用を堂々と書き残しているのがすごい。

権力者が威信を誇示する厳しい規制を設ければ設けるほど、庶民は裏をかいて規制を無意味にするシステムをつくっていった。抜け道案内サービスが重要な産業になっていた村まである。

権力の末端の番所となると、先を急ぐ旅人を収入源と考えていた節もある。規制あるところ寄生役人ありというのも、昔も今も変わらぬ光景だ。

かくして初秋の北陸路から京都、奈良、東海道、さらに厳冬の東北まで、百五十一日間の大旅行が実行される。興味深いのは、日本の「近代化」以前の江戸時代末期に、女性の個人旅行を可能にする仕組みが整備されていたことだ。先々で宿代や案内料を払い、京都や大坂では芝居見物で散財した彼女たちは、途中で送金も受けていたらしい。

それにしても、感心させられるのは、がんじがらめの社会の規制や世間の常識を乗り越えて、夢を実現した江戸時代の女性の好奇心と果敢な挑戦精神だ。

停滞が続く二十一世紀の日本社会に、彼女たちの精神をよみがえらせることはできないものか。

評・清水克雄（本社編集委員）

かなもり・あつこ 46年生まれ。作家。他著に『芭蕉はどんな旅をしたのか』など。

二〇〇一年九月二日⑥

『大江健三郎・再発見』

大江健三郎、すばる編集部 編

集英社・一四〇〇円

鮮明で手がかり豊富な作家案内

森の中の少年と都市の中の青年の、空想的なセックスと暴力に貫かれた、奇跡的なほどに鮮烈な、初期の作品がいいという人がいる。初期の作品より、日本の近代史の文学的カタリの頂点を「万延元年のフットボール」に見る読者もいる。そして長男の光（ひかり）を軸とした家族ドラマから、鎖国的なファンタジーをはるかに越えた世界的な知性へと広がる後期の長編小説により大きな感動を覚える人もいる。しかし、それらの作品をぜんぶ書いた大江健三郎のキャリアを全体的に把握することは、なかなか難しい。最大級の表現者が四十年あまりの間にいくつかの転換を経ながらたどってきた創作の「歴史」を、ぼくらははたして把握することは可能だろうか。そう思いながら『大江健三郎・再発見』という本を読みはじめたのである。

そして、予測していた以上に、この本から確かな手がかりをいくつか与えてもらった。通常の「作家案内」というたぐいの書物より面白く、多角的に、作者自身による、特にその衝撃的な出発をめぐる「創作者自伝」と、国内および海外の対話者たちとの問答から成り立っている。「飼育」や「芽むしり仔撃ち」という神話的な「四国の森」にいる現実的な少年をめぐる初期の作品から、「右翼・ヤクザ」との戦いに傷つけられてやがては自殺した映画監督を悼んだ「取り替え子」という近作にいたるまで、複雑でところどころにはぼやけたベクトルが、よりはっきりして、やはり一直線であったことも見えてくる。通常の「作家案内」にはない鮮度で、見えてくるのである。

大詩人の場合、そのキャリアにはいくつもの「時代」がある、というW・H・オーデンのことばを思い出しながら、小説家の創作の時代区分を読み取る。生きて動いている創作者をつかむことは不可能だ。が、いくつもの読者層をかかえたまま動いてきた、その力の「ミステリー」を解明する手がかりは、ここにある。

評・リービ英雄（作家）

おおえ・けんざぶろう 35年生まれ。作家。94年ノーベル賞。近著『「自分の木」の下で』。

二〇〇一年九月二日⑦

『無事の日』

佐伯一麦 著
集英社・一六〇〇円

「私小説を生きる作家」＝佐伯一麦の最新作である。

小説家と草木染作家の夫婦が蔵王の麓(ふもと)の町で暮らしていたが(秀作『遠き山に日は落ちて』に結実)、妻のテキスタイル・デザインの研究で北欧に赴き(『マイ　シーズンズ』)、一年後、日本に帰ってきて仙台へと住居を移す。

本書は、そんな夫婦の晩夏から春にかけての生活を描いたもので、八つの短篇(たんぺん)から成る。いずれにも静かな日々が淡々と綴(つづ)られているだけだが、読者は深い慰藉(いしゃ)を覚えることになる。日々の暮らしのなかの喜びと楽しみ以外にも、生の危うさや死への不安も掬(すく)いあげているけれど、読後は不思議に心が落ち着くのだ。風景と感応しながら生きることの豊かさ、「時間」を着実に内面に刻み込んで生きる歓(よろこ)びを、作者は祈りをこめて提示しているからである。

ここには劇的なものはない。しかし作家の濃(こま)やかな日常にすべてがある。僕らが味わい、これから味わうだろう「生」がしかと刻印されている。

評・池上冬樹（文芸評論家）

二〇〇一年九月二日⑧

『江戸と東京　風俗野史』

伊藤晴雨 著　宮尾与男 編注
国書刊行会・五八〇〇円

江戸から明治にかけての執拗(しつよう)細密な生活図鑑だ。

例えば、「障子づくし」という章は十八ページにわたって約百種のデザインの障子がダーッと描かれ、「行商篇」という章では四十八ページにわたって「まんどう売り」「うろうろ船」など今では見当もつかないような行商人たちの姿がジックリと図解されている。

昭和初期に出版された名著の復刻版だが、著者・伊藤晴雨の江戸への憧(あこが)れ、そして都市生活を彩る「物」への執着の強さが、すぐそこに迫って来る。

晴雨と言ったら責め絵が有名で変態性欲画家とまで言われた人だが、こんな女っ気のない博物誌的な画集にも心血を注いでいた。浅草生まれ、向島育ちの、とことん街っ子だったのだ。

絵に添えた短文も面白い。にわかには信じがたい「蜘蛛男」や、曲独楽(ごま)師・松井源水のとんでもなくマヌケなような優雅なような死の話など。できれば著者のコメントと編者のコメントが一目でわかる工夫が欲しかった。

評・中野翠（コラムニスト）

二〇〇一年九月二日⑩

『漂海民バジャウの物語』

H・アルロ・ニモ 著　西重人 訳
現代書館・二八〇〇円

一九六〇年代、ある人類学者がフィリピンのスールー諸島でフィールドワークを行った。そこには家舟で暮らす漂海民がいた。学者はその様子を博士論文として記録した。

しかし、当時の人々の記憶のある部分が、どうしても客観視できないまま、彼の内面に沈殿し続けた。共に暮らした少年少女。反政府ゲリラだった友人の死。これらをモチーフに沈殿物を「物語」化したのがこの本である。

二十世紀、人類学者は、さまざまな社会〈命〉との主観的な出会いを、エスノグラフィー(民族誌)の中でどうやって客観化し得るのか、と苦悩し続けた。エミック(当事者の主観的論理)とエティック(文化的来訪者の客観的論理)とのかっとうである。

本書はこのはざまで描かれた人類学者と紛争地域の住民との交流秘史であり、その結果生み出された擬似的エスノグラフィーである。そこには本当の意味の人類〈愛〉が感じられる。

評・山内健治（明治大学助教授）

二〇〇一年九月二日⑪

『Eat foot　おいしいサッカー生活』

西部謙司 著
双葉社・一四〇〇円

変に思い入れが強くて力が入っていたり、外国ではこうなんだぞとハッタリが強かったり。サッカーを書くのは難しい作業なんだろうなと思っていた。

西部謙司さんの文章を読んで嬉（うれ）しくなったんである。こんなに軽やかに本質的なことを書ける人がいた。何しろひとにモノを教えようとか、仰天させてやろうみたいな魂胆がないのがいい。3年にわたるフランス滞在中にヨーロッパじゅうのサッカーを見て歩いて、楽しんできたかんじがまっすぐに伝わる。

特筆すべきは、そのイメージ解像度の鮮やかさである。上品なユーモアをまじえて、その国のサッカーをサッカーたらしめているエッセンスが語られる。エッセンスは例えばポルトガルのパスのリズムといった具体的な、心地良い連想をつれてくる。おかげで急にサッカー視力が良くなったような錯覚に陥る。終章のトゥルシエに触れた監督論がずば抜けている。

評・えのきどいちろう（コラムニスト）

二〇〇一年九月二日⑫

『夜明け前十分』

小池昌代 著
思潮社・二四〇〇円

現代詩の流れをよく知らない私だが、小池昌代の詩は、いつも、そんな知識とは無関係に、日常のわかりやすい言葉で、すっと確実に胸に入って来る。だからと言って、彼女の詩は決して軽くないのだ。生きることの痛切な意味を問いかけてやまない。

『夜明け前十分』は、肩に力が入っていず、近づきやすい詩集だが、詩の原石のような塊をずしりと一篇（いっぺん）一篇で私たちに手渡してくれる。たとえば「涌（わ）き水」という詩。三十八歳だった「私」が、六歳になったばかりの「ぴあ」という男の子に求婚された思い出。

「おそらく／ぴあ自身／とうに忘れている／あの求婚／それがわたしを／いまごろになって／深く　うなだれさせ／いのらせる　放たれた弓に／わずかに遅刻して／弓の影が　いま追い着いたというように」

手にふれるすべてが詩となるような、才能そのものが彼女の内なる他者かもしれない。

評・水原紫苑（歌人）

二〇〇一年九月九日❶

『暗号解読　ロゼッタストーンから量子暗号まで』

サイモン・シン 著　青木薫 訳
新潮社・二六〇〇円

歴史に学ぶ「ネット社会の常識」

インターネット時代には、暗号技術はすべての人にとって不可欠のものになる。家を造るときに玄関に錠前を取り付けない人がいないように。

家の錠前が物理的な財産を守るものなら、暗号は情報的な財産やプライバシーを守るものである。その喩（たと）えでいうならば、ほとんどの情報を守る扉に錠前がないか、ピッキングの容易なディスクシリンダー錠しか使っていないというのが日本のネット・セキュリティーの現状だ。

とはいっても「全世界で四億人がインターネットにつながっている中で、うちまでは来ない」と思う人も多いだろう。しかし、ネットの世界では錠前破りもコンピューター。一日中休みもせずそこら中の扉を試し、錠があっても簡単なものなら勝手に開けて入ってくる。それに一件十秒もかからない。

今後、インターネットショッピングやバンキングはますます盛んになる。住宅設備のネット化も進む。本当の意味の金銭被害も「サイバーストーカー」とかも出てくるだろう。外からハッキングされてコンピューター住宅がビックリ屋敷になってしまうというのも、あながち笑い話ではない。

それらすべてを守ってくれるのが暗号技術であり、本書はこれからのネット社会に必要な教養書と言える。筆者は物理の博士号を取ったのちテレビの科学ドキュメンタリーのプロデューサーに転身した人で、むずかしい科学技術の解説と人間的逸話をミックスさせ、あきさせないという構成にその持ち味が出ている。

五百ページ近い本書で語られるエピソードは、スコットランドのメアリー女王が暗号を解読された結果、処刑された話、第二次大戦時にドイツが開発した暗号機「エニグマ」をめぐる攻防、シャーロック・ホームズが解いた「踊る人形」の暗号も、技術的には「初歩的」なものといった話である。科学史的な教養であっても実戦的ではないと感じる向きもあるかもしれない。

実は現代の実用暗号技術について知りたいなら「共通鍵（かぎ）暗号」と「公開鍵暗号」の二つくらいを知っていればいい。しかし、一般の人が真に知っておくべきことは暗号技術のディテールより、むしろ、暗号に関する常識である。「暗号はいつか必ず破られる」とか「原理的に強い暗号でも運用が悪ければ台無し」とかいう常識。それらを学ぶなら、過去の成功より失敗話が役に立つ。人間的逸話の数々が暗号運用に関する「常識」を伝えてくれる。弱い暗号に下手に安心したため命を失ったメアリー女王に学ぶことは多い。

（原題、The Code Book）　評・坂村健（東京大学教授）

Simon Singh　67年生まれ。テレビプロデューサー。著書に『フェルマーの最終定理』。

二〇〇一年九月九日❷

『恐竜の世界をもとめて』

デボラ・キャドバリー 著　北代晋一 訳

無名舎・二六〇〇円

巧みに再現　古生物学誕生のドラマ

本書を読んで、英国の演劇の伝統を再認識した。石に刻まれた文字を解読するような古生物学の初期の歴史を、巧みな場面展開で読者を惹（ひ）きつけ、最後まで飽きることなく読ませる。

舞台設定がいい。古生物学はまだ存在せず、地質学がようやく近代化しつつあった十九世紀の前半。正体不明の化石が一個また一個と発見され、やがて巨大な爬虫類（はちゅうるい）らしいことが判明していく。他の動物の化石も次々に見つかり、また巨大なシダやソテツの化石が発見されるにつれ、「ジュラシック・パーク」さながらの古代の世界が立ち現れてくる。

多彩な登場人物のなかで、とくに個性の強い四人が主人公に選ばれた。当時の大物地質学者で聖職者だったバックランドは、化石を聖書の創世記に整合させようとの無理がたたったのか、精神病院で最期を迎えた。田舎医者のマンテルは日曜学者として多数の化石を掘りあてるが、学界の権威主義はなかなか業績を認めようとしない。権力志向の強い比較解剖学者オーウェンは、マンテルはじめライバル学者の業績を闇（やみ）に葬って独裁者の地位を築くが、やがて進化論の登場とともに裸の王様となっていく。

評者のひいきは、化石産地として有名なライム湾の土産物屋の娘アニング。化石を探して店先に並べ、いくつもの発見が学者に買い取られた。そのときにはまとまった収入があるが、最後まで貧窮な暮らしは変わらず、見かねたバックランドが手を差し伸べることもあった。晩年にアルコール中毒の噂（うわさ）が立ったのは、乳癌（にゅうがん）の痛み止めに酒を飲んでいたためだった。アニングは従来の科学史では脚注扱いだったが、一九九九年には生誕二百年記念シンポが開催された。

著者はBBCの女性プロデューサー。我が国でも人気の高い「シャーロック・ホームズ」シリーズのような、そっくりさん俳優を配し、時代考証に凝った歴史再現ドラマをぜひ見てみたい。もちろん、カラーでなく、セピア調のモノクロでお願いしたい。

（原題、The Dinosaur Hunters）

評・新妻昭夫（恵泉女学園大学教授）

Deborah Cadbury　ロンドン在住。著書に『メス化する自然』がある。

二〇〇一年九月九日③

『日常と祝祭　ソヴィエト時代のある編集者の回想』

アレクサンドル・プジコフ 著　木村妙子 訳

水声社・四〇〇〇円

統制下の出版人の臆病と誠実

一九五七年春、当時六十七歳のパステルナークは、ようやく書きあげた大作『ドクトル・ジバゴ』のソ連国内での出版をあきらめ、イタリアの出版社の手にゆだねる決心をした。そして、作中の反革命的と見なされかねない箇所（かしょ）の削除や修正なしに出版はむずかしい、と説きつづけた編集者にこんな手紙を書く。

「私は『ジヴァゴ』が、私の思考の核心を歪曲（わいきょく）し、隠蔽（いんぺい）するような変更を加えられたかたちで、世に出ることを望んでいないだけでなく、この出版が実を結ぶ可能性を信じてもいない」

翌年、パステルナークはノーベル賞をうけるが、国をあげての非難キャンペーンによって受賞辞退においこまれ、二年後、孤立のうちに世を去る。作家にとっての地獄である。しかし、かつて敬愛する作家からあんな手紙をうけとった編集者だって、たまったものではなかったろう。その編集者こそ、この回想録の著者プジコフにほかならない。

プジコフは一九五一年から三十年間、ソ連最大の出版社、国立文学出版所の編集長として、権力と作家とのあいだの調整役をつとめた人物である。統制がゆるんだと見るや、すかさず、ブルガーコフ、ヤセンスキー、バーベリといった体制の嫌われ者たちの作品を出版したりする有能な編集者だったらしい。

ただし、旧ソ連のような社会で有能でありつづけるには、一方で、妥協につぐ妥協をしいられざるをえない。臆病者（おくびょうもの）。そのことの自覚もかれにはあった。「（パステルナークは）私の誠意と好意を信じながらも、私もまたお上の意向に左右されざるをえない人間であり、議論の余地のある問題を自分の一存で決定できないのだと見抜いていた」

往年のマンモス出版社もいまは見るかげもなく衰え、年間六百点あった出版点数は四十点に減った。ショーロホフ、マルシャーク、シーモノフといった作家たちが織りなす旧ソ連文壇へのひそやかな哀惜の念が印象にのこる。

評・津野海太郎（編集者・和光大学教授）

Aleksandr Puzikov　1911～96年。モスクワ生まれ。文芸学者、編集者。

二〇〇一年九月九日④

『光と嘘、真実と影　市川崑監督作品を語る』

和田誠、森遊机 著

河出書房新社・二六〇〇円

多面的な魅力に光当てる対談集

語り口は涼しげだけれど、底になみなみならぬ熱の感じられる対談集だ。

イラストレーター・和田誠と映画研究家・森遊机の対談を中心に、時にゲスト（塚本晋也監督、井上ひさし、小西康陽、橋本治、椎名誠、宮部みゆき）を迎え、市川崑映画の魅力が語られていく。「インタヴューで監督が語った本はたくさんあるけど、他人が一人の監督の作品についてまるまる一冊語る本っていうのは、なかったんじゃない？」という和田さんの言葉通り、確かに珍しいスタイルの本だ。

和田さんは高校生の頃（ころ）に「愛人」（53年）を見て以来の、森さんはやっぱり高校生の頃に「犬神家の一族」（76年）を見て以来のファンだという。市川崑監督は「コン・タッチ」と言われるように、明らかに独特の感覚の人だけれど、同時におそろしく多面的でもあり、しかも八十五歳の今なお現役という人なので、その全貌（ぜんぼう）はとらえにくい。だからこそ、二つの違った世代からそれぞれの光を当てていくという、このスタイルは正しい選択だったと思う。

市川崑は「野呂」という役名を愛用しているとか、「おとうと」の色彩手法「銀残し」には昭和初期のグラビア印刷の懐かしさがあるとかマニア的な話が多いが、役者（伊藤雄之助、浜村純！）の話もあり、研究的な堅苦しさはない。特にタイトルデザインについて詳しく語られているのがうれしい。

まったく私的な感想だが、森さんが市川崑の作家性について「画面全部をキチッとコントロールする感じ」と表現しているところにハッとした。その一言だったけれど、私には市川崑映画の一番の勘どころ。好きになるのも嫌いになるのもそこからきているように思えたのだ。

見逃していた市川崑映画の多いことに愕然（がくぜん）。東宝時代の最もソフィスティケートされた映画という「愛人」が見たい！「恋人」（51年）は見たんですけどねえ。本書をきっかけに、お願い、ビデオ化して！

評・中野翠（コラムニスト）

わだ・まこと 36年生まれ。イラストレーター。
もり・ゆうき 60年生まれ。映画研究者。

二〇〇一年九月九日⑤

『武揚伝　上・下』

佐々木譲 著

中央公論新社・各二二〇〇円

悲劇的英雄の若き日いきいきと

表題の示すとおり、榎本武揚の小説仕立ての伝記である。上下二巻、千百ページを超す大著だが、文句なしに面白い。

明治維新の前夜には、魅力的な人物が大勢輩出しているが、なぜか私はむかしからこの榎本武揚に強く興味を惹（ひ）かれてきた。いや、私だけではなさそうだ。この人物を題材に、安部公房の『榎本武揚』や中薗英助の『榎本武揚シベリア外伝』など、極めつきのフィクションがいくつも書かれているくらいだから。

なにしろ武揚は、オランダに五年も留学し、幕末のあの時期に日本を世界的な視野で見ることのできた数少ない一人だし、幕府崩壊後、徳川艦隊や抗戦派の幕臣を率いて箱館に逃れ、日本最初の共和国を建設しようと企てた人物である。

箱館戦争終結後も、二年あまり獄にあったのち、新政府に引っぱり出され、明治七年から駐露全権公使としてペテルブルグに四年滞在し、帰途シベリアを馬車で横断したりもしている。

だが、興味はあっても私は、この人の伝記的事実の細部はあまり知らなかった。武揚が青年時代に随行したという蝦夷地視察旅行についても、長崎海軍伝習所での生活についても。オランダ留学に関してだって、いったいどんな船でどんな経路で行ったのか、五年ものあいだ、オランダでどんな生活をし、誰（だれ）になにを学んだのか。

佐々木さんのこの伝記は、どれだけの資料を駆使したものか、こういった疑問にすべて答えてくれる。そして、江戸開城前後の武揚の行動が、勝海舟との心理的葛藤（かっとう）が、五稜郭陥落までの箱館戦争の経緯が、いきいきと描かれる。

オランダで共和政体を身近に見聞し、そこに新しい日本の姿を夢みながら帰国した武揚が、祖国の現状を見て味わった深い絶望感——これがこの本を読んで私にも痛いほど感じとれた。やはり悲劇的英雄と呼ぶべき人物なのであろう。

惜しいことにこの伝記、五稜郭までで終わっている。後半生についても、ぜひ一冊書いてほしいものだ。

評・木田元（哲学者）

ささき・じょう 50年生まれ。作家。著書に『エトロフ発緊急電』など。

二〇〇一年九月九日❻

『戦後民主主義のリハビリテーション』

大塚英志 著
角川書店・一六〇〇円

「わかりやすさ」の危うさ怖さ

九〇年代における「ことば」とは何だったのかを、語る場と、それを受け取る場の双方を見据えて論じた一冊である。

まず著者は「論壇誌」の言論が読者に届いてはいないという現状を厳しく批判する。

今日、ワイドショーでは政治ネタに多くの時間を割く。小泉純一郎や田中眞紀子らの政治家が「わかりやすいことば」をもっており、彼らのファッションや行動が親しみを持たせ、一種のキャラクター化に成功したからだ。メディアによって、わかりやすい政治家は出現したが、政治そのものが身近になったわけではない。この夏も、首相の靖国神社参拝問題が本質的には論じられることがなかった。

もちろん「わかりにくいことば」を拒否する受け手の側にも責任はある。著者は、政治のことばは、現実を変えてしまう可能性があるにもかかわらず、送り手も受け手も無自覚であることは「とても危うい光景だ」と危惧（きぐ）する。

本書で論じられるのは、オウム信者たちの歴史認識の脆弱（ぜいじゃく）さ。「私」を公然化するインターネット。現場での体験を経ても変わらない重信房子。石原慎太郎の政治と文学。宮崎勤の主体など、多岐にわたる。それは日本の十年間の像でもある。

サブカルチャー表現にも身を置く著者は、「時代の表層と深層を行き来し」語りつづけたいという。その語りはくどいほどであるが、何を見据え、何に違和感を感じたかが、しだいに理解できる。私が深く考えないまま見過ごしてしまった現象や、政治家や知識人の言論の前で、著者は踏みとどまり、ことばにしていく。

最後に著者が江藤淳にふれて書くくだりに、私は共感する。

「孤独な『個人』、単独の『私』としてしか人は『文学』や『歴史』をめぐることばを紡ぐことはできないと江藤は言い、耐え続けた。ぼくは頭をたれ改めて江藤からそのことを学ぼうと思う。だから、ぼくもまた『ひとり』で語りつづけるしかないのである」

評・与那原恵（ノンフィクションライター）

おおつか・えいじ 58年生まれ。評論家。著書に『物語の体操』『少女民俗学』など。

二〇〇一年九月九日❼

『投書狂グレアム・グリーン』

C・ホートリー 編　新井潤美 訳
晶文社・三四〇〇円

こんな本誰（だれ）が買うのかな、などと呟（つぶや）きながら自分では舐（な）めるように愛読する本がある。『第三の男』の作者の、戦後四十年間の新聞・雑誌への投書から、百七十九篇（へん）を集めて編んだこの本がそれだ。話題は単なる誤植から売春の是非、マッカーシズム、ベトナム戦争と多岐にわたる。

作家本人と当時のイギリスや国際情勢についてよく知っていれば面白さは増すが、それはなくとも編者の解題が補ってくれるし、グリーンの悪意無きにしもあらずのレトリックと、構えてこしらえたやや軽薄な冗談を読むだけで夜はふける。

ただし俗ではあっても品は失わない。そして散文が一級であるための、クリティカル（批判的）であり明晰（めいせき）であるという基準を、どの一文も外していない。投書の標的とされたジャーナリストやカトリック教会、アメリカ政府は、隠していた脇腹（わきばら）を十分にえぐられ、露（あら）わにされる。韻文が楽器であるように、散文が武器であることがよく知れる。

評・船曳建夫（文化人類学者）

二〇〇一年九月九日8

『転がる石』

阿久悠 著
文芸春秋・一五二四円

あの頃（ころ）、恋はまだ初（うぶ）だった。左翼はまだ輝いていた。青春は熱く、性は秘密の匂（にお）いを放っていた。若い才能が一斉に東京をめざした昭和という時代。

その昭和をうたった作詞家の自伝的小説は、逝った時代を魔術師のように呼び覚ます。そこにはテレビがあり、皇太子成婚があり、太陽族があり月光仮面があり、そして青春の野心と蹉跌（さてつ）があった。

胸を病む田舎出の学生は作者とおぼしいが、「合わせ鏡」である悪友の非凡さは実に魅力的。天才を自称して虚言を弄（ろう）し、時代に跳ぶ翼を追った美貌（びぼう）の友は、怪しげな劇団を率いて束（つか）の間輝き、あっという間に転落する。「お前も転がれ」と言われつつ、友のオーラに気圧（けお）されていた主人公は、入れ替わるように放送業界で言葉を紡ぎ出す。

自殺した無名のラジオ作家の葬儀に出た晩、女をかたわらに、高熱のからだでエレキバンドの歌詞を書き出すラストは圧巻、昭和の夢の暗い胎内をのぞく思いがする。

評・山田登世子（仏文学者）

二〇〇一年九月九日9

『コンセプチュアル・アート』

T・ゴドフリー 著　木幡和枝 訳
岩波書店・四四〇〇円

現代美術は難解だ、とよく言われる。その最たるもの、「概念芸術（コンセプチュアル・アート）」と訳される領域の総体に真っ向から取り組んだ内容である。

1970年前後が最盛期だったこの動きを、10年代のM・デュシャンの「レディメイド」作品から説き初める。ダダ、シュルレアリスムと続け、遺産を受け継いだ最近の動向までを記述。日用品のほか、写真やビデオの映像を使い、パフォーマンスや言葉をぶつける、定義しにくい分野を紹介するのは大変な力業だ。

既成の美術（業）界の制度に対して反逆し、検証した20世紀の美術。その一面の通史だが、政治的、哲学的背景を含む膨大なエピソードに250枚を超える図版を添え、入門書を超える内容。美術が一般の人々と結びつこうと模索している現在、様々な示唆を与えよう。

著者はイギリス人。幅広い目配りだが、日本についての記述は「具体美術協会」とオノ・ヨーコ、河原温らだけなのが残念。

評・田中三蔵（本社編集委員）

二〇〇一年九月九日10

『出版再生』

賀川洋 著
文化通信社・二二〇〇円

ニューヨークに住んで1年、アメリカの本屋は楽しい。書棚のそばには必ずゆったりできるイスがあり、客はそこに何冊も本を持ち込んでじっくり中身を吟味できる。併設の喫茶室でお茶を飲みながらという書店も少なくない。中小の独立系書店ほど、書籍の品揃（ぞろ）えやその配架に、店のこだわりが感じられるのも悪くない。そんな書店の魅力を支えるアメリカの出版ビジネスのメカニズムを、著者の体験を交えながら、丁寧に解説したのが本書である。

特に興味深いのは、アメリカの書籍流通にはブッククラブなどの多様なルートが用意されている点である。それを支えるのが、きめの細かい読者調査と営業活動であり、その企業努力こそが、近年、何かと話題のオンライン販売も含め、書籍の総売り上げに伸長をもたらしているという。本書の端々に、筆者の「出版」に対する愛情を感ずるがゆえに、低迷する日本の書籍業界に対する厳しい指摘が、より説得力を持つのである。

評・音好宏（上智大学助教授）

二〇〇一年九月九日⑪

『ホワイト・ティース 上・下』

Z・スミス 著　小竹由美子 訳

新潮社・各二二〇〇円

英国では八〇年代から移民家族の小説が流行しているが、同じテーマを扱いながらこの作品には徹底的に新しいところがある。いわば初めてのグローバリズム対応型の文学なのである。

グローバリズムとは何か。世界中に同じハンバーガー屋が店を開くことです。それも間違いではないが、一方ではポストモダンの荒廃を乗り越える最新の思想でもある。いいかえれば、本の帯にも名前が挙げられているサルマン・ラシュディという作家がいますね。彼の作品には毒があり、破壊的だが、毒の代わりに微笑（ほほえ）みを、破壊の代わりに連帯を、というのが、この若いジャマイカ系の女性が書いた小説なのである。

百年を超える時間を背景に、変人揃（そろ）いの登場人物が繰り広げるほら話のようなエピソードに泣き笑いしながら、ふと気がつくと最後のページになっていた、という一気読み仕様の小説でもあって、柔らかい発想と弾力のある文体が心地よい。

評・宮脇孝雄（翻訳家）

二〇〇一年九月九日⑫

『武士道　その名誉の掟』

笠谷和比古 著

教育出版・一五〇〇円

あいつはサムライだという言葉は今でもよく使われる。

著者はその語感のみなもとに武士の個人モラルの高さを見て、これを「ヨコの関係の武士道」と名づける。

これまで武士道は、主君に対する忠義の心情としてタテの関係とのみ思われてきた、と著者はいう。実際にはもっと自己主張的だった。その例証を思想言説ではなく、行動慣習のうちに見てゆくので、具体的でわかりやすい。

喧嘩（けんか）はハレの行為だった。「武士の社会において、互いの名誉をかけて衝突することとなった武力行使」であり、平和の時代での戦争の代行手段だったとされるのである。

有名な『忠臣蔵』事件も当時の感覚では喧嘩であった。『葉隠』の「武士道とは死ぬことと見つけたり」という名文句も、むしろ武士社会での最終的な「自己責任」の原理をいった言葉として真意が理解されている。

現代のポスト・バブル社会にこそサムライ・ニッポンが見直されてよいのである。

評・野口武彦（文芸評論家）

二〇〇一年九月一六日①

『可視化された帝国　近代日本の行幸啓』

原武史 著

みすず書房・三二〇〇円

切実な身体感覚として天皇制探る

戦前の本を読んでいて、はたと困るのは「国体」という言葉だ。「万世一系の天皇を中心とする日本特有の国のありかた」という概念は、頭では理解できる。

難しいのは、当時の人々がその言葉に感じたリアリティーを、切実な身体感覚として理解することだ。観念としてではなく、天皇制はなぜ、どのように人々に一体感を与えたのか。私たちの身ぶりや心に宿る潜在的な記憶の成り立ちを探ることは、すぐれて現代的な課題だろう。

明治・大正・昭和にわたる天皇・皇太子の行幸啓を克明にたどった本書は、その課題に挑んだ渾身（こんしん）の大作である。

行幸啓は、天皇の訪問「行幸」と、皇太子の訪問「行啓」を合わせ呼ぶ言葉だ。全順路を追い、交通・通信の発達が天皇制に与えた影響を記した本書は、行幸啓という補助線で近代という図像を鮮やかに解析するメディア論ともなった。

国民国家は、人々が単一の政治空間としての国に一体感を抱く「想像の共同体」とされる。日本では「想像」ではなく、天皇を「見る」ことで「臣民」の一体感が生じた。著者はこれを、天皇の身体性を媒介とする「視覚的支配」と呼ぶ。

かつて「見えない」ことで権威を保持した天皇は、国家の中心となるために、内外の視線に「身をさらす」必要があった。その際政府は、徳川幕府の参勤交代から、支配者の威光を視覚的に見せる統治技術を引き継いだ。天皇は「見られる」と同時に、「見る」（天覧）ことで「皇恩」を行き渡らせ、産業を推奨した。

20世紀に入ると、軍事に傾き神格化された明治天皇を補うように、嘉仁皇太子は気さくに人々に接し、「産業・学芸の奨励者」として各地を巡啓した。だが皇太子は大正天皇になるや窮屈な環境から病状が悪化し、公務に支障をきたす。

危機に際して政府は、若い裕仁皇太子を前面に押し出し、「軍事指導者」と「産業・学芸の奨励者」を一身に体現する現人神（あらひとがみ）として描き出した。巡啓では万単位の「臣民」が日の丸、君が代、万歳の歓呼で迎える「一君万民」の政治空間が出現した。沿道での敬礼の角度まで厳しく定め、異端者を排除することで成り立つ「可視化された帝国」の完成である。

戦時中人々から遠ざかった昭和天皇は戦後、「人間宣言」をして全国を巡幸し、抵抗なく迎え入れられた。人々に「身体ごと体験し、記憶に深く刻み込まれた」一体感があったからだと著者はいう。

象徴天皇制のもとで、観念としての超国家主義と絶縁した私たちの身体に、「国体」はどう刻まれているのか。そう問いかける結論は、新たな課題に向かう著者の助走とも思える。

評・外岡秀俊（本社編集委員）

はら・たけし　62年生まれ。明治学院大助教授（日本政治思想史）。近著『大正天皇』。

二〇〇一年九月一六日②

『民衆を彫る　沖縄・100メートルレリーフに挑む』

金城実 著

解放出版社・一八〇〇円

沖縄に刻まれる壮大な彫刻群

沖縄中部、読谷村（よみたんそん）のチビチリガマという洞窟（どうくつ）を訪ねたことがあった。沖縄戦の際、読谷村民八十四名が自決した場所である。入り口には「チビチリガマ世代を結ぶ平和の像」と名付けられた彫像がある。本書の著者、金城実が制作者だ。

本書によると、この彫刻は野外の児童公園で制作された。初めは住民や集団自決の遺族たちが遠巻きに見ていたが、まず遺族が漆喰（しっくい）を塗りだし、洞窟の自決から生き残った人びとが差し入れを始めた。そして制作現場で、遺族を囲むようにして、沖縄戦の惨禍が語り始められたという。金城のモチーフと住民・遺族による共同作業によって、彫像は姿を現したのだ。また、沖縄戦や集団自決を語り継ぐ場も、ここで生みだされたのである。

この作品は地中に埋もれようとする人間たちが必死の呻（うめ）き声をあげているような、なんともすさまじい群像で構成されている。彫像の中央には、三線（さんしん）を弾く歌い手・吟遊詩人の像がすえられている。ここには「死者よ眠れ」という単なる犠牲者の鎮魂ではなく、「死者よ起きて立て」と死者たちの呻き声を語り継ぐ媒体として島唄（しまうた）の声が表徴されている。

本書には金城の二〇〇七年の完成を目指して制作途上にある「100メートルレリーフ」の迫力あるエネルギッシュな彫像の写真が数多く収められ、その制作プロセスや意図が記され、また金城自身の彫刻論が展開されている。「制作過程で出会う人たちから見抜かれる、批判を受けること、議論することこそ大切なのだ。そのことあっての共同作業だ」というのが、金城のスタンスである。

金城は「相変わらず被害者意識と、それをはねのける村民のたくましさの構図ではもの足りないと思われないか」と問いかけ、権力を風刺したゴヤやドーミエのカリカチュアの手法にその可能性をみいだしている。それは「100メートルレリーフ」に造形されつつあり、完成の暁には「悲劇と喜劇をなめつくしたこの沖縄の風土」を哄笑（こうしょう）するかのように屹立（きつりつ）する彫刻群となろう。

評・川村邦光（大阪大学教授）

きんじょう・みのる　39年生まれ。彫刻家。作品に「残波大獅子」、著書に『土の笑い』。

『至福の味』

ミュリエル・バルベリ 著　高橋利絵子 訳

早川書房・一五〇〇円

最期に食べたいものは何ですか

よくある素材を用いながら、着想と材料の組み合わせと味つけで、びっくりするほど美味（おい）しいものが出来上がる。

料理の秘訣（ひけつ）ではなく小説のことだ。死を目前にし、人生最後になにを食べたいか。食を語れば、よく出る話題だ。では世界一の美食家なら、そのときなにを選ぶか。これが着想の妙だ。

主人公は世界的な名声を得た、六十八歳の料理批評家。贅（ぜい）をつくした晩餐（ばんさん）のほとんどに出席し、彼の評価で料理店の人気は左右される。世界中の美食を味わい、ワインも浴びるほど飲んできた。ところが突然、友人の医師に余命はあと四十八時間だと宣告される。

死の床のなかで主人公は考える。「人生でいちばんはじめに味わったもの」はなにか。まだ料理を批評することもしなかった時代に口にした〝至福の味〟を求め、彼は失われた記憶をまさぐりはじめる。祖母が作ったジャガイモ料理か。子供のころに食べた子羊のクリーム煮か。モロッコで味わった肉料理か。祖父が焼いたサーディンか。日本人の板前に供された刺し身か。どれも違う。

巧みなのは、主人公の回想と交互に家族、友人、愛人、使用人、そして飼い猫と、彼を取り囲む人間やペットに、彼の人間性を語らせた構成だ。多彩な声によって、名声を得た代わりに家族にも見放された、彼の孤独を浮かび上がらせる。

大事な味つけは、主人公の言葉に利かせたアフォリズムの風味である。

「晩餐のテーブルにつくとき、わたしは一国の王となる」とは冒頭の一句。「〝郷土（ふるさと）〟は、現実には存在しない、失われた世界なのだ」。「食事としての役目を果たさない朝食など、神への冒涜（ぼうとく）にも等しいものだ」。「自分が本当に望んでいることは、心の奥、人には見えないところにじっと潜んでいる」。皮肉にも次第次第に、彼の言葉は美食にかぶれた現代の食文化への警句となる。

では彼の選んだものは。読者はその答えに満足するだろう。後味の良さも格別である。

（原題、Une Gourmandise）

評・松山巖（評論家）

Muriel Barbery　69年生まれ。作家デビューの本書で仏最優秀料理小説賞受賞。

『ノミ、サーカスへゆく』

金井美恵子 文　金井久美子 絵

角川春樹事務所・二〇〇〇円

子供のご機嫌をとらない童話

〈童話〉というものは、あれはとても不思議なもので、ごく偶（たま）にだが、無性に書きたくてたまらなくなるものらしい。特に、ものを書く人はそうみたいで、昔からどんな作家にも一つや二つは〈童話〉や〈幼い寓話（ぐうわ）〉の類（たぐ）いがある。単純な無邪気とか、薄桃色のノスタルジーとかいう、わかり易（やす）いものもあるが、時に、もう取り返しのつかない〈悔い〉のような味がするものもある。

それと、もう一つ。よく〈大人のための童話〉というのがあるが、私は信じない。なかなか寝つけない子供たちを、ひょいと抱き上げて、眠りの国へ運んでやるのが、たった一つの〈童話〉の効用であって、その裏に悪意だの毒だのを見つけ出そうとするのは、大人たちの下品な趣味である。だいたい〈童話〉は言葉で綴（つづ）られたものであり、言葉というものには、そもそも海水の中の塩分とおなじように、サリンみたいな毒も、安ゼリーの甘さも、おのずから含まれているものなのだ。――〈童話〉は、いつ明けるともしれない長い夜に生まれた迷信だと、誰（だれ）かが言っていた。

金井美恵子さんと久美子さん姉妹の『ノミ、サーカスへゆく』は、子供たちのご機嫌をとらないところが良い。たぶん〈童心〉などというものを信用していないのだ。だから、文章も絵も、勝手気ままで正直だ。けれど、ちゃんと子供たちの目を真っすぐに見て話しかけている。

たとえば「ホッグの初恋」という豚のお話にしても、難しい言葉はたくさん出てくるし、省略は多いし、子供たちにはとても不親切に書かれてはいるが、私はこれをこのまま子供たちに読んでやるのがいいと思う。ただ、繰り返し繰り返し読んでやるのだ。あるいは「ノミ、サーカスへゆく」なら、ニジンスキーって誰と質問されても、答えてはいけない。繰り返すうちに、子供たちにはかならずニジンスキーが見えてくる。——そうして子供たちは、やがて夢の中に不吉な動物や、幸福な樹（き）を見るようになる。——それが童話というものだ。

評・久世光彦（作家）

かない・みえこ 47年生まれ。作家。
かない・くみこ 45年生まれ。画家、装丁家。

二〇〇一年九月一六日⑤

『昭和二十一年八月の絵日記』

山中和子 著
トランスビュー・一五〇〇円

少女の観察から広がる「暮らし」

ページを開いたとたん「あ、この本欲しい！」と思う人が多いのではないだろうか。わら半紙の上半分にクレヨンで描かれた絵。下半分には定規で丁寧に罫（けい）が引かれ、鉛筆書きの文字が躍る。『昭和二十一年八月の絵日記』は、当時小学校五年生だった女の子の絵日記を、原寸大のカラーで再現した本である。

〈私の作ってゐるはたけから青うりを二つ取りました。一つは太い所のまはりが三十糎で長さは四十糎といふすばらしいうりがとれました。朝さっそくそのうりを、しをもみにしていただきました〉

こんな夏休みの暮らしが四十日分。

〈お昼からお父さんと姉さんが神戸へ行かれるので私もつれていってもらひました〉という日があれば、〈今日は、母がいそがしくしていたので、私が、自分のやうふくを二枚洗ひました〉というだけの日もある。敗戦の翌年だから食糧事情はまだよくない。〈午後から「パン」のはいきゅうがありました〉の日には大きなコッペパンの絵が、〈夕方に大きな南瓜が一つ取れました〉という日には丸々太ったカボチャの絵が、渾身（こんしん）の力をこめて描かれる。黄ばんだ紙の質感から、夏の風物、家族の情景、きちんとした言葉づかいまで、何もかもが懐かしい。

養老孟司のちょっぴり苦い解説が、しかし、私たちを現実に引き戻す。日本の近代は都市化の歴史だった。草深い田舎を失ったがために、子どもたちの世界まで人間関係で覆い尽くされてしまった。それで彼らは幸せか。絵日記にオオバコや青ウリや台風が出てくるような暮らしこそ、必要ではなかったのかと。

これを単なる近代批判、過去へのノスタルジーと解釈すべきではないだろう。改めて眺めると、彼女が優れた観察者であったことに気づくのだ。絵日記には家族や先生の姿と並んで洗濯物も汽車も数字も登場する。人と人以外の絵が半分ずつ。けっして「私が主役」ではない。閉塞（へいそく）感から抜けるヒントはそこにあるのかも。この夏休み、子どもたちはどんな絵日記を描いただろうか。

評・斎藤美奈子（文芸評論家）

やまなか・かずこ 35年生まれ。女子美術大卒。一時期、絵画教室で児童らを指導。

二〇〇一年九月一六日❻

『日本語は生き残れるか　経済言語学の視点から』

井上史雄 著
ＰＨＰ新書・六六〇円

国際化で地位低下、肩身狭く

日本語の肩身が狭くなってきていることは日ごろから切実に感じている。例えば、学術研究の成果は英語で発表することが強く奨励されている。日本語でしか書かないというのでは、明らかに低い評価しか受けない。その副作用として、若い研究者が日本語を書くことに費やす時間は短くなっており、その母国語の文章の質は落ちているのではと危惧（きぐ）される。

こうした日本語をめぐる状況が、「ことばのしくみ」と「言語の社会的地位」という二つの観点から、本書では考察されている。伝統的な言語学が、「ことばのしくみ」にもっぱら関心を限定してきたのに対して、言語ごとの市場価値（経済的影響力）の違いも論じたところに、本書の意義と特色がある。

「言語の社会的地位」については、ますます国際化が進んで世界中で使うことを考えると、英語がまず優位に立つ。どの言語を学習するかについても、勝ち馬に乗るメカニズムが働くから、一番手に支持が集中し、二番手以下との格差は開く。すなわち、日本語を含む英語以外の言語の地位は低下していくことになる。こうした事情を考慮せずに、「英語第二公用語論」を採用すれば、日本語の衰退を加速するだけになりかねない。

「ことばのしくみ」という点では、日本語の絶対的難易度は、世界の諸言語の中で中位くらいであるとされる。語彙（ごい）と場面に応じた使い方の面では難しいが、音韻や文法の面では易しい方だからである。けれども、英語母国語者が日本語を学ぶ（あるいは、逆に日本人が英語を学ぶ）際の相対的難易度はきわめて高い。このことは、英語が支配的となる中では、日本人に不利に働く。

本書は「経済言語学」を称しているが、どの言語が勢力を強めるかという問題は経済学では「ネットワーク間の競争」と呼ぶ問題の一例にほかならないから、それに関する経済学の既存成果がもっと応用できそうである。日本語のためにも、言語学者と経済学者による学際的研究が必要なのだろう。

評・池尾和人（慶応大学教授）

いのうえ・ふみお　42年生まれ。東京外語大外国語学部教授。著書に『日本語の値段』。

二〇〇一年九月一六日❼

『ＺＥＲＯ　上・下』

麻生幾 著
幻冬舎・上巻一八〇〇円、下巻一九〇〇円

中国の大物スパイを巡って一人の警察官と公安警察の極秘組織〈ＺＥＲＯ〉が衝突する。それは日中にまたがる四十五年間の歴史の闇（やみ）を探る戦いの始まりであり、やがて日本政府、中国政府、警察、海上自衛隊の思惑が複雑に絡み一触即発の危機を迎える。

迫真の警察小説であると同時に壮大なスケールの軍事謀略小説。諜報（ちょうほう）機関としての公安警察の驚くべき実態、中国の軍事力の徹底的な分析、潜水艦の極秘情報など、日本の危機管理を描いた『宣戦布告』同様、リアルな現実認識の数々で読者を圧倒する。

小説の中に、集団的自衛権を論じる国会の場面など全く〝滑稽（こっけい）な学芸会でしかない〟という刺激的な台詞（せりふ）が出てくるが、それが頷（うなず）けるほど日米安全保障体制の真実をとことん見せつける。しかもサスペンス豊かに、鋭くテーマ（国家・国益とは何か）を問い、いくつもドラマで読者の心を揺さぶりながらだ。いささか作りすぎの部分もあるけれど、見所（みどころ）満載の白熱した娯楽作。

評・池上冬樹（文芸評論家）

二〇〇一年九月一六日⑧

『おまえはケダモノだ、ヴィスコヴィッツ』

A・ボッファ 著　中山悦子 訳
河出書房新社・一八〇〇円

「ぼく」はヴィスコヴィッツ、妻はヤーナ、憧（あこが）れはリューバ、友人はズコティチュ。これは生と恋愛をめぐる二十の物語。でも――彼らはヤマネでありカマキリでありヘラジカ、要するに文字どおり「ケダモノ」なのだ。

ケダモノも幅が広い。微生物や海綿からライオンまである。種類こそ多いが、悲しいかな、種という枷（かせ）からは抜けられない。もって生まれた本能からも抜けられない。自然界の掟（おきて）はなんとまあ堅固にできているんだろう。

カメレオンはアイデンティティに、オウムは妻と恋人の「オウムがえし」に悩まされ、カマキリの恋は「命がけ」で、「不完全雌雄同体」たるカタツムリが惚（ほ）れるのは、クロムめっきに映った自分の姿だ。

固有の種がもつ悲喜こもごものストーリーをユーモラスに描き、それでいて本を閉じて思いかえすと、地球の生態系が浮かび上がってくる仕組み。名前があるってことの意味や神秘も、あらためて気にさせられる。

評・小沼純一（文芸評論家）

二〇〇一年九月一六日⑨

『KGBの世界都市ガイド』

小川政邦 訳
晶文社・二八四〇円

KGBの元エリート諜報（ちょうほう）員たちが実名で執筆した「スパイのための西側十大都市の歩き方」。国内ではベストセラーだそうな。各都市で彼らはどんな隠密生活を送り、どこでだれから機密情報をゲットし、いかなる経路で追跡を逃れたのか？　それらの謎（なぞ）が今だからこそ明かされる。

ただしその実態は、フォーサイスや落合信彦の世界ではない。東京では寿司（すし）屋の主人を政府高官と勘違いして必死にアプローチしたり、リオのビーチでは美女たちの尻（しり）の監視にうつつを抜かしたりと、実に人間臭い。そして彼らは一様に、かつての赴任地で接した人々や異文化に強烈な望郷の念さえ抱く。対象を知れば知るほど愛着が深まってしまうそんな「スパイの逆説」も、ソ連崩壊を早める一要因だったかもしれない。

これは西側都市と不覚にも不倫の恋に落ちたスパイたちの、ロシアより愛をこめたラブレターでもある。読み終えても自動的に消滅したりしないので、ご安心を。

評・山崎浩一（コラムニスト）

二〇〇一年九月一六日⑩

『「自分の木」の下で』

大江健三郎 著
朝日新聞社・一二〇〇円

現代日本の子どもたちの状況を見ると、誰（だれ）しもが何か言いたい、話しかけたいと思いつつ、その難しさのためにたじろいでしまうだろう。ところが、ノーベル賞作家の大江健三郎は敢（あ）えてこのことに正面から取り組み、その結果、本書が生まれた。「なぜ子どもは学校に行かねばならないのか」「どうして生きてきたのですか？」。子どものこのような質問を、多くの大人は無視したり、ごまかしたりする。大江は、自分の体験を振り返りつつ、全力投球をもってこれに答える。言葉はやさしく厳しい。人間にはそれぞれ「自分の木」と決められた樹木がある。その木の下で子どもの自分と年をとった自分とが出会うというイメージは、「私の人生」を考えるとき、襟を正させるような迫力をもっている。

一本の木が成長するように、人間もゆっくりと根本から成長してゆく。大江にとっては重要な成長の糧であった「読書」について、大人も子どもも本書から多くを学ぶだろう。

評・河合隼雄（心理療法家）

二〇〇一年九月一六日⑪

『ザ・グレーテスト・ヒッツ・オブ・平岡正明』

平岡正明 著　四方田犬彦 編
芳賀書店・三八〇〇円

一九六二年から二〇〇一年までの三十九年間に、平岡正明は百冊の本を書いた。この本はその百冊を駆け抜ける。ジャズ、歌謡曲、新内、緊縛、水滸伝、江戸、横浜、革命、アジア論etc。読んでいるうちに、一個の肉体の中を駆け抜けている感覚になる。六〇年代に震撼（しんかん）する肉体、七〇年代に耳をすます肉体、八〇年代を動きまわる肉体、九〇年代を触り探る肉体。文章は頭脳で書くのではなく身体で書くものだ。しかしそうあり続けるためには、身体が時代を引き受けながら、かなりのスピードで観念の先を走らなくてはならない。平岡は評論のジャンルでそれを方法化した希有（けう）な物書きだ。そしてその根元には常に、水滸伝的な世界転倒が仕組まれている。

ところでなぜ百冊が一冊なのかといえば、編者の四方田犬彦が各著書から書き抜いたからだ。その力わざには圧倒される。この本では平岡と四方田の両方の個性が混じり合い、本ならぬ一枚の音盤となった。

評・田中優子（法政大学教授）

二〇〇一年九月一六日⑫

『夏の雨』

平井照敏 著
ふらんす堂・二七〇〇円

「空の秋熟田津に潮待つごとく」はこの句集の冒頭の作。すっかり秋の気配の空は熟田津（にきたづ）に満ちる潮を待っているかのようだ、というのである。もちろん、「熟田津に船乗りせむと月待てば潮もかなひぬ今は漕ぎ出でな」（額田王）が踏まえられている。『万葉集』のその歌を踏まえることで、秋の空がもう一つの海として深く広くとらえられた。

中年になって現代詩から俳句に転じた作者は、俳論と実作の両面で意欲的に活躍してきた。いわば現代の俳句のリーダーであり、この第八句集には、そのリーダーの豊かな成果が詰まっている。

その成果は、「秋の道あとつけてくるわれの闇」という死の影を意識させる暗い俳句から、「けやき春の木光の小鳥とまり出す」という明るい生命賛歌までの間にあると言ってよい。その二つの間には、「港春しばらく猫のごとき雨」というしゃれた句や、「秋風にちとかみ傷をつけてみる」という愉快な句がいっぱい。

評・坪内稔典（俳人）

二〇〇一年九月二三日①

『白亜紀に夜がくる　恐竜の絶滅と現代地質学』

ジェームズ・ローレンス・パウエル 著
寺嶋英志＋瀬戸口烈司 訳
青土社・二八〇〇円

提唱者の沈黙の陰に広島の閃光？

いまから六千五百万年前、恐竜の絶滅とともに白亜紀が終わった。その原因が巨大隕石（いんせき）の衝突だったことはほぼ定説となり、一般にもよく知られているだろう。だが一九八〇年に隕石衝突説が提出されるや猛烈な反論に迎えられ、二十年近くも激烈な論争が続いたことは、あまり知られていない。天変地異的な激変を否定して成立した地質学は、現在の地球上で観察される変化、たとえば浸食や火山活動で地球の歴史を説明する。その立場からすれば、天文学的な確率でしか起こらず、しかも宇宙からやってくる巨大隕石の衝突は、「天罰」を持ち出すのも同然の非科学的な「たわごと」だった。

本書は、新しい仮説がどのように証明されていくのか、証拠の積み重ね、検証と反証という科学の手続きを、恐竜絶滅を例に解説した好著である。しかも過熱する論争の実態を、罵詈（ばり）雑言・誹謗（ひぼう）中傷をも無視せず、ただし抑えた筆致で淡々と語り、科学革命＝パラダイムシフトが科学者にとってどれほど困難か、そしてなぜ困難なのかを明らかにする。

良書を紹介する書評なら、ここで終わっていいのかもしれない。しかし、評者は訳者（寺嶋英志氏）の「あとがき」を読んで本書を取り上げることにしたので、もう少し続けなければならない。

隕石衝突説を受けてカール・セーガンらが「核の冬」を発表し、世界中に衝撃をあたえたことはよく知られている。当時の米国とソ連が保有していた核弾頭のうち半分が爆発しただけで、巻き上げられた塵（ちり）や煤（すす）が数カ月間は太陽光線をさえぎり、人間を含む動物を絶滅の淵（ふち）に追いやるというシナリオである。

だが、一九八〇年に隕石衝突説を提唱したアルヴァレス父子のうち、父親ルイスが原子爆弾の開発に参加した物理学者であることは、どれだけ知られていただろう。しかも広島の閃光（せんこう）とキノコ雲を、投下機に随伴した観測機上から観察していた（本書には機上で書いた幼い息子あての手紙が収録されている）。核兵器の特徴は瞬時の無差別大量殺戮（さつりく）と、広域にわたる深刻な環境汚染にある。巨大隕石の衝突がもたらすのも無差別大量殺戮であり、地球環境の激変が恐竜をはじめ多くの生物が絶滅する原因となった。

論争が激化するなかで、対立陣営は戦後の水爆開発をめぐるルイスのスキャンダルを持ち出したが、本人は口をつぐんだままだった。「核の冬」の議論でも、彼はなにも語らなかったようだ。なにが彼を沈黙させたのか？　訳者はこの問題を追っていて、ようやく本書に断片的な記録を見出したという。訳者の研究の進展を期待したい。

（原題、Night Comes to the Cretaceous）

評・新妻昭夫（恵泉女学園大学教授）

James Lawrence Powell　地質学者。元オリバン大学学長。

二〇〇一年九月二三日②

『マッサージ台のセイウチ　グリエルモ先生の動物揉みほぐし診療記』

A・グリエルモ、C・リン 著　小野田和子 訳

早川書房・一九〇〇円

触れ、触れられが生む信頼感

きっかけは、患者のひとりに愛馬の治療を頼まれたことだった。その馬は以前の飼い主からひどい虐待を受けていたため、人間に対して強い警戒心を解くことができず、近寄ると身体を緊張させてしまう。マッサージで揉（も）みほぐしてやれば様子が変わるかもしれない、というのである。彼は戸惑った。自分は人間を相手にするごくふつうのマッサージ師だ。動物は好きだけれどその筋肉を揉みほぐしたことはない。だが彼、すなわちグリエルモは行動を起こす。馬の専門学校でその筋肉の仕組みを学び、各部位に最適なマッサージ法を習得。性質の異なる馬に接して実習を終えるや、みごと患者の愛馬の《心》を開いてやったのである。

この体験を、問題を抱えている他の動物の治療に生かせないものか。薬を処方するわけでも外科手術でもないその提案には、獣医からの反発や現場の無理解もあったのだが、彼はわずかな機会をとらえてさまざまな動物たちの治療を試み、口コミでその存在を認められていく。脊椎（せきつい）後弯症に苦しむイ

ルカ、セイウチ、ペンギン、背骨のはずれたフェレット、腱（けん）を痛めた飼い犬、背中に瘤（こぶ）ができて前弯症になったスナザメ。動物たちはたちどころに彼の指を信頼し、飼育係にすら見せない姿態で全身をあずけた。

もちろん神の指などありはしない。助けを必要とする動物の筋肉や骨格の解剖学的構造は事前に調べておくし、現場には獣医も立ち会う。マッサージはあくまで有効な代替治療にすぎない。本書がこの種の物語につきものの「いかがわしさ」から免れえているのは、そのような認識の謙虚さと、動物たちに触れ、また触れられることではじめて可能となる、言葉を介在させないコミュニケーションへの信頼感があるからだ。

イルカの調教師は、グリエルモ先生の治療の効果を目の当たりにして自身も患者となった。私もいまやおなじ想（おも）いを抱きつつある。硬化しきった情けない首と背中と腰を、できればペンギンふうに揉みほぐしてほしい、と思う。

（原題、The Walrus on My Table）

評・堀江敏幸（作家）

Anthony Guglielmo　マッサージ療法士。
Cari Lynn　フリーランスのライター。

二〇〇一年九月二三日④

『ゴールド　金と人間の文明史』

ピーター・L・バーンスタイン 著
鈴木主税 訳
日本経済新聞社・二二〇〇円

黄金にひそむ魔物と人のドラマ

黄金の不思議な光に魅せられ、とりつかれてきた人間たちの、数千年にわたる数奇な物語を集めた大著である。

ゴールドは輝くを意味するサンスクリット語からきているといわれるが、その輝きゆえに、いつの時代も富と権力の象徴だった。エジプトでは金を使うのはファラオだけの特権だった。ペルシャの王は黄金の馬車に乗り、ビザンチン帝国の宮殿では黄金の木で黄金の鳥が歌った。インカの神殿は金で覆われ、ベネチアの大運河には黄金の館が建てられた。

著者はアカデミズムの歴史家ではないが、それがかえって虚実をないまぜにしたエピソードの展開を魅力的な筆致にしている。貨幣としての金が覇権を確立していくドラマも興味深いが、とりわけ飽きさせないのが、金の栄光に目がくらみ、欲望のとりこになり、最後は破滅に至る人間の悲劇を描いた部分だ。

ローマの大富豪クラッススは溶かした金を喉（のど）に流しこまれて絶命した。新大陸で略奪した金塊に溺（おぼ）れたスペインの冒険家ピサロ兄弟と仲間も不幸な最期をとげる。十九世紀のアメリカとオーストラリアのゴールドラッシュの主人公たちの末路も哀れを誘う。

長い歴史物語が浮き彫りにするのは、黄金の光にひそんで人を破滅に追いやる見えない魔物の姿だ。手に触れたあらゆるものが黄金に変わることを願い、抱きしめようとした娘が金の像に変わったのを見て深く後悔するミダス王の有名な伝説が伝えられてきたのも、先人が魔物の存在を知っていたからなのだろう。

歴史には多くの警句が刻まれている。「所有することは人間の心をむしばむ」（紀元前五世紀のギリシャの詩人）。「金や銀の杯から飲む者は、地獄の炎を飲む」（千夜一夜物語）。「金は骨まで傷つける」は十九世紀の哲学者ジョン・スチュアート・ミルの言葉だ。

原著の副題は「オブセッション（何かにとりつかれた状態、妄想）の歴史」。「金をめぐる物語には終わりがない」と著者は言う。

（原題、The Power of Gold）

評・清水克雄（本社編集委員）

P. L. Bernstein　コンサルティング会社経営。著書に『リスク』。

二〇〇一年九月二三日⑤

『日本経済論の誤解』

三輪芳朗、J・マーク・ラムザイヤー 著
東洋経済新報社・二六〇〇円

「特殊」という通念を痛快に破壊

日本経済を特徴づけるキーワードがいくつかある。系列、ワンセット主義、株式持ち合い、社長会、役員派遣、メインバンクなどがそれである。つなぎ合わせれば、業種を幅広く網羅した企業群がメインバンクを中心に系列を形成、株の持ち合いや役員の派遣を通じて結合、司令塔としての社長会のもとで、戦略的に行動しているというイメージができあがる。

しかし、著者たちは、これらのキーワードはすべて定義があいまいであるか、実証的根拠を欠くものであり、それに基づいて展開される日本経済論は誤っているという。議論は次のようになされる。

「メインバンクは日本独特の存在だ」と言われる。だが、メインバンクとは何か。企業からみて融資順位第一位の銀行のことだとすれば、借り入れを行うすべての企業は、日本にかぎらずどこの国でも、メインバンクを持つ。したがって、それは日本経済の特徴とはいえない。日本のメインバンクは融資先の経営状態を「監視」し、必要とあれば介入する点に特徴があるとの主張に対しては、当該企業よりも銀行の方が正しい経営方針を立てうる理由はどこにあるのかと著者は問う。もちろん、なぜ賢明なメインバンクが膨大な不良債権を抱えることになったのかと責め立てることも忘れない。

こうした理詰めに加えて、綿密なデータ分析に基づいて、系列外からの融資の方がむしろ多いこと、株式の持ち合いも系列を越えてなされていることなどを明らかにしている。社長会の実態も昼食（老人向け和食！）をとりながらの講演会にすぎないという。

「通念」を容赦なく打ち壊していく様は、痛快といえば痛快である。

だが同時に、社会科学には、複雑な現実をいくつかの概念を組みあわせて単純化して記述することが求められている。研究者は「わかったつもりにさせる大きな見方」を提供する努力をしている。通念の破壊に成功したとして、著者が日本経済の特徴をどのようにとらえているか、評者には見えない。

評・真渕勝（京都大学教授）

みわ・よしろう 48年生まれ。東大大学院教授。
J. M. Ramseyer 54年生まれ。ハーバード大教授。

二〇〇一年九月二三日⑥

『かずら野』

乙川優三郎 著
幻冬舎・一五〇〇円

放浪の果て、炎に揺れる裸身

ラストシーンがいい。ラスト四ページのために、この小説はある。

嵐（あらし）に遭遇して海に放り投げられた漁師たちが一人、二人、浜辺に打ち上げられて、横たわっている。夫の体に全裸の妻が手足をからめるのは、冷えきった夫の体を温めるためだ。白い大きな臀部（でんぶ）と太い腿（もも）が焚火（たきび）に照らし出される。その艶（つや）めかしい肌が揺れる。

焚火の近くでは、年配の女が指図して若い娘たちが入れ代わり立ち代わり男の体を温めている。滑らかに反った背中と豊かな膨らみ。焚火の明かりを映す娘たちの体はどれも美しい。素肌で男を温めると、娘たちは焚火に当たり、次の順番がくるまで冷えた乳房や下腹を温め直す。そういうシーンだ。

ヒロインも帯を解き、全裸になって男を抱くのだが、このラストシーンが読み終えても残り続けるのは、焚火の明かりに映し出されるのが、命そのものだからである。その残酷な儚（はかな）さと鮮やかな美しさが焚火の明かりに揺れ続ける。いいシーンだ。この場面が読み終えてもずっと残り続ける。

実はこの長編、乙川優三郎の作品にしては珍しくストレートといっていい。足軽の次女に生まれたヒロイン菊子が糸師のもとに奉公に出されるところから幕が開くが、その大半はひょんなことから糸師の伜（せがれ）富治と夫婦になってヒロインが苦労する放浪物語だ。複雑な背景のもとに展開するいつもの物語に比べると、ストレートと言わざるを得ない。もちろん、その間のディテールは夫婦小説としてたっぷりと読ませはするのだが、乙川優三郎らしくない。おやおやと思って読み進むと、前記のラストシーンにぶちあたるのである。

ここにいたって、このラストシーンを描くことに作者の眼目があったことに気がつくのだ。オール読物新人賞を受賞してから五年、時代小説大賞を受賞してから四年。ストーリーを捨てて感情の風景そのものを描く決意は、この作家の自信の表れと解釈する。

評・北上次郎（文芸評論家）

おとかわ・ゆうざぶろう　53年生まれ。著書に『五年の梅』『喜知次』など。

二〇〇一年九月二三日⑦

『思想の言葉Ⅰ〜Ⅳ』

岩波書店編集部 編

岩波書店・Ⅰ〜Ⅲ巻二七〇〇円、Ⅳ巻二八〇〇円

今や言葉は軽く、思想は薄っぺらなのはお互いさまで、雑誌「思想」などという重たそうな刊行物にお近づきはないが、ついその巻頭コラムエッセーの集成に手を出した。

違憲判決批判の大宅壮一を「社会通念」を「神聖視」するものと真っ向唐竹割（からたけわり）にした家永三郎から、なぜ毛沢東は間違ったのかといえば「圧倒的な多数、それが自分の側にあると思ったのだ」と合点する川村湊にいたるまで、二十六年半の時代の流れを飛び石伝いにたどる趣である。

「自分は人を殺す前に死にたい」と思う鶴見俊輔は反戦運動の分裂を「ヤマギシカイの研鑽方式」の実見からたしなめ、三島由紀夫の自裁を揶揄（やゆ）する政治家に対し城塚登は彼は政治家の「偽善と隠蔽、うれしがらせとごまかし」に業を煮やして死んだのではないかと異議申し立てをする。丸山真男、清水幾太郎、花田清輝。懐かしい名もあって、なるべく小難しいのは避けながらも楽しんだ。思想のはやりすたりも分かる。

評・河谷史夫（本社編集委員）

二〇〇一年九月二三日⑧

『寄席切絵図』

六代目三遊亭圓生 著　山本進 編

青蛙房・三〇〇〇円

落語の中興の祖、圓朝が没した一九〇〇年に、六代目圓生は生まれた。この事実を圓生は強く意識していたに違いない。圓朝の名こそ継ぐことはなかったが、彼には落語界を背負う気概があった。忘れられた噺（はなし）を発掘し、全集を完成し、芸の伝承を託した。

いま一つの仕事は明治大正昭和の寄席を語って史料として遺（のこ）した〈寄席四部作〉だ。本書は四巻目の復刊。義太夫語りとして子どもの頃（ころ）から高座に上がっただけに、東京のみならず北海道から九州まで、驚くべき記憶力で寄席の姿を一軒ずつ語っていく。大きな席、路地裏の席。癖の強い席亭。寄席のしきたり、仲間との交流。どの話もあの歯切れの良い口調で実体験を語る。しかも喜多川周之が文献を調べ、東京・横浜の寄席の位置を特定し、切絵図にして添えた。大変な労作だ。

それにしても関東大震災前には東京市内で九十軒、郡部あわせて百三十軒の寄席があったとは。この席数に圓生の芸と気骨の生まれた理由がある。

評・松山巖（評論家）

二〇〇一年九月二三日⑨

『遺伝子vsミーム』

佐倉統 著
廣済堂出版・一〇〇〇円

言葉や価値観など親から子へ伝達される文化的情報をミームと呼ぶ。生命活動を遺伝子情報（ゲノム）の伝達過程と考えるように、人間の文化的活動をこのミームの働きとして説明する立場がある。本書はその最新学説を紹介しつつ、それにとどまらない。

たとえば民族差別は（遺伝子に基づく）肌や髪の色の違いに端を発するが、それを更にねじ曲げ、激化させるのは宗教などミームの相違だ。だからこそ著者は敢（あ）えて遺伝子のレベルに遡（さかのぼ）って考えよと書く。髪や肌の色の違いは人間の遺伝子の中のごく些細（ささい）な差に過ぎない。なのになぜいがみあうのか――。こうしてミームの文化を疑う視点が、生物学の見識から可能となる。逆に遺伝子決定論の行き過ぎなどに、ミームの側から批判も出来よう。

本書の特徴はこうして科学と文化を横断的に制御する戦略的方法を発見するための一種の「補助線」として、ミームを用いる点にある。その力強く意欲的な姿勢には共感できる。

評・武田徹（評論家）

二〇〇一年九月二三日⑩

『五十銭銀貨』

沼波万里子 著
短歌新聞社・一五〇〇円

沼波瓊音（ぬなみけいおん）の娘で歌人の沼波万里子が北一輝を書いた。

北一輝は二・二六事件でクーデターの黒幕として処刑された。軍人でなく直接立案にかかわっていないのにもかかわらず死刑を科せられた論客で、現代史上で最も強い印象を与えている人物である。

沼波瓊音は、昭和の初めに亡くなった、森銑三が最も評価した国文学者である。当時、時代の雰囲気を最も感じて生き方に表現した結果、国士という、今から言えばやや不思議であるが、純粋な生き方で、北と通じていた人物であった。

同時代の歴史上の人物を描くのにこれほど瑞々（みずみず）しい筆致で描いた作品を見るのは稀（まれ）である。著者は五歳のころ、北一輝と、父が沼波瓊音であるとの理由で接触したという、現在の人間としては得難い経験をし、それを後に美しい文章に認めた。我々は、筆者を通じて伝説的人物北一輝のたたずまい、息づかいまで身近にいるように感じとることが出来る。

評・山口昌男（文化人類学者）

二〇〇一年九月二三日⑫

『ペヨトル興亡史』

今野裕一ほか 著
冬弓舎・二〇〇〇円

一九八九年、「銀星倶楽部」のデニス・ホッパー特集号が、当時、登場したばかりの未熟なDTP技術でつくられているのを見て、度胸のいい連中だなあ、と感心した。日本初のDTPによる市販雑誌だったのではないか。

この雑誌の発行元がペヨトル工房だ。出版のほかにも、舞踊や映画のイヴェントをやったり、血気さかんな前衛出版社という感じだった。

そのペヨトルが、出版不況のあおりを食らって、昨年、解散した。主宰者の今野裕一がインターネットで書きつづけた日記を軸に、解散の過程を「実況生中継」ふうにたどったのが本書である。私の周囲にも、かれの日記を愛読していた若い人が何人もいる。その手ごたえが、ひとりになった今野を勇気づけていたらしいことがわかる。

貧乏と好奇心の絶妙の組み合わせ。DTPもインターネットも、使えるものはなんでも使う。倒れてもまだなにかをやりそうだと感じさせる。ペヨトル魂というべし。

評・津野海太郎（編集者）

二〇〇一年九月三〇日❶

『誇り高き市民　ルソーになったジャン＝ジャック』

小林善彦 著

岩波書店・二四〇〇円

自由・平等の精神育てた異色の経歴

童謡の「むすんでひらいて」の大本がジャン＝ジャック・ルソーの作った曲だという話は、海老沢敏さんのエッセーで読んだ覚えがあるが、ルソーの作ったオペラがパリのオペラ座で大当たりをとったなんて話は、この本で読むまでまったく知らなかった。

小林善彦さんは、ルソー研究に一生を賭（か）けてきた碩学（せきがく）である。この本は、その小林さんが蘊蓄（うんちく）を傾けて、といっても実に平明な言葉で、ルソーの思想形成期を語った評伝である。淡々とした語り口がとてもいい。むろん新しい研究成果も盛りこまれており、たとえばルソーが一時期「音楽家」を肩書にしていたといったような、あまり知られていなかった話が次々に出てきて、ルソー像が一変する。

ルソーの故郷、スイスのジュネーブは、かつてカルヴァンが宗教改革を推進した共和国であり、時計職人だった彼の父は市の全体会議のメンバーである市民階級に属していた。といっても、ジュネーブは実質的には貴族政治だったし、ルソーの父も人を傷つけてとっくに失踪（しっそう）していた。ルソー自身もほとんどはフランスで暮らしたのだが、それにもかかわらず彼は、自分が幻想した「共和国」ジュネーブの「市民」であることを生涯誇りにし、この誇りが彼を支えて大思想家に育てあげたのだというのが、表題に示された小林さんの基本的なルソー観である。

たしかにルソーは、数多い近代ヨーロッパの思想家のなかでもまったく異色の存在である。母を生後すぐに失い、十歳で父にも捨てられ、以後は徒弟や放浪者や下僕として社会の下層に生きながら、独力でそこから抜け出し、世界を動かす思想家にまでなったのだから。

もっとも、その間彼は、次々に上流婦人にとり入って、世に出る足がかりにするかと思えば、時計の針もよく読めない下宿の女中を妻にし、生まれてくる五人の子どもを片っぱしから孤児院にほうりこむといった、かなりえげつない生き方もしている。しかも後日『告白』で、その自分の生き方を赤裸々に暴露してみせるのだから、世の常のインテリとは類を異にする。

だが、重要なのは、前半生のこの生活体験のすべてが、後年『人間不平等起源論』『社会契約論』『エミール』などで展開される彼の思想をしっかりと裏打ちしていることだ。このあたりを、小林さんはよく説き明かしてくれる。けっして整ったとは言えない彼の思想が畏（おそ）るべきエネルギーを秘め、フランス革命の原動力になり、カントに強烈なインパクトを与えたのも、そうした情念の裏づけがあったからであろう。　評・木田元（哲学者）

こばやし・よしひこ　27年生まれ。東大名誉教授。パリ日本館館長など歴任。

二〇〇一年九月三〇日❷

『エルネスト・チェ・ゲバラ伝　上・下』

パコ・イグナシオ・タイボⅡ 著　後藤政子 訳

海風書房発行、現代書館発売・各四七〇〇円

高い志、行動力、生涯変わらず

チェ・ゲバラの伝記。と聞いて即座に書店に走る人に、こんな書評は必要ないだろう。問題は「ゲバラってだれ？」な若い人たちである。ゲバラとはだれか。いろんな答え方があるだろうけど、私はこんな風に紹介しておきたいと思う。ジョン・レノン同様、二十世紀を代表するスーパースターのひとりだと。

チェっていうのは愛称で、本名はエルネスト・ゲバラ。一九二八年にアルゼンチンで生まれ、六七年に三十九歳で死んだ。彼が歴史に名を残したのは、カストロのもとでキューバ革命を勝利に導いた功績によってである。けれども、彼の生涯はそれで「上がり」にはならなかった。革命勝利後は政府の要職につき、国際舞台でも活躍するが、アメリカの帝国主義と闘うベトナムに連帯すべく、新たな闘いの場を求めて、コンゴへ、あるいはボリビアへと赴く。最後はボリビアでのゲリラ活動中に戦死した。

もちろん現時点からふりかえって、いろいろ批判することはできる。社会主義なんてもう終わってるとか、ゲリラ戦なんて野蛮だとか、しょせん六〇年代の英雄でしょとか。で

も、そんな問題じゃないのだな。膨大な資料と証言に裏打ちされた本書を読めば、彼が並はずれた行動力と精神力、そして社会的正義感の持ち主だったことがわかるだろう。没後三十年たってなお、チェが世界中の人々を魅了してやまないのは、理想主義からくる失敗や過ちまで含めて、彼が一生涯保ちつづけた志の高さゆえなのだ。

　とはいえ、この本にドラマチックな展開を求めると肩すかしを食う。革命の戦士の脱神話化を期待する向きには物足りないだろうし、記述も淡々としていて講談みたいな高揚感はない。「伝記」とはしかし、本来そういうものであることも知っておきたい。巧みに構成された日本式の「評伝」とは違うズシリとした読み心地。世界中がアメリカ主導で一方向に傾きつつあるいま、第三世界の民衆の側から発想することの重要性も困難も、この本は教えてくれる。

（原題、ERNESTO GUEVARA también conocido como EL CHE）

評・斎藤美奈子（文芸評論家）

Paco Ignacio Taibo II　49年生まれ。ジャーナリスト、作家。

二〇〇一年九月三〇日❸

『フーリガン　最悪の自叙伝』

M・フランシス、P・ウォルシュ 著
小林章夫 訳
飛鳥新社・一四〇〇円

暴力愉快犯どもの上陸近し！

　フーリガニズムの内幕を描いたノンフィクションといえば、すでに『フーリガン戦記』（B・ビュフォード著・白水社）という名著が邦訳されている。ただしあれは、あくまでも外側から描いたものだ。それに対し本書は、フーリガン集団の元ボス自身が書いた活動記録だ。だからといって、こっちの方が真実だとか貴重だとかいうものではもちろんないが、とにかく連中がどんなヤツらで何を考えて行動しているのかが、よりストレートに伝わってくることだけは確かだ。

　著者はジャマイカ移民の混血二世として、マンチェスターの貧民街に生まれた。この街にはマンチェスター・ユナイテッドとマンチエスター・シティの二大サッカークラブがある。彼の家は後者のホームスタジアムのある地区だったため、ごく自然に「シティ」の熱烈なサポーターとして育つ。少年時代からサッカーと暴力に明け暮れていた彼は、これまた自然に「模範的フーリガン」に成長し、八〇年代には地元のギャング集団《ガヴナーズ》のボスとして、フーリガン黄金期の中心人物にまで上りつめる。逮捕歴は十回、服役歴は三十三カ月。

　ただし彼にも彼なりのフーリガンシップがある。戦う相手は他チームのフーリガンのみ。無関係な子供や老人を襲う不届き者は叩（たた）きのめす。愛国心には興味がないのでイングランド代表の国際マッチには無関心。サッカーとともにフーリガンもグローバル化し、世界中に「イングランド病」が蔓延（まんえん）する昨今の風潮を、「近頃（ちかごろ）の若いモンは」と嘆いてみせたりもする。さらにご丁寧に《日本語版への序文》で、W杯を目前に控えた日本人に直々にフーリガン対策までアドバイスしてくれている。第二次大戦を引き合いに出した彼らの挑発には乗るな、と。

　大義もない暴力愉快犯どもが大阪や埼玉の商店街で暴れるのを想像するのは、確かにゾッとする。でも、せめて「目に見える」分だけテロリストほど厄介じゃないとでも思えば、少しは心が休まらないとも限らない。

（原題、Guvnors）

評・山崎浩一（コラムニスト）

M. Francis　フーリガン集団元リーダー。
P. Walsh　夕刊紙副編集長。

二〇〇一年九月三〇日❹

『左官礼讃』

小林澄夫 著
石風社・二八〇〇円

よみがえる壁を塗る音、しぐさ

子供のころ、建築現場をのぞくのが好きだった。完成してしまえば二度と見ることのできない骨組みに、ナルホドこうなっているのかと見とれていた。とくに魅了されたのは現場の「音」だ。木を削る音、カナヅチで叩（たた）く音。左官がシャクシャクと材料をこねてなめらかになったものをコテですくいとる、ザッという音は忘れられない。左官はたいてい近所に住む顔見知りだったから、その場に座り込んでいる私をじゃまにするでもなく、淡々と仕事をつづけているのだった。

月刊「左官教室」という雑誌がある。左官の仕事の周辺や、土壁の文化を広く語る意欲的な雑誌だ。本書はその雑誌のコラムをあつめて編んだものだが、日本に伝わる壁の多種多様な美しさ、材料となる泥、そして何よりも左官の仕事の豊かさを端正な文章でつづっている。一行読みすすめるごとに、幼いころ耳にした左官のゆったりとした「音」や繊細な手のしぐさがよみがえってくる。

奈良の当麻寺（たいまでら）の土塀に残る藁（わら）ぼうきの「あらし目」。それは、上に塗る材料のくっつきをよくするためのものだが、その模様の美しさは左官の「意図しない美意識」である。また左官仕事の傍らにある道具を洗う水。老左官は泥で汚れた水を畑にかえし、まだキレイなあがり水を草花の根にそそぐ。

「余分な水を使わないような理にあった水使い、水と土の複合である泥の生理への繊細な感性、簡素な無駄のない動作」

かつて壁の材料は天然の素材の複合であった。その多様性を活（い）かし「手の延長であるようなわずかな道具と手仕事でつくられた」壁の美があった。

しかし左官の仕事は、近代化と工業化の果てに追いつめられているという。たしかな技術をもった左官がコンクリートの下地づくりをせざるを得ない現状を著者は嘆きつつも、さまざまな土地に眠る泥を探し、技術を語りつぐ左官の姿を愛情をこめて描いている。

秋の陽（ひ）を浴びた土壁を触ってみたくなった。

評・与那原恵（ノンフィクションライター）

こばやし・すみお　43年生まれ。月刊「左官教室」編集長。

二〇〇一年九月三〇日❺

『翻訳とは何か　職業としての翻訳』

山岡洋一 著
日外アソシエーツ・一六〇〇円

透けて見える知的状況の危うさ

本書は、翻訳という知的活動の意義とそれにかかわる姿勢について論じている。翻訳の体験談やノウハウについての本があふれる中で、本書の語る心構えは、翻訳以外の知的作業一般にも通じる。その意味で、翻訳そのものに関心のない読者にも有益だといえる。

翻訳という活動の意義については、歴史上の大翻訳家（西遊記で知られる三蔵法師玄奘〈げんじょう〉など）の業績の紹介を通じて、ときには、それが社会に大きな変化と発展をもたらす原動力になるほど、大きいことが語られている。文明が飛躍的な発展を示す前には、過去や同時代の他の文明から学ぼうとする意欲が高まり、大翻訳時代が先行するという。

翻訳とは外国語の原文を読み、その意味と内容をすべて理解し、それを母語で伝える作業である。それは、英語の授業でだれもが親しんだ英文和訳などとは全く違う。「母語で伝える」ことが大切なのだから、翻訳の技術の中で最も重要なのは、日本語を書く技術だということになり、翻訳者には原著者以上の文章力が要求される。

しかし、世間の多くは、そうした翻訳と英

文和訳的作業の決定的な差に無自覚である。それゆえ、翻訳に対する不当に低い評価と、翻訳を容易な作業とみなす誤解が蔓延（まんえん）していると著者は嘆く。

実際、こうした世間の無理解を背景として、翻訳業をめぐる現状は、暗いものとなっている。翻訳を安易にできる仕事とみなす誤解の上に、それを助長させるかたちで翻訳教育産業の成長がみられる一方で、質の高い翻訳を行おうとする翻訳者への経済的処遇や社会的評価は、決して高くない。翻訳の質を見定めることの困難さが、こうした状況の改善を難しくする要因にもなっている。

最も深く理解できるのは母語である以上、翻訳という作業は欠かせない。本書はその翻訳を深く考える契機を与えてくれるだけでなく、翻訳という実例を通じて現代日本の知的状況を批評した書としても読める好著である。

評・池尾和人（慶応大学教授）

やまおか・よういち　49年生まれ。翻訳家。訳書に『市場対国家』など。

二〇〇一年九月三〇日⑥

『小津安二郎と映画術』

貴田庄 著

平凡社・二三〇〇円

名匠たちの生理の違いが面白い

映画は好きだが、ただもう「あー面白かった」「つまらなかった」と思うだけで、なぜそう感じたのかは深く考えない。娯楽的興味ばかりで研究的興味に乏しい。

『小津安二郎と映画術』というそっけないタイトルのこの本は、研究的で分析的でマニアな本である。にもかかわらず、私が読んでも面白かった。わくわくさせられた。小津監督とさまざまな形でリンクする監督たち（衣笠貞之助、溝口健二、エルンスト・ルビッチ、五所平之助、清水宏、成瀬巳喜男、島津保次郎、木下恵介、アラン・レネ、加藤泰、黒澤明）と対比する形で、つまり搦（から）め手から小津監督の映画術の個性（独自性とかオリジナリティと言った方がいいか?）を浮かび上がらせていく。

無声映画時代にいち早く「カメラワーク」の必要性を直感した衣笠貞之助、俳優の演技を分断するのが厭（いや）でワンシーン・ワンショットに執着した溝口健二、ロケでは何のへんてつもない場所ばかり好んだ成瀬巳喜男、そして徹底的にオーヴァーラップを嫌い、三、四種類のショットを繰り返していくという独自の撮り方を練りあげた小津安二郎……。監督それぞれの好悪の感覚＝生理の違いが、じっくりと描き出されている。好き嫌いが強くなくちゃ、ろくな監督にはなれないのよ、ということがよくわかる。人それぞれの生理の面白さ。それが研究的なこの本を生気あるものにしている。

「風物病」と批判された清水宏監督の映画の魅力を語り、「小津の映画では風物のショットがアンチ・ドラマを作る重要な役目を担っている」と指摘していたのがうれしい。この両監督の「風物病」に限ってはなぜこんなに快適なのだろうと、私はかねがね不思議に思っていたので。アンチ・ドラマのくだりはもっと詳述してもらいたかったが。

小津監督が成瀬監督「浮雲」に感服した話や、黒澤監督が最晩年に小津監督「東京物語」を見ていたという話も心にしみる読みどころだ。

評・中野翠（コラムニスト）

きだ・しょう　47年生まれ。映画評論家、書物史家。著書に『小津安二郎のまなざし』など。

『魔王　上・下』

M・トゥルニエ 著　植田祐次 訳
みすず書房・各二三〇〇円

一九七〇年のパリの冬は、このトゥルニエの『魔王』で記憶されてもよい。神話と官能の奥深くに分け入ったこの小説は、同年のゴンクール賞を審査員の満票で得た。

主人公の大男、ティフォージュは、この世の細部全（すべ）てに近視の目で喰（く）い入り、しだいに自らに課された「担ぐ」という宇宙的なさだめの徴（しる）しを感じ取るようになる。第二次大戦は、彼を捕虜としてフランスからドイツへと連れ出し、その「担ぐ」ものを求める遍歴は、子供たちから、軍用の鳩（はと）、森の大鹿（おおじか）と巡り、古城に作られた、ナチスの国家政治学校の少年戦士にたどり着く。しかし、主人公が最後に自らを捧（ささ）げるのは、アウシュビッツから来たユダヤ人少年。その少年を背に、沼に沈んでいく彼の姿は、天空と星々を担うギリシャ神話のアトラスと重なる。

トゥルニエが、小説という自由な形式を十分に御して、運命を胚胎（はいたい）する人間の黒い輝きを描き切った、紛（まご）う方なき傑作。

評・船曳建夫（文化人類学者）

『独逸怪奇小説集成』

前川道介 訳
国書刊行会・四八〇〇円

今でこそ翻訳物のホラーというと、キングやクーンツら人気作家を擁する米国が本場のように思われているが、戦前の日本では、米国のポオと独逸（ドイツ）のホフマンが怪奇幻想物の双璧（そうへき）と目されていた。

また、本書に収められているシュトローブルの「刺絡」は、森鴎外の名著『諸国物語』に訳載され大正期から親しまれてきた名作だし、やはり本書所収の「蜘蛛」をはじめとするエーヴェルスの諸作は、モダニズムと探偵趣味の雑誌「新青年」に訳載され好評を博した。独逸表現主義映画に傾倒していた谷崎潤一郎は、エーヴェルス原作の「プラーグの大学生」を最愛の一本に挙げ、江戸川乱歩は「蜘蛛」を改作して「目羅博士の不思議な犯罪」を執筆している。

独逸怪奇文学紹介の先覚者前川道介が、渉猟の折節、慈しむように翻訳した有名無名作家の珠玉作二十八編を収める本書は、日本探偵小説の一源流であり、夢幻の美と魂の戦慄（せんりつ）に満ちた、ゲルマンの怪奇世界再発見に最適の一巻である。

評・東雅夫（ホラー評論家）

『図書館逍遥』

小田光雄 著
編書房・一九〇〇円

図書館は、本好きな人間にとって実は最もつまらない場所の一つである。「図書館大会の風景」と題した第一章はだれもが共感するところであろう。評者にとっても、勤める大学の図書館に足を運ぶ時は気が重い。図書館に勤める人にとって本は生き物ではなく、書庫は死体置き場であり、館員はその管理人にすぎないと思えるからである。

第二章「ある図書館長の死」では、文芸評論家の中島河太郎（ミステリー文学資料館）と尾崎秀樹（大衆文学資料収集）の死がまるで語られなかった理由を考えて、特に中島が戦前柳田国男の研究者であったのに、推理小説研究ゆえに戦後柳田全集にかかわらず排除されてしまったと論じる。その他、山中共古、大橋図書館、永井荷風と南葵文庫など五十項目に亘（わた）って不思議な空間としての図書館のトポスが語られる。

この書物の面白さに表紙での遊びもある。著者についても考え、読むことがいっぱいあって興味深い。

評・山口昌男（文化人類学者）

二〇〇一年九月三〇日⑪

『光るナナムイの神々』

比嘉豊光 著

風土社・一八〇〇円

沖縄県宮古島の西原では、〈ナナムイ〉と称する七つのウタキ(聖地)に神々が宿る。ここでは年に四十余の祭祀(さいし)行事が、ムラの46歳から55歳までの女性(ナナムイヌンマ＝ナナムイの神女)により、男子禁制の秘儀として今も続けられている。

写真家で映像記録家である著者は、4年の歳月を費やし、その祭祀の現場を内側から撮影してきた。

民俗学的な記録として貴重なことは言をまたない。が、ここに写し出された神女たちの光り輝く顔は、私たちに、ごく普通の現代女性に引き継がれた「神々との交流」の持つ意味を問いかける。

巻末には日々の神行事に携わる彼女らの日誌が付される。内容は息子の高校入試の心配、父親の死去など。まさに聖・俗を往来する素顔の女性が表現されている。

ウタキは、神が宿り、精霊が歌い舞う「豊穣(ほうじょう)」の地だという。本書を通じて、その一端を垣間見た感がある。

評・山内健治(明治大学助教授)

二〇〇一年九月三〇日⑫

『メイエルホリド　ベストセレクション』

V・メイエルホリド 著　諫早勇一ほか 訳

作品社・四二〇〇円

フセヴォロド・メイエルホリドはロシア・アバンギャルド芸術運動の中心的人物で、二十世紀を代表する演出家の一人だった。スターリン体制下で粛清され、一九四〇年に銃殺されたこの鬼才の主な論文、講演などが、桑野隆、浦雅春氏ら八人の訳者の努力でようやく刊行されたのは、とてもうれしい。

これまでもメイエルホリドの評伝は何冊か刊行されたが、本人の著作が単行本という形で邦訳されたのは、これが初めてだ。

全体は四章からなる。自然主義演劇を否定し、俳優の「身体を復権」して、躍動的な舞台を作り続けたメイエルホリドの演劇観がよく分かる構成だ。巻末の詳細な年表、演出作品一覧も役に立つ。

特に三九年、彼が演出家会議で行った「最後の演説」は胸に迫る。妥協を知らない彼はここでもソ連の劇場に見られるのは、芸術とは無縁の「拙劣でひどいもの」ばかりと批判したのだ。その五日後、彼は逮捕され、姿を消した。

評・扇田昭彦(演劇評論家)

二〇〇一年一〇月七日❶

『遅刻の誕生　近代日本における時間意識の形成』

橋本毅彦、栗山茂久 編著

三元社・三八〇〇円

帯から点へ、定着までを共同で実証

さまざまな領域の研究者の論文を十二本あつめたガチガチの学術書。そう書けば、たいていの人が敬遠したくなるだろう。ところがちがうのですね。構成がよくできているせいもあるが、なによりも主題に魅力がある。一気に読んだ。

時間厳守を英語でいえばpunctuality。その大もとには「点」を意味するpunctumというラテン語があった。

会社の始業時間、劇場の開幕時間、列車や飛行機の出発時間……。私たち現代人は、分や秒単位で決められた「点」としての時間にむけて、いつも尻(しり)を小刻みに蹴(け)とばされているような気分で生きている。せわしない。息がつまりそう。なぜ私たちはこんなにも遅刻をおそれるようになってしまったのか。

むかしの日本はこうではなかった。明治六年、それまでの不定時法(日の出や日没などの自然によって規定された時間)にかわって、ヨーロッパ式の定時法(時計で計られる時間)が採用されるまで、日本人は「点」ではなく「帯」としての時間の中で生きていた。「あすは朝五ツに集まろう」と決めたところで、それは三十分から一時間ほどの時間帯のうちの

どこかという意味でしかなく、何時何分にみんなが同じ場所にピタリと集まるということなど、最初からだれも期待していない。だいいち、江戸時代の人びとに分や秒の意識はなかった。まことにおおらかなものだったのである。

こうした人びとに、しかも時計がまだ普及していない明治初期に、どうやって時間厳守を強いることができたのだろうか。本書はその謎（なぞ）を、鉄道や工場や学校、ジャーナリズムや生活改善運動の現場にそくして、一つ一つ実証的に解き明かしてゆく。こういう仕事はひとりではできない。共同研究の力だ。

半鐘や汽笛や太鼓などの古い道具の利用。減給や居残りや駅からの締め出しといった罰則規定。「時は金なり」の啓蒙（けいもう）。それらの積み重ねによって、日本人の心身に「遅刻は甚だよからぬことなり」という観念がしだいに定着してゆく。それでも昭和のはじめ頃（ごろ）までは、まだ日本人の自然は点としての時間になじめずにいたらしい。抵抗の息の根が完全にとめられるには、この国が戦争と高度成長期を通過する必要があった。そして、その延長線上に「いそげやいそげ」のいまの私たちがいる。

帯から点への転換なしに日本の近代化は不可能だった。そのことは十分に承知しているつもりである。それでも、時間が帯だった時代がなつかしい、という気もちを消すことはできない。評・津野海太郎（編集者・和光大学教授）

はしもと・たけひこ　東大先端研教授。
くりやま・しげひさ　日文研助教授。

二〇〇一年一〇月七日❷

『W氏との対話』

K・オプホルツァー 著　馬場謙一、高砂美樹 訳
みすず書房・三六〇〇円

フロイトの「成功例」めぐる事実

一九〇〇年にフロイトは『夢判断』を出版し、精神分析の途を拓（ひら）いた。十年後、二十三歳のロシア貴族が彼の許（もと）を訪れ、四年間治療をうけた。フロイトの「ある幼児期神経症の病歴より」で〝狼（おおかみ）男〟と名づけられた患者だ。本書のW氏、「ヴォルフマン」である。

狼男というとしかし、狼に変身する男をイメージするかもしれない。だから本書に限っては、巻末の「訳者あとがき」をまず読むことを勧める。

彼は四歳の誕生日前に狼の群れに食べられそうになる夢を見て以来、恐怖に苛（さいな）まれ、閉じこもった状態にあった。フロイトは精神分析を行い、彼の深層心理を解明した。そのため彼は、フロイトの理論と治癒成功の症例となった。

七三年著者は、当時八十六歳の彼を探し出し、七九年に死去するまでインタビューを重ね、彼の死後に本書を刊行する。じつは著者が会ったときも、彼は精神治療をうけ続け、薬も飲んでいた。亡くなる一年前に倒れ、主治医に強制的に精神病院に入院させられ、そこで没した。では治っていなかったのか。

だが、対話によって明らかになるのは別のことだ。フロイトの高弟や精神医学者たちが、彼を精神分析の成果として、囲い込んできた事実だ。彼についての研究書、自らが語ってまとめたはずの回顧録でさえ、彼に覚えないことも記載していた。病んでいるのは彼なのか。

彼にも問題は多い。医者になんでも頼る。コンプレックスといった用語を使って自己を説明する。老いても女性問題に悩み、著者に愚痴をこぼし続け、愛情を求める。してみると、なんだ、彼は現代人の典型じゃあないかと思いつつ、優柔不断さにイライラする。しかしなにかが気にかかり、結局読み通した。

そのなにかとは、彼も二十世紀という激しい時代の中で日常を生きてきたという単純なことだ。現在、精神医学も遺伝子研究により高度化している。しかし本書は、人間は個々違う人生を生きることをあらためて考えさせる。

（原題、Gesprache mit dem Wolfsmann）

評・松山巖（評論家）

K・Obholzer　43年ウィーン生まれ。フリージャーナリスト。

二〇〇一年一〇月七日③

『神は銃弾』

ボストン・テラン 著　田口俊樹 訳
文春文庫・八二九円

詩情あふれる「ノワール」の新人

ノワールというやつが好きではない。ここで言う「ノワール」とは一昔前の暗黒小説ではなく、「金や名声や異性に対する止めどもない欲望、モラルや理性をこえた情念、不条理な運命、すなわち人間存在の真実を強く深くとらえた小説」（吉野仁）であり、「孤独と愛憎から捩（ね）じれ屈折し、ときには破滅していく者たちの精神の暗黒を描く文学」（池上冬樹）のことで、ようするにエルロイ以降に生まれた作品群といっていい。この「エルロイの息子たち」とも言うべき作家が東にも西にも続々生まれ、このジャンルは今や大ブームと化しているのである。しかし亜流作品は論外だが、優れた作品であればあるほど、物語の救いのなさに暗い気持ちになってくる。それが現代の映し絵だということかもしれないが、読後感の悪さはいかんともしがたい。たとえ、現実から目を背けていると言われようとも、気が滅入（めい）る小説など、私は読みたくない。

そういう読者が、ボストン・テラン『神は銃弾』を手に取ると迷ってしまう。その帯に「パルプ・ノワール2001」とあるからだ。また「ノワール」だ。しかもその内容は、殺人にオーガズムを覚える残酷無比なカルト教団の教主が登場して、凄絶（せいぜつ）な悪の世界が展開するのだ。もうイヤです、こういうの。

ところが、おそるおそる読み始めるとおやおやとなる。ストーリー的には、娘を誘拐された刑事がカルト教団の教主を追いつめるというシンプルな話だが、太字体で挿入される回想が登場人物の心理を巧みに浮き彫りにしていく構成が群を抜いている。色彩感豊かな物語が展開するのである。それにいちばんは、刑事に同行する元教徒で麻薬中毒の女性ケイスの魅力が圧倒的であること。悲惨な体験を味わいながらもそれに屈しない彼女の強さが物語に希望を与えている。その強さが気持ちいい。詩情あふれる筆致も見事だし、実に愉（たの）しみな新人作家の登場といっていい。ノワール嫌いの読者に特におすすめの一冊だ。

（原題、God is a bullet）

評・北上次郎（文芸評論家）

Boston Teran　アメリカ生まれ。本書で英国推理作家協会最優秀新人賞。

二〇〇一年一〇月七日④

『消費される恋愛論　大正知識人と性』

菅野聡美 著
青弓社・一六〇〇円

安直化する「出会い」を逆照射

大正時代に、多くの青年を魅了した、あるいは惑わした、厨川白村（くりやがわはくそん）の有名な『近代の恋愛観』をはじめとして、恋愛本が続々と出されて、恋愛論ブームが起こっている。情死事件や恋愛事件といったスキャンダルで世の中が沸き立ってもいる。天下国家を声高に論じた明治から、私的な問題に関心を向けていった大正へと、時代の思潮はシフトしていった。

大正恋愛論が私的な関心だけに終始していたとしても、私的なことが国家への批判や反逆の契機ともなる。大正恋愛論の秘めていたその可能性と帰結、ここに本書のテーマが設定されている。

今日では忘れ去られてしまった思想家だが、厨川が登場して、恋愛論は一挙にブレークした。厨川は端的にいえば「ラブ・イズ・ベスト」を唱え、恋愛結婚を奨励したのである。しかし、厨川は恋愛を結婚の第一前提とすることを主張しているだけであって、恋愛を社会制度に順応させてしまい、恋愛の秘めている反逆性や反社会性を骨抜きにしてしまっている、と著者は指摘する。大正リベラリズムの論壇で起こった安全な恋愛論は大衆受けして消費されていったのである。

この恋愛論を担ったのは女性知識人ではなかった。だが、男の恋愛論が終わって、女性の恋愛論が登場する。そのなかで、高群逸枝こそ、恋愛に固有の価値をみいだして「反逆的恋愛論」を高らかに主張し、恋愛を阻害する社会変革を打ち出した、と著者は高く評価する。

しかし、恋愛論ブームは去り、男性との論争は起こらなかった。エロ・グロ・ナンセンス時代、そして総力戦体制へと時代は目まぐるしく移っていたのだ。

「恋愛のかたちも中身も多様でいい。ただし、私事である恋愛が現行の社会体制に拘束されていること」に無自覚であることは恋愛の存立すら危うくする、と著者はさめた眼（まなざし）で本書を締めくくっている。大正恋愛論の見直し、それは恋愛の安直化と恋愛幻想の存続という現代の状況を批判的にとらえ返す契機となると思われるのである。

評・川村邦光（大阪大学教授）

かんの・さとみ　63年神奈川県生まれ。琉球大助教授。共著に『売る身体／買う身体』。

二〇〇一年一〇月七日⑤

『魂のみなもとへ　詩と哲学のデュオ』

谷川俊太郎、長谷川宏 著

近代出版・一八〇〇円

思いがけぬ出会い　美しく響き

心が平穏さを失いそうになる時は、詩を読むことにしている。詩人が一つの詩を編むために数百時間の精魂を傾けた透明な結晶を前にすると、乱れた心はおのずと鎮まり、静けさが戻ってくる。

真っ先に読みたくなるのは谷川氏の作品だ。その平明な言葉の深さは、哲学者が思索の果てに行き着いた明証のように澄み切っている。例えばこんな数行。

「百年前ぼくはここにいなかった／百年後ぼくはここにいないだろう／あたり前な所のようでいて／地上はきっと思いがけない場所なんだ」

二千編を超える谷川作品から「生・老・死」のテーマで三十編を選び、哲学者の長谷川氏が、それぞれの作品から触発された考察を短文としてつける。思いがけない詩と散文の出会いが、こうして一冊の美しい本にまとまった。

長谷川氏はアカデミズムを離れ、学習塾を開きながら達意のヘーゲル新訳と格闘してきた。心に響く言葉にこだわる二人の組み合わせに、企画の妙味がある。

長谷川氏は、「つけあい」は批評とは違うという。「対象とは異質な自分を打ちたてる」ことが批評だとするなら、「つけあい」は、「対象の色に染まりつつ自分を打ち出す試み」だ。

長谷川氏は、つかず離れず、詩と微妙な位置を取って様々な工夫を凝らす。「ワクワク」という詩には、「ドキドキ」という文章で、心と体のかかわりに思いをめぐらす。「子どもは駈ける」という詩には、「駈ける子ども」の散文で応じ、クレーの絵をうたった詩には、同じ絵の解題で補足する。面白いのは、時に谷川氏の詩が哲学の断章に、長谷川氏の文章が詩に見えてくることだ。

こうして私たちは、長谷川氏のテキストを通じて簡潔な詩がもつ水脈の豊かさを発見する。谷川氏は、「日常のうちに生きながら、日常を超えたなにものかに向かおうとするところに、哲学者と詩人の接点がある」という。それが「魂のみなもと」であり、詩人と哲学者の二重奏が静かに響く場だ。

評・外岡秀俊（本社編集委員）

たにかわ・しゅんたろう　31年生まれ。詩人。

はせがわ・ひろし　40年生まれ。哲学者。

二〇〇一年一〇月七日⑥

『連戦連敗』

安藤忠雄 著

東京大学出版会・二四〇〇円

妥協しつつ貫く「理想」の記録

「建築家」という仕事がわかる本である。具体的な作品をベースに、希代の建築家・安藤忠雄が、それぞれの案件で何を感じ、何を調べ、どう考えたかといった思考のプロセスがわかる。

表題の「連戦連敗」は、大きな建築コンペに著者が連戦連敗した――その建たなかった設計案を、主たる具体例としているところからきている。ここでいう「コンペ」とは、一つの案件で複数の建築家が建築案を競うこと。自分の案を勝者の案と比較し冷静に分析しているところは、まさに試合後にスポーツ選手が自らのプレーを振り返って敗因を分析しているかのようだ。

このスポーツ競技を思わせるというのは決して偶然のことではない。表題からして意図的な仕掛けであろう。この仕掛けにより、建築という営みが一般に流布しているいわゆるインテリ&アートと違い、多分にフィジカルなものだということが感覚的にわかってくる。

例えば、安藤氏の好きな米国の建築家ルイス・カーンの「創造とは逆境の中でこそ見いだされるもの」という言葉もスポーツにつき物の「ハングリー精神」とのアナロジーで素直に納得できる。実際、本書で語られる氏の下積み時代はまさに「ハングリー精神」を思わせる。

コンペに立ち向かうには、アートと工学とネゴシエーション力と体力のすべてが求められる。このような苦労を場合によっては一度に何本も並行してかかえる。その上での「連戦連敗」なのだ。コンペの多くが、実力ある建築家に絞っての指名コンペであるのだから、実はこの連敗の記録自体驚異的なことなのだ。

そしてさらにすごいのは、これだけの労力を払いながら、場合によってはそのために負けが確定しても、つよい主張をもってそれを最後まで貫くという安藤氏の姿勢である。理想と現実の違いをとことん理解し、妥協しながらも理想は忘れない。そして「連戦連敗」にめげないことで、「勝利」を勝ち取る。まことに読み応（ごた）えのある本である。

評・坂村健（東京大学教授）

あんどう・ただお 41年生まれ。建築家。作品に「六甲の集合住宅」「光の教会」など。

二〇〇一年一〇月七日⑦

『批評の事情 不良のための論壇案内』

永江朗 著

原書房・一六〇〇円

評論にはこの二つが不可欠だと語る著者が、90年代にデビュー、もしくはブレイクした評論家44人の仕事ぶりを評論している。宮台真司、福田和也、大塚英志、春日武彦、椹木野衣、リリー・フランキー、坪内祐三……ひとりの評論家を俎上（そじょう）に載せるだけでも難儀なことなのに、よくもまあとまずは呆（あき）れてしまった。だが、各論客たちの本質を小文の中で捉（とら）えて見せる著者の力量、例えば、長野県知事の田中康夫を「サービス評論家」と断じる行などを読むと、まさに優れた評論の醍醐味（だいごみ）を味わった気分になる。

そこには、著者が重視する批評性と文章の芸がある。だから、その言説を読んだ途端、曖昧（あいまい）だった田中康夫像がくっきりと浮上する。どおりでホテルや航空会社にうるさいわけだ、と合点がいく。他の論客も同様。強みも弱みも含め、その特性を露（あら）わにされている。

つまり、実は著者自身が瞠目（どうもく）すべき評論家であることが、この一冊でよくわかる。

評・長薗安浩（文筆家）

二〇〇一年一〇月七日⑧

『ファストフードが世界を食いつくす』

E・シュローサー 著　楡井浩一 訳
草思社・一六〇〇円

ハンバーガー、ピザ、フライドチキンなど、20世紀半ばにアメリカで誕生したファストフードは、今日、世界中の人々に広く受け入れられるまでに巨大化した。それは、現代人に新たな「食」の形態を定着させただけでなく、パートタイマーの拡大や、牛肉など原材料の加工・流通市場をも変質させたという。本書は、ファストフードがアメリカ社会に登場・普及する過程を振り返るとともに、それらの文化的・社会的影響の諸相を、批判的に検証していく。

ファストフードでの労働システムが、従業員の判断能力に依存しない徹底した「マニュアル型」であることはしばしば指摘されるところだが、このようなシステム自体の持つ経済合理性と非人間性をも含め、世界化が進んでいるのである。ファストフードは、現代アメリカ人の肥満化を進めた一要因ともされる。このアメリカ屈指の輸出文化は、世界に広がった消費者を、身体的にも精神的にも脅かしているのかも知れない。

評・音好宏（上智大学助教授）

二〇〇一年一〇月七日⑨

『海曜日の女たち』

阿部日奈子 著
書肆山田・二五〇〇円

暮れなずむ秋、短く逝った夏を惜しんで海曜日（うみようび）の女たちに会いにゆこう。阿部日奈子の詩集を開いて。そこ、眩（まぶ）しい海辺のパーティーでさんざめくのは、孤独な女、多情な女、勝ち誇る女、みな私たちの愛の分身だ。

捨てられてひとり砂丘に座るイーダ。「電話回線が常時情事で満杯」の街で恋に破れたプチハイエナ。そんな哀（かな）しい女たちの一方には花盛りの女の子たちの群れ。「女の子の名前はみなオーレンカで／強い陽差（ひざ）しの真下でも彼女たちには影がない」

驚くべく物語性に満ちた現代詩である。タイトルが雄弁だ。「Missプチハイエナはなにゆえ岸辺の葦になりかけたか」「未来はオーレンカのもの」「愛の物乞い」。典雅にして破廉恥な言葉が女たちの身の上をうたう。

吉岡実（Y）に会いにゆく海曜日の歓（よろこ）びをうたう最後の詩は「詩についての物語」。女たちの海から未聞の言葉が立ち上がってゆくさまに胸がおどる。

評・山田登世子（仏文学者）

二〇〇一年一〇月七日⑩

『序文つき序文集』

J・L・ボルヘス 著
牛島信明、内田兆史、久野量一 訳
国書刊行会・三二〇〇円

迷宮の作家ボルヘスには数々の伝説があるが、初めてひとのために序文を書いたのが15歳と聞くとやはり驚いてしまう。生涯には200を超える序文を残した。そのうち1923年から74年までに書かれた38点を選んだ序文集。シェークスピアやカフカなどの、著名な作品の寸評も興味深いが、自在な言葉の技はとりわけ母国アルゼンチンの作品を前にさえわたる。

「すべての直感的にして偉大な詩人がそうであるように、彼は考えられないほどひどい詩も書いたが、その間に、この上なく素晴らしい詩行をわれわれに残してくれたのである」（『アルマフエルテの散文と詩』）

「実に良く書かれ、悪く読まれている本である」（『マルティン・フィエロ』）

文章の断片はすぐれた警句集としても読める。「歳月は人間の手になる作品を磨滅させる」「昨日の人間は今日の人間ではない」。透徹した視線は時を超えて今を射る。

評・清水克雄（本社編集委員）

二〇〇一年一〇月七日⑫

『扉を開く女たち』

阿木津英ほか 著
砂子屋書房・三〇〇〇円

ジェンダーという視点から戦後短歌史を見直す仕事。そう言ってしまえばたやすいが、阿木津英、内野光子、小林とし子の三人が膨大な資料を読み込んで、今まで想像もされなかった角度の考察を試みた労作である。

たとえば、男性歌人と女性歌人の作品評価に用いられる言葉のちがい。男性歌人に対してはほとんど用いられない「稚拙」「未熟」の語が、女性歌人の場合は実力あるベテランの作者に対してもおそれなく用いられていたという事実。これは戦後十年間についての調査で、今では考えられないことだが、問題の根は残っているだろう。

そしてまた、既に評価の定まった観のある女性歌人への新しい見方も興味深い。〈母の歌人〉として一面的に見られがちな五島美代子が、〈母〉でも〈主婦〉でもない〈女〉という、理想的なジェンダー肯定の意識を持っていたことなどは特に新鮮で、なお論を深める余地のあるものと思った。

評・水原紫苑（歌人）

二〇〇一年一〇月一四日❶

『最古の宗教　古代メソポタミア』

ジャン・ボテロ 著　松島英子 訳
法政大学出版局・四五〇〇円

受け継がれなかった寛容な精神

二十一世紀は始まったばかりだというのに、世界は重苦しい空気に包まれている。暗い迷路からの出口を探す手がかりはないのだろうか。

そんなことを考えている時に一冊の本に目を開かされた。いまのイラクの地に栄えた古代都市の人々の宗教観を扱う学術書だが、現代にも多くの示唆を与えてくれる。

人間を超えた存在への畏怖（いふ）や崇敬の感情は原始の昔からあるといわれる。著者が五千年前に生まれたメソポタミアの宗教をあえて「最古の」と呼ぶ理由は、発掘された五十万点もの粘土板の文書から当時の人々の精神世界や宗教体系をくわしく知ることができるからだという。

残された詩歌や文学作品から再現される神々の世界は魅力的だ。偉大な神は恐ろしい存在だったが、その姿は人間的で生き生きとしているからだ。宴会好きの神々は飲みすぎて気が大きくなり、失敗することも多かった。身勝手で辛抱するのは苦手。「人間がもつ弱点のみならず、欠点を持ち合わせることもあった」

この宗教には聖なる書物も教義もなかった。著者が強調するのは「狂信性や神秘主義とも無縁だった」という点だ。人間の生は隅々まで神の手に握られていたが「人々は神々から与えられた生をむしろ楽しんでいた」。神々の数は二千とも三千ともいわれ、雑踏のようにひしめきあっていた。異国の神や異民族の神々も同じように扱われていたという。

著者はアッシリア学の世界的権威。過去についての知識を現代の価値観で裁くことには慎重だが、文章の端はしに古代の人々への共感がにじみでる。

「この地の人々は、われわれが言うところの人種差別主義意識を、決して持つことがなかった」「肌の色、身体つきの特徴、身なりや衣装、理解できない言語などは、真の意味で他者として区別する要因にはならなかった」「すべての人間は、議論の余地なく人間だった」

三千年近くも続いた寛容な宗教は古代都市の衰退とともにゆっくりと消えていく。メソポタミア文明は文字など多くの知的遺産を残したが、なぜ精神は受け継がれなかったのだろうか。著者はかかわりの深い「旧約聖書」に触れて、「モーゼ以降の古代イスラエルでは、排他的で非寛容な宗教的表現がなされるようになった」と指摘するにとどめている。

おおらかな神々が消えた後にやってきたのは、唯一の神や唯一の正義が争う世界だった。いまも続く殺伐とした光景を見る時、著者の抱く遠い過去の精神世界への共感に同意したくなる。（原題、La plus vieille religion en Mesopotamie）

評・清水克雄（本社編集委員）

Jean Bottéro　14年生まれ。パリ国立高等研究院名誉教授。

『小説修業』

小島信夫、保坂和志 著
朝日新聞社・一六〇〇円

頑固者ふたり、創作の奥義語る

公開を前提とする論争や往復書簡のなかには、対話を必要としていない自説の開陳に走るだけのモノローグの羅列や、相手を過度に気づかっての、不毛な挨拶（あいさつ）に終始するものが少なくない。互いの言葉や思想が響きあう幸福な二重唱もあるにはあるけれど、そういう事例にも、ときとして対話者ではなく読者への媚（こ）びがつきまとうから始末が悪い。その点、小島信夫と保坂和志という、おそらく筋金入りの頑固者と呼んでいいだろうふたりの作家が、自らの小説観、もしくは創作の奥義らしきものを語り合う趣向の本書は、想定しうる弊害からことごとくまぬかれた、驚くべき一例である。

ふたりのつきあいは、保坂氏がカルチャーセンターの企画担当者だった頃（ころ）、小島氏を講師に迎えようとした時以来のことらしいから、手紙のなかでも師と弟子といった世間並みの関係を維持するかと思いきや、これがそうではない。お互いに敬意と関心を抱きつつ手放しで賛同はせず、平行線をたどるかに見えてふと接近し、目が合うのではなく肩が触れたような軽い衝突を繰り返す。四十歳の年齢差、作家としての経歴など問題にならない。この間合いは、両者が《対等》の関係にあるからこそ生まれたものなのだ。宇宙的規模の偶然によって「たまたま」遭遇し、そしてこの「たまたま」がじつに必然的な事態であると感じさせるしかたで、話は最後まで《対等》の力による押し引きで運ばれていく。

小島氏は出会った人々の言動をひとつの情景として、悪意も意味づけもなく自作に取り込む。「相対しているときの儀礼的な部分を無視して記憶してしまう」のが小島文学の鍵（かぎ）だと述べる保坂氏は、逆にその「儀礼的な部分」を残したうえで、周りの人間を作中に生かす術に長（た）けている。だからこの往復書簡は、互いに相手を登場人物として動かそうとし、その意図が合わせ鏡の像さながらどこまでも奥へのびていくその気配においてまぎれもない「小説」の実作であり、「修業」となりえているのである。

評・堀江敏幸（作家）

こじま・のぶお　15年生まれ。著書に『抱擁家族』。
ほさか・かずし　56年生まれ。著書に『残響』。

『楠田實日記　佐藤栄作総理首席秘書官の二〇〇〇日』

楠田實 著　和田純、五百旗頭真 編
中央公論新社・九〇〇〇円

安保外交の舞台裏、生々しく

産経新聞記者だった著者が佐藤栄作首相秘書官となったのは、1967年3月のことである。著者は佐藤の政権構想の作成に深く関与するなど、すでに佐藤首相とは密接な関係にあった。それでも最高権力者に間近で仕えるのは、格別のことであった。佐藤の怒りや無理解に挫折感を覚えることもあった。しかし、やがて著者は、「匿名への情熱」に導かれて献身的に働き、佐藤内閣の成功に大きな役割を果たした。

この日記の第一の魅力は、安保外交政策の形成過程に関する多くの重要な情報である。沖縄返還交渉が「核抜き本土並み」に収斂（しゅうれん）していく過程や、非核三原則が出てくる過程など、興味深い。

第二の魅力は、自民党内権力闘争に関する生々しい情報である。福田赳夫幹事長が68年の倉石発言（「他力本願の憲法を持つ日本はメカケのようなもの」）を迅速に処理できず、田中角栄が台頭すること、70年の自民党総裁選挙前の票読みで、福田勝利の確信が持てず、佐藤が四選出馬を決意する場面など、とくに印象的である。

そして一番興味深いのは、政権と知識人およびマスコミとの関係に関する記述である。戦後日本政治における言説は、憲法を背景とする強い平和主義に規定されていた。それゆえ社会党などの野党がマスコミと連動するとき、政府にとって手強（てごわ）いものとなった。これに対して佐藤内閣は、周到なマスコミ対策をすると同時に、当時台頭しつつあった高坂正尭、山崎正和氏ら若手現実主義知識人を取り入れ、対抗していく。その中心にあったのが、著者であった。当時の政治が、何よりも政府対マスコミであったことを、これほど如実に示す本はない。

巻末には、著者自身による回想、五百旗頭真（いおきべまこと）氏による解説、それに資料がつけられていて、大変有用である。『佐藤栄作日記』に続き、本書の刊行によって、現代政治研究が飛躍的に発展することを期待したい。

評・北岡伸一（東京大学教授）

くすだ・みのる 24年生まれ。現在は政治評論家。

二〇〇一年一〇月一四日⑤

『2003年の「痛み」』

水木楊 著

PHP研究所・一二〇〇円

構造改革の「衝撃の結末」描く

二〇〇三年九月、日本経済はついに破局を迎えた。失業率は七%を超え、日経平均株価は五千円の大台を割った。銀行は不良債権の直接償却を強行し、企業は相次いで倒産していく。ハローワークでは求人ファイルの奪い合いで刃傷沙汰（ざた）が頻発し、歓楽街では外国人女性に代わって中年日本女性が客をひく。テーマパークの跡地をホームレスが占拠し、ガソリンスタンドのあったところにはtoto（サッカーくじ）の販売所が立っている……。

本書は、「痛みを伴う構造改革」の名のもとに、小泉内閣が国債発行額三十兆円以下という緊縮予算に固執し、国民が「痛み」を実感しないまま支持し続けたならば、日本経済はどのような事態に陥るのかをシミュレーションする近未来小説である。

「痛み」を失業率や成長率という経済指標から実感することは容易ではない。殺伐とした社会の様相も所詮（しょせん）はひとごとに思えるかもしれない。そこで著者は「あなた」の生活がどうなるのかを克明に描くという手法を選んだ。子会社への転出、失業、娘のマレーシアの工場団地への「集団就職」、そして一家離散、普通のサラリーマンの家庭が崩壊していく経緯を追うことによって、これが「痛み」なのですよ、分かっていますかと問いかけていく。淡々と書かれてはいるが、突きつけるような迫力がある。

本書は、小泉改革のもう一つの問題点として、「痛み」の向こうに何があるのかを具体的に示していない点を指摘している。目標も示さずに痛みに耐えろと言うのは「国民にとって酷な話である」。たしかにいま、小泉首相は颯爽（さっそう）とした雰囲気と明快な口調から国民の支持を得ている。しかし、そうしたイメージが、活力ある未来を作るための政策の代わりをいつまでも務めることができるはずがない。著者が言うとおり、構造改革に固執するのであれば、少なくとも、どのような構造改革にしたいのか、そのビジョンを示す必要がある。

評・真渕勝（京都大学教授）

みずき・よう 37年生まれ。日経新聞論説主幹を経て作家に。著書に『砂城』など。

二〇〇一年一〇月一四日⑥

『中上健次エッセイ撰集〔青春・ボーダー篇〕』

中上健次 著　高澤秀次 監修
恒文社21・四二〇〇円

世界を語る声の力強さ今も

たくさんの場所と、おびただしいほどの事柄について語る、一つの声の網羅的な記録の、一部として、ぶあつい一冊が現れた。その声はおそらく、一九七〇年代の終わりごろから一九九〇年代のはじめまで、日本語の作家が世界を語った最も力強い声ではなかっただろうか。中上健次の声が、小説とは違った形に響き、今、甦(よみがえ)った。

小説ではない小品の数々は、しかし小説と同じように、鮮明な描写と、風景の中からはっきりとした感情のやりとりを書きとめようと、多くの「登場人物」の「台詞(せりふ)」をちりばめながら、どんな時事的な課題と絡んでも文学者一流のエッセイとして形づいた。

そして、中上健次の小説と同じように、熊野の新宮に在った「路地」という最もローカルな領域をかかえながら、ヴィジョンを広げる。「路地」から世界へ、という動きの上に展開されるテキストは、最下層から最周辺から、さまざまな場所についての通常の理解のしかたの逆転を企てて、迫って行く。「腕力で書く」など、生前の中上健次にまとわりついた本能の噴出といったイメージにもかかわらず、その逆転の勢いはすぐれて知的なものであったことを、この本が証明している。

情熱と怒り、それに膨大な量の独学と、明晰(めいせき)な分析力、感性と知性を両具した不思議な文体。特に晩期になると、その文体によってある時代の「日本と世界」が新たな像を結ぶようになった。マイノリティ、という概念より豊かに、小説家が非小説の探求をくりかえし、韓国のパンソリとカリブ海のレゲエを聴きながら、アジア、そしてアメリカの内部にまで、下から、周辺から、もう一つの「普遍性」をとめどなく模索したのである。

中上健次の時代からそろそろ十年が経(た)とうとしている今、日本語の文体によってここまで世界にお前らは接近できるのか、と作者が挑んでいるような、ぶあつい一冊が現れた。

評・リービ英雄(作家)

なかがみ・けんじ　1946〜92年。作家。撰集は全2巻、〔文学・芸能篇〕が来年2月刊。

二〇〇一年一〇月一四日⑦

『ミスティック・リバー』

D・ルヘイン 著　加賀山卓朗 訳
早川書房・一九〇〇円

三人の少年が遊んでいると警官を装った二人の男が近づき一人を連れ去る。少年は四日後に帰ってくるが、明らかに性的虐待を受けていた。それから二十五年後、ある殺人が起きて三人の運命が交差する。被害者の父として、容疑者として、そして刑事として。

哀(かな)しみに彩られたクライム・ノヴェルである。喜びは一瞬、哀しみはいつまでも居すわるという言葉が出てくるけれど、まさにそんな哀しみを内に抱えて生きる男たちの悲痛な物語だ。無理矢理(やり)人生を変えられ、もはや誰(だれ)も、いや自分の心すら信じられなくなった男たち。そんな彼らの姿に苦悩を深める家族たち。作者は祈りにみちた眼差(まなざ)しで、傷つき、汚れ、苦しむ者たちの心を優しく慰撫(いぶ)していく。

たぐいまれなる傑作シリーズ、私立探偵パトリック&アンジーもの(『スコッチに涙を託して』)で知られるルヘインの極めてエモーショナルな作品。天童荒太の『永遠の仔』の海外〝大人版〟としても読める秀作だ。

評・池上冬樹(文芸評論家)

二〇〇一年一〇月一四日⑧

『箸墓幻想』

内田康夫 著
毎日新聞社・一七〇〇円

ご存じ、浅見光彦が活躍する歴史ミステリーである。手慣れた筆致とテンポのよい場面転換で、とても読みやすい。三輪山から耳成山、二上山にいたる奈良盆地の風土と歴史が手にとるように分かり、いながらにして大和の古代史を旅した気分になる。著者はあらかじめ粗筋を設定せず、ぶっつけ本番で執筆をはじめるというが、そのため物語に意外性が増し、わたしも結末のあたりまで犯人を推理することができなかった。

卑弥呼の墓の有力候補である箸墓（はしはか）やそのすぐ近くのホケノ山古墳を主要な舞台に、〝画文帯神獣鏡の発見〟や〝石器捏造（ねつぞう）事件〟を先取りする形のストーリー展開は大いに楽しめた。宮内庁書陵部に対する論評など、首肯するところが多く、「箸墓が真にまもろうとしたのは倭迹迹日百襲姫（やまとととひももそひめ）の遺体ではなく、古代ヤマト政権の権威であり組織だった。その思想が千七百年の時代を超えて、いまも息づいている」という著者の記述に、深いリアリティーを感じた。

評・黒川博行（作家）

二〇〇一年一〇月一四日⑨

『僕らが働く理由、働かない理由、働けない理由』

稲泉連 著
文芸春秋・一四二九円

就職に迷い、社会の前で立ちすくんでいる若者たちが登場する。車のセールスマン、フリーター、介護ヘルパー、学習塾経営者、漁師……。みんな、どこかで傷を負っている。引きこもり、落ちこぼれ、不登校。順当に卒業し就職したからといって、一人前の人間になることまでが保証されるわけではない時代の若者たちの肖像がここにある。

ともすれば散漫になるテーマだが、本書の魅力は、その人選の仕方にある。自身、高校を中退し、大検を経て大学生になった若い著者は自分の身のまわりに目を注ぐ。かつての友だち、祖母が世話になった老人ホームのヘルパー、以前教わった塾の教師、それに従兄（いとこ）と、みずからの生いたちと現在に関（かか）わりのある人たちを訪ね、話を聞き出している。自分もまた「これから」を模索している一人だという切実さが、文章に熱気を作り出す。思えば私も三十歳過ぎまでろくな仕事に就いていなかったのだ、と二昔前の記憶がよみがえってきた。

評・吉岡忍（作家）

二〇〇一年一〇月一四日⑩

『診（み）せてはいけない』

森功 著
幻冬舎・一四〇〇円

日本の医療は、今、もがき苦しんでいる。医療保険制度は崩壊寸前。大学病院は優秀であたたかな医師の教育も十分にできず、新しい医学の研究でも、世界からとり残され、臨床分野でも、患者を治したり支えたりすることが満足にできなくなってきた。

そんな中で、著者は大阪府の医真会八尾総合病院長として徹底した情報公開を行い、新しいリスク・マネジメント・システムを自らの病院の中で展開している。著者は旧来の日本の医療のあり方に鋭いメスを入れ、再生のためのプログラムを提案している。

本書は「よい医者、悪い医者の見分け方」や「かかりつけ医の見つけ方」、複数の当直医がいる病院がいざという時に頼りになること等、微に入り細をうがち、医者の選び方、病院利用のコツを述べている。薬の副作用や検査の合併症にも触れ、手術といわれたら必ずセカンド・オピニオンを探そうと、賢い患者になるための高度テクニックを伝授、役に立つ本である。

評・鎌田實（諏訪中央病院管理者）

二〇〇一年一〇月一四日⑪

『評伝　アレクサンドル・コジェーヴ』

ドミニック・オフレ 著　今野雅方 訳

パピルス・八五〇〇円

一九三三年から三九年までの六年間、パリの高等研究院でヘーゲルの『精神現象学』をめぐるセミナーが続けられた。その聴講者の顔ぶれがすごい。バタイユ、ブルトン、ラカン、アロン、メルロ＝ポンティ、カイヨワといった、当時はまだ三十歳前後だが、やがてフランス思想界を領導する人たちである。彼らはこの時はじめてドイツ哲学と接触したことになる。この伝説的なセミナーの講師が、まだ三十代初めのコジェーヴであった。

彼は十八歳で革命のロシアを脱出し、ドイツで六年間哲学や中国語やサンスクリットを学んだあと、フランスに移ってきたのだ。物理学やインド哲学にも通じ、カンディンスキーの甥（おい）として現代美術にもくわしい。第二次大戦後はフランスの高級官僚になり、ECの創設にも尽力しながら、思想家としての活動も続けたという万能の天才だ。

本書は、この謎めいた思想家についての六百五十ページにも及ぶ興味深い評伝。

評・木田元（哲学者）

二〇〇一年一〇月一四日⑫

『望遠鏡が宇宙を変えた』

R・パネク 著　伊藤和子 訳

東京書籍・二二〇〇円

宇宙は最初から今のように見えていたわけではない。もっと見たいと願う人々の執念が望遠鏡の性能を高め、その技術の進歩を背景に、ガリレオ、ケプラー、ハーシェル、ハッブルらが星を観測し、宇宙を拡大していった。

天動説から地動説へ、太陽を中心とする一つの銀河系から、いくつもの銀河が遠ざかり膨張していく宇宙へ。地動説の書物がローマ法王の禁書目録から削除されたのが十九世紀、ガリレオに対する教会の非が正式に認められたのがわずか十数年前だったことを思えば、新しい宇宙論を提唱することが、どれほど恐ろしいことだったか想像できる。

だが、たとえ仮説が否定されようとも、観測記録は残った。彼らの計測値にさほどの誤差がないのは驚きに値する。今後、彼らが行ったほどの衝撃的な発見はあるのだろうか。私たちの五感で認識できる既成観念を超えたところにそれはある、とする著者の指摘は意味深だ。

評・最相葉月（ノンフィクション作家）

二〇〇一年一〇月二一日①

『チャータースクールの胎動』

チェスター・E・フィン Jr. ほか 著

高野良一 監訳

青木書店・三八〇〇円

実績主義でまかせる教育の強さ

現在、先進国のすべてが教育に問題をかかえ、具体的にどうするのかを模索している。日本では「ゆとり教育」につき進んでいるが、一方「ゆとり」が進んだ米国では制服や厳しい校則、頻繁なテストなどが見直されている。

その米国でいま始まっているもっとも新しい教育制度が、この本でリポートされている「チャータースクール」。「こういう方針で教育する」という――いわば事業案を申請し認められれば、自治体と契約し獲得した生徒数に応じた補助金を受ける。

希望者は原則として入学できるという公立校であるが、教育計画、設備、人事まですべて学校に任される。補助金に対し費用が下回ればそれは学校の利益となるから、営利企業も参加のインセンティブがある。しかし、利益至上主義では生徒が減るし、何よりも定期的なチェックで成果が上がらなければチャーターが取り消される。

政府の決めた基準に従うことによりレベルが維持されるはずという「建前」でなく、やり方は自由だが結果として成果が上げられなければつぶすという徹底的な「実績」主義である。

この本には、当然さまざまなチャータース

クールの例が出てくる。コンピューターの導入による情報化を目指す学校、日本的な規律と努力を中心とする学校などさまざまである。実績評価を前提とした制度だから、当然チャータースクールの抱える問題点やつぶれる例もこの本に出てくる。

これら個々の例も興味深いが、何より興味深いのはその実例の多様性そのものだ。この本を読むと、多様化した現代に最適解があるというコンセプト自体が古くなったと思わされる。これがチャータースクールだという基本モデルはない。そこにあるのは多様性を制御するルールだけ。

こういう制度に、つくづく米国は適していてうらやましい。親も先生も皆が議論して、運営に参加できる能力をもち、生徒がチャーター廃止の不幸にあっても、社会的に必要なリスクと割り切れる強さを持つ。

対する日本はどうか。日本のチャータースクール運動に関する本としては『子供が「個立」できる学校』（天野一哉著、角川oneテーマ21）があるが、両方併せて読むと面白い。自分が気に入らないものも含め多様性のリスクを認識した上で割り切って進めるかという点で、どうやっても米国人になれない日本人の姿がそこにほの見えてくるのである。

（原題、Charter schools in action）

評・坂村健（東京大学教授）

Chester E. Finn, Jr.　44年生まれ。ハーバード大教育大学院卒。フォーダム財団理事長。

二〇〇一年一〇月二一日❷

『ホルモン・カオス 「環境エンドクリン仮説」の科学的・社会的起源』

シェルドン・クリムスキー 著
松崎早苗、斉藤陽子 訳
藤原書店・二九〇〇円

「疑わしき難題」に分かれる評価

一冊の本が社会を動かすことがある。コルボーン『奪われし未来』（翔泳社、原著一九九六年）も、そういう一冊だ。ある種の化学物質が体内に取りこまれると、ごく微量でもホルモンに似た働きをして生殖器の発達などに影響する可能性が指摘された。一般に「環境ホルモン」と呼ばれる「内分泌かく乱物質」が、環境問題の緊急の課題として浮上した。

本書の著者は環境政策学者。「環境ホルモン」問題に、科学者や政策担当者、業界、メディアや市民団体がどうかかわってきたかが詳細に検討される。巻末付録C（『奪われし未来』の書評の一覧）を見た瞬間、「本は書評者を試す」という言葉が評者の脳裏に浮かんだ。

四十編のうち否定的な書評が十三、中間的な書評が十一、肯定的な書評は十六。書評者の職業別に見ると、科学者は医者も含め、否定：中間：肯定＝四：一：七と、否定的な書評が三分の一をしめる。政策顧問は四人と少ないが、一：〇：三で肯定的な書評が目立つ。メディア関係者は七：十：五で、編集長など責任ある立場の人は否定に、肩書のない記者は中間に傾く強い傾向がある。

なぜ評価が割れたのか。それが本書の主題であり、科学技術と公共政策を包含する幅広い視点から具体的に論じられる。最大の問題は「環境ホルモン」は発見されて日が浅く、科学的証明にまだ不確実性がともなうこと。そのため、捜査に着手したばかりの段階で容疑者を逮捕できるのかが問題となる。「疑わしきは罰せず」が民主主義の原則だが、環境問題では公共性と緊急性から「予防原則」が主張されることがある。判断の難しい問題だけに、本書が多くの人に読まれ、幅広い議論がなされることをのぞむ。

評者は「予防原則」に警戒心があるので、いまは中間的な立場をとる（ただし日本の現状では、狂牛病問題でまたもや露呈している行政の怠慢が、まずは批判されるべきだと考える）。ちなみに、本書の著者が書いた『奪われし未来』の書評は中間的だった。

（原題、Hormonal chaos）

評・新妻昭夫（恵泉女学園大学教授）

Sheldon Krimsky　41年生まれ。著書に『生命工学への警告』。

二〇〇一年一〇月二一日③

『バカは死んでもバカなのだ　赤塚不二夫対談集』

赤塚不二夫 著

毎日新聞社・一八〇〇円

真のパトロンは度量が広いのだ

ますます赤塚不二夫が好きになってしまった。やっぱりすごいな、赤塚不二夫。

この本は、死んだ（ことになっている）赤塚を弔問する形をとった対談集である。しかしそんな設定などすぐに忘れて、自宅や入院先の病室で酒飲みながら、ときには居眠りしながら、話しこんでいる。

篠原勝之や所ジョージとは二十数年前の新宿「ひとみ寿司（ずし）」のこと。その寿司屋にはミュージシャンや芸術家、若手芸人やときには誰（だれ）の知り合いでもないアカの他人までまぎれこんで、夜ごとばかげたどんちゃん騒ぎを繰り広げていた。店に用意されるのはボウルに浮かべたキャベツのみ。それをツマミにひたすら焼酎（しょうちゅう）を飲む。この飲み会のために、赤塚は寿司屋に月二百万円を支払っていたという。

また赤塚は、ちょっと気の弱い力士にバカボンのパパの化粧回しをあつらえたり、唐十郎の公演用紅（あか）テントをつくったりもしている。何の見返りも求めず、本人がひたすら楽しんでいる。こういう人物を真のパトロンというのだろう。

赤塚は映画にも詳しい。映画監督森田芳光を相手にキートン映画を面白くないと言い、「ナンセンスに意味がないと、つまんないんだよ、本当に」。

ケムンパスもレレレのおじさんも、拳銃（けんじゅう）をぶっ放す警官も、読者は「意味」を感じとっていた。だから面白かったのだ。

野坂昭如、坂田明、嵐山光三郎、東海林さだお、なぎら健壱、若松孝二、そしてクセモノ揃（ぞろ）いの赤塚門下四天王……。

どんな相手をも受け入れる度量の広さ。そして誉（ほ）めるときはきっちり誉める。誰もが赤塚と話すことが楽しくてたまらない様子だ。そうさせるのは、赤塚の品格というべきものなのだ。また、対談中にときおり入る赤塚夫人の鋭い一言は爆笑もの。いい夫婦だなと思う。

最後に藤子不二雄（A）とトキワ荘を語っている。手塚治虫が若手作家に嫉妬（しっと）した話や、トキワ荘兄貴分の漫画家寺田ヒロオとの別れのエピソードに、ほろりとする。赤塚不二夫はいまもトキワ荘の住人だ。

評・与那原恵（ノンフィクションライター）

あかつか・ふじお　35年生まれ。漫画家。『これでいいのだ。』ほか著書多数。

二〇〇一年一〇月二一日④

『エノケン・ロッパの時代』

矢野誠一 著

岩波新書・七四〇円

心のこもった昭和への挽歌

矢野さんは私と同い年である。そして私たちが、昭和十年から二十年にかけてのエノケン・ロッパの記憶を語る最後の世代になったのかと思って、私はふと長い溜息（ためいき）をつく。いつの間に、こんなに時が経（た）ったのだろう。

私はリアルタイムでエノケンこと榎本健一の「法界坊」や「孫悟空」や「三尺左吾平」といった映画を見ている。〈空飛び土もぐり、水をくぐれるのは、自慢じゃないけれど、俺（おい）らは強いんだぞ〉という「孫悟空」の主題歌も歌ったし、刀に見立てた竹の棒の先に雨戸の戸車をつけ、それを腰にたばさんで遊んだりもした。エノケンは背が小さいので、車をつけないと刀を引きずってしまうのである。エノケンの映画はたいてい見ている。そのころ、エノケンが想（おも）いを寄せる、長屋の掃き溜（だ）めの鶴（つる）みたいな娘役をやっていたのが、御舟京子という〈P・C・L〉の女優——いまの加藤治子さんである。

ロッパは、戦時中に丸の内の〈有楽座〉で「フクちゃん」という実演で見た。朝日新聞に連載されて人気があった横山隆一の四コマ漫画を劇化したもので、中村メイコのフクちゃん、ロッパのお爺（じい）ちゃんだった。古川緑波は、由緒正しい男爵家の六男坊で、実兄は浜尾四郎という〈新青年〉などで活躍した探偵作家だった。――昔は、変な人がいたものだ。

矢野さんの本には、面白いエピソードや、傷ましい挿話がたくさんある。昭和のはじめ、それまで声帯模写で売っていたロッパが、小林一三の誘いで男子禁制の宝塚大劇場に男優としてはじめて立って見事に失敗した話などは、私も知らなかったし、脱疽（だっそ）で右足切断後のエノケンが「最後の伝令」の演出中、車椅子（いす）から立ち上がって自ら倒れてみせ、床に這（は）いつくばりながら、〈ここまで演（や）らなきゃ駄目なんだ〉と叫び、〈喜劇を演ろうと思うな〉とつづけたという壮絶な場面は胸が痛くなる。――喜劇の〈真理〉である。

『三遊亭圓朝の明治』につづく矢野さんの心のこもった労作であり、〈昭和〉という時代への挽歌（ばんか）でもある。

評・久世光彦（作家）

やの・せいいち 35年生まれ。演芸・演劇評論家。著書に『志ん生のいる風景』など。

二〇〇一年一〇月二一日⑤

『国民軍の神話　兵士になるということ』

原田敬一著

吉川弘文館・二六〇〇円

兵営に出世の夢とコメの飯あり

現在、戦争が始まっている。というより、今日にいたるまで、世界のどこかで戦争は続いているというべきだろう。兵士は何を思って戦っているのか。本書のテーマは国民が国民軍の兵士になるという「常識」の形成、それが「神話」となっていくプロセスを探ることであり、まさしく時宜をえた出版である。

1873年（明治6年）に徴兵令が布告されるが、徴兵逃れが続出した。しかし、兵士になることがメリットになるという意識が軍隊を通じて生みだされる。著者は兵営は「学校」だったと指摘する。軍隊のヒエラルキーは立身出世の望みを与えたのだ。上等兵となることによって、部下ができ、軍隊生活が楽になったばかりでなく、除隊後、郷土の名誉を担った「村のエリート」として迎えられ、また恩給を元手にして農業をやめて自営業者になり「上昇」する機会ともなった。それは功利的な国民軍の神話だった。

食うことは兵士たちの最大の関心事であったことを著者は指摘する。米を〝常食〟とする軍隊生活を通じて、米食は常識となり、日本を瑞穂（みずほ）の国とする神話を生みだし、稲の民族という国民意識が形成されていった。それが柳田国男の日本民俗学の原点となったのである。

戦場では、軍人・軍属ばかりでなく、軍の労務を担った軍夫も戦死した。しかし、朝鮮半島や台湾出身を多く含む軍夫の戦死は隠蔽（いんぺい）され続けたと指摘し、告発している。軍人・軍属だけを顕彰して軍夫を顧みなかったところに、隠された国民軍の神話を知ることができる。

「御国」や祖国のための死という兵士と遺族の思い、この両者の心性を媒介にして国民軍の神話を形成し、国民と国家を結びつける装置となったのが陸海軍の墓地や忠霊塔などの施設や記念碑であった。陸海軍の元帥であった天皇の眼（まな）ざしのもとに、戦死者と遺族を国家の側につなぎとめる〝慰霊の政治学〟を考えることは、国民軍の神話を解体するための、すぐれて今日的な意義をもつ課題であることを本書は教えている。

評・川村邦光（大阪大学教授）

はらだ・けいいち 48年生まれ。佛教大教授。共同編集に『日清戦争の社会史』。

二〇〇一年一〇月二一日⑥

『ミミズに魅せられて半世紀』

中村方子 著
新日本出版社・一八〇〇円

学問の土壌改良もした半生記

「いやーん、ミミズ!」などと騒ぐ女が(男もだが)私は大嫌いである。ミミズも満足にさわれないで「女性の権利」とかいってもだめ。この本でミミズを好きになろう。『ミミズに魅せられて半世紀』は生物学者・中村方子さんの「ミミズに魅せられた半生記」だ。

セミの羽化に魅了された少女は、小学生でエーブ・キュリーの『キュリー夫人伝』に感銘を受け、戦後は新制大学の第一期生として動物学科に進む。そこで出会ったダーウィンの『ミミズの働きによる有機土壌の形成、及びミミズの習性についての観察』(1881)。ビーグル号を降りた後、ダーウィンはミミズの研究をしていたのである。原書で読んだこの本が、彼女の人生を決定した。

と書くと、まるで絵に描(か)いたような女性科学者の自伝である。けれども、本書はいろんな点で傑出している。

第一に「ミミズの科学」をしっかり教えてくれること。ミミズの仕事は有機物の分解だ。遺跡がなぜ土に埋まっているか不思議に思ったことはない? あれは(乱暴にいえば)ミミズが死んだ植物を土に変えているからなのだけど、そこからウェゲナーの大陸移動説まで一直線につながる話は、純粋な科学読み物としてもおもしろい。第二に研究者の仕事ぶりが方法論まで書かれていること。地味でハードな研究の過程がよくわかる。

そして三番目。この本は中村さんが大学という男の職場で戦ってきた記録でもある。女の助手に補助労働しかさせない上司と戦い、「女子学生亡国論」の教授連と対決し、産休交代員制度を認めさせ、その一方では枯れ葉剤は環境に影響を及ぼさないという御用研究への協力を拒否して、十五年も(!)仕事をほされる。ミミズ博士の中村さんは、後進の女性研究者のために自ら土壌を開墾してきた人間ミミズでもあったのだ。

これだけ内容があるのに、厚さは手ごろ。ぜひ中高生にすすめたい。理科離れがささやかれる昨今、学校図書館はとりあえず必備でしょう。

評・斎藤美奈子(文芸評論家)

なかむら・まさこ 30年生まれ。中央大名誉教授。著書に『教養の生命科学』ほか。

二〇〇一年一〇月二一日⑦

『銀行狐』

池井戸潤 著
講談社・一七〇〇円

銀行業務は高度化・洗練化されてきたが、カネの貸し借りを仲介する場という基本は変わらない。そこには欲望、誘惑や恨みといった人間の性(さが)が渦巻いている。

本書は内幕を暴露した実録物ではない。だが、収められた五本の短編は読む者をカウンターの内側に迷い込んだ気分にさせるリアリティーを備えている。

破綻(はたん)した銀行の支店金庫室で発見された死体の謎(なぞ)をめぐる「金庫室の死体」、顧客にサービスする「粗品」の中身を入れ替える現金詐取トリックを描いた「現金その場かぎり」、「狐(きつね)」を名乗る脅迫犯が銀行の危機管理の穴を突く、表題作の「銀行狐」。どれも多彩な犯行手口と意外な展開が待っており、まずは良質のミステリーと言える。

98年の江戸川乱歩賞受賞作家で、銀行での実務経験に裏打ちされた緻密(ちみつ)な描写が強みだ。金融ミステリーという未開のジャンルの書き手として不良債権や国際金融などのテーマへも筆を進めてほしい。

評・菊地悠二(帝京大学教授)

二〇〇一年一〇月二一日⑧

『処方箋』

清水博子 著
集英社・一四〇〇円

この『処方箋』もまた清水博子らしく文学の順当な構図をゆがませる不穏なものを秘めている。これはしかし文学に敵対しようとかの意図からではなく、反対に純文学の理念をまさに額面通り受けとめて実行したところから生じる不穏さ、もしくは過剰さなのだ。

主人公の男が友人に頼まれ、心を病む彼の姉の通院に付き添うというストーリー。ここには正確に吟味されず感性のまま放置された文章は一行もなく、介護するはずの人間が逆に介護され、そのうち主人公の恋人も発病し彼自身はマゾ的に奉仕する一方と、展開も決して穏当なラインで着地することはない。

そして特筆すべきは独特の「ふしだらさ」だ。別に性愛の話でもないのに全編から染み出るこの猥雑（わいざつ）な雰囲気は、ここまでは文学ここまでは性生活と器用に分割できず、すべてを文学にぶちこんだ人間だけが得られる貴重な「ふしだらさ」だろう。もしも今時「文学の鬼」がいるとすれば、それは清水博子以外にいない。

評・石川忠司（文芸評論家）

二〇〇一年一〇月二一日⑨

『美しい庭のように老いる』

宮迫千鶴 著
筑摩書房・一七〇〇円

このまま老いていくのはまずい。いっこうに分別もつかず……、と考えると不安になるので、もうなりゆきまかせでいくしかないかあ、と思っていた。が、このタイトルに、はっしと頬（ほお）を打たれた。

美しい庭のように！「老い」に向けられたなんとスイートな形容。老いに尻込（しりご）みをするとか、目をそむけるとか、抵抗するとかではなく、「美しい老いを夢見る」というスタンスがあったのだ、と思わず涙ぐみそうになった。

本書は、絵本作家のターシャ・テューダーやジョージア・オキーフ、さらに小説や映画に登場する著者憧（あこが）れの女たちの「老い」の魅力を描いたエッセイ集だが、登場するのはいずれも老いてさらに自由で、深いロマンティシズムを愛する老女たちだ。

当然ながら、おざなりに生きていては、彼女たちのようにはなれないが、読み終えて、私もしばしその気になった。これからは「老い」という「明日への冒険」に胸をときめかせて生きよう、と。

評・久田恵（作家）

二〇〇一年一〇月二一日⑫

『言霊ほぐし』

篠原資明 著
五柳書院・一八〇〇円

「鉄が　くしゃ」。これは「哲学者」という題の短詩。哲学者という言葉の持つ堅いイメージを、見事にもみほぐしている。ユーモラスにして、とても風刺的だ。

右の詩は、哲学者という言葉を、「鉄が」と「くしゃ」に分割して成り立っている。著者はこのような詩を超絶短詩と呼ぶ。超絶短詩は「ひとつの語句を、二つの部分に分解し、少なくとも一方を間投詞（擬音語・擬態語を含む）にする」という詩。

ドゥルーズやエーコなどの現代思想の研究家として知られる著者は、その一方でこの超絶短詩の創案者。そして、すでに何冊かの超絶短詩集を出している超絶短詩人だ。本書は実作と論を収めた超絶短詩ガイド。

超絶短詩は「くすぐることによって、言葉をほぐし、心をほぐす」。たとえば、「背　きらら」（赤裸々）、「中心　ぐら」（忠臣蔵）、「ちゅー　リップ」（チューリップ）という具合。これ、確かにくすぐる詩だ。

評・坪内稔典（俳人）

二〇〇一年一〇月二八日❶

『医者、井戸を掘る　アフガン旱魃との闘い』

中村哲 著
石風社・一八〇〇円

難民化食い止める個人たちの奮闘

9月11日のテロは、私たちの繁栄が切り立つ断がいの上に築かれていたことを教えた。一歩先の地面が消えたような恐怖が、まず社会をワシづかみにした。

次いで、奔騰したテロへの怒りと不安は武力の一点に凝結し、断がいの底に沈むアフガニスタンに急降下している。

だがアフガンについて私たちは何を知っていたろう。地図上で攻防を伝える戦況報道は、爆撃下の人々の営みに、一片の想像力を働かせているだろうか。

この本は、事件直前までのアフガンの実態を伝える貴重な報告である。著者は17年間、パキスタンとアフガンで診療を続けてきた。昨夏の大旱魃（かんばつ）は、医療活動を直撃した。水が枯れて食器が汚染され、赤痢が流行した。人々が村を捨てようとした時、著者は無謀とも思える決断をする。「水源を確保して人々を引き留め、難民を出さない」活動に着手したのだ。表題にあるように本書は、医師がアフガン東部で井戸を掘り、住民の離散をくい止めた1年間の奮闘の記録である。

その成果は驚くべきものだ。今年8月末までに512の水源を確保し、20万人の難民化を防いだ。戦乱と渇水化で無人になった荒野に緑をよみがえらせ、1万人以上が帰村した例すらあったという。

数トンもの巨石が埋まる地中では、高価な機械も歯が立たない。銃声が響く土地にあるのは地元の伝統工具だけだ。著者たちは必死の手掘り作業に挑む。

古武士のように我が道を行く著者に、助っ人として登場する群像が鮮やかだ。著者の頼みで活動の元締になる蓮岡修青年。西アフリカから身一つで応援に駆けつけ、技を伝授して一陣の風のように立ち去る中屋伸一氏。地雷から火薬を取り出して巨石処理をする元ゲリラ兵。福岡を拠点に募金を集め、事業を支える「ペシャワール会」の人々。だれにも敵対せず、ただ住民の命を守ることだけを胸に丸腰の活動をする。戦闘的な平和主義が、著者たちの旗印だ。

著者は今月、参考人として国会に呼ばれ、「自衛隊派遣は有害無益」と述べた。色をなした与党議員は発言取り消しを求めたが、動じなかった。事件後に難民を「発見」した議員と、17年間、はうようにその地に生きた著者と、どちらの言葉が現実を射抜いているのか。判断するのは、本書を読んでからでも遅くない。

執筆後に起きた軍事行動について著者は、「私たちの文明は大地から足が浮いてしまった」と栞（しおり）に書き添えている。難民になることすらできずに取り残された人々を、この冬の飢えからどう守るか。著者たちは基金を作り、新たな試練に立ち向かおうとしている。

評・外岡秀俊（本社編集委員）

なかむら・てつ　46年生まれ。医師。84年パキスタンに赴任。『ペシャワールにて』など。

二〇〇一年一〇月二八日❷

『敵国日本　太平洋戦争時、アメリカは日本をどう見たか？』

ヒュー・バイアス 著　内山秀夫、増田修代 訳
刀水書房・二〇〇〇円

開戦直後に出た的確な日本論

同時多発テロ事件の直後、どう見ても戦後世代のニューヨーカーまでがパールハーバーをリメンバーしている報道に「はいはい、六十年前の悪魔もこうして正義の報復を食らったわけね」と心の底でつぶやいたひねくれ者が、さて、「その真珠湾攻撃からわずか七十日で執筆されて大ベストセラーになったニューヨーク・タイムズ記者による日本論」と聞けば、やっぱり「復讐（ふくしゅう）心と反日感情を煽（あお）る戦意昂揚（こうよう）書」を連想してしまうわけだが、それは大間違いだった。

これは確かに、敵国としての日本を撃破して全面降伏させる戦略を「後方支援」するために書かれている。しかし、そこには煽りや侮りどころか敵意さえ排した、冷徹かつ客観的な事実分析しか書かれていない。当時の大日本帝国の集団的独裁システム、ナチスとの違い、国力と弱点、社会構造、国民心理、宗教観……さらには今後の戦況予測からあるべき戦後処理に至るまでが、驚くべき正確さ（細部にやや誤認もある）と簡潔さで透視されているのだ。もう日本は丸裸。

著者の洞察力は天皇個人への血の通った心理分析にまで及び、ほぼ一〇〇%的中している予測は太平洋戦争のシナリオを読んでいる錯覚さえ抱かせる。ここまでくると「まさか戦後に書かれた偽書じゃあるまいな?」と、なんだか一杯食わされている気分にもなる。かたや開戦直後にこんな本がベストセラーになる国、こなた外交官が送還船で密（ひそ）かに持ち帰ったその本を憲兵が没収して闇（やみ）に葬ってしまう国。もうこれだけで勝敗は明らかだ。

本書がたどった数奇な運命については巻末の訳者解題に詳しいが、著者バイアスに関する情報は多くない。開戦直前まで二十年以上の滞日記者歴を持つ英国人で、終戦直前の一九四五年に米国で死去……と、経歴も因縁めいている。

敗戦後の日本には健全で自律的なリベラリズムが育つだろう——という著者の予言の当否はともかく、こんな知日派を「敵国」に持てたことは日本にとって幸運だった、はずだ。

（原題、The Japanese Enemy）

評・山崎浩一（コラムニスト）

Hugh Byas　1875〜1945年。ニューヨーク・タイムズ記者。

二〇〇一年一〇月二八日③

『フンボルトの言語思想』

ユルゲン・トラバント著　村井則夫訳

平凡社・四三〇〇円

天才を歴史に位置付けて巧み

言語学が精緻（せいち）な分析を展開しはじめると、「言語とは何か」といった大問題を大上段にふりかざす言語哲学・言語思想は影をひそめる。フンボルトの名前を耳にするのもずいぶん久しぶりだ。

W・v・フンボルトは、ゲーテより十八歳年少、ヘーゲルより三歳年長、十九世紀の初めにベルリン大学の創設にも尽力したプロイセンの高級官僚であり大知識人だが、語学の天才でもあった。官吏を隠退後、サンスクリットと印欧諸語、ヘブライ語とセム系諸語からアメリカ原住民諸語、ビルマ語、タガログ語、中国語、日本語、さらにジャワ島の古語カヴィ語まで学んだというからすごい。その上で、言語についての哲学的考察を企てるのである。

フンボルトのその言語思想は、ハーマンやヘルダーといったドイツ人文主義者の系譜に属するというのがゆるぎない定説だった。ところが最近になって、いや、フンボルトは一七九七年から一八〇一年までのパリ滞在中、コンディヤックの流れをひくフランス観念学派（イデオローグ）と接触し、その感覚主義的哲学から決定的な影響を受けたという、思いがけない新説が提唱され、派手な論争が繰り広げられた。

この本の著者トラバントは、この論争を踏まえ、フンボルトの「パリ日記」も読み解いた上で、「言語は記号ではなく世界観だ」と説く彼の思想に新しい光を当ててみせる。当時の多様な思潮をみごとに腑分（ふわ）けしながら引き出されるその結論も興味深いが、私にとってもっと面白かったのは、プラトンからソシュール、チョムスキーにいたる言語論史や、アリストテレスからフーコー、エーコにいたる記号論史のうちに、フンボルトの思想を位置づけてみせるその手際だった。

つまり、この本はフンボルトの思想の解説であるとともに、言語論、記号論への入門書の役割も果たしてくれるのだ。エデンの園からバベルを経て、ヴィトゲンシュタインのケンブリッジにいたる言語論ツアーを企ててみせたり、この著者、相当の才筆である。

（原題、Apeliotes oder Der Sinn der Sprache）

評・木田元（哲学者）

Jurgen Trabant　42年生まれ。言語学者。ベルリン自由大教授。

二〇〇一年一〇月二八日④

『評伝・SF の先駆者　今日泊亜蘭』

峯島正行 著

青蛙房・二二〇〇円

孤高の生き方通す江戸っ子

今日泊亜蘭（きょうどまりあらん）は今年九十一歳。SF界の最長老作家だ。ただし熱心なSF好きをのぞいて、かれの名を知る人の数はさして多くないはず。なにせ代表作『光の塔』以下、わずか六点しかない著書のすべて（児童書を除く）が新刊書店ではずっと入手不能のままなのだから。

どんなに暗い話でも、かれの作品はどこか威勢がいい。たとえば「13人目の男」という短編。宇宙艇の乗組員が生きのいいべらんめえ口調でまくしたてる。「このマルセイユのちゃんこ鍋（ブイヤベス）野郎、目盛りが見えねえのか！　加速砲（アクセロン）の射角をネジ曲げたって艇（ふね）はまがる訳じゃねえんだぞ。まっすぐ突張ったまんま横へずれるだけだイ、ウスらとんま！」

かくのごとく今日泊は未来世界のスペース・オペラを『坊っちゃん』の文体で書いた。わざとらしさは欠片（かけら）もない。それもとうぜん。かれは明治四十三年、高名な漫画家・漫文家、水島爾保布（におう）の長男として東京根岸に生をうけた、きっすいの江戸っ子なのだ。日常生活でも、いまだに古風なべらんめえを捨てようとしないのだとか。

頭はメチャメチャにいい。だが学校は大きらい。府立五中を中退したのち、いくつもの外国語を独学で身につけた。父の親友、長谷川如是閑の影響。やはり父の仲間だった辻潤の息子一（まこと）、武林無想庵（むそうあん）の娘イヴォンヌ、詩人・山本露葉の息子夏彦など、早熟で都会的な若者たちとの交友。そうしたなかでかれは次第にアナーキズムに親和するようになる。

しかしテロはごめん。かれはそこから「人に支配されたくなければ人を支配するな」という「至高の倫理」だけを手に入れて、戦中戦後の日本を「孤立と清貧」のうちに生きてきた。SF界においても同様。みたされない知的自負心。偏屈で、わがままで、すぐ腹を立てる。なかなかつきあいにくい人でもあるようだ。でも、こんな付和雷同型の社会で個としての人生をつらぬくのに、それ以外の特別な方法があるとも思えない。

評・津野海太郎（編集者・和光大学教授）

みねしま・まさゆき　25年生まれ。元週刊漫画サンデー編集長。『近藤日出造の世界』など。

二〇〇一年一〇月二八日⑤

『愛しき者はすべて去りゆく』

デニス・レヘイン 著　鎌田三平 訳

角川文庫・九五二円

おなじみコンビ、いきいき復調

主人公を取り巻く状況やその性格が変化していくシリーズものの難しさは、一作ごとに物語をエスカレートさせていかざるを得ない点にある。それは物語に与えた緊迫感が、主人公の生活や精神状況が安定した途端に失われるからである。だから常に、主人公を混乱させておかなければならない。主人公が狂言回しに徹するシリーズはこの範疇（はんちゅう）ではないけれど、それはこの手のシリーズものの宿命といっていい。ロバート・B・パーカーの描くスペンサー・シリーズが途中から停滞してしまったのも、この文脈で理解される。

デニス・レヘインの描いているパトリックとアンジーの物語が最初から抱えていた危惧（きぐ）も、そこにある。このシリーズの最高傑作『闇（やみ）よ、我が手を取りたまえ』の次に書かれた第三作『穢（けが）れしものに祝福を』から緊迫感が失われていたのは、主人公たちの混乱のピークが去ってしまったからだが、それは第一作『スコッチに涙を託して』でパトリックとアンジーが登場したときにすでに孕（はら）んでいた問題でもあったのだ。

主人公が変化していくシリーズものとして始まったからには、変化を中止した途端に物語が停滞するという宿命から逃れられない。

新たなピークをどこに作るかというのが次の課題だが、それほど簡単に出来るものならほかの作家たちも苦労はしていない。その第四作『愛（いと）しき者はすべて去りゆく』を手に取ったとき、だから少々の懸念があったことは否定できない。しばらくは退屈なレヘインを読まされるのかと。

ところが、さすがはレヘインだ。行方のわからない少女の捜索に乗り出した探偵コンビの活躍を描くという私立探偵小説の王道を進みながら、驚くほど色彩感豊かな物語が展開する。秀逸な人物造形と、複雑なプロットは言うまでもないが、物語が引き締まっているのは、パトリックとアンジーに再度試練を与えるという結構にほかならない。やっぱり、レヘインはうまい。

（原題、Gone, baby, gone）

評・北上次郎（文芸評論家）

Dennis Lehane　米ボストン生まれ。近著に『ミスティック・リバー』。

二〇〇一年一〇月二八日⑥

『財政再建は先送りできない』

井堀利宏 著

岩波書店・一六〇〇円

歳出減と増税の同時実施を提案

蟻（あり）とキリギリスの寓話（ぐうわ）の役柄でいえば、従来の日本人は勤勉な蟻に喩（たと）えられてきたのではなかったか。ところが、近年の政府（国）と国民、企業、地方の関係の実態からは、もはや現代の日本人はキリギリスとしかいいようがない。

国と地方をあわせれば、六百六十六兆円にも及ぶ財政赤字を積み上げている現状は、目先の利益を過度に重視し、将来世代の負担を軽んじてきた結果にほかならない。こうした財政運営をしていても、夏の間はよいだろう。しかし、永久に冬が来ないことなどあり得ない。

実際、一九九八年からの四年間で「何でもありの底なしの景気対策」がとられた結果、財政運営の維持可能性が危ぶまれる事態に至っている。一層の高齢化・少子化を迎える中で、財政が破綻（はたん）すれば、われわれの被る負担は想像したくもないほど厳しいものになろう。

この間、著者は、本書を含めて数冊の財政問題を主題とした書物を連続して出版している。こうした精力的な活動は、日本の財政に危機が迫る中で、それを警告し、解決策を示すという財政学者としての社会的責任を果たそうとするものだと評価できる。

本書で主に議論されているのは、財政問題の中でも、金融政策によって財政赤字の累増を解消することはできないこと、「政府のみが行えるネズミ講」と言える賦課方式の年金制度を柱とした社会保障政策の改革、地方自治体の自助努力を妨げている交付税制度の改革などだ。他の重要な論点である公共事業の見直しや税制改革については、著者による他の書物が参照されるべきである。

最後の章では、財政運営の持続可能性を取り戻すための課題が示される。今後八年程度をかけ、国内総生産（GDP）比で四％の歳出削減と四％の増税をあわせて実施するというものである。これは現状から見ると著しく困難なものに感じられるかもしれない。しかし、「冬」は目の前にきている。先送りが何を意味するか明らかなはずだ。

評・池尾和人（慶応大学教授）

いほり・としひろ　52年生まれ。東大大学院教授。著書に『財政赤字の正しい考え方』。

二〇〇一年一〇月二八日⑦

『シェルター』

L・カーン 著　玉井一匡 監修
グリーンアロー出版社・三六一九円

男はなぜ家を建てたがるのだろう。家族のためというのは、きっと口実にすぎない。男の甲斐性（かいしょう）などというのも胡散（うさん）臭い。そうした社会性と無縁な部分で、男は家が建てたくなる。洞窟（どうくつ）に火を持ち来った原初の営巣本能なのか。

思えば子供の頃（ころ）、防空壕（ぼうくうごう）跡や裏山の樹上に「秘密基地」をこしらえたことのない男は稀（まれ）だ。男性向きの雑誌がしばしば「隠れ家特集」などを出すのも頷（うなず）ける。ヘミングウエイのキューバの家など、作家の邸宅ではなく、明らかに巨大な子供の隠れ家、こと家に関しては、これ以上が無いというほど貧しい国に住む男には目の毒である。

ロイド・カーンが書いたシェルターは、隠れ家建設のノウハウ本ではない。写真や図版を満載した家の博物誌とでも言うべき書物だ。書斎で独りこの本を開くと、自分が本当に造りたかった「家」に思い当たる。と、そう書いて困った。この国のマイホームで、真っ先に犠牲となるのはお父さんの書斎なのだから。

評・矢作俊彦（作家）

二〇〇一年一〇月二八日⑧

『日英交流史　1600－2000　5　社会・文化』

都築忠七ほか 編
東大出版会・五〇〇〇円

大英帝国時代から、イギリスは「手本」として日本に熱い眼差（まなざ）しを向けていた。日露戦争後、日本を教育などの内政改革の手本にする考えが芽生え、第一次大戦後には、日本の小規模農業が小土地保有促進の教訓になると、イギリスから研究者が来日したという。同じ島国であり、サトウ、ミットフォードなど一流の日本学者を輩出してきた国ならではだ。

本書は日英共同の論文集。イギリス人の論文も多く、両大戦間イギリスのメディアに見る日本観の変遷、英国文化紹介機関「ブリティッシュ・カウンシル」の対日文化外交、明治期の「ハムレット」翻訳論など、広範囲に及ぶテーマが知的好奇心を刺激してやまない。

日英交流の伝統に新しい一頁（ページ）を付け加える試みとして高く評価されるべきであり、研究書の域を越え、巷（ちまた）の英国論とは違った角度から、イギリスをより身近に感じさせてくれる点も嬉（うれ）しい。

評・塩崎智（歴史ジャーナリスト）

二〇〇一年一〇月二八日⑨

『やむにやまれず』

関川夏央 著
講談社・一七〇〇円

たとえば重信房子のおばさん顔に感じる悲しみが「彼ら以外の世代には何ら説得力を持たない」という言葉には、世代を越えてわかりあえる種類の悲哀がこもっている。

一冊の主題は、二〇〇一年から一九六〇年代へのセンチメンタル・ジャーニーであるといえる。だが安定した現在から甘美に煤（すす）けたセピア色の回想にひたらずに、過去からいまだに請求書が送り続けられてくるような落ち着きのなさで着色されている。同窓会で再会した女性が「あたらしい物語を感じさせない」のは、この年齢サバイバルゲームでは失格ルールなのだ。

全部で十八篇（へん）の「お話」は小説、エッセイから講演、インタビューまでさまざまのスタイルに散らばり、そのとりとめない雑談性がえがたい真実味をにじみ出している。それは「未成年」の自問自答、「はげや疲労や肥満の奥に、思春期の面影」を温存した中年男と青年が、いつまでも自分の「物語」を探しあぐねる未完結の対話である。

評・野口武彦（文芸評論家）

二〇〇一年一〇月二八日⑩

『ヨハン・ゼバスティアン・バッハ』

M・ゲック 著　小林義武 監修
鳴海史生、大角欣矢 訳
東京書籍・一五〇〇〇円

現代ドイツのバッハ研究を代表するひとりであるマルティン・ゲックの力作。原著はバッハ没後二百五十年を記念して昨年ローヴォルト社から出版されたばかりのものだけに、最新の研究成果が目配りよく取り入れられている。特にライプツィヒ時代のバッハの職業生活に関しては、ドレスデンのザクセン選帝侯宮廷を意識した力学のなかでとらえることにより、職業人としてのバッハの苦悩と、音楽家としての栄光との微妙な相関関係が明らかとなった。

音楽のみならず哲学や神学にも明るいゲックによるバッハ論は、修辞学や象徴法まで動員して音楽的宇宙の全（すべ）てを語りえた「総括の大家」としての巨匠バッハを理解するための「様々なる地平」を周到に描いて興味が尽きない。

原著は一冊本だったものを、日本語版は「生涯」「声楽曲」「器楽曲・様々なる地平」の三冊に分け、さらに原著にはない資料編を加えて全四巻とした。

評・樋口隆一（明治学院大学教授）

二〇〇一年一〇月二八日⑪

『ロンドン　上・下』

E・ラザファード 著
鈴木主税、桃井緑美子 訳
集英社・各五〇〇〇円

紀元前五四年のローマ軍侵攻から都市再開発が始まった一九九七年まで、およそ二千年にわたるロンドンの物語。テムズ川の流域を舞台にした文字どおりの大河小説だ。

十ほどの家系が出てくるが、それぞれの章が独立した短編としても読める構成になっているので、登場人物の名前がまぎれることはない。ある肉体的特徴を備えた一族の血統が随所に見え隠れする仕掛けになっているのは、馬を競走させる遊びのためだけにサラブレッドというシステムを考案した血統好きのお国柄をしのばせて興味深い。

現代に近づくと、さすがに作者の想像力はしぼみがちになるが、そのかわり前半の伏線がびしびし利いてくる。今あるウェディング・ケーキの雛型（ひながた）は有名な建築家クリストファー・レンが設計した教会の尖塔（せんとう）を模してロンドンのパン屋が考案したものだった、などという雑学も満載されており、まさに面白くてためになる小説である。

評・宮脇孝雄（翻訳家）

二〇〇一年一〇月二八日⑫

『牛丼屋夜間アルバイト』

小野省子 著
本の森・八八〇円

これは新人の処女詩集。

「看板も／店の電気も消えた駅前通りは／地球滅亡後のように暗くて静かです／最終電車から降りてこの町にいる者や／最終電車を逃してこの町にいる者が／すべての愛する者に死なれた／生き残りのような顔をして／この店にやってきます……」（表題作）

都会のごくありふれた深夜の光景が、薄い何枚かのフィルターを通したように、静かな透明感をただよわせる。「朝まで機械のフリをして」いらっしゃいませと言う側も、家族や友達や自分自身にたいする感情をいっぱいに抱えこんでいるのだが、それらをこまやかに見つめる二十歳過ぎの作者の思いは、ひるがえって他者へのやさしさに転じる。別の詩には、安らぎ。

「……夕暮れは静かな方がいい／空から青くてうすい／セロハンが／何枚も何枚もおちてきて／ふりつもっていくように／静かに暗くなる方がいい／そんな日はうれしくて／うすずみ色の町の中／平泳ぎしながら／家まで帰る」

評・鶴ヶ谷真一（エッセイスト）

二〇〇一年一一月四日❶

『病んだ家族、散乱した室内』

春日武彦 著

医学書院・二二〇〇円

「閉鎖された小宇宙」の不思議描く

　出版社は医学書院。内容は精神障害者や痴呆（ちほう）老人の介護をする、保健婦や介護ヘルパーなどの「援助者」に向けて実践的テクニックを書いた本。となれば、書店でも看護関係の棚におさまってしまう本だろうが、これは惜しい。この本は援助者のマニュアルのようで、じつは家庭という「閉鎖された小宇宙」の不思議をなめらかな語り口で描いているのだ。

　著者の春日武彦は、都立精神保健福祉センターに勤務していた二年間、「対応困難ケース相談班」を自主的に組織し、相談が寄せられたさまざまな現場（家）を訪れ、精神障害者や痴呆老人、その本人との面談や入院の橋渡しを行っていた。

　本人や家族、地域住民にとって有り難い活動だが、本書の副題に「援助者にとっての不全感と困惑」とあるとおり、辛（つら）い仕事でもある。しかし、この精神科医のスタンスはちょっと変わっている。

　「仕事をこなせたのはなぜだったのかを自分に問いただしてみれば、そこには好奇心があったことにわたしは気づく」

　さまざまな家で、本人や家族の姿を目にした。室内はそれぞれの精神病理を反映していたという。

　おそろしくゴミが散らかる部屋、外部からの「電波」を跳ね返すためにアルミ製のてんぷらガードを胴体にしばりつける主婦。嫁の悪口を俳句に詠んで部屋じゅうに貼（は）る老婆。独自の論理に従って奇妙な生活様式に固執する人。

　こうした人々との出会いに著者は「新鮮さを感じ取ることで自分の世界が広がっていく手ごたえを覚える」という。

　ときにはお世辞を言って本人とコミュニケーションをとった。相手と関係をもつために、嘘（うそ）を言うこともあれば、筆談や囁（ささや）き声で会話することも有効だったという。

　そして他人には奇異なふるまいも、面談するうちに本人にとっては意味のある行為だということがわかってくる。

　そこで著者は、援助者や、一番の当事者である家族はどうするべきかということを具体的に示していく。著者はどのケースにも「うまい対処法決定版」などない、という。だが、ないことを知っていることが大切なのだと説く。

　また、家族の苛立（いらだ）ちや焦燥感といった「空気」は、思った以上に本人に影響し、家族全体が異常をきたすという指摘は、ひきこもりや家庭内暴力に悩む家族にとって貴重なアドバイスになるだろう。

　著者の「好奇心」とは、「意外性に満ちた人生」へのまなざしである。この本で、介護や援助に携わるひとにこそ必要な「ゆとり」の見つけ方がわかるかもしれない。

　評・与那原恵（ノンフィクションライター）

かすが・たけひこ　51年生まれ。精神科医。著書に『不幸になりたがる人たち』ほか。

二〇〇一年一一月四日❸

『暴走する世界　グローバリゼーションは何をどう変えるのか』

アンソニー・ギデンズ 著　佐和隆光 訳

ダイヤモンド社・一五〇〇円

「批判より適応を」と信念の提言

　題名は実にタイムリーと言うべきだろう。「不安だらけの社会がやってくる」という著者の予測をも超えて、世界は本当に暴走を始めたように見える。いまとなっては楽観的すぎる部分もあるが、地球規模の混乱の背景と意味を考える一つの羅針盤として十分に参考になる。

　著者が描く世界像は明快だ。急激なグローバル化によって伝統的な生活や文化は圧力と緊張にさらされ、地球上どこに住んでいても社会の変容から逃れられない。この変化は不平等の拡大と社会の亀裂をもたらし、地域的ナショナリズムの台頭を誘っている。グローバリゼーションの結果として、われわれは制御できないリスクと不確実性に直面している。

　ここまでは最近よく目にするグローバリズム批判のように見えるが、意外なのは英国を代表する知識人の著者が、それでもあえてグローバリゼーション支持の立場を明確にしていることだ。大きな流れは止めることができないもので、問題は古い社会や制度が変化に適応できないことの方にあるのだという。

文化の融合を単純に評価する立場や、伝統のもつ力の軽視など、西欧中心主義的な視点には多くの批判も予想される。だが主張への賛否は別として、立場を明確にする姿勢や、信じる価値を守ろうとする信念には学ぶべき点も多い。

「あらゆるレベルでの民主主義の深化」の必要を訴えて、こう書く。「戦わずして、なにものも得られはしない」「命がけで手に入れたいものがなければ、私たちは生きがいを見いだせない」

著者はブレア首相のブレーンとして知られる。テロ事件以降の英国とブレア首相の突出した行動にまゆをひそめる向きも多いが、同じ価値観と信念を共有しているのだとすれば納得させられる。

あいまいで軽い言葉がとびかう日本の知的風土との距離も感じる。いやおうなしに「暴走する世界」に巻き込まれつつあるいま、米国とも違う覚悟の形があることは知っておいた方がいいようだ。

（原題、Runaway World）

評・清水克雄（本社編集委員）

Anthony Giddens 38年生まれ。社会学者。著書に『第三の道』など。

二〇〇一年一一月四日❹

『あたりまえのこと』

倉橋由美子 著
朝日新聞社・一四〇〇円

よくぞここまで! 現代文学批評

ページをめくる毎（ごと）に、ああそうかと納得し、よくぞいったと留飲を下げ、比喩（ひゆ）と論理展開の巧みさに笑いころげた。

つまりは久々に面白いエッセイである。期待はしていなかった。倉橋はタイトル付けの名手である。『パルタイ』『スミヤキストQの冒険』『ポポイ』。一度聞いたら忘れられない。比して本書のタイトルはなんだと思った。

二部に構成されている。一九七七年から七九年にかけて発表した「小説論ノート」と、九六年から九八年まで書いた「小説を楽しむための小説読本」。「小説論ノート」は二十余年前の文章だが、少しも古びていない。むしろ現代にこそ強く新鮮に響いてくる。

「この懺悔という方式はまともな人間が倣うべきものではない。かつての文壇のような特殊な世界ならいざ知らず、世間を相手に小説を書いている人間が自分の生活の存立にかかわるような重大問題に直面したら小説を書くどころではないはずである」。藤村の『新生』を例に挙げた、告白文学への一撃だ。

「問題は、露伴以後の小説家に、この賢婦に語らせ、その才を躍らせるに足る名文が書けなくなったことにある。愚婦、淫婦等々を描くことがやさしいのは、大根役者でも娼婦、やくざ、兵隊に扮してそれらしく見せることがやさしいのと事情を同じくする」。現代小説に登場する女性像についての指摘だ。

引用すればキリはない。なにしろ全篇（ぜんぺん）が凝縮された散文、要はアフォリズムで現代文学を、批評を、読者までをバッサリと斬（き）るからだ。異議もある。しかしそんな反論など有無をいわせぬ気合がある。ところが近年に書いた後半は少し体温が低い。文体を「ですます」調に変えたからではない。「あたりまえのこと」も通じぬ時代と現代文学に愛想を尽かした趣があるからだ。

だから最後は小説を楽しむにはまず上質の文章に親しめと祈るように語る。その例文は小説でなかった。ならば私は言おう。本書を読めと。

評・松山巖（評論家）

くらはし・ゆみこ 35年生まれ。作家。著書に『大人のための残酷童話』ほか。

二〇〇一年一一月四日❺

『アメリカ女性議員の誕生』

森脇俊雅 著
ミネルヴァ書房・二四〇〇円

定点観測で見る米選挙の実態

政治の研究方法の一つに参加観察という手法がある。特定の政治家に注目して、一日中ついてまわり、どのような活動に何時間使うのか、どのような人に会うのかなどを観察することによって、政治の世界を描き出すという手法である。アメリカの政治学者G・カーチスによる日本の政治家を対象にした『代議士の誕生』は、成功例の一つである。本書もまたこの手法を採用し、タイトルも同書を意識してつけられている。

主人公はニューヨーク州選出のスローター連邦下院議員。八期十六年目に入った民主党の白人女性議員である。支持者の自宅で開かれる資金集めのティー・パーティーや対立候補を批判するテレビコマーシャル等、いかにもアメリカの選挙らしい風景が紹介されている。

興味深いのは、すでに州議員の職にあった彼女が連邦下院選挙への出馬を考える場面である。彼女以外にも数人の州議員が立候補を検討していたが、結局、多くは断念した。連邦議員よりも州議員の方が、住民の生活に直結していることから、むしろ魅力のある職業と考えられているためである。州の権限の強さは、連邦下院議員の選挙区の区割りが州議会によってなされることにも現れている。連邦議員として再選を目指す主人公が、州議会の動向を日本人の著者からも聞き出したがっているそぶりは、国会議員が親分で、県会議員はその子分という日本人の感覚からすると、新鮮に映る。

主人公は、日米関係において派手なパフォーマンスをして話題になるような議員ではなく、著者によれば「普通」の、ありていにいえば平凡な議員である。リベラルではあるが、フェミニズムというわけでもない。その議員の目を通じて、アメリカにおける選挙の実態に迫るというのが著者のねらいであるという。

調査期間は十年以上にも及ぶが、実際の参加観察に費やされた時間が限られていたためか、躍動感あふれる記述がそれほど多くはないのは残念である。

評・真渕勝（京都大学教授）

もりわき・としまさ　45年生まれ。関西学院大教授。著書に『小選挙区制と区割り』。

二〇〇一年一一月四日❻

『スロー・イズ・ビューティフル』

辻信一 著
平凡社・一八〇〇円

だから、あなたも、息抜いて

ゆっくり、という言葉が逃げの文句のように語られていた時代は、とうに終わっている。現在があくまで未来の準備にすぎないような、先へ先へと物も心も前倒しして進んでいく社会の動きに対する警鐘が、きわめて小さな暮らしのレベルでの軋（きし）みから、際限のない利益追求の果てに暴発した進行中の戦争にいたるまで、はっきりと響いてくる。この危機的な状況をいかに乗り越えるか。その方途として提唱されるのが、遅さの、ゆるやかさの、「スロー」な生き方の「回復」である。

適用されるべき領域は、じつに幅広い。著者はこの言葉に「エコロジカル（生態系によい）」、あるいは「サステナブル（永続性のある、持続可能な）」といった「現代用語」の意味を込めながら、あからさまな概念臭を怖（おそ）れて、片仮名のまま「スロー」と表記する。かつて「スロー」なリズムは、生活そのものだった。それが暮らしの根本にあって、衣食住、すべての現場でごく自然に実践されており、遅い速いの問題など考える必要がなかったのだ。

それがいまや、説得力のある具体的な例を

挙げ、行為のひとつひとつを意味づけして「スロー」の大切さを説かなければならない。速度の魔にとりつかれ、それに慣れきった人々にむかって、無駄足の、道草の、休息の、「疲れを許し、解き放つ」ことの、「いいとわかっていないことはしない」勇気の、「引き算の進歩」の重要性を理解させるには、気軽な読み物を装いつつも筋の通った記述が不可欠となる。

しかし論理や意味づけほど、「スロー」の本質から遠いものはないだろう。ゆるやかさを唱(うた)い、減速を訴える文章には、そんな背理がいつもつきまとう。避けがたい矛盾を救うのは、書き手の側の知と身体のバランスであり、上からものを言わない水平の目線である。この二点を備えている本書は、「スロー」なだけでなく「スマート」な思考の大切さをも教えてくれる。

評・堀江敏幸(作家)

つじ・しんいち 52年生まれ。明治学院大助教授(文化人類学)。『ヒア・アンド・ゼア』など。

二〇〇一年一一月四日❼

『日本人はるかな旅2』

NHKスペシャル「日本人」プロジェクト 編

NHK出版・一八〇〇円

日本人はどこから来たのか。皆が関心を持ちつつも解明が難しいこのテーマについて、人類学・考古学と関連諸科学から総合的に迫ったシリーズ全五巻のうちの一冊だ。

前巻ではヒトと文化の北方起源説が紹介されたが、本書では「黒潮文化」、つまり南方との関(かか)わりに注目する。また、九千五百年前に南九州に展開した列島最古の定住文化の実態が浮き彫りにされる。

この早熟な文化は南九州沖の鬼界カルデラの大噴火により壊滅した。噴火の過程や、環境・文化への影響も詳述されている。海の向こうに開かれた列島文化の多様性、そして人間と環境との密接な関係などが本書から読みとれる。

叙情的表現が多く、事実と想像の判別がつきにくいところがやや気になるが、読み物としてはよくできている。研究途上のテーマであることを念頭におきながら本書を楽しみたい。各巻の刊行と連動してテレビ放映も行われている。全巻の完結が待たれる。

評・中園聡(鹿児島国際大学助教授)

二〇〇一年一一月四日❽

『大衆の侮蔑』

P・スローターダイク 著　仲正昌樹 訳

御茶の水書房・一六〇〇円

九九年、著者による『「人間園」の規則』は、西欧における人間主義が人間の飼い慣らしの歴史にすぎないと問題提起し、ドイツで大論争が起こった。本書では、著者は近代に特有の存在である「大衆の精神性」を吟味している。

カネッティの大衆論を念頭におき、大衆とは特権的なものを持たない平準化された存在とみる。それゆえに彼らは高貴なものの存在を否定し、卑俗で教養のないものこそ崇拝対象にするのだという。だから、ヒトラーのような存在がヒーローとなる。誰(だれ)もが平等であることを目指した近代に内在する問題だ。また公共性の名のもとに多数の承認をとりつける争いが続き、承認の拒絶、すなわち「侮蔑(ぶべつ)」も避けられない。卑屈さが広がり安定性を形成してしまう。

著者は、こうした事態の克服のためには我々が差異と向き合い、優れたものを賞賛(しょうさん)することも社会にとって有効な「戦略」だと指摘する。近代の盲点を突く批評的な視点を持つ本だ。

評・柏木博(デザイン評論家)

二〇〇一年一一月四日⑨

『仕事が人をつくる』

小関智弘 著
岩波新書・六八〇円

今やTVや雑誌の人気企画として定着した感のある「職人もの」だが、本書はそれらと一線を画している。銘を打たせてやりたくなるほどの出来栄えの義歯を作る技工士、天を貫く巨木の枝を軽々と剪定（せんてい）する「空師（そらし）」等、驚くべき仕事ぶりを披露する職人たちを感嘆するに留（とど）めず、著者はその技術がどのように伝えられて来たかを描こうとする。

「自分以上の職人を育てられなければ半端職人だ」という言葉が紹介されているが、優れた職人は優れた教育者でもあった。道具や材料と会話する術（すべ）を、彼らは言葉でなく身をもって伝えつつ、自分以上にそれを使いこなすにふさわしい人材にと弟子を育て上げて来た。

最近は職人もハイテクの洗礼を受けている。技術の再現だけならITの応用も可能かもしれない。だが技術と人格を共に磨き上げながら伝えて来た繊細な「回路」が、ハイテクが邪魔をして断たれるのだとしたら――、その損失の重さを改めて顧みさせる一冊だ。

評・武田徹（評論家）

二〇〇一年一一月四日⑩

『海と環境』

日本海洋学会 編
講談社・二八〇〇円

海が地表面の70％を占めていることは、だれもが知っている。しかしその海が、地球の環境にどのような役割を果たしているのかとなると、答えられない人が多いはずだ。

例えば、地球温暖化の原因になっている二酸化炭素。海には大気中の50倍もの量が蓄えられていて、人間が出した少なからぬ量を今も吸収し続けてくれている。小さなプランクトンがその主役だ。

海は、大気の１１００倍もの熱を貯蔵することができ、温暖化を遅らせてくれてもいる。日本に暖冬や寒冬をもたらすエルニーニョや北極振動などを演出するのも海だ。

その海が、化学物質によって汚され、オゾン層破壊による紫外線の増加などで危機にひんしている。海の生態系が破壊されれば、影響は人間にも確実に跳ね返ってくる。

日本海洋学会の創立60周年を記念してまとめられた。20編のトピックスから、関心のあるテーマを読むだけでもよい。海の深さをちょっぴりのぞいた気にさせてくれる。

評・泊次郎（本社編集委員）

二〇〇一年一一月四日⑪

『ゲーテさん、こんばんは』

池内紀 著
集英社・一九〇〇円

ゲーテは逃げる名人だったらしい。ライプツィヒの学生のときのケートヒェンからもゼーゼンハイムの牧師館の娘フリーデリケからも、ほかの男と婚約中のミラノ女と恋をしたときも、「女性とのかかわりが切迫してきて、決断へと踏みきる手前で」彼はいつも逃走した。

それでいて大ベストセラー『若きウェルテルの悩み』で文壇デビューし、「不幸な恋の発見」ということを見事に表現した。主人公を模倣してピストルを手に取るような若者が続出した。それでいて、作家自身は83歳まで生きたのである。

てなこと一つとっても、この男のしたたかさはハンパでない。それも俗世では、小さな公国ながら枢密顧問官、内閣首席、財務局長官の行政官人生を全うしてのことなのだ。「気力をなくすると一切を失う／それなら生まれてこぬがいい」とうそぶいた天才を描いて、池内紀の筆が冴（さ）えかえる。この人の手にかかるとすべてが柔らかくなる。

評・河谷史夫（本社編集委員）

二〇〇一年一一月四日⑫

『歩く』

河野裕子 著

青磁社・三〇〇〇円

戦後生まれの女性歌人のトップランナーである河野裕子。第九歌集に当たる『歩く』は病後の身体にとっての歩くことの大切さから命名されている。

高野山の雨はまつすぐに太く降るすとーんと語尾の重い感じに

ぎくしやくと雨が降るなり白袈裟の若法師らが縦列に来る

初期からの特質だった自在なオノマトペを駆使して、生の不思議な豊かさと危うさをうたい出すこれらの作品は、まさに独壇場と言えよう。徹底して生活に即し、おのれに即す方法論は、とりわけ近来強固だが、折り折り表現者としての意識が垣間見えるところが面白い。私の愛するのは次の一首。

阮籍（げんせき）が青き眼（まなこ）は持ちがたし昼を灯して背屈（せぐぐま）り書く

「阮籍が青き眼」とは、自分の好む人に正対する目である。青眼を持てないおのれへの嘆きは、歌人であることへの疑いか否か。

評・水原紫苑（歌人）

二〇〇一年一一月一一日①

『遠い崖 アーネスト・サトウ日記抄 全14巻』

萩原延壽 著

朝日新聞社・二四〇〇〜二八〇〇円

○情報が支えた英国外交の底力

アーネスト・サトウは一八六二年、イギリス外務省の通訳生として十九歳で日本にやってきた。そして八二年に帰国するまで、イギリス対日外交の最前線にあった。著者は、サトウ日記を中心に、パークス公使、ウィリス医官らの公文書、私文書をふんだんに用いて、イギリスから見た維新期の日本を、生き生きと描きだしている。

本書を貫く縦糸は、全盛期大英帝国の外交のすごさである。イギリスは貿易の拡大を求め、これを可能とする開明的で責任ある政府を求めた。そのために、日本国内の諸政治勢力に対し海軍力を背景に外交的圧力をかけ、適度の距離をおきながら関係を維持し、日本政治に働きかけていった。これを支えたのが、正確な情報の収集と分析であり、その中心がサトウであった。

たとえばイギリスは、生麦事件と薩英戦争によって、親幕府から親薩摩へと転換していくが、その鍵（かぎ）が貿易であり、サトウだった。

本書の横糸は、同僚や日本人に対するサトウのこまやかで魅力的な描写である。その中には、イギリスから急遽（きゅうきょ）帰国した伊藤博文と井上馨を始めとする、若くて有能な多数の武士があった。彼等（かれら）は時にイギリス外交を出し抜き、利用し、超えていく。そして新政権が出来ると、イギリス外交の出番は減り、サトウは日本研究へと重点を移すようになる。やがてサトウが敬愛した西郷も、好きになれなかった大久保も死ぬ。しばらく楽しまない日を過ごしたのち、一八八二年、サトウは日本を去る。その後、九五年に駐日公使としてもう一度日本に来るが、その時期は本書では扱われていない。

本書は、がんらい一九七六年から九〇年まで、中断を含んで千九百四十七回にわたって朝日新聞に連載されたものである。それを加筆訂正して刊行すると同時に、著者は亡くなった。最後の方は駆け足で、やや痛々しい。しかし、これだけ豊かな内容を細部に至るまで書き込んだ歴史は、そうあるものではない。明治維新を外国の目から活写した文学として、本書は長く読み継がれるだろう。

評・北岡伸一（東京大学教授）

○膨大な資料が語る覇権の行方

雨降るシーンである。王政復古の大号令の直後、大阪に戻った慶喜の一行をサトウが見るシーンだ。慶喜は黒い頭巾（ずきん）で顔をつつみ、軍帽をかぶっている。サトウには、その顔はやつれていて、悲しげに見える。その様子をサトウは日記に次のように書き記している。

「一行が壕（ほり）にかかる橋を縦列で渡ってゆく有様（ありさま）は、色彩感にあふれていた。入城は大手門からであった。『下馬』のところで、大君のほかは、みな馬からおりた。この光景にふさわしく、雨が落ちてきた」

現実にはもう少し先の話になるが、覇者交代の場面といっていい。そこで出会ったイギリス公使パークスについて「非常識だと思うが、かれは大君を一目見ようと出むいてきたのである」と日記に書いたサトウは晩年の回顧録『一外交官の見た明治維新』で、その「非常識だと思うが」という箇所（かしょ）を、「力の及ぶかぎり大君の没落に貢献してきたところの」と書き直す。日記と回顧録のその違いを抽出したあとに、著者は「イギリス公使館が一体となって、あたかも倒幕派の勝利をあらかじめ見通していた」かのような印象を与えると書いている。

『遠い崖（がけ）』が歴史読み物として突出して面白いのは、公刊された書物よりも、このようにアーネスト・サトウの残した日記を中心に、公文書、半公信（公式報告と私信の中間の性格を持つ手紙）、さらには故郷の親族に宛（あ）てた手紙など、埋没していた膨大な資料をもとに、幕末から明治にかける動乱の日本を描き出すからである。

サトウの日記には感情の表出が少ないと著者は書いているが、しかしそれでも、すぐれた日本学者になりたいと願って来日し、意見や情報を求めて諸藩の有志と会う合間を縫って日本中を歩き回り、本屋をあさり、骨董（こっとう）屋をひやかし、芝居小屋を覗（のぞ）き、寺院を見物し、夜遊びにも出かける精力的な生活のなかで書いた日記に感情が表出しないはずがない。そういう個人の足跡を幾つも積み重ねることで本書は圧巻の歴史読み物になりえている。

評・北上次郎（文芸評論家）

はぎはら・のぶとし 26年生まれ。歴史家。東大卒業後、同大院を経て米国、英国に留学。帰国後は在野を貫き著述に専念。先月24日死去。

二〇〇一年一一月一一日❷

『東大生はバカになったか 知的亡国論＋現代教養論』

立花隆 著

文芸春秋・一七一四円

日本沈没もたらす「知のデフレ」

この国では、経済がデフレであるだけではなく、知的基盤の脆弱（ぜいじゃく）化が着実に進んでいるという意味で「知のデフレスパイラル」が起こっている。そして、知のデフレは国際競争力の低下に直結するものであるから、日本の経済的衰退の大きな原因にもなっているといえる。

例えば、二十一世紀の技術革新のフロンティアはバイオテクノロジー（生物工学）分野であることが確実な状況だが、その基礎である生物を高校で学習する者の数が激減しているという現実がある。このまま行けば、まともな研究・開発の基盤が形成されず、バイオ革命に後れをとる国になってしまうことは間違いない。

本書は、こうした「知的亡国化」の進行という事態に関連した、立花隆氏の近年の論考を集成したものである。問題の現象を追うだけでなく、むしろその本質に迫ることに主眼が置かれており、現代における教養とは何かにまで議論が及んでいる。

「知的亡国化」の現象は、いまのところ最も象徴的には、大学生の学力低下の問題として立ち現れている。これまでの学制改革は、結果として教育水準の低下を招来してしまった。

受験地獄を緩和するという善意からのものであれ、入試科目の削減は、高校で物理を学ばないで工学部に進学してくるといった学生を輩出させている。評者の体験からも、大学生の質は近年急速に「変容」してきているのは確かだ。

　こうした事態の根元を探っていくと、（東京大学の歴史とほとんど重なる）日本の高等教育の歴史に踏み込まざるを得ない。それゆえ立花氏は、「東大」論を展開し、わが国の高等教育には、現状に対する批判能力を涵養（かんよう）するという教育の本来目的からすると、当初から深刻な欠陥があることを明らかにしている。

　それでは、どのような大学教育が求められているのか。なによりも知力を総合的に向上させることが重要であり、そのための教養教育こそが専門教育の上位に置かれねばならない、と立花氏は主張する。もちろん、教養の内容は、現代的に再定義される必要がある。だが、情報リテラシーのような現代の教養がわれわれに十分に備わっているだろうか……。

　こう考えると、人ごとではないことが分かってくる。「バカになっている」のが東大生だけならば、まだ救われる。しかし、問題はそれだけに限定されず、日本人全体の知的水準に及んでいるおそれがある。本書の警鐘は、真剣に受け止められるべきだろう。

評・池尾和人（慶応大学教授）

たちばな・たかし　40年生まれ。評論家。著書に『脳を鍛える』『サル学の現在』など。

二〇〇一年一一月一一日③

『カクレキリシタン　オラショ――魂の通奏低音』

宮崎賢太郎 著

長崎新聞新書・一一四三円

「民俗宗教」の驚くべき多様性

　「隠れキリシタン」には神秘的なイメージがある。二百数十年もの間、厳しい弾圧に耐え、キリシタンの信仰を守り続けた信念の人たち。マリア観音に興味をひかれるのも、ラテン語の聖歌が変化したオラショに心打たれるのも、そのような理解があればこそだろう。

　ところが、ショック！　それは外部者のロマンチックな幻想にすぎないと、著者は巻頭で喝破するのだ。いまも長崎県の一部に残るカクレキリシタン。彼らは隠れてもいなければ、キリスト教徒でもない。じゃあ何なのか。それは〈年月をかけて熟成され、土着の人々の生きた信仰生活のなかに完全に溶け込んだ、典型的な日本の民俗宗教のひとつである〉。隠れてもいないのに「隠れ」はおかしい。したがって「カクレキリシタン」。

　「隠れ」の幻想のかわりに、読者が知るのは「カクレ」の驚くべき柔軟性や多様性である。聞き取り調査をもとに、カクレキリシタンの実際を、生月島（いきつきじま）、平戸島、五島、長崎、外海（そとめ）といった地区別に本書は紹介するのだが、村ごと、ときには家ごとに異なる信仰の多彩さには、正直ブッ飛ぶ。座敷に神棚、居間に仏壇、台所に荒神様、庭にお稲荷（いなり）様、加えて先祖伝来のカクレの祭壇と、神様だらけの家。仏式（僧侶（そうりょ）の読経）とキリシタン式（「経消し」のオラショ）、二重の葬儀を行う風習。祝詞みたいな創作オラショ。キリシタン式の盆。

　信仰の自由がある今日もカトリックに戻らないのはなぜ？　という疑問は、西洋キリスト教中心主義に侵された愚問にすぎないことがわかる。仏教や神道は隠れ蓑（みの）だったとの説もあやしい。一定の教養がなく、指導者もいないカクレキリシタンは、伝統宗教と仲良く共存する、希有（けう）な民俗宗教だったのだ。

　この結論は、カクレキリシタンをおとしめるものではないと著者はいう。虚像よりずっと強靭（きょうじん）でしなやかな信仰の姿にこそ学ぶべきものがあるのだ、と。「宗教戦争」や「文明の衝突」を相対化する格好の例がここにある。

評・斎藤美奈子（文芸評論家）

みやざき・けんたろう　50年生まれ。長崎純心大教授。『カクレキリシタンの信仰世界』ほか。

二〇〇一年一一月一一日④

『聞き書き　着物と日本人　つくる技、着る技』

原田紀子 著
平凡社新書・七二〇円

「日常着」に宿る知恵と工夫

「今が着物を普段のものとしてとらえる最後の時のような気がする」と著者は言う。

まったく同感だ。今の時代に着物と言ったら、よそゆきの訪問着や晴れ着ばかりで、日常生活から離れた特殊衣裳（いしょう）のようになってしまった。私は小津安二郎監督の映画に出てくるような、普通の人の普通の着物姿が好きなので、この状況はとても淋（さび）しいことだと思っている。

『聞き書き　着物と日本人』は、着物と密着して暮らして来た人たち二十人にインタビューしたもの。「普段の着物」復権の書だなと思い、小津映画的着物ファッションを想像して読み始めたので、いきなり鵜匠（うしょう）や海女やまだぎ（またぎ）の人たちの話が出てきたのには驚いた。オシャレの話じゃなかったのね……。

ところが意外にもこれが面白い。労働の中で、さまざまな機能的な工夫をこらされた着物。それを焼畑（やきはた）農業の人は「私らのところのおふくろの知恵というか、昔から衣（い）の研究をしてきた結果じゃなかろうか」と語る。どの人の話からも、昔の女の人たちと着物との深いかかわりあいが浮かびあがって来る。仕事着、作業着としての着物。確かに、こういう話を聞けるのは今が最後の時になりそうだ。

ローカル言葉の魅力あふれる聞き書きで、着物から離れた話題も面白く読めた（またぎの老人の話、最高）。一人一人の話が短めなのと、図解がないのが残念。

もちろん都会生活の中で着物を着て過ごす人たちの談話も出て来る。例えば、羽織袴（はかま）で大学の教壇に立つ魚類生態学者（男の人）の話。京大でも二十年くらい前までは着物姿の先生がかなりいて、理科系でも手術をする時は洋服より着物の方がいいという先生もいたという。頼もしい気持ちにさせてくれる話だ。

全体の構成にはちょっと疑問を感じたが（「着物の手入れと再生」の章がアンバランスに詳しく長い）、着物の可能性をハレの場ではなく「労働」「仕事」「生活」の中に探った貴重な談話集だ。

評・中野翠（コラムニスト）

はらだ・のりこ　48年生まれ。国立科学博物館勤務。著書に『西岡常一と語る』など。

二〇〇一年一一月一一日⑤

『あの日、東海村でなにが起こったか』

粟野仁雄 著
七つ森書館・一六〇〇円

現場の声集め「臨界事故」再現

一九九九年九月三十日、東海村のウラン加工会社JCOで「臨界事故」が発生した。二人の作業員が大量の中性子線を浴び、三カ月後に大内久さんが、七カ月後に篠原理人さんが亡くなった。

本書の著者は、たまたま核燃料サイクル開発機構の取材で同村にいて、事故発生二時間後に現場に駆けつけ、「同日夕刻になって〝被曝（ひばく）した可能性が強い〟と社命による〝取材中止令〟を受け」た。そのことが逆に、著者のジャーナリスト魂を刺激したのであろう。事故とその後の経緯を、我が国の原子力行政の歴史をふまえつつ、克明に記録した本書を書き上げることとなった。

特筆すべきは、民間会社JCOをはじめ、原子力関連組織の技術者一人ひとりを丁寧に取材し、「技術立国」の裏方たちの本音を引き出すことに成功した点だろう。「業務上過失致死罪」で起訴された所長さんをはじめ、「広報幹部氏」や「技術幹部氏」の人柄に、原発に反対の評者が共感さえおぼえた。この不思議な気持ちは、前後して出た『東海村　臨界事故の街から』（旬報社）でさらに強められた。

近接する茨城キリスト教大学の教員たちが、事故直後から記録した証言集である。周辺住民の間での事故の受けとめかたの温度差、とりわけ古くからの住民の冷静さをどう理解したらよいのか。

　事故の直接原因は、裏マニュアルや「バケツでウラン」に象徴される安全管理の軽視にある。だが、民間企業の効率最優先ゆえの手抜きを見過ごしてきた監視体制の不備や、霞が関の監督責任者たちが省庁再編に乗じて姿をくらましたという事実を看過してはいけない。「事故直後の記者会見で、事務次官だったかしら、あのひきつった顔を見て、ただ事ではないと思ったわね」。不覚にも評者は、友人にそういわれるまで忘れていた。二年前の事故なのに、十年前のことのように記憶が薄れていた（反省）。

　同じ過ちを繰り返すな、あの事故を風化させてはならない。この二冊の本はそう訴えている。

評・新妻昭夫（恵泉女学園大学教授）

あわの・まさお　56年生まれ。通信社記者。著書に『瓦礫の中の群像　阪神大震災』など。

二〇〇一年一一月一一日❻

『あしたはうんと遠くへいこう』

角田光代 著

マガジンハウス・一四〇〇円

　この主人公は私だ。そう感じる女性は多いだろう。いや、女性だけでなく、男性読者でも。惚（ほ）れっぽい、だけどいまひとつ男運がない女の半生記である。モテないわけじゃないけど、どこか不器用で、ヘマばっかりやっている。読んでいて、「痛（い）たたた」と声を上げたくなる。

　主人公は一九八五年に高校生だった女の子。それからの十五年間の恋愛生活が、そのときどきに夢中になって聴いたロックとともに、連作短篇（たんぺん）のスタイルで語られる。

　大学の音楽サークルで知り合ったカレシは、同じサークルの後輩に盗（と）られる。夜ごと違う男の部屋をホテル代わりに（そしてセックスを宿代に）泊まり歩く。田舎に引っ込めば、つきあった男はストーカーになる。

　不真面目（ふまじめ）なのではない。彼女はいつも居場所を探している。ここかもしれないと思って恋に落ち、そして失敗に気づく。だけど、それでもめげない。傷つくのをおそれないところが、とてもいい。

評・永江朗（フリーライター）

二〇〇一年一一月一一日❼

『こんな死に方してみたい』

須田治 著

角川書店・一四〇〇円

　この国では特に最近いい老い方や、シャレた死に方が少なくなったように思う。そんな中、フリージャーナリストの著者は、日本中を歩き、傍流に生きる人に光を当て、老いや死を支える心優しいシステムを探しだした。

　在宅ホスピス医に支えられて、競馬ファンの大腸がんの末期患者が、大好きな自宅で菊花賞を当てながら、あの世に逝ったはなしや、ボランティアに支えられながら、タバコを命がけで吸いながらホスピスで死んでいった患者。あぜ道で仕事をしつづけながら老い、田舎の住みなれた家で死んでいく老人を支える地域医療に夢を追う若い医師や老医師。千葉県船橋市で船橋時活（じかつ）村という組織を作って、子供時代のように楽しい時間を作り出した定年族。病院や施設にはない温（ぬく）もりのある「宅老所」で支えられる老い。

　この本を読むと老いること、死ぬことは、まぎれもなく「生きること」なのだと理解できる。生きることに勇気を与えられる本である。

評・鎌田實（諏訪中央病院管理者）

二〇〇一年一一月一一日❽

『オリンピア・プレス物語』

J・S・ジョア 著　青木日出夫 訳

河出書房新社・三四〇〇円

今日の我が国では、活字における性表現の自由は保障されているが、かつては厳しく規制されていた。英米でさえ四十年ほど前までは好色文学の発禁処分は当たり前だった。そんなエロチカ受難の時代、検閲の比較的ゆるやかなパリにおいて、英語圏でワイセツであるがゆえに発禁になった小説とサド侯爵を代表とするフランス産ポルノを英訳して刊行した果敢な出版社がオリンピア・プレスである。

その社主ジロディアスは、自らを「ポルノ本の帝王」と称したが、彼が今日の出版史に名を残しているのは、エロチカを刊行するかたわら、当時は不遇をかこっていた天才作家たち――ナボコフやバロウズ、ベケットなどの作品を世に送りだしたためである。

現代好色文学史はもとより、前衛文学裏面史や検閲制度に関心のある読者は、このスキャンダラスな出版社とその反逆魂に満ちた、いわば性革命の文学上の風雲児だった社主の栄光と悲惨の物語を手にしてほしい。

評・風間賢二（翻訳家）

二〇〇一年一一月一一日❾

『洋服と日本人』

井上雅人 著

廣済堂出版・一〇〇〇円

日本には、ほとんどの一般成人男性が、同じ衣服を身に着けていた時期がある。第二次大戦末期の「国民服」がそれである。総動員体制下の一九四〇年に発表された国民服の制定は、単に「被服資源の確保」といった物理的要請にこたえるだけでなく、軍服を連想させる没個性的な意匠による人々への精神的圧迫が大きかったことは言うまでもない。四二年には、「婦人標準服」も制定されている。丹念な作業をもとに、この国民服と婦人標準服の制定過程と、それを受け入れていった時代の空気の再現を試みたのが本書である。

興味深いのは、男性に国民服が広く浸透したのに対し、婦人標準服は定着せず、代わって家庭にある布地で裁縫可能な「もんぺ」が広く着用されたことだろう。著者が「着ることの自由」が制限された経験を持つ日本人のモード観を射程に入れて論じていることからすれば、「洋服と日本人」という少々おおげさなタイトルも許せる気がしてくる。

評・音好宏（上智大学助教授）

二〇〇一年一一月一一日❿

『時空のゲヴァルト』

M・シュナイダー 著　前田良三、原克、高木葉子 訳

三元社・三〇〇〇円

テロや戦争の映像にうんざりしているのに、またゲヴァルト（ドイツ語で暴力、激しい力）なんて、と敬遠することはない。副題に「宗教改革からプロスポーツまでをメディアから読む」とあるように、最新のメディア論の視点から世界の出来事を読み解いた一冊。一種の知的ゲームとしても楽しめる。

たとえばTVのリポーターを現代のホメロスになぞらえる。大衆の注意力はいつも単調な真理よりも、気晴らしの叙事詩やニュースショーに向かうのだという。

「恋愛の神エロスは電話のなかに潜む」など、神話から哲学、東欧革命まで森羅万象を切り取る手つきが鮮やかだ。ただ大胆な発想に真面目（まじめ）な読者はとまどうかもしれない。

本のタイトルは、情報の速度が増しても、人間の身体は時間と空間の重力から自由になれないという程度の意味らしい。難解な言い回しで相手を煙（けむ）に巻くテキストとしても使えそう。

評・清水克雄（本社編集委員）

二〇〇一年一一月一一日⑪

『謎の大王　継体天皇』

水谷千秋 著

文春新書・七〇〇円

六世紀初頭に即位した継体天皇は「神話」と「歴史」との狭間（はざま）にある人物で、しばしば論争の的となってきた。大和政権の本拠地から遠く離れた越前、今の福井県の出身とされ、それまでの王族と血縁が切れているのではとの指摘さえある。

この特異な謎（なぞ）にみちた天皇の実像に著者は迫ろうとする。「応神天皇五世の孫」とする出自は真実か？　地方の「傍系王族」がなぜ天皇に推されたのか？　即位して大和に移るまで、なぜ河内、山城などの周辺地を転々としたのか？

さまざまな論者が投げかけてきた疑問を、古事記、日本書紀などの文献と考古学上の知見をたよりに読み解いていく。その推理・立論はミステリーの中の名探偵のようだ。

当時の皇位継承ルールについて、皇統につながる者から有力豪族が合議で選んだと立論するなど、「神話」を歴史的に肉付けする試みが随所にある。古代史ファンは読んでみてほしい。

評・葛西敬之（ＪＲ東海社長）

二〇〇一年一一月一八日❶

『漢字と日本人』

高島俊男 著

文春新書・七二〇円

「そうか！」の連続、卓抜な日本文化論

いま私たちがなにげなく使っている漢字。中国からやってきたことはなんとなく知っていても、日本語を書くには適した文字と思っている人は多いだろう。しかし、本当は日本語と漢字はまったく関係がない。むしろ相性が悪い。たまたま犬という字があったのでイヌにあてたので、漢語より英語が先に入ってくればdogと書いてイヌと読んでいただろうと言われれば、だれだってドキッとする。でも、そうだったんです。

なぜ日本語には同音異義語が多いのか。それでいて混乱しないのはなぜか。なぜ漢字二字のことばが多いか。アルファベットにくらべ漢字はひどく効率の悪い表記方式ではないのか。そのわりにはいまだに使われているのはなぜか。なぜ新旧字体があるのか。コンピュータで使える文字の基準をＪＩＳ（日本工業規格）がなぜにぎっているか、など普段から感じていた疑問がいっきに解決する。まさに「そうか！」の良書なのだが、この手の本があまりない。

良書の条件は、まず知らない人にむずかしいことをわかるように伝える努力をしているか。つぎに身近な疑問から一般的な法則がみちびかれ、その理解から他の多くの現象の説明につながっていること。そうすれば、理解の地平がまたたく間に広がり「そうか！」の快感が得られるのだが、これがなかなかむずかしい。

子供の頃（ころ）にこの本に出会っていたら、私は文科系の道に進んだかも——といいきるには結論ににがいものがある本なのだが……。疑問解消だけではない。日本人と外来文化、さらには言語と文化の関係やアイデンティティのあり方といった深い話につながり、それがいま外来語をめぐって起こっていることを読み解く鍵（かぎ）となる。そして音でなく文字の裏づけがないと機能しない、世界でもまれな言葉に日本語はなってしまった——という意外な事実が示される。

にがい結論といったのは、この本が外国依存が血肉になっている日本文化の姿とそれにまつわるドタバタを明らかにしているからだ。漢字は日本語にとってやっかいな重荷。しかし血肉になっている以上もはや分離できないし、するべきでもない。なにかやるせなさを感じるが、同時に「これが日本だ」と開き直りたい気持ちもわいてくる。下手な日本人論より素直に納得できる。日本人が自らを理解するのに最高の本である。

なお、注意深く読むと、著者が自らの規範にしたがい漢字の使用を最小限にしていることがわかる。この本の不思議な読みやすさがそこにあるとしたら、これもまた意外な発見である。

評・坂村健（東京大学教授）

たかしま・としお　37年生まれ。中国文学専攻。著書に『漱石の夏やすみ』など。

二〇〇一年一一月一八日❷

『カラヴァッジョ鑑（かがみ）』

岡田温司 編
人文書院・三九〇〇円

絵画の革命児の栄光と悲惨

美術史上、16、17世紀にイタリアに生きたカラヴァッジョほど神秘に包まれた画家はいない。生来の荒くれで、けんかざたは数知れず。生前の数少ない資料が十数件の警察調書というから、その無頼ぶりがうかがえる。ついには人を殺し、逃亡先で数々の名画を残し、38歳で野垂れ死にした。流亡と破滅の人生だった。

反逆児は、絵画に革命をもたらした。ルネサンスは、あまねく光が行き渡る秩序美を基調にした。それに対し彼は、光と影を劇的に対比させ、絵画に躍動感を与えた。宗教画に初めて民衆を描き、聖職者の憤激を買った。だが市井の人々を描いたその絵は、見えない神が眼前に降臨するような深い聖性を醸している。

本書は、一筋縄ではいかないその異端者に迫った文集である。それも内外17人の学者が、美術史、図像学、哲学、精神分析学の知見を総動員して迫るのだから、この本自体、一筋縄ではいかない。

画家になじみの薄い方には、岡田温司氏の序文、徐京植（ソキョンシク）氏らのエッセーから入ることをお勧めしたい。山に例えれば、宮下規久朗氏の懇切な作品論、松原知生氏の評伝は、頂上に至るなだらかな坂道だ。音楽とのかかわりを論じた岡部宗吉氏の文章は、花畑のようにくつろげる。

慣れてきたら、他の登山路にも挑戦したい。「鏡像」と「絵画」の関係を読み解く哲学の険しい山道、ロッククライミングで挑まねばならない氷壁のような論文もある。息絶え絶えになった時は、多くの図版が助けになる。幸い、来年2月まで東京、ついで愛知県岡崎市で開かれる展覧会で、実作の幾つかにも触れられる。

印象に残るのは、これほど多様な解釈を求める絵画の豊かさと、論者の熱情だ。「絵はこんな見方もできるのか」と驚かされ、何度も図版を見直した。

書名の「鑑」は、カラヴァッジョ解読のカギとなる「鏡」にかけた。本来は「歴史書」の意味。それも正史ではなく、恋愛や宮中行事を万華鏡のように描く『増鏡』に近い趣といえようか。遊び心あふれた大鑑である。

評・外岡秀俊（本社編集委員）

おかだ・あつし　54年生まれ。京大助教授（西洋美術史）。著書に『もうひとつのルネサンス』。

二〇〇一年一一月一八日❸

『アイヌときどき日本人』

宇井眞紀子 著
社会評論社・二八〇〇円

豊かな歴史もつ都会人として

大多数に属する人が、少数に属する人々の肖像を作るとき、どんな良心的な作意があっても、そのイメージが多少ずれることがたびたびある。特に、少数者たちが、移民あるいは連行によって後から大多数のいる国に来たのではなく、大多数より先にその国土にいた先住民の場合、ある限定された場所の、ある「伝統的」な生活像がひたすらクローズアップされて、現在までつづいているその生活がぼやけてしまいがちだ。まさに日本のアイヌがその一例で、良心的な解釈者からも、ある種の「国内エキゾチシズム」の対象にされてきたのではないだろうか。

『アイヌときどき日本人』という写真集の新しさは、まず、東京都民として生きるアイヌの群像を提供しているところにある。工事現場で働くアイヌと、地下鉄で通勤するアイヌ。多摩川のほとり、電車の高架線の下でカムイへの祈りの儀式を行うアイヌ。「過酷な同化」によって抑えられた文化の模様を取りもどそうとしながら、しかし都市の住民として現代の生活を営んでいる。近代史によって強いられた生活の多重性が、等身大に映り、顔と表情の動きとして現れてくる。「ときどき」のアイデンティティを追っているイメージには、晴れやかな場でも緊張感がつきまとう。そして世界のどの少数者にも共通するような、自意識の負担とも説明すべき、ある重みが感じられる。

　アニミズムの豊かな感性を背負った、都会に住む現代人の記録。結婚式の新郎新婦の姿を写した見開きの、左のページは古代から受け継がれた民族衣装、右のページは「普通」の正装の写真。同じ二人の顔だが、表情が微妙に違う。どちらの写真にも、被写体に対するぬくもりが伝わる。逆に、写真という芸術に必要な冷酷さの度合いが、この場合、どうしても低くなったからか、一人一人のストーリーを、ここにいたるまでの一人一人の「近代史」を、見る人が知りたくなる。「現代」をめぐっての、一つの真実をつかんだ本だからこそ、イメージに触発されて、より詳細な物語を聞きたくなるのである。

評・リービ英雄（作家）

うい・まきこ　60年生まれ。写真家。来月、東京都内で同名の個展を開催予定。

二〇〇一年一一月一八日❹

『物語「京都学派」』

竹田篤司 著

中公叢書・一八〇〇円

生ぐさい哲学者たちの人間関係

　いや、面白かった。少しのぞき見的なところもあって、あまり上質の面白さとは言えないかもしれないが。

　「京都学派」とは、言うまでもなく西田幾多郎とその後継者田辺元というかなり異質な二人の指導者を中心に、大正の初めから第二次大戦敗戦までの間、京都帝国大学哲学科に集った哲学者集団のことである。そこには、「京都学派の四天王」と呼ばれ、戦争中に活躍したのが祟（たた）って戦後教職を追われた高坂正顕、西谷啓治、高山岩男、鈴木成高（この人だけは歴史家）もいれば、左翼運動に連座して敗戦の直前と直後に獄死した戸坂潤と三木清もいる。少し距離をとった周辺には、鈴木大拙、和辻哲郎、九鬼周造、田中美知太郎、久松真一、下村寅太郎、唐木順三、中井正一といった人たちもいた。なんともケンランたる人脈である。

　同じ哲学をやっていても、二世代も上の人たちだし、このうちの幾人かを除けばあまり関心も向かなかったので、名前だけはいやというほど知っていたが、私もその人間関係についてはほとんど知らなかった。

　本書は、手紙や日記やエッセイや回想記のたぐいを総動員して、草創期から解体にいたるまでのこの学派の人間関係を物語ったもの。師弟愛、友情、葛藤（かっとう）、思想上の対立、生ぐさい人間関係のもつれが面白く語られている。

　思想の内実にほとんど立ち入らないので物足りないと言えば物足りないが、もしそれをやられたら、とても読む気にならない重苦しいものになるだろうから、これはこれでいいのかもしれない。

　北軽井沢に隠棲した田辺元が、妻の没後、夏だけをここで過ごす作家の野上弥生子と観念的な恋愛関係にあったという話も初耳だった。なによりも、初めは深く信頼し合っていた西田と田辺が、最後には口もきかないほど険悪な関係になったという話が興味深い。それも思想上の対立によるのか性格的なものなのか、結局はよく分からないらしい。人間、この不可解なものよというところか。

評・木田元（哲学者）

たけだ・あつし　34年生まれ。明治大教授（哲学）。著書に『フランス的人間』など。

二〇〇一年一一月一八日⑤

『日本人の宇宙観　飛鳥から現代まで』

荒川紘 著

紀伊国屋書店・三二〇〇円

自然の中に溶け込む極楽地獄

この十九日の未明、獅子（しし）座流星群が見られると予想されている。流れ星は〝天文ショー〟と呼ばれている。華やかでロマンティックだが、はかなくノスタルジックでもある。星降る夜空を見あげて、広大な宇宙に思いをはせてみるなら、少しはこの世の争いがなくなるのではないかなどと思ってしまう。

本書は、飛鳥時代から現代にいたるまで、宇宙をどのように考えてきたか、日本人の宇宙観の展開を探ろうという遠大な企てである。用いられる資料は宗教から文学、思想、科学など広範囲におよんでいる。それも洋の東西から求められるのである。ということは、日本では独自の宇宙観が生まれてこなかったことを意味するのだろうか。

著者は、中国やインドの宇宙論の伝来した飛鳥時代、キリスト教の宣教師によってアリストテレス的宇宙論のもたらされたキリシタンの世紀、西洋の近代科学とその宇宙論の導入された明治時代、この三つの「文明開化」時代が日本人の宇宙観の歴史的な節目であるという。やはり日本独自の宇宙観はなかったのかといえば、そうではない。

この節目ごとに新しい宇宙論を摂取し消化する一方で、それに触発されて『古事記』や『日本書紀』に描かれた神話にみられる基層的な宇宙観が捨てられずに再構成されていったのである。これが本書を貫くテーマであり、もっとも教えられるところだ。

つまり、仏教の極楽・地獄という他界観が入っても、この島国では山や海の彼方（かなた）にあるとされた水平的なあの世観を消滅させず、山や海という「自然」のなかに極楽や地獄を溶け込ませていった。それはキリスト教の伝来後にも、明治以降の科学的な宇宙論の受容後にもいえる。

日本の宇宙観の根底にある自然は不変・不死なのだ。自然は古代から親しまれ歌われ続けてきた。しかし、この自然が世界的な規模で危機に瀕（ひん）している。文明論的なテーマとして、日本的自然観の再考を著者はうながしている。

評・川村邦光（大阪大学教授）

あらかわ・ひろし　40年生まれ。静岡大教授。科学思想史。著書に『龍の起源』ほか。

二〇〇一年一一月一八日⑥

『ソビエトカメラ党宣言』

中村陸雄 著

原書房・一六〇〇円

ローテクがかもす魔性の魅力

旧ソビエト時代に製造された中古カメラは、生産地がどこであれ、ロシアカメラと称されることが多い。しかし、いまやウクライナとロシアも別々の国なのだから、むしろかつての名称を用いてソビエトカメラと呼ぶほうが正確ではないか、と著者は言う。政治的な文脈とは関係のない、モノを介した、愛憎相半ばする屈折した胸のうちを明かしながら。

では、そうした複雑な愛の対象となりうるソビエトカメラの特徴とは何か。ミステリやスパイ小説の愛読者なら、あの消えてしまった大国の工業製品のイメージの、愛すべき紋切り型をすぐさま思い出すだろう。武骨で、粗悪で、故障を前提にしたとしか考えられないようなたたずまい。しかも大半は他国の名機のコピーとその発展型である。

カメラもまた例外ではない。ライカがゾルキーやフェドに、コンタックスがキエフに化け、さまざまな模倣が晴れやかに流通している。最大の魅力は、「いかにも写らないようでちゃんと写る。しかしそれでいて、ちょくちょく写らなかったりする」不具合のバランスにあり、目測や体感を頼りにせざるをえない

「ローテク」さが、写真の出来をさらに微妙なものにする。この不自由の魔に捕らわれた者は、もはや容易に逃れることができない。

ただし、本当に不自由かと言えば必ずしもそうではないところに、モノと人間の関係の不思議さがある。使い捨てが暴力のように横行する現在、手間と時間のかかる修理やメンテナンスが、ひとつの思想に、生き方にさえなりうるのだ。ソビエトカメラの特殊性は、逆に常識の歪（ゆが）みを矯正するための、貴重な鏡となるかもしれない。

ところで著者をソビエトカメラにのめり込ませる真の契機となったのは、シベリア抑留体験を持つひとりの老人、タカハシ上等兵との出会いである。彼の証言は、長谷川四郎や石原吉郎がつくりあげたシベリア抑留の文学的常識を、軽やかに、かつ、しんみりと覆す。

評・堀江敏幸（作家）

なかむら・りくお　69年生まれ。古物商、中古カメラ店主。

二〇〇一年一一月一八日⑦

『三里塚アンドソイル』

福田克彦 著
平原社・四八五〇円

〈観（み）る〉という宿命をひとり静かに引き受ける。小川プロを離れ、成田空港反対闘争の現場に舞い戻った著者・福田克彦が己に律した、記録者の倫理と覚悟である。

福田は54年の短すぎる生涯のうち27年を一介の支援者として三里塚で暮らした。暗土（アンド）ソイルとは火山灰土に覆われた不良土壌の意である。農地死守を掲げた空港反対闘争は、この暗土を舞台にした日本最後の百姓一揆（いっき）であった。

開拓村と古村（こそん）との対立。その狭間（はざま）に惑う反対同盟青年行動隊の農の思想の萌芽（ほうが）と凋落（ちょうらく）。運動者としての共感と記録者としての距離に揺れながら、未曽有（みぞう）の農民闘争の深層と日本農業の滅びの地点を鮮やかに描き出す。

師の映画監督、小川紳介を太陽に喩（たと）えると、福田はその光を浴びて輝く月である。だが小川的太陽では眩（まぶ）し過ぎる。福田の放つ月明かりによって初めて、三里塚農民のニヒルに沈む心の闇（やみ）に光があてられた。ここに半生を捧（ささ）げた未完の労作の、孤高の境地がある。

評・佐藤真（映画監督）

二〇〇一年一一月一八日⑧

『アンセル・アダムズ写真集成』

J・シャーカフスキー 解説　原信田実 訳
岩波書店・一六〇〇〇円

アンセル・アダムズ生誕百年を記念した写真集。峨々（がが）たる山なみや雪渓、奇岩やねじれたまま立つ枯木（かれき）などを撮ったモノクロ写真が次々に現れる。だから、カレンダーに使われるような風景写真だなと思う人は多いだろう。

無理もない。そうした風景写真の分野を切り拓（ひら）いたのがアダムズなのだから。それだけに、後の風景写真家が秘境を対象にした写真とは異なった、新鮮な眼の驚きがある。あくまで静謐（せいひつ）な画面だが、ときに荒々しく、ときに親し気だ。じつは彼の撮った風景は限られていて、生まれたサンフランシスコ近くのヨセミテ渓谷とハイ・シェラの山なみが大半である。

湧（わ）き立つ雲、根雪、瀑布（ばくふ）、水辺、隆起した岩、枯木、花を咲かせる野草。彼が見つめたのは太古から続く大自然の輪廻（りんね）である。代表作は一九三〇年代、四〇年代に集中する。多くの写真家が激動する世界を報道した時期に、悠久たる時間と対話した男がいた。不思議な感銘をうける。

評・松山巖（評論家）

二〇〇一年一一月一八日⑨

『天下無双の建築学入門』

藤森照信 著
ちくま新書・七二〇円

朝起きて、ゆっくりと目を覚ます。天井の板が壁が窓が目に入ってくる。ここで、どうして天井ってあるんだろう。と、誰（だれ）も考えないに違いない。

だが、ここに、いつから天井はあるのか。そのなぜを追いかけている人がいる。玄関の戸や床や窓についても、だ。藤森照信さん。

建築史家であり、このところは自分で家や美術館、学生寮まで建てている。その藤森さんの建築物をめぐる定義集である。といっても堅苦しさはない。相手は、なにしろ床であったり、畳であったり、家のそこここにあるものばかり。

で、天井である。古い昔、仏のため屋根裏の武骨な骨組みを美的に隠すために始まった。今は天井をはいでみるとわかる。屋根裏のないマンションでは一目瞭然（いちもくりょうぜん）。配線配管といった住まいの内臓や神経を隠しているのだ。隠すためにある。建築家でもあるだけに、とても具体的なのだ。窓はどうか。ヒントは窓の前に立っている姿を思い出して欲しい、という。さて。

評・中川六平（編集者）

二〇〇一年一一月一八日⑩

『この国で女であるということ』

島崎今日子 著
教育史料出版会・一七〇〇円

桃井かおり、林真理子、白石加代子、大竹しのぶ、内田春菊、山本容子……。どの人も一筋縄ではいかない、際だった個性の持ち主だ。才能に恵まれている。そのうえ努力を惜しまない。だからこそ成功を勝ち取ることができた。

けれども、この人たちが、なによりちがっているのは自分自身の欲望、内面の声を抑えつけなかったということではないだろうか。筆者は3カ月、ときには6カ月をかけて、ていねいに周辺への取材を重ねながら、描く対象に肉薄し、そんな共通点を浮かび上がらせている。

自分の夢や願いを抑え、ほかのだれかの期待に沿って生きるのは、人間にとって根源的な抑圧にほかならない。周りの人たちとぶつかって傷つき、人を傷つけながらも自分を貫き通している女性たちの存在は、「思う通りに生きていいんだよ」というメッセージでもある。この10年に「AERA」の「現代の肖像」で書いた21人を1冊に編んだ。生き惑う若い人に読んでほしい。

評・川名紀美（本社論説委員）

二〇〇一年一一月一八日⑪

『アイリーン』

篠原一 著
作品社・一三〇〇円

ラストシーンに登場する「やさしい沈黙」という言葉がとても印象的。小説の肌ざわりが伝わってくる。弱いこころは、やさしい沈黙につつまれて癒（いや）されたいのだ。やわらかい愛の手で「壊されて」、そして再生したい――そんな癒しの物語を紡ぐストーリーテリングの達者さは確かな才能を感じさせる。

アイリーンと名乗る占師の語り手は、依頼をうけ、まだ見ぬ「うわさのアイリーン」探しを始めるが、そうするうちに彼女を求めているのは誰（だれ）より自分自身なのだということに気づいてゆく……。

つまりセラピーは二重構造で、壊されたいのも私なら、癒す他者も実は自分の内にひそむもうひとりの私なのだ。この曖昧（あいまい）な二重性を、「二人のアイリーン」にふりわけて後者を探すミステリー仕立てにした仕掛けが秀逸。

しかもヒロインの名前が素晴らしい。アイリーンという哀切な語の響きがひたひたと魂の泉にふれてくる。

秋の夜に読みたい掌編。

評・山田登世子（仏文学者）

二〇〇一年一一月一八日⑫

『飯島晴子読本』

「俳句研究」編集部 編

富士見書房・一八〇〇円

「鯛焼（たいやき）の頭は君にわれは尾を」。飯島晴子のこの句をめぐって仲間と議論したことがある。頭の方がアンが多いから君をたてているという頭派。鯛焼は尾のカリッと焦げたところがよく、この句はその尾を独占しようとしているのだという尾っぽ派。この二派に別れて議論は尽きなかった。ちなみに私は尾っぽ派。

晴子は昨年六月、七十九歳で死去した。本書はその晴子の七冊の句集、主要な随筆、評論、そして俳人や歌人が晴子の人と作品を論じたエッセーなどを収めている。晴子の世界が見通せる便利な一冊だ。

晴子は、俳句とは何かを論じながら俳句を作った。句を作ることだけに熱心な人の多い俳句の世界だが、晴子は俳句とは何かを考え続けたのである。俳句が言葉で作られるという自明なことに注目し、とりわけ俳句の力や可能性を探ろうとした。

俳句の未来は晴子の探求のさきに開かれている。この本を読むことがそのさきを知る第一歩になるだろう。

評・坪内稔典（俳人）

二〇〇一年一一月二五日❶

『We are One!』

エム・エス・パーク 写真　清野僚一 文

流星社・一九〇〇円

「在日」の枠を超える情熱と力と

ボクシングをまったくわからない私が、ボクサー徳山昌守の名前を知ったのは、彼が在日朝鮮人三世であると明言し、WBC世界スーパーフライ級チャンピオンのベルトを獲得したことが大きく報道されたからだ。

南北首脳会談が実現し、朝鮮半島をめぐる情勢が大きく動き出した直後の昨年八月、韓国人チャンピオンと戦った徳山。朝鮮半島の統一旗を持ってリングに上がった彼のトランクスには「One Korea」と縫い取りがされていた。しかし本人が強く望んだ、本名（洪昌守〈ホンチャンス〉）でリングにあがることは叶（かな）わなかった。

その徳山の試合の様子をのちにテレビで観（み）た私は、「六十三万人の在日同胞の夢を背負うボクサー」という政治的意味にもまして、徳山個人にひとりのボクサーとしての屹立（きつりつ）した魅力を強く感じた。

私は彼を「きれいな人だ」と思った。それは強いボクサーにはあてはまらない表現かもしれないが、鍛え抜かれた身体から繰り出すジャブや絶妙なフェイント、しなやかな脚さばき、鮮烈な右ストレートは美しかった。そして試合後の清々（すがすが）しい笑顔、インタビューに誠実に答える彼の言葉にも魅（ひ）きよせられた。

徳山は、民族学校に学び、家族や友人たちの熱い支援を得て今日があると語る。彼の背景に「在日社会」があることは間違いないだろう。彼自身そのことを誇りに思い、その体験を軽やかな言葉にする世代だ。彼の登場は、直木賞を受賞した金城一紀の『GO』が「在日文学」という枠を取り払って広く読者を得たこととも重なるのだ。

この写真集は、ボクサー徳山の美しさをよく伝えている。トレーニングに励む姿、恋人とのショット、試合前の緊張した空気。そして勝利に喜ぶ家族や関係者たち。どれもいい写真だ。

また徳山本人、家族、支援した民族学校の先輩、トレーナーなどへのインタビューがこの本に厚みを加えている。周囲の人々が徳山に寄せる熱い思いが読者に届く。なかでも迫力あるのは、徳山の父である。熱血漢で息子思いの父親だが、日本で生まれ育った二世ゆえに、民族の言葉や文化に強くこだわってきた。この父の足跡があって、徳山は在日朝鮮人という出自をコアにし、だからこそ「枠」を超える力を持てたのかもしれない。

この写真集はひとりの青年の成長の物語である。と同時に大きく動きつつある朝鮮半島と「在日社会」の現在を描いてもいる。私も、徳山昌守が「洪昌守」の名でリングに立つ日を待ち望むひとりだ。

評・与那原恵（ノンフィクションライター）

M・S・Park　61年生まれ。写真家。

せいの・りょういち　56年生まれ。アートディレクター。

二〇〇一年一一月二五日❷

『素粒子』
ミシェル・ウエルベック 著　野崎歓 訳
筑摩書房・二六〇〇円

衝撃のラストに欧米中が騒然!

拝啓、堀江敏幸様

『素粒子』をたった今、読了しました。フランス文学の知識がル・クレジオあたりでばったり止まっている僕に、なぜ君があんなにも熱心にこれを勧めてくれたのか、実は最後の10ページを読み終えるまでは半信半疑でした。

「自由人」の両親に捨てられた異父兄弟の異形の人生、セックス中毒者と化した兄の卑猥(ひわい)な俗語と分子生物学の最先端にひきこもる弟の難解な術語のデスマッチ、60～80年代の知識人やサブカル文化人(カスタネダからドゥルーズまで)が実名で揶揄(やゆ)される挑発的スキャンダリズム……。「ようするにポスト五月革命世代の私怨(しえん)から発した偽悪的なトラウマ小説か」と早々に決めつけたい誘惑にも駆られました。文化グローバリズムの恩恵によって、作者・主人公とほぼ同世代の僕がそれに近い屈折した世代意識(そして愚行体験)を共有しているのは事実ですから。それだけでも確かにまあ、一読の価値はあったかもしれない。

でも、後半部を読み進むにつれ、これがそんなスケールの物語ではないことが明らかになります。もっとも、その期に及んでも「ようするに女神エウロパが産み落とした異父兄弟〈自由(ヨクボウ)と博愛(コドク)〉を究極の平等主義(＝死)で超克するポストモダンな暗喩(あんゆ)小説か」と、これまた安易に結論を急いだことは白状しておきます。

そんな訳知り解釈を嘲笑(あざわら)うようにラストの一文が目に飛び込んだ瞬間、僕は失禁寸前でした。なにしろハクスレーもアインシュタインもヒトラーも真っ青な統一理論によって、仏教的解脱という反則も使わずに、「西欧人問題の最終的解決」があっさり達成されてしまうのだから。すべてはこの落とし穴へ「人間」を導く天才的な策略だったのですね。欧米中が大騒ぎしたのも無理はない。騒ぎが「欧米人の異母兄弟の国」にも波及してくれるといいのですが……。

誤読があったらご教示ください。でも、今は感謝の気持ちでいっぱいです。ありがとう。

敬具

(原題、*Les particules elementaires*)

評・山崎浩一(コラムニスト)

Michel Houellebecq　58年生まれ。作家。著書に『闘争領域の拡大』(未邦訳)など。

二〇〇一年一一月二五日❸

『中国飲食文化』
王仁湘 著　鈴木博 訳
青土社・六八〇〇円

悠久にして奥深い「唯食史観」

700ページを超す本の分厚さも半端でないが、中身も驚嘆に値する。数千年に及ぶ調理法の歴史的変遷から酒宴の形式、食事作法、道具と器まで、飲食にまつわる中国文化のすべてを、膨大な文献をもとに集大成した。圧倒されるのは、唯物史観ならぬ「唯食史観」とも言える食への思い入れの深さだ。

著者によれば、人類の創造や発明の大半は飲食生活に関するもので、飲食文化の高度化とともに人類の社会も発展していくのだという。そして中国では社会を発展させるために食文化を豊かにする努力がいかにして続けられてきたかが、こと細かに解き明かされる。

たとえば中国料理の火加減の腕は一代や数代の努力でなるものではなく、「幾千万年にもわたる経験の蓄積、悠久なる火食の伝統に依拠する」という。

美食の歴史の部分もすごい。「知味の境地」に達した春秋時代の美食家は飯を何の薪で炊いたかを見分け、東晋の国には油で揚げた鵞鳥(がちょう)を食べて羽の色を言い当てる達人がいたという。色で目を喜ばし、料理の名前の美しい音で想像力をかきたてる伝統の奥深さも強調される。

そして極め付きは宮廷料理。周の皇帝の食膳（しょくぜん）には１２０品の美味が並んだという。庶民も美食と宴会を好んだ。宋の都には千人規模の酒楼や飯店が林立し、唐代の長安人は「探春の宴」「惜香の宴」と理由を見つけては宴を張った。読み進むにつれ、まずいジャンクフードに囲まれながら富の独り占めを非難されている現代のアメリカ人が気の毒になる。

著者は中国各地の先史文化の遺跡調査にかかわってきた考古学者。それだけに古代の食文化についての記述も豊富だ。箸（はし）の登場以前の中国には、4千年前に既にフォークに似た食器があったという。異なる文化の優劣を単純に比較することは避けなければならないが、17世紀になっても手づかみで食事をしていたヨーロッパ人に比べた食文化の圧倒的な先進性は否定できない。ともかく読後感は一言。中国料理店へ急げ。

（原題、飲食与中国文化）

評・清水克雄（本社編集委員）

ワン・レンシアン　50年生まれ。中国社会科学院考古研究所研究員（教授に相当）。

二〇〇一年一一月二五日④

『会見記』

内田也哉子 著

リトル・モア・一四〇〇円

まっすぐ相手に会いにいく

也哉子のことは、他人事（ひとごと）ではない。生まれてすぐのころから知っているからでもあるが、その後、年に一度くらいしか逢（あ）わなくても、あんな不思議な子が、こうしているいまも、おなじ東京のどこかで息をしていると思うと、妙にときめくような気持ちになるのである。

私はこの子の親たちが結婚した際の、新婦側の立会人である。新郎の方は沢田研二で、総合立会人がかまやつひろしだった。もう三十年ほど昔の話だが、築地本願寺での仏前結婚式に集まったカメラマンの数は凄（すご）かった。向かって右から沢田研二、内田裕也、かまやつ、樹木希林、それに私の順で、横一列に並んだ。フラッシュの洪水で、私は緊張した。翌（あく）る朝の新聞に載った写真は、どれも私をフレームから外した四人の笑顔で、私はタキシードの肩しか写っていなかった。

也哉子と本木雅弘の結婚式は、明治神宮だった。私は勝手に親族みたいな気持ちで列席した。引き出物はいやに重たい明治神宮の金色の文鎮と、赤い蛇の目傘だった。あそこの家は、仏教なのか神道なのか、いまもよくわからない。

そんな也哉子が、十四人の有名無名の人たちと〈会見〉して書いたのが、この『会見記』である。対談ではなく、会見なのだ。この子はたった一人で、コンニチハと、まっすぐ相手に会いにいく。それがまず気持ちいい。初対面の人もあれば、再対面の人もいる。会見の相手は絵本作家の荒井良二さんとか、やっていることが本気なのか冗談なのかわからない秋山道男さんとか――私の目からすればちょっと変な人が多い。也哉子はそんな人たちのところへ、胸を弾ませ、目を輝かせて、小走りに会見にいく。――この子は、人に会うのが大好きなのだ。だからこの会見記は、すばらしくブリリアントなのだ。

圧巻は、ラストの内田裕也氏との、束（つか）の間の父娘の〈会見〉である。二人の間の張りつめた空気には、肉親なのに殺気が漲（みなぎ）り、そのくせ陽炎（かげろう）のように頼りなく、暖かく――私は泣いた。

評・久世光彦（作家）

うちだ・ややこ　76年生まれ。文筆主婦。著書に『ペーパームービー』。

二〇〇一年一一月二五日⑤

『メイド・イン・チャイナ』

黒田篤郎 著
東洋経済新報社・一七〇〇円

予想上回る中国ブランドの実力

世界貿易機関（WTO）閣僚会議は今月十日全会一致で中国のWTO加盟を承認した。社会主義の閉鎖経済であった中国が、市場経済化を進め、ついに世界経済の仲間入りをしたのである。農業や自動車など、輸入規制や高関税で守られてきた業種は、一時的には窮地に立たされるであろう。しかし、一九五〇年代のGATT加盟が日本産業の国際競争力を高めたように、WTO加盟は中長期的に中国に大きな恩恵をもたらす可能性が高い。

本書は中国各地の工場を三年にわたって訪問調査したリポートである。そこで著者が見たものは、安い労働力にものをいわせて物まね製品をつくるという「世界の工場」以上のものであった。

驚かされた例を二、三紹介しておこう。ある国有企業は、愛読書はジャック・ウェルチの経営論と答える三十代の経営スタッフによって運営されている。通信機器製造の民営企業では従業員の六割が修士以上の学位をもつ。こうした優秀な人材に支えられて、中国市場におけるシェアでは、カラーテレビはもちろんパソコンやDVDでも上位三社はいまや中国ブランドである。また、共働きが普通という中国人の生活様式に合わせて、買いだめした食品を小分けして保存できるように、冷凍庫に三、四個の小引き出しをつける、きめの細かさも備えている。

近年の中国は、日本―NIES―ASEAN―中国という順に経済が発展していくとする雁行（がんこう）型モデルの予想を超え、前を飛ぶ国を追い越す勢いがある。現に、ASEAN諸国で「中国産業脅威論」が高まっている。もちろん、今後の中国経済にも死角はある。経済の発展には政治の安定が不可欠であり、対外的には中台関係、米中関係、対内的には一党支配体制が大きなリスクである。

著者も指摘するように、日本は、中国経済が「うまくいってしまう」ことを前提に戦略を練り、準備する必要がある。相手の失敗を前提に戦略を組むのは危険な賭（かけ）だからだ。読み応（ごた）えのあるリポートである。

評・真渕勝（京都大学教授）

くろだ・あつお　60年生まれ。経済産業省資金協力課長。JETRO香港駐在など歴任。

二〇〇一年一一月二五日⑥

『わたしはモンゴル人』

ボヤンヒシグ 著
講談社・一六〇〇円

日本語の壁取り払う解放感

ひとりの外国人が日本語で書いた文章をよむ。それがいい文章だと、内むきの日本語の壁がパッと取り払われたような解放感がただよう。うれしいことに、近年、そうした日本語の文章に出会う機会がふえてきた。いまは北京にすんでいるモンゴルの詩人、ボヤンヒシグの文章もそのひとつ。

かれはここで、モンゴルの歌を日本の喉（のど）でうたうソプラノ歌手、中里豊子の「モンゴルや日本におけるいくつかの人生の瞬間」を簡潔にスケッチしてみせる。詩的にといってもいい。たとえば彼女が内モンゴルの劇場で、モンゴル人ならだれもが知っている「わたしはモンゴル人」という歌を、はじめてモンゴル語でうたいおえた瞬間――。

「拍手はなかなか来なかった。草原に一人で歌っていると想うと、それが自然であった。／ところが、皆静かに泣いていたのだ。涙は深い水の強い波だ」

中里にとって「歌は自由へとつながる明るいトンネルだった」とボヤンヒシグはいう。トンネルを抜けると草原がひろがり、そこに「三人に一人は歌手」といわれる歌好きのモンゴル人たちがいた。はてしなく広がる草原では、人びとは「声で自分の存在を確認し、声でお互いに生を確認しあう」しかない。だから、かれらは中里の歌をきいて泣いた。われわれは、これまで一面識もなかったひとりの日本人女性と、たしかになにかを分かち合うことができたぞ。あれはそういう確認の涙だったのだろう。

「僕はモンゴル人として生まれたことは悪くないと思うが、しかし別に過剰な誇りなどはまったく持っていない。そうする理由もないのだ。僕はいつも個人単位で生きている。(略)個人は世界の中では小さいが、個人の世界はそれほど小さくない」

ボヤンヒシグが日本語で書いた小さな本を読んで、中里豊子のモンゴル語の歌に涙したモンゴルの人びとに共感する。わるくない体験である。

評・津野海太郎(編集者・和光大学教授)

宝音賀希格 62年生まれ。詩人。1995~2001年、日本在住。著書に『懐情の原形』。

二〇〇一年一一月二五日⑦

『冒瀆の歴史 言葉のタブーに見る近代ヨーロッパ』

A・カバントゥ 著 平野隆文 訳

白水社・四三〇〇円

西欧にはあの『ハリー・ポッター』シリーズを、悪魔崇拝を助長する危険があるから禁書にしてほしいと要求する人がいるらしい。多くの日本人は、いったいどうしてと訝(いぶか)しく思うだろう。しかしこの本を読むと、それも十分ありうることだと納得させられてしまう。

神を貶(おとし)める言葉をめぐって、その罪を告発し弾圧する教会や司法当局と、その禁忌をあえて犯し権力への抵抗を試みる人々。両者の緊張関係を豊富な資料によって克明に分析し、瀆神(とくしん)の言説がそれぞれの時代の現実を反映しながら、途絶えることなく存在している姿を浮き彫りにする。

フランス革命以降「政治的なるものの聖化」が起こり、聖性を帯びた国家や市民、自由といった概念が新たな「冒瀆(ぼうとく)」の対象になった、という指摘も興味深い。瀆神の言葉をめぐる厖大(ぼうだい)な言説の集積を前に、罵(ののし)り言葉が比較的少ないといわれる日本の文化との対照を、改めて思い知らされる一冊である。

評・吉澤夏子(社会学者)

二〇〇一年一一月二五日⑧

『ソウルの風景』

四方田犬彦 著

岩波新書・七〇〇円

二十一年前、軍事独裁政権下のソウルに長期滞在した著者は、二十世紀最後の年に、再びこの街に身をおく。時が経(た)ち、韓国が、日本が、さらに自らが変わっているなかで、著者はさまざまな符牒(ふちょう)に目を向ける。街のありよう、伝統的な風習の変容、サブカルチャー。あるいは、北側のイメージ、光州事件や従軍慰安婦の記憶、金大中大統領のノーベル賞受賞をめぐる人々の見解といったように。

だが、ここにあるのは、隣国で生じていることどもに向けた好奇の眼差(まなざ)しではない。アクチュアルなものをとっかかりとしてはいても、視線はその成り立ちに向かっていき、さらに人々の考え方や記憶がどう変容してくるのかがたどられる。ここで分析されているのは現在の韓国ではあるのだが、同時にすぐれて私達(わたしたち)が住む日本を照らし出す批評であることにも気づかされるだろう。そして、さらに遠望されるのは、韓国と日本のハイブリッドな文化であり、その可能性なのである。

評・小沼純一(文芸評論家)

二〇〇一年一一月二五日⑨

『大江戸歌舞伎はこんなもの』

橋本治 著
筑摩書房・一八〇〇円

舞台でどんなドラマが進んでいようと、「まず今日（こんにち）はこれぎり」と、適当なところでうち切ってしまえるのが江戸歌舞伎である。

だから好きだという橋本治氏の熱中は、滅亡した恐竜を復元して体格や生態をいつくしむ愛好家に似ている。退化した現存種よりもはるかに生き生きとよみがえるのだ。

まず専門用語（テクニカルターム）の面白さ。二重舞台の高さが人物の身分の高下のみならず、現在から見ての過去の遠近をあらわすという定式（じょうしき）。よくいわれる「時代」と「世話」は、時代劇と現代劇というより、その世界に自分がいるかいないかというジコチュー史観から生まれたのだそうである。

同時代のことを上演するのを禁じられていたから、忠臣蔵は『太平記』の世界になり、『四谷怪談』は忠臣蔵の世界になる。新しさが「輝けるマンネリズムの拡大再生産」のうちに生まれるという不思議さは、現代でも真実かもしれない。何よりも理論や理屈をいっさい語らないのがよい。

評・野口武彦（文芸評論家）

二〇〇一年一一月二五日⑩

『老世紀界隈で』

伊藤信吉 著
集英社・二七〇〇円

九十五歳となる今も倦（う）むことなく多彩な活動をつづける伊藤信吉の最新詩集である。風呂（ふろ）上がりのような血色のよい詩編の数々。たとえば盗聴法や盗聴器についても触れる「耳ヴォキャブラリー」という詩。「ぜひ、盗聴してよ、次ぎのグチ。」と進んで最後の二行はこうだ。

「〈老人介護保険料の老齢年金からの天引き、凄腕だ。／〈老人介護保険料の老人からの徴収、酷（ひど）いじゃない。」

市から交付される敬老特別乗車証をテーマに描く「次世紀の座席」。基地の飛行爆音を取り上げる「補聴器の要らない町」。小野十三郎との交遊を回想する「同時代訛り」。著者はどんな場所にもある詩の端緒を見逃さない。それを見つけて言葉や人のあいだを闊達（かったつ）に歩きまわる。

句点の多用によって生まれる緩やかなリズム。だがそこに時代や社会への思いや意見がばっちりと盛り込まれている。茶目（ちゃめ）っ気があるのもたのしい。天衣無縫の底力に満ちた、どこまでも元気な詩集だ。

評・蜂飼耳（詩人）

二〇〇一年一一月二五日⑫

『照葉樹林文化論の現代的展開』

金子務、山口裕文 編著
北大図書刊行会・八五〇〇円

鎮守の森は、冬にも落葉しないカシやタブなどの照葉樹林であり、生態学的にいえば関東以西の極相林。つまり、コナラやクヌギの雑木林を自然の遷移にまかせておけば、数百年ほどで照葉樹林となる。「もののけ」が住む昼なお暗い世界である。

故中尾佐助氏は一九五〇年代末、ヒマラヤ山麓（さんろく）での栽培植物の調査中に、日本とよく似たカシやタブの林に気づいた。この照葉樹林が中国雲南省などをへて、日本列島まで続いている。しかも酒や茶、漆、門松の習慣など文化面にも共通点が多い。

本書は、この発見にはじまる中尾氏の生態学的な文化論を、専門を異にする二十六人の研究者たちが検証した論文集。編者の金子氏は、「鎮守の森」は「森」ではなく「山」の名残だとする中尾氏の仮説を、対馬での山岳信仰の調査結果から論じる。

人間が自然から疎外されてしまった感のある今日、文化の生態学的な検討は、きわめて重要な視点だ。

評・新妻昭夫（恵泉女学園大学教授）

二〇〇一年一二月二日❷

『橋はなぜ落ちたのか』

ヘンリー・ペトロスキー 著
中島秀人、綾野博之 訳
朝日選書・一三〇〇円

失敗の歴史に学ぶことの大切さ

あの同時多発テロでニューヨークの高層ビル群は脆（もろ）くも崩壊した。旅客機が飛び込むとはまったく予期せぬ事態だったとはいえ、救助に向かった消防士や警察官の多数の死は、ビルは絶対に堅牢（けんろう）だという思いこみが起こした悲劇だ。

静岡県の浜岡原発の監視装置は、すでに七月から異常を報（しら）せていた。だが中部電力は技術者の判断でそれを見逃してきた。狂牛病に対する対応の遅さも、おそらく同じ根から生じている。

失敗や過ちは常に起きる。むしろ本当の失敗はその過ちを認めず、ときに隠蔽（いんぺい）したり、忘れてしまうことにある。

本書は一九四〇年に崩落したアメリカのタコマ海峡橋などの事例を検証しながら、なぜ橋が落ち、なぜそのような橋梁（きょうりょう）設計がなされたのかを解き明かす。工学の本だからとっつき難いと思われるかもしれないが、じつに平明であり、著者の視点は工学の領域を超えて今日的な問題に大きく係（かか）わっている。

著者の辿（たど）る失敗の歴史は、紀元前一世紀にウィトルウィウスの書いた『建築書』や、ガリレオの『新科学対話』まで遡（さかのぼ）る。基本的な問題は現代と変わらないからだ。過ちは理論やモデルをそのまま現実に適応できるとしたために生じる。失敗は時代的な風潮に流され、成功例ばかり積み上げ、根本的な疑問点に立ち戻らなかったために起きる。

だから著者は一方で、近代のすぐれた橋梁技術者は成功よりも失敗から多くを学んできたことも列記する。

過去一世紀半に起きた橋の崩落事故を調べると、ほぼ三十年毎（ごと）だという説の紹介にはドキッとする。なぜなら次に橋が落ちるのは二〇〇〇年前後になるからだ。著者はこの論を鵜呑（うの）みにしていない。しかし三十年経（た）てば、人は先の失敗を忘れるという説は説得力をもつ。

最後に著者は、いま工学系の教育が技術史を軽視しがちな傾向に強く警鐘を打つ。進歩だけに眼がくらみ、歴史をなおざりにする愚は、工学や技術の世界に限ったことではない。

（原題、Design Paradigms : Case Histories of Error and Judgment in Engineering）

評・松山巖（評論家）

Henry Petroski 42年生まれ。米の大学教授。著書に『鉛筆と人間』。

二〇〇一年一二月二日❸

『ボトムズ』

ジョー・R・ランズデール 著 大槻寿美枝 訳
早川書房・一八〇〇円

「怪物」うごめく森、鮮やかに

森の描写が素晴らしい。十一歳のハリーと妹のトマシーナが、愛犬トビーを連れて暗い森のなかを歩いていくシーンが冒頭にある。その森にはイノシシやリス、ウサギ、アライグマなどの動物と、さまざまな種類の鳥、たくさんのヘビがいる。テキサス東部の森林地帯だ。森にはダニが多い。川辺にはブヨがたくさんいて、血に飢えたツツガムシも山ほどいる。森のなかを歩いていくと、それらの虫が体中に張りついてくるから大変だ。

そのとき幼い兄妹が森を歩いているのは大怪我（けが）をした愛犬を銃で殺すためである。父親に命じられて歩き出したものの、なかなか決心がつかず、森の奥にどんどん入り込んでゆく。その暗い森のざわざわした様子が鮮やかに描かれる。

道を見失い、さまよう森のなかで彼らは姿なき化け物に追い回される。森に潜む伝説の怪物だと彼らは思う。たどりついた川岸で、幼い兄妹が死体を発見するのがこの長篇（ちょうへん）の始まりである。

これは家族小説だ。雨漏りがする家のなかには煙の出る薪（まき）ストーブがあり、家の外にはよくヘビの出る屋外便所がある。明かりには石油ランプを使い、水は井戸から汲（く）み上げ、貯蔵食料を増やすためにたびたび猟や釣りをする。そうした一家だ。一九三〇年代初頭、大恐慌下の田舎町のことであるから、彼らだけが貧しいわけではない。それが普通の生活だ。父親は理髪店を経営するかたわら町の治安官をつとめ、母は町いちばんの美人。そういう家族の様子がハリーの目から描かれる。泣く父親をハリーが目撃するシーンが特に印象深い。

アメリカ探偵作家クラブの最優秀長篇賞を受賞した作品であるから、物語は殺人犯を追って進んでいく。人種差別が色濃く残る町にはさまざまな人間がいて、その群像も巧みな挿話とともに鮮やかに描かれるが、この全体が八十歳を過ぎたハリーの回想であることを考えれば、これが失われた家族の物語であることも見えてくる。その哀（かな）しみが立ちのぼってくる。胸に残る小説だ。

（原題、The Bottoms）

評・北上次郎（文芸評論家）

Joe R. Lansdale 51年米テキサス州生まれ。作家。

二〇〇一年一二月二日④

『水の音楽　オンディーヌとメリザンド』

青柳いづみこ著

みすず書房・二八〇〇円

音と言葉でつむぐミステリー

フランス留学中、著者がクラスレッスンで弾いたラヴェルの「オンディーヌ」を評して、指導教官が「もっと濃艶（のうえん）に歌って」と注文をつけた。ところが彼女は、直感的に「オンディーヌはメリザンドだ」と反発する。ドビュッシーの「ペレアスとメリザンド」に登場するあのメリザンドを思わせるような、「高踏的」な弾き方でラヴェルのオンディーヌを捉（とら）えてみたいのだ、と。たしかに男を誘うオンディーヌと誘わないメリザンドは、正反対の女性である。なぜ無意識にふたりを結びつけてしまったのか。

冒頭で提示されたこの謎（なぞ）は、ピアニストとして鍛えられた指と繊細な耳、そして文学的な素養が三つどもえになった身体感覚に支えられたもので、どれかひとつでも欠けていたら、けっして問われることがなかっただろう。謎を解く鍵（かぎ）を、青柳氏は水辺の女に求める。神話、民間伝承、文学、音楽の諸領域に登場する水の精の姿を、そして道筋はどうあれ最後には男たちを破滅に導く「宿命の女」や「つれなき美女」のイメージをひとつひとつ押さえ、それらの類型のなかからオンディーヌとメリザンドの相違と共通項を摘出していく手際はじつに鮮やかだ。

その言葉がもっとも精彩を放つのは、「水の音楽」と題された最終章である。ピアニストが受けた指導の型と、持って生まれた手の質によって、テキストの読解やレパートリーも変わると指摘したのち、著者はドビュッシーとラヴェルの音の差異をこう表現する。

「もし、彼らの水を飲めといわれたら、ラヴェルの水は飲めるけれども、ドビュッシーの水は、あおみどろが浮かんでいたりして、あまり飲みたくない」

なんという感性の水質検査！　二種類の水が、妖（あや）しげで、はかなげで、しかも危険な香りの漂うふたりの女たちの身体を浸しているのだ。すぐれた論考はみなそうした構造を備えているけれど、本書は読者の感興を、それこそ水も漏らさぬ筆で運んでいく、上質なミステリーだと言えるだろう。

評・堀江敏幸（作家）

あおやぎ・いづみこ 50年生まれ。ピアニスト。著書に『翼のはえた指』『青柳瑞穂の生涯』。

二〇〇一年一二月二日❺

『人道的介入　正義の武力行使はあるか』

最上敏樹 著

岩波新書・七〇〇円

現代の先鋭な論点を徹底思索

身近な人が暴力にさらされた時、あなたは黙って見過ごせるだろうか。では罪のない人々が虐殺されそうな時、他国が武力で介入することを、あなたは指弾できるだろうか。むしろそれは義務であり、傍観こそ非難されるべきではないか。

他方、武力行使で受苦の人々が巻き添えになる時、その死はやむを得ない、と肩をすくめるだけですむのだろうか。

本書は、こうした現代の先鋭な論点を徹底して突き詰めた思索の結晶である。

かつては他国を侵略せず、武力で干渉しないことが、平和の必要にして十分な条件だった。だが冷戦後、多くの市民が殺される内戦や民族紛争は、私たちに新たな問いを突きつける。人の命を守るという「絶対倫理」と、武力を行使しないという「絶対平和主義」がしばしば対立し、鋭い緊張関係に置かれるためだ。

では、人道目的の武力行使は無条件で許されるのだろうか。著者は過剰な介入が混乱を招いたソマリアや、介入をしなかったために虐殺を招いたルワンダの例を検証し、その効果と限界を探る。

「人道的介入」は、武力行使の口実に使われ、大国に乱用される場合が多い。数世紀をかけて築いた「戦争違法化」の歴史を捨て、新たな正戦論に道をひらく恐れもある。「人道的介入」の典型といわれる99年のユーゴ空爆を詳細に検証した著者は、それが方法として不適切で、合法ともいえないことを明らかにする。

だが現に死が差し迫る人々にとって、武力行使への批判は救いにはならない。「人道的介入」には、救援ＮＧＯによる「市民の介入」もある。抜き差しならない武力解決の前に、「上流で介入せよ」と著者はいう。その際、救援を守る武力行使を許すかどうかは、平和主義者にとっても避けられない切実な課題だ。

受け身の平和主義を鍛え直し、反転して攻めの姿勢で現実に向き合う。本書はそうした新平和主義の宣言である。

かつて新書には平明だがずしりと中身の詰まる量感があった。久々にその重みを感じる一冊だった。

評・外岡秀俊（本社編集委員）

もがみ・としき　50年生まれ。国際基督教大教授、平和研究所所長。『国際機構論』など。

二〇〇一年一二月二日❻

『キャピタル・フライト　円が日本を見棄てる』

木村剛 著

実業之日本社・一六〇〇円

経済の行方を正しく不安視せよ

約三年前に、米国系の信用格付け機関が日本国債の格下げを初めて発表したときには、激しい反発が国内にみられた。ところが、この間さらなる国債の格下げが続いているにもかかわらず、現下の反応は鈍い。国債がいくら発行されようと、日本の国民はせっせと貯蓄し、銀行はその金で国債を買うので大丈夫だと、皆で安心しきっているかのようだ。

しかし、本当に日本では、アルゼンチンやトルコで起きたような「キャピタル・フライト」（資本逃避）といった事態は起きえないのだろうか。日本の国民や銀行だからといって、日本国債の購入を義務づけられているわけではない。それゆえ、その資金で日本国債の代わりに、ドル建て資産を購入しても構わない。それが大々的に起これば、資本逃避だ。

本書は、この資本逃避が起きる危機の瀬戸際に日本経済があるとの見方に立っている。そして、日本が危機を危機として直視しない国になっているから、このリスクに気づいていないだけだという。もし円の価値がつるべ落としに下がると思えば、普通の庶民であっても、その前に円を売って外貨を買おうとするだろう。そうした円の信認が崩れる日が近づいている可能性がある。

十年たっても、一向に不良債権問題が解決されないという事実を直視しよう。新規国債発行の「三十兆円枠」を順守したからといって、焼け石に水に近いほど、わが国の財政赤字が既に危機的水準を超えたものとなっている事実を直視しよう。こうした中で、公然と調整インフレ論が唱えられている。インフレにするというのは、円の価値を下落させ、資本逃避のきっかけを与えるということだ。

こうした本書の指摘に対して、それでも日本人は、これからもずっと銀行や郵便局にお金を預け続けるはずだと言い切れるのだろうか。たかをくくり続けて、当てがはずれたときの悲惨さを本書は鋭く警告している。円の将来価値について少しは不安になる方が、むしろ正常なのではないか。

評・池尾和人（慶応大学教授）

きむら・たけし　62年生まれ。金融コンサルティング会社社長。

二〇〇一年一二月二日⑦

『パチプロ日記X』

田山幸憲 著

白夜書房・二四〇〇円

五百五十ページを超える大著だが、その間、主人公はほとんど何もしない。朝九時二十五分に家を出て、喫茶店に寄り、昨日と同じパチンコ台に座り、ハンドルを少しだけ右に回す。その繰り返しなのだが引き込まれる。いつしか読み耽（ふけ）ってしまうのは、筆者の「自分内会議」が桁外（けたはず）れに豊かでバカ正直だからだろう。

自分で決めた「筋」を自分に対し厳命する。限界を超えて打ってしまう自分を罵倒（ばとう）し、慰める。ダンディズムは守る。

ひたすら不労所得を求め、「労働価値の世界」の外側で生きることの激烈さは、後半に色濃い。舌ガンのため、食べ物はおろか飲み物ものどを通らない。体重が四〇キロになっても、田山さんはパチンコを打つ。台の上皿に頭を預け、意識を失うまで。

愚行を繰り返し、人に優しく、パチンコをテーマに私小説を書いた男。享年五十四歳。〈金はほとほと無くなってしまったけれど、まあいいさ。ここは一丁、クソ粘りをしてやろうじゃないか〉

評・中田潤（ライター）

二〇〇一年一二月二日⑧

『快楽戦争　ブルジョワジーの経験』

ピーター・ゲイ 著　富山太佳夫 訳者代表

青土社・四六〇〇円

五百ページを超す本書は、それでも著者の十九世紀西欧ブルジョア像を覆す企て、五巻中の最後の一巻に過ぎない。しかし著者が主張したいことはただ一つ。ブルジョアとは、しばしば偽善や見栄（みえ）という言葉で単色に戯画化されるが、実際はさまざまな動きを持つ、複相的な存在であること。

この巻ではその多様性を芸術に快楽を求める経験の中に探る。著者が見出（みいだ）したのは、見せびらかしに自分の生活を飾ろうとする俗物だけでなく、ボストン交響楽団を育てたヒギンソンのように芸術を享受する公共的なシステムを創設したり、若いピカソを強力に援助したスタインのように新しい芸術運動を推進したりする者たちのいる、ブルジョアの多彩な景観であった。

快楽の追求は今に続く。こうした新聞書評も、十九世紀に批評家が中産階級を「良い趣味」に導いた役割の今日の形態。多分、それが本を読まずに読んだふりをする見栄の道具になりうることも含めて。

評・船曳建夫（文化人類学者）

二〇〇一年一二月二日⑨

『坊ちゃん忍者幕末見聞録』

奥泉光 著
中央公論新社・一八〇〇円

忍者の卵が陰謀渦巻く幕末の京都で迷走する――？？

幼い頃（ころ）より漱石ファンだった作者が『坊っちゃん』の面白さを再現した佳編。〝あらゆる点で漱石の名作とは異なるが〟（あとがき）、夏目文学へのオマージュを推理小説＆SF仕立てにした傑作『「吾輩は猫である」殺人事件』同様、ユーモアと風刺が利いていて読者は笑い通し、正に語り口とキャラクターの勝利。

ここには人物たちの生きるリズムが確かに刻まれ、その〈生〉の鼓動が現代の読者の心も震わせる。だから終盤、物語のボルテージがあがるにつれ、時間・空間を自由に移動し、幕末の京都に突如現代の風景をまぎれさせたりしても違和感がない。むしろ愉快な気分が倍加するほど。

『グランド・ミステリー』『鳥類学者のファンタジア』など、近年ジャンル・ミックスの見事なエンターテインメントを発表している鬼才の新たな収穫だろう。続編が待ち遠しくなるスラップスティックな歴史ファンタジーだ。

評・池上冬樹（文芸評論家）

二〇〇一年一二月二日⑩

『韓国と太陽政策』

具永禄 著　呉正萬 訳
八千代出版・二八〇〇円

昨年六月十三～十五日、朝鮮民族の歴史的な南北首脳会談が実現された。その一方の金大中大統領が推進してきた太陽政策。旅人のマントを脱がすのに、太陽が北風に勝ったというイソップ物語にちなんだもので、北朝鮮の武力攻撃には万全の備えをする一方で、南北間の交流・協力の拡大を通じて、北朝鮮との融和を図ろうとするものである。

この政策が宣布された後、識者によって様々に論議されてきたが、多くは金大統領の構想と政策に限定し、太陽政策と南北関係を叙述するだけに留（とど）まってきた。

しかし、太陽政策は金大統領がにわかに作り出した政策ではない。本書は、ドイツ統合などヨーロッパの動きと、朝鮮半島の独自性を踏まえつつ、太陽政策のもつ国際政治における意義、あるいは今後の南北間における経済交流や協力政策の具体的プロセスを、現実的な視点から分析している。日本人にとって隣国の「太陽政策」とは何かを考えさせられる。

評・山内健治（明治大学助教授）

二〇〇一年一二月二日⑪

『高木仁三郎著作集4　プルートーンの火』

高木仁三郎 著
七つ森書館・六五〇〇円

市民科学者として原子力利用批判に取り組む生涯を貫いた核化学者の高木仁三郎（１９３８～２０００）の残した著作・論文・講演・証言等を集大成した著作集（全12巻）が、七つ森書館から刊行される。その最初を飾る本巻には、81年に刊行され、原子力発電へのプルトニウム利用批判のバイブル的名著となった『プルトニウムの恐怖』をはじめ、プルトニウム問題に関連する文章や発言が幅広く収録されている。また未公刊資料として「死を見つめながら――わが闘病記」が収められている。これ以後の各巻にも青年時代のラヴレターなど、プライヴェートな未公刊資料が収められるという。

本巻の内容は全体として、一定の学習を積めば普通の市民でも理解し活用できるよう工夫された模範的・標準的な批判論の集積である。原子力論争の一方の旗手をつとめる者として「プルトニウム物語の最後の章を書く」ことへの、著者の切実なほどの責任感・使命感が伝わってくる。

評・吉岡斉（九州大学教授）

二〇〇一年一二月二日⑫

『E／T』

岡井隆 著

書肆山田・二〇〇〇円

現代短歌の巨匠の一人、岡井隆が書き下ろし百首で描く若い妻の肖像。何故そのような私的なものを見せられなければならないのかと一瞬は思う。だが、開くとそこには、短歌のいわゆる私性の闇(やみ)よりさらに濃い匂(にお)やかな闇が立ちこめていて、作者が待つ奥へ奥へと読者を導いてゆく。

この闇は老年の闇、あるいは死の闇であろうか。常に生の側から短歌形式に向かっていたと見える歌人が、ついに死の闇を身にまとうようになったのであろうか、と感慨深い。それもまた、稀代(きだい)のテクニシャン岡井隆の演技であるのかも知れないが。

食卓のむかうは若き妻の川ふしぎな魚の釣り上げらるる

白き人はかなしみのうへに坐りをり「覗き込んでは嫌」しづかなり

一輪のくれなゐにしかすぎないと薔薇にささやいてはつと退(しりぞ)く

「はつと退く」所作の甘美なかなしみにはやはり打たれずにはいられない。

評・水原紫苑(歌人)

二〇〇一年一二月九日①

『歴史人口学で見た日本』

速水融 著

文春新書・六八〇円

何げないデータから鮮明な時代像

『歴史人口学で見た日本』は、日本における歴史人口学のパイオニアである著者が、自らの研究の歩みを語りつつ、歴史人口学のエッセンスを紹介した、読み応(ごた)えのある啓蒙(けいもう)書である。

著者は一九六三年、ヨーロッパでルイ・アンリの歴史人口学に出会う。それは、教会における洗礼、結婚、埋葬の記録(教区簿冊)を整理・収集して、当時の人々の平均的な結婚年齢、子供の数、寿命などを割り出すものだった。

この方法で、江戸時代の宗門改帳(あらためちょう)を分析すれば、すごい研究が出来ると考えた著者は、帰国後ただちに精力的な資料の収集と分析に着手し、近世史を書き換える研究を次々と発表していった。

著者によれば、江戸時代初期の人口は千二百万人ほどであり、それから百年あまりの間に、二・五倍になった。著しい人口増加があったのである。

その間、農民の世帯規模は急速に小さくなっている。小規模家族経営は、生産の増加を自分たちのものと出来るので、極めて生産効率が高い。つまり、農民はよく働くようになり、その結果、生産が増え、人口が増えたのである。これを著者は産業革命(インダストリアル・レヴォリューション)に対比して、勤勉革命(インダストリアス・レヴォリューション)と呼んだ。

他方で、江戸後期には飢饉(ききん)と人口減少があったが、それは東日本で著しく、西日本では人口増加気味だったことが明らかにされた。西南雄藩が明治維新を成し遂げた背景には、そういう基本的な事実があったのである。

また、家族構成において、東日本と中部日本と西日本には顕著な差異があるという発見もあった。日本文化の複合的性格を物語る重要な事実である。

さらに都市と農村との関係についても、農村の地主や自作農は、分家すると下の階層に移り、小作層は都市に吸収されるという構造が明らかにされた。

著者はこの間、多くの後進を養成した。本書と同時に出た『歴史人口学のフロンティア』(東洋経済新報社・三五〇〇円)は、速水グループによる先端的な研究や、今後の課題を提示した論文を収めている。専門書であるが、非専門家が読んでも十分に面白い知的刺激に充(み)ちた本である。

人は生まれ、働きに出て、結婚し、子供を育て、死んでいく。それは当人にとっては大事件でも、死後には無味乾燥な記録でしかない。しかし、そうした単調なデータは、的確な光を当てられると、これほど雄弁に物語り始める。歴史は本当に面白いものである。

評・北岡伸一(東京大学教授)

はやみ・あきら 29年生まれ。経済学者。主著に『近世農村の歴史人口学的研究』。

二〇〇一年一二月九日②

『柳田国男と民俗学の近代』

菊地暁 著

吉川弘文館・八五〇〇円

「アエノコト」めぐり通説を痛打

民俗学と柳田国男は切っても切り離せない。柳田が民俗学の創始者であったばかりでなく、民俗学は柳田の仕事を乗り越えることができないからである。いわば柳田の掌（て）のなかで研究者は右往左往しているのが現状なのだ。それだけ柳田は偉かったといえるし、柳田に縛られている、あるいは呪（のろ）われているともいえる。

本書は柳田の呪縛（じゅばく）を解きほぐしていくミステリーである。テーマとなるのは、昭和九年、石川県奥能登のアエノコトと呼ばれる農耕儀礼が発見され、日本の原初の農耕儀礼・固有信仰を保存している「民間の新嘗祭」とされた事件である。

アエノコトとは収穫後に田の神を家に迎えて、風呂（ふろ）に入れたり食事を供えたりして歓待し、翌年の農作業開始前に送り出すという儀礼である。

柳田は民俗学の方法として現地調査を提起したが、実行したことはなかった。アエノコト研究も例外でなく、初めは石川県の二冊の郡誌を通じて、後には弟子たちの調査を通じて、アエノコト像を作った。この儀礼の名称の多くは「田の神様」だが、柳田はあまり用いられていないアエノコトを採用し、アエを饗応（きょうおう）、コトを祭、つまり神＝祖霊を饗応する儀礼、神人共食の儀礼と解釈した。ここに著者は「柳田の想像力の飛翔（ひしょう）」を指摘する。さらに戦後、柳田は想像力の翼をはばたかせて、アエノコトを宮中の新嘗祭と関連づけて、一地方の農耕儀礼が国民と皇室を結ぶ稲の民族の儀礼として地位を獲得することになる。天皇制の民主化、国民とともに歩む皇室のイメージを形成するのに寄与したのだ。

本書は、民俗学者だけでなく、日本人も呪縛し続けた痕跡をたどって、柳田民俗学のミステリーを解明するだけにとどまらない。著者は奥能登のアエノコトの現場に立ち返り、この儀礼の現在に寄り添うことによって、民俗学が作り上げてきた「日本」を解きほぐし、柳田神話を相対化し、民俗学を開かれた学問として展開する。柳田の掌を痛烈に覆す、潔くもあり、辛辣（しんらつ）な書だ。

評・川村邦光（大阪大学教授）

きくち・あきら　69年生まれ。京大助手。論文に「民俗文化財の誕生」ほか。

二〇〇一年一二月九日③

『三三九度』

神崎宣武 著

岩波書店・二四〇〇円

神主さんが見た盃事あれこれ

北海道育ちのせいか日本の伝統文化にあまり興味がなかった。「三三九度」は一度しか経験していないが、「かけつけ三杯」なら、よくやっている。

祝儀の酒肴（しゅこう）の基本的な献立を、「式三献」というそうだ。古く平安時代から記録があるという。最初の三つの献立までは席を動かず、その後は席を自由に移して盃（さかずき）をやりとりする酒宴となる。四献以降は、いわゆる「無礼講」であり、それにいたるまでの「三献」は「礼講」なのだ。献立なのだから、吸い物や肴（さかな）もついた膳（ぜん）を三度あらためねばならない。「三膳三盃（ぱい）三肴（こう）」である。この「三献」が簡略化され、盃に三度にわけて注ぎ三口で飲むのが「三三九度」であり、「三献」を三杯と解釈するまでに堕落したのが「かけつけ三杯」なのだ。

著者の主眼は結婚式以外での「盃事（さかずきごと）」にある。神社の大祭の当番引き継ぎ、テキヤ社会の跡目相続、村落共同体の「兄弟盃」や「親子盃」。季節や暮らしの節目で、さまざまな神、小さな神様たちの前で、人と人とが盃をくみかわす。「神人共飲・共食」という本来の姿と意味が、調査や体験をもとに説明されていく。著者は宮本常一門下の民俗学者だが、家業の神主を継ぎ、いまも年に百日以上は岡山県美星町で大小の祭事に立ち会っている。

どの「盃事」も絶滅が危惧（きぐ）されるなか、唯一、いまも盛んなのが結婚式の「三三九度」だ。ところが、神前結婚式は明治三十三年、大正天皇の結婚式が最初だという。明治政府の国家神道政策による演出、いわば「創（つく）られた伝統」だ。それが大衆に広まる以前、結婚式は各家でおこなわれた。「三三九度」の盃を床入りの間でする地方もあった。いずれにせよ、結婚式（披露宴ではなく）に酒の儀式がともない、しかも特別の酒器（平盃）を用いるのは、世界中で日本だけ。

「無礼講」の前に「礼講」あり。年末年始が近づいてきたいま、胆（きも）に銘じておこうと思う。

評・新妻昭夫（恵泉女学園大学教授）

かんざき・のりたけ　44年生まれ。民俗学者、神主。著書に『盛り場の民俗史』など。

二〇〇一年一二月九日④

『東海道書遊五十三次』

種村季弘 著

朝日新聞社・二〇〇〇円

道しるべは本、街道を西へ東へ

種村季弘さんの本は、ひとつしかないガラス戸つきの本棚に並べてある。種村さんの愛読者になって四半世紀。高校生の私は中年になり、本棚をながめてはニンマリしている。これで老後も楽しく生きていける。そしてまた一冊、何度も読み返すだろう本が加わった。

このたびは東海道五十三次、街道筋にちなんだ本を道しるべに書物漫遊の旅に出るという趣向である。

大泉黒石『弥次郎兵衛喜多八』で江戸を出立（しゅったつ）し、熱海を過ぎたのは泉鏡花『わか紫』、武田百合子『富士日記』で山荘暮らしをのぞく。百閒（ひゃっけん）先生が阿房（あぼう）列車に乗り込んだ。やがて在原業平『伊勢物語』の、八橋のかきつばたが匂（にお）いたつ。

しかしのんびりとしてもいられない。この街道筋には摩訶（まか）不思議な人間が待ち構えている。なにしろ種村さんは「さまざまな人種がまじりあってにぎわう上り下りの道中」を歩いているのだ。

松崎天民『汽車乗（はこのり）お玉』、伝説の乗り物専門のスリ・女箱師は、令夫人に化けて東海道線夜行寝台にいる。いっぽう同じ街道を二週間飲まず食わずの男が、河村北溟『断食絶食実験譚』のなかで意識不明のまま昏倒（こんとう）している。また、若き日の古今亭志ん生も、一文なしで名古屋から静岡掛川までとぼとぼと歩いている（『びんぼう自慢』）。

非業の死もある。琉球から江戸を目指した使節のひとりは、遠い「異国」で客死し興津清見寺に葬られたと、森島中良『琉球談』にある。

街道を行き交う人びとが出会って別れて、ひょんなところで再会するように、西に東に往還する本のマンダラ世界は、時空を飛び越えてつながっていく。

岡本かの子『東海道五十三次』に登場する元穀物商の男はこう言った。「東海道というところは一度や二度来てみるのは珍しくて目保養になっていいですが、うっかり嵌り込んだら抜けられませんぜ」

種村さんに嵌（はま）り込んだが最後。この旅路を行くしかあるまい。

評・与那原恵（ノンフィクションライター）

たねむら・すえひろ　33年生まれ。文芸評論家。近著（対談集）に『東京迷宮考』。

二〇〇一年一二月九日❺

『世界史のなかの縄文』

佐原真、小林達雄 著
新書館・一八〇〇円

文化解釈の多様性を説く対論

考古学関係の記事を見ていて「ほんまかいな」と思うのは「これが事実だ」といわんばかりの記述に出合ったときである。朝日新聞の三内丸山遺跡の報道なんて、当時を直（じか）に見てきたようなはしゃぎっぷりじゃありませんでした？

そんな風潮を苦々しく思っている私みたいなひねくれ者の溜飲（りゅういん）を、『世界史のなかの縄文』はみごとに下げてくれる本である。佐原真と小林達雄、日本を代表する考古学者のお二人が、それぞれの縄文観を語り合ったスリル満点の対論。土俵を同じくする者同士、ここぞという場面では互いに一歩も譲らない。なにせ冒頭から佐原さんは宣言するのだ。小林さんは縄文と書くが、自分は縄紋。文より紋が誤解がなくていいのだと。

かくて、定住と階層化、採集と農耕、戦争と暴力、縄文の美と弥生の美といった興味津々のテーマをめぐって、縄紋と縄文がくんずほぐれつ激突する。

縄文人の骨に残る損傷が少ないことをもって「縄紋に戦争はなかった」と主張する佐原さんに、小林さんは反論する。縄文も定住社会である以上、縄張りの威信をかけた戦争はあったはずだ。「人間は争うものだと？」「そうです」

縄文土器に同じ文様が多いのは、絵解き歌のような物語が伝承されていたからだとする小林さんの説に、佐原さんは突っ込む。物語がなくてもパターンだけで紋様は描ける。「モノが共通していれば言語も共通と考えるのは危険です」

互いの対立点を明確にしようとする二人だからこそ、意見が一致すれば気勢も上がる。三内丸山遺跡によって縄文が定住社会だとわかったようにいうのは大間違い。縄文は四大文明に匹敵する第五の文明だなんていうのも的はずれ。

すぐに「正解」を求める私たちに、この対論は文化の解釈はきわめて多様であることを教えてくれる。世界の文化との比較からとらえた縄文／縄紋。モノをして語らしめる考古学の魅力にふれつつ、こんなに激しく楽しい相撲がとれる関係性にちょっと嫉妬（しっと）した。

評・斎藤美奈子（文芸評論家）

さはら・まこと　32年生まれ。考古学者。
こばやし・たつお　37年生まれ。考古学者。

二〇〇一年一二月九日❻

『地ひらく　石原莞爾と昭和の夢』

福田和也 著
文芸春秋・三七一四円

「満州」と戦後との奇妙な連関

もしパンドラの箱が開いてしまったのなら、何が原因か？　ここのところ出版相次いでいる満州関連、ことに石原莞爾（かんじ）に関（かか）わる本を前にしてそんなことを考える。中には、まるで流行に乗り遅れまいとするかのような、荒っぽいつくりの本まである。

首をひねっているところに『地ひらく』が出た。福田和也氏の仕事としては当然とも思えたし、同時に意外でもあったが、何よりそこに私の疑問への答えが用意されていた。

先に言ってしまえば、私たちにとってこの十年はポスト冷戦の十年ではなくポスト・ヒロヒトの十年だったということだ。戦前、中国東北地方に創（つく）られた虚構の帝国は奇妙なことに戦後、日本列島に創られた虚構の民主主義国家と連関している。

石原莞爾は大変特異な旧軍軍人である。むろん、この本はその詳細な評伝になっている。ことに、これまで満州事変との関わりで語られることのみ多かった彼の、その前段、ヨーロッパ時代についてこれほど仔細（しさい）に描かれた書物はなかっただろう。陸大という極めて特殊な選良教育機関で育ったエリート青年が、第一次大戦後のヨーロッパに集められる。「父の家」を遠く離れた若者たちは、そこで放埒（ほうらつ）な夢を見る。石原という人物は、最も遠く大きな夢を見た。

　その夢はあらかじめ足枷（あしかせ）をはめられ、闘技場に潰（つい）えている夢だ。なぜなら、そこには「父殺し」のモチーフが決定的に欠けているから。

　作者がそれを意図したかどうかはわからないが、この書は戦後民主主義という虚構を、ついに突き破れなかった戦後のすべての左翼文化人への痛烈な批判でもある。

　中国では、偽満州国と呼ぶ。その顰（ひそ）みに倣（なら）うなら、さしずめ偽日本国を私は生きた。そして、そのことは不快であると同時に心底、快でもあった。これらの装置の中心が失われ、十年がたった。「マッチするつかの間海に」見え隠れする祖国を見てきた者が、今やっとサーチライトでその海を照らそうとしている。

評・矢作俊彦（作家）

二〇〇一年一二月九日⑦

『ホテルからアジアが見える』

青木保 編著
海竜社・二〇〇〇円

行きたくなくても読んでごらん

「アジアとホテル、この結びつきは宿命的である」（青木保）

　ともすると重くなりがちなのがアジアの話だ。侵略によってつくられた治外法権的異文化の西洋租界。豊かさを求めて続く開発による環境破壊。このような問題を真正面からとらえようとすると、暗く重い話が多くなって気が滅入（めい）る。

　しかし、本書は少し違う。文化人類学者である青木保氏を中心に、アジア事情に詳しい十五人の筆者が、ホテルをとおして見た、エッセー風アジア論。ホテルには生活のすべてがある。食べものの話もでてきたりして、硬くなりがちな文化論もマイルドになり、読みやすい。

　香港の名門「ペニンスラ・ホテル」からバンコクの安宿「ホーテン・チン」まで、いろいろなホテルが描かれている。昔つくられた超高級ホテルは、侵略のシンボル的につくられたものが多いが、その地に根付くにしたがい文化融合をおこし、新しい文化を生んでいく。ここがおもしろい。

　マレーシアの「エコツーリズム」という環境にやさしい観光や、空港に降りてからホテルまですべてが演出されているフィリピンのケースなど、日本では余り見られない、開発のスタイルも紹介される。活発に動いているアジアがわかる。

　とてもひとことで語れないのがアジア。その点、オムニバス方式で書かれた本書は、その広さ、深さを伝えるのに成功している。クレオパトラがアントニウスと入った温泉に入ってみる話とか、バリ島でホテル経営をはじめた日本人女性の話なども興味津々。

　行ってみたくなるようなホテルもあれば、行きたくないホテルもある。読んでいると、もう少し写真が欲しいとも思う。ホテルガイドなら問題だろうが、本書のネライは当然そこにはない。行きたくなる場所からだけではアジアの本当の姿は見えてこない。行きたくないところに行くのはイヤだというあなた、本書から「アジアを見る」ことをオススメする。

評・坂村健（東京大学教授）

あおき・たもつ　38年生まれ。政策研究大学院大学教授。著者に『アジア・ジレンマ』。

二〇〇一年一二月九日⑧

『20世紀写真論・終章』

西井一夫 著
青弓社・三〇〇〇円

写真ほど「弱い」メディアは実はない。外から簡単に意味を付与され、「商品」に仕立て上げられてしまう。たとえば「これは逢（あ）い引き中の芸能人某々だ」、そんなただし書き一つで写真はスキャンダル報道の中で一過性の情報として消費されることになる。

そうした流れを断ち切って、写真を自立させられないか。写真が写真として果たせる社会的使命とは何なのか――。著者は20世紀写真史がこれらの問いに応（こた）えようと格闘する軌跡で「あるべき」だったと考える。

しかし実際には多くの写真家が問題意識なしに市場原理に従い、流行になびく。写真評論家も彼らに迎合している。そうした「あるべからざる」逸脱を著者は許さない。ガンの宣告を受け、これを最後の仕事にする覚悟で（残念ながらその通りの結果になってしまった）写真への愛情を鞭（むち）に変えた批評集。ここに残された言葉の重さを真摯（しんし）に受け止めることなしに「視（み）る」文化の新世紀は開かれまい。

評・武田徹（評論家）

二〇〇一年一二月九日⑨

『芸術立国論』

平田オリザ 著
集英社新書・六六〇円

高度経済成長期に「モノ」が体現した幸福感が、全くの錯覚だったことに皆が気づいてしまったこのご時世。ハードからソフトへと関心が移行していく中で、成熟した日本社会の実現には、「芸術」というソフトが鍵（かぎ）だと力説する。

芸術文化をひろく社会生活の中で享受できる公共性が高まれば、そこに個人個人が参画することで新たな活力と重層性が生まれる。そのために人権としての「文化権」の確立や、健康保険制度に準じて保険加入者の芸術鑑賞の自己負担の軽減を図る「芸術保険制度」などのユニークな文化政策を提案。行政のあり方にやんわりと一矢を報いる論調は、挑戦的かつ刺激的な展開を見せる。

アートマネジメント（芸術と一般社会の関（かか）わりについての学問）の専門家であり、劇作家・演出家ならではのパフォーマンスはさすが。希望的ビジョンが実現するかどうか、そのための模索は観客（読者）の課題でもある。柔軟な発想転換が求められるところだ。

評・早川敦子（津田塾大学助教授）

二〇〇一年一二月九日⑩

『しあわせ　インド大地の子どもたち』

鬼海弘雄 著
福音館書店・二六〇〇円

こちらの魂の深層をのぞき込まれるような子どもたちの「目」に出会ったことがある。数年前、バングラデシュの孤児院にいったときのことだ。たとえ経済的には貧困であっても、大地がまだ野性を保っているところの「子ども」の輝き。社会や大人たちの過剰な期待を反映していないある意味で野放しの目が、こちらを別種の動物のように凝視するのである。すると大人である私の胸は言葉にならない熱さを感じてしまった。

「インドの大地の子どもたち」を撮った鬼海弘雄さんも、きっと子どもたちに見つめられて熱くなったときにシャッターを押したにちがいない。静謐（せいひつ）な無邪気さ、遠い過去世からやってきたような落ち着き、いまという時に充足している霊的な豊かさ、ときには豊かな母性や、すでに老いた魂のような愁いや哀（かな）しみを感じさせるような子どもたち。しかしそれらは写真家の魂の共振でもあるだろう。子どもという「しあわせ」な光の写真集だ。

評・宮迫千鶴（画家）

二〇〇一年一二月九日⑪

『戦後演劇を撃つ』

大笹吉雄 著
中央公論新社・一七〇〇円

「中公叢書」の一冊として出た演劇評論家・大笹吉雄氏の演劇評論集である。その直後に、大笹氏が二十五年がかりで取り組んできた大著『日本現代演劇史』（白水社）の一応の締めくくりとなる分厚い第八巻『昭和戦後篇2』が出た。氏のたくましい筆力に圧倒される。

　本書は氏が主に一九九〇年代以降、雑誌、新聞などに書いた評論、時評、人物論を長短とりまぜて集めている。対象は、歌舞伎、新派から現代演劇まで「戦後演劇」全般にわたる。杉村春子、井上ひさし氏らを心をこめて論じた文章が読ませる。

　中でも「浅利慶太論――凍れる青春」は迫力ある論考だ。劇団四季を日本最大規模の人気劇団に育てた浅利氏を「奇跡」をなし遂げた「巨人」として評価しつつも、「新古典主義者」としての浅利氏の演劇観からは「豊かな日本の演劇は生まれそうにない」と著者は批判する。これを機に多彩な浅利論が登場すれば面白い。

評・扇田昭彦（演劇評論家）

二〇〇一年一二月一六日①

『変身のためのオピウム』

多和田葉子 著
講談社・一七〇〇円

さし出される陶酔、喜劇的な哀愁漂い

森鴎外と違って、日本人として生まれながらドイツ語そのものの歴史に自ら参入して、「外国語」のドイツ語でも「母国語」の日本語でも、小説を書く。近代国家のアイデンティティの道具にされて固着してしまった「国語」を、国籍と関（かか）わりなく自己表現と他者表現のことばに甦（よみがえ）らせて、その自由をもって物語のめざましい「つづれ織り」をくりかえしくりかえし見せてくれた。一九九〇年代以降、ストーリーを語る散文の運命に敏感な読者は、まず多和田葉子の散文を注目せざるをえなかった。

　多和田葉子はドイツへ行った。ドイツ語の中へ、越境した。越境してから、また日本語を書いた。そんな動きによって、多和田氏が表現の言葉から、権威としての「美しさ」をはがした。一つの「民族」が独占的に共有する意味での「美しい」日本語もなければ、「美しい」ドイツ語も、英語も、中国語もない。書き言葉はただ、生きているのか、生きていないのか、世界との緊張した関係を示しているのか、示していないのか。越境以来の多和田葉子が、現代の誰（だれ）よりも、日本語を意識的に書きつづけてきた。その意識が常にフィクションとして肉化されているので、批評がひたすら旺盛（おうせい）な現代の日本文芸にしては、物語プロパーの可能性を、目立って示すことになった。その示し方には、「美しい国語」とは違った先鋭化の美しさがある。

　古代の名前を冠せられた二十二人の、今の世界に生きる女性の、絡み合ったストーリーの糸を、やすやすと編む。一人一人の章において、個の身体の、「まわり」との相関が、厳密に、ユーモラスに、そして不可能と思われるほど柔軟に展開されて、世界史と結びつく。日本語の阿片（あへん）が、ヨーロッパの一個人の自我の境をゆるめると、境の向こうにひそんでいたアジアが浮かぶ。チベットが浮かび、香港が浮かぶ。阿片（オピウム）と、阿片戦争（オピウムウォー）。

　古代の神話を暗示しながら、まぎれなく現代を書く。その手法はしかし、古代的でも近代的でもなく、むしろ中世的に、「結論」が拡散して、ステンドグラスのように光が無限に繁殖する。連作という日本の近代文学特有の形式は、チョーサーやボッカチオ、西欧的前近代と相通ずる大胆さへ開く。開いたところ、喜劇的な哀愁が漂う。

　最も意識的な書き手が読み手に「オピウム」をさし出した。その一つの効果が、物語の長い歴史への逆行的な「陶酔」に違いない。

　多和田葉子の越境によって、現代文学の「新しさ」も、「美しさ」も、問い直されることになったのである。

評・リービ英雄（作家）

たわだ・ようこ　60年生まれ。作家。82年渡独。近著に『光とゼラチンのライプチッヒ』。

二〇〇一年一二月一六日❷ 『コンピュータが子供たちをダメにする』

クリフォード・ストール 著　倉骨彰 訳
草思社・一五〇〇円

怒れる天文学者の毒ある警告

小学生にコンピュータ・リテラシー教育は不要。そんな金や時間があるなら、当たり前のリテラシー(読み書き)教育をきちんとやってくれ。本書の主張をひとことで要約するとそうなる。

勉強は苦しい。でも生徒にノートパソコンを一台ずつ持たせれば、ゲームで遊ぶように、たのしく読み書きソロバンが習得できる。いまアメリカでは、そういうウソを政府や企業や学校が平然とふりまいている。しかし、考えてもみよ。電卓によって九九を暗記する苦役から解放されたとして、将来、そのツケを払わせられることになるのは当の子どもたちなのだ。暗算ができない店員。本も満足に読めない学生。じっくり成熟するすべを見失った大人たち。人生は苦しい。そう思い知ったとき、だれがその責任をとってくれるのか。

しかもコンピュータは、金儲(もう)けしか頭にない企業の戦略によって、たちまち陳腐化させられる。ハードもソフトも、たえず新品に買い換えつづけなければならない。もちろん学校でならった技術など、卒業後はなんの役にも立たない。そんなことだれでも知っているはずなのに、なぜかみんな知らないふりをして、IT革命やバーチャル社会のほら話に没頭したがる。いい加減にしてほしい。

前著『インターネットはからっぽの洞窟』と同様に、怒れる天文学者ストールは、ここでも頓珍漢(とんちんかん)なコンピュータ幻想の事例を大量にならべたて、いまのアメリカを支配する「コンピュータを崇(あが)めたてまつる風潮」に向かって、毒のある冗談をいきおいよく発しつづける。

その才気はたのしめるし、うんうん、とうなずかされもする。だが読むうちに、この批判、ちょっと平べったすぎるんじゃないの、という気がしてくるのもたしか。「でも僕は機械破壊主義者じゃない、コンピュータが好きなのだ」とかれは繰りかえし書いている。かれのうちにも矛盾はある。だったらその矛盾を、もっと本気で掘り下げてくれればいいのに。

(原題、High-Tech Heretic)

評・津野海太郎(編集者・和光大学教授)

Clifford Stoll　50年生まれ。天文学者。米ローレンス・バークレー研究所在籍。

二〇〇一年一二月一六日❸ 『感性の歴史家アラン・コルバン』

アラン・コルバン 著　小倉和子 訳
藤原書店・二八〇〇円

「独創性」の源　半生も歴史ドラマ

ブランド品と違って舶来の学問や思想をありがたがる風潮が過去のものになったせいもあるだろうが、それにしても新著の翻訳が待ち望まれる海外の知識人は少なくなってしまった。フランスの歴史学者アラン・コルバンは、そうした中では例外的な存在と言えるだろう。

においや音や時間の感覚など、さまざまな人間の感性の変化をテーマに野心的な著作を次々と生みだしてきた歴史家に、若い世代の研究者が学問の方法論や著作の苦労を聞いた。というと堅苦しい授業か退屈な自慢話を想像してしまうが、予想は激しく裏切られる。大きな理由は、距離をおいて過去を見つめる歴史家の冷静な視線が、ここでは自分自身にも同じように向けられているからだ。

『においの歴史』『音の風景』『記録を残さなかった男の歴史』などの独創的な作品が生まれた背景やエピソードも読みごたえがあるが、とりわけ興味深いのはカリブ海出身の混血の父をもつ少年が学問の道を志すまでの自伝的な部分。

パリで医学を学んだ父親は島に帰る船賃が

ないために異郷で町医者になる。息子は英語の試験に失敗したためにパリを離れた地方の小さな大学に入り、田舎町の高校教師になる。そのすべてが後に、常識にとらわれず、独特のさめた視線をもつ歴史家を誕生させたことを考えると、それ自体が歴史ドラマのようだ。

　いつもは現代社会の問題への発言には慎重な教授が、「ニュース番組は苦痛を偏重する」「インターネットの過剰な情報は想像力や辛抱強い熟考を妨げる」とメディア批判も繰り返している。

　現代の感覚で過去を裁く歴史家の時代錯誤を強くいましめる批判の矢は、我々ジャーナリストの側にも向けられていると考えた方がいいようだ。「過去の人々を知るには彼らのまなざしで眺め、彼らの感情を追体験しようとする以外に方法はない」。それは、異なる文化や価値観をもつ世界の人々に向き合うメディアにこそ求められている課題のはずだ。

（原題、Historien du sensible）

評・清水克雄（本社編集委員）

Alain Corbin　36年生まれ。パリ第一大学教授。著書に『娼婦』『浜辺の誕生』。

二〇〇一年一二月一六日④

『青春の終焉』

三浦雅士 著

講談社・二八〇〇円

渾身の力込めた60年代への挽歌

〈青春〉というのは、いつの世にもあったといったものではない、とびっくりするようなことを著者は言い出す。

〈青春〉も〈青年〉も、十八世紀のイギリスやフランスで産業資本主義と共に生まれ、それがドイツへ、ドイツからロシアへ、ロシアから日本へ伝染し、十九世紀から二十世紀にかけて世界を席巻した〈現象〉なのだ、と。

　たしかに日本でも、基督教青年会が結成され、英語の〈ユース〉に〈青年〉という訳語の当てられたのが一八八〇年、やがて北村透谷や国木田独歩がその〈青年〉を生きてみせ、小栗風葉の『青春』、藤村の『春』、漱石の『三四郎』、鴎外の『青年』が立て続けに刊行されるのが二十世紀初頭である。そして一九二〇年代には、長谷川泰子をはさんでの小林秀雄と中原中也の青春劇が演じられ、一九三〇年代には、その小林や太宰治をもふくむ革命的青春が……。

　この〈青春〉という主題が十五章にわたって多様に変奏され、それを軸に近代日本文学史が、いやそれどころか近代の世界史が読み解かれる。話はドストエフスキーから馬琴の八犬伝に遡（さかのぼ）ったかと思うと、エリオット、フーコー、サルトル、ベンヤミンに移り、村上龍、春樹、少女漫画にまで流れ下る。その膂力（りょりょく）にはほとほと驚嘆させられた。

　著者がこの主題を発想したのは、自分が青春期を過ごした一九六〇年代へのこだわりからである。安保闘争にはじまり、学園闘争にまで増圧していった六〇年代は、三〇年代のあの革命的青春の再現だったのであり、〈青春〉が美として、倫理として最後の光芒（こうぼう）を放った時代だった。七〇年代に入ると、〈青年〉は〈若者〉と、〈教養〉は〈知〉と呼び替えられ、よくも悪くも〈青春〉は一瞬にして終焉（しゅうえん）した、と言いたいのだ。

　著者自身の青春の決算書でもあれば、渾身（こんしん）の力をこめた六〇年代への挽歌（ばんか）でもあるこの本、今年の大きな収穫であることに間違いない。太宰を落語家として読んでみせる読み方など瞠目（どうもく）に値する。

評・木田元（哲学者）

みうら・まさし　46年生まれ。文芸評論家。近著に『批評という鬱』。

二〇〇一年一二月一六日❺

『私の脳科学講義』

利根川進 著

岩波新書・七〇〇円

独創的な科学者のつくられ方

内閣府にある総合科学技術会議は今年春、知の創造と活用によって世界に貢献することを目指して、いくつかの目標を掲げた。その一つが、今後五十年の間に三十人のノーベル賞受賞者を出すというものである。

本書は、一九八七年にノーベル医学生理学賞を受賞した著者が、科学者として歩んだ道を振り返るとともに脳科学の最前線を紹介している。ノーベル賞学者は、どのようにして誕生したのだろうか。

著者は理学部化学科の学生であったが、途中から化学には関心を失う。あるとき、分子生物学の論文を読み、強い刺激を受け、方向転換の決意をする。しかし、卒業するには化学に関する研究を仕上げなければならない。かといって卒業のためだけに研究はしたくない。そこで指導教授に相談することにした。そのやりとりがおもしろい。「分子生物学の研究者になりたいので、それに関連する勉強をしています。卒業研究はしてもしょうがないのでやりません」「君は自分が研究していることを研究室で発表して、そこそこの線をいっていれば卒業させてやる」。こうして著者は本来の卒業研究はせずに、「なんとなく卒業」してしまった。

もちろん、教授たちの質問攻めにあったであろうし、それに見事に答えていったのであろう。しかし、他分野の研究をして卒業させてもらったのだから、形式的にはおおらかなものである。

はたして「五十年で三十人」という行政目標は、研究目標の設定におけるこのようなおおらかさと両立するものだろうか。この計画と並行して、政府が大学の実績を数年単位で客観的指標に基づいて評価するとの方針を立てていることを考え合わせると、研究者というものが工程表に従って生産されるものだと考えられてはいないかという気になる。

とくに大学生には一読を勧める。科学は、人間を含む、人間がおかれている世界を知るための「方法」であるという科学論は、文科系の学生にも学ぶところが多いはずである。

評・真渕勝（京都大学教授）

とねがわ・すすむ　39年生まれ。マサチューセッツ工科大教授。87年ノーベル賞受賞。

二〇〇一年一二月一六日❻

『銭湯の女神』

星野博美 著

文芸春秋・一五二四円

カツンと手ごたえある文明批評

女性誌や広告の世界で幅をきかせている言葉の数かず――「ほんとうの私」「自然体で生きる」「ワンランク上の女になる」などにウンザリしている人にはぜひ読んでもらいたい。

三十過ぎて一人暮らしを始め銭湯に通う著者に言わせれば「銭湯で体を洗う人々を眺めていると、『自分らしく生きる』とか『私らしさ』という言葉に笑ってしまいたくなる。人間は生きているだけでどうしようもなく個性的だ」というのだから。

女性誌や広告の世界とはまったく違った所から、ほとんど正反対の所から、この世の中を、自分をみつめている。

銭湯の話ばかりではない。ファミリーレストラン、一〇〇円ショップ、ゴミ出し問題、インターネット……などについて語った三十九のエッセー集だ。あくまでも重心低く、具体的な事柄を題材としながら、どれもカツンと手ごたえのある文明批評になっている。

その中で私が最も感動を持って読んだのは「一〇〇円の重み」という章だ。著者は日本人の高級ブランド熱に違和感を持っているが、一〇〇円ショップにも奇妙な「うしろめたさ」

を抱いている。「物には最低限の価値というものがあり、その価値は自分で金を払って覚えていくものである」「一〇〇円ショップはいうなれば、あらかじめ邪険にされる運命を負わされた悲しい商品の墓場である」

ある日、一〇〇円ショップでプラスチック製の健康青竹を買って、実家に持って行くと、長年町工場（鋳物屋）を経営していた父親は「これ、型を作るのは大変なんだ」「これが一〇〇円だったら、型を作った奴には一体いくら入るんだろう」と呟（つぶや）き、それだけだったが、結局一度も青竹を踏まなかった――。

著者はそういう父親の行動に注目し、深く何かを感じ取らずにいられない人間なのだ。私はそういう著者の感受性を信頼する。「日本人は下品になったというより鈍感になったのだ」という言葉もみごとだ。

評・中野翠（コラムニスト）

ほしの・ひろみ 66年生まれ。写真家、作家。『転がる香港に苔は生えない』で大宅賞。

二〇〇一年一二月一六日⑦

『妖櫻忌』

篠田節子 著
角川書店・一四〇〇円

美しい物語を綴（つづ）る作家が人格者であるとは限らない。では、その作家の「真実」はどちらに在るのだろう。本人にか、それとも作品にか。

女流文学の大家・鳳月が不慮の最期を遂げた。彼女の秘書・律子が執筆した故人の評伝の文体が、日増しに鳳月のものと酷似してゆくことに気づいた編集者の堀口は、律子が鳳月の遺稿を自分の作品として発表しようとしているのではないかと疑うが……。

前半のミステリ仕立てが、後半は超自然的なホラーに転じる構成が面白い。小説を書くという行為自体に憑依（ひょうい）されたかのような二人の女の、艶（なまめ）かしくもおぞましい情念こそが、この物語の恐怖の核と言える。しっとりとして、それでいて艶（つや）を含んだ語り口は耽美（たんび）的でさえある。

それにしても、『聖域』『第4の神話』そして本書と、女性作家の創作の秘密をテーマとして扱い続けている篠田節子自身も、ものを創（つく）るということの業に憑（つ）かれた作家であると思う。

評・千街晶之（評論家）

二〇〇一年一二月一六日⑨

『KAMIKAZE 神風』

石丸元章 著
飛鳥新社・一五〇〇円

いわゆるノンフィクションではないし、小説でもない。まるで劇画の原作を読むような、というと分かりはいいが、これも安直なたとえになる。

「一九六五年に生まれたならず者ライターが、なぜか元特攻隊員の肉声を求める旅（ワーク）に出た」（オビ）。

描かれるのはこの旅の顛末（てんまつ）で、「オレ」に同行するのはキムと呼ばれる「コリア系の巨漢」と、それにシボレーカマロにうちまたがるオネエことばのマッチョマン。この三人、というより三つのあぶないキャラが、この「特攻ドキュメント・ストーリー」の舞台回しをつとめる。

いまや市井に老いの身を養う元特攻隊員たちは、本書のなかで、「老人」「じじい」、ときに「じじいの野郎」などとも呼ばれるが、いずれもなまなかなキャラではない。しばしば逆襲に転じて、三人組にナキをいれさせる。

この国の首相をもとらえるカミカゼ伝説に迫り、サブカルを武器に解体を試みた、意欲作というべきだろうか。

評・山口文憲（エッセイスト）

二〇〇一年一二月一六日⑩

『戦後国際秩序とイギリス外交』

細谷雄一 著
創文社・六八〇〇円

第二次大戦後、疲弊した西欧諸国の前に姿を現したのは物量で圧倒的に優勢な米ソ二大国だった。ソ連の圧力で一九四八年にはチェコスロバキアが共産化し、イタリアやフランスでも緊張が高まる。

西欧のリーダーを自任するイギリスは、この危機を欧州統合とアメリカの援助により乗り切ろうとする。伝統的孤立への回帰が懸念されるアメリカ、対ドイツ政策を最優先するフランスとの確執など問題が続出するが、外相ベヴィンは根気強く緻密（ちみつ）な外交を展開し、国際秩序の安定をはかる。結局NATO加盟、EC不参加という結末に至る苦難の道程が、学術書離れした臨場感で描かれている。

戦後国際秩序の形成過程を知らずに日本人が冷戦後の国際秩序形成で大きな役割を果たすのは難しい、と著者は指摘する。

同時多発テロへの対応を見ても、日本に主体的意識が欠けていることは明らかだ。そんな今だからこそ本書の啓蒙（けいもう）的意義は大きい。

評・塩崎智（歴史ジャーナリスト）

二〇〇一年一二月一六日⑪

『放哉全集第一巻　句集』

尾崎放哉 著
筑摩書房・六八〇〇円

「障子あけて置く海も暮れ切る」は尾崎放哉の代表句。孤独に徹した潔さが感じられる。ところが、この句、原作は「すっかり暮れ切るまで庵の障子あけて置く」だった。これはだらっとして潔さを欠く。添削したのは放哉が師事した荻原井泉水。

この『放哉全集』第一巻には、井泉水に送られた放哉句二千七百余りが収録されている。私たちが知っていた放哉句は、その句稿から井泉水が選んで発表した一部の作品だった。しかも、井泉水はしばしば大胆な添削をしていた。

というわけで、この全集によって放哉像が変わるだろう。有名な「咳をしても一人」「月夜の葦が折れとる」などの孤独感の強い句は、実は放哉の一面。井泉水の選句や添削を通して、つまり、井泉水との共作において、放哉は自己を他者に開こうとしていた。

句稿ではさきの障子の句の後に、「沢庵のまつ黄な色を一本さげてきた」がある。井泉水は採らなかったが、とても人懐っこい風景だ。

評・坪内稔典（俳人）

二〇〇一年一二月二三日❶

『ビンラディン　アメリカに宣戦布告した男』

ヨセフ・ボダンスキー 著　鈴木主税 訳
毎日新聞社・二〇〇〇円

『正体　オサマ・ビンラディンの半生と聖戦』

保坂修司 著
朝日新聞社・一〇〇〇円

対照的アプローチで実像に迫る

たった一人の人間を狙ってバカバカしいほど過剰な大量破壊兵器が投入される――最近のハリウッド製スペクタクル巨編でよく見かけるシーンだが、アフガニスタンでそれが現実になった。

「CIAが怪物オサマ・ビンラディンを創造した」といった単純な陰謀説を鵜呑（うの）みにする気にはなれないが、むしろ10月7日以降にこそ米国は「ニューヨークを襲ったゴジラや異星人なみの怪物」を創造してしまったのかもしれない。もっとも、その怪物の容貌（ようぼう）ときたら「スター・ウォーズ」の善玉・ジェダイ騎士にも似て、逆に米国こそ帝国軍に見えてしまう二重の皮肉。いっそイスラム過激派は、こういう映画を民衆に奨励する方が、むしろ得策なのではなかろうか。

さて、その「怪物」の実像や正体に迫ると銘打たれた幾多の〈ビンラディン本〉から、この2冊を選んでみた。

『ビンラディン』は米国内で2年前に出版さ

れ、9月11日以後にベストセラー1位に躍り出たという大冊。国務省・国防総省の顧問も歴任した国際戦略アナリストである著者は、ビンラディンを「大きなシステムの歯車の一つ」ととらえ、そのシステムの全体像をメカニカルかつダイナミックに描き出す。その意味ではやや看板に偽りありなのだが、「ビンラディンが死んでも国際的テロリズムは終わらない」という、これまた紋切り型になりつつある言説の真意をあらためて思い知るには、この視点と構成こそが有効かもしれない。

ただ、「情報源を明かせない厖大(ぼうだい)な機密情報」をもとに書かれた〈事実〉があまりに多いのが、やや要注意だ。「ビンラディンが核スーツケース爆弾を入手したことについてはもはやほとんど疑いがない」(傍点筆者)と書きつつ、その具体的な数量、価格、入手先等のデータ記述は詳細をきわめる。ここであっさり(しかも2年前に)公開されている機密情報と現実の米政府の対応との間に、随分なギャップを感じてしまうのだが……。

さて一方、『正体』は逆に対象をビンラディン当人の言葉に絞り込み、そこから彼の〈内と外〉を探究してみせている。アラブ圏で中東問題の研究活動を続けてきた著者は、ビンラディンが西側デビューを果たす前に彼に関するデータベースを作ってしまったほどの「オサマ・マニア」だという。つまり中東メディアしか報じなかった彼の厖大な発言も含めて検証し、さらには「精神分析」さえ試みている実に大胆な本なのだ。

そこから浮かび上がってくる人間・オサマ像は、聖像化または怪物化したイメージからはかけ離れたものだ。サウジ社会内で自らが纏(まと)う周縁的出自にコンプレックスを抱き、複雑な世俗にアレルギー反応を起こして潔癖症的な仮想世界に逃げ、アフガニスタンという異文化すら理解しようとせず、肥大化した自己像を制御できず、国家・組織間の政治的リアリズムに翻弄(ほんろう)されるナイーヴで孤独な、そう、実はどこにでもいそうな男……。

もちろん分析の当たり外れは判定しようもないが、対照的な2冊から炙(あぶ)り出される「実像」が想像したほどズレていないのが面白い(表紙写真も同一だ)。

テロが起きなければ読めなかった本、目も向けなかった世界——これこそ最大の皮肉かもしれない。

(原題、Bin Laden : the man who declared war on America)

評・山崎浩一(コラムニスト)

Yossef Bodansky ワシントンのシンクタンク「国際戦略研究協会」研究部長。

ほさか・しゅうじ 57年生まれ。日本学術振興会カイロ研究連絡センター長。著書に『乞食とイスラーム』。

二〇〇一年一二月二三日②

『アニルの亡霊』

マイケル・オンダーチェ著 小川高義訳

新潮社・二二〇〇円

謎解きとともに描く内戦下の心の闇

スイスの国際人権センターから、ひとりの女性法医学者がスリランカに派遣された。アニル・ティセラ。十八歳でこの国を離れ、現在はアメリカに住んでいる彼女が十五年ぶりに帰還したのは、大量殺戮(さつりく)という不穏な噂(うわさ)の絶えない母国の内情を調査するためだ。当局側は、政府選任の考古学者サラス・ディヤセナと組むことを条件に課すのだが、アニルはその、敵か味方かはっきりしないサラスが保管していた「有史以前」の人骨に、あたらしい骨がまじっているのを発見する。

発掘現場は、政府管轄の区域にあった。骨がべつの場所から運ばれてきたことはまちがいない。特徴を分析して身元を確定できれば、殺人があったことを立証できるはずだ。

『イギリス人の患者』でブッカー賞を獲得したスリランカ出身のカナダ人作家、マイケル・オンダーチェの最新長編は、内戦に揺れる故国という重い主題を正面から扱いながら、卓抜なストーリーテリングと繊細な人物描写で一気に読ませる。人骨の謎(なぞ)解きと並行して登場人物ひとりひとりの過去がフラッシュバックで語られ、闇(やみ)が、闘いが、スリランカの国だけではなく、彼らの胸の奥深くにひろがっているさまを暴いていく。

アニルという名は、彼女が十三歳のとき、兄のミドルネームを奪取して我がものとした男子名だという。知的で奔放で美しい肢体の持ち主であるアニルの名の両義性は、全編をおおう底のない闇と合致して、言葉を滑らかに走らせる。

サラスの師パリパナ、弟の医師ガミニ、仏像の開眼の絵師アーナンダ。どの人物の輪郭も鮮やかだが、ひときわ印象的なのは、泥沼の内戦で傷ついた人々を身を粉にして治療し、犠牲者の遺体とむきあうガミニだ。彼はある日、送られてきた犠牲者のなかに、アニルと危ない橋をわたった兄の姿を見出(みいだ)して、心の闇をいっそう深くする。

人間の力で人間の愚かしさを救うことはもうできないのだろうか。物語は、アニルに命を救われた絵師アーナンダが、大仏像の開眼をおこなう荘厳な場面で閉じられる。頼りになるのは、結局のところ、仏しかいないのだろうか。そうではあるまい。絵師とともに、読者は仏陀の眼(め)を通して、高みから世界を見下ろす。だがそのとき、確かなぬくもりをもってみずからも妻を殺された絵師に差し出されるのは、出口のない菩薩(ぼさつ)の掌(てのひら)ではなく、帯一本を命綱にして仏の目を開こうとしている彼を支える甥(おい)っ子の、まぎれもない人間の手だった。亡霊を救うのは、「世界からの、この優しい感触」なのである。(原題、Anil's Ghost)

評・堀江敏幸(作家)

Michael Ondaatje 43年生まれ。作家。『イギリス人の患者』でブッカー賞。

二〇〇一年一二月二三日③

『小さな箱 鎌倉近代美術館の50年 1951～2001』

神奈川県立近代美術館 編

求龍堂・二五〇〇円

美術館づくりの原点がここに

このところ美術館行政と運営についての記事や本をよく眼(め)にする。バブル期を通じて陸続と建てられた美術館も経営は苦しく、美術作品も変化したからだ。美術館に収まらない作品も多くなった。

ならばいまは、原点に立ち戻って美術館を考えるべきではないか。この思いは本書を読み、いっそう強くなった。

「鎌倉近美」の通称で親しまれている神奈川県立近代美術館は一九五一年十一月に開館し、先日五十周年を迎えた。日本ではじめての公立近代美術館だった。

この五十年を、現館員とかつての学芸員の回想を軸に企画展の際の新聞雑誌記事や、観客であり支援者であった川端康成ら鎌倉文士の文章を再録して辿(たど)っている。記憶に残る展示が多い。それだけにこの美術館が戦後の美術、美術界に果たした役割の大きさはよくわかる。

生々しいのは開館して間もない時期の話だ。副館長土方定一の構想と指導のもとにはじめられたことは知られているが、かくも人とモノが不足していたとは。学芸員という言葉も組織もなかった。資料保存室、燻蒸(くんじょう)室、解梱(かいこん)室、講堂もなく、美術専門の運送車は存在せず、カタログも一枚刷りの粗末さだった。だからこそ館員たちは工夫を重ね、資料と情報を集め、学び、企画を考え、一歩一歩美術館を作り上げていった。熱意と奮闘と希望とが伝わってくる。

展示した美術家の声も欲しかったが、書名の「小さな箱」の意義をより強く打ち出す論がないのは残念である。

本書に記載はないが、あの本館の鉄骨は面積比で通常の鉄骨建築の四分の一ほどに減量されている。設計者坂倉準三は低予算を逆手にとり、新しい構造と工法を実現させた。その削(そ)ぎ落とした形と創意が、その後に建てられた多くの美術館にはない美しさと品格を与えた。

巨大な美術館を作れば、美術作品も巨大化する。量だけを誇る作品も多い。だから逆に「小さな箱」こそ良いという論もあるべきだ。箱があって美術が生まれるわけでもない。

評・松山巖(評論家)

執筆陣は酒井忠康・同美術館長ら館員のほか、大佛次郎や小林秀雄ら全29人。

二〇〇一年一二月二三日❹

『舌づくし』

徳岡孝夫 著

文芸春秋・一七一四円

味も匂いも、温かみまで伝わる

徳岡さんは論客である。それも、かなり右側通行の論客である。刀を抜く前の裂帛（れっぱく）の気合だけで、大方の人は足がすくむ。このごろは目が大分不自由らしいが、切っ先の鋭さはちっとも衰えていない。孤狼（ころう）には心眼があるのだ。そこを見込んで、三十一年前、三島由紀夫は事件の日の早朝、徳岡さんを呼び出し、決起の趣意書を手渡している。正しく自分の気持ちを、世に伝えてくれるというのである。三島由紀夫はさすがに具眼（ぐがん）の士であった。徳岡さんは二十六年後、『五衰の人』を書いてこれに応（こた）えた。

だから、徳岡さんがグルメ随筆を出したと聞いてびっくりした。私は剣客というものは、一汁一菜と信じていたのだ。それに、何度かいっしょにご飯を食べたことがあるが、さほど美味（おい）しそうではなかったし、能書きもなかった。料理を箸（はし）で摘（つま）んで、つい鼻先まで運び、隣の私に〈これは何ですか〉と一々お訊（たず）ねになる。これがグルメだとなると、かなり不思議なグルメである。

けれど『舌づくし』は立派な食べ物随筆だった。〈味〉というものは言葉にすることができないもので、〈――みたいな〉とか〈――に似た〉といっても通じないし、ただうまいと言われても白けるだけである。とにかく文章で味覚を表現するのは、殊の外厄介だ。ところが、徳岡さんの手にかかると、味も匂（にお）いも、さらには温かみまで、その通りに伝わってくるのだから驚いてしまう。この人はいつも、〈人生〉という口と舌と咽喉（のど）で物を食っているのだ。

現れる食べ物は、焼き肉だの、カレーライスだの、どれもありきたりである。たとえば〈霧の朝のハムエッグス〉は、昭和三十年ごろの徳岡さんの新婚旅行の話だが、雲仙の朝、嘘（うそ）みたいに美しい霧の海を眺めながら、新婚夫婦はハムエッグを食べた。卵が二個も載っていた。二個――物のない時代だったから、徳岡さんは感動した。だから〈ハムエッグス〉なのだ。徳岡さんは、他の旅行中の出来事は、みんな忘れたという。

評・久世光彦（作家）

とくおか・たかお　30年生まれ。ジャーナリスト、翻訳家。著書に『覚悟すること』など。

二〇〇一年一二月二三日❺

『サプリメント戦争』

三浦俊彦 著

講談社・一八〇〇円

健康マニアぶり炸裂の爆笑小説

知る人ぞ知るコトバの爆走王・三浦俊彦が帰ってきた。『これは餡パンではない』で前衛美術を、『エクリチュール元年』で学術論文を茶化（ちゃか）しのめした作家による三年ぶりの新作は『サプリメント戦争』。サプリメントとは錠剤やドリンク剤などの形をした健康補助食品のこと。『健康なんかこわくない』という著書もある作者の健康マニアぶりが炸裂（さくれつ）する前代未聞の爆笑長編小説である。

舞台はとある地方の商店街。「三文字堂」なる薬局に弟子入りした中学生の少年は、そこでおびただしい数のサプリに出会う。龍門慶・金精源・桃仙境・甦精王・肝祿精……。気がつけばあるのは三文字の商品ばかり。次に入り浸るようになった「四文字亭」では絶倫帝王・男宝絶精・尊蕈益寿・強靭六仙……四文字の商品ばかり商っていた。そのとおり。この商店街には「二文字庵（あん）」「五文字屋」「六文字舎」「A～Z舗」等の「専文店」が軒をつらねていたのである。「一文字館」が、聳・源・活・剛などの乏しい戦力で頑張っているかと思えば、戦力があり余っている「カタカナ楼」には、エスファイトゴールド、ノイビタゴールド、サモンエース、ユンケルゾンネンロイヤル、フローミンエース等が余裕で並んでいるといった案配で、やがては専文店間の戦争が勃発（ぼっぱつ）する。

商品名を民族や宗教に置き換えれば、この小説自体、戦争のパロディーであることに気づくだろう。が、それより何より圧倒されるはこの物量である。明示される商品はすべて社名と成分表示つき。漢仁宝（キジツエキス、コウボク流エキス、チョウジエキス、牛胆汁エキス末、エンゴサクエキス、カンゾウ乾燥エキスE）てな具合。健康食品の妙に力んだ名前に一度でも何か感じたことのある人なら苦笑せずにいられまい。

ちなみに登場する商品はすべて実在するらしい。ネーミング資本主義とでも呼ぶしかないニッポンは、こうしてみるとほとんどビョーキ。健康は病気の一種だったのか！

評・斎藤美奈子（文芸評論家）

みうら・としひこ　59年生まれ。哲学者、小説家。著書に『M色のS景』『論理学入門』ほか。

二〇〇一年一二月二三日❻

『曇りなき正義』

ジョージ・P・ペレケーノス 著　佐藤耕士 訳

ハヤカワ文庫・九四〇円

心ざわめく異色ハードボイルド

ペレケーノスの小説を読むたびに、ジョバンニを思い出す。今が旬のアメリカ作家と、一九六〇年代のフランス・ミステリーとでは天と地ほどの違いがあるはずなのに、どういうわけか、ジョバンニの作品を読んでいた幸せな日々を思い出すのである。

共通項はたしかにある。ぶっきらぼうであることだ。過剰な説明がいっさいない。ケレンたっぷりの、そして過剰な小説が大流行（はや）りの現代エンターテインメントにあってはきわめて異色の作風といっていい。しかし、だからこそ登場人物の感情がいつも行間からはみ出してくる。読み終えても、そのざわざわした感情が残り続ける。

本書は、ワシントン・サーガ四部作のあとに書かれた新シリーズの第一作で、今度は初老の黒人探偵デレクが主人公だが、射殺された警官の身内から依頼されて、その事件を調べ始めるのが発端。なかなか読ませるミステリーだが、元警官で今は書店員のクインとデレクが会うシーンを読まれたい。容疑が晴れているとはいえ、クインは調査対象である。にもかかわらず、デレクとこの男の間に、会った瞬間、何かが流れて、つながり合う。デレクの調査をクインが手伝い始めるというヘンな展開になるのだ。そこに、ごちゃごちゃとした理由をつけないのがペレケーノスなのである。

あるいは秘書ジャニーンとデレクの関係もヒント。この二人は男女の仲にあるのだが、その部屋で一晩過ごして充足しながらも、デレクは落ちつかないものを感じるというシーンに留意したい。その充足を否定するかのように、彼はわざわざ別の女性に電話したり、欲望を処理するだけのマッサージ店に行ったりする。そこにも何の説明もつけない。行動を描写することで主人公の心象風景の描写に代える ハードボイルドの方法論だという考え方も出来るけれど、そういうハードボイルドの枠内におさまりきれないものを感じて仕方がない。だから、いつも気になるのである。

（原題、Right as Rain）

評・北上次郎（文芸評論家）

George P. Pelecanos　57年生まれ。著書に『俺たちの日』など。

二〇〇一年一二月二三日⑦

『天に落ちる』

S・シルヴァスタイン 著　倉橋由美子 訳

講談社・一九〇〇円

昔ある大学で講義をしたとき、あなたの考える青春とはなにかと質問された。大真面目(まじめ)にである。驚いた私は著者の『ぼくを探しに』を思い出し黒板に絵を描いた。いびつな円の「ぼく」は三角に口が切り取られている。いつも何かが足りないと悩んでいて、その口にぴったりのかけらを探して旅をする。そんな物語だ。学生は、自分も読んだことがあると喜んでいた。

その著者の最後の作品。自分に合うかけらを捨てて再び歩き出した「ぼく」が、やっぱり人生これだよと笑っているようだ。風刺と思いやりと諧謔(かいぎゃく)に満ちた一四四篇(ぺん)の詩とイラスト。世界で一番美しいのはと聞かれ、あなたさまと答え命拾いする鏡。ニンジンは目にいいと聞いたのによく見えない。すると目にグサリと刺さったニンジンが……。世界を違う窓からのぞいてごらん、そんな声が聞こえる。

ただし毒入り要注意。もちろんあの学生は、もう読んでるだろうな。

評・最相葉月(ノンフィクション作家)

二〇〇一年一二月二三日⑧

『9・11　アメリカに報復する資格はない!』

N・チョムスキー 著　山崎淳 訳

文芸春秋・一一四三円

変形生成文法理論で20世紀言語学に衝撃を与えたチョムスキーは、ベトナム戦争以来の筋金入りの反戦運動家でもある。本書はそんなチョムスキーが同時多発テロ以後の世界について語ったインタビューをまとめた。

アメリカこそがニカラグア侵攻で国際司法裁判所から有罪判決を受けたテロ国家だった。そのアメリカがテロ撲滅の御旗を掲げてアフガン空爆を行う醜悪な構図を糾弾するチョムスキーは、一部の反米主義者のようにビンラディンのテロ行為に一分の理をみる姿勢も拒絶する。民衆への暴力のすべてを問題視しようとする意志の強度は印象的だ。

今にして思えば「すべての言語は深層構造において共通する」という生成文法の仮説は、世界中の人々が話し合いで理解し合える可能性を信じたいチョムスキーの切望から導かれていたのかもしれない。混迷を極める国際情勢が彼の人となりと思想の輪郭を改めて明らかにし、その主張への傾聴を促す。

評・武田徹(評論家)

二〇〇一年一二月二三日⑩

『原発列島を行く』

鎌田慧 著

集英社新書・七〇〇円

ぼくはチェルノブイリに六十回医師団を派遣し、救援活動をしてきたが、美しい海岸線を不気味に変容させてきた日本の原子力発電所が気になる。

著者は原発は人々を幸せにしたかという自らの問いの答えを探し、全国十七カ所の原発を訪ね歩いた。「人心の汚染が環境汚染の前に始まり、自治体の破壊が人体の破壊の前にすすめられてきた」と喝破した。原発賛成派と反対派に二分され、人々の心が荒れた。地元有力者の補償分配のお手盛り、たかり、政治家の土地ころがし、電源三法交付金による異常に立派な役場や図書館。ある村の年間予算は五十億円なのに生涯学習センターは八十億円。畳は八千円のものを十三万で購入する。行政は金に麻痺(まひ)して村おこしの意欲をなくした。

原発は人口減をきたし、地域の活性化に貢献しなかった。原発を導入した町が必ずしも豊かにも幸せにもなっていないという事実に、改めて驚かされた。

評・鎌田實(諏訪中央病院管理者)

平成十四年

2002

二〇〇二年一月一三日②

『星投げびと』

ローレン・アイズリー 著　千葉茂樹 訳

工作舎・二六〇〇円

科学者の思索は絶望の果てに…

不思議な本だ。二十の章からなるエッセイ集なのだが、書かれていることは事実なのか著者の幻覚なのか。まるでホラー小説のような部分さえある。

著者は一九六〇年代から七〇年代にかけて、米国科学界の中心に近いところにいたはずだ。私は学生時代、彼の本で進化論の歴史を学び、その学識に敬服していた。あの偉大な学者が、これほど虚無的な、詩のような文章を書いていたとは、想像さえしていなかった。

本書は七八年、著者の死後に編纂（へんさん）された。表題作の「星投げびと」とは、著者が夜明け前の海岸で出会った一人の男のこと。荒々しい波で浜辺に打ち上げられた星形のヒトデを、ただ黙々と拾い上げ、海に放り投げていた。話しかけようとして言葉を失った著者は、逃げるように宿へもどり、まだほの暗い部屋のベッドの上で思索をめぐらせる。

人間はどこから来て、どこへ行こうとしているのか。著者は人類学者としてヒトの数百万年の道のりや、かつて調査した未開民族の儀式に思いをめぐらせ、科学史家としてダーウィンやフロイトがそれぞれに切り拓（ひら）いた地平を再考し、そして唐突に、幸薄かった母親の遺品を見つめなおす。どこまで考えても絶望感は払拭（ふっしょく）されない。その暗闇（くらやみ）の奥底には、人間が「狩った動物の魂に正統な謝罪をすること」を忘れ、道具が「製作者に対して日増しに復讐（ふくしゅう）を果たす」ようになり、人間は「恐ろしい自由の領域へと足を踏み入れた」という認識があるようだ（本書の数個所で「ヒロシマとナガサキ」がほのめかされている）。

すさまじい思索のはて、「私は小さきものどもを愛する。波にもまれ叩（たた）きのめされるものを」と息をつまらせながら結論し、「科学的遺産の廃棄宣言」にもひとしいと感じながら、海岸の「星投げびと」のところへ戻っていき……。

この本は一章ずつ、ゆっくりとかみしめながら読むべきだろう。私は本書から、本を読むことの、思索することとの奥の深さを教わった。

（原題、The Star Thrower）

評・新妻昭夫（恵泉女学園大学教授）

Loren Eiseley　1907〜77年。人類学者。『ダーウィンと謎のX氏』など。

二〇〇二年一月一三日③

『出版、わが天職』

ジェイスン・エプスタイン 著　堀江洪 訳

新曜社・一八〇〇円

絶望ひっくり返す不敵な73歳

本の文化が崩れかけている。でも、それを支えなおす力は、もうわれわれの出版産業にはない。一年まえ、アメリカ出版界の長老エプスタインが痛恨の思いをこめてこう断じて、大きな反響をよんだ。その日本語版。翻訳の速さに日本の出版人のあせりが反映している。

一九五〇年代、まだ二十四歳だったエプスタインは、大衆本用のペーパーバック形式を高度に知的な本の容器につくりかえて、いわゆるペーパーバック革命の口火を切った。『ロリータ』のナボコフをはじめ、W・H・オーデンやエドマンド・ウィルソンといった人びとが信頼をよせる名編集者でもあった。

さらに六〇年代には、急進派のユダヤ系知識人を結集して書評紙『ニューヨーク・レビュー・オブ・ブックス』を創刊。これに並行して、大手出版社ランダムハウスの副社長として、三十年間、書物産業の最前線で腕をふるいつづけた。革新的な運動組織者にして辣腕（らつわん）ビジネスマン。矛盾する二面のどちらをも捨てようとしなかったところに、かれの不敵な面目があらわれている。

本書の大半を、こうしたかれの出版人生の

キビキビした回想が占める。それはまた、郊外住民を組織した大型書店チェーンが伝統的な街の書店を押しつぶし、かれがつくってきたような硬めの本の出版がしだいに困難になってゆく過程でもあった。ややおくれて日本の出版産業もあとを追う。「本が書店の棚にいられる寿命は牛乳より長くヨーグルトより短い」という苦い冗談を他人事として聞きながせる出版人は、いまの日本には、たぶん一人もいないのではないか。

この紙の本の申し子が、齢（よわい）七十三にして、インターネットによる電子出版に新たな「本の黄金時代」の到来を予見し、そこに向けての活動を開始する。本書のもう一つの読みどころである。出版産業への絶望をどたんばで希望にひっくりかえす腰バネのつよさ。まいった。年寄りの冷や水などといってはいけない。

（原題、Book Business）

評・津野海太郎（編集者・和光大学教授）

Jason Epstein　28年生まれ。編集者として初めて、全米図書賞を受賞。

二〇〇二年一月一三日❹

『ジョッキー』

松樹剛史 著

集英社・一五〇〇円

鮮やかに、初の本格競馬小説

長屋潤の『マジックドラゴン』が第六回の坊っちゃん文学賞を受賞したとき、ここまでくれば本格的な競馬小説が生まれるのも時間の問題かなと考えたことがあるが、まさか本当に出てくるとは思ってもいなかった。それが、第十四回の小説すばる新人賞を受賞した松樹剛史『ジョッキー』だ。二十八歳のフリー騎手中島八弥を主人公にした長編だが、競馬界の内部をここまで鮮やかに描いた小説は初めてといっていい。

これまで競馬小説がなかったわけではない。佐野洋を始めとする競馬ミステリーはあったし、新橋遊吉や阿部牧郎の競馬小説、近年では宮本輝『優駿（ゆうしゅん）』や、鳴海章『輓馬（ばんば）』などの長編もある。しかしそれらは、競馬を見る側のドラマであったり、馬主や厩務（きゅうむ）員を主人公にして競馬以外のもの、たとえば人生を描くことに眼目があったりする小説であった。秀作も数多いとはいえ、競馬を素材にしていても競馬以外の要素が強い作品群だったとも言えるだろう。

ところが『ジョッキー』では、フリー騎手中島八弥を中心に、競馬そのものが語られるのである。逆にいえば、ここにはそれ以外、何もないのだ。その思い切りの良さがこの長編を際立たせていることは特筆しておかなければならない。

騎手が何を考えていて、レースではどういう心理なのか。その駆け引きの中身までもが克明に描かれることに、特に注目したい。レースの中身がここまで緊迫した筆致で描かれたのは初めてではないかという気がする。本格的な競馬小説の誕生、というのはそういう意味にほかならない。

気のいいジョッキーでありながら勝負には執着する青年騎手や、人のいいスタージョッキーの、ほんの少しの意地悪さなど、絶妙な人物造形も驚嘆に値する。

阿佐田哲也の麻雀（マージャン）小説がそうであったように、競馬を知らない人にもこの長編はたっぷりと堪能できるが、知っていればもっと堪能できることも書いておきたい。これが競馬小説だ。

評・北上次郎（文芸評論家）

まつき・たけし　77年静岡県生まれ。本作で小説すばる新人賞を過去最年少で受賞。

二〇〇二年一月一三日⑤

『日銀は死んだのか？』

加藤出 著

日本経済新聞社・一六〇〇円

量的緩和だけでは追いつかない

デフレの進行を止めるために、さらなる金融緩和策がとられている。すでに金利はほとんどゼロなので、金利面での一層の緩和の余地はなく、政策の柱は日本銀行が供給する資金の量を増やすという量的緩和になっている。しかし、この量的緩和策の下で、所期の効果は得られないままに、歪（ゆが）みだけが拡大している。

歪みは、金融機関同士が資金を融通しあう場である短期金融市場で顕著となっている。本書は、その短期金融市場に関（かか）わる代表的エコノミストによって、現在の量的緩和策がもたらしている弊害を警告すべく書かれたものである。

金利があまりにも低くなったので、金融機関にとって短期金融市場で資金を運用しても、事務コストと人件費が金利収入を上回る状態にあり、運用すればかえって損になってしまう。それゆえ、日銀がいくら資金を供給しても、金融機関は手元に死蔵するだけで、資金が市場に流れなくなってきている。すなわち、量的緩和策の下で、結果として短期金融市場は機能を停止しつつある。

短期金融市場は一般にはなじみのない存在のために、この変調もあまり注目されていない。しかし、市場の機能停止が続けば、日銀というよりも市場経済そのものが死ぬことになる。量的緩和策は、こうした犠牲を払ってまでも実施する意義があるものなのか。本書は、日本と米国の歴史的経験を検証しつつ、この問いに否定的な結論を導いている。

今後考え得る追加的な金融緩和策は、「地域振興券を大々的に配布」するに等しいものしかなく、大規模な財政負担につながる可能性がある。したがって、そうした政策をとるとすれば、政府と日銀が共同して責任を負うべきであり、両者間の合意（アコード）を確立することが不可欠である。日銀にだけ責任を押しつけて済むものではない。できれば選挙で是非を問うべきだと、本書は主張する。

マーケットの最前線にいる者が抱く現状の金融政策に対する危機感が、ひしひしと伝わる著作である。

評・池尾和人（慶応大学教授）

かとう・いずる 65年生まれ。東短リサーチチーフエコノミスト。

二〇〇二年一月一三日⑥

『アフガニスタンの仏像は破壊されたのではない恥辱のあまり崩れ落ちたのだ』

モフセン・マフマルバフ 著

武井みゆき、渡部良子 訳

現代企画室・一三〇〇円

もはや読んでも仕方ないのか

「戦争だ」という怒声
「平和だ」という叫び
いつしか大声は消えつつあるとき
　もはや
こんな本を読んでも仕方ないのか
　あの国の隣人による
　短い演説とレポートと
母国イラン大統領宛（あて）の二通の手紙
　これが日常か

「ソ連侵攻開始から現在までの過去二〇年間に、約二五〇万人が殺され、あるいは死んだ。……原因は、軍事的攻撃、あるいは餓死、あるいは医療設備の不足」
「二四時間に七人が地雷を踏む」
「アフガン難民の数は、六三〇万人」
「アヘンが、アフガニスタンが世界の生産物と交換できる唯一の商品……アヘンと北部の天然ガスによって一人のアフガン人が一日に手にできるのは約一〇セント」（数値はすべてあの空爆以前）
　知っていたか

「九月一一日の事件が起こるまで、アフガニスタンは忘れられた国でした」

「神にさえ見放された」人たち

一つの結論

「まだ心が石になっていなかった唯一の人は、あのバーミヤンの仏像だった。あれほどの威厳を持ちながら、この悲劇の壮絶さに自分の身の卑小さを感じ、恥じて崩れ落ちたのだ。仏陀の清貧と安寧の哲学は、パンを求める国民の前に恥じ入り、力つき、砕け散った。……貧困、無知、抑圧、大量死を伝えるために」

中国の諺（ことわざ）に

〈あなたが月を指差せば、
愚か者はその指を見ている〉

「誰も、崩れ落ちた仏像が指さしていた、死に瀕している国民を見なかった」

同胞へ訴える

アフガン難民を「客人」として「飢餓の国」に帰すな「隣人に機会を」

前書きの一節

「あなたの心地よい生活に無関係だと思うなら、どうか読まずに」

二時間で読める薄さ
隣人と呼ぶ小さな声

評・松山巖（作家・評論家）

Mohsen Makhmalbaf 57年生まれ。映画監督。「カンダハール」が公開中。

二〇〇二年一月一三日⑦

『装飾／芸術 19-20世紀フランスにおける「芸術」の位相』

天野知香 著
ブリュッケ・五六〇〇円

たとえば「アンチミスト」と呼ばれたヴュイヤールの室内画、キュビスムの画面に侵入してくる新聞紙や木目などのマチエール、あるいは、人物像と背景の図柄とが渾然（こんぜん）一体となり、遂（つい）には装飾性が画面全体を乱舞するマティス。

つねに「見えている」のに、視線はいつしか素通りし、見逃してしまう細部を、「装飾」の一語を導入し、見直してみる。すると、どうだ。十九世紀から二十世紀へと移り変わってゆく美術の歴史が、装飾を介して芸術／非芸術、作品の自律性や芸術の「純粋性」、さらには近代の芸術観というものがひじょうに鮮明に浮かび上がってくる。しかも、そこには、文学や演劇の影響、テクノロジーの進歩と労働についての考えなども陰に陽にからみあっている。

精緻（せいち）な実証と大きなスケールを持っているがゆえに、かならずしもとっつきやすいとはいえないかもしれないけれど、本書は近現代の美術史を捉（とら）えなおす上で今後必読のものとなるにちがいない力作だ。

評・小沼純一（文芸評論家）

二〇〇二年一月一三日⑧

『生命学に何ができるか』

森岡正博 著
勁草書房・三八〇〇円

いまここで生きている私の生そのものへと直接かかわっていくような学、それを著者は生命学とよぶ。生と死をめぐって錯綜（さくそう）する現代社会の倫理の問題、その「何をどのように」考えればよいのか、が絡んだ糸を解きほぐすように丁寧に論じられていて、とても読みやすい。

意識のある理性的な人間だけを〈ひと〉とみなす生命倫理学の人間観がいかに貧弱なものか、また七〇年代以降主に中絶をめぐって蓄積されたウーマン・リブと障害者たちの言説がいかに実り豊かなものであったか、に驚かされる。生命倫理をめぐる最新の知見が手際よく整理されていて、入門書としても適している。

もし出生前診断が一般的なものになったら、すべての生まれてくる子どもが、その存在を無条件に肯定されるという基本的な安心とよろこびを奪い去られることになるという指摘は、「生命の質」を選択しうるという社会に生きる私たち一人一人に、深く重たい問いを投げかけている。

評・吉澤夏子（社会学者）

二〇〇二年一月一三日⑨

『現代詩文庫　秋山清詩集』

秋山清 著

思潮社・一二六五円

アナーキスト詩人、秋山清（一九〇四～八八）の代表作を収めた詩集。「君の名を誰も知らない。／私は十一月になって君のことを知った」（白い花）。日本が戦争をしていた昭和十九年、縁もゆかりもない人のひとりの死を、区民葬で知り、これを書いた。

刃物をしのばせたテロリストが自分の前を歩く詩「雨」は、「用事のある人や／家に眠りにかえる者の足どりではない」のあとに「それは無味退くつをおもわせる」とつづく。自他の別もない静かな世界だが、印象はとても強い。

「地べたのうえで／そっと背なかをうごかし／全身をおこし／いっせいに立って向うへゆく」（落葉）。落葉が自分を語るというこの詩は「みじかいこの幾日かがたのしかった」と結ばれる。ぼくはこの詩ではじめて落葉というものを知った気持ちになれた。

自然な道筋で配置されていることばは、どれも悲しいほどに洗練され胸をつく。詩を求めるだけではない。詩を、もたらした詩人である。

評・荒川洋治（現代詩作家）

二〇〇二年一月一三日⑩

『あきらめたから、生きられた』

武智三繁 著

小学館・一二〇〇円

あの同時多発テロ事件と報復戦争と、そこから生じたパレスチナ和平の破綻（はたん）は、死をありふれたものにした。そのことの異常さに敏感でありたい、と私は思う。9・11の二週間前、われわれは一人の漁師の無事生還に驚き、喜んだところだったではないか。

三十七日間を小さな漁船で漂流した武智三繁は救助された直後、「人間ってなかなか死なないもんだ」とつぶやいた。意表をつく、だが、実感のこもったいい言葉だった。本書は彼がその体験を語り下ろしたものだ。とりわけ漂流の後半は息詰まる。食べ物も水もない。口が固まる。干し魚を口に入れても、異物にしか感じられない。大量の尿と黒い水のような便が出る。すさまじい暑さ。と、超大型の、しかも一滴も雨を降らさない台風が襲う。

私も彼からじかに聞いたが、ぞっとするような話だ。ところが、本人は書名の通りに感じているだけだと語る。死に鈍感になった人、焦って生きている人に薦めたい本だ。

評・吉岡忍（作家）

二〇〇二年一月一三日⑪

『剣の思想』

甲野善紀、前田英樹 著

青土社・二二〇〇円

二人の武術家が手紙で対話するこの一冊は、剣を語りながら粗雑さとも暴力性とも無縁であり、体技をどこまでも精密な用語で言い取ろうとする言葉の真剣勝負が読者の心にはひびいてくる。

流儀を異にする二人は、剣術の修業がいかに個人の体感を超えて普遍的な問題につながるかを、鍛えられた言葉の立ち合いで示してゆく。

身体文化の根本には歩行があり、西洋移入のスポーツが日本古来の身体の自然を見失わせたとする指摘は新鮮だ。

甲野氏が、右手右足を同時に動かす「ナンバの動き」を見直すのには共感でき、フランス文学者でもある前田氏が、新陰流の刀法は能や茶の湯を生んだのと同じ文化土壌から開花してきた「一種の思想表現」であると主張する言葉はしっかりと論理的である。

剣術が決して「特異な運動世界」ではなく、日本文化深層の「型」と深くつながることを武技の言葉で語りつくす面白さは、世の剣豪小説をひるませるところがある。

評・野口武彦（文芸評論家）

二〇〇二年一月一三日⑫

『世紀』

馬場あき子 著
梧葉出版・三〇〇〇円

著者にとって十九冊目の歌集である。常に意識的な変貌（へんぼう）を遂げて来た馬場あき子だが、一貫して流れるものは弱者への心寄せのやさしさである。とりわけ近年のように、口語を混（ま）じえた軽やかな文体でそれが表されると一層あわれが深い。『世紀』という大きな題名は、そこからこぼれてゆく小さきものをいつくしむためにつけられたかのようだ。

かたつむりと出会ひし蟻は背に上り哲学のやうな静かさを見き

なべ鶴はまな鶴の群れにまじらはずせつせつと食みて黒き親子ぞ

また老年の艶（えん）と呼びたいものが漂う歌もある。放胆でありかつ孤独が感じられる。

業平の恋人だつたかきつばたうちにも一本生えてゐるなり

霞めるを山といふなり春の日の思ひの嵩といはば言はせよ

「霞めるを」の和歌的な味わいの面白さなど、私たちが引き継ぐべき課題であろう。

評・水原紫苑（歌人）

二〇〇二年一月二〇日❶

『すべての道はローマに通ず　ローマ人の物語X』

塩野七生 著
新潮社・三〇〇〇円

繁栄支えたインフラに迫る快作

塩野七生氏の『ローマ人の物語』第十巻は、これまでのように皇帝や英雄ではなく、インフラストラクチャを主人公にしている。インフラを中心とした一巻を書き、それに「すべての道はローマに通ず」というタイトルをつけることは、最初からの構想だったと言う。

ところが、意外なことにほとんど参考書はなく、大いに苦労をした、しかも二千年を行き来して、読者は読みにくいだろうが、我慢して読んでほしいと、著者は冒頭で異例のお断りをしている。しかし、これは出色の巻である。

本書で取り上げるインフラは、ハードでは街道、橋、水道、ソフトでは医療と教育である。なかでも圧巻は街道である。「すべての道はローマに通ず」というよりは、「すべての道はローマに発す」という考え方で、主要街道はローマから目的地まで可能な限りまっすぐに、総計八万キロ建設された。中央に幅四メートル強、対向二車線の車道があり、その両側に排水溝と幅三メートルの歩道がある。車道は四層の基礎の上に七十センチ四方の大石を隙間（すきま）なくはりつめ、排水のため、ゆるやかな弓形となっている。両側の樹木は切り倒して見通しをよくし、また根が伸びて道路にひびが入るのを防ぐ。道路の脇（わき）には石のベンチや墓やマイル塚があり、その外側には松や杉が植えられた。

街道沿いには馬の交換所、飲食所、旅宿が配置された。街道は軍事や郵便だけでなく、一般の旅客にも利用され、そのための見事な地図があった。街道は古代の高速道路であって、人類は十九世紀に鉄道を敷設するまで、これより速い交通手段を知らなかった。それは、ローマの衰退でメンテナンスがなされなくなっても三百年ほどは機能を発揮していた。

要するに、ローマの街道は機能的であり、堅固であり、美しかった。それは誰（だれ）が建設を決定したのか、誰が作ったのか、財源は何だったのか。こうした疑問にも、著者は明快に答えてくれる。

もっとも興味深いのは、こうした見事なインフラを作り出した思想である。

著者によれば、ラテン語にはインフラストラクチャという言葉はない。あるのは、「人間が人間らしく生活するのに必要な大事業」という言葉である。それこそが国家の仕事であった。また富裕者や権力者は、それを負担して国家と人民への贈り物とした。ローマ人の考えた「公共の利益」は、日本における私益の積み重ねとしての公益と、著しい対照をなしている。

その他、橋や水道についての説明も面白いし、カラーの図版や写真も六十ページ以上あって、効果的で美しい。評・北岡伸一（東京大学教授）

しおの・ななみ　37年生まれ。作家。92年開始の本シリーズは2006年に完結予定。

二〇〇二年一月二〇日❷

『人が見たら蛙に化(な)れ』

村田喜代子 著
朝日新聞社・一九〇〇円

モノを生き延びさせる愛と欲望

世界はモノにあふれている。次々に商品化され、買われ、棄(す)てられ、破壊されてこの世からきれいさっぱり姿を消すモノがある一方で、ながく生き延びていくモノもある。面白いのは、後者に属する品々の、多種多様な来歴だ。五十年、百年、ときには数百年の時を乗り越えて輝きつづける真にすぐれた芸術品があるかと思えば、かつては見向きもされなかったのにあたらしい価値観のもとで大化けし、本来とは異なる使われ方のなかで新鮮なよみがえりを果たす日用品もある。

しかし人の手が、欲望が、愛が介在しないかぎり、モノはモノとして、第二、第三の生を獲得できない。古物商、骨董(こっとう)商と呼ばれる人々の存在理由は、そこにこそある。求める人があってはじめて決定される価格の不思議を楽しみ、モノを介した人間関係の機微を味わい、そしてなにより、金銭を超越した美との、予想外の場所での不意打ちのような出会いに魂を震わせること。彼らが追っているのは、究極的にはそんな美の幻であり、一期一会の夢である。

夢である以上、現実との兼ねあいがむずかしい。本書で描かれるのは、ありうべき宝探しに奔走する現代の夢追い人たちの葛藤(かっとう)だ。全国の旧家をまわって市場に持ち込まれる初荷、古窯を盗掘して得られる陶片、浜辺に打ち上げられた海揚げ品、そしてこれも夢のひとつと言えそうな贋作(がんさく)。真贋のあわいをすり抜ける手練手管がたっぷりと示され、同時に、その手管を選ばざるをえなかった人物たちの輪郭が鮮やかに浮かびあがる。それぞれの得意分野にあわせて、活躍の舞台は日本にとどまらず、欧州にも飛ぶ。

フランスの郵便配達夫シュバルは、二十七年かけて、拾った石で奇怪な城を建てた。それを観(み)た登場人物のひとりが、「何というても、作った者が勝ちやな」と呟(つぶや)く。だが本当にそうなのか。誰(だれ)が見ても「蛙(かえる)」でしかない物に圧倒的な才能の結実を見抜く眼(め)がなければ、やはり美は存在しないのだ。創作と批評の、目に見えるドラマがここにはある。

評・堀江敏幸(作家)

むらた・きよこ 45年生まれ。作家。『鍋の中』で芥川賞。著書『名文を書かない文章講座』ほか。

二〇〇二年一月二〇日❸

『オリーヴ讃歌』

モート・ローゼンブラム 著　市川恵里 訳
河出書房新社・二八〇〇円

「聖なる木」から世界が見える

南フランスの風光に魅せられた中年のアメリカ人がプロバンスの田舎に農家の廃屋と土地を買った。偶然生えていたオリーブの古木の世話をしているうちに、しだいに奥深い魅力に引き込まれ、地中海のオリーブ産地を訪ねる旅に出る。

こう書くと、ありふれた美食紀行のようだが、「どこかで聞いた話」と素通りしてしまうには惜しい本だ。通信社の現役ジャーナリストでもある著者が各国のオリーブの村を訪れて目にするのは、思いがけず深刻な光景ばかりだからだ。

たとえばパレスチナからの報告。村は荒れ果てている。「自分たちの文化であり生活そのものだったオリーブの林がイスラエルのブルドーザーによって次々とつぶされた」と人々は訴える。

戦争取材で訪れた旧ユーゴの海岸地帯でもオリーブの大樹は無残な姿をさらしている。わずかな実を食いつないで生きる村人の姿に著者は言葉につまる。

一方で平和な国では冷酷な経済戦争が起きている。スペインなど大産地の生産者は自分たちの誇りであるオリーブ油が外国の巨大企業に買いたたかれ、産地表示されずに売られていく無念さを語る。オリーブによる国づくりに成功した北アフリカのチュニジアでは、外貨獲得の手段にされたためにオリーブオイルは国民の手に届かなくなり、古くからの健康的な食文化が失われたという。

さらに各国の悪徳業者による不当表示や偽ラベル、補助金詐欺など巨大化した業界の暗部の数々。「聖なる木」や「木の女王」とも呼ばれてきたオリーブの現在をとおして浮かび上がるのは、病める現代世界の姿だ。

見かけだけで本の中身は判断できないという見本のようだが、オリーブ好きの読者が手にとっても裏切られることはないかもしれない。影の部分の話が暗いだけに、オリーブの豊かな恵みに触れた光の部分は輝いている。挿入されているオリーブ料理のレシピも、実際に少し試してみたが素晴らしかった。

（原題、OLIVES : The Life and Lore of a Noble Fruit）

評・清水克雄（本社編集委員）

Mort Rosenblum　43年生まれ。AP通信特派員。著書に『セーヌ川の秘められた生活』など。

二〇〇二年一月二〇日④

『近代台湾女性史　日本の植民統治と「新女性」の誕生』

洪郁如 著

勁草書房・九五〇〇円

植民地史を新しい目で内側から

台湾を歩いてきた。沖縄生まれの祖父と母が戦前の台北に長く暮らしていたこともあって、このところ台湾に残された植民地時代の跡をたどっている。

今回の旅で、日本が統治時代に造ったとされる幅広い道路にはそれ以前の記憶、たとえば清朝末期の城壁や町並みが跡を止（とど）めていることを知った。台湾の歴史の重層性をあらためて実感する。

いま台湾では新たな視点をもった歴史研究がすすめられている。先住民の文化や台湾各地方の地域史を掘り起こす作業も活発だという。

著者洪郁如はこう記す。

「日本の植民地統治が台湾人の生活に残した痕跡は、われわれが想像する以上に根が深く、かつ複雑なものだったといえる。だからこそ、『加害』や『被害』の実態究明のレベルに議論を止めるのではなく、台湾人一人一人がかつて辿った軌跡というものを、外からではなく植民地社会の内側から解読しようとする発想への転換が必要な時期に来ていると思う」

本書のテーマは台湾人女性たち、とくに一九二〇年前後の台湾に現れた「新女性」と呼ばれた人々の姿を通して、植民地時代の一断面、さらには台湾社会の変動の過程を描くことにある。

「新女性」とは纏足（てんそく）から脱し、新式教育を受けた女性で、彼女たちは主として高等女学校の卒業生だった。日本と西洋をモデルとし「近代色」を混合した外来文化を受け止め、台湾人エリート層の妻におさまる女性たち。やがて彼女たちは戦時下の銃後活動に組み込まれていくが、国家体制のなかで複雑な立場に置かれる。「新女性」が誕生した背景、それを後押しした都市空間やメディア。そこに生きた彼女たちが求めたもの、そして植民地社会で背負った役割とは何か。

著者は統治下の家族戦略を交え、ときほぐしていく。その視線はまさに「内側」からのものであり、ニュートラルに歴史を見つめる若い世代が出現したことに、私は台湾の「現在」を感じとったのである。

評・与那原恵（ノンフィクションライター）

こう・いくじょ　69年生まれ。東大大学院博士課程修了。共著に『論集中国女性史』。

二〇〇二年一月二〇日⑤

『一つ目小僧と瓢箪　性と犠牲のフォークロア』

飯島吉晴 著
新曜社・四二〇〇円

失われた民俗・伝承の意味探る

一つ目の神や妖怪（ようかい）、裸で囲炉裏を回る行事、柱・瓢箪（ひょうたん）・狐（きつね）・蝶（ちょう）をめぐる伝承など、今ではほとんど失われてしまったフォークロア（民俗）が本書では取りあげられている。

一つ目小僧という妖怪はもはや姿を消した。往年の名優、大友柳太朗の演じた丹下左膳（さぜん）に馴染（なじ）んだ世代としては、一つ目や片腕といった姿に異様さというよりも親しみを覚えるのである。常人とは異なった異形の一つ目の神は、鍛冶（かじ）師が目を痛めて片目になることが多いところから、鍛冶の神に由来するという説がある。だが、片目の武将で、荒々しい霊力を持つ神として信仰された鎌倉権五郎のように、異界から暴力的にこの世に新しい生命や秩序をもたらす媒介者を表象していると著者は解釈する。縦横無尽に暴れまくる丹下左膳は一つ目の神の末裔（まつえい）であったのかもしれない。

正月の夜に男女が裸になって囲炉裏を回る行事はことのほか興味深い。おもに東北地方で大正初期ころまで行われていたが、復活させてもよさそうな行事だ。イザナキとイザナミが柱を巡って国生みをしたと『古事記』に記されているように、男女の性的な結合によって、古い秩序を更新して新しい世界を創出する儀礼と解釈され、東アジアにも似たような神話や儀礼があると指摘されている。

捨てられて顧みられなくなった行事や伝承を掘り起こすことに、どのような意義があるのだろうか。本書で指摘されているように、失われようとしているフォークロアは遠い祖先たちが伝えようとしてきた歴史的な知恵の足跡だ。そこには、中国や朝鮮、シベリア、南洋など日本という島国を越えた様々な文化が混ざり合っている。

この国の現在を見つめ直していくうえでも、志賀直哉が「清兵衛と瓢箪」で描いているが、人間を生みだす卵や宇宙に見立てられる瓢箪を清兵衛が丹精を込めて磨いたように、フォークロアの世界にゆとりを持ってゆったりと浸ってみることが求められよう。

評・川村邦光（大阪大学教授）

いいじま・よしはる　51年生まれ。天理大教授。著書に『子供の民俗学』『竈神と厠神』。

二〇〇二年一月二〇日⑥

『ある男の聖書』

高行健 著　飯塚容 訳
集英社・二六〇〇円

激変の時代を覚めた語り口で

中国人初のノーベル文学賞が授賞されたとき、受賞した作家は亡命者ですでに「中国人」ではなく、「フランス人」という国籍を取得していた。賞の中国語発表にも「中文作家」と、あの大陸の言語によって書かれた文学という含みもあった。

『ある男の聖書』という一人の体験を多角的に回想する複合的な長編小説を読みだすと、たちまち一つの巨大な大陸を渡り歩いているという気持ちになる。大陸が、大陸的なスケールで、小説となった。おどろくほど自然な和訳を通して読んでも、これが大陸で生まれた語り口なのだ、と読者が納得とともに一つの発見の感銘を覚える。

作者が生きた実際の大陸が、隅から隅まで党という「公」の言語に支配された時代を回想するに当たって、「私」の体験を徹底的に語りつくす。その「私」が、しかし「私」ではなく、「おまえ」と「彼」、二人称と三人称とに分かれて、交互に語るのである。

テキストの途中で、作者は自分の営みについて振りかえって、「いわゆる純文学、純粋な文学形式」を実験するために書いているのではない、と断言する。しかし、逆に、「筆を武器にして正義を広めようとは思わない」、創作は「こんな人生の存在を示す」ことにつきると言う。

このテキストは、「私小説」として読める。しかし、文化大革命という二十世紀後半の激変の波に荒らされたあのような膨大な大陸で、高行健の「こんな人生」が展開された。「公」の大義がジグザグに動き出して、そのつどの動きに文字どおり左右される十億人の、しかしその中の一人、頑固なほどに「ある男」たる者の、エロスと思索に満ち満ちた、島国の文学にはなかなか現れ出ないような「私小説」なのだ。

巨大な「公」の場所にあって「公」と「私」が混同しない、きわめて覚めた語り口によって、体験の過去と亡命の現在がつづられる。ここで「中文」文学の現代の世界性が一つ、大きく、見えてきたのである。

（原題、一個人的聖經）

評・リービ英雄（作家）

Gao Xingjian　40年中国江西省生まれ。小説家、劇作家、画家。2000年ノーベル賞。

二〇〇二年一月二〇日⑦

『鏡の中は日曜日』

殊能将之 著

講談社ノベルス・八二〇円

異才・殊能将之の最新作である本書は、読者をとことん翻弄（ほんろう）することを主眼とした、巧緻（こうち）な本格ミステリだ。

一九八七年、鎌倉に住む仏文学者の邸で訪問客のひとりが殺害された。居合わせた名探偵・水城優臣の推理によって、事件は解決されたかに見えた。しかし二〇〇一年、探偵の石動戯作（いするぎぎさく）のもとに、事件の再調査をしてほしいという依頼が持ち込まれる。

犯人は誰（だれ）か、トリックは何か……といった謎（なぞ）解きのパーツを個々に取り出せば案外月並みだが、本書において解かれるべき謎の核は、そもそもこの作品の中で一体何が起こったのかという点にある。

推理の前提となるべき条件が次々と覆され、それに伴って事件の全容そのものが絶えず微妙な変貌（へんぼう）を遂げてゆくのである。その繊細さたるや、オーロラの揺らめきにも似て変幻自在。屈折したユーモアのセンスも含め、尋常ならざる才気に裏打ちされた小説である。現時点での著者の最高傑作ではないだろうか。

評・千街晶之（評論家）

二〇〇二年一月二〇日⑧

『きれいな敬語　羞かしい敬語』

草柳大蔵 著

グラフ社・一四〇〇円

本書は単なるマナー読本ではない。確かに現代日本人にとって、どの単語に「御」をつけ誰（だれ）に「様」を付すのかなど、敬語は難しい言語となりつつある。著者のいう「無言化する社会」とは現代日本人のコミュニケーションの崩壊を予兆しているのかもしれない。著者は場面に応じた敬語の使い方を説くとともに、豊富な引用で「心の言葉」を探る。

昨今、敬語は電子メールソフトを使えば簡単に変換・送信できる。しかし、敬語は自分と相手の立場、そして双方の存在そのものに関（かか）わる「意味のある生活」言語体系である。「日本人の敬語ってうざったい。外国語にはないのでは」と誤解する人に著者は「あなたのおっしゃる日本人って何ですか」と問うているのだ。巻末に付された文学名選から学ぶことも多い。例えば、「こころ」（夏目漱石）に登場する学生の敬語表現は単に媚（こ）びへつらうのではなく自立した人間性を感じる。

次世代を創出する若者にもマジで読んでもらいたい。

評・山内健治（明治大学助教授）

二〇〇二年一月二〇日⑨

『歌右衛門　名残りの花』

渡辺保 文　渡辺文雄 写真

マガジンハウス・三〇〇〇円

中村歌右衛門は昨年春に八十四歳で亡くなったが、晩年の舞台を見た人はその芸の魔術に驚嘆せずにはいられなかっただろう。

例えば、平成二年の「本朝廿四孝（ほんちょうにじゅうしこう）」の八重垣姫。当時七十三歳。皺（しわ）だらけの顔をマッシロに塗り立てた姿は異様だが、それがいつしか十七、八の清純でいちずなお姫様に見えてしまったという不思議。

私はそれを錯覚だと思った。芸の力でそういう錯覚を与えているのだと思った。ところが驚いたことに、この本に収められた写真には、ほんとうに娘らしく美しい歌右衛門の姿がある。肉眼で見逃した一瞬が、写真ではちゃんと記録されていた。

著者は、その不思議をギリギリまで技術論的に解明しようとしている。「後ろへ廻す手のヒラヒラが五十七年には一度だった。しかし平成元年には前後二度になっている」と書くほど、よく見て来た人である。写真と文章が同等の重みで迫って来る。時に息苦しいほどの厳密さ。圧倒された。

評・中野翠（コラムニスト）

二〇〇二年一月二〇日⑩

『子規選集④　子規の俳句』

正岡子規 著

増進会出版社・三七〇〇円

今年は正岡子規の没後百年。その記念すべき年は「仰臥漫録（ぎょうがまんろく）」発見のビッグニュースで始まった。そして、野球殿堂入りの話題が続いた。

「仰臥漫録」は晩年の病床日記。長く原本の所在が分からず、子規ファンや研究者はその出現を待望していた。その日記には、たとえば次のような句が記されている。「枝豆ヤ三寸飛ンデロニ入ル」「枝豆ノツマメバハヂク仕掛カナ」。子規は枝豆と無邪気に戯れている。

右の枝豆の句などを積極的に選んだのが大岡信の編集したこの『子規の俳句』。一九〇二年九月に三十五歳で死去した子規は、二万三千を越す俳句を残した。大岡はその中から千四百句を選んでいる。

今日、広く親しまれている子規の句集は高浜虚子選の『子規句集』（岩波文庫）。この句集には枝豆の句がない。つまり、枝豆の句を選ぶことで、大岡は新しい子規像を提示したのだ。大岡は解説で、「軽快に働く想像力」が子規を支えていた、と説く。

評・坪内稔典（俳人）

二〇〇二年一月二〇日⑪

『シベリアの旅』

C・サブロン 著　鈴木主税、小田切勝子 訳

共同通信社・二六〇〇円

「究極の外国」シベリア。茫漠（ぼうばく）、酷寒の風土と政治犯の流刑地として閉ざされてきた歴史が、旅に深く刻まれる。ソ連時代には外国人の自由な旅行が禁じられていた。

イギリスの紀行作家である著者はソ連崩壊後、ニコライ皇帝一家が惨殺されたエカチェリンブルクを皮切りに、シベリア横断鉄道を東進する。北極圏にある炭鉱と強制収容所の町ヴォルクタに飛び、人工ＳＦ都市アカデムゴロドクやレーニン流刑の地シュシェンスコエを訪ね、ついにはバイカル湖からハバロフスクを経て、オホーツク海に面した収容所と鉱山の町マガダンに至る。行く先々で様々な民族、境遇、年代の人々、住民たちと交流する。

共産主義の傷跡の上に芽生えたものを探ろうとするのだが、秩序とディシプリンの崩壊がもたらした当惑と不安、過去への郷愁ばかりが目に付く。シベリアの自然や風景、帝政、共産主義時代の歴史的エピソードも興味深い。

評・葛西敬之（ＪＲ東海社長）

二〇〇二年一月二〇日⑫

『イヴの七人の娘たち』

B・サイクス 著　大野晶子 訳
ソニー・マガジンズ・一六〇〇円

私たち人間はすべて、約15万年前にアフリカで生きていた「イヴ」と呼ばれる一人の女性を共通の祖先にもつ、という研究は15年前に本紙でも報じられたことがある。

著者たちのオックスフォード大分子医学研究所での最新の研究によると、現代ヨーロッパ人の95％は、約4万年前までさかのぼると、イブの血を引く7人の女性のいずれかにたどりつけるのだという。

なぜ、そんなことがいえるのか。その手がかりは、細胞内のミトコンドリアと呼ばれる小器官の遺伝子にある、とだけいっておこう。

91年にアルプス山中で発見された「アイスマン」の五千年前の死体や、ポリネシア人のルーツ探しなどの話題をまじえながら、スリラーまがいの手法で、そのなぞ解きを楽しく読ませてくれるのが、この本の真骨頂なのだから。

私たち人間は、だれもがつながっている。遺伝子は何千世代、何百万という生命によって届けられた贈り物なのだ。

評・泊次郎（本社編集委員）

二〇〇二年一月二七日①

『皇后の肖像　昭憲皇太后の表象と女性の国民化』

若桑みどり 著
筑摩書房・三八〇〇円

明治国家が演出した「女性の手本」

さしずめいまなら「皇后・美子（はるこ）さま」と慕われて、週刊誌のグラビアを飾ったり、ファッションが話題になったり、皇室ジャーナリストがテレビで「おやさしいお人柄」を語ったりしたことだろう。もちろん当時は週刊誌もテレビもなかったが、民衆のためのメディアはちゃんと用意されていた。公式的な記念撮影に相当する石版画。天皇家の近況を伝える大衆ジャーナリズムとしての錦絵。いわば元祖「皇室アルバム」ですね。

「美子さま」とは昭憲皇太后、すなわち明治天皇妃のこと。近代国家が形成されていく過程で、天皇ならぬ皇后がはたした役割とは何だったのか。『皇后の肖像』は、御真影からはじまる多様なビジュアル・メディアを通して、皇后の広告塔的な機能を明るみに出した、鮮やかな近代国家論／女性論である。

若桑さんの解読が入ると、どんな図像も必ず新しい意味をおび、輪郭がはっきり見えてくるから不思議。天皇が軍服の洋装を一貫して正装としたのに対し、皇后のファッションは、儒教的な「婦徳」を体現する和装と、近代化・国際化を象徴する洋装を使い分けることでなりたっていた。和洋の二重性は他の領域にもおよぶ。儒教書を愛読し、歌を詠み、和漢洋の婦女列伝『婦女鑑』を編ませて婦女の道を説く皇后。一方、石版画や錦絵には、一家団欒（だんらん）の図のほか、ときに殖産興業の推進者として富岡製糸場を訪れ、ときによき看護者として野戦病院を見舞う姿が描かれている。良妻賢母にして、日本女性の手本となった美子さま。

あ、でも誤解しちゃだめ。こういう皇后像を「すばらしい」と感じるとしたら、それ自体、「女はかくあるべし」という罠（わな）に（あるいは国家的な戦略に）私たちがハマっている証拠なのですよ。

改めてそういう目で見ると、天皇皇后像およびロイヤル・ファミリー像がもつ世界史との連続性に驚き、苦笑なしには鑑賞できなくなってくる。王侯貴族を描いた西欧の肖像画や宗教画と、それらのなんと酷似していることか！　たとえば薔薇（ばら）と本を傍らに置く洋装の美子皇后像と、ルーブル美術館にある有名なポンパドゥール夫人像との類似。

この連続性はしかし、西欧絵画との間にだけ認められるわけではない。美子皇后をめぐる図像と言説は、平成の「美智子さま」や「雅子さま」をしばしば想起させ、「ん、これは現代の話？」という錯覚に私は何度もとらわれた。おりしも内親王の誕生にわく平成のニッポン。皇后像が「女性の国民化」に利用された歴史の苦さを、本当はいまこそ思い起こすべきなのかもしれない。

評・斎藤美奈子（文芸評論家）

わかくわ・みどり　35年生まれ。千葉大名誉教授。著書に『象徴としての女性像』ほか。

二〇〇二年一月二七日❷

『ヨーロッパ覇権以前　上・下　もうひとつの世界システム』

ジャネット・L・アブー＝ルゴド 著
佐藤次高ほか 訳
岩波書店・各二八〇〇円

ゆるやかで対等な世界システム

ブローデルの『地中海』（浜名優美訳、藤原書店）やウォーラーステインの『近代世界システム』（川北稔訳、岩波書店）あたり――正確には、邦訳が出た一九八〇年代あたり――から歴史学や社会科学が面白くなってきた。私たち素人にも興味のもてる巨視的な視点がとられるようになったからである。それに応じて本がやたらに厚くもなってしまったが。

だが、この二つの本には、まだどこかにヨーロッパ中心主義が残っている。ウォーラーステインの言う〈近代世界システム〉とは、西ヨーロッパを中核に十六世紀に成立し、五百年以上生き延びて地球全体を呑（の）み込むまでになった経済システムのことだが、彼はこれを世界史上、唯一例外的なものだと言う。

これに対して、本書の著者アブー＝ルゴドは、すでに十三世紀に北西ヨーロッパから東南アジア・中国にまで及ぶ、多くのサブシステムからなる、もっとゆるやかな世界的経済システムが成立していたと主張する。

そのサブシステムとは、①ヨーロッパ、②地中海、③中央ユーラシア、④ペルシャ湾、⑤紅海、⑥インド洋、⑦東南アジア、⑧中国を舞台にするものである。その陸路・海路を商人たちが往来して、たがいに対等の力関係で交易するそうしたサブシステムがゆるく結びつき、独占的な覇権などの存しない統一的な世界システムが成立していたというのだ。ジンギス汗やマルコ・ポーロ、シンドバッドの時代だと聞けば、ある程度納得もいく。刮目（かつもく）すべき新説である。

史料の乏しさにもめげず、著者はそれぞれの地域の生産技術や交易のしくみ、商業ルート、国家の役割などを手段を尽くして調べあげ、いきいきと描き出す。

近代ヨーロッパの覇権の確立にしても歴史の必然ではない。黒死病による人口の激減などで旧システムが衰退したあと、それによって養われてきたヨーロッパがたまたま肥大しただけの歴史の偶然なのだと著者は説く。ますます歴史が面白くなりそうだ。

（原題、Before European Hegemony）

評・木田元（哲学者）

Janet L. Abu-Lughod　28年生まれ。都市史学者。

二〇〇二年一月二七日❸

『神戸市街地定点撮影　1995―2001　復活への軌跡』

関美比古、高橋勝視 著
毎日新聞社・二三八一円

忘れていた光景が突然蘇った

大震災の翌日未明、私は実家のある神戸の町に車を走らせた。トランクには食料品や水を詰め込んでいた。阪神高速道路が倒れたニュースを聞いて初めて、ことの重大さに気づき、慌てて買い集めたものだ。神戸で生まれ育ち、そこから五十キロほど北にある町に住んでいた私ですら、最初の反応は鈍かった。

六甲山を越えるまで、いつもと同じ景色が続いたと記憶している。ところが、市街地に入ると、景色は一変した。家屋が倒壊し、アスファルト道路は波打っていた。朝六時頃（ごろ）には灘区にある実家に到着した。人々は余震を恐れて家から出て、情報を求めて街角に集まり、寒さをしのぐためにたき火を囲んでいた。たき火を見たのは本当に久しぶりのことだった。私を見つけた近所の人たちは、誰々（だれだれ）さんの家が倒れた、誰々さんは亡くなったらしいということを教えてくれた。

あれから七年。見かけの上では、神戸の町はかなり立ち直った。そして、あの時見た光景も私の記憶のなかで薄らいできている。神戸に住んでいないこと、近親者が幸い無事であったことが大きい。

本書は九五年一月十七日の阪神・淡路大震災以降の神戸の町を、被災地ごとに、カメラを同じ位置・方向に据えて撮影した記録である。倒壊・焼失した瓦礫（がれき）が積み重なる様、瓦礫が撤去された跡の更地、そして建物が建築されていく様子がよくわかる。復興の進捗（しんちょく）度が地域によって違うこと、地域によってはまだ多くの更地が残っていることなど、町を物理的に復活させることさえ、一筋縄ではいかないこともよくわかる。

実はこの本で私の目をくぎづけにしたのは百ページ目の写真である。実家のすぐ近所の家が写されていたからである。あの日の光景が突然に蘇（よみがえ）った。同時に、忘れかけていた自分に気がついた。

「あとがき」によれば、被災地を撮り続けたカメラマンは昨年、海外での事故で亡くなり、同僚がその後を引き継いだという。二人のカメラマンに感謝したい。

評・真渕勝（京都大学教授）

せき・よしひこ　1970〜2001年。元毎日新聞写真部員。
たかはし・かつみ　52年生まれ。同ビジュアル編集室。

二〇〇二年一月二十七日④

『2ちゃんねる宣言　挑発するメディア』

井上トシユキ＋神宮前.org著
文芸春秋・一四七六円

談論風発ルール無用の匿名空間

「2ちゃんねる」というのをご存じだろうか。月三百万人近くが利用する巨大インターネット掲示板である。現象論的には、「ハッキングから今晩のおかずまでを手広くカバーする巨大掲示板群」で、特に完全匿名可能という点で世界でも珍しいタイプの超巨大テキストコミュニケーション空間だ。そして、その本質はコンテンツ。これは多様すぎるぐらい多様。とても一言では言えない。

本書はその2ちゃんねるのレポート。読み進めるうち、これは一種のネットワークゲームのような気がしてきた。ルール無用の討論（闘論？）というゲーム。ルールのあるディベートではない。時間も空間も地位も名誉もすべての制約もしがらみもない。匿名なので、議論に負けたら、次の名前（ライフ）になるだけ。だからプライドから血を流さずに逃げ出せる。そしてレベルアップすれば固定名になり、さらに実名参加する。逃げられないかわりに敬意が払われる。

討論は元々情報のやりとり。ネットワークでのバトルロワイヤルで磨かれれば、実際の討論でも有用。それを感じさせるのが、本書の2ちゃんねるの運営人「ひろゆき」（ちなみに実名）と何人かの有名文化人との対談のパートである。内容がというよりその流れが面白い。単なる箔（はく）づけではなく立派なネタになっている。無名に近い若者の一見自然体の前で、討論のプロたちの方がワザをはずされ守りに入ったり、さらには取り込もうと深追いして醜態をさらしたりする。二十四歳にこういう討論の力があるとすれば、素養はあったにしても、2ちゃんねるで磨かれた部分も多いはずだ。教条主義でも、激するわけでもなく、なおかつ自己を確立して冷静に議論ができる。

有名キャスターで2ちゃんねるを「便所の落書き」と揶揄（やゆ）した方がいるが、いやいやどうして、こういう若者を生む場になっているという意味で、2ちゃんねるはいまの日本にとって貴重な存在。まあ、便所もないと困るもの、ではある。

評・坂村健（東京大学教授）

いのうえ・としゆき　64年生まれ。ライター。
神宮前.org　2ちゃんねる管理人西村博之らのボランティア組織。

二〇〇二年一月二七日⑤

『仕事のなかの曖昧な不安　揺れる若年の現在』

玄田有史 著

中央公論新社・一九〇〇円

定説覆す複眼的な「若者論」

▼長引く不況下での終身雇用・年功序列の崩壊によって、中高年の失業・雇用不安が深刻化している。

▼一方、若年の失業・転職は、雇用市場の流動化・成果主義の導入・就業のミスマッチによる「自発的」なものであり、中高年ほど深刻なものではない。

▼就業意識の薄いフリーターや、親に寄生して仕事を趣味化するパラサイト・シングルの増大も、それを裏付けている。

▼フリーターやパラサイトは、不況と少子高齢化の進む雇用環境をさらに悪化させ、中高年を圧迫している。

　これらの定説を、あなたが一つでも信じているなら、ぜひこの本を読んでみてほしい。各章末の専門的なデータ分析は読み飛ばしてもいい。それでも面倒なら、わざわざ「十七歳向け」の平易な言葉で書かれた終章だけでもいい。漠然と信じていたはずの「定説」のことごとくが、根こそぎにされてしまうはずだ。

　曰（いわ）く。終身雇用・年功序列は崩壊などしていない、中高年の雇用は悪化するどころか手厚く保護されている、それが既得権化して若年の雇用機会を代償的に奪っている、世代間の「仕事格差」拡大や人材育成なき成果主義が若年層に過剰労働を強いている、フリーターもパラサイトもそれらの結果にすぎない……。

　「みんな大人が悪いんだ」的な、若者に媚（こ）びた若手経済学者の一方的極論、と思いたくもなるが、すべてが詳細なデータに裏打ちされている。もちろん著者は「団塊世代の陰謀」説を唱えて世代間戦争を煽（あお）りたいわけじゃない。なにかにつけ、〈構造〉より〈意識〉ばかりが問題にされてしまう「いまどきの若いモン」の仕事環境に、構造的・実証的・複眼的な、つまりフェアな視座を持ち込んだだけだ。「やつらに〈公〉を叩（たた）き込め」とばかりに百年一日の精神論を振りかざす代わりに、彼らの「曖昧（あいまい）な不安」に形とささやかな処方を与えただけなのだ。

　それにしても、タイトルが仮に『若年雇用不安の虚像と実像』だったら、出あえなかったかも。

評・山崎浩一（コラムニスト）

げんだ・ゆうじ　64年生まれ。ハーバード、オックスフォード大客員研究員を経て学習院大教授。

二〇〇二年一月二七日⑥

『日本が見えない　竹内浩三全作品集』

竹内浩三 著　小林察 編

藤原書店・八八〇〇円

ひょんと消えた命、今なお輝く才

　作者の名を知らなくても、「骨のうたう」という詩を知る人は少なくないだろう。一度読めば、忘れるのは難しい。

「戦死やあわれ／兵隊の死ぬるや　あわれ／遠い他国で　ひょんと死ぬるや／だまってだれもいないところで／ひょんと死ぬるや」

　一兵卒の死をこれほど哀切、酷薄にとらえた詩はない。骨になった兵士は白い箱で帰国し、勲章をもらう。詩は骨が見る戦後の眺めを次のようにうたう。

「がらがらどんどんと事務と常識が流れ／故国は発展にいそがしかった／女は　化粧にいそがしかった」

　その詩のごとく竹内浩三の命は45年4月、フィリピン山中に「ひょんと」消えた。この本は、23歳で戦死した著者の創作、日記やマンガにいたる全断簡を網羅した７００ページの墓碑である。

　伊勢に生まれた著者は、幼時から画才を発揮した。さっと描く似顔絵が、巧まずして人の個性をあらわにした。日大映画科に進んで書いた小説や詩もそうだ。天衣無縫に筆を進め、推敲（すいこう）もせず、のびやかな筆に才能の断片がきらめいた。

皮肉にもその才能が結実したのは、軍に入営後だった。猛訓練の合間、2冊の手帳につけた「筑波日記」は、軍を内側から照らす比類ない精神の記録になった。食べ物の名だけを羅列した日もある。こう歌った日もある。「ボクハ兵隊／風ノ中／腹ノカナシミ／腹ノサビシミ」。不器用な彼は、生涯一兵卒だった。反戦を声高に歌うこともなく、線香花火のようにかぼそい自分の命を淡々と見つめた。そうすることで、彼が「悪の豪華版」と呼ぶ戦争の真実の姿を描ききった。

昨夏竹内の未発表詩が発見された。表題になったのは、戦地から帰る魂がうたう詩だ。「日本よ／オレの国よ／オレにはお前が見えない（略）／オレの日本はなくなった／オレの日本がみえない」

50余年封印された彼の声は、今吹き過ぎた風のように新鮮だ。埋もれた詩が発掘されたのではない。時代がようやく詩人に追いついたのだ。

評・外岡秀俊（本社編集委員）

たけうち・こうぞう 1921〜45年。三重県生まれ。42年、友人らと「伊勢文学」創刊。

二〇〇二年一月二七日⑦

『先端医療のルール』

橳島次郎 著

講談社現代新書・六六〇円

クローニングや臓器移植など、いわゆる先端医療に関する各国の法規制を子細に比較。背景にある価値観も含めてそれぞれの差を明らかにしていく本書の手法は、日本の法制度のバランスを欠く在り方も炙（あぶ）り出さずにはいない。

たとえば生殖技術を巡る法規制では「子どもがほしい大人と、産ませたい産婦人科医の意思が優先され」、実験的医療に邁進（まいしん）する大人たちの権利が擁護される一方、安全に生命を授かり、心身共に健康に育つ当の子供の権利が軽視されがちだと著者は指摘する。

今まで「したくても出来なかった」ことを実現可能とする先端技術分野だからこそ、一部個人の要求のみを優先させず、権利を公正・公平に調整するルール作りが必要だ。技術の行き過ぎを諫（いさ）め、「出来る」ことと「すべき」ことを区別する「倫理」的視点も強く問われよう。そうした課題にいまだ応（こた）えていない日本の法制度の不備を訴える本書が、幅広い議論を導く役目を果たすことに期待したい。

評・武田徹（評論家）

二〇〇二年一月二七日⑧

『音楽㊙講座』

山下洋輔ほか 著

新潮社・一四〇〇円

他流試合ならではの、マジックにあふれた音楽をめぐる饗宴（きょうえん）。フリーフォームのエネルギッシュな演奏で知られるジャズピアニスト山下洋輔が、茂木大輔（N響オーボエ奏者）、仙波清彦（パーカッショニスト・囃子方〈はやしかた〉）、徳丸吉彦（音楽理論家）の三講師と対談を進める。オーケストラや和太鼓との共演、エッセイに研究論文、映画、絵本と、多方面へのボーダー越えを果たしている山下だけに、対話の土俵には洋々たるものがある。

印象深いのは、四人が各々（おのおの）の地点に足をふんばり、思案する姿だ。「外の世界を見ている分、クラシックはどうあるべきかを考える」（茂木）、「ロマの研究で成果がでてこないのは、研究者がロマになってしまい、こちらに帰ってこなくなるから」（徳丸）――。

「越境」という危険な魅惑に導かれ、傾（かぶ）きつづけることへの迷いと決断の数々。「何を暴かれても最後に自分の持っているものが残る。でもそれは絶対にわからない」（山下）。

評・栗原詩子（九州芸術工科大学助手）

二〇〇二年一月二十七日⑩

『戦後メディアの読み方』

山中正剛、石川弘義 編
勁草書房・二八〇〇円

マスコミ研究は若い学問である。日本でマスコミ研究が本格的に行われるようになったのは、南博らによって米国の研究が輸入されてから。彼らを第一世代とすれば、彼らのもとで学んだ第二世代の研究者たちは、戦後のマスコミの成長を肌で感じながら、研究を続けてきた世代と言えるのかも知れない。この第二世代にあたる五氏が、「自分史」を通してジャーナリズム、放送、映画、広告、性意識というテーマで、戦後社会とメディアのかかわり、研究の方法を論じたのが本書である。

筆者の一人、野崎茂は「時代から研究課題をあたえられた」と評するが、自分史からのアプローチは、その思想や研究を人間味豊かに解き明かす手法だろう。その野崎は、敗戦直後、鎌倉アカデミアというユニークな学校で、三枝博音（文明論）との濃密な師弟関係を結ぶ。そこで学んだ思考技術がその後、メディア発展を説くメディア・マトリックス論や映像アーカイブ構想に結びつくという話も面白い。

評・音好宏（上智大学助教授）

二〇〇二年一月二十七日⑫

『本田靖春集1　「誘拐」「村が消えた」』

本田靖春 著
旬報社・三八〇〇円

吸う息がある。吐く息もある。沈黙もあればつぶやきもためいきもある。相手の表情を、この作家は見逃さない。著作集（全5巻）第1巻に収められた作品を読み、改めてそう思った。

「誘拐」は、63年の「吉展ちゃん誘拐事件」を。「村が消えた」は、青森県・むつ小川原のある村が、巨大開発計画に呑（の）み込まれていった（73年）歴史を。

誘拐犯、子供を失った家族、警察組織、社会の動向を重層的に刻んでいく。「十万円ばかりの借金」返済が犯行の動機だ。貧しさが、あちらこちらにあった時代の匂（にお）いが立ちあがってくる。後者は、文字通り、村が消える。「農村恐慌から満州移民、敗戦、戦後入植へと続く変遷」、そして、その開拓村が、またもや国の政策で消滅した。その村79戸を追う。そこにある79の家族を見つめる。

著者の、自分が生きている時代と人と心を描こうという思い。それが作品の底に流れ、記録性をより強めている。

評・中川六平（編集者）

二〇〇二年二月三日①

『蜩（ひぐらし）　慶次郎縁側日記』

北原亞以子 著
新潮社・一七〇〇円

哀しい現実の諸相、たっぷりと

北原亞以子が書きつづけている「慶次郎縁側日記」シリーズも本書で第五作となった。このシリーズの特徴は、著者のもう一つの代表作である「木戸番小屋」シリーズがお捨と笑兵衛という事態解決役の夫婦を持っているのに比べ、こちらにはそういうまとめ役が不在であることだ。元南町奉行所同心の森口慶次郎や、その義理の息子晃之助がもちろん事態を解決することはあるけれど、そういう展開は思ったほど多くない。

下手人を捕まえることよりも下手人を作らないことが大切だと考えて、仏の慶次郎という異名を持つ森口慶次郎は、いまは静かに余生を送っているものの、このシリーズ第一作の冒頭を飾った短編「その夜の雪」に漲（みなぎ）っていた激しさが、まだどこかに漂っている。それを、行き場のない感情と言い換えてもいい。だから、いまは隠居の身で、なにひとつ不自由のない生活を送っているようではあるけれど、この男もまた、多くの庶民たちと同様に、とがった感情をかかえたまま彷徨（ほうこう）を続けているといってもいい。

このシリーズで、行き場のない感情をかかえたまま生きていかねばならない人間たちの姿が描かれることになるのもそのためだろう。

甘い解決は用意されていない。「木戸番小屋」シリーズが全体にほのぼのした雰囲気が漂っているのはお捨と笑兵衛という夫婦を軸にしているからだが、そういう物語的装置をあえて外している「慶次郎縁側日記」では、淋（さび）しく哀（かな）しい現実の諸相が鮮やかに描き出されるのである。つまり、このシリーズにおける慶次郎は観察者なのだ。

そういう物語構造を持っているので、脇役（わきやく）たちが活躍するのもこのシリーズの特徴だ。慶次郎が頼りにならないなら、誰（だれ）かが出ていかなければならない。かくて脇役たちの出番となる。そのもっとも印象深い脇役が、吉次だ。十手をちらつかせては商家をゆする悪党だが、陰影に富む魅力的な男でもある。北原亞以子のことであるから、このあたりの造形は群を抜いてうまいけれど、時には慶次郎には出来ない解決方法を繰り出して、悩み苦しむ人間のささくれだった感情を宥（なだ）めたりする。

今度の『蜩』ではその吉次が所帯を持つからびっくり。その相手はほんの少ししか登場しないが、おそらく次作あたりで、このヒロインを主人公にした短編が書かれるに違いない。本書に収録の十二編、いつものように庶民たちの哀歓が鮮やかに描かれて、たっぷりと読まされる。うまいなあ、北原亞以子は。読み終えると、思わず、ため息をつくのである。

評・北上次郎（文芸評論家）

きたはら・あいこ　38年生まれ。作家。『恋忘れ草』『江戸風狂伝』など。

二〇〇二年二月三日②

『生命進化8つの謎』

J・メイナード・スミス＆エオルシュ・サトマーリ 著
長野敬 訳
朝日新聞社・二〇〇〇円

壮大なドラマを貫く情報理論

生命の誕生から言語の起原まで（原著の副題）を論じる本書は、ダーウィン『種の起原』の末尾の一節を想起させる――「生命が最初ただ一個のものに吹きこまれ、かくも単純な発端からきわめて美しく驚嘆すべき無限な形態が生じたという見方には、壮大なものがある」。

三十数億年におよぶ地球生命史は、それだけで壮大だ。しかし壮大が茫漠（ぼうばく）とならないためには、一貫した論理で編まれねばならない。またそうでなければ、一冊の書物におさまるはずもない。ダーウィンは「進化の自然選択説」によって「壮大な物語」をまとめあげ、本書の著者たちは近年急速に発展した情報理論を適用し、地球上の生命史には「情報の貯蔵と伝達の方法」に八段階の大きな変化があったことを論証していく。その背景には、十九世紀はエネルギー形態の転換の時代（たとえば蒸気機関は、燃焼による化学エネルギーを運動という力学エネルギーに転換する）、二十世紀は電話からコンピューターにいたる情報形態の転換の時代だという認識がある（わたしはこの書評を、打ち込まれたビット情報を文字情報に転換する装置で書いた）。

ダーウィンは改版のさい、批判に妥協し「造物主によって」という言葉を右の一節に挿入したが、一世紀半後の本書はこの言葉を完全に却下する。もちろん『種の起原』がそうだったように、本書の大半は仮説の羅列といってよい。しかし、ほとんどの仮説は実験による検証が可能なかたちで提示され、見込みのある「壮大な仮説群」となっている。理科嫌いの人には、邪道だとは思いつつ、最終章「言語の起原」から読むことを勧める。

著者の一人メイナード・スミスの若いころの専門は航空工学。その後、動物学に転じ、昨年、動物の行動の進化を経済学のゲーム理論で説明した功績により、京都賞を受賞した。つねに斬新（ざんしん）な発想と緻密（ちみつ）な論で知られた老学者（一月六日が八十二歳の誕生日）が、理論生物学の若き俊英と手を組み、地球生命史に新たな地平を拓（ひら）いた。

（原題、The Origins of Life : From the Birth of Life to the Origin of Language）

評・新妻昭夫（恵泉女学園大学教授）

John Maynard Smith　進化学者。
Eörs Szathmáry　数理生物学者。

二〇〇二年二月三日③

『文楽の男　吉田玉男の世界』

吉田玉男、山川静夫 著
淡交社・二八〇〇円

大阪言葉の味わい、初の芸談集

驚くことに吉田玉男はじめての芸談集である。現在、文楽人形遣いの最高峰だけに自伝や芸談の申し込みは数多いはずだが、断ってきたようだ。

もっとも本にまとまっていないが、三年前の秋から『国立劇場上演資料集』に「玉男芸話」（聞き手　森西真弓）を連載している。劇場公演の出し物に合わせ、役の工夫、型、先輩や師匠の芸などを語っている。しかし「ですます」調に整理したために、玉男の人柄はいま一つ伝わらない。資料性は高いものの注釈や解説はなく、よほどの文楽ファンでないと理解できない部分が多い。

ここが芸談を活字にする難しさだ。

山川静夫はよくこころえている。まず自らの文楽観劇体験を語りながら、演目の内容にふれ、戦前からの文楽の流れをエピソードを混じえて綴（つづ）り、玉男と他の人形遣いの動きの違いを説明し、その上で、聞き書きを入れる構成を採った。しかも玉男ファンのために、彼の柔らかな大阪言葉をそのまま活（い）かした。

玉男がなに気なく口に出す言葉に味がある。

『天網島』の治兵衛より、僕これ（『冥途の飛脚』）好きでんね。……忠兵衛、これは単純な恋愛でっしゃろ」「（人形遣いが顔を出すことには）黒衣にしたことないことがあるね」「（好きな役はの問いに、『源平布引滝』の瀬尾十郎など悪役を即座に挙げ）三悪人、好きやねん。ものすごい悪党ばっかり。こんなん遣（つこ）うたら面白いな」

近松物の二枚目の艶（つや）っぽさや菅丞相（かんしょうじょう）の品格の大きさに心揺るがすファンとしては驚く。しかしこの素直な話しぶりのなかに、それぞれの役に独自の解釈を加え、先輩の芸でも納得しなければすっぱりと変え、人形遣いの地位を確立した玉男の〝性根の深さ〟もうかがえる。

山川の観劇ノートが公開されている。浄瑠璃に合わせ、人形の所作を細かく記している。こちらは見巧者の性根だ。私のような半端なファンにはまだ理解の及ばぬ話も多い。しかしそこがこれから見る文楽の楽しみだ。

評・松山巖（作家・評論家）

よしだ・たまお　19年生まれ。文楽人形遣い。人間国宝。
やまかわ・しずお　33年生まれ。エッセイスト。

二〇〇二年二月三日④

『不可能な交換』

ジャン・ボードリヤール 著　塚原史 訳
紀伊国屋書店・一八〇〇円

臨界点越えた世界の危機を予測

国際情勢から文化や人間の関係まで、現代の社会は方向性を失って迷路に入りこんだように見える。なぜ世界はとらえどころがなく不確実なものになってしまったのか。簡単には答えが見つかりそうにもない深刻な問題に思想的に取り組んだ野心的な論文集。独特の難解な哲学や美学の用語についていくのは容易ではないが、大胆な発想の断片からでも十分に知的刺激を受けることはできる。

たとえば「安心できる世界は終わりを告げた」と著者は言う。現代の情報社会では、すべての世界が目に見えるものや記号に置き換えられ、メディアは「表現されることを望まないものまで力づくで表現しようとする」。その結果、人々は異常な出来事を待ち望むようになり、情報の過剰が「出来事の過剰」を生みだしてしまうのだという。

あるいは「現代人は臨界点を越えてしまった」「原初の炎への回帰が始まるだろう」と記す。論文集が同時多発テロの2年以上も前に書かれたことを考えると、著者の時代の先を読む力量は素直に認めなければならないだろう。

気にかかるのは、リアルな世界が仮想の世界に置き換えられて消滅したように、人間も個人としての姿を見失ってしまったという分析だ。現代人は学校やメディアや大衆文化によって、たがいに均一なコピーになりつつあると著者は言う。そのために人々は、自分の身体や精神を痛めつけることで個人としての存在を確認したり、何かに身をゆだねたりする衝動にとらわれかねないと危惧(きぐ)する。不気味な未来図というしかない。

現代人は悪の力を恐れるが、「来るべき世界で避けられないのは、善の力による圧迫のほうなのだ」という指摘もどきりとさせられる。昨年末にパリで著者にインタビューする機会をもったが、好奇心と知的情熱は70歳を過ぎても衰えを感じさせなかった。歴史が転換期を迎えたいま、知の策略者ボードリヤールの時代が再びやってきたのかもしれない。

(原題、L'Echange impossible)

評・清水克雄(本社編集委員)

Jean Baudrillard 29年生まれ。社会学者。著書に『消費社会の神話と構造』など。

二〇〇二年二月三日⑤

『人口減少の経済学 少子高齢化がニッポンを救う!』

原田泰 著

PHP研究所・一五〇〇円

むしろ好機 改革案の実践に期待

日本経済には、たくさんの非効率な部分が存在する。例えば、「一次金属、機械などを除くほとんどの産業で日本はアメリカよりも労働生産性が低く、平均でも七八%となっている」。非効率な部分は、見方を変えれば、未利用の資源にほかならない。すなわち、日本には、まだまだ利用できる資源が眠っている。

人口が減少し、労働力も少なくなってくると、これまでのような無駄は許されなくなる。その結果、労働力の有効活用が進めば、われわれは一人あたりではさらに豊かになれる。それゆえ、少子高齢化の進行をおそれる必要は全くなく、むしろ好機と考えるべきだ。これが、本書の基本メッセージであり、この考え方は多くの経済学者も支持している。

ただし、こうした可能性を実現するためには、これまでの人口増加を前提とした社会の仕組みを改める必要がある。そうした構造改革に成功しなければ、未来を明るくすることはできない。そこで本書では、社会のどの側面でどのような方向への改革が必要かを解説している。その説明にあたっては、「図説」と言ってもよいほどの豊富な図表が用いられており、基礎データの確認を伴って理解できるように構成されている。

まず必要なのは、働きたい女性や高齢者の労働参加を支援するような制度の整備である。できるだけ安価なコストで、十分な保育サービスが提供される体制を整える必要がある。また、税制や年金給付のあり方の見直しも必要である。そして、何よりも多様な働き方が認められる社会にしなければならない。

もちろん社会保障制度の改革は、最優先課題である。介護の充実で高齢化に伴う不安を解消するとともに、効率化による医療費負担の軽減を図っていくべきである。公的年金制度は、現役世代が支払える額だけを高齢者が受け取るというスリムなものに変更する必要がある。

著者には、こうした改革の実現のためにこそ、是非尽力していただきたいと思う。

評・池尾和人(慶応大学教授)

はらだ・ゆたか 50年生まれ。経企庁課長を経て財務省財務総合政策研究所次長。

二〇〇二年二月三日❻

『青春の東京地図』

泉麻人 著
晶文社・一六〇〇円

こういう場所、あった、あった

東海林さだおは、近刊のなかで〈わたくしは「あった問題研究家」である〉と述べている。漫画『サザエさん』に描きこまれている、ちゃぶ台やおひつや五球スーパーラジオを見ると、「あった、あった」と激しく絶叫してしまうという。

本書を読みながら、私も何度となく「こういう場所、あった、あった」と力強くうなずいていた。なにしろ、私が生まれ育った椎名町（豊島区）は、著者の生家（新宿区下落合）から歩いても十分と離れておらず、年齢も二歳しか違わないのだから、同じ町の光景をみていたはずだ。

池袋のデパート「丸物（まるぶつ）」あたりにぽっかり浮かんでいたアドバルーン、ときおりパチパチと火花を放つトロリーバス、家の前のドブから立ちこめた消毒液の匂（にお）い。飴（あめ）の工場。ナゾのおじさん。

〈僕の子供時代、昭和三十年代の頃までは、東京の区内に住みながらも、「街」という言葉があてはまるような〝ホンモノの東京〟というか、「都（みやこ）」との距離があった――という印象がある〉

確かにそうだった。私などもドキドキせずに歩けたのは池袋どまりで、新宿、ましてや銀座などに「お出掛け」したときは無口になる子供だったのだ。

本書には著者自身の手による「ご近所地図」があり、子供の目に焼き付いた看板や煙突が大きく描かれている。幼いころ、こういうものにドキリとしたのだと思いかえす。

小さな世界だった。歩いていける範囲に未知なるものがたくさんあった。そしてあのころ、あたりにはまだ「戦後」の匂いが残っていた。

ページをめくりながら、つぎつぎと昔の風景や近所のひとたちの顔が浮かんでくる。それは楽しい記憶だけではなく、子供なりの言い知れぬ不安や寂しさも同時によみがえってくるのだった。

時は流れた。泉麻人は古い住宅地図を眺める際に〈最近、急激に老眼が入ったため、虫眼鏡の手を借り〉ているという。

小さな町の子供はいまもいるだろうか。

評・与那原恵（ノンフィクションライター）

いずみ・あさと　56年生まれ。コラムニスト。著書に『ニッポンおみやげ紀行』など。

二〇〇二年二月三日❼

『風々院風々風々居士』

山田風太郎 著　森まゆみ 聞き手
筑摩書房・一四〇〇円

『幻燈辻馬車』を出したとき、「山田風太郎の小説は娯楽小説だけれども再読に耐える」と誰（だれ）かに書かれたそうである。当人が苦笑まじりに語るそんな言葉も出てくる本書は、生前まだ元気だった風太郎先生の逐語録であり、大勢のファンを持ちながら孤独だった作家の風貌（ふうぼう）と肉声をナマで伝えてくる。

右の評言一つを見ても日本の文壇での山田風太郎の発見は遅かったと痛感されるが、この対談はその分を急いで取り戻すかのように、熱心に、また貪欲（どんよく）に話を引き出している。とりわけ『戦中派不戦日記』発表の心理、「明治小説」の制作の秘密などを気取らず、飾らず、もったいぶらない言葉で語らせている。

歴史はいっさい変改せず、ただワナを仕掛けて読者に歴史それ自体の謎（なぞ）解きという楽しみを与える。それが伝奇小説の狙いだと明かされる。

それも風太郎ファンでありながら、風太郎文学を独占せず、談論風発させた聞き手森まゆみさんのお手柄だろう。

評・野口武彦（文芸評論家）

二〇〇二年二月三日⑧

『グランドセントラル駅・冬』

L・ストリンガー 著　中川五郎 訳
文芸春秋・二二九〇円

　ニューヨーク路上生活の12年がさまざまな切り口で快調に語られるこの本は、書き手の知的な楽天ぶりで、活劇〈ニューヨークに生きる！〉と読める。登場するグランドセントラル駅、バワリーのホームレス受け入れセンター、警官、売人、陽気な美女娼婦（しょうふ）等々、何もかもが常時、暴力の影と無関係ではない。

　ちょいとした人生の不運が重なり、麻薬クラックが決め手となって、アパートの扉から路上へと押し出されるこの人の経歴は、CBSレコードなどをクライアントに持つデザイナー、コピーライター。30代・アフリカ系大男とニューヨークとのあやうい関係が顕在化した、ということなのか。数年後、ホームレス新聞に投稿、そして編集長へ。クラックをやめ、本を書く。

　日記風、短編小説風、市政論考風のこの本は、路上から編集室のカウチで寝るに至る短期ピカレスク小説でもあり、混迷の80年代が凝縮された〈ワン・デイ・イン・ニューヨーク〉だ。

評・三宅榛名（作曲家）

二〇〇二年二月三日⑨

『地図の政治学』

J・ブラック 著　関口篤 訳
青土社・二六〇〇円

　自分の頭がいかに図式化していたか、いや、させられていたか。それも地図の力で。

　見慣れすぎていて、その存在の重みをつい忘れる。それが地図だ、と本書は教える。

　料理店のガイドで知られるミシュランの地図は、道路が強調される割に鉄道が目立たない。なぜか。それはミシュランがタイヤを作る会社だから。地図の「客観性」の神話はこの1例で早くも崩れる。

　妙に直線的な境界で仕切られた中東、アフリカや、北緯49度ですぱっと分断された米加国境を地図で見れば、確かに国境の人為性、政治性は読みとれる。だが、この地図自体が「国家のイメージ」を「自然に人々の心に形成」させる道具とまで示唆されると、さすがに考え込んでしまう。

　地図の普及は「現代のヨーロッパ国家の出現と関連」するという。地図をながめて世界を理解した気になる図式的な思考法が、本書のいう「帝国主義」、つまり近代の特異な展開の反映だとすれば、ここは自省しよう。

評・中川謙（本社論説委員）

二〇〇二年二月三日⑩

『元気がでる介護術』

三好春樹 著
岩波アクティブ新書・七〇〇円

　創刊された岩波アクティブ新書の一冊である本書を読むと、「介護」とは何かが理解できる。著者は理学療法士である。「遊びリテーション」とか「オムツはずし学会」など、ユニークな発想で、リハビリや介護の世界に新しい風を吹かせてきた。

　「片マヒの人に寝たきりになる人が多いのはなぜか。障害が原因ではなくて、マヒをきっかけとして主体が崩壊するから」と言う。マヒしたことで、生きがいをなくし、生きる意欲をなくした結果として、体を動かす努力を放棄し、寝たきりになるのだと分析する。多くの病院はこのことに気がつかず、その人らしさを奪うというのだ。

　障害があっても自宅で暮らしながらデイサービスやショートステイを上手に利用する方が、患者の主体の崩壊を防ぐと主張する。老人介護問題は介護力ではなく、介護関係の改善で解決できると、障害老人を取り囲む多様な人間関係の大切さを強調している。介護が楽しくなる本だ。

評・鎌田實（諏訪中央病院管理者）

二〇〇二年二月三日⑪

『ガラテイア2.2』

R・パワーズ 著　若島正 訳
みすず書房・三二〇〇円

知識はあるが教養のない人がいる。思うに、教養というのは豊かな知識を基盤にモラルと情緒によってなされる適切な判断力のことである。したがって、百学に通じているだけではコンピュータとかわりない。逆に、〝教養〟を備えたならば、思考機械は、ある意味で人間といえるのではないだろうか？

本書は、知識をインプットされていくうちに感情までも獲得してしまった人工知能と、その研究にかかわる若き作家との奇妙な関係を描いている。人間とは、デカルトが「我思う、ゆえに我あり」と述べたように、意識存在である。したがって、単なる知識の順列組み合わせだけではなく、血肉のかよっているような〝思考〟を展開するマシンもまた、意識存在なのでは？

理系と文系、知と情をみごとに融合させた物語を、めくるめく百科全書的な知識と巧妙なプロットで語ることで定評のある作者が、21世紀のために綴（つづ）ったサイバー版ピグマリオン伝説。

評・風間賢二（翻訳家）

二〇〇二年二月三日⑫

『竹山広全歌集』

竹山広 著
雁書館・ながらみ書房・七〇〇〇円

竹山広全歌集。待望の一冊である。たとえようもない苦さで心を刺す、世にまれなうたびとの声の集大成には、ぜひ立ち会いたいと思って来た。そして、何と言っても、第一歌集『とこしへの川』が読みたかった。長崎で被爆した作者が、原爆投下から実に三十六年の歳月を経て刊行したこの集は、人間が人間に及ぼした災禍をありありとうたって如何（いか）なる劇をも超えている。

たづねたづねて夕暮となる山のなか皮膚なき兄の顔にまぢかく（『とこしへの川』）
水のへに到り得し手をうち重ねいづれが先に死にし母と子
盲唖校の外壁白く残りをり朝日がさせば声生（あ）るるごと

世紀が改まって、この集の歌はいよいよ燃えさかる現在として読むべきものになった。そして今、老年の作者は、かく冷徹にうたう。

病み重る地球の声のきこゆると言はしめてただ神は見たまふ（『射祷』）

評・水原紫苑（歌人）

二〇〇二年二月一〇日❶

『官邸　上・下』

成田憲彦 著
講談社・各二〇〇〇円

政治の最深部、内側から生々しく

細川内閣政務担当秘書官であった著者が、その経験をもとにして書いた「政治小説」である。

現実の細川内閣は、選挙制度改革を中心とする政治改革に取り組んだが、この小説の主題は消費税引き上げ法案である。これをめぐって連立政権と野党の民主自由党（自民党）が激しく争い、一時は解散の可能性が高まるが、最後は宗像（細川護熙）首相と河崎（河野洋平）民主自由党総裁とのトップ会談で合意が成立するというのが、メイン・ストーリーである。

この間、民主自由党はあらゆる手段を用いて倒閣をめざし、連立政権与党の社会民衆党（社会党）左派に手を伸ばす。また連立側では、新世紀党の財部一郎代表幹事（小沢一郎）は民主自由党内の渡良瀬通男（渡辺美智雄）元副総理らを連立側に引き寄せようとする。こうした攻防が、官邸の視点から、まことに精（くわ）しく、生々しく描きだされている。

登場人物の中で高く評価されているのは、つねに颯爽（さっそう）とした宗像首相である。財部一郎の洞察力と決断力も印象的に描かれている。他方、〝社会党左派〟に対する目は厳しい。〝自民党〟政治の転換の意味を解さない彼等（かれら）のことを、宗像首相は「まったく異質の政治センスですね」と決め付けている。そして著者の最大の批判対象は、マスコミである。簡単に言えばマスコミは、55年体制を一掃しようとする政治を、55年体制の視点でしか捉（とら）えることができなかった。そのことに、著者はよほどいらいらさせられたのだろう。

著者の立場に共感するにせよ反発するにせよ、この本は、日本政治の最深部がどのように動いているかを生き生きと記していて、出色の本の一つである。

ただ、そこで政治家が熱中するのは、わりあいつまらないことであることが少なくない。実際にどういう政策を取るべきか、その場合、国民にどのような影響が出るかというよりも、国民にどう見えるか、手続きに瑕疵（かし）はないか、背景にある組織を納得させられるかなどに、議論は集中してしまう。もっとも、実はそれこそ著者が言いたかったことかも知れない。つまり、日本政治の貧困を描いて出色の本というべきかもしれない。

著者の方法については、争点を政治改革から消費税に変えたことに疑問を感じる。政策によって政治力学は異なってくるからである。アクターの役割も違ってくる。当時、さきがけの武村正義は官房長官だったのに、この本では大蔵大臣・武藤昌義となっているのもそのためだろう。やはり、著者にはいずれ本格的な記録を残してほしいと思う。

評・北岡伸一（東京大学教授）

なりた・のりひこ　46年生まれ。駿河台大法学部長。『この政治空白の時代』（共著）。

二〇〇二年二月一〇日②

『京劇　「政治の国」の俳優群像』
加藤徹 著
中公叢書・一八五〇円

革命にも影響したその魔力とは

六〇年代の中国で文化大革命のきっかけになったのは『海瑞罷官（かいずいひかん）』という新作京劇だった。そして当の「文革」の旗印とされたのも江青夫人肝いりの八つの革命模範京劇。ふしぎだ。日本の演劇、たとえば歌舞伎にそんな政治的魔力があるだろうか。

いや、そんなのすこしもふしぎじゃないよ、と著者はいう。満州族出身の清朝の皇帝たちは、漢民族統治のために、さまざまな地方劇を利用した。ひとつには異民族の心性を知る情報源として。ひとつには大衆の人気あつめのための官能的なアメ玉として。こうして十八世紀末、そのころ北京でもっとも人気のあった安徽省の地方劇をもとに京劇が生まれてくる。すなわち京劇は、その誕生のいきさつからして政治がらみだったのだ。

こうした傾向は辛亥革命以後の近代中国にもひきつがれた。革命に荷担（かたん）して銃殺された王鐘声（おうしょうせい）以下、はでな化粧の下に本音をかくしたり、かくしそこなったりした俳優たちのエピソードがつぎつぎに紹介される。女形の梅蘭芳（メイランファン）がヒゲをのばして日本軍占領下の舞台に立つのをこばんだ「蓄鬚明志（ちくしゅめいし）」の話もでてくる。

中国共産党とはあんがい相性がよかったようだ。マニア級の戯迷（シーミー）（京劇ファン）だった毛沢東や周恩来の庇護（ひご）のもとで、劇団や教育のシステムが整備され、女形が廃され、演目の改訂がおこなわれた。この国政レベルでの改革運動によって、それまでの民間の「小伝統」だった京劇が、はじめて国を代表する「大伝統」につくりかえられる。ところが、文化大革命の熱狂のあと、京劇人気はしだいにおとろえ、いまやナショナリズムの文化的象徴としての求心力は、ほぼ完全に失われてしまったのだとか。

著者はインターネットに「京劇城」というサイトをひらいている（http://home.hiroshima-u.ac.jp/kato/KGJ.html）。「京劇の世紀は終わった」というわりには、たいへん熱っぽい。二十年来の戯迷の意地なのだろう。

評・津野海太郎（編集者・和光大学教授）

かとう・とおる　63年生まれ。広島大助教授。「嘉藤徹」名で『倭の風』など小説執筆も。

二〇〇二年二月一〇日③

『カナダの文学④ 戦争』

ティモシー・フィンドリー 著　宮澤淳一 訳

彩流社・二五〇〇円

青年将校を駆り立てたものは

カナダ人作家ティモシー・フィンドリーのアメリカ探偵作家クラブ賞受賞作『嘘をつく人びと』（早川書房）を読んだのは、もう十年以上前のことだ。ミステリとしてはいささか重いけれど、そのぶん厚みのある秀作だった。

このほど訳出された『戦争』の原著刊行は、一九七七年。『嘘をつく人びと』のそれが八六年だから、読者はフィンドリーの作家としての成長ぶりを、良い意味で遡行（そこう）的に味わうことができる。章立てや小見出しのかわりに振られた通し番号、複数の証言者の目でひとつの出来事の空白を埋めていく、いわば外縁から中心部にむかって言葉を投げる手法の類似に既視感を覚えながらも、前者が後者よりも若くて青い、あるいは未熟だが読みやすい、といった言い方をまったく無効にするだけの完成度がここにあることを認めなければならない。

第一次世界大戦に参戦したカナダの青年将校ロバートが、この物語の主人公である。フランスの地で、ドイツ軍の放つ毒ガスと足下をすくう泥濘（でぃねい）に満ちた戦場をくぐりぬけ、死地をさまよっていたあるとき、彼は敵の砲撃から厩舎（きゅうしゃ）の馬たちを救うためそれに反対する上司を殺し、軍を抜け出して追われる身となる。

だが、いったいなにが彼をそれほど苛烈（かれつ）な行動に駆り立てたのか。フィンドリーは、主人公の恋人の妹と、捕らえられたあとの彼の姿とその最期を知る看護婦の言葉を断片的につむいで、背後に百三十頭の馬をしたがえたまま逃走する男の神話を、再話可能な日常のレベルに引き戻す。「戦争」とは、ロバートひとりのものではなく、すべての関係者にとっての、すなわち複数の「ウォーズ」であるという厳然たる事実がこうして浮かびあがるのだが、しかし本当に謎（なぞ）は解決されたと言えるのか？

証言者はつぶやく。「人は生きるとき、自分を生きている。誰（だれ）も他人の人生は生きられないし、誰も他人の知ることを知れはしないのです。その時はその時。ただ一度しかない」と。

（原題、The Wars）

評・堀江敏幸（作家）

Timothy Findley　30年トロント生まれ。俳優から作家に。戯曲も多数。

二〇〇二年二月一〇日④

『大塚久雄と丸山眞男　動員、主体、戦争責任』

中野敏男 著

青土社・二八〇〇円

「戦時」と連続する二人の思想

今でも、大塚久雄や丸山眞男の書物は読まれているだろうか。かつては最良の教養書であり、また大学の教科書としても使用されていたほどである。

大塚と丸山、戦後の最高の良識派・インテリと呼ばれた、この二人の思想的な営みを徹底的に解剖するのが本書である。著者は、第二次大戦下の戦時社会を「総力戦体制」という観点から捉（とら）え、二人の思想を通じて戦後社会の特質を、戦中との「連続」という観点からあらためて考え直してみよう、と問題提起する。

両者ともに、戦時の日本を軍国主義・超国家主義と規定し、その遅れた日本の現実を清算し克服するため、近代的な主体を確立して、敗戦後の日本を民主主義へと転換しなければならないと主張、新しく進むべき道を提示した啓蒙（けいもう）思想家として輝かしく登場した。それは悪（あ）しき戦中から正しい戦後への思想的な断絶、一八〇度の価値観の転換として華々しく迎えられたのである。

しかし、著者が二人の戦前と戦後の著作を

徹底して読み込んで明らかにするのは、この二人の戦後の思想が戦時＝総力戦体制下に形成されて準備され、敗戦とともに放棄されるのではなく、むしろ引き継がれて、そのまま戦後の思想を中心的に担っていったのではないかということである。その核心部にあるのは、自己中心的・個人主義的な近代的主体を克服して、全体＝国家に奉仕する主体形成を呼びかける戦時動員の思想が、あたかも清算され、忘れ去られたように見えつつ、実は戦後復興を担う、近代的民主的な主体の確立を説く戦後啓蒙の思想へと鮮やかに転換しているという、その思想史的な連続性である。著者の鋭利な分析には、教えられるところがきわめて多かった。

　さらに著者はこの大塚・丸山批判を踏まえて、国家の呼びかけに応（こた）え、国家を補完する、自発的な主体の動員としてのボランティア活動についても批判を展開する。著者のこうした主張に対しては、異を唱える人も多かろう。論争の書であることはたしかだ。

評・川村邦光（大阪大学教授）

なかの・としお　50年生まれ。東京外大教授。著書に『マックス・ウェーバーと現代』など。

二〇〇二年二月一〇日⑤

『映画美術に賭けた男』

中村公彦 著　岩本憲児、佐伯知紀 編

草思社・二五〇〇円

映画史への敬意こもる回想記

　私はとても面白く読んだ。映画美術の話はもちろん、意外な方面の興味もかきたてられたからだ。

　一九五二年から七〇年まで、つまり日本映画の全盛期に数かずの名作の映画美術を担当した中村公彦の回想談。そのインタビューは五年ほど前からで、十回近くに及んだという。編集の仕方や解説にも映画史への敬意が感じられる。

　何しろ映画美術監督・中村公彦は、最初に入社した松竹で「二十四の瞳」などの木下恵介監督作品、日活に移籍してからは「幕末太陽傳」などの川島雄三監督作品、「にっぽん昆虫記」などの今村昌平監督作品、「嵐を呼ぶ男」などの井上梅次監督作品の大半を手がけた人なのだ。「えっ、あの映画も？　この映画も？」と驚かされる。

　やっぱり「幕末太陽傳」の製作秘話が圧巻だ。品川遊郭の土蔵相模（どぞうさがみ）のセットは、大階段の一枚板も人の上り下りで真ん中がへこんでいるようにしたほど凝り、女二人の喧嘩（けんか）場面の、あの印象的なワンカット撮影ではスタッフ全体の知恵を結集したという。日活の青春時代だ。

　中村公彦は「セットというのは、映画のなかに完全に溶けこんで、観客にセットであることを意識させないことが大切です」と言う。それがあまりにもうまくいってしまい、観客だけでなく映画評論家にもロケと思われ、美術の賞を逃してしまう——というのが皮肉で、おかしい。

　さて、冒頭に「意外な方面の興味」と書いたのは、中村公彦は石光真清（いしみつまきよ）（軍事探偵として有名な快人。中公文庫『城下の人』など手記四部作の著者）と柴五郎（中公新書『ある明治人の記録』）と深いかかわりのあった野田豁通（ひろみち）の孫で、熊本の真清の生家に生まれた人だということ。それから戦後のムーラン・ルージュの舞台美術を手がけ、若き日の由利徹や森繁久彌を知る人だということ。以前から興味を持っていた人脈とつながっていたので、私にとってはひとしお厚みのある本に思われたのだ。

評・中野翠（コラムニスト）

なかむら・きみひこ　16年生まれ。美術監督。51年松竹入社、54年日活に移籍。70年独立。

二〇〇二年二月一〇日❻

『W文学の世紀へ　境界を越える日本語文学』

沼野充義 著
五柳書院・二二〇〇円

読み直す批評の観点の新しさ

遠い昔の話ではない。たった数年前までは「世界文学」といえば「日本以外」の文学という意味だった。その「世界」も、多くの場合、「西洋」とほぼ同義だった。「世界文学全集」には日本人が書いた文学は入らなかったし、逆に「日本文学全集」とか、「われらの文学」には、「外国」の作品は入らなかった。

その構図がごく最近になって、変わってきた。まずは「日本文学を取り巻く環境と日本文学の『境界』」の変化から、沼野充義は世界の中の日本文学を問い直す試みを始める。「外」から日本語の内部に入りこんだ作家たちと、逆に「外」のことばの内部で表現の場を獲得した日本人、そして一つの小説の語りの文の中に母国語の日本語と外国語の英語を両方有機的に起用した小説家、現代の越境作家の群像へと、沼野氏のやわらかで洞察に満ちた日本語の批評文が展開するのである。

そのうちのひとりの作家として読んで、ぼくが特に感心したのは、日本語をめぐっての「境界」の変化という現代のテーマを、単なる新しい現象として取り上げるだけではなく、「国際化」などが叫ばれるより以前の、正統な近代文学の中にも「日本と世界」の問題を模索しているところである。最晩年にクレオールに着目した安部公房はもちろんのこと、「クンデラが学ぶべき」大江健三郎の世界性、そしてバイリンガル作家や越境作家群には入らない、日本語を書く何人かの現代の日本人の小説家たちの仕事も、「J文学」ではない「W文学」という新しい批評の観点で読み直していることも。

境界線そのものは、変わった。かつての「日本文学」と「世界文学」の二者択一の構図がゆらいだ。そのあと、もう一度「日本」と「世界」を、表現のことばという文化の深層において、考え直そう。その試みはざん新である、という以上に、今の日本語を考える上で必要だった。このような題と、それに見合った広がりをもつ批評書が今まで出なかったことは、かえって不思議だ。

評・リービ英雄（作家）

ぬまの・みつよし　54年生まれ。東大助教授。著書に『屋根の上のバイリンガル』など。

二〇〇二年二月一〇日❼

『吉田秀和全集17　調和の幻想・トゥールーズ＝ロートレック』

吉田秀和 著
白水社・四三〇〇円

吉田秀和が音楽評論家の枠に収まるような人ではないことは案外に知られていない。本書は刊行中の『吉田秀和全集』の第十七巻。絵画論の長篇（ちょうへん）二つを内容とする。

詩と対比しての散文というものは、心を惹（ひ）いてやまぬものを相手に人がこころみる冒険の場でありかつ冒険の道具である。本書は、よく鍛えたこの道具を少しも勇ましく構えることなく、絵画という謎（なぞ）、ふしぎなあらわれ方をして見かけを見かけとは思わせない方術にたけたこの芸術相手のかけ引きを、散文そのものの場で展開する。

著者の北京体験は唐宋画、杜詩の想起から宗達の屏風（びょうぶ）、扇面におよび、シンメトリーと非シンメトリーの二極のあいだに見え隠れする西洋と日本の画人たち（ドガ、北斎、ロートレックその他）は類似によってではなく差異によって、それぞれの魅惑の秘密を著者に打ち明ける。これはけっして比較の書でも文化交通史の書でもない。読む悦（よろこ）びが大きく、書評には勿体（もったい）ない本。

評・杉本秀太郎（作家）

二〇〇二年二月一〇日⑧

『意識する心』

D・チャーマーズ著　林一訳

白揚社・四八〇〇円

ひとことで言ってしまえば意識とは何か？という問題を科学しようとする試みである。この分野が一般的になったのは、急速に暮らしに浸透してきた電脳、情報機器のおかげだろう。たとえば「ドラクエ」のようなゲームで育った世代がいる。バーチャルな「私」が冒険へ赴くゲームだ。しくじれば「私」は私の手の中で死んでしまう。ドラえもんは「植物状態になったのび太の想念にすぎなかった」というオチが都市伝説のように広まったのも忘れられない。「トータルリコール」や「マトリックス」も、意識とは何か?がそのプロットとなっていた。

著者は大変に若い学者である。初手から、この分野に「まとも」な理論はなく、「まとも」な取り組みもなされてこなかったと言い放つ。説の立て方も論の広げ方も、特有の速度がある。彼の世代は、十代の頃（ころ）から「私とは誰（だれ）か?」ではなく「私とは何か?」と考えて来たのだろう。この変化に関してもまた、これは良質なガイドである。

評・矢作俊彦（作家）

二〇〇二年二月一〇日⑨

『カヴァリエ&クレイの驚くべき冒険』

M・シェイボン著　菊地よしみ訳

早川書房・二四〇〇円

一九三九年のアメリカ。ナチスに踏みにじられたヨーロッパを脱出して、プラハからニューヨークにきた少年が、従兄弟（いとこ）と組んでコミック誌のスーパー・ヒーローを創（つく）り出す。その名もエスケーピスト。すなわち「脱出芸人」である。戦争に明け暮れる世界で、そのときから二人の冒険物語がはじまる。

思い出すのは、日本でもよく読まれていた名作、ロマン・ロランの『ジャン・クリストフ』である。クリストフ氏はきまじめなクラシックの作曲家だったが、こちらの主人公はアメリカン・コミックを創作する若者、しかも作者はユダヤ教の伝説的創造物ゴーレムまで登場させてしまう。それだけでもぶっ飛んだ印象が強いが、主人公の遍歴に託して時代の精神的全体像を描く手法はどちらも同じ伝統に属する。独裁者と闘うヒーローを通して、アメリカの根っこにある猥雑（わいざつ）なエネルギーをもうまく表現している。ピュリッツァー賞受賞作。

評・宮脇孝雄（翻訳家）

二〇〇二年二月一〇日⑩

『賃貸宇宙』

都築響一著

筑摩書房・九五〇〇円

圧巻である。賃貸住宅に暮らす約三百人の室内をずらりと並べた写真集。住人の年齢は二十代を中心に十代から五十代。フツーの人々の「宇宙」がむきだしになっている。

ほとんどがひとり暮らし。著者が、自室でヌードになるという撮影を申し込むと、多くの若者が裸体はOKだが部屋を見られるのは恥ずかしいと言うのは、よくわかる。

足の踏み場もないような汚れた部屋、モノが山積みとなった空間。ありふれた部屋だが住民のナマの体温、脳の中までも感じさせる。〈そのどれもが、世間の常識からすれば目をおおうような汚い部屋だが、しかしそれは生ゴミの汚さとはちがう。床を覆い尽くすブツの山は、部屋の主の情熱と好奇心のパワーをあらわす等高線のように、僕には見える。常識という名のギブアップを拒む勇気が、混沌たる空間の中に結実しているのだ〉

賃貸住宅という身軽な飛行船に住む若者たち。彼らはじつに個性豊かだ。

評・与那原恵（ノンフィクションライター）

二〇〇二年二月一〇日⑫

『医療が病いをつくる』

安保徹 著
岩波書店・一八〇〇円

医者通いしても病状は改まらず、運が悪ければ病院で殺される時代である。アトピー性皮膚炎で治療を受ければ受けるほど悪くなる一方の娘さんを知っている。医療不信は増幅するばかりだ。

現代医学は「破綻し始めている」と著者は言う。薬の進歩に「病気の本質を知る」考えが追いついていかない。例えば肩こりや腰痛は血流障害からきている。原因は交感神経緊張だ。それを改善しようと副交感神経反射が起こっているのだから、ただ痛いからといってただ痛み止めで対症するのはただ愚策なのだ。

対症療法という愚策ばかりが横行する。知るべきは発症の真の原因ではないか。ストレス、働き過ぎ、環境汚染、過保護、運動不足。患者の生き方にこそ目を向け「原因療法」を探るべし、と著者は提言する。

自律神経の働きを注視することで人体の仕組みと病気との関連を解き、東洋医学との連携を実践する医療者の貴重な知見集成である。

評・河谷史夫（本社編集委員）

二〇〇二年二月一七日❶

『歴史としての戦後日本　上・下』

アンドルー・ゴードン 編　中村政則 監訳
みすず書房・上巻二九〇〇円、下巻二八〇〇円

多彩な手法、歴史の「皮肉」を再発見

ジョン・W・ダワーの『敗北を抱きしめて』を途中まで読んで「こんなことをアメリカ人に書かれたくないよ」と投げ捨てた――そう言っていたのは大塚英志だが、その気持ちは痛いほどわかる。確かにあのような作業は、戦後の日本人自らがとっくの昔に終えていて然（しか）るべきだった。が、その一方で、どこのどいつの筆だろうが、書かれたことこそが重要なのだ、とも思う。それによって戦後という「いまだ相対化されない時空間」への新たな視界が開けるのなら、著者がアメリカ人だろうが異星人だろうがかまいやしない。いや、むしろアメリカ人に書かれたからこそ、そんなアンビバレントな感情を通して、戦後民主主義者の深層に潜む屈折した反米ナショナリズムを再発見できたりもするというものだ。

さて、幸か不幸か、本書もまたそのテの本である。しかもダワー先生も一枚噛（か）んでいる。アメリカを代表する9人の日本近現代史研究者が、日本の戦後史を包括的・複眼的に分析している。しかも書かれたのは90年代初頭。つまり冷戦と昭和の終結直後・バブル崩壊直前に、戦後日本はアメリカではすでに「歴史として」総括されてしまっていたというわけだ。勝手に戦後と訣別（けつべつ）させてもらえない敗戦国の身としては致し方ないか、などと自虐していても始まらない。そう、書かれたことこそが重要なのだ。

「戦後史の軌跡には意図せざる皮肉な結果が散乱している、というのが本書の主要なテーマであり結論である」（序文より）とある通り、戦後日本を多彩な視角から俯瞰（ふかん）した9編の論文は、どれもが一筋縄ではいかない新手のダイナミズムとパラドックスに満ちている。たとえば今や日本人自身も疑わない「戦後復興と高度成長の物語」も、実は国家的戦略も国民的合意もないまま多様な運動と葛藤（かっとう）と偶然が生んだ共同作品だった。その複雑なプロセスが明快な叙述と論理によって検証される、という具合。アメリカの強大なヘゲモニーも民衆のささやかな欲望も、同じプロセスの等価な運動として扱われるのだ。進歩史観も民衆史観も超えた……いや、実はこれこそが「歴史」そのものなのだろう。

国産戦後史が今なお纏（まと）う「史観の55年体制」の外の空気は新鮮だった。そこが今度はリベラル・アメリカニズムの内側なのだとしても、一息つくことはできる。

執筆メンバーのB・カミングズによれば、対米従属が変わらない限り日本の戦後は終わらないのだという。戦後の終わらせ方ばかりは、アメリカ人にも「意図せざる皮肉な結果」にも委（ゆだ）ねるわけにいきそうにない。

評・山崎浩一（コラムニスト）
（原題、Postwar Japan as History）

Andrew Gordon　52年生まれ。ハーバード大教授。

二〇〇二年二月一七日②

『読書という迷宮』

齋藤愼爾 著
小学館・一九〇〇円

〈本〉という名の海に溺れて

〈書評〉を書こうとして、いつも考える。どんな色の、どんなデザインの服を着せようか。つまり、目立ちたいのである。気持ちが悪くなるような濁った紫にしようか、おかしくて笑ってしまうに違いない馬鹿（ばか）長いスカートにしようか。するとその書評は、読んで気分が悪くなる書評になり、声を出して笑える書評になる。もう少しわかり易（やす）く言うと、はじめから終わりまで、〈、〉はあっても〈。〉が一つもない涎（よだれ）の垂れ流しみたいな文章にするとか、全文七五調に統一するとか――手口はいくらだってある。

そんなことをして何になる？　胡散（うさん）臭そうに見られるだけで、どんな得がある？けれど、そうでもしなければ、いまの世の人は、その〈本〉を読んでくれないからである。だから私は、著者の紹介や、ストーリーについて、ほとんど書かない。字数に余裕があっても書かない。そして著者のことを書くくらいなら〈自分〉、つまり〈私〉について書こうと努める。でないと、その〈本〉についての私の思いは、読む人に伝わらないと思うのだ。従って、もしこのやり方がいけないと言われるなら、私は書評をしない。

という意味で、齋藤愼爾の書評集『読書という迷宮』は私にとって快い。この人が〈本〉という名の海に溺（おぼ）れてもう何十年になるが、いくら豊饒（ほうじょう）の海と言ったって、偏食のこの人が食べられるのは、ごく限られた種類の微細なプランクトンだけである。けれど、それといっしょに厖大（ぼうだい）な海水も呑（の）んでしまうから、この人はいつも塩分過剰のせいで目が窪（くぼ）み、顔色が悪い。その偏食があまりに頑（かたく）ななので、いまでは誰（だれ）も人体にとっての栄養のバランスについて、この人に説こうとしない。――齋藤愼爾は、自分のことしか考えていないのだ。

自分のことしか考えないこの人の試みる書評は、温度が高くその色は濃いが、その分哀（かな）しい苛立（いらだ）ちが滲（にじ）んで見える。もっと自分の中の創造的なものを、吐き出したいのに、それができないもどかしさだ。――書評の宿命である。

評・久世光彦（作家）

さいとう・しんじ　39年生まれ。俳人、深夜叢書社編集長。著書『偏愛的名曲事典』など。

二〇〇二年二月一七日③

『まちの図書館でしらべる』

編集委員会 編
柏書房・二〇〇〇円

知識と情報の宝庫を利用しよう

昭和三十五年十月一日は大安か仏滅か。漁師になるための学校はどこにあるのか。中国の女性ダッキとは何者か。

もしも、そんな疑問をもったなら「まちの図書館」に来てほしいと、この本は呼びかけている。そこには利用者の多様な質問に答えるためにアプローチを考え、本を探しだし、利用者に提供する図書館職員がいるからだ。

本書は、そんな図書館職員によって執筆された、図書館案内である。図書館をもっと活用してほしい、こんな利用法もあるのだと具体的に語りかけている。

まちの図書館というと、小説や雑誌を借りるところというイメージが強いが、じつはしらべものをするのにこれほど適したところはない。基礎的な資料はもとより、専門的な書籍も揃（そろ）えられているし、図書館ネットワークによって他館の本をとり寄せてもらうこともできる。

まちの図書館とは区市町村立の公共図書館をさす。これらの図書館はこの十年で飛躍的に増え、現在日本には二千六百三十九館を数える。

しらべものをするときに大切にしたいのは、しらべるプロセスだ。ただ早く答えを得るのではなく、どんな本を読めばわかるのかと推理してみたり、書庫のなかで丹念に本を探す。図書館職員は利用者の質問に答えるだけではなく、しらべるプロセスを後押しする役割もある。

図書館の強みとは〈時空を超えて関連のある本を一覧できること〉そして〈保存機能があること〉。書店から消えてしまった本が図書館にはあるという安心感が何よりも重要なのだ。

東京都では財政難を理由に都立図書館の見直しが検討されている。その内容は、多摩図書館所蔵の十四万冊の書籍を「廃棄」、都立図書館三館全体で、同じ本は一冊しか購入しないというもの。また日比谷図書館の存続も危うい。図書館という空間への理解も、所蔵本への愛情のカケラも感じられない方針だ。作家を知事にもつ首都東京は、こんな程度の都市なのである。

評・与那原恵（ノンフィクションライター）

編集委員会は東京都多摩市、町田市などの公立図書館職員、阿部明美、板橋かおる、浴靖子ら10人で構成。

二〇〇二年二月一七日④

『猛スピードで母は』

長嶋有 著

文芸春秋・一二三八円

疾走するクルマに託した心象

今期芥川賞受賞作である。北の小さな町を舞台に、小学生の息子の目からみた離婚家庭の母を描いている。仕事に老親の世話にと飛び回りながら、ボーイフレンドもちゃんといる母。なるほど若々しくて好感度の高い短編ではある。

でもさ、〈一人で子どもを育てている多くの女性が、この作品によって勇気を得るだろう〉てな売り文句はどうかな。認識が二十年遅れてない？「一人で子どもを育てている女性」の物語なら、干刈あがた以来（いやもっと以前から）大勢の女性作家がくりかえし描いてきたわけで、すでに十分な蓄積がある。ちょっと恰好（かっこう）のいいヤンママを子どもの視点から稚拙に描き直したくらいで、ガタガタ騒いでほしくないですよ。

それじゃ本書はどんな作品か。私には乗り物好き（だがカーマニアってほどでもない）な男の子による自動車ブーブー小説に見えた。なにせ物語は愛車のタイヤを雪道用に交換する場面からはじまるのだ。白いシビックを足にする母は、ジープを駆るアメリカ帰りの男と一度は再婚しようとするが、彼らのジープは旅先でみごとに事故り、結局二人は破局を迎える。キーをさしたまま車のドアを閉めてしまった母が、靴を脱いで壁をよじ登るクライマックス。憧（あこが）れのワーゲン・ビートルをシビックがゴボウ抜きにするラストシーン。物語のキーポイントは車と靴、すなわち「足回り」なのだ。

同時収録の前回芥川賞候補作「サイドカーに犬」を読めば、作者の嗜好（しこう）性はさらにはっきりしよう。前の持ち主である土建屋のロゴが入ったままの中古ワゴンを買った父。自転車で颯爽（さっそう）とあらわれる父の愛人。彼女は山口百恵の「プレイバックパート2」を口ずさみ、一方主人公の少女はサイドカーつきのオートバイに乗せてもらって解放感を味わう。

クルマに託した登場人物の心象。安直な暗喩（あんゆ）といえばいえるが、こういう創意を私は一応評価する。だから受賞に異存はないけれど、乗り物小説とバレてたら賞にはもれたかもね。

評・斎藤美奈子（文芸評論家）

ながしま・ゆう 72年生まれ。作家。「サイドカーに犬」で文学界新人賞受賞。

二〇〇二年二月一七日⑤

『寺島実郎の発言　時代の深層底流を読む』

寺島実郎 著
東洋経済新報社・一五〇〇円

奥行きある視線で現代を読む

地方へのバラマキに対する厳しい批判をよく聞いた。自立自助が大切である、モラルハザードを招く、というような説明だった。納得しつつも、にわか仕立ての評価基準とも思え、違和感も残った。著者は前著『「正義の経済学」ふたたび』のなかで、このような論調の根底には、高度成長が終わり、地方から都市への人口移動がとまり、故郷をもたない都市住民が増えたために、都市の地方へのシンパシーが希薄になったことがあると指摘していた。なるほど、都市住民は薄情になったのかと、合点がいった。昨日までの基準をかなぐり捨てて国際標準（グローバルスタンダード）に飛びつけばよいわけではないことを、実感をもって教わった。

本書はここ一年に著者が新聞、雑誌に寄稿した評論をまとめたものである。テーマは、アメリカにおける同時多発テロ、日本における構造改革など多岐にわたっている。しかし、焦点は日米関係である。中東での政策を「敵の敵は味方」という短期的な利害計算に基づいて推し進めてきたにもかかわらず、裏切られると「正義」の名の下に行動する幼稚さと能力をもつアメリカ。多様な民族を受け入れる過程でセーフティーネットを張り巡らしてきたにもかかわらず、外に対しては競争原理だけを押し出すアメリカ。この国に従い、額面通りにまねることが、本当に日本の国益にかなうことなのか。豊富な海外経験から得た見識と、歴史的な考察も織りまぜ、奥行きのある議論を展開している。

著者は、アメリカと一定の距離を置くヨーロッパの社会民主主義に共感を持っているようである。同時に、日本の国益に対して鋭敏な感覚と明快な主張がある。不幸にして日本では安定した関係にならない両者が、本書ではごく自然に結びついている。

「高倉健演ずる不器用で時代遅れの生き方を貫く男に感涙する」日本人の一面を指摘し、ゆるがぬ価値基準を求めて深く考えることの重要性を強調するが、同感である。

評・真渕勝（京都大学教授）

てらしま・じつろう　47年生まれ。三井物産戦略研究所所長。『「正義の経済学」ふたたび』。

二〇〇二年二月一七日⑦

『漢詩　美の在りか』

松浦友久 著
岩波新書・七八〇円

ふと口をついて出る漢詩がある。たとえば李白の「両人対酌（りょうにんたいしゃく）して山花（さんか）開く　一杯　一杯　復（ま）た一杯」。口ずさめばたちまち、だれか友人を誘って一杯やりたくなる。

この本は、右のような広く愛唱されている漢詩を、日本語の「文語自由詩」として位置づける。日本語には短歌・俳句という定型詩があるが、その二つの定型詩と相補的な関係を保って存続したのが訓読された漢詩、すなわち「訓読漢詩」だと著者は説く。

その訓読漢詩の魅力の一つは対句形式の詩句。この対句形式は短歌や俳句に乏しく、だから私たちはもっぱら漢詩のそれを愛唱してきた、と著者は言う。次の杜甫の詩句などがその例。「江碧（こうみどり）にして　鳥は逾々（いよいよ）白く　山青くして　花は然（も）えんと欲す」

本書は漢詩の美の在りかを、主題や詩型などから簡潔に示している。その簡潔さも見事なのだが、私にはことに、日本語の詩型として訓読漢詩をとらえる見方が刺激的だった。漢詩が急に身近になった。

評・坪内稔典（俳人）

二〇〇二年二月一七日⑧

『図説　民俗建築大事典』

日本民俗建築学会 編

柏書房・一三〇〇〇円

　北海道から沖縄まで、全国がいっせいに近代化されてしまうまで、日本人はどんな家に住んでいたのか。神社仏閣や城ではない。あくまで一般庶民が住む民家が対象である。ひとが生まれ育ち、労働をおこない、次世代に引き継いでゆく民家――これを、建築学から民俗学まで、地理学から民具学まで、多様な観点でテーマ別に記述してゆく。一見事典のようだが、こんな順序を追っていて、読みやすい。

　即（すなわ）ち、「民家の眺望」として村や町の中で家が捉（とら）えられるところから、徐々に「しくみ」に、内部へと入ってゆく。そこが実際に生活する場としてどのような空間になるかが考察されて後、今度は地域性、さらに変遷といった、地理的・歴史的観点が導入される。

　日本ばかりでなく、隣接する諸国の例が紹介され、多くの図版があることも、理解を助けてくれる。そうか、これはこういう呼び方なんだと驚かされることもしばしば。近代以前の日本の知を認識するうえで、啓発される大著だ。

評・小沼純一（文芸評論家）

二〇〇二年二月一七日⑨

『現代の建築保存論』

鈴木博之 著

王国社・一八〇〇円

　以前この著者は、観光旅行とは各々（おのおの）の土地に残る建築を見ることだと喝破した。まさにその通りで、建築こそ土地の歴史、文化、技術を背負って生まれ、土地に生きるからだ。大切な資源なのだ。

　ところが日本では、殊に明治以後の名建築を次々と取り壊し、いまは戦後の代表的建築も消し去ろうとする。建築界にも空間プロデューサーなる怪し気な職業も登場し、効率的でないという児戯めいた理屈をもって、時流に棹（さお）さす。著者は心底、この状況に呆（あき）れ、怒っている。

　とはいえ、この建築史家は歯軋（はぎし）りしているばかりでない。保存の実践に長らくかかわり、そこからなぜ古建築を残すべきなのか、現状の制度は、免震化などの保存技術は、再利用の途は、外国例はと、じつに幅広く具体的に保存の手法と意義を明証する。

　東京芸大の奏楽堂、都知事公邸の敷地などを例にして、文化遺産がその土地に残ることで、歴史も記憶も都市も再生するという論は説得力に富む。

評・松山巖（作家・評論家）

二〇〇二年二月一七日⑩

『ビッグ・テスト　アメリカの大学入試制度』

ニコラス・レマン 著　久野温穏 訳

早川書房・三五〇〇円

　寡作な実力派ノンフィクション作家が、SAT（大学進学適性試験）の考案・実施過程を軸に、斬新（ざんしん）な手法で戦後米国社会像をリアルに描いた大作。

　かつて、名門私立大学から大手法律・会計事務所へというエリートコースは、北東部の一部の白人聖公会信徒によりほぼ独占世襲化されていた。しかし世界恐慌などを契機に、家柄より能力重視で選ばれた人材に国の未来を任せる気運が高まる。そしてSATが実施され、様々な出自の高得点者に名門大学を経て要職に就く道が開かれた。

　リベラルな社会の機関を運営し、全米国民の人生を改善すべく期待された新エリートたち。だがアメリカならではの成功願望は、彼らを公共ではなく自己利益の追求へと導くことになる。アメリカン・ドリームの達成は、遠大な理想の挫折でもあったのだ。

　緻密（ちみつ）なインタビューに基づいた登場人物の真に迫る心理描写も読書欲を刺激する。

評・塩崎智（歴史ジャーナリスト）

二〇〇二年二月一七日⑫

『アラビアの夜の種族』

古川日出男 著

角川書店・二七〇〇円

いやはや、すごい。本書が著名なRPGを基にした小説であることを知らずに読んでも、一気読みの迫力だ。

時は18世紀。攻めてくるナポレオン艦隊に対抗するために、エジプトを実質的に支配していたマムルークの首長が繰り出した手は、「災厄の書」を敵に献上するというもので、かくてその「災厄の書」の中身が語られることになる。

仕掛けがいくつも重なっている話なので、これだけではないのだが、要約すればそういうことになる。この中身が波瀾（はらん）万丈の伝奇ロマンなのだ。これが読み始めるとやめられない。大きくわければ三つの話になるが、それがうねるように重なって進んでいく。奇妙な話といっていい。地下に住む人間たちの話。魔物との戦い。そういう波瀾に富んだファンタジーがディテール豊かに、色彩感たっぷりに語られていくのである。ジャンルを越えた書というのは時にあるものだが、これは現代エンターテインメントの水準の高さを示す一冊だろう。

評・北上次郎（文芸評論家）

二〇〇二年二月二四日①

『貧困の克服』

アマルティア・セン 著　大石りら 訳

集英社新書・六四〇円

人間の発展なしに経済は発展せず

アマルティア・センは、一九九八年にアジア人として初めてノーベル経済学賞を受賞した。本書は、そのセンの講演四編を集めて訳出したものである。

センの名前は有名でも、その理論や思想の内容が広く正確に知られているとは言い難いところがある。その意味で、講演の翻訳という形でセン自身の議論に比較的気軽に接する機会が提供されたことは、好ましいことであり、そのための訳者の努力にも敬意を表したい。

収録されている講演の内容は、いずれも示唆に富んでいる。例えば、われわれは人間的発展は経済が一定以上に豊かになってはじめて実現できるものだという偏見をもちがちである。しかし、実際はその逆で、人間的発展こそが経済発展の条件となることを、ほかならぬ日本の経験を引いてセンは示している。

同様に、民主主義の不足が飢餓の原因だという主張にも目から鱗（うろこ）であろう。飢餓は物資の絶対的な欠乏というよりも、特定の社会集団のみに困窮が集中することによって起こるものである。それゆえ、民主主義が存在し、そうした配分の極端な不平等を批判できる機会が保証されている社会では、大飢饉（ききん）と呼べるような事態は起こったことがない。

他にも、権威主義を支持するアジア的価値は存在しないなど、われわれの蒙（もう）を啓（ひら）く主張が分かりやすく語られている。

ただし、本書の取っ付きのよさは、センに対する理解を深める契機になり得るとともに、セン理解を偏ったものにしてしまいかねない懸念も伴っている。

要するに、本書だけしか読まないと、センは、単なる人権思想家であると思い込まれて、その厚生（福祉の）経済学への基本的な貢献を見落としてしまいかねない。残念ながら、巻末に付されたセンの人と思想に関する紹介は、こうした懸念を深めるものである。センは、「経済学と哲学の分析道具を結びつけて、きわめて重要な経済問題の議論に関（かか）わる倫理的な側面を復興させた」ことを評価されて、ノーベル経済学賞を受賞したのであって、「経済学と哲学の橋渡し」をしたというのは、きわめて不正確である。

現在経済学と呼ばれている学問の歴史上の最初の呼び名は、「道徳哲学」というものである。センは、その伝統を現代に復権させた正統な経済学者だということができる。それを知る意味でも、本書でセンに興味をもたれた読者は、センの経済学と倫理学を包括的に解説・評価した国際的にも類書の乏しい労作である鈴村興太郎・後藤玲子著『アマルティア・セン』（実教出版）を参照されることを助言しておきたい。

評・池尾和人（慶応大学教授）

Amartya Sen　33年インド生まれ。ケンブリッジ大トリニティ・カレッジ学長。

二〇〇二年二月二四日❷

『グリーン・マーズ　上・下』

キム・スタンリー・ロビンスン 著　大島豊 訳

創元SF文庫・各一二〇〇円

政治に真っ正面から取り組む

九〇年代の米国SFシーンは「火星SF」が代表するとまで言われた。その中でも高い評価を受けたのが、『レッド・マーズ』『グリーン・マーズ』、日本未訳の『ブルー・マーズ』と続くロビンスンの三部作である。赤い砂漠の星に、緑が根付き、海が生まれ、第二の地球になる百年以上にもわたるリアルな火星開発史。本書は前作の十年後からはじまり、火星世代の独立運動、乱立する抵抗組織、錯綜（さくそう）する地球の政治・経済、そして抵抗組織の全体会議から、独立宣言までを描いている。

ここまで書くと、過去の米国史をリアルな火星を舞台に焼き直しただけの物語に思えるかもしれない。しかし、この作品はそんな志の低いものではない。

今現在世界標準となっている米国的なものは、決して歴史の中で自然に生まれたものではない。新天地（インディアンから見れば異論はあるだろうが……）で、人々が議論しながら、時には血を流しながら意識して新しい社会を打ち立てた結果であり、それゆえの強靱（きょうじん）な普遍性を持つ。とはいっても、その頃（ころ）はインターネットもなかった。政治・社会・文化も古かった。近未来の科学技術と政治経済理論を前提にもう一度チャンスが与えられたら、人間はどのような社会を持つことができるのだろうか。その思考実験のための千ページ×三の巨編なのである。

このような壮大な問い掛けこそ思考実験を本分とするSFが行うべきものだったが、九〇年代以前のとかく政治を軽蔑（けいべつ）しがちのSFファンには受け入れられなかった。そこに真っ正面から取り組んだのが九〇年代米国SFだったのである。

アメリカ人の何事も真っ正面から捉（とら）え言葉にしていく姿勢は――その独善は鼻につくが――尊敬に値する。八〇年代のサイバーパンクはすぐに日本でもブームになった。しかし、九〇年代SFの「政治に真っ向から取り組む姿勢」は日本ではブームにならなかった。量だけでなく、いろいろな意味で日本人には歯ごたえのある本である。

（原題、Green Mars）

評・坂村健（東京大学教授）

Kim Stanley Robinson　52年生まれ。作家。本作でヒューゴー賞、ローカス賞。

二〇〇二年二月二四日❸

『スペイン伝説集』

グスターボ・A・ベッケル 著　山田眞史 訳

彩流社・二四〇〇円

幻想譚、時代超え「ひとつの真実」

私は本書中の十四短編を、極上の酒を味わうように毎晩一話ずつ楽しんだ。

ベッケル。スペイン語圏の近代詩は彼からはじまる。二十世紀の詩に大きな影響を与えた詩人にもかかわらず、なぜか日本ではあまり知られていない。

一八七〇年に三十四歳の若さで没した彼は、詩だけを書いたわけではなく、二十四歳から二十七歳の間に幻想譚（たん）を新聞に発表した。この『伝説集』である。これまで邦訳がなかったわけではないが、大半はすでに絶版である。

ところで私はこの新訳を読み、ようやくボルヘス、カフカ、ホフマン、ポーの諸作品に伍（ご）するというスペイン人の評価に納得した。もっともカフカというならリラダンだろうな。と同時に、ベッケルが日本で人気の薄い理由もわかった。これまでの訳は、舞台が中世であることを意識するあまり、地の文も会話の部分も荘重な時代劇を思わせ、いささか古風にすぎたのである。

「私には、この伝説が作り話のような本当にあった話なのか、それとも本当の話めかせた作り話なのか、そこのところはよくわからない。ただ私に言えることは、この話の底にはひとつの真実が、それもひとつの悲しい真実がひそんでいるということであり、……」

「月光（ソリアの伝説）」の書き出し。このようにベッケルは新聞の読者に語りかける。訳者はそこに着目し、香りの高い文章（殊に深い夜の描写は素晴らしい）をそこなわず、わかりやすい生き生きとした訳にあらためた。

幻想文学は単なる荒唐無稽（こうとうむけい）な物語ではない。ベッケルの語る通り「話の底にひとつの真実」があり、時代を超えて読者に迫る普遍性がなければ味気ない。

タブーを犯してしまう恋人たち、驕慢（きょうまん）な美女、悪行の限りを尽くす貴族、理想の曲を求める音楽家。これら登場人物はもはや伝説のなかにしか生きないのか。そうではない。彼らには現代人の心の内部にも通じる「悲しい真実がひそんでいる」。

（原題、Leyendas espanolas）

評・松山巖（作家・評論家）

Gustavo A. Bécquer　1836〜70年。セビリア生まれの詩人。『赤い手の王』など。

二〇〇二年二月二四日④

『戦士たちの挽歌』

フレデリック・フォーサイス 著　篠原慎 訳

角川書店・二〇〇〇円

大ストーリー・テラーの面目躍如

ド・ゴール仏大統領暗殺未遂事件を緊迫したドキュメンタリー・タッチで描いてみせた『ジャッカルの日』、緊張した国際政治を背景に、元ナチスの強制収容所長をどこまでも追跡していく『オデッサ・ファイル』、こうしたフォーサイスの大作に興奮させられたのも、もう三十年近く昔のことになる。

その後一、二冊読んだきりこちらもご無沙汰（ぶさた）したし、彼の方も一時期休筆していたらしいから、本書は私にとって久しぶりのフォーサイスだった。しかも、今度は短篇（たんぺん）集、お手並み拝見と読んでみたが、期待はまったく裏切られなかった。もっとも、かつては剛速球をビシビシ決めていた剛腕投手が多彩な変化球を投げてみせるといった趣ではあったが。

たとえば表題作の「戦士たちの挽歌」。身元不明の貧しい老人が行きずりの二人のやくざ者になぐり殺される。長い捜査の末ようやく容疑者が逮捕され、イギリス流のややこしい訴訟手続きを踏んで法廷に引き出されるが、突然高名な弁護士が乗り出してきて提訴棄却にもちこみ、二人は釈放されてしまう。いったいどうなるんだと気をもんでいたら、思いがけないおちが待っていた。それを書くわけにはいかないが、さすが大ストーリー・テラーと感嘆させられた。

短篇はおちのつけ方が命だ。大伯母の遺産の中世名画を大手のオークション業者に騙（だま）しとられた三流役者が、芸を生かしてみごとな仕返しをする「競売者のゲーム」も、第二次大戦末期、イタリア戦線の医療センターとなったシエナの町の臨時野戦病院に、三夜にわたって十六世紀の伝説の修道女が現れ、負傷者を救ったという話が題材の「奇蹟の値段」も、その結末にあっと驚かされる。

最後の「時をこえる風」は、白人青年とアメリカ先住民・シャイアン族の娘の時を超えたいちずな恋を謳（うた）ったファンタジー。らしくないと思ったが、読み終わってみると、やはり彼にしか書けない作品と納得させられた。フォーサイス健在なり。

（原題、The Veteran）

評・木田元（哲学者）

Frederick Forsyth　38年生まれ。作家。他著に『神の拳』など。

二〇〇二年二月二四日❺

『思想課題としてのアジア』

山室信一 著
岩波書店・八〇〇〇円

三つの概念で日本の近代描く

たとえば欧米を旅して、「中国人ですか」「韓国の方ですか」と話しかけられたら、あなたはどう反応するだろう。

かつての私は、妙な居心地の悪さを感じた。優越感からではない。アジアに生きていながら、隣国の人々との一体感より、差異の意識が先に立つ。ふだん自覚していないアジアとの「距離」が、不意に前面にせり出すことへの戸惑いだ。

アジアに対しては「欧米の仲間」であることを誇り、欧米には「アジア的価値」で対抗する。だが肝心の隣人との間では孤立してきた国。本書は、私たちの歴史に潜むそうした屈折を、余すところなく照らした思想史の精華といえる。

著者は副題の三つの概念でアジアに迫る。平たくいえば、日本は「アジアをどう認識し」、「どう交わり」、「どんなアジアを構築しようとしたのか」という視角だ。日本を3面プリズムにかけ、その分光から近代を描く試みといえる。現れた光の配列は、息をのむ鮮やかさだ。

アジアは、もともと欧州が名づけた空間で、一体感は薄かった。日清・日露戦を通じて日本は、アジア国民国家のモデルとなる。著者は中国、朝鮮、ベトナムを例に、日本への留学や亡命、日本語からの翻訳が、アジアに与えた衝撃を克明に読み解く。日本は、欧米透視図法―夏のための日本透視図法―夏のためのアジアへと連なる「知の回廊」の結節環として、アジアに、まとまりの意識を促した。

だが文明を体現する西洋は、容赦ない侵奪者でもあった。西洋から文明と野蛮の両面を受け継ぐ日本は、「アジア」を声高に語りつつ、ついにアジアの視点に立つことはなかった。「アジア回帰」を唱えて中国と敵対した日本は、帰るべき故地としてのアジアを失い、「大東亜共栄圏」という新たな華夷（かい）秩序をうち立てようとして孤立した。「アジア主義」を切り捨てた戦後の日本は、アジアに向き合ってきたろうか。その問いは重い。

読後、アジアをめぐる「知の光景」は一変して見える。本書は、将来アジア学を志す人が、一度はくぐり抜けねばならない門になるだろう。

評・外岡秀俊（本社編集委員）

やまむろ・しんいち 51年生まれ。京大人文研教授。著書に『キメラ　満洲国の肖像』など。

二〇〇二年二月二四日❻

『蜂の群れに人間を見た男　坂上昭一の世界』

本田睨 著
NHK出版・一九〇〇円

働きバチ研究にささげた生涯

坂上昭一という学者がいた。北海道大学でミツバチなどの社会の研究に生涯をささげ、一九九二年に朝日賞を受賞。五カ国語で書かれた三百九編の論文と、数冊の本を残し、六年前に六十九歳で他界した。本書は編集者として坂上氏と交流のあった著者による評伝だが、坂上氏の研究を通じてミツバチなど社会性のハチの世界が描きだされ、誰（だれ）にでも読みやすい科学読み物となっている。

坂上氏の観察の精緻（せいち）さは有名だった。本書には、「二千七百匹のミツバチに印をつけての七百二十時間の連続観察」など、坂上氏の仕事ぶりが生き生きと紹介されている。働きバチが採餌（さいじ）や巣作り、子育てを担当し、繁殖を独占する女王バチに奉仕する「カースト社会」。ふつうの研究者ならそれが結論となる。しかし坂上氏の関心は働きバチ一匹ずつの個性にまでおよぶ。じっさい、死ぬまで働きづめのやつもいれば、一生仕事もせずにぶらぶらしていたやつもいた。

私の目にとまった一節は、著者が北大植物園で坂上氏を見かけたときの話。小さな椅子

(いす)に腰をかけて地面を見つめていた。長年継続していたホクダイコハナバチの観察現場にちがいない。絶好の機会と近づこうとしたが、足がひとりでに止まったという。じつは私も北大に入学して二年目に、まったく同じ場面に出会った経験がある。ピンと張りつめた雰囲気の後ろ姿に圧倒され、すこし離れた木立の陰からのぞいていた。心臓がどきどきしたのをおぼえている。

著者は坂上氏と同じ、終戦後に大学に入学した世代。そのためか、働きバチの「滅私奉公」にこだわる。坂上氏自身も「群れて暮らすハチ」を見ていると、「群れて暮らす人間」として「身につまされる」という。が、戦後生まれの私から見れば、その真意はむしろ「働きバチの労働は一日平均六時間」、「働きバチと呼ばれる日本人ほどではない」ことにあるのでは。ともあれ、坂上氏ほど研究に献身した日本人を、私はほかに知らない。

評・新妻昭夫(恵泉女学園大学教授)

ほんだ・にらむ 32年生まれ。サイエンス・ライター。『なみだを流すロボット』など。

二〇〇二年二月二四日⑦

『箱庭センチメンタル』

小林キユウ 著

リトル・モア・二三〇〇円

「箱庭」とは著者によれば、他人を排除した閉ざされた空間であり、ひらかれた有機的な「風景」の対極にあるものだという。近年たてつづけに起こった事件や犯罪に、写真家である著者の目は、そうした箱庭の投じる影を見た。

これは、最近の九つの事件について、社会学的な見方やジャーナリスト精神をも捨て去り、箱庭に閉じ込められていたかのような、事件の当事者の意識をひたすら追体験しようとした試みといえる。ひろやかな風景を求めて、箱庭という密室を抜け出すための鍵(かぎ)を捜す試みでもあった。

佐賀市で起きた十七歳の少年によるバスジャック刺殺事件。長距離バスに乗って同じ路線を走り、当日の少年の心理状態に自分の心を重ね合わせようとするうちに、著者はいくつかの偶然の一致に思い至って慄然(りつぜん)とする……。

心に生じる印象を正確に記そうとするとき、現場とは、言葉のきざしてくる表現の場ともなる。挿入された写真がしずかな効果をあげている。

評・鶴ヶ谷真一(エッセイスト)

二〇〇二年二月二四日⑧

『まほちゃん』

島尾伸三 著

オシリス発行、河出書房新社発売・二三九〇円

親子三人の小さな家族の小さな写真集、あるいは思い出のアルバム――。

あの日、大きな窓から夕日が射(さ)していた気がする。〈まほちゃん〉がまだ小学生だったころ、人に連れられ一度だけこの家に伺ったことがあった。洋館の高い天井の広々とした一室に、ナベカマからベッドに至るまで生活に必要なものが全部見わたせた。

白い壁のきっちりとした立方体の部屋だった。隅に手製の二段ベッドがしつらえてあり、上の段にいる小さな〈まほちゃん〉を見上げながら歓談した記憶がある。天井に近いその場所が彼女の寝床であり勉強部屋のようで、上がったまま降りて来なかった。

いつも柔らかい日射しにつつまれた、写真のためにあるようなその部屋で、〈まほちゃん〉は、ゆっくりと成長していた。「わたしが大人にならなければ、わたしたち家族は小さな家族のまま……」

なんとも貴重な時間がここに写っている。親子三人それぞれの文章がいい。

評・瀬戸正人(写真家)

二〇〇二年二月二四日⑨
『新宗教と巨大建築』
五十嵐太郎 著
講談社現代新書・六八〇円

いかなる宗教も、その始まりは新宗教であった。当初は某教団のサティアンのごとき、仮設の聖所しか造りえなかった例も多いだろう。しかし時間の経緯が、それを「文化」に育（はぐく）む。

この国の建築史でも、伊勢や出雲の社、南都の仏寺にはじまる前近代の宗教建築を、各時代を代表する美術品と賛美する。しかし戦後、建築界は意図的に、同時代の宗教建築に対する評価を留保してきた観がある。

本書はその空白を埋める試みである。教祖が示したイメージをいかに具現化したのか、天理教・金光教・大本教・黒住教による聖地造営を分析、加えて戦後の新宗教がものにした建築も紹介する。

各事例は実に興味深い、ただ総括は充分（じゅうぶん）ではない。伝統と近代がせめぎあう屋根の造形と、予言を可視化する「時間を超越するモニュメント」について、わずかに言及するだけだ。より俯瞰（ふかん）的な新宗教建築論、特に各国との比較研究を期待したい。

評・橋爪紳也（大阪市立大学助教授）

二〇〇二年二月二四日⑩
『印刷に恋して』
松田哲夫 著
晶文社・二六〇〇円

高校三年の夏休みに、孔版印刷業を営んでいた父の仕事場で名刺用の活字を組んだことがある。一本ずつ活字を拾い、タコ糸できつく縛ったつもりだったのに、持ち上げてみると、せっかく組んだ活字がばらばらになってしまった。簡単そうに見えることでもなかなか難しいのである。

本書は、活版から写植、オフセット、グラビアまで、印刷現場をルポルタージュしたものだが、ここには技術革新がどんどん進んでいる現状がレポートされていて、ここまできているのなら父の仕事場にあった手動の名刺印刷機も、もう町の名刺屋さんで使われていないのだろうかとちょっと感傷的な気分になる。

しかし、どれほど時代が進もうと、機械がすべてを行うのではなく、職人さんたちの技術に支えられることが少なくないということのレポートは大変興味深い。著者の好奇心が本書を際立たせていることは言うまでもないが、内澤旬子のイラストが現場の雰囲気を巧みに伝えて圧巻である。

評・北上次郎（文芸評論家）

二〇〇二年二月二四日⑪
『隼人の古代史』
中村明蔵 著
平凡社新書・七六〇円

古代辺境の民として北の蝦夷（えみし）と並び称される南の隼人（ハヤト）。しかし、「隼人」という言葉はよく知られていても、そのイメージは人によって様々であり、歴史の実像となると意外に知られていない。著者の隼人に関する膨大な研究をベースに、最新の研究成果を凝縮したのが本書だ。

隼人が文献に現れるのは七世紀後半。本書では隼人前代の様相にはじまり、隼人の歴史が南九州、畿内と舞台を移しながらダイナミックに展開される。南島世界、日向（ひゅうが）神話との関（かか）わりにもふれる。これらの考察を通じ、国家建設期における中央政権と隼人との関係や、隼人の果たした役割が明らかにされる。

本書では隼人を東アジア史、日本列島史にどう位置づけるか、という視点が貫徹されている。文献にとどまらず、広く考古学、民俗学、神話学などの成果をもとに考察が加えられていることも特徴だ。隼人研究の到達点を知る格好の書だ。

評・大西智和（鹿児島女子短期大学講師）

二〇〇二年二月二四日⑫

『活断層大地震に備える』

鈴木康弘 著
ちくま新書・六八〇円

7年前の阪神大震災の後、「活断層」が一躍脚光を浴びた。政府の地震調査研究推進本部は、全国に分布する主な活断層帯98を調べ、地震を起こす可能性がどれだけ高いかを確率で順次発表するようになった。しかし、その対策はほとんど進んでいない。

活断層の活動間隔が非常に長いことや、その数が多いこと、いつ地震を起こすかという情報に不確実性が高いことなどが、対策を難しくしていると筆者は指摘する。

どうすればいいのか。まず人命を守ることを最優先にする。全国的な防災戦略を考える場合には、重点的に対応すべき活断層を選択する。地域で防災を考える場合には、地震発生確率が低くても、最小限の対策は立てておく。活断層がどこにあるかという位置情報の精度は高い。学校や病院などは活断層の上には建設しないよう規制すべきだ。

活断層のイロハから始まり、耳を傾けるべき具体的な提案が盛り込まれているのが本書の特徴だ。

評・泊次郎（本社編集委員）

二〇〇二年三月三日①

『若者はなぜ「繋（つな）がり」たがるのか』

武田徹 著
PHP研究所・一三〇〇円

ケータイ世代の向こうにいるのは…

皆さまが日頃（ひごろ）我慢している台詞（せりふ）を、私が代わっていわせてもらおう。

ったく近頃（ちかごろ）の若いもんときたら。町でも駅でも電車の中でも、ケータイごときにウツツをぬかしやがって。なにがメールだ。捨ててしまえ、そんなもの！

失礼いたしました。

で、『若者はなぜ「繋（つな）がり」たがるのか』である。右のような意見に賛同する人も反発する人も、この本はぜひ読んでみるべきである。「近頃の若いもん」の生態を観察しつつ、本書が論じているのは「ケータイ以後」とも呼ぶべきコミュニケーションのありようだ。

ケータイを片時も手放さぬ若者たちはモノではなくコミュニケーションに、いまやお金も時間も一番割いているのである。とはいえ彼らは全方位的な「つながり」を求めているわけではない。彼らのケータイはいつも留守電状態で、発信元の番号をみて、話したい相手にだけ電話をかける「番号選択」の習慣はすでに定着。じかに電話で話したければ、その是非を事前にメールで尋ねる過剰な「礼儀正しさ」すら一般化しているという。いやはやご苦労なことである。

仲間を慎重に選び分け、仲間うちでは神経質なまでの配慮をみせる彼らが、ではなぜ車中で傍若無人な大声が出せるのか。著者が指摘するのは「他者の不在」だ。〈番号選択をしてきた結果、予想外の「他者」と出会う経験を積んできていない彼らは、世間に「他者」がいることを、そもそもリアルに感じられなくなっているのではないか〉

ここを起点に、キャラクター・ビジネス、クルマ、若者語、音楽産業、ユニクロ、フリーマーケット……。現代の流行現象が次々俎上（そじょう）にのせられていく。アニメ作家、デザイナー、精神科医、占星術家など、いまをときめく文化の演出家も多数登場。九〇年代後半の若者文化総ざらいといった印象だ。発表媒体からみてその多くはマーケティング上の要請から書かれたものと思われる。

が、本書が「よくあるその手の本」と一線を画しているのは、若者文化のむこうにある現代（いま）を見据えている点だ。ケータイによって、あるいは茶髪や音楽等の記号によって〈若者は一つの「共同体」として繋がれる。だが、その繋がりは「公共的な社会」とはいえない〉。

これはたして「現代の若者」に固有の特徴だろうか。むしろ「近頃の若いもん」をハナから拒絶して、仲間うちに閉じこもる「古風な老人」のふるまいに近くない？　かくして私たちは気づくのである。ここで分析されているのはワシらのことなのかもしれないと。

評・斎藤美奈子（文芸評論家）

たけだ・とおる　58年生まれ。ノンフィクション作家。『流行人類学クロニクル』など。

二〇〇二年三月三日❷

『官能小説家』

高橋源一郎 著

朝日新聞社・一八〇〇円

騒々しさの底に潜むリリシズム

これは新聞小説である。いまどき新聞の連載小説など、誰（だれ）が読むのだろうか、と思った。だが、本書の帯には「連載時より話題沸騰……」とある。本当だろうかと疑ってもみた。

だが、この小説を罵（ののし）り、連載中止を求める「ファンレター」が本書に載せられているから、実際に「話題沸騰」だったのだろう。したがって、困難を引き受けたなかでの執筆だったことはたやすく想像できる。今や、小説は、いや文学は苦闘を強いられている。「小説なんか終わってるよ」と本書で鴎外が言うのだ。

新聞小説で思い出すのは、三浦綾子の『氷点』だ。もう四十年近くも前だが、大人気だった。あの頃（ころ）は、小説は大衆のものだった。テレビドラマ化され、主演した内藤洋子がなつかしい。

本書は前作『日本文学盛衰史』を引き継いで、森鴎外や樋口一葉、夏目漱石、森田草平、石川啄木など、明治期の作家がきら星のように数多く登場する。明治と「ここ」のあいだを往還しながら、〞事実〟と〞虚構〟とを揺さぶり、哀（かな）しくも激しい物語が展開されている。中心は、一葉、その師匠の半井桃水（なからいとうすい）、愛人の鴎外、そして桃水・鴎外とダブっていく〞狂言回し〟のタカハシ。

主題は、おそらく愛と性であろうか。それも、破綻（はたん）を宿命づけられた過剰な性愛である。だから、騒々しい舞台のなかに、研ぎ澄まされたリリシズムが湛（たた）えられている。いくつもの悲劇、大袈裟（おおげさ）に言うなら、魂の悲哀が描かれている。

私は読み進んでいくうちに、この小説は太宰治を語っているのではないかと思った。それも一葉に太宰を重ね合わせてである。終章は「グッド・バイ」、やっぱり太宰が出てきた。心中をやり遂げた太宰である。しかし、この小説では、一葉は心中に失敗している。性愛の果てに、魂の悲哀の極北へと突き進むような小説が心待ちにされる。

タカハシは「小説ってなんのために存在してるんだ」と問う。漱石は答える「人間の魂を高めるためさ」と。

評・川村邦光（大阪大学教授）

たかはし・げんいちろう　51年生まれ。作家。著書に『日本文学盛衰史』『ゴジラ』など。

二〇〇二年三月三日❸

『流星ワゴン』

重松清 著

講談社・一七〇〇円

もしも至福の過去に遡れたら

サイテーでサイアクの現実にうんざりして、もう死んだっていいやと思っているとき、不意に目の前に古い型のワゴンが現れたら、それに乗り込めばいい。あなたにとってたいせつな場所に連れていってもらえばいい、と本書のラストで主人公の永田一雄三十八歳は言う。彼もそのワゴンに乗ったのだ。リストラにあって失職し、再就職もうまくいかず、おまけに息子はいじめにあって登校拒否で、さらに妻は浮気にはしって朝帰りもしばしばという生活のなかで、そのサイテーでサイアクの現実にもう死んだっていいやと思っていたとき、そのワゴンが目の前に止まったのである。

連れていかれたのは一年前の新宿の雑踏だ。商談の場所にいそぐ途中の交差点で、見知らぬ男に肩を抱かれて歩いていく妻を見た一年前へ。ここで呼び止めればサイテーでサイアクの現実は変わるのか、と迷っていると後ろから「美代子さん、行ってしまうど。それでええんか」と声がして、振り返ると父が立っている。癌（がん）で余命いくばくもなく、故郷で寝たきりになっているはずの父が、おまけになぜか若いときの父が、立っている。

『流星ワゴン』はここから始まる物語である。SF的シチュエーションを導入した家族小説は、浅田次郎『地下鉄（メトロ）に乗って』などですでにお馴染（なじ）みだが、時間線を遡（さかのぼ）るタイムスリップは家族小説を動かす小道具としてまことにふさわしい。ばらばらになってしまった家族にも蜜月（みつげつ）期はあり、その至福の過去に案内されればなにごとかを感じざるを得ない。もちろん、小道具がいいだけでは物語は動かない。これが力強い物語になりえているのは、このあとの展開が絶妙であり、プロットを動かす作者の筆が冴（さ）えているからにほかならない。

過去に戻って永田一雄三十八歳はどんな道を選ぶのか、はたして家族の再生はあるのか。それは本書をお読みいただきたいが、この手の話に極端に弱い私は心穏やかには読めず、ちょっとだけ辛（つら）くなった。

評・北上次郎（文芸評論家）

しげまつ・きよし　63年生まれ。『ビタミンF』で直木賞。『エイジ』『隣人』など。

二〇〇二年三月三日④

『戦争とプロパガンダ』

E・W・サイード 著　中野真紀子、早尾貴紀 訳

みすず書房・一五〇〇円

にじむ知識人の責任感と倫理観

「知識人の声は孤独の声だ」とサイードは書いている（『知識人とは何か』平凡社）。だが、孤独の声は時に高らかに響きわたることがあるのだという。

パレスチナ生まれの在米知識人として孤独な発言を続けてきたサイードの声は、いま、これまでになく遠くまで響き始めているように見える。米国の言論界が異質な意見を排除しようとすればするほど、その声は国境を越え世界に広がっていく。皮肉な光景というべきだろう。

本書には昨年の同時多発テロ事件の前後に書かれたパレスチナ問題や世界の激動についての短い文章とインタビューが収録されている。本文の翻訳部分は１００ページもない薄い本だが、そこから伝わるのは言葉の重い響きだ。

パレスチナ人でありニューヨーク市民でもある著者にとって、引き裂かれるような困難な状況の中で書かれた文章には不思議な力がある。それは文明の衝突論の無知を批判し、米国の集団的熱狂の異様さを警戒する著者の論理の鋭さのためだけではない。むしろ印象づけられるのは、一つ一つの文章からにじみでる知識人としての強い責任感と倫理観だ。

「一般のアメリカ人はパレスチナ人の苦しみや追放の物語があることに微塵（みじん）も気づくことがなくなってしまった」と憤る著者は、その怒りを冷静に内側に向ける。イスラエルの周到なキャンペーンに対して無力だったパレスチナとアラブの指導者にも責任があると追及し、「知識人の怠慢は、それに劣らず重大だ」と書く。「わたしたちは、貧困、無知、抑圧がわたしたちの社会にはびこるようになったことに対する自分たちの責任について考えはじめなければならない」

理性と忍耐を説く声がひときわ響くのは、そうした声こそが暴力と敵意に満ちた世界の危機を救うものだからだろう。著者は「わたしたちはまず最初に自分たちの倫理的な優位性を確立しなければならない」と強調するが、既に勝負はついたと言えるかもしれない。

（原題、War and Propaganda）

評・清水克雄（本社編集委員）

Edward W. Said　35年生まれ。比較文学者、コロンビア大教授。

二〇〇二年三月三日⑤

『52歳、駆け抜けたアフリカ』

戸井十月 著
新潮社・一六〇〇円

むき出しの「生」を体感する

五十歳を一つの区切り目とするため、五大陸のバイク走破を行っている作家のアフリカ走破編である。著者が冒険に出るまでの葛藤(かっとう)や準備のあれこれ、現地で作る料理、たくさんのヨーロッパ人がアフリカにいるそのタフさかげん、などなど興味深いところは多いが、なにより、やはり生のアフリカの描写と、それに触れた筆者の心の動きである。

バイクでの移動というのがいい。車での移動では、ここまでアフリカをイメージする本にはならなかっただろう。「風を感じる」といったメルヘンではない。アフリカでのバイクは「鉄のハコで守られていない」という生理的な不安感に直結する。それがこの本の通奏低音だ。

アフリカ。まさに位置的にも文化的にも環境的にも日本からもっとも遠い。それを日本人が理解するとき「守られていない」不安感は重要だ。日本では味わえない「常に死と隣り合わせ」というのがアフリカを実感するキーワードだからだ。

とはいっても、その状態にさえ折り合いを付けるのも人間。アフリカではそれが普通の状態だ。むしろ近代の自我の確立により失われたものが残っている世界ともいえる。「今日を必死に生きているか? 明日死んでも後悔しないか?――と、アフリカが訊いてくる」。そういう生き方は確かに私たちがなくした「よきもの」だ。そういうまとめ方もできた本だろう。

しかし、体感的にアフリカを感じる著者には別のものもいやおうなく見えてくる。プライバシーがない。一日二十四時間、共同体の中での役割を演じなければならない。アフリカにおける人間の最小単位は群であって個人ではないからだ。それは死と隣り合わせの動物にとって普通のこと。そんな中で創造性など発揮できない。だからアフリカは変われない。援助が無ければ人が死ぬ。援助をすればそれに頼る。どうしたらいいかはこの本を読んでもわからない。しかし、著者の体験から得るものは大きい。この本を読んでよかった。

評・坂村健(東京大学教授)

とい・じゅうがつ 48年生まれ。作家。97年に五大陸走破の旅を開始。著書『越境記』ほか。

二〇〇二年三月三日⑥

『わが青春の詩人たち』

三木卓 著
岩波書店・二五〇〇円

『三四郎』のよう 戦後詩壇回想

一九五〇年代も終わり近く、静岡から上京して早稲田の露文科にはいった青年(半世紀まえの著者)が、雑誌「現代詩」の新人賞をうけて、まだ戦後の荒々しさをのこした詩人たちの社会におずおずと足を踏み入れてゆく。

若い人間には、じぶんより五歳とか十歳しか年長でない人間が、しばしば途方もなく大きな存在に見えてしまう。いまはそんなことはないのかもしれないが、著者が青年として生きたのはそういう時代だったので、かれの目には、鮎川信夫、関根弘、長谷川龍生、田村隆一、堀川正美、岩田宏といった先輩詩人たちが、さながら英雄時代の豪傑や天才や怪物のように巨大に映った。

なかでも卒業後、書評新聞の編集者になった著者が、原稿を受け取るために、九州からやってきた谷川雁を東京駅に出迎える場面が印象的だ。「列車から降りてきたかれは、ぼくらのところに笑いながらさっそうと歩いてきた。そして、思わずぼくが近づいていくと、かれはいきなりぼくの頭を撫でてくれた」

谷川が「古代九州の豪族の長」を思わせる長身の指導者型の人物だったのに対して、著者は「一メートル六十しかない小男」だった。しかしそれにしても、さして年のちがわない初対面の男のあたまをいきなり撫でるとはなあ。「それはぼくの可愛さ（！）がさせたことだったかもしれないし、また行為としてはごく自然なものだったが」と著者はやわらかく書いているけれども、内心、じつはムッときたのではないか。

　これらの英雄たちのキラキラした肖像を描くいっぽうで、しかし著者は「詩人というものは意外に〈詩人〉という印象ではなくて、目も鼻も、財布もハンカチももっているふつうの人たちだった」といいそえることも忘れない。やさしい菅原克己とこわい木山捷平。同人誌の離合集散、左翼の内部分裂、貧乏や酒乱。生臭い話もいろいろでてくる。戦後詩壇の『三四郎』みたいな本である。

評・津野海太郎（編集者・和光大学教授）

みき・たく　35年生まれ。詩人、作家。近著に『裸足と貝殻』『錬金術師の帽子』。

二〇〇二年三月三日⑦

『単独発言』

辺見庸 著

角川書店・一二〇〇円

米国人一人の死は、アフガンやイラクの住民千人の死に匹敵してしまっている。ブッシュ大統領が背負うのは復讐（ふくしゅう）心プラス富者たちの途方もない傲慢（ごうまん）だ。国家ではなく爆弾の下にいる人間の側に立たなくてはならない……。当たり前のことがごく当たり前のこととして、実に美しく力強い文章で綴（つづ）られていく。

　評論集に分類されるのだろう。しかし裏付けを取るためになら、著者はどこにでも行った。これがジャーナリズムの真髄（しんずい）。本書に比べれば、大切なことを何一つとして書かない、書けば権力の広報機関に堕す今時のマスコミ情報産業の根腐れぶりが一目瞭然（いちもくりょうぜん）で、哀れにさえなってくる。

　情報の送り手受け手とも、表現する、されるという営みにおいて相乗的に、見事なまでに劣化した。だからこそ今、原寸大の個人として生きよう、何者にも帰属しない、沈着で内面豊かな個であろうと、著者は主張する。その一行だけで、百万言の処世術指南をはるかに上回る価値がある。

評・斎藤貴男（ジャーナリスト）

二〇〇二年三月三日⑧

『グルーム』

J・ヴォートラン 著　高野優 訳

文春文庫・七八一円

アラン・ドロンとチャールズ・ブロンソンの共演で知られる「さらば友よ」の監督ジャン・エルマンが、バルザックの小説に登場する稀代（きたい）の大悪党ヴォートランの筆名を借りて作家デビューを果たしたのは、一九七三年。以来、パリ郊外にそびえ立つ架空の高層団地を舞台として、彼は善悪の境界線があいまいに溶けあう社会の暗部を執拗（しつよう）に描きつづけてきた。『グルーム』は、その頂点に位置する力作である。

　いわくつきの犯罪者が猟奇的な事件を引き起こすわけでも、頭のいかれた連中が無辜（むこ）の民を追いつめるわけでもない。登場人物はみな、私たちの身のまわりにある空気を吸って生きている「現代」の住人だ。ノワール＝闇（やみ）の世界は、私たちの周辺に、敷居なくひろがっている。

　原著刊行は一九八〇年。ここでの「現代」は二十年以上前のものなのに、不安の鮮度はいっこうに落ちていない。時代を超えた驚くべき幻視の光彩を味わいたい。

評・堀江敏幸（作家）

二〇〇二年三月三日⑨

『肉食タブーの世界史』

F・J・シムーンズ 著　山内昶 監訳
法政大学出版局・七二〇〇円

ニューデリーのマクドナルドは、羊肉一〇〇%。ヒンドゥー教では牛は神聖な動物なのだ。イスラム教徒は豚肉を忌避して食べないし、ジャイナ教徒はどんな肉も一切口にしない。ここまでは、インド亜大陸を学生たちと旅行して知っていた。

鶏肉を食べない地域がある。鶏が家畜化された東南アジアでも、鶏肉は食べても卵は食べない人たちがいる。世界中を見わたせば、魚や牛乳を忌避する人たちもいる。

物語も理論もない分厚い本なのに、飽きずに読めた。本文は四百七十頁（ページ）。百十九頁分の原注も、八十頁分の文献リストも省略されていない。いわゆる資料価値の高い本だが、だからといって専門家に独占させる必要はない。

世界地図をながめるように、世界各地の食習慣をながめわたすのは楽しい。忌避の理由はたいてい変な理屈にみえるが、それはおたがいさまなのだろう。日本人は明治維新まで家畜の肉を食べなかった。

評・新妻昭夫（恵泉女学園大学教授）

二〇〇二年三月三日⑩

『女の一生　杉村春子の生涯』

新藤兼人 著
岩波書店・一八〇〇円

映画「午後の遺言状」（一九九五年）は、女優・杉村春子が出演した最後の映画だった。老年を迎えた新劇の大女優という杉村自身の姿を二重焼きにした感動的な作品で、共演した乙羽信子の遺作でもあった。

杉村春子は二年後の九七年に九十一歳で亡くなった。杉村と同じ広島県の出身で、この映画の監督、そして乙羽信子の伴侶（はんりょ）でもあった著者が、長い交流を踏まえて杉村の生涯をたどった。

心境を問われた杉村が「きょうがあるだけ、きのうもあしたもないわ」とさらっと笑って答えたという「午後の遺言状」撮影中のエピソードが面白い。杉村の広島時代の記述も充実している。

築地小劇場以後の杉村の軌跡については、すでに刊行されている杉村の著書、対談などから長い引用をし、それにコメントを加えるという形を取る。中でも杉村のために『女の一生』を書き、若くして病死した森本薫との恋に触れた章は胸に迫る。

評・扇田昭彦（演劇評論家）

二〇〇二年三月三日⑪

『青卵』

東直子 著
本阿弥書店・二三〇〇円

俵万智、加藤治郎、穂村弘。さまざまな歌人たちが口語でうたう。だが、文語を対極に意識しない、口語のための口語でうたったのは、あるいは東直子が初めてではないだろうか。短歌の未来を考える上で、これは大切なポイントになるかも知れない。

事柄の叙述をきれいに捨てて、言葉が言葉の力によって直接、深い無意識の闇（やみ）から花束を取り出すような、第二歌集『青卵（せいらん）』が注目される。

波音がわたしの口にあふれ出す鳥が切り裂く空に会いたい

萌える野にさみしい父と母がいて重ね合わせるうすいハンカチ

好きだった世界をみんな連れてゆくあなたのカヌー燃えるみずうみ

鳥も父も母もあなたのカヌーも、幼年期のなつかしさとおそろしさをたたえて、作者の静かな孤独を示している。この孤独を表現の中でいかに意識するかが、次の展開として問われることになるのだろう。

評・水原紫苑（歌人）

二〇〇二年三月一〇日❶

『瀑流』

山田和 著

文芸春秋・二二八六円

一気に読ませるダム問題の原点

岐阜県飛騨山中に源を発し、富山県富山湾に注ぐ庄川（しょうがわ）。ときは戦争に向かう昭和の初期。強圧的な手段でダム開発を進める電力会社に対し、伝統産業の林業、とりわけ伐採した原木を川の流れを利用して運ぶ「流木権」を死守すべく立ちあがった「飛州合同木材」。八年にわたる裁判闘争を基軸に、庄川峡谷の美しくも荒々しい自然と、そこで暮らす人々のいとなみが緻密（ちみつ）に描かれている。

「庄川ダム争議」は、いまも各地で繰り返されているダム問題の原点。奥多摩を友人と歩いたとき、小河内ダムの湖面を指さし、父の生まれ育った村があのあたりに沈んでいるのよと教えられたことがあった。そういう関心から本書を手に取り、通勤の電車で数日間。結末を読み終わって思わずため息をつき、周囲の視線に恥ずかしい思いをした。

なじみのない地名ばかりで、ルビがあってもページをめくれば読み方を忘れてしまう。林業用語や山言葉も頻出する。引用されている昭和初期の裁判記録が読みやすいはずもない。なのに一気に読めてしまった。林業者側がひそかに願う、川の怒り「瀑流（ばくりゅう）」による真実の暴露とダム施設の破壊を、読者もまた期待するからか。山間の宿の若女将（おかみ）と主人公との清く激しい恋の行方が気になるからか。それとも細部までていねいに描きこまれた自然描写に魅了されるからか……。

「樹木は、いわば雨の依代（よりしろ）なのである。雨はその幹を伝って、地表へと下りて来る。どの樹木の幹にも水路があって、樹皮の上に二、三分（ぶ）ほどの川床ができている。そこを雨水は過（あやま）つことなく降りて来る。杣夫（そまふ）だけが知っている、樹皮に宿る木の川だ」

著者の名前は、インド通の旅の達人として知っていた。評判だった『インド　ミニアチュール幻想』（平凡社）も併せ読んでみた。インドの各地を訪ねて伝統的な細密画の世界を紹介し、講談社ノンフィクション賞を受賞した作品だ。細密画の大胆な構図と緻密な描き込み、その手法をいまも引き継ぐ画家たち、その伝統を生んだ風土と数百年以上もの歴史の流れを描ききるのに、二十二年をかけた取材、十万ページを超える文献資料の渉猟が必要だったという。

著者のおそらく初の小説である本書『瀑流』の巻末にも、当時の訴訟記録や地方紙をはじめ、多数の参考文献が付されている。庄川峡谷の出口から広がる砺波平野は生まれ故郷だという。ダム問題の原点「庄川ダム争議」を描くのにフィクションの形式を選んだ理由を問う必要はないだろう。みごとに成功しているのだから。　評・新妻昭夫（恵泉女学園大学教授）

やまだ・かず　46年生まれ。作家。『インドミニアチュール幻想』『インド大修行時代』。

二〇〇二年三月一〇日❷

『演出術』

蜷川幸雄＋長谷部浩 著

紀伊国屋書店・三〇〇〇円

〈狂った神〉が夢見たものは

演出家というものは、誰（だれ）も小心で、いつも俳優やスタッフの視線を全身で感じているので、もしできるなら、怖さのあまりその場から逃げ出したくなることがしょっちゅうある。それを堪（こら）えて一つの舞台なり、一本の映画なりを全うするには、まず自分の姿を〈演出〉することから始めなければならない。つまり演出家という〈役〉を素知らぬ顔で演じつづけるわけである。けれど、厄介なことにこの役は、嘘（うそ）つきだとか狂人だとか、あるいは教誨師（きょうかいし）だとか無頼漢だとか、様々なキャラクターが矛盾だらけで混在している〈役〉なのだ。正しいことを言って済むのなら、こんな楽なことはない。善意だけでみんなに信頼されるだけでいいなら、〈術〉なんかいらない。演出家が因果な商売だと思うのは、自分を見つめる人たちを騙（だま）したり、脅したり、その結果その人たちから憎まれたり、呆（あき）れられたりしても、自分の役を演じなければならないからだ。なぜそんな間の抜けたことをするのだろう。――その果てに、もしや夢みたいな神々しい世界を見られるかもしれないと思うからだ。

蜷川さんが四十年にわたって、髪ふり乱してやってきたことは、そういうことだった。かつて鮮やかな舞台を作ってきた演出家は、多かれ少なかれみんなそうだったが、私の記憶にいまでもディグニティに溢（あふ）れた発光体みたいに残っているのは、浅利さんと寺山さんと唐さんぐらいのものだろうか。そしていま、蜷川さんである。彼らはみんな〈狂った神〉のようだった。彼らが作った舞台の幾つかは、身が縮む思いのする神々の世界のようだった。――彼らが夢にみたのは、清々（すがすが）しい鳥瞰（ちょうかん）の視線を持った〈神〉になることだったのだ。

それなら蜷川さんの『演出術』は聖書なのだろうか。これは長谷部さんの〈聞き書き〉という形をとった『演出術』であって、彼の書いた文章ではない。――〈神〉は自分の魔術や詐術について決して喋（しゃべ）ろうとはしないし、そんな必要はないのだ。

評・久世光彦（作家・演出家）

にながわ・ゆきお 35年生まれ。演出家。
はせべ・ひろし 56年生まれ。演劇評論家。

二〇〇二年三月一〇日❸

『世界資源戦争』

マイケル・T・クレア 著　斉藤裕一 訳
廣済堂出版・一六〇〇円

「水と油」の確保、紛争の主軸に

20世紀は石油をめぐる「流血の世紀」だった。石油は、暮らしや産業のためだけでなく、軍事力の展開にも欠かせない。第2次大戦でドイツは、旧ソ連カフカスの油田を狙った。日本の南部仏印進駐に対し、米英は石油禁輸でこたえた。石油を断たれた日本は、南方の石油と供給路を確保しようとして戦争に突入した。石油による、石油のための戦いである。

今世紀はどうか。水資源と石油、つまり「水と油」をめぐる攻防が「21世紀型戦争」の主軸になる。そう著者はいう。

この半世紀に地球は30億以上も人口が増え、工業化の奔流は、資源のとめどない需要を生み出した。最も貴重な石油や水資源は偏在し、しかも複数国にまたがっている。イデオロギー抗争に隠れていた資源争奪が焦点にならざるを得ない。

こうして著者は、豊富なデータをもとに、ペルシャ湾や資源の宝庫といわれるカスピ海、南シナ海をめぐる各国の思惑と領有権争いを分析する。またナイル川やヨルダン川など、水をめぐる角逐の歴史をたどり、今後の紛争を予告する。

複雑な紛争を資源争いで説明するのは単純過ぎる。そうした批判もあるだろう。だが本書は「正義と悪」などの修辞を使った紛争の別の「単純化」への中和剤になる。対テロ戦争後の米軍配備は、中央アジア資源をめぐる米戦略と無縁とはいえない。イスラエル紛争には、水争いという側面もある。本書は、紛争を多面的に読み解く補助線として役立つだろう。

著者は触れていないが、資源争奪の高まりの背景に、環境劣化があることは見逃せない。水質汚染や砂漠化によって、途上国の利用可能な水は70年代の6割になった。工業国が途上国の10倍のエネルギーを浪費する生活を続ければ、緊張はさらに高まる。今後の紛争防止では、軍事力よりむしろ、どう環境を保全し、資源を配分するかが課題になるだろう。

本書は紛争の未来見取り図ではない。将来回避すべき地雷原を記した、警告の地図と受け止めたい。


（原題、Resource Wars）

評・外岡秀俊（本社編集委員）

Michael T. Klare アメリカの軍事戦略アナリスト。戦争の変容に関する著書多数。

二〇〇二年三月一〇日❹

『教育改革の幻想』

苅谷剛彦 著
ちくま新書・七〇〇円

理想と現実、光と闇を照射

「闇（やみ）の暗さに慣れれば慣れるほど、掲げられる理想の光の眩（まぶ）しさが、私たちを幻惑する。そして、そのコントラストが強ければ強いほど、私たちは足下の現実をしっかりと見据えることができなくなる」（本文より）。そして、はるか天空に輝いているとばかり思い込んでいた理想の光が、実は足下の闇の中にも潜んでいたことを、ようやく発見する。

まるで『青い鳥』の寓話（ぐうわ）じみた話だが、それが本書の〝ストーリー〟だ。この場合の〈闇＝現実〉とは国民的批判に長年さらされ続けてきた「知識偏重の詰め込み教育」を指し、〈光＝理想〉とは新年度から例の新学習指導要領に基づいて本格化する「子ども中心主義のゆとり教育」を指す。そして、そんなステレオタイプかつ不毛な二分法をひっくるめて、著者は「教育改革の幻想」と呼ぶ。

「子どもをストレスから解放し、ゆとりある自由な環境で自ら学ぶ意欲と生きる力を育（はぐく）み、全員が百点をめざし、教師はその支援者に徹する」――あまりに話がうますぎるのだが異議を唱えにくいそんな改革の問題点と危険性を、著者は豊富なデータから診断する。

そして、子どもを理想化した子ども中心主義教育の米国での失敗例から、そんなロマン主義に幻惑される近代人の心象をもさぐる。さらに、日本人の教育認識を呪縛（じゅばく）してきた「一方的な詰め込み教育」という常識的イメージの実態を再検証し、それが実は米国の進歩的教育学者によって「バランスの取れた子ども中心主義」と高く評価されていた皮肉な事実も紹介している。

今さら言われてもねえ……という気もしないではないが、著者も言うように、今からでも遅くはない。イデオロギー化した理想主義や指導要領信仰から教育現場が足を洗う、これはひとつのチャンスでもある。いずれにしても、この改革がこのまま失敗したら「ウチの子は私立に行かせるから大丈夫」じゃすまない事態になるに違いないのだから。

でも、官僚が生半可な理想に燃えちゃうと、怖いよなあ。

評・山崎浩一（コラムニスト）

かりや・たけひこ 55年生まれ。東大大学院教授。他著に『階層化日本と教育危機』など。

二〇〇二年三月一〇日❻

『江戸の町は骨だらけ』

鈴木理生 著
桜桃書房・一六〇〇円

多彩な資料で探る足下の歴史

こういう本――何と言うのかな、地史研究本あるいは地誌を読み慣れない私にとってはビックリする話ばっかり（落語の世界には「野ざらし」「黄金餅（こがねもち）」「らくだ」など死体や遺骸（いがい）にまつわる話が多い。私はほとんどそれだけの興味で読み始めたのだ）。

あまりにもタイトル通り。ちょっと付け加えるなら、江戸だけではなく「東京の街も骨だらけ」。東京の中心地域からはビルや地下鉄の工事のたびに実にたくさんの骨や墓の跡が発見されているのだ。都市としての江戸・東京は太田道灌の時代から六百年の歴史を持っているのだから当然と言えば当然なのだけれど。

この「骨だらけ」という事実から著者は、家康以前の古い江戸の姿、家康以後の江戸の人々の葬儀の形、そして明治になってからの「近代」と「過去」とのきしみぐあいなどを豊富な資料やデータを駆使して浮かび上がらせていく。その資料の中には、歴史書や地誌や発掘記録ばかりではなく、川柳あり落語あり近頃（ちかごろ）ハヤリモノ化している陰陽道や風水の話あり……もちろん一大都市伝説である将門の話も。博学に支えられた本だが、面白く、読みやすい工夫がこらされている。

明暦の大火（二日間で死者十万人）など江戸の町は何度か大量死に襲われているのだが、それはどういう形で弔われたかという話。寺の敷地などは民間人が取得するのにためらいがあり、公有財産に繰り込まれ、やがて学校や公共施設に利用されて行くという話……。興味が尽きない。ピカピカツルツルした高層ビルの立ち並ぶ都心の光景に、過去の姿がなまなましく二重写しになって来る。

何ぶんにもテーマが人の死にまつわることなので、「著者はあえてここで筆をとめたんじゃないかな」と思われる部分がいくつかあり、ちょっともどかしい気持ちもしたけれど、あとがきで著者のいう「ナニカへの恐れ」を尊重したい。読み終わって……はい、私も十分「ナニカ」を感じました。

評・中野翠（コラムニスト）

すずき・まさお　26年生まれ。都市史研究家。編著書に『東京の地名がわかる事典』など。

二〇〇二年三月一〇日⑦

『お喋り鳥の呪縛』

北川歩実 著

徳間書店・一八〇〇円

フリーライター倉橋の妹が何者かに轢（ひ）き逃げされ、意識不明の状態に陥った。そして二カ月後、倉橋兄妹が合作したシナリオがドラマ化されることになったのをきっかけに、人間と会話する天才オウムをめぐって次々と怪事件が発生する。

鳥マニアの人気男優、目的のためには手段を選ばぬ女性プロデューサー等々、ただでさえエキセントリックな登場人物たちが、それぞれ秘密を抱えているばかりでなく、複数の事件が並行して連発するので、物語は目まぐるしいことこの上ないが、その狂騒的な展開こそが本書の魅力である。ミステリとしての真の狙いは意外に古典的だが、著者の十八番である理系の蘊蓄（うんちく）をはじめ、読者の眼（め）を真相から逸（そ）らすために張りめぐらされた仕掛けは実に効果的で、著者の技巧家ぶりが窺（うかが）える。ただし会話と地の文のバランスが悪く、誰（だれ）が何を喋（しゃべ）っているのかわかりにくい場面も。そこをクリア出来れば大傑作の呼び名に値したはず。

評・千街晶之（ミステリ評論家）

二〇〇二年三月一〇日⑧

『河合隼雄著作集第Ⅱ期第5巻　臨床教育学入門』

河合隼雄 著

岩波書店・三六〇〇円

著者は大学の数学科にまず入った。ところが数学の計り方を面白いと感じなかったらしい。心理学にも眼（め）をむけるが、自然科学を手本にした計り方が彼を満足させない。それでもユング心理学は面白さへの手がかりをあたえた。ここでは尺度そのものが動く。

中学のころ彼は全校に号令をかける役まわりだったが、型どおりにするのに気がすすまない。戦時下の固定した尺度でものごとを計るのになじめなかった。それは自分流の尺度をつくる助走となり、やがてユング心理学で受けたカウンセリング技法をとおして、また教育の現場において、教師生徒ともに計り計られる活動に踏み入る。渦にまきこまれた子どもは生きがいを見つけることになる。教師も。

教室に話さない子がいた。みんなで飼っているカメがいなくなったとき、その子は泣きだして急に話しはじめた。みんなでカメを探すことになり、そこからその子の口がほぐれた。この偶然性から入るのが「臨床教育学」の方法であるという。

評・鶴見俊輔（哲学者）

二〇〇二年三月一〇日❾

『音楽少年誕生物語』

畑中良輔 著
音楽之友社・二二〇〇円

「忘却の彼方に消えてしまっていたはずの記憶の断片が……鮮やかに」甦（よみがえ）って、畑中良輔さんは、東京音楽学校（現東京芸大）を志した旧制中学四年次から合格するまでの自分を「しっかり捉え」た。昭和初期の門司の中学生が一人上京し受験勉強に明け暮れる涙あり笑いありの日々、その体験を通して時代も甦る。「音楽の友」誌に連載中の〈繰り返せない旅だから〉のはじめの〈少年編〉だ。サラリーマンの父、琴と三弦の師匠だった生母、文才豊かな姉、教育家の義母の家庭にあって、蓄音機に夢中だった少年は、入試に数学が出ない音楽学校の声楽科を目指す。

とはいえ、歌や発声のほかにピアノもコールユーブンゲンもイタリア語もと、苦難の山また山。それでも少年は詩を書き、絵を描き、作曲し、音楽評を投稿し、歌舞伎座やフランス映画に通い、それらが声楽の勉強と交差する幾重もの波の輪となって拡（ひろ）がってゆく。いまの畑中さんの豊かな蓄積はこうして始まっていた。

評・三善晃（作曲家）

二〇〇二年三月一〇日❿

『沖縄戦と民衆』

林博史 著
大月書店・五六〇〇円

沖縄は今年、復帰三十年を迎える。しかし広大な米軍基地は、沖縄がいまも「戦争」と地続きに生きる島であることをつきつけている。

その沖縄で、沖縄戦とは何かを問う作業は続けられてきた。だが著者の指摘どおり、戦争の被害者としての沖縄が強調されてきた側面は否めない。それは、沖縄自身の問題でもあるが、この論調は本土の人々に、ある種の免罪符として機能した面もあるはずだ。

本書は沖縄戦を住民の視点からとらえ直し、とくに集団自決、日本兵による住民虐殺の場面で、沖縄人が加害者として加担した事実を掘り起こした。証言や資料を駆使し、平易な語り口ながら戦争の実相に迫った力作である。

戦争の場面では軍隊の論理にもまして〈日常の人間性〉が反映することが恐ろしい。悲劇的な戦争の背景にあった閉鎖的な島社会、沖縄人指導者たちが果たした役割は大きい。そのなかで生き延びた人々に共通するのは、個人としての決断だ。

評・与那原恵（ノンフィクションライター）

二〇〇二年三月一〇日⓫

『看護の力　女性の力』

カレン・アン・ウルフ 編
日野原重明 監訳　山本千紗子 訳
日本看護協会出版会・二八〇〇円

今春から「看護婦・看護士」の身分法上の名称が「看護師」になった。「医師」と同等にナースの専門性を明確化するのもねらいだ。そんな中、看護にフェミニズムの視点を取り入れ、近代看護学でナイチンゲール以上の評価があるジョアン・アシュレイの論文と講演がまとめられた。

アシュレイは22年前に41歳で病死した米国の看護婦。医療界は、医師が看護婦を巧妙に統制し力を蓄えた、との見方も可能な世界だ。彼女は、医療に高度技術も導入され、病院の経営が成立しても、看護婦・女性の地位向上抜きに患者のヘルスケア問題は解決されぬのではと疑問を抱く。

看護活動をしながらコロンビア大学で博士号を取得し、政治活動も展開。現場での「看護の力　女性の力」を応用して、身体的、心理的、社会的苦痛が最小の社会をどう形成するかとの活動目標にたどりつく。変化を求めた彼女の情熱が随所に宿る。

評・小林照幸（ノンフィクション作家）

二〇〇二年三月一〇日⑫

『雑音考』

樋口覚 著

人文書院・二四〇〇円

雑音を論じるのは難しい。

何年か前に『三絃の誘惑』で音の文学史を世に問うた著者は、聞くつもりはなくても耳に侵入してくる雑音の発生を近代特有の問題としてとらえ、漱石の『カーライル博物館』を「音」のテキストとして読み直す。本書は文学の可聴音域をさらに広げる意欲的なこころみである。

しかし楽音と雑音は対立せずに連続的であり、何が「雑」であるかは音の性質によらず、かなり聞く側の反応で決定される。雑音とは妨害音なのである。その主観性の機微を心得ている点が、たんなるうるさがりやの論でないと読者を安心させる。

環境によっていかに妙音が騒音に変わるかは、永井荷風が三味線に示した極端な愛憎のためしで語られる。また感心させられるのが、軍隊行進曲をめぐる日本人の音感の分析である。名曲「軍艦マーチ」が海軍軍人の聖歌からパチンコ屋のBGMになるまでの物語には、「音」で綴（つづ）る歴史が織られている。

評・野口武彦（文芸評論家）

二〇〇二年三月一七日❶

『凛冽の宙』

幸田真音 著

小学館・一八〇〇円

金融混乱に向き合う男たちの行方

この十年間の金融混乱の過程では、様々な悲劇的、あるいは喜劇的な出来事が繰り返されてきた。そのなかには、小説にするのに格好の事件も数多く含まれている。『凛冽（りんれつ）の宙（そら）』が素材としているのは、財政・金融の分離が実行されて、九八年に金融監督庁（現・金融庁）が設立されて以降のいくつかの事件である。

九九年に金融監督庁は、経営の悪化していた大正生命に対して早期是正措置を発動する。それに動揺した大正生命の経営陣は、希代の詐欺師といわれる古倉義彦（公判中）の罠（わな）にかかり、結局は翌年破たんに追い込まれる。本作品の準主人公は、この古倉義彦を明らかに下敷きにして作り出されたキャラクターである。

他方、それまでの大蔵省は国内金融機関に対しては強圧的であるが、外資系には弱腰だといわれてきた。そうした評判を覆す意図もあったのかもしれないが、同じ九九年に金融監督庁は、クレディ・スイス・グループに対して、損失先送り商品の販売を続けその発覚を回避するために検査妨害も行ったとして、業務停止を含む厳しい行政処分を下した。本作品の主人公は、クレディ・スイス・グループのような外資系の証券会社で働く投資銀行家である。

投資銀行家の仕事は、金を貸すというよりも、知恵を貸すことである。しかし、この時期に日本の金融機関や事業会社が借りたいと思っていたのは、知恵は知恵でも、損失の隠蔽（いんぺい）に役立つような「悪知恵」にほかならなかった。こうした背景のなかで物語は進行する。

ただし、だからといって、本作品を読めば、この間のわが国が抱える金融問題の本質がみえてくるとか、あまり期待しないほうがよい。本作品は、基本的に娯楽作品と受け止められるべきだ。いくつかの金融事件は、あくまでも興味を引き付ける舞台装置として使われているだけであって、物語自体は、主人公の組織への順応と反抗、そして人間的再生という一般的テーマを描いたものである。

ところが、同じ著者の『日本国債』は、単に娯楽作品としてだけでなく、日本経済の近未来を予測する情報小説として、ベストセラーとなった。その成功体験のゆえか、著者は本作品においても、一部に情報提供的な要素を織り込もうとしている。しかし、その要請から、プロであるはずの登場人物たちがかなり初歩的な事柄について議論をしあうということになると、かえって白けてしまう。

前作の路線を踏襲せずに、情報小説的な要素は抑えてエンターテインメントに徹したほうが、さらに興味深い作品になったのではないか。

評・池尾和人（慶応大学教授）

こうだ・まいん 51年生まれ。ディーラーや外国債券セールスを経て作家に。

二〇〇二年三月一七日❷

『ゴーシュの肖像』

辻征夫 著
書肆山田・二八〇〇円

詩人が信じた「ちいさな無垢」

「きみのなかに残っているにちがいない／ちいさな無垢（むく）をわたくしは信ずる」

この言葉は本書に収められている辻征夫自身の詩「蟻（あり）の涙」から引いた。彼はこの詩を若い人たちに向けて書いた。もしあなたがこの二行に何かを感じるのなら、この本を読んで欲しい。

本書は詩集ではない。辻が一九九〇年から二〇〇〇年までに発表したエッセイで構成されている。というと難しい詩論を思い浮かべるかもしれない。しかしこの詩人はいつでも平易な言葉を選びながら、詩とは何か、詩はいつ生まれるのかを考え続ける。なぜだろうか。大事なことは答えではなく「問いを持ち続けている」ことだからだ。それが彼にとっての詩であり「ちいさな無垢」であったに違いない。詩はこう続く。

「それがたとえば蟻の涙ほどのちいささであっても／それがあるかぎりきみはあるとき／たちあがることができる」

彼は「ちいさな無垢」をさまざまなところで見つける眼（め）をもっていた。先達の詩、短歌や俳句を読むときだけではない。子どもの頃（ころ）から親しんだ昔話や童話を語るときも、故郷向島の風景や近所の酒屋との祖父以来のつき合い、往年のスター柳澤愼一の生き方、居酒屋で会う若い友人、詩人たちが集う句会を話すときも、この眼は輝いている。

楽しげで軽やかだ。これは凄（すご）いことではないか。彼は頑固なまでに苦しかったこと傷ついたことを綴（つづ）らない。なかったはずはない。しかし彼はいつでも「たちあがることができる」と信じてきたのだ。文章の端々から、飄々（ひょうひょう）としながら勁（つよ）く生きる姿勢が伝わってくる。だから詩は次のように締め括（くく）られる。

「世界はきみが荒れすさんでいるときも／きみを信じている」

詩なんか必要なしと考える人も読んで欲しい。辻は一昨年の一月十四日に背髄（せきずい）小脳変性症に起因する病によって急逝し、この本はちょうど二年目の命日に出版された。これからも彼は信じられ愛されるだろう。

評・松山巖（作家・評論家）

つじ・ゆきお　1939〜2000年。詩人。著書に『かんたんな混沌』『貨物船句集』など。

二〇〇二年三月一七日❸

『海洋危険生物』

小林照幸 著
文春新書・七二〇円

ハブクラゲ。こわい、でも見たい

「医動物」という言葉をご存じだろうか。体内に毒をもつなどし、人体に害をおよぼす動物のこと。毒蛇も蚊も医動物である。むかし『有毒動物のひみつ』という児童図書を編集して以来、この分野に私はそこそこ強いつもりでいた。アンボイナガイ、カツオノエボシ、オニダルマオコゼにミノカサゴ。そうそうそうという感じである。が、そんな私もコイツのことは知らなかった。ハブクラゲ。触手にふれると鋭い痛みがはしり、重篤な場合にはショック症状から呼吸困難、心臓停止、ときには死にいたることもあるという猛毒クラゲだ。『海洋危険生物』はこのハブクラゲからサメまで、沖縄の海に棲息（せいそく）する危険生物を追った異色のノンフィクションである。

ハブクラゲが一般に認知されるようになったのはごく最近のことらしい。リゾート化が進んで拡充されたマリーナは、穏やかな湾内で卵を産むハブクラゲにとって絶好の揺籃（ようらん）地。九七年、九八年と死亡事故が出て、いまや沖縄のビーチはクラゲよけのネットだらけという。それでもネット外で遊泳する人は後をたたず、毎年百人以上の被害者が出る。

こわい。でも見たい。こわい。でも知りたい。不謹慎だが、危険生物には「こわおもしろ」な魅力がある。どんなにちっぽけで頼りなさそうな生き物でも、ホンモノにはSFXの巨大怪獣をはるかにしのぐ迫力があるのだ。著者は観光客の認識不足や医療体制の不備に警鐘を鳴らしながらも、むやみにパニックを煽（あお）ることなく、ときにユーモラスな筆致で海の生物の危険を説く。外国産の「クラゲよけスプレー」を自ら実験台となって試したり、有毒動物を試食したり。

人と生き物の接点に「食す」という行為があるなら、危険との遭遇も同様である。知ることは危機管理への第一歩。ダイバーやサーファーには必携の書だが、アウトドア一般についても示唆されること多し。巻末には応急措置法つき。これで猛毒クラゲもサメもこわくない、ことはないけどね、やはり。

評・斎藤美奈子（文芸評論家）

こばやし・てるゆき　68年生まれ。ノンフィクション作家。『朱鷺の遺言』『毒蛇』など。

二〇〇二年三月一七日❹

『野溝七生子短篇全集　暖炉』

野溝七生子 著
展望社・五二〇〇円

静かに焚き出される死の香

みずからの分身に語りかけるひどく醒（さ）めきった独白。狂気と紙一重の、かすかな濁りのある水晶のようなまなざし。野溝七生子の短篇（たんぺん）は、第一行目からもうこの人のものでしかないという絶対の指標をかかげて、読者を現実のすぐ裏手にある冥府（めいふ）へとひきずりこんでいく。

死を語るときも、純粋な愛を語るときも、そして不毛の愛を語るときも、フランス的な名に隠れた話者の言葉はぽたりぽたりと音をたてながらしたたって、閉じられた頁（ページ）のむこうに、いつのまにか大きな幻を浮かびあがらせる。白く華奢（きゃしゃ）な腕がサーベルと日本刀を両手で苦もなく扱うという予想外の劇がここにはあって、ふたつの太刀筋の交差するところには、なまあたたかい血の匂（にお）いが漂う。

もちろん、そのまえに、周到な舞台設定がおこなわれている。物語の静脈は家や船などの閉ざされた空間か、その空間へとむかっていく話者の運動のなかに、はりめぐらされているのだ。たとえば「南天屋敷」では、東京から汽車で一日、さらに船で一昼夜かかるほど遠い町の、南天屋敷と呼ばれる謎（なぞ）めいた家が用意され、そのうえで、死の香が静かに焚（た）き出される。

「まだ、私の父が中央に職を奉じてゐた時、両親の間に第七番目の赤ん坊として私が生まれてからまもなく、よちよち歩きの私の小さい体を、よく、危険な縁端や、稜のある沓脱石の傍から、抱き上げて護つて呉れた因縁深い二本の腕があつた。何故、因縁深いといふのであるか、この腕が、後には、人を殺すことになるのである」

人を殺（あや）めた腕に抱かれ、誕生が喪失や崩壊とむすびつき、出会いがそのまま別れとなる世界。野溝七生子の語り手は、あやうい均衡のうえに立つ存在の秘密をすすんで胎内に取り込む。「ねえ、よかつたら、その苦しみを半分わけて下さいまし」。表題作「暖炉」の主人公は、先にあるものを予感しながら、あえて言う。暖炉の火は少しも暖かくならず、ひんやりと私たちを包む。

評・堀江敏幸（作家）

のみぞ・なおこ　1897〜1987年。作家。著書に『眉輪』『アルスのノート』。

二〇〇二年三月一七日⑤

『五人姉妹』

菅浩江 著
早川書房・一七〇〇円

「日本発独自SF」の頂点

科学技術と人間の関(かか)わりをテーマにした短編集――いわゆるSFであるが、技術的なディテールはあくまで黒衣なので、慣れていない読者でも楽に読めるだろう。一方、さりげない描写ではあっても、科学技術ネタが各話のメインテーマと深く関わっている。著者の科学技術の扱いもしっかりしている。「私はほんとうにSFが身に沿うているのだなあと感じます」という著者の言葉通りの由緒正しいSFなのだが――そうでありながらSF的でないところがすごくいい、という不思議なSFに仕上がっている。帯や装丁を見ても出版社が普通の文芸書として売りたがっているのがわかる。そして、多分その判断は正しい。

生活の中の一瞬のヒューマン・スケッチというタッチの本書には「人類社会はどこへ」とか「宇宙の危機」といったSF的スケール感はない。また「科学技術が進歩しても人間は変わらない」という著者のスタンスもその感を強くする。

普通の日本人が、科学技術と切っても切れない近未来社会の中で、普通に生活している。その中での人間関係の心の綾(あや)。内容的にはまさに「関係」が主題で、一見多彩なテーマの裏に「作ったものと作られたもの」まで含めた広義の親子関係が描かれた七話。残りの二話は男女関係のお話。一話一話、心に残るが、「五人姉妹」「お代は見てのお帰り」のマッドサイエンティストの父親に注ぐ温かい目が特に印象に残った。行いの異常さはあっても、科学者も普通の人間。科学も人間の営みとして普通のもの。という視点は、あるようであまり無かったものだ。

ドラマチックな展開もないし、結末も西欧的ハードエッジさはない。善悪の判断もしない。割りきりができないし、する気もない。すべては自分との関係。そこが西欧文化を引きずることの多いSFの中で本書が普通でないユニークなところだ。SFという文学の日本化。「日本発独自SF」――その一つの頂点がここにある。

評・坂村健（東京大学教授）

すが・ひろえ 63年生まれ。作家。『永遠の森』で星雲賞、日本推理作家協会賞。

二〇〇二年三月一七日⑥

『花響』

稲葉真弓 著
平凡社・一七〇〇円

春を待っていたような白と紫の清新な装丁が眼(め)を奪う。誘われて頁(ページ)をめくると、銅版画と共に広がる花世界。

といっても『花響(はなゆら)』は、いわゆる花をめぐる幻想短編集ではない。むしろこれは幻想の「場所」の物語、わたしたちの意識下にある不可思議な場所のファンタジーである。

各編の魅力的な題にもそれは明らかだ。「金色の舟」はすぐにキンモクセイだとわかるけれど、「踊る足」は菊の話、「うふふの子」は忽然(こつぜん)と空中に咲くオニユリの話。展開じたいが謎(なぞ)めいている。

「摩天楼の裏側で」も同じく、迷路にも似たニューヨークの路地裏に咲くサンザシが紡ぎだすのは、死んだ鳥の腹の中にいる蛆(うじ)に似た天使の群を描く絵の物語だ。

こうして花の群れは読者を在らぬ場所、ねじれた異境に運んでゆく。なかでも忘れがたいのは「鬼の来る場所」と題された桜の話。とある山に眠る池の水鏡は何万の桜の花枝が映る万華鏡なのだという。全編に花と場所の妖気(ようき)が漂う。

評・山田登世子（仏文学者）

二〇〇二年三月一七日⑦

『この時代に想う　テロへの眼差し』

S・ソンタグ 著　木幡和枝 訳
NTT出版・一九〇〇円

反戦平和主義者の間でソンタグの最近の評判は芳しくない。アメリカ政府の政策に常に厳しく批判的だった彼女が、アフガンへの攻撃を肯定する姿勢を示したからだ。

それは果たして変節だったのか――。硝煙漂うサラエボ滞在時から9・11への対応まで8年にわたって時事的な要請に応じて書かれ、語られた言葉を収録した本書を読むと、一貫した思考の軌跡が改めて辿（たど）れる。多様な現実に対峙（たいじ）し、「単純化された声」に常に対抗すべき文学者の責務を重く受け止めつつも、被害者を思う内なる良心に従って彼女は「殺戮（さつりく）を止めるためには軍事介入もやむなし」という意見を声を絞り出すように述べた。

つまりそれはカウボーイ的テロリスト成敗論者の勇ましい掛け声とはあくまでも異質だ。だが、それでも異論は出よう。本書が幅広い議論を喚起することに期待したいが、論争には彼女と同じ内省の深さに支えられた言葉が必要なことは言うまでもない。

評・武田徹（評論家）

二〇〇二年三月一七日⑧

『中年まっさかり』

永井愛 著
光文社・一三〇〇円

社会性のある喜劇の書き手として人気のある劇作家の初めてのエッセー集である。雑誌「小説宝石」での二年間の連載が一冊にまとまった。

けいこ場でのエピソードなどの演劇界の内幕話、日本語の話し言葉の問題、著者に影響を与えた祖母の話など、さまざまな話題が軽妙で親しみやすい文章でつづられる。劇作家の故・如月小春をしのぶ文章が心を打つ。

著者はフェミニズム的な視点から、男性優位の日本社会の現象を批判するが、その批判は「男性の目を通して女性を評価」しがちな女性たち自身にも向けられる。

五十代を迎えた著者が特に強調するのは、「女性の年輪を肯定的にとらえる」こと。そして中年は「守りの季節どころか、最も冒険するにふさわしい、知識と経験の充実期」だと説く。この主張に説得力があるのは、元女優の著者自身が三十代で劇作を始め、四十代以降に優れた作品を次々に発表し高い評価を受けるようになった経験があるからだ。

評・扇田昭彦（演劇評論家）

二〇〇二年三月一七日⑨

『韓国の美術・日本の美術』

鄭于澤、並木誠士 編
昭和堂・二四〇〇円

近くて遠い、というよりも、似ているようで違う。あるいは違うと思われるが、意外と似ているかもしれない。近代の歴史から生まれた軽視と恨みが、二重や三重のフィルターとなって、類似と相似の図式がぼやけてしまった。

「日本文化と韓国文化は、実際にどうなっているのか」。本来は素朴な質問なのだ。小さな美術入門書が、実際に現存する絵画と彫刻の数々を並べて、素朴な質問に対しては簡単な答えを与えはしないが、豊かな「考える資料」を提供してくれる。古代の古墳壁画の類似という当然な「親しみ」を感じさせるものより、一四四七年の安堅筆「夢遊桃源図」と一四八六年の雪舟筆「山水長巻」のように、同じ時代の、しかし画風の異なったものの方が、むしろ刺激的なのだ。

見開きごとに「実際に、こうなっている」ことを教えてくれる。比較文化論を展開する前に、まず比較対象のぼやけた像の、鮮やかな色彩とくっきりとした輪郭を取り戻す。

評・リービ英雄（作家）

二〇〇二年三月一七日⑩

『エレガントな宇宙』

B・グリーン 著　林一、林大 訳
草思社・二二〇〇円

「超ひも理論」という、物理学の最先端分野の研究の進展を解説したこんな本が、欧米では長い間ベストセラーの上位を維持したそうだ。日本語訳もすでに10万部以上発行されたというから、驚いた。

自然界には、よく知られた重力と電磁力のほかに、弱い力、強い力と4つの力が存在する。この4つの力をエレガントかつ統一的に説明しようとするのが「超ひも理論」。そこでは、すべての素粒子のふるまいが、微小なひもの振動に還元される。

興味をかき立てるのは「超ひも理論」が描く宇宙観だ。例えば、ブラックホールは、実は巨大な素粒子かも知れないと説く。宇宙をつくったビッグバンは点から始まったわけではなく、最初にある大きさの塊があったともいう。

こんな難解な話を、巧みな例えと多彩な図を織り交ぜ、それなりに分かった気にさせてくれる。難しい話を分かりやすく説明するにはどうすればよいか。そのお手本でもある。

評・泊次郎（本社編集委員）

二〇〇二年三月一七日⑪

『透明光体』

宗左近 著
思潮社・三二〇〇円

魂を意味する《透明光体》を主題にした長編詩集。宇宙は死にかけており、神も光を消した。そのような現在において、司祭や巫女（みこ）、死者たちがさまざまな透明光体について語る。

一九一九年生まれのこの詩人には、『河童』『炎（も）える母』などの長編詩集がすでにある。特に東京大空襲で焼死した母を描いた『炎える母』は世評が高い。

明治の新体詩に発した日本語の自由詩は、短歌、俳句という短小な定型詩に対立してきた。長編というかたちで定型詩では詠みにくい複雑な思想などを表現しようとしたのであり、宗はまさに典型的な自由詩の詩人である。

近年、その自由詩に勢いがないが、宗、杉山平一、伊藤信吉などの長老詩人の仕事がとても魅力的だ。詩の言葉が自己中心的でなく、他者に向かって大きく開かれている。

さて、『透明光体』は次の司祭の語りから始まる。「人の生みうる唯（ただ）一つの星／それは　涙の粒です」

評・坪内稔典（俳人）

二〇〇二年三月二四日①

『かくしてバンドは鳴りやまず』

井田真木子 著
リトル・モア・一八〇〇円

謎持つ作家描くメタノンフィクション

井田真木子さん。あなたが突然死んでしまって一年がたちました。いま井田さんの最後の作品となった『かくしてバンドは鳴りやまず』を読んでいます。これは、十篇（ぺん）の雑誌連載の予定でしたが、三篇が書かれて絶筆となりました。

井田さんは十篇の構想を練り上げており、この本の冒頭に、井田さんの企画書が掲載されています。ノンフィクション作品と作家を論じ、井田さん自身のノンフィクションを書く。照準は〈それまでの方法論を意識しつつ、それをラディカルに変え、それ以降の人たちのものの見方に影響を与えた〉作品。描く作家については、尊敬できる〈謎（なぞ）を持った人〉に迫りたいと述べています。

しかもそれは、作品や作家の足跡を追うというものではありません。井田さんは、作家の内側に棲（す）みつくというこれまでにない特異な方法論を用いたのです。

一篇目は、カポーティ『冷血』とシルツ『そしてエイズは蔓延（まんえん）した』を論じ、「ひとりの身体」を痛々しいまでに描いています。『さもなくば喪服を』『きけわだつみの声』をとりあげた二篇目は、まるで予期したかのようですが、死の音色が響いています。

三篇目は、ウォーターゲート事件を暴き

『大統領の陰謀』で華々しく登場しながら、しかしやがてユダヤ系移民の〈心の軋(きし)み〉を語らざるを得なかったバーンスタインの姿を追っています。そこで照射されるのは、アメリカに象徴される「二十世紀」の時間なのかもしれません。

そのバーンスタインは、〈僕らはこの国の何者なのだ〉と問うところへ向かったのだと、あなたはつづっています。

井田さんが残したノンフィクション作品のかずかずを読み返すと「この国の何者か」という問いは、まさにあなたの主題だったということに気づきます。

井田さんは〈ノンフィクションとは結局〝目〟だ〉と言います。ノンフィクションが「事実」という制約にとらわれるあまり、もっとも重要な書き手の「目」を失っている、という井田さんの声が聞こえます。この本は、井田さんが確かに〈生きた証(あかし)〉となりました。死んだあなたを蘇(よみがえ)らせる力をもつ一冊です。

ところで、井田さんは十代で詩集『雙神の日課』を出していますね。初めて読み、まったく知らない詩人井田真木子に出会い、驚いています。それは神話や妖精(ようせい)が登場するダイナミックで不思議な情感の漂う叙事詩でした。

井田さん、私にとってはあなたも〈謎を持った人〉になってしまいました。

評・与那原恵(ノンフィクションライター)

いだ・まきこ 1956〜2001年。ノンフィクション作家。著書に『プロレス少女伝説』など。

二〇〇二年三月二四日❷

『ハルーンとお話の海』

サルマン・ラシュディ 著　青山南 訳

国書刊行会・一八〇〇円

異文明「翻訳」する児童文学

一つの言語からなる作品の中で二つや三つの文明間でのストーリーを綴(つづ)り、その文明の中から一つだけを選びそのほかを知らないふりをすることを拒みながら一つの「世界文学」を目指した小説家が、ある小説によって深刻な事件を起こし、しばらくは作品を発表しなかった。しばらくはストーリーを語らなくなった。次の作品はどうなるのか、と多くの文学の読者と、文学を読まないが世界のマスコミで大々的に報じられた事件を知った多くの傍観者たちが、普通ではない好奇心で待っていたところ、その小説家が何と児童文学の作品を刊行したのであった。

その児童文学も、大人の思いこみを押しつけたたぐいのものではなく、ある衝撃によってストーリーを語れなくなったストーリーテラーの、一貫してその子供の観点から、明るく、明瞭(めいりょう)な文章で、展開されるのである。ことばの小型列車を走らせたかのように、小さなストーリーが揺れながら、数々のカーブを曲がり、山に登ったと思うとトンネルにつっこみ、急な勾配(こうばい)で谷間へと下りてゆく。

その間ことばの遊戯がめざましい。大人の小説家が、大人の世界をうっとうしくも形成している表層上の深刻さそのものを拒否しているかのごとく。

二つや三つの文明にまつわることば遊びは、そのいずれの文明にも所属しない島国の読者にとって、分かりにくいところもある。インド亜大陸出身の英語の語り手が、その原風景の中に、生い立ちからバイリンガル的な感性をそなえた不思議な父親と聡明(そうめい)な息子を動かしているのだから。

ラシュディの文学は、一つの言語で書かれているのに、常に、必然的に、異文明を「翻訳」して創作が成り立つ。亜大陸の地名も人名も多重な響きをもって踊り出す。児童文学すら、異文明間の児童文学なのだ。いくつもの遠い海岸にその波が打ち寄せる「お話の海」が、こちらの島国の言葉として美しく広がっているのは、もうひとつ、翻訳の小さな奇跡というしかない。

(原題、Haroun and the Sea of Stories)

評・リービ英雄(作家)

Salman Rushdie 47年生まれ。作家。『真夜中の子供たち』でブッカー賞。

二〇〇二年三月二四日③

『日本ばちかん巡り』

山口文憲 著

新潮社・一八〇〇円

新宗教から見える多文化日本

本書の「日本ばちかん」とは、カトリックの本山バチカンにならって名づけられた、日本の宗教スポットのことである。著者は全国各地の「日本ばちかん」を訪れ、祭礼を中心にルポ、単一文化といわれる日本を多文化的な視角から見直してみようとしたのだ。

「日本ばちかん」といえば、まずは天理教の天理市である。私は八年ほど天理大学の教員をしていた。初めて天理の街に立った時はやはり驚いた。なによりも巨大な神殿と門を目にして、しばし呆然（ぼうぜん）とたたずんだほどであった。毎月の月次（つきなみ）祭と四月十八日の中山みき教祖（「親様」という）誕生祭には全国各地から信者が津波のように押し寄せてくる。神殿内では「かぐらづとめ」と呼ばれる、神々による人間創造の踊りが行われる。

本書に出てくる教団も、教義を反映して、建物も儀礼パフォーマンスも教団用語も、独特で多様である。福岡県の善隣会（教）も、天理教に劣らずユニークだ。「ひょっとこ祭り」、正式には「御神尊感謝大祭」と呼ばれる祭りがある。先代の教祖が死の床にあった時、陰気にならないで、笑えといったところから始まった。教主も信者ともども、ひょっとこの面をつけて「大笑い　ひょっとこ音頭」で踊りまくるのである。

本書で特に異色なのは関西の生駒山麓（さんろく）に点在する「朝鮮寺」だ。在日韓国・朝鮮人によって朝鮮の巫俗（ふぞく）（シャーマニズム）と仏教の混淆（こんこう）した儀礼が行われている。本書では、けたたましい鉦（かね）、太鼓の鳴り物の後に続く口説き節、地獄の門くぐりなど、三日にわたる悲喜こもごもの先祖供養の儀礼が報告されている。

著者のいうように、各地の「ばちかん」には「小さな国々」の異文化が息づいている。日本と「日本ばちかん」の〝国境〟を往還して越境する信者から、異教徒・異邦人との共存を可能とする知恵や方法を見いだすことができるかもしれない。本書をガイドブックとして「日本ばちかん巡りの旅」をお勧めしたい。

評・川村邦光（大阪大学教授）

やまぐち・ふみのり　47年生まれ。エッセイスト。著書に『香港世界』『読ませる技術』。

二〇〇二年三月二四日④

『大学のドンたち』

ノエル・アナン 著　中野康司 訳

みすず書房・二九〇〇円

奇なる魅力のカリスマ教授たち

この二百年間、オックスフォードとケンブリッジ両大学に出現した大物教授たちの小伝集だ。著者もまた、ケンブリッジやロンドン大学の学寮長を歴任した業界の大物のひとりらしい。

といって、いかめしい本ではない。なにしろイギリスは奇人の国。ページをめくるや、読者はウィリアム・バックランドの晩餐（ばんさん）メニューにまず度肝をぬかれるだろう。かれはダーウィンの『種の起源』登場の地ならしをした高名な地質学者だったが、「私生活における科学的実験」を重視し、ネズミからワニまで、あらゆる動物を片っ端から味見してみるくせがあった。「いちばんまずいのはモグラで、本人いわく、『吐きそうだった』。だが、モグラよりもさらにまずいものがあり、それは青バエだった」

では、たんに面白おかしいだけの読み物なのかといえば、これまたさにあらず。こうしたエピソードの集積から、英国国教会の知的な砦（とりで）ともいうべき両大学の「自己満足的で穏和な」空気が、十九世紀をつうじて宗教的教条主義と新しい科学精神のあいだではげしく揺れつづけ、そのまま二十世紀に突入してゆく歴史が徐々に浮かび上がってくる。単純化を避け、白と黒の複雑なからみあいをやわらかく解きほぐしてゆく筆力はなかなかのものだ。

伝説的なキャヴェンディッシュ研究所の大ボス、物理学者のラザフォードにつづいて、ラトヴィア生まれのユダヤ人思想史家アイザイア・バーリンが最後に登場する。かれのおしゃべり癖については、つとに故萩原延寿による報告（『書書周游』）があるが、ここで描かれるバーリン像もかなりすごい。一分間に四百語の猛スピードで話しつづけ、へとへとになって寝室にひきあげた客がふと気づくと、まだ話し足りない主人がベッドの端にちょこんと坐（すわ）っていたというのだから。

カリスマ教授が専門をこえて大学中に影響力をふるいえた「失われた時代」の物語である。

（原題、the Dons）

評・津野海太郎（編集者・和光大学教授）

Noel Annan　1916〜2000年。イギリスの歴史学者、伝記作者。著書に『われらの時代』。

二〇〇二年三月二四日⑤

『自然の現象学』

加國尚志 著

晃洋書房・三二〇〇円

身体と物からみ合う世界探る

本書の副題は「メルロ＝ポンティと自然の哲学」。メルロ＝ポンティは、ドイツ生まれの〈現象学〉をフランスに移植し、まったく新しい局面を開いてみせた、二十世紀を代表する哲学者だが、この本は彼の思想の真髄を〈自然の哲学〉に見ようとする大胆な企てである。しかも著者はまだ三十代の若い哲学徒。

私もこのメルロ＝ポンティに惚（ほ）れこみ、さんざん読んだり訳したり書いたりしてきたので、いやでもこの本に眼がいったのだが、読んでみて驚いた。昔私が気にかかりながらも考えあぐねて、いわば逃げてしまったいくつもの問題点を、この若者は実に丹念に考えぬき、端正な言葉で説き明かしているではないか。まさに後生（こうせい）おそるべし。強い衝撃を受けた。

といってこの本は、メルロ＝ポンティの思想のまんべんない解説書ではない。第一作の『行動の構造』と最後期の講義録『自然』に焦点を合わせ、そこに一貫して展開されている思索を〈自然の哲学〉として読んでみせるのだ。

メルロ＝ポンティの言う〈自然〉とは、認識される世界に先立って身体的に生きられている感覚的世界のことでもある。画家が見たり描いたりするのもここでのことだ。身体と物とが絡み合うこの世界の成り立ちをさぐろうというのだ。

だが、本書の圧巻は、右の講義録での考察を踏まえ、それを現代の視野に立って補強しながら、デカルト、カント、シェリング、フッサールの〈自然概念〉を追求してゆくところであろう。この系譜に、ライプニッツやベルクソンやハイデガーをくわえてもいいのだが、たしかに西洋の哲学者たちの思索は、最後には〈自然の問題〉にゆきつくようだ。西洋哲学がその端緒で〈自然からの離反〉という原罪を犯したせいであろうか。

こうしてみると、この本は一人の哲学者についての研究書にはとどまらないことになりそうだ。自然の概念をこれほど深く問い究めた試みはほかに知らない。自然について考えるための必読の書になるのではあるまいか。

評・木田元（哲学者）

かくに・たかし　63年生まれ。立命館大講師。共訳書に『身体　内面性についての試論』。

二〇〇二年三月二四日⑥

『幕末気分』

野口武彦 著

講談社・一九〇〇円

危機感のなさ、怖いほどそっくり

政治も経済も行き詰まり、危機の瀬戸際にある日本の状況を「第二の敗戦」になぞらえる識者が少なくない。だが、ひしひしと破局は迫っているのに、当事者には事態の深刻さが見えず、妙に陽気な身ぶりで終末に向かっていく、それならば、歴史上はむしろ幕末の時代の気分にそっくりではないか。

その例証を、江戸文学研究者の著者は幕末の官僚の日記や手紙、庶民の流行歌や風聞書などからたんねんに拾い集める。文芸雑誌に掲載されて評判になったシリーズだが、一冊の本にしてみると、日本社会の状況はますます著者の見立てどおりの方向に進んでいるようだ。

たとえば政治家や役人の生態。幕府の滅亡を目の前にしながら、役得にしがみつく幕臣たちには緊迫感や危機意識というものがない。長州戦争にかりだされた旗本や御家人たちは、前線を離れた大坂の町で遊興に励んでいる。外圧に立ち向かうべき指導者たちも、国運をかけた外交問題より自分たちの利権に影響する後継将軍の人事争いを優先させる始末。読み進むにつれ、本当に著者の言うとおり「幕末社会が身近に感じられる」。

興味深いのは、幕府の混乱や退廃をながめる江戸の町民の視線にも、現代のワイドショー政治を連想させる気分があふれていることだ。国の命運をかけた政局の変動も戦争も、人々の目には面白おかしい芝居の一幕にしか見えない。やがて幕府の崩壊で江戸の人口は激減するが、その暗い影にも気づかず、官も民も気楽に消費と娯楽に明け暮れていたのだ。

単なる歴史の回顧ではなく、想像力を刺激する仕掛けも話の随所に盛り込まれている。彰義隊が最後まで抵抗を続けた上野の山は、パリ・コンミューンの舞台のモンマルトルの丘と重ね合わされる。日本人への信義を守るために一緒に北へ落ちのびるフランス人士官が、負け組の日本人を励ますエピソードも印象深い。あのフランス人経営者や監督の姿を思い出して、ますます幕末気分になった。

評・清水克雄（本社編集委員）

のぐち・たけひこ 37年生まれ。著述業。『「源氏物語」を江戸から読む』など。

二〇〇二年三月二四日⑦

『小沼丹　小さな手袋／珈琲挽き』

小沼丹 著　庄野潤三 編

みすず書房・二四〇〇円

独特のユーモアで人生の機微を捉（とら）えた名作『懐中時計』『椋鳥日記』で知られる小沼丹は優れたエッセイストでもあった。生前に出された二冊の随筆集から庄野潤三が厳選した六十一篇（ぺん）を収録している。

文学や映画をめぐる回想、作家との交流や四季の移ろいを描いた作品が並んでいるだけで、ことさら奇妙な話があるわけではないし、現代の読者には馴染（なじ）みのない事柄も多いかもしれない。だが小沼の手にかかると、例えば鳥や泥鰌（どじょう）や蝦蟇（がま）、あるいはものいわぬお地蔵さんまで（！）、愛嬌（あいきょう）のある存在になり、ついつい微笑（ほほえ）んでしまう。心と躯（からだ）の強張（こわば）りがゆるゆると解かれていくような心地よさがある。

そう、小沼作品にはいつも緩やかな時間が流れている。平凡な日々の営みにも、子細に目を配れば、精妙なる世界があることを気づかせてくれる。しかも小説と同じく生の諸相の輪郭を明確に、やんわりとしたユーモアにくるんでいるから温かく穏やか。まさに優しく愉楽にみちた一冊。

評・池上冬樹（文芸評論家）

二〇〇二年三月二四日❽

『三谷幸喜のありふれた生活』

三谷幸喜 著

朝日新聞社・一二〇〇円

猫を連れて嫁入りした女優（私の大好きな小林聡美さん）と暮らすうちに、小姑（こじゅうと）も同然の猫を手なずけたうえ、自分好みの犬も飼ってしまった案外図々（ずうずう）しい夫が書いた本である。題名通りありふれたことを書いてはいるのだが、置かれている環境と、周辺にいる人物が決してありふれてはいないので、結果として多くの人にとって、こりゃおかしい！とにんまりできる身辺雑記エッセイになった。

にんまり出来るのは、TV「合言葉は勇気」、映画「みんなの家」、舞台「オケピ！」の三界を股（また）にかけての著者の仕事でわかるとおり、人をにんまりさせなければ男じゃない、いえ、物書きじゃない、といった精神の持ち主が知恵を絞った結果だから。

「面白くて一時間で読んじゃった」なんて奴（やつ）には、もっと時間をかけてくれ、こっちは一日考えていたんだ。と言いたそうな著者の姿が浮かぶ。もちろん和田誠さんの挿絵が楽しいが、なくてもエッセイの面白さが変わるわけじゃない。

評・渡辺祥子（映画評論家）

二〇〇二年三月二四日❿

『字書を作る』

白川静 著

平凡社・一七〇〇円

だれが刻苦勉励といって、白川静ほどのひとを寡聞にして知らない。生涯一書生。文字通り、文字と格闘してきた学者は勉強の要諦（ようてい）を聞かれてこう述べたことがある。

一に、志あるを要す。

二に、恒あるを要す。

三に、識あるを要す。

拳拳服膺（けんけんふくよう）せんとするも、どだい私ごとき怠惰な精神の遠く及ぶものでない。

『字統』『字訓』『字通』の「字書三部作」を、驚くべし、単独で作りあげた。「字書を作るということが、私にとって一の宿命であったのかも知れない」と白川は言う。宿命というならば、日々これ邁進（まいしん）するほかはなく、他事に構う暇はなかったのだろう。

「字書は、まずその字のもつ原義、原始性を発掘するものでなければならぬ。すなわち過去に向うものでなければならぬ。過去より現在に至り、さらにまた未来に向うものでなければならぬ。未来に向って、いかにあるべきかを問うものでなければならぬ」

読んだあとは字書を繙（ひもと）け。

評・河谷史夫（本社編集委員）

二〇〇二年三月二四日⓫

『血の奔流』

J・ウォルター 著　天野淑子 訳

ハヤカワ文庫・九八〇円

サイコ・サスペンス、と帯にあるだけで、この手のものには食傷ぎみだからもういいや、と手に取らない読者も多いと思われるが、これは一味異なる。中年刑事デュプリーと、女性刑事キャロライン、そして殺人鬼の三人の視点で語られるのは常套（じょうとう）でも、妙にぎくしゃくした物語なのである。いや、サイコ・サスペンスという枠を越えた物語といっていい。

デュプリーが仕事が忙しくて帰宅する暇もないのはフロスト警部を彷彿（ほうふつ）させるが、こちらはもっとだらしがない。十二歳年下のキャロラインに惹（ひ）かれて未練たっぷりながらも、ぐっと我慢の構図。彼女のほうも憎からず思っているのだが、こちらも我慢。この関係が物語のなかで妙なリアリティをつくり出している。

凶器当てに金を賭（か）ける刑事群像を始めとして、そういう細部がいいのだ。事件が先にあるのではなく、彼らの生活が先にある、と言い換えようか。だから読み終えても妙に残り続ける。

評・北上次郎（文芸評論家）

二〇〇二年三月二四日⑫

『古本屋おやじ　観た、読んだ、書いた』

中山信如 著
ちくま文庫・七八〇円

古書の世界に手を出すとキリがなくなるのがおそろしく、あんまりかかわりあいにならないようにしている。著者の店は映画関係専門の古書店だから、なおさらだ。

それでもやっぱり……小津安二郎装丁の『山中貞雄シナリオ集』だの、徳川夢声が発行人となった雑誌「錯覚」「漫談」だの、帰山教正の真面目（まじめ）な理論書『映画の性的魅惑』だのといった本の話にはそわそわしてしまう。

映画および映画評論に対する思いも、威勢のいいタンカのような文体でつづられている。「喜劇映画文献の悲劇的現状」と題された一文が一番の読みどころ。日本の喜劇映画に関しては「客観的視座を持ったまともな文献」がほとんどなく、有名監督の作品でも喜劇系列は評価が低すぎる――という憤懣（ふんまん）。まったく同感だ。

後半は、客から「あのう、ふつうの本は置いてないんですか？」と言われてしまうヘンな古書店の日常をつづった日記。たびたび笑った。

評・中野翠（コラムニスト）

二〇〇二年三月三一日①

『世の途中から隠されていること』

木下直之 著
晶文社・三八〇〇円

かつて脚光をあびたモノコト、今は

本書を読みながら、ニューヨークのあの現場を思い浮かべていた。やがてどのような記念碑が建てられ、百年後に事件はどう記憶されるのだろうかと。

妙な書名である。扱う対象も妙なものである。しかし読み進むうちに、この書名はじつに言い得て妙だと納得した。

日清戦争直後にいくつも建てられた西欧風の凱旋門（がいせんもん）の話からはじまる。五階建てのビルに相当する門もあった。そんなものあるのかと疑うだろう。無理もない。すべてハリボテ。しかも祭りには清国人の首を形（かた）どり、青く塗り、血の色に染めた切り首型提灯（ちょうちん）や風船も飾られた。

そこには凱旋門をコピーするという西欧化への意識と、敵の首を奪うという古い因襲（いんしゅう）、祭りをハリボテの造り物や見世物（みせもの）で楽しむという伝統とが混在する。

話はこれだけでは終わらない。

日清戦争は近代日本初の対外戦争だったから蒙古襲来や秀吉の朝鮮出兵といった古い記憶まで喚起される。歴史画は描かれ、福岡には亀山上皇像を台座に載せた「元寇（げんこう）記念碑」が建設された。この碑は現存する。ところが「現在の美術史にも旅行案内にも……登録されていない」。そこで著者が訪ねてみれば、絵葉書（えはがき）には「世界平和を祈るため」と。つまり碑も、碑を建てた意図も「世の途中から隠されている」のである。

このように著者は明治以降、作られた当時は大いに光が当てられたものの、いまやひっそりと隠れ、あるいは隠されているものを探し、全国を歩く。

日清戦争後、広島に建てられた「凱旋碑」はなぜ、建立の言葉をモルタルで埋め「平和塔」と変更されたのか。戦艦三笠とそれが置かれた公園は時代に応じてどう変化したか。大船観音像が建てられた訳は。戦後すぐに選定された「原爆十景」はどう扱われてきたか。

美術史家である著者がこだわるのは、そこに百年間の「戦争が見えてくる」ことだけではない。美術も政治と無縁ではないという思いがある。だからいまでは忘れられがちな菊人形や、さまざまなものを集めて作る見立て細工や見世物も探り、他方でそれらをニセモノとして片づけて成立した「美術」という概念について、肖像画などを対象に論じる。

次々と「隠されている」ものとことが紹介されるが、少々まとまりに欠ける。図版も豊富で語り口にユーモアがあり、読む方の関心はかえって拡散する。しかしそれも体系化を拒否し、美術史の枠組みを崩したいという意欲のせいか。ともあれ国家のイメージがどう作られ、操作されるのかを考える多くのヒントが本書に「隠されている」。

評・松山巖（作家・評論家）

きのした・なおゆき　54年生まれ。東大大学院助教授。『ハリボテの町』『写真画論』など。

二〇〇二年三月三一日②

『物語の旅』

和田誠 著
フレーベル館・二〇〇〇円

〈幸福〉というジャンルの本

私の部屋はモグラの棲家（すみか）みたいに陽（ひ）の射（さ）さない穴蔵で、四面が天井まである書棚で埋まっている。床は、それでも溢（あふ）れてしまった本たちで足の踏み場もない。その隅に背中を丸めて私が蹲（うずくま）っている。これで私が死んだら、この部屋は本たちの共同墓地になるだろう。

別に几帳面（きちょうめん）な性質（たち）ではないのだが、私の書棚は概（おおむ）ねジャンル別になっている。たとえば〈怖い本〉とか〈白秋さん〉とか〈二・二六〉といった具合である。私が座っているすぐ目の前は〈幸福〉というコーナーで、この棚にあるほとんどは、川上弘美さんと和田誠さんの本である。和田さんのは、ずっと以前の『倫敦巴里』や「お楽しみはこれからだ」シリーズから、昨日届いた『物語の旅』までずいぶんあって、書棚のその辺りは桜色の春霞（はるがすみ）に煙っているように見える。だから〈幸福〉というジャンルなのだ。

和田さんの映画好きは有名である。丹念に拾い集めた温かな貝殻を、目をつむって撫（な）でているように、映画を可愛がっている。こんどの『物語の旅』は、その映画を〈本〉に置き換えたもので、『かちかち山』に始まって、『ほら吹き男爵の冒険』『緋色（ひいろ）の研究』『半七捕物帳』『麻雀放浪記』など、和田さんが幼時から今日まで、ポケットに詰め込んでこっそり撫で回してきた物語たちが、挿絵入りで語られる。ドルリイ・レーンの肖像なんか、架空の人物なのにドルリイ・レーンにそっくりだ。この人は絵とおなじくらいに文章が巧（うま）い。天は和田誠と山藤章二だけに二物を与えた。

私も一冊ぐらい〈幸福〉の書棚に置かれるような本を遺（のこ）したいと思う。思いはするが駄目だろう。だから私は、せめて和田さんの本を読む。晩年の乱歩は、この世に未練はないけれど、自分が死んだ後どんな新しい探偵小説が現れるかと思うと、口惜しくて死ねない、と言ったそうだが、私も和田さんのこれからの本についてそう思う。

春霞に包まれて独りの部屋で考える。私は死んで一冊の本になりたい。

評・久世光彦（作家）

わだ・まこと 36年生まれ。イラストレーター。近著に『知らない町角』など。

二〇〇二年三月三一日③

『純情無頼　小説阪東妻三郎』

高橋治 著
文芸春秋・一七六二円

花ある役者の魅力たっぷりと活写

〝阪妻（ばんつま）〟と言っても、もう若い人には通じないだろうな。阪東妻三郎のニック・ネームである。なに？ そんな人知らないって？ それじゃ、こう言えば分かるかな。目下活躍中の田村高廣、正和、亮、三兄弟の父親で、往年の時代劇の大スター。それがどうしたって？ もういいや。知ってる人だけ読んでくれ！

私の子どものころ、というと第二次大戦の戦前戦中ということになるが、現代劇はまだ欧米の水準に達していなかったからだろう、日本映画といえば歌舞伎の伝統を継ぐ時代劇、その三大スターが阪妻と嵐寛寿郎と片岡千恵蔵。だが、なんといっても〝阪妻〟だった。

なにしろテレビなどない時代、大衆文化のなかで映画の占める位置がいまとはまるで違う。その大スターとなれば、いわば国民的英雄だった。さすがに無声映画（サイレント）までは知らないが、トーキーになってからは、子どもの私でさえ「牢獄の花嫁」「無法松の一生」、これは戦後になるが「破れ太鼓」「王将」をはじめ、阪妻の映画はあらかた封切りで見ている。

この人、〝役者〟という呼び名がピッタリだったし、たしかに〝花〟があった。男くさくて、怒った顔も凄（すご）いが、それが突然眉（まゆ）をさげてニコッと笑う、その無邪気な笑顔がたまらなくよかった。

　著者は、松竹で脚本家や助監督もしていた映画界の出身、おまけに田村高廣の親友だそう。その立場を生かし、ずいぶん手間暇かけて旧知の人たちの話を聞いてまわり、役者に徹した阪妻の〝純情無頼〟の人生を活写してみせる。大正デモクラシーからアナーキーな昭和初期へ、そして戦争、さらに敗戦後と、時代の動きもよく見えてくる。長男高廣のしみじみとした思い出話もとてもいい。

　少しロシア人の血が入っていたとか、若いころは心情左翼で、佐野学ともつきあいがあったとか、思いがけない話も出てくる。読んでいるうちに、たまらなく懐かしさがこみあげてきた。「無法松」のビデオでも借りてきて、久しぶりにあの笑顔を見てみたい。

評・木田元（哲学者）

たかはし・おさむ　29年生まれ。作家。『秘伝』で直木賞。『星の衣』など。

二〇〇二年三月三一日④

『イギリス人は「理想」がお好き』

緑ゆうこ 著

紀伊國屋書店・一六〇〇円

病院84週待ち?!　爆笑の文化論

　ゲゲッ、いままで読んできたその手の本はすべてまやかしだったのか。イギリスは「おいしい」って？　「大人の国」だって？　「お金とモノから解放される知恵」があるって？　ベストセラーは信用できんと思っていたが、やっぱりな。脱日入英主義では何もわからん。『イギリス人は「理想」がお好き』は並みいる英国礼讃（らいさん）本に撤退を促す、公平かつ痛快な英国社会論＆比較文化論である。

　「福祉先進国」のイギリスでは移民も含めて医療費がタダである。理想的だ。そのかわり受益者が多すぎて医療スタッフが足りない。だからいわれる。「当病院の待ち時間は八十四週間です」

　イギリス人は住まいを命の次に大切にする。何百年も建ってる家はざら。理想的だ。だから人も住まいで判断される。事件事故の報道も「山田花子さん（三十五歳・会社員）」ではなく「中流住宅街の市価十七万ポンドの一戸建てに住むメアリー・ジョーンズさん」。

　日本が靖国参拝でもめる八月十五日、イギリスにはＶＪ Ｄａｙ（対日戦勝記念日）がやってくる。この日ばかりは新聞もテレビも反日報道一色。「真珠湾を奇襲した日本人はナチスより残酷な悪いやつらだ」。著者は考える。イギリス人は戦争にも理想を求めていたのか！

　爆笑を誘う「英国式ガーデニング」の実態から、狂牛病後の食肉事情、アメリカの対テロ戦争にブレア首相が真っ先に応じた理由まで、硬軟とりまぜての話題百出。日本とイギリスは同じ島国だから国民性が似てるって？　ご冗談でしょと著者は笑う。腐っても元大英帝国、わが国は世界一と信じる国の階級、移民、宗教、政治。これだけ悪口をいっても嫌な感じはまるでない。凡百な類書と本書を分かつのは歴史認識の有無なのだ。これ大事。本選ぶ際のポイントな。

　著者の緑ゆうこは在英十四年の日本人作家。「みどりゆうこ」名で一冊だけ出た彼女の小説に私はいたく感心したことがある。エッセイの腕も第一級。久々の大型新人の登場である。

評・斎藤美奈子（文芸評論家）

みどり・ゆうこ　58年生まれ。小説家。英国在住。著書に『こうのとりを放つ日』。

二〇〇二年三月三一日⑤

『言語都市・パリ　1862－1945』

和田博文ほか著

藤原書店・三八〇〇円

浮かび上がる日本人の屈折

「言語都市」とは難解な言い回しだが、言葉で描かれた都市のこと。パリの土を踏んだ近代の日本人が体験をどう言葉に残したかを、膨大な本や雑誌資料から検証した大著だ。そこから見えてくるのは、もちろん町の姿ではない。日本の知識人や芸術家がいかにパリに特別な思いを抱き、裏切られてきたか。浮かび上がるのは日本人の屈折した精神風景だ。

パリと近代の日本人の間には精神的なズレが生まれたという著者らは、その理由を「日本とパリは逆向きに出会ったからだ」という。明治以降の日本では自由の都、芸術の都という美化されたイメージだけが積み重ねられていった。永井荷風はパリの書生街での生活を夢見て船に乗り、高村光太郎は「パリの魅力は人をつかむ」とうたった。

だが「日本が近代のパリを憧憬(どうけい)したのに、パリは近代以前の日本を憧憬した」ところから悲劇は始まる。熱い思いを抱いて乗り込んだ日本人は、相手は現代の日本や日本人への知識も関心もないという現実に落胆することになる。さらに言葉の壁に貧困。通用する技術や価値をもたない日本人は、文学者や芸術家でもパリではただの旅行者にすぎなかった。

本の中では31人のパリ体験が抜き出されている。西條八十は「わがふるさとは遠きかな」と異国生活の寂しさをうたい、金子光晴は屋根裏部屋で絶食の日々を送った。労働者街に庶民の生活苦を見た大杉栄や、町々の教会の鋭い塔に自由平等への反抗をかぎとった横光利一のような眼力の持ち主もいたが、大方の体験記は現実と格闘する痛々しいものだ。

それでもパリを目指す日本人は後を絶たなかった。反動で日本主義者に変身する例もあったが、帰国後は知識人として振る舞うことができたからだという。

本に登場するのは第2次大戦までの話だが、こうして見ると、半世紀以上を経て事態はどれだけ変わったのだろうかとも思う。現代にも射程が届く、優れた日本人論のテキストと言えそうだ。

評・清水克雄(本社編集委員)

わだ・ひろふみ　54年生まれ。4月から東洋大教授。他著に『言語都市・上海』(共著)。

二〇〇二年三月三一日⑥

『ヒトラーをめぐる女たち』

エーリヒ・シャーケ著　渡辺一男訳

TBSブリタニカ・一八〇〇円

ロックスターへの熱狂に似て

何と言っても女だけに焦点を絞ったというところがミソだ。ヒトラーの側近の男たちのことは本や映像で数多く記録されているのだけれど、女たちのほうは愛人のエバ(ドイツ語読みではエーフア)・ブラウンと映画監督レニ・リーフェンシュタールの二人くらいしか一般的には知られていなかったと思う。

この本では母親のクララ・ヒトラーから初恋の相手、年長のパトロンたち、若い崇拝者たちなどヒトラーの生涯に深いかかわりを持った十数人の女の人の肖像がスケッチされている。もちろんエーファ・ブラウンとレニ・リーフェンシュタールについてもそれぞれ一章がさかれている。

マグダ・ゲッベルスの章が圧倒的に面白い。夫の宣伝相ヨーゼフ・ゲッベルスもそうとう興味深い人物だが、その妻マグダの成りあがり人生はそのまま一編のあくどいハーレクイン・ロマンスで、みずから六人の子どもたちを道づれにする最期はギリシャ悲劇のようだ(?)。

私はこの本で初めて知ったのだけど、ヒトラーの姪(めい)ゲリ・ラウバルの話、それからイギリスのナチ少女ユニティ・ミットフォードの話も読みごたえがあった。ゲリもユニティもエーファも……ヒトラーに愛された若く美しい女の子はみな抑鬱（よくうつ）症に苦しみ、自殺を望むようになるのだ。

あの風采（ふうさい）のあがらないヒトラーがなぜそれほどまでに女たちの心をとらえたのか。この本に登場する女たちの大半はヒトラーの「炎のような演説」に惚（ほ）れ込んでしまう。ヒトラーという人物がロックミュージシャンのように思えてくる。ヒトラーの側近の「ヒトラーは『機能的不能』である。つまり女性ではなく、自身の弁舌のみが高度の興奮をもたらすのだ」というコメントが正しいように思えてくる。

ヒトラーの魅力の謎（なぞ）についてはもう少し深く分析してもらいたかった。訳はもっとくだけた調子でもよかったのでは？

（原題、Hitlers Frauen）

評・中野翠（コラムニスト）

Erich Schaake　ジャーナリスト。独語圏で政治事件を報道。

二〇〇二年三月三一日⑦

『マリオネット　プロサッカー・アウトロー物語』

山岡淳一郎 著

文芸春秋・一五二四円

スポーツ、とりわけサッカーの世界は「戦争」や「争乱」の暗喩（あんゆ）に満ちている。W杯が近づけば、メディアには開戦前夜じみた好戦的な言説が飛び交い、フーリガン襲来への危機感が煽（あお）られる。でも、それはあまりに一面的で表層的な見方だ。そんな世界の裏側で、それをあくまでも暗喩の域に留（とど）めるべく、高度なコントロールを行っている黒衣たちがいる。サッカーは、世界を舞台にくり広げられる複雑なマリオネットなのだ。

このノンフィクションの主人公も、華やかな表舞台には登場しないサッカー界の黒衣である。四半世紀にわたって読売日本サッカークラブ（現東京ヴェルディ）や浦和レッズのチーム強化担当として世界を駆け巡り、日本サッカーの国際的発展を陰で支え続けた男の凄絶（そうぜつ）な裏方人生。

貴重な日本サッカー裏面史という以上に、組織を超える個人の力を再認識させてくれる、スリリングかつ教訓的な国際プロフェッショナル「小説」としても堪能できる。

評・山崎浩一（コラムニスト）

二〇〇二年三月三一日⑧

『「新青年」傑作選』

ミステリー文学資料館 編

光文社文庫・八〇〇円

「新青年」といえば、江戸川乱歩を生み、松本清張に影響を与えた推理小説中心の雑誌だったが、その三十年間にわたる膨大な作品群から、十七編を選（よ）りすぐったアンソロジー。いまは忘れられた女性作家の、ひねりのきいた短編あり、ホームズものの訳者による創作犯罪奇談ありのバラエティーに富んだ佳作揃（ぞろ）いだ。

本書は『幻の探偵雑誌』というシリーズ（全十冊）の最終巻で、東京池袋のミステリー文学資料館が所蔵する「ぷろふいる」「探偵趣味」「シュピオ」ほか戦前のミステリ専門誌を原典としているのが特徴。その上、あえて従来のアンソロジーに採用されていない作品ばかりで構成するという、愛好家にはうれしい企画である。編集は推理小説の書誌的研究で知られる山前讓。

興味深いのは、各作品の背景に昭和戦前の世相が色濃く反映していることだろう。とくに暗い時代に発生した心中事件や猟奇的な殺人事件などは、どこか現代の風景と重なり合うのを覚える。

評・紀田順一郎（評論家）

二〇〇二年三月三一日⑨

『恐慌の罠』

P・クルーグマン 著　中岡望 訳
中央公論新社・一六〇〇円

プリンストン大学教授の著者による日本の経済政策論である。いわく、日本経済は金融政策により、名目ゼロ金利まで引き下げてもなお成長を蘇（よみがえ）らせられぬ状況、経済学でいう「流動性の罠（わな）」にはまっている。このままでは「デフレスパイラル」から「恐慌」へと進む恐れが大きい。

財政政策による需要喚起も膨大な国債の発行により限界に達した。残された選択肢は「インフレターゲット」政策のみ。つまり3・0%程度のインフレターゲットを設定し、効果が表れるまで金融緩和し続ける。実質金利が永続的にマイナスになったと感ずれば、人々は貯蓄を減らし、借金をして家を建てよう。経済は成長軌道に復帰する。

氏の論理展開は明快で、説得力もある。優れた経済学のエッセイと言えよう。だが、成長の結果としてインフレが併発されることはあるが、逆必ずしも真ならずではないか。インフレは制御可能か。などの疑問が残るのも事実だ。

評・葛西敬之（JR東海社長）

二〇〇二年三月三一日⑩

『パレード』

吉田修一 著
幻冬舎・一六〇〇円

男性三人に女性二人がはさまれるサンドウィッチ・スタイルで、章ごとに語りが変わる。じつはこの五人、2LDKで共同生活をしており、大学生から無職、勤め人から「夜のお仕事」まで、社会的スタンスも、それに伴う生活パターンも違う。

みなそれぞれに考えることだって、悩むことだってある。でも、ここでは何かをどこかで隠し、装うことで、また「自分」を演じることで、日常は破綻（はたん）なく過ぎてゆく。その心地よさとユーモアが、この底流としてある。

ところが、この居心地の良さに、突如、亀裂がはいる。隠されていたものが噴出する。平穏に見えた日常が途端に苦味（にがみ）ばしったものになる。でもそこで小説は終わらない。瞬時に日常はまた、この奥深さを覆うのだ。そして平坦（へいたん）さがさらに広がってゆく予感、その不気味さと平穏さが読み手に残る――。

人がひとところに集まり、平凡に見えかねない2LDKが、都会の縮図にみえてくる。

評・小沼純一（文芸評論家）

二〇〇二年三月三一日⑫

『日本の医療はそんなに悪いのか？』

真野俊樹 著
薬事日報社・二〇〇〇円

世界保健機関（WHO）によると、日本は健康寿命が世界で一位で、乳幼児死亡率の地域格差がなく、医療の総合評価で一位になっている。本当だろうか。この本は「正したほうがいい30の誤解」という副題のもとに、医師でありながら経営管理学の専門家として働く著者がこうした疑問に取り組む。

医者は金持ちか。アメリカの病院の方が日本の病院よりレベルが高いか。病気になったら大きな病院の方がよいか。などおもしろい問いに豊富な資料を使って、やさしく答える。

「手術成績が公表されれば、いい病院がわかるか」の設問に著者は情報公開を重視する一方、難しい進行癌（がん）の治療は他の病院へ紹介して、早期癌を多く手術すれば成績はよくなってしまう、と評価の複雑さを指摘する。

では公表に賛成なのか反対なのか、歯切れが悪い点もみられるが、今、日本で行なわれている医療改革を考える上で、ヒントにあふれた好著である。

評・鎌田實（諏訪中央病院管理者）

二〇〇二年四月七日❶

『文章読本さん江』

斎藤美奈子 著
筑摩書房・一七〇〇円

「文豪」たちの息の根止める一撃!

一行目に「名著です。すごいんです。でも困るんです」と書いたきり、わたしは金縛りにあったみたいに続きを書けなくなってしまった。なぜなら……その理由は最後。

『文章読本さん江』は「文章読本」について書かれた本だ。谷崎潤一郎ら「文豪」の手になる有名な「文章読本」たちが、それから、それらの有名「文章読本」たちに倣って出現した多数の「文章読本」たちが、次々と俎上(そじょう)に上がり、斎藤美奈子の鋭い批評力によってばっさばっさと切り捨てられてゆく。彼女は次のように書いている——

あらゆる「文章読本」に共通するもの。それは「名文信仰と駄文差別」だ。だが、「彼らがあげる『名文』の間に共通点はいっさいない。『名文』は個別具体的に提示はできても、定義はできないのである」。

かくして、「文章読本」の著者たちは、恣意的(しいてき)な「名文」(要するに玄人の文章)を頂上とし、「駄文」(素人さんの文章)を底辺とする、階級社会を不断に作りだす。彼ら(すなわち、「文章読本」の著者+名文の作者)は、この、本質的に「男性社会」である階級社会、における貴族なのだ。

では、彼らを貴族たらしめている「名文」とはいったい何なのか。斎藤美奈子は、明治以来百年の日本語の歴史を遡(さかのぼ)り、次のような結論に達する。

「文章とは、いってみれば服なのだ……と考えると、なぜ彼らがかくも『正しい文章』や『美しい文章』の研究に血眼になってきたか、そこはかとなく得心がいくのである。衣装が身体の包み紙なら、文章は思想の包み紙である。着飾る対象が『思想』だから上等そうな気がするだけで、要は一張羅でドレスアップした自分(の思想)を人に見せて褒められたいってことでしょう? 女は化粧と洋服にしか関心がないと軽蔑(けいべつ)する人がいるけれど、ハハハ、男だっておんなじなのさ」

この『文章読本さん江』の誕生によって、我が国におけるすべての「文章読本」はその息の根を止められたのである。この本を無視しなければ「文章読本」を書くことはできず、そして無視すれば、その「文章読本」はなんの意味もない。なんちゅー罪作りなものを斎藤美奈子は書いたのか。

ところで、わたしが金縛りにあった理由ですけど、実はわたし、「文章読本」(みたいなものですが)を書いてる最中だったのですよ。ところがこの本を読んだせいで、中身がすっかり変わってしまったのですね。本の刊行が遅れたとしたら、そりゃすべて斎藤美奈子のせい!

評・高橋源一郎(作家)

さいとう・みなこ 56年生まれ。文芸評論家。著書に『妊娠小説』『紅一点論』『読者は踊る』『モダンガール論』。

二〇〇二年四月七日❷

『実践バイオインフォマティクス』

シンシア・ギバス、パー・ジャンベック 著
水島洋ほか 訳
オライリー・ジャパン・四二〇〇円

素人にも開かれた「最先端」指南書

遺伝子工学。遺伝子組み換え食品から、遺伝子治療、さらにはバイオ計算機まで、応用はかりしれない。その基礎が、コンピュータを使ったタンパク質や遺伝子の解析を中心とした、バイオインフォマティクスと呼ばれる領域だ。日本も先日、政府が専門家育成に乗り出した。が、なんせ世界的にも新しい分野で、専門家も足りない。

本書は、この分野の入門書だ。生物学分野の研究者が対象読者ではあるけれど、そこはアメリカの参考書のえらいところ。遺伝子って何? それを「解読」するって?——そういう基礎的なことについても、実に手際のいい解説がなされていて、ちょっと知識のある素人なら十分に読める。

この本のよさは、閉じていないということだ。入門書は、基礎概念を解説したらおしまいだ。でも本書にはその先がある。もともと、研究者たちがその先に向かうための本だもの。そして挙がっているツールやサイト——最先端の専門家と同じものだ——をいじることで、読んでわからないことでも見当がついたりす

る。新しい分野であればこそ、素人も専門家も、あまり差がないところからスタートできるんだ。ちょうどパソコン分野がそうだったように。そしておもしろいのが本書の出版社。コンピュータでも、素人たちがこの出版社の本で独学しつつ新しい世界を築いた。この分野でもそれが起こるんじゃないか？　本書はそういう楽しい想像も許してくれる。

　万人向けの入門書じゃない。漫然と読むだけでなんでもわかるようになるとは思わないこと。本書の内容を本気で活用するには、遺伝子やタンパク質の構造解析データを得るだけの実験設備がいる。また半分を占めるソフトのインストール方法やコマンド解説は、興味本位の素人読者（評者など）には煩雑。さらに、個人が興味本位で買うには高価だろう。でも自分から積極的に遊べるだけの興味と探求心さえあれば――そしてできれば生物学とコンピュータの基礎知識があれば――本書は素人にも、新分野の息吹と広がりを感じさせてくれる。変に媚（こ）びて水で薄めた入門書では得られない臨場感がここにはある。

（原題、Developing Bioinformatics Computer Skills）

評・山形浩生（評論家）

Cynthia Gibas　バージニア工科大助教授。
Per Jambeck　カリフォルニア州立大サンディエゴ校学生。

二〇〇二年四月七日③

『百姓一揆とその作法』

保坂智 著
吉川弘文館・一七〇〇円

打ち首はまれ、政治改善する場

　悪代官の苛政（かせい）に苦しむ村人たちの窮状を救うため、義憤にかられた名主が直接の支配役人をさし越して、打ち首・磔（はりつけ）覚悟で藩主や将軍に訴願〈つまり越訴（おっそ）〉する。妻子まで残虐に処刑されたのを恨んだ彼は、死後怨霊（おんりょう）となって祟（たた）る。こうした義民伝説は全国各地に存在し、それが生み出した一揆像は、テレビの時代劇から高校の教科書まで、広く深く浸透している。

　ところが著者は、史料の徹底的な洗いなおしと独自の構想にそった解釈で、通説をすっかりひっくり返してみせる。義民による越訴型の一揆イメージは真実ではなく、実際は多くの百姓衆が申し合わせて集団で村を立ち退き〈逃散（ちょうさん）〉、または強いて願いを行う〈強訴（ごうそ）〉が主流だった。成功した百姓一揆がまれなのではなく、失敗した一揆を見つけるほうがむずかしい。越訴は御法度で即死罪どころか、罰せられた例はなく、しばしば百姓の要求を受け入れて政治が改善された。とまあこんな具合なのである。

　江戸幕府は力ずくで百姓を押さえこまずに、彼らの要求を政治に組みこむ努力をするが、その一方で「一揆」という中世の神聖な盟約集団をひきつぐ用語を抹殺し、「徒党」というレッテルを貼（は）って非合法であることを明示した。そしてその運動を規制・処罰する統一的な法整備を着実に進めていった。百姓たちは、慈悲あふれる仁君の政治によって民が救われる、との幕府の「仁政イデオロギー」を逆手にとって年貢軽減や検地中止の要求をつきつけた。さらに抵抗の作法を整えながら誇らかな身分意識を高揚させ、全藩一揆へと運動を拡大していった。かような幕藩領主と百姓たちとの慣習的な駆け引きと交渉の場が百姓一揆であった、との捉（とら）え方は卓抜だし、ヨーロッパ史における政治文化や社会的表象についての研究動向とも響きあっている。

　支配と反乱、階級闘争など、ありきたりの構図に収まりがちな日本近世史の重要テーマに、新鮮な見通しが拓（ひら）かれつつある。海からアジアの歴史を見直すというような派手なパフォーマンスも結構だが、土臭い地道な歴史の見直しがもっとあってもいい。本書はその模範だ。

評・池上俊一（東京大学教授）

ほさか・さとる　46年生まれ。国士舘大教授。補編に『編年百姓一揆史料集成』、編著に『民衆運動史　一揆と周縁』など。

二〇〇二年四月七日❹

『描かれた身体』

小池寿子 著
青土社・二八〇〇円

死を見つめる美術遍歴の果て

はじめに成熟前のごつごつした肢体の少年が出てくる。スウェーデンの児童文学『名探偵カッレくん』の挿絵だ。手垢（てあか）で汚れるまで愛読し、三巻目で少年たちに成熟の気配がきざしはじめると嫌気がさしたという。著者自身も運動に明け暮れた幼少年時代から心身の不調ゆえに訣別（けつべつ）しなければならなかった。肉体の痛み。痛みの共通感覚をもとめて、著者はやがてフランドルからイタリア・ルネサンス、中世、古代へと「死を見つめる美術遍歴」に出（い）でたつ。

遍歴になくてはならない身体器官といえばなによりもまず足である。たとえばジョヴァンニ・ディ・パオロの『楽園追放』の、天使に追われて楽園と地上の間でためらいねじれるアダムの足。それは幼少年時代に別れを告げて旅立ってきた、わたしたちすべてが身に覚えのある痛切な思いのこもった身体表現だ。

美術遍歴はこうして身体記憶の遍歴と重なり、描かれた身体の旅は足から背中へ、次いで乳房、手、頭、と下から上への方向をたどる。旅路の道すがらにはフランドル美術をはじめとする数々の息を呑（の）むように美しい作品が豊富な図版に収められて、ヨーロッパ各地の美術館を紙上で鑑賞することができる配慮がなされている。

旅は主として、死と悔恨の痛みの表象を描く中世美術から北方ルネサンス、マニエリスムの美術をめぐってゆくが、ときとしてヨーロッパ以外の国々にも迷いこむ。たとえばインド、ビハール州の極貧の村に、牛糞（ぎゅうふん）や米粉を使って、ミティラ・ペインティングという絵を描く人びとがいる。西欧の巨匠たちにまじって突然インドのプリミティヴ画が顔をのぞかせるのである。こちら側にはもはや失われてしまった、生きている中世がここには現存するからだろう。

名探偵カッレくんの失われた足を手がかりに身体記憶をもとめてきた旅は、本書では頭（顔）まできて終わった。次は折り返して、身体内部の内臓器官の旅に出るのだそうだ。内臓の暗い地下世界の旅路の果てに、どんな見出（みいだ）された時が待っているのだろうか。

評・種村季弘（評論家）

こいけ・ひさこ　56年生まれ。美術史家、国学院大文学部教授。著書に『死者たちの回廊』『屍体狩り』『死者のいる中世』など。

二〇〇二年四月七日❺

『荷風好日』

川本三郎 著
岩波書店・一八〇〇円

国も時代も超えひびきあうもの

文学と他のジャンルの芸術、大衆的なものと高踏的なもの。川本三郎は、一見脈絡がないものをつないでみせる名手だ。それも、つなぐぞー、と肩肘（かたひじ）はらない。何となく、のんびりとつないでいる。それでいて、おさえるところはきちんとおさえる。たとえば、都市散策者としての、永井荷風とボードレールの違いを指摘した一節。

「ボードレールには、沸騰する群衆のエネルギーへの讃美、同化があるが、荷風にはそれはない。ボードレールは群衆のなかへ、なかへと入っていくが、荷風は、むしろ、群衆の中へ入れば入るほど、ひとりに、孤独になってゆく」

たしかに荷風は、ポーに「我が同胞よ」とよびかけ、ワーグナーを「私の音楽」と聴いたボードレールのように、何かを声高に主張することはない。しかし、孤独でうしろ向きなようでいて、荷風には明確な美学があり、その匂（にお）いのようなもので、巧まずして人々や事物を結びあわせるのだ。

戦前の高等遊民としての荷風と、利子生活者の身分を失い、売文業を余儀なくされた戦後の荷風の違いは、九六年刊の『荷風と東京』よりさらにくっきり浮き彫りにされる。晩年の荷風の創作力の衰退は、空襲体験による「恐怖症」が原因ではないか、と著者は推理する。荷風を嫌っていたはずの坂口安吾の『白痴』が、実は『濹東綺譚』に似ているという解釈も面白い。

読者は、著者のあとについて散策するうち、往年の童謡歌手小鳩くるみ（童謡研究家の鷲津名都江（わしづなつえ））が荷風の親戚（しんせき）だったことを知るだろう。原節子主演の映画「誘惑」の一場面に、荷風いきつけの「銀座食堂」跡を見かけて、思わず身を乗り出す。リヨンでは、『ふらんす物語』のころの荷風が歩いたとおぼしき路地裏に迷いこむ。かと思えば、ラジオから、七十三歳の荷風の、意外に若々しい声が聞こえてきたりする。ざっとそんなぐあいなのだ。

国も時代もジャンルも超えてひびきあうものが、さりげなくすくいあげられ、形をとる。本書を読んで、荷風の日記『断腸亭日乗』の中に埋没してみたくなった。

評・青柳いづみこ（ピアニスト・文筆家）

かわもと・さぶろう　44年生まれ。評論家。著書に『荷風と東京』『小説、時にはそのほかの本も』など。

二〇〇二年四月七日❻

『セプテンバー・イレブンス　9・11』

冷泉彰彦 著

小学館・一六〇〇円

テロ後のアメリカ、希望はどこに

九月十一日の同時多発テロ以降、われわれは以前の世界には戻ることができなくなったといわれた。しかし、だとすると、世界はどのように変わってしまったのか。とりわけアメリカ社会は、どうなって行こうとしているのか。

こうした疑問にさいなまれているときに、在米の日本人作家から届けられたレポートの冷静な記述は、私を含む多くの読者に希望を感じさせ、元気をくれるものだった。それは、九月十一日の直後から、ＪＭＭというメールマガジンの土曜版として毎週一回配信されてきた。本書は、この真に同時代的なレポートの今年一月分までを集成したものである。

毎回のレポートは、ＪＭＭ編集長である村上龍氏の「あとがき」で指摘されているように、著者の観察した事実の繊細な叙述、各種メディアの報道ぶりの紹介、それらを踏まえた上での著者の個人的見解の提示という三つの部分から基本的に構成されている。このことから、期せずして本書は、現代報道批判ともいうべき内実をもつものになっている。

要するに、本書を読むと、メディアが事実を伝えるとともに、いかに事実を誇張し、一面化しているかに改めて反省させられる。それと同時に、われわれがどれだけメディアに依存しているかも思い知らされる。その結果、できるだけ自分自身で、現実の細部に潜む意味を大切に解釈しようという気持ちになる。

こうした気持ちをもつと、紋切り型の解釈図式では満足できなくなり、著者が書き送ってきたアメリカ社会の偉大な多様性とそれを維持することの困難さを率直に納得できるようになる。そして、私には「悲観主義は気分の問題であり、楽観主義は意思の問題である」という有名な言葉が思い起こされた。すなわち、私の読みとった本書の基本メッセージは、根拠のある希望を組み合わせてゆくという営為があってはじめて、新しい世界は開かれるというものである。

なお、冷泉レポートは、現在も続編がＪＭＭに連載中である。

評・池尾和人（慶応大学教授）

れいぜい・あきひこ　59年生まれ。著述業。小説『トロイの木馬』など。ＪＭＭはhttp://jmm.cogen.co.jp/。

二〇〇二年四月七日⑦

『剽窃の弁明』

ジャン＝リュック・エニグ 著　尾河直哉 訳

現代思潮新社・二四〇〇円

事が盗作ならばたんなる他人の著作権の侵害である。剽窃（ひょうせつ）となると一筋縄ではゆかない。引用・借用・模倣・翻案と地続きであり、範囲は全体構想から片言隻語にまでわたり、無意識の場合には影響と呼ばれる。

原著者は博識を駆使してかつて文学史上、モリエールもサドもデュマも盛んに剽窃していたと実例を並べているが、だから誰にも許されるというのが「弁明」なのではない。

本書のポイントは、オリジナリティの神話が近代の出版業界の成立と関連している事実の指摘にも、およそ文学作品に完全な「独創」はあるのかという反問にもなく、剽窃に所有欲という独特のエロスを発見している創見にある。こんな美しい作品が自分のものでないのは不当だと感じる親権発動の行為である。

訳文は話題が遠いフランスの出来事だと感じさせないまでにこなれている。とりわけ剽窃とセクハラとの間に一種の等価性が設定されているのが面白い。

評・野口武彦（文芸評論家）

二〇〇二年四月七日⑧

『詩集』

谷川俊太郎 著

思潮社・三八〇〇円

谷川俊太郎の詩を、読んだことがなかった。ずっと昔に、文庫本で『空の青さを見つめていると』を読んではいるのだけれど、読んだというずしりとした感覚はなかったのだ。

今回、七五年以降の六冊の詩集が収められた分厚い書物を必死に読んで、ああ、と叫びたくなった。こんなにも峻厳（しゅんげん）で、こんなにも悲痛に、人間の限界を見つめる人であったのか、と思った。予想外だった。

「有史以来何ひとつ変わっていない人の心のすごい重力／それは多分宇宙の法則とはあい容れぬもの　だからぼくらにはこんなにも美しく見えるのだ／窓の外の雑木の初夏の緑が」（「心の重力」より）。

「人の心のすごい重力」は、不可解な、おそろしいものにちがいない。だが、そのおそろしさも、とらえ方によっては、可愛らしい、魅惑的なものかも知れない。そんな意味の明るい詩も読みたいのだ、わかりやすい言葉で人に喜びを与えることのできるこの詩人の。

評・水原紫苑（歌人）

二〇〇二年四月七日⑨

『ライト・フライヤー号の謎』

鈴木真二 著

技報堂出版・一九〇〇円

ライト兄弟が飛行機をつくりあげた過程と技術的・理論的背景が、著者の専門分野「飛行力学」の観点から正確に、しかも専門外の人にも理解しやすいように書かれている。

人類初の動力飛行を実現したフライヤー号には、空を飛ぶことへの兄弟の情熱と才能、苦悩と喜びが凝縮されている。数式や技術説明図に抵抗のある人でも、兄弟の生い立ちから飛行機売り込みまでのロマンに満ちた人間ドラマを楽しめる。航空工学に関心のある人には、揚力や操縦を基本にたち返って理解でき、フライヤー号の技術的特徴と限界もわかって興味深い。

新しいものを作り上げるには、熱い気持ちはもちろん、周辺技術の成熟度、過去技術の再点検、支援者の存在、特許戦略などが重要なことがわかる。

科学・技術への依存度が増し、高度化、ブラックボックス化してきた現在、本書のように科学・技術を楽しく読ませてしまう多角的な本がますます待たれる。

評・宮本昌幸（明星大学教授）

二〇〇二年四月七日⑩

『BBC　イギリス放送協会』

簑葉信弘 著
東信堂・二五〇〇円

衛星放送が普及するまで、特派員の必携品は短波ラジオだった。BBCを聞くためだ。正確で奥行きのある報道への定評は今も揺るぎない。2年前の世論調査で、国民の4割が「英国最高の輸出品」はBBCと答えた。「ビートルズ」と「王室」を上回った。

本書は、そのBBCの履歴書である。距離を置いた端正な叙述だが、随所にちりばめられた挿話は興味が尽きない。第2次大戦中、BBCの客観報道は敵国でも評価を高め、戦後は数千通の感謝の手紙がドイツから届いた。

だが妥協のない姿勢は時に政府の反感を買う。チャーチルはBBCを「獅子身中の虫」に例えた。BBCを嫌うサッチャー首相も受信許可料を「人頭税」と呼び、民営化の攻勢を仕掛けた。

時には政府が主張する「国益」をも批判して戦う。権力に対して筋を通す緊張関係が「公共放送」への信頼を支える。NHKを考える上でも、貴重な参照枠となるだろう。

評・外岡秀俊（本社編集委員）

二〇〇二年四月一四日❶

『タンタンの冒険　その夢と現実』

マイクル・ファー 著　小野耕世 訳
サンライズライセンシングカンパニー・四五〇〇円

波乱の20世紀を追いかけた少年記者

大判でフルカラー。明るく贅沢（ぜいたく）なつくりだが、なかみは意外に重い。「タンタンの冒険」シリーズの作者エルジェを、二十世紀の夢と失敗を一身に体現したドキュメンタリストとしてとらえ、その歩みを作品に沿ってあとづける。「少年記者」タンタン同様、本書の著者もロイター通信そだちの国際ジャーナリストだった。その経験が随所に生きている。

『青い蓮』は一九三四年にベルギーの子ども新聞に連載された。ぜんぶで二十三作あるシリーズの五作目にあたる。

日本語版刊行が一九九三年。日本人読者の多くはページをめくってギョッとしたにちがいない。現に私がそうだった。なにせ舞台が上海で、おなじみのニッカボッカ少年の冒険マンガに、日本軍による満鉄爆破（一九三一）や国際連盟脱退（一九三三）といったなまなましい政治的事件が巧みに織りこまれる。街には「打倒帝国主義」のビラ。その漢字がじつにみごとだ。ハリウッド映画のいんちき漢字とは大ちがい。

この『青い蓮』がエルジェにとっての転機になったと著者はいう。そのころエルジェは、わずか数年前にかいた『タンタンのソビエト旅行』や『コンゴ探検』などの作品が、しだいにイヤになっていた。反共主義にせよアフリカ人への人種的偏見にせよ、当時の西欧人のステレオタイプ化した認識を受け身でなぞっただけの作品になってしまっていたから。そこでかれは若い中国人とじかにつきあい、おびただしい資料をあつめて、具体的な細部（たとえば正しい漢字）に徹底的に執着するドキュメンタリストへの転身をはかった。こうしてできたのが『青い蓮』だったのである。

古い白黒版をカラー化するとか、時代の変化に合わせるとか、戦後のエルジェは機会あるごとに「タンタン」シリーズを改訂しつづけた。

それらの諸バージョンを、エルジェ財団に保存された膨大な画像資料やメモや下書きとつきあわせるマニアックな追究の過程（すでに「タンタン学」ということばがあるらしい）が、そのまま美しい大冊になっている。図版を見ているだけでたのしい。と同時に、なかなか切なくもある。著者の丹念な作業から、ナチス・ドイツの協力者と誤解されたり、反ユダヤや黒人蔑視（べっし）とうたがわれたりするたびに、旧作に淡々と修正のペンを加えるエルジェのすがたが浮かび上がる。ドキュメンタリストにしては脇が甘い。でも、だからいいんじゃないの、ともいえる。私はそちら側かな。

（原題、TINTIN）

評・津野海太郎（編集者・和光大学教授）

Michael Farr　53年パリ生まれ。英国のジャーナリスト、タンタン研究家。

二〇〇二年四月一四日❷

『父の道具箱』

ケニー・ケンプ 著　池央耿 訳

角川書店・一三〇〇円

米国の田舎の父と息子の原風景

アメリカを旅すると、ここはなんと広大な田舎なのかと思う。摩天楼の都会など、この国のごく一部の風景でしかない。国土のほとんどは自らの存在さえ確認できないようなのっぺりとした大地だ。

そんななかでよく見かけるのは、明るい日差しの下、アウトドアを楽しむ家族である。父は息子にナイフの使い方を教え、その様子を微笑（ほほえ）ましく見守る母がいる。わが子に技能を伝える父親の姿は、開拓時代以来の原風景なのだろう。強い父権こそ、信仰心とともにアメリカを支える力であり、多民族国家において「家族」とは唯一信頼できる運命共同体なのかもしれない。

自費出版として世に出た本書に描かれているのも、ごく普通の家族の姿だ。西海岸サンディエゴ近郊に暮らす薬剤師の父。信仰心が篤（あつ）く、七人の子をもち、日曜日になればガレージに閉じこもって大工仕事に精をだす。息子は幼い日、父の手製のゴーカートを与えられた嬉（うれ）しさを忘れられない。しかし父は優しいだけではなく、きびしく息子を突き放すこともあった。

父は難病におかされるが、最後まで信仰心を捨てることなく安らかな死を迎えた。死後しばらくたって息子は、父のやすらぎの居場所であったガレージに入ってゆく。父が愛用した大工道具ひとつひとつの思い出をたどりながら父を追憶する。

よみがえる父の姿。勤務先の病院で冷遇されても耐えたこと。十代のころに荒れた生活を送った息子との不器用な和解――。

父は戦争中、爆撃機B24のパイロットだった。死期が迫ったある日、息子は車椅子（くるまいす）の父を連れて、この爆撃機を見に行く。〈編隊長として南太平洋戦域に十四回出撃して、一人の部下を失うこともなかった〉と、息子は誇らしげにつづる。しかしその父の爆撃によって、他国の多くの「父」が死んだことに思いがいたらないのは仕方ないことなのかもしれないが……。

死者とは生者の欠落を埋める存在であり、死者への記憶は残された人々を見守る「神話」として機能する。これはアメリカという閉ざされた「田舎」の父と息子の物語である。

（原題、Dad Was a Carpenter）

評・与那原恵（ノンフィクションライター）

Kenny Kemp　55年生まれ。作家、映画製作者、建設請負業など肩書多数。本書でライターズ・ダイジェスト賞など受賞。

二〇〇二年四月一四日❸

『気骨　マイクロソフトを悩ませチャイニーズ・ウーマン』

呉士宏 著　張東君 訳

日経BP社・一七〇〇円

まぶしいような上昇志向と誇り

関西流に言うと「お値打ち」な本である。いまなおコンピューターの巨人であり続けるIBM。九〇年代に世界を制したマイクロソフト。その両社の人材戦略や営業戦略、バックにある企業文化まで比較文化的にわかる。その上、中国のトップビジネスマンの考え方から、外資系企業が中国でどう振る舞うべきかまで――これ一冊でわかるという本はそうはない。

著者は呉士宏（ウー・シーホン）。十二年間で派遣の事務員からIBM中国販売総経理に、その後マイクロソフト中国支社総経理を十五カ月務め、現中国国営TCLグループ副会長。中国ビジネス界の立志伝中のスーパーウーマンである。

裕福な家に生まれたが文革ですべてを失い、成績優秀だったが政治的理由で高校も行けず、さらに大病。普通ならめげるところを働きながら独学で英語専科の大卒資格を得て、IBM派遣事務員になる。しかし当時の中国で外資系派遣の女性事務員というのは決していい立場ではない。いくつものハンディを持ちながら人事部長に直談判し正規採用と同じ試験のチャンスを貰（もら）い、人を育てるというIBMの人材戦略の中で、驚異の速習能力で課題をつぎつぎクリア。「私を採用したときには、きっと後悔させない」という試験時の言葉を一二〇％実証してみせる。

大病直後から、朱鎔基首相と握手するまでのこの本の巻頭にある一連の写真はまさにステップアップの一言。最近の日本人からはまぶしいような強烈な上昇志向と「気骨」を持った女性だが、容姿への劣等感や感情の起伏など、決して「鉄の女」でもないところもうかがわせる。なにより外資系の中での昇進に適応して変なグローバル人間になっていないところがいい。雇い主に対し忠誠であると同時に、中国に対して中国人としての誇りを持ち、両者にとって最善の道を見つけようと常に努力している。苦難、努力、成功と何を語っても自分のことだけではない。そこがこの女性の最も「気骨」を感じる部分。日本のビジネス立志伝の多くと最も違いを感じるところである。

（原題、逆風飛揚　微軟IBM和我）

評・坂村健（東京大学教授）

ウー・シーホン　50年代生まれ。中国国営企業TCLグループ役員。マイクロソフト、IBMの現地責任者を歴任した女性。

二〇〇二年四月一四日④

『著者略歴』

ジョン・コラピント著　横山啓明訳

早川書房・一八〇〇円

他人の小説を盗んだ男の運命

それにしても、うまいコピーだ。ジョン・コラピント『著者略歴』に付けられていた版元チラシに、〔『太陽がいっぱい』＋『シンプル・プラン』のサスペンス〕とあったのである。編集者のつけた惹句（じゃっく）と思われるが、まことに秀逸なコピーといっていい。

周知のように、パトリシア・ハイスミスの『太陽がいっぱい』は友人になりすました男の犯罪計画を描いた名作で、スコット・スミスの『シンプル・プラン』は「巻き込まれ型加害者小説」の傑作である。二作ともに映画化もされているので、その内容は広く知られている。それらを足した小説というのだから、このコピーだけで『著者略歴』の内容が類推できる。ようするに、他人になりすました男がその秘密を守るために否応（いやおう）なく犯罪に手を染めていく話だな、と惹句を読んだだけでわかる仕掛けになっているのだ。この場合は内容だけでなく、二作の完成度も同時に併せ持つという意味もあるのだろうが。

ここまで物語の内容と持ち味を惹句で的確に表現されると、皮肉なことに小説を読む愉（たの）しさが若干減じてしまうもので、それが秀逸コピーの泣きどころだが、本書はそれでもなおかつ読ませる。それがこの作家の卓越したところだろう。それは次々に襲う苦難を主人公がどうかわしていくのか、ディテールの積み重ねが圧巻であるのと、その語り口が絶妙だからである。精緻（せいち）なプロットと、秀逸な人物造形に感嘆するあまり、わかっているのにやめられないのだ。

それに、『太陽がいっぱい』＋『シンプル・プラン』というのは話の大枠であり、細部はもちろん異なるのである。それがいちばんのミソ。

ルームメイトの小説を盗んで自作として発表する主人公の、そこまでして作家になりたいという強い願いは、そういう志向のない人間には理解しがたいけれど、それを物語上で納得させてしまうのもジョン・コラピントの筆力にほかならない。はたしてこの主人公がどういう運命をたどるのか。その後半の展開は本書を読んでのお楽しみにしておきたい。

（原題、About The Author）

評・北上次郎（文芸評論家）

John Colapinto　59年カナダ生まれ。ジャーナリスト。性同一性障害を題材にした記事で全米雑誌賞。本書は小説第1作。

二〇〇二年四月一四日⑤

『宗教に揺れるアメリカ』

蓮見博昭 著

日本評論社・二七〇〇円

見えざる政治への力学、鮮明に描く

私たちの周りにはアメリカ情報があふれている。米大統領の言動は詳しく報じられ、イチローの活躍で大リーグは身近になった。ヒップホップ音楽を、米国発と意識することもない。だがそんな私たちに、伝わらないものがある。米文化を持続的に支える通奏低音としての「宗教」である。

テロ後歌われた「ゴッド・ブレス・アメリカ」は、人々の心にどう響いたのか。大統領は就任宣誓でなぜ聖書に手を置くのか。政教分離の国の通貨に、なぜ「われら神を信ず」という標語が刻まれているのか。

私たちは漠然とアメリカを「キリスト教圏」に分類し、こうした疑問を素通りする。だが政治の磁場にはたらく宗教の力を無視して、米国を正確に理解するのは難しい。本書はその死角、「宗教と政治」の力学に焦点を絞った鮮鋭なアメリカ像である。

人間性悪説をとる建国の父たちピューリタンは、徹底した三権分立制を導入するなど、後世に大きな影響を与えた。だがプロテスタントは諸派に分裂し、カトリックやユダヤ教移民が流入する。こうした多文化社会を統合したのが「市民宗教」だった。

ユダヤ教は、神の子イエスを救世主とする立場をとらず、新約聖書も正典としない。ユダヤ教を母胎とするキリスト教でも、カトリックはローマ法王の権威を重んじるが、プロテスタントは聖書のみに依拠する。「市民宗教」は3者の共通項だ。旧約とその神を重んじ、イエスや法王には触れない。旧約に色濃い選民思想を踏襲するなど、米国の土壌に花開いた固有の宗教だ。

だが「市民宗教」は20世紀後半、大きく揺れ動く。50年代にはキング牧師らの黒人教会が公民権運動に重要な役割を果たした。60年代には進歩的なプロテスタント主流派が、ベトナム反戦に深くかかわる。70年代後半から福音派や宗教保守派が台頭し、カーター、レーガン政権を支えた。現ブッシュ政権も、宗教保守派の強い影響下にある。善悪二元論など、テロ後の米論調を理解する上で宗教への目配りは欠かせない。

神は細部に宿るが、超大国にも宿る。大きすぎて、しばしば見えないその姿を知るのに、最適の案内書だ。

評・外岡秀俊（本社編集委員）

はすみ・ひろあき 33年生まれ。恵泉女学園大教授。時事通信社ニューヨーク特派員など歴任。共著に『英米文化学のこころみ』。

二〇〇二年四月一四日⑥

『誰がヴァイオリンを殺したか』

石井宏 著

新潮社・一五〇〇円

音楽の大衆化と「進歩」の陰で

イザイが1912年に録音したドヴォルザークの『ユモレスク』を聴くところから、この本は始まっている。現代では考えられないほど、ゆったりとした、おだやかな美しい演奏。それが今日ではせわしなく、針金をこするような音で演奏される。ヴァイオリンは死んだと著者はいう。

ヴァイオリンは、多くの楽器の中でも特殊な楽器である。最高のヴァイオリンは、言うまでもなくストラディヴァリウスに代表されるイタリアの町クレモーナの楽器（16世紀前半～18世紀前半）であり、以後、これに匹敵する楽器は出来ていない。不思議な話である。

また優れたヴァイオリニストは、人の心を惑わせる不思議な魔力をもち、しばしば悪魔に魂を売り渡した人間だと考えられた。その最大の存在がパガニーニ（1782～1840）で、1回の演奏会でベートーヴェンの10倍を稼ぐほど、人気があった。しかしパガニーニはたんなる技巧家ではなく、ベートーヴェンを深く尊敬し、ゲーテやシューマンなど、多くの芸術家を心から感動させる音楽家だった。

しかし、19世紀には、音楽の世界に新しい変化が生まれた。音楽は宮廷やサロンから出て、多数の聴衆のためのものとなり、大型化していった。そのため、ストラディヴァリウスまで大きな音を出せるように改造された。またベートーヴェンに代表される芸術至上主義が台頭し、厳格なソナタ形式のような音楽が、「高級な」音楽とされるようになった。

20世紀はさらにそうした「進歩」を加速した。夜の世界にも光や騒音があふれ、想像力をはぐくむ闇や静寂が消えていった。20世紀初頭にかすかに残っていた、イザイやクライスラーのような、優雅で繊細で官能的なヴァイオリンは、いよいよ稀（まれ）となっていった、と著者は言う。

著者の説を、極端な復古反動だと思う人もあるだろう。私も、少し、そう思う。しかし、失われた美しい音楽を甦（よみがえ）らせたいという著者の熱気に導かれて、ヴァイオリンの未知の世界を訪ねてみるのも悪くない。

評・北岡伸一（東京大学教授）

いしい・ひろし　30年生まれ。音楽評論家。著書に『素顔のモーツァルト』、訳書に『グスタフ・マーラー　愛と苦悩の回想』など。

二〇〇二年四月一四日⑦

『彌太郎さんの話』

山田太一 著

新潮社・一六〇〇円

終戦直後に失踪（しっそう）した旧知の彌太郎さんから、三十年ぶりに「会いたい」というはがきが届いた。嬉（うれ）しい驚きと困惑、はちきれんばかりの好奇心を抱えて、脚本家の「私」は、思い出の地・浅草へおもむく。

そこで語り聞かされる、途方もない話——進駐軍司令部で起きた米兵による乱射殺害事件に巻き込まれた彌太郎さんは、唯一の生き証人として、事件の秘匿を図る米軍の手で、東南アジア各地の監獄に最近まで幽閉されていたというのだ。「フーテンの寅」を男前にしたようなキャラクターである彌太郎さんが、シェヘラザード（千夜一夜物語の語り部）さながら物語る体験談は、奇々怪々にして虚実混沌（こんとん）。しかもこの語り部、話が核心にふれる寸前で沈黙したり、聞き手の側に物語（それも浮気の告白）を強要したりと私を翻弄（ほんろう）してやまない……。変幻自在な語り／騙（かた）りの輻輳（ふくそう）が人生の不可思議をしみじみと実感させる、物語にのめりこむ至福を体現した一巻である。

評・東雅夫（文芸評論家）

二〇〇二年四月一四日⑧

『和子　アルツハイマー病の妻と生きる』

後藤治 著

亜璃西社・一五〇〇円

心臓病のため六十一歳で高校教師を退職した年の暮れ、五十六歳の妻「和子」さんが若年性アルツハイマー病中期と診断される。大脳の右側頭葉が萎縮（いしゅく）していた。十年後のいまは「要介護5」。自分が誰かもわからない。だが晴れた日には車椅子（くるまいす）から降りて二人で散歩し、好きだった音楽に反応する。白髪を染めた和子さんの笑顔の写真がページを飾っている。

ニトロをなめながらの介護生活の記録。数カ月毎（ごと）にメールマガジンで発信され、私は数年前から読んでいた。動物を観察してきた経験から誤解をおそれずにいえば、野生動物だったら二人ともすでにこの世にいなかった。周囲の人々や介護制度に協力を求め、また社会に対して発信し発言する前向きな姿勢がなければ、この十年はなかっただろう。人間は社会的な存在なのだと、改めて思う。

著者は私の高校時代の物理の先生。こういう人に教わったことを、私は大きな声で自慢したい。

評・新妻昭夫（恵泉女学園大学教授）

二〇〇二年四月一四日⑩

『死の臨床格闘学』

香山リカ 著
青土社・一九〇〇円

ジャイアント馬場の率いる全日本プロレス（全日）は、私にとって心のオアシスだった。明るく楽しく激しいリング。一九九九年、馬場さんの死までは。

馬場プロレスを私以上に愛してきた著者は、その「明るいプロレス」をあえて「死」の視点でとらえる。

全日の歴史は長く、世を去ったレスラーも多い。その死を包みこんできた馬場さんの温かい力。それこそが全日の魅力だったのだ、というのである。

馬場さんの死後、全日に残った川田、新団体ノアを設立した三沢など、レスラーたちの道は分かれた。そのとき馬場さんが包んでいた〈死〉はどうなったか。レスラーたちの肩に重くのしかかってきたはずだ。

馬場さんだからこそできた〈死〉の包括を引き受けられるレスラーは今後現れるか、と著者は言う。

私たちの現在はたくさんの死に囲まれている。生き残った者が〈死〉をどう受けとめるのか。本書は大きな問いかけをしている。

評・林あまり（歌人）

二〇〇二年四月二一日①

『各務原　名古屋　国立』

小島信夫 著
講談社・二二〇〇円

『忿翁』

古井由吉 著
新潮社・一八〇〇円

「私」の正体という「世界の秘密」

「純文学」を読みますか？　読まないの？　あっ、そう。

どの国にも「純文学」に似たものはある。それは、直接的な「楽しみ」を求めるための小説ではなく、もっと別の、いわゆる「芸術的」な完成を求めて書かれる小説だ。その形は国によって違い、個々の作家によっても違う。けれど、日本の「純文学」に似たものは（ほとんど）ない（と思う）。日本の「純文学」は、ある時から、どんどん完成度を高めていった。そして、とうとう世界のどこにも存在しないような、とんでもない作品を産むに至ったのだ。例えば、今日紹介する二冊のような。

まず、小島さんの『各務原　名古屋　国立』。この三つの中篇（へん）を集めた小説は「私が只今（ただいま）紹介いただきました小島信夫でございます」という文章からはじまる。しかし、読んでいるうちに「小説家のノブオさん」という言葉もでてくる。それから作者は「私」といったり「ぼく」といったりする。と思ったら「と講演者である小島信夫はいった」なんて文章もでてくる。

これはいったいどういうことだろう。誰が、誰のことを書いているのだろう。一方、古井さんの『忿翁（ふんのう）』はというと、ここには十二の短篇が収められている。共通する登場人物はいない。いないけれど、どの短篇にも、作者の古井さんによく似た人物が登場している。その「古井さんに似た人」は「私」として語ったり、「岩村」や「萩原」という名前で呼ばれたりしている。いや、時には女性になって登場している。ちょっと待て。「古井さんに似た人」は男じゃないのか。そう。そうなんだけど、作者はそんな細かいことは気にしない。それが自分であるとか、他人であるとか、そんなことも気にしない。だって、この世には、もっと重要なことがあるのだ。

六十歳をとうに越して、「古井さんに似た人」は老いを感じる。八十五歳になった「小島さんに似た人」も同じだ。老いを感じるとどうなるか。ふつうの人はガックリきたり、老後を心配したりする。しかし「小島さんに似た人」や「古井さんに似た人」のような「純文学」の人は、どんどん繊細になっていく。どんどん繊細になっていくとどうなる。「世界の秘密」が少しずつわかってくる、のである。

小島さんや古井さんの小説を読んでいると、ぼくたちは、これが他のどんな小説ともぜんぜん違っていると感じる。それは、「世界の秘密」に触れている、という感じである。では「世界の秘密」とは何だろうか。それは「私」の正体なのだ。

ほんとうのことをいうと、人間は自分のことしかわからない。「私」は「私」のことしか知らない。「私」が考えているようなやり方で他人も考えているだろう、となんとなく思っている。この世に溢（あふ）れる小説やらドラマやらの前提はこれである。それがいちばん楽だから、そうやってきた。しかし中には疑（うたぐ）り深い人間がいる。ほんとうのことを知りたい人間がいる。そういう人間が芸術家になった。「純文学」を書くようになった。そして、ほんとうのことをいう人間はいつも嫌われるのである。

小島さんと古井さんは、ほんとうのことを知ろうとして、どんどん世界の奥深くへ入りこんでゆく。エンタテインメント？

それもいいだろう。だが、世界でいちばん面白いのは、「世界の秘密」を探ることじゃないのかい。そして、「世界の秘密」は、残念ながら『ハリー・ポッター』には書かれていないのである。

評・高橋源一郎（作家）

こじま・のぶお　15年生まれ。「アメリカン・スクール」で芥川賞。『抱擁家族』『別れる理由』ほか。

ふるい・よしきち　37年生まれ。「杳子」で芥川賞。『栖』『槿』『杳子・妻隠』ほか。

二〇〇二年四月二一日❷

『鏡の国の孫悟空　西遊補』

董若雨 著　荒井健、大平桂一 訳

平凡社・二四〇〇円

あべこべを遊ぶ心のポストモダン

のっけから何もかもあべこべだ。三蔵法師がうとうと眠っているうちに夢の中で菩薩（ぼさつ）から、お前は仏になれないと宣告される。しかし悟空は仏になれるだろう。だから悟空ひとり西天に上るがよい。そこで悟空、三蔵の眠っている間にひとりで西天をめざす。悟空の以後の冒険は三蔵が夢の中で見た出来事なのか。

どんどん行くと城があり、緑色の旗に「太宗三十八代の孫・中興太子」とある。アレレ、唐を出てまだ二十年しか経（た）ってないのに、もう三十八代の皇帝の世に来てるのか。唐朝は二十代しかなかったのだから、あり得ない未来に来てしまったのだ。万事がこの調子で、明末（1640）の作とは信じられないナンセンス小説。

悟空はいつのまにか虞（ぐ）美人に変身して項羽のお相手をする。のみならずエンマ大王が病没したので代役を仰せつかり、南宋の奸臣（かんしん）・秦檜（しんかい）の裁判を担当する。ところがこの裁判には審理も弁護もない。いきなり刑罰だ。どこかにこんなあべこべ裁判があったぞ。そうルイス・キャロル『鏡の国のアリス』の赤の女王の裁判だ。そこでも罪人がいま刑罰を受けている。しかし裁判は来週にならなければ始まらず、「むろん罪を犯すのは一番後のこと」。

『鏡の国の孫悟空』の世界でも時間はさかさまに流れ、原因と結果があべこべになる。まず刑罰があって、判決は後。未来が先に来て、過去はその後。というか時間が直線的に流れずに、将棋やチェスで駒が桂馬飛びしたり後戻りするのが当たり前のように、勝手にポンポン飛んでしまう。ここでは現実世界の法則ではなく、（盤上）遊戯の法則が支配しているのだ。

だから秦檜がいくら刑罰を蒙（こうむ）っても血のにおいがしない。悟空が如意棒（にょいぼう）をふるうと何十人も惨死するが、ちっとも血なまぐさくない。囲碁の盤上で相手の石を殺すのと同様、万事はゲームの規則において起こるので、リアリズムではないからだ。

さすがに白髪三千丈のお国柄。百万の鏡で組み立てた万華鏡があり、その一つの鏡が一つの世界を管理しており、悟空は毛を吹いてそこに分身を潜入させ、三千大世界の消息を探ったりする。易の数の神秘主義を思わせる誇張法だ。そしてそれらすべてが入れ子構造になり、悟空の冒険が三蔵の夢なら、三蔵のうたた寝も悟空の夢遊中の出来事らしい。『西遊記』のパロディーはいうまでもないが、読者対象が十歳のアリスではなく、明末の読書人だっただけに、多少の衒学（げんがく）趣味はあっても、いっそポストモダン小説の極致かも。

評・種村季弘（評論家）

とう・じゃくう　1620～86年。実名は董説だが若雨の名で知られる中国・明末清初の作者。浙江省出身。

二〇〇二年四月二一日③

『クマにあったらどうするか』

姉崎等、片山龍峯 著
木楽舎・一五二四円

説得力あるアイヌ猟師の言葉

大きなクマなら安心していい。クマはもともと臆病（おくびょう）な動物で、人間を避けて生きているのだから。やぶのなかから人間のことをよく観察しているし、頭がいいから、悪さしたらすぐ撃たれてしまうとわかっている。そういう悪さしないクマが大きくなるまで生きてこられた。里に下りてきて悪さするのは、若くて経験のあさいクマ。いちばん困るのは、人間の食べ物の味をおぼえてしまったクマ。いずれ人間を襲うようになる。そうなったら殺すしかない。

単独猟で四十頭ものヒグマをしとめた姉崎氏の言葉は、誰をもうなずかせるだろう。数メートルの距離でのヒグマとの対峙（たいじ）の話には、内臓を締め上げられるような緊迫感がある。ヒグマの本として秀逸なのはいうまでもなく、ちがう視点からの読み方もできる本だと思う。

姉崎氏は「アイヌ猟師」を名乗っているが、父親は「福島からきた屯田兵」。母方のアイヌ集落で、和人からもアイヌからも疎まれながら育った。尋常小学校に三年間かよっただけで、十二歳からイタチ猟などで家計を支えた。一人で山に入って地形をおぼえ、野生動物になりきって生態を観察し、大人たちの話を聞いてアイヌの狩猟の知恵を学んだ。みずからの自覚的な努力によってアイヌとしてのアイデンティティーを確立した稀有（けう）な人物である。

孤独な猟師の口を開かせたのは、時代の変化なのだろうか。野生動物管理の先進地域を自任する北海道は、姉崎氏が得意だった春グマ猟を十二年前に禁止し、それを機に氏はヒグマ猟をやめた。数年後には銃も手放し、被害防止の相談役を務めている。

しかし聞き手が別の人だったら、インタビューが成功したとは思えない。ＮＨＫの自然番組のフリー・ディレクターをしつつ、むしろアイヌ語研究を本業とする片山氏は、みずからのアイヌ文化についての知識をもとに、じつにしつこく質問をかさねていく。姉崎氏が怒りださなかったのは、たがいの知識と経験を尊重しあう信頼関係があるからだ。

さて、クマにあったらどうする？　それは読んでのお楽しみ。

評・新妻昭夫（恵泉女学園大学教授）

あねざき・ひとし　25年生まれ。元猟師。
かたやま・たつみね　42年生まれ。片山言語文化研究所代表。

二〇〇二年四月二一日④

『阪神ファンの経済効果』

國定浩一 著
角川oneテーマ21・五七一円

中小製造業に活気吹き込んで

20年ほど前、大阪のカウンターだけの居酒屋でのこと。客は、一見（いちげん）の私のほかに一人だけいた。テレビは阪神巨人戦の真っ最中である。私自身は、何人かの巨人選手を知っている程度で、とくに贔屓（ひいき）チームもなく、ぼんやりと眺めていた。店主ともう一人の客は熱く語りながら試合を見ている。成り行きから、私も話を合わせる格好になってしまった。ところがしばらくして、二人の私に対する視線が険しくなった。彼らの「巨人ファン・センサー」にひっかかったらしい。逃げるように店を出た。それ以来、阪神ファンは心が狭いと思うようになった。

阪神ファンの心理を特徴づけるとされる「反権力」「反中央」という表現も好きではなかった。在野の気分よりも、別の権力中枢になりたいという、満たされない欲求を感じたからである。

だが、阪神ファンは屈折しているとの印象は、本書を読んでかなり薄らいだ。なぜか小気味がいいのである。阪神ファンの子供は「小学校低学年にして『挫折』という日本語を学ぶことができる」との冗談も、そうかもしれないと思わされてしまった。人生の勝ち組と負け組という分け方が許されるならば、後者の方が圧倒的に多くなる。そうであれば、負けを素直に受け止め、笑い飛ばし、それでも希望を捨てないのが、まっとうな生き方ということになるからだ。阪神ファンは人生と野球とをこんな風に重ね合わせているらしい。

著者はエコノミスト。表題が阪神優勝の経済効果でないのがミソである。親会社は営業距離わずか45キロの電鉄、選手の給料はサラリーマンと大差がない。こんな球団が、そこそこの成績をあげれば、それに元気を得て、中小の製造業が多く、アジアにも押されがちな関西経済も活気づくというのが本書の趣旨である。

「痛みを伴う改革」を言うのであれば、阪神ファンから「痛み」のなんたるかを学べ。エコノミストとしてのもう一つのメッセージはこれである。もっとも、今のところ阪神好調のゆえに、今年はその機会はないかもしれないが。

評・真渕勝（京都大学教授）

くにさだ・こういち　40年生まれ。大和銀総合研究所社長、関西経済同友会アジア・太平洋委員長、大阪工業会金融税制委員長。

二〇〇二年四月二一日⑤

『ボルヘス、文学を語る』

ホルヘ・ルイス・ボルヘス著　鼓直訳

岩波書店・一八〇〇円

細く力強く圧倒的な声と予言

老講演者の目がすでに極端に不自由となり、見える世界はただ黄色の原野だけである。したがって老講演者は、六回にわたって、二千数百年間に複数の言語で書かれた文学作品をすべて記憶から引用しながら話す。

目が不自由になった分、声には圧倒的な力が出た、と思わせるような、七十歳に近づいて、細く、力強く、独断的でいて謙虚で、愉楽とユーモアに満ちたホルヘ・ルイス・ボルヘスの声の記録。おまけに講演のときから三十年間消えてしまい、かれの死後にようやく図書館の片隅に再発見された。英語で活字となって今日本語訳として出たのが、そのような、声と活字化のドラマを背景とした一冊なのである。

「詩」（verse）についてという原題のニュアンスを「ボルヘス、文学を語る」と書き換えた和訳者の選択はまちがっていない。なぜなら、詩人でもあり短編小説家でもあるボルヘスがここで詩から出発して文学全体の過去と未来を論じているからである。ボルヘス曰（いわ）く、語ることと歌うことは元々同一行為であった。叙事と抒情（じょじょう）、詩と小説という分け方が二次的なのであって、ことばそのものの中から必然的に生まれた区別では決してないと。

そして、現代において「小説は完全に袋小路に入り、あらゆる実験がつくされて小説はもはや存在しない」時代の近い到来を予言する。しかし、小説の死は文学そのものの死ではなく、ましてや批評が中心になるということではない。ボルヘスは、南米という西洋の周辺から、ハーバード大学というその知性の中心にやってきて、最先端に立って、さらに予言する。「詩人はもう一度、いわゆる創造者にな」り、「詩人は物語を語る」と。

今、日本語として読んだとき、この予言をどう受け止めるべきだろうか。

「西方の偉大な盲人」が「幻視者」として教壇に立ち、記憶だけをたよりに、詩から文学を語る。三十年経（た）って発掘されたその口述の記録は、随所に大きな挑発がある。

（原題、THIS CRAFT OF VERSE）

評・リービ英雄（作家）

Jorge Luis Borges　1899〜1986年。アルゼンチンの詩人、作家、批評家。主著に『論議』『伝奇集』。

二〇〇二年四月二一日⑥

『表現の自由が呼吸していた時代』

前澤猛 著
コスモヒルズ・四六〇〇円

表題にまずショックを受けた。著者がかつて在籍した読売新聞の、七〇年代の社説集。ということは、現代は表現の自由が死んだ時代だということになる。

確かに読売は、現社長が論説委員長に就任した八〇年前後を境に論調を一変させ、現在に至っている。ひとり同紙にとどまらず、彼の政治力にジャーナリズム全体が依存している現実が悲しくてならないのもまた、著者だけではない。

経済大国なら水俣病を救え。人権本位であってこその司法。民主主義の要諦（ようてい）は表現の自由……。もとより完璧（かんぺき）などあり得ない。だが社会が何よりも目指すべきは平和と人間の尊厳なのだと主張し続けることができた時代はそれだけで素晴らしかったのだと、四百五十本の論説が教えてくれる。

翻って有事法制の閣議決定を伝えた現代の新聞は、いずこに価値の基準を置いているのか。悲惨な現状を憂うる著者の思いが、すべての人々に共有されてほしいと、切に願うものである。

評・斎藤貴男（ジャーナリスト）

二〇〇二年四月二一日⑦

『〈標準〉の哲学』

橋本毅彦 著
講談社選書メチエ・一五〇〇円

近代兵器を使い始めた軍は、修理の効率化を求めて兵器部品の規格を統一させた。これが制度による標準化＝デジューレ・スタンダードの嚆矢（こうし）になる。大量生産時代に入ると制度ではなく市場が「標準」を定めるようにもなる。例えば、左上からＱＷＥＲＴＹの順で並ぶタイプライターのキー配列は、あえて早く打てないようにして故障を防ぐメーカーの苦肉の策だったが、同社製品が市場を席巻、事実上の標準＝デファクト・スタンダードとなった。

そのキー配列がコンピューターにも採用される。「打ちにくさ」の効能は既になく、入力操作を妨げるだけなのだが、慣れのせいで変更は難しい。このように弊害ももたらす標準化の歴史を本書は豊富な事例を挙げて丁寧にたどった。自社規格を「業界標準」にとしのぎを削る企業間の競争が過熱気味の現在、改めて標準化の難しさ、標準化にかかわる上で必要な「未来を見据える力」について省みさせるタイムリーな一冊だ。

評・武田徹（評論家）

二〇〇二年四月二一日⑧

『アルザス文化史』

市村卓彦 著
人文書院・四八〇〇円

フランス有数の観光地の、かつての現実の姿を知ろうと決意した著者が、渾身（こんしん）の力でまとめあげたアルザス地方についての本格的通史。ローマ時代から現代まで、じつに二千年以上をカバーする。

ルネサンス期に生みだされた豊かな文化を背景に、言語でも民族でも宗教でもない独自のアイデンティティーを培いつつあったアルザス人は、三十年戦争（一六一八〜四八年）以降、独仏の領土的野心のために自由を奪われ、言語を強制され、同胞と敵味方に分かれて干戈（かんか）を交える。その惨状は呻（うめ）き声が聞こえてくるほどすさまじく、はてしがない。ナチ体制下のドイツの暴力的支配が恐ろしいのは当然として、おためごかしの高い理想で普遍主義をおしつけるフランスの怖さも、それに劣るまい。

各国が国民国家を越えようと模索している現在、重い経験をかさねてきた国境の地を対象とする本書は、未来のヨーロッパ像を考える見取図としても役立とう。

評・池上俊一（東京大学教授）

二〇〇二年四月二一日⑨

『証言・昭和の俳句　上・下』

黒田杏子 聞き手

角川選書・一七〇〇円

若い日、成田千空は師と仰ぐ中村草田男の旅に同行した。草田男が一週間、同じワイシャツを着ているので、「先生、お取り替えなさったらどうですか」と言うと、着替えの詰まった大きなトランクを提げた草田男は「どうせ汚れますよ」と言うきりで着替えない。

この本には右のような具体的な回想が満ちている。その回想によって、戦中から戦後の〈俳句と時代〉が生き生きと浮きあがる。

証言するのは、桂信子、鈴木六林男、草間時彦、金子兜太、成田千空、古舘曹人、津田清子、古沢太穂、沢木欣一、佐藤鬼房、中村苑子、深見けん二、三橋敏雄の十三名。鬼籍に入った人もいるが、いずれも八十歳を超す俳句界の古老たちだ。彼らは生きることと俳句を作ることをぴったりと重ね、そして、ひたむきだった。

この証言集は、俳人たちのひたむきさがことに美しいが、そのひたむきさという美徳を引き出した聞き手の手腕も見事。読後、とても豊かな気分になった。

評・坪内稔典（俳人）

二〇〇二年四月二八日①

『日本の中世3　異郷を結ぶ商人と職人』

笹本正治 著

中央公論新社・二四〇〇円

「現代日本の根っこ」中世を読み解けば

シリーズ「日本の中世」（全十二巻）の編者で第一巻の著者、石井進氏は昨年十月、急逝された。日本中世史の第一人者で、その早すぎる死が惜しまれよう。

既刊の三巻に共通するキーワードは、移動と交流、辺境・異郷と越境だと私は読み取った。十一世紀半ばから、日本列島は東アジアとの交流を深めていき、グローバルな国際社会へと参入していった。中世日本は「現代日本の根っこ」なのだ。現代日本の政治・経済・軍事・環境などをめぐる問題は、世界各国との連携を不可欠とする国際的な問題となっている。閉鎖的なナショナリズムの漂う現代日本を再考し、国際社会での日本の位置を再認識するうえで、あらためて中世日本が脚光を浴びている。

第一巻の「辺境からのうねり」という言葉はシンボリックだ。中世を胎動させるダイナミックな「うねり」を発生させた辺境の人々から始まり、「中世のかたち」が浮き彫りにされている。本州の辺境に位置する津軽の十三湊（とさみなと）や北海道道南の上之国（かみのくに）勝山館などが取り上げられる。勝山館の遺跡からはアイヌの祭具が発見され、アイヌと和人が共存していたこと、また骨梅毒の人骨や煙草（たばこ）のキセルも出土し、いずれも「大航海時代」に全世界に伝播（でんぱ）したもので、この北辺の地が交易を通じて深く世界とつながっていたことを明らかにしている。

今回の第三巻は「異郷を結ぶ」と書名にあるように、国内ばかりでなく、海外の国々の境界を越えて遍歴し、異郷を結びつける商人の姿が描かれる。和泉国の堺が日本と琉球や朝鮮、中国などの東アジア全体を結びつける拠点となって繁栄したのは、商人の「異郷を結ぶ」力による。そして、市は境界の地に市神（いちがみ）を祀（まつ）って設けられ、女性も商人として活躍する商業の場であったとともに、巫女（みこ）や陰陽師などの宗教者も集まり、現世と、異郷としての神仏の世界を結びつける信心の場でもあったことをあらためて教えている。

第二巻では鎌倉新仏教の宗祖たちを中心とした宗教史が展開されているのではない。無住（むじゅう）という地方在住の僧が著した書物から、中世民衆の宗教的世界が描かれている。無住は要衝の地に住むとともに旅をし、越境する人々から情報をえて、目に見えない神仏の世界を記したのである。

辺境や境界は中央からかけ離れた未開・非文明の地ではない。人や物や情報が集中し混交する坩堝（るつぼ）のような場であり、歴史の生成するダイナミックな場として再認識されるべきことを、本シリーズ「日本の中世」は迫っている。

評・川村邦光（大阪大学教授）

ささもと・しょうじ　51年生まれ。信州大教授。第1巻の著者は石井進氏、第2巻は大隅和雄東京女子大名誉教授。

二〇〇二年四月二八日②

『飛蝗の農場』

ジェレミー・ドロンフィールド 著　越前敏弥 訳
創元推理文庫・一〇六〇円

ばらばらのピースがやがて…

訳者あとがきと解説の書き出しがともに「なんだ、これは?」というもので、こういうのを見ると俄然(がぜん)、興味がわいてくる。で、読み終えてみると本当に「なんだ、これは?」としか言いようのない小説で、「ヘンな小説」愛好家にはぜひおすすめしたい長編である。って、これだけじゃ、なんのことかわかりませんね。

農場を経営するキャロルのもとに、スティーヴン・ゴールドグリフと名乗る男が舞い込んできて、同居生活を始めるというのが『飛蝗(ばった)の農場』のメインストーリーだ。彼は記憶喪失を訴えるのだが、キャロルの友人はそれを疑っている。あの男は嘘(うそ)をついているから気をつけたほうがいいと友人は忠告する。最初はキャロルも不信感を抱いているが、徐々にその男にひかれていく。そういう話がメインとして語られていくのだ。特に珍しい話でもない。

本書を際立たせているのは、随所に挿入されるさまざまな男の話だ。ナイジェルという男が田舎街を飛び出してポルノ映画に出演するまでの話。自動車の修理工場に勤めるポールが車の買い取りに失敗する話。こういう幾つもの話が、時間も場所もばらばらに、無秩序にちりばめられているのである。特に、芸術家のコミューンを作ろうとしているクレシダと、そこに誘われるミシェルの挿話が印象的だ。これは、すこぶる奇妙で、官能的な挿話といっていい。「過剰なまでに精緻(せいち)な人物造形と、執拗(しつよう)なまでに濃密な行動描写や心理描写を駆使」と訳者あとがきにあるけれど、まさしくその通りで、これらの挿話がどれもたっぷりと読ませるから目が離せない。

問題は、それらの挿話が互いにどう関連しているのか、読者には伏せられたまま物語が進行していくことだ。まるで、ジグソーパズルのピースを一つずつ見せられているようで、その全体像はなかなか見えてこないのである。これがなによりもヘンで、嬉(うれ)しい。だから、すべてのピースが見事にはまって一枚の絵が浮かんでくるクライマックスが圧巻である。すっかりお馴染(なじ)みになっているネタを扱いながら、新鮮な風景に一変させる芸に拍手。

(原題、The Locust Farm)

評・北上次郎(文芸評論家)

Jeremy Dronfield　65年英国生まれ。本書が第一作。次作の『Resurrecting Salvador』が同文庫から刊行予定。

二〇〇二年四月二八日③

『聖なる王権ブルボン家』

長谷川輝夫 著
講談社選書メチエ・一七〇〇円

ダメ王たちが君臨できたわけ

フランスのブルボン家といえば、ドイツ・オーストリアのハプスブルク家とともに、近代ヨーロッパの歴史に燦然(さんぜん)と輝く王朝家系の双璧(そうへき)である。本書はこのブルボン家の盛衰を、十六世紀末のアンリ四世から十八世紀末のルイ十六世まで、関係人物たちの織り成す人間ドラマとともに巧みに描き切っている。奸佞(かんねい)な寵臣(ちょうしん)リュイヌ、根っからの政治家リシュリューとマザラン、隠然たる力を揮(ふる)う王の愛妾(あいしょう)たち、そしてとりわけメディチ家やハプスブルク家から嫁入りし、実家と婚家の板挟みになりながらも、気丈にあるいは奔放に生きる王妃たち……と役者はそろっている。だがこの堅実な歴史書に、一大歴史ロマン(デュマ)の勇壮・痛快なストーリーを求めてはならない。

王たちは、毅然(きぜん)たる態度で貴族や高等法院と対決する一方、泥沼化する内憂外患・近親との確執に倦(う)んで漁色に走り、はては宮廷にひきこもって狩りや鍵・錠前作りに夢中になる。それでも代々の王は、まるで神の見えざる手に操られてでもいるかのように、中央集権的な国民国家を着々と築いてゆく。好色で嫉妬（しっと）深く、しばしば弱腰の王たちが、いくら有能な宰相や摂政にめぐまれたとはいえ、なぜ強大な絶対王政建設に成功したのだろうか。

著者は、その謎を照らしだす街灯を、諸王歴訪の道中にいくつも設置して、読者を導いてくれる。たとえば、歴代の王が欠かさず行い聖なる力を民衆たちに誇示する機会となった成聖式とそれに付随する奇蹟（きせき）的な病気癒やしの儀式の重要性、週刊情報誌や書物を利用してのイメージ戦略の効果、税金を確実に徴収するのに貢献した地方長官制度の導入、コルベールが徹底的に進めた重商主義と徴兵制度の創設の意義、これらについての解説である。

十八世紀末、絶対王政はあっけなく自壊する。崩壊を完成させたフランス革命をもって本書は幕を閉じる。二百年の国造りの歴史を先端で生き抜いた王家に寄り添ってみれば、フランス革命はこんなにも違った姿に見えるのかと、革命後の近代的社会体制の視座からの評価に慣らされてきたわたしには、意外な発見だった。

評・池上俊一（東京大学教授）

はせがわ・てるお　41年生まれ。上智大教授（フランス史）。共著に『世界の歴史17　ヨーロッパ近世の開花』『フランス史2』など。

二〇〇二年四月二八日❹

『あべこべ』

久世光彦 著

文芸春秋・一五七一円

残尿感に似た記憶のわだかまり

久世光彦の小説の語り手は、過去に「いきさつ」のあった女性たちや幼年期の甘美な記憶を引き出す装置として、これまでしばしば乱歩や朔太郎や鏡花などの文学言語を用いてきた。九つの短篇（たんぺん）をつないだ新作『あべこべ』もその例外ではない。女たちは引用を吸いあげ、白昼夢のなかで生々しく語り手に迫る。

しかし、かつて肌を合わせたことのある異性たちを言葉で振り返るためには、豊かな語彙（ごい）とそれにふさわしい人生経験があればいいというわけでもないらしい。奇妙なかたちで散らばっている記憶のかけらを集め、そこにひとつの意味を持たせるためには、いくつもの偶然と、その偶然を引き出す導き手が不可欠なのだ。ここに収められた作品には、著者が偏愛する文学のみならず、語り手の心の動きをすっかり見通してしまうひとりの人物の息が、ほわりと靄（もや）のようにかかっている。

弥勒さん、という菩薩（ぼさつ）のごとき名を持つ女性が、その貴重な導き手だ。労働意欲がまるでないかに見えて、いざ本番になると誰にも真似（まね）できない演技で周囲を感嘆させる五十代の女優。彼女は語り手に妙な胸騒ぎが起きるたびに顔を出し、「忘れ物を思い出すきっかけ」となっていく。弥勒さんだけではない。博覧強記の評論家にして仏文学者の穴さん、語り手の担当編集者である眠さん、骨董（こっとう）屋の二股さんなど、にぎやかで個性的な人々があれこれ議論を重ねて、記憶の再生に貢献する。

だが思い出された女性たちの横顔がみな一様に切ないからだろうか、彼らの愉快な交遊はかならずしも明るい印象を残さない。しかもそれは弥勒さんの姿でもある。彼女は公演中、失禁をごまかすために老人用のおむつをすると打ち明けるのだが、これは語り手が悩まされている「残尿感によく似た曖昧（あいまい）な気持ちの滞り」と結びつく感覚だ。出したくても出ないものと、出たはずなのに残っているもの。それら記憶のわだかまりを、「脳裏」ではなく「膀胱（ぼうこう）」に見て微笑（ほほえ）んでいられる余裕と切実さの微妙な均衡。艶（えん）にしてちょっと寂しげな本書の魅力は、たぶんそこにある。

評・堀江敏幸（作家）

くぜ・てるひこ　35年生まれ。演出家、作家。演出作に「寺内貫太郎一家」など。著書に『蕭々館日録』『燃える頬』『桃』など。

二〇〇二年四月二八日⑤

『良い増税　悪い増税』

大田弘子 著

東洋経済新報社・一六〇〇円

辻褄合わせの税制を超えて

税制改革は、今年度の小泉内閣の最大の政策課題だとされている。

税制改革というと「減税しろ」というのが、わが国での通り相場である。しかし、つかの間のものを別にすれば、減税をする余裕など全くないのが、この国の実情である。相次ぐ国債の格下げが警告しているように、日本の財政は破綻（はたん）の縁にあり、ここで野放図に減税をすれば、破綻を進んで招き寄せることになりかねない。

他方、だからといって、財政収支の辻褄（つじつま）を合わせるためだけに増税を図るならば、「とりやすいところからとる税」という傾向がますます強まる。税制の歪（ゆが）みが一層拡大し、経済の活力をさらに削（そ）ぐことになろう。これは、「悪い増税」である。

要するに、わが国財政の現状を直視すれば、「減税が善で、増税はすべて悪」ということにはならない。われわれが追求すべきなのは、「良い増税」なのである。けれども、普通の人間にとって税の問題は複雑で難しく、何が良い増税なのかを考えろと言われても、なかなか答えを見出（みいだ）せないのが正直なところであろう。

こうした中で、本書は、税負担のあり方は「この国のかたち」を考えることだといい、そうした議論が広くオープンに行われるように、とっつきにくい税制の話をできるだけ分かりやすくコンパクトに解説している。まさに時宜を得たという表現が、掛け値なしに当てはまる出版だといえる。

本書では、基本的な視点の提示から始まって、消費税、所得税、資産課税、法人課税、地方税と順に、それらのどこに問題があって、どう見直せばよいかが明確に論じられている。様々な控除が既得権となって存在しており、課税ベースが縮小してしまっている。それらを整理して、課税を「広く、薄く、シンプルに」することが目指されるべきだ。そして、議論のプロセスを重視して改革を進めるべきだとされる。

著者は、これから二年間大学を離れて内閣府で、経済財政諮問会議の事務局として税制改革に実際に取り組むことになった。著者の政策現場での働きが大きな成果を上げることを祈念したい。

評・池尾和人（慶応大学教授）

おおた・ひろこ　54年鹿児島県生まれ。政策研究大学院大教授などを経て、現在、内閣府参事官。著書に『リスクの経済学』。

二〇〇二年四月二八日⑥

『なぜ「丘」をうたう歌謡曲がたくさんつくられてきたのか　戦後歌謡と社会』

村瀬学 著

春秋社・二〇〇〇円

変遷するキーワードに鋭い着眼

流行歌が人の心をつかむのは言葉に社会と共鳴するものがあるからではないのか。そう考えて、歌謡曲の歌詞を手がかりに時代の気分や日本人の心性をとらえようと試みる批評家や研究者は多い。だが、その作業が必ずしもうまくいかないのは、歌のヒットは歌詞だけでなく、曲や歌手の魅力、見せ方などによる部分も大きいからだ。

それだけに、歌詞だけで戦後の歴史イメージの全体像を読み解くなど無理ではないかと思ってしまうが、この本は無謀だと著者自らが認める試みにあえて挑んでみせた。予想外によくできた大衆社会史になった成功の理由は、キーワードとして「丘」に着目したことだろう。

戦後すぐの日本では「みかんの花咲く丘」や「港が見える丘」や時計台のある「緑の丘」などが登場する歌が大量に生まれた。著者はそこでうたわれた丘は「喪失と再起」を象徴し、失われた過去と新しい未来に人々の目を向けさせる役割をもっていたと主張する。そして過去と未来の境界である「丘」は、岬や岸壁や波止場などさまざまな言葉に形をかえて戦後の歌の世界でうたわれ続けたのだという。

高度成長期に日本的な影をもつ「月」が登場する歌がしだいに消えて、アメリカ的なイメージの「星」の歌が多くなり、やがて「太陽」の歌の時代に転換していくという着眼も鋭い。60年代の熱い時代の太陽が、大学紛争の終わった70年代には「風」や「冬」の歌に変わってゆくという指摘などは妙に納得させられる。

勢いに乗ってサザンや宇多田ヒカルなど現代にまで射程を広げているが、やはり80年代以降は歌詞に注目する分析のパワーは弱まっていく。「歌がヒットするということと、その歌が時代の雰囲気を持っているということが、この頃から一致しなくなってきた」と著者は言うが、そこには共通の世代体験の希薄化や日本語の意味の変容など、大きな社会の質の変化があったと考えるべきだろう。

歌謡曲の歌詞から見える世界と同時に、見えない世界についても考えさせられた。

評・清水克雄（本社編集委員）

むらせ・まなぶ　49年生まれ。同志社女子大教授。著書に『ことわざの力』『哲学の木』『子どもの笑いは変わったのか』など。

二〇〇二年四月二八日⑦

『図説　ホラー・シネマ』

石田一 著

河出書房新社・一八〇〇円

決してホラー好きではないのだが、例えば『カリガリ博士』や『吸血鬼ノスフェラトゥ』や『フランケンシュタインの花嫁』などを見ると「ホラーものこそ映画の華だ。こんなに稚気あふれてロマンティックなものはない!!」と思う。

本書はサイレント期から80年代までのホラー・シネマを図版（スチール写真、当時のポスター）をたっぷり使って紹介したもの。

30年代にナチスが台頭したため優秀な映画人が多数アメリカに亡命し、ヨーロッパのゴシック・ロマンの血がハリウッドへ大量に流れ込んだこと。50年代後半から60年代前半のTV番組“Shock Theater”と雑誌“Famous Monsters of Filmland”が少年時代のS・キングやS・スピルバーグに深い影響を与えたこと……。ホラー人脈のタテの流れも要領よくコンパクトに解説されている。

図版の説明文にも力が入っていて、読み逃せない。マニアの底力！

評・中野翠（コラムニスト）

二〇〇二年四月二八日⑧

『世界音痴』

穂村弘 著

小学館・一三〇〇円

「この世に、眠るよりも楽なことがなくて、よかったと思う。もしも眠るよりも楽なことがあったら、間違いなく私は『それ』をしてしまうだろう。そして『それ』よりも楽なことがみつかったら、『そっち』をしてしまうだろう」

自分にしか興味がないと公言し、「世界音痴」を自称する歌人は、会社に勤務もしていて、微妙なバランス感覚で文章をつづる。ほんとぉ?とか、作ってない?といぶかしみつつも、抱腹絶倒、でも、個人的に私は共感しまくり、でした。

飲み会で最初に座った席から動けない。寿司（すし）を頼むタイミングがつかめない。過去につきあった女性の名をネットで検索して一人も見つけられず愕然（がくぜん）とする。指定席の番号を見ると安心する。さて、あなたは?

著者は自らのミニマムな世界を提示し、一方読者は読者で、自分の「世界音痴」性を（少しだけ）測れもするだろう。あ、でも、電車の中では閉じておくことをお勧めします。

評・小沼純一（文芸評論家）

二〇〇二年四月二八日⑨

『ポーツマスから消された男』

矢吹晋 著・編訳
東信堂・一五〇〇円

日清戦争直後に留学し、生涯を米国で過ごした歴史学者朝河貫一は、比較封建制史の大家として知られる。若き朝河は、日露戦争中、英文で『日露衝突』を出版し、満・韓をロシアの侵略から世界に解放し、最終的に自立へと導くのが日本の役割と主張する。講和会議中には賠償金不要を説き日本人から大顰蹙(ひんしゅく)を買う。そんな理想主義者朝河の論文と手稿の邦訳が本書には収められている。

日露講和会議で日本側が提示した条項はイェール大学が試案を作成したが、その際に同大学院出身の朝河が関(かか)わっていたという。その事実がこれまで秘匿されてきたのも、実は朝河の深慮によるものだった。

彼の願いに反して排他的大陸進出への道を歩んだ日本への警告の書『日本の禍機』(1909年刊)との併読を薦める。常に世界という座標軸上で日本を考える朝河の視点は、利己主義に陥りがちな現代政治に、今も警鐘を鳴らしている。

評・塩崎智(歴史ジャーナリスト)

二〇〇二年四月二八日⑩

『寛容のレシピ』

アル・グラスビー 著　藤森黎子 訳
NTT出版・二三〇〇円

昨年9月の米国・同時多発テロ以降、国家政策としての多文化主義への注目が一層高まっている。本書は、オーストラリアが政策理念として掲げた「多文化主義」を紹介するとともに、その今日的意義について論じた一冊である。

同国は1970年代、それまでの白豪主義を捨て、多様な民族・文化を抱える自国の実態をあるがままに受け入れるという多文化主義への政策的転換を行った。移民の国・オーストラリアが、英国の優位性から脱却し、自らのアイデンティティーを確立するには、新たな「建国の理念」が必要だったのである。

著者のグラスビー氏は、ホイットニー労働党政権の移民大臣として、その政策転換を推進した中心的人物。「寛容」を説くオーストラリア風多文化主義の試みは、単一民族幻想がいまだ残る日本社会も含め、グローバル化のなかでの多文化の共存という人類の21世紀的課題を解く手がかりを提示している。

評・音好宏(上智大学助教授)

二〇〇二年五月五日②

『戦争プロパガンダ10の法則』

アンヌ・モレリ 著　永田千奈 訳
草思社・一五〇〇円

「敵」を抽象化、憎悪の回路完成

モノを売る技法が広告なら、最も困難な広告は、戦争を売ることだ。だれが進んで戦場に身を置いたり、人間の抹殺に拍手を送ったりするだろう。平時ならだれもが忌み嫌う戦争。その熱狂に人々を駆り立てる修辞を、詳細に分析したのがこの本だ。

本書には原型がある。英国の平和主義者ポンソンビーが第1次大戦の戦争宣伝を分析し、1928年に出した『戦時の嘘(うそ)』だ。著者は、ポンソンビーの10の法則を章別にたどり、第2次大戦や湾岸戦争、ユーゴ空爆でも同じ法則が使われてきたという。

「われわれは戦争をしたくはない」。この標語が第1法則だ。戦争に突入するどの指導者も、「平和」への熱望を装う。ポーランド侵攻にあたり、ヒトラーすら平和を掲げた。では平和を唱える国々がなぜ衝突するのか。その理由が、「しかし敵側が一方的に戦争を望んだ」という第2法則だ。

続く第3法則は「敵の指導者は悪魔のような人間だ」。敵に怪物の顔を与え、憎しみを増幅して個々の市民への共感を消し去る。第4法則「われわれは領土や覇権のためではなく、偉大な使命のために戦う」。士気高揚には利権と無縁の大義が必要だ。

怒りをかき立てるために「敵は残虐行為に及んでいる」という第5法則が使われる。厄介なのは、時にホロコーストのような残虐行為が実際に行われ、宣伝かどうかの見極めがつきにくいことだろう。「敵は卑劣な兵器や戦略を用いている」という第6法則も、こうした義憤に油を注ぐ。

これに「わが被害は小さく、敵被害は甚大」「知識人も正義の戦いを支持している」「わが大義は神聖」「正義を疑問視する者は裏切り者」という法則が続く。

ここに完成するのは、人々を「敵」という集団に抽象化し、「敵は殺せ」という命法に向けて憎しみを駆動する心理回路だろう。懐疑精神を排除するこれらの法則は、敵味方にかかわりなく働く、と著者はいう。

現代の紛争は、情報戦の色を濃くしている。広告会社が紛争に絡むのも今や常識となった。10の法則を操る人々は怖い。だが法則を知りつつ、やすやすとだまされる私たちの弱さも、怖い。

（原題、Principes élémentaires de propagande de guerre）

評・外岡秀俊（本社編集委員）

Anne Morelli 歴史学者、ブリュッセル自由大学歴史批評学教授。歴史批評の方法で近代メディアの世論誘導を分析。

二〇〇二年五月五日❸

『ビューティフル・マインド』

シルヴィア・ナサー 著　塩川優 訳

新潮社・二六〇〇円

生きることへの執着と賛歌

すでに多くのところで取り上げられている同名の映画の元になったノンフィクション。経済ジャーナリストの筆者がノーベル経済学賞の取材を通じて知った数学者ナッシュの生涯に興味を持ち、四年の綿密な取材で執筆したのが本書である。

数学者の実話が、いくらノーベル賞受賞者とはいえ、そんなに興味深いかと思われるかもしれないが、読み始めると、その数奇な運命にぐいぐい引きつけられる。

ナッシュは若くして、今や多くの分野に利用されている「ナッシュ均衡」の理論で有名になる。しかし三十代で精神分裂病を発症。社会的に見捨てられ、入退院を繰り返す三十年。しかし、不屈の精神か夫人の献身的愛情のおかげか、症状は徐々に快方に向かう。母校の教壇に復活でき、再度認められ、ついにはノーベル賞を受賞する。

このメインの流れは映画も同じだが、映画で描けなかった、きれいごとでは収まらない現実も本書にはどんどんでてくる。実際のナッシュは最初から相当性格が悪い。他人の中傷、引き落とし。助ける妻への裏切り。粗暴などなど。また、息子も同じ病にかかり、老いた夫婦でそれを支えて今も生きているというのも辛（つら）い。ナッシュが「ノーベル賞がうれしいのは金に困っているから」と話したように、決して映画的ハッピーエンドにはなれない現実がそこにある。

しかし、そういう全（すべ）てがあった上でなお「生きる」ということへの賛歌がこの本からは伝わってくる。一番感動するのは「決してあきらめない」というその姿勢。

そもそも六百ページ近いこの本自体がすごい。緻密（ちみつ）かつ徹底的――いやがられるぐらいの取材。関連する数学と精神病理学に関する大量の解説。その説明も単なる羅列でなく、筆者が猛勉強をしたことがわかる。専門でない筆者にとって相当に大変だったはずで、本の完成という目標のためにここまでやるかという感じである。

ナッシュも筆者も不屈の精神。映画の十倍感動し泣ける。それで、「ナッシュ均衡」とその応用、精神病とノーベル賞の取り方についてもわかるという、これも「お値打ち」本である。

（原題、A Beautiful Mind）

評・坂村健（東京大学教授）

Sylvia Nasar 47年生まれ。ジャーナリスト。ニューヨーク・タイムズ記者時代に本書の主人公と出会う。次作を執筆中。

二〇〇二年五月五日④

『よもつひらさか往還』

倉橋由美子 著
講談社・一七〇〇円

不思議に明るい異境に遊ぶ

『サントリークォータリー』に連載された十五篇（へん）からなる連作小説。主人公の慧（けい）君は、祖父で元首相の入江晃の主宰する「クラブ」で、バーテンダーの九鬼さんのつくる奇妙なカクテルを飲んで異境に遊ぶ。

どの作品もステキだが、中でも好きだったのは「髑髏（どくろ）小町」。ネットワークで知りあった「マチコ」さんが、ある日、自分の画像を送ってきた。画面いっぱいの髑髏。「今はしゃれこうべだけど、これって簡素にまとまっていて軽快で、一番好きな形です」というマチコさんの口中には桃色の舌があって、可憐（かれん）な動きをする。どうせCGだろうと思っていた慧君のところに、本物の髑髏が宅配便で届く。古風な桐（きり）の箱には「使用説明書」が添付されていた。

水盤にオブジェ風に置いて、花を活（い）けるのに利用することもできるが、草花を眼窩（がんか）に差しこむのは遠慮してほしい。「眼窩を通して薄（すすき）が生えるような活け方をすると、『あなめあなめ』と痛がります」

ここで慧君、髑髏の正体がわかる。観阿弥作の能『通小町』に出てくる「秋風の吹くにつけてもあなめあなめ小野とは言はじ薄生ひけり」の小町さんではないか。

昼のないコマチさんは、薄紫のカクテルをストローで飲む。桜色に染まる骨。慧君は、骸骨（がいこつ）になる前のコマチさんの姿も見てみたくなった。さあ、それからが大変。

「雪女恋慕行」。雪の日、雪のように無色透明なカクテルを飲んだ慧君は、五歳のとき亡くなった母上とも、今の母上とも見える雪女に会う。ひろやかな純白の皮膚の裂け目に、赤い体液をのぞかせた鬼女。慧君は、「溶岩をたたえた火口のような、石榴（ざくろ）の中のような、血の色をしたそのひとの内部に入っていった」。

彼女が去ったあと、雪の上には鮮血の足跡がついていた。禁を犯したことの報いか、あるいは歓喜のしたたりか……。

作中の描写そのままに「真昼なのに暗く、暗いのに夜の闇とは無縁」の不思議な明るさに照らされた文章世界。この境地に達するには、あの世とこの世を結ぶ黄泉比良坂（よもつひらさか）を百回ぐらい往き来しなければならないのだろう。

評・青柳いづみこ（ピアニスト・文筆家）

くらはし・ゆみこ 35年生まれ。作家。著書に『あたりまえのこと』『反悲劇』など。

二〇〇二年五月五日⑤

『母恋旅烏』

荻原浩 著
小学館文庫・七一四円

ユーモア家族小説で本領発揮

いろいろな商売のある現代だから、レンタル家族派遣業という商売があっても不思議ではない。元大衆演劇のスターだった花菱清太郎がこの「家族全員でできるベンチャービジネス」を始めたのは、一座が解散して生活に困ったためだが、レンタル家族派遣業を思いつかなくても、この男はおそらくヘンな商売を始めたに違いない。そういう山っ気たっぷりの男なのだ。おかげで家族全員が巻き込まれていく。

本書はその珍妙な商売の顛末（てんまつ）を軽妙に描いていくが、いささか戯画化しつつ現代を描いていくのかと思っていると、途中から微妙にズレ始める。それが本書のミソだ。

長女の桃代が歌手になり、母の美穂子が派遣先の男性の話に涙を流し、長男の太一は東京に出て、家族がばらばらになっていくのである。つまり、レンタル家族派遣業は、派遣先で偽家族を演じることで料金を貰（もら）う商売だが、その仕事が同時に、彼ら全員を家族として結び付けていたことを知るのである。

後半は、花菱清太郎が巡業一座の座長となって旅芝居の話となり、そこにも珍妙な人物が次々に登場するが、そこに集まる面々との軽妙なやりとりを読んでいるうちに、それがまるで疑似家族であるかのように見えてくるのも、派遣先で偽家族を演じることと、伝説的な演（だ）し物「母恋旅烏（ははこいたびがらす）」を舞台で演じることが、清太郎とその息子寛二にとっては同じだからだろう。どちらも哀（かな）しくて、面白くて、胸がちょっと痛くなるお芝居なのだ。

　これはミステリーでもなければ、ホラーでもなく、恋愛小説でもなければ、青春小説でもない。そういうジャンル小説外のこの手の軽妙な物語はなかなか話題になりにくいものの、絶妙なユーモア小説であり、異色の家族小説であるこういう小説が成立してこそ、現代エンターテインメントの成熟だと言えるような気がする。荻原浩は『オロロ畑でつかまえて』で第十回の小説すばる新人賞を受賞した作家で、その後の作家活動を見ると、いろいろと模索中のようだが、やはりこの作家の本線はここにあると信じる。

評・北上次郎（文芸評論家）

おぎわら・ひろし　56年生まれ。コピーライターを経て作家に。『噂』『なかよし小鳩組』『誘拐ラプソディー』など。

二〇〇二年五月五日❻

『オール・アバウト・セックス』

鹿島茂 著

文芸春秋・一三八一円

「いかがわしさ」への愛深き書評集

　鹿島茂は言わずと知れたフランス文学者だが、ご本人は「おふらんす」が死ぬほど嫌いだと言ってはばからない。けれども私などは軽妙な語り口の『馬車が買いたい』『パリ風俗』などを読んで、すっかり「おふらんす」好きになってしまったくちだ。

　著者が描くのは、おすまししたフランス文化ではない。とくに魅力的なのは「いかがわしさ」をとらえる著者の嗅覚（きゅうかく）の鋭さだろう。人物列伝、社会時評やエッセーなどの著作でも人間とそれを取り巻く風俗への深い関心と愛情を感じさせられる。

　さて本書は、エロス本百二十五冊をとりあげた書評集である。といっても目指すところは〈書評を通しての日本のセックスのフィールド・ワークのようなもの〉である。その試みは成功したといえよう。なにしろ現代日本ではありとあらゆる性の本が出版されているのである。

　わが国には女性の書き手によるエロス本が意外なほど多いようだが、その世界を眺めてみれば、ＳＭあり、緊縛あり、性豪自慢あり、オナニストの告白あり。なかでも性風俗産業にかかわった人々の証言はじつに面白く、初めて知る事実ばかりだった。それは本の核心をズバリと抽出する著者の眼力によるものだ。

　たとえば女性たちがＡＶに出演する動機について、ＡＶ監督の「どこかに行く旅なんですよ。これも」という言葉は、リアルで説得力がある。

　また「ストリップは男が集うタカラヅカ」という一文。ストリップに開眼した人がマニアに変身するのは、ストリップ嬢のポラロイド写真を撮ることに始まり、つづいてステージを盛り上げる「タンバリン段階」に進化し、さらには踊り子さんへの「リボン投げ段階」に到達するという話にしみじみしてしまった。男は〈マニアの度合いが進むと、限りなく性交から遠ざかってゆくという傾向〉にあると著者は言う。『ストリップパラダイス』という本にはリボンの巻き方、持ち方、投げ方まで図解されているというから、ぜひ読んでみたい。読書も性も、知らないことを知る瞬間がいちばんたのしい。

評・与那原恵（ノンフィクションライター）

かしま・しげる　49年生まれ。共立女子大教授（フランス文学）。著書に『子供より古書が大事と思いたい』『職業別パリ風俗』など。

二〇〇二年五月五日⑦

『リンカーンの世紀』

巽孝之 著
青土社・二四〇〇円

アメリカの国民的無意識には「暗殺」の神話的妄想が眠っている。史上有名なリンカーン暗殺は、この悪夢の実現としてこそ起きた事件なのではないか。

筆者はたっぷり博引旁証（ぼうしょう）を楽しみつつ「文学者リンカーン」という枠組みから南北戦争とその終結の時代が暗殺場面をクライマックスとする政治劇をいかに演出していたかを語る。

アメリカ文学の地平をよこぎる「歴史と神話、事実と妄想の境界線」には曖昧（あいまい）であるがゆえに不気味にリアルな、白人優越主義の、南北対立の、有色人種差別の、原理主義の夢像が立ちさまよう。民衆の共同幻想の次元では、暗殺さえも予定表のうちにある。

リンカーン一八六一年就任、ガーフィールド八一年就任、マッキンレー一九〇一年再任、ケネディ六一年就任。みな暗殺された大統領である。二〇〇一年九月の同時多発テロに「これこそ暗殺だ」と反応を示す本書は、かなり怖（おそ）ろしいテーマに踏み込んでいる。

評・野口武彦（文芸評論家）

二〇〇二年五月五日⑧

『重光葵と戦後政治』

武田知己 著
吉川弘文館・九三〇〇円

重光葵（しげみつまもる）を知る人は、もう多くないだろう。しかし1920年代から50年代に至る日本外交を考える上で、重光は最も重要な人物の一人である。

29年から重光は上海総領事や駐華公使として、幣原喜重郎外相の対中国協調外交の前線にあった。33年からは広田弘毅外相の次官として満州事変後の日本外交を担った。その後、駐ソ、駐英大使を経て、43年には東條（英機）内閣外相となり、大東亜会議を主宰した。戦後はA級戦犯として禁固7年の刑を受けたが、刑期満了後、改進党総裁となり、鳩山（一郎）内閣では外務大臣、副総理として、日ソ国交回復などにあたった。

こうした経歴はいかにして可能となったのか。著者は、重光の軌跡をたんねんに追いながら、その政治的生涯を貫くものを探り、またそこから日本政治の特質を逆照射している。著者の分析と叙述は、若さゆえかやや生硬だが、それだけ熱気もあって、読み応えのある本となっている。

評・北岡伸一（東京大学教授）

二〇〇二年五月五日⑨

『オイディプス症候群』

笠井潔 著
光文社・三三〇〇円

矢吹駆（カケル）シリーズ最新作。七〇年代後半、ギリシャの孤島に集まった男女十二人が次々に殺される。奇病オイディプス症候群をめぐる謎とギリシャ神話への言及、そして宿敵の国際テロリストの影が絡み合う難事件に、ナディア&駆コンビがまたも挑む。今読むと、この矢吹駆シリーズが京極夏彦の京極堂シリーズや、特に森博嗣の犀川&萌絵シリーズなどの先駆的な存在だったことがよくわかる。

お約束の、駆の独断的な現象学的直感は健在だがあまり鼻につかない。また定番のストーリーと関係ありそうで実はあまりない哲学談議のお相手はミシェル・フーコーがモデル。推理小説の成立などもネタに単純な権力論が展開され、モデルを知る人はニヤニヤしつつ楽しく読める。知らない人はうっとうしく思うこともあるだろうが、そこは矢吹駆の衒学（げんがく）的な造形であまり無理を感じさせない。

八六五ページを一気に読ませる。著者の力量が遺憾なく発揮された大作。

評・山形浩生（評論家）

二〇〇二年五月五日⑩

『中世芸能を読む』

松岡心平 著

岩波セミナーブックス・二二〇〇円

生命力あふれる輝かしい中世像を、文学・芸能・歴史を縦横にわたって提示する著者は、長年の「橋の会」の運営によって、能・狂言の現場に深くかかわる人でもある。やさしい語り口の本書では、「勧進（かんじん）」「天皇制」「連歌」「禅」という新鮮な四つの視点から、中世芸能が持ち得たエネルギーの秘密が明かされている。

聖と俗の中間領域に当たる、勧進興行の場に芸能が入った時、勧進聖（ひじり）の説法が演劇として立ちあがったものが複式夢幻能であること。国家の体制に民間の猿楽が組み込まれて、新たな仮面劇が生まれ、天皇と芸能者がダイレクトに結ばれたこと。いずれも衝撃的な、魅力に富む論考であり、予備知識のない読者にもじゅうぶんに楽しめた。

短歌を作る私にとって、最も切実に響いたのは「連歌的想像力」の章で、和歌から連歌への圧倒的なジャンルの転換が起きた中世のとどろきが、今も聞こえるように思われた。

評・水原紫苑（歌人）

二〇〇二年五月一二日❶

『文壇』

野坂昭如 著

文芸春秋・一四七六円

あのころ、小説も作家も輝いていた

思い出を一つ。

野坂昭如をはじめて読んだのは確か高校一年の時。その本のタイトルは『エロ事師たち』。もちろん、タイトルに魅（ひ）かれて手にとったのだが、頁（ページ）を開いて驚いた。ジーパン刑事（デカ）――松田優作ではないが「なんじゃこりゃあ！」と叫びたくなった。

エロ小説風でありながらエロじゃなかった。エンターテインメント風でありつつ文学していた。あのサングラスのナンパなおっさん、見かけによらずやるやんけ。そう思った。その後、いわゆるふつうの文学愛好家らしく『火垂（ほた）るの墓』に感動し、『アメリカひじき』に唸（うな）り、大学に入った頃には「平凡パンチ」連載中の『てろてろ』を読み「やっぱこの人天才！」と思ったのだ。

『文壇』にはその頃（昭和三十六年、色川武大の中央公論新人賞授賞式のシーンにはじまり、三島由紀夫の自決を伝えるテレビのあたりで終わっている）の出来事が、すなわち野坂昭如というひとりの青年が「作家野坂昭如」になっていく過程の「恍惚（こうこつ）と不安」が描かれている。

まず驚くべきは、「度の合った眼鏡をかけた如く、くっきり細部まで浮きだす」著者の記憶。鮮明に甦（よみがえ）ってくるのは、強烈な個性を持った同時代の作家たちの言葉、作品、その行動。そして、酒と薔薇（ばら）（？）の日々。

当時、小説を書こうとすることは同時に、厳然として存在する巨大な「文壇」に参加することでもあった。その「文壇」の門前で、新人野坂が圧倒され苦しみもがくさまが圧巻だ。「なにより、小説を書くべく机に向って、何も出て来ないのだ。何であれ、小説が活字となって世に出る作者、すべて天才に思える」

手にとる雑誌や本に書いている、教養と知識と技術を持った作家たちが作家なら、いったいおれは何なのか。しかし、悩める野坂こそ、実はその対象となった作家の誰よりも優れた作家だったのだ。

ところで、この本のもう一つの重要な「登場人物」はタイトルにもなった「文壇」そのものである。その存在が善だったのか悪だったのか、それはともかく、『「文士が集り」「互いに切磋琢磨（せっさたくま）」「切り結び」時に喧嘩（けんか）、絶交に至る、習練修羅場』としての「文壇」がなくなった頃、文学もまた元気をなくしていったのである。ならばこの本にこめられた著者のメッセージは、こうではないのか。

――さようなら、文学がまだ生き生きとしていた、あの時代よ。　評・高橋源一郎（作家）

のさか・あきゆき 30年生まれ。「火垂るの墓」「アメリカひじき」で第58回直木賞。ほか著書多数。元参院議員。

二〇〇二年五月一二日❷

『最終弁論』

M・S・リーフ、H・M・コールドウェル、B・バイセル 著
藤沢邦子 訳
朝日新聞社・二五〇〇円

「裁き」の限界に迫る司法の言論

この本に惹(ひ)かれた動機は、やや不純だった。アメリカ史に残る優れた最終弁論・最終論告に触れて「正義と良心の国」に学ぼうとか、わが国の司法改革における陪審員制復活の可能性を探ろうとか、そんな気持ちはさらさらなかった。ただひたすら懐かしかったのである。

シカゴ・セブン裁判、シルクウッド裁判、チャールズ・マンソン裁判、キャリー中尉軍事裁判……。ここに収められた歴史的裁判の大半が60年代後半~70年代前半に集中している。まさしく「激動の」とも「愛と平和の」とも冠されるカウンター・カルチャー最盛期。それは僕自身の「アメリカかぶれ」の絶頂期でもあった。これらの裁判の登場人物名を、まるで高校時代のクラスメートのように記憶している自分が、ちょっと不気味ではある。

おそらくこの「偏り」は著者たちの世代にもよるのだろうが、やはりあの時代はアメリカの司法にとっても〈ノスタルジックな黄金時代〉なのかもしれない。逆に言えば、あの時代の空気や背景を知らない日本の読者に、本書がどこまで通じるのかという一抹の懐疑も抱く。いまやアメリカの弁護士役を熱演するのは、スペンサー・トレイシーではなくジム・キャリーなのだ。

が、読み進むにつれて、これが単なる「アメリカの正義バンザイ本」ではないことがわかってくる。著者たちの意図に沿うかどうかはともかく、随所に「人が人を裁くことの限界」へのアイロニカルな視線が見え隠れするのだ。キャリー中尉（ベトナム戦争下の村民虐殺事件の「主犯」）裁判の検察側・最終論告と弁護側・最終弁論を読み比べても、結局「正義の在処(ありか)」は薮(やぶ)の中だ。死刑廃止論者の名弁護士の感動的な弁舌に救われた少年殺人犯が、服役中にあっさり刺殺されるエピソードがさりげなく挿入される。高邁(こうまい)に謳(うた)われる理想主義的ストーリーを裏打ちする冷徹かつ狡猾(こうかつ)な戦略的リアリズム……。

「こっちの正義」と「あっちの正義」が困難な切磋琢磨(せっさたくま)と真剣勝負を積み重ねたからこそ見えてくる司法と言論の極北。たぶん日本では、まだ見えない。

(原題、Ladies and Gentlemen of the Jury)

評・山崎浩一（コラムニスト）

M. S. Lief　米国の地方検事補。
H. M. Caldwell　米ペパーダイン法科大教授。
B. Bycel　米・西ロサンゼルス法科大の学部長。

二〇〇二年五月一二日❸

『月瀬(げつらい)幻影　近代日本風景批評史』

大室幹雄 著
中央公論新社・二三〇〇円

江戸の中国趣味に映る「精神風景」

人は常に文化的なフレームに捕らわれている。それは必ずしも制約ではない。枠組みなしには、人はそもそも見ることさえできないもの。そして新しい枠組みが古い対象に向けられ、古い枠組みが新しい対象に向けられるとき、人々は新しい世界と風景を獲得し、文化は新たな活力を得る。

この構造は、大室幹雄の一貫したテーマだ。古代中世の中国の都市や山林世界の興亡を裏打ちする、強力な階級秩序に基づく完全管理社会への信頼と、それを破壊し飲み込む無秩序な混沌(こんとん)自然の桃源郷への憧(あこが)れとの対立という精神フレームを、かれは縦横に描き尽くしてきた。

その大室が、本書では日本にその分析を向けた。文化的フレームは、江戸シノワズリ（中国趣味）。儒学と漢籍を通じて中国知識人のスタイルは学んだものの、その根底にある世界観をついに理解しなかった江戸後期の知識人たちの、いわば様式だけの中国文化だ。

そのフレームが梅の名所として名を馳(は)せた奈良の月瀬こと月ケ瀬や越谷の風景、あるいは地震や長崎のオランダ人女性をどう描

き、描かなかったか――本書は知識人や役人たちの詩や散文や公文書の記録をていねいになぞりつつ、かれらの記述、ひいては精神の限界を優しく指摘する。

が、そこに無用な優越感はない。かれらの視線と楽しげに戯れる大室の文章は、そのフレームが可能にした風景世界――明治維新とともに衰微が運命づけられた世界――の喜びを生き生きと描き出す。その喜びに照らされ、一歩間違えば無味乾燥でローカルな郷土史になりかねないこの著作は驚くほどの明るさに彩られている。

文化枠組み自体の変遷とそれに伴う風景の変化、そしてそこに見られる近代の萌芽（ほうが）をも的確に指摘する本書は、風景の精神史であると同時に、精神の風景史でもある。そして本書は、それとなくわれわれにも問いかける。このわれわれは、いかなるフレームに捕らわれているのだろうか。そしてそのフレームは、これほどに豊かな風景世界を生み出し得ているだろうか、と。明治以降を扱う続編も待たれる。

評・山形浩生（評論家）

おおむろ・みきお　37年生まれ。千葉大教授。歴史人類学専攻。著書に『アジアンタム頌　津田左右吉の生と情調』など。

二〇〇二年五月一二日④

『田中角栄邸　書生日記』

片岡憲男 著

日経BP企画発行、日経BP出版センター発売・一五〇〇円

ファミリーの日常を生き生きと

本書は、1973年4月から77年3月まで早稲田大学に在籍しながら、田中角栄邸で「書生」としてすごした著者の回想録である。この4年間は政治家田中にとって、前半が総理大臣、後半は金脈問題で指弾され、ロッキード事件で逮捕と、天国から地獄を経験した時期である。この激動の時期を田中ファミリーがどう過ごしたか、臨場感をもって描かれている。

話は母親とともに新潟から夜行列車に揺られて目白の田中邸に着く場面から始まる。亡くなった父親が支持者であった縁で田中邸に世話になることになったのだ。

書生の仕事は掃除や電話番、番記者たちに酒を運ぶなど、雑用係である。食住が保証されたうえで、月4万円もらう。大卒初任給が5万円の時代、恵まれているが、ファミリーのなかでは一番下っ端である。

書生を含む田中家の面々は、多少のいざこざを起こしながらも、最後は「先生のために」の一言で強固な結束力を誇る。田中も気を配る。強烈な身内意識が働いている様が描かれる。唯一の緊張は、合理主義者でズバズバものをいう娘の真紀子から来るものであった。

政治家田中を巡る驚くべき新事実が出てくるわけではない。ただ、逮捕は予想外で無防備のまま家宅捜索されたこと、来客は郷里の支持者が多く、産業界からは少なかったこと、など意外な面も書かれている。著者の見た4年間、家長田中は、逮捕後もふくめご機嫌だった。ところが、番頭役の竹下登が経世会を旗揚げして以降、酒量が目に見えて増えたという。身内に裏切られたショックは、田中にとって、我々が想像する以上に大きかったようだ。

田中邸は田中が病に倒れて以後、使用人が次々に辞め、屋敷も縮小、ファミリーは名実ともに離散した。著者は田中邸を出た後、日本経済新聞社の経済記者として活躍したが、胃癌（いがん）をわずらい、この本の校了直後、今年1月に亡くなった。

それにしても、つい最近まで、豪邸に何人もの書生やお手伝い、運転手を抱えるような共同体が、東京のど真ん中にあったことに改めて驚かされる。

評・真渕勝（京都大学教授）

かたおか・のりお　1955～2002年。新聞記者。日経ビジネス副編集長、日経証券部次長などを歴任。

二〇〇二年五月一二日⑤

『情報エネルギー化社会』

ポール・ヴィリリオ 著　土屋進 訳

新評論・二四〇〇円

民主主義脅かすメディア政治

情報が少ない社会では現実を正しくとらえるのは難しい。それでは、情報があふれている社会ではどうだろうか。

私たちはいま、情報は増え続けているのに、逆に現実は見えにくくなるという奇妙な時代に生きているようだ。メディアが発達した国々で、むしろ民主主義の危機が深刻になっているのも一例だろう。

その理由は情報の速度が限界に達したために「現実の空虚化」が進んでいるからだと著者は力説する。現代のメディア社会の病理の大胆な解読を試みた書だ。

世界が視覚化され、あらゆる出来事をリアルタイムで目にするようになった結果、現代人はメディアの中の「虚構の世界」を現実と見誤るようになっている。しかも「情報の大渦巻き」は24時間後には消滅してしまうようなもので、そのために人々は持続的に物事をとらえることができなくなっているのだと著者はいう。

ここまでは従来のメディア論でも指摘されてきたことだが、文明批評家のヴィリリオのユニークなところは、メディア政治の危うさの起源を古代ギリシャにまでさかのぼって考察している点だ。

ギリシャの民主主義も実は古代のマスメディアである野外劇場での集団的な暗示と一体で、そこで演じられるギリシャ悲劇は人々の心を揺り動かし、意識を共有させるための装置だったという。

そうした政治のメディア化が最終局面を迎え、人々が気づかないうちに新しい政治体制が生まれているのが現代だとヴィリリオは警告する。極右の候補が大統領選挙の決選投票にまで進出する最近のフランスの状況などを見ると説得力のある議論だ。

現代思想家としても知られる著者の文章は難解で、情報のエネルギー化という話も分かりにくい。だが簡単には読みすすめない分、考えさせられるくだりも多い。

古代ローマの哲学者は「すべてを見てはいけない」と戒めた。過剰な視覚情報は判断を誤らせることを知っていたからだという。テレビの画面で政治のすべてを知った気にさせられている最近の日本人への戒めとも受けとれる。

（原題、L'Art du moteur）

評・清水克雄（本社編集委員）

Paul Virilio　32年パリ生まれ。思想家、建築家、建築大学学長。著書に『情報化爆弾』など。

二〇〇二年五月一二日⑥

『安土幻想　信長謀殺』

湯川裕光 著

廣済堂出版・一八〇〇円

信長像に託した「変革」への理念

日本史の中に、世界史的な個性がどれほどいたかは分からないが、信長は紛れもなくその一人だろう。

しかし、信長のヴィジョンについては、彼自身の文章も言葉もほとんど残っていないので、その行動から推測するほかはない。それが、多くの信長ものが書かれる理由の一つではないだろうか。数年前にベストセラーとなった秋山駿『信長』は、信長の行動を一つ一つ考察することにより、また辻邦生『安土往還記』は、ある若いイタリア人宣教師の目を通して、信長のヴィジョンを描きだした。

本書の焦点は、信長の天下統一と世界進出の構想である。したがって物語は、1575年11月、信長が従三位権大納言、右近衛大将に叙任され、続いて家督を嫡男の信忠に譲り、壮大な安土城建設に着手するところから、つまり信長が一領主であることをやめ、天皇との関係を確立し、新しい首都を造るところから始まっている。さらにキリシタンを保護しつつ天下布武を進める信長は、その先に南方への進出を構想していた。それを脅威と感じたポルトガルやスペインの宣教師たちは、光秀をそのかして信長を殺させ、有能ではあるが想像力の欠けた凡庸な秀吉の時代を到来させたというストーリーである。

信長のヴィジョンを彼自身に語らせるためには、よい聞き手を配するという方法がある。信長の思想を理解できるほど聡明（そうめい）で、かつ信長と深い尊敬や愛情で結ばれている人がよい。そうした聞き手として、著者は勾当内侍（こうとうのないし）という、美しく魅力的な高級女官を登場させる。

琵琶湖を見下ろす安土城の天主台で、信長は語る。「変革は生ぬるくては失敗する。徹底するところに成功の鍵がある」「天下一統には自信がある。なぜなら、それが必要だからだ」「大きな変革を、確かに進める手だてがある。それはどんな変革においても、変わらざるものを残すことだ」。マキアヴェッリの『君主論』を思い出させるような言葉が続く。歴史と政治の双方に深い素養のある人でなければ書けない本だと思う。

評・北岡伸一（東京大学教授）

ゆかわ・ひろみつ　50年生まれ。作家。著書に『瑤泉院　三百年目の忠臣蔵』、共著に『ミュージカル異国の丘』など。

二〇〇二年五月一二日⑦

『書物史のために』

宮下志朗 著

晶文社・二二〇〇円

人一倍本好きの文学研究者が、書物と読書の来し方行く末を縦横に語る。写本の文字を噛（か）み砕くように発音し身体化していた中世から、黙読と活字本の誕生をへて、近代の市場社会に登場した著作権や印税システム、さらには作者という存在があやふやに漂う現代の電脳空間まで、楽しく案内してくれる。フランス生まれの有力な研究手法である「表象の歴史学」の註解（ちゅうかい）が付いているのも嬉（うれ）しい。

本書は、外観はふぞろいながら、いずれも洒落（しゃれ）っ気を練り込んだ措辞巧みな文章の数々から成っている。文章へのこだわりは、一字一句もおろそかにせずに古典テクストを読む粘り強い姿勢にも通じよう。「恩赦嘆願のバラード」からアイロニカルに自己凝視する中世詩人ヴィヨンの姿を、フロベールの『ボヴァリー夫人』からは十九世紀に読書クラブ（貸本屋）の果たしていたシンボリックな作用を、それぞれ手品のように浮かび上がらせてみせる緻密（ちみつ）な解読の妙技が印象的だ。

評・池上俊一（東京大学教授）

二〇〇二年五月一二日⑧

『歌右衛門合せ鏡』

関容子 著

文芸春秋・一六一九円

四月の歌舞伎座で六世中村歌右衛門一年祭の興行を見た。ゆかりの狂言を集めた番組は多彩であり、役者も文字通りの大一座で、歌右衛門の存在がいかに大きかったかを改めて思い知らされた。と同時に、彼の芸が誰にも真似（まね）しようのない一代芸であったこともひしひしと感じたのだった。どの人もどの芝居もみんないい、みんな歌右衛門の芸をできる限り意識しているにちがいない。だが、そのどこにも歌右衛門はもういないのだ。恋しくば尋ねきてみよとも言ってくれない。

今では歌右衛門が生きているのはこの渾身（こんしん）の聞き書きの中だけなのかもしれない。優雅で、女らしくて、それでいて少し伝法で、大事な話になるときっとまなじりをあげる歌右衛門の姿が浮かんでくる。最期を看取（みと）った長男梅玉の夫人有紀子さんの苦労もしのばれる。雪月花のそろった春の日に逝くとは、おそろしいほどの運命を負った人であった。それもまたこの本によって知ったのである。

評・水原紫苑（歌人）

二〇〇二年五月一二日⑨

『「人を好きになってはいけない」といわれて』

大沼安正 著
講談社・一五〇〇円

「衝撃とやるせなさ」そして少しの「安堵(あんど)」。正直な読後感だ。集団結婚で有名な新興宗教の信者を両親にもった著者は、違和感と嫌悪感で小学校から家出、不登校を繰り返してきた。

17歳までの著者の過去は、途中で頁(ページ)をくるのがつらくなるほど、絶望感にあふれている。驚きは、それを淡々と見事なリズム感で描き切っていることだ。

孤独な行動の原点は両親の信仰への反発だったとはいえ、著者のような強い自我、甘え、旺盛な好奇心、鋭い感性の持ち主に「良い子」の少年期が送れたとも思えない。その意味で、普遍的なメッセージがある。

意外なのは、虐げられた過去にもかかわらず、「神の国脱出」のためか同性愛者相手に体を売った著者に、マイノリティーへの優しさが感じられなかったことだ。これでは「普通の子供」を強制しようとした両親と、ある部分、似た過ちを犯しているということにならないか。でも、独り占めにするにはもったいない本だ。

評・草野厚(慶応大学教授)

二〇〇二年五月一二日⑩

『朝鮮学校の戦後史　1945-1972』

金徳龍 著
社会評論社・四五〇〇円

一九四五年の日本の敗戦とともに日本の中の朝鮮民族の学校は産声をあげ半世紀を超す歴史を刻んできた。民族学校の大部分を占める朝鮮学校の誕生から四半世紀を記録した本書は、学校がすなわち民族であった草創期の熱気をよく伝えている。

米占領軍・日本政府の抑圧で閉鎖の危機に瀕(ひん)し、一部では民族教育を大幅に制限されながら公立学校の形態で存続した時代を経て、五〇年代末から朝鮮学校の生徒数は急増する。朝鮮学校は下からの原初的な教育への要求から生まれたが、在日朝鮮人運動との関連もまた見てとれよう。

朝鮮大学校で久しく教育にたずさわった著者は写真を含め貴重な資料を活用、一世による二世への教育の時代を叙述した。本書は七二年で終わっているが、次に来る四半世紀は日本定住志向の教育への転換期で、今後は日本国籍者を視野に入れたコリアンスクールの構想が必要だと著者は主張する。続編を期待したい。

評・石坂浩一(立教大学講師)

二〇〇二年五月一九日①

『インド・新しい顔　上・下』

V・S・ナイポール 著　武藤友治 訳
岩波書店・各三八〇〇円

アイデンティティーの葛藤、重層的に

V・S・ナイポールは、西インド諸島トリニダドのインド人移民三世として生まれた。インドが独立する十五年前のことだ。ナイポールはインドにたいするふたつの思いを抱えて育った。ひとつは「父祖の国」への帰属意識だ。

〈私はトリニダドでインド人のコミュニティーの一員として、また少数民族の一員として育った。そして、自分のコミュニティーが小さいと思うと、そこから決して出られなくなるということを知った。現実が厳しくなるほど、人は自分が何者であるかということに固執するものである〉

このコミュニティーは異なる宗教、異なるカーストが入り交じるインドの縮図ともいえる世界だった。けれどもインド人社会は貧困にさらされており、祖先たちがよりよい生活を望んで捨てたインドこそ〈最も恐ろしい場所〉と著者は考えていた。

もうひとつは、〈独立運動のインド、数々の偉大な人物を輩出したインド、偉大な文明と伝統ある過去をもつインド〉への誇りであり、それが長い間、彼のアイデンティティーともなった。

しかし一九六二年に初めてインドを旅したナイポールは、数億人の人間が暮らす〈混沌

（こんとん）と虚無の恐怖にさらされるインドの奔流〉に接し、インド人をひとまとめにすることの無意味さを知る。

さらに八八年から九〇年にかけてインドを再訪し、本書を書きあげた。ともすれば「多様性」と片付けられてしまうインドだが、そこに生きる個人のドラマに耳を傾け、彼らの言葉から響くインドという国の姿、変貌（へんぼう）しつつある現実を緻密（ちみつ）に描いている。

ナイポールが対話を重ねたインド人は、あらゆる階層、地域に広がっている。ボンベイの映画脚本家、地方官僚、不可触民カーストの指導者、マハラジャの末裔（まつえい）、イスラム教徒、ジャイナ教のビジネスマン、女性誌編集者……。それぞれの「革命」と葛藤（かっとう）が重層的につづられていく。

それにしても、なんと静かな文体なのだろう。この静けさはインド系アメリカ人、ジュンパ・ラヒリの小説『停電の夜に』にも感じた、ひとつの国の国民になろうとしてもなりきれない人々への慈しみによってもたらされるのだろうか。

ナイポールにとってインド再訪は〈先祖の過去から自分を切り離していた闇を破壊し、一種の帰還の旅〉となった。それはインドという国との出会いを喜ぶと同時に、彼自身がひとつのコミュニティーに帰属しえないことを確認した旅だったのかもしれない。

（原題、INDIA：A Million Mutinies Now）

評・与那原恵（ノンフィクションライター）

V. S. Naipaul　32年生まれ。作家。2001年にノーベル文学賞受賞。著書に『イスラム再訪』など。

二〇〇二年五月一九日❷

『南仏ロマンの謝肉祭（カルナヴァル）』

E・ル・ロワ・ラデュリ 著　蔵持不三也 訳

新評論・五五〇〇円

近世の階級闘争ドラマ仕立てで

フランス南東部、イゼール川沿いにひっそりと佇（たたず）む小都市ロマン。一五八〇年二月、この町では例年のようにカーニバルが営まれようとしていた。ヤマウズラ、鷲（わし）、雄羊といった動物名のついた「王国」の形成、民俗舞踊と仮装行列、食べ物の大盤振る舞いなど、うわべは平穏な滑りだしであった。いつになくピーンと張りつめた空気が町中を覆っていたとはいえ、楽しい祭りが血塗られた殺戮（さつりく）の舞台に豹変（ひょうへん）するとは、一体だれが予想しただろうか……。

祝祭に沸く町を襲ったこの叛乱（はんらん）劇の背景をなす集団的想像力と、そこに働く象徴の文法を明らかにしようと、本書はあらゆる学問的道具立てを動員する。事件の主役の一人でもある狡猾（こうかつ）な裁判官ゲランと公証人ピエモンの残した記録を、課税台帳や土地台帳などの史料と併せて批判的に読み解き、叛乱指導者の羅紗（らしゃ）職人ポーミエ、地方総督補佐官モジロン、裏切り者の綱職人ラロシュなどの「役者」を登場させて、民俗が政治に転化する地点を見極め、税をめぐる階級闘争の社会病理をえぐりだしてゆく。著者はこれを、出来事の地溝を深くたどって心的・社会的な構造の層を見つけだす地質学のような作業だというが、社会層を徹底的に分析した上で分類し、宗派対立や体制と関係づけながらドラマ仕立てにする「演出家」としての才能も光っている。

ただし、このよくできた劇を観賞するのには、相当の忍耐力が必要だ。詳細な事実が、それこそカーニバルのご馳走（ちそう）のように各章に山と盛られ、人口・職業構成や課税・資産についての数字がぎっしりと詰まっているから。また激動の二週間の描写の前に、ロマンとその周辺地域の社会状勢が長々と論じられ、さらに後半では、社会学的、比較歴史学的、民俗・人類学的と視点を変えながら、事件の意味が変奏曲のように示しなおされるのである。

かつて世界中が注視していたフランスのアナール派の綺羅星（きらぼし）のような歴史家たちの時代は、今や過ぎ去ろうとしている。だが漸（ようや）く邦訳された輝ける星の一人の手になる名著は、色あせることなく、歴史を深く考える愉（たの）しさを教えてくれる。

（原題、Le Carnaval de Romans）

評・池上俊一（東京大学教授）

E. Le Roy Ladurie　29年生まれ。コレージュ・ド・フランス教授、国立図書館長などを歴任。著書に『ラングドックの歴史』など。

二〇〇二年五月一九日③

『ベルリンの瞬間』

平出隆 著
集英社・二〇〇〇円

新浦島物語の竜宮 ベルリン

大学のサバティカル・イヤーでベルリンに一年間滞在する。ということは特にドイツ語の素養のない詩人の著者には、「知らない国の知らない街に、まったく知らない言葉の中に暮らしはじめる」ことだ。来てみるとベルリンでは何もかもが巨人国のように大きい。道路も建物も巨人国のそれで、それにつれて詩人は小さく縮み、みるみる幼年サイズに退行してしまう。外国人向けのドイツ語学校で幼児なみの片言を習い、愛猫のnをはじめ窓際の小鳥や馬術クラブの山羊（やぎ）など、何かにつけ小動物に目が向く。現代の『ガリヴァー旅行記』だろうか。

言葉も交通の規則も知らないので、廃墟（はいきょ）や壁の残っているベルリンは迷子が手探りでさまようカオスだ。それでも多少の手がかりはある。カフカ、ベンヤミン、ツェランのような、ナチス・ドイツ時代前後にここを通過した亡命詩人たちの足跡だ。それらの跡をたどっていけば通常の観光コースは外れざるをえない。それに手がかりにした亡命詩人たちも逃亡途上でここを通過したのだ。歩行はいよいよ迷子めく。

折から郷里では父親が入院中とか。戦争中ビルマ戦線で本隊が全滅、ジャングルをさまよった過去のある人だという。亡命詩人たちの逃亡行と追いつめられた彼らの死が父重体の報と重なる。父の世代の最後の環（わ）が切れれば、自分の「方法として（にせ）の幼年」も丸裸にならざるをえない。ベルリンのなにげない日常は薄氷を踏む思いの日々だ。しかし、恩寵（おんちょう）の瞬間もおとずれる。郊外や外国への小旅行、旧知のアーティストたちとの再会、市場でのミニチュアの動物や玩具の買い物がたまさかに等身大の幼年時代を取り戻してくれる。

最後に一年間の「にせのベルリン幼年時代」の記録を大きな箱に詰めて郵便局に運ぶくだりが謎めいている。死棺のような大きさのその箱に入っているのは父の世代の死のメモリーなのか、それとも「生まれる前のみじろぎ」（カフカ）としてベルリンの刻々の瞬間を待機＝胎生の時間として過ごしてきた浦島太郎にとって、玉手箱のように「ほんものの幼年時代」が飛び出してくる容（い）れ物なのか。

評・種村季弘（評論家）

ひらいで・たかし 50年生まれ。詩人、多摩美大教授。詩集のほか散文作品『左手日記例言』、小説『猫の客』など著書多数。

二〇〇二年五月一九日④

『「おじさん」的思考』

内田樹 著
晶文社・一九〇〇円

正しいおじさんが日本を救う

こんなに面白くて、ためになる本は久しぶりである。評者も、年齢的には十二分に「おじさん」なのだけれども、本書の記述にこれだけ共感できるというのは、単に同時代的な経験の共有から来るものなのか、あるいは理念的にも「正しいおじさん」になってきているということだろうか。後者なら喜ばしい限りなのだが、確信はない。

著者のいう「日本の正しいおじさん」とは、インテリで、リベラルで、勤勉で、公正で、温厚な存在であり、「話せば、分かる」という民主主義を信じる人たちである。しかし、そうした人たちは、いまや時代遅れの存在と見なされ、全く敬意を集めなくなっている。それどころか、ひどく侮られ、「歴史のごみ箱」へ打ち捨てられようとしている。本当に「これでいいのか」というのが、本書の主題である。

本書によれば、「正しいおじさん」は、近代の日本社会における「大人」になるためのロール（役割）モデルであった。こうした形の「大人になるとは、こういうことだ」というモデルの形成に貢献したのは、夏目漱石であり、四部からなる本書の最終部では、この点が論じられている。

それに先立つ第一部から三部は、著者がこれまで書き溜(た)めてきたエッセイをテーマ別に集めたものである。「おじさん主義宣言」ともいうべき趣のものだが、成熟した語り口で社会や教育の問題が論じられていて、まことに勉強になった。

要するに、ここ三十年くらいの間、わが国では「正しいおじさん」のロールモデルを寄って集(たか)って否定してきた。あるモデルを打ち壊すのはよいとしても、その代わりのものを構築する努力はなされてこなかった。その結果として、近年の日本は、ロールモデル不在の社会となった。

ところが、「ロールモデルを持たない人間は『大人』になることができない」。かくして、近頃の日本社会は、生理的には成人していても内実においては「子ども」でしかない人たちが跋扈(ばっこ)するところとなり、責任の欠如が一般化したのである。

日本社会の再生は、「正しいおじさん」の復権から始まる。

評・池尾和人(慶応大学教授)

うちだ・たつる 50年生まれ。神戸女学院大教授。専門は仏現代思想、映画論、武道論。近著に『レヴィナスと愛の現象学』。

二〇〇二年五月一九日⑤

『神の肉体　清水宏保』

吉井妙子 著

新潮社・一三〇〇円

筋肉と対話 アスリートの秘術

スケートの清水宏保は、「試合でいいパフォーマンスを発揮できた時は、滑るべき光のラインが見える」という。私たちピアノ演奏家も、調子のよいときは、次に弾くべき「音」が見える。単なる聴覚でも視覚でも、指先の手ざわりでもない。それらすべてが渾然(こんぜん)一体となった不思議な感覚。

本書で「ZONE」と表現されるこの自在の状態は、アスリートであれ、アーティストであれ、共通して体験する可能性のあるものなのだ。いまだ修業たらずの身では、それが偶然に起きる。清水は、その状態を人為的に作り出す選手ではないか。著者はそうにらんで、追跡を開始したという。

清水の理論は、がむしゃらな刻苦勉励主義からは最も遠いところにある。

「筋肉だけを破壊し再生させ進化させても、同時に、筋肉を支配する脳も変容させてなければ意味がない。いくら筋肉を強化しても脳の指令の限界値が低ければ、筋肉も低いレベルで留まってしまう。辛いトレーニングは脳も変容させるので、能力の限界を押し上げることになるんです」

人間には生命維持本能があるため、心理的限界は、肉体的限界のずっと手前でやってくる。清水は、想像を絶するトレーニングを通して、この本能のブレーキの外し方を意識的に学習しているのだ。

「筋肉と対話する」という有名な清水の言葉も、細かく分析される。腸を覆っている腸腰筋などに意識を集中させて鍛え、筋繊維に巻かれた知覚神経を刺激する。

心理的なものと肉体的なものをリンクさせる清水の方法論で一番すごいと思うのは、心臓の鼓動を少なくする術である。「プレッシャーというのは鼓動が高鳴っている状態なので、それを落とすのはやっぱり、身体のことを考えなければならないんです」と清水は語る。落ちつくポイントが見つかると、一挙に脈拍が下がっていく。

「ドドドドだったのがドッドッドッになりドーンドーンになる」

清水ですら二、三十分はかかるというこの秘術。スポーツのみならず、広くさまざまなシーンで試してみたいものだ。

評・青柳いづみこ(ピアニスト・文筆家)

よしい・たえこ スポーツジャーナリスト。著書に『帰らざる季節　中嶋悟F1五年目の真実』がある。

二〇〇二年五月一九日❻

『小説の秘密をめぐる十二章』

河野多恵子 著
文芸春秋・一七一四円

惜しみなく与える最高の智恵

最高の文芸家である著者が、長年の創作と熟読から得た智恵（ちえ）を、特に今から文学を志す新しい作家たちへ、無条件に分けてくれる。文芸そのものが衰微した時代に、その智恵の大きさと深さに触れて、書き手たちも読み手たちも、感動とともにある種の驚きを覚える。

たとえば近代の英米と違って、作品そのものの細かい分析がけっして批評の中心ではなかった日本において、小説の手法をここまで徹底的に解明した書物は少ないのではないだろうか。「デビューについて」という章から始まり、実際にこれから書こうとする人のために書かれた本は、限りなく実用的でくわしい。しかしマニュアルでも案内書でもない。

英米文学の例も引用はしているが主に近代の日本文学の成功例と失敗例をたどりながら、結果として日本語で小説を書くことをめぐる、具体的な批評書として結晶している。日本語特有の「プラクティカル・クリティシズム」。創作の言語としての近代日本語固有の可能性と限界を厳密に、徹底的に検討した、一冊まるごとの実用的批評。日本文学にとって、この本がどれだけ必要だったことか！

創作者が創作を始めようと志す人のために、小説というジャンルの内部のベールを一枚一枚はぎ、登場人物について、題のつけ方について、導入、終わり方、伏線（の三つの種類）まで、理想的な先生のように親切なだけに厳しい姿勢で、説いてくれる。新人だけではない、既成作家の中にも自分のあやまちに気づいて身もだえをする人も少なくないだろう。

そしてその「教え」は作品分析に止（とど）まった批評にはない広がりをもって、「書きたいもの」と「書きたいこと」という日本語から滲（にじ）んだ違いへと、ストーリーを語る散文の根源的な使命へと迫ってゆく。「モチーフが作者の精神に根ざしたものであ」ることは、創作の条件なのであり、すべての手法はそこから始まる。

最後に明かされるのは、その「秘密」なのである。

評・リービ英雄（作家）

こうの・たえこ　26年生まれ。作家。近著に『秘事』『半所有者』。評論に『谷崎文学と肯定の欲望』ほか。ニューヨーク在住。

二〇〇二年五月二六日❶

『狂食の時代』

ジョン・ハンフリース 著
永井喜久子、西尾ゆう子 訳
講談社・一九〇〇円

信頼揺らぎ見慣れた食の風景一変

１９８６年、人々の意識を根底から変える二つの「事件」が起きた。チェルノブイリ原発事故と、牛海綿状脳症（ＢＳＥ）、いわゆる狂牛病の発見である。

前者は環境を、後者は食を震撼（しんかん）させた。

もっとも、ＢＳＥが社会に衝撃を与えたのは10年後だ。「人に感染しない」と言い続けた英政府が、一転して可能性を認めたのは96年。既に10人が亡くなっていた。

ＢＳＥは、身体内のプリオンというたんぱく質が異常な構造に変わり、脳にスポンジ状の空胞を作る神経疾患といわれる。種を越えてＢＳＥが広がるメカニズムには、まだ謎が多い。だが人々を驚かせたのは、この病気が、肉骨粉をエサに与えた牛から発症したことだったのではないか。

乳を増やし、成長を速めるため、羊や牛のクズ肉や骨を処理してエサに混ぜ、牛に食べさせる。Ｃ・レヴィ＝ストロースがいうように、営利のため草食の牛に「共食い」を強いる一種のカニバリズムである。

見慣れた食卓の風景に、人々はふと不安を抱いた。のどかに草をはむ牛の絵を印刷した乳製品。大海原に輝く銀鱗（ぎんりん）のラベルをつけた魚介食品。ひょっとして、これら豊かな自然の恵みをうたう包装の陰で、とんでもない事態が起きているのではないか。

本書は、BSE騒ぎで食の劣化に不安を覚えたジャーナリストが、食の「素性」を追跡した報告書だ。酪農に携わり、自ら農場を持つ著者は、汚染された養殖場を調べるために海底に潜るなど、徹底して現場にこだわる。綿密な取材と地に足のついた感性が、迫真のルポに説得力を与えている。

「量はたっぷり、値段も安い」。消費者の期待にこたえ、生産者は安全性をわきに効率を追い求めた。畑には除草剤や殺虫剤、化学肥料がまかれ、田園や土壌から生き物が消えた。動物実験をもとに農薬会社は「安全」をうたうが、人間へのリスクが吟味されているとは言い難い。内分泌攪乱（かくらん）物質や、複数の化学物質が混ざって起きる「カクテル効果」は未解明のままだ。

家畜には抗生物質が与えられ、畜舎は食肉製造工場と化した。BSEは、荒涼とした食の風景の一つに過ぎないと著者はいう。本書の原題「食の大ばくち」は、遺伝子組み換え食品を指す。BSEを経験した欧州が、なぜこの新技術に不信を抱くのか。杞憂（きゆう）とばかり言い切れないだろう。

BSEをきっかけに、日本では偽装や不正表示が発覚した。揺らいだのは食だけではない。より深刻なのは人への信頼が揺らいだことだ。食への信頼は、詰まるところ人への信頼なのだから。（原題、The Great Food Gamble）

評・外岡秀俊（本社編集委員）

John Humphrys　イギリスのジャーナリスト。BBCラジオ「トゥデイ」キャスター。

二〇〇二年五月二六日❷

『テロリストの軌跡　モハメド・アタを追う』

朝日新聞アタ取材班 著

草思社・一六〇〇円

豊かな社会のわれわれの隣人

モハメド・アタは、昨年9月11日、ボーイング767を操縦して世界貿易センターに突入した。アタとは何者だったのか。なぜテロリストになったのか。朝日新聞は取材班を組織して、昨年11月から長期連載を行った。これをまとめたのが本書である。

アタは1968年にエジプトに生まれ、カイロ大学工学部を卒業し、92年、ハンブルク工科大学に入学した。真面目（まじめ）な学生で、都市計画を学び、それを中東の古代都市の再生に用いようと考えていた。

95年に一時エジプトに戻った頃から、アタは時々、激しい宗教上の主張をするようになった。96年4月には「遺書」を書き、99年1月には大学に対し、「祈りの部屋」を要求している。組織の一員から、中心人物となっていたのである。同年提出の卒業論文には、アッラーへの謝辞とコーランからの引用があった。異例のことだった。

2000年6月、アメリカにわたってからはアタも迷ったらしい。航空学校では、わざと周囲と衝突するような言動があった。もし露見すれば死ななくて済むという感情もどこかにあったのではないだろうか。

何がアタをテロリストにしたのだろうか。もしドイツで本当に心を許せる友人が出来ていたら、アタはテロには走らなかったかも知れない。また、周囲のアメリカ人がもう少し注意深ければ、計画は発覚したかもしれない。アタの行動に弁護の余地はない。しかしそれは、表面的には寛容だが、根本的なところで冷淡で無関心な先進産業社会を告発しているように思える。

オウムには才能ある若者が多数参加していた。豊かな社会の中の孤独、宗教的文化的な巨大なギャップ、そして現代の科学技術が一体になると、恐るべきことが起こりうる。その意味でアタは、われわれの隣人でもある。いつまた、すぐ近くに現れるかもしれない。そうした問題の深刻さを、この本は教えてくれている。

ただ、本として読むと、調査過程の驚きや発見がいちいち書かれているのが、やや煩わしい。連載ものを出版するときには、もう少し一冊の本として完成させる努力をしてほしいと思う。

評・北岡伸一（東京大学教授）

取材班は、海外駐在の記者やデスクを含む9人の外報部スタッフで構成。8カ国で取材し、朝日新聞紙上で52回に渡って連載した。

二〇〇二年五月二六日③

『偶然　帆船アザールの冒険』

J・M・G・ル・クレジオ 著　菅野昭正 訳

集英社・二三〇〇円

少女が触れた戻らぬ時の宿命

ル・クレジオの描く少年少女たちは、世界をありのままに映し出す無意識の結晶体のようだ。軽くしなやかで、ひときわ敏捷（びんしょう）な四肢を持つ「思春期」という特別な時期を生きる彼らは、言葉ではなく五感のすべてを駆使して、みずみずしい原初の自然に触れる。その自然が滅びゆく運命にあることも、いったん触れてしまえば後戻りできないなにかが自分のなかではじまることも、彼らはまだ知らずに生きている。

だからル・クレジオの小説を読むと、いつも軽い胸の疼（うず）きをおぼえる。一歩手前の混沌（こんとん）が思春期にふさわしい定型を経て、外の世界を知った者の分別へと一挙に傾き、中間にあるべき時間を置き去りにしてしまうからだ。その急変ぶりを「必然」と見るべきなのか、「偶然」と見るべきなのか。

両者をきれいに区分けすることなんて、じつは不可能である。必然としての偶然もあれば、偶然としての必然もある。ル・クレジオが近作『偶然』にこめたのは、まさに裏と表が一体となった、偶然＝アザールの語源でもあるサイコロ遊びのような宿命の意だろう。

主人公の少女ナシマは、十五歳のある夜、南仏の港に停泊していた帆船アザール号にこっそりもぐりこむ。マルチニック島出身の医師だった父親は、世界周遊の船に乗ったまま行方をくらまし、妻ナディアに深い傷と海への憎しみを残していた。だが、ナシマは父の不在を嘆く以上に、父を奪った海への憧憬（しょうけい）と、出奔への夢を募らせる。

偶然に導かれて彼女の仮の父を演じるのが、アザール号の持ち主であり、いまやそのキャリアの晩年を生きつつあるハリウッドの映画監督フアン・モゲルだが、彼もまた妻に去られ、娘にも見放されて、癒やしえぬ孤独のさなかにある。若さの頂点に達しようとする少女と、老いを迎えようとする男が、大海の自然にもまれながら共有した時間は、二度と戻らない。船を下りた数年の後、「偶然」再会した彼らの前にあるのは、かつて共に過ごした時間の残滓（ざんし）と、苦々しい半開きの官能だけだ。

しかしその救いなき苦さの、なんと美しいことだろうか。

評・堀江敏幸（作家）

J. M. G. Le Clezio　40年生まれ。作家。本書に中編小説「アンゴリ・マーラ」を併録。著書に『黄金の探索者』『パワナ』など。

二〇〇二年五月二六日④

『父親力　母子密着型子育てからの脱出』

正高信男 著

中公新書・六六〇円

良きパパに贈る「父性への指針」

仕事より家庭を優先し、子育てに熱心で、家事も極力シェアし、ジェンダーフリーを理解し、子供の運動会や参観日には喜んで足を運び、週末は疲れていても家庭サービスを忘れず、妻をいたわり、子供とよく遊び、良きパパと自他共に認める……。「そんな父親に私はなりたい」とオチがつきそうだが、実際、そんな父親が増えている。「ウソおっしゃい！」と家庭面からヤジが飛んできそうだが、これは著者の調査によっても裏づけられている。少なくとも前世代に比べれば、都市部の若い父親にこういう志向が強まっているようには見えるはずだ。

とすれば、それは本当に子供にとって良い傾向なのか？――それが本書の問題提起の白眉（はくび）だろう。「そりゃ良い傾向に決まってるでしょ」と思う人、さらには「良きパパ」自身にこそ一読してみてほしい。

もちろん著者も悪い傾向とまでは言っていない。子育てに無関心であるより熱心な父親の方がマシなのだろう。でも、著者が問題にするのは「熱心」の質なのだ。

確かに父親たちは育児に時間を割くように

はなった。が、それは母親的な役割や自身の趣味の肩代わり（＝育児への内向）にすぎず、むしろそれが「やせほそる父性と母子密着傾向」を助長してしまっている。つまり「二重化した母性」が子を濃密で居心地の良すぎる安全地帯に囲い込み、かえって子の自立と社会化を難しくしているのではないか。猫っ可愛がり期が過ぎ、TVゲームもビデオカメラも使えなくなった時、父親は最も肝心な役割から逃げてしまっているのではないか……。

ドキッ。昨今の子供をめぐる現象・事件も含め、思い当たるフシは山ほどある。「良きパパ」にはやや酷かもしれないが、これは真の意味で「妻子を助ける」ための勇気と指針をくれる〈育父書〉なのである。

母性・父性と聞けば、神話だ反動だと拒否反応を起こす人もいるだろう。でも、それらを再定義したうえで、ゆるやかに肯定する方が得策であることを、著者は原理でなく現実の視座から訴える。それはジェンダーフリーやシングルマザーとも共存できるはずだ。

評・山崎浩一（コラムニスト）

まさたか・のぶお 54年生まれ。京大霊長類研究所助教授。著書に『子どもはことばをからだで覚える』『育児と日本人』など。

二〇〇二年五月二六日⑤

『なんじ自身のために泣け』

関岡英之 著

河出書房新社・一六〇〇円

文化の奥に向ける深いまなざし

私は旅の本を好まない。他人の体験をねたむ自分が嫌だからだ。関岡氏は一九七九年、高校二年で訪中団に参加し、その後もインド、ベトナム、カンボジア、イラン、サウジアラビア……大学時代のインド放浪をのぞけば団体旅行や社用の旅行なのに、一人で奥へと迷い込んでいく。その行動力もすごいが、訪れる土地の文化や歴史の勉強も半端ではない。いちばん感心したのは、旅先で出会った人や文化に向けるまなざし。好奇心は慎重さで裏打ちされ、相手への配慮と敬意も忘れていない。しかも同じ視線を自分自身にも向けている。

ベトナムで出会った華僑の娘Q玉英。家を訪ね、ボート・ピープルになる決意を聞かされる。なぜ危険を冒すのか理解できず、密航に必要な約四十万円という金額の少なさに言葉をうしなう。すると彼女は自分のことをどう思うかと聞き、紙に「あなたはよい人だ」と書いた。「私は心の中で舌打ちした。この誇り高い娘に、打算のためにプライドを捨てさせるわけにはいかなかった。私はいとまを告げた」

最初の中国旅行は将来の就職に有利という「打算的な動機から」で、首尾よく都市銀行に入り、念願の北京支店勤めもかなった。東京での仕事場は、相場の利鞘（りざや）を稼ぐディーリング・ルーム。旅と日常との乖離（かいり）の当然の帰結だろう、一九九七年、日本を含むアジア各国を襲った通貨危機を目の当たりにし、「十四年間勤めた銀行に辞表を出し」、そして本書を書きあげた。著者は、これからどこへ向かうのか？

表題は、イランでシーア派イスラム教徒の集団礼拝に紛れ込んだときの体験にもとづく。導師の法話に号泣する男たちを見て、父祖の歴史から切り離された人間の寄る辺なさに気づき、そして私たち日本人には泣くべき物語がないという事実を悟ったという（論理に飛躍があると私は思う）。

元銀行員のグローバリゼーション批判は傾聴にあたいする。しかし、著者のイスラム文化復興への思い入れについては、私は論評する言葉をもちあわせていない。読後に疲労感とやや重い宿題、つまりは困惑が残された。

評・新妻昭夫（恵泉女学園大学教授）

せきおか・ひでゆき 61年生まれ。97年に東京三菱銀行を退職。本書で第7回蓮如賞。

二〇〇二年五月二六日⑥

『情報基盤としての図書館』

根本彰 著
勁草書房・二八〇〇円

いま公共図書館の任務とは何か

近年、地域の公共図書館はバカにされすぎている。

今年はじめ、都立多摩図書館が十四万点の蔵書をむりやり廃棄させられた。強要したのは都庁で、さらに数十万点の処分が予定されるのだとか。東京都だけではない。大小を問わず、全国の自治体で、財政危機を名目に図書館予算が大幅に削られ、つぶしのきかない専門司書の排除がすすめられている。すごいいきおいだ。政治家も官僚も「アメリカ占領下で押し付けられた公共図書館などもう必要ない」と腹を括（くく）ってしまったのかしらん。

こうなってめだつのが図書館側の対応のにぶさである。行政改革とやらにいいように攻めこまれて、この先、自分たちはどう動くかの大胆な提案がどこからも示されない。だからバカにされる。はがゆく思っていたところに本書がでた。

この本の主張は、図書館はストック重視の施設だという一点にある。出版産業はフロー一辺倒だから、売れない本はたちまち市場からすがたを消してしまう。だが図書館はちがうはずだ。長い時間をかけて本や資料を蓄積し、それを利用者が縦横に使いこなす手助けをする。しかも徹底的にそれをやる。それこそが市民社会における公共図書館の最大の任務なのだから。

利用者の求める本はダブりがあっても買い、それをどんどん貸し出す。それが戦後の公共図書館システムの大方針だった。おかげで私たちは図書館から読みたい本が自由に借りられる。それはうれしいのだが、一方で同じシステムが、回転率の高い新刊本偏重、古い本を書庫ふさぎの邪魔者あつかいする傾向をも招きよせてしまった。図書館のフロー情報化だ。一つの市で同じベストセラー本を二百五十部も買い込んだりするのも、その一例。こうなればもう行政による本の大量廃棄、司書の専門性軽視に抗しうるすべはない。

図書館学の学究の本だから、いささか読みにくい。でも、がんばって読むだけの価値はある。図書館の苦境を希望にひっくりかえす歴史的な一冊になるかもしれない。

評・津野海太郎（和光大学教授・編集者）

ねもと・あきら　54年生まれ。東大大学院助教授。著書に『文献世界の構造』など。訳書に『図書館の社会理論』ほか。

二〇〇二年五月二六日⑦

『壺中天酔歩』

沓掛良彦 著
大修館書店・二四〇〇円

壺（つぼ）の中に大廈（たいか）高楼が並び、登楼して酒をいくら酌（く）んでもつきることがない。飲んべえのユートピア・壺中天（こちゅうてん）。飲酒の歓楽を客と共にし、のみならず詩を賦（ふ）して俗世の憂さをはらう。人生は百に満たず。ならば「醇酒（じゅんしゅ）を飲み　肥牛（ひぎゅう）を炙（あぶ）り」、「用（もっ）て愁憂（しゅうゆう）を解（と）く可（べ）けん」。すなわち『詩経』から陶淵明、李白、杜甫、白居易、蘇軾（そしょく）、はては清末の女性詩人にいたるまで、中国の飲酒詩をすぐった詞華選。

著者はもともと古代ギリシャ叙情詩などに通じた知名の西洋古典文学者。それだけに古今東西の文学的学殖をベースに、漢詩読解には青木正児から井伏鱒二におよぶまでの先達の足跡をふんで、ヨチヨチ歩きの入門者にもわかりやすい漢詩鑑賞書を編まれた。

還暦にも達しないのに枯骨閑人を号する著者は現役の酒豪らしいが、こちらはめっきり酒量が落ちた老残の身。せめて二日酔いのおそれのない詩のほうを熟読玩味したい。

評・種村季弘（評論家）

二〇〇二年五月二六日❽

『第二の創造　クローン羊ドリーと生命操作の時代』

I・ウィルマット、K・キャンベル、C・タッジ 著
牧野俊一 訳
岩波書店・三二〇〇円

一九九七年、世界に衝撃を与えたクローン羊ドリーを生んだ、ウィルマットとキャンベル自身が語るクローンの全貌（ぜんぼう）とその未来。最初の発想、先人たちの数々の取り組み、著者たちの無数の試行錯誤と失敗が、名科学ライターのタッジにより丹念に描かれる。遺伝子、細胞分裂、生命発生の仕組みなどごく基礎的な事柄から、ドリー誕生に至るアイデアの高度な解説までカバーしつつ、同時に二人の経歴やイギリスの研究環境、そしてクローン技術の真の意義と可能性（および世間の十年一日のヒトクローン談議へのいらだち）まで盛り込んだ意欲作だ。

分量はあるし、記述も流し読みを許さぬ重厚さ。でも面白さは絶品だし、現場の科学者としての問題提起も深い。イメージだけで安易な生命倫理談議で悦に入る人々は、本書を熟読して出直すべし。もちろん安易でない本当の生命倫理を考えたい人も必読。訳はていねいで、図の追加など日本読者への配慮も素敵（すてき）。

評・山形浩生（評論家）

二〇〇二年五月二六日❾

『歴史小説　真剣勝負』

島内景二 著
新人物往来社・一八〇〇円

夏目漱石の『こゝろ』と岡本綺堂の『半七捕物帳』とを同じ土俵にのせて論じる評論は、これまであまりなかった。純文学と大衆小説とのダブルスタンダードの撤廃である。本書は言うはやすく実際には難儀な仕事にいどむ力業である。

源氏物語研究家でもある著者はあえて大きめの二足のわらじを履いて、現代文学を盛り返す活力源を歴史・時代小説に求め、その解読を通じて古代ロマンの底層を発掘してゆく。

駆使されている「神話批評」の方法は荒っぽさを恐れずジャンル横断の視野を切り開き、明治の尾崎紅葉・森鷗外・山田美妙から大正・昭和の「大衆文学」隆盛期を経て、最近の藤沢周平・隆慶一郎・平岩弓枝・安部龍太郎にいたる独自の系譜を作図して見せる。

前半数章の物語論を序奏／助走として通過し、「歴史小説評論」を前面に出してくる後半になると、しだいに弾着がよくなる。股旅物と純文学とはなるほど異父兄弟だったと思わせる。

評・野口武彦（文芸評論家）

二〇〇二年五月二六日❿

『地方紙の研究』

鎌田慧 著
潮出版社・二八〇〇円

出張などで東京を離れると、なるべく地元紙を手に取ることにしている。紙面から、その土地のにおいを感ずるのが好きなのだ。著者は本書で、北は北海道新聞から南は沖縄タイムスまで四十の地方紙を検証・考察する。取り上げる新聞それぞれにその土地の歴史や文化、社会意識を色濃く反映した個性ある物語があり、時として中央の問題を鋭く突く。

一九九七年、米軍基地問題を糾弾する沖縄の二つの地元紙に対し、中央の一部政治家や評論家から、両紙の論調は県民をマインドコントロールしていると批判された。これに対し、琉球新報は社説で「県民の声に背を向けて、コントロールしようなどといった思い上がった新聞なら、すでに県民読者によって葬りさられていよう」と反論する。

著者も言及しているが、地元権力との距離の取り方は地方紙の構造的問題だ。本書は中央に対する地方紙の牙、若い記者の志に期待を寄せた一冊である。

評・音好宏（上智大学助教授）

二〇〇二年六月二日❶

『冬の旅人』

皆川博子 著
講談社・二三〇〇円

帝政ロシア舞台に「創造の秘密」問う

カストラートの声の美に憑(つ)かれた男が登場する『死の泉』から五年。皆川博子の新作は、幼いころに見た悪魔の絵に魅せられ、十七歳でイコンの画法を学ぶためにペテルブルクに渡った川江環(たまき)の数奇な人生を、革命前夜のロシアを舞台に描いたもの。ニコライ二世一家も出てくるし、怪僧ラスプーチンも重要な役割を担っている。帯には大河歴史ロマンと銘打たれているが、私はむしろ、芸術小説として読んだ。

私もアーティストの端くれだが、演奏が本当にうまくいくのは、自分で何もかも統御するのではなく、自分の身体を通して音楽が直接言葉をもちはじめた、というふうに感じるときだ。呪術師が憑依(ひょうい)した状態に近いかもしれない。思えば太古の昔、旧石器人たちがラスコーやアルタミラの洞窟(どうくつ)に壁画を描いたころは、たしかに呪術師がアーティストを兼ねていたのだ。

そんな創造の秘密をとらえるために、著者は、本物の呪術師、ラスプーチンと川江環の神秘体験を重ねあわせてみせる。ラスプーチンには、魂が肉体を離れ、中空から見おろすような感覚があったという。ある日、まばゆい光に包まれた聖母の像を見た彼は、巡礼の旅に出た。やはり幽体離脱する癖のある環も、留学先の女学院で禁を破って独房にとじこめられ、水の精ルサルカの幻影を見る。女学院を脱走した環は、美術館で出会った画学生ヴォロージャの助けを得て、ルサルカの絵を描きあげた。

ここから先の環の行動は、女流画家の一代記を読んでいたつもりの読者をびっくりさせるかもしれない。ヴォロージャが自分の名で発表した「ルサルカ」は、大画商に認められ、彼が世に出るきっかけとなった。しかし環は、真相を明かさず、ヴォロージャを糾弾もせず、画商の尽力で専門的な修業をするチャンスも放棄してしまう。

「絵を描きたいと思うことと、画家になりたいということは、わたしには同じこととは思えないのだった」

「ルサルカ」は何かに衝(つ)き動かされて描いたもので、二度と同じ仕事はできない。プロの画家ともなれば、憑依していないときでも注文に応じて制作していかなければならないだろう。しかし、唯一無二の状態を知ってしまったあとで、果たしてインスピレーションのない作品を描くことに耐えられるだろうか。また、技術を磨くことで、かえって憑依しにくくなりはしまいか。

本当はこうしたせめぎあいからよいものが生まれるのだが、環の悩みは、芸術家が一度は二者択一を迫られる問題を浮き彫りにしている。

評・青柳いづみこ(ピアニスト・文筆家)

みながわ・ひろこ 30年生まれ。作家。98年『死の泉』で第32回吉川英治文学賞を受賞。著書に『ゆめこ縮緬』『笑い姫』など。

二〇〇二年六月二日❸

『現場主義の知的生産法』

関満博 著
ちくま新書・七〇〇円

戦略こらした調査術に脱帽!

ぼくの本業は、実は開発コンサルタントなのだ。国内外の産業政策の立案を助けたり、開発計画を作ったりしている。期間は実質一年以下。その間に、役所の話をきいて現場を見て、これまでの経緯を調べ、アンケートをかけ数値モデルを作り、そして整合性ある計画をたてて現地政府の担当者と調整したり。やることは山ほどあって、地元の現場をもっと見なきゃとは思いつつも、数人の人に何時間か話をきいて終わりになるのが常道だ。そしてその結果がどこまで役にたつか、ときかれると、必ずしも胸を張れる成果ばかりじゃない。

この本は、そのぼくにとってえらく耳の痛い本だ。各地の町工場集積が日本の製造業の世界的優位性にとって持つ意義を解明し、その後も日本各地やアジアの工場集積をすさまじいフィールド調査で調べつくしている関満博の、研究調査ノウハウを簡潔にまとめたすごい本。といっても、誰も知らない秘訣(ひけつ)なんかありゃしない。とにかく現場に足を運べ。何年も通え。一生つきあう覚悟を決めろ。手軽なアンケートに頼った、コンサルタントどもの安易な「現場」調査なんか無意味だ――うーん。いや、われわれも努力はしておるのです、といいつつ、内心忸怩（じくじ）たるものが。さらに、現場調査のメンバー編成、成果のまとめ方、論文はどう書くべきか、それを出版してどう世に問うか、出版をいかに自分の研究の節目として使い、同時に後進の育成に役立てるか、さらにはその出版をどう商業的に成立させ、次につなぐか――関はここまで意識的に戦略化してやっていたのか！すごい。従来の「知的生産ナントカ」の定石の、カード式整理法なんかは無駄だとあっさり一蹴（いっしゅう）されていて、とにかく泥臭い地道な作業の意識的積み重ねが強調される。

研究者は必読。一回じゃなくて、毎月読んで襟を正せ。高校生や大学生も早めに読んで覚悟を決めろ。ぼくも来月、アフリカ・マラウイのフィールド調査に持参して、もっとがんばって無電化村を回るようにしなきゃ。現場での楽しいエピソードも満載で、手軽な読み物としてもおすすめ。

評・山形浩生（評論家）

せき・みつひろ 48年生まれ。東京都商工指導所などを経て一橋大学大学院教授。著書に『世界の工場／中国華南と日本企業』など。

二〇〇二年六月二日❹

『グランド・アヴェニュー』

ジョイ・フィールディング著　吉田利子訳

文春文庫・七七一円

得意技を捨て女の友情を活写

ジョイ・フィールディングがまさかこのような小説を書くとは思ってもいなかった。嬉（うれ）しい驚きである。

『優しすぎて、怖い』『秘密なら、言わないで』『泣くのは、あとにして』『私のかけらを、見つけて』と、これまで日本に紹介されてきたこの作者の作品は（その邦題だけで内容がすべてわかってしまうという秀逸すぎるタイトルだが）、苦難に陥った一人のヒロインの奮闘を描くという点に共通性があった。相談する相手もいないヒロインが、たった一人で困難に立ち向かわなければならない状況を描くのが、彼女のサスペンス小説だったのである。

ところが本書は、中年女性四人の友情小説である。これまで孤軍奮闘してきたヒロインに、今度は仲間がいるのである。これではこれまでのようなサスペンスにはならず、物語が変質するのも当然といっていい。安定していた物語の結構を作者自らが変えてしまったのである。これが驚きだ。

嬉しいのは、これがたっぷりと読ませるからである。郊外の高級住宅地に住む主婦四人の友情と運命の変転を、丁寧な筆致で描くこの長編は、ヒロインたちが中年期にさしかかる十年間を中心にしているが、四人ともに幸せな家庭を営んでいたはずなのに、長い年月の間に少しずつ綻（ほころ）んでいく様子が巧みに活写される。

この手のヒロイン小説の通例として、ろくでもない男ばかり登場するのがいやはやだが、それは身勝手な男どもと戦わなければならないヒロインの苦難を強調するためだろうから、まあいい。

中年女性たちの友情の風景を描いたものとしては、エリザベス・バーグ『永い眠りにつく前に』（福武書店）という忘れがたい傑作があるが、そこまでの文学的味わいには欠けるものの、フィールディングの小説であるから、ラストが裁判劇になるように、これはミステリーでもある。これがまた、なかなかにうまい。

さらにこれは、母と娘の絆（きずな）を哀（かな）しく切なく描いた小説でもあるのだ。近年のヒロイン小説としては傑作の部類だろう。

（原題、Grand Avenue）

評・北上次郎（ミステリー評論家）

Joy Fielding 小説家、2女の母。『優しすぎて、怖い』でベストセラー作家に。本文中の作品の邦訳はいずれも文春文庫。

二〇〇二年六月二日⑤

『安住しない私たちの文化　東アジア流浪』

姜信子 著
晶文社・二六〇〇円

流浪の人々の記憶へ分け入って

名前、それは文化であり、政治とも密接に結びついている。著者には、きょうのぶこ、カン・シンジャ、竹田存子、今村……、四つの名前がある。「名乗ることひとつをとっても、面倒このうえないのです」と吐露している。

著者は在日韓国人である。「複数の名前を持つ例外的存在」として自分をとらえる。前著『棄郷ノート』(作品社)では、韓国へと旅して、国家や民族への忠誠心の核となる郷里を棄(す)てようと「棄郷という生き方」をあざやかに描いた。

本書では、一つの言語・文化・国家に「収まりきれない立場」から、東アジアの流民が育んだ文化の地を旅していく。水俣、上海、中国東北部(旧満州)、中央アジア、ロシア極東、いずれも朝鮮半島を後にした人々の流れ着いた先である。

「空にさえずる鳥の声……」という歌い出しの「天然の美」(または「美しき天然」)のメロディーを追いかけて、著者は遥(はる)か中央アジアへと旅をする。この歌が日本で生まれたのは一九〇二年のことだが、今ではほとんど歌われない。

だが、驚くべきことに、この歌が「故国山川」と題され、中央アジアのコリョサラム(高麗人)と名乗る、朝鮮半島にルーツをもつ人々の間で今でも歌い継がれている。コリョサラムとは朝鮮半島北部からロシア沿海州に流れ出て、一九三七年にスターリンの命令で中央アジアに強制移住された人々である。望郷の歌ではなく、コリョサラムの流浪と追放の記憶へと人々を誘い、「いつの日かたどり着くことを願って今を生きぬく旅人たちの、未来に向けた歌」なのだと著者は聞き取っている。

二〇世紀を「流浪の時代」ととらえ、自らも旅し、流浪の人々の「旅の記憶」へと分け入って、その深い沈黙、呟(つぶや)きや囁(ささや)きにじっと耳を傾けるという、著者の語る〝旅の作法〟はじつに慎(つつ)ましやかだが、愚直な強い意思に裏打ちされている。ひとつの名前しか持っていない日本人にとって、この〝旅の作法〟は貴重な指針となる。あらためて自分を振り返ってみるために、ぜひとも読んでほしい一冊だ。

評・川村邦光(大阪大学教授)

きょう・のぶこ　61年生まれ。作家。著書に『日韓音楽ノート』など。2000年、『棄郷ノート』で熊本日日新聞文学賞受賞。

二〇〇二年六月二日⑥

『普段着の住宅術』

中村好文 著
王国社・一八〇〇円

普通の家に工夫こらす楽しさ

家を建てる前に読んでおいた方がいい本というのが何冊かあるが、この本はそんな感じというより読んだ人が思わず自分の家の設計を自分でしたくなる本である。筆者が描いた随所のスケッチも味があって楽しい。

住まいに関する哲学、建築での具体化、それを実現するための技術的ディテール――などなどを語ったような本は、結構ある。また、建築家はプレゼンテーションが重要ということか、皆さん結構文章がうまい。エッセーなど書いても堂に入っている。基本的には本書もその系譜の本である。

しかし少し違う印象を受けるのは、自らを「小さな設計事務所」と書くそのスタンスである。決して気張るわけではなく、建築史に残そうとか大きくかまえるわけでもない。建築家で住宅専門だと、何かと理屈をつけてその意義を語る人も多いが、そういうこともない。

とにかく、普通の人が普通に住む家とその家具を、日々工夫するのが楽しくてしょうがない。その工夫で喜んでもらえればうれしい。そういう思いが本全体から伝わってくる。子どもの夢のような、木の上の小さな隠れ家を実際に作る。住宅の原点を小屋においている。巣の中をまんべんなく舐(な)めて、自分のものになったと安心するレミングを事務所の名前にするなど。創造力と人間観察力が建築家に不可欠な能力という。こう考えれば、「高齢者」といっても別世界の「特殊な人種」ではなくなる。

建築設計というのは実は料理に似ている。プロに頼らなくても、自分で作ることもできる。しかし一方にはプロがいて、宮廷料理のように素人が絶対できないような料理の世界もあるし、一家言あって「ウチのやり方はこれだ。いやなら出ていってくれ」というようなガンコ料理人もいる。

「だからプロに任せろ」となる本が多い中、この本は純粋に設計の楽しさを語っている。それが事務所の商売的にいいことかどうかわからない。しかし、一緒に家作りを楽しみたいから依頼する。そういう気持ちになる本である。

評・坂村健(東京大学教授)

なかむら・よしふみ 48年生まれ。建築家、日大生産工学部教授。93年、第18回吉田五十八賞特別賞受賞。著書に『住宅巡礼』など。

二〇〇二年六月二日⑦

『テオの旅 上・下』

カトリーヌ・クレマン 著 高橋啓、堀茂樹 訳

NHK出版・各一九〇〇円

十四歳の才気煥発(かんぱつ)な少年テオが、原因不明の病気にかかった。頭を抱える両親。ここに登場するのがちょっとエキセントリックなマルト伯母さん。テオを世界の宗教に触れる旅に連れ出すと言い出すのだ。

エルサレムからエジプト、バチカンを経て、アジア、アフリカ、ギリシャへ。だがテオは道筋を教えられてはいない。ときどきみつかるメッセージを解読し、パリにいるガールフレンド、ファトゥにアドバイスを求め、次の行き先が決まる。ゲームソフトの感覚だ。ファトゥはあたかも神託を与える巫女(みこ)か。

ほとんど宗教的な先入観がないテオはもろもろの教義の矛盾に容赦ない突っ込みを入れる。ただ教えが記されるのではなく、小説ゆえの立体的な対話がここにある。しかも来年まで生きていられるかという感覚が、テオを鋭敏にしている。

この大冊を閉じるとき、読み手自身が多くの知識と疑問、ある開かれた姿勢を手にしているのでは。

評・小沼純一(文芸評論家)

二〇〇二年六月二日⑧

『見たくない思想的現実を見る』

金子勝、大澤真幸 著

岩波書店・一八〇〇円

沖縄、高齢者医療、過疎化……、深刻な問題を抱え込む「現場」を気鋭の経済学者と社会学者が訪ね、同じ見聞の経験を踏まえて別々の論考を綴(つづ)った意欲的な趣向の一冊。

結果論だろうが、二人の間で役割分担がうまく機能している。「アカデミズムが失いかけている社会的現実との緊張関係を取り戻す」必要性を真摯(しんし)に踏まえる金子は、得意の「セイフティネット論」の使用を自ら禁じて、「素」の状態で現実に飛び込んでゆく。大澤は、金子が切り出した問題を受け止め、共同体を束ねる指導者を論じるために鍛え上げて来た「第三者の審級」といった概念を縦横に駆使して考察を深める。

そんな両者の相乗効果が思考の歩幅を広げた。たとえば本土と沖縄を跨(また)いで「われわれ」の主語をたて沖縄問題を論じる危うさの指摘などに、議論が新しい地平に届こうとしている手ごたえを感じた。「共著」という事実がこれほど積極的な意味を持つ本も珍しい。

評・武田徹(評論家)

二〇〇二年六月二日⑨

『日本考古学事典』

田中琢、佐原真ほか 編

三省堂・一三〇〇〇円

まさしく「読む事典」だ。学問を理解するということは、専門用語を体系的に理解するということでもある。その専門用語を平易に解説し、理解しやすいよう意を砕いたのが本書だ。

研究者だけでなく、考古学に関心のある一般読者も対象とされている。単なる事項の解説ではない。もちろん専門用語は多く収録されているが、遺跡名や土器型式名はばっさり削り、そのかわり「真似（まね）る」「捨てる」「座る」など行為に関する項目が数多くちりばめられている。ある項目を調べると、関連する事柄を越えて次々に読み進んでしまう。そうして、日本考古学の歴史と現状がわかるしかけになっている。遺跡捏造（ねつぞう）問題にも言及している。

この事典に首っ引きになっている考古学初心者の学生を見かけた。調べているのではなく読んでいるのだという。これまで「わかりやすい考古学」を唱道し、実践してきた編集代表者の面目躍如といえる。

評・中園聡（鹿児島国際大学助教授）

二〇〇二年六月二日⑩

『宣長さん　伊勢人の仕事』

中根道幸 著

和泉書院・三五〇〇円

絶筆となった大著であり、文字通りの労作である。「伊勢人（いせびと）」の代表者としての「宣長さん」の軌跡を愛情をこめて辿（たど）ってゆく。

だが、それは郷土の大学者をきびしく裸にすることでもある。膨大な実証によって、著者は、時代と個人の相関による「宣長さん」の限界を容赦なく指摘する。芭蕉の俳諧の精神を解さず、俗語の生命感を受け入れられなかったこと。古学を説きながらも、最も尊敬していた歌人は定家であり、自身の作る歌は定家の新古今風よりずっと時代の下る近世風であったこと。「だいたい宣長さんの学問の発想に独創性は少ない」という言葉もある。

しかし、批判は批判として、「宣長さん」が封建制度の抑圧の下で打ち立てた「私（わたくし）」を著者は深く味わい、評価する。後世さまざまに使われた「しき嶋のやまとごゝろを人とはゞ」の一首も、桜に寄せて現世の生を讃美（さんび）するものと読むのである。

評・水原紫苑（歌人）

二〇〇二年六月九日①

『大反転する世界　地球・人類・資本主義』

ミシェル・ボー 著　筆宝康之、吉武立雄 訳

藤原書店・三八〇〇円

「最悪の事態」回避へ、気迫の警告

目の前の状況が深刻であればあるほど、人はその現実から目をそらしてしまいがちだ。だが、いま地球規模で広がる社会の亀裂と混乱は、もはや見ないふりをしてすむ問題ではない。「聞くがよい」とギリシャ悲劇の予言者の言葉を借りて著者は言う。「大きな災い」は近づいているのだと言う。読む者を悲劇の舞台に立たされたようにたじろがせる重い警告の書だ。

著者はこの本の中で何か特別な予言をしているわけではない。世界の荒廃や崩壊を示すエピソードとして取り上げられているのはテレビの画面にも繰り返して登場している光景。たとえば第三世界の都市のスラムではゴミの悪臭の中で失意のままに多くの家族が暮らし、何百万人もの子どもたちが危険な路上に放り出されている。「世界がこのように豊かであった時代はない。このように貧しくなった時代もない」という著者は「すべてわかっていることばかりだ」といきどおる。

問題は、危機的な事態を知りながら、政治の世界の指導者も大企業の責任者も、だれも責任を負おうとしないことなのだという。それどころか、多くの国では政治家は統治能力を喪失し、利権屋や犯罪者が根をはりめぐら

せている。

本のタイトルの大反転は「均衡を失う」「ひっくりかえる」という意味だという。「資本主義の宴席から何十億もの人間がはみだし、豊かな国でも何千万という人間が宴席に座る席も用意されていない」。これほどの極端な不平等が放置され、地球環境と人間の関係が破壊された世界が続くはずがない、だれも責任を負わないことの結果は、やがてブーメランのようにはね返ってくると著者は断言する。そして「大反転」はもう始まっているのだという。

影の部分を強調する文明観に対しては、科学技術の可能性を軽視しているといった批判も予想される。「最悪の事態を避けるために」現代人の知性や倫理に期待したり、仏教の影響を受けたアジアの社会に希望を寄せたりする部分など、フランスの知識人にありがちな甘さものぞく。

しかし、「無関心は私たちの世界を腐敗させる」「肝心なことは現実を確認することだ」という主張には同意せざるをえないだろう。作家のカミュの言葉を引用して、「世界の解体を防ぐという大仕事」が自らの世代の責務だと強調する気迫にも圧倒される。器用に政治や経済を解釈してみせる専門家が多い中で、久々に知識人らしい怒りに出会った気がした。

（原題、Le Basculement du Monde）

評・清水克雄（本社編集委員）

Michel BEAUD　35年生まれ。仏国立科学研究所を経てパリ大学名誉教授。著書に『資本主義の世界史』など。

二〇〇二年六月九日②

『虚無の信仰　西欧はなぜ仏教を怖れたか』

ロジェ＝ポル・ドロワ 著　島田裕巳、田桐正彦 訳

トランスビュー・二八〇〇円

ニーチェも恐怖?「魂の消滅」説

中世ヨーロッパで大人気を博した伝説に、仏陀をモデルとしたものがある。インドの王国の王子であったヨサファット（仏陀）は、高徳の修道僧が語る寓話（ぐうわ）に感化され、栄耀栄華（えいようえいが）を捨てて神に仕える道を選ぶ。仏陀は、なんとキリスト教の聖者に仕立てあげられているのである。そこは奇想天外なファンタジーが大好きな中世のこと、ギリシャの哲人アリストテレスは、馬乗りになった娼婦（しょうふ）に鞭（むち）打たれる情けない男になり、ローマ詩人ウェルギリウスは、空に虹の橋をかけて遠隔地まで一飛びする魔術師に変身する。伝承流布の過程での宗旨取り違えくらい、しかたがないだろう。

こんな他愛もない空想譚（くうそうたん）に日々毒されているわたしは、うかつにも、西欧では近年まで、仏教は専門の仏教学者をのぞいてほとんど知られず、影響もごく僅（わず）かにとどまった、と思い込んでいた。ユダヤ教やイスラム教のように、キリスト教と厳しく対峙（たいじ）する場面には、思いおよばなかった。

ところが、本書が畳み掛けるような証拠を挙げて明らかにしているように、西欧では十九世紀にもなって、仏教を魂の消滅を説く信仰だとする恐怖が蔓延（まんえん）したのである。専門家たちのあいだで経典が翻訳され、仏教の歴史と教義、仏陀の生涯についての研究が進捗（しんちょく）し、正確な情報が積み重ねられるほどに、妄想は掻（か）き立てられたのだという。人種差別主義者ゴビノーやキリスト教の護教家ばかりか、クーザンやルナン、ヘーゲルやニーチェといった代表的思想家が、あらゆる物事の究極の到達点を虚無におくペシミズム思想を批判・断罪した。仏教を礼讃（らいさん）したのは、ニヒリスト、ショーペンハウアーばかりであった。

しかし十九世紀の思想家たちは、じつのところ仏教についての恐れを表明していたのではない、という裏返しの結論に辿（たど）りつくのが本書のミソである。西欧は、仏教というエキゾチックな鏡に映る自己像を語っていたのであり、だから仏教への恐怖が終息しても、西欧はバージョンアップした別の鏡を調達することをやめないであろう。西欧文明に巣食（すく）う虚無の問題をあぶりだした本書の功績は大きい。

（原題、Le Culte du Néant）

評・池上俊一（東京大学教授）

Roger-Pol DROIT　49年生まれ。フランス国立科学センター研究員。著書に『暮らしの哲学』など。

二〇〇二年六月九日③

『アイアイの謎』

島泰三 著

どうぶつ社・一五〇〇円

本当に「おさるさん」でした

「アイアイ、アイアイ、おさるさんだよ／アイアイ、アイアイ、南の島の」

幼稚園だったか小学校の低学年だったか、仲間といっしょにこの歌を歌わされたり、国営放送のテレビ番組でぎこちなく動く影絵を見ながら歌詞の字幕を追ったりするたびに、尻尾（しっぽ）がながくて眼（め）が丸い、常夏の島に棲（す）む「おさるさん」のアイアイは、きっと動物園で見たメガネザルみたいな姿をしているのだろうと考えていた。

けれども、なぜ「おさるさん」だと断りを入れなければならないのか。みんなが親しんでいる「おさるさん」なら、わざわざ説明する必要などないはずだ。じっさい私の周囲には、アイアイが実在の動物かどうか、本当にいるとしたらどのような姿かたちをしているのかを正確に答えられる者は、ひとりもいなかった。アイアイとはいかなる「おさるさん」なのか。そういう疑問が頭のなかから消えたとき、たぶん私は少年期を終えたのだろう。

そこへ突然、本書が目の前に現れた。私はなんと未熟だったことか。なぜならここには、アイアイがどのような「おさるさん」なのかではなく、なぜ「おさるさん」に分類されうるのかが問われていたからである。アフリカ大陸の南東に浮かぶマダガスカル島。アイアイはそこで十八世紀に発見され、十九世紀なかばまでは、歯の特徴からリス類に属すると考えられていたという。しかしアイアイには鉤（かぎ）状に曲がった「針金ほどの細い指」と「コウモリのように大きなひらひらした耳」が備わっており、リスとしてもサルとしても不自然だった。

著者は足かけ十年以上におよぶ、現地での辛抱強い観察結果にもとづいて、これまで有力とされてきた説をひとつひとつくつがえしながら、アイアイがなぜ「おさるさん」なのかを説き、その指の特異な形状が、木の実の堅い種子を割って、その中身を食べるために生まれたことを詳細かつ明快に解き明かす。そこには対象への深い愛が満ちている。本書の記述によって、アイアイはいまはじめて、日本の童謡に登場する正当な「おさるさん」として認知されたと言えるのではなかろうか。

評・堀江敏幸（作家）

しま・たいぞう 46年生まれ。国際協力事業団マダガスカル派遣専門家などを歴任。著書に『房総丘陵のニホンザルの生態』など。

二〇〇二年六月九日④

『アナイス・ニンの少女時代』

矢川澄子 著

河出書房新社・二〇〇〇円

時間は止まった、美少女よ永遠に

アナイス・ニンといっても、ご存じない方もおいでかもしれない。スペインの名ピアニスト、ホアキン・ニンの娘として生まれ、十一歳の時から、一九七七年の没年まで、ノート三万五千頁（ページ）に及ぶ厖大（ぼうだい）な「日記」を書き残した女性作家。

「日記」にはヘンリー・ミラーをはじめとする前世紀の著名人たちとの性交渉が、女性の側からの赤裸々な告白として描かれてセンセーションを呼んだ。あまつさえ死後公刊の無削除版では実の父ホアキンとの父娘相姦（インセスト）までもが公開され、全米に衝撃が走った。

性の蕩尽（とうじん）が神秘体験につながってゆくアナイスの分裂した性生活からは、晩年にいたって、年下の極貧の芸術家たちを身のまわりに集めて援助してやる、神話的古代の大母のような顔が現れてくる。だが本書はそこまでフォローしない。少女時代という額縁に囲われて、まだ性的無葛藤（かっとう）のなかにいるアナイスの肖像にとどめた。彼女は銀行家の夫ヒューゴーと婚約して少女時代に別れを告げる。そしてそこでいきなりプツリと伝記はとぎれる。

著者の矢川澄子は、前著『「父の娘」たち―森茉莉とアナイス・ニン―』（新潮社）で、森茉莉の「なにひとつ苦しいことのなかった幼年時代」から晩年の孤独な死までをまるごと書いた。アナイスの場合も同じく、たぐい稀（まれ）な父の娘として生まれた幸福と悲惨をまるごと書いた。が、この本では悲惨はオミットされ、少女は葛藤のない無時間に美しく凍結される。

ここからは書評の範囲を越える。著者からこの本がとどけられた日の朝、私は矢川澄子自死の報に接した。まさか。年をとったからこそ森茉莉や今の若い人のようにぐうたらで生活無能力、甘やかされ続けてきた「スポイルド・チャイルド」みたいな生き方をしましょうよ、と老人ホーム（！）の講演でアジった、童女の顔をしたこの人は、それなのに永遠の美少女の絵で表現の時間を止めてしまった。

おしゃれだな。いいよ。でもね、もっとあっけらかんとスポイルド・チャイルドで通してほしかったぜ、おスミさん。

評・種村季弘（評論家）

やがわ・すみこ 1930～2002年。詩人、作家。詩集ほか評論『野溝七生子というひと』、ブレヒト『暦物語』など翻訳も多数。

二〇〇二年六月九日❺

『金融市場は謎だらけ』

倉都康行 著

日経BP社・一四〇〇円

「適正価格」が見つけられない

本書のタイトルは、販売促進に意を用いすぎたもので、内容を必ずしも正確に表しているとはいえない。実際の内容となっているのは、日本の金融市場に「本当に欠けているもの」は何かを究明し、日本の金融の再生のために不可欠な条件を指摘することである。そして、本書の指摘は、きわめて本質的で、当を得ていると思う。

日本の金融システムは、九〇年代以降、ずっと機能不全に陥っているとみなされてきた。しかし、いかなる機能が十全に発揮されていないのかについては、実は正しく理解されてはいないのではないか。理解不足の背景には、わが国ではかつて資金不足で、資金を量的に確保すること自体が優先的な課題であった時期が長く続いたために、金融の役割を量の確保という観点からのみ見がちだという悪弊が影響している。

実際には、いまの日本経済は「金余り」の状況にあり、資金の絶対的な量的不足が生じているわけではない。したがって、問題は「価格」のはずである。適正な価格がつけば、量はそれに付随してくるはずだという意味で第二義的なものに過ぎない。もし必要なところに十分な資金が回っていないとしたら、それは適正な価格を見いだすことに失敗しているからだ。

このように考えると、日本の金融の機能不全は、「価格概念の不在」、より詳しくは日本の金融関係者の「信用リスクの価格測定」に関（かか）わる能力の乏しさ、に起因していることが分かる。これが、本書の基本メッセージである。日本の金融をめぐる様々な問題の根底には、適正価格を見極めるということへの問題意識の薄さが、共通した原因としてある。不良債権を積み上げてしまったのも、金融技術を磨くことができないのも、それゆえの現象にほかならないことが、本書では繰り返し語られている。

もちろん厳格な価格測定を行うことは、きわめて困難な課題である。しかし、困難だからといって、思考停止をしてしまうようであれば、プロとは言えない。そして、プロになるのでない限り、金融機関に存在意義がないことは、本書が力説するまでもないことであろう。

評・池尾和人（慶応大学教授）

くらつ・やすゆき 55年生まれ。東京銀行、チェース証券などを経て金融調査会社社長。著書に『相場を科学する』など。

二〇〇二年六月九日⑥

『美食進化論』

辻芳樹、木村結子 著

晶文社・一六〇〇円

頭と胃を刺激するアートな「食」

「美食」というものについては、いろいろな考え方がある。芸術とする考え方もあれば、食事は動物的営みであり、うまい・まずいを気にすること自体、品がないというような美食否定まで一昔前はあった。

このような文脈では「食は文化である」という言い方は「美食擁護派」に分類されるだろう。しかし、この本では、それがまっこうから否定される。

絵画や音楽がファイン・アートであることを否定する人はいない。しかしよく考えてみれば、それらは視覚・聴覚という人間の感覚メディアに訴えて脳に満足感を与える技法――アートであるというくくり方もできる。味覚を経由して同じことをするファイン・アートもあっていい。

ならば「食は文化である」という言い方はアートとしての食の進化を否定することになる。民芸や民謡のような伝統文化は、その共同体の中でずっと伝えられるべきものだったとしても、文化であるがゆえに行き止まりであり、さらなる洗練も地域を超えた普遍性も持つことはできない。

同様に、慣れた味だというだけでとどまるなら郷土料理が洗練されることは難しい。イギリスやアメリカの料理がまずい理由はそこにあると本書は指摘する。スペイン料理は郷土料理的なままでおいしいために、停滞している。逆がフランス料理。いわゆるフランス料理は、いわばクラシック音楽のように意識的・理論的に料理を再構築したもの。フランスの自然な家庭料理とはまったく別系統の、文字どおりのアート――人工的な料理である。

このように食に関する刺激的な考え方が本書には随所に出てくる。おいしいとは何か。プロとは何か。徹底的に追究した本だが、全体としてはハンガリー・フランス・スペイン・アメリカと世界を巡り料理人を訪ねた木村氏の旅行記に、同行した辻氏のコメントが入ったエッセーであり読みやすい。また写真はなく文章だけで料理を記述しているのだが、かえってイマジネーションが喚起される。書かれている料理を食べに行きたくなって困った。まさに頭と胃の両方に訴える本である。

評・坂村健（東京大学教授）

つじ・よしき 64年生まれ。辻調理師専門学校校長兼理事長。

きむら・ゆいこ 62年生まれ。著書に『モナコ公国』など。

二〇〇二年六月九日⑦

『蚊トンボ白鬚の冒険』

藤原伊織 著

講談社・一九〇〇円

プ～ンと不快な羽音が耳元を通り抜けた……パチン！　掌（てのひら）に貼（は）り付く血まみれの惨殺死体。殺しても虐待意識すら持たれないこの虫けらが真の主役である。表の主人公は、長距離ランナーを病のために断念した過去を持つ水道職人の達夫。彼の頭の中に、ある日突然「白鬚（シラヒゲ）」と名乗る蚊トンボが住み着く。なんと対話もできるし、達夫の記憶力や運動能力を超人的にすることができるのだ。そんな白鬚のおかげ？で、隣人が係（かか）わる裏社会の経済戦争に巻き込まれていく。

味わいのある達夫と白鬚の会話は含みを持って絶妙だ。冗長気味の説明も経済オンチには有り難く、単なる活劇とは一線を画する。

心に傷を持つ無欲な青年、裏社会で暗躍する男気のある暴力団の面々、奔放で勝ち気な女性記者……度々指摘されながらも、そんなことは百も承知で敢（あ）えてパターン化して描く著者のもくろみと、現代社会への警告が、「白鬚」の設定で鮮明に見えてくる。

評・池波志乃（女優）

二〇〇二年六月九日⑧

『シャネルの真実』

山口昌子 著
人文書院・一九〇〇円

産経新聞パリ支局に勤める著者が、ココ・シャネル（一八八三～一九七一）の生涯を、二十世紀ヨーロッパの歩みの中にたどる書。

シャネルといえば、根強い人気を誇るスーツやバッグ、マリリン・モンローが有名にした香水「シャネルの五番」が思い浮かぶだろう。シャネルはまた、一九二〇年代の「狂気の時代」に、ディアギレフ率いるロシア・バレエ団のスポンサーとなり、二十世紀音楽の始まりとされるストラビンスキー『春の祭典』の舞台化に巨額の援助をしている。

ショルダー型のシャネルのバッグが、兵士の雑嚢（ざつのう）から発想されたこと。シンプルでエレガントなシャネルスーツは、活動する女性の時代を先どりした、むしろ「実用服」だったこと。愛用した白と黒は、彼女が育った孤児院の制服を連想させること。「シャネルの真実」を知るにつれ、世界の売り上げの半数近いという日本のシャネル買い占めが、いよいよそぐわないものに見えてくる。

評・青柳いづみこ（ピアニスト・文筆家）

二〇〇二年六月九日⑨

『南浦書信　ペリー来航と浦賀奉行、戸田伊豆守氏栄の書簡集』

浦賀近世史研究会 監修
未来社・二〇〇〇円

すぐれた出版である。

たんに良質な史料集というだけでなく、タイムリーでもある。幕末の世をもたらしたペリーの黒船来航の難局に浦賀奉行をつとめ、外交の第一線に立った戸田伊豆守氏栄（うじひで）の書簡集であるが、初心者でも巻末の懇切な解説を参考になまの史料を読む面白さを楽しめる。

日々の手紙は、明日がわからない今日の現場から発信される。後世の視点で整理した歴史とは異なる現在進行形のスリルがある。

江戸の幕府は、事前に何の手も打たず、いざ艦隊に出現されるとあわてふためく。しかも現地を知らないから、実行不可能な指示を送ってくる。内海に入れず食い止めろというが、外海との境界線が見えるとでも思っているのだろうか。当時世界最強の戦艦に乗り込んでいって交渉する気分が想像できるのか。

現代日本には、最近また急速に外交の重要さが注目されてきている事態がある。先人の健闘から対外応接の原点が学べよう。

評・野口武彦（文芸評論家）

二〇〇二年六月九日⑩

『アジアの隼』

黒木亮 著
祥伝社・二二〇〇円

小説の舞台は96年－98年のベトナム。「日本長期債券銀行」から現地事務所開設のために派遣された主人公は、腐敗した共産主義の官僚機構や異質な社会習慣に悪戦苦闘する。事務所開設にこぎ着けるや、巨大発電所建設の資金の融資を巡り、香港の新興証券や欧米系の投資銀行と熾烈（しれつ）な受注合戦を展開する。

本書はフィクションだが、この時期ＡＳＥＡＮ・ＮＩＥＳ諸国を覆った大いなる楽観主義と投資ブーム、その後タイ・バーツ暴落に始まるアジア通貨危機、バブル経済の処理を誤りダッチロールを続けた日本など、背景は限りなくノンフィクションに近い。

著者は都市銀行の国際畑を経験、今は商社の英国現地法人に勤めるビジネスマンとされる。こうしたキャリアからか、企業上層部にはびこる事大主義、責任回避と現場の相克がリアルに描かれる。金融の専門用語も多いが国際金融の現場に臨場感があり、５００ページ近い大作なのに読みやすい。

評・葛西敬之（ＪＲ東海社長）

二〇〇二年六月一六日①

『晴子情歌　上・下』

高村薫 著
新潮社・各一八〇〇円

近代史を背負った個人の内面という謎

前略

わたしは、いま、『晴子情歌』を、深い感動とともに読み終えたばかりです。

この物語の中心には、大正九年に生まれた晴子という女性が、遠い海の上で漁をする昭和二十一年生まれの彰之という息子に向かって、昭和五十年頃に書き送ったたくさんの手紙があります。わたしは、その手紙を、まるで自分に対して書かれたものであるかのように読んだのでした。

晴子は、わたしの母と同じ世代に属しています。四つ年上の彰之も、ほぼわたしと同じ世代といってもいいでしょう。晴子は、わたしの母と同じように文学少女でしたし、また、彰之は、わたしと同じように、六十年代後半の政治の季節と衝突し、大学を去って後、なぜか肉体労働に従事します。いや、晴子の夫である淳三と同じく、わたしの父も、挫折した洋画家でした。晴子の父、大正から昭和の初期にかけての良心的インテリゲンチア、康夫と同じく、わたしの父の父もまた、貧しい東北の農家を出て、故郷の希望を一身に背負って帝大の門をくぐった一人だったのです。

康夫や晴子や淳三や彰之たちが、偶然にも、わたしの家族に似ていたのは、おそらく、彼らが（わたしたちが）、近代日本を生きた家族の典型だったからです。

彼らの周りには、血と政治と本能のドラマが、過酷な労働が、戦争や災害が、すなわち、近代日本史が、直接その姿を現しているのだ、と、そして、すべての登場人物は、その胸の中に、密（ひそ）かに、ある一つの共通の思いを抱いていたにちがいない、とわたしは、感じたのでした。

それは、「確固としたものはどこにあるのか」という、痛切な自問です。

政治と性の、二つの季節に翻弄（ほんろう）される若い彰之に、従姉（いとこ）の公子は「マルクスやロマン・ロランや、あるいはドストエフスキーが人間というものを考えた、あの確固とした世界や人間の情熱と確信を私たちがもはや感じられないでいることは否定出来ない」といいます。では、肉体労働に、確固としたものがあるでしょうか。あるいは、母の晴子やもっと別の世代は、確固としたなにかを持っていたでしょうか。

傑出したミステリーの書き手であるあなたが、この本を書いたのは、最大のミステリーとは、歴史の謎であり、近代日本に生きるということの謎であり、その中にほんとうに確固としたものがあるかという謎である、と確信したからではないでしょうか。そして、それは、まだ誰によっても解かれてはいないのです。　かしこ

評・高橋源一郎（作家）

たかむら・かおる　53年生まれ。作品に直木賞受賞の『マークスの山』『照柿』『レディ・ジョーカー』など。

二〇〇二年六月一六日②

『ナチスと動物』

ボリア・サックス 著　関口篤 訳
青土社・二六〇〇円

ナチズム研究に新たな視点

ローレンツの『ソロモンの指環』などを若いころに読んで、どうしても腑（ふ）に落ちないことが二点あった。ひとつは、犬にオオカミ系とジャッカル系の二系統があるとしていること。犬がオオカミから家畜化されたことは定説ではないのか。もうひとつは、オオカミ同士の闘争で、敗者が勝者に首を差し出すという説。ローレンツたちがノーベル賞を受賞した一九七三年以前から、動物行動学の教科書では、首を差し出すのではなく視線を避ける動作が誇張されているだけと説明されていた。

本書を読んで謎が解けた。ナチス体制下では、オオカミ系のシェパードなどは「アーリア人種」の犬、ジャッカル系のフォックステリアなどは「ユダヤ人種」の犬だったのだ。オオカミの服従姿勢についてのローレンツの間違いは、イヌ科の動物の「行動様式にナチスの官僚組織のそれを当てはめた」ためだと著者はいう。いずれの社会も「内部では厳格な階級構造だが、外部に対しては無慈悲を特徴とする」。

本書の巻末付録は、ナチスが政権を掌握し

た一九三三年に制定された「動物保護法」（動物虐待防止法であり、我が国の「動物愛護法」と同じ趣旨）の全文と、その半年前に制定された「動物の屠殺（とさつ）に関する法律」から一九四二年に制定された「ユダヤ人にペットの飼育を禁止する法律」までの年表。オオカミなど野生動物を保護したりペットや家畜への虐待を禁じたりする法制度と、ホロコーストへいたる道との密接な関係が本書の主題である。一例をあげれば、屠殺は苦痛を避け即死が望ましいとする法律は、血を不浄と見なし放血死を命ずるユダヤ教の教えを否定する。

本書はナチズム研究に「人と動物の関係」という新たな視点を提起する。同じ過ちを繰り返さないためには、反省と分析は何度繰り返されてもよい。なぜなら大多数の人々がナチスを熱烈歓迎してしまったのだし、日本もそうだった。近年の民族主義や宗教の原理主義も同じことの繰り返しのように見える。本書は決して自虐史観ではない。過去の分析である。反省のない国に明日はない。

（原題、Animals in the Third Reich）

評・新妻昭夫（恵泉女学園大学教授）

Boria Sax　49年生まれ。アムネスティ・インターナショナルなどのコンサルタントを務め、人権・環境の保護に活躍。

二〇〇二年六月一六日③

『パンツが見える。　羞恥心の現代史』

井上章一 著

朝日新聞社・一四〇〇円

「恥ずかしいもの」への愛情深く

１９３２年、日本橋白木屋の大火災で、和装から股間が露出することを恥じた多くの女店員が墜落死。その教訓がズロース装着を普及させた――と、私にも聞き覚えのあるこの「白木屋ズロース伝説」を疑うことから、著者の壮大な〈パンチラ成立史観〉の幕は切って落とされる。

厖大（ぼうだい）な通俗史料群から、それが当時の常識的羞恥（しゅうち）心の尺度と合致しない虚構であることを暴き出した著者の筆致は、さらに「見えそうで見えないもの」を巡る羞恥と快楽の攻防史の深淵（しんえん）に向かって、疾走（暴走？）し続ける。

パンチラを恥じる女の羞恥心。それを悦（よろこ）ぶ男の助平心。この図式が成立するのは、著者によれば１９５０年代。実はつい先日のことなのだ。それ以前の一般的パンツ観は「股間を隠蔽（いんぺい）する保護膜」以上のものではなかった。それがどのようなプロセスと力学によって高度の記号的変換を遂げるに至ったのか？　フェミニズム的な男断罪論や欧米的エロス文化（たとえば映画『七年目の浮気』）の影響のみでは、その謎は解明できそうにない。

その背景には、戦後的時代相や伝統的美意識とも連動した、複雑かつ豊穣（ほうじょう）な「男女の共犯関係」が潜在していたのである。それをセクハラや性犯罪の温床として断罪するのは、あまりに一方的で……おっといかん、こちらまで暴走してしまった。著者もそこまでは言ってない。

かつて上野千鶴子の『スカートの下の劇場』に「乱心」してしまった過去を持つ著者だが（本人も文中で反省している）、これは上野の〈自己愛的パンツ論〉への13年遅れの意趣返しとも読める。欲を言えば、副題通り「羞恥心」という謎により深く斬（き）り込んでほしかったとも思う。パンツフェチ的視座のみならずSM的視座も導入すれば、たとえば「羞恥を楽しむ〈恥の文化〉の成熟」といった新たな視界が拓（ひら）けたかもしれない。いや、すでにそれは本書の行間から滲（にじ）み出ている気もするが。

「恥ずかしいもの」への著者の尋常ならざる愛情そのものこそ、本書の白眉（はくび）だろう。パンツよ、ありがとう。

評・山崎浩一（コラムニスト）

いのうえ・しょういち　55年生まれ。国際日本文化研究センター助教授。風俗史、意匠論を専攻。『愛の空間』『美人論』など。

二〇〇二年六月一六日④

『バレエ誕生』

鈴木晶 著
新書館・三二〇〇円

「妖精の踊り」の歴史、軽やかに

子供のころ、バレリーナにあこがれた女性は多いだろう。かくいう私も、トゥー・シューズを買ってもらい、ひそかに爪立（つまだ）ちで家の中を歩きまわったおぼえがある。

「ポワント」というこの技法を芸術の域にまで高めたのは、一八二七年にパリ・オペラ座でデビューしたマリー・タリオーニだった。空気の精シルフのように軽やかに浮遊する彼女の踊りは、三二年の『ラ・シィルフィード』で絶後の成功をおさめ、ロマンティック・バレエはここに幕開けした。フランスのロマン主義宣言として名高いユゴー『エルナニ』上演の二年後である。

本書は、精神分析学者でもある著者による「バレエ史の旅」三作目。パリに発生したロマンティック・バレエがヨーロッパ各地に広がり、十九世紀末ロシアの名振付師プティパの改訂を経て現代に伝えられていく様子を、軽妙な語り口で描き出す。どのページを開いても、愛らしいバレリーナの挿絵や舞台写真が飛び出してくるのも、大きな魅力。ちなみに、バレエはモダンとクラシックにわけるのが一般的だが、専門家は、二十世紀バレエ・リュス以前のスタイルをクラシック、そのさらに前身をロマンティックと呼んで区別するという。このあたり、他の芸術と順序が逆なのが面白い。

ロマンティック・バレエの特徴は、ひとつは「ポワント」に代表される技巧主義、もうひとつは妖精物語に想を得たものが多いことで、一八四一年には、カルロッタ・グリジという踊り子に熱をあげた作家テオフィル・ゴーチエが、踊る妖精ヴィリを題材に、名作『ジゼル』の台本を書いている。

役柄は妖精でも、踊り手は生身の女性。バレエ学校の訓練の厳しさは今と変わりないが、運よく劇場のダンサーになっても、芸術家として尊敬されるわけではなく、多くの踊り子たちの目的は、富裕な商人や貴族のパトロンを見つけることだった。

ヨーロッパの劇場には、舞台を真横から見る客席があり、その昔は「地獄のボックス席」と呼ばれていた。この場所に陣取る金満家のおじさんたちは、バレエそっちのけで「どの子を愛人にしようかな」と品定めしたそうな。

評・青柳いづみこ（ピアニスト・文筆家）

すずき・しょう　52年生まれ。法政大教授。文学、精神分析学、舞踊学を専攻。著書に『踊る世紀』『ニジンスキー　神の道化』など。

二〇〇二年六月一六日⑤

『一日一書』

石川九楊 著
二玄社・一八〇〇円

裂帛の気合込めた「歳字記」

昨年元日から京都新聞で、一面コラム「一日一書」の連載が始まった。名筆名跡を一日に一つ取り上げ、書家が縦横無尽に論じきたる。字の選定の妙と、寸鉄人を刺す短評の小気味よさで、評判となった。昨一年分を編んだのがこの本だ。いわば東アジアの古今から、選（え）りすぐりの字を集めた21世紀の手本集、「法帖（ほうじょう）」である。

まずは、日付ごとに印刷された書の力、美しさに目をみはる。1月なら、たたずまいのりりしい蘇軾の「寒」に身が引き締まる。震えて消え入りそうな良寛の「風」は、何と老人の孤影に似ていることか。

今の季節、例えば6月16日に登場するのは、江戸時代の儒学者・荻生徂徠の草書「紫」だ。アジサイにちなんだ選である。その前後には「父の日」に選んだ西周代の金文から「父」の字、「万緑」から採った王羲之の端正な「万」が並ぶ。

つまり本書は「歳時記」ならぬ「歳字記」である。京の土地柄を映し、鴨川の本床開きや大文字送り火といった、折々の風物詩が織り込まれたのも魅力だ。

だが著者は、「ワープロ廃止論」を唱えて議論を呼んだ名うての論客でもある。一筋縄ではいかない。8月6日には「軍」、9日には「哀」、15日には「敗」を選び、「終戦という曖昧（あいまい）な呼称が首相を靖国参拝へと誘う」と一矢を放つ。9月11日以降は、「交」の字で米国の報復を批判し、「暴」で好戦をいさめ、「慎」の字で時勢にあらがう。「時評」ではなく、一文字に、裂帛（れっぱく）の気合をこめた「字評」なのである。

著者はかねて、東アジア文化は書字を中心として形成されたという独自の文明論を唱えてきた。書は、筆が紙に接触し、摩擦を引き起こし、離脱するまでのドラマである。その力の強弱、深浅、遅速という書きぶりが「文体」をつくる。私たちの文化は書字の運動と切り離せず、書字を失えば文化は衰退する。近著『「書く」ということ』（文春新書）で著者はそういう。

著者の短文は、起筆から収筆まで、書に例えて読むと味わい深い。いずれの文章も収筆が見事だ。去り際、心に鮮やかな墨痕を残して消えていく。

評・外岡秀俊（本社編集委員）

いしかわ・きゅうよう　45年生まれ。書家、京都精華大教授、文字文明研究所所長。著書に『書の宇宙』『日本書史』ほか。

二〇〇二年六月一六日❻

『唄に聴く沖縄』

松村洋 著

白水社・一九〇〇円

歴史・暮らし　すべてを包む感情

沖縄は多くの唄（うた）が受けつがれ、いまもあらたな民謡が日々生まれている島だ。唄うこと、聴くことを楽しむ沖縄人（ウチナンチュー）の表情がそれを語っている。

唄は〈人間が生きていくために必要な道具〉と松村洋さんはいう。東南アジア全域の音楽に造詣（ぞうけい）が深い著者は、沖縄にかぎらず唄には人びとの感じ方や考え方、暮らし方が刻印されているという。

沖縄の歴史や文化、また時代のなかで人びとが揺らぐさま。松村さんはそれを滑らかな語りでつづっている。唄をとおして、沖縄社会の背景や歩みをこれほど丁寧に記した本はない。それは「唄」によって沖縄と出会ったという著者の喜びがまっすぐにあらわれているからだろう。

雨乞（あまご）い、幸福な世を願う祈りの唄。かつて唄は神につながる「言葉」だった。また、宴席の最後に唄い踊られるカチャーシー。私もカチャーシーのリズムが弾（はじ）けた瞬間、いてもたってもいられなくなる。この音はハートを直撃する。たしかにカチャーシーは〈人びとがそれぞれに異なる自分自身の人生を生きつつ、共同体として生きていくことを〉実感させるのだ。

琉球王国時代に栄華をきわめた宮廷芸能。優美な芸能の陰には、中国や薩摩との政治的緊張関係がある。芸能は、琉球の外交手段のひとつと位置づけられており、日本や中国の芸能を巧みに採り入れたが、その土壌には島人の唄があった。

琉球王国の崩壊、戦争、米軍統治時代。そして復帰によって再び日本と向き合った沖縄に、民謡ブームが燃え上がる。〈ヤマト文化と対峙（たいじ）することによって沖縄民謡がかけがえのない財産であるという自覚を明確に持つ〉ことになる。

他者の視線を意識するのは、自分は何者なのかを問うことでもある。沖縄にとって「唄」とは、日本の一地方におさまらない島の人びとの「感情」そのものなのだ。

おすすめのもう一冊。森田純一著『島唄オキナワ・ラプソディ　登川誠仁伝』（荒地出版社）。すばらしい三味線と唄で圧倒的な人気の〝誠小（せーぐゎー）さん〟のポップな一代記である。

評・与那原恵（ノンフィクションライター）

まつむら・ひろし　52年生まれ。音楽評論家。著書に『アジアうた街道』、共著に『クロニクル20世紀のポピュラー音楽』など。

二〇〇二年六月一六日❽

『経済学の再生　道徳哲学への回帰』

アマルティア・セン 著　徳永澄憲ほか 訳

麗澤大学出版会・二三〇〇円

近代経済学は、超合理的で、自分の利益だけしか考えない個人を想定して理論を構築している。これはかなり有効だけれど、単純化でしかない。なのに、時に経済学はそれを忘れ、非現実的な結果を出して平気だったりする。本書はノーベル経済学賞受賞のアマルティア・センが一九八六年に行った講演録だけれど、合理的で利己的な個人という想定の偏重を戒め、いまの経済学に欠けている各種要素を指摘し、そして倫理学と経済学の交流からもたらされる成果の見通しを述べる。

解説はセンと読者の溝をかえって深めかねないもので残念。でも訳は正確。講演録なので、比較的手軽に読めるのも吉。お金じゃない豊かな生ってどう考えようか。結果だけじゃ判断つかない権利や自由といった価値はどう考慮しよう――本書の問題提起は、いまなお重い。でも、だれもが時に感じる疑問を本気で考えている本書は読者に希望を与えてくれる。

評・山形浩生（評論家）

二〇〇二年六月一六日❾

『窓開けて』

杉山平一 著

編集工房ノア・二〇〇〇円

ジャン・コクトオの「私の耳は貝の殻／海のひゞきをなつかしむ」をひいて著者は言う。私の耳とかけて貝の殻と解いているのであり、そのこころが「海のひゞきをなつかしむ」だ、と。

著者は、詩の根元に右のような謎解き遊びを指摘する。論理を踏みはずすその遊びは、子供の生き生きした言葉の根っこにもある。「子供は、いい言葉はなかなかおぼえないが、汚ない言葉、悪い言葉はすぐおぼえる。そこにのびのび息づく混沌（こんとん）があるのである」

以上のような明快で平易、そして、刺激的な考えや見方がこの詩論集にはいっぱい詰まっている。

私は著者に尋ねたい。芭蕉の「古池や蛙飛び込む水の音」も謎解きではないか、と。古池とは何か、という問いに、「蛙飛び込む水の音」と具体的イメージで解答したのである。俳句という短い詩が飽きる事なく続いているのは、根本に謎解き遊びの楽しさがあるからではないか。杉山さん、そうですよね。

評・坪内稔典（俳人）

二〇〇二年六月一六日❿

『初夜』

林真理子 著

文藝春秋・一三三三円

林真理子が好きだと言うと、意外ねえと言われる。私の専門がフランス文学だからだろう。ハイソで高級難解な「おフランス」文学と林真理子はミスマッチということらしい。ジョーダンじゃありません！

『コスメティック』のように華やかな化粧業界を描いては華麗にメロドラマチックな恋物語を展開する一方で、本書のように花の盛りを過ぎた四、五十代の女の哀感を描いては、全編にしんみり苦い感慨をにじませる、そんなマルチな作家は彼女をおいてほかにない。

そもそも中年の肌のたるみや小じわの悩み、はたまた表題作「初夜」のような子宮摘出の悲哀といった卑近なテーマを書ける作家は、やはりわれらが「通俗の女王」、林真理子よりほかにいないのだ。「堂々たる日常性」とでも形容したくなる親しみやすさ。

圧倒的多数の女たちに彼女がうける秘密である。

真理子嫌いのインテリ男性諸君、考え変えません？

評・山田登世子（仏文学者）

二〇〇二年六月二三日❶

『先を見よ、今を生きよ　市場と政策の経済学』

齊藤誠 著

日本評論社・一八〇〇円

過去の思想に縛られないで

ケインズの『一般理論』が、「危険なものは、既得権益ではなく思想である」という文章で結ばれていることは、有名である。その趣旨は、ある思想（アイデア）が後世の社会に及ぼす影響力は、既得権益のそれを上回るほど、実際には強力だというものである。近年の日本における経済政策論議をみていると、このケインズの主張の至当さを痛感せざるを得ない。

過去四半世紀の間にマクロ経済学の思想は大きく転換したのに、わが国での政策論争では、一昔以上前の古い思想に囚（とら）われた論者が依然として優勢である。そして、アクセルの利きが悪いなら、もっと強く踏めばよいのだという類の主張が、盛んに行われてきた。こうした主張の強い影響下に、実際にも量的金融緩和といった経済政策が実施されるようになってきた。

しかし、いっそうの量的金融緩和政策も、それを推奨してきた論者の期待するような効果は上げていない。まだまだアクセルの踏み方が不足しているということであろうか。そうではなくて、経済政策を考える枠組みそのものを再検討すべきなのだと考える。古い教科書の記述を教条的に反復するのではなく、教科書が書き換えられつつあることを知らねばならない。

本書は、この四半世紀に発展した（が、わが国ではよく知られていない）新しいマクロ経済学の思想を紹介し、その上に著者の独自の思索を展開したものである。ただし、紹介といっても、現実の経済状況が非常に複雑である以上、「無理に平易を装って単純な」議論をするわけにはいかない。それゆえ、本書の内容の十分な理解のためには、ある程度の経済学的知識が必要になる。もっとも、理論の細部にこだわらないで思想の骨格をくみ取るだけなら、より広範な読者に可能なことだろう。

そうした骨格に属するものの中でも、もっとも基本的な視点は、「過去から将来へ時間が推移していく中で」経済活動は営まれているという認識である。すなわち、企業や個人も、先を見ながら、今を生きているのである。この本書のタイトルの機縁となった（ある意味で、当たり前の）認識を、古いマクロ経済学は欠いていた。そのことが、いまのことしか考えないような政策を合理化し、将来の着地点を見据えた順序立った問題解決を難しくしてきた。

日本経済の再生のためには、既得権益が打破されるだけでなく、われわれがものを考えるときの枠組みとなる思想の刷新が不可欠である。本書は、そのためのきわめて有効なテキストとなろう。　　評・池尾和人（慶応大学教授）

さいとう・まこと　60年生まれ。銀行勤務、ブリティッシュ・コロンビア大助教授を経て、一橋大大学院教授。

二〇〇二年六月二三日❷

『コンビニ・ララバイ』

池永陽 著

集英社・一六〇〇円

切ない現実に一筋の光明が

すごいぞ。読ませるぞ。重松清と浅田次郎を足したような小説だ。この二人の作家の傑作のエキスをシェイクしたらこんな小説になるのではあるまいか。読み始めたらどんどこ脈打ってきてやめられず、読み終えてもなお鮮やかなシーンが幾つも残り続ける。これはそういう愛（いと）しい小説だ。

あとは黙って本書を読まれたい——というわけにもいかないだろうから、以下少しだけ本書の魅力について書いておくことにする。池永陽は『走るジイサン』で小説すばる新人賞を受賞した作家で、その受賞作も第二作『ひらひら』も、人物造形がまことに秀逸だった。最近の新人作家の中では群を抜いていたといっていい。しかし、この作家がどの方向に向かうのかがわからず、それがもどかしかった。だから、この第三作にはびっくり。なんと今度はど真ん中の豪速球だ。コンビニを舞台に、そこに集まる人々の人生と生活の断面を鮮やかに描く連作集だ。

オーナーの幹郎は妻子を失った悲しみから立ち直れず、経営にやる気もなく、万引きも見て見ぬふり。舞台となるコンビニ「ミユキマート」はそんなコンビニだ。その幹郎、従業員、さらには客、と視点がどんどん移りながら、さまざまな人生が活写されていく。帯の惹句（じゃっく）を借りるなら、ここに出てくる人物はみんなが不器用だ。だから、いつも周囲とごつごつとぶつかり、スマートには生きられない。彼らのかかえている問題は「ミユキマート」に来たところで何ひとつ解決しない。このコンビニはけっして魔法の舞台ではない。池永陽は不器用に生きるしかない彼らの哀（かな）しみをそっと物語にくるんでみせるだけだ。しかし、その手つきの優しさと温かさが、どうしようもない現実に一筋の光明を与えている。

全七話が収録されていて、どの短編もいいが、好みで選べば白眉（はくび）は第五話「あわせ鏡」。十年以上も内縁関係にある遊び人栄三と別れられないホステス克子の性と愛を、希望と絶望を、そして夢と哀しみを、巧みにスケッチして胸に残る。この作家は近いうちにもっと大きくなる。そういう予感を抱かせる傑作だ。

評・北上次郎（文芸評論家）

いけなが・よう　50年生まれ。グラフィックデザイナー、コピーライターを経て98年に作家デビュー。近著に『ひらひら』。

二〇〇二年六月二三日③

『リチャード・ブローティガン』

藤本和子 著
新潮社・二〇〇〇円

「余白感」たたえた小説家の生涯

ブローティガン「愛のゆくえ」は、まったく社会的に意味のない「手書き本の図書館」をやってたった一人で生きている主人公のところに、殺人的ナイスバディの美女がやってきてなついてくれるという、おたくの妄想そのものみたいな小説で、泣いている女の子を落ち着かせるために、その主人公が棒つきキャンデーをあげるというシーンに中学生のぼくはえらく感心して、しばらくポケットにキャンデーを常備していたのだけれど、それを使う機会はついぞなかったっけ。アメリカのリチャード・ブローティガンは、そういうちょっとしたどうでもいい思い出と結びつくような、余白感と懐かしさと悲しい諦（あきら）めとがこもった小説ばかり書いていた人だ。わかる人はわかる。ダメな人はダメ。そしてそれはある意味で、ブローティガン当人のキャラクターとのシンクロ具合にかかっている。

だからその最高の翻訳者にして友人でもあった藤本和子によるかれの伝記が、それ自体なんとなくかれの小説みたいな雰囲気をたたえているのも、まあ納得できるような。八四年に自殺したかれの死亡記事から始まり、その家族、友人たち、藤本自身との交友、日本との関係。そこにかれの小説のいろんなモチーフがからむ。別に大きな事件のある人生じゃなかった。あちこちで、いろんな人が見かけた、いろんなブローティガンの姿——それは寂しく、悲しく、孤独で不安定な、無邪気な一面で身勝手な姿ではあったのだけれど——をとらえつつ、やはりこの伝記は、なぜブローティガンは自殺したのか、という疑問のまわりを、うろうろとめぐる。結局、それで何がわかるわけではないのだけれど。結局、かれが何を考えていたかなんて——それを言うならだれが考えていることだって——わかりはしないのだけれど。でも、そのうろうろぶりが、かれの死後の期間でかなり乾燥したために極端に湿っぽくならず、重たくもならず、いかにもブローティガンっぽい感じだ。

もうかれが死んで二十年近くたつ。久しぶりにかれの本を読んでみようかな、と思う。そんな本。

評・山形浩生（評論家）

ふじもと・かずこ　39年生まれ。翻訳家、作家。ブローティガン『アメリカの鱒釣り』などを翻訳。著書に『イリノイ遠景近景』など。

二〇〇二年六月二三日④

『ファイル　秘密警察（シュタージ）とぼくの同時代史』

T・ガートン・アッシュ 著　今枝麻子 訳
みすず書房・三〇〇〇円

政治的ストーカー被害の実相

重い題材と軽い文体。消費文明下でそだった若い知識人特有の軽さだ。著者が敬愛するというグレアム・グリーンやジョージ・オーウェルなら、ぜったいにこうは書かなかったろう。

一九八〇年、オックスフォード大学をでた著者は、研究員として東ベルリンに住み、第三帝国時代のベルリンにかんする論文を書く準備をしていた。九年後、ベルリンの壁崩壊。旧ドイツ民主共和国国家保安省（シュタージ）の資料が公開され、かれはそこに自分の暗号名のついた分厚いファイルが存在することを知る。そこには、もう忘れかけていた「熱烈で不幸な束（つか）の間のロマンスの一部始終」をふくめて、かつてのベルリンの日々が、分きざみで克明に記録されていた。歴史家の自分が歴史の登場人物になってしまっていたのだ。

かれの記録作成にかかわったのは、のべ十人の担当官と五人の密告者（非公式協力者）だった。密告者には、かつての教官や親しい友人がふくまれる。その一人ひとりに会ってみることにした。

結果は、おおよそ想像がつくだろう。絵に描いたような悪人は一人もいない。不倫やちっぽけな犯罪行為をタネに「釣り針にかかった魚」さながら次第にたぐりよせられた密告者たちはもちろん、担当官たちにしても、義務の観念、忠誠心、勤勉さといった「二次的美徳」につけこまれた普通の人にすぎなかった。それらの美徳こそ、じつはナチズムが利用した普通のドイツ国民の精神的習性であったのだが。

しかし本書の読みどころは、むしろこのあとにある。イギリスに戻った著者は、つてをたどって自国の公安機関、MI5の関係者に会う。ききたいことはひとつ。「ぼくのファイルはあるのですか？」。一瞬、息を吸い込む気配があって、匿名の紳士が答えた……。

暴力的にであれ上品めかしてであれ、どんな国家も、個人のあとをしつこくつけまわす政治的ストーカーとなる欲望をかくしもっている。重いようで軽く、軽く見えて重い本の、こころに残る終幕である。

（原題、The File）

評・津野海太郎（編集者・和光大学教授）

Timothy GartonAsh　55年英国生まれ。歴史家、オックスフォード大学教員。

二〇〇二年六月二三日⑤

『落葉　神の小さな庭で』

日野啓三 著
集英社・一八〇〇円

病室から外へと走り出す想像力

日本語の小説にかぎったことではないが、病で倒れた老人の「私」の語りというものは、多くの場合、語られる領域が「鎖国的」になりがちである。一人の「私」の回顧と回帰は広がりを失って、小説が縮小してしまった、と感じることがたびたびある。

ところが、ガンとの戦いを語った七十三歳の作家の短編小説集を開いて、まず読者がおどろくのは、その第一ページに語り手が病で倒れたのはちょうど千年紀の境界である年の元日なのだとして、その語り手の「私」的な時間が「私」的所有物ではない「時代」へと最初から広がること。

そしてそのように鮮やかな出発からまもなくして、東京の病室にいる老人が、病室の窓の外に「ソウル」が見渡せる、と宣言する。その「ソウル」が「京城」となり、かれが「外」―半世紀前のアジア大陸―で過ごした少年時代の原体験が「妄想」とは対極の、克明な像を結ぶ。

病室の中から抜け出した想像力がいくつかの意味の「外」へと走り出し、時空の境をやすやすと越えて地球の、とりわけアジア側をかけめぐる。朝鮮半島での「帝国主義亡民」となった少年期と、ベトナム戦にジャーナリストとして出向いた壮年期の、ジャーナリズムやノンフィクションなど「大説」として消費されがちな内容が、くりかえし、世界の細部を感知する日本語の「私」の、老大家なのにみずみずしい、小説の文体に取りこまれて、流れるのである。

「外」へ「外」へと、二十世紀後半のいくつもの場所へと、想像が展(ひら)け、連作短編の文章が緊張した流れを持続する。「外」の世界の風物と事物によって、「私」の認識がめぐらされる。一つ一つの短編の連続を通して「私」と世界の境へのぎりぎりの探求が展開される。細かに、ねばり強く、具体から具体へと「私」をたどらせる語りの力が発揮される。

あらゆる「外」をかけめぐった想像がやがては「9・11」を経て、一宗教に還元できない神の、とざされていない小さな庭にこの「私」がたどりついたとき、前世紀をかかえたまぎれなく今世紀の珠玉の文学が一つ実ったのである。

評・リービ英雄(作家)

ひの・けいぞう 29年生まれ。作家。東京に生まれ幼少期を朝鮮半島で過ごす。近著に『梯の立つ都市 冥府と永遠の花』。

二〇〇二年六月二三日⑥

『日本経済と信頼の経済学』

稲葉陽二、松山健士 編

東洋経済新報社・一六〇〇円

信頼感を取り戻す経済社会を

なぜ日本経済は一九九〇年以降、活力を失ったのか。著者たちは、様々な原因が作用しているにせよ、これまでほとんど注目されなかった原因として、社会の信頼が失われたことが重要であると答える。この大きなパズルは、次のように解かれる。

労働と資本を追加的に投入すれば生産量は増える。しかし、投入量の変化だけでは説明しきれない生産量の変化が生じることがある。1+1が2ではなく、2以上あるいは2以下になったりする。このようなプラスアルファ部分は全要素生産性といわれ、技術水準や人材の質など多様な要因が含まれている。

しかし、これらの要因以上に注目すべきはソーシャル・キャピタルであると言う。人間関係資本と訳されることが多いが、要するに、人々が信頼しあい、協力しあう能力のことである。

理屈はこうである。信頼度の高い社会では、経済取引において搾取されないように身構える必要は少なく、新製品の開発などに多くの関心を向けられる。また、人々は政府の政策宣言を参考に長期的展望にたって投資や研究の意思決定ができる。かくして信頼度の高い社会では、労働と資本の投入量以上の生産を得ることができる。

次に証拠。九〇年代の全要素生産性は、アメリカとは逆に、日本では電気機械や精密機械を除く大部分の産業で低下している。そして、研究開発水準や人材の質などの他の要因は低下していないことから、著者たちは、消去法的に信頼度が低下したことによるものではないかと推定するのである。確かに、本書も参照するように、殺人、誘拐などの重要犯罪の件数などに示される社会の信頼度が低下していることを示すデータは数多くある。

しかし、問題は信頼度の低下が全要素生産性の低下に占める比率がどの程度であるかである。不確実さが残るのは仕方ないとしても、さらに詰めた検証を期待したい。意欲的かつ真摯(しんし)な研究であり、非営利組織(NPO)育成のためにそれへの寄付を税額控除の対象とすべし、という提言も一貫性があり検討に値する。

評・真渕勝(京都大学教授)

いなば・ようじ 49年生まれ。日本政策投資銀行設備投資研究所長。

まつやま・けんじ 53年生まれ。内閣府参事官。

二〇〇二年六月二三日⑦

『伊福部昭・タプカーラの彼方へ』

木部与巴仁 著
ボイジャー・三二〇〇円

『伊福部昭・音楽家の誕生』に続き、今年米寿を迎えた作曲家の戦後の歩みをたどる。一種の連作ではあるが、必要と思われる部分には説明が加えられているため、単著として充分体裁をなしている。

作曲家自身が直接語る部分が多くあり、そこから扇形に展開してゆく。戦後のヨーロッパ前衛に追従する音楽界と自らとの乖離（かいり）、ほとんど作品を発表しなかった時期、新たな聴衆との出会い。あるいは早坂文雄、三浦淳史といった旧友をめぐってのエピソード。

戦後の日本現代音楽史といえば、前衛・実験的な側、モダン、ポスト・モダンからの記述が往々にして目立ってしまうのだが、本書はむしろその裏、あるいは逆の、プレ・モダンとでも呼びうる位置からの記述、といえようか。

しばしば伊福部の丁寧で穏やかな「……ねえ」「……といえばいえるんですが」といった口調が生かされているのも感興を添えている。

評・小沼純一（文芸評論家）

二〇〇二年六月二三日⑧

『イスラム世界論 トリックスターとしての神』

加藤博 著
東京大学出版会・二六〇〇円

イスラムへの絡まり合った誤解の糸をほぐしてくれる好著。イスラム世界においては、絶対神と信徒との関係が徹底した個人主義・契約主義にもとづくのに、現実生活上の信徒同士の関係では、集団主義・規範主義に反転するという逆説がある。それは、中間的な宗教権威が抜け落ち、徹底的に現世化された独自の政治・経済システムの姿にもつながってゆくという。

高度に発展した「市場社会」に普及したワクフ（寄進行為）制度は、所有権が凍結されるゆえに、より自由な用益使用を可能にする経済統合システムとして機能していた。ここにはヨーロッパ的所有権概念を出し抜く巧妙なレトリックがある。

イスラムの多様性と独自の思考様式に着目し、欧米流の概念で無理やり切り取った従来のイスラム観をトリッキーに揺さぶる本書は、アメリカのグローバル・スタンダードとイスラムの文化相対主義、いずれにも与（くみ）しない理解の可能性の道筋を描き出している。

評・池上俊一（東京大学教授）

二〇〇二年六月二三日⑨

『第四の扉』

ポール・アルテ 著　平岡敦 訳
ハヤカワ・ミステリ・一一〇〇円

たわむれに世界カー全集というのを夢想する。かつて、スウェーデンのディクスン・カーと紹介された作家もいた。日本のカーは、やはり長幼の序を重んじて、ことし生誕百年を迎えた横溝正史か。クリスティーやクイーンのように口当たりよく広く読まれる推理作家ではないが、カー作品は愛好家には極上の珍味、読み手ばかりか書き手にもしばしば、のりうつるのだ。本家自身、母国アメリカより、幽霊伝説や騎士道の英国を愛した精神的二重国籍者であった。

そしてここに、フランスのカーが登場。フランスものらしくコンパクトながら、密室や奇術趣味など本家のエッセンスを凝縮している。日本の同種トリックに、犯人に小錦並みの怪力が必要と批判した人がいたが、その弱点もない。ずっこけるような幕あいも、じつは仕掛けのうちと判明する。現代の翻訳ものに、探偵小説らしい探偵小説が少なくなったとお嘆きの読者におすすめしたい。

評・新保博久（推理小説評論家）

二〇〇二年六月二三日⑩

『小説平賀源内』

飯島耕一 著
砂子屋書房・三〇〇〇円

『暗殺百美人』『六波羅カプリチョス』に続いて著者の三部作を成す小説である。三十年以上も前に書かれた「原(げん)・小説」に著者の現在が交錯し、江戸末期の人々が生き生きとしゃべり始める。しかも、ドストエフスキーの『白痴』が骨組みに使われ、秋田蘭画とかくれキリシタンの歴史が浮かび上がるという遊び心の豊かさ。これを超現実小説と呼ぶこともできるだろうが、私はむしろ二十一世紀の私たちの現実をはるかな光で照らしだすものとして読んだ。

天才平賀源内はなぜ人を殺したのか。その解けない謎の中心に向かって、次々と新しい物語が現れる。そこで明かされる事実とはまた別に、源内の殺人を通して語られる著者の「生」に対する戦慄(せんりつ)が、読者に強く響いてくるのである。「生」が孕(はら)んでいる「狂気」が、紙のように軽く感じられる今という時代に、詩人が贈った毒入りの美酒なのだ。「湯上がりや世界の夏の先走り　源内」

評・水原紫苑(歌人)

二〇〇二年六月三〇日②

『世界を不幸にしたグローバリズムの正体』

ジョセフ・E・スティグリッツ 著
鈴木主税 訳
徳間書店・一八〇〇円

天才経済学者のＩＭＦ徹底批判

開発援助の世界で、世界銀行さんと国際通貨基金(ＩＭＦ)さんと言ったら、泣く子もだまる超大物だ。この両者がくりだす援助方針は、とにかく構造改革に市場経済化で、硬直していると悪口を言われつつも、みんな一応は聞かざるを得ないのだ。

だから、数年前にその最強タッグの片割れ世界銀行の核心からいきなりすごいＩＭＦ批判が出てきて、みんなのけぞった。曰(いわ)く、ＩＭＦやアメリカ財務省のやりくちは画一的で相手国無視！　かえって事態を悪化させてるぞ！　連中の「グローバリズム」はアメリカ流の押しつけ！　もっと正しいグローバリズムをやろうぜ！

ＩＭＦとしては、背中を撃たれたもいいところ。しかもそれをやったのが、世銀のなんと主任経済学者ときた。ジョセフ・スティグリッツ。去年のノーベル経済学賞をとった、天下御免の天才経済学者だ。

その批判を集大成し、かれなりのグローバリズム像を提示したのが本書だ。

だれもが認める天才ではあるけど、この人は一方で社会常識に欠け(ＭＩＴ教授就任の条件が「研究室に住みつくな、たまには靴をはけ」というものだったほど)、そして政治的な駆け引きや配慮は皆無。正しいと思ったことは立場おかまいなしに主張し、理論的にまちがってる相手は遠慮会釈なく批判、そして物わかりのわるいヤツは罵倒(ばとう)しまくる。本書でもそれは全開だが、率直な分ごまかしがなくて明快。理論的には、誰も文句のつけようがないものだ。

時に他人の政治的立場をまるで無視した罵倒は酷(むご)い。同じく大経済学者のサマーズやフィッシャーらを、理論通りに動かないからと言ってウォール街の走狗(そうく)呼ばわりするのはあまりに一方的。だいたい世銀の援助だって、ＩＭＦを一方的に非難できるほど柔軟じゃないぞ。さらに巻末の某エコノミストによる解説もどきは、ピントはずれな自慢に終始して醜悪。が、それは些末(さまつ)な欠点でしかない。援助関係者はもちろん、グローバリズムに反対の人も賛成の人も、本書を読んで、正しいグローバリズムや援助のあり方を考えて欲しい。

(原題、Globalization and its discontents)

評・山形浩生(評論家)

Joseph E. Stiglitz　43年生まれ。米・コロンビア大教授。クリントン政権の経済諸問委員会委員長、世界銀行上級副総裁を歴任。

二〇〇二年六月三〇日❸

『中世の春　ソールズベリのジョンの思想世界』

柴田平三郎 著

慶応義塾大学出版会・五〇〇〇円

欧州を根底から理解する手引書

ソールズベリのジョン、この十二世紀イングランドの思想家は、一般にはなじみが薄いかもしれない。政治学の世界では、暴君放伐論、つまり法を無視して権力を濫用（らんよう）し自由を破壊する暴君は、殺してもかまわない、という説を本格的に唱えた理論家として知られている。だが彼は政治理論家である前に、ギリシャ・ローマの古典を愛し、それをキリスト教信仰と調和させようとした人文主義者であった。当時の知的センター、パリやシャルトルで、麗しい友愛の輪で結ばれた仲間と切磋琢磨（せっさたくま）しながら古典研究の基礎となる文法と修辞の習得に努めたジョン。それは、古典の教えを血肉化することで徳の涵養（かんよう）と人格の陶冶（とうや）をめざし、またキリスト教世界と古代哲学のイデアたる「自然」や「宇宙」を統合するという壮大な理想を実現するためであった。

本書は、ジョンの主著『ポリクラティクス』と『メタロギコン』をもとに、彼の文芸・政治思想、とくに古代のキケロやボエティウスやアリストテレスの影響、身体に喩（たと）えられた国家の有機体論、教会・国家関係論、君主教育論などを吟味した平明な論文集で、現在のジョン研究の水準を示している。ジョンの生きた十二世紀を中心とするロマネスク期は、ヨーロッパが固有の文化的・社会的な特徴を具（そな）えて成立した決定的に重要な時代であった。その知的な牽引（けんいん）役のひとつがキリスト教人文主義であり、ジョンはその代表選手である。ならば、現在のヨーロッパとその抱える問題を根底から理解するためにも、彼は避けては通れない人物だということになろう。本書が格好の手引書となることは疑いない。

「文学なき生活は生ける人間の死であり埋葬である」とのセネカの言葉は、ジョンの座右の銘であった。競争原理になじまず経済活性化にも役立ちそうもない、そんな学問が人間が人間らしく生きるためには大切なのだと、ジョンは、全身全霊を傾けてわたしたちに垂範しているのではなかろうか。あの叡智（えいち）の花咲き乱れる春のような素晴らしい知的ルネサンスの時代を、ヨーロッパは、そして世界は、いつかもう一度再現させられるのだろうか。

評・池上俊一（東京大学教授）

しばた・へいざぶろう　46年生まれ。独協大法学部教授。西欧政治思想史専攻。著書に『アウグスティヌスの政治思想』など。

二〇〇二年六月三〇日❹

『批判的想像力のために　グローバル化時代の日本』

テッサ・モーリス＝スズキ 著

平凡社・二四〇〇円

虚無的ナショナリズムを越えて

本書の重要な論点は、グローバル化時代において狭い国民的アイデンティティを追求する人びとに対する批判である。自由、平等、民主主義など近代の政治理想への広範な幻滅、グローバル化のもたらした経済不況による出口のない閉塞（へいそく）感や不安感が日本も例外ではなく、世界的規模で虚無的ナショナリズムを生み出し、国民的アイデンティティが最後のよりどころとして求められている、と著者は指摘している。

著者の住むオーストラリアでは、先住民アボリジニーや日本人などの「アジア人」が職や土地を奪い、犯罪を増加させているとして、憎悪をあおり立てた極右のナショナリズムが生まれた。グローバリズムとその混乱・不満や不確実性の原因を分かりやすい対象に標的を絞ることによって説明し、「異物」を可視化したのである。石原都知事の、凶悪な犯罪を繰り返し、大災害の時には騒擾（そうじょう）事件を起こしかねないとした「三国人」発言も同じように理解することができる。いずれにしても、不満や不安感を利用して、可視のスケープゴートを捏造（ねつぞう）し、人種主義的偏見を掘り起こして復興させ、偏狭な国民的アイデンティティの確立を求めているのである。

また筆者は、加藤典洋の『敗戦後論』を取りあげる。加藤がまずは「自国の戦死者への悼み」を日本人として共有すべきだとしたことについて、戦争責任を「悼み」という心理的問題へとせばめ、その謝罪・補償・賠償という政治的問題を棚上げして、日本人としてのアイデンティティを守ろうとしている、と批判している。

排他的な国民的アイデンティティや虚無的ナショナリズムの風潮を乗り越えていくため、著者は「抵抗を迅速かつ効果的に動員する、国境を越えたネットワークの必要性」を訴え、「越境的対話のフォーラム」の形成を提起する。個々人が多元的で複合的な文化的アイデンティティをもっているのであり、それを互いに認め合い、批判的想像力をもって交流するところから、「戦争への準備」ではなく、「平和への準備」が始まるとする著者の意見は、耳を傾けるべき重みをもっていよう。

評・川村邦光（大阪大学教授）

Tessa Morris-Suzuki　51年英国生まれ。オーストラリア国立大教授。日本思想史専攻。著書に『辺境から眺める』など。

二〇〇二年六月三〇日⑤

『リサ伯母さん』

山田稔 著

編集工房ノア・二二〇〇円

まろやかで　かすかに苦い7編

山田稔の小説の味は、岩塩を嘗（な）めたあとのそれに似ている。辛さも、酸っぱさも、甘さも、すべて感じられるのに、どれひとつとして突出しておらず、全体がじつにまろやかで、しかもかすかに苦い。そして、熟成した苦みとでも言うべき味覚が存在するなら、未発表の二篇（へん）をふくむ七つの短篇で構成されたこの『リサ伯母さん』は、そのみごとな一例だろう。

書き手の境遇と作品世界を安易にむすびつける愚は承知しているのだが、初出のある五篇は、著者が国立大学教授を退官したあとに発表されている。全体に漂っている独特の余裕と、にもかかわらず教師として過ごした日々につい素材を求めてしまいそうなまだ近い過去の感覚は、たっぷりした時間のなかに忙しさの残像が残っているこの退官後という、はざまの時期が関係しているのかもしれない。

たとえば冒頭の「愛妻弁当」は、「ある私立の女子大」へ、「学年途中」に知人の代講として短期間だけ出向いた「私」の思い出からはじまる。昼休みの講師控室で黙々と、一心不乱に持参の弁当を食べていた、同年代とおぼしき男。食事が終わると挨拶（あいさつ）もしないで立ち去っていくこの陰気な講師に、「私」は「ほのかな親愛の情」をおぼえ、男の生活をめぐって、あれこれ空想に耽（ひた）る。ある偶然から名前と専攻は知りえたものの、ついに言葉を交わすことなく終わったその数年後に、「私」は新聞で男の訃報（ふほう）を読み、「一方的とはいえ気持ちを通わせたのではなかったか」と考えて、葬儀に出かけていく。

一方的に気持ちを通わせるという語義矛盾のおかしさが、冴（さ）えない男の相貌（そうぼう）とその男の死の現実に結びついて、誰に対するのでもない、そんな過去を振り返ってしまった自分自身に対する泣き笑いを引き出す。どの作品でも、まず思い込みが提示され、それが裏切られるのだが、カタルシスは訪れない。表題作の結末で、主人公はエレベーターのボタンを押す。ゆるゆると開いた扉の前で、しかし彼は立ちすくむ。「扉が閉まりかけても動かない」このためらいから、あの苦さが滲（にじ）み出す。

評・堀江敏幸（作家）

やまだ・みのる　30年生まれ。作家、仏文学者。著書に『北園町九十三番地　天野忠さんのこと』『コーマルタン界隈』など。

二〇〇二年六月三〇日❻

『緑の資本論』

中沢新一 著
集英社・一八〇〇円

テロに向かう世界の救済は可能か

『緑の資本論』は、直接には、いわゆる「同時多発テロ」、あの「九月十一日」の衝撃によって生まれた。そして、著者は、その経験と思考のすべてを費やして、「九月十一日」の本質に迫ろうとする。

著者は「崩れ落ちていく高層タワービルの映像を見ているとき、そこに同時に、透明で巨大な鏡が立ち上がるのを、たしかに見た」と書く。それは「無慈悲なほどの正確さで、私たちの生きている世界の姿を映し出していた」と書く。そして「その鏡の出現を見てしまってからは」「私はもう思考の主人ではいられなくなった。私が思考するのではなく、思考の方が私を駆り立てて、ことばに向かわせるのである」と書く。

「九月十一日」とは何か。この問題を、自分自身の問題として考えない限り、わたしたちに未来はない、と著者は書く。

たとえば「九月十一日」を引き起こしたのは「圧倒的な非対称である」、と著者は書く。「貧困な世界」は「自分に対して圧倒的な非対称な関係」に立ち、いっさいの交通を拒み、日々自分たちを脅かす「富んだ世界」に対し、「交通の風穴を開けるために」は「テロ」だけが唯一の手段となる、と書く。いや、それだけのことなら、他にも書くことのできる人間はいるだろう。著者の思考は、そこで、飛躍する。

「この圧倒的な非対称が生み出す絶望とそれからの脱却について、時代にはるかに先駆けて思考していた作家がここにいる。宮沢賢治である。宮沢賢治は人間の世界につくられてきたこのような非対称関係には、さらに根源的な原型があると考えていた。それは近代における人間と野生動物の関係」だ。

そして、著者は、宮沢賢治の『氷河鼠の毛皮』の中に、テロに覆われた世界から脱却する思考を発見するのである。

二つの「非対称」な世界へと鋭く分裂していく現代、そのさなかにあって、世界に「晴れやかな流動」を取り戻すための、思考の真の戦いが、この本の中にある。

かつて「オウム」に関（かか）わり、深く傷ついた著者からの、これは、限りなく美しい「救済」のメッセージである。

評・高橋源一郎（作家）

なかざわ・しんいち 50年生まれ。宗教学者、哲学者、中央大学教授。『森のバロック』『人類最古の哲学』ほか著書多数。

二〇〇二年六月三〇日❼

『法月綸太郎の功績』

法月綸太郎 著
講談社ノベルス・八二〇円

作者と同じ名前の名探偵法月綸太郎（のりづきりんたろう）（通称・のりりん）が難事件を解決するシリーズの短編集もこれで三冊目。推理作家でもある探偵の、父親は警視庁のお偉方という設定。

題名の由来はもちろんホームズものから。「功績」と名づけられた最後の短編集は、どちらかといえば評価の低い珍品だ。新本格の守旧派をもって任ずる作者のことだから、この借用には深い意図があるのか？

端正で爽快（そうかい）な謎解き狙いでかためた一冊。その意味で、インターネットに流れる都市伝説と見立て殺人を組み合わせた「都市伝説パズル」（本年度日本推理作家協会賞受賞）は堅い守りを見せる。これが物足りなければ、「ＡＢＣＤ包囲網」がある。クリスティの『ＡＢＣ殺人事件』の本歌取りのようで、しかし何だかケムリにまかれたような解決がおかしい。怪事件を成立させるために現実のリアリティを犠牲にすること――ここにこそ本格ミステリーの楽しみがある。

評・野崎六助（作家）

二〇〇二年六月三〇日⑧

『在日米軍』

梅林宏道 著
岩波新書・七四〇円

小さな本に、大切な中身がぎっしり詰まっている。個条書きで列挙しよう。

①在日米軍の兵員は公式には4万5千以下とされるが、艦船乗務員を合わせれば6万に達する②三沢基地に配備された戦闘機航空隊は米空軍でも屈指の対地攻撃兵力で、任務は日本防衛にはなくイラク南方のパトロール③湾岸戦争で発射された288発の巡航ミサイル・トマホークのうち、110発が横須賀を母港とする艦船からだった④「極東の範囲」をにらむ安保条約に忠実に従えば、在日米軍は5分の1に減らせる。

在日米軍が日本から、いや極東からも遠く離れた地域に出撃し、ミサイルをぶっぱなしている。こんな図を私たちはおぼろげに頭に描きつつそれ以上深く考えない。平和ボケ。著者はその語を為政者にぶつける。万事、米国におまかせ、の為政者に。自らは情報公開制度を駆使し、資料を集める。そして防衛庁のリストに名が記載される。身を切って書かれた本である。

評・中川謙（本社編集委員）

二〇〇二年六月三〇日⑨

『新しい人は新しい音楽をする』

武久源造 著
アルク出版企画・二四〇〇円

私が武久の音楽に出あったのは、本書でも紹介される草苅徹夫が作ったこぶりのパイプオルガンで弾いた作曲家ブクステフーデの作品だった。澄み切った空間に広がったクリスタルのごとき引き締まった響き。日本のビルダーによるオルガン、しかも盲目のオルガニストによる演奏だと知って、二重の驚きだった。

本書は、その武久の音楽観を知るうえで、貴重な証言集である。音楽家は、その演奏を通じて、自分の思いや感情を伝えるのだが、彼は言葉においても巧みである。「（音楽は）音そのもので伝わるものもあるけれど、音と音との間から伝わるものもあるんです」という表現がその一例だ。

ハンディを抱えて名を成した人と同様、武久はこれまでの苦労を感じさせない。秘密は旺盛な好奇心だ。著者が盲人でなくとも、触覚人間だったはずとの分析が興味深い。今、縄文土器を触ることに夢中だという。そういえばオルガンも触覚が特に大切な楽器だった。

評・草野厚（慶応大学教授）

二〇〇二年六月三〇日⑩

『現代日本経済　バブルとポスト・バブルの軌跡』

田中隆之 著
日本評論社・二八〇〇円

バブルの時代も、一昔は前のことになった。それに伴って、バブルの時期とその後を同時代史として冷徹に分析する試みも、いくつか出版されるようになってきた。その代表は、村松岐夫・奥野正寛編『平成バブルの研究上・下』（東洋経済新報社）であるが、本書は、同種の試みでありながら、日本経済論のテキストという形式をとっており、より幅広い読者に近づきやすいものとなっている。

著者は日本長期信用銀行に勤務していた経歴をもち、この二十年ほどの日本経済を総括することには、個人的にも真摯（しんし）な思いが込められているようだ。それゆえか、事実の要約にとどまらない鋭い指摘がいくつもなされている。例えば、バブル発生につながった財政政策の積極化といった点は、これまでひどく見落とされてきた重要論点を提示したものだといえる。

同時代を生きた者に対しても、バブル期が既に歴史でしかない若い学生にも薦められる本だ。

評・池尾和人（慶応大学教授）

二〇〇二年七月七日❶

『ミイラはなぜ魅力的か』

ヘザー・プリングル 著
鈴木主税、東郷えりか 訳　早川書房・二三〇〇円

人間の奥深いところを刺激するモノ

なぜ魅力的か、といわれてもねえ……。本を開いた最初から、鮮明なカラー写真でミイラの顔のアップである。そういう口絵が十四ページつづく。

ミイラの専門家が集まって三年ごとに開いているミイラ会議とその第三回会議に著者のサイエンスライターが出席したことがきっかけとなり、後日、出席していた専門家を全世界に訪ね、丹念な調査とあわせまとめたのが本書である。

とにかく徹底的にミイラに関するあれこれを取材した本だ。なぜミイラを研究するかから、どうやって解体するかまで、よくここまで調べたというしかない。ミイラから寄生虫を探し、現代の病気の治療にも役に立てようとしている人。髪の毛から数千年前の人の麻薬常用を研究している人。多くの独裁者や国家が、自分たちの優秀性を証明するためにミイラを利用しようとした例。ありとあらゆるミイラ話が出てくる。

特に興味深いのは、ある時期、ミイラがエジプトからの主要な輸出産品だったという話だ。中世のヨーロッパではミイラを煮たものが万能薬で、まさにミイラ産業としかいいようのないものがあったらしい。しかも、近世までミイラを原料にした絵の具がヨーロッパの画家の間で珍重されていたり、社交界でのミイラ解体ショーなどブームは続いていたというから驚く。そして、著者によると、インターネットのおかげでミイラ画像のやり取りなど新しいミイラブームが生まれているらしい。

本ではミイラ自体の話以外に、その研究者や研究の雰囲気についてもページが費やされている。ミイラ研究には宗教的な死者の冒涜（ぼうとく）に対するタブーが付きまとうせいか、研究者も個性的な人が多い。

考古遺物でありながら、それはやはり過去に実際に生きていた人の死体でもある。ナマナマし過ぎもせず、それでいて単なるモノでもない。この本自体、著者がミイラ会議で感じた、そのアンビバレントな「魅力」を納得したいという思いが執筆の原動力になっていると感じられる。自分の「感じ」をそのままにせず、徹底的に解体するところが西洋のジャーナリストらしい。

西洋の博物館で、いまだに一番受ける展示は恐竜とミイラだという。奇（く）しくも両方とも死体であるとともにモノであり、なによりも具体的な形としての過去である。

ミイラを魅力的とはいまでも思わないが、そこには確かに普遍的な惹（ひ）かれるものがある。そしてそれは人間の奥深いところと関係しているのかもしれない――。そう感じさせる本である。

（原題 The Mummy Congress）

評・坂村健（東京大学教授）

Heather Pringle　52年カナダ生まれ。サイエンスライター。歴史や考古学、人類学の分野で執筆。

二〇〇二年七月七日❷

『パピルスが伝えた文明　ギリシア・ローマの本屋たち』

箕輪成男 著
出版ニュース社・二五〇〇円

古代の知的活動支えた「出版界」

紀元前5世紀の古代ギリシャであなたが裕福な市民だったら、朝食後の楽しみは町の本屋をまわって新刊書を探すことだったかもしれない。それにしても最近は評判の本がすぐ手に入るようになった。問題は舞台や競技の観戦が忙しくて本を読む暇がないことだ。買った本を読んでくれる召使でも雇うことにするか。思わずそんな場面を想像させられる興味深い読み物だ。

空想の余地が多いのは、古代西洋の出版事情について残された記録が極端に少ないため。理由の一つは当時の本（巻物）が耐久性のないパピルスに書かれたためで、文学作品でも現代に伝わるのは1、2%とされる。とりわけ「本と社会の関係は、ほとんど全く分かっていない」と著者は言う。

タイトルの「本屋たち」も、その意味では想像力の産物という色彩が強い。書籍商人を意味するギリシャ語は古くから存在したというが、その姿は分かっていないからだ。紀元前のアレクサンドリアの図書館には百万巻近い蔵書があったとされる例を引いて、「背景に

は活発な本屋の活動があった」と断定しているのも推論にすぎない。

だが、この本の魅力は、あえて「何も分かっていない」ものを主役にすえた点にある。まぼろしの「本屋たち」の存在を浮かび上がらせるために古今の書物から集めたエピソードが古代の知的活動の様子を生き生きと伝える。アテネ市民は旅に出る時は本を荷物に入れた。ローマ時代になると珍しい本を集めたがる蔵書マニアと、それをカモにする悪徳商人が登場する。家の庭を散歩する時に本を朗読する奴隷を雇う金持ちも実在したという。

振り返って著者は「文明という舞台に踊る主役の一人が本屋であった」と語る。そして「出版の伴わない文明はありえない」とも強調する。そうだとすれば見落とすことができないのは、なぜ本屋の文化を誇った文明が衰退したのかという点だろう。

ローマでは出版活動の停滞とともに文明も崩壊に向かう。背景には読み書きの能力の低下があったという。出版不況と日本語力の低下が進む現代日本から、そう遠い話ではないかもしれない。

評・清水克雄（本社編集委員）

みのわ・しげお 26年生まれ。神奈川大名誉教授、元・日本出版学会会長。著書に『情報としての出版』『出版学序説』など。

二〇〇二年七月七日③

『モーツァルトの音符たち』

池辺晋一郎 著

音楽之友社・一八〇〇円

「天才の魔法」鮮やかに謎解き

この本、最高！ 楽譜の読める人も読めない人も、是非読んでほしい。――と書き出してはみたものの、実際問題として、全体の三分の一を占める譜例を見ただけで、オタマジャクシに弱い人はしりごみしてしまうかもしれない。ＣＤがついていたらよかったのに、という声もあがった。

それでも、本書は画期的なのだ。モーツァルトの音楽は、何故こんなにすばらしいのか。その理由を探るために、テキストにとりつく。しかも、通常の楽曲分析のように文法の解析に終始するのではなく、それが音となって聴き手に作用する、魔法のからくりまで含めて解きあかしてくれる。

著名な作曲家である池辺氏は、わざと凡庸な例を作り、モーツァルトの作品と比べてみせる。これがとっても効果的。たとえば、ピアノを習っている子供が一度は弾くハ長調Ｋ５４５のソナタ。ドーミソシードレド。この主題、普通の作曲家なら「確保」といってしつこく繰り返すところだが、モーツァルトは一度しか使っていない。著者が示す「常識版」は、いかにもマヌケ。

かの「交響曲第四十番」は、音楽に内在するエネルギーを通して語られる。音というのは、放っておけば落下したいもの。モーツァルトは、そんな音の「意志」を聞き、操るのが抜群にうまいらしい。ミレレ（正確には、ミにフラットがつく）で止められた音は、「アレ？」と思う。またミレレで止められると、「コノヤロー」と頭に来る。その反抗エネルギーを使って、レシ～と上昇させる。そこから、一気呵成（かせい）に落とす。池辺氏は、落としすぎて困っちゃった例も書いていて、思わず噴き出してしまう。

変幻自在な池辺マジックは、まだまだつづく。あるピアノ協奏曲のイントロを、ジャズやロックに編曲してみせる。しかし、どうもはまらない。やっぱり、現在の形がいいということになる。別の作品では、主題に手を加えて演歌にしちまう。ブンチャチャチャッチャッチャ。「ナミダの～」とか「ハトバの～」とか歌詞をつけて歌えば、ホント、そっくり。モーツァルトの親しみやすさの秘密は、こんなところにも潜んでいたのか。

評・青柳いづみこ（ピアニスト・文筆家）

いけべ・しんいちろう 43年生まれ。作曲家、東京音大教授。91、99年に尾高賞受賞。著書に『空を見てますか…』など。

二〇〇二年七月七日❹

『アジア海道紀行　海は都市である』

佐々木幹郎 著

みすず書房・二七〇〇円

一衣帯水の漢字文化圏を漂う

薩摩半島西海岸の港町坊津。いまでこそひなびた町だが、明時代の中国人にとっては筑前の博多津、伊勢の阿濃津と並ぶ日本三大港の一つだった。八世紀半ばには鑑真が上陸し、遣唐使の大半がここから出港し帰港した。坊津は日本の港というより東シナ海全体の港だった。鎖国によって坊津の繁栄はうしなわれたが、路地奥の石畳道にかつて往来した唐人たちの面影がふとよみがえる。

その坊津から済州島経由の北路、舟山群島経由の南路、沖縄・舟山群島経由の南島路の三つのルートを経て東シナ海へ。いずれも行き着く先は長江河口部の上海や寧波だ。「海は都市である」の副題どおり、東シナ海は三巴（みつどもえ）になっての日中朝の生活・文化交流の場だった。そのことは円仁をはじめとする渡航知識人の紀行にも記録されている。

しかし『アジア海道紀行』はそうした日中朝漢字文化圏という大文字の視点にかならずしもこだわらない。「爻板（こうばん）」という占いの道具が出てくる。使い方は日本の子供の下駄（げた）の天気占いにそっくり。ほかにも凧（たこ）とか果物とか、文字化されないために見落とされがちな玩具や遊戯システムのような幼くてちいさなものを追って移動していく。と、驚くべきものに遭遇する。一例が済州島の六、七十歳の海女たち。一度海に入ると五時間はもぐり、上陸してまた蜜柑（みかん）畑で働くという。ことほどさように舟の上の航海者より魚や流木のような漂流者の目で見た東シナ海紀行だ。

G・R・ホッケの南イタリア紀行『マグナ・グラエキア』を思い出す。本土内部の帝国首都よりは地中海沿岸の都市国家（ポリス）を転々として母なる海を都市とした人びとのマニエリスム文化。著者もまた詩人であるだけに、冒頭に亡命中国詩人の揚煉が何語でもない文字で書く詩を紹介してから漂流を始める。陸に直立した言語表現ではなく、たえず流動する水の上をさまよい続けるクレオール的視点。そういうものが東シナ海に確実にめばえつつあって、アジア海道はさらにフィリピン、東南アジアにまでひろがっていくのではないか。

評・種村季弘（評論家）

ささき・みきろう　47年生まれ。詩人。詩集に『蜂蜜採り』、評論・エッセーに『中原中也』『自転車乗りの夢』ほか。

二〇〇二年七月七日❺

『聖母のいない国』

小谷野敦 著

青土社・一九〇〇円

核心ついたアメリカ小説論

愛は至高で真心必勝などという気恥ずかしい非現実的お題目が平然と幅をきかす文芸世界に「そんなこと言ったって、どうしてももてないヤツっているんだしぃ」と斬（き）り込んで世の人を一気に正気づかせた名著『もてない男』もそうだが、小谷野敦の魅力はその身も蓋（ふた）もなさではあって、それは本書でも健在なのである。

このタイトルが意味不明な本は、いろんなアメリカ小説を、特に愛や結婚や性の話から眺めたものだけれど、えらいのはそれが重箱の隅をつつく話で終わらず、小説の価値の核心にまできちんと触れているからだ。その核心とは「この小説がおもしろいのはなぜか」という話なのだが、たとえば「風と共に去りぬ」が人気はある（つまりおもしろい）のに文学的評価が低いのは、それが「なんのかの言ってももてる女は得だ」という真実を描いちゃってるからだ、という指摘なんかは、実におみごと。確かにそうだなあ。本書収録の文はすべて、そういうコロンブスの卵的な指摘にあふれているのだ。

ちなみに現代の文芸評論の多くは、おもし

ろさとかつまらなさをきちんと述べることができない。現象面の類似の指摘がせいぜいで、それが具体的にいまの社会にどう応えているか、という本当に重要な話をするツールを持ち合わせていない。ところがこの本はそれをあっさり乗り越えて、小説がもつ社会的機能にまで触れ得ている。それは「赤毛のアン」シリーズがなぜ日本ではいまだに異様な人気を保っているのか、という話なんかに顕著だけれど、小説のレベルからさらに、社会そのものの批評にまで踏み出せているのは、いや、正直いってここまでは期待していなかったんだが、現にできちゃってるんだからしょうがない。

時々出てくる自意識過剰な部分(「おれの理論に言及しないのはけしからん」等)はまあご愛敬。重たい眉根にしわのよった文芸評論を期待している人が読むと面食らうだろうけれど、もうそういう時代ではないのです、というようなことも、本書には書かれていたりするのだ。あなどれませんぞ。

評・山形浩生(評論家)

こやの・あつし 62年生まれ。東大非常勤講師。著書に『片思いの発見』『恋愛の超克』『江戸幻想批判』など。

二〇〇二年七月七日❻

『退屈な殺人者』

森下香枝 著

文芸春秋・一六六七円

犯行の動機は一体なんなのか

ある五月の朝。十七歳の少年は今日、人を殺すことにした。けれども「一体、誰を殺せば、いいのか——。うかつにも全く想定していなかった」。

少年は、いつもの朝のように家を出る。彼の自転車の籠(かご)には殺人を決行したのちに逃走するための着替えがあった。

学校での彼もふだんと変わらず、友人と会話をかわし、授業を受けた。本人でさえ「授業に集中し、例の殺人のことはすっかり忘れていた」ほどだった。

そして放課後、彼は古びた木造の家の中に入ってゆく。そこには見知らぬ六十代の女性がいた。彼は思う。「この人、今から僕に殺されるのか」

彼の犯行は残忍きわまりなかった。

のちに彼は殺人の理由を「人を殺す経験をしてみたかった」と説明した。取り調べの検事は聞き直した。——人の死を経験してみたい、かね?

少年は「いいえ、殺しを経験してみたいです」と答え、こうつづけた。「自分が成長するために必要な経験であると思いました」

事件はセンセーショナルに報道された。殺人の凄惨(せいさん)さはもとより、この犯行理由が誰にも理解できないものだったからだ。

事件を取材した週刊誌記者である著者は、取り調べの調書、精神鑑定での少年の発言をもとに、彼の言葉を再現してゆく。浮かび上がるのは、まったく揺るがない犯行動機、そして被害者へのいたみの心情のかけらすら持たない犯行後の少年の姿だ。

著者は、家族や友人たちから証言をあつめる。いくら問うても、誰からも殺人に至る明確な理由を得られない。カミュ『異邦人』と重ねあわせてみても、そして二度目の精神鑑定で主張された、精神的な「発達障害」という理由にも、彼の犯行を説明できるものはなかった。しかし、この精神鑑定は採用され、少年は刑事処分を免れた。

犯人像に戸惑い、事件にわかりやすい結論を与えない著者の姿勢が現代日本の不気味さをリアルに伝えている。

もっとも恐るべきことは、彼はありふれた〝退屈な少年〟のひとりだということだ。

評・与那原恵(ノンフィクションライター)

もりした・かえ 70年生まれ。雑誌記者。『林眞須美の謎』『「少年A」この子を生んで……』などを取材・構成。

■二〇〇二年七月七日⑦

『浮かれ坊主法界』

東郷隆 著

新潮社・一五〇〇円

愛すべき悪人を描くのはむずかしいが、本作の法界坊はのびのびとそれをクリアーする。この江戸のピカレスクは壮快である。

法界坊は実在した坊さんだが、歌舞伎ではとんでもない女狂いの悪僧になっている。つい最近、勘九郎が上演して滑稽(こっけい)な悪党ぶりがうまくて好評だった。

いま東郷隆氏の世界では文化文政時代の江戸に生まれ変わり、社会の底辺で暮らす願人坊主(がんにんぼうず)の姿で、自分でも働く「悪」を通じて世間に風穴を開ける。

現代の東京もそうだが、上は汚職から下はストーカーにいたるまで、サンプルゆたかに江戸の町々にひしめく諸悪は、都市問題の索引である。民衆には、適度のワルを清涼剤的に楽しむ嗜好(しこう)もある。法界坊は江戸以来の「遊(あす)び人(にん)文化」の土壌で育てられた「悪」のヒーローに一枚加わった。

結末で「もっと悪くなって戻ってくる」と読者に公約した法界坊が、これからも毒を制する毒として大活躍するのが期待される。

評・野口武彦(文芸評論家)

■二〇〇二年七月七日⑧

『00(ゼロゼロ)年代の格差ゲーム』

佐藤俊樹 著

中央公論新社・一八〇〇円

所属階級で人生が定まり、成り上がるチャンスすら与えられない。そんな「機会の不平等」化を進めつつある日本社会の閉塞(へいそく)状況を著者は前著『不平等社会日本』で批判的に描き出した。本書では「その後」の動きを論じる。

たとえば「機会不平等」批判は今やすっかり人口に膾炙(かいしゃ)した感がある。実力の反映としての「結果の不平等」や「格差」を社会が受容するために、挑戦の機会があらかじめ平等に与えられている必要があると「能力主義者」たちが盛んに唱え始めたことが大きい。

だが機会平等の条件下で敗れた人は失敗をもはや他人のせいにできない。そんな容赦のない敗北を敗者に強いるからこそ、勝敗の判定は正確かつ公正でなければならないが、それに見合った評価の力を私たちは持っているか――。こうして機会平等を目指す社会にも固有の困難と危うさがあると指摘、つねに状況に対して警鐘を鳴らし続ける著者の一貫した姿勢が印象的だ。

評・武田徹(評論家)

■二〇〇二年七月七日⑨

『フランスの社交と法』

大村敦志 著

有斐閣・二三〇〇円

フランスには青少年・スポーツ省があり、スポーツ法がある。その第一条は、スポーツの発展は社会一般の利益であり、スポーツを行うことは年齢、性別、能力に関(かか)わらずすべての人の権利だと述べているという。

しかし、スポーツを担うのは学校ではなく、個人が自発的に作るアソシアシオン(結社)であり、政府はこれを法で保護し、支えている。スポーツだけでなく、文化についても同様だ。

日本人は、法すなわち拘束と考えるが、法は自由のための手段でもある。現代人は、たんなる生活を超えて活動を拡大するが、そこにも法が必要となる。著者は、フランスにおける広義の社交と法の関係に注目し、将来、こうした「社交法」が重要となると言う。

フランスは、世界のグローバリゼイションの中で独自の存在感を示している。その秘密は、上記のような法と社会との関係の中にあるような気がする。日本社会の将来を考える上でも重要な示唆を含む本である。

評・北岡伸一(東京大学教授)

二〇〇二年七月七日⑩

『ブラック・プロパガンダ　謀略のラジオ』

山本武利 著
岩波書店・二九〇〇円

第二次大戦中、サイパン島が米軍に占領されると、同島から本土空襲の米空軍機のみならず、中波で「新国民放送局」の名のもとに、日本語ラジオ番組が百二十四回にわたり送り出されていたことは、あまり知られていない。

米国CIAの前身OSS（戦略諜報〈ちょうほう〉局）が総力を結集し、日本の反政府勢力が国内から発信しているように偽装した。約三十分間、日本の早期降伏を呼びかけるメッセージや、日本で放送禁止中の厭戦〈えんせん〉的、享楽的なナツメロが流された。

本書は八〇年代から徐々に公開されたOSSの資料を基に、番組の制作者や内容、制作過程などを、既存の資料と突き合わせて解明した意欲的な研究書だ。

OSSがかき集めた日本語が堪能なメンバーには、日系人の米国共産党員もいれば〝穏健右翼〟や日本兵捕虜もいた。彼らがどんな思いでラジオ番組を作成していたのか、その心情をぜひ知りたくなった。

評・塩崎智（歴史ジャーナリスト）

二〇〇二年七月一四日①

『ジャンヌ・ダルク処刑裁判』

高山一彦 編訳
白水社・三六〇〇円

『ジャンヌ・ダルク復権裁判』

レジーヌ・ペルヌー 編著　高山一彦 編訳
白水社・三五〇〇円

英仏百年戦争も終盤の一四三一年一月、イギリス支配下のルーアンでは、捕縛した乙女ジャンヌにたいする裁判が行われた。オルレアンを解放し仏王シャルル七世を戴冠〈たいかん〉させた彼女の異端的罪状を白日の下にさらすことで、シャルルの正統性を否定しようという魂胆であった。五カ月後、ジャンヌは致命的な「戻り異端」の判決を受ける。

まずは緊迫した問答に、じっと耳傾けて読み進めてほしい。ジャンヌを追い詰め、ボロをださせようとするエリート審問官の難解で執拗〈しつよう〉な問いに、彼女は言葉を選び、賢明このうえない答えで切り抜ける。巧みに仕掛けられた罠〈わな〉を無意識のうちに悟って、凛〈りん〉とした姿で対峙〈たいじ〉するのである。「ずる賢い女だった」と吐き捨てるように言うイギリスびいきのパリ大学神学博士、「ごきげんよう皆さん、終わりましたよ」と、イギリス人に誇ってみせる裁判長。火刑台に消えたジャンヌの残した純な言葉は、彼ら知識人をいかに卑小で陋劣〈ろうれつ〉に見せることか。

一四五五年、フランスが最終的勝利を収めると、今度は前裁判の無効を証明して破棄するための「復権裁判」が始まる。「処刑裁判」が悲劇的なトーンに支配されているとすれば、こちらは懐かしい彩りに溢〈あふ〉れている。ドンレミ村、ヴォークールール、オルレアン、ルーアンと、フランス各地を移動する法廷は、行く先々で証人を召喚する。ジャンヌに親しく接した村人や騎士らが、生前の彼女の思い出をたぐって、誕生時の洗礼から火刑台での「イエス様」との叫び声まで、優しく敬虔〈けいけん〉で勇敢な彼女を、愛惜に満ちた言葉で語りだすのである。

ところが、移動法廷がジャンヌ最期の地、かつて処刑裁判が行われたルーアンに戻ってくるや、ほのぼのとした雰囲気は一転してかき消える。そこで恐るべき前裁判のからくりが暴露されるからである。その裁判は、なんとはじめからシナリオが決まっていた、とても合法的とはいえない暗い茶番劇だったことが判明するのだ……。

今日七月十四日は、フランス人の愛国心が高まる革命記念日である。「救国の女傑」ジャンヌは、ナショナリズム発揚のために利用されてきたし、最近では極右勢力のアイドルとなっている。だが真実の声を伝える両裁判史料は、彼女が女傑とはかけ離れた、純真で聡明〈そうめい〉な田舎娘だったことを発見させてくれよう。しかも、当時の民衆の魂の底からの訴えを伝える神の使者の声は、狭隘（きょうあい）なナショナリズムを越えて、今、正義を奪われて苦しんでいる世界中の人々の思いを代弁する普遍的な価値を具（そな）えている、とわたしには思われる。

（原題、Procès de Condamnation de Jeanne d'Arc）

（原題、Vie et Mort de Jeanne d'Arc, les Témoignages du Procès de Réhabilitation）

評・池上俊一（東京大学教授）

Régine Pernoud　1909～98年。ジャンヌ・ダルク研究所を創設。

たかやま・かずひこ　24年生まれ。成蹊大名誉教授。

二〇〇二年七月一四日❷

『喜劇の殿様　益田太郎冠者伝』

高野正雄 著

角川書店・二八〇〇円

演劇史に埋没しかけた異才に光

益田太郎冠者。とぼけた名まえだ。大正年間、開場したばかりの帝国劇場の重役兼座付き作者として、軽妙なナンセンス劇を量産した才人。それとも、「ワイフもらってうれしかったが、いつも出てくるおかずがコロッケ」とはじまる「コロッケの唄」の作者といったほうが、わかりいいだろうか。

この人、じつは三井財閥の総帥、益田孝（鈍翁〈どんのう〉）の嫡男で、かれ自身も製糖業界に身をおくバリバリの実業家だった。十五歳で渡英し、滞欧生活八年。バラエティショーやレビューやボードビルに入れあげ、帰国後、それら最新の大衆劇の手法を喜劇不毛の祖国に導入する。若き福原麟太郎など少数の理解者をのぞいてインテリには散々の不評だったが、西の曽我廼家（そがのや）劇に対抗する東の「喜劇の殿様」として大衆的な人気をあつめたという。

劇場のそとでも、日本橋の有名料亭「蜂龍」を、一夜、看板も料理も芸者も幇間（ほうかん）もひっくるめて、まるごと大阪新町の料亭「松月楼」にすり変えてしまうといった、けた外れのお大尽遊びで知られる名物男だったらしい。その底の抜けっぷりたるや、獅子文六が生前、かれを主人公に『ハイカラ通人』という長編小説を書こうとしていたほど。

したがって、かれの喜劇も半分はたしかに金持ちの道楽だった。でも軽く見てはいけない。この道楽は弟分の佐々紅華と岸田辰弥をつうじて、大正・昭和初期の浅草オペラと宝塚レビューに多大な影響をあたえることになった。と、これは八十年余の無視の霧のかなたから、本書が掘り起こしてきた特筆すべき演劇史的事実である。おかげで、まじめ派新劇偏重の日本の近代演劇史が、これまでよりもすこしふくらみのあるものとして見えてくる。

獅子文六の計画はかれの死によって頓挫した。だが、獅子担当の毎日新聞記者として資料や証言あつめに奔走し、昨年、六十九歳で亡くなった著者が、思いがけず、この本を遺してくれていた。太郎冠者の復権。あやういところだったのである。

評・津野海太郎（編集者・和光大学教授）

たかの・まさお　1931年～2001年。元毎日新聞学芸部記者。著書に『お元気ですね』、編著に写真集『越路吹雪賛歌』がある。

二〇〇二年七月一四日③

『新聞ジャーナリズム』

ピート・ハミル 著　武田徹 訳
日経BP社・一六〇〇円

「眼前の危機」伝え迫真のルポ

日本ではむしろ軽妙なタッチの〝ニューヨーカー系〟作家・コラムニストとして知られる著者だが、本業はあくまでも新聞記者・エディターであり続けてきた。とりわけ90年代には『ニューヨーク・ポスト』『ニューヨーク・デイリーニューズ』の編集長を歴任し、メディア買収・再編に揺れる新聞界の変質を現場トップの立場から目の当たりにした。その苦い体験から生まれた生々しい危機意識と義憤こそが、本書の最大の魅力になっている。やや茫洋（ぼうよう）とした教科書風の邦題にだまされてはいけない。これは新聞ジャーナリズム論などという呑気（のんき）なシロモノではなく、「今そこにある新聞の危機」を現場から伝えるスリリングな〝戦場〟ルポルタージュなのである。

原題は『ニュースは動詞だ』。モニカ・ルインスキー、ウサマ・ビンラディンといった固有名詞ばかりが扇情的な見出しに躍り、いったい実は彼らが何をしたのか、何が起きているのか、なぜそれが起きたのかという「ニュースの核心」をおろそかにしてきたアメリカ（だけじゃもちろんないのだが）の新聞ジャーナリズムへの、これは自戒を込めた警告でもある。

もっぱら経営者に向けられた著者のラディカルな批判は、ただし反商業主義といった安易なロマンティシズムには収斂（しゅうれん）しない。問題は「新聞だけが提供できる商品価値」を経営者が読み誤っていることだ。早い話が、読者をバカにしているのである。「新聞は、テレビのニュース番組やインターネットではできないこと、やらないことをすべきである」という著者の正論は、むしろ切迫したリアリズムに根ざしている。

特に驚かされるのは、『ニューヨーク・ポスト』で経営側と編集側が経営方針をめぐって対立した時、著者ら現場スタッフが紙面を使って「反経営者キャンペーン」を展開したエピソード。新聞経営環境の異なる日本ではちょっと想像もできないことだが、むしろそんな圧力や危機感が外に見えにくい分だけ、わが新聞界の方が問題はより厄介で複雑かもしれない。

「自由な言論」あってこその「言論の自由」――と、肝に銘じたい。

（原題、News is a Verb）

評・山崎浩一（コラムニスト）

Pete Hamill　35年生まれ。ジャーナリスト、コラムニスト、作家。ニューヨーク在住。40年間、新聞ジャーナリズムの世界で活躍。

二〇〇二年七月一四日④

『国語一〇〇年　二〇世紀、日本語はどのような道を歩んできたか』

倉島長正 著
小学館・二五〇〇円

激しい転変の渦にもまれる言葉

先ごろ、ある新聞の読者投稿を読んでいて、噴き出してしまった。職場で先輩女性が新人の女性に、他社への封書のあて名には「様」ではなく、「御中」と添えるよう指導した。先輩が後であて名を見ると、手紙にはカタカナで「ウォンチュウ（want you）」と書かれていたという。

若い世代の言葉の乱れを嘆くのはたやすい。だが、私たちにしても、乱れた言葉で先人を嘆かせてきたのかもしれない。言葉は生々流転のうちにあり、近代日本語は、とりわけ激しい転変の渦にもまれてきた。

20世紀の日本語の揺れを、国語審議会の百年の歩みを通して論じたのがこの本だ。

日本語は漢字と仮名、カタカナから成る。今では当たり前のこの「漢字仮名交じり」表記が、百年前の常識ではなかった。

国語調査委員会は1902年、「音韻文字を採用する」という目標を掲げた。漢字を全廃し、仮名やローマ字で表記する。当面は漢字を制限するという方針だ。漢字学習の負担を軽くし、能率をあげる。欧米偏重の「文明開化」の風が、国字に持ち込まれた結果だ。だが満州事変以後、中国の人名・地名を表す必要に迫られ、漢字制限が崩れたのは、歴史の痛烈な皮肉といえる。

敗戦後、音韻文字は再び脚光を浴びる。米教育使節団は国語のローマ字化を勧告し、漢字全廃までの「当座の用」として当用漢字表が制定された。だが舟橋聖一ら「表意派」が、「表音派」の主流に反旗を翻して国語審議会から脱退し、この傾向に歯止めをかける。日本語は今の形に定着した。

平明で美しいと私たちが感じる日本語には、漢字と仮名の程良い配分がある。表音派と表意派の対立は、その美しい均衡点を目指す死闘だったのかもしれない。

漢字制限の背景には、活字の山を減らしたいという新聞・出版社の事情もあった。表音派には、タイプライターで日本語を書きたい、という学者が多かった。パソコンによる漢字処理は、この問題に決着をつけた。だが、パソコンは漢字離れや文字コード問題など、新たな課題を突きつけた。日本語は今も生成途上にある。「ウォンチュウ」で驚くのはまだ早い。

評・外岡秀俊（本社編集委員）

くらしま・ながまさ 35年生まれ。小学館『日本国語大辞典』の編集長を務めた。著書に『「国語」と「国語辞典」の時代』ほか。

二〇〇二年七月一四日⑤

『斬られ権佐』

宇江佐真理 著
集英社・一六〇〇円

胸がキュン、これぞ時代小説

どういうわけか、時代小説を読んでいるとやさしい気持ちになってくる。

たとえば、武士に斬（き）られた八十八カ所の傷のためにいまでも少々体が不自由とはいえ、その権佐（ごんざ）が心配だからと二十歳の弟弥須（やす）が一緒に住むのは尋常ではない。兄の権佐は女房あさみの実家に住んでいるわけだから、弥須は居候といっていい。弥須に家がないならともかく、権佐と弥須の父親はまだ元気で、仕立て屋を開業しているのだ。それなのに舅（しゅうと）もいる家に住み着き、飯を食い、そこから生家に通うのだから、ちょっとヘンな関係だ。家業を手伝うより兄と一緒に与力の手先をつとめていたほうが面白いという事情はあるのだろうが、やっぱり兄思いの行動に思える。

現代小説ならただちにリアリティを失ってしまう設定といっていい。ところが時間がゆったりと流れる時代小説の中に置いてみると、この兄弟の風景がごく自然に見えてくる。二人きりの兄弟ならば、力を合わせるのは当然ではないかと。

あるいは、家族三人が体を寄せ合う場面を引いてもいい。権佐とあさみが二人でいるところに五歳の娘お蘭が入ってくるシーンだ。「何してるの？」と尋ねるお蘭に、権佐が「お蘭、こっち来い。おっ母さんは外から帰って手が冷てェから、お父っつぁんがあっためてやってるんだ」と言うと、「あたいも冷たい」とお蘭が父親の胸に手を差し入れる場面である。

権佐はずっと生と死の境界にいて、いつ死ぬやも知れぬとの設定なので、その死の影が家族を強く結び付けているとの事情はあるが、しかし時代小説でなければ、この光景も素直に受け取りにくい。たとえ父親が死に直面していたとしても、現代小説でこの場面が描かれたなら、「あたいも冷たい」と近寄る五歳の娘に胸がキュンとはならないだろう。時代小説だからこそ、仲のいい兄弟に喝采（かっさい）を送り、体を寄せ合う家族の姿に切なくなるのだ。

時代小説の効用は、我々が忘れてしまったこれらの風景をいつもこうして鮮やかに蘇（よみがえ）らせるところにある。そして、ふぅとため息をつくのである。

評・北上次郎（文芸評論家）

うえざ・まり 49年生まれ。95年に「幻の声」でオール讀物新人賞。「髪結い伊三次捕物余話」シリーズなど。

二〇〇二年七月一四日⑥

『平成三十年　上・下』

堺屋太一 著

朝日新聞社・各一六〇〇円

改革諦めムードに痛烈な警告

すでに話題の本である。

平成三十年といえば、今から16年後、それほど遠い話ではない。主人公は1974年生まれの44歳、現在28歳の人物である。その父は48年生まれで70歳、銀行の支店長を勤め、郊外にマンションを買い、2002年に54歳で退職して、今もマンションに住んでいる。

本書に描かれているのは、16年後の陰鬱（うつ）な未来である。消費税は20％になりそうだし、1ドルはいずれ360円まで行くかもしれない。そうなれば71年以前の水準である。ガソリンはリッター1000円、給料もかなり上がっているが、実質所得は半分になっている。日本が世界に誇った「ニッポン自動車」は中国の自動車メーカーにのっとられかける。

それも、日本に本当の改革がなかったからである。「平成の改革」など盲腸の手術だった。そして、いよいよ本当の政治革命が始まる。これが後半のメイン・ストーリーである。

評者にとって一番印象的だったのは、主人公が祖父の法事で娘と一緒に中国山地の父の生家をたずねる場面である。赤茶けた枯れ木と腐臭を放つ伐採跡がひどい。大陸からの酸性雨である。黒い土塀を廻（めぐ）らした堂々たる邸宅は、手入れが大変だというので、安直なコンクリート塀のプレハブ住宅に建て替えられている。人口の集積なしに昔の豊かな地方の遺産と文化を維持することはできないのである。

著者は以前から東京一極集中にも農業規模の拡大にも反対だった。地方の人口が減るからである。過疎は防がねばならない。そのために10戸以下の集落の住民には、補助金を出して移動してもらうという提案も織り込まれている。毛細血管を短くしないと、人口減少社会はやっていけないからだ。

今の日本では、生活水準が半分になると聴いても、仕方がないと思う人もあるようだ。改革の行き詰まりに対して、諦（あきら）めの気分が世間に広がり始めている。その中で、こういう未来はあってはならないと説得的に示してくれた著者の声に、真剣に耳を傾けたいと思う。

評・北岡伸一（東京大学教授）

さかいや・たいち　35年生まれ。作家、経済評論家、元経済企画庁長官。著書に『油断！』『団塊の世代』など。

二〇〇二年七月一四日⑦

『発声と身体のレッスン』

鴻上尚史 著

白水社・一七〇〇円

よい声を出すためには、リラックスした身体が必要。しかし、自分がいかに緊張しているかを知らなければ、脱力もできないのだ。

劇作家・演出家の著者による「こえ」と「からだ」のトレーニング集。どうして髪形やメークには気を配るのに、発声や脱力には無関心なのか、と疑問を投げかける著者は、イラストを駆使し、できるだけ平易に、具体的に説明しようとする。

至るところに著者ならではのユニークな発想がみられるが、とりわけ面白いのは、「声帯マッサージレッスン」。一番高い音から低い音まで、ゆっくり音程を下げていく。声帯をまんべんなく使うのが目的で、ランニングのときのストレッチの役目を果たす。「丹田（たんでん）レッスン」というのもある。発声はおなかで支えて、と口で言うだけではなく、実際に「臍下（せいか）丹田」を体感させるノウハウがうれしい。

俳優志望者のみならず、教壇に立つ人、カラオケで疲れを知らずに歌いたい人も必読の書。

評・青柳いづみこ（ピアニスト・文筆家）

二〇〇二年七月一四日❽

『華術師の伝説』

海野弘 著
アーツアンドクラフツ・二二〇〇円

いけばなの文化史は寺社の祭礼や社交遊戯と切ってもきれない関係があるので、さぞや明快な通史があるのだろうと思うと、闇に包まれた部分が多いのだそうだ。平安期から饗宴（きょうえん）のための瓶花が現れるが、中世にはばさら者佐々木道誉の大がかりな花見、六角堂市場を背景にした池坊専応にはじまる花会、安土桃山時代の大雲院の豪壮な百瓶華会、と百花繚乱（りょうらん）。

その背景には阿弥衆とか同朋衆とかいう山林における植物採集者たちの活動があった。やがて江戸。遊女の座敷飾りからしだいに一般家庭にも波及し、「女芸」としてのいけばなが表面化してくる。

著者は古代の巫女（みこ）の花立てから十九世紀末の花の造形表現にいたる資料を博捜して、いけばな文化史の暗部と空白を埋めようとする。自然でありながら人工美でもあるという、いけばなのパラドックスは庭園造形にも共通しており、ガーデニングにも役立つさまざまのヒントが隠されていそうだ。

評・種村季弘（評論家）

二〇〇二年七月一四日❾

『ポッカリあいた心の穴を少しずつ埋めてゆくんだ』

加藤典洋 著
クレイン発行、平原社発売・一九〇〇円

一人で立ち止まり考え続けること。それはとてもいいことだ。と、誰もが口にするが難しい。簡単なら口にはしない。で、加藤典洋。評論家は繰り返し考え続けている。核を敗戦を死者を。その論を集めた一冊。

巻頭の書き下ろしの論考。01年の9年11日について。加藤は言う。あのテロの後、反応はやはり、いつもと同じ。「『心ある人』が乱暴なアメリカの対応を批判し、アメリカは『それを聞かずに』暴走する」。交差することのない二元論。善と悪の二元論を前に徒労感に襲われる。橋を架けることは出来るだろうか。

初めに大義、がありすぎる。大義に身を寄せると気持ちがいい。深く考えなくてもいいから。そうであってはならない。日々の淡々とした暮らしへの眼差（まなざ）しが大切なのだ。自分の生活の楽しみを見つけ、その場所から遠く飢えて死んでいく人を思いやる。少しずつでしか埋まらないものがある。加藤は考える道しるべを語ってくる。

評・中川六平（編集者）

二〇〇二年七月一四日❿

『辻邦生のために』

辻佐保子 著
新潮社・一六〇〇円

『西行花伝』をはじめ、多彩な作品を書き残した辻邦生は、じつに魅力のある人だった。気ハヤサシクテ力モチ。優雅な風貌（ふうぼう）だけでなく、晴朗な精神と闊達（かったつ）なユーモアの持ち主だったから、99年7月の急逝は惜しまれて、数冊の遺著が出版された。

その「あとがき」を書いたのが著者である。そして読者は、辻邦生の素顔と、制作の発端から完成までの過程を、夫人の眼（め）を通してつぶさに教えられた。ビザンチン美術史家らしい、図像の象徴を読みとくように精確な、哀別の情をたたえながらも、感傷に曇らぬ透明感のある文章で。

さらに本書では、お化けをこわがり、大きなクマのぬいぐるみを書斎に置き、頭の焦げ跡を枕に残すほど創作に熱中して、生きる喜びと永遠の美を追究しつづけた作家の、日常生活と思索、特異な憑依（ひょうい）体質や夢想癖など、さまざまな未知の領域が描きとめられた。

辻邦生研究はこの本からはじまる。

評・杉山正樹（文芸評論家）

二〇〇二年七月二一日❶

『なぜ牛は狂ったのか』

マクシム・シュワルツ 著　山内一也 監修
南條郁子、山田浩之 訳
紀伊国屋書店・二〇〇〇円

謎多き問題 どう誠実に説明するか

昨年の九月、「牛海綿状脳症（BSE）」、いわゆる「狂牛病」が日本でも確認された。この問題を扱った本が、その前後から矢継ぎ早に出版されてきた。そのなかで本書を取り上げたのは、なにより読みやすく、また著者の科学・医学と病気に対する姿勢に信頼感をおぼえたからである。

牛海綿状脳症、スクレイピー（羊海綿状脳症）、クロイツフェルト・ヤコブ病（散発性、医原性、遺伝性、新型）、クールー病、そして生物学の定説をくつがえす病原体「プリオン」……複雑多岐にわたり、しかも未解明な部分がいまだに多い。

本書の成功の一因は、大胆に細分した章立てにある。各章が短い（数ページの章もある）ので、はじめての読者も一章ずつなら理解しやすい。問題点を整理しつくしていなければできない芸当だ。また、からみあった問題を解きほぐし、医学と獣医学、分子生物学という異分野の研究を結びつけ、慎重かつ大胆に病気の本質に迫っていく論理の展開は、ワトソン博士とホームズの一人二役といってよい。

しかし、犯人の正体はいまだ不明。プリオンが容疑者とされるが、どのように病気を起こすかについても感染のしかたについても、証拠はまだまだ不十分。著者は関連する研究を紹介しながら、ここまでは確か、これ以上はわからない、仮説のなかではどれが有望と、科学者として徹底して正直であろうとする。だが一般人にとって、正体不明の病気に不安や恐怖を感じるのは本能だろう。専門家がわからないという病気に、どう対処したらよいのか？

しかし著者は社会不安をいたずらにあおらない。というより、不安を解消しようとする強い意志が明確に感じられる。伝統あるパスツール研究所の元所長としての信念だろう。第二章で伝染病学の開祖ルイ・パスツールによる炭疽（たんそ）病と炭疽菌の研究が紹介され、著者は徹頭徹尾、開祖の後継者としての姿勢をつらぬく。

著者の読者への真摯（しんし）な態度は、同研究所の反省のあらわれでもある。フランスでは一九八五年、医原性クロイツフェルト・ヤコブ病が発生した。原因は難病治療に使われたホルモン剤の汚染だった。同研究所は創設以来の「公共のための事業」としてホルモンの分離抽出を担当していた。

「問い合わせがあれば見せます」式のお役所仕事の情報開示ではなく、最新の研究結果を、未解明なことを隠さず、しかし誰もが理解できるよう提供する。この困難な責務をどうすればはたせるか、本書はひとつの手本を示した。（原題、Comment les Vaches sont Devenues Folles）

評・新妻昭夫（恵泉女学園大学教授）

Maxime Schwartz　40年仏生まれ。パスツール研究所で分子遺伝学・細胞生理学部門長、所長を歴任。

二〇〇二年七月二一日❷

『横溝正史自伝的随筆集』

横溝正史 著　新保博久 編
角川書店・二五〇〇円

探偵小説家の歩み、乾いた筆致で

一九八一年に没した横溝正史は、今年が生誕百年に当たる。それを記念して、新保博久編『自伝的随筆集』が出版された。第一章には未完の自伝を収録、第二章では以降の歩みを折々の随筆にたどり、最後は江戸川乱歩への回想でしめくくっている。

正史は乱歩の八歳年下だが、デビューは二年早い。戦前は、泉鏡花の影響下に書かれた『鬼火』など耽美（たんび）的な作品が多かったが、戦後は『本陣殺人事件』はじめ本格探偵小説を次々と発表、一時は社会派リアリズムに押されて沈黙したものの、一九七六年には角川文庫版の著作が累計千二百万部を突破、一大ブームをまきおこした。

「書かでもの記」とその続編は、当時書きつがれていた自伝。オドロ趣味で知られる正史だが、随筆の筆致は意外にからっとしている。といっても、内容はすさまじいのだ。たとえば、小学生のころ見た首吊（つ）り自殺の描写。「幼い子供が二、三人、ぶらんとぶら下がった二本の足の下を、あちらへ抜けたり、こちらへくぐりっこしたりしている」。そして、父親が後妻をもらったときの回想。川の字に寝ていて目をさました六歳の正史、「なんにもお嫁にきた晩からせえでもええのに」と思ったという。

このあたり、正史が兄貴分と慕う乱歩の随筆との比較が興味深いところだ。抑制が強く、屈折した印象を与える乱歩に対して、正史はエロにもグロにも率直だった。

「新青年」編集者時代の正史が、乱歩をなだめすかして「パノラマ島奇談」と「陰獣」を書かせてしまう話も、抜群に面白い。乱歩の「人間椅子」や「屋根裏の散歩者」は、正史に構想を話すことによって生まれた。秘めたるオドロ趣味が、正史という出口を見つけたというところか。その二人が、ともに宇野浩二ファンで意気投合したエピソードは、探偵小説の奥深さを感じさせる。宇野浩二といえば、自然主義系の私小説作家として位置づけられているのだから。

戦後の乱歩が評論家になってしまったことを残念がっていた正史。彼自身は、死の前年、七十八歳で長編『悪霊島』を書きあげるなど、最後まで現場の探偵小説家でありつづけた。

評・青柳いづみこ（ピアニスト・文筆家）

よこみぞ・せいし　1902〜81年。作家。『新版横溝正史全集』18巻がある。

しんぽ・ひろひさ　53年生まれ。文芸評論家。

二〇〇二年七月二一日❸

『しらべる戦争遺跡の事典』

十菱駿武、菊池実 編

柏書房・三八〇〇円

地下壕や墓碑銘が語る20世紀

弥生時代の遺跡から、銅剣や矢じりの突き刺さった人骨が発見されている。この時代から戦争が始まったと言われるが、その証拠である。弥生の人々は戦死者の遺骨を丁重に葬った。後の時代に戦争の悲惨を教えようとしたわけではないが、痛ましい戦死者を知ることのできる、もの言わぬ証拠として受け止めることが現代に生きる人々に託された使命だったのかもしれない。

本書は戦争にかかわる建造物や物品、博物館・資料館の事典である。それも「聞き取り調査の方法」などが載せられているように、自分で訪れ、見聞きし、調べることもうながす、読者参加型の実践的な書物である。近年、明治期以降の近代遺産の保存運動などをきっかけとして、近代考古学が提唱され、その一分野として「戦争遺跡考古学」が誕生し、国内ばかりでなく、アジアでの戦争遺跡の調査も始まっている。

松代大本営を代表とする地下壕（ごう）や地下工場は各地に数多く設けられ、今でもかなり多く残っていることには驚かされる。それらは敗戦色の濃厚になった時期に急ピッチで造られたが、動員されたのは強制連行された中国人や朝鮮人であり、酷使され暴行を受けて死去した人も多い。戦争遺跡は大規模な軍事施設ばかりではない。全国どこにでも戦死者の墓があるように、「身近な生活エリア」にも戦争遺跡は多くある。墓碑銘には略歴や戦死した場所などが刻まれており、これも歴史資料となるのである。虐殺された中国・朝鮮人や戦死した無名戦士は、弥生の遺骨のように発掘されなければ歴史の中に姿を現すことはない。

「戦争の世紀」といわれる二十世紀、戦争体験者による「証言の世紀」でもある。いまだに発掘されていない証言もあろう。だが、証言者の高齢化は進み、少なくなっている。戦争遺跡考古学が要請される理由はそこにあるが、消えつつある証言者の発掘も今こそ求められよう。

来年度からは総合学習が高校でも始まる。その一環として、証言の聞き取りも含めた、戦争遺跡の調査を行う歴史学習をするうえで、本書はぜひとも活用してほしい事典である。

評・川村邦光（大阪大学教授）

じゅうびし・しゅんぶ　45年生まれ。山梨学院大教授。

きくち・みのる　54年生まれ。群馬県埋蔵文化財調査事業団主幹。

二〇〇二年七月二一日④ 『子会社は叫ぶ　この国でいま、起きていること』

島本慈子 著
筑摩書房・一八〇〇円

「人間の使い捨て」が進む社会

九州のある系列のバス会社グループが、二〇〇一年初めから七月末までに五十五件もの事故を起こした。ある事故などは、起伏もカーブもない見通しのよい道路で、バスが田んぼに転落した。奇妙な事故ということでテレビ局は現地にヘリを飛ばした。

系列と書いたが、つまりは鉄道会社の子会社である。親会社は赤字バス路線を存続させるために、人件費の安い子会社をつくった。しかし、相次ぐ事故は「基本給のない時給制」など厳しい労働条件を強いられた運転手の疲労によって引き起こされた。

航空会社では、手荷物の受け渡しや客室清掃などの地上業務を子会社に委託している。ところが、労働組合ができると、親会社は別の子会社をつくり、仕事をそちらに回してしまう。この傾向は、規制緩和が本格化し、競争が激しくなってから著しい。

構造改革、柔軟な労働市場、規制緩和。子会社を設立するときのスローガンは違っても、要はコスト削減である。それは当然に消費者利益に結びつくとされる。しかし、著者は、経営者の責任を棚上げにして「同じ職場で明日から賃金を下げたら人権問題だから」と子会社をつくり、そこで堂々と「人間の使い捨て」をしていることの理不尽さを指摘する。

ふと、フォード主義を思い出した。商品を画一化し、作業を効率化することによって、大量の商品を安価に生産する方式のことである。二十世紀初頭に米フォード社が採用したことに由来する。これによって、自動車は大衆にも手の届くものになったが、労働者は単調な労働に耐えなければならなくなった。だがフォード主義には、生産効率の上昇に伴う利潤の増大を、賃金の上昇に反映させるというもう一つの側面があった。そのために、労働者も自動車を買うことができたのである。

消費者の権利や利益を強調するあまり、労働者の権利や利益を忘れてはいないだろうか。資本主義の権化のようなフォード主義ですら、両者を結合するメカニズムをもっていたにもかかわらず、である。

デフレ経済の残酷さと怖さをあらためて考えさせられた。

評・真渕勝（京都大学教授）

しまもと・やすこ　51年生まれ。ノンフィクションライター。著書に『砂時計のなかで』『倒壊　大震災で住宅ローンはどうなったか』。

二〇〇二年七月二一日⑤ 『にぎやかな湾に背負われた船』

小野正嗣 著
朝日新聞社・一二〇〇円

何げない日常の皮をめくると

お父さんはぐうたらなお巡りさん。転任早々、交番が土地の飲んべえの集会所になってしまう。事件といえばせいぜいが選挙違反。いざとなれば両派からヒマ人が二人ずつ町の警察署に出頭すればよい。ヒマ人の四人組は情報通でいわば土地の語り部だ。そこに適当に養殖業や土建屋のボスもいて、あとは眠たくなるような日々がのんびり経過していく。

「浦」という地名だ。海が湾曲して陸地に入り組んだ場所。同時に裏（ウラ）や心と同じく、外からは見えない隠れたところ。この浦も表面は貝みたいにつるつるした日常に覆われているが、中は腐って毒にまみれていはしないか。やがて異形な者たちが現れる。耳や手が奇形の退職教師。アル中のミツグアザムイ。全身に火傷のあるトシコ婆（ばあ）。いずれも土地の人びとにうとんじられており、彼らの過去が知られるにつれ、浦の過去も明らかになってくる。

大分県の県南あたりだろうか。中国語や朝鮮語のラジオ放送がよく入るところだという。歴史的にも大陸・半島と往来があり、遠い昔から密貿易や密出入国行為があった。ぐうたらお巡りさんのお父さんについて浦にやってきた中学生の美希ちゃんは、生理がないのをもどかしがりながら、しだいに浦の裏事情に開眼していく。大陸での化学兵器作戦や朝鮮人迫害にこの土地が無関係ではなかったのではないか。とこうするうちに浦の港にある日突然、一艘（そう）の船が姿を現す。それも戦争中ここから脱走朝鮮人を乗せて逃亡した船だ。

　歴史は裏を返す。船は出て行き、帰ってくる。浦＝裏がめくれた。すべてを覆っていた貝の外殻がめくれ、腐臭を発する死体の中身の毒が流れ出す。同時に美希ちゃんのもどかしくも止まっていた生理の血が股をつたって流れ出た。これで美希ちゃんは次代の語り部としてのイニシエーション、儀式を通過したのだ。お母さんは相変わらずいろはガルタの古いジョークで物語をまとめていて、明日も浦の日常はめでたくも無事に過ぎていくだろうけど、美希ちゃんはなにくわぬ顔をしてもう一皮むけてしまった。

評・種村季弘（評論家）

おの・まさつぐ　70年生まれ。東大大学院に在籍、フランス語圏カリブ海文学を研究中。作品に『水に埋もれる墓』がある。

二〇〇二年七月二一日⑥

『七月の水玉』

片岡義男 著
文芸春秋・一五七一円

作家は何をどう写しとるのか

　片岡義男をきちんと評価できなかったこと、それは日本の文芸評論家や批評家といわれる人たちの最大の失敗、いや怠慢だった、とぼくは思っている。

　いったいなぜそんなことになってしまったのだろうか。かつて大きなブームを生んだから？　ブームになるような作家が重要であるはずがないと思いこんだから？　バカな話だ。

　最新の短編集『七月の水玉』に、こんな文章がある。

「人の気配を感じて彼は振り返った。赤い傘をさした若い女性がひとり、素足に下駄（げた）をはいて庭の中央に立っていた。彼女は微笑を彼に向けていた。彼女が立っている位置は、ヨシオの体感として、まさに庭のまんなかだった。あまりにも正しくまんなかなので、自分としては彼女の立っている位置まで引き寄せられていくほかない、と彼は感じた。だから彼は彼女に向けて歩き、自分がさしている大きなこうもり傘の半径を彼女までの距離として、そこに立ちどまった」

　ここにあるのは「写真」であるとぼくは思う。それは、なにかを正確に描写するという意味で「写真」なのではない。別の言い方をするなら、彼は「写真」の本質的なある部分を言葉に翻案しようとしたのだ。

　では、それはなにか。

　写真集（と散文の本）『謎の午後を歩く』の中で、片岡義男はこう書いている。「いま自分が見ているこれはなになのか。そしてこれをここでいま見ている自分とは、なになのか。いつまでたってもわからない、したがって回答はない、ということのなかに、じつは秘密のような真理があるのではないか」

　「写真」は、それが写す対象ではなく、写そうとするこちら側の真実を見つける力を持つ。そして、それは近代の散文が求めた力でもあった。片岡義男を読んでいると、ぼくは、遠く、日本語に近代の散文の力を与えることにはじめて成功した二葉亭四迷の翻訳『あひゞき』を思い起こす。片岡義男の散文に、ぼくは、日本近代文学の黎明（れいめい）の匂（にお）いを感じるのである。

評・高橋源一郎（作家）

かたおか・よしお　40年生まれ。75年の野性時代新人賞受賞作『スローなブギにしてくれ』ほか小説、評論など著書多数。

二〇〇二年七月二一日⑦

『発想の現場から（キーワード）』テレビ50年　25の符丁

吉田直哉 著
文春新書・六九〇円

NHK大河ドラマ「太閤記」を演出したとき、吉田ディレクターは、初回の冒頭シーンを名古屋駅に入る新幹線ひかりから始めた。次いで秀吉の生誕地にカメラがパン、そののち主人公「サル」のアップとなる。

この手法を吉田さんは「モドリ」と呼ぶ。この本にはこのように符丁（キーワード）化された演出手法が25並んでいる。NHK現役時代、制作現場で発想し、試行錯誤を繰り返しつつ練り上げたものばかり。

個々の符丁をめぐる体験は秘話に属するものが多い。語り口は多分にユーモラス。一種のテレビ裏面史としても読める。

シリーズ「21世紀は警告する」を担当した際は、生身のキャスターのかわりに映像ロボット、ホロン博士を登場させた。時代の先どり感覚の鋭い人である。

この著者ほど〝知〟の立場からテレビと格闘した演出家は、そういないだろう。それだけに、その意図はなくともテレビの現状に対する警告書にもなっている。

評・安倍寧（評論家）

二〇〇二年七月二一日⑧

『江戸の化粧』

渡辺信一郎 著
平凡社新書・七六〇円

世を挙げて美白の時代である。かつてもてはやされた小麦色の肌は、紫外線の脅威と共に敬遠され、夏も白い肌を守ることが美容の最大のテーマとなったようだ。

なぜ白くあらねばならないかという根拠を考え始めると、おそろしく深い穴に落ちてしまいそうだが、本書は川柳という鏡に照らされた、江戸の女たちの美白の状況を克明に描き出す。そして眉剃（ぞ）りやお歯黒といった、今はない化粧にこめられた、女の生の在り方をもいきいきと語っている。未婚・既婚の別や年齢・身分・職業あるいは住んでいる地方によって化粧が大きく変わる江戸時代は、今から考えるとひどく不自由のようだが、それだけにまた、「誰に見しょとて紅鉄漿付（べにかねつきょ）うぞ、みんな主（ぬし）への心中立（しんじゅだ）て」の熱い心が生まれたのであろう。祈りに似る化粧の心だ。

私たちは、いや私は、誰のために化粧をするのかと問いかけずにはいられなくなる一冊である。

評・水原紫苑（歌人）

二〇〇二年七月二一日⑨

『その腕のなかで』

カミーユ・ロランス 著　吉田花子 訳
新潮クレスト・ブックス・一九〇〇円

もしもバルトの恋愛論『恋愛のディスクール・断章』が女性によって書かれ、しかもそれが小説だったら——という夢を、そっくりかなえたのがこの小説である。

四十代の女性作家が、人生で出会ったすべての男たち、「その腕のなかに」抱かれた男たちを、父親から夫、愛人、ゆきずりの男まで、「断章」形式をたくみに駆使しつつランダムに語ってゆく。

語りとともに浮かびあがる男の欲望の深さ。それ以上に、男のその欲望と対をなす、「女である」欲望の果てしなさ。作者はこう断言している。「男たち以外のどんなテーマに価値があるのでしょう?」と。女の人生の最大のテーマは男なのだ。

ふと、シャネルの言葉を思い出す。「女は、男に愛される以外に幸福ではありえない」「男に愛されない女は無にひとしい」

すべての根底に性があるフランス文化。その恍惚（こうこつ）と不安をひしと感じる。

評・山田登世子（仏文学者）

二〇〇二年七月二一日⑩

『鯨が海を選んだ日』

土肥あき子 著

富士見書房・二八〇〇円

「水温む鯨が海を選んだ日」からはじまる句集である。昔々、今日のような水の温む春の日に鯨は海にすむことを選んだ、というのだが、この句を知ってからというもの、季語「水温む」の時空が私の内で広々と拡（ひろ）がった。

鯨の句に並んでいるのは、「腹這へば乳房あふれてあたたかし」。乳房の豊かなこの腹這（ば）う人物もまるで鯨のようではないか。

作者は一九六三年生まれ。俳人としてはとびきり若い。しかも、その作品は、一句の構成の仕方がとても大胆でシンプル。大型の新人俳人が登場した、と言ってよいだろう。

「万緑の山より戻る斧下げて」「夏服となり帆柱の心持ち」「何百の腕放り出し盛夏なり」「炎天のなか軽石を買ひにゆく」

右のような句は、どれもが鮮明な言葉の風景を描いている。しかも、斧（おの）、帆柱、腕、軽石という各句の中心のイメージがくっきりと存在を主張している。見事だ。

評・坪内稔典（俳人）

二〇〇二年七月二八日①

『からくり民主主義』

高橋秀実 著

草思社・一八〇〇円

わかりやすい「事実」に首を傾げて

沖縄米軍基地移転問題、諫早湾干拓問題、上九一色村オウム反対運動、若狭湾原発問題、横山ノック知事セクハラ事件……。著者が本書で取り上げた10件の問題・事件・運動は、どれもが「みんな」の頭の中では処理ずみのものばかりだ。「処理ずみ」というのは、つまり解決・未解決を問わず、少なくとも「ようするにこっちが善玉であっちが悪玉」というわかりやすい物語に変換ずみ、という意味だ。問題勃発（ぼっぱつ）の直後（どころか勃発する前から）、識者やキャスターが「国民の怒り」を、お約束のキーワードを駆使して15秒のコメントにまとめてくれたりもする。

そんな処理ずみ問題の現場へ、著者は周回遅れでノコノコと足を運ぶ。満を持してというわけじゃなく、当人によれば「そのテーマの輪郭がわかる」までに、それほどの時間を要してしまうのだ。ところが、いざ現場で当事者たちに遭遇したとたん、著者は「わからなく」なる。《「ようするに……」の世界》で仕込んだテーマもキーワードもまるで通じない《「実は……」の世界》に迷い込んで、途方に暮れてしまうのだ。

象徴的な場面がある。米軍基地移転問題で揺れているはずの沖縄で、利害が対立しているはずの推進派と反対派の「奇妙な共生関係」にぶち当たり、いつものように「わからなく」なっている著者。そこへ有名ニュース番組の有名キャスターがズケズケと割って入って、見事に現場を《「ようするに……」の世界》にわかりやすく染め上げてしまう。すると当事者たちも「ようするにモード」に豹変（ひょうへん）し、善玉と悪玉／弱者と強者の物語を見事に演じ始めるのだ。

民主ニッポンの多事争論の現場はすべてそんなものだと決めつけて、結果的に《「ようするに……」の世界》に加担してしまう愚を犯す著者では、もちろんない。ただひたすら《「実は……」の世界》の真ん中で首を傾（かし）げ、腕組みし、ますます枝分かれしていく視点と遠のいていく結論に途方に暮れる自分自身を、克明に、平明に、誠実に、滑稽（こっけい）に、読者に伝え続けるのみ。

巻末の村上春樹による愛情溢（あふ）れる〈解説〉によれば、著者は公私の別なくいつも「前向きに弱ったり困ったりしている人」らしい。物書きとしてのそんな姿勢を高く評価しつつ、村上は著者の営業的デメリットを気遣う老婆心も見せるのだが、心配は無用だと思う。この「著者とともに〈事実〉に首を傾げる快楽」に一度ハマった読者なら、もう「読む前に結論見え見えノンフィクション」なんぞ読む気がしなくなるはずだから。

評・山崎浩一（コラムニスト）

たかはし・ひでみね　61年生まれ。テレビ番組制作会社を経てノンフィクション作家に。著書に『素晴らしきラジオ体操』など。

二〇〇二年七月二八日②

『都市　この小さな惑星の』

リチャード・ロジャース＋フィリップ・グムチジャン 著
野城智也ほか 訳
鹿島出版会・二八〇〇円

人間性回復のための青写真

このピンクの表紙の本は、世界各地の都市生活者に「希望」をもたらすだろう。原著の刊行は一九九六年。本書で提案されている都市の再開発計画案は、訳者によれば、一部がすでに実施されているという。私は東京の暮らしづらさに耐えかねて脱出を計画中なのだが、考え直してもいいかなと思いはじめている。

都市の再開発計画案の図面がいくつも収録され、それを見ているだけでも楽しい。ほとんどの図面に半径数百メートルから一キロの円、つまり徒歩で十分前後の行動圏が描き込まれている。だから図面のなかに自分の身を置き、身体感覚でその町並みを想像することができる。基本単位「コンパクト・シティ」は、この徒歩行動圏内に「就業」「生活」「娯楽」の場が混在する。それらを公共交通機関がむすぶ。自動車は徹底的に排除される。米国の交通渋滞による年間経済損失がデンマークの国民総生産と同額ないし二倍というデータがあれば、当然の判断だろう。

いまや地球上の総人口の半数が都市で暮らし、流入人口は増加の一途をたどっている。都市問題は一部の人だけの問題ではない。著者の立脚点の第一はエコロジカルであること。コンパクト化することでエネルギーや物質の無駄をはぶき、さらにリサイクルを徹底する。それ以上に重視されているのが、空気や健康や富の公平な配分という基本的な人権と、近隣を構成する住民の市民意識。都市の再興は、住民に人間性を取り戻す作業にほかならない。

最終章の一節で東京の世紀末が揶揄（やゆ）されている（カラオケルームは居間の、ラブホテルは寝室の代わりか?）。都心の空洞化と郊外住宅地の膨張にともなう満員電車での長距離通勤は、人間性への侮辱なのだ。

本書は専門家や業界ではなく、市民向けの本である（英国ＢＢＣの講演番組の単行本化）。その意味で残念なのは、翻訳が読みづらいこと。「サステナブルな都市」が本書の主題なのだが、新聞でも公文書でも「持続可能な」という言葉がすでに一般化している。あえてカタカナ書きにする意味はどこにあるのか?

（原題、Cities for a small planet）

評・新妻昭夫（恵泉女学園大学教授）

Richard Rogers　33年イタリア生まれ。建築家。ポンピドー・センターなど設計。
Philip Gumuchdjian　建築家。

二〇〇二年七月二八日③

『日本子ども史』

森山茂樹、中江和恵 著
平凡社・二六〇〇円

過保護と捨て子、同時代の慣行

日本の子どもたちは、どんな歴史を生き抜いてきたのだろうか。大人はかつて、例外なく子どもだったのだから、子どもの居場所をちゃんと回復させた歴史を描きだしてみないのは、公平を欠いていよう。一九七〇年代以来の社会史ブームに乗って盛んになった女性史とくらべて、子ども史研究は、ずっと立ち遅れている。遅れをとりもどせと専門の歴史家たちを叱咤（しった）激励するかのように登場したのが、本書である。

縄文時代から現代にいたる子どもたちの生と死、仕事と遊び、衣服や食べ物、育児や教育、はたまた諸種の生育儀礼など、あらゆる側面に触れた通史の内容を、すべて紹介することはできないが、とくに興味を惹（ひ）かれるのは、つぎのような事実である。

縄文時代の遺跡から出土した、母親がわが子のために焼いたとおぼしき子どもの手形・足形付きの小判形粘土板がある。誕生日の記念品か、お守りか、または神様への捧（ささ）げ物か、いずれにせよ母胎に見立てた甕（かめ）への埋葬とともに、子どもを思う母親の気持ちが、数千年の年月をこえて、じんわりと伝わってくる。中世になると、絵巻物などの図像史料が、裸足で飛びまわり、遊ぶかと思えば喧嘩（けんか）をはじめる子どもたちの自由気儘（きまま）な姿を、ユーモラスに活写するようになる。絵図作者の寛大で情愛深い眼差（まなざ）しは、当時の親たちの眼差しを反映していよう。しかし、幕末・明治初期に日本を訪れた外国人たちに「子どもの天国だ」と言わしめた子どもへの盲目的な愛情や細やかな養育と、間引きが横行し、捨て子が犬に食われても知らんぷりの遺棄の慣行、おなじ時代に観察されるこの大きな落差は、一体どう説明したらよいのだろう。

本書は二人の教育学者の手になる、教育のあるべき姿への配慮に溢（あふ）れた平易な子ども史である。思えばヨーロッパの子ども史研究の礎を据えたフィリップ・アリエスも、開発途上国の農業発展のための熱帯植物調査を本職とする「アマチュア」だった。「子ども」は、古文書解読に没頭する書斎の歴史家の堅苦しい腕をすり抜けて、学界動向に縛られない生活者・教育者の懐にまずは飛び込むのだろう。

評・池上俊一（東京大学教授）

もりやま・しげき 40年生まれ。東京家政大助教授。
なかえ・かずえ 49年生まれ。同大非常勤講師。共に専攻は教育学。

二〇〇二年七月二八日⑤

『失われなかった一〇年』

伊丹敬之、雄二郎 著
NTT出版・一八〇〇円

人と人との絆に望みを繋いで

本書は、経営学者である伊丹敬之・一橋大教授とその次男である雄二郎氏によるポーランド紀行記であり、共産主義から市場経済への転換を図っているポーランド社会との交流を通じて、一九九〇年代の日本を再考するという興味深い内容のものとなっている。九〇年代は、バブル崩壊以後の一〇年という以上に、世界史的には、冷戦の終焉（しゅうえん）以後の一〇年であった。

伊丹教授は、偶然に近い行きがかりから一九八九年にポーランドを訪問することになり、そこで共産主義体制の崩壊を目撃している。そして、ポーランドに留学した雄二郎氏とともに、二〇〇一年に再びポーランドを旅行し、市場経済への移行の一〇年の変化を実体験する。その経験を踏まえて、日本の「失われた一〇年」が見直される。実は失われなかったものも多く、日本人がいたずらに自信喪失に陥っているだけではないかと。

ポーランドは、市場経済への移行においては、旧ソ連・東欧諸国の中では相対的に優等生である。それは、人の絆（きずな）という市場経済を支える社会基盤がポーランドでは他国に比べて強固に存在しているからだというのが、伊丹教授の観察である。そして、ヒトのネットワークを大切にするという原理は、九〇年代の日本でも失われなかった大切なものであるとされる。

確かに、市場機構は真空の中で円滑に機能し得るものではなく、それが望ましさを発揮するためには、市場機構を支える社会基盤が必要である。そうした人々の間の信頼の存在に代表されるような社会基盤のことを、最近の経済学者はソーシャル・キャピタル（社会資本）と呼んでいる。

その重要性に関（かか）わる伊丹教授の主張は、納得できるものである。しかし他方で、雄二郎氏は、今後の日本においてこそ社会の繋（つな）がりが失われかねない兆候がみられることを心配している。評者も、日本の将来については、「陽（ひ）はまた昇る」という父の楽観よりも、「失われてしまう時が来るとしたらそれはこれからじゃないか」という子の懸念の方が、不幸にして当を得ているのではないかという気がする。

評・池尾和人（慶応大学教授）

いたみ・ひろゆき 45年生まれ。一橋大商学部教授。『人本主義企業』など。
いたみ・ゆうじろう 75年生まれ。有機金属化学を専攻。

二〇〇二年七月二八日⑥

『礫(はりつけ)のロシア　スターリンと芸術家たち』

亀山郁夫 著
岩波書店・六四〇〇円

独裁下の表現者の受難と内面

この本の底は二重になっている。一枚目の底は、スターリン時代における芸術家の受難列伝だ。

おびただしい謎がある。たとえば一九三〇年春の詩人マヤコフスキーの死。それまでの自殺説に対して、九〇年代はじめ、新資料にもとづくチェカー(のちのKGB)謀殺説がとつぜん登場する。しかも、その手引きをしたのが詩人の神話化された恋人リーリャとその夫で、かれらはじつはチェカーのスパイだったというのだから、だれもが愕然(がくぜん)とした。

著者自身は謀殺説には距離をおき、鬱(うつ)病による自殺説の側に立つ。でも、それですべてが割り切れるわけではない。謎ときのむずかしさから、二枚目の底、独裁者スターリンと芸術家たちとの悪夢じみた対話的関係が浮かび上がってくる。

スターリン治下のソ連で、嘘(うそ)にたよらず体制への抗議をこころみた芸術家はいない、と著者はいう。二枚舌。死の恐怖につきまとわれつつ、へつらいの下に批判をすべりこませる術をみがくこと。そのために、かれらはスターリンの揺れうごく真意を、狂気寸前の集中力をもって想像しつづけることになった。

ではスターリンの側は? マンデリシターム、ゴーリキー、ショスタコーヴィチ、エイゼンシテイン。かれらが自分にささげる頌歌(しょうか)は本気なのか。それとも、ずるがしこい二枚舌の産物にすぎないのか。それをたしかめたいという身を灼(や)くような欲求が独裁者をかりたてる。その一例。マヤコフスキーが死んだ数日後、友人の死におびえる『巨匠とマルガリータ』の作家ミハイル・ブルガーコフのもとに、党中央委員会からこんな電話がかかってきた。「もしもし、同志スターリンがあなたとお話になります」

抑圧する者とされる者がたがいの心底をさぐりあう円環的対話の泥沼。「かれはわれわれの側についた」とあとでスターリンが呟(つぶや)き、十年後、「スターリンに殺された!」と叫んでブルガーコフが死ぬ。おそろしく味の濃い時代だったのである。

評・津野海太郎(和光大学教授・評論家)

かめやま・いくお　49年生まれ。東京外大教授。著書に『ロシア・アヴァンギャルド』『あまりにロシア的な。』ほか。

二〇〇二年七月二八日⑦

『ベリィ・タルト』

ヒキタ クニオ 著
文芸春秋・一五二四円

クラシック音楽とはいえ、夜でも「お早う」と挨拶(あいさつ)するゲイノー界もどきに住んでいる私は、アイドルのサクセスものが大好きだ。

吉川リンは、十七歳。家出して、美容師の鋏(はさみ)の刃をとぐバイトをしていたところを、ヤクザ上がりの事務所社長にスカウトされた。関永というこの人物、オカマの父親が唯一愛した女性に産ませた子供で、チェロを弾くのが趣味。リンのいっぷう変わった目に惹(ひ)かれた関永は、彼女をスターに育てる算段をする。

体脂肪率を十%以下に落とす有酸素運動。発声法のトレーニング。改造されていくリンに関永は、アイドルというのは、素材をそのまま使う苺(いちご)ショートではなく、「蜜とワインで甘く煮つめられた」ベリィ・タルトのようなもんだ、と説明する。実にわかりやすく、核心をついた比喩(ひゆ)だ。

「健気(けなげ)に生きている野良猫」のようなヒロインはじめ、登場人物が活(い)き活きと描かれ、読後感爽(さわ)やかな青春小説。

評・青柳いづみこ(ピアニスト・文筆家)

二〇〇二年七月二八日⑧

『がんと向き合って』

上野創 著
晶文社・一四〇〇円

二十六歳の青年記者が睾丸腫瘍（こうがんしゅよう）になった。肺に数え切れない程の転移があった。医師の告知を衝撃の中で呆然（ぼうぜん）として聞いた。「面と向かって現実をつきつけられる痛みが、これほど鋭いとは思わなかった」。新聞記者として事実と心の動きを克明に記録していく。

この本を読むと、命の瀬戸際にいる人間の心が告知や手術や抗癌（がん）剤治療で、どんなふうに揺れるのかがよくわかる。運よく肺の二回の再発を乗り越えた。

病気が発見されてから、突然、婚約、結婚。彼女の手記にぼくは不覚にも涙を落とした。「彼にとって死はいつも一人称だ。しかし、私が考える『死』はいつも二人称だ。彼を失ったらという視点でしか、自分を見つめられていないことに愕然（がくぜん）とする」。病気との闘いの中で彼女は夫の「死」を一・五人称ぐらいにした。見事だと思った。夫婦ってなんだろう。いろんな事を考えさせてくれる。ファルマシア医学記事賞受賞。

評・鎌田實（諏訪中央病院管理者）

二〇〇二年七月二八日⑨

『ニュースキャスター』

筑紫哲也 著
集英社新書・六六〇円

ある研究者によれば、ニュース番組には、ストレート・ニュース型とキャスター・ニュース型があるという。もちろんすべてを二分できるものでもないが、欧州ではストレート型、米国ではキャスター型の傾向が強いとされる。ストレート型を中心に発達してきた日本のニュース番組のなかで、筆者がキャスターをつとめる「ニュース23」（TBS系）は、キャスター型の典型といえよう。

1989年から放送を開始した同番組を振り返り、阪神大震災、TBSオウム事件、昨年の「9・11」などを報じたとき、また、クリントン米大統領と朱鎔基中国首相をスタジオに迎えた市民対話集会を開くにあたって、番組の舞台裏で何を議論し、どう判断したかという記録は、恰好（かっこう）の生きたテレビ論と言える。ゲストへのインタビュー手法について、筆者ととかく比較される久米宏氏の手法を北風型、自らを太陽型と、イソップ童話にたとえて論じているあたりも面白い。

評・音好宏（上智大学助教授）

二〇〇二年七月二八日⑩

『ラジオの時代　ラジオは茶の間の主役だった』

竹山昭子 著
世界思想社・二八〇〇円

日本でラジオ放送が本格的に始まったのは一九二五（大正十四）年。ラジオは当初から娯楽、報道、文化の総合メディアとして認識されていた。ラジオは日本人の暮らしや意識をどう変えたのか、本書は誕生から戦後占領期までの足跡を資料をもとに再現する。

精確な「時」を人々が共有したラジオの「時報」は日本人の生活行動を大きく変えていく。また放送開始直後の大正天皇死去報道は、のちにラジオが「国民の天皇・国家への統合に大きな役割」を担う礎となった。

娯楽の面でも、スポーツ報道、ドラマ、ラジオ体操など、ラジオは「国民」の意識形成に深くかかわっている。そして敗戦。占領政策によりラジオ番組は一変し、そのあまりの変質ぶりに反発する声も多かった。

戦時下の放送について記した著者の『戦争と放送』（社会思想社）を併読すると「ラジオの時代」通史となる。それは声＝言葉が影響力を持った時代の記録でもあろう。

評・与那原恵（ノンフィクションライター）

二〇〇二年八月四日①

『謎解き　伴大納言絵巻』

黒田日出男 著

小学館・一九〇〇円

後ろ姿の男は誰か 見事な解釈と結論

ここ二十年来、ほとんど独力で絵画史料を活用した歴史研究を開拓してきた著者にとって、絵巻は当初からもっとも主要なジャンルであった。これから、絵巻をひとつずつ選んで集中的な分析・読解作業を志すという。その最初の成果が本書である。

「伴大納言絵巻」とは、現在、出光美術館にある十二世紀の傑作絵巻（国宝）で、説話となった応天門の変（八六六年）を「絵」と「詞書（ことばがき）」で表現した作品である。この絵巻については、七十年にわたって、謎の人物の特定をめぐっての論争が繰り広げられてきた。清涼殿庭上の後ろ向き束帯姿の男と、つづく場面の広廂（ひろびさし）に控える男の正体が、不明なのである。

本書前半部は、このホットな論争の歴史の批判的検討である。そこからは、参加学者の学問的厳密性・客観性への姿勢のようなものが、こわいほど透けて見えて、厳しい採点表の前に襟を正したくなる。だが、十五枚の紙を貼（は）り継いだ絵巻は「一紙抜けている」との重要な発見をした山根有三の説（一九八六年）を踏まえないで臆測（おくそく）を逞（たくま）しくしつづける論者は論外としても、謎は「一紙抜けている」ことから生まれた、というのは拍子抜けしてしまう中間的結論ではないか。ヨーロッパのコディコロジー（書冊学）に類する学問は日本にはないのか、なぜずっと早期に分からなかったのかと、皮肉のひとつも言ってみたくなる。

拍子抜けしたところから始まる本書後半部にこそ、著者の本領が発揮されている。長らく様式史に偏してきた日本美術史においてはまだ未開拓だが、欧米の理論に敏感な著者は、徹底的に象徴・寓意（ぐうい）で埋めつくされたヨーロッパのキリスト教美術には比肩できないにせよ、絵巻にも文法・コード（約束事）を見出（みいだ）せると考えて、微細な視線を絵画表現の隅々にまでそそいでゆく。欠落の復元作業をするべく、全体のコンテクストとも関連させながらなされた独自の解釈、たとえば源信邸の女性たちの表情、赦免の使者の振り返るしぐさ、庭を歩む貴人の足袋姿の意味や、「霞（かすみ）」「樹木」「門」の枠組み・分節装置としての役割についての解釈は、いずれも秀逸である。

こうして、謎はなかったと悟ったところから始まる謎解き＝復元作業は、間然するところのない推論を積み重ねて見事な結論――その内容はここでは秘密にしておこう――にたどりつく。絵巻の豊かさ、楽しさをあらためて教えてくれる本書は、同時に、日本版イコノロジー（図像解釈学）の本格的な幕開けを告げる、輝かしい業績である。

評・池上俊一（東京大学教授）

くろだ・ひでお　43年生まれ。東大史料編纂所画像史料解析センター長。著書に『［絵巻］子どもの登場』『謎解き　洛中洛外図』など。

二〇〇二年八月四日②

『人間はどこまで耐えられるのか』

フランセス・アッシュクロフト 著

矢羽野薫 訳

河出書房新社・二二〇〇円

命の「もろさ」と「しぶとさ」と

題目からしてものすごいが――まさに題名そのものの本である。どこまで高く登れるか、どこまで深く潜れるか。どこまで暑さ寒さに耐えられるか。乾燥はどうか。限界に近づいた人体に何が起こるか。そして、不幸にもその限界を超えたら……。

現役のライフサイエンス研究者が一般向けに医科学を伝える本を執筆することを奨励する賞を、英国の製薬会社系の財団が創設した。本書はその賞の応募作品が元になっている。そういう賞ねらいなので、書く方にも力が入っている。歴史上の実話やサイドストーリー、随所に著者の体験に基づくコラムで日本の温泉体験など、工夫されていて読みやすい。なによりもギネスブック的な本のコンセプトが興味を引く。

さらに、いささか気が引けるが、この本の極限のサバイバル実話を読むと、自分は安全でいながら「スリルとサスペンス」が味わえる。たとえば、アリゾナの砂漠で道に迷い、七昼夜を水なしに過ごしてミイラのようになりながら助かったメキシコ人の話など、壮絶としかいいようがない。

　飛行機の緊急時の酸素マスクは何をおいても三十秒以内に着けないと意識を失うとか。熱中症のとき体を冷やすには冷水はだめでぬるま湯で体を拭（ふ）けとか。実生活で役に立つサバイバル知識も満載である。確かに、飛行機に乗っていれば窓の外はエベレスト山頂より過酷な環境。もし窓が割れたら……。現代生活において、極限状態は決して他人ごとではない。

　単なるギネス本やサバイバル本と違うのは、なぜそうなのかの科学的解説がたっぷり入ること。本の趣旨から言えばそれが主眼だが、決して「お勉強」している感じにならず、豊富な科学知識が得られる。淡々とした科学的記述が場合によって息苦しいほどの緊張感を生むというのも新しい発見。科学啓蒙（けいもう）本にもまだまだ企画次第でやりようがあると思わせてくれる。

　そして、全体を通して感じるのは、人間の命の意外な「もろさ」と「しぶとさ」。豊富なサバイバル知識とあわせ、読んでいると長生きできるような気がする本である。

（原題、Life at the Extremes）

評・坂村健（東京大学教授）

Frances Ashcroft　52年生まれ。英国オックスフォード大生理学部教授。ロイヤル・ソサエティーの女性フェロー。

二〇〇二年八月四日③

『あなたはどれだけ待てますか』

ロバート・レヴィーン 著　忠平美幸 訳

草思社・一八〇〇円

各国の時間概念を比較したら

　巧妙なタイトルづくりで知られる出版社が版元だが、この本に限っては意味が分かりにくい。原題は「時間の地理学」。世界の都市で人々の時間のペースを調べ、時間についての習慣や考え方の差がなぜ生まれるかを比較研究した興味深い書物だ。

　時計が刻む時間は一種類だが、地球上には国や文化によって驚くほど多様な時間があることが知られている。社会心理学者の著者は南米や日本での生活体験などから、とりわけ時間の速度が場所によって違うことに関心を持ち続けてきたという。そして時間の複雑さを知らずに世界の人々とつきあうのは、「文化の地雷原」に足を踏み入れるようなものだという結論に達する。

　著者のユニークというか、米国の学者らしい素朴な点は、多様な時間の違いは数量化できるはずだと考えて、実際に31カ国の都市で時間の速さを計測してみたことだ。

　結論。時間に厳密で生活ペースの速い国の上位に西欧と日本が、下位には南米や中東の都市が並ぶ。歩行者の速度や郵便局の窓口の応対時間などを計っただけで分かるのかという疑問はともかく、一位はスイス、そしてドイツ、日本を抑えて意外にも二位には科学教育立国のアイルランドが入る。なるほどと思わせる部分も多いリストだ。競争社会の米国が台湾やシンガポールにも抜かれて16位というのも目につく。

　しかし著者は「速い文化」が優れているという単純な立場に立つわけではない。速度に追われる現代人が前にもまして時間不足にあえいでいることを嘆き、時間の量よりも質に関心をもつ文化に目を向けることの必要も説く。

　複雑な気持ちにさせられるのは、「時間の管理法についても日本人から教わるといい」と述べている点だろう。「日本人はスピードにかんしてはどの国にも引けをとらないが、必ずしも時間に虐げられているわけではない」。過労死の問題はあるが全体としては日本人の時間は居心地がよさそうだという著者は、その理由は「日本人は集団志向が強いので、個人の時間を必要とすることが少ない」からだと結論づける。

　喜んでいいのか。

（原題、A Geography of Time）

評・清水克雄（本社編集委員）

Robert Levine　45年生まれ。米カリフォルニア州立大の心理学教授。札幌医科大などで客員教授を務めた。

『ギターは日本の歌をどう変えたか』

北中正和 著

平凡社新書・七四〇円

時代も異文化ものみ込む楽器

ギターはポピュラー音楽になくてはならない楽器だ。「ギターはいつどこで生まれ、世界各地に広がり、どこから日本に入ってきて、こんなに普及したのか」――本書はギター誕生の物語から始まる。

ギターの語源は古代ギリシャまで遡（さかのぼ）り、世界各地の弦楽器に源流を見ることができる。今日のギター誕生の舞台は、中世ヨーロッパ地中海沿岸。さらに二十世紀、ヨーロッパの移民たちがアメリカ大陸にギターを伝えた。ちなみにポルトガル移民がハワイにもたらした楽器がウクレレである。

近代社会の激しい人の流動が、各地で多彩な弦楽器と音楽を生み出したようだ。

日本にギターが入ったのは十九世紀末ごろ。当初はセミ・クラシックの楽器として広まったが、その後に来日したハワイのミュージシャンの影響を受けギターは日本に浸透していった。一九二三年には日本初のジャズバンドが誕生。このころ灰田晴彦らハワイ移民の二世らが中心となったハワイアンバンドが活動を始めている。

古賀政男「影を慕いて」（一九三〇年）は日本的なメロディをギターで表現した初の曲だが、古賀のイントロは新内と共通するという指摘は面白い。また軽妙洒脱（しゃだつ）な音楽で人気を集めた、あきれたぼういずのギター演奏は、浪曲の三味線のフレーズをストレートに模しており、日本的ギター奏法として画期的なものだった。戦後になっての田端義夫「ズンドコ節」は、闇屋が歌った春歌をアレンジした曲だが、田端本人によると「自己流ブギウギ」だというエピソードなど、日本人が独自のギター音楽を昇華させてゆく過程が詳しい。

以前、岐阜のギター工場を取材したことがある。ライ・クーダーなど世界的なミュージシャンが愛用するギターを作る工場だったが、手作業中心のギター製作の背景にはこの地方の伝統的産業である椀（わん）や盆を作る木地師の技術があると聞いた。

そのライ・クーダーはギターを「風と木の楽器」と言った。シンプルゆえに異文化も時代ものみ込んで、軽やかに音楽を奏でるのだろう。本書はギター音楽の楽しい入門書である。

評・与那原恵（ノンフィクションライター）

きたなか・まさかず 46年生まれ。音楽評論家、ラジオのDJ。著書に『ポップス・ダイアリー』など。『てるりん自伝』を構成。

『食糧棚』

ジム・クレイス 著　渡辺佐智江 訳

白水社・二二〇〇円

時空を超える様々な「食」の体験

本書を読むときには、舌をそばだてつつ読んでほしい。口の中の何もない場所を、舌で探りつつ、そこにあるかもしれない食べ物を味わいつつ読んでほしい。いや、ぼくが言うまでもなく、あなたはそうせずにはいられないだろう。これはそういう本だ。

ぼくたちと食べ物の関係は変に深くて微妙なものだ。栄養摂取のためだけじゃない。それを口にした時の状況、いっしょにそれを食べた相手、そのときの感情、その後の体調――そんなものがすべてついてまわる。何気（なにげ）ない一口が呼びさます、涙が出そうなほど懐かしく切ない記憶と感情の数々は、たとえばプルーストの有名なプチマドレーヌ体験でも描かれているけれど、本書はそれを六十四編も集めた連作短編集だ。

そこに描かれているのは、時には異様な、時にはあまりにありきたりな、そして時には存在しない食べ物たちだ。前作『死んでいる』でも発揮されていた作者ジム・クレイスの淡々と細部にこだわる文体は、本書ではまさにドンピシャ。軽薄なグルメ談議もどきに堕落せず、しかも口の中から時空を超えて広がる、食べることの体験の全貌（ぜんぼう）を細やかに描き出してくれる。どこから読み始めてもいい。六十四編のどこかに、あなたの味蕾（みらい）にふれる味わいの一本が必ずあるだろう。

読み終えて、食事中にふと本書の一編が思い浮かぶこともあるだろう。あるいはあなた自身の食べ物にまつわる思い出が、以前よりちょっと鮮やかによみがえってくるかもしれない。緻密（ちみつ）で繊細な文を丁寧に訳してくれた渡辺佐智江も、そうした思い出をあとがきで語っている。ぼくも本書を読んで、食べ物にからむいろんな思い出がよみがえってきた。買ってもらえなかった綿あめ、モンゴルの冷えた羊肉、平安京のべっこうあめ。読者はみんな、こうしてそれぞれ自分自身の物語をここに付け加えることだろう。そうやって読者ごとに思い思いの広がりを見せ、いつしか本書はその読者だけの一冊となり果てることだろう。あなたはどんな食べ物を本書に加えるだろうか？

（原書、The Devil's Larder）

評・山形浩生（評論家）

Jim Crace　46年英国生まれ。作家。『死んでいる』で全米批評家協会賞を受賞。

二〇〇二年八月四日❻

『慈雨』
安岡章太郎 著
世界文化社・二〇〇〇円

「青年」の情熱伝わる文学的回想書

文学者の回想を主な内容としたエッセイ集はよく見かける。その文学者がたとえ一つの時代の中心的な存在であった場合でも、その人の作品の背景や文壇的なつきあいなど、その時代を知る資料として読まれることが多い。あるいは資料としての価値しか生まれないことがたびたびある。どんな一級の作家でも、その回想を中心としたエッセイ集自体に創作や批評のような文学特有の広がりが見えることは、めったにないのである。

安岡章太郎の『慈雨』という本は、回想を大半としたエッセイ集なのである。しかし、読んでいるうちにこれが文壇の長老の回想集であることを忘れてしまうほど、「書く」という文学の基本的な行為に対するまるで「青年」的な情熱が各章から、伝わる。「七生（しちしょう）報国」という表現を文学の書き手に当てはめてみたところ、書き手という者は作品ごとに新しく生まれ変わらねばならない、創作にささげるのは七生ではなく場合によっては百生にも千生にものぼるのだ、とそのような数の「生」をふり返る資格をもつ書き手が、戦後文学の「証言者」の立場を超えて、現在形として力説する。

そしてこの書物におさめられている回想らしい回想の中にも、三十年前や半世紀前の「思い出話」も、小説独自の「時間」と同質の現在性をもって、展開される。その中で語られている歴史にはかならず私小説的な「私」がいる。半世紀にわたる文学の内部と外部の数々の中心人物が登場するが、かれらとの関係の上で語られているのも、資料ではなく描写でありノンフィクションであり、現代をさばいた批評であり、場合によっては小説的な「佳品」でもある。

大正九年生まれの作家にとっていつも「新し」かった「昭和」という日本の時代と、それと一致しているようでどこか重なり切らない「二十世紀」。その両方をふり返りながら歴史の中にいる「私」の新しい書き方がこの不思議な書物を生みだしたのである。

評・リービ英雄（作家）

やすおか・しょうたろう　20年生まれ。作家。『鏡川』で大佛次郎賞。近著にエッセー集『風のすがた』ほか。

二〇〇二年八月四日⑦

『にんげん住所録』

高峰秀子 著
文芸春秋・一二三八円

池波正太郎氏は粉（こ）引きか青磁の長皿に素直にのっている「うなぎの白焼き」、辻静雄氏はコンソメスープで煮た「アンディーヴのグラタン」、沢村貞子さんはわさび醤油（しょうゆ）で食べる「鱧（はも）のおとし（湯引き）」、嵐山光三郎氏は「蛇の羹（あつもの）」。瞬間芸の光る見立ての技。五歳で子役デビュー以来観（み）られる宿命を負った高峰さんはいつしか人間を観る鑑識眼を肥やすに至った。

この本は秀子の人間鑑賞集、おいしい人たちの本。いろんな顔にあってきた、と書く。静かないい顔は漁師や農婦に多い、美しく老いることは不可能だが静かないい顔に近づきたい。

人間の顔が「顔」になるか単なる「ツラ」に終わるかこそモンダイとピシリ指摘するのも高峰流。亡き養母についても書く。オニのような母だったと。しかしその母から人間の持つ卑しさ、おぞましさ、あさはかさをジカにイヤというほど見せられ大勉強をした。秀子は結局トクをしたのだと言い切ってさわやかだ。

評・増田れい子（エッセイスト）

二〇〇二年八月四日⑧

『眼で食べる日本人』

野瀬泰申 著
旭屋出版・一六〇〇円

「本物より食欲をそそる偽物を作りたい！食品サンプルに賭けた男たちの職人芸が日本の食文化を変えた！」――と『プロジェクトX』で放映されることはおそらくないだろう。なにしろ食品サンプルメーカーには業界団体すらなく、あのユニークな職人芸がいつどこでだれによって生み出されたかを知る記録・資料すら存在しないのだ。

新聞記者である著者は、路地裏の町工場から海外にまで足を運ぶ10年の地道な取材によって、それらの謎をついに解き明かす。そしてさらに、日常的な食の視覚メディアである食品サンプルが、なぜ日本でしか生まれなかったのか、その文化・技術的ルーツはどこにあったのか、なぜ東アジアには受け入れられて欧米にはキッチュな立体ポップアート扱いしかされないのか……といった新たな謎にまで踏み込んでいく。

微（かす）かな痕跡を「点と線」に編み上げる推理小説のスリルと職人の工房を覗（のぞ）き見る眩暈（げんわく）を、同時に堪能した。

評・山崎浩一（コラムニスト）

二〇〇二年八月四日⑨

『諜報指揮官ヘミングウェイ　上・下』

ダン・シモンズ 著　小林宏明 訳
扶桑社ミステリー・各八七六円

タイトルからキワモノだと思うのは早合点。主人公の文学者にとどまらず、実在の人物が何人も登場する。作者は描かれてあることの九五％は事実だと保証している。史実とは、すべて嘘（うそ）のような話か？　ホラー、SFで有名な作者は、この作品で、冒険スパイ・アクションの書き手としても比類のなさを示した。

小説は絵空事。しかし現実のスパイが暗躍する世界、ふつうの人間には垣間見ることもできない諜報（ちょうほう）戦の世界は、しばしばそれ以上に不可思議だといわれる。ウソもマコトも紙一重のスパイの日常。対ナチスの民間防諜組織をつくるヘミングウェイも、彼の監視を命じられるFBI特別捜査官も、彼らをとりまくキューバの国家警察もドイツの情報部員も、だれもが「嘘くさい真実」という奇妙な舞台に踊らされている。そして何よりこれは、書き出しの一行に明らかなように、ヘミングウェイ文学への風変わりなオマージュなのだ。

評・野崎六助（作家）

二〇〇二年八月四日⑩

『過去の克服　ヒトラー後のドイツ』

石田勇治 著
白水社・二五〇〇円

歴史認識では、決まってドイツが引き合いに出される。「全員が過去を引き受ける」（ワイツゼッカー元大統領）決意を宣言したあの潔さ。それに引き換え、わが日本はうんぬんと。

で、かの国はどう過去を克服してきたのか。たとえば、ナチスの犯罪をいつまで追及するべきか。その時効を巡る政治論争が、4次にも及んだと本書で知る。

「過去のにおいをかぎ回るのはよそう」（アデナウワー元首相）と公言する政治家はドイツにも少なからずいる。ナチの時代への郷愁さえも民衆の一部には根強い。流れを押しとどめようとする力を丹念に時間をかけて乗り越え、戦後の歴史は歩みを進めたのだろう。

折に触れ、戦勝国や欧州諸国の圧力もかかる。決してこの国が自分の意志と力だけで「克服」を遂げたのでないことも本書で学ぶ。

なあんだ、ドイツだってそうなんだ。ほめられてばかりいる優等生の悪戦苦闘をかいま見、少し安心、大いに励まされた気になる。

評・中川謙（本社編集委員）

二〇〇二年八月一八日❶

『私たちが書く憲法前文』

大塚英志 編・監修
角川書店・一三〇〇円

素敵なほど不埒な「第三の道」

ぼくは唸（うな）った。感心してただ黙りこんだ。いやいや、時には読みながら、机を叩（たた）いて大笑いしていた。

ふと気づいた。こんな、憲法のような重要な問題について、これほど真剣に考えている本を読んで、大笑いしていいのか？

それでいいのだよ！

そう思った時、ぼくは、なにかものすごく解放された感じがした。

ありがとね。

お礼に、ぼくはこの本のコピーを考えてみた。こういうのはどうだい。

「素敵（すてき）なほど不埒（ふらち）！」

日本国憲法というものが存在している。その「日本国憲法」という言葉を口にすると、いきなり、みんな血相を変え、それは立派なものだから守れ（「護憲」の人たち）、それは押しつけられたものだから代えろ（「改憲」の人たち）、とお互いに相手を徹底的に論破するまで戦おうとする。

簡単にいうと、この本は、そのどちらでもない第三の立場を探ろうとしたものだ。

編者であり監修者である大塚英志さんは、「公」が大手を振って復活しているこの頃、「始めに『公』ありきではなく『私』から『公』をビルドアップしていく」「様々な『私』のことばから緩やかに『公』のあり方を探っていく、その具体的な」手続きの一つとして「公共のことば」の「かなり普遍的でかつ具体的な形」である「憲法前文」を「一人一人が自身で実際に」書いてみることを呼びかける。

そして、その呼びかけに応じて集まったたくさんの「私」の「憲法前文」の中には、大塚さんの予想を超えるものが数多く含まれていた、とぼくは思う。それがいいのだ。およそ成功した試みは、いつも、予想を超えたところに成り立つのである。

「護憲」に似た立場の「前文」があり、「改憲」に近い「前文」があり、そのどちらにも属さない第三の道を探る「前文」がある。そこまでは想像できたことだ。問題は、その先。「護憲」も「改憲」も「第三の道」も宇宙の果てに吹っ飛ばすような「新しい憲法前文」が、それを可能にする、「私」に思いきり浸食された新しい「公」の文体が、生まれようとしている。「公」の言葉が面白くありうるなんて誰が想像しただろう。

最後に、ぼくのいちばん気にいった「憲法前文」の最初の二行を紹介する。ぼくは、いますぐにでもその国に亡命したい。「全くもってタイシタコトのない／世界的にみてソコソコの国がいい。」。ちなみに、作者は女子高生。

評・高橋源一郎（作家）

おおつか・えいじ　58年生まれ。評論家。著書に『戦後民主主義のリハビリテーション』『サブカルチャー反戦論』ほか多数。

二〇〇二年八月一八日②

『ヒヤシンス・ブルーの少女』

スーザン・ヴリーランド 著　長野きよみ 訳
早川書房・一六〇〇円

フェルメールの輝き思わす連作

十三、四歳の少女が、縫い物の途中で手をとめ、窓から外を見ている。真珠のような目も、蜂蜜色の頬（ほお）も、かすかに開いた口の端も、すべてが鮮やかで光沢がある。少女が着ているスモックは、咲きそめたばかりのヒヤシンスのような濃い青だった。

本書は、こんな魅力的な絵をめぐる八篇の連作短編集である。所有者は、アメリカの私立男子校で数学教師を務めるコルネリアスというドイツ人。彼はこの絵を、オランダの画家フェルメール作と信じているが、同僚の美術教師は贋作（がんさく）と判定する。フェルメールの作品は極端に少ないからだ。

ナチスの一員だったコルネリアスの父親は、一九四二年九月の夜、収容所に送りこむために侵入したアムステルダムのユダヤ人の家でヒヤシンス・ブルーの少女の絵を発見し、略奪した。父親の過去が暴かれ、それによって自身の血筋も明らかになることを恐れるコルネリアスは、絵を燃やそうとするが、どうしてもできない。

絵をめぐる連作といえば、これ以降の話が書きつがれていくのが普通だと思うが、本書では、次々と過去へ遡（さかのぼ）っていく。第二話の舞台は、ナチスが踏みこむ前のユダヤ人一家の食堂。第四話は、十九世紀はじめ、役人の夫と心ならずもデン・ハーグにやってきたフランス上流階級の女性のサロン。どのシーンにもヒヤシンス・ブルーの少女の絵があり、その純潔な眼差（まなざ）しで、全く異なった境遇に置かれた人々を魅了する。

第五、六話では、オランダが歴史的な洪水にみまわれた一七一七年にとぶ。北部低地の村デルフザイルでくりひろげられる悲劇。物語は最後に、一六七〇年ごろのデルフトに至り、絵が描かれる瞬間が、画家とモデルの双方の目から描写される。

読み終えた読者は、時計を巻き戻し、再び現代への道をたどりたくなるだろう。さりげない描写のひとつひとつが伏線になっていたことに気づく。なるほど、そういうことだったのか――。形ができあがってはじめて効果のほどがわかるような細かいタッチのつみ重ねが、物語全体に、ちょうどフェルメールの絵のような不思議な輝きを与えている。

（原題、Girl in Hyacinth Blue）

評・青柳いづみこ（ピアニスト・文筆家）

Susan Vreeland　米国の作家。69年から30年間、高校教師を務め、80年代から執筆活動を始める。本書が2冊目の著書。

二〇〇二年八月一八日③

『グッドラックららばい』

平安寿子 著
講談社・二〇〇〇円

いいじゃん、身勝手な家族でも

ヘンな小説だ。いや、ここに出てくる家族がヘンだ。主婦がいきなり家出してしまっても、誰も騒がないのである。「わたしね、これからちょっと、家出しますから」と職場にかかってきた電話を受けた夫は「わかった。わかった。じゃあ、後ほど」と騒がないし、帰宅してから知った長女も「ま、いいんじゃないの」と言うだけ。中学の卒業を間近にした次女だけが「二人とも、へんよ！　お母さん、出てったのよ！」と騒ぐものの、この次女も母親を心配しているわけではなく、明日から弁当を誰が作ってくれるのか、それがいちばんの心配だったりする。この父親は、後年次女が事業資金を借りにきたとき寝たふりをしてしまうほど、ケチを趣味にしている男で、「様子を見よう」というのが口癖。「真面目（まじめ）というより臆病（おくびょう）。凡庸。パワー不足」というのが長女の父親評だ。その長女はセックスだけが娯楽と公言する女性で、いつもダメ男に貢いで人生を堪能している。いちばんエネルギッシュなのは次女だ。金持ち男と結婚することを高校生のころから人生の目標にしている女性で、そのためには手段を選ばない。ようするに、みんながみんな、好き勝手に生きている。母親が家出したくらいでは自分の生きかたを変えないのである。本書は、そういう家族の二十年間を描く小説だ。

家出した母親は二十年帰ってこないのだが、その間彼女が何をしていたかは別の章で語られる。これがなかなかにいいのだが、こればかりは本書を当たられたい。

不思議なのは、これほど勝手な家族なのに、ばらばらにならないことで、ラストの団欒（だんらん）に留意。「こんな人をバカにした話ってない」という伯母の嘆きに同意しながらも、これでいいじゃんという気になってくるのは、好きに生きればいいのだというひびきが物語の底から伝わってくるからだ。なんだかむくむくと元気が出てくる。オール読物新人賞を受賞した短編を含む作品集『素晴らしい一日』が上梓（じょうし）されたのはまだ昨年のことで、こんなに早くこの作家の傑作が読めるとは思ってもいなかった。それがなによりも嬉（うれ）しい。

評・北上次郎（文芸評論家）

たいら・あずこ　53年生まれ。99年に「素晴らしい一日」でオール読物新人賞。近著に『パートタイム・パートナー』（光文社）。

二〇〇二年八月一八日❹

『風景と人間』

アラン・コルバン 著　小倉孝誠 訳

藤原書店・二二〇〇円

感覚に刻印される時代の文化

西欧には時々、豊かな伝統の水脈をダムのようにせき止め、知の世界を潤す巨人が現れる。19世紀のスイスの文化史家ブルクハルトや、20世紀にかけて生きたオランダの歴史家ホイジンガがそうだ。現存の人なら、著者が候補にあがるだろう。本書はその「感性の歴史家」が、ジャーナリストとの対話で語った「風景の歴史学」である。

「風景」とは何か。著者によると、それは人が感覚によって空間を検証し、文化によって解釈するシステムである。同じ地形であっても、ある時代の人は風景に神話を読みとり、別の時代の人は浸食作用の結果を見る。このように人は信仰や科学、美的規範、経済的な観点などから独自の風景を構築し、五感のみならず、第六感の体感までをも動員して風景を享受する。

風景といえば、景色が思い浮かぶ。だが音の風景や、においの風景もあったはずだ、と著者はいう。鐘の音による聴覚空間を分析した『音の風景』や、『においの歴史』を発表した歴史家ならではの指摘だろう。触覚の風景もある。「靴底から伝わるメッセージをとおして、ひとは足で地面を分析する」からだ。

だが感覚は個人によって異なる。それがなぜ歴史になるのか。感覚にはその時代固有の文化が刻印されているからだ、と著者は答える。例えば19世紀に香水が登場する前に、欧州では身体の脱臭化が先行した。音楽の演奏会場で静寂を保つ慣行が定着したのも19世紀だ。脱臭によって新たな「におい」の感覚が生まれ、静寂の再発見によって「音」の感覚が研ぎ澄まされる。その文化の変容の過程が、歴史なのである。

著者は丹念に「感性の歴史学」を積み上げてきた。「風景の歴史学」はその集大成であり、個々の仕事は、いずれ築かれる壮大な建造物の石垣だったことがわかる。

著者がいうように、本書は比較文明論に導く「夢想への手がかり」に満ちている。志賀重昂の『日本風景論』や、オギュスタン・ベルクの『風土の日本』など、日本にも風景論は多い。本書に極東の風景論を対置すれば、その出会いに、斬新な知の風景が立ち現れるだろう。

（原題、L'Homme dans le paysage）

評・外岡秀俊（本社編集委員）

Alain Corbin　36年生まれ。フランスの歴史家。他の著書に『記録を残さなかった男の歴史』など。

二〇〇二年八月一八日⑤

『金融政策論議の争点』

小宮隆太郎＋日本経済研究センター 編
日本経済新聞社・二八〇〇円

真っ当な経済論争がここにある

この3月、戦後を代表する経済学者の一人であるジェームズ・トービンの死が伝えられた。ポール・クルーグマンは、その際の追悼文の中で「彼の逝去は、一つの時代、即（すなわ）ち、今日あるよりも経済論争がより気持ちがよく、もっと率直なものであった時代が過ぎ去ったことを象徴しているように私には思われる」と書いている。

残念ながら、近年はわが国における経済論争も、以前よりも後味が悪く、率直さを欠くもののようになってきているとみられる。とくに、この間の金融政策のあり方をめぐる論争の過程では、反対者を「初歩の経済学も理解していない頭の悪いやつ」呼ばわりするような言説の横行がみられるなど、暗澹（あんたん）たる思いのするところがあった。

本書は、トービン世代の小宮教授の発案から成ったものだとされるが、殺伐とした状況から経済論争を救い出し、それを再び「より気持ちがよく、もっと率直なもの」にしようとする試みだと位置づけることができる。そして、この試みは、かなりの成功を収めており、生産的な成果を生むものになっているということができる。

内容は、3部から構成されており、第Ⅰ部には、有力な5人の論者がそれぞれの立場から論点と争点を整理した論文が収録されている。第Ⅱ部は、それらの論文を受けて行われた相互の討論の記録である。そして、討論に直接参加できなかった他の論者からの分も含めた論評と再論の第Ⅲ部で、全体が締めくくられている。

これらの議論を通じて、経済学者の間の対立が何に起因するのかが、かなり明らかになっていると思われる。デフレの弊害を認め、緩やかなインフレを実現できればよいと考える点では、全員は一致している。しかし、その目的のための金融緩和の手段的有効性については、金融セクターの内部にどれだけ立ち入って考えるかで、発想の違いが生じる結果になっている。

やや専門的で技術的な内容も含まれているので、決して易しい本ではない。しかし、真っ当な経済論争とはいかなるものかを知る意味でも、経済政策に関心をもつ人にはぜひ読んでもらいたい。

評・池尾和人（慶応大学教授）

こみや・りゅうたろう 28年生まれ。青山学院大教授。『日本の産業・貿易の経済分析』など。日本経済研究センターは63年設立の民間研究機関。

二〇〇二年八月一八日⑥

『アスコーナ　文明からの逃走』

関根伸一郎 著
三元社・二五〇〇円

人々が夢見た魂の楽園の光と影

アスコーナ――それはスイスとイタリアの国境に横たわるマッジョーレ湖のスイス側の小さな町だ。そこにその名も「真理（モンテ）の山（ヴェリタ）」と称する小山がある。今から百年前の二〇世紀初頭、アンリー・エダンコヴァンとイダ・ホーフマンという男女の結核患者がここに理想のサナトリウム建設を夢見て住みついた。二人はいずれも都市の公害現象を逃れて、菜食と水だけの原始生活からはじめる計画だった。

何もない、石ころだらけの土地。やがて主に結核患者やアル中患者が共鳴し、夏冬通して半裸の、古代人のようないでたちの男女が生活しはじめた。当時としては修道院をのぞけば最も大がかりな菜食主義者のコロニーだ。

第一次大戦後を迎えると、戦争で傷ついた精神と身体の再生をもとめて、病人以外にもさまざまの人びとがやってきた。大戦後ここに来た作家グラウザーは、その自伝ルポのなかでアスコーナを「精神の市場」と称した。ここに来れば二〇世紀のあらゆる思想、あらゆる文化運動に会えたからだ。無政府主義、精神分析運動、ダダイズム、シュタイナー主義、舞踏、裸体主義。好むがままに精神再生の実験をし、挫折する者もいれば離脱する者もいた。幸か不幸か、実験を実現させてしまう者までいた。

だが実験と実現の間には深淵（しんえん）が開いている。資本主義の市場経済内部で実験を現実化すれば、コロニーは付加価値をつけてリゾート地化する地上げ屋の下請けにならざるをえない。全体主義国家がプランを採用すれば、ナチスドイツの農業部門で有機農法として消化され、軍事工業優先策によってやがて淘汰（とうた）される。

結局、実験がそのまま実現でありうるのは芸術家の作品活動でしかない。芸術では実験の過程がそのまま実現になるからだ。そのせいか菜食主義者コロニーの話題は早々と退場し、なんらかの形でアスコーナと関係したヘッセ、D・H・ロレンス、ジョイス、フーゴ・バルといった詩人・作家の小列伝に席をゆずる。それにしても、やがて到来する二一世紀のコロニーはどんな顔をしているのだろうか。

評・種村季弘（評論家）

せきね・しんいちろう　48年生まれ。ドイツ文化研究者、作家。著書に『飛行船の時代』など。訳書に『職場の戦争』がある。

二〇〇二年八月一八日⑦

『ノーベル賞経済学者に学ぶ現代経済思想』

マリル・ハート・マッカーティ 著　田中浩子 訳

日経BP社発行、日経BP出版センター発売・二二〇〇円

アインシュタインの業績なら誰でも名前くらいは知っているのに、サミュエルソンといったら、経済学部の学生でも「有名な教科書を書いた人」以上のことは知らない。自然科学と違って、いろんな経済学者の理論とその背景を一般読者にきちんと理解させてくれる本は意外と少ないのだ。

本書はその珍しい一冊。四十四人にのぼるノーベル賞経済学者たちの業績の概要をまとめつつ、経済学の学問としての方向性や志向まで描き出すことに成功している。時に現実から遊離した机上の空論と批判されがちな経済学だが、本書は経済学者たちが現実世界のどんな悩みや問題に対処すべく理論を開発し、そしてそれが現実にどう役だったかをすっきりまとめて、経済学をずっと親しみやすいものにしてくれる。経済学の基礎的素養習得におすすめだし、専門家でもなかなか知らない人間くさいエピソードも満載で読み物としても楽しい。索引や文献一覧も完備。

評・山形浩生（評論家）

二〇〇二年八月一八日⑧

『耳の聞こえないお医者さん、今日も大忙し』

フィリップ・ザゾヴ 著　相原真理子 訳

草思社・一九〇〇円

「ろう」と言われる高度難聴者である著者が、救急患者の電話を受ける苦労や、手術室でマスクのために唇の動きを読めないための苦労を乗り越えて医師になった。唇の動きを見て会話している。患者さんの声は聞こえないはずなのに、言葉を受け止めている。言葉の向こう側にある心を受け止めていた。多くの患者さんの信頼をかち得た。

アメリカのユタ州の田舎町の診療所で働く家庭医になった。心を開かない少女や、前立腺がんの末期の患者など、多くの病んでいる患者さんへ向けられる眼差（まなざ）しがあたたかい。

昨年日本でも欠格条項の見直しがされ、耳が聞こえなくても医師や看護婦になれるようになった。病気や障害を持っているからこそ、より患者の心がわかる可能性がある。こんなホームドクターがいたらいいなあと多くの読者は思うことだろう。同じ田舎医者として、共感することの多い本だった。

評・鎌田實（諏訪中央病院管理者）

二〇〇二年八月一八日⑨

『江戸の阿蘭陀流医師』

杉本つとむ 著

早稲田大学出版部・八五〇〇円

日本の近代医学の源流を探る大著である。日本の医学は、江戸の蘭学者、杉田玄白や大槻玄沢によって西洋化＝近代化された。これがふつうの教科書的な医学史理解であろう。

本書は、幾多の資料を掘り起こし調査することによって、このような無傷でまかり通ってきた通説の誤りを正そうとする。そして江戸蘭方（らんぽう）医、宇田川玄真による近代医学用語の翻訳や、漢方医、山脇東洋による最初の公的な人体解剖、あるいは本木良意による『解体新書』以前の西洋解剖書の翻訳、さらに医療器具作製・改良に力を尽くした多くの医師・工匠などに着目し、彼らの実証精神を高く評価している。

それに比べれば杉田玄白は、解剖の苦心を体験もせず、机上の空論の訳文を連ねているだけで、正しい科学的な態度は見られない、と厳しい。日本語学の泰斗による『解体新書』の神話解体と、十八世紀半ば解剖の発信基地となった京坂医学の顕彰が、ここにある。

評・池上俊一（東京大学教授）

二〇〇二年八月一八日⑩

『表現を味わうための日本語文法』

森山卓郎 著

岩波書店・一五〇〇円

「表現のあつき血潮にふれも見でさびしからずや文法学者」。これは与謝野晶子の歌のもじり。晶子の歌では「表現の」が「やは肌の」、「文法学者」は「道を説く君」。この歌、実は高校時代の私の作。文法の授業はただ覚えるばかりで嫌いだった。

さて、私は今、一転して文法好きになろうとしている。この本の提唱する「文法的思考」が魅力なのだ。文法的思考とは、日本語を言語のルールに注目しつつ見直してみること。

例を挙げよう。山村暮鳥の詩「雲」の、「としよりと／こどもと」という二行の場合。著者は「としよりと／こどもと」であって、「としよりと／こどもが」ではないことに注目する。そして、「と」の列挙する生き生きとした働きをとりだす。パズルを解くように。

そう、パズルを解くように「考え」、「味わう」こと、時には自分なりに「表現」してみること。それが文法的思考の目的である。文法は表現でもあったのだ。

評・坪内稔典（俳人）

二〇〇二年八月二五日①

『戦中派焼け跡日記』

山田風太郎 著

小学館・二〇九五円

人間も歴史もみんなお化けだ

山田風太郎は生前に『戦中派虫けら日記』と『戦中派不戦日記』という二冊の戦時日記を公刊している。本書はそれにつづく一九四六年（敗戦の翌年）の日記で、著者没後にはじめて刊行された。

いたるところに「復讐（ふくしゅう）」の二文字。もちろん勝者アメリカ合衆国にたいする敗者日本の復讐だ。たとえばこんなふうに。「ニューヨークに展（ひろ）げられるニミッツ凱旋（がいせん）の景、切歯せざるを得ず。犬まで行進している。あの犬が沖縄で吾々（われわれ）の将兵をして悲惨な戦いをなさしめたのである。復讐の決意を固うす」

その前年、二十三歳の医学生だった著者が、東京大空襲の焼け跡をさまよいながら復讐をちかう個所が『戦中派不戦日記』にもあった。おそらくあれが、かれの日記にこの語の登場する最初だったのではないだろうか。でも、そこでの復讐の決意は、まだ戦時日本人の反応の型にきちんとおさまっていた。型だったんでしょうな、やっぱり。なにしろ満七歳になったばかりの私ですら、降りそそぐ焼夷弾（しょういだん）の下を逃げまどいながら、アメリカへの復讐をこころに固くちかったのですから。

ところが、その型がここではグズグズにゆ

るみかけている。型をささえる日本人への信頼が崩れたのである。

「新日本建設はうたかたのごとく一瞬に消えて、今は、今の流行（はや）り言葉は『栄養失調』と『特攻くずれ』！　何というザマだろう。何をしてよいのか。復讐とはいうが何処（どこ）から手をつけてよいのかさっぱり見当もつかぬ」

　戦中の言動を忘れて民主主義に翼賛する左右の政治家や知識人、占領軍にニヤニヤおもねる隣人たち。飢え、暴力、強欲、裏切り……そのさまを闇の底で歯ぎしりするようにして書きとめながら、それでもなお、かれは復讐の二文字をしるしつづける。人間はお化け。歴史もお化け。もはや出口なし。その表現としての復讐。しかもその復讐の語にしてからが、一瞬にして魂をぬかれたお化けにすぎない。なるほど、かれの魔界小説群のみなもとは、この戦後の光景にあったのか。

　この年、かれは実質上の出世作となる短編「眼中の悪魔」にとりかかった。「人間は戦争という大量の殺戮（さつりく）をやりながら、あらゆる国家が正義の旗じるし」を下ろそうとしない、という意味の一行がそこにある。二十一世紀の世界。なにも変わっていない。半世紀まえ、風太郎青年はまぎれもない「われらの同時代人」だった。

評・津野海太郎（評論家・和光大学教授）

やまだ・ふうたろう　1922～2001年。一連の『忍法帖』ものや『幻燈辻馬車』など明治伝奇小説で著名。『人間臨終図巻』ほか作品多数。

二〇〇二年八月二五日②

『天才建築家　ブルネレスキ』

ロス・キング著　田辺希久子訳

東京書籍・二八〇〇円

「花のドーム」設計者の驚異の技術

　風采（ふうさい）の上がらぬ醜男で、おまけに偏屈・短気ときている。これはもてない男の典型だなと見ると、やはり結婚もせずに、ローマの遺跡でもう十年以上も穴を掘りつづけているという。だがこの男、ほとんど独学でローマの建築術や機械工学の知識を体得し、つぎつぎと新しい発明をしては世間を驚かせることになる。その名はフィリッポ・ブルネレスキ。十五世紀フィレンツェの金細工師・建築家である。

　もともと無名に近かった彼の名を不朽にしたのは、花の都の大聖堂のドームを設計・建築指揮して完成させた功績による。いかなる驚異的なアイデアがその実現を可能にしたのかを、一四一八年八月の巨大ドーム模型のコンクールから一四四六年三月のランタンの礎石据えつけまで、強烈な自意識・名誉欲・嫉妬（しっと）心、反対派の策謀、何度かの不運、フィレンツェの巻き込まれた戦争とともに物語ったのが本書である。

　全編、ブルネレスキの非凡な技術についてかなり専門的な説明が施され、それをめぐる大聖堂造営局や石工・石切工、市民やライヴァルたちの行動と反応は、むしろ副次的である。技術の細かな説明など、普段はなかなかついてゆけずに読み飛ばしてしまうのに、精緻（せいち）な組み立ての歴史ミステリーを得意とする作家の筆にかかると、まるで、本当に迫枠（せりわく）（仮設の木製骨組み）なしにアーチが架かるのか、奇妙な形の建材引き上げ装置はうまく働くのかと、現場に立ち会ってどきどきしながら見守っている造営局委員のように、新技術の虜（とりこ）になって夢中で読み進んでしまうから不思議だ。ブルネレスキのよき理解者であったアルベルティが、夜、不吉な予感から逃れたくなるときに、巨大な起重機や巻き上げ機を組み立てるところを想像して不安を解消すると書いているが、その知的で爽快（そうかい）な気散じ法を、分け与えてもらったような気分だ。

　都市を美化する壮図に、政治家も市民も芸術家も、皆が夢中になったルネサンス期のフィレンツェ。広場や居酒屋では、貴族も庶民も一緒になって新作品のよしあしについて論評しあう。羨（うらや）むべき文化国家への憧憬（しょうけい）がつのる快著である。


（原題、Brunelleschi's Dome）

評・池上俊一（東京大学教授）

Ross King　62年生まれ。英国在住。本書で2001年ブックセンス賞（ノンフィクション部門）受賞。著書に『謎の蔵書票』。

二〇〇二年八月二五日③

『壜の中の手記』

ジェラルド・カーシュ 著　西崎憲ほか 訳

晶文社・二〇〇〇円

静謐と残酷に震える短編の力

道具立ては、じつに多彩だ。サーカスに売られた奇形の美女が流れ着く豚の島、殺人鬼から採取した血液で本能を狂わされていく植物、一千万分の一の確率で生まれる人間の脳にそっくりな知恵の実、亡き国王の身代わりとなる時計仕掛けの蝋(ろう)人形、シェークスピアの戯曲を書いたのが自分だとするフランシス・ベーコンの暗号、買った人にではなく贈られた人に不幸をもたらす謎の指輪、ある未開の部族たちに伝わる、指の骨に彫り物をしたパスポート。

幻想？　それとも奇想？　たしかに細部だけ見れば、私たちの日常からずいぶんかけ離れた、博覧強記の空想世界である。しかし、緻密(ちみつ)な描写を支える冷静な観察眼と、それを荒々しく踏み破って飛躍していく勢いの共存は、すぐれた作家の資質であって、想像力には「幻」も「奇」もありはしない。積み重ねられた言葉の果てに、人間の醜悪さ、恐ろしさ、虚(むな)しさが私たちの胸に染み出してきたとしたら、それらはまぎれもない現実なのだ。

ユダヤ系イギリス人作家ジェラルド・カーシュの短篇(たんぺん)を集めた本書『壜(びん)の中の手記』に描かれているのは、つまりそのような現実である。アンブローズ・ビアスの最期の手記という体裁をとる表題作からも明らかなとおり、物語は、未発表原稿や新発見の資料に端を発する事件、もしくは作中人物からの伝聞の形を取ることが多い。語りがべつの語りにはめ込まれていく入れ子細工は、失敗すると壜の開封どころではなくなってしまうものだが、カーシュはこの技術的な問題を、なんなくクリアしている。

人間の愚かさを笑い飛ばさずその愚かさの核を見極め、きちんと怒り、そしてひっそりと泣くこと。安易な死とは似て非なる、いわばさみしい覚醒(かくせい)を知っているからこそ、カーシュの作品のいくつかは、ただ面白かったでは片づけられない震えを獲得しえたのだろう。

一篇を選ぶとするなら、簡素な「豚の島の女王」がいい。四肢のないヒロインが、弱さを弱さのまま残して散っていく末尾の静謐(せいひつ)さと残酷さに、この作家の最良の部分がある、と思うから。

(原題、The Oxoxoco Bottle and Other Stories)

評・堀江敏幸(作家)

Gerald Kersh　1911〜68年。パン屋、用心棒、新聞記者など経て作家に。ミステリーからファンタジーまで多ジャンルで多作。

二〇〇二年八月二五日④

『さまよえる英霊たち　国のみたま、家のほとけ』

田中丸勝彦 著

柏書房・二二〇〇円

在野の学者が残した重い宿題

著者は在野の民俗学者として活躍し、一昨年、急逝した。民俗学は在野の学問として出発した。生活の場から疑問を出し、生活者として問題を他の生活者と共有して、ともに共同して探究し解決することを本領としたのである。しかし、こうした志はしだいに失われていったことは否めない。

著者は「民間学としての日本民俗学だったはずだったのが……クニの走狗(そうく)としての側面を強めてきている現状には疑問をもっています。個々の研究者の志がどこにあるのかは常に問題にされ続けなければならないとおもいます」と語り、この初発の志を頑(かたく)なに守り、民俗学の本領を孤軍奮闘して発揮し続けていた最中に亡くなった。

本書は「英霊」祭祀(さいし)をテーマとする。著者が問題としたのは戦没者が英霊として祀(まつ)られる一方で、大切な家の働き手を失った「家族の戸惑いと憾(うら)み」が小さくはなく、戦後も残り続けていたことである。調査地で戦没者の遺族の声を聞き、英霊を発見したといえる。著者にとって、それはごく身近で行われる死者の供養や慰霊との違いに対する疑問となって現れ、死んだのちに霊魂はどこへ行くのか、近代日本に起こった「霊魂観の矛盾」が探究すべき問題として設定されている。著者は、国家が英霊をどのように生みだしていったのかという問題へと鋭く切り込んでいく。

若く独身のまま死んだ戦没者は祀り手となる直系の子孫をもたないため、無縁仏となる宿命にある。無縁仏は怨霊（おんりょう）となり、祟（たた）りをする恐れがある。祟りを恐れた為政者によって祀られた英霊は「美談や手本となって人びとを動かすことになる」と著者は指摘する。そして、民俗学の創始者、柳田国男が戦没者を怨霊ではなく、家の無縁仏の問題とすることによって、民俗学は国を告発する機会を失い、学問的な怠慢を犯してきた、と厳しく批判するのである。

八月一五日、いつもながらの光景が繰り返された。全国戦没者追悼式である。祭壇の正面には「全国戦没者之霊」と記された白木の柱が立てられる。戦没者の霊は国と家に引き裂かれたままだ、と著者の声が聞こえてきそうである。

評・川村邦光（大阪大学教授）

たなかまる・かつひこ　1945〜2000年。民俗学者。国立歴史民俗博物館共同研究員を務める。英霊祭祀の研究がまとまる直前に急逝。

二〇〇二年八月二五日⑤

『東洋叢書9　中国都市史』

斯波義信 著

東京大学出版会・三四〇〇円

商業や自治が支える町の発展

近代化ということを考えるとき、指標の一つとして必ず挙げられるのが、都市化である。農村から都市へ、農業から商工業へ、というのが普遍的な変化のように思われている。では古代に都市はなかったのかというと、そうではない。歴史は都市国家とともに始まっている。都市は歴史とともに古いのである。

中国でも都市は歴史とともに古い。最初に登場した都市は、邑（ゆう）と呼ばれた。それは、4000年ほど前に現れ、城郭を持つ集落を意味した。そして戦国時代から、全国が統一されるにつれて、都市は中央集権国家の末端、つまり県となった。邑は西洋のように共和制などに発展することなく、県に取って代わられ、古典官僚制を底辺から支えて機能させる温床となった。マックス・ウェーバーは、「中国の都市は官僚の所在地で自治がなく、中国の農村には官僚が不在で自治がある」と総括した。それは、データの不十分な当時としては天才的な洞察だったと著者はいう。

しかし、中国の都市がすべてそうだったわけではない。中国の歴史はいつも官によって書かれ、政治優位である。そのため、政治的な都市が大きな比重で記録されることになる。多くの研究の積み重ねで、これとは違う実態が明らかになってきている。

著者は、揚子江中流域の交通を掌握した漢口（ハンコウ）や、揚子江下流の寧波（ニンポー）や上海、さらに辺境の都市の例として、台南などの台湾の都市の動態を紹介する。そして、官都以外に経済機能を持つ無数の中小規模の町（鎮市）が登場し発展したこと、そこでは、同業ギルド、同郷ギルドが大きな役割を果たし、会館あるいは公所と呼ばれる商事制度に成長して、チャリティーや宗教祭祀（さいし）や公共土木、さらに防衛治安まで足を広げていること、などを教えてくれる。

中国が農業国家であり、都市は官の支配の中心だというイメージは、間違いではないが、はなはだ不正確である。これらと違った、商の中国、自治の中国というのも脈々と存在したのである。中国の歴史を、都市の発展を通じて再発見させてくれる、興味尽きない本である。

評・北岡伸一（東京大学教授）

しば・よしのぶ　30年生まれ。東大教授を経て、（財）東洋文庫理事長、文学博士。著書に『宋代商業史研究』『華僑』など。

二〇〇二年八月二五日⑥

『現代思想の遭難者たち』

いしいひさいち 著

講談社・一八〇〇円

ギャグで開く、テツガクの「使い道」

哲学は本来、使えなきゃ何の意味もないわけでございまして、ですが特に現代思想などというものは、こむずかしい顔してあれこれ知ったかぶりしたがる一知半解のうっとうしい連中には事欠かないのに（あるいはそれ故に）使えねぇ代物ばかり。そこへ本書がやってきて、ギャグのネタにするという新しい使い道を現代思想のために創造してくれたわけですから、ありがたい話じゃあございませんか。

本書は同じ講談社のシリーズ「現代思想の冒険者たち」の月報に連載されていたものの単行本化だとか。同シリーズで扱われた思想家三十余名を、一山いくらでまな板にのせたものでございますな。

出来不出来の差が激しい同シリーズを読んでさっぱりわからなかった人々が、脳みその緊張を解いて溜飲（りゅういん）を下げられるように企画されたもののようですが、知り合いの一部はこのマンガゆえに「本体より月報のほうが楽しみ」と述べており、ギャグになっても実は結構各人の思想の本質を鋭くついたりしている（ように思える）のはすごい。単行本化にあたってついた詳しい注も勉強になるし、それが笑いながら学べるんならあのシリーズを苦労して読むよりはるかにお得かも。

ただしさすがにマンガをちょいちょいと読むだけで現代思想のエッセンスがすべてわかる、などという甘い話があるわけもなく、本書もある程度の基礎知識は必須でして、ウィトゲンシュタインってだーれ、とかエーコなんてきいたことない、というような人だと、この本で笑うのはなかなか困難でございます。ちょっとかじった人にはまたとないおやつそうでない人も「レヴィナスは嫁に食わすな」とか「エーコの振り子はヘルメス的」とか「クワインは石頭」とかしょうもないギャグをいくつか覚えて、うっとうしい哲学おたくよけのお守りにするとよいでしょう。

なお、本気で現代思想をかじりたい人は、これまた最近でた内田樹『寝ながら学べる構造主義』（文春新書）がおすすめ。こちらも傑作ですぞ。

評・山形浩生（評論家）

いしい・ひさいち 51年生まれ。漫画家。現在本紙に「ののちゃん」を連載中。著書に『文豪春秋』『ドーナツブックス』など。

二〇〇二年八月二五日⑦

『リッチ&ライト』

フロランス・ドゥレ 著　千葉文夫 訳

みすず書房・二七〇〇円

マラガ、エステポナ、セビーリャ、ポルクロル島、そしてパリのアパルトマンへと、主人公で語り手のリュシーはバカンスをおくる。その間の出会いと再会、生者と死者の記憶、過去の回想が、あるいは、異性に、同性に抱かれる情愛が、嫉妬（しっと）が、親しみと反発が交叉（こうさ）する。この機微と場所の空気感とで、読み手はいつしかしっとり汗をかく。

何よりも言葉の贅沢（ぜいたく）を満喫させてくれるのだ。丁寧に物語をたどったり、説明しようとしたりしないので、受動的に物語に浸（つ）かろうとすると五里霧中になりかねないが、そこにある一文一文は、読み手の想像力に強く確実に働きかけ、上質と形容すべき小説になっている。そこでこそ、本の題名とリュシーのバカンスの「リッチ&ライト」とが重なり共鳴しあうだろう。

読み終えるとまた手に取りたくなる。何度でも読み返したくなる。今からでも遅くない。本とともに夏休みを過ごそうとする小説好きに、勧めたい。

評・小沼純一（文芸評論家）

二〇〇二年八月二五日⑧

『熊から王へ　カイエ・ソバージュⅡ』

中沢新一 著
講談社選書メチエ・一六〇〇円

「原初、神は熊であった」という本書第二章の美しい題を見て、真先に思ったのは、川上弘美のデビュー作『神様』だった。女性と熊との優雅な遠足を描いたこの傑作短編で神様は熊自身ではないが、人と熊の互いの思いやりのやさしさは、まさに本書の説く「対称性」社会そのものである。作家の直感はいつも先だってスパークするのだ。

「対称性」の狩猟社会の人間は熊を殺す。生きるためにも毛皮を肉を必要とするからだ。だが、その代わり、熊の頭蓋骨（ずがいこつ）にきれいにお化粧をして霊の世界に送る。熊が人間の友愛を信じてまた喜んで遊びにきてくれるように。現実の殺害の残酷さを知りながら、そこに詩的次元の高貴な輝きを見出（みいだ）すのが神話的思考なのだ。原初の人々が感じていた生の痛みの深さを思う。その心を取り戻すことは、簡単ではないにしても不可能ではないだろう。

環太平洋の国家なき社会の神話学など、著者らしい新鮮な魅力にあふれている。

評・水原紫苑（歌人）

二〇〇二年八月二五日⑨

『北大阪線』

枡谷優 著
編集工房ノア・二〇〇〇円

質種（しちぐさ）はふつう不要不急のものを生活費や遊興費の担保にする。なかにはしかし生活に困ってないのに趣味で質屋に出入りする風流人もいる。そんないわば質種のような人たちが浮き沈みしている界隈（かいわい）は、中小工場地帯の場所柄、沖縄や朝鮮半島出身者の客が多い。特務機関勤務らしい憲兵も上客で、戦中にしてはけっこう海外情報も入ってくる。それを見聞きしているのは質屋の小僧。

後半、戦局が押し詰まって小僧は軍用工場に徴用される。そこで昔の客の意外な顔に再会する。沖縄出身者の瑞慶覧は監督官に肋骨（ろっこつ）を折られるが、じつは空手のスゴ腕をひた隠しにしていた。上海のフランス租界を引き上げてきた元貿易商は戦争のウソを知り抜いている。質屋の町は、戦中とてたかぶらず反官意識をむきだしにせず、したたかに面従腹背の仮面生活を悠然と演じ続ける。

当時の大阪をリアルタイムで書く著者は八十歳に近い現役作家。

評・種村季弘（評論家）

二〇〇二年八月二五日⑩

『漂着ゴミ　海岸線の今を追って』

山口晴幸 著
文芸社・一八〇〇円

「ビーチ・コーミング」という趣味がある。海岸に打ち寄せた漂着物の収集であり、私もときどき楽しんでいる。「名も知らぬ遠き島より……」というロマンがあるのだが、本書を読んで考えを変えた。いや以前から気づいてはいたのに、ロマンにひたっていたかった自分を反省した。

数字はコワイ。自称「ひげ先生」の5年間718カ所の調査から一例だけ引用しよう。横須賀市観音崎公園近くの海岸線150メートルで、外国製ゴミ8個（約2メートルごとに1個）、日本製ゴミ1481個（1メートル当たり約10個）、医療系ゴミ2個、タイヤ9本。

ビンやプラスチック容器はバーコードで国別がわかるというのも発見だった。先頭2～3桁（けた）の数字が、690と691＝中国、489＝香港、471＝台湾、460～469＝ロシア、45と49＝日本。

海岸のゴミは、どこから流れ寄るのか？夏休みの宿題は、「ひげ先生」の調査に参加しよう。

評・新妻昭夫（恵泉女学園大学教授）

二〇〇二年九月一日①

『西洋の音、日本の耳』

中村洪介 著
春秋社・五〇〇〇円

西洋音楽の受容　文学との境界に探る

昨年没した音楽評論家、中村洪介による労作。一九八七年刊だが、導入期の西洋音楽の受容史を比較文化的な観点からみなおすとともに、音楽と文学の境界領域をさぐる貴重な書として、七月に復刊された。

全体は五つの章にわかれ、万延元年（一八六〇年）の江戸幕府遣米使節団が体験した「西洋音楽」から筆を起こし、永井荷風、島崎藤村、上田敏、石川啄木ら著名な文学者と音楽とのかかわりをたどっている。

一九〇五年に渡米した荷風がニューヨークとパリでオペラを聴きまくったこと、藤村が、一九一三年にパリでドビュッシーの実演を聴いていることなどは、ある程度知られているだろう。藤村の『春』に登場する「福富」のモデル、上田敏が多くのコンサート評を書いていることにも、さほど違和感はない。しかし、啄木がヴァイオリンを奏で、愛妻節子との新居に『音楽之友』があったとか、渋民小学校の代用教員時代にワーグナーを唱歌に編曲したとか、きいてびっくりする人は多いに違いない。

十九世紀末から二十世紀初頭にかけて、明治文壇ではワーグナーが大流行していた。雑誌『楽塵（がくじん）』に寄稿した森鴎外の論文をめぐって、上田敏と思われる『帝国文学』記者との間に大論争がくりひろげられたこともあったとか。ブーム真っ盛りの一九〇三年、十七歳の啄木は、八章からなる『ワグネルの思想』を構想し、序論の一部を「岩手日報」に連載している。著者は、啄木が作成した『唱歌帖（ちょう）』の一部を五線譜になおすなどして、研究者がかえりみなかった方向から光をあてている。もっとも、ここで使われている調性やリズムはごく平易なものだというが。

「およそ一国の音楽文化を形成するには、音楽が単に閉鎖された楽壇内のみの独占物に終始することなく、広く一般社会に開かれ、専門の如何（いかん）を問わず誰でもが音楽に就いて虚心坦懐（たんかい）に発言し、率直な意見を自由に述べ合い、多方面からこれに接近すること」が必要だ、と著者は力説する。

今でもサッカーなら、と私は思うのである。雑誌には文学者たちも寄稿し、専門家とは別の角度から選手の人間性や技術に迫っている。読者は、彼らなりの視点を新鮮に感じ、その切り口を楽しむだろう。音楽だって同じだし、クラシックを愛好する文学者もたくさんいるはずなのだが、現実には、二つの領域の距離はひろがるばかり。

西洋音楽がなじみにくいと敬遠され、今ひとつ人気がふるわない現在、せめて本書を読んで、明治の熱気を肌で感じとりたいものだ。

評・青柳いづみこ（ピアニスト・文筆家）

なかむら・こうすけ　1930〜2001年。音楽評論家、中央大教授。近代日本洋楽史を研究。本書で87年度芸術選奨文部大臣賞を受賞。

二〇〇二年九月一日③

『北アルプストイレ事情』

信濃毎日新聞社 編
みすず書房・一八〇〇円

押し寄せる登山者　ツケは誰が

たぶん誰もが見てみぬふりをしてきた。自然を満喫しようというとき、自分の自然現象も解放してやりたい。経験者だけが知る醍醐味（だいごみ）だろう。しかし、消化管を通過した高級食物の残滓（ざんし）とはいえ、糞（ふん）虫たちの個体数と食欲には限りがある。適度に分散され、自然の浄化能力の範囲内ならばよいが、それでも白い紙は残る。

山小屋のトイレでの苦労も、知る人ぞ知る。待つのも待たれるのも苦痛であり、閉鎖空間での苦行は山での開放感と正反対のものだ。が、そのトイレの管理は誰がするのか——山小屋の管理人なのか？

本書のベースとなる信濃毎日新聞の足かけ二年にわたる連載は、山小屋へのアンケートからはじまった。稜線（りょうせん）近くにある四十四軒のうち三十九軒が、屎尿（しにょう）を「ガレ場に放流」（垂れ流し）か「穴に埋める」（自然浸透）と回答した。山の自然を熟知する山小屋の主人たちが、それでいいと思っているわけがない。しかも、植物が枯れたり沢水が汚染されたりと、生態系にも登山者にも被害がおよんでいた。

取材班の実態調査は、山小屋だけでなく、行政上の問題（お役所仕事の弊害）や登山者の行動と心理（山歩きの糞は、拭〈ふ〉き捨て?）にも広がって行く。取材者が模範となるべく、携帯トイレも試してみるが、持ちかえった山のゴミ（排泄〈はいせつ〉物）を下界で焼却ゴミに出すのを忘れる。

いちばん興味深く読んだのは、排泄物の焼却や、バクテリアの分解能力を利用した合併処理槽など、「エコトイレ」最前線の現状である。開発者と利用者（山小屋の主人たち）の苦労は、要するにコストであり、コストは処理量に比例する。処理量が限度を超している原因は、登山人口の急増とその集中分布。したがって解決策は、登山人口を分散できるかどうかと、コストを誰が負担するかに集約される。

人口過密と公共政策のコスト負担は都市問題そのもの。都会の喧騒〈けんそう〉を離れるための登山が、同じ問題を引き起こしている。記者たちの自由な発想と行動力が、地の利を生かした現場ルポにとどまらない成果をもたらした。

評・新妻昭夫（恵泉女学園大学教授）

本書は99年7月から00年6月まで44回にわたる連載「待ったなし　北アし尿処理」を加筆・補正。

二〇〇二年九月一日④

『明治・大正・昭和　華族事件録』

千田稔 著

新人物往来社・二五〇〇円

醜聞からのぞく「華族」の実像

太宰治の「斜陽」や菊池寛原作の翻案メロドラマ「真珠夫人」、あるいは皇室ゴシップあたりで〈旧華族〉なる言葉を聞きかじる以外、戦後民主主義下に生まれ育った大半の日本人にとって、華族はほぼ謎の存在だろう。せいぜい伯爵、男爵、令嬢、使用人が織りなす古典的少女マンガの世界でも妄想するしかない。華族へのそんな貧困な想像力を格段にアップさせてくれるのが、本書である。

殺人、詐欺、散財、貧困、自殺、不倫、放蕩〈ほうとう〉、男色、乱心、お家騒動、政略・金略結婚、左翼活動……。これはまさしく空前絶後の「華族スキャンダル総覧」。

著者は近代経済史の資料を探す過程で偶然、華族醜聞記事を発掘し「『砂漠の慈雨』に遭遇したような」喜びを覚え、たちまちその世界にハマり込んでしまったという。そんな良い意味の興味本位が全編を貫き、読む者を一瞬たりとも飽きさせない。

ただし、それは階級的な冷笑・揶揄〈やゆ〉などとは無縁だ。あくまでも著者の視線は、家や制度という怪物に人生を弄〈もてあそ〉ばれ、時に無謀な反抗も試み、敗れ去った個々の人間たちへ注がれる。もちろん庶民は時代という怪物の前でもっと無力だったろう。が、ここに登場する華族たちは、それをさらに誇張した戯画を演じることで倒錯的な「下々の儀表（模範）」たりえていた、ともいえるのだ。

いや、むしろ上流階級のスキャンダルと呼ぶにはややショボい「貴紳・麗人のドタバタ劇場」を、消費し尽くしてやまなかった大衆とメディアこそが無敵の怪物であり、本書の隠れた主役かもしれない。なにしろこの怪物は、華族なき後も次々と疑似華族（芸能スポーツ界・梨園〈りえん〉から大企業エリート社員・東大生まで）のスキャンダルを嗅〈か〉ぎ当て、今この瞬間にも貪欲〈どんよく〉に消費し続けているのだから。

その一方で、稀薄〈きはく〉な人間関係の中で家庭内紛争や家庭内離婚や寄生独身者を演じていた華族たちの姿に、奇妙な既視感を抱いてしまったりもする。実は現代家族そのものが彼らの遺産を「世襲」した疑似華族ではないのか……。いけない。想像力が逞〈たくま〉しくなりすぎてしまった。

評・山崎浩一（コラムニスト）

せんだ・みのる　46年生まれ。米国イオンド大学大学院教授、日大経済学部非常勤講師。著書に『国際財政金融家　高橋是清』など。

二〇〇二年九月一日⑤

『カラスの早起き、スズメの寝坊』

柴田敏隆 著
新潮社・一一〇〇円

「文化鳥類学」が教える鳥の感情

森や林の中で、雨上がりの木もれ日を受けて鳥たちが一斉にさえずりだす光景に出会うことがある。光に反応する単純な野生の本能と思っていたが、鳥についての短いエッセーを集めた本書を読んで知恵の浅さを反省させられた。

著者によれば、小鳥たちの合唱が起こるのは人間が考えるほど単純な理由ではなく、太陽の再来を迎える喜びを表現し、森に生きる鳥たちの社会的なまとまりを示す、いわば感情のこもった集団行動なのだという。なんとスタジアムのウエーブだったというわけで、それ以来、見慣れた森の景色が少し違って感じられるようになった。

半世紀以上にわたって野鳥とつきあってきた著者は「科学では十分に究明できないことがまだまだ多い」という謙虚な自然観に立っている。「鳥のような知能の発達した動物には人間並か、少なくともそれに準じた感情や情緒の働きがあるらしい」と考え、身近な鳥たちの動きにも目を凝らす。

冬の市街地でネオンの熱を暖房がわりに利用するハクセキレイや、ビルの自動ドアのセンサーを利用して屋内にすむツバメ。巣のインテリアにこだわるシジュウカラやカラスなど、新しい環境変化に適応する「都市鳥」の話がとりわけ興味深い。

近年、急速に都市に進出してきた野鳥たちの中には、郊外の自然環境が破壊されたので仕方なく移ってきたのではなく、むしろ積極的に都市環境の好都合な部分を利用しようとする姿勢も見られるのだという。

環境変化への適応だけでなく、自然との共生という点でも鳥の文化に学ぶ点は多いようだ。「健康な鳥は夏冬を問わず、体の汚れをおとしたり、感情の高ぶりをしずめたりするために水浴や砂浴、雪浴をする」「繁殖期の鳥の夫婦のきずなは固い」といったエピソードの数々を読むと、自ら招いた環境汚染や家族の崩壊に苦しむ人間の文明のもろさを考えさせられる。

本の副題に「文化鳥類学のおもしろさ」とある。文化人類学は西欧型の近代文明が相対的なものであることを教えてくれたが、著者の提唱する文化鳥類学の示す教訓も少なくないようだ。

評・清水克雄（本社編集委員）

しばた・としたか 29年生まれ。日本自然保護協会理事。第9回田村賞受賞。著書に『かながわの鳥』『私の愛鳥講座』など。

二〇〇二年九月一日⑥

『日本の刑務所』

菊田幸一 著
岩波新書・七〇〇円

閉じた空間に社会の問題凝縮

刑務所のちかくに行ったことはあるが、刑務所の中に入ったことはまだない。本書によって日本の刑務所の実情を知り、塀の中の制度、受刑者への待遇には驚くことが多かった。

刑務所（公式用語では「監獄」）とは、自由を拘束される刑の言い渡しを受けた者が拘置される施設であり、「社会復帰を目指した矯正教育の場」である。

日本の刑務所には一日平均約四万七千人が収容されているが、その特徴は二度以上入所している「頻回入所歴」の者が半分以上を占めていること、そのうえ高齢化がすすんでいることだ。受刑者の四分の一が覚せい剤取締法違反、さらに四分の一が窃盗の罪だという。また男女比率は、九十五対五である。

受刑者は入所すると、男女とわず素裸にされ「床に手をついて四つん這（ば）い」になり、尻の穴まで検査される。このような身体検査は日常的に行われ、そこには受刑者の「品位を傷つける」蔑視（べっし）の感情しか察せられない、と著者はいう。

衣食、入浴、頭髪、医療にいたるまで徹底した「軍隊調」の規則があるが、とくに日本の懲罰にかんする規定は国際的にも批判されている。たとえば懲役受刑者には労働が強制されるが、働く工場内で目を窓に向けたり、受刑者同士が挨拶（あいさつ）を交わしたりしただけで懲罰の対象となることもある。そうなると「保護房」に入れられ、革手錠で片手を前に片手を後ろに縛られたまま、食事は犬食い、排便も垂れ流しなのだ。こうした扱いにたいして受刑者が不服申し立てをすることも現実的には困難だという。

犯罪学の研究者が著した本書とともにジャーナリスト佐藤友之著『ニッポン監獄事情』（平凡社新書）もおすすめする。こちらはごく普通の「あなた」が逮捕・取り調べから拘置所へと至る経過、弁護士と連絡をとる方法などが具体的に書かれている。

刑務所という閉ざされた空間に外部の監視が行き届かず、また関心を寄せられることもない。しかし刑務所には日本社会のさまざまな問題点も閉じ込められたままなのである。

評・与那原恵（ノンフィクションライター）

きくた・こういち　34年生まれ。明大教授（犯罪学）。著書に『死刑廃止を考える』、編著に『受刑者の人権と法的地位』など。

二〇〇二年九月一日⑦
『考古学つれづれ草』
佐原真 著
小学館・一八〇〇円

この7月、がんで70歳の生命を終わった考古学者佐原真さんの遺著。面白がりの天才で、「私の顔は四角ばっていて眉は濃く、二重まぶたで唇厚く、耳たぶ大にして耳垢（みみあか）しめり、体臭強い縄文系。私は背広を着た縄文人」などとおどけていた。

本書には、佐原人気を不動のものにした「縄文時代戦争はなかった。戦争はあたらしいできごと」という論考も、もちろんおさめられている（講演・戦争について考える）。これは戦争を考古学的証拠にもとづいて探った仕事で、佐原さんは人の上に人をつくり人の下に人をつくることで命令と服従のシステムをインプットした弥生時代から戦争がはじまり、それに先立つ縄文時代には、人を殺せる武器をはじめ戦争を可能にした十分な物的証拠は見当たらない、と明言した。佐原節のアリアだろうか。

一方、ひとは花を愛するようになったがそれは自然破壊が進んだためと冷水を浴びせる。ヒリッと批評の針が痛い面白節の連続だ。

評・増田れい子（エッセイスト）

二〇〇二年九月一日⑧
『クルド人　もうひとつの中東問題』
川上洋一 著
集英社新書・六六〇円

パレスチナと並ぶ「中東の火種」の全容を、だれにもわかりやすく掘り下げた本だ。本書は将来、国際関係を語るうえで欠かせない一冊になるだろう。軍事攻撃の有無を問わず、クルド人の動向が、米国の対イラク政策の鍵を握るからだ。

人口は2千万から2500万人。居住地域はフランス全土にも匹敵する。だが「祖国なき最大の民」と呼ばれるクルド人はトルコ、イラン、イラクに分かれ住み、苦難の道を歩んだ。

クルド国家建設を反古（ほご）にした英国。自国クルド人を弾圧しながら、他国のクルド闘争を支援した各国。クルド人問題を、その場限りの手駒として使った超大国。国際力学に翻弄（ほんろう）され続けた民の歴史は、乱れもつれる麻のように複雑だ。

本書を読むと、「イラク打倒のため、クルド人を利用する」といった発想の危うさに、背筋が寒くなる。現実は「快刀乱麻」とはいかない。困難でも、乱れた麻を解きほぐそうとする人には、友となる一冊だ。

評・外岡秀俊（本社編集委員）

二〇〇二年九月一日⑨

『言語の脳科学』

酒井邦嘉 著
中公新書・九〇〇円

自分の名前を呼ばれると嬉（うれ）しそうに吠（ほ）えて応える犬は言語を使えるといえるか？　言語学者チョムスキーによれば答えは否。犬は繰り返し聞かされて学んだ「音」に条件反射しているに過ぎない。それに対して人間の子供は一度も耳にしたことのない文章を成長過程で作文できるようになる。このように「学習」の範囲を超えて表現を自在に生成する力こそが言語能力の本質であり、人間だけがそれを生まれつき持つ。

そう考えるチョムスキーの「言語生得説」の弱点は検証の難しさだった。だが最新の研究は言語を操る脳の構造が人間固有であることを示し、チョムスキー仮説の正しさを証明しつつあるという。物理、生理学を修めて言語研究に進んだ気鋭の脳科学者による報告は、最先端領域を扱う宿命として専門用語も少なくない。しかし言語能力の来歴を調べる作業を通じて「人間はなぜ人間たりえたのか」を知りたいと思う読者には確かな手応えを与えてくれよう。

評・武田徹（評論家）

二〇〇二年九月一日⑩

『1492年のマリア』

西垣通 著
講談社・二〇〇〇円

1492年、コロンブスがスペインを出港したのはユダヤ人追放期限日の翌朝のことだった。新大陸は実はユダヤの「約束の地」だったのである。血湧（わ）き肉躍るとはまさにこれ。

読みつつ、筒井康隆の『文学部唯野教授』の興奮を思い出した。難解な思想も小説になると「あっとわかる」からだ。というのは本書の枢軸をなす神秘家ルルスの思想のことで、要するに彼の「普遍の術」とは、万物を基本概念に分解しこれを機械的に再結合して真理を得るというもの。知を大衆化するその「思考機械」こそ実にコンピュータの鼻祖となる——まさに情報学者ならではの壮大な構想で、愉（たの）しみつつ「グローバリゼーション」の知られざる史的起源を教えられる。

夢の聖女マリアをめぐる恋のドラマも迫力満点、圧巻はラストに現れる異貌（いぼう）の男……。が、その正体はぜひ御自分の目で。

歴史の暗部からアメリカを撃つ物語の海へ、読者よ、いざ出帆せよ。

評・山田登世子（仏文学者）

二〇〇二年九月八日①

『父・長谷川四郎の謎』

長谷川元吉 著
草思社・二二〇〇円

父が仕掛けた手ごわい「なぞなぞ」

文学者が痴呆（ちほう）や精神病になると家族はふつう公開したがらない。ところがこの本では、著者の父・長谷川四郎の脳梗塞（こうそく）に起因する精神の崩壊がのっけに公開される。あげくに父を介護する母をさらに介護する著者の家庭も崩壊してしまう事の次第も。

すべてが終わったあと、わり切れない思いが残った。たとえば父の死の遠因の後頭部打撃は、本人が公に説明したのとは違い、酒場の口論の果てに殴り倒されたのだという噂（うわさ）もある。そういえば父の言動にはいわゆる客観的事実とのズレがあった。事実をはぐらかすようなところがあった。父は戦中の中国（当時の満州国）との関（かか）わりで自分は戦犯だと常々いっていた。では具体的にどんな犯罪だったのか。

満州で過ごした幼時の六年間、そしてシベリア抑留から帰国した父との戦後生活、そこにわずかに謎を解く鍵があるような気がする。満州時代に弟が発疹（はっしん）チフスで死んだ。弟は父から感染した。では父はどこで感染したのか。当時のことを書いた小説に「六十二キロ」という地名が出てくる。そんな記号みたいな土地が実在するのか。そこに建設中の秘密基地に父は中国人を労働力として送りこみ、工事が終わると彼らは消された？　それとも父は知りすぎた男として、何者かに発疹チフス感染で消されようとしたのか？

　幼時記憶のなかで鮮明なのは食味の記憶だ。形や言葉はまだ定かではない。子のほうには単孔類のような味覚器官しか持ち合わせがなく、これで数カ国語に通じた作家長谷川四郎の精緻（せいち）に組み立てた言語構築物に立ち向かおうというのだ。つまりは肉団子や杏（あんず）のためなら何でもしかねない少年ハムレットの妄想による謎解き。それがついには妄想による父殺し（パラサイト）にまで発展する。父はスパイだったのでは？　しかもこの父殺しは父が共犯になってくれる。父は「残してくれた『宝の地図』の断片で、パズルをしながら完成させろと言っているのかもしれない。」

　大川周明の口ききで満鉄調査部に入り、北一輝や甘粕正彦も家族の至近距離にいた長谷川四郎が諜報（ちょうほう）活動をしていたというのは、いかにもありそうな話だ。戦後の言動は逆にロシア側のスパイだった可能性も示唆する。あるいはダブルスパイ？　謎は謎を呼び、妄想もふくれあがる。エピローグで解答は思いがけないところから降ってくる。が、それは解答というより、すべてが公開されたために、新たに提示された謎とも読める。

評・種村季弘（評論家）

はせがわ・げんきち　40年生まれ。映画カメラマン。「エロス＋虐殺」「私をスキーに連れてって」など多数の作品の撮影を担当。

二〇〇二年九月八日②

『特殊法人改革の誤解』

小西砂千夫 著
東洋経済新報社・一五〇〇円

料理人の腕に問題はないか

　料理のできがまずかったときに、その原因としては、道具がよくないというのもあり得ることだが、それ以上に料理人の腕が悪いという可能性を考えるべきだろう。しかるに、財政投融資制度（財投）や特殊法人の改革の話になると、すべてが道具に責任があるような議論になりがちである。

　けれども、道具が悪いといって、その道具を破棄してしまったら、まずい料理だけでなく、そもそも料理というものが一切作れなくなる。果たして料理をまったく作らないというのがよいことなのだろうか。本書は、こうした視点から、財投・特殊法人改革をめぐる誤解に切り込んで、望ましい改革のあり方を論じている。

　本書の評価によれば、昨年度からスタートした財投改革は失敗であったとされる。財投改革で、郵便貯金等については全額預託義務が廃止されるなどした。これは、従来の仕組みでは、郵貯等に集まった資金が自動的に財投に流れることになって、無駄な事業が行われることになっているという理解に基づいた改革であった。

　しかし、従来の仕組みの下でも、国債購入に振り向ける額を増減することで、財投に回る額を調整できたはずである。財投の肥大化が起きたのは、そうした調整を政府（国会）が適切に行ってこなかったからである。いわば料理人の腕が悪かったわけだ。それを財投制度という道具のせいにして、整合的だった仕組みを壊してしまったのが、先の改革だったとされる。

　現在の小泉政権の下での特殊法人改革も、道具を使いこなす工夫を考えるというのではなく、道具を破壊すること（廃止・民営化）に傾斜しており、望ましくない。料理を作る必要がある限り、ある道具を破棄しても、それに代わる道具を作らざるを得ない。それゆえ、特殊法人改革が単なる組織の看板の掛け替えに終わってしまう懸念がある。それを防ぐためには、組織論先行ではなく、事業の見直しからはじめるべきだというのが、本書の主張である。

　本書の視点には共感する。だからこそ一層、記述が簡素すぎて一般読者には親切さに欠けることが惜しまれる。

評・池尾和人（慶応大学教授）

こにし・さちお　60年生まれ。関西学院大大学院教授（財政学）。著書に『日本の税制改革』『市町村合併ノススメ』など。

二〇〇二年九月八日③

『魔岩伝説』

荒山徹 著

祥伝社・一九〇〇円

朝鮮通信使めぐる家康の密約

荒山徹の待望の新刊が出た。「朝鮮出兵異聞李舜臣将軍を暗殺せよ」との副題がついたデビュー長編『高麗秘帖(ひちょう)』は、朝鮮半島を舞台にした波瀾万丈(はらんばんじょう)の歴史伝奇ロマンで、その骨太の構成力、痛快な物語、爽快(そうかい)な読後感と、どれを取っても一級品であった。その続編ともいうべき第二長編『魔風海峡』も同様の傑作で、これでは第三作が待たれたのも当然である。それから二年、ようやく第三長編が出てきた。それが本書だ。

今度もすごい。スケールの大きさでは前二作を凌(しの)ぐといっても過言ではない。本書の時代背景は前二作から二百年後だが、朝鮮通信使の一行が将軍の代替わりのたびに来日するのはなぜか、というのがこの物語の軸になっている。両国の文化交流とは名ばかりで、その実態はかけ離れていることから、徳川家康と李氏朝鮮との間に密約があり、それが二百年間続いているのでないかという推理である。

では、その密約とは何か。その謎を中心に、日光東照宮の問題を始めとして、さまざまな謎を次々に作者は提示していく。歴史に埋もれた謎を、太い芯として物語の中心に置き、明快に解いていくのが荒山徹の真骨頂で、これも例外ではないが、今回は謎のスケールそのものがケタ外れに大きいから最後まで目が離せない。真相の奥にもう一つの真相があり、さらにその奥にはもっと別の真相が隠されているという複雑な構造が特に快感だ。そのうえで力強く人間のドラマを描き出すのである。自由を求めて戦う者たちの誇りと気概を凛(りん)とした文体で描くのである。その意味では、痛快で骨太の歴史小説といっていい。

もちろん、前二作と同様に、今度もまた忍者たちが縦横無尽に活躍する。その破天荒な戦いを迫力満点に活写する筆致の冴(さ)えも見事。つまり、痛快で骨太の歴史小説であると同時に、これは奇想たっぷりの伝奇ロマンでもある。海上のファンタスティックな戦いの描写を見られたい。その興奮は他に類を見ない。次の作品まで二年も待たせないでほしい。ただいまのねがいはそれだけだ。

評・北上次郎(文芸評論家)

あらやま・とおる 61年生まれ。新聞社、出版社勤務を経て韓国に留学。99年『高麗秘帖』で作家デビュー。ほかに『魔風海峡』。

二〇〇二年九月八日④

『現代建築・テロ以前/以後』

飯島洋一 著

青土社・二四〇〇円

世界は何も変わっていない

天空にそびえる巨大な建築物が垂直に崩れ落ちていく。その悲劇の瞬間を世界の人々が同時に目撃したことの意味は、「テロ」から一年たった今でも十分に考察されつくしたとは言えないようだ。この本は建築批評の立場から事件について触れたものだが、広く文化や思想への影響を考えるうえでも示唆に富む視点を提供してくれる。

結論から言うと著者は「テロ後も世界は何も変わっていない」と断言する。その理由は、事件は過去の歴史の中で起きたさまざまな悲劇の焼き直しにすぎないからだという。そして「決して忘れてはならない出来事には残酷さが結びついている」という哲学者リクールの言葉を引きながら、高層ビルの最上階で炎に包まれる人々の姿をアウシュビッツの悪夢と重ねてみる。

重要なのは、人々の心の傷となる体験や記憶の影響は出来事の最中にではなく、遅れて現れるという指摘だろう。しかも歴史の大きなトラウマ(心理的傷痕)は集合的記憶となって、何か別の崩壊をきっかけに再び立ち現れるものなのだという。

そうだとすれば著者の結論には別の解釈も必要かもしれない。世界は何も変わっていない。だからこそ私たちは見えない形で世界の内部に潜伏した暗い記憶の行方に目を凝らさなければならないのだ。

テロ以前／以後には断絶がないという著者の主張に一定の説得力があるのは、テロ以前に書かれた建築批評の文章にも、早くから崩壊や廃虚のイメージが色濃く影を落としているからだ。空虚、空漠、空白。それがいまの時代の気分だという。高層ビルが消えた後の空虚な空間になぜか既視感があるのは、そのせいなのだろうか。

ところで、世界貿易センタービルは近代建築史の中では、ほとんど無視されてきた存在だったという。効率性を象徴する単純な箱形の建物に、人を寄せつけない冷たさを見る研究者が多かったためか。

ベトナム戦争下に建設された巨大なビルは当時のアメリカ文化に広がる焦燥感を映し出していたともいわれる。再び現れて世界を巻き込もうとしている奇妙な焦燥感の行方も気になる。

評・清水克雄（本社編集委員）

いいじま・よういち 59年生まれ。建築評論家、多摩美術大助教授。日本文化デザイン賞受賞。著書に『王の身体都市』など。

二〇〇二年九月八日⑤

『月の光』

岩橋邦枝 著
講談社・一七〇〇円

「恋欲」に動かされて甦る時間

ソフトで夢のような告白によって、人生における時の経過というハードな事実が、きわめてさめたリアリズムへと結晶してゆく。派手な小説ではない。古典的な語り口なのだ。しかし、女性高齢者たちの「恋欲」をめぐる淡々としたストーリーは、もうひとつの「現代」に迫る。

作者が若いときに一度は目覚ましいデビューをして、戦後の女流文学の新しい担い手となった。その後、二十数年、小説を発表しなかった。そのような創作の空白の後にもう一度カムバックを果たした。岩橋邦枝の小説を考えると、そのような空白の前と後に書いたということは、特に後のほうの作品に見られる、人生の「時間」に対するこだわりとねばり強い語りの力とは無関係ではないかもしれない。実際には甦（よみがえ）ってからのこの作者のいくつかの作品には、過去と現在の体験が、女流にしろ男流にしろ、近年の文学ではめずらしいほどの複雑さと自覚をもって語られているのである。

作者のことばでいう「恋欲」は、肉体の衰えと関（かか）わりなく、残る。「記憶の奥から現れ出てくる彼の面ざしや立ち姿は、真昼の日射（ひざ）しをよそに蒼白（あおじろ）い月明りの中にうかぶようにひんやりとしずまっていた」という形で残る。残っては何人もの「高齢者」の内面を複雑に変形してゆく。二〇〇〇年代の現在から、一九五〇年代の女学生が「『ローマの休日』を観（み）た日には初対面」だった男へと、記憶が動き出す。現在とはあまりにも違った時代に女学生であった六十歳代の語り手が、「恋欲」につき動かされて、半世紀前の時間を奇跡的なリアリティーで甦らせる。しかし、ノスタルジーに陶酔せず、否応（いやおう）なしに「高齢」の現在にもどる。

これは「老い」についての小説ではなく、男女関係の巧妙な追求にもかかわらず、「関係」についての小説でもない。これは、「時間」の中で生きざるをえない人間の滑稽（こっけい）さと悲しみを表すという文学の本題を、「時間」のズレをかかえた現代の、日本語でつづったものである。古典的なスタイルをもった、不思議と新しい小説なのだ。

評・リービ英雄（作家）

いわはし・くにえ 35年生まれ。作家。大学在学中にデビュー。主著に『浅い眠り』『伴侶』『浮橋』など。

二〇〇二年九月八日⑥

『マティーニを探偵する』

朽木ゆり子 著
集英社新書・六六〇円

カクテルで味わう米国文化史

いかにもアメリカ的なお酒というと何を思い浮かべるだろうか。バーボンという方は多いだろう。もしくは缶ビールだろうか。しかし、カクテルがアメリカ発祥で、さらにマティーニがアメリカの歴史と連動するほどアメリカに密着した酒だというと、意外に思われる方は多いだろう。

アメリカの酒文化を語る上で欠かせないカクテルについて、なぜか日本では昔から関心が低い。どうも日本のスノッブな酒飲みは、ワインや日本酒やシングルモルトなど単体で磨きこんだものの方に向かい、混ぜ物の酒を一段低く見ている気がある。で、スノッブでない酒飲みにはカクテルは注文が難しそうでイヤ、ということか。

本書はニューヨーク在住の日本人ジャーナリストが、文化史的観点から書いたマティーニの本である。これを読むと、基本的には単純なカクテルでありながら、微妙なものから大胆なものまで、さまざまなバリエーションを作れるマティーニが、いかにもアメリカ的コンセプトを代表するお酒だとわかる。ルーズベルトからレーガンまで、時の権力者に好まれたパワードリンクというのもうなずける。

マティーニは一九世紀半ばから末のどこかで発明された。ゴールドラッシュの時期である。その後も、アメリカの浮沈と連動する。たとえばあるホテルで一九六〇年代には一日三百杯出たマティーニが七〇年代末には半分に落ち込み、それがITバブルで九〇年代半ばに復活する。しかも、それまでなかったような独創的なレシピが多数現れ、マティーニ・ルネサンスとまで言われるというのを読むと、いかにも「独創性至上主義」だったベンチャー起業家がそれらをたのんで悦に入っている姿が目に浮かぶ。カクテルは非常に人工的で、その場の独創性がすぐ反映できる「創造的」ドリンク。そう書かれると日本でのカクテルに対する関心の低さは、いかにもだ。

そういう文化史的視点の本だが、しっかりレシピも書いてあるのは助かる。知的好奇心を満たしたあとは、この本を持ってバーに出かけよう。マティーニが飲みたくなったから。

評・坂村健（東京大学教授）

くちき・ゆりこ　東京生まれのジャーナリスト。94年からニューヨークに在住。著書に『盗まれたフェルメール』。

二〇〇二年九月八日⑦

『僕のなかの壊れていない部分』

白石一文 著
光文社・一五〇〇円

男性編集者が三人の女性（才色兼備のスタイリスト、有閑マダム、離婚歴のある子持ち）との関係を通して生の本質に迫る物語である。ここには感動的な傑作『一瞬の光』『すぐそばの彼方（かなた）』にあった苦悩する者たちの人生讃歌（さんか）はない。むしろ人々が追い求める平凡な幸福に対して極めて懐疑的で攻撃的、完膚なきまでに論駁（ろんばく）しようとする。

近年、これほど登場人物たちが「生きる」意味を考え、ディスカッションを繰り広げる小説も珍しい。古今東西の作家（それこそトルストイから古山高麗雄まで）を引用して人生の幸福や死を論じ、ときにAV男優の台詞（せりふ）を引用して爛（ただ）れたセックスの最中に性の営みを意味づけしていく。

曖昧（あいまい）を許さず、安易な妥協もせずに生きる男の苛烈（かれつ）な精神。常識に対する冷ややかな侮蔑（ぶべつ）と人を不愉快にする悪意の棘（とげ）に満ちているが、その棘は平凡な幸福に馴（な）らされた怠惰な生を鋭く刺しつづける。読者に新たな内面凝視を促す力作だ。

評・池上冬樹（文芸評論家）

二〇〇二年九月八日❽

『トラが語る中国史』

上田信 著
山川出版社・一三〇〇円

トラの境遇から見た中国の三千年史、というのが意表を突いている。エコロジカル・ヒストリーと呼ばれる手法は、今までの歴史学のように人間を特権化せずに、一旦（いったん）、生態系の一部として相対化する。近年、中国でも長足の進歩をとげた環境考古学、植物生態学、自然地理学、歴史人口学などの自然科学的な歴史補助学の成果を自家薬籠（やくろう）中のものにした著者によって、中国東南部の常緑広葉樹林地帯に生息するアモイトラの生きてきた自然環境、およびヒトとの関（かか）わりが再現される。

トラは天人相関説のなかで長らく龍とならぶ特別な地位を与えられた後、にわかにヒトと鋭い敵対関係に陥る。とくに中国共産党の躍進の歴史とトラの大虐殺が結びついているという指摘は、じつに興味深い。

絶滅に瀕（ひん）するトラは、中国政府がようやく開始した繁殖プロジェクトによって蘇（よみがえ）るのか。トラが乗り移ったかのような口吻（こうふん）の著者とともにじっと見守ろう。

評・池上俊一（東京大学教授）

二〇〇二年九月八日❾

『炎は闇の彼方に　伝説の舞姫・崔承喜』

金賛汀 著
NHK出版・一九〇〇円

私ごとだが、舞踊は苦手の方だ。大阪市生野区の保育園に子どもが通っていた頃、韓国・朝鮮の踊りの輪になかなか入れなかった。

その園の近くで、一九三〇年代に朝鮮語新聞が発刊されていたことを、著者は二十年近く前に掘り起こした。前著『検証・幻の新聞「民衆時報」』には、舞踊家・崔承喜の大阪公演に多くの在日朝鮮人が集まったことの報道が記されている。

さて本書は、その崔承喜の評伝である。京城（現ソウル）―東京―欧米・中南米公演―中国での皇軍慰問―朝鮮民主主義人民共和国（北朝鮮）に至る崔の軌跡を、一方で戦争と革命という時代の動向の中に置きつつ、他方で証言などから彼女の心境に迫り、崔の姿を立体的に浮き彫りにする。

同化強要に対処する主人公の心理的葛藤（かっとう）と民族的衿持（きょうじ）の描写が胸を打つ。彼女の生涯を軸にしながら、多様な読みを促す力作である。読み終えて、舞踊との距離がずいぶん小さくなった気がした。

評・杉原達（大阪大学教授）

二〇〇二年九月八日❿

『わが人生の案内人』

澤地久枝 著
文春新書・七〇〇円

編集者だったころ、著者は正宗白鳥から色紙をもらい損なうという目に遭っている。同席していた井上靖に横取りされてしまったからだ。ただ、そこに書かれた「明日は明日みずから思い煩（わずら）わん。一日の苦労は一日にて足れり」という聖書の一文は、以後、彼女の心の支えとなる。

この本には彼女の人生に深い影響をあたえた中野重治、暉峻（てるおか）康隆、大岡昇平ら多くの文士・学者が登場する。丸岡秀子ら女性の名も。潔く人生を全うした人たちばかりである。

澤地さんは、時折、自分自身をもふり返るが、清廉さにおいて諸先輩の人生と呼応し合う。

白眉（はくび）は社会思想研究家・石堂清倫（きよとも）の章。去年、九十七歳で亡くなった氏について、「志は鋼のようにかたくても、感性のきわめて柔軟な」と記している。

澤地さんは、先輩たちの生を語って死にも触れる。〝人生の案内人〟とは〝死に方の案内人〟のことだといったらいい過ぎだろうか。

評・安倍寧（評論家）

二〇〇二年九月一五日❶

『パウラ、水泡(みなわ)なすもろき命』

イサベル・アジェンデ 著　管啓次郎 訳
国書刊行会・二四〇〇円

死にゆく娘に語る一族の豊饒な歴史

人が怒濤(どとう)のように生き、死に、精霊たちが飛び交い、予言も空中浮遊もあたりまえの驚愕(きょうがく)の世界が、平然と歴史の中に位置づきつつ、一瞬でいまここの物語と化してしまう茫然(ぼうぜん)自失の大傑作『精霊たちの家』で、一躍世界的な大作家になったイサベル・アジェンデ。その娘パウラが突然、奇病に倒れる。昏睡(こんすい)状態のパウラに、彼女は手紙を書き始める。いつか娘が目を覚ましたときのために。娘が、自分の何たるかを目覚めたときに理解できるように。

その手紙は、長いアジェンデ一族の歴史をたどる。まずは祖父母たち。イサベルの父親の不思議なスキャンダルと失踪(しっそう)。派手好きで芝居がかった叔父。性。結婚。恋愛。就職。チリの軍事クーデターとピノチェト独裁下の暗い日々。亡命。出産。離婚。イサベル自身、そしてその間にもパウラの病状とそれを巡る様々な人々が交錯する。それは小説『精霊たちの家』の再演でもある。でもそれは(変な言い方だけど)小説と同じくらいのリアリティーを持つ。断絶と孤独をわめきたてるだけの干からびた現代小説の多くなんか足下にも及ばない、ミクロがマクロと直結した豊饒(ほうじょう)な世界がそこにはある。

ぼくたちの多くは、ほんの数十年前とさえろくな結びつきを感じられない。でもアジェンデの世界では、二百年前に始まる一族の一つ一つの事件、何気(なにげ)ないふるまいが、すべてもっと大きな歴史的意義を持ち、今の自分自身に当然のように結びついている。自分や娘の何気ない忘却、ちょっとした一言。出たとこ勝負の無謀な冒険。ぼくは読みながら何度も笑い、そして涙を(本当に!)流した。生の豊かさが充満した文句なしの名作だ。

いや……でも一つだけ。この長い手紙が決して読まれないと知ったとき、娘がこのまま死ぬと悟ったとき、何かが変わる。そのときこの物語は、ぼくたち、つまり外野の読者の視線を意識しはじめるのだ。自分の不倫や離婚を語る彼女の、さりげないふりをしたいいわけがましさ。そして最後の、娘の死を変に脚色し、あげくに娘そっちのけで自分語りにすり替えるあざとさ。「私は空虚、私は存在するすべて」——いやあなたはいいんだけどさ、娘さんは? 最後の部分だけ、作品がそれまでの世界や歴史との豊かな関係性を失う。あのイサベル・アジェンデすら、娘の死からは目を背け、悪(あ)しきフィクションに逃げるのか——残酷で勝手な物言いなのは承知だけれど、それでもぼくは一抹の無念さを感じずにはいられない。

(原題、Paula)　評・山形浩生(評論家)

Isabel Allende 42年ペルー生まれ。作家。88年、米国に移住。著書に『エバ・ルーナ』『精霊たちの家』など。

二〇〇二年九月一五日❷

『戦争広告代理店　情報操作とボスニア紛争』

高木徹 著
講談社・一八〇〇円

いかに国際世論を味方にするか

本書は、九〇年代前半のボスニア・ヘルツェゴビナ紛争の裏面を描いた、切れ味の鋭いノンフィクションの傑作である。

主人公は旧ユーゴから離脱した小国ボスニアの外相シライジッチ。黒衣は、米大手PR企業ルーダー・フィン社の腕利き幹部ジム・ハーフ。物語は、セルビア勢の攻撃を受けて孤立無援となったボスニアの外相が単身ワシントンに乗り込み、ハーフに仕事を依頼するところから始まる。

仕事とは、軍事力では圧倒的に劣るボスニアが、国際世論の支持を背に、セルビアとの情報戦争に勝つことだ。

ハーフはチームを編成し、外相をテレビ向けに「改造」する。学者出身のシライジッチは英語は堪能だが、歴史の経緯を語りたがる癖があった。視聴者は退屈する。過去を語ることを一切禁じた。外相を、サラエボの惨劇を目撃した証人として演出し、わざと沈黙したり、言いよどんで迫真の表情を見せるテレビ映りも手ほどきした。

ワシントンは政権、連邦議会、メディアか

ら成る三角形だ。一極を動かしたければ、残り二極を動かせばよい。ハーフは議会に働きかけ、ボスニア情報をメディアに流し続ける。政府声明の下書きを作り、代表団として国際会議に乗り込み、外交も差配した。「民族浄化」という惹句（じゃっく）を多用してセルビアの非道と野蛮を印象づけ、次第にボスニア支持の世論を醸成する。セルビア側も在米財界人をユーゴ連邦首相に据えて逆襲するが、熾烈（しれつ）な情報戦に完敗する。

　当時国連報道を担当した私は、一方的にセルビアを断罪する風潮に疑問を抱きながらも、検証できずに終わった。執念で情報戦の全容を暴いた著者に脱帽する。

　本書の成功は、表舞台に出ることのないハーフに一切を語らせ、その手法を微細に描いたことにある。広告代理店を「悪」と切り捨てず、情報戦争を避け難い国際政治の「現実」と見て肉薄する著者の姿勢が、黒衣の心の鍵をこじ開けたのだろう。

　9・11事件以降、情報戦はさらに精緻（せいち）に、複雑になった。その手の内を描いた本書に賞味期限はない。読後も耳を澄まし、目を凝らしていたい。

評・外岡秀俊（本社編集委員）

たかぎ・とおる　65年生まれ。NHKディレクター。主に報道番組を手掛ける。本書で講談社ノンフィクション賞などを受賞。

二〇〇二年九月一五日③

『シェイクスピアの文化史』

岩崎宗治 著
名古屋大学出版会・四八〇〇円

社会と言語を変革するドラマ

　美術史家のパノフスキーが提唱したイコノロジー（図像解釈学）と同工の解釈法を、文学作品に適用する。そんなことができるのか、という読者の不安を軽く払いのけるかのように、シェイクスピアの各作品の深層に隠された文化的な意味がつぎつぎと焙（あぶ）りだされてゆく。

　著者の論述に従えば、「ロミオとジュリエット」は、家父長制とセクシュアリティの劇であるとともに少女の処女喪失の予表と実現の劇であり、「ヴェニスの商人」は、封建制と商業資本主義を遭遇させた社会史的実験だということになる。また「あらし」では、王権論と植民地論の議論がバックボーンとなっていて、絶対王制の危機を警告しているし、さらに「ハムレット」はといえば、生活空間の分節化と、そこに生まれた小空間で近代的な内面自我と対面する個人的主体の成立について語る劇なのである。

　こうして読者は、はじめには思いもよらなかった豊饒（ほうじょう）で重層的な読みへと、ぐいぐい引き込まれてゆくのだ。シェイクスピアの作品が、前後の時代の文学や絵画の言葉・イメージと響き合うだけではない。国制や経済や宗教、民衆文化や家族関係などを、それぞれコンテクストとして読み解いてみると、この英国随一の文豪の繰りだす多義的で転移を重ねるイメージと言葉が、文化の多層性とその対立や緊張の隠喩（いんゆ）となりながら、歴史変革のドラマにダイナミックに参与している、そう洞察したところに本書の最大の功績がある。

　変動の直中（ただなか）にある十六世紀末〜十七世紀前半のイングランドで、その変動の諸局面を華麗なレトリックを駆使して表現しながら、自らの意に反して、安定した社会形態や言語形式を揺るがすことに手を貸したシェイクスピアの作品が対象なればこそ、このようなアクロバティックな文化史が可能なのだろう。だが、あらゆる文学研究方法の実験場となってきた観のあるシェイクスピア論の蓄積を十分消化し、固有のヴィジョンに沿って精確に活用しえた著者の犀利（さいり）な手腕によるところも、また大きいにちがいない。

評・池上俊一（東京大学教授）

いわさき・そうじ　29年生まれ。東海女子大教授、名古屋大名誉教授。著書に『シェイクスピアのイコノロジー』など。

二〇〇二年九月一五日❹

『マネーの正体　地域通貨は冒険する』

デイヴィッド・ボイル 著　松藤留美子 訳

集英社・二五〇〇円

コミュニティー復活の試みを観察

本書は、米国各地での地域通貨導入の実験を観察した記録である。仕組みはこんな感じだ。ある婦人が近所の老人を車で病院につれていくと、お礼に地域通貨を受け取る。婦人はそれを使って近所の青年にパソコンの設定をしてもらったり、商店で食料品を買ったりできる。地域通貨を受け取るかどうかは、もちろん各人が決めることである。

面白いのは、法律相談であれ庭掃除であれ、一時間の奉仕には同じ金額が支払われる点である。サービスの市場価値を無視しているが、根底には時間の価値は誰にとっても同じ、という思想がある。

ニューヨーク州の小さな大学町の通貨の名称「イサカ・アワー」は以上の特徴をよく表している。ここではボウリングや自転車修理にも使えるという。

ある提唱者は「かつてはあったけれども今はもうないものを、わたしたちは甦（よみがえ）らせようとしているのかもしれない」と言う。つまり、コミュニティーの復活である。親切の見返りを、現金ではなく地域通貨で受け取る行為は、誰もが同じ価値をもつ世界の一員になることを宣言することである。

「情けは人のためならず」という。この論理は、長期的には他人も同じ論理で動くものと考えないと、維持しにくい。さもないと、互助の世界は縮小していき、やがては消える。地域通貨を受け取ることは、互助の世界の一員になることを宣言することでもある。

流通範囲が狭ければ、利用価値は薄れ先細りするだろう。拡（ひろ）がりすぎれば、苦労して弁護士や医者になるインセンティブは薄れる。ここが難しいところである。コミュニティー再生のための仕掛けとして、イベントなどよりも、リスクは大きい。だが、それだけに熱意が伝わってくる。

問題点や課題を指摘しながら、著者は地域通貨を媒介に人々が顔の見える関係を築く様子を描いている。

日本での導入状況は、巻末に掲載されたURLから知ることができる。まさに実験であるが、著者ならずとも被験者になってみたい実験ではある。

（原題、Funny Money）

評・真渕勝（京都大学教授）

David Boyle　58年英国生まれ。ジャーナリスト。経済分野の新発想、産業と環境などについての記事を精力的に執筆。

二〇〇二年九月一五日❺

『容疑者の夜行列車』

多和田葉子 著

青土社・一六〇〇円

不条理列車で「あなた」はどこへ

「あなた」と二人称で呼ばれるこれら一連の物語の主人公は、いったいどんな嫌疑をかけられているのだろう。タイトルで「容疑者」と明記されているからにはしかるべき罪状があるはずなのだが、具体的にそれが何なのか、謎は読者の不安を煽（あお）りながら最後まで持ち越される。わかっているのは、「あなた」がハンブルク在住の女性であり、舞踏家としてさまざまな国へ公演に出かけているということだけだ。

パリへ、グラーツへ、ザグレブへ、ベオグラードへ、北京へ、イルクーツクへ。掲げられる都市は全部で十二。「どこでもない町」をくわえれば十三になる。場所を示す「で」ではなく、方向性を示す「へ」という助詞の存在が、「あなた」の揺れ動く現在を刻んでいる。しかもここでは、招かれる、という受け身の姿勢が重要な意味を持つ。仕事とは無縁の旅においても、「あなた」の行動はつねに不意の出来事に妨げられ、主体性を奪われて、ほとんど巻き込まれ型のミステリに近い不条理劇を踊る羽目になってしまうのだ。

この不穏な舞台を用意してくれるのが、ほ

かならぬ夜行列車である。小さなベッドがならぶコンパートメントに見知らぬ旅人といっしょに拘置された「あなた」は、すなわち夜汽車のなかの容疑者だ。移動と睡眠をいっぺんに片づけるべく考案された乗り物が、外しそこねたギプスのようにぎこちない言葉遊びのひとつとして、「あなた」を出発点から拘束している。そもそも「化けの皮をかぶっている」駅からどこへ行けただろう。

「あなた」は、しかしこの化け物めいた駅がどこにも通じていて、かつどこにも通じていないことを承知のうえで、「意味の分からない快い言語のリズム」に誘われた半睡状態を確信犯的に愉(たの)しむ。旅はけっして終わらない。終わらない旅の途中、ボンベイへ向かう夜行のなかで、読者は「あなた」がなぜ「わたし」を捨てて「あなた」となったのか、いや、ならざるをえなかったのか、戦慄(せんりつ)の過去を知らされるだろう。ここでそれを明かすことは、恐ろしくてできない。

評・堀江敏幸(作家)

たわだ・ようこ 60年生まれ。作家。独ハンブルク在住。著書に『ヒナギクのお茶の場合』『変身のためのオピウム』など。

二〇〇二年九月一五日⑥

『夢の衣裳・記憶の壺　舞踊とモダニズム』

國吉和子 著

新書館・二八〇〇円

めくるめく20世紀ダンス史

ダンスというと、中学生の頃にかよった日劇や浅草国際劇場のレビューと、高校時代に熱中したMGMのミュージカル映画が、まっさきに頭にうかぶ。

そんな人間だから、かずある二十世紀ダンス史のたぐいを読んでも、どうもしっくりこない。イサドラ・ダンカン、ディアギレフ、マーサ・グラーム、さらにはカニングハムとかピナ・バウシュとか、どれも大切な存在であることはわかっているつもりなのだが、それでもやはり、「ニジンスキーがいてフレッド・アステアがいない二十世紀ダンス史なんてなア」と、ついグチをこぼしたくなってしまうのだ。

じつは本書も、そのようなダンス史の一つなのだろうと思って手にとった。ところが、ちがっていたのですね。

たとえば、前衛的なモダンダンス運動における「リズム」の発見が、フォックストロットやチャールストンからルンバやラグタイムにいたる大衆的なダンス・ステップの変遷史と並行して語られる。身体の動きの抽象化の一例として、バウハウス・ダンスとともに、ジークフェルド・フォリーズにはじまるアメリカのレビューやショーダンスにも、つよい照明があてられる。アステアの名もでてくる。ほんの一か所だけチラッと、というのが残念だけど。

大衆文化としてのダンスだけでなく、著者はもう一つ、坪内逍遥から土方巽の暗黒舞踏にいたる日本のモダンやポストモダン舞踊史にもどんどん介入してゆく。そのことで、欧米中心の「これまでのダンスの正史」をすこしずつ書きかえてゆこう、と考えているらしい。村山知義や伊藤道郎や宝塚の白井鐵造といった(正史的に見れば)傍系の人びとのしごとや、勝本清一郎、近藤孝太郎、蘆原英了などの批評活動が大きくとりあげられているのもそのため。

すでに語り口のきまった歴史に手を突っこんで、ぐちゃぐちゃにかきまぜる。読むほどに、二十世紀ダンス史が、貞奴やマタ・ハリやサティや未来派や藤蔭静枝やターキーや大野一雄でごったがえす、でっかいキャバレーのように思えてきた。

評・津野海太郎(編集者・和光大学教授)

くによし・かずこ 52年生まれ。舞踊評論家。舞踊評論家・市川雅の遺稿集『見ることの距離　ダンスの軌跡1962－1996』を編む。

二〇〇二年九月一五日⑦

『インモラル・アンリアル』

ウィン・リョウワーリン 著　宇戸清治 訳
サンマーク出版発売・二五〇〇円

来日していたウィン氏と対談したのは二年前である。思慮深い瞳から放たれていたのは、バンコクの路上に降りる朝靄（あさもや）のように優しく、それでいてアジアの太陽のごとくすべてを照らす強い光であった。初の日本語訳である本短編集で、メッセージは形を成した。

激しく揺れるタイの政治背景の中で青春時代を過ごした作者が描かずにはいられなかった、背中合わせの正義と悪。日本の読者は本書を通し、それらの矛盾が本当は世界中に存在することを、あらためて認識する。ウィン氏の瞳から飛び出した登場人物たちは、路地裏でうめき声を上げ、寺院で煙草（たばこ）に火を点（とも）し、売春窟（くつ）で女を殴り、バスの中で悪夢にうなされる。

作者はその営みにあらゆる斬新な視点から光をあてながら、人間であることとは何か、生とは、死とは何なのかを問い続ける。タイの都市で呼吸する人間たちの内面に潜む、切なさが、愛が、欲望が、そして不毛が、ここには詰まっている。

評・中上紀（作家）

二〇〇二年九月一五日⑧

『原弘と「僕達の新活版術」』

川畑直道 著
トランスアート発売・三三三三円

雑誌「太陽」創刊時のアートディレクションや戦後の平凡社「世界大百科事典」の装幀（そうてい）を手がけた、日本のグラフィックデザインのパイオニア・原弘（ひろむ）（一九〇三〜八六）の評伝。特徴的なのは、二〇〜四〇年代という、日本のモダンデザイン成立の時代を中心にしていることだ。原の実践とともに、同時代のデザイン状況全体に光をあてることが本書の主題となっている。

原は、二〇年代ドイツでのタイポグラフィー（活版印刷術）の新しい動向、またバウハウスの活動やロシア・アヴァンギャルドに大きな刺激を受け、グラフィックデザインを視覚伝達を目的とした実践であると捉（とら）えた。文字と写真を同等に扱っていく新しいタイポグラフィーの考え方を、試行錯誤しながら日本の文字文化へと導入した原の技術は、時代の中にあって戦争宣伝のグラフ雑誌に注がれもした。そうした経緯もふくめ、原のデザインの実践をたどる。多くの資料を駆使した労作である。

評・柏木博（武蔵野美術大学教授）

二〇〇二年九月一五日⑨

『言葉の力を贈りたい』

ねじめ正一 著
NHK出版・一五〇〇円

「詩歌管弦の遊び」という言葉がある。詩歌や音楽を楽しむということだが、近代の詩歌は遊びよりも思想や生き方に傾斜した。だから、言葉遊びなどの一見して遊びと見えるものは軽視されがちだった。

ところが、この本の著者は、言葉遊びなどに詩の魅力を見る。詩は解（わか）ろうとしてはいけない、とにかく眺めよ、と著者は言う。眺めていると、言葉のかたまり（オブジェ）の面白さが見えてくる。詩は思想や生き方という意味である前に、イメージやリズムという言葉の楽しさなのだ。

以上のように考える著者は、谷川俊太郎、まどみちお、井伏鱒二、藤井貞和、吉岡実、辻征夫などの詩を鑑賞している。そして、ロック歌手の甲本ヒロト、ソングライターの椎名林檎（りんご）、宮沢和史の歌詞に詩と同根の言葉の力を指摘する。

詩歌管弦の遊び、それがこの本で具体的に蘇（よみがえ）っている。もちろん、その遊びとは、言葉の根源的な力を生き生きと感受することである。

評・坪内稔典（俳人）

二〇〇二年九月一五日⑩

『バッハからの贈りもの』

鈴木雅明 著　加藤浩子 聞き手
春秋社・二八〇〇円

著者が指揮するバッハのカンタータをＣＤ店で見つけ、その禁欲的で無駄のない音楽に驚いたのはだいぶ前のことだ。しかし、本書はお堅いバッハ論ではない。著者が音楽生活の中で出会ったバッハを、対談で楽しく縦横無尽に論じている。

バッハはオルガン鑑定者としても有名だった。教会の依頼どおりに製作されているかどうか、最晩年まで各地を旅して鑑定作業を続け、注文もつけた。だから当時のオルガンを訪ね歩けば、その時期にバッハが求めた響きを探れるという。

バッハに「はまる」愛好家の分析も面白い。昨日はベートーベン、今日はショパン……ではなく、二百曲を超すカンタータを毎日一曲ずつ聴いて「徐々に熱が高じる」タイプだという。

本書の通奏低音はキリスト者としてのバッハと著者だ。だが、敬虔（けいけん）なキリスト教徒でなくても、バッハの音楽を理解し、親しむことはできる。それは対談が明らかにしたバッハの音楽の普遍性によるものに違いない。

評・草野厚（慶応大学教授）

二〇〇二年九月二二日❶

『世界戦争犯罪事典』

秦郁彦、佐瀬昌盛、常石敬一 編
文芸春秋・一八〇〇〇円

史料批判重ね　歴史の真実に迫る

20世紀は戦争と革命と虐殺の世紀だった。ナショナリズムや共産主義などのイデオロギーが、高度に発達した軍事技術と結びついて、恐るべき弾圧や虐殺が次々と起こった。本書は、日独の研究者が、近現代の広義の戦争犯罪を整理し、記録しようとしたものである。

戦争犯罪とは、がんらい、戦時国際法で禁じられた民間人や捕虜への虐待、殺害、掠奪（りゃくだつ）などを指す。しかし第2次大戦後、平和に対する罪（侵略戦争）、および人道に対する罪（たとえばナチスのユダヤ人迫害）も含めるようになった。本書では、さらに、弾圧や内戦に関連する残虐行為なども、広義の戦争犯罪として取り上げている。

本書の第一部は、アジア・太平洋・アメリカ大陸、第二部はヨーロッパ・中近東・アフリカにおける戦争犯罪を対象とする。第一部は、旅順虐殺事件、朝鮮の義兵闘争、閔妃（ミンビ）殺害事件など、１８９０年代の事件で始まる。そして、三・一独立運動、関東大震災と朝鮮人虐殺、霧社（むしゃ）事件、南京虐殺事件、七三一部隊、従軍慰安婦など、日本関係の事件が続く。第2次大戦中では、多くの捕虜関係事件と並んで、当然ながら東京大空襲や原爆投下がある。戦後では、中国の大躍進政策や文化大革命、ポル・ポトの大虐殺と、社会主義関係の事件が続き、最近では、朝鮮民主主義人民共和国（北朝鮮）の１９９０年代の食糧危機、昨年の同時多発テロまで取り上げられている。

掲載項目の中には、必ずしも戦争犯罪でないものもある。また、連合国側の犯罪を積極的に取り上げている。断罪されつづけた日独の反発（とくにドイツ側の反発が強い）がそこにあらわれている。しかし、全体のバランスを崩すほどではないし、情報を豊かにしていると評価できる。

そして各項目の記述については、おおむね公正で分かりやすい。たとえば南京虐殺事件について、勃発（ぼっぱつ）の理由を簡潔に述べたあと、30万人の虐殺はありえず、数万人（それでもすごい数である）ではないかと示唆している。

近年、「戦争の記憶」や「歴史認識」が問題とされることが多い。しかし、より重要なのは記憶より記録であり、歴史認識よりも歴史そのものである。戦争を回避するために必要なのは、正確な事実の把握なのだから。以上のような事件の場合、たとえば虐殺の数などは、簡単には確定できない。しかし、丁寧な史料批判を積み重ねれば、かなり絞り込んで歴史の真実に迫ることが出来るということを、本書は教えてくれる。

評・北岡伸一（東京大学教授）

はた・いくひこ　日本大法学部教授。
させ・まさもり　拓殖大海外事情研究所教授。
つねいし・けいいち　神奈川大経営学部教授。

二〇〇二年九月二二日❷

『越境者たち　上・下』

森巣博 著

扶桑社・各一三三三円

「よい子」の方にこの本は毒です

最初に書いておかねばならないのは、自分を「よい子」だと思う人は、この本を読んではいけない、ということである。

その理由の一つ目は、この本がギャンブル小説だからだ。ギャンブル小説であるから、当然ギャンブルについて（ほとんどカシノ――「カジノ」は正確な発音ではないそうだ――のことだけど）、それから、ドラッグについて、ついでにセックスについて、書いてある。ただ書いてあるだけでも問題なのに、享楽的かつ肯定的に書いてある。ギャンブルやるべし。それればかりか、「――ドラッグは、良い。

という結論に達してしまった」りもする。

しかし、理由の二つ目はさらに深刻だ。

主人公の「わたし」は、オーストラリアのカシノを舞台として戦う日本人である。その「わたし」と共に、時にはライヴァルとしてカシノでギャンブルに励む友人たちがいる。原住民のマオリの血が入っていることに悩み祖国を棄（す）てたニュージーランド人、あるいは混乱の故郷を脱出して希望の国へ亡命してきたヴェトナム青年。「わたし」を含め、カシノという戦場で金を賭けて（これは「命を賭けて」に等しい、カシノに於（お）いて人間の生命と金は交換可能だからである）戦う者たちの多くは、国家や民族という境界から脱出しようと、あるいは脱出しているように見える。それはなぜか。

カシノの一切は国境を越えた金の流通によって成立している。金の奔流に巻き込まれ戦場に転がる累々（るいるい）たる屍（しかばね）。しかし、カシノとは世界の雛型（ひながた）ではないのか。我々もまた、カシノで戦う者たちと同じ戦場にいるのではないか。

世間の人々の誤解とは逆に、カシノで戦うギャンブラーたちの最大の武器は「考える」ことである。あらゆる偏見を排し、冷静に考えて考えて考え抜くことによってのみ、彼らは生き続ける。賭けるとは何か。金とは何か。それを支配する国家とは何か。賭ける我々のアイデンティティーとは何か。民族とは何か。そして、「わたし」はこう結論する。国家を、民族を、境界を越えて生きよ、あんなものはクソだ、と。ほらね、「よい子」は読んではいけないの！

評・高橋源一郎（作家）

もりす・ひろし　48年生まれ。雑誌編集者などを経て「国際ギャンブラー」に。著書に『神はダイスを遊ばない』『ジゴクラク』ほか。

二〇〇二年九月二二日❹

『戦下のレシピ　太平洋戦争下の食を知る』

斎藤美奈子 著

岩波アクティブ新書・七六〇円

高野豆腐は日本のビスケット?!

どんぐり麺（めん）の煮込み、うどんを入れた寒天、糠（ぬか）入りビスケット、こんにゃく餅……。

ダイエットにはうってつけのメニューだが、これらは太平洋戦争下に生きた日本人の口に入った食事の一端である。

飽食の時代にどっぷり浸（つ）かる私たちは、もはや「空腹」という感覚すら忘れそうになるのだが、戦争中はこんなメニューも材料がそろえばまだましという状況だった。おいしいだのまずいだの言ってられない、ただ生きのびるためのみに乏しい食材を工夫して料理をした女性たち。

これらの料理のレシピは、敗戦まで生き残った数少ない婦人雑誌に掲載された。「高野豆腐は生で食べられる。これこそ日本古来の立派な乾パン、ビスケットです。最初は口がもぞもぞするようですが、少しずつ含んで永（なが）く噛（か）みしめていると、底知れぬ美味（おい）しい味が出てきます」（『主婦之友』昭和十九年）

と、やけ気味ではあるが、その食品とはかけ離れた優雅な文体でつづられている。

日本の婦人雑誌が果たした役割については著者の『モダンガール論』（マガジンハウス）に詳しい。婦人雑誌は明治大正時代から女性文化をリードするメディアだった。そして読者にとっては、厳しい暮らしの現実を忘れさせてくれた。右記のメニューにしても「まあ、いつか配給があったらこんなお料理を作ってみたいわねえ」と読者をウットリさせてくれる一品であった。

ひとくちに戦争体験といっても個人差、地域差は激しい。本書を読んで、いやいや現実はもっと悲惨だったという声もあろうし、でもねえあの時代でもこっそりおいしい中華をたべさせる店があったよ、という体験もあろう。婦人雑誌で繰り広げられた「夢」にしても、これも「戦争」の一断面だと私は思う。あの時代、女性たちは何を考えながら生きようとしたのか、その空気がよく伝わってくる。

戦争中なぜあんなにも食べるものがなかったのか、その問いに著者はこう答える。「戦争の影響で食糧がなくなるのではない。食糧がなくなることが戦争なのだ」

評・与那原恵（ノンフィクションライター）

さいとう・みなこ　56年生まれ。文芸評論家。著書に『妊娠小説』『文壇アイドル論』など。『文章読本さん江』で今年、小林秀雄賞。

二〇〇二年九月二二日5

『美の架け橋』

榊原悟 著
ぺりかん社・四五〇〇円

友好の贈り物 海を渡った屏風

日本の屏風（びょうぶ）は海を渡っていった。中国や朝鮮、琉球などのアジア、そして西洋へとである。きわめて貴重で美的価値の高いものとして、異国に贈呈され珍重されたのである。この屏風、日本原産ではない。七世紀頃（ごろ）、朝鮮の新羅から、日本にもたらされた。そして、日本のオリジナリティーを発揮していき、華麗な絵の描かれた極彩色の金屏風は日本を代表する文物となっていった。

屏風を贈り物とすることは、九世紀末に始まっている。一五八二（天正十）年にキリシタンの四少年が派遣された際、織田信長が所蔵していた「安土城図屏風」がローマ法王に贈られた。絵師はかの有名な狩野永徳だと明らかにされるが、残念ながらバチカンには現存していないという。

江戸時代、朝鮮が派遣した朝鮮通信使の来日は十二回あった。その際、朝鮮国王に金屏風が都合百五十双ほど贈られたが、ほとんど消失してしまっている。だが、二点だけ残っている。「苅田雁秋草図」と「牡丹菊に流水図」で、ソウルの韓国宮中遺物展示館に現存する。

ペリーが来航して開国した後、日本は欧米列強との関係を深めていく。欧米との外交でも、金屏風は贈り物として重要な役割を果たす。一八六七年にはパリ万博へ出品されて、大きな話題を呼んだ。マネの「エミール・ゾラの肖像」には「花鳥図」の金屏風が浮世絵とともに描かれている。西洋のジャポニスムは浮世絵からの影響ばかり重視されてきたが、屏風絵も大きな役目を果たしたのだと、著者は屏風絵の「美の架け橋」としての意義を強調している。

本書では、美術史ばかりでなく、外交史や交易史、何よりも文化交流史の視点を踏まえながら、日本の「顔」としての屏風の歴史が緻密（ちみつ）かつ彩り豊かに描かれている。絵画の美をもって、異国と善隣友好の交流をはかっていったところに、今日ではみられない優雅さと品性を感じる。善隣友好の架け橋となった屏風に思いをはせながら、現代日本は何を架け橋とすることができるのか、あらためて問い直してみることが大切だと思った。

評・川村邦光（大阪大学教授）

さかきばら・さとる　48年生まれ。群馬県立女子大教授。専攻は日本美術史。著書に『日本絵画のあそび』『屏風絵の景色を歩く』。

二〇〇二年九月二二日⑥

『夏雲あがれ』

宮本昌孝 著
集英社・二二〇〇円

あえて挑んだ明朗型時代小説

柴田錬三郎の「眠狂四郎」シリーズが、「時代小説の主人公は、これまで求道精神主義か、しからずんば正義派であった」と考えた著者の反旗であったことは広く知られている。ところが、その「正義派」の代表作家ともいうべき山手樹一郎も、それ以前の、大正末年から昭和初期にかけて一世を風靡（ふうび）したニヒリストヒーローたちに対抗して、善意のヒーローを作り上げたのである。大衆小説のヒーロー像はこうして繰り返される。

めぐりめぐって現代はまた懐疑と躊躇（ちゅうちょ）の時代を迎えていて、明朗型の時代小説はきわめて少ない状況になっている。そういう時代にあえて明朗時代小説に挑む作者の意図をくみ取りたい。

主人公は筧（かけい）新吾、花山太郎左衛門、曽根仙之助の三人の青年である。新吾はまっすぐな気性の若者で、太郎左は剣はうまいが暴れ者。年は太郎左のほうが一歳上だが、この二人はともに下級軽輩藩士で仲がいい。一方の仙之助は馬廻組百二十石の当主で、新吾や太郎左とは本来身分違いなのだが、なぜか仲がいい。竹馬の友だ。姉四人のなかで育ったためもあり、仙之助はやさしい若者で、得意なのはなんと料理。剣は苦手だ。本書は、この三人が活躍する長編である。

明朗時代小説とはいっても、それはシンプルであることを意味するわけではない。プロットは凝っていて、ストーリーもダイナミックだ。さまざまな人間たちの思惑が交錯する陰謀の渦中で精力的に動きまわる彼らの活躍を、いきいきとした筆致で描いていくのである。彼らの六年前の活躍譚（たん）は、『藩校早春賦』という長編に書かれている。東海の小藩を舞台にしたお家騒動もので、これもなかなか読ませたが、前作が少年小説だったとするなら、今回は陰謀の舞台を江戸に移した青春小説でもある。

宮本昌孝には、早すぎた代表作『剣豪将軍義輝』という大傑作があり、けっして明朗時代小説だけの作家ではないが、これはもう一つの代表作になるかもしれない。はたして第三部は書かれるのかどうか。新吾の恋の行方を知りたい。

評・北上次郎（文芸評論家）

みやもと・まさたか 55年生まれ。手塚プロを経て作家に。著書に『剣豪将軍義輝』『藩校早春賦』など。

二〇〇二年九月二二日⑦

『千年王国の惨劇』

ハインリヒ・グレシュベック 著
C・A・コルネリウス 編　倉塚平 訳
平凡社・三四〇〇円

一五一七年、マルティン・ルターの九十五カ条提題から始まった宗教改革の大きなうねりは、まもなくいくつもの過激なセクトを生みだす。そのひとつがドイツ北西部の都市ミュンスターに拠点をおく再洗礼派であった。洗礼は分別のついた大人になってから受けるべきだという主張が、千年王国を自らの力で樹立しようという願望と結びついて、運動は逸脱してゆく。

粛清を楽しむかのようなカリスマ的指導者たちの圧政は、閉ざされたセクトの恐ろしさを思い知らせるが、武骨な文体で冷静に記述された、八千人の信徒たちの異常な生活ぶりは、興味津々たるものがある。一夫多妻を強制され、いい女の掴（つか）み取りに狂奔する男たちのどたばた悲喜劇や、広場で全身きんきらに飾りたてた王と王妃が主宰する倒錯儀礼の模様は圧巻だ。

著者の家具職人は、一五三五年六月の落城間際にこの狂気の王国逃亡に成功し、九死に一生を得た一市民として登場する。

評・池上俊一（東京大学教授）

二〇〇二年九月二二日❽
『リベラル・ユートピアという希望』
リチャード・ローティ 著
須藤訓任、渡辺啓真 訳
岩波書店・三二〇〇円

現代アメリカの、相対主義とプラグマティズムの旗手リチャード・ローティのエッセー集。人間を離れた真理や正義や善や本質や合理性みたいな絶対的価値などない、とローティは主張する（だから相対主義だ）。真理や正義それ自体の追求のために、学問なり政治運動を進めちゃダメだ。それは必ず抑圧的になる。すべては、それが民主主義や自由の実現に役立つかどうかを基準に（つまりプラグマティックに）考えよう。想像力の拡大を重視しよう。「差別を少なくしたい」といった希望を原動力にしよう。こうした主張がいろんな題材をもとに述べられて、わかりやすい。ローティ入門として最適な一冊。が、わかるだけに、いろいろ疑問は湧（わ）いてくる。

たとえば、絶対的基準がないなら民主主義や自由がいいってなぜ言えるの？　何が民主主義や自由の役にたつかなんて、事前にはわからないでしょ？　主張は興味深いけれど……考えさせられる一冊。

評・山形浩生（評論家）

二〇〇二年九月二二日❾
『奥の細道　俳句でてくてく』
路上観察学会 著
太田出版・二二〇〇円

ポケットにカメラと鉛筆。カメラスナップと俳句で『奥の細道』の跡をたどろうといういでたちらしい。冒頭に勢揃（ぞろ）いした写真。路上観察学会ご一同様も、年取ったなあ。いつしか芭蕉翁・曽良の年齢をとうに超している。

さて、スナップと路上俳句の一例。日光街道黒羽の路上に「俺（おれ）が危い」の立て看板。九十六歳のご近所の住職の交通安全週間にちなんだ揮毫（きごう）だそうだ。俺は暴走族より危険な人物なのか。それとも俺の命がそろそろ危ないのか。このスナップ写真に対応する句が「われと来て俺が危い歳になり」(原寸)。駄句もいいところだ。

ところがこれが老人力をおちょくる。こんなものならオレにだってできら。近代俳句は叙景が主流。だから、女性や子供も佳句を作る。で、こちらの腕がむずむずする。罠（わな）だ。デジカメと鉛筆を手に、定年老人・仲良し女性仲間の吟行、子供連れ家族吟行会が即席で成立する。行ってらっしゃい。

評・種村季弘（評論家）

二〇〇二年九月二二日❿
『メガバンクの誤算』
箭内昇 著
中公新書・八二〇円

ペイオフの時代は預金者の自己責任の時代だなどという言葉がまかり通っている。ふざけた話である。

元銀行マンが書いたこの一冊は、たんなるメガバンクの内幕暴露本ではない。なぜ日本の金融行政がこんなありさまに至ったかの問題点を、素人にもわかりやすく語り明かしている。

たとえば銀行の危機は日本でだけ起きていたのではなく、日米間の業績の差は一九九〇年代のわずか十年間でついたという指摘は、それならば経営陣はいったい何をしていたのかという当然の疑問を呼びさます。

いくつもの合併劇と倒産劇の背景には「疑心暗鬼」「業務上過失」「国家的背任」という三つの時代があり、つねに問題解決の先送りがなされてきたと著者はいう。内側からの批判だけにリアルである。

増大する一方の預金者の不安をなだめるまではゆかないが、病状を知るだけでも効能はある。旧経営陣の一掃ぐらいにはすぐ着手したらどうだろうか。

評・野口武彦（文芸評論家）

二〇〇二年九月二九日❶

『人体市場 商品化される臓器・細胞・DNA』

L・アンドルーズ、D・ネルキン 著
野田亮、野田洋子 訳
岩波書店・三二〇〇円

医学や法律の迷路の先に、恐怖の地平

なんとも、刺激的な題名である。しかしこの題名で思い浮かべる、移植用臓器の強奪といった、医学サスペンスにあるようなネタが主題ではない。

ここに登場するのは、主に白衣を着た研究者とスーツ姿のビジネスマンや弁護士。舞台も実験室やナスダック上場企業、そして法廷である。その意味では題名は『人体ビジネス』の方がよかったかもしれない。そしてビジネスの対象となるものも、最も生々しいものでも皮膚、胎盤、血液といった程度。主流はむしろ、組織サンプル、細胞一つ――ついにはDNA情報といった、より抽象的なものに移ってきている。臓器を盗(と)られるというと恐ろしくても、上顎(うわあご)の表皮細胞を綿棒で取られることには恐怖をいだきにくい。

しかし、いくら道具立てが「クール」になっても、ドロドロした部分はある。問題の根底は「人体」がビジネスになるということ。アメリカだけで千三百の企業と百七十億ドルの資本を有するバイオ産業の急成長ビジネス分野なのである。だから、特殊な症例で死んだ患者や特殊な家系の人々の検体など、本人たちは病院で検査を受けただけと思っていても、あっという間に「市場」に流れ高値がつく。そのような「人体市場」でどういうビジネスがあって、どういう訴訟がおこっているか。それを、科学者と法律の専門家の二人の著者が丹念にレポートしたのが本書である。

はっきりいって最初は読みにくい。数百の参考文献と徹底的な取材で、医学と法律のディテールを伴って、人体ビジネス全分野を網羅したような問題提起が続く。葬儀屋と遺伝子企業が組んだビジネスの話、博物館の展示品の出所問題、はては遺伝子アートまで。しかし全編を通してのテーマ「人体は誰のものか」という議論がはっきりしてくる後半は、俄然(がぜん)興味がわいてくる。

終盤、知的所有権の概念の変更の可能性に触れるが、残念なことにどうしたらいいというところまではいかない。著者は当然否定的だが、これだけ複雑な問題である。特許のインセンティブとそれによる医学の進歩といった「公共の福祉」を考えると、必ずしも全否定できない。単なるビジネスを超えた、国家戦略の観点もある。

とにかく本書を読んで感じるのは、現代の恐怖が非常にわかりにくいものになったということ。医学や法律の迷路を抜けて初めて味わえる新しい恐怖の世界。過去の賢人の知恵がまったく役立たない地平にまで、人類社会は到達しようとしているのである。

(原題、Body Bazaar) 評・坂村健(東京大学教授)

Lori Andrews イリノイ工科大科学・法律・技術研究所所長。
Dorothy Nelkin ニューヨーク大教授。

二〇〇二年九月二九日❷

『マーティン・ドレスラーの夢』

スティーヴン・ミルハウザー 著 柴田元幸 訳
白水社・二〇〇〇円

地上30階・地下12階からの覚醒

十九世紀末、ニューヨークに店舗を構えるむかし気質の葉巻煙草(たばこ)店の息子が、一代どころか半生もかからぬうちに、複数の巨大高層ホテルを経営する若手実業家として成功していく。人々を幸福な気分にさせる一種の「共感力」と経験知、市場調査にもとづく綿密なプラン、そして人々の欲望を記号のようにあやつる広告戦略。とんでもない飛躍と変貌(へんぼう)を遂げようとする、しかしまだ摩天楼の時代は訪れていない端境期の街で、彼は二十世紀消費社会を先取りする手法を駆使して周囲を惹(ひ)きつける。

ほがらかで屈託のない上昇志向だけが彼を突き動かしていたのであれば、これはまちがいなくアメリカン・ドリームの典型に収まっていただろう。だが夢はかならず覚醒(かくせい)し、いつかは現実に引き戻される。「すべてを破滅に追いやる疵(きず)」の出現を、神々はじっと待っているのだ。したがって読者は、ホテルという巨大な生き物が、数多くの従業員と膨大なモノたちの関係の編み目で成り立っている事実に気づいて「ほとんど肉体的な満足」を味わうマーティンの、胸おどる出世

譚（たん）に従いながら、一方で記述が崩壊へと走り出す瞬間をひたすら待ち望むはめになる。いわばこれは倒叙式の夢だ。それだけで完結し、「都市を不要にする」小宇宙として、あらゆる雑多な要素が詰め込まれた地上三十階、地下十二階におよぶ「グランド・コズモ」の不成功は、失敗でも挫折でもなく、最後に「腹が減って」くるような、正しい覚醒をもたらすのである。

　モノに対する度を超した執着と、それを列挙する言葉の八重奏のできばえについては、もう指摘するまでもない。本書の魅力は、むしろマーティンを取り巻くヴァーノン家の娘たちの描き方にある。華奢（きゃしゃ）で美しいけれど陰気な亡霊を思わせる引きこもりがちなキャロリン。才気煥発（さいきかんぱつ）で彼の有能な片腕となる妹のエメリン。姉を妻としたときから響きはじめる不吉な倍音と、それを一時的にかき消しつつ結局は姉に取り込まれて崩れていく妹の存在がなければ、マーティンは神に監視される幸福を味わうことすらできなかっただろう。

（原題、Martin Dressler : The Tale of an American Dreamer）

評・堀江敏幸（作家）

Steven Millhauser　43年生まれ。作家。著書に『バーナム博物館』『三つの小さな王国』など。本書でピュリツァー賞受賞。

二〇〇二年九月二九日❸

『ムージル書簡集』

ローベルト・ムージル 著　圓子修平 編訳

国書刊行会・一二〇〇〇円

書簡が語る「思考のアラベスク」

　本書は、千五百通にのぼるムージル書簡集（フリゼー編）から、一種の自伝をなすようにとの意図のもとに、二百七十通余りを集成したものである。未完の大作『特性のない男』の第一巻が刊行された一九三〇年以降の書簡が三分の二を占めるなど、主に作家の晩年に焦点が当てられている。

　『特性のない男』はジョイス『ユリシーズ』やプルースト『失われた時を求めて』と並び称されるが、文学的評価ほどは読者がつかなかったらしい。ムージルはあるエッセーで、「詩人の資質の構造がではなくして、世界の構造が、詩人に詩人の使命を課する」と書いている。限りない相対性と多重性がムージルの小説を難解にしているのだが、それはそのまま、現代社会の複雑さを反映させた結果ということになる。

　ムージルは、同時代の作家をどうみていたか。一九三一年の手紙で彼は、「現代のロマン（中略）は一様に、物語ることの古い素朴さは知性の発達に対してもはや不充分であるという困難に突き当っています」と指摘し、トーマス・マン『魔の山』をこの点で失敗作とした上で、次のように書く。「プルーストとジョイスは、ぼくが知っている限り、溶解に従ってきわめて輪郭のぼやけた連想文体に頼っています。それに反してぼくの試みははるかに構成的で綜合（そうごう）的であると呼べるだろうと思います」

　しかし、妻が「ひとつひとつの章を二十回、あるいはそれ以上、いつでも始めから書き下し」と記したように、作品は一向に完成しない。一九三八年、ナチスがオーストリアを併合、スイスに亡命したムージルは、友人の支援でぎりぎりの生活を送る。

　トーマス・マンにも再三援助を乞（こ）うが、その一方で、自分とは「絶対的に異質な」作家の善意のからくりを、ヘルマン・ブロッホへの手紙で分析してみせる。マンは、「水が私の鼻穴にまで来ていることも知っていて」、援助を求められることを期待しつつ、「私がそう望むことについて先行きは暗いと思わせておきたいのです」。

　いかにもムージルらしい思考のアラベスクだが、実際にそばにいたら疲れそうな人物だ。

（原題、Robert Musil Briefe 1901-1942）

評・青柳いづみこ（ピアニスト・文筆家）

Robert Musil　1880〜1942年。オーストリアの作家。未完の長編『特性のない男』が没後に再評価された。

二〇〇二年九月二九日④

『レイチェル　レイチェル・カーソン『沈黙の春』の生涯』

リンダ・リア 著　上遠恵子 訳
東京書籍・五〇〇〇円

その文章が美しかったわけ

一冊の本が歴史を動かすことがある。『沈黙の春』（一九六二年）がそうであり、農薬など化学物質の健康と生態系への悪影響に警鐘を鳴らし、環境の時代の幕を開いた。本書はその著者レイチェル・カーソンの初の本格的な評伝。没後三十年余りだからこそ書けたのだと思う。存命中の関係者百十七人へのインタビューは、十年後には望めないだろう。かたく結ばれた封印も、歳月の流れとともにゆるんでくる。

約八百頁（ページ）という厚さにたじろぐのではなく、二十世紀を代表する一人の女性の生涯をあますところなく描いた著者に感謝すべきだろう。読者はそれぞれに発見があるはずだ。卑近な例をあげれば、私の友人のプロポーズの言葉は、カーソンの『潮風の下で』をいっしょに読んでくださいだった。その恋を成就させたロマンチックな文章の秘密を、本書で知ることができた。「たった一頁のために七つもの下書き」があり、「韻の踏み方やリズム」を工夫するため母親とたがいに声に出して読みあっていたのだ。家庭的に恵まれなかった彼女の、文筆家として自立するための血のにじむような努力を知ると、書評とはいえ筆が進まなくなってしまう。

『沈黙の春』で苦境に立たされた化学産業界などは、文章の美しさを逆手にとって、女性特有の非科学的な感傷主義という悪辣（あくらつ）な批判を展開した。しかし、一九六四年に五十七歳で他界するまでの壮絶な闘病歴を見れば、彼女が科学を信頼して疑わない徹底した合理主義者だったことがわかる。次々に転移する癌（がん）に放射線を照射しながら書き進めた『沈黙の春』で農薬以上に危険な化学物質とされているのは、「第五福竜丸」で問題となっていた放射性降下物、いわゆる「死の灰」である。

本書は関係者の肉声と多数の私信を活用し、彼女の内面深くまで踏み込んでいる。「白いヒヤシンスの手紙」にはじまる秘められたロマンスは、知りたくないと思う人もいるかもしれない。反面、彼女が心血を注いだ作品そのものの分析には物足りなさを感じるが、それは私たちに残された宿題なのだろう。

（原題、Rachel Carson, Witness for Nature）

評・新妻昭夫（恵泉女学園大学教授）

Linda Lear　米ジョージワシントン大研究教授。専門は環境史。カーソンについてのテレビドキュメンタリーも監修。

二〇〇二年九月二九日⑤

『痛みの先に何があるのか』

島田晴雄、吉川洋 著
東洋経済新報社・一四〇〇円

政策現場から批判に答える

小泉政権の進める構造改革については、「痛み」の先の姿が見えないという不満がある。また、構造改革は供給力を強化しようとするものだから、需要不足を拡大し、景気回復にはつながらないといった批判もある。本書は、政策現場に参画して、構造改革に直接に取り組んでいる経済学者二人によって、こうした不満や批判に応えるために書かれたものである。

不況で需要不足だといっても、確かに在来型の供給に対する需要は乏しくなってきているが、逆に供給不足とみられる分野も少なくない。例えば、医療サービスを受けようと思ったら、三時間も待たなければならないような状況がある。公立・認可保育所に入れず順番待ちをしている待機児童が、全国で数万人いる。あるいは、介護サービスを必要とする高齢者の数が急増していくことが見込まれるのに、介護施設のキャパシティーは不足している。

むしろ問題は、日本の供給構造が高齢成熟社会の需要構造に対応したものへと転換していないことにある。それゆえ、現在の人々の潜在需要（＝ウォンツ）を顕在需要（＝ニーズ）に転化するような企業・産業の活動が活発になれば、新たな成長フロンティアを開拓することができる。そうした企業・産業の活動に対する制約を取り除き、促進しようとするのが、著者達のいう「需要創出型の構造改革」である。

いまの日本には、モノはあふれているけれども、豊かさ、ゆとり、健康、安心などの面で大きく何かが欠けている。そうした欠如が、人々の将来の不安を強め、消費を抑制している。この点で、生活者の直面している不安は、よく言われる年金不安などよりも、切実で現実的なものであるという著者の指摘は、具体的で鋭い。

こうした不安の解消につながる医療、健康、住宅、環境といった分野に、大きな潜在需要がある。しかし、潜在需要に対応しようとする動きは、放っておいただけでは既得権の壁に阻まれて進まない。そのために構造改革が不可欠であることを本書は、きわめて説得的に示しており、将来に明るさを感じさせてくれる。

評・池尾和人（慶応大学教授）

しまだ・はるお 43年生まれ。慶応大教授、内閣府特命顧問。
よしかわ・ひろし 51年生まれ。東京大教授、経済財政諮問会議議員。

二〇〇二年九月二九日⑥

『幻想建築術』

篠田真由美 著
祥伝社・一九〇〇円

おまえは神だ さあ何をする

己の集大成としての建築を建てはじめた男が病に倒れる。もはやその建築を見ることも体験することもかなわなくなった男の前に、ある姿が現れてこう述べる。「おまえは神だ。さあ何をする？」。男が望んだのは、都市を構築し、己がその都市として生きることだった……。

篠田真由美は、その都市に生きる人々を丹念に描き出す。その人々が何気（なにげ）ない日常を送りつつ、その中心にある大聖堂や神と奇妙な関係を維持する様を、十編の物語を通じてつづりあげる。あるときは社会の底辺から、あるときは権力の高みから。それぞれの作品で「神」との関係を通じて微（かす）かに導入される世界の歪（ゆが）みが、やがて都市そのものの崩壊へと続く様はきわめて堅実。ぼくたち読者は安心して、ほのかにねっとりとした作品世界に身を任せることができる。

惜しむらくは、せっかく一つの世界としての都市を描きながら、その物理的実体が希薄なこと。城壁で囲まれている。広場があり、聖堂があることもわかる。でもその都市は放射型に形成されているのか、不定形に街路がくねっているのか？ 建築の様式はどうだろう。冒頭の多少の三次元的な説明以降、この《都》の物理的な形態はその後一向に明らかとならない。経済モデルだろうと物理モデルだろうと建築モデルだろうと、およそ優れたモデルはそれ自体の内的論理、つまりアーキテクチャーによってその作り手の期待を裏切り、時に崩壊する。本書の《都》は、それをしてくれない。「神」は都市の住民にはなるけれど、都市そのものにはなりおおせない。そしてそれゆえに、それがこちらの現実を侵食することもない。

が、ある意味でそれこそまさに作者のポイント、なのかもしれない。内的論理を構築しおおせず、それゆえに滅びを迎える都市。その都の聖典が他の神からの借り物であることもまた、それを暗示するものなのかもしれない。本書は、かつての「神」が後継者を得るところで終わる。とすればぼくたちは、いつかこの世界の続きを読むことがあるのかもしれない。

評・山形浩生（評論家）

しのだ・まゆみ 53年生まれ。作家。92年、『琥珀の城の殺人』でデビュー。『未明の家』などの建築探偵シリーズを発表している。

二〇〇二年九月二九日⑦

『新聞社襲撃　テロリズムと対峙した15年』

朝日新聞社116号事件取材班 編
岩波書店・一八〇〇円

5月3日、87年に起こった朝日新聞阪神支局襲撃事件の時効が成立した。その後の名古屋本社寮への銃撃事件なども含め、赤報隊と名のる者が犯行声明や脅迫状を出している。

これらの事件は、「警察庁広域重要指定116号事件」として捜査が進められる一方、朝日新聞も取材班を設け、「テロと言論」の問題として随時報じてきた。それらを再構成したのが本書である。それは、この15年、銃口を突きつけられたジャーナリズムの「現場」が、何を考え、何を悩んできたのかの記録でもある。

巻頭論考で原寿雄氏が指摘するように、赤報隊が足跡を残した80年代末と今日の日本の状況には、靖国問題や教科書問題、国家秘密法の動きなど共通点が多く、今の日本社会を考える上でも示唆するところは多い。現場の苦悩が率直に語られるなかで、市民をパートナーとする道が切り開かれるとき、銃弾より強い「言論」を実践できるのではなかろうか。

評・音好宏（上智大学助教授）

二〇〇二年九月二九日⑧

『日本文化の模倣と創造』

山田奨治 著
角川選書・一六〇〇円

「伝統文化の再評価は国家主義の復権につながる」という神話を信じ続ける人に読んでほしい本。著者によれば、それは逆だ。むしろ日本文化の神髄には、近代国家主義を支える制度を突き崩し、情報・文化のポストモダンを創造するヒントが潜んでいる。皮肉なことに、それを先取りしたのは欧米のオタクたちだった。

インターネットの情報公有化を推進したハッカーたちが連歌、禅、浮世絵などの日本文化通なのは偶然ではない。彼らはそこに「排他的な独創主義を超える豊かなコピー文化」を発見したのだ。著者はそれを《再創》と呼ぶ。自由な模倣・編集によって文化は豊かに再創され人類に共有されうる。

日本マンガ・アニメがディズニーなみに著作権を主張していたら、ここまで普遍性を獲得できただろうか。ディズニーも、既成の文化を模倣して文化帝国主義を築き上げてきたのだ。

オリジナリティー神話のみならず、様々な神話をひっくり返してくれる本だ。

評・山崎浩一（コラムニスト）

二〇〇二年九月二九日⑨

『少年に奪われた人生　犯罪被害者遺族の闘い』

藤井誠二 著
朝日新聞社・一三〇〇円

少年凶悪犯罪を描きつづけてきたノンフィクション作家藤井誠二による新著。犯罪被害者や遺族に寄り添って、その深い喪失感と強い怒りを聞き取っている。

十八歳の少年に妻と子どもを殺害された夫が「この事件をきっかけに考えたことを社会につたえることが死んだひとのためにもなるし、自分が生きる理由にもなる」と語っているが、どの事例からも遺（つぶ）された人々の気迫が伝わってくる。対して、加害少年やその家族らの逃げ腰や、ときには開き直りとも思える態度が何ともあさましい。

しかし、著者は、だから少年犯罪にも厳罰化を、と短絡するのではなく、少年院の更生教育の現場を訪ねて、その限界を考え、また過去半世紀のあいだに少年たちの暴力行為がどう変遷してきたかを調べながら、ついには自殺願望と表裏一体となって暴発する現実に突き当たっていく。この日本にどんな精神と社会制度が欠落しているか、静かな怒りとともに説く本である。

評・吉岡忍（作家）

二〇〇二年九月二九日⑩

『一炊の夢』

田中康夫 著
扶桑社・一四二九円

漢字とルビを多めに用いた独特の文体。ルビも空中飯盛人にスッチー、複写請負人にオーエルと振るなど一筋縄ではいかない。しかし文章にあふれるリズム感のせいで、ついつい乗せられてしまう。

前書きに「食にまつわる僕の想（おも）い出」とあるが、いわゆる食味随筆とはかなり異なる。むしろ生い立ち、人生観、社会批判を語るのに食を「パンだね」に利用している趣も――。

たとえば花見時の話題は、桜アイスクリームから夜桜名所、庭園論、花博・愛知万博批判に及ぶ。浪人、停学、暴力団相手の筆禍事件など失敗談も、すべて明け透けに語られる。しばしばヒンシュクを買う縫いぐるみ趣味については、「他人の純愛も傍目（はため）には唯（ただ）の性愛としか映らぬ」のと同じといい切る。

知事初当選前の週刊誌連載とはいえ、彼の発想、行動の原点がよくわかる。でも反田中の県議さんらが読んだら、ますます頭がこんがらがるだろうなあ。

評・安倍寧（評論家）

二〇〇二年一〇月六日❶

『終わりの蜜月　大庭みな子の介護日誌』

大庭利雄 著
新潮社・一六〇〇円

もうひとりの作家がここに生まれた

こういう本を読んでいると、小説家としては言ってはいけない言葉がつい口から出てきそうになる。つまり、この本があれば、毎日山のように（でもないけど）出版される小説、ほとんどいらないんじゃないの、という罰当たりなフレーズが。

言い方を変えよう。

つまり、これは「介護日誌」なのだけれど、たいていの小説よりずっと小説としての「凄味（すごみ）」を持っているのだ。いやいや、この本こそ小説なのであって、他の、あの小説と称する連中と来た日にゃあ……（ぼくの書いているのも……？）。

著者の大庭利雄氏は、作家大庭みな子の夫だ。だが、「六年前の一九九六年七月十三日朝、大庭みな子は小脳出血で突然倒れ、さらに入院中の九月二十日には脳梗塞（こうそく）を起こして左半身不随、眼（め）は半視野、車椅子（いす）から離れられない第一級身体障害者の変わり果てた姿になってしま」う。

かくして、「みな子」は「利雄」にすべてを依存するようになる。

この『終わりの蜜月』は、まず表面上、夫による妻の介護の記録として現れる。

脳に受けたダメージによって不可解な発言を続ける「みな子」の様子に、読者は言葉を失い、介護という苦行に全身でぶつかる「利雄」の姿に感銘を受ける。しかし。

その介護の記録のさらに奥に、もう一つの層がある。それは、この過酷な状況の中でもう一度確認される、男と女の関係だ。

ふたりは「カイロウドウケツ」という海綿の中に終生棲（す）みつく雌雄のエビのように出ることのない穴に閉じこめられる。だが、ふたりはそれを第二の蜜月と感じる。だから、これは異様な愛の物語でもあるのだ。しかし。

その異様な愛の物語の、そのまた奥に、この本の最後の層がある。異形の文学としての層である。しかし、文学とはほんらい異形のものではなかったろうか。

「みな子」は日本文学にかつて存在したことのないものを持ち込んだ。それを一言で言い表すことはできない。だが、それはあらゆる優れた文学がそうであるように、それを読んでいると、堅固なものであると信じてきた目の前の現実が崩れ去ってしまうなにかであった。我々は、この『終わりの蜜月』の中に、同じ質のものを感じる。いや、ここに「みな子」と同じような作家が存在していることを感じる。

「一九年前に私は突然会社勤めを放棄して作家大庭みな子の仕事を扶（たす）けることに決め」る。思えば、それは予告だったのだ。

もうひとりの作家の誕生の。

評・高橋源一郎（作家）

おおば・としお　29年生まれ。元エンジニア。長く北米アラスカのパルプ工場に勤めた。著書に『自然のなかでの人間』など。

二〇〇二年一〇月六日②

『音楽の神童たち　上・下』

クロード・ケネソン 著　渡辺和 訳

音楽之友社・各二四〇〇円

「神との対話」伝える稀有の存在

十八世紀のモーツァルトから現代のヨーヨー・マまで、約四十名の音楽家の神童時代を綴（つづ）った書。父親に反対されながらチェロの勉強を始めたカザルス。ヴァイオリン教師の父親に手ほどきを受けたハイフェッツ。母親からピアニストへの夢を託されたクライバーン。とくに注釈を加えることもなく、淡々と並べられる事例を通して、さまざまな親子関係が浮かびあがってくる。

幼くして自分の天職を悟る神童もいる。ジャクリーヌ・デュ・プレはラジオでチェロを聴き、母親に「この音を出したい」と言ったという。メニューインも、四歳で両親にヴァイオリンをねだり、七歳でデビューした。対してルッジェロ・リッチは、息子を神童にしたいともくろむ父親の犠牲者である。「九歳や十歳のころ、私のヴァイオリン演奏は美しいものだった。が、十二歳になる頃には、もう大失敗さ」と彼は書く。「自分の虚像と戦っていたんだ」

成長の過程で苦しむ神童は多い。チェリストのシュタルケルは、二十一歳のとき七カ月間活動を休んでいる。神童たちは、小鳥が歌うように弾いてきた、と彼は言う。ところがある日、彼らは目を覚まし、自問する。いったい自分たちは、どうやって歌っているのか、と。精神障害を起こしかけたシュタルケルは、自分の奏法を理論化し体系化することで危機を乗り越えた。

最後に、十五歳でボーイ・ソプラノの声を失ったベジュン・メータの手記が置かれている。神童時代、溢（あふ）れるポエジーや表現意欲ではなく、声そのものがもてはやされることに強いとまどいを感じていた彼は、当時を回想して次のように語る。

「魔法のような指使い、稲妻のようなオクターヴや三度の重音――神童それ自体がそのような事象であると、人々は考えます。実のところ、そんなものはどれも、（中略）神童の真の奇跡の副産品にすぎません」

神童とは、幼いのに大人顔負けの表現をする芸術家でも、驚異的な技術をひけらかす芸人でもなく、ミューズとの対話をそのまま聴き手に伝えることができる稀有（けう）の存在なのだ。元神童の言葉だけに、説得力がある。

（原題、Musical Prodigies）

評・青柳いづみこ（ピアニスト・文筆家）

Claude Kenneson　カナダのチェリスト、指揮者。教育者としても多くのチェリストを育てる。

二〇〇二年一〇月六日③

『ぷちナショナリズム症候群　若者たちのニッポン主義』

香山リカ 著

中公新書ラクレ・六八〇円

とりあえず居場所があれば…

タイトルがすべてを物語っているような本だ。ポイントは「ぷち」というキーワード。「小さな」という意味だが、平仮名にすると妙に「かわいく」見えてくる。このひとことで時代の気分を語ろうとしたのだとすれば見事な形容と言うしかない。

本の内容は、日本のあちこちに急速に広がっていると著者が考える小さなナショナリズム現象を論じたものだ。「日本語本」の大ヒットや「和」のブーム、サッカーの「日の丸ペインティング」や「君が代」への大拍手などを例にあげ、「無邪気に日本が大好きという若者が増えている」とする。これは日本国民として自分を確認したい感情と結びついているのだという。

少し意外なのは、リカちゃん人形の名前をペンネームにしている著者が、この本の中では日本の現状を憂える古風な知識人の役割を演じていることだ。「ぷちナショナリズムになだれ込んでいく日本の若者には本当に問題はないのか」と疑問を投げかけ、サッカーのために振られる「日の丸」が、「いつのまにか国そのもののために振られているという事態も起こりかねない」と警鐘を鳴らしてみせる。

著者の主張に対しては、炎天下に海外ブランドの開店に行列する若者の姿や、日本美からは遠い茶髪の大流行などの例をあげて反論するのも容易だろう。だが問題の本質は別のところにあるのかもしれない。

本の中では小さなナショナリズムを生みだす心理的メカニズムにも触れている。重要なのは、自他の境界が不鮮明で、葛藤（かっとう）やストレスを回避して今を楽しもうとする傾向が強まっているという指摘。一貫した自己がなく、いつも他人の分身のように振る舞う。それを心地よいと感じる若者が増えているとすれば、求められているのは緊張感を強いる大きな物語ではなく、とりあえずの居場所としての小さな物語のはずだ。

分身の術で日の丸好きにもリカちゃんにも簡単になれる。ナショナリズムまでを軽く「ぷち」化したのは日本人の知恵のような気もする。今回の日本人拉致事件に対する世論の反応が冷静なのも知恵が働いた結果ではないのだろうか。

評・清水克雄（本社編集委員）

かやま・りか　60年生まれ。精神科医。新聞・雑誌で批評や書評を手がける。著書に『多重化するリアル』『若者の法則』など。

二〇〇二年一〇月六日④

『デジタルを哲学する』

黒崎政男 著

PHP新書・六六〇円

「ためらい」に与えられた明晰な表現

人工知能批判派として知られる哲学者ドレイファスが、新著で、インターネットを真っ向から批判した。その本を共感的に紹介したのち、「とはいえ」と著者はかく。「インターネットの圧倒的な存在の前に、さしものドレイファスもいささか立ち往生気味。記述には『良くも悪くも』や『二者択一』などの非断定的な発言が散見され、思考に躊躇（ちゅうちょ）も目立つ」

このように述べる黒崎政男の新著にも、「良くも悪くも」「幸か不幸か」などのためらいコトバが、さかんに登場してくる。自分にためらいがあるから、他人のためらいがよく見える。ただしドレイファスとちがって、かれはためらう自分をすすんでうけいれる。そういうちがいがある。

「現代の哲学は、テキスト研究へと逃げ込むのではなく、自分の素手で〈現在〉へと乗り出し、そこで格闘せざるを得ないと感じられる。今や、唯一の羅針盤となり得るのは、私自身の興味と関心のみである」

かれが自分の「興味と関心」にしたがってコンピュータの世界にまっしぐらに突っこんでいったのが一九八〇年代後半。ところが、その一方で、かれは中世の手写本、手動式カメラ、SPレコードなどの古いテクノロジーにも「少し異常とも言うべき激烈さで」のめりこんでいた。

デジタルと骨董（こっとう）技術とのあいだでの忙しい往復運動。自分の「興味と関心」にしたがう、という方針のおもむくところ、やがてはそれがかれの日常になった。では、この引き裂かれ状態は「私個人の嗜好（しこう）」にすぎないのか、それとも情報社会に生きる人間の「なんらかの一般性」へと高めうるたぐいの日常なのか。「今の私にはまったく判断できない」といいながら、自分のためらいに明晰（めいせき）な表現をあたえてゆく。なるほど、これがかれの現在哲学か。

著者は年に数回、朝日新聞で「科学をよむ」というコラムを書いている。チェス名人に勝ったコンピュータの話など、おぼえている人も多いだろう。本書はそのコラムを中心とする短文を一冊にまとめたもの。編集の腕がいいので、書き下ろし本のように読める。

評・津野海太郎（編集者・和光大学教授）

くろさき・まさお　54年生まれ。東京女子大教授（カント哲学、電子メディア論など）。著書に『となりのアンドロイド』ほか。

二〇〇二年一〇月六日⑤

『破綻国家の内幕　公共事業、票とカネ、天下り　利権の構造』

東京新聞取材班 著
角川書店・一六〇〇円

政官業の癒着　細部まで抉る

政官業の癒着。政治家は「票とカネ」、官僚は「天下り」、業界は「利益」を求めて、持ちつ持たれつの関係にある。誰でも知っている日本政治の構図である。おそらく知られていないのは、利権の開発と維持の努力が、そこまでするかというほどに、周到になされていることであろう。本書の価値は、執拗（しつよう）な取材を重ねたうえで、細部まで抉（えぐ）るように入り組んだ関係を描き出していることである。

たとえば、「報酬月額×在職月数×36％」という計算式がある。特殊法人のトップの退職金を決める式らしい。4年で2300万円になる。高級官僚が退職後に特殊法人に天下り、高い報酬を得ることは広く知られているが、このような計算式は本書で初めて見た。天下り後の高給を、現役時代の安い給料にもかかわらず激務に耐えたことに対する「遅れて支払われた報酬」であるとして正当化することもできるが、在職月数をベースにする式を見せつけられると、さすがに弁護する気力は失（う）せる。

天下り先を確保し、そこに仕事を回す仕組みをつくる能力は相当なものである。郵政関係では「日本オンライン整備」が全国の郵便局にある現金自動預入払出機（ATM）の保守点検を独占的に行っている。農林関係では「日本農業集落排水協会」が農村の下水浄化システムの規格を決め、市町村にそれを採用するように働きかける。いずれも価格は割高になるだろう。建設関係では、どんぶり勘定の体質を改めるために「建設業経理事務士」という資格が設けられた。試験は「建設業振興基金」が実施している。関係業者はこの資格を取らざるをえない。こうした例が本書には次々と出てくる。

役人にしておくにはもったいないほどの鋭いビジネス感覚である。問題は、これらの組織に、公的な資金が特殊法人、公益法人、民間企業など複雑な経路を経て、つまりは「資金洗浄」を経て、流れ込んでいることである。

類書は多い。しかし、本書の場合、憤ることなく、克明かつ淡々と報告しているために、かえってずしりと響いてくる。

評・真渕勝（京都大学教授）

社会部記者を中心に構成。新聞では99年12月から今年5月にかけて連載された。

二〇〇二年一〇月六日⑥

『転倒の島　18世紀フランス文学史の諸断面』

中川久定 著
岩波書店・三二〇〇円

未知の場所への想像力は尽きぬ

はじめはコスチューム・プレー風のたわいないロココ喜劇だった。主人が奴隷の、奴隷が主人の役をやる。女と男の役割があべこべになる。舞台は未知の島。その転倒の喜劇を腹を抱えて笑っているのは、役割を転倒された当の王侯貴族だ。ここまではカラシのきいた風刺喜劇だが、そこからフランス十八世紀を通じて「現存秩序を転倒する場として」「作家たちによって好んで利用された」虚構の文学的「島」というトポスを展望するのが本書のテーマ。

やがて島はかならずしも文学的虚構の場ではなくなる。現実に新たに発見されたタヒティ島からヨーロッパを批判する、ディドロの『ブーガンヴィル世界周航記補遺』では、タヒティ島の身分的平等と財産の共有制という「転倒」が、現存秩序の転倒の可能性を強く示唆する。ここから隣国スペインを「島」＝舞台にして主人と従僕の転倒を描いた『フィガロの結婚』まではいま一歩。次いで大革命後の恐怖政府期には、島の外側で転倒が実現してしまった後の、国王たちの懲罰の場としての島が舞台となり、さらにナポレオン独裁前の総裁政府期では、転倒がすべて完了した後のメランコリーが顔をのぞかせる。

　ここまでくれば島は虚構の、または現実の島でなくてもいい。まだ発見されない隠された場所、あるいは秘密結社や身を隠して暗躍する何者かについての書物であってもいい。そういうあろうとは思えなかった本が、ときにはみつかることがあって、十八世紀初頭の作家ルサージュの『片足の不自由な悪魔』の続編と称する、偽名作家ディカキュリュス博士による『新編　片足の不自由な悪魔』が、ほかならぬ日本人研究者たる著者によってセーヌ川沿いの屋台の古本屋でたまたま発見され、国際学会で公認されるという「転倒」がなかんずくあざやかに決まっている。

　シェークスピアの『あらし』からスウィフトやデフォーの島まで、島をめぐる物語は数多いが、ひるがえって思えば我が日本も島だ。ここは転倒の島か、転倒される島か、または媒介する島か。島をめぐる想像力は尽きることがない。

評・種村季弘（評論家）

なかがわ・ひさやす　31年生まれ。京都大名誉教授、仏文学者。著書に『甦るルソー　深層の読解』『啓蒙の世紀の光のもとで』など。

二〇〇二年一〇月六日⑦

『パーク・ライフ』

吉田修一 著
文芸春秋・一二三八円

　都会生活者たちの喜びと憂いをさりげなく掴（つか）みとった芥川賞受賞作である。

　男女が公園で会話をするだけで、何かしら関係が始まり、そこから葛藤（かっとう）が生まれる物語ではない。核になるドラマもない。それなのに全編に心地よい緊張感があるのは、作者が巧みにエピソードを選び、さりげなく会話をつないで、不確かな生の実感を鮮やかにすくいあげているからだろう。

　非ドラマ的な現代小説に親しみを覚える若い小説ファンをひきつけ、先鋭的な若手作家を嫉妬（しっと）させるような成熟した世界を作りあげている。一方で、短篇（たんぺん）の名手三浦哲郎をして〃隅々にまで小説の旨味（うまみ）が詰まっている〃（芥川賞選評より）と感嘆させるほど、言葉と細部の連繋（れんけい）が緊密で味わい深い。古き良き小説ファンを満足させる巧（うま）さがある。

　しかも感覚は、優しく柔らかくクール。微妙なニュアンスに富む豊かな表情を慎重に、でもあくまでも楽しく爽（さわ）やかに切り取っている。軽やかな傑作だ。

評・池上冬樹（文芸評論家）

二〇〇二年一〇月六日⑧

『事典 プルースト博物館』

フィリップ・ミシェル＝チリエ 著
保苅瑞穂 監修　湯沢英彦ほか 訳
筑摩書房・九五〇〇円

　世界が豊饒（ほうじょう）で事典が欲しくなる作家と言えば、第一にバルザック、次がプルーストだろう。その待望のプルースト事典が本書である。博物館の名にふさわしい「プルースト読本」だ。彼の小説世界とそれを生み出した時代背景が多角的に、しかも「深く」味わえる。

　その深さがすごい。さすが碩学（せきがく）の監修になるだけあって、原著にないさまざまな資料を編纂（へんさん）して付け加えているからだ。百枚以上にのぼる図版や地図、作品の批評史や草稿研究など、いずれも原著になかった贅沢（ぜいたく）な付録である。

　だから専門家もアマチュアも博物館の堅固な基礎に安心して自由に遊び、「読む事典」の愉（たの）しさを満喫できる。地図フリークスの私など、ああ、ここはプルーストが好きなデザートを買いにやった菓子屋、ここはスワン夫人がドレスを見せに行った通り……と、夢想に耽（ふけ）って時間を忘れてしまう。

　ベルエポックのパリに迷いこみたい読者はぜひご入館を。

評・山田登世子（仏文学者）

二〇〇二年一〇月六日⑨

『呪の思想　神と人との間』

白川静、梅原猛 著
平凡社・一八〇〇円

独創をきわめた中国学の巨人、白川静に、梅原猛がみずから望んで問いかける一冊。この二人が立命館大学で出会い、高橋和巳の『わが解体』の時代を共有していたことにまず驚いた。だが、本当の驚きは、梅原の手で次々に扉を開かれる「白川学」の、鬱然（うつぜん）とした大きさ、深さに向き合った時に訪れる。

巫女（みこ）の私生児であったという、全く新しい人間的な孔子像を創（つく）り上げた、白川の『孔子伝』の衝撃。それが梅原の情念を受けて改めて語られることによって、間近く孔子の相貌（そうぼう）が幻出する。そして、次第に、革命者孔子と白川静が重なってゆくのである。

中国の殷（いん）と日本の縄文が共通すること、『詩経』の〈興〉の精神と初期万葉に相通じる呪性があることなど、啓示のような言葉の宴（うたげ）がつづく。最後に、鋭い痛みが残った。『詩経』の激烈な政治詩を通して、日本文学の伝統的な思想性の欠落を、二人に厳しく説かれたのであった。

評・水原紫苑（歌人）

二〇〇二年一〇月六日⑩

『山岡鉄舟　幕末・維新の仕事人』

佐藤寛 著
光文社新書・七〇〇円

幕末内戦のとき、江戸を戦場にするのが回避されたかげには、一人の男の活躍があった。剣と禅の達人だった山岡鉄舟である。

自己宣伝がきらいで、私生活を語ることをいやがる人間の伝記は書くのがむずかしい。本書は乏しい史料を掘り起こして、いつも汚れ役になるのをいとわず、歴史の急場で大きな仕事をした鉄舟の足跡をたどった好著である。

鉄舟は乱暴な浪士隊の管理、勝海舟の急使、リストラされた旧幕臣の面倒見、明治天皇の家庭教師という難題を次々に引き受けた。西郷隆盛はその人物を評して「命もいらず、名もいらず、官位も金もいらぬ人」と感嘆したそうだ。

何よりもこの一冊は、いま第二の幕末といわれる動乱期に直面している読者に「愚直」であることの美徳を見直させ、現代ではバカにされがちな「清い心」がどんなに大切であり、結局は危機管理にも役立つかを、お説教でなく生きた言葉で伝えてくる。

評・野口武彦（文芸評論家）

二〇〇二年一〇月一三日②

『中世思想原典集成8　シャルトル学派』

上智大学中世思想研究所 編訳・監修
平凡社・一〇〇〇〇円

プラトン主義者の知性の離れ業

「社会史ブーム」などで、ヨーロッパ中世の人気が間欠的に高まることはあっても、中世が蒙昧（もうまい）な時代であったという思い込みは、抵抗力が弱まると再発する病気のように、根絶されないままわたしたちの体内に巣食（すく）っているようだ。ルネサンス期の、逆境をものともせずに運命を切り拓（ひら）く才覚と気概を具（そな）えた個性的人間から元気をもらおうとすると、どうしても直前の時代の照明を落としてみなければ気がすまないのだろうか。

今から半世紀以上前、レトリックで異彩を放つ文芸評論家花田清輝は、その『錯乱の論理』の中で、ルネサンスは中世プラス人間ではなしに中世から神を差し引いたもので、ルネサンスの悲劇は神を失うことでやがて人間自身をも失うところにあった、とするフランスの哲学史家の見解を引きながら、中世にも人間の知性がほろびることなく脈々と生き続けていたことに疑問の余地はない、と断じている。

この脈々と生き続けていた知性の具体相が、多くの専門家のじつに地道な努力で完結した本シリーズ（全二十巻）によって、仕舞（しま）い込まれていた抹香臭い奥の院から取り出され、しかもピカピカに磨かれてわたしたちの手元に届けられた。個性的であることよりも、集団の叡智（えいち）を重んじた長い時代に紡がれた最良の思想の言葉に、じかに触れることができるようになったのである。まさに歴史的快挙と言っていい。きっと、バランスの欠けた評価を生み続けてきた「体質」が改善され、花田の明察が広くゆきわたる機縁になることだろう。

最終回配本の『シャルトル学派』は、豪華なフルコース最後の、とっておきのドルチェのように嬉（うれ）しい。というのも、わたしの大好きな十二世紀のプラトン主義者たちの論考が集められているからだ。一見奇妙極まりない寓意（ぐうい）を駆使し、煩雑な註解（ちゅうかい）を重ねる彼らの不器用な宇宙論・自然論は、古代の哲学とキリスト教の教理を融合させることで世界の創造の秘密を解き明かし、人間の倫理的向上を助ける自由学芸を擁護した、瑞々（みずみず）しい知性の離れ業なのである。じっくり味わってみよう。

評・池上俊一（東京大学教授）

第8巻は岩熊幸男福井県立大教授が監修を担当。訳者は大谷啓治上智大名誉教授や神崎繁東京都立大教授ら計14人。

二〇〇二年一〇月一三日③

『ハンセン病文学全集第1巻　小説一』

北條民雄ほか 著
皓星社・四八〇〇円

重い描写が抱え込む深い絶望

『ハンセン病文学全集』（全10巻）の刊行が始まった。本書、第1巻には北條民雄も含めて、7人の小説が収録されている。北條の小説を世に出したのは川端康成であった。川端は、北條の生前唯一の作品集『いのちの初夜』の後書きに「最も無残に病みながらしかもわが国で稀（まれ）に見る健（すこや）かに強い精神のこの文学」と記し、ハンセン病文学の誕生を祝福したのであった。

北條の小説を始めとして、ハンセン病者の煮詰まったように凝縮された人間関係、宮島俊夫の言葉を用いると、膿臭（のうしゅう）を発散させ苦痛の呻（うめ）き声に満ちた「檻（おり）のなか」がずっしりと重く描写されている。この世界でもごくありふれた日常生活が営まれている。日々の労働、色と欲の世界もある。盆踊りでは夜の明けるのも忘れて踊り狂い、知り合った患者同士の結婚もある。だが、男は断種の手術を受けさせられる。この「動物同然に自分の肉体が扱われるような屈辱」と引き換えに「肉体の愉悦に耽る」（宮島「癩（らい）夫婦」）ことができた。子孫を残さず、男女ともに死滅することが、ハンセン病者の隔離政策だったのだ。

名草良作「生きものの時」「影の告発」は療養所の強権的な管理体制を描いている。群馬県の栗生楽泉園には懲罰の監房（特別病室）が設置されていた。総鉄筋の石牢（いしろう）のような監房への収容は餓死や凍死、狂死へといたる「死の部屋」への投獄であった。「生きものの時」には監房の同室者の血を吸い、床の穴から出てくる蛇を生で食って生き続けた男がグロテスクさをものともせずに不気味に描かれている。

沢田五郎「泥えびす」は他とは一風異なった小説だ。博打（ばくち）で監房に入れられて生き延びた「泥えびす」というあだ名の男は、いつもニコニコと笑顔を絶やさない。だが、戦後の人権闘争で憤懣（ふんまん）をこめて、園の職員や患者役員の不正まで告発して、仲間外れにされ、やがて山道を奥深く分け入って園から逃亡する。「泥えびす」はユーモラスに振る舞う一方で、深々とした絶望を抱え込んでいる。この絶望は本書のすべての小説に共通するが、それこそが計り知れない苦悩の文学を成り立たせている。

評・川村邦光（大阪大学教授）

編集委員は大岡信、大谷藤郎、加賀乙彦、鶴見俊輔の4氏。第1巻は加賀氏が担当した。

二〇〇二年一〇月一三日④

『散りぎわの花』

小沢昭一 著

文芸春秋・一五二四円

オトナの語り 何度でも読みたい

本をぱたんと閉じたら、寂しくなった。もう、おしまいなの？ この話のつづきはいつ聞かせてもらえるのと、ぐずぐずとねだってみたくなる。小沢昭一さんのエッセイは、そう思わせる一冊だ。

子供のころ近所におかしな話を聞かせてくれるおじさんがいた。どんな仕事をしているのかよくわからないが、毎日のんびり暮らしているようで、ときには子供たちにホントのこともウソのこともいっしょくたになった愉快な話を聞かせてくれるおじさん。おじさんは少々ヘンクツなところがあったが、いろんなことを知っていた。おじさんの話は、生きるうえではたいして役に立つこともないだろうことは子供心にもわかる。わかっていたけれど、おじさんの話はおかしいから、聞きほれてしまうのだ。

近所のおじさんと小沢昭一さんをいっしょにしては申し訳ない。小沢さんは舞台、映画、テレビ、ラジオと大活躍していらっしゃる。映画の一場面でも小沢さんが登場するたびに、私の目は釘付（くぎづ）けになったものだ。また小沢さんは芸能の研究者としてすばらしい方だということもわかっている。それでもこの本を読むと、むかし会ったことがあるような親しみがわいてきてしまう。

本書では幼いころの遊び、俳句のこと、競馬のことなどたっぷりと遊んだ日々が鮮やかに描かれている。なかでも中学生（旧制）でのめりこんだ落語の話は愉快だ。

寄席芸能研究者の正岡容（いるる）の本を読み耽（ふけ）り、正岡の「門弟」になる小沢さん。正岡について楽屋に入り、憧（あこが）れの桂文楽に「中学生で落語がお好きとは、これはベケンヤですな」と頭をなでられて、有頂天になったというくだりに、こちらもうれしくなってしまう。「ベケンヤ」という文楽の造語の意味は、本書を読めばわかる。

落語は「オトナが活躍するのですね。アオイのがあまりいません」と書いている。小沢さんの文章の最大の魅力は、このご時世に少なくなった大人の語りそのものなのだとあらためて思う。大人の話は何度聞いてもおもしろい。私は再び本を開いて、あたまっから読みはじめているのである。

評・与那原恵（ノンフィクションライター）

おざわ・しょういち 29年生まれ。俳優。劇団「しゃぼん玉座」主宰。著書に『放浪芸雑録』『ものがたり・芸能と社会』など。

二〇〇二年一〇月一三日⑤

『イラクとアメリカ』

酒井啓子 著

岩波新書・七〇〇円

フセインはなぜ「敵」になったのか

「サダムが大量破壊兵器を隠し持っているか否かは依然不明です。大統領」「ああ、そんなのは戦争やってみりゃ一発でわかる」と、そんなジョークも囁（ささや）かれそうな昨今、いよいよ中東の砂漠がキナ臭くなってきた。国連安保理はイラク攻撃を容認するのか、欧米・中東諸国の反応は、そのとき日本は、と騒ぐ前に、もっと基本的な知識が自分には欠けていた。そう、そもそもなぜフセインは「アメリカの敵」になったのか、だ。

知ってるつもりで知らなかったその疑問に、本書は簡潔に応えてくれる。ただしその簡潔さには、恐ろしく複雑怪奇なパラドックスが凝縮されているのだが。

「フセインは二極対立構造の申し子だ」と著者は言う。グローバルな冷戦構造からローカルなシーア派／スンナ派、パレスチナ／イスラエルの対立まで、中東を取り巻く大小あらゆる二極構造を巧みに利用して生き延び、最後は「アメリカ対フセイン」の二極構造のなかに世界を巻き込みつつ、自らのパワーとプレゼンスを極大化する。ブッシュ親子のみならずチョムスキーのような反戦人道主義者さえまんまとその構造に取り込まれ、イラク反体制派やイスラム諸国は反米と反フセインのジレンマに引き裂かれ金縛り状態……(似たような話が、そういえば東アジアにもあった)。そしてなにより、「アメリカかフセインか」の究極の選択の前では、「家族の半分をフセイン政権の弾圧で亡くし、残り半分をアメリカの空爆で亡くしたような市井のイラク人たちの、『どちらももうたくさんだ』という声は、どこにも届かない」。

対米関係を軸にしたイラク現代史である本書に、実は最もふさわしい副題は《二極対立構造の魔力》かもしれない。相対主義を気取っても、僕たちの頭は単純な二極構造の誘惑からそうやすやすとは逃げられないらしい。むしろ相対主義もまたそんな意識構造の変種にすぎないのかもしれない。

本文中に引用されたレーガン時代の米政府高官の言葉が、皮肉なまでに予言的かつ教育的だ——「(フセインは)くそったれの息子だ。だが、『私たちの』くそったれの息子だ」。

評・山崎浩一（コラムニスト）

さかい・けいこ 59年生まれ。アジア経済研究所主任研究員。イラク政治を専攻。編著に『民族主義とイスラーム』など。

二〇〇二年一〇月一三日⑥

『雨に祈りを』

デニス・レヘイン 著　鎌田三平 訳

角川文庫・九五二円

なお高水準、終わらないでくれ

私立探偵パトリックとアンジーの物語も本書で五冊目だ。このシリーズの早すぎたピークが第二作『闇よ、我が手を取りたまえ』で、緊張感を失った第三作『穢(けが)れしものに祝福を』をはさんで、前作『愛(いと)しき者はすべて去りゆく』でまた復活したことは当欄で報告ずみである。

本書はストーカーに悩まされている女性の窮地を救うところから始まるが、簡単に解決したはずの事件が、実は終わっていなかったというところから複雑な様相を呈していく。その裏側にひそむ真実を捜し出すパトリックとアンジーの活躍を色彩感ゆたかに描いていく筆致の冴(さ)えは、さすがレヘインだ。人物造形も、巧みな構成も、特筆ものといっていい。前作同様にこのシリーズの高水準を保つ一作と言えるだろう。特に今回は幼なじみの殺人者ブッバの活躍が光っている。

前作で別れたパトリックとアンジーは、それぞれ別の恋人と付き合っているが、事件解決のために本書では協力する。にもかかわらず、第三作『穢れしものに祝福を』のように緊張感が失われていないのは、今回の協力が彼らの蜜月を意味するものではないからだ。ブッバを交えて、幼なじみのトリオが復活する構成に留意したい。

八歳から通りで暮らしていたブッバに、パトリックたちが親に隠れて食料を持っていった幼い日の挿話が本書に出てくるが、この挿話はパトリックもアンジーもブッバも、傷ついた子供たちであったことを語っている。そうして助け合わなければ、彼らが生きてこられなかった事情を語っている。『穢れしものに祝福を』が意外に低調であったのは、パトリックとアンジーの蜜月は描かれても、その切実なつながりに欠けていたからだ。この二人の間に入ってブッバが本書で活躍するのは、その確認にほかならない。

レヘインのうまさは、そういう彼らの事情を味つけにとどめず、物語に巧みに溶け込ませていることである。犯人像との対比に注意されたい。心配なのはこのシリーズが終息に向かっていることで、それだけが気がかりである。

(原題、Prayers For Rain)

評・北上次郎（文芸評論家）

Dennis Lehane 米国ボストン生まれ。作家。『スコッチに涙を託して』でシェイマス賞最優秀処女長編賞を受賞。

二〇〇二年一〇月一三日⑦

『ヴァージニア・ウルフ』

ナイジェル・ニコルソン 著　市川緑 訳
岩波書店・二四〇〇円

いつの世も制約はある。彼女の時代、女は学校教育を受けられなかった。だがそれが何だというのか。

誰にも不幸は数知れず降ってくる。彼女は13歳で母を亡くし、15歳で姉を、22歳で父を、その2年後に信頼する兄を亡くした。さらに少女のころ異母兄に「淫（みだ）らな猥雑（わいざつ）行為」を受けた。しばしば精神錯乱に見舞われ、自殺を企てた。だがそれが何だというのか。

偏見のない人はいない。彼女は外国人嫌いだった。反ユダヤ意識を隠さなかった。だがそれが何だというのか。彼女はユダヤ人と結婚した。夫婦関係はなかった。同性愛者だった。「初めてホモ・セクシュアリティを正常なものと考えた」友人集団の一員であった。

ヴァージニア・ウルフ。運命に耐えて『オーランドー』をはじめ世にも美しい文章を書き続けた作家は、命の限りに「戦えません」と夫に書き残す。「あなたの人生をこれ以上邪魔しつづけることはできない」

人生とはかくも哀（かな）しい。

評・河谷史夫（本社編集委員）

二〇〇二年一〇月一三日⑧

『新聞王ウィリアム・ランドルフ・ハーストの生涯』

デイヴィッド・ナソー 著　井上廣美 訳
日経BP出版センター発売・五八〇〇円

米国を代表する新聞王・ハーストの評伝である。オーソン・ウェルズ主演「市民ケーン」のモデルと言った方がピンとくる方も多いかも知れない。

父親から「サンフランシスコ・エグザミナー」の経営を引き継ぎ、瞬く間に経営再建に成功したハーストが、次に挑んだのがニューヨーク進出であった。彼が手に入れた「ニューヨーク・ジャーナル」と新聞経営の達人・ピュリツァーの「ザ・ワールド」との米国新聞史に残る対決である。両紙による連載漫画の奪い合い、センセーショナルな紙面合戦は、「イエロージャーナリズム」という言葉を生む。

著者は、ハーストの足跡を追いながらも、ピュリツァーといったライバルも含め、彼を取り巻く人物をも丁寧に描き出していく。二段組、八百ページ弱の大書から伝わってくるのは、十九世紀末に形作られていく近代米国ジャーナリズムの原型と、それを支えた人間味豊かな新聞人たちのエネルギーである。

評・音好宏（上智大学助教授）

二〇〇二年一〇月一三日⑨

『猫舌三昧』

柳瀬尚紀 著
朝日新聞社・一二〇〇円

いまの世に流通している言葉から明治から江戸へと遡（さかのぼ）り、さらには英語やフランス語まで。ちょっとした一語・一言がぐるぐる、っと時空を飛び回る。しかも著者は、猫語も解され、その分ものごとへの視線が複眼的。日本語の眼（め）、英語の眼、そして猫の眼、と。

それもそのはず。ほかならぬ自称「半猫人」の英文学者、『フィネガンズ・ウェイク』の翻訳者が本紙に連載しているエッセイ一年半分ほどまとめたもの。言葉や文学はいわば当然、時事的トピック、季節の風物、交友を枕に、競馬が、麻雀（マージャン）が、北海道の名産が、俎上（そじょう）にのぼる。各エッセイは短いが、一度きりの流し読みはもったいない。テンポを変えてくりかえし読み、しっかり噛（か）んで、感じるべし。

半猫人殿、きっと落語に精通しておられる。エッセイの落とし方がときにみごとな落語ノリ。その闊達（かったつ）さと古川タクのイラストが絶妙にマッチ。風とおしのいい知性満載の本だ。

評・小沼純一（文芸評論家）

二〇〇二年一〇月一三日⑩

『子規、虚子、松山』

中村草田男 著
みすず書房・二四〇〇円

正岡子規、高浜虚子、そして草田男は、四国・松山で生まれ育った。三部からなる本書は、一部で子規、二部で虚子、三部で松山の風土と人を論じている。

子規は近代俳句の改革者だが、「作者の内面界の裏打ちを欠き、とかく趣味に陥り勝ち」と草田男は批判する。そのうえで、不十分だった子規の改革を完成させたのは虚子だった、と見るのである。

今年は子規の没後百年だが、実は本書の子規論は没後五十年に発表されたもの。当時の草田男は先輩・子規に批判的に挑むことで、子規に始まる近代俳句のさらなる深化を意図したのであろう。

もっとも、草田男から五十年後の私の眼（め）には、草田男に不十分と見えたところが子規の長所だった、と見える。内面にこだわらず、趣味に遊ぶ余裕があったので、子規はかろやかな自在さを発揮した。

ともあれ、先輩をたたえるだけでなく、随所で批評的に挑む草田男の姿勢が快い。

評・坪内稔典（俳人）

二〇〇二年一〇月二〇日①

『変容する文学のなかで　上・下』

菅野昭正 著
集英社・各四二〇〇円

20年続いた文芸時評、情熱の「作品」

一九八二年から二〇〇一年まで、二十年間にわたって書き継がれた菅野昭正氏による文芸時評が、二段組、二巻本の大著にまとめられた。三年ほどの予定が大幅にのびて世紀をまたいでしまったのは偶然だとしても、休載なしでの二十年という持続は、よほどの意志と情熱と体力がなければできない。まさに労作である。

ひとりの読み手が、すべての作家、すべての作品にたいして、つねに公正、公平でありつづけることは、事実上、不可能である。しかし読み手が書き手に転ずる際には、偏りが彼にとって正しいものであることを、読者にきちんと納得させせなければならない。何度も読み返し、ゆっくり考えをまとめて書く時間が与えられていれば話はちがってくるだろうが、書評や時評、とりわけ後者には、ある程度の速さが求められ、海から揚がったばかりの鮮魚を現場でさばくに等しい練達の技と、それを支えるながい思索の蓄積が欠かせない。

文芸時評は、引き受けた時点で完成された読み手＝書き手であることが第一条件であり、したがって一歩間違うと、自身の価値観だけに頼って作品を判定する権威になってしまう。おそらく本書の最も強烈な個性は、堂々と判定を下しながらも権威になろうとしない、徹底した現場主義にあるだろう。限られた時間で全力をこめて作品を読み込み、「主題、動機、書きかたの性質をきちんと見わける」。その作品が「いま」「なぜ」「この作者によって」書かれなければならないのか、書き手の思惑はどこにあるのかを考え抜く。

筋を紹介し、美質を数えあげ、月々の傾向を総括するところまでなら、多少の経験を積めばなんとかなる。だが著者はその先を行く。ある意図に基づいて書かれたのであれば作品の完成形はこうなるはずだ、そのためにこの箇所（かしょ）をさらに「掘り下げ」、「部分と部分の連関をもっと強くして」、「書かれている事柄の裏側」を見せてほしい。そんな表現で、より完璧（かんぺき）な作品のありかたを、小説の「柄」とはなにかを、平明な言葉で繰り返し繰り返し説くのである。

時代順に読み進めていくと、実作者への厳しい批判とも見えた言葉が、じつは評者自身がつねに頭上にかかげている「文学」への、絶対的な信頼の証しであったことが、しみじみわかってくる。フランスの若い批評家の「文学の重要性を理解できない社会の方こそ危機に瀕（ひん）している」のだ、という言葉に与（くみ）する著者の思いが伝わってくる。冷静な語り口とは裏腹に、中身は熱い。通読すべき「作品」である。

評・堀江敏幸（作家）

かんの・あきまさ　30年生まれ。文芸評論家、フランス文学者。著書に『詩学創造』『永井荷風巡歴』『小説の現在』など。

二〇〇二年一〇月二〇日②

『黒の画家フランシスコ・ゴヤ』

ジュリア・ブラックバーン 著　松田和也 訳
青土社・二四〇〇円

共感覚でゴヤの後半生を追体験

プラド美術館で、ゴヤ晩年の作品群「黒い絵」を展示した部屋にはいったとたん、壁中からわーんと叫び声がきこえてくるような気がして、逃げ出したおぼえがある。

本書の著者も、同じような体験をしたらしい。画面に満ちる騒音に圧倒された彼女は、ついで、騒音と互角に対峙（たいじ）する力を持った巨大な沈黙に気づく。ゴヤが四十七歳から八十二歳で死ぬまで聾者（ろうしゃ）だったことを知った著者は、激しい興味をいだいた。

評伝の書き方には、おおまかに二通りがあるだろう。客観的な事実を積み上げて、対象と距離を置いて読み解いていく方法。対象の中にはいりこみ、共感覚を武器に追体験していく方法。霊媒体質で、人間のいた場所に立つと、彼らの息吹が活（い）き活きと感じとられるという著者は、後者の手法で音を失ったゴヤの後半生に踏みこむ。

圧巻なのは、ゴヤの生まれた村を訪ねた著者が、村人たちが一斉に太鼓を叩（たた）く祭りに遭遇し、そこに「歯を剥（む）き出し、恍惚（こうこつ）として場に溶け込」むゴヤを幻視するシーンだ。耳が聞こえなくとも、ゴヤはその場の喧騒（けんそう）を知覚する。「それは彼の掌（てのひら）から染み込み、足の骨から這（は）い登る。そしてまた、それは人々の歪（ゆが）んだ顔に、力任せに叩きまくる腕に見て取ることができる」

もともと著者は、「口に出された言葉」に不信感を持っているらしい。話者が本当に思い、感じ、知っていることは、「そうやって形を与えられた途端に、全く別のものに変質してしまう類（たぐい）のものなのだ」。

一切の「口に出された言葉」から遮断されたゴヤは、「あらゆる思考を、あらゆる恐怖を、そして現実の日常生活のあらゆる苦悩を、イメージに転換させる能力」を倍加させた。「彼は敢（あ）えて自らの眼（め）の中を覗（のぞ）き込むことによって、発狂の危険を防いだのだ」というのが、著者の解釈である。

ゴヤは、自分が見たものを示すことで、描かれた人々に声を与えた。「黒い絵」に満ちる騒音と、それに対峙する沈黙とは、そういうことだったのか――。著者の書き言葉の威力は絶大で、どのページを開いても、ゴヤとその作品が躍り、こちら側に飛び出してくる。

（原題、Old Man Goya）

評・青柳いづみこ（ピアニスト・文筆家）

Julia Blackburn　英国の作家。小説『色彩の書』『癩病者の仲間』、評伝『チャールズ・ウォータートン』などの著作がある。

二〇〇二年一〇月二〇日③

『最後の宦官秘聞　ラストエンペラー溥儀に仕えて』

賈英華 著　林芳、NHK出版 監訳
NHK出版・二四〇〇円

同時代人が生きた奇妙な現実

宦官（かんがん）。中国皇帝の後宮に仕えた、去勢された男たち。その一方で皇帝を陰で操り、王朝の興亡をも左右した謀略集団。こういう概論はだれでも知っているけれど、当人たちがどういう過程で宦官となり、どんな暮らしを送っていたのか……。それを当の宦官に聞く機会があるとは！

本書はまさにそういう本だ。語り手はラストエンペラー溥儀（ふぎ）に仕えた最後の宦官の一人。貧困故に、幼くして宦官となることを自ら決意し、浄身を行ったその数日後に辛亥革命勃発（ぼっぱつ）。それでも廃帝溥儀に仕え、その後の満州国、毛沢東革命、文化大革命、そして一九九〇年代の現代に至る激動の時代を生きる。もちろんそれは、明や唐の宦官たちの凄惨（せいさん）な殺し合いに比べれば、ずいぶんと穏やかだったのかもしれない。しかし一方で、いまのぼくたちと同じ時代に、かくも奇妙な現実を生きた人がいたとは。

東洋現代史の裏事情。宮中の食事、財政事情、奇妙な宮廷内プロトコルの数々。宦官が結婚するのがあたりまえだったとか、宦官を葬るときの慣習（切断した睾丸（こうがん）を保存しておいて、埋葬時にはそれを棺に戻してやる）など、想像もしなかった事実が次々と当然のように繰り出される。並の小説なんか及びもつかないおもしろさだ。だが一方でその宦官たちの苦悩と末路を見ると、宦官たちといえど、邪悪な化け物ではなかったことがわかる。かれらとてまた時代の制約の中で自分の幸福を最大化しようと苦闘していた、ある意味で哀（かな）しい一人の人間でしかなかった。

なお特に男性読者に警告しておくが、「浄身」、つまり宦官となるために睾丸をちょん切るシーンとその事後処理の描写はすさまじく生々しくて、読んでいるだけで身もだえするほど「痛い」。中国ウン千年の秘法でもあるのかと思ったら……。それ以外の場面でも、身体損傷こそないけれど結構残酷な懲罰や拷問が頻出する。ほんの数十年前なのに、肉体をめぐるコードはいまとはまったくちがう。それが本書の魅力の一つでもあるけれど、繊細な方はくれぐれもご注意を。

（原題、末大太監秘聞　孫耀庭伝）

評・山形浩生（評論家）

か・えいか　52年北京生まれ。中国作家協会会員。『愛新覚羅溥儀最後の人生』で中国図書第5回黄金の鍵賞。

二〇〇二年一〇月二〇日④

『ジプシー　民族の歴史と文化』

アンガス・フレーザー著　水谷驍訳

平凡社・三八〇〇円

少数民族の「輪郭」明解に描く

マイノリティーといわれると、現代のぼくらは日本と外国の主な「少数民族」あるいは「少数者たち」の歴史と生活状態について、ある程度の知識をもっているつもりで、何らかのイメージもある。しかし、なぜか「ジプシー」についてはいまだにその正体がぼやけていて、神秘的なベールがかかっているようだ。

世界のマイノリティーの中でジプシーの輪郭がはっきりしないのは、もしかしたら、近代以前より「西欧に流れ込んだ東洋人だった」という神話的な事実のためだろうか。それとも、遊牧民族なのだが、広大な草原や砂漠という大自然と一体となって動く、分かりやすい遊牧民族とは違って、つねに定住者たちの間で動き、定住者たちの国々で陰のように生きていた、最初から見えにくい存在だったからなのだろうか。

彼らの呼び方自体がはっきりしない。そこには定住者側の先入観が働いていた。「ジプシー」の代わりに、一時期は「旅人民族」とも訳せそうな「travellers」、近年は彼らの内側から主張される呼称として「ロマ人」が少しずつ主流となってきた。

呼び方すら不安定で、本書に言わせれば「特有の生活様式の諸要素を抽出し、そこからジプシー全体に普遍的な結論を求めようとする」定住者側の「根拠のない一般化の危険性」にさらされながら生きてきた人々。六百年以上前にさかのぼる彼らの歴史を、言語、人類学、社会、経済など、あらゆる側面から、明解に、細かく、そしてこのような本にしては珍しくスタイリッシュな文体で説いてくれる。

本書を読むと、すでに歴史の早い時点から排除と差別が始まったことが分かる。神秘のベールをはぐと、ある凄惨（せいさん）な現実が見えてくる。「ロマ人」がヨーロッパに初めて現れたときから、ユダヤ人の他に「もう一つのホロコースト」で大虐殺を被るまでの歴史は、まさに生存の系譜なのである。

総合的な少数民族論によって、ひとつのマイノリティー像が明解なものになった。しかし、それだけではない。彼らの歴史を通して、「ヨーロッパ」を裏から読み直すこともできるのである。

（原題、The Gypsies）

評・リービ英雄（作家）

Angus Fraser　1928〜2001年。英国の官僚。公務のかたわら、このテーマに取り組んだ。原著第1版は92年刊行。

二〇〇二年一〇月二〇日⑤

『会社法改革　公開株式会社法の構想』

上村達男 著
岩波書店・二八〇〇円

本物の株式会社へ脱皮促す

株式会社にも、その株式を公開し、オープンに誰でも取引できるようにしている公開会社と、そうではない閉鎖会社とがある。

前者は、英語ではパブリック・カンパニーと呼ばれる。このことが示すように、株式を公開することとは、本来的には公的（パブリック）な存在となり、それにふさわしい責任を負うことを意味している。

ところが、これまでのわが国においては、大半の場合に、株式を公開していても、持ち合いを通じて株式の過半以上は「安定株主」の保有となり、実態的には閉鎖会社として運営されてきた。それゆえ、パブリック・カンパニーとしての責務ということもほとんど意識されてこなかった。こうした姿を筆者は、「似て非なる株式会社」という。そして、この歪（ゆが）みが現在の日本の経済低迷の根底にあると診断する。

株式会社制度は当初から証券市場を活用する仕組みとして構成されており、株式会社は対市場責任を果たせるものとしての内実をもっていなければならないというのが、筆者の持論である。そうした内実を欠いた日本の未熟な株式会社が証券市場を使いまくった結果が、バブルの形成であり、その後の現在の困難だというわけである。

しかし、近時のグローバル化の進展をはじめとした証券市場の圧力は、日本の株式会社にも本物の株式会社に脱皮することを避けられない課題としている。この課題の達成を支えるための法制のあり方を構想し、具体的に示すとともに、その構想の観点から、今時の商法大改正の成果を評価することが、本書の主内容となっている。

企業法制は、株式会社が証券市場を十分に使いこなせるものでなければならないから、資本市場法制（証券取引法）と株式会社法制（商法）は一体化されて理解される必要がある。こうした点で、平成の商法大改正は大いなる前進ではあるが、未（いま）だ徹底したものではない。それゆえ、さらに理論構築を進めて、米国標準を上回る最良のモデル（日本標準）を作ることを目指すべきだと筆者はいう。

実に高い志に貫かれた、現在の経済低迷に挑戦する労作である。

評・池尾和人（慶応大学教授）

うえむら・たつお　48年生まれ。早稲田大法学部教授（商法、証券取引法）、法制審議会臨時委員（会社法部会）、司法試験考査委員。

二〇〇二年一〇月二〇日⑥

『ソ連＝党が所有した国家』

下斗米伸夫 著
講談社選書メチエ・一五〇〇円

モロトフを補助線に概観する

ソ連の歴史を生き抜いた要人として、モロトフ以上の人物はいない。

モロトフは1890年に生まれ、1906年にボルシェヴィキ党（のちのソ連共産党）に入り、レーニンに従って17年の10月革命に参加した。レーニン没後はスターリンを支え、30年に人民委員会議議長（首相）となり、39年から49年まで外相を務めた（39～41年は首相兼任）。独ソ不可侵条約を締結したのも、米英と連携して第二次大戦の外交指導にあたったのも、モロトフだった。49年に一度外相を解任され、53年に復活するが、56年、スターリン死後の非スターリン化の中で失脚した。晩年は年金生活者として生き、86年、ゴルバチョフによる改革を目撃しつつ死去した。ソ連崩壊の5年前のことだった。

ソ連という国の最大の特徴は、党が国家を指導したことである。そして、国家を隅々まで指導するために、強力で膨大な党組織が発展した。スターリンが書記長として党を掌握し、モロトフは党のナンバー2として、首相・外相として国家を指導した。党と国家、スターリンとモロトフはそのような関係にあった。

著者は、このモロトフの人生を追うことにより、モロトフを補助線とするソ連史概観を試みた。それが本書である。17年革命以後の共産党官僚制の完成、ネップ（新経済政策）と農民弾圧の実態、30年代の大粛清、大戦外交の諸相などが、党と政府の内側から、新しい史料や研究を紹介しつつ、明らかにされている。39年1年だけでスターリンとモロトフは274回会ったという数字など、党と国家、そして二人の関係を示して生々しい。

評者にとっては、33年以後のソ連外交の転換、39年の独ソ不可侵条約の締結、41年の独ソ戦勃発（ぼっぱつ）などが、いかに他の対外政策や国内政治に影響を及ぼしたかという点が、とくに興味深かった。独ソ戦勃発直後には、スターリンにかえてモロトフを擁立しようとする動きもあったという。ただ、内容の豊富さに比べ、やや紙数が足りないように思われた。さらにたっぷり書き込んだ本を読みたいものである。

評・北岡伸一（東京大学教授）

しもとまい・のぶお 48年生まれ。法政大教授（現代ロシア政治史、ソ連政治史）。著書に『ロシア変動の構図』など。

二〇〇二年一〇月二〇日❼

『痴呆の謎を解く　アルツハイマー病遺伝子の発見』

ルドルフ・E・タンジ、アン・B・パーソン 著

森啓 監修　谷垣暁美 訳

文一総合出版・二四〇〇円

ゲノム解析、遺伝子治療などについてドキュメントがつぎつぎ、アメリカから現れるが、そのアルツハイマー病編の登場である。

著者の一人はまだこの病気が精神科の領域でしかなかった一九八〇年から患者の遺伝子解析に取り組み、第一線に立ってきた学者。研究の推進力は「機知とエネルギー」だというが、研究者の内幕話そのものも人間臭く機知に富み、静かに始まった研究が怒涛（どとう）のように展開し、治療薬の開発競争に至るまでが一気に読める。最大の焦点になる、脳にアミロイドが蓄積することが原因との説の証明に初めて挑むかたわら、患者のケア施設づくりに挺身（ていしん）した医学者が、自身アミロイド疾患で病死するエピソードなど感動的だ。

遺伝の悲劇を背負いながら、DNAを提供して研究に協力する一家の物語が同時進行する。巧みな構成と筆致は科学ジャーナリストとの共著であることのメリットで、この難病の理解にはベストの読み物。

評・宮田親平（科学ライター）

二〇〇二年一〇月二〇日❽

『三人噺』

美濃部美津子 著

扶桑社・一三三三円

座布団からつんのめってエーッ。それからしばらくしてまたエーッ。もう始まるかと思うとまたエーッ。テレビではこうはいかない。あいだに大金の放送費用がふっとぶから。落語ばかりはライブでなければ。時間を忘れさせてくれる。というか時間というものはないのだと思わせてくれる。志ん生も馬生も志ん朝もナマできいた。もうきけない。というか録音では、編集でつめるので間（ま）が聞けないのだ。

ところで時間というものがないと客に思わせるには、噺家（はなしか）の方に時間とのきびしい格闘が、つまりは猛稽古（げいこ）が必要だ。うすうす察しはついていた。それを三人の身近にいた志ん生の長女の著者が楽屋裏から語ってくれる。放送局勤めのプロだった彼女は志ん生のナマを秒刻みでテープ編集した。「だから今、残ってるお父さんの落語のテープは皆、あたしが編集したものなんです」。ご苦労さま。でも、ほんとは、三人にもう一度生き返ってほしい。

評・種村季弘（評論家）

二〇〇二年一〇月二〇日⑨

『前川佐美雄全集　第一巻　短歌Ⅰ』

前川佐美雄 著
砂子屋書房・一二〇〇〇円

近代以降の歌人の中でも、詩魂においては卓絶した存在である前川佐美雄。戦後の不遇もあってなお全貌（ぜんぼう）は明らかでなく、一日も早い全集の刊行が望まれていた。その全集も挫折を経て新たに始められたことが、今は何より喜ばしい。

佐美雄の歌は高貴で純粋でありながら、まさにそれゆえに異形（いぎょう）の相を示していた。奈良に生まれて大和の歴史風土を背負いつつ、西欧のモダニズムを摂取したのもその現れである。

われわれの帝都はたのしごうたうの諸君よ萬とわき出でてくれ　植物祭

國のまはりは荒浪の海と　思ふとき果てしなくとほき春鳥のこゑ　白鳳

ゆく秋のわが身せつなく儚（はかな）くて樹（き）に登りゆさゆさ紅葉（こうえふ）散らす　大和

春がすみいよよ濃くなる眞晝間のなにも見えねば大和と思へ　同

昭和十四年の絶唱「なにも見えねば大和と思へ」には現代の日本にも通う響きがある。私たちはどう答えられるだろうか。

評・水原紫苑（歌人）

二〇〇二年一〇月二〇日⑩

『生体肝移植』

後藤正治 著
岩波新書・七四〇円

日本は生体肝移植の先進国である。全症例数は千数百件にものぼる。多くの証言をもとに、本書は先端医療の現場を描いている。

健康なドナーから肝臓の一部を切り取って患者に埋め込む。脳死移植が閉ざされてきた日本で開花した「苦渋の外科療法」である。ドナー不足の悩みも少ない。だが最悪の場合、ドナー自身が命を失う危険をはらんでいる。当然、生体移植を批判する声はある。脳死者から臓器を取り出すことと、健康な人にメスを入れることのいずれが倫理的に許されるか、判断は難しい。

本書の主人公の一人は、成功率八割の実績に支えられて、海外にも手術に出かける。彼は言う。これまで日本人は海外での脳死移植によって、その国でも不足がちな臓器を授かってきた。その恩返しがしたい。

失敗は二割。霊安室でのお別れ会の後、「こんなことはもうやめよう」と思う。しかし、部屋を出ると次の患者が待っている。痛切なドラマがそこにある。

評・真渕勝（京都大学教授）

二〇〇二年一〇月二七日①

『マリー・アントワネットとマリア・テレジア　秘密の往復書簡』

パウル・クリストフ 編　藤川芳朗 訳
岩波書店・三四〇〇円

「破滅しますよ」母の訓戒、娘の弁明

一七七〇年以後十年間にわたる母と娘の往復書簡である。かたやオーストリアの女帝マリア・テレジア、かたやその末娘でフランス王室に輿入（こしい）れしたマリー・アントワネット、この二人の貴人が書き手である。

シェーンブルンとヴェルサイユ、両宮殿間を頻繁に秘密の書簡が行き交ったのには訳がある。ハプスブルク家の女帝が、久しく覇権を争ってきたブルボン家との和解と仏墺（ふつおう）同盟強化のため、政略結婚の道具として差し出した十四歳の娘の未熟さを心配して、毎月一回（途中から二回）欠かさず書簡を認（したた）め、礼儀作法を守る教養ある貴婦人に仕立て上げようと決意したためである。

ハプスブルク帝国を繁栄に導いた近代ヨーロッパ随一の女帝、マリア・テレジアの鋼鉄の矢のように厳しい訓戒の言葉の攻囲網は、カトリック的敬虔（けいけん）、涸（か）れることのない家族愛、目的に向けた周到綿密な計画など、ドイツ的な美質をいかんなく示している。一方、おきゃんで面倒なことが大嫌い、おしゃべり、乗馬、カード遊び、晩餐（ばんさ

ん）会、仮面舞踏会に夢中の若きマリー・アントワネットのほうは、どうしても弁明が多くなる。それでも心優しい娘は、母への敬慕と畏怖（いふ）の情をずっともちつづけた。

本書簡集は、近代ヨーロッパ史の史料としても貴重である。フランス人の軽佻浮薄（けいちょうふはく）な気風に染まるなと娘に繰り返すマリア・テレジアの言葉からは、ドイツ人の抱くフランス人イメージが窺（うかが）えるし、マリー・アントワネットの月の障りや王太子の性的無能力、健康のための瀉血（しゃけつ）や牛乳摂取、天然痘や麻疹の流行などについての報告は、身体史の格好の素材だ。国民の噂（うわさ）・戯（ざ）れ歌や手紙のほか新たなメディアである新聞を介しての世論の形成、また戦争に直面して決断を迫られる最高権力者の、極度の緊張とぎりぎりの駆け引きも興味深い。

一七八〇年、母の突然の死で往復書簡は途絶える。六年前から王妃の座に就いていたマリー・アントワネットが、まだ二十五歳の時だった。精神的後ろ楯（だて）を失った彼女は、一七九三年十月、革命に追いつめられてギロチンに掛けられるまで、軽薄に、贅美（ぜいび）に、華麗に奈落への道を転げ落ちてゆく。「こんなことでは今に破滅しますよ」と、娘への警告を込めた母の予言が実現した形だ。だが、死の直前の彼女の、冷静沈着で威厳に満ちた誇り高い言動を知る者は、かつての母の遠隔地からの訓育が、不幸な運命のはてに、やっと娘の身についたことに想到して言葉を失うだろう。

「ロココの女王」の真の姿をのぞかせるかけがえのない書簡集だ。

（原題、Maria Theresia Geheimer Briefwechsel mit Marie Antoinette）

評・池上俊一（東京大学教授）

Paul Christoph　33年に仏で出た往復書簡の独語版を刊行した。仏語版では削除されていた事実を掘り起こしている。

二〇〇二年一〇月二七日②

『北のサラムたち　日本人ジャーナリストが見た、北朝鮮難民の〝真実〟』

石丸次郎 著

インフォバーン・一五〇〇円

北朝鮮難民の実像　深く克明に

この本を読むのは、結構しんどい体験だ。ぐいぐい読ませるのだけれど、読めば読むほど暗澹（あんたん）たる気持ちになる。朝鮮民主主義人民共和国（北朝鮮）は、こんなにもひどい状況なのか。本書はその実情を、十年にわたる実際の難民たちへのたんねんなインタビューと共同生活を通じて克明に描き出している。

北朝鮮から中国の農村に「買われて」ゆく花嫁たちの状況。北朝鮮の闇市場と、浮浪児たちの群れ。日本での差別に耐えて北朝鮮に戻った人々を待っていた、祖国での差別と飢餓。決死の思いで中国に渡る難民たち。そしてその難民たちの親族や支援団体の果てしない苦労と先の見えぬ絶望。本書に描かれた北朝鮮の人々に、明るさはまったくない。

そして本書のもう一つの見どころは、難民の亡命を一歩ずつ追ったドキュメンタリーだ。ある一家はモスクワ経由で逃れる。著者はかれらと行動をほとんどともにして、その様子を見事に描き出す。さらに著者は、今年五月の中国瀋陽での日本総領事館駆け込み亡命事件とも近い立場にあり、その背景と決行に至るまでの細かい状況についても、本書には詳しく描かれている。その様子は、実に手に汗を握るドラマでもあるが、一方では北朝鮮の人々の窮状を如実に示す記録でもある。
さらに本書は、北朝鮮の人々の心の歪（ゆが）みまでも描き出す。中国の北朝鮮難民村で展開されるのは、疑心暗鬼と何の利益にもならない密告合戦。支援団体ですら苦言を呈する難民たちの社会性のなさ。ここが本書でいちばん怖いところかもしれない。本書刊行とまさに同時に、北朝鮮は拉致疑惑をあっさり認め、本稿執筆時点では拉致された人々の帰国まで実現した。ほんの数カ月前には想像もつかなかった事態だ。北朝鮮の状況は、今後急激に変貌（へんぼう）を遂げるかもしれない。しかし本書に書かれたことが事実であるなら、状況がどう変わろうと、人々が独裁恐怖政治の影響下から抜け出すまでには、さらに長い長い時間がかかるだろう。かつてない傑作ルポルタージュだが、本書の持つ含意は実に深く、暗い。

評・山形浩生（評論家）

いしまる・じろう 62年生まれ。ジャーナリスト。韓国留学後、93年から北朝鮮難民関連の取材に携わる。著書に『北朝鮮難民』。

二〇〇二年一〇月二七日③

『山高帽の男　歴史とイコノグラフィー』
フレッド・ミラー・ロビンソン 著　赤塚若樹 訳
水声社・四〇〇〇円

紳士の象徴から道化の小道具

プラハの春でチューリヒに亡命したトマーシュを先に来ていた愛人のサビナが下着に山高帽といういでたちで部屋に迎える。山高帽の重々しさと、それをセクシーな下着姿で吹きとばす軽さ。ミラン・クンデラの小説『存在の耐えられない軽さ』の一節だ。山高帽は「十九世紀のボヘミアの小さな町の町長」だったサビナの祖父の、歴史の重みをずっしり積みこんだ形見。山高帽そのものの起源は、英国の地方貴族が狩りの際にかぶる乗馬帽。
それがやがて先進的な女性用の乗馬帽へ、小さな町の町長、つまりは下層中産階級のかぶりものへ、果てはチャップリンやベケットの道化たちや、マレーネ・ディートリヒの下着姿にシルクハットのやつしを演じたサビナ、の山高帽にまで払い下げられる。その一部始終を喜劇（チャップリン、ローレル&ハーディ、ベケット）と現代絵画（マグリット、レーダーシャイト）の視点から見たイコノグラフィー研究である。
おもしろい指摘がある。ファッションは都会から始まるという近代の常識とは逆に、地方から始まって都会に入るという近代以前の流れ。地方貴族が払い下げた山高帽が場末のミュージック・ホール、女性、子ども部屋にすたれた姿をさらすのである。いや映画『ゴールドフィンガー』では、日系人ハロルド・サカタ扮するところのオドジョブの帽子がテロ凶器として本場の英国人に牙をむくのだから、いまもって上下や西と東を転倒する歴史の正説なのか。
そういえば著者はアメリカの地方も地方のサンディエゴ大学の先生とか。そうしたマージナルなヴィレッジ・ヴォイス特有の発想もあるが、逆に大都会裏町のライブに接触する機会がないために大学のアーカイヴ資料に頼るしかない映像グローバリズムのはしり（原著は一九九三年刊）といった趣もなくはない。映像グローバリズムによってファッション発信地としての地方が衰滅しつつある昨今、あらためて町の寄席、小劇場のライブ復活があらまほしいし、そうなれば道化論が下火の現在、本書などが時間差で喜劇や喜劇論ファッションを発信してくれそうだ。

（原題、The Man in the Bowler Hat）

評・種村季弘（評論家）

Fred Miller Robinson 42年生まれ。米サンディエゴ大英語英文学科教授。著書に『喜劇の瞬間』など。

二〇〇二年一〇月二七日④

『マサイの恋人』

コリンヌ・ホフマン 著　平野卿子 訳

講談社・一九〇〇円

「女の勝手」あっての異文化体験

ヨーロッパの女性がバカンスで行ったアフリカで、マサイ族の青年に劇的な一目ぼれ。ブッシュでマサイ族とともに暮らし、風習の違いや、マラリアと戦って一年間。子供をつくるところまでいくのだが、それでも結局破局して、子供と共にヨーロッパに逃げ帰ってきてしまう。その顛末(てんまつ)を、その女性自身が書いた実話である。

夜の生活も含め、こちらが戸惑うぐらいプライベートが何もかも赤裸々に書いてある。「生まれてからこれほど美しい男(ひと)を見たことがない」。とにかくこの一言がすべて。そのときに同行していた恋人も、スイスでの生活も仕事も捨てて、結婚しようと一方的に決めてしまう。

言葉もまったく通じない状況で、相手の気持ちや人格も無視(としか読めない)して一方的にマサイの青年ルケティンガにアタックする。彼がためらうと「私がすべてを捨ててきたのに、あなたは何よ!」。女性読者は違うのかもしれないが、ここまでくると一男性読者としては、文化がどうのこうのという前に「女は勝手」という思いのほうが強くなる。

もちろん、著者の強さは「女は」などと一般化できる尋常なレベルではない。だからこその全世界三百万部突破。しかし、訳者(女性)や帯のコメントを読んでも、どうも女性の感想はこちらと違う。

「女は勝手」といっても、著者は必ずしも相手の文化を頭から否定するわけではない。牛糞(ぎゅうふん)で手を洗うようなマサイの生活にも必死で合わせてみせる。しかし、同時に自分の生活の向上のために周りを変えようとする。アフリカの中でも特に誇り高く、「文明」を受け入れないマサイ。その戦士がヨーロッパの女性に振り回される。

実は、この話には二つの対立がある。男と女、近代と伝統。著者と著者が代表する「近代」との、あまりに強力な自己肯定。その強さにより、この本が可能になったのだからなんともいえないが。あまりに一方的な視点で書かれているとも感じる。ルケティンガの視点から書いた本がぜひ読みたい。しかし、そういう本は決して書かれることはないのである。

(原題、Die Weiße Massai)

評・坂村健(東京大学教授)

Corinne Hofmann　60年スイス生まれ。86年、ケニアでマサイ族の戦士と出会い、4年で別れた。現在は娘と南スイスに住む。

二〇〇二年一〇月二七日⑤

『蚊はなぜ人の血が好きなのか』

アンドリュー・スピールマン、マイケル・ド・アントニオ 著　奥田祐士 訳

ソニー・マガジンズ・一六〇〇円

敵の理解こそ闘いの最善策

先日の新聞によれば、我が国でも「西ナイルウイルス病」対策の連絡協議会が設置されたという。蚊が媒介するアフリカの風土病だが、一九九九年にニューヨークで発生して市民をパニックにおとしいれ、この夏には中南部諸州にも拡大して、さらに人々を震撼(しんかん)させた。

原題の副題は「もっともしぶとく致死的な敵の博物学」。三部構成で、第一部が本来の意味での蚊の博物学。第二部は蚊が媒介する黄熱病、マラリア、脳炎などの発見と研究の歴史。第三部が病原生物(ウイルスや原虫)や媒介者である蚊に対する対策の歴史である。著者の一人は蚊の研究の世界的な権威であり、とくに第一部の蚊の生態、行動、生理などは、じつに平易に解説されている。

新たな感染症の流行に対して「愛すべき蚊の生態」など悠長なといわれそうだが、この構成には理由がある。それは蚊を理解することが、この新たな「敵」との闘いの最善の道という信念だ。

西ナイルウイルス病がアメリカで発生した

原因のひとつは、野積みされた大量の古タイヤだった。またこのウイルスの本来の宿主は鳥であり、患者が出はじめるのと前後して公園や動物園で鳥たちがばたばたと倒れた。

もともと蚊が進化をとげた熱帯雨林は、地上生活する動物がきわめて少ない。蚊は地上数十メートルの樹冠部で鳥の血を吸い、幼虫であるボウフラは樹洞にたまった雨水に住んでいた。やがて人間の数が増加し、都市という人口密集地帯が形成されると、蚊は吸血相手を鳥から人間に広げ、ボウフラは樹洞によく似た古タイヤや空き缶で育つようになったのである。

ならば最優先の対策はあきらかだ。旅客機に便乗した一匹の蚊でパニックにおちいるのではなく、むしろ輸入される飼い鳥の検疫を強化すべきだろう。それ以上に重要なのは、古タイヤなど人工的な水たまりを蚊に提供しないことである。我が国の現状では、あるいは「空き缶のポイ捨て」がいちばんの問題なのかもしれない。

(原題、Mosquito)

評・新妻昭夫(恵泉女学園大学教授)

Andrew Spielman　米ハーバード大シニア研究員(熱帯病)。
Michael D'Antonio　ジャーナリスト。「ニューズデイ」取材チームとしてピュリツァー賞。

二〇〇二年一〇月二七日⑥

『猫の文明』

赤瀬川原平 著
毎日新聞社・一四〇〇円

いま日本に必要な余裕の境地

人間の文明の行きづまりが誰の目にも明らかになってきたためだろうか。このところ、人間が猫に教えられたり諭されたりする場面の出てくる本が目につく。村上春樹の『海辺のカフカ』では街角の猫が登場人物にいろんなことを教えてくれる。「老人力」で知られる著者によるこのエッセー集も、道ばたで猫の世界を観察して思索しようという風変わりな本だ。

文明というタイトルは大仰だが、群れたり権威にこびたりしない猫の生き方は立派だとか、テロも核もない猫の世界は人間に比べて文明的だとか、お説教じみたことが書いてあるわけではない。しいていえば、そんな意味のあることは何も書いてない。

著者は散歩や旅行の途中で出会った猫(時には犬も)をのんびりと眺めて絵や写真に記録し、ひたすらそれを茶会(日本が誇る伝統文化です)に見立てる。猫が目を閉じているのは客人を迎える姿勢、公園に集まっているのは野点(のだて)といった具合だ。

なんてばかばかしいと思う読者も多いはずだ。なんだ冗談かという人はすぐにページを閉じて立ち去ってほしいと著者も書いている。問題はその先。冗談だというだけで拒否反応を示すのは、政治経済の一面でしかものごとを見ることができない人なのだという。それでは本当の文明を感受できないのではないかと著者は心配する。

それならとページを開いていくと、たしかに猫の茶会にも独特の味わいがないわけではない。石の庭に山水や磯辺の風景を再現する「見立て」の文化は日本の伝統で、そうした心の余裕こそが八方ふさがりの日本には必要だということか。

意味のあることをあえて書こうとしていない本だが、どきりとさせられるくだりもある。たとえば過去に信じた思想や宗教のバブルがはじけて「脳内不良債権」になった人の話。頭の中の不良債権に困っているのも、本物の不良債権を積み上げたのも、おそらくはまじめで冗談嫌いの人たちなのだろう。そういえば、困ったときの猫頼みも日本の伝統だったような気もする。日本経済の窮地を救ってくれる招き猫さんは現れないものか。

評・清水克雄(本社編集委員)

あかせがわ・げんぺい　37年生まれ。画家、作家。『父が消えた』で芥川賞。著書はほかに『老人力』『優柔不断術』など。

二〇〇二年一〇月二七日❼

『朗読の楽しみ』

幸田弘子 著
光文社・一四〇〇円

世は朗読ブームといわれるが、実際に、黙読と音読ではどう違うのだろうか。

文学を文字の意味だけで読むのでは、価値が半減してしまう、と幸田弘子は語る。「文字や文章のもつ美しい音、リズムを楽しむ。つまり『音』の側面を味わうことで、本当にその作品を体験したことになる」

半世紀前に樋口一葉の朗読を始め、一九七七年からは、クラシックの演奏家のように、テキストを暗誦（あんしょう）するリサイタルを開いてきた人の言葉には、重みがある。

行間を読むのが朗読の醍醐味（だいごみ）という著者にとって、〈かたち〉のある作品の方が読みやすい。現代の小説は、情景や動作などが克明に描かれすぎているため、そのまま読むと、余韻がなく、うるさく感じられる。〈間〉やリズムで表現できる部分は、カットする。

「けっきょくは心の問題という気がします。自分がどう読んだか、行と行のあいだをどう埋めていくか」

まことに鬼気迫る〈剪定（せんてい）作業〉だ。

評・青柳いづみこ（ピアニスト・文筆家）

二〇〇二年一〇月二七日❽

『懐かしい日々の想い』

多田富雄 著
朝日新聞社・二〇〇〇円

著者は麦秋のかがやきを「これは麦という植物の集団自殺」「麦畠（ばたけ）は死体の山」と非情に言い切る免疫学者。

50歳で文化功労者となり活躍の場は先進国からアジア、アフリカの奥地に及ぶフットワーク抜群の動のひと。反面、能楽の世界にひたり新作能を書き小鼓をよくする静のひと。その動と静の暮らしから端正なエッセイが泉のように湧（わ）く。

羨（うらや）ましいばかりの多芸多才。順風満帆の多田氏を昨年、脳梗塞（こうそく）という魔が襲った。死線を彷徨（ほうこう）、経管栄養につながれ、自殺の衝動にかられる地獄の日々。ところがおよそ半年後、きびしいリハビリに耐え抜き、最初の一歩をふみしめたとき予期せぬことが起きる。はげしく盛り上がる生きる生きたいという意志。

本書はその意志が生んだ再生のエッセイ集である。99％までは順風時代の天国篇（へん）。残り1％は地獄からの報告。その1％に人生の憧憬（しょうけい）があふれる。

評・増田れい子（エッセイスト）

二〇〇二年一〇月二七日❾

『ねこは青、子ねこは黄緑』

パトリシア・リン・ダフィー 著　石田理恵 訳
早川書房・一八〇〇円

ａｂｃｄｅと印刷されたこの黒い文字を見たとたん、緑や青や赤など、鮮やかな色彩を心に映し出す人がいる。アルファベットだけではない。数字に、音に、色や手ざわりや形、奥行きを感ずる人たちもいる。

これは、ある刺激を受けたときに、本来の感覚以外の感覚も同時に反応する共感覚とよばれるものだ。乳児のころはだれもが持っていて、成長するにつれて失うという仮説もあるが、なぜ失わない人がいるのかはわかっていないという。

幼いころから文字に色を見る共感覚者だった著者の体験には、重要なヒントが隠されているのではないか。ありのままの著者を受け入れた父や夫、そして、共感覚者の友人や研究者との出会い。人は、他と異なる特質を認められて初めてその独自性を強く意識し、自由になれるのだろう。

共感覚を失った私たちにとっても、隣の人が自分と異なる世界に生きていると知ることは、なかなかスリリングだ。

評・最相葉月（ノンフィクションライター）

二〇〇二年一〇月二七日⑩

『半落ち』

横山秀夫 著
講談社・一七〇〇円

横山秀夫の警察小説は、捜査畑の人間を主人公にせず、警察官ではあっても管理部門の人間を主人公にするところに新機軸がある。2000年に日本推理作家協会賞を受賞した「動機」がその典型で、数十冊の警察手帳が一度に紛失した謎を描くこの短編は、いかにも横山秀夫らしい作品と言える。表に出にくいこういう事件や謎に、横山秀夫の主人公たちはいつも取り組むのだ。

長編『半落ち』には捜査畑の人間が登場するが、しかしこれもまぎれもなく横山秀夫の小説だ。

妻を殺した警察官が自首してきて、最初から事件は解決しているのである。そこに謎は何ひとつない。あるのは、殺してから自首してくるまでの2日間の空白だけだ。その2日間に何があったのか、犯人は何をしていたのか。その些細（ささい）な謎に、この長編は全力をあげて取り組んでいく。人の心の奥底を探る試みが、これほどまでにスリリングであったのかと驚く秀作だ。

評・北上次郎（文芸評論家）

二〇〇二年一一月三日①

『マーガレット・ミードとルース・ベネディクト』

ヒラリー・ラプスリー 著　伊藤悟 訳
明石書店・四八〇〇円

苦悩の恋愛が文化人類学に与えたもの

アメリカの女性文化人類学者、ルース・ベネディクトは、日本人論の古典として知られる『菊と刀』（一九四六年刊）によって私たちになじみ深い。

ベネディクトの研究とその生涯に深い影響を与えたのが人類学者マーガレット・ミードだ。彼女はサモアやバリで精力的なフィールドワークをこなし『フィールドからの手紙』などの著作で知られている。本書はふたりの刺激的な関係性に焦点をあてそれぞれの創造的な研究を追ったものだ。

ベネディクトとミードは、二二年にニューヨークの大学で出会う。ベネディクトは教員、ミードは彼女より十五歳年下の学生という立場だった。ふたりは師弟を超えた恋人となるのだが、女性同士の恋愛が一般的に受け入れられる時代ではなかった。

ベネディクトは不幸な結婚をし、ミードのほかにレズビアンのパートナーもいた。いっぽうのミードは三回の結婚をし娘も産んでいる。彼女はその人生で、女性と男性を愛したのである。ミードは「愛は排他的である必要はない」と強調したという。

彼女たちは研究者として尊敬しあい、互いが書いたすべてを読んでいたが、ときには冷静な批評も交わすフェアな関係を保った。ふたりは葛藤（かっとう）しつつも互いの個性の違いを認め、相手を独占しようとはせず、その姿勢は研究にも貫かれている。

文化人類学は植民地主義と深くかかわってきた。人類の発展は「野蛮」から「文明」へと進むものという論調が、ベネディクトらが登場したころ大きな転換期を迎えつつあった。その中心となったのが、ベネディクトの師であるドイツ系ユダヤ人、フランツ・ボアズらコロンビア大学のグループである。ボアズは文化人類学者にはアウトサイダー的な視点と、別の文化を自分の目で見る広い視野が必要だと説いている。

彼女たちの研究の核心は、異文化間の理解を深めること、文化の「差異」そのものを受け入れることにあった。ふたりは植民地主義、人種差別を鋭く批判している。

そこにはふたりの恋愛関係が影響したといえよう。文化的に「逸脱」とされたものを尊重すること、人間の寛容とは何か、社会の変化をどうとらえるのか。恋愛をとおしてより鮮明になった疑問を研究の場でも反映したのである。

この世界は「差異」によって形づくられている。ふたりの女性は「差異」をまっすぐに見つめ、個人と文化の多様性と広がりを愛した。彼女たちの苦悩に満ちた恋愛は今日の文化人類学の土台となって、花開いたのである。

（原題、Margaret Mead and Ruth Benedict）

評・与那原恵（ノンフィクションライター）

Hilary Lapsley ニュージーランド生まれの心理学者。ワイカト大で女性学やジェンダー問題についても教えた。

二〇〇二年一一月三日❷

『専制君主ニュートン』

D・H・クラーク、S・P・H・クラーク 著
伊理由美 訳
岩波書店・二七〇〇円

不正と嫌がらせの科学史

主な登場人物は、ニュートン、グリニッジ天文台の初代台長フラムスチード、アマチュア科学者グレーの三人である。『プリンキピア』初版の出版を終えていたニュートンは権威と名声の頂点にあった。

コロンブスが一四九二年に新大陸を発見したとき、彼はインドに着いたと思っていた。「経度」が分からなかったためである。この状況は、三人が生きた十七世紀にも続いていた。大航海の時代以降、経度問題の解決は国家の存立にかかわる大問題であった。手がかりは天空にあると考えられたが、それには少なくとも二つの課題に答える必要があった。第一は時計の文字盤にあたる恒星の位置を確定すること、第二は時計の短針にあたる月の運動を理解することである。どちらも手強（てごわ）い課題であった。

フラムスチードは天体観測によって三千の恒星のデータを集めることに心血を注いでいた。ニュートンは、経度問題よりもむしろ、重力の理論を使って月の動きを説明し、それを『プリンキピア』第二版に取り入れることに熱中していた。そのためにはフラムスチードのデータが必要であった。彼もその求めに応じた。しかし、どうしてもうまく説明できない。ニュートンは、フラムスチードがデータを出し渋っているためであると思いこんだ。そして、執拗（しつよう）な嫌がらせが始まる。そのためには美貌（びぼう）の姪（めい）を利用することも辞さなかった。災いはフラムスチードの友人のグレーにまで及ぶ。彼の投稿論文は黙殺され、電気の研究は二十年遅れる結果となった。

ついつい読まされてしまう科学史である。研究史に名を残すには腕力も必要だと納得しそうになった。たしかに研究にも「政治」はつきものであり、似たような話は今でもある。ただ、研究成果を多元的に記録する仕組みが整っていれば、こうした不正や嫌がらせの機会は減るだろう。そうであれば、現在のほうが多少はフェアになっているというべきだろうか。

悪口をさんざん聞かされて、暗い気持ちになったところで、訳者あとがきと参考図書解説を読む。距離がほどよくとられていて、よい口直しになった。

（原題、Newton's Tyranny）

評・真渕勝（京都大学教授）

David H. Clark 英国の工学・物理科学研究評議会工学・科学部長。
Stephen P. H. Clark D. H. Clarkの息子。歴史の教師。

二〇〇二年十一月三日③

『小笠原シリーズⅠ　小笠原学ことはじめ』

ダニエル・ロング 編著
南方新社・二八〇〇円

国際化社会の島の歴史的試練

一九七二年にアメリカ統治から沖縄が返還されて、今年で三十年。奄美は五三年、小笠原は六八年の返還である。小笠原は奄美と沖縄の間にはさまれて、影が薄い。大戦後の米軍のアジア戦略ばかりでなく、かつて無人島であった小笠原諸島がたどった錯綜（さくそう）した歴史が返還をむずかしくさせていた。本書は、この錯綜した小笠原の歴史や文化の織り成した糸を解きほどいていく。

小笠原は、現在、欧米や太平洋諸島の先祖をもつ欧米系島民、明治以降に移住した旧島民、返還後に移住した新島民によって構成されている。小笠原で本格的な定住が始まったのは一八三〇年のことであるが、日本人ではなかった。欧米人と太平洋の人々（カナカ人）である。一八七六年、日本政府が小笠原領有を宣言してから、日本人が入植してきた。多民族・多文化社会が小笠原に生まれたのである。とはいえ、欧米系住民は「帰化人」と呼ばれて監視された。

戦中に島民は本土に強制疎開させられ、敗戦後、米国は島民を分断して、「帰化人」とされた欧米系住民を「占領軍の朋友（ほうゆう）」とみなして帰還させたが、旧島民が帰島を許されたのは返還後であった。民族によって島民が政治的・軍事的に分断され管理された。それは暴力と監視による島民の「占領」体験として語られるのである。

大正・昭和に、小笠原は「太平洋の楽園」「此（こ）の世のユートピア」として観光地になっていった。一九一四年、北原白秋などの作家や画家はエキゾチックな〝癒やしの島〟として訪れている。同じ年、東京大正博覧会が開催され、小笠原は「異様な南洋の風物」の展示だけでなく、「樺太」「満州」とともに、膨張していく「帝国」の展示となり、帰化した「俗にカナカといふ黒色人種」や「漂流して土着となれる白色人」も見せ物として展示された。

小笠原では国際化社会が二世紀も前から実現していたが、その国際的あるいは世界史的な試練は並大抵のものではなかったことが本書では明らかにされている。現在の日本人が国際化社会で生きていくうえで学ぶ必要のある試練が、本書にはたくさん盛り込まれている。

評・川村邦光（大阪大学教授）

Daniel Long　63年生まれ。東京都立大助教授。専門は社会言語学、言語接触論。共編著に『応用社会言語学を学ぶ人のために』など。

二〇〇二年十一月三日④

『トーク・トーク　カニグズバーグ講演集』

エレイン・ロブル・カニグズバーグ 著
清水真砂子 訳
岩波書店・二九〇〇円

時代の空気に向けて自由闊達に

小林秀雄は志ん生の落語テープをすり切れるほど聞いて講演の練習をした。「エッセイ」の語が「試み」という原義をはなれて「随筆」と同じ意味になってしまうように、日本では、文士の講演はかぎりなく落語に近づくということなのだろう。

『クローディアの秘密』や『ジョコンダ夫人の肖像』の作家、カニグズバーグの三十年にわたる講演集。それが本書なのだが、もとより彼女の講演は落語みたいに繰りかえしのきく話芸ではなく、そのときどきの時代の空気に向けて、自分のいいたいことを、自由闊達（かったつ）、かつ手みじかに述べるという意味での「試み」のジャンルに属する。十年ごとのまとめが合間にはさまれ、つづけて読むと、さながら児童文学の世界から見た二〇世紀後半のアメリカ精神史といったおもむきがある。

タテに太くつらぬく主題がいくつか。なかで最大のものが言葉である。

一九六〇年代、「子どもの文学のテーマの許容範囲」が一挙にひろがり、性とか人種とか、それまでは曖昧（あいまい）にほのめかすだけだったことがらにもズバリと言及できるようになった。当初、彼女は『魔女ジェニファとわたし』の副主人公ジェニファが黒人であるとは書かなかった。もしくは書けなかった。でも、あとの版では「ニグロ」と明記し、つぎにはそれを「ブラック」に変えた。いまだったら「アフリカ系アメリカ人」と書くかもしれない。「どんな用語を使うかは、その時その時の社会の動向を映し出しています」

私はその動向を基本的にうけいれる。でも事態がさらに進んで、図書館から『ハックルベリー・フィン』が追放されてしまうとしたらどうか。そして政治的公正や多文化主義やフェミニズムや高齢者差別反対の名のもとに、おなじような削除や除籍や言いかえや書きかえがつづくとしたら……。私はいやだ、そこまではうけいれられないと、「少数民族」ユダヤ人のひとりで「女性」のカニグズバーグは明快にいう。熟慮のはての明快さ。しかも読んでいてたのしい。こういう講演芸もあるのだ。

（原題、Talk Talk）

評・津野海太郎（編集者・和光大学教授）

Elaine Lobl Konigsburg　30年生まれ。米児童文学者。96年『ティーパーティーの謎』で2度目のニューベリー賞受賞。

二〇〇二年一一月三日⑤

『FBIはなぜテロリストに敗北したのか』

青木冨貴子 著

新潮社・一四〇〇円

「現場に帰れ」という切迫した声

犯罪捜査官とジャーナリストには、たった一つ共通の指針がある。現場に帰れ、という鉄則だ。憶測を排し、現場に残る事実の断片だけから全体像に迫る手法である。

9・11事件以降この原則は、「対テロ戦争」の風圧に揺らいだかに見える。証拠をそろえる前に敵は次の攻撃を仕掛ける。推定有罪で身柄を予防拘束し、まず敵の動きを封じるのが先決だ。力に頼るそうした浮足立った論調が幅をきかせがちだ。

だがテロに冷静に対処するために、私たちは再度9・11の現場に立ち返る必要がある。本書は、国際テロ事件の膨大な公判記録と報道を読み解き、9・11事件の全容に迫る本格ドキュメントである。

9・11は突然起きた惨劇ではない。それが真相解明に挑む著者の一貫した姿勢だ。

93年には世界貿易センタービル爆破事件が起きた。のち逮捕される主犯格のラムジ・ユセフはさらに、太平洋上で旅客機12機を同時爆破する計画を立てた。計画は防がれたが、94年にフィリピン航空機内でその爆破実験が行われ、日本人1人が犠牲になった。ユセフのテロ計画「ボジンカ」には、乗っ取った旅客機で米国防総省を攻撃する案も含まれ、米中央情報局（CIA）と米連邦捜査局（FBI）はそれを察知していた。9・11の悲劇を完成させるカードは、すべて出そろっていたことになる。

さらにCIAは、9・11実行犯がアルカイダと会合した情報をつかみながら入国を許し、FBIも同時テロに参加する予定の男を逮捕しつつテロの阻止に失敗した。

本書は後知恵で捜査の非をあげつらう本ではない。米当局が事前に知りながらテロを許したという「陰謀」をほのめかす際物本でもない。だが読者はスリリングな描写を通して、9・11がいかに長い前史をもち、国際テロが一筋縄ではいかないかに気づくだろう。同時にテロへの反撃が、いかに緊密な連携に基づく国際捜査を必要とするかも教えられる。軍事力だけでは国際テロには勝てない。力優先の風潮が色濃い米国に住む著者に本書を書かせたのは、「現場に帰れ」という切迫した内心の声だったと思う。

評・外岡秀俊（本社ヨーロッパ総局長）

あおき・ふきこ　48年生まれ。元「ニューズウィーク日本版」ニューヨーク支局長。著書に『目撃アメリカ崩壊』など。

二〇〇二年一一月三日❻

『貧乏神髄』

川上卓也 著

WAVE出版・一四〇〇円

今どきのフリーターは健全だ

装丁が上品だし、漢字4文字のタイトルもしぶいが、著者はまだ30歳になっていない。たぶん2年前に東京でのサラリーマン生活をやめ、茨城県の石下町に移り住んだ。その町でなにをしているのかと問われたら、著者はたぶん「貧乏暮らしをしている」と答えるのだろう。

会社をやめ、ファミレスでフリーターをしながら、ボロ借家に住む。いまどきの若いものは仕事も長つづきしないし、なにを考えているのかわからない、という前に読んでみてほしい。無駄をひとつずつ削（そ）ぎ落としながら、身の丈にあった生活をゆっくりと考える。いわば「フリーター方丈記（若書き版）」の趣がある。

特筆すべきは、著者の生活感覚とくに金銭感覚の健全さ。たとえば、テレビは無用の長物だから捨てる。無用の理由はさておき、この長物を置くには畳の約3分の1のスペースが必要。したがって「川口市あたりで1Kのアパートを五万円で借りた場合」、テレビのための支出は「一カ月あたり約二七七八円」。ほかにも、400円のコンビニ弁当は、著者の時給が770円だから、その31分12秒分。

バブルの時代に育ち、就職したらバブルが崩壊していた世代が消費文明に疑問をもつと、なかなか手ごわい。たとえば、100円ショップの品物にも輸送費やバイトの人件費はかかるのだから、それを差し引けば、「ただ同然のゴミの山」。「価格破壊は幻想」であり、「破壊されているのは利用する人たちの生活」である。

「消費社会に自分を消費させない」ために「消費しない自分」であること。簡単にいえば、少なく稼いで少なく使う。政財界の景気回復策に逆行する生き方が、著者のいう「貧乏」だ。その強みは、なにもないゆえの創意工夫によって培われる「考える力」だという。

文科省のいう「生きる力」とはなんなのか、首をかしげている小中学校の先生には、参考にならないだろうけど一読をすすめる。高校生や大学生は、時給の2時間分程度の値段なので、自分で買って読んでください。

評・新妻昭夫（恵泉女学園大学教授）

かわかみ・たくや　74年生まれ。ネット上でWeb会報誌『耐乏Press Japan.』(http://taku3.jh.net/binbo/)を発行。

二〇〇二年一一月三日❼

『お岩と伊右衛門　「四谷怪談」の深層』

高田衛 著

洋泉社・二八〇〇円

大南北の『東海道四谷怪談』にはいろいろモデル説がある。著者はそのうち「近世実録全書」版『四谷雑談（よつやぞうだん）』を手がかりに四谷怪談の系譜を博捜（はくそう）する。南北の前作からのモティーフなどもたぐられるが、おもしろいことに『四谷怪談』の再々の上演につれて、舞台の虚構だった伊右衛門や彼を取り巻く人物が江戸の現実の市井（しせい）によみがえってくる。つまり『四谷怪談』は一回かぎりの出来事でなく、共時的な深層構造を抱えているのだ。

だから初演時の文政年間にも、幕末にも、くり返し伊右衛門的、お岩的人間が現実に出現し、応じて舞台の名優たちも憑（つ）かれたように時代の深層を演じた。それなら今も現代版『四谷怪談』が見られそうなもの。とりあえず京極夏彦の小説『嗤（わら）う伊右衛門』が話題になっているが、かんじんの演劇・映画の新作はどうなったのか。こわーい『四谷怪談』がみたーい。興行のタイミングを研究者が先取りしてしまったようだ。

評・種村季弘（評論家）

二〇〇二年一一月三日⑧

『シヴァと女神たち』

立川武蔵 著　大村次郷 写真
山川出版社・一七〇〇円

インド人の大多数がヒンドゥー教徒であることは分かっていても、ヒンドゥー教の宇宙観、バラモン教や仏教との関係、あるいはシヴァ神やヴィシュヌ神らの神話と変幻自在のシンボリズム、これらをいかに理解すべきか、答えられる人は多くはないだろう。本書はこうした疑問をすっきりと解いてくれる。インドには宇宙を創造する絶対神はおらず世界自体が神の姿なのであり、リンガ（男根像）はシヴァのシンボルというよりシヴァそのものだ、という考え方に解決の鍵があるようだ。

鮮やかな写真の数々が、この考え方を直覚させてくれる。身体をくねらせて踊る石窟（せっくつ）の神々の艶（なま）めかしい肢体、先を丸めた円筒のリンガに水をかけ叩頭（こうとう）して祈る男、水牛の魔神を殺す女神の祭りとその像の河流しなど、舞踊と水を媒介に宇宙の生命力と交流しようという、数千年の昔から今日まで変わらぬインド人の内的世界を、情熱的なカメラアイで的確に捉（とら）えている。

評・池上俊一（東京大学教授）

二〇〇二年一一月三日⑨

『はにかみの国　石牟礼道子全詩集』

石牟礼道子 著
石風社・二五〇〇円

あの世があるのかどうかは不案内だが、この世には「もう一つのこの世」があって、石牟礼道子はそことここの橋渡しをつかさどる巫女（みこ）なのだ。そのことをかつて『苦海浄土』で知った私は、巫女の言の葉をできるだけ集めることを精神の作業の一つとしてきた。

ここに集められた30編の詩文は「宇宙世紀はじまる／にっぽん　ひご　みなまた」にとどまり続ける巫女の口から放たれた託宣である。「書いては隠し、隠しして来た」ものである。

「海と天が結びあうその奥底に、／わたしの居場所があるのだけれども、／いつそこに往って座れることだろうか。」とつぶやきながら「入魂」し「出魂」するたゆたいに、私はしばし時を忘れる。

巫女はうたう。「奈落の天を／ひとすじの白虹となって／飛びつづけている鳥が／いま／絶命する　ひと声も啼かず／ひらこうとした／のみどの奥を／空と海とが／いれかわるあわいの／吹雪が／とおった」。

評・河谷史夫（本社編集委員）

二〇〇二年一一月三日⑩

『画面の誕生』

鈴木一誌 著
みすず書房・三二〇〇円

映画批評は低迷の極にある。もはや人々が求めているのは情報だけであるし、批評家たちは語るに値する内面とやらを発見すると、映画を見捨ててただちに文学や哲学といって、より「高尚」なジャンルを論じることへと向かってしまった。

そのなかで著者は例外的なまでに映画に留（とど）まり続けている存在である。いや、むしろ時代錯誤的とでもいうべきか。彼は一本のフィルムを前にして、歴史にも、ジェンダーにも、人脈の交流物語にも訴えない。ただひたすらに画面を凝視し、警句に似た印象を書き連ねる。ときにその因果律を越えた文体は、道元を連想させる。

侯孝賢、ゴダール、北野武、押井守。取り上げられているのは、けっして珍しい監督たちではない。人間が生きるということは、正体もわからないままにひたすら運動を続けていくことに本質があるという、愚直なまでの確信が、どのエッセイからも立ち上ってくる。好著である。

評・四方田犬彦（明治学院大学教授）

二〇〇二年一一月一〇日❶

『憂い顔の童子』

大江健三郎 著
講談社・二〇〇〇円

良い作者と読者が出会う場求めて

この小説の主人公「長江古義人」は、作者に似ている。あるいは、作者本人である、ように書かれている。「古義人」は若い頃に作家になり、数十年にわたって小説を書き続け、立派な賞ももらった。そして、どうなったか？ ガタガタになった。昔は面白かったのにいまは面白くない、とか、外国語や外国の文献の引用ばかりでふつうの小説の楽しみがまるでない、とか言われるようになった。そして、そんな批判を「古義人」は甘んじて受け入れるのである。

「ただね、私にはミスター田部の談論（ディスコース）に疑問がありました。自分は長江先生の『良い読者』ではないが、と幾度もいうんです。（中略）それではあなたは誰の『良い読者』？ と私は質問したい。」

「良い読者」とは何だろうか。

この問いに答えることは難しくない。

「良い読者」とは、（作者の）主人にも奴隷にもならない読者のことだ。「主人」とは、作者に向かって、面白いことを書け、と注文ばかりつけて自分ではなにもしない読者のことだ。「奴隷」とは、作者がなにを書こうと唯々諾々と受けいれる読者のことだ。そして同じように、「良い作者」もまた、（読者の）主人にも奴隷にもならない作者のことなのである。

だが、なにより重要なのは、「良い読者」と「良い作者」は単独では存在できず、お互いを必要としていることだ。読書とは、読者と作者が織りなす、命懸けの共同作業ではなかったろうか。

「古義人」は、小説家として生きてきた。それは、彼にとって、生涯を読者に「捧（ささ）げる」ということを意味した。しかし、それは「奴隷」として「捧げる」という意味ではなかったのだ。

彼は、自らの生涯を小説にした。小説家の生涯とそれを描いた小説。読者は、そこに彼の生涯の「真実」を発見しようとするだろう。だが「良い作者」は、そこに、すぐに見つかる「真実」を書いたりはしないだろう。「良い作者」は必ず「真実」と「嘘（うそ）」を混ぜ合わせて提出するだろう。なぜなら、「良い作者」は「真実」以上のものを書きたいという本能を抱いているからだ。

小説家にとって「真実」以上のもの。言うまでもない、それは、「良い作者」と「良い読者」が出会える場所を作りだすこと以外にはないのである。

この本は、ひとりの小説家がその生涯を代償にして、読者と作者が出会える至福の場所を（希望をこめて）秘（ひそ）かに書きこんだ、一枚の広大な森の地図なのである。

評・高橋源一郎（作家）

おおえ・けんざぶろう 35年生まれ。創作のほか、時代や文学などをめぐる評論で国際的に知られるノーベル文学賞受賞作家。

二〇〇二年一一月一〇日❷

『トリエステの謝肉祭』

イタロ・ズヴェーヴォ 著 堤康徳 訳
白水社・二五〇〇円

強い海風に煽られた破局の物語

アドリア海に面した風と坂の町、トリエステは、いくつかの世界文学の記憶を刻む空間である。現在の日本では、須賀敦子の散文やこの町に生まれたウンベルト・サバのおかげで知られているかもしれないが、トリエステをめぐる一連の固有名詞のなかで最大のものは、おそらくジェームズ・ジョイスだろう。『ユリシーズ』を刊行する前、流謫（るたく）のアイルランド人は、ここで英語の教師をしていたのである。

そのジョイスの教室に、二冊の長篇（ちょうへん）小説を自費出版しながらほとんど無名の存在だったイタロ・ズヴェーヴォがいた。船舶塗料会社の社員として業務に必要な英語を学ぼうとしていたズヴェーヴォは、そこでジョイスと交流を深め、一九二三年に第三作『ゼーノの苦悶（くもん）』を発表、ジョイスをはじめ、自国イタリアではモンターレ、そしてフランスではラルボーの評価を得て、ようやくその名を知られるようになる。ところが次作を待たずに、ズヴェーヴォは一九二八年に交通事故で死去してしまった。残された三本の長篇のうち第二作にあたるのが、本書『トリエステの謝肉祭』（原題は『老年』）である。

主人公は、作者自身の影を引きずるエミーリオ・ブレンターニ。器量の良くない妹と二人暮らしで、恋や幸福などはとうに諦（あきら）めて老成したふうの、保険会社に勤める三十五歳の冴（さ）えない男だ。ところがある日、すらりとした金髪の、若々しい女性に出会って、生活が一変する。彼女はひとりの男では我慢できないタイプの女だった。

しかし本当の悲劇は、破局を前提とした恋にではなく、兄の心のたかぶりに感染し、ある男性への閉ざされていた想（おも）いを解き放って破滅する妹の方にこそ用意されている。ズヴェーヴォは、そこまでの心理経過を、淡泊でしかも適度に湿った筆で追っていく。風景描写が最低限に抑えられ、なにも舞台を限定しなくともいいのではないかと思うほどだが、読後、頁（ページ）がとつぜん乾いた石灰岩の崖（がけ）になり、強い海風に煽（あお）られて身動きのとれないような哀（かな）しみに襲われる。やはりトリエステの気候がなければ成立しない物語だろう。


（原題、Senilita）

評・堀江敏幸（作家）

Italo Svevo　1861〜1928年。会社勤めのかたわら文芸評論や劇評などの執筆活動に入り、小説や戯曲などを手がける。

二〇〇二年一一月一〇日❸

『テレビの黄金時代』

小林信彦 著
文芸春秋・一八五七円

60年代テレビの「哀しい」舞台裏

〈イグアノドンの卵〉という奇妙なタイトルの序章が、いきなり圧巻。これは一九六〇年に日本テレビで放映され、著者がテレビ界と関（かか）わるきっかけにもなるヴァラエティ番組（『光子の窓』特別版）のタイトルであり、本書全体のキーワードでもある。この番組の内容紹介にまるまる一章が割かれる。当時の人気タレントが「イグアノドンの卵、うっかり放っておけない」「こわいけものに変る」などと歌い踊り、スポンサーや自局をからかうコントまで演じる……。

それがテレビの暗喩（あんゆ）であることを今なら容易に想像できる。でも、そんな時代にテレビ自身が、しかも日曜ゴールデンタイムの娯楽番組で、となると、今では容易には信じがたい。著者にまた一杯食わされているのかと思いたくさえなる。

ほどなく恐竜の卵は孵化（ふか）し、その黄金時代（著者によれば一九六一〜七三年）を迎え、そして「予言」は的中することになる。当時、テレビ業界のイン&アウトサイダーだった著者は、境界線上から目撃したヴァラエティ版「夢の砦（とりで）」の舞台裏を、抑えた筆致で淡々と記録している。個人的な記憶にまかせた回想録でもなく（「回想録なら苦労はしない」と著者も言う）、想像力と演出にまかせた業界風雲録でもなく、まさしくこれは誠実な歴史叙述の手法だろう。永六輔、青島幸男、前田武彦、大橋巨泉、クレージーキャッツ、坂本九、コント55号、ドリフターズ……。面白おかしくしようと思えば、いくらでもできてしまう役者揃（ぞろ）いなのだから。そしてその遠景には、常に「アメリカの影」が垣間見える。

黄金時代とは過ぎ去って初めて「今、思えばあれが」と気づける永遠の過去なのだろう。その渦中にいた人ならなおのこと。そして黄金時代は常にその終焉（しゅうえん）の予兆を孕（はら）んでいる。だからこそノスタルジーを超えたアイロニーの哀（かな）しみに、この本は満ちている。「リモコンのスイッチを切る以外に、怪物の支配をまぬがれる方法を知らない」視聴者がまさにその方法を実行するだけで、また別の黄金時代が始まらないとも限らない——これこそが最大のアイロニーなのだが。

評・山崎浩一（コラムニスト）

こばやし・のぶひこ　32年生まれ。作家。60年代前半、雑誌編集、テレビ脚本を手がける。著書に、同時期を舞台にした『夢の砦』など。

二〇〇二年一一月一〇日④

『日本企業　変革期の選択』

伊藤秀史 編著

東洋経済新報社・三六〇〇円

日本企業の自画像描く試み

日本企業の業績低迷が長期化するにともなって、日本企業のあり方についての関心と批判が高まっている。

一方には、グローバル・スタンダードを積極的に取り入れる方向での企業改革を実施すべきだという意見がある。他方には、グローバル・スタンダードは米国基準にほかならず、米国流をサル真似（まね）してどうなるといった意見も存在している。しかし、これら世上でみられる意見のいずれにおいても、当の日本企業のあり方についての理解は、本当に正確なものなのだろうか。

日本人だから日本のことはよく分かっているというのは、しばしば思い込みに過ぎない。経験を反省し、対象化する学問的な営為を経なければ、客観的な自己認識は得られるものではない。

本書は、そうした学問的営為をアンケートや聞き取り調査などの実証作業の上に立って着実に進めることで、日本企業の自画像（理念型）の彫琢（ちょうたく）を目指した研究プロジェクトの成果をまとめたものである。これまで日本企業の理念型を論じるときには、十分に取り上げられてこなかった自律的ガバナンス、戦略的意思決定、イノベーションの源泉といった側面に焦点を当てて、日本企業のあり方についての理解をより豊かにすることが試みられている。

例えば、経営に規律を与える回路としては、企業の内部統治機構と金融資本市場からの圧力以外に、製品市場での競争がある。競争が厳しい状況下では、経営者は怠ってなどいられない。そんなことをすれば、競争に負けて破綻（はたん）に追い込まれてしまう。

こうした競争の効果が、長期雇用・内部昇進中心の雇用慣行と補完性をもっており、外部からのチェックがなくても経営規律が維持されることを示したのが、「自律的ガバナンス」という考え方である。こうした考え方は、米国流の内部統治機構の導入が日本企業の経営規律を高める唯一の方法ではないことを教えてくれる。

このように本書は、日本企業にとっていかなる変革が必要かを現実的に考えようとする際に、きわめて参考になる示唆を与えるものとなっている。

評・池尾和人（慶応大学教授）

いとう・ひでし　59年生まれ。一橋大大学院教授、経済産業研究所ファカルティフェロー。本書は経済学者ら17人による分担執筆。

二〇〇二年一一月一〇日⑤

『荷風とニューヨーク』

末延芳晴 著

青土社・二八〇〇円

複雑な運命たどる都市の肖像

摩天楼がニューヨークに姿を現した20世紀の初頭。のちに「孤高の作家」と呼ばれる永井荷風は、地下鉄でウォール街に通う銀行員生活をしていた。昼間の勤労と道徳よりも夜の逸脱と解放の生を愛した体験は『あめりか物語』など多くの作品に記されている。この本は100年前の文学者の視線を借りて、いまも世界の富と力の中心であり続けようとする特異な都市の肖像を描いた密度の濃い読み物だ。

「ハドソン河」「酒場」など54の小項目に分け、1年半をこの町で過ごした荷風の記憶をよみがえらせる。収録された古い絵はがきが効果的で軽い歴史都市案内としても読めるが、文明論としても奥が深い。旺盛な好奇心で都会の隅々を歩いた作家の開かれたまなざしは時を超えて新鮮だからだ。あこがれのフランスに渡る通過地として米国に渡った文学青年は、先入観や過剰な期待を抱かず、都市の現実を素直に五感で感じ取ることができた、という。

ウォール街を急ぎ足で歩く「文明の人」よりも最底辺に生きる移民に親近感を抱いた荷

風は、好んで貧民街に入り浸り、堕落と悪徳の都市生活を冷徹な目で観察した。その近代的な精神と行動力は帰国後に軍国主義の日本に背を向け、世間からは遠く離れた視点で独自の文学的生を貫き通す力になったと著者は強調する。

読み落とせないのは、自由で冷徹な荷風の視線を現代によみがえらせたかのように、今日のニューヨークの現実に鋭い光を当てた部分だ。たとえばワールド・トレード・センターの崩壊後、あれほど議論好きの市民が、なぜビルの崩壊が本質的に意味するところのものについては口をつぐみ、沈黙を守っているのか、と疑問を投げかけ、世界一の高層都市を誕生させたのはヨーロッパには負けたくないという強迫観念で、その米国人の意識の深層にあるものをうち砕かれたからではないかと著者は考える。

巨大なビルが消滅したいま、港のフェリーからの眺めは荷風が第二の故郷米国に別れを告げた時代に戻ったという。都市がたどる、人間の生涯のような複雑な運命についても考えさせられた。

評・清水克雄（本社編集委員）

すえのぶ・よしはる 42年生まれ。評論家。1973〜98年、ニューヨーク在住。著書に『永井荷風の見たあめりか』など。

二〇〇二年一一月一〇日❻

『ある文藝編集者の一生』

大村彦次郎 著

筑摩書房・二五〇〇円

「ある文芸編集者」とは戦前戦中、「新潮」の編集に携わった楢崎勤（1901〜78）のこと。その決して派手ではない境遇を克明に追いつつ、回りに屯（たむろ）した作家たちの姿をも浮き彫りにする。

当時すでに著名だった徳田秋声、川端康成から最早（もはや）忘れ去られた岡田三郎、龍胆寺雄まで。

作家が文士と呼ばれた時代、一握りの売れっ子を別にして皆貧乏だった。稿料の前借りは当たり前。なのにカフェに通い詰めダンサーにうつつを抜かした。

楢崎が太宰治からもらった手紙には、かならず拇印（ぼいん）か印鑑が押されていたという。楢崎は、そのような大袈裟（おおげさ）なふるまいに太宰らしさを感じていたようだ。

この本の著者は、「小説現代」「群像」の元編集者として知られる。控え目ではあるが、大村さんが主人公に自己投影していないわけがない。それは、蔭（かげ）の存在としての密（ひそ）やかな矜持（きょうじ）といったらいいだろうか。著者に人を得た昭和文壇物語。

評・安倍寧（評論家）

二〇〇二年一一月一〇日❼

『デモクラシーの帝国』

藤原帰一 著

岩波新書・七四〇円

9・11以後、世界は変わったのか。あの事件以来、しばしば語られてきた問いである。その筆者の一つの回答が本書と言えよう。

筆者は、同時多発テロの後、ブッシュ政権がその外交政策を、米国の単独行動の優先と対外的優位の確保へと大きく舵（かじ）をきったと分析する。それは、冷戦構造の崩壊後、米国が唯一の超大国となりながらも取り続けた国際協調路線の後退を意味するものであった。

米国には、自由主義とデモクラシーを世界に広めてきた歴史がある。その意味では、「帝国」というイメージからは遠いところに位置するようにも見える。しかし、デモクラシーという理念は、米国内では権力行使の制限装置として機能する一方、対外的には米国的価値の無制限な押しつけを生む危険性を孕（はら）む。筆者は、その姿を「デモクラシーの帝国」と称するのである。

世界が協力し、米国を再び国際協調路線に連れ戻すべしとの筆者の主張は、説得力を持つ。

評・音好宏（上智大学助教授）

二〇〇二年一一月一〇日⑧

『ありそうもないこと』

イヴ・ボヌフォワ 著　阿部良雄 監訳
現代思潮新社・四六〇〇円

如何（いか）に自分が日々弛緩（しかん）した言葉と思考のなかで暮らしているか、ここにあるひとつひとつの文章をたどりながら、自責の念さえおぼえ、背筋を伸ばさずにはいられない。

本書は現代フランスにおける最高の詩人が、「現前」という語を核にしつつ詩や美術をめぐって書いた批評を集めたもの。半世紀近く経過しているというのに、全く色褪（あ）せていない。それどころか、最適な翻訳者の手によって、よりアクチュアルな提起として読むことができる。

「詩は言葉の空間の中で追求されるものですが、その一歩一歩は、ふたたび肯定された世界の中で検証を受けることができるのです」

けっしていたずらに難解ではないのだが、緻密（ちみつ）で妥協を知らず、感性と論理をひとつところに結い上げてゆく粘り強さ、強靭（きょうじん）さ。こうしたものに驚きと敬意を抱く能力を持ちつづけていたい――そう思い、願う。

評・小沼純一（文芸評論家）

二〇〇二年一一月一〇日⑨

『病と癒しの文化史　東南アジアの医療と世界観』

大木昌 著
山川出版社・一三〇〇円

王朝の交代などよりは、生存に直結する病や死からどう身を守るかのほうが、人々にとって切実であったかもしれない。そう考える東南アジア経済史の専門家が、インドネシアの「病と癒し」の変遷に取り組んだ。

ヒンドゥー、イスラムの文化が受容されたのは、それぞれの宗教に伴う「癒し」もこめた新しい医療への期待があったから。そこに十七世紀から、こころと体を分ける合理的な西洋医学との遭遇があった。

種痘、外科手術など機械論的な医学をなかば強制的に持ち込んだのは、オランダの植民地政策だった。それは一面では恩恵だったが、都市化、強制栽培制度などによる環境破壊から新たな疫病も発生した。しかも死生観など根っこの文化では摩擦が大きく、伝統医療も存続した。

明治期に伝統医学をあっさり棄（す）てて西洋医学を無条件に受け入れたが、いまやこの医学に欠ける「癒し」を求めているわが国と比較して考えさせられる。

評・宮田親平（科学ライター）

二〇〇二年一一月一七日①

『『キング』の時代　国民大衆雑誌の公共性』

佐藤卓己 著
岩波書店・三八〇〇円

「百万雑誌の近代性」鮮やかに検証

「キング」と大書きされた幟旗（のぼりばた）が本屋の店頭に林立している戦前の街頭写真を、見たことがある。まさか『少年キング』がそんな昔にあったはずないし……と不思議に思ったものだが、この大著を読んだ今なら、あの風景の意味をようやく理解できる。

大日本雄弁会講談社が発行していた月刊『キング』は、昭和上半期に黄金時代を築いた日本初の百万部雑誌であり、戦後論壇では「戦時体制へと民衆を動員した戦犯誌」の悪名で片づけられていた国民大衆誌である。大学の書庫に偶然この伝説的雑誌全号を発見した著者は、それを文字通り「媒体（メディア）」として、〈大正デモクラシー期―昭和ファシズム期―戦後民主主義期〉という既成時代区分の再考と再編を試みている。

それは「半ば忘れられた一雑誌を再発掘して現代の視座から再評価する」というありがちな単純作業とはワケが違う。この雑誌がまさに「生きた」時代のマスメディア環境、政治・経済情勢、社会構造、大衆心理……あらゆる要素まるごとが、同時代の視座を踏まえつつ緻密（ちみつ）に再現・分析されている。近現代史研究のお手本にすべき姿勢だろう。

その一方、テレビ世代の著者は、活字的発想を超えて『キング』を映像・音声メディアの類型として大胆に再定義してみせる。『キング』と発行者・野間清治が生みだした大衆的公共圏は、丸山眞男から宮武外骨までが批判したような封建的反動ではなく、むしろ「近代的」だったからこそ百万読者も近代総力戦に自らを動員していったのだ。

「たしかに『政治的正しさ』のアリバイ作りとなるファシズム研究＝批判は量産されたが、自らがファシストになる可能性まで念頭に置いた研究はどれほど存在するだろうか」「ファシズムもまた民主政治＝参加政治（デモクラシー）の一形態であり、大正デモクラシーにおける世論形成への大衆参加に連続していた。大衆を国民化する戦時の総動員（＝総参加）体制は、『キング』同様、敗戦＝終戦で終わったわけではない」（本文より）

この指摘は、いまだに戦前＝暗黒史観や階級史観で頭を錆（さ）びつかせ、新世紀の現実的ナショナリズムへの対応能力をまるで喪失してしまっている「戦後進歩的知識人」への、痛烈な批判でもあるだろう。

実際、〈講談社文化と岩波文化〉の比較検証に一章が割かれ、岩波文化が大衆誌も女性誌も生み出しえなかった理由が、批評的に考察されてもいる。もっとも、それが岩波自身の出版物に書かれる時代にはなった、ともいえるのだけれど。

「なんで今さらこんな本が？」という第一印象は、完全な誤りだった。

評・山崎浩一（コラムニスト）

さとう・たくみ　60年生まれ。国際日本文化研究センター助教授。専攻はメディア史、大衆文化論。著書に『大衆宣伝の神話』など。

二〇〇二年一一月一七日❷

『望楼館追想』

エドワード・ケアリー著　古屋美登里訳

文芸春秋・二五七一円

愛に心を閉ざす奇妙な住人たち

きわめて入り組んだ構造を持つ小説だが、メッセージはわかりやすい。他人に愛されないかもしれないことが怖くて心を閉ざしてしまう人、リアクションがない、つまり愛されない心配もない「物」に執着する人なら、わがことのように読むにちがいない。

フランシス・オームは三十七歳で、人間に捨てられたおびただしい数の「物」を収集している。それを眺めるときに下唇をなめるので、下唇が腫れている。彼はいつも白い手袋をはめているが、それにまつわる痛ましい話もある。外面と内面の不動性に長（た）けた彼は、白塗りの顔に白い衣装を着け、彫像を模して座る仕事をしている。

彼が両親と暮らす「望楼館」は、オーム家が所有していた「偽涙館」の跡地に建てられた集合住宅である。父は「偽涙館」のオークションのときに脳卒中の発作を起こし、母もまたベッドに横たわって目を閉じ、過去の追想に耽（ふけ）っている。他の六名の住人も、人とコミュニケーションがとれない人、世を捨てた天涯孤独の人ばかりだ。

まるで「いばら姫」の城のようだが、アンナ・タップという弱視の女性が越してきて以来、館の雰囲気はすっかり変わってしまった。フランシス以外の住人はアンナに心を開き、口々に思い出を語りはじめる。

この部分の作法がすばらしい。突然目覚めた父は「望楼館」を「偽涙館」だと思い込んでいるし、母は昔のままの「望楼館」と信じて疑わない。フランシスは少年になったり赤ん坊になったり、十号室は十五号室に姿を変えたり、建物の三次元に記憶という四次元の要素が重なって複雑なパズルと化す。丹念に読んでいくと、すべての微細なパーツがしかるべき場所におさまり、ひとつの像をむすぶ。

フランシスは子供のころ、裸で五十四体の磁器の人形と結婚式を挙げたし、二匹のネズミを鋲（びょう）で突き刺しもしたが、幸いなことに彼には、親しみをこめて「物」と呼ぶ品など九百九十六点の収集品を見せる相手がいた。正確に言うなら、その相手に収集品を見せようと思った瞬間、彼は内面の不動性から解放され、人を愛することができるようになったのだ。

（原題、Observatory Mansions）

評・青柳いづみこ（ピアニスト・文筆家）

Edward Carey　70年生まれ。ロンドンのろう人形館警備員、テレビ脚本家などを経て、2000年に本作で小説家としてデビュー。

二〇〇二年一一月一七日③

『黄色い目の魚』

佐藤多佳子 著
新潮社・一五〇〇円

恋より特別なつながりの力

ラスト近くに、本書のヒロイン村田みのりがサッカーの試合を見にいくくだりがある。みのりの目を通して、そのサッカーの試合が描写される。その間、わずか13行にもかかわらず、ごんごんと脈打ってくる。ゴールキーパーの木島悟はけっして名選手ではない。しかし、ひたむきにボールをおいかける悟の前向きのエネルギーが観客席のみのりに伝わってくる。彼女の体を突き抜けて、読者にも伝わってくる。

あるいは、これもラスト近く。みのりと悟が2人で、みのりの叔父の個展を見にいくくだりがある。ここでは、2人の驚きをとおして絵が敢然と立ち上がってくる。動きの激しいスポーツも、動きの少ない絵も、佐藤多佳子の筆にかかると同様にダイナミックなものに変貌(へんぼう)するのである。佐藤多佳子の小説はいつもこういうイメージの喚起力に秀でているが、これだけは天性の資質というべきで、まったく、うまい。

『しゃべれども　しゃべれども』『神様がくれた指』と、佐藤多佳子が近年書いてきたのは居場所を探す人間たちの話で、今回も同様だが、今度は高校2年生の悟とみのりを主人公にした長編だ。本の帯には「高校生の恋愛グラフィティ」とあるけれど、初恋小説と名付けた途端にこの小説の美点がことごとくこぼれ落ちてしまいそうなところがある。というのは、作者が書いているのはもっと微妙な関係だからだ。

絵の才能を持ちながらも自分は落書きを書いているだけだと思っている悟と、その才能を「発見」するみのりの、恋よりももっと特別のつながりを、巧みな挿話の積み重ねのなかに描いているのである。それらの挿話も佐藤多佳子の小説らしくなかなかに秀逸なのだがそれはともかく、その発見と遭遇が彼らの自分探しにもなるという構造を持つ小説であるから、段違いに力強い。初恋小説の甘さと縁遠いのは確信犯といってよく、このパワフルな叱咤(しった)激励こそが佐藤多佳子の特質だ。やさしげな物語の底に、いつもそういう力がひそんでいるから、爽快(そうかい)感にあふれているのである。うまいなあとため息をつきながら読み終えるのである。

評・北上次郎(文芸評論家)

さとう・たかこ　62年生まれ。小説家。『イグアナくんのおじゃまな毎日』で日本児童文学者協会賞と路傍の石文学賞を受賞。

二〇〇二年一一月一七日④

『操作される生命　科学的言説の政治学』

林真理 著
NTT出版・二八〇〇円

技術を「有用」とするものは何か

真綿で首を絞められるような現代社会の息苦しさの一斑は、決定的に重要であるはずの問題が、どこでどう決められているのか、皆目、見当がつかないことに由来していよう。つかのま大騒ぎするマスコミも、一通り世論を煽(あお)りつくすと、つぎなる美味(おい)しい話題の蜜を吸おうと、ヒラリと飛び移って恬(てん)としている。しばらくの忘却の後、ふたたびその問題にぶつかったときにはもう既成事実と化していて、問い返すことさえ場違いな雰囲気に怯(ひる)んでしまう。

近年急速に前進しつつある脳死移植技術、補助生殖技術、ヒトクローン技術について、忘却させることとならじと、これらの技術実現に向けたプロセスを詳細に再検証したのが、気鋭の科学史家による本書である。猫の目のようにクルクル解釈を変え概念を拡張しながら、技術を正当化する論理が生みだされつづけてきた。それはなぜ、またいかにしてなのかを、技術の進展、意味の読み替え、審議会の設置、法制化などの時時刻刻と移り変わる過程を綿密に追いながら、善悪の価値判断からは離れて淡淡と確認してゆく。

これら三つの先端的生命科学・技術にほぼ共通するのは、有用であるとの「解釈」を与えられて発展したテクノロジーが「問題」を作りだし、と同時に「解決」が見いだされる方向をも決めてしまう、という構造である。有用であるのは、世間の人々の価値観にもとづくはずだが、各テクノロジーを取り巻く環境と利害関係者の意思が、あらかじめ有用性の選択肢を狭く限定しているのである。

科学的言説をめぐるイデオロギー批判や権力批判にもつうずる本書の著者は、決着済みのことは何ひとつないと思い決め、何度でも蒸し返すのを性（さが）とする「歴史家」の立場からアプローチしているのが心強い。最後の章で提言される、公共的価値の創造とテクノロジーの創造がひとつになる体制づくり実現への筋道はまだよく見えない。しかし過去の足跡の確認からしか未来への指針は得られないことを説得的に論ずる、冷静にして気骨ある生命科学論登場の意義はきわめて大きい。

評・池上俊一（東京大学教授）

はやし・まこと　63年生まれ。工学院大共通課程助教授（科学史・科学論）。共編著に『生命科学の近現代史』など。

二〇〇二年一一月一七日⑤

『感じる日本語』

川崎洋 著
思潮社・一八〇〇円

言語体験でつづられた「自伝」

正しい日本語、美しい日本語が、このところとみに話題になる。正しい日本語を書くのは大いに結構。しかし一方では、そうするとなにか大切なものがポロッと落ちてしまうような気がしないでもない。正しい、美しい、という限定がつくと、それ以外の正しくない日本語、美しくない日本語は、落第生みたいに枠外に落とされてしまうのではないか。

詩人の川崎洋さんの『感じる日本語』はそういう分け方はしない。のっけから「汚い日本語などない」という。きれい、または汚い、という限定された日本語などはない。あるのはまるごとの日本語だけ。上記「汚い日本語などない」という一文は、とりあえず「文化としての方言と悪態語」を論じているのだが、明治以来の政府当局による共通語、標準語の性急な押しつけのために落ちこぼれてしまった言葉は、方言や悪態語以外にもいくらもある。

すぐに消えてしまう流行語、嘘（うそ）、無意味な言葉遊び、隔離病棟の病者や子供の詩。そうした余白に落ちこぼれた言葉を、著者は永らく現場で採集してきた。そしてたとえば幼稚園児の幼児語の詩のまばゆいばかりの輝きを取りだしてくる。「無理強いの、歪（ゆが）んだ経過をへて流通している、いわゆる標準語は、まだまだインスタントな人工語で、（中略）方言の側から輸血しないと、ますます貧血の度が進む。」

そうはいっても、標準語に対するマージナルな言葉の復権といった、気負った論争調はない。著者は戦前東京生まれの野球少年。生まれつき方言をしゃべっていたのではない。戦中は福岡県に疎開した軍国少年、戦後は米海軍基地勤めで米軍兵士と英語でやりとりした。いやおうなく異文化・異言語のあいだに立たされて、異質の言葉との差異のニュアンスに敏感にならざるをえない。そうした過去からの一切をまるごと、気負いも衒（てら）いもなく、今に現前させる語り口の妙を、ときにはユーモアたっぷりに堪能させてくれる。まるごとの日本語で語った、まるごとの人生体験としての言語体験。そうか、詩人にはこういう形式の自伝があったのだ。

評・種村季弘（評論家）

かわさき・ひろし　30年生まれ。詩人。詩集に『ビスケットの空カン』（高見順賞）など。『方言自慢』など方言研究の著書も多い。

二〇〇二年一一月一七日⑥

『経済論戦は甦る』

竹森俊平 著
東洋経済新報社・二二〇〇円

30年代の論戦から現状を照射

構造改革の旗を振って出てきた小泉政権だが、ゴタゴタするうちに「構造改革」って何なのかすら不明になって、景気回復が一向に見えてこない日本の現状は周知の通り。不況を続けないとみんな余裕をかましすぎて構造改革が遅れる、などという本末転倒な意見まで出てくるし、さらにはデフレ対策だ、不良債権処理だと、景気対策としてあれこれ持ち出され、関心のある人でもそれらの議論をとてもきちんと整理しきれないというのが実情だろう。

そんな折、実によい本が出た。

本書は一九三〇年代の大経済学者二人の不況理論とその帰結から始まる。一つはシュムペーターの創造的破壊論、もう一つはフィッシャーのデットデフレーション論だ。創造的破壊論は、不況はよいものだ、という立場にたつ。不況でダメな企業が一掃されるから、というわけ。デットデフレ論は、不況で企業がつぶれすぎると、それが悪循環を招いて経済自体が崩壊するぞ、と主張する。

本書はそれぞれの議論が一九三〇年代の不況にどういう役割を果したかを眺めた上で、それを現在の日本にあてはめ、各種の景気回復論を実にきれいに仕分けしてくれる。そしていまの日本では創造的破壊は生じておらず、フィッシャーの警告したデットデフレが現実に生じていることを、落ち着いた筆致で説明しおおせている。

多くの類書は著者のスタンスが明確に出過ぎており、あまりに一方的で攻撃的な書き方に鼻白む思いをさせられることも多い。本書にはそれがない。理論的にかなり高度な内容にまで踏み込んでいるのに読み飽きない。そしてていねいな説明の積み重ねがあればこそ、デフレ対策を訴える著者の議論は説得力を持つし、最後の「構造改革」派に対する批判も一層の重みを持つ。口で構造改革を唱える多くの論者こそ、既得利権にしがみついているだけではないか、と。

著者の結論に賛成しない人でも、見通しのよい景気回復論の整理として有用だし、歴史的な話も交えて、経済読み物としても実に楽しい。お薦めの一冊だ。

評・山形浩生（評論家）

たけもり・しゅんぺい 56年生まれ。慶応大経済学部教授。著書に『世界経済の謎』『国際経済学』など。

二〇〇二年一一月一七日⑧

『都市コミュニティと階級・エスニシティ ボストン・バックベイ地区の形成と変容、1850－1940』

川島浩平 著
御茶の水書房・五一八四円

アメリカでは金持ちは概して都市に住まない。都心から車や鉄道で1時間弱ほどの郊外に、高級住宅地は点在する。一方、ニューヨークのハーレムのように、都市内部には老朽化したアパート群が軒を並べ、低所得者居住地区が形成されている。荒れてはいるが、建物の細部に施された優美な装飾の面影は、かつて高級住宅地として栄えていたことをうかがわせる。

20世紀前半、アメリカの大都市がいずれも経験したこの「人の流れ」を、著者は古都ボストンを舞台に詳述する。住民の伝記、当時の小説、回顧録といった豊富な言語資料を駆使しつつも、現在入手可能な人口などの統計資料を徹底的に用いてその内容を検証し、都市上流階級における新家旧家間の交流の経緯やイギリス系とアイルランド系の確執など、アメリカの都市変遷の実相に迫る。

本場アメリカの研究書と堂々と轡（くつわ）を並べる、都市史の必読書と言えよう。

評・塩崎智（歴史ジャーナリスト）

二〇〇二年一一月一七日❾

『梅若実日記　第3巻』

梅若実 著
八木書店・一二九六〇円

近代の能楽復興の父といえる、初代梅若実。本書は初めて公開された六十年間の詳細な日録である。

商家に生まれて能の名門梅若家の養子となった著者は、従来の能役者とは異なる近代的な合理性を備えた人物であったことがよくわかる。経済に明るく、金銭に関（かか）わる数字も克明に記されている。

江戸幕府瓦解（がかい）の折の触書（ふれがき）・廻状もすべて写されており、時代の大転換が臨場感をもって伝わる。幕府御抱（おかか）えの「御役者」であった身が、知行地を失い、能楽将軍家に同行する駿府移住も許されず、能楽を守り抜くために東京にとどまるのだ。時に四十一歳。その混乱の中でも、稽古（けいこ）能がたゆみなく行われている。

全七巻のうち今回刊行の第三巻では、新政府、政財界人、華族などとの交流が軌道に乗り、安定し始めた明治の能楽師の日常が主である。舞台の合間を縫って、講釈や照葉能（能をもとにした民間芸能）や芝居を観（み）ているのが楽しい。

評・水原紫苑（歌人）

二〇〇二年一一月一七日❿

『背たけにあわせて本を読む』

向井敏 著
文芸春秋・二二八六円

いったいによく澄んで、川底まで明るい、碧潭（へきたん）のような趣が彼の句にはあって……と著者は、『藤沢周平句集』について書く。この川底まで明るい碧潭のような趣とはそのまま向井敏の筆の性にあてはまる。

ことし1月急逝した書評名人がのこして行った絶筆を含む68のコラムにひたるうち〈冬麗（とうれい・ふゆうらら）〉という季語を思い浮かべた。

著者の筆のあかりは、なじみの大店のような司馬遼太郎作品、郷愁をそそられる炉辺に似た藤沢周平作品をはじめ水上勉、向田邦子、井伏鱒二、せっせと作家の蜜のありかをてらし出す一方、ジュンパ・ラヒリ（『停電の夜に』）、松村由利子（『薄荷（はっか）色の朝に』）、仁平勝（『俳句をつくろう』）という才能の原石にも及び疲れを知らない。そうして読むものを冬うららの境地に引きこむ。

本は楽しむために読むもの（モーム）というが、向井敏は読む前からその本に惚（ほ）れさす人だった。

評・増田れい子（エッセイスト）

二〇〇二年一一月二四日❷

『ある放浪者の半生』

V・S・ナイポール 著　斎藤兆史 訳
岩波書店・二五〇〇円

世界おおう「半分の生」 魅惑的に

二十一世紀最初のノーベル文学賞は、二十世紀のおおよそのノーベル文学賞と違って、一つの国を代表するようにその母国語で書く作家には与えられなかった。カリブ海の島で生まれた、インド人移民の孫で、元宗主国の言葉である英語によって、世界各地の、多くの島と大陸を自由自在に書いた作家に与えられたのである。

その作家、V・S・ナイポールはおまけに、二十世紀の多くの作家たちと違って、小説とノンフィクションがほぼ同等の比重でその文学を形成している。一つの国の、一つの民族について、一つのジャンルだけで書くという姿勢ではなく、小説、旅行記、エッセイのすべてを手がけて、表現のいくつもの器をもって、地球レベルの語りを、一人の観点という文学独自の手法で貫いた。そしてかれの「世界文学」は、複数の場所の、奇跡的なほど豊かなローカル色を、そこで生まれ育たなかったのによく描き出せたと思われる、きらびやかな臨場感を常に発揮しているのである。

そんなナイポールがノーベル文学賞を受賞した。その最新作は、知性とエロスに満ち満ちた越境の物語である。フィクションもノンフィクションも同等に書く作家の、実に小説らしい小説なのである。『ある放浪者の半生』の原題は、たった半分の人生、とでも訳せる「Half a Life」。インドの貴族と被差別カーストとの身分的「混血児」として生まれた主人公ウィリー・チャンドランは、独立後間もない母国を捨て、居場所を求めて世界を流浪する。ウィリーと、彼がその間に出会う多人種の登場人物たちは、帝国主義の長いたそがれの中で、みんな「半分」的に生きているのである。脱植民地という二十世紀後半の歴史の中で、希薄なようで実はしっかりとした現実感で描き出されているいくつもの「半生」は、訳者の斎藤兆史が書くとおり、「虚構とも現実ともつか」ない「中途半端な生」でもある。

　必ずしも混血を意味しない「ハーフ」。人類の大部分がこの現代史の中で「半分半分」の生き方をしてきた。限りなく具体的な世界をつづったこの魅惑的な世界文学には、そのような発見があるのだ。

評・リービ英雄（作家）

（原題、Half a Life）

V. S. Naipaul 作家。32年、インド移民3世としてトリニダードに生まれ、英国の大学に学ぶ。01年にノーベル文学賞を受賞。

二〇〇二年一一月二四日③

『極北の動物誌』

ウィリアム・プルーイット著　岩本正恵訳

新潮社・一七〇〇円

生きる努力伝わる独特の名文

　地球の表面を風が吹きぬけていく。悠久の時の流れが、それぞれの瞬間、それぞれの場所で、トウヒ、アカリス、ハタネズミ、オオカミ、カリブー、ムース、「ディンジュ族」インディアン、白人猟師と、さまざまな生きものの姿をとり、それぞれの物語をかたる。景観や気象や動植物の生態を、こういう文章で描写できるとは思いもよらなかった。独特の雰囲気の名文であり、自然文学の傑作といっていい。

　美しい文章とはいえ、凝ったところはひとつもない。風とキツネの出会い、長大な地球史と一瞬の生命のきらめきとの交錯が、ただ淡々と描写されているだけ。著者はフィールド・バイオロジスト（野外生物学者）。私の知るかぎり生物学のなかでもっとも無骨な分野だが、その分、野外での体験や観察は豊富だ。その蓄積が文章に見事に結実したといえばいいのか。

　原著が刊行された一九六〇年代後半という時代のかがやきが反映しているのかもしれない。生態学や動物行動学がまだ若かった時代であり、ところどころに挿入された「食物連鎖」「解発因」など基本概念の解説も、文章の流れに自然にとけこんでいる。あるいはアラスカという舞台がいいのかもしれない。地形も生態系も見とおしがよく、個々の動物や植物の生きる努力が生のまま伝わってくる。

　第一章の主人公は「旅をする木」＝トウヒ。種子が地面に落ち、芽生え、生長し、やがて倒れ、河を流れ下り、岸辺に打ち上げられ、材として利用され、そして朽ちていくまで、第二章以降のさまざまな動物たちの物語の狂言まわしをつとめる。第四章の主人公ノウサギは、ヤナギの枝先などの食事を終え、いつもの通路を跳ねて若いトウヒの木立を通りかかった瞬間、圧倒的な重みに押しつぶされ……唇の血を舐（な）めながら、次の章の主人公オオヤマネコがしずかに登場する。ひょっとして「エコロジー」と「輪廻（りんね）転生」は同義語だった？

　本書はアラスカを愛した写真家、故星野道夫氏の愛読書だったという。すばらしい本を教えてくれた星野君に、ありがとうといいたい。

（原題、Animals of the North）

評・新妻昭夫（恵泉女学園大学教授）

William O. Pruitt, Jr. 22年米国生まれ。アラスカの核実験場開発を阻止、国を追われるが、93年に州政府が正式謝罪し名誉回復。

二〇〇二年一一月二四日④

『黒龍の柩　上・下』

北方謙三 著
毎日新聞社・各一七〇〇円

走り、思索する斬新な土方歳三

新選組副長、土方歳三が走る。疾駆する。全編、緊迫したテンポで展開する。本書はまず池田屋襲撃から始まる。新選組の成り立ちなどはわずかに触れられるだけで、ほとんどはぶかれている。歳三の理想を追い求める争闘がメーンテーマとしてすえられている。山岡鉄太郎を介した、勝海舟、坂本龍馬との出会いという破天荒な設定が、これまでの歳三イメージをくつがえして、大きく成長させ飛躍させている。この歳三の成長と飛躍が本書を貫く骨格となっており、エンターテインメントとしての新選組物や幕末物とは一線を画している。

歳三は冷酷で残忍無比な人斬(ひとき)りとして、長い間、嫌われ役になっていた。だが、いつのころからか、近藤勇や沖田総司を抑えて、坂本龍馬と並ぶ幕末の人気者となっている。そこには、司馬遼太郎『燃えよ剣』の歳三イメージがあると思われる。

司馬の歳三はいうまでもなく非情な剣の達人として描かれている。「時勢」を解せず、たんなる「喧嘩師(けんかし)」の本能」しかもっていない歳三である。だが一方では、情けを解する歳三が現れてくる。愛するお雪への恋情である。「会いたい」といった言葉を心のなかで呟(つぶや)かせ、「歳三の眼(め)いっぱいに雨がふっていた」といったセンチメンタルな歳三が描かれる。クライマックスはお雪と夕陽(ゆうひ)を眺め、交情を重ねるシーンを描いた「西昭庵」である。リリシズムに溢(あふ)れた描写だが、これを司馬のヒューマニズムととるか、センチメンタリズムととるかで、司馬・歳三への好悪が分かれよう。

北方・歳三は突っ走りながら考える。龍馬の思い描いた構想を愚直に考え、想像の翼をはばたかせていく。思索する歳三、それが北方の構築した歳三像であろう。挫折しながらも、龍馬の果たせなかった、交易によって世界へと船出する新国家の構想実現へと向けてストイックに突き進んでいくのである。断固として理知的にストイシズムを貫く歳三こそ、北方が創出したすぐれて斬新な歳三像ではなかろうか。テロリストの横行する幕末と現代、北方・歳三は思考し、理想をもって行動せよ、と読者に語りかけている。

評・川村邦光(大阪大学教授)

きたかた・けんぞう　47年生まれ。小説家。著書に『眠りなき夜』『渇きの街』『破軍の星』など。

二〇〇二年一一月二四日⑤

『文人暴食』

嵐山光三郎 著
マガジンハウス・一八〇〇円

作品として残された永遠の「味」

ものを食べるということは、なんと楽しくエロティックなことだろう。そして、なんと悲しく、さみしいものだろう。

料理による近代文学史、文士たちの食の嗜好(しこう)と作品の生理に迫った前作『文人悪食』につづく『文人暴食』をたっぷりと味わって、しみじみとそう思う。

近代日本の作家たちは、新しい時代を料理とともに感じた。「新文芸を開拓しようとする文人が成り上り料理に親しむのは、『当世書生気質』を書いた明治文壇の旗手坪内逍遥も例外ではない。うまかろうが、まずかろうが、舌上で暴れる牛鍋の味覚のなかに、揺れ動く世界を予見した」

作家の食は恐ろしい。「文人の食卓はひとすじ縄ではいかない。悪食が体内で濾過(ろか)されて作品となる」(『文人悪食』)のだから。

それにしても登場する文士たちの奇っ怪な食事のかずかず。アンパンとニラのみそ汁を好んだ南方熊楠は「吐く」達人でもあった。精神に異常をきたして薔薇(ばら)の花びらをむさぼり食ったと伝えられる、宇野浩二の食欲。酒乱の稲垣足穂は晩年ごはんを食べるのが億劫（おっくう）になり、おむすびを持って便所にしゃがみ「どっちみち糞（くそ）になる」と、そのまま落としたという。

食をとおして文士たちの意外な顔も見える。あの繊細な小説『野菊の墓』の作者、伊藤左千夫は牛小屋に暮らし、納豆を大量に食べた。荒畑寒村は獄中料理を楽しむほどに強靭（きょうじん）な人だった。大逆事件で処刑された幸徳秋水は獄中より離縁した妻に弁当の差し入れを頼んだ。その礼状が美食家であることを伝えている。

折口信夫は贅沢（ぜいたく）な食事を好んだが、じつは若いころにコカインを乱用したために嗅覚（きゅうかく）のほとんどを失っていた。視力障害を負っていた小泉八雲は音に敏感で、熱い汁を張った白魚の吸い物の椀（わん）が小さな音をたてるのを聞きとり、「この魚泣く」と言った。

獅子文六、金子光晴、武田泰淳、向田邦子、寺山修司。文人たちは大いに食べ、飲み、そして死んだ。残されたのは、作品となった永遠の「味」である。

評・与那原恵（ノンフィクションライター）

あらしやま・こうざぶろう　42年生まれ。作家。著書に『素人庖丁記』『芭蕉の誘惑』『文人悪食』『美妙、消えた。』など。

二〇〇二年一一月二四日⑥

『倭館　鎖国時代の日本人町』

田代和生 著

文春新書・七六〇円

近世日朝交易の要、包括的に描く

江戸時代、日本は対馬藩を介して朝鮮と国交を持ち、対馬藩は釜山に倭館を置いていた。そこまでは、多くの高校教科書にも載っているが、その実態となると、ほとんど知られていない。本書は倭館について包括的に書かれた一般向けの著作である。

倭館は、交易を求めて殺到する日本人に対応するため、15世紀に出来たもので、各地にあったらしいが、江戸時代には釜山だけに限定された。日本人はすべてここに住み、貿易はすべてここを経由することとされた。つまり朝鮮における出島のようなものだったが、その面積は出島の25倍もあり、常時400～500人が住んでいた。

倭館を経由する貿易は重要で活発だった。朝鮮と幕府の両側から様々な制限が加えられたが、対馬藩は朝鮮としたたかに交渉し、しばしば幕府の書類を偽造して大胆な貿易を行い、大きな利益をあげた。

日本からの最大の輸出品は銀貨だった。当時の日本は銀の大生産国であり、銀貨は京都で調達され、倭館を経て漢城（ソウル）へ送られ、年2回の朝鮮の使節（暦を受け取る使節と新年の挨拶〈あいさつ〉等の使節）とともに北京へ送られた。北京からは、中国産の白糸や絹織物が、漢城、倭館を経て、京都にもたらされ、高級織物となった。もう一つ重要だったのは人参（にんじん）であって、大量の朝鮮人参が輸入された。しかしこの貿易ルートは、日本における繊維産業の勃興（ぼっこう）、人参の国産化、そして銀貨の改鋳によって廃れていった。

外交や情報収集も倭館の仕事だった。とくに北方の政治情報が重要であり、清朝の勃興が詳しく報じられている。かつて異民族が中国を支配し、日本に攻め込んだ、元寇の記憶があったからだろう。

このように、当時の東アジアには、外交と貿易の精緻（せいち）なシステムがあったのであり、その中心が倭館だった。このことは、明治以後の日朝関係を理解する上でも極めて重要なことのように思われる。

その他、朝鮮女性との交際は厳禁だったとか、倭館に住んでいるうちに肉食が好きになる人があったとか、日常生活の描写も大変興味深い。

評・北岡伸一（東京大学教授）

たしろ・かずい　46年生まれ。慶応大文学部教授。専門は近世日朝関係史。著書に『近世日朝通交貿易史の研究』など。

二〇〇二年一一月二四日⑦

『山背郷』

熊谷達也 著
集英社・一六〇〇円

『漂泊の牙』で新田次郎賞を受賞した自然回帰派、熊谷達也の短篇（たんぺん）集である。舞台はみな昭和二十年代の東北で、東北弁が美しくリズミカルに響く。これほど美しい方言の小説も珍しい。

美しいと感じられるのは、作者が、戦後の混乱期、山背（冷たい北東風）が吹きつける東北の山村と漁村に生きる人々の苦難にみちた人生を衒（てら）うことなく、まっすぐに捉（とら）えているからだろう。人物たちがしっかりと地に足をつけて生きている。過酷な自然のなかでの生と死を厳かに、ときに祈りをこめて見つめている。

本書には九篇収録されているが、北上川で運搬船を走らす老夫婦の愛「艜船（ひらたぶね）」と漁場を争う男たちの葛藤（かっとう）「川崎船（ジャッペ）」がとりわけ感動的だ。逆境にあいながらも誇り高く生きる男たちの姿が心を揺さぶるのである。吉村昭の初期傑作に似た清冽（せいれつ）な叙情がここにはある。

失われいく自然と民衆の営みに郷愁と慰藉（いしゃ）を覚えさせる熊谷文学。本書はそのひとつの到達点だろう。

評・池上冬樹（文芸評論家）

二〇〇二年一一月二四日⑧

『精神疾患はつくられる DSM診断の罠』

ハーブ・カチンス、スチュワート・A・カーク 著
高木俊介、塚本千秋 監訳
日本評論社・二八〇〇円

なにか事件が起こると行為障害、人格障害、心的外傷後ストレス障害（PTSD）などの言葉がマスコミで躍る。精神科でバイブルのようにされているDSM（精神障害の診断・統計マニュアル）による用語だ。この疾病分類はどれだけ正しいのか。病名はいずれも抽象概念であり、アメリカ精神医学会の権威によって「発明」されたものなのだ。

それは彼らの領土拡大にも役立ち、ついにはアメリカ人の二〇％が精神障害にされてしまった。しかもその過程では、PTSDがベトナム帰還兵の主張を受けて新設され、逆に同性愛がゲイの団体の抗議によって消されたように、政治的取引も存在した。

体と違って捕らえがたいこころを扱うこの医学の弱みに乗じ、やや揚げ足とりの感じがしなくもない。それだけに痛快で、「精神科王国」アメリカの実情を知るために、また権威的なものに真正面から挑むこの国の言論のダイナミズムを知るためにもよい。

評・宮田親平（科学ライター）

二〇〇二年一一月二四日⑨

『甦るチューリング コンピュータ科学に残された夢』

星野力 著
NTT出版・二四〇〇円

本書は現在のコンピューターの基盤を作り上げたアラン・チューリングの生涯をたどるとともに、かれの業績の概要をわかりやすく簡潔に説明してくれる。

ナチスのエニグマ暗号解読にまつわるエピソードから、いまのコンピューターの理論的原型とも言うべきチューリングマシンの説明とその意義、そして「知能」の有無を判断するチューリングテストとその可能性について、著者は実際にチューリングの活躍したイギリス各地をめぐり、その足跡をたどりながら、各種の伝記上のエピソードなども交えて平易に語る。

だが本書は単なるコンピューター偉人伝ではない。チューリングが提唱しながら、いまだに手のついていないアプローチがある。自己参照・改変型のソフト、そして生命との関（かか）わり――本書でいちばんおもしろい部分は、これらがもたらす未知の可能性を指摘した最後の二つの章だ。コンピューターの過去からはるか未来にまで視野を広げてくれる好著。

評・山形浩生（評論家）

二〇〇二年一一月二四日⑩

『世界最高のクラシック』

許光俊 著

光文社新書・七二〇円

許(きょ)光俊の評論が面白いのは、彼が音楽を外から見ているからだ。クラシック・ファンが「音楽が鳴っているだけで嬉(うれ)しい」人種とすれば、自分は本当の音楽好きではない、と彼は言う。

にもかかわらず彼の評論が説得力を持つのは、頭で分析的に聴いていないからだろう。それは、チェリビダッケという「巨大になりすぎて絶滅してしまった恐竜」のような指揮者によって人生を狂わされた、というところからも窺(うかが)われる。

日本におけるクラシックも絶滅の危機に瀕(ひん)している。最高のものを知らないから、商業主義の言いなりになる。有名なもの＝よいものとはき違えてしまう。

事態を憂慮する著者は、CDで聴ける指揮者に焦点をしぼり、まず三ツ星の味を知ってもらおう、と本書を書いた。ナイーヴ時代からマニエリスム時代に至る章立て、「アーノンクールの演奏が示す最大の特徴は、まったく美しくないことだろう」という反語法に真骨頂がある。

評・青柳いづみこ(ピアニスト・文筆家)

二〇〇二年一二月一日①

『家庭の医学』

レベッカ・ブラウン 著　柴田元幸 訳

朝日新聞社・一三〇〇円

彼女たちは全力で母の死に立ち向かった

『家庭の医学』は、簡単にいうなら、癌(がん)に侵された母親が死に至るまでの過程を描いたノンフィクションだ。著者は娘として、その身近にいて、すべてを看取(みと)るのである。

あまりに赤裸々な記述故に、酷薄さを感じる読者もいるかもしれないし、逆に「癒やし」に似た感情を、この本から受け取る読者もいるかもしれない。だが、ぼくの感想は、そのどちらでもない。

ぼくが感じたのは、この著者は全力で「立ち向かう」人だということだ。

直接には、死にゆく母親に、その現実に、著者は立ち向かう。あるいは、「死」というものの不条理さに、立ち向かう。悲しみや苦痛はあっても、著者は、そこに踞(うずくま)ったりはしない。代わりに、その悲しみや苦痛の根源を直視しようとする。そのことによってしか、救いはやってこないと信じているかのようだ。

「私たちは母の体を拭(ふ)き、母に話しかけた。体は柔らかく、思いどおりに動いてくれた。あたかも母が、いまも私たちのことを感じられるかのように――ふたたび感じられるようになったかのように――私たちはゆっくり優しく母の体を拭いた。その肌を拭きながら、愛していると母に伝え、いつまでも忘れないと伝えた。母が生きた人生について母に感謝し、私たちに優しくしてくれたこと、いい人でいてくれたことを感謝した」

「死」はその当事者の問題ではなく、いつも、生きている人間たちの問題だ。だから、著者(たち)は、生きている人間として正しく死者を送ろうとする。しかし、ぼくはこの部分を複雑な気持ちで読んだ。

五日前、ぼくの母親が東京駅で倒れた。心停止状態で病院に運ばれた母親はいま機械によってかろうじてその生命を維持している。医者の話では、意識の回復は難しいそうだ。ぼくは近くのホテルに泊まり込み病院に通っている。できることはほとんどなく、ただ見るだけの日が続いている。ぼくの目に、母親の体は、ぼくの知らない恐ろしいなにかに映る。なにを感じるかといわれれば、「悔い」というしかない。「立ち向かう」ことがなかった、という「悔い」だ。

レベッカ・ブラウンは「立ち向かう」。母親という存在に、その体に、その死と消滅に、それから、おそらくあらゆるものに、もちろん言葉に。

それは「立ち向かう」ことによって成り立つ文学だ。そして、それは、ぼくにはあまりに眩(まぶ)しすぎるのである。

(原題、Excerpts from a Family Medical Dictionary)

評・高橋源一郎(作家)

Rebecca Brown　56年米国生まれ。作家。著書に『体の贈り物』(ラムダ文学賞ほか受賞)、『私たちがやったこと』など。

二〇〇二年一二月一日❷

『アメリカへの警告　21世紀国際政治のパワー・ゲーム』

ジョセフ・S・ナイ 著　山岡洋一 訳
日本経済新聞社・二五〇〇円

「帝国の幻想」にアンチテーゼ

「対イラク問題で、フクロウはタカより賢い」。10月下旬の英紙に寄せた論文で、著者はそう説いた。軍事議論では伝統的にタカ派とハト派が対立した。だが最近の米国でハト派は影が薄い。単独行動主義に立つタカ派に対して論陣を張るのは、多国間主義をとるフクロウ派である。本書は、自他ともに認めるフクロウ派の論客が、9・11以後の米国に宛(あ)てた処方箋(せん)である。

冷戦後に米国は圧倒的な力を握った。タカもフクロウもそこまでは一致する。だが著者は、その一極支配が続くには、多くの配慮と周到な外交政策が必要だという。力は軍事や経済といったハードパワーだけではなく、「自国が望むものを他国も望むようにする力」、ソフトパワーに依拠しているからだ。民主主義や個人の自由などの価値観、大衆文化などの米国の魅力が、他国の人々を引きつけ、進んで米国の主導権を受け入れさせる力となってきた。

テロに対しブッシュ政権は過去に比類のない強大な軍事力で対抗しようとしている。だがその結果、「帝国の幻想」に酔って偏狭な単独行動に走り、ソフトパワーを弱めつつある。それが著者の問題提起だ。

著者は最近の情報革命とグローバル化を詳細に分析し、ハードパワーが力を弱め、ソフトパワーの重要性が増しつつある潮流を指摘する。単独の軍事力ではテロを根絶できず、コストにも際限がない。ハードとソフトを組み合わせて多国間の協調態勢を作り、米国の優位を維持するべきだ。本書はその立場から具体策を提言する。

著者はクリントン政権で国防総省次官補を務めた戦略家だ。徹底して米国の損益を秤(はかり)にかける姿勢に鼻白む読者もいるかもしれない。だが私たちが「アメリカ」と一くくりにする時、米国内でこうした冷徹な知性が、政権やその周辺にいるタカ派論客と対峙(たいじ)していることを忘れずにいたい。

「ミネルバのフクロウは夕暮れに飛び立つ」。その言葉で哲学者ヘーゲルは、ある時代の知的集約は、その時代の終わり近くに表れることを示唆した。フクロウを名乗る著者には、切迫した危機感と覚悟があるように思える。

(原題、The Paradox of American Power)

評・外岡秀俊（本社ヨーロッパ総局長）

Joseph S. Nye, Jr.　37年米国生まれ。ハーバード大ケネディ行政大学院長。米国を代表する戦略家。

二〇〇二年一二月一日❸

『一切合財みな煙』

窪田般彌 著
河出書房新社・二四〇〇円

優雅で小粋な生のエスプリ

漢詩はあったし長歌もあった。しかしなんといっても短歌・俳句のほかの近代詩は西欧文学受容以後のことだろう。翻訳詩が新風を吹きこんだ。そこで詩人はまず外国文学者、訳詩人であることが多かった。とりわけ大正時代、日夏耿之介(ひなつこうのすけ)、堀口大学、西條八十、と翻訳詩人たちが花と咲いた。オペラを通じてバタくさい歌詞が大衆化もした。げんにエッセイ集のタイトル『一切合財みな煙』は松井須磨子歌う『カルメン』(北原白秋作詩)の主題歌。

自らも『カザノヴァ回想録』やレニエの翻訳者で詩人の窪田般彌が、大正期の、昭和にかけてはその残り香の、西欧詩の魅力を縦横に語る。しかも上述の何人かの大正詩人の謦咳(けいがい)に接した著者ならではの懐旧談で、肉声で大正詩話を語れる人はもうこの人以外にはいないだろう。昭和期からは、斎藤磯雄、吉田一穂、西脇順三郎、北園克衛といった、いずれも昭和詩人でありながら反昭和的な詩人たちの素顔を、現場でスケッチして貴重な肖像室を構成した。

小論ながら夭折(ようせつ)した三富朽葉(み

とみくちは）のボードレールの小散文詩訳についての指摘、オペラに執心した荷風の逸話、漢詩の日本語訳に清新な息吹を吹きこんだ『車塵集（しゃじんしゅう）』の佐藤春夫。とりわけ出発点で一体だった日夏耿之介と堀口大学が、やがて反時代的な高踏詩人と、あくまでも同時代のダダ、シュルレアリスムに開かれた『月下の一群』の「新精神（エスプリヌーヴォー）」の詩人に分裂していく過程を語った文章が重要だろう。欲をいえばこのあたり、もうひとくさり名調子を聞かせてほしい。

ほぼ同時にひさびさの詩集『老梅に寄せて』（書肆山田）が出た。こちらは楽屋裏にエッセイ集を置いての名人会のおもむき。『一切合財みな煙』と韻を踏んで、「この世に残るものは何もない／この何もないが残るだけ」と老年の哀歌をうたいながらも、かつては若く美しかった女たちの老梅（ろうばい）ぶりに周章狼狽（ろうばい）する諧謔（かいぎゃく）に遊び、優美なロココ詩と大正文学の煙と消えても匂（にお）いたつ残り香を、江戸俳諧風の小粋な洒脱（しゃだつ）で吟じつつ風刺のカラシもきかせた、近頃痛快な詩集なのがうれしい。

評・種村季弘（評論家）

くぼた・はんや　26年生まれ。詩人、仏文学者。詩集『影の猟人』、評論集『日本の象徴詩人』、翻訳『カザノヴァ回想録』など。

二〇〇二年一二月一日④

『明日なき報酬』

ブラッド・スミス 著　石田善彦 訳

講談社文庫・一〇四八円

シンプルなのに胸にしみる

現代エンターテインメントには分厚い長編が多い。大河小説が増えているわけではない。枝道に入り込み、過去に遡（さかのぼ）り、細部が克明に描かれるのである。だから物語もどんどん長大なものになる。それを「余分なことの過剰な挿入」と言う。「ディテールの病」と言い換えてもいいが、もちろん、「余分なこと」が必要であることには理由がある。それによって物語のコクと奥行きが生まれるのだ。だから、けっして歓迎できない傾向ではない。現代エンターテインメントの成熟は、その過剰な挿入が支えているといってもいいのである。

しかし、そうはわかっていても、本書のような長編を読むと、シンプルな物語もいいな、と思わざるを得ない。この主人公トミーは元ヘビー級のボクサーだ。引退して相棒のTボーンと故郷に帰ってくるところから、物語は始まる。祖父の農場を買い取るために5000ドルが必要で、しかし彼らにまったく金はない。若いボクサーを育てているマネージャーから、噛（か）ませ犬として誘われ、ファイトマネーを提示されるが、トミーにリングにあがる気はない。この筋が一つ。もう一つは、トミーの昔の恋人リーだ。クラブ歌手のリーの美貌（びぼう）に目をつけたポルノ映画の監督から、莫大（ばくだい）な出演料を提示されるも、彼女は断り続けているという挿話がある。

この二つが、トミーとリーが再会することによって結びつく。では、どうなるか、というだけの話だ。枝道にどんどん入り込むことで長大化する昨今のエンターテインメントを読み慣れている読者には、おそろしくシンプルな話といっていい。

ところが、これが妙に胸にしみこんで、読みおえても残り続ける。その理由のひとつは物語が太いこと。5000ドル獲得のために彼らは苦労しないのである。競馬に賭けてなくしてしまっても、仕方ないなと思うだけなのである。だから物語は予想外のほうにどんどん進んでいく。それが爽快（そうかい）だ。もう一つは、トミーとリーの再会シーンに見られるように、感情の噴出が鮮やかに描かれていること。だから他人事（ひとごと）ではなくなってくる。いい小説だ。

（原題、One-eyed Jacks）

評・北上次郎（文芸評論家）

Brad Smith　カナダ・オンタリオ州生まれ。作家。トラック運転手、鉄道通信技師など世界各地でさまざまな職を経験。

二〇〇二年一二月一日⑤

『検証　アメリカの資本市場改革』

淵田康之、大崎貞和 編

日本経済新聞社・一八〇〇円

倒れたランナー早くも復活

エンロンの不正会計問題の発覚から一年経(た)った。本書は、その間の米国における資本市場改革の動きの中間報告である。

この一年間の米国の動きは素早かった。再発防止策を盛り込んだ「企業改革法」が、この七月に異例の早さで成立した。また、ブッシュ大統領自らが改革の先頭に立っている。こうした動きを目にすると、本書が述べているように「目の前で倒れたと見えた先行ランナーはたちまち立ち上がり、再び後続のわが国を引き離してしまいつつあるという感慨」を抱かざるを得ない。

米国型資本主義にも欠陥があるなどと言って溜飲(りゅういん)を下げているようでは、そのうちに手痛いしっぺ返しを食うだけで、得るものはなにもない。われわれは、米国の経験を他山の石として生かすべく、そこから学べるだけ学ぶ必要がある。本書は、そのための有益な手引きとなるものである。

大恐慌時代の一九三〇年代に、米国では資本市場に関する抜本的な改革が行われた。この改革の成功が、その後の米国資本主義の発展の基礎を与えることになった。しかし、平常時には気づかれることのない残されていた問題点が、九〇年代後半のバブルの発生とその崩壊を通じて露呈することになった。残されていたのは、コーポレートガバナンスの有効性と会計情報の信頼性の確保という基本問題である。

わが国よりも、はるかに経営者を規律付けるコーポレートガバナンスの仕組みが整っており、会計基準も厳格で透明性が高いとされてきた米国においても、右の二つの基本問題が十全には解決されていないことが、エンロンの破綻(はたん)以降の一連の企業不祥事の表面化によって明らかになった。そして、この間、大恐慌時と同等の危機感と集中力を持って、問題解決のための精力的な取り組みがなされてきたわけである。

二つの基本問題に関連する具体的な論点は、監査法人の監督、社外取締役の役割、証券アナリストの中立性など、きわめて多岐にわたるが、本書では、それぞれの論点ごとに一章を当てて適切な解説が加えられている。わが国における制度整備への示唆は、少なくない。

評・池尾和人(慶応大学教授)

ふちた・やすゆき　野村総合研究所資本市場研究部長。

おおさき・さだかず　同部資本市場研究室長。編者ら同部8人の執筆。

二〇〇二年一二月一日⑥

『疾駆する夢』

佐々木譲 著

小学館・一九〇〇円

「ものづくり」への熱い思い

戦後の大混乱の中から、数十年のうちに世界を制覇するような大メーカーが、日本からどうしてあんなに出てきたのか。グローバル企業になるとはどういうことか。政府と民間会社の関係とは——それら捉(とら)えどころのない問題に対して、ある意味で「面としての回答」を与えてくれる本である。

とはいっても、堅いビジネス書ではない。架空の自動車メーカー多門自動車が町工場から世界的な大会社になるというストーリーを、創業者を主人公に描く小説である。トヨタ、ホンダなどの実在の会社や、実際の歴史的出来事がバンバン出てくる。本田宗一郎の生涯を小説仕立てで書いたドキュメンタリーの印象に非常に近い。

しかし、あくまで実話ではない。そこが重要。人間ドラマ部の名誉棄損を恐れたとか、ましてや取材を簡単に、などという後ろ向きの理由から実話にしなかったのではない。多門自動車は、海外で成功している会社を全部足したような、それらの会社がたどった道を多角的に描くためのモデルなのである。

実際、主人公は盛田昭夫と松下幸之助と豊

田喜一郎と本田宗一郎を足したようなスーパーマン。筆のうまさで自然に感情移入できる。七百ページ余の大作に豊富なディテールや人物描写、小さなエピソードなど、ドキュメンタリー何冊分もの取材を行ったのだろう。でも、すらすら読める。

主人公がルマン初観戦の帰り、アメリカでブリキの自動車のおもちゃを買ってくる。それがメイドインジャパンでガックリ——などと、その時代に海外旅行をした人間にはよくわかる。そういうリアルなエピソードがあるからこそ、本物のメイドインジャパン自動車が輸出できるのはいつだろうかという、主人公の感慨が胸を打つ。

小説仕立てのメリットは論理よりマインド。「面としての回答」といっても、明確な成功の方程式が得られるわけではない。しかし、強い読後感が衝撃となって残る。

一貫して「ものづくり」への熱意が波瀾（はらん）万丈を乗り越えるすべての原動力。もう一度こういう日本があったということを思い出してほしい。

評・坂村健（東京大学教授）

ささき・じょう 50年生まれ。自動車会社勤務を経て作家に。著書に『冒険者カストロ』『武揚伝』（新田次郎文学賞）など。

二〇〇二年一二月一日⑦

『黄昏のダンディズム』

村松友視 著
佼成出版社・一六〇〇円

肖像画（ポルトレ）は作家の腕の見せどころ。人を観（み）る眼（め）の深さも、対象を描く技量も、そっくり見えてくるからだ。

藤原義江から吉行淳之介まで十二人、ダンディズムという共通項でとらえられたこのポルトレにも、付き合いの深浅はおのずから反映していて、たとえば古波蔵（こばくら）保好は抜群におもしろく、植草甚一はさっぱり風貌（ふうぼう）が浮かんでこないといった相違がある。幸田文や武田百合子（『百合子さんは何色』という好著がある）や吉行は、これまでに何度も著者は書いているが、その人物像はなお新鮮だ。

ちなみに、あとの六人は市川猿翁・山本嘉次郎・森雅之・佐治敬三・今東光・嵐寛寿郎。ここで作者の規矩（きく）とした「ダンディズム」とは、負の世界をかかえながらも、自分の力で逆転した反骨の人だという仕組みが知れる。

それはまた、老いを迎える人びとにも通じる姿勢であって、「黄昏（たそがれ）」という形容には、言外に深い意味がこめられているようだ。

評・杉山正樹（文芸評論家）

二〇〇二年一二月一日⑧

『シチリアの晩禱』

スティーブン・ランシマン 著
榊原勝、藤澤房俊 訳
太陽出版・四八〇〇円

一二八二年春、シチリア島のパレルモで、フランス人の些細（ささい）な悪戯（いたずら）に激した一市民が彼を刺し殺し、そこから町中、いや島内全域にまで反フランス暴動が燃え広がっていった。これを「シチリアの晩禱（ばんとう）」と呼ぶのは、蜂起のきっかけになったのが、復活祭の夕べの祈りを知らせる晩鐘であったからだ。

一見小さな局地的暴動にすぎないこの事件は、十三世紀後半の壮大な国際政治の潮流が渦をなして激しく沈降する地点に発生した。教皇やイタリアの都市国家、英仏独各国王がその渦に巻き込まれたのはもちろんのこと、はるか東方ではビザンツ皇帝が糸を引き、地中海西端のアラゴン王が密（ひそ）かに呼応した。本書はこれらの支配者たちの複雑に絡み合う利害と駆け引き、そして外交や戦争の成果をつぶさに測定し、目まぐるしく変わる勢力図に位置づけている。地中海帝国を夢見たフランス王弟シャルル・ダンジューの栄光と失墜の物語としても読める。

評・池上俊一（東京大学教授）

二〇〇二年一二月一日⑨

『反＝近代文学史』

中条省平 著

文芸春秋・二〇〇〇円

漱石の『こころ』の主題は、近代社会が特権化した人間内面の敗北にあると見る。その地点から出発する著者は「近代日本の内面の崩壊」の跡に、瓦礫（がれき）を材料にして自分の世界を構築した十人の作家を論じて、それぞれの孤塁を塹壕（ざんごう）でつなぎ、既成の文学史と対峙（たいじ）する火線を作っている。

泉鏡花のオバケ、谷崎潤一郎のマゾヒズム、江戸川乱歩の人外境、稲垣足穂のA感覚、夢野久作のドグラ・マグラ、三島由紀夫の肉体、澁澤龍彦の倒立界、山田風太郎の牢獄（ろうごく）というふうに連なる陣容は、各章ごとには面白いが、そこまでの所では並列的に流れる。

それが最後の二章で、村上龍の自閉、筒井康隆の宇宙恐怖に至ってみごとに立体化する。読者の「いま」の問題になるからである。

現代の状況が過去の近代を一度に取り込んで収束するといえようか。こういう視界が開けるのだから、それ以前の各章にきちんと兵力の均等配分をしてきたのが惜しまれるくらいだ。

評・野口武彦（文芸評論家）

二〇〇二年一二月一日⑩

『甦る古代人　デンマークの湿地埋葬』

P・V・グロブ 著　荒川明久、牧野正憲 訳

刀水書房・二五〇〇円

北欧に散在する泥炭地は近隣住民の貴重な燃料供給源となっている。そこで何度も掘り当てられたのが、二千年も前の人間の死体である。湿地の水分と独特な成分が、驚くほど生々しい遺体の保存を可能にした。

この「湿地人」研究の第一人者である著者は、死体の発掘状況、損傷状態や「ゲルマニア」などの古典書の記述から、湿地は人身御供が行われた聖地だったことを解明する。最新の科学、歴史学、考古学の諸成果を駆使し、先史ゲルマン人の生活や風習が次々に明らかにされ、この学問分野の魅力を存分に伝えてくれる。遺体発見という珍事に対する各時代の市民の、時に滑稽（こっけい）な反応も妙味を添える。

トロイの発見など考古学の発展は「ロマン」なしに語れない。混迷中の日本考古学の人材育成のためにも、本書は貴重な「ロマン」を提供してくれる。中高生も読める平易な文と豊富でリアルな写真は一般読者をも引き付けてやまない。

評・塩崎智（歴史ジャーナリスト）

二〇〇二年一二月八日❶

『こどもたち　こどもたち　1948年・1954年の絵日記』

森芳子、森秀文、鶴見俊輔、谷川俊太郎 著

近代出版・一六〇〇円

よしこちゃん、ひでぶみくんの世界

還暦（六十歳）祝いの席で現在九十歳の老母から記念品をもらった。それが一九四八年に小学校二年生だったもりよしこちゃんの絵日記。まだクレヨンの色も褪（あ）せきっていない当時の絵日記に、弟のひでぶみくんの絵日記もあわせたファクシミリ（複製）が本体。それに鶴見俊輔の文と谷川俊太郎の詩。鶴見俊輔がまず、「戦争文明の進歩の終わったあと、敗戦のあとのやすらぎが、しばらく日本人に広く共有された。時代の気分が、このこどもたちの絵日記にある」と紹介している。これでもう本書の書評は言いつくされて、これ以上の書評めいた発言は自（おの）ずとはぶける。そこで、ずばり絵日記を拝見。

こどもの世界にはタテわりの姓がない。いきなりヨコならびの呼び名で、ちかこちゃん、ていこちゃんだ。ひでぶみくんはていこちゃんとブランコに相乗りしておでこをごつんこし、なのになぜか「ちかこちゃんとあそぶよりていこちゃんとあそんだほうがいいです」。

お姉さんのよしこちゃんは十五円のせっけんを買ってきて、自分とお母さんの服と弟のおむつを洗濯する。ひでぶみくんも薪（まき）でご飯を炊く。いなごをつかまえて焼いて食べる。手製のクリスマスツリーや七夕飾りを

こしらえる。そんなことがみんな「おもしろかったです」。こどもばかりではなく、どんぐりの粉、さつまいもを主食にしながら、大人たちも「そのころ、生きていることをたのしんだ。」（鶴見俊輔）
　それからがどうなったか。
　谷川俊太郎は「ぼくら」が全能感を喪失していく過程をこう書く。「ぼくらひみつのほらあなをぬけ／みえないどろんこにまみれ／つぎつぎにかいぶつをけし」「でもくやしいけれど／ぼくらすぐおっさんになる／ひげをそりネクタイをしめ／じぶんをめいしにとじこめる」。消費文明の成長とひきかえに名刺にとじこめられた。そして気がついてみると、時は失われ、死に神が迎えにきていた。
　しかし待てよ。四人の書き手は現在いずれも還暦過ぎか五十代半ば。同年配には定年退職、倒産・リストラのうき目にあった人もいよう。消費文明における第二の敗戦。でも、だからこそ閉じ込められていた名刺からするりとぬけ、「ひみつのほらあな」に戻る好機を迎えたともいえる。とすればここには幼年時代へのノスタルジーはない。なまじ成長して名刺にとじこめられるおそれのない老年者たちが、四、五〇年代のこどもの現在を嬉々（きき）として生きている「見出（みいだ）された時」の現場がある。

評・種村季弘（評論家）

もり・よしこ　40年生まれ。
もり・ひでぶみ　47年生まれ。
つるみ・しゅんすけ　22年生まれ。評論家。
たにかわ・しゅんたろう　31年生まれ。詩人。

二〇〇二年一二月八日②

『ラヴェル』

ヴラディミール・ジャンケレヴィッチ 著
福田達夫 訳
白水社・二六〇〇円

「精緻な書法」詩的に読み解く

　クラスに一人はいないだろうか。痩（や）せっぽちで頭でっかちで、手先の器用な男の子。彼のつくる模型の精巧さは驚くべきものだが、ほめるとプイと横を向いてしまう。

　ラヴェルの音楽の精緻（せいち）さは、内面の真実を隠す仮面だ、とジャンケレヴィッチは言う。「ラヴェルの音楽が自己表出に乏しい気晴しであるというのは当たっていない。（中略）われわれは、その故意に言い落とす仕方、遠回しの言い方、婉曲な（えんきょく）言い方を解釈するすべを知らなければならない」

　かといって、作曲家が骨を折って隠そうとしたものをひきずり出す演奏がいいとは言えない。彼にとって、自己表出しないことこそが自己表出だったのだから。情熱を秘めつつ、表面上はあくまでもアルカイックに、技巧の粋を凝らして、しかし技巧のための技巧に陥らず……。ジャンケレヴィッチが示すのは、こんな演奏身ぶりだ。

　本書は、ラヴェルの死の二年後に書かれ、一九七〇年、著者の作品では初めて邦訳されたものの復刊である。帯には「同時代を生きた碩学（せきがく）による比類なき作曲家論」とあるが、学問的な硬い本と勘違いされはしまいか。実際には、「子供と魔法」や「ダフニスとクロエ」の衣装デッサン、ラヴェルが集めた数々のおもちゃ、鼻ばかり強調されたカリカチュアなど豊富な挿絵ともあいまって、とても楽しい本になっている。

　全体は三部にわかれ、まず年代順に主要作を紹介し、次に技法に焦点を当て、第三部では、魅力的なアフォリズムを駆使して創作美学の問題にわけ入っている。テキストについて語るときも、化学方程式のような分析用語に終始せず、感覚言語とリンクさせる。たとえば、「大きな薄暮蛾（が）がふわりと飛び立ち、羽をばたつかせ、夜の大気のなかを盲目の鳥のようにさまよいながら、ジグザグに飛ぶ。乱れたリズム、代わるがわるもやがかかったり水晶のように透明になったりする響き」といった具合に。

　まるで散文詩のようなジャンケレヴィッチの言葉を通して、ラヴェル書法のピリッとした手ざわり、響きの美食趣味、妖精たちのさざめきが迫ってくるようだ。


（原題、Ravel）

評・青柳いづみこ（ピアニスト・文筆家）

Vladimir Jankélévitch　1903～85年。フランスの哲学者。パリ大学教授などを歴任。著書に『アンリ・ベルクソン』など。

二〇〇二年一二月八日③

『斎藤茂吉』

西郷信綱 著
朝日新聞社・二五〇〇円

その光と影を映す「考古学」

西郷さんも八十代の半ばをこえたはず。どうしておられるのだろうか、と古くからの読者のひとりとして思っていたところに本書がでた。万葉論でも古代日本人の精神史でもない。書きおろしの斎藤茂吉論だ。ちょっと意表をつかれた。

でも、じつはこれは意外でもなんでもない。じぶんの人生を積みかさなった経験の層とみて、そこを考古学者のように発掘していったら、いちばん下層のあたりに、一九三五年、十九歳の東大生だったころに読んだ茂吉の自選歌集『朝の蛍』の衝撃が埋まっていた、と著者はいう。大正から昭和戦前期にかけての知識青年の中には、『赤光（しゃっこう）』『あらたま』などの茂吉の初期歌集によって、短歌、というよりも広く詩の力にめざめた人がおおぜいいた。著者もそのひとりだったのである。

山形生まれの斎藤茂吉はみずからを「みちのくの農の子」と呼んだ。土俗とヨーロッパ、柿本人麿とニーチェがそこで「じかに出逢（あ）ったり結びついたり」する稀有（けう）な田舎者である。どうやらかれの耳には、なみの都会人にはききとれない万葉や記紀歌謡の音調がきこえていたらしい。著者は、じぶんもまた大分生まれの田舎者としての幼時の記憶や、その後の古代研究の成果を総動員して茂吉の歌のなぞに共感的にわけいる。なるほど、と膝（ひざ）をうちたくなるような鋭い発見が随所にみられる。

だが、この「農の子」は同時に、怒りにまかせて妻を日常的になぐるような横暴な人物でもあった。かれの次男、北杜夫の『青年茂吉』でそのことを知った著者は、おもわずそこで本を閉じてしまう。そしてこの延長線上に、のちに茂吉じしんが「死骸（しがい）の如き歌累々（るゐるゐ）とよこたはるいたしかたなく作れるものぞ」となげいた、おびただしい戦争美化の歌が出現することになる。

茂吉だけでなく、戦後、それは「茂吉びいき」の著者にとっても大きな傷でありつづけたようだ。それだけに、晩年の茂吉が「無意識裡（り）に」実現した世界のひろがりに注意をうながす終章が印象ぶかい。西郷「考古学」のあざやかな達成である。

評・津野海太郎（編集者・和光大学教授）

さいごう・のぶつな　16年生まれ。国文学者。元横浜市立大教授。著書に『古事記注釈』『日本古代文学史』『萬葉私記』など。

二〇〇二年一二月八日④

『あなたはコンピュータを理解していますか？』

梅津信幸 著
技術評論社・一七八〇円

「トンデモ解説」に深くナットク！

実はぼくも最近コンピュータの基礎についての本を出したのだ。本書はその意味でライバルなのである。でもぼくが世間話を中心に話を進めたのに対して、この本はコンピュータそのものについて真っ正面から取り組む。いきなり出てくるのが、コンピュータの核心にある情報とデータのちがいという話だ。うひゃあ、このぼくですらネグった、いちばんむずかしいところなのに。

そしてこれを手始めに、著者はコンピュータそのものの中核概念をバリバリと解説しまくる。そもそもコンピュータは何をしておるのか、そしてキャッシュとは、プログラミングとは、通信とは……ほとんどすべて、ぼくが逃げた話題ばかり。著者はすでにウェブ上で、高度な概念を実にふざけた文体ととんでもないたとえ話で説明する名手として名声をとどろかせている人物だ。その才能はここでも全開（おふざけはかなり控えめだけど）。「こういう説明もあったか」という切り口の解説が次々に展開され、それがいちいちツボを抑えているのもお見事。そしていまのコンピユータの限界と、それを突破する量子コンピュータまで説明するという、蛮勇を通り越して無謀に近いことまで実現しているのにはひたすら脱帽。

この本を読んでも、明日からバリバリとワープロや表計算ソフトが使えるようになるわけじゃない。「仕組みはいいからとにかく使えるようになりたい」というムシのいい人の役にもたたない。でも、ちょっとの好奇心さえあれば、本書を読んでコンピュータの中で何が起きているか、昨日より多少よくわかるようになるだろう。コンピュータにわけもわからず使われるのではなく、前向きに活用できるようになるだろう。そして自分とコンピュータの今後の関（かか）わりについても、ずっと深く考えられるようになるだろう。

著者は、コンピュータはあなたの知性の鑑（かがみ）だ、と語っている。この本を読んでコンピュータがちょっと深くわかったような気がしたら、それは実はあなたの知性の深まりを映し出したもの、なのかもしれない。

評・山形浩生（評論家）

うめづ・のぶゆき　71年生まれ。茨城大学工学部助手。著書に『マイクロソフト・シンドローム』（共著）など。

二〇〇二年一二月八日⑤

『町工場巡礼の旅』

小関智弘 著

現代書館・二〇〇〇円

職人を育んだゆりかごの風景

小関智弘さんは十八歳で見習工になり、六十九歳までの半世紀を旋盤工として働いた作家である。ベルト掛けの旋盤はコンピューター制御の旋盤にかわったが「町工場の旋盤の前に立った自分の目の高さで見続けて、記録してきた」。そして小関さんの旋盤工最後の十年間、各地を訪れた「町工場巡礼」の旅を中心に本書は編まれた。

平成不況とぴったり重なる時期だが、工場で働くモノづくりの職人たちの言葉はすがすがしく、自信にあふれている。

ネジづくりの工場長は「規格にはずれていないんだからこれでいいや、という人のネジと、規格にはずれてはいないけれど、こんなものを出荷したら工場の恥だ、と考えている人のネジとでは、箱にたまったネジの山をひと目見たらすぐにわかります。美しさがちがいますよ」と語る。

小関さんは、職人とは「モノを作るみちすじを考え、モノを作る道具を工夫することのできる人間」だと言う。町工場に働く人々は「みんな、働くことと生きることが同義語の人たちであった」。

コンピューター機能のついた機械が登場して職人の世界をかえつつあるが、小関さんは、新しい機械を「自分の道具」として使いこなす熟練工が誕生しており、それが伝統的ものづくりの世界とは違う「工場」の時間だと書く。さまざまな変化や、ただ安さだけを求められる現実にあっても小関さんは希望を失っていない。

若い世代に技術を伝えるように、読者に工場の仕事をわかりやすく丁寧につづり、そこに働く人々の横顔、彼らを育んだ「ゆりかご」のような工場町の風景を描く。

旋盤などで金属を削ったときに出る切削屑（くず）を「キリコ」というそうだ。鋼にぴったりと合った刃で、思いどおりのスピードで削ったときのキリコは、ほれぼれとするほど美しいという。キリコの美しさは小関さんの文章そのものだろう。

今年は気の重い事件があいつぎ「ガタがガタを呼ぶ」日本社会を見せつけられた年だった。私は年の暮れに小関さんの本を読むことのできた幸福をかみしめている。

評・与那原恵（ノンフィクションライター）

こせき・ともひろ　33年生まれ。元旋盤工、作家。著書に『大森界隈職人往来』『おんなたちの町工場』『羽田浦地図』など。

二〇〇二年一二月八日❻

『国際会計基準戦争』

磯山友幸 著

日経BP社発行、日経BP出版センター発売・一五〇〇円

敗北した日本流　信用回復への提言

「この財務諸表は、日本で一般に認められた会計基準と監査基準に準拠して作成されており、日本の会計基準に通じた利用者向けである」

これは、99年3月期の決算から、日本企業の英文の監査報告書に付けられるようになった一文である。日本の監査法人による監査は国際的には通用しないことを、監査法人自らが認め、宣言しているのだ。監査法人にとっては屈辱であるが、提携関係にあった当時の世界五大会計事務所の要求に従ってのことであった。そして、海外で資金調達する企業にとっては、高い金利を求められるジャパンプレミアムを招きかねない深刻な一文であった。

海外での信用を得るためには、会計基準を国際的に通用するものに変えなければならない。こうして、日本も、遅ればせながら、国際的な基準を適用する必要を痛切に感じると同時に、基準を決める場に出て行く準備を始める。

本書は、会計基準の統一という専門性の高いテーマを素人にもわかりやすく書いてくれている。バブル崩壊後の「粉飾決算」がどのようになされたのかもよくわかる。会計学のダイナミックさを教えるよい入門書になっているのではないだろうか。だが本書の真価は、こうしたあれこれの知識よりも、グローバル経済への取り組み方を教えてくれているところにある。

会計基準に限らずグローバルスタンダードが話題になると、最近では、ネガティブな反応がなされることが多くなった。「世界標準の押しつけはもうたくさんだ」というムードである。反米感情もあるのだろう。そして「日本流」を再評価すべきだとの声も強まっている。だが、こと経済に関しては、国境を越えて大量の資金が移動している現在、日本流のすばらしさを日本国内で確認しあっても仕方がない。本当に優れていると思うのであれば、それを世界標準に仕立てるように外に向かって言葉で説得しなければならない。

経済のルールを決める「戦争」に日本も参加するべきだ。これが本書のメッセージである。

評・真渕勝（京都大学教授）

いそやま・ともゆき　62年生まれ。日本経済新聞チューリヒ支局長。共著に『株主の反乱』。

二〇〇二年一二月八日❼

『なにも見ていない　名画をめぐる六つの冒険』

ダニエル・アラス 著　宮下志朗 訳

白水社・二六〇〇円

マグダラのマリアの髪はなぜあれほど長いのか。

裸体を隠すため、というのは皮相な解釈で、彼女の髪は実は女性のシンボルにほかならず、秘部のヘアーを隠しつつ暗示しているのである。「隠す」ことと「見せる」ことを両立させるマリアの髪の両義性は、彼女の存在そのものにも及ぶ。悔悛（かいしゅん）した姿とかつての娼婦（しょうふ）性を同時に表す彼女の像は、罪の女イヴと聖女マリアを「つなぐ」扉なのだ。

十五頁（ページ）にも満たないあいだに、かくも密度高い論が展開される。謎解きのスリルあふれる語り口は一気に読ませてしまう。デル・コッサの「受胎告知」にベラスケスの「ラス・メニーナス」、六枚の名画論はどれも創見に満ちているが、ティツィアーノの「ウルビーノのヴィーナス」論は、この絵がピンナップだと喝破しつつ「見る」ことと「触れる」ことの対立に説き及んで絵画の本質をえぐりだす。ドラマチックな対話体が魅力的。

評・山田登世子（仏文学者）

二〇〇二年一二月八日⑧

『相対論がもたらした時空の奇妙な幾何学』

アミール・D・アクゼル 著　林一 訳

早川書房・一九〇〇円

「フェルマーの最終定理」が解けるまでを描いて世界的なベストセラーを送り出した著者が、今度はアインシュタインを取り上げた。なぜ、いまこの人か？

一般相対性理論を表す「場の方程式」は、時を経るごとに正しさが証明されて、天才の予言力の偉大さを確実にしてきた。だがそのなかでただ一つ、式にあとから書き足そうとして頓挫した「宇宙定数」だけは、彼の失策と考えられた。

ところが近年、宇宙が速度を加えながら膨張することが発見され、この試みが重大な意味を持つことがわかり、「大逆転」が演じられようとしている。宇宙と一緒に彼の予言性もいまなお膨張しているので、新しいアインシュタイン論が現れても不思議はないわけ。

数学者や天文学者たちと交渉しながら怒り、悩み、焦り、喜んだ、一人の人間でもあった天才の思考が、宇宙の謎を解くドラマを描くとともに、その計り知れない波及力を追った、壮大な科学ノンフィクション。

評・宮田親平（科学ライター）

二〇〇二年一二月八日⑨

『吉良上野介を弁護する』

岳真也 著

文春新書・六八〇円

今年は討ち入り300年だそうである。私どもが忠臣蔵を好きなのは、白黒割り切れない浮世にあって芝居くらいは善悪区別してすっきりしたいからだろう。

かねて含む点があった。大体あの事件は、あほうな殿様が後先考えずに起こしたもので、突如失職した家来どもは大迷惑、悪役にされた吉良上野介こそいい面の皮だったのではないか。そんなことを言うとそれはお前がつむじ曲がりだからといなされたことがある。

ところが同志はいるもので、岳真也は文献に当たって「真相」を追う。松の廊下で内匠頭が「遺恨おぼえたか」と切りつけたのは実はただの怒号。有名な「風さそふ」の辞世も偽作。吉良が賄賂（わいろ）好きとはとんでもない。癇癪（かんしゃく）持ちのおぼっちゃんの内匠頭こそケチで人を見る目のない暗君というほかなく、それに比べ温厚な吉良は善政を敷いた名君であった。暴徒相手に命ごいなどするものか。敢然と最期は切り死にしたとの説に私はうなずいたのである。

評・河谷史夫（本社論説委員）

二〇〇二年一二月八日⑩

『アメリカ　多数派なき未来』

浅海保 著

NTT出版・一八〇〇円

毎週土曜日の昼下がり。米西海岸の名門カリフォルニア州立大学バークリー校の校庭に、さまざまな人種の学生たちが思い思いの打楽器を抱いて現れる。やがて始まる即興演奏。そして突然、そのリズムの饗宴（きょうえん）が天に舞い上がるような瞬間がやってくる。

著者はその光景にアメリカ社会の縮図を透視する。

浅海さんは、政治、海外と経験豊かな現役ジャーナリスト。同校でマスコミ論を講じたこともある。

著者の頻繁に駆使するキーワードはダイバーシティである。白人、黒人、ヒスパニック、アジア系など入り乱れる人種の多種多様性を指す。しかも、きのうの多数派はきょうの少数派。当然、混乱も生じるが、それを乗り越えようとする意志が、この国に活力をもたらす面もあるという。

昔、アメリカは人種のるつぼといわれた。今はサラダボウル状態だそうだ。一体化より共存を図ろうとしているからか？　日本の多民族化も視野にいれた緊急リポート。

評・安倍寧（評論家）

二〇〇二年一二月一五日❶

『記憶の場 フランス国民意識の文化＝社会史第1巻 対立』

ピエール・ノラ 編 谷川稔 監訳

岩波書店・六六〇〇円

共和国による統合の虚構性あばく

貴重な文化遺産を世界遺産として登録し、重要な出来事や人物の記念碑をつぎつぎに建て、戦争の記憶を国際的な政治課題にする。現代はことさら記憶に値するものを創（つく）りだそうとする、記憶と記念の時代だといっていい。だがこれは、じつは記憶の力が弱体化したことの裏返しでしかない。フランスにおける歴史研究の偉大なる仕掛け人であるピエール・ノラが企てた『記憶の場』は、いかにもそうした時代にふさわしい書物である。第一線で活躍する総勢百二十人の研究者を動員し、百三十五編の論文を収めた全七巻の大冊は、一九八四年から一九九二年にかけて方法的反省をギリギリと深めながら完成し、大きな話題を集めた。記憶の「場」といっても、アルザスやヴェルダン、ヴェルサイユ宮殿やエッフェル塔といった場所やモニュメントにかぎらず、制度、シンボル、著作、作法、祝典などじつに多彩なテーマが選ばれている。

ノラの目論見（もくろみ）は、記憶の時代に追従することではもちろんない。反対にフランスの集合的な国民意識形成の結晶の芯となってきた場をまとめて分析し、「歴史」と「記憶」との関係を反省することによって、共和国による統合の虚構性をあばき、記憶の場の解体と、新たな構築の地均（じなら）しをすることであった。ここに歴史学は過去の現実を相手とするのではなく、それについての記憶・言説、その象徴化された再利用を主題とする史学史へと華麗に変身する。

この文字どおり記念碑的な大著から三十一編を精選し、三巻にまとめて日本語訳がだされることになった。待望久しかっただけに、嬉（うれ）しさもひとしおである。第一巻には、相対立する「二つのフランス」の諸形態、つまりカトリック教会と世俗派、パリと地方、フランス人と外国人などをめぐる密度の濃い論文が集められている。

国民・国家の記憶、さらに公式の歴史を相対化しようというノラの目論見は、はたして成功したのだろうか。どうもそう簡単にはゆかないらしい。記憶の場を旧来の物語に回収し、記念・顕彰しようというナショナリスティックな動きは思いのほか強力で、「記憶の場」という言葉がそのために利用されるほどだから。ごく最近、ドイツでも大部の『記憶の場』が刊行され、オーストリア、イタリアでも同様な企画が進みつつある。歴史学の成熟度が試される出版事業だといえよう。さて、ヨーロッパ諸国とちがって、国民国家やそれについての公式の歴史の存在意義を疑う環境にない日本で、この種の企画がはたして可能だろうか、考え込んでしまう。（原題、Les Lieux de Memoire）

評・池上俊一（東京大学教授）

Pierre Nora 31年パリ生まれ。歴史家。ガリマール社の雑誌「Le Debat」を創刊。仏社会科学高等研究院指導教授など歴任。

二〇〇二年一二月一五日❷

『三葉虫の謎 「進化の目撃者」の驚くべき生態』

リチャード・フォーティ 著 垂水雄二 訳

早川書房・二四〇〇円

この蘊蓄をパブで聞けたら

三葉虫は名前だけが有名だった。この草鞋（わらじ）みたいな動物は、いったいどんな生活をしていたのか、その全体像を紹介する本は、なぜかこれまで一冊もなかった。

古生代の三葉虫は、中生代のアンモナイトとともに、もっともよく知られた化石だろう。およそ五億四千万年前に出現し、三億年ものあいだ繁栄をつづけた。既知の種は一万種を超え、時代ごとの特産種がいるので、「示準化石」となる。ある地層から三葉虫の化石が出てくれば、その種別から時代を特定できるということだ。ここまでは中学か高校で習ったかもしれない。

三葉虫は甲殻類の仲間だが、甲羅の主成分は貝殻と同じ炭酸カルシウム。カニの甲羅にくらべはるかに硬く、だから化石になりやすかったのだろう。だが化石は背側だけで腹側はない（中身を食べ終えたカニの甲羅のようなもの）。腹側に甲羅が発達していなかったのだ。その腹側に多数の肢（あし）が並んでいる化石が発見された。岩石中に肢の毛までが黄金色の絵の具で描かれていた。死んだ三葉虫の繊細な肢の表面で繁殖した泥中の特殊な細菌の働きにより、黄鉄鉱の薄膜で包まれたのだという。

こういう奇跡のような偶然が良好な化石を地層中に保存し、古生物学者が岩を叩（たた）くハンマーの何十万回か目の一撃で、その化石が数億年の眠りからさめる。三葉虫の化石が最初に記載されてから三百年間の、本書の著者を含む多数の古生物学者たちの無駄とも思える努力が、偶然の発見の蓄積を意味あるものとしていく。

その最新の成果が本書である。三葉虫の系統と生態、成長と変態、結晶化した炭酸カルシウム（つまり方解石）の眼（め）の光学的な特性、古生代の大陸と海の分布、世界的に話題となったS・J・グールド『ワンダフル・ライフ』（早川書房）に対する証拠をそえての反論、先達学者たちの数奇な運命（と悲劇）などが、古典などからの引用をたくみにまじえて語られる。

大英博物館に近いパブで偶然に出会った古生物学者から、上質な蘊蓄（うんちく）話を聞かされているような、そんな錯覚をおぼえさせてくれる一冊だ。

（原題、Trilobite!）

評・新妻昭夫（恵泉女学園大学教授）

Richard Fortey 46年生まれ。ロンドンの国立自然史博物館の主任古生物学者、英国ロイヤルソサエティー会員。

二〇〇二年一二月一五日③

『私はサダム・フセインの原爆を作っていた！』

ハディル・ハムザ、ジェフ・スタイン 著
仙名紀 訳
廣済堂出版・二八〇〇円

核兵器もった独裁者の恐ろしさ

著者のハディル・ハムザは1939年にイラクに生まれ、バグダッド大学を卒業したのち、アメリカに留学して核物理学を学んだ。しばらくアメリカで教えていたが、70年、イラク政府の事実上の命令によって、帰国することとなった。そして権力を掌握しつつあったサダム・フセインのもとで、原爆製造に従事することとなった。

イラクでは、フセインに反抗すれば左遷、投獄、拷問、処刑が待っており、服従すれば新しいベンツが与えられた。フセインが大統領となり（79年）、イランとの戦争が始まるとともに（80年）、原爆開発計画は本格化し、著者はその中心人物になっていった。

イスラエルやアメリカのスパイ網の中を、著者は欧米に出かけ、学会に出席し、資料を集め、部品や機材を買い集めた。フランスから原子炉を入手し、ドイツからも協力を得た。イラン・イラク戦争の最中には、アメリカも協力的だった。冷戦終焉（しゅうえん）以後には、ロシアから技術者が流入し、大きな力となった。

フセインはイランあるいはイスラエルに対して、威嚇や取引目的ではなく、いきなり原爆をぶち込む積もりだったという。そしてそれは、湾岸戦争の頃には、かなりのレベルに到達していた。やがて亡命を決意した著者は、94年、イラクを脱出し、1年あまりの危険な旅行を経て、アメリカで家族と合流する。その間のストーリーは、スパイ小説のように面白い。CIA（米中央情報局）の対応が官僚的で的外れだったり、IAEA（国際原子力機関）が随分イラクに甘かったりするところは、ちょっと意外だが、なるほどと思う。

この話は、日本にとって他人事（ひとごと）ではない。大量破壊兵器を持った独裁者は、本当に危険だ。技術は国境を越えるし、死の商人はどこにでもいる。金さえあれば、世界中から必要な部品を調達することが出来る。現代において安全を確保するためには、大量破壊兵器の拡散を阻止するために細心の取り組みをすることと、もう一つ、政治の透明性が必要だということを、本書は示している。

（原題、Saddam's Bombmaker）

評・北岡伸一（東京大学教授）

Khidhir Hamza 39年イラク生まれ。核物理学者。イラクで原爆開発に従事。94年亡命。
Jeff Stein 米国の作家。

二〇〇二年一二月一五日❹

『世紀末ディスコ』

岡武士 著

リトル・モア・一五〇〇円

何もない？ あるさ何かが

いま、ぼくは、未知の若い小説家たちの作品を読むのが楽しい。単に壊れているだけの作品があり、自分で自分のやっていることがわかっていない作品がある。たくさんの欠陥を抱えこみながら、しかしその中には、確かに「新しいなにか」を掴（つか）んだものが混じっているのである。

『世紀末ディスコ』には三つの短篇（たんぺん）が収められている。一つ目の短篇では、最初の（カラオケ）デート中に、腹痛に襲われ、脱糞（だっぷん）との恐怖（要するに、ウンコが我慢できなくなったわけ）と対峙（たいじ）するはめになった青年の（あまりに情けない）苦闘が、二つ目の短篇では、馬鹿馬鹿しい理由で待ち合わせの喫茶店になかなかたどりつけない青年の足掻（あが）きが、三つ目の短篇では、ある青年の（一方的な）恋の苦悩が語られる。

どの短篇の主人公も、一言でいうと、とてつもなく冴（さ）えない。趣味もおつむも最低、自己中でナルシスト、そして未来に希望など一つも持たない。だが、彼らは、そのことをよくわかっているのである。「奴自身が圧倒的な敗北を感じて二度と立ち上がれなくなるまで叩きつぶさなけりゃならねえ」（「世紀末ディスコ」）、「敗北宣言をしてしまうような気がする」（「マシュマロハイキング」）、「あぶなく自分は敗残者になるところであった」（「春は酩酊」）

作品の底に流れているのは、強烈だが理由のない「敗北感」だ。そして、それは直接的には、内田樹（たつる）さんが『期間限定の思想』であげている「いま一五歳から三五歳までの……まるごと『社会最下層送り』になる可能性がある」「ダメ」世代、「スキルもないし、購買力もないし、知的生産力もないし、情報発信力もないし、政治的主張もない……ひとことでいえば『どうでもいい人たち』」が秘（ひそ）かに隠し持っている感情と共通するものだ。彼らは、この国が繁栄の果てに産んだ「なにも持たない人々」だ。そして、この「敗北感」は、時に暴力となって噴出する。しかし、この作品の主人公たちは違う。彼らは、彼らの住む「底辺」から、そこにしかない言葉を持って、世界へ立ち戻ろうとしているのである。

評・高橋源一郎（作家）

おか・たけし　73年生まれ。劇作家。表題作で2000年、第7回リトルモア・ストリートノベル大賞佳作入選。

二〇〇二年一二月一五日❺

『秘の思想　日本文化のオモテとウラ』

柳父章 著

法政大学出版局・二五〇〇円

「日本という謎」を読み解く

一昔前に大流行した日本人論や日本文化論の本に最近は勢いがない。価値観も生活も多様化した日本人を一つの型で論じることが時代遅れになったせいもあるが、大量の類書の登場で新たな視点をつけ加えるのが難しくなったという事情もあるようだ。

そんな中で、あえて古代から脈々と続く日本人の精神の型にこだわって社会の秘密に迫った、久々に歯切れのいい日本論だ。

翻訳論の専門家である著者は仏教や漢字の渡来などを検証し、「有史以来、この島国の文化は、翻訳文化であった」と断言する。問題は、翻訳には必ずもとの意味とのずれが生まれることとなのだという。そのために不可解な外来文化は完全には理解されず、意味はよく分からないが立派なものだとして崇拝される。そうした経験が繰り返された結果、「大事な意味は、表現された形の向こう側に隠されている」と考える発想が身についてしまったのだという。

それを著者は「秘の思想」と呼ぶが、思想とまで言わなくても、広く日常生活の中に見られる。タテマエよりもホンネを、オモテよりもウラの意味を重要だと考えるのも、同じ思考方法からきていることになる。

説得力があるのは「翻訳文化としての天皇制」について論じた部分だろう。雅楽が古代中国に起源をもつことや、三種の神器も渡来品に由来することなどの例をあげて、著者は天皇の制度こそ外来文化を体現するものだと指摘する。天皇という言葉自体が外国語で、意味が理解されないから貴重なものと思い込まれてきたのだという。

キリシタン文化についての考察も刺激的だ。宗教に淡泊な日本人の先祖に、なぜ大量の殉教者を生み出すほどの深い信仰体験が生まれたのかと疑問を投げかけ、それは教養が当時の日本人には理解不可能なものだったからだという考えに至る。そして、その不可解なものに対して権力者が抱いた底知れぬ恐怖と拒絶が、その後の日本社会を閉ざされた形に変容させたと推論する。

日本人論の賞味期限は過ぎたともいわれるが、「日本という謎」には、まだまだ解き明かされていない部分があることを教えてくれる一冊だ。

評・清水克雄（本社編集委員）

やなぶ・あきら　28年生まれ。翻訳論・比較文化論の研究者。著書に『翻訳の思想』『文化〈一語の辞典〉』『翻訳語を読む』など。

二〇〇二年一二月一五日⑥

『不老不死の身体　道教と「胎」の思想』

加藤千恵 著

大修館書店・一六〇〇円

その気なら誰でもなれそう

不老不死の身体を獲得するには、はるか海上の神山まで旅して神仙界に昇天しなくてはならない。それに神仙は俗人のような飲食をしないから、神仙志望者はあらかじめこちら側で金玉や紫芝（紫色の霊妙な茸（きのこ））を服用する修行をしておく。こうして外部から服薬などで神仙に近づく方法を外丹術といった。誰にでもできる修行ではない。まかりまちがえば毒性の薬石や毒茸に当たって、はいそれまでよ。

これに対して内丹術というのは、仙薬を自分の身体の内部に生みだし育てる技術。わざわざ遠方まで行くまでもなく、山中の洞穴やそこらの壺（つぼ）が仙境への入り口だったりする。洞門の向こう側に開ける桃源郷などもその類だろう。洞穴といい、壺といい、どれもまん丸な球体であることにご注意。人体器官でいえば胎児を宿す子宮、つまり「胎」が仙境の形に最も近い。

副題の「道教と『胎』の思想」はその意味だろうか。神仙を志す道士はまず気をめぐらして胎を存思（そんし）する。つまり想像力で身体内部に胎をつくる。するとその胎に胎児のように体内神が宿り、それをまた気で養ううちに、あべこべに体内神が修行者を養い始め、かくて入れ子状になった双方が相互に気を補完し合いながら、ついには修行者が体内神に、老道士が胎児に還（かえ）る、といった翁童の回帰的交換による不老不死が達成される。

要するに胎児に還って母の胎内の無時間に浴（ゆあ）みする無為至楽の境。だが、そこにいたる道程は、「交接・懐胎・出産という、あらゆる生命体がごく自然に行ってきた営みの枠組から、少しも外へは踏み出していない」と著者。あくまでも「食」と「性」という生命活動の枠内で行われている「偉大なる自然の営み」が根底にあるのだ。「人々はそれを『道』と呼んで、その懐へ帰ろうとしたのである。」

してみると道術は、誰もが知らないうちに実践している道であるのかもしれない。神仙の境地は手のとどかない別世界にあるのではなく、その気なら誰でも今ここで自然の懐に帰って不老不死になれそうなのがうれしい。

評・種村季弘（評論家）

かとう・ちえ　67年生まれ。大阪市立大非常勤講師。論文に「『老子中経』と内丹思想の源流」など。共訳書に『通書の世界』。

二〇〇二年一二月一五日⑦

『詩人とボクサー　アルチュール・クラヴァン伝』

谷昌親 著
青土社・二八〇〇円

シュールレアリスムに没頭していた二十代の頃から、非常に気になる人物が一人いた。アルチュール・クラヴァンである。

この人は「オスカー・ワイルドの甥（おい）」と称し、当時世界チャンピオンであったジャック・ジョンソンとボクシング試合をやった（勿論〈もちろん〉ボロ負け）。最期はボートで海に漕（こ）ぎ出てそのまま消息不明。作品は殆（ほとん）どと言って良いほど創（つく）っていない。謎の人である。言わば「存在」そのものがダダでありシュールレアリスムだった人物。おれはその点に激しい興味を抱いた。しかし手掛かりは皆無である。で、諦（あきら）めた。

ところがそれから三十年たって本書が出た。驚きと喜びを持って拝読した。クラヴァンの出生から死までの詳細な評伝。彼の覚書、手紙、未完の詩、写真等、初めて見る情報が豊富に収められている。彼を追う著者の眼差（まなざ）しも緻密（ちみつ）で鋭く洞察力に富んでいる。前世紀初頭の知られざる奇人・天才の、世界に類を見ない評伝。知的スリル満載の一冊だ。

評・中島らも（作家）

二〇〇二年一二月一五日⑧

『着付師一代　きもの語り』

根津昌平 著
河出書房新社・一六〇〇円

初代水谷八重子に、「わたしの手ばなせない男」と言われた衣裳（いしょう）付けの第一人者の聞き書きである。最高の技術と実績を持ちながら、あくまで腰の低い語り口に、却（かえ）って仕事師の凄味（すごみ）が漂う。舞台の着付けの道に入ったきっかけも、「そんな大げさな理由なんてありませんや。なんとなくでした。」と淡々としているが、長年、日本の演劇史の一角を支えて来た。

衣裳は役者の身体そのものと言っていい。特に根津昌平が関（かか）わった新派では、着物の色・柄と着付けが登場人物の本質に直結している。花柳章太郎と初代八重子の『寒菊寒牡丹』の衣裳を聞いただけで物語が立ち上がるし、見たことのない名優たちの芸風もしのばれるのだ。最初、鬼のようだった花柳が根津に心を開いて全面的に信頼してくれるようになるまでの話も読みごたえがある。

着付けの秘伝も惜しみなく明かされており、日本人が培ってきた身体の美について考えさせてくれる。

評・水原紫苑（歌人）

二〇〇二年一二月一五日⑩

『だからアメリカは嫌われる』

マーク・ハーツガード 著　忠平美幸 訳
草思社・一六〇〇円

人は自らの姿を正確に捉（とら）えることは難しい。世界唯一の大国となってしまったアメリカは、特にそうかも知れない。そのアメリカ人である著者が、自国が世界からどのように受けとめられているのかを、ジャーナリストらしい独自の視点で問うたのが本書である。彼が目にするのは、アメリカ人が理解している以上に、世界各地に「アメリカ化」の影響が及んでおり、それを苦々しく感じている人々も多くいるという現実である。

昨年秋、ニューヨークで生活していた私は、同時多発テロを機に、ナショナリズムが高揚するアメリカの姿を目の当たりにした。彼らの「なぜわれわれが嫌われるか」という疑問の底流には、「愛されているはずなのに」という、本書が論ずるギャップがあったのだ。

著者が取材を重ねた30カ国あまりのなかで、最もアメリカのまねに熱を上げている国が日本だという点も、「日本人論」好きの我々にとっては興味深い。

評・音好宏（上智大学助教授）

二〇〇二年一二月二二日❶

『本格小説　上・下』

水村美苗 著
新潮社・上巻一八〇〇円、下巻一七〇〇円

謎の開示と真実の隠蔽担う甘美な声

アメリカの大学で教鞭（きょうべん）をとりながら小説を執筆中の著者「水村美苗」のもとへ、元文芸雑誌の編集者で、加藤祐介と名乗る青年が訪ねてくる。彼は自伝的な要素を組み入れた三作目の作品を書きあぐねていた著者に、「ほんとうにあった話」ではあるが、どう見ても「小説のような話」を熱く語った。企業の米駐在員だった父親の仕事の関係で、彼女自身もむかし交錯したことのある、東（あずま）太郎というお抱え運転手から大富豪へとのぼりつめた男の来歴だったのだが、エミリー・ブロンテの『嵐が丘』を彷彿（ほうふつ）とさせる内容はもとより、そんな話がもたらされたタイミングに強い衝撃を受ける。これで新しい「本格小説」への扉が、一挙に開かれたとの天啓を得たからだ。

ここまでが、じつは『本格小説』の冒頭であり、同時に作中で書かれる「本格小説」の前振りでもある。複雑で、精緻（せいち）な構造だ。著者はまず本名で「私小説」的に登場し、本編でも中心人物となる東太郎の謎めいた存在を事実として読者に印象づけたあと、語りを加藤祐介に委ね、しかも加藤は、自身の話のなかで、数年前、軽井沢での休暇中に偶然出会った東太郎の相貌（そうぼう）と、少年時代の太郎の面倒を見ていた宇多川家の元「女中」、土屋冨美子から聞かされた長大な物語を紹介するために、今度は冨美子に言葉を渡す。つまりここには、それぞれに熱い聞き手を必要とする著者、加藤祐介、土屋冨美子の三人の声が重なり合っているのだ。「私小説」的な出だしによって確保された虚構と現実の線引きの曖昧（あいまい）さが、いかにもほんとうらしい、「真実の力」をもたらし、《小説家の「私」を賭けた真実》ではなく《「書く人間」として「主体」を賭けた真実》が追求される。挿入された写真も、読み手の想像力を正しく規制するための方途だろう。

中国の少数民族の血を引き、社会的には底辺に属する東太郎と、彼の雇い主の娘、宇多川よう子との、春琴と佐助のそれにも似た、異様なまでに深く、ねじれた愛に、よう子の夫となる重光雅之が加わって、アメリカでの成功の裏面を描いていく倒叙ミステリの味わいには、格別のものがある。

戦後日本の経済成長にともなう旧世代の没落と、成長の方向の誤りが、彼らを取り巻く三枝三姉妹の横顔とともに、しっかり押さえられているあたりさすがに「本格小説」だが、本書で最も輝いているのは、まちがいなく語りの大半を担わされた土屋冨美子の声であり、謎の開示と真実の隠蔽（いんぺい）をかくもあまやかに成し遂げる冨美子こそ、真の主人公だと言っておきたい。

評・堀江敏幸（作家）

みずむら・みなえ　作家。著書に『續明暗』『私小説　from left to right』、共著に『手紙、栞を添えて』。

二〇〇二年一二月二二日❸

『ソーシャルパワー　社会的な〈力〉の世界歴史I』

マイケル・マン 著　森本醇、君塚直隆 訳
NTT出版・五八〇〇円

文明史の「動力」解く壮大な試み

いい意味で無謀な本だ。数年前に出たダイアモンド『銃・病原菌・鉄』と同じく、人類の全文明に一貫性ある説明をつけようという壮大な試み。『銃・病原菌・鉄』が物質環境から切ったのに対し、マンは歴史社会学から攻め、ウェーバー式のイデオロギー、政治、経済に加え、軍事を別建てにした四つの力で有史以来の文明をざっくりと切り分ける。

大著のまだ第一巻だが、いまのところこの考え方を使ったそれぞれの社会に関する説明は比較的うなずける。さらに非常に面白い点だが、この四つの力は、アメリカ法学界の俊英ローレンス・レッシグらの主張する、人の規制手段四つとそこそこ対応している。レッシグがあげたのは、法、規範、市場、物理アーキテクチャーだ。対応は明らかだろう。似たような力が社会全体に対しても適応できるという考えかたは魅力的だし、議論としての普遍性をうかがわせるものではある。

ただし『銃・病原菌・鉄』ほど見通しのよい本ではない。四つの力が考えられる、というのはわかった。でもその四つを取り出すと

何が嬉（うれ）しいのかは、必ずしも明確ではない。既存の議論の論駁（ろんばく）にかなりのページが割かれるけど、その社会に対する既存の説明が実態と合っていない、四つの力を考えるほうが説明力があると述べるだけ。でも変数をふやせば説明力があがるのは当然。こうした文化類型の価値は、敢（あ）えて変数を切り捨てることで見通しをよくすることにある。変数を増やして得られた説明力は、その裏返しの見通しの悪さを正当化できるほど高いだろうか？　この第一巻ではまだやっと石器時代から農業文明がなんとか終わった段階で、なんともいえない。

　この見方の真価が問われるのは、第二巻以降の工業社会以降だ。『銃・病原菌・鉄』が避けたこの部分を、果たしてマンの理論はきちんと説明しきれるだろうか？　これはお手並み拝見だ。続編の出版が待ち遠しい一冊。そのための準備としても一読をお勧めする。うまくいけば、本書は古典となるだろう。翻訳もスムーズで正確。

（原題、The Sources of Social Power Vol.1）

評・山形浩生（評論家）

Michael Mann　42年英国生まれ。米カリフォルニア大学ロサンゼルス校社会学部教授。専攻は歴史社会学。

二〇〇二年二月二二日❹

『アフガニスタン　国連和平活動と地域紛争』

川端清隆 著

みすず書房・二五〇〇円

紛争の深層に迫る洞察と分析

　アフガニスタンからイラクへ。大仕掛けの回り舞台のように、国際政治のステージは切り替わりつつある。だが目先の動きに惑わされて本質を見失ってはなるまい。

　9・11事件はなぜ起きたのか。アフガンを本拠にしたアルカイダとは何者か。執拗（しつよう）にこだわらねばならないのは、その問いだ。核心を衝（つ）く書物は意外に少ない。本書は未公開資料をもとに、国際政治の最深部からその問いに答えた第一級の証言だ。

　著者は95年に国連アフガン担当官になり、和平活動にあたってきた。内戦下でタリバーン政権のオマール師と会見し、暗殺された北部同盟のマスード将軍らと交渉した。ニューヨーク国連本部で9・11を迎え、昨年のボン和平会議を実らせた。交渉当事者であり、国際政治の第一目撃者でもある。

　だが本書の価値を高めたのは、目撃者が同時に、深い洞察と分析力を備えた報告者であった点だ。著者は歴史家のように抑制した筆致でアフガン紛争の深層に迫る。

　79年のソ連侵攻に対し、米国の支援を受けてイスラム戦士がゲリラ戦を展開した。冷戦終結と共に米ソは関心を失い、混乱は放置される。群雄割拠を統（す）べたのは、94年に突如登場したタリバーンだ。急成長の陰に金、次いで兵力、最後には思想で浸透したビンラディン氏らがいた。

　本書は、その背後に関係国の利害が錯綜（さくそう）していた現実を指摘する。アフガンに対インド戦の後背地を求めるパキスタンは、タリバーンを積極支援した。サウジアラビアは原理主義者の国外活動を、時に奨励した。米国はタリバーン政権を崩壊させたが、テロを生む構図そのものは手つかずだ。

　内戦、対テロ戦を通じ、日本も米国のアフガン政策に深く関与してきた。本書は随所で日本とのかかわりに触れ、自覚のないまま漂流する外交に警鐘を鳴らしている。

　著者は国連和平を百貨店の陳列窓に例える。和平に背く者は財産を奪うためにガラスを破る。窓は無残に砕かれるが、その音で国際社会は異変に気づき、駆けつける。ガラスの脆（もろ）さを熟知していても、著者は望みを捨てない。静かな決意に、心打たれた。

評・外岡秀俊（本社ヨーロッパ総局長）

かわばた・きよたか　54年生まれ。国連本部政務官、ブラヒミ事務総長特別代表（アフガニスタン担当）補佐官。共著に『ＰＫＯ新時代』。

二〇〇二年一二月二二日⑤

『日本文化　モダン・ラプソディ』

渡辺裕 著

春秋社・二八〇〇円

西洋文化の導入　改良の歴史を検証

最近、日本文化の伝統あるいは固有性といったものは、明治以降に生み出されたといった議論が多くなっている。もっともなのだが、食傷気味だといえなくもない。本書は、ここからさらに議論を進めていく。

一九〇〇年代の初期、日本文化の現場にどのようなことが起こっていたのか、音楽や舞踊、演劇の現場のせめぎ合いが、ていねいな筆致で検証されている。この現場を発掘すると、現在からすれば、トンデモナイ、奇妙奇天烈（きてれつ）だとびっくりさせられるものが続出してくる。

川本晴朗の尺八改良、芸妓（げいぎ）の舞踊団「河合ダンス」、芸妓の音楽隊や「〆（しめ）の家ジャズ・バンド」、モダン芸者の藤本二三吉、杵屋佐吉考案の低音（セロ）三味線（とてつもなく大きな三味線を手にしている写真が載せられている）、坪内逍遥の歌舞伎改良と宝塚詣で、ニットーレコードの活躍などなど。この現場は帝都・東京ではなく、ほとんど民都・大阪（関西）だ。新日本音楽・芸妓改造・歌舞伎改良といった大阪発の「もう一つの近代化」の賑（にぎ）やかで躍動的なシーンが、繰り広げられたのである。

私が大いに興味をもったのは、草創期の宝塚歌劇である。歌舞伎に西洋音楽や洋舞を導入し改良することによって、本格歌劇を「国民劇」として作り上げていくという宝塚の構想は、日本文化の歩みをシンボリックに体現している。日本舞踊の家元、楳茂都（うめもと）陸平はベートーベンのピアノ曲に振りをつけた日本舞踊を上演するなどして、宝塚を根城に活躍した日本舞踊界の風雲児だった。西洋文化を複合させて日本文化を活性化しようとするのが楳茂都の手法である。だが、パリ直輸入のレビューがモダンで西洋的として受け入れられ、楳茂都の手法は和洋折衷として退けられていく。著者が評価するのは、西洋文化の要素を取り込んで改良していくところに日本文化の現在がある、としてそれを実践した楳茂都である。

本書は純粋な日本音楽や日本文化を信じている人にはかなり衝撃的なメッセージとなろう。また何よりも、現在の宝塚、さらには日本文化を読み解くうえで、すぐれた指針となろう。

評・川村邦光（大阪大学教授）

わたなべ・ひろし 53年生まれ。東京大大学院人文社会系研究科教授。美学芸術学。著書に『聴衆の誕生』（サントリー学芸賞）など。

二〇〇二年一二月二二日⑥

『日本はなぜ旅客機をつくれないのか』

前間孝則 著

草思社・一七〇〇円

徹底的な失敗事例研究の先に光

「日本は第一級の産業をもちながら、なぜ航空機産業だけがだめなのか？　その真因を解明、打開策を示す」。そう帯に書かれている通りの本である。最初に断っておくが、本書に関しては客観的な書評ができない。ページをめくるたびに「まったく」という共感の嵐だから。特にハシゴをはずされて空中分解する国産ジェットエンジン開発プロジェクトの話がつらい。

省庁間の軋轢（あつれき）、目先だけを見た予算カット、他人任せで自律できないメーカー、エリート官僚の腰の引け方、科学技術がらみの問題に対するセンスのない政治家たち——何よりも、国としての広い視野に立った将来ビジョンや戦略のなさ。どこのページをめくっても、これでもかというほど、日本ならではのお寒い構造的問題が並んでいる。

そのことの良し悪（あ）しを別にして、どうしても政府の国家戦略に左右されてしまう業界というのが、世の中には存在する。その典型が航空機産業。日本はその面での環境は、はっきり言えば最悪である。

そしてその事情は残念ながら、私の専門分

野——この本の著者が羨望（せんぼう）する「世界の一級品」のはずのコンピュータの分野にも実はある。パソコンは表面的には日本製でも、中身の心臓部はすべて米国製でブラックボックス。航空機と変わらない。そしてその理由も経過も大枠では同じである。

しかし、筆者は決して絶望するためにこの本を書いているのではない。事実、本書のエピローグには、そこまでの失敗の分析を活（い）かした、日本におけるより現実的な小型旅客機開発計画の芽生えが語られる。

失敗を水に流して学ばないという悪い癖はあるものの、一度どこが悪いかを把握できさえすれば、創意工夫の代名詞「カイゼン」に象徴されるように、必ずや日本人はそれを乗り越えられる——そう信じる筆者の希望は、まるでパンドラの箱に残った光のように最後にきらめく。そして、その希望は私の分野にもほの見えてきている。

徹底的な失敗事例研究の先にある再生の可能性——悲劇に満ちた本書は、実は「希望の書」なのである。

評・坂村健（東京大学教授）

まえま・たかのり 46年生まれ。ノンフィクション作家。ジェットエンジンの設計に20年間従事。著書に『亜細亜新幹線』など。

二〇〇二年一二月二二日⑦

『大岡信全詩集』

大岡信 著

思潮社・二五〇〇〇円

両手で受けなければならない。単行詩集全二十冊をあわせ計一七五六頁（ページ）の大冊。ずしりとくる。だが、やるせなくない。本紙連載「折々のうた」の筆者の、本書は掌（たなごころ）にのる爽（さわ）やかさの有機体なのだから。

詩人大岡信とは、何か。この半世紀を通しての、吹き始めの朝のそよ風である。もっとも、本書付録の気鋭の詩人藤井貞和の意見では、「二十世紀の旗手だったと言ってよい、大岡氏」。どっちにしろ、無類のすがすがしさが身上。だが、どうしてそうなのか。詩集『透視図法—夏のための』の一篇（いっぺん）より、書き流しで引用する。

〈あなたはわたしを／美しいといってください／／そしたらあなたに／ほんとのわたしが見えてくる〉。美しいと歌いかけることこそが、宇宙に向かっての祈りの究極、そして大岡信の詩の極意。ああ、何という優しい宗教性よ。

世界がその魅惑を啓示している全詩集を前にして、わたしは冬の月に盃（さかずき）をあげる。

評・宗左近（詩人）

二〇〇二年一二月二二日⑧

『性　摩訶不思議　老産婦人科医の診療白書』

石濱淳美 著

彩図社・九五二円

高齢者の恋愛と性には「いいトシして」と社会的偏見が強い。だが、性を扱う医学者の間で、脳が機能する限り〝生涯現役〟は常識だ。

性を50余のテーマで随筆風に綴（つづ）る本書でも「性ホルモンは死ぬまで分泌され、50歳以後は若者の二倍分泌する。性は上半身（脳）の問題」と、トシを取れば性も枯れるは迷信と唱える。

石濱氏は15年生まれ。41年に九州大を卒業後、産婦人科医として00年まで大学や病院で研究、臨床に携わった。専門医の視点ゆえ、我々は日頃、性に関して限られた情報にいかに惑わされているかを知る。氾濫（はんらん）する週刊誌の性情報を石濱氏は「素人の執筆が多く、オーガズムや性感の記述は誤記が多い」と指摘した。

「性には個人差がある。性情報に惑わず自らの性を見つめよ」の趣旨に救いの念を持つ読者も多かろう。江戸中期にオランダから伝来し、現在に至るコンドームの変遷など、博物誌としての性も随所に詳述され、一気に私は通読した。

評・小林照幸（作家）

二〇〇二年一二月二二日⑨

『静かな黄昏の国』

篠田節子 著

角川書店・一五〇〇円

絵空事ではなく、人間の情念を延長していったらきっとこうなるというホラーだから、怖い。たとえば「リトル・マーメード」。――「肩につくかつかないかのような繊毛は水流に揺らぎ、小さな黒い目は彼をみつめている。オレンジ色の内臓の透けて見える淡いピンクの胴体には、小ぶりだが、形良く盛り上がった乳房そっくりの突起があった」

鑑賞魚マニア用の軟体動物だが、食べると、甘海老（えび）と帆立（ほたて）貝をあわせたような上品な甘さ――。うわっ。

そして、「エレジー」。フォーレの『エレジー』をうまく弾けるなら死んでもいいと思っているアマチュア音楽家が、怪しげなチェロを手に入れる。弾いたあと激痛が走り、手がだんだん腐ってきた。むきだしの骨の先から、激しい腐臭を放つ液体がしたたる。骨はかまわず見事な第一ポジションをとり、心をえぐる悲痛な四分音符を奏でる。

私だって、ピアノが思い通りに弾けるなら指が腐ってもいいな。

評・青柳いづみこ（ピアニスト・文筆家）

二〇〇二年一二月二二日⑩

『京都服飾文化研究財団コレクション ファッション』

深井晃子 監修

タッシェン・ジャパン発行、丸善発売・四五〇〇円

ヴェルサイユの貴婦人の華麗な衣装、一九世紀パリを彩るオートクチュールのドレス、二〇世紀の波頭をゆくシャネル・スタイル、さらにコム・デ・ギャルソンからイッセイまで、頁（ページ）をめくると、そこは西欧モードの夢世界。

一八世紀から現代まで、京都服飾文化研究財団が所蔵品から5百点を選んで編んだ図録は、まるで歴史ドラマを見るかのよう。熱く胸ときめかせる。

一つには、序にあるとおり、同財団が開発したマネキンの効果だろう。衣装の着せ方が見事である。靴や帽子、日傘や扇を巧みにあしらった女たちは、豊富な下着作品とあいまって、身体と衣装の秘めたドラマを繰り広げてゆく。

アングルやスーラなど随所に挟まれた名画の数々も、衣装が誕生した文化的コンテキストを教えて秀逸。西欧文化の深い学識に裏打ちされた卓抜な編集で、ファッション好きはもちろんのこと、文化史家も必読必見。

評・山田登世子（仏文学者）

平成十五年

2003

二〇〇三年一月五日❶

『昭和天皇　上・下』

ハーバート・ビックス 著　吉田裕 監修

講談社・各二三〇〇円

失敗の時代を振り返る史料として

年改まり、昭和がまた一歩遠ざかった。

「降る雪や明治は遠くなりにけり」

中村草田男の句作は明治から約20年後という。今や昭和の残像もセピア色に褪（あ）せ、「歴史」になりつつある。そんな時節、昭和を鮮やかに切り取る大著が届いた。本書は、昭和天皇の戦争責任を前面に掲げた点で異彩を放ち、多くの議論を呼ぶだろう。

歴史論争の主題は二つある。天皇の聖断で戦争は終わった。ではなぜ日中戦争の拡大を防ぎ、太平洋戦争の開戦を阻止できなかったのか。戦後の天皇の回想『昭和天皇独白録』は、立憲君主制では天皇が不賛成でも、国務と統帥が一致して上奏した場合には裁可するしかなかったという。第二は、天皇の名のもとに行われた戦争で、なぜ天皇が責任を問われなかったのかという点だ。『独白録』に従えば、戦争を防ごうとした天皇の責任を問うこと自体、論外となる。

だが『独白録』が、東京裁判での天皇不訴追を確かなものにするため、側近と占領軍の連携で編んだ弁明書である可能性が強まり、論点は絞られた。昭和天皇は軍部に抵抗し、最後の決断で平和をもたらしたのか。あるいはその像は、英米派の重臣や側近が占領軍と織り上げた虚構だったのか。

後者の視点から、能動的に戦争を主導した天皇像を描いたのが本書の特徴だ。幼少時の教育にあたった学者や重臣、側近らの回想や膨大な文書を突き合わせ、ひた押しに歴史に迫る力業は見事というほかない。

にもかかわらず読後、疑問は片づかなかった。著者は、至高の権力者である天皇に軍部を抑える責任があったという。「不作為」や「放任」も戦争責任にあたるとの考えだ。そのため日中戦争拡大を防ごうとする姿勢すら優柔不断の象徴となる。歴史のふくらみを鋭利な倫理で裁ちきり、水晶のような論理の一貫性を保った分だけ、実像は歪（ゆが）められた感がある。また『独白録』の政治性を批判的に検証しながら、同じ史料を「内省なき天皇」像の論拠として援用するのは、歴史家として公正とはいえまい。

本書は、日本が無謀な戦争に突き進む過程で、見逃されがちだった皇室や海軍の役割に光をあてた。半面、陸軍の独走やマスコミの翼賛、政党政治の自壊など、当然語られるべき時代の主調音は、聞き取りにくい。本書は、先行研究と共に読まれて初めて、その正当な位置を占めるだろう。

私たちは「第二の敗戦」を目撃している。昭和の失敗の本質が何であったのか、今こそ振り返るべきだろう。本書を昭和天皇の評伝ではなく、「昭和」の評伝としてお薦めしたい。

（原題、Hirohito and the making of modern Japan）

評・外岡秀俊（本社ヨーロッパ総局長）

Herbert P. Bix　38年米国生まれ。日本史研究者、ニューヨーク州立大ビンガムトン校教授。

二〇〇三年一月五日❷

『弁護人　上・下』

スティーヴ・マルティニ 著　斉藤伯好 訳

講談社文庫・各八五七円

旧境での復活を私は支持する

アリステア・マクリーンの衰退は視覚メディアを意識して書き始めてからだという通説がある。マクリーンの例が古すぎるなら、フィリップ・カーの例でもいい。『偽りの街』というきわめて異色のハードボイルドの傑作を書いた作家が、『密送航路』『セカンド・エンジェル』と視覚メディアを意識して「新境地」を開拓した途端に、物語からパワーが失われた例を出せばいい。視覚メディアが物語の力を取ってしまうのではなく、「新境地」への野心と色気が先走ることでそれまでの緊迫感を行間からなくしてしまうのかもしれない。マクリーンの衰退が哀（かな）しかったように、フィリップ・カーが戻ってこないのは淋（さび）しい。

スティーヴ・マルティニだ。リーガル・サスペンス界の職人作家マルティニが、ハイテク軍事スリラー『臨界テロ』を書いたのはまだ記憶に新しい。『沈黙の扉』という冒険活劇からスタートしたマルティニだけに、『臨界テロ』は無味乾燥な軍事スリラーではなかったけれど、しかしいつもの興奮からかけ離れていたことも事実だった。マルティニまでマクリーンやカーの道をいくのなら、もう救いはないなと思っていたら、お馴染（なじ）みの主人公マドリアニを引き連れて、マルティニが戻ってきた。それが本書だ。

リーガル・サスペンス界におけるマルティニは、文学派スコット・トゥローや描写力にすぐれたリチャード・ノース・パタースンに比べて、キャラクターの造形に難があるので表通りでは語られにくいが、傑作『依頼なき弁護』に見られるように、二転三転四転五転する巧緻（こうち）なプロットの冴（さ）えが売り。わかりやすく言えば、一時期のモダンホラー界のクーンツと思えばいい。クーンツも変わってしまったから、全然わかりやすくないか。

娘に誘拐された孫を探してほしいというのが今回の依頼だが、いつものようにストーリーがねじれて、マルティニ節が全開するのは嬉（うれ）しい。これまでの迫力満点の傑作に比べると、プロットがやや弱いのは気になるものの、それは贅沢（ぜいたく）な注文というものだ。マルティニ復活を私は支持する。

（原題、The Attorney）

評・北上次郎（文芸評論家）

Steve Martini　46年生まれ。ジャーナリストを経て弁護士、小説家に。著書に『情況証拠』『重要証人』など。

二〇〇三年一月五日③

『海港と文明　近世フランスの港町』

深沢克己 著

山川出版社・三〇〇〇円

農業国を貿易国ととらえる新視点

まことに魅力的な歴史書が登場したものだ。近世フランスにおいて、内陸の社会と国家にとって異質の空間であった港町、その文明史的な役割を解明しようという野心的な狙いが込められた本書には、著者が自分の足で歩いて撮影した港や商人邸宅の写真がふんだんに盛り込まれ、頁（ページ）を繰る楽しみを倍にしてくれているからだ。

大航海時代に海洋帝国として新世界に雄飛したスペイン、ポルトガル、イギリス、オランダと異なり、農業国フランスの港町に文明史的意義などあるのか、とはだれもが抱く疑問だろう。ところが実際は、ディエップ、サン＝マロ、ラ・ロシェルをはじめとする沿海岸港が十六世紀から政治的に自立して、一種の「商人共和国」を作ったし、十八世紀になるとルアン、ナント、ボルドー、マルセイユなど大河川の出口に位置する港町の地位が向上して、フランスはヨーロッパ屈指の貿易国家に成長した。この点を十分認識してこなかった領域国家寄りの視点こそ、正されるべきなのである。

そこで本書では、まず立地条件や地理的環境から港湾類型を探り、政治・経済の変動とともに沿海岸港から河口内港へと重心が移ることが指摘される。ついで階層・出身地や結婚形態から企業組織まで、商人社会のなりたちを調べて国際的ネットワークとの繋（つな）がりを明らかにし、最後に、港町の都市空間とその改造、商人たちの住宅や取引所などの建築様式を眺めることで、商人文化の一面を浮き彫りにしている。論述対象の類型や要素を念入りに分類し、従来の歴史研究方法との違いや観点の相違を際立たせるため、史学史的解説を数多く挟み込むなど、几帳面（きちょうめん）すぎるほどの教育的配慮がなされているのも、大きな特長だ。

海と港町という観点を入れてみると、たとえばフランス革命は、海洋性フランスと内陸性フランスの対立として読み解ける。意外なところに近世史読み替えの鍵があることに驚かされる。閉塞（へいそく）感のある歴史学界に爽（さわ）やかな海風を送り込む本書を読み終えた読者は、今まさに大洋へ出帆しようとする船に乗り込んだかのような、そんな期待に胸膨らませることだろう。

評・池上俊一（東京大学教授）

ふかさわ・かつみ　49年生まれ。東京大大学院人文社会系研究科教授（仏近世史）。編著に『近代ヨーロッパの探究9　国際商業』。

二〇〇三年一月五日❹

『中国「新語」最前線　インターネットから性風俗まで』

莫邦富 著

新潮選書・一二〇〇円

激変映す創意工夫の「新漢語」

あなたが中国語に通じていようがいまいが、まずはこんな問題に挑戦してみてほしい。曲がりなりにも「漢字文化圏の朋友（パンヤオ）」としての想像力を駆使して。

【問】次の中国語を和訳しなさい。①互聯網②一線通③伊妹児④期権⑤一級方程式⑥二悪英⑦形象大使⑧配装師⑨性保健⑩下崗【正解】①インターネット②ＩＳＤＮ③Ｅメール④ストックオプション⑤Ｆ１レース⑥ダイオキシン⑦イメージキャラクター⑧スタイリスト⑨アダルトショップ⑩リストラ

さて、あなたはいくつ正解、いや想像できただろうか。

これらの単語はどれも急速な市場経済化を背景に、ここ数年で中国社会に定着した新語だ。ごらんの通り、われわれ日本人には横文字でしか「和訳」できないものばかり。日本人が文明開化期の和魂洋才を忘れ、カタカナの便利さに安住している間に、中国人はこんな涙ぐましいまでの創意工夫を重ねているのである。

もちろん外来語ばかりでなく、「手機」（携帯電話）「海選」（自由選挙）のような造語、「小資」（中産階級好み）のような名誉回復語、「平民賓館」（格安ホテル）のように失脚した流行語、「環保」（地球にやさしい）のように形容詞に転じた略語、さらには「写真集」「鉄板焼」のような日本直送の熟語……。多彩な出自とジャンルの新語たちが、その激動と混乱の社会背景とともに詳説される。

滞日十七年の文革世代である著者は、そこから微妙な距離を保ちつつ、それらの新語が醸し出すニュアンスを、時に過剰なまでの思い入れでユーモラスに伝えてくれている。そして、日中の漢字文化が「似て非なるもの」であるがゆえの面白さを、とことん堪能させてもくれる。

湯（スープ）を飲みたい中国人留学生が銭湯に入ってしまうという有名なジョークがあるが、そんな日中漢字摩擦に拍車をかけそうな新語も少なくない。中国で「性感、性感」と声をかけられても誤解してはいけない。あなたを「セクシー」と褒めてくれているのだから。

評・山崎浩一（コラムニスト）

Mo Bangfu　53年上海生まれ。85年に来日。新聞や雑誌、テレビのドキュメンタリー番組などで活躍。著書に『新華僑』など。

二〇〇三年一月五日❺

『中東　大変貌の序曲』

脇祐三 著

日本経済新聞社・二〇〇〇円

人口爆発が最大の要因、と解く

一昨年9月11日の同時多発テロ以来、世界の注目が中東とイスラムに集まっている。イスラム過激派について、どれほど多くの本が出たことだろうか。この本で著者は、人口爆発が中東問題の最大の要因であると論じている。

中東は世界でもっとも人口増加の著しい地域の一つである。１９７０年に中東・北アフリカ地域（イラン、トルコなども含む）の人口は2億弱だったのが、今では4億3千万以上である。73年、サウジアラビアの人口は７００万人だったが、今では２２００万を超える。宗教的に子沢山（こだくさん）を喜ぶところへ、医療技術が進んだので、爆発的な人口増加となったのである。

その結果、一人当たり所得は、多くの国で相当に低下している。81年当時、サウジアラビアの一人当たりGNP（国民総生産）は１６０００ドルで、先進国をしのぐ勢いだったが、今では７０００ドルである。

かつてサウジアラビアやクウェートやアラブ首長国連邦は、オイルマネーにモノを言わせて、高度の福祉国家を作り上げた。医療、

教育は無料、公共料金もただ同様だった。それが、いまや維持できなくなっている。サウジアラビアでは、失業率30％の時代に入りつつある。

都市化の進展もまた重要である。サウジアラビアでは、60年代に人口の30％が都市に住んでいたが、今では90％に近い。都市ではエアコンを使うので、カタール、バーレーン、アラブ首長国連邦の一人当たりエネルギー使用は、アメリカ以上だという。そして都市では、貧富の差が拡大し、スラムが発生する。こうした大きい幻滅の中から、過激思想に走るものが増えたのは当然のことだろう。

本書の特質は、人口というもっとも基本的な事実を中心に、もっぱら世俗的な理由から、社会主義でもアラブ民族主義でもなく、イスラム過激思想が勃興（ぼっこう）した理由を明らかにしていることである。したがって、今後の石油をめぐる地政学的な展開や、日本が取るべき政策についても、派手ではないが、しっかりした展望が示されており、一読に価する。

評・北岡伸一（東京大学教授）

わき・ゆうぞう 52年生まれ。日本経済新聞社アジア部長。共著に『欧州の憂鬱』『21世紀の民族と国家』など。

二〇〇三年一月五日⑥

『落語『死神』の世界』

西本晃二 著

青蛙房・三二〇〇円

古今東西、おかしくて怖いやつ

死神をだまして大金を手に入れた男が、無数の蝋燭（ろうそく）が燃える地下の大広間につれてゆかれる。なかに、いまにも燃えつきようとしている蝋燭が一本。あれは？　おまえの命の火だよ。あわてて別の蝋燭をつぎたそうとするが、その瞬間——。おかしくて、おっかない名作落語だ。

この『死神』の作者は三遊亭円朝なのだそうな。そして、その大もとには『クリスピーノと代母』というイタリア・オペラがあった、という説があるらしい。ひょんなことからこの説を知った落語好きのイタリア文学者（すなわち著者）が、その真偽をたしかめにかかる。しらべるのはたのしい。たちまち十五年の歳月がすぎて、ざっくばらんな知的閑談に綿密な考証が織りこまれた愉快な本ができあがった。

種本と思われるオペラの作者はリッチ兄弟で、一八五〇年、ヴェネツィアの劇場で初演されている。読んでみると、なるほど『死神』にそっくり。とすると円朝は、一九世紀末の日本で、どのようにしてこのオペラのことを知ったのだろうか。

その謎ときにもなかなかの説得力があるが、でも本書の眼目はむしろそれとは別のところにあるようだ。しらべるにつれて、この『クリスピーノと代母』が、オペラ以前に、じつはヨーロッパ全域に古くからつたわる死神伝承のひとつであることがわかってくる。グリム童話もその一例。

他方、明治期の日本にもたらされた同じ伝承が、こんどは落語という異文化の話芸のうちで、さまざまな変形をこうむりながらゆっくり増殖してゆく。著者は、二代目金馬、三代目円遊、五代目今輔、六代目円生、十代目小三治などの速記録や録音テープをさがしだし、それぞれのヴァージョンを克明に比較してみせてくれる。うーむ、そこまで徹底的にやりますか。「お茶の水の死神会社」が登場する三代目金馬版などというものまであったらしい。

どんな小さな穴からでもはいりこんで、しぶとく生きのびる。死神くそくらえ。そんな口承遺伝子の繁茂能力への賛嘆のおもいが、心地よくつたわってくる。

評・津野海太郎（編集者・和光大学教授）

にしもと・こうじ 34年生まれ。政策研究大学院大学副学長。専門はルネサンス研究。著書に『現代のイタリア語』など。

二〇〇三年一月五日⑦

『愛のかたみ』

ヤティ・マルヤティ・ウィハルジャ 著
山根しのぶ 訳
大同生命国際文化基金・一五〇〇円

インドネシアから愛の贈り物が届いた。編み込まれているのは、アジアの多民族国家における貧困でも、宗教でも、政治や社会問題でもなく、普段あたりまえに存在するが本当は何よりも大切なもの、家族や友人そして恋人、さらに生きることに対して愛情を絶やさなかった著者の思いだ。

十二の物語中、娘の自由な恋愛に母は戸惑い、男は娼婦（しょうふ）によって妻の愛を知る。頁（ページ）をめくるたびに、タンジュンの花の香りや、カイン・クバヤを纏（まと）った女の細い腰や、幼子のふっくらした頬（ほお）、椰子（ヤシ）の葉をもてあそぶ風、恋人たちが佇（たたず）むバナナの木の陰が、南国の甘酸っぱい空気と共に読者を満たす。その優しさと切なさと色彩に溢（あふ）れた語り口は、人間にはつきものの嫉妬（しっと）や後悔や身勝手さですら、いとおしいものへと変えていく魔法のようだ。

四十二歳の若さで他界した著者のこの魔法は、現代社会で呼吸するわれわれにとってこそ最も必要なものなのかもしれない。

評・中上紀（作家）

二〇〇三年一月五日⑧

『脳が殺す　連続殺人犯：前頭葉の〝秘密〟』

ジョナサン・H・ピンカス 著　田口俊樹 訳
光文社・一九〇〇円

アメリカの神経内科医が二十五年にわたり、百五十人の凶悪殺人犯に面接して徹底調査。虐待、神経学的な損傷、偏執的な思考を伴う精神障害の三つが犯行の原因という仮説を実証した。周囲までの聞き取りによると、ほとんどが児童期に身体的、性的な虐待を受けており、また神経学的な精密検査によって脳の損傷を持つことがわかったからだ。

そして脳の損傷が虐待の結果であるように、この三者は相互に関（かか）わっている。しかもどれ一つとして本人の責任であるものはなく、被害者かもしれない加害者に極刑が科されるべきかという大疑問にたどり着く。しかし確かに犯した犯罪は冷酷無残で、脳科学と倫理との対立という深刻な矛盾が浮かび上がる。

いったい精神とか人格とかの実体は何かという点まで考えさせる、現代版「罪と罰」だ。そのなかから、児童虐待を早期に発見して救済するのが犯罪予防の有効な手段であるとする提言は、一つの重要な解答である。

評・宮田親平（科学ライター）

二〇〇三年一月五日⑨

『ハンドブック　市民の道具箱』

目加田説子 編
岩波書店・一六〇〇円

行政におんぶにだっこ、まっ、いいかのお任せ主義でやってきて、気がつけば弱肉強食の競争社会。危機だ。脱出できるか。できる、有効な道具（法律や制度）があると、このハンドブックは親切にその性能や使い勝手、効能を検証しつつ、迷える羊を脱出口へと連れ出す。

介護保険の受けかた、DV（家庭内暴力）や子どもの虐待など、身近な〝困った〟を解決する道具から、天下の大事、公務員の不正を追及する場合の段取り、住民投票という護（まも）り刀の使いかた、さらにいま関心の高いNPO（特定非営利活動）法人の立ちあげかたに至るまで、およそ70のすぐれもののプレゼンテーション。

編者の目加田説子さんはじめ48人の筆者は、こうした市民の道具を率先して使いこなしてきた達人たち。だから熱と力がこもる。誘われてこれらの道具を駆使し、自立自主の21世紀型市民に変身したくなる。この箱は希望の箱のようだ。

評・増田れい子（エッセイスト）

二〇〇三年一月五日⑩

『バッカスが呼んでいる　ワイン浪漫紀行』

本間千枝子 著
文芸春秋・一八〇〇円

ギリシャには古くからディオニソスの祭りというのがある。この神のローマ名はバッカス。ワインの神様である。

著者は、この祭りとユダヤ教の過ぎ越しの祭り、キリスト教の復活祭とには通底するものがあるという。三つとも春の祝祭でありワインがからむ。ワイン愛好家ならではの大胆な推論に思わず頷（うなず）いてしまう。

本間一家は、ある夜、客を迎えイスラエル産の銘醸酒を開ける。仏、伊産でないのはその客がユダヤ系アメリカ人だからか。

食卓の話題は、聖書からM・F・K・フィッシャーとかいう女性作家へと駆け巡る。この作家、食を文学的に語らせたら当代随一だそうな。ワインの香りとともに、本間サロンの衒学（げんがく）趣味？が漂ってくる気配。

著者が旺盛なのは知的好奇心だけではない。大の旅好きで気軽に世界中の原産地に飛んでいく。酒豪だった父の血も引く。いつの間にやら陶然たる酔い心地のワイン随筆集。

評・安倍寧（評論家）

二〇〇三年一月一二日①

『不死鳥の日本経済』

リチャード・カッツ 著
伊豆村房一、藤井眞人 訳
東洋経済新報社・二〇〇〇円

10年かかる。それでもきっと復活する

「それでも日本経済は復活する」と言われれば、勇気が出るだろうか。もっとも再生のためには、経済構造の抜本的なオーバーホールが必要であるから、その完遂には、まだ10年はかかるというのだが。

著者の診断によれば、日本が苦況に陥っているのは、供給面での二重経済と需要面での「拒食症」のせいである。これらが克服されない限り、日本再生はあり得ない。

まず二重経済というのは、日本には世界的レベルの生産性を誇る産業があると同時に、きわめて非効率な産業が存在することを指している。働いている人数は、後者における方が圧倒的に多い。これらの産業の生産性は、グローバルなやり方を導入するだけで顕著に改善されると期待されるが、そのことに対する政治的抵抗は大きく、克服には時間がかからざるを得ない。

他方、慢性的な需要不足という「経済拒食症」の原因は、家計貯蓄率の高止まりだと通常は理解されている。しかし、著者は、その原因は別のところにあるという。

日本の企業は、その資本の究極的な提供者である家計に報いようとせずに、利益を内部留保してしまう。とくに過剰債務を抱えてからは、家計への配当よりも返済を優先してきた。この結果、家計総所得（労働所得に利子・配当収入を加えたもの）の国民所得に占めるシェアは、低下してきている。家計の貯蓄率が上昇しているわけではなく、この家計総所得のシェア減少こそが消費低迷の本当の原因だとされる。

だとすると、需要を喚起するためにも、日本企業のコーポレート・ガバナンスを確立して、株主に十分な見返りを渡すように規律付ける必要があるし、配当に辛い税制のあり方も改めなければならない。こうした改革も即時になし得るものではない。

本書は、その前半で、右のような見方を力説するとともに、その立場からマクロ経済政策論争を批判的に展望している。また、後半では、改革の動因となるグローバリゼーションおよび経済構造改革そのものの日本における進捗（しんちょく）状況を評価している。こうした本書の内容は、実証的に手堅い説得力に富んだものであり、外部からの日本経済観察者の眼（め）は実に透徹したものである。かくも優れた観察者に恵まれたことは、日本経済にとって幸いだといえよう。

しかし、もう10年も待てないと短気になっている向きも、わが国には多いと懸念される。これらの向きは、本書の主張に反して、いたずらに即効策をもとめている。そうした辛抱のなさに対する警告として、本書を広く推薦したい。

（原題、Japanese Phoenix）　評・池尾和人（慶応大学教授）

Richard Katz　東洋経済新報社が米国で発行する月刊ニュースレターのシニア・エディター。

二〇〇三年一月一二日❷

『監視社会』

デイヴィッド・ライアン 著　河村一郎 訳

青土社・二四〇〇円

電子の目にあいそ笑いする近未来

ジョージ・オーウェルは日常生活のすみずみまでが権力者に監視される悪夢の社会を小説『一九八四年』に描いた。現実は作家の想像力に近づいているのだろうか、それとも遠ざかっているのだろうか。

この本は各国の実例をもとに、電子技術による監視の目が社会を大きく変えようとしていることを示す。しかし、それはオーウェルが予見した未来とも異なるのだという。現代の監視社会は、人間の形も変えつつあるという重要な指摘を含んだ書だ。

著者によると21世紀の都市はすでに濃密な監視の目に覆われている。ロンドンの金融街では、出入りする車のナンバーを即座に照合する電子システムが街を囲んでいる。英国の最新工場では、従業員の胸のバッジが位置を知らせる。世界中の通信や電子メールが米国の政府機関などによって傍受、監視されていることは広く知られているが、各国の多くの企業も従業員のメールをモニターしている。街頭や公共施設、商店の監視カメラは日常化した光景だ。

オーウェルの世界では、監視される民衆は被害者だったが、現代の社会では効率的で安全な都市生活を送るために、豊かな国の人々ほど自らを監視システムにゆだねている。しかも、問題を複雑にしているのは、監視によって誰が利益を得ているかが見えにくくなっていることなのだという。

視点が新しいのは、監視社会の台頭が単なる個人のプライバシーの侵害を超えた、大きな文明の変容につながると見ている部分だが、この点についての考察は難解で問題提起にとどまっている。情報社会では、指紋や声紋、顔のパターンなど、人間が断片として管理されるようになる。その結果、生身の個人の存在が現実感を失っていくという話は、もっと掘り下げて論じるべきテーマだろう。

いずれにしても、近未来の社会では、犯罪者や不満社員に間違われないためには街頭でも職場でも姿の見えない電子の目に向かって、いつも笑顔を浮かべていなければならないらしい。悪夢とまでは言えなくても、あまり暮らしたくなるような社会ではないという気がする。

（原題、Surveillance society : Monitoring everyday life）

評・清水克雄（本社編集委員）

David Lyon　カナダ・クイーンズ大教授（社会学）。著書に『新・情報化社会論』『ポストモダニティ』など。

二〇〇三年一月一二日❸

『〈民主〉と〈愛国〉　戦後日本のナショナリズムと公共性』

小熊英二 著

新曜社・六三〇〇円

思想言語の使用法で戦後を再考

日本人が自分たちを単一で均質な民族として語る「単一民族神話」は、いつ、どのように発生し語られてきたのか。さらに、その「日本人」とはどの範囲を指したのか、日本の「境界」を検証してきた小熊英二の今回のテーマは「戦後思想」である。

敗戦から一九七三年ごろまでの言説を検証し、その変質過程を浮かび上がらせた本書は、圧倒的な分量にもかかわらず、ぐいぐいと読ませ、じつに刺激的な一冊である。前二作同様、私たちが自明のものとしてとらえている概念の曖昧（あいまい）さを照射する。

「われわれが使用している言語は、歴史的な経緯のなかで生み出され、変遷してきたものである。そのなかには、『市民』『民族』『国家』『近代』といった、ナショナリズムや『公』を語る基本的な言語が含まれている。そして本書における『戦後』の再検討は、こうした言葉の使用法が、いかなる変遷を経てきたのかの再検討でもある」

たとえば「市民」の定義ひとつにしても、かつて使われた意味と現在イメージするものとは大きく異なる。「民族」も左翼運動のなかで違和感なく「平和」や「自由」と共存し、保守が憲法擁護を掲げた時代があった。著者はこのような言説が戦前と結ばれていたことを説き明かしている。

荒正人、清水幾太郎、竹内好、丸山眞男。さらに吉本隆明、江藤淳、鶴見俊輔……。「戦後知識人」としてひとつにくくられる彼らだが、世代の溝は意外に深い。じっさいに戦場に赴いたのか、そうでなかったのか。また戦場での体験がのちの思想に深く影響している。著者は、知識人たちが体験を言葉にし、思想化する「心情」を読みとってゆく。個々のパーソナリティーが丁寧に描かれており、ひとつの言説が生み出される背景を身近に感じることができた。

いまナショナリズムをめぐる論争が盛んだが、そこに「心情」はあるのだろうか。「戦後」の多彩で、複雑な思考の積み重ねを見つめ直すことなしには、ゆたかな論議は成立しないのではないか。著者は心情を表現する「言葉」こそが必要だという。私も新たな言葉の創出に希望をつなげたい。

評・与那原恵（ノンフィクションライター）

おぐま・えいじ　62年生まれ。慶応大助教授。著書に『単一民族神話の起源』『〈日本人〉の境界』『インド日記』など。

二〇〇三年一月一二日④

『三島由紀夫・昭和の迷宮』

出口裕弘 著

新潮社・一八〇〇円

〝かくれんぼ〟捜し出す名推理

推理するのは楽しいことだ。材料を集め、さてそれらが指し示すものは何か、と考える。あたりをつけたものと合致する事実が見つかると、したりと、ほくそえむ。

著者は、村松剛の誘導尋問にひっかかり、「おれは太宰治と同じだ」と口走ってしまった三島を見逃さない。すかさず、こう添える。「真反対のように見えて実は酷似した自己破壊者。（ひとりでは死ねなかった自殺者という点でも酷似している。）」

三島はついに最後まで、文芸界にも読者にも、この自己破壊衝動を信じてもらえなかった、と著者は言う。ここに、十五歳の詩「凶（まが）ごと」の一節がリンクする。「わたくしは夕な夕な／窓に立ち椿事（ちんじ）を待つた、／凶変のだう悪な砂塵（さじん）が／夜の虹のやうに町並の／むかうからおしよせてくるのを。」

三島自決の翌々日、母の倭文重（しずえ）はどうして弔問客に、「公威がいつもしたかったことをしましたのは、これが初めてなんでございますよ」などと言ったのだろう？

倭文重も、もし私的な形で息子が男同士の情死を遂げていたら、弔問客を迎えることすらできなかっただろう。しかし、三島と森田の死は、あくまでも過激政治行動として世界に衝撃を走らせた。「憂国の自決」が仮面だったわけではない。「だが三島は同時に、森田必勝という無垢（むく）な若衆を相手に、念者としての理想的な情死を遂げた」

三島を追い立てていたものは、異常にせわしない体内時計。それを司（つかさど）るのは、火の魔物サラマンダー。そして、彼の死は公的情死。著者の推理は明快で、心地よい。

著者が嘆賞する三島の文章を読むと、なるほどうまい。今さらながら、うまい。根底には、西洋文学に培われた構築性、自己客体化がある。「それでいて日本的優雅がどんな細部にも浸透」している。複雑なシチュエーションを、人物に一切触れず、状況描写だけで語ってしまう名手の気合。

ルナール『にんじん』の主人公は、あんまりかくれんぼが上手で、しまいに誰も捜さなくなったという。それをあえて捜してやったような本である。「めっけ！」とやられた三島が喜んでいるかどうかは不明だが。

評・青柳いづみこ（ピアニスト・文筆家）

でぐち・ゆうこう　28年生まれ。小説家、フランス文学者。著書に『帝政パリと詩人たち』『辰野隆 日仏の円形広場』など。

二〇〇二年一月一二日⑤

『つむじ風食堂の夜』

吉田篤弘 著
筑摩書房・一五〇〇円

宇宙がどうであっても…ここ

夜の十字路の角にぽつんと灯をともした食堂がある。十字路の四方から吹き寄せるつむじ風が起こるので、その名も「つむじ風食堂」。そこに風に吹き寄せられたような人たちが集まってくる。見た目にはただの万歩計みたいな「二重空間移動装置」を売りつける帽子屋、万年脇役の女優、星ひとつ一円で星座を描いている果物屋の若者、それに人工降雨の発明にふけっている語り手。手品師だった父親を亡くしてから彼は、父の背中についてきた来し方をさかさまにたどりはじめている。

それまでは遠い宇宙の果てに向かって歩いていた。それが父の死とともに夜の帳（とばり）がはたと落ち、向こうからここを覗（のぞ）いている目が見えてきた。食堂の客のひとりもいう。「宇宙がどうであっても、やっぱりわたしはちっぽけなここがいいんです。……わたしはいつだってここにいるし、それでもって遠いところの知らない町や人々のことを考えるのがまた愉（たの）しいんです」

来し方は大人たちに追いつこうと急いで何も見なかったのかもしれない。きびすを返すと見落としていたちっぽけなここが見えてきた。萩原朔太郎の『猫町』を思わせる。往路に見たのは、一歩ごとに埃（ほこり）をかぶった商品が並ぶ死にかけた町だった。復路は同じ町がキラキラした宝物で光り輝いている。つむじ風食堂は見出（みいだ）された時という場所だったのだ。

作者はクラフト・エヴィング商會を営む一人。ここはないものとか、雲や風のようなつかみどころのない商品が専門のお店。そのもう一人の会員の吉田浩美も同時に『a piece of cake』（筑摩書房）を出した。こちらにも猫の図書館のイラストレーターやコルク人形作家、ポケットに入るサイズの町を撮る写真家といったゲストが集うオブジェのつむじ風食堂が出現している。いつもは二人共演のクラフト・エヴィング商會が今度は別個に別れて、月光に照らされた町のほの明るい反射光が月光を照らし返す趣向の競作になった。初めての買い物客には妖精オブジェのぎっしりつまった『a piece of cake』のほうがわかりやすいかもしれない。

評・種村季弘（評論家）

よしだ・あつひろ　62年生まれ。装丁家として活躍する。作家。著書に『フィンガーボウルの話のつづき』。

二〇〇二年一月一二日⑥

『自民党幹事長室の30年』

奥島貞雄 著
中央公論新社・二二〇〇円

裏面史と政治家評価、ふんだんに

著者は一九五五年に自民党が結成されて以来、同党本部職員として勤務、六五年以降は幹事長室長として幹事長を補佐した経歴をもつ。仕えた幹事長は田中角栄から加藤紘一まで二十二人にのぼる。幹事長といえば、総裁と並ぶ自民党の顔であり、党務の総括者である。当然に興味をひかれるのは、第一に政界の裏面史、第二に政治家に対する評価だ。

驚くべき新事実はさすがに書かれてはいないが、さもありなんと思える話はいくつもでてくる。たとえば八九年に海部内閣が組閣される時に、竹下派の面々が幹事長室で忙しく各方面に電話をかけている間、新総裁は隣室の応接椅子（いす）に座り、ご機嫌そのものでお祝いの挨拶（あいさつ）を受けていた、等々。

自民党が安定した時期の幹事長に対する評価は、福田赳夫を指して「大勝負に弱い」と述べる程度で、おおむね好意的である。評価するというよりも、むしろ事実関係を淡々と書き留めるという感じだろうか。舌鋒（ぜっぽう）が鋭くなるのは小沢一郎幹事長からである。

「乱世の小沢、大乱世の梶山」。金丸信の言葉である。二人には乱世を乗り切る力量があるというのだ。このイメージは今なお強い。しかし、著者によれば、小沢一郎は無責任なワーストワンの幹事長であり、梶山静六は「豪快なのは声だけ」の小心者だ、と手厳しい。

著者自身は、本書を「定点観測」であると言う。一つの役職から見つめてきたという意味である。しかしながら、小沢一郎や梶山静六への評価と、若い頃に仕え、育ててもらったという意識のある田中角栄への評価とを比べると、その差は必ずしも人物の力量の差だけからくるものとは思えなかった。職員として経験が豊かになり、自民党への愛着も深まり、幹事長との年齢も接近してくると、評価の基準もまた変わってくるからである。

とはいえ、通常は物言わぬ事務方が、使命感からか、政治家論を展開していること自体、希少価値がある。重要な資料であることは間違いない。

評・真渕勝（京都大学教授）

おくしま・さだお 36年生まれ。55年の保守合同で自民党職員に。92年からは事務局次長兼総裁・幹事長室室長。99年定年退職。

二〇〇三年一月一二日⑦

『修復の鑑　交差する美学と歴史と思想』

アレッサンドロ・コンティ 著　岡田温司ほか 訳

ありな書房・八〇〇〇円

イタリアを旅するとどの町を訪れても、修復中の教会や美術品がはなはだ多い。絵画や彫刻の汚れを落とし、傷みを直して、作者の意図にそった制作当初の原状に戻すための技術と思想が古くから練り上げられてきたのも、またこの国においてであった。

だが一口に修復と言っても、じつは素人の想像をはるかに越えた、複雑で深刻な問題を孕（はら）んでいるのである。裏打ち、洗浄、欠損箇所（かしょ）の補完、ワニスがけ、いずれをとっても、どうすれば理想的かは難問だ。

本書は、およそ考えられうる問題点をすべて取り上げ、それらが抱える問題点をすべて取り上げ、避けるべき修復例を指摘している。美術史的知見やドキュメンテーションを軽視した科学的分析万能主義と、現代人の趣味におもねった美的復元、それを煽（あお）るスポンサーの策動が槍玉（やりだま）に挙げられる。美術の専門家必携の本書は、一般の愛好家にも、美術作品を違った目で見る無数のヒントを提供してくれるだろう。

評・池上俊一（東京大学教授）

二〇〇三年一月一二日⑧

『世界は終わらない』

チャールズ・シミック 著　柴田元幸 訳

新書館・一五〇〇円

昔、翻訳推理小説の雑誌を編集していて気がついたのは、翻訳とは結局、訳者の日本語力によるということだった。曖昧（あいまい）な個所を原文と照合すると、たいていは誤訳なのだ。詩の場合、むしろ日本語の実力のほうが重要で、それは堀口大学の訳詩集『月下の一群』を見るだけで十分だろう。

柴田元幸が訳したこの散文詩集はまさに好例で、悲劇がそのまま喜劇に転化するシミック作品の、関節が脱臼するみたいな滑稽（こっけい）味がそっくり伝わってくる。

「この界隈（かいわい）だけでも　最低四人か五人のハム／レット。まったく同じ猿の顔をした　くるくる回るおもちゃを／持っているまったく同じハムレットたち。」

この一編の短詩からも推察される、手編みのシュルレアリスムとでも称（よ）びたい詩には、どんな背景があるのか。東欧系移民の子が、戦後のアメリカという土壌に育ち、この詩集でピュリツァー賞を受賞するまでを、解説と訳注は、語って余すところがない。

評・杉山正樹（文芸評論家）

二〇〇三年一月一二日❾

『セーラが町にやってきた』

清野由美 著

プレジデント社・一二〇〇円

信州の小京都と称される長野県小布施町は人口一万二千人弱の落ち着いた町。土蔵などの歴史的遺産と特産品の栗を生かしながら、創造的な町づくりを進めてきたことで知られている。

本書の舞台は、この小布施町の看板ともいえる老舗（しにせ）の菓子舗。ニッポン大好きという生粋のアメリカ娘、セーラ・マリ・カミングスの就職で生まれた台風並みの大旋風を、温かいまなざしと情熱的な筆致で描いた楽しいドキュメントである。

圧巻は、菓子舗の親会社である創業二百五十年の保守的な造り酒屋が、セーラによってみるみる活気づいていくくだり。日本の伝統文化に対する洞察力に裏づけられた彼女の斬新な構想と、その並はずれた行動力には脱帽するばかりだ。

一人のアメリカ人女性に端を発した異文化摩擦の大活劇という印象だが、たんに読み物としておもしろいだけでなく、町づくりや企業再生という観点からも、目から鱗（うろこ）のヒントが随所に隠されている。

評・篠原章（大東文化大学教授）

二〇〇三年一月一二日❿

『黒枠広告物語』

舟越健之輔 著

文春新書・七五〇円

新聞が「時代を映し出す鏡」とはよく言われることだが、もちろんそれは新聞広告とて同じである。その新聞広告として掲載される黒枠で囲まれた死亡広告は、新聞独特の広告でもある。明治の近代新聞草創期から今日までの「黒枠広告」を通して、それぞれの時代の生活儀礼や、逝った者と残された者との心情風景を眺めようとしたのが本書である。

本人の遺志により一切の供物「お断り」広告が出された福沢諭吉、若手編集部員の死を温かい文面で見送った花森安治など、黒枠広告の一つ一つに物語がある。

もちろん、黒枠広告は死亡記事とは異なる。残された者が、逝った者についての挨拶（あいさつ）を、あくまで広告として出稿するのである。黒枠担当者は、身内を失い沈痛な面もちの遺族の前に現れ、広告出稿を求めることを仕事とする。それゆえに生まれたさまざまな逸話も、新聞広告をより人間臭いものに感じさせてくれる。

評・音好宏（上智大学助教授）

二〇〇三年一月一九日❶

『透明な対象』

ウラジーミル・ナボコフ 著

若島正、中田晶子 訳

国書刊行会・二二〇〇円

小説の未来へ誘うことばの魔術

小説家には二種類いる、と述べたのは英国の作家アントニー・バージェスだ。第一種は、風景や人物やストーリーをありのままに描き出す作家。第二種は、何を描くかよりもことば自体をどういじるかに関心がある作家。前者の書く小説は広く読まれ、実にきれいに映像化でき、そしてその映像に絶対に勝てず、いずれテレビや映画に駆逐される運命にある。後者こそがことばでしかできない、小説の真の可能性を実現できる。

ナボコフは、筋金入りの第二種作家だ。ロリコンの語源になった『ロリータ』の作家としてばかり一般には有名だけれど、でも真の小説の可能性を信じる人々にとって、かれはことばの魔術師とまで呼ばれるヒーローだ。この『透明な対象』はかれの最後から二番目の小説。そしてまさに第二種小説としての可能性を滴らせた一作だ。

その可能性とは、多くの人が「文学」に期待する、流麗な叙述や美しい日本語云々（うんぬん）とはまったく無縁の代物。むしろ悪い意味で標準的でない異様な文章だ。駄洒落（だじゃれ）や頭韻、文章の途中での不自然な切り替えやアナグラム、ほのめかしやひねりすぎた比喩（ひゆ）、映像にならない記憶の喚起と連想——そこにこの小説の真価がある（訳もそれに敏感だ。題名で、た行のことばが続くのは偶然じゃない）。第一種式に主人公に感情移入しながら本書を読む人は、ナボコフ小説の中でも最大級の不愉快な目にあわされる。

父親は目の前で死に、校正者として担当する作家Rは偏屈で、惚（ほ）れた女の子はキテレツもいいところ、思いを遂げたら夢遊病で彼女を一瞬で殺すハメになり、精神病院から出てきたとたんに火事に遭い、死者たちに加わる。でもそれを楽しげに語る話者は、存命中の一瞬を除き、主人公なんか意に介さない。

話者（そしてその仲間）は、ことば（対象）をそれ自体としては見ず、その背後にある各種の経緯を読み取る。この本を楽しむためには、あなたもそういうふうに、ことばの背後（または表面）にある数々の連想をどこまでも深読みし、その絡み合いを感じなきゃいけない。

その一部は訳者の親切なノートで説明されているけれど、他にも仕掛けはいっぱいある。実はすでに予告されていた出来事。不自然に挿入される逸話の意味。面倒そうに聞こえるだろうけれど、意外と入りやすい仕掛けもあるし、読めばあっさり第二種小説への第一歩を踏み出せるかもしれない——つまりは小説の未来へと。

（原題、Transparent Things）

評・山形浩生（評論家）

Vladimir Nabokov　1899～1977年。ロシア生まれ。19年、革命で亡命し、40年に渡米。著書に『ロリータ』など。

二〇〇三年一月一九日②

『冬の標（しるべ）』

乙川優三郎 著

中央公論新社・一六〇〇円

心の自由求め絵を描いた女の半生

「人影のない川縁（かわべり）の道を歩くのは十八年振りのことであった」という言葉で、この小説は始まる。そして、すぐに「堤通り」という地名が出てきて、はっとさせられた。かつて住んでいた所に、この地名があったからである。遠い日々が甦（よみがえ）ってきた。

私は三十年ぶりにその「堤通り」を頭のなかに思い描いて歩いた。そこには鎮守の杜（もり）というには小さすぎるが、木立に囲まれた慎（つつ）ましやかな祠（ほこら）があった。その前にしばし佇（たたず）んでいると、友人たちの若い頃の顔が鮮やかに浮かんできた。私は書き出しの言葉に引きずられながら読み進めていった。

おもな登場人物は、裕福な武家に生まれて、十三歳の時から画塾に通い、結婚後に没落する明世（あきよ）を中心に、同じ画塾に通う貧しい武家の次男坊で婿養子になった修理（しゅうり）、蒔絵（まきえ）師の息子の平吉の三人。それに、明世の前に立ちはだかる姑（しゅうとめ）と伸びやかに才能を育てる南画の師匠が、このほか印象深い。

三人が画塾の帰りに通るのが「堤通り」だが、明世は結婚を機に画塾をやめてしまう。そして、夫も舅（しゅうと）も病死し、跡取り息子と姑との三人の逼塞（ひっそく）した暮らしとなる。姑とのささいな諍（いさか）いをきっかけにして、十八年ぶりに「堤通り」を通って、堤に佇んでから、再び画塾に入門する。修理と平吉に再会し、修理とは細やかな交情を深めていく。時代は勤皇派と佐幕派との抗争たけなわの時、修理は佐幕派に暗殺される。

三人とも、それぞれの境遇で白紙に広がる「無限に思われる心の自由」を求めて絵を続けた。そんな三人の一人が欠けた。明世は修理を描き、「幽人」と題する。どのような絵なのか、それはぜひとも本書を読んでほしい。そして、川べりに佇む女、明世は、絵を描くためにだけ生きようと旅立つ。それも「男の霊」を道連れにして。明世の潔く決然として出立（しゅったつ）する姿は、ひときわ感銘深く、我が身を振り返らせる。

このような小説を若い頃、たとえば二十代には読めなかっただろうと思った。読後のしっとりとした心持ちをしばし反芻（はんすう）し味わいながらも、ふがいなく情けのない自分への苦い悔いがまだ湧（わ）いてくることに気づかされるのである。

評・川村邦光（大阪大学教授）

おとかわ・ゆうざぶろう　53年生まれ。作家。著書に『五年の梅』（山本周五郎賞）、『生きる』（直木賞）など。

二〇〇三年一月一九日❸

『ロング・ピース 冷戦史の証言「核・緊張・平和」』

ジョン・L・ギャディス 著　五味俊樹ほか 訳

芦書房・三七〇〇円

40年も冷戦が続いた意味問う

著者はアメリカの冷戦史研究の第一人者であり、『合衆国と冷戦の起源』(72年)や『封じ込めの諸戦略』(82年、共に邦訳なし)などの著作で知られる。冷戦末期の87年に刊行された本書は、冷戦に関する最も基本的な問題のいくつかを、比較的自由に論じた著作である。

基本的な問題とは、①戦後アメリカで、ソ連のどこが脅威と考えられたのか、②アメリカは本当にヨーロッパにおいて勢力圏を必要としたのか、③トルーマン政権下で、当初は朝鮮台湾を含まなかった東アジアの防衛線が、朝鮮戦争勃発(ぼっぱつ)後に急に変化したのはなぜか、④なぜアメリカは核戦力で圧倒的に優位にあるときに、それを使おうとしなかったのか、⑤アメリカは国際共産主義をどう見ていたのか、などである。

日本人読者にとってとくに興味深いのは東アジア防衛線の問題だろう。朝鮮台湾を含まないというコンセンサスが、急速に崩れていく過程が、見事に解明されている。

また国際共産主義に対しては、アメリカはこれを一枚岩とは考えず、早くからその分断を試みていたことが明らかにされている。共産主義は一枚岩と主張したダレス国務長官が、実は53年から中ソ対立を予想していたという指摘には、驚かされた。

全体として著者は、なぜ40年もの間、米ソが実際に戦うこともなく、冷戦が続いたのかという問題関心から出発して、冷戦が国際政治秩序としては相当に安定したものであったという側面を強調している。「長い平和」という書名は、そこから来ている。

よく知られているとおり、冷戦が終わったのち、国際紛争はむしろ増えている。それは、「長い平和」を支えた核抑止力が効果を持たなくなったからである。失うものを持つ大国に対しては、核兵器は抑止力として機能するが、失うものの少ない国や非国家主体、とくにテロリストやゲリラに対しては、核は決定的な脅しにはならないからである。冷戦の秩序維持能力に注目した著者の見解は、今日、さらに説得力を増している。優れた歴史家は、現代を鋭く洞察する視点を提供することがあるが、これはその好例のひとつである。

(原題、The Long Peace)

評・北岡伸一(東京大学教授)

John L. Gaddis　米国エール大学歴史学部教授(米国外交史)。冷戦期の米ソ関係史が専門。

二〇〇三年一月一九日❹

『中島敦 父から子への南洋だより』

川村湊 編

集英社・三〇〇〇円

毎日バナナを二十本ぐらい、だよ

「おとうちゃんの　ひるごはん/は　毎(マイ)日バナナ十(ジュウ)二本だよ。/うらやましいだらう。おかあ/ちゃんのいふことをよくきいて/のちやぼんをかはいがつて/くれたまへ。たのむよ。」

昭和十六年、すなわち一九四一年六月、中島敦は、大日本帝国の植民地である南洋パラオ島の南洋庁地方課に赴任し、現地の住民に日本語教育をほどこす教科書編纂(へんさん)の目的で、サイパン、ポナペ、クサイ、ヤルート、ヤップ、ロタ、テニアンの島々をめぐった。そして、日本に残してきた国民学校二年生の長男、桓(たけし)に、せっせと手紙を書き送った。その数およそ八〇通。大半は島の風俗を伝える絵葉書(えはがき)だが、裏面に、いかにも身体の線の細そうな美しい文字で、愛情あふれる言葉が刻まれている。右に引いたのは七月八日付。のちやぼんとは、まだ一歳半の次男、格(のぼる)のあだ名だ。

中島敦が横浜高等女学校教諭の職を休んで、単身南の島々へ向かった大きな理由のひとつに、喘息(ぜんそく)があった。南国の澄んだ空気に触れれば、少しは楽になるかもしれない。実際、風土病にやられたりしながらも彼は旅を繰り返し、「土人」（「南洋では、土（ど）人のことを　島民／といひます」八月二十五日）たちへの理解を深め、土地の文化と生活を顧みない高圧的な日本語教育の空（むな）しさに気づく。

遠い島での暮らしは寂しかった。手紙は通信手段であると同時に、精神安定剤にもなる。それでも「おとうちゃん」は、息子への教育的配慮を忘れなかった。「バナナのなつて／ゐる所を　よく／ごらんなさい。／上と下とを／まちがへないやうに。／ぼくはサイパンへ来（き）て／から　毎日バナナを／二十本ぐらゐづつ／たべてゐます。」（十一月二十八日・同日五通目）

しかし南国の果物は健康回復に役立たなかった。「日本の海軍は強いねえ。」（十二月十一日）と口走ってしまう不穏な空気のなか、結局身体がもたず翌年三月に帰国。その後一年も経（た）たないうちに、中島敦は三十三歳で夭折（ようせつ）する。南洋体験は数篇（すうへん）の佳品を生んだが、若い父親の、これからという作家の無念を思うと、涙が出る。

評・堀江敏幸（作家）

なかじま・あつし　1909〜42年。作家。著書に『李陵・山月記』など。

かわむら・みなと　51年生まれ。法政大教授。『戦後文学を問う』など。

二〇〇三年一月一九日⑤

『ボーパール　午前零時五分　上・下』

ドミニク・ラピエール、ハビエル・モロ 著
長谷泰 訳
河出書房新社・各一八〇〇円

忘れるな「インドのヒロシマ」

インド中央部の古都、ボーパール（ボパール）が現代世界史に名を残すことになった（本書の証言者の一人によれば「世界の中心になった」）のは、1984年12月2日から3日にかけての深夜に起こった大惨事によってであった。

その夜、米国系多国籍企業ユニオン・カーバイド社の殺虫剤工場から猛毒ガスが流れ出し、当局の発表で1754名、推定では1万6千から3万人が死亡した。ミナマタと比較されることが多いが、急性毒という点で、ある証言者の「インドのヒロシマ」という言葉のほうがあたっている。私は本書を読み、99年の東海村での「臨界事故」を思い出した。

記憶が薄れつつあったいま、本書の意義は大きい。事故原因は安全対策を軽視させた経営的な無理にあるが、失敗から学ばねばならないのは技術者と経営者だけではない。科学技術の恩恵を期待し享受している私たち自身の問題でもある。忘れないためには語りつがれる必要があり、物語はそのための有力な道具となる。

ボーパールの人々は、最高の語り部をえた。著者の一人ラピエールはインドをすでに「52年間」歩きまわり、世界的ベストセラー『歓喜の街カルカッタ』（河出文庫）などで知られるノンフィクション作家。彼が選んだ共著者は若いシナリオ作家。まるで映画のような場面展開と描写に、ぐいぐいと引き込まれる。古都の歴史と文化、技術者たちの夢、そして工場の風下のスラムで暮らす出自も宗教も異なる人々の、逆境のどん底にあっても、喜びも不幸も分け合おうとする強さ……結末を知っていて読むのは、つらい。歴史にやり直しがきくならばと、はじめて思った。

巻頭の「読者への手紙」と巻末の「訳者あとがき」によれば、本書の印税の半分はボーパールの後遺症に苦しむ人々のための病院経営に使われる。ラピエールはすでに20年前からカルカッタ（コルカタ）を中心に人道援助の市民活動をはじめ、いまでは20ものプロジェクトが進行中だという。私はこの書評用とは別に、本屋さんでもう一冊買うことにした。

（原題、Il était minuit cinq à Bhopal）

評・新妻昭夫（恵泉女学園大学教授）

Dominique Lapierre　フランスの作家。

Javier Moro　55年生まれ。スペイン人のシナリオライター。

二〇〇三年一月一九日❻

『浪漫的な行軍の記録』

奥泉光 著

講談社・一六〇〇円

関係あるじゃん、今も戦争中だ

いままで、「戦争小説」がいくつ生まれたのか、ぼくは知らない（たぶん、誰も知らない）。しかし、それが全小説中に占める割合は、「恋愛小説」の次（もしかしたらNo.1）じゃないだろうか。

なぜか？　決まってるじゃないですか。戦争って半端じゃなく人が死ぬからですよ。小説なんて、性（というか愛というか）と死ばかりで商売してるわけですから、戦争には目がないわけなんですねえ。

「戦争小説」がこの国でいちばん流行（はや）ったのは、ご存じのように第二次大戦後。戦争で生き残った人たちが、戦争で死んだ人たちについて、戦争で生き残った人たちに向かって書いた。なにしろ、当時、日本人は全員、戦争の「関係者」だったのだ。だから、「戦争小説」と小説とはほとんど同義語だったのである。

しかし、時は流れた。「関係者」は次々と死んでいった。で、どうなったか。「戦争小説」なんて目の前に出されても、たいていの人が、こういうようになったのだ。「関係ないじゃん」

そして、この一言に、「戦争小説」は反論できなくなったのである。いやいや、「関係ないじゃん」という恐怖の一言は、「戦争小説」だけではなく、すべての小説（いや、表現）を怯（おび）えさせる最大の敵となったのだ。（戦争）小説、ピーンチ！

さてと。奥泉光の『浪漫的な行軍の記録』は、もろ「戦争小説」である。となれば、これも「関係ないじゃん」の一言で片づけられかねない。奥泉光はこう思ったにちがいない。ただ書くだけではダメなのだ、どうすれば「無関係者」の耳に届けられるのか。それは、簡単なことだった。事実を書けばいいのである。すなわち、

「過去現在未来、日本はずっと戦争中」

小説の中、どこだかわからぬ場所（マレーか、それともニューギニア？）から行軍をはじめた幻の日本軍は、死臭漂う時空間を超え行進し続ける。ほら、「関係ないじゃん」といってるあんた、あんたもその行進の中にいるんだってば！　飛んで来る弾丸が見えないっての？　ダメだ、こりゃ……。

評・高橋源一郎（作家）

おくいずみ・ひかる　56年生まれ。作家。著書に『石の来歴』（芥川賞）、『『吾輩は猫である』殺人事件』など。

二〇〇三年一月一九日❼

『新選組と沖田総司　「誠」とは剣を極めることなり』

木村幸比古 著

ＰＨＰ新書・七六〇円

新選組は、語り尽くされることのない国民のロマンの源泉である。何度でも新しいアングルから見直すことができる。

多くのヒーローの中でも人気が高い沖田総司。本書はこの天才肌の剣士を中心にして、周囲に幕末政治史の視界を広げる。

最初は多摩地方のローカルな剣術青年の一団にすぎなかったグループが、風雲に乗じて、たちまち泣く子も黙る政治集団にのしあがる。その要因はいろいろ挙げられているが、近藤勇らの天然理心流が、「下級戦士の養成」を特色にする剣法だったという指摘には教えられる。

実戦の腕を買われて幕末史で活躍した新選組は、攘夷（じょうい）を叫びながら実際には京都の治安部隊になり、攘夷派の志士を斬（き）る役割を果たした。「誠」の一字には独特の悲劇的アイロニーの影が落ちている。

政治悪に汚染されずに夭折（ようせつ）した沖田総司の爽（さわ）やかさに、著者は新選組の初心を託しているかのようだ。

評・野口武彦（文芸評論家）

二〇〇三年一月一九日⑧

『ロンド』

柄澤齊 著
東京創元社・三三〇〇円

捕物帳の醍醐味（だいごみ）は犯人探しにあるのではなく、江戸の季節感と風物詩にあるとは、よくいわれるところだ。推理小説の本当の面白さというものも同様に、犯人探しやトリックの妙にではなく、むしろ作家が構築する架空庭園めいた世界の独自性にこそ求められねばならない。だが古今の推理小説、いやもとい、探偵小説において、それに真に値する作品が数少ないことも事実である。版画家としてすでに著名な柄澤齊（からさわひとし）の手になる本書は、その意味で近年の稀（まれ）なる収穫のひとつといえるだろう。

物故した巨匠の最晩年の傑作の発見をめぐって、次々と連続殺人が生じる。それもダヴィッドから中世絵巻まで、美術史上の傑作を真似（まね）た形で。美術館の若い学芸員はその謎を追うが、謎めいた山荘に捉（とら）えられる——。

十九世紀フランス高踏派の小説家リラダンの『アクセル』を連想させる、超絶技巧と危険な夢想の長編小説である。

評・四方田犬彦（明治学院大学教授）

二〇〇三年一月一九日⑨

『21世紀のひめゆり』

小林照幸 著
毎日新聞社・一八〇〇円

「私たちは武器を持って戦ってはいません。看護要員として沖縄戦に臨んだのです」。「ひめゆり学徒隊」が「部隊」ではないという証言。自分は沖縄について何を知っていたのか。そんな独り言が洩（も）れた。

沖縄戦から生き残り、教員として、母として、祖母として、現在も「ひめゆり平和祈念資料館」で証言しつづける女性に焦点を当てる。そうして浮かび上がってくる沖縄の戦後史。総花的で客観的な歴史ではなく、個人が体験し、抱え込み、周囲の諸々（もろもろ）の状況と関（かか）わっていくなかから発される言葉が、「9・11」テロ以後の現在とシンクロする。もちろん基地や不況をめぐる保守と革新のねじれのさまについても、ねじれをねじれのまま提示する。

『毒蛇』『海洋危険生物』と、沖縄に生息する生物をめぐって書いてきた著者は、ここで正面から島そのものに取り組む。ノンフィクションの意義、その訴える力についても改めて考えさせてくれる。

評・小沼純一（文芸評論家）

二〇〇三年一月一九日⑩

『世界で一番いのちの短い国』

山本敏晴 著
白水社・一四〇〇円

この本で一番面白いのは、著者が参加した「国境なき医師団」の人たちが、それぞれ弱点や欠点をさらし出しながら働いているさまをありのままに書いていることだ。ノーベル平和賞を受けたNGOのボランティアといえども、崇高な目的を抱く人々ばかりでない。しかしそれが人間だ。

シエラレオネは平均寿命25〜35歳と世界最短で、乳幼児死亡率も世界一という西アフリカの小国。貧困に内乱が輪をかけて医療ゼロ地帯になってしまった。こうして内外の難問にはさまれながら、文化も風習も異なる現地に溶け込むために言葉を覚えることから始め、一日12時間以上の過酷な医療活動で先頭に立ち、病院の再建を果たすまで。

貴重な成果は、新しい医療システムを永続するために教育を重視したことだ。その努力は、専門家はだしの知識を持った現地スタッフが得られることで実る。医療と教育。これが貧しい国への援助に最も役立つ両輪であろう。

評・宮田親平（科学ライター）

二〇〇三年一月二六日❶

『産廃コネクション』

石渡正佳 著
WAVE出版・一六〇〇円

生活の深い闇を明かす「教養書」

世の中には読んだあとで「知らないままのほうがよかった」と思っても「読まなければいけない本」というのがある。

この本はその代表。産業廃棄物の不法投棄ビジネスの実態、その分析、さらに根絶のための提言までを行った本である。著者は現役の千葉県の役人。現場の調査チームを率いて「産廃銀座」とまで言われた銚子市で不法投棄ゼロを実現した実績の持ち主。

一方もともとは財務分析が専門で、その視点による不法投棄「業界」の精密なビジネス分析も——内容の深刻さを忘れれば——中心を持たない分散型ビジネスモデルとして面白いといってもいいくらいだ。

しかし、ここに描かれている闇は深く暗い。そしてつらいのは、その闇を作り出しているのが私たちの日々の生活だということ。裏ルートがなければ、工業生産は一週間でストップしてしまうという。そこが、他人事（ひとごと）のように読める犯罪リポートとは違う。知れば知るほど「必要悪」の一言で思考停止したい誘惑に駆られる。しかし、著者も書いているように、それは間違い。不正処理は多大の環境負荷を生み、いつの日かそのツケを、溜（た）まり溜まった利息とともに皆が払わされることになる。

しかし、解決策といって、これさえやればもう安心というような、一刀両断のアイデアは出てこない。私はちゃんとごみを分別している。リサイクル運動をしている。だから市民として責任は果たしているなどという単純な話でもない。下手にリサイクルするより、燃やして熱エネルギーとして回収した方がいいこともある。すべては綿密な収支の上で考えないと、経済原則の裏づけのない「正しさ」だけのシステムは必ず破綻（はたん）して、「正しさ」に敬意を払わない人たちが儲（もう）けられる不健康な構図を生む。逆にうまくやれば未来の産業分野として、低成長時代の日本経済を支えるかも知れない。

結局王道はなく、細かく退屈な努力を多方面で粘り強く行い、社会システム自体を更新しなければならないのだ。その過程で縦割り行政の変更も必要なら、産廃税やメーカー責任による製品価格上昇からくる家庭への影響まで、すべての人に大なり小なり「痛み」がおよぶ。だから「読まなければならない」。皆が実態を認識し現状変更の必要性を認識する必要がある。お上に「よきに計らえ」で解決できるような他人事ではないのだ。

あなたの日々の生活が本当は何に支えられているかを知る——それが書いてあるような本書こそ、まさに現代日本の「教養書」なのである。

評・坂村健（東京大学教授）

いしわた・まさよし　58年生まれ。81年から千葉県庁職員。産廃Gメン「グリーンキャップ」の創設にかかわる。

二〇〇三年一月二六日❷

『アメリカ映画における子どものイメージ』

キャシー・マーロック・ジャクソン 著
牛渡淳 訳
東信堂・二六〇〇円

「無垢」という理想の行方は…

たとえばS・スピルバーグは、一九五〇年代のディズニー的な無垢（むく）な子ども像を復権させた、などとあっさり言われる。本当だろうか。その「無垢」は、原作と似ても似つかないディズニー版『ピーター・パン』や『ピノキオ』の「無垢」と、本当に同義なのだろうか。

夢の工場である以上にアメリカ最大のイデオロギー装置であるハリウッドが、一世紀にわたって生産し続けてきた「無垢」というイデオロギーの変遷史——本書をそう呼んでもいいと思う。「常に楽天主義的に未来を目指していた国家においては、無垢な子ども——その全生涯は彼または彼女の前に広がり、また、将来の世代の鍵を提供する——は、アメリカの理想の重要なシンボルとなった」（本文より）

チャップリンの『キッド』に描かれた保護されるべき無垢な弱者としての子ども、シャーリー・テンプルが演じた過度に理想化された癒やしの天使、『シェーン』に描かれた勧善懲悪ヒーローへの子どもの視線、『エクソシスト』で無垢ゆえに悪魔化する子ども、『ペーパー・ムーン』の早熟で自立した家なき子……。それらの子ども像には、同時代のアメリカ人（主に白人中産階級だが）の子ども観のみならず、アメリカ自身の自画像もが映り込んでいる。自らが開拓した核時代の下でベトナム戦争や家庭崩壊を経験したアメリカが、今も楽天的な「無垢」を演じ続けるなら、ブラックコメディーかB級ホラーにしかならない。

ハリウッド黄金期のファンタジーとニューシネマ期のリアリズムを「子ども」という切り口のみで同列に論じるのは、やはり無理があるだろう。マッカーシズムやヘイズ・コード（映画製作倫理規定）等の政治的要因に言及がない点にも、やや不満が残る。それでも、十九世紀のピューリタン文学から八〇年代のスピルバーグに至るアメリカ的子ども観の通史を俯瞰（ふかん）してみせる本書は、P・アリエスの『〈子供〉の誕生』を継承するものかもしれない。それはもはや西欧近代の最果てであるアメリカだけのものでなく、厖大（ぼうだい）な映像記憶を検索しつつ本書を読み進む、僕自身の一部でもあるに違いない。幸か不幸か。

（原題、Images of Children in American Film）

評・山崎浩一（コラムニスト）

Kathy Merlock Jackson　米バージニア・ウェスレイアン大教授。アメリカ文化学会会長も務める。

二〇〇三年一月二六日③

『幕府歩兵隊　幕末を駆けぬけた兵士集団』

野口武彦 著

中公新書・八六〇円

紙面からせり上がる肉体の存在感

幕末、流星群のように現れては消えていった下層民出身の歩兵集団がいた。頑強な身体を鍛えて徐々に銃隊戦闘に熟練し、官軍相手に善戦した幕府側の兵士たちだ。だが悲しいかな、孤剣ひとつに身を託す剣豪や西郷隆盛・勝海舟といったビッグネームの陰で、到底、時代劇の主人公にはなりえない彼らは、幕府の命運を背負った命がけの転戦にもかかわらず、その存在は忘れられがちであった。

公武合体やら尊王攘夷（じょうい）やらが入り乱れ、混沌（こんとん）が渦を巻く中に文明開化の黎明（れいめい）が遠くからモダンな足音をたてて近づいてくる時代には、旧（ふる）いモラルに囚（とら）われず優良な鉄砲や大砲を大量に備え、それらをうまく操ることこそ戦での勝利の方程式であった。江戸の太平の世で衰退した砲術が、風雲急を告げる幕末維新に装いも新たに再登場するのは、そのためだ。倒幕派の諸藩に後れをとらじと、幕府も都市プロレタリアートを集めて、急ごしらえで近代装備の部隊を作る。ここに生まれた幕府側の傭兵（ようへい）すなわち幕府歩兵隊は、まさに時代の先端を駆けぬけたのであり、もっと注目されていい。

本書はこの忘れられた兵隊たちをめぐって、筒袖の上着と股引袴（ももひきばかま）の異様な姿、世間との軋轢（あつれき）を生む行動パターン、文久と慶応の軍制改革、周囲に勃興（ぼっこう）する軍需産業、機械的な一連動作の調練、ゲベール銃から性能のよいミニエー銃への移行、長州戦争・鳥羽伏見の戦・戊辰戦争での活躍、幕府・朝廷・諸国大名に、利にさといイギリス・フランスも巻き込んだ熾烈（しれつ）な駆け引きと外交交渉、これらを紹介して興趣つきない。

だが「連城漫筆」「藤岡屋日記」などの目撃譚（たん）を随所にちりばめ、当事者感覚を大切にした本書最大の魅力は、ふてぶてしい面構えで乱暴この上ないが、その単純さ武骨さがどこか憎めない歩兵たちの圧倒的な肉体的存在感を活写して、群をなす肉体が紙面からニュッとせり上がってくることだろう。幕府は倒潰（とうかい）しても、その量感たくましい肉体は、行き場を探して巷（ちまた）をさまようだろう。幕末を論ずるのに、勤王史観にもマルクス主義史観にも陥らない、こんなやり方があったのか。

評・池上俊一（東京大学教授）

のぐち・たけひこ　37年生まれ。文芸評論家。著書に『「源氏物語」を江戸から読む』『江戸のヨブ』『幕末気分』など。

二〇〇三年一月二六日❺

『side B』

佐藤正午 著

小学館・一五〇〇円

ギャンブル場の癒やしの呟き

何から何まで共感する。こういう書も珍しい。たとえば至福の朝の風景は次のように書き記されている。

「売店で予想紙とスポーツ紙を買い、喫茶店に寄る。僕が朝一番の客だ。モーニングセットを注文する。こんがり焼けたトーストをかじりながら予想紙を開く。第一レースの出走表に目を落とす。人生で最も幸福な時間のひとつ。まっさらの予想紙を開く瞬間、その瞬間の至福のために、僕は（われわれ競輪ファンは）毎日毎日こつこつと仕事をしている。いっそのことそう言い切ってしまいたい気がする」

私は競輪ファンではないが、競馬場の朝、第一レースを待っているときに同じようなことをいつも考えている。

あるいは「われわれは車券を当てたくてたまらないのとほぼ同じように、競輪の話を聞きたくてたまらないし、したくてたまらないのだ」という箇所（かしょ）もそうだ。そして「これまでの競輪との長い長いつきあいを思い出してみても、結局のところ、束（つか）の間の幸福→強気の勝負→大敗→弱気の虫、といった周期を延々繰り返しながらここまでやって来たような気がする」という述懐など、まったくそうだよなあと頷（うなず）くことばかりといっていい。「勝負に強気は必要である。が、強気だけでは車券は当たらない」という教訓にも満ちているのだ。

だから、とても癒やされる。種目は異なっていても、同じようにギャンブルに向き合っている人がいるという事実に、ほっとするものを感じる。

だから、「これは、ギャンブル・コラムではない」と、本の帯にあるのは残念だ。ギャンブルに関心のない知人が面白く読んだと言っていたので、佐藤正午ファンなら楽しめることは事実だが、しかしこれはギャンブル・コラムである。それを否定する必要はない。むしろ、ギャンブル・コラムでありながら、佐藤正午が書くと、どうしてこれほど多くのことを考えさせるのか、というところにこそ、本書の魅力はある。著者が書いているように、ここにあるのはギャンブル場のあちこちから聞こえてくる呟（つぶや）きなのだ。

評・北上次郎（文芸評論家）

さとう・しょうご　55年生まれ。小説家。著書に『永遠の1／2』（すばる文学賞）、『彼女について知ることのすべて』など。

二〇〇三年一月二六日❻

『まぼろし健康道場』

倉本四郎 著

平凡社・一六〇〇円

たたかう自分の体を趣味にして

エピローグの一節をまず紹介しておこう。ミステリー小説ではないから、結末をばらしてもルール違反にはなるまい。

「いやはや、皮肉な事態であった。（中略）じぶんでもあきれるほど、あれこれ（健康法を）試しているが、行き着いた先がガン病棟であったとは、できすぎていて、しゃれにもならない」

著者は、しばしば苦痛と退屈しかもたらさない病院療法をきらって、にんにく、腰湯、クロレラ、備長炭（びんちょうたん）、亀の子タワシ、各種健康器具、活元運動、禁煙、バイアグラなど、それ自体が快楽やからだ発見のきっかけになりうるような新旧の民間療法を、数十年にわたってためしつづけてきた。その健康法漫遊録の雑誌連載が終わりに近づいたころ、あろうことか、食道ガンが発見されてしまったのだ。「できすぎ」というのはそういう意味。

じぶんのからだを趣味にできる者とできない者とに人間をわければ、私は後者に属する。からだとはごく大ざっぱにしかつきあっていないので、そのおとろえさえも快楽のみなもとにしてしまうようなタフな趣味人諸氏が、正直いって、ちょっとうっとうしい。

　なのに私はこの本をおもしろく読んだ。一般的にいって、じぶんのからだを趣味にするような人は自己愛がつよい。著者も。だが批評的な笑いとのまじり具合がよくできているので、自己愛がたちまち愛嬌（あいきょう）にかわってしまう。読んでいてたのしい。

　それだけに、

　——うーむ、ガンか。

　人ごとながら、あわてた。でも著者はあわてない。「平静だった。むしろ、ちょっとわくわくした」という。「おかしなことだが、これまで知らなかった新しい世界がのぞけると思い、死の恐怖を味わうよりさきに、好奇心をそそられたのだった」

　やせがまんではないだろう。じぶんのからだとその変化を微細にたのしむ経験をつんだ趣味人にとっては、ガンもまた発見のための好機にほかならないのである。私も活元運動をやってみようかしらん。

評・津野海太郎（編集者・和光大学教授）

くらもと・しろう　43年生まれ。作家、書評家。小説に『海の火』『介護レッスン』、評論に『鬼の宇宙誌』など。

二〇〇三年一月二六日⑦

『ケセン語訳新約聖書1　マタイによる福音書』

山浦玄嗣 訳

イー・ピックス・五六〇〇円

　日本語ブームの昨今だが、私などは正しい日本語を押し付けられている気がして鼻白む。日本各地の言葉は多彩でゆたかだ。言葉は各地方の風土、土地での暮らしから生まれる人々の「感情」そのものだと思う。

　岩手県気仙地方で生まれ育った著者は、聖書を「われわれの言葉」である「ケセン語」で翻訳した。そもそもイエスの故郷ガリラヤの言葉は「エルサレムの標準語」ではない。イエスは「ズーズー弁」なのだ。

　しかし問題はケセン語を表す方法である。「し」でも「す」でもない音韻、独特のアクセント表記の研究に、著者は二十五年を費やしたという。

　というわけで、ケセン語を操るイエスは語る。

「其方等（そなだァど）も聞（き）いでだ通（とォ）り、『目（まなぐ）にァ目（まなぐ）ゥ。歯（は）にァ歯（は）ァ』って語（かだ）らィでる。んだども、自分（おら）ァ語（かだ）っておぐ。悪者（わるもの）に刃向（はむ）がうな」

　聖書のごど、わがんなぐても、親戚（しんせき）のとっつあんの話聞いてるみてぇな気分になっから。　評・与那原恵（ノンフィクションライター）

二〇〇三年一月二六日⑧

『ペリーの白旗　150年目の真実』

岸俊光 著

毎日新聞社・一七〇〇円

　1853年、ペリーは密（ひそ）かに白旗を幕府側に手渡し、開国通商が拒否されれば武力に訴えるが、日本に勝ち目はないのでこの白旗を差し出せと書簡を添えたという。当の白旗と書簡は未発見だが、評論家の松本健一氏が複数の文書に残るこの記述を根拠に開国を砲艦外交と断じ、出版界で話題を呼んだ。

　一昨年、扶桑社版『新しい歴史教科書』が白旗・砲艦外交説を記載すると、沈黙していた歴史学研究会が連名で偽文書に基づく記述と反撃、論争に火がついた。本書は一連の「白旗論争」の経緯と対立する論旨を明確にし、中立の立場で検証することに成功している。

　新聞記者のフットワークを生かし、関係者と思（おぼ）しき学者に片端からインタビューを行い、学者の肉声と歴史研究進展のダイナミズムに迫る件（くだり）は圧巻。論争の帰趨（きすう）もさりながら、史料実証主義と懐疑主義の対決はスリリングで、歴史研究の醍醐味（だいごみ）を堪能させてくれる。

評・塩崎智（歴史ジャーナリスト）

二〇〇三年一月二六日⑩

『選挙ポスターの研究』

東大法・蒲島郁夫ゼミ 編
木鐸社・一〇〇〇〇円

どれもこれも似たようなものと思っていた選挙用候補者ポスターの解剖書だ。巻末に並ぶ色刷りのポスター一覧を見ただけでは、やはり違いなどわからない。ところが、細部を分析すれば政党や地域、候補者の年齢などで差が浮き出る。

現職と地域密着型の政治家が多い自民党候補は「私のことは当然知っているでしょう」と「顔」が中心。若手新顔が多い民主党は、若さや元気さを強調するスローガンが多い。

大阪ではポスターを余すところなく活用し、活字や写真を盛り込む。スマートさより、しつこさが受けるのか。民主党が強い北海道では、自民党候補が「公認」の文字を刷っていない。当選のためなら何でも隠す。

さらには、ナンセンスなロゴマークや奇抜さだけのスローガン。日本型土着政治が、政策抜きのポスターをまかり通らせている。

東大法学部学生の研究成果。集めたポスターは、総選挙で実際に使われた六百八十五枚に及ぶ。

評・薬師寺克行（本社論説委員）

二〇〇三年二月二日①

『『写真時代』の時代！』

飯沢耕太郎 編著
白水社・二八〇〇円

面白かったねえ…でも終わったんだ

「『写真時代』って面白かったねえ」

「面白かったねえ。本屋に出たらソッコー買いにいってたもんね。やっぱ最高傑作は荒木経惟の『オマンコラージュ』っしょ」

「いえてるっしょ！　女性のあそこの形にくり貫（ぬ）いた中に大股びらきのモデルの写真貼（は）り込んじゃったり」

「で、逆に残ったあそこの写真をドアップで載せたりして。こんなことやって平気かよ！マジ驚いた。つーか、しばらくおれ肉食えんかったけど」

「南伸坊の『笑う写真』も面白かった、つーか不気味だったっしょ。運転免許証の写真が笑ってるし」

「死体現場写真も笑ってるし」

「赤瀬川原平の『超芸術』シリーズもここではじまったし」

「岩月尚の『現地調達スペシャル』覚えてる？　日本中旅して、その場でいきなりヌードやパンチラ撮らしてもらうやつ」

「ありゃ面白かったねえ……」

「独多宇一の『絶頂写父録』。あれって、『ハメ撮り』の源泉っしょ」

「ありゃ面白かったねえ……」

「なんか、おれたちさっきから『面白かったねえ』しかいってなくない？　それって、やばくない？　てゆーか、おれたち終わってるって感じ？」

「それ、ある意味、いえてる……」

かつて「写真時代」という雑誌があった。創刊は一九八一年九月、最終号は一九八八年四月。荒木経惟の写真と末井昭の編集力をメーンに、ハイカルチャーとサブカルチャー、ゴミと真実、芸術とエロを同時に掲載しつつ、八〇年代を過激に、破れかぶれに駆け抜けたこの雑誌は、「バブル経済が絶頂に向けて急角度に駆け上がり、昭和が終わろうとしていた八〇年代をもっともよく象徴していた」。

「写真時代」に載ったような「面白いもの」はいまでもたくさんあるのかもしれない。だが、それを人々は個人で、例えばインターネットの中で探すようになった。「面白いもの」は、雑誌のような白熱する小宇宙の中ではなく、ひんやりした大宇宙の中で孤独に探すものになったのである。

「写真時代」に続き短命で終わった「写真世界」に載せた文章の中で森山大道はこう書いている。

「そういえば『写真時代』、『写真世界』と延々とつづいてきた当誌も今号でお終（しま）いである。時代や世界が終わってしまったら、いったいどうしたらいいのだろうか」

「写真時代」の終わりとは「時代」が存在した時代の終わりだったのだ。

評・高橋源一郎（作家）

いいざわ・こうたろう　54年生まれ。写真評論家。著書に『写真の力』『荒木！』『フォトグラファーズ』『私写真論』など。

二〇〇三年二月二日②

『語り継ぐヨーロッパ統合の夢　ローマ帝国からユーロ誕生まで』

クリスチーヌ・オクラン 著　伴野文夫 訳

NHK出版・一五〇〇円

なぜ、かくも統合を願うのか

劇的なことが起きたわけではないのに、周囲の光景が一変する。時をおいて再訪する旅行者の目に、今の欧州はそう映るのではないか。昨年初めにユーロが導入され、年末には欧州連合（EU）への10カ国の新規加盟が決まった。91年のソ連崩壊後、10年をかけて欧州は着々と冷戦後の新秩序を形づくった。無為に過ごした日本の「失われた10年」との差を思わずにいられない。

本書は、ジャーナリストの女性が息子に語る欧州統合の歴史だ。前半ではヨーロッパの起源神話から始まり、ローマ帝国が欧州の版図を決めたこと、ナポレオンやヒトラーらが欧州統一を夢見て挫折した経緯が語られる。後半は、二度の大戦を経た欧州が、仏独の「不戦」を礎として統合を深めた歴史と、その背景や仕組み、今後の展望が平明な言葉でつづられている。

だが本書は教科書のように退屈な簡約本ではない。史実を羅列する代わりに著者は、一貫した視点で歴史を濃縮した。それは、欧州人のアイデンティティーがどのように形成されたか、なぜ人々が「統合」に夢をかき立てられてきたのかという主題だ。

欧州統合については多くの解説書が出されている。制度や法律に関する注釈書も多い。だが、欧州に住む普通の人々が、なぜ国家主権を制限してまで統合に向かうのか、その熱情の源泉である夢の内実を、これほどわかりやすく解き明かした本は少ない。

子供に向けて語る体裁は、インドのネルー首相の著書『父が子に語る世界歴史』の先例がある。だが「欧州統合の夢」を語る点では、著者が適任だったろう。「ヨーロッパを語ることは、私たちの家庭の伝統です」というように、著者の祖父は欧州統一に熱心なベルギーの政治家だった。著者自身、学生時代にはヨーロッパ共同体（EC）広報の研修生となり、ジャン・モネーら欧州統合の先駆者から直接話を聞いた。

肉声で聞いた夢を肉声で子に伝える。コンパクトな本書が消しがたい印象を残すのは、著者が大切にしてきた夢を、父祖から未来の世代へ、多彩な輝きを秘めた家伝の指輪のように、心こめて手渡そうとしているからだろう。

（原題、L'Europe racontée à mon fils）

評・外岡秀俊（本社ヨーロッパ総局長）

Christine Ockrent　44年ベルギー生まれ。ジャーナリスト。フランスの放送・出版界で活躍。

二〇〇三年二月二日③

『良い政策　悪い政策　1990年代アメリカの教訓』

アラン・ブラインダー、ジャネット・イェレン 著　山岡洋一 訳

日経BP出版センター発売・一八〇〇円

偶然の結果だった米国の好況

経済政策万能論のような見方がある。すなわち、経済状態が良いのは、経済政策が正しいからであり、経済状態が悪いのは、政策が間違っているからだ、としばしば主張される。しかし、このように経済状態が政策によって完全に操作できるものだというのは、人間の能力に対する思い上がりにも近い誤解に過ぎないといえる。

1990年代のアメリカは、「素晴らしい10年」といえる経済的繁栄を享受した。これは、ひとえにアメリカの経済政策が正しかったからであろうか。この点に関して、本書は、経済政策万能論とはかなり違う見方を表明するものとなっている。

例えば、90年代のグリーンスパン議長に率いられた連邦準備制度（米国の中央銀行）の金融政策運営は、称賛に値するものだった。けれども、本書によれば、その行動は「考え抜かれた政策の結果だと考えるべきではない。それはおおむね偶然の結果であった」とされる。実際、グリーンスパン議長はたくみではあったが、

同時に幸運にも恵まれていたというのである。
90年代のアメリカが力強い成長を続けながら低インフレでいられたのは、ITによる生産性上昇の認知が遅れたなどの偶々（たまたま）の出来事が重なったからである。これらの出来事は一過性のものであるから、いつまでも幸運に頼り続けることはできない。これが、本書の主張のエッセンスである。

こうした主張をする本書の著者は、90年代に連邦準備制度理事会や大統領経済諮問委員会のメンバーとして政策運営に実際に参加した経験をもつブラインダーとイェレンという超一級の経済学者たちである。当然に本書の議論も、計量経済モデルによるシミュレーションの裏付けをもった揺るぎのないものであるけれども、広範な読者向けに読みやすく書かれている。

もちろん、政策がどうでもいいと言いたいわけではない。すべてが政策で決まるわけではないが、幸運をどれだけ生かせるか、不運をどれだけしのげるかは、政策当局の手腕にかかっているのも確かである。学ぶべきは、政策の有効性に関する著者たちの謙虚さである。

（原題、The Fabulous Decade）

評・池尾和人（慶応大学教授）

Alan S. Blinder プリンストン大教授。
Janet L. Yellen カリフォルニア大バークリー校教授。

二〇〇三年二月二日❹

『中国文学の愉しき世界』

井波律子 著
岩波書店・二四〇〇円

おもしろずくめの手ごわい迷路

亡くなったさる中国文学の大家の蔵書が即売会に出た。すこしおくれて行くと、めぼしいのはあらかた売れて、一冊百円の線装本が数冊残っている。ろくに題名も見ないで買い、しばらくしてからふと手にとってみると、これがすこぶるおもしろい。『世説新語』。竹林の七賢人の奇行や、その衣鉢を継ぐ奇人たちの言動を躍如と描いた書物。時代は魏晋の政治的変動期。魯迅の「魏晋の気風および文章と薬および酒の関係」をお読みになった方はご存じだろう。文人たちは奇行愚行で韜晦（とうかい）しながら権力の介入をはぐらかしたのだった。

それはそうと、ここで若き日に百円の線装本に遭遇してからの博大な読書体験を披露しているのは、著者の井波律子さん。もともとフランス文学志望だったのが、学部入学で中国文学専攻に切り替えたのだそうだ。ところが、これがいたって狭き門だった。中国語はずぶの素人に近い。それがいきなり演習で老舎を読まされる。しごきにしごかれた。おかげで中国三千年の文化を自在に享受できるようになった。中国の夢物語の構造として著者が要約した言葉を借りれば、とても小さな「枕の穴の奥や槐（えんじゅ）の木の穴の奥に、広がる異界を夢遊して快楽を尽く」せるようになった。

内容も、奇人や隠者、大長篇（ちょうへん）『三国志演義』や『西遊記』、仙界訪問記や奇書の話と盛りだくさんだが、それぞれが短いエッセイにまとめられていて読みやすい。もともとが修辞学の専門家であるだけに機知的表現に長（た）けていて、文章も平明で軽快。中国文学の古典といえば、老大家が白髯（はくぜん）をしごきながらものものしく講釈するものと思われがちだが、ロックと探偵小説に目がないという女性文学者ともなれば、そこは自（おの）ずとちがってくる。

でもあまくみてはいけない。百円の線装本や枕の穴がいい例で、入り口は壷（つぼ）の口のように小さく狭くても、なかには大廈高楼（たいかこうろう）が連なり、美女に注がれる盃（さかずき）の酒はいくら飲んでも尽きるということがない。なまじ与（くみ）しやすしとみてうっかり踏みこんだら最後、中国三千年の奥は千畳敷。おもしろずくめで帰れなくなりそう。

評・種村季弘（評論家）

いなみ・りつこ 44年生まれ。中国文学者、国際日本文化研究センター教授。著書に『中国の隠者』『中国文章家列伝』など。

二〇〇三年二月二日⑤

『終わりの始まり　ローマ人の物語XI』

塩野七生 著
新潮社・二八〇〇円

「理想の時代」に本物の危機が

年に1冊のペースで書かれてきたシリーズも11巻目。はるかな時と空間を隔てた歴史の物語が読みつがれてきたのは、古代の人々の栄光と没落に自らの国や企業や組織の命運を重ね合わせ、いまの混迷の時代を生きる知恵や教訓を学ぼうと考える日本人が多かったからではないだろうか。

そうだとすれば話はいよいよ核心に入ったことになる。組織力を誇り、栄華を極めたローマ帝国が、なぜもろくも瓦解（がかい）していくのか。疑問を解く鍵は、崩壊への一歩を踏み出した時代の中にあるはずなのだから。

だが、手軽な答えを期待する読者は裏切られるかもしれない。このシリーズの特徴は現代の日本人に向けた教訓をちりばめながら、解釈は読む側にゆだねている点にある。西暦2世紀の後半、哲人皇帝と呼ばれたマルクス・アウレリウスの即位から半世紀あまりを扱う今回も語り口は変わらない。著者は皇帝や家族の人間的な愛憎劇を作家の目で淡々と追っていく。多様な読み方を可能にする手法は相変わらず巧みだ。

印象深いのは、小さな亀裂が最初はそれとは気づかれずに広がっていくところだ。2世紀は多民族・多文化・多宗教のローマ世界の理想が実現したかに見えた時代だった。しかし、その足元では共同体の政治に対するアパティア（無気力）と呼ばれる気分が広がっていた。寛容の精神は失われ、外国人嫌いの風潮や、愛国心を呼び起こそうとする動きも強まっていたという。

注意すれば予兆は見えていたかもしれないのに、市民は危機を感じることができなかった。繁栄の中で幹線道路や大浴場の公共事業が進んでいる。街路には物資があふれ、首都の大競技場は剣闘試合に熱狂する市民で埋めつくされていた。その豊かさに引き寄せられて大移動を始めたゲルマン民族の遠い足音は歓声にかき消されている。

定説に逆らって、あえて黄金の世紀とされる哲人皇帝の時代に「終わりの始まり」のタイトルをつけた著者のメッセージは明解だろう。だれもが危機を感じ取れなくなった時に本物の危機が始まる。それも暴君ではなく理想を掲げた指導者の時代に、というのは歴史の皮肉か。

評・清水克雄（本社編集委員）

しおの・ななみ　37年生まれ。作家。70年からイタリア在住。著書に『海の都の物語』、年に1作の『ローマ人の物語』シリーズなど。

二〇〇三年二月二日⑥

『近くて遠い旅』

坂上弘 著
中央公論新社・三五〇〇円

「内向」が生み出した普遍的肖像

日本経済も日本文学も、どちらも進路が不透明となった今、その両方を生きぬいてきた作家が、きわめて透明な輝きをもつ長編小説を完成した。

その小説の語り手は、二十世紀後半を、少年時代の終わりから老いの境に踏み入るまで生きてきたひとりの日本人男性。かれは、半導体産業の子会社の「社長」という経済人としての役割を不透明な状況の中で果たそうとしながらも、老いた「文学青年」と自称する小説家でもある。そのようなむずかしい両立の結果であろう、この語り手は、他の作家の小説の語り手には見ない客観的で落ち着いた、しかし不思議とみずみずしい感性をそなえて、世界を見つめている。その語り口は、限りなく柔らかでねばり強い日本語の散文へと結晶してゆくのである。

坂上弘の散文では、細かなディテールにつつみこまれたような語り手の「内向」を通して、語り手が関連する「外」の世界が逆に広がる。

身近に咲く花の名前と形態をことごとく熟知している、通常の「経済小説」にはけっして登場しない社長の人生譚（たん）は、過去と現在、日本とヨーロッパを往還しながら展開する。二十世紀後半を生きてきた日本人男性の「会社人間」というアイデンティティーは、日本の中でも外でも均一的に描かれがちだが、ここでは「内向」という最も純粋な文学のフィルターを通されると、なかなか見えにくかった「会社人間」の複合的な「生」が、透き通ったように可視となるのである。

　他者との関係の細部から、「生」の語りが広がる。青春時代に夭折（ようせつ）した文学の先輩をめぐる回想と、現在の会社と、家と、ヨーロッパにまで散った肉親たちとの関係。「内向」は、鎖国とは違う。ストーリーの遠近法を次々と柔軟に活用し、「近くて遠い」時間と空間の行き来のなかで、「日本の経済人」という均一的な類型が解体されて、何語に訳されても読者が納得するに違いない、現代人のポートレートが完成したのである。

評・リービ英雄（作家）

さかがみ・ひろし　36年生まれ。作家。著書に『台所』（川端康成文学賞）、『田園風景』（野間文芸賞）など。

二〇〇三年二月二日⑦

『ジャーナリズムの原則』

B・コヴァッチ、T・ローゼンスティール 著
加藤岳文、斎藤邦泰 訳
日本経済評論社・一八〇〇円

ジャーナリズムが健全に機能しているかどうかは、民主主義の根幹に関（かか）わる重要な問題である。

　97年6月、米・ハーバード大学の教職員クラブで、著名なジャーナリストら25人による会合がもたれた。彼らが集まったのは、今日のジャーナリズムが、市民に十分に役立っていないとの憂慮からである。この会合を機に、彼らは「危惧（きぐ）するジャーナリスト委員会」を結成。ニュース報道を丹念に分析し、その問題点を洗い出す「卓越するジャーナリズムのためのプロジェクト」という活動を開始した。

　本書は、この米国ジャーナリズム革新運動の中間報告とも言える。そこではメディアの市場化など、問題点をデータに基づいて指摘するとともに、「ジャーナリズムの真髄（しんずい）は検証の規律である」など、ジャーナリズムの九つの原則をまとめ上げている。記者たちが、NPOや学者を巻き込んで、現場からの革新を模索するあたりに、米国ジャーナリズムの奥深さを感ずる。

評・音好宏（上智大学助教授）

二〇〇三年二月二日⑧

『HAPPY I・II』

野上眞宏 著
ブルース・インターアクションズ・各二八〇〇円

写真家である著者は、日本語ロックのパイオニアとされる〝はっぴいえんど〟のリーダー・細野晴臣の大学時代の同級生。はっぴいえんどが結成される以前の一九六八年から正式に解散する七三年までの五年間、細野晴臣とその周辺のミュージシャンを撮り続けた。一部は『はっぴいな日々』（ミュージック・マガジン）などで発表済みだが、二巻本である本書には、合計で約四百六十点もの貴重なショットが収録されている。

　美術的価値のある写真集というより、六〇年代末から七〇年代初めにかけて生まれた日本のロックの歴史的記録といったほうが適切。細野晴臣、松本隆、大滝詠一、鈴木茂、吉田美奈子、小坂忠といった先駆者たちの初々しい肖像は、「Jポップ」の時代を迎えた今も輝きを失っていない。

　それぞれの巻末に付された著者と細野晴臣（第I巻）、奥村靫正（第II巻）との対談、さらに写真説明の丁寧な注記も、時代の雰囲気を知る上で有益である。

評・篠原章（大東文化大学教授）

二〇〇三年二月二日⑩

『モダンデザイン批判』

柏木博 著
岩波書店・二五〇〇円

スローフードをはじめ、「スロー」愛好の動きが出始めている。高速志向の近代が終わりつくしたのだ。その間の「モダンデザイン百年」論が本書である。

その百年論はアメリカ論でもある。住宅からハンバーガーまで、「どんな場所でも」「誰にでも」享受できるモダンデザインの約束の地がアメリカだったからだ。二〇世紀、アメリカ文化はそのユニヴァーサリズムによって「世界に遍在」し、いわば世界システムと化した。グローバリズムの起源を、わかりやすく、かつ深く教えられる。

「生産と消費の民主主義」に準拠したこのアメリカ的生活様式は、大量生産・大量消費を地球規模に広げつつ、均一的な「大衆」をつくりだしてきた。

そして二一世紀、大衆はスローの価値を見直し、注文して何年も待たされるエルメスの少量生産品を欲しがっている。ポスト大衆の世紀はいかに？　大衆論、デザイン論、アメリカ論、どの視点から読んでも啓発的。

評・山田登世子（仏文学者）

二〇〇三年二月九日①

『日常礼讃』

ツヴェタン・トドロフ 著　塚本昌則 訳
白水社・二四〇〇円

『個の礼讃』

ツヴェタン・トドロフ 著
岡田温司、大塚直子 訳
白水社・二九〇〇円

絵画から命の美しさを知る旅に出よう

明晰（めいせき）で柔軟な頭脳をもつ言語的象徴表現の理論家ツヴェタン・トドロフが、絵画を論じてみせた。記号学のかたわら「他者」に関心をもちつづける彼は、日常生活の新たな頽廃（たいはい）の形態がウイルスのように蔓延（まんえん）する現代において、他者とともに生きるための倫理を模索する。そのヒントは、フランドル・オランダ絵画に独特のイメージをもちいてはっきりと描きだされていた。それを敏感に察知したことが、絵画の領域に踏み込んだ理由のようだ。

だからこのペアーをなす両著は、北方絵画史の洒落（しゃれ）た概説であると同時に、先端的な思想書としても読まれねばならないのである。『個の礼讃（らいさん）』においては、十五世紀フランドルのロベール・カンパン、ヤン・ファン・エイク、ロヒール・ファン・デル・ウェイデンなど、超絶技法で細密な写実をよくした画家たちが描いた、名もない一般市民の肖像画の数々が、モデルの内面的本質を捉（とら）えて個別的なものの再現＝表象に成功したことが説かれる。十七世紀オランダ絵画を対象とする『日常礼讃』では、子供の世話、料理、掃除、裁縫などの家事をこなす妻＝母を中心に、生活の情景を飽きもせずに描きつづけた画家たちの絵が、日常に聖性が降り立つ瞬間を的確に写しとっている、と論じている。

「われわれは、世界と生命の美しさを明らかにしている絵を見るからこそ、世界と生命が大いに素晴らしいものだと思う気持ちになる」、また「絵はさまざまなイメージを生みだすだけではなく、ものを考えてもいる」、まさに至言だろう。イメージが創造的な思考形式であるとするこの捉え方には、記号学者の眼力が光っている。

それにしても、あのちっぽけな地域でごく短期間に、よくぞ数多くの優れた画家が生まれたものだ。わたしのお薦めは、フェルメール、レンブラントに比べ知名度は低いが、魅惑的な風俗画を描いたピーテル・デ・ホーホというオランダの画家である。穏やかな空気の漲（みなぎ）る清潔な部屋の中で、透明な光を浴びる母子の日常風景、開いた扉の奥につぎの部屋が見え、中庭のアーケード越しには運河と向かいの家が見える……いつまで見ていても飽きない彼の絵を眺めていると、こわばったこころの芯が、ユルリとほぐれてゆくようだ。

皆さんも、世界をよりよく見詰め、常日頃の何気（なにげ）ない身ごなしの意味と美しさをふたたび見出（みいだ）すために、フランドル・オランダ絵画発見の旅に出掛けてみてはいかがだろう。トドロフの両著が心強いガイドとなること請け合いだ。

（原題、Eloge du Quotidien／Eloge de l'Individu）

評・池上俊一（東京大学教授）

Tzvetan Todorov 39年ブルガリア生まれ。文芸批評家。著書に『未完の菜園』など。

二〇〇三年二月九日②

『魔法の山に登る　トーマス・マンと身体』

田村和彦 著

関西学院大学出版会・二九〇〇円

〝オトコノコ小説〟の謎を読み解く

『魔の山』というと、登場人物が議論ばかりしている小説というイメージがあり、敬遠する向きも多いのではないか。そんな方は、是非本書を読んでいただきたい。

全体は八章にわかれ、身体文化、同性愛、音楽とオカルト、戦争などをキーワードに作品を読み解いていくのだが、そこで素敵（すてき）なスパイスを添えているのが、小物にまつわるエピソードを抽出したコラム「エクスクルス」だ。「ヘルメティックな密閉構造のなかで、『もの』たちは踵（かかと）に翼を生やしたヘルメスの分身のように飛び回る」

体温計や葉巻、両性花のアキレア、そして鉛筆。主人公のカストルプが、フランス語で「熱い猫」を意味するショーシャ夫人から鉛筆を借りるシーンは、風貌（ふうぼう）のよく似たギムナジウムの同級生ヒッペとの鉛筆の貸し借りに重ねあわされる。ヒッペの鉛筆が固いひびきを持つドイツ語で呼ばれるのに対して、ショーシャ夫人はフランス語で柔らかく「クレヨン」と発音する。

「二つの呼称が混合して使用されることで、二つの体験の相似と差異が巧妙に隠され、またほのめかされるのである」

私などは、『魔の山』をはじめて読んだころ、謎めいた妖艶（ようえん）なショーシャ夫人に心ひかれ、わざと袖の透けるブラウスを着てみたりしたものだ。しかし、本書の文脈に従うなら、彼女への愛は主人公にとって、秘められた性向を発見する過程にすぎない。めくるめく「ヴァルプルギスの夜」を経て夫人が去ったあと、死を目前にした従兄弟（いとこ）との親密な情愛に焦点が当てられ、物語はにわかに男性的性格を帯びる。彼らの教育係も、ことごとく独身の男性である。

そして、ショーシャ夫人が山に戻ってきたとき、新しい大金持ちの愛人ペーペルコルンに従属する彼女はすっかり魅力を失い、カストルプの関心は男性的に強大なペーペルコルンの方に移ってしまう。

そうか、プルーストの『失われた時を求めて』と同じく、『魔の山』もまた、オトコノコの小説であったか——。オンナノコは嘆息しつつ、なおショーシャ夫人めざして、魅力的な腕の見せ方に磨きをかけるのである。

評・青柳いづみこ（ピアニスト・文筆家）

たむら・かずひこ 53年生まれ。関西学院大教授（ドイツ文学）。訳書に『男性同盟と母権制神話』『男たちの妄想 Ⅰ』、『同 Ⅱ』（近刊）。

二〇〇三年二月九日③

『大衆紙の源流　明治期小新聞の研究』

土屋礼子 著

世界思想社・三二〇〇円

諧謔と風刺とたくましさと

読売・朝日・毎日といった現在の大手新聞の始まりはどのようなものだったろうか。本書はこれらの新聞の系譜に連なる明治初期の「小新聞（こしんぶん）」研究である。

小新聞は明治七年創刊の読売に始まる。「児童婦女子」にもわかりやすいと標榜（ひょうぼう）し、漢字にはすべてふりがながつけられた。扱った記事は市井の事件や娯楽である。この小新聞に対して、大新聞（おおしんぶん）と名づけられたものがある。こちらには漢字にふりがながなく、政治的な論説を中心とする。

小新聞も大新聞も、東京を中心に発展していった。大阪は「新聞不毛の地」であった。大阪で初めて小新聞の日刊紙が創刊されても、さっぱり売れなかった。「新聞ては何（な）んだす、お上のお布令（ふれ）だっか」が大方の反応だった。「お上」には無関心を決め込む大阪人気質を表していよう。しかし、全国紙として発展を遂げたのは、大阪誕生の朝日・毎日である。「大毎大朝」と並び称される一時代を築いていくことになる。それはどうしてなのか。

明治十二年、絵入り小新聞として朝日が創刊される。千部に満たない発行部数での出発であった。紙面を拡大し、ふりがな付きの論説欄を設け、小新聞が大新聞を兼ねるという紙面改革を行った。大新聞と小新聞の垣根が崩され、「中新聞化」が推進されていくことになる。これが、国民型大衆紙へと発展するきっかけとなったのである。

著者の指摘する小新聞の魅力とは、ふりがなや俗語、ビジュアルな挿絵を用いて幅広い読者層を開拓し、筆禍事件に見舞われながらも、「諧謔（かいぎゃく）と風刺をこめた裏側からの政府批判」をたくましく展開して「民衆的な政治の楽しみかた」を追求したところにある。だが、それを国民型大衆紙は失っていったというのが、はっきりと語られてはいないが、著者の批判であろう。

本書で扱われているのは、明治七年から二十年あたりまでである。それにしても、新聞のたどった激動の歴史がまざまざと掘り起こされ、浮き彫りにされている。著者の着眼点の的確さ、見事さによる。それは並大抵ではない資料の探索・収集・読解の労苦の賜物（たまもの）だろう。

評・川村邦光（大阪大学教授）

つちや・れいこ　58年生まれ。大阪市立大大学院文学研究科助教授（メディア史）。著書に『大阪の錦絵新聞』など。

二〇〇三年二月九日④

『旧石器遺跡捏造』

河合信和 著

文春新書・六八〇円

考古学界とメディアはなぜ騙されたか

藤村新一氏が行けば、それまで誰も見つけられなかった前期旧石器を、どこでも必ず見つけた。しかも、きちんと層をなした場所から、明らかにヒトが作った石器を見つけたのである。ある調査報告書には「藤村氏が来て土を一掻（か）きしたら石器が出る、帰るとたんに出なくなる」とまで書かれた。二十数年にわたって「神の手」は遺跡を「発見」し続けたのである。

考古学界やマスメディアはなぜこうも易々（やすやす）と騙（だま）され続けたのか。本書は、この素朴な疑問に、歴史的背景、細かな経緯、考古学界の体質など様々な角度から迫り、答えていく。

騙され続けた理由の一つは、会社員との二足の草鞋（わらじ）を履きながら誰よりも熱心に遺跡を歩いていた実績に加えて、石器がきちんと層をなしたところから発見されたことにある。石器をデタラメに埋めると、地層と年代的に矛盾してしまうはずである。ところが藤村氏は、地質について専門的知識がないにもかかわらず、多くのケースで矛盾なく発見した。それゆえ、正当な発掘品と認定されたのである。しかし著者は次のように種明かしをしている。「藤村氏が大権威になると、わざわざ石器の出そうな面まで掘り進んで、お膳立（ぜんだ）てまでしてくれるようになった。藤村氏は、そこに埋めるだけでよかったのだ」

実は、石器はどれも類似している、石器をつくるときに出る砕片が見つからないなどの不自然さもあった。なによりも百発百中というのが不自然である。捏造（ねつぞう）が発覚する以前にも、疑問を呈する研究者は少数だがいた。しかし、考古学界は、発見こそ事実と信じ、つじつまが合うように解釈してきた。

衝撃的な写真で捏造を暴いたのはマスメディアである。しかし、神業を称賛する報道合戦を繰り広げたのも彼らであった。発掘の瞬間をその目で見た記者は、感動しながら記事を書いたのである。

著者もまた藤村氏を天才アマチュア考古学者と称賛したことがある。批判精神を欠落させた報道で長年捏造を支え続けてしまったことへの忸怩（じくじ）たる思いが、重く伝わってくる。

評・真渕勝（京都大学教授）

かわい・のぶかず　47年生まれ。朝日新聞総合研究本部勤務。科学ジャーナリスト。著書に『ネアンデルタールと現代人』など。

二〇〇三年二月九日⑤

『異議あり！　生命・環境倫理学』

岡本裕一朗 著

ナカニシヤ出版・二六〇〇円

応用倫理学への疑問、はっきり肯定

最近、クローン人間誕生のニュースが流れて、それが事実かどうかで騒動が持ち上がると同時に、クローン人間は倫理的に許されない云々（うんぬん）、という声が出た。でも……なんでクローン人間がいけないのか、実は（ぼくを含め）多くの人はよくわからない。それを禁止するという「倫理」って何なの？　中絶だって試験管ベビーだって臓器移植だって、何かというと倫理が持ち出される。でも各種倫理検討委員会と称するものの結論は、いつだって「まあなんとなくいいんじゃないか」とか「まだ何となく不安に思ってる人が多いみたい」とかいう世論調査以上のものじゃない。

本書は、こういう状況を批判して、のっけから述べる。倫理学って、破綻（はたん）してるんじゃないのか？　特に生命倫理だの環境倫理だのという応用倫理学と称する学問って、現実に対して何一つまともな答えを出せない欠陥学問ではないのか？　おお。多くの人が抱いていた素朴な疑問をここまではっきり肯定してくれるとは。

そして本書がおもしろいのは、単にこういう素朴な疑問を正直に述べてくれているからじゃない。こうした応用倫理学で問題となっている各種の議論を手際よくまとめて、それが現場だけでなく、理論の場でも何の結論も出せない袋小路に入り込んでいることを示してくれるところだ。中絶、クローン人間、臓器移植、環境がらみの各種問題。むずかしい問題だから答えが出ないのは当然だ、と開きなおるのもいい。でもその一方で、本書はもう一つの可能性をあげる。要するに倫理と称するものは、実は別のイデオロギー（男性優位主義や原子力推進派）の隠れ蓑（みの）じゃないのか？　この問題をきちんと考えないと、倫理学はお説教とあとづけの御用学問以上のものになれないのでは？

批判は強力で本質的だが（いやそれ故に）書きぶりはごく素人にでもわかるうれしい平易さ。「倫理」と称するものを常日頃うさんくさく思っている素人にこそお勧めだ。そして当の倫理学が、本書の批判に（建設的に）応えて新たな展開を見せてくれることを願いたい。

評・山形浩生（評論家）

おかもと・ゆういちろう　54年生まれ。玉川大助教授（哲学・倫理学）。共著に『幸福の薬を飲みますか？』。

『贈答のうた』

竹西寛子 著
講談社・二八〇〇円

ふたりで詠みあう、開く心の景色

　ひとりだけの詠み、すなわち独詠ではあらわれてこない、重奏する言葉と言葉、文化と文化、つまりは人と人との出会いの火。本書は、歴代の勅撰(ちょくせん)和歌集、私家集、詞華集、そして歌物語のなかから、「贈答」によって対をなすうたを抽出し、背景となる時代の様相を理解したうえで、なおそれを超えてふたりという単位だけが現出させる言語空間の底に響く音に耳を澄ます、息のながい試みだ。

　贈られた歌と返された歌がぶつかるかけひきの磁場の性質は、状況や詠み手によって大きく変化する。儀礼のなかでこそ発揮される本音のありよう、幸福にも不幸にもなる恋のかけひき、亡き人を偲(しの)ぶ哀傷もしくは哀悼、そして軽やかな笑みを誘う機知の応酬。いかなる場合であれ、歌を詠む瞬間、歌詠みは深い孤独のなかにある。しかし「他者への訴えや他者への反応で初めてあけられる心の風穴」はすでにその外側にある。「独詠ではとかく隠されがちな内心の景色」が、そこに開かれていくのだ。

　おなじひとりの歌人が、相手によって言葉の弾力や色合いを、どれほど微妙に変えているか。単独では張り切れなかった緊張の糸、緩め切れなかった糸が、竹西氏の指で一本一本ていねいに解きほぐされ、しかもそれらが別々の、まっさらな二本にならず、一度は結ばれた糸として新しい顔を見せる。分析の冷たさを感じさせない理性がどの頁(ページ)にも行きわたり、言葉がやわらかく「運用」されていくさまには、思わず居住まいを正される。

　もっとも、「贈答のうた」がつくりだす力線に触れることで誰よりも柔軟な姿を見せているのは、著者自身の心だ。一首の歌に対する以前の読みが現在の読みによって相対化され、深められる。贈答を基準にしたとき顕在化する勅撰集の制約、物語に組み敷かれた歌の自在、単体の歌だけでは判断できない詠み人の内面。今後の仕事の切り口となるだろうそうしたテーマを押さえながら実践されているのは、一対一の応答に唱和するひとまわり大きな贈答だ。これは古典のみならず、すべての言葉に求められるべき批評の姿である。

評・堀江敏幸(作家)

たけにし・ひろこ　29年生まれ。作家。著書に『山川登美子「明星」の歌人』(毎日芸術賞)、『長城の風』『日本の文学論』など。

『ノーベル賞受賞者にきく　子どものなぜ？　なに？』

ベッティーナ・シュティーケル編　畔上司 訳
主婦の友社・一六〇〇円

　子どもの素朴な質問にノーベル賞受賞者20人が答える。たとえば「どうしてプリンは柔らかいのに、石は硬いの？」には、物理学賞受賞者が「きみはスプーンを口に入れるたびに、原子とそのまわりを回っている小さな電子をたくさん食べているのです」と説きながら、分子の結合について説明する。「地球はいつまで回っているの？」には、「しだいにゆっくりになっています」。しかし地球が破滅するまでに人類は、移れる星を発見するであろうと説く。

　「どうして貧しい人とお金持ちの人がいるの？」に答える経済学賞受賞者によると、貧富の差を生む市場経済の存在理由は、どうやら社会主義計画経済の失敗という、帰謬(きびゅう)法でしか説明できないらしい。

　平和賞受賞者が、「戦争はどうして起こるの？」に対し、極端な愛国心を戒め、「本当の名誉は戦場では得ることはできません」。

　目からウロコばかりでなく、心に沁(し)みる言葉も多い、大人にも薦めたい本。

評・宮田親平(科学ライター)

二〇〇三年二月九日⑧

『からだをいたわる服づくり』

森南海子 著
未来社・一五〇〇円

入院したり手術したりしたときに、ぐあいのいい服が〝ない〟。デザイナーの森南海子（なみこ）さんを中心に集まった「手縫いの会」はそこに気がついた。メンバーが高齢になり、家族や友人そして自分も病む身、入院する身に近くなったからだ。

森さん自身、しばしば点滴のため病院にかけこむ。他人事（ひとごと）でなく病んだときにからだにやさしく、機能にすぐれ、プライドを支えるおしゃれな服が必要と試行錯誤を重ねた。本書はその成果の報告と丁寧なつくり方集。

リハビリのときラクな筒型開脚パンツ、五十肩用のベスト、腹水がたまった病人のパンツ、手術の傷口を圧迫しないショーツ、抗がん剤で失った頭髪のかわりをする帽子、病室で重宝する小物入れなどホッとしたりハッとしたり。前立腺がんの術後にデリケートな患部を包む袋の提示もある。

いずれも情けのこもったものばかりだ。服は福。情けの容（い）れものがほんとうの服だったと気づく。

評・増田れい子（エッセイスト）

二〇〇三年二月九日⑨

『藤田嗣治「異邦人」の生涯』

近藤史人 著
講談社・二〇〇〇円

おカッパ頭、〝猫と裸婦〟の画家藤田嗣治は、キャンヴァス作りに独自の秘法を凝らしていた。その工程が少しずつわかってくるくだりは、スリルに富み、推理小説みたい。

NHKの演出家である著者は、十五年前、嗣治の実像に迫るドキュメンタリー番組を作ろうと志した。面会に至るまで二年かかった君代夫人の証言は、録音テープ八十時間に及ぶ。

ようやく一九九九年に実現したテレビ番組も近藤さん執念の作だろうが、その副産物たるこの評伝にも熱意が脈々と波打っている。

戦時中、嗣治はあまたの戦争画を描いた。戦後、石もて追われるように祖国を去り、夫人ともどもフランス国籍を取得する。多くの論証を踏まえつつ、著者は、画家の内面のドラマに慎重に分け入っていく。

同時刊行の『藤田嗣治画集　素晴らしき乳白色』（講談社）が、好一対の効果をもたらす。その人生には毀誉褒貶（きよほうへん）があったが、画業は、一枚一枚屹立（きつりつ）している。

評・安倍寧（評論家）

二〇〇三年二月九日⑩

『宮本武蔵　日本人の道』

魚住孝至 著
ぺりかん社・四五〇〇円

巌流島の決闘で宮本武蔵と佐々木小次郎は、実際にはどう戦ったのだろうか。

ただ史実はこうだったと記すのではなく、本書は第一部「宮本武蔵とその時代」で近世に剣法が生まれる社会背景のもとに、武蔵の一生をたどり、名試合の数々を再現して見せる。

第二部では『五輪書』の思想を論じている。著者はもともと体技である剣法を言葉に移す作業の困難をよく理解しているので解釈が行き届き、初期の剣技がいかに「兵法」に成長したかの跡が克明である。逐語的解説にあきたらぬ身体感覚の裏付けがある。

「剣の理」は「合戦の理」につながり、さらに儒仏いずれの思想にも依存しない独自の普遍性がめざされる。

後半に付された資料篇（へん）はやや専門的であるが、これまで疑問の多かった『五輪書』の伝承系統に新しい見識を示している。

テレビを見るだけでは満足できない武蔵ファンにとっては必読の基礎研究書といえる好著である。

評・野口武彦（文芸評論家）

二〇〇三年二月一六日❶

『焚き火大全』

吉長成恭、関根秀樹、中川重年 編

創森社・二八〇〇円

滅びつつある文化のこの奥深さ

私は北海道で焚（た）き火や薪（まき）ストーブを日常として育ってきたが、それがこれほど奥深いものだとは本書を読むまで思わなかった。火の焚き方から、焚き木の割り方、樹種による燃焼特性、かまどの作り方、焚き火での料理方法、焚き火のマナーまで、役立つ知識が過不足なく解説され、「焚き火文学」の紹介も味わい深い。

焚き火は滅びつつある文化だった。「垣根の曲がり角」で「落ち葉焚き」する光景は絶えてひさしいし、キャンプ場はたいてい「焚き火禁止」だ。しかし、著者たちは懐古趣味におちいることなく、焚き火を明日のものとして語る。興味深いのは、何人かが「阪神大震災」に言及していること。被災者たちが焚き火を囲む映像を、私もテレビで見て、「生きる技術と知恵」としての焚き火を再認識させられた。

多彩な著者たちが、共通して強調していることがある。「焚き火の大きさはほどほどに、長持ちさせるのがいい」。いうまでもなく安全と環境への配慮である。しかしもう一点、別の理由がありそうだ。著者の一人、関根秀樹氏の「必要以上に大きな火炎は興奮と破壊衝動を誘発する」という指摘は、一考を誘う――まさか焚き火の愉悦と放火の興奮とは紙一重なのか。

かつて山火事から逃げまわり、火を恐れて暮らしていた人類が、火を制御し調理などに利用することをおぼえた。その満足感と生きる自信はDNAに刻まれている。やがて火勢を自在にあやつる技術を獲得し、森林を焼き拓（ひら）き猛獣を追い払ったとき、その自信が暴走を開始したのかもしれない。だとすれば、焚き火の楽しさには、火をほどよい大きさに制御する満足感とともに、焼きつくし破壊しつくす火と人間の圧倒的な力への願望が混在している。

とくに一人でする焚き火は、狩猟や登山に似ているのかもしれない。恐るべき力をもつ火を適度な大きさに抑えこむ快感には、猛獣を抑えこむ快感と共通するところがあるのではないか。あるいは自分の内なる猛獣を飼い馴（な）らすというべきか。自然を制御することによる、おのれの能力と自然への畏怖（いふ）の再確認である。

大震災で生活基盤を失ったとき、人々は自然の圧倒的な破壊力とともに、大都市に張りめぐらせたガス管が災害時には制御不能になることを思い知らされた。火災からかろうじて逃れ、焚き火を囲んだ人々のなかで、DNAに刻まれた人類の生きる自信の記憶が呼び覚まされていたのかどうか、来週にでも、焚き火をしながら考えてみようと思う。

評・新妻昭夫（恵泉女学園大学教授）

よしなが・はるゆき 広島国際大教授。
せきね・ひでき 和光大非常勤講師。
なかがわ・しげとし 神奈川県自然環境保全センター勤務。

二〇〇三年二月一六日❷

『驚異の発明家の形見函』

アレン・カーズワイル 著 大島豊 訳

東京創元社・三八〇〇円

奇想天外、破天荒なある生涯

右手中指にルイ十六世の顔そっくりの黒子（ほくろ）のある少年が、人体の畸型（きけい）ばかりを蒐集（しゅうしゅう）している外科医に指ごと標本用に切りとられてしまう。九本指にされた少年パージュはしかし、それから発明家（エンヂニア）として身を立てて行く。恋あり、幻滅あり、友愛あり、貧窮と成功あり。時代は十八世紀スイスらしき田園と花のパリ。人びとは何かしら蒐集の情熱に憑（つ）かれている。例の外科医なら畸型、パージュの母親なら薬草、発明の手引きをする尊師（アベ）ならさまざまの器械や薬品、人によっては料理、エロティックな奇癖。世はまさに百科全書と博物学の時代であり、蒐集のためには財産も家族も、どうかすると命まで捨てかねない。

応じて人物造型も、当の人物の好みのオブジェを枚挙して人間を博物学的陳列物にしてしまう。表題の「形見函（かたみばこ）」からしてそうだ。一人の人間の生涯を文書や肖像画で記録するのではなく、生涯の各時期にゆかりのオブジェを箱に並べて形見の蒐集箱にする。そうして各章の見出しの、広口壜（びん）、木偶（でく）人形といった、それ自体は変哲もないオブジェを組み合わせて発明家パージュの伝記を構成する。オブジェづくしの顔。十六世紀の宮廷画家アルチンボルドの器物による皇帝の肖像画のようだが、十八世紀では庶民レベルにまで細分化された。

さて、これでもかとばかりのオブジェを蒐集して、パージュとその仲間たちが造り出そうとしたものは何だったのか。神か。それが、なんと「口をきくトルコ人」という冗談のような器械、見世物としての玩具だった。そういえばこの作家アレン・カーズワイルの名は、綴（つづり）ひとつ違えばドイツ語読みにして「ぜんぶ気晴らし」の意味。よくぞやってくれました。

アメリカ独立と産業革命は同時代。産業革命以後ひたすら軍事テクノロジーを巨大化させてきたアメリカ近代を、壜から出してやった怪物をまた壜に閉じ込めてしまう魔法もさながら、産業革命以前の静力学的楽園に戻してやるかのような作家の手品は、ポーやメルヴィルの十八世紀文学的骨董（こっとう）品を思わせる。ほう、こんな古風なアメリカ人がまだいたのか。

（原題、A Case of Curiosities）

評・種村季弘（評論家）

Allen Kurzweil　60年ニューヨーク生まれ。作家。92年刊の本書がデビュー作。12カ国で出版されている。

二〇〇三年二月一六日❸

『人質交渉人　ブルッサール警視回想録』

ロベール・ブルッサール 著　峰岸久 訳

草思社・二二〇〇円

「ねばり強い交渉」克明に再現

《ねばり強い交渉》という言葉を、近頃よく耳にする。なにやら逃げ口上じみた役人答弁の常套句（じょうとうく）になっている感さえある。その言葉の正しい意味と本当の重さを教えてくれるのが、この回想録だ。

ヒラの「お巡り」からたたき上げ、現場にこだわり続けて「大デカ」と称される名物刑事となったパリ警視庁のブルッサール警視。彼は、無辜（むこ）の人質を盾に無茶（むちゃ）な要求を突きつけるテロリスト、誘拐犯、強盗たちとの交渉役を演じ、数々の難事件を解決に導いてきた。

「衝動的な欲求とか圧力とかに決して屈してはならない」「同じように、人質の近親者が抱く当然至極な苦悩に耐えること（これが何とも難しい）」（本文より）

と、本人はあっさり書くが、克明に再現される《ねばり強い交渉》の現場は、刑事ドラマの脚本家や視聴者の想像力をはるかに超えている。敵対しつつ信頼し合い、急ぎつつ時間を稼ぎ、挑発しつつ刺激せず、柔軟に応じつつ一歩も引かず、長期的視野を保ちつつ目先の結果を優先し……。一つのミスも許されない危うい逆説とジレンマが渦巻く現場に、さらに桟敷席の強硬派と穏健派が、官僚主義と人権主義が追い討（う）ちをかける。《ねばり強い交渉》は、それらとの持久戦でもある。

一九七四年、ハーグの仏大使館を占拠した日本赤軍との九十六時間の交渉では、著者はオランダ当局の縄張り意識や事なかれ主義とも格闘しなければならなかった。七九年、歴史的凶悪犯メスリーヌを大惨事寸前に射殺する決断を下した著者を、犯人を英雄視するマスコミや知識人は「暗殺者」と呼んだ。彼らの豊かすぎる想像力も、現場の苦渋の決断やそれによって救われたはずの生命や人権にだけは及ばないのだ。

三十七年間の大デカ人生を支えていたのは正義感でも愛国心でもなく、「このひどい職業」への誠心誠意の義務感だけだった——という彼のような人物は、もはや絶滅種に近いのだろう。良質なペーソスとノスタルジーに溢（あふ）れる極上ハードボイルド小説の読後感を反芻（はんすう）しつつ、市民社会の未来を案じずにいられない。

（原題、Commissaire Broussard Mémoires）

評・山崎浩一（コラムニスト）

Robert Broussard　36年生まれ。元パリ警視庁警視。61年警察官になり、退職まで37年間第一線に立ち続けた。

二〇〇三年二月一六日❹

『鉤爪プレイバック』

エリック・ガルシア 著　酒井昭伸 訳

ヴィレッジブックス・八八〇円

尻尾ぐいーん　恐竜探偵健在

　恐竜が絶滅せずに生き延びていて、いまでは人間社会に溶け込んで生活していたとしたら、どうする？　人間の衣装（特別のコスチューム）をつけているので、人類は恐竜たちが隣にいるとも知らないというのは強引な設定だが、そういう社会があったら、との前提で始まるのがこのシリーズである。アメリカの人口の実に5％が恐竜だから、警察官にも実業家にも恐竜たちはいる。アル・カポネも恐竜だったというのだ。ならば恐竜の私立探偵がいても不思議ではない。というわけで、我らが主人公、恐竜探偵のルビオが登場する。

　ようするにハードボイルドのパロディだが、これが実によく出来ている。奇想天外な設定なので、おふざけハードボイルドと受け取られても仕方がないところはあるのだが、前作『さらば、愛（いと）しき鉤爪（かぎづめ）』は、恐竜でなければあり得ない事件を、恐竜でなければ成立しない謎解きで描いた傑作だった。つまり、パロディであると同時に、巧緻（こうち）なプロットで読ませる謎解きハードボイルドでもあり、その鮮やかな綱渡りがなによりも見事。ふざけているようで、結構シリアスだったりもして、その完成度が一部で熱狂的に支持されたのも当然である。

　その前作に比べると、今度の第二作は、謎解きの比重が軽く、そのぶんだけアクションに傾いているので、あるいは不満を抱く読者もいるかもしれないが、これだけ楽しませてくれれば十分だ。コスチュームを脱ぎ捨てると、尻尾（しっぽ）や鉤爪がぐいーんと伸びる箇所（かしょ）などは相変わらず愉快だし、恐竜同士は同類かどうかを匂（にお）いで判別しているとの設定もまだ効いている。

　今回のルビオの仕事は、カルト集団の正体を暴くことだが、この祖竜教会の教義が「人間のコスチュームを捨てて、もっと恐竜らしく生きよう」というものだから、ケッサクだ。そういう恐竜ならではの事件と推理が、今回も巧みなストーリーの中に描かれる。ルビオのへらず口も健在だ。アイディアがすぐれていて、細部の描写が緊密で、遊び心にあふれているのだから、これ以上の注文は贅沢（ぜいたく）というものだろう。早く次作を読みたい。

（原題、Casual Rex）

評・北上次郎（文芸評論家）

Eric Garcia　米国の小説家。マイアミ出身。コーネル大などで小説創作と映画学を専攻。

二〇〇三年二月一六日❺

『マルセル・デュシャン』

カルヴィン・トムキンズ 著　木下哲夫 訳

みすず書房・九七〇〇円

芸術に値段なんかつくもんか！

　あの、「芸術」って、わかりますか？　わたしはね、はっきりいいますが、よくわかりません！　なので「芸術」ではなく「ゲージュツ」と表記することにします。

　さて、この「ゲージュツ」というものの代表は「ビジュツ」ですが、例えばピカソさんの絵と、「ビジュツ」大学の学生の絵を並べられてもなかなか区別がつきませんね、ふつう。なのに、ピカソさんの絵は何億円もの値段がつき、学生の絵は無料でも貰（もら）い手がない。それは、ピカソさんの絵が「ゲージュツ」で、学生の絵が「ゲージュツ」一歩手前だから、なんですって。

　しかし、この二枚の「ゲージュツ」度の差はどうやって測ればいいのでしょうか？

　おそらく何百年（何千年？）にもわたって、「ゲージュツ」関係者ではない大多数の人たちの胸にわだかまっていたこの問題をはじめて徹底的に考えたのが、この本の主人公マルセル・デュシャンでした。

　デュシャンは展覧会場に便器を運びこみ「泉」というタイトルをつけて展示しようとしたり、ダ・ヴィンチの「モナリザ」に髭（ひげ）を描き加えたりして、スキャンダルを巻き起こしました。エライ人が「こ、こ、これのどこがゲージュツなんじゃ！」と怒った時、デュシャンはこう答えたのです。

「創造的営為は芸術家のみによって行われるものではない。鑑賞者は作品に内在する特質を解読、解釈することによって作品を外の世界に触れさせ、創造的営為に貢献をはたす」

そこに置いてあるそのなにか。それだけでは「ゲージュツ」でもなんでもない。ただ、我々がそれに触れ、そのことでなにかを考えることができた時だけ、「ゲージュツ」は活（い）きたなにか、になる。つまり、「ゲージュツ」とは、実は我々の内側で起こる目に見えない微細な変化のことなのだ、とデュシャンはいいます。だったら、そんなもの、値段つくわけないですよね。

「ゲージュツ」を捕まえようとして躍起になるほとんどの「ゲージュツ」家と違い、「ゲージュツ」から逃れるために全力を費やした孤独な天才の生涯と作品を描いた熱い（&厚い）一冊をどうぞ。

（原題、Duchamp：A Biography）

評・高橋源一郎（作家）

Calvin Tomkins　米国の美術ライター、伝記作家。著書に『ザ・シーン　ポストモダン・アート』など。

二〇〇三年二月一六日⑥

『林芙美子の昭和』

川本三郎 著
新書館・二八〇〇円

ひとりで生きることは面白い

ときおり林芙美子の『放浪記』を読み返す。ひとり町を歩き、ごはんを食べ、働く。ときには落ち込むものの、あっという間に立ち直る「私」。貧しい暮らしもどこかで楽しんでいる。なにしろ夏の暑いさかりに着るものがなければ水着で過ごしてしまうような「私」だ。いやなものはいやだ、とはっきりしている。ひとりで生きることはおもしろい、読むたびにそう思う。

林芙美子が上京したのは関東大震災直前だ。震災後、東京の町は大きな変貌（へんぼう）をとげてゆく。〈林芙美子を従来のように、「貧しい文学少女」というだけでなく、「モダン都市を生きた新しい自由人」ととらえ直すことが可能である〉と、著者は書く。女がひとりで働き、生きることを可能にした時代に彼女は登場した。

林芙美子の生涯と「昭和」という激動の時代を重ねあわせ、いきいきとつづる本書だが、林芙美子とともに「町歩き」をする著者ならではの息づかいが魅力的だ。そしてもうひとつ。この時代を撮った映画のかずかずがくわしく紹介されているのが楽しい。林芙美子が描いた〈市井に生きる人間の慎（つつ）ましい哀歓〉を、映画作品とともに身近に感じる。町歩きと映画を愛する川本三郎ならではの作家論だろう。

戦時中、林芙美子はいちはやく「従軍作家」として中国に渡り、その体験をもとに作品を残している。そのため戦争協力者と語られることもあるがそれは単純な見方だと著者は言う。たしかに戦場の日本兵には優しいまなざしを向けた彼女だが中国人の描き方は冷淡である。しかしこの戦場や戦時下の体験が、のちのち林芙美子の内面に複雑な重みを残してもいる。

「大衆」に寄り添おうとした作家の目に「戦前」と「戦後」はひとつに結ばれている。いつの時代も〈困難な生を強いられる〉人々がいる。イデオロギーに染まらず運動にもかかわらなかった林芙美子は、あくまで「現実生活者」であり「個人主義者」であった。

林芙美子作品の軽やかさと暗さ。その背景にある強靭（きょうじん）な精神のすごみが迫ってくる。

評・与那原恵（ノンフィクションライター）

かわもと・さぶろう　44年生まれ。評論家。著書に『大正幻影』（サントリー学芸賞）、『荷風と東京』（読売文学賞）、『荷風好日』など。

二〇〇三年二月一六日❼

『世界の果ての庭』

西崎憲 著

新潮社・一三〇〇円

一夜、夢の中に顔の見えない女性が顕(あら)われ、この物語を書くようにうながしたという。著者が英米文学翻訳家として紹介に尽力してきた怪奇幻想小説さながらの裏話ではないか。果たして著者は、初の創作である本書によって、日本ファンタジーノベル大賞の栄冠に輝いたのだから、霊夢の効験あらたかといえよう。

物語そのものの導き手もまた女性——リコと呼ばれる小説家と、日本文学を研究する米国人スマイスとの出逢(であ)いが、五十五にもおよぶ短章で複雑巧緻(こうち)に織りなされた本書の起点となる。

奇病や異界彷徨(ほうこう)、江戸の猟奇事件をめぐる幻想的な作中作、リコとスマイスがそれぞれ専攻する英国庭園史と江戸の国学者に関する蘊蓄(うんちく)、両人の恋模様……多彩な挿話群が並行して断続的に語り継がれ、響き交わし、やがて世界の果てにも比すべき精妙で静謐(せいひつ)な消尽点に到達する鮮やかな展開に、茫然(ぼうぜん)と息をのみ、深く魅了された。凄腕(すごうで)の庭師による、物語の造園術(ガーデニング)!

評・東雅夫(アンソロジスト)

二〇〇三年二月一六日❽

『ヴァギナ・モノローグ』

イヴ・エンスラー 著　岸本佐知子 訳

白水社・一五〇〇円

ひと昔前、ワレメちゃんと呼びましょう、というキャンペーンがあったっけ。折角(せっかく)お名前つけても、私たちには見えないんだもん。おっぱいなら形とか気にするけど、あそこは、ねぇ。

それがいけない、と著者は言う。もっと積極的にかかわろう、距離感をなくそうよ、と。友人が自分のヴァギナをさも汚らわしげに語るのに驚いた著者は、六歳から七十二歳まで、人種も職業も異なる女性二百人にインタビューを試みた。最初は口が重いが、いったん話しだすと夢中になってしゃべってくれたという。

本書は、彼女たちの話にもとづく同名の一人芝居の台本に、著者のコメント、新聞記事などを加えて再構成したものである。傑作なのは、「わが怒りのヴァギナ」の一節。「病院の検査。考えた奴(やつ)の顔が見てやりたいわよ。わざわざ感じ悪くしてるとしか思えない」

「せめてアヒルのくちばしをあったためろっていうの!」という意見には、大賛成。

評・青柳いづみこ(ピアニスト・文筆家)

二〇〇三年二月一六日❿

『「漫画少年」物語　編集者・加藤謙一伝』

加藤丈夫 著

都市出版・一八〇〇円

『漫画少年』は伝説の雑誌だ。一九四七年の暮れに創刊して五五年の秋には廃刊。短命だったが、『ジャングル大帝』や『サザエさん』を生んだ。本書はその『漫画少年』を作った加藤謙一の生涯を、息子の視線で描いたものだ。

面白いのは、この雑誌が加藤とその家族によって作られていたというエピソード。というのも、講談社の幹部だった加藤は、連合国軍総司令部(GHQ)によって公職追放。そこで妻を社長にした学童社を興し、かつて編集した『少年倶楽部』のような雑誌をはじめようとした。

ところが創刊号は返品の山。まだ小学生だった著者たちは、自宅の前に並べて通行人たちに売った。原稿取りも配達も、当局の検閲を受けるのも、十九歳の長女を筆頭にした子供たちだったというのだから、文字通りの家族出版だ。

北国の小学校教師が、子供のための雑誌を作ろうと上京し、編集者になった。出版が夢いっぱいの時代だ。

評・永江朗(ライター)

二〇〇三年二月二三日①

『本は生まれる。そして、それから』

小尾俊人 著
幻戯書房・三八〇〇円

初志貫いた出版人の一筋の道

たとえ「千部であろうと、二千部であろうと、それが出ただけの価値があればいい（略）。それは内容もそうですが、装幀（そうてい）でも、読者に、いい本が出たな、感じがいいなという印象を与えられるものをね」

いうはやすく行うはかたしで、そう考えて出発した出版社も、たいていは途中で大小の方針転換をせまられる。

だが日本敗戦の年、著者がふたりの友人と設立したみすず書房は、今日まで、この初心をわき目もふらずにつらぬいてきた。本書は、一九九〇年に現場をはなれた著者が、おもに戦中戦後の体験と著者たちとを語った文章をあつめたもの。「質と品位」をおもんじる同社の気風がかたちづくられた時代の息づかいが、いまそこにあるかのようにつたわってくる。

長野県生まれ。一九四〇年、十九歳で上京し、羽田（はた）書店という小さな出版社に職をえて「単行本出版のメチエ」を身につける。同時にそれは軍部による言論封殺と出版業界あげての時局便乗の時代でもあった。そこで感じた「日本人はこれでよいのか」という思いが、みじかい軍隊生活をへて、ただちに戦後の活動につながったようだ。

ふたりのキーパーソンがいた。まず詩人で独仏文学者の片山敏彦。「軍隊から帰った頃の私、それは、土くれのなかから、ただ上に向かって努力している筍（たけのこ）のような、もっさりとした田舎者の姿が思いうかぶ。それに対し、五感のありかたに方向を与えてくださったのは片山先生だった」

ロマン・ロラン全集の刊行にはじまるかれとの関係から、宮本正清、高田博厚、狩野直喜、長谷川四郎といった著者たちの鎖がのびてゆく。

もうひとり丸山真男。かれとの楽しく刺激にみちた会話から、好きというだけで編集のしごとはできない、そこには社会の「質」にたいする責任がともなうというメッセージをうけとり、それが出版人としての著者の信念になった。

ドイツのインゼル、フランスのガリマール、アメリカのパンシオンなど外国出版社への親愛を語る文章もある。みすず書房本の清潔な美しさの源流がわかる。

著者がなげくように、いかにも時代は一変した。こののち「精神的貴族」としての知的エリートの力が、著者がのぞむようなしかたでよみがえる可能性はきわめてすくないだろう。だがそれでも、千部、二千部の本の「質と品位」を大切にする読者層や出版社が消えることはないにちがいない。そうあえて強弁したい気もちが読後にのこった。

評・津野海太郎（編集者・和光大学教授）

おび・としと　22年生まれ。45年、友人と共にみすず書房を創業。90年の退職まで編集責任者。著書に『本が生まれるまで』。

二〇〇三年二月二三日②

『中国性愛文化』

劉達臨 著　鈴木博 訳
青土社・六八〇〇円

交わらざれば、万物興らず…か

同じ訳者による王仁湘（ワンレンシアン）『中国飲食文化』（青土社）は、まるごとおいしい本だった。それはそうと、『礼記』に「飲食男女は、人の大欲存す」。その飲食と並ぶ欲望の、男女、つまり性愛の文化のほうはどうか。

欲望のあり方には過剰もあれば極端な過少もある。それをどう制御して中庸にもっていくかが性愛文化の眼目だろう。古代の中国では極端な権力の集中が極端な快楽の集中をもたらし、一方で性的快楽から排除されたまま一生を終える人びとを大量に生んだ。宦官（かんがん）の去勢手術や纏足（てんそく）のような中国独特の肉体変形嗜好（しこう）も、宮廷への快楽集中の産物だった。早い話が、白居易の「後宮佳麗　三千人」（「長恨歌」）はごく控えめな数字で、始皇帝の阿房宮には一万人余、唐代の「宮嬪（きゅうひん）はおおむね四万にのぼった」とか。快楽を独占した権力者の周囲には、複数の妻妾（さいしょう）の複数の後嗣（あとつ）ぎをめぐって宦官や妃たちの陰謀が渦巻く。後宮は嫉妬（しっと）と復讐（ふくしゅう）のはびこる地獄となり、あげくは女性たちへのすさまじい「性的圧迫と性的搾取」の場と化した。

著者はおおむね唯物史観に大枠をかりて、原始共産社会の集団婚から個別婚（一夫一妻制）への転換をモティーフに、歪（ゆが）みをもふくめた性愛文化の歴史的変容を説明しているが、説明よりは裏付けに引かれる古書の逸話に、そこらのＳＭ小説をして顔色なからしめる凄（すご）みがある。なかんずく房中術の章が興味深い。房中術も権力者の手中に入るや堕落したが、薬食同源思想と同様、真正の道士たちは性交を健康と長寿をもたらす神仙にいたる道と見なしていた。のみならず易も、乾坤（けんこん）や陰陽の分離と合体を通じて性愛の隠喩（いんゆ）から成り立っているという。天地交わらざれば、万物興らず、つまるところ万物が性愛文化なのだ。

著者は独力で上海に性文化博物館を設立、また二万三千サンプルに及ぶ「性調査」をやってのけた人という。省みて柳田民俗学が性の民俗に冷淡だったせいか、わが国の性学はいずれも部分的断片的だった。少なくとも近代以前を生きてきた古老からの聞き取りによる「性調査」に関しては、もはや手遅れなのではあるまいか。

（原題、性与中国文化）

評・種村季弘（評論家）

Liu Dalin 32年生まれ。上海大社会学系教授。社会学者、性学者。著書『中国古代性文化』などの抄訳が日本でも出ている。

二〇〇三年二月二三日❹

『世界コミュニケーション』

ノルベルト・ボルツ 著　村上淳一 訳

東京大学出版会・三八〇〇円

知識増えても無知はもっと増える

情報や知識は物事をよりよく理解するために役立つはずだ。ところが私たちは情報や知識はあふれているのに、ますます先のことは分からなくなるという不思議な時代に生きている。なぜ情報量の増大は、かえって世界を見えにくくするのか。

それは「私の知識は増えるが、私の無知の増え方はもっと速い」からだ、と著者は言う。情報社会のパラドックスともいえる難問や奇妙な社会現象に、現代思想の立場から果敢に挑戦した一冊。用語はやや難解だが、堅苦しいからと敬遠するには惜しい卓見や鋭い問題提起が随所に見られる。

現代を地球規模で情報化が進む世界コミュニケーションの時代ととらえる著者は、そこで起きている大きな問題は空間のもつ意義が減少して、かわりに時間の役割がふくらんでしまったことだと強調する。そのために人はいつも時間に追われている。

情報は大量にあふれているが、時間不足のせいで大半は消化されずに終わり、いつも不完全な情報しかない状態におかれる。知識の爆発的増大に追いつけるような人間は誰もいないので知らないことばかりが増えていく。その結果、「一番重要な知識は、何が知らないでいいことかを、知ることである」という奇妙なことになるのだという。

メディアによって世界が一つになったために人々が倫理的な不安感を抱くようになったという指摘も考えさせられる。私たちは世界中で起きた出来事を目にして道徳的な痛みを感じるが、身近な問題のように自分で解決はできない。それなのに、全世界についての責任を負わされたような気分にさせられることが混乱を生みだしている。

日常を観察する人こそが知識人だ、という著者は、携帯電話からブランド熱、環境問題まで、現代社会の森羅万象に切り込んでみせる。論理の飛躍もあるが、最近の世界の混迷を見るにつけ、知識社会は無知社会でもある、という主張は、ますます説得力をもってきているように見える。

簡単には読み進めない分、考えるトレーニングにはなる本。無知社会の迷路から抜け出す鍵は情報よりも批判的思考力にあると考える読者向きだが。

（原題、Weltkommunikation）

評・清水克雄（本社編集委員）

Norbert Bolz 53年生まれ。ドイツ・エッセン大教授（メディア論ほか）。著書に『仮象小史』など。

二〇〇三年二月二三日⑤

『日本の経済システム』

寺西重郎 著

岩波書店・三五〇〇円

「高度成長期」型の次は何か

われわれがしばしば「日本的」と呼んでいる経済の制度的特徴は、正確には「戦後日本的」と呼称されるべきものである。というのは、戦前には、本書が「高度成長期経済システム」と名付けている戦後日本型システムとは、きわめて対照的な経済システムが確立していたからである。

その戦前日本のシステムは、一九〇〇年頃に成立し、「二〇年代半ばに調整過程にはいり戦時経済化の中で消滅した」ものである。その存立時期から、本書では「明治大正経済システム」と呼ばれている。これら二つの経済システムの比較・分析から将来を考えるのが、本書のテーマである。

議論は、政府と市場の役割分担、民間部門内部の経済システム、および政府と民間の間のインターフェイス（界面）の三側面からシステムを捉（とら）えるという枠組みに基づいて進められている。本書の独自性は、考察にあたって最後の側面を重視するとともに、システムが安定するためには人々の間での価値規範の共有が必要となることを指摘しているところにある。

明治大正経済システムでは、政府の介入は限定的なものであり、「民の論理」による市場メカニズムが中心をなしていた。そして、企業は大株主によって支配され、政府と民間の間の交渉にあたっては、名望家に率いられた地方経済圏が界面となっていた。これは、政府が経済に広範に介入し、経営者の自立性が高く、産業団体を交渉の界面としていた高度成長期経済システムとは、まるで正反対だと言ってよい。

変化する外生的な条件との適合性を失って、明治大正システムは衰退していくが、次の高度成長期システムが確立するまでには、二、三〇年を要している。いま、後者のシステムも衰退過程にあるとみられるが、新たな安定を得るまでには、同程度の時間を要するだろう。それゆえ、歴史的視点が欠かせないことを本書は示している。

新たなシステムは、再び市場メカニズム中心になるだろうが、それをアメリカ化というのは当たらない。むしろ日本的な明治大正経済システムの復興が起ころうとしていると考えられよう。

評・池尾和人（慶応大学教授）

てらにし・じゅうろう 42年生まれ。一橋大経済研究所教授。著書に『日本の経済発展と金融』『工業化と金融システム』など。

二〇〇三年二月二三日⑥

『海軍の選択　再考　真珠湾への道』

相澤淳 著

中公叢書・一七〇〇円

海軍は親英米的だったのか

１９３９年、日独伊三国防共協定強化を主張する陸軍に対し、米内光政海軍大臣と山本五十六次官が徹底して反対したことは、よく知られている。それは、彼らが英米の実力を熟知した親英米派であったからだとされる。

しかし、真珠湾攻撃を計画し、実行したのは山本である。かりに交渉打ち切り通告が遅れなかったとしても、奇襲攻撃がアメリカを激怒させたことは確実である。また山本が対米戦争について、是非やれというなら1年や1年半は暴れてみせると言ったことは、よく知られているが、その程度の展望で戦争に踏み切ったのだから、誉（ほ）められた話ではない。こうして著者は、海軍が親英米的だったというのは神話にすぎないと主張する。

１９３０年、ロンドン海軍軍縮会議において、山本は艦隊派であり、対英米強硬派だった。著者によれば、その背景には海軍の対独接近があった。日本海軍は、実は明治以来かなりドイツの影響を受けており、第一次大戦後には、ドイツの潜水艦と航空戦力にとくに強い関心を持って技術導入を進めていた。そして山本は航空分野での交流の中心だったという。

　著者はさらに米内光政について、1937年7月の日中戦争勃発（ぼっぱつ）当初には海軍大臣として戦争拡大に反対したが、まもなく中国の日本海軍への攻撃に直面して態度を変えたことを指摘する。また日本海軍が、香港に近い海南島に強い関心を持ち、対英妥協などほとんど考えていなかったことを明らかにしている。海軍＝善玉論に疑問を呈した研究は少なくないが、本書はこれまでのところ最も包括的なものと言ってよいだろう。

　最近、天皇についての関心が改めて高まっており、天皇関係の本が次々に出される。しかし、国家機構の実権を掌握していた軍人や政治家や官僚の分析を深めることなしに、天皇の言動だけを追いかけても、たいしたことはわからない。本書のような、実質的なリーダーたちの分析こそ、重要なのである。そうした試みのひとつとして高く評価したい。

評・北岡伸一（東京大学教授）

あいざわ・きよし　59年生まれ。防衛研究所戦史部主任研究官。共著に『日本の岐路と松岡外交』『日中戦争の諸相』など。

二〇〇三年二月二三日⑦

『ヨーロッパの貴族　歴史に見るその特権』

マイケル・L・ブッシュ著　指昭博・指珠恵訳
刀水書房・四五〇〇円

　中世から十九世紀半ばまで、なぜヨーロッパの貴族たちは特権を持ちつづけられたのか。王権、議会、他の身分との関係とともに、淡淡と記述されている。

　特権は多岐にわたる。財政上の特権、司法上の特権、政治参加の特権、名誉をめぐる特権、領主権、地主としての特権などとしてまとめられるが、各国の歴史的事情に応じて、それらに含まれる具体的権利の種類や時間的偏差は多大である。また、なに（国王特権、所領、地位、爵位、血筋）をもってその特権享受の資格と看做（みな）すかの決定も、単純ではない。

　この複雑さに音をあげながらも、これらの特権が共通項に収まってゆく様を辛抱強くたどれば、胸のつかえがおりてゆく。貴族の特権には、国家の近代化への貢献と阻害の両面があったとの指摘も重要だ。本書は、大半が中流意識を持つ日本人が、今なおエリート主義を濃厚に留（とど）めたヨーロッパ社会を理解する上で、大いに裨益（ひえき）するだろう。

評・池上俊一（東京大学教授）

二〇〇三年二月二三日⑧

『がん遺伝子を追う　発見レースの最前線』

マイケル・ウォルドホルツ著　大平裕司訳
朝日新聞社・二八〇〇円

　1980年代なかばから「遺伝子の狩人」たちの研究は、いわゆる遺伝病から、ありふれた病気の原因遺伝子探索に向かった。がんが最大の標的で、家族性の乳がんと大腸がんの原因遺伝子発見という成果をあげた。

　アメリカの科学ジャーナリストがそのすさまじい発見競争を克明にリポートしながら、研究者たちの人物群像を浮き彫りにする。遺伝子診断で、治療法の確立していない病気を秘める人々に未来を見せることがどういう波紋を呼ぶか。

　ある研究者は、人間の知を拡大することが科学の目的だと確言する。が、乳がん家系と知らされて、不安と恐怖のなかで予防手術を受けたいという女性まで現れる。フェミニズムの立場から20年間も乳がん遺伝子を追いつづけた女性研究者は、遺伝カウンセリングの重要性を悟りながら言う。「こんなかたちでがん発症のリスク診断に使われるとは」「もっと慎重に深く考えたうえで研究を進めるべきだったのかもしれません」

評・宮田親平（科学ライター）

二〇〇三年二月二三日⑨

『なぜ子どもに英語なのか　バイリンガルのすすめ』

唐須教光 著
NHKブックス・八七〇円

小学校に英語教育を導入するか否かの議論に関心が集まっている。賛成、反対の両派にとって、本著はこの議論を白熱させる格好の材料になるだろう。

著者は賛成派として「二言語を同時に学ぶと、結局は混乱し、両言語とも中途半端になる」などの反対派意見を論破し、早期語学教育の利点を強調する。日本人に欠けるとされる積極的な自己表現の態度を身につけさせるには、英語を使用させるのが有効と説き、英語教育のあり方、バイリンガルになる手立ても具体的に示す。バイリンガルになれば、子どもの言語意識が増し、より高い言語能力へ導かれるであろうという根拠を、数々の研究から説明する。最強のインパクトは著者が自分の子どもたちをバイリンガルに育てた実体験からの提言だろう。

はたして早期からのバイリンガル教育は日本を再活性化する鍵になり得るか。言語人類学者である著者は読者に議論の材料を十分に与えてくれるはずだ。

評・野口桂子（教育ジャーナリスト）

二〇〇三年二月二三日⑩

『生き物をめぐる4つの「なぜ」』

長谷川眞理子 著
集英社新書・七四〇円

生物の行動を考える四つの「なぜ」。四つとは、メカニズム、理由、習得過程、その行動確立までの進化史。

その観点で見ると確かに高校の「生物」はメカニズム偏重。結果的に大量の用語を覚える「暗記科目」になってしまっている。

著者もそういう「生物」は嫌いだったという。それが大学に入り「理由」や「進化」という観点からの生物学に触れ、生物学者の道を選ぶ。だから、本書でも最新の知見を元に真摯（しんし）に「なぜ」を伝えようとしている。

性分化や子育て、人間の道徳性なども扱われるが、一般教養書では往々にして単純化した扇情的な解説がされることも多い。その意味でこの本はしごくまじめ。単純な割り切りはしないので、結果的に難しいと感じる部分もある。

しかし「なぜ」を考えて初めて生物が好きになった著者の興奮は伝わってくる。すべてが解明されていないからこそ科学は面白い。少し難しいが、子供たちにぜひ読んでもらいたい本である。

評・坂村健（東京大学教授）

二〇〇三年三月二日①

『指揮台の神々　世紀の大指揮者列伝』

ルーペルト・シェトレ 著　喜多尾道冬 訳
音楽之友社・二九〇〇円

指揮者は演奏会の煽動者？ それとも…

岩城宏之さんは、「指揮者って何のためにいるんですか？」といつも訊（き）かれてうんざりしているという。一番の役目は交通整理だろうが、もちろんそれだけではない。たった一人のピアノの生徒相手に指揮しても、演奏は面白いように変わる。だから、指揮者には煽動（せんどう）者としての要素もあるのだ。

本書は、一八三〇年生まれのビューローから一九五五年生まれのラトルまで十三人の軌跡をたどりながら、指揮者が絶対的な権力を握るに至った過程を検証している。それぞれの個性について辛口の論評が加えられ、ちょっとやりすぎじゃん、と思うこともあるが、比較しながら読むと面白い。

カリスマ指揮者の代表格はニキシュ。しなやかな青白い手から磁力を発し、みんなを魔法にかけてしまう。フルトヴェングラーだって負けてはいない。突然テンポを速くしたりゆらしたり、オケを意のままに操る。彼の棒はわかりにくく、「大きく」も「小さく」も同じように見えるが、オケは感知できるのだそうな。対してトスカニーニは完璧（かんぺき）主義で、強弱を細かくつけ、テンポのゆれを絶対に認めなかったという。

オケと練習を重ねる「プローベ」も指揮者の重要な仕事だ。カラヤンは、説明の仕方が上手。苦悶（くもん）に満ちた和音は、「スパイクシューズで胸を踏まれた」ようにとか。バーンスタインは、ミスがあってもオケを責めないので評判がよかった。逆に何でも人のせいにするのはベーム。どうも著者はベームがあまり好きではないようだ。

　指揮が独立した職業となるのは、そう昔のことでもない。一八六五年、『トリスタンとイゾルデ』初演の際、スコアが複雑で手に余ると思ったワーグナーは、弟子のビューローに指揮を任せた。それまでの演奏会は、主に作曲家が自作を初演する場だったが、専門家が誕生してからは古い作品の「新しい解釈」に注目が集まり、作曲家と指揮者の地位が逆転していく——。著者の描く図式は、なるほどと思わせる。

　社会的影響力が大きいだけに、政治に巻き込まれる指揮者も少なくない。著者が風見鶏と呼ぶベームは、ナチスに協力しながらも難を逃れた。クナッパーツブッシュは、ヒトラーに反抗して公職追放されていた時期もあるのに、戦後は連合軍から指揮を禁止されてしまった。最近では、バーンスタインが「ブラック・パンサー」の活動にかかわり、さんざんな目に遇（あ）ったとか。

　そして新しい世紀の指揮者たちは、レコード市場の飽和状態や聴衆の減少という、また別の問題と戦っていかなければならないのだ。

（原題、Götter im Frack）

評・青柳いづみこ（ピアニスト・文筆家）

Rupert Schöttle　57年ドイツ生まれ。チェリスト。音楽祭の運営、音楽書の執筆なども手がけている。

二〇〇三年三月二日②

『ソーネチカ』

リュドミラ・ウリツカヤ 著　沼野恭子 訳

新潮社・一六〇〇円

鈍いまでの思慮深さに宿る幸せ

　一九三〇年代初頭、画家として制作に打ち込んでいたフランス生活からロシアに戻ったあと、五年間の収容所生活を堪（た）え忍び、いまは当局の監視下で流刑の暮らしをつづけているロベルトは、四十七歳になったばかりのある日、薄暗い図書館の書庫で「まぎれもなく内側から光り輝いている女性」に出会い、この人こそ妻にすべきだと直感する。器量ははっきりいってよろしくないし、色黒で、がりがり痩（や）せて、肩幅があって、それでいながら豊満な胸をしているという不均衡なからだつきだが、「若いラクダみたい」な、彼女の雰囲気に、彼はいてもたってもいられなくなる。

　タイトルが示しているとおり、本書はロベルトが妻に迎えた、ふたまわりも若い女性、すなわちソーネチカの物語である。ほんとうに小さな頃から本にかじりつき、読むことにかけては天才的とも言える集中力と愛を示し、ドストエフスキー、ツルゲーネフ、レスコフらロシア文学に没頭しながら育った彼女は、やがて図書館司書となる。一九四一年、第二次世界大戦勃発（ぼっぱつ）後の疎開先でロベルトに見そめられて結婚、母親とは正反対の色白でほっそりした娘ターニャに恵まれるのだが、成長したターニャの美しい友人ヤーシャがソーネチカに悲劇をもたらす。いや、それを悲劇と呼ぶのは周囲の人間にすぎず、彼女はときに鈍重なまでの思慮深さと絶対的なやさしさをもって、どのような細部にも幸福の光を見出（みいだ）すのである。そんなソーネチカの美徳のすべてを正確に射抜き、彼女に対する愛の真実をひとことで表現してみせたのが、ロベルトによる「若いラクダ」の譬喩（ひゆ）なのだ。

　夫の死後、ひとりになったソーネチカは、いまや「太って鼻の下にまで髭（ひげ）のはえている」老いたラクダとなり、黒い瞳の叡智（えいち）を保ったまま、ふたたび読書に喜びと救いを求める。だがそこで、あれほど愛した書物を手に取ることさえ困難になりそうな病の兆候が、それすら望まれた受難であるかのごとくあらわれる。身動きのとれない状態のなかで終わろうとする彼女の人生に、与えるだけ与えたあとにのみ訪れる、無垢（むく）な聖性を見ておきたい。

評・堀江敏幸（作家）

Ludmila Ulitskaya　43年生まれ。ロシアの女性作家。本書で仏メディシス賞など受賞。ロシア・ブッカー賞の候補にもなった。

二〇〇三年三月二日❸

『漁撈伝承』

川島秀一 著
法政大学出版局・三二〇〇円

神と共に生きている漁師たち

民俗学のなかで、農民の稲作民俗の研究は多いが、かなり手薄なのが漁民の民俗研究であるといえる。やはり日本は〝瑞穂（みずほ）の国〟だといった先入観、稲作農耕の民俗に日本人の古くからの心性や信仰があるとする考えが支配的だったためであろうか。本書では、漁師たちの民俗や信仰が丹念な聞き取り調査によって発掘されている。

エビスは漁の神だが、関西では西宮神社などの「商売繁盛、笹（ささ）持って来い」のエベスさんだ。また、西日本の沿岸部では水死体を指し、それを拾うと豊漁に恵まれるとされる。他方、東北地方の三陸沿岸部では水死体をエビスといわず、オホトケと呼んでいる。著者によると、この地方では、カツオなどの魚群を引き連れてくるクジラやサメがエビスと呼ばれる。海の彼方（かなた）から訪れて、海の幸を授けてくれる神、エビス様と重ね合わせられたのである。

漁師たちは漁の吉凶の兆しを敏感に感じ取って、災いを福へと転換させようとした。著者はそのような漁師たちの「神と共に生きている」姿を津々浦々を巡って見聞きしている。船霊（ふなだま）信仰は漁師の代表的な信仰だ。漁の最中に、船に祭られている船霊様に供物をあげるのは、カシキと呼ばれる炊事役の少年である。このカシキという言葉は寺の稚児や禅寺で食事を知らせる役の僧を指す喝食（かっしき）に由来するのだろう。

カシキは一人前の漁師ではなく、漁師見習いであるが、船霊様の妻ともみなされている。カシキは裸になり、男性器にわらを結んだり、顔に鍋の煤（すす）や白粉（おしろい）を塗ったりして、船上で踊り、船霊様を拝んだという。この奇妙な振る舞いは、不漁を好転させたり、船霊様や海の神を喜ばせたりするために行われた。また、一人前の漁師となるための儀礼でもあった。カシキは海の脅威を肌身に感じながら修練を積み、一人前の漁師へと育っていったのである。

著者は「人知に尽くせぬ自然に対して、謙虚に向き合ってきた、漁師の胸騒ぎのようなもの」を描いてきたとまとめている。私には、漁師たちの黒潮の轟（とどろ）きのような胸の高鳴りの世界が浮き彫りにされていると思われた。

評・川村邦光（大阪大学教授）

かわしま・しゅういち 52年生まれ。宮城県気仙沼市図書館勤務。著書に『ザシキワラシの見えるとき 東北の神霊と語り』。

二〇〇三年三月二日❹

『快楽の本棚』

津島佑子 著
中公新書・七六〇円

文学史を織りなす読書遍歴の記

「スキャンダラス」な小説家を父にもったために、母から文学に近づけないように育てられた子供が、しかし、ある日、近所の見せ物小屋のテントの中からもれる「赤みを帯びたまばゆい光」を見て、呼び込みをする男の「抑揚のついた濁った声」を聞いてしまう。そこに少女が「文学」を感じて、家の反対にもかかわらず自分で「文学」をどんどん発見するようになる。

普通の「読書案内」にはけっして出てこないようなエピソードなのである。津島佑子という現代の書き手が、二十世紀後半における自らの人生の中で「文学」という魔物にどのように目覚めて、その人生の一つ一つの時期にどのように読み手であったかを振り返る。タブーのベールを少しずつ上げた少女時代から、カトリック系の女学校で西洋と日本のはざまで「性」のテキストを読みはじめ、そして女子大生として世界規模のテーマに次々と気づく、読み手の遍歴を書きとめる。

普通の「読書案内」には、批評家や研究家が「客観的」に一つの系譜を立てるものと、一人の作家が「主観的」に自分の文学のインスピレーションとなった名作を振り返るものと二種類がある。津島氏の『快楽の本棚』は、書物に対する「主観的」な、徹底したすなおな姿勢が故にか、逆に批評家が書くのとは違った「客観性」が滲（にじ）んでしまう。一つ一つ個人的に出くわした作品の解説から、もう一つの、現代に伸びる文学史の系譜が見えてくるのは、不思議な結果といえる。

古代のサッポーから、近代の「チャタレー夫人」、そして谷崎潤一郎、日本の女性作家群にいたる、セクシュアリティのさまざまな形態と、それらをめぐるタブーと差別。中上健次や李良枝をふくめて、世界各地で起こる「書く」ことと「書かれる」ことの力関係の逆転。そして古代の叙事詩の読み直しから神話的な語りの「蘇生」をたどり、そこに文学の最先端を見る、「クライマックス」とも呼びたくなる圧巻の最終章。

読み手でありつづけてきた書き手による、「案内」というよりも発見、再発見の書は、そのまま、現代のぼくらが必要としていた文学小史となっている。

評・リービ英雄（作家）

つしま・ゆうこ 47年生まれ。作家。著書に『笑いオオカミ』（大佛次郎賞）、『火の山—山猿記』（谷崎潤一郎賞）など。

二〇〇三年三月二日⑤

『ヴァーチャル日本語 役割語の謎』

金水敏 著

岩波書店・一五〇〇円

役割語を起源まで探っとるのじゃ

ぼくは翻訳者として、長いこと「〜さ」「〜なくってよ」「〜してくれたまえ」といった表現に、すごく違和感を抱いていたのさ。そんな言葉遣いをするやつ、どこにもいらっしゃいませんことよ。いつの間に、こんな変な文語表現が蔓延（まんえん）するに至ったのでござるか？

本書は、ぼくのこの長年の疑問に正面きって答えてくれた爽快（そうかい）な本だ。

こういう用語は、話者の役割を効率よく示せる。「〜じゃよ」といえば年寄の博士。「〜なくってよ」といえばお嬢様。変なインチキ方言はトリックスター的脇役。つまりこれらの表現は、役割語としての機能を担っておるのじゃよ！

もちろんそこまではぼくでも見当がつくアルよ。本書の面白さは、なぜそういう表現が成立したか、というのを起源から（仮説を交えつつ）説明してくれるところにあるんや。これらは、日本語の歴史の中で、言葉をめぐる文化的な抗争の結果として生まれたのだ、と。上方語と江戸語との対立。上昇志向の書生言葉。雑誌経由の女学生言葉。戦争と植民地化を通じたアジアとの関係。その核として著者は、標準語の成立を挙げる。標準語から外れたステレオタイプ表現ツールとしての「役割語」。そしてそれを安易に使うことは、実は各種社会的ステレオタイプの延命に一役買っているのではないか、と著者は主張する。それを認識し、実存しないヴァーチャルな日本語を乗り越えて、リアルな日本語をつかみ取ろう、と。

主張は真剣ながら、材料として江戸・明治の小説から現代のマンガや流行歌まで縦横に使った論証と語り口は実に楽しい。日本語のあらゆる使い手は、ぜひとも本書を一読してくれたまえ。著者の批判を、あなたはどう受け止める？　ただし……実はここしばらく、マンガや歌やテレビドラマ（特に吹き替えもの）での安易な役割語乱用に影響されて、それを実際に口語で使う例が散見されつつある。著者の批判をさらに超えて、ヴァーチャルがリアルに転化する様子をぼくたちは目撃することになるやもしれませぬぞ。

評・山形浩生（評論家）

きんすい・さとし 56年生まれ。大阪大大学院文学研究科教授。共著に『意味と文脈』『時・否定と取り立て』など。

二〇〇三年三月二日⑥

『ナノテクノロジー　極微科学とは何か』

川合知二 著

PHP新書・七〇〇円

バイオやIT支える基幹的技術

「国会図書館をたった一個の角砂糖のなかに収める」。二〇〇〇年一月、クリントン大統領が「国家ナノテクノロジー戦略」を発表した際に、目標の一つをこのように表現した。

これだけで驚いてはいけない。本書の記述をもとに計算してみると、究極のナノテクノロジーである原子メモリを使えば、原理的には、角砂糖一個に日本の国会図書館一億館分以上！の本が収まるのだ。もちろん、これはまだまだ先の話であるが、本書には次々にこんな話が出てきて、ナノテクノロジーの大きな可能性を感じさせる。

そもそもナノというのはどのくらいの大きさか。ミリメートルの千分の一がマイクロメートル。さらにその千分の一がナノメートルである。このレベルの大きさの物質を制御する技術がナノテクノロジーである。途方もない世界という他はないが、その一端はすでに私たちの生活に生かされている。携帯電話はその代表だろう。

次世代の産業について語るとき、バイオ、IT、ナノテク、環境などと列挙する。しかし、このような言い方は、不正確である、と著者は指摘する。なぜなら、バイオもITもナノテクによって支えられるからである。ナノテクはあらゆる分野のマザーテクノロジーなのである。

これに対する日本政府の対応はどのようなものか。二〇〇一年の省庁再編によって総合科学技術会議が設置され、ナノテクを重点課題の一つに掲げた。たとえば二〇〇一年度には、五百億円の予算が研究開発に投入された。少なからぬ額であるが、会議の一員でもある著者によれば、多くは「目先の技術」に使われ、新規開拓分野への投資は少ないという。そして、基幹的技術であるナノテクノロジーで他国に後れをとると、「日本は世界経済の〝奴隷〟になるしかない」と警告を発する。

政策についての記述が少ないために、危機感を共有するまでには至らなかったが、二〇一〇年には二十七兆円もの市場規模が見込まれる二十一世紀の戦略的分野であることが、素人にもわかりやすく書かれている。

評・真渕勝（京都大学教授）

かわい・ともじ　46年生まれ。大阪大産業科学研究所産業科学ナノテクノロジーセンター長。著書に『ナノテクノロジー入門』など。

二〇〇三年三月二日⑦

『ハワイ王朝最後の女王』

猿谷要 著

文春新書・七五〇円

世界有数のリゾート・ハワイに、カメハメハ一世を開祖とする王朝が存在していたことはよく知られている。が、リリウオカラーニという名前を聞いて、一八九三年の王朝転覆時に王位にあった女王だと即座に答えられる人は少ない。

本書は、ハワイアンの名曲「アローハ・オエ」の作者でもあるこの女王の波瀾（はらん）万丈の生涯を物語風に綴（つづ）った伝記である。平易で簡潔な文章は読みやすく、昔日のハワイ人の暮らしぶりや当時の国際情勢、日本の移民史などへの目配りもきいていて、リゾートとはひと味違うハワイを知るには格好の入門書である。

そのおおらかさゆえに多数の外国人を受け入れてきたハワイだが、最後はそれがあだとなって、王朝を失い、文化的伝統も傷つけられてしまう。歴史のいたずらと言ってしまえばそれまでだが、本書に描かれたハワイに対するアメリカの覇権主義的な姿勢は、対イラク攻撃が問題となっている今、何やら暗示的ではある。

評・篠原章（大東文化大学教授）

二〇〇三年三月二日⑨

『津田梅子の社会史』

高橋裕子 著
玉川大学出版部・二六〇〇円

日本のキャリアウーマン、フェミニストの草分け、さらに著者の出身大学の創設者でもある津田梅子を、極力相対化しようとする意欲作。津田が7歳から10年間養育された19世紀後半のアメリカにおける女性環境を精査し、内外の津田研究の成果を踏まえ、主に外堀から「人間」津田に迫る試みだ。

当時の女性観は家庭を基盤としていたが、女性の自立などの改革運動への萌芽（ほうが）も含んでいた。それが津田の日本での行動に決定的影響を与えた点を丹念に描き出している。

国民国家形成の加担者的側面、日本の下層階級やアジア諸外国の女性の視野からの排除など津田の「限界」も積極的に採り上げる。「洋行帰り」の津田ばかりが注目されがちだが、三輪田真佐子や山脇房子ら同時代の女性教育者も正当な評価を与えられるべきだと、女性研究に潜む「舶来嗜好（しこう）」の相対化をも促すなど知的示唆に富んでいる。

評・塩崎智（歴史ジャーナリスト）

二〇〇三年三月二日⑩

『イギリス式生活術』

黒岩徹 著
岩波新書・七〇〇円

イギリスで約6年間暮らし、帰国後もたびたび訪れているが、イギリスの悪口を言うのは実に簡単である。イギリス人に話しかけても無難な天気の話題でかわされる。節約といえば聞こえは良いが、しょせんはただのケチ。食べ物のまずさには生きる力を失う。加えてコンビニも自販機もない不自由さだ。

その国が（私も含めて）日本人からこよなく敬愛される。いったいなぜか。この本の著者は、日英交流に尽くした功労によりエリザベス女王より勲章を受章。〝イギリス本〟のベテランは、豊富なエピソードを「ゆとり」「生活の質」「成熟」「ユーモア」といったキーワードでくくりながら、イギリスの愛される理由を解き明かす。歴史と伝統を踏まえた大人の知恵は価値観と人生観を揺さぶり、袋小路に迷い込んだ日本人の足元を照らすようだ。すでにイギリスに行った人にもこれから行く人にも、一読を勧める。

評・多賀幹子（フリージャーナリスト）

二〇〇三年三月九日①

『第三の時効』

横山秀夫 著
集英社・一七〇〇円

同僚の心の謎解きこそスリリング

横山秀夫の『半落ち』が直木賞を逸したのはまことに残念だった。選評を読むと、その設定に無理があるとの指摘が多かったが、それが致命的な欠陥になっていたとは思えない。ネタばらしになりそうなので、詳しくは書けないが、必ずしも無理とは言い切れないのではないか。五十歩譲っても、『半落ち』の場合は微妙な領域に属する、というのが正直なところだろう。他の理由で落ちたのならともかく、少しばかり厳しすぎた感がなくもない。

警察の捜査部門が班ごとに対立していて、情報交換もいっさいせず、上司すら部下たちがどんな捜査をしているのか皆目わからないという本書の設定も、それが現実の映し絵であったとしても、いささかオーバーに描かれるから、こうなると心配になってくる。もちろん、これが作者の仕掛けた罠（わな）であることは明らかだ。本書は、捜査部門の人間をいっさい登場させず、管理部門小説というアイディアを警察小説に持ち込んだ横山秀夫が、本格的な捜査小説を書くとどうなるか、という実験でもあるが、さすがは横山秀夫、捜査小説を書いても独自のラインを崩さない。これまで書かれてきた管理部門小説と同様に、ここでも作者の語りは抜群の冴（さ）えを見せるのである。

横山秀夫のミステリーで問われるのは、いつも人間の心理である。それは、犯人の心理ということだけではない。いま隣にいる人間が何を考えているのか、ということだ。些細（ささい）なヒントを積み重ねて、横山秀夫の主人公たちは、いつもその謎に取り組んでいく。たとえば、この捜査会議は誰が言いだしたのか、と主人公が必死に考える場面が本書の中に出てくるが、このシーンに留意されたい。こういう場面を強調するのは作者のお得意といっていいが、発言の意味を考え、語らない人間の胸中を考え、いったいどういう意味なのだと彼の脳は猛烈な勢いで回転する。乱暴な言い方をしてしまえば、事件の解決よりも、この謎解きこそが、横山秀夫の小説において中心軸なのだ。スリリングな、そしてきわめて異色のミステリーがかくて成立する。

つまり、捜査部門の人間を主人公にしても、横山秀夫の斬新な小説は変わらないのである。いや変えないために、班ごとに対立しているとの設定が必要なのだ。捜査員同士がきちんと情報交換し合っていたら、こういう謎解きが成立しないから、ケレンたっぷりの趣向が必要なのである。その強引さのなかに、横山秀夫の立脚点がある。この傑作連作集を、意地のプッシュだ。

評・北上次郎（文芸評論家）

よこやま・ひでお　57年生まれ。小説家、元上毛新聞記者。著書に『陰の季節』『深追い』など。

二〇〇三年三月九日❷

『日本の歴史第25巻　日本はどこへ行くのか』

キャロル・グラック、姜尚中ほか著

講談社・二二〇〇円

縦横に歴史を駆け　未来を問う

未来を予測することは、おそらく歴史家が最も苦手とする仕事だろう。歴史家にとって、過去とは現実に生起した事実であり、「if」という仮定法で過去を語るのは無意味だ。同じように未来は、重層的で多様な決定によって形造られる。過去を究める人ほど、未来の予測が不可能なことは自明と映るに違いない。ではなぜ編者はあえて困難なこの問いを突きつけたのか。

答えは網野善彦氏の第00巻『「日本」とは何か』にある。それは「国民の歴史」として語られた「日本」そのものへの疑いを提起した。「正史」が語る静的な歴史像を解体し、見過ごされた海の民や山の民、漂泊民などの糸から成る多様な織物としての歴史を復権させること。全26巻が追求してきたのは、血流の滞りで壊死（えし）寸前になった歴史に鮮血を送り、蘇（よみがえ）らせることだ。旧石器捏造（ねつぞう）事件によるつまずきはあったが、各巻の大胆な問題提起は新風を吹き込んだ。

掉尾（とうび）を飾る一巻で、いずれ劣らぬ7人の論客は、荒武者のように縦横無尽に歴史を駆ける。C・グラック氏は「二十世紀の語り」という世界史の文脈を論じ、姜尚中、岩崎奈緒子氏は、朝鮮、アイヌという「周縁」から「単一民族」の虚構性をあらわにする。T・モーリス＝スズキ氏は「等質な日本人」という同化への圧力が、マイノリティーを生み出した近代を追う。T・フジタニ氏は象徴天皇制の将来を論じ、H・ハルトゥーニアン氏は「国民」の形成を鮮やかに跡づける。論者に共通するのは、批判的な「外部」の視点と、21世紀のグローバル化時代の日本を構想する骨太の歴史観だ。

その点、沖縄の思想家伊波普猷（いはふゆう）・月城（げつじょう）兄弟の知的格闘を追った比屋根照夫氏の論文は本書の白眉（はくび）だろう。異質の文化を背負ったがゆえに差別された沖縄では、「大和民族の神話」を相対化し、抑圧されたアジアや女性たちと共感し、「混成的国家」という新たな国家像を構想する先駆的な思想の系譜があった。二人の思想家の先見性に驚かざるを得ない。未来を構想する力は過去にあり、歴史家は、過去を鋤（す）き返すことで未来を豊かにする仕事を引き受けた思想家だと教えられた。

評・外岡秀俊（本社ヨーロッパ総局長）

執筆者はほかに、テッサ・モーリス＝スズキ、比屋根照夫、岩崎奈緒子、タカシ・フジタニ、ハリー・ハルトゥーニアンの各氏。

二〇〇三年三月九日❸

『臨床文学論　川端康成から吉本ばななまで』

近藤裕子 著
彩流社・二二〇〇円

〈わたし〉の病状の意味を探る

「臨床」が流行（はや）っている。古株の臨床心理学の傍らに、近年、臨床教育学と臨床哲学が芽生え、そして今、臨床文学の種が播（ま）かれた。病める現代日本において〈わたし〉が溶解してゆく危機の諸相を、ぎりぎりの言葉で表現する現代作家たち。彼らの特異な訴えに注意深く耳を傾け、「時代の病」へと開いてわたしたちに仲介する姿は、託宣をする巫女（みこ）のようだ。身体で世界を分節する「身（み）分け」と言葉で世界に文目（あやめ）をつける「言（こと）分け」、双方を視野に収めた鋭利で繊細な批評の言葉で、苦悩の現場と関係を結び、そこに深い意味を見出（みいだ）してゆく作法が、臨床の臨床たるゆえんだろう。

川端康成、尾崎翠（みどり）、村上春樹、山本昌代、吉本ばなな、彼らは皆、身体と感覚をめぐる不思議で異様な語りが急所を縫いとる織り糸となる作品を書いている。対象の生命力を奪いとり物化する視線、〈わたし〉の匂（にお）いの世界への漏洩（ろうえい）、カウンセリングの仮面の下での心病む人への裏切り、なにげない家族の日常に横たわる世界全体から〈わたし〉を引き裂く溝、ふんだんな料理の脇を流れる死に近接した時間……。こうした〈わたし〉の病状の意味を、作品中の巧んだ語り口の仕掛けに探るべく、著者は、特徴的な言葉の用法、語りのねじれ、ひいては語り手の意識に着眼し、考察を重ねてゆく。たとえば吉本ばななの『キッチン』では、冒頭の「私がこの世でいちばん好きな場所は台所だと思う」の一文に拘泥するとともに、「ふと」「ふいに」「突然」という言葉の多用と移行を分析する。山本昌代の家族小説においては、登場人物たちを捉（とら）えては脅かす非人称の声を解釈のひとつの鍵とする、といった具合だ。

だが症候の分析といっても、帰着点があらかじめ決まっている不毛な精神分析批評とはまるきり違う。言葉の用法に徹底的にこだわりながらも、テクストの構造分析のような内在分析に終始することもない。自らの体験を通じて理論を咀嚼（そしゃく）し、自前の方法で作品に係（かか）わっているからこそ、読者もスリリングな読みに誘い込まれるのだろう。臨床文学、大樹に育つのも遠い将来のことではあるまい。

評・池上俊一（東京大学教授）

こんどう・ひろこ　53年生まれ。札幌大助教授（日本近現代文学・教育学）。共著に『〈改訂版〉現代文章講座』。

二〇〇三年三月九日❹

『ことばは味を超える』

瀬戸賢一 編著
海鳴社・二五〇〇円

「リズムのある味」なぜいわない？

読みすすみながら、「じゃあ、こんな例はどう考えるのか」と、ゼミに参加しているような気分を楽しんだ。若手や中堅の研究者の本が広く読まれることはまれだが、本書はその数少ない例外となるだろう。第一の理由は、食べ物の味をどう表現するかという、誰もが食指をうごかされるテーマにある。感覚生理学からいえば、味には「甘味」「塩味」「苦味」「酸味」「旨（うま）味」の五種類しかないのに、「味ことば」は無数といってよいほど多彩だ。

「うまい」の反対語は「まずい」。「おいしい」の反対語は「おいしくない」。「甘い音色」や「甘い夢」は英語でも同じようにいう。しかし「ネジが甘い」や「甘い考え」という表現は英語にはない。思わず「どうして？」とつぶやいてしまう。まだまだある。「深い味」というが、味の深さを物差しで測れるわけがない。深さという視覚のコトバで味わいを喩（たと）えているのだが、喩えにはメタファー（隠喩（いんゆ））とメトニミー（換喩）とシネクドキ（提喩）とシミリー（直喩）があり……詳しくは本書参照。「味ことば」はじつに「奥が深い」。

私がとくに興味をもったのは「一方向性の仮説」。「甘い響き」とはいうが「リズムのある味」とはいわない。「暖色」とはいうが「赤みのある温度」とはいわない。なぜなのか？「〔触覚→味覚→嗅覚（きゅうかく）〕→〔視覚→聴覚〕」という関係があり、音の「響き」という聴覚刺激（原感覚）を受けたとき、「甘い」という味覚刺激（共感覚）が呼び覚まされ、逆方向はないという説だ。この仮説が成立するならば、味を表現できる共感覚は触覚しかないことになる（「まったりとした豚骨スープ」）。

だが、グルメ評論にかぎらず、味を表現する共感覚コトバはいやになるほど豊富だ。実態はどうなのか、著者たちは美食エッセイなどを参照するだけでなく、パソコンで「Google」を活用する。たとえば「丸い味」と「赤い味」を検索すると、重複例などを除いて二〇二件と二六件がヒット。叩（たた）き台としての仮説と、誰にでもできる調査方法が、読者を議論の輪に誘いこむ仕掛けとなっている。

評・新妻昭夫（恵泉女学園大学教授）

せと・けんいち　51年生まれ。大阪市立大大学院教授。本書は75年生まれの大学院生など8人の分担執筆。

二〇〇三年三月九日⑤

『疑似科学と科学の哲学』

伊勢田哲治 著

名古屋大学出版会・二八〇〇円

相対主義越える「科学」への問い

人間社会にかかわることは、単純な二分法はうまくいかない。そんなことは大人なら大抵わかっている。たとえば「正義と悪」。二分法がうまくいかないことを示すのは簡単。分類しにくい境界領域の実例——たとえば「正義の戦争」などを考えればいい。

そういうことをまじめに考える人ほど、往々にして反動で「絶対的な正義も悪もなく、すべてはそのときの社会により決まる」というような、極端な相対主義におちいる。事実そういう流れがいろいろな分野で一時世界の思想界を席巻した。本書は「科学とは何か」を考える科学哲学の入門書だが、そういう相対主義を乗り越えるための処方箋（せん）としても読めるところが興味深い。

「科学とは客観的な営み」などという神話を信じている人は、本書にまずショックを受けるだろう。「科学と疑似科学」など簡単に峻別（しゅんべつ）できると考える向きは科学者にも多いが、この問題を安易に考えていると足をすくわれるという例がどんどん出てくるからだ。科学もやはり人間の営みであり、豊かな境界領域をもつ。そこに単純な二分法を当てはめようとするから、「迷信でないなら科学だ」という話になってしまう。それらしい実験を見せられて一転超能力を信じてしまうなどというのは、そういう科学者のナイーブさのゆえだ。といって「絶対的な科学も非科学もなく、すべては社会により決まる」なども暴論であろう。

本書は科学哲学の本だが、占星術や超能力といった身近（？）な例をベースにしているため親しみやすく、そこはかとないユーモアも漂っているところがいい。

結論は、まことに常識的ながら「程度の問題」ということなのだが、それを論理的に展開した「ベイズ主義」まで話を進めているのが重要。常識は理由があるから常識なのだが、同時に論理的に展開できないものに頼れないというのもまた科学者の本性だからである。「疑似科学」を否定できなくて悩んでいる科学者だけでなく、「疑似科学」さらには「相対主義」についてのスタンスを決めかねている多くの人、さらには「疑似科学」を信じている人にぜひ読んで欲しい本である。

評・坂村健（東京大学教授）

いせだ・てつじ　68年生まれ。名古屋大助教授。共著に『社会哲学を学ぶ人のために』『情報倫理の構築』（近刊）。

二〇〇三年三月九日❻

『戦争倫理学』

加藤尚武 著

ちくま新書・七〇〇円

絶対平和へのはるかなる「近道」

「世界中の『世論』が、戦争に向かって走り出したときに、踏みとどまって、世界が狂気に陥っており、自分こそが正気であると言えるために、私たちは自分自身の位置を正確に測定できるような、羅針盤を持たなくてはならない。それが『戦争倫理学』である」（本文より）

ややナイーブすぎる「狂気／正気」の比喩（ひゆ）を誤解してはいけない。戦争が「心神喪失」であるなら、もとより倫理もクソもない。戦争にも倫理があるからこそ問題は厄介なのであり、また希望もあるのだ、と著者は言っている。「戦争は倫理外の野蛮な絶対悪」と信じて疑わない絶対平和主義者も、「先制攻撃も報復戦争も主権国家の権利」と豪語する無差別主義者も、その点では同じ穴の思考停止者といえる。

厳格な倫理にコントロールされた戦争限定主義こそが絶対平和への近道——それが著者の立場だ。ただし、それがなお気の遠くなるほどの「近道」であることは、ここで概観されるトマス・アクィナスから国連憲章までの、数百年にわたる戦争倫理確立のための堂々巡りを目の当たりにするなら、容易に想像できる。確かにそれらの議論は百年一日の逆説と矛盾に満ちている。それがついには「最終兵器の発射はどうぞお先に」という究極の倫理に行き着いてしまうのも、今なら納得できそうだ。

が、著者はそんなニヒリズムを許さない。たとえ不完全だろうと針がねじれていようと、それは莫大（ばくだい）な時間と代償とひきかえに人類がやっとこさ獲得した、なけなしの「羅針盤」なのだから。そんなやっとこさ加減を手短に再確認できるだけでも、今、本書を一読する価値がある。

9・11以後の現実に対し国際法の理念で異議申し立てをする著者に、愚直な原理的アナクロニズムを感じる読者もいるだろう。倫理など屁（へ）とも思わぬ独裁者が大量破壊兵器に手をかける現実の前で、まだそんな羅針盤が使い物になるのか、と問いたくもなる。でも、そんな乖離（かいり）する現実と理念を併せ呑（の）める胃袋を、鍛え続けるしかないのだろう。著者の言う「正気」とは、おそらくそういうことだ。

評・山崎浩一（コラムニスト）

かとう・ひさたけ 37年生まれ。鳥取環境大学長。専門は応用倫理学。著書に『哲学の使命　ヘーゲル哲学の精神と世界』など。

二〇〇三年三月九日❼

『紙葉の家』

マーク・Z・ダニエレブスキー 著　嶋田洋一 訳

ソニー・マガジンズ・四六〇〇円

青年が発見する膨大な量の紙の束。それは盲目の老人が行った、ある映画に対する論考だった。その映画とは、高名なジャーナリストが記録した幽霊屋敷での恐怖譚（きょうたん）。本書は青年が老人の論考を整理し夥（おびただ）しい脚注をつけたものだが、青年と老人とジャーナリストの語りが重なる三重の入れ子構造であり、さらに凝りに凝った製本（本を回転させながら読まなくてはいけない！）で幻惑と困惑を生む。

複雑極まりない物語の構造と仕掛けに富む製本のみならず、ここには哲学、科学、史学、建築学、映画学までのあらゆる知識が結集されて（デリダ、キューブリック、キング他がチラッと顔を出す！）、謎にみちた映画が解かれていく。

百科全書的な知が際立つ、だがそれが時に前代未聞のホラ話としても機能して笑えるし、その一方で、鵺（ぬえ）的な恐怖が強烈に迫るホラーとしても楽しめる。現代文学の最前衛にたつ驚異の小説。分厚く一見難解に見えるが、挑戦する価値あり。

評・池上冬樹（文芸評論家）

二〇〇三年三月九日❽

『遠い国』

小林紀晴 著

新潮社・一六〇〇円

アジア各地を旅する日本人の若者を描いてきた小林紀晴だが、今回の旅は世界各地のインド人コミュニティーを訪ね歩いている。タイ、シンガポール、香港……。さまざまな国に生きるインド人。固く結ばれた絆（きずな）、国の料理、そして宗教がある。故郷を離れても彼らは故郷につながっている。満月の夜、クアラルンプールのヒンドゥー教寺院で行われた祭りの圧倒的な光景を目にして著者は「遠い国」を思う。それはインドでもあり、日本でもあるようだ。

その著者の手には七十年以上も前に同じ地を彷徨（ほうこう）した詩人・金子光晴の本が携えられている。詩人は何を見ていたのか。金子光晴の足跡を追う時間の旅に、自身の心情を投影させる。

そして人が「越境するということ、交わるということ、そして逆に交わらないということについて」思う。旅とは人が動くことだけではないようだ。世界各地のインド人街を知ると、「国」そのものも旅をしているのだと思う。

評・与那原恵（ノンフィクションライター）

二〇〇三年三月九日❾

『水田の生物をよみがえらせる』

下田路子 著

岩波書店・二六〇〇円

さまざまな動植物の宝庫だった水田から多くの生物が激減していった。もちろん稲作の機械化、化学化が大きな原因だ。「農家の娘」として育った著者が、近代化のかげで郷里の農村が変貌（へんぼう）し、減反にまで追い込まれる過程を綴（つづ）った回想は哀惜にみちている。

そして、いま著者は植物学者としてかつての水田の生態系を保全する活動に従事している。しかし耕作放棄水田に希少種や絶滅危惧（きぐ）種などを呼び戻すのは容易でなく、地元の農家の知識経験が必要だ。が、その農家の人たちが協力して働いてくれる姿を見て、「もし（この）水田でイネを栽培してもらったら、もっと生き生きとした表情になるだろうと感じた」というのは、切ない。

結局、生物の溢（あふ）れる水田景観を取り戻すには、農村がよみがえらなければならない。過疎化、高齢化に喘（あえ）ぐ農家の実情を知らず、感傷的に「自然保護」を唱える一部市民運動家への批判もきびしい。

評・宮田親平（科学ライター）

二〇〇三年三月九日❿

『ミレー《晩鐘》の悲劇的神話』

サルバドール・ダリ 著　鈴木雅雄 訳

人文書院・二八〇〇円

あまりに有名なミレーの《晩鐘》。だが、このタブローは「美術史上に先例を見ない絶対的で惑乱的な独創性」を持ち、「つねにどこかしら錯乱したもの」だとダリは言う。なぜか。その問いに答えようと、夕暮れという時間帯や女性のとっている姿勢を主題として掲げ、古典作品から自作、絵葉書、本の挿絵、はてはカマキリの絵まで召喚しながら、分析がおこなわれてゆく。

ダリは懸命に、しごく真剣に文章を書いている。目に見えるようだ。しかもその連想のさままでも。《晩鐘》に秘められたものに肉薄しようとしている真剣さが、同時に自らの書き表そうとしている「パラノイア（偏執）的＝批判的」な姿を浮かび上がらせる。ここにダリ本人と絵画、さらにはシュルレアリスムと精神分析をめぐる複雑さへの鍵のひとつがあるといえよう。

四月から『ミレー3大名画展』が国内を巡回するが、ダリの視線をもって展覧会を眺めてみたら、どうだろう。

評・小沼純一（文芸評論家）

二〇〇三年三月一六日①

『ブッシュの戦争』

ボブ・ウッドワード 著　伏見威蕃 訳
日本経済新聞社・二二〇〇円

米政府のすさまじい意思決定能力

一昨年9月11日の同時多発テロから、アフガニスタンでの戦闘が終結するまでの3カ月、アメリカ政府中枢が事態をいかに認識し、どのように政策を決定したかを、100人以上の要人とのインタビューと機密文書を用いて、克明に描きだした本である。

その中にはブッシュ大統領との二度のインタビューも含まれている。その二度目に、著者は2時間半のうちに短い質問と回答を30回繰り返したというから、いかに濃密な取材だったかわかる。

登場人物も迫力満点である。パウエル国務長官、ラムズフェルド国防長官、チェイニー副大統領、ライス特別補佐官、テネットCIA長官らが、政府は何をなすべきかについて、自己の信念と権限をかけて、大統領の支持を得ようと、激しい自己主張を繰り広げ、その中から政策が決められていく。

たとえば9月15日、キャンプデービッドで開かれた閣議では、世界を視野に入れたテロ対策、アルカイダを標的としたアフガニスタン作戦、諸外国への外交工作、イラク作戦の延期などが決定されている。朝から3時間半の激しい議論があり、それから3時間の休憩があり、また夕食まで議論するといった具合に、会議は進んだ。

それまで彼らは、アフガニスタンについてさしたる知識をもっていなかった。北部同盟の実力も、ウズベキスタンの飛行場の事情も、ロシアの反応も、まったく分かっていなかった。ところが事件4日後にこういう決定をしたかと思うと、その11日後の26日には、CIAのベテラン工作員が、100ドル札で300万ドル持ってアフガニスタンへ工作に行くのである。すさまじい意思決定、問題処理能力というほかはない。

全体の主役は、やはり大統領である。ブッシュ大統領は、ベトナム戦争の失敗は、国民に十分な説明をしないまま、マイクロマネジメント（細部の統制）に走ったからだと考える。大局を見通し、国民に方向性を与えること、目的意識を持ち、前進しようとする意欲を持つことが重要であり、「アメリカらしいエッジ（強み、切れ味）」を維持するのが大統領の務めだと述べる。

アメリカ外交の独善性を批判する人は多いし、ブッシュ大統領の能力を疑問視する人も多い。そして、この本は内部情報に依存しているだけ、政府にやや甘い。それでも彼らは、危機におけるリーダーシップの本質について、日本の政治家よりもはるかによく理解しているように思われる。アメリカの政策決定を知り、現代政治におけるリーダーシップのあり方を考える上で、強く薦めたい本だ。

（原題、Bush at War）　評・北岡伸一（東京大学教授）

Bob Woodward　43年生まれ。ワシントン・ポスト紙編集局次長。著書に『司令官たち』『権力の失墜』など。

二〇〇三年三月一六日②

『〈帝国〉　グローバル化の世界秩序とマルチチュードの可能性』

アントニオ・ネグリ、マイケル・ハート 著
水嶋一憲ほか 訳
以文社・五六〇〇円

新しい帝国像描く、熱帯びた思想書

難解な大著にもかかわらず、批判も含めて翻訳が出る前からこれほど話題になった本も最近では珍しいだろう。日本語になっても難解さは解消されていないが、たしかに強力なインパクトは否定できない。我々はどんな時代に生きているのか、人類の歴史はどこへ向かっているのか。人々が不安の中で感じている疑問に、ここまで明解に答えようとした思想書は少ないからだ。

普通は「帝国」という言葉で連想するのは、力と正義を振りかざす超大国のことだが、この本のすごさは「来るべき帝国はアメリカではない」と言い切ってしまったところにある。それどころか米国は帝国の中心というわけでもないのだという。

姿を現しつつある〈帝国〉は世界空間にまで及ぶ新しいネットワーク型の支配構造で、古い帝国主義的な国家に引導を渡す役割さえ担っているという。いわばグローバル化によって、我々の誰もが既に巨大な帝国の一員になっているという議論だ。

ここまではまあ理解しやすい話だが、問題はその先。帝国は登場したばかりで没落と衰退を始めていると著者は大胆にも言う。その理由は帝国の富は一握りの少数者が独占しているが、彼らは本当の意味での支配者ではないからだ。帝国の推進力は国境も民族性も超えて移動する圧倒的多数の貧しい人々で、その抵抗や欲望が世界を動かし、再生させる力をもつのだという。

古典から現代思想まで、おびただしい論や分析が主張の根拠として動員されている。それに対して現実の緻密（ちみつ）な検証を欠いているといった反論を加えるのは容易だろう。過去の進歩的歴史観の影を感じる読者も多いかもしれない。にもかかわらず、この本が強い磁力をもつのは、現在の世界の混乱と不条理を説明できる説得力のある理論や主張が見あたらないからかもしれない。

良くも悪くも最近では少なくなった「熱を帯びた本」と言うべきだろう。現実の世界の状況を見ると、この本の予告どおりに帝国の亀裂は深刻になるばかりのようだ。「いまは亡霊が蠢（うごめ）く真夜中である」と著者は書く。夜はどう明けるのか。準備中という続編も気になる。

（原題、Empire）　評・清水克雄（本社編集委員）

Antonio Negri　33年生まれ。元パドバ大教授。
Michael Hardt　60年生まれ。デューク大助教授。

二〇〇三年三月一六日③

『都新聞藝能資料集成　昭和編・上』

矢野誠一　著
白水社・一六〇〇〇円

どっこい、こういう資料は面白い

かつて『都新聞』という人気新聞があった。いまの『東京新聞』の前身で、明治十七年、仮名垣魯文主筆の『今日新聞』として創刊。芸能界や花柳界がらみの記事を満載して、おおぜいの読者に愛された。

その大正年間の記事集成が簡潔周到なコメントつきで刊行されたのが十二年まえ。このたびようやく、おなじ著者の手になる昭和編上巻（昭和元年から八年まで）が完成した。A５判で五〇〇ページ余。そんなごっつい資料集のどこが面白いのかね、とそっぽを向く人もあろうが、どっこい、これがめちゃくちゃ面白いのだ。

なにしろ昭和大恐慌のまっただなかである。劇場も寄席も料亭も銀座のカフェもガラガラ。いくら値引きしても客はいっこうに戻ってくれない。これだけでも身につまされる。大正の「成金ブーム」をなつかしむ有名料亭のおかみ座談会は、「また戦争でもありませんかしら」の大合唱。とたんに満州事変勃発（ぼっぱつ）。その特ダネをもののみごとに落としてしまうあたりが、いかにもこの新聞らしくておかしい。

小山内薫なきあとの新劇を先頭に芸能界の左傾がすすむ。他方でレビューが流行。この「アカ」と「エロ」の二重奏を警視庁がやっきになって取り締まる。その攻防のさまがことこまかに報道される。

圧巻は松竹少女歌劇団の三か月におよぶ大争議。昭和八年、当時、最大最強の興行資本だった松竹を相手に、「男装の麗人」水の江滝子（ターキー）を指導者とするレビューガールたちが、東京と大阪、相呼応して待遇改善をもとめるゼネストをぶちかましたのだ。「切崩し功を奏し　スター六名の転向　疑問の水ノ江の動静」とか、あいだに立たされたエノケンの困惑とか、けっこう複雑な事態の展開を追う記者諸君の張り切りぶりがつたわってくる。

おびただしいデータのうちの何をとり、なにを捨てるか。その編集の腕が険しい尾根道にさしかかった歴史の細部をかがやかせる。個人で買うには、ちょっと高価すぎるかもしれない。近所の図書館にリクエストしてみたらどうだろうか。

評・津野海太郎（編集者・和光大学教授）

やの・せいいち　35年生まれ。演劇・芸能評論家。著書に『志ん生のいる風景』『戸板康二の歳月』『荷風の誤植』など。

二〇〇三年三月一六日④

『趣都の誕生　萌える都市アキハバラ』

森川嘉一郎 著

幻冬舎・一五〇〇円

「おたくの部屋」化する都市風景

悔しい。かつては毎週、いまでも月に一度は出かける秋葉原のここまで明確な変化の意味を、本書で指摘されるまでまったく気づかずにいたとは！

秋葉原といえば電気街、というのはもう昔の話。かつての主力商品だった冷蔵庫やテレビの販売は郊外店舗に取られ、いまの秋葉原はパソコンと、そしてアニメおたくの一大即売会場と化しているのだ。本書はまずその変遷を、テナント構成や壁面広告をもとに示し、おたくの部屋を裏返したような趣味の世界が都市の風景を決定づけていることを指摘する。

その都市変化は、かつて家電製品が象徴していた輝く未来像の喪失と重なる。そして「未来」を失った建築像として、著者はあのオウム真理教のサティアンを挙げる。空間的な構成を欠いた、窓のない箱でしかない「建築」。それはまた、典型的なおたくの部屋でもあり、そしていまの秋葉原の新しい建物がまさに向かっている方向性でもある……。

ポケモンジェットにも、著者は同じ図式を重ねて見せる。未来の急先鋒（せんぽう）だったはずのジェット機が、いまやアニメキャラクターにまみれている。商業主義へのへつらいを誤魔化（ごまか）しただけの「ポストモダン建築デザイン」もまったく同じ文化的な流れの一部だ。さらに地理的にも、その流れは拡大しつつある！

そしてこの本のいいところ。街がサティアン化しているときたら、ついつい日本文化の将来なんぞを憂慮してみせたくなるのは人情だろう。著者はそれをしない。インチキな対立図式をでっちあげて危機感を煽（あお）ったりも（ほとんど）しない。本書は文化とその表現の流れを淡々と描いて終わる。

本書を読んで、あなたが日本の都市を見る目は変わるだろう。もうぼくは、以前のようには秋葉原を歩けない。そこはすべてがコレクションの一部と化した巨大な部屋だ。本書を読めばその部屋の「主」の存在をひしひしと感じられるようになるだろう。

だがそれにしても、だ。その「主」ってだれだろう。それはぼくたち読者に残された宿題、かもしれない。

評・山形浩生（評論家）

もりかわ・かいちろう　71年生まれ。早稲田大理工学総合研究センター客員講師。専門は建築意匠論。編著に『20世紀建築研究』など。

二〇〇三年三月一六日⑤

『こんな株式市場に誰がした』

前田昌孝 著

日本経済新聞社・一五〇〇円

一時しのぎの「対策」が元凶だ

本書は、証券市場を長年にわたって取材してきたジャーナリストによる、日本の株式市場の実態報告であり、小手先の取り組みでは、日本の株式市場の「死に至る病」は治癒し得ないことを訴えている。

今年も、年度末に向けて株価の下落傾向が鮮明なものになっている。こうした状況になると、政府に株価対策を求める大合唱になる。しかし、こうした一時しのぎの株価対策の積み重ねこそが、実は日本の株式市場をダメにしてきた元凶である。

われわれは、著者の指摘するように「株価だけに焦点をあて、それを動かそうとする試みは、『百害あって一利なし』といっていい」ことを肝に銘じなければならない。そもそも、政府等の介入によって価格が動かされてしまうような市場を、投資家が信頼するわけがないではないか。

市場の生命線は、公正な価格形成にある。その公正に形成されるべき価格を引き上げるように操作することを求めれば、市場を壊してしまうのは、いわば事の道理である。株価は、その発行企業の価値をできるだけ正確に反映するように形成される必要がある。企業価値が低ければ、その株価は低くなることこそが望ましい。

　したがって、株価を上げたければ、その実質である企業価値を向上させる必要がある。企業価値を向上させることは、第一義的には経営者の責任であるが、株式市場は、経営者にそうした努力を促すように機能しなければならない。ところが、株価対策は、株式市場が企業経営に規律付け機能を発揮することも妨げてしまう。

　本書が報告している日本の実態は、右のような当然の事実に、政策当局者も、市場関係者もあまりにも無理解であることを示している。しかし、「株式市場は経済成長のエンジン」であるから、日本経済の再生のためには、そうした無理解が正されることが不可欠である。そのための世間の関心を高める上で、本書は有益である。

　ところで、株価対策って日本語、うまく英語に訳せない言葉なんですよね。こんな概念自体が、英語圏には存在しないのだから、まあ仕方がないか。

評・池尾和人（慶応大学教授）

まえだ・まさたか　57年生まれ。日本経済新聞証券部編集委員。共著に『複合デフレ脱却』『投信新時代』など。

二〇〇三年三月一六日❻

『毛皮と人間の歴史』

西村三郎 著
紀伊国屋書店・二八〇〇円

欲望につき動かされる世界の姿

「世界」というものを、私たちはこんなふうに手にとり、読むことができるのか。ずしりと重い本書を読み終えての感慨である。

　テーマは「毛皮」である。富と権力のシンボル、毛皮を求めて人々は海へ、奥地へと移動した。毛皮が「世界の歴史の展開にどんなに深く、かつ密接にかかわってきたか」。著者はじつに丁寧に平明な文体で、毛皮をめぐるドラマの場面に読者を誘う。その視線は、歴史、地誌、文化史、博物学と多面的で広がりがある。

　人類の起源から物語は始まる。斃（たお）れた野獣の毛皮を身にまとうことから始まった着衣の歴史だが、毛皮が権力のシンボルとなったのは、古代エジプトにすでに見ることができる。

　十世紀、西ヨーロッパの上層階級は数百匹のクロテンを用いたマントを羽織り、ビーバーの毛皮の帽子をかぶった。十四世紀から十五世紀にかけて、毎年数千万枚もの毛皮が取引されたという。

　それを可能にしたヴァイキングやドイツ人など商人の活躍、より良質な毛皮を求めて奥地へ入ってゆくハンターたちの姿が描かれている。またロシアがシベリアに進出したのは、クロテンを求めてのことだった。十六世紀末にはロシアの国家収入の三分の一が毛皮によってもたらされたという。しかしシベリア先住民は領土を奪われ、暴虐と抑圧にさらされたのである。「新大陸」でもこれと同じことが起きた。ヨーロッパ人によるアメリカ大陸の征服と開拓の原動力は毛皮にあったと著者は指摘する。

　また興味深いのは毛皮の一大消費国、輸入国であった中国の毛皮の貢納システムと交易の歩みである。そして本書は最後に日本にたどり着く。毛皮をめぐる人類の壮大な旅を知ると、それは人間の知恵と侵略の歴史でもあることに気づく。

「歴史をつき動かす」ほど強烈な毛皮への欲望。そのため珍重されたクロテン、オットセイ、ビーバー、ラッコなどは絶滅の危機にひんしたほどだ。しかし今日も「欲望」のドラマはくり広げられている。

評・与那原恵（ノンフィクションライター）

にしむら・さぶろう　1930〜2001年。地球博物学者。著書に『リンネとその使徒たち』（大佛次郎賞）、『文明のなかの博物学』など。

二〇〇三年三月一六日⑧

『メディア理論の脱西欧化』

J・カラン、朴明珍 編　杉山光信、大畑裕嗣 訳
勁草書房・三七〇〇円

これまで民主主義社会の発展にメディアがどのような役割を果たしうるかが議論されるとき、そのモデルとして常に引き合いに出されたのは、米国など欧米のごく少数の事例であった。今日、これらのモデルはどこまで有効なのだろうか。

97年11月、このような問題意識を持った各国の研究者が韓国・ソウル大学に集まり、グローバル化が各国の政治権力・政治構造とメディアとの関係にどのように影響を及ぼしつつあるのか、その動態的な研究を開始した。本書は、この国際共同研究の成果である。

そこで取り上げられる中国、ロシア、メキシコ、韓国、台湾、イギリス、オーストラリア、南アフリカと、地域研究に裏打ちされたメディアと社会発展に関する報告は、類書に見られた単純な近代化論でも文化帝国主義論でもない、多様な社会発展の姿を浮き彫りにしてくれる。その多様性のなかにメディアの存在意義を改めて考えるヒントがあろう。

評・音好宏（上智大学助教授）

二〇〇三年三月一六日⑨

『穴が開いちゃったりして』

隅田川乱一 著
石風社・二〇〇〇円

かつて雑誌とは、私に「悪い」世界を教えてくれるものだった。黒々として危険な匂（にお）いがして、とても魅力的だった。『ヘヴン』（『ジャム』から改称）や『ウィークエンドスーパー』『ロック・マガジン』などがそうで、小ぎれいな大型書店では手に入らない。

そこで健筆をふるっていたのが隅田川乱一（本名・美沢真之助、九八年、四十六歳で病没）だ。彼が四半世紀の間、さまざまな雑誌に書いたコラムと未発表原稿を集めたのが、この奇妙な表題の本である。

本を開くと、たちまち七〇年代アングラカルチャーの世界に連れていかれる。扱われているのは大麻やドラッグの話であり、プロレスであり、パンクロック、現代文学、そしてオカルトや精神世界だ。彼がサブカルチャーを追究したのは、自由に生きるためだった。ストレートな熱気が伝わってくる。ああ、いまのポップ文化のほとんどは、すでに隅田川らによって先取りされていたのだなと思い、感動する。

評・永江朗（ライター）

二〇〇三年三月二三日②

『こうして生まれる　受胎から誕生まで』

アレグザンダー・シアラス、バリー・ワース 著
古川奈々子 訳　中林正雄 監修
ソニー・マガジンズ・三八〇〇円

画像ドラマで「命の尊さ」を実感

今、一昔前は見ることができなかったものが、どんどん見えるようになってきた。宇宙の果てから結晶の中の原子まで、驚くほど鮮明な写真を見ることができる。

この急速な進歩は実は写真機でなくコンピュータのおかげである。昔だったらまったく意味を読み取れなかったような、かすかな情報から画像を再構成する。正確にはコンピュータにより作られた画像であって写真ではないのだが、元々肉眼で見えないものなのでその区別に大きな意味はない。

その技術にかかっては、生命の神秘も同様。本書はお腹（なか）の中の赤ちゃんがどのように育っていくかを、受精から誕生の様子まで何百枚もの「画像」で見せてくれる。

たとえば誕生の瞬間。子宮口から赤ちゃんの頭がのぞくといった従来型の写真集ではない。母親の体を透視して、骨盤をどのように赤ちゃんの体がくぐり抜けるかという連続画像で見せてくれる。当然、赤ちゃんの成長の過程も外からだけではない。循環系や神経系だけ透視したり、脊椎（せきつい）が見えやす

いように回転したり。

　ここで重要なのは、これが解剖などといった乱暴な方法でなく、生きて母親の体内にいる自然な状態のスナップショットだということだ。こんな画像は従来の方法では決して写せなかった。

　光で映した写真でない以上、コンピュータ処理の結果をどういう色にするかは人間が決めなければならない。本書の画像の自然さは、やはり人間――写真家でもあり芸術家でもあり二十年以上医学分野での映像ビジネスをしてきたシアラスの技術によるが、そのための地道なデータ収集の労力を思うと脱帽するしかない。

　すべての人が見るに値する本である。科学により失われる神秘より、新たに生まれる神秘の方がより豊かだと気が付かせてくれる。赤ちゃんが生まれるというのはこんなにも大変なこと。どんな人もこれだけのドラマをくぐって生まれてきたのだ。百の言葉でなく、見ることによる「命の尊さ」の実感がここにある。今、戦争で失われようとしているものの重さを知るためにもぜひ見てほしい本である。


（原題、from Conception to Birth a Life Unfolds）

評・坂村健（東京大学教授）

Alexander Tsiaras　米国のフォトジャーナリスト、芸術家。
Barry Werth　サイエンスライター。

二〇〇三年三月二三日③

『リヒトホーフェン姉妹　思想史のなかの女性　1870-1970』
マーティン・グリーン 著　塚本明子 訳
みすず書房・九〇〇〇円

男たちの規範にあらがう母性

　説明するとややこしい。まずビスマルク治下プロイセンのリヒトホーフェン男爵家に姉妹が生まれた。姉のエルゼはマックス・ウェーバーの弟アルフレートとの仲を噂（うわさ）されながら、ウェーバー門下の経済学者エドガー・ヤッフェと結婚。妹のフリーダはイギリスの文法学者ウィークリーに嫁いだが、精神分析医でエロス運動の指導者オットー・グロスと出会って、彼の子を産む。ほぼ同時にエルゼもオットー・グロスの子を産み、姉妹とも生まれた息子にペーターという名をつけた。

　エルゼはやがてマックス・ウェーバーの後半生の愛人となり、フリーダは小説家D・H・ロレンスと駆け落ちして『チャタレイ夫人の恋人』などの作品を成立させ、晩年は新たな若い夫とニューメキシコのタオスの芸術家コロニーに住んだ。

　いまでこそ取り立ててめずらしい話ではないが、前世紀の世紀転換期ではまぎれもないスキャンダルである。それも詩人のゲオルゲや宇宙論サークルのクラーゲス、父親のわからない子を産み育てた美しい帝国伯爵夫人ツー・レーヴェントローなどを星座のように周辺に配置して、あたかも黄金の二〇年代をショー化した。つまるところリヒトホーフェン姉妹とは、父権的プロイセン・ドイツに対する失われた古代母権制的対抗文化の化身だったのである。

　原著の初版は一九七二年。折からウッドストック・フェスティヴァルが昂揚（こうよう）し、エロス運動の後継者として『エロス的文明』のヘルベルト・マルクーゼがウェーバー批判を通じて学生たちの喝采（かっさい）を浴びた時代だ。著者はここから古代母権制回帰の徴候をヒッピーの元祖たるスイスのアスコーナのコロニー運動に見て、『真理の山――アスコーナ対抗文化年代記』（進藤英樹訳、平凡社、一九九八年）を構想するにいたる。

　翻訳紹介の順序が前後したが、二著を通して前世紀以来の対抗文化の動向があらかた概観できる。訳文は平明で読みやすいが、キャバレー芸術関係の訳で「単細胞」はキャバレー「ジンプリチシムス」、「植民地」は本書ではコロニーと訳すのが適切かと思う。


（原題、The von Richthofen Sisters）

評・種村季弘（評論家）

Martin Green　27年英国生まれ。米タフツ大教授、文学研究者。著書に『ロビンソン・クルーソー物語』など。

二〇〇三年三月二三日④

『文化の窮状　二十世紀の民族誌、文学、芸術』

ジェイムズ・クリフォード 著
太田好信ほか 訳
人文書院・四五〇〇円

西洋的自画像を根底からゆさぶる

もうすぐ四月。入学式が行われ、新入生向けにオリエンテーションが催される。このオリエンテーションという言葉、進路指導・方向づけといった意味だが、東向きに建てることも意味する。オリエント（東洋）に由来する言葉なのである。

後進的・エキゾチックとされたオリエントと対照されて、先進的・理性的とされる西洋が形成されてきた。しかし、オリエント像が解体されていったように、西洋ばかりでなく、世界のオリエンテーション＝方向づけ、も流動的になっていった。本書では、西洋の他の文化に対するオリエンテーションへの批判が展開されている。

二十世紀は帝国主義戦争や植民地支配を通じて移動が世界的に拡大し、居住と流動（旅）が新たな事態となっていった時代である。著者によると、エキゾチックなものが身近にあり、地球の果てに見慣れたものがあるような「場所の感覚を失う」事態である。国家や民族の間での文化的な違いは明確でなくなってきている。民族のアイデンティティーも継続的な文化や伝統を前提とすることはできず、あいまいなものとなっている。そして、文化を研究する人類学、その研究方法のフィールドワークも、プリミティブ（未開）な「部族芸術」、その博物館や美術館での展示も、文化と同様に、批判にさらされている。

他方で、文化やアイデンティティーが新たに形成されている。北米先住民のインディアンの裁判闘争のように、支配的文化に対するマイノリティー文化の異議申し立てのなかで、自分たちの文化やアイデンティティーを再定義して抗争する状況も現れている。これは、いくつものオリエンテーションが文化に開かれている状況でもある。

本書は、日本も無縁ではない、西洋的なオリエンテーション、アイデンティティー＝自画像、を根底からゆさぶる批判の書である。それぞれの文化のオリエンテーション・アイデンティティーの構築と解体を過去と向き合いながら繰り返していく歴史的プロセスのなかに、現代世界の文化の道筋、いわば「未来になりつつある現在」があることを教えている。

（原題、The Predicament of Culture）

評・川村邦光（大阪大学教授）

James Clifford　45年生まれ。米カリフォルニア大サンタ・クルーズ校教授。著書に『ルーツ』など。

二〇〇三年三月二三日⑤

『怒る技術』

中島義道 著
PHP研究所発売・一三〇〇円

怒りを楽しめる「寛容な社会」を

突然ぶん殴られても怒れないような善男善女がうじゃうじゃ生息する一方で、あきれるほど些細（ささい）なきっかけでキレまくる若造が蔓延（まんえん）する現代ニッポン。著者によれば、それらは車の両輪である。

怒りを感じ、育て、言葉で表現し、相手に伝える技術を学ぶ機会を、彼らは奪われ続けてきた。個人のあからさまな表現であり、他者との対立を呼び起こす厄介な怒りという感情そのものを、忌避し、圧殺し、麻痺（まひ）させることばかりを教え込まれてきたのだ。

「そんなことないでしょ。社会は不正や悪政に対する市民の怒りに満ちてますよ」

そんな安全無害な「公認された義憤」を著者は怒りとは認めない。怒りとは自分固有の感情であり、善良な世間社会との軋轢（あつれき）であり、自らに潜む悪と向き合う危険な行為なのだ、と。だからこそ「たとえ間違っていようと、あなたは怒るべきである」と著者は煽（あお）る。無責任な極論でも奇矯な逆説でもない。「怒りの不自由な人々」が溢（あふ）れる社会は、自己の怒りを制御する技術も他者の怒りを理解し受けとめる技術も持てない、むしろより危険で不寛容な社会なのだ。

「そりゃ怒りのピンポイント爆撃ができる西欧仕込みの哲学者さんはいいだろうけど、素人がヘタに真似（まね）れば誤爆も起きるし、報復テロで殺されるリスクさえある。いきなり無茶（むちゃ）ですよ」

そんなリスクを少しでも軽減する安全保障のためにこそ、われわれは怒りのコミュニケーション技術を磨くしかない、と著者は言い張る。本書に満載された著者自身の華々しい実践例（というより実戦歴）は、確かに一見、ただの危ねえオヤジが人騒がせやハタ迷惑を楽しんでいるだけにも思える。が、それを互いに楽しみ合えてこそ、真の寛容かつ平和な共生社会の名に値する、のかもしれない。ひいてはそれこそが今、まさに全人類が直面している最大の難題ともいえるのだから。

せいぜい私も怒らせる技術ばかりでなく怒る技術にも磨きをかけ、善意の大海原に豊かな波風を立てられる偏屈オヤジを目指そう。著者の隣人ではなく、読者でいられる幸運をかみしめつつ。

評・山崎浩一（コラムニスト）

なかじま・よしみち 46年生まれ。電気通信大教授。哲学を学ぶ「無用塾」を主宰。著書に『うるさい日本の私』『カイン』など。

二〇〇三年三月二三日❻

『キャラクター小説の作り方』

大塚英志 著

講談社現代新書・七六〇円

そうか…日本文学は永らえるかも

まず、この本は、アニメやまんがをノベライズしたような小説、すなわち「キャラクター小説」の書き方を教えようとする。だが、それだけではない。それだけでは、「小説の書き方」を教えてくれると称する、たくさんのハウツー本の一つにすぎない。だから、この本は、そんな小説を書くということは、「自然主義的リアリズム」と「私小説」を中心としてきたこの国の伝統から「遠く離れた未知の場所で新しい形式の小説を作りだす」ことでもあると主張する。つまり、この本は「新しい小説の書き方」を教えようとする。

だが、それだけではない。それだけなら、ただの「新しもの好き」の一つに過ぎないかもしれないから。だから、この本は、なぜ「新しい小説」が必要かを語り、その「新しさ」のほんとうの意味を語り、そのことをほんとうに説得力をもって語るためには、この国の小説の本質について説明しなければならないのだと語ろうとする。しかし、そのためにはまた、この国の文学の「不幸な歴史」についても語らねばならず、そして同時に、その歴史について正確に語るためには、文学に関する知識だけではダメだと語ろうとし、気がつけばハリウッドの脚本術について語っていたりもする。実際、この本の読者は、あまりにもたくさんのことが語られていることに目まいのようなものさえ感じるかもしれない。けれども、著者が語ろうとしているのはほんとうは一つのことだけだ。それは、「文学」がいまももし可能であるとすれば、それはどこでなのかということだ。

「文学」は不振だ、もう終わったといわれて久しい。そうだと同感して嘆く人がいて、関係ないねと無視する人がいて、そんなことはない「文学」は永遠だと強がる人がいる。だが、ぼくたちは気づくべきなのだ。終わったかもしれない「文学」をこの時代にこの国で書いていくための見取り図、それをあえて描こうとした人間が、この本の著者以外に殆（ほとん）どいなかったことに。そして、この本が、どこかで、誰かが、はじめているに違いない困難な試みへの励ましと支援のメッセージになっていることに。

評・高橋源一郎（作家）

おおつか・えいじ 58年生まれ。作家、評論家。小説に『多重人格探偵サイコ』『木島日記』、評論に『物語の体操』など。

二〇〇三年三月二三日⑦

『闇屋になりそこねた哲学者』

木田元 著

晶文社・一六〇〇円

闇屋と木田元？　人を驚かすようなタイトルに騙（だま）されてはならない。語り下ろされた半生は、たしかに波瀾（はらん）万丈、綱渡りの連続だが、じつはそれも満州から引き揚げて海軍兵学校に入り、訓練中に敗戦を迎えたあと、叔母の世話になりつつ、必要に迫られて闇屋まがいの仕事で日々を乗り切っていた頃までの話。

山形の農業高校からハイデガーを読むために東北大に入学して以後の、学問への打ち込みのすさまじさは、運や人任せではなく、自身の力で道を開いていこうとする意志のなせる業だ。原典の正確な読解と、それとほぼ同義の語学習得に嬉々（きき）として立ち向かった頃の思い出をたどる口調に衒（てら）いはみじんもなく、どこまでもさわやかである。

偏狭な学閥意識に囚（とら）われず、また自身の理解の限界について嘘（うそ）をつかず、師友への感謝と愛を忘れずに、著者はいまも自己鍛錬をつづける。闇屋の闇は、人生の暗部ではなく、存在の明るさをきわだたせる装置なのだ。

評・堀江敏幸（作家）

二〇〇三年三月二三日⑧

『ブックストア　ニューヨークで最も愛された書店』

リン・ティルマン 著　宮家あゆみ 訳

晶文社・二五〇〇円

ニューヨーク市マディソン街のある書店とそこの女主人の物語。店の名はブックス・アンド・カンパニー（本と仲間たち）、哲学・文学書中心の独自の品ぞろえで二十年間（一九七八～九七年）続いた。

顧客のなかにはスーザン・ソンタグからウディ・アレンまでいた。ボディーガードの露払いのあと現れたマイケル・ジャクソンは、「イソップ物語」を買っていったそうだ。

店の売りもののひとつに著者自身による朗読会（リーディング）があった。著者と読者を近づける上で、それがどれほど大きな効果を生んだことか。

ある詩人のリーディングに客としてやってきたダスティン・ホフマンが、飛び入りでD・H・ローレンス詩集を読んだことも。

この店が立ちゆかなくなったのは、家賃の上昇、大型チェーン書店の風圧などによる。本屋の理想に殉じた女あるじの姿は、健気（けなげ）で切なく、時代の移り変わりを伝えてあまりある。

評・安倍寧（評論家）

二〇〇三年三月二三日⑨

『ロック・クロニクル　1952-2002』

広田寛治 著

河出書房新社・二八〇〇円

オハイオ州クリーブランドのラジオ局のDJ、アラン・フリードが、黒人音楽の新しい胎動を「ロックンロール」と名づけてから約五十年。本書はこのロックミュージックの歴史を平易に概説した年代記である。

対象とした期間は一九五二年から二〇〇二年まで。が、ビートルズ研究の分野で活躍してきた著者らしく、情報の密度が濃いのは六〇～七〇年代。人種差別の撤廃を訴える公民権運動と手を携えるようにしてロックが浸透していった様が、リアルに描かれている。

黒人音楽に焦がれた白人、白人の生活様式に焦がれた黒人。両者の憧（あこが）れが交差することによって、ロックは大衆文化としての普遍性や独創性を初めて獲得できたこと、人種差別はロックの成長にとって障害にしかならなかったこと。

著者が真に描きたかったのは、ロックという一音楽ジャンルの歴史などではなく、アメリカの大衆社会のダイナミズムそのものだったのではないだろうか。

評・篠原章（大東文化大学教授）

二〇〇三年三月二三日⑩

『2次元より平らな世界』

イアン・スチュアート 著　青木薫 訳

早川書房・二四〇〇円

百年前に、二次元の世界に三次元人を侵入させることで、幾何学的な次元の概念を解説した名作『フラットランド』の着想を借りて、現代の幾何学世界を探検する趣向の楽しい科学・数学読み物。カバーする範囲は、フラクタル次元から位相幾何学から、はては情報理論や符号理論に超ひも理論まで、「え、こんなところまで幾何学が関係あるの?」と驚く分野まで様々。あまりの広さに主人公もしばしば目を回しているほどだ。各分野の解説はその分少なめだけれど、深入りせずにざっと読むにはちょうどいい。

現代風の意匠やジョークも加わって（苦しいところもあるけど）楽しく読めるし、翻訳もそれをうまく活（い）かして読みやすい。著者スチュアートは、ネタもとの『フラットランド』に大いなる敬意を払っており、そこにこめられた男女平等思想さえも幾何学的に翻案してストーリーに盛り込む凝りよう。中学高校での幾何学で、すねに傷持つ人にもおすすめ。

評・山形浩生（評論家）

二〇〇三年三月三〇日①

『50羽から5000羽へ　アホウドリの完全復活をめざして』

長谷川博 著

どうぶつ社・一五〇〇円

ひたすら前向きな「明日の物語」

読んでいて、胸に希望がふくらんでくるのを感じた。絶滅のふちにあるアホウドリを救おう——これまでの類書は、社会に警鐘を鳴らすのに熱心なあまり、人間の愚かさと環境破壊の深刻さへの絶望感、といわないまでも無力感がつきまとっていた。しかし本書はひたすらに前向きだ。

アホウドリは北太平洋に広く分布する大型の海洋性鳥類で、国際保護鳥・国の特別天然記念物。東京の南方600キロの鳥島など、絶海の孤島で繁殖するため、見たことのある人はまずいない。明治の中頃、輸出産業として羽毛の採取が本格化した。人間を恐れることを知らず、たやすく撲殺され、「バカドリ」「アホウドリ」と呼ばれた。数十年間で数百万羽が捕殺され、終戦後すぐの調査で絶滅が報告されたが、まもなく数十羽の生存が確認された。

「乱獲と絶滅の危機という悲しい物語」は、いかにして「明るい明日の物語」となったのか。本書は著書の26年間81回の調査記録である。1979年に産卵数50個、うち20羽の雛（ひな）の巣立ちが確認された。昨年の第81回調査では、それぞれ251個と161羽。いまの増加率が維持されれば、2020年には産卵数が1000個となり、その数年後には総個体数が5000羽を超えると著者は予想する。そのころ著者は「人間の平均寿命の年齢」に達し、「25年前に描いた夢の光景を自分の目では確認できない」だろうとも。

著者が四半世紀をかけ、生涯を捧（ささ）げようとしているのは、滅びゆくものにただ同情するだけの調査ではない。若き日の「地球上にアホウドリを復活させるという夢」を、生態学に基づく「積極的かつ科学的な保護」として実現させようというのだ。営巣地崩壊の危機に対しては、営巣習性や植生を考慮してススキの植栽を、必要とあれば土木工事を都や国に提案した。崩壊の危険のない場所にアホウドリを誘（おび）き寄せるためのデコイ（実物大模型）の姿勢や配置を、求愛行動を研究してデザインした。

巻頭を飾る8ページの口絵写真もいい。生態や行動を見切っていなければ、こういう写真は撮れない。翼を広げた差し渡しが240センチと知れば、神々しく輝いてさえ見える。「アホウドリ」という蔑称（べっしょう）を廃止し、「オキノタユウ（沖の太夫）」と改名することを著者は提案している。「アホウドリ」の名はむしろ、「楽天家」を自任し、暗雲のなかでも太陽を見失うことなく、愚直なまでに前向きに生きる著者の愛称にこそ、ふさわしいのかもしれない。

評・新妻昭夫（恵泉女学園大学教授）

はせがわ・ひろし　48年生まれ。東邦大助教授。日本学士院エジンバラ公賞など受賞。著書に『渡り鳥　地球をゆく』など。

二〇〇三年三月三〇日②

『日本の中世6　都市と職能民の活動』

網野善彦、横井清 著
中央公論新社・二七〇〇円

「非農業民」による「職(しき)」の秩序

日本の中世史学の総決算ともいうべきシリーズ「日本の中世」(全十二巻)も、はや十一冊目、そろそろ完結が見えてきた。これまでの諸巻で描かれた千姿万態の図柄の幟(のぼり)の数々が、大局を見通した大御所二人によるこの本巻によって、石井進氏が第一巻で見晴らしよく掲げたポールにしっかりと結わえつけられた、といった塩梅(あんばい)である。

網野氏は本書前半で、都市の職能民を中核に据えた議論を力強く展開する。従来研究されてきた荘園公領制の「職(しき)」だけではなく、神人(じにん)・供御人(くごにん)制(職能民)にもじつは「職」があり、中世世界は特定の職掌・職務の世襲的請負の体系である「職」の秩序として捉(とら)えられる、というのである。海民・山民・手工業者・商人・金融業者、さらには遊女・傀儡(くぐつ)・博打(ばくち)にいたるまで、これら「非農業民」が自律的集団を組織し、職能に応じた義務をはたしていた中世は、河海交通が列島全域をむすび、東北アジア、朝鮮半島とも活発な交易がなされるダイナミックな時代だったのである。土地に緊縛された農民=「百姓」を支配し、地代を収取する在地領主が支える農村的世界=封建社会といったイメージは、ここではすっかり払拭(ふっしょく)されている。

ただ、日本の中世世界に無理矢理当てはめられてきた、と批判される西欧の「封建制」像自体、最近の研究では様変わりしており、流通組織としての初期中世の荘園制とか、封土を媒介とした主従関係が支配的ではない、約定の体系の一部をなす封建制とかが言挙げされていることは、指摘しておきたい。日欧の新たな比較の可能性が兆している、とわたしは考えている。

網野氏による筋金入りの論述の後、後半で横井氏の嫋嫋(じょうじょう)たる筆から紡ぎだされるのは、京都人の雅びな生活風景である。季節感と信心、食生活と遊びなどの話題をめぐって、一見とりとめのない話の接ぎ穂を幾度も接いでゆくうちに、いにしえの雅人の思いが、読者の琴線に着実に触れてくる。

世界の中の中世日本という大きな視野の下に、歴史の転換期の基本構造を覗(のぞ)かせる本書は、世界史の理解にも欠かせない一冊となろう。

評・池上俊一(東京大学教授)

あみの・よしひこ　28年生まれ。歴史研究者(日本中世史・日本海民史)。
よこい・きよし　35年生まれ。歴史研究者(中世史)。

二〇〇三年三月三〇日③

『ジゴロ』

中山可穂 著
集英社・一四〇〇円

『女(ファム)』

藤田宜永 著
新潮社・一四〇〇円

性愛の多様化映す男女の群像

女を食い物にするジゴロ……という意味で並べたのでは、無論ない。中山可穂の短編集『ジゴロ』の主人公カイは、新宿二丁目に夜な夜な出現する美貌(びぼう)のストリートミュージシャンである。ただし、女性。

カイにはキャリアウーマンの「彼女さん」がいるが、異性の夫婦並みにセックスレス。歌に魅せられて集まってくる女たちをお持ち帰りして、欲望を満たしている。

素敵(すてき)なのは、最後に置かれた「上海動物園にて」。「彼女さん」のお供で上海に来たカイは、夫に顧みられない駐在員の妻に心惹(ひ)かれる。観覧車の上で彼女を抱きしめながら、「ノン気のひとを愛してしまったビアンの女の子の哀しみ」を歌うカイ。

いっぽう、六話のタイトルに女性の名を冠した藤田宜永『女』の舞台は、七〇年代パリ。主人公はいずれも二十代後半の青年で、語学留学を口実にブラブラ遊んで女を買っている。「エマニュエル」に登場するのは、ソルボンヌに通う学生娼婦（しょうふ）。「子宮が時々、お祭りを起こすから」売春しているという割には、エクスタシーを感じたことがないらしい。避妊に失敗した彼女は、モグリの医者にかかって命を落とす。

「ステファニー」の主人公ケイは、純然たる異性愛者なのに、ブルーボーイ（異性装者）のクローエにくどかれる。そのケイがひと目惚（ぼ）れしたクールビューティーのステファニーは、理想の男性だと思っていた兄の同性愛を知ってショックを受け、「誰とでも寝る女」になった。彼らをめぐる奇妙な三角関係には、あっと驚くタネ明かしがある。

『女』の著者は五十代の男性だし、『ジゴロ』は四十代の女性。時代設定も舞台も異なるのに、並行して読んでも全く違和感はない。私の頭は、果てしない入れ替え作業に精を出す。たとえば、「子宮がお祭りを起こす」エマニュエルをカイが抱いたらどうなるだろう？　少なくとも、エマニュエルが堕胎の失敗で死ぬことはなかった。あるいは、駐在員の妻が出会ったのがカイではなくてケイだったとしたら――。

性の多様化がもたらす無数の組み合わせと、それに付随する危うさをかいま見せてくれる二冊。

評・青柳いづみこ（ピアニスト・文筆家）

なかやま・かほ　60年生まれ。作家。
ふじた・よしなが　50年生まれ。作家。

二〇〇三年三月三〇日④

『スイス銀行体験記　資産運用の達人　プライベート・バンクのすべて』

野地秩嘉 著
ダイヤモンド社・一五〇〇円

個人の資産運用、こんな方法も

日本の金融機関は長い間、個人の資産運用に関心をもってこなかった。しかし、企業の銀行ばなれが進み、個人にも目を向け始めた。最近では、富裕層を相手に資産管理・運用を専門とするプライベート・バンキング部を設ける金融機関も増えてきている。しかし、それはヨーロッパで発達してきたものとは似て非なるものである。

本書は、「隠し口座」という通俗的イメージとは異なるプライベート・バンクの実態を、インタビュー、さらに虎の子の1500万円を預けるためにスイスに出かけた体験をもとに、伝えている。

プライベート・バンクは、個人のニーズに応じて資産を管理・運用してくれる。したがって、日本の銀行のプライベート・バンキング部のように、自社の金融商品を押しつけたりはしない。金持ち相手の何世代にもわたるつきあいであり、目先の利益を求めないからである。要するに、臆病（おくびょう）なお金を長期にわたって、たとえ戦争が起きても大事に守ってくれるのである。永世中立国スイスで発達したことには訳がある。

日本ではなぜこのような金融機関が発展しなかったか。著者によれば、一部の富裕層を相手にオーダーメードの金融商品を開発するよりも、大量の中間層を相手にレディーメードの商品を売った方が効率がよかったこと、第二に日本には世代をまたいだ金持ちがほとんどいなかったことがある。

ペイオフの完全実施を控えて、日本の富裕層は資産を海外に移転し始めている。さらに著者は、どの指標で見ても戦後の先進諸国に例を見ない水準に近づいている一般政府債務を抱える日本経済に、「非常時」が迫っていると指摘する。そして、海外のプライベート・バンクの利用を勧める。

だが、著者の本当の提案はもっと大胆である。日本の産業が次々と競争力を失っていくなか、日本にアジア最強のプライベート・バンクをつくるべきだというのである。拠点は京都がよい。外国人の喜ぶエキゾチックな雰囲気に加えて、空襲がなかった安全な場所だからである。

刺激的で魅力的な経済特区構想である。

評・真渕勝（京都大学教授）

のじ・つねよし　57年生まれ。ノンフィクション作家。著書に『キャンティ物語』『ビートルズを呼んだ男』など。

二〇〇三年三月三〇日⑤

『永遠の出口』

森絵都 著

集英社・一四〇〇円

むくむくと元気が出てくる

二十代あるいは三十代の女性に圧倒的に支持されている小説だ。まるで私のことを書いてくれたみたい、と口々に彼女たちは言う。小学四年生から高校三年生までの九年間の出来事とその成長の軌跡を、連作ふうに描いた作品集なので、自分たちの幼かった日々をこの物語に重ねて、懐かしく思い出すようだ。それはおそらく、私の周囲だけではないに違いない。

しかし、この少女小説はもっと普遍的な力を持っている。特別なことは何ひとつ起きないが、悩んだり迷ったりしながら手さぐりで大人の世界に足を踏み入れていくヒロインの物語は、五十六歳の私をも過去に案内してくれるのである。お誕生会、近くの町への遠征、初めてのアルバイト、そして初恋。このヒロインが経験する出来事は、けっして少女だけのものではない。少年たちもまた経験してきたことだから、性差を超えているといっていい。森絵都はあえて性を強調しないので、だから私も、幼かった日々に案内される。たぶん、そういうことだろう。

森絵都は、講談社児童文学新人賞を受賞した『リズム』以来、児童文学界の各賞を次々に受賞してきた作家で、その才能は早くから知られていたが、本書は児童文学界の異才が初めて大人向けに書いた小説である。野間児童文芸賞を受賞した『つきのふね』や、産経児童出版文化賞を受賞した『カラフル』などを読んできた読者には、今さら驚くことでもないが、本書で初めて森絵都に接する読者は、こののびやかで、そしてむくむくと元気の出てくる小説に驚くかもしれない。家族が温泉に出かける第六章「時の雨」を読まれたい。人物造形もその構成も絶妙といっていい。こういう細部の秀逸さがこの作家を屹立(きつりつ)させている。どんな未来でもありえたのだ、というラストのヒロインの感慨に頷(うなず)くのも、その巧みなディテールのためにほかならない。

ノスタルジックな物語の底に眠っているのは、私たちの日々の生活がすべて未来につながっているという強い確信だ。肯定する力だ。だから、読み終えると元気が出てくるのである。

評・北上次郎(文芸評論家)

もり・えと 68年生まれ。小説家。著書に『宇宙のみなしご』『アーモンド入りチョコレートのワルツ』など。

二〇〇三年三月三〇日⑥

『おしゃべりな犬』

玄月 著

文芸春秋・一六一九円

「生」の実体に迫る ことばの噴出

気づいてみると在日韓国・朝鮮人による日本文学は半世紀以上の歴史がある。金石範、李恢成から、李良枝を経て、日本の中のマイノリティー文学がもはやひとつの「伝統」のように現代に流れている。そして、今、もうひとり、「日本人」ではない日本語の創造者によるインパクトの強い初長編小説が刊行された。

玄月の『おしゃべりな犬』の中では、「在日韓国人」という十分暫定的なアイデンティティーに、さらに「元」という新しい条件がついた。「元」在日韓国人、「姜信男(カンシンナム)」から「永山信男」になり、同じ物語の中で「シン」とも「ノブオ」とも呼ばれる語り手が、しかし「おれにとって、『おれは何者か』などどうでもいい」とアイデンティティーの結論を拒みながら、濃密な歴史を背負ったひとりの男の人生譚(たん)を切り開く。結論ではなく「生」の実体に迫る、強度の高い語りなのである。

その描写自体が圧巻であり、またここで展開される入り組んだストーリーの原動力ともなっているのは、「チンゴロ村」という七十年の歴史をもつ「在日」の居住区の鮮烈なリアリティーなのである。

済州島から渡り、その村を創立した「最初の七人の息子や孫が言葉を変えながら伝え継いできた数々の逸話」からなる神話的な時間にひたりながら、ひとりの少年が生まれ育つ。共同の記憶とひとりの記憶が重なり、細かな性的告白をふくめた一個人の「おしゃべり」が特別なふくらみをもつようになる。

「チンゴロ村」の内部の事情を、しゃべってしまう。そこから出発してやがてはそこへもどる男の性愛の遍歴を打ち明ける。文字となった話術のような、ことばの噴出の前で、読者はエネルギー源そのものに触れてしまったという気持ちになる。

しゃべる男の告白と、多国籍の他人たちのいくつもの告白が響き合うクライマックスに向かって、その「話術」には、「言葉を変えながら」生まれた表現の歴史が働いているに違いない。玄月の試みは、そんな歴史よりさらに複合的に、「今」に迫る小説の冒険なのである。

評・リービ英雄（作家）

げんげつ　65年生まれ。作家。著書に『蔭の棲みか』（芥川賞）、『悪い噂』など。

二〇〇三年三月三〇日❼

『草原の人』

堀ノ内雅一 著
情報センター出版局・一八〇〇円

書名は28年前に加藤和枝（美空ひばり）がつくり、友人の芸能プロダクション社長に託した歌詞のタイトルに由来。長く封印されていたが、つんく♂が曲をつけ、昨年末に松浦亜弥のシングルとして発売されている。

美空ひばりの生涯を扱った本は珍しくないが、本書の主人公はひばりその人ではなくひばりファミリー。無数の挿話が整然と編み込まれ、昭和という時代の栄光と挫折とを体現するような加藤家の幸と不幸が、巧みな筆致で描かれている。

最も印象的なのは哲也と武彦という2人の弟たちの短い生涯。天才歌手の姉とその庇護（ひご）者たる母が生みだす重圧感のなかで、弟たちは半ば自虐的に振る舞い、浮き沈みを繰り返しながら悲劇的な最期を迎える。

ひばり母子が一家のための成功を求めれば求めるほど、家族一人一人の孤独感は高まるというやりきれなさ。そこには天才歌手一家の特異な事例として簡単には片づけられない、現代における家族の肖像がある。

評・篠原章（大東文化大学教授）

二〇〇三年三月三〇日❽

『忍び寄るバイオテロ』

山内一也、三瀬勝利 著
NHKブックス・九七〇円

著者らによると、オウムが化学テロと同時に、失敗には終わったがボツリヌス毒素や炭疽（たんそ）菌を散布するバイオテロも実行したことは、国際的なセンセーションを巻き起こしたという。

病原微生物学のめざましい発展のおかげで、多くの感染症が制圧された。が、光には影が必ず伴う。生物兵器は、「貧者の核兵器」と並び称される化学兵器とくらべても、はるかに少ない資金と知識で大量生産ができる。テロリストにはいっそうの利点で、それは専門家を持たなかったオウムでもつくれることでわかった。

果たせるかな、01年秋にはアメリカが炭疽菌テロに襲われた。戦争よりテロが脅威かもしれない時代に、人類の破滅にも結びつきかねない病原微生物の人為的拡散をいかに防ぐか。だがわが国には、悪名高い七三一部隊の後遺症などで、対策に当たるべき強毒微生物の研究者はきわめて少ない。ウイルス、細菌研究のそれぞれ第一人者が危うい現状に警鐘を鳴らす本だ。

評・宮田親平（科学ライター）

二〇〇三年三月三〇日⑨

『ヨーロッパ古層の異人たち　祝祭と信仰』

芳賀日出男 著
東京書籍・二四〇〇円

キリスト教化される以前のヨーロッパには、各地に独特の古層の文化が存在した。年越しにやってくる鬼、魔女、サンタクロースの原型のサンクト・ニコラウス。メーデー(今の労働者祝祭日とは違う)や夏至や冬祭りの数日間だけ、それら異形の仮装集団が現れてキリスト教に一元化された日常をおびやかす。

そうした奇祭を、ラトヴィアやスイス奥地などの僻地(へきち)で長年にわたって取材し続けた写真家の紀行写真集である。ヨーロッパの古層ばかりでなく、出雲神楽の大蛇退治とヨーロッパ各地のドラゴン退治との比較民俗学的視野も念頭におきながら編集してあるので、どこの国にも掘れば古層が現れてくることの意味が一目瞭然(りょうぜん)に分かる。

わが男鹿半島のナマハゲそっくりのあちらさんの鬼もいる。あちらの年越し仮装行列を見ていると、同じ年越し行事とはいえNHK紅白歌合戦のド派手な衣裳(いしょう)もまっつぁお、やっぱ、ほんまもんの迫力はすごい。

評・種村季弘(評論家)

二〇〇三年四月六日①

『わがアメリカ文化誌』

亀井俊介 著
岩波書店・四二〇〇円

歴史と神髄、名人芸の筆運びで

アメリカ文化研究の第一人者による通史の試みである。長い年月の折々に書かれたエッセーをたくみに編みあげたもので、それぞれの文章がじつに読みやすい。様々なテーマについての楽しい随筆を読み継ぐうちに、アメリカ文化の歴史と本質がすんなりと頭に入ってくる。

たとえば、なぜアメリカ人は星条旗を崇拝するのに、日本人は日の丸を崇拝しないのか？　もちろん、愛国心の問題などではない。

アメリカは世界でいちばん国民が引っ越しする割合の高い国である。国のない場所に国を作った人々の進取の気性のあらわれだ。人と人の接触は「見知らぬ人(ストレンジャー)」同士ということが当たり前。その結果、アメリカ人は「レストレス・ピープル」となる。つまり、社会的にもレストレス(不安定)だし、心理的にもレストレス(不安)だ。このため、自分がアメリカという確たる集団に属することをなんとか実感したい。そのための集団的シンボルが星条旗なのである。

一方、日本人であることに不安を抱く日本人は少ないだろう。だからあらためて日の丸を見て自分が日本人であると確認する必要はない。

個人主義者であるアメリカ人が、集団を率いて安定した秩序をうちたてる強いヒーロー像に憧(あこが)れるのも、そうした理由による。

亀井俊介は、レストレスなのに安定した秩序を求めるアメリカ人の矛盾した性格に、アメリカ文化を豊かにするダイナミズムの秘密を見る。そして、不安定と秩序のあいだを行き来するごく普通の労働者や農民が楽しむ大衆文化のなかに、アメリカの本質を探っていく。

したがって、この文化論の書物には、ポーもオーソン・ウェルズもジャクソン・ポロックもジョン・ケージも出てこない。そのかわり、ターザンやマリリン・モンローやサーカスやポルノが、アメリカ人の精神をじかに反映する出来事として、深い愛情をもって論じられている。

とくに興味深いのは、俗悪低級と決めつけられる南北戦争直後の「金めっき時代」を現代アメリカ文化の出発点と見なす視点の大胆さだ。『サーカスが来た!』という名著もある著者は、この時代のアメリカ文化の神髄を、サーカスの驚異と放浪という現象から抽出している。しかも、サーカスに見入る少年のような熱狂に、学者らしい冷静さがバランスよく配合されているところが、この本の良さである。

大胆に筆を省き、十年刻みでずばりずばりとアメリカ史の本質をえぐり出すところはよくできた教科書のようだし、そうかと思えば、映画「キング・コング」やマドンナの写真集『SEX』をこと細かに分析するというマニアぶりも発揮する。その緩急自在の筆運びは名人芸というほかなく、こんなに面白く、ためになる本はめったにあるものじゃない。アメリカに興味のある、あらゆる本好きにお薦めしたい。

評・中条省平（学習院大学教授）

かめい・しゅんすけ　32年生まれ。東京大名誉教授。著書に『ニューヨーク』など。

二〇〇三年四月六日❷

『子どもの中世史』

斉藤研一 著

吉川弘文館・二八〇〇円

命脅かすもの、それは大人だった

子供は中世という時代をどのように生きたのか。本書はこの問いに文献、絵画、文学、そして民俗資料から答える。

まずはお産。胞衣（えな）の埋納、土器をわざと砕く土器破（かわらけわ）りなどの習俗は、みな安産祈願のまじないである。また、著者は「春日権現験記絵（かすがごんげんげんきえ）」の群衆の中に、額に「犬」の字のある幼子を見いだす。「アヤツコ」といい、外出時、魔よけに書くものだ。犬は並はずれた嗅覚（きゅうかく）、方向感覚や学習能力が霊験視された一方で、糞尿（ふんにょう）や死体まで食べる下等な動物とされ、ゆえに悪鬼魔類も近づかないからだという。さらに女や子供が懸守（かけまも）りを胸の前につり下げたり、産着の襟首に背守（せまも）りをつけたりする例を絵巻物や文献の中に確認してゆく。

こうしてみると、忍び寄る危険から子供たちが幾重にも守られていたかのようだ。しかし、実際には誘拐事件が多発し、さらわれた子供は売買され、農作業に使われた。著者はさらに子供の臓器が難病の特効薬とされた事実を喝破する。たとえば戦国期に生まれた金瘡医（きんそうい）＝外科医の流派の秘伝書では、胎児を乾燥させた粉末が特効薬とされている。子供は生まれる前から命を脅かされていたのだ。

考証は近世にも及ぶ。十八世紀に成立したとされる賽（さい）の河原地蔵和讃（かわらじぞうわさん）で、子供が鬼の責め苦にあうのは、夭折（ようせつ）して親の追善供養が出来ないからであった。また、家父長制に基づく家の継承者として子供が重要視されたことと、子供を産まない女が堕（お）ちる石女（うまずめ）地獄の成立は表裏一体だった。しかも石女とは、一人しか産まなかった女を指したというから、有効な「少子化対策」だったわけで、大人のご都合主義に左右された子供観が浮かび上がる。

本書は子供が生きにくい世を作った悪鬼の正体が、実は大人だったことを明らかにしたといえる。平易な語り口で、読みやすい。ただ、子供観の変化の理由や、なぜ中世の賽の河原に子供をいじめる鬼が出てこないのか、石女地獄に堕ちた女性がなぜ灯心で竹を掘らなければならないのか、といった点についての記述は、種々の興味深い材料を提供しながらとても禁欲的だ。いまひとつ踏み込んだ言及がないことに物足りなさが残った。

評・武田佐知子（大阪外国語大学教授）

さいとう・けんいち　66年生まれ。武蔵大非常勤講師。

二〇〇三年四月六日③

『生命40億年全史』

リチャード・フォーティ 著　渡辺政隆 訳

草思社・二四〇〇円

胸躍る ドラマチックな生命の進化劇

　断片的な情報から全体像を描く。それは科学研究の宿命であり、空白を埋める想像力が業績を左右する。そうした想像力は換言すると、科学的根拠に基づいて部分から全容への「物語」をつむぐ能力であり、優れた科学研究には必ずと言っていいほど「物語」がひそんでいる。

　だが、想像力をかきたてる「物語」を学術用語ではなく日常言語で、数式ではなく巧妙な比喩（ひゆ）で、平易に表現できる科学者は決して多くない。そんな中、古生物学者である著者は、ロイヤルソサエティー（英国王立協会）の科学公衆理解促進委員をつとめるなど、科学の啓蒙（けいもう）に力を入れてきた。彼の科学的知見と語り部としての才覚が快く共鳴したのが本書であり、生命の進化劇を回り舞台のように楽しませてくれる。

　たとえば3億3千万年前、地球は地質上の分類では石炭紀と呼ばれる年代にあった。文字通り、石炭の元となった巨木が聳（そび）え立っている時期だった。著者はそのころの森林の生態を、まるで散策しているような風景描写で解説する。

　当事、濃密な森林は現在の熱帯雨林のような静寂に包まれていた。だがその静寂は、「音を出す生きものがいない」が故であった。聞こえるのは、「昆虫がたてるカサコソという音か、両生類がたてるくぐもった低い音」だけ。恐竜や鳥が豊潤な森に鳴き声を響かせるのは、ずっと後のことだったのだ。

　地球上の生物種は実に多様かつ複雑であり、すべてについて「物語」を書くと「印刷のために世界中の木を切り倒さねばならない」くらいだ。だが、どの生物種も源流を遡（さかのぼ）れば、激烈な原始の地球環境で誕生した数千分の一ミリしかない古細菌が遠い遠い祖先である。

　生命全史を概括した本書は、人類の文明が始まるところで終わる。今は進化の頂点に立つ人類だが、それとて壮大な進化劇の一幕を共演する生物種のひとつに過ぎない。そんな読後感をさりげなく持たせる、心にくいまでに計算し尽くされた構成だ。著者が大英自然史博物館の主席研究員をつとめ、常に「初心者の目」を意識してきた所産だろうか。

（原題、Life : An Unauthorized Biography）

評・吉田文彦（本社論説委員）

Richard Fortey　46年生まれ。英国の古生物学者。著書に『三葉虫の謎』。

二〇〇三年四月六日④

『「ボス」と慕われた教師』

小山内美江子 著

岩波書店・一九〇〇円

異国での学校づくり 学びと愛の物語

　戦争が悲惨なのは、罪もない市民が巻きぞえにされ、けがをしたり、死んだりするからだけではない。戦争がなければ実現したかもしれない未来をずたずたにする。それが戦争の不幸である。戦火が収まっても、残された人の人生は元には戻らない。そうした人びとの暮らしを立て直す上で、平和に暮らす私たちにはいったい何ができるのか。

　本書は、ボランティアとして、カンボジアの復興に、文字通り命を捧（ささ）げた、北海道の元校長先生、小椋英史さんの足跡をたどったドキュメンタリーである。著者は、「3年B組金八先生」の脚本で知られる小山内美江子さん。内戦によって教育が壊滅的にされたカンボジアで、小学校を作り続けるNGO「JHP・学校をつくる会」の代表でもある。

　そこには、多くの若者が参加し、国内では募金活動、カンボジアでは、校庭にブランコや鉄棒をつくったり、机にニスを塗ったりと、手作りの学校づくりの活動を続ける。

　若者に交じり、「半世紀組」と呼ばれる年配のボランティアも参加。その一人が小椋さんだ。学校があるのがあたりまえの日本を離れ、学校をつくることが必要なカンボジアで、定年後の人生を、「青春」と呼べるものにする。校長として生徒や同僚から慕われ、自ら「ボスと呼んでくれ」と気さくにふるまう小椋さんは、カンボジアでもすぐに若者から慕われる。つらい作業をともにやり遂げる中で、若者たちから、自分のことをしっかり見ていてくれる、聞き入れてくれると受けとめられた元校長は、その地にあっても魅力的な「教師」であり続けたようだ。

病名は、肺塞栓（はいそくせん）。猛暑のなかでの突然にすぎる死だった。若者を惹（ひ）きつけてやまないこの人物は、どんな教師だったのか。カンボジアと石狩をつなぐ旅を通して、「他人のために動いてみれ」との小椋の言葉の源を探っていく。その視線の先には、教育という言葉に収まりきらない、人と人のつながりの物語がある。ひとのためにできることとは何か。新たな戦禍が同じ問いを突きつける中、人と人とが学びあい、愛しあい、育ちあうことの美しさに触れる一冊である。

評・苅谷剛彦（東京大学教授）

おさない・みえこ 30年生まれ。シナリオ作家。著書に『21世紀を生きる君たちへ』など。

二〇〇三年四月六日⑤

『最後の波の音』

山本夏彦 著

文芸春秋・一六〇〇円

乱暴なほど歯切れよく 叱られる快感

常識、通念を疑って幾星霜。たとえば友情について、夏彦コラムは述べる。

「金銭の貸借は友を失うからといって断る男がいる。なに貸したくないのを飾っていうだけである」「友の悲運にかけつける足は我にもあらず勇むのである、わが喜びに友は一度は喜ぶが、再三再四かさなると面白くなくなる」

言われてみれば、そうかもしれない。そんな一面は確かにありそうだ。全面的にその通りのようでもある。

しかし、こうまで言い切ってしまうと身もフタもない。世間を狭くする。だから人は言わない。言わないから気がつかなくなる。そして気がつかずにいた核心をズバリ指摘されると感嘆、感動するのである。「この世は嫉妬（しっと）で動いている」「人は度しがたいほど醜聞が好きである」と断じられれば、深くうなずく。

自分をかえりみて、それもこれも思い当たるのだ。叱（しか）られる快感とでもいおうか。ほかにこんな見方もあるなどと、本コラムはもちろん言わない。乱暴なほど歯切れがいいから、いっそう快い。

かくて愛読者、というより中毒患者が増殖する。否、増殖してきた。七十編を収めたこの本のオビに「癌（がん）と闘いながら書き続けられた最後の作品集」とある。

生涯の著書ざっと八十冊。人が発見しないこと、気がつかないことを書いてきたと、自ら言う。ただし毎週、毎月大発見できるものではないとも言う。「いつも同じことばかり」と評した人がいた。それを『寄せては返す波の音』と旧著のタイトルにした。勝負にならぬ。

大正十三年、小学四年の夏彦少年は「生意気なことを言っているうちに少年時代は過ぎ、二十を過ぎ三十四十五十も過ぎ、こうして人の一生は終わってしまうのである（大意）」と書いた。

亡くなる一年前の平成十三年、八十六歳の夏彦老人は書いた。「はたしてその通りだったのは遺憾である」

本書に再録されたこの綴（つづ）り方は、集中の傑作である。リアリストの面目躍如。発想も文体も幼時にして、ほぼ完成していたのだ。本人が記している。「人は五歳にしてすでにその人だ」と。

評・栗田亘（コラムニスト）

やまもと・なつひこ 1915年～2002年。コラムニスト。著書に『無想庵物語』など。

二〇〇三年四月六日⑦

『チェロを弾く少女アニタ』

アニタ・ラスカー＝ウォルフィッシュ 著
藤島淳一 訳
原書房・一六〇〇円

かつてポーランドのアウシュヴィッツ収容所跡を訪れたことがある。うずたかく積まれた靴やメガネなどの遺品を前に、言葉を失った。ホロコーストを経験したユダヤ人少女には、隠れ家での暮らしを綴（つづ）ったアンネがいるが、この本の筆者は実際に過ごした収容所での生活をまとめた。

彼女はチェロが弾けたことから収容所のオーケストラ団員になった。しかし単に「芸は身を助けた」話ではない。団員は決して特権階級ではなく、青酸カリをあおったら砂糖だったり、発疹チフスから回復したりと、生還への道は奇跡の連続だった。

「どうして生きのびられたのか」という質問が一番自分を悲しくさせる、と打ち明ける彼女は、子や孫に伝えたいと筆をとるまでに、何と約50年の沈黙を続けている。今もイギリス室内管弦楽団のチェリストとして現役だ。常に希望を失わなかった女性の実話に勇気を与えられる。

評・多賀幹子（フリージャーナリスト）

二〇〇三年四月六日⑧

『京都岩倉実相院日記　下級貴族が見た幕末』

管宗次 著
講談社選書メチエ・一五〇〇円

実相院は京都市岩倉にある門跡（もんぜき）寺院である。本書は同寺からつい最近発見された日記を読みたどって、幕末の世相をたくみな構図で切り取って見せている。

日記史料の面白さは、記録者がかならずしも記録する出来事の歴史的な意味を理解しているとは限らないところにある。

古い寺院であるから視点には勤王も佐幕もなく、ただ保守的で既得権を守る立場であったといえる。そのノンポリぶりから生じる不思議な公平さが、相次ぐ暗殺事件をどこまでもフォローする好奇心とあいまってドキュメント精神に化している。天誅（てんちゅう）と称して河原にさらされる死体のスケッチをはじめ、時代の鼓動を生き生きと伝えてしまうのが何とも興味深い。

この寺院は幕末史で暗躍した岩倉具視の潜伏地でもあった。それが明治になってからまったく酬（むく）われず、近代史の中に埋もれてゆく運命には、「史情」とでも呼ぶべき独特の哀感がこもっている。

評・野口武彦（文芸評論家）

二〇〇三年四月六日⑨

『赤坂ナイトクラブの光と影』

諸岡寛司 著
講談社・二三〇〇円

その店の名前は、国民的英雄だった力道山が刺された場所としてしか、人々に記憶されていないだろう。赤坂の不夜城ニューラテンクォーター。席数３００、美人ホステス80名。

客筋は政財界トップ、一流芸能人、そう、時にはお忍びで高松宮殿下も。何より国際級のショーが売りもので、サミー・デイヴィスJr.まで招聘（しょうへい）している。

著者は、開店から閉店まで（１９５９〜89年）この店で働いた元営業部長。もはや時効と語り尽くす水商売の楽屋裏は、臨場感にあふれる。昭和風俗史史料として第一級と見た。

この種の商売に暴力団はつきものとされるが、ニューラテンもその筋の超ボスをふたり顧問に抱えていた。店は裏表両人脈の接点でもあったのだろう。

この店が賑（にぎ）わった時期は日本の高度成長期と重なり合う。常連客は皆、自信にあふれ遊びもおとなだった。それに比べ今の日本人はという著者の嘆き節が、そくそくと伝わってくる。

評・安倍寧（評論家）

二〇〇三年四月六日⑩

『「文藝春秋」八十年傑作選』

坪内祐三 編

文芸春秋・二五〇〇円

「大阪の人は電車の中で、平気で子供に小便をさせる人種である」。これは谷崎潤一郎の「阪神見聞録」の冒頭文。実際、谷崎は、車内で小便と大便をさせている場に出くわしたという。

「阪神見聞録」は「文藝春秋」大正十四年十月号の「巻頭随筆」である。大阪に住む私としては、心中に波風が立つが、それにしても昔の大阪は活力があったんだなあ、と思う。谷崎だって、その異文化的な活力に共感し、それでその後、大阪圏に住みついたのではなかったか。

右の巻頭随筆をはじめとして、「明治文化座談会」「ハゲあるわれら先進民族」「さらば青春の新宿ゴールデン街」などの座談会、三木清や寺山修司のエッセーなど、編者のよりすぐった品々は、かめばかむほど味の出る逸品揃（ぞろ）い。

梶原一騎の『「巨人の星」わが告白的男性論』はことに絶品だ。彼は野球をあまり知らず、それで、「消える魔球」などという途方もないものを思いついた、と述べる。

評・坪内稔典（俳人）

二〇〇三年四月一三日①

『やわらかく、壊れる　都市の滅び方について』

佐々木幹郎 著

みすず書房・二五〇〇円

世界に聞き耳を立てる詩人の思考

全速力で走りながら考える思想というものを夢見たのは寺山修司だが、佐々木幹郎という詩人は、歩き回りながらということを、思考のあたりまえの作法としてきた。

都市の滅びについて書かれたこの文集を読みはじめると、ひっそりと生きながらえる街を歩き回り、巨大なる暴力によって廃墟（はいきょ）と化した都市を歩く詩人の、その足音がにわかに聞こえてくる。石畳の階段を歩く音、コトコトと足下で崩れる瓦礫（がれき）の音、ざくっとめり込む砂の音。

その足音は日付を刻む音でもある。一九九〇年代前半に地べたを這（は）うような視線で描かれた東京。あいだにチベットの山奥や湾岸戦争後の砂浜をしきりに訪れている。一九九五年から足先がぐるっと転回する。被災後の神戸へ、解体中の中野刑務所へ。ここでも詩人の声は足下から響いてくる。

橋を眺めるときは橋桁（はしげた）や川縁のほうから。チベットではテントのなかにしゃがんで。神戸では瓦礫のなかから。世界に聞き耳を立てる。

足音としての文章。それは、「地球の表面にしがみついて生きている人間という、ちっぽけな動物」が、圧倒的に大きな自然に大地ごとぐいっと揺さぶられたときに、「もうここまでやったのだからいいだろう、助けてほしい」と叫ぶ、あるいは祈る、その「原始人の感覚」に共鳴する。そしてその瓦礫の上をさまよいながら、ふと民の顔に浮かび上がる意外にも柔和な心根としたたかな知恵とを見逃さない。

たとえば。「……そしたらな、二階が一階になりましてん」。震災の悲劇のさなかにもつむぎだされる関西の「語りの文化」。鉄棒やジャングルジムに布団を干し、ブランコにシートを被（かぶ）せ、土に杭（くい）を打ってテントを作り、枝に電線を這わせて配電するという、災害時における公園の利用法。そして家の倒壊を防いだ樹木の存在。ここから、民の知恵にのっとった都市の思想が語りだされる。壊れない都市はない。だから都市は、被害が最小限になるよう、「やわらかく、壊れる」設計がなされねばならない、と。

阪神大震災は、詩人の視線を関東大震災時に送り返す。震災時の上野の山で聴いた少年のハーモニカの音をきっかけに、象徴派詩人から歌謡曲の作詞家へと転身した西条八十へ。都市の瓦礫の上を「素足で」歩くように日本語の上を「素足で」歩き続けた中原中也へ。さらには大空襲のとき破れた都市の鼓膜を、音を感知できないその耳で聴いたはずの松本竣介の画業へ。その極みに、「悪魔の伯父さん」という美しくも切迫した文章がくる。そう、民を「蹂躙（じゅうりん）するように」やってくる「都市の秋」についての。

そして本書刊行直後に勃発（ぼっぱつ）した戦争。戦争はつねに、都市が「やわらかく、壊れる」のを許さない。これは、地べたを歩く詩人からしか届いてこない声だ。

評・鷲田清一（大阪大学教授）

ささき・みきろう　47年生まれ。詩人。著書に詩集『砂から』、エッセー集『アジア海道紀行』など。

二〇〇三年四月一三日②

『グラウンドゼロ　アメリカが初めて体験したこと《NYタイムズ》コラム集成』

トーマス・フリードマン 著　鈴木淑美 訳

ウェッジ・二四〇〇円

リベラル派知識人の挫折と模索

ゴールデンアーチの夢は潰（つい）えたのか。トーマス・フリードマンの名を前著『レクサスとオリーブの木』で憶（おぼ）えた人も多いだろう。黄金色のM字アーチを看板とするマクドナルドが進出した国同士は、戦争をしないという事実から「マックのチェーン店を支えられるくらいに国民が豊かになり、意識がグローバル化すると、その国では戦争遂行が困難になる」という悪名高い仮説を導いた本だ。そう、レバノンにも、ヨルダンにもマックはあった。サウジアラビアにも。

「9・11」以後、フリードマンは自らの仮説を取り下げざるを得なくなったようだ。ニューヨーク・タイムズに週2回執筆しているコラムでも、アルカーイダやタリバンを助勢したとみられるサウジへの不信感を露（あら）わに示すようになった。

本書は、運命の2001年9月11日から翌年の7月3日までのコラム83本と、その執筆時の心境を率直に綴（つづ）った11本のダイアリーによって成り立っている。

「9・11」直後の文章には、リベラル派アメリカ人の衝撃と挫折感が溢（あふ）れ出ている。彼は、自分の娘たちが「落ちこぼれ国家」の出身者によって引き起こされたテロを境に、いままでとは違う世界を生きていかなければならないことを悲憤し、対テロ戦争を全身全霊で支持する。外国人からみれば、理不尽としかいいようのない本音の露出だが、ここにアメリカをアフガニスタン戦争、ひいてはイラク戦争へと駆り立てた原動力がみえる。

けれども、フリードマン自身は憤怒に囚（とら）われっ放しではない。リベラルな信条を捨て去ったわけでもない。世界各地に飛び、イスラム国家の近代化やパレスチナ和平の可能性を粘り強く探り続ける。

横暴な政策を採るシャロン首相を批判する一方で、サウジのアブドッラー皇太子を説得する。フセイン独裁を打倒しさえすれば中東全域の民主化が進むとするブッシュ政権の楽観を戒め、イランの民主主義の萌芽（ほうが）に期待を寄せる。リベラルなグローバリストの面目躍如たるものがある。ゴールデンアーチになり変わり、自らが世界の架け橋にならんとするか。

アメリカ言論界の底力を痛感させる。

（原題、Longitudes and Attitudes）

評・宮崎哲弥（評論家）

Thomas Friedman　53年生まれ。ニューヨーク・タイムズ紙コラムニスト。

二〇〇三年四月一三日③

『外国切手に描かれた日本』

内藤陽介 著
光文社新書・八〇〇円

紙片の背後に広がる「国家」の風景

相も変わらぬ新書の氾濫（はんらん）。頼るべきは書店の棚に並んだ背表紙のタイトルであるが、本書ほど予測を裏切るものはない。陳腐なタイトルに反して、中身はずしりと重い。それにしても、吹けば飛ぶような切手を扱う本がなにゆえに重いのか。

「郵便学」を提唱する著者は、切手とは国家のみが発行する印刷物であり、消印とは公印にほかならず、したがって、その図柄や使用状況から国家の姿を明らかにできると考える。

たとえば北朝鮮では、昨年九月の小泉純一郎・金正日両首脳会談の記念切手が、会談当日ではなく、一カ月後に発行された。選ばれた図柄は、ふたりががっちりと握手をする写真である。それはクアラルンプールでの事務レベル協議直前の発行であり、その時点での、国交正常化に向けた北朝鮮の期待がうかがわれる。逆に、そうした記念切手の発行を必要としない日本の事情も浮き彫りになる。

著者によれば、国家が不安定であるほど、切手から読み取れるものは興味深いという。ある政権が実効支配する範囲は、切手の有効範囲と一致するからだ。

現在、バグダッド市内で投函（とうかん）された手紙は、どのようなルートを通って、どのような消印を押されて、われわれの手元に届くだろうかと考えてみるとよい。

本書では、その一例として、一九三九年に関東軍が成立させた「蒙古連合自治政府」の郵政が紹介される。中華民国と満州国の狭間（はざま）に出現した同政府が「自治」を明確に示そうとすれば、独自の切手を発行する必要があった。

しかし、印刷技術や集配システムなどの難題は、不安定な国家に自前の郵政を簡単には許さない。そこに切手の製造に情熱を注いだ吉田一郎という日本人が関（かか）わってゆく様子はスリリングである。

このように、著者は切手という具体的証拠をつぎつぎと突き付け、しかも消印によってそれらが存在した場所と時間を明確に示しつつ、文献中心の歴史学では明らかにできない部分へと、読者をぐいぐいと引っ張り込んでゆく。

切手という小さな紙切れの背後に、広大な風景が浮かび上がる。

評・木下直之（東京大学助教授）

ないとう・ようすけ　67年生まれ。東京大大学院助手。著書に『切手が語る香港の歴史』など。

二〇〇三年四月一三日④

『中国社会と腐敗　「腐敗」との向き合い方』

王雲海 著
日本評論社・一九〇〇円

母国の「暗い部分」にあえてメス

近年のアジアで起きた開発独裁国の政権交代劇は、ほとんどが腐敗を契機とするものだった。先の中国の全国人民代表大会でも、同じ病の深刻化する実態が報告された。この5年間に立件された汚職事件は20万件、関与した課長級以上の幹部は1万3千人にのぼるという。

この最高検察長の報告に、採決で28％の代表が批判票を投じたが、「まだ手ぬるい」との大衆の声を代弁したものだろう。

国家存亡もかかわる重大問題について、「なぜ腐敗は多発するか」「問題は克服できるのか」との問題意識から、在日の中国人法学者があえて母国の「暗い部分」にメスを入れたのが本書である。

著者は、中国は腐敗問題でそう簡単には崩壊しないと見ている。毛沢東時代は腐敗は少なかったが、「経済の停滞、社会発展の遅れ、大量の政治冤罪が起こり、腐敗のそれと比べられないほどの損害」が出た。改革・開放後の鄧小平・江沢民時代は、腐敗も噴出したが、「私有制の部分的承認、市場経済の導入、政治運動の減少などを通じ、経済の活性化、社会が発展した」と肯定する。
すなわち「暗い部分」があるからこそ、発展、自由、法治、民主という中国の「明るい部分」が見えてくるとの主張だ。

腐敗蔓延（まんえん）の主因は、牽制（けんせい）勢力を認めない一党支配体制にあるとの指摘はよく耳にする。著者は社会体制よりも中国社会に沈殿する「社会特質」に着目する。

第1は「権力社会」。国家権力の拡大があらゆる社会領域におよび、「富を得られるか否かは、権力と密接にかかわりを持ち、権力に依存せざるを得ない」構造がある。第2は「官本位社会」。過剰な裁量権を持つ官僚が「公式な原則や規則より、私的または人間関係的に行動」する。こうした「権力」「官」の特質を持つ中国社会が市場経済を導入すれば「腐敗は社会改革の必然たる代価」とならざるを得ない。

著者は「腐敗と発展のバランスの認識」の重要性と、「法治」だけでなく、国民が腐敗に強く抵抗する道徳や文化を身につけることが必要だと説く。社会の内側を熟知した視点といえよう。

評・加藤千洋（本社編集委員）

Wang Yunhai 60年中国生まれ。一橋大大学院助教授（比較刑事法）。

二〇〇三年四月一三日⑤

『「運転」』

下野康史 著
小学館・一五〇〇円

究極の「安全」を目指し、出発進行

ふむふむ。そこのボタンを押すと、そうなるわけだ。で、レバーを引くと、そうか減速するんだな。なるほどねー。

バスや電車に乗っていると、運転席をじっと見つめている人がいる。たいていおじさんだ。おじさんは、あらゆる乗り物の運転席が大好きだ。コドモといい勝負。

本書は、そんな運転席好きのおじさんにはたまらない一冊だろう。電車、ジャンボジェット、巨大タンカー、SL、トロリーバス、グライダー、リニアモーターカー、観光地の川下り。変わったところではロボットのアシモくんや胃カメラなど、さまざまな「運転」をこと細かく解説してくれる。

著者は自動車ライターとして広く知られる人だが、ちかごろのクルマの運転ときたらコンピューターに牛耳られてつまらなくなっているという。それならほかの乗り物の運転はどうなっているのか、ぜひ覗（のぞ）いてみたいと思ったのが本書を執筆する動機だそうだ。

なるほど、著者は運転のコツや難しさ、運転席から見える風景などを丹念に聞きだしている。行間から、自分もこの乗り物を運転してみたい！と、うずうずしているのが伝わってきて楽しい。

そして、私たちがいつも何げなく乗っている乗り物は、運転する人間の技術や、瞬時の判断力に支えられて無事に運行しているのだということがよくわかる。

たとえば地下鉄。時間どおりにホームに入るのが当たり前のように思っていたのだが、暗く、カーブが多いトンネルのなかを走り、ブレーキ操作も五〇〇トンもの車両を止めるのだから、大変な技術を要する。それでもラッシュ時などに詰め気味にブレーキをかけると、運転士は駅で降りた乗客の髪がちょっと乱れているなと気になるものらしい。どんな乗り物の運転も究極の目的は「安全」なのである。どの運転士も仕事が好きだといい、誇りを持っている。

定められた規則を守りつつ、長年の経験や個人の力量が発揮される場面がある。それが「運転」の醍醐味（だいごみ）のようだ。おじさんたちが運転席に注ぐ熱い視線の秘密は、そこにあるのだろうか。

評・与那原恵（ノンフィクションライター）

かばた・やすし 55年生まれ。自動車ライター。雑誌「NAVI」などの編集記者を経てフリー。

二〇〇三年四月一三日❻

『成長と人材　伸びる企業の人材戦略』

佐藤博樹、玄田有史 編

勁草書房・二八〇〇円

人を育てなければ会社は栄えない

先日、外資系自動車販売会社の女性社長とお会いする機会があり、組織作りの苦労をうかがった。とくに心に残ったのが、高級外車の販売業務とは一種の「もてなし」で、一対一のサシでお客さまに対面し、共感と高揚を演出する作業だという話である。それは営業マン個人の判断力に依存するから、会社の経営目標は、一人でも多く人材を育成することになる。「人材育成第一という日本企業の伝統は、百パーセント外資の弊社でもしっかり受け継いでいます」とのことだった。

これは昨今の風潮とは対照的な見解だ。長年勤め上げた社員さえもリストラし、コストダウンすることが会社を成長させる秘訣（ひけつ）であるかに言われている。かく唱える構造改革論者と女性社長では、いずれが正しいのだろうか。

そこで本書だが、これが学術書という少々堅い体裁ながら、この難問に白黒つける画期的な論文集なのである。経済産業省が日本商工会議所に委託し収集した膨大なデータを元に、雇用問題専門家グループが実証分析を担当する。結論は明快、「企業成長を実現するためには『人材育成』が不可欠」というのだ。

興味深い分析が並ぶ。調査対象企業のうち上位4％足らずで新規雇用の4割以上を挙げている（そうした生命力ある企業は野生動物にちなみ「ガゼル」と呼ばれる）。ガゼルたるには人材育成に力を注ぐべし。そこで社長に代わって教育する「右腕」が必須となる。右腕には非親族で文系大卒、若くて当初からそう見込まれた人物が適するという。伸びる社員は所得よりやりがいを望み、せっかく育てた彼らを定着させるには仕事上の自由と責任が明確で、社内でコミュニケーションが密であり、職場は明るく透明な雰囲気を持ち、処遇制度が充実していることが求められる、等。

転職に際しては待遇に関する上辺の情報のみならず、社風やトップの人柄など「集約的情報」を得た人の満足が高いことから、企業グループを超えて情報が伝わるネットワークづくりも提言されている。失業率5％時代を生き抜こうとする経営者、必読の書である。

評・松原隆一郎（東京大学教授）

さとう・ひろき　53年生まれ。東京大教授。
げんだ・ゆうじ　64年生まれ。同助教授。

二〇〇三年四月一三日❼

『日本のアジア報道とアジア論』

卓南生 著

日本評論社・四〇〇〇円

1960年代、「アジアでアジアを研究する」という期待を胸に日本に留学してきた著者の思いは、アジアに対する日本人の潜在的優越感と無知によって、あっさりと裏切られてしまったという。その後、シンガポールに帰国した著者は、「星洲日報」「聯合早報」の論説委員を経て、いま、メディア研究者として龍谷大学で教壇に立っている。

その著者が、日本のアジア報道とその背景にある日本のアジア論に、鋭く斬（き）り込んだのが本書である。

アジアからの留学生や外国人労働者の受け入れ問題、中国首脳の訪日、湾岸戦争時の日本の海外派兵論議など、この約10年間になされたアジア関連の論議や、日本のメディアによる東南アジア報道が素材だ。そこに内在するアジアへの眼差（まなざ）しの「ゆがみ」を、ジャーナリスト出身らしい時代感覚で解き明かしていく。

「日本人論」好きとされる日本人だが、アジアからどう見られているのかを一層熟慮すべきではないか。

評・音好宏（上智大学助教授）

二〇〇三年四月一三日⑧

『経済学者たちの闘い』

若田部昌澄 著
東洋経済新報社・一八〇〇円

かつて経済学に関心のある者にとって、杉本栄一『近代経済学の解明』（一九五〇年）は必読書だった。経済学の歩みをたどるうちに、経済学の基礎が身につく名著として知られ、専門家にも一般読者にも長く愛されていた。今世紀に入って、同書の有効性はやや薄れてしまったが、本書はそれに代わる可能性を秘めた、経済学史並びに経済学に関する優れた概説書である。

用語説明も丁寧で実例も豊富、読み進むうちに現実の経済と経済学との関係を俯瞰（ふかん）できるようになっている。たとえば、約二百年前に活躍した経済学者であるソーントンやリカードウの学説を学びながら、現代日本の金融政策の問題点が把握できるといった具合である。映画「ウォール街」などが、説明の小道具に用いられている点も楽しい。

本書を読むと、これまで頼りなかった経済学が頼もしく思えてくる。ビジネスマンをはじめ、経済学を学びたいと思っているすべての人々に広く薦めたい。

評・篠原章（大東文化大学教授）

二〇〇三年四月一三日⑨

『昭和ジュークボックス』

森まゆみ 著
旬報社・一六〇〇円

『七つの子』から『愛の賛歌』。『銀座の恋の物語』から『明星とエースコックの即席ラーメン』。童謡からシャンソン、歌謡曲からコマーシャルソング。著者の心身にいつしか浸透し、記憶の底にたまっていった「歌」たち。これらをとおして、昭和三十～四十年代、日々育ってゆく子どもたちがどんなふうに暮らしていたのか、どんな感覚を抱き、それが変化していったのかを軽妙に活写する。個人史と社会史、庶民の暮らしがひとつながりだった時代の風物詩と言ってもいい。

「歌謡曲には子どもが大人の感情を先どりして味わえる、という効用がある」との一節からは、はたしてこういう機能をもった歌が、いまあるのだろうかという気にもさせられる。

どこからともなく耳にはいってくる歌。そして、それを補うかのように、当時の写真が多数収められているのもいい。自分の子ども時代を突き放して笑っているようなところもあって、さりげなく幸福な本である。

評・小沼純一（文芸評論家）

二〇〇三年四月二〇日①

『サダム　その秘められた人生』

コン・コクリン 著　伊藤真 訳
幻冬舎・一七〇〇円

中東の現実と独裁者を多角的に照射

イラク戦争のテレビ観戦も終わった。爆撃を浴び炎上する街の光景にも、あきた。爆弾の下のたくさんの死も、気にならなくなった。

サダム・フセインが死んだかどうかはわからない。しかし、オサマ・ビンラディンだって生死不明のまま、もはや話題にもならないではないか。サダムもすぐに忘却のかなたさ。

そんな気分で、いささか時期遅れの感も抱きつつ本書を手に取った。著者は中東に詳しい英国のジャーナリスト。

サブタイトルは米国版では「テロの帝王」と変えられた。ブッシュ流のレッテル張りだ。ただし、サダムが非道な人物であることは疑いない。著者も「主だった証人のほとんどは殺されてしまったか、怖くて証言できない」ため、評伝執筆は困難をきわめた、と明かす。

サダムの生年は確かでない。一九三五年とも三九年ともいう。が、初めて人を殺した日付は、はっきりしている。五八年十月のことで、共産党員を待ち伏せ、銃撃した。以後、犠牲者は数知れない。彼の自慢は「目を見るだけで、相手が誠実か裏切り者かわかる」ことだった。

希代の悪人が、なぜ延々と君臨できたのか。「衝撃と恐怖」という独裁者の常套（じょうとう）手段だけで権力を維持したのだろうか。

暗殺を恐れて、サダムは影武者たちを仕立てたといわれる。しかし最初の目的は別だった。

大統領に就任した当時、彼はこまめに町や村に足を運び、熱狂的に歓迎された。国民的な人気を集めたのだ。激務で出かける余裕がなくなると、治安警察は「そっくりさん」を探してきた。ひと目見るなりサダムは、自分の父親がお前の母親と浮気したに違いないと冗談を飛ばした。男は以後十年にわたって「ちょっとした公務」の代役を務めた。

イラクは石油の国だ。けれども、その利権は長らく欧米企業が支配していた。イラクの国民にとって、これ以上の屈辱はなかった。時間をかけ策略をめぐらせて、石油産業の国有化を実現したのはサダムである。潤沢な資金は、過去の政権が果たせなかった施策にあてられた。

科学技術の振興。農地の解放。教育の充実。サダムは識字運動への貢献でユネスコに表彰された。それに女性の解放。イラクでは一夫多妻制は事実上消滅したという。人びとは、国の歴史上初めて、純粋に国民の生活向上に努力してくれる政府が登場したと受けとめた。

著者は、この独裁者をできるだけ多方面から照射し、中東現代史の中に位置づけようと努める。その結果、欧米側の決して自慢できない言動の数々も明らかにされる。「テロの帝王」と銘打って終わりにできる問題ではない。

イラクのこれからを考えるとき、本書は時期遅れにあらず。それとゴシップが詰まっている点もいい。事の本質はしばしば、細部に宿る。

評・栗田亘（コラムニスト）

（原題、SADDAM : The Secret Life）

Con Coughlin　55年生まれ。英国サンデーテレグラフ紙編集主幹。

二〇〇三年四月二〇日❷

『含羞（がんしゅう）のエンドマーク　前田陽一遺稿集』　前田陽一 著

あすなろ社・二〇〇〇円

花や風と同化して貫いた人生

木々の影を映す疎水が流れ、白壁が続く道の行く手に天守閣が見える。播州（ばんしゅう）龍野といえば魯山人（ろさんじん）が日本一の折り紙をつけたうすくち醤油（しょうゆ）の町。町をつらぬく揖保（いぼ）川の名にちなんだソーメンの産地としても知られる。そんな土地柄だけに味にうるさい。中学生のくせにウニと卵の黄身で燗酒（かんざけ）をチビッと飲（や）る友達がいた。それよりもトンカツ、カレーライス、炒飯（チャーハン）といったありきたりの食べ物の妙味を何の衒（てら）いもなくすらりと書く、純綿のような肌触りの文章がごちそうだ。

その龍野生まれの前田陽一。ご存じだろう。六、七〇年代松竹喜劇映画を何本も撮り、映画界が斜陽になると横浜の職安の前で立ちんぼして港の日雇い労務をしたこともある伝説的な映画監督。五年前に肝臓癌（がん）で急逝した、享年六十五歳。晩年に龍野高校時代の文学仲間と再開した同人誌に書いたエッセイを中心にまとめた遺稿集が本書である。

もともとが文学青年で、映画界入りはまぐ

れだった。だから交友録は文学・映画の両界にまたがり、浦山桐郎、三浦哲郎などが登場して、同世代の人間にはなつかしい。しかし何といってもすごいのは余命一週間と宣告されてからの絶筆日記「THE LAST DAYS」。どうすごいか。ふだんとちっとも変わりがないところがすごいのである。

ちなみにこの人には独特の宇宙観があった。風のそよぎや星のまたたきは、〈1／fのゆらぎ〉という宇宙の始まりの気持ちのいいゆらぎの入れ子であり、人間の死もそのゆらぎに還（かえ）る過程にすぎないという。だから死んでもその気になれば風や星になって地球に帰ってこられる。幼い子に父親がそういって聞かせるシナリオの部分を絶筆の末尾に付加してから、最後の映画のクランクインに入り、医師の予告通り、一週間目に撮影現場で倒れてそのまま逝った。

いい本を読んだ。おりから季節は春である。町がまるごと緑の母胎のような故人の故郷龍野には及ばずとも、野には花が咲き光はみなぎり、風は純綿の肌触りで頬（ほお）をかすめる。そうか、前田陽一がきてるんだ。

評・種村季弘（評論家）

まえだ・よういち　1932〜98年。映画監督。作品に「にっぽん・ぱらだいす」など。

二〇〇三年四月二〇日③

『炭焼きの二十世紀　書置きとしての歴史から未来へ』

畠山剛 著

彩流社・二〇〇〇円

「復活」のカギは消費者にあり

炭焼き、あるいは炭火という言葉は、都会暮らしの人間のみならず、この国の大部分の住人にとって、もはやひとつの付加価値となりつつある。石油、電気、ガスに頼る現代生活において、木炭の使用は贅沢（ぜいたく）でもあるのだ。肉を焼いたり、珈琲（コーヒー）豆を焙煎（ばいせん）したり、ソーセージを燻（いぶ）したりするのにあえて炭火を用いれば、量産品にはない味わいが生まれるかわりに価格もそれ相応になる。

また、無煙にして純粋な木炭は、手間と暇をいとわないかつての暮らしのリズムを取り戻すための頼もしい鍵でもあり、雨水や汚水の浄化、木酢液の農業への利用など、環境保護の面からも見直されるべき存在だ。しかし「かつての暮らし」とは消費者の視点にすぎず、供給する側の、すなわち製炭者と、彼らを牛耳って大量の炭俵を都市圏に送り出していた業者たちのそれではなかった。世話になった熱源をあっさり見捨てたのも、遅まきながらその良さに気づいたのも消費者であり、製炭にかかわってきた人々ではないのである。

木炭の需要は、第一次世界大戦時の好景気で一挙に高まった。生産が追いつかず、家庭用木炭が手に入らなくなるほどだったという。そんな時期に全国一の生産量を誇ったのが北上山地の豊富な木々を抱える岩手県で、本書は、都市の日常を陰で支えていたにもかかわらず極度に貧しい生活を強いられていたこの地方の炭焼きたちの仕事に焦点を当て、「かつての暮らし」の他面をつつましく埋めてくれた。

読み物として興味深いのは、やはり岩手県が「木炭王国」となるにあたって尽力した男たちの系譜だろう。明治末期、全国をまわって技術指導をした広島県人、楢崎圭三にはじまる岩手の炭焼きは、小野寺がまの小野寺清七、岩手一号がまの佐々木圭助らに受け継がれていくのだが、彼らの小伝も妙な感情移入がなく、訥々（とつとつ）とした口調で語られており、それが平成に入って復活した炭焼きの現状を見据える眼差（まなざ）しとよく釣り合っている。記述の重複がいくらか気になるものの、中身は木炭のように渋い。

評・堀江敏幸（作家）

はたけやま・つよし　33年生まれ。元中学教諭。著書に『学校が消えた』『むらの生活誌』など。

二〇〇三年四月二〇日❹

『エコロジーだけが経済を救う』

フランツ・アルト 著　村上敦 訳

洋泉社・一六〇〇円

新たな仕事文化で時間を取り戻す

不景気が恒常化し、右肩上がりなのは失業率だけ。この状況はドイツも日本も変わらない。解決策はあるのか？　本書に経済成長の処方箋（せん）を期待しても無駄である。「三％」の経済成長率は雇用に「なんの効果も」なく、「四％」になってようやく「一〇万から一五万人の雇用を生み出すにすぎない」からだ。

景気回復の兆しはなく、かりに回復しても効果がないのであれば、失業率が改善される見込みはないのか？　表題から想像できるように、打開の道は「エコロジー経済」にあるというのが著者の主張であり、環境関連産業の現状分析と、それにもとづく展望が本書の主題である。

事故のリスクの高い原発（タンカー事故は保険がきくが、原発事故を補償する保険会社はない）に代わる太陽光発電やバイオマス・エネルギー、エネルギー効率の悪い自動車に代わる鉄道などの公共交通機関が、雇用機会を大幅に改善する。ドイツでは、自動車産業従事者が「九五万人」、環境ビジネスではすでに「一三五万人」が働いているという（二〇〇一年現在）。

しかし、もっとも効果的なのは労働時間の短縮だと著者はいう。週三五時間から三二時間へ、ある試算によれば、「週三二時間の時短は一〇〇万人の新雇用」を生む。フォルクスワーゲン社の労使は三万人の解雇計画を、時短など就労形態の多様化で一万人にまで削減したという。

著者はさらに「雇用形態の女性化」を提案する。兼業主婦がすでに実践している半日労働や週三日労働である。「専業主婦」の無償労働は不幸だが、「専業サラリーマン」の過酷な労働も不幸だ。不景気のため多くの職場は激務を強いられている。「男も家事や育児を」といわれても、男に生まれたことを恨むことになりかねない。

男も女も、無理はもうやめよう。物質的な豊かさと引きかえに、私たちは時間を失った。「新たな仕事文化」によって時間を取り戻そう。「熟考するための時間」「語り合うための時間」「遊びのための時間」「怠けるための時間」、そして「愛するための時間」を！

（原題、Das ökologische Wirtschaftswunder）

評・新妻昭夫（恵泉女学園大学教授）

Franz Alt　38年生まれ。ドイツの著述家、テレビ番組「国境なし」の司会者。

二〇〇三年四月二〇日❺

『サイレント・ゲーム』

リチャード・ノース・パタースン 著

後藤由季子 訳

新潮社・二八〇〇円

心にしみ入る若き日の回想シーン

リチャード・ノース・パタースンの小説を読むと、いつも落ちつかなくなる。法廷劇のスリルを中心とするリーガル・サスペンスで、主人公たる弁護士にもドラマを与え、入り組んだ謎を解くだけの傍観者にしないのは、この作者の独創ではないが、パタースンの場合はそのドラマが濃いのだ。事件とは別のドラマを色彩感豊かに展開させるところに特徴がある。だから、複雑なプロットに案内されて物語のなかに入り込むうちに、紙上の物語であることを忘れ、なんだか他人事（ひとごと）ではなくなってくる。いつも落ちつかなくなるのはそのためだ。これまでに翻訳された『罪の段階』『子供の眼（め）』『最後の審判』という三部作は、その著者の美点が全開した傑作群だったと言えるだろう。

本書もその三部作に拮抗（きっこう）する秀作だ。こちらの主人公は四十六歳の弁護士トニー。高校時代のチームメイトが教え子殺害の容疑で逮捕され、その弁護のために二十八年ぶりに故郷の町に帰ってくるところから幕が開く。その法廷劇のうまさはもちろんたっぷりと堪能できるけれど、パタースンの小説はもっと別のところを味わいたい。

たとえば、冒頭に挿入される回想。高校時代最後のフットボールの試合だ。この回想がきらきらと光っている。本書でいちばん美しい場面といっていい。主人公の初恋は実らず、しかも殺人者として疑われ、故郷を捨てざるを得なかっただけに、その直前の試合の高揚が美しい。二十八年後に逮捕されるチームメイトと、その弁護のために帰郷することになる主人公、そして、チームメイトと結婚して町に残ることを選ぶ少女。すべての人生が始まる前の、まだ何も知らない彼らの若き日の高揚がその試合に映し出されている。

だから、なんだかなあとため息が出てくる。殺人者として疑われた過去を持ちながら今は弁護士として成功しているトニーの複雑な心中を思うのではない。私が勝手に、自分の若き日を思い出すだけだ。パタースンの小説はいつもこのように紙上の物語をはみ出して、しみ入ってくるから困るのである。

（原題、*Silent Witness*）

評・北上次郎（文芸評論家）

Richard North Patterson　47年生まれ。米国の作家。著書に『子供の眼』など。

二〇〇三年四月二〇日⑥

『教育を経済学で考える』

小塩隆士 著
日本評論社・一八〇〇円

教育という「資源」の配分に注目

こと教育についての議論となると、変な理念ばかりが先走る。多くの人は自分の個人的な教育体験を、何の疑問もなく一般化したがる。教育現場も世間も、教師は聖職だの教育は神聖だのと舞い上がり、世間的な評価や考察をなにかと排除したがる一方で、やれ「真の実力」だの愛国心だの「生きる力」だの、これまた得体（えたい）のしれないお題目をふりまわして悦に入っている。

でも、お題目だけじゃ何も解決しない。しょせん教育だって、人間のいろんな期待と打算の結果の一つでしかない。だったら、その期待と打算をもとに教育を考え直そう。そもそも人は、何のために教育を受け、または子供に受けさせるんだろう。それはどういう効用を持つんだろうか。それをおさえれば、実際の教育問題についても、もっと生産的に考えられるだろう。本書はそれをやっている。そこで使われるツールは、もちろんタイトルでわかるように経済学だ。

教育に経済学！　神聖な教育を銭金の話におとしめるとは何事か！　そういきりたつ人もいるだろう。でも、経済というのはお金の話じゃない。希少な資源の適正な配分を考えるのが経済学だ。教育だって、人間の限られたリソースの一つの配分先なんだから、そこに必要とされるのはまさに経済学的な枠組みだ。さらに教育について意外な洞察も本書の魅力だ。たとえば教育はデリバティブ（金融派生商品）と似ていて、不確実性が需要を作り出すとか。

その理論的な枠組みや洞察から、実際の各種教育問題に対してすっきりした見通しが得られるのは爽快（そうかい）だ。水準の低い大学の存在意義。塾や予備校の意味。ゆとり教育の失敗。エリート教育の是非。著者自身が大学の教官なので、実際の教育の現状ともうまく接点を保っているのもポイントが高い。声高なお題目に流されない教育を冷静に考えてみたいあなたに。そしてできれば、学生諸君（およびその出資者たる保護者諸賢）も一読を。教育をどのように（どの程度）受けるべきか？

その戦略を考えるためにも、参考になるかもしれませんぞ。

評・山形浩生（評論家）

おしお・たかし　60年生まれ。東京学芸大助教授。著書に『高校生のための経済学入門』など。

二〇〇三年四月二〇日⑦

『近代ドイツ＝資格社会の展開』

望田幸男 編
名古屋大学出版会・五八〇〇円

「資格」取得が、今ちょっとしたブームなのだろう。書店には専門の雑誌が何種類も並んでいる。だが一部の専門職をのぞいて、高卒・大卒といった教育資格だけで就職し、職場での職業経験が重視されるという特徴は、日本ではまだ大きく揺らいではいまい。

それにひきかえドイツでは、古くから職業資格試験と職業実習が教育資格と密接に結びついていた。本書には、その資格先進国の十九世紀から二十世紀前半にわたる、非エリート層の資格制度の実態を解明した十一本の論文が集められている。資格化の波になんとか乗って延命しようとする周辺的職種（たとえば治療師、給仕、社会福祉職）の苦悶（くもん）、女性の職業資格取得をめぐる確執など、資格化の下方展開が孕（はら）む矛盾にも目配りしている。

近代社会の国別類型の要のひとつをなすテーマをめぐって、緊密な連携を保った好論文を揃（そろ）えた本書は、共同研究の理想的な姿をも提示している。

評・池上俊一（東京大学教授）

二〇〇三年四月二〇日⑧

『イラク　わが祖国に帰る日　反体制派の証言』

勝又郁子 著
ＮＨＫ出版・一五〇〇円

もしも、91年の湾岸戦争直後に起きたイラク国内の反政府蜂起を米国が支援していれば、中東史は変わっていただろう。

逆に言えば、12年前に起きていたはずのフセイン体制崩壊劇をいま、我々は米英による「解放戦争」という形で見ているのだ。

著者は多くの反体制指導者と会い、91年以来、イラク問題の「歯車」がなぜ、だれによって狂わされてきたか、を問いかける。

独裁政権の打倒が今回よりはるかに安い軍事コストで、しかも多くの不満層を巻き込んだ「民衆革命」が成功する可能性が十分にあったことも示唆している。

自治が先行する北部クルド地区の若者は、アラビア語を話さなくなった。そして、反体制の代償としてこの12年間、指導者が殺され徹底的に痛めつけられてきた南部シーア派住民は、誰も信じなくなった。

「手遅れ」のイラク解放と再統一が、いかにむずかしいか、を知るためのヒントを与えてくれる本だ。

評・定森大治（本社論説委員）

二〇〇三年四月二〇日⑨

『奄美の針突　消えた入墨習俗』

山下文武 著
まろうど社・三〇〇〇円

針突（ハヅキ）とは、沖縄や奄美の女性の手の甲にほどこした入墨である。かつては日本本土にひろがっていたであろう入墨習俗が南の島々には近代まで残っていた。

著者は奄美大島生まれ。奄美博物館に勤務するかたわら入墨の文様の神秘さに心をうばわれ、記録に残すことを考えたという。カードに入墨の文様を描き写し、入墨をしたときの様子など聞き取りを行った。

長年の地道な調査と研究によって、現在ではその姿を消した針突を伝える貴重な資料である。「おそらく奄美における入墨文様のまとまった最後の記録になると思っている」

針突は成女儀式のひとつで、呪術的要素も含まれていると思われる。文様にはさまざまな願いがこめられていたようだ。

美しい文様にはボルネオやサモアの入墨と類似しているものもあり、いにしえの人々のダイナミックな移動の足跡や文化の交流があったことなど、想像が広がってゆく。

評・与那原恵（ノンフィクションライター）

二〇〇三年四月二〇日⑩

『魚河岸マグロ経済学』

上田武司 著
集英社新書・六八〇円

安いマグロの買い方の手ほどき本ではない。

著者は築地市場でマグロ仲卸を営む上田さん。このままでは日本の食文化を代表するマグロが危ないと、必死で訴える。

いきなり最高級で知られる青森県の大間のマグロに注文をつける。漁師は時間のかかる一本釣りにこだわる。漁協は鮮度を気にせず、高く売れるタイミングを待ってマグロを市場に出す。「名前にあぐらをかいている」と言うのだ。

築地市場にも疑問を持つ。市場に魚を仕入れに来る町の魚屋さんが、独自の流通経路を持つスーパーなどの大型店に対抗できず消えている。取引先がなくなれば「築地は陸の孤島になってしまう」と語る。

経済のグローバリゼーションの波を肌で感じる上田さんは、愛すればこそ、時代の変化に鈍感な漁業関係者や築地市場に、早く気付けと訴えているのだ。

聞き語り風の文章のやさしさとは裏腹に、内容の深刻さに驚かされる。

評・薬師寺克行（本社論説委員）

二〇〇三年四月二七日②

『シャルル・ボードレール』

クロード・ピショワ、ジャン・ジーグレール 著
渡辺邦彦 訳
作品社・六八〇〇円

「19世紀のカリスマ」、実証的に分析

ボードレールは、十九世紀のカリスマである。ポーの怪奇小説を翻訳し、象徴派の詩人たちを夢中にさせたのも、パリ上演が妨害された「タンホイザー」を擁護して、世紀末の熱狂的なワーグナーブームをしかけたのも、みんなボードレールだった。

彼の生涯は頽廃（たいはい）のきわみというイメージがある。「醜悪の美」のスローガンを具現するような情婦たち、想像を絶する浪費、阿片（あへん）吸引。一方、少年時代は「良家の子弟」で、最愛の母を失望させないため勉学に励もうとする一面もあったらしい。

ボードレール伝説の火元はしばしば当の本人で、あんまり信用しすぎてはいけないとは、よく言われることだ。本書は、芸術理論や思想にはあえて踏み込まず、徹底した資料収集と分析で、主に生活の軌跡を追ったものである。いかにもフランスらしい実証主義だが、あとがきで訳者も指摘しているように、「『伝説』や荒唐無稽（むけい）な逸話」も決して否定してはいない。それこそが彼の創造の、「奇異ではあるが現実的な一つの形式」なのだから。

とにかく、数字がおどろくほどリアル。「ダンディ」を演出するためのファッション代で、下級管理職の年収の三分の二にあたる金が消えてしまう。父親から莫大（ばくだい）な遺産を受けついだものの、怪しげな絵を買い込んで借金を増やす。

悲しいことに、「創作」の方は極端に実入りが少ない。『悪の華』の印税は、借金とケタが二つぐらい違う。ポーの翻訳が一番儲（もう）かったらしいが、出版社に足元を見られて買い叩（たた）かれる。その収支一覧表をみたら、これから文学を志す人なんていなくなるかもしれないが。

六歳で父を失ったボードレールは、母の再婚相手になじめなかった。著者は彼の浪費を「父親的なものの排除」とみる。堕落を誇張してみせたのも、「母親にとって自分より大切な存在である」義父になることは不可能だったから、「それと正反対の存在になろうとしたのだ」。

晩年、失語症と右半身麻痺（まひ）にみまわれた詩人が、その母親に看取（みと）られて緩慢な死を迎えるさまも克明に記されており、読む側も言葉を失う。

（原題、Charles Baudelaire）

評・青柳いづみこ（ピアニスト・文筆家）

C. Pichois 25年生まれ。仏ソルボンヌ大名誉教授。
J. Ziegler 故人。在野の研究者。

二〇〇三年四月二七日❸

『生と死の美術館』

立川昭二 著
岩波書店・三四〇〇円

「自分の死」を取り戻せるか？

重症患者の傍らで往診に訪れた医者がフラスコのようなものをかざしている。患者の尿を診（み）る視尿術という診察法だそうだ。オランダの風俗画家ダウの『医者の訪問』と題する絵。この絵について著者のいうには、「日本をはじめ今日の文明国では、医療といえば病院医療と思いがちであるが、それはじつはつい最近のことである」。ついこのあいだまでは町内の開業医が患者の家に往診するのが日常的な業態で、「医療といえば、この絵とまったくおなじ光景であった」。

思い出す。子どものころ風邪を引いたりすると、町医者が看護婦さんを連れて往診にきた。老人が息を引き取るのもおおむね自宅の畳の上だった。だがまもなく病院医療万能時代がやってくる。リルケの『マルテの手記』にいう「施設備えつけの死のひとつを死ぬ」、病院医療が当たり前になり、「自分の死」を死ぬことはますます難しくなる。

死は各人にわけへだてなく訪れる。王にも、司祭にも、貧者にも。ことに疫病流行の際には、ブリューゲル『死の勝利』に描かれているように、身分差さえまたたくまに崩壊してしまう。そのブリューゲル作品をはじめ、古代ギリシアの墓碑やレンブラントやゴッホにいたるまで、こちらでは源氏物語絵巻や竹久夢二など、古今東西の死と病気と、それに対応する医療現場を描いた絵が五十四点。おおむね現地を回って観（み）た美術エッセイは美術館探訪記としても読める。

著者の旧著『からくり』は、産業革命以前の静力学的器械・玩具のエッセイとして愛読したものだが、いつしか著者の関心は近代以前の医療や生死観に移り、本書では古来の美術作品に関する蘊蓄（うんちく）と医療史家としての見識がみごとに一体化している。一例が『法然上人絵伝』の法蓮房臨終の場面。これに関連して源信の『往生要集』の臨終行儀を述べながら、それが「今日のターミナルケアあるいは緩和ケアが目ざしている精神にそのまま通ずる」とか。すると現代でも「自分の死」を死ぬ往生術の可能性は絶無ではないのだろうか。これらの絵からそのヒントが読みとれそうな気がする。

評・種村季弘（評論家）

たつかわ・しょうじ 27年生まれ。北里大名誉教授（医療史）。著書に『日本人の死生観』など。

二〇〇三年四月二七日❺

『昭和　名せりふ伝』

斎藤憐 著
小学館・一八〇〇円

庶民の精神史、面白さと空しさと

数時間の一気読みののち、スリリングな大河小説を読み終えたような興奮と疲労をおぼえた。だが、本を閉じたあとの印象は荒涼とした空（むな）しさである。その引き裂かれた読後感から、昭和という時代の、いや、近代日本の、矛盾した本質があらわれてくる。

不思議なタイトルだが、いいかえれば、「流行（はや）り言葉による庶民の精神史」となる。作者は、昭和元年の「何が彼女をさうさせたか」から、玉音放送の「堪へ難キヲ堪へ忍ヒ難キヲ忍ヒ」をへて、昭和末期の「ジャパン・アズ・ナンバーワン」や「Xデー」にいたる二十一の流行語をとりあげ、そこに隠された日本人の心情を探ることで、「もうひとつの昭和史」を書こうとした。

そこには、文字資料と実証だけに頼って、生きた歴史を死んだ学問に変えてしまう歴史学への不満もこめられてはいるが、「上海バンスキング」をはじめ、演劇に娯楽と思索を両立させてきた斎藤憐のこと、まずは面白い芝居（お話）を観客（読者）に提供したいというドラマ作りの配慮がつねに働いていて、時代の進展とともにどんどん読み進められる。

じっさい、殺人犯・鬼熊の波瀾（はらん）万丈の逃亡劇のなかに近代国家と前近代の共同体との闘争を読みこんだり、五・一五事件の真相をいくとおりもの寸劇に作りかえたりしながら犬養毅の「自業自得」を立証するあたりのうまさにはうならされる。また、滝川事件の原因となった刑法解釈の問題にセックスが深く関（かか）わっていたことなども初めて教えられた。

だが二・二六事件以降、さまざまな流行り言葉には、ほとんどつねに本書最大の登場人物の影が落ちるようになる。天皇である。昭和は戦争・復興・金権の三幕からなると作者はいうが、この三幕のあいだ一度も退場しなかった人物は昭和天皇だけだからだ。

いま日本は経済的にも心理的にも暗いデフレのまっただ中にある。その原因をミステリー仕立てで追求するならば、秘密の鍵を握っているのは昭和天皇である。そんな独創的な天皇論としても出色の面白さなのだ。

評・中条省平（学習院大学教授）

さいとう・れん　40年生まれ。劇作家。著書に『ピンカートンの息子たち　昭和不良伝』など。

『国境を超える市民ネットワーク』

目加田説子 著
東洋経済新報社・三四〇〇円

国際社会の新しい政策空間

国家が圧倒的に強くなったのは近代以降のことである。それ以前の中世には有力諸侯や騎士団など、力や権威の主体が入り組んでいた。そんな時代は昔のことかと思っていたら、グローバリゼーションの進行で、世界は「新しい中世」に突入したと言われるようになった。

新時代を象徴する国家以外の主体は、国境を超えて資本を動かす大企業、それに国際世論の動向に大きな影響力を持つNGO（非政府組織）ネットワークである。とくにNGOネットワークの台頭は目覚ましく、「外交は政府の専権事項」という既成概念を突き破ってきた。

そこまでは一般論として納得できる。だが、NGOネットワークはどのような場面で、どのように国際政治を動かしてきたのだろう。洋書に手を伸ばしても、なかなか答えを見いだせない。そんな中で、気候変動枠組み条約、対人地雷全面禁止条約、国際刑事裁判所（ICC）設立規程の交渉過程を丹念に事例研究し、NGOネットワークの功績を実証的に描き出した希少な一冊が、本書である。

とくに興味深いのは、NGOネットワークが多国間条約交渉に「プロセス革命」をもたらした、との指摘である。NGOネットワークはオブザーバーや政府代表団の一員として交渉会場に入り、積極的に情報公開しながら国際世論を味方につけた。地雷禁止やICC設立では、条約づくりに熱心なカナダや欧州の中堅国家と連携し、腰の重い大国の反発をはねのけて、条約締結にこぎつけた。大国主導型の交渉プロセスを軌道修正する、新たな国際政治の動態がそこにある。

著者自身、地雷禁止のNGO活動をしているが、NGO礼賛には陥らず、活動の正統性やアカウンタビリティー（説明責任）など、今後の課題にも冷静に目配りする。専門書ではあるが、現場感覚を生かしたわかりやすい構成、文体で編まれており、入りこみやすい。

「新しい中世」にどう対処していくかは、日本にも大きな課題だ。その道程は長いが、まずは本書のような実証的な文献に触れ、新たな政策空間をのぞいてみてはどうだろうか。

評・吉田文彦（本社論説委員）

めかた・もとこ　経済産業研究所研究員、地雷廃絶日本キャンペーン運営委員。

二〇〇三年四月二十七日⑦

『ヴァーチャル・ウォー　戦争とヒューマニズムの間』

マイケル・イグナティエフ 著　金田耕一ほか 訳
風行社・二七〇〇円

イラク戦争はコソボ紛争の延長線上にある。ユーゴ空爆はイラク戦争と同様、大国による非合法の戦争だった。だが、その前に冷酷で狡猾（こうかつ）な抑圧者による国連決議無視があった。

平和と人権とが、場合によっては両立しない残酷な時代を私達（たち）は生きている。国際的合意を取り付けようとする正当な努力が問題解決を先延ばしにし、犠牲者の数をさらに積み増してしまう。そんな不完全なシステムに依拠している。

イラク戦争はそのことをしたたか直視させた。本書は、最も知的なジャーナリストとされるイグナティエフによるコソボ・ドキュメンタリー。「フセインも悪なら、ブッシュも悪だ」として判断を放棄しがちな私達の惰弱な精神に鞭（むち）打つ。

問題は遥（はる）かに複雑であり、痛みに満ちており、そして人心の暗がりを照らさずにはおかない。

イグナティエフの思考は怖気立つ現実に触れ、血達磨（ちだるま）になりながらも、武力介入あるべしという決断にいたる。

評・宮崎哲弥（評論家）

二〇〇三年四月二十七日⑧

『神の植物・神の動物』

ジョリス＝カルル・ユイスマンス 著
野村喜和夫 訳
八坂書房・二四〇〇円

主人公デュルタルがカトリック神秘神学に傾倒していく様と苦悩の信仰過程を描いた仏作家ユイスマンスの代表作『大伽藍（がらん）』から、第十章と第十四章の植物と動物に関する章だけを訳出したもの。キリスト教において動植物はどのような意味があり、どのようにとらえられているのか、識者プロン神父らとの語らいのなかで紹介されている。

例えば七つの大罪にあたる植物は何か。豊穣（ほうじょう）を装いながらも実は高慢なカボチャ、色欲は媚薬（びやく）にも使われたシクラメン、怒りはバジリコ……。対して七つの徳の植物は？などと、中庭を散歩しながら、あれやこれやとユーモアを交えて語りあっている様は興味がつきない。動物もまた清き獣と不浄の獣の二派にわけられること、そのひとつひとつについて、デュルタルがいろんな文献を調べる様も描かれている。

東洋とのとらえ方の違いもさることながら、悪を象徴する動植物のエピソードのほうが俄然（がぜん）面白い。

評・白石公子（詩人）

二〇〇三年四月二十七日⑨

『義務教育という病い　イギリスからの警告』

クリス・シュート 著　呉宏明 訳
松籟社・一八〇〇円

そもそも題名からして尋常ではない。学校は監獄、校長はいらない、時間割りは無駄、と読み進むにつれてショック度は上がる。

著者はイギリスの公立学校で教師を続けるうちに、義務教育は子どもを無気力にし学ぶことへの興味を失わせるとの結論にいたった。子どもの目の輝きを取り戻すために、科目の選択や出欠の決定、校則の作成などは彼らの自主性に任せるべきだと強調する。学校を〝学校らしく〟しない努力こそ必要なのだ、と。

イギリスではブレア首相の教育改革が進み、それなりの成功を収めていたはずである。そうした時期にこのような現場からの内部告発的な本が出版されたことに、私などは逆にイギリスの懐の深さを感じてしまった。最後に、登校拒否する子どもはまっとう、いじめや学級崩壊は学校がよって立つしくみが招く、などの主張は、日本の実情にピタリと重なり、もう一度ショックを受ける。

評・多賀幹子（フリージャーナリスト）

二〇〇三年四月二七日⑩

『沈黙の海　水俣病弁護団長のたたかい』

千場茂勝 著

中央公論新社・一九〇〇円

有機水銀に侵された猫が跳びはねる、白黒のあの映像の印象は余りに鮮明だ。

多くの人が視覚を通じ、水俣病の恐怖を記憶にとどめている。本書はその恐怖の底流になる事実を克明に再現し、戦後史の一断面として提示しようとする。

水銀を垂れ流し、あれだけの惨禍を生んだ企業の法的責任は問われて当たり前だ。ところが病の発生当時はこれが常識でなかった。

患者弁護団の著者は、今からは想像を絶する企業の厚い壁を崩すため、たとえば敵性証人尋問という奇策を採る。企業内の人をあえて原告側証人に立て、患者に有利な証言を引き出そうと試みる苦衷の戦法は、裁判の流れを大きく変える。

また「ニセ患者」批判には著者も揺らぐ。患者と床を並べ、夜中にこっそり這(は)ってトイレに行く患者の姿に訴えへの確信を固める。

公害をめぐる「常識」は時とともに改まったこと。そのためには途方もない闘いが必要だったこと。ふたつの真実を本書に学ぶ。

評・中川謙(本社編集委員)

二〇〇三年五月四日①

『ねむり衣の文化誌　眠りの装いを考える』

吉田集而、睡眠文化研究所 編著

冬青社・一八〇〇円

下着から浴衣、そしてTシャツまで

ネルのネマキの紐(ひも)を結ぶ時、一瞬ヒヤッとした、子供の頃(ころ)の肌の記憶。修学旅行用に作ってもらった綿サッカーのパジャマ。父がゴルフの景品でもらってきたナイロンのネグリジェを、母はとうとう着ようとしなかった……。私が思い出すそれもこれも、日本人のネマキの歴史に深く結びついていることを、本書は教えてくれた。ネマキは、日本文化と結びつき過ぎているからと、あえて「ねむり衣(ぎ)」と呼ぶ。日本・アジア・欧米を比較し、過去と未来を見通した本である。

本書は、日本史上、ねむり衣が成立したのはそう古くないとする。鎌倉時代の絵巻物には、僧侶が下着姿で寝ている様子が描かれている。だが、当時、庶民は昼の服のまま寝ていた。これを「着所寝(きどころね)」という。東北地方では昭和初期まで生きていた言葉だそうだ。ただ、本書には触れられていないが、万葉集には「草枕旅行く背なが丸寝せば家なる我れは紐解かず寝む」という歌がある。「紐解く」というのは、夫婦の愛の行為の表現と解釈するのが一般的だが、当時は旅行中は「着所寝」であっても普段は裸で寝たのだ、と解釈する説もある。下着で寝る姿は「枕草子」の中にも確認できるし、ねむり衣の成立時期をめぐっては今後の研究が待たれるところだ。

さて、その後の歴史だが、江戸末期には、木綿の浴衣が普及し、人々は風呂場の装いであった浴衣の着古しをねむり衣に転用した。また、明治の近代化は、工場労働者に早寝早起きを要求し、寝るためと起きて働くための衣服を区別するようになった。そして戦後。70年代にはユニセックスファッションの流行で、ネグリジェが激減し、パジャマが増えた。同時に「部屋着」が登場し、Tシャツやスポーツウエアが、ねむり衣に転用され始める。昼夜曖昧(あいまい)な都市の生活で、終夜営業のコンビニにそのまま出かけられる衣服が求められた結果だ。ねむり衣という範疇(はんちゅう)が希薄になり、部屋着兼用の万能の衣服＝Tシャツが全生活を支配しつつある、と説く。

確かに、私が大学の学生と合宿をした時、彼らはTシャツに短パンか、スポーツウエアで寝ていた。それは、何か起きてもすぐに動けるようにと、阪神大震災の体験が大きく影を落としているのだとか。と、このように本書は、衣服が種々の要因に左右されながら、大きく変化してきたことをあらためて実感させてくれる。

ところで、私は今様着所寝の流行は、ワンルームマンション全盛の当世住宅事情と関係

があるとみている。専用の寝間がないのだからTシャツは寝間着（ネマキ）じゃなくて部屋着なのだ。テレビの「パジャマでおじゃま」なんていう幼児参加コーナーも、やがて姿を消すかもしれない。

　今記録しておかなければ、おそらく永遠に失われてしまうだろう昨今ねむり衣事情を、包括的に扱った本だ。巻末の討論では、東西の服装史を見据えた深井晃子の発言が歯切れがいい。

評・武田佐知子（大阪外国語大学教授）

よしだ・しゅうじ　国立民族学博物館教授（文化人類学）。本書はほかに8人が執筆している。

二〇〇三年五月四日❷

『愛国主義の創成　ナショナリズムから近代中国をみる』

吉澤誠一郎 著

岩波書店・二六〇〇円

雑多な発想の組み合わせから発生

　戊戌（ぼじゅつ）政変（一八九八）から辛亥革命（一九一一）にいたる激動の清末中国に、梁啓超（りょうけいちょう）という改革派きっての論客がいた。師の康有為とともに日本に亡命し、また欧米に遊学して、西欧近代文明の中国への受容に大きな役割をはたした。

　この梁啓超を各章の、ときには主役、ときには狂言まわしとして演じられる本書の演目は、「愛国」である。ところが、反アメリカ運動、地図と歴史叙述、剪辮（せんべん）（辮髪〈べんぱつ〉を剪〈き〉ること）、愛国者の死および追悼と、つぎつぎ場面は転換するものの、「愛国」の対象であるはずの「国家」の輪郭が、いくら目を凝らしても明確には見えてこない。伝統的に天に属する中国の民にとって、王朝交代はよそ事であり、アヘン戦争以後、漢族を中心としたナショナリズム盛り上がりの結果、急ごしらえの国民国家創設が進められた底の浅さゆえであろう。

　だからといって、この時期の愛国心高揚の歴史的意義が縮小するわけではないことを、本書は噛（か）んで含めるように説いてゆく。他国による領土侵犯、そして移民や都市社会の諸問題を乗り越えるべく、愛国主義が標榜（ひょうぼう）され、いつの間にか国家が既定のものとして実体化される仕組みが出来上がったからである。中華民族という一体性を前提としながらも、多民族の存在を認めた中華民国、中華人民共和国の国家観は、その延長線上にある。

　現在、中国では欧米や日本に留学して現地で就職し、最先端の研究開発を経て帰国する若者が各地地元企業から優遇され、共産党のエリートにも欧米留学組が多数いると聞く。もし梁啓超ら一群の知識人の運動を、西欧文明との対決を余儀なくされた中華文明が、その敗滅の危機をまさに西欧文明の摂取によって克服しようとする壮図であったと積極的に評価できるとすれば、中国は社会主義革命を経て、いまだに彼らの始めた洋務・変法運動の直中（ただなか）にいることになろう。

　愛国主義が、雑多な発想の組み合わせで成立する現場に肉薄し、ナショナリズムの内在的理解を目指す近代中国研究のニューウエーブたる本書は、たしかに現代にまで届く射程を具（そな）えている。

評・池上俊一（東京大学教授）

よしざわ・せいいちろう　68年生まれ。東京大助教授（中国近現代史）。『天津の近代』など。

二〇〇三年五月四日❸

『司法的同一性の誕生　市民社会における個体識別と登録』

渡辺公三 著
言叢社・三八〇〇円

「個人の確証」追求する欲望の正体

わたしたちはさまざまな経験をし、ときに取り消しえない衝撃にも見舞われて、歳（とし）とともに変わってゆく。その過程で、これまでのわたしの人生は何だったのか、これからわたしはどう生きていけばいいのか、そういう問いに始終つきまとわれる。

が、この社会でわたしが「わたし」であることが証明されるのは、そんな問いとは無関係な次元においてである。「認証」や「鑑別」。そう、指紋や声紋、さらには眼（め）の虹彩（こうさい）のパターンや眼底の血管分布、DNA解析などによってである。物質としての身体に刻印されたしるし（徴）が、社会的に登記された「わたし」のしるし（標）へと直結する。わたしが自身のあずかり知らぬ徴に引きずり戻らされるという忌々（いまいま）しさ。

が、それを忌々しく思うわたしもまた、わたしにとっての「わたし」という同一性に賭けている。それに、これらの個体認証法は、指紋による商取引やネット上での決済といったシステムの出現とともに、「わたし」のセキュリティを確保する手段にもなっている。わたしがわたしであるためにますます深く個人の識別・登録・照合の精緻（せいち）なシステムに組み込まれてゆかざるをえない……。

こうした忌々しさをつのらせるなかで、渡辺公三はそのような同一性への欲望の正体を問いつめる作業に突っ込んでいった。ベルティヨンの身体計測からゴルトンによる指紋判別へと展開してきた個人識別法の歴史をたどるなかで、個人の同一性の確証が科学と政治のどのような結託のなかで追求されたかを浮かび上がらせた。遺伝理論や「人種」の人類学と「混血」恐怖の隠れたつながりを、共和国の国民形成と犯罪者の取り締まりと徴兵制と植民地支配との連係を、とにかく子細に。

こうした他者の管理機構の形成に深く加担してきた十九世紀人類学は、二十世紀に他者の「聞き取りの技」へと転回することで、同一性へのこの強迫的な問いをほんとうに超えられたのか。「人類学者」としての渡辺の問いは、最後にそこへ向かう。

評・鷲田清一（大阪大学教授）

わたなべ・こうぞう　49年生まれ。立命館大教授。著書に『レヴィ＝ストロース　構造』など。

二〇〇三年五月四日❹

『九十九十九（つくもじゅうく）』

舞城王太郎 著
講談社・一五〇〇円

「文学的」事件はノベルスで発生した

『九十九十九』は、ノベルスといわれる部類（ジャンル？）に属している。ほら、ソフトカバーでふつうの単行本より小さくてキオスクにも置いてあって殺人とかバンバン起こるあいうやつ。で、ノベルスはふつう新聞の書評では大きく取り上げたりしない。「なんで？」と記者の人に訊（き）いたら「わかりません、そういう風になっていたので」といわれた。

「そういう風になっていた」のは、たぶんノベルスというところでは、たいして「文学的」な事件が起こらないと思われていたからだ。でも、事態は変わってしまっていたのだね。気がつくと、ノベルスあたりにこそ驚くべき作品が出現するようになっていた。その作品たちは、ただミステリーとして新しいだけではなく、それ自体として「新しい文学」の性質をも秘めていたのだった――というような説明は胡散（うさん）臭いので止（や）めておくとして、そんなノベルスの書き手がいわゆる「純文学」の方でも作品を発表しはじめたのは、彼らの「新しさ」を感じとった人たちが、閉塞（へいそく）してしまった「純文学」の壁をぶち壊すために、彼らを強力な「助っ人」として呼び寄せたからなのであり、舞城王太郎はその代表なのだ——って、この説明もかなり胡散臭いね。

舞城王太郎はすでに「純文学」として二冊の作品集を出している。この『九十九十九』は、彼がいわばホームグランドに戻って書いた「ミステリー」だ。

ここでは「ミステリー」らしく、黙示録風の連続殺人が起こり、超絶的名探偵が現れて、超絶的推理を展開する。しかし、やがて読者は、そこに書かれた「事件」よりもっと重要なものの存在に気づくのである。

ぼくは、ここには決定的に「新しい」なにかがあると思った。そしてその決定的に「新しい」なにかを知りたいなら、「純文学」として書かれた作品より「ミステリー」の方を読むべきだとぼくは思った。では、彼の（もしくは彼らの）決定的な「新しさ」とはなにか。それについてぼくはあえてここで説明はしない。ぼくはただ、読んでみてと書くに留（とど）めよう。

評・高橋源一郎（作家）

まいじょう・おうたろう 73年生まれ。01年、作家デビュー。著書に『阿修羅ガール』など。

二〇〇三年五月四日⑤

『電脳日本語論』

篠原一 著

作品社・一八〇〇円

いいじゃん 入力ソフトが知っている?

コンピュータで書くと文体（文章のくせ）が変わる。この説は正しいか。

正しくない。二十年ちかいワープロ・パソコン歴にかけて、私はそういいはってきた。子どものころ、白い紙の上を鉛筆でゴシゴシやって文字をおぼえた。それからの三十数年間、おなじやり方で大量の文章を書きつづけて身についたくせが、たかがコンピュータごときで変わるわけないじゃないの。

その確信が、本書をよんで揺らいだ。私のような旧人の体験など、もはやなんの証拠にもならないらしい。なにせ、鉛筆ではなくパソコンによって文字をおぼえ、文章を書くようになった人々が、どんどん登場しはじめているのだから。

パソコンで日本語を使うには、それ専用の日本語入力ソフトがいる。その代表ともいうべきジャストシステムのATOK（の前身）が誕生したのが一九八三年。以来、このソフトがどのように成長してきたかを、おおくの関係者の証言によってあとづけたのが本書である。

とにもかくにも「使いやすい道具」を、というのが最初の合言葉だったようだ。ところが、やがて「規範性」という新しい基準がそこに加わってくる。

繰りかえし手で書いて漢字をおぼえた旧世代とちがって、いまの子どもたちは「いいじゃん、ワープロが知っているんだから」と、書くことは日本語入力ソフトにまかせてしまう。漢字も送りがなも、かな漢字変換で最初に表示されたものを、そのまま受け入れ、でない漢字はすぐにあきらめる。子どもだけじゃないよ、いまや私もおなじだよ、というおとなだって、おおぜいいるにちがいない。

そうなると、単に使いやすい道具というだけではすまない。一企業の商品にすぎない日本語入力ソフトに、語彙（ごい）の選別から正書法まで、日本語表記にかかわる難題のすべてに具体的に答える（規範を示す）という過剰な責任が負わされてしまう。これはしんどいだろうな。

心おどる開発成功物語であるのはたしかだが、どんなにやっても終点は見えない。その一点で「プロジェクトX」とはちがう。

評・津野海太郎（編集者・和光大学教授）

しのはら・はじめ 76年生まれ。作家。著書に『アイリーン』など。

二〇〇三年五月四日⑥

『銀行はなぜ変われないのか　日本経済の隘路』

池尾和人 著
中央公論新社・一八〇〇円

非常識な議論を正す常識の貴重さ

　最近の日本の金融政策にかんする議論は、百家争鳴といえば聞こえがよいが、その実、いずれがより非常識かを競う異様な状況に陥っている。「危機なのだから何でもアリだ」「教科書に忠実に」といった脅し文句を振り回しつつ、机上の本とパソコン画面のデータだけを論拠に、破壊的な不良債権処理や人類がまだ試したことのない金融緩和策が提案されている。

　そうした中にあって池尾氏は、極めて常識的な論説を公表し続けた稀有（けう）な学者である。教科書の経済理解は「単純系」でしかなく、それを用いて本当は「複雑系」である現実を動かすには「慎み深さが必要」だとクギを刺す。また、不良債権処理やデフレ対策論のいずれも短期的な対症療法でしかなく、より本質的な経済システム転換が果たされない限り、効果はじきに消え去ってしまうと言う。面倒な論争が大きな視野で整理されて、頭がスッキリする。

　では何が抜本的な解決策かというと、家計の預金を企業への貸し出しへと移転する旧来の産業金融から、チャンネルを複線化させることだという。新チャンネルは、ハイリスク・ハイリターンの直接金融に投資信託や年金基金、デリバティブなどを扱う専門家が介入して、素人でも購入できるミドルリスク・ミドルリターンの商品を多数開発するような「市場型間接金融」である。

　新チャンネルが必要なのは、企業が金利の固定した銀行融資を元手としうるような確実な投資口が減ってしまったからだ。これからは不確実な世界を切り開くよう、投資のリスク負担を資金提供者に分散するしかない。

　長期的な見通しとしては、まったく賛成だ。ただ、池尾氏がこの提案の一方で、ペイオフ実施に積極的なのには疑問がある。リストラの定着もあり、戦後初めて日本人が預金保護や収入確保にかんして不安を抱く中で、リスク性資産を持とうとするはずがないからだ。システム転換には資産価値の保護が必要だ。

　いま、金融政策論争の中心に据えられるべき一冊である。

評・松原隆一郎（東京大学教授）

いけお・かずひと　53年生まれ。慶応大教授（金融論）。日本ファイナンス学会長。

二〇〇三年五月四日⑦

『もう抗生物質では治らない　猛威をふるう薬剤耐性菌』

マイケル・シュナイアソンほか 著
栗木さつき 訳
NHK出版・二〇〇〇円

　ありふれた細菌が薬剤耐性菌に変わり、免疫の低下した患者に広がったのが院内感染だ。それはいまや病院を抜け出して、一般市民をも襲っている。そのメカニズムと原因を徹底的に追ったルポだ。

　次々と抗生物質の新兵器を繰り出して掃討作戦を展開する研究陣。これに対し、まるで多細胞生物のように共同戦線を張って情報を交換、システムを再構築して防備を固める細菌側。それは多彩な策略による軍拡競争のようなものだという。

　しかも戦況は、新しい抗生物質の開発がいよいよ難航するなど人類側に不利で、いまの戦略では必ず「微生物が勝つ」と、研究者は断言。そして、最大の原因であり、畜産にまで使われている抗生物質の乱用誤用をやめよ、と主張する。

　奇想天外にも、細菌に感染し破壊するファージウイルスの活用を試みている最新研究まで紹介。面白く読ませながら、戦略の練り直しを提言する、重大な警世の書でもある。

評・宮田親平（科学ライター）

二〇〇三年五月四日❾

『フリーターという生き方』

小杉礼子 著
勁草書房・二〇〇〇円

「フリーター」という言葉は、組織に縛られない生き方をめざしてアルバイトを選ぶ若者、「フリー・アルバイター」の省略形として広まった。だが、詳細な調査の分析から浮かび上がるのは、明確な目標をめざした若者ばかりではない。

本書は、豊富な調査データをもとに、フリーターが増え続ける理由や、そこに潜む問題点、多様なフリーター像などを克明に描き出す。たとえば、01年にその数が206万人に達したこと、高卒フリーターは大卒に比べ正社員への移行が難しいこと、フリーター経験後に正社員になると、賃金は最初から正社員だった若者より低くなることなど。

なかでも、職業能力の獲得が妨げられるとの指摘は、フリーターの増加が、「生き方探し」という若者の意識の問題であるよりも、経済的格差拡大の問題であることを教えてくれる。

フリーターという生き方のリスクを、社会全体で考えよう。本書は、そのための必読文献である。

評・苅谷剛彦（東京大学教授）

二〇〇三年五月四日❿

『投機としての文学　活字・懸賞・メディア』

紅野謙介 著
新曜社・三八〇〇円

懸賞小説や投書雑誌の時代があった。たとえば「万朝報」という新聞は、一八九七年から三十年間にわたって、毎週、懸賞小説を募り、小島烏水（うすい）、永井荷風らが応募した。また、「文庫」「新声」「文章世界」などの投書専門雑誌が人気を集めた。各地の学校の校友会雑誌なども一種の投書雑誌であった。

懸賞小説への応募や投書は、文学が「投機と冒険の対象」になったことを示している。日本の近代文学は、活字文化が産業としてさかんになろうとしていた二十世紀初頭に、ややいかがわしい投機と冒険を通して新しく生まれたジャンルなのだ。だが……。

成立した文学は、こんどは「賞金がかけられたことや、投機の対象であったことを意識的に忘れていく」。その結果、文学は市民権を得たのだが、一方では次第に元気を失ってゆく。

本書は日本近代文学の研究書だが、右のような見方において、研究に投機性を持ち込んでいる。それが魅力だ。

評・坪内稔典（俳人）

二〇〇三年五月一一日❶

『キャッチャー・イン・ザ・ライ』

J・D・サリンジャー 著　村上春樹 訳
白水社・一六〇〇円

新訳が掘り起こす豊かで深い鉱脈

怪物的な書物の新訳である。一九六四年に出た野崎孝訳の『ライ麦畑でつかまえて』はすでに二百五十万部を突破した。原書、翻訳をあわせると、全世界では六千万部にのぼるという。いったいどこにそんな魅力があるのだろう?

物語は単純だ。主人公のホールデンは高校生。成績不振で、クリスマス休暇をもって退学を命じられている。その休暇前の、土曜の午後から月曜の昼までのできごとが、「僕」という一人称のくだけたおしゃべりで饒舌（じょうぜつ）に語られる。

「僕」は級友と大げんかをして学校を飛びだし、夜の列車でニューヨークへ行く。怪しい界隈（かいわい）のホテルに泊まり、エレベーター係に売春婦を押しつけられ、金を巻きあげられる。翌日曜は、感じのいい尼さんに出会ったり、女の子とデートして散々な目にあったり、バーで泥酔したりしたあげく、恩師（男性）の家で将来への立派な助言を受けるが、夜、目覚めると先生が自分の頭を愛撫（あいぶ）していて、あわてて逃げだす。

月曜は、大好きな妹のフィービーと動物園

に行く。「僕」は、時々すごく「やるせない気持ちになって」「このままずっと死んでしまいたいと思った」りすることもあるのだが、回転木馬に乗って回る妹を見ているうちに、「やみくもに幸福な気持ちになって」「大声をあげて泣き出し」そうになってしまう。そんな話だ。

三十年前に野崎訳で読んだとき、ホールデンは、下町のべらんめえ口調でまくしたてるやんちゃ坊主といった感じだったが、村上訳では、山の手言葉でああでもないこうでもないと愚痴る引っこみ思案の少年という印象である。

「奴（やっこ）さんは、いつものでんで、ひどくゆっくりと部屋の中を歩きだした。（中略）奴は、いつだって、ひとの物をつまみ上げちゃいちいち見やがるんだ。いやあ、イライラさせられるぜ、ときどき」（野崎訳）

「彼は部屋の中をうろうろと歩きまわり始めた。（中略）こいつはいつだってひとの持ちものを手に取って、それをじろじろと眺めるんだ。やれやれ、年中そういうことをされたらやっぱりときには気に障るよね」（村上訳）

野崎訳の必殺技「奴さん」対ハルキ節の殺し文句「やれやれ」！　いやあうまいもんです。

さて、新訳で読み直すと、主人公のアブナさが浮き彫りになる。これは鋭敏すぎる感受性をもつ人間が狂気の淵（ふち）に降りる直前までの記録なのだ。だから、主人公は病院らしき場所でこの話をしているのである。村上春樹の神経質な文体は、この小説の新たな読み方にうってつけだ。

さらに、ホールデンの弟の夭折（ようせつ）や、友人の飛び降り自殺の挿話にあるように、この小説が死についての省察であること、また、筋金いりの反軍・反戦思想の書であることなども見えてくる。少年のおしゃべりの単純な外見の下に、豊かで、深く、恐ろしい鉱脈が隠されている。

（原題、The Catcher in the Rye）

評・中条省平（学習院大学教授）

J. D. Salinger　19年生まれ。米国の作家。著書に『フラニーとゾーイー』など。

二〇〇三年五月一一日❷

『空疎な小皇帝』

斎藤貴男 著

岩波書店・一七〇〇円

都知事の「ふるまい」つぶさに検証

テレビ映えするスマートな体躯（たいく）、怒りをあらわにしたかと思えば、破顔一笑、人をひきつけずにはおかない表情を見せる。おおかたの予想どおり圧倒的な票を得て、石原慎太郎は知事二期目を迎えた。閉塞（へいそく）する社会状況のなか、個性きわだつ彼に光明を見出（みいだ）そうとする人々の気分がある。石原に人気があるのは、硬直した組織から距離を置き、信念をもったひとりの政治家として行動しているかのように見えるからであろう。

人々は組織や地域、さらには政党といった「共同体」にウンザリしている。都民の大半を占める無党派層とは、いわば「個人」であろうとする人たちの集まりといえるだろう。ゆえに石原は支持された。弱者や女性などの、かつてならそれなりに求心力をもった「共同体」も、都民の胸には響かなかった。

石原慎太郎は「大衆の嫌悪の対象をたたき壊すことを目的に政治家になった」という。しかし、その「嫌悪」とは大衆のものではなく彼自身の感情によるもののようだ。はたして彼はいかなる人物なのか。著者は、国会議員としての過去、そして都知事としての「ふるまい」をつぶさに検証してゆく。彼の独裁ぶり、かつての同志への裏切り。中国・北朝鮮に対するあからさまな嫌悪、さらに「防災」という名目のもとにもくろむ軍事化への道。差別的な発言のかずかず。あまり知られていない側近たちの実像は恐ろしいほどだ。なかでもぞっとするのは、都知事を慮（おもんぱか）って先走りする都庁幹部の姿だ。

タイトルにある「小皇帝」とは本来、中国の一人っ子家庭で皇帝のように育てられる子供を指す。周囲の過保護、期待過剰によって自分で物事を処理できず、協調性に欠けるなどと指摘されているが、著者は石原に相似しているという。

「支配欲むき出しの強権を行使することに恥じらいを感じず、他者の生に対して限りなく無頓着で開けっ広げな差別主義者が、大衆の最も愚かな部分を癒（いや）し刺激して、思考停止に陥らせていく」

いつの間にか小皇帝は巨大化している。彼を支えるのは「不安」という名の共同体なのかもしれない。

評・与那原恵（ノンフィクションライター）

さいとう・たかお 58年生まれ。フリージャーナリスト。著書に『機会不平等』など。

二〇〇三年五月一一日③

『あしなが運動と玉井義臣　歴史社会学的考察』

副田義也 著

岩波書店・三〇〇〇円

遺児に教育、支援を　一民間人の奮闘史

昨年8月、9・11のテロ遺児とアフガンの戦争遺児が神戸に集い、互いの自分史を交換しあった後、しだいにうち解けあった。そんな逸話が本書の「あとがき」に紹介されている。

世界各地のエイズ遺児、戦争遺児、テロ遺児、災害遺児などの集いを主催したのは、「あしながさん」寄付制度で知られる、あしなが育英会。本書は、その「あしなが運動」の誕生、成長、成熟、老衰（死?）、そして復活の歴史を、玉井義臣という「社会運動家」にスポットを当て明らかにした「歴史社会学」の書である。

玉井は、20代の終わりに交通事故で母親を失う。その死を彼は、高度成長期を背景に急速に進んだ、モータリゼーションが生み出した「社会問題」として受けとめる。個人の悲痛を社会運動へとつなぐ「グリーフ・ワーク（悲しみの仕事）」として、交通事故遺児の高校、大学進学を可能にする奨学事業、交通遺児育英会を69年に創設。損害保険の制度も不十分、交通遺児の数も、その経済状態もまったく知られていない。そういう時代に、法や制度の不備を社会に訴えつつ、寄付を募り、少しでも多くの遺児に教育の機会を与えようとした。官が手を差し伸べようとしない問題に、1人の民間人が立ち上がった奮闘の歴史だ。

それはまた、教育の記録でもある。育英会は、奨学金を出しただけではない。自分史を語り、勇気を与え合う場としての「つどい」。奨学生に学ぶことの社会的使命感を与えた学寮。会の運営を通じて成長していく若い賛同者。玉井のもとに集まる若者たちの成長の記録が、この運動の生き生きとした様を描き出す。まさに「教育運動」でもあったのだ。

それにしても、政と官のしっぺ返しにより玉井が会を追われた顛末（てんまつ）（詳細は本書で）と、その後の会の衰退ぶりに、この国のお寒い実情をかいま見ることができる。玉井の復活の場となる93年創設のあしなが育英会が、グローバルな活躍の場を得ているのとはまるで対照的だ。

日本にも、これだけのNGO前史があった。民の力に一縷（いちる）の希望を託したくなる、生きた運動の歴史がここにある。

評・苅谷剛彦（東京大学教授）

そえだ・よしや 34年生まれ。社会学者、筑波大名誉教授。著書に『教育勅語の社会史』など。

二〇〇三年五月一一日④

『自画像の美術史』

三浦篤 編

東京大学出版会・二八〇〇円

画家の「顔」が画題となった不思議

バグダッド陥落の日、フセイン大統領は姿をくらませたが、肖像の方は引き倒され、あるいは引き裂かれたりと、それが本人の身代わりであるという本来の使命を見事に果たした。

一般に、肖像は、本人、制作者、注文者の関係から生まれる。ところが、自画像の場合は、ひとりがしばしばその三役を兼ねる。いわば自作自演である自画像とは、いったい何のために描かれるのか。本書を読み進むにつれ、肖像の中でも自画像がかなり特殊なものであり、それゆえの魅力を持つものであることが明らかとなる。

西洋美術における自画像には四つのタイプがあるという。すなわち「列席型」「変装型」「研究型」「独立型」の四種類である。はじめのふたつは、絵の中の人物群に画家自身の姿を紛れ込ませるもので、絵と鑑賞者とをつなぐ役を演じることが多い。三番目は身体表現を練習するためのもので、その目的はわかりやすい。問題は四番目で、自画像といえば誰もが思い浮かべるような、画面いっぱいに画家の姿が、時に堂々と、時に憂いを込めて描かれるタイプである。いったい、誰がそれを必要としたのか。

ここから、話は俄(にわか)に面白くなる。十七世紀から、画家にそれを注文する客、いいかえれば、画家の肖像を所有したいと願う者が現れたというのだ。肖像が本人の身代わりであるという本質を考えれば、注文者の関心は絵よりもそれを描いた画家に向けられている。

画家の「顔」が売れ始めたのである。画家という職業人が、無名の職人から天賦の才の持ち主へと変わってきたからだ。

一方で、有能な芸術家であることを自覚した画家は、他人から頼まれずとも、より望ましい姿の自分を描くようになる。こうして自画像は、画家にとって、他人の注文で他人の姿を描く肖像画よりも、はるかに思い入れの強いものとなる。

本書では、西洋美術と日本美術における自画像のさまざまな在り方が、五人の美術史家によりリレー形式で語られる。東西の違いとともに、東西を超えた自画像の普遍的な姿も教えられて興味深い。

評・木下直之(東京大学助教授)

みうら・あつし 57年生まれ。東京大助教授。本書はほか4人が執筆している。

二〇〇三年五月一一日⑤

『新版　敦煌物語』

松岡譲 著

平凡社・一八〇〇円

硝煙なき「文化侵略の古戦場」

バーミヤン石仏群が爆破された残像もまだ生々しい中、イラクの戦況を耳にし、文明発祥の地として記憶する古代メソポタミアで続いた破壊に、多くの人が索漠たる思いを抱いたにちがいない。

はるか西域の敦煌。地名を聞くだけで何やら悠久の歴史へと誘われる気がするが、このシルクロードの要衝の地もかつて、著者の言葉を借りれば硝煙無き「文化侵略の古戦場」だったのである。

本書は、そのオアシス都市で偶然に発見された4世紀から11世紀にかけての数万点の「敦煌文書」をめぐり、20世紀初めに英・スタイン、仏・ペリオ、日本・大谷の三つの探検隊が繰り広げた略奪戦を、史実に基づきながらも、随所にフィクションをまじえて生き生きと再現する。著者自身はこれを「文化史的小説」と名付ける。

設定がなかなかに魅力的である。小さな書道博物館の老主人(画家の中村不折がモデル)が、ある夏の日の午後に訪れた青年に西域の古写経を見せながら語り明かす。砂漠をラクダの背に揺られて行く探検隊の険しい道のりはもとより、金銭の駆け引きにからむ心理描写など、主人の話の臨場感に満ちた筆致は、思わず引き込まれる味わいがある。

加えて品のよい講談調というのか、活弁調というのか、日本の話芸の味といったものも利いている。それがスタインやペリオ、そして世界的に貴重な古文書の発見者であり、かつ略奪者にそれを売り渡す道士・王円籙といった歴史上の人物を、その息づかいまで聞こえるような、生身の存在として読者に感じさせている。

著者松岡譲は夏目漱石の門下生で、女婿でもある。昭和12年に書いた初稿を大幅に加筆して同18年に刊行。のちに井上靖の西域への思いに火をつけるなど影響をもたらしたという。ところが松岡自身はこの物語を現地へ足を運ばずに書き上げている。本書の帯で作家の陳舜臣さんが「人間の想像力の極地に咲いた花盛り」と評するが、シルクロードを何度か歩いた評者も、その調査力と想像力に脱帽する。

評・加藤千洋（本社編集委員）

まつおか・ゆずる　1891〜1969年。作家。著書に『法城を護る人々』『釈尊の生涯』など。

二〇〇三年五月一一日⑥

『重力ピエロ』

伊坂幸太郎 著

新潮社・一五〇〇円

心地よい物語のダイナミズム

読み始めたらやめられなくなる。嬉（うれ）しくて、愉（たの）しくて、読み終えるのがもったいないのだ。

それは感動ではない。興奮でもない。小説を読むことがこれほど愉しかったのかという喜びだ。題材はけっして新しくない。ストーリーを要約したら、誰もこの本を手に取らないだろう。だから、ここでも粗筋の紹介は避けたい。小説は題材でもストーリーでもないことを、見事に証明した一冊といっていい。誤解をおそれずに書いてしまえば、構成でもないのだ。昨年度の話題作『ラッシュライフ』は構成の妙で読ませた長編だったが、今度はそれすらも超えている。題材でもストーリーでも構成でもないとしたら、この驚くほど新鮮な小説を生み出したものは、では何なのか。

それは、物語を動かすダイナミズムが心地よいのだ。とりあえずはそう言うしかない。

新潮ミステリー倶楽部賞を受賞した『オーデュボンの祈り』はカカシが殺されるという奇妙な話で、伊坂幸太郎は最初から変化球作家として登場したが、その珍奇な題材から、『ラッシュライフ』の絶妙な構成という経過を経て、強靭（きょうじん）なダイナミズムを手中にし、ついに真の傑作を書きあげたのである。

もっとわかりやすい例を出すならば、都筑道夫だ。『悪意銀行』や、『飢えた遺産』など、都筑道夫の初期長編の読後印象に近いものがここにある。奇妙な懐かしさを覚えるのはそのためだろう。随所に雑学がちりばめられ、それが物語を引っ張るという技法の類似にも、それは求められる。もちろん、伊坂幸太郎は都筑道夫そのものではないから、大きく分類すれば異なってはいる。「本当に深刻なことは陽気に伝えるべきなんだよ」とは登場人物の台詞（せりふ）だが、ここにこそ本書の立脚点はある。しかし、その巧緻（こうち）な小説作りという点ではきわめて近いものがある。

ミステリーでありながら、ミステリーを読んでいることを忘れてしまうのである。これは、兄弟の、父子の、そして青春の物語だ。現代に生きる私たちの物語だ。

評・北上次郎（文芸評論家）

いさか・こうたろう　71年生まれ。作家。著書に『オーデュボンの祈り』など。

二〇〇三年五月一一日⑦

『パリの胃袋〈ゾラ・セレクション〉2』

エミール・ゾラ 著　朝比奈弘治 訳
藤原書店・三六〇〇円

その昔、パリのタバコの代表格ゴーロワを一口吸って、強さに驚いた。まさに肉食文化のタバコ。

その「肉食のパリ」が生々しく描かれる。一九世紀中葉から百年間、パリのど真中に食材を賄ってきた「パリの胃袋」こと中央市場は、巨獣さながらの生命活動に忙しい。

ここでは五感のすべてが沸騰している。野菜棟ではサラダ菜やレタスが「緑のあらゆる音階を歌いあげ」、魚棟では金色のサバやら銀色のサケやら、海の宝石箱をぶちまけたような色彩の氾濫（はんらん）。と思うと、チーズの腐臭から血なまぐさい臓物の臭（にお）いまで、匂（にお）いの饗宴（きょうえん）もすさまじい。

この市場界隈（かいわい）で暮らす人々は獰猛（どうもう）な「太っちょ」ばかり。「痩（や）せっぽち」を貪（むさぼ）り食って肥え太ってゆく。彼らの敵意に翻弄（ほんろう）される主人公は、「太鼓腹のパリ」に食われる犠牲者なのだ。「体質」作家ゾラの筆さえる弱肉強食のドラマ。

評・山田登世子（仏文学者）

二〇〇三年五月一一日⑧

『ちょう、はたり』

志村ふくみ 著
筑摩書房・二二〇〇円

色を染め機を織る志村ふくみはまた言葉を紡ぐ名人である。『一色一生』以来その文章が私はひいきだ。

いちどだけ個展に行き、その立ち姿にしばし見とれたことがある。静けさの中にたぎる烈（はげ）しさを感じた。烈女の作った裂（きれ）を少しばかり購（あがな）い、ときに今そっと見る。「千年の時空を越えてここにある」色である。

美は美をつくろうと思っては出来ない。そう思わなければ出来る。染織家はしかしまた「物を創（つく）るとは汚すことだ」とも思い至る。まっ白な糸と布に手を下すことによってしか染色はかなわない。ひたすら美を創りたいと願ってつとめたことが、実は甚だ危うい事柄ではなかったのか。

さくらはさくらいろ、うめはうめいろ。植物の神秘の色を引き出しつつ志村ふくみは人間の傲慢（ごうまん）を恥じ、自然の理法ということを考える。つづられるのはその思いの数々である。色が色に共鳴するごとく言葉が言葉を呼んで広がり深まる相関現象が心地よい。

評・河谷史夫（本社論説委員）

二〇〇三年五月一一日⑨

『異界歴程』

前田速夫 著
晶文社・二八〇〇円

菊池山哉（さんさい）という民俗学者は、日本の正史が黙殺していた民俗の暗部をごく自然に語りついだ。その著書『別所と特殊部落の研究』に触発されて、著者はいわば「異界」へ踏み込んだのである。実情を知るため辺土まで歩き、やがてラフカディオ・ハーンが見聞した大黒舞や、青ケ島の新神、菅江真澄の実家の「白太夫」など、その背後に連綿としてつながる「白山信仰」に着目することになる。

この本を読むと、日本人はもともと単一民族ではなく、明治の四民平等思想も、一種の夢物語ではなかったかとおもえてくる。

集中の白眉（はくび）は第7話「影の一族」で、折口信夫や柳田国男に関心をもつ読者なら、必読の文章だといってもいいだろう。

著者は車谷長吉や平野啓一郎ら多くの作家を世に出した前「新潮」編集長。人柄そのままに野太い反骨精神が徹（とお）った、近来まれな好著である。前田独自の「白の民俗学」を、さらに推し進めてほしいものだ。

評・杉山正樹（文芸評論家）

二〇〇三年五月一一日⑩

『土地差別問題の研究』

奥田均 著

解放出版社・五〇〇〇円

本書は、道路一本を隔てて、現時点においてもなお、なぜ土地の評価に大きな差があるのかという問題から発し、詳細な実態把握と分析を通して「同和」問題に関する新たな分析枠と解決の視座を示したものである。

これは、戦後の「同和」政策のバイブルともいえる「同和対策審議会答申」の理論展開を超えるものであり、特に、本書では、分析の方法として、構築主義の展開など、新たな理論的枠組みが随所に示されている。

これらの枠組みを、奥田は、「パラダイム転換」として、従来の公式的見解を踏まえつつ、認識の転換の必要性を論じている。問題領域の見直し、物重視から社会的関係重視へ、フーコー的「網の目の権力」認識などである。これらは、「同和対策審議会答申」におけるドグマティークな論理展開や一元論的反映論などの限界を超えるものとなっている。

人権政策として、「同和」政策を考える上においても示唆に富む著書である。

評・菱山謙二（筑波大学教授）

二〇〇三年五月一八日①

『日本の自然崇拝、西洋のアニミズム　宗教と文明／非西洋的な宗教理解への誘い』

保坂幸博 著

新評論・三〇〇〇円

「君の宗教は?」欧米人はなぜ問う

「あなたはどんな宗教を信じていますか」

日本で普通に暮らしていれば、まず言挙げされることのない問いだ。

けれども外国人、とくに欧米人とつきあっていると不意に問われることがある。そんなとき、慌てて「私は無神論者でして……」などと答えようものなら、その後の交際に支障を来す。

あまつさえ「日本人の言行に一本芯が通っていないのは、先進諸国民のように確固たる信仰を持っていないからだ」などと奇妙なコンプレックスを抱えてしまうケースすらみられる。

だが何故に、彼等（ら）は人の信教について尋ねたがり、私達（たち）はその穿鑿（せんさく）に戸惑ってしまうのか。

主に欧米のクリスチャンが「君の宗教は何か」と問わずにはいられないのは、キリスト教が歴史的に孕（はら）んだ固有の問題性に深く根差しているというのが本書の解明である。

彼等はまず、自らの都合のよいように宗教と宗教ならざるものとを区画した。初期における最大のライバル、ギリシア思想を「哲学」として封じてしまったのだ。ギリシア思想の本来の宗教性を無視することで、キリスト教にとって脅威となる牙を抜き去ったのである。

そのやり口は、大航海時代以降、世界各地でキリスト教などの一神教ヘブライズムのかたちとはかけ離れた信仰形態を見出（みいだ）したときにも「適用」された。ヨーロッパ人は、それらを俗信や風習に過ぎず、キリスト教のような上等な宗教と同列には扱えないと裁断した。

そこで重宝されたのが、アニミズムやフェティシズムといった「理解」の枠組みだ。彼等はそれらを原始的な信仰形態と決めつけた。現在の宗教学はこの枠組みから脱却できていない。

山川草木に仏性の宿りをみる日本人の宗教観は当然にアニミズムとされる。「死後の永生を信じてもいないのに墓参りだけは行う」「仏教の教理はわからなくとも仏壇を拝む」行動はフェティシズムの一種である。欧米人の目にはそれは無宗教か、低級な信仰のようにみえるのだ。

日本人の宗教心性を一言で言い表せば確かに「自然宗教」といえる。しかしそれは外的な流動性、本居宣長に倣えば「なる」ことを軸とする感性と論理に基づいている。これを宗教でないとか、程度の低いものと捉（とら）えるのは不当だ。

翻って、キリスト教自身はいかにも宗教を定義できているようにみえるが、実は「宗教とは何か」に答え得ていない。この著者の創見は鋭い。どんなに言葉を尽くした定義を案出しても、宗教には本質的な規定不能性が残るのだ。

　そうである以上、他の宗教をあるがままに理解するためには「類比的、共感的」な姿勢を採るしかない。これが本書の結論だ。

　通説を覆す挑戦的な論考である。論点は錯綜（さくそう）し、理路も平坦（へいたん）ではない。それをかくも平易に説明できる思考の熟（こな）れ具合には舌を巻いた。

評・宮崎哲弥（評論家）

ほさか・たかひろ　東海大非常勤講師（宗教学）。著書に『ソクラテスは何故裁かれたか』など。

二〇〇三年五月一八日②

『黒人アスリートはなぜ強いのか？』

ジョン・エンタイン著　星野裕一訳
創元社・二四〇〇円

タブー超えて「生得的能力差」考察

　スポーツ界での黒人選手の活躍ぶりは目覚ましい。短距離走でも長距離走でも、バスケットボールでも。それを見れば、黒人選手のほうが生まれつき肉体的に優れていると誰しも思うだろう。でもそれを口に出すことは、欧米では大きなタブーとなっていた。

　本書はそのタブーに正面切って取り組んだ勇気ある力作だ。そもそも黒人のほうがスポーツ向きというのは事実か？　事実だ、と著者は述べる。いくつかの運動能力に優れた選手の出身をたどると、短距離は西アフリカ、長距離は東アフリカと北アフリカという具合に、きわめて狭い地域にその血筋をたどれるのだ。そして遺伝進化論的に見ても、この議論の妥当性が高いことが示される。

　では、なぜそれがタブーだったのか？

「黒人は肉体的に優れている分、知的に劣っている」という差別的な偏見を助長するという声が強かったからだ。スポーツ界で活躍する黒人選手は、黒人の社会進出の象徴であり、人種平等の証しでもあったのに。また人間は生まれたときは平等で、環境と努力ですべてが決まるのだ、というプロパガンダが支配的だったために、遺伝からくる能力差に言及すること自体が優生学的な差別として非難される時代が長い間続いていたことも大きい。

　本書はこのタブーに苦しめられた人々を描きつつ問う。現実に差があるのなら、それを思いこみで弾圧するのはかえって有害ではないか。むしろそれは人の多様性として肯定すべきではないか？

　著者の主張は強力で納得のいくものだ。だが本書を読んだ人はだれもが思うだろう。スポーツ能力に生得的な差があるなら、知的能力には？　また人種で差があるなら、性差は？　こうした分野ではタブーは健在だ。が、ヒトゲノムの解析が進んで遺伝についての理解が進むにつれて、そのタブーと科学との乖離（かいり）は大きな問題となる。生得的な能力差を認めた上で、社会的平等を実現するにはどうすればよいのか？　これまで人々が見ることすら避けてきたこの難問を、本書は否応（いやおう）なくぼくたちにつきつけてくれる。

評・山形浩生（評論家）

（原題、Taboo : why black athletes dominate sports and why we are afraid to talk about it）

Jon Entine　米国のジャーナリスト。元テレビディレクター。

二〇〇三年五月一八日③

『王を殺した豚　王が愛した象』

ミシェル・パストゥロー 著
松村恵理、松村剛 訳
筑摩書房・二四〇〇円

歴史の場面で主役になった動物たち

有名な動物を主人公に、西洋の歴史の重要な諸断面にスポットライトを当ててゆこうという斬新な、とても楽しい試みである。古いところでは創世記の「蛇」、ローマの「雌狼（おおかみ）」から、近年の「ミッキーマウス」や「クローン羊ドリー」まで、実在、空想とりまぜて、総勢四十名の豪華ラインアップである。

読者には、つぎつぎと登場するスターたちに見とれながら、ひいきの動物を探す楽しみもある。ちなみにわたしのお気に入りは、ロバとキリンである。三回登場するロバは、聖書中で主人の占師にも見えない天使を見てその言葉を聞き、牛とともに馬屋でキリスト降誕に立ち会ったし、さらにビュリダンという十四世紀の哲学者に自由意志を論じさせた。キリンのほうは、十九世紀前半、その美しい姿でパリ市民の熱狂を誘い、一時あらゆるものが「キリン風」に言われ、考えられ、表現されたという。

動物は歴史の諸分野を横断して、人間と多様な関係を結んできた。だから彼らは、人間の歴史のれっきとした構成員なのである。想像界も現実の一部だとするフランス心性史の共通認識を受け継ぎながら、一流の紋章学者として、紋章に象徴的に図像化された動物の倫理的・政治的含意を綿密に読み解いてきた著者なればこそ、かくも鮮やかな手さばきで、動物たちを操れるのだろう。

十数年前、パリ留学中、著者パストゥロー氏の授業にお邪魔したことがある。ずんぐりと熊を思わせる体躯（たいく）で、縦横無尽に鶏を論じる対照の妙がほほえましかった。あれからもずっと、動物たちへの愛情を込めた講義をつづけたその成果が本書なんだなあと思うと、感慨もひとしおである。

各時代固有の文脈の中で動物の意味を考察した、この味わい深い歴史エッセーは、肩肘（かたひじ）張らずとも最先端の歴史学の成果を学べる方法があることを、教えてくれる。ならば日本の歴史に名高い動物についても、誰かに論じてほしいものだ。スサノオ神話の八岐大蛇（やまたのおろち）から昔話の狸（タヌキ）・狐（キツネ）・鼠（ネズミ）たち、そしてハチ公やタマちゃんまで、役者は揃（そろ）っているはずだから。

（原題、Les Animaux Célèbres）

評・池上俊一（東京大学教授）

Michel Pastoureau　47年生まれ。仏高等実習研究院教授。

二〇〇三年五月一八日④

『テーブルはテーブル』

ペーター・ビクセル 著　山下剛 訳
未知谷・一六〇〇円

あたりまえのことなんて…あるのかな

地球が本当に丸いかどうか、自分の足で確かめてみたい。そう考えた男は、おかしなことだがまず地球儀を買い、自宅を起点に、ぐるりと一周、たどるべき線を引いた。ところがいざ外に出てみると、その線上には障害物が無限にある。迂回（うかい）せず直進するためには、おびただしい道具と人手が必要だ。それを緻密（ちみつ）に計算しているうちいつしか時を過ごし、気がつくと、彼は八〇歳になっていた。

なぜテーブルをテーブルと言わなければならないのだろう。そんな疑問にとらわれた老人は、テーブルをじゅうたんと呼び、ベッドを絵と命名し直して、世間のものとはちがう自分だけの言語体系をつくりあげた。しかし古い言語体系を、つまりごくふつうに使われている言葉を次第に忘れて、とうとう街で挨拶（あいさつ）もできなくなり、沈黙のなかに閉じこもるようになった。

ドイツ語圏スイスの作家ペーター・ビクセルが一九六九年に発表した短篇（たんぺん）集には、そんなふうに、人々があたりまえだと考えていることに異を唱える、偏屈で、どこかさみしげな男たちばかりを主人公にした七つの物語が収められている。原題は『子ども物語』。もっとも、それで読み手の年齢が限定されるわけではない。常識の嘘（うそ）とはかなさに子どもたちの目を向けようとするたぐいの話にはたいてい説教じみたところがあって、坐（すわ）りのいい結語が用意されているものだけれど、ビクセルの作品にはそういう粉飾がまったくないのだ。言葉がつぎの言葉へ淡々と受け継がれ、子ども大人に関係なく、読者は薄い空気のなかにぽんと投げ出される。思考を進めていくための、最低限のとっかかりだけが描かれ、案内板や道標は、きれいに排除されている。

にもかかわらず、語り手がこれら頼りなげなアウトサイダーたちを心から愛し、あたたかい目で見守っているさまがしっかり伝わってくるのは、硬い論文が書きたくなるような品のいい抽象性と、数字や理屈には回収されない人のぬくもりが共存しているからだ。ビクセルが本当にものを見ている書き手だという証拠が、そこにある。

（原題、Kindergeschichten）

評・堀江敏幸（作家）

Peter Bichsel　35年スイス生まれ。作家。本書でドイツ児童文学賞受賞。

二〇〇三年五月一八日⑤

『司馬遼太郎対話選集1〜5』

司馬遼太郎ほか 著
文芸春秋・各二〇〇〇円

「会話の達人」が織りなす知の深み

講演上手な評論家がいる。よくもまあ気の利いたせりふを思いつくな、と親しい友人が褒めた。ちょっとした秘訣（ひけつ）があってね、と評論家は打ち明けた。「困ったときの司馬遼頼み、なのさ」

『司馬遼太郎全講演』（全三巻、朝日新聞社）とエッセーの集大成『司馬遼太郎が考えたこと』（全十五巻、新潮社）が彼のタネ本だという。なるほど、どちらも面白くて奥行きのある文明論、比喩（ひゆ）、警句に満ちている。とくに、面白いというのが大事なところ。

ドナルド・キーンが書いたように、司馬は「会話の達人」でもあった。旧満州の戦車学校にいた士官候補生の頃から「しゃべくりまわる」ので有名だった。ただし当時は「面白かったけれど、うるさかった」（同期生の感想）そうだが。

相手に恵まれれば会話はさらに弾み、知の深みが増す。そうした対談、座談のうちから、考えるヒントに富む秀作を集めたのが本選集である。

完結した全五巻に、各界の第一人者ざっと六十人が登場する。「歴史を動かす力」「日本人とは何か」などと巻ごとに表題が付されているが、むろん好きに読めばいい。たとえば、直木賞に推す以前から司馬の資質に注目していた海音寺潮五郎とは、「勇気」が話題になった。

海音寺は言う。「戦場は人を殺すところだから、そこでの勇気は大方は興奮で。ほんとの勇気とは、迫害や死を恐れず、自分の信念を吐露し得る気力でしょう」。司馬が応じる。「日本では調和が大事で、勇気という一個人のハネあがりはむしろ迷惑だったかもしれない。勇気ある行動は歴史的にも少ないように思います。死を怖（おそ）れざる行動例は西洋よりもふんだんにありますが」

原理原則について、うわつかず、しっかりと読むことのできる充足感よ。

陰で支えた編集者の仕事もあまさず記す。この人たちなくして対談は成り立たなかったという観点からだ。キーンも、対談がきっかけで未知の司馬と終生の親交を結んだのだった。

関川夏央による行き届いた解説・解題も、本書を読む楽しみの一つ。

評・栗田亘（コラムニスト）

しば・りょうたろう　1923〜96年。作家。著書に『坂の上の雲』『街道をゆく』など。

二〇〇三年五月一八日❻

『社交する人間　ホモ・ソシアビリス』

山崎正和 著
中央公論新社・二二〇〇円

グローバル化時代を生きる「第三の道」

社交は、現代社会の中心的な部分を占めてはいない。社交は、せいぜい社会生活の潤滑油であり、有益な人間関係を作るための手段だとみなされている。多くの人は、社交とは面倒なものだと考えている。贈り物をもらえばお返しをしなければならず、夕食に招待されれば礼状を書かねばならない。こんな虚礼はいっそなくなればよいのに、と。

しかし、かつてはそうではなかった。仕事より社交を重視する時代があり、社交に命をかける人もあった。社交は人間生活にとって必要不可欠であり、社交こそ人間の本質だと、著者は主張する。

では、いったい社交とは何か。著者は様々な角度から考察を進める。社交とは、友情を結び、育てるための行動である。また社交とは、人間の欲望を楽天的に充足しつつ、しかしその充足の方法の中に仕掛けを設け、それによって満足を暴走から守ろうとする試みである。最高の社交家とは、「陽気で、親切で、情愛が深く……機嫌にむらがない」ように自己を訓練している人である。

また著者は、社交と他の活動との関係を探る。社交は遊戯と深い関係にあることは言うまでもない。社交と経済との関係も深い。贈与と返礼は、必需品の生産や分配と並ぶ基本的な経済活動ではないか。社交と政治とはどうか。政治には権力と権威との両面があるが、後者は社交と深い関係がある。

かつて社交は工業化と組織化の中で衰退した。現代のグローバル化は、そうした組織化の徹底であるが、その結果、国家や会社などの大きな組織をも破壊しつつある。人は、地球社会に孤立して立ち尽くすのか、あるいは古い組織にしがみつくのか。第三の道として残っているのは社交しかないと、著者は言う。

これまでの軽やかで流麗な山崎節になじんだ読者は、少し読み難いと感じるかもしれない。それは本書が、著者が長年のテーマについて、古典を読み返し、思索を重ねた集大成だからだろう。時代を展望するためにも、身の回りを見つめ直すためにも、豊かな示唆に富む、知的刺激に満ちた本だ。

評・北岡伸一（東京大学教授）

やまざき・まさかず　34年生まれ。大阪大教授を経て東亜大学長。評論家、劇作家。

二〇〇三年五月一八日❼

『トーキョー・リアルライフ　42人の消費生活』

WEBアクロス編集室、パルコ 編
実業之日本社・一五〇〇円

ウェブマガジン「WEBアクロス」に連載中の読者参加型コラム「消費生活」の01〜02年分を1冊にまとめたもの。おもに東京とその周辺に住む10〜30代の男女42人が、ひと月の消費を克明に記録し、その暮らしぶりを日記風に綴（つづ）っている。

消費の記録とはまさにライフスタイルを計数的に表現したもの。マーケティングのデータとしても十分役立ちそうだが、読み終えてみれば、42人分のリアルな人生を垣間見たかのような印象が残される。

夏がくるたび、海外のアートイベントに参加するために仕事を辞めてしまう男性季節労働者(26)、家賃を上回る遊興費が日常化した女性コピーライター(24)、仕事が、趣味の天体撮影の障害になっていると嘆く男性建築設計士（32）……。

オヤジ世代にはただの根無し草にしか見えないが、そこには生きることを楽しむ余裕さえ感じられて心地よいほど。「最近の若者は……」と愚痴をこぼす前に、ぜひ読んでおきたい。

評・篠原章（大東文化大学教授）

二〇〇三年五月一八日⑧

『女たちの幕末京都』

辻ミチ子 著
中公新書・七六〇円

歴史の変動期を生きる女性は強い。

著者はこれまで維新史でおなじみの「勤王女性」や「悲劇の女性」という決まり文句をしりぞけて、幕末の京都をごく自然体で生きた「ありのままの女性像」をのびのびと語る。

近衛家の老女村岡、政略で薩摩藩から将軍に嫁いだ天璋院（てんしょういん）、皇女和宮、詩人梁川紅蘭（やながわこうらん）、井伊直弼のスパイ村山可寿江（かずえ）、歌人大田垣蓮月（れんげつ）と松尾多勢子（たせこ）、坂本龍馬の妻お龍。この一冊に登場するさまざまな女性たちが、勤王・佐幕の別を越えて活躍する姿は驚くばかり多様で、生彩に富む。

彼女たちの役割は、間違っても歴史の「内助の功」などではない。男のすることがみな子供っぽく見えるような視線を注ぎかけながら、男をおだて、励まし、そそのかし、かばい、ちゃっかり自分たちで歴史の急所を固めている。

幕末は女で動いている。しかもそっくり明治維新の波をくぐって生き延びているところがすごい。

評・野口武彦（文芸評論家）

二〇〇三年五月一八日⑨

『武士の家計簿　「加賀藩御算用者」の幕末維新』

磯田道史 著
新潮新書・六八〇円

創刊された新潮新書十冊のなかのイチ押し。

話は、加賀藩の猪山（いのやま）家という一武士の家計記録（天保十三～明治十二年）を著者が古書店で偶然見つけるところから始まる。実はその家は「御算用者」、いまでいえば会計処理の家筋だった。それゆえ私的な家計簿であっても、収入・支出などの関係が丹念に、具体的に記載されていた。

猪山家では衣料費などに比べ、先祖・神仏を祀（まつ）る費用、親戚（しんせき）・同僚との交際といった費用の比率が高い。しかも圧縮できず、困窮化の大きな要因を占めていた。明治維新の際、武士があまり抵抗しなかったのは、この「身分費用」の重圧に苦しんでいたからではないかと、著者は推論する。

借金の金利の高さ、主人の小遣いの少なさ、葬儀・結婚・病気の実態、離婚が多かったせいか妻の財産は家と別会計になっていたなど、現代にも繋（つな）がる興味ある事実がたくさん紹介され、武士の暮らしぶりが鮮やかに解き明かされている。

評・小高賢（歌人）

二〇〇三年五月二五日①

『サン・メルシ　つれなき美女』

領家高子 著
講談社・一八〇〇円

『杉村春子　女優として、女として』

中丸美繪 著
文芸春秋・二五〇〇円

男を魅惑した女の一生 鮮やかに

女が二人いる。一人は実在の女優、一人は小説のヒロイン。二人とも三人の男に先立たれている。女青髭（あおひげ）というわけではないが、知らないうちに彼らの精気を吸いとってしまうらしい。

領家高子が小説のタイトルに使った「つれなき美女」は、キーツの詩にある。妖艶（ようえん）な美女に誘惑された騎士が、洞窟（どうくつ）の中で夢を見る。青ざめた屍（しかばね）があらわれ、「つれなき美女が汝（なんじ）を虜（とりこ）にした」と叫ぶ。目がさめると、あたりには荒涼とした景色がひろがっていた。キーツの「つれなき美女」は、本当に悪女ではない、という説もある。美女は騎士を生きて帰したからだ。

『サン・メルシ　つれなき美女』は、ヒロインの甥（おい）の視点から語られる。二十二歳年上の叔母は丈なす黒髪、底無し沼の眼（め）を持つ美女だ。叔父1（ワン）は、准看護婦時代に出会った金満家の老人。二年後、莫大（ばくだい）な遺産を残して七十一歳で逝った。叔父2（ツー）は、一転してその筋の組の幹部。四十代の男ざかりなのに目に見えてやせ細り、肝臓病で死んでしまった。叔父3（スリー）は叔母より十歳も年下だったが、五年に満たない結婚生活で他界。莫大な生命保険がかけられていたため、叔母が殺したのではないかと疑われた。

いなせな語り口が心地よい。最後のどんでん返しは目もくらむほどで、作者がどうして「つれなき美女」と題したか、わかるだろう。

中丸美繪が評伝を書いた杉村春子は、六年前、九十一歳で逝去した。最初の夫は医師で、杉村の名が出はじめたころから結核に侵され、闘病生活の末に亡くなっている。二度目の夫も医者で、学生時代は精悍（せいかん）な男だったが結婚後は痩（や）せて青白くなり、やはり結核で亡くなった。杉村も検査を受けたが、病原菌は発見されなかったという。死に目に会えないかもしれないと知りながら旅公演に出かけて行く妻を、男は恨んだ。『女の一生』の作者森本薫は愛人だったが、三十四歳の若さで結核で死去。戦争のさなか、杉村と文学座の荷物を疎開させたのが体にさわったのではないかと言われている。

犠牲者は三人ばかりではない。誰かと共演するとき、杉村は「その人をまるごと欲しい」と考えていたように見える、と北村和夫は回想している。それでいて、彼が演じてきた『欲望という名の電車』のスタンレー役を平気で江守徹にふってしまう。一般的な意味での美人ではなかったが、舞台で美しく見せる術（すべ）にとことんこだわった。六十歳をすぎても生理があったと伝えられ、毒々しく生々しい女でありつづけた。領家の小説の叔母は市井の人で、その悪には目的というものがなかったが、杉村は舞台に賭けるあまり、結果として悪女になったのだ。

丹念な取材で女優の実像をえぐり出しながら、芝居へのすさまじい執念、業としかいいようのないものを深く印象づける。

評・青柳いづみこ（ピアニスト・文筆家）

りょうけ・たかこ　56年生まれ。作家。著書に『向島』など。

なかまる・よしえ　55年生まれ。ノンフィクション作家。

二〇〇三年五月二五日②

『日用品の二〇世紀　二〇世紀における諸民族文化の伝統と変容8』

近藤雅樹 編

ドメス出版・六〇〇〇円

「便利」は「快適」か　現代の暮らし問う

国立民族学博物館で開かれたシンポジウムの報告書である。シンポジウムという催しは、議論が佳境に入ったかという時に、たいてい幕が下りる。

そうした限界を本書も免れているわけではないが、「日用品」というテーマが抜群に面白く、読後、日常風景は一変する。家の中にあふれ返るさまざまな道具や電化製品を眺め、なぜそんな姿をしているのかと考えるだけで一日が過ぎる。

ここでの「日用品」とは、伝統的な道具や器物ばかりでなく、二十世紀になって仲間入りをしたいわゆる家電製品などの工業製品をも指す。

工業製品は大量に生産され、地域や国境を軽々と超える。さらに、軽金属や樹脂といった新素材の登場が、従来の道具のデザインと色彩を大きく変えた。

これら便利な「日用品」に囲まれ、いわば「快適」という幻想に向かって暮らすことを余儀なくされている現代人の生活を振り返ることが本書の主題である。

たとえば電気洗濯機。人間の生活にとって洗濯は不可欠だから、洗濯機は万国共通かと思いがちだが、とんでもない。日本では渦巻き式だが、ヨーロッパは回転式と違う。日本人は水で洗濯すると聞いて、韓国人パネリストがびっくりする。韓国でもヨーロッパでも湯を使う。「高温が清潔を守る」という規範が今なお根強いからだ。日本人は、熱よりも流水に期待する。なるほど「水に流す」というはずだ。そこには、清潔観や衛生観といった民族文化が反映している。

また、常識に反して、家電製品は生活を便利にしない。洗濯機の性能向上は洗濯量を増加させた。洗濯物を干し、たたみ、収納するというトータルな生活、「洗濯しやすい家」が考慮されていない。冷蔵庫然（しか）り、自動炊飯器然り。家電製品の正体に要注意という指摘は納得がゆく。

ほかに、アルミ鍋、絨毯（じゅうたん）、人絹、生理用品、テレビなどが俎上（そじょう）に上る。最後に、日用品のすべてが組み込まれたカプセル空間での暮らしという究極の状況が示され、便利な「日用品」との関係を、今のうちに問い直しておいた方がよさそうだという気にさせられる。

評・木下直之（東京大学助教授）

こんどう・まさき　51年生まれ。国立民族学博物館教授。シンポジウムの報告と討論を収録。

二〇〇三年五月二五日③

『国際政治とは何か　地球社会における人間と秩序』

中西寛 著

中公新書・八六〇円

世界認識の混とんの中で考える

国際政治の風向きは、「9・11」テロに象徴されるように一瞬にして大きく変わる。しかも国際政治は、その主体も、背景にある歴史も文化も多種多様であり、学問として首根っこを捕まえるのが難しい領域かと拝察する。そんな中にあって著者が着目するのは、科学技術の進歩が人間の意識に与える変化だ。

情報通信技術、精密誘導兵器、宇宙からの地球観測……科学技術の進歩は国境の意味を薄め、多くの人が国境を超えた同時代意識、地球空間の共有意識を持つようになった。「ベルリンの壁が人や物の移動をせきとめることはできても、宇宙を通じて情報が送られる時代には意味をもたないことを東側の指導者が悟った時、冷戦は終わった」のである。

だとすれば、科学技術は国際社会をどこに導くのだろうか。主権国家による頚木（くびき）を解いて、世界政府のような統治システムに移行すべきと考える世界市民主義が急速に膨らむのだろうか。著者の見立ては極めて慎重である。現状では、主権国家体制と、主権国家や国際機関などが協力して秩序を形成する国際共同体、理念としての世界市民主義という規範が三つ巴（どもえ）で併存し競合しながら、国際政治を織り成していると診断する。

こうした規範同士の葛藤（かっとう）の根底には主権国家の存在、機能の相対化がある。だが、それでも、主権国家を軸にして協力範囲の拡大をはかる「伝統的な国際政治」は、矛盾や限界を抱えながらも、「安易に否定しえない意義」を持つというのが本書の要諦（ようてい）だ。

やや意外性のない到達点ではある。異論もあることだろう。しかしながら、そこに至る過程において、政治学の古典を繙（ひもと）き、近年の国際政治の動向にも目配りしながら、読む者の想像力を快く刺激してくれる。

「あとがき」をめくると、出版の話があってから十年以上の歳月がかかったとある。激動する世界にあって、国際政治学や国際関係論の理論や概念の整理ではなく、国際政治を総体として捉（とら）えたかった——著者のそんな意欲が紙背からみなぎる、力の籠（こ）もった啓蒙（けいもう）書だ。

評・吉田文彦（本社論説委員）

なかにし・ひろし　62年生まれ。京都大教授。主な論文に「吉田・ダレス会談再考」など。

二〇〇三年五月二五日④

『バカの壁』

養老孟司 著

新潮新書・六八〇円

だから、戦争やテロが起きるのだ

題名の勝利である。著者は「話せばわかる」なんて大嘘（おおうそ）だという。現にみんな「バカの壁」を築いて、知りたくないことに耳を貸そうとしないではないか。その結果、戦争やテロや紛争がやまない。

著者は脳の専門家だが、その原因は脳だという。本書はいわば反脳論である。

生物はつねに変化する。しかし人間の脳だけは「私は私」と、自分を不変の情報システムだと思いこんだ。だから「個性の重視」が教育のテーマになる。だが、人間の意識は個性ではなく、共通了解を求めて進歩した。脳が支配する社会はその矛盾を見ない。これが「バカの壁」だ。

自分は正しくて、相手は正しくない。そんな主張が出るのは、現実があやふやで、人間は何か確かなものを求めるからだ。そして、人間には分からない現実をすべて把握している者がいる、というフィクションを考えだした。「神」である。唯一絶対の存在があるから「正解」もある。こうしてどんな場合でも「正解」を徹底的に追求する。それが一神教だ。キリスト教、ユダヤ教、イスラム教。みんな、そんなフィクションを信じている。

経済、つまり金も同様のフィクションである。金は脳とそっくりだ。脳はすべての感覚的刺激を単一の電気信号に変換する。金も同じ。見るもの、聴くもの、食べるもの、すべてを「〜円」という単一の信号に変換する。従って、金のフローとは、脳内で「円」という神経細胞の刺激が流れている状態にすぎない。それなのに、お金は動いていますよといわれて、騙（だま）されているうちにエネルギーはどんどん消費され、地球環境は破壊される。

即効薬はない。だが、重大なのは、人生の意味が自分の脳のなかにではなく、「外部」にあるということだ。つまり、人生は自分だけで完結するものではなく、つねに周囲の人との関係から生まれる。だから、自分を育ててくれた社会に恩義を返すという無償の行為が必要になる。

目からウロコ、の連続である。この小さな面白い本が提起する問題はかぎりなく大きく、人類の未来を左右する。

世界で最も独創的で説得的な、わずか六行のカフカ論も読めるオマケつきだ。

評・中条省平（学習院大学教授）

ようろう・たけし 37年生まれ。北里大教授（解剖学）。著書に『唯脳論』など。

二〇〇三年五月二五日⑤

『きまぐれな読書　現代イギリス文学の魅力』

富士川義之 著

みすず書房・二四〇〇円

書評の書評の書評をすれば…

「タイムズ文芸付録」という国際的書評紙がある。たかが書評紙である。だが二〇年代の同紙にT・S・エリオットが匿名で書いた「形而上（けいじじょう）派詩人たち」という書評はその後の英国の詩を決定的に変えた。文芸雑誌が文芸批評の舞台のわが国とちがって、英米では文芸出版物にとって書評が一切であるらしい。

本書も書評集である。漱石のロンドンでの自転車修業、エズラ・パウンドの北園克衛や西脇順三郎との関係、それにビニヨンという聞きなれない東洋美術通の学者詩人が「緩やかさが美である」と語ったというエピソードなど、英文学夜話風の話題を広い読書範囲からひろってまとめたエッセイ集だが、それでいて書評集なのだ。好みの近刊小説、伝記、旅行記の書評的紹介があり、なかには書評集の書評というのも。だからこれを書評すると「書評の書評の書評」になりかねない。芸のない評者には荷が重い。

八〇年代に英国で「ヤング・フォーギー」なる若者たちが現れた。なんでも古くさいものに血道を上げる。これが古い旅行記の復刊ブームと関係があった。今はその気ならどんな外国にもパック・ツアーで行ける。だから行かない。かわりにヴィクトリア朝の家具調度や骨董（こっとう）に凝る。つまり「過去は外国である」という命題が大衆化し、伝記にせよ旅行記にせよ、過去の追体験がピカピカに新しいポスト・モダン商品になった。一方で、十五歳で学校教育を打ち切って大学に行かずに作家になったプリチェットのような古風な文人気質の書評家が、人生経験よりは「理論」で武装した大学出のポスト・モダンの新進に追いつめられ、あまつさえアメリカでは大学研究室の文学理論がビジネス化している現状がある。

　ここ二十年間のエッセイをまとめたという本書の初出文の〝現在〟ではまだ兆候だったものが二十年後の今では現実だ。著者はそれにやんわりといやいやをする。「緩やかさの美」を追って負け組になってしまったアナログ世代には、そこがなんとも心強い。それこそゆったりと美を満喫するのが読書。何も勝たなくてもいいではないか。

評・種村季弘（評論家）

ふじかわ・よしゆき　38年生まれ。駒沢大教授。著書に『ナボコフ万華鏡』など。

二〇〇三年五月二五日⑥

『世界システム論で読む日本』

山下範久 著

講談社選書メチエ・一六〇〇円

グローバリズムは戦国時代から

　近年の日本は、グローバリズムの嵐に巻き込まれ立ちすくんでいるかに見える。「グローバル・スタンダード」としての自己資本比率規制（BIS規制）を受け入れたために、大銀行は自己資本不足で国有化の悪夢にうなされ、企業も貸し渋りに喘（あえ）いでいる。対イラク武力行使に際しても、日本は国際政治の舞台で蚊帳の外に置かれた観があった。

　欧米発のグローバリズムへの対処を明治開国以来先延ばしにしてきたツケが回ってきた、という理解が一般になされている。そうした歴史観に対し著者は、師・ウォーラーステインの世界システム論を大胆に読み替えつつ、日本は戦国時代から明治維新までにすでにグローバリズムを経験してきたし、明治時代には国際社会においてどのような位置取りをするのかについて主体的に決断した、と主張している。現在は第2のグローバリゼーション期であり、次の一手を打つには過去の体験を参照すべきだという。

　著者によれば、第1のグローバリズムは、16世紀にユーラシア大陸を覆った五つの「近世帝国」群が演出した。絶対主義王政諸国のまとまりであったヨーロッパを含め、ロシア、オスマン、インド、中華のそれぞれが並立する「帝国」として個別の「世界」意識を持ち、排他的に地域をまとめ上げ、日本はベトナム、朝鮮などの「王朝」とともに中華帝国を構成していた、というのである。

　「鎖国」について日本一国の政治現象ではなく東アジア地域の力学からとらえるべきだといった学説はすでに学界の定説だから、著者はそうした学説を整合的に読み込んで、教科書的な世界史の思いこみをただそうとしているのだといえる。気宇壮大な見取り図で、詳細の詰めが今後の仕事になるはずだ。

　「近世帝国」は現実の地理的足場でなく「世界」についての想像力の共有により統一されていたとか、第1のグローバリズムが解体した後にそうした想像力の真空が訪れたといったアイデアも斬新だ。著者なりに第2のグローバリズムの帰趨（きすう）を予告しているが、個々の読者も様々な思いを触発されるに違いない。

評・松原隆一郎（東京大学教授）

やました・のりひさ　71年生まれ。北海道大助教授（歴史文化論）。

二〇〇三年五月二五日⑦

『廃墟の美学』

谷川渥 著
集英社新書・六六〇円

西欧建築の魅力のひとつは、硬い石材や煉瓦（れんが）を積み上げて秩序正しい形態を作り、重力をものともせずに大地からそそり立つ不動の雄姿にあろう。だが、いくら堅固な建物でも戦禍を蒙（こうむ）って崩落し、あるいは遥（はる）かな時間の経過とともに摩滅する。

それは何とも情けない敗残の姿でありながら、なぜか森閑とした安堵（あんど）感を観察者の胸に鼓吹する。未来都市を廃墟（はいきょ）としてしか表象しえない二十一世紀を迎えたわたしたちの崩壊感覚にマッチして、共感の輪を広げているように思われる。

時宜を得て登場した本書は、ローマの廃墟を憑（つ）かれたように描いて廃墟の美学を決定づけた十八世紀のピラネージを中心に、没落のヴィジョンの形象化が始まった十六世紀から廃墟が断片化してコレクションになる十九世紀、さらには9・11まで、表象としての廃墟の変遷を跡づけている。小さい本ながら、集大成という著者の自負を裏切らない充実の書である。

評・池上俊一（東京大学教授）

二〇〇三年五月二五日⑧

『急な青空』

南木佳士 著
文芸春秋・一四二九円

医師と作家の二足のワラジをはいた南木佳士（なぎけいし）さんは一日の睡眠三時間という生活の末、四十代後半に心身の不調をきたす。うつ状態が続き、患者から「先生お大事にね」といたわられる始末。以来、過酷な病棟勤務から外来診療に転換、ペンの仕事も日曜日だけに制限してきた。

嵐のように生きた歳月は去り、いまは住まいする信州佐久に吹くおだやかな風の味わいで生きる。

このエッセーは五十代に入ったいまの目にうつる正直な自画像ファイル。三歳で母と死別、風がこわいと泣いた手に筆りんどうの青い花をにぎらせてくれた祖母との甘く切ない日。不可能のはずの千曲川でのアユのドブ釣りに挑んで成功した得意満面の青年医師のころ。うつ以後、突然保育園児になって遊戯とひる寝三昧（ざんまい）にあけくれたくなったり、登れるはずもない山にかじりついて登って急な青空にめぐまれたり――。急な青空というタイトルを生かし切った装幀（そうてい）がいい。

評・増田れい子（エッセイスト）

二〇〇三年五月二五日⑨

『諏訪正人の「余録」』

諏訪正人 著
毎日新聞社・二四〇〇円

「そのとき義経少しも騒がず」。諏訪正人執筆の毎日新聞朝刊コラム「余録」を読んでいて、そんな感想を何度も抱いたものだ。

まがまがしい事件が起こる。企業や官庁が不始末をやらかす。政治家が醜態をさらけ出す。

けれども、諏訪余録は決して熱くならない。駆け出さない。むしろ、笑みさえ浮かべている。浮かべながら、悠然とエスプリに満ちた批評を加えるのである。

二十世紀の日本のキーワードは「成り金と成功」だったかもしれぬ、と書き、「経済大国」と言い換えてみても、成り金特有の臭気は抜けない、と結ぶ。一見穏やかだが、言葉は成分に劇薬を含む。毒がじわじわと効いてくる仕掛け。

諏訪は、当代一流のフランス文学者でもある。行間ににじむ教養を楽しんだ読者も多かっただろう。

昨年六月に筆を擱（お）くまでの二十三年間のコラムから五百編を選んだのが本書。落ち着いて読む文章には、新聞とは別の魅力がある。

評・栗田亘（コラムニスト）

二〇〇三年五月二五日⑩

『三谷幸喜のありふれた生活2　怒涛の厄年』

三谷幸喜 著
朝日新聞社・一二〇〇円

演劇、テレビ、映画と多ジャンルで活躍する脚本家・三谷幸喜が本紙に連載しているエッセーの単行本化第二弾である。

演出家でもある著者の現場日誌であり、女優の妻との日常をつづる家族日誌であり、演劇界・放送界の内幕ものでもあるが、これが実に面白い。軽妙で読みやすく、随所に笑いがあって、時にしんみりさせる。

特にスリリングなのは、著者が作・演出した公演で主役の一人が初日直前に降板し、急いで代役を立てて何とか幕をあけるまでを描いた数章。登場人物が危機から脱出しようとジタバタする、作者得意の喜劇さながらの光景が展開する。

印象的なのは、いつも著者自身をこっけい化する姿勢と、人物描写がしっかりしていること。だからどのエピソードも自慢話にならず、周りの人々が魅力的に引き立って見える。その趣向も含めて感じるのは、喜劇作家としての著者のしたたかな才能とかなり複雑な性格だ。

評・扇田昭彦（演劇評論家）

二〇〇三年六月一日①

『伊東忠太を知っていますか』

鈴木博之 編著
王国社・二二〇〇円

建築史の祖はやんちゃな「異質」

ワタリウム美術館（東京都渋谷区）で開催中の「建築家・伊東忠太の世界展」を見に行った。彼の足跡や仕事の全貌（ぜんぼう）がよくわかる、とても楽しい展覧会だった。本書はこの展覧会を記念して出版されたもので、伊東忠太の多面的な魅力を建築家や研究者たちが論じている。

伊東忠太。私などはつい忠太！と呼びかけてしまいたい衝動にかられるのであるが、「近代日本建築界における万能の天才」としてよく知られる人物。インド・サラセン風のモチーフを混合した築地本願寺や湯島聖堂など、大胆な様式折衷と奇怪な動物などの凝った細部デザインを特徴とする設計をしたのが、この人なのである。伝統的な建物のようでいて、いつの時代にも新しい雰囲気をたたえている。じっと見ていると、おかしみやかなしみが感じられるのだ。

これらの建物を見るたびに、どんな人物が造ったのか不思議に思っていた。彼の設計作品をめぐるキーワードは「妖怪」「アジア」ということになる。伊東自身、幼い頃から妖怪をよく見たと語っていて、妖怪のスケッチやら「妖怪論」も著しているが、本書では倉方俊輔が、伊東の建築思想、「妖怪としての建築」を論じている。妖怪のように見たことがあるようなないような、摩訶（まか）不思議ゆえに人をひきつける伊東の建築の意味がよくわかる。

また伊東は建築史の嚆矢（こうし）でもあり、とくに法隆寺を「遠く西域からギリシアに連なる系譜のなかに位置づけた」。それを立証するために、明治後半に中国、インド、トルコ、シリアなどを踏破する大旅行をしている。彼の関心は日本の建築が世界の諸地域と連続性を持つことにあり、じっさい目にした各地の建築様式がさまざまな伝統と混じり合い「複雑怪奇、縦横無尽な乱舞を演じている」と大喜びした。この旅を終えて、伊東の建築は「和」と「洋」をむすんだ独特のデザインが鮮明になったという。

伊東は各地への旅で撮影した乾板写真、膨大なスケッチを残した。建築物、風俗資料として貴重なのだろうが、画家を志望していたこともあった伊東の絵のタッチは、お茶目（ちゃめ）というのがぴったり。また世相を風刺した戯画も多数残していて、そのギャグセンスには大笑いした。伊東は記録魔で、来客の土産ものリスト、自らの便通の回数まで記録している。

伊東忠太は日本建築界にとって偉大な人物だということは理解するのだが、そのいっぽうにマジメなんだかふざけているのかよくわからないところがある。ちなみに伊東は南方熊楠や夏目漱石と同じ慶応三（一八六七）年生まれ。個人史は明治の始まりと重なる。「日本」を外から眺めた「どこか自由だった世代」は、やんちゃな「異質」でいられたということなのかもしれない。（東京の展覧会は八月末まで。その後、大阪、米沢を巡回）

評・与那原恵（ノンフィクションライター）

すずき・ひろゆき　45年生まれ。東京大教授（建築学）。著書に『現代の建築保存論』など。

二〇〇三年六月一日②

『エッセイとは何か』

ピエール・グロード、ジャン＝フランソワ・ルエット 著　下澤和義 訳
法政大学出版局・三三〇〇円

複雑な現実とらえる「思考の試み」

エッセイといえば、書店ではいつも「文学」の欄外に置かれ、小説や詩、評論以外の、作家による「軽い」書き物のごった煮といった扱いを受けている。そう、「随想」なのである。他方、ジョン・ロックの『人間知性論』やヒュームの『人間知性に関する哲学的探究』といった近世哲学の大著、その「論」や「探究」も「エッセイ」で、どうしてこんなに緻密（ちみつ）な推論の書がエッセイなのか、つねづね不思議に思ってきた。が、「エッセイ」という観念の歴史をひもといて、その謎を教えてくれる本は意外にない。そしてようやっとわたしたちのもとに届けられたのがこの本だ。

エッセイは、なんとも多義的で、定義しようのないジャンルだというため息がまず漏れる。が、そこからは学者らしい検証が開始される。エッセイの原点であるモンテーニュの『エセー』にさかのぼって、「秤（はかり）」や「腕試し」といった原意から「思考を試しにかける」という精神を取りだす。そしてそれが英国でなぜ大きな展開をみせ、その後西欧社会にエッセイストという「個」群を作ったのかを探る。大衆読者層の登場にみられるような「専門性と公共性とを分離するような空間」の出現が、公理的な知と臆見（おっけん）（ドクサ）のすきまで思考する精神を必要としたというのだ。

揺れや逸脱やひっくり返し、思いつきや道草、そして不意の立ち止まり……。エッセイはそんな飄々（ひょうひょう）としたスタイルをとる。が、それは、現実を複雑なままに捉（とら）えること、つまりは「学校」的ともいえるきれいな論理、安易な断定や単純化に抵抗するからだ。

エッセイは、なによりも体系への欲望、全体性の誘惑に抵抗する。だから、複数の論理のせめぎあい、断片的な思考、執拗（しつよう）な吟味や懐疑、狩猟を思わす実験を、そして最後に、知ることの官能を愛（め）でる。「機敏で、日常的で、公的で、つねに現場にいて……」（サント＝ブーヴ）という精神、それはほとんど〈知〉のエチカ（倫理）とも言うべきものだ。

クールな分析を貫いているのに、とても熱い本だった。

（原題、L'Essai）

評・鷲田清一（大阪大学教授）

P. Glaudes　57年生まれ。
J-F. Louette　61年生まれ。共に仏大学教員。

二〇〇三年六月一日③

『欠陥住宅物語』

斎藤綾子 著
幻冬舎・一四〇〇円

家買う女性はなんてパワフル！

主人公は、四十代の女性ポルノ作家。七年つきあった恋人に振られ、家を買おうと思い立つ。三姉妹の長女だが、母と棲（す）んでいた東京の実家から家出を決行した二十三歳の春以来の、棲んだ部屋の履歴と、そこを根城に営んだ性の記録、そして家を買うまでのあれこれ……。作者斎藤綾子の体験的、年代記風実録小説であり、読んで楽しく学べる、女のためのおうち購入マニュアルだ。

このヒト、とってもテクニシャン。何がって小説の手法のハナシ。欠陥住宅物語というから、辛気くさい裁判の話かと思ったら、それは全体の五分の一も無くて、ちゃんと息継ぎができるようになっている。途中、途中には、のけぞるような性描写。考えてみたら家は生殖のための箱ともいえる。ちゃんと必然性があるのだ。

さて、タイトルになった欠陥住宅だが、作者は実際につかまされ、その経験からこの小説を書いたという。購入前に東京の活断層を調べ、物件の確認通知書や構造計算書まで区役所に確認しに行った揚げ句の災難。あと一歩の詰めを怠るとどうなるかという教訓の書でもある。

それにしても、主人公のたくましいこと。賃貸時代は引っ越し先に、以前の住まいの大家が来て襲われそうになったり、つきあっている男たちが傍若無人に上がり込んできたりという困難の数々をしのいでいく。原稿が売れないときはキャベツ畑に忍び込んで空腹を満たし、パチンコ屋に通い詰めて生活費を稼ぎ出す。

転んでも、男と寝ても、ただじゃ起きない。買ったのが欠陥住宅とわかってからもそう。女一人、敢然と売り主と不動産業者を訴えて、闘うのだ。結局、裁判官から示された和解金は、補修費の半分にも満たない額だったようだが、不足分は、この本の印税で補って欲しい。がんばれ斎藤綾子！と思わず声をかけたくなる。

実家に一人残る母の介護をめぐる姉妹間の葛藤（かっとう）、東京の一軒家やマンションの価格、現行の裁判制度の問題点など、今の時代を写し取った一種の記録文学ともいえる。いや、そんな堅苦しい評価などは不要かも。なにしろ「女かく闘えり」という爽快感（そうかいかん）の残る本なのだから。

評・武田佐知子（大阪外国語大学教授）

さいとう・あやこ　58年生まれ。作家。著書に『フォーチュンクッキー』など。

二〇〇三年六月一日④

『わが父　魯迅』

周海嬰 著　岸田登美子ほか 訳
集英社・二七〇〇円

偶像化された文豪一家の素顔

魯迅の旧居が北京市阜成（ふせい）門に残っており、東隣には魯迅博物館がある。中庭を4棟の建物で囲う伝統的な形式の住宅で、一番奥の北棟が実母と妻の朱安の寝室だ。朱安は親が決めた戸籍上の妻だった。魯迅は日本留学中の1906年夏、ふる里の紹興に帰郷して挙式したが、纏足（てんそく）をした妻を「母からの贈り物」と受け止め、婚礼4日後には東京へ舞い戻ってしまう。

著者の母の許広平夫人は、魯迅が北京女子師範大学に勤めていた時代の教え子で、学生運動リーダーとして活動中に魯迅と親しくなった。後に上海で生活を共にし、一人息子をもうけ、36年10月19日の魯迅の最期を看取（みと）った。著者は、朱安は心やさしい女性で「母（許広平）を『妹』と呼び、私を実の息子のように思ってくれた」と記す。魯迅没後の母子の生活は楽ではなかったが、許広平は朱安を常に気遣って送金を続けたとも。

魯迅の他界は著者が7歳の時だった。本書には少年の目で見た「偉大な文学者、思想家、革命家」（魯迅を偶像化した毛沢東の評価）の生身の姿や周家の3兄弟の葛藤（かっとう）、二人の「妻」の絆（きずな）、膨大な亡夫の言語遺産の保存に要した労苦など、歴史的感興を誘うエピソードはふんだんに盛り込まれていて興味深い。

ただ、この本の帯に「魯迅の死の謎に迫る」とあるのはどのような意図だろうか。肺結核のために死んだ魯迅は日本人医師、須藤五百三（1959年没）を主治医としていたが、著者はおじ周建人（魯迅の末弟）の「上海では須藤医師に謀殺されたとか、誤診されたのではないかと、疑う人がいました」という母あての手紙を紹介。「私も老境に入り」、真相究明を「後世の研究に委ねたい」と思わせぶりに記す。

この謀殺説は80年代にも一度出たが、日本人研究者が論破し、原著が01年に中国で出版された後にも国内の学者から批判が出たと聞く。三宝政美・淑徳大教授の「著者の真意ははかりかねる」という本書解説での指摘はうなずける。この点に関心を持って手に取る読者は、期待を裏切られることになりはしまいか。

（原題、魯迅与我七十年）

評・加藤千洋（本社編集委員）

しゅう・かいえい 29年生まれ。中国の全国人民代表大会代表などを歴任。

二〇〇三年六月一日⑥

『ジンメル・つながりの哲学』

菅野仁 著

NHKブックス・九七〇円

「自分のこと」を上手に考えるために

私がこの本を一番読んでほしいと思うのは、「ジンメル」が19世紀末から20世紀初頭にかけてのドイツの社会学者で、「形式社会学」という社会学の基礎を築いた人であることを、聞いたこともない人、「社会について考えるより、自分のことがもっと大切だ」と思っている人、つまりは、社会学という学問から疎遠だと自分で思っている人たちである。

といっても、社会や社会学に無関心な人たちに、社会のことを教えてくれる本だからというわけではない。それとは全く反対に、「自分のこと」を上手に考えるための「ツール」を提供してくれる本だからである。

今の日本には、「本当の自分探し」をしているつもりで、いつのまにか迷路にはまり込んでしまう人や、「本当の自分」を本当にわかってくれる人を探し求めるあまり、他人との関係に傷つくことをおそれる人が少なくない。そういうとき、そもそも「他者」とは何か、他者との関係とはどういうことかをとらえなおしてみる。すると、どんなに親しい人との関係だって、わかり合えない部分を尊重し合う「配慮」をもつことで、互いにもっと自由になれたりする。そういう「しなやかな糸」で結ばれた関係のあり方が見えてくる。

一人ひとりが生きていることの実感を損なわないように、社会について考えるにはどうすればよいのか。自分探しに懸命な人たちだけでなく、天下国家のこととして社会を語る社会派や、社会学に慣れ親しんだ人たちにとっても、この本は、社会学という学問が忘れがちな、「ひ弱な私」と社会のつながりを見直すきっかけとなる。「秘密」「闘争」「貨幣」といったジンメルが扱ったテーマが、どのような現代的意味をもっているのかを、独自に解きほぐした分析も見事である。

むずかしい問題を、自身の体験を含む具体例をあげて、わかりやすく説明する菅野さん。きっと大学でもいい授業をやっているのだろうな。そんな教壇の姿が透けて見えてくる、とびきり上質の「社会（哲）学」講義です。

評・苅谷剛彦（東京大学教授）

かんの・ひとし 60年生まれ。宮城教育大助教授（社会学）。共著『はじめての哲学史』など。

『アイデンティティに先行する理性』

アマルティア・セン 著　細見和志 訳
関西学院大学出版会・一八〇〇円

「私」は日本人である。中学で理科を教えており、滅多（めった）に教会に足を運ばないクリスチャンだ。囲碁クラブの熱心なメンバーで、室内楽のファンでもある。最近、曽祖父（そうそふ）がロシア人だったことを知らされて驚いた。

この人物の中核的アイデンティティとは何だろうか。それは時と場合による、としかいえないだろう。かくのごとくアイデンティティは選ばれる。だからこそ個人にとってかけがえのないものとなる。だけど、予（あらかじ）め決定されたものじゃない。センはそう主張する。彼はアイデンティティに先立ち、それを選び取る理性の存在を確信している。

常識に反さない熟慮。とても手堅い道徳哲学だ。

だけど、例えば母語は選択できるのだろうか。絶対不可能ではないとしても、すごく難しいだろう。そして理性とは言葉（ロゴス）、即（すなわ）ち母語によって成り立つものではなかろうか……。そんなふうに考えをめぐらすこと自体が選択なのだよ、とセンは悠然と答えるんだろうなあ。

評・宮崎哲弥（評論家）

『めぐりあう時間たち　三人のダロウェイ夫人』

マイケル・カニンガム 著　高橋和久 訳
集英社・一八〇〇円

ピュリツァー賞とペン／フォークナー賞を受賞し、映画化もされた本書では、二十世紀イギリスの名作「ダロウェイ夫人」を軸に、三人の女たちの一日が交互に語られる。

第一次世界大戦後の一九二三年、作家ヴァージニア・ウルフはロンドン郊外で「ダロウェイ夫人」を書き始めた。第二次世界大戦後の一九四九年、ロサンゼルスの主婦ローラはそれを読むことに没頭していた。そして世紀末の九〇年代後半、ニューヨークの編集者クラリッサは彼女を「ダロウェイ夫人」と呼ぶ友人のためにバラを買う。三人の女たちはいずれも二十世紀の大きな綻（ほころ）びにも似た節目の時期に生き、その綻びから這（は）い出そうとして、強烈なバラの香りと目眩（めまい）のような感覚の中であがく。

刻みこむように描かれた、倒錯的な愛や自殺への衝動。読者をも引きこまずにはおかないバラの香りは、二十世紀という時代そのものが放つ甘美で危険な腐臭のようなものに似ている。

評・中上紀（作家）

『口きかん　わが心の菊池寛』

矢崎泰久 著
飛鳥新社・一七〇〇円

超売れっ子作家、雑誌ジャーナリズムの創始者（文芸春秋）、文壇のオルガナイザー（文芸家協会）。菊池寛にはさまざまな顔があった。にもかかわらず本人は至って無口だったようだ。表題のもじりは、この事実に基づく。

著者と寛との因縁は、父親が、この流行作家のいわば番頭だったことから始まる。のちに泰久と改名するが、最初の名前祥夫（さちお）は、寛が名づけ親だそうだ。寛の持ち馬が天皇賞に輝いた時、祥夫少年は、馬主の喜ぶ顔をしかと見ている。

「話の特集」名編集長だった著者の話法は達者なもので、ある章は仕方ばなし風、ある章はノンフィクション風とまるで手品師のよう。狂言回しに著者の叔父で異色の国文学者物集高量（もずめたかかず）が登場するが、この人こそクチキカンというあだ名の命名者なのである。

寛が男色から芸者遊びに転じたのは、高量の指南あってのことらしい。

女性関係にも踏み込んだ生（なま）の文士像が浮かび上がる。

評・安倍寧（評論家）

二〇〇三年六月八日❶

『イヴの卵　卵子と精子と前成説』

クララ・ピント－コレイア 著　佐藤恵子 訳

白揚社・四七〇〇円

科学的思考の機微をとらえた大著

なぜか、はまってしまった。二段組み三〇〇余ページ、片手で持つには重すぎる。目次だけながめ、本棚に飾るつもりだったのに、電車のなかで読みつづけ、講義の準備を忘れ、気づけば原注まで読みきっていた。

私たちはどこから来たのか——母親の胎内から生まれたことは知っている——それ以前の、胎児になる前の私はどこから生じたのか？　今日の私たちは、両親の卵と精子が合体し、その遺伝情報をもとに私が形づくられたことを知っている。発生の謎に挑んだ17～18世紀の科学者たちは鶏卵を観察し、微小な「雛形（ひながた）」が徐々に大きく育っていく経過を記録した。やがて顕微鏡が発明されると精液中に「精虫」を発見し、しかもその虫のなかに微小な人間の姿を見てしまった。近代科学を確立すべく、「無から有が生じる」奇跡を拒否し、神秘的な力を排除しようと努力した結果だった。

精子中の「ミニチュア人間」の図は科学史上の過誤の代表例であり、教科書で見た記憶のある人が多いだろう。つまり本書のテーマは解決済みの、いわば「耳にたこ」の話題なのだ。なのに、なぜ引き込まれてしまうのか？

第一の理由は、構成にある。科学のどんな分野であれ、発展初期の議論は錯綜（さくそう）している。今日から見てだけでなく、当時にあってさえ無駄な議論が大半をしめる。それを丸ごと検討されたのでは、なにが問題なのかさえ見えてこない。著者は当時の論争を、「単為生殖と処女懐胎」「奇形と怪物」「球形の卵と球形の宇宙」「数学至上主義」など、魅力的なテーマの各章ごとに重層的に吟味していく。およそ三〇〇名の登場人物と二〇〇編の資料が、それぞれの側面から繰り返し読み解かれ、奇想天外な学説の提唱者の誰もが真摯（しんし）で才能豊かな科学者だったことが、すこしずつ見えてくる。

彼らはなぜ、まちがえたのか。たとえばイタリア人のスパランツァーニは、雄のカエルに蝋（ろう）引きのパンツをはかせ、精液が卵発生に不可欠なことを実験的に証明した。だが彼の主張の主眼は、卵とは「受精の起るずっと前」から「包み込まれ凝縮されたオタマジャクシにほかならない」ないことにあり、精液の役割は「心臓の鼓動を刺激することだけ」と見なしていた。精緻（せいち）に計画された数々の実験で近代科学の模範とされる彼でさえ、見えないものを見てしまい、思い込みから抜け出すことができなかった。

私たち人間の脳の思考回路には、なにか罠（わな）のようなものがひそんでいるのでは？　その不安と恐怖が、本書を最後まで手放せなかった最大の理由なのかもしれない。

著者は昨年他界した進化生物学者グールドに一年間だけ師事し、科学エッセイの指導を受けたという。思考の機微に分け入り、読むことの愉悦を刺激する文章力は、師以上かもしれない。

（原題、The Ovary of Eve : Egg and Sperm and Preformation）

評・新妻昭夫（恵泉女学園大学教授）

Clara Pinto-Correia　60年生まれ。ポルトガルの生物学者。小説や詩も手がける。

二〇〇三年六月八日②

『皇居前広場』

原武史 著

光文社新書・七六〇円

「空疎な空間」はどう利用されてきたか

島倉千代子が「東京だよおっ母さん」を歌ったのはもう半世紀も前。修学旅行生は今、皇居前広場は素通りして原宿に急ぐ。関東大震災の時には罹災民（りさいみん）に開放されたこの地は、広域避難場所からも除外されて静まりかえっている。この本は、東京都心に広大な面積を占める、この「空疎な空間」の歴史をたどった書である。ここで繰り広げられた儀式や事件の数々を丁寧に検証し、そこに時々の開催主体の政治的意図を鋭く読み取っていく。

皇居前広場は、旧江戸城西丸下の不要な建物を取り壊した結果、生まれた。コンコルド広場とも天安門前広場とも性格のちがう、二重橋以外に人工的構築物を持たない、都市計画とは無関係な広場である。昭和天皇がここを劇場空間にしたのは、皇太子時代の訪英の成果だとする。本格的な利用は大正末期からで、昭和初期には、小さな台座の上に立ったり、二重橋の上で白馬に跨（またが）ったりと、超越的な身体としての天皇がみごとに演出された。

本書で身にしみたのは、東京には広場によって代表される言語性がない、というロラン・バルトの指摘だ。ギリシャのアゴラの伝統も持たない日本人は本来、広場の利用法を知らないのではないか。たとえば、新宿西口広場がかつて通路とされ、フォークソングの集会すら締め出したことは、新宿育ちの私の記憶に鮮烈である。また、皇居前広場が一番活用されたのは終戦直後の一時期であったという事実も、これを証明していよう。繰り返された占領軍のパレード、食糧メーデーや血のメーデー事件、さらに夜な夜なの男女の「愛の空間」として……。そしてその後、この広場では集会は開かれなくなる。

ただ、古代史研究の立場からみると、著者が皇居前広場を京都の大極殿前庭や紫宸殿（ししんでん）南庭と対比しているのは違和感が残る。儀式空間とされたのはむしろ道路で、これらの閉鎖空間では、不特定の人々の参加を想定した儀式は行われなかった。これに比すべきは、宮城の正面からのびた朱雀（すざく）大路である。

とはいえ、きわめてユニークな一書。事実関係の整理も鮮やかだ。著者のいう「空間政治学」の試みは成功であろう。

評・武田佐知子（大阪外国語大学教授）

はら・たけし　62年生まれ。明治学院大助教授（日本政治思想史）。著書に『大正天皇』など。

二〇〇三年六月八日③

『「アジア」はどう語られてきたか　近代日本のオリエンタリズム』

子安宣邦 著

藤原書店・三〇〇〇円

「東亜」の記憶　あの不穏な気分の正体

東アジアのかわりに「東亜」と書く。へんに不穏な気分になる。『大東の鉄人』とか『亜細亜の曙』といった戦中の少年小説の題名がチラッと頭をよぎったりする。読んだこともないのに。

冷戦がおわって、圧倒的なグローバリズムの時代がはじまった。その一元化する勢いに抗するには、政治的にも経済的にも文化的にも、日本一国の力だけでは足りない。中国、韓国、台湾と共に、東アジア圏としての地域的自覚をたかめる必要がある。そう私たち日本人が主張するとき、その「東アジア」には、いくばくかの「東亜」の意識が不可避的にしのびこまされる。なぜそうなるのか。あの不穏な気分の正体は何なのか。それを近代日本の思想史のうちにさぐったのが本書である。

「東亜」は単なる地域概念ではないと著者はいう。明治のはじめ、「ヨーロッパ的世界秩序」のひきずりこむ力に対抗して、帝国日本がまず押し立てたのが「東亜」の旗印だった。ところが、その「東亜」内部で、日本はすぐにヨーロッパの正嫡子であるかのようにふるまいはじめる。ヨーロッパに向かっては世界の多様性を主張し、アジア諸国には日本中心の新秩序を押しつける。福沢諭吉の脱亜論から昭和前半期の東亜協同体論まで、「東亜」という概念には、一貫して、そうした二重性が貼(は)りついていた。

丸山真男はなぜ福沢脱亜論にあれほど甘かったのか。なぜマルクス主義者の広松渉が「日中を軸に『東亜』の新体制を」と平気で主張できたのだろう。著者の分析は容赦ない。西尾幹二『国民の歴史』などについてはいわずもがな。

けっきょく戦後日本は、この「東亜」意識を払拭(ふっしょく)するのに失敗したまま、とうとう今日まできてしまったのである。それなのに現在、「東アジア」の未来について隣国の人たちと語り合う機会はますますふえている。どうすればいいのか。「東アジア」を国家間関係に固定せず、この地域に暮らす人びとの多重多層の交流を可能にする方法的な地域概念に変えてゆこう、という提言もある。じっさいの役に立つ本でもあるのだ。

評・津野海太郎(編集者・和光大学教授)

こやす・のぶくに 33年生まれ。大阪大名誉教授(思想史・文化理論)。著書に『本居宣長』など。

二〇〇三年六月八日⑤

『江戸東京　娘義太夫の歴史』

水野悠子 著
法政大学出版局・七五〇〇円

「男装の芸能」の250年 詳細に検証

著者にはすでに『知られざる芸能史　娘義太夫』(中公新書)という著作がある。忘れられた芸能、娘義太夫の歴史を概観した前著に比べ、今度の本では散在する資料をできる限り集め、音曲の世界を紙上に復元するという困難な課題に取り組んだ。満載された浮世絵、挿絵、番付、写真からは、「ドースルドースル」という掛け声が響いてくるようだ。

「ドースル」とは、義太夫がさわりに入った時に観客が発するはやし言葉である。某消費者金融のCMではないので念の為(ため)。今から百年ほど前のこと、娘義太夫に熱狂する若い男たちは、「ドースル連」、別名「追駆(おっかけ)党」とも呼ばれた。

当時の新聞『万朝報』は、「ドースル連」を「蛆虫(うじむし)の如(ごと)き青年の團体(だんたい)」と見なし、彼らの本名を紙面にさらして、糾弾キャンペーンを張ったというからすごい話だ。「ドースル連」は相手を変えて、今なお健在だろう。

本書の表紙は歌麿の描いた「江戸の花娘浄瑠璃」である。人気を博したがゆえに浮世絵となり、それゆえにしばしばお上のお咎(とが)めを受けた。風俗紊乱(びんらん)が禁止の理由である。その後の天保の改革で一段と厳しく禁じられ、何人かは入牢(にゅうろう)を余儀なくされたということは、打たれても打たれても、したたかに娘義太夫が生き延びたことを意味する。

そんな時代から、明治・大正を経て、「人間国宝」を生み出し、無形文化財として保護を受ける現代までの、大きく変貌(へんぼう)した、著者によれば「娯楽」から「教養」へと姿を変えた二百五十年間を振り返るのが第一部、女の芸能であるがゆえの特性(著者はそれを「男装の芸能」と看破)や偏見(たとえば「容色本位で芸は二の次」)を、さまざまな角度から検証するのが第二部である。

「ドースル連」の時代、高浜虚子、志賀直哉、木下杢太郎、北原白秋、竹久夢二ら明治末期の芸術家たちの娘義太夫賛歌、交流がとりわけ興味深い。夢二は寄席を出たあとの帰り道を、「江戸川添は霧が深くて、ストリートランタンの美しさ」と日記に書きつけている。そこには人と芸能の幸福な関係が垣間見える。

評・木下直之(東京大学助教授)

みずの・ゆうこ 46年生まれ。娘義太夫研究家、芸能学会常任理事。

二〇〇三年六月八日❻

『贖(あがな)いの地』

ガブリエル・コーエン 著　北澤和彦 訳

新潮文庫・七〇五円

息子にも妻にもなじめぬダメ男に共感

ダメ男小説である。たとえば、息子が暮らしているアパートの下に車を止めるシーンがある。息子が六歳のとき、一緒にプールで遊んだことを彼は思い出している。その息子も今はめったに電話すらかけてこない。だから、三階の明かりをじっと見上げている。

あるいは息子を食事に誘うシーン。肉は食べないと言われて、彼は驚く。いつからと聞くと、五年前からだよ、ぼくのいうことをぜんぜん聞いてないの、と息子に言われてしまう。そのときの息子の批判を読まれたい。

「自分のやるべきことが、ほかのなによりもはるかに重要なんだ」「父親でいることより重要なんだ。あるいは、夫でいることより」

仕事一筋の五十男が妻子と別れ、一人で暮らしているのは、珍しくない。しかし本書の主人公、ジャック・ライトナーは、それほどワーカホリックというわけでもない。この男には他人との接触を必要以上に避けている風情がある。暴君の父と暮らした幼い日々の断片が随所に挿入されていることに留意。なかなか切ない回想だが、その幼き日の記憶のために、この男は自分が父親になっても、馴染(なじ)めないのだ。愛する女性と知り合って、家庭をつくることにも。

で、仕事を終えて家に帰っても、誰もいない部屋で読書するしかなく、その欠落感のなかで毎日を暮らしている。他人との接触は面倒だと思いながら、一人暮らしは淋(さび)しいという境界線上で過ごしている。そういうセンチメンタルな男だ。職業は刑事だが、だからこれは警察小説ではない。正統的なダメ男小説といっていい。

まったくどうしようもない男だが、困るのはこの男にどんどん共感していくことだ。魅力的な女性と知り合うくだりでは、もっとまめに電話しろよ、とひそかに応援していたりする。これがまた何のフォローもしないもんだから、相手の女性が怒っちゃって、ジャックと一緒に気を揉(も)むのである。他人事(ひとごと)でないところが、いちばん困る。ダメ男小説は、読んでいるほうも大変忙しいのである。

(原題、Red Hook)

評・北上次郎(文芸評論家)

Gabriel Cohen　米国の作家。記者などを経て01年に本書でデビュー。

二〇〇三年六月八日❼

『「都市再生」を問う　建築無制限時代の到来』

五十嵐敬喜、小川明雄 著

岩波新書・七四〇円

東京で巨大ビルが次々と建設されている。二十三区内だけで、今年中に総床面積が一万平米を超える大規模オフィスビルが四〇棟竣工(しゅんこう)する。バブル期を上回る規模である。無駄な公共投資に歯止めを掛け、不良債権処理を急ぐのが小泉政権の構造改革であるはずなのに、なぜこんな奇妙な現象が起きるのか?

本書は、そのからくりを克明に暴いている。容積率規制を様々な手法で緩和し、過去に無期延期となった再開発をスタートさせ、超高層ビル建築を無制限に可能とするのが小泉「都市再生」政策の実態なのだ。

森ビルや三菱地所など一部は儲(もう)かるだろう。けれども古いオフィスは空室となり、不良債権となるだろう。それを後押しする政治勢力が、経済戦略会議であり、石原都政である。

だが国立マンション訴訟では、反撃の糸口が示された。裁判官が「景観利益」を認めたのだ。景観崩壊の危機を憂う人には必読の書である。

評・松原隆一郎(東京大学教授)

二〇〇三年六月八日⑧

『日本のはしっこへ行ってみた』

吉本由美 著
NHK出版・一七〇〇円

はしっこ、隅っこ好きの著者には「いってみたいところの日本地図」があるという。思いつくままに旅をした。猫がわんさといる瀬戸内海の島、大好きな坂道や石段、迷路を歩きたいと訪ねた尾道。橋も好きだから長崎へ。大分・姫島にはコンコン祭りを見に。鼻先指先凍(い)てつかせてウロウロするために真冬の北海道。

よく知られる観光地もあるけれど微妙に本道からズレている。これがなんとも楽しそうな旅なのだ。

とことこよく歩く。路線バスも好きらしい。土地の人となんということのない会話がはずむ。だからこそ住民たちの暮らしぶりがよくわかり、こちらもそばで聴いているような気分。

目や鼻がとてもいいひとのようだ。旅先の風景や匂(にお)い、日差しの感じまでもがじつに細やかに描かれている。旅行者には「地味」に思えた土地がキラキラ輝くのは著者のチャーミングな人柄だろう。ここ数年の「旅本」のなかでいちばん好きだな。

評・与那原恵(ノンフィクションライター)

二〇〇三年六月八日⑨

『平成ジャングル探検』

鹿島茂 著
講談社・一七〇〇円

本書の主役は巨大都市・東京の盛り場である。そこをジャングルに見立て、〝探検家〟である著者がその奥深くまで潜入するという趣向のルポルタージュだ。

文学者らしい蘊蓄(うんちく)や洞察にも感心するが、それぞれの盛り場の根っこを根気よく掘り起こし、それを現在の姿と対照することによって、これまであまり目が向けてこられなかった盛り場のもつ力の源泉を明らかにしたという点が、なにより斬新である。

新橋駅前の雑居ビルの根っこには闇市があり、外人が溢(あふ)れる六本木の根っこには進駐軍があり、ミニシアターが栄える渋谷の根っこには渋谷パルコがあるといったように、盛り場のコアになる部分が見事にあぶりだされている。

タイトルは坂口安吾の「東京ジャングル探検」にヒントを得たという。もっとも、盛り場への愛着、盛り場の闇の部分を体当たりで解明しようという著者の熱意は、ひょっとしたら安吾を上回るかもしれない。

評・篠原章(大東文化大学教授)

二〇〇三年六月八日⑩

『ユーラシアの岸辺から』

山室信一 著
岩波書店・三二〇〇円

冷戦後10余年のめまぐるしく転変する「同時代のアジア」についてのエッセー・書評集だが、やはり著者が重要な研究対象とする「満州および満州国」に関する論考が興味深い。

「もはや存在しないものを論じることにどれほどの今日的な意義があるか」との予想される疑念に対し、「現にそれらをめぐって同時代に起きていることに目を閉ざすことも無意味なはず」と著者は答える。

また竹内好が60年代に語った「『満州国』をでっちあげた日本国家は、『満州国』の葬式を出してはいない。口をぬぐって知らん顔をしている」との言葉を引き、「わたしにとって満洲と満洲国という過去の事実は、この十数年間、現在という時代とその社会状況を見て行くうえでの一つの引照基準であるとともに、来たるべき社会のありかたというものを見通すための基点でもあった」と語る。

いま再び日本のアジア観が問われる時代に、忘れてはならぬ視点であろう。

評・加藤千洋(本社編集委員)

『ヨーロッパ文明批判序説　植民地・共和国・オリエンタリズム』

工藤庸子 著
東京大学出版会・七〇〇〇円

あらゆる定説を徹底的に疑うところからはじめ、植民地、共和国、オリエンタリズムという三大テーマをめぐって近代ヨーロッパ文明を「批判」する視点を獲得しようとした本書の登場によって、わたしたちは、待望久しかった「地域文化研究」の模範をようやく手に入れたことになる。というのもテクスト分析という文学研究の王道を歩みながらも、かつていかなる文学研究者もほとんどなしえなかった、歴史学との実り多い対話に成功しているからである。

右手に世界地図、左手に詳細年表を携え、著者の組み立てた巨大でハイブローな文明列車にあたふたと乗り込んだ読者は、あたかも十九世紀の児童教育書の中で、フランス各地の風土や産物を実地に訪れて学んでゆく少年たちのように、驚きと興奮の連続の体験をすることになる。時は十八世紀から一八七〇年代まで、行き先はヨーロッパ各地のほか、ポリネシア、カリブ海、アフリカ、インドシナ、イスラーム世界である。そして現地ガイドは、ヴェルヌ、ロティ、バルザック、ユゴー、フローベール、プルースト、マルローといった錚々(そうそう)たる小説家たちのほか、歴史家のミシュレやティエリ、思想家としてモンテスキューやヴォルテール、大辞典を編纂(へんさん)したラルース、宗教史家のルナンなど、目も眩(くら)む豪華キャストが務める。一旦(いったん)姿を消した書物や人物が、つづく旅程で幾度も召喚されて、すべてがたがいの補助線になって読み解かれてゆく様子は、壮大な綴(つづ)れ織(おり)が、繊細かつ強靭(きょうじん)に織られてゆく印象を与える。

この「言葉」の背後を見透かす犀利(さいり)な分析のはてに、当事者さえ気づいていなかったヨーロッパ文明の意識の土台が、次第に輪郭をくっきりさせてたち現れてくる。今やグローバル化の時代だといっても、国民国家についてさえ何も分かっていなかったのだと、読者は身に沁(し)みるだろう。ヨーロッパ中心主義の独善的なイデオロギーなど先刻承知だよ、と強がっても無駄である。本書は、大人になるための旅を終えた少年たちが、もはや以前のようにはヨーロッパ近代文学を、いやヨーロッパ世界を見ることも考えることもできなくなるような、危険な企(たくら)みに満ちたエクリチュールの織物なのだから。だが、それにしてもヨーロッパに憧(あこが)れ、その文化のポジティブな要素を中世に遡(さかのぼ)って救いだし、現代に蘇(よみがえ)らせたいと願ってきたわたしには、徹底的にネガティブな「批判」は、ちょっとつらい。きっと大人になりきれないのだろう。

古い制度に安住する文学研究と歴史学に激しく抵抗するこの書物は、大学の制度改革に自らの学問で誠実に答えようとするとき、どんな転身を強いられるのかをも、まざまざと示している。たおやかな風情で恋愛小説を語っていた著者の閲歴を知る者としては、粛然とせざるをえない。これは「闘いの記録」でもある。

評・池上俊一(東京大学教授)

くどう・ようこ　44年生まれ。東京大教授(地域文化研究)。著書に『フランス恋愛小説論』など。

二〇〇三年六月一五日❷

『小津安二郎全集』

井上和男 編

新書館・一二〇〇〇円

脚本で読むユーモア、哀感、喪失の悲しみ

小津安二郎が生まれて今年でちょうど百年になる。本書は、生誕百年記念の決定版ともいうべき企画だ。大判の三段組みで、上下巻およそ一四〇〇ページの超大冊。日本文化の至宝である。

編者の井上氏は、小津の最後の弟子で、世界的な小津評価が高まるはるか以前に、小津の仕事の集大成的な図録を出版するため、みずから会社まで興した志の人だ。『小津安二郎の世界』というレコードによる素晴らしく感動的な名場面・証言集も製作し、小津の生涯を追った記録映画を監督した。これ以上の編者はない。

その事実にふさわしい見事な仕上がりである。フィルムも台本も現存しない映画も含め、小津の全作品を最良の状態で言葉にとどめるべく、隅々まで心をくばって校訂したシナリオ本文に、映画製作の状況を過不足なく伝える各作品の解題、物語としても読みごたえのある年譜、師への真情あふれる「私的小津論」、小津評価の変遷を論じる座談会を加えて、実際に読んで面白い脚本全集となった。

小津安二郎といえば、娘を嫁にやる苦労ともいえぬ苦労話を、ローアングルの固定画面で撮りあげる極端な様式美の映画作家というイメージが強いかもしれない。だが、この『全集』で読む小津の世界は、近代日本の多様さをいきいきと映しだす巨大な鏡だ。小市民の日常のユーモアと哀感、「大学は出たけれど」就職口のない不況と社会不安、下町の庶民の生活感情、アメリカ文化の深く広い影響、親と子の対立という永遠のテーマ……。

とはいえ、小津が真に小津たりえたのは、映画がトーキーとなってこまやかな言葉を獲得し、日本と小津が悲惨な戦争をくぐりぬけた戦後の作品からだ。

たとえば『晩春』で、娘・原節子から必死の愛情の告白を受けた父・笠智衆は、にもかかわらず娘を嫁にやり、婚礼の夜、林檎（りんご）の皮をむきながら、孤独のなかで自分の失ったものを省みて茫然（ぼうぜん）とする。この絶対的な喪失の悲しみこそ、戦後の小津が一貫して描いた人間の本質だった。本『全集』の言葉をたどることにより、小津映画のおだやかな海の下にある深淵（しんえん）の戦慄（せんりつ）的なふかさを実感する。

評・中条省平（学習院大学教授）

いのうえ・かずお 24年生まれ。映画監督。編著書に『小津安二郎・人と仕事』など。

二〇〇三年六月一五日❸

『あのころの未来　星新一の預言』

最相葉月 著

新潮社・一五〇〇円

クールな手つきが倫理を担保する

著者、最相葉月は1963年生まれ。私より一つ年下だ。

60年前後に生まれたわが世代に共通する、特徴的な読書経験を挙げるとすれば、星新一のショートショートに尽きるのではあるまいか。

私は小学生の頃、「殉教」という作品に触れ、目の鱗（うろこ）を落とした。霊界と交信ができる機械が発明される。この装置によって死の恐怖から解放された人々は次々と自死していく。宗教や思想や道徳はまったく無力化し、やがて国家や文明も崩壊してしまう、という話だ。その掌編は、死に対する恐怖こそが社会や信念を吊（つ）り支えているのだと教えていた。

このクールなニヒリズムが私達（たち）の出発点だった。繁栄を謳歌（おうか）する時代の最中、私達は星新一とともに寂寥（せきりょう）たる未来をみつめていた。そこでいかによりよき「余生」を送るかを、子供の時分から考えていたのである。この連作エッセイには、そうした時代経験が色濃く滲（にじ）んでいる。

メインテーマは生命倫理。クローン技術や

生殖医療、遺伝子スクリーニングや臓器移植といった論題が並ぶ。お馴染（なじ）みといえばお馴染みだが、すべてが星の小説に関連づけられているのが趣向だ。

　生命倫理といえば、話が難しくなったり、原理主義的になったりしがちだ。語気が熱を帯びてしまうのも制しにくい。

　最相がこの問題を扱う手つきは、とても涼やか。優しいのだが冷たいのである。結論を急ぐのではなく、まず違和や喪失の感覚、戸惑いや悲しみや寂しさを表出してみせる。そうしてその感覚や感情を置きっぱなしにせず、強い力で突き放す。そのクールさが倫理性を担保する。

　本書は体裁上、星作品のガイドとしても使えるようになっているが、それ以上に星新一の思想を伝えている。

　副題に本来神託を意味する「預言」を用いたわけをある所で訊（き）かれ、最相は「普遍的な意味」を込めたと答えている。効果の程は疑問だけど意図はわかる。普遍的倫理とは高い目線で熱く弁ずるものじゃない。本当は低い声で静かに呟（つぶや）くもの。

　それが神様ならぬ、時代精神が星新一に預けた「お告げ」なのである。

評・宮崎哲弥（評論家）

さいしょう・はづき　ノンフィクションライター。著書に『絶対音感』『青いバラ』など。

二〇〇三年六月一五日❹

『一九七二「はじまりのおわり」と「おわりのはじまり」』

坪内祐三著

文芸春秋・一八〇〇円

ぼくらは歴史を取り戻そうじゃないか

　本書の冒頭で、著者はこう書く。

「自分の生まれる十年前の出来事を知り、その古さを把握することによって、二十年前、三十年前、さらには百年前のことに想像を働かす……それはけっして難しいことではない。人びとはずっと、そうやって、自分の中に歴史意識をかかえ込んで来たはずだ。しかし、そういう歴史意識に、ある時期から変化が起きた。一体このような、歴史意識の変化、さらに言えば歴史の断絶は、いつ頃から生じたものなのだろう」

　そして、著者はその変化の決定的な「起点」を一九七二年とし、その年に起こった、文字通りあらゆる出来事の中に入りこんでゆくのである。

　歴史を取り戻す試み――ぼくが秘（ひそ）かにそう呼んでいる試みは、いま様々な場所に広がりつつあるように思える。それは時に、政治的な立場をとることもあるけれど、その切実さに偽りはないだろう。

　およそ一九六四年にはじまり六八年にピークを迎え七二年に完了した「高度成長期の文化変動」、そこに大きな「歴史の断絶」があるとする著者の考えにぼくは同意する。また、ぼくが「歴史を取り戻す試み」と呼ぶ行いの底にも、同じ感覚が潜んでいるとぼくは考える。

　歴史はどこかへ行ってしまった。そして、歴史がない場所では、我々は誰ともコミュニケートすることができない。

　では、どうすれば歴史は取り戻せるのか。もちろん、著者は安易に処方箋（せん）を出したりはしない。連合赤軍や日活ロマンポルノの摘発からローリングストーンズの「幻の来日」、『ぴあ』の創刊まで、「一九七二年」を縦横に駆け抜けていた著者は、その途中、赤軍派「兵士」重信房子の逮捕のニュースを見ながら「なぜ、重信房子の存在は、今につながらないのだろう」と呟（つぶや）く。「その姿を見て時代の経過に驚いたのは、彼女と同世代の人びとだけだろう」

　それはなぜか。彼らが一つの「戦争」の記憶を共有していたからだ。では、一つの時代を歴史として所有するためには「戦争」が必要なのか？　その問いへの回答はまだ出されていないのである。

評・高橋源一郎（作家）

つぼうち・ゆうぞう　58年生まれ。評論家。著書に『雑読系』、編著に『明治の文学』など。

二〇〇三年六月一五日❺

『金で買えるアメリカ民主主義』

グレッグ・パラスト 著　貝塚泉、永峯涼 訳
角川書店・一八〇〇円

背筋が冷える政治と経済の暗部

　著者パラストは、アメリカの政官財界に嫌われ、アメリカのメディアから敬遠されているアメリカ人記者である。やむなく彼は、イギリスのガーディアン、オブザーバー両紙とBBCテレビを数々の特ダネを発表する場としてきた。

　その調査報道は当然、米メディアにはほとんど転載されない。米メディアを大きなよりどころとしている日本のメディアにも当然、ほとんど載らない。

　なぜ嫌われ、敬遠されるのか。権力に無遠慮にかみ付き、インチキと拝金ぶりを暴き立てるからだ。

　そうした姿勢こそジャーナリズムの真骨頂なのだが、とくに「9・11」以降、ブッシュ政権に従順な羊と化している米メディアにとっては、迷惑千万な存在なのである（たとえばイラク戦争における彼らの政府べったりの報道を見よ）。

　特ダネの一つは、大統領選でブッシュは実は落選していたという衝撃的なものだ。当落を決する場となったフロリダ州の開票はテレビで中継され、映像は世界に流された。しかし、あれは茶番でしかなかったとパラストは書く。

　この州では、有権者名簿に人種と支持政党が記載されている。民主党支持で肌が黒い数万の人が、過去に重罪を犯したという理由で名簿から外され、投票できなかった。が、彼らは犯罪とはほぼ無関係だった。ほかにも不正はたくさんあって、計算すると実はゴアが勝利をおさめていたというのである。フロリダの知事は周知の通りブッシュの実弟で、それがすべてを解くカギ。

　本書の標的はほかに、ブッシュ家と取り巻きの金持ち連中（副大統領のチェイニーら）、サッチャー、ブレア、世界銀行、国際通貨基金（ＩＭＦ）、エンロン社、腰抜けメディア……など多彩。証人を立て、証拠を紹介して説得力に富む。富むが、あまりの泥沼に気が滅入（めい）る。

　たしかに滅入る、まるでクマとウサギの戦いだもの、でもいつもそうとは限らない、とパラストは記す。「われわれ小動物も時には後足で立ち上がり、徹底的に戦って勝利を収めることもある」

　嫌われ者記者の、それが信念なのだ。

（原題、The Best Democracy Money Can Buy）

評・栗田亘（コラムニスト）

Greg Palast　52年生まれ。米国の調査報道ジャーナリスト。

二〇〇三年六月一五日❻

『楽しき挑戦　型破り生態学50年』

伊藤嘉昭 著
海游舎・三八〇〇円

痛快至極、実力派研究者の一代記

　昔の人のほうが、ずいぶんと密度の濃いエキサイティングな人生を送っていたような気がして引け目を感じてしまうときがある。たとえば本書を読むと、いやあこの人は、よくまあ疲れもせずにこういろいろやるもんだね、と呆（あき）れるというか爽快（そうかい）というか。ぼくのような安定志向のリーマンなら一発でめげるような大変な目にも結構あっているのに、本書の楽しそうなこと。大学も出ずに農業試験場に入って研究を重ね、メーデー事件で起訴され休職扱い、しかしその間にも独学でバリバリと研究を続け、独自にウィルソン的な社会生物学的発想を編み出し、その一方で世界各地の現場における害虫駆除作業にも大活躍、後進の育成にも手を尽くす、というたたき上げ実力派生物学者、伊藤嘉昭の一代記がこの一冊だ。

　帯には「唯我独尊こそわが人生?」とある。ありとあらゆる面で、自分が正しいと思えば他は無視してその道を貫いた話ばかり。自画自賛にありがちな妙な自己弁護や、陰湿なほのめかしによる陰口はない（あっけらかんとした実名罵倒〈ばとう〉はたくさんあるけど）。

共産主義についての見解の推移についても弁解しないし、また筋金入りの左翼でありながらスターリン政権下のトンデモ生物学のルイセンコ主義を否定する科学者としての良心も見どころ。

さらに身辺雑記だけでなく研究内容について詳しいのも嬉（うれ）しい。それが各種の自然保護や農業政策に関する提言にまっすぐ続き、巻末の世界の現状批判にも直接的につながる。研究と、その応用、そしてそれが社会に与える影響を通じた政治社会的な行動――それらが有機的にからみあった、実に正統的な人生だなあ。しかもそれが隠居の呆（ぼ）けた回想ではなく、今なお活発に続く伊藤の各種活動にも直結しているのは、かっこよすぎる気がしなくもないので、浮いた話があまりに少ないのは残念至極、とケチをつけておこうか。が、それはないものねだりですな。高校生、大学生あたりにぜひとも読ませたいけれど、もっと年配の人（たとえばぼく）が読んでも元気が出る痛快な一冊だ。

評・山形浩生（評論家）

いとう・よしあき 30年生まれ。生態学者、名古屋大名誉教授。著書に『生態学と社会』など。

二〇〇三年六月一五日⑦

『九月の四分の一』

大崎善生 著

新潮社・一三〇〇円

男女のつながりが友情なのか友愛なのか恋愛なのか。それを分節するのは言葉ではある。だが、二人のつながりを名指さずに表すのにも、とりあえず言葉が使われなければならない。

高校時代から一緒で、大学に入学してからも親しくしていた友人が結婚した相手の女性。長年勤めた会社をやめるにあたって、ぎくしゃくしてしまう八年ごしの恋人。高校時代にその歌の深さに震撼（しんかん）させられた後輩の女の子。十三年前に訪れたブリュッセルで知り合い、ちょっとした勘違いから再会できなかった女性。

異なった人格ではあるものの、どの短篇（たんぺん）でも語っているのは「僕」である。そして「僕」は女性におもいをめぐらせる。行動する以上に、「僕」はおもうことを大切にしている。収められている四つの短篇をもし「恋愛小説」と呼ぶとすれば、それは実際の関係以上に、近年では古びているかのように見えなくもない、このおもいが記されているからではないだろうか。

評・小沼純一（文芸評論家）

二〇〇三年六月一五日⑧

『偏見から共生へ　名古屋発・ホームレス問題を考える』

藤井克彦、田巻松雄 著

風媒社・二五〇〇円

バブル崩壊後の日本経済の低迷は、特定の人びとの「痛み」を増幅させた。それがはっきり形に現れているのが、深刻化するホームレス問題である。

本書は、名古屋地区で長年ホームレスの支援を続けてきた著者たちによる告発の書である。炊き出しに始まり、生活保護を勝ち取るための裁判闘争の記録など、活動の詳細を紹介する。夜、人の足音がたまらなく怖いという証言を含め、聞き取り調査から得られた実態報告は、痛みをリアルに伝える。生活保護の申請を拒もうとする行政への働きかけなど、ローカルな現場に根ざした具体的な事実をふまえて、この問題の核心を衝（つ）く。

ホームレスは、失業や貧困といった経済の問題にとどまらない、人間の尊厳や自立の意味を問う問題である。読み進めるうちに、告発されているのが、この国の政治や行政だけでなく、心のどこかに偏見のまなざしをもつ私たち自身であることに気づかされる。

評・苅谷剛彦（東京大学教授）

二〇〇三年六月一五日❾

『ピアノを弾く身体』

岡田暁生 監修
春秋社・二三〇〇円

私たちは時々、演奏の内容ではなく、「鍵盤を走る目にもとまらぬ指」に驚嘆されることがあり、お尻ばかりほめられるマリリン・モンローの心境になる。

かといって、ピアノの先生から「指に任せて弾いてはイケマセン。原典に忠実な解釈を」と注意されると、また首をかしげる。先生たちだって、指の都合に合わせて楽譜を読んでいるところもあるのだ。作曲家も、案外自分の弾きやすいように曲を書くものだし。

いっぽう音楽研究の分野では、「作品の『構造』や『精神的内容』を分析によって解明すること」が王道で、それをオトにするときの演奏身ぶりなどは無視されてきたらしい。

七名の研究者の論考を集めた本書は、作る・弾く側と聴く・評する側を身体感覚で結ぼうという試み。言語表現の壁がもどかしいときもあるが、シューマンやショパンの作品を楽器の機構や作曲家の「手」をヒントに解析する項は面白い。

評・青柳いづみこ（ピアニスト・文筆家）

二〇〇三年六月一五日❿

『女のおっさん箴言集』

田辺聖子 著
ＰＨＰ研究所・一三〇〇円

箴言（しんげん）――アフォリズムとは、生きるヒントとか人生についての短いいましめ、教訓のこと。この本では、田辺聖子の小説やエッセーにちりばめられている箴言が丹念に集められ、「人間」「夫婦」「老い」など13の章に分けて紹介されている。

いずれも温かい視線と鋭い切り口が特徴で、彼女の人間を見る目の確かさに膝（ひざ）を打つことがたびたびだ。関西弁の独特な言いまわしが絶妙な効果をもたらし、著者のエッセンスに触れるうちに毎日の生活に励ましと知恵がもらえる、ぜいたくな一冊である。

「いい友達を持ってる、いうのが、人間のいちばんのお手柄や、思うわ」「男の結婚適齢期は女より短い」「そのときそのときで、その年頃でないとわからんたのしみがある。トシとるのん、べつに悲しくはないね、そう考えると」

女性ばかりでなく、男性も「目からウロコ」体験ができる。

評・多賀幹子（フリージャーナリスト）

二〇〇三年六月二二日❶

『フランソワ・トリュフォー映画読本』

山田宏一 著
平凡社・二五〇〇円

作品輝かせる言葉の力、しびれます

この本を読むと、映画を見ることのえも言われぬ幸福と悲哀にしびれてしまい、居ても立ってもいられず、映画館に行きたくなる。おりしも東京では「トリュフォー映画祭」が開かれている。私も何本か見直した。「大人は判（わか）ってくれない」の不良少年アントワーヌの頬（ほお）に光る涙にこちらも涙し、「恋のエチュード」で、悲劇的に引き裂かれる男女三人をとらえるロング・ショットの美しさに、背筋がふるえた。それから帰宅して、これらの映画について山田宏一が何と語っているかを知るために、本書を開く。映画が言葉の力でふたたび輝く至福の時間だ。

山田宏一の名著『トリュフォー、ある映画的人生』が出て、もう十二年になる。その後、フランスではこれより大部の伝記も発表されたが、山田宏一の本の価値はいささかも揺るがない。山田氏がトリュフォーの映画と人生にこめた共感の質と量は、フランスの著者のそれをはるかに凌（しの）ぐからだ。山田版トリュフォー伝の構成は独創的で、トリュフォーが初長篇（ちょうへん）「大人は判ってくれない」を完成したところで終わっている。つま

り、映画監督以前の人生に、その後のトリュフォー映画のあらゆる創造の源泉を見出（みいだ）し、恐るべき丹念さで個々の事実を検証しつくす。「そして、それから二十五年間の映画作家としての人生がはじまるのである」。これが『トリュフォー、ある映画的人生』の結語だった。

本書『フランソワ・トリュフォー映画読本』は、「それから二十五年間の映画作家としての人生」の全貌（ぜんぼう）を、一作ごとに縦横に解明している。これは、十年以上も待ちに待たれた山田宏一のトリュフォー伝の完結篇でもあるのだ。

この書物にも、山田氏独特の構成のうまさが発揮されている。それは各作品を論じるさい、著者のエッセーと関係者（主にトリュフォー）へのインタビューを組みあわせるという工夫である。こうすることで、作品として結晶した映画そのものと、映画作りの裏で起こっている出来事という、ふたつの面白さが二重写しになってとらえられ、集団的創造としての映画のダイナミズムが立体的に浮かびあがってくるのだ。

その映画と舞台裏の人間喜劇の面白さは、六十ページにもおよぶ「アメリカの夜」の章で頂点に達するが、そのほかの章も読みどころが満載だ。たとえば、「恋のエチュード」を山田氏は、強烈な官能と死の絶対性という観点からみごとに論じたが、それから十年後のパリで、トリュフォーは山田氏のインタビューに応じて、恋の肉体的（フィジック）なリアリズムを追求し、エミリ・ブロンテの恐ろしい死をそっくり映像化（コピー）したかったのだ、と語っている。二人のあいだには超自然的なシンパシーが成立しているかのようだ。

これほど読みやすい言葉で、これほど奥の深いことを語れるという点からも、批評という文芸ジャンルのひとつの模範となる書物である。

評・中条省平（学習院大学教授）

やまだ・こういち　38年生まれ。映画評論家。著書に『山田宏一のフランス映画誌』など。

二〇〇三年六月二二日❷

『「心」と戦争』
高橋哲哉 著
晶文社・一四〇〇円

『学校が「愛国心」を教えるとき』
西原博史 著
日本評論社・一八〇〇円

教育基本法改正にみる「心と国家」

文部科学省の中央教育審議会が、教育基本法改正に向けた答申を出した。だが、戦後民主教育を支えてきた基本法の改正が政治日程に上っている割には、教育界の関心もメディアの報道も今ひとつ盛り上がりを欠く。その中で今回の二冊は、改正に異を唱える書物であり、共通するテーマは「心と国家」である。

哲学者の高橋は、文科省が小中学生に無償配布する「心のノート」に注目する。子供が自分を見つめ直し、そこから他者との関係を築き、公共社会において役割を果たせる人間になるように手助けする。この道徳教材の著者たちの願いが、「子供たちの心を育てる一生の宝」を「プレゼントすることにあった」との一節を紹介し、国家が子供たちの「心」にやさしげに介入する事態の異様さを明るみに出す。疑うこと、批判することを欠いた予定調和的な「心」を育てる延長線上に、公共心があり、「郷土や国を愛する心」がある。高橋は、ここにグローバル化時代の「修身」を見取り、社会の問題を心の問題へと読み替える心理主義の弱点を暴き出す。

他方、憲法学者の西原は、「思想・良心の自由」を基点に、国家と心の関係を解き明かす。社会にはいろいろな考えがある。それを認める大前提が、「思想・良心の自由」の保障だ。多数決でも縛ることのできない一人ひとりの考え方の自由をどう守るか。「国を愛する心」の強制になりかねない基本法改正が、「思想・良心の形成の自由」を奪うかもしれない。現行の基本法は、「あってはならない教育」への防御壁だったが、改正はその壁を壊すのではないか、と危惧（きぐ）する。

二人の主張は杞憂（きゆう）にすぎない、深刻なのは日本人の公共心の欠如だ、と思う人もいるだろう。こうした心情の広がりが、改正論議を沈滞させる理由かもしれない。ただ、「心（の自由）」をどう扱うかは、公教育の核心を衝（つ）く問題である。そこを素通りして読むと、二冊の価値は半減するし、改正論議の本質も見逃す。改正への賛否の立場によらず、国家が与（くみ）する公教育の原理原則を考える機会となる二冊であることは間違いない。

評・苅谷剛彦（東京大学教授）

たかはし・てつや　56年生まれ。東京大教授。
にしはら・ひろし　58年生まれ。早稲田大教授。

二〇〇三年六月二二日③

『水素エコノミー　エネルギー・ウェブの時代』
ジェレミー・リフキン 著　柴田裕之 訳
NHK出版・二二〇〇円

大気汚染、地球温暖化の懸念のなかで

何度か著者に会ったことがあるが、表象から見事に深層を射抜く天才肌の人物だ。その彼らしく、脱化石燃料の動きの波頭に着目して練り上げたのが、本書の「水素エネルギー・ウェブ」構想である。

化石燃料は近代の物質文明の動源となってきた。だが、大気汚染物質の排出に加え、地球温暖化への懸念も強まっている。埋蔵量に限りがあるうえ埋蔵地も偏っており、数々の資源争奪戦の種にもなってきた。これに比べて水素は魅力的だ。ほぼ無尽蔵の天賦資源であるだけでなく、燃焼させても水が発生するのみで環境への影響が極めて小さい。

構想では、太陽光や風力、水力、地熱などの再生可能エネルギーを使って水を電気分解し、水素を得る。その水素を材料に発電する燃料電池を、自動車や家庭、ビル、工場などに取り付ける。

個々の燃料電池はいわばミニ発電所で、それをあまねく配置することによって分散型電源社会をつくる。それぞれのミニ発電所を双方向電力ネットワークで連結し、情報ネットワークと組み合わせて、電気の売買を容易にする。かくして中央集権的な電力供給システムを改め、市民が主体的に発電してグローバルな電気の融通も可能になる——と、気宇壮大だ。

たとえば、燃料電池を動源とする自動車を、駐車している間はミニ発電所として利用する。駐車中も燃料電池を稼働させ、電力ネットワークにつないで電気を売るわけだ。ある試算によると、年間に生産される自動車すべてが燃料電池式になれば、潜在発電量は現在の全世界の発電所の総容量よりも大きくなる。

現実には水素は、「未完の大器」だ。水素時代の到来までには技術革新、膨大な投資が不可欠である。だが、歴史的なエネルギー源の転換期には、耳慣れた技術・経済論からの分析に留（とど）まらず、時代を拓（ひら）く「黄金律」の起草も必要だろう。

大胆な着想を触媒にビジョンを膨らませるのもいいし、批判的にページをめくって異学を求めるのもいい。過去のエネルギーと文明の興亡、石油をめぐる国際政治力学も小気味よく整理されており、読み物としても楽しめる一冊である。

（原題、The Hydrogen Economy）

評・吉田文彦（本社論説委員）

Jeremy Rifkin　米国の文明評論家。著書に『大失業時代』など。

二〇〇三年六月二二日④

『二列目の人生　隠れた異才たち』

池内紀 著
晶文社・二二〇〇円

気ままに生きた才人たちの存在感

　三列目という位置取りに、私は以前からつよい憧（あこが）れを抱いている。一列目に君臨する才能たちとはついに無縁で、たえず一列目を意識し、彼らを乗り越えることばかり考えている二列目の野心も、それゆえのストレスもない。にもかかわらず、誰もが認める実力者たちの後ろ姿を眺め、過酷な闘いと駆け引きを学ぶことができる。自由に生きていくには、絶好のポジションだが、それが憧れに留（とど）まっているのは、三列目に滑り込むだけでも、大変な実力を要するからだ。

　しかし、これはどうやら浅はかな考えだったらしい。世の中には、一列目に敵愾心（てきがいしん）も嫉妬（しっと）も感じることなく、みずからその二列目にとどまって、気のむくまま、好き放題の人生を生きた人々がいる。多くは独学者の系譜に属し、権威には刃向かったが、真にすぐれた先達の声には、きちんと耳を傾ける謙虚さをもっていた。彼らを「隠れた異才」と呼ぶのはまちがいではないけれど、異才は隠れてこその異才であって、列を乱していきなり表舞台に引き出せば、かえって魅力が失（う）せてしまう。過度な思い入れも、醒（さ）めた口調も禁じ手になる。

　その点、池内紀のくぐもった声は、対象への愛情と敬意に満ち、欠点にも目をやる冷静さをそなえている。市井の植物学者、大上宇市。美人画家の島成園。ハーンの同時代人モラエス。湯布院の生みの親、中谷巳次郎。大正天皇の侍医、西川義方。日本山岳会の創設者、高頭式（たかとうしょく）。独文学とエロティシズム文学の紹介者にして演劇人、秦豊吉。画家青木繁の息子で「笛吹童子」のテーマ音楽の作曲者、福田蘭堂（その息子がクレージー・キャッツの石橋エータローだ）。数冊の卓越した料理本を残して出家した魚谷常吉、渇筆画の篁牛人（たかむらぎゅうじん）……。

　甲乙つけるという概念の外にいる人々をずらりと十六人ならべたことで、二列目の人生を歩む集団は、たしかな存在感を得たと言ってもいいだろう。ゆかりの土地や関係者を訪ねた取材の成果が、さりげなく添えられているのも好ましい。つまり異才の風景を訪ねる紀行文としても、本書は生きているのだ。

評・堀江敏幸（作家）

いけうち・おさむ　40年生まれ。独文学者。著書に『なじみの店』、訳書に『ファウスト』など。

二〇〇三年六月二二日⑤

『方向オンチの謎がわかる本』

村越真 著
集英社・一五〇〇円

「地図の使い方で克服」ってホント？

　「方向音痴の法則」というのがあるらしい。廊下を通ってトイレに行く場合、それが廊下の左手にあれば、帰るときは右に曲がらなければならないのに、方向音痴の人は左に曲がってしまう。私がまさにそうなので、大笑いして読んだ。

　これは、心理学の「心的回転」に関係があるという。向きを変えると「R」になる図はどれか、というテスト。「心的回転」能力が低い人は、心の中でイメージを回転させられないため、経験したルートを逆にたどることが難しくなる。

　著者は、「地図を使って未知の山野をマラソン並みのスピードで走り、目印となるフラッグを見つけてゴールまでの所要時間を競うオリエンテーリング競技」の達人。いっぽう取材に協力した「全日本方向音痴ーず」の一人は、東京から国道一号を西に向かって走行中、コンビニにはいったとたん方向感覚を失い、小田原を走っているつもりが東京タワーを発見してしまったという、筋金入り。

　本書では、達人グループと音痴グループを使ったさまざまな実験が紹介されている。「方向音痴は女に多い」説も検証される。一般的に男性は方位や空間関係を重視するが、物の配置をおぼえるのが得意な女性は、目印に頼る傾向にある。ふむふむ、だから男に道をきくと、何の方角に何メートルとか抽象的なことばかりで、さっぱりわからないのか。

　女性の空間能力が低いという結果が出るのは、「それが女性らしいと見なされており、暗黙のうちに女性の多くの被験者がこの社会的期待に応えてしまうからだ」という説は面白い。空間能力を試す実験で、ある群にはその通り、別の群には「共感性を試すものだ」と伝えると、後者では男女差がそれほど生じないらしい。つまり心がけが悪いってこと？

　方向音痴は喫煙や肥満のように克服できると主張する著者は、地図と実際の方向を合わせる「整置」、自分の位置を指で押さえながら歩く「サムリーディング」をすすめている。でも、「心的回転」テストで見事に間違えてしまった私は、まず第一に地図を「整置」させることすらできないのだ……。

評・青柳いづみこ（ピアニスト・文筆家）

むらこし・しん　60年生まれ。静岡大教授。オリエンテーリング全日本選手権で通算22勝。

二〇〇三年六月二二日⑦

『呪いの研究　拡張する意識と霊性』

中村雅彦 著

トランスビュー・二四〇〇円

「陰陽師」のブーム以来、日本的呪術の世界に対する一般の関心は高い。けれど呪術師が死闘を繰りひろげる世界が、今も実在すると信じている人は稀（まれ）だろう。

「呪いは現代にも存在する」と、本書の著者は断言する。大学で社会心理学を教える一方、霊的世界への真摯（しんし）な関心が高じて神社の宮司を兼業することになった著者は、四国の拝み屋（祈祷（きとう）師）たちとの交流を通じて、そうした世界の実在を目の当たりにしてきたという。小説風に開陳される呪いの事例は真に迫っており、説得力がある。

とはいえ本書は、興味本位のオカルト本の類ではない。著者の関心は、トランスパーソナル心理学の視点から、呪いの諸相を分析究明することにあるのだ。

呪いというネガティヴな現象を、意識の拡張、霊性の自覚といったポジティヴでアクティヴな方向へ昇華させようとしている点に、学究にして霊的実践者でもある著者の本領を認めることができよう。

評・東雅夫（アンソロジスト）

二〇〇三年六月二二日⑧

『飲食男女　おいしい女たち』

久世光彦 著

文芸春秋・一四二九円

書名の「飲食男女」は「オンジキナンニョ」と読む。もともとは、人間の二つの根源的欲求、つまり食欲と性欲を指す、『礼記』にある言葉だ。というわけで、「情交（わけ）あり」だったり、ちょっとした縁のあったりした女たちとの思い出を、食べ物の記憶とともにつづったのが、この短編集である。

窓際に置いた、腐ってとけてゆく桃が隣家の人妻を呼び寄せる「桃狂い」、友人との待ち合わせ場所の家で謎めいた女に誘われる「へちま」……。男女の匂（にお）いが立ちこめて場面場面はとても濃密なのに、その描写には不思議な透明感とせつなく淡い情緒が漂う。それはセピア色の写真のようだ。

たとえば「春の蕎麦（そば）」でのこんなくだり。「時分どきをとうに過ぎて、蕎麦屋の客は、ぼくたちだけだった。めずらしく午（ひる）下がりの竹格子の窓から、ポロンと三味線が忍び込む」。書き手の「ぼく」までも写真の中にしっかりと写しこんで、読み手をうならせる。

評・武田佐知子（大阪外国語大学教授）

二〇〇三年六月二二日⑨

『漱石の孫』

夏目房之介 著

実業之日本社・一七〇〇円

たまたま文豪・夏目漱石の孫として生まれたというだけで人知れぬ苦労を背負い込んだ著者が、ロンドン留学時の漱石の足跡をたどることによって初めて祖父の実像に近づく。そして、ついには自分自身のなかに漱石に連なる〝知の遺伝子〟を発見するというノンフィクションである。

「漱石の孫」を売り物にすれば自己否定に繋(つな)がり、かといって「漱石なんて知らん」と反発すれば変人扱いされる。会ったこともない祖父・漱石との格闘は想像を絶する厳しさだったに違いない。が、マンガ評論の第一人者として知られる著者らしく、その辺りの事情をクールな視点で過不足なく描き、ともすれば感情や感傷に支配されがちな素材を巧みにさばいている。

漱石をテーマにしながら、日本の近代や近代における家族関係のあり方が透けて見えてくるような構成にも感心するが、随所に挿入された筆者本人による楽しいマンガも本書の魅力を大いに高めている。

評・篠原章(大東文化大学教授)

二〇〇三年六月二二日⑩

『死刑百科事典』

マーク・グロスマン 著　及川裕二 訳

明石書店・七八〇〇円

原題にキャピタル・パニッシュメントの百科事典とある。極刑だが、どうも普段使いのキャピタルの語感に合わない。同じように感じた死刑囚がいたらしく、彼は「極刑とは、資本(キャピタル)のない人々が受ける刑罰(パニッシュメント)のことだ」と言い遺(のこ)した。本書の「死刑囚の最後の言葉」という項目より。

これはおかしな事典。死刑問題を考える上で重要な資料となる知識と雑学色の濃い知識が混在している。

カーライル・チェスマンといってピンとくる日本人は少ないだろうが、永山則夫ぐらい有名になったアメリカの死刑囚だ。多くの著名人が彼の助命を嘆願した。そのリストが掲げられていて、意外な名前が見いだせる。

チャウシェスクの処刑を伝えるアナウンサーは「反キリストが死んだのです」と揚言したそうな。

別に知っている必要のない教養なのだが、ことがことだけに不思議と頭に残る。奇妙な読書体験はいかが?

評・宮崎哲弥(評論家)

二〇〇三年六月二九日❶

『クール・ルールズ』

ディック・パウンテン、デイヴィッド・ロビンズ 著　鈴木晶 訳

研究社・二五〇〇円

「カッコいい」の変遷 クールに分析

「カッコいい」「ダサい」。隔たった世代のあいだで通じる言葉が乏しくなる一方で、この言葉だけはいまも、たぶん五十代から十代まで共有できる。チープなもの、みすぼらしいもの、アンバランスなものがカッコよさにぎりぎりのところで反転する瞬間の感覚までふくめて。よいこと・わるいことについてすら合意がなりたちにくいそんな不確実な現在でも、ひとは「カッコいい」か否かの判定には迷わない。

〈クール〉という感覚。これを日本語に置き換えれば、たぶんこの「カッコいい」にいちばん近いだろう。〈クール〉が米国で一気に浮上した一九五〇年代には、それはスクエア(堅物・石頭)への反逆としてあった。もとはといえば、奴隷制下、黒人たちがひどい差別や搾取のなかで、感情を表に出さずに虐待や侮辱に耐える心的な防衛機制であった〈クール〉、それに戦後、白人中流階級の若者たちが飛びついた。貧困から不安へと時代の鬱(ふさ)ぎが重心移動を起こしたからだと、著者たちは見る。

ビート世代からカウンターカルチャー世代まで、このナルシスティックで無関心で悦楽的な「個人主義」者たちは、ファッション、音楽からアート、政治運動まで、さまざまな転覆をくりかえした。が、それは運動の物質主義的な屈折でもあり、カウンターカルチャーが「若い消費者たちの心と財布をつかむ方法」となり、ファッション、音楽、ソフトドリンクを通じて「資本主義の尖兵（せんぺい）」となりゆく過程でもあった。そしていまでは、「特注のペイントをほどこしたハーレーに乗るテレビ局の重役」を見かけてもだれも驚かない。

なぜか？

分析の眼（め）は細心である。パンクの装飾過剰とけたたましさに〈クール〉が内在させているバロック的な感受性を、ヤッピーの上昇志向に〈クール〉の快楽主義を、サイコバブルやセラピー文化に〈クール〉の強度の感情主義を、ビッグ・スポーツにおけるテクニックの何げなさに〈クール〉がルネッサンスの廷臣たちから受け継いだ「さりげなさ」を、巨大独占企業を打ち砕くパソコン産業の創業者たちに〈クール〉の反体制気質を、企業人に忠誠心よりは順応性をもとめるクリントンの民主党やブレアの新労働党に〈クール〉の柔軟性を、冷笑と無関心と官能をまき散らすメディア・プロデューサーに〈クール〉の空虚な全体主義を、著者たちは読み取る。そして、〈クール〉はその反抗的な姿勢は失いつつも社会の襞（ひだ）の一つ一つに浸透してゆき、ついに脱工業化時代に支配的な思考スタイル、ないしは道徳的価値観へと変容したと結論づける。

〈クール〉についてのとてもクールな視線である。

（原題、Cool Rules）

評・鷲田清一（大阪大学教授）

Dick Pountain 45年生まれ。英国の雑誌編集者、ジャーナリスト。

David Robins 44年生まれ。英ミドルセックス大客員教授。

二〇〇三年六月二九日❷

『ねじ曲げられた桜 美意識と軍国主義』

大貫恵美子 著

岩波書店・四〇〇〇円

多義的ゆえに桜は動員に利用された

奇遇というべきか、本書が上木される直前に、古い唱歌を思わせる楽曲が空前のヒットとなった。森山直太朗の「さくら」だ。その歌詞にはこうある。

「さくら　さくら　今、咲き誇る　刹那に散りゆく運命と知って」

桜花の象徴するところは昔から驚くほど変わっていない。しかも多義的だ。一番では時の無常を映していた桜が、二番では「ただ舞い落ちる　いつか生まれ変わる瞬間を信じ」と死と再生の暗喩（あんゆ）に転じ、最後には「いざ舞い上がれ　永遠にさんざめく光を浴びて」と光輝に包まれた「永遠の現在」を表象するものとして歌われる。しかも曲全体は、友との別離、新たな世界への出立（しゅったつ）、再会の契りがテーマとなっている。

桜が孕（はら）む滋味豊かな象徴性は、記紀万葉の古（いにしえ）に発出し、その後、時々の日本人の情感を塗り重ねてでき上がったものだ。

明治以降の日本の統治権力は、この精神的資源を国民の動員に徹底的に利用した。明快で一意的なシンボルよりも、矛盾をも含んだ、複雑で重層的なシンボルの方が人心を捉（と ら）え易（やす）い。その方が「理に落ち」にくいからだ。

本書では、これを表現するためにメコネサンス（誤認）という術語が導入されている。メコネサンスとは、同じ対象について話しながら、その多義性ゆえに語られている意味が揺動しているようなコミュニケーション状況のこと。

散る桜が戦死の象徴として極めて有効だった理由は、桜が一義ではなく、その背後に豊かなイメージが、様々な景色が、言葉にならない情趣が控えていたからに他ならない。あえていえば「誤認」の可能性こそが「大義」を支え、さらに「大義」に殉じることを「自然」と思わせたのである。マルクスを読み耽（ふけ）る学徒兵をして、特攻隊に志願させたのである。

このような統治権力による象徴操作の機制を解明した本書の功績は大きい。

この本は近代日本における象徴分析＝批判を主眼とするが、同時にイデオロギー分析＝批判の側面も併せ持つ。だが、後者に関しては単調な、掻（か）い撫（な）での記述も目立つ。いかにも惜しい瑕瑾（かきん）である。

評・宮崎哲弥（評論家）

おおぬき・えみこ　米ウィスコンシン大教授（人類学）。著書に『日本人の病気観』など。

『リーダーシップ』

ルドルフ・ジュリアーニ著　楡井浩一訳

講談社・二〇〇〇円

示唆に富む自治体経営の成功物語

「ジュリアーニは裏切り者だ！」と知り合いのニューヨーカーは叫んだのだった。「ここは昔、きたなくて、殺伐として危険で、いつ殺しあいが始まってもおかしくない緊張感に満ちていた。それが一瞬で、きれいで安全でフレンドリーな街になってしまった！　あいつはニューヨークを観光客に売り渡しやがった！」

というわけで、ひねくれニューヨーカーの敵、ジュリアーニ前市長の自伝である。確かにかれの市長としての手腕は見事で、ニューヨークは本当に見違えるほど変わった。9・11テロの事後処理でも、非常に優れたリスク対応手腕を発揮してくれた。かれが各種の改革をいかに実現したかを細かく説明している。

全体として、変な精神論に頼ることなく、各種の施策とその成果が非常に具体的にあげられていて、説得力も高い（この具体性も、成功条件の一つだそうな）。とはいえこの手のリーダーシップ本は、どれも当たり前の条件（それも時に矛盾する）の羅列になってしまう。本書も例外ではない。他人に謙虚に耳を傾けました／他人に耳を貸さず信念を貫きました、権限委譲を進めました／権限を集中して責任所在を明確にしました、規則を厳格に運用しました／規則を曲げて柔軟に運用しました——。たぶん、実際のリーダーシップの優劣というのは、こういう相反する方針を、どういう時に使い分けるか、という点にあって、その勘所は本を読むだけでは絶対に身につかないのだろう。が、早朝会議、直接的なPRの活用、成果の発表方針など個別の戦術は、いろいろ応用もきくんじゃないか。

また本書が類書とちがうのは、これが企業経営ではなく、自治体経営に関する本だという点だ。なるべく外部の人間を使い、ビジネス的な考えを導入する各種の手法と考え方は、今後我が国でも有効性を持つのではないか。アメリカ人の自伝にありがちな、鼻につく自画自賛ぶりも抑えめだし、いちいち数字で示される実績は有無を言わせない。だれもが（まあ冒頭のひねくれ者は除くが）認める、サクセスストーリーとして公共、民間の双方にとって示唆に富む一冊だ。

（原題、Leadership）

評・山形浩生（評論家）

Rudolph W. Giuliani　44年生まれ。94年から01年までニューヨーク市長。

二〇〇三年六月二九日❹

『江戸の釣り　水辺に開いた趣味文化』

長辻象平 著

平凡社新書・七八〇円

へえ、釣りバカの故郷は大江戸か…

東京住まいのときは晴海埠頭（ふとう）の岸壁でダボハゼが釣れた。いま住んでいる湯河原でも、十五分もあれば海に出られて釣り糸を垂らす。気がつくと、このところ女性や子ども連れの釣り客がおやというほどふえている。釣りブームなのかな。

さて、これほど庶民に人気の釣りが十七世紀後半の江戸時代にようやく始まったと聞くと意外な気がする。漁師の職業的な漁労は別として、趣味としての釣りは江戸勤番の武士たちのあいだから始まったのだそうだ。上方では仏教の殺生戒のおかげで釣り道楽はながらくご法度。一方、孔子は釣り好き。武士たちは儒教を奉じて釣りを武道の延長とこじつけ、仏教の基盤の浅い江戸にようやく趣味としての釣り文化を花咲かせた。やがて地方や町人や女性のあいだにも釣り趣味は波及し、下町には遠出をせずに釣れる釣り堀が繁昌（はんじょう）した。ただし十五年間だけ空白がある。五代将軍綱吉の生類憐（あわれ）みの令。これがお魚様にも累を及ぼした。密漁がバレて死罪になった釣り人もすくなくないという。

けれども綱吉の死後、前にもまして釣り道楽は栄えた。仕掛け、テグス糸、釣り針、継ぎ竿（ざお）に工夫が凝らされ、釣り具も高級化し、獲物ねらいも食用魚よりタナゴのように見た目がきれいなばかりの小魚にしぼられる。釣り道楽のデカダンス。

そんな釣り文化の江戸以降の通史を、本書は主に大名や旗本、好事家たちの遺（のこ）した『何羨録（かせんろく）』『漁人道しるべ』といった釣りの奥義書を手がかりに発掘していく。寄り道して釣りにまつわる怪談奇談、今も昔もたえることのない釣りバカの逸話も聞かせてくれる。小体（こてい）ながら要領よくまとまった釣り通史である。

不景気で小遣いが乏しい。道具に凝ればキリがないけれども、安上がりにもいける釣りにでも行くか。しかし、都市における水の表層露出度はいつしか江戸とは比較にならないほど手狭になっている。コンクリート道路を掘り返して東京を水の都に再生させ、釣り人が海辺や川岸で日がな一日のんびり過ごす日が、いつかはくるのだろうか。

評・種村季弘（評論家）

ながつじ・しょうへい　48年生まれ。釣魚史研究家。著書に『江戸釣魚大全』など。

二〇〇三年六月二九日❺

『新「帝国」アメリカを解剖する』

佐伯啓思 著

ちくま新書・七四〇円

変容する観念、解体する社会共同体

9・11テロやイラク戦争で、世界を構成する基本原則に、なにか途方もない逸脱が生じたと感じる人は多いだろう。テロは戦争並みの被害をもたらし、それにもかかわらず国家が遂行したのではなかった。またイラク攻撃は国連決議を新たにとりつけないまま強行され、しかもその理由は、テロ支援から大量破壊兵器保有、そして民主化と脈絡なく変わった。

何が起きているのか。ある人はアメリカが帝国と化し、巨大な武力で世界を平定せんとしているのだという。またある人は、逆にアメリカが弱すぎるために勝てそうな国相手に戦争をふっかけているのだという。そうした分析はあまりに多様で、いずれを採るべきか断定しかねる。その理由として、それぞれの論は具体的だが、前提とする戦争や民主主義、原理主義といった観念がどのような意味を持つのかという抽象次元で、体系立った整理がなされないことがある。

本書が際立つのは、その整理を徹底して行う点だ。著者によれば、決定的な変化はアメリカが引き起こしている。建国の精神として、

ヨーロッパから逃れ新天地を創造するために共和主義や自由主義、ピューリタニズムを有していたのに、1990年代に至り、それらはネオ・リアリズム、ネオ・リベラリズムそしてグローバリズムへと変容し、国の歴史や地域性にかかわりなく各国が共有するよう唱え始める。こうした観念の意味と関係を平易かつ精緻(せいち)に述べつつ、著者はその背景に、70年代以降のアメリカにおける「社会共同体」の解体があるのだとみる。

原理主義とは世俗社会の根を断ち切る宗教運動のことだが、それが70年代以降、イスラムのみならずアメリカでも顕著になってきたというのは興味深い指摘だ。両者の激突が、「新しい戦争」としてのテロとアメリカの帝国的軍事行動だということだ。

ただしそうだとすると、そもそもアメリカが人工的に作られた国である以上、社会に根ざさない者どうしのニヒルな戦争は、不可避だったということになる。世界の着地点はどこにあるのか、結末はいささかやりきれない。

評・松原隆一郎(東京大学教授)

さえき・けいし 49年生まれ。京都大教授。著書に『現代日本のリベラリズム』など。

二〇〇三年六月二九日⑥

『ZOO』

乙一 著

集英社・一五〇〇円

名付けようのない、ヘンな小説

こんなヘンな小説、見たことない。たとえば本書に収録されている「落ちる飛行機の中で」を読まれたい。ハイジャックされた飛行機に乗り合わせたヒロインが突然隣の男から声をかけられるのが、この短編の始まりである。セールスマンを名乗る男は安楽死の薬を買わないか、と言ってくるのだ。ハイジャック犯は飛行機ごと突っ込むと言っているから、そうなったら不幸にもこの飛行機に乗り合わせたあなたは苦しむことになる。この安楽死の薬を買えば、安らかに死ぬことが出来る、と彼は囁(ささや)いてくる。人生の最後に、人に何かを売りつけるセールスマンとしての満足感を得たいのだと言うのだ。その薬を買って注射したあとに、犯人が掴(つか)まったり、取り押さえられたら、私が損をすると、ヒロインはハイジャック犯に、その覚悟と意思の強さを問い詰める、というのが次の展開だ。ね、これだけでも相当にヘンでしょ。

これは最初の設定にすぎないから、もちろんこれだけで終わらない。ここから意外な方向にどんどんズレていき、最後に予想外のラストがつく。乙一はいつもラストが絶妙で唸(うな)らされるが、そのために、シチュエーション・コメディが名付けようのないものに転換する。これも例外ではない。

そうなのである。乙一の書いているものを私は分類できないのだ。時にSFであったり、ホラーであったりするけれど、この作家の美質は、「落ちる飛行機の中で」のように、そういう衣装から自由に解き放たれ、名付けようのない小説になったとき、つまり既成の小説の枠を超えたときに、いちばん光り輝く。こればかりは乙一の小説というしかない。まったく、ヘンな作家がいるものだ。

現代エンターテインメントはさまざまな方向に向かって成熟の道を歩んでいるが、乙一だけはその通常の成熟すら拒否している感がある。彼が立っているのは未踏の領域だ。おそらく追随者も生まれまい。彼の作品は、技術を習得すれば書けるというものではないからだ。乙一が今後どこに向かうのか楽しみだが、とりあえずはこのヘンな作品を味わいたい。

評・北上次郎(文芸評論家)

おついち 78年生まれ。作家。著書に『夏と花火と私の死体』『GOTH リストカット事件』など。

二〇〇三年六月二九日❼
『死の骨董　青山二郎と小林秀雄』
永原孝道 著
以文社・二八〇〇円

骨董（こっとう）といえば鑑定団とやら。値段ばかり気にする世の中だが、本来は風流の極みであり、生死を賭けておのれの「眼（め）」をみがく対象なのだった。

利休を理想像とした青山二郎は、骨董が単なる美ではなく「関係」そのものであると見ぬいた。そして一生をかけて「眼」の人になったのである。しかし、小林秀雄には、それが消費するだけの遊びと見えた。

親友の中原中也と違って夭折（ようせつ）できなかった小林秀雄は、ランボーの詩に導かれつつ過去の自分を屍体（したい）として見るところから出発し、批評というジャンルを確立した。小林にとっての骨董は、刀の鐔（つば）に収斂（しゅうれん）されるような死の骨董だったのだ。

臨終に近く「きれいだろう」とライターに火をつけて見せた「眼」の人・青山に寄りそいながら、同時に小林の肖像を描いた、これは芸のある一冊である。

新しい視角で信長と秀吉をとらえた物語作家・宇月原晴明としての語り口も手伝って、興味は尽きない。

評・杉山正樹（文芸評論家）

二〇〇三年六月二九日❽
『気分はいつもシェイクスピア』
小田島雄志 著
白水社・一九〇〇円

シェイクスピアのせりふは、切りとりようひとつで警句・教訓に化ける。故に類書は多い。要は鋏（はさみ）の使いようと味つけである。

著者は、名せりふを紹介するに当たって自らの体験・見聞を加味するという妙手を思いついた。たとえば「愛のことは天のお導きにまかせるのがいちばんです」（『ウィンザーの陽気な女房たち』）。

当時、八丈島で高校教師をしていた夫人にプロポーズした思い出を語る。「小さな船に乗りこんだときは、『人事を尽くして天命を待つ』心境でした」

とり上げられたせりふ、約200。自然、人間など10項目に分けられている。

シェイクスピアが37本の全戯曲のなかで哲学という言葉を使ったのは14回、ほとんどが否定的意味合いが強いなどと、思わぬ〝雑学〟も手に入れられる。

著者は別の新著『シェイクスピアに学ぶ老いの知恵』（幻冬舎）で老境について語っているが、あるのは悟り、諦（あきら）めはまったくない。

評・安倍寧（評論家）

二〇〇三年六月二九日❾
『非国民』
森巣博 著
幻冬舎・一八〇〇円

なんとも痛快なピカレスク・ロマン。今年の娯楽小説の大きな収穫である。

舞台は薬物中毒の更生施設。シャブ、シンナー、コカインで身も心も滅ぼした者たちが、ここで生き延びる道を探る。その手段は賭博である。日本に現実に存在する半合法カジノのバカラで、更生施設維持のための金を荒稼ぎするのだ。高度資本主義はギャンブルだというのが著者の信念だが、パチンコを筆頭に、日本の賭博野放しの現状には本当に驚かされる。

主人公たちは、麻薬や賭博を食いものにする悪徳警官に挑む。国松警察庁長官の狙撃事件でも日本の警察の深い闇はかいま見えたが、本書があばく警察の裏事情には背筋が凍りつく。

政財官と司法の癒着がその構造を生み、現在も変化はない。日本のバブルの敗戦処理に当たっているのは当の戦犯たちだからだ。

一度崩壊しないかぎり今の日本に希望は生まれない。痛快さの裏に、そんな激烈な毒を秘めた力作だ。

評・中条省平（学習院大学教授）

二〇〇三年六月二九日⑩

『ぼくの落語ある記』

八木忠栄 著
新書館・一八〇〇円

三十五人の落語家を紹介した「落語家たち」という章がある。たとえば、柳家小三治（十代目）の趣味の広さに注目した後、著者は次のように書く。

「高座で湯呑（の）みをつかう落語家が今はほとんどいなくなってしまった。なにやら淋（さび）しい。円生は必ずすすってのどを潤した。小三治は今もちゃんと実行している。しきりにすする。他には今、円窓や馬生が湯呑みをつかうくらいか。湯呑みをつかうからどう、というものでもなかろうが、高座がさまになるし、どこやら姿がいい」

湯呑みをすする小三治がくっきりと目に浮かぶではないか。私は、小三治を聞きに行こう、という気分にもなっている。

著者は一九四一年生まれの詩人。学生時代から四十年以上も寄席通いをしてきた。この本では、楽しく愉快な詩のように落語家や寄席を描いている。ちなみに、この詩人は、「人は笑いなしでは生きられない」と考えている。

評・坪内稔典（俳人）

二〇〇三年七月六日①

『果てしなき論争　ベトナム戦争の悲劇を繰り返さないために』

ロバート・S・マクナマラ 編著　仲晃 訳
共同通信社・三八〇〇円

泥沼の道を突き進ませたものは何か

ベトナムでの、あの戦争を、なぜ避けられなかったのか。もっと早く戦闘を終わらせることはできなかったのか。今、学ぶべき教訓とは何なのか。こうした重量級の問いを鞄（かばん）に詰め、戦時の政策決定に関（かか）わった米越の政府高官、軍幹部や研究者が集い、歴史検証会議を開いた。本書はその論議の要旨と総括である。

戦闘終結から四半世紀の間に多くの機密資料が解禁され、かつての敵国同士が一堂に会することも可能になった。丁丁発止と切りむすんだ末、参加者たちが掘り起こしたあの戦争の因果律――そこには、独善、視野狭窄（きょうさく）に陥った人間の蹉跌（さてつ）、夜郎自大から抜け出せない人間の業が澱（おり）のように凝縮されていた。すなわち、一貫して自らに理があると過信し、誤った情報、誤った計算、誤った判断によって枢要な決定を歪（ゆが）め、平和的解決の機会を逸し続けたのである。

たとえば、「北爆」を始めた米国は、戦況の悪化に耐えかねて、和平工作に出口を求めるようになった。3年半の間に米国は16回にわたって北爆を停止し、72回にわたって和平への働きかけを行った。だが、大半が仲介者を通じたものに過ぎず、相手に真意を伝えることも、信頼を醸成することもできずじまいだった。

この点がずっと気がかりだったマクナマラ元国防長官は、会議が進むにつれ、和平実現のための米越の最低条件には、実は大きな隔たりがなかったことを思い知らされる。そして、発言する。「今この席で、私が大変悲劇的だと思うのは、両者が歩み寄り不可能なものではなかったという事実です！（略）それぞれの条件を紙に書いて比べてみれば、歩み寄りが可能だったことに気づかずにはおれません。（略）問題は、どちらもこれが相手の最低条件だと理解しなかった、あるいは信じなかったことでした」

言い換えると、誤解、無理解の螺旋（らせん）階段を幾度となく転げ落ちたが故に、悲劇が繰り返されたのだ。そもそも、南ベトナムが社会主義圏に転べば、東南アジアの親米政権も次々に倒れるという米国の「ドミノ理論」など、幻想に近かったことが本書を読めばよくわかる。

マクナマラ氏は戦争の教訓として、相手の見方を理解すること、危機回避のために高官レベルで直接対話すること、軍事力では解決不能な問題があるのを認識すること、などをあげる。和平の機会を逃し続けた現実には遺(や)る瀬無(せな)さがつきまとうが、何とか後世に教訓を残そうとする情熱には共感を覚える。

分厚い本書を何度も読み返したのはなぜだろう。おそらく、戦争当事者たちが自らの手で歴史を抱きしめ、実体験に照らしながら「正史」の修正に挑む様が、迫力に満ち、新たな歴史ドラマの始まりを予感させるからだろう。あの戦争の総括はこの本にしてなお、未完のままであり、「果てしなき論争」が続く。

(原題、Argument Without End)

評・吉田文彦(本社論説委員)

Robert S. McNamara 16年生まれ。元米国防長官。著書に『マクナマラ回顧録』など。

二〇〇三年七月六日③

『闇に消える美術品 国際的窃盗団・文化財荒らし・ブラックマーケット』

エマニュエル・ド・ルー、R-P・パランゴー著
菊池丘 訳
東京書籍・三〇〇〇円

世界中に広がる「闇市場」の実態

書名の「闇」とは、盗難や盗掘にあった美術品が流れる先の闇市場(ブラックマーケット)を指すが、私見によれば、もともと美術品は「闇」と縁が深い。美術品を完璧(かんぺき)に守り伝えようとすれば、闇に包んでおくことが最善策だからだ。

しかし、それは美術品であることと矛盾する。美術品は人が目にして初めて美術品であり、それは光を当てることにほかならない。

したがって、いくら「闇市場」にあっても、商品価値を生み出すためには、どこかで人目にさらさなければならない。ちょうど誘拐犯が身代金受け渡しの一点で、闇から顔をのぞかせるように、日々人間臭いドラマが演じられているはずだ。

フランスでは、美術館の盗難事件の半数以上で、内部に共犯者がいたという。防犯の最前線にいるはずの警備員の退屈な日常業務、絵の前でじっとしていることは「うんざり」という彼らの心理、警察内部での美術品盗難に対する犯罪観の違い、国境を越えたとたんに変わる刑罰の軽重、盗品を換金する際の駆け引きなどにまで筆は及び、なるほどふたりのフランス人ジャーナリストによる「闇市場」のルポルタージュは、そこに繰り広げられるさまざまな人間劇を浮き彫りにする。

何よりも取材地域の広さと情報の新しさが本書の特色である。ヨーロッパばかりでなく、南北アメリカ、東西アジア、アフリカに取材先は広がり、地球上のいたるところに闇が口を開いているのだとわかる。むろん日本も無縁ではない。

その口にいったん飲み込まれると、美術品は軽々と国境を越え、別の口から吐き出される。国境通過時の審査書類が、逆に美術品にお墨付きを与え、浄化する場合もある。

原書は一九九九年の出版ゆえに九〇年代の情報を満載するが、日本語版の刊行に際して最新情報が加えられた。すなわち「アフガン危機」(ユネスコがこう称して注意を喚起した)である。さらに今回のイラク戦争でも博物館が略奪に遭い、たくさんの文化財が流失したことを思えば、「闇市場」は、戦争を養分にして、一段と成長するといえるかもしれない。

(原題、Razzia sur l'Art)

評・木下直之(東京大学助教授)

E. de Roux 44年生まれ。仏ジャーナリスト。
R-P. Paringaux 41年生まれ。仏ジャーナリスト。

二〇〇三年七月六日④

『死に方を忘れた日本人』

碑文谷創 著
大東出版社・二八〇〇円

お葬式が変わった、お墓も変わった

葬式をはじめ死にまつわる一連の営みや儀式が、この四半世紀、大きく変わってきている。死は家庭から切り離されて病院での出来事となった。葬式の場所も家から、葬祭場に変わった。白木の祭壇が、大きく高くなったかと思うと、今度は花の祭壇に。白菊は色花になり、はては真っ赤なバラまでが使われ始めた。霊柩（れいきゅう）車が変わった、お墓も変わった……。

業界誌「SOGI」の編集長として、こうした趨勢（すうせい）を見守ってきた著者は、本書で葬式を「死を受け止める文化装置」と定義し、現代人の死をめぐる環境を歴史的背景の分析を含めて描き出している。葬祭業界の直面している事態を知るだけに、最先端の葬儀事情を活写して、なまじの民俗学や社会学の葬祭研究より迫力も説得力もある。少子化・高齢化、非婚化、そして地方の過疎化、都市部の過密化……。さまざまな要素が重層的に絡み合って、葬儀や墓の変化の過程が明かされる。江戸時代以来の檀家（だんか）制度を基礎とした仏式の葬儀への批判と、葬式が共同体主体から家族主体に変わってきていることが、変化を加速したというのだ。

そもそも「〇〇家の墓」と家名を記した墓は、墳墓の家督相続を規定した明治民法のもと、火葬の普及を契機に一般化し、家制度のシンボルとなったもので、実はたかだか百年の歴史しかない。家制度の崩壊、女性の意識の変化もあいまって、もはやこうした家墓の存続はむつかしい。著者はこれを「墓システムの制度疲労」と指摘する。そして、核家族化からさらに家族解体・分散へと進んで、地域共同体は消滅し、人が裸で社会に放り出されている現実を踏まえて、葬式や墓制の劇的変化の方向を「個人化」「個性化」「多様化」とみる。確かに、すでに檀家制度の代わりに会員制度を採って墓地の募集をする寺が出てきている。

散骨・自然葬を含めた墓制の行方や、アメリカで九割も普及しているエンバーミング（遺体を消毒・防腐・化粧・修復する処置）まで、およそ人の死に関（かか）わるすべてと、葬祭のこれからを見据えた本だ。自らの死に方を考えている人にもおすすめである。

評・武田佐知子（大阪外国語大学教授）

ひもんや・はじめ 46年生まれ。葬送ジャーナリスト。著書に『葬儀概論』など。

二〇〇三年七月六日⑤

『ハワイッサー』

水野スミレ 著
角川書店・九五〇円

猛烈に忙しくも極楽な主婦の一日

三十五歳主婦の一日を描く長編小説である。朝起きてから寝るまでの一日だ。二人の子供を学校に送り出し、亭主の朝食を作ってから、PTAの会合に出かけ、帰宅すると、今度は夕食の支度。ようするに、普通の主婦の、普通の一日を描いていく。驚くことにこれは、なんとそれだけの小説である。特別の事件が起きるわけではない。派手なドラマも何一つない。ところが読み終えると、むくむくと元気が出てくるから、まことに不思議な小説といっていい。

たとえば、夕食のメニューを考えるくだりを見られたい。子供たちのその日の給食を調べ、亭主の好みを頭に入れて、冷蔵庫の中にあるもので何とか家族全員の夕食が作れないかと主婦は思案する。家族の健康とみんなの好みと節約をテーマに、ヒロインの頭が猛烈な勢いで回転する箇所（かしょ）だ。このくだりが象徴的なのは、料理だけではなく、すべてのことを彼女がこのように凄（すさ）まじいスピードで取り組んでいくからである。欲望と思い込みと節約精神が全開なのである。だから特別の一日ではなく、普通の一日である

のに、ヒロインは猛烈に忙しい。彼女にとってはその「普通の日」がまるごと特別なのだ。育児に料理にPTA活動だけでも忙しいのに、浮気相手が二人もいて、彼らのところも回らなければならないから、ちまちましたことを考えている暇がない。こうしてこのヒロインは精力的に邁進（まいしん）する。

「ハワイッサー」というのは、沖縄独特の表現で、「極楽だ」という意味らしいが、それは日々の暮らしを全面的に肯定するこのヒロインの意思の強さの表出にほかならない。亭主を愛し、子供を愛し、浮気相手も愛するヒロインの、まっしぐらな日々がかくて色彩感豊かに浮かび上がってくる。まことに特異な専業主婦小説だ。

Next賞に応募した作品を大幅に書き直した作品で、これがデビュー長編になるが、まだ粗削りのところはあるものの、なあに、気にすることはない。この秀逸な人物造形と物語の太さがあるかぎり、真の傑作まではただの一歩である。早く次作を読みたい。

評・北上次郎（文芸評論家）

みずの・すみれ 66年生まれ。作家。那覇市在住。メーカー勤務を経て、専業主婦。二児の母。

二〇〇三年七月六日❻

『肉体不平等　ひとはなぜ美しくなりたいのか？』
石井政之 著
平凡社新書・七〇〇円

値踏みする「まなざし」を見つめ返せ

日本は「肉体不平等社会」になっていると著者は書く。それはごく一部の理想の身体をもって生まれた人間が得をし、それ以外の身体の人はすべて身体コンプレックスに拘束されているという共同身体幻想の社会だ。メイク、美容整形、ダイエット、かつらなど「身体加工・装飾サービス」に救いを求めるのは、この肉体不平等社会において階層を飛び越えようとあがいているからだという。

現代日本に生きる人々の容姿への関心はなみなみならぬものがある。それは裏をかえせば、ひとりひとりの心も知性も人生の体験もこの社会では価値を与えられないという絶望感のあらわれだろう。

人はなぜ自らの顔や身体にコンプレックスをもちつづけるのか。他者の視線、あふれる情報の洪水のなかで現実の自分の容姿を受け入れられずにいる。この顔さえ美しくなれば、この社会でもっと生きやすくなるはずだという呪縛にさいなまれるのだ。

その「他者」は異性とは限らない。若い女性同士が互いの美醜を評するという話はよく聞く。本書にも登場するテレビ番組「ビューティー・コロシアム」の出場者に、わが子から醜いと言われたので美しくなりたいという相談は少なくない。また実年齢より十歳も若く見えることが賞賛（しょうさん）される昨今のエイジレスブーム。これは年老いた自分を容認することができないからだ。「視線」は他者だけではなく自分自身にも向けられる。

本書に論じられている三島由紀夫、中村うさぎ、とくに乙武洋匡にかんする論考は意味深い。著者が「視線と社会」を追求しつづけたこれまでの仕事を踏まえてのひとつの到達点だろう。

「今こそ誰が、あなたの身体を値踏みしているのか、そのまなざしの主を見つめ返すときである」

本書のメッセージに通じる岡崎京子の漫画『ヘルタースケルター』を手にとってほしい。こちらも容姿をめぐる苦しみから解き放たれる物語だ。石井が訴える「自分の、その肉体の可能性に賭けること」の希望、肉体不平等社会を生きる手がかりが見えてくるはずだ。

評・与那原恵（ノンフィクションライター）

いしい・まさゆき 65年生まれ。ジャーナリスト。著書に『顔面漂流記』など。

二〇〇三年七月六日⑦

『歌人回想録　2の巻』

ながらみ書房 編

ながらみ書房・二八〇〇円

茂吉、白秋、空穂、芳美、柊二、塚本、岡井など、稜線（りょうせん）の歌人によって短歌史はどうしても語られがちだ。

しかし、短歌の裾野（すその）には慈しまれ、愛されたマイナーポエットがたくさんいる。本書は第一巻に続き、二十二歌人についての回想やエッセイと、それぞれの代表作五〇首を収録した貴重なアンソロジーである。

例えば、「蜂ひとつ飛べる朝（あした）のしづかなる光あつめて石蕗（つはぶき）は咲く」といった安田章生の作品をとりあげながら、甥（おい）である歌人安田純生は、「少年時代に短歌という土地に穿（うが）った一つの穴を、それほど広げることもなく、また、別の幾つかの穴を穿つこともなく、そのまま下へ下へと掘り進めて行った」といい、晩年にいたるまで「澄む」「光」を繰り返し詠んだ一歌人のしずかな、しかも揺るぎのない姿を鮮やかに描き出す。

二十二人に寄せる思いはみな熱く、清々（すがすが）しい。短歌という山脈（やまなみ）は、このような魅力ある作品と読み手に支えられていることを改めて感じた。

評・小高賢（歌人）

二〇〇三年七月六日⑧

『鬼哭啾啾　「楽園」に帰還した私の家族』

辛淑玉 著

解放出版社・一八〇〇円

鬼哭啾啾（きこくしゅうしゅう）とは、浮かばれない霊魂の泣き声が、物悲しく、すさまじく迫る様子をいう。

この本から聞こえてくるのは、著者、辛淑玉（しんすご）が愛した祖父や叔父たちの慟哭（どうこく）である。その周りにひしめく在日朝鮮人や日本人配偶者の魂の叫びである。

一九五九年、著者が生まれた年に「楽園天国」と喧伝（けんでん）された北朝鮮への帰還事業が始まった。九万三千余人が差別に苦しんだ日本を捨て海を渡ったが、少なからぬ人が、かの地で不本意きわまる生を閉じることになる。その惨状が事実に事実を重ねて語られる。

しかし冷徹にして熱情的な行動派、辛淑玉のこと。筆は朝鮮学校や朝鮮総連のありよう、日本人の振る舞い、自らが接した北朝鮮難民の実態、国とは何かに及んで、浸透力に富む。

国でなく、人を愛したい、愛し続けたい。それが彼女の立場。

金正日・北朝鮮非難テレビ番組の熱心な視聴者にもぜひ読んでもらいたい。

評・栗田亘（コラムニスト）

二〇〇三年七月六日⑨

『吉田司対談集　聖賤記』

吉田司 著

パロル舎・三二〇〇円

かつては水俣病の〝神話崩し〟を試みた大宅賞受賞作『下下戦記』の著者として、昨今では個人情報保護法案反対運動における奇矯なパフォーマーとして、知る人ぞ知る吉田司の初の対談集である。

対談相手は、経済アナリストの森永卓郎や前沖縄県知事・大田昌秀、〝大勲位〟中曽根康弘といった意外な顔ぶれを含め多士済々で、内容も成田闘争からデジタル情報社会論まで、著者の幅広い関心を示すものとなっている。吉田司とは何者かが、この分厚い一冊を読めば、ほぼ了解できよう。

大衆の生き方の欺瞞（ぎまん）を許さず、その道義を問いただしてやまない著者は、本書で「大衆権力」とメディアの結託を指弾するまでに至っている。共感する部分も多いが、私としては、著者が〝死に場所探し〟ごっこをやめて「もう一度〈自立の思想〉をむき出しにして生きる」と宣言した以上、『下下戦記』に比肩する作品の登場を、そろそろ期待したいところだ。

評・野村進（ノンフィクションライター）

二〇〇三年七月六日⑩

『いらっしゃいませ』

夏石鈴子 著

朝日新聞社・一三〇〇円

「女のホンネ」という言葉に、私はうんざりしている。メディアでは、なぜか「女のホンネ」を語るのが歓迎されている。そして下品であればある程(ほど)、愚劣であればある程「ホンネ」度は高いと信じられている。

くだらないことだ。間違っている。結局、女は馬鹿だと思いたいだけなんじゃないか? 男も、そして女自身も。

そういう疑問を少しでも感じる人にはこの『いらっしゃいませ』という小説をおすすめしたい。出版社に就職して受付に配属された女の子の内心の呟(つぶや)き。それは世間で言う「女のホンネ」とはちょっと違う。情けないところもあれば、けなげなところもある。硬い言葉で言えば自己凝視だ。これだって「平凡なOL」の一つの真実なのだ(つかのまだが、出版社の受付経験者である私には懐かしい世界でもあった)。

いつもながら、著者は物事の描写から自分の意識の流れの描写に転じる、その転じ方が滑らかで巧(うま)い。

評・中野翠(コラムニスト)

二〇〇三年七月一三日①

『スミソニアンは何を展示してきたか』

A・ヘンダーソン、A・L・ケプラー 編

松本栄寿、小浜清子 訳

玉川大学出版部・四二〇〇円

あえて「近い過去の記憶」に挑む

スミソニアン博物館は一つではない。ワシントンに本拠をおくスミソニアン協会傘下の十六の博物館や美術館の全体がスミソニアン。

その一つ、航空宇宙博物館で一九九五年、広島に原爆を投下したエノラ・ゲイ号の展示を中心とする「原爆展」がひらかれた。このとき、落とした側だけでなく、落とされた側の経験にも積極的に踏み込もうとした博物館の方針に、議会や在郷軍人会がはげしく反発して、ついに館長が辞任に追い込まれてしまった事件は、日本でも大きく報道された。

本書を読んで知ったのだが、この時期(一九九〇年代)、協会設立一五〇周年をむかえたスミソニアンは大きな危機に直面していたらしい。従来のやり方を踏襲しているだけでは、二十一世紀の現実にとりのこされてしまう。そこで関係者たちは、つぎの時代の博物館の理念と展示手法をもとめて、それぞれに大胆な冒険をこころみた。あの原爆展も、じつはこうした一連のこころみの一つだったのである。

博物館の冒険は、一つには「近過去の記憶」をどう扱うかという難題にかかわる。アメリカ歴史博物館の「第二次世界大戦展」などもそう。なにしろ近い過去だから、体験者やその近親者がまだ生きていて、「私の記憶はこれとはちがう」と口々に主張することができる。人びとの互いに衝突する「記憶」から、どのように「歴史」を構成してゆけばいいのか。はたして博物館に「これがほんとうの歴史だ」と決める権利があるのかしらん。

この問いは自然史博物館とも無縁ではない。むかしの博物館員なら、文明人の目によって大量の収集品に蝋(ろう)人形を組み合わせ、「エスキモー」や「インディアン」の生活を、いかにもほんとうらしく再現してみせることができた。もちろんかれらは、やがて当の「素朴で野蛮な原住民」自身がその展示を見て、「こんなのはでたらめ」と大笑いするようになるなどとは、想像もしていなかったにちがいない。

あるいは大衆文化。国家と文明という価値の賞揚(しょうよう)から、多様なアメリカ人の日常生活の細部へ。となれば映画、マンガ、ラジオといった大衆文化の展示は欠かせまいとスミソニアンの人々は考えた。だが反発する人のかずも少なくない。アメリカ人の誇りの聖堂たるべき国立博物館が、なぜ俗悪テレビ番組の衣裳(いしょう)や小道具などを展示する必要があるのか。

思い切った冒険はしばしば大小のトラブル

をひきおこす。その当事者たちによる現場からの報告集だから面白くないわけがない。大金をかけた完璧（かんぺき）な展示よりも、多少アラがめだっても、学芸員の手作業や、容易には解決できない難問への見学者の参加をうながす展示のほうをえらぶ。ブッシュの冒険だけではない。これもまたきわめてアメリカ的な冒険なのである。

（原題、Exhibiting Dilemmas：Issues of Representation at the Smithsonian）

評・津野海太郎（編集者・和光大学教授）

A. Henderson　米の文化史研究者。
A. L. Kaeppler　米の自然史研究者。

二〇〇三年七月一三日②

『ブラッディ・マーダー　探偵小説から犯罪小説への歴史』

ジュリアン・シモンズ 著　宇野利泰 訳
新潮社・四八〇〇円

まじめで楽しいミステリー通史

ミステリーはいまや文芸全体のなかで最も広大なジャンルの一つになっている。にもかかわらず、ミステリーの歴史を、その起源から現在まで、手っとり早く一望できる書物は存在していなかった（少なくとも日本語では読めなかった）。

本書は、その長年の空白を埋める貴重な労作であり、ミステリーにまじめな関心をよせる読者が、まず一読すべき基本文献となるだろう。すでに亡くなられた訳者と、煩雑な情報確認に当たった編集者の労を多としたい。

「推理小説」は、ポーとともに始まった。そして、ポー～ドイル～クリスティ、カー、クイーンというのが、推理小説の大きな流れである。だが、著者は、有名なアナキスト思想家ゴドウィンが、ポーより半世紀も前に書いた『ケイレブ・ウィリアムズ』を重視する。これは史上初のリアルな「犯罪小説」であり、本書の副題に、「探偵小説から犯罪小説への歴史」とあるように、現代のミステリーは、名探偵の純粋な謎解きである「推理小説」から、社会のリアリティーを鋭敏に反映する「犯罪小説」へと回帰した、というのが、著者の歴史の見取り図なのだ。

第二次大戦後、「推理小説」は「犯罪小説」に変わった。戦争の悲惨を経ることで、犯罪を解きあかす理性の力から、理性をうち破る暴力の恐怖と魅惑へ、読者の無意識的な関心がシフトしたのである。国家から個人まで、目的達成への最短距離の手段が暴力にほかならぬことをもはや隠せなくなったのだ。その意味で、本書は、近代における人間の心性の変化を物語るすぐれたレポートでもある。

無論、ミステリーファンにとっては、この上なく楽しい書物なのだ。ホームズ以外で一章を割いたのはメグレだけ、という大胆さに私は膝（ひざ）を打ち、また、レンデルの未読の二冊を現代の犯罪小説の模範として絶賛しているので、ぜひ読もうと思ったらこれが早くも絶版というのでがっかりし、トンプスンやアイリッシュの過小評価にむっとした。だが、著者の明確な嗜好（しこう）が、本書を退屈な客観性から救っている。一人の作者が書く通史としては望みうる最高水準をクリアしている。

（原題、Bloody Murder From the Detective Story to the Crime Novel：A History）

評・中条省平（学習院大学教授）

Julian Symons　１９１２～94年。英国の詩人、評論家、小説家。

二〇〇三年七月一三日❸

『リヒテルは語る　人とピアノ、芸術と夢』

ユーリー・ボリソフ 著　宮澤淳一 訳

音楽之友社・二六〇〇円

ピアニストの「意識の流れ」を言語化

この本を読んでいると、ロシアの名ピアニスト、リヒテル（一九一五～九七）がドストエフスキーの小説の主人公のように思えてくる。若いころリヒテルのもとを訪れた著者は、いきなりピアノに襲いかかって不協和音を鳴らしたり、シューベルトを神のように弾いたり、かと思えば、音楽がもたらす幻視について延々と語る巨匠に圧倒され、是非（ぜひ）とも彼の言葉、身ぶり手ぶり、全身から発するオーラを書きとめておきたい欲求にかられた。

原題を「リヒテルの方へ」という本書は、一九七九年から九二年まで、ときに連続して、ときに断続的に彼のもとを訪れた著者が、メモと記憶をたよりに書き起こしたリヒテルの語りを、モノローグ芝居のような形にまとめたものである。

圧巻なのは、リヒテルが古今のピアノ曲を縦横無尽に解釈してみせるところ。楽曲分析なんぞクソくらえと言わんばかりに、直観によって一挙に作品の核に踏み込み、内在するものをえぐり出し、デモーニッシュな想像力で飛翔（ひしょう）させる。

「シューベルトのソナタはプルーストの小説に似ている」とリヒテルは言う。「そこに含まれた愛は、プルーストのそれと同じように、自分自身に、自分の内なる状態に向けられているのだ」。ベートーヴェン『ハンマークラヴィーア』のフーガはノアの方舟（はこぶね）建造。ドビュッシー『亜麻色の髪の乙女』は、ルノワールの裸婦のような生肉の灰色をしている。

またリヒテルは、唐突にマンドラゴラについて語りはじめる。媚薬（びやく）だが、危険な有毒植物だ。掘り起こそうとすると呪いの声が聞こえてきて、聞いた者は発狂するという。だからマンドラゴラの根は犬に引き抜かせるのだ。掘り出された根を見ると、人間の姿に似ている。「誰に似ているかって？」ときいたリヒテルはこう囁（ささや）く。「ショパンだよ！」

こんな風に次から次に連想したり思考が飛躍したりするのは、リヒテルのような天才に限らず、実は多くの演奏家にも共通していることなのだ。とりすましたインタビューでは絶対に出てこないピアニスト族の「意識の流れ」を言語化した本書は、その意味でも画期的だ。

（原題、Po Napravleniyu k Rikhteru）

評・青柳いづみこ（ピアニスト・文筆家）

Yury A. Borisov　56年生まれ。ロシアの演出家、映画監督。

二〇〇三年七月一三日❹

『空（くう）の思想史』

立川武蔵 著

講談社学術文庫・一一〇〇円

どうして「否定」が人を救えるのか

仏教は果たして人を救済するものだろうか。これは大きな問題だ。

もちろん六道輪廻（りんね）や浄土を前提とする俗的な仏教ならば、そこにいかにも宗教らしい、端的な救済の構図を見いだすことも容易（たやす）い。

だが、仏教の大本にある空（くう）や縁起（事象の相関相依性）や無我といった、高度に思弁的で、否定的な教理がいかにして救いに結びつくのか。どうも戸惑いを覚えるという人も少なくないだろう。

立川武蔵という仏教思想家のユニークさは、空思想と救済の関係を極めてクリアに提示してみせた点にある。

仏教中興の祖、ナーガールジュナの『中論』や一部の般若経典を読む限り、空思想とは否定に次ぐ否定である。世界も、世界を構成する諸要素も、私の身心も、身心を構成する諸要素も実は存在しない。実在すると誤認させるのは言語の力である。そこで仏教徒は、錯誤の元凶である言語作用の止滅を目指す。そのためにナーガールジュナが採用した知略は、言葉を厳密に使おうとする限り陥らざるを得ない矛盾を突くことだった。

　こうして言葉によってかたちづくられた世俗世界は、ひとつの例外もなく実在性を否定されてしまう。「世界もない、人間もない、さらには悟りもない」のないないない尽くしが空思想のモットーである。

　ならば、どうして世界の存在の否定が救いとなるのか。単なるニヒリズムではないか。仏教にはじめて触れた西洋の知識人はもちろん、ナーガールジュナの同時代の仏教徒すらそう誤解した。

　しかし立川によれば、否定に次ぐ否定は往(ゆ)き道に過ぎないのである。批判的合理性を極限まで高め、言語が齎(もたら)す世俗世界の外部＝空性へと突き抜けてしまう道程を「往路」とするならば、必ず「復路」がある。「復路」においては、一度全否定された縁起する世界が新たに蘇(よみがえ)り、現象としては以前と寸分も変わらぬのに聖化を遂げている。立川は止滅後の世界の聖なる蘇りに、仏教者の救済の核心を見いだす。細部に議論の余地も残るが、一貫した視点による、ラディカルな仏教思想史であり、仏教論である。

評・宮崎哲弥（評論家）

たちかわ・むさし　42年生まれ。国立民族学博物館教授。著書に『中論の思想』など。

二〇〇三年七月一三日⑤

『日本の治安は再生できるか』

前田雅英 著

ちくま新書・六八〇円

犯罪統計が語る安全社会の崩壊

　日本の治安の悪化は深刻だという人がある一方で、それは捜査当局の誇張だという人もある。何よりも必要なのは客観的なデータにもとづいた議論である。

　本書によれば、人口10万人あたりの刑法犯の発生件数（正確には認知件数）は、戦後の混乱期で2000件ほどだったが、その後減少して70年代半ばに1100件程度となった。ところがその頃から反転し、21世紀に入って2200件にまでなった。とくに過去10年で強盗が3倍になるなど、凶悪犯の増加が目立つ。

　他方で検挙率は、戦後一貫して60％前後という驚異的な高さだったが、過去数年で急速に低下し、今では20％を下回り、先進諸国中で最低水準となった。とくに強盗の検挙率は、かつて80％ほどあったのが、今では50％を切っている。

　犯罪の増加の主役は、一つは外国人である。戦後、外国人犯罪は減少傾向にあったが、平成に入って急増し始めた。その中心は、「来日外国人」であり、外国人検挙者中の彼らの比率は、80年の8％から、現在では60％にまでなっている。

　犯罪増加のもう一つの主役は少年である。最近の強盗罪検挙人員の中で少年（14歳以上20歳未満）は4割を超える。現在、この年齢層は少子化の結果、全人口の7％しかないことを考えると、異常な高さである。少年犯罪には万引きなどの軽微な犯罪が多いという見方があるが、そうではない。そして少年はやがて成人になる。最近、ついに成人の犯罪も20歳代を中心に上昇を始めたのである。

　こうした犯罪の増加の背景には、社会規範の崩壊があると著者はいう。そして入管行政の改善や刑罰の強化、それに社会規範の再確立を提唱する。そうした方向は、少年法の改正や児童買春処罰法などで、すでに始まっており、社会もこれを支持しているという。

　著者は、日本を代表する刑法学者の一人である。タカ派色が強いと反発する人もあるかもしれない。しかし、「安全と水はタダ」という時代は終わったことを直視して、そこから、将来に向けた建設的な議論が必要だろう。その基礎となるべき著作として薦(すす)めたい。

評・北岡伸一（東京大学教授）

まえだ・まさひで　49年生まれ。東京都立大教授。著書に『刑法総論講義』『刑法各論講義』。

二〇〇二年七月一三日❻

『中国はなぜ「反日」になったか』

清水美和 著
文春新書・七〇〇円

日中の歴史問題を「迷宮化」させるな

日中国交正常化30周年の昨年、瀋陽事件を契機に日本では嫌中感情が頭をもたげ、雑誌メディアを中心に「中国には歴史的な背景から『反日感情』が充満し、いつまでも謝罪を要求してくる」といった多分に感情的な論があふれた。

それに対して中国に比較的理解のある論者からは、双方が歴史認識を一致させ、中国の人々の抗日戦争の記憶を癒やさない限り、真の和解は生まれないのではといった悲観的な見方も広がった。

この一見対立して見える両者の立場は「日中関係への絶望を広げるという点では共通する」と見る著者は、「歴史問題の迷宮化」を避けるためには「読みにくい中国側の動きを中心に（歴史問題に対する）変化の原因と背景を探ることが先決だ」と強調する。

新聞社の北京特派員を長く務めた著者は、中国の指導者は「歴史問題を一貫して戦略的に扱ってきた」と分析する。

毛沢東、周恩来は「反日感情」をあおることは避け、「軍国主義に罪はあるが、日本人民に罪はない」との理屈で国交正常化を実現。鄧小平も改革・開放政策のため「日本の経済協力や投資の引き出し」を主眼に、歴史問題に深入りしない基本姿勢を踏襲した。

歴史問題が急激に深刻化したのは90年代の江沢民時代になってからで、それは対日政策の基底に「対外戦略や内政上の必要があったから」だという。最大の国家目標となった経済発展のため、対米関係では軟弱ともいえる姿勢で改善を求める一方、対日関係は「台湾と歴史」という原則問題で厳しくのぞみ、国内では抗日戦争の記憶を呼び起こす愛国主義を鼓舞し、ポスト鄧小平期を乗り切ろうとしたのだという。

昨今、中国には「対日外交で歴史カードを使うべきでない」との現実重視論も登場する。本書も第4世代の胡錦涛時代は対日戦略が再調整され、歴史問題が沈静化する可能性にも触れる。だが同時に著者は、民族感情に火をつけた江沢民政権が対日外交で自縄自縛に陥ったことを教訓に、日本の政治家や世論が同じ愚を繰り返すなと警鐘を鳴らす。

評・加藤千洋（本社編集委員）

しみず・よしかず　53年生まれ。東京新聞編集委員。著書に『中国農民の反乱』。

二〇〇二年七月一三日❼

『開かれた扉　ハンセン病裁判を闘った人たち』

ハンセン病違憲国賠訴訟弁護団 著
講談社・一八〇〇円

「裁判長、この訴訟は私にとって最後の生き場所であり、死に場所でもあるのです」と、原告の一人は訴えた。さらに、政府が先頭に立った隔離政策の残酷さや、犬猫のように断種させられたことへの屈辱などが証言された。

本書は、ハンセン病患者に対する隔離政策などの違憲性を問い、国家賠償を請求した訴訟（01年5月に原告が勝訴し、国側の控訴断念で和解）の全記録。原告たちが屈辱の涙をはらいつつ、被害の実相を一語一語明らかにすることで、国の立てた非人間の壁はくずされてゆく。

感染力が弱く、感染しても発病することの少ないハンセン病に対して、日本は明治以来、強制絶対隔離と終身収容政策をおし進め、戦後、特効薬プロミンで治癒しても、元患者の社会復帰は困難だった。

さらにこの政策は一般市民のなかに根強い病者、その家族への偏見と差別を生む元凶となった。その罪深さ。胸えぐられる書だ。

評・増田れい子（エッセイスト）

二〇〇三年七月一三日⑧

『俳人漱石』

坪内稔典 著
岩波新書・七〇〇円

現代俳句の冒険者が、夏目漱石の俳人としての貌（かお）を、その句を読み解きながら活写する。その趣向が奇抜で、漱石、子規と著者との架空の鼎談（ていだん）形式で進行し、著者が漱石、子規を相手に自在に漱石の句を裸にする。

たとえば、子規の有名な「柿くへば鐘が鳴るなり法隆寺」が、それより以前に漱石が詠んだ「鐘つけば銀杏（いちょう）ちるなり建長寺」を発展させて詠まれたことを紹介。著者の着想は、漱石の俳句が作者を離れて、どのように感受されてきたかを解明することにある。

漱石の俳句を鼎談で論じたものには、寺田寅彦、小宮豊隆らの先例があるが、この書は、現代からの切り込みによって「俳人漱石」の俳句観、子規の漱石の俳句に対する批評眼が今の時代に浮かびあがってくる。採り上げられた漱石の百句の鑑賞が、軽妙な会話の運びによって、いつのほどか読み終える仕組みになっている。漱石の小説論を読むのとはちがった味わいがある。

評・前川佐重郎（歌人）

二〇〇三年七月一三日⑨

『海のかなたのローマ帝国』

南川高志 著
岩波書店・二六〇〇円

考古学が発達して新手の科学的手法を採用するようになると、長きにわたって揺るぎなかった古代史の通説が、いとも簡単に崩されてしまうことがある。

ローマ時代のブリテン島を対象とするわが国初の研究書である本書は、文献史料を無視するラディカルな考古学者たちに抗して、あくまで文献史料を基礎とする姿勢を貫いてゆく。未開のブリテン島をローマ人が文明化したという言説が、いかに大英帝国の植民地支配という近代の政治状況に依拠していたかを、研究動向の紹介で示した後、著者は史家タキトゥスの作品やウィンドランダで発見された木板文書をもとに、事実に迫ってゆく。

ブリテン島に現れたローマ帝国とは、排他的な支配を行う領域国家ではなく、住民にとっては多様で可変的なアイデンティティーの要素のひとつにすぎなかったという、常識的な結論に落ち着くが、その常識は考古学の暴走を抑えて健全に響く。

評・池上俊一（東京大学教授）

二〇〇三年七月一三日⑩

『国会議員を精神分析する』

水島広子 著
朝日選書・一〇〇〇円

精神科医の著者が衆議院議員（現在、民主党代表補佐）に当選したときから、「国会議員の精神分析をやってほしい」との声が高かったそうだから、待望の一冊だ。

永田町に行って驚いたのは、おかしな人たちがあまりに多いことだった。突如として攻撃的になる、嫉妬（しっと）を正論にすり替える、モラルを説く議員ほどモラルが低い、我慢を語る先生が我慢できない……。

著者は、これらは自分が特別に重要で他人は引きたて役に過ぎないとする〝自己愛パーソナリティー〟によると分析する。国会議員にはこのタイプが多く、当選時にはそうでなかった人がたちまち変質する例も少なくない。多忙と特権が自己愛を強化するとは著者の観察だ。

政治家を変えるには、彼らが当たり前の生活感覚を保てるようにし、政治はあくまで手段であって目的にならないようにすべきだ、などの提言が効いている。

評・多賀幹子（フリージャーナリスト）

二〇〇三年七月二〇日❶

『磁力と重力の発見　全3巻』

山本義隆 著

みすず書房・1巻と2巻各二八〇〇円、3巻三〇〇〇円

現代科学は魔法直系の末裔だった！

多くの人は、昔の人たちは迷信深い非科学的な連中だったと思っている。その非科学的な部分、たとえば魔法だの錬金術だのを切り捨てることで、現代科学が成立したのだ、と。

本書『磁力と重力の発見』全三巻は、この通念をひっくり返してくれる快著だ。本書は説く。科学は魔法を切り捨てたのではない。むしろ科学は魔法の直系の末裔（まつえい）なのだ、と。それも極端に言えば万有引力というニュートン力学の根幹こそ、魔法の最大の遺産なのだ、と。

現代科学を妄信するぼくたちは、万有引力なんか自明だと思っている。でもそうだろうか。太陽もリンゴも、ぼくもあなたも、みんな「引力」とやらで結ばれている、だって？　徹底して合理的な機械論者たちは、そんな三流ナンパ師のくどき文句みたいなキモチワルイものは認めなかった。一方、ニュートンは、魔法や錬金術も研究していた。だからこそ「万有引力」という異様な概念を平気で導入できた。媒介無しに働く目に見えぬ力というのは、いわば魔法の世界に属するものだったからだ。そして間に何もなくても作用する魔法の実在の動かぬ証拠こそが磁石だった。本書はギリシャ時代にまでさかのぼり、そうした磁石の位置づけをたんねんにたどる。それも正解にたどりついておしまいの出来レースではない、ダイナミックな観念の歴史を、本書は各時代の世界観との関（かか）わりで入念に描き出す。

本書の世界観へのこだわりを、ぼくは懐かしい思いで読んだ。それはかつて著者に予備校で教わったものだったからだ。本書の著者名を聞いて、書評委員会は一瞬どよめき、自分の知らない時代のできごとが、三十年たっても深い刻印を残していることにぼくは改めて驚いた。それは多くの点でマイナスの刻印だっただろう。全共闘騒動の最大の損失は、山本義隆が研究者の道を外れ、後進の指導にもあたれなかったことだ、という人さえいた。でもプラスの刻印もあった。その事件のおかげで、ぼくをはじめ無数の受験生が予備校でこの人に物理を教われたのだもの。かれが教えてくれたのはただの受験テクニックじゃなかった。物理は一つの世界観で、各種の数式はその世界での因果律の表現だということを、かれは（たかが受験勉強で！）みっちりたたき込んでくれたのだった。

本書はその物理的な世界観を思い出させてくれた。同時に本書は、磁力や重力という常識化した概念／現象の不思議さに、改めて読者の目を開かせてくれるだろう。さらに本書を読むことで、世界はちょっとちがって見えるだろう。無味乾燥な科学が支配していたこの世界に魔法が戻ってきたのをあなたは感じるだろう。さあ、ハリー・ポッターに夢中になっている子供に、いつか本書を見せて教えてやろう。魔法の世界は、いま、きみの目の前にあるんだよ、と。

評・山形浩生（評論家）

やまもと・よしたか　41年生まれ。元東大全共闘議長。

二〇〇三年七月二〇日❷

『フラナリー・オコナー全短篇　上・下』

フラナリー・オコナー 著　横山貞子 訳

筑摩書房・各三六〇〇円

善意・偏見・良識・信心、救いは…

行と行とのあいだに、いちおうは均（なら）してあるけれど非常に歩きにくい礫（こいし）がばらまかれていて、どうしてもすいすい読み進められない小説がある。目は文字を追っているのに、登場人物の言葉と地の文とそれを統御する書き手の思念がこちらの頭のなかでばらばらになり、三者の関係ではなく、そうなるまえの、いわば関係性だけが迫ってくるのだ。そして、この不思議な関係性のなかに足をつっこんで右往左往しているうち、いきなり終わりがやってくる。唖然（あぜん）として読み返してみても、やっぱり舌のうえにじゃりじゃりとした砂粒の味が残る。

フラナリー・オコナーは、そんな異物感の力で読者を惹（ひ）きつける、他に代え難い書き手のひとりだ。全短篇（たんぺん）と銘打たれた今回の企画のうち上巻は、数年前に刊行されている『善人はなかなかいない』を母体としていて、私はこれが再々読になるのだが、下巻に収められた『すべて上昇するものは一点に集まる』とあわせ、今回もまた、鳩尾（みぞおち）あたりに鬱積（うっせき）してくる鈍重な感覚に痺（しび）れた。

一九二五年、アメリカ南部ジョージア州の数少ないカトリックの家に生まれたオコナーは、社会学を学んだのち、大学の創作科に進学して作家を目指すが、二十六歳のとき、父親の命を奪ったのとおなじ狼瘡（ろうそう）を発病する。以後、母親がひとりで切り盛りする郷里の牧牛農場で暮らし、孔雀（くじゃく）を飼いながら、白人と「黒い人」たちとのあいだの溝を、信心のない人々だけが持つ信心のあり方を、じっくりと描きつづけた。

彼女の世界を特異な色に染めているのは、本当は気に入らないものの排除でしかない《善意》のむなしさと、すれちがいの果てに訪れる暴力的な死だ。登場人物たちは、あたりまえのように人を騙（だま）し、偏見を良識とはきちがえ、苦しんでいる人々を見殺しにする。あるいはみずからの手で殺（あや）めておのれの卑小さに気づかされ、強烈な悔悟に襲われるのだが、オコナーは、それが真の救いに、再生の契機になるかどうかを明言せず、彼らを放置する。彼女の神は、その突き放す一瞬の間に宿っているのだ。

（原題、*27 Short Stories by Flannery O'Connor*）

評・堀江敏幸（作家）

Flannery O'Connor　1925～64年。著書に『賢い血』など。

二〇〇三年七月二〇日❸

『悪魔の歴史12～20世紀　西欧文明に見る闇の力学』

ロベール・ミュッシャンブレ 著　平野隆文 訳

大修館書店・五〇〇〇円

変貌する姿を吟味し、集団心理を探る

ヨーロッパにおける「悪魔」の本格的通史である。それにしても、なんと議論の枝葉の繁茂していることか。悪魔学者や医者の著作、都市の教養人に流行した悲劇的物語、はては大衆小説、映画、漫画、コマーシャルと、話題は四方八方に末節を広げながらとどまるところを知らない。こんなに横道に逸（そ）れてもいいのか、と心配になってくる。

だがそれは不毛な繁茂ではない。想像界を棲処（すみか）とする悪魔は、あらゆる媒体に浸透し、意外な場所に身を隠しているゆえ、老練で大掛かりな狩りをしないと捕らえられないのである。狩り出した悪魔の変貌（へんぼう）ぶりを吟味し、物事の表層の裏で何が個人と集団の行動を動機づけているかを探るのが、本書の目標である。

悪魔をめぐる神学的概念が具体化しだしたのは十二世紀である。その後、ヨーロッパの文化的統合へ向けたダイナミズムの裏から、悪魔は身の毛もよだつ顔をふてぶてしく晒（さら）すようになる。十六～十七世紀には、悪魔はついに津波のように襲いかかり、それに

対抗するべく、幾千とない魔女が火刑台に送り込まれる。こうした行動を支えた魔術的要素の坩堝(るつぼ)としてのサバト、サタンにまつわる文学、悪魔的身体と感覚のヒエラルヒーなどを論じた部分は、圧巻である。

西欧文明にいつも影のように付き添ってきた悪魔は、十八世紀以降徐々に毒気を抜かれ、個人の内面へと追いつめられる。強大なるサタンは衰退し、神話化した臣下のデーモンたちは、文学やコマーシャルの片隅に分散配置されてゆくだろう。人間に一杯食わされるユーモラスな悪魔、おしゃれな服装に身を包んだダンディーな悪魔、こうした紋切型が定着して、人々の不安は解消されてゆこう。

しかし現代でも唯一アメリカのみは、悪魔崇拝を掲げるセクトが根を張り、悪魔的な犯行が国内で横行し、また国を挙げて国外の悪魔と戦おうと意気込んでいる。フランスこそもっとも上手に悪魔を飼い馴(な)らしてきたとする著者による、できすぎた対比だが説得力はある。「古い欧州」よりも四百年も遅れているアメリカの、一日も早い文明化を祈りたい。

(原題、Une Histoire du Diable)

評・池上俊一(東京大学教授)

Robert Muchembled 44年生まれ。パリ第13大学教授(歴史学)。

二〇〇三年七月二〇日④

『マリファナの科学』

レスリー・L・アイヴァーセン 著　伊藤肇 訳

築地書館・三〇〇〇円

科学的な大麻の議論は成立するか

科学啓蒙(けいもう)書として、これほどていねいに、しかも慎重に書かれた本は、たぶん他に例がないかもしれない。

大麻(マリファナ)の科学的研究は、一九六〇年代末、精神活性物質(THC)が特定されて急展開し、九〇年代に入って脳内のTHC受容体が発見されるや、医薬品としての利用という新たな展望が開かれた。アヘン受容体の発見がモルヒネの医学利用をうながしたのと同じ経緯であり、欧米では癌(がん)の化学療法の副作用などを抑えるため、大麻の違法吸引を黙認する医師もいるという。

大脳生理の化学的な仕組みが、近年、急速に解明されつつあることは、市販の鎮痛薬の多様化からもあきらかだろう。著者はこの分野の最先端にいる薬理学者であり、行間から研究現場の興奮が伝わってくる。しかし客観的な記述の背後に、独特の苛立(いらだ)ちが垣間見えることも事実だ。科学者の発言がこれほど恣意(しい)的に受け取られる問題は、他に例を知らない。大麻問題の歴史を扱った章を読むと、科学者たちの大規模な調査報告を無視する政策決定が、すでに十九世紀から繰り返されてきたという事実に驚かされる。

今日でも、「大麻の有害性をしめす証拠は、いまのところない」と発言すると、若者に麻薬を推奨するのか、と批判されるらしい。反対に、この発言だけを鵜呑(うの)みにし興味本位に走る人がいることも事実だろう。カバーの折り返しにある「2~4章には…薬理学の専門用語が含まれ…読みとばして、かまいません」という言葉は、原著者の意図に真っ向から反する。

著者は英国上院の大麻問題委員会の顧問を務めたのをきっかけに、本書の執筆に着手したという。科学的な証拠の正しい理解が広まり、議論がまっとうになされることが本書の願いなのだ。我が国でも広く議論されることを、評者としても強くのぞむ。しかし……日本では酒もタバコも自動販売機で買え、コンビニでポルノ雑誌を立ち読みできる。成人と未成年との境界が曖昧(あいまい)で、大人社会の未成年者に対する保護責任が十分に機能していない。こんな国で大麻の議論が成立するのか。まずはその問題が先決だろう。

(原題、The Science of Marijuana)

評・新妻昭夫(恵泉女学園大学教授)

Leslie Iversen 37年生まれ。オックスフォード大客員教授。著書に『薬』など。

二〇〇三年七月二〇日⑤

『ホテルと日本近代』

富田昭次 著

青弓社・二〇〇〇円

歴史の舞台になった「日本の中の外国」

日本の近代化の過程で、歴史的転換点の舞台にホテルが選ばれたことは少なくない。今は建物が失われてしまったものや、文化財として保存されているもの、また今なおクラシックな存在として人気を集めているものまで、数多くのホテルにまつわる物語を集めたのが本書である。植民地時代の韓国・満州を含め、黎明（れいめい）期の全国のホテルを網羅的にとりあげて、その建設の経緯をたどり、日本史の中に位置づけている。

日本最初のホテルは、万延元年（一八六〇年）にすでに居留地横浜で営業していた横浜ホテルだという。長崎のオランダ商館の医者だったシーボルトも、晩年日本を再訪し、ここに滞在した。

一方、日本で最初にホテルライフを体験したのは、幕末に欧米へ派遣された使節団の面々であった。福沢諭吉、井上馨、伊藤博文、五代友厚、渋沢栄一らは、外国人との交流の場としてのホテルの重要性を認識し、帰国後ホテル建設に力をそそいだ。日本においてホテルとは、外国人の滞在用に建てられた西洋風の施設であり、日本の中の外国であった。日本人が気おくれせずにホテルに足を踏み入れるには、なお永（なが）い時日を要し、ようやく大正期、ホテルは社会的・文化的に最先端を行く空間というイメージが定着したという。小説の舞台に選ばれるのも、おおむねこれ以降である。

本書には、ホテルにまつわるさまざまなエピソードも紹介されていて興味深い。たとえば、迎賓館ホテルであった鹿鳴館の設計をめぐる、西洋式建築を希求する井上馨と、東洋趣味あふれたレイアウトを提案する英国の建築家コンドルとの確執。また、満鉄本社を改造した大連ヤマトホテルでは、夏目漱石が滞在して去った直後に、伊藤博文の暗殺事件が起き、その棺（ひつぎ）が安置されたという。

ベルツやヘボンらとリゾートホテルとの関（かか）わりや、今の軽井沢をイメージづけた宣教師達（たち）の国際会議の開催など、歴史の舞台になったホテルを軸に、日本の近代化の過程を描き出す。どこから読んでも、近代史のイメージを大きくふくらませてくれる本である。

評・武田佐知子（大阪外国語大学教授）

とみた・しょうじ 54年生まれ。ホテル・旅行作家。著書に『「極み」のホテル』など。

二〇〇三年七月二〇日⑥

『ルーマニア・マンホール生活者たちの記録』

早坂隆 著

現代書館・一八〇〇円

母胎であり墓でもある この地下世界

ルーマニアの首都ブカレストのマンホールに冷戦後孤児が群れをなして住んだ。十代から二十代も前半のいわゆるチャウシェスクの子どもたち。チャウシェスクの人口増加政策で急増した子だ。独裁政権崩壊後、国家の拘束を脱した子どもたちが街にあふれた。親に棄（す）てられた子、家出してきた子。ブカレストの厳冬は零下二十度になる。地下のマンホールにもぐれば温水パイプのおかげで冬でも十五度はある。糞尿（ふんにょう）の悪臭が気にならなければ、住み心地はそう悪くない。

マンホールの闇は巨大な母胎だ。そこのダンボール製寝台で孤児たちはシンナーに酔う。もう外へ出ていく気はない。孤児の保護施設や学校があっても、「俺（おれ）は本当はここが気に入っている」とある少年。シンナーで現実と隔絶した彼は、あたかも生まれてきた事実を取り消したいとばかりに、この生ぬるい地下世界を母胎とも墓とも心得ているようだ。

マンホール生活者には被差別民ロマ（ジプシー）が多い。彼らは外の世界ばかりかこでも集団暴行にあう。暴行を避けるために、わざと自分の腕にナイフで傷をつけ、大量の血をひけらかして難を逃れたりする。

国外に出稼ぎに行こうとする者もいる。若夫婦と子ども三人で国外脱出を謀る一家。亭主はバンク（一種の風刺小咄（こばなし））が得意で、一家には笑いが絶えない。悲惨のなかにも人びとは道化役者のようにのほほんとしている。さすがはイヨネスコを生んだ国。

ルーマニアはローマ帝国滅亡後、旧植民地としてスラブ圏の只中（ただなか）でしぶとく生きのびた。これからどこへ行くのか。ちなみに少子高齢化のわが「経済大国」とは正反対でいて共通の悩みがある。こちらでは中高年の青テント生活者が水平に拡散する。あちらでは年少者が垂直に地下にもぐる。わが国でも昭和ヒトケタ世代あたりまでは、佐野美津男『浮浪児の栄光』の焼け跡の現実を目のあたりに体験した。若いレポーターはときにルーマニアの現実への距離感のとり方にとまどうが、独特のユーモア感覚で巧みにバランスをとり戻している。

評・種村季弘（評論家）

はやさか・たかし 73年生まれ。ルポライター。著書に『素顔のイラク』など。

二〇〇三年七月二〇日❼

『観念の歴史』

アーサー・O・ラヴジョイ 著
鈴木信雄ほか 訳
名古屋大学出版会・四八〇〇円

ラヴジョイは、哲学、文学、歴史、宗教などの垣根をとり払って、人類の創（つく）りだした観念を分析する。その多分野に渡る広範な知識は恐ろしいほどだ。かほどのルネサンス的な知の巨人はもはや現代には稀（まれ）だろう。

これに重箱の隅までつつくような（！）緻密（ちみつ）さが加わる。学生に「神を信じますか」と聞かれ、一週間かけて、神の観念を三十三種類に整理して、「君はどの意味で尋ねたのかね」と聞き返したという……。

本書の底にあるのは自然という観念だ。ルソーが野蛮人（人間の自然状態）を理想化したという通説がいかに誤りであるか立証し、ロマン主義が自然をめぐってどんな価値観を生んできたかをみごとに説明する。

自然が完全な神の秩序であれば人間の出る幕はない。だが、そこに人間は進化という観念を対置する。この近代の根本をなす思想的葛藤（かっとう）のドラマが、様々なテーマのもとに変奏される。噛（か）み応え十分の内容から、知の醍醐味（だいごみ）がにじみだす。

評・中条省平（学習院大学教授）

二〇〇三年七月二〇日❽

『生・老・病・死を考える15章 実践・臨床人間学入門』

庄司進一 編著
朝日選書・一三〇〇円

あなたは進行性のがんです。余命はあと長くて三カ月。どうしますか？

あなたの二歳になる子どもが交通事故で脳死状態に陥りました。親として臓器提供に同意しますか？

テーマと具体的場面を、この本の編著者である医学の教官と、看護学の教官が提示し、質疑応答とグループ討論が行われたあと、総括と教官の個人的意見が発表される。医学生に知識や技能ばかりでなく臨床態度を養う目的で設けた勉強会が、筑波大学全学の人気講座に発展した。生老病死の問題を一人称で考えさせるその優れた試みの記録だ。

いずれも医療につきつけられた難問ばかり。若年者と年長者とで意見の違うテーマもあり、生殖医療では男性と女性とで微妙に異なるときもあるが、多面的に、深く掘り下げて進められる議論だ。

障害を持つ人に関（かか）わる問題では、もっと医療福祉の充実と社会の自立支援が必要であることを痛感させられる。重大な教訓である。

評・宮田親平（科学ライター）

二〇〇三年七月二〇日⑨

『日本国憲法の二〇〇日』

半藤一利 著
プレジデント社・一六〇〇円

焼け跡で、15歳の少年はこう考えた。

俺（おれ）はこれからは「絶対」という言葉を使うまい。絶対に正義は勝つ。絶対に日本は正しい。絶対に日本は負けない……どのくらいまわりに絶対があり、その絶対を信じたことか。それが虚（むな）しい、自分勝手な信念であることかを、このあっけらかんとした焼け跡が思いしらせてくれた。

昭和20年夏から翌春までの200日を「好戦国が戦に負けたら平和！平和！かいな」と悪態をつく半藤少年が、自らの体験と同時代の大人たちの日記の記述などを織り交ぜ、生き生きと再現してみせた日本国憲法誕生ドキュメントだ。

玉音放送、一億総懺悔（ざんげ）、連合国軍総司令部（GHQ）、浮浪児とパンパン、リンゴの唄（うた）……敗戦前後の実相は、戦後生まれが多数となった日本人には「異国」のごときものだが、「日本が今にいたる道」のあらゆることに、実は伏線がはられていたということにも気づかされる一書である。

評・加藤千洋（本社編集委員）

二〇〇三年七月二〇日⑩

『日本はデフレではない　インフレ目標論批判』

小菅伸彦 著
ダイヤモンド社・一八〇〇円

挑発的なタイトルである。けれども10年前に日本の対外物価高があれだけ騒がれたのを覚えていて、最近のデフレ悪玉説を胡散臭（うさんくさ）く感じる人には、胸のつかえがとれる本だ。

著者はかつて経済企画庁で物価調査を専門とし、内外価格差問題に取り組んだ経験を持つ。現在デフレと言われる消費者物価の下落は卸売物価へ収斂（しゅうれん）する過程にすぎず、高い流通コストなど日本経済の体質が改善され、高生産性部門と低生産性部門の併存が解消されつつあるという。構造改革が現実のものとなったからこそ表れた現象で、インフレ目標政策はその成果を台無しにすると批判している。

販売価格が下がっても原価がそれ以上に下がれば企業収益は増え、資産や所得の実質値の上昇も消費には好条件だ、等の広い目配りは説得的だ。ただし、構造改革そのものが不況（デフレギャップ）を引き起こす可能性には触れていない。論争必至の一冊だ。

評・松原隆一郎（東京大学教授）

二〇〇三年七月二七日①

『ジェノサイドの丘　ルワンダ虐殺の隠された真実　上・下』

フィリップ・ゴーレイヴィッチ 著
柳下毅一郎 訳
WAVE出版・各一六〇〇円

隣人や姻戚まで殺す不条理の記録

「なぜ人を殺してはいけないか」という子供がふと漏らした他愛（たわい）もない問いが、大真面目（おおまじめ）に取り沙汰（ざた）される平和の国の住人には、想像を絶する現実だろう。

一九九四年のルワンダでは「殺さない」理由を思い付くことの方が困難だった。実際、多くの人々は何の疑問も持たず、マチェーテ（山刀）やバットを携えて、人殺しに繰り出したのである。相手は隣人であり、顔見知りであり、姻戚（いんせき）ですらあった。

たった百日で少なくとも八十万人が殺された。ルワンダの総人口の一割が消された計算になる。しかも犠牲者の大半は、地獄の日々の最初の二週間か、三週間のあいだに死屍（しし）となっていた。一命を取り留めても、体に終生治らぬ深刻な障害が残った者、組織的な大量レイプに遭った女性を合わせると被害は留（とど）まるところを知らない。

本書は「ほんの昨日（オンリーイエスタディ）」に起こった身の毛も弥立（よだ）つジェノサイ

ド（民族虐殺）の記録だ。

著者、ゴーレイヴィッチはこんな信じられない殺戮（さつりく）がどうして可能になったのかを究明しようとする。

ルワンダにはツチ族とフツ族という有力な二部族があった。ジェノサイドの表面的構図は加害者側は多数派のフツ族で、被害者側は少数派のツチ族ということになっている。だが、彼等の対立の歴史には、ベルギーの植民地政策、フランスの政治介入が影を落としていて、単純に支配的多数部族がマイノリティーを排除したという図式では到底理解できない。

そもそもこの二つの部族は生活圏を共にし、人種を超えた通婚や混血も珍しくなくなっていた。両者の差異は極めてヴァーチャルなものに過ぎなかったのである。確かにジェノサイドに先立ち、偏狭な民族主義が蔓延（はびこ）り、政治的、軍事的な緊張が頂点に達しつつあった。だが、その状況から直ちに、末端の国民の妄動的殺戮の必然性を導けるわけではない。

ゴーレイヴィッチは誠実にも当惑を隠さない。なぜ彼等は殺したのか。なぜ彼等は殺されなければならなかったのか。そして、私達（たち）はなぜ悲劇を食い止めることができなかったのか。駐留していた国連PKO部隊は目前で無辜（むこ）の民が殺されているのに手を拱（こまぬ）いていたのである！

米軍情報部士官がバーで囁（ささや）いたという、露悪的な言葉があまりに痛い。

「ジェノサイドはチーズサンドだ」「誰がチーズサンドのことなんか気にする？」「誰も気にしやしない。人類に対する犯罪。人類ってなんだ？　誰が人類だ？　誰かきみに犯罪をしかけたか？　ふん、たかがルワンダ人百万人だ。ジェノサイド条約って知ってるか？」「あの条約は」。続けてアメリカ人はこう言い放ったそうな。「チーズサンドの包み紙にぴったりだ」と。

（原題、We wish to inform you that tomorrow we will be killed with our families : Stories from Rwanda）

評・宮崎哲弥（評論家）

Philip Gourevitch　61年生まれ。「ニューヨーカー」などに寄稿。

二〇〇三年七月二十七日❷

『ネオコンの論理　アメリカ新保守主義の世界戦略』

ロバート・ケーガン著　山岡洋一訳

光文社・一五〇〇円

半端な議論ふっとばす「軍事力の論理」

現在のアメリカ外交における有力な考え方を簡潔にまとめた好著。唯一の欠点は、これでも長すぎることかな。内容は簡単至極。要するにアメリカは軍事的に圧倒的に強いから武力行使をする。ヨーロッパが反戦を唱えるのは、EU（欧州連合）のまとまりが悪くて軍事力が弱いが故のひがみだ、ということ。おしまい。

実証的な本ではない。取りえは理屈の明快さだ。それにこの理論によれば、アメリカのアフガン攻撃やイラク攻撃はわかりやすいし、それが本書の理論の証明だと言えなくもない。どうしてアメリカは、国際的な反感を承知で強引な手に出るのか？　それは、アメリカが他の連中の反感など気にしなくていいくらい軍事的に強いから、という話だ。

これは現在のアメリカ上層部で支配的だとされるネオコン（新保守主義）の思想だ。その意味で『ネオコンの論理』という邦題は秀逸。ただし中身には「ネオコン」自体の説明はない。思想的な系譜や歴史などに興味がある読者には向かない。あくまで考え方のエッセンスを知りたい人向けの一冊だ。

さて本書の書評は散見されるが、いずれも日本にとっての本書の意義について「正面から向き合うべき」だの「よく考える必要がある」だのといったおためごかしで言を濁すのはなぜ？　それは解説の文芸評論家も同罪。本書の議論を認めるなら、結論は考えるまでもない。軍事力に劣る日本の唯一の道は、自立も誇りもかなぐり捨てて、アメリカのご機嫌うかがいに徹した阿諛（あゆ）追従の従僕国家として生きることだ。そうはっきり書けばいいのに。ぼくはそれでもいいし、いまの日本の行動はそれに近いとも思うけれど、本書の論調を持ち上げる一部の人々が、一方で愛国心だの国の誇りだの、本書からすれば無意味なローカル議論の旗を振りたがるのは不思議だ。リアリストじみた顔で本書の議論に追随するのは簡単だけれど、その帰結まで受け入れる覚悟はあるの？　逆に本書の議論を否定するなら、愛だの平和だのというお題目でない議論が展開できるの？　それが本書のつきつける課題だ。

評・山形浩生（評論家）

（原題、Of Paradise and Power : America and Europe in the New World Order）

Robert Kagan　米カーネギー国際平和財団上級研究員、コラムニスト。

二〇〇三年七月二七日③

『創るモノは夜空にきらめく星の数ほど無限にある　海洋堂物語』

宮脇修 著

講談社・一八〇〇円

「創るたのしみ」伝える創業者の熱意

長いのは書名ばかりではない。

わずか七万円の元手で開いた模型屋がまだ広さ三坪だったころ、「人生は短い。どのようにして過ごしたかという無駄な議論にあまりに多くの時を費やしてはならない」と書いた看板を掲げ、三年目に公民館を借りて開いたイベントに「これがプラモケイだ展と作品コンクール」と名付け、模型を買う子どもの母親にこそ読んでほしいと配ったガリ版刷りの自作童話を「クロシオ先生とクロシオ湾とクロシオ研究所」と題したぐらいだから、この人は何を書いても長いのだ。

言葉が長いのは、子どもや親に語りかけようとする思いが熱く強いからである。その思いが全編からほとばしる。

模型屋の名前は「海洋堂」とはじめから大きかった。やがて、扱う商品はプラモケイからアートプラ、ガレージキット、恐竜モデル、アクションフィギュア、食玩（しょくがん）（たとえば日本の動物シリーズ）と変わり、店舗（てんぽ）も市場もぐんぐん広がった。

それだけなら、単なるサクセスストーリーに過ぎないが、本書の魅力は、著者の「創（つく）るたのしみをすべての人に」という思いが、どんなに商売を広げても首尾一貫していることと、そこに根差した、傍目（はため）には大胆としか見えない逆転の発想に尽きるだろう。

たとえば、プラモケイを完成品として売り出すこと。いかにも海洋堂にふさわしく、それは帆船の販売から始まった。売ることから創ることへの転換だった。また、遊び場のないままボートの模型を売るのは無責任と考え、店内にプールを作ってしまうという一見無謀だが、なるほど合理的な行動。こうしたひとつひとつの積み重ねが今日のフィギュアや食玩へとつながっている。日米のSF映画、怪獣映画の関係者たちとの交流も、海洋堂が創り出す世界を豊かにした。

海洋堂には高さ五メートルの「大魔神」が守護神として鎮座している。造形を手がけた画家・高山良策の遺品だが、まるで粗大ゴミのように扱われていたところを引き取ったのだった。その前で撮影された社員たち＝「創るたのしみ」を知っている人たちの記念写真が印象的だ。

評・木下直之（東京大学助教授）

みやわき・おさむ　28年生まれ。64年、大阪府守口市に海洋堂を開業。現在、同社代表取締役。

二〇〇三年七月二七日⑤

『大江健三郎往復書簡　暴力に逆らって書く』

大江健三郎 著
朝日新聞社・一九〇〇円

未来を照らす選び抜かれた言葉

知の巨人たちの武器は、選び抜かれた言葉である。暴力が病原体のように空気中を漂うこの時代にあって、彼らはいかなる言葉で「力の論理」と向き合うのだろうか。世紀の変わり目に、大江健三郎氏が世界の知識人11人と交わした往復書簡を編んだのが、本書である。

どの書簡にも惹（ひ）かれる言葉があり、読む者の想像力に火を灯（とも）す。たとえば、戦後半世紀を期した手紙でドイツのノーベル賞作家、ギュンター・グラス氏は、ナチスの軍隊から脱走し、軍事裁判で死刑に処せられた兵士こそ、犯罪行為を拒否する勇気を持った「真の英雄」だったのではないか、と問題提起する。

これに応えて大江氏は幼少期の恐怖心を語る。軍隊から逃れた若者が憲兵に追われ、屈辱的に死んだ時の記憶だ。「絶対天皇制を頂点におく社会の倫理」が、「棒のように上から下に突きささっていること」を実感させる出来事だったのだ。そして問いかける。あの「タテの棒」から、日本人は本当に解き放たれているのか、と。「必要ならばはっきりと不服従の態度を表わしうる勇気をいま日本人は持っているか？国家の倫理といわぬまでも、すくなくとも企業の倫理に対して？」

往復書簡では9・11テロ後のアメリカも論点となった。パレスチナ生まれのアメリカ人思想家、エドワード・サイード氏はこう指摘する。米国のメディアはテロと急進的イスラムを追及するあまり、イスラム教徒を国の敵にしてしまった。そうした態度は、「悪の具現者である白鯨」を追い回すエイハブ船長を想起させるが、本当の「悪」の所在はそれほど簡単に突き止められはしない。

核、紛争、環境破壊……暴力は多様で手ごわい。それでも大江氏は往復書簡を通じて、「近き未来は困難であり、暗いが、遠い未来では解決可能であり、明るい」との確信を得る。暴力は即効性の魔力を秘めるが、そこには共生への道程を塞（ふさ）ぐ罠（わな）も潜む。他方、知が詰まった言葉は、議論と説得で変化を生み出す民主的社会の命脈である。読み終えて、言葉の力を鍛え、それを更新し続ける紀律の大切さが改めて、胸落（むなおち）に沁（し）みる。

評・吉田文彦（本社論説委員）

おおえ・けんざぶろう　35年生まれ。作家。94年にノーベル文学賞。

二〇〇三年七月二七日⑥

『オクシタニア』

佐藤賢一 著
集英社・二四〇〇円

語りの魔術で読ませる美しい恋物語

佐藤賢一の小説は、気持ちがいい。物語が爽快（そうかい）というよりも、その文体のリズムが心地よいのだ。彼の小説は、十三世紀から十六世紀のフランスを舞台にすることが多いから、その背景となる時代についての知識をこちらが持ってないことが少なくないのだが、それでもたっぷりと読まされるのは、その快調なリズムのためである。

なにしろ、登場人物が「なに寝言いうてねん」とか言うのである。あるいは地の文でこう続く。

「ああ、誘わん。ぎょうさん美人が来るねんけど、おまえは誘わん。さっさと嫁さんのところに帰り。冗談にしては、やや乱暴にアントニは小突いてきた。打たれた脇腹を摩（さす）りながら、浮かれ加減で作業に戻る親友を、エドモンは微笑で見送るしかなかった。ああ、いわれんでも、さっさと帰らせてもらうわい」

これは本書からの引用だが、このように会話と地の文の境目すらなく、うねるように続いていくのだ。

この独特な文体のリズムこそ、デビュー作

から一貫している佐藤賢一の最大の特徴といっていい。読んでいるとどんどこ血が脈打ってくるのは、秀逸な人物造形と奔放な物語展開のためもあるけれど、その大半は佐藤賢一のこの語りの魔術の影響が大きい。複雑な構造を持つ小説をそうは感じさせないのも、このためにほかならない。

今回は十三世紀の南フランスを舞台にした西洋歴史小説で、異端カタリ派の興亡を描いていくが、実はこれ、恋愛小説でもある。エドモンとジラルダの運命的な恋を描く恋愛小説だ。美しい恋愛小説だ。彼女が出家してカタリ派に入信したことにショックを受けたエドモンはドミニコ会に入信し、かくて二人のすれ違いが始まっていくのである。本書には膨大な人物が登場し、複雑な政治情勢と、戦闘と、宗教の問題を多角的に描いていくが、その中心にあるのはエドモンとジラルダの恋物語なのだ。宗教の壁を超えて、二人が結ばれるのかどうか。このシンプルなサスペンスが物語を引っ張っていく。うまいぞ。

評・北上次郎（文芸評論家）

さとう・けんいち　68年生まれ。作家。著書に『双頭の鷲（わし）』『王妃の離婚』『二人のガスコン』など。

二〇〇三年七月二十七日⑦

『若草の市民たち　1・2』

C・ブラコニエ 文　S・バタイユ 絵
大村浩子、大村敦志 訳
信山社・各一四〇〇円

フランスで8歳から12歳を対象として刊行された全4冊のうちの2冊。それぞれ、個人の尊厳と政治の諸制度をテーマとしている。

2冊とも、中学1年生の少女アデルと小学5年生のアルジェリア系の少年サイードとの文通の形をとる。第1巻では、アフリカのマリから来た新入生のことに始まって、学校生活の話の中に、国籍とは何か、フランス革命、人権宣言、子どもの権利条約、フランスの植民地支配、第1次世界大戦の栄光と悲惨、植民地独立運動といったテーマが織り込まれ、語られる。

こんな理屈っぽい本を10歳前後の子供が読むというから驚きである。そこには、よき社会を作るためにはこうした公教育、市民教育が必要だという強い信念がある。たしかに、よき社会は自然に生まれるものではない。日本では、本音で語ることが奨励され、理想を語ることが忘れられている。最近続出する政治家の失言は、そのことを如実に示すものではないだろうか。

評・北岡伸一（東京大学教授）

二〇〇三年七月二十七日⑧

『FUTON』

中島京子 著
講談社・一六〇〇円

妻ほど恐（こわ）いものはない。世間の知らない夫の姿を知る妻は「夫の批評家」だ。世に自然主義の始祖といわれる田山花袋の『蒲団（ふとん）』を、この妻の視点から書きかえるとどうなるか——この着想が何より抜群。

女弟子に横恋慕したあげく蒲団に顔を埋めて泣く明治の小説家が、「若い女にもてたい」ふつうの中年男になって、にわかに身近に迫ってくる。ダサイけど憎めない中年男。そうか、花袋って「中年」小説家だったのだ！

男だけじゃない。臙脂（えんじ）の袴（はかま）で時めいてインテリ男を泣かせた「新しい女」だって、結局「ふしだらギャル」の始祖だったのだ。妻は千里眼なのである。

さらに唸（うな）らせるのは、アメリカ人の現代版「蒲団」先生を登場させる仕立て。おかげで男と女の百年の恋愛史がカルチャーショックまじりの新鮮さで見えてくる。そのおかしさと哀（かな）しさ。

かくも手のこんだ仕掛けを一気に読ませる筆力はとても新人とは思えない。

評・山田登世子（仏文学者）

二〇〇三年七月二十七日⑨

『未来派　イタリア・ロシア・日本』

井関正昭 著
形文社・六〇〇〇円

二十世紀初頭イタリアから始まった、芸術はもとより生活全般を革新しようとする前衛的な運動、「未来派」にかんする包括的な紹介であり、綺麗（きれい）な図版が目を楽しませてくれる。

焦点はイタリア、ロシア、日本の三国にしぼられる。イタリアではマリネッティの呼び掛けで糾合した画家たちとその作品のほか、サンテリーアの建築、ルッソロの音楽などが取り上げられ、運動の裾野（すその）の広がりを印象づける。ロシアでは、アヴァンギャルド芸術の中に未来派（光線主義）が登場し、それが日本にも伝わったが、極東の地では、本来の理念は理解されなかったという。

機械文明を賛美し、スキャンダルも怖（おそ）れずに伝統主義と戦った未来派は、ファシズム、ボルシェビズムと微妙な関係を保ちながら成長し消えていった。文明の転換を肌で感じながらも、己の立場を見誤った前衛運動は、誕生から百年を経た今、その功罪を検証しなおす時期にきていよう。

評・池上俊一（東京大学教授）

二〇〇三年七月二十七日⑩

『百貨店の博物史』

海野弘 著
アーツアンドクラフツ・三三〇〇円

百貨店の起源は十九世紀中頃のパリ。近代都市の幕開けと同時だ。定価で売る、返品が可能、見るだけで買わなくてもいいなど、それ以前になかったショッピングスタイルを掲げた。これをもっとも歓迎したのは行動的になりつつあった女性たちだ。

百貨店は顧客の目の前にさまざまな商品を並べた。キーワードは、デザイン、趣味、新しさ、流行。「都市のまぶしい光を浴びて」百貨店は輝き、女性たちのライフスタイルを変えた。

パリ、ニューヨーク、ロンドンの百貨店の歴史に沿いながら、背景にある産業革命、ファッション思想の変遷、建築、広告、メイル・オーダーの発達などが丁寧につづられている。

短いコラムで構成されているが、読み終えると百貨店の迷路を歩き回ったような楽しい気分だ。美しい図版がふんだんにあるのもうれしい。百貨店の創業者の逸話、いきいきと働く女性たちの人間ドラマも魅力的だ。

評・与那原恵（ノンフィクションライター）

二〇〇三年八月三日①

『グロテスク』

桐野夏生 著
文芸春秋・一九〇五円

怪物的階級社会の闇描く傑作

純文学とエンターテインメントとを問わず、本年度屈指の傑作。ともかく面白い。だが、恐ろしい小説でもある。現代日本の抱えこんだ闇はこんなにも深いのか、と慄然（りつぜん）とさせられる。

物語は、新宿と渋谷で殺された中年娼婦（しょうふ）ふたりの謎を追う。語り手は、最初に殺された娼婦ユリコの「姉」。「姉」は、つぎに殺される娼婦和恵の高校時代の同級生でもあった……。

この三人の少女時代の話が小説のほぼ前半を占める。しかし、バランスを失うほどに書きこまれる女子高時代の話が、後になって重いボディーブローのように効いてくる。多彩な女子高生群像の織りなす事件のリアルさは、それだけで小説家・桐野夏生の天才を証すものだが、ここには日本社会のある本質が凝縮されている。

それは、日本が学校制度によって、果てしなく上を、上をとめざす怪物的な階級社会になっているということだ。学校の外にいるものにとって、それは滑稽（こっけい）なほどおろかなドラマだが、内側にいるものにとっては、絶対である。

この絶対的な階級社会で生き延びるため、「姉」は徹底した悪意で身を鎧（よろ）い、和恵は愚直な努力でこれに応える。ひとりユリコだけは類（たぐい）まれな美貌（びぼう）ゆえに、階級社会の圧力を免れる。

ここに、この小説のもうひとつの重要なテーマが浮かんでくる。登場人物の一人はこう語る。

「密度が低ければ、生物は単独生活をする孤独相になり、高ければ……集団で暮らす群生相になる。だけど、女生徒の場合は孤独相になり得ない……。生存競争が激しいからです。成績、性格、経済的基盤だけならともかく、何よりも容貌という、持って生まれたどうしようもないものが加わるからです。これらが複雑な様相で絡まり、ひとつで勝てば別のもので負ける、という激しい競争を起こ」す……。

『グロテスク』はタブーに触れているのだ。平等というこの社会の基礎観念をゆるがす容貌の問題に踏みこむことによって。だが、社会は不平等にみちみちているではないか。容貌は、この社会で無いことにされた不平等が露呈する禍々（まがまが）しい突出点なのだ。そこに触れたヒロインたちはしだいに狂ってゆく。そのプロセスを異常な緻密（ちみつ）さで描きだす説得力に興奮させられる。

誰がユリコと和恵を殺したのか、という犯人捜しに実は主眼はない。むしろ、なぜ彼女たちが被害者にならねばならなかったのか、という運命の謎が、微に入り細をうがって追求される。それで読者を十二分に満足させるところがすごい。だが、この物語は、階級社会に隷属する日本人すべての運命であってもおかしくない。そんな不気味な余韻も、読後に響かせるのだ。

『グロテスク』は一部、いわゆる「東電ＯＬ殺人事件」を題材にしている。だが、これは、このところ事実に追いぬかれてばかりの小説が、事実を追いぬき返した稀有（けう）の力業である。

評・中条省平（学習院大学教授）

きりの・なつお　51年生まれ。作家。著書に『柔らかな頬』『リアルワールド』など。

二〇〇三年八月三日③

『窒息するオフィス　仕事に強迫されるアメリカ人』

ジル・A・フレイザー 著　森岡孝二 監訳

岩波書店・二三〇〇円

人ごとではない！このタコ部屋社会

つい先頃、軽量ノートパソコンと、インターネット常時接続の通信カードを買った。すいてさえいれば通勤電車はオフィスに早変わり。短い書類や原稿ならその場で打って送る。便利になったものだ……と思っていたら、それは忙しさの裏返し。どこまでも仕事がついて回る。

そんな私より、数倍仕事に追いまくられ、しかも給料が減るどころか、正社員の座も怪しくなっているのが、アメリカの大企業で働くホワイトカラーである。本書は、4年間にわたるインタビューを通じて、アメリカの「ふつう」のホワイトカラーの変貌（へんぼう）を丹念に描き出したドキュメントだ。

原題は「ホワイトカラーのタコ部屋」。アメリカ人は週休2日や長期休暇をエンジョイし、月～金でも午後5時にはオフィスを離れゆったり家庭生活を送っている――そんな「常識」を吹き飛ばす変貌が、90年代のアメリカで進行した。アメリカ経済の繁栄は、企業の「少ない資源で、人を減らしてもっと仕事を」策に支えられていたのである。

いまやアメリカの全労働者のうち、12%が週49～59時間、8・5%が60時間かそれ以上働いている。ランチの時間も削り、通勤中も休日中も携帯でビジネストーク。家に仕事を持ち帰るのは当たり前。企業トップの高給取りは有名だが、これだけ働くようになった「ふつう」のホワイトカラーの給料は、時間給に直せば減っている。医療、年金などの福利厚生費も削減された。その極めつきが雇用の安定性さえ奪われた派遣労働の増加である。リストラとは、派遣への切り替えであり、その結果、企業は社員との信頼の絆（きずな）を失っていく。

カロウシという日本語がそのまま外国でも通用する日本の現実も負けず劣らずなのだろう。しかも、構造改革がめざす、もっと自由な競争社会の理想が90年代のアメリカだとしたら、本書が描くタコ部屋社会は人ごとではない。米国モデルが世界標準だと思ったら大間違いであることを教えてくれる告発の書である。

他人ごとではない。この原稿も急いで送らなければ。カチャ。

（原題、White-Collar Sweatshop）

評・苅谷剛彦（東京大学教授）

Jill Andresky Fraser　56年生まれ。米国のビジネスライター。

二〇〇三年八月三日❹

『ラダック　懐かしい未来』

ヘレナ・ノーバーグ・ホッジ 著
『懐かしい未来』翻訳委員会 訳
山と溪谷社・一六〇〇円

金がなくても心豊かだった過去に学ぶ

ラダックといえば秘境で名高い。ヒマラヤ山脈西端の高地砂漠地帯に位置し、チベット、パキスタン、中国、アフガニスタンと隣接している。文化的にはチベット大乗仏教が主流、政治的にはインド・パキスタン紛争以来、インドに属する。高原の麦畑からとれる麦、家畜の乳やチーズを食糧とし、運搬手段はロバとヤク、馬、牛とヤクの雑種ゾー。その畜糞（ちくふん）を燃料に長い冬を過ごす、完全に循環型の自給自足経済を維持してきた。

一九七五年からここでスウェーデンの女性言語学者が調査を始めた。当初は文明からの遅れがしきりに目につく。やがて工業化社会がうしなった諸価値がここに凍結されていることに気がつきはじめた。競争社会にはない相互扶助がある。老人が尊敬され、子供たちはいつもニコニコ笑顔をうかべている。宗教があるにはあっても、かなりユルい。のんびりしたテンポの日常。生活に過不足がないから侵略戦争はしない。現金がなくてもおだやかで豊かな生活がある。

ヒマラヤ奥地の秘境といってすぐに思い浮かぶのは、J・ヒルトンの小説『失われた地平線』のシャングリ・ラだろう。ラダックはしかしそうしたオリエンタリズム幻想に都合よく整備された観光地ではない。いや、なかった。だがこの十数年、ここも国境の軍事緊張に巻きこまれ、ご多分にもれずもろに文明の浸食をうけた。発電用ダムを造り、大家族は崩壊し、若者はアメリカ映画にかぶれた。畜糞の代わりに低地の薪（まき）を燃料にとインド政府が要求するに及んで、ついに循環型経済は消失した。秘境はいまや東京となんの変わりもない。

著者と若い現地人は「ラダック・プロジェクト」を立案した。うしなわれた過去が未来に再来する夢の実現計画。百年余のタイムラグはあるものの当方にとっても身に覚えがある。どうしようか。ここは大げさな集団行動よりはラクチンで長続きする個人的抵抗の方が効き目がありそう。まずファースト・フードにおさらばして、ご飯とみそ汁の朝飯をおいしくいただく。すると「懐かしい未来」がすこしは見えてきそうだ。

（原題、Ancient Futures : Learning from Ladakh）

評・種村季弘（評論家）

Helena Norberg-Hodge　言語人類学者。

『「拉致」異論　あふれ出る「日本人の物語」から離れて』

太田昌国 著
太田出版・一七〇〇円

「正論」の渦に抗して　あえて言う

苦しい本だ。読んでいるこちらまで息苦しくなってくる。

社会主義国家北朝鮮に好意的なあまり、「拉致」問題へ明確な回答が出来なかった「左翼・進歩派」を、著者は厳しく批判する。同時に「拉致」問題を政治的に利用して「民族主義的情動」を呼び起こそうとするあらゆる言論に反対する。

けれど、いま必要なのは、そのことではなく、洪水のようにあふれる「正論」に誰もがぼんやり感じているだろう異和感を言葉にすることだ。だが、それは難しい。「異論を許さぬ、不自由な空気」が流れているから。けれども、著者は全身をかけてその困難に立ち向かうのである。

「金正日自身が拉致を認めて謝罪したことを踏まえて交渉が開かれた。ようやく日本は『過去の植民地支配の贖罪(しょくざい)』という呪縛から放たれ、拉致問題解決に本気の姿勢で臨むことができた」

拉致家族のひとりが書いたこの文を読み、著者は、ここに拉致事件と植民地支配を「相殺」できる「心情」を発見する。だが、と著者はいう。そもそも拉致と植民地支配は「相殺」、いや「交換」できるものなのだろうか。「本来的に別個な問題であるふたつの出来事が出会うべき場所」は「他者に要求することは、自らにも突きつける」ことを通してしか見つからないのではないだろうか。

拉致と植民地支配は交換できない。ある個人の死と別の個人の死も交換できない。それは、死者の「代弁」は誰にもできないということでもある。

死者を「代弁」して憎しみの報復がエスカレートする中、イスラエル軍に殺されたパレスチナ人家族のグループとパレスチナゲリラに殺されたイスラエル人家族のグループが共同の反戦活動を立ち上げた。彼らはそれぞれの同胞からの(「敵を利するのか」という)批判に対してこう答える。「わたしも彼らも家族を失いたくなかった。だから、わたしたちは殺すことを望まないのだ」

彼らは死者を「代弁」したのではない、「敵」といわれる人びとと同じ立場に立とうとしたのだ。それより他に、戦いを終わらせる方法はなかったのである。

評・高橋源一郎(作家)

おおた・まさくに　43年生まれ。書籍編集の一方、第三世界などについて論じ、書く。

『葛の花』

飯島晴子 著
富士見書房・二八〇〇円

透徹した感覚で紡ぎ出した随筆集

昼顔のあれは途方に暮るる色

俳人・飯島晴子は、言葉をとても大切にした。透徹した感覚の持ち主で、手塩にかけて言葉の一つひとつを紡いだ。

他人に供する文字を綴(つづ)る人なら当たり前のこと、といわれそうだが、それはそうではない。世間に流布されているおびただしい俳句、歌、文章のたぐいを眺めればわかることだ。

その彼女の最初にして最後の随筆集が本書である。全六十九編。きっちりとしているのに決して窮屈ではなく、しばしば滑稽(こっけい)味がにじむ。人間に対する洞察は深く、自然を観察する目は大事な何かを見過ごさない。

激しく内省的であると同時に、批評力も当代の俳人のなかで抜きんでていた。本書に収められた随筆は当然、そうした気質を映す。たとえば歳時記にはない「落葉松」をめぐる一編など。

しかし、とりわけうれしいのは何編もの実にスリリングな作品に出あえることだ。ここと思えばまたあちらと話は舞い、さて着地すると見事に背骨が通って凄(すご)みがある。

代表的なのが「猫のいろいろ」と題された一編。

オジイという最初の飼い猫の体験を経て、嫂（あによめ）の家から来たバトの話になる。不意に訪れたバトの死で筆者は「避けられない瞬間とはこういう形でくるのだろう」と、人の死に立ち会ったときよりも不思議に強く、純粋な実感を抱く。

むろんこれで終わるはずはない。嫂が実は作家・幸田文の遠縁にあたること。嫂が文に講演を頼みに行くと、文は足腰も立たなくなった老猫と暮らしていて、猫ゆえに家をあけられないと断る。嫂は、猫の世話なら義妹が上手だと留守番役を筆者に依頼する。それから……。

気がつけば冥土に水を打つてゐし

飯島晴子は三年前の六月、自ら七十九歳の生を閉じた。とりわけ晩年は死を考えることが多かったという。

長女の、あとがきの一節が美しい。

端座して雛の吐息聞くとせむ

の句に続けて『葛（くず）の花』を開けて母の吐息を聞いてくださり、有難うございます」。

評・栗田亘（コラムニスト）

いいじま・はるこ　1921～2000年。俳人、随筆家。著書に『飯島晴子全句集』など。

二〇〇三年八月三日⑦

『「声なき声」をきけ　反戦市民運動の原点』

小林トミ 著　岩垂弘 編

同時代社・一九〇〇円

ことし1月3日、東京は雪。朝刊をひらくと小林トミさんの訃報（ふほう）があった。心身が一気に引きしまった。

1930年生まれの戦争世代。72年の生涯のうち、1960年以降、30歳からの42年にわたる歳月を無党無派の反戦市民運動に注ぎこんだ。安保反対運動を指して、ときの岸信介首相がいまあるのは「声ある声だけだ」と言ったのを逆手にとって「声なき声の会」とした。学者、主婦、ジャーナリストが集った。本書は会の生みの親トミさんがのこした履歴書だ。

たった二人で歩きはじめた最初のデモ、運動のなかで伴侶とめぐりあう鶴見俊輔さん、ベ平連誕生の母胎になる経緯、なれなれしい私服警官の登場、誘った仲間の失職や逮捕に心痛する日々。ドラマがドラマにつながってゆく。

絵の教師（トミさんは東京芸大出身）で老母との暮らしを立て、誰にもできる抵抗の生き方を育てた。草の根民主主義をいつくしむ子守唄（うた）が聞こえてくる。

評・増田れい子（エッセイスト）

二〇〇三年八月三日⑧

『映像とは何だろうか』

吉田直哉 著

岩波新書・七四〇円

テレビ黎明（れいめい）期、泥酔して壇上に立つ新興宗教教祖をゼンマイ式カメラで撮り、放送した。非難ごうごうと思いきや、獅子吼（ししぼ）えに打たれたという投書さえきた。

この事実から番組制作者だった著者は、ひとつの〝真理〟を導き出す。「映像は、ひとり歩きする」と。

やくざの大親分、隠れキリシタンの末裔（まつえい）となんでもドキュメンタリーの対象にした。動かない日本古来の紋章まで。廃墟（はいきょ）をしてなにかを語らしめるという試みにも挑戦した。

表題の問いに答えるべく吉田さんは、自ら係わり合った番組を誠実に検証し直す。現場で悪戦苦闘した体験とともに、映像に記録する意味を考え抜く思索家の姿が浮かび上がる。

この映像作家は、常に現実のなかに重層性を見いだし、それを表現するには映像がいちばんという信念の上に立つ。ただし、小説、映画との比較論もあり、決して独善的ではない。

映像の片方の〝割り符〟が現実、とは言い得て妙。

評・安倍寧（評論家）

二〇〇三年八月三日⑨

『サワサワ』

高橋ヨーコ 写真　中川真 文

求龍堂・一二〇〇円

「柔らかいガムランの響きが立ちのぼってゆく。まるで、草の一本一本の茎からエネルギーが発散するかのように、天から花びらが降り落ちてくるかのように、ぼくたちをゆっくりと包んでゆく」

語り手「ぼく」がバリ島を再訪し、友人たちとともに不思議な出来事に触れる――こう書きながら、ストーリーの要約とは何と空疎なものかと溜息（ためいき）がでる。

「ぼく」の語りはさりげなく島の音風景をたちあげる。同時に、毒にも薬にも変転する音楽の力を、音楽が呪術とつながり、だからこそ危険であり魅力を持つことを、描きだしてゆく。

調査や研究、あるいはエッセイやルポルタージュではこぼれおち、触りきれないものに近づくために、音楽学者たる中川真は小説を書く。そう、フィクションによってこそ可能なリアルがここにはあるのだ。

前半にある高橋ヨーコの写真はエキゾティックに偏らぬバリの日常を活写。小説とともに島が読み手を誘う。

評・小沼純一（文芸評論家）

二〇〇三年八月三日⑩

『緒方貞子　難民支援の現場から』

東野真 著

集英社新書・六六〇円

1991年から約10年にわたり国連難民高等弁務官をつとめた緒方貞子氏へのインタビューをもとに、国連難民高等弁務官事務所の難民支援活動の実際と、そこから見えてくる今日の国際紛争の姿を問うたのが本書である。

緒方氏は、1年の半分以上は難民保護の現場を飛び回っていたという。その10年を振り返って緒方氏は、冷戦後の「グローバル化」の進展は、新たな富や雇用を創出する一方で、世界規模で貧富の格差を拡大させ、社会的弱者をさらなる窮地に追いやったと指摘。国家が安全を守れない紛争が増えるなかで、紛争解決のためのパラダイム変革が求められていると論ずる。

その緒方氏が高等弁務官の任期を終え、執筆活動のために2001年春から移り住んだニューヨークで遭遇したのが「9・11」事件であった。その後のアフガニスタン復興支援国際会議での活躍など、日本が国際紛争解決に何ができるか、多くの示唆を与えてくれる。

評・音好宏（上智大学助教授）

二〇〇三年八月一〇日①

『生成論の探究　テクスト・草稿・エクリチュール』

松澤和宏 著

名古屋大学出版会・六〇〇〇円

主題さえ揺るがす　物語の深層読解

草稿研究がかくも豊饒（ほうじょう）で目眩（めまい）を誘うような営為であるとは、不明にして知らなかった。

生成論が、近年のフランス文学研究の主流のひとつであることはつとに耳にしていたし、また日本の若手研究者がフランス国立図書館の写本室に蝟集（いしゅう）して、フローベールやプルーストの草稿と格闘し、優れた研究成果を上げているらしいことも、弁（わきま）えてはいた。

だが、たまたま残った草稿、しかも作家が決定稿を出版した後、廃棄を命じた草稿をも、他人のゴミ袋を漁（あさ）るようにほじくり返して前歴をたどる作業に、一体どんな意味があるのか、正直、疑念を禁じえなかった。生成論の旗手が満を持して世に問うた本書によって、その疑念が氷解したのは、嬉（うれ）しいかぎりである。

著者はまず最初に、生成論が本文＝決定稿の権威を疑い、作家の意図を超えて生育する言葉の瑞々（みずみず）しい生命を目に見えるものにしながら、その運動に連なろうとする全身的志向をもつことを格調高く説いた後、後続の研究者の便宜をはかって、草稿の類型、生成論の方法と歴史について、具体例に即して丁寧に解説している。

　そして後半では、専門とするフローベールの『ボヴァリー夫人』『感情教育』のほか、夏目漱石の『こゝろ』、森鷗外の『舞姫』、芥川龍之介の『鼻』、宮澤賢治の『銀河鉄道の夜』という、いずれもきわめてポピュラーな近代日本の古典を素材に生成論的読解を行い、明白であったはずの主題を揺るがし、物語世界の深層に隠れていた異貌（いぼう）を開示してみせる。ごく小さな細部の追加・削除が、全編の意味を一変させる現場に立ち会わされると、幻術に掛けられたかのごとく、安定的な世界の形と手触りがもろくも崩される不安と快感が交錯しよう。

　一例を挙げれば、わたしたちは『こゝろ』という作品を、「自由な死は可能か」という問いの上に構築された虚構世界だと捉（とら）えたことは、たえてなかったし、Kが先生にする「切ない恋」の告白を、経済的独立をはたそうとする食客の主人への必死の哀願だと想到することも、できなかったはずだ。恐るべき異貌である。

　生成論は「文字」と「声」の間を行き交う中世のテクストにも、電子メディアで執筆された現在のテクストにも適用できない。まさに近代的な小説作法と不離の関係にある。しかし近代の作品の生成論的読解の可能性は、まだ無限に開かれているだろうし、著者が「知的で倫理的な実践」というとおり、作品創造の螺旋（らせん）的展開をたどる読者の知性と倫理が試される、修練の場にもなりうるのであってみれば、一握りの研究者に委ねてしまうのは、いかにも惜しい。教育現場にとり入れてみてはどうだろう。

　この措辞巧みで徳操堅固な書物は、文学が人生と世界の意味を自省する助けになることをも、今更ながらわたしに思い出させてくれる。

評・池上俊一（東京大学教授）

まつざわ・かずひろ　53年生まれ。名古屋大教授。共訳書に『鏡の物語』。

二〇〇三年八月一〇日②

『プラネタリウムを作りました。　7畳間で生まれた410万の星』

大平貴之 著

エクスナレッジ・一八〇〇円

快挙だ！少年の夢が作った超絶メカ

　読み終わったら本書を持ってどこかのプラネタリウムに足を運ぼう。本の中身はタイトル通り。プラネタリウム、作っちゃいました。だがプラネタリウムといえば、あのドームの真ん中に鎮座する巨大なメカだ。あれを「作った」？　「手作りナントカ」にありがちな、それっぽいおもちゃを作ったんでしょ、と思うだろう。ぜんぜんちがう。商業製品を遥（はる）かに凌駕（りょうが）する11・5等星まで映せ、しかも一人で運べる超ポータブル機。この人は、常識はずれの化け物プラネタリウムを、個人の分際で作り上げてしまったのだ！

　ぼくも噂（うわさ）は聞いていた。でも当然何かのひも付きだろうと思っていた。それもちがった。まったくの素人が、一人で小学校時代から壮絶なハードルを次々とあっさり突破してきた様子が、本書には克明に描かれている。投影ドーム！　工作機械！　電源！　背筋が寒くなるほどの無謀さが、淡々とした記述でかえって際だつ。そして要所要所で（おそらくはその無謀さに感じ入って）かれを支援してくれる在野のエンジニアたちの心意気も、本書からはビシビシと伝わってくるのだ。

さらに本書は、一部で憂慮されている理科教育についても考えさせてくれる。本書の自作プラネタリウムを使った上映会は、連日満員の大盛況だ。普通のプラネタリウムはあちこちで集客に失敗し、閉館に追い込まれ、理系離れの証拠だとされる。でも実は、単に見せ方の問題じゃないだろうか。それは理科教育全体にも言える話じゃないんだろうか。科学教育ツールではなくアートとしてのプラネタリウムという著者の発想に、ヒントがあるのでは?

本書の後でプラネタリウムの暗がりに身を沈めていると、そうした思いが次々と湧(わ)いては消える。でもやがて意識を占めるのは星空の美しさだけとなる。ああ、著者はこれがほしかったのか。いいなあ。なぜぼくはこれを忘れていたんだろう。そういう自分をちょっとふがいなく思う一方で、これを本当に作り上げた著者の情熱に、あなたは少しだけ嫉妬(しっと)をおぼえるだろう。そんな本だ。

評・山形浩生(評論家)

おおひら・たかゆき 70年生まれ。会社勤めの傍らプラネタリウムを製作。現在フリー。

二〇〇三年八月一〇日③

『白樺たちの大正』

関川夏央 著

文芸春秋・二〇〇〇円

時代の痛切な気分をたどる心性史

戦後まもない一九五〇年代、中村光夫、平野謙、伊藤整ら、働きざかりの評論家たちが、いっせいに明治大正期の文学史研究に走った時期があった。

それから四十年ほどの時間がたち、九〇年代、こんどは坪内祐三、森まゆみ、嵐山光三郎、高橋源一郎といった作家やエッセイストたちが、とつぜん同じ時期の文学史につよい関心を示しはじめる。戦後二度目の近代文学史ブーム。そのはじまりのあたりに、本書の著者、関川夏央原作の漫画『「坊っちゃん」の時代』があったことはいうまでもない。

一度目とちがい、二度目のブームの担い手たちは、作品よりも作家の生態——それも有名無名、おおくの男女が出会ったり、すれちがったりする関係の網の目を詳述することのほうを好む。

本書も例外ではない。大正七年、武者小路実篤が九州の僻地(へきち)に建設した疑似ユートピア「新しき村」の失敗を軸に、志賀直哉、有島武郎、柳宗悦ら、同人誌『白樺(しらかば)』につどう学習院出身の作家や芸術家たち、かれらをとりまく女たちや青年たちの関係が克明に再現されてゆく。青年の夢、理想主義の無謀さが、金銭のこまかな出入りによって立証される。これは著者の得意わざ。おもわず笑ってしまうのだが、同時に、そこから時代の痛切な気分とでもいったものがただよいだす。「実篤? ふん」とバカにしているだけではすまないらしい。

作品よりも作家。だが、もちろん作品も読む。ただし五〇年代の評論家たちのように文学論的にではなく、「文学は文学である以上に歴史史料であると考えながら読むとき、彼らの作品の相貌(そうぼう)はおのずと違って見えてくる」とあとがきにもあるように、著者はそれを歴史的に読む。とくに志賀直哉「小僧の神様」の読みが秀抜だ。金持ちの男が見知らぬ小僧にすしをおごってやる。その小僧に、おなじく小僧だった山本周五郎や向田邦子の父親がかさねあわせられる。関川流「心性史」の真骨頂だろう。

『二葉亭四迷の明治四十一年』の明治につづいて本書の大正。つぎは昭和か。だんだんむずかしくなるなア。

評・津野海太郎(編集者・和光大学教授)

せきかわ・なつお 49年生まれ。作家。著書に『「世界」とはいやなものである』など。

二〇〇三年八月一〇日④

『輝く日の宮』

丸谷才一 著
講談社・一八〇〇円

「専門家」の権威を一蹴する批評と遊び

この小説、二回読んだ。最初は楽しみのために。一カ月半ほどして今度は書評を書くために。結論からいえば二度目の方が数等倍も面白く、得した気分。年内にまた読みたくなるかもしれない。

主人公・杉安佐子は、女子大の日本文学科で講師（のち助教授）を務める女ざかり。冒頭、彼女が中学生のときに書いた泉鏡花調の小説がいきなり紹介され、読者度肝を抜かれるうちに物語は進む。

杉家の家族模様、学者の生態、有能な独身ビジネスマンと交わす恋およびその始末などがいわば縦糸。

横糸の第一は、『奥の細道』は源義経五百年忌を祀（まつ）るための旅であったという安佐子の説。これで読者を誘っておき、ついで『源氏物語』には欠落した一帖（じょう）があるとの学界の少数意見は正しく、ではその「輝く日の宮」の巻はなぜ失われたかについて彼女の推理が披露される。横糸と書いたが、むしろこちらが縦糸か。

小道具あまた、ゴシップ豊かで、批評は縦横。安直にいえば「丸谷才一ワールド」のきらびやかな集大成。これが小説かとけなす向きには、そも小説とは何かとの回答が文中にしのばせてある。

世は「専門家」ばやりだが、たとえば紫式部だって物語を作ることも、和歌を詠むこともみな専門じゃなかったと一蹴（いっしゅう）する。そういえば政治や経済の専門家の予測ってたいてい外れるなあ、などと連想して、読み手は楽しむ。

平安朝の帝は何も言わないことが意思表示だったと振っておいて、安佐子の相手の男が「昭和天皇なんかも、その手、よく使ったらうな」と受ける。これなんかも奥が深い。

著者は挨拶（あいさつ）を頼まれると、前もって完全な原稿を書きその通り読み上げるのを心得とする。安佐子も五百年忌説を学会発表するときは原稿を読み上げる。小説全体は旧仮名だけれど、この原稿部分は安佐子の年齢に合わせて現代仮名遣い。という具合に、再読すれば（私の場合）手だれが用意した遊びにも気づく。

その他あれこれ、『裏声で歌へ君が代』が丸谷文学で私のひいきだったが、こちらが上か、という気がしてきた。

評・栗田亘（コラムニスト）

まるや・さいいち　25年生まれ。作家。著書に『たった一人の反乱』『新々百人一首』など。

二〇〇三年八月一〇日⑤

『パンドラのメディア　テレビは時代をどう変えたのか』

稲増龍夫 著
筑摩書房・一八〇〇円

大衆・若者からテレビ自体まで解体

今年、日本でテレビ放送が始まって50年になる。その間、視聴率だけから言えば紅白歌合戦に顕著であるように、テレビは発足当初に有していただけの吸引力を持てなくなった。あさま山荘事件などのように全国民が釘（くぎ）付けとなる機会は1970年代をピークに減っている。それでもなお、高層ビルが旅客機の衝突で崩落するという9・11テロの映像のごとく、全世界の人々の意識を一変させるだけの破壊力を秘めていることも事実である。

本書は日本におけるテレビの興亡について、多角的に、しかも平易な文章を駆使して描き出す力作だ。戦後日本における社会関係の変容を、テレビを参照の枠とすることによって読み解く手腕が鮮やか。多くのエッセイをリミックスするという作文法も、面白い。

柱となるのは、団塊から団塊ジュニアへと世代が移るにつれ、マス（大衆）、若者、遊び、リアリティ、テレビの五つが「解体」されたという視点である。テレビは当初は画一的な大衆に向けて知的・政治的権威が一方的に啓蒙（けいもう）する機器であった。ところが、80年代から自局の番組のパロディを行うといった自己相対化の傾向が強まるにつれ、視聴者の国民は唯一絶対の権威を信じなくなり、興味ごとに住みわけるようになった。

団塊世代は理念を盾に伝統を破壊したし、ポスト団塊世代は常にトレンドを知っていたいという「先端感覚」につきまとわれてきたが、団塊ジュニアは肩の力を抜いて古いものにも価値を見いだし、快楽だけを軸に評価を下すという。それが凶悪犯罪の温床となる共有規範の蒸発を招きもするが、他方では賢い消費者も生んでいる。

ただし評者は、宇多田ヒカルのメガヒットのごとく分断された人々も一瞬だけ画一化することがあるといった「瞬間大衆」論には、異論がある。一部の専門家が評価するマニア商品であっても、多くの非専門家が楽しめるよう商品開発方式が変わったというべきではないか。MS-DOSがウィンドウズになって普及したのが好例だろう。

評・松原隆一郎（東京大学教授）

いなます・たつお 52年生まれ。法政大教授（社会心理学）。著書に『アイドル工学』など。

二〇〇三年八月一〇日⑥

『邂逅（かいこう）』
多田富雄、鶴見和子 著
藤原書店・二二〇〇円

病をへて「人間」を問う往復書簡集

脳梗塞（こうそく）で倒れられた免疫学者の多田富雄さん、脳出血で倒れられた社会学者の鶴見和子さん。ともに半身不随の身になり、ひとりは覚えたてのワープロで、ひとりは録音テープに吹き込んでしたためた、一年間にわたる往復書簡だ。

鶴見さんが、日々の天候によって自分の脚の痺（しび）れ具合、痛み具合が刻々と変わり、身体障害になってそれだけ私は自然に近くなったと言うと、多田さんは「私の場合は、麻痺（まひ）した右半身が、自然をいつも裏切っているような気がしています」と応える。

鶴見さんが「全身に血がめぐる、酸素がゆきわたる、そういう感じがからだのなかにみなぎってくることによって、頭もはっきりしてきた」と言えば、多田さんは、命がけの歩行訓練のなかで最初の一歩を踏みだしたとき、「私の中の鈍重な巨人がゆっくりと歩み始めたのを感じた」と応える。

多田さんは、意識が回復したとき「隅田川」「歌占（うたうら）」といった能のテクストを始めから終わりまで謡うことで自分を確かめ、鶴見さんは、倒れたその晩から夢のなかで短歌が噴きだしたといい、いまはリハビリに大好きだった舞をとり入れているという。ともにからだの髄に伝統文化を通すことで生死の境を越えた。

この共通の経験を吟味するなかから、社会のなかの人間と生命体としての人間のあいだの「階層」の差をめぐる生命科学と社会学のバトルが始まる。詩歌に根ざした科学のあり方、創造性の意味、免疫現象から社会システムをつらぬく「自己」という概念について、それぞれの研究の核心をつく掘り下げた議論が続く。そこで共有されているのは、異なるものが異なるままに共生することの意義への、言葉の上澄みにはとどまらない深い問いかけだ。

遠慮のない知的なバトルが、こんないたわりの言葉とともに交わされる例をわたしはほかに知らない。ほんとうの学問というのはその外部を深く包容する。それを究めると、こんなにも端正で奥ゆかしくなるものかと、ちょっと胸が熱くなった。

評・鷲田清一（大阪大学教授）

ただ・とみお 34年生まれ。東京大名誉教授。
つるみ・かずこ 18年生まれ。上智大名誉教授。

二〇〇三年八月一〇日⑦

『プロポ2』

アラン 著　山崎庸一郎 訳

みすず書房・四八〇〇円

純粋な思考の書である。だが、抽象的な哲学ではない。なにしろアランは「体系は精神の墓場だ」と断言してはばからない人だからだ。表題どおり、あらゆる話題(プロポ)をめぐって、アランは懐疑し、飛躍し、挑発する。

その体系ぎらいから、国家という怪物(リヴァイアサン)にきわまる組織と秩序への、根源的で粘り強い批判が展開される。国家＝戦争機械が全能の観を呈する今、アランの懐疑的思考は、きわめてアクチュアルな刺激を放つ。

とくに、速度で相手をうち負かす商人の方法がじつは戦争の方法であり、最終的には地球の破壊に結びつくという一文など、予言的な驚きにみちている。

しかし、同時に『プロポ』は思考の自由を寿(ことほ)ぐ幸福の書でもある。迅速で手直しのきかない思考から、軽やかな無頓着と優美さが生まれる、と説くアランは、現代におけるモンテーニュの最良の継承者だ。その手ごわいフランス語を清澄で格調高い日本語に移した翻訳がなんとも味わい深い。

評・中条省平(学習院大学教授)

二〇〇三年八月一〇日⑧

『映画の構造分析　ハリウッド映画で学べる現代思想』

内田樹 著

晶文社・一六〇〇円

人気のハリウッド映画をまな板にのせ、奇想天外な解釈を堂々と開陳する。たとえば「エイリアン」(1979年)は、フェミニストのヒロインを屈服させようとする家父長的な男性性とのあいだのデスマッチであるという。これくらいで腰を抜かしてはいけない。さらに女性の出演がほとんどない「大脱走」(1963年)の秘密の回路であるトンネルとは、実は女性性器＝産道で、主要なモチーフの一つは〝母性の奪還〟だそうだ。

「エッ、まさか」と驚きながらも納得させられてしまうのは、バルトのテクスト論やラカンの抑圧効果など、フランス現代思想による裏付けがきちんとなされているから。映画を素材に繰り広げられる、大人向けの知的エンターテインメント。ついでに最近の「マトリックス」や「ターミネーター」についても、ウンチクを傾けてほしい。独特な〝ウチダワールド〟は、ヤミツキになりそうだ。

評・多賀幹子(フリージャーナリスト)

二〇〇三年八月一〇日⑨

『上海ブギウギ1945　服部良一の冒険』

上田賢一 著

音楽之友社・一七二八円

「別れのブルース」「蘇州夜曲」「東京ブギウギ」などで知られる作曲家服部良一(1907～93年)の評伝である。少年音楽隊で活躍した大阪時代から香港映画の音楽を手がけた60年代を経て晩年までを、本人や関係者の証言などを手がかりに丹念にたどっている。

本書がユニークなのは、服部が生きた時代のうち、軍部によって「音楽を通じた市民との融和」なる任務を与えられて上海に派遣された44～45年に注目しているという点である。著者によれば、当時「ジャズの都」と呼ばれていた上海における服部の経験こそ、「東京ブギウギ」を生みだす原動力になったのだという。

服部は、欧米のポピュラー音楽を日本という土壌に定着させ、いわゆる「Jポップ」の土台を築いた功労者である。上海が服部に決定的な影響を与えたとすれば、「上海なくしてJポップなし」という推論も成り立つかもしれぬ。日本のポピュラー音楽史の視界を広げてくれる一冊である。

評・篠原章(大東文化大学教授)

二〇〇三年八月一〇日⑩

『茂吉を読む　五十代五歌集』

小池光 著
五柳書院・二三〇〇円

近現代を通じてひとりだけ歌人を挙げろといわれれば、百人中九十人以上、斎藤茂吉というだろう。それほど存在は巨大だ。『赤光』の鮮烈さから、戦争中の狂熱、絶唱の『白き山』、晩年の『つきかげ』まで、多くの歌人・研究者が微に入り、細を穿（うが）つように調べるのも当然なのである。

本書も五十歳代に入った小池光という当代きっての才人が、舌なめずりするように、『石泉』から『霜』までの茂吉五十歳代の五歌集を読み解いた一冊である。

茂吉には混濁したような訳のわからぬ、不可思議な作品も少なくない。奇妙なユーモアやエロスもある。先人の研究をも踏まえながら、小池は丹念に、しかも楽しみながら鑑賞する。謎めいた多くの作品が、当時の新聞の三面記事的ネタから生まれていることの指摘など、研究史からも手柄は多くあるだろう。

茂吉を語りながら、いつの間に歌人の顔が出てしまう文章のおもしろさも、この本の大きな魅力のひとつである。

評・小高賢（歌人）

二〇〇三年八月二四日②

『生命の大地　アボリジニ文化とエコロジー』

デボラ・バード・ローズ 著　保苅実 訳
平凡社・二三〇〇円

彼らの言葉に耳をすますとき

この本に（この人たちに）出会ったことを、私はいつまでも忘れない。読書は人に出会う旅なのだと再確認した。

アボリジニの人々は、いまから数万年前にオーストラリア大陸に渡った。そこへ二百年前、白人たちが入植してきた。そして土地を追われ、人権を無視され、文化を剥奪（はくだつ）された。その人たちが語る証言や詩歌で構成された本なのに、悲惨さはすこしも感じられない。

「ブルブルがいるぞ／小川にそって、お前の足跡は北の岸辺に！／(中略)／ここは『いつもそこに水がある』／私の心は揺れ、そして安らかでもある」

「いつもそこに水がある」は場所の描写であり、同時に地名でもある。ブルブルは水鳥の名前であり、そこが涸（か）れることのない水源であることを語っている。またこの鳥は彼らの創世神話の重要な構成要素なので、この水場の聖なる起源も語っているのだろうという。

この詩はそれ以上には語らない。本当に大切なことは、むやみには語らないのである。

しかし彼らの土地に対する考えかたは推し測れるだろう。それぞれの場所に名前をつけ、語りつぐ。しかし柵（さく）を張り巡らしたり地図に描きこんだりはしない。それが悲劇の原因だった。入植者は彼らを土地の所有者ではないと理解し、柵を立てて所有権を主張した。

自分たちの価値観を脇に置き、彼らの言葉に耳をすますとき、彼らが「土地を所有する」のでなく、「土地に帰属する」と考えていることがわかってくる。彼らは生態系の一員であり、また自然を構成するひとつひとつが体の一部を構成している。したがって、大地の健康と幸福は人間の健康と幸福と同義となる。

著者の姿勢がいい。ふつうなら「私が△△族を調査した」というところを「△△の人々とともに調査した」と書く。彼らの言葉に耳をすませ、ともに未来を切り開こうとしている。本書はオーストラリア遺産委員会の要請を受けて執筆されたという。一九九三年の「先住権原法」と連動しているのだろう。南半球の人々について読みながら、私は知里幸恵『アイヌ神謡集』を思い出していた。

（原題、Nourishing Terrains：Australian Aboriginal Views of Landscape and Wilderness）

評・新妻昭夫（恵泉女学園大学教授）

Deborah Bird Rose　オーストラリア国立大学資源・環境研究所専任研究員。

二〇〇三年八月二四日④

『「即興詩人」のイタリア』

森まゆみ 著

講談社・一九〇〇円

鷗外が、なぜ訳したか 秘めた情熱の謎

不思議な情趣を湛（たた）えた書物である。鷗外の訳したアンデルセン作「即興詩人」の主人公の足跡を追って、イタリアを見て歩いた感想、と言ってしまえばそれまでなのだが、けっしてお手軽な文学散歩ではない。しかし一般の作家論に分類するのにも、躊躇（ちゅうちょ）を覚える。

鷗外の古雅な名文をいとおしむように口ずさみながら、ローマ、フィレンツェ、ナポリ、アマルフィと精力的に踏破する著者の胸裏にあったのは、漱石と並び称される文豪がなぜ、名作とはいいがたい作品を、長年月かけて鏤骨（るこつ）の日本語に翻訳したのか、という疑問だった。

その解答は「黒い瞳（ひとみ）の歌姫」の章まできて与えられる。鷗外は、毎晩帰宅後に翻訳作業をつづけながら、断念させられた異国の恋人をそっと抱きしめていたのではないか、そして「即興詩人」を「舞姫」はじめ多くの自作の中に散らばらせたのにちがいない、とするのである。

風景や芸術作品が呼び覚ます感興の中で、著者、鷗外、アンデルセン三者が手をとりあって、渾然（こんぜん）一体となっているところも本書の魅力である。著者の体験なのか主人公アントニオの体験の解説なのか、ところどころ分からなくなるくらい自在に時空を交差させた筆運びである。ただし後半、東京の下町の人情を思わせるナポリ周辺へと話がおよぶと、俄然（がぜん）、著者一行の存在感が大きくなる。旺盛な食欲で料理を食べ、古代遺跡や劇場、海岸の絶景を観光してまわる様は、読者を南イタリアに強く誘（いざな）わずにはいない。

前著『鷗外の坂』が、作品と向き合って感得した着想を、鷗外とその家族の生活空間を徹底的に取材し、精細に観察することで実証する試みであったとするならば、本書は、鷗外にとっての想像上の地理におなじ方法を適用することで、深く秘められた情念を首尾よく炙（あぶ）りだしている。紀行が文学作品の深い読みを促す、新しい文学ジャンルの誕生である。

アントニオの守護者聖母マリアには、その足跡から美しい花が咲いたという伝説があるが、著者の足下では、往時の作家の乗り移った地霊が、内面を吐露した即興詩を歌うのだろう。

評・池上俊一（東京大学教授）

もり・まゆみ 54年生まれ。地域誌編集人、作家。著書に『海はあなたの道』など。

二〇〇三年八月二四日⑤

『あたまの漂流』

中野美代子 著

岩波書店・三四〇〇円

本にさらわれ、時空を超えた旅へ

静かな雨が降っている。きょうはたっぷり本にひたろうと決め込んではじめの一行を読んだら、こうあった。

「このあたまは年がら年じゅう漂流していて、よるべない木の葉ぶねのようなものだが、それだけに漂流譚（たん）や漂着譚が好きである」

あぶない！　と思う間もなく、私はどこか知らない国にいた。ああ、私はさらわれたのだ。中野美代子さんにはいくたびもこういう目に遭わされている。本をひらいたとたん私は十一世紀の契丹人と旅をしているし、九世紀中部ジャワの王様にも面会かなった。サマルカンドの美しい塔、ザナドゥーの壮麗な宮殿も見た。ここは時空を超えて繰り広げられる語りの世界だ。たよりとするのは中野さんのあたまのなかの「地図」である。

まずは一七二〇年の伊豆諸島最南端・鳥島。鳥しか住めぬ無人島だ。そこに遠州船が漂着し、以来十九年。生存者三名を見つけたのは、これまたここに漂着した江戸船だ。めでたく帰還とあいなるのだが、彼らはなぜ生き延びたのだろうか。

そのすこし前、フアン・フェルナンデス諸

島（チリ領）にはひとり置き去りにされた男がいた。海賊の厳しい掟（おきて）に背いたためのようだ。おやおや。つぎに私はアラビア近くの無人島にいて、十二世紀の「ヤクザーンの子ハイイ」の物語を聞いている。そして気づくと二十世紀フランスやアメリカのふしぎな芸術家たちに会っていた。社会や美術の制度の外にいた彼らの芸術王国は「絶海の孤島」なのだから、ここも島ということらしい。

さらには取経の旅に出た玄奘（げんじょう）とともに七世紀アフガニスタンにたどり着き、カーピシー国の伝説を知る。龍王は戦うカニシカ王に言う。たとえ戦に勝ったとしても「武力でしか遠方を支配する威光がなかった」ということだ。勝ちも負けも恥だと。この伝説を聞くべきは驕慢（きょうまん）なまでに他国を蹂躙（じゅうりん）する今日の米大統領だ。

中野さんの地図には遠い地の「存在の論理」が刻印されている。タタール人の砂漠、インド洋の女だけの島……。

本にさらわれての旅は幸福である。私はとうぶん帰れそうにない。

評・与那原恵（ノンフィクションライター）

なかの・みよこ 33年生まれ。中国文学者、作家。著書に『孫悟空の誕生』など。

『中国文化大革命再論』

国分良成 編著

慶応義塾大学出版会・三四〇〇円

歴史としての「内乱の10年」に迫る

数年にわたり数億人がかかわった中国の文化大革命は、空前絶後の政治運動であっただけに、世界中の研究者が取り組んできた重要テーマであった。にもかかわらず今日にいたってもなお、その全貌（ぜんぼう）が十分に解明できていないと言われるのも、また文革なのである。

そもそもの起源はどこに。起点と終点はいつか。こうした基本問題ですら最終決着がついているとは言い難い。それは中国において文革が依然として「政治」であり、「歴史」にはなっていないからだと編著者は指摘する。

中国共産党はすでに81年の中央委員会総会で公式評価を下してはいる。「建国以来の党の若干の歴史的問題についての決議」（歴史決議）がそれで「66年5月から76年10月にいたる『文化大革命』は毛沢東ら指導者が「まちがってひき起こし、それが反革命集団に利用されて、党と国家と各民族人民に大きな災難をもたらした内乱である」と定義づけた。

そして改革・開放路線が本格化した80年代以降、大量の資料や証言が出るようになり、中国の文革研究は活性化するが、それでも基本的には公式評価の許容範囲内のものだという。

本書は慶応大学地域研究センターの研究プロジェクトの報告書だが、参加した日米中3カ国の研究者のいずれもが、「政治」の枠を乗り越えた「歴史としての文革」の視点から、しかも最新資料を用いて実証的に「10年の内乱」の実像に迫ろうとしている点で注目される。

やはり興味深いのは中国の参加者2人の論考だ。北京大学在学中に文革に遭遇した中国人民大学の楊炳章（ヤンビンチャン）教授は、文革派の大物を批判する手紙を書いて投獄されているが、運動開始の生々しい内部報告は、当事者の自分史でもある。

北京大学の印紅標（インホンビアオ）助教授は文革を党内、指導部と知識人、指導部と大衆という三つの対立軸から分析し、後者二つの対立に他の政治運動とは異なる特質を見いだす。そして文革の起因は偉大な指導者の「晩年の誤り」だけでなく、スターリン型政治体制そのものの欠陥に求められるとの踏み込んだ見方も提示する。

評・加藤千洋（本社編集委員）

こくぶん・りょうせい 53年生まれ。慶応大教授。著書に『中華人民共和国』など。

二〇〇三年八月二四日⑦

『ユークリッドの窓　平行線から超空間にいたる幾何学の物語』

レナード・ムロディナウ 著　青木薫 訳
NHK出版・一八〇〇円

公理、公準、合同、定理、証明……。初等幾何学で習った懐かしい言葉だ。その美しさから「万物は数なり」とする「ピタゴラス教団」まで生んだユークリッド幾何学が、私たちの世界観を変えてきた歴史を本書は紹介する。

直観を排し厳密な論証によるその合理主義体系は近代に再発見され、多くの天才が発展させる。座標を発明し、解析幾何学を創造したデカルト。平行線に関する第五公準への懐疑から生まれた非ユークリッド幾何学。それを利用した相対性理論で宇宙の謎解きに成功したアインシュタイン。

さらに奥深く自然の秘密に迫ろうとする最近の「ひも理論」「M理論」となると理解を超えるものになるが、楽屋落ちの比喩（ひゆ）まで交えながらわかった気分にさせるのは著者の特技だ。思えば「知のグローバリゼーション」で西洋に圧倒されたのも、祖先に幾何学を持たなかった東洋の不運か。しかしやはり幾何学＝科学で対抗していくほかかない。

評・宮田親平（科学ライター）

二〇〇三年八月二四日❽

『モンテーニュ　エセー抄』

ミシェル・ド・モンテーニュ 著　宮下志朗 編訳
みすず書房・二四〇〇円

これは驚いた。モンテーニュのイメージを塗りかえる画期的な訳業である。

私事ながら、学生時代、『エセー』は翻訳の文庫本でいちおう通読した（原文はかなりの難物です）。内容は極めつきの面白さだが、日本語訳の文体の説教臭さに閉口した覚えがある。

ところが、である。この訳文のなんと弾んでいることか。有名な「経験について」で、自分自身に話しかけるモンテーニュなど、まるでフーテンの寅（とら）のように見事な節回しではないか。

さらに、である。訳者は立派な学者なのに、モンテーニュは、ふんわりと、ひたすら拾い読みをして楽しむ作家なのだと語る。目から鱗（うろこ）とはこのことだ。

ともかく、「経験について」の病気談義から読み始めて頂きたい。数々の奇談・雑談・経験談のなかから、現代のガン治療の問題を一刀両断にするようなすばらしい知恵があふれてきて、深く感動させられる。モンテーニュのすごさを初めて「実感」した次第である。

評・中条省平（学習院大学教授）

二〇〇三年八月二四日❾

『J・G・バラードの千年王国ユーザーズガイド』

J・G・バラード 著　木原善彦 訳
白揚社・三二〇〇円

J・G・バラードは過去数十年にわたり、世界で最も先鋭的なSF作家として君臨し続けてきた。技術が人類の表面的な行動ではなく、深層心理に対してどう働きかけ、それを変えるかについて、これほど徹底した考察を展開してきた作家は他にほとんどいないだろう。そしてそれを表現するSF／小説というツールについても、かれは非常に自覚的だ。本書はそうしたかれの思考を、小説とは別の方向から解きほぐしてくれる評論・エッセイ集だ。

各種の文化文明批評、邦訳が入手しづらかった初期のSFマニフェストから、軽妙でユーモアに富んだ（だが鋭い）書評や映画評、『太陽の帝国』映画化にまつわるエピソードなど、過去数十年のバラードのエッセイや評論はこれ一冊でほぼカバーできるという便利な一冊。バラードの小説にこめられた各種の寓意（ぐうい）は、本書を読めばいっそう明らかになるし、小説を離れたストレートな現代文明批評としても秀逸だ。翻訳も優秀。

評・山形浩生（評論家）

二〇〇三年八月二四日⑩

『愛国心』

田原総一朗、西部邁、姜尚中 著
講談社・一六〇〇円

他人事（ひとごと）ではないが、テレビでよく顔をみかける「論客」の本は概してつまらない。けれど本書は例外。田原をはじめ、西部、姜ともにテレビ論客の代表格ながら、かなり面白く読める。

おそらく西部と姜が徹底的な少数派だからだろう。

市井の人々は、西部の観念的な国家観にも、姜の理想的な市民像にもついていけない。二人は、声高なマイノリティなのである。それ故に面白い。

また国民の大部分は、姜のようにナショナリズムを病気とは看做（みな）さないし、西部のように政治と宗教が抽象的な価値次元で通底しているなどとは考えたこともないはず。学問的、思想的にも「敢（あ）えていう極論僻説（へきせつ）」を超えるものではない。

この二人に対し、田原はリアル・ポリティックスの論理を突き付け、衆生の視位から挑発する。「自民党の一党支配が長すぎたせいで、秘密事項が暗証番号化している」という田原の指摘は、長く政治の現場を観察してきた者ならではの洞見だ。

評・宮崎哲弥（評論家）

二〇〇三年八月三一日①

『カンバセイション・ピース』

保坂和志 著
新潮社・一八〇〇円

静かで平穏な日常に映る生の意味

書評を書こうと思っているのになかなか書き出せない時がある。それは決まって、ものすごく面白いか、重要なものを読んだ時だ。そうでないもの（大半）が相手なら、簡単だ。あらすじ（内容紹介）を書いて、後は感想をチョロチョロ、それでいい（内心、こんなことやっていいのかと思うけど）。なぜなら、そこにはあらすじ（内容紹介）しか伝えることがないからだ。

『カンバセイション・ピース』は、一軒の古い家で生活を共にする家族とそうでない人たち（と猫たち）のお話。彼らはそこで暮らし、仕事をし、庭を眺め、考え、会話を交わす。あらすじはそれだけ。耳目をそばだてるようなこと（不倫・暴力・引きこもり・死……等々）はなに一つ起きない。しかし、ここには、いまぼくたちが読むことができるどんな小説（やそれ以外の本）より遙（はる）かにたくさんのことが書いてあるような気がする。それはなんだろうか。

「夫婦というのにはそういう情熱や溌剌（はつらつ）としたものを風化させてしまう力が働きつづけていて、当事者の二人はそれに耐えたり、そういうことさえも味わったりする心のあり方を探しつづけなければならない。……いまの私にはこの風化させる力の方にずっと関心がある。映画だって音楽だって十代や二十代の頃のように面白いと思わなくなったし、最初からそういう面白さを期待していない。いま私が若い子を好きになって突然恋愛がはじまったとしたら、しばらくは何も手につかないほど熱中するだろうが、二ヵ月か三ヵ月しか持続しないだろう」

ぼくたちがふだん読む小説のほとんどは「情熱や溌剌としたもの」や「若い子」との「恋愛」について書いてある。あるいは「政治」や「犯罪」や様々な「問題」について書いてある。

しかし、と主人公（＆著者）は考える。「生きる」ことの大半は「情熱や溌剌としたもの」の反対側、ぼくたちがふだん無視しがちなものの中にあるのではないかと。そして、家や時間を巡る徹底した思索を通して、いつの間にかぼくたちの心と体にしみついてしまった固定観念を少しずつ解きほぐしていく。

この小説の中に流れている時間（と空間）は、例えば小津安二郎の映画のそれに似ている。またプルーストや吉田健一の文学にも似ている。それらの映画や作品の中の時間（と空間）と同じ豊かさを共有しているように見えるからだ。だが、この小説は決定的なところで、先行する偉大な先達が創（つく）りあげたものとは異なるのである。

彼らの時間（と空間）は豊かな過去に基盤を置くが故に充実していた。しかし、著者は、この小説を、懐旧するためではなく未来へと時間を流れ出させるために書いた。これは、小説（と我々）を生に向かって送り出すための命がけの冒険なのだ。

評・高橋源一郎（作家）

ほさか・かずし　56年生まれ。作家。著書に『この人の閾（いき）』（芥川賞）、『言葉の外へ』など。

二〇〇三年八月三一日❷

『静かなる戦争　上・下』

デービッド・ハルバースタム 著
小倉慶郎ほか 訳
PHP研究所・各一八〇〇円

冷戦後の米国外交　その蹉跌を活写

ページをめくるうちに、「ベトマリア」という言葉が目に焼きついた。米国のホルブルック元国連大使の造語で、米軍が屈辱的な撤退に追い込まれたベトナムとソマリアを合体したものだ。

米国を直接脅かすわけではない海外の紛争に、政策への支持が弱いまま、中途半端に派兵する。やがて、米軍兵士の命が奪われて葬儀がテレビに映し出され、評判を落とした軍事行動が頓挫する。米国にとって惨めで不名誉な顛末（てんまつ）が、この造語の隠喩（いんゆ）である。

そんな「ベトマリア」への警戒心が逆巻く中で、米国の政策決定者たちはどのように判断し、行動したのか。冷戦後の米国外交の内幕や政権中枢の葛藤（かっとう）を、入念な取材に基づいて読み応えある人間ドラマに仕上げたのが本書である。

主たる舞台回しは、民族間の抗争で四分五裂した旧ユーゴスラビアだ。虐殺や強制移住などの暴力的な結末が予想されたにもかかわらず、クリントン大統領には確たる政策がない。欧州の一角の人道問題のために米兵の命を危険にさらす決定に踏み切れない。政府内部の不協和音、政府と軍の確執などが追い打ちをかけ、超大国の安全保障政策は漂流する。

コソボ紛争で北大西洋条約機構（NATO）が空爆に踏み切ったのも、クリントン氏が率先したわけではない。「アメリカが本当にアメリカであるためには、行動せざるを得ない時がある」。そんな軍人気質を漲（みなぎ）らせるNATO司令官らの、強引とも思える進言が、政権内部の慎重派を押し切った産物であった。

今のブッシュ政権の戦略は武力攻撃をしてでも、大量破壊兵器の拡散やテロの脅威を除去するというものだ。それは、「ベトマリア」にピリオドを打つ試みにも見えるが、イラク戦争後の混乱をくぐり抜けて、本当に「ベトマリア」の影を払拭（ふっしょく）できるのかどうか。そうした「近未来」を考える際に欠かせない「近過去」の群像が本書に刻み込まれている。

著者にはベトナム戦争の内幕をえぐった名著『ベスト&ブライテスト』がある。併せ読むといっそう、人間的、あまりに人間的な米国外交の蹉跌（さてつ）が見えてくる。

評・吉田文彦（本社論説委員）

（原題、War in a Time of Peace）

David Halberstam　34年生まれ。米ジャーナリスト。

二〇〇三年八月三一日③

『蜉蝣（かげろふ）』

若合春侑 著

角川書店・一七〇〇円

画家とモデルの宿命の愛 しっとりと

伊藤晴雨の無残絵は、責められる女のあえかな表情、乱れ髪の線がたとえようもなく美しい。本書は、晴雨とおぼしき画家とモデルの宿命の愛を、古典かなづかいでしっとりと描き出している。

ヒロイン歸依（きい）の原型は、晴雨の内縁の妻キセ（帰世子）だが、彼女の前に責め絵のモデルをつとめ、竹久夢二のもとに走った「お葉」のイメージも重ね合わされているようだ。「をぢさま」こと佐々愁雨も、実際の晴雨よりはるかに男前の上品な中年紳士に設定されている。その風貌（ふうぼう）は、やはりお葉をモデルに使った藤島武二に近いかもしれない。

美術学校近くのカフェの女給歸依は、裸婦デッサンのポーズをとるうち、榊（さかき）という画学生と恋仲になる。彼との結婚を夢見る歸依だが、男はある日忽然（こつぜん）と消える。そこへ、以前画学生たちと遊びに行った海辺の宿で出会った「をぢさま」があらわれ、絵のモデルを強要される。

愁雨の家に拉致・監禁された歸依のもとに、パリに留学した榊から手紙が届く。隠れて読んでいるのだが、なぜか知れてしまい、嫉妬（しっと）に狂った愁雨の責めは一段と厳しさを増す。耐える歸依は、次第に恍惚（こうこつ）境にはいっていった。

伊藤晴雨は、幼いころ見た芝居の責め場で自身の嗜好（しこう）を知ったという。特殊な図柄ゆえモデル捜しも容易ではないが、帰世子はよき協力者だった。有名な雪責めのシーンなどは本書に活（い）かされているが、女性によって女性の側から描かれているためか、少し意味あいが異なる。

晴雨の責めは、極限状況の女性がどんな反応を見せるか、一種の実験の趣があった。対象の資質を見定め、危険一歩手前で踏みとどまる。しかし、女の方は、単なる実験道具では沽券（こけん）にかかわる。何か情緒的な理由がほしい。著者はそのために榊を配したのではなかろうか。

愁雨が榊に嫉妬する構図は、歸依と帰世子の違いを鮮明に浮かびあがらせる。嗜虐（しぎゃく）性の実験は、父親のような「をぢさま」によって加えられる甘美な「罰」に移行し、共犯関係をまぬがれたヒロインは限りなく浄化される。このあたりが、女性の手になるSM文学の魅力だろう。

評・青柳いづみこ（ピアニスト・文筆家）

わかい・すう 58年生まれ。作家。著書に『海馬の助走』（野間文芸新人賞）など。

二〇〇三年八月三一日④

『イスラム世界はなぜ没落したか？』

バーナード・ルイス 著　臼杵陽 監訳

日本評論社・二五〇〇円

ほかの文明への関心が欠けていた

7世紀にアラビア半島に出現したイスラムは、8世紀には西でイベリア半島を支配し、中央でビザンツ帝国、東で唐帝国と接する大勢力となった。千年近く、イスラムは世界最高の文明であり、中国文明でさえも、その地理的限界ゆえに、世界文明としてはイスラムに及ばなかった。イスラムにとって、キリスト教世界とはビザンツ帝国のことであり、その向こうのヨーロッパなど、野蛮と不信仰の暗闇に過ぎなかった。

そのイスラム文明が、なぜ、西洋に圧倒されるようになったのか。イスラム研究の碩学（せきがく）であるバーナード・ルイスは、長くこの問題に取り組んできた。すでに数冊の邦訳もある。

ルイスは、自由の観念や立憲制の欠如、女性に対する差別、科学の停滞、社会的平等の欠如、世俗主義への反発など、近代合理主義がいかに欠如していたかを明らかにし、何よりも、その根底に、他の文明に対する関心が欠如していたことを強調する。

言いかえれば、ルイスはイスラムの失敗の原因は、外部よりも内部にあると見ている。

たとえば、西洋の支配は比較的短期間、それもイスラムの衰退が始まってからのことだと指摘する。そこからも分かるように、ルイスは、アラブ・ナショナリズムの立場に立つエドワード・サイードなどと、対極的な位置にあり、西洋の立場を擁護する存在だと批判されることも少なくない。

しかし、実際のところ、イスラムの現状をそのまま肯定するところから、中東は復活しうるだろうか。欠点は欠点として直視することこそ、必要ではないだろうか。その点で、ルイスの多くの指摘は、近代日本を研究してきた私などにも理解しやすい、説得的なものだった。

一つ疑問なのは、本書の解題である。監訳者はルイスの立場に極めて批判的で、ルイスは「文明の衝突」論者であり、ネオコンの理論的指導者だとまで述べている。それは一面的すぎるし、原著者に対してこれほど批判的な解題をつけるのはどういうことか、理解に苦しむ。良い本だけに、残念なことだ。

（原題 What Went Wrong?: Western Impact and Middle Eastern Response）

評・北岡伸一（東京大学教授）

Bernard Lewis 16年ロンドン生まれ。米プリンストン大名誉教授。

二〇〇三年八月三一日⑤

『日本美術の社会史 縄文期から近代の市場へ』

瀬木慎一、桂木紫穂 編著

里文出版・四八〇〇円

芸術活動の「背景」古典的論考で探る

美術を生み出す側ではなく論じる側に、美術史家や美術評論家がいる。もっぱら彼らが論じるものは、美術品であり作者である。ある美術品がどのような場で鑑賞されたか、いくらでどのように売買されたかということは、しばしば話の背景へと追いやられる。

しかし、編者のひとり瀬木慎一さんは、早くから『東京美術市場史』『名画の値段』『美術番付集成』などを出版、ユニークな視点で美術の世界を眺めてきた。

端的に、それは「社会」への関心ということになるが、瀬木さんの注目する「社会」とは、ある時代の美術を生み出し、鑑賞し、支持し、流通させる特定の集団とでもいうべきもので、それは「あらゆる芸術活動の基底にあって、自立的に根強く存続」してきた。時代によって、「座」「仲間」「寄合（よりあい）」「連中」「組合」「流派」などと呼ばれた。

こうした社会の歴史を、「縄文期から近代の市場」まで一気に振り返ろうとするのだから、壮大な試みである。

賢明にも、編者たちはそれを自分たちだけで行おうとはしなかった。明治から昭和にかけて発表された二十六人の研究者による二十八本の論考を編むというスタイルを採った。戦前の論考が三分の二を占める。

それでは最新の研究成果が盛り込まれないという批判があるかもしれない。しかし、逆に、古い論者は古い常識、古い情報に通じているともいえる。さすがに縄文期の「社会」に関する情報は手薄だが、近世・近代は充実している。近世の茶の湯の世界とそこに根ざした書画骨董（こっとう）観が、その後の日本人の美意識をいかに縛ってきたかがうかがわれる。

たまに、こんなふうに大きく過去を振り返ってみることは、われわれの現在地を知るうえで有益である。現代の美術を支える「社会」は、さだめし美術学校、美術館、美術団体、美術ジャーナリズムといったところだろうが、それらが永久不変でないことを教えてくれるからだ。

美術品の前で、本書のいう「社会」、美術を生み出し、支えた人々に思いを廻（めぐ）らしてみたい。

評・木下直之（東京大学助教授）

せき・しんいち 31年生まれ。総合美術研究所所長。

かつらぎ・しほ 54年生まれ。同主任研究員。

二〇〇三年八月三一日⑥

『天皇と中世文化』

脇田晴子 著
吉川弘文館・二四〇〇円

宗教、文化の掌握で保たれた権威

なぜ天皇制は、古代以来、連綿と存続したのか？　歴史学が一貫して問い続け、いまだ明確な回答が得られないテーマに、中世史研究の立場で正面から切り込んだのがこの本である。

戦後歴史学は政治・経済・軍事力という、いわばハード面のみを権力の源泉ととらえたため、室町期の天皇は無力であったと考えた。それゆえ、その天皇が明治に復権した理由について、神秘性や宗教性という、実体のわかりにくい事象を持ち出さざるを得なかった。

これに対して著者は、天皇制存続の鍵は中世にあり、宗教・文化といったソフト面を天皇・公家が掌握、編成したことが要因であるとする。戦国末期、権力を無くした天皇には、権威のみが残った。その権威は、そもそも天皇、朝廷、そして傘下にある宗教勢力を含んだ公家勢力全体の文化の高さに基づくものだった。

一方、たとえば、被差別民の芸能師を担い手として各地の共同体の自治の高まりの中で発達した能楽は、武家や将軍家に受け入れられた段階で、神が天皇の治世を守り、天下国家の安泰を守ることが民の平和に通じるというメッセージを発する。また、戦国乱世下の『源氏物語』の大流行。それは「この物語が好色と政治性に富み、後ろ盾の弱い皇子のサクセス・ストーリーだから」で、大名たちの中央志向を助長し、宮廷儀礼のマニュアルにもなって、天皇の権威を支えたとする。

このようにして著者は、中世の能楽、狂言、連歌、神道、さらに食器など、多方面の具体的文化事象を、豊富な知見と史料で裏付けながら、天皇制との関連で説いてゆく。文化の政治性、つまり文化の操作による人心操作は可能である、という著者の指摘は重要である。つまるところ、文化は権力であるということを明らかにした書だといえよう。

表紙の写真の能楽「三輪」を演ずるのは、著者自身である。商業史、女性史、被差別民史、芸能史など、中世史の諸分野で研究をすすめて来た著者の深い造詣（ぞうけい）と、幼い頃から身についた能楽の素養とがきわめて有機的に結びついた、新しい視点からの天皇制論である。

評・武田佐知子（大阪外国語大学教授）

わきた・はるこ　34年生まれ。滋賀県立大教授（日本中世史）。著書に『室町時代』など。

二〇〇三年八月三一日⑦

『反ブッシュイズム　1・2』

アンドリュー・デウィット、金子勝 著
岩波ブックレット・1巻四八〇円、2巻六六〇円

事実をできるかぎり正確に記録する。そして中身を吟味し、本質を抽出したうえで、これからどうなるかを展望する。

ジャーナリストに必須のその作業が、こと「ブッシュ政権」の動向についてはきわめて不十分だ。政治学者や経済学者も同罪で、言うことがコロコロ変わる。

そうした危機感と焦燥感に駆られた二人の経済学者が「1」を書き下ろし、雑誌「世界」に綴（つづ）っているその後の報告の既掲載分を「2」にまとめた。「（月単位ではあるが）それでも日本のメディアが伝えていない多くの事実を指摘するのに十分であった」と自負する通り、多方面から採取した立体的な資料と解析は、ブッシュ政権がいかに剣呑（けんのん）な存在であるかを強く印象づける。

米軍によるクラスター爆弾で死傷したイラク市民のほとんどは子どもだった。なぜか。イラクの人口の半分以上は十五歳以下だからだ。そのことを世界の何人が知っているだろう。

評・栗田亘（コラムニスト）

二〇〇三年八月三一日❽

『旅のあとさき、詩歌のあれこれ』

岡井隆 著

朝日新聞社・二八〇〇円

塚本邦雄とともに前衛短歌の旗手であり、現代短歌の牽引（けんいん）者である著者の、短歌の「現在」にまつわるエッセーと新作短歌集。

エッセーでは、時代の第一走者を任じる著者への挑発的な質問に自説を展開。例えばいに、「危機などといった状況をとうに通りこしている。簡単にいえば、廃墟（はいきょ）である」と、言い切る。そして「さかえているのは（中略）趣味としての短歌である。たくさんの専門歌人（中略）が、この趣味としての短歌の盛行に手をかしており、わたしもそのひとりである」とも述べる。一歌人として言えば、これが著者が引っぱってきたはずの現代短歌の現状だとすれば寂しい。

自らは「現代短歌の廃墟にあって、煉瓦（れんが）を焼いて、箴言（しんげん）的思想詩というささやかな小屋をつくりつつある」と、自負も見える。建前を外した面白さがある。しかし、その屈折した通路に戸惑いを覚えないでもない。

評・前川佐重郎（歌人）

「現代短歌は危機にあるのだろうか」という問

二〇〇三年八月三一日❾

『柳宗悦　手としての人間』

伊藤徹 著

平凡社・二六〇〇円

このハイデッガー研究者は、ある時期より、〈かたち〉の生成をめぐって、カンディンスキーの抽象絵画と柳宗悦の民芸運動に傾倒しだした。その長い潜航の軌跡がこの柳論だ。

「有用性の蝕（しょく）」という言葉で、高度技術社会に向けて重い問いを差しだす。人間の生にとって有用なものを産みだすはずの「作る」ことが、生（命）そのものをも製作可能なものとして呑（の）み込んでゆくなかで、制御不能な空洞と化したのが技術の現在ではないのかと。そしてその蝕のきざしのなかで、手段ではない「作る」ことの別の仕方に触れようとして果たしえなかった人として、柳を見る。

同じ河床の上にいた白樺派やプロレタリア芸術運動などとの捻（ねじ）れた関係をたどるなかで、その柳をも超えて、「待つ」ことの消失、物の確かさに身を委ね渡すことの忘却として、「作る」ことの現在を描く。「作る」の原点にわたしたちの視線をぐいと引き戻す、哲学者らしい骨太の著作だ。

評・鷲田清一（大阪大学教授）

二〇〇三年八月三一日❿

『黙りこくる少女たち　教室の中の「性」と「聖」』

宮淑子 著

講談社・一六〇〇円

ときおり社会面の片隅に、「学校教師、わいせつ行為で処分」といった報道を目にする。性犯罪や児童買春といった教師の事件も今では珍しくない。本書は、教師にまつわる「性」の問題を、当事者たちの目線にまで降りて解き明かそうとするルポルタージュである。

小、中、高校で起こるセクハラは「スクールセクハラ」と呼ばれる。「だって、先生が怖いもん」。被害にあい、訴える言葉さえ失った少女の心の傷を丁寧に解きほぐしながら、事件の解明をかえって難しくさせる教育界の体質を厳しく究明する。

「事件」を起こす教師たちの背後に何があるのか。学校や教育委員会の対応にどんな問題があるのか。セクハラ事件に加え、教師と生徒との性愛の問題、中学教師による「中国道少女監禁致死事件」などをもとに、報道には現れない、教師の心の危うさと、問題解決を困難にする学校という世界の病巣を探る。難しいテーマながら、著者の優しさが行間に滲（にじ）む。

評・苅谷剛彦（東京大学教授）

二〇〇三年九月七日❶

『朝陽門外の虹　崇貞女学校の人びと』

山崎朋子 著

岩波書店・二六〇〇円

北京で貧者の女学校を開いた日本人

朝陽門（チャオヤンメン）はとてもなじみのある地名だ。北京特派員として駐在した数年間、オフィスがその近くにあったからだ。北京が城壁に囲まれていた時代の東の城門の一つだが、その辺りで戦前、清水安三という教育者が学校を営んでいたとの話は耳にはしていた。ただいかなる理念のもとに、どのような教育がなされたかは、ついぞ取材することもなく帰国してしまった。

自らの不明を恥じた上でつけ加えれば、こうした日中関係史における戦前部分の知識と情報の欠落は、侵略国日本の敗戦によって戦前・戦後に鋭い亀裂が走ったことが響いている。だが必ずしもそうとは言い切れない事例があることを本書は教えてくれる。戦争の暗雲のなかで実践された教育活動が、その水脈が断たれることなく、現代中国まで流れ続けていたのである。

清水安三は同志社の神学部に学んだ牧師で、その道にすすんだのは郷里滋賀での中学時代、メンソレータムで知られた近江兄弟社の創業者で、かつ建築家でもあった宣教師ヴォーリーズと出会ったことが大きく影響している。1917年5月、志願して中国に渡り、旧満州の教会で活動。後に北京に移り、朝陽門外のスラム街に寺子屋のような崇貞（ツオンチェン）女学校を創立し、少女たちを売春から救うため、自立の手段となる読み書きと手技（てわざ）を授けた。やがて規模は拡大し、日本人子弟も加わり、中国人と朝鮮人の3民族が「心のレベルでつながる」教育を受ける場へと発展。さらに北京のもう一つのスラムではセツルメントにも取り組んだ。

本書は清水と、よき協働者であった最初の妻の横田美穂、2人目の妻の小泉郁子の生き方と思想を描いた人間記録である。彼らの信念は国家の壁に揺らぐこともあったが、あくまで一人の人間として生きようとする姿はすがすがしく、実に力強い。このような人間像を目撃する機会が少なくなったと感じていた折だけに、深い感銘をおぼえずにはいられなかった。

学校資料は日本の敗戦で焼かれてしまい、校史にははっきりしない部分もある。著者はその空白を埋めるべく、中国人、朝鮮人、日本人の元生徒を北京、ソウル、米国に訪ね歩き、聞き書きをしている。それは10年近い時間を費やした丁寧な取材であったと聞く。

この証言で浮かび上がるのは、侵略する側に属する人間でありながら、「植民地とされてしまった国の民衆とつながり、自分に可能な仕事をし、植民地主義国家の犯した罪科のそれこそ百億分の一でも償おう」とした人びとの姿だ。その理念と実践が中国側にもきちんと把握されたのだろう。崇貞女学校の後身にあたる現在の陳経倫（チエンチンリン）中学の校史陳列室には、前史として崇貞の名と、清水らの写真が展示されている。

なお裸一貫で引き揚げた清水と郁子は、戦後すぐ東京・町田に桜美林学園を創立する。

評・加藤千洋（本社編集委員）

やまざき・ともこ　32年生まれ。女性史研究者、ノンフィクション作家。著書に『サンダカン八番娼館』など。

二〇〇三年九月七日❷

『危ない精神分析』

矢幡洋 著
亜紀書房・一八〇〇円

「偽りの記憶」による悲劇 つぶさに

アメリカのメディアで「フォールス・メモリー」という言葉を頻繁にみかけるようになったのは、一九九五年前後からだったと思う。フォールス・メモリー、即（すなわ）ち「偽りの記憶」が何を意味するのか、最初よくわからなかったが、やがてその具体例と社会的背景を知って愕然（がくぜん）とした。

「偽りの記憶」とは、サイコセラピスト（心理療法家）が暗示や誘導によって植え付ける、事実に反する「記憶」のことだったのである。

アメリカでは八〇年代末から九〇年代前半にかけて、この「偽記憶」に基づく訴訟沙汰（ざた）が相次いだ。子供の頃に親から性的虐待を受けたが、忌まわしさゆえに表面上忘却していた「体験」を、セラピストの「記憶回復療法」が呼び覚ましてくれたと信じ込んだ人々が、次々と自分の親を訴えたのだ。法廷で、成人した我が子から身に覚えのない性的虐待を糾弾されたある老親は、世をはかなんで自殺した。同様に、訴訟や告発による家庭崩壊、家族離散の悲劇が続発したのである。

本書は、このムーヴメントがどのように起こり、いかに猛威を揮（ふる）い、やがて各方面からの正当な批判に耐えられず廃れていったかを具（つぶさ）に描き出している。

とりわけ「記憶回復療法」ブームの起点となった書、ジュディス・L・ハーマンの『心的外傷と回復』に対する批判は苛烈（かれつ）極まる。ハーマンの書の非科学性、煽動性（せんどうせい）が仮借なく暴き立てられている。被虐待経験など心的外傷（トラウマ）に関する記憶は、通常の体験の場合とは別の「秘密の記憶の小部屋」に仕舞（しま）い込まれるとするハーマンの学説は、科学的根拠を欠くオカルト紛（まが）いだと断ずる。相談者（クライアント）に「偽記憶」を植え付けたセラピストたちは、このハーマンの方法に準拠していたのである。

さらに著者の論鋒（ろんぽう）は、ハーマンの理論の大本にある、精神分析の開祖、フロイトの「抑圧仮説」にまで及ぶ。

わが国でも、アダルト・チルドレンやPTSD(心的外傷後ストレス障害）がブームとなり、ろくな吟味もなしに濫用（らんよう）されている。本書はアメリカの「前轍（ぜんてつ）」を検証しながらも、日本の現状をこそ批判しているのだ。

評・宮崎哲弥（評論家）

やはた・よう 58年生まれ。臨床心理士。著書に『立ち直るための心理療法』など。

二〇〇三年九月七日❸

『修復的司法とは何か　応報から関係修復へ』

ハワード・ゼア 著　西村春夫ほか 監訳
新泉社・二八〇〇円

「失われたもの」の回復めざす「裁き」

考えてみれば奇妙なことだ。犯罪が発生する。犯人が検挙され、長い長い裁判にかけられる。が、もっともひどいダメージを受けた被害者そのひとには、その間ずっと、証人として以外の発言権がない。裁判中の経緯が逐一知らされるかというと、それもない。審理の全過程は、司法の専門家に委ねられたままだ。

事件が起こるや、司法とメディアがそれを「犯罪」として、事件の当事者の手からもぎとってしまう。被害者の怖（おそ）れや怒りは孤立したまま増幅し、社会への不信どころか、ときに被害を受けた自己への強い非難さえ生まれ、やり場のない苦しみがそれとして肯定されることもなく、いよいよ深まってゆく。「被害には終わりがない」

現在の司法では、犯罪は〈法〉という国家秩序の侵害と位置づけられる。だから、罪の確定とそれに相応する合理的な刑罰の確定が中心に置かれ、問題のほんとうの解決、つまりは「失われたもの」の回復は、二次的にしか視野に入ってこない。被害者のニーズではなく、国家のニーズのなかで、審理は進められる。罰金も、だから国家に納められるのだ。

著者たちが一九七八年に開始した「加害者と被害者の和解プログラム」（VORP）は、犯罪もしくは紛争を見るときに、どの法律を侵したのか、どのような刑罰を受けるべきかという「応報的司法」の視点から、だれが傷つけられたのか、そのひとはいま何を必要としているのかという「修復的司法」の視点へと、「レンズを変える」（原題）ことを求めている。

著者たちの憂慮は、専門家にすべての審理過程を委ねることで、わたしたちはみずから問題を解決する能力を失ってしまったのではないかというところにある。被害者が不在であるだけでなく、加害者にも矯正の機会はあっても赦（ゆる）しの機会はないのだから。現在わが国でも試みられつつある裁判外紛争解決（ADR）の手法の源流にある、この修復的司法の古典は、「裁き」が何の解決であるべきかという、いちばん基本的な問いへとわたしたちを呼び戻す。

（原題、Changing Lenses : A New Focus for Crime and Justice）

評・鷲田清一（大阪大学教授）

Howard Zehr　米メノナイト大教授。フォトジャーナリスト。

二〇〇三年九月七日④

『フォーチュンテラーズ　偽りの予言者たち』

ハワード・カーツ 著　池村千秋 訳

ダイヤモンド社・二三〇〇円

ウォール街に渦巻く噂の真相を探る

いつの頃からか、企業の合併や経済政策、はては総裁選に至るまで、適否を評するのに「市場の声」が持ち出されるようになった。新総理の誕生で平均株価が何ポイント上がったのは市場が好意的に迎えたからだ、という具合に。なるほど新内閣の公約が企業に利益をもたらすなら株価は上がって当然だ。ところがここには大きな問題がある。

株式市場の「声」が経済の実情を伝えていればよいものの、株価は「予想」に左右されるため、噂話（うわさばなし）が流れただけで激動してしまうのだ。アメリカの株式市場に渦巻くめまぐるしくけたたましい噂話と株価の関連を、ワシントン・ポスト紙の記者が実名を挙げスリリングに描いた本書を読むと、いったい市場の声が真実かどうかを知る者さえいないのではないかと思え、背筋が寒くなる。

ほんの20年ほど前まで、株価の予測はアナリストが行い、それを知るのは大口の投資家か関係者だけだった。つまり株式市場はプロの職場だった。ところがアメリカでは、金融自由化とともに投資信託が急増し、年金までがそれにリンクされると、一般家計が投資市場に殺到するようになった。株式投資では、人より早く情報をつかみ賢く分析するものが勝利を得る。それゆえ誰もがアナリストの予測や企業にかんする様々な情報を噂話ですら知りたがる。情報は「商品」となったのだ。それを実現したのが、インターネットとケーブルテレビだった。

ウォール街の名物男、ジム・クレーマーを軸に、金融ニュースキャスター、ネット企業のCEO（最高経営責任者）、アナリストがこれら新しいメディアを舞台に24時間入り乱れる。多くの登場人物は現代アメリカのメディア・スターたちだ。彼らが噂の真相をめぐり、丁々発止のやりとりを繰り広げる。大部の書ではあるが、一気に読ませる快作だ。

彼らのご託宣は、中立を装いつつも多くは背後で誰かの利益を代弁している。そんなあやふやな情報で、一般家計がカモにされているのだ。これは銀行をつぶし、投資信託を金融の中心に据えようとする日本経済の未来でもある。

（原題、The Fortune Tellers）

評・松原隆一郎（東京大学教授）

Howard Kurtz　米ワシントン・ポスト紙のメディア担当記者。

二〇〇三年九月七日⑤

『階段』

エヴリーヌ・ペレ＝クリスタン 著
鈴木圭介 訳
白揚社・二三〇〇円

天国へも地獄へも、夢想の上下運動

故障したエスカレーターほど使いにくいものはない。のぼるにせよ、おりるにせよ、高さと踏面のサイズがどうもこちらの歩幅にあわないのである。人が立っているだけで運ばれていくあの動く階段は、本来の階段とは似て非なるもので、利用者に脚をつかわせないことを重視しすぎた結果、かえって均衡を崩しているのではないかとさえ思えてくる。

しかし、そもそも階段とはなんなのか。機能だけ見れば、それは運動と移動のための空間だ。建築家エヴリーヌ・ペレ＝クリスタンは、姿かたちやその規模にどれほど差異があろうとも、階段が正しく階段であるためには、ひとつの基準をクリアしなければならないという。つまり、人間の歩幅だ。段の寸法を決定するのは、人の歩行を妨げない自然な歩幅なのである。高すぎても低すぎてもだめだし、ちょうどいい高さであっても、段の踏面が広すぎるとかえって間が抜けてしまう。

また、エスカレーターとちがって、階段はたった一本でのぼりとくだりの役割を果たすことができる。エレベーターもおなじ機能を備えているけれど、函（はこ）型の昇降装置のなかでは他人から目を逸（そ）らし、階数表示ばかり見つめている人に、階段はふれあいの大切さを教える。「同じ歩調で歩くことで、いろいろなことを打ち明け合う」のだ。

階段はただの通路にとどまらず、仕切りや境界になり、出会いの場になり、休息の場になる。身体の一部を基準にしているがゆえの自由と不自由がそこではうまく調和し、基本的な尺度からなるさまざまな建築要素のなかで、ひときわ高い「精神性」が示される。本書の魅力は、おそらくその階段特有の精神性に着目したところにあるだろう。図版こそ少ないものの豊富な事例をつぎつぎに繰り出して、読者に夢想の上下運動をうながしてくれる。ヘルダーリンは、「人間は詩的に住まう」と書いた。戸口や扉を介した水平移動ではなく、天国にものぼり、地獄へもくだるこの垂直移動の手段には、人間ならではの詩的な住まい方の秘密が隠されているのかもしれない。

（原題、L'Escalier）

評・堀江敏幸（作家）

Évelyne Péré-Christin　48年生まれ。建築士。

二〇〇三年九月七日⑦

『金子光晴、ランボーと会う　マレー・ジャワ紀行』

鈴村和成 著
弘文堂・一八〇〇円

読みすすむうち、あたりの空気がむっとして、肌がじっとり汗ばむ。金子光晴とランボーの足跡をマレー半島とジャワに追う本書からは、森の熱い静寂、街の喧騒（けんそう）とすえたような臭（にお）いが噴き出してくるようだ。

清岡卓行『マロニエの花が言った』でランボーと光晴が――五十三年を隔てて――ジャワ島を訪れていることを知った著者は、憑（つ）かれたように自らも旅に出る。

現場の魔力の中で、光晴の詩句がよみがえる。「新鮮な睫毛（まつげ）」のようなバトパハのニッパ椰子（やし）。洗面器になみなみと湛（たた）えられたシンガポールのカレー。ボロブドゥール寺院に舞う蝶々（ちょうちょ）。

そして、ジャワ北岸の港スマラン。ここは、二十一歳でオランダ植民地部隊に入隊したランボーが船を降りた地であり、ランボーの訳者光晴が、パリへの旅費を稼ぐために絵を売りつつ立ち寄った地でもあった。

著者の撮影した写真とも相まって、現在の旅、光晴の旅、ランボーの旅と三重に楽しめる。

評・青柳いづみこ（ピアニスト・文筆家）

二〇〇三年九月七日⑧

『「アナール」とは何か　進化しつづける「アナール」の一〇〇年』

イザベル・フランドロワ 編　尾河直哉 訳

藤原書店・三三〇〇円

もう半世紀以上、世界の歴史学をリードしてきたといっても過言ではないフランスの雑誌「アナール」は、一九二九年の創刊以来、社会経済史、数量歴史学、心性史、感性の歴史学とたえず新たな方法と領野を開拓して進化し、今日では社会科学との連携を一段と強めている。

この「アナール」の歴史と現在を、中心となって支えてきた歴史家たちが、それぞれの立場から率直に語ったインタビュー集である。ゆくりなくも皆が口にする帝王のようなブローデルの多面性、また地理学に憧（あこが）れていた初期のアナール派の姿は、示唆に富む。最近、六〇〜七〇年代のような飛ぶ鳥を落とす勢いはなくなったけれど、危機意識をもつ彼らからは、無限に広がってゆくべき歴史学についての頼もしい言葉も聞ける。それにしても、日本とは比較にならぬほど懐の深い豊沃（ほうよく）な文化伝統にいまだに浴している歴史家たちに、どうしても羨望（せんぼう）の眼差（まなざ）しを注いでしまう。

評・池上俊一（東京大学教授）

二〇〇三年九月七日⑨

『江戸の絵を愉しむ』

榊原悟 著

岩波新書・七八〇円

口を開くやいなや、日本の古い絵は「披（ひら）いて見る」ことが基本だと著者はいう。絵巻や掛け軸はいうまでもなく、屏風（びょうぶ）や襖絵（ふすまえ）でさえ、開閉する動きがその制作と鑑賞に深く関（かか）わっていると教えられれば、現代人の美術館でのガラス越しの鑑賞がいかに不自由なものであるかを改めて思う。

「江戸の絵」を江戸のひとびとはどのように愉（たの）しんでいたのか、すなわち彼らの「関心の所在」（あとがき）を、当時の史料に即しつつ、これでもかこれでもかと繰り出してくる。

身長二メートルを超える力士の実物大の肖像画、真上から見た布袋（ほてい）や虚無僧（こむそう）の意表を突く姿、牛蒡（ごぼう）の切り口と「尻の穴」の関係、まるでカメレオンの舌のような長い長い手を伸ばして遊女の手紙を瞬時に奪い取る猿。

これらの秘密を知りたい方は、本書を手に取られたい。まさしくこれは「江戸の絵」に至る手引書であるが、それから先の「愉しみ」はむろん読者次第だ。

評・木下直之（東京大学助教授）

二〇〇三年九月七日⑩

『海外炭が日本を救う　エネルギー屋の五〇年』

村井了 著

河出書房新社・二二〇〇円

「電源開発」は発電した電気を電力各社に卸売りする会社だ。発電規模は東北電力と同じくらい。国策会社として52年に設立され、一時代先を見越した電源の開発を担ってきた。筆者は第一期の入社組。主に海外との交渉に携わってきた半生は、戦後日本のエネルギー開発史になっている。

表題は、70年代「原子力をめざす時代に、いまさら石炭などで会社をつぶす気か」という声の中で着手し、建設した海外石炭を使う発電所の話である。

戦後、経済成長と石油ショックの中で電力供給を支えたのは、こうした会社と個人の奮闘だったことがよく分かる。戦争という負の歴史を抱えながら資源国と付き合い、日本の発展を背負ってきた。いたるところプロジェクトXである。

オーストラリアは「資源がなくなることは国がなくなること」の国是をもつ。ならば無資源国の日本は？　電力自由化の中で、今後の日本を救う戦略は大丈夫なのかも問いかけている。

評・竹内敬二（本社論説委員）

二〇〇三年九月一四日❶

『マリア・カラス 叢書・20世紀の芸術と文学』

ユルゲン・ケスティング著 鳴海史生訳
アルファベータ・二八〇〇円

不世出のプリマの「黒いロマン主義」

もし森進一が、奥さんの森昌子のような澄んだ声で歌えといわれたら。もし美空ひばりが、ドスのきいた低音部、鼻にかかる中音部、きれいなファルセットと三種類の声を持っていることを非難されたら——。

ね、ありえないでしょ。ギリシャの生んだ不世出のオペラ歌手マリア・カラスは、まさにその点で批判されたのだ。ライヴァルだったテバルディのように天使のような声ではない、あるいは声域がなめらかに移行しない、等々。

映画「永遠のマリア・カラス」を観(み)た人なら知っているだろう。生誕八十年を迎えたカラスの生涯は、数々のドラマティックな伝説で彩られている。ダイエットで百キロ近い体重を六十キロ台に落としたこと。かのジャッキー・ケネディと海運王オナシスをとりあったこと。

でも、そうした逸話だけで語るには、カラスはあまりに革命的な存在だった。個性的な声、優れた演技力と役柄に対する深い洞察。大衆音楽や演劇なら是非(ぜひ)とも求められる資質が、当時のオペラ界では必ずしもプラスに作用しなかったことに驚かされる。音楽はひとつ、舞台芸術もひとつなのに、どうしてジャンルが異なるところも価値観が変わるのか。どうして、そのことで不当に苦しむアーティストがいるのか。

本書はそんな問題点をズバリとついてくれる珍しい研究書である。画期的なのは、彼女の歌唱を「黒いロマン主義」と呼び、十九世紀的な負の美学の中に位置づけたことだろう。

「マリア・カラスは、『苦悩』の声、『残忍さ』の声、『夜』の声、何か『奥深いもの』のための声、ということはすなわち、『魂の状態』の表現にふさわしい声をもっていた」

とりわけ、彼女がスカラ座で復活させたヴェルディ「マクベス」のマクベス夫人や、ケルビーニ「メディア」のタイトル・ロールは、「天使のような声」では実現不可能な役柄だった。

カラスの歌手人生は異様に短かった。声に問題をかかえずに歌えたのは十二、三年。最盛期は五一/五二年から五四/五五年のシーズン。「マリア・カラスは、両端から燃える蝋燭(ろうそく)のごとく、見る見るうちに消滅してしまった」と著者は語る。それは何故(なぜ)か——。急速に進む商業主義の犠牲になったともいえる。しかし、原因の大半はカラス自身が招いたものなのだ。

「彼女は自分の声をいたわらず、手入れせず、管理せず」、若いころから「歌手殺し」と呼ばれる役を歌いすぎた。オペラ歌手の曲芸的な側面、「アイーダ」二幕フィナーレの高い変ホ音など「力技」の呪縛からも抜けきれなかった。とはいえ、「彼女の偉大さは、成功の幸福のみならず、失敗の仕方にもある」。

伝説は極力排除し、録音を徹底的に聴きこむアプローチから、芸術家としてのカラスの壮絶な戦いが3D画面のように迫ってくる。

(原題、Maria Callas)

評・青柳いづみこ(ピアニスト・文筆家)

Jurgen Kesting 40年ドイツ生まれ。音楽評論家。主著に『偉大なる歌手たち』。

二〇〇三年九月一四日②

『ナンシー関大全』

ナンシー関 著

文芸春秋・二八〇〇円

現代日本の「良心」というべき人だった

昨年六月、ナンシー関さんの突然の訃報（ふほう）を知ったとき、私はたよりにしていた「光」を失ったような気になった。嫌悪の精神を繊細に鮮やかに語ってみせたこと、それはこのがさつな日本における「良心」というべきものだった。

亡くなったあとにナンシーさんの傑作選などがあいついで出版されたが、本書はナンシーさんがなした仕事の全体像を浮かび上がらせた。テレビ批評、コラム、対談、ルポ、そして消しゴム版画のかずかず。愛情あふれた追悼本だが、彼女の才能のすごさを思い知る。短い文章のなかに人間の胡散臭（うさんくさ）さや、まだ現象としてとらえられてもいない社会の「空気」を的確に表現し、一見、美徳にみえるものにひそむ悪徳を暴く。

糸井重里を〈見るのが辛（つら）い80年代の亡霊〉と評し、世間の人は理解の範疇（はんちゅう）に収まる「不良」が好きなのだと〈日本人の5割は「（横浜）銀蝿（ぎんばえ）的なもの」を必要としている〉と喝破。ワールドカップの熱狂をその渦中に〈怖いっす。気味悪いっす。W杯一色ニッポン〉と嫌悪感を表した。のちになって現象を論じることは出来るけれど、テレビに流れつづける「現在」を瞬時にしてとらえ、批評を展開しえたのはナンシーさんの知性だった。

本書では生まれ育った青森での幼い日々の写真やこどものころの作文なども収録されている。ナンシーさんの才能が小学校六年の作文にすでにあらわれていることに驚く。また両親と妹が思い出をつづったすてきな文章がある。彼女が慈しまれて育ったことと、周囲の愛情につつまれたナンシーさんの温かな人柄がよく伝わってくる。彼女は本質的な意味での気品をたたえた人だったのだ。だからこそ、醜いもの、ニセモノ、悪意にたいする嗅覚（きゅうかく）がするどかったのだろう。

いま、私の手元にナンシーさんが愛用したというステッドラーの消しゴムがある。本来は紙に書かれたものを消すためにあり、何かを消すたびに消しゴムは細くなってゆく。けれどもナンシー関さんの消しゴムは細くはならない。この消しゴムには批評のあるべき形がしっかりと彫り込まれているからだ。

評・与那原恵（ノンフィクションライター）

なんしー・せき 1962〜2002年。コラムニスト、消しゴム版画家。著書に『テレビ消灯時間』。

二〇〇三年九月一四日③

『映画監督　深作欣二』

深作欣二、山根貞男 著

ワイズ出版・四二〇〇円

「活劇の王」が語る、時代・状況への「抵抗」

足かけ四年を費やして、深作映画全六十一本を論じた一大インタビュー。

通読した感想は、この「活劇の王」が、まさに時代の子であったという事実だ。自分のスタイルを至上目的とする黒澤明などとは、根本的に資質がちがう。

だが、深作欣二は東映仁侠（にんきょう）映画の全盛期に、ほとんど仁侠映画を撮らなかった。『解散式』は、その深作が撮った例外的な一本で、クライマックスは鶴田浩二と丹波哲郎が着流し姿で斬（き）りあう名場面だが、ふたりの背後には、威圧するような石油コンビナートがそびえている。

この違和感を深作は「抵抗」と呼ぶ。

アメリカ軍に万歳突撃して滅びるはずだった日本人は、なんの抵抗もしないまま、敵の体制を受け入れた。そんな戦後に仁侠映画を撮ることは、あの空（むな）しい万歳突撃の美学に再び屈することではないか。深作はそれに我慢ができなかった。

そうした時代への違和感を主眼にすえた『仁義なき戦い』は、戦後の繁栄とは逆向きに暴走、転落するヤクザやチンピラの群像を描いて、大ヒットする。

スターばかりか、無数の大部屋の役者たちが殺し殺され、殺されてはメークや扮装を変えて甦(よみがえ)る。怒号し、全力疾走し、体当たりでぶつかりあうアクションは、暗く野蛮な活力に満ちていた。

時あたかも、学生闘争が連合赤軍のリンチ殺人に収束し、大映がつぶれ、日活ロマン・ポルノが流行した時代である。

『仁義なき戦い』は、時代の破壊的な混沌(こんとん)とシンクロしていただけではない。映画の作り方まで変えてしまったのだ。手持ちカメラをふり回し、不十分な照明で荒れる画面からは、観客の生理を逆撫(さかな)でする生々しい迫力が生じた。そんな深作の映画作りには、未来の映画作家タランティーノを生み、香港の犯罪映画を変えるだけの普遍的な力さえあった。

時代への違和感が募る八、九〇年代をへて、深作は最後に、国家命令で殺しあう少年少女を描く『バトル・ロワイアル』で、強いられた状況への「抵抗」という最初のテーマを再発見し、逝く……。

深作のみならず、戦後日本映画の基底に迫る貴重なドキュメントとなった。

評・中条省平(学習院大学教授)

ふかさく・きんじ 1930～2003年。映画監督。
やまね・さだお 映画評論家。

二〇〇三年九月一四日④

『シャルラタン 歴史と諧謔の仕掛人たち』

蔵持不三也 著
新評論・四八〇〇円

ウソが生む真実 そういうこともある

シャルラタンを辞書で引くと、まず山師、ぺてん師、大ぼら吹き、などと出てくる。その次に「やぶ医者」。本来はやぶ医者の解が正しいだろう。つまり効くのか効かないのか知れたものではない偽せ薬(プラセーボ)をたくみな口上とパフォーマンスで売りつけるインチキ医薬業者。縁日の広場・空き地に仮設舞台を組み、まずは綱渡りなどの大道芸や道化芝居で客寄せをしてから、「さあて、お立ち会い」と、あやしげな口上をブチまくる。いずれにせようさんくさい曲者だ。

本書の舞台はフランスだが、シャルラタンはわがガマの油や外郎(ういろう)売りそっくり。これが歳(とし)の市や都市の場末などにあらわれて、ときには抜歯手術や助産術、ヘルニア手術も非合法で行った。十八世紀以前の医学水準では、王や自治体の認可状のある正統の医者とシャルラタン民間療法の区別がつけにくい。ときには後者の治療実績の方が高くて民衆に人気があり、いたるところに出現しては、行政の網をすり抜けてまんまと姿をくらます。シャルラタンはしっぽを掴(つか)ませるようなヘマをしないから、研究者としては行政側の汗牛充棟(かんぎゅうじゅうとう)の関係資料を漁(あさ)り実態に迫るしかない。この材料なら通俗読み物に仕立てるのは朝飯前だろうが、細部の資料をここまで丹念に調べ上げた力量は脱帽もの。

ちなみに、客寄せの道化や大道芸人が本体のシャルラタンから独立して役者や芸人に転業したり、シャルラタン自身が客寄せ芸人をかねている場合もあった。そこでシャルラタン研究には法制史や医薬史ばかりではなく、演劇史・文学史研究も欠かせない。げんにラブレーやモリエールの名がしきりに顔を出す。

しかしなによりも本シャルラタン論の白眉(はくび)はそのマージナル性の指摘にあるだろう。ときには正統医師がシャルラタンと区別がつかないばかりか、正統とは名ばかりの、じつはそれこそが仮面のシャルラタンとして、歴史の諸局面ばかりか、現代の商業主義のなかにも脈々と生きて続けているのでは、という諧謔(かいぎゃく)たっぷりの口上に、ひさしぶりに胸のうちがスカッとする。

評・種村季弘(評論家)

くらもち・ふみや 46年生まれ。早稲田大教授(フランス民族学)。著書に『シャリヴァリ』など。

二〇〇三年九月一四日⑤

『太りゆく人類　肥満遺伝子と過食社会』

エレン・ラペル・シェル 著　栗木さつき 訳

早川書房・一九〇〇円

肥満者聞くべし デブ大国からの警鐘

ひさしぶりのアメリカ訪問。なかでいちばんおどろいたのが、過肥満の男女のかずが異様にふえていたことだった。私もデブだけど、その私がほっそりと感じられたぐらい。

——と書きだして気がついた。デブねえ。そう書くことで、私は太った自分と肥満そのものをコッケイ化している。肥満を意志のよわさにむすびつけ、からかい、バカにする社会通念におもねった気配が、かすかに感じられる。太った人間として生きるのも楽ではないのだ。

だが本書によれば、肥満を「個人のせい」にしてすませられる時代は、どうやら急速にすぎさりつつあるらしい。

じっさい、アメリカではこの二十年間で肥満者のかずが倍増し、ついに人口の二七パーセントに達したとのこと。このままゆけば三十年後には五〇パーセントをこえてしまう。おかげで糖尿病、腎不全、心臓病がふえ、肥満が大きな社会問題になりつつある。NYの書店には肥満がらみの本が山づみされ、どれもよく売れているらしい。本書もその一冊。著者は全米の新聞で活躍中の科学ジャーナリストである。

肥満は個人のせいにあらず。ではだれのせいか。この二十年間は同時に、肥満の引き金となる遺伝子をさがす二十年間でもあった。九四年、ロックフェラー大学のグループが肥満遺伝子レプチンのクローニングに成功。この大事件を中心に医学界・製薬業界における先陣あらそいのすさまじさが、たんねんな取材によって再現されてゆく。それが前半。

でも、ひとは遺伝子のせいだけで太るわけではない。遺伝子＋人間から自制心をうばう環境＝肥満。というわけで、後半はアメリカ社会のゆがみ、とりわけ子どもにジャンクフードを売り込む食品企業の戦略暴露にあてられる。アメリカにかぎらず、車やTVから食品まで、アメリカ型ビジネスが根をおろした国では例外なしに肥満が急増している。日本もそうだが、中国でさえ、この十年間で肥満が六倍にふえたというのだから。

肥満者は読むべし。ダイエット本よりは持続的な効果が期待できよう。

（原題、The Hungry Gene）

評・津野海太郎（編集者・和光大学教授）

Ellen Ruppel Shell　米国の科学記者。ボストン大の教壇にも立つ。

二〇〇三年九月一四日⑥

『瞳の中の大河』

沢村凜 著

新潮社・一七〇〇円

ファンタジーを脱した戦国歴史小説

異世界ファンタジーが一大潮流となったのは、トールキン『指輪物語』以降と言われている。この小説の影響力はいまもなお残っている。しかし、ファンタジーの歴史を見ると、その後このジャンルはどんどん細分化しているとも言えそうだ。その流れの中でもっとも興味深いのは、ファンタジーの尻尾（しっぽ）を切り捨てる作品群が生まれていることだろう。

たとえば、小野不由美『十二国記』と、茅田砂胡（かやたすなこ）『デルフィニア戦記』は、異世界冒険小説の傑作だが、これら九〇年代型とも言える物語に、ファンタジックな装いはきわめて少ない。その衣装は設定に使われるだけである。この二つの大河シリーズがその後一般文庫に収録されたのも、ファンタジーの枠内にとどまらない物語のひろがりを持っていたからにほかならない。

この二作品にはまだファンタジーの香りが幾分（いくぶん）残っていたが、ここまでくれば、一般小説まではただの一歩といっていい。興味深いのはこの点だ。海外でも、ジョージ・R・R・マーティンの異世界歴史小説『七王国の玉座』が書かれているように、異世界ファンタジーはその尻尾を切り捨てることで、一般小説に限りなく接近する一群の物語を生み出しているのである。

沢村凛『瞳の中の大河』は、そういう最近の流れを象徴する作品である。叛乱（はんらん）軍と国軍が戦っていて、戦火のたえない国が舞台。軍人として生まれた男の波瀾（はらん）に富んだ半生を描く長編だ。鮮やかなディテールと骨太の背景が絡み合って、緊迫した物語が迫力たっぷりに展開する。架空の土地、架空の国を舞台にしているとはいっても、ファンタジックな装いはもうどこにもない。

このジャンルの作品が意味を持つのは、波瀾万丈の戦国時代小説が最近はめっきり少なくなっているという事情があるからだ。時代小説の側から言えば、そうも言えるだろう。だから、ファンタジーが苦手だという世代の、戦国歴史小説ファンにこそ、本書は読まれてほしいと思う。あなたの読みたかった物語がここにはあるはずだ。

評・北上次郎（文芸評論家）

さわむら・りん 63年生まれ。作家。著書に『ヤンのいた島』『リフレイン』など。

二〇〇三年九月一四日❼

『「イラク戦争」検証と展望』

寺島実郎、小杉泰、藤原帰一 編

岩波書店・二五〇〇円

イラク戦争とは何だったのか。本書は、国際政治学者や中東研究者、評論家・ジャーナリストなど総勢40名が、イラク戦争が持つ意味を、多角的に検証した緊急論考集である。

通読して思うのは、唯一の超大国となった米国の事情、米国の論理が、否応（いやおう）なく国際社会を振り回し続けているという現実である。巻末の総合討論で指摘されるように、米国内に沈殿する「9・11」による憎しみは、澱（おり）となってイラク侵攻を正当化させたが、その「9・11」には湾岸戦争の怨嗟（えんさ）が影を落としていた。

日本政府は、国連での決議を経ないままイラク攻撃に突き進んだ米国の行動を全面的に支持し続けるとともに、この戦争を契機として、有事法制や自衛隊のイラク派遣のための法整備を進めてしまった。今回の日本の選択は、この「憎しみの連鎖」に自ら飛び込み、その輪を補強するものではなかったか。本書は、この戦争が日本に突きつけた「選択」の重みを実感させる。

評・音好宏（上智大学助教授）

二〇〇三年九月一四日❽

『納得して治療を受けるためのがんとの闘い方』

祢津加奈子 著

朝日選書・一二〇〇円

手術で臓器を全部取られたあとで、他の病院なら部分切除ですんだことがわかったら？　治療法がないと告知されたあとで妙薬が出現していたと知ったら？

がんの医療は日々新ただが、医療施設には治療格差があって、どこでもその恩恵を受けられるとは限らない。また新しい治療法があるといっても、果たしてどの程度確立されたものか？　だから自分でも広く情報を集め「納得」して「選択」することが、本当のインフォームド・コンセントだ。

活躍中の医療ジャーナリストが旺盛な取材で最新の治療法を広範に紹介するとともに、医師に聞くべきこと、他の医師からのセカンドオピニオンなど情報のとり方まで伝授する。

延命かクオリティ・オブ・ライフ（生活の質）か？　ホスピスまで含む複数の選択肢から選ぶには、患者と家族の生き方や人生観が大切になるという。自身近親者の罹病（りびょう）、喪失という切実な体験を持つ著者ならではの、「がん患者学」だ。

評・宮田親平（科学ライター）

二〇〇三年九月一四日⑨

『ビル・ゲイツの面接試験』

ウィリアム・パウンドストーン 著
松浦俊輔 訳
青土社・二二〇〇円

アメリカの就職試験が変わった。火付け役はビル・ゲイツらが70年代に設立したソフト産業の巨人、マイクロソフト社だ。

「マンホールの蓋（ふた）はなぜ丸いか」「なぜ鏡は左右を逆転するのか」「時計の長針と短針は、一日に何回重なるか」などと面接官から質問されたら、だれだって面食らうだろう。ところが同社では、こうした論理パズルやクイズが決まって出される。毎月1万2千通の履歴書が届く同社の採用基準は、過去の業績よりも「これから何ができるか」に絞られる。競争への意欲や創造的な問題解決能力にあふれた人物を見抜くために不可欠という。

しかもこの傾向は銀行、マスコミ、広告会社にまで広がり、雇用の世界ではパズルやクイズを使っての試験がトレンドだ。マイクロソフト式面接を分析、選抜の奥に潜む価値観まで探った著者に敬服。就職試験にこそ、その〝会社らしさ〟が滲（にじ）み出ると実感した。

評・多賀幹子（フリージャーナリスト）

二〇〇三年九月一四日⑩

『詩を生む身体　ある演劇創造教育』

ジャック・ルコック 著　大橋也寸 訳
而立書房・二〇〇〇円

著者は、パリの演劇学校の校長先生。著名な俳優、演出家がここから数多く育っている。

この学校は二年制で、まずマイムによる即興劇を叩（たた）き込まれる。次は〝中性マスク〟（「ニュートラルな表情の、バランスがとれたマスク」）をかぶっての演技。このレッスンは、俳優の卵たちに「発見、解放、受容」をもたらす。

卒業前の仕上げはクラウンである。学生たちは例の赤鼻をつけ、どうしたら人を笑わせられるか悪戦苦闘する。各自が己の欠点をさらけ出すとき、それが「演劇的強みに転化する」のだそうだ。

先生の指導法は一見遊びに満ちあふれている。しかし、その裏には鍛え抜かれた哲学的思考がかい間見える。「沈黙から言葉は生まれる（中略）動きは不動からしか生まれない」「俳優の身体の法則は観客の身体にも存在する」

先生の前歴は体操選手でその際、人体の純粋な動きを発見したというのも面白い。

評・安倍寧（評論家）

二〇〇三年九月二一日①

『カルロス・ゴーン　経営を語る』

カルロス・ゴーン、フィリップ・リエス 著
高野優 訳
日本経済新聞社・一六〇〇円

現場と対話し、壁となわばりを壊した

「ゴーン日産＝星野阪神」説というものがある。星野阪神は、若手のはえぬきを放出し、出来合いの選手をかき集めた。それは今年優勝するための策でありチームの将来性を犠牲にするもので、同様に日産は、工場閉鎖と系列解体（子会社株の売却）、さらには社員削減にまで手をつけてしまった。これで当面黒字になるのは当たり前、ゴーンは目先の利益のため、日産の技術を将来にわたり支えるはずの子会社や社員という有形資産を食い潰（つぶ）してしまった、というのである。

阪神も日産も、最悪の状態からぶっちぎりの好成績へと急旋回した。これが禁じ手による一時的な躍進であるのか否かは今後を見守るしかないが、日産がそう決めつけられるのは、1999年の社長就任時、一躍有名になったゴーンの「コストカッター」なる渾名（あだな）が流通しているせいだろう。ゴーンは占領軍の長よろしく米国流企業再建の定石を打ったにすぎないのだ、と。私もそうした先入観をもっていたが、長時間のインタビューにより生い立ちから経営哲学までを語る本書を

読んで、疑いが晴れた。なにより訥々（とつとつ）とした語り口には、胸に迫るものがある。

コストカットには普遍的な効力があるから、情に流されないなら誰でもできる。対照的にゴーンは、世界における自動車産業再編の巨大なうねりの中で、日産とルノーと自分は、運命的というべき出会いを果たしたと述べている。

日産には人材や技術があるのに、組織上の不具合のため不振に陥っている。高コストは問題とはいえ、その一部にすぎない。利益やユーザーが視野になく、チームは有能なのに部門間でなわばり意識が強く、危機感が薄くて長期的ヴィジョンに欠ける。そうした診断は、社長就任以来3カ月で数百回も現場をめぐり、現場に起きている事実の詳細な聞き取りから下された。

対策の柱は、「コミュニケーション」の回復である。まずは長期的な方針（ヴィジョン）を提示し、簡潔に表現する（たとえば「日産180」。販売台数100万台増、営業利益8％、それに負債0）。それを内外に広報すべく、社長みずからがマスコミにも積極的に登場する。それぞれの部門と地域、階層から責任者を集めてひとつの問題に取り組む「クロス・ファンクション」によって、壁となわばりを取り払う。

ルノーは株式を取得したからといって日産をみずからの色には染めない、という。「日産を再生させるのは、日産の人々だ。私たちはそのコーチをするだけだ」。こうした手法は、レバノン人でありフランスに学び、タイヤ会社ミシュランのブラジル・北米両支社で頭角を現したというゴーン自身の経歴に由来するようだ。彼はそれぞれの地に、みずからを寄り添わせるのである。

「他の人の気持ちを考える」とゴーンは日本人を評しているが、日産に対する敬意ある扱いは、彼の目に映った日本流であろう。

（原題、Citoyen du Monde）

評・松原隆一郎（東京大学教授）

Carlos Ghosn　日産自動車社長兼CEO。
Philippe Riès　AFP通信前東京支局長。

二〇〇三年九月二一日❷

『アラーの神にもいわれはない』

アマドゥ・クルマ 著　真島一郎 訳
人文書院・二四〇〇円

アフリカ少年兵「くそったれ人生」の寓話

「ぼく」（ビライマ少年）は、ギニアの「ちびニグロ」。両親の死後、生き残る唯一の手段として子ども兵に志願する。カラシニコフ銃を片手に、欲深の呪術師ヤクバと隣国リベリア、シエラレオネの戦場へと旅をつづける。旅の目的は、第二の母親「マーンおばさん」を探すことである。旅の途次では、大人たちから自分がだれかを教わってゆくだろう。

探求の旅、自分探しの旅という特徴は、「ファフォロ」（おやじのちんぽ）「ニャモゴデン」（てなし子）といった物語のリズムを刻む卑俗な呪詞とあいまって、叙事詩を連想させる。ただしここには、雄渾（ゆうこん）な歴史語りも武勇赫赫（かっかく）たる英雄も不在だ。探し当てたおばさんは死んでおり、教えられた素性は偽りの部族の名でしかない。「くそったれでいまいましい人生」以外、なにも残らない。

粛清を重ねて権力を維持する気の触れた国家元首、あらゆる国有資源を山分けするゲリラ指導者、子ども兵に略奪・レイプされ、銃弾を撃ち込まれる民衆、投票をさせないための組織的な手足切断、調停をしない国際調停機関……。これらの惨状を、ユーモアを交えたチンピラっぽい語り口で「ぼく」が物語ると、叙事詩は寓話（ぐうわ）に組み替えられ、植民地化と冷戦の負の遺産を引きずる政治システムの深い暗渠（あんきょ）に埋もれた「語りえぬこと」の存在が、強く示唆されることになる。

　最終場面で、病死した同郷のグリオ（語り部）が「ぼく」に遺品として残したのが四冊の辞書であり、ドクター・ママドゥに「かわいいビライマや。私にすべてを話しておくれ」と請われた「ぼく」は、その辞書を利用しながら内戦の悲惨を語りだそうとする。物語を読み終えた読者の胸には、世界から忘れられ分断された国土で死地をさまよう西アフリカの民衆の姿が、走馬灯のように浮かんでくるだろう。そして本書に谺（こだま）する、「ぼく」が仲間の少年兵に捧（ささ）げる追悼の辞に唱和している自分に気づくだろう。

　フランス語をアフリカ化し、その言語帝国主義を切り崩そうとしたほとんど翻訳不可能な原文を、躍動する日本語に移した訳者の手腕も天晴（あっぱ）れである。

（原題、Allah n'est pas obligé）

評・池上俊一（東京大学教授）

Ahmadou Kourouma　27年生まれ。コートジボワールの作家。

二〇〇三年九月二一日③

『海を失った男』

シオドア・スタージョン著　若島正編訳

晶文社・二五〇〇円

異常であるが故の真の「幸福」

　驚いたことにこの世には、楽しげに人を監禁して虐待し、あるいは手当たり次第に殺す人々がいる。普通人ならいくらお金をつまれようとも、いくら脅されようともできないことを、自発的にやっちゃうかれらの気持ちがわかるだろうか。かれらはその怖い行為で、何らかの幸福を得たわけだ。さて、あなたはその幸福というものが想像できるだろうか。

　できないほうがいい。だって想像できてしまったら――そのときあなたも、その怖い存在に近づいてしまうのだもの。人々がそんな想像力を育んだら、社会はめちゃくちゃになる。だから多くの人は、そんな想像力を身につけないだけの分別を持っている。そんな幸福は、実は「真の」幸福でないと思いこみたがる。

　だがスタージョンの小説のテーマは、まさにそれを含んだあらゆる幸福なのだ。異常であるが故の幸せ、変態としての幸せ、殺人の平安。ほかにも変態や「異常な」存在を描いた小説はたくさんある。でもその多くは、異常者をその異常行動におしやった原因の記述に終始し、その行為自体の快楽や幸福はゆがんだ「まちがった」ものとして描く。スタージョンはちがう。本書でも「ビアンカの手」の主人公は、人の手に惹（ひ）かれ、手だけを見つめ、その手に殺されることに至福を感じる。「成熟」では異常でなくなることの（死ぬほどの）悲しみ。「海を失った男」では、異星で埋もれて死にゆく人の発狂の喜び。そしてかれは、それもまた「真の」幸福なのだと語る……どころかその異様な幸福を、ピントが合いすぎたような明瞭（めいりょう）さで直接読者に感じさせてしまう。

　それは実は、かなりヤバいことだ。だからぼくは、ある種の感性と想像力を持った人々には本書を薦めたくない。が、本書を最高度に享受できるのが、まさにそうした人々だということも知っている。自分の鈍感さに自信のない人は、なるべく深入りしないようにサッと読み流してほしい。ほれ、この書評を読んで本書が気になりだしたそこのあなた、あなたのことですよ。これはそういう本だ。

（原題、The Man Who Lost the Sea）

評・山形浩生（評論家）

Theodore Sturgeon　1918〜85年。米国の作家。著書に『きみの血を』など。

二〇〇三年九月二一日❹

『吉本隆明全詩集』

吉本隆明 著

思潮社・二五〇〇〇円

常に詩とともにあった思想家の軌跡

来年八十歳になる吉本さんは、戦後もっとも大きな影響力を持った思想家の一人だ。いや、ある世代の人間にとっては、断固として、「の一人」などではなかった。「唯一の」人だった。そして、いまなお吉本さんは変化し続けている。しかし、そんなことはどうでもいい。

千八百頁（ページ）を超える全詩集のあとがきの、こんな一節を読んで、なんともいえない衝撃を受ける読者も多いだろう。「朔太郎にならって詩第一という原則をとってきた」

ほんとうは、吉本さんは「詩第一」の人、つまり「詩人」だったのだ。

この国の大きな詩の潮流「戦後詩」は、簡単にいうなら「詩は思想と拮抗（きっこう）しなければならない」という考えから生まれた。思想とは無縁であった故に、致命的な欠陥から逃れることができなかった戦前の詩と訣別（けつべつ）するためにはそれしかなかった。だとするなら、吉本さん以上に「戦後詩」にふさわしい詩人はいなかっただろう。だが、厳しい倫理と論理に満ちた詩の書き手として出発した吉本さんは、やがて、少しずつ詩から離れていった。彼は「詩人」であることより、「思想の人」であることを選んだのだと、迂闊（うかつ）にもぼくたちは思ってきた。

半世紀を遥（はる）かに超える、吉本さんの詩人としての歩みを読み返す。そこには、若く無名の詩人の、ノートに書かれたような膨大な詩の群がある。そして、そこから蒸留されて生まれた、異様な緊迫に満ちた詩の一群がある。たくさんの詩が生まれた時期がある。沈黙が続く時代もある。けれど、吉本さんが「詩人」から離れた時期はなかったのだ。

もっとも最近の詩集となる「言葉からの触手」は、一見したところ、吉本さんの「思想」の言葉と見分けがつかない。だから、吉本さんは詩を見失ったのだと誤解する読者もいるかもしれない。しかし、この膨大な詩の集積の中で、それを読むと、ぼくたちは、吉本さんがついに、優れた「思想」の言葉がそのまで優れた「詩」となってしまうところまでたどり着いていたことに気づく。それは「戦後詩」の夢の実現ではなかったろうか。

評・高橋源一郎（作家）

よしもと・たかあき 24年生まれ。思想家、詩人。著書に『ハイ・イメージ論』など。

二〇〇三年九月二一日❺

『空からやってきた魚』

アーサー・ビナード 著

草思社・一六〇〇円

アメリカから詩人がひとり降ってきた

三種類くらいの血が混じっている。八分の五がフランス、八分の一がイギリス、のこり八分の二がアイリッシュ。それで国籍はアメリカ。ときどき血統多数派のフランス人にまちがえられる。北海道ではロシア人とまちがえられた。イタリア留学中にはミラノ訛（なま）りとクレモーナ訛りを使い分けて、ミラノっ子にまんまとクレモーナ生まれと思いこませた。

化けるのである。げんに本の裏表紙の筆者近影はどうやら『太陽がいっぱい』のアラン・ドロンドロンのパクリくさい。ひょっとするとドロンのブロマイドをそっくりいただいたのかも。日本人にもなりすました。十年間東京池袋に住んで、十一年目に第一詩集『釣り上げては』（思潮社）で中原中也賞を受賞した。小熊秀雄や菅原克己の詩を英訳した。六畳一間のおんぼろアパートに住んで方丈記ばりの清貧を地でいった。かつての昆虫少年だけに虫が好き。故郷のミシガン州の川で大魚を釣るのが好き。早朝から自転車で池袋から築地までを走破して、ニューヨークでロブスターをトラック運送していたときそっくりの冷気と臭

（にお）いに築地市場でめぐりあう。そう、ミシガン生まれのプルースト。虫のような極微の生命体を観察しながら、大きな自然に包まれていた故郷の少年時代の時間を取り戻しているのだ。

少年のようにイノセントでいてかなりのサムライだ。9・11のアメリカ、日本のメディアの過熱ぶりに嫌気がさして台湾に逃れる。アフガニスタンを舞台にした絵本のテクストを頼まれ、途中でイラストレーターが売り出し中のテレビ・アイドルと分かって、せっかくの金づるだろうに、ぴしゃりと断る。といって悲憤慷慨居士（ひふんこうがいこじ）ではない。

ユーモアたっぷりの文章はときにニンマリとさせ、ときには抱腹絶倒の笑いを堪能させてくれる。日本にまつわる話題が多いので、つい日本通の外タレ本かと錯覚しそうになるが、さにあらず。タミル語修行にインドに行く話もあり、そうか、『無邪気者の外遊記』のマーク・トウェインになりすましているのかと気がついて、またまたびっくり。

評・種村季弘（評論家）

Arthur Binard 67年米国生まれ。詩人。著書に『釣り上げては』（中原中也賞）など。

二〇〇三年九月二一日⑥

『文房具を買いに』

片岡義男 著

東京書籍・一六〇〇円

血が騒ぐ、手に取ってみたくなる

『堤中納言物語』の「虫めづる姫君」は女性だから話が成立した。男なら虫好きはごまんといる。

好き→集める、という行為はたぶん男の属性で、血まなこになって駅弁の包み紙を集める女なんて聞いたことがない。ただし「好き」にもいろいろあって、旅客機のヘド袋収集家のたぐいは傍目（はため）には物好きと受け取られる。

その点、文房具好きは洋の東西を問わず、昔から格上とされていた。蘊蓄（うんちく）を傾けた本もいろいろ出ていて、本書はその最新参といえる。

小さいノート、スケジュール帳、ボールペン、消しゴム、リーガル・パッド、押しピン、輪ゴム……。買い求めたそれぞれについて、著者みずから美しい写真を撮り、心を込めて文章を綴（つづ）る。目次も見出しもなく、どこを開こうと自由という、さりげなくて凝った趣向。

ミランというスペインのブランドで中国製の小型電卓（九五〇円）を日本の品と比較して「（ミランは）日本製によくある気色の悪い、正しくない感触ではなく、人の感覚にとって正しい感触だ」。こんなふうに書かれると男の血は騒ぐ。手に取ってみたくなる。

私の場合は、モールスキンの手帳だった。「書きとめておきたいことはすべてなんでも書いておくことのできる、そしてそうしたければいつも身につけていることのできる、なんでも帳」と、そこまで読んで文具店へ。この手帳、帯に「ゴッホ、マチス、ヘミングウェイ、チャトウィンが愛用した伝説のノートブック」とあって購買意欲をますますそそる。

で、愛用しているか？　答えは本書の中にある。「けっして使わないわけではないけれど、縦横に使いこなしているわけでもない」。買えば、満足する。それが文房具好きの正しい態度なのだ。『書経』も説いている。「玩物喪志」。物をもてあそび溺（おぼ）れれば、人は志を喪（うしな）うと。

『スローなブギにしてくれ』などで知られる著者のことだ。紹介に終わるはずはなく、当然文明論に及ぶ。リーガル・パッドとアメリカ式思考の関係を論じた個所などは、小太刀の切れ味の感。

評・栗田亘（コラムニスト）

かたおか・よしお 40年生まれ。作家。著書に『彼のオートバイ、彼女の島』など。

二〇〇三年九月二一日⑦

『マゾヒストMの遺言』

沼正三 著

筑摩書房・二三〇〇円

『家畜人ヤプー』は、埴谷雄高の『死霊』とならぶ、戦後文学最大級の観念小説である。『死霊』が形而上（けいじじょう）的話題に終始するのに対して、『ヤプー』は形而下的細部のみに充（み）ちているというコントラストが面白い。

『ヤプー』の後書きには、沼正三が終戦のとき外地で捕虜になり、白人女性から被虐的性感を仕込まれ、その個人的体験が、白人による日本征服という『ヤプー』の観念を育てたとある。

だが、この『遺言』には、捕虜云々（うんぬん）の告白が作り話であることが示唆されている。私はこの虚構性の貫徹にむしろ感動をおぼえる。

そんなタネあかしも興味深い上、本書は、フロイトも匙（さじ）を投げたマゾヒズムという人類究極の逆説について、本質的な議論にも触れている。それは、女性への無条件の拝跪（はいき）を通じて、人間としての自己を無化し、宗教的な感動にまでいたる〈人間否定〉の情熱なのである。ここで形而下はいっきょに形而上に逆転する。単なる猟奇の書ではない。

評・中条省平（学習院大学教授）

二〇〇三年九月二一日⑧

『地方交付税　何が問題か』

神野直彦、池上岳彦 編著

東洋経済新報社・三〇〇〇円

「地方の自立」が問題になって久しい。行財政的な意味での自立には、権限の見直しと財源の見直しという二つの側面があるが、前者は一段落したので、目下議論の焦点は財源配分の見直しに移っている。

この議論の過程で、「自治体といえども市場経済原理を尊重して、自分の食いぶちは自分で稼げ」なる論調も有力になっている。本書はこのような誤った財政観に警鐘を鳴らす研究者の側からの真摯（しんし）な問題提起だ。

財源の見直しには、「国庫補助金の削減」「地方への税源移譲」「地方交付税の再編成」という三つのルートがある。本書では「地方交付税」が取り上げられ、制度的な推移と現状が検討されると同時に、独仏などとの国際比較が行われている。

本書を熟読すれば、地方交付税の大幅縮小・廃止といった議論がいかに無謀であるかがよくわかる。地方交付税を代替する有効な方法は他に存在しないからである。自治体関係者にはぜひ一読を勧めたい。

評・篠原章（大東文化大学教授）

二〇〇三年九月二八日①

『星野道夫著作集　1〜5』

星野道夫 著

新潮社・1巻二六〇〇円、2〜5巻各二八〇〇円

アラスカがはぐくむ成長と死の物語

学生のころ、本を読んで印象深い言葉に出合うと、せっせとノートに書き写したものだ。人生論めいた語句が多かったように思う。

この著作集を繰っていて、何十年ぶりかで同じ衝動に駆られた。星野道夫の数々の文章は、読む者を素直な気持ちにさせる。生と、とくに死について、喜びと悲しみについて、若者のように真っすぐに考えさせる磁力がある。

いうまでもないが、著者はアラスカに住み、この上ない優しさとまれに見る観察眼で、その地の自然と人間を描いた写真家だ。が、全五巻のどこにも写真はない。

彼は、比類なき文章家でもあった。写真では表現できないことがあり、文章でそれを伝えられるのではないかと考えていた。そして的確な言葉と明晰（めいせき）な論理で読者を魅了した。

「十八歳のころだったと思う」という文章で第一巻は始まり、四十三歳のときの未完の文章で、最終第五巻が閉じられる。星野がヒグマの事故で急逝したためである。

読者は行きつ戻りつ、彼の人生にほぼ寄り添って歩くことになる。

訪ねた信州の旧知の農家で、大学生の星野は夕食前に新聞を読んでいた。動物や鳥、現地の人を描いたアラスカの絵地図が載ってい

た。行ってみたいと思いが募った。恋心だ。神田の古本屋で手に入れた洋書に、小さなエスキモーの村の写真があった。村の名を探り当て、手紙を出した。半年して返事が来た。「あなた、私の家にいっしょに住むことができます」

そこからアラスカの壮大で繊細な物語の幕が開く。カリブー(大きなトナカイ)、オオカミ、クマ、ザトウクジラ、ワタリガラス、氷河、白夜、神話、カヤックでの旅、そして、もちろん人と人との深い結びつき。

あるとき星野は、原野の村にアサバスカン・インディアンの古老を訪ねる。九十六歳の老人は古いタナナ族の歌をうたい、いくつかの物語を民族の言葉で語ってから「おまえにタナナ族の言葉をひとつ教えよう」という。「チョーツィン……」「チョーツィン、ですか」「そう、愛する、という意味だ」

何人かで北極圏の川を下る旅に出かけることにした。川まではセスナ機で行く。着陸できるかどうか。でも、誰も心配しない。何が待っているかわからないアラスカの自然に生きてきたのだ。「大切なのは出発することだった」

人生を肯定していこうというエネルギー、風のように自由な精神を、彼は学んでいく。

流れのよどんだ今の日本で、この著作集が出た意義は大きい。とりわけ若い人に、できれば第一巻から順を追って読んでもらいたい。

これは、一人の若者が経験を積み、思索を重ねながら成長して、避けられなかった死に至る感動的な物語なのだ。 評・栗田亘(コラムニスト)

ほしの・みちお 1952〜96年。写真家。著書に『アラスカ』など。

二〇〇三年九月二八日②

『乱交の生物学 精子競争と性的葛藤の進化史』

ティム・バークヘッド 著 小田亮、松本晶子 訳

新思索社・二五〇〇円

全109種の多彩な性のあり方

こんなにも性は多様だったのか。たとえば精子。DNAを詰め込んだ頭部に細い尻尾(しっぽ)がついているだけなのに、じつに多彩な形態がある。体長一ミリ半のハエの一種の精子は、全長なんと五八ミリ。ナメクジから鳥類、哺乳類(ほにゅうるい)にいたる全一〇九種の多彩な性のあり方を知るだけでも、本書を読む価値がある。

しかし科学が中立を維持することは難しく、社会の影響を強く受ける。と同時に、社会に誤解を広めてしまうことがある。本書のタイトルがその見本だ。

「乱交(promiscuity)」は、日常の言葉としては、でたらめで無差別の性関係を意味する。一夫一妻は、生物学用語では一雌一雄で、雄と雌がたがいに特定の一個体と配偶関係をもつことをいう。その反対語は多雌多雄。しかし特定単数の反対語は、不特定多数ではなく、特定複数である。雄も雌も配偶相手を、単数個体であれ複数個体であれ、きわめて慎重に選んでいる。「彼は獣のように彼女に……」という表現は、動物に対する偏見以外のなにものでもない。

この誤解は研究者にも広く浸透し、彼は獣になるが、彼女はならないと信じられていた。一九七〇年代に雄と雌の利害の対立が指摘され、卵子生産のコストにくらべ、精子は安価にほぼ無限に生産されるので、雄はできるだけ多数の雌と交尾しようとし、雌は交尾相手を慎重に選ぶと説明された。この説は当初から性差別との批判を浴びたが、その後のDNA鑑定による研究で、雌が積極的に複数の雄と交尾している実態があきらかとなった。社会的には一雌一雄のペア関係にある鳥類においてさえ、次々にペア外交尾とペア外父性が確認されている。

著者は鳥類学者として長年、この分野をリードしてきた。一般向けの著書も数多く、本書もつとめて平易に書かれている——しかも誤解されないように。著者は自戒していう。ヒトの生物学には誰もが特別な関心をもつ。だから研究者も、ヒトを含む動物の性生物学の新たな展開に夢中になった。と同時に、注目されるがゆえに我を忘れ、「メディアへの露出の犠牲」になってしまいやすい。

評・新妻昭夫(恵泉女学園大学教授)

(原題、Promiscuity : An Evolutionary History of Sperm Competition and Sexual Conflict)

Tim Birkhead 英国の行動生態学者、鳥類学者。

二〇〇三年九月二八日③

『崩壊の予兆　迫りくる大規模感染の恐怖　上・下』

ローリー・ギャレット 著
山内一也 監訳　野中浩一 訳
河出書房新社・各二四〇〇円

越境するミクロの密航者　病原体

グローバリゼーションを奇貨として、ミクロの密航者が虎視眈々（こしたんたん）と越境の機会をうかがっている。人の移動に伴って都市から都市へ、国から国へと伝播（でんぱ）する病原体という密航者だ。新型肺炎SARSの脅威が告げたように、地球のある場所で疫病が出現した時、健康問題はもはや地域問題ではなく、国際問題となる。

ミクロの密航者から人々を守るには、地球上のすべての都市や地域が運命共同体との思いで取り組んで然（しか）るべきだろう。だが現実には、世界各地で公衆衛生システムが破綻（はたん）し、疫病を封じ込める国際協力も課題が山積している。

野生生物から人間に伝染したと考えられるSARSやエイズ、エボラ出血熱のウイルス。薬剤に耐性を持ってきたマラリア原虫や、院内感染で患者を襲う細菌。そしてバイオテロに使われる恐れがある致死性の高い病原体……いずれに対しても、公衆衛生システムの整備こそが重要な防衛線だが、著者はその寒々しい実態を現地取材で明らかにする。

たとえば、1995年にエボラが猛威をふるったコンゴの町。再発に備えて、国際機関などが現地の病院に予防措置を伝授したが、貧困や援助不足で必要な機器はそろわない。発生から3年後には、原因はウイルスではなくて異端の信仰や行為への神の報復だったという考えが町に広まり、病気への正しい理解による感染拡大防止のむずかしさを物語る。

財政難で公衆衛生システムが崩壊状態となった旧ソ連では、不適切な薬剤使用が生んだ耐性の強い結核菌が人々を脅かす。ある統計ではロシア、ウクライナ、ベラルーシ、モルドバで25分ごとに1人の命が奪われている。薬の効きにくい、こうしたミクロの密航者がいつ、別の国に進路を変えるとも知れない。

著者は新興感染症の最前線を描いてピューリツァー賞を受けた実績を持つ。本書では、大規模感染の悲劇を避けるために、地球規模で公衆衛生システムを整備するよう力説する。人間が克（か）つのか、隙（すき）をつく病原体が蔓延（まんえん）するのか。どんどん地球が狭くなる中で、種としての人間の安全保障とは何かを問いかけてもいる。

（原題、Betrayal of Trust）

評・吉田文彦（本社論説委員）

Laurie Garrett　米国の科学ライター。

二〇〇三年九月二八日④

『魔女は夜ささやく　上・下』

ロバート・R・マキャモン 著　二宮磬 訳
文芸春秋・各二六六七円

素直に感服　脱ホラーの新生ミステリー

九〇年代の初頭、マキャモンの長編が立て続けに日本に紹介されたときのことを懐かしく思い出す。そのときマキャモンが、キング、クーンツに続く「モダンホラー第三の作家」として紹介されたことは、今になってみると冗談であるかのようだ。しかしそれは、その後のマキャモンを、つまり「脱ホラー宣言」をしたあと、『マイン』『少年時代』『遙（はる）か南へ』と、文学的香気ただよう長編を発表していくマキャモンを、私たちが今は知っているからで、あのとき「モダンホラー界」の期待をこの作家が一身に背負っていたのは間違いない事実である。

マキャモンが日本に上陸した当初の長編、たとえば『スティンガー』の卓越した構成力と物語を引っ張る強靱（きょうじん）な力は、今になっても素晴らしいと言わざるを得ない。欠点のある物語ではあっても、当時の衝撃を私はまだ忘れない。むしろ、『スティンガー』のまま、欠点だけを払拭（ふっしょく）していく物語を読みたかった。たしかに『マイン』『少年時代』『遙か南へ』の三作は、それ以前の作品に比べ、遙かにうまくなっている。だがそれは、クーンツのたどった成熟の道とどこが違うのか、という思いもあって複雑な気持ちだったのである。もちろん、クーンツとは違うんだけどね。

前記三作のあとに長い休筆期間に入ったマキャモンが、十年ぶりに発表した長編が本書だが、脱ホラー後の三作が四作になるだけじゃないのと思って読み始めたものの、いやはや今度は素直に感服だ。すまんマキャモン。司時代は十七世紀末、舞台はアメリカ南部。祭が殺され、農場を営む男が死体となって発見され、一人の女性が逮捕される。彼女は魔女ではないかという噂（うわさ）がひろがり、町の創設者は公正な裁判のために判事を呼ぶことになる。その判事と一緒にこの町にやってくる若き書記が本書の主人公である。これは、父と息子の小説であり、青年の成長小説であり、年上女性とのロマンスを描く恋愛小説だ。十七世紀末の風俗も克明に描かれるが、なによりも素晴らしいのはこれが見事なミステリーでもあることだ。新生マキャモンの誕生に拍手。

（原題、Speaks the Nightbird）

評・北上次郎（文芸評論家）

Robert R. McCammon　52年生まれ。米国の作家。

二〇〇三年九月二八日⑤

『エコノミスト　南の貧困と闘う』

ウィリアム・イースタリー 著
小浜裕久、織井啓介、冨田陽子 訳
東洋経済新報社・二八〇〇円

開発援助に根源的な問題提起

もともとODAこと開発援助なんて、すぐ終わるはずだった。一時的に苦境を助けてあげれば、どの国も独り立ちしてぐんぐん成長できるはずだった。ところが実際は、開発援助はもうだらだらと五十年も続いているのに、飢えた人も貧乏人も、期待したほど減らない。現場の僕たちも半ばあきらめムードだ。何がいけなかったんだろう。

著者はまずこれまでの援助の実績を振り返る。援助で道路やダムを造ってもだめ。教育援助もダメ。構造改革もダメ。債務放棄もだめ。一部NGOの非現実的なお題目だってろくな成果はあげてない。ちっとも途上国の豊かさに寄与しない。なぜだろう。それはこれまでの援助がバラバラで、その国全体が成長を目指したくなる仕組みを作ってこなかったからだ、と著者は言い、それを実現するための具体的な留意点をいろいろ指摘してくれる。

多くの人にとって、教育投資が成長につながらない、といった指摘は意外なはずだ。U2のファンは、債務棒引きが無駄だなんて信じられないだろう。心優しい甘い援助こそが途上国をダメにするのであり、冷血な守銭奴に徹したほうが往々にして有益、という指摘もショッキングかもしれない。でもこれはまぎれもない事実だ。援助機関の自画自賛でもない、独善的なNGOの偏った近視眼的な批判でもない、きわめてフェアな開発援助の評価として本書は重要だ。

そしてかれの提言は、実はもっと大きな問題をはらんでいる。成長を目指したくなる仕組みがないと著者はいうけど、そもそも本気で成長したがっていない国に、手取り足取り内政干渉まがいに「仕組み」を作ってやることがどこまで正当化できるのか？　そもそもODAって、何をめざすべきなの？　本書は読者の一人一人に、そもそもの援助の根幹にかかわる問題までつきつけてくれるのだ。

訳は正確だが生硬な学者訳なのは残念。原文の楽しいユーモアは全滅。それでも平明かつ率直な記述は、経済学の素人でも十分読みこなせるものだ。援助に少しでも関心のある人間は必読。

（原題、The Elusive Quest for Growth）

評・山形浩生（評論家）

William Easterly　ニューヨーク大教授。

二〇〇三年九月二八日❻

『アメリカで日本のアニメは、どう見られてきたか？』

草薙聡志 著

徳間書店・一八〇〇円

アトムからナウシカ、ポケモンまで

今年の七月、本紙朝刊の小さな記事を読んで、腰を抜かしそうになった。

日本製アニメ関連のアメリカへの輸出総額が、鉄鋼輸出額の四倍に達したというのである。キャラクターの使用料が大きいとはいえ、鉄鋼の四倍ですよ！

昨今の日本の産業構造の変化を、これほど雄弁に物語る事実はないだろう。

どうしてここまで来たのか？　本書は、資料の乏しいこの分野で、唯一ともいえるリポートである。年代順にできる限り資料に語らせ、仮説や結論は避けるという方針がちょっと物足りないが、今後の研究の基礎としての価値はきわめて高い。労作とはこういう書物をいう。

日本のアニメ輸出の現在は、一九六三年の『鉄腕アトム』に始まる。主人公の名前を変え、アメリカ向けに再編集するというやり方は、八六年の『風の谷のナウシカ』でさえ変わらない。暴力性が強いという非難も当時からあった。

もうひとつ、セルを減らす節約からアニメ独特のぎくしゃくした動きが生まれた。宮崎駿はそれを批判するが、現在では、この動きを好むアメリカ人ファンまで出ているのだ。そうした制約のなかから、ジブリなどの良質な才能が育ってきたことをむしろ誇っていいだろう。

また、日本のアニメはマンガとの関係が深い。世界のコミックスには、日本のマンガのように長い物語を語る技術が存在しなかった。そこで、マンガ直伝のアニメの「ストーリー主義」が、徐々にファンの支持を広げていったのである。

芸術的な日本アニメが一般の注目を浴びたのは、押井守の『攻殻機動隊』が、九六年にアメリカのビデオのヒットチャートで一位を獲得した時のことだ。その直後に、『ポケモン』の爆発的ヒットが続く。いまのアニメの異常景気を「ポケモンバブル」と呼ぶ関係者もいる。

だが、アニメには、「テクノロジーへの強迫観念、超高速のトレンドサイクル、そして幼年期への心酔」という現代日本人の本質が表れている。国家的産業であり、すぐれた芸術であり、国民性そのものでもあるアニメ。その矛盾にみちた多面性は、まだまだ未知の領域に属している。

評・中条省平（学習院大学教授）

くさなぎ・さとし　46年生まれ。朝日新聞総合研究本部勤務。

二〇〇三年九月二八日❼

『パワー・インフェルノ』

ジャン・ボードリヤール 著　塚原史 訳

NTT出版・一八〇〇円

2001年9月11日、私はニューヨークにいた。事件当日、倒壊したツインタワーの方角から、蒼白（そうはく）な面もちで黙々と歩いてくるビジネスマンたちの姿は、今もって忘れられない。彼らは「グローバル化」の先兵であり、ツインタワーはその象徴的存在であった。

このテロ攻撃は何を意味し、また、その後の世界に何をもたらしたのか。フランスを代表する哲学者、ジャン・ボードリヤールによる検証が本書である。

グローバル・パワーの象徴としてのツインタワーが、「市場」を標的とする現代的なテロリズムにより倒壊したことで、グローバル化の暴力性は、より露骨に世界を蹂躙（じゅうりん）しつつあるのではないか。著者は、9・11という「理想的な不運」によって、米国は自らのパワーを自由に行使できるようになったと分析する。アフガニスタン、イラクと暴力の連鎖が続く中で、9・11を機に現実と自分との関係性をラジカルに問い直すことで状況変革を説く。

評・音好宏（上智大学助教授）

二〇〇三年九月二八日⑧

『戦争の科学』

アーネスト・ヴォルクマン 著
茂木健 訳　神浦元彰 監修
主婦の友社・三〇〇〇円

カインがアベルを殺害して以来、「人間の自然な状態とは戦争の状態である」といわれるほどに互いに殺し合ってきた。他者を支配するために、いかに効率的に大量破壊・殺戮（さつりく）を行うかが政治の課題だった。

本書は古代から戦史をひもどきながら、科学が戦争と不可分であり、近代の国家総力戦になっていよいよエスカレートしたことを示す。これに対し、「科学は中立であり、軍事技術は科学の応用にすぎない」という抗弁もあるが、最も純粋な数学者が弾道計算や暗号解読に動員された。戦争は科学者の最大のスポンサーであり、そのことに悩んだのはごく少数だった。

効率を求めた果てが、イラク戦争でのネットワーク化されたハイテク誘導兵器だ。だが新兵器のノウハウは必ず拡散して均衡する。どこまで続くかいたちごっこ。米ソの核兵器開発に携わったオッペンハイマーとサハロフの苦悩や反核運動に、わずかながら科学者の良心と希望の灯がみえる。

評・宮田親平（科学ライター）

二〇〇三年九月二八日⑨

『東京大学応援部物語』

最相葉月 著
集英社・一五〇〇円

232勝1330敗51分、勝率0・148。東大野球部、六大学リーグの今年春までの戦績である。こういうチームの応援に、どんな意味があるのか。負ければ、応援が足りないからだと思い、19対0でも逆転を信じる。東大応援部の若者たちを密着取材した本書は、「何のためか」と安易に意味を問いかける時代の風潮の中で、あえて意味の見いだしにくい行為に自らを追い込む若者群像を描く。

「人を応援するにふさわしい人になりたい」。だから、猛烈なトレーニングにも耐える。濃密な時間と人間関係。通常の若者論が描く若者像と一見対極に見えながらも、時代を超えた若さの特権が浮かび上がる。

シーズンに1回あるかないかの勝利という「奇跡」を前に、グラウンドと応援席がシンクロする場面は、まるで映像を見ているようだ。超弩級（ちょうどきゅう）の青春ドラマである。ずんとつき抜けている分だけ、「青春」を語る気恥ずかしさが消え、素直に感動できる。

評・苅谷剛彦（東京大学教授）

二〇〇三年九月二八日⑩

『ビートルズ日本盤よ、永遠に』

恩蔵茂 著
平凡社・一八〇〇円

ビートルズに関する出版物は無数にあるが、「日本盤」に焦点を合わせた本は少ない。その意味でここに収録されたデータはたしかに貴重だが、本書の最大の魅力はそのような「資料的価値」にあるのではない。

ビートルズと同時代に多感な少年期を送った49年生まれの著者が、その時代の日本の音楽シーンや社会状況を肌で感じながら、外来文化であるビートルズにのめりこんでいく様子が、ここには実に生き生きと描かれているのだ。

著者は情熱的であると同時に冷静なファンでもあり、ビートルズが日本という土壌に受け入れられていく経緯について、驚くほど鮮やかな分析を加えている。「ビートルズ・ファンはマイノリティ（少数派）だった」というくだりなど、類書にはない説得力がある。

これほどリアルな日本人によるビートルズ体験記は他に見あたらない。本書にはまさに「ビートルズ正伝イン・ジャパン」といってもよいような魅力がある。

評・篠原章（大東文化大学教授）

二〇〇三年一〇月五日❶

『てっぺん野郎　本人も知らなかった石原慎太郎』

佐野眞一 著
講談社・一九〇〇円

分裂した言動は、我々を映す鏡である

小泉首相の総裁選勝利によって新党結成や次期首相への待望論こそ一段落したものの、国民は石原慎太郎都知事の動向から目を離せないでいる。銀行やホテルをねらい打ちにした新税を提唱し、田中外務審議官宅で発見された不審物について「爆弾が仕掛けられて当たり前」と言い放つ。ときに陳謝に追い込まれるが、同時にホンネを隠さぬ人として好感を抱かれもする。知事選の得票数は、前回総選挙時の東京地区における自民党全体の2倍に及ぶ。

登場以来半世紀近くを経たのに、なぜ石原は消費し尽くされないのか。そもそも石原慎太郎とは何者なのか？　旧樺太からベトナムまでを踏破し、知られざる異母兄や戸籍上の実弟まで200人を超えるインタビューを重ねて、その実像をあぶりだそうと試みたのが本書である。

ところが読み進んでも、石原の人物像は一向に焦点を結ばない。自己劇化に励み、反省しない人。人なつこく憎まれないのに、尊大で人望が薄い。虚栄心に溢（あふ）れるが、あっさりと見栄（みえ）を捨てもする。政治家としては卓越せるリーダーとも、危険なファシストとも見受けられる。小説家としてさえ評価は定まらず、『スパルタ教育』『「NO」と言える日本』『弟』などベストセラーを連発し、得体（えたい）が知れぬ。

著者の工夫は、そうした石原の分裂した性格の謎に、父や弟の存在から光を当てた点にある。父・潔は、中学中退で山下汽船の丁稚（でっち）（「店童」と呼ばれる）となり、樺太で荒くれ男たちを率いて、乱伐採に励んだ。弟・裕次郎は、父の死亡後傾いた家計を省みもせず、高校生にして女・酒・ケンカの放蕩（ほうとう）に走る。『太陽の季節』以下の肉体派小説は、手の付けられぬ不良であった裕次郎たちの体験談を聞き書きしたものだ。「育ちが良くて不良っぽい」という慎太郎像は、見事に解体される。浴びるほど飲んだ酒が元でともに50代前半で亡くなった豪快にして放埒（ほうらつ）な父と弟に挟まれると、優等生としての慎太郎という人物像が浮かび上がってくる。

それが前半の成果だが、本書の白眉（はくび）は後半にあるとあえて言いたい。著者は石原の分裂した言動を、彼自身の性格や思想に由来するというよりも、国民の無意識のホンネを読み解きいち早く表現したにすぎないと喝破している。

「暴言」は、国民のホンネだからこそ支持される。江藤淳の「無意識過剰」という石原評は、正鵠（せいこく）を射ている。石原は我々を映す鏡であり、分裂しているのは、世論の方なのだ。だが政治家には、矛盾し散乱する世論を耐久力ある論理へとつなぎとめる責任がある。銀行・ホテルをねらい打ちにする税など、税体系の公平性原則からして受け入れようもない。支持率が政治を左右する昨今、石原が危険なのは、国民をも分裂に誘導しかねないからだ。そう示唆する問題作である。

評・松原隆一郎（東京大学教授）

さの・しんいち　47年生まれ。ノンフィクション作家。著書に『巨怪伝』『東電OL殺人事件』など。

二〇〇三年一〇月五日②

『評伝　河口慧海』

奥山直司 著

中央公論新社・三二〇〇円

エネルギーあふれる明治の怪物僧

河口慧海（かわぐちえかい）は日本最初のチベット入境者として知られる。その1回目のチベット行は1897年から1903年まで6年間にも及んだ。当時、厳重な鎖国政策下にあった雲の上の秘境に、30代の慧海はインドから雪のヒマラヤを越えて単身で潜入。この艱難（かんなん）辛苦の旅路を綴（つづ）った『西蔵（チベット）旅行記』は、いまも広く読み継がれる古典的名著となっている。

著者はインド、ネパール、チベット、後には中国でも行った慧海の言語習得、資料収集、仏典研究を「並みの研究者が一生のうちになすことの何倍もの仕事」と高く評価。にもかかわらず「日本近代仏教史における彼の位置づけも明確にはなっていない」との思いから、探検家としてではなく、仏教者・思想家としての慧海に光を当てた評伝を試みている。

インドに源をもつ仏教は日本には中国を経て伝来し、経典は漢訳本がもたらされた。ところが漢訳経典の解釈には異同がある。正しい教義を理解するためには原典にあたらねばならない。それを得た後、平易にして読み易（やす）い仏教の経文を社会に広めたい。こうした思いが慧海を求法（ぐほう）の旅に駆り立てたのだという。

求めたのは大乗教のサンスクリット語原典だが、それはインドにはほとんど残っておらず、ネパールとチベットに存在し、とくにチベット語訳は漢訳よりよほど精度が高いとの情報を得て、最終目的地が定まったのである。

大阪・堺の樽（たる）職人の家に生まれた慧海は15歳の時に釈迦伝に感激し、禁食肉（じきにく）、禁酒、不淫（ふいん）を誓う。黄檗宗（おうばくしゅう）で得度して以降は、さらに精進して一日二食の戒律で生涯を貫く。一度決めたら、とことん追求するという性格は、あらゆる困難を克服してラサに到達、貴重な仏典の入手という成果を生むが、一方では宗内抗争に巻き込まれ、僧籍返上、一門の寺院出入り禁止などの軋轢（あつれき）を繰り返すことにもつながる。こうした修行中の慧海の言動についても本書は細かく追っている。

著者は「明治人の夢と情熱を描こうとした」というが、まぎれもなく慧海は、若いエネルギーに満ちた時代が産んだ怪物の一人といえよう。

評・加藤千洋（本社編集委員）

おくやま・なおじ　56年生まれ。高野山大教授。著書に『ムスタン』『チベット』。

二〇〇三年一〇月五日③

『〈民が代〉斉唱　アイデンティティ・国民国家・ジェンダー』

鄭暎恵 著

岩波書店・二八〇〇円

国家と「民」、新しい関係への問題提起

読み終えたとき、生半可では答えられない問いを前にたじろいだ。答えようにも自分の足場がぐらぐら揺れた。問題の深みの分だけ、振幅の大きな揺れとなって、足場の不確かさを実感した。

人びとがそれまで自然に感じてきた、自分たちを取り巻く社会関係が、実は不自然なものかもしれない。社会学という学問の武器が、そうした社会（＝権力関係）の「自明性（自分の足場）」に疑いの目を向けることだとすれば、本書はまさに第一級の社会学書である。

著者は問う。「私が何者であるかを決定するのは誰か。私をあるカテゴリーに分類したのは、いったい誰なのか」「アイデンティティの確立より、何者でもない、誰もレッテルを貼（は）ることのできない自分を受け入れることで、逆に見えてくるものとは何か」

さらには、「私たちにとっての〈解放〉とは何か」。ここでいう〈私たち〉にはどこまでの人びとが含まれるのか。どこまでが〈人間〉として平等を主張しうるのか。そして、「同じ人間としての土俵に立つ場合、その〈共同性〉

は何に基づいたものなのか」と。

ここで引いた問いは、いずれも根源的なだけに、一見抽象的に見える。だが、本書で展開される議論は、どれも現代的で切実で具体的だ。たとえば、戦後、なぜ旧植民地出身の定住者から日本国籍が奪われたのか。「主権者」ではない、定住外国人に参政権を与えるべきか。

後者の問いは、政治参加の問題にとどまらない。少数民族や定住外国人の市民権の保障に向き合うことで、国籍よりも住民であることの権利を優先する、「いまは名をもたない」〈共同性〉の構想につながる。国民国家を超える、国家と「民」との新しい契約関係（「民が代」?）に迫ろうとする斬新な問題提起だ。

問われている「私たち」とは誰なのか。ジェンダー、国籍、エスニシティ。「私」を他者から区別する境界とは何かを考える。「ポスト国民国家」の時代に、マジョリティとマイノリティといった二分法では解けない問題群に気づくための一冊である。

評・苅谷剛彦（東京大学教授）

チョン・ヨンへ 60年生まれ。大妻女子大教員（社会学）。共著に『私という旅』。

二〇〇三年一〇月五日④

『戦争と追悼　靖国問題への提言』

菅原伸郎 編著

八朔社・二一〇〇円

「新追悼施設」建設の意義を探る試み

『戦争と追悼』の帯には「靖国神社か千鳥ケ淵墓苑か新たな追悼施設か」とある。昨年のクリスマスイブに福田内閣官房長官宛（あて）に提出された、長い長い題名を持つ「追悼・平和祈念のための記念碑等施設の在り方を考える懇談会報告書」が、その後どのように扱われているのか、さっぱり聞こえてこない。

一方で、イラクに自衛隊を派遣する準備は着々と進んでおり、万一不幸にも戦地に倒れた自衛隊員に、「何人もわだかまりなく」「追悼の誠を捧（ささ）げ平和を祈念することのできる記念碑等国の施設」（同報告書）の建設は急がれるはずなのだ。

本書は、この新施設建設の是非を問う数少ない出版物のひとつである。「悲しみの空間をつくろう」と呼び掛ける編者を含め、キリスト者、仏教者ら七人の論考から成る。新施設推進派から千鳥ケ淵戦没者墓苑の見直し派まで、主張に幅はあるが、反靖国神社である点で一致している。

評者はそれに必ずしも同調しないが、新施設への注意を喚起し、それを「無宗教」とするのは妥当か、追悼とは宗教行為ではないのか、国家による追悼の是非、政教分離の真意など、いくつかの重要な問題を提起している点を評価したい。

新施設は「第二の靖国神社」になるという理由で、靖国神社を支持する側は強く反発し、一方、国家による追悼を一切認めない立場からも反対の緊急声明が出された。しかし本書の論者たちは、むしろ慎重に、新施設建設の意義を探ろうとしているように見える。

ある論者は、国家＝権力装置ととらえずに福祉装置ととらえ、それを建設するプロセスの中に新施設を位置付けるべきだと主張する。またほかの何人かは、既存の千鳥ケ淵戦没者墓苑に注目する。報告書は同墓苑が新施設とは「趣旨、目的は全く異なる」として簡単に切り捨てるが、本来は「象徴遺骨」を納めるという設立当初の構想が政治的に歪曲（わいきょく）、矮小化（わいしょうか）されてきたという指摘は興味深い。

記念碑なのか施設なのか、まだ姿の見えない新施設が今後どのように具体化してゆくのか、目が離せない。

評・木下直之（東京大学助教授）

すがわら・のぶお 41年生まれ。東京経済大講師。著書に『宗教をどう教えるか』など。

二〇〇三年一〇月五日⑤

『アウステルリッツ』

W・G・ゼーバルト 著　鈴木仁子 訳

白水社・二三〇〇円

埋め込まれた記憶を掘り続けて

改行なしで綿々とつづいていく息のながい散文と、そのあいまに挿入される、屋根裏の古い行李(こうり)から探し出してきたようなぼやけたモノクロ写真が組みあげる、膨大な記憶の織物。

織り込まれているのは、アウステルリッツという名の男がたどってきた人生の断片である。ただし、当人がそれを書き残しているわけではなく、一九六七年、アントワープ中央駅の待合室で偶然出会った語り手の「私」が介在している。以後、ふたりの交遊はとぎれとぎれにつづき、一九七五年にいったん断ち切られるのだが、偶然の導きによって二十年後に再会を果たす。

アウステルリッツは建築史の専門家で、建物の細部とその意義を異常なほど熱心に語るのだが、そこに《苦痛の痕跡》を見出(みいだ)し、つよく反応してしまう自身の不可解な心の動きについても、「私」に打ち明ける。この苦しみは、いったいなにに由来しているのか。その問いが、主人公と「私」の共同作業に読者を参加させていく原動力となっている。そして読者は知らされるのだ、アウステルリッツがウェールズの田舎町で牧師夫妻に育てられたことを、本名を教えられたのが十五歳のときだったことを、本当はプラハ生まれのユダヤ人で、一九三九年、両親と別れてイギリスに送られたおかげで虐殺を逃れたことを。

母親は、父親はどうなったのか？　できあがった図柄の意味の解析は、ひとまずおこう。たとえアウステルリッツのつづり字が強制収容所のそれを連想させるとしても、真実は、ひとりの男が遠い記憶をまさぐって自分探しをする過程と、「私」がそれを受けとめて誠実に記録していく語りの運動そのものにあるからだ。一見したところきわめて緊密で隙(すき)のない織物の縦横に重い不在の糸が張られており、それが記述をより深いものにしている。

ゼーバルトは、二〇〇一年、交通事故で急逝した。五十七歳は、あまりにも若すぎる。だが本書に埋め込まれた記憶は、読者の手で、これからも永遠に掘り返されていくだろう。

(原題、Austerlitz)

評・堀江敏幸(作家)

Winfried Georg Sebald　1944〜2001年。ドイツ生まれの作家。

二〇〇三年一〇月五日⑥

『忘れられる過去』

荒川洋治 著

みすず書房・二六〇〇円

そうだとも！　文学は実学なのだよ

こういう人(荒川洋治さん)を大切にしなければならぬ、と思った。具体的にどうすればいいのか。文部科学省は、「心のノート」なんかに予算を割かず、この人に、年間五十億ずつ進呈してはどうだ。荒川さんなら、(日本のために、いや、日本語のために)、素晴らしいことに使ってくれるにちがいない。

この本の中には、読書というものについて、文学というものについて、いろんなことが書かれている。そういう類(たぐい)の本は、すごく多い。けれど、荒川さんのこの本は、まるでちがうのである。

一言でいおう。荒川さんは、ミットの「ど真ん中」に向かって投げたのだ。日本一の豪速球を。

嘘(うそ)だと思うなら、例えば、僅(わず)か見開き二頁(ページ)もない短いエッセイ「文学は実学である」を読んでみてほしい(ああ、全文引用したい！)。

「文学は空理、空論。経済の時代なので、肩身がせまい。たのみの大学は『文学』の名を看板から外し、先生たちも『文学は世間では役に立たないが』という弱気な前置きで話す」

そうだろうか、と荒川さんはいう。

「文学は、経済学、法律学、医学、工学などと同じように『実学』なのである」

そして、日本文学の美しくも豊かな実り、とでもいうべき幾多の作品を挙げ、こう断言する。

「……と、なんでもいいが、こうした作品を知ることと、知らないこととでは人生がまるきりちがったものになる。それくらいの激しい力が文学にはある。読む人の現実を生活を一変させるのだ。文学は現実的なもの、強力な『実』の世界なのだ」

そうなのだ絶対に、と思う。ほんとうはぼくもそう思っていたのに、みんなが文学はもうダメ、というので、なんとなく、そんな気分になっていただけなのだ、と。

この、文学を力づける、強烈なメッセージを、詩からやって来た人である荒川さんは、繊細極まりない日本語を用いて書き記した。この本の持つ、激しい力を見よ。文学はここに、ちゃんとあるじゃないか。

評・高橋源一郎（作家）

あらかわ・ようじ 49年生まれ。現代詩作家、批評家。詩集に『空中の茱萸（ぐみ）』など。

二〇〇三年一〇月五日❼
『グローバル時代の宗教とテロリズム』

マーク・ユルゲンスマイヤー 著
立山良司 監修　古賀林幸、櫻井元雄 訳
明石書店・三八〇〇円

ヒトラー暗殺と中絶クリニック襲撃に差はあるか？

現代を代表する神学者の一人、ボンヘッファーは、ナチス時代、ヒトラー殺害計画に加担し処刑された。

アメリカの反中絶派クリスチャンのなかには「胎児を殺す悪」を暴力で阻止する行為を、ボンヘッファーを引き合いに出して正当化する者がいるという。

篤信と狂信とは紙一重。ましてどちらも現世の法を破るとなれば、光と影を分かつ一線を引けるものか。

ポストモダン以降、その陰線はますますぼやけてきている。ふやけた境目に宗教テロの芽が簇出（そうしゅつ）する。

本書は、世界の安寧を脅かす宗教テロリストの生態を調べ上げ、その実践理論を洗い出した労作だ。オウム真理教に関しても一章が割かれている。

興味深いのは、狂信者たちは防衛戦争を戦っているつもりだという指摘。悪魔化した世界を浄化する運動なのだ。かかる妄想を疎外したのがグローバル化と世俗化であったという皮肉が痛い。

評・宮崎哲弥（評論家）

二〇〇三年一〇月五日❽
『空にはメトロノーム』

森内俊雄 著
書肆山田・二八〇〇円

本書は、著者自身が「掌編小説でもなく散文詩といった思いもなく（略）人をして一つの夢幻の世界へいざなう」ことを念じてと、「あとがき」に記す。

二十四の章がひとつずつ独立していて、それらは時に掌編小説のようでもあり、散文詩のようでもある。しかし、どこか違う。

それは、全編を通しての主人公が「少女」であることである。例えば少女について「桔梗（ききょう）のような子がいる。曼珠沙華（まんじゅしゃげ）、女郎花（おみなえし）、竜胆（りんどう）、蛍草（ほたるぐさ）がいる」といった表現が点在する。

これらの少女は、無邪気で無防備で、小さなエロスの種子を持ち、時折、挑発的ですらある。そうした少女のたたずまいを、ある距離感をもって、ゆるやかな季節の移ろいの中に描く。それは、愉（たの）しくもあり、時に切なくもある通りすぎる心象風景のような淡さである。同時にそれは、「祈り」にも似た少女たちへの讃歌（さんか）であるにちがいない。著者自らの「夢幻」を読者も同時体験するのである。

評・前川佐重郎（歌人）

二〇〇三年一〇月五日⑨

『疾走』

重松清 著

角川書店・一八〇〇円

主人公は〝おまえ〟とよばれる珍しい二人称スタイル。この手法が利いて終盤で劇的効果をあげている。その収束の方法も抜群だが驚くのは物語そのものだ。

少年の魂の遍歴が辿（たど）られるが、その過程が尋常ではない。家庭崩壊、自殺未遂、性、暴力、そして殺人。少年は少女に思いをよせ、神父に聖書の存在を教えられ、死刑囚と出会い、やくざに凌辱（りょうじょく）され、殺人を犯す。ここには人生を温かく謳（うた）いあげる重松清の姿はない。性と暴力を通して精神の暗闇を描ききっている。これはまさにノワールだ。

だがノワールと同時にやはり苛酷（かこく）な少年小説でもある。多くの通過儀礼が綿密に書かれているからだ。また小説は終盤で、二人称の手法と聖書の効果により、神話性を高め黙示録としても迫り出す。これも見事だ。

譬（たと）えていうなら馳星周のように絶望的で暗く、尾崎豊のように激しく純粋で、中上健次のように混沌（こんとん）として神々しい。いつまでも読まれ続けられる名作だろう。

評・池上冬樹（文芸評論家）

二〇〇三年一〇月五日⑩

『耳ラッパ』

レオノーラ・キャリントン 著　野中雅代 訳

工作舎・二〇〇〇円

シュルレアリズム画家としても幻想小説家としても名高いレオノーラ・キャリントンの代表作。九二歳の老婆が、友人に補聴器（＝耳ラッパ）をもらい、家族に老人ホーム送りにされたことから生じる一大幻想絵巻。ボケ老人的な論理の飛躍が次々に繰り出される、自由連想じみた物語の奔放さは比類がない。尾ひれをつけた老婆の妄想だったものが、いつの間にやら異生物との交流に世界変革といった壮大な話にふくれあがる様子はただただ驚くばかり。ボケ老人になるのがこんなに楽しいとは！

読み進むうちに、飛躍して見える各種の展開に、何か説明しがたい論理性が感じられてくるのも本書の醍醐味（だいごみ）。キャリントンの描く不思議な味わいの絵とも共通する夢の論理だ。そうした絵やスケッチ、写真も何点か収録されており、様々な楽しみ方のできる味わい深い一冊。現在巡回中の「フリーダ・カーロとその時代」展にも彼女の絵があるのであわせてお薦め。

評・山形浩生（評論家）

二〇〇三年一〇月一二日①

『健康帝国ナチス』

ロバート・N・プロクター 著　宮崎尊 訳

草思社・二二〇〇円

くっきり浮かび上がる「生かす権力」

健康を保つことは、いまや国民の責務である。この春に施行された「健康増進法」の第2条にそう定められている。

「国民は、健康な生活習慣の重要性に対する関心と理解を深め、生涯にわたって、自らの健康状態を自覚するとともに、健康の増進に努めなければならない」

どうにも嫌気の差す法文だが、一体どこに悪心（おしん）を催してしまうのかはっきりしない。国が民に健やかであれと命じて何がいけないのか。

本書によれば、ナチス・ドイツは国民の健康にずいぶんと気を配る政権であった。

例えば大規模な反喫煙キャンペーンを展開した。衛生教育、広告規制、喫煙場所の制限など様々な手段を総動員して「煙害」を封じ込めようとした。

例えばアスベストの高い発がん性を逸早（いちはや）く認め、対策を講じた。これによる被害を世界ではじめて労災と認定したのもナチスだ。また放射性物質や化学物質の危険性の認識についても先取的だった。

ホメオパシー（同毒療法）のような民間療法、

菜食主義、自然食や生薬、ミネラルウオーターの普及にも熱心で、アルコールなどの嗜好品（しこうひん）、食品添加物の規制に力を注いだ。

　あたかも至れり尽くせりのユートピアを思わせるが、実際は国民衛生重視の裏面に、人種主義や優生思想が張り付いていた。有害物質に曝（さら）される危険な仕事は「劣等民族」や「国家の敵」に強制するという解決に落着しがちだったし、強壮な国民、頑健な労働者の「規格」から外れた身体障害者や精神病患者、高齢者は排除されていったのである。

　生かす権力、生権力というものがある。ミシェル・フーコーは近代的権力の新しい性質、作用をそう名付けた。だが、生権力は、死なせる権力、殺す権力に比べて、どうも直感的に把握し難いところがある。然（しか）るに、本書が描き出す「健康帝国」の前景の奥には「生命に対して積極的に働きかける権力、生命を経営・管理し、増大させ、増殖させ、生命に対して厳密な管理統制と全体的な調整とを及ぼそうと企てる権力」（『性の歴史1　知への意志』）の像がくっきり浮かび上がっている。

　著者はナチス医学に積極的な側面があることから目を背けるべきではないと繰り返し強調する。公衆衛生や予防医学の分野だけではなく、自然保護や動物愛護においても、ナチスは時代に先駆けていた。その点をはっきりと認めよう。ナチスの罪を減じるためではもちろんない。「奴（やっ）ら」と私たちとを隔てる壁はそれほど高くない、むしろ気味の悪い共通点が少なくないことを忘れないために、だ。

　生権力はいまも静かに作動し続けている。福祉や安全の名の下、科学的合理性を装いながら。

（原題、The Nazi War on Cancer）

評・宮崎哲弥（評論家）

Robert N. Proctor　54年生まれ。米ペンシルベニア州立大教授。

二〇〇三年一〇月一二日❷

『女たちは帝国を破壊したのか』

マーガレット・シュトローベル 著
井野瀬久美恵 訳
知泉書館・二四〇〇円

植民地の女性、過小評価の偏向ただす

　帝国というと、制服姿も凛々（りり）しい男性の領域で、力弱き女子供などに入り込む余地はないかのような印象が、たしかにある。十八世紀後半から二十世紀前半まで、大英帝国の植民地（インドやサハラ以南のアフリカ）に、行政官の妻、宣教師、人類学者、旅行家、家事労働者、売春婦として多くの女性が入植したのにもかかわらず、歴史叙述に彼女らの出番はほとんどなかった。それどころか女たちは、男たちが営々と築き上げた植民地社会との良好な関係を、染み着いた人種差別と気まぐれな言動で壊してしまった、という神話がまかりとおってきた。

　この常識の偏向を正そうと、著者は、植民地化する集団内部の力関係、および植民地化する者とされる者との力関係、というふたつの人間関係のコンテクストとともに、女性の行動と思考を理解しようとする。彼女らはしばしば使命感に燃えており、現地の習俗や制度を体系的に研究し、少女の教育を支援しながらヨーロッパ文化を伝え、自分たちの行動を制限する家父長的な規範や制度と戦った。

気丈な女性たちの姿は頼もしい。

しかし悲しいかな、彼女らの活動のベースは、本国の階層化した社会空間が、歪（いびつ）にも肥大して移植された、滑稽（こっけい）にも一途な小コミュニティーであった。そのため、夫の役職順を守った行列を作ってトイレに向かうといった馬鹿げた社交儀礼が繰り広げられた。性器切除の風習を非難し、女性の地位向上を祈念する、善意に満ち溢（あふ）れた教師や看護婦、改革者でさえ、自分たちを母に、現地女性を未熟な娘に比定する母権主義的ヒエラルキーを、知らぬまに押しつけていたのである。それが搾取の現実を覆い隠し、帝国を再生産した、という指摘は重い。

だから女性の視点に過大な期待が寄せられているわけではない。それでも帝国史を女たちの物語に書き換え、植民地の女性に主体性を回復させる地道な作業は、歴史の正しい理解に不可欠である。このところこの種の研究が花盛りのようだが、そのはずみをつけた本書には、いまだ利用されつくしていない着想の芽が、いっぱい詰まっている。

（原題、European Women and the Second British Empire）

評・池上俊一（東京大学教授）

Margaret Strobel　米イリノイ大シカゴ校教授。

二〇〇三年一〇月一二日③

『調律師の恋』

ダニエル・メイスン 著　小川高義 訳

角川書店・二〇〇〇円

フーガの響きが熱帯の心をゆさぶる

フジ子ヘミングが弾くリストの「カンパネラ」。同じ音を猛スピードで連打するところが続出する。この奏法、ピアノ会社のエラールが一八二一年に開発したメカニズムで初めて可能になったのだ。

本書は、エラール・ピアノ調律の名手ドレークが、イギリス軍占領下のビルマ（現ミャンマー）シャン地方に派遣される話である。ときは一八八六年。依頼主は軍医のキャロル。英語が堪能な美女キンミョーが世話係につけられた。

調律師が到着したとき、楽器は悲惨な状態だった。湿気にやられて音が狂っているだけではなく、反乱軍の銃弾で弦が切断されてしまっている。響板も割れているらしい。蓋（ふた）をあけると、白アリ対策だというウコンの匂（にお）いがぷんとした。

ピアノを運ぶエピソードからして、音楽関係者を身もだえさせるようなものだ。港から現地まで、野越え山越え一週間。かつぎ人足が蛇に噛（か）まれて死ぬと、死体をピアノにくくりつける。部族の掟（おきて）で放置できないからだそうな。

こんな話をきかされても、ドレークは少しも動ぜず、まっすぐピアノに向かう。そもそも、どうして医者がビルマにピアノを運ばせたのか謎なのだが、余計なことは詮索（せんさく）せず、目の前の楽器をどう調律・調整するか、に集中する。この性格設定がリアルで、私の知っている調律師だってきっとそうだろうと思わせる。

優雅なマホガニーのピアノとジャングルのとりあわせは唐突だけれど、ドレークの楽器への一途な愛は、軍医の深謀遠慮、劣悪な環境を超越している。調律師の「恋」は、妖艶（ようえん）なキンミョーへの恋でもあり、また別の意味もあろう。ちなみに、原題はごくシンプルに「調律師」。

圧巻は、ピアノを調律したドレークがシャンの藩侯の前でバッハの「平均律」を弾くシーン。窓はあけ放たれ、ピアノの蓋には蛇行する川が映っている。そういえば、バッハはドイツ語で「小川」の意味だった。混声合唱を思わせる嬰（えい）ハ短調のフーガは、低音を響かせて始まる。そこに次々と上声部が重なり、川の流れのように複雑にからみあう。読む側にも弦の振動が伝わってくるようだ。

（原題、The Piano Tuner）

評・青柳いづみこ（ピアニスト・文筆家）

Daniel Mason　米国の作家。本書は大学医学部在学中に26歳で書いた第一作。

二〇〇三年一〇月一二日④

『稲生モノノケ大全　陰之巻』

東雅夫 編
毎日新聞社・五〇〇〇円

近世怪奇談の最高峰の全貌、ここに

夢のような書物だ。日本の近世怪奇談の最高峰「稲生物怪（いのうもののけ）録」を一巻に封じこめる。そんな幻想文学ファンの夢が、可能な限りの精密さをもって実現された。

本当ならば、書評のために数日で通読するなどという馬鹿なまねをせず、あっちを見たり、こっちに戻ったり、気随気儘（きまま）にこの幻想の名園を散策したかった。

さて、「稲生物怪録」とはなんぞや。

ときは江戸中期、寛延二（一七四九）年。ところは、広島内陸部の三次（みよし）。主人公は十六歳の稲生平太郎。この胆力すぐれた武家の少年のもとに、旧暦七月のまるまるひと月間、なぜかあらゆる幻妖、モノノケが襲いかかってくる。

女のさかさ生首が歩きだすわ、赤い巨石に目や指が生えるわ、家を訪れた男の頭が割れて赤んぼうが十人も出てくるわ、天井全部が婆ァの顔になるわ、あらゆる家具、調度、畳に星々までが飛びまわるわ、ともかく古今東西に誇れる奇観のつるべ打ちである。

あげくは、世界の妖怪を仕切る魔王が登場して、平太郎少年の勇気に感服し、土産の木槌（きづち）を残して、日本を去ってゆく。

この実録談は、多くの文学者を魅了し、泉鏡花の名作『草迷宮』を筆頭に、折口信夫、稲垣足穂、三島由紀夫まで、日本の幻想文学に巨大な水脈を形成した。

だが、それだけではない。何種類もの絵巻物が描かれ、講談の荒唐無稽（こうとうむけい）な武勇伝に仕立てられ、熱心な妖怪学者たちに研究され、民俗学的にも多大な興味をかきたて、杉浦茂や水木しげるのすばらしく奇ッ怪なマンガにもなった！

そうした関連書とその精髄がたった一巻（とはいってもカラー図版を含めて大判七八〇ページ）に網羅され、ついに「稲生モノノケ」がここに全貌（ぜんぼう）を現した。

この空想と知の喜びにみちた書を編み、周到きわまる解題を付したのは、日本の幻想文学研究を背負う東雅夫。京極夏彦による現代語訳に始まり、平太郎少年の自叙で終わる構成の妙も、アンソロジーの名手ならではの技の冴（さ）えである。

ディープな世界だが、オタク的でない、懐の深い品格を感じさせる本だ。稀書（きしょ）を集めてゆうに値段の倍の価値がある。

評・中条省平（学習院大学教授）

ひがし・まさお　58年生まれ。文芸評論家。著書に『ホラー小説時評』など。

二〇〇三年一〇月一二日⑥

『古着』

朝岡康二 著
法政大学出版局・二八〇〇円

布から見た新しい近代服装史

国立歴史民俗博物館で数年前、なんと継ぎはぎだらけの着物や、ボロばっかりを展示した特別展が開かれ、注目を集めたことがあった。企画立案者が朝岡康二氏だ。布への関心が強いその朝岡氏が「古着・古布など布を観察することから、わたしたちの布との付き合い方にどんな変化が起きて今日に至ったか」を検証したのが、本書である。

衣服を含めた生活の歴史を考える際、生産と消費、すなわち衣服制作と着ることだけを問題にしがちだ。しかし実際には着物は、消費の過程で、修理・修復・転用・洗濯といった複雑な段階を経て、リフォーム、リサイクルの軌跡を描き、膨大な時間をかけて、最終的に廃棄に至る。「布」という視点がここで生きてくる。

たとえば、継ぎ当て。着物を長く使うためのこの手段には、「みっともない」というイメージがつきまとうゆえに、それと気づかれない技法、技術が発達した。さまざまな実例を紹介して、著者は「ひとつの文化的な所産」と位置づける。また、素材や裁ち方が違えば、洗濯の方法もおのずと異なる。ここから話は

干し方にも及ぶ。こうして、これまで見落とされがちだった布をめぐる創意と工夫に満ちた人々の営みが浮かび上がる。

　また、衣服の使い回しが大規模に展開されるようになると、そこには当然流通システムが生まれる。本書では、昭和初期の東京の古着問屋の様子をはじめ、古着・古布の最終的な姿であるボロの行く末や役割にも目を向けている。

　そして今。国内で役割を終えた古着が輸出される一方で、ファッション品として輸入される古着がある。古着の国際化だ。著者はネパールで日本の古着を見たことがあるという。目立ったのはクリーニング店のタグが付いたもの。洗濯された後に家庭で一定期間保管されてから廃棄されることが多い日本の古着は、洗濯が不要な分だけ韓国などのものと比べて国際競争力がある、というのが分析だ。へえー、と思わず声を出してしまった。

　著者が体験したエピソードも豊富に織り込まれた、まったく新しいかたちの近代服装史だ。

評・武田佐知子（大阪外国語大学教授）

あさおか・こうじ　41年生まれ。沖縄県立芸術大学長。著書に『鍋・釜』など。

二〇〇三年一〇月一二日⑦

『食べる人類誌』

フェリペ・フェルナンデス＝アルメスト 著
小田切勝子 訳
早川書房・二三〇〇円

　壮大な「食文明史」。一気に読まされる。ただし美味珍味が山盛りなので、胃腸の弱い人は食べ過ぎ、読み過ぎに注意が必要。

「食べる」ことは動物の生きる基本。著者は人類が動物から人間となった契機として「八つの食の革命」を指摘し、それぞれの革命を章ごとに検討していく。①火による調理②食べ物による儀式③動物の家畜化④植物の栽培⑤不平等と高級料理⑥大陸間の交流⑦生態系の改変、そして⑧食の産業化である。

　革命といいつつ、著者は進歩史観を徹底的に排除する。たとえば第二革命の章では、人肉食や「ハレとケの食事」だけでなく、今日のダイエット食にまで考察はおよぶ。第一革命では、加熱調理が消化吸収の効率を高めたことや、鍋など文化的な道具の発明はもちろん、焚（た）き火を囲むことの重要性が指摘される。家族や親しいものとの共食（きょうしょく）であり、最終章の第八革命「食の産業化」批判へと議論がつながっていく。

評・新妻昭夫（恵泉女学園大学教授）

二〇〇三年一〇月一二日⑧

『心の仕組み　上・中・下』

スティーブン・ピンカー 著
椋田直子、山下篤子 訳
NHKブックス・上・中巻一一六〇円、下巻八七〇円

　知覚、知能、感情、思考――一般に「心」や「精神」と呼ばれるものの仕組みを、各種学問分野における最先端の成果を援用しつつ、わかりやすくまとめ上げた大力作。多くの心的機能を構成するのは単純な機能をもったモジュール群で、それらが進化によって合理性をもった形で発生、成長してきたことをていねいに解説してくれる。その射程は友情や愛情などの各種感情、美など実に人間くさい領域にまで入り込む。安易なイデオロギーによる性差否定論への批判も読み応えがある部分だ。

　高度な内容なのに文章は平明でユーモアたっぷり。しかも前人未到のスケールなのにアプローチは実に正当で骨太なのも驚き。読後もしばらく脳が火花を散らす名著だ。ただし注や参考文献を何のことわりもなしに削除しているのにはがっかり。各種学説の原典等が調べようもなく、受けた知的刺激もその場限りで死に絶える。せめてウェブで公開する等の工夫がほしい。

評・山形浩生（評論家）

二〇〇三年一〇月一二日⑩

『装丁探索』

大貫伸樹 著

平凡社・二三〇〇円

中身がいかによくても、装丁がいま一つだと、何となく損をしたような気になる。飛びぬけた愛書家でなくても、本好きならば誰しも経験することだろう。

出版物における装丁の多彩さは、日本が誇る文化のひとつである。しかし、どのようにして出来あがってきたか、実のところそんなに多く分かっているわけではない。

本書は、みずから装丁を手がけるグラフィックデザイナーが、書名通り足で実物を収集し、その魅力を語ったエッセイ集である。

作家自身が装丁した夏目漱石、萩原朔太郎、谷崎潤一郎、木下杢太郎（もくたろう）のエピソード、竹久夢二と恩地孝四郎、装丁の位置を高めた杉浦非水など、豊富な図版による解説は、いままでの未開拓の領域をかなり埋めていて、興味深い。

本音をいえばカラー図版がほしいが、昨今の出版不況の折、贅沢（ぜいたく）はいえない。

後半の針金綴（とじ）や網代綴といった製本の歴史を取材した箇所（かしょ）も貴重である。

評・小高賢（歌人）

二〇〇三年一〇月一九日❶

『若者はなぜ「決められない」か』

長山靖生 著

ちくま新書・七二〇円

『「不自由」論 「何でも自己決定」の限界』

仲正昌樹 著

ちくま新書・七〇〇円

「自己」と「決定」の関係、考えてみよう

「自己決定」という言葉を見る機会が増えている。それにしても、決めることをわざわざ「自己決定」と呼ぶのはなぜか。「自己」と「決定」が結びついて語られることで、「決める」あるいは「決められない」ことに、どのような意味の変化が起きているのか。決定を迫られる「自己（責任）」が強く想定されることで、「自分のあり方」にどんな変化が生じているのか。今回の二冊は、私たちを取り巻く、「決める」と「自分」との関係、その背後にある社会の変化を考えるための好著である。

歯科医であり「日曜文学者」と呼ばれることもある長山は、フリーター現象を手がかりに、職業選択にかかわる「決定」と「自分」のあり方を取り上げる。なかでも圧巻は、長山が十八番（おはこ）とする夏目漱石の作品を通して、「生き甲斐（がい）としての仕事」の意味を探るところだ。

フリーターの中には、本当の自分にふさわしい一生の仕事を探そうと思って、「決められない」若者がいる。だが、本当にやりたいことを職業とすることに、どんな厳しさが伴うのか。自己決定しない高等遊民という富裕な知識人を描くことで、漱石自身は、「生き甲斐としての仕事」が報酬を生むようになる「偶然」を真摯（しんし）に受け止めていた。自己本位で仕事をするには、誠実さと「厳しい職業倫理」が必要とされる。漱石も長山もそのことを自覚している。そこから、「フリーに生きる」ためにはどのような自分のあり方が求められているのかが浮かび上がる。

一方、現代思想を研究する仲正は、自己決定する「自由な人間としての主体性」の（西欧的な）あり方に徹底的にこだわる。アーレントを下敷きに、「人間性」とは、同情によって簡単に他者を理解できるようなことではなく、分かりあえない「多元性」を前提に、不断に「対話」を通して生み出そうと「討論し続ける状態」だという。

こうした人間性を前提におけば、「自由な主体性」を安易に想定するのは無謀でさえある。自己決定を担う自分とは誰なのか。他者と「我々」との境界を引こうにも、誰が同じ共同体に属するのか。「普遍＝一般」が描きにくいと同時に、「少数者のなかの少数者」の線引きも容易でない。そもそも日本では、「主体 subject」になることが、特定の公共秩序「に従う～be subject to」ことから生じるという常識さえ欠け、あたかも「自然」に主体性が立

ち現れるという、安易で危険な議論がまかり通る。仲正はその典型がゆとり教育論だと喝破する。

二冊に共通する隠れたテーマは、〈書き言葉文化＝人文主義的教養〉の変容だ。これは教育の問題に深く関（かか）わる。文化領域では主体性の混迷が進み、経済社会では自己決定を自己責任と結びつける論理が強まる。この変化に対抗できる「個人」はそもそも形成可能なのか。教育論としても読み応えのある二冊である。

評・苅谷剛彦（東京大学教授）

ながやま・やすお 62年生まれ。評論家。
なかまさ・まさき 63年生まれ。金沢大助教授（社会思想史・比較文学）。

二〇〇三年一〇月一九日②

『お尻とその穴の文化史』

ジャン・ゴルダン、オリヴィエ・マルティ 著
藤田真利子 訳
作品社・二四〇〇円

「裏口」にむけた健やかならざる執着

なんとも皮肉な造作と言うしかないが、私たちは自分にとって決定的に大事なところが、自分では見えない仕組みになっている。「私」の看板ともいうべき顔がまずそうだ。次に、目や耳や鼻や口といった開口部。外界や異物についての感覚はほとんどがここで起こる。とはいえそれらは鏡で見ることができる。が、それすらおぼつかなく、しかもわずかでも滞りや傷があると神経がぜんぶそこに集中してしまうのが、肛門（こうもん）だ。「お通じ」の場所として命の根幹にかかわりながら視野から決定的に外されている部位だからこそ、はたまた排泄（はいせつ）をつかさどるはしたない部位とされてきたからこそ、想像力がついそこに向けて、むずむずうごめきだす「私」の穴。そう、私の意識がひきつるところ。

『お尻とその穴の文化史』と銘打たれたこの本、原題は、もう少し思わせぶりに「後ろの歴史」である。後ろとは、臀部（でんぶ）、なかでもアヌスという裏口のことだ。

ひとの裏口に起こる「問題」大全ともいうべき本書には、便秘や下痢、痔（じ）や裂肛といった、日々私たちが苦しんでいることがらとその治療法について、ポリープや癌（がん）の検査法について、詳しく書いてある。が、やはり気になるのは裏口への私たちの健やかならざる執着の歴史であり、そこへと向けられた奇矯な行為の事例群だ。

性器としてのアヌス（ソドミー）、糞便（ふんべん）愛（スカトロジー）、苦痛と快楽の敷居が見えなくなる尻叩（たた）き（スパンキング）、そして串刺しの刑。性愛と処罰というものの密（ひそ）やかな「お通じ」についてのむずがゆいまでの記述のあいだに、ロートレックが浜辺で排便している決定的瞬間の写真や、野原でスカートをめくってお尻をさらす少女たちのポストカード、お尻を描いた泰西名画のたぐいが、たっぷりはさまっている。

穴を見るとひとはなぜ物を（「もの」を、と書くべきか）突っ込みたくなるのか。事例はいっぱい紹介されているが、その謎は、しかし、まだ解かれていない。

（原題、Histoires du derrière）

評・鷲田清一（大阪大学教授）

Jean Gordin、Olivier Marty ともにフランスの消化器系専門医。

二〇〇三年一〇月一九日❸

『五つの心臓を持った神　アイヌの神作りと送り』

萱野茂 著

小峰書店・三〇〇〇円

「送り」の儀式は物を大切にする心

観光客にもよく知られている「熊祭り」は、正しくは「熊送り」という。村で大切に育てた子熊を神の国へ「送る」儀式だ。絶命させた子熊に酒を供え、団子や干し鮭(ざけ)、イナウ(丸材を削り、御幣のようにしたもの)などを持たせ、その霊を送り出す。神の国へ帰った子熊は、人間が親切だったことを他の神々に報告し、人間の世界を再訪したいと思ってくれるだろう、とアイヌの人々は願う。

他の動物にも、「熊送り」ほど盛大ではないが、同じような「送り」の儀式がある。動物が人間のもとに訪ねてきてくれないと(捕れないと)、暮らしがなりたたないからだ。このような儀式は、かつては古臭い迷信と見なされ、記録フィルムを博物館に保存すれば十分と考えられていた。だが今日では、あらためて注目を集めている。一九九二年の国連環境開発会議で議論された生物多様性保全条約の要点のひとつ「先住民の伝統にもとづく自然資源の持続的利用の知恵」がそこに見出(みいだ)されるからである。

しかしこの本の目次をみてすぐ、私は自分の生半可な勉強を恥じた。「送り」は動物だけでなく、「死者」(葬式)や「つくり神」(疫病除〈よ〉けの「五つの心臓を持つ神」など)、そして「器物」にも同じようになされる。お椀(わん)や鍋を送る儀式や祈詞もある。自然資源が云々(うんぬん)という以前に、アイヌの人々は「物を大切にする」人たちなのだと知った。

「そう、あたりまえのこと。そんなことも日本人は忘れてしまって……」。一度だけ講演を聴いたことがある著者の、独特の口調を思い出した。

本書はアイヌ文化のなかで生まれ育った著者の、幼少時からの体験と長年にわたる聞き取り調査からまとめられた貴重な記録である。ただし他の研究者の文献は参照されていず、他の民族の類似した儀式との比較もされていない。つまり学術論文の体裁はなしていない。それを学位論文と認め博士号を授与した総合研究大学院大学の英断に、私は敬意を表したいと思う半面、論文で苦労したものとして、正直いって複雑な感情を否定できない。

評・新妻昭夫(恵泉女学園大学教授)

かやの・しげる　26年生まれ。萱野茂二風谷アイヌ資料館館長。著書に『アイヌの昔話』など。

二〇〇三年一〇月一九日❹

『良心の興亡　近代イギリス道徳哲学研究』

柘植尚則 著

ナカニシヤ出版・二五〇〇円

経済倫理はどうして無視されるのか

経済倫理上の不祥事が後を絶たない。最近では食品会社の偽装牛肉事件が記憶に新しい。そうした事件に接すると、利益に目がくらんだ人は物の作り手としての誇りや良心をなくすのか、と怒りを覚えるだろう。

ところが不思議なことに、経済学では、倫理といえば所得格差を問うだけで、不祥事にかんしては損得計算上破られないような法の設計が論じられる。「自負心」や「良心」の欠如は問題とされないのだ。そして人々が利己的に損得計算を行えば、良心なぞなくとも市場の「見えざる手」によって国民は富むとアダム・スミスは『国富論』で唱えた、とされている。ところが当のスミスは、『道徳感情論』において、良心を支えとしてこそ人々は「徳の道と財産の道」を歩むのだ、と強調している。良心あってこそ経済は繁栄する、というのが彼の真意だった。

本書の主題は、まさにその「良心」が、19世紀までイギリスで盛んに論じられながら、なぜ現在無視されるに至ったかを解明することである。良心論の思想史という学術的な体裁を採りながら、この謎を綿密な考察によって解き明かしていく論述はスリリングだ。

興味深いのが、18世紀には「自己愛」が蔓延（まんえん）したという指摘。それを抑制するものとしてジョゼフ・バトラーは良心に注目したものの、それが人間の本性に備わるとみなした。一方スミスは、他人の立場に立ち、自分が「称賛に値する」人物か否か反省するうちに育つ感情として良心をとらえる。つまり人は社会に生まれ他人から褒められるために豊かになろうとし、自愛心を抑えて徳も積むというのだ。

もっともスミスは、「普通人の道徳」はせいぜい競争をフェアに行うという義務を守る程度であって、それ以上に徳を積もうとはしない、とも観察している。道徳とは義務にすぎないという彼の諦観（ていかん）めいた考えが、後世に良心論の没落を招いたというのが著者の推察だ。とするなら、義務以上の徳を志向しない現代人もまた、腐敗企業を嗤（わら）えないのではないだろうか。経済倫理を再考する好個のきっかけとなる力作である。

評・松原隆一郎（東京大学教授）

つげ・ひさのり　64年生まれ。北海学園大助教授（倫理学・思想史）。

二〇〇三年一〇月一九日⑤

『環境ホルモン　人心を「撹乱」した物質』

西川洋三著
日本評論社・一六〇〇円

「危機」の思いこみ正す優れたガイド

環境ホルモン（内分泌撹乱（かくらん）化学物質）の話題を最近見かけないと思わないだろうか。健康食品だの、自然食品だのの礼賛記事等には登場することもあるけれど、精子が減少して人類滅亡だの、自然がメス化して生態系がめちゃくちゃだのといった、一時の華やかな話題はもうほとんどない。それもそのはず。本書によれば、実は環境ホルモンの話は、その筋ではもはや完全に下火なのだ。これまで騒がれてきた各種の現象も、よく調べると何の関係もないものばかり。魚がメス化してたのも、下水からの人間の自然な女性ホルモンの影響でしかない。一時は危険視された各種物質も、学界ですでにほとんどがシロ判定となっている。環境ホルモンの影響で人間の精子が減ったという研究も、かなりアヤシイ。

だけれど、こうした情報はちっとも報道されない。人々は相変わらず、環境ホルモンが大問題だと思いこんでいる。

本書はその思いこみをきちんと正してくれる。この問題を大きく煽（あお）った『奪われし未来』を機に、環境ホルモン問題は過大な関心（そして予算）を集めてきたのだけれど、十年もしないうちに、それが杞憂（きゆう）だとわかってしまった。その空騒ぎの過程が、本書には簡潔に描かれている。

筆致は冷静で説得力に富む。そして読むうちに、ぼくたちも各種の環境問題に対する態度を改める必要があることがわかる。化学合成物質はなんでもよくない、といった思いこみはやめよう。その手の変な思いこみにかられて、必要以上に恐怖心を煽る善意の団体にも注意しよう。同時にマスコミ報道も、つい派手な「問題」報道に偏りがちで火消しをしない（この朝日新聞も含め）。一般の市民はマスコミ報道を鵜呑（うの）みにせずに自分でじっくり判断する習慣を身につけなきゃいけないのだ。

本書（そして本書を含むシリーズ）は、環境をめぐる各種問題について、こうした態度を身につけるための優れたガイドだ。環境ホルモンの危機におびえていたみなさん、本書を読んで安心してください。ぼくも安心しました。人類の未来はまだまだ明るいのです。

評・山形浩生（評論家）

にしかわ・ようぞう　43年生まれ。コンサルタント（化学品安全分野）。

二〇〇三年一〇月一九日⑥

『静かな大地』

池澤夏樹 著

朝日新聞社・二三〇〇円

ひたむきな生き方ゆえの輝きと破局

痛々しいほど真っすぐで、だからこそ限りない愛（いと）しさを覚える長編小説だ。

明治維新のあと、故郷・淡路島を追われ、家族ぐるみ北海道開拓に従事した侍たちがいた。物語は静内に入植した宗形家の息子三郎と志郎を中心に進む。三郎は、札幌で農業を学んで戻り、アイヌと力を合わせて牧場を開く。アイヌに育てられた和人の娘と結婚し、牧場も順調だったが、それ以後、兄弟は足早に破局への道をたどる。アイヌに寄り添ったゆえの、和人からの迫害によって。

読みながら私は何回か、『チボー家の人々』を思い出した。二十世紀初頭から第一次大戦にかけ、時代の激浪にもまれながら生きた兄と弟が主人公の大河小説である。いまは話題にする人もいないと思うけれど、真摯（しんし）とか誠実さという言葉が似合うこの作品は、戦後しばらく日本の若者たちの愛読書だった。

チボー家と本書とは、人の成長から無残な終局に到（いた）る構成もさることながら、とくに三郎の「ひたむきな生き方」の点で共振するように、私には思われる。

若き三郎に師は言う。「これからは生まれや育ちでなく、成したことを以（もっ）て人を計る世が来るぞ」。志郎にあてた手紙に三郎も書く。「私とおまえで静内の地を開き、畑を耕し、馬を駆り、多くの実りをもたらそう」

それにしても、本書が突きつける主題は読んでいて重く、つらい。全編を貫くのは「山やら川やらに持ち主がいるか？　あの広い空に持ち主がいるか？」という老アイヌの素朴で間違いのない問いかけなのである。

私たちのうち誰が、平らかな心で「持ち主はいない。山も川も空も、みんなのものだ」と答えられるだろう。たとえば、北海道中川町が開拓百周年記念誌のアイヌ記述をめぐって謝罪、訂正したのはつい先日のことなのだ。

疎開先の北海道で生まれた著者が最初に覚えた言葉は「内地」だったという。半世紀後、年に九回も沖縄に通うようになって「日本全体がよく見える」南端のその地に居を定めた。この大作の誕生は、必然であったと思いたい。

評・栗田亘（コラムニスト）

いけざわ・なつき　45年生まれ。作家。著書に『花を運ぶ妹』『言葉の流星群』など。

二〇〇三年一〇月一九日⑦

『俳諧のこころ』

岩倉さやか 著

ぺりかん社・二八〇〇円

「俳諧」とは何か、と題した序で著者は言う。「支考（しこう）俳論を丁寧に読み解き、その意味を明らかにしてゆくことを通じて、およそ言葉というものが、人の生そのものに対して持っている可能性を、再発見してゆこうとするものである」、と。

俳諧の言葉の可能性を、根本から問い直そうとする若い俳諧研究者が登場した。まさに、さやかに。著者は一九七七年生まれだ。

さて、著者が対象とする各務（かがみ）支考は、芭蕉門下の屈指の俳論家であり、蕉風を全国に広めた大宗匠でもあった。それだけに、「俗臭の強い野心家」（『俳文学大辞典』）と見なされてきた。

著者はこの支考の虚実論に注目し、「虚」という「ものごとの根源」への応答の仕方として俳諧をとらえる。俳諧の言葉は「虚」が「実」として顕現したものなのだ。

では、俳諧の言葉はどのように「虚」に応答するのか。それは本書の読者が著者とともに考えるべきことだろう。

評・坪内稔典（俳人）

二〇〇三年一〇月一九日❽

『ハリガネムシ』

吉村萬壱 著

文芸春秋・一二四三円

今年上半期の芥川賞を受賞した話題作である。

主人公は高校教師で、女子生徒が陰核を切除される事件など、殺伐とした日常に追われている。そんなおり、ソープ嬢のサチコと出会う。幸薄そうな女だが、妙に図太く、シャブ中で自傷癖もあるらしい。

サチコが深く腕を切ったとき、主人公は彼女をロープで縛りあげ、麻酔なしで、傷口を裁縫針で縫いあげる。ここから二人は、嘘（うそ）か本気か分からない暴力遊戯の世界に転げ落ちていく。

「体の中のハリガネムシが暴れるたびに死にたくなる。こんな生は要らなかった。すると益々気持ち良く、全身がとろけるような気がした」

人間やめますか、それとも……？　昨今多発する暴力事件の数々に、こんな自己放棄の甘美な誘惑が潜んでいるのではないか、と思わせる筆力が一読に値する。荒っぽいが、スピーディーかつユーモラスで、読者を世界の裂け目へと一挙に誘いこむ力がある。

評・中条省平（学習院大学教授）

二〇〇三年一〇月一九日❾

『アメリカの歴史教科書が教える日本の戦争』

高濱賛 著

アスコム・一七〇〇円

在米の著者は、アメリカの教科書が原爆投下や昭和天皇などをいかに教えているかを検証した。

真珠湾攻撃は「ずる賢い攻撃」と記されていたが、ベトナム戦争や研究者の世代交代などを経て、60年代後半ごろ「(アメリカは)何も知らなかった」とソフトな記述に修正された。さらに現在は、原爆投下も含め戦争の背景を客観的に討議するよう生徒たちに勧める。日系人強制収容では、当初の「緊急事態だった」から「深刻な不正義」へと劇的に変化させた。

アメリカでは、歴史教科書を多くの人種を束ねるためのツールと位置付け、国内・国際情勢の流れに柔軟に対応させる。日本も「国を愛する心構え」と「グローバルな視点からの歴史の再認識」を両立させる「理想の教科書」を目指すよう著者は主張する。そのために教科書は教師の自由選択とし、歴史は暗記からテーマ中心の授業へ、という提案が説得力をもつ。

評・多賀幹子（フリージャーナリスト）

二〇〇三年一〇月一九日❿

『奄美返還と日米関係』

ロバート・D・エルドリッヂ 著

南方新社・三六〇〇円

戦後八年間、米軍政府下に置かれた奄美群島は今年「日本復帰」五十年を迎える。本書は歴史的資料を駆使し「奄美返還」の経緯、アメリカのアジア戦略にせまった。

返還運動は奄美の人々によって精力的に展開されたが、返還を決定づけたのは米軍が奄美統治を「戦略的価値」の低さにもかかわらずコストが高すぎると判断したためだった。

奄美が背負った複雑な歴史は、本土と沖縄の「境界」に位置することに象徴されるだろう。十五世紀の琉球王による征服、十七世紀の薩摩藩侵攻、さらには近代以降に奄美が味わった苦悩がある。こうした歴史を踏まえ近年、奄美で自らの「帰属」について豊かに論じられていると聞く。

日米関係保持のため日本は軍事的役割を負うべきだとする論考には同意しない点もあるが、「返還」を詳細に描いた本書は、奄美を深く知るために読まれるべき一冊である。

評・与那原恵（ノンフィクションライター）

二〇〇三年一〇月二六日❶

『救急精神病棟』

野村進 著
講談社・一七〇〇円

転換点に立つ精神医療の現場を活写

「みんなやめてくれェェ!! やめろォォォ!!」。咆哮（ほうこう）しながら大暴れするスーツ姿の男性。つきそった妻と娘は表情を失った。

千葉県精神科医療センター。精神科救急に最重点を置く、わが国唯一の公立病院だ。毎日のように精神病を発病した患者が運ばれてくる。患者たちは発病までの長い時間、ひとり苦しみぬいた。センターの医師、看護婦、看護士らは、患者が叫ぶ脈絡のない妄想から、その病の背景を探り、適切な医療を模索する——。

アジア、医療などをテーマに丹念な取材活動を展開してきた野村進が三年にわたって密着取材した精神医療の現場である。日本では馴染（なじ）みの薄い「精神科救急」をテーマにしたのは、精神医療の世界が大きなターニングポイントに差しかかっている事実に気づいたからだという。

「脳」に関する著作も多い著者は、脳科学の最新の成果を採り入れながら精神病の構造に迫ろうとする精神科医に出会う。その医師こそ、「精神医療の眼目は急性期治療にあり」という思想を明確に打ち出す計見（けんみ）一雄氏である。彼を支えるのは「精神病は治せる」という信念だ。

著者は、計見氏がセンター長をつとめる精神科救急の現場から、いま日本の精神医療で何が行われているのか、さまざまな問題点や誤解を浮かびあがらせてゆく。衝撃的な事実がつぎつぎと明らかになる。

まず日本のすべての病院の入院患者（一四〇万人）のうち、精神病患者が四分の一を占めているということ。さらに日本の精神病患者の平均在院日数は極端に長く、一年以上に及ぶという（アメリカ八日、フィンランド四十一日）。

なぜこれほど長期になるのか。大きな理由に患者の入院が長引くほど診療報酬で病院が潤う日本の医療体制にある。「慢性精神病患者は病院の固定資産」という言葉もあるほどなのだ。

医療そのものの誤解も多い。たとえば人権侵害の代名詞のごとく語られてきた「電気ショック」——通電療法である。すぐにロボトミーという言葉が浮かぶが、精神医学と脳科学の「相互乗り入れ」がはかられる現在では通電療法は大きく進歩しているという。暴れる患者を抑える抑制帯も症状によっては必要とされる。

精神医療と人権をめぐる問題は複雑だが、本書が訴えるのは、精神病とは何かを広く深く知るということに尽きる。私たちはこの身近な病をあまりに知らなすぎたのだ。

本書には医療スタッフの人間ドラマも描かれる。冒険家の顔を持つ看護士、仏文学を学んだことから精神科医となった人、患者とともに地の底に沈んでいくような重みを感じながらも、やがて「光が見えてくる」と語る看護婦。それぞれが患者と手を携える「治療同盟」だと言い切る彼らの姿は、病に立ち向かってゆく勇気を与えてくれる。

評・与那原恵（ノンフィクションライター）

のむら・すすむ 56年生まれ。ノンフィクションライター。著書に『脳を知りたい!』『アジアの歩き方』など。

『人形師「原舟月」三代の記』

絵守すみよし 著

青蛙房・二二〇〇円

檜舞台は山車の上 江戸の祭りを飾る

作りかけの人形の頭（かしら）をじっと眺める人物の、やっぱり人形のような顔が可愛い。よく見るとあばた面（づら）（表紙の絵）。

「中肉中丈の、見るから気の利（き）いた江戸ッ児（こ）であったが、痘痕（とうこん）満面、所謂（いわゆる）菊石（あばた）面で、色が黒かった」という三代目原舟月（しゅうげつ）を知る人の証言をもとに、漫画家でもある著者が復元した。明治三十二（一八九九）年まで生きたというのに、丁髷（ちょんまげ）を切らなかった。怖い病気だった疱瘡（ほうそう）の跡も、いかにも江戸を生きた人らしい。

人形師は古くて新しい職業である。今ならロボット作りか。いつの世も人は人形を必要とするのだろう。

江戸から明治にかけては、祭礼と見世物（みせもの）が人形師の檜（ひのき）舞台だった。原舟月もそのひとり、いやその三人というべきで、三代にわたって江戸・東京で活躍した。

本書は、雛（ひな）人形師として出発した彼らの足取りを、愛情あふれる眼差（まなざ）しで追いかけてゆく。読者が誘われる世界は、たかだか百数十年前だというのに、今ではよくわからなくなってしまった「ロストワールド」である。

江戸・東京の祭礼で、山車の上に大きな人形を飾り立て曳（ひ）き回したことが、神輿（みこし）中心の現在の祭礼と隔絶している。東京の町に電線が張り廻（めぐ）らされたがゆえに、山車が廃れたというのがもっぱらの説。幸いにも、そうした江戸型山車は、真似（まね）され、あるいは中古品として流れて、関東一円に残っている。原舟月の手になる人形の在りし日の姿と現在の在り処（か）を、著者は丹念に突き止めた。

神田祭十九番の山車には身の丈三メートルを超える鍾馗（しょうき）が乗り、唐人行列がついた。この鍾馗は嵐を呼ぶという噂（うわさ）で、明治十七年の大祭に久々に引き出したところ、本当に暴風雨に見舞われたという。人形が生きていた時代だった。

折しも東京では江戸開府四百年の記念行事が目白押し、来月二十四日にはそうした山車が東京に集まり、旧江戸城のあたりを巡行するという。本書はその時の格好の手引きとなるに違いない。併せて、評者もお手伝いした「大見世物」展（渋谷・たばこと塩の博物館、来月一日より）をご覧下さると、とてもうれしい。

評・木下直之（東京大学助教授）

えもり・すみよし　49年生まれ。日本漫画家協会会員、関東山車祭り研究会会員。

『カミの現象学』　身体から見た日本文化論

梅原賢一郎 著

角川叢書・二八〇〇円

自分を超える「穴」と交通する巡礼の旅

「哲学」に傷ついたひとの書物はおもしろい。傷ついたその場所からこそほんとうの思考が絞りだされてくるからだ。

ありあまる感受性をもてあまし、「哲学」という、経験を根源から組み立てなおす仕事に憧（あこが）れ、文献解釈のあまりに秩序だったゲームに身をやつし、鬱屈（うっくつ）し、いつかその抑え込まれた感受性が暴発し……。そう、本書はそうした彷徨（ほうこう）から生まれた。だから「難産」だったし、逆に読者のその肉に伝わってくる深い本にもなった。

食べること、見ること、触れることをはじめとして、生きることは自分ではないもの、自分を超えたものと交通することである。その接面の構造を読み解こうとして、著者は、内と外、あの世とこの世というふうに、世界が裂けている場所、現代社会では塞（ふさ）がれてしまった「穴」に、身を置く旅に出る。「カミ」と出会うための儀礼や祭りの場に。インド、チベットから宮古島、大分・国見町、伊勢、奥三河、鶴岡へ、気の遠くなる距離を歩き回る。

祭りの描写、儀礼に動員される動作、祭具、象徴物の解釈。それはしかし、民俗学の記述に似て非なるものである。儀礼をおこなう身体のさまざまな回路のほうに照準を合わせているからだ。世界にうがたれたさまざまな「穴」のかたちとその差異が、「たべる」「まみれる」「よせる」「まねく」「うつす」「かさねる」「くだく」といった「穴開けの技法」と対応づけられて、あざやかに浮かび上がる。解釈を拒むようにすらみえる祭り、作庭、仏教文献の分析に、現代芸術や風俗の観察が、さらには子どものころに興じたからだの遊びの記憶が、みごとに折り重なってくる。

文体におかしみがある。まるで儀礼を映すかのように、句が執拗(しつよう)に反復され、うなりのような言葉が突如はさまれ、論理がときに歌われる。事象を分析する者が事象そのものにまみれ、自身を変えてゆきながら、そのなかでしか見えてこないものを言葉にする……。この国の「現象学」に大きな風穴を開けるにちがいない仕事だ。

評・鷲田清一（大阪大学教授）

うめはら・けんいちろう 53年生まれ。滋賀県立大助教授。共著に『失われた身体を求めて』など。

二〇〇三年一〇月二六日⑤

『ボストン、沈黙の街』

ウィリアム・ランデイ著　東野さやか訳

ハヤカワ文庫・一〇〇〇円

巧みな造形で深い余韻が残る傑作

本を開いた瞬間に、これは傑作だと確信を抱く小説が、時にある。最初の数行を読むだけで、そう断言するのは乱暴きわまりないが、こういう場合、最後まで読んでもその確信はほとんどゆるがない。そういう小説が年に一作はある。いままでもあったから、これからもあるだろう。今年はこれだ。ウィリアム・ランデイ『ボストン、沈黙の街』。

冒頭に登場するのは八ミリフィルムだ。そこには、ゴムの浮輪に仰向けになり、顔を太陽に向け、湖水につけた指先で水面に筋をつけて笑っている妊婦が映っている。まだ若く美しい女性だ。いきいきとした笑顔だ。この映像が、読み終えても残り続ける。若い妊婦は主人公ベンの母親なのだが、歴史学者になるはずだったベンは母親の看護のために故郷に帰っていまは警察署長となっている。その母も亡くなって、失意の父は酒に溺(おぼ)れている。その現在の殺伐とした暮らしとの落差を、八ミリフィルムは鮮やかに映し出している。

ベンの住む田舎町で検事の死体が発見され、その謎を追ってギャングが暗躍する都会ボストンにベンが赴くかたちで本書は始まっていく。警察署長とはいっても、ベンに捜査の経験はなく、したがって基本から学ばなければならない。その捜査の過程が丹念に描かれるので、成長小説の側面を持っている。これが一つ。

捜査の相棒は地方検事補のキャロラインという女性で、彼女との間にロマンスも芽生えてきて、すなわち恋愛小説の側面も持つ。個性豊かなギャングや刑事が次々に出てきて、その秀逸なキャラクター造形にも感服するし、複雑な入り組んだ話を巧みに提出する手際のよさも見事。新人作家のデビュー作とは思えないほど、小説として幅が広く、奥が深いのである。

勘の鋭い読者なら、あるいは途中でネタがばれてしまうかもしれないが、ミステリーとしての弱さを補ってあまりあるものがこの物語にはある。警察小説の衣装を借りてはいるが、これは家族の小説だ。父と子の小説だ。深い余韻をたっぷりと味わいたい。

(原題、Mission Flats)

評・北上次郎（文芸評論家）

William Landay 米国の作家。検事補を経て本作品でデビュー。

二〇〇三年一〇月二六日❻

『道半ば』

陳舜臣 著
集英社・一九〇〇円

父祖の地で出合った痛惜の事件

台湾北部の基隆（キールン）は年配者にはなつかしい地名だろう。戦前は内地と植民地を結ぶ航路の港であり、戦後の引き揚げ船もこの港を後にしていった。

終戦の翌1946年春、陳舜臣さんは逆に「帰国船」に乗って基隆に上陸した。それから再び神戸に戻るまでの20代前半の3年半を、父祖の地で新設中学校の英語教師として過ごしている。

本書は神戸と台湾という「二つの故郷」をもつ陳さんの半生記だが、評者が興味深かったのは後半で触れられる二・二八事件をめぐる部分だ。「台湾の現代史最大の事件」は47年2月、中華民国統治下に入ったばかりの台北で起きた民衆と政府の衝突事件で、いまでこそ大っぴらに語られるが、戒厳令体制にあった台湾では事件を記録することも、研究することも長くタブーとされてきた。

事件後、大陸から急派された反乱鎮圧部隊が上陸したのも基隆港。トラックに機銃を備えた部隊は、台北へ向かう沿道で無差別な殺戮（さつりく）を繰り返した。

この時、陳さんは街道筋からやや離れた台北郊外の新荘という町にいた。

「銃声らしいとわかったが、いったい何がおこったのかわからなかった」

真相究明は80年代後半に始まる民主化の中で始まり、92年に公表された政府調査報告は犠牲者数を1万8000人から2万8000人と推計する。

「大ぜいの人が命を失った。日本で育って、台湾で知人のほとんどいない私でも、かすかな縁を結ぶ人に、凶弾（あるいは凶刃）に倒れた犠牲者がいた」

そして「ただ銃声だけをきいていたというのは口惜しいことだった。その音とともに、同胞の命が一つまた一つと消えて行くことを、そのとき実感できなかったことにたいして、私はいまでも罪悪感をもっている」と痛惜の念を吐く。

人柄そのままの穏やかな筆致で、ミナト神戸の華僑商館に育った幼年時代や司馬遼太郎氏らと交遊した大阪外国語学校の思い出が綴（つづ）られる本書で、この「動乱の時代」だけがひときわ気迫をこめて語られている。それは老練作家の心に沈潜した熱きマグマなのかもしれない。

評・加藤千洋（本社編集委員）

ちん・しゅんしん　24年生まれ。作家。著書に『陳舜臣中国ライブラリー』全30巻など。

二〇〇三年一〇月二六日❼

『外務省　外交力強化への道』

薬師寺克行 著
岩波新書・七〇〇円

日朝首脳会談は、東アジア外交に画期を齎（もたら）すはずだった。しかし、この企ては蹉跌（さてつ）し、情勢は暗転した。

政府が世論の動向とアメリカの意向を完全に見誤ったのが躓（つまず）きの主因だった。

拉致問題も核問題もここからはじまった。にも拘（かかわ）らず、会談に至るまでのプロセスはいまだ藪（やぶ）の中だ。

本書の第1章で、ようやく大凡（おおよそ）の流れが攫（つか）めた。どうにも腑（ふ）に落ちなかった部分がかなり得心できた。

首脳会談以降大方のメディアで、すっかり「国賊」扱いされている田中均の知られざる一面に触れる第2章も刺戟（しげき）的。ここに描かれている田中の姿は「売国奴」どころか、外交の本義に則（のっと）って国益を伸長させようとする愛国的外交官だ。

実像はなお不明だが一読の価値がある。

「拉致ヒステリー」に終始していては拉致問題の解決も覚束（おぼつか）ない。3章以降は、国民にとって外交とは何か、外交官にとって国民とは何かが、政策や制度の実態を踏まえながら問い直されていく。

評・宮崎哲弥（評論家）

二〇〇三年一〇月二六日⑧

『女性と中国のモダニティ』

レイ・チョウ 著　田村加代子 訳
みすず書房・五五〇〇円

ポストコロニアルな状況下で、剥奪(はくだつ)され搾取され差別され「民族化」されてきた近代中国。この地位の低い中国で、女性が女性自身の言葉で前進する道を切り拓(ひら)くことはできるのか。西洋の精神分析や哲学、批評理論をマスターした中国人女性の著者が、自身の体験を梃子(てこ)に、ギリギリと錐(きり)をねじ込むような鋭い批評を展開する。

巴金、茅盾、魯迅ら著名な作家の作品だけでなく、「鴛鴦蝴蝶派文学」という一九二〇年代に流行した大衆悲恋小説、さらにはベルナルド・ベルトルッチ監督の「ラスト・エンペラー」などをも俎上(そじょう)に載せながら、「伝統」概念を揺さぶる形式分析の道具としての「女性」の可能性を追求している。

国家建設と革命という近代中国の壮図に与(くみ)した文学によって、排除・否定された、とるにたらない些細(ささい)な感情の表れ＝ディテールにこそ、モダニティはもっとも動的な表象を見出(みいだ)す、という逆転の発想が面白い。

評・池上俊一（東京大学教授）

二〇〇三年一〇月二六日⑨

『植物学者モーリッシュの大正ニッポン観察記』

ハンス・モーリッシュ 著　瀬野文教 訳
草思社・二四〇〇円

著者はオーストリア人の植物生理学者。東北帝国大学に新設された理学部に招聘(しょうへい)され、一九二二年秋から二年半を日本で過ごした「お雇い外国人」である。

外国旅行記に文化的偏見はつきものだが、著者が自然科学者であることが幸いしている。たとえば音楽について、趣味のちがいや違和感は隠さないが、冷静をたもち、客観的であろうと努力している。

樺太から鹿児島まで、宮中や上流階級から庶民の風俗習慣まで、著者の好奇心は尽きることがない。温泉めぐりは、熱水中の特殊な藻類や細菌類の調査のため。混浴に驚いたといいながら、海水パンツ姿で女性入浴客を驚かせる。著者が東京から仙台に戻った翌日、「一九二三年九月一日、大震災」の章もある。

見聞を文献資料で裏づける研究者精神が、訳者にも乗り移ったらしい。東北大学資料館などで関係資料を丹念に調べ、『自叙伝』を読み込んでの翻訳は、「研究」と呼んでいい。

評・新妻昭夫（恵泉女学園大学教授）

二〇〇三年一〇月二六日⑩

『花は志ん朝』

大友浩 著
ぴあ・一六〇〇円

言うまでもなく二年前に六十三歳で急逝した古今亭志ん朝さんを偲(しの)ぶ本。

著者は今年八月まで「東京かわら版」編集長だった人だが、あえて一人の落語ファン、志ん朝ファンという立場に足を踏ん張って、志ん朝像を描き出している。喪失感から著者自身が立ち直るために書いているのだという感じが伝わって来るのが、何よりもうれしい。

著者は「フラジャイル」という言葉を、志ん朝像のキーワードとしているが、そのくだりはやや不鮮明。それよりも志ん朝流の「現代性」、フレージングの妙、クスグリのうまさに注目したところが、志ん朝に対する世間の皮相な見方（古風、優等生的）をくつがえしていて面白い。「そうだそうだ！」と胸がすく。

また一九七八年（落語協会分裂騒動）を志ん朝の芸の地殻変動の年として、特に一章をさいて詳述しているのも正しい。あの事件は世間の想像以上に大きな傷になっていたと思うから。

評・中野翠（コラムニスト）

二〇〇三年一一月二日❶

『ららら科學の子』

矢作俊彦 著

文芸春秋・一八〇〇円

戻ってきた亡命者が見た異形の日本

およそ、文学と称するものには、二つ種類がある、とぼくは思っている。

その一は、趣味・遊びの文学である。それを書くもの、読むものを、止めようとは思わない(どうぞご勝手に)。また、ぼくも時には、その類(たぐい)のものを読む。読んで、暇をつぶす。でも、ほんとのところ、そんなのつまらねえ。

その二は、この世に人として生まれたのだから、ほんとうのことを知りたい、そのために、どれほど遠くへ出かけることになってもかまわない、と思う文学である。

ぼくが好むのは、その二である。けれども、それがうまくいくことは、極めて少ない。なぜなら、遠くへ出かけることも(文学上の冒険をするということです)、そこから帰ってくることも(冒険をした上で、なおかつ読んで楽しいものにすることです)、ひどく困難だからだ。

前置きが長くなった。『ららら科學(かがく)の子』について書こう。これは、遠くへ出かけ、そして戻ることに奇跡的に成功した作品なのである。

実際、この小説の主人公である「彼」は「遠く」へ出かける。一九六八年、学生の「彼」は、殺人未遂で指名手配され、「文化大革命を見に」中国へ旅立つ。もちろん、ビザもパスポートもなく。それから三十年、「彼」は日本へ立ち戻る。以前は密出国、今度は密入国で。

「彼」が見出(みいだ)すのは、変わり果てた、この国の姿だ。「足の太さが上から下まで同じの女の子。白いギプスのように膨れた靴下」「水を商品にして売り買いする世界。金をとって酸素を吸わせるバー」、キャンパスには「赤旗もなく、ビラも散って」おらず、「そこらに座り込んだ学生は本を読む代わり、誰もが携帯電話をかけていた。拝むように持ち、両手でプッシュボタンを押している」。冷戦は終結し、マルクス主義も、政治闘争も、消え去っていたのである。

文化大革命の混乱の中、中国の遥(はる)か辺境で三十年を過ごした「彼」は、呆然(ぼうぜん)として、呟(つぶや)く。「人民公社の名残があった時代でも、こんなことはなかった。下放当初の一、二年でも、いや思想宣伝隊の監視下に置かれていたときでさえ、こんなに息苦しさを感じたことはなかった」

この三十年の変化とはなにか。この国にどんな恐ろしいことが起こったのか。

「彼」の呟きと共に、「彼」の視線を共有する時、この国に住むぼくたちもまた、目の前の風景が異様なものに見えはじめる。

「彼」とは誰か。亡命者だ。亡命者とはなにか。自らの意志で、「国」の「外」へ出るものだ。三十年前、この国と戦った「彼」は、いまも、「外」に立って、戦う。「外」に立つものだけが、「内」の矛盾を見出すことができる。

作家とは(作品とは)その国の、その国の言葉の「外」に立ち続けるもののことだ。ならば、優れた作家は、すべて亡命者なのである。

評・高橋源一郎(作家)

やはぎ・としひこ 50年生まれ。作家。著書に『あ・じゃ・ぱん』『マイク・ハマーへ伝言』など。

二〇〇三年一一月二日❷

『珍説愚説辞典』

J・C・カリエール、G・ベシュテル 編
高遠弘美 訳
国書刊行会・四五〇〇円

愚の骨頂 でも教えられる優れもの

　昭和の初めに羽太鋭治という医学ジャーナリストの『愚談珍談猥談（わいだん）診断』なるエログロ・ナンセンス本が出た。別にどうということはない本だが、それ以来、題名だけにもせよ聞くだにバカげた新刊本というものをあまり見かけない。例外が本書の訳者が紹介してきた『おなら大全』『うんち大全』といった舶来物。で、奇特な訳者がおよそ何の役にも立たない本を翻訳するという愚行を十年間重ねて、ついに行き着いた先が本書『珍説愚説辞典』だ。

　原著の編者の一人ジャン・クロード・カリエールの名は、ブニュエル映画のシナリオ作家としてどなたもご存じだろう。どうやらシュルレアスムの同伴者といった役どころか。もともと突飛（とっぴ）なものやナンセンスに目がない編者たちが、これまた知の選良であってはとうてい続きっこない十四年の歳月をかけて、愚の骨頂みたいな古今の言説をコレクションした。

　そういって一件落着になるかといえば、そうはならない。げんに序文で編者が悪戦苦闘している。そもそも珍説愚説とは何かという定義が一筋縄ではいかない。ガリレオの地動説は発表当時は珍説愚説どころか邪説だったが、いまや天動説のほうが珍説愚説。試験の答案に天動説を支持したら落第は必定だろう。時間の経過につれて、正説は愚説に、珍説は正論にひっくり返る。それでもなかには珍説愚説でありながら正論というのもあって、たとえば「日本人」の項目がそれだ。「カワイイ」と「オイヒイ」で万事用が足りるロンパールーム的お国柄は、百年前にさるフランス人が「歳（とし）を取った小児の国」と定義してから一向に変わっていない。

　編者はフランスの小学校に珍説愚説の授業を義務づけよと提案しているが、「歳を取った小児の国」ではまだ時期尚早だろう。それより本書を枕に冗談を楽しめる大人になる夢でも見て、近来とみに小児化してジャポニスム・アニメ大好物と聞くフランス人をターゲットに、珍説愚説的アニメ輸出でがっちり稼がせてもらう大人のリアリズムが身につけばしめたもの。

（原題、Dictionnaire de la Betise et des Erreurs de Jugement）

評・種村季弘（評論家）

Jean-Claude Carrière　仏作家。
Guy Bechtel　仏歴史家。

二〇〇三年一一月二日❸

『アメリカ特殊部隊　上・下』

トム・クランシー、カール・スタイナーほか 著
伏見威蕃 訳
原書房・各一九〇〇円

見えざる戦場をのぞかせる「窓」

　湾岸戦争でハイテク兵器による空爆が放映されて以来、戦場の「劇場化」が進んできた。だが実際の作戦では、特殊部隊による「見えない戦争」が重要な鍵を握っている。アフガニスタン、イラク戦争でも、彼らの隠密作戦が国際テロ組織アルカイダや旧フセイン派の討伐の切り札になっている。

　特殊部隊の任務は、情報収集や破壊工作、空爆の誘導、宣撫（せんぶ）工作など多岐にわたる。その全容は極秘だが、作家のクランシーが米軍特殊作戦コマンドの元司令官との二人三脚で、隠密活動の一端を描き出したノンフィクションが本書だ。特殊部隊の歴史や訓練を概括するとともに、イタリア客船アキレ・ラウロ号乗っ取り事件、ベトナム戦争、パナマ侵攻、湾岸戦争などでの任務に照準を合わせ、物語風の筆致で読ませる。

　登場する逸話も、初耳のものが多い。湾岸戦争では、イラクのスカッドミサイルを破壊する隠密作戦を命じられた。現地に着くと、偵察衛星などのデータから作成した米軍資料には記載されていないスカッド移動用の道路

が砂漠を走っていた。この情報をもとに米軍は道路一帯を地雷原にし、スカッド封じを試みた。

戦前には、当時のフセイン大統領を狙った暗殺計画も練られた。フセイン氏はレジャー用車両を改装した仮設司令部と本物司令部、宿舎を絶えず移動していた。その彼を急襲する作戦だったが、米国憲法が「国家元首の暗殺を禁止している」ことから、立ち消えになった。

特殊部隊は時に、人道援助にも加わる。イラクの難民キャンプでは虫歯を抜いたり、助産婦役をしたりもした。現地の人々の信頼をかちとることは、治安維持や情報収集などに欠かせない任務だ。

軍記を好まない読者は、兵器や細かな部隊組織の名前が連なる個所に辟易(へきえき)することだろう。武勇伝が出過ぎる嫌いもある。それでも一読の価値があるのは、アメリカ軍事戦略の影の主役として清濁併せ呑(の)む特殊部隊の、その深部にまで照明を当てた本書の希少性ゆえだ。

見えなかった戦場への、小さなのぞき窓がそこにある。

(原題、Shadow Warriors)

評・吉田文彦(本社論説委員)

Tom Clancy　米作家。
Carl Stiner　元米陸軍大将。

『自由の精神』

萩原延壽 著
みすず書房・三六〇〇円

いまこそ聞け この人の知恵の言葉を

萩原延壽は、長大なアーネスト・サトウ伝『遠い崖(がけ)』をのこして、二年まえになくなった思想史家である。

東大とオックスフォード大にまなんだ俊秀だったが、終生、大学の先生にはならず、本もあまりださなかった。その少数の本、『馬場辰猪』や『陸奥宗光』や『書書周游』も品切れのまま。なんとかならんのかねと思っていたところに、この文集がでた。私など、はじめて読む文章がほとんどである。ありがたい。

晩年のかれは「リトリート」ということばをよく口にしていたという。日本は撤退や後退の先進国たれ、という意味。たとえば——「憲法第九条は撤退だろうと思うんですね。あれは非常に積極的な前進だと受けとる人もいます。丸山(真男)さんはどちらかというと、積極的なものととるほうなのですが、僕は撤退だろうと思うんです」。

戦争放棄条項を自覚的な撤退ととらえて、気品ある後退の道をさぐろう。左右を問わず、ほかの人からこうした意見をきいたおぼえがない。気品のかなめは「精神の独立」。この発言の底には著者が一九歳でむかえた「八月十五日」の経験があった。このとき、ナショナリズムからマルクス主義まで、すべての政治思想(イデオロギー)を「懐疑の眼(め)で眺め得る視点」をつかんだようだ。

そして、一九五八年から四年間のイギリス留学中に出会ったアイザイア・バーリン流の多元的自由主義が、その後のかれの思想の骨格をかたちづくる。あえてひとことでまとめるならば、すぐれた敵にまなべ、もしそういう敵がいなければ自分でつくりだせ。

この意味で、六〇年安保後の池田内閣による所得倍増政策を、イデオロギーと「偉大な指導者」を排し、戦後はじめて政治を「世論という土俵」にのせたとして高く評価した文章が印象的だ。「革新勢力」はこの敵にまなびそこない、そのぶん大きくおくれをとったというのである。だが当時、人びとの耳にはかれの声をうまく聞きとる余裕がなかった。私の耳もおなじ。四十年たって、その声をはじめて聞く。おそすぎただろうか。

評・津野海太郎(編集者・和光大学教授)

はぎはら・のぶとし　1926~2001年。思想史家。著書に『遠い崖アーネスト・サトウ日記抄』など。

二〇〇三年一一月二日❺

『日本の優秀企業研究』

新原浩朗 著

日本経済新聞社・一八〇〇円

通念を粉砕する、至極まじめな6条件

企業経営は米国式に従い改革されるべきか、それとも日本型を堅持すべきかという議論は、長期にわたる不況下で経済論壇における最大の話題だった。

米国式の経営方針とは、経営が放漫に走らぬよう資本市場が規律づけることを原則とし、それは株主の代理人たる取締役会の監視によって実行され、従業員の働きがいは金銭報酬によって動機付けられるというものである。そうした考え方に由来するカンパニー制や成果主義などを導入することが、日本企業の改革とみなされたりした。

けれどもそれらを「米国式」と呼ぶべきかどうかは自明ではない。同様に、終身雇用制や年功賃金制、メインバンク制や社内調整力のある者が社長になるような慣行を、護（まも）るべき「日本式」とみなすのも論拠は怪しい。

本書は、そうしたあいまいな議論を一掃する橋頭堡となる画期的な研究である。緻密（ちみつ）な論理が述べられるが、文体は平易、読み物としても楽しめる。

まず、収益性・安全性・成長性を尺度として「優秀企業」を選び出す。その上で該当する花王、キヤノン、シマノ、信越化学工業など10社の特質を聞き取りやアンケートから抽出し、最終的に優秀企業の6条件としてまとめる。

成果は、瞠目（どうもく）すべきものだ。優秀企業は「ITやバイオなど先端業界」で「国際競争にさらされる分野」にある、といった通念は粉砕される。経営方針においても、これらの日本企業では経営者や従業員が「世のため人のため」という企業文化を共有し、内発的に自らを律して、製品・サービス市場で顧客の評価を得ることに全霊を懸けている。「自分たちが分かる事業を、やたら広げずに、愚直に、まじめに自分たちの頭できちんと考え抜き、情熱をもって取り組んでいる」というのだ。年功制は不要だが終身制は不可欠という証言も、興味深い。

各章末で調査結果が既存の経済学理論によっても支持されることが示されているが、企業にはカネのみならずヒトの軸も重要という結論は、社会科学の他分野とも摺（す）り合わせが可能だろう。

評・松原隆一郎（東京大学教授）

にいはら・ひろあき　経済産業研究所コンサルティングフェロー兼経済産業省課長。

二〇〇三年一一月二日❻

『東アジア・イデオロギーを超えて』

古田博司 著

新書館・二四〇〇円

地域の連帯に共通の基盤はあるのか

東アジアの地域統合や東アジア諸国の連携を説く論者は多い。しかし、そのための共通の思想的文化的基盤はあるのだろうか。

著者は東アジアの特徴を、儒教を副次的要素とする中華思想を分有することだと考える。それは、共通の文化的伝統ではあるが、相互の連帯を阻害する方向に作用する。中華思想とは、いうまでもなく、自国が世界の中心とし、他を野蛮と見る思想である。そういう思想は世界中にある。中国の中華思想の特色は、礼を重視することである。

礼とは、忠や孝のような徳目を表現するためのマナーのことである。たとえば士大夫（したいふ）が父の喪に服する場合、もがり前には、藁（わら）小屋に住み、土の塊を枕に、こもに寝て、昼夜の別なく哭（な）き、水物を口に入れないとされる。それが礼であり、文明の証しであった。

中華思想は東アジアに広がった。ベトナムは15世紀になると、自らを中国（北国）と対等の南国であるとし、ラオスやカンボジアに対して中華思想で臨んだ。朝鮮でも17世紀には自らを小中華と位置づける思想が登場し、

日本などは野蛮な夷狄（いてき）だと見るようになった。とくに礼を重視した朝鮮から見れば、ちょんまげ、褌（ふんどし）の日本は最悪だった。一方、日本では、礼ではなく、天下泰平を誇りとする皇国思想が、江戸時代に発展した。

このような東アジア世界で、礼軽視の日本が大陸に膨張したのだから、問題は複雑かつ深刻だった。一方で日本のアジア主義者たちがなぜ挫折し続けたかも、連帯感と優越感の交錯という点から、分析されている。

著者は、今日の東アジア連帯の思想にも疑問を投げかける。日本のナショナリズムに対して批判的なのに、韓国や中国のナショナリズムには無批判ではないか。東アジアに自然な連帯の条件があると考えるのは幻想ではないか。そんなものは存在せず、むしろ阻害条件が存在する。そういう事実を直視することが必要だと著者は述べている。傾聴すべき意見である。中華思想をてがかりに北朝鮮を分析した論考も大変面白い。

評・北岡伸一（東京大学教授）

ふるた・ひろし　53年生まれ。筑波大教授。『東アジアの思想風景』でサントリー学芸賞。

二〇〇三年一一月二日❼
『カントとカモノハシ　上・下』

ウンベルト・エーコ 著　和田忠彦 監訳
岩波書店・各三二〇〇円

難解だけれど、愉快な本だ。判断の基礎理論に取り組んだカントと、あらゆる分類の試みに挑戦するために生まれてきたかのようなカモノハシ。その二つの象徴のあいだに、本書は居座る。たとえば妻を帽子と間違わないでいられる、あるいは◎と横線の交差した図を自転車に乗るメキシコ人と見てしまう、そのように、何かを何かとして認知するのはどういうプロセスでなりたっているのか。この問題をめぐって、指示・認知・類似・真理をめぐる哲学の議論が飛び交う。が、話のかみあわなさ、勘違い、錯覚など、動員される事例がなんとも軽妙洒脱（しゃだつ）で、まるで推理小説のような語り口。そして、意味は「好意」と「契約」によって確定されるという、魅力的な議論。

緻密（ちみつ）な論理の連続なのに読者の気を逸（そ）らすことがないのは、エーコが、ひとの経験や認知の〈媒介の構造〉を問うという二十世紀哲学の問題の核心にずばり迫っているのと、そして何よりも人間好きであるからだ。

評・鷲田清一（大阪大学教授）

二〇〇三年一一月二日❽
『時代を創った編集者101』

寺田博 編
新書館・一八〇〇円

1862年生まれの黒岩涙香（「万朝報」）から1931年生まれの小田久郎（「現代詩手帖〈てちょう〉」）まで、新聞・雑誌・書籍の名編集者がずらりと並ぶ。ひとり当たり2頁（ページ）のミニ評伝だが、どれをとっても興味尽きない。編集者稼業そのものが人間臭いからか。

たとえば「群像」の川島勝。表紙のために野口弥太郎画伯の前で全裸モデルをつとめたかと思えば、井伏鱒二邸でテープレコーダーを仕掛け、出入り禁止を食らったこともある。この項を書いたのは、川島の講談社の後輩大村彦次郎。同様、文芸春秋OBの豊田健次が、大先輩の永井龍男、池島信平を受け持っている。先輩後輩をつなぐ人情の機微が胸を打つ。

編者寺田博は「文芸」名編集長坂本一亀の背中を見て学び、「海燕」時代、島田雅彦、吉本ばななを世に出した。その寺田の名言「普通に編集していればだいたい偏ってしまう。偏らないようにするには編集者の内的な戦いが要求される」。

評・安倍寧（評論家）

二〇〇三年一一月二日❾

『アーレント=ハイデガー往復書簡』

ウルズラ・ルッツ 編　大島かおり、木田元 訳
みすず書房・五八〇〇円

H・アーレントがM・ハイデガーの学生だったことは知られていたが、師弟を超えた深い「愛情」と「交友」があったことは、近年になって明らかになった事実である。

本書は、一九二五年から七五年まで半世紀もの間、ふたりで交わされた書簡である。傑出した思想家と哲学者との対話は研究者でなくても、興味深い読み物にもなっている。

ハイデガーからの最初の手紙に、こんな一節がある。「出会うのを許されたということを、私たちは贈りものとして胸の奥ふかくに大事に守ってゆきましょう」

焼却を申し合わせたにもかかわらず、手紙が遺（のこ）されたのは、ひとえに女性としてのアーレントの思いの強さからであろう。八割近くがハイデガーの手紙なのはそのせいである。

俗な読み方かもしれないが、アーレントの健気（けなげ）さ、戦後のハイデガーの内面や、妻エルフリーデ、ヤスパースとの微妙な緊張など、ドラマのようにおもしろい。

評・小高賢（歌人）

二〇〇三年一一月二日❿

『現代日本の「見えない」貧困』

青木紀 編著
明石書店・二八〇〇円

「貧困」が見えにくくなっている。だが、日本社会から貧困がなくなったわけではない。似たような生活水準の人々と日常的に接していれば、貧困が死角に入る。それだけのことだ。

本書は、生活保護を受けている母子家庭の実態調査をもとに、二世代、ことによると三世代にわたって継承される家族の負の遺産――「貧困の世代的再生産」が生じる仕組みを、丹念な分析によって明らかにした労作である。

非行やひきこもりや「10代の性」、あるいは低学力といった問題も、どのような境遇の家庭で起こるのかによって、その意味や深刻さが違ってくる。子どもの教育費のために学資保険をかけたくても許されない現行制度の問題点の指摘や、「心の専門家」だけでは対応できない教育と福祉との連携を担うスクール・ソーシャルワーカー導入の提言なども盛り込まれている。

家族や子育ての問題を福祉とつなぐ「教育福祉論」を説いた教育書でもある。

評・苅谷剛彦（東京大学教授）

二〇〇三年一一月九日❶

『〈反日〉からの脱却』

馬立誠 著　杉山祐之 訳
中央公論新社・二九〇〇円

『中国とどう付き合うか』

天児慧 著
NHKブックス・九二〇円

過去を克服するための「新思考」

昨年の瀋陽総領事館事件や、最近の西安の日本人留学生の寸劇を発端とした「反日デモ」等々、日中関係はどうもモヤモヤした状態が続いている。重要な隣国の首脳間の相互公式訪問が、小泉首相の靖国参拝問題で3年も実現していないのはなんとも異常な事態である。

そんな中で、歴史問題に象徴される過去のわだかまりを克服し、未来のアジア地域を見据えた建設的な隣人関係を築くべしとのメッセージが日中双方から発せられた。

元人民日報記者、馬立誠氏（現在は香港のテレビ局評論員）の『〈反日〉からの脱却』は、昨年末発表、日本でも紹介され注目された「対日関係の新思考」などの論考を収める。やはり面白いのは日本の「対中謝罪は決着済み」「ODA（途上国援助）を正当に評価すべきだ」「軍国主義復活はあり得ない」と大胆な主張を展開した「新思考」論文だった。

中国国内で投げかけられた「売国奴」「媚日

（びにち）派」の激しい非難に馬氏が反論を試みた有力紙「南方週末」でのインタビュー記事も収録されているが、そうした論考に共通する論点は、西安学生デモのスローガンにも一部のぞいた、中国社会に澱（おり）のようにたまる「狭隘（きょうあい）な民族主義」を戒め、戦後日本の平和建設の歩みを真っ当に評価しようとの主張である。

これに対し『中国とどう付き合うか』は日本側からの「対中新思考」の試みといえようか。

めざましい中国の台頭、中国人犯罪の多発などによって、日本国内でも中国・中国人に対して感情的な反発や極端な言辞が飛び交う状況が生まれている。そうした中で30年余の筆者自身の「中国体験」を紹介しながら、できるだけ冷静に、しかし皮膚感覚でわかる中国人論を展開している。さらに変わりにくいとされる中国の政治体制と社会にも変容の兆しがあり、その流れの上に「対日新思考」の登場も位置づけられるというのが、現代中国政治の動向分析を専門とする天児氏の見立てである。

中国は21世紀のはじめの20年を「絶好の戦略的好機」ととらえ、野心的な国家目標をたてる。２００８年の北京五輪戦略や東南アジアとのＦＴＡ(自由貿易協定)実現の延長線上に、天児氏は将来、中国のイニシアチブによる「東アジア共同体（ＥＡＣ）」構想が浮かび上がってくると、これまた大胆な予測を展開する。

この時、日本はどうすべきなのか。「日本側の最近の対中アプローチはこれに対応していない」とする天児氏は、旧来のステレオタイプな国家観、中国観にとらわれず、いかに時代の変化を読みとるかが肝要だと述べる。同時に日本を「如何（いか）にして魅力ある国に再生するか」から出発すべきだと力説する。いままさに日本の政治に問われるポイントではなかろうか。

評・加藤千洋（本社編集委員）

ば・りっせい　46年生まれ。元人民日報記者。
あまこ・さとし　47年生まれ。早稲田大教授。

二〇〇三年一一月九日❷

『箱崎ジャンクション』

藤沢周 著
文芸春秋・一六〇〇円

不満といらだち…日本の気分、リアルに

いまの日本の気分、鬱々（うつうつ）とたちこめる不満と凶暴ないらだちをフリーズドライにしたような小説である。

表題の「箱崎ジャンクション」とは、渋滞で有名な東京の高速道路の合流点である。プロの運転手なら避けるこの箱崎を、主人公の室田は、わざわざ時間をかけて通過し、その間に神経科医が処方した薬をミネラルウオーターで流しこむ。そうすることで、タクシードライバーとしての自分になるのだ。

箱崎はそんな不安定な自己確認の場であり、オルフェが冥府に降りていく鏡のような異界への入り口なのである。じっさい室田はいつも、車のルームミラーのなかからもうひとりの自分が現実の箱崎へとやってくる姿を眺めている。

たしかに、タクシードライバーという職業には、どこかこの世ならぬ危うさが感じられる。立つこともできない密室に閉じこめられ、たえず都市空間を漂流する定めなき境遇にありながら、見ず知らずの他人をこの私室に招きいれ、一対一で対面し、かなりプライベートな事柄まで告白したりされたりする。

そんな隙（すき）をねらって魔がさすように、別のタクシー運転手・川上がすり寄ってくる。川上は、室田を焚（た）きつけるメフィストフェレスであり、同時に、室田自身の欲望の鏡だ。おりから妻との離婚トラブルを抱えこんだ室田に、川上は執拗（しつよう）にからみつき、室田の妻の浮気相手を殺すことまで唆し、互いのタクシーを交換して、それぞれの身分になりすますというあやしい取引を申し出る。

　室田と川上のまわりには、急にキナくさい悪の匂（にお）いが充満する。神経発作、泥酔、タクシー仲間との乱闘、ロリコン犯罪の疑い、そして、徒労感の果てに、ついに暴走しはじめるタクシー……。

　一触即発のぴりぴりする暴力的雰囲気のなかで、行き場を失った現代日本人の負のエネルギーが、自意識過剰という病に煽（あお）られて、ぶすぶすと不完全燃焼する。そんな「リアル」の現場が、粘りづよい観察と、自暴自棄な冷酷さの両面からしっかりととらえられている。藤沢周は次のステージへの足場を固めたと思う。

評・中条省平（学習院大学教授）

ふじさわ・しゅう　59年生まれ。作家。著書に『ブエノスアイレス午前零時』（芥川賞）など。

二〇〇三年一一月九日③

『モランディとその時代』

岡田温司 著

人文書院・四八〇〇円

通念の曇りをぬぐい取ってみると

　白を基調とした背景に、花瓶や器や水差しが、奥行きを吸い取るように平たく平たくならんでいる。たがいをうち消さず、自己主張もせず、それでいてひとつひとつが小さな存在の震えを確実に抱えているような絵。そこには、他に類のない厳しさと調和と静かな音楽がある。

　美術館や画集のなかで出会ったジョルジョ・モランディの作品のいくつかを思い浮かべてみると、おそらくはこの画家についてどこにでも書かれているはずの、そんな紋切り型の言葉しか出てこない。七十四年の生涯を故郷ボローニャで過ごしたという隠棲（いんせい）に近いイメージが、それをさらに補強する。絵だけを見つめようとする瞳を、括弧つきの「モランディ」にまとわりついた数々の評言が曇らせているらしいのだ。

　本書は、そんな通念の正しいところは認めたうえで、画家が理解ある批評家たちの言葉と自身の仕事を呼応させ、深化させていったこと、それにともなって求道者ふうの横顔の形成にみずからも手を貸してきたことを、時代の動きのなかで解き明かしていく反証の試みである。

　晩年のモランディが、長いつきあいのあった若手批評家による評伝の草稿につよい不満を表明し、出版を差し止めさせたという事件に、著者はまず着目する。いったい、画家はどこが気に入らなかったのか？　批評家の分析は、本当に的はずれなのか？　一九一〇年代後半に描かれた自画像の破毀（はき）による「形而上（けいじじょう）絵画時代」の封印、四〇年代前半に見られる反ファシズムの若者たちとの交遊、それがたたっての誤認逮捕、そしていにしえの画家たちの仕事への目配り、といった挿話から、いわば動的なモランディの姿が浮かびあがる。

　しかし、たとえ当人が緻密（ちみつ）な自己演出をつづけていたとしても、一筋縄ではいかない作品の闇と深さと迷いの痕跡を、他者の言葉ではなく自身の絵が暴いてくれたのであれば、それは絵描きにとってむしろ誇るべき結果ではないだろうか。その一点を押さえているからこそ、モランディにたいする著者の愛情が、理路のあいだから確実に伝わってくるのだ。

評・堀江敏幸（作家）

おかだ・あつし　54年生まれ。京都大教授。本作で吉田秀和賞受賞。

二〇〇三年一一月九日❹

『ごみの百科事典』

寄本勝美ほか 編
丸善・一八〇〇〇円

文明の厄介な「伴走者」を知り尽くす

ごみは人類の誕生とともに、この世に姿を現した。原初は捨てた貝殻が塚になる程度のささやかな存在だったが、文明が進むにつれ膨れていく。

それでも人間は、あまり気にしなかった。アテネの市民は哲学や科学や芸術には情熱を注いだものの、下水やごみ処理の問題は頭になく、路地は汚物だらけだった。ルネサンス期のパリでは、窓から水を捨てるとき「水に気をつけろ」と三度叫ぶことを市民に義務づけていた（この水とは排泄〈はいせつ〉物である）。家に便所などなく、通りは汚物であふれた。

鎌倉期ごろから人糞（じんぷん）を肥料にするようになった日本は、同時代のヨーロッパに比べれば清潔だったらしい。戦国大名は城下町を厳しく統制し、清掃も心がけさせた。十七世紀半ばの江戸では月に三回、ごみ集めの日が定められていた。家の周囲でごみを焼くのは禁じられ、下水がよく流れるように町内で申し合わせてさらうことになっていた。しかし間もなく月三回の収集では追いつかなくなる。

一足飛びに現代に目を転じれば、ごみはますます始末に負えなくなった。量も種類も幾何級数的に増え続けている。本書は日本初の本格的なごみ百科だそうだが、出るべくして出たともいえる。十分に専門的だけれど、一般人の役にも立ちたいという編集意図が成功して「読んで面白い」事典になった（寝ながら読むには重すぎるが）。

内容は総論と各論にわかれ、総論はごみの定義、ごみの歴史、ごみ行政の変遷、世界のごみ、循環型社会への取り組みなどを十一章にわたって述べる。これが読んで面白い部分。たとえば貝塚の貝殻はごみか否か。「意図的に排除されたものと考えられるので、そのときにはごみ。ただし現在は遺跡として有用なのでごみではない」。では放置自転車は？　これぞガクモン、頭の体操にもなる。

各論はざっと四百ページ。「IARC（国際がん研究機関）」に始まり「ワンウェイ容器」で終わる五十音順の事典で、詳細をきわめる。ペットボトルのPETは、ポリエチレンテレフタレートという樹脂の略語だなんてこともわかる。

評・栗田亘（コラムニスト）

寄本勝美氏以外の編者は、小島紀徳、島田荘平、田村昌三、似田貝香門の4氏。

二〇〇三年一一月九日❺

『戦争と建築』

五十嵐太郎 著
晶文社・二三〇〇円

「見えない敵」が急速な変容うながす

著者が『新宗教と巨大建築』（講談社現代新書）を世に出した時、面白いことに目をつける人だと思った覚えがある。

建築家でも建築批評家でもないわれわれは、ふだんから建築というものを意識しない。考えるとすれば、これから暮らす住まいを決める時ぐらいなものだが、それでも関心は建築の内部に止まったままだ。建築は環境であり、空気のようなものだから、考えなくても生きていける、と思い込んでいる。

新宗教（たとえばオウム）の建築といい、戦時下の建築といい、著者はわれわれの暮らしとは無縁な建築ばかりを扱っているかに見えるが、本書の目的は「新しい現実を迎え、建築と都市はどのように変わるのか」を考えることだと断言する。そして、その「新しい現実」とは、「北朝鮮の脅威論から有事法制が可決され、軍備化への道を再び歩みはじめた」日本にほかならない。

もともと建築にはシェルター（避難所）という本質があり、敵から身を守るように建築も都市もデザインされてきた。

二十世紀の航空機の発達は戦争のスタイル

を一変させ、空襲に対する「防空」が必須の課題となった。さらに二十一世紀を迎えてからの組織的なテロは、よくいわれるように戦争を見えなくし、見えない敵に対する「防犯」や「防災」を、新たな課題として浮上させた。

　その結果、たとえば建築の透明性が求められるようになった。透明な空間は監視可能であるがゆえに、安全を保証するからだ。新しい首相官邸もまた透明性を導入、国民に「開かれた官邸」を演出しつつも、実は以前にも増して首相の動きは不透明になったという。そのどちらもが、官邸に安全をもたらすだろう。

　監視カメラへの期待は高まり、街頭や高速道路の至る所に設置が進んでいる。安全が美しいデザインに優先され、テロの標的にならないよう、地味で目立たない建築まで求められているという。

　なるほど著者が注意を促すとおり、のほほんと暮らしているうちに、建築と都市は急速にその姿を変えつつあるようだ。

評・木下直之（東京大学助教授）

いがらし・たろう　67年生まれ。建築史・建築批評家。『終わりの建築／始まりの建築』など。

二〇〇三年一一月九日⑦

『伝記　クロード・ドビュッシー』

フランソワ・ルシュール 著　笠羽映子 訳
音楽之友社・五七〇〇円

　二〇〇一年に七十八歳で没した著者は、長らくパリ国立図書館の音楽館長をつとめ、書簡集や評論集の編纂（へんさん）、作品全集の監修にあたるなど、ドビュッシー資料研究の第一人者だった。

　邦題では除かれた「考証による」という副題が、本書の内容をよく物語っている。作曲家が残した膨大な書簡をベースに、同時代人の手紙や回想と照らしあわせて、逸話や伝説にも徹底した考証が加えられる。

　日記のような詳細さで生涯をたどったあと、人物像や交友、経済問題から、文学や美術、他の作曲家に対する好みまで、著者の——多少皮肉な——視点を交えて検証したページが楽しい。

　再婚したエンマとはおしどり夫婦と謳（うた）われたが、実は深刻な危機に陥っていたとか。そのエンマとかけ落ちした先で買ったブリュートナーのピアノには補助弦がついていて、音色を豊かにするのに役立ったとか。鑑賞者、演奏家、研究者、各々（おのおの）の立場で汲（く）みとるものは無尽蔵。

評・青柳いづみこ（ピアニスト・文筆家）

二〇〇三年一一月九日⑧

『1冊でわかる　文学理論』

ジョナサン・カラー 著
荒木映子、富山太佳夫 訳
岩波書店・一四〇〇円

　素っ気ないタイトルからは想像もできない中身の濃さ。ディコンストラクション（脱構築）や精神分析といった文芸批評の「概説」を期待すると、みごと裏切られてしまう。

　それらの理論はいったい何を問うたのか——本書の主題はまさにこれだからだ。フーコーの「性の理論」とデリダの解体批評を例にとった冒頭チャートは、胸すく明快さ。重要なのは「問い」であって「答え」ではないという文学研究の本質が手にとるように良くわかる。しかもその文学研究がなぜカルチュラル・スタディーズを招来したのか、その必然性も明瞭（めいりょう）そのもの。物語の理論といい解釈学といい、批評の対象は広領域にわたり、すでにしてそれらは文化研究であったのだ。なるほど。

　妙な比喩（ひゆ）だが、恋が終わってはじめてその真相がわかるように、一時代を席巻した知の流行の数々がくっきりと視（み）えてくる。実に良くできた「現代思想早わかり」である。

評・山田登世子（仏文学者）

二〇〇三年一一月九日⑨

『タングステンおじさん』

オリヴァー・サックス 著　斉藤隆央 訳
早川書房・二五〇〇円

医学エッセーの名作『レナードの朝』の著者は「化学実験少年」だった。電球の工場を経営していたおじからフィラメントの材料のタングステンなど金属の不思議を教えられて化学にめざめ、自宅内に実験室を設けて物質の華麗な変化に心を奪われる、輝きに満ちた日々を美しく回想する。

その好奇心を温かく育てたのが医師であった両親をはじめとする、ユダヤ系一族の学者、発明家たち。近ごろの「理科離れ」への教訓とするにはケタはずれに違う知的環境だったが、この個性的な、しかし愛情で結ばれた大家族の人々のなかで、空襲下のロンドンでのトラウマを乗り越えながらの心の成長を描く。自伝文学としてもまず出色だ。

同時に、光から放射能へと発展する自身の実験を通じて、無機化学から量子論に至るまでをやさしく説き明かした「化学の学校」にもなっているという、凝った仕掛けだ。「面白くてためになる」とは、こういう本のことをいうのだろう。

評・宮田親平（科学ライター）

二〇〇三年一一月九日⑩

『対談　笑いの世界』

桂米朝、筒井康隆 著
朝日選書・一二〇〇円

落語界の重鎮にして上方ことばの護（まも）り手と、ＳＦ界の異才が笑いとは何かについて語りあう、と言えば堅苦しいが、笑いの追求を自負する二人が、差しで笑いの勝負をしているような小冊である。

内容は、チャプリン、エンタツ・アチャコ、エノケンなどの笑いやおかしさの本質を論じたり、「笑いの定義」や「大阪の笑い、東京の笑い」など多岐にわたり、蘊蓄（うんちく）を傾けた二人のやりとりが面白い。

「笑いの定義」とはという問いかけに対し「そら定義できまへんで」（米朝）と、かわすと、「生理的には自我の崩壊だけど」（筒井）と、突っ込む。また、東京と大阪の笑いのちがいについて、「こっちの芸人は『もうひと押し』というところがある。充分受けてるのに、もうひとえぐりしたいという気持ちがあるんやな」（米朝）と分析。ともあれ屈託なく笑う日常からしだいに遠ざかっている今の日本人にとって、しばし楽しい時を与えてくれる。

評・前川佐重郎（歌人）

二〇〇三年一一月一六日①

『無痛文明論』

森岡正博 著
トランスビュー・三八〇〇円

管理とせめぎあう生命の「よろこび」

これは異様な本である。正気と狂気の狭間（はざま）を擦り抜けるような異様な書法による大冊だ。

主題そのものはそれほど新奇的ではない。命の営みに欠くべからざる「痛み」を除去しようとする文明の傾向を批判する思想や文学作品はこれまでもあった。だが批判の多くは、痛みの欠如に対する違和を「受苦（パトス）」の倫理に解消していた。森岡正博の無痛文明論は、そうした伝統とはまったく趣を異にしている。

森岡は、先進諸国における文明と心身の状況を、「身体」と「生命」とが鬩（せめ）ぎ合う戦場として描き出す。「身体」は痛苦を避け、快適を求め、他者を犠牲にしても安逸を貪（むさぼ）ることを欲する。すきあらば拡大増殖し、安楽という目的のために自他の生を管理しようとする。かかる「身体」の欲望こそが世界を無痛化し、私達（たち）をその環境に適応させる根本動因なのだ。

「身体」に対置される「生命」は、無根拠な、予測できない未来へと、他者へと、立ち向かおうとする力動だ。「生命」は、不測のこと、未知なるものとの接触によって自己像が解体し、変容していくことを促す。そのプロセスには当然痛みが伴うけれども、やがて予期もしなかった「よろこび」が訪れる。生成変化の歓喜、生長する生命そのものになりきる愉悦だ。現代の思潮を覆う功利主義や機能理論、経済思想への徹底した批判的視座がここにはみえる。

本書は徹頭徹尾、この「生命」対「身体」の善悪二元説によって貫かれている。何故（なぜ）にかくも見易（みやす）い、単純な図式を手を変え品を変えて、執拗（しつよう）に繰り出すのか。思想に知的洗練を求める読者ならば、うんざりするところだろう。

だが、森岡は明らかに意図的に、そうした洗練を拒否している。思想に用意周到な叙述を求めること自体が無痛文明の詭計（きけい）に嵌（はま）っている証左だといわんばかりに。結果として、論考全体が奇妙な生動感と実存的緊張に満たされた。

全体の構想は受け容（い）れ難くとも、各論において示される安楽死や尊厳死、選択的中絶などの倫理問題、トラウマを「いまふたたび生きなおす」カウンセリングやセラピーの有害性の指摘、自然のテクノロジー化に無自覚なエコロジーへの批判など読むべき点は数多い。あるいは恋愛論や子育て論、さらには動機のみえない犯罪や人格病理、逸脱行動に、新たな光を当てる社会学として「流用」できる可能性すら秘めている。

が、それらは所詮（しょせん）、例示や傍論に過ぎない。自分の卑しい内面を曝（さら）け出してまで、森岡は言表以上の何かを伝えようとしている。「私の死」に論及した第7章に根本の動機が書かれている。「死」は森岡の思想の動機であると同時に、無痛化の流れに抗する最後の砦（とりで）なのだ。

「あとがき」冒頭に、「この本を書くために生まれてきた」とある。私もこの異様な本に呼応するために生まれてきたような気が一瞬した。

評・宮崎哲弥（評論家）

もりおか・まさひろ 58年生まれ。大阪府立大教授。著書に『生命学への招待』など。

二〇〇三年一一月一六日②

『クアトロ・ラガッツィ　天正少年使節と世界帝国』

若桑みどり著

集英社・三八〇〇円

ヒューマニズム脈打つ感動の大航海

十六世紀、大航海時代を迎えた西欧列強の海外進出により、日本の歴史は否応（いやおう）なく世界システムに組み入れられることになった。そこに着目した著者は、視野を世界大に広げ、これまで閑却されてきた西欧側の記録をも数多く繙（ひもと）いてみることで、天正少年使節派遣という、東西交流の小さなエピソードに、大いなる息吹を吹き込むことに成功した。

前半部では、ザビエル以後の宣教師の布教活動とその成果、少年使節派遣計画の誕生の背景が描きだされている。日本人を嫌悪しながら布教活動をし、故国の海外支配の尖兵（せんぺい）として振る舞ったスペインやポルトガルの宣教師たちに、イタリア人巡察師ヴァリニャーノを対比させる筋立てである。異質な日本文化に敬意を抱き、それに進んで順応することが宣教師の取るべき態度だと説く彼の日本人観察眼と教育案、その実行の努力が、ルネサンス人文主義の精髄を体得した人間性を軸に語られ、彼が少年使節の生みの親となった道筋がよく呑（の）み込める。

四人の少年の長く困難な航海と、スペイン国王、トスカーナ大公、教皇らによる豪華な謁見（えっけん）儀礼の様子を物語る後半部では、天下に冠絶した聖俗支配者に歓待され、ルネサンスの「現場」に身をおいた日本の少年たちを興奮気味に見守る著者の思いが、各シーンを生動させている。刀を差し絹の和服を着ながら流暢（りゅうちょう）なラテン語で挨拶（あいさつ）する極東の若者の到来は、当時の西欧世界にとっても喜ばしい大事件であり、また皇帝・教皇が、世界の隅々にまで支配権が拡大したことを喧伝（けんでん）するための格好の材料ともなったのである。

秀吉・家康の迫害のために、キリシタンを熱心に保護した信長時代とはすっかり様変わりした日本へ帰国した四人を待ち受けていた運命は、あまりに過酷であった。しかし、みんなひとりひとりが別の顔をした人間だった、無名の人びともみなヒーローだ、という言葉が象徴するように、長年のルネサンス研究で身についたヒューマニズムが脈打つ本書が、陰惨な印象を与えることはない。歴史の醍醐味（だいごみ）が味わえる熱い感動作である。

評・池上俊一（東京大学教授）

わかくわ・みどり　35年生まれ。川村学園女子大教授。著書に『イメージを読む』など。

二〇〇三年一一月一六日③

『我、汝に為すべきことを教えん』

アーサー・M・アーベル著　吉田幸弘訳

春秋社・二八〇〇円

ブラームスらが語った創造の秘密

あのブラームスの肉声が聞こえてくる——。大作曲家たちへのインタビューをまとめた本書は、作曲中に得られる「霊感」に焦点を当て、創造の秘密について貴重な証言をひき出している。

著者は、米音楽雑誌の欧州特派員。取材は十九世紀末から二十世紀初頭にかけて行われたが、死の四カ月前に訪問したブラームスが、五十年間は公表しないように厳命したため、出版は第二次大戦後。それからさらに五十年を経て、ようやく日本の読者に届けられたことになる。

ブラームスが公表を禁じたのは、自作が正当に評価されるには半世紀かかるとふんだからだ。その十年後に取材を受けたブルッフ（「ト短調ヴァイオリン協奏曲」の作者）は、「レンブラント流の暗い色彩で作品を塗りつぶすような」ブラームスの大胆な手法は、存命中には不利に作用したが、未来の名声には大いに貢献するだろう、と予言している。

霊感が訪れる瞬間には、共通点がある。ブラームスが着想を得るのは、「恍惚（こうこつ）状態で睡眠と覚醒（かくせい）の間をさまよっている」ときだが、意識を完全に失わないようにしないと消えてしまう。ワーグナーは、ベッドに横たわって「ラインの黄金」を着想した。まるで氾濫（はんらん）する流れの中に沈んでいるようで、水の動き、波のゆらぎまで聞きとることができたという。

日本人に少しわかりにくいと思うのは、宗教的恍惚と結びつけて語られるところだ。リヒャルト・シュトラウスは霊感を得た瞬間、「無限で永遠のエネルギーの源を手にしている」と感じた。ブラームスはこの状態を「永遠なる存在と波長が合っている」と表現し、「全存在を震撼（しんかん）させるような身ぶるい」をおぼえる。

神託を思わせる証言もある。「蝶々夫人」の総譜を完成させたプッチーニは、友人に「この歌劇の音楽は神が私に口授（くじゅ）されたものだ。私はそれをただ紙に書きつけ、大衆に伝えることにのみ集中すれば良かった」と語った。

私のような凡庸な演奏家でも、ごく稀（まれ）に、自分を通して音楽の神が直接語り始めるような感覚におそわれることがあるが、悲しいかな長続きしないのだ。

（原題、Talks with Great Composers）

評・青柳いづみこ（ピアニスト・文筆家）

Arthur M. Abell　1868～1958年。米国生まれの音楽ジャーナリスト。

二〇〇三年一一月一六日④

『アフガニスタン　戦禍を生きぬく』

大石芳野 著
藤原書店・一〇〇〇〇円

少女の深い心の傷は癒えるだろうか

戦場という空間に焦点を合わせた写真集ではない。戦禍に耐えて生き抜こうとする人々の、内なる苦界の記録である。空爆で兄弟を失った6歳の男の子、空爆を逃れてテント暮らしをする10歳の少女、戦乱で精神を病んだ16歳の娘と彼女を気遣う母親……写真の中の人物と、がちんと視線が合う。見つめているうちに、見つめられていることに気づく。簡単に目をそらすことを許さない。磁石のような力がどの視線にも潜む。

ありきたりの修辞では表現し切れないのが、戦争という「異常」だ。写真の視線と見つめ合っていると、その「異常」に苛（さいな）まれた生身の人間の、喘（あえ）ぎにも似た脈音が伝わってくるようだ。本当の被写体は、そこに見える形あるものではなく、瞳の奥の小宇宙でうずくまる、ひとつひとつの心なのだ。

著者は2002年3月を皮切りに計5回、アフガニスタンを訪ねた。この間に13歳の少女グラクさんの変化を追った小特集が圧巻だ。

内戦で父を失ったグラクさんに初めて会った時、農場で働く母に代わって家事を切り盛りしていた。「暗い眼（め）、仕草（しぐさ）、痩（や）せて内向きの姿勢」は疲れ切った主婦を思わせ、少女のイメージとは程（ほど）遠かった。だが、願いがかなって学校に通い始める。仲良しができ、学ぶ喜びを実感する。やがて彼女に、「当たり前の少女」の表情が蘇（よみがえ）る。顔に浮かび始めた小さな皺（しわ）は、笑顔の痕（あと）なのだろう。

だが、多くの子供たちに接した著者は楽観を戒める。例えば小学校の就学率は男の子は35%強、女の子は3%に過ぎない。学費は無料だが、文房具や服などを買い揃（そろ）える手持ちがない。片親を失って働かざるを得ない。そんな境遇の子が少なくないと、あとがきに記す。

レンズを向けられた人たちの心象を、レンズ越しにこれだけ描写できるまでに、どれほどの信頼関係が必要なのか。相手の苦境に身を寄せ、その心の垣根の中に招き入れてもらえない限り、到底なせない業である。写真は正直であり、写される者の思いとともに写すものの情念も映し出している。

評・吉田文彦（本社論説委員）

おおいし・よしの　44年生まれ。写真家。著書に『ベトナム　凛（りん）と』（土門拳賞）など。

二〇〇三年一一月一六日⑤

『シンセミア　上・下』

阿部和重 著
朝日新聞社・各一七〇〇円

快挙！　素晴らしく「デカい屁」だ

あんまり書評らしくないことを最初に書いておきたいです。作者へ、ひとこと。

すげえぜ、阿部和重。とんでもない傑作書きやがってよ。ほんと、おれ、まいっちゃったぜ。あんまり興奮したので、ぶっ倒れそうになっちゃったぜ、くそ。今度会ったら、なんか、おごれ。

阿部和重は、東北の一つの架空の町を舞台に、数十名の人々が登場する巨大なドラマを作り上げた。その小さな共同体の中で、物語は進行し、最後に破局が一気にやって来る。欲望にまみれたイカレた連中は乱痴気（らんちき）騒ぎの果てに、暴力と死のカオスに墜落してゆく。

もちろん、そんな小説（共同体を描く長篇〈ちょうへん〉小説）はたくさんあった。だって、それは近（現）代小説の得意なパターンだったんだから。共同体の歴史や神話を描き出すことは。でも、そいつは流行（はや）らなくなった。なぜだろうね。

おれの考えでは、こうだ。歴史や神話を（小説で）描くためには、ニュートラルな、抑制の効いた、言い換えれば、おとなしい文体を使わなくちゃなんない。そうじゃなきゃ、長篇は書けんのだ。でも、問題が一つあった。面白くなくなっちゃうことだ。それから、なぜか知らないけど、現実をぜんぜん反映しなくなっちまうことだ。では、阿部和重はどうしたのか。上巻・第一部の冒頭、それまでのいかにも近代的な長篇の装いをした文章が突然、こう転調する。

「要するに、デカい屁（へ）みたいなものだ」

この一点、これは巨大な近代的構築物に開けられた、いわば「口語的自由」の窓なのだ。そして、あちこちに開けられたこの種の「窓」は、『シンセミア』全篇に、かつて読んだことのない自由な感じを与える。阿部和重は、いつの間にか縛りつけられていた近（現）代小説を、その軛（くびき）から解き放つ手段を見つけたのである。おれは、この小説を、小説の自由を求めて誰より苦しんだ、いまは亡き中上健次に読ませたかったと思った。もし、彼が『シンセミア』を読んだら、喜びのあまりすぐにこう電話をかけたろう。「こら、阿部、おれに無断で、こんな小説書きやがって。ぶっ殺す！」

評・高橋源一郎（作家）

あべ・かずしげ 68年生まれ。作家。著書に『ニッポニアニッポン』など。

二〇〇三年一一月一六日❻

『瀧川幸辰　汝の道を歩め』

伊藤孝夫 著

ミネルヴァ書房・二三〇〇円

大学の自治を守る真っすぐな生き方

現在、瀧川（たきかわ）事件を知っている人は、どれほどいるだろうか。

1933年、鳩山一郎文部大臣は、京都帝国大学法学部教授、瀧川幸辰（ゆきとき）を、その教授内容が共産主義的であるとして、大学総長からの上申を経ることなしに、休職処分にすることを決定した。これに対し、法学部教官は全員辞表を提出し、学生も教授会を支持して、反対運動を展開した。しかしまもなく文部省の切り崩しにより、教官の一部は残留し、また一部は辞職後に復帰して、京大は屈服した。そして35年には天皇機関説事件が起こり、38年には近衛文麿内閣の荒木貞夫文部大臣（陸軍大将）のもとで、大学の自治は死滅するに至った。

しかし瀧川は、戦後、京大法学部に復帰して学部長となり、さらに総長となった。そして今度は学生運動と厳しく対立することになる。学生はとにかく大学の中で勉強せよ、というのがその主張であった。平時であれば、優秀な刑法学者として歩み続けたであろう瀧川は、二度、激しい政治の嵐に翻弄（ほんろう）されたのである。

瀧川で感心させられるのは、その真っすぐな行動である。日本では、組織を守るために少数の当事者が辞職して事態を収拾することが多い。瀧川はそれを敢然として拒否し、同僚を巻き込んで大きな事件とした。そして戦後、京大に戻ったのちも、復帰組を公然と批判して許さなかった。なかなか出来ることではない。

本書には、とくに新しい事実や解釈があるわけではない。瀧川処分を強行した政府側の事情、後味の悪い選択をした復帰教授たちのその後、そして瀧川の同級生だった近衛文麿が、なぜ軍人を文相として、大学弾圧を進めたかなども、もう少し知りたかった。

とはいえ本書は、明治以来の大学自治の危うい歴史を的確に描きだし、その中に瀧川事件を位置づけた力作であり、ミネルヴァ書房の250冊を超える野心的な「日本評伝選」の出発を飾る著作の一つとして、ふさわしい出来栄えである。国立大学の独立法人化など、大学が大きな転機を迎えている現在、こうした著作が刊行されたことを歓迎したい。

評・北岡伸一（東京大学教授）

いとう・たかお 62年生まれ。京都大教授。『大正デモクラシー期の法と社会』など。

二〇〇三年一一月一六日⑦

『川田晴久読本　地球の上に朝がくる』

池内紀ほか 著
中央公論新社・一八〇〇円

戦前から戦後にかけて活躍した天才的ボードビリアン・川田晴久に捧(ささ)げられたエッセー集である。名前を聞いてピンとこない人でも、横澤彪(たけし)、はかま満緒、ジェームス三木、村松友視、中村とうようといった執筆陣を見れば、その才能を推し量ることができるだろう。

一九〇七年東京生まれ。三〇年に歌手デビュー。三七年に坊屋三郎、益田喜頓、芝利英と結成した〝あきれたぼういず〟で一世を風靡(ふうび)した。彼らは、漫才のギャグを音楽的に表現する演芸ジャンル〝ぼういずモノ〟の開拓者で、川田は音楽面でも笑いの面でも中心的存在だった。以後、グループを組む仲間たちが変わっても、卓越したセンスに裏づけられた川田の芸は、つねに人気を集めた(五七年没)。

ビデオもない時代に活躍した芸人の才能を文字によって再現するのは難しい。が、本書では、優れた書き手たちのユニークな切り口によって、川田晴久という人物像・芸人像が見事に浮き彫りにされている。

評・篠原章(大東文化大学教授)

二〇〇三年一一月一六日⑧

『ロシアの秘宝「琥珀の間」伝説』

重延浩 著
NHK出版・一七〇〇円

ロシア・ロマノフ朝の古都、サンクトペテルブルク郊外に建てられたエカテリーナ宮殿には、琥珀(こはく)で埋め尽くされた「琥珀の間」があった。1941年、ソ連に侵攻したナチス・ドイツ軍はエカテリーナ宮を占拠、「琥珀の間」を持ち去った。この「琥珀の間」は、ドイツ敗戦時の混乱で焼失したとされる一方で、その存在を信じてその捜索に情熱を燃やす男たちがいる。

テレビ界の名プロデューサーでもある著者が、「琥珀の間」を追い求めながら、欧州に横たわる微妙な民族間の「しこり」も描き出していく。東欧の歴史と国際政治を織り交ぜた追跡ドキュメントは、読む者を引き込まずにはおかない。

結局、「琥珀の間」は発見されなかった。そのかわり、ソ連、ロシア政府が「琥珀の間」の復元作業を進め、今年5月、エビアン・サミットに向かう各国首脳に披露された。この復元資金をドイツの大手企業が提供したことも、欧州の歴史に対する姿勢を感じさせる。

評・音好宏(上智大学助教授)

二〇〇三年一一月一六日⑨

『奇妙な経済学を語る人びと』

原田泰 著
日本経済新聞出版社・一六二〇円

経済学の基本はむずかしいものじゃないけれど、一方でちょっと腰を据えて勉強しないと、直感的にわかりにくい部分もある。多くの人はその手間を惜しみ、結果として、目先の思いつきと陳腐な精神論とスローガン頼りの「エコノミスト」たちのアホ議論が人気を博す状況は頭痛ものだ。それだけに、最近それをきちんと批判してくれる本が次々に出てきたのは実にありがたい。この本も、その一冊。

俎上(そじょう)に載っているのは、中国脅威論、デフレ中国説、円通貨圏待望説、不良債権処理で景気回復という説、そして通常の経済議論を離れた少子化憂慮や地方都市再生など。いずれも穏やかな口調でしっかりと論破され、それに対する奇を衒(てら)わないまともな経済学的見方が提示される。思いこみとウケ狙いだけでもなく、高度すぎる重箱の隅理論でもない普通の経済的常識を確立すべきだ、という著者の主張は実にうなずける。本書もその見事な実践となっている。

評・山形浩生(評論家)

二〇〇三年一一月一六日⑩

『インドネシアの紛争地を行く』

小松邦康 著
めこん・二〇〇〇円

一つの国でも隅から隅まで旅することは、そうたやすいことではない。ましてや東西の幅が米大陸よりも長い5千キロ、1万3千以上もの島々からなるインドネシアのような国は。

観光で訪れ南の島国の魅力にとりつかれた著者は、脱サラをしてジャカルタに移住。以来17年、言葉を学び、公共交通機関で全国を走破し、安宿の主人、長距離バスの運転手や乗客、食堂では土地の料理を食べながら庶民の話に耳を傾け、3冊の旅の本を書いた。

ところが『楽園紀行』『インドネシア全二十七州の旅』の前2冊のタイトルと本書は趣が違う。独裁体制のタガがはずれて以後、多宗教、多民族、多言語社会の矛盾が生む流血事件を目撃し、テロの硝煙を嗅(か)ぐ旅を続けているからである。

「万を超える住民が紛争に巻き込まれて命を失」った事態の背後に、軍や警察の暗躍や相も変わらぬ権力者の横暴があることを、筆者は「普通の人々」の視点を借りて見透かしている。

評・加藤千洋(本社編集委員)

二〇〇三年一一月二三日①

『定信お見通し　寛政視覚改革の治世学』

タイモン・スクリーチ 著　高山宏 訳
青土社・四二〇〇円

危機管理者の「復古」への情熱

天明の大飢饉(だいききん)があった。浅間山が噴火した。一七八八年には京師(京都)の十分の九を大火が焼き尽くした。天明二年から八年にかけて、わずか六年の間に相次いだ天変地妖である。

医師の杉田玄白はその同時代を「災害のディスクール(言説)」で語ったという。なぜなら火事も洪水も、それをなんらかのディスクールで記述しなければ只(ただ)の物理現象にすぎないからだ。災害のディスクールは恐怖を喚起する。すると混乱を境界づけて「治」をもたらす「官」の役割が要請される。これを機会に改革を。そこで日程に上がるのが「寛政の改革」だ。

改革の立て役者は元白河藩主松平定信。世評はおおむね芳しくない。思想統制と風紀取り締まり。強行策が裏目に出た場合の小心ぶり。田沼意次(おきつぐ)のように積極的な海防策は講じなかった。海防に関心を寄せはしても、まずは谷文晁(たにぶんちょう)に海岸線を描かせてそれを「見」た。新機軸を打ち出さず、復古主義の名の下に、もっぱら見、(古典を)学び、集めた。改革はまず視覚改革だったのだ。

だからこの男の復古の情熱には際限がない。彼は生涯に源氏物語全巻を七回自筆筆写した。五つの庭園を造った。焼亡した京師の復興プランは主上(天皇)とのかけひきのなかで主導権をにぎり、人工的に復古を強調するあまり、京の町は生命力をうしなって亡霊じみた書き割りと化した。

そういえば彼が老中として補佐した当代の将軍家斉(いえなり)も、京師の対抗者たる兼仁(ともひと)(光格天皇)も、血統の正統性においていずれも相対的に稀薄な出自だった。応じて時代そのものがヴァーチャルな模型の趣を帯びた。だから彼に重用されたのは、特定の流派に根づかず何でもこなす谷文晁のような美術家だった。

定信がとりわけ打ち込んだのは庭園。なかでも現在の築地魚河岸と朝日新聞東京本社一帯の広大な敷地に、江戸湾に面した池と、彼の出身地の白河の関をはじめ、歌枕になったいくつもの関に境界づけられた巡回庭園「浴恩園」を構築し、この会心の庭園のなかにおびただしい歌枕を埋め込んだ。ハイライトはこの景観解読のくだり。十三歳でウェイリー訳源氏物語を読んで日本学研究に入ったという「恐るべき子供(アンファンテリブル)」たる著者は、余裕綽々(しゃくしゃく)、ほとんど嬉々(きき)として数々の歌枕を解説してみせる。

もっとも「イコンの遺恨」「復古定信うじう

じ（宇治橋にかけて）せず」など、言葉遊びの小気味よいジャブをかませながら進行する行文には、訳者高山宏の尽力によるところが大きいだろう。ちなみに原題の一部には「天下（日本）における恐怖と創造性」とある。内外のジャパノロジストはこれだけ「恐怖」の挑発を受けた以上、否応（いやおう）なく、「創造性」をもって応酬しないわけにはいかないだろう。

（原題、The Shogun's Painted Culture : Fear and Creativity in the Japanese States, 1760-1829）

評・種村季弘（評論家）

Timon Screech　61年英国生まれ。ロンドン大教授（日本美術史）。

二〇〇三年一一月二三日❷

『南からの日本文化　上・下』

佐々木高明 著

ＮＨＫブックス・上巻一一二〇円、下巻一一六〇円

長年の野外調査に基づく骨太な仮説

エスニック料理店のおかげで「インディカ米」と「ジャポニカ米」の違いを知る人は多いだろう。しかしジャポニカに温帯系と熱帯系の二系統があることは、私もはじめて知った。

最近の遺伝学的な研究によれば、インディカは南アジアから東南アジア低地部に、温帯ジャポニカは中国の長江下流から日本列島に、熱帯ジャポニカはヒマラヤ山麓（さんろく）から東アジア山地部、そしてインドネシアからフィリピン、台湾をへて南西諸島にまで分布する。雑穀の粟（あわ）でも、また根菜の里芋と山芋でも熱帯系と温帯系の区別があきらかとなり、ジャポニカの二系統と同じ分布パターンを見せている。本書はこの黒潮の流れに沿った作物の分布様式を基盤に、生態学、民俗学、文化人類学など諸分野の成果を学際的に総合する壮大な試論である。

私がいちばん驚いたのは、南西諸島の在来稲が一一月に播種（はしゅ）、六月に収穫と、本土の農事暦と逆転していること。また日本列島北端まで栽培が可能な早稲種（わせしゅ）は、温帯系と熱帯系のジャポニカの交配で生まれたとの指摘。じっさい日本各地の稲の品種に熱帯ジャポニカの遺伝因子が含まれることが判明しているという。熱帯系の稲に付随して、その栽培技術や農耕儀礼など文化的要素も日本列島を北へ浸透していっただろう。日本文化の基層には、かすかであれ「南からの文化」が刻印されているはずだ。

考古学との矛盾をはじめ、これほど留保や推測の多い議論はあまり例を知らない。それが骨太な仮説になりえているのは、書斎で書かれた総説ではなく、著者自身の四〇年にわたるフィールド・ワークの集大成だからだろう。著者は第一作『稲作以前』以来、日本列島の基層文化を掘り起こし、「照葉樹林文化」など学際的な共同研究に参画してきた。

著者自身が述懐するよう、退職後に「アイヌ文化振興」に関（かか）わったことの意味は大きい。「北からの文化」を意識した「南からの文化」論は、柳田國男『海上の道』の「一国民俗学」とは逆に、日本文化の多重構造を見据える。上巻の副題「新・海上の道」の所以（ゆえん）である。

評・新妻昭夫（恵泉女学園大学教授）

ささき・こうめい　29年生まれ。国立民族学博物館名誉教授。

二〇〇三年一一月二三日❸

『コールド・ロード』

T・ジェファーソン・パーカー 著

七搦理美子 訳

早川書房・一九〇〇円

作家の成熟を証明する彫りの深い物語

作家が化ける、ということは、大沢在昌が『新宿鮫（ざめ）』で化けたように、よくある。しかし、大沢の例に見るように、それまでの作品がまったく退屈だった作家が突然化けるわけではない。それまでも水準以上の作品を書いていた作家が、違う次元に突き抜けることを「化ける」という。T・ジェファーソン・パーカーも例外ではない。

『サイレント・ジョー』という傑作で、この作家は化けたのだが、それ以前の作品、すなわち、『ラグナ・ヒート』『流れついた街』『パシフィック・ビート』『凍る夏』『渇き』という既訳五作も、水準以上の完成度を持つ作品であったことは記憶されていい。たとえば第一作『ラグナ・ヒート』を例に出せば、その人物造形の見事さ、家族の絆（きずな）というモチーフ、全体を貫くロマンチシズムなど、『サイレント・ジョー』に通底するものがすでにあることに気がつく。細部にそれほどの変化はないのだ。しかし、『ラグナ・ヒート』と『サイレント・ジョー』の間には驚くほどの違いがある。

具体的には、構成が洗練され、描写に磨きがかかり、強弱のリズムを身につけるという変化が指摘されるだろうが、そのことによって、物語は驚くほど鮮やかで、強いものになる。『ラグナ・ヒート』と『サイレント・ジョー』の間に横たわる落差はおそらくそういうことだ。

『コールド・ロード』は、八十四歳の老人が殺されて、主人公の刑事がその捜査に乗り出すという警察小説で、謎解きがメインになっているものの、しかし『サイレント・ジョー』以降の作品であるから、脇筋が充実。たっぷりと堪能できる。T・ジェファーソン・パーカーが今や安心印の作家であることを証明する一冊といっていい。

五十年間にわたる二家族の確執を縦糸に、別れて暮らす息子との交情、家族の絆、初恋の人との対面、女性容疑者との恋愛などが情感ゆたかに描かれて、強い印象を残している。これらのドラマが渾然（こんぜん）一体となって、物語を彫り深く、忘れがたいものにしていることこそ、パーカーの成熟なのである。

（原題、Cold Pursuit）

評・北上次郎（文芸評論家）

T. Jefferson Parker 米国の作家。著書に『サイレント・ジョー』など。

二〇〇三年一一月二三日❹

『あした何を食べますか？ 検証・満腹ニッポン』

朝日新聞「食」取材班 著

朝日新聞社・一二〇〇円

「食」が映す世界や人間の多様な姿

あなたは、昨日どんな食事をしたか、思い出せますか。どこで誰と何を食べたか。私の場合、朝食は家でチーズトーストとコーヒー。昼はスパゲティ。夜は居酒屋での学生たちとのコンパで鍋料理にビールだった。何とか思い出したものの、それぞれの食材に何が含まれていたか、どこでどうつくられたのかまでは知るよしもない。自分の食についてはあまりに無頓着、他人まかせだったと、この本を読んで今更ながらに痛感した。

本書は、本紙の連載「満腹ニッポン」を大幅に加筆したものである。一冊になると、「食」という鏡に、世界や人間の多様な姿が映し出されることがよくわかる。

外食産業の隆盛と家庭での食事の変化、食の安全性のゆらぎ、食糧自給率低下の意味、健康食品やダイエットにまつわる食と健康、品質管理の厳しさに悩む輸出現場……。「食」という切り口から、家族の変化、経済のグローバル化、農業や漁業の工業化、企業の社会的責任の増大など、日本社会のありようとその変化とが浮かび上がる。おまけに、各章末のコラム「記憶の食景」では、食にまつわる人の生の一端がほのぼのと、ときに哀（かな）しく描かれる。

「買うというのは選挙で一票を投じているのと同じ。その店や食品会社を支持していることだ」。消費者問題研究所長、垣田達哉さんの警句が印象に残る。選挙は終わっても、食べることは続く。何を食べるかを決めることが、生産者や流通業者、行政への意思表示になるというのだ。

食の安全確保へのキーワードは、トレーサビリティーである。食材がどこでどうつくられたのかを追跡（トレース）できるシステム作りをめざす。そして、日本人の食へのこだわりが、品質管理の厳しさを国内外の生産者に突きつける。

だが、満腹ニッポン人の健康のために、世界のほかの誰かの食を奪っているのかもしれない。たまには舌鼓を打つ前に、頭を使って食べてみる。あした何を食べるかを考えることで、少しは世界を変えることができる。そんなことを教えてくれる一冊である。

評・苅谷剛彦（東京大学教授）

02年6月〜03年8月の本紙家庭面の連載記事をもとに構成。記者10人が執筆した。

二〇〇三年一一月二三日⑤

『小沢昭一百景　泣いてくれるなほろほろ鳥よ』

小沢昭一 著
晶文社・二四〇〇円

旅の空の下、軽みと哲学的な観察眼と

いぶし銀の名優にして俳句、文章をよくする小沢昭一のエッセー集第一巻。彼は①芝居の巡演②伝統芸・大道芸の探索③ラジオ番組「小沢昭一的こころ」の取材と、一年の三分の二は旅の空の生活を送ってきた。で、本巻のテーマは「旅」。表題は懐かしのメロディー「旅の夜風」の一節から。

この本のあらかたは、仕事で出かけた北東北への旅の車中や宿で読んだ。

仕事は、あの町あの村を訪ねて風物を見聞し、間遠なローカル線で次の土地へ移動するという「小沢昭一的こころ」的なもの。秋田市では、駅から電話した宿がどれも空室なしで、ようやく六軒目にねぐらにありついた。疲れ果て薄暗いスタンドの下でページを繰ると、なるほどと実感できる個所がいくつもある。

たとえば、旅館の選び方。「構えの大小でも、『政府登録』のマークでも、運転手さんの推薦でもない。建物の木口がしっかりしていること。玄関の電気の明るいこと。見るからに掃除、手入れが行きとどいていること（玄関に撒〈ま〉かれた水にダマサレナイようにする）……などを目安にして」。読み進みつつ、そういえば今夜のこの宿は掃除、手入れが見るからに行きとどいていないよなあ、やはり電話じゃ駄目だ。疲れがどっと増す。

お気楽、八方破れに見えながら、玄関の水にはダマサレナイというように隅々まで神経、観察眼が行きとどいているのが小沢の姿勢。計算された軽みがあり、哲学的といってもいい深さもある。

放浪の芸能を訪ねてアジアを旅したあと彼は、空港の清潔度は成田、ソウル、バンコク、デリーの順だけれど、大道芸の豊かさはその逆だと実感し、貧しさが生み出す優れたものもあるのだと書く。

「人間がみんなで一緒に豊かになるのがいいことなのか、それとも、豊かな人とそうでない人がいる矛盾した世の中を、だから創造力が生まれるんだと肯定するのか。あるいは一転、みんなでそろって適当に貧しくなるという第三の道を、今こそ考えてみる必要はないのか」

戦争、縁日、師、本などをテーマとした二巻目以降も読みたくなる。

評・栗田亘（コラムニスト）

おざわ・しょういち　29年生まれ。俳優。著書に『俳句武者修行』など。本書は全6巻中の第1巻。

二〇〇三年一一月二三日⑥

『東京遺産』

森まゆみ 著

岩波新書・七八〇円

銭金に置き換えようのない大切なもの

「都市にはたくさんの魅力がある。最近、この都市の魅力に気づいた人々が、都市に回帰してきている」。都市を論じたある経済書の一節である。なるほど都市には魅力がある。東京の谷中や根津あたりには、煮染めたように美しく年を経た家屋や現役の井戸を持つ路地があり、富士山を一望できる丘があり、閑(ひま)な時間をゆったり過ごす散歩道には事欠かない。

だがその経済書が主張するのは、実は正反対のことである。都会に人が集積して忙しく商談すればおのずから金儲(もう)けのチャンスが生まれる。これまで苦痛に耐え郊外から遠距離通勤するしかなかった人には、容積率を緩和し、古い建物は壊して、高層マンションを提供しよう、というのだ。景気回復のための「都市再生」は、そんな理屈から成り立っている。

生まれ育った町内の古い建物や富士山の眺望を、銭金には置き換えようのない大切なものと感じるのは人情である。例外的な人の懐古趣味ではない。ヨーロッパの諸都市は、いずれも古い街並みを維持しているのだから。

だが東京では、空襲や震災の後にも成長のため、バブルのため、そして今回は景気回復のためと、あらゆる経済的理由を持ち出しては旧(ふる)い街並みが解体されてきた。

それを見かねて地域のミニコミ誌、通称「谷・根・千」を出すに至った著者は、同時に建物・町並み保存運動にも携わってきた。これはその運動の記録である。上野の奏楽堂、谷中の朝倉彫塑館、千駄木の安田邸など、所有者や周辺住民、学識経験者、行政のなみなみならぬ努力で解体をまぬがれ保存・活用されていることが、温かいまなざしで活写されている。ただしサトウハチロー邸のように運動の当事者が対立した経緯も描かれ、筆致は冷静さを失わない。

今のところ建築史的に価値のある建物しか名目がたちにくいようだが、文豪の旧居など文化的価値も認めて欲しいという主張には共感する。坂本龍馬など、戦災で生家が失われたままなのに空港名に名を残すといわれている。文化政策について一考を促す書でもある。

評・松原隆一郎(東京大学教授)

もり・まゆみ 54年生まれ。作家、地域雑誌編集者。著書に『大正美人伝』など。

二〇〇三年一一月二三日⑦

『政治的ロマン主義の運命』

有田英也 著

名古屋大学出版会・六五〇〇円

一九三四年にファシスト宣言をして対独協力者となり、社会に蔓延(まんえん)するデカダンスを祓(はら)い落とすため激しい生を渇仰する小説を書きつづけたドリュ・ラ・ロシェル。フランスの文壇と大学からタブー視されてきたこの異色の作家と真正面から格闘した本書は、政治情勢および作家の人格形成を視野に収めながら、自死までの作品をほぼ年代順に主題論的に考察している。

これまで軽視されてきた作品中の諸要素(反ユダヤ主義など)を剔抉(てっけつ)し、意図的にか無意識のうちにか、来るべき読者に仕掛けられた歪曲(わいきょく)・隠蔽(いんぺい)の罠(わな)を巧妙に回避して、文学的営為とファシズム思想の関係が明らかにされてゆく。ナショナリズムを越えるヨーロッパ合州国を構想し、アイロニーをも持ち合わせていたドリュが、なぜファシズムに殉じたのか。死に憑(つ)かれた作家がまとった政治的ロマン主義の鎧(よろい)の入り組んだ鉄片を、一枚ずつ剥(は)いでゆく粒々辛苦の作業が、その謎に肉薄する。

評・池上俊一(東京大学教授)

二〇〇三年一一月二三日⑧

『日本〈汽水〉紀行　「森は海の恋人」の世界を尋ねて』

畠山重篤 著

文芸春秋・一七一四円

淡水と海水の混じった場所を汽水という。牡蠣（かき）、帆立（ほたて）、海苔（のり）、わかめ、アワビ、ウニ、ホヤ、みな汽水と関係がある。なぜ豊かな海産物がこの水域でとれるのであろうか。

詳細は本書に説明があるが、腐葉土を通過した川の水が運んでくる成分が秘密だという。つまり森と川と海は密接に繋（つな）がっている。

水のきれいな鹿児島湾での漁獲量は東京湾の三十分の一でしかない。それはなぜか。川の有無である。たとえ汚れていても、十六本の川が流れこんでいる東京湾が豊かな水揚げを誇るのはそのせいなのである。

地元の三陸やみちのくの陸奥はもとより、有明の海苔、宍道（しんじ）湖の蜆（しじみ）、屋久島のトビウオ、東京湾のアサリ、安房のアワビ、はては揚子江まで、汽水をたずねながら、海が山や森によっていかに支えられているかを足によって実証してゆく。

著者が現地で次々と平らげる新鮮な魚介類もじつにおいしそうだ。〈汽水〉紀行は美味探求の旅でもある。

評・小高賢（歌人）

二〇〇三年一一月二三日⑨

『小さな花』

加藤周一 著

かもがわ出版・一六〇〇円

一四〇ページの小さな本であるが、この小さな器には巨匠加藤周一氏の生涯を通して精錬してきた思索の果実がぎっしり詰まっている。

そのひとつに権力に対する姿勢がある。それがもっとも明瞭（めいりょう）に示されているのは、タイトルになっている「小さな花」の文章だ。

世界でいちばん美しい花は何か。それは一九六〇年代後半、ベトナム戦争に抗議してワシントンに集まったヒッピーのなかの一女性が、自動小銃で武装した兵士の隊列に向かって差し出した一輪の薔薇（ばら）の花であったろう、と氏は書く。

市民とは何か、権力とは何かを一瞬に切りとった絵図を示したあとで、氏はどちらかを選ばねばならぬとしたら「小さな花の側にあることを、望む」と記す。

大正半ばに生まれ、青春期を一五年戦争のなかで送り、生き残った氏は権力の外にひらく「小さな花」として生きた。そしてそれがいかに美しく豊饒（ほうじょう）なものであり得たかをこの本で証明してみせたのである。

評・増田れい子（エッセイスト）

二〇〇三年一一月二三日⑩

『森有正先生のこと』

栃折久美子 著

筑摩書房・一七〇〇円

奇妙な恋の物語である。

男はパリに居を定め、一年に一度日本に帰ってくる偉大な哲学者。女は出版社勤務から独立し、のちに高名な製本工芸家になる。

男は身なりに構わぬ大食漢で、女にパンツを買わせるなど雑用をどんどん頼み、秘書になって日本での仕事場を探してくれと要求はエスカレートする。その奇人変人ぶりが見ものだ。

女は有能かつ献身的に男の要求に応えるが、製本の天職にめざめ、この人のために自分が壊れたくないと思い、男の非常識な生活が取り返しのつかぬ結果を生むことをどこか醒（さ）めた目で観察している。恋はもの淋（さび）しい肩すかしに終わる。

男は森有正。女は栃折久美子。互いに天職をもった男女の恋とすれ違いが、歳月の距離をおいてじつにリアルに、冷静に描きだされる。だが、その異様な冷静さこそが、この恋の「奇妙さ」の要因にも見える。

主筋とは別に、著者への私信で語られる森の三島由紀夫論が非常に感動的だ。

評・中条省平（学習院大学教授）

二〇〇三年一一月三〇日❶

『美しい魂』
島田雅彦 著
新潮社・一八〇〇円
『エトロフの恋』
島田雅彦 著
新潮社・一五〇〇円

こがれ、裏切られ、無限反復する恋

不思議な小説である。描かれていない人物、現実には起こらなかった情景が一番リアル。プッチーニのオペラ「蝶々夫人」のヒロインが実在したという設定で、ピンカートンの忘れ形見から五代目、十八歳の少女文緒が伯母のもとを訪れ、父カヲルの失踪（しっそう）の真相を明かされる。

著者の筆が文緒の心の内に長くとどまることはないが、彼女の感じたセンセーションは手にとるようにわかる。モティーフが声部を変えて際限なく反復される無限カノンのように、常に高嶺（たかね）の花を求め、禁忌を犯し、不義密通をくり返してきた一族の血の重さがのしかかる。

第一部『彗星（すいせい）の住人』の読者なら、カヲルと幼なじみ不二子のなれそめを知っているだろう。名家の養子カヲルは、作曲家だった実父から天賦の才を受けつぎ、わずか八歳で「リゴレット」のアリアを正確無比に歌うことができた。

意識を離れてふわふわと宙に漂うものをポエジーと呼ぶなら、それに音を与えたのが音楽、詞（ことば）を与えたのが詩。不二子を恋慕うカヲルの歌と詩は彼女の魂に共振し、美しい響きを生む。しかし、現実にふれあおうとすると、二人はあまりに不器用だ。恋を語らうというよりは、恋愛論を戦わせているような生硬な会話。ひとつのページに恋や愛が十回も出てきたりする。

言葉を超えたところから始まっているのに、言葉にひき戻され、言葉に裏切られる恋のもどかしさ。五年ぶりに再会したあと、不二子が見た夢は、そのことへの無意識の抵抗だろうか。

「あなたが隣（となり）の部屋に越してくるのです」と、彼女は手紙に書く。「ああ、これで毎日会えるようになると嬉（うれ）しくなりました」

カヲルが裏声を鍛えてカウンターテノールの歌手になったのは、不二子の気をひくためだった。修行やキャリア・アップの道すじには多少違和感をおぼえるが、カヲルの目的にとってもこれは逆効果。彼の歌で魂を揺さぶられたい、沸騰点に達したいと思っていた不二子は、その声を万人に向けたカヲルに不安をいだく。

やがて不二子は手の届かぬところに去り、失意のカヲルはエトロフ島に渡る。そこには、死者と語り合う人々が住んでいた。予知能力を持つ少年に触発されての霊的体験。不二子は、時空を超えてカヲルのもとにやってくる。

この小説で一番音楽的なのは、実はこの場面ではないかと思う。ふれ合う二人の肌から澄んだ水が染み出し、滔々（とうとう）たる流れとなって恋人たちを運び去る。流れに身を任せていると、後悔やうらみつらみが洗い流され、憧（あこが）れや情熱が蘇（よみがえ）ってくる。カヲルの恋はついに成就したのだ。

それでもなお、私の想（おも）いは文緒に残る。まわりを固められ、間だけがふっと抜けた人物像に注がれる神のまなざし。彼女はこれからどんな恋をするのだろう。それは読者の想像力に任され、自在に接ぎ木され、無限の余韻を残す。

評・青柳いづみこ（ピアニスト・文筆家）

しまだ・まさひこ 61年生まれ。作家。『彼岸先生』で泉鏡花文学賞。『彗星の住人』と合わせて「無限カノン三部作」をなす。

二〇〇三年一一月三〇日❷

『デュラス、映画を語る』

マルグリット・デュラス、ドミニク・ノゲーズ 著
岡村民夫 訳
みすず書房・三二〇〇円

遠いまなざしで、遠い場所へと

デュラスの映画を見るたび、「遠いまなざし」を感じる。映像のスタイルは厳密をきわめているのに、作品全体には、どこかこの世ならぬ放心状態、今にも消えていきそうなはかなさが漂っている。

小説のデュラスは違う。おなじこの世界からの「遠さ」を表すのに、的確、いや過剰に語りつくしてしまう。その結果、遠さは退き、圧倒的な饒舌（じょうぜつ）が近景を埋める。そこが私にはいささかつらい。

遠いまなざしをもつ女は遠くからやって来た。十七歳までベトナムで暮らし、フランスになじむのにひどく苦労した。定住の地をもたなかったデュラスは、家はつねに幽霊にとりつかれて見える、と語る。映画『ナタリー・グランジェ』は、そんなデュラスが実際に買った家で展開する女たちのドラマだ。

デュラスは、古文書を調べて、この自宅に過去一世紀半も読み書きできない人々が暮らした事実に衝撃を受ける。そして、三百年前の一人の女に言葉がないという情景の想像から、映画を作った。完成した作品にこの女の話はないが、『ナタリー・グランジェ』は、いわば三百年前の幽霊の遠いまなざしで眺められている。だから、つねに不吉さが漂っている。

デュラスのいちばん高名な映画は『インディア・ソング』で、これは彼女のアジア小説の主題を総ざらいし、声の響きあいとレトロな音楽を活用して、滴るように緩慢な時間とねっとりと汗ばむ熱帯の雰囲気を描きだした身ぶるいするほど官能的な傑作だが、この映画とまったく同じ音声で、まったく別の映画『ヴェネツィア時代の彼女の名前』が撮られたことを知る人は少ないかもしれない。デュラスは、これこそ、映画史上自分がなしとげた最も重要なことだと断言する。

舞台は、富豪ロスチャイルドの大邸宅。ゲーリングに没収されたため、この豪邸は見捨てられ、廃墟（はいきょ）と化した。人間もほとんど登場しない。ここでもデュラスは、不在の家という出発点から、途方もなく遠い場所へと進んでいる。これは死と忘却への逆説的な賛歌なのだ。その終始一貫した姿勢に、真の作家のみに可能な精神の冒険を見ることができる。

（原題、La Couleur des mots, Entretiens avec Dominique Noguez autour de huit films）

評・中条省平（学習院大学教授）

Marguerite Duras 1914～96年。作家、映画監督。
Dominique Noguez 42年生まれ。作家、パリ第一大教授。

二〇〇三年一一月三〇日❸

『高村光太郎　智恵子と遊ぶ夢幻の生』

湯原かの子 著
ミネルヴァ書房・二二〇〇円

西洋的愛の試みと挫折からの光太郎論

湯原かの子は、第一作『カミーユ・クローデル』で、才能ある女性彫刻家が、巨匠ロダンとの関係の中で狂気にむしばまれていく過程を鮮やかに描いた。今回描こうとしたのも、実は近代的自我に目覚めながら、高村光太郎との愛の関係のなかで、才能を開花させないまま狂気の淵（ふち）に沈んだ智恵子の方ではなかったか。

冒頭でいきなり著者は、光太郎が晩年に智恵子観音として制作した十和田湖畔に立つ乙女像を「見事な失敗作」と断じ、東洋と西洋に引き裂かれた彼の一生の反映、と位置づける。智恵子はその揺れ動いた愛の観念の巻き添えになったのだ。

明治末期、光太郎は海外に遊学したものの、見るべき彫刻作品を残さず、心酔するロダンにも会わなかった。フランスの高度な芸術の神髄に接し、めくるめくような感動と憧憬（しょうけい）を覚えながら、決してそこに参与できないという深い絶望を味わったからだ。帰国後も彫刻を作ることなく、詩人ベルハーレンと画家マルトの夫婦愛を西洋的愛の理想とし、ベルハーレンの訳詩に没頭する。

こんな光太郎にとって智恵子は「西洋体験を咀嚼（そしゃく）し同化するための基軸であった」と著者はみる。ゆえに彼の頭のなかでは現実とは別の「智恵子」が出来上がった、と。近代的な自己確立を目指しながら、西洋的異性愛と日本的母性愛とに引き裂かれた彼の矛盾までも引き受けた彼女は、ついに精神に破綻（はたん）をきたす。「『智恵子抄』は光太郎が智恵子と生きようと試みた、西洋的愛の試みと挫折の物語としても読める」と著者は指摘する。

それにしても、彫刻家として、人生の先達として、ロダンの熱狂的賛美者だった光太郎は、ロダンとカミーユの愛の関係と、狂気を知っていたのだろうか？　ベルハーレンの夫婦像の模倣を目指すばかりで、智恵子をカミーユに重ねることはまったくなかったのだろうか。読んでいて『カミーユ・クローデル』を書いた著者に、聞いてみたくなった。

生涯をかけて西洋と格闘した光太郎。そこに近代化の中の新しい男女関係の面からも光を当てて描き出した、新しい光太郎論である。

評・武田佐知子（大阪外国語大学教授）

ゆはら・かのこ　48年生まれ。淑徳大教授（フランス文学・比較文学）。

二〇〇三年一一月三〇日④

『エコノミストミシュラン』

野口旭ほか編著

太田出版・一四八〇円

議論百出の経済書　まとめてバッサリ

浜の真砂は尽きるとも、と申します。日本の不況に対する処方箋（せん）を説く世の経済書もしかり。政治やメディアで影響力を持つ御仁方も含め、何の裏付けもない愚説に珍説を展開する本や論者は後を絶たず。ええい、個別撃破ではらちがあかぬ、いっそまとめて処理してくれようと登場したのがこの本だ。

まとめた分、効率ばかりか議論の見通しも改善。というのも各種不況打開策議論は、おおむね同じ議論の変奏なのですもの。構造改革派、不良債権処理派、よいデフレ派、財政出動派、単に無定見な人々。前半の座談会部分は、それらを要領のいい解説とともに実名入りでめった斬（ぎ）り。斬る著者たちの立場は、リフレ。通常はゼロ以下にならない金利を、インフレで実質的にさらに引き下げ、景気を刺激しようという単純明快なもの。経済学界では主流になりつつあるこの説が、なぜ日本でだけは受け入れられぬと嘆く著者たちのぼやきは、時に笑いと涙すら誘います。

また各種論者の経歴や思想史的背景まで掘り下げているのは、経済学業界関係者ならではですな。この一冊で、世の各種議論や論者たちの系譜はばっちり。たいがいの通俗経済書は「アレとコレの合わせ技か」と一瞬で見切れるようになり、お金も時間も大幅節約。自分で見切る自信がなければ、本書後半の書評集をどうぞ。前半の各種議論を通俗経済書にあてはめて、ゴミと良書を選（え）り分ける。これまた痛快無比だし、理論的なベースのある本の見方を教えてくれて実に有用でございます。

記述があまりにリフレ派至上との批判もありましょうが、リフレ派が受けてきた曖昧（あいまい）で陰湿な罵倒（ばとう）に比べれば、フェアだし根拠もまとも（ただし評者もリフレ策支持なので、本書評にもそういうバイアスがある可能性はご留意を）。装丁もかわいいぞ。株価がまた下がって一時の浮かれムードも怪しげな現在、各種の景気回復議論をいま一度整理しなおしたいあなた、乱発される通俗経済書に財布が追いつかないとお嘆きのあなた。本書はまさにあなたのための一冊ですぞ。

評・山形浩生（評論家）

のぐち・あさひ　58年生まれ。専修大教授。他の編著者は田中秀臣、若田部昌澄。

二〇〇三年一一月三〇日⑤

『霊山』

高行健 著　飯塚容 訳

集英社・三二〇〇円

中国知識人の時空を超えた魂の彷徨

なんとも怪しく、魅力的な中国知識人の魂の彷徨（ほうこう）の物語である。

北京の政治運動で批判され、しかも肺癌（はいがん）と診断された小説家が西南中国に旅立つ。尋常な状況ではないのだが、重苦しい日常から解放される旅は、逆に生命の重みを再び感じさせる機会となる。余命幾ばくもなしとの死の宣告は、後に誤診だったことが判明するのだが。

目的地は列車で乗り合わせた男がたまたま口にした、すべてが原始のままという「霊山」だ。たばこの空き箱に男が描いてくれた地図を頼りに、長距離バスでふもとの田舎町にたどり着く。貧弱な町並みをぶらつき、写真館のほこりをかぶったショーウインドーの美女に見とれ、店の中2階のカーテンがかかった窓に鉢植えがあるのを見て、思わずそこに暮らす人の生活が知りたくなる――まことに理想的な気ままな旅の始まりである。

どうも本当に登ろうとしているのか判然としない霊山行の途中で「おまえ」は「彼女」に出会う。それとは別に長江沿いの山岳地帯を放浪する「私」という人物も現れる。2人の人称で語られる話がもつれながら展開するが、実は「おまえ」と「私」がいずれも作者の分身であることが徐々にわかってくる。

「おまえ」は「彼女」との対話を通じて子供時代の失われた記憶に沈み込み、自分の心の奥底をのぞく。「私」は民話や民謡の土俗的世界、仏教や道教の説話世界、あるいは清朝の匪賊（ひぞく）の暗躍や文化大革命の狂気と、中国4千年の時空を超えた彷徨を続ける。

華人として初のノーベル文学賞を受賞した高行健は、この初の長編小説を1982年夏に書き始めたが、翌年、劇作『バス停』がブルジョア思想や生活態度を排除する「精神汚染反対キャンペーン」で批判を受け、作品発表の機会を失う。この後、実際に旅に出るのだが、結局、『霊山』が完成したのは89年、出国後のパリでだったという。

音と色、匂（にお）いと肌触り、そして味覚。五感を心地よくシャワーしてくれる描写が随所に盛り込まれ、久しぶりに一気に読み終えた長編小説だった。

評・加藤千洋（本社編集委員）

ガオ・シンヂエン　40年生まれ。作家、画家。2000年にノーベル文学賞を受賞。

二〇〇三年一一月三〇日⑥

『数字に弱いあなたの驚くほど危険な生活』

ゲルト・ギーゲレンツァー 著　吉田利子 訳

早川書房・一九〇〇円

もし警察に逮捕され、犯人が残した血痕と私の血液のDNA鑑定の結果、一致する確率はわずか百万分の一という証拠を突きつけられたら？　本書を読んだ私は、こう反論するだろう。「百万人に一人だから、東京だけでも十人は容疑者がいるじゃないか」

四〇歳の女性が乳癌（にゅうがん）検診で陽性と判定された。同年齢女性の乳癌罹患（りかん）率は一％。乳癌患者が検査で陽性と判定される確率は九〇％。非患者も九％が陽性と出る。さて、この女性が乳癌である可能性は何％か？

同じことを別の言葉でいうと、平均して百人に一人は乳癌。九九人の非患者のうち九人は検査で陽性と出る。したがって陽性と判定されても、乳癌なのは一＋九＝十人のうち一人。

母集団を明示し、比率でなく実数で説明する。こんな簡単なことで統計数字から「難解」と「誤解」が払拭（ふっしょく）される。その説明のために著者があげるさまざまな実例は、なまじの数学パズルより楽しめる。

評・新妻昭夫（恵泉女学園大学教授）

二〇〇三年一一月三〇日⑦

『明治日本の女たち』

アリス・ベーコン 著
矢口祐人、砂田恵理加 訳
みすず書房・二四〇〇円

明治の半ば、ひとりのアメリカ人女性が来日し、のべ三年暮らした。彼女は東京の女子学生に英語を教えながら、変貌（へんぼう）する日本をつぶさに観察した。

欧米人にとって「日本女性」は興味深い対象のようで、今日まで数多く書かれているが、本書はこのテーマで論じられた最初の著作（一八九一年初版）である。

著者の視線はじつに細やかだ。宮中の人々、都会の中流家庭の主婦、農婦や使用人の暮らしぶり、その生き方や考え方を人の一生というスパンでとらえた。とくに日常生活の様子、人のふるまいや季節の行事、風景などの描写はじつに丁寧で、現代の日本人にこそ貴重な記録となった。

著者は米国留学中の津田梅子と知り合い、長い友情をはぐくんだ。本書は津田の加筆、修正が加えられ出版されたという。日本人論にありがちな誤解や偏見が少ないのは津田の協力に加え、著者のさまざまな価値観を認める態度にあったのだろう。

評・与那原恵（ノンフィクションライター）

二〇〇三年一一月三〇日⑧

『子規選集　第十四巻　子規の一生』

和田克司 編
増進会出版社・三八〇〇円

この本、約六百頁（ページ）の「正岡子規年譜」を中心にしている。この年譜のほかに、「正岡家年譜」「天候一覧」「筆名一覧」などがあり、三十五年に少し満たない子規の一生が実に丹念に記録されている。

子規は俳句、短歌、文章の革新という三つの大仕事に挑み、また、ベースボールに熱中し、水彩画を楽しんだ。ことに書くことが大好きで、選んだ職業は新聞記者。晩年数年間は寝たきりの重病人だったが、それでも枕に頭をつけたまま、書きに書いた。そのような書き魔の子規に、この年譜の編者はよく応えたのだ。

もっとも、子規は百数字で自分の生涯を要約した。末尾に「月給四十円」とある自筆墓碑銘がそれ。この墓碑銘を書いた子規は「コレヨリ上一字増シテモ余計ヂヤ」と言ったが、後人に余計な事をさせてしまうのが子規の魅力なのだろう。

ちなみに、この本は、若い読者を期待して編まれた『子規選集』（全十五巻）の最終配本。まさに掉尾（とうび）を飾る。

評・坪内稔典（俳人）

二〇〇三年一二月七日③

『平和構築と法の支配　国際平和活動の理論的・機能的分析』

篠田英朗 著
創文社・三八〇〇円

国際社会をジャングルにしないために

同じ種の中で集団的に殺戮（さつりく）を繰り返す動物は人間くらいのものだ、という話を聞いたことがある。今なお、その指摘も宜（むべ）なるかなと思わせるのが、冷戦後に続発した地域紛争だ。ルワンダや旧ユーゴスラビアでは大量虐殺が起き、シエラレオネでは子供たちの手足を切り落とすような残虐行為が相次いだ。

理性に任せれば、国際社会はジャングルよりジャングル化した地域紛争を放置してはおけないはずだ。なのに、手を拱（こまね）いていると、どんな顛末（てんまつ）を迎えるのか。

争いを抱える国は崩壊状態になり、どこからともなくテロ組織や国際犯罪組織が入り込む。無法地帯を根城にした組織は卑劣な暴力で国際社会を蝕（むしば）み、痛めつける。同種内の殺戮は発生現場の惨禍にとどまらず、厄病の種を地球大にばらまく。一見遠くに思えても、ある国のジャングル化は実は身近な問題なのである。

時代の巡り合わせがそうだからこそ、紛争の勃発（ぼっぱつ）、再発を防いで、持続可能な平和を作り出す「平和構築」の試みが重みを増す。本書は「平和構築」、とりわけ、「法の支配」による「平和構築」にアクセントを置いて、その意義や機能を解きほぐす。学術書でありながら、簡易な文体でまとめられており、入り込みやすい。あちこちで、非凡な分析力と表現力が、煌（きらめ）く。

公正で民主的な「法の支配」の対極にあるのは、独裁者に象徴される偏狭で恣意（しい）的な「人の支配」だ。著者は、紛争の原因を公的秩序の崩壊、換言すれば、法を踏み躙（にじ）る「人の支配」に見いだし、公的秩序の回復、確立によって平和を根付かせる戦略について立論する。その過程で、憲法規範の創出機能を和平合意に持たせることの重要性や、公権力の正統性を担保する選挙実施の支援、法の執行を担う文民警察の訓練、司法制度の整備などの必要性を強調する。

「法の支配」は、民族や宗教などの違いに拠（よ）る対立を解消するものではない。むしろ、対立を制度的に管理し、「対立の非暴力化」をはかるものだと位置付ける。熱さを抑えたプラグマティックな目線が、知に力感を加えている。

評・吉田文彦（本社論説委員）

しのだ・ひであき　68年生まれ。広島大平和科学研究センター専任研究員。

二〇〇三年一二月七日④

『帝国・メトロポリタン歌劇場　上・下』

ジョアンナ・フィードラー 著　小藤隆志 訳

河合楽器製作所・出版部・各二二〇〇円

笑ってすまされぬ飽食の肥満体質

一九六六年、ニューヨークのメトロポリタン歌劇場、通称メトが、リンカーン・センター内の新劇場に移転した。四十七階建ての高層ビルを横倒しにしたかのごとき巨大施設。ほとんどそれは「小さな都市」だった、と本書はいう。

都市の内部につくりつけにされたもうひとつの都市。四千人収容の客席も、そのほんの一角をしめるにすぎない。いくつもの稽古（けいこ）場、楽屋、倉庫、工場、レストラン、酒場、写真スタジオ、図書館、数十のオフィスや会議室、数キロにおよぶ回廊、数百の階段とエレベーター。ときに舞台裏の迷路で美女が殺されたりするのだから、おそれいる。

このオペラ都市の、一八八三年の創設から現在にいたる詳細な年代記である。著者はここで十五年間、広報担当としてはたらいていた人なのだとか。

例によって、わがままな歌手や指揮者の話もたくさんでてくるが、この本の読みどころはむしろ別のところ、オペラ都市メトの政治興亡史にある。歴代の理事長や総支配人や芸術監督や音楽監督、そして金主たち（むかしの石油成り金、いまのIT成り金）が、劇場の支配権をめぐって、あの手この手の権力闘争を繰りかえす。クレムリンやバチカンになぞらえられる秘密主義的な官僚機構。人種差別や階級対立にもことかかない。

ふくれあがる予算に苦しみ、ことあるごとに経費削減がはかられる。だが、なんどダイエットに挑戦しても失敗するパヴァロッティのごとく、メトの肥満体質はいっこうに変化しない。メトだけの話ではない。オペラハウスという仕組みそのものが旧時代の遺物化し、遠からず消滅する運命にあるのかもしれん。

それにしても、かの地の劇場をめぐるあれこれの、なんとしつこく脂っこいことよ。と笑って読んでいたら、後半、しばしば日本巡業の話がでてくる。八〇年代から九〇年代にかけて、かれらの大がかりな引っ越し公演をよろこんでひきうけてくれる国は、バブル期の日本ぐらいしかなかったようだ。現首相に代表される急造オペラ・ファン諸氏の顔を思いうかべて、笑いがちょっと冷えた。

（原題、Molto Agitato）

評・津野海太郎（編集者・和光大学教授）

Johanna Fiedler　元メトロポリタン歌劇場スタッフ。

二〇〇三年一二月七日⑤

『ヴァルザーの詩と小品』

ローベルト・ヴァルザー 著　飯吉光夫 編訳
みすず書房・二四〇〇円

孤独な、でもなんてステキなダメ人間

何ごとにも気づかぬ男がいた。頭の中は空っぽで、一切に無頓着。財産をすっかり失っても気がつかない。帽子を忘れても、靴底が抜けても、平気ですたすた歩いている。ある日、道を歩いているうちに、コロンと首が落ちた。誰かがそれを見て、「首はどうしました?」と声をかけてもどこ吹く風。なにしろ首がないので聞く耳がないからだ。

上の空で生きている。だから目の前の現実に適応できない。何をやらせてもダメ。第三者から見れば変ちくりんなダメ人間である。とんまで、のらくら者で、どこかみんなからはずれた所にいて、そこでなら「ひっそりかんと、言葉もなく」、心おだやかに過ごしていられるらしい。彼はここでは変人かもしれない。でも、彼のような人間こそがまともでいられる国がある。世界の中心にある遠い帝国(訳者は「支那」と表記)では、あべこべに誰もがそんなふうなのだ。

「そこでは、すべてが実に緩やかに展開するのだった。快くも健やかな(中略)物憂さが、人びとの生活をおおっていた。人びとは、ある意味で、物ぐさだった」。こちらののらくら者は、あちらではごく当たり前の人間たち。かれらはあくせくと人を出し抜いたりしない。「かれらはさながら花のように生き、枯れ萎(しぼ)んでいった」

スイスの詩人・小説家ローベルト・ヴァルザーの詩と小品集である。現実にも夢想家肌の生活無能力者だったヴァルザーは、兄たちの庇護(ひご)を受けながらかつがつに生き、五十歳にさしかかると自らの意志で精神病院に入院し、そこで二十七年間生きて七十八歳で没した。すでに長編小説『ヤーコプ・フォン・グンテン』(集英社世界文学全集所収)の邦訳でご存じの方もあろうが、今回は兄カールの美しい挿絵と初期詩集をふくむメルヘン中心の作品紹介である。

生きる場所を間違えたような孤独な生涯を送った作家はしかし、生前も死後も、カフカ、ベンヤミン、ブランショのような、少数ながら熱烈な読者に恵まれた。万人向きではないが、ハッピー・フューの書棚にいつまでも残る一冊だ。

評・種村季弘(評論家)

Robert Walser　1878～1956年。スイスのドイツ語詩人、小説家。

二〇〇三年一二月七日⑥

『平林初之輔探偵小説選　Ⅰ・Ⅱ』

平林初之輔 著
論創社・Ⅰ巻二五〇〇円、Ⅱ巻二六〇〇円

今よみがえる「遊戯的な」作品群

なにしろ探偵小説の話だし、誰もが知っている書き手ではないだろうから、まずは著者の略歴にかかわる一件書類をひもといておこう。

平林初之輔は一八九二年京都生まれ、早稲田大学英文科に入学し、アテネ・フランセで仏語を学ぶ。その後、新聞記者を経て国際通信社に入社、そこで青野季吉(すえきち)らと知り合い、一九二〇年代初頭から文芸批評家として活動を開始した。二一年には文芸誌「種蒔(ま)く人」に参加し、第一次共産党に入党するものの、二三年の解散以後は、党からもプロレタリア系の運動からも距離をとり、理念の硬直を批判する立場に身を置いていく。

一方で、ことに関東大震災以後、復興する都市の生活を見据えながら探偵小説への関心を深め、二四年、雑誌「新青年」に「私の要求する探偵小説」と題した先駆的なエッセイを発表、二六年から実作をはじめる。ところが、三一年、日本文芸家協会代表として訪れたパリで客死してしまうのだ。したがって「探偵小説家」としての活動は、わずか五年しかなかったことになり、当然ながら作品数も

少ない。せいぜいアンソロジーに収められるくらいで、全体像を把握するのは難しかった。今回の二巻本選集は、その穴を埋めるものとなっている。

二四年のエッセイでみずから掲げた要求に見合うかどうかはべつとして、平林の作品の魅力は、青野季吉が友人の死後まもなく書きあげた文章のなかでやや後ろ向きに評した、まさしく「遊戯的な」ところにある。よく知られた第一作「予審調書」は、その見やすい例だ。

しかしこれらの短篇（たんぺん）を時系列に読んでいくと、謎が解明されたときではなく、むしろそれがゆるやかに放棄された瞬間に、探偵小説の枠を踏み越えそうな光が射（さ）していることに気づかされる。パリへむかう前に書かれた未完の遺稿「謎の女」などは、開かれた終わり方と解釈しても、十分通用する。

ちなみに、「新青年」はこの遺作の続編を公募した。入選を果たしたのは、冬木荒之介。すなわち二十四歳の井上靖だったという。

評・堀江敏幸（作家）

ひらばやし・はつのすけ　1892〜1931年。作家、評論家。

二〇〇三年一二月七日⑦

『池辺の棲家』

加藤幸子 著

講談社・一七〇〇円

千亜子の家の寝室の窓からは、公園の池がよく見える。「×月×日×時（中略）○○ガモ×羽」と毎日のように記録する夫を、「三十年この方（中略）眺めてきた」。

彼女の周囲で、鳥や虫や、花や人の生と死が、静かに、濃密に繰り広げられていく。食物連鎖や性にともなう暴力性も否定しない。狂言回し役の鴉（からす）の、ぶっきらぼうな口調のように、「こうだからこうなのよ」。

「腐葉の柩（ひつぎ）」の章が好きだ。落ち葉の上に平気で寝転ぶ人は、その下の世界を知らない。「サクサク　シャリシャリ　ポソポソ　パリパリ」。腐葉のあいだに棲（す）む無数の虫たちに、尻のあたりから、すこしずつ食われていく。母親の腕に包み込まれるような、それでいて無慈悲な暴力に身をゆだねる恍惚（こうこつ）のなかで、千亜子は何を思うのか。

私は「つながり」という言葉を思った。親と子の、女と男の、「食うもの」と「食われるもの」との、生きとし生けるもの同士の「つながり」を。

評・新妻昭夫（恵泉女学園大学教授）

二〇〇三年一二月七日⑧

『思考のフロンティア　環境』

諸富徹 著

岩波書店・一三〇〇円

いかにもエコロな内容を期待すると裏切られる。だが、深思する環境派にとってはよき裏切りだろう。

エコロジカルな思考は、経済発展や福利増進をすべて環境破壊の元凶とするような否定性を帯びがち。だが、本書のアプローチはまったく異なっている。

まず従来の経済学が環境をどのように捉（とら）えてきたかが検討され、その中で最も有望な解として「持続可能な発展」に焦点が絞られる。「持続可能な発展」とは、平たくいえば、再生不能にならない範囲で自然を利用し、いま生きている世代の公平を保ちながら、将来世代の一定の福祉水準を維持すること、である。

かかる発展には「資本」の果たす役割が大。ここでいう資本とは、従来の物質的要素に限らず、社会関係要素――信頼や連帯、公共心や互恵性をも含む。現在、大注目の「社会関係資本（ソーシャルキャピタル）」と環境問題との関連性が明らかにされているのだ。

制度論からエコロジーを捉え直す画期的な論著である。

評・宮崎哲弥（評論家）

二〇〇三年一二月七日⑨

『ヒラリーという生き方』

クリスチヌ・オックラン 著　鳥取絹子 訳

KKベストセラーズ・一六八〇円

著者はフランス人の女性ジャーナリストで、ヒラリー夫人のニューヨーク州上院議員選挙を追いながら、多くの関係者に取材した。

夫人はベビーブーマーとフェミニズム世代の代表らしく、愛も権力も手放さない。それが気にさわる反ヒラリー派は、野心家で性格が冷たいと批判を浴びせる。モニカ事件で夫の浮気が発覚したときは寄せられた同情を拒み、結婚続行を選択して、また敵を作った。もっとも本人は優秀な弁護士で家庭への思いも深く、いたってまじめな努力家だ。世界中の女性が絶えず動向を注目するのも、励ましや刺激を受ける部分が多いからに違いない。

夫人は来年の大統領選への出馬を否定したが、2008年については含みを持たせている。彼女が女性初のアメリカ大統領に就任したとき、確実に何かが変わるだろう。この本を読み終わるころには、夢をかなえてほしいと心より応援したくなるから不思議である。

評・多賀幹子（フリージャーナリスト）

二〇〇三年一二月七日⑩

『世阿弥の墓』

水原紫苑 著

河出書房新社・一五〇〇円

子供の頃より舞台に憧（あこが）れ、仏文学生の時ラシーヌに傾倒し、やがて世阿弥に辿（たど）りついた著者の、その世阿弥への詞華百首を歌集としたのが本書。

・申楽にあらずも非道を行じをり壮年世阿弥に打たれむとして

・ひさかたの空ゆ世阿弥の涙降り舞ふすべあらぬ春は来なむか

これらは読者の鑑賞に委ねるが、著者はこれまで、夢幻ともいえる幻想的かつ繊細な美の世界を詠む独自の領域の短歌を拓（ひら）いてきた。それは、現代の短歌における女歌の個有の足場を築く貴重な存在でもある。

世阿弥は謡曲を和歌の造型芸術とした趣があり、それを自らの能として演じた。著者はことばと舞台の一致を実現したこの天才に魅（ひ）かれてやまぬと言う。著者は新作能の制作を手がけたこともあり、この歌集を世阿弥という限りなく大きな対象に向かい「自分の非力を、見せしめのように形」にしたいと記す。メッセージの明確な歌集である。

評・前川佐重郎（歌人）

二〇〇三年一二月一四日①

『丸山眞男書簡集1　1940～1973』

丸山眞男 著

みすず書房・三二〇〇円

戦後の激動を生きた知識人の運命

本書には、1940年から73年まで、171通の丸山の書簡が収められている。巻頭で26歳、東大法学部助教授になったばかりの丸山は、巻末では59歳、すでに大学を辞している。

冒頭の津田左右吉宛（あて）書簡において丸山は、徂徠に関する自らの論文について、浅学非才の身で大胆な分析をしたと謙遜（けんそん）しながらも、自分のような「畑違ひの経歴」の者は専門家の真似（まね）をせず、むしろ「素人のドグマ」を提示する方が有効かもしれないと述べている。西洋の社会科学を基礎に日本思想を分析することを、早くも自らの方法として自負していたのである。

また丸山は、津田に対する弾圧について「先生の学問的情熱があの位の事情で阻害される様なことは断じてありえないと私ども確く信じて居ります」と述べている。政治に対する学問の自立を、丸山は何よりも重要と信じていた。

戦後、丸山は論壇の寵児（ちょうじ）としてもてはやされるようになった。しかし本人は不本意だったのかもしれない。この時期の書簡は多くないが、その理由は多分、多忙さだけではなかった。

安保の激動のあと、丸山は61年秋からハーバードとオックスフォードに滞在する。海外の多くの研究者、とくに日本研究者と交わり、その尊敬を集めた。この頃の丸山は、赤ゲットぶりを含め、生き生きと躍動している。

ただ、丸山の同時代認識には疑問も残る。たとえば61年12月、家永三郎にあてて、当時のアメリカのすべてが30年代中期の日本に似ていると書いているが、やはり的外れだろう。よく指摘されるとおり、丸山は右からの脅威には敏感だったが、左からの脅威については鈍感だった。そして豊かさが社会にもたらす変化についても、十分な注意を払っていなかった。

そうした丸山を直撃したのが60年代末の大学紛争だった。全共闘は学問の独立を認めようとせず、丸山の沈黙を長時間にわたって追及した。これに関する書簡も収められている。

紛争後、丸山は何度目かの長期入院を余儀なくされた。入院中の丸山は安田武宛書簡（69年6月27日）で、現代はイメージの時代であり、「私についても、本人がなすすべがないほど、丸山についてのイメージがふくれあがって私をがんじがらめにしています」と述べている。

ここから抜け出すためには、まず現代の問題について一切の発言をやめるしかないと丸山は述べる。そして、大学を辞めて研究に専念することを考え始める。71年に東大を辞めた丸山は、長い沈黙の生活に入るのである。

丸山の現実政治認識には、上述のような弱点もあった。また丸山＝進歩的文化人というイメージの成立について、本人にまったく責任がなかったとも思えない。それでも、知識人のジレンマについて以上のように丸山が語るとき、それは真実をついており、感動的だと思う。

評・北岡伸一（東京大学教授）

まるやま・まさお　1914～96年。政治学者。著書に『丸山眞男集』全16巻・別巻1など。本書は、全5巻中の第1巻。

二〇〇三年一二月一四日❷

『人と人の「つながり」に投資する企業　ソーシャル・キャピタルが信頼を育む』

ドン・コーエン、ローレンス・プルサック 編
沢崎冬日 訳
ダイヤモンド社・二〇〇〇円

チームを活性化させる改革こそ必要

競争力を上げるために改革を行うことが第一の不況対策だと言われ、それに向けた試みが企業のみならず大学組織ですら実行されつつある。リストラ、ダウンサイジング、合併などが闇雲（やみくも）に導入され、食堂で一息つくのすらサボリと咎（とが）められかねない。だがそれで本当に生産効率は上がるのだろうか。

改革の風当たりは、もっぱら労働者が長期的に雇用され勤務以外の時間をもともに過ごすような日本的組織風土に対して厳しい。ところが現在の絶好調企業であるキヤノンは、逆に終身雇用制の維持を提唱している。なぜだろうか。

本書によれば、それこそが国籍を問わず優秀企業に共通の特性である。ユナイテッド・パーセル・サービス（UPS）では、社員がチームとして協力し合い、ノウハウを後輩に伝えるという。場所としては、社内食堂どころか公園のベンチまでも使われる。「社交」が、敢（あ）えて奨励されているのだ。

キーワードは「ソーシャル・キャピタル」（社会関係資本）。公式の職務以外のちょっとしたお喋（しゃべ）りや社交が、人々につながりや協力、信頼や帰属意識を促し、それが創造性を生むのだという。「ソーシャル・キャピタル」そのものは、フクヤマやパットナムがすでに政治学や社会学で用いて注目を呼び、国や地域にかんして分析が進められている。著者らは「ナレッジ・マネジメント」を提唱するコンサルタント。その考え方を企業組織に応用し、実践的な方針を紹介するのが本書である。

社内至るところにホワイトボードとディスカッション・エリアがある会社や、全社員の現在の仕事が一目瞭然（りょうぜん）で分かる会社。それらは大量生産時代とは異なり、知識産出を主な業務とし、取り組みごとに役割や目的が異なるポスト工業社会に即応したものだ。

日本型組織は、工業社会の段階からチーム型だった。だが「幹部専用フロア」などの遺物も残している。公平性・透明性を上げつつチームを活性化する改革こそが求められている。そう知らされる刺激的な書だ。

（原題、In Good Company）

評・松原隆一郎（東京大学教授）

Don Cohen　米国のライター兼コンサルタント。
Laurence Prusak　米国の研究者兼コンサルタント。

二〇〇三年一二月一四日❸

『風が見ていた　上・下』

岸惠子 著
新潮社・各一五〇〇円

時空越え結び合わさる運命の糸

生命の波の花が凛（りん）と咲く小説である。

優美でありながらきりりと引き締まったイメージを紡ぎだす艶（つや）っぽい文章は、木々の濃い緑や藍（あい）色の空、だいだい色の「無双」の着物やクルクル廻（まわ）る赤い傘といった鮮麗な色彩と、肌身にまといつくような触感の確かさで心を奪う。この詞藻の豊かな文章の奔流に、浮き沈みする登場人物とともに身を任せているだけで、読者はひたむきな青春の煌（きらめ）きを、束（つか）の間なりとも取り戻すことだろう。

主人公衣子（きぬこ）の祖父速水辰吉が、箱根山中で妖女のあやかしにより水に溺（おぼ）れるシーン、そこから話は始まる。新開地横浜に夢を託した明治の男辰吉は、骨董（こっとう）店を営む傍ら、自らも絵を描き、フランス人に誘われて渡仏する。箱根での幻影は、夢となり現（うつつ）となって、生涯、辰吉にとり憑（つ）いたばかりか、孫娘の衣子の人生にも、繰り返し干渉することになる。

その衣子は「ジャポン」という映画に出演したことが機縁でフランスに赴く。映画の撮影スタッフの一員となった彼女は、ヨーロッパ各地はもちろん、アフリカにまで旅をし、物語は、世界各地での戦争や人種差別の不条理を、毅然（きぜん）と見据えながら進行する。恋人来栖堯、ユダヤ系の夫ロイックをはじめ、深く交わった人物それぞれが抱える胸中に秘めた思いを、長い時間をかけて知ることで、衣子は大人になってゆく。

衣子の人生の道連れたちは、恩讐（おんしゅう）を越え、幽明相隔てた者たちまで舞い戻り、運命的な糸を絡ませながら、皆で輪舞を踊りだす。およそありえない偶然の符合が多出し、なおかつリアリティーが失われないのは、人を突き動かす情念への洞察の精確さゆえだろう。その情念は、人や言葉や物事を時空を越えて結び合わせる大きな輪への晴れやかな信頼によって、暗い結ぼれを解かれてゆく。

もう四十年近くも前になろうか、わたしの両親が卓袱台（ちゃぶだい）を挟んで憧憬（しょうけい）の口振（くちぶ）りでよく話題にしていた女優が、この小説の作者である。彼女は国際派ジャーナリストの経験を積んだ後、今度は憧憬すべき作家として、回転木馬に乗ってわたしたちの目の前に姿を現したのだ。

評・池上俊一（東京大学教授）

きし・けいこ　32年生まれ。女優、作家。著書に『ベラルーシの林檎（りんご）』など。

二〇〇三年一二月一四日④

『新しいヨーロッパ　古いアメリカ』

藤村信 著
岩波書店・二八〇〇円

国際情報の十字路で織りなす現在史

時の政治や外交を扱ったコラムで、のちのち読むに堪えるものは少ない。著者が毎週、国際情報の十字路とも言うべきパリから中日(東京)新聞に送ってくる「ヨーロッパ展望台」は、再読に値する貴重な一つだ。本書は、世界が戦争漬けになった最近四年分をまとめたもの。

アフリカのギニアからベルギーのブリュッセルに旅客機が着いた。胴体の着陸装置をおさめた張り出しのなかで、二人のアフリカ人少年が凍え死んでいた。一人はヨーロッパの「えらい人たち」あての手紙を持っていた。「ぼくたちはものすごく苦しんでます。……ぼくたちが勉強して、アフリカであなた方のようになれるように、たすけてください……」

四年前の夏である。日本でも、ここまではたいていの新聞が報じた。しかし著者は「そのあと」を書く。

遺体はギニアに運ばれ「殉教者」としての盛大な葬儀のあと、政府によって首都の中央墓地に埋葬されたこと。一方で政府は、少年たちが反対勢力にそそのかされたのではないかと疑ったこと。ところが彼らが使っていた公民教科書に手紙の下書きが挟んであるのが見つかった。教科書にはこうあった。「こどもたちはやがて明日はおとなとなります。……知事や大臣や大使になる人びともあります。……そのためには、学校でよくまなんで、準備をしなければなりません」

ここまで読むと、ニュースはにわかに立体的になる。もちろんアフリカの貧困と飢餓と内戦についても説明されていて、「国際情勢」という乾いたことばが「人間」の形になって迫ってくる。

「現在史の歴史家として、後代の歴史家から嗤(わら)われるような文字は書きたくない」と著者は心を定めている。その覚悟がたとえば「えせ侍の刀いじり」と題した昨夏の冷徹にして痛烈な文章になる。

「もとよりサダムは消えてほしい人間だが、戦争に訴えるというのは別の話である。それはパレスチナの戦争をさらに永久化し、世界中に測るべからざる不吉な連鎖反応をひきおこすであろう」。えせ侍とはブッシュ二世と取り巻き連中。分析は的中しつつある。

評・栗田亘(コラムニスト)

ふじむら・しん　24年生まれ。国際ジャーナリスト。著書に『プラハの春モスクワの冬』など。

二〇〇三年一二月一四日⑤

『結婚の条件』

小倉千加子 著
朝日新聞社・一二〇〇円

あてどなく…彼女は「晩婚」に向かう

いまの日本の(若い)女たちは「結婚」についてどう考えているのか、を小倉千加子は書いた。中身を読んだ読者は、なんとなく予想していたことであるにも関(かか)わらず、あまりのショッキングな内容に、茫然(ぼうぜん)自失する他ないだろう。

彼女たちは考える。「結婚」とは、なにより「ビジネス」なのだ。苦労して就職なんかしたって意味はない。優雅な専業主婦こそ、女の生きる道なのだ。女性の自立も男女雇用機会均等法も、必要ない。経済力のある男を見つけ、子育てし、なおかつ余裕があれば、最後に「自己実現」のためにちょっとした「価値ある仕事」をしたいのだ、と。

二十世紀を戦い続けたフェミニズムは、新しい世紀を迎えて、その解放の対象であったはずの女性たちから「あんた、もういらないわ」と宣告されたのである。ちょうど、社会主義がそうであったように。

だが、彼女たちは、喜んで「ビジネス」としての「結婚」を選んだのだろうか。

「彼女たちは自分が何者であり、何ができるのか、自分の唯一無比の個性というものを見つけることができず、ただみんなと同じように振る舞ってけっして集団から浮かず、なおかつ親の期待に応えられる程度には受験勉強や就職活動をしなければならず、暗い将来しか見えないこの国でなんとか生きていかねばならないという諦（あきら）めを若くして十分抱えている……今の階層の維持は、彼女たちにとって至上の課題であり、その一番有力な方略が結婚なのである」

　未来と希望が持てないまま、女たちは「結婚」へ向かう。しかし、その相手の男たちも（彼女たちと同じように）未来と希望を奪われつつあるのだとしたら。

「女子学生は、現在の自分の生活水準を保障してくれる男を探し、男子学生はユートピア的場所となる女を探す。しかし、そんな理想の相手はどこにもいない」

「晩婚化」は、優雅な生活を求める故にではなく、夢の実現が不可能であるから起こった。ふつうの学者や評論家たちの見えないところで、この国は、いちばん底から壊れはじめているのである。

評・高橋源一郎（作家）

おぐら・ちかこ　52年生まれ。心理学者。著書に『セクシュアリティの心理学』など。

二〇〇三年一二月一四日⑥

『ツ、イ、ラ、ク』

姫野カオルコ 著

角川書店・一八〇〇円

天衣無縫に描いた一生に一度の恋

　ヘンな小説だ。最初はそう思う。生硬な文章が続くかと思うと、感情表現豊かな文章が突然入り込み、なんだなんだと思っていると、心理テストまで挿入されるのである。これではばらばら、不統一と言われても仕方がない。

　しかし、にもかかわらず、読み終えてみると、この自由奔放、天衣無縫の文章が心地よく残っていることに気づく。ざらざらと硬い文章の中にオアシスのように柔らかなものがあり、そのごたまぜの世界まるごとが、この作品には必要であったことに気づくのである。

　描かれるのは、十四歳の女子中学生と若き教師の恋だ。それが許されぬ恋だろうが、十四歳だろうが、すべての恋がそうであるように、しょせんは恋の話にすぎない。一生に一度の恋、と考えるのは勝手だが、当事者以外の他人にしてみれば、ふーんと思うしかない。もう恋愛小説に関心も薄れてきているし、オレ、忙しいんだし。

　という作品との距離を、ぎくしゃくした文章が、自由奔放な文体が、どんどん埋めていくのである。斜にかまえていると襟を掴（つか）まれて、ぐいぐい物語の中に引きずり込まれていくのだ。

　姫野カオルコの読者なら、この天衣無縫の文体と構成に出会うのは初めてではない、ということにも触れておかなければならない。たとえば『レンタル（不倫）』を想起すればいい。普通の恋愛小説を笑うようなこの長編は、批評精神あふれる姫野カオルコらしい作品だった。だからその意味でこの作者が変化したわけではない。

　変化はコロンブスの卵だ。『レンタル（不倫）』の手法で、今回はなんとストレートな恋愛小説を書いたのである。正統派の恋愛小説とはもっとも遠くにあると思われていたケレンたっぷりの構成と文体で、一生に一度の恋を真正面から描いたことこそ、今回の驚きといっていい。それがこの二人の恋を鮮やかに浮き彫りにする結果になっているのは前記の通り。苦しく切ない恋が、きわどい綱渡りの末に、かくて我々の前に現出するのである。

評・北上次郎（文芸評論家）

ひめの・かおるこ　58年生まれ。作家。著書に『ドールハウス』『受難』など。

二〇〇三年一二月一四日 7

『エンロン　内部告発者』

ミミ・シュワルツ、シェロン・ワトキンス 著
酒井泰介 訳
ダイヤモンド社・二八〇〇円

世界有数の粉飾会計事件となったあのエンロン事件のドキュメンタリー。しかも著者は、同社内部で粉飾決算問題に気がつき、警鐘を鳴らしていた副社長。問題の発生から発覚、そして上層部がそれをいかにして握りつぶしたかまで、内部の人間にしかわからない緻密(ちみつ)さで描かれている。

最終的には会計詐欺事件なので、会計や財務の知識がないとわかりにくい部分はある(逆にバランスシートや資産評価の知識がちょっとでもあれば、驚愕〈きょうがく〉の連続だ)。が、それがなくても、株価上昇にさえつながればどんな怪しげなことでも平気で許容する異様な社風や、そうした社風で活躍できてしまう人々の、これまた抑えの効かない新興宗教まがいの異常人格ぶりには呆然(ぼうぜん)。欲をいえば、その後のワールドコム事件ともからめ、エンロンから一歩離れたアメリカ全体の問題への視点が欲しかったところではあるが、それはないものねだり。並の小説をはるかにしのぐおもしろさ。

評・山形浩生(評論家)

二〇〇三年一二月一四日 8

『メスとパレットⅡ　無影燈のかげ』

森武生 著
婦人之友社・一六五〇円

メスは手術用メス、パレットは趣味の風景画のため。消化器がん専門の名医の優雅な随筆集かと思ったら、とんでもない。

大量の管につながれた病院死を、マスコミは「スパゲッティ症候群」と批判する。だが医師だって、瀕死(ひんし)の患者をわざわざ苦しめようとしているわけではない。のどが渇かない程度の水を補給し、息を楽にし、最後の時間を吐瀉(としゃ)物や吐き気で苦しまないようにと、精一杯(せいいっぱい)の努力をしているにすぎないのだ。

インフォームド・コンセントもそう。金と信仰と契約の観念に支えられたアメリカ的医療に、日本の患者や家族や医師は、本当に耐えられるのか。なにか別の手があるはずだ。

朝、外来待合室を通ると、患者がいっせいに自分の顔を見る。その孤独な目が怖い。いつのまにか、一つ手前の他の科の入り口から外来にもぐりこむ習慣ができた。繊細な心と率直な思考力をもつ名医の怒りの文集というべし。

評・津野海太郎(和光大学教授・編集者)

二〇〇三年一二月一四日 9

『山川健次郎伝　白虎隊士から帝大総長へ』

星亮一 著
平凡社・一八〇〇円

戊辰戦争での会津藩の奮戦ぶりは、白虎隊などでよく知られている。しかし、維新後、賊軍の運命は悲惨であった。下北半島に斗南藩三万石として再興された際の苦労は、石光真人編『ある明治人の記録　会津人柴五郎の遺書』(中公新書)が伝えているが、白虎隊士でありながら身分、一命をとりとめ、東京帝国大学総長になった山川健次郎の存在はポピュラーではない。

田中館愛橘(たなかだてあいきつ)や長岡半太郎らを育て、日本の物理学界を領導し、東京だけでなく京都・九州の帝大総長を歴任、多くの学校の創設や改革に携わる。しかし、そこに至るまでの敗者ゆえの苦難は想像を絶していた。本書は会津の誇りと反骨精神を軸に、気骨ある明治人の足跡を辿(たど)る。

留学先のエール大学での猛烈な勉学、研究者・教育者としての清廉潔白さ。いのちは自分だけのものでないことは、あの鶴ケ城の戦闘から学んだのだろう。

維新をくぐり抜けた人間のスケールを感じさせた。

評・小高賢(歌人)

二〇〇三年一二月一四日⑩

『モンテーニュ私記　よく生き、よく死ぬために』

保苅瑞穂 著

筑摩書房・二八〇〇円

先日、『エセー』の初版本が四千四百万円という破格の高値で落札されたことが大きく報道された。そんな世俗的な事件も含めて、「モンテーニュ・ルネサンス」ともいうべき潮流が起こっているのかもしれない。

宮下志朗の清新な翻訳『エセー抄』に続いて、本書は、柔軟な読みを通してモンテーニュの哲学的射程の深さを示し、その結果として、ごく自然な形で、『エセー』の予言的な現代性を解明した傑作評論である。

モンテーニュが宗教戦争のさなかで自分の思想を鍛えたことはよく知られている。その現在の世界にそっくりの状況下で、モンテーニュは、戦争にふける文明人の異常さと、自然を破壊する人間の、世界からの孤立を痛いほど意識する。

この人間の悲惨から、モンテーニュはいかにして生の輝きをとり戻したか。彼の自己回復のドラマが委曲を尽くした読解でたどられる。日本を代表するプルースト学者が十数年かけた繊細なる力業といえよう。

評・中条省平（学習院大学教授）

平成十六年

2004

二〇〇四年一月四日❶

『ヘル』

筒井康隆 著

文芸春秋・一〇四八円
ISBN9784163223605/9784167181154(文春文庫) 文芸

死者と生者の輪舞、空虚に、懐かしく

あけましておめでとうございます。といいながら、正月のおめでたい気分のさなかに、こんな縁起の悪いタイトルの小説をわざわざ書評欄のトップに選ぶとは、朝日新聞学芸部はいったいどういうつもりなのでしょうか。

そもそも筒井康隆はヘンな小説ばかり書いてきた人ですから仕方ないのですが、この最新作はとりわけヘンな小説なのです。

登場人物の大半が死人で、生きている人物もほとんど棺桶(かんおけ)に片足つっこんだような連中ばかりです。六年前の傑作『敵』は「老人小説」だったわけですが、『ヘル』はその先に行きすぎて紙一重をつき破って落っこち、「死人小説」になってしまいました。

冒頭に、信照と勇三と武という小学校の同級生が登場します。この場面を回想する七十歳の信照だけはまだ生きているのですが、勇三はやくざになって二十代半ばで腹を刺されて死んでいますし、武は五十七歳のときに浮気相手の女の亭主にダンプカーで激突されて即死します。

また、わき筋として、勇三の弟分が地下のクラブで敵対するやくざから延々と拷問を受けるグロテスクな挿話や、武の会社の部下である泉という男が女性タレントに入れあげたあげく、飛行機のハイジャックと墜落事故で亡くなるという話もあり、飛行機のなかで、見知らぬ泉と信照とが一瞬すれちがうエピソードによって、この死人と半死人たちのシュニッツラー風の輪舞は、ひとつの環(わ)をとじることになります。

なぜ死者と生者がロンドのように次々に相手を替えて交わることができるかといいますと、死者のいる「ヘル」には、夢という通路をとおって、生者もすべりこむことができるからです。本書は、『夢の木坂分岐点』や『パプリカ』など、筒井夢小説の必然的な到達点として、「夢を見ることはすこしのあいだ死ぬことだ」という命題を、あの手この手の小説的テクニックを駆使してくりひろげております。

とくに、日本人の心にしみる七五調で登場人物の多彩な死にざまをストロボのように連続させる最後のくだりは、筒井康隆ならではの実験精神とばかばかしさが絶妙にまじりあって、『ヘル』のクライマックスを形づくっています。

それにしても筒井康隆の描く「ヘル」は、なんとクールで、空虚で、懐かしい世界なのでしょう。いまから三十年以上も前、死の直前の三島由紀夫は、日本は滅びて、極東の一角に、無機的で、からっぽで、ニュートラルな経済大国が残るだろうと予言しましたが、本書『ヘル』は、そんな日本の明るい滅びの姿を、遠い未来から懐かしむようなまなざしで描いています。

ラストで、ヘルよりもさらに遠い場所をめざして死者たちが旅立つ場面には、そうした哀切なノスタルジーがたちこめて、読む人を深い感慨へと誘うことでしょう。

評・中条省平(学習院大学教授)

つつい・やすたか 34年生まれ。小説家。著書に『わたしのグランパ』『小説のゆくえ』など。

『メアリー・アニングの冒険』

吉川惣司、矢島道子 著
朝日新聞社・一四〇〇円
ISBN9784022598394 科学・生物／ノンフィクション・評伝

「女化石屋」に共感した世界初の評伝

ダーウィン『種の起源』（一八五九年）にいたる歴史を調べてきた私は、彼女の名前に何度か出会ったことがある。たいてい脚注か、小さなエピソードでだった。ドーバー海峡に面した英国の寒村ライム・リージスで、一七九九年に生まれた。父親は貧乏な家具職人。海岸で拾った化石を玄関先に並べ、観光客相手に売っていた（つげ義春『無能の人』を思い出す）。

わずか四七歳で、乳癌（にゅうがん）の苦痛に顔をゆがめたまま、あるいは痛み止めの阿片（あへん）で陶酔したまま他界した。その一三年前に刊行された郷土史には、三五歳の女性「化石屋」の名前と、彼女が発見した「ノアの大洪水以前」の「生物遺骸（いがい）」（首長竜や魚竜）のリストが、顧客である大学者たちの名前を付して記録されている。一歳のとき落雷に直撃され、一人だけ生き延びたという神話とともに。彼女は生前にすでに、郷土の誇りだった。

彼女が発見した化石は、ロンドン自然史博物館など各地の博物館に、いまも保管されている。しかしラベルには、それを購入し後に寄贈した学者の名前しか書かれていないという。彼女自身は論文を書いていない。彼女に関する記録も断片的なものしか残されていない。そのため本国でも評伝は書かれていない。

本書は世界初の評伝である。それが可能となったのは、二人の著者の絶妙なコンビの賜物（たまもの）だろう。「女性化石屋」である矢島の共感と地道な資料発掘。アニメ脚本家である吉川の構成力。断片を位置づける化石屋の手作業と、空白を埋める脚本家の想像力が出会わなければ、たぶん本書が書かれることはなかった。

彼女は新発見の化石に正当な価格をつけるため、学者顔負けの知識を独学で身につけた。化石の正体を知るため、現生の動物を解剖して比較した。営業のため、誤字だらけの手紙を学者の妻たちに送りつづけた。評判を聞いて来店したザクセン王一行に「私はヨーロッパのどこでもよく知られています」と豪語し、死の床で学者たちを揶揄（やゆ）し罵倒（ばとう）する詩を書いた。けなげで、たくましく、性格はねじれている。この幸薄い女性への私の同情は、いつしか愛に変わっていた。

評・新妻昭夫（恵泉女学園大学教授）

よしかわ・そうじ 47年生まれ。脚本家。
やじま・みちこ 50年生まれ。古生物学者。

『シティズンシップの教育思想』

小玉重夫 著
白澤社発行、現代書館発売・一八〇〇円
ISBN9784768479063 教育／人文

異質な「他者」との関係を築くために

「生きる力」といったような曖昧（あいまい）なキャッチフレーズが教育改革をリードするようになって以来、教育の理想を語ることに、どこか胡散臭（うさんくさ）さがつきまとう。なるほど、90年代以後、教育を語る言葉は急速に力を失いつつある。教育思想や教育哲学も、現実離れした、役立たずの理論集として片付けられてしまいそうだ。

「教育哲学の貧困」時代にあって、本書は、西欧近代の教育思想を論じた、正真正銘の「教育原理」論である。ソクラテスにプラトン、カントやルソーにコンドルセ。こうした名前をあげると、古びた教育学のテキストの焼き直しの印象を与えるかもしれない。だが、そうではない。本書は、「近代」の行き詰まりの中で、近代とともに生まれた（近代）教育と、それを支えた思想とを批判的にとらえ直そうとする、教育思想復権の試みである。

著者によれば、「進歩」のための教育といった「啓蒙（けいもう）」の教育思想は色褪（いろあ）せた。その反動が、現実に居直るシニシズムの教育論である。しかし、近代教育思想には、啓蒙主義とは別の可能性もあった。「自分の思い通りにはならない他者」と公的な関係をどのように作り上げていくかという問題の発見である。

　わかり合えることを前提にした共同体内部の関係を越えて、いかに異質な「他者」との関係を築き上げるか。そうした場として想定されるのが、新たな政治的公共性の空間であり、そこでの担い手となる「市民」をどうやって生み出すのかが、「シティズンシップの教育」である。とりわけ、国民国家・福祉国家の枠組みがゆらぐ今日では、これは重要な課題である。その可能性を探るために、著者はアレントを下敷きに近代教育思想を読み直しつつ、教育改革をはじめ、現代的な教育問題の議論へとつなげていく。

　教師にとって、生徒も「思い通りにならない他者」である。この指摘をもとに、子ども中心主義でも、教師の権力性に居直るシニシズムでもない、教師と生徒の関係のあり方を提唱する。思想の問題として、現実の教育を考えることの意義をあらためて教えてくれる一冊である。

評・苅谷剛彦（東京大学教授）

こだま・しげお　60年生まれ。お茶の水女子大助教授（教育学）。

二〇〇四年一月四日⑤

『魂の労働　ネオリベラリズムの権力論』

経済／社会

渋谷望 著

青土社・二三〇〇円
ISBN9784791760688

「感情労働」が生む親密さという矛盾

　介護労働の現場には、外部から視線の届きにくい現実がある。例えば、ある民間シンクタンクが訪問ヘルパーや介護施設で働く職員2000人を対象にアンケートを行ったところ、「利用者の性に直面したことがある」と答えた人の割合が全体の3割以上に上った。

　介護はこれまで、女性が家庭において強いられるアンペイドワーク（不払い労働）として焦点化されてきた。この問題は、旧来は「家を守る女性の無償の勤め」だった介護を、社会化し、有償化していく方向で解決が図られつつある。

　ところが、有償介護の場合でも、なかなか解き難い、新たな難問が浮上してきた。それが先の数字とかかわる「魂の労働」問題だ。

　「魂の労働」とは何か。例えば、あるハンバーガーショップでは、品書きに「スマイル0円」と書き込まれている。表示上は「0円」であっても、笑顔という感情表出が客に便益を与える「商品」として意識されている。この種の、職場において発揮するよう求められる感情管理を「感情労働」という。従来、感情労働は短期的なものと考えられてきたが、介護の現場においては長期化し、深化する。渋谷はこれを「魂の労働」と呼ぶのだ。

　「魂の労働」においては、感情労働の抱えていた矛盾がより激化したかたちで表れる。「魂の労働」は、用役を提供する者と提供される者の双方に、近代的な個対個の契約関係を超えた、親密な関係次元を経験させてしまうからだ。

　この関係性が、「利用者の性に直面する」介護労働者の苦境に繋（つな）がる。

　しかし「魂の労働」の問題域は単に介護労働に留（とど）まらない。他方で渋谷は、自己実現というイデオロギーによって、新自由主義的な「選択する主体」と共同体主義的な「モラルの主体」とが接合され、ポスト福祉国家に都合のよい「市民」像が規格化されているとも指摘する。

　強いられた自発性、用役としての愛、動員されたヴォランティア……。形容矛盾的現実のなかに、軋轢（あつれき）を、すなわち抵抗の根拠を見いだそうとする著者に「社会学者」なる肩書はそぐわない。

評・宮崎哲弥（評論家）

しぶや・のぞむ　66年生まれ。千葉大助教授（社会学）。著書に『音の力』（共著）など。

二〇〇四年一月四日⑥

『大都会の夜』

ヨアヒム・シュレーア 著　平田達治ほか 訳

鳥影社・三二〇〇円
ISBN9784886297891　歴史／人文／社会

歴史の闇照らす 夜の文化史

過去の人間たちの言動の意味を考えるためには、彼らがおかれた生活の諸条件を考慮に入れることが必須である。気候風土、経済や社会の仕組み、衣食住などについては、近年の歴史学はかなり詳細に検討してきた。だが、一日の半分を占める「夜」の研究が、かくも鮮やかに歴史の闇を照らしだすとは、まさに虚を衝（つ）かれた思いである。ジャン・ヴェルドンの『夜の中世史』（原書房）と並び立つ、本格的な「夜の文化史」である。

著者がパリ、ロンドン、ベルリン三都市に焦点を当てたのは、産業化時代の大都会でこそ、一旦（いったん）夕闇迫れば、赤光に輝く映画館、劇場、レストラン、バー、ホテルが、昼間の仕事から解放されたブルジョワたちに夢見る歓楽の時空を与え、その一方で暗い街角では貧者が徘徊（はいかい）し、街娼（がいしょう）が酔客の袖を引き、犯罪者が獲物を探してたむろするという、異様なコントラストをもつ夜の近代的イメージが成立したからだ。また一八四〇年から一九三〇年という時代を選んだのは、この間に、かつての漆黒の世界が、照明技術の進歩、交通量の増加、夜のモダンな語り口の登場によって、堅固な閉鎖措置から開放され、多くの意見と表象の対立を抱えつつ急速に変容したからである。

「安全」「道徳」「歩行」の三つの柱を立て、史料を渉猟して手堅くまとめているのだが、安全確保の警備、犯罪・売春の取り締まり、ホームレスの保護収容施設など、当局の規制ばかりがスポットライトを浴びるのは、官憲の報告や教会文書を主たる史料にした、お堅いドイツ人歴史家の仕事だからだろうか。不気味な不安と陶酔を誘う魅惑とが背中合わせになった夜の世界についての、エスプリの利いた記述があまりないのは、フランス好きには少しものたりないかもしれない。

痛みや臭（にお）いを身体から放逐し、清潔にとり憑（つ）かれた現代文明は、夜の闇を忌み嫌い、昼間の法則に従わせようとしてきた。夜に安息と畏怖（いふ）の黒い充溢（じゅういつ）を回復させてやれば、歪（ゆが）んだ人間性を立て直すのに有効かもしれない、などと考えた深夜のわたしの書斎も、気がつけば煌々（こうこう）とライトで照らされていた。

（原題、Nachts in der großen Stadt）

評・池上俊一（東京大学教授）

Joachim Schlör　60年生まれ。M・メンデルスゾーン・センター研究員。

二〇〇四年一月四日⑦

『真剣』

海道龍一朗 著

実業之日本社・一九〇〇円
ISBN9784408534473／9784101250410（新潮文庫）　文芸

新人作家のデビュー長編だが、全編に漲（みなぎ）る緊迫感に圧倒される。読み始めるとやめられなくなり、もう一気読みである。新陰流の流祖、上泉（かみいずみ）伊勢守信綱の生涯を描く長編小説だ。

この手の小説の常套（じょうとう）とはいえ、その過酷な修行の濃い細部が第一。特に陰流の祖、移香斎（いこうさい）の造形が群を抜く。第二は、十文字鎌槍（やり）の名手、宝蔵院流の胤栄（いんえい）とのラストの対決に象徴されるように、剣の対決が迫力満点であること。すなわち、剣豪小説としての軸がきっちりときまっている。

第三は、戦国武将としての苦難が物語性豊かに描かれていること。ここでは武田信玄の対面シーンが白眉（はくび）。第四は、柳生但馬守宗厳（むねよし）が「なんや、わて、今気いついたで」と関西弁で登場すること。奈良の人間が関西弁を喋（しゃべ）っても不思議ではないが、妙なリアリティが漂っている。

これだけ読みどころの多い小説はそうあるものではない。今後の活躍に大いに期待したい。

評・北上次郎（文芸評論家）

二〇〇四年一月四日❽

『伝統　その創出と転生』

辻成史 編著
新曜社・二八〇〇円
ISBN9784788508750　歴史／アート・ファッション・芸能

「栄えある伝統を受け継ぐ」「伝統ある日本文化」「日本美の伝統」などと、よく言う。「伝統」なる言葉をめぐるそうした言い回しは、いつごろ使われ始めたのだろうか。

美術史家、陶芸家、造形作家らが対談、鼎談（ていだん）を重ね、この問題に迫った。本書はその集成。

多くの人にとっておそらく意外なことに、江戸以前はもちろん、明治、大正期でも伝統、伝統と声高だったことはない。昭和ひとけた、一九三〇年代になって「国の伝統」「民族の伝統」といった意味合いで、にわかに使用頻度が高まる。

たとえば評論家長谷川如是閑（にょぜかん）が用い、哲学者務台（むたい）理作（戦後は平和問題で発言）が使い、また旧陸軍の『歩兵操典』に現れるという具合に、時代を映し、さまざまな立場から語られた。

「伝統」とは、使い勝手のいい言葉でもあったのだ。さらに戦後はどうであったかも検証する。ただし話が美術の専門領域に及ぶと、私などにはやや高度。

評・栗田亘（コラムニスト）

二〇〇四年一月四日❾

『石油地政学　中東とアメリカ』

畑中美樹 著
中公新書ラクレ・七六〇円
ISBN9784121501110　政治／新書／国際

著者は、20年以上にわたってエネルギー問題を中心とした湾岸経済情勢を追ってきた中東専門家である。

「イラク開戦の目的が石油にあったとは思っていない」と著者は言う。米国は中東依存を減らすため、アフリカ西部からの輸入率を25％まで高める計画などを進めているという。

それならば、なぜブッシュ米政権はイラクにこれほどまでこだわるのか。戦費と復興予算を合わせて1000億ドル以上をつぎ込む戦略上の意味は何なのか。

米国には「石油輸出国機構（OPEC）を弱体化する試み」があることを著者は指摘する。米石油業界はイラクのOPEC脱退も視野に入れているようだ。

本書は、サウジアラビアやパレスチナも取り上げる。だが、読者としては、米石油戦略がイラクの占領統治とどのように絡んでいるか、に関心が向く。

石油と戦争の因果関係をもっと掘り下げるような分析があれば、この本の読み応えは増しただろう。

評・定森大治（本社編集委員）

二〇〇四年一月四日❿

『植草甚一コラージュ日記①、②』

植草甚一 著　瀬戸俊一 編
平凡社・各一三〇〇円
ISBN9784582831863〈1〉・9784582831870〈2〉　文芸

この本がなぜおもしろいかって？　植草甚一が自筆で書いた日記で、お得意のコラージュもたくさん載っているからさ。

植草甚一って？　説明するとながくなるので簡単にいうと、60年代から70年代にかけて、若者たちからまるで教祖みたいに見られてた人なんだ。かれの生き方そのものが支持されたっていったらいいかな。

その理由も、いまでははっきりしている。かれは映画や探偵小説やジャズを批評したけれど、どれも自分の好みのままに楽しんでいた。イデオロギー闘争でくたびれた当時、かれの風に吹かれて遊ぶような自由さがすごく新鮮に見えた。

もうひとつは、文章がよかったってこと。目下進行中のあたらしい言文一致体の先駆者といってもいいくらい、明るい話し言葉を駆使して書いた。その息づかいがそっくり伝わる直筆の複製だから、唸（うな）っちゃうわけさ。続刊のニューヨーク編も、眺めててあきないんだなあ。

評・杉山正樹（文芸評論家）

二〇〇四年一月一一日❷

『考古学者はどう生きたか　考古学と社会』

春成秀爾 著
学生社・三三〇〇円
ISBN9784311300516　歴史／ノンフィクション・評伝

時代や戦争に翻弄された十余人の足跡

旧石器捏造（ねつぞう）事件への反省からか、考古学史を振り返る作業が盛んである。学界の定説や、学説史に対する丁寧な見直し、当時の政治・社会事情に照らしての読み直しが、今こそ大切なのだ。これまでの考古学史は、学者個人の思想や社会とのかかわりにふれることはなかった。これをタブーとする暗默の了解が、学界や日本社会にあったからであろう。そうした中で、明治の坪井正五郎から昭和の山内清男・小林行雄まで、日本考古学を築いた十余人の学者の思想と行動を、当時の社会との関連において明らかにしようとした初めての試みが本書である。

著者が特に力を入れているのは、敗戦まで国民を縛っていた皇国史観、そして戦争に考古学者はどう向きあって生きたか、という点である。戦前は、記紀のいう天照大神（あまてらすおおみかみ）から神武天皇までの「歴史」を史実として教えた。歴史教育の場では、考古学は神代の記述と矛盾しないように、まったく記述がないか、または教科書の片隅に登場するだけであった。

こうした政治の強圧下にあって、文部省の教科書を執筆する際、真実の歴史を書こうと抵抗した濱田耕作や、書き続けるために皇国史観批判をあえて論文の行間に伏せておこうとする山内や小林がいた。その一方、皇国史観の立場で考古資料を解釈し、軍国主義を鼓舞した後藤守一がいた。彼は戦後、公職追放を逃れ、学界を主導する地位を保った。死ぬまで神武天皇実在説を主張し続けたが、誰も面と向かって批判はしなかったという。

文献や資料に詳細に目を通し、関係者からも話を聞いて、学者達（たち）がどう生き、発言し、行動したかを検証する。近年のマスコミ主導型の、派手な発見記事に登場する学者とはおおよそ異なる、時代のうねりに翻弄（ほんろう）され、苦闘する姿を知ることができる。「学問は全人格的営為の所産」というが、考古学の学説史を人間の営みとしてとらえ、学説の成立の過程も人間のドラマだと実感できる一書である。考古学と学者に対する熱いまなざしが無くては、こうした著作は生まれようがない。日本古代史についても、こういう本が書かれなければならないだろう。

評・武田佐知子（大阪外国語大学教授）

はるなり・ひでじ　42年生まれ。国立歴史民俗博物館教授。著書に『縄文社会論究』など。

二〇〇四年一月一一日❸

『生成文法の企て』

ノーム・チョムスキー 著
福井直樹、辻子美保子 訳
岩波書店・三六〇〇円
ISBN9784000236386／9784006002534（岩波現代文庫）　人文

「開祖」が語る　言語のプログラム

子供は「パパでちゅよー」等のろくでもない単純な文章を聞いているだけで、すぐにややこしい文章を理解し、自分でも無限の文を作り出す能力を獲得する。その入力の分析だけでそれが可能だとは考えにくい。人間だけが生物として持つ言語器官があるのでは？　その器官の能力にいろんな変形処理が加わって、普通の言語能力が実現されているんじゃないだろうか。とすればその器官の能力（生物学的）と、変形処理の仕組み（プログラムみたいなもの）が解明できれば、世の中にある言語が、もっと見通しよく説明できるようになるだろう。

本書はこうした発想の生成文法理論をめぐり、その開基の祖たるチョムスキーが縦横に語った実におもしろいインタビュー集だ。決して入門書ではない。訳者解説も詳しいし、注も丁寧だけれど、特に生成文法理論自体（とその進展）に関する議論はかなり専門的で、業界の内輪話的な部分も多い（逆に専門家にとっては大きな魅力だろう)。でも、これは専門家だけのための本ではない。非専門家にとっての本書の醍醐味(だいごみ)は、言語学と他の各種学問分野との関係についての議論だ。言語の生物学的基盤、脳科学や進化論との関(かか)わり、人工知能やコンピュータからのアプローチ、そしてかれが何を捨て、何が有望と考えているか。

言語学の現状に対する不満(まだ記述にとどまり科学になっていない、等)、言語学は認知心理学の一分野になるべきだ、といったどこまでまじめかわからない発言や、科学における「正しさ」と「美しさ」の関係についての議論など、言語学自体の広がりを示すとともに、幅の広い知的関心を刺激してくれる。ピンカーの著書などで生成文法に関心を持った向きにはお勧め。

またチョムスキーの社会問題関連発言にしばしば影を落とす、経済学に関する一知半解ぶりを示す発言まできちんと収録され、注でそのまちがいぶりがばっちり指摘されているのには、驚くとともにその誠実さに感心。参考文献や索引も完備され、学問的な良心を貫徹させた好著だ。

(原題、The Generative Enterprise)

評・山形浩生(評論家)

Noam Chomsky 米国マサチューセッツ工科大教授。

二〇〇四年一月一一日❹

『神も仏もありませぬ』

佐野洋子 著

筑摩書房・一三〇〇円

ISBN9784480814586/9784480424938(ちくま文庫)

文芸

老いや死を大きな眼でがっちりと見る

ちかごろ私はこわくってしようがない。足元がぐらぐらしている感じ。気をゆるめると、暗い谷底に突き落とされてしまうようなこわさ。これは何? とよく考えてみたら、それは私にもひたひたと押し寄せてくる「老い」や「死」をこわがっていることに気づいた。

お風呂に一日入らないと、髪がねっとりして身体が匂(にお)う。ああ、私はナマモノなのだと実感するけれど、ナマモノだからいつかは腐ってしまうのかしらと思うと、さらにどきどきしてしまう。

そもそも私はなぜこの世にいるのだろう。そしていつ、消えてしまうのだろう。子供のころ寝つけない夜中、頭にうずまいた疑問がふつふつと湧(わ)いてくる。そして、人生ってこんなに短かったの、と考える中年の私だ。心底こわい。こわいから考えることをやめてしまう。

そんなふうにおろおろしていたときに佐野洋子さんの本を読んだ。佐野さんは自分や他人の老いや死を、その大きな眼(まなこ)でがっちりと見ていた。

〈鏡を見て、「ウソ、これ私?」とギョッとする瞬間以外、一人でいる時、私はいったいいくつのつもりでいるのだろう。青い空に白い雲が流れて行くのを見ると、子供の時と同じに世界は私と共にある。六十であろうと四歳であろうと「私」が空を見ているだけである〉

私は、なぜ私なのか。よるべない孤児のように「実存」の不安におびえつづけるのは、いくつになっても変わらないという。なんだ、みんなそうなのか。

身近な人が死ぬ。老いとは〈自分の周りの人達がこんな風にはがれ続けることなのだ〉と、さびしさを書くけれど、ひと月たったらテレビの馬鹿番組を見て大声で笑っている。私も一緒に笑う。

佐野さんは山のふもとに一人で暮らしているらしい。自然の描写が見事に美しいのだが、佐野さんはいろいろなことに「むかつき」ながら生きている。どんな老人になったらいいのかわからず、不機嫌なままに六十五歳になったそうだ。かっこいいなあと思う。老いや死は誰にとっても初めて体験することなのだなあ。ちょっとわくわくしてきたぞ。

評・与那原恵(ノンフィクションライター)

さの・ようこ 38年生まれ。絵本作家。著書に『100万回生きたねこ』『こども』など。

二〇〇四年一月一一日⑤

『絵画と現代思想』

酒井健 著

新書館・二六〇〇円
ISBN9784403120145

人文

絵と思想の関係　あらわに浮かび上がり

地勢図ではなく、東京からそこに行くのに要する時間を軸に描かれた日本地図があるそうだ。見えないけれど、距離以上にリアルな地図。

ベンヤミンとクレー、メルロ＝ポンティとセザンヌ、フーコーとマグリットというふうに、絵画論がそのまま思想のもっとも本質的な骨格を映しだすという書き物はある。が、ここで提示される絵と思考との関係は、水位がもっと低い。そう、遠さ、近さを別の力線で描きだすあの地図のように。

レオナルドにおける洞窟（どうくつ）の暗闇へのおびえや洪水へのおののきと、「破裂してしまうかもしれない機械」として、哄笑（こうしょう）とともに善悪の彼岸を謳（うた）ったニーチェの思考の奔流。得体（えたい）の知れないものを挿入するホルバインの歪像（わいぞう）描法と、フロイトが人間の無意識のなかにみた死への強迫。晩年のゴヤが描く赤貧、老醜、残酷、怪異と、法外な無意味に「至高性」の魅惑をみたバタイユ。晩年のゴッホがその狂気のヴィジョンのなかで甦（よみがえ）らせたものと、フーコーのいう「悲劇的な根源の喪失」。「無意味なものの豊かさに滅ぼされかかって」いるトゥオンブリの海戦の絵と、生の「軽やかな豊饒（ほうじょう）」に開かれたバルトのエッセイ的思考……。

遠近法という様式が壊れ、物の形が崩れて、平面として、マチエールとして、絵がその質料性をあらわにしてくる過程。そのなかで不気味に浮かび上がってくる死、暴力、不安、狂気、欲動、夢想のイメージ。〈非知〉という限界、あるいは意味の彼方（かなた）にまで、われわれをひっぱってきたおよそ一世紀の思考は、そのようなイメージと接触して激しく発火した。

そのような発火点の断続に、著者は、近代西欧が想定していた「主体」が破裂してゆく過程を読む。「個が個ならざるものへ解体してゆく過程で現れてくる何ものか、あえて言えば、死とともにある生命の相貌（そうぼう）」にふれるという出来事を、である。ここに引かれた力線の数々、マルローにことよせていえば、それは酒井版『空想の美術館』だ。

評・鷲田清一（大阪大学教授）

さかい・たけし　54年生まれ。法政大教授。著書に『バタイユ　そのパトスとタナトス』など。

二〇〇四年一月一一日⑥

『エコノミストは信用できるか』

東谷暁 著

文春新書・七九〇円
ISBN9784166603480

経済／社会／新書

「前後の一貫性」から諸氏を格付け

この10年、経済の不調を尻目に、というよりもそれをバネにして、活気づいた業界がある。「エコノミスト」なる業態だ。

かつてエコノミストといえば、経済を理論で分析する経済学者か政策実務を担当する官庁エコノミストだった。現在はそれに総研系エコノミストや証券アナリストが加わり、こぞって景気予測から現状分析、政策提言を行っている。続々と雑誌やテレビに登場し、侃々諤々（かんかんがくがく）の論争を繰り広げ、ベストセラーも生まれた。それでいて景気を好転させたわけではなく、流行のテーマごとに同一人物が意見を変えたりもするのだから、一般には不信感を抱かれつつあるのではないか。

エコノミストなる人種は、いったい何者なのか。本書はその謎の生態をつぶさにレポートした、画期的な作品である。特筆すべきは、バブルや財政出動、金融政策やＩＴ革命、不良債権処理からインフレ・ターゲット論につき、過去に残した発言をたんねんに掘り起こし、同一人物が意見を変える軌跡を示した点だ。失言が多数収録され、（人ごとではないが）評者は何度も爆笑させられた。一例を挙げると、某大臣は「金融システムの安定」につき、在野のころはペイオフ解禁が必要と述べていたのに、大臣になるとペイオフ延期こそが必要と、豹変（ひょうへん）している。

巻末ではエコノミストの格付けも試みられているが、「議論の整合性」や「前後の一貫性」など評価基準は論者自身への信頼性に置かれている。これは世間の望むところではないか。特定の立場から偏頗（へんぱ）な理解をもとに他人の本をなで切りにするといった志の低い類書が存在するが、対照的だ。

著者の結論が面白い。エコノミストとは、異様なほど自信に満ち、座談会などでも他人の意見など聞く耳を持たず、それでいて「10兆円の財政出動」「5年以内の民営化」と提案するときの「10兆円」や「5年」といった数字にはさほどの理由はない、というのだ。

文章に品があり、出色の人物観察記ともいえよう。

評・松原隆一郎（東京大学教授）

ひがしたに・さとし　53年生まれ。ジャーナリスト。著書に『誰が日本経済を救えるのか！』など。

二〇〇四年一月一一日⑧

『ピナ・バウシュ中毒』

楠田枝里子 著

河出書房新社・一九〇〇円
ISBN9784309266886

文芸／アート・ファッション・芸能

ドイツの小さな町を基地に、異色のダンス作品を発信し続けるピナ・バウシュ。日常生活の喜怒哀楽を切りとり再構成するコラージュの手法を用いている。多分に難解な面もあるが、著者のように慰めや安らぎが得られると〝信者〟を自任するファンも多い。

楠田さんのピナ歴は89年から。作品「ネルケン」で自分が破壊されたのを感じる。93年、ピナ自身の踊りを目の当たりにした時は、自然、涙があふれた。

「愉悦も、孤独も、情愛も、苦渋も悲哀も（中略）涙とともに、肉体の外へと引きずり出された」

消しゴム収集という意外な趣味を持つ楠田さんによると、消しゴムとピナはどこか似ているという。何かを消すたびに自らも細る消しゴム同様、ピナもまた身を削って次々新しい世界に挑んでいるのだそうだ。

ピナの公演パンフレットに並ぶ先生方の論文とは異なる実感的舞踊論。踊り手たちの動きを克明に追う描写にやさしいまなざしがにじむ。

評・安倍寧（評論家）

二〇〇四年一月一一日⑦

『アヒルと鴨のコインロッカー』

伊坂幸太郎 著

東京創元社・一五〇〇円
ISBN9784488017002／9784488464011（創元推理文庫）

文芸

物語は二つの時間軸で進行する。一つは「僕」とある男が書店を襲う現在の話であり、もう一つは「わたし」とブータンの青年が残酷なペット殺しの犯人を追及する二年前の話。この現在と過去の話が交互に語られ、途中で大きく交差して全体像を劇的に見せる。

その物語を反転させる鮮やかなトリックと細部の組織化が見事。様々なピースが少しずつ組み合わされ、些細（ささい）な事柄や古い言葉（生まれ変わりや因果応報）が新鮮な意味をおびてくる。

もちろん『重力ピエロ』（新潮社）ほかでおなじみの伊坂節、つまりクールで知的な語り口、饒舌（じょうぜつ）だが気のきいた会話、人物たちの温かな存在感も魅力的だ。しかし忘れてならないのは作者がブータンの文化との親和を語りつつ、さりげなく新たな「倫理」の確立をはかっている点だろう。伊坂幸太郎の小説には清潔で強靱（きょうじん）な倫理がある。洗練されたポップなミステリーだが、同時にしなやかでまっとうな文学でもある。

評・池上冬樹（文芸評論家）

二〇〇四年一月一一日⑨

『アメリカからの「独立」が日本人を幸福にする』

カレル・V・ウォルフレン 著

実業之日本社・一六〇〇円
ISBN9784408322025
社会／国際

独特の視点から辛口の日本社会論を展開することで定評のあるウォルフレン氏の最新作である。

キーワードは「独立」。同じように米国と同盟関係にあるNATO諸国と比較をしながら、日本は国際社会で「独立」しておらず、事実上主権がないに等しいと断ずる。実質的に日本の外交政策を決定しているのは米国であり、日本には、真に機能する政府が存在しないと論ずるのである。

著者の矛先は日本の論壇にも及び、米国の呪縛は、日本人なのに日本を信じない「ニセ・アメリカ人」や、シンボリックな話題にのみ拘（こだわ）る「ニセ・ナショナリスト」たちを元気づかせ、日本人一般に錯覚や幻想を与えていると切り捨てる。イラクへの自衛隊派兵を機に日米関係のあり方が問われているなかで、日本の針路を主体的に選択できる政府こそが求められていると説く。

ややエキセントリックな表現も目立つが、日本の対外政策を多角的に考える手がかりとはなろう。

評・音好宏（上智大学助教授）

二〇〇四年一月一一日⑩

『愛しあう』

ジャン・フィリップ・トゥーサン 著　野崎歓 訳

集英社・一四〇〇円
ISBN9784087733907
文芸

原題は、英語でいうメイク・ラヴ。愛を作る、あるいは愛を成すとも直訳できるこの営み、いつも「愛」があるとは限らない。

七年前は本当に愛しあっていたフランス人カップルが、半ば別れる目的で東京にやってくる。「近くにいれば傷つけあい、離れ離れになると仲直り」するような二人。女は売れっ子の造形作家で、ショーを控えている。男はそのつき添い。

男は、塩酸を詰めた小瓶を荷物にしのばせている。何のためか。女の顔にぶつけるため、それとも？

二人が延々と交接するシーンは、独善的な快感の奪いあいになる。メイク・ラヴが貫徹されるには、地震のような外的要因が必要。つまり、どう考えても愛しあっていない男女の物語にこのタイトルがついているところがミソなのだ。

体でも言葉でもすれ違い、塩酸ですら決着のつかない「みれん」や「くされ縁」が、膝（ひざ）すれすれぐらいの視点でうまく描かれている。

評・青柳いづみこ（ピアニスト・文筆家）

二〇〇四年一月一八日①

『1421　中国が新大陸を発見した年』

ギャヴィン・メンジーズ 著　松本剛史 訳

ソニー・マガジンズ・一八〇〇円
ISBN9784789721660／9784789732215・9784863329300（ヴィレッジブックス）
歴史／ノンフィクション・評伝

鄭和艦隊の米大陸到達説を大胆に

中華世界からながめる東西文明の交流史は、主に中央アジアの乾燥地帯をゆく「シルクロード」の物語として書きつがれてきた。この陸の道に対し「海のシルクロード」と呼ばれる海の道もあったが、それを伝える文献類は、歴史記録を何より大切にする中国としては意外に少ない。それはなぜだろうか。

本書がユニークな視点から解明を試みた明の大航海家、鄭和（ていわ）の率いる7回におよぶ「南海大遠征」は15世紀初めの時代としては空前の壮挙だったが、いまは「謎の航海」とも言われる。永楽帝が明帝国の国威発揚や国営貿易を目的に派遣したのだが、後に明は「海禁」という対外貿易や交流を厳しく制限する政策に転じ、記録・文書類を焼き払ってしまったからだろう。

それにラクダをつれた隊商たちが歩んだ道は足跡が残るが、海原をゆく航路は目に見える形では残らない。それでも「航跡」はすべてが消えてしまう訳ではなく、交易や補給のために立ち寄る港町や、心ならずも難破して打ち上げられた異国の浜辺に、船人はさまざまな痕跡をとどめてきた。物産や動植物、言葉などだ。

著者は、その鄭和艦隊の航跡を世界各地に訪ね歩き、数々の新事実を掘り起こし、大胆な結論に達するのである。すなわち永楽帝の命を受けた大航海は伝えられた海域以外にもおよび、１４２１年から試みられた第６回遠征では一部の艦隊がコロンブスの「発見」より70年も早くアメリカ大陸に到達していたと。

本書の魅力は著者の経歴に負うところもある。英国海軍の生粋の軍人で、潜水艦で世界の海を回り、艦長も務めて退役した。船から陸を見た経験が豊富だと、古地図から文献専門家とは違った風景も読みとれるのだと言う。

偶然に出会った１４２４年にヴェネツィアで作られた古地図に、当時のヨーロッパの知識になかったカリブ海の島々がかなり正確な形で描かれていた。そこから著者は欧州の探検家に先んじ、世界の海をまたにかけた航海者がいたはずであるとの仮説をたてるのである。

随所に「海の男」の勘や独自の解釈が働いている。世界各地で素性不明の古い難破船が見つかっているが、その現場に足を運んで構造や規模から鄭和艦隊の全長１４０メートルにおよぶ巨大ジャンク船ではと推断する。本当かなと思いつつ、つい引き込まれる着眼点である。

面白い読み物だが、帯に言う「歴史をぬりかえる壮大なノンフィクション」かどうかは疑問も残る。自身言うように著者は中国史の専門家ではなく、事実の断片を自説補強のために都合よくつなぎ合わせた記述も目立つからだ。

とはいえ鄭和研究家である宮崎正勝・北海道教育大学教授が解説で指摘するように、「イギリス人が西欧中心主義の世界史を根底からくつがえす説を提唱した」ことは注目に値する。

（原題、1421: The Year China Discovered The World）

評・加藤千洋（本社編集委員）

Gavin Menzies　37年中国生まれ。世界中を航海した元英海軍潜水艦長。

二〇〇四年一月一八日❷

『京都「菊乃井」大女将の人育て、商い育て』

村田英子 著

朝日新聞社・一四〇〇円
ISBN9784022578853／9784022614971（朝日文庫）

教育／社会

京言葉で語られる経営術、納得どす

京都は祇園の円山公園のそば、高台寺に接して、老舗（しにせ）高級料亭「菊乃井（きくのい）」がある。大阪では去年、高級料亭が、またひとつ灯を消した。だのに京都では健在らしい。なぜか。接待に使われるだけでなく、町衆の生活の中に根付いているからだという。そんな舞台裏を、大正はじめ創業の料亭の大女将（おおおかみ）、村田英子さんが、自身の半生に重ね合わせてやわらかな京言葉で語った本だ。

西陣の帯問屋に生まれた村田さんは実家では祖母から厳しくしつけられ、「菊乃井」に嫁いでのちは、義父から徹底的に女将の心得をたたき込まれた。「家の所帯はかかで持つ」という義父の口癖を、「料亭は女将の才覚で持つ」と言い換えて、先代直伝の経営哲学を実践してきた。

料亭は、女将や板前をはじめ、仲居以下、たくさんの人員で成り立つチームプレーであり、何よりも人が大事な商売である。人を見て人を配し、人を育てることで商いを育てて

いく。人育ては跡継ぎばかりじゃない、従業員教育にも、いかんなく発揮されるのだ。細かく、それでいておおらかに、女将が店の隅々に、そして使用人や家族のみんなに目配り、心配りして、老舗料亭が成り立ってきたってことがわかる。京女は「いけず」ばっかりじゃないなと、ちょっとホッとした。

　語られる経営術や、作法、ノウハウには、なるほどナットク。女将のビジネス服である着物はすぐ膝（ひざ）がすれるし、足袋も座ったとき下に重ねる癖のある左足が先にすり切れるので、左足だけ余分に作るという。着物に無頓着な人は、女将らしく見えない人が多いとも。「らしくある」ことが肝要で、それぞれの女将の生き方が着物に出る、とさえいう。「ものは言うてみ、人は使うてみ」。もめんで裏ごししたような、しっとり味わいのある大女将の言葉には、しっかり腰がある。きらりと光る言葉を見つけるたびに、ページの角を折っていったら、ほとんどのページに折り山がついてしまった。

　期せずして、祇園の芸妓（げいこ）さんのお花代のシステムから、敷居の高い料亭の使い方までがわかる、格好のマニュアル本にもなっている。

評・武田佐知子（大阪外国語大学教授）

むらた・ひでこ　28年生まれ。01年に料亭「菊乃井」の大女将に。

二〇〇四年一月一八日③

『号泣する準備はできていた』

江國香織 著

新潮社・一四〇〇円
ISBN9784103808060／9784101339221（新潮文庫）文芸

これぞ小説　だから素晴らしいのだ！

　ロラン・バルトという人がいた。その人は、最上のフランス語で（もちろん、ぼくはフランス語がわからないから、翻訳を通してだが、最高のものであることぐらいはわかる）素晴らしいエッセイや批評をたくさん書いた。この人がいなかったら、きっと二十世紀という時代は、ずいぶん淋（さび）しいものになっただろう。そのバルトさんは、晩年、小説に熱中していた。小説こそあらゆるものの中で最高だ、といって、懸命に小説を書こうとさえしていた。そして、そのことにとりかかろうとする寸前、交通事故で死んでしまった。そのことを、最近よく考える。バルトさんは、小説のなにがそんなに素晴らしいと思ったのだろうか？

　江國香織さんの『号泣する準備はできていた』を読んでいたら、ぼくは不意にバルトさんのことを思い出したのだ。

　この小説集には12個の短篇（たんぺん）が収められている。それは、どれも、一瞬のスケッチだ。ある主人公は、生まれてはじめての、そして不快だったデートを思い出す。それだけ。また、別の短篇は、離婚寸前の夫婦が、夫の実家を訪れそれから帰宅するだけのお話。それからまた、ずっと昔「友達」でそれから「肉体関係を含む友達」になり、そしてまたただの「友達」になったが、一度たりと「恋人」にはなったことのない男がある日突然料理を作りにやって来る、それだけのお話。

　気がつくと、ぼくたちは、いつの間にか、江國さんの小説の中にいる。その事が楽しい。嬉（うれ）しい。そして、不思議だ。

　江國さんの小説は「洒落（しゃれ）ている」から、「都会人の孤独」を描いているから、面白いのではない。小説になっているから、面白いのだ。素晴らしいのだ。

　まず、なにもない。無だ。そこに、江國さんは、ぎゅん、と力をふりしぼって、りんとした感情を、いきなり存在させる。その瞬間、ばらばらだった、時間や、場所や、人々の関係が、一つの世界を形づくる。なにもなかったところに、突然、小説が生まれる。小説とは、そういうものだ。詩もエッセイも、批評も、結局、そのことだけはできないのである。

評・高橋源一郎（作家）

えくに・かおり　64年生まれ。作家。本書で直木賞。著書に『神様のボート』など。

二〇〇四年一月一八日④

『写真な建築』

増田彰久 著
白揚社・二八〇〇円
ISBN9784826901154
アート・ファッション・芸能

写し取った洋館の魅力、建築の物語

こんなエピソードが語られている。新宿御苑に明治三十（一八九七）年に建設された温室が取り壊されると聞き、管理事務所に電話を入れて撮影許可を求めたところ、「もうちょっと待ってください。いま新しい温室を造っているので、それができたら連絡します」と言われ、あわてた著者が「いや、古いほうの温室を撮りたいのですが」と頼んだが、返ってきたのは「もう使っていないので汚いですよ」という素っ気ない答え。

そこをなんとかと、無理やり撮った写真が、温室の最後の姿を伝えるものとなった。昭和五十五（一九八〇）年のことだ。

それから今日までの二十四年間に、近代建築に対する理解はずいぶんと変わった。いや、理解ではなく愛が育ったというべきかもしれない。愛だなんて面映（おもはゆ）い言葉を持ち出してしまったが、他人にはどんなに「汚い」ものでも、それを慈しむ気持ちは愛にほかならない。

もし、本書の著者である増田彰久という人がいなかったら、そして仕事の合間に、全国に千五百棟ほどもある西洋館のうち千二百棟を撮影してくれなかったら（撮影枚数は五万枚を超えたという）、近代建築に注がれるわれわれの愛はこれほどまでに深まらなかっただろう。私自身がそうだったが、増田さんの写真を通じて、近代建築の魅力を教えられた人は多いのではないか。

建築写真とは「建築の物語を写真で語る」ことだという。建築から生まれる感動を写真で伝えることが目的で、単に建築が写真に写っているのではなく、建築の一部分を面白がって写すのでもなく、それは「写真になった建築」でなければならない。「写真な」という異なタイトルには、そうした思いが込められている。

建築写真は動物写真に似ているらしい。写真家はそれぞれの「生態」に通じる必要があるからだ。はじめに写真とどのように出会い、ついで建築とどのように出会ったかという建築写真家増田彰久の「生態」もまた明らかにされている。

カメラを介し、建築と向かい合ってきたことで培われた長年の思考が、本書をすぐれた写真論にしている。

評・木下直之（東京大学助教授）

ますだ・あきひさ　39年生まれ。写真家。著書に『日本の洋館』『日本のステンドグラス』など。

二〇〇四年一月一八日⑤

『新聞力』

青木彰 著
東京新聞出版局・一六〇〇円
ISBN9784808307974
人文／社会

報道を憂い、批評し、激励した珠玉編

新聞批評の見事な手本がここにある。筆鋒（ひっぽう）は鋭く厳しく、この社会のあるべき姿を見据え、実に的確。

それでいて温かみ、優しさがにじむ。読む側はそこに、思いつき、言いっぱなしなどとは無縁の責任ある姿勢を感じ取るに違いない。

一九九〇年から昨年八月まで東京新聞に連載した「メディア評論」二百九十三回のうち百十二編を選（すぐ）ったのが本書。各編のタイトルからも視点の確かさ、新鮮さが伝わってくる。たとえば、

「数」として人を殺すな——阪神大震災報道　忘れられた負傷者▽マト外れの三面記事——底の浅い「官たたき」やめよ▽「宗男問題」は社会の縮図——新聞自身の異常　自省せよ▽人の心操る情報戦争——従軍記者が試される時

指摘はいちいち具体的だ。政治家の飲み食いについて、費用はどれほどで誰がどんな形で払うのかと問い、そのことに新聞はじめマスコミがほとんど無関心なのは、マスコミ人も「会社人間」であり「社畜」であるからか、

と苦く結ぶ。

あるいは、紙面に「担当役員」「元職員」といった肩書だけで顔の見えない人物や名無しの団体がやたら目につくが、匿名報道が過剰だ。そんな社会とジャーナリズムを「成熟」とみるか「衰弱」とみるか、後者であろう、と。

ハワイ沖でえひめ丸が原潜に沈められたと聞いても、首相の森喜朗はゴルフを続行した。では第一報が入って以後のスコアはどうだったか。悲劇に動揺したか無神経だったかは数字に表れるはず、それが取材の要諦（ようてい）。

またテレビ案内と化し、テレビ向き「記者会見中心報道」が常態化した新聞を憂い、「知らせるテレビ」と「考えさせる新聞」の調和ある充実を求める。

批評には筆者の全人格が宿る。記者を経て大学に転じてからも、青木彰の周りには若い人が集い、私塾をなした。

十三年間の連載を打ち切ったのは病を得たため。四カ月後の昨年十二月、この新聞人は去り、停滞気味の新聞界は得難い激励者を失った。本書最後のコラムは「風波避けて臆病（おくびょう）になるな」。

評・栗田亘（コラムニスト）

あおき・あきら 1926〜2003年。産経新聞編集局長、筑波大教授などを歴任。

二〇〇四年一月一八日⑥

『万人に語りかけるブッダ 「スッタニパータ」をよむ』

雲井昭善 著

NHKライブラリー・九七〇円

ISBN9784140841686

人文

「今、ここ」問う仏教の精髄を示す

ブッダの直説（じきせつ）に最も近いとされている原始経典群のなかで、スッタニパータの名は広く知れ渡っている。一部しか漢訳されていない仏典が人々に認知されたのは、偏（ひとえ）に中村元が訳した『ブッダのことば』（岩波文庫）の貢献だろう。

だが、この1149の偈頌（げじゅ）（短い韻文）からなる経典を実際読んで「拍子抜け」したとの評をよく聞く。当たり前のことしか書かれていないというのだ。

確かに、同じ原始経典でも、縁起や空、五蘊（ごうん）無我の哲理が展開されているサンユッタ・ニカーヤ（漢訳仏典の雑阿含経〈ぞうあごんぎょう〉に相当）などに比べ、理論構成がシンプルで、単なる世俗道徳にしかみえない偈（げ）も多々ある。「拍子抜け」の所以（ゆえん）だろう。

しかし、表現が簡潔なだけに、原文だけでは理解の届かない側面もある。良質の解説書が永らく待たれていたが、今回、日本仏教界の長老、雲井昭善によって書き下ろされた。

本書では、スッタニパータの偈頌のみならず、そこで語られている諸テーマ、「自己」「仏道」「欲望」「平等」「共存」「生死」に関連した章句が他の原始仏典からふんだんに引用され、大幅に肉付けされている。単に釈義を施すだけでなく、全体として仏教の教えの原形を読者に提示しようという強い意図が窺（うかが）える。

いま仏教の原形と書いたが、それは原始仏教のみを意味するのではない。遠く東アジアにも伝播（でんぱ）した大乗仏教の大本でもある。しかし後代の仏教は、煩瑣（はんさ）な教理学、神話的な潤色、呪術的な修法（しゅほう）に淫（いん）して、ともすれば本義が見失われがちとなった。このブッダの言葉は、すべての仏教者、仏教に関心を寄せる者がいつも立ち返らなければならない原点なのだ。

雲井はいう。「仏教では今、現にここにある存在、目に見えるもの、現に見られるもの、万人が納得しうることが問われていて、目に見えない世界、経験されない世界を問うことはしなかった」と。「最初期の仏教は、所与の存在としての自分自身、この人間自身を問うていた」のだと。

神や他界を設定しないユニークな宗教、仏教の精髄に本書で触れて欲しい。

評・宮崎哲弥（評論家）

くもい・しょうぜん 15年生まれ。大谷大名誉教授。著書に『業思想研究』など。

二〇〇四年一月一八日 7

『星と歌う夢』

串田孫一 著
平凡社・二〇〇〇円
ISBN9784582831955
文芸

一冊が「断想」の形をとりながら、個々は一人の思索者のモノローグであり、散文詩でもある。

ページを繰りながら、今では少なくなった「本」というモノの懐かしい手触りを感じる。その感触は、著者自らの装幀（そうてい）による本づくりの玄妙さと、なによりも著者の変わることのない思索の道すじがくきやかに刻まれているところにある。

つぎのような一行、「私の冬の右手と夏の右手、左手は然程（さほど）變（かわ）らないのが時々不思議に思える」。その右手から立ちあがる想像風景は、たとえば、著者の著述を支え長年なじんだ万年筆の握り具合、またかつて慣れ親しんだ山行きの時のピッケルの握りの感触などがほのかに浮かんでくる。

それは思索者として過去を辿（たど）る営みにとどまらず、思索の現在を自らに問いかける不断の日常のありようとして心に届く。

「断想Ⅱ」に続く作家・辺見庸との対話では、時代を見つづけるモラリストの眼差（まなざ）しが健在である。

評・前川佐重郎（歌人）

二〇〇四年一月一八日 8

『昭和の一哲学者　戦争を生きぬいて』

沢田允茂 著
慶應義塾大学出版会・二八〇〇円
ISBN9784766410471
ノンフィクション・評伝

大森荘蔵などとともに、分析哲学の日本での先駆者である沢田允茂（のぶしげ）の自伝。前半は幼少期、学生時代、そして中国北部からニューギニアに転戦した軍隊体験が、後半は研究者としての戦後生活が語られている。なかで迫力のあるのはやはり戦場での見聞である。

昭和十七年の末、ようやく着いたところはマノクワリという南東の端。しかし、いつの間に前線はそこを通りすぎてしまう。そして極度の食料不足のなかで、「ジャングルの木を切り倒して畠（はたけ）を作るのが大仕事」になってしまう。

トカゲ、ワニ、カエル、何でも食べようとした日々。淡々と記されているが、まさに地獄以外ない。

沢田もマラリアに罹（かか）ってしまう。栄養失調寸前を助けてくれたのが、後年、舞踏家として知られる隊長の大野一雄だった。毎週飯盒（はんごう）一杯の白米を届けてくれたという。

戦争での六年間の大きさをつくづく述懐する最後の一節が印象的であった。

評・小高賢（歌人）

二〇〇四年一月一八日 9

『田中角栄と国土建設　「列島改造論」を越えて』

米田雅子 著
中央公論新社・一五〇〇円
ISBN9784120034732
政治

いまや田中角栄といえば、日本の土建国家化の主人公で、政治家の地元利益誘導や官僚のばらまき公共事業など現代日本をダメにした仕組みを作った主人公、ロッキード事件の汚職政治家というのが一般通念だ。ところが本書は、角栄が「列島改造論」をはじめいかに優れた構想力と実現力を持っていたか、そしてそれが現代日本の基礎を築くにあたっていかに重要な役割を果たしたかについて、むしろ肯定的に描いた本だ。

かれの政策がその時代の日本では合理的で革新的な政策だったことを示しつつ、現在ではそれを超える新しい産業や国土発展の仕組みが必要だと訴える。類書に多いつまらん人間ドラマに頼らず、シンプルながらフェアで客観的な記述で、角栄の政策の迫力をきちんと伝えている。おかげで著者が提案する新しい仕組みが相対的にしょぼく見えてしまうのはご愁傷様だが、まあそこまで要求するのは酷か。建設的な田中角栄理解に通じる数少ない一冊だ。

評・山形浩生（評論家）

二〇〇四年一月一八日⑩

『虎山へ』

平岡泰博 著

集英社・一六〇〇円
ISBN9784087813029

ノンフィクション・評伝

著者は映像カメラマン。ドキュメンタリー番組の撮影スタッフとして、ロシア沿海地方にあるシホテ・アリニ自然保護区の山中に入り、約一年間にわたって断続的にシベリアトラの姿を追い求めた。

が、本書はドキュメンタリー制作のこぼれ話などではない。絶滅の危機にさらされた森の王者・シベリアトラを探しつづけることによって、撮影当時五十代半ばだったこのカメラマンの肉体と精神が、大自然の中で生きることの意味に正面から向かい合うさまを生き生きと描写したノンフィクション文学の傑作である。

第一回開高健ノンフィクション賞の受賞作にふさわしく、その筆力は確かなもの。零下二〇度の雪中で二頭のシベリアトラの撮影に成功する場面など実に神々しい。収録された写真は遭遇したシベリアトラの雄姿一枚だけだが、ロシア沿海地方の厳しい自然とそこに生きる人びとの姿が、フォトジェニックな筆致で見事に描きだされている。

評・篠原章（大東文化大学教授）

二〇〇四年一月二五日❶

『アメリカの反知性主義』

リチャード・ホーフスタッター 著
田村哲夫 訳

みすず書房・四八〇〇円
ISBN9784622070665

国際

国民性に根ざす「敵意」 知性で照射

今から四十年も前に書かれたとは、とても信じられないほど新鮮で、また現在のアメリカの、傍若無人の正義感に溢（あふ）れた言動の根っこを窺（うかが）うことができる名著である。主題は、建国当初よりアメリカ社会に広く浸透し、形を変えては何度も頭をもたげた「反知性主義」、すなわち知性への敵視である。

著者によれば、まず最初にアメリカ人の精神の型を大きく決定づけたのは、「宗教」的な反知性主義だという。君主制や貴族制の下で民衆を搾取する抑圧的なヨーロッパ文明を否定し、文化の存在しない広大な大地に理想郷を築こうとした移住者たちは、純粋な原始キリスト教に一足飛びに回帰する。彼らの福音主義にもとづく平等主義は、貧者の宗教を称揚する一方、学問は胡散臭（うさんくさ）い聖職者を作るだけだと忌避し、知性に不毛で危険な性格を見る。

「政治」においても、ほどなく反知性主義が主流となる。知性重視は平等主義を無視する差別だとする政治風土では、知識人は政治の指導者になりえなかった。代わりに一般庶民の英知が重んじられ、無学の男、荒野の丈夫が大衆の英雄となって、大統領に選ばれる事態がしばしばおこる。十九世紀末から、政治のかかえる問題が複雑になると、専門職や知識人の役割がしだいに高まるが、反知性主義はけっして弱まることはなかったという。

もちろん「ビジネス」界にも反知性主義は侵入する。産業化の進展とともに、実業家は知性に敵対する強力で中心的な存在となるが、著者が強調するように、知性とビジネスの対立の裏には奇妙な依存関係、すなわち多くの知識人が自分たちの攻撃している実業家一族に養われているという、ぎこちない共生関係がある。

「教育」の分野での反知性主義運動は、一八三〇年代に兆し、一九一〇年代に本格化する。教育といえば、公共の秩序、民主主義、経済の向上に寄与する実学のことであり、実用性に反する知性は無用の長物だった。そこから多くの教育者が、教育不可能ないし劣等者と思われている子供を中等学校の中心におき、能力のある子供たちを周辺部においやる逸脱がおきた。

かように多くの領域で、反知性主義がアメリカ国民に浸透してきたのは、まさにそれが、この国の民主的制度や平等主義的感情に根差しているからである。知識人にとってはつらい状況だが、その状況を正しく批判し克服するには、まさに鍛え上げた知性の力に頼るしかないだろう。反知性主義が虚構の敵意にほかならないことを示すために、知性と反知性を他の人間的徳性や資質と関係づけ、信仰復興運動、政治・経済情勢、教育制度と思想、実業界の動向、そして国際関係の歴史的変容の中に適切に位置づけようとした本書の著者こそ、批判的機能をはたす知識人の模範だ、とわたしは思う。

（原題、Anti-Intellectualism in American Life）

評・池上俊一（東京大学教授）

Richard Hofstadter　１９１６〜70年。米国の歴史学者。

二〇〇四年一月二五日❷

『金（かね）〈ゾラ・セレクション〉第7巻』

エミール・ゾラ著　野村正人訳

藤原書店・四二〇〇円
ISBN9784894343610

文芸／経済

欲望と破滅と　19世紀の仁義なき戦い

ゾラは小説の黄金時代の最後の巨人だ。彼のあとには、プルーストとジョイスとカフカがやって来て、小説は人間の偉大と悲惨を描きあげることをやめ、精神と言語と世界の不可解さの探求へとのめりこんでいく。二十世紀の始まりである。

一方、ゾラの小説は、十九世紀ヨーロッパの百科全書だ。最も高度にして卑賤（ひせん）な文明の実態をつぶさに描き、その巨大なエネルギーの渦巻きを追いかける。本書は、この百科全書の「経済」篇（へん）である。

主人公はサッカールという株屋＝銀行家で、金にとりつかれた彼のエネルギーの異常な高揚が、この小説の主題だ。

サッカールの野心は、古代文明の揺籃（ようらん）の地である地中海世界を征服すること。すなわち、オリエントをおおいつくす鉄道網を作ること。その事業資金を生む銀行の株価を操作することなのである。

敵は、ユダヤ人の大銀行家。戦いの手段は、投機バブルと新聞操作と宣伝戦略。サッカールは、汚辱のなかのアレクサンドロス大王であり、これは、ひとりの人間の欲望が世界の巨大さを相手にまだ戦えると信じていた時代の物語だ。

しかし、真の主人公は、冒頭で沸騰するように描かれるパリの証券取引所である。証券取引所は「経済」の縮図、世界の一面をそこに圧縮したるつぼなのだ。

悪も善も生命も死も、金から生まれてくる。金の狂乱を中心に、人間にかかわるあらゆる悲劇とグロテスクな喜劇が、暴風雨のような荒々しさと顕微鏡で覗（のぞ）くような細密さで活写されていく。

バブル経済は現代に限った話ではなく、人間の欲望という飽くなきエネルギーに根ざしていることがよく分かる。そして、金と同じ力で、愛も性欲も社会正義も向上心も人を破滅させる。その群像劇の苦い後味もじっくりと味わいたい。

日本で八十七年ぶりの新訳であり、一度スピーディな訳文に乗ったら、圧倒的な勢いで物語に運ばれてしまう。通俗小説なんか軽く蹴（け）ちらす勢いで、十九世紀の仁義なき戦いが繰り広げられるのだ。

十九や二十歳（はたち）の娘が芥川賞をとったと浮かれている場合ではない。若き小説家たちよ、ゾラを読め！

（原題、L'Argent）

評・中条省平（学習院大学教授）

Émile Zola　１８４０〜１９０２年。フランスの作家、批評家。

二〇〇四年一月二五日③

『横書き登場　日本語表記の近代』

屋名池誠 著

岩波新書・七四〇円
ISBN9784004308638

文芸／人文／新書

タテヨコは共存共栄していくらしい

　メモもレポートもヨコ書き。そのくせ本や雑誌はタテ読み（タテ組み）でないと、どうも落ちつかない。もちろん新聞も。中国や韓国ですら、いまはヨコ書き・ヨコ読みが普通になっているというのに、なぜか日本だけがちがう。この奇妙な習慣は、いつ、どのように私たちの社会に定着したのだろうか。

　なにせ日常の読み書きにかかわる大問題だから、だれもがひとこと意見をのべたくなる。欄間の扁額（へんがく）を見よ、日本にも昔からヨコ書きはあったんだとか、いやヨコ書きなど占領行政の押しつけにすぎんとか、私たちの目はヨコに切れているからタテよりヨコのほうが合理的なのだとか、まあ、そのうるさいこと。

　でも、これらの諸説はどれもまちがいらしい。たとえば扁額の文字。たしかに右からのヨコ書きに見えるけれども、じつはあれは一行が一字のタテ書きにすぎない。日本語のヨコ書きは自律的な発展によってではなく、幕末から明治初期にかけて、あくまでも外からの力、欧米語のヨコ書きとのかかわりのなかで、はじめてこの国に根づいたのだ。と、そう断言してのけるまでの徹底的な資料収集と推理の冴（さ）えに感嘆した。さすが専門家のやることはすごいや。

　以来、こんにちまで、日本語の書字方向はタテ書き一本槍（やり）から、右ヨコ書きや左ヨコ書き併用と、さまざまに揺れつづけてきたが、それでもタテ書き中心の習慣が崩れることはなかった。

　だがそれもあとしばらく。コンピュータでの読み書きが日常化するにつれて、ヨコ書き・ヨコ読み中心、ただし小説やマンガなどにかぎってタテ読み、という新しい使い分け方式が徐々に定着してゆくにちがいない。かくして、二百年まえ、外部からの衝撃によって日本語の書字方向に生じた揺れは「最終的な安定状態」をとりもどすことになるだろう。それが著者の結論である。

　タテヨコどちらにせよ一本化はむり。だとしたら、タテヨコ混在は乱れではなく、それ自体がゆたかな安定なのだと腹をくくってしまおう。最終的というのはどうやらそういう意味らしい。賛成。

評・津野海太郎（編集者・和光大学教授）

やないけ・まこと　57年生まれ。東京女子大教授。共著に『上方ことばの今昔』など。

二〇〇四年一月二五日④

『十二夜　闇と罪の王朝文学史』

高橋睦郎 著

集英社・二三〇〇円
ISBN9784087746747

文芸

深く、血なまぐさく、豊饒な、闇

　古典文学の独創的な読みを、自作への取り込みと平行してさまざまなかたちで示してきた詩人による批評的エッセイ。標題には十二夜とあるけれど、一夜分の補遺が収められているので、正確には十三夜から成り立っている。引用をふんだんにちりばめた詞華集としても読めるつくりになっており、どこからでも楽しめるように思われるのだが、じつはそうではない。濃く、厚い連想の雲に隠れて見えないだけで、章のならびどおりに読んでこそよい意味での禍々（まがまが）しさが増す、見た目よりずっと緻密（ちみつ）な構造がそこには隠されている。

　その中心に置かれているのは、王朝社会とは何だったかというまっすぐな問いかけだ。強引にまとめてしまえば、それは、国を統べる者が一族支配の純度を保つために近親婚を繰り返し、そのうちの一人が頂点に立つために他の候補者を排除していった社会である。一方で、それを怖（おそ）れて異族婚へと動き、「この二つの傾向の相克葛藤（かっとう）」を特徴としていた社会でもある。両極に揺れつつ、いずれにも敗れていった王朝の罪のあらわれを、高橋睦郎は「闇」に見出（みいだ）す。

それにしても、「闇」のなんと深く、なんと血なまぐさく、なんと豊饒（ほうじょう）なことだろう。詩人の眼（め）は、須佐之男命（すさのおのみこと）に天照大御神（あまてらすおおみかみ）の光から逃れた陰を読み、光源氏にその名とは裏腹な雨の夜を焼き付け、『伊勢物語』の「おとこ」からは、「王権に関（かか）わる女性を姦（おか）す」という叛乱（はんらん）の暗黒をひろいあげる。源氏以後の物語の主人公たちはみな闇の住人であり、彼らは「かならず夜の人として現われ、夜の世界へ帰らなければならなくなる」のだ。

どの夜にも容易に拭（ぬぐ）い去ることのできない不安がたちこめていて、それがいっそう読者をひきつける。なかでも第三夜、「菜摘ます児」の「菜」が神前に捧（ささ）げられる女性を意味するとの視点から、光源氏が摘もうとした「若菜」を幸福の徴（しるし）とは見なさず、さらにその人物相関図の遠い反響を藤村の『若菜集』に読もうとする著者の詩心の跳躍は鮮烈。昼の光に戻りたくなくなる、危険な一書だ。

評・堀江敏幸（作家）

たかはし・むつお　37年生まれ。詩人。著書に『王国の構造』『百人一首　恋する宮廷』など。

二〇〇四年一月二五日⑤　歴史

『中国のこっくりさん　扶鸞信仰と華人社会』

志賀市子 著

大修館書店あじあブックス・一八〇〇円
ISBN9784469231953

SARSの時代に再び庶民の神様

そういえば家族がやっていた。こっくりさん、こっくりさん、来てください……だっけ。誰しもこっくりさんには多少の思い出がある。一時は凝った。でも、まもなくケロッと忘れた。

本場中国だとそうはいかない。こっくりさんは明治時代につくられた俗名。本来は扶鸞（ふらん）といい、これを信仰するのが扶鸞信仰だ。実践的にはT字型またはY字型の柳の乩筆（けいひつ）を一人または二人の乩手（けいしゅ）が支え、砂を敷いた「沙盤（さばん）」の上に乩筆の先端の突起を置くと、ひとりでに文字や記号を自動筆記する。お告げは、概して依頼者の希望の成否や病気の際の適切な治療薬名を指しているらしい。なかでも疫病の治療法。それかあらぬか扶鸞信仰は清末のペスト流行の時代にすさまじい勢いで拡大したし、現代でもSARSの出現とともに近代的医療設備のとぼしい地域に復活する傾向があるという。

扶鸞信仰の源流は五世紀頃の紫姑（しこ）神信仰に始まる。紫姑神はさる男の妾（めかけ）だったのが、正妻の嫉妬（しっと）に追いつめられて自殺した女性（神）。扶鸞信仰はそのせいか女性的なものと関（かか）わりが深いが、女性霊媒の独占物でなくなったのは、宋代の士大夫が伝統的な文字崇拝と結びつけて以来のこと。だから幸田露伴の随筆「扶鸞之術」で知られた神仙呂洞賓（りょどうひん）のような男性神もいる。

本書のハイライトは、著者が香港下町の扶鸞信仰の現場を探訪するうちに研究と信仰のはざまに陥り、ついに導師の許可を得て入信してしまうくだり。登場人物がそこらのおばさんやおじさんといった信者ばかりのせいか、宗教というより身近な生活感が強い。そんなつましい信者たちを抱える結社も、香港、台湾、東南アジアの華人社会、果ては中国本土の一部にまで日常的な影響を及ぼしているとなるとバカにならない。

今のところ中国政府は扶鸞結社を公認していない。それでも著者の見るところ、「少なくとも、地下に潜んでいた扶鸞信仰の水脈が、今後もあちこちで地表に顔を覗（のぞ）かせ」る可能性は大いにあるという。ましてやSARSやインフルエンザ流行の徴候（ちょうこう）ありともなれば。

評・種村季弘（評論家）

しが・いちこ　63年生まれ。茨城キリスト教大助教授。

二〇〇四年一月二五日⑥

『廃墟論』

クリストファー・ウッドワード著　森夏樹訳

青土社・三二〇〇円
ISBN9784791760800　アート・ファッション・芸能

想像力かきたてる様々な遺跡群

廃墟（はいきょ）をさまようのが、好きだ。とりわけ古代ローマの都市遺跡。天井も壁も崩れ落ちた家にはいりこみ、わずかな柱やモザイクの痕跡を発見すると、それだけでわくわくしてしまう。生活のあとを見るにつけ、人間は基本的に変わらないという確信のようなものを抱くのだ。

同じ廃墟を見ても、政治家と芸術家では受け取り方が全然違う、と本書の著者ウッドワードは書く。ヒトラーにとってローマのコロセウムは、皇帝の野望が半永久的に存続することの証だった。詩人や画家は反対に、脆弱（ぜいじゃく）性や移ろいやすさの象徴としての遺跡に魅せられる。

廃墟が人の想像力にもたらすものに焦点を当てた本書には、トロイから「猿の惑星」のニューヨークまで、さまざまな遺跡が登場する。ローマ南方の「失われた都市ニンファ」は、透明な湧（わ）き水が流れる町。十四世紀後半に破壊されたが、十九世紀末にイギリス風の庭園がつくられ、廃墟は花で埋めつくされた。読むだけで、訪れてみたい気持ちがいや増す。

イギリス式庭園の中にさまざまな時代の断片で模造廃墟をつくる趣向もある。ピクチャレスクと呼ぶらしい。その大家ジョン・ソウン（一七五三〜一八三七）が紹介される。田舎の家にローマの神殿を装った廃墟を出現させたり、博物館の裏庭にゴシック風の修道院を建てたり。

彼が遺跡にめざめたのは、神殿の谷で知られるシチリア島のアグリジェントへの旅がきっかけだった。「砂ぼこりの中で、切れ切れになった巨大なセロリ」のような円柱を見たソウンは、古代人と競うことの虚（むな）しさを知ったのだ。

パレルモの没落貴族ランペドゥーサの話も面白い。第二次大戦で爆撃され、もはや廃墟にすぎない宮殿に住みつづけた彼は、シチリアの貴族社会を扱った小説『山猫』を書いた。『山猫』は著者の死後出版されてベストセラーになり、ヴィスコンティによって映画化されている。

ゲーテ、バイロン、シェリー。遺跡を謳（うた）う文豪たちの絢爛（けんらん）たる文章に、ギュスターヴ・ドレやピラネージ、ジョン・マーティンの幻想的な絵画が配され、廃墟好きの想像力をかきたててくれる。

（原題、In Ruins）

評・青柳いづみこ（ピアニスト・文筆家）

Christopher Woodward　英国バース市・ホーバン美術館ディレクター。

二〇〇四年一月二五日⑦

『新たな生のほうへ　1978〜1980』

ロラン・バルト著　石川美子訳

みすず書房・四二〇〇円
ISBN9784622081203　文芸／人文

逝ってからほぼ四半世紀、「ロラン・バルト著作集」全十巻の刊行が始まった。刊行のトップを飾ったのは、最晩年の仕事を集めた、この第十巻である。

周到な解説や年表と共に本著作集の全容が紹介され、これだけでも小「バルト読本」の感がある。未邦訳のテクスト群を年代順に編んだ編集で、稀有（けう）な批評家の生涯を「折りふしの記」と共にたどることができる。インタビューなど話し言葉が収められているのも魅力的で、「声の人」バルトに似つかわしい。

母の死に続く三年間、喪の悲痛から新生の光へ向かう月日のなかで遺（のこ）した言葉の数々は、断章という形式を偏愛したバルトだけにどこを開いても発見があるが、読みどころの一つは小説「新たな生」執筆に向かう模索の跡だろう。愛、喪、夜の関係、隠遁（いんとん）、パスカル、聖書——八葉の手書き草稿に遺された言葉の断片は、つきぬ魅惑を秘めた謎のように、読者の読みを誘発してやまない。

評・山田登世子（仏文学者）

二〇〇四年一月二五日❽　医学・福祉

『いのち、生きなおす』

玉地任子 著

集英社・一四〇〇円
ISBN9784087812978

大多数のがん患者が病院で画一的に迎える終末期を、日常生活と家族に見守られたあかるさのなかに取り戻したい。それは、患者が短くとも残された人生を生きなおすことだから。そして、納得できる看取（みと）りができたとき、家族にも大きな達成感をもたらすから。

こんな使命感から在宅ホスピス専門のクリニックを開き九年半。二十四時間待機で百四十人を看取った女性医師の奮戦記である。

わがままのため病院から見捨てられた患者に、果てしなく生に固執する患者。幸せそうな家庭にも問題があり、青年のがん死もあれば、小中学生の子どもたちが三カ月のあいだに両親を失うという悲劇も見る。そうした「ふぞろいの患者たち」への医療をなしとげるには、疼痛（とうつう）のコントロールや心身のケアだけでなく、「時間を共有すること」。

それぞれの生き方で生きてきた人生。それぞれの死に方で死にたい。汗と涙で綴（つづ）った、一人の医師の生き方の記録でもある。

評・宮田親平（科学ライター）

二〇〇四年一月二五日❾　社会／新書

『法科大学院』

村上政博 著

中公新書・七二〇円
ISBN9784121017215

司法改革の柱は法律家の大幅増員だ。次代の司法を担う彼らの養成機関として生まれたのが、今春開校する法科大学院である。

諸外国に比べ異常に少ない法律家の数が、司法の病根だった。だが、増員は訴訟社会を招くという反対が法曹界に根強く、改革は遅々として進まなかった。

いわく、電子レンジで猫の毛を乾かそうとしたら死んでしまったとして、製造元を訴える米国のような社会になってよいのか、と。

著者は「濫訴（らんそ）の弊」におびえるな、と明快だ。透明性の高い行政を実現し、国民や企業が堂々と訴訟で争える社会にしようと呼びかける。弁護士が増えれば、「法の支配」が息づく社会へ変わるという確信がある。

本書は、法科大学院をめぐる議論を、弁護士の仕事の様変わりを軸にまとめたものだ。格別新たな視点を提供するわけではないが、日米の弁護士、公正取引委員会勤務、大学教授という幅広い経験に裏打ちされた言葉には、重みがある。

評・豊秀一（本社論説委員）

二〇〇四年一月二五日❿　教育／文芸

『わが子に伝える「絶対語感」』

外山滋比古 著

飛鳥新社・一二〇〇円
ISBN9784870315945／9784777150779（ゴマ文庫）

「絶対語感」とは、著者によると、各人のことばの体系やルールのことで、幼いうちに身につき、こころの原点となって一生を支配する。ポイントは〝耳のことば〟で、具体的なものと結びつく「母乳語」と、抽象的なものを表す「離乳語」とを30カ月ずつ聴かせること。あせって文字に走るより、また英語などの外国語を早期に詰めこむよりも、日本のおとぎ話などを繰り返すほうが、知能を伸ばすうえでも効果的だという。

この本を読めば、育児中の親はもとより、親予備軍にも、ことばの良き先生になろうとの自覚が生まれるだろう。それは、あいさつができ、礼状が書け、敬語を使える大人に育てるための近道で、美しい日本語を話す人は、こころの荒廃とも無縁なはずだ。付録には334の基本語が掲げられているが、幼児にとって大切な「動くことば」（動詞）が最も多く含まれていた。随所に著者の幼稚園長時代の経験が光る。

評・多賀幹子（フリージャーナリスト）

二〇〇四年二月一日❶

『生命の未来』

エドワード・O・ウィルソン 著　山下篤子 訳

角川書店・一八〇〇円

ISBN9784047914629

科学・生物／社会

決して絶望しない生命へのまなざし

冒頭は「ソローへの手紙」。環境思想の先駆者の名著『ウォールデン』の舞台を訪れ、「あなた」の本を「大衆にむけた演説」としてではなく、「一市民の遺言」「芸術作品」として読んでいますと、五世代前の先達に語りかける。七三歳で「遺言」という言葉を書いた胸中をうかがい知ることはできないが、本書が科学啓蒙（けいもう）書としてだけでなく「芸術作品」としても読まれるだろうことを、わたしは確信する。

本書は著者の半世紀にわたる仕事の要約といっていい。アリの研究者として出発し、四六歳で人間を含む動物の社会行動を総合的に説明する『社会生物学』を刊行。その九年後には、「外なる自然（環境）」に対する人間の「内なる自然（心理）」の生得的傾向を説明する「バイオフィリア仮説」を提唱。六三歳となった一九九二年には、生物多様性保全条約の採択と同時に『生命の多様性』を刊行した。

本書にはその後の一〇年間の最新の情報や知見が盛り込まれているだけでなく、生態系の崩壊、種の絶滅、遺伝子資源の消失という危機的状況に対して、前向きに未来を見つめ、いくつもの具体的な政策が提案されている。けして絶望しないのは、現状を「環境を破壊する科学技術力と、環境を救うために利用できる科学技術力との競争」と見る、科学者としての信念と責任感のゆえだろう。生きものを見つめる冷徹で暖かなまなざしは、〝火星の生物〟から身近な小さきものにまでおよぶ（人間のまつげの根元に巣くう微小なダニ、爪〈つめ〉のあいだの菌類の森、口中に住む四〇〇種以上の微生物……）。

政治や経済への分析も鋭い。環境保全のほとんどの課題は、「三〇〇億ドル」（世界の年間総生産の〇・一％）で達成できるとする。たとえば化石燃料と核エネルギーへの補助金は全世界で年間一一〇〇億ドルとされるので、その何割かを振り分ければよい計算になる。米国では各種の補助金を一人平均年間二〇〇〇ドルも負担。それなのに米国経済は「完全な自由競争市場であるという嘘（うそ）を信じこまされている」。

「自然という財産の管理をきちんとせずに、切り売りしてきたことに付随する二つの結果」として、著者が第一にあげるのは「経済格差」であり、第二が「本書の主要なテーマ」の「生態系や生物種の加速度的な絶滅」である。最富裕国に住む世界人口の五分の一と最貧国に住む五分の一の収入格差は、一九六〇年には三〇対一だったのが、一九九五年には七四対一に。「収入の格差は憤懣（ふんまん）や狂信的行為の背景であり、大国アメリカを先頭とする最強諸国でさえ、うしろぐらい気持や、天国を目指す自爆者に対する恐怖をかかえて行動している」（原著の原稿完成は「二〇〇一年夏」だという）。

石油利権の確保と生物多様性保全のどちらを優先すべきか、答えは自明だろう。

（原題、The Future of Life）

評・新妻昭夫（恵泉女学園大学教授）

Edward O. Wilson 29年生まれ。社会生物学者。著書に『知の挑戦』など。

二〇〇四年二月一日②

『楊家将　上・下』

北方謙三 著

PHP研究所・上巻一六〇〇円、下巻一五〇〇円
ISBN9784569632902〈上〉・9784569632919〈下〉／9784569666587（PHP文庫〈上〉）・9784569666594〈下〉）

歴史／文芸

すごいぞ、戦闘描写のディテール

　国をめぐる壮大な戦いがロマン豊かに描かれる物語が読みたい。際立った人物造形と、戦闘のディテールが濃い小説を読みたい。その感動と興奮を与えてくれる実例は、歴史小説の分野で高橋克彦『火怨（かえん）』、異世界冒険小説の分野ではジョージ・R・R・マーティン『七王国の玉座』という傑作があるけれど、残念なことに少ない。もっと出てきてもいいのではないか。

　とお嘆きの方がいたら、北方謙三『楊家将（ようかしょう）』を繙（ひもと）けばいい。北漢の名将でありながら宋に帰順した楊家の長、楊業（ようぎょう）を軸に、その息子たちの遼との戦いを活写する長編である。すごいぞこれは。

　迎え撃つのは、白き狼（おおかみ）と呼ばれる遼の将軍、耶律休哥（やりつきゅうか）で、この神出鬼没の軍人に楊家の男たちは翻弄（ほんろう）され続ける。その戦いの描写が圧巻だ。何度も繰り返されるというのに、一度として同じ戦いはない。そのディテールこそ本書の醍醐味（だいごみ）といえるだろう。

　楊家の男たちも、そして遼の耶律休哥も、戦うことが出来ればそれでいいという軍人で、文官たちや無能な軍人たちに悩まされるが、中国歴史小説につきものの宮廷政治の暗い影を今回は極力抑えているので、爽快（そうかい）感が倍加していることも見逃せない。人物造形が秀逸なのはもちろんだが、この長編の迫力は戦いの描写に徹していることにある。つまり、最近めっきり少なくなった冒険小説を読む喜びがここにある。

　現在刊行中の『水滸伝』で原典から自由に離れ、大胆な再構築をしている著者だけに（しかも原典より面白い！）、この長編も、「楊家将演義」、あるいは「北宋志伝」から自由に解き放たれていることも指摘しておかなければならない。京劇のファンならこの原典はお馴染（なじ）みだろうが、本書を読むとその大胆不敵な物語に驚かれるかもしれない。これはあくまでも、北方版「楊家将演義」なのである。ならば、楊家軍を立て直すために去る六郎（りくろう）たちのその後を知りたい。これはぜひとも続編が書かれるべきだ。ここで終わるのは殺生だ。そう思わないか友よ。

評・北上次郎（文芸評論家）

きたかた・けんぞう　47年生まれ。作家。著書に『三国志』など。

二〇〇四年二月一日③

『蛇にピアス』

金原ひとみ 著

集英社・一二〇〇円
ISBN9784087746839／9784087460483（集英社文庫）

文芸

ヒロイン像を力強く描く散文の潔さ

　タイトルの「蛇」とは、スプリットタン（先端が裂けた舌）のこと。

「主にマッドな奴（やつ）らがやる、彼等（かれら）の言葉で言えば身体改造。舌にピアスをして、その穴をどんどん拡張していって、残った先端部分をデンタルフロスや釣り糸などで縛り、最後にそこをメスやカミソリで切り離し、スプリットタンを完成させる」

　ヒロインのルイは、クラブで会った男・アマの二つに裂けた細い舌に魅せられ、アマを恋人にする。自分の舌の真ん中にもピアスを打ち込んでもらう。

「私［ルイ］はこの意味のない身体改造とやらに、一体何を見出（みいだ）そうとしているんだろう」

　その答えが明確に分かっていれば、おそらく舌を二つに裂くことに入れこんだりはしないだろう。ルイは答えを宙吊（ちゅうづ）りにして、舌を裂くことに向かって冷然と進み、同時に、背中に麒麟（きりん）と龍（りゅう）の刺青をも刻みこみはじめる。本当に痛そうだ。

その理路を欠いたふるまいがけっして不自然に見えないのは、作者の散文の力である。言葉を飾ったり、心理を正当化したりという近代小説の通弊をのがれて、ヒロインの行動と感情の揺れを、大ぶりに、だが、力強い線で彫りあげ、読者の目の前に差しだしてみせる。その散文の潔さは、昨今の芥川賞受賞作のなかでも出色といってよい。

そして、この十九歳でアルコール依存、身体改造にクールに血道をあげる激（げき）ヤセ少女の姿に、そのようにしてしか現在をやりすごすことのできない、体の奥からせりあげる苛立（いらだ）ちが確実にあるのだろうな、と納得させられるのである。

とはいえ、ミステリー仕立てはご愛嬌（あいきょう）の域にすぎない。最後の二十ページで話をまとめにかかったとたん、物語の仕掛けに頼る言葉の腰がくだけている。

神に関する言及が多いことも気になる。だが、これは批判ではない。むしろ、身体改造にこだわる原始部族が神との直接交流を願うような、アニミズムへの退行現象の表れかと興味をおぼえるのだ。

ともあれ、偽りの文学性にくもらされぬ才能の登場だ。今後に刮目（かつもく）したい。

評・中条省平（学習院大学教授）

かねはら・ひとみ　83年生まれ。作家。本作品で、すばる文学賞、芥川賞を受賞。

二〇〇四年二月一日⑤

『終わりなきアメリカ帝国の戦争　戦争と平和を操る米軍の世界戦略』

デイナ・プリースト 著　中谷和男 訳

アスペクト・二三〇〇円
ISBN9784757209992

政治／国際

想像超える米国方面軍司令官の権限

古代ローマの植民地支配では、属州総督が絶大な権限を握っていた。かのカエサルも頂点に上り詰める前に、ガリア属州総督として腕を振るった。本書は、現代において、あたかも属州総督のように実権を強め、地域の安全保障ににらみを利かしているのが、超大国米国の方面軍司令官だと指摘する。素っ頓狂な比喩（ひゆ）にも思えたが、入念な取材に基づく記述を読み進むうちに、日頃は見えにくい彼らの実権の大きさに驚かされる。

米軍は世界を五つの地域に分け、それぞれを方面軍司令官が受け持っている。いずれも四つ星の大将クラスで、大統領や国防長官に直接、報告できる立場にある。方面軍司令官は時に、大使以上に深く外交に関（かか）わり、紛争関係国の指導者や軍幹部を動かす。軍事介入が必要となれば配下の特殊部隊が隠密作戦を展開し、敵対する集団を崩しにかかる。意思決定に際してワシントンを動かすために、統合参謀本部や上院の有力議員を説得するなど、政治的な活動も厭（いと）わない。

方面軍司令官の実権が拡大した背景には、安全保障環境の変化がある。続発する内戦やテロでは、麻薬や宝石の密売で稼いだ泡銭（あぶくぜに）が資金源となる。お金さえ払えば、国際犯罪組織が武器や火薬、大量破壊兵器関連の物資まで横流ししてくる。戦時法、人道法が根を張ってきた国家同士の紛争とは別次元の、不法、無法が常態化した地下世界がそこにある。

混沌（こんとん）に分け入り、内戦やテロと対峙（たいじ）するのが方面軍だ。危険地帯で人脈、情報網を広げ、実情を斟酌（しんしゃく）した作戦を実行する。関係国から協力を得る最大の武器は武器援助で、方面軍司令官は武器の売却・供与の権限を持つ。旧ユーゴスラビア、アフガニスタン、そしてイラク。喧伝（けんでん）されるハイテク兵器戦争の舞台裏で、方面軍司令官と特殊部隊が常に枢要な役割を果たしてきたのが実相だ。

本書は、現代の属州総督制の功だけでなく罪の部分も直視する。政治と軍の確執、誤爆や市民への危害などだ。「パクス・アメリカーナ」の陰陽を考える際に、ぜひ頭に入れておきたい情報が詰まった力作である。

（原題、The Mission : Waging War and Keeping Peace with America's Military）

評・吉田文彦（本社論説委員）

Dana Priest　米ワシントン・ポスト紙記者。防衛問題の専門家。

二〇〇四年二月一日❻

『江戸の食生活』

原田信男 著

岩波書店・二八〇〇円

ISBN9784000222679／9784006002121（岩波現代文庫）

歴史／文芸

天ぷらに、すし、牛鍋…読んで満腹

この不況下、総菜屋をはじめとする中食（なかしょく）産業が気を吐いているのは、女性の社会進出と大きな関係がある。江戸時代も外食・中食が全盛だったが、事情はかなり違った。百万都市、江戸には、女の一・五倍もの数の男がいた。参勤交代で江戸詰の武士は単身赴任だし、住み込みの奉公人や職人、農村からの出稼ぎ民はたいがい独身。こうした男達（たち）の胃袋を満たしたのは、天秤棒（てんびんぼう）を担いだ振売（ふりうり）や、立売（たちうり）などの食べ物屋だった。鰻（うなぎ）をはじめ、魚や野菜、蕎麦（そば）やうどんを調理して売る焼売（やきうり）、煮売（にうり）は、移動式屋台や粗末な小屋掛（こやがけ）の商いで値段も安く、幕末には屋台といえば天ぷらとすしだったという。

と、この本は江戸時代の食のいろいろや、人々の食べっぷりを見せてくれる。

日本料理は室町時代におおもとが完成したが、これが裕福な武家や町人層に拡（ひろ）がったのは江戸時代前期であった。十九世紀半ばになると、京・大坂・江戸では、衣服などには上下の区別があったのに、食べ物だけは貴賎（きせん）貧福の差なく奢侈（しゃし）をむねとしたと、当時の風俗を絵入りで描いた喜多川守貞の『守貞謾稿（もりさだまんこう）』は概観している。これを可能にしたのは、幕藩体制による大規模な生産・流通システムの整備だ。経済的基礎を石高制におき、社会的価値を米に換算して評価した。各地の年貢を江戸・大坂・京都の米市場へ送る廻米（かいまい）制度が流通体系を整えたのである。

また、天保期以降は、「山鯨（やまくじら）」とあんどんに記した獣肉店が目立ちはじめたという。猪（いのしし）や鹿の肉にネギを入れ、鍋で煮て売る店が江戸では特に多く、嘉永年間には琉球鍋と称する豚の煮売りも登場する。桑名の下級武士は、甘くて美味（おい）しい「牛のとと煮てくんなへ」と、孫たちにねだられたと日記に書く。牛鍋は下級武士層にも行き渡っていたらしい。

花のお江戸や上方のさまざまな階層だけでなく、マタギや漁師、アイヌや琉球の食生活や朝鮮通信使の饗応（きょうおう）、はては飢饉（ききん）の時の救荒食（きゅうこうしょく）まで、江戸時代のあらゆる人々の食料調達手段、料理法、献立に目配りがなされている本だ。食べ物の絵や写真は無いのに、江戸を食べ尽くしたような気にさせてくれる。

評・武田佐知子（大阪外国語大学教授）

はらだ・のぶを　49年生まれ。国士舘大教授（日本文化論、日本生活文化史）。

二〇〇四年二月一日❼

『ビリティスの歌』

ピエール・ルイス 著　沓掛良彦 訳

水声社・六〇〇〇円

ISBN9784891765040

文芸

フランス人を色情狂と評したのは金子光晴だが、世紀末詩人ピエール・ルイスはさしずめその筆頭だろう。この好色詩人はしかし、ギリシャ学に勤（いそ）しむ反俗の学究でもあった。『ビリティスの歌』はこの双面の詩人の代表作である。すでに鈴木信太郎、生田耕作らの名訳があるが、ギリシャ詩の碩学（せきがく）の手になるこの新訳は、原詩の精緻（せいち）な技巧性を映して端正きわまりない。

小アジアで少女時代を過ごしたビリティスはレスボスの女となり、そこからキュプロス島に渡って神殿娼婦（しょうふ）に身をやつす。訳詩はこのエロス三態を描きわけて見事である。少女の媚（こ）び、レスボスの遊惰、そして娼婦の頽廃（たいはい）が、艶（えん）なる化粧にも似た詩句とともに、しなをつくってゆく。精巧な肉体パーツの描写は「被写体」のバーチャルな魅惑をたたえてもいる。詩人は写真狂でもあったのだ。

訳者には大部なルイス伝『エロスの祭司』があるが、その研鑽（けんさん）を思わせる訳業である。

評・山田登世子（仏文学者）

二〇〇四年二月一日⑧

『現代人の論語』

呉智英 著
文芸春秋・一二〇〇円
ISBN9784163655703／9784167723019（文春文庫） 人文

多くの人が「論語」を「目上の者に随順せよ」と旧弊な孝徳を説くだけの書だと思い込んでいる。

しかし実は違う。「論語」の孔子は、普遍的な理想を狂おしいまでに追い求める人である。仲間内で「いい人」と誉（ほ）められるような輩（やから）を「徳の賊」とまで蔑（なみ）する人である。それ故に、しばしば現実に裏切られ、ときとして自嘲（じちょう）し、ときとして慟哭（どうこく）する人である。

呉智英は革命的思想家としての孔子を「論語」に見いだす。呉の筆に掛かると、孔子の肉声、息遣い、呻（うめ）きまでが身近に感じられる。

孔子はこう述べている。「美人を愛するように、理想主義者を愛する者を、私は見たことがないね」と。

呉は、この言葉には思想家の悲しみが宿ると釈す。

「仁に安んずる」篤実な高弟、顔回は思想家たり得ず、子路や子貢に比べ「論語」における印象も薄い。そこに呉は思想の「魔性と矛盾」をみるのである。

凡百の「論語入門」など捨て置き、まず本書を読まれよ。

評・宮崎哲弥（評論家）

二〇〇四年二月一日⑨

『料理の哲学』

三國清三 著
青春出版社・一六〇〇円
ISBN9784413021685／9784413094528（青春文庫）
アート・ファッション・芸能

日本有数、海外にまでその名を知られるフランス料理シェフ三國清三（みくにきよみ）の原点は、ふるさと北海道増毛（ましけ）のホヤ貝である。幼いとき、浜辺に流れついたホヤ貝を食べることで味覚四大要素の甘味（あまみ）、塩味、酸味、苦味を舌に染み込ませた。

自然の素材をどう生かすかという彼の基本的調理法は、スイス、フランスの5人の〝神様〟に師事するうち急速に磨きがかかる。なかのひとりに魚料理の盛りつけを「セ・パ・ラフィネ（洗練されていない）」とくさされたこともあるが、そういう際、徹底的に自問自答するのが彼の身上で、それが結果的に料理に洗練味をもたらすことになる。

フランス人に料理とは何かと問うと「プレジール（喜び）」と答えるという。この高名な料理人は人々にその喜びを分かちあたえたいと願いつつ、食はいきつくところまでいきついた、あとは後退するのみと絶望感にもとらわれている。

食材と調理を正面から見据える真摯（しんし）な姿勢に心打たれる。

評・安倍寧（評論家）

二〇〇四年二月八日①

『小説の未来』

加藤典洋 著
朝日新聞社・一八〇〇円
ISBN9784022578945

『テクストから遠く離れて』

加藤典洋 著
講談社・一八〇〇円
ISBN9784062122078
文芸

ありがたい　坑内に光を見た

加藤さんは『小説の未来』で、1990年以降に書かれた12人の作家の12冊の小説を読む。

でも、ただ「読む」のではない。「新しい読み方」を提示しつつ「読む」のである。なぜなら、90年以降に書かれた小説の本質的な新しさを解明するには、そうするしかなかったからだ。

『テクストから遠く離れて』は、そんな「新しい読み方」の内実を、いちばん底から、精密な論理と共に説いたものだ。だが、小説を「読む」時、もっとも大切なのは、論理などではないことぐらい加藤さんは知っている。もっとも大切なこと、それは「現場」へ降りてゆくことだ。

さて。いわなきゃならないことがある。わたしは、ずっと、書評やら評論やらに出てくる小説の「読み方」が不満だった。ひとことでいうなら「違う！」のである。解釈が間違っているとか、評価がおかしい、といった問題ではない。それ以前に、なにもわかっていないのだ。

小説家は苦しんでいる。誉（ほ）められないから？　売れないから？　それもある（確かに）。もっと苦しいのは、誰も「現場」に降りて来ないからだ……では、よくわかんないか。

比喩（ひゆ）でいおうね。小説家は地下の坑内で孤独に作業をしている。そこは暗い。手元は真っ暗。でも、掘り続けなきゃなんない。遠くから、ざわざわと「小説の噂話（うわさばなし）」をしている声が聞こえてくる。バカみたい。その時、小説家の後方から、その手元に向かって、さっと強烈な光が投げかけられ、に向かって、一瞬、手元が明るくなる。あっ、手さぐりで掘ってたけど、ここって、こんなに広かったのか。ありがたい。欲しかったのは、この「サーチライト」だったのだ。

どの時代にも通用する「普遍的」なサーチライトは存在しない。必要なのは、その時代の坑内を照らすサーチライトを作ることだ。たとえば、江藤淳は、そういう仕事をしなかっただろうか。江藤淳を光源とする光を浴びることは、それが厳しい批判であっても、当時の作家にとって喜びではなかったろうか。彼もまた、新しい「読み」を提示することこそ、批評家の仕事であることを知っていたのである。

『テクスト〜』の最後で、加藤さんは、フーコーが書いたカントに関する文章を引用する。「一七八四年に啓蒙（けいもう）とは何かという問いを発した時、カントが言わんとしたのは、たった今進行しつつあることは何なのか、われわれの身に何が起ころうとしているのか、この世界、この時代、われわれが生きているというまさにこの瞬間は、いったい何であるのか、ということであった」

「ここにいる私たちは何者か」という、このカントの「限定的な」問いを、加藤さんはすべての問いの最上位に置く。そして、その問いだけが、闇に包囲された小説を、我々を、照らすサーチライトの光源となることができるのだ。

評・高橋源一郎（作家）

かとう・のりひろ　48年生まれ。文芸評論家。

二〇〇四年二月八日②

『富強大国の中国』

小島朋之 著

芦書房・三八〇〇円
ISBN9784755611759

『現代中国の政治と官僚制』

国分良成 著

慶応義塾大学出版会・三四〇〇円
ISBN9784766410549

政治／国際

中国政治の現状をダイナミックに

小島朋之氏が雑誌「東亜」に「中国の動向」を連載し始めて、すでに20年以上が経過した。「中国の動向」は、「人民日報」その他の公刊資料を中心とする中国情勢の正確な分析で定評があり、関係者の必読文献となっている。それらは、すべて本にまとめられており、本書は8冊目となる。偉業といってよい。

本書は、２０００年から03年前半までの動きをカバーしている。この間、江沢民の地位がさらに上昇する一方、台湾における陳水扁政権の誕生など、難しい問題も発生した。そして01年には、ブッシュ政権の発足、小泉政権の誕生、９・11事件など、一連の動きの中で、中国外交は大きく大国協調へと転換し、02年末には胡錦涛政権が発足して新しい模索を開始する。本書は、中国の「富強大国」への道を克明にたどった読み応えのある本であり、将来この時期を振り返るときにも、必ず参照されるであろう。

国分良成氏の著書は、国家計画委員会を中心とする中国の官僚制を考察の対象とする。中国は建国後まもなくソ連をモデルとして経済建設に着手したが、その中心となったのが国家計画委員会であった。しかし同委員会は、大躍進そして文化大革命によって、翻弄（ほんろう）された。共産党一党独裁の下、「人治」の傾向が強い中国で、彼らは専門官僚としての役割を果たすことができず、指導者の権力行使を支える役割を担うこととなった。

彼らが手腕を発揮するようになるのは、78年の改革開放からである。しかし、その中で計画経済そのものの役割が縮小されていく。98年、国家計画委員会は国家発展計画委員会となり、03年、国家発展・改革委員会となって、「計画」という言葉はついに姿を消したのである。このように、計画経済の中心である国家計画委員会の分析を通じて、本書は中国政治の巨大な変化を描き出すことに成功している。

両氏は、日本における中国政治研究の第一人者である。こうした本格的な著作が、より広く読まれてほしいものである。何といっても中国は政治が経済を支配する国なのだから。

評・北岡伸一（東京大学教授）

こじま・ともゆき 43年生まれ。慶応大教授。
こくぶん・りょうせい 53年生まれ。慶応大教授。

二〇〇四年二月八日③

『書店風雲録』

田口久美子 著

本の雑誌社・一六〇〇円
ISBN9784860110291／9784480422989（ちくま文庫）

ノンフィクション・評伝

リブロの「棚」を創造した書店員たち

書店の空間が好きだ。何より楽しいのは思ってもみない本に出会う瞬間だ。あの書店の棚には今、何が並べられているのだろう。そう思わせる書店がいくつかあるけれど、「リブロ」もそのひとつだ。

とくに一九八〇年代のリブロは刺激的だった。そのころニューアカデミズムブームが巻き起こっていたけれど、フーコーやドゥルーズ、ソシュールなどの本に私が出会ったのはリブロのおかげである。難解な本を私はそうとう無理して読んだくちだが、この読書体験の残滓（ざんし）は今も残っていると思う（たぶん）。

リブロは七五年に西武百貨店池袋店内に誕生しその後、店舗を増やした。その翌年に入社した著者は、リブロの歩みを書店員の視点でつづっている。タイトルにふさわしく、個性的な書店員の活躍がいきいきと描かれる。

リブロ創立中心メンバーは他の書店の「落ちこぼれ」だったという。彼らは、ベストセラーをそろえすべてのジャンルを網羅するという業界の習慣をよそに、個性的な「棚をつくる（本を並べる）」ことを書店の特色としてアピールした。新しい思想の潮流、ポストモダンやニューエイジ系で埋められた棚は「日本社会の現在」だったのである。リブロの書店員は編集者や著者に直接会って話を聞き、「棚」に表現していった。棚の力が、新しい顧客層を切り開いた。

リブロの背景には、バブル時代に頂点をきわめた西武百貨店・セゾングループの文化戦略がある。そしてリブロの社長や書店員たちの横顔を見つめていくと、そこにそれぞれの「全共闘」体験があったという点は興味深い。

リブロの躍進とその後の失速は、八〇年代から九〇年代にかけての時代を浮かび上がらせる貴重な証言である。バブルの時代は負の側面が語られることが多いが、そのころに熱気をもった出版や文化の財産は大きく、その人材も現在に引き継がれていることに気づく。新しいものを発信し個性を発揮する書店と、棚のメッセージを受けとめる人たち。著者のいう「書店魂」を支えるのは、書店という「場」を愛する読者なのだろう。

評・与那原恵（ノンフィクションライター）

たぐち・くみこ 47年生まれ。リブロ池袋店店長など経てジュンク堂池袋本店副店長。

二〇〇四年二月八日④ 文芸

『夷狄（いてき）を待ちながら』

J・M・クッツェー 著　土岐恒二 訳
集英社文庫・八三八円
ISBN9784087604528

洗練された技法　小説ってそんなもの？

最近の芥川賞にお嘆きのあなた。身辺風俗雑記にとどまらぬ現代的な問題意識、多様で風格を保った文体、安易な解決を許さぬ深い思考、そんな大文字の文学をお求めのあなたにお薦めの一冊。舞台はある帝国の植民地。先住遊牧民である夷狄たちのゲリラ攻撃は次第に強さを増し、帝国は軍事と拷問による恐怖政治で弾圧を図る。話者たる民政官も対話路線を模索するうちに内通者の嫌疑で拷問を受ける側に立たされる。やがて帝国支配は混乱のうちに消え去り、人々は夷狄たちの到来を待ち続ける……。

支配者／被支配者、男／女、著者／読者、善／悪——こうした単純な二項対立図式が、本書では常に微妙にずらされては揺らぐ。まさに教科書的な二項対立の解体。テーマも植民地支配／グローバリズム、セックス、権力関係と暴力という具合に、時事性の高い世界的な問題が見事に重層化されている。最後の雪だるまの寓話（ぐうわ）などの、語りすぎない上品で巧妙な表現力も心憎い。

そして……それがクッツェーの凡庸さなのだ。

本書は流行（はや）りの現代的問題をきれいに小説化している。でも、それだけなんだもの。そこに新しい思考材料や独自の答えへの試みはあるか？　ない。本書は「南アで私は黒人が怖かった」という著者の個人的な問題を知的意匠で一般化して逃げている。そして文学／小説という仕組みは、ここでは抽象化と洗練により問題を直視しないためのごまかし機構なのだ。

さて小説ってそんなものだったっけ？　それは現代における小説や文学の困難でもある。飢えた子供の前で文学が何の役にたつか、と聞かれて「その飢えた子供を問題化するのが文学だ」と述べた人がいる。その意味でなら本書は立派に文学している。でも今や問題を伝えるならテレビやネットのほうが圧倒的に有利だ。もうそれじゃ足りないのだ。ならば今日の文学や小説の比較優位とは何だろう。本書は実に過不足なくおもしろいし、読んで決して損はしない。でもたぶん重要なのはそこであなたが何を感じないか、なのだ。

（原題、Waiting for the Barbarians）

評・山形浩生（評論家）

J.M. Coetzee　作家。03年にノーベル文学賞。著書に『恥辱』など。

二〇〇四年二月八日⑤ 社会

『〈非行少年〉の消滅　個性神話と少年犯罪』

土井隆義 著
信山社出版・三五〇〇円
ISBN9784797222746

衝動的、短絡的行動はどこから？

本の装画に、エッシャーのあの有名なリトグラフがある。上下の関係がつかない複数の階段を上り下りする人びと。彼らはどれだけ階段を進もうと他者と出会うことはない。自分だけの空間に閉じ、その中をぐるぐる回り続ける——そんな装画に託した著者の意図は、少年犯罪を手がかりに、若者たちを「自分」という世界に内閉させてしまう個性神話の危うさの解明にある。

酒鬼薔薇（さかきばら）事件に典型的だったように、マスコミ報道は、少年犯罪の凶悪化とその増加というイメージを提供し続けてきた。だが、統計資料や矯正にあたる専門家の報告を調べていくと、凶悪化とは反対の事実が浮かび上がる。増えているのは、悪意にみちた犯罪ではない。「矯正の対象とされるべき確立した信念体系」さえもたない、幼稚化した少年たちの衝動的で短絡的な犯罪である。

一時代前の少年非行のように、徒党を組み、非行文化を学習したうえで及ぶ犯行でもない。非行少年の消滅とは裏腹に、かつては反抗の対象となった「社会」に対するリアリティーさえも失った、社会性を欠いた若者の増加。犯行の動機を探ろうにも、「わけのわからなさ」が際だつばかりである。そこに、大人たちの不安があり、根拠なく凶暴化のイメージが広がる理由がある。

こうした若者を生み出す原因を、著者は現代日本を覆う「個性神話」に求める。個性や人格は、かつては、他者との関(かか)わりを通して、人としての成長のなかで「徐々に体現されていくもの」と考えられた。それが、どの子にも生まれ落ちたときから備わっているもの、とみなされるようになった。他者の異質性と向きあうための関係の取り方を学ぶことなく、自分の感じたままを素朴に表出することを、本当の自分＝個性の発現だとする見方の広がり。この個性神話の延長線上に、衝動的な犯罪や自傷に向かう若者がいる。それが著者の鋭利な見立てだ。

大人(特に教育関係者)も、エッシャーのだまし絵の世界から抜け出てはいないようだ。本書から学べるのは、その出口へと向かう視点である。

評・苅谷剛彦(東京大学教授)

どい・たかよし 60年生まれ。筑波大助教授(社会学)。

二〇〇四年二月八日⑥

『家計からみる日本経済』

橘木俊詔 著

岩波新書・七〇〇円
ISBN9784004308737

経済／新書

一変する経済観、実感こもる政策提言

エコノミストの話は理屈をいじるばかりで実感に乏しいと言われる。その理由のひとつに、家計を起点として景気対策や生産活動、一国の豊かさなどを論じてこなかったことがある。

消費は所得から貯蓄を差し引いたものであり、所得は生産がもたらすのだから、貯蓄や生産に焦点を当てて分析するならば消費についても論じたことになる。そういった説明がなされてきた。ところがいざ家計に焦点を当てると、金融システムや企業組織の劣化ばかりが伝えられた日本経済の光景は一変し、政策提言にも実感がこもる。これはそんな本だ。

紹介される事実が、意表をつく。日本の最低賃金は国際比較でも下位にあり、それ以下しか支払われぬ人も10%存在する。そればかりかその最低賃金は、生活保護支給額をも下回っている(働かぬ方が貰(もら)っている!)。年金・失業・医療・介護などの社会保障は、税に比して再分配に与える効果が十数倍もあるのに世界最低水準で、福祉は企業と家庭が担ってきた(日本は「小さな政府」である)。一部大企業では、中年雇用者が過酷な長時間労働を強いられている。90年代からのデフレで企業は売り上げ不振に陥ったと言われるが、企業が関係する卸売物価は80年代半ばから下がり続けている、等々。

ここから、斬新な提言が出てくる。雇用不安や社会保障への不信から、家計は景気に与える影響がもっとも大きい消費を抑えている。それゆえ70年代と同様、労働時間を失業者と分かち合い雇用を増やして人心を安定させ(ワークシェア)、煩雑な社会保障制度は公的に一本化して信頼を回復させよう。ビジネスの街・東京に機能を集中させるだけでなく、行政・文化・住みやすさなどで地方分権すべきだ、と。賛成だ。

社会保障の主な財源を税にしようなど、議論を呼びそうな提言もあるが、そもそも成長率ばかり追い求めぬ経済を作ろうというビジョンが骨太だ。

なぜ視点を移しただけで、主張が小泉内閣とこうも異なるのか。じっくり考えてみよう。

評・松原隆一郎(東京大学教授)

たちばなき・としあき 43年生まれ。京都大教授。著書に『日本の経済格差』など。

二〇〇四年二月八日⑦

『匂いの帝王　天才科学者ルカ・トゥリンが挑む嗅覚の謎』

チャンドラー・バール 著　金子浩 訳
早川書房・二三〇〇円
ISBN9784152085368
科学・生物

視覚は光の波長を、聴覚は空気の振動をとらえて知覚することがわかっている。では嗅覚（きゅうかく）は？　分子の振動が情報源であるという説もあったが、現在では匂（にお）いは分子のかたちで認識するという形状説が定説になっている。しかしまだ完全には解明されていない。

この「科学に残された人体最後の謎」に振動説の巻き返しを図っているのが、匂いに異常な才能を持つルカ・トゥリン。型破りの奇人で、形状説の矛盾をつきながら、ボーダレスにやすやすと生物学から化学、物理学までマスターして理論を構築した天才科学者だ。

泥仕合のような論戦の決着はついていないというが、躍動する筆で読む者を主人公に乗り移ったような気分にさせるこの本の著者もまた、日本の中学校で英語教師をやったという変わった経歴の持ち主。「変人、変人を知る」か。ホットな科学論争を人間味豊かにブレンド。秘密に包まれた香水業界の内情が覗（のぞ）けるというおまけもある。

評・宮田親平（科学ライター）

二〇〇四年二月八日⑧

『「ろう文化」案内』

キャロル・パッデン、トム・ハンフリーズ 著
森壮也・森亜美 訳
晶文社・一八〇〇円
ISBN9784794965875
社会

二人の著者の専門は「手話言語学」。本書で扱われている「アメリカ手話（ＡＳＬ）」は、音声の代用の「指文字」ではなく、「自然言語」である。動詞の語尾変化など形態論の複雑さからは北米先住民の「ナヴァホ語」に、構文の特徴はメキシコ東部高原のマヤ語の一種「ツォツィル語」に似るという。

『鏡の国のアリス』の言葉遊びを、手話にどう翻訳するかの実例が興味深い。その表現力の豊かさにくらべると、音声を記号化した「書き言葉としての英語」が、味気なくみえてくる。

だが言語学的にもっとも重要なことは、ろう者であれ聴者であれ、それぞれの「文化と言語は、その集団の生物学的特性に合わせるために何世代もかけて進化した」という指摘である。

「耳が聞こえない」という生物学的特性をもつ人々の言語と文化がどれほど独特で魅力的かは、本邦訳書の表紙の「日本ろう者劇団」の舞台写真を見ただけでも想像できる。

評・新妻昭夫（恵泉女学園大学教授）

二〇〇四年二月八日⑨

『男色の民俗学』

礫川全次 編
批評社・四二〇〇円
ISBN9784826503839
文芸／人文

江戸川乱歩、南方熊楠、稲垣足穂。彼らは揃（そろ）って男色に尋常ならざる関心を抱いていた。そして、この三人と因縁浅からぬ岩田準一の『本朝男色考　男色文献書志』こそ、この分野に興味をもつ者すべてが出発点におくべき書物だが、岩田は在野の研究者だった。

日本は世界に稀（まれ）な男色に寛大な国だとよくいわれるが、男色研究に日本のアカデミズムは寛大ではない。そこで岩田のような在野の人の努力が貴重になる。

本書の編者も在野の精力的な研究者である。岩田の筆は室町時代でとまっているが、本書は、明治から昭和までの文献を集めている。

男娼（だんしょう）の実態、明治の学生の男色（森鴎外も被害にあった！）、若衆歌舞伎、陰間茶屋から、犯罪や「秘技」に至るまで論点は多岐におよぶが、序論でオウム教団と男色との関係を報じた「東京スポーツ」の記事から論じはじめるなど、編者の柔軟な姿勢のおかげで、じつに読んで面白い本になった。脚注も親切で有益だ。

評・中条省平（学習院大学教授）

二〇〇四年二月八日⑩

『戦時下の母　大島静日記10年を読む』

島利栄子 著
展望社・一八〇〇円
ISBN9784885461064
歴史／社会

戦時下、家庭の主婦はどんな役割を担ったか。「女性の日記から学ぶ会」代表の著者は、手にした大島静日記（太平洋戦争開戦翌年の一九四二年から、敗戦をはさみ五一年までの十年連用日記）の記述を通して精細に見てゆく。五年前に九十六歳で死去した静は、この時期を金沢市で過ごした公務員の妻で、五人の子の母。一日五十字ほどの短文で戦時を刻印した。

主食はコメからおカラ、そしてヌカへ。石鹸（せっけん）がなく灰汁（あく）洗いでしのぐ。町内や班の常会を通じて戦費調達の国債割りあてしきり。敵機襲来、出陣学徒壮行会、天然痘発生、婦人会勤労報国隊で工場へ。サイパン島全員戦死、サイパンフンゲキ貯金一戸五円集金。広島に新型爆弾。死を覚悟する。八月十五日がくる。

著者は、配給、常会、ラジオの三つの仕掛けを通して、女性は気づかないまま重要な戦争推進者の一人になった、と苦く結ぶ。そこから、暗い日を再来させせない道もまた見えてくる。

評・増田れい子（エッセイスト）

二〇〇四年二月一五日①

『コーネルの箱』

チャールズ・シミック 著　柴田元幸 訳
文芸春秋・二八〇〇円
ISBN9784163224206
文芸

作品と詩と訳文と 幸せな触れあい

ひとりの男（その名をアルフレッド・シュッツという）が、亡命先のニューヨークで、銀行に勤めるかたわら、現象学的社会学という未知の学問の構想を練り上げていたころ、同じ街でひとりの織物会社員が未知の芸術に取り組んでいた。その名はジョゼフ・コーネル。「箱の芸術家」ともいわれる。

勤務があけてから、街をうろつき、古道具屋や古書店を漁（あさ）る。ポスターや人形、黄ばんだ写真や地図、ぜんまいやパイプ、そんな安手の小物や玩具を集め、小箱に並べて、立体的なコラージュを作る。木箱のなかに呼び出された楽譜の切れ端や鳥の羽、ガラス球、そのがらくたたちが、言葉をあたえられることがなく、そのうごめきすら気づかれることのなかった、わたしたちのなかの「わたし」より古い幻想や妄執を、一瞬結晶させる。

ひとを「世界の外」へ連れだす、小さな回転扉？　脈絡なく物を隣接させる手法でシュルレアリストのひとりに数えられてきたが、かれの作品に黒魔術のようなおどろおどろしさはない。絵を描いたわけでもなく、彫像を作ったわけでもない、ただ物を並べただけの芸術家。かれは、老と幼、男と女、昼と夜、過去と現在、幸と不幸といったあらゆる分別の外にいた。

たとえば、フェルメールの横に、手品師フーディーニが、バービ・ドールがいる。ビルのはげ落ちた壁が箱のなかに封入され、そのなかからパルミジャニーノの婦人像が背景を切り取られて、おぼろげに浮かび上がる。すべては、断片としてこの小箱のなかに閉じ込められているのに、フリー・ジャズのセッションのように、異様なのに切ない旋律として、この小箱を抜けで、「世界」を押しのけて、箱を見つめるわたしたちのここに「世界の外」を招き入れる。

この箱の作品集に、詩人、チャールズ・シミックが、瀟洒（しょうしゃ）でとても本質的な掌編を寄せている。宇宙の誕生もバレエの跳躍も石鹸（せっけん）の泡だとしたあと、「はるか彼方（かなた）のものが、近くのものとつかのま触れあう。世界は美しいが、世界を言葉にはできない。だから芸術が要るのだ」ときっぱり語るかとおもえば、あなたが映画を途中から見るのを好むなら、コーネルこそうってつけの監督だ、とおもわせぶりに誘いかけもする。きわめつけは、「詩のスロットマシーン——我々の想像力によって作動し、相容（あい）れぬ意味たちの大当たりを出す」というコーネル讃（さん）。

所有者に見かぎられ、街にほっぽりだされた小物たち、そのもっともチープな存在とともに箱に立てこもったコーネル。それでパーフェクトだった。だから、アーティストたちの「社会」に招き入れられるにつれて、箱は減っていった。

　コーネルの作品集、シミックの散文詩集、訳文のこよなく美しい日本語。三冊分の値打ちがある。原題は『十セントショップの錬金術』。


（原題、Dime-Store Alchemy : The Art of Joseph Cornell）

評・鷲田清一（大阪大学教授）

Charles Simic　38年生まれ。詩人、作家。著書に『世界は終わらない』など。

二〇〇四年二月一五日❷

『軽い帝国　ボスニア、コソボ、アフガニスタンにおける国家建設』

マイケル・イグナティエフ 著　中山俊宏 訳

風行社・一九〇〇円

ISBN9784938662660

政治／国際

「異邦人」の権利と尊厳をどう守るか

「軽い帝国」とは、イラク戦争前後から急に注目されはじめた、アメリカの覇権国家としての振る舞いを指す。最初は「帝国」的にみえるものの、長続きしないために、軽はずみで気紛（まぐ）れな一時介入で終わる。ポール・クルーグマン風にいえば「征服するだけして、後は放置」ということになりがちだ。

　著者、イグナティエフによれば、アメリカは「直接統治の重荷と日々の警備のリスクを伴わないグローバルな勢力圏を手に入れた帝国」「自らを帝国であると自覚しない帝国」である。

　著者によれば「帝国」であることが悪なのではない。「人道的な行為は、もしそれが帝国の力の道具であることが明らかになったとしても、それ自体は否定されるわけではない」し、「その最終的な目的が民族自決と地元住民の自治である限り、帝国による力の行使それ自体はなんら不名誉なことではない」。問われるべきは「帝国」の統治の質だという。

　まるでネオコンと選ぶところがないように思えるかもしれない。だが、イグナティエフは筋金入りのリベラルである。その側面を最もはっきりと反映している訳書は『ニーズ・オブ・ストレンジャーズ』（風行社）だが、グローバル化した福祉国家のなかで共に生きる「見知らぬ他人」たちが人として求める最低限の条件、「ニーズ」をいかに満たすかを考究したこの本と、帝国の影響圏における「異邦人」たちの権利と尊厳をいかに守り抜くかを模索する『軽い帝国』とのあいだに、思想的な矛盾はみられない。注意深く読めば、彼は決して「転向」したわけではなく、福祉国家から国際社会へと対象を移しただけだとわかる。

　国の内か外かを問わず、イグナティエフが一貫して擁護しているのは、見知らぬ個人の権利とニーズである。

　しかも、安楽椅子（いす）に座って世界の成り行きを嘆じるリベラルどもと違い、この男は紛争と介入、平和構築と国家再建の現場に乗り込み、人々のニーズを皮膚で感じ取りながら、思索を鍛えていく。

　反戦、反体制に安んずるだけが、リベラルではないことを証明する書だ。


（原題、Empire Lite）

評・宮崎哲弥（評論家）

Michael Ignatieff　47年生まれ。ジャーナリスト、歴史家、ハーバード大教授。

二〇〇四年二月一五日③

『アメリカの歴史教科書問題　先生が教えた嘘』

ジェームズ・W・ローウェン 著　富田虎男 監訳

明石書店・六八〇〇円　　社会／国際

ISBN9784750318318

「英雄」をでっち上げるナショナリズム

歴史教科書をめぐる問題はややこしく、すれ違いだらけで、果てしない。事情はアメリカでも同じとみえる。これは、あちらの高校で使われている代表的な十二種類の歴史教科書を専門家の立場から徹底的に分析した告発の書。

たとえばヘレン・ケラーである。重い障害を負った彼女はサリヴァン先生に助けられて読むこと、書くこと、さらに話すことも習得した。教科書はそこまでは感動を込めて紹介する。

が、成人したあと六十余年に及ぶ活動については触れない。実は彼女は急進的な社会主義者になったのだった。その歳月を「人道主義者」の一言で片づけるのは省略によるウソである。

教科書が描くコロンブスの生涯は、間違いと証明不能な記述に満ちている。むろん彼はアメリカ大陸の最初の発見者ではなかったし、そもそも探検家や侵略者たちは、すでに人が住んでいた土地を「発見」したのだった。アメリカ定住の物語をピルグリム・ファーザーズから始めるのもウソ。

現代史に例をとれば、ベトナム戦争介入を「一九五〇年代終わりに、南ヴェトナムで戦争が勃発（ぼっぱつ）した。このとき合衆国は南ヴェトナム政府に援助を与えた」と二、三行で済ませるのは不誠実。などと指摘は多岐、詳細をきわめる。

歴史教科書がこれほどひどいのはなぜか。著者の見立てでは、犯人の一人はナショナリズムだ。向こう見ずな愛国心を教え込もうとする姿勢は、教科書のタイトルにも示される。「アメリカ国民の勝利」「自由の挑戦」「約束の地」……。

歴史上の人物が共感を集めるよう、汚点は省略される。歴史上の悪いことは、教科書ではすべて匿名で起こる。とどのつまり教科書は、アメリカ自体を英雄として、世界のほかの国々への救世軍みたいなものとして扱っているのだ。

といった著者の立場は、こちら流なら「自虐史観」と断じられかねない。しかし、この史観なかなか魅力的で、本書を半分も読み進むと、イラク戦争や牛海綿状脳症（ＢＳＥ）問題でなぜアメリカがあんな態度をとるのかが見えてくる。

（原題、Lies My Teacher Told Me）

評・栗田亘（コラムニスト）

James W. Loewen　米バーモント大社会学教授、歴史教科書執筆者。

二〇〇四年二月一五日⑤

『里海に暮らす』

瀬戸山玄 著

岩波書店・二四〇〇円　　ノンフィクション・評伝

ISBN9784000230094

自然の摂理に根ざす生活の知恵を活写

「里海」とは人々の生活に密着した浜辺のちょっと向こうに広がる海域のことで、人里に近い山という意味の「里山」と対になる言葉らしい。

この海の生態系と緊密に結びついた「里海」の生活バランスが、開発や防災目的の土木工事、それに消費文明の浸透で消滅寸前という。海岸線総延長２６０キロに及ぶ大阪湾で、天然磯は2カ所で2・8キロしか残っていない。たまに海辺に出かけても目にはいるのは無粋な消波ブロックばかりといった風景からも、容易に想像できる事態ではある。

本書は、こうした状況に憂いを抱く著者による日本列島各地からの現場報告だ。調和のとれた海辺の循環型社会、著者言うところの海と親和的な「里海の暮らし」の知恵や工夫、そして自然の摂理といったものが、津々浦々の生活者との対話から活写されている。

たとえば第4章の「造船王」。宮城県唐桑町の船大工、岩渕文雄棟梁（とうりょう）の語りが胸にしみる。人口の大半はカツオやマグロ漁船の乗組員家族というリアス式海岸の港町で、齢（よわい）70歳を迎えるまでやむことなく手がけた木造船の数は優に500隻を超すという。

「むかしの漁師は海に2隻並べて櫓（ろ）を漕（こ）ぎながら、1時間半も波間におしゃべりしながら、漁場と内湾とを楽しく往復したもので、海も船もそれぐらい静かでのどかだった」

この棟梁の話を引き取って、著者はこう記すのだ。

「そこへいくとスピードボート並みに飛ばす現在の船や漁師の眼（め）には、五感から直に海の変化や潮の流れがほとんど伝わらない。速すぎて情報を拾いきれないのだ。だから魚群探知機など電子装置に頼りきる。ゴミにも頓着せず、海もつい汚す。漁船の速力アップとモラルや勘の喪失には、深い因果関係があると岩渕はにらむ」

いずれも土地に根ざしたローカルな話ばかりなのだが、そこからは土建国家ニッポンが直面する難問群が鮮やかに浮かび上がってくる。久々に良質のルポルタージュに出会った気がした。

評・加藤千洋（本社編集委員）

せとやま・ふかし　53年生まれ。ノンフィクション作家、写真家、映像作家。

二〇〇四年二月一五日❻

『江戸の判じ絵　これを判じてごろうじろ』

岩崎均史 著

小学館・二四〇〇円

ISBN9784096261316

歴史

はてな？ そうか、なるほど　面白い

もう月が変わったけど、お正月は一家で絵双六（すごろく）や福笑いをたのしみましたか。お正月遊びは字を知らなくても絵ばかりなので、大人も子供も一緒に遊べますね。そうだ、こんなとき判じ絵があれば、もっとたのしかったのに。

一枚の刷りものにへんてこな絵がいっぱい散らしてある。「あ」の字の男が「さ」の字の屁（へ）をして臭いと鼻をつまんでいる人がいるから「あ・さ・くさ＝浅草」。本の顔の人が鵜（う）の顔の人と碁を打っているのは「ほん・ご・う＝本郷」。蝦蟇（がま）がデンと腰を据えてお茶を点（た）てている。何かと思えば「茶釜（ちゃがま）」だって。お相撲さんばかりの判じ絵、草花の、虫の、道具の、音楽（清元、常磐津（ときわず））の判じものまである。

象が門をくぐりかけて半分で詰まってしまった。それで半蔵（象）門。これは字が読めない人のための実用的な判じ絵地図。お百姓さんのためには「南部絵暦」。判じ絵で季節の交代が早わかりしてそのまま農暦になる。信心深い人には法華経を絵解きした「絵文字経」。本書にはそんな面白い判じ絵をどっさり集めて謎ときとしてある。

判じ絵は子供や江戸庶民が気軽に遊んだ他愛（たわい）のない絵遊びにはちがいないが、裏には江戸人の地口（じぐち）好き、洒落（しゃれ）好きの言語活動が、猛烈に回転している。いわば（駄）洒落ずくめの江戸裏文学だ。だから山東京伝が判じ絵応用の小紋デザインを考案したり、十返舎一九が影絵ずくめの絵本『於都里綺（おつりき）』を出版したりした。

近代の活字活版文化の受容以後、全頁（ページ）活字の味気ない出版物ばかりが本らしい本と見なされてきた。しかし活字専一のそんな「知」のメディアは、判じ絵のような「無知の知」のそれに受太刀（うけだち）になりはじめてはいないか。ルイス・キャロルが絵文字ずくめのレターをアリスちゃんに書き送ったのは十九世紀末の話。今時のアナログおじさんは仲良しの小学生の絵文字・顔文字ずくめのメールにてこずっている。ハテな、と首をかしげ、ようやく夕方に「あッそうか」。するとその日のお酒がめっぽううまい。うれしいじゃありませんか。

評・種村季弘（評論家）

いわさき・ひとし　53年生まれ。「たばこと塩の博物館」主任学芸員。

二〇〇四年二月一五日⑦

『世界ミステリ作家事典【ハードボイルド・警察小説・サスペンス篇】』

森英俊 編
国書刊行会・七五〇〇円
ISBN9784336045270
文芸

私は六〇年代に海外ミステリにめざめたが、当時、書誌を備えた論考は江戸川乱歩の『海外探偵小説　作家と作品』しかなく、その後もこれを超える参考書はなかった。森英俊がほぼ一人で書いた『世界ミステリ作家事典【本格派篇（へん）】』という怪物書が出るまでは。

本書は、待望垂涎（すいぜん）の姉妹篇だが、森の偉才をもってしても、多彩極まるこの千ページを一人で仕上げることは不可能だった。それほど本書の扱う領域は広く雑多で興味津々、作家の名前を眺めるだけでわくわくする。

ウールリッチ、ハイスミスなどアメリカン・サスペンス勢に、ハメット、トンプスンというハードボイルド派。忘れちゃならぬシムノン、ジョヴァンニらフランス圏の強者たち。彼らぬきでミステリは語れない。

執筆者が腕を競う力（リキ）のこもった記述に、完璧（かんぺき）な作家別書誌、索引、全集・選集のリストまで完備して、どこを開いてもファンなら夢想に誘われる。本書を買った夜は睡眠不足必至だ。

評・中条省平（学習院大学教授）

二〇〇四年二月一五日⑧

『肉体作品　近代の語りにおける欲望の対象』

ピーター・ブルックス 著　高田茂樹 訳
新曜社・五三〇〇円
ISBN9784788508781
文芸／人文

近代小説が、個人の肉体を主要な関心事とする語りとして誕生し、肉体が言語そのものを立ち上げる象徴的な基材になっていることを、記号論や精神分析の方法に拠（よ）りながら、きわめて明快に説いている。

自分の肉体をひとつの問題だと最初に認識して、その問題を書き表すことを自らに課したのは、ルソーである。啓蒙（けいもう）主義の時代にプライヴァシーが神聖視され、フランス革命で新しい肉体の美学が発動した後、十九世紀には写実主義の伝統とその解体過程において、欲望とその対象たる肉体についての言説が段階を追ってあけすけになる。と同時に、肉体に注がれる視線は微妙で不確かになってゆこう。そして二〇世紀に、一見透明で単純だが巧緻（こうち）きわまりない文体でファルス的眼差（まなざ）し＝認識欲を逆転させてみせるのが、マルグリット・デュラスである。

英仏の小説家たちの作品を新たな目で読み返してみたいと思わせる、西洋文化の根本に迫る好著である。

評・池上俊一（東京大学教授）

二〇〇四年二月一五日⑨

『〈節度の経済学〉の時代　市場競争至上主義を超えて』

内橋克人 著
朝日新聞社・一四〇〇円
ISBN9784022578822／9784022643667（朝日文庫）
経済

今や数少ない〝市民派〟の経済評論家と目される著者が、一九九六年から二〇〇三年にかけて新聞メディアなどに発表してきた評論やインタビューを一書に編んだもの。

最近の発言はもちろんのこと、九〇年代の発言もほとんど色褪（あ）せてはいない。むしろ構造改革路線の危うさ、所得格差の拡大、失業率の上昇など、著者が数年前に指摘した事態が、近年になって次々に現実化していることに驚く。本来ならこれを「慧眼（けいがん）」と礼賛すべきだろうが、著者の警告をこれまで軽視してきた経済学者やエコノミストの側の「不徳」のほうが気になる。

市場競争至上主義は社会や人心を荒廃させる、という著者の主張は、一見古典的な革新主義にも見えるが、「市民社会」が成熟していないこの国においては、今もなお有効な言説である。市場原理はたしかに尊重すべきだが、人間はそれ以上に尊重すべき存在であるという認識を欠いて、経済は語れないのである。

評・篠原章（大東文化大学教授）

二〇〇四年二月一五日⑩

『完全なるワーグナー主義者』

ジョージ・バーナード・ショー 著
高橋宣也 訳
新書館・二四〇〇円
ISBN9784403240515
アート・ファッション・芸能

バーナード・ショーが、劇作家として立つ前に音楽評論にたずさわっていたことは、あまり知られていないのではないだろうか？

一八七七年、「ニーベルングの指環（ゆびわ）」初演後のワーグナーがロンドンに演奏旅行したとき、ゴーストライターとして新聞にリポートを書いたのは、二十一歳のショーだった。切れ味鋭い筆致には、すでに彼一流の皮肉が湛（たた）えられている。

その「指環」を論じた本書は彼の唯一のまとまった音楽論で、多くのワーグナー関係書で引用されているが、待望の初邦訳である。

ワーグナーというと「愛」の概念をもとに読み解くのが一般的だが、革命家でもあったショーは、思想劇として光を当てようとする。

ヴォータンは資本主義の親玉で、ジークフリートはバクーニンのような無政府主義者。パリ・コミューンの失敗からビスマルクの台頭までを「指環」のキャラクターに託して書きすすむ章は、痛快きわまりない。

評・青柳いづみこ（ピアニスト・文筆家）

二〇〇四年二月二二日①

『ミルン自伝　今からでは遅すぎる』

A・A・ミルン 著　石井桃子 訳
岩波書店・三六〇〇円
ISBN9784000221368
文芸／ノンフィクション・評伝

プーさんの生みの親の多彩な活動

この国でA・A・ミルンといえば、誰でもすぐさま『クマのプーさん』を連想するだろう。自身の息子クリストファー・ロビンが大切にしていたぬいぐるみたちを登場人物とする一連の作品は、E・H・シェパードのこれ以上ない挿（さ）し絵と石井桃子のふくよかな日本語をもって、プーさんの身体を黄色にしてしまったアニメよりずっと忠実な読者を勝ち得ている。

ところが原作者ミルンは、童謡詩をふくめて計四冊にまとめられた子ども向けシリーズの成功を、こころよく感じてはいなかったらしい。あの愛すべき蜂蜜好きの熊のおかげで、力を入れた「本業」の創作がまともに扱われなくなってしまった、と嘆いているのだ。それも、シリーズ刊行から十年ほどしか経（た）っていない一九三九年に書かれた自伝、すなわち本書のなかで。

十九世紀末、私立学校経営者の三男に生まれたミルンは、パブリック・スクールの名門ウエストミンスター校を経てケンブリッジ大に学び、当初の目的であった数学を脇に追いやって、校内誌「グランタ」の編集にたずさわった。卒業後は風刺週刊誌「パンチ」の編集助手となり、業務のかたわら定期的に記事を発表して才能を認められるのだが、そこで第一次世界大戦が勃発（ぼっぱつ）、応召する。

戦後は編集部に戻らず、フリーランスの活動を開始。戯曲で当たりをとったあとは、エッセイ、小説、風刺詩と、さまざまな領域で健筆をふるった。息子が生まれ、その成長とともにたどり直したみずからの少年時代の思い出を糧に、子ども向けの詩と物語を書きあげたのは一九二〇年代のことで、それは幅広い彼の仕事の、ほんの一角にすぎなかった。

ところが、本書の訳者である石井さん（やっぱり、さんづけにさせてください）にとっては、その一角がじつに大きかったのだ。一九三三年に『プー横丁にたった家』の原書と出会い、「あとにも先にも経験したことのない生理的感覚」に酔いしれて以来、深い愛着を抱くようになった石井さんは、本書のなかで先の苦々しい感懐にぶつかり、衝撃を受ける。九十歳を過ぎてなぜ先行訳のある本を自分の言葉に移そうと思い立ったのか、その理由がはっきりわからない、とあとがきには記されているけれど、後の不満はともかく、ミルンがなぜこれほど幸福な物語を書きえたのか、その謎を解き明かしたいという気持ちが働いていたにちがいない。

一読、目を惹（ひ）くのは、なにかにつけて良きライバルだった「十六か月」年上の兄の存在である。《決定的に「ナイス」な人間だった》というこの兄に割かれた頁（ページ）は、ときに自慢話ととれなくもない記述のなかで、ひときわ美しく輝いている。少なくとも本書執筆の動機は、刊行時の十年前に亡くなった愛する兄への、感謝と鎮魂の想（おも）いだったと言えるのではないだろうか。

（原題、It's Too Late Now）

評・堀江敏幸（作家）

A. A. Milne　1882～1956年。イギリスの作家。『クマのプーさん』など。

二〇〇四年二月二二日❷

『サラーム・パックス　バグダッドからの日記』

政治／国際

サラーム・パックス 著
谷崎ケイ 訳　酒井啓子 解説
ソニー・マガジンズ・一六〇〇円
ISBN9784789721646

「開け、ネット！」　ほんとの肉声

突然気づいたのだけど、この本は、「サラーム・パックス」という（インターネット上の）名前の青年の「ネット日記」だ。いまも、ネット上で日記は続いているにちがいない。だから、ぼくは、しょっちゅうフリーズする、古いパソコンを開き、サラームくんのサイトのアドレス（http://dear_read.blogspot.com/）を探した。GO！

もちろん日記は更新されていた。最新の日付は2月12日。そこでサラームくんは、アメリカ軍の兵士と、戦争と占領とサダムとイラクの未来について、厳しい意見のやりとりをしていたよ。

ところで、サラームくんは、ゲイで、「ディスカバリーチャンネル」を見るし、バロウズを読むし、ヴィデオでマイケル・ダグラスが大統領役の『アメリカン・プレジデント』を見ている。ぼくたちとなにもかわらない（?）。

いや、一つ違った。『アメリカン・プレジデント』を見ていた時、サラームくんの耳は同時に、激しい爆撃音、空襲警報を続けて聞いていたのだ。

日記がネットで有名になった時、こんな声が沸き上がった。

「ほんとにイラク人？」

「先進国」に「ふつう」にいるサラームくんのような若者が、イラクにもいることが信じられない、というのだ。

ぼくたちは、ほんとのことを知らなきゃなんない。マスコミやブッシュや小泉は他にやることが多くて、バグダッドの一人の若者がなにを考えているかなんて、興味がないのだ。どうすればいい？

サラームくんは呪文を唱える。

「開け、ネット！」

すると一瞬のうちに、遥（はる）かな距離を乗り越え、いまそこにある言葉を読みとってくる力が生まれる。

ぼくはこの本を読みながら、インターネットの驚くべき可能性を感じていたのだった。

サラームくん、きみの影響で、ぼくもネットで日記をはじめたよ。暇があったら、立ち寄ってね。でも、日本語だけど。（http://www.funk.ne.jp/~gen1rou/index.html/）

（原題、Salam Pax : The Baghdad Blog）

評・高橋源一郎（作家）

Salam Pax　バグダッドに住むイラク人青年。

二〇〇四年二月二二日③

『ミュージアムの思想』

松宮秀治 著
白水社・二五〇〇円
ISBN9784560038987
アート・ファッション・芸能

ミイラの展示はいかに正当化されるか

昨年の暮れ、本書のほかにも、溝上智恵子『ミュージアムの政治学』、上山信一・稲葉郁子『ミュージアムが都市を再生する』など、「ミュージアム」を書名に掲げた本の出版が相次いだ。

年の瀬といえば、美術館の危機を憂う記事が年中行事のように新聞を賑(にぎ)わす。私も乞(こ)われて「せっかく手に入れた美術館を簡単に手放すべきではない」と発言した口である。

本書はその「入手先」を教えてくれる。日本では、ミュージアムを美術館と呼んだり、博物館と呼んだり定まらない。著者は、それをスーパーの店頭に並ぶ魚の切り身にたとえた。「食べてみたらけっこう美味で口にも合うので、切り身の加工品のままで輸入しつづけてきた魚が」、実は「とてつもない怪魚で、得体(えたい)の知れないグロテスクな姿をした、しかも獰猛(どうもう)きわまりない」、それがミュージアムという魚の本当の姿だという。

まずは大英博物館やルーブル美術館が思い浮かぶ。そして、ミュージアムの歴史はしばしばこの二館から語られるが、本書はこの二館の登場を以(もっ)て終わる。すなわち、西欧のどのような思想がミュージアムを生み出したかという問題に焦点が絞られているからだ。

なるほど、現在のミュージアム論議に欠けているものは、そもそもミュージアムとは何かを問うことである。その根源は、西欧中世の教権に対する王権の優位を確保しようとする欲求にあるという。皇帝や国王のコレクションは王権を裏付け、世界の支配を視覚化した。本書の真骨頂はここから先、西欧近代がそれをいかに「美味」な制度に仕立てたかを語る。

コレクションは公共財、ミュージアムは公開されねばならぬ、あるいは社会教育機関であるとする、現代人にはほとんど自明なことにまで再考を迫る。すなわち、墓を暴いてミイラを運び出し、展示することが、どのような思想によって許されているのかと問いかけるのだ。

日本がミュージアム制度を受け入れるのであれば本腰を入れよ、そうでなければいったん正面から否定せよと、著者は本書を結んでいる。

評・木下直之(東京大学助教授)

まつみや・ひではる 41年生まれ。立命館大勤務。共編著に『ロマン主義の比較研究』など。

二〇〇四年二月二二日④

『老兵は死なず　野中広務全回顧録』

野中広務 著
文芸春秋・一五〇〇円
ISBN9784163656403／9784167600037(文春文庫)
政治

弱者の視点に立つ「優しい政治」の限界

昨年9月、野中広務氏は政界引退を表明した。野中氏は、1993年に野党に転落した自民党が、細川内閣と戦う中で、有力政治家として台頭した。94年、村山内閣で自治大臣となって以来、幹事長代理、官房長官、幹事長と、要職を占め続け、つい最近まで、政界最大の実力者の一人だった。

この本は、橋本内閣の誕生から、沖縄基地問題、小渕内閣の誕生、自自連立、森内閣の誕生、加藤の乱、小泉内閣の誕生と小泉首相との戦いまで、政界のもっとも重要な事件を、内側から眺めた生々しい記録である。98年7月、橋本首相の辞職表明後に、小渕か梶山かという岐路に直面した時の小渕派の動きなど、とくに真に迫っている。

野中氏は地方の農家の出で、つねに弱者の視点を強調し、人間と人間の信頼を重視してきた。彼ほど私心なく捨て身で政治に取り組んだ人も少なかっただろう。58歳で衆議院議員に初当選した野中氏が、10年ほどで総理大臣なみの力を持つようになったのは、そうした信念と捨て身の迫力ゆえだった。

ただ、政治指導者は、それだけでよいのだろうか。たとえば野中氏は、北朝鮮に近い政治家として知られていた。弱者の視点に立つがゆえに、野中氏は朝鮮系の人々にも優しく、誠意を持って接すれば、北朝鮮とも話は通じると考えたらしい。しかし、少し歴史を知っていれば、北朝鮮がそんな国ではないことは、分かるはずだ。

野中氏はまた、構造改革に対して、弱者切り捨てだと強く批判し、小沢一郎氏を悪魔に日本を売り渡すものと批判し、小泉首相を独裁者と批判していた。しかし、従来よりも首相に権限を集中し、構造改革を――小沢流や小泉流である必要はないが――進めることなしに、日本は世界の中でやっていけるのだろうか。そうした見通しなしに優しい政治を続けた結果が、膨大な財政赤字だったのではないか。そのあたりの歴史的なヴィジョンを、評者は本書の中に見出（みいだ）すことが出来なかった。その意味で野中氏の引退は、時代の必然だったのかも知れない。

評・北岡伸一（東京大学教授）

のなか・ひろむ 25年生まれ。政治家。官房長官、自民党幹事長などを経て、03年引退。

二〇〇四年二月二二日⑤

文芸

『もっと、わたしを』

平安寿子 著

幻冬舎・一六〇〇円

ISBN9784344004665／9784344408296（幻冬舎文庫）

好きに生きればいいじゃん！

二股交際がバレてもどちらも選択できず、トイレに閉じこもる優柔不断な男がいる。世界は自分中心にまわっていると信じている容姿自慢の男もいる。あるいは、オヤジ殺しの嘘（うそ）泣き一つで生きている女がいる。みんな厭味（いやみ）で、自分勝手な連中だ。では、そういう自己を変革していく物語かと思うと、そうではない。彼らは何ひとつ変わらず、自分勝手なまま生きていく。

いや、彼らが結構誠実に悪戦苦闘することも書いておかなければならない。その周囲との衝突を、どたばたぶりを軽妙に描くのが、平安寿子の得意とする小説なのだ。自分勝手なダメ人間たちが一応、もがいてはみるのだが、やっぱり変わらないという顛末（てんまつ）を、この作者はいつも絶妙に描きだす。で、結局は、変わらないなら仕方がない、あんたにもいいところはあるんだし、そのままでいいじゃん、と平安寿子は言うのである。その力強いメッセージが物語の奥のほうから聞こえてくる。

二年前の傑作長編『グッドラックららばい』を想起すればいい。母親が二十年間家出して帰らないというのに、崩壊しない家庭のありようが鮮やかだったが、つまり、みんなが自分勝手に生きても家族はばらばらにならないというのが『グッドラックららばい』のテーマだった。それを巧みな挿話と秀逸な人物造形で納得させてしまうのだから、いま考えてもすごい小説だったと言えるだろう。

今回は短編集だが、わき役にいたるまで活写されているのはいつもの通り。絶妙なリレーぶりも新鮮だが、そのテーマはここにも共通している。ようするに、立派でなくたって、誰に何と言われたって、好きに生きればいいじゃんというのが、平安寿子が繰り返して語っているテーゼなのである。もちろんそれは、描写力が伴わなければ説得力に欠けることではあるけれど、平安寿子の小説を読むと、いつもそうかもしれないという気になってくる。だから、読み終えると、なんだかむくむくと力がわいてくる。それが平安寿子を読む効用だ。

評・北上次郎（文芸評論家）

たいら・あずこ 53年生まれ。作家。著書に『素晴らしい一日』『明日、月の上で』など。

二〇〇四年二月二二日❼　歴史

『昭和天皇「謝罪詔勅草稿」の発見』

加藤恭子 著
文芸春秋・一六〇〇円
ISBN9784163655307

本書は昨夏「文芸春秋」誌に発表された昭和天皇の「謝罪詔勅草稿」の解読、専門家による評価、国内外からの反響を総まとめにした注目の書である。戦争責任をめぐり、退位か留位かでゆれる天皇の心奥が写し出されて興味をそそる。

草稿の執筆者は田島道治（みちじ）（68年没）。戦犯処刑にからんで天皇退位論の強まる占領下の48年から平和条約発効翌年の53年まで、宮内庁長官だった。

著者の加藤氏は田島の伝記を執筆しており、その人となりを熟知している。危機管理の術に長（た）けた仕事師田島は、ダイナミックに歴史に楔（くさび）を打ち込もうとする。それが謝罪詔勅の発出だったと著者は考える。

「朕（ちん）ノ不徳ナル、深ク天下ニ愧（は）ヅ」の強烈な文言をふくむ詔勅は、しかしGHQ（連合国軍総司令部）や政府の思惑によるものか、不発に終わった。著者は深く惜しむ。謝罪のケジメなきまま、時は過ぎた。生まれなかった歴史に寄せる、これは挽歌（ばんか）だろう。

評・増田れい子（エッセイスト）

二〇〇四年二月二二日❽　文芸

『空と風と星と詩』

尹東柱 著　金時鐘 訳
もず工房・一八〇〇円
ISBN9784990173104

尹東柱（ユンドンジュ）は韓国の国民的詩人である。彼は戦時中、同志社大学に留学していて思想犯として逮捕され、二十七歳の若さで獄死した。

のこされたこの詩集を在日の詩人、金時鐘（キムシジョン）が翻訳した。集には表題の二十四篇（へん）とその他（ほか）十三篇、一九三〇年代から四〇年代初めまでの作品が収められている。

集は彼の置かれた時代と状況が刻印され、全体像として明るいものではない。それでいて、どこからともなく吹いてきた松籟（しょうらい）のように、澄みきった言葉がひとを佇（た）ちどまらせる。

こんな一節がある。「足音を聞き分けられるほど／私は聡明（そうめい）であったのだろうか」（白い影）。苦しみの中で自らを、また見つめる。

翻訳詩でありながら翻訳という介在を全く感じさせない。それは訳者が精魂を込め、かつ詩人として巧みな言葉の使い手であるからであろう。

不幸な時代にもやわらかな感性が息づいていたことを知るのである。

評・前川佐重郎（歌人）

二〇〇四年二月二二日❾　文芸

『骨董屋の非賣（ひばい）品』

勝見充男 著
晶文社・一九〇〇円
ISBN9784794966018

その西洋骨董（こっとう）屋の主人はいつも黒い帽子をかぶっていて、客に「お持ちなさい、お代はいつでも」「かまうことはありません。私どもは夢を売る商売ですから」とコールマン髭（ひげ）をなでながらささやく。

この人、のち高級ユーラシア料理という不可解な料理屋の雇われマスターになり、今は消息不明という。

別の骨董屋の主人は一生道楽に明け暮れた人物で、道楽は洋服にも及び、好みの骨董が少なくなったからと店をたたむと、モデル業に転身した。

といった世間一般の常識から逸脱した人物を紹介する著者も、並ではない。

昭和四十年代半ば、小学生のとき古いシャープペンシルを買ったのが骨董とかかわった最初。中学三年になると軍資金五万円を懐に、東京から京都・北野天満宮の青空骨董市へと出かけたそうな。

人と骨董との不思議な交流を楽しむうち、ふと井伏鱒二の名作『珍品堂主人』を再読したくなった。

評・栗田亘（コラムニスト）

二〇〇四年二月二二日⑩

『ゆとり教育から個性浪費社会へ』

岩木秀夫 著
ちくま新書・七二〇円
ISBN9784480061515
教育／社会／新書

「ゆとり」の教育改革は、迷走しているかに見える。だが、本書を読むと、改革の場当たり的な対応に、実は一貫した社会の変化が反映していること、その行く末におぞましい未来が待っていることが見えてくる。

著者によれば、現代日本では「成熟社会論」が支配的だ。近代社会へのキャッチアップは終わった。社会の成熟にあわせて教育も変わらなければならない。「ゆとり」と「個性重視」の教育も、この成熟社会論をベースにしている。

しかし、その先には、一部の勝ち組が地球的規模で知的能力を競い合う競争社会と、競争から降りた大多数のための「個性浪費社会」が待ち受ける。そこでは、表層的な「個性」を気にしあい、「本当の自分」や「感情」や「こころ」を行儀よく管理する術を手に入れた人びとが、記号やサービスの大量生産＝消費の担い手として、「自己実現」をめざす。社会の変化と重ね合わせ、教育改革の真相＝深層を解明した好著である。

評・苅谷剛彦（東京大学教授）

二〇〇四年二月二九日❶

『ロングフェロー日本滞在記　明治初年、アメリカ青年の見たニッポン』

チャールズ・A・ロングフェロー 著
山田久美子 訳
平凡社・三六〇〇円
ISBN9784582832020
ノンフィクション・評伝

いきいきのびのび　屈託なく観察

幕末から明治にかけて日本を旅した欧米人の旅行記はどれも面白い。トロイアの遺跡を発掘する六年前に日本を訪れていたシュリーマン。『日本奥地紀行』のイザベラ・バード、『ニッポン仰天日記』のゴードン・スミスなど。

これらの旅行記の魅力は、いにしえの日本を他者の視線で克明に描いている点だけではない。さほど知られていないニッポンにわざわざやって来る酔狂なガイジン。旅の最中に風景の美しさに感嘆するいっぽうで、理解できない日本人のふるまいにぷんすか怒りをぶちまける。誤解もある。彼らはこの時代に東のはてまで旅をするほどの財力と暇がある人々だが、ひとことでいえば「変わり者」の部類に属するだろう。

ここにもそんな若者がひとり。本書は二十七歳のアメリカ人青年の、明治四年から一年八カ月におよぶ日本滞在を書簡や日記からたどるものである。当時の日本をいきいきと伝える貴重な古写真が多数添えられているのがうれしい。

著者は米ケンブリッジ生まれ。父親は高名な詩人、母親は豪商の娘だった。子供のころから行動的なチャールズは十九歳で家出をし、南北戦争に北軍兵士として従軍。のちにヨットと旅にあけくれ、ヨーロッパやインド、ヒマラヤなどに出かけている。母方の財産がこの青年のモラトリアム期間を優雅なものにしたようだ。

そもそもは二週間の予定で日本を旅するはずだった。日本に着いてそうそうに駐日米国公使がミカド（天皇）に謁見（えっけん）する場に伴われるという幸運に恵まれた。青年は北海道に足をのばしアイヌの集落を訪れ、さらに大阪、長崎、京都……、富士登山まで敢行した。ついには外人居留地の築地に武家屋敷を改装した邸宅を構えるまでに日本にはまっていくのである。

アメリカからは早く帰って来いという手紙が再三送られるが、チャールズは返信に日本の旅の様子を克明につづり、ついでに金の無心をしている。けれども口やかましい妹や厳格な父親には知らせていないこともたくさんあったようだ。何人もの美しい日本人ガールフレンドがおり、そのうちのひとりオハナのはじけるような笑顔の写真が残されている。

歴史や民俗学に特に詳しいわけではないが、そのぶんのびのびと日本人と接し、仙台ではイタリア事情に通じた寺の住職に出会ってもいる。好奇心のおもむくままに芝居小屋に通い、茶屋にもひんぱんに出入りした様子である。チャールズは背中に見事な刺青を入れていて、頭巾（ずきん）に股旅姿のお茶目（ちゃめ）な写真が愉快だ。

チャールズは帰国したのちにも二度日本を訪れている。しかし故国では生産的な仕事もせずに五十歳に満たない生涯を終えたという。それでも一青年の無為に見えた旅の日々が明治の日本を今日に残したのだから、彼の人生は実りあったというべきだろう。

（原題、Twenty Months in Japan, 1871-1873）

評・与那原恵（ノンフィクションライター）

Charles Appleton Longfellow　１８４４～93年。

『本朝聊斎志異』

小林恭二 著

集英社・二五〇〇円
ISBN9784087746761

文芸

憂き世を忘れ、幻に遊ぶ　怪異の世界

読みふけって夜を徹するような小説に最近なかなか巡りあえないが、これは幸せな例外。本のオビに歌人の岡井隆が「東京駅で読みはじめて気がついたら新大阪だった、まだ半分も読んでないのに」と書いている。私も全五十四話を「一気半」くらいで読了した。

頃は平安朝、若い貴族が京の街角で美しい娘を見そめ、恋を患う。どこの誰やら見当もつかぬある日、鞍馬の山中で道に迷い、杏（あんず）や桃に囲まれた屋敷にたどり着く。ここが母親や腰元と住まうあの娘の家で、おきゃんで笑い上戸の彼女に若者はいっそうメロメロになる。ところが娘の母親は実は狐（きつね）で……。

と、こうした怪異譚（かいいたん）が多くは恋愛がらみで続く。登場する美女、妖女の正体は鬼や狐ばかりだけれど、ひどく怖くもなければ悪趣味に気味悪くもなく、ときにはお近づきになりたい魅力に富む。これはもちろん、話のおおもとが清の怪異小説集『聊斎志異（りょうさいしい）』にあるからだ。

日本の怪談は、どちらかといえば血なまぐさく陰惨な世界。中国はもっと洒落（しゃれ）ていて、幽鬼も恨めしや一辺倒でなく、それなりの個性、奥行きを持つ。四百を超す短編からなる『聊斎志異』が右代表で、人間の欲望を怪異に託して描きつつ、豊かな詩情をたたえている。

となれば一つ翻案してみようかと思いつくのは作家なら不思議でなく、芥川龍之介や太宰治、さらには火野葦平も試みた。小林恭二の場合は創作性が一段と強くて、本歌取りといっても本歌（『聊斎志異』の短編）がどれやら、私などにはわからないものが少なくない。

なかで「不老長生」と題された作品は素性がわかる一つで、原題は「労山道士」。仙人のところへ押しかけて壁抜けの術を習う男の話である。異朝の男は旧家の息子なのだが、『本朝聊斎志異』ではこれが大阪今宮の生糸問屋の若旦那（わかだんな）作兵衛になり、紀州熊野で庵（いおり）を結ぶ玄海上人に不老長生の術を習う筋書きに変わる。話は本朝の方がぐんと広く……。

などという詮索（せんさく）はどうでもいい。憂（う）き世を忘れ幻に遊ぶのは小説読みの特権。たまに試してみるのも一興かと思う。

評・栗田亘（コラムニスト）

こばやし・きょうじ　57年生まれ。作家。著書に『カブキの日』『悪への招待状』など。

二〇〇四年二月二九日③

『マヤ文字解読』

マイケル・D・コウ 著
増田義郎 監修　武井摩利、徳江佐和子 訳
創元社・四二〇〇円
ISBN9784422202266

歴史

知の探求がもたらす軽やかな希望

マヤ文字というと、あの変な顔みたいなのが並んでいる、得体（えたい）の知れない「字」だ。著者はその解読を担った世界的な研究者グループの一員。実は一九五〇年代にマヤ文字解読の下準備は整っており、理論的な方向性も示されていた。にも関（かか）わらず、実際に一九七〇年代ごろまで解読は実現されなかった。

解読につながったのは、マヤ文字の相当部分が表音文字と表語文字だという発見だ。ソ連（当時）の科学者クノローゾフは、五〇年代にこれを指摘し、解読への突破口を開いた。かれの指摘の意義を説明するにあたり、著者はそもそも文字とは何か、というところから話を説き起こし、文字をめぐる考え方や哲学の差を入念に説明する。これがただの年代記にとどまらない深みを本書に与えている。

だが一方でマヤ文字研究は、学界のボスであるトンプソンの頑迷な信念と政治力によって数十年にわたり停滞し続けた。かれはマヤ文字は絵文字か、世界観をあらわすイラストのようなものだと信じ、それ以外の主張はすべて排斥してきた。本書はその抑圧に屈せず、他領域の成果を積極的に導入して解読が実現されるまでの苦闘の物語にもなっている。

そのドラマは、今なお続いている。マヤ文字が解読されても、発掘系考古学者の多くはそれを黙殺するばかりか発掘品を見せてくれないとか。本書はこういうケチな学問セクト主義に率直な批判を投げかける。それに対して解放された自由な知の探求がもたらした成果を誇らしげに描き出す著者の筆致は、当事者ならではの熱意と興奮と軽やかな希望に満ちている。

そして本書で、読者も著者たちの興奮の一端をかいま見ることができるのだ。マヤ文字は実は漢字や日本語と似ているし、漢字の偏やつくりに相当するものがある。それを理解するだけで、あの顔の行列のおどろおどろしさが消え、前よりちょっと文字っぽく見えてくる！　またマヤに限らず文字解読一般についての議論も楽しい。マヤ文明に関心ある人だけでなく、文字全般に少しでも興味ある人すべてにおすすめ。

（原題、Breaking the Maya Code）

評・山形浩生（評論家）

Michael D. Coe　著書に『古代マヤ文明』など。

二〇〇四年二月二九日④

『ジュネ伝　上・下』

エドマンド・ホワイト 著　鵜飼哲ほか 訳
河出書房新社・各四五〇〇円
ISBN9784309203928〈上〉・9784309203935〈下〉

文芸／ノンフィクション・評伝

名声、恋、自殺未遂…壮絶な生涯に迫る

作家にとって、著名な人物に認められたり、評論の対象にとりあげられるのは、勿論（もちろん）嬉（うれ）しいことであるに相違ない。しかし、ときには、それが作家を金縛りにしてしまうこともあるのだ。

『泥棒日記』や『花のノートルダム』の作者ジャン・ジュネ（一九一〇～八六）はゲイ文学のパイオニアである。彼以前には、「『私』と作者の同一性が容易に想定されるような語り」を採用することは、ほとんど考えられなかった。

著者のホワイトも同性愛者で、独特の繊細な心情を丹念に解きあかしてくれる。興味深いのは、ジュネを「発見」したコクトーやサルトルとの微妙な関係。

『花のノートルダム』の原稿を読んだコクトーは、同性愛小説で先を越された悔しさと、世に出さねばという使命感のはざまで揺れ動いた。出版を知ったジュネの感情もアンビバレンツだった。自らの全生涯を救済する書だということを知りながら、いっぽうで「秘密の存在」でありつづけたいという願望。

ガリマールの全集の第一巻として発表されたサルトルの論考『聖ジュネ』は、彼を精神的危機に陥れた。コクトーには「あんたたちが俺（おれ）を彫像にして身動き出来なくした」と怒りをぶちまける。

この時点でのジュネは、サルトルが評論した他の作家のような大家ではなく、まだ四十二歳で、「パリの教養人の半分には無名の存在であり、残り半分からは文学の問題児」とみなされていた。

作品で自分を裸にしたように見せかけて、一種の夢物語で巧みに変装していたジュネは、「自分以外の誰かから裸にされ、露（あら）わな姿を晒（さら）した自分を見た」のである。サルトルの方法論はジュネの創作術の対極に位置し、「一方が他方を破滅させるものなのだ」という著者の指摘は鋭い。とはいえ、この評論が彼に世界的名声をもたらしたことも事実なのだが。

数年間の沈黙ののち劇作家として復活したジュネは、『屏風（びょうぶ）』をはじめ三つの長編戯曲を書き上げる。綱渡り芸人との恋と彼の自殺、ジュネ自身の自殺未遂、晩年の政治運動への加担。自己模倣を嫌うその生涯は、壮絶の一語につきる。

（原題、Genet, A Biography）

評・青柳いづみこ（ピアニスト・文筆家）

Edmund White 米の作家。著書に『燃える図書館』など。

二〇〇四年二月二九日⑤

『一条天皇』

倉本一宏 著

吉川弘文館・一九〇〇円

ISBN9784642052900

歴史

信頼できる史料で描く新しい人物像

平安時代中期、七歳で即位し、二十五年にわたって在位した一条天皇は、摂関時代を確立し、王朝文化を花開かせた「英明」な天皇であるとされる。そうそうたる宮廷女流文学の才人たちが活躍したのは、彼の時代であった。しかし藤原道長、清少納言、紫式部といった同時代人と比べて、その個性はいま一つ明らかではない。著者は、これまで多用された『栄花物語』『大鏡』など、執筆の意図や作為を斟酌（しんしゃく）しなければならない歴史物語の類（たぐい）を極力排除した。代わりに難解な男性貴族たちの日記や『紫式部日記』を緻密（ちみつ）に、巧みに読み取りながら、一条天皇の行動と人となりを明らかにしていく。

たとえば、道長とのせめぎあいだ。皇后定子への一条天皇の想（おも）いをそらせ、我が娘、彰子所生の皇子を皇太子にと腐心した道長は、外祖父の地位を手に入れるため、一条帝の譲位を強制するに至る。この間の息詰まる緊張関係は、貴族たちの日記と、道長の『御堂関白記（みどうかんぱくき）』に詳しいが、それらを照合し、彼らが何を書いたかよりも、何を書かなかったかに鋭い目を注ぐ。そこに道長の意に反した一条天皇の行動や姿勢を読みとるのである。

こうして信頼できる史料だけを選（よ）りだして構成した平安時代史が本書である。政務・儀式の場における公的な姿と、後宮世界における私的な姿、そして詩歌や笛といった趣味の世界、死後に作られた伝説や説話、それらの総体としての「あたらしい一条天皇像」を描き出した。

藤原道隆や伊周（これちか）・隆家、定子や清少納言らと、才（ざえ）と戯（ざれ）に満ちた雰囲気の中で過ごした青春時代。道長や彰子、紫式部とともに、気配りと協調、自己抑制を基調とした成人期。いまわのきわに「自分は生きているのか」という問いを遺（のこ）した天皇が、たった三十一年の生涯の最期に抱いた想いは何だったのだろう。華やかな王朝女流文学の陰には貴族たちの思惑や張りつめた関係がほの見え、天皇制とは何か、王朝文化とは何か、さらに男女間の愛情とは何か、を深く考えさせられる。

文学と歴史とがみごとに綾（あや）を織りなしていて、平安朝古典文学愛好家必読の書である。

評・武田佐知子（大阪外国語大学教授）

くらもと・かずひろ 58年生まれ。駒沢女子大教授。著書に『摂関政治と王朝貴族』など。

二〇〇四年二月二九日❻

『興行師たちの映画史　エクスプロイテーション・フィルム全史』

柳下毅一郎 著
青土社・二四〇〇円
ISBN9784791760978

アート・ファッション・芸能

魔術、奇形、裸…面白さ広げた見世物精神

副題にいう「エクスプロイテーション」とは「搾取」のこと。だが、この場合、観客から金を搾り取ることを意味している。つまり、映画＝金儲（かねもう）けのための見世物（みせもの）という考えが、この言葉には反映している。映画監督を芸術家として祭りあげる「作家主義」の正反対だ。

映画監督みずからがエクスプロイテーションの陣頭指揮に立つこともある。その代表者がウィリアム・キャッスル。

まともな映画史からは一顧だにされないこのホラー映画の監督は、オーソン・ウェルズに私淑したはいいが、ウェルズからはったり精神だけを学んだらしい。

自作の恐怖映画でショック死した観客には千ドル払うといって保険証書を配ったり、映画のクライマックスで観客の頭上に骸骨（がいこつ）を飛ばしたり、ムカデのような怪物が逃げだす場面で座席に仕込んだ装置を作動させて観客に「ムカデ感」を味わわせたりした。ほとんどバカである。

だが、このバカまじめな精神こそが、映画の面白さを大きく広げてきた。

著者によれば、そもそも映画を発明したリュミエール兄弟や、続いて映画を幻想芸術に昇華させたメリエスは、映画を見世物興行だとしか考えていなかった。

たしかにリュミエール兄弟は、映画という表象手段の開発者である以上に、多数の観客を一堂に集めて映画を有料上映するという興行形態の発明者であったし（この点がエジソンと違うところだ）、メリエスはパリの花形手品師であり、ロベール＝ウーダン劇場の経営者だった。

本書はそうした視点から「もうひとつの映画史」を描きだす。ここではグリフィスもエイゼンシュテインもゴダールももちろん小津安二郎もお呼びでない。

やらせドキュメンタリー。引田天功もびっくりの魔術師映画。奇形を見世物にするフリーク映画。特定の人種向けの映画。そして忘れちゃならない裸と性が売り物のその名も「セクスプロイテーション」映画。ともかく映画という文化現象の広がりの豊かさに恐れいるばかりだ。

例えば、まもなく公開される石井輝男の怪作『盲獣VS一寸法師』など、この映画史では正統中の正統なのである。

評・中条省平（学習院大学教授）

やなした・きいちろう　63年生まれ。英米文学翻訳家。著書に『愛は死より冷たい』など。

二〇〇四年二月二九日❼

『国産ロケットはなぜ墜ちるのか』

松浦晋也 著
日経BP社発行、日経BP出版センター発売・一四〇〇円
ISBN9784822243838

科学・生物

昨年十一月、国産H－2Aロケット6号が打ち上げに失敗。ほぼ同時期に地球観測衛星「みどり2号」が機能を停止。また、火星探査機「のぞみ」は軌道投入できずに通りすぎてしまった。そして、親しまれた気象衛星「ひまわり」はいまやない。

おりしも中国が初の有人宇宙船「神舟（シェンチョウ）5号」の飛行に成功したことが、明暗を浮き立たせた。これは技術力だけの問題ではない。「現場におけるモチベーションは低下している」と説く気鋭の科学ジャーナリストが、多角的に追及した。

ポリシー不在、対米追随、予算不足、受注メーカーのメリットの少なさなどの原因の底に流れるのは、組織の論理を優先する官僚統治だ。彼らは技術者の育成を阻む人事ローテーションを持ち込んだ。著者はさらに、技術に関する政治家の教養不足がある、とも指摘する。対する中国の指導者は全員が理工系出身。この現状は、わが国の「科学技術立国」の危うさの縮図ではあるまいか。

評・宮田親平（科学ライター）

二〇〇四年二月二九日⑧

『介護をこえて　高齢者の暮らし支えるために』

浜田きよ子 著
NHKブックス・八七〇円
ISBN9784140019887
医学・福祉／社会

もうすぐ4人に1人が高齢者という老人大国になるという不安が、この国を覆っている。本書は、老人を世話のやける人間と決めつけたり、介護の対象とだけ考えたりする見方を退け、老人が生きてきた道のりを大事にし、暮らしのなかで生き抜けるように、新しい補助器具の紹介など、具体的な提案に満ちている。

例えば拡大読書機、音声でつながる携帯電話、助聴器。どれも日常を支える補助器具で、実際の高齢者の体験例を通して紹介する。手足が不自由になっても家で生活できるように、入浴台や工夫した車イス、台所仕事がしやすいイスや調理器具、イージーオーダーのおむつなども、参考になりそう。京都・西陣で高齢者の生活用品の開発、普及に取り組む研究所の所長だけに、どれも実践的だ。

病気があっても、障害があっても、その人がその人らしく地域で生きられるような、生きるヒントがあふれている。高齢化社会を生き抜く上で役立つ本だ。

評・鎌田實（諏訪中央病院管理者）

二〇〇四年二月二九日⑨

『ぼくたちの七〇年代』

高平哲郎 著
晶文社・一七〇〇円
ISBN9784794966025
社会

一九七〇年代にサブカルチャーの洗礼を受けた者にとって、著者はちょっとしたヒーローである。名前を聞いてすぐにピンとこない人でも、著者が編集長を務めた「宝島」などの雑誌や、構成作家として関（かか）わった「笑ってる場合ですよ」といったテレビ番組には、多かれ少なかれお世話になってきたはずだ。

本書はその七〇年代サブカルチャーをめぐる懐かしくて楽しい回想録である。サブカルチャーを創（つく）りだした側のキーパースンによる著作だけあって、舞台裏が実に克明に描かれている。「宝島」が、米誌「ローリング・ストーン」日本版の企画を契機に誕生したという話、タモリを始めとする新興の芸人たちが表舞台に登場する以前の秘話、植草甚一や赤塚不二夫らとの心温まる交流など、これまであまり語られていないエピソードも多い。

七〇年代は知らないが関心はあるという人にとっても、時代の雰囲気を捉（とら）えるには絶好の読み物である。

評・篠原章（大東文化大学教授）

二〇〇四年二月二九日⑩

『イギリス式　仕事と人生の絶妙な知恵』

渡辺幸一 著
河出書房新社・一五〇〇円
ISBN9784309243030
社会／国際

著者は、ロンドンの金融街「シティ」で13年ほど働く。その間、身近に観察したイギリス人エリートたちの生態を描く。平気で遅刻する、職場に飼い犬を連れてくる、仕事中に家族と雑談電話にふける、ジムに行くなど、日本人から見ると不まじめこの上ない言動は、徹底した成果主義と、自己管理あってのことなのだ。

イギリス人は収入に、日本人は肩書にこだわる。仕事に濃淡をつける彼らに比べ、日本人はメリハリなく1日ベッタリ働く。シティマンとの比較で、日本人会社員の輪郭がくっきり浮き上がる仕掛けでもある。

仕事で精いっぱいな我々に比べ、彼らは楽器や軽飛行機操縦に挑戦するなど、生活を豊かにする試みも絶やさない。家族のために花を買って帰り、妻との約束である皿洗いを25年続ける彼らから学ぶべきことは少なくない。劇的な変化にさらされる日本人サラリーマンへの示唆に富む。

評・多賀幹子（フリージャーナリスト）

二〇〇四年三月七日①

『我的中国』

リービ英雄 著
岩波書店・一八〇〇円
ISBN9784000026475／9784006021849（岩波現代文庫）

社会／国際

豊かな言語感覚で描く13億人の素顔

北京で暮らしていたころ、よく聴いて耳に残った言葉の一つが「外地人（ワイディレン）」である。

長く王城であった首都の市民は気位が高い。やや大げさに表現すれば、自分たち以外は別の国の人間くらいに思っている。中国で経済的に一番豊かな上海も含めて「外の土地の人々」なのだが、一方で上海人は北京人のことを「土臭い」と見下した口調で語るから愉快だ。

で、北京で見くびられる外地人の代表は、なぜか河南省の出稼ぎ者だった。そしてリービは、なぜかその河南の地を好んで歩くのである。したがって本書のどの頁（ページ）からも、とても土臭い、ローカルな香りが漂ってくる。あまたの名所・史跡をめぐる中国紀行ものとひと味違う「我的（われてき）」なところは、まずこの点だろう。

彼の旅は陝西（せんせい）省西安で仕事を終え、河南省の古都洛陽行きの列車に1人で乗り込むところから始まる。さらに開封や鄭（てい）州という黄河流域の河南省の一帯を回るのだが、この地はかつて中華文明をはぐくんだ中原の一角。いまは小麦やトウモロコシの一大生産地であり、日本と同規模の1億人を超す人民を養う「農業大省」かつ「人口大省」として知られる。

つまり河南省という地域は、中国大陸でも最も中国的な土地柄なのである。

列車の1等寝台では山の石を砕いて都会の建設会社に売る成り金農民と乗り合わせ、外国人がめったに利用しない小型長距離バスで好んで移動し、現代の「人民服」の安手の背広を着た人民に「どこから来たのか」「何国人か」と異口同音に問われ、困惑しながらも、美国（アメリカ）籍だが、いまは常住日本、と律義に答える。

「今まで大陸を書くときに、あまりにも簡単に『労働者』、『農民』と決めつける書き方をしていた」「かれら人民は、一人ひとり、何者なのだろうか」。そんな思いで重ねた対話から、13億の同時代人の素顔が見えてくる。

もう一つ、とても「我的」と感じさせられたのは、リービの生い立ちに由来する重層的な言語体験を介しての中国観察だ。

幼少期に暮らした台湾で「大陸のことば」を耳にした。だが当時の中国大陸は誰も上陸できない「巨大な幻のようなところ」だった。その後、アメリカの大学で日本文学を学び、大学で教え、日本語で小説を書くようになる。その間に大陸は一人旅もできるまで開放され、記憶の底に残っていた中国語に導かれるように、現実の大陸に踏み込むのである。

様々な出会いに日本語で考え、ある時は英語で反応する。中国語も大陸で使われる「簡体字」と、台湾で使われている「繁体字」に微妙なニュアンスの違いを感じとっている。

このリービの豊かな言語感覚が、文体に心地よいリズム感を吹き込み、中国観察に独特の視点をもたらしているように思う。

評・加藤千洋（本社編集委員）

りーび・ひでお 50年生まれ。米スタンフォード大教授などを経て作家。著書に『日本語を書く部屋』など。

二〇〇四年三月七日❷

『本棚の歴史』

ヘンリー・ペトロスキー 著　池田栄一 訳

白水社・三〇〇〇円
ISBN9784560028490

文芸

本だけじゃなくて 本棚も見て欲しい

著者はアメリカの技術史家。一貫して、フォーク、鉛筆、ゼムクリップなどの日用品の歴史を書いてきた。この手の仕事には大量の資料がいる。某日、著者は雑多な本で埋まった自分の書斎を見わたして、ふと気づいた。「私たちが日常生活で明けても暮れても目にしているものが、本当のところどれだけ見えているかは疑問だ。実際、私の場合、本を見ても本棚は見ていない」

なんのことはない、鉛筆やフォークやゼムクリップ同様、本棚も、柄こそ大きいけれど、見えているのに見えない日用品の一つだったのだ。そこでかれは本棚の歴史を書くことにした。おもな舞台は図書館、書店、個人の書斎。パピルスの巻子本から羊皮紙の冊子本へ。グーテンベルクの印刷革命をへて、まだ確たるすがたの見えない未来の電子本まで。ただし、あくまでも欧米中心。この種の本のつねとして、アジアやイスラムの事例はまったく登場しない。ざんねん。

壁をうしろに本棚を置き、本をタテに詰めこむ。背をこちらに向けて。いまは誰もがそうしているが、この方式がはじめて確立されたのは、十七世紀、ヨーロッパ各地の公共図書館においてだった。それまでは修道院でも大学でも、書見台つきの本棚を壁に直角に置くのがふつうだった。本は長い鎖につながれて、背を奥にヨコ置きされた。異様な光景、とわれわれには見える。しかし、中世やルネサンス期の人びとにとっては、これこそが、かれらの日用品のもっとも自然な使い方だったのである。

では、かれらはなぜ本の背を奥に向けていたのか。書名を背にしるす習慣はまだ生まれていない。当時、背は蝶番（ちょうつがい）の一種、ページの単なる綴（と）じ具としか感じられていなかった。目覚まし時計のゴチャゴチャした裏側を壁に向けて置く、ちょうどあんな感覚だったらしい。

いまの本棚の原型がようやく出現するまでの溌剌（はつらつ）たる記述にくらべて、そののち、とりわけ産業革命以後のイノベーションの諸相は、スライド式本棚とか集積書庫とか、読んでいて、まるでたのしくない。著者のせいではあるまい。

（原題、The Book on the Bookshelf）

評・津野海太郎（編集者・和光大学教授）

Henry Petroski　米デューク大教授（土木環境工学、建築土木史）。

二〇〇四年三月七日❸

『黄金旅風』

飯嶋和一 著

小学館・一九〇〇円
ISBN9784093861328／9784094033151（小学館文庫）

文芸

色彩感豊かでダイナミックな傑作

石畳の上にとまっていた蝶（ちょう）を平左衛門が踏みつけると、才介が怒りだす。揚羽（あげは）蝶より一回り小さく、後翅に揚げ羽類の突起がない、黒い縁取りと濃い朱色の羽をした黄金蝶は、琉球人が亡き人の霊魂として崇（あが）めている生き物だと才介は言うのだ。はるばるルソンから海を越えて渡ってくるその蝶をお前は踏んだのだ、救いようのない馬鹿だ、と怒りだすのである。平左衛門と才介がセミナリオで暴れていたころか、放校されたころ、二人が十五歳のときだ。

平左衛門はのちに代官となり、才介は火消（ひけし）組の頭となって、ともに長崎の町と人々の暮らしを守る側に立つのだが、回想として挿入されるこのシーンが読み終えても残り続けるのは、本書がその黄金蝶の語る物語といってもいいからである。平左衛門と才介が、蝶となって現代に生きる我々に語りかけてくるような気がしてくる。

背景は複雑に入り組んでいる。オランダとイスパニアの、そして中国の政治情勢が背景にあり、国内では権力の中心が、大御所秀忠から家光に移りつつある時代である。それぞれの国の、それぞれの側の思惑が複雑に絡み合っている。さらに舞台となる長崎の町の歴史も地形も政治も入り組んでいる。その構図を物語のなかで平易に語るのが第一。父親に反抗していた放蕩（ほうとう）息子平左衛門が、代官職を継いだあとの闘いが活写されるのが第二。そして最後は、膨大な枝道で語られる挿話の一つずつがどれも彫り深く描かれていること。だから読み始めるとやめられなくなる。

特に、平田真三郎の挿話が白眉（はくび）。切支丹摘発のための聖母子像作成を依頼された真三郎が近隣の母親に頼まれて、仕事の合間に亡き幼子の像を作る挿話だが、こういう枝道が鮮やかに描出されているからこそ、全体が締まってくる。いやはや、すごい小説があったものだ。飯嶋和一はデビュー十五年にして本書が五作目という超寡作作家だが、この四年ぶりの新作は、これまでの最高傑作だと断言してもいい。深い余韻の残る物語だ。色彩感豊かな、ダイナミックな物語だ。

評・北上次郎（文芸評論家）

いいじま・かずいち　52年生まれ。作家。著書に『神無き月十番目の夜』『始祖鳥記』など。

二〇〇四年三月七日④

『虚業成れり　「呼び屋」神彰の生涯』

大島幹雄 著

岩波書店・二八〇〇円

ISBN9784000225311

ノンフィクション・評伝

時代を先取りした「一か八か」の奔走

興行の真似（まね）事をしたことがある。表現の場に飢えていた若手フリージャズ奏者たちと夜を徹してのコンサートを催したのだが、韓国から出演者をタダ同然で招聘（しょうへい）したり、会場を無料で借り受けたりとずいぶん無茶（むちゃ）をした。だが出演者たちは皆、現在では世界に名を知られるようになり、意気込みが間違っていなかったと独り合点している。

それゆえ高度成長期に彗星（すいせい）のごとく現れた「赤い呼び屋」、神彰（じんあきら）のこの評伝には、血湧（わ）き肉躍る思いがした。うたごえ運動が頂点に達したころ、ロシア通の友人たちと語り合い、故郷を離れ本物のロシア民謡を歌うドン・コザック合唱団を呼んで、世間をあっと言わせた。それを皮切りに、当時国交すらなかったソ連からボリショイバレエ、ボリショイサーカスをも呼ぶ。神彰35歳の離れ業である。

こう要約すれば、世評高い芸術家を公式の窓口から招いたと思われるかもしれない。だが実情は一か八かで、招聘は私人ルート。外貨支払いに制限の課された頃、神は闇ドルを求めて奔走する。融資を募るためはったりでクライスラーを乗り回しもした。

宣伝文句も熟考し、「炸裂（さくれつ）するブラックファンキー」（アート・ブレイキー）、「世界の恋人」（イブ・モンタン）など傑作コピーを残す。ところが有吉佐和子との結婚を機に会社に内紛が生じて倒産、離婚。インディ・カーレースで復活するが、マイルス・デイビスが麻薬歴から入国できず、再び倒産。それでいて居酒屋チェーン「北の家族」の大成功で再復活。波瀾（はらん）万丈の人生と言うしかない。

本書は結論として、大企業でしか外国人タレントがよべない時代になったのだ、としている。けれども昨今では、個人で起業し、失敗しても再起できる社会への転換が良しとされている。また経営目標の社会性が要請されてもいる。芸術招聘を戦争で荒廃した精神を復興するための社会事業とみなしたことも含め、むしろ神の生涯は時代を先取りしているように読めた。まさに「虚業成れり」、である。

評・松原隆一郎（東京大学教授）

おおしま・みきお　53年生まれ。プロモーター。著書に『サーカスと革命』など。

二〇〇四年三月七日⑤

『ブローデル歴史集成Ｉ　地中海をめぐって』

フェルナン・ブローデル 著　浜名優美 監訳

藤原書店・九五〇〇円
ISBN9784894343726

アート・ファッション・芸能

勢い込んだ語りに妙味　珠玉の論文集

二十世紀の歴史学の巨人、フェルナン・ブローデルの論文集が出版されはじめた。『地中海』『物質文明・経済・資本主義』など、長年にわたって書き継がれた浩瀚（こうかん）な著作群の、いわば余滴ともいうべき論文や講演記録、序文や書評を集めた書物であるが、この余滴には、大著にはない、そのときどきの情況と結びついた勢い込んだ語り口の妙味がある。

全三巻の「歴史集成」のうち、今回出版された第一巻には、十六～十七世紀の「地中海をめぐって」、いずれも創見に富んだ北アフリカ・スペイン・イタリアをめぐるテクストが集められている。歴史家としての自己形成期に書かれたアルジェリア論に、絵画史料への熱い注視を発見できるのは意外な喜びだし、フェリペ二世時代のスペイン帝国を主題とした多くの文章を読み合わせれば、彼の思考の進展を辿（たど）ることもできる。

イタリアについては、輝かしいルネサンス以後、十七世紀初頭までのヴェネツィア・ジェノヴァやトスカーナ地方が、不当にも衰退期と捉（とら）えられてきたことに異議を唱え、活発な経済活動の展開を実証した論文が並んでいる。

また本書は、ブローデルの歴史学のベースに、経済動向の数量的把握があることを改めて教えてくれる。世界経済をあたかも生き物のように看做（みな）し、その呼吸の小さな揺らぎ、あえぎをも見逃さずに、信頼できる史料の分析をもとにグラフや図表を作成、変動局面を掌（たなごころ）を指すように証示してゆく。その鮮やかな手際が幾度も披露されると、仮説は事実の重みをまとい、その積み重ねが、時代の大きな転換点を照らしだしてゆく。

「フランスのアイデンティティ」に執着した晩年の祖国回帰への身振（みぶ）りは、本書にはまだ微塵（みじん）も見られない。世界のあちこちに並び立ち、互いに共振しながら複合的な時間を生きている帝国なり都市なりの姿を、構造と出来事の関係の中で捉えようとしているからである。

ブローデルと地中海の歴史に興味のある人はもちろん、研究方法に思い悩み、足場を決められずにいる歴史学徒にも是非奨（すす）めたい、珠玉の論集である。

（原題、Les Écrits de Fernand Braudel I Autour de la Méditerranée）

評・池上俊一（東京大学教授）

Fernand Braudel　１９０２～85年。フランスの歴史家。著書に『地中海』など。

二〇〇四年三月七日⑥

『寛容について』

マイケル・ウォルツァー 著　大川正彦 訳

みすず書房・二八〇〇円
ISBN9784622070757

人文

「ハイフン付き」の生から滲み出す徳

いまや寛容は緊切な政治課題である。連帯の確保、合意の形成が政治過程の要諦（ようてい）であった時代は疾（と）うに過ぎ去った。「いかにして『われわれ』であるか」ではなく、「どこまで『われわれ』でなくていられるか」が鋭く問われている。

そんななかフランスの議会は、イスラム教徒の女子生徒が公立学校でスカーフを着用することを禁じる法律を成立させた。「非宗教（ライシテ）」という共和国の原理に反するというのだ。

この事例は、差異と同一性、信教の自由と政教分離、ジェンダーと慣習など、寛容をめぐる論点を豊かに含んでいる。

日本でも近年、民族や価値観の多様化が進み、方々で文化摩擦が起こっている。

アメリカの代表的政治哲学者、ウォルツァーの新しい訳書は、こうした一連の問題群の解決に挑む野心的な試論だ。

彼は歴史を参照しつつ、寛容を擁護した五つの体制を抽出する。服属する多数の民族集団をそのまま包含した「多民族帝国」、複数の民族集団の均衡によって成り立つ「多極共存・連合（コンソシエーション）」、そして「国際社会」がそのうちの三つ。

だが、より重要なのは残りの二つ、「国民国家（ネーションステート）」と「移民社会」だ。国民国家は成員の同質性を重んじる。ウォルツァーはフランスを国民国家の典型とみているが、先のスカーフ禁止などはまさに「典型的」振る舞いといえよう。

対するアメリカは移民社会の典型だ。移民社会の住人は「ハイフン付き」という特異なアインデンティティーを持つ。アメリカの黒人ならば「アフリカン−アメリカン」、イタリア系なら「イタリアン−アメリカン」という具合に。

ウォルツァーによれば、移民社会こそが最も望ましい寛容体制である。もちろん特殊アメリカ的な社会像の不当な普遍化という批判はあるだろう。しかし、グローバリゼーションとは、国民国家の移民社会化に他ならない。とすれば、先進諸国の多くの人々が重層的な、「ハイフン付き」の生を生きるということである。その「ハイフン」から寛容の徳が滲（にじ）み出す。それを支持し、さらなる進化を促す制度の設計思想がここに書かれてある。

（原題、On Toleration）

評・宮崎哲弥（評論家）

Michael Walzer 35年生まれ。米プリンストン高等研究所社会科学教授。

二〇〇四年三月七日⑦

『ザ・ゲノム・ビジネス DNAを金に変えた男たち』

ジェイムズ・シュリーヴ 著 古川奈々子 訳

角川書店・二五〇〇円
ISBN9784047914643

科学・生物

一九八九年に十五年計画でスタートしたヒトゲノム全解読計画が三％しか進捗（しんちょく）せず達成が危ぶまれた九八年、突如として「三年間で解読してみせる」と殴りこみをかけた民間企業がある。

米政府肝いりの大プロジェクトに挑戦状を突きつけたのは、ベトナム帰還兵の異能児クレイグ・ベンター。画期的な解読法を提唱し、生物科学者、コンピューター科学者をスカウトして少数頭脳集団「セレーラ社」を立ち上げたのだ。

だがこのベンチャー企業には、先行投資して操る「黒幕」的企業があった。ヒトゲノム塩基配列という「神の言葉」を商業利用させてはならじとする官側も対抗し、ともに二年間で相次いで完了という加速化の原動力とはなったのだが……。

初めから主人公に密着取材して、ハリウッド映画さながらの決闘劇を描き出したこの本の著者の先物買いにも脱帽。富と栄誉を求めて競い合う怪物たちが、知の世界も牛耳っている。

評・宮田親平（科学ライター）

二〇〇四年三月一四日①

『周恩来 キッシンジャー 機密会談録』

毛里和子、増田弘 監訳

岩波書店・五五〇〇円
ISBN9784000233897

政治／国際

世界を驚かせた米中関係の転換点

1971年7月のキッシンジャー大統領特別補佐官の中国訪問ほど、世界を驚かせ、世界を変えた事件も少ない。それは、50年の朝鮮戦争勃発（ぼっぱつ）以来の米中関係を大きく転換させ、アジアの国際関係に根本的な変更をもたらした。

本書は、主に7月および10月のキッシンジャー訪中時における周恩来首相との会談記録を収めたものである。既刊の『ニクソン訪中機密会談録』とあわせ、歴史的な米中関係転換の記録の主要部分が、出揃（でそろ）ったわけである。

イギリスの外交官ハロルド・ニコルソンは、外交とは交渉によって合意に達する技術だと述べた。二十世紀屈指の二人の外交家が、巨大な対立をはらんだ二国の間に、それぞれの国益を最大限盛り込んだ合意を実現しようと全力を尽くす様はまことにスリリングである。

会談では、アメリカはヴェトナムからの名誉ある撤退を目指し、中国は台湾問題を有利に解決しようとした。会談をリードしたのは周恩来だった。アメリカのヴェトナム政策は行き詰まり、堅固な道徳的基盤を欠いており、しかも大統領は翌年に選挙を控えていた。

その結果、キッシンジャーは台湾問題で譲歩を重ねた。最初から「台湾独立を支持しない」という立場を示し、10月には、「台湾海峡の両側のすべての中国人が、中国はただ一つであると主張していることを認識し、それに異議を申し立てない」という文言を提案し、合意が達成された。ただ、台湾の人々が、中国は一つだと考えなくなったとき、一体どうするのか。この条項は、今、新しい試練にさらされている。

周恩来の外交は、50年近い政治外交経験に深く裏付けられていた。毛沢東の箴言（しんげん）を引き、歴史の先例にさかのぼり、国連問題における中間的な案や、対ソ提携の可能性などには関心を示さず、もっとも重要な問題に絞ってキッシンジャーに譲歩を迫ったのである。

周恩来の背後は決して万全ではなかった。周は文化大革命にまだ揺れる国内を誘導し、毛沢東の許容する範囲を見定めて、事にあたった。林彪（りんぴょう）事件は9月のことだった。

しかし周恩来にも誤りはあった。日本が台湾に軍事力を派遣する可能性を懸念しているのは、的外れと言うほかない。キッシンジャーも日本の軍事大国化の危険を指摘して、だから米軍の駐留が必要だと述べる。二人のリアリストは、この誤りにおいて奇妙に一致している。

こういう極秘資料が世に出たのは、アメリカが外交文書を30年後に公開しているからである。中国でも、最近、50年代の外交文書を公開し始めた。歴史は資料によって書かれる。それゆえ歴史には資料を残した国の立場が強く刻み込まれる。日本の外交文書公開は著しく遅く、その結果、日本の姿は歴史の中でも見えにくい。大胆な方針の転換を強く希望する。

評・北岡伸一（東京大学教授）

もうり・かずこ　40年生まれ。早稲田大教授。
ますだ・ひろし　47年生まれ。東洋英和女学院大教授。

二〇〇四年三月一四日③

『同潤会に学べ　住まいの思想とそのデザイン』

内田青蔵 著

王国社・一九〇〇円
ISBN9784860730185

アート・ファッション・芸能

古い建築の古びない理念を明らかに

何気なく開いた頁（ページ）のつぎのひとことに釘付（くぎづ）けになった。

「なぜ、古い建築を残さなければならないのか」。日頃、私も抱く疑問であるが、あまりにもストレートで、他人に向かってやたらと口にはできない問いだ。

「極めて難問」と断った上で、著者は、「逆に、新しいものは古いものより良いものか？」と問いかける。

これを私なりに受け止めると、問題の核心は、建築における古さとは何かを考えることにありそうだ。

建築がこの世に実在する以上、時とともに古くなるのは当然だし、避け難い。しかし、建築とは建築部材の単なる集合体ではない。それは柱と壁と床と天井によって切り取られた空間でもあり、作り手の理念、それが住宅であれば、どのように暮らすべきかという考えが形をとって表れたものにほかならない。

そして、こちらは必ずしも時とともに古びるわけではない。

著者の答えは、「同潤会に学べ」という強い調子の書名によく示されている。関東大震災を機に設立された住宅供給機関である同潤会は、住宅営団に引き継がれるまでの十八年間に、果敢な活動を展開した。

同潤会といえば鉄筋コンクリート造のアパートメントがすぐに思い浮かぶが（それらが昨年相次いで姿を消したことも忘れられないが）、一方で木造住宅の分譲にも熱心だった。デザインも間取りも配置も多彩で、それは住みやすさをさまざまに追い求めた結果である。

アパートメントに用意された共同施設、最新設備、家族本位の間取り、景観の重視など実験的な試みを丹念に読み解くことで、著者は同潤会の理念を明らかにする。

とりわけ中庭を囲むアパートメントの構成は魅力的である。それは戦後の公団住宅が採用した全戸南向きの平等主義の対極にある。前者が共生型であるならば、後者は各戸完結型、隣人不干渉型となるだろう。

なるほど、同潤会の理念は古びていないどころか、大いに学ぶべきものがある。

評・木下直之（東京大学助教授）

うちだ・せいぞう 53年生まれ。文化女子大教授。著書に『お屋敷拝見』など。

『嘘（うそ）つき大統領のデタラメ経済』

ポール・クルーグマン 著　三上義一 訳

早川書房・二二〇〇円
ISBN9784152085399

政治／経済

公開情報で切り込む「熱い」同時代評

ノーベル賞目前とまで言われる大経済学者ポール・クルーグマンが、この数年でアメリカを代表する名コラムニストになってしまったのにはみんな（当人も含め）驚いている。本書収録コラムの執筆開始直後から、アメリカの政治経済情勢は一変した。同時多発テロ。エンロン等の会計問題。アフガン爆撃、イラク侵攻。強引な減税と巨額の財政赤字。これらの政治的な意味や、長期的な経済への影響をクルーグマンは指摘し続けた。

他の報道メディアが、テロ以降の愛国心至上的な雰囲気からブッシュ批判を避ける中で、その記述は突出していた。カリフォルニア電力問題での価格操作疑惑など、クルーグマンの指摘が後になって検証された例も多い。いまでこそブッシュ批判の本は増えてきたけれど、クルーグマンは数少ないリアルタイムの批判者だった。そして指摘された問題の多くは、解決どころか悪化している。だから本書の第一の意義は、ここ数年のアメリカの政治経済情勢をめぐるまさに現在進行形の批判的記録としてのものだ。

それにしても、なぜクルーグマンだけにそれができたのか？　特殊な情報源があるわけでもない、一介の大学教授に？　そこに本書のもう一つの意義がある。まさに自分が普通の公開情報しか使わなかったからこそまともな批判ができたんだ、と著者は述べる。特ダネだのスクープだのに依存したジャーナリズムは、実は大情報源——往々にしてチェックすべきまさにその相手——への依存体質を生み、報道を偏向させる。本書は、そうした現代のジャーナリズムへの警鐘ともなっている。

クルーグマンはその経済理論においても、平凡な公開情報に基づく厳密な分析をもとに因習的な理論を次々にひっくり返してきた人だった。その歯に衣（きぬ）着せぬ「熱い」文体になじめず、それだけでかれを「偏向」と決めつける人も多い。でもそれは、正しい分析による結論は甘い通念なんか蹴倒（けたお）すのだという、かれの学者としての——そして一言論人としての——誠実さのあらわれだ。本書でも、その誠実さはくどいまでに貫徹されている。

（原題、The Great Unraveling : Losing Our Way in the New Century）

評・山形浩生（評論家）

Paul Krugman 53年生まれ。米プリンストン大教授。

二〇〇四年三月一四日⑤

『消去　上・下』

トーマス・ベルンハルト 著　池田信雄 訳

みすず書房・上巻二八〇〇円、下巻三〇〇〇円
ISBN9784622048695〈上〉・9784622048701〈下〉

文芸

綿々と続く文にひそむリズムと明るさ

　フランツ＝ヨーゼフ・ムーラウ。これが本書で「私」を名乗る語り手の名前だ。オーストリアのヴォルフスエックという、広大な農地と鉱山を擁する富裕な一族の出身で、兄がひとり、妹がふたりいるのだが、「私」はなにかにつけて彼らと衝突し、憎しみすら抱いている。それは両親に対しても同様で、幼い頃から「私」は、陰鬱（いんうつ）な屋敷と家族のもとを去りたいと夢見ていた。おなじような反発心から若くして郷里を離れ、南仏の海沿いの街に移り住んだ高等遊民の叔父の影響もあって、「私」もまた早い時期にそれを実行に移し、曲折の末、ローマで個人教授をして生計を立てている。

　物語は、二部にわかれる。下の妹の結婚式のため久しぶりに帰省し、ローマに戻った二日後、兄と両親が事故死したとの報（しら）せを受ける前半と、葬儀のためにふたたび実家に帰り、気乗りのしない事後処理に追われる後半。ただし「私」は、心中ひそかに『消去』と題された本を構想している。肉親との確執をあぶりだし、忌まわしい故郷とともに、彼らをみな消去してしまおうというのだ。両親とナチスの関係にも触れながら、連中がいかに愚かだったか、そして自分がいかに孤立していたかを示すべく、「私」は壮大な恨みつらみを教え子に語り、文字に書き残す。読者が手にしているのは、その結果としての回想録なのだ。

　「私」を介した作者ベルンハルトの視線は、時間と場所を自在に行き来し、些末（さまつ）な出来事と出来事のあいだに細い糸を渡していく。ときに句読点を無視して綿々とつづくその行文は、まるで呪詛（じゅそ）まじりの祈祷（きとう）だ。内容はかぎりなく暗いのに、言葉はたえず滑らかに流れて、軽やかなリズムと奇妙な明るさをまとう。物議をかもしそうな見解がちりばめられているにもかかわらず、読み終わった瞬間、さして面白味のない歌詞が天才の曲を得て大化けする、あのオペラアリアの魔術に立ち会った気分になる。なんという美しい矛盾。過去を消去しようとする意志に反して、失われた人とものへの哀惜が次々に溢（あふ）れ出てくるその光景は、やはりひとつの奇蹟（きせき）と言えるだろう。

（原題、Auslöschung）

評・堀江敏幸（作家）

Thomas Bernhard　1931〜89年。オーストリアの作家。

二〇〇四年三月一四日⑥

『鴨居羊子コレクション1　女は下着でつくられる』

鴨居羊子 著

国書刊行会・二四〇〇円
ISBN9784336046086

アート・ファッション・芸能

赤やピンクの下着があっていいでしょ

　女の下着が白一色でしかない時代があった。ピンクや赤の下着などはスキャンダルもいいとこ。下着といえば、「女の人も冬ともなれば、ボタンのついた分厚いメリヤス・シャツと長ズロースをはき、その上に壁デシン（人絹のこと）のスリップか、メリヤスのシュミーズを着ていた。」

　そんなに大昔の話ではない。昭和三十年代初め。目の玉のとび出るほど高値の輸入品以外には、女性はみんなそんな重ったるいものを着てガタピシ動き回っていた。そこへ大阪の百貨店のコーナーに、下着の固定観念を真っ向から否定する下着デザインの個展会場が出現した。そこからはじまって女性の下着の今がある、といって過言ではないだろう。生産や販売のことではない。下着の観念を変えた人がいたのだ。

　鴨居羊子。焼け跡の大阪で小さな夕刊紙の記者として出発した。大新聞ではないので何もかも自前でやらなければならない。二十代半ばの女性記者が時の外相重光葵（まもる）と

単独インタビューしたりした。記者仲間に司馬遼太郎、山崎豊子、足立巻一がいて、身近に今東光がいた。大阪人は燃えていた。これから何をしたらいいか。何だってできそうだった。

やがて高度成長期の大企業集中志向で小夕刊紙は左前。ご多分にもれず、彼女も大新聞にスカウトされるが、組織の歯車でしかないことに堪え切れず、たった二年で辞職。三万円の退職金と寝たきりの母を抱え、一坪のオフィスから前衛下着デザイナーとしてデビュー。甘ったれで、泣き虫で、底抜けに楽天的で、いつまでも野良犬精神のままで街をうろつきまわりながら、華やかにも孤独な人生を全うした。ここまでが自伝「わたしは驢馬（ろば）に乗って下着をうりにゆきたい」。

ちなみに幸福だった幼女時代を回顧したもう一冊の本「わたしのものよ」のあとがきに、人生へのあとがきみたいに、絶滅してしまった家族に向けて書く。「今度生まれ変わったらみないっしょに住もうよ」。焼け跡から生きてきた同世代の女性には、ご自分の自伝と重なるように思えるのではあるまいか。

評・種村季弘（評論家）

かもい・ようこ　1925〜91年。下着デザイナー。エッセイストとしても知られる。

二〇〇四年三月一四日⑦

『魔女の法廷　ルネサンス・デモノロジーへの誘い』

平野隆文 著

岩波書店・五五〇〇円
ISBN9784000021579

歴史／人文

十六〜十七世紀のヨーロッパで魔女迫害が荒れ狂い、おびただしい犠牲者をだしたことは周知のことだが、魔女裁判を理論的に支えた悪魔学者の存在については、日本ではまだあまり知られていまい。本書は、代表的な悪魔学者の著作を綿密に検討し、その論理とレトリックを解析したパイオニア的書物である。

俎上（そじょう）に載せられるのは、ドイツの異端審問官の『魔女への鉄槌（てっつい）』、著名な法学者ジャン・ボダンの『魔女の悪魔狂』、そして医師ヨーハン・ヴァイヤーの『悪魔による幻惑』である。

ボダンの議論がその国家論とまったくおなじ論理と方法論に貫かれ、ヴァイヤーの書物がさらなる議論に開かれたテクストであることを指摘する件などは、とても冴（さ）えている。

時の権力と結託し、魔女妄想を読者の頭に浸透させる仕掛けを調達した悪魔学者。その著作に表れた知性こそ、魔女と悪魔にリアリティーをもたせたのだと、読者は得心するだろう。

評・池上俊一（東京大学教授）

二〇〇四年三月一四日⑧

『新・地底旅行』

奥泉光 著

朝日新聞社・一九〇〇円
ISBN9784022578921／9784022643933（朝日文庫）

文芸

この書は、本紙朝刊に十カ月間連載されたものに加筆を施したSF冒険ファンタジーである。

SFの古典ともいうべきジュール・ヴェルヌの『地底旅行』の続編と銘打っているが、舞台は富士山麓（さんろく）の地底、武田信玄の隠し埋蔵金探しの冒険譚（ぼうけんたん）である。しかも時代は明治の末、登場人物は『吾輩は猫である』など漱石の作中の幾人かをイメージする。それらの人物の個性が時に衝突し、融和を繰り返しながら奇想天外に物語は進行する。

冒険の道中、地底の温泉や大海原に遭遇したり、発光する猫や山椒魚（さんしょうお）、恐竜などが登場し、いつしかヴェルヌの『地底旅行』と接点をもつ仕掛けとなっている。そして、どこか明治という時代の雰囲気と匂（にお）いを窺（うかが）わせる著者の言葉へのこだわりがある。それらの言葉のつながりがテンポよく進行し、一気に読ませる。

それは、さながら漱石のユーモアを現代に再現させようとする著者の意図でもあるのだろうか。

評・前川佐重郎（歌人）

二〇〇四年三月一四日⑨

『イラク戦争は終わったか!』

BBC特報班 著　中谷和男 訳

河出書房新社・一六〇〇円
ISBN9784309243023

政治/国際

昨年、BBCが報じたイラク大量破壊兵器に関する英政府の情報操作疑惑に関して、英・独立司法調査委員会から出されたハットン報告は、BBCにとって非常に厳しいものだった。これにより経営幹部が辞任に追い込まれたことは記憶に新しい。

本書は、そのBBCがイラク戦争報道で何を伝えたのかを、戦場の最前線から各国政府の中枢まで、現場で取材を続けた記者たちのリポートでまとめたものである。早い段階から米・ブッシュ政権支持を表明し、参戦国となった英国の公共放送たるBBCが目指したのは、公正で正確な報道、広い視野で多様な意見の提供、そして、何からも独立していることであった。

幹部の辞任には現場の反発が強かったというが、本書の各リポートからは、現場の記者レベルでの思想と行動が見えてくる。BBC問題を別の視点から問うだけでなく、メディアが権力とどう対峙(たいじ)するかを考えるいい手がかりになる。

評・音好宏(上智大学助教授)

二〇〇四年三月一四日⑩

『シネマ今昔問答』

和田誠 著

新書館・一八〇〇円
ISBN9784403210846

アート・ファッション・芸能

同じ著者の『お楽しみはこれからだ』シリーズ(文芸春秋)には、随分とお世話になってきた。コラムで映画に触れたいときに開くと、その作品の名セリフが、粗筋、情景、監督や俳優のゴシップ、時代背景、それにイラストも添えられてよみがえる仕掛けだ。

作品一本一本を掘り下げたあれを縦糸にたとえれば、本書はさしずめ横糸か。戦争映画、反戦映画、字幕と吹き替え、リメーク、西部劇、外人部隊、海賊映画、伝記映画、ミュージカルなど、ジャンル別に豊かな知識を披露する。

もちろん単なる物知り本ではない。古今東西の戦争映画について語りつつ、日本人は「戦後」といえば太平洋戦争のあとのことしか考えないが、アメリカ人にとってはベトナム、湾岸、イラクなど「戦後」はいくつもある、と話は文明論に発展する。こうした趣向が随所にあって、『お楽しみ……』とあわせ、自在な「和田誠・映画縦横事典」が出来上がった。

評・栗田亘(コラムニスト)

二〇〇四年三月二一日①

『鹿鼎記　全八巻』

金庸 著　岡崎由美、小島瑞紀、小島早依 訳

徳間書店・各一九〇〇円
ISBN9784198617189〈1〉・9784198617295〈2〉・9784198617486〈3〉・9784198617585〈4〉・9784198617776〈5〉・9784198617905〈6〉・9784198618117〈7〉・9784198618339〈8〉
ISBN9784198928926(徳間文庫〈1〉)・9784198929091(〈2〉)・9784198929251(〈3〉)・9784198929411(〈4〉)・9784198929572(〈5〉)・9784198929732(〈6〉)・9784198929862(〈7〉)・9784198930073(〈8〉)

歴史/文芸

野心もなく喧嘩も弱いヒーロー

金庸武侠(ぶきょう)小説集がついに完結した。一九九六年の十月に、『書剣恩仇録(しょけんおんきゅうろく)』の第一巻「秘密結社紅花会」が出てから七年五カ月。総巻数五十五巻の壮大な著作集が全冊無事に翻訳刊行されたのである。これは日本の大衆小説翻訳出版史における偉業といっていい。

その『書剣恩仇録』が書かれたのは一九五五年であるから、わが国で翻訳されるまで四十年かかったことになる。金庸という武侠小説界の第一人者の紹介がここまで遅れたのは、わが国のエンターテインメント翻訳が欧米偏重であったためだろう。金庸武侠小説集の翻訳刊行は、そういう風潮に対する批判でもあり、その意義を高く評価しなければなら

ない。「スウォーズマン」を始めとする香港武侠映画の原作者として名のみ知られていた金庸の全貌（ぜんぼう）が、ようやくこの著作集で明らかになったわけだが、作品はまったく古びていないので安心して手に取られたい。

武侠小説とは、武術に長（た）け、任侠を知る者を主人公にしたもので、ようするに時代活劇小説である。この著作集に先駆けて刊行された『金庸の世界』（監修岡崎由美）によると、現代中国の代表的な作家を選んだ「二十世紀中国文学大師文庫」の小説部門で、金庸は魯迅などの大作家に並んで四番目の序列を獲得しているという。中華社会で圧倒的人気を誇る作家なのである。歴史を背景にした波瀾（はらん）万丈なストーリー、そしてロマン豊かな物語など、どれを取っても一級品で、その人気にも納得できる。

金庸武侠小説集の最後を飾るのは、金庸作品の中でももっとも長い『鹿鼎記（ろくていき）』全八巻。主人公が少年であるのは金庸の場合珍しくないが、この少年はなんと、口先ばかりのお調子者で、狡賢（ずるがしこ）いから驚く。喧嘩（けんか）にも弱いが、修行する気もないから、いつまでたっても強くならない。努力が嫌いなヒーローというのだから、まったく人を食っている。清の少年皇帝に気にいられ、どんどん出世するものの、同時に反清組織の会長の弟子にもなり、さらに秘密教団神龍教につかまると、たちまちこちらでも幹部となるから、いいかげんな少年といっていい。物語の舞台もモスクワまで行ってしまうから破天荒だが、野心もなく、悩みもなく、世渡り上手なヒーローという設定がなによりも異色。武侠小説史上、最低のヒーロー、という惹句（じゃっく）が『鹿鼎記』第一巻の帯についているが、この幅の広さこそ金庸と言えるだろう。

金庸武侠小説集の刊行が始まってから、古龍などの武侠小説が他にも数冊翻訳されたものの、残念ながら金庸を超えるものではなかった。それくらい、金庸は突出している。この著作集の刊行に踏み切った版元の英断と、翻訳者をはじめとする関係者の熱意に、素直に敬意を表したい。

評・北上次郎（文芸評論家）

きん・よう　24年生まれ。中国の作家。著書に『碧血剣』など。

二〇〇四年三月二一日②

『クラカトアの大噴火　世界の歴史を動かした火山』

サイモン・ウィンチェスター著　柴田裕之訳

早川書房・二八〇〇円
ISBN9784152085436

科学・生物

世界が共有体験した初の大災害

「一八八三年八月二七日月曜日午前一〇時二分」、大噴火によって、ひとつの島が断片だけを残し消滅した。その島の名はクラカトア。インドネシアのジャワ・スマトラ両島間の狭い海峡に浮かぶ標高約八〇〇メートルの火山島だった。

地球の片隅の小さな島の、壮大な物語。火口から地球の奥深く潜りこんだかと思うと、宇宙から地球をながめている。一二〇年前と現在、そして地球誕生の日までを往来するような醍醐味（だいごみ）がある。歴史、文化、社会経済と話題は多様だが、主眼は「プレートテクトニクス理論」という地球科学の解説にある。

一九六〇年代半ばに登場したこの理論は、かつての「大陸移動説」を復活させただけでなく、海洋プレートが大陸プレートに衝突し沈み込むメカニズムによって火山活動や地震を説明する。東海沖地震の予知が可能なのは、この理論のおかげだ。本書の魅力は、この壮大な地球規模の理論を、世界地図や大所高所からではなく、クラカトアという小さな一点にこだわって説明していることにある。明快な論理展開と書き手の楽しさが感じられる文章は、理論成立時の学界の興奮を、地質学部の学生として身近に見ていた著者ならではといえよう。

クラカトアは別の意味でも世界規模だった。爆発音は四七七六キロ離れたロドリゲス島でも聞こえた。三カ月前の小噴火の時点から、ニュースは敷設されたばかりの海底ケーブルでヨーロッパへ伝えられていた。科学者たちは世界各地の気圧計の記録を集め、大噴火の衝撃波が地球を七周したことを確認した。地元で三万五〇〇〇人を飲み込んだ津波は大西洋にまで達し、フランス沿岸の潮位を七・六センチ上昇させた。上空高く噴出された火山灰は、三年にわたり世界各地の夕焼けを異様な赤色に染め、人々は赤道直下の小島での災害を話題とした。

世界の果ての小さな島の出来事が、ほぼ同時に世界中に伝えられた。通信網の発達により「世界村」が形成され、地球の片隅の災害が世界中の人々の共有体験となる。クラカトアの大噴火は、その史上初の例だった、と著者は指摘する。

（原題、Krakatoa）

評・新妻昭夫（恵泉女学園大学教授）

Simon Winchester　44年生まれ。英国のノンフィクション作家。

二〇〇四年三月二一日③

『ロンリー・ハーツ・キラー』

星野智幸 著

中央公論新社・一八〇〇円
ISBN9784120034862／9784122048515（中公文庫）　文芸

や～めた「本質」を暴こうなんて

小説を読んでいて「これは面白いな」と感じると、「書評してみたいな」と思いはじめる。でも、そういう時には気をつけなくちゃならない。途中から「書評をする」頭で読むようになりがちで、簡単にいうと、作品の「奥」に隠されている「本質」を暴き出そうとしながら読んでしまうのだ。それはね、読書中には、ほんとはやっちゃいけないことなんだよ。

若くして即位した「オカミ」が亡くなってから、この国にたくさんの異変が起きる。まず、「等身大」の「オカミ」に期待を寄せていた人々の落胆から発する引きこもりという形をとって、それから、「オカミ」の死に刺激され、「オカミのメッセージはだな、この世こそあの世、あなたも死になさい、ってことだよ」と考える者たちの熱狂的な自殺（心中）運動という形をとって……と書くと、これは、政治の領域に深く踏み込みつつ、我々が生きる現代世界の複雑なありさまを描こうとした小説なのだ、と思われるかもしれない。「オカミ」は当然「あの方」のような存在を指しているだろうし、その解釈も間違ってはいないだろう。だが、この小説でいちばん大切なのは、そんな部分ではないのである。

小説で（もしくは「表現」で）いちばん大切なことは「本質的」であることだと、あるいは「本物」であることだと、思われてきた。だとするなら、この小説は、どちらも目指してはいない。この小説が目指しているのは「フェイク」や「ニセモノ」っぽさだ。そのことを通して、我々自身の「ニセモノ」ぶりを暴こうとしたのだ……と言い切れないところに、この小説の秘密が存在している。

この小説は、作品中に登場するヴィデオの映像に似ている。ヴィデオの映像は、フィルムの映像より現実に近いのに、なぜかフィルムの映像より「ニセモノ」っぽい。ヴィデオの映像の中では、「本物」も「フェイク」も、フィルムの映像の中でのような確固とした意味を持たない。だが、目をつぶるわけにはいかないのだ。なぜなら、我々の目に入るのはそれだけだからだ。「本物」であろうと「ニセモノ」であろうと知ったことか。

評・高橋源一郎（作家）

ほしの・ともゆき　65年生まれ。作家。著書に『目覚めよと人魚は歌う』など。

二〇〇四年三月二一日⑤

『「問い」から始まる仏教 「私」を探る自己との対話』

南直哉 著

佼成出版社・一四〇〇円
ISBN9784333020485

人文

耐え難い矛盾＝「苦」を生きる誘い

「私とは何か」「生に意味はあるのか」「自分が死ぬとはどういうことか」

ごく有(あ)り触(ふ)れた、しかし根源的な生に関する問いだ。戦後の日本人はこうした問い立てを自ら禁じてきた。経済成長神話や社会的イデオロギーの信奉、会社や家族への愛着などによって、根本的な懐疑を封じてきた、と言い換えてもよい。

ところが80年代以降の経済の成熟、社会の変容によって、これらの発問を世俗の力で封印することが困難になってきた。オウム真理教事件をはじめとする、世人の耳目を聳動(しょうどう)させた事件の背景には、必ずといってよいほど、超俗的な不全感の蟠(わだかま)りを看(み)て取ることができる。

私達(たち)は生への問いに差し戻されている。本書のタイトルの『「問い」から始まる』にはこんな含意がある。著者は、サラリーマン生活を捨て、出家得度し禅僧となった。生への問いを封じることができなかったのである。実存の謎から目を逸(そ)らすことができなかったのである。

本書では、或問(わくもん)(仮想の対話)の形式で、仏教の本旨から坐禅(ざぜん)の行法までを、丁寧に解き明かす。

表現こそ平明だが決して単純な行論ではない。仏教は端的な回答、安直な真理をあてがったりはしないからだ。例えば、神のような超越的実体を自己存在の根拠として示したり、あの世や霊魂の存在を説いて死の不安を除去したりはしない。そういう気休めにしかならない観念を悉(ことごと)く否定してしまう。

それどころか著者は、問いは解決できないとするのが仏教だという。生は無意味である。自己は非己(理解不能の自己ならざるもの)に貫かれている。人生のあり様をブッダに倣(なら)って冷静に観察してみればそうなる。しかしこれは端的な矛盾ではないか。生きていてこその意味なのに、生そのものは無意味であるとはどういうことか。自己が自己である所以(ゆえん)が非己にあるとはどういうことか。

この矛盾こそがブッダのみすえた「苦」だと著者はいう。生存とは、耐え難い矛盾を生きることに他ならない。この自覚より仏道ははじまる。何とアクチュアルな仏教への誘(いざな)いであろうか。

評・宮崎哲弥(評論家)

みなみ・じきさい 58年生まれ。福井市霊泉寺住職。著書に『語る禅僧』など。

二〇〇四年三月二一日⑥

『私は英雄じゃない ジェシカのイラク戦争』

リック・ブラッグ 著 中谷和男 訳
藤田正美 監修

阪急コミュニケーションズ・一六〇〇円
ISBN9784484041063

政治／ノンフィクション・評伝

やがて悲しき「大本営発表」の末路

戦争には英雄が必要だ。英雄は戦時の国民の士気を鼓舞するからである。旧日本軍が作りだした「軍神」がいい例で、彼らは教科書に載り、歌われ、新聞は競って栄誉をたたえた。

イラク戦争で十九歳のジェシカ・リンチ米陸軍上等兵は英雄になった。「数人の敵兵を相手に弾薬を使い果たすまで勇猛に応戦……複数発の銃弾によって受けた傷に耐え……」。昨年四月三日のワシントン・ポスト紙は大見出しで伝えた。

捕虜になった彼女は、収容されたイラク側の病院から特殊部隊によって救出される。果敢な突入の模様は暗視カメラで撮影され、劇的で迫力に満ちた映像がテレビで繰り返し放映された。

この大本営発表をウソだと指摘したのは英BBCテレビである。(1)ジェシカの体に銃創はなかった(2)病院にはイラク兵は一人もおらず救出に危険はなかった、など「国防総省はハリウッド映画並みに演出した」と批判した。

ワシントン・ポスト紙も続き(1)部隊は

道に迷ってイラク軍と遭遇、あわてて交戦するうち味方同士の車が衝突した（2）衝突でジェシカは重傷を負った（3）本人は銃が故障したため一発も撃っていない、と検証結果を報じ、「この戦争で最も記憶に残る物語であり、プロパガンダとして大きな価値があった」と自省した。

本書は、以上の英雄話をジェシカの側からたどったノンフィクションである。告発本のたぐいではなく、ウソだ、大ウソだと声高になることはない。彼女の家庭環境から始めて、事実を丹念に積み重ねていく。積み重なるに従って、ブッシュ政権、国防総省やメディアへの批判がにじみ出す。結論として、事実は小説のようには運ばないこともよくわかる。

むろん反戦本でもないが、読み終わったアメリカ国民が戦争に行きたくなる本ではない。日本の読者の中には、在イラクの自衛隊にもし何か起こったら、と想像をめぐらす向きもあるだろう。

それにしても、と思う。いずれ露見する英雄話をかくも杜撰（ずさん）にでっち上げ、訂正もしないような政権に無批判に追従していくと、これはますます剣呑（けんのん）だと。

（原題、I am a Soldier, too : The Jessica Lynch Story）

評・栗田亘（コラムニスト）

Rick Bragg　59年生まれ。米国の作家。

二〇〇四年三月二一日⑦

『邂逅の森』

熊谷達也 著

文芸春秋・二〇〇〇円
ISBN9784163225708／9784167724016（文春文庫）　文芸

ヒグマとの壮絶な闘いを描く『ウエンカムイの爪（つめ）』（小説すばる新人賞）、ニホンオオカミを追跡する『漂泊の牙』（新田次郎賞）など、獣と人間の関（かか）わりを正面から見据えてきた自然回帰派作家の集大成である。

主人公は秋田の貧しい小作農の次男に生まれた松橋富治。父や兄と同じようにマタギとなり、野生の獣を狩る喜びを知るが、地主の一人娘との恋愛を契機に村を追われ炭鉱夫となる…。

だがこれは波乱に富む男の人生の端緒にすぎない。様々な出会いと別れ、愛と友情と死が待ち受けている。純愛に身を焦がし、娼婦（しょうふ）に翻弄（ほんろう）され、家族たちを愛し、そして過酷な自然のなかで狩猟に命をかける。

舞台は大正から昭和にかけての東北の豪雪地帯。理不尽な情況にあい、激変する時代の荒波を受けながらも、精一杯に生きる人々の明るく真摯（しんし）な姿が何とも感動的だ。国家としての日本ではなく、失われつつある「風土としての日本」の姿を深々と刻印している。

評・池上冬樹（文芸評論家）

二〇〇四年三月二一日⑧

『ある人生の門出　ブルックナー・コレクション』

アニータ・ブルックナー 著　小野寺健 訳

晶文社・二二〇〇円
ISBN9784794921888　文芸

現代イギリスを代表する女性作家の自伝的色彩濃いデビュー作。

身勝手な両親のせいで青春を失った娘というと、アダルトチルドレンという語がうかぶが、そんなカタカナにはない寂寥感（せきりょうかん）をにじませるのがこの英国作家の魅力である。

作中、ヒロインの孤独感を際立たせているのがバルザック研究者という職業だ。バルザックによって人生が「悪者の勝者」と「善良な敗者」とからなることを教えられた彼女は、男の愛を弄（もてあそ）ぶ勝者になりたいと憧（あこが）れるが、夢はかなわない。男には恵まれずに研究業績だけは認められて教授職に就くのである。その人生の門出のさびしさ。

まったく、オンナ博士ほど「色」から遠いものもない。「学者で、威厳と勇気をそなえている女性」が求めているのは、「それほど自立してない女たちがもとめるのとおなじ栄養と保護」、つまり恋なのだ。

全国の女性研究者、心して読まれたい。

評・山田登世子（仏文学者）

二〇〇四年三月二一日⑨

『封を切ると』

多田智満子 著　高橋睦郎 編

書肆山田・三二〇〇円
ISBN9784879955968

文芸

長い旅から帰ってきて詩人は安らいだ病床にある。「柩（ひつぎ）のなかにあるように／枕に頭を沈めていると／眠ってはまたふっとめざめる」眠りとめざめのみぎわ。昼と夜のまじわるたそがれ。白黒の碁石ならべ。相反する対立項が諧謔（かいぎゃく）を通じてめまぐるしく通じ合い、時間も過去現在未来が自在に融通し合う。「あさってから手紙がくるよ／あしたのことが書いてある」「あれはあした　あれはきのう／あたまくらくら」

　端正な文体によるサン・ジョン・ペルスやユルスナールの翻訳紹介者であり、鏡についての明晰（めいせき）なエッセイストとして知られた詩人多田智満子は、同時に文字摺（ず）りやわらべうたの柔らかくおさない言葉遊びをも楽しみ、楽しませてくれた。そこから老いは若さ、紅葉は青葉の諧謔がごく自然にほとばしり出る。あげくは新作能『乙女山姥（おとめやまうば）』が、くり返し脱皮して乙女に若返る山姥の転身の秘法を打ち明ける。昨年永眠した詩人多田智満子遺作集。

評・種村季弘（評論家）

二〇〇四年三月二一日⑩

『現代日本思想論』

安丸良夫 著

岩波書店・三二〇〇円
ISBN9784000227384

人文

一九七〇年以後、日本は大きく変貌（へんぼう）した。「戦後思想」の枠組みだけで解くことはむずかしい。そういう観点から、近代民衆史を中心にした日本思想史研究の第一人者が反省をこめて、現代日本の見取り図を描いた六本の論考集。

「現代思想」の影響を受けた近年の研究まで丹念にフォローし、その整理のなかから、いま、何が問題なのかが追求されている。

　とりわけ第五章「丸山思想史学と思惟（しい）様式論」が、私には読み応えがあった。吉本隆明から酒井直樹にいたる多くの批判と、いまもなお思想家として高く評価する議論まで俎上（そじょう）にのせ、位置付ける。完結した『丸山真男講義録』を視野にいれてのその解析は明快である。

　すでにマンハイムの理解・受容に、丸山が後年、原型論に傾斜してしまう要因を見る論点はとりわけ説得力があった。

　九・一一以後の社会動向についての長いあとがきも印象的だった。

評・小高賢（歌人）

二〇〇四年三月二八日②

『クレモニエール事件』

アンリ・トロワイヤ 著　小笠原豊樹 訳

草思社・一六〇〇円
ISBN9784794212849

文芸

半世紀ぶりに紹介される大家の小説

　アンリ・トロワイヤの「小説」が三冊まとめて翻訳された。まことに喜ばしい事件である。というのも、この二十年ほど、トロワイヤの名は、ロシア・フランスの偉人たちの生涯を、軽快かつ味わい深い文体で描く評伝作家としてのみ紹介されてきたからだ。私自身、彼が歴とした小説家であり、多産ながらきわめて平均値の高いすぐれた書き手だと認識できたのは、まがりなりにも仏語を解するようになって、未訳の作品に触れる機会を得てからのことにすぎない。

　一九一一年、モスクワ生まれのレフ・タラソフ少年が、ボルシェヴィキの乱を逃れて家族とともにフランスへやってきたのは一九二〇年。筆名を使って小説を書きはじめたのが三四年、その四年後には『蜘蛛（くも）』でゴンクール賞を受賞している。わが国では五〇年代に、右の受賞作をはじめ数冊が翻訳されているのだが、訳者に福永武彦、青柳瑞穂（みずほ）、澁澤龍彦が名を連ねていることは特記しておきたい。澁澤訳からほぼ半世紀後にあらわれた「小説」の訳者が小笠原豊樹とくれば、執筆歴七十年を超える現役作家の原文と、それを移した日本語文章の質は保証されているといっていいだろう。

三冊のうち『サトラップの息子』は上記の経歴をなぞるような自伝風の虚構で、作者が本名で登場しているところに妙味があり、ジャンケンを意味する長篇（ちょうへん）『石、紙、鋏（はさみ）』は、真の勝者も敗者もない堂々めぐりの三角形に、気の多い女性と両刀づかいの青年、そして青年に恋するやや年上の画家を組み合わせて喜劇的な歪（ゆが）みを生ませていく手練（てだ）れの一品だ（いずれも草思社刊）。

さて、『クレモニエール事件』は、ミステリーふうの佳品である。妻を殺したとして十五年の刑に処された父親の冤罪を、事件当時十五歳だった娘が青春期のすべてをついやして、みごと晴らす。だが、なぜか解放された父の表情が冴（さ）えない。謎解きと心理描写の均衡がひと筆描きの速度のなかで保たれた、いかにもトロワイヤらしい仕あがりになっている。

これを機に、過去の「小説」が一冊でも多く紹介されることを期待したい。

評・堀江敏幸（作家）

（原題、L'affaire Crémonnière）

Henri Troyat　11年生まれ。作家。著書に『女帝エカテリーナ』など。

二〇〇四年三月二八日❸

『天才数学者、株にハマる』

ジョン・アレン・パウロス 著
望月衛、林康史 訳
ダイヤモンド社・一八〇〇円
ISBN9784478630877

経済／科学・生物

人の失敗蜜の味　のせられる前にどうぞ

ぐふふふ。人の失敗とは美味なものであることよ。著者はこれまで日常生活にまつわる数学上の勘違いを指摘する本をたくさん書いてきた。こんな簡単な数学もわからんのか、バカだねえ、ワタシはそんなまちがいは決してしないよフフン、というような本だ。ところが本書では、その数学者自身が株に手を出して（しかも当時話題のワールドコム！）、ちっとも理論通りに動けずに大損をこいてしまいました、という実になさけない本。わはは、ご愁傷さま！

でも本書はただの失敗談じゃない。自分の失敗を例にひきつつ、著者は株にまつわる様々な考え方を解説する。有名なケインズの美人投票理論から、テクニカル分析、ファンダメンタルズ分析、リスクとリターン、効率的市場仮説とその限界、果てはカオス理論やゲーム理論の適用まで。高度な中身をおもしろおかしく説明する著者の才能は定評あるし、さらにその大やけど体験が迫力とお笑い風味を添えている。そして何より、理論と実践の差というのを、本書はトホホ感あふれる筆致で描き出す。

はまる人がはまるのは、かれらがバカだからじゃない（こともある）のだ。著者だって、わかっちゃいるけど「もうちょっと我慢すれば」と思い、手持ちの株に有利な情報しか目につかなくなって、最後に大損をこいた。まして理論すらおぼつかない自分がそうそう儲（もう）かるものだろうか……と思い至った人は、本書の価値を十分引き出した人だ。

一時流行（はや）ったデイトレーダー本にのせられて大損こいた人は、自分をなぐさめるためにどうぞ。そして今ちょっと好調な株式市場にのせられかけてる人は、まず本書を読んで頭を冷やしなさいな。もっともヤケドをする人は、そこで「自分だけは大丈夫」と思っちゃうのだ、というのも本書の教えなのだけれど。手を出す気はなくても株式投資の基礎をざっと知りたい人にも、本書はなかなかよい入門書だ。そしてもちろん、単に他人の失敗を嘲笑（ちょうしょう）するのが趣味のイジワルなあなたにも、本書は十分なリスク織り込み済み収益をもたらしてくれますぞ。

評・山形浩生（評論家）

（原題、A Mathematician Plays the Stock Market）

John Allen Paulos　数学者。米テンプル大教授。

二〇〇四年三月二八日④

『絵すごろく　生いたちと魅力』

山本正勝 著
芸艸堂・三〇〇〇円
ISBN9784753802005
アート・ファッション・芸能

いいなあ…民間コレクターの壮大な夢

むかしの絵双六（すごろく）をこれだけの量、まとめて見たのははじめて。絢爛（けんらん）たる奇想のかずかずに度肝をぬかれた。絵双六の芸術的価値は不当に低く評価されている、と著者が嘆くのもむりはない。

これまでに六千五百枚をこえる絵双六を独力であつめた大収集家。それがこの本の著者である。本業は皮膚科のお医者さん。専門の研究者ではない。それだけに絵双六にかける夢の量がはんぱじゃない。洋の東西を問わぬ良質なコレクションに後押しされて、著者が自信をもって推測する絵双六の伝播（でんぱ）経路は、おおよそ以下のごとし。

起点はチベットの曼陀羅（まんだら）ゲーム。これが中国に入って「選仏図」や「水晶宮図」（渦巻き型双六のはじまり）になり、朝鮮では官位昇進双六になる。

他方、中国の水晶宮図はシルクロード経由でヨーロッパにもたらされ、十七世紀に「グース・ゲーム」として大流行する。この鵞鳥（がちょう）双六が文禄慶長のころ、ポルトガルの宣教師やスペイン商人の手で日本に持ち込まれ、すでに中国や朝鮮から渡来していた遊びに合流したのではないか、と著者はいう。ただし証拠はない。「当時の誰かが手にしたにちがいないと頑固に言い張っているのは、この世で私一人である」

いいなあ、この気迫。民間コレクターたる者、これくらい壮大な夢を追ってみせてくれるのでなくては。

最初のうち墨一色だった日本の絵双六は、やがて鈴木春信の錦絵革命によって木版多色刷りになり、十八世紀以降、道中双六、名所双六、役者双六、合戦武者双六、文明開化双六など、はなやかな遊びの世界をくりひろげてゆく。

おおくの優秀な制作チームが、一枚の紙を舞台に、その技量、発想の奇抜さ、情報量をきそいあう。そのすばらしさを賞揚（しょうよう）する一方で、しかし著者は、初期の墨刷り双六にあった「人間同士の暖かさ、人情の機微」が次第に失われていったことを残念がってもいる。よくわかる。さしずめハリウッドのSFX大作を楽しみながら、戦前のモノクロ映画を懐かしむみたいなものか。

評・津野海太郎（編集者・和光大学教授）

やまもと・まさかつ　32年生まれ。医師、絵すごろく研究家。著書に『双六遊美』など。

二〇〇四年三月二八日⑤

『東京～奄美　損なわれた時を求めて』

島尾伸三 著
河出書房新社・一八〇〇円
ISBN9784309016191
文芸

風景の中によみがえる家族4人の記憶

島尾伸三は東京から奄美までの小旅行に出た。「やさしかったおかあさん」に逢（あ）いたくなったという。

おかあさんは『海辺の生と死』などで知られる島尾ミホ、おとうさんは島尾敏雄。父の代表作『死の棘（とげ）』に描かれた両親と妹マヤさんの四人家族の暮らし。不安定に生きる一家の歳月の破片を、島尾伸三は小さな石を磨くように書いてきた。家族をおおう危うさと陽気さ。むき出しになる互いの傷。

それをこわいくらいの細密画のように描くので、読んでいるとおろおろしたり明るい残酷さに笑いころげたりした。一家が暮らした奄美大島の強烈な光と深い夜の闇に不安の針の音が響く。それなのに、暗い予兆がいつのまにか姿を消しているのはなぜだろう。

この四人家族の父と妹はすでにいない。けれどもふたりは残された者の感傷の囲いにはおさまらないようだ。今も、損なわれた家族のまま息づいている。

「あの四人家族の暮らした街をさまよって、ついでに母について少しは理解してみようと」、各駅停車の旅が始まる。

幼いころに住んだ東京・小岩。敗戦直後の焼け野原だったころ。紙芝居屋さんが来るような下町での母と妹との幸福な瞬間。つぎに暮らした池袋。兄妹を預かったのは二十歳のカズちゃんだった。彼女は毎朝、小鳥のようなささやきで兄妹を起こしてくれた。チンドン屋さん、手品師の家族。給食に出されたドーナツパンは妹のために持ち帰ったのだった。

茅ケ崎。神戸。風景のなかにどっとよみがえる記憶のかずかず。父母や妹の言葉やふるまい。熊本のカトリック系高校の寮で過ごした日々。さまようまなざしをとどめる写真はどこか軽やかだ。走る夜行列車の窓に映る初老の男。自分ではないみたいと思うけれど「醜い自分に傷つかぬようにという過剰防衛がどこかで働いている」のでしょうなどという。

船に乗って奄美へ。混沌（こんとん）とした奄美の歴史。シマの自然は死ぬ気配すらない。おかあさんが歌ったシマウタが響く。

島尾伸三はおかあさんが一人で暮らす家に帰ったかは、あかしていない。

評・与那原恵（ノンフィクションライター）

しまお・しんぞう 48年生まれ。写真家。著書に『月の家族』『星の棲（す）む島』など。

二〇〇四年三月二八日❻

『スノーボール・アース　生命大進化をもたらした全地球凍結』

ガブリエル・ウォーカー 著

川上紳一 監修　渡会圭子 訳

早川書房・一九〇〇円

ISBN9784152085504／9784150503758（ハヤカワ・ノンフィクション文庫）

科学・生物

はるかな昔　地球は雪の玉だった？

化石や地形に刻まれた断片情報から、遥（はる）か昔の地球の姿を読み解く。地質学は、巨大な情報の空白を埋める想像力なしには成り立たない学問だろう。

南米大陸とアフリカ大陸の海岸線を比べると、まるでジグソーパズルの二つのピースのようだ。そのことに気付いた学者は、一つの大陸が分かれたのではないかと閃（ひらめ）き、大陸移動説を唱える。恐竜が滅んだ年代の地層には、宇宙起源と考えられる物質が多く含まれる。このことに気付いた学者は、隕石（いんせき）衝突で恐竜王国が終わったのではと思いついた。

さて次はと待っていたら、地球全体が雪玉のように凍った時代があったとの、刺激的な説が急伸してきた。気温零下40度で、両極から赤道までほぼ全域が凍結した時代が、7億5千万年前から5億6千万年前まで繰り返し訪れた——想像力に富む地質学者がそんな地球ドラマを描き出したのである。

重要な手がかりは、赤道付近の地層にあった。氷河が運んできたと考えられる巨礫（きょれき）が砂漠などで見つかったのだ。雪玉地球説を主唱したのはハーバード大のホフマン教授らで、謎に満ちた巨礫の分析結果を含めて、様々な根拠を繰り出した。

過去の地球が現在とあまり変わらないという考え方は、斉一説と呼ばれる。雪玉地球説はこれに真っ向から挑戦したので、反論、異論に直面する。ホフマン教授と対立する学者たちは新説の論駁（ろんばく）に血眼になる。本書は個性的な専門家集団の知的な、そして人間的な葛藤（かっとう）を追いながら、新説進化の舞台裏をたどる。

地質学者は新説を生み出す空想において自由奔放だが、それを科学的に裏付けるには、文字通り地を這（は）うような調査を運命づけられている。だからこそ、空想であり科学である地質学の動態には、空想科学を超える醍醐味（だいごみ）が宿る。

氷に閉ざされた地球はその後、火山活動などで急激に温暖化し、やがて爆発的な生命進化を迎える。ならば、地球が「白い惑星」になったことは生命進化にとって幸運だったのだろうか。謎は尽きない。だが、そのおかげで、想像力豊かに、時空を旅する楽しみも尽きない。

（原題、Snowball Earth）

評・吉田文彦（本社論説委員）

Gabrielle Walker 国際的なサイエンスライター。

二〇〇四年三月二八日⑦

『私はヒトラーの秘書だった』

トラウデル・ユンゲ 著
高島市子、足立ラーベ加代 訳
草思社・二〇〇〇円
ISBN9784794212764
ノンフィクション・評伝

どのようなめぐり合わせか、ダンサー志望のごく普通の女性が、あのヒトラーの晩年の秘書として働くことになった。その約二年半の回想録である。

菜食主義で、コーヒーも紅茶も飲まず、まして酒・タバコも嗜（たしな）まない。しかし、ケーキは食べる。食べ方は早く大食いもあって胃弱。犬と遊ぶのがほとんど唯一のたのしみで、まわりの女性にはひどくやさしい。食卓では陽気。青春時代の失敗や思い出を面白おかしく披露する独裁者。

もちろん、外には悲惨きわまる強制収容所があり、戦いは悪化の一途を辿（たど）っている。しかし、ここではほとんど話題にならない。ヒトラーもひとりの人間だったという日常だけが興味深く書かれている。

しかし、それも長くは続かない。一九四四年七月二十日の暗殺未遂事件から、翌年の総統自殺までの急展開は、傍（そば）にずっといたものでないと書けない詳細さと迫真力をもっている。一気に読んでしまった。

評・小高賢（歌人）

二〇〇四年三月二八日⑧

『ビートルズ帝国アップルの真実』

ステファン・グラナドス 著 中山啓子 訳
河出書房新社・二五〇〇円
ISBN9784309267180
アート・ファッション・芸能

ビートルズに関する本は多いが、彼らのレコード会社であるアップル社を素材とした本は少ない。本書は、関係者に対する過去のインタビューを発掘し、追加的な取材を加えてまとめられた同社盛衰の記録である。

一九六七年に設立され、七〇年代半ばにレコード会社としての機能を事実上失うまで、アップル社はビートルズの作品やメンバーのソロ作品のほか、メアリー・ホプキン、バッドフィンガーなどの個性的なアーティストの作品も多数発表してきた。

名だたるレーベルではあったが実態は不安定な中小企業で、経営をめぐるジョン・レノンとポール・マッカートニーの確執、悪名高いビートルズ末期のマネジャー、アラン・クラインが食いこむようになった顚末（てんまつ）など、アップル社がビートルズのメンバーやスタッフによって翻弄（ほんろう）される姿が、克明に描かれている。当時のミュージックビジネスの一端を知る資料としての価値も高い。

評・篠原章（大東文化大学教授）

二〇〇四年三月二八日⑨

『史上最悪のインフルエンザ』

アルフレッド・W・クロスビー 著 西村秀一 訳
みすず書房・三八〇〇円
ISBN9784622070818
医学・福祉

人間はインフルエンザを、ほんとうは恐れていないのかもしれない。

昨日まで健康だった人が次々に倒れ、本書が分析している第一次大戦末期の世界的な流行では、死者は数千万人にのぼり、多くの生命保険会社が支払い停止に追い込まれた。しかし葬儀が終わると、何事もなかったかのように、いつもの生活がはじまっている。災厄は数年のうちに忘れられ、対策予算も結局はあまり増額されなかった。しかも、大戦を原体験とした「失われた世代」の作家たちは、インフルエンザ体験を作品に反映させていない。

ウイルス学が専門の訳者によれば、日本でも「スペイン風邪」という俗称以外は、ほとんど記憶されていない。人間が鈍感なのか、ウイルスが狡猾（こうかつ）なのか？

いずれにせよ、当時の統計記録や新聞記事など膨大な資料が詳細に分析されている本書は、次々と出現する感染症への対策、とりわけ危機管理を考えるための必読文献である。

評・新妻昭夫（恵泉女学園大学教授）

二〇〇四年四月四日❶

『世界のすべての七月』

ティム・オブライエン 著　村上春樹 訳

文芸春秋・二三〇〇円
ISBN9784163226903／9784167705732（文春文庫）文芸

狂騒的でせつない同時代の群像劇

いやはや素晴らしく魅力的な群像劇である。推理小説ファンならカール・ハイアセン、映画ファンならロバート・アルトマンを思い出すのではないか。それほど人物が賑々（にぎにぎ）しく登場し、ドタバタを繰り広げながら、人生の様々な局面を、変化に富む独特の声を響かせて描いている。

主要人物は十一人。舞台はある大学で開かれた同窓会。いまや五十代なかばを迎えた一九六九年度卒業生たちが集い、酒を飲んでは笑い、嘆き悲しみ、ときに怒りをぶつけ、ときに心をときめかせ、ある者たちは密（ひそ）かにベッドを共にする。小説は、そんな現在進行形の同窓会に、主要人物たちの過去を描いた短編（十一本）を繋（つな）いで長編に仕立てている。この構成がいい。

オブライエンといえば、エネルギッシュな戦争小説『僕が戦場で死んだら』、脱走兵をパリまで追跡する全米図書賞受賞作『カチアートを追跡して』、核の時代を生き抜く男の物語『ニュークリア・エイジ』など鋭い感性をつきつけるパワフルな作品が特徴的だったが、戦争小説の集大成『本当の戦争の話をしよう』、妻の失踪（しっそう）をめぐる『失踪』から巧緻（こうち）になり、一段と成熟してきた。その最大の成果が本書である。

ここには人物たちの強烈な存在感と濃密な時代の空気、巧みな技術とプロットがある。さりげなく人物たちの過去が仄（ほの）めかされ、関係が明らかになっていく。人生で直面する死、病気、裏切り、喪失などが前面に打ち出されてくる。

たとえば、ヴェトナム戦争で片足を失った注文家具屋は依然戦争の悲惨な記憶に囚（とら）われているし、三十年前に恋人を裏切った恋人は乳ガンにかかり死の不安に脅かされているし、不倫相手が溺死（できし）してしまった人妻は拭（ぬぐ）えない罪悪感に苛（さいな）まれている。もちろん暗い話ばかりではなく、二人の〝夫〟をもちながらも若い男を漁（あさ）る女性や、肥満で心臓病に苦しむ女好きの製造業者、家宅侵入して教区をとりあげられた女牧師なども加えて、〝誰が非難してもしなくても、それと無関係に〟回り続ける世界をシニカルかつユーモラスに詳（つまび）らかにしている。

エピグラフに、〝我々は心に幻想という餌を与え、心はそれを食（は）んで猛々（たけだけ）しく育った〟（イェーツ）とあるが、これは本書の時代的背景からいうなら、ヴェトナム戦争の大義という幻想であり、学生たちを突き動かした世界の変革という幻想であろう。また物語的には愛、幸福、結婚といったあらゆる幻想も含んでいる。

本書では、幻想がもたらした結果に焦点をあて、自分が果たして何者であるのか、何者になろうとしているのかを見極める姿を捉（とら）える。

というと深刻に響くが、あくまでも物語の表情は不埒（ふらち）で狂騒的である。ここには可笑（おか）しくも痛ましい三十年間の苦闘が刻み込まれている。本書は、優れた群像劇であるが、同時に、同時代の多様で切実なクロニクルでもあるだろう。

（原題、Jury, Jury）

評・池上冬樹（文芸評論家）

Tim O'Brien　46年生まれ。アメリカの作家。著書に『ニュークリア・エイジ』など。

二〇〇四年四月四日②

『痴呆老人が創造する世界』

阿保順子 著

岩波書店・一七八五円
ISBN9784000238212

社会

固定観念を覆す多彩で豊かな風景

数年前のちょうど今ごろ、父の死が間近に迫っていたとき、桜の木の下に佇(たたず)んで散りゆく花を眺めながら思うのは、やはり生老病死の押しとどめるすべのない流れであった。

かく思う私はまた、アジア取材の一方で、人間の生老病死と現代医学との関(かか)わりを調査してきたジャーナリストでもあり、そのテーマのひとつがアルツハイマー病のメカニズム研究なのである。そして、この取材の過程でかいま見た精神病院の痴呆(ちほう)専門病棟の様子は、私を無力感で打ちひしぐものばかりであった。そこには、ただただどんよりとした灰色の世界が広がっているかに見えた。

ところが、本書は、たまねぎの皮をむいてもむいても灰色しか現れないと決めつけていた私の眼前に、極彩色の世界を広げて見せる。痴呆老人(この言葉に著者も違和感を表明しているが)には痴呆老人の豊かな世界観と常識(!)があり、仲間内のもめごとをなし崩しにまるく収めたり、はた目にはしばしば妄想と映るにせよ、愛情や友情を生きるよすがとして育んだりしているというのである。

ある老女は、病棟を自分が暮らしていた町に見立て、畳の一角は「公民館」、消火栓のある場所は「駅前」とみなしつつ、淡々と散歩を続けている。魚の干物の行商で長年生計を立ててきた別の老女は、叩(たた)き売りの口上よろしく啖呵(たんか)を切り、ついには着衣を脱いで裸になってしまうが、家族が見たらさぞ慨嘆するにちがいないこの行為も、著者によれば必死で生きてきた働く母親の気高い姿なのだ。

著者は、ときに看護師として、ときに研究者として、長らく痴呆病棟のお年寄りたちに寄り添い、彼ら一人一人の内側に入り込んで世界を見たらどう見えるかを考え抜いてきた人である。視線はつねに温かく、細(こま)やかにして柔軟。何よりも得がたいのは、物事をおもしろがる〝不謹慎さ〟にあふれている点だ。

そんな視線が、深刻で救いのひとかけらもないはずの痴呆の現場を、発見の連続の人間劇場に一変させた。介護する側にも発想の転換を促すヒントが、随所にちりばめられている。

評・野村進(ジャーナリスト・拓殖大学教授)

あぼ・じゅんこ 49年生まれ。北海道医療大教授。著書に『精神科看護の方法』など。

二〇〇四年四月四日③

『アラブ政治の今を読む』

池内恵 著

中央公論新社・二七三〇円
ISBN9784120034916

政治／国際

地域の実像を的確に描き出す説得力

『現代アラブの社会思想』(講談社現代新書)で大佛次郎論壇賞を受賞した俊英の2冊目の単著である。前著でアラブ社会を映し出す鏡として現代イスラーム思想に切り込み、高い注目を集めた著者は、九・一一事件以降、中東地域が世界政治の中心課題になるにつれて、絶え間なくアラブの現在を読み解く時論を書き続けてきた。これらの時論に注釈を含めて加筆訂正の上、テーマ別に再構成したのが本書の主要部分である。

扱われたテーマの幅広さは瞠目(どうもく)に値する。大事件が起きた直後に書かれたいわば瞬間的反応から長めの論文まで含まれており、後者ではエジプトやカタール(アル＝ジャジーラの開設を許した国家)の外交戦略、テロ後のアラブ思想の状況、アラブの経済的課題、文明間対話にとってイスラームや自由主義が抱える課題の理論的分析、イラク戦争と戦後復興などが扱われている。主題の変奏についていくのはいささか苦労するが、その内容は例外なく的確かつ平易に問題の所在と自己の見解を明らかにしており、筆者の理解力と表現力の高さを示している。

全体を通底する問題意識があるとすれば、異文化理解の担い手として地域研究者が果たすべき役割に対する反省であろう。ともすれば日本のアラブ、イスラームの専門家は、一般社会の理解不足を難じる一方で、言語の難解性や専門性をタテにして、自己の思い入れや価値観に基づいた地域像を描く傾向があったのではないか。たとえば「イスラームは本来、寛容な宗教である」という言説は、全くの間違いではないにせよ、現代的視点からは多くの留保がつけられざるを得ないという筆者の指摘は説得力がある。

恐らく筆者の指摘は、中東に限らず、日本人が外の世界を理解しようとする際に常に意識しておくべき点であろう。「ブッシュ政権はネオコンに支配されている」とか「中国は中華支配の復興を狙っている」といった単純なきめつけこそ、これからの日本人が世界とつき合う上でまず避けるべき姿勢だからである。その意味で本書は国際問題に興味のある読者に広く読まれるべき好著である。

評・中西寛（京都大学教授）

いけうち・さとし　73年生まれ。国際日本文化研究センター助教授。

二〇〇四年四月四日④

『カイエ・ソバージュ　I〜V』

中沢新一 著

講談社選書メチエ・一五七五円〜一七八五円

ISBN9784062582315〈1〉・9784062582391〈2〉・9784062582605〈3〉・9784062582711〈4〉・9784062582919〈5〉

人文

近代文明が見失った「対称性」の世界

七年前に、アメリカ先住民の大長老が来日し、古くから伝わる予言的神話を講演したことがある。白人の到来から、はるか未来までの予言が語られた。そこに、私はアイヌの女性シャーマンを案内したのだが、しばらくして彼女の顔色が変わった。アイヌに伝わる神話とほとんど同じだというのだ。深い謎に全身鳥肌が立った。

本書は、そうした環太平洋の神話の謎を解く。ともかく面白い。全五巻を通してのタイトル「カイエ・ソバージュ」は直訳すると「野生のノート」。神話の研究から近代文明に殴り込みをかけた、文化人類学者レヴィ＝ストロースの『野生の思考』が下敷きになっている。

全編を通じてのキーワードは「対称性」。平等で、上下や支配／被支配の関係がない、分離しない、など多様な意味を持つこの言葉の本質を、豊富な神話の謎を解きつつ説明する。そして、神話の時代には、人間／動物、生／死、部分／全体などが対称性を保っていたのに対し、それを破って「王」が出現し、「国家」ができ、「一神教の神」があらわれ、「資本主義」が形成された、とする。

従来の社会学、神学、経済学などが、意識レベルのみの操作のみで考えられているのに対し、「対称性」は深層心理学でいう無意識の本質であることから、本書の内容はより根源的であり、深い。

そして、いまの世界は「対称性」を抑圧した近代文明によるグローバリズムをおし進めているため、人間（自然）の本質から大きくずれており、それを是正するために「対称性」を失っていない仏教の考え方が大いに役立つ、と説いている。

本書は、大学などでの講義をまとめたものだ。平板な意識レベルの教育にあふれたいまの大学で、このような深い内容に接する学生は幸せだ。欲をいえば、本書の内容を頭だけで理解しても十分ではなく、土や森と親しむ自然体験や、瞑想（めいそう）などによる内面の体験を通して身体的に把握できることが望ましい。時代遅れの文部科学省教育を脱して、そういう全人的な人間教育に取り組む教育機関が、ひとつぐらいは出てこないだろうか……。

評・天外伺朗（作家）

なかざわ・しんいち　50年生まれ。中央大教授（宗教学）。

『集合住宅物語』

植田実 著
みすず書房・四八三〇円
ISBN9784622070863

「集まって暮らす」ための知恵と実践

集合住宅とは、周辺環境と無関係に「突然出現するもの」だと著者はいう。関東大震災後、不燃不壊の近代的都市住宅を目指して建設された同潤会アパートも、強引な区画整理の上に建てられた異物だった。今、再評価の声が高いのは、人が集まって長く住み続けられたという歴史の中に、人々が都会に生きる手がかりを見つけようとしているからだろう。

著者は、かつて建築ジャーナリズムを牽引（けんいん）した「都市住宅」誌の編集長として、同潤会の重要性にいち早く着目した人。首都圏三十九件の集合住宅を訪ね、住宅が時と共に町に溶け込み変容していくさまと、よりよい住まい方を模索して戦う人々の生活の軌跡をたどった。

住民が協力しあい、躯体（くたい）を変えずに生活形態に応じて空間を拡大縮小させた同潤会は最たる例だが、現在の主体的な取り組みの中にも、希望が見いだせる。

たとえば、谷中四軒長屋に新しく住んだ人は、引き戸や建具で風通しのよい住まいを復元。数寄屋の大家・吉田五十八（いそや）らが使った、雨戸やガラス戸を壁に引き込む手法をとり入れた。隣と壁を共有する長屋では、家の表裏に大きく開口部をとらねばならないためだ。また、建築家仲間が設計から管理まで取り組んだ集合住宅は、コーポラティブハウスの嚆矢（こうし）。居住階を入札で決めたり、掃除や管理を当番制にしたりと、親しき中に必要な共同体の作法が生まれた。感動的ともいえるのが、代官山ヒルサイドテラス。第一期竣工（しゅんこう）以来、三十年以上経た今なお、町の懐に包まれるように成熟している。集合住宅が生きもののように、ふくらんだり揺れ動いたりしながら「集まって暮らすことの命脈」を探っている。

それにしても、玄関の呼び鈴を押すまで、何年定点観測し続けたのだろう。人の声をすくいとる佇（たたず）まいに、生活者への敬意が感じられる。中銀カプセルタワーのエレベーターの周囲を螺旋（らせん）状に昇る階段室を「大木の洞（うろ）」、浮き彫りになった縦筋が蛇腹のように連なる東大駒場校舎を「ガリバーの手風琴」と表現するなど、意匠や構造を読み解く筆致に無尽の想像力が羽ばたいていて、目に浮かぶよう。

評・最相葉月（ノンフィクションライター）

うえだ・まこと　35年生まれ。建築評論家。『アパートメント　世界の夢の集合住宅』。

『琥珀捕り』

キアラン・カーソン 著　栩木伸明 訳
東京創元社・三三六〇円
ISBN9784488016388

愛すべき蜂の巣みたいな超物語

博覧強記の詩人、キアラン・カーソンが、見事なほら話を語ってくれた。所々に琥珀（こはく）色の真実をちりばめながら。

対蹠（たいしょ）地、水時計、キツネノテブクロ、イーオー、ライデン、マリゴールド、潜水艦、回転のぞき絵など、各章のタイトル（AからZまで）を拾っていくだけでも、その一つ一つの言葉のなかに、古い折り目のついた見えない地図が、幾重にも折りたたまれている予感がする。その予感どおりに、読み始めるやいなや、スープが皿からあふれ、テーブルを汚し、床にしたたり、階段を下るように、様々な話が語りずらされていく。

アイルランドの民話、オウィディウスの『変身物語』、中世キリスト教の聖人たちの話、十七世紀のオランダの画家たち、とりわけフェルメールとその贋作（がんさく）者の生涯……。なかでもフェルメールの「牛乳を注ぐ女」の右下に描かれた木箱、「足温器」をめぐって展開する話は忘れ難い。熱の元は、泥炭の残り火だったという。読みどころは、こうした知識ないし情報、蘊蓄（うんちく）の類（たぐい）

が、きらめく詩のかけらへと変貌（へんぼう）する瞬間。美しい片目を紳士にえぐりとられた娘の話、蓋（ふた）をしなかったためにあふれ出た古井戸の話も、不思議な重みで心に沈む。

語るという行為は恐ろしい。語る当人を押しのけて、いつしかそれ自体が生き始め、調和を食い破って進んでいく。結果としてここに残されたのは、いくつもの破れ目を持った超物語、複雑にして愛すべき、蜂の巣みたいな作品世界である。訳者の栩木（とちぎ）伸明によれば、そもそもカーソンには「手垢（てあか）のついたクリシェや先行作家の詩的世界をひねったりすりかえたりして、見事にリサイクルしていく」手法があり、「言語のリサイクルないし磨き直しこそ、アイルランドの口承文化が得意とするところ」なのだという（『アイルランド現代詩は語る』）。

琥珀についての物語が、本書の所々にはめ込まれている。錯綜（さくそう）する物語を突き進む読者は、何度も道に迷い、来た道を引き返そうとするだろう（私もその一人だった）。しかしこの宝石が、きっと引き留め、先へ先へと導いてくれるはずだ。

（原題、Fishing for Amber）

評・小池昌代（詩人）

Ciaran Carson 48年生まれ。北アイルランドの詩人、作家、伝統音楽家。

二〇〇四年四月四日⑦

『ジェシカが駆け抜けた七年間について』

歌野晶午 著

原書房・一六八〇円
ISBN9784562037384／9784043595051（角川文庫）　文芸

『葉桜の季節に君を想（おも）うということ』が昨年の各種ベストミステリーに選出された歌野晶午（しょうご）の新作。

ヒロイン・ジェシカはエチオピア出身のマラソン選手で、日本人監督・金沢勉のもとで練習に励んでいる。

ジェシカはある夜、同僚の女子選手・原田歩（あゆみ）が丑（うし）の刻参りで金沢を呪っているところを目撃するが、まもなく歩は自殺してしまう。

ところが、その後、歩はふたたび姿を現し、不可能な殺人が行われる……。

『葉桜～』は叙述トリックの一発芸。つまり『アクロイド殺し』のごとく、殺人法ではなく語りに最大の仕掛けがある。ここまでばらしてもなお、あのオチを見抜ける人はいないだろう。

『ジェシカ～』にもまったく同じことがいえる。不可能犯罪の面白さ、女子スポーツの友情・努力・感動の物語は保証する。だが、このトリックは『葉桜』のような普遍性に欠ける。ラストは唖然呆然（あぜんぼうぜん）、こんなのありかと読者は驚き、あるいは脱力するだろう。

評・中条省平（学習院大学教授）

二〇〇四年四月四日⑧

『泥絵で見る大名屋敷』

平井聖 監修

学習研究社・一六八〇円
ISBN9784054021136　アート・ファッション・芸能

渡辺紳一郎、年配の方には懐かしい名前だろう。ラジオ番組「話の泉」で人気者になったばかりか、泥絵の蒐集（しゅうしゅう）でも聞こえた。本書は、その旧蔵品を公開する。

泥絵とは、泥絵の具で描いた絵。その名からして庶民向けである。浮世絵同様、江戸の土産物だった。

ただし、浮世絵との違いは、版画ではなく肉筆であること、遠近法を駆使していること、そして、大名屋敷を描いていることである。

とりわけ大名屋敷のような、庶民にはアンタッチャブルな世界を、正面から、堂々と描いたものは、泥絵をおいてほかにない。

結果としては門構えを描くことになるが、それがまた格式による門の違いを伝えて臨場感あふれる。

将軍の娘が輿（こし）入れしたことの証である「赤門」が、加賀藩邸（現在の東大）のほかにいくつもある。

切絵図から江戸を振り返る類書とはひと味もふた味も違って、本書片手に、江戸の町を本当に歩いているような気になれる。

評・木下直之（東京大学教授）

二〇〇四年四月四日⑨

『英語を子どもに教えるな』

市川力 著

中公新書ラクレ・七九八円

ISBN9784121501202

教育

文部科学省は、「英語が使える日本人」の育成をめざし、小学校への英語教育導入の検討を始めた。だが、本書を読むと、それがどんなに危険な政策か、にもかかわらず、英語熱に浮かれた社会の心理がいかなるものかが見えてくる。

著者は、アメリカで長年にわたり日本人の子どもを塾で教えてきた経験を持つ。英語に取り囲まれた、一見恵まれた環境のなかでも、子どもをバイリンガルに育てるには、親にも子にも相当の覚悟がいる。少数の例外を除いて、多くの場合は、発音だけはネイティブ並みでも、話の中身や考える力は、日本語も英語も中途半端な「セミリンガル」になってしまう。話を組み立てる語彙（ごい）や思考力が育たないからだ。

日本人の英語によるコミュニケーションの難点は、日本語での論理的な思考力の欠如にあるとの診断も合点がいく。大人たちの英語コンプレックスの裏返しで性急な判断を下す前に、一読すべき一冊である。

評・苅谷剛彦（東京大学教授）

二〇〇四年四月四日⑩

『それぞれの芥川賞　直木賞』

豊田健次 著

文春新書・七五六円

ISBN9784166603657

文芸

主な登場人物は、野呂邦暢、向田邦子、山口瞳ら。その横に著者自身が、絶えずほどよい距離感で佇（たたず）んでいる。超ヴェテラン編集者ならではの臨場感あふれる文壇回想録である。

豊田さんは、野呂の第一作となる「壁の絵」を生原稿で読み、「深い感銘」と「興奮」を覚える。それから8年後、「草のつるぎ」で芥川賞を受賞するまでの歳月が克明にたどられる。基礎資料は野呂の著者あて書簡120通。文芸時評の第一人者のはずの平野謙に〝誤評〟されるという災難にも見舞われる。

人気テレビ脚本家だった向田邦子に小説を依頼したのは、山口瞳の助言による。山口は、週刊誌連載エッセーを通じ彼女に賛辞と苦言を送り続ける。向田の場合、3人がスクラムを組んでの直木賞受賞である。

42歳で野呂が急逝する10日前、著者は向田と引き合わせている。彼女も、受賞1年後あわただしくこの世を去る。山口もいない。3人への哀悼の書でもある。

評・安倍寧（評論家）

二〇〇四年四月一一日①

『文学的商品学』

斎藤美奈子 著

紀伊国屋書店・一六八〇円

ISBN9784314009584／9784167717650（文春文庫）

文芸

「モノ」の描写で現代小説がわかる

エミール・ファゲは名著『読書術』のなかで、すべての本に通じる読書術はひとつしかない、と断言した。ゆっくり読むこと。

斎藤美奈子も、ゆっくり読むことを提唱する。その結果、小説から何が見えてきたか。ストーリーの面白さ？　登場人物の魅力？　文章の美しさ？　否。「モノ」の描かれ方である。

高度資本主義の現代は、空前の大衆消費社会。暮らしとは、モノを消費することなのだ。モノを見れば人がわかる。だとすれば、モノを見れば作品もわかるにちがいない。

一方、近代小説はモノを抑圧してきた。本書によれば、モノの描写にかんする近代小説の原則はこんなふうに要約できる。

（1）小説に必要不可欠な「内面描写」に関係しないモノの描写は控える。

（2）モノの描写はなるべく手短にすませる。

（3）時間がたっても流行遅れにならないよう、長く残りつづけるモノを選ぶ。

だが、人間の「内面」が信じられなくなった今、モノの方は小説のなかでどんなふうに描写されているのか？　ファッション、車、香水、食べ物、ホテル、オートバイ、野球……。そうした種々雑多なアイテムをめぐって、日本小説の現状がこと細かに調査され、分析される。

　といって、堅苦しい文芸批評ではない。随所で私はふきだした。著者の引用する文章がすばらしいからだ。すばらしいというのは褒め言葉ではなく、こう、なんというか、凄(すご)いのである。例えば、ファッションの章で、国民的ベストセラー『失楽園』からこんな一文が引かれる。

「凛子は淡いピンクのスーツの襟元に花柄のスカーフをそえ、グレーの帽子をかぶって、手にやや大きめのバッグを持っている」

　ほかの例文も検討した斎藤の感想は、①服がダサい、②文章に愛想がない。「凛子という女は、なんだってまた密会デートに、いつもこんな野暮(やぼ)ったい服装で出かけるのでしょうか」。そして、『失楽園』のファッション描写を「色＋柄＋アイテム名」の報告に尽きると分析し、見たまんまやないけ、と突っ込んでいる。ことほどさようにモノの表現はむずかしい。

　あるいは、食べ物の場合。江國香織や川上弘美の描く食べ物がどうしてあんなに誘惑的なのかを軽く解剖し、返す刀で、村上龍や辺見庸は料理を記憶（とくにセックス）の再生装置として利用しているにすぎない、と斬(き)って捨てる。しかし、料理そのものを描こうとして、ほとんどご乱心のような文章を書く作家もいる。

「美味しかったが、美味しい、と一言では片づけられない、哲学的な、あるいは祈りそのもののような味があった」（辻仁成）

　といわれてもなあ。モノの描写をめぐる作家と作品の悲喜劇。楽しい読み物だが、表象の困難という大きな主題を背負った力作でもある。

評・中条省平（学習院大学教授）

さいとう・みなこ　56年生まれ。文芸評論家。著書に『文章読本さん江』（小林秀雄賞）など。

『オフィーリア』

ジェレミー・トラフォード著　安達まみ訳

白水社・二五二〇円
ISBN9784560047781

「幕が上がる前」に燃えた期間限定の恋

　こんな小説が読みたかった！　と女族は思い、男族は、女ってものの恐ろしさを再認識させられるんだろうか。

　『ハムレット』の幕が上がる直前の十カ月を追った小説。ハムレットと父王やクローディアスとガートルードの関係、父王の暗殺の経緯が克明に描かれるが、やはり心ひかれるのは、清純にして妖艶(ようえん)、優しくて残酷なオフィーリア像だ。

　劇のオフィーリアは父や兄に従順な娘で、ハムレットに求められても許しちゃいけないよ、と言われてハイと答えるのだが、小説の彼女は物語が始まったとたん処女を失い、悦(よろこ)びなども知ってしまったりして、修羅場もくぐり、それでも大層きまじめに「わたしの漂流する心は、より真実の、より生命あふれる世界に入りこんでいくのだろうか」とつぶやく。

　オフィーリアが愛しながら愛していないハムレットがまた両義的な性格だから、ややこしい。著者は、父王の親友の息子で、クローディアスに父親を謀殺されたスヴェンボーなる人物を創造して、とっても不思議な三角関係をつくる。

スヴェンボーが女性をひきつける要素がいくつかある。彼は筋骨逞(たくま)しい。彼は傷ついている。女の心と体を分けたりしないで、率直に愛している、と言う。ほんのたまにしか自分を見せず、人生に退屈するふりをしたり、冷笑的な態度をとったりするハムレットとは大違いだ。

オフィーリアは、スヴェンボーの看病をするうち、わけのわからぬ衝動にかられてベッドにはいってしまう。ハムレットに抱かれようとする瞬間、病人の叫び声がきこえるとかけつけたくなる。

「男のもつ強さは好きだったが、完璧(かんぺき)なほどの強さは苦手だ。むしろ男の弱さにふしぎなほどゆさぶられる」

オフィーリアは、スヴェンボーがもうすぐいなくなることを知っている。だからこそ、男の肩に盛りあがるみみずばれは、彼女の中のやさしさをうずかせる。二人は長い口づけをかわす。「この先なにもないことが、残酷にも口づけの美しさをきわだたせるかのように」

女優の寺島しのぶさんも言っているように、女は期間限定の恋に燃えるのだ。

（原題、Ophelia）

評・青柳いづみこ（ピアニスト・文筆家）

Jeremy Trafford　英国の作家。著書に『海の神殿』（近刊予定）など。

二〇〇四年四月一一日③

『麻原を死刑にして、それで済むのか?』

社会

渡辺脩 著

三五館・一三六五円

ISBN9784883202874

「お白州的裁判観」への異議申し立て

法廷はお仕置きの場だ。犯罪者はすべからく「恐れ入りやした」と、お代官さまの前にひれ伏すべきである——いささか戯画化していえば、この国には、遠山の金さんを脳裏に置くような「お白州的裁判観」が根強く存在している。

規模と凶悪さにおいて犯罪史上空前といえるオウム真理教事件の主犯、教祖の麻原彰晃こと松本智津夫被告の場合は、法廷で「恐れ入る」どころか、弟子たちに責任を転嫁し、やがては裁判そのものにそっぽを向いてしまったのだから、世間の風当たりは尋常ではなかった。

本書は8年近くに及んだ一審裁判の、国選弁護団長による闘いの記録である。だんまりを決め込んだ被告の意思や立場を忖度(そんたく)しつつ、「弟子に実行を指示した具体的な証拠はあるか」を事件ごとに争った最終弁論の内容が過半を占める。

これらの主張は、判決でことごとく退けられた。だが、厳しい弁護活動があってこそ、裁判は確かさの重みを獲得する。読み通せば、弁護団が守ろうとしたのは麻原被告ではなく、法廷は証拠の有無を万人の前で争う場だという「近代裁判の原理」だったことが見えてくる。

とはいえ、「手を抜かない」を自負する弁護団の姿勢は、「裁判引き延ばし」「重箱のスミをつつくな」との非難を浴び続けた。死刑判決を伝えたメディアの一部に目立った論調は、長期化批判であり、激しい弁護団非難である。「国選弁護に無駄な税金支出をあてるな」といわんばかりの新聞コラムもあった。

本書にも「結論が決まっているものに、なぜ無駄な時間をかけるのか」というある作家のテレビでの発言が紹介されているが、この種の裁判を取り巻く日本社会の空気は、例えば「犯人であるかどうかを決めるのは公開の法廷」との近代法原理が貫かれている米国のそれとは、まったく異なることが明らかであろう。

折から、陪審法廷に似せて、市民が刑事裁判に深く関(かか)わる裁判員制度の導入が間近な現実となってきた。こうした社会に、いかなる法廷が出現し、何が変わるのか。近未来の日本の裁判を考える上でも興味深い「参考書」だといえよう。

評・佐柄木俊郎（ジャーナリスト）

わたなべ・おさむ　33年生まれ。弁護士。95年から04年2月まで、麻原被告の弁護団長。

二〇〇四年四月一一日❹

『昭和史　1926〜1945』

半藤一利 著
平凡社・一六八〇円
ISBN9784582454307／9784582766714（平凡社ライブラリー）

歴史

批評性にあふれ、奥行き深い歴史読本

易しく、かつ優しい語り口ながら、中身は辛口にして奥行きがある。そして大変に面白い。結論からいえば、これはそういう歴史読本である。扱っているのは昭和の開幕から敗戦まで。

あえて読本＝入門書、解説書と言ったのは、本書が「学校でほとんど習わなかったので昭和史のシの字も知らない私たち世代のために、手ほどき的な授業をしていただけたら」という編集者の求めに応じて語られたものだから。寺子屋は月に一度、多いときは三度、九カ月にわたって開かれた。若い四人に囲まれて、古希を超えた著者は放課後の「居酒屋で一杯」を楽しみにおしゃべりする。で、優しくて易しくなった次第。

奥行きがあり面白いのは、著者が傑作『ノモンハンの夏』などで知られるジャーナリストにして昭和史の得難い専門家だからで、これも当然。「すべての大事件の前には必ず小事件が起（おこ）るものだ」という漱石の言葉を座右の銘に、話はしばしばエピソード、ゴシップの小道に分け入る。小道は、いつの間にやら歴史の大道に通じていく。

そして辛口＝批評性。たとえば「（昭和七年）一月八日、あれほど大戦争を心配していた昭和天皇までが、『関東軍はよくやった』という内容の勅語を発します。（中略）これは、昭和天皇のされた一番の大ミスじゃないかと思うんですね」。二番三番もある。以下は本書で。

あるいは「近頃、うわついた評論家など『ノモンハンは日本が勝ったのだ』と言う人が少なくない」が、結果として「国境線は相手の言う通りになった」のであり「勝ったなどとても言えません」。あるいは「……陸軍悪玉・海軍善玉説が戦後流行（はや）りました。が、実は海軍内部はそんなものではない」。むろん、国民を煽（あお）った新聞なんぞは木端微塵（こっぱみじん）。

最後に「アホな戦争をした」昭和史二十年の教訓を五つ掲げる。その一は、国民的熱狂をつくってはいけない。二は、最大の危機において日本人は観念論を好み、具体的理性的な方法論をまったく検討しようとしない。以下は本書で。

優れた歴史書は、現在を顧みさせる。

評・栗田亘（コラムニスト）

はんどう・かずとし　30年生まれ。作家、元文芸春秋編集長。著書に『日本国憲法の二〇〇日』など。

二〇〇四年四月一一日❺

『トンデモ科学の見破りかた　もしかしたら本当かもしれない9つの奇説』

ロバート・アーリック 著
垂水雄二、阪本芳久 訳
草思社・一七八五円
ISBN9784794212825

科学・生物

常識ひっくりかえす、笑える読み物

元祖『トンデモ本の世界』シリーズは、確固たる常識の立場から明らかにヘンな本や議論を物笑いのタネにするという、ある種悪趣味な、だが（だから？）むちゃくちゃにおもしろいシリーズだ。ただ一方で世の中には、そうしたイカレポンチの妄想以外に、まだ主流派ではないが筋の通った異説もある。まちがってるけど重要な洞察を含んだ議論だってある。相対性理論だって大陸移動説だって地動説だって、当時の常識からすれば超トンデモだったけど、それを真面目（まじめ）に拾った人がいたからやがて主流になった。ぼくたちもアインシュタインやガリレオを嘲笑（ちょうしょう）して捨て去らないためにどうすべきか？

そこで出てくるのが本書だ。世の中では珍説・奇説・異端説とされているものを取りあげて、それが本当にお話にならないのか、それとも十分に根拠はあるのかを、かなり中立に近い立場で検討している本だ。

具体的に言おう。「石油や天然ガスは生物起源ではない」「エイズはＨＩＶウイルスが起こすものじゃない」「フロン廃止によるオゾン層保護は実は有害だった」。いずれも本書で検討されている。この中に一つ、文句なしにトンデモなものがある。

たった一つ？　そう。他はまともな検討に堪える正当性のある議論なのだ。意外でしょ。ぼくも驚いた。でも、本書はそれをきちんと公平に十分な知識をもって説明してくれるのだ。

本書の議論は、当然ながら常識的な科学知識には立脚できない。このため記述はちょっと専門的な部分もある。統計的な検定とかサンプリングって何、といった科学の基本的な検証手続きの概略を知っているほうが効用は大きい。でも著者は、そうした手法まで手をぬかずに解説し、しかも楽しく笑える読み物に仕立てるという驚異的な手腕を発揮している。科学のプロセスの何たるかをいま一度教えてくれるよい本。訳者の細やかな配慮も吉。そして自分は科学に詳しいと思ってる人こそ、是非読んでほしい。たぶんあなたの科学常識は、二回くらいはひっくりかえるはず。続編も邦訳希望。

（原題、Nine Crazy Ideas in Science）

評・山形浩生（評論家）

Robert Ehrlich　米ジョージ・メイソン大物理学教授。

二〇〇四年四月一一日⑥

『屏風のなかの壺中天　中国重屏図のたくらみ』

ウー・ホン 著　中野美代子、中島健 訳

青土社・四六二〇円
ISBN9784791761005　アート・ファッション・芸能

快楽の迷路　隠れているのはだれ？

訳題が『屏風（びょうぶ）のなかの壺中天（こちゅうてん）』とあって、なんとなく好色本のにおい。さしずめ荷風の妾宅（しょうたく）「壺中庵」が思い起こされる。「屏風六曲のかげには、不断の宵闇ありて（略）、實に世上の人の窺（うかが）ひ知らざる壺中の天地なれと……」とは荷風の屏風礼賛の弁。

中国の屏風（衝立〈スクリーン〉）のかげにも、そんないかがわしい戯れを秘めた壺中天が囲われていたのだろうか。台座の上に太い縁で囲まれた衝立は謁見（えっけん）する天子の権威象徴の公的儀式装置である一方、使いようによっては、夜宴に集う客と女たちをひそかに閨房（けいぼう）のかげに隠し、隠すがゆえに鑑賞者ののぞきの欲望をかき立てるエロティックな装置ともなる。

南唐の画家顧閎中（こうちゅう）はこの手法で横長に画巻のように展開する『韓熙載夜宴（かんきさいやえん）図』を描いた。同じ頃、周文矩（しゅうぶんく）が内容的にほぼ等しい『合楽（ごうらく）図』を描いたが、その発展上に、場面が縦長に重層する『重屏（ちょうへい）図』を描く。前景に碁を囲んでいる男たちの男性サロン、後景の衝立には同じあるじが女たちとくつろいでいる奥の家庭内部。画のなかにまた画がある入れ子構造。すなわち重屏図（ダブルスクリーン）である。

さらに十三世紀の劉貫道（りゅうかんどう）『銷夏（しょうか）図』では衝立の画中画はさらに重層化し、前景にくつろいでいるあるじ、その背後の衝立には彼の公務中の書斎での姿、さらに書斎のなかの衝立に山水画、といったふうに衝立の入れ子構造はだまし絵風に奥行きを深め、あるじの社会活動と私的安息、さらにそれさえ捨てて無人の自然に逃れんとする彼の内心の渇望を表すにいたる。

満族出身の皇帝として政治的には支配者、文化的には漢族文化の所有者であった清の乾隆帝の公私生活における謎めいた挙動にいたるまで、衝立をめぐる隠れん坊遊びは尽きない。故事来歴（著者のいわゆる「テキストの包囲網」）が重層しているので、それ相当の教養が必要とされるが、著者も訳者も「包囲網」を解くべき配慮を周到にめぐらせており、いったん重屏図の魅力にはまったら、幾重にも囲われた衝立の迷路のなかの、俗界を離れた快楽にめぐりあえよう。

（原題、The Double Screen:Medium and Representation in Chinese Painting）

評・種村季弘（評論家）

Wu Hung　45年生まれ。米シカゴ大特任教授。

二〇〇四年四月一一日❼

『地球温暖化問題の再検証』

澤昭裕、関総一郎 編著
東洋経済新報社・三五七〇円
ISBN9784492211441

科学・生物／社会

京都議定書は、環境保護は重要という道義面から話されがちだが、欠陥が多くて機能しないことを知るべきだとする論争の書。

曰（いわ）く。途上国に削減義務がない、各国の削減目標が科学的な数字でなく日本に不利、目標期限が短期的すぎる――。したがって実効性も持続可能性もない。

編者は議定書も担当した官僚だ。政府内外にある反議定書論がよく分かる。

ただ、論点の多くはこれまで議論され日本も合意したものだ。課題はあるが、まずは先進国が削減に努める中で交渉を続け、途上国の義務などもめざす。そうした動的なプロセスの第一歩が議定書ではないのか。

編者らは、次回削減では各国の経済状態など多様な要素を入れた別の枠組みを提案する。これにも、100カ国以上が批准した議定書をいま大事にせずに、より実効的な合意ができるのか?との疑問がでるだろう。

政策担当者があえて日本の姿勢転換を迫る論としては、説得力が弱い。

評・竹内敬二（本社論説委員）

二〇〇四年四月一一日❽

『家庭科が狙われている　検定不合格の裏に』

鶴田敦子 著
朝日選書・一二六〇円
ISBN9784022598455

社会

家庭科を高校生も男女ともに学ぶようになって約10年。中学と高校で教えた経験がある著者は、さまざまな面でこの科目が危機にさらされていると警告する。時間数が削減され、学習内容も、食品添加物の記述や大豆が味噌（みそ）になる工程の図が小学校教科書から削除されるなどした。子どもが自分の命や健康を守り〝生活力〟を養う機会が奪われてしまったと残念がる。

私が改めて気づかされたのは、検定で不合格書が出ていることで、筆者のかかわった教科書もその一つだ。多様な家庭で「どの個人も尊重される家族の創生」に重点を置いた、渾身（こんしん）の1冊だったという。家庭科は社会に対して発言する市民の育成に重要であり「国家に従順な人間を育てるため」の内容を押し付ける検定制度は、改正される必要がある、と著者は訴える。

教科書問題といえば「歴史」のことと思い込んでいたが、実は家庭科も深刻な状況であったのだ。

評・多賀幹子（フリージャーナリスト）

二〇〇四年四月一一日❾

『ヴェネツィアでプルーストを読む』

鈴村和成 著
集英社・二六二五円
ISBN9784087746860

文芸

プルーストの『失われた時を求めて』は、パリを舞台にしつつ、さまざまな異邦の地を呼び寄せる「土地の物語」であり、すぐれて水辺の物語である。

花咲く乙女たちが群れ集うリゾートの海辺もそうだが、なかでも特権的な位置を占めるのはヴェネツィアだ。世界で唯一、仮象と実在が共存し、「海がゴシック」となるのがこの水都だから。そこでは小説と人生、虚構と現実、過去と現在、像と物、マスクと顔が分かちがたく結ばれあい、運河の迷路にも似た網の目をおりなしている。

その流れに運ばれて、ノルマンディーからオランダ、スイスのレマン湖畔、そしてヴェネツィアへと、水の旅が綴（つづ）られてゆく。それはまた小説の謎をめぐる旅でもあり、現在のうちに過去が嵌（は）めこまれたヴェネツィアはそのまま「失われた時」の構造に重なると著者は言う。

紀行と小説論のあわいを揺れつつ、不実な波音を響かせる水の書物。

評・山田登世子（仏文学者）

二〇〇四年四月一八日❶

『座談会　昭和文学史一〜六』

井上ひさし、小森陽一 編著

集英社・三五七〇〜三六七五円
ISBN9784087746471〈1〉・9784087746488〈2〉・9784087746495〈3〉・9784087746501〈4〉・9784087746518〈5〉・9784087746525〈6〉

文芸

多彩な顔ぶれが持ち寄る豊富な話題

芥川龍之介は名文意識に振り回された。「で」とか「が」という濁点付きの仮名が嫌いで、二日も三日も悩んだ。

昭和天皇が読んだ唯一の小説は谷崎潤一郎の『細雪（ささめゆき）』だった。その谷崎は一五四センチと小柄だったが、体重は六七、八キロあり、徴兵検査では「脂肪過多」で不合格になった。

志賀直哉は日常生活でも作為的なことが大嫌いだった。映画の試写会で前の方の席にいた三島由紀夫について「肩をこう揺すって笑っているのが妙にわざとらしくてね」と言った。

以上は全六巻の本書に盛られた数多（あまた）のゴシップの一部である。ゴシップをめぐっておしゃべりが弾み、話は当然文学論に発展する。もしくは文学論を超えてひろがる。たとえば谷崎の肉体的コンプレックス問題。

日露戦争に勝って一等国を目指した明治の日本は、国民の体格をよくする訓練を始める。その中で「ちびまる」でいい、みすぼらしく小さな「江戸の町人」でいいと谷崎が居直ったとすると、彼は同時代の日本人全体の動きから離脱する。あるいは徹底して批評的にならざるをえない文学的位置になる。

という具合。こんなふうに軟と硬を行きつ戻りつ、「大正から昭和へ」と題されたプロローグから「プロレタリア文学」「横光利一と川端康成」「柳田国男と折口信夫」「大衆文学」「太宰治」「小林秀雄」「翻訳文学」「戦後の日米関係と日本文学」などとテーマを追い、エピローグの第二十六章「昭和から平成へ」に至る。雑誌「すばる」に一九九七年一月から〇三年七月まで断続的に掲載された。

「座談会」という表現形式は、たしか大正の終わりか昭和初めごろの日本人の発明で、進行役の取り仕切りのもと、出席者があれこれ話題を披露しながら共同でなにがしかの結論に至る。欧米流の「討論」の構図は基本的に敵対の関係だが、こちらは連歌連句の「座」の伝統をひいているから、議論は戦わせるけれども雰囲気はやわらかい。結論だってなくても可。

この形式を採用したことで本書は成功した。第一に、多彩な顔ぶれが豊富な話題を持ち寄るから文句なしに面白いし、出席者が刺激しあって深みのある発想が出てくる。第二に、一章一章は相当な長尺なのに一本調子にならないから飽きない。むろんこれは進行役に井上ひさし、小森陽一という当代一、二の博覧強記で堅実、柔軟な思考の持ち主を起用した結果。

テーマの選び方には議論もあるだろうが、私は満足した。必ずしも年代順にこだわらず、拾い読み自由なのも座談会形式の効用だ。

問題は膨大な巻のどれを、まず選ぶかである。私は「原爆文学と沖縄文学」「翻訳文学」などを収めた第五巻を一番評価するけれど、ほかの巻も十分お勧めに値する。

評・粟田亘（コラムニスト）

いのうえ・ひさし　34年生まれ。作家。
こもり・よういち　53年生まれ。評論家。

二〇〇四年四月一八日❷　歴史

『考古学と古代史の間』

白石太一郎 著

筑摩書房・一二六〇円
ISBN9784480042545／9784480092441（ちくま学芸文庫）

壮大な古代国家形成のドラマを描出

古墳時代像が、大きく変わろうとしている。様々な発掘成果の裏付けを得て、考古学者が活発に発言している。著者の白石太一郎は、古代国家の形成過程と古代文化に関するいくつもの新知見を発表してきた古墳研究の第一人者。本書では自らの歩みを語り、研究成果を一般読者にもわかりやすく説いている。

巨大古墳の多い大阪で育った少年時代の史跡めぐりや読書経験、考古学と古代史のどちらを専攻するか迷いに迷った学生時代を、一九六〇年代の学会の状況と絡めて振り返る。やがてスコップを手に発掘調査を開始し、過去の人々のいきざまを掘り起こす考古学の魅力にとりつかれると、考古学と文献史学の協業・総合こそ古代史の解明を可能にするという信念をもつに至った。さらに考古学の現段階の発掘成果と文献研究の成果の整合性をとことん追究し、東アジアの国際関係をふまえながら、古代国家成立過程の謎をダイナミックに解き明かす。

『日本書紀』で奈良・三輪山の神に仕えたヤマトトトヒモモソヒメの墓と伝える箸墓（はしはか）古墳は、実は卑弥呼の墓である可能性が高いという。また、首長同盟の象徴として古墳の意味をとらえ、初期ヤマト政権の盟主である倭（わ）国王が、六代にわたってこの地域の四政治集団から交替（こうたい）で出たことを、古墳の分布から確認する。

初期ヤマト王権の本来の支配基盤は大和川水系を中心とする畿内南部であったが、四世紀末の朝鮮半島の緊迫した情勢に対処するため、外交や交易を担当して発言権を増した河内勢力のいる大阪平野に盟主権を移す。このように地域の政治連合が集まってヤマト王権を構成し、さらに地方の吉備（きび）政権や上毛野（かみつけぬ）政権なども連合するなど、ヤマト政権が重層構造であった実態がしだいに明らかになる。

近年、研究の膨大な蓄積により難解の度を増してきた古代史だが、本書のようにすっきりと、しかも骨太に描かれたことはなかったのではないか。ここには王朝交替説もエキセントリックな騎馬民族征服説もないが、考古学と古代史の真の架け橋を目指した著者ならではの壮大な古代国家形成のドラマがある。

評・武田佐知子（大阪外国語大学教授）

しらいし・たいちろう　38年生まれ。考古学者。3月に国立歴史民俗博物館教授を退官。

二〇〇四年四月一八日❸　ノンフィクション・評伝

『マーティン・ルーサー・キング』

マーシャル・フレイディ 著　福田敬子 訳

岩波書店・二六二五円
ISBN9784000267700

新入生にお薦め、人生の選択描いた評伝

新入生の皆さん、入学おめでとう（そうでない方は昔を思い出して、そのつもりになってみてください）。人生の節目に、お祝いの気持ちを込めて、一冊の伝記を紹介します。

伝記や評伝というと、偉人たちがいかに偉いかを綴（つづ）った教訓話を連想するかもしれません。紹介するのは、1950〜60年代の米国で人種差別に反対した公民権運動の指導者、マーティン・ルーサー・キング牧師の評伝です。が、けっしてお説教くさい本ではありません。人生の潮目の変化が、どれほど急激で、人の予想を超えたものとなりうるか。時代のうねりに翻弄（ほんろう）された個人が、自分の強さも弱さも見せつけられつつ、歴史の舞台に降り立ち、歴史を作り、そして消え去った。一人の黒人の若者を通じて、人が選び取れる人生の選択と、選ぶことを超えた時代の流れの間で、人の一生が織りなされていくことを感じさせる一冊です。

63年夏、ワシントン・モールに集った大群衆を前に、「I have a dream（私には夢がある）……」と呼びかけた有名な演説シーン。あの

大舞台の主人公は、最初から自分で望んで、その歴史的役割を担おうとしたのではありませんでした。それより8年前の冬、たまたま自分の勤める教会のある街で起きた人種隔離バスのボイコット運動にしぶしぶ関（かか）わり始めたところから、黒人運動の中心人物に成り変わっていくのです。

演説の才も、人を魅了する力もありました。ただ、この本の魅力は、キングの偉大さよりも、この若者が、意外にも小心で、見えっ張りで、弱気になったり、計算違いをしたり、女性を追いかけ回したり、らんちき騒ぎが好きだったりといった「日常」をかいま見ることができるところです。しかも、支え合う仲間がいた。人種差別と闘う青春群像の話でもあるのです。

歴史的な評価とは別に、時代を背景に、人との交わりを通じ、個人の一面が表れるから、人の生は物語るに値するのですね。それは偉人に限ったことではありませんが、伝記はそのよきテキストです。この春に、一冊いかがですか。

（原題、Martin Luther King, Jr.）

評・苅谷剛彦（東京大学教授）

Marshall Frady　米国のジャーナリスト、伝記作家。

『〈ほんもの〉という倫理　近代とその不安』

チャールズ・テイラー 著　田中智彦 訳

産業図書・二六二五円
ISBN9784782801406

人文

現代社会憂う　成熟した知性のささやき

もっともっと日本語で紹介されていい思想家だ。

チャールズ・テイラー。反帝国主義・反スターリニズムの立場から「第三の道」を模索するカトリック派マルクス主義者として出発したあと、自由主義とデモクラシー、共同体主義と個人の権利擁護のはざまで第三党「新民主党」の活動に身を投じ、やがて権力の脱中心化をめざすトクヴィル主義、あるいは多文化主義の提唱者として、現代思想を牽引（けんいん）する一人となった、カナダの哲学者である。

そのテイラーが、本書では、近代社会の「病弊」ないしは「不安」ともいうべきものについて、そのもっとも核心的な部分を語り下ろしている。

生の目的が効率要求に侵食され、道徳の地平が見えなくなったとか、共同生活のあり方への関心を失うというナルシスティックな視野狭窄（きょうさく）に陥り、政治的な自由の能力を喪失しつつある……といった診断がまずは並ぶので、哲学者のおおぶりな文化論のように思われるかもしれないが、現代だれもがあたりまえのように考えるその思考の作法が陥りがちな罠（わな）を鋭く取りだしている。たとえば、「多様性」や「差異」の強調が、目的の選択ではなく選択それ自体の肯定へとすべり落ちてゆく過程、自己決定的自由の主張が、市民がみずから下すというより、後見的な権力が下す選択に回収されてゆく過程、同時代の共同幻想を暴くその思想がひそかに大衆社会の欲望と連結し、「基準」を課すことのない社会を無際限に拡（ひろ）げてゆく過程、である。

テイラーの憂い、それは、現代社会が市民的自由への意思を掘り崩しつつあること、より根本的には、ひとびとがみずからを超えたところから発せられる要求に耳を貸さなくなったことに向けられている。これはかつてトクヴィルが「穏やかな専制」と呼び、藤田省三が「安楽への全体主義」と形容したものに近い。

個人、コミュニティー、市場、国家それぞれの存在を、単一の原理ではなく、民主的なイニシアティヴの下で、どう編んでゆくのか。すべてはそこにかかっていると、成熟した知性が低い声で語る。

（原題、The Ethics of Authenticity）

評・鷲田清一（大阪大学教授）

Charles Taylor　31年生まれ。米ノースウェスタン大教授。

二〇〇四年四月一八日⑥

『『点石斎画報』にみる明治日本』

石暁軍 編著
東方書店・二九四〇円
ISBN9784497204110　歴史／アート・ファッション・芸能

上海から見れば、珍談奇談満載の国

　十九世紀後半は世界が小さくなった、当時のひとびとの実感では、世界がぐんと広がった時代だった。交通と通信メディアの発達がそれを支えた。

　未知の世界を知らせるには、言葉よりもイメージがはるかに有効である。新聞はこぞって挿絵を入れ、いわゆる「絵入り新聞」が流行した。それは日本国内でも同様で、やがて新聞の挿絵は写真に代わり今日に至っている。書評までもが、「絵入り」になっているのはこのためだ。

　代表的な「絵入り新聞」に、「イラストレイティッド・ロンドン・ニューズ」がある。幕末の日本に通信員を派遣し、風雲急を告げる状況を世界に伝えた。

　本書が紹介する「絵入り新聞」は、それから少し遅れて、一八八四年に上海で刊行された「点石斎画報」である。石版画に解説を添える体裁で月に三回発行され、世の中のさまざまな出来事を報じた。

　それは清末中国人の目に映った世界にほかならず、その視野には、みるみる姿を変える日本が入っていた。刊行は一八九八年まで続いたから、間に日清戦争を挟んでいる。中国人の日本観も、日本人の中国観も大きく変化した時期だった。

　本書は、「点石斎画報」の日本関係記事から八十点を選んで紹介する。ただし、日清戦争関係の記事はすでに紹介済みという理由で外され、もっと日常的な出来事、風俗の紹介や珍談奇談に重点が置かれている。それらにこそ、中国庶民の日本観がよく示されているとする編者の姿勢は、中国からやってきた日本研究者ならではのものだろう。

　さて、どんな話が喜ばれたか。白髪童顔の父が百三十歳、母が百二十二歳、明眸皓歯（めいぼうこうし）の息子夫婦が百一歳に九十九歳という埼玉の長寿一家の話、あるいは松山で開かれた敬老会に百二十九人が集まったという話、「日本には不老不死の薬があって、かの秦の始皇帝や漢の武帝も人をやって探させたという話が思い起こされる」と結んでいる。

　そこには、自分たちの理解に引き付けた日本像がある。そしてそれは、われわれ日本人には、なんとも奇妙な日本ではないだろうか。

評・木下直之（東京大学教授）

せき・ぎょうぐん（Shi Xiaojun）　57年中国陝西省生まれ。姫路独協大助教授。

二〇〇四年四月一八日⑦

『池田・佐藤政権期の日本外交』

波多野澄雄 編著
ミネルヴァ書房・三六七五円
ISBN9784623039210　政治

　戦後日本の外交文書の公開作業に熱心に取り組んでいる波多野澄雄筑波大学教授を中心に、60年代の外交を分析した論文集である。

　日米英の最新史料を利用した各論考はいずれも興味深い。欧米以外で唯一の経済先進国となった日本が核保有可能な工業力をもつようになった事実と、唯一の被爆国としてのアイデンティティーの狭間（はざま）の中で、核の不保持とアメリカの「核の傘」の確保を選択した姿や、中国の核保有やベトナム戦争激化といったアジアの地政学的変化に対応して、対中、対東南アジア外交の構築を図ったり、70年代初頭に国連常任理事国入りに向けて真剣な検討が行われたりしたことなど、この時代の日本外交の努力と限界が各論文の堅実な分析の背後に浮かんでくる。

　史料公開が不完全なこともあって、包括的な新しい日本外交像を提示するには至っていないものの、戦後外交は対米追随しかしてこなかったといった安易な言説を退ける一書である。

評・中西寛（京都大学教授）

二〇〇四年四月一八日⑧

『接吻の博物誌』

立木鷹志 著

青弓社・二一〇〇円
ISBN9784787232281

文芸

楽しそうにおしゃべりしていた恋人たちが、突然黙って顔を近づけると、接吻（せっぷん）タイム。実はこの言葉、明治の文明開化にともなう翻訳語だという。儀礼的なキスが発達しなかった日本には、口吸いという生々しい表現しかなかった。

本書は、古今東西の接吻にまつわるエピソードを、何とチンパンジーから語り起こしている。敏感な粘膜が露出した人間において初めて、長い接吻が可能になった。ルネサンス期のイギリスで好まれた「接吻ダンス」（！）、あらゆる接吻を詠み込んで「大接吻家」と呼ばれた十六世紀オランダの詩人セクンドゥス。

よくまぁ集めたものよというほど驚天動地の事例がくり出されるが、随所に加えられた鋭い考察が快い。

たとえばファーストキス。本能が退化した現代人にとって、想像力を受肉させ、現実の恋愛関係を結ぶための試練だから、誰もが不安になる。でも、ドキドキするからいいんですよね。

評・青柳いづみこ（ピアニスト・文筆家）

二〇〇四年四月一八日⑨

『イラクの歴史』

チャールズ・トリップ 著　大野元裕 監修
岩永尚子ほか 訳

明石書店・五〇四〇円
ISBN9784750318417

歴史／社会

イラク情勢の先行きが読めない。人質事件が続発し、内戦への懸念すら語られるようになった現状をどう理解すればいいのか。

英国のイラク専門家による原著は、フセイン政権時代の4年前に出版されたものだ。しかし、その鮮度は変わらず、逆に今だからこそ読み応えのある記述内容があふれている。

オスマン帝国末期からの過去1世紀に焦点を当てた著者は、多民族・多宗派国家の変遷を三つの要素で説明しようと試みる。それらは、伝統的な部族社会に根ざす親分子分関係、石油がもたらす富の不平等な分配、暴力手段による政治支配であり、いずれも密接に絡み合うものだ。

第1次大戦後にイラクを委任統治した英国は、こうした要素を利用しながら、各地で噴出する民族主義運動を自らの国益に重ねようとした。米国主導の占領統治から主権回復へと向かう現在のプロセスも、歴史の繰り返しにすぎない。そう示唆しているようだ。

評・定森大治（本社編集委員）

二〇〇四年四月一八日⑩

『アチャラカ』

高平哲郎 著

ビレッジセンター出版局・二六二五円
ISBN9784894361461

文芸

小林信彦のみごとな定義によれば、「こまかい計算によるタイミングよい動きで見せる喜劇がドタバタで、きちんとしたルールから脱線して行くのがアチャラカ」。

従ってアチャラカは、目の前にあるもの、既存の権威に対する反抗精神に通じ、パロディーを重要な笑いの要素にもしている。

また、アチャラカにはハイカラな輝きがあった。著者にとって、アチャラカの代表は、小学生の時から熱烈なファンだった東宝ミュージカルの舞台。その「雲の上団五郎一座」で、切られ与三を演じた三木のり平こそ、真のアチャラカを体現するスターだった。

だが、映画と違って舞台は消えてしまう。この愉楽のはかなさが、アチャラカというジャンルそのものの消滅と相まって、様々な舞台を再現する著者の筆に熱い高揚をあたえている。

誤記・誤植が多いのは残念。フランソワーズ・トリュフォーっていつから女性監督に？ギャグかな。

評・中条省平（学習院大学教授）

二〇〇四年四月二五日❶

『日本古典偽書叢刊　第三巻』

深沢徹 責任編集

現代思潮新社・三六七五円
ISBN9784329004321

晴明伝説のネタ本、見〜つけた！

偽書は、近代の自我意識の産物である盗作や贋作（がんさく）とは別物だ。平安末期から鎌倉時代にかけての院政期、秩序の混乱に乗じておびただしい偽書が産出された。現行の諸制度を支える権威が失墜するとともに、過去のいつか、または異国（唐天竺〈からてんじく〉）のなにがしかの権威に仮託して、まことしやかなメッセージが発信されたのである。

日本古典偽書叢刊（そうかん）の本巻に収録されているのは主として暦の偽書。乱の時代であればこそ天体運行の必然から割り出される暦数書が頼りにされるので、「兵法秘術一巻書」といった兵法書までもが暦占に左右された。

兵法の駆け引きを描いた書といえば、伝・定家の小説「松浦宮物語」を思いだす。九人の分身の神兵が活躍するストーリーにリアリズム小説にはない抽象的構成の新鮮さを覚えたものだ。本巻編集の深沢徹氏によれば、これも定家が「文殊宿曜経」をふまえた偽書だという。さもありなん。ちなみに囲碁も偽書時代の伝来。偽書はそもそものはじめから遊戯（ゲーム）感覚と関（かか）わるところが大だったようだ。

さて、収録偽書のハイライトは、なんといっても「簠簋内伝金烏玉兎集（ほきないでんきんうぎょくとしゅう）」。小説に、マンガに、今をときめく陰陽師（おんみょうじ）安倍晴明ブームの源流がこれだ。そうはいっても「簠簋内伝」の肝心の部分は宣明暦（貞観四年〈863〉施行、以後八二三年間使用）と重なる「文殊宿曜経」。これを権威づけるために、いかにして唐天竺から伝来したかを西遊記ばりの取経譚（たん）として虚実こきまぜて語ったのがいわゆる晴明伝説で、これが人気沸騰の平成晴明像のネタ本だ。おかげで実際は渡唐していない晴明が先人の阿倍仲麻呂や吉備真備を巻きこみ、さらに大江匡房までもが一役買って、にぎやかなことこのうえなし。

ただし、おいしいのは宿曜経ではなく、あくまでも序文と注釈書。中身のアンコの部分は捨て皮だけを賞味する本末転倒とでもいおうか。敵役に蘆屋道満を配した江戸歌舞伎「蘆屋道満大内鑑」と同様、今も昔もエンタメ作家はそれなりの遊戯感覚で攻めてくる。野暮（やぼ）はいわずに、いっそ平成陰陽師ブームにはまってしまうのも一興か。（田中貴子『安倍晴明の一千年』参照）

もっとも、うかうかしていると偽書そのものが、暦法の失効によって消滅しかねない。晴明系の土御門家が維持してきた宣明暦は、将軍綱吉の治世に及んで徳川方の新たな暦法にあっさり淘汰（とうた）された。八百年余にわたって宣明暦に関与してきた陰陽師たちは尾羽打ち枯らし、彼らに寄生してきた商人職人たちも零落して、またもや「商人由来書」のような偽書をひねり出すはめになる。

偽書おそるべし。われわれも知らぬ間に偽書にメッセージを仮託していないか。続巻予告に、性的和合による即身成仏を説く立川流の偽典など。悪書好きにはこたえられない。

評・種村季弘（評論家）

ふかざわ・とおる　53年生まれ。桃山学院大教授（日本文学）。

『白土三平論』

四方田犬彦 著
作品社・二五二〇円
ISBN9784878936333／9784480430991（ちくま文庫）

文芸／ノンフィクション・評伝

「カムイ伝」の作者の変貌描く究極の研究

子供のころに読んで忘れられないマンガがあった。天皇家に牛乳からつくる「酥（そ）」という長寿の薬が伝えられていたが、それを服用していたミカドが結局死んでしまう。この話を起点に、不老不死の霊薬を探求する物語が展開するのだ。

本書を読んで、そのマンガが白土三平の『栬鱺僄潢（いしみつ）』であることを教えられた。著者は、この作品を手塚治虫の『火の鳥』と比較する。『火の鳥』も不老長寿を求める人間の物語だが、手塚は、その探求を神秘化し、人間と自然の関係をロマン主義的に歌いあげてしまう。

一方、白土三平は、不老不死の探求の挫折を描き、人間と自然の関係の相対性をしめす。人間と自然はあくまでも実践的に関（かか）わりをもつものであり、その関係を最もよく知る者は、農民と忍者である。

白土三平の『忍者武芸帳』はかつて階級闘争の教科書としてもてはやされた。それが一九七〇年代の左翼運動の退潮とともに、白土は急速に忘れられた作家になっていく。だが、四方田犬彦はそうした外的な要因とは別に、七〇年代以降の白土三平の変貌（へんぼう）をみごとに描きだす。その際のキーワードが「自然」なのだ。

白土の父・岡本唐貴は、十九歳の黒澤明に絵の手ほどきをしたという共産主義者の画家だった。戦時中、この父が長野の真田村に転居・生活したことが、白土の人生に決定的な影響をあたえた。

真田村で知った豊かで過酷な自然が、白土の南方熊楠にも匹敵する博物学的知の養土となったのだ。そして、『忍者武芸帳』における父親ゆずりの階級闘争史観は、超大作『カムイ伝』の執筆のなかで相対化され、むしろ、人間の作りだす「歴史」をこえて、底知れない「自然」の力がクローズアップされるようになる。

かくして、房総の漁村に居を移した白土は、七〇年代半ばから八〇年代にかけて、『神話伝説』シリーズや『女星』の連作で、民俗学的想像力をふるう新境地を切り開いていく。

小学校時代から貸本屋に通って『忍者武芸帳』に親しみ、その後、四十年も白土マンガを追いつづけた著者にしか書けない、究極の白土三平研究である。

評・中条省平（学習院大学教授）

よもた・いぬひこ　53年生まれ。明治学院大教授。著書に『クリティック』『漫画原論』など。

『パンク侍、斬られて候』

町田康 著
マガジンハウス・一六八〇円
ISBN9784838714902／9784043777037（角川文庫）
文芸

前向きでござるなぁ…この反時代性は

これは途方もない傑作としかいいようのない作品なのだが、そのことを他人に理解してもらえるように説明できるかどうか、拙者にはわからんのでござる。

第一に、二十一世紀にもなって「時代小説」を書く理由でござる。もちろん、時代小説を書く御仁（ごじん）は数多（あまた）おられる。これに中国伝記小説を書かれる方々を加えてもよろしいが、そこで書かれる小説は、なんと申すか「昔の日本（若〈も〉しくは中国）は良かったなあ、人情はあったし、人の生き死にはクリヤだったし」感に支えられている。ぶっちゃけ、「現代なんてもうイヤ」という後ろ向きの姿勢によって書かれている場合が多いのでござる。

町田殿には、そのような「後ろ向きの姿勢」などない……と申せば、ことは簡単なのですがね、町田殿は、ある意味「後ろ向きの姿勢」の小説を書かれてきたわけですんで、事態は混迷の度を加えるわけでござる。

ある時、謎の宗教団体「腹ふり党」の暴動

が起こる。それを鎮圧するために出動した藩兵＆猿の軍団との未曽有（みぞう）の対決の行方は……とあら筋を書いても、なんだかさっぱりわからないでしょ？　だって、いきなり歌いだした武士に、何故（なぜ）にと訊（たず）ねると、「これはですね、ジミー・クリフのですね、ザ・ハーダー・ゼイ・カムという曲のイントロダクションです」なんて答えちゃう世界なわけですから。

　町田殿は、確かに現代がイヤだったのでござる。しかし、町田殿がイヤだったのは「（ゴミゴミした）現代」ではなく「（貧血状態の）現代」だったのでなかろうか。だとするなら、町田殿は、他の時代小説の書き手とは正反対の理由から「時代小説」を書かれたのでござる。

　町田殿は、「時代小説」という、すでに使用済みと信じられた言葉の空間に赴かれた。そして、そこで眠りこんでいた古き言葉共（ども）に「甦（よみがえ）れ、そして、現代に住むふざけた言葉の野郎共に一泡食らわしたれ」と申された。まことに、そもそもパンクとは、用なしと思われたもの共による命がけの反抗だったのでござる。

評・高橋源一郎（作家）

まちだ・こう　62年生まれ。ロック歌手、作家。『きれぎれ』など著書多数。

二〇〇四年四月二五日④

『負けてたまるか！　青色発光ダイオード開発者の言い分』

中村修二 著
朝日選書・一二六〇円
ISBN9784022598486

科学・生物

大勢の目に見えない貢献を忘れまい

　本書は、青色LED（発光ダイオード）発明対価をめぐる、衝撃の二百億円判決を引き出した著者の勝利の咆哮（ほうこう）だ。

　独力で製造装置の改良から地道に取り組み、会社側の中止命令まで無視して成功にいたる過程が、怨念（おんねん）とともに語られている。「米国に比べて極端に低い研究者への報酬や閉鎖的な日本社会に対する不満」を痛感し、九九年に米国の大学教授になった著者を、会社は「企業機密漏洩（ろうえい）」の疑いで訴えた。さすがに腹にすえかねて、逆に提訴した結果が、冒頭の一審判決である。

　日本のぬるま湯的な企業風土で、独創的な個性をいかに生かすかを考えるうえでは、本書は一読に値する。私自身にとっても、ひとごとではない。CD（コンパクトディスク）、ロボット犬AIBO（アイボ）など、いくつかの技術開発を、同じように無理解の中で進めてきた体験がある。創業者と意気投合したが、その後は一匹狼（おおかみ）で通してきた、というところまでそっくりだ。CDで会社が得た利益は青色LEDより桁（けた）違いに大きいが、発明者の権利について、私はこの訴訟まで無知だった。

　とはいえ、独創的な仕事には、古今東西、無理解と迫害がつきものであり、それを嘆いても恨んでも、せんかたない。また、いかなる成功にも、大勢の目に見えない貢献が必ずある。それに対する感謝の念を忘れた成功者は、まことに哀（かな）しい存在だ。たとえば、青色LEDの成功は、大企業が見放した窒化ガリウムの採用が鍵だったが、最初に発光に成功した名城大の赤崎勇教授の名が本書に出てこないのは、なんとも寂しい。

　本書のページ数の多くは、教育論、社会論、自然論、日米比較論、人生論などにさかれている。このうち、米国の教授や学生が「ベンチャー企業の経営者」のようになり、成功を求めて必死になっている様子の礼賛には、正直いって首をかしげざるを得ない。かつて私は、コンピューター・ビジネスの責任者を七年つとめ、アメリカンドリームの影や暗い闇の部分、巨額の富を得た成功者の悲惨な人生を、さんざん見てきたからである。

評・天外伺朗（作家）

なかむら・しゅうじ　54年生まれ。米カリフォルニア大サンタバーバラ校工学部教授。

二〇〇四年四月二五日⑤　歴史

『新版　歴史のための弁明』

マルク・ブロック 著

岩波書店・一九九五円
ISBN9784000025300

歴史を知ることの意味を学ぼう

「パパ、だから歴史が何の役に立つのか説明してよ」というわが子の問いに、正面から答えるのは至難の業にちがいない。十九世紀ドイツで発達した実証主義史学の方法をマスターした上で、人文・社会諸科学との対話を繰り返し、『封建社会』『フランス農村史の基本性格』『王の奇跡』といった革新的な名著を世に送り出した著者なればこそ、晩年、自らの仕事を振り返りながら、噛（か）んで含めるように歴史の極意を説きあかすことができたのだろう。

歴史が、何より「時間」における人間たちを対象とする学問であり、歴史家の精神によって方向性を与えられなければ、保存された痕跡（史料）の観察さえ始まらないこと、合理的な知的操作であると同時に繊細の技であり続ける史料批判の特質、分析の後での多様な要素（政治、経済、法律、宗教、地理、芸術）の統合の必要性などについて、歴史上の興味深い逸話や身近な例、自然科学との比較をもちだしながら語る熟練の実践者の言葉は、聞き飽きることがない。

そして、歴史を学んで人間の多様さの広い経験をすることが、自分とは違う人（外国人、政敵）の魂を理解させるのだという言葉には、戦禍の中、粗悪な趣味と政治的偏見を、破廉恥な自信で埋め合わせている似非（えせ）歴史のはびこるヨーロッパの時代状況への、静かな怒りが込められていよう。

レジスタンス運動に加わり、ドイツ軍に銃殺されたブロックの遺著となった原著は、僚友リュシアン・フェーヴルの手で一九四九年に出版された。邦訳も最初一九五六年に出され、長いあいだ、歴史を学ぼうとする者にとっての古典の地位を維持してきた。じつは旧版は、わたしにとっても、三十年近く前、大学に入学して最初に買った思い出の本である。

フェーヴルによって勝手に改竄（かいざん）された多くの箇所（かしょ）を訂正した新版がフランスで出版されたのを機に、今回より正確で読み易（やす）い日本語に訳し直された。このすばらしい新訳の登場によって、古びない古典の価値に磨きがかかり、さらに多くの読者を獲得することを、願っている。

（原題、Apologie pour l'histoire ou Metier d'historien）

評・池上俊一（東京大学教授）

Marc Bloch　1886～1944年。アナール学派の始祖となった歴史家。

二〇〇四年四月二五日⑥　政治

『日本の自立　対米協調とアジア外交』

北岡伸一 著

中央公論新社・二三一〇円
ISBN9784120034923

政治指導力と迅速な政策決定を求めて

著者は日本政治外交史の指導的学者であると同時に、内政外交にわたって健筆を振るうオピニオンリーダーでもある。本書は、森内閣成立直後から昨年末までの時論を集めた評論集だが、著者が参画した政府関係の委員会の報告書も掲載されている。巻頭論文を総論、以下の論文を各論として読めば、よくまとまった書物となっている。

巻頭論文の表題が「国家の弁証」となっているように、グローバル化の進む今日、日本はより強い政治指導力と迅速な政策決定を必要としている、という視点で本書は一貫している。そして森、小泉内閣期について、表面的には混乱、沈滞しているように見えて、水面下では強い指導力に向けた変化が実際に進行した時代と捉（とら）えている。外交面でも「対米協調をさらに強化することによって、アジアとの関係を深め、国際社会の主要構成員の一つとして、自立した国家への道を歩んでいる」と評価している。

巻頭論文の前半を占める日本の安全保障政策の議論は、高度な内容を平易な表現に盛り込んだ分析である。しかし本書の真骨頂は、やはり政治指導についての分析であろう。森首相の不人気の原因をその不透明な選出過程に求めつつ、日本の政治がリーダーを育てる意識をもたなかったことを批判する。他方、小泉首相については、大衆迎合のポピュリストではなく、大衆を動かすデマゴーグだと評価する。ただしそれは、デマゴーグが既得権益を打破する力をもち、民主政治の指導者として積極的な面をもちうるという意味を込めての評価である。しかし、議会での討論やメディアによる監視を通じて真の指導者としての資質をチェックされることが重要であるとして、野党やマスコミの役割を指摘している。

日米中関係の将来像などについて、より詳しい展望も欲しい気がするが、明晰（めいせき）な筆致と明確なビジョンは日本の将来について希望を抱かせてくれる。国連の場で外交の実際に携わることになった著者が、アジア外交、日米中外交をどのように実践し、その経験をどのように伝えてくれるか、期待したい。

評・中西寛（京都大学教授）

きたおか・しんいち　48年生まれ。東京大教授。04年4月から国連代表部次席大使。

二〇〇四年四月二五日⑦

『うたはめぐる』

文芸

高橋順子 著

文芸春秋・一五〇〇円
ISBN9784163226804

この本、季節と人のかかわりを日本語のうた（短歌、俳句、現代詩など）を通してとらえた詩人のエッセー集である。春は「霞（かすみ）」、夏は「愛」、秋は「月」、冬は「動物」の話から始まる。

たとえば「愛」。ここではまず三橋鷹女（みつはしたかじょ）の「鞦韆（しゅうせん）は漕（こ）ぐべし愛は奪ふべし」という俳句が引かれる。鞦韆はブランコだが、「ブランコも、あれではずみがついて止められなくなったりするところは、恋愛に似ている」と著者は言う。たしかに鞦韆も愛も止められない。

著者はついで、二十代後半に茨木のり子の詩を読んだことを思い出す。「女がほしければ奪うのもいいのだ／男がほしければ奪うのもいいのだ」というフレーズのある詩（「もっと強く」）だが、それは、「まぶしくて、その分わが身が不甲斐（ふがい）なかった」。でも、「心のすみに、ひっそり風穴をあけてくれた」。

以上のような話が六十五もあって、納得したり驚いたり考えこんだりして私は読んだ。読後感は「ふくよか」。

評・坪内稔典（俳人）

二〇〇四年四月二五日⑧

『文化財報道と新聞記者』

社会

中村俊介 著

吉川弘文館・一七八五円
ISBN9784642055734

考古学記事がなぜ新聞の一面を飾るのか、遺跡が「最古」であることがなぜ大きなニュースになるのか。日頃からこんな疑問を抱く読者は多いのではないか。

旧石器遺跡捏造（ねつぞう）問題は記憶に新しいが、それを暴いたのも新聞なら、原人饅頭（まんじゅう）や原人ラーメンの出現を許す各地の遺跡ブームを煽（あお）ったのも新聞だった。

「新聞」ではなく「新聞記者」と絞り込んだ書名を本書が掲げるのは、著者が考古学担当の新聞記者だからで、まさに第一線から、遺跡・文化財にまつわる問題を整理し、新聞が果たす役割を明快に主張する。

すなわち、文化財は国民、あるいは人類の共有財産であるという認識を広げ、保存と活用へつなげるために、新聞報道が欠かせない。

むろん、だからこそ、功罪の「罪」にも十分な注意が払われている。発端は週刊誌報道であったが、ひとりの老考古学者の死を招いた、それゆえにあまり報じられない聖嶽（ひじりだき）洞穴問題に、丁寧な論評を加えている。

評・木下直之（東京大学教授）

『戦争が遺したもの』

鶴見俊輔、上野千鶴子、小熊英二 著

新曜社・二九四〇円
ISBN9784788508873

戦後の日本を代表する知識人・鶴見俊輔氏のいまだ語られていない戦中・戦後体験に、戦後世代の上野千鶴子、小熊英二の両氏が3日間にわたって迫った聞き書きである。戦時下での軍役、「思想の科学」、60年安保、ベ平連での活動で、鶴見氏が何を感じ、どのように行動したか。二人の聞き手により、その思想と行動がつまびらかにされていく。その聞き手と語り手の緊迫感が、読み手を圧倒する。それゆえに三人の夕食時の「雑談」＝インターミッションも、小気味いい。鶴見氏のライフヒストリーを通して、「戦後」という時代をじっくり考えるヒントとなる好著である。

　大学院生の時、本書でもたびたび登場する鶴見氏の姉・鶴見和子ゼミにいた私にとって、本書で語られる両親への思いや「一番」に対する認識が、姉・和子氏からお聞きした話と「光の当て方」が違い、面白かった。ご興味のある方には、『鶴見和子曼荼羅（まんだら）』との読み比べをお奨（すす）めしたい。

評・音好宏（上智大学助教授）

『不美人論』

藤野美奈子、西研 著

径書房・一五七五円
ISBN9784770501851

　マンガ家の藤野美奈子氏と、哲学者の西研（にしけん）氏。意外にも見える組み合わせで、不美人という社会的タブーに挑戦、成功している。

　藤野氏はこれまで「私が美人に生まれなかったのは運命」「男の人は美人が好きでブスには無関心」と割り切っていた。が、通算20時間に及ぶ対談では、本音がボロボロ。合コンや就職での屈辱体験、否定的な自己イメージなど、美醜が女性に重くのしかかる現実に不満をぶちまける。

　それに対して西氏は、たとえば、善行を積んで徳の高い人が幸福になるとは限らない「徳福一致の難問（アポリア）」という哲学で、解決への方向づけをしている。

　藤野氏の個人的なウップンが西氏の解説により社会性を帯び、普遍性を持つに至る流れが鮮やか。本書の出版前に対談記録を見せられた男子大学生が「自己分析してハッキリしゃべれる藤野さんは魅力的」という趣旨の感想を寄せるくだりは、うれしかった。

評・多賀幹子（フリージャーナリスト）

『リーゼ・マイトナー　嵐の時代を生き抜いた女性科学者』

R・L・サイム 著　鈴木淑美 訳

シュプリンガー・フェアラーク東京・四七二五円
ISBN9784431710776

物理学者としての功績を再評価

　女性科学者の評伝には、女性であるがゆえにその功績を不当におとしめられた人の、名誉回復を目指して書かれたものが多い。DNAの構造解明に重要な役割を果たしたR・フランクリン、動く遺伝子トランスポゾンを発見したB・マクリントックなどがその例だ。

　リーゼ・マイトナーもまた、フェミニズムの見地から研究されてきた人物で、一九八六年には二冊の評伝が刊行されている。本書と、ドイツ人ジャーナリスト、C・ケルナー著『核分裂を発見した人』（九〇年邦訳）である。

　一八七八年、ウィーンのユダヤ人街で誕生。女子の入学が解禁されたばかりのウィーン大学で博士号取得。マックス・プランクやアインシュタインら二十世紀物理学を代表する頭脳が集結するベルリン大学で、オットー・ハーンと放射能研究を行う。ドイツで女性初の教授になるが、ナチスに追われスウェーデンに亡命。その直後、ハーンが原子核分裂を発見した。時をおかず、リーゼも核分裂とエネルギー放出のメカニズムを解明するが、ハーンはリーゼの功績を過小評価し、ノーベル賞も単独で受賞した。

と、ここまでは、ケルナーの評伝にもある。ただ、原爆研究に関与しなかったというリーゼの人道的側面を打ち出したケルナーの評伝に比べ、本書が優（まさ）る点が二つある。一つは、ナチスに引き裂かれる人間関係と科学界の政治への従属を緻密（ちみつ）な取材をもとに示したこと。ハーンの心に自己保全とユダヤ人排斥の意識が芽生えていく様や、米国に渡ったリーゼの研究情報が原爆に結びついていく経緯に慄然（りつぜん）とする。

もう一つは、リーゼの功績を物理学の文脈に明確に位置付けようとしたことだ。科学者の名誉回復には欠かせない視点である。理論的解釈を行うリーゼと化学分析をするハーンの役割の違いを精査し、誰がいつ、要となる提案をしたかがわかるよう手紙や反応式を並べ、論文でそれがいかに引用、あるいは無視されたかを謝辞に至るまで検証していく。伝記を書かれることを一切拒んだにもかかわらず、手紙の写しやメモを大量に保管していたことに、リーゼの科学者としての業と矜持（きょうじ）を読みとったのである。

原著から十八年。悲願は達成されたか。それ以上に今、重苦しく響くのは、純粋な科学的興味がいつしか個人では制御できない事態に至りつくという、最先端科学に連なる必然。そして、そこに直面した科学者たちの精神の軌跡である。「ドイツの科学者は平和な原子研究を進めていた」などと自己弁明を繰り返す昔の仲間に失望したリーゼは、こう語ったという。

「自分が個人として苦しまなければ、どんな恐怖もきれいさっぱり忘れてしまえるのです」

安易に呵責（かしゃく）の念を晴らすことは許されない。生涯、核軍縮や核実験禁止の声明に署名しなかった真意はここにあったのではないか。

（原題、Lise Meitner : A Life in Physics）

評・最相葉月（ノンフィクションライター）

Ruth Lewin Sime　39年生まれ。米の科学史研究者。

二〇〇四年五月二日❷

『ネオコンの陰謀　アメリカ右翼のメディア操作』

デイヴィッド・ブロック著　佐々木信雄訳

朝日新聞社・二四一五円
ISBN9784022578808

政治／国際

「言論謀略マシーン」のあざとい告白録

自由で活力にあふれ、多様さを重んじる寛容な国。戦後の日本には、長くそんなアメリカ像が刷り込まれていた。

いまや一変だ。書店に氾濫（はんらん）する「アメリカもの」の書名はまがまがしい。『ならずもの国家アメリカ』『アメリカン・ディストピア』『壊れてゆくアメリカ』『ブッシュには、もううんざり！』『アメリカ人はバカなのか』『アホの壁　in USA』などなど、きりがない。

本書も、独善的で力ばかりに頼る近年の政治風土を描く。しかし、イラク戦争とは関係がなく、クリントン前大統領をめぐる醜聞追及の背景など、ひと昔前の政治事件の裏側を暴いている。

著者は、かつてリベラル派攻撃で名をあげたジャーナリスト。文鮮明氏のワシントン・タイムズ社に入社して週刊誌「インサイト」の記者となり、保守系シンクタンク、ヘリテイジ財団を経て、オピニオン誌「アメリカン・スペクテーター」で活動した経歴の持ち主だ。

そのキャリアのなかで体験した、共和党右

派陣営によるリベラル派叩（たた）きの組織的で謀略的な言論活動が、実名入りで語られるのだが、序文に「私の犯した過ち」とあるように、自らが深く関与した事件を懺悔（ざんげ）する告白録でもある。

先代ブッシュ時代に、連邦最高裁判事候補のセクハラを告発した女性を、著者が徹底攻撃した「アニタ・ヒルの真実」事件が白眉（はくび）。それが巡って、現大統領のきわどい選挙戦勝利にもつながるのだが、詳しくはお読みいただきたい。

驚くのはこの国の政界、法曹界、言論界に根を張るキリスト教原理主義、ないし極右勢力のネットワークの強靱（きょうじん）さであり、「敵」とみなす人物に徹底的に人格攻撃を加える憎悪のすさまじさである。それを財団や大富豪の豊富な資金が支える。日本の学者やジャーナリストにも彼らの手が及んでいないはずはない、と考えるのは評者だけではあるまい。

ここに描かれるのは、陰湿であざといアメリカだ。ただし、同性愛者である自身の生活と、それを隠そうとする苦悩を赤裸々に描く著者の筆致も、相当にあざといことを指摘しておかねばなるまい。

（原題、Blinded by the Right）

評・佐柄木俊郎（ジャーナリスト）

David Brock 米のジャーナリスト。著書に『ヒラリー・ロダムの誘惑』。

二〇〇四年五月二日③

『ジョブ・クリエイション』

玄田有史 著

日本経済新聞社・三七八〇円
ISBN9784532132736

経済

90年代以降 雇用の驚くべき現実描く

官民の様々な機関が景気の回復を報じている。けれども多くの国民は、「実感がない」と言っている。研究者と生活人の間にそうした視線の差をもたらす一因が、雇用問題だ。

九〇年代から続く「失われた十年」の原因につき、研究者たちは不良債権や金融緩和不足を挙げ、侃々諤々（かんかんがくがく）の空中戦を繰り広げた。だが当たり前のように論じられた理屈にも、生活人にとって最大の問題である「雇用」から言えば意味不明のものが多い。あれだけ議論された不良債権にしても、せいぜい十万人の失業しか生んでいないらしい。力の入れどころがおかしいのではないか。

そう感じる人にとって、これは待望の書だ。研究者の間で曖昧（あいまい）に前提されてきた言葉や仮説の意味をとらえ返し、膨大なデータをいくつもの角度から執拗（しつよう）に検討して、依然として深刻な足下の雇用問題を、ありのままの姿で描き出そうとする。研究書ゆえに厳密な論証やデータが掲載されてはいるが、一般読者は飛ばして読めばよい。結論は分かりやすくまとめられており、九〇年代以降の雇用問題の驚くべき現実が浮かび上がってくる。

列挙しよう。仕事を失ったのは、被雇用者というより自営業者だった。中高年のリストラが注目されてきたが、むしろ若年の就業が危機に瀕（ひん）している。人材育成には費用がかかるから中小の優良企業は放棄したかというとさにあらず、人材育成に力を注ぐ企業ほど成績を上げ、雇用も創（つく）り出している。雇われる人材の特徴としてしばしば年齢や技能が挙げられるが、「営業力」こそが求められ、それは詰まるところ「やる気」と「人柄」である、等々。

転職には賃金や履歴などうわべの情報を交換するだけでは不十分で、過去の取引先やボランティアで知り合った人との交わりなど私的ネットワークから得た深い情報こそ重要だ。年齢や技能だけではない、「心のミスマッチ」こそが深刻なのだから、と著者は言う。それを埋める人的ネットワークの構築が急務だと説き、雇用において「希望」のありかを描こうとする最終章は、感動的だ。

評・松原隆一郎（東京大学教授）

げんだ・ゆうじ 64年生まれ。東京大助教授。『仕事のなかの曖昧な不安』など。

二〇〇四年五月二日❹

『在日』

姜尚中 著

講談社・一五七五円
ISBN9784062123228／9784087462531（集英社文庫）

社会／ノンフィクション・評伝

寡黙な一世世代への愛あふれる自伝

俗に言えば〝在日初の東大教授〟にして〝売れっ子文化人〟の著者が、自らの生い立ちと心の遍歴をかくも赤裸々に述べるには、よほどの覚悟が要ったにちがいない。

彼は、「豚の糞尿（ふんにょう）と残飯の異臭」が漂う熊本の朝鮮人集落で生まれた。両親は、過酷な就職差別ゆえに限られた職業に就くよりほかなかった在日の例に漏れず、廃品回収業で彼ら子供たちを育てた。家には父親と兄弟の契りを交わした「おじさん」と呼ばれる在日一世がいて、彼らをすこぶる可愛がってくれた。

そして大学時代、ソウルに住む実の叔父を訪ねて初めて韓国に渡った彼は、ソウルの朦朧（もうろう）とした町並みに巨大な夕日がゆっくりと沈んでいき、庶民の姿を夕焼け色に染め上げていく光景に圧倒された直後、それまで名乗っていた「永野鉄男」という日本名を民族名の「姜尚中」に変えて生きる決心をするのである。

このような生い立ちの著者と日本人の私とが、あまりにも似通っているのに驚かされたと記したら、不遜（ふそん）すぎようか。だが、著者の言う集団主義的な日本社会との「折り合いの悪さ」や「インサイダーであると同時にアウトサイダーであり、アウトサイダーであると同時にインサイダー」という感覚は、私も少年時代から内包し、おりにふれ口にしてきた言葉と寸分も違わない。むろんその内実に大差はあろうけれど、こんなふうに感じている日本人は案外多いはずなのだ。

著者を突き動かしているのは、日本語ばかりか母国語の読み書きもままならなかった母親や「おじさん」や、愚痴もこぼさず背骨が折れるくらいに働いて死んでいった父親ら在日一世の声なき声への激しい思いである。しかし、それが偏狭な民族絶対化には向かわず、つねに外に開かれ、他者を受け入れる姿勢を示し続けているところに、著者の、時代の先行走者たる所以（ゆえん）がある。いまは「永野鉄男」という名前も懐かしく、一度は捨てたその名を抱きしめて生きたいと書く著者の自伝は、知識人特有の鼻につくレトリックや思わせぶりとは無縁の、ごつごつした力感に貫かれている。

評・野村進（ジャーナリスト・拓殖大学教授）

カン・サンジュン　50年生まれ。東京大教授。『マックス・ウェーバーと近代』など。

二〇〇四年五月二日❺

『評伝　川上澄生』

小林利延 著

下野新聞社・二九四〇円
ISBN9784882862338

ノンフィクション・評伝

かぜとなりたや…詩人・版画家の遍歴

詩人・版画家の川上澄生（かわかみすみお）といえば「初夏の風」である。画面を明るい青緑の風が吹き抜け、大きなボンネットをかぶった西洋婦人が裾（すそ）を押さえている。画面左右には同じ青緑色で「かぜ　と　なり　たや／はつなつ　の　かぜ　と　なり　たや」で始まる詩が刷り込まれた、これは一九二六年（大正十五年）の作。

あるいは「へっぽこ先生」である。背広、チョッキにステッキ、眼鏡に帽子の人物。「実は私はへっぽこ先生○私の履歴も変てこだ」などと説明が添えられた三五年（昭和十年）作の自画像が、これも広く知られている。

そして澄生ならもちろん、文明開化や南蛮風俗に材をとった多彩な木版画である。たとえばランプであり洋館であり馬車であり山高帽の紳士だ。と、こんなふうに作品はつぎつぎ思い浮かぶ。が、栃木県宇都宮市の自宅で七二年に七十七歳で没した澄生とはどんな人だったか、になると知る人は限られるだろう。

それは、澄生について書かれた過去の文章のほとんどが「川上先生と私」といった部類だったからで、本書は（と著者は書く）近年新たに世に出た数々の貴重なスケッチブックや日記を参照し、彼がどうして詩を書かなければならなかったのか、なぜ版画を彫ることになったのかを探って彼に近づいたのだという。

試みはかなり成功していて、たとえば青山学院高等科を卒業する際の就職希望に「白き手の労働者」と書いたとか、カナダやアラスカをうろついたとか、「君より成績の悪い者だってやっている」と勧められ宇都宮中学の英語教師になったといった遍歴を作品と重ねつつ読み進むと、澄生像はにわかに立体的になる。

作品が豊かにちりばめられており、それも楽しいが、本書の面白さはむしろ細部にあって、「英語成績不良なる生徒」に対する「お説教」の原稿（ノートにぎっしり）などは一読爆笑、と同時に生徒への愛情があふれていて捨て難い。

記述は誠実、というより武骨と表現するべきか。どっしり重い大冊だし、まず巻末の懇切な年譜で総体を頭に入れてから巻頭に戻るのも一法かもしれない。

評・栗田亘（コラムニスト）

こばやし・としのぶ　35年生まれ。元鹿沼市立川上澄生美術館長、文星芸術大教授。

二〇〇四年五月二日⑥　文芸

『ふたりジャネット』

テリー・ビッスン 著　中村融 編訳

河出書房新社・一九九五円
ISBN9784309621838

小説の楽しさ満喫　無駄なお遊び

この本を読み始めて、ぼくは思わず笑い出してしまったのだった。いや別に、すごいギャグ満載ってわけじゃない。いまや小説の多くは、作者の意図と時に反する形で、風俗小説としてしか読まれなくなってしまっている。先日の芥川賞娘二人組や村上龍、舞城王太郎はもちろん、果てはクッツェーも、ステープルドンも、川上弘美でさえも。時事的な風俗、現代的な問題がどうしたこうした。ところがこのビッスンの作品集はそれがない。現代的な符丁への目配せがほとんどなしに成立している。もちろんいくつかの固有名詞は現代のものだけれど、そうでなくても一向にかまわない。それがえらく爽快（そうかい）だったのだ。

なぜないのか。それはこの小説の登場人物たちには、秘めた内面がないからだ。本書収録の短編は、軽めの数編を除けば、実は登場人物の内面がそのまま外の世界となっている。だからそこには外的な風俗は、よくてもその引き立て役くらいにしかならないわけだ。怒りや笑いはある。でもドヨーンとした深い苦悩する精神はない。すべてはあけっぴろげ。だから人の内面を隠しつつ小出しにして、それに風俗をまぶすことで成立する風俗小説っぽさがない。人々の心の動きはすぐに外の世界の変化となり、イギリスはアメリカに向かって航行し、クマが黙ってたき火をし、盲目の画家が臨死体験に没入して、携帯電話ごしに時空がゆがみ、そのすべてが中国人の数式で即座に説明される。

そうだ。そうだった。こういう小説をぼくはここ半年ほど忘れ果てていた。眉根にしわよせて考え込んだりしないし、読者への隠し事もない。ほとんどどうでもいいアイデアが軽やかにまとめあげられ、それが読者の顔色をうかがったりせずに投げ出される。読んでもそこに、何ら教訓も実用性もない。

書く方にとっても読む方にとっても無駄ではある。が、無駄はまさに遊びの本質でもあるのだし、小説もまた人間のお遊びの一つだ。そしてこの本は、そのお遊びとしての小説の楽しさを満喫させてくれるのだ。

（原題、The Two Janets and other stories）

評・山形浩生（評論家）

Terry Bisson　42年生まれ。著書に『世界の果てまで何マイル』など。

二〇〇四年五月二日⑦　文芸

『伊太利亜』

岡井隆 著
書肆山田・二九四〇円
ISBN9784879955999

とにかくも一風かわった歌集である。ハコと表紙が縦書き、収められた作品が横書きという意匠で、イタリアの旅の心の在処（ありか）があたかもスケッチブックを見るように点描されている。

それぞれの作品は、横書きながらも、一行で詠み切ったものから、何行にも分けられたものまで様々な造形を成している。しかも一冊の歌集として頁（ページ）を開いた際の本としての美観と、音読した時の呼吸のあり方にも気を配っている。この本の一つの焦点は、茂吉など先人の行路に自らの来し方を交錯させたところだ。

北風のドイツより来てヴェネツィアに死を
思ひたる中年、茂吉

この作品は五行に分けられていて、静かに音読するとドイツから南に旅した茂吉の風貌（ふうぼう）が浮かび、現在の作者もまたそこにいる。

作者はいまも現代短歌の先頭にいて、古典的なこの詩型を挑発し、冒険をし続ける。それでいてこの集には、不思議と静かな境地に立っている作者を感じる。

評・前川佐重郎（歌人）

二〇〇四年五月二日⑧　社会

『「勝者の裁き」に向きあって』

牛村圭 著
ちくま新書・八六一円
ISBN9784480061621

東京裁判研究を専門とする著者が、A級戦犯として禁固七年の刑（後に保釈）を受けた元外相・重光葵（しげみつ・まもる）の日記を軸に、裁判の進行を跡づけた著作である。東京裁判についての研究書は膨大な数に上っているが、本書のように当事者の視角から裁判を再構成している研究は新鮮である。

重光は東京裁判を「勝者の裁き」と捉（とら）えているが、筆者がその日記を取り上げるのは「勝者の裁き」論を繰り返すためではない。裁判を突き放して眺める重光の冷静な眼（め）を通して、単純に割り切れない東京裁判の様相を浮き彫りにするためである。とりわけ米人弁護人ファーネスの活躍ぶりと、重光との信頼関係の描写は印象深く、そこに著者の問題意識が凝集されているように思える。

裁判から半世紀以上過ぎた今日、関係者を政治的論争から解き放ち、客観的な歴史の対象として蘇（よみがえ）らせることは、真の鎮魂にもつながっていく営みではなかろうか。

評・中西寛（京都大学教授）

二〇〇四年五月二日⑨　文芸／社会

『追憶の作家たち』

宮田毬栄 著
文春新書・七五六円
ISBN9784166603725

わが国の文芸誌ではじめて女性編集長となったひとが、こころに残る七人の作家を追想する。松本清張、西條八十、埴谷雄高、島尾敏雄、石川淳、大岡昇平、日野啓三。いずれ劣らぬ個性の持ち主だったから、それぞれの風貌（ふうぼう）姿勢を描きわけた本書は、出色の肖像画集になっている。

しかも自分の見聞きした実像だけでなく、作家とともに生きた時間がそのまま伝わって来、書かれた作品が読者の脳裏に浮かんでくる。やや古雅な文体も追憶にふさわしく、編集者の思い出話に終わらぬ、みごとな出来ばえである。

通奏低音には父性との出会いもあって、松本清張をはじめ年配の作家たちが、実の娘のように接して本音を吐いている。美女はいいよなあ、と男はひがむところだが、不在がちの父を意識する著者だからこそで、その意味でも、西條八十の友達ですぐれた詩人の父・大木惇夫（あつお）とその時代を描いてほしいと願うのは、筆者ばかりではないだろう。

評・杉山正樹（文芸評論家）

二〇〇四年五月二日⑩　医学・福祉

『がんが再発・転移した方へ』

石谷邦彦 著
主婦の友社・二三一〇円
ISBN9784072233900

がんが恐れられる理由の一つは、たとえ治癒しても再発・転移が一定の割合で起こるからだ。実際、いったん再発・転移すると治療のむずかしい場合が多い。だからがんに罹患(りかん)した人は、その不安を抱いて日々暮らしている。それゆえか、タブーでもあるかのように、この最大の悩みに応える情報が乏しい。だが医療が医療者と患者の共同作業となった今日、患者側も正確に「知る」ことが必須だ。

この動機から、緩和ケアのパイオニアですべてのがんの病態、進行を知りつくしている著者が、臓器別に起こりうる症状や厳しい現実の中の希望を示しながら、終末期のかたちまで、ありのままに書いた。

一般的な家庭医学書をはるかに超える詳細な説明の一方で、うつ状態に陥りがちな患者にいかに寄り添うかを描くなど、心配りにも満ちている。情報公開と患者の自己決定が不可欠の時代にふさわしく、がんに関する新約聖書ともいえる十全な書が現れた。

評・宮田親平(科学ライター)

二〇〇四年五月九日①　文芸

『カフカを読む　池内紀の仕事場3』

池内紀 著
みすず書房・二九四〇円
ISBN9784622081333

まざまざと『変身』の作家の素顔

二年前に完結した手稿版『カフカ小説全集』の翻訳前後に発表された文章の集成である。

一読して、カフカはベートーヴェンのようではなく、ショパンのようにして書いたのだなぁと思った。ショパンは即興演奏をしてから、紙に書き写す。プロットを定めて書かなかったので、規模の大きな曲は形がつきにくかった。

カフカも、即興演奏のように、「夢見状態の記述」のようにして書いたのだ。柔らかく踊るようなタッチで、全くミスなしに書きすすんでいく。ノートが終わりかけると、霊感の出口がなくなる不安からだろうか、急に筆が乱れる。

短編はそのスタイルで書きあげたが、長編はどこかでつかえる。『審判』ではプロットと結末を定めて書こうと試みたが、うまくいかなかった。『城』を含む三編が未完で残された。

ここで、残された音源をもとにCDをつくるプロデューサーのような人物があらわれた。友人の作家ブロートである。彼はカフカにないものを持っていた。「選択して決断できる。組織して統括できる」。結末がないから順番を入れ替え、思惑に沿わない断片は省いて再構成した。それが、長くカフカの作品として出回った。

ブロートは、カフカのすべてを知っていたわけではない。職場での彼、休暇中の彼、激しい名誉欲を秘めた彼を知らなかった。だから、短編小説の肝心の部分を削ってしまったりした。

一九六七年、ウィーン留学中の池内は、このブロートの講演を聞いている。かじかんだように背を丸めた老人は、自分の役回りに殉じた受難者のように見えたという。翌年ブロートは死に、彼が抱えていたカフカのノートが公開されて、ようやく手稿研究がスタートしたのだ。

学者は、カフカの作品や実人生の、ほんの一部分をとらえて丹念に分析する。ただでさえ難解と思われているカフカが、さらに遠ざかる。池内のスタンスは、もっと私小説的だ。最新情報を駆使しつつ、作品の成り立ちやカフカの書きぶりを、読み手の皮膚感覚に訴えるような形でまざまざと蘇(よみがえ)らせる。

『変身』の主人公ザムザが扉をあけるシーンの解説など、こちらも巨大な虫に変身し、ワヤワヤ動く無数の足をもてあましながら椅子(いす)にしがみつき、顎(あご)で鍵をまわしているような気分になってくる。

父親との関係がトラウマだったらしい。「カフカは強い父親からたえず逃げた。虫のように自分の殻に閉じこもった」。ザムザがその象徴なら、読書感想文を書く高校生も「ひきこもり物語」として読むことができるだろう。

ラヴ・レターの話には大笑い。恋人と言われる人への手紙には「かたち」がある、と池内は書く。出会いのときは儀礼的な挨拶（あいさつ）をかわしただけなのに、手紙ではみるまに高まりを見せ、日に何通も出す。手紙が勝手に恋をする。何だか、現代のメル友を連想してしまった。

評・青柳いづみこ（ピアニスト・文筆家）

いけうち・おさむ　40年生まれ。ドイツ文学者、エッセイスト。本書は8冊シリーズの第3巻。

二〇〇四年五月九日❷

『しずり雪』

安住洋子 著

小学館・一八九〇円

ISBN9784093874922／9784094081466（小学館文庫）

文芸

行間から人生の哀感が伝わる佳作

最初に欠点を指摘するなら、語りが性急だし視点も少し恣意（しい）的な所がある。しかし本書はいい。時代小説集であり、市井ものが三篇（ぺん）、武家ものが一篇収録されているが、いずれも佳作。人々の感情の交錯や心の通い合いから願いが成就し、時に潰（つい）える過程をこまやかに捉（とら）えている。行間から人生の哀感がこぼれ、読者はしばしば目頭の涙を拭（ぬぐ）うことになる。

たとえば「昇り龍」。父親の留造が暴行にあい、やがて娘のおさとが事件の意外な真相を知るのだが、重要なのは、揺れ動くおさとの内面。留造が賭場で作った借金を返すために茶屋で体を売り、客の勘助と結婚したが、勘助は暴力をふるい、おさとはいつしか幼なじみの松吉を慕い出す。借金さえなければ松吉と所帯をもっていた。その松吉もまた密（ひそ）かにおさとのことを思っている。しかし――。

おさと、勘助、松吉の微妙な三角関係が、もの言わぬ病床の留造のそばで展開し、最後に不実だった父親の心の裡（うち）が明かされる。娘の幸福を願う父親の必死の行為が読む者の心を激しく揺さぶるのである。かけがえのない人生を懸命に生きる人々の心情が熱く脈打っている。

それは藩のお家騒動に巻き込まれた青年武士の苦悩を描く中篇「城沼の風」、蒔絵（まきえ）職人が禁令を破る「しずり雪」（第三回長塚節文学賞受賞）、青年医師が死者の願いをかなえる「寒月冴（さ）える」でもかわらない。「城沼の風」のラストに、〝傷つき、失ったものはあまりにも大きいが、自分は今こうしてここで暮らしている。それでいいではないか、今を生きている者が、日々穏やかに過ごせれば〟というくだりがあるけれど、この何でもない真摯（しんし）な台詞（せりふ）が力強く響くのである。

ここには人間の向日性を信じ続けた山本周五郎と似た世界がある。事実、「寒月冴える」の舞台は山本の『赤ひげ診療譚』と同じ小石川養生所だし、主人公も同じく見習医員だ。ひそかなオマージュではないのか。ともかく新人なので短所もあるけれど、たたずまいの美しい文章、手触り感のある細部、風景と内面のリリカルな感応と美点がいくつもある。いつか化けること必至の気鋭の登場だ。

評・池上冬樹（文芸評論家）

あずみ・ようこ　58年生まれ。作家。米国サンフランシスコ在住。

二〇〇四年五月九日③

『第三帝国のR・シュトラウス』

山田由美子 著
世界思想社・二三一〇円
ISBN9784790710462　政治／アート・ファッション・芸能

喜劇は病的な時代を「治療」するか

ナチズムの暗雲が立ち籠（こ）め、自由な芸術活動ができなくなった一九三〇年代のドイツにあって、名声嘖々（さくさく）たるリヒャルト・シュトラウスは、ヒトラーに服従して帝国音楽局総裁の座に就いた。だが戦後、彼をナチスの共謀者として追及した連合国の嫌疑は、理解者の運動が反響を広げてめでたく晴れた。ではシュトラウスは、政情に疎い音楽家で、好きな音楽をしたいがために当局の機嫌を損ねない態度を取って、陽気な曲を無邪気に作りつづけた、ということなのだろうか。

いやとんでもない、その作曲姿勢の背後にはヒトラーの第三帝国の原理との命懸けの闘いがあったのだ、というのが、本書を貫く大胆なテーゼである。しかもその闘いとは、ワグナーや汎（はん）ドイツ主義を諷刺（ふうし）する喜劇オペラを作り、万策を講じて上演にこぎつける、という「喜劇的闘争」であったというのだ。そしてその闘争の第一幕は、すでに第二帝国のヴィルヘルム二世時代に始まっていたという。たとえば自分とは資質も価値観もまったく異なるホーフマンスタールにあえて台本を頼み、不毛な合作をつづけたのは、もし混迷する時代を代表する作家を翻意させ喜劇的方向に導くことができれば、時代そのものを「治療」できると考えたからだ、と解釈される。

写実的な喜劇で時代を救おうとする壮絶な決意が、シュトラウスを終始駆り立てていたというのは、多少強引な仮説ではないか、と思われよう。しかし作家らとの往復書簡を引用しながらシュトラウスと当局の駆け引きが詳述され、個々のオペラ作品が意味づけられるにつれて、徐々に説得力をもってくる。随所に挟み込まれた国際政治情勢の解説も、仮説を援護する適切な書き割りである。

脇役たちの人間性が、漁（いさ）り火のように明滅するのも、本書の魅力である。文学に憧（あこが）れ博士の学位まで取得しながら殺人マシーンと化したゲッベルス、断末魔の戦局に絶望し、自ら命を断った心優しいツヴァイクの姿は、いつまでも脳裏を離れない。その印象の強さは、恐らく、本書が明らかにしたシュトラウスの喜劇的闘争との対照に由来するのだろう。

評・池上俊一（東京大学教授）

やまだ・ゆみこ　神戸女学院大教授。著書『ベン・ジョンソンとセルバンテス』など。

二〇〇四年五月九日④

『「戦間期」の思想家たち　レヴィ＝ストロース・ブルトン・バタイユ』

桜井哲夫 著
平凡社新書・八六一円
ISBN9784582852165　人文

第一次大戦後の仏知識人の動向を検証

著者は、この三部作の第一巻にあたる『戦争の世紀』で、第一次世界大戦という未曽有（みぞう）の現象を分析した。本書は、その戦後から第二次大戦直前まで、フランスの若き知識人の思想と行動を描く。テーマは「既成秩序破壊」だ。

一九二四年、二十二歳のアンドレ・マルローは、カンボジアのアンコールワット遺跡を盗掘して、有罪判決を受ける。四年後、彼が書いた小説はオリエンタリズムを煽（あお）ると同時に、フランスの植民地主義を批判していた。ヨーロッパ文化への懐疑が噴出し始めていたのだ。

ほぼ同じころ、二十三歳の社会党の活動家が県会議員選挙にうって出ようとする。無免許運転で事故を起こし、立候補をあきらめたこの青年の名は、レヴィ＝ストロースといった。彼は政治革命の道をすて、ブラジルへと旅だつ。『贈与論』のモースに影響を受け、民族学者になろうと考えたのだ。彼はのちにヨーロッパ中心の思考を根本的に批判する。

戦間期は政治の季節でもあった。シュルレアリスムの指導者ブルトンは、革命ロシアから追放されたトロツキーへの敬愛の念を深めながら、トロツキストを放逐したフランス共産党の党員となる。この矛盾に、著者は、有名なナジャとブルトンの不幸な恋愛の傷跡を読みとっていく。この論証は本書の白眉（はくび）といえよう。

ブルトンの論敵となったバタイユは、マルクス経済学を生産の合理性を過大視するヨーロッパの理性中心主義として退ける。モースの『贈与論』以降の民族学的研究を視野に入れれば、人間の経済活動の根源にあるのは、非合理な消費への欲求なのである。バタイユは、ポストモダンと呼ばれる現代社会の経済原理を予見していたようにさえ思われる。

またバタイユは、革命を消費の究極の形としての破壊だと見た。このバタイユの革命観は、既成秩序破壊を叫ぶファシズムの精神的土壌と通じるものがある。

かくして、ファシズム＝政治の耽美（たんび）主義化の極まりとして戦争が出現する（ベンヤミン）。本書の主役たちも戦争を逃れることはできない。その顛末（てんまつ）は完結編である次作に描かれるはずだ。

評・中条省平（学習院大学教授）

さくらい・てつお 49年生まれ。東京経済大教授（近・現代社会史、現代社会論）。

二〇〇四年五月九日⑤

『わが志は千里に在り 評伝 大来佐武郎』

小野善邦 著

日本経済新聞社・二九四〇円
ISBN9784532164539

ノンフィクション・評伝

時代を先導した行動派の国際的知識人

大正三年に旧満州の大連で生まれ、昭和二年に東京に移住、平成五年に死去した大来佐武郎（おおきたさぶろう）の足跡は、昭和日本の歴史そのものである。

電気工学専門のエンジニアとして出発し、逓信省から興亜院、大東亜省へと戦時の経済動員に携わり、戦後は経済安定本部から経済企画庁で経済計画の策定にかかわった。『経済白書』の刊行を軌道に乗せ、所得倍増計画を取りまとめたのも彼である。その後、官界を離れた大来は、国際的なエコノミストとして、南北問題、環境問題、日米欧協調、アジア太平洋地域主義の育成などに深く関与した。

特に興亜院以来の知人であった大平正芳の内閣では「環太平洋連帯構想」をまとめ、民間起用の外相となってその実現に尽力した。本書の題名の「志在千里」（こころざしはせんりにあり）は、この時期に中国の谷牧副首相から渡された書の一節であり、大来が好んだ言葉である。アジア太平洋経済協力会議（APEC）を支える賢人会議の設立について、アメリカの経済学者と国際電話中に意識を失い、死去したという本書冒頭のエピソードと並んで、大来の生涯を象徴している言葉だろう。

学生時代から頭の良さで目立っていたようだが、大来は時代を超越した専門家というよりも、時代の一歩先の問題を提起する先導者であった。常に協働を重んじて他者から学び、また周囲をひっぱる稀有（けう）の企画力をもっていた。抜群のバランス感覚で中庸となる見解を見いだす一方で、高い使命感を抱いて自らの地位にこだわらず、思い切った行動をする胆力ももっていた。このようなタイプの人物は、日本では意外に評価されないが、実は国際交流において最も貴重な存在なのである。緒方貞子氏が大来を高く評価するのも頷（うなず）ける。昭和を代表する国際人と呼んで過言ではないだろう。

本書は大来の生涯を丁寧に跡づけた力作であり、大部だが読みやすい。広範な資料調査の上に、大来に対する批判を含んだ証言も率直に取り上げられており、その内容は信頼できる。昭和史を振り返りながら、現在の日本の課題も見えてくる一書である。

評・中西寛（京都大学教授）

おの・よしくに 36年生まれ。NHK報道局勤務などを経て大阪芸術大教授。

二〇〇四年五月九日⑥

『飛行機と想像力　翼へのパッション』

橋爪紳也 著
青土社・二三一〇円
ISBN9784791760985

科学・生物

飛ぶことが夢だった時代にトリップ

たったの百年？　昨年がライト兄弟による初飛行から百周年だと知って、心底驚いたものだった。「映画百年」と同じくらい驚いた。

そのどちらもが世界を変えたと思うが、飛行機についていえば、ひたすら地上と海上で戦ってきた人類の長い戦争の歴史を引っくり返し、頭の上から爆弾を落とす世の中を招いた張本人でもある。

本書はその始まりの時代へと読者を誘い出す。とはいえ、飛行機の歴史が語られるわけではない。むしろ、飛行機の到来を日本人がどう受け止めたかが話の中心である。

実際、飛行機は海の向こうから「到来」した。たとえば、大正十三年の青森県三戸郡湊村白銀海岸に、世界一周をめざすアメリカの水上機三機が整備と給油のために着水することになった。

地元は上を下への大騒ぎ、海岸には歓迎門が建ち、日米両国旗を手にした村人が群がり、小中学生がアメリカ国歌を練習し、来賓が威儀を正し、花火が五発上がった。ところが、濃霧予報のため、百メートルほど沖に着水した三機は、すぐさま飛び去ってしまったとのこと。取り残された村人たちは、さてどんな言葉を交わしながら家路についたことやら。

現代のわれわれにとって、飛行機とは交通手段である。しかし、当時のひとびとには、必ずしもそうではない。

飛行機は乗るものではなく、仰ぎ見るものであった。それは何よりもまず見世物（みせもの）であった。明治末年から大正期にかけて、何人もの飛行家が来日、各地で飛行ショーを演じる。「マース得意のプロペラー止めの曲乗り」という新聞記事が、その場の雰囲気をよく伝えている。

ついで、通信、宣伝、冒険の道具となる（軍事利用はいうまでもない）。一方、飛行機に乗りたいという庶民の夢に応えて出現したものが、遊園地や百貨店屋上の飛行塔や観覧車にほかならない。

こうしたエピソードがつぎからつぎへと語られる。奇談の寄せ集めという感がなきにしもあらずだが、それだけ、飛行機がひとびとの想像力をさまざまにかき立てたのだということかもしれない。

評・木下直之（東京大学教授）

はしづめ・しんや　60年生まれ。大阪市立大大学院助教授。著書に『日本の遊園地』など。

二〇〇四年五月九日⑦

『「老い」とアメリカ文化』

イヴリン・M・オライリー 著
田中典子ほか 訳
リーベル出版・二四一五円
ISBN9784897986388

医学・福祉／社会

著者は、臨床看護師。「老い」をめぐることばを分析しながら、そのなかにある様々な思いこみや誤解、ステレオタイプなどを、批判的に探ろうというのが本書の狙いである。

八十三歳になるドイル夫人は、夫の死後、一人暮らし。「私たちが、健康で頭もしっかりしているってことがわかってない人がいるのよね」と言う。

彼女にとって自立していることはとても重要だ。一方で孫や娘など、家族との絆（きずな）が支えにもなっている。独立から依存へとバランスが移るに従って高齢者にはそれぞれの葛藤（かっとう）が生まれる。問題はこの葛藤を、どのように「尊厳」を持って解決できるかにあるのだと著者は書いている。

本書中にあるM・ミードの言葉が印象的だ。「祖父が語る子供時代の思い出と、孫がその思い出を忘れずに記憶しているまでの間隔が人間の持つ時間の単位である」。少子・高齢化に直面する私たちには、懐かしくも豊かな「時の概念」である。

評・小池昌代（詩人）

二〇〇四年五月九日⑧　人文

『仏教のなかの男女観』

植木雅俊 著
岩波書店・七三五〇円
ISBN9784000246224

「これがあるとき、かれがある」が仏教の世界認識の根本、縁起説である。

従って仏教は、男、女という言葉による分け隔てに、本質的、固定的な意義を認めない。無自性（むじしょう）の考え方だ。

原始仏教や大乗仏教の中核的な教理をみれば、男女差別に無縁であるばかりか、ジェンダー現象の相対的な性格が先取りされていることがわかる。これは古代に発祥した宗教のなかでは異例中の異例である。

ところが、部派（小乗）仏教の時期に、女性には生来五種の障りがあって成仏できないとか、「生家にあっては父に、嫁しては夫に、老いては子に従うべし」といった紛（まご）う方なき差別思想が混入してしまう。

本書は、フェミニストの批判に対し、仏教側から応答した労作。仏教の男女差別が何に由来し、どのようなかたちで根を下ろしたかを、パーリ語、サンスクリットの原典批評を踏まえて探討する。学術書ながら平易に説かれ、仏教の合理主義的平等観を知る上でも有益。

評・宮崎哲弥（評論家）

二〇〇四年五月九日⑨　文芸／社会

『司馬遼太郎と三つの戦争』

青木彰 著
朝日選書・一一五五円
ISBN9784022598479

〝司馬遼〟文学のエッセンスを次々鮮やかな手際でとり出してみせる。

この作家が「創造」した坂本竜馬、土方歳三、大村益次郎、河井継之助らは、男ではなく「漢（おとこ）」だという。その上で漢とは「時代を超えた合理性」を持った人物だと定義づける。

また司馬史観は、英雄史観や愛国史観ではなく「辺境史観」だと断じる。「辺境からの目、上層階級に属さない、いわば庶民の目で歴史をとらえ」たとする。

青木氏は、国民作家司馬遼太郎を形作った二大要素として戦車隊と新聞記者を挙げる。両方に共通する地を這（は）うような体験と辺境史観とは、あながち無縁でないのかもしれない。

学徒出陣、戦後は同じ社で記者と、司馬と著者は似たような道を歩んだ。三歳下の著者の兄事ぶりが随所にあふれ微笑（ほほえ）ましい。

司馬は最後まで日本、日本人、その今後を憂えていた。その遺志はこの本に受け継がれているが、無念、青木氏もこの世にいない。

評・安倍寧（評論家）

二〇〇四年五月九日⑩　文芸

『岸上大作の歌』

高瀬隆和 著
雁書館・二九四〇円

安保闘争のあった一九六〇年の暮れ、当時まだ二十一歳の岸上大作という歌人が下宿で自殺した。

彼の歌集『意志表示』や、死の直前まで書き続けていた「ぼくのためのノート」など、生き方を含め、多くの若者を惹（ひ）きつけてきたことは周知のことだろう。

もっとも近くにいた友人で、遺書の宛先（あてさき）のひとりであったのが著者である。彼の作品を整理し、出版し、また資料・遺品の管理や、遺族との折衝など、すべてに長年取り組んできた。

本書はその過程で書きためた岸上ノートである。きれぎれに浮かぶ思い出、手稿から浮かんできた事実、戦争で父を亡くした家庭のこと。友情あふれる筆致がいつの間にか、私たちを六〇年代に引き戻す。

国会突入のデモで、頭を割られ二針縫ったことは知られているが、眼鏡の右レンズも割り、以後ずっと亡くなるまでひびの入ったままだったという。こんな挿話（そうわ）も当時の貧しさとともに、岸上という歌人を髣髴（ほうふつ）とさせる。

評・小高賢（歌人）

二〇〇四年五月一六日❶

『真説ラスプーチン　上・下』

エドワード・ラジンスキー 著
沼野充義、望月哲男 訳
NHK出版・各二五二〇円
ISBN9784140808573〈上〉・9784140808580〈下〉

ノンフィクション・評伝

現代に通じるロシア社会の不可思議

日本人はロシアが苦手である。世論調査でもロシアへの好感度は低い。その背景にはもちろん北方領土の問題や第二次世界大戦の記憶があるのだろう。しかしつき合い方はさておいて、人間ドラマの舞台として見ると、ロシアほど興味深い社会はないのではないか。

本書は改めてそんな気持ちを抱かせる書物である。著者ラジンスキーは、ソ連時代にはチェーホフ以来とも称された人気の劇作家だったが、大学では歴史を専攻し、ソ連崩壊後は歴史上の人物を題材としたノンフィクションを書いている。ロシア最後の皇帝ニコライ二世、「赤い皇帝」スターリンに続いて、著者がテーマとしたのが「怪僧」ラスプーチンである。

筆致がすばらしい。冒頭、ラスプーチンの実像に迫ろうと、その暗殺後に設置された調査委員会のファイルを探し始め、畏友（いゆう）で世界的チェリストのロストロポーヴィチの助力で入手する顛末（てんまつ）を読み進むうちに、著者のパズルに引き込まれてしまう。なぜ、シベリアの貧しい「ムジーク」（農民）に過ぎず、神の啓示に突如目覚めて巡礼に出た男が、皇室に深く取り入り、政治を左右する存在にまでなったのか。ラスプーチンとは何者だったのか。数多く登場する人物たちも、戯曲を読んでいるかのように会話し、描写される。それは小説でもないが、歴史の記録でもない、独特の叙述の世界である。

そこから浮かび上がってくるのは、日本人には型破りとしか思えないロシア社会の姿である。日露戦争の敗北のショックから近代化をめざす改革が進み始める。しかしそれは伝統的な専制権力が掘り崩されていくことを意味していたのであり、皇帝はすべての権力を握りながら、孤立した存在であり、皇帝夫妻は追いつめられていく。崩壊の予感の中で、エリートたちは素朴なロシア農民世界に憧憬（しょうけい）を抱き、オカルト的な神秘主義にひたる。ラスプーチンはまさに皇帝一家にとって待望の存在だったのである。彼が超能力者だったかどうか、本書でははっきりさせていないが、著者の言わんとするのは、「怪僧」はまさに崩れ落ちんとするロシア旧体制の写し絵だったということだろう。

もちろんこの物語は一世紀近く前のロシアの姿である。しかしソ連体制の堅苦しい公式論が死亡宣告を受けた後、復活してきたロシアは、よくも悪くもラスプーチンのロシアの延長線上にある。ゴルバチョフもエリツィンもそれぞれに破天荒な指導者だった。そしてプーチン大統領を支えているのも独特のロシア的心情であるらしい。たとえばロストロポーヴィチの縁で本書ともつながる、ベテラン・ジャーナリスト小林和男が今のロシアを描いたエッセー『白兎で知るロシア』（かまくら春秋社）と読み合わせると、ロシアという国の尺度が少し感じとれた気になるのではなかろうか。

評・中西寛（京都大学教授）

Edvard Radzinsky　36年生まれ。ロシアの作家。

二〇〇四年五月一六日②

『「産まない」時代の女たち　チャイルド・フリーという生き方』

ジェーン・バートレット 著　遠藤公美恵 訳

とびら社発行、新曜社発売・二五二〇円
ISBN9784788508835

社会

「選択の自由」があるから揺れ動く心

母性をめぐる問題が複雑化している。

「お子さんはまだ?」の質問にうんざりする既婚女性、タイムリミットにせかされる未婚女性。子どもができない女性は不妊治療の選択に悩み、避妊に失敗した女性は子どもがキャリアの障害になったと感じ、子どもを持つ専業主婦は、社会的疎外感に悩んでいるかもしれない。

本書は、産まない決心をした約五十名のイギリス女性へのインタビューにもとづいている。女性の権利を声高に主張したり、母親の役割を過小評価したりする内容ではない。彼女たちは、職業も年齢も、子どもを持たない理由もさまざまだ。

経済問題、仕事、健康。母親に虐待されたため、自分の子どもにくり返すことを恐れる女性もいる。いずれも揺れ動く心境を素朴に語っていて、その選択に必ずしも同意できない私も心打たれた。

イギリスでは、一九八九年に男女あわせた不妊手術がピルの服用を上回ったという話にも驚かされた。八〇年代初期にかけて、ピルの安全性に対する不安が高まったという。もっとも、原書は十年前の刊行なので、いささか情報が古い。

母親にならなかったことを全く後悔していない女性は稀(まれ)だ。何かを失ったのではないかと思う部分はある。でも、何千人もの女性が、「なにかを失おうとしているのかもしれないという思いに駆られて」子どもを産んだのかもしれない。

底に流れているのは、女性は子どもを産みたいはずだという前提への疑問である。「どうして子どもを産んだの?」という問いが発せられることはまずない。産まない女性を称する言葉もないが、著者はチャイルド・フリーと呼んでいる。

名前がついても、揺れ動く気持ちにかわりはない。チャイルド・フリーを選択したにもかかわらず、「そのほうが楽なために」わざと不妊を口実にする女性。かと思えば、望みさえすれば産めたと発言して、自分の女性性を強調する女性。

三人の子どもの母親である訳者が述べているように、「自由という両刃の剣」を与えられた女性たちは、「選択の自由」を持たなかった時代とはまた違った意味の葛藤(かっとう)に苦しんでいるのだ。

(原題、Will You Be Mother?)

評・青柳いづみこ(ピアニスト・文筆家)

Jane Bartlett　63年生まれ。英のジャーナリスト。

二〇〇四年五月一六日③

『ブラフマンの埋葬』

小川洋子 著

講談社・一三六五円
ISBN9784062123426/9784062756938(講談社文庫)

文芸

乾いた死の匂い漂うひと夏の物語

昨年、『博士の愛した数式』が話題を呼んだ小川洋子の最新作。

初夏のある朝、主人公の「僕」は裏庭で傷ついた小動物を見つけ、世話をしてやる。動物はブラフマンと名づけられ、僕はブラフマンと親しむようになっていく。このシンプルな小説は、僕とブラフマンのひと夏の出会いと別れの記録だ。

だが、ブラフマンが何の動物であるかは最後まで分からない。足の指のあいだに水かきがあり、水中での泳ぎを好むことから、カワウソのような動物だろうと推測できるだけなのだ。

そんな具合に、この夏の光にみちた明晰(めいせき)な小説は、奇妙な曖昧(あいまい)さをもはらんでいる。主役の動物の種類が不明なだけでなく、小川洋子の小説ではいつものことだが、こんなメルヘンのような高原の町がじっさいに日本にあるとは思えない。「僕」が管理人として働く〈創作者の家〉も、まったく生活臭がなく、すべてがもしかしたら夢のなかのできごとであるかのように、事物の輪郭が稀薄（きはく）なのだ。ブラフマン以外、登場人物には固有名がいっさい与えられていない。

　また、ここには乾いた死の匂（にお）いがたちこめている。そもそも表題が死を示唆しているし、主人公がブラフマンという名を選んだのも、墓碑銘からなのだ。この町には、死者をラベンダー色の箱にいれて川に流し、それを拾いあげて石棺に納めるという伝統があった。僕が恋する雑貨屋の娘は、石棺だらけの古代墓地で生物の教師と交わっているし、僕は、死んだ五人家族の写真を部屋に飾っている。

　「家族が一人ずつ旅立ってゆく。残された者は、死者となった者の姿を、写真の中で慈しむ。そこでは死者と生者の区別もない。〔中略〕……その静けさが、僕に安らかさを与えてくれる」

　小川洋子の描く死と消滅がノスタルジーさえ感じさせるのは、死とは、人間の生臭さが消えて、始まりの静かな場所へと帰ることだからだ。最後のブラフマンとの別れも、感傷の涙には曇らされない。その鉱物質の感覚は、磨きぬかれた文体の効果である以上に、小川洋子の文学のゆるぎない本質と結びついている。

評・中条省平（学習院大学教授）

おがわ・ようこ　62年生まれ。作家。著書に『妊娠カレンダー』（芥川賞）など。

二〇〇四年五月一六日④

『奇想、宇宙をゆく　最先端物理学12の物語』

マーカス・チャウン 著　長尾力 訳

春秋社・二四一五円
ISBN9784393322161

科学・生物

硬直した日常を超えて、仮説の世界へ

　一般の人が「科学的だ」と感じることができるのは、ニュートン力学とせいぜい電磁気学までだ。事実、前世紀のはじめにはそれで宇宙の森羅万象のほとんどが説明できると信じられていた。ところが、その後出現した相対論と量子論は、私たちの日常感覚から程遠い、時間や空間の歪（ゆが）み、素粒子の奇妙な振る舞いを明らかにし、かえって謎を深めてしまった。

　本書は、謎が謎を呼ぶ最新の物理学の十二の仮説を、一般向けに平易に解説している。著者は、この分野の深い理解と、それをやさしく噛（か）みくだいて説明する才能に恵まれているが、それでも一見荒唐無稽（こうとうむけい）な話に戸惑う読者が多いだろう。

　この宇宙は、別の宇宙に住む知的生命体が、日曜大工さながらに実験室で生み出したとする第九話は、科学的仮説に必要な蓋然性（がいぜんせい）が不足の感がある。多宇宙仮説は、正統的な多世界解釈（第二話）から、通常の物質と鏡像関係にある不気味なミラー宇宙（第七話）、そして余分な次元が様々に縮退した多様な宇宙（第八話）などが紹介されている。宇宙はミニ・ブラックホールに満たされていると説く第六話も含めて、まっとうな仮説だろう。

　私が思わず膝（ひざ）を打ったのは、「素粒子は微小な時間のループ（閉じた輪）だ」と説く第四話だ。相対論では、重力を時空間の歪みとして説明する。その歪みが極端になるとループしてしまうことも理論上あり得る。空間のループも考えにくいが、時間のループはもっとややこしい。過去も未来もごっちゃになって、因果律がおかしくなるからだ。そのため、アインシュタインはこの可能性を無視した。でも因果律を絶対視しなければ、きわめて筋のいい仮説であり、今後の発展が期待できる。

　相対論と量子論は水と油のように相性が悪く、その統一はあらゆる物理学者の夢だった。従来は量子論を拡張して相対論を導こうとして失敗していたが、この仮説は逆に相対論から量子論を導こうとしている点がユニークだ。

　本書は、硬直した現代人の脳ミソをぐちゃぐちゃに引っかき回すことは間違いない。

評・天外伺朗（作家）

（原題、The Universe Next Door）

Marcus Chown　60年生まれ。英科学誌「ニューサイエンティスト」顧問。

二〇〇四年五月一六日⑤

『キリスト教思想への招待』

田川建三 著
勁草書房・三一五〇円
ISBN9784326153756
人文

聖書ってこういう風に読めるんだ

「世界は神様によって創造された」「見ず知らずの他人を自分自身のように愛せ」「イエスが磔（はりつけ）になったお蔭（かげ）で、全人類は救われた」「やがて終末の日が訪れる……悔い改めよ」

　ばっかじゃないのとばかりに舌打ちした。子供の頃のこと。こんな妄想を真に受けるなんて、クリスチャンってどうかしている。幼い頭と心でそう断じた。

　長じて知識こそ増えたが、違和感は相変わらずだった。田川建三を読むまでは。

　このユニークな新約学者の著作は、私のキリスト教観を根底から覆した。目から鱗（うろこ）が落ちたとはこのことだ。

　本書は、田川がはじめて書き下ろした入門書であり、大部の新約聖書研究の間奏曲に当たる小著だ。

　しかし内容は濃い。冒頭に掲げた四つの教え（創造説、隣人愛、救済論、終末論）を主題とする四章で構成されているが、すべて「目から鱗」のお話ばかり。

　創造説は、自然に対する人間の増上慢を否定する教説だとされる。世界は神妙なる神の被造物である。それに比べれば、人の賢（さか）しさなど高が知れている。

　お次は隣人愛。赤の他人を我が身のように案ずるなんて、「人情」からすればあり得ないことだけど、だからこそ看板として掲げたのだという。実際、キリスト教社会では、貧困者や行路病者に救いの手を差し伸べる姿勢が伝統となった。

　救済論はこう説かれる。イエスが身代わりとなって罪を贖（あがな）ってくれたので、人々は「無料で」救われ、そして解放された。だが、何から救抜（きゅうばつ）されたのか。当時蔓延（はびこ）っていた呪術から、である。人々を縛っていた諸宗教から、である。そう田川はいう。それ故、初期のキリスト教は「無神論」と難じられた。

　そして終末論。オカルトやホラーのネタとしてやたら有名な「ヨハネ黙示録」の正しい読み方が伝授される。必見。

　バルト神学やグノーシス主義への手厳しい批判をはじめ、細かい記実や解釈には同学より異論が立てられよう。だが、厳密な聖書学から、こんなラディカルなキリスト教「思想」が導けることに、多くの読者は度肝を抜かれるはずだ。

評・宮崎哲弥（評論家）

たがわ・けんぞう　35年生まれ。新約聖書学者。著書に『イエスという男』など。

二〇〇四年五月一六日⑥

『韓国温泉物語　日朝沐浴文化の交流をたどって』

竹国友康 著
岩波書店・二九四〇円
ISBN9784000224390
社会／国際

植民地支配超えた「ヤマト湯」の交わり

風呂にゆったりと身を沈める。衣服はとうに脱いでいるのに、さらに何ものかから解き放されてゆく。

　温泉を訪れるに越したことはないが、自宅の風呂でさえ味わえるこの快楽を、著者は、「恍惚（こうこつ）として夢は何有郷（かうきょう）に游（あそ）ぶ」、「浴後、身は軽く骨は仙とならんとす」など十四、五世紀朝鮮の文人の詩を引き合いに出して、神仙思想（道教）の流れをくむ「東アジアの歴史的身体として共振し合っている」のだと指摘する。

　とはいえ、日朝の入浴文化はかなり異なるスタイルを生み出してきた。日本では、近世以来、都市に公共的な入浴施設（公衆浴場）を設け、全身温水浴、いわゆる「風呂に入る」という習慣を定着させた。一方の朝鮮では、儒教の影響下に人前で裸になることを嫌い、盥（たらい）を用いて身体の部分を洗う沐浴（もくよく）がむしろ一般的となった。入浴観の違いは、裸体観や清潔観の違いとからんでくる。

　さて、ここまでは、よくある風呂の文化誌、比較文化論のテーマである。著者のユニークな点は、それが日本統治下の朝鮮を舞台に語られることだ。

釜山に日本人居留地が設けられたのは一八七六（明治九）年のこと、「風呂に入る」ことを身に付けた日本人とともに、日本式公衆浴場もまた玄界灘を渡った。早くも五年後には領事館が居留地内の公衆浴場に対して、目隠しの設置や混浴の禁止を通達している。

以後、こうした日本の入浴文化が、朝鮮のひとびとにどのように受け入れられてゆくのかを、釜山とその郊外にある東莱温泉（トンネオンチョン）を例に取りながら、丹念に探ってゆく。

これを植民地支配の実態と批判することは簡単だ。しかし、著者はそう単純ではない。それは前著『ある日韓歴史の旅　鎮海の桜』からの一貫した姿勢である。日本人がもたらした桜や公衆浴場が今もなお残っているのは、文化という深いレベルでの交流の結果だからだ。

支配と被支配の関係には還元されない、まさしく「共振し合っている」ものを、著者は見事に探り当てた。

評・木下直之（東京大学教授）

たけくに・ともやす　49年生まれ。塾教師。著書に『ある日韓歴史の旅　鎮海の桜』など。

二〇〇四年五月一六日⑦

『風都市伝説　1970年代の街とロックの記憶から』

北中正和 責任編集

音楽出版社・二〇〇〇円
ISBN9784900340886

アート・ファッション・芸能

〝はっぴいえんど〟といえば、七〇年代初めに日本語ロックを確立したバンドとして知られるが、彼らのマネジャーだった石浦信三らによって、七一年に設立された音楽プロダクションが〝風都市〟であった。

はっぴいえんどやその周辺のアーティストのマネジメント、ライブやコンサートの企画が同社の主たる業務だったが、ビジネスというより今でいうNPOにも似て、新しい音楽の普及を目的とした組織だった。実際、事業としては失敗だったようで、七三年には事実上消滅している。

本書は、この風都市に関（かか）わりを持った人々の証言で構成されているが、伝説的音楽プロダクションのたんなる盛衰記とは違う。描かれているのは七〇年代初めの濃密な青春群像である。新しい音楽・ロックを通じて夢を叶（かな）えようとした若者たちの情熱や屈折が、痛いほど伝わってくる。同時期の東京という都市の姿がかいま見えるところも、ちょっとした収穫であった。

評・篠原章（大東文化大学教授）

二〇〇四年五月一六日⑧

『犯人よ、話してくれてありがとう』

小山順 著

朝日新聞社・一二六〇円
ISBN9784022579003

社会

1980年、長野県松本市北郊の生坂（いくさか）ダムで、機械メーカー勤務の青年小山福来（こやまよしき）さんが遺体で発見され、自殺として処理された。福来さんの母親は、ロープで固く縛られていたこと、自死の動機がないことなどから、他殺との信念を捨てず「独自捜査」を続けた。

真実が明らかになったのは23年後、なんと犯人自身が告白文を警察署に送ったことによってだった。犯人は、覚せい剤取締法違反の罪で服役中だった。福来さんの事件に関しては刑事、民事ともすでに時効。息子の死の真相を知りたいと、母親は四国の高松刑務所まで会いに行く。

著者は、事件当時中学生だった妹だ。無念の死をとげた兄への思いと、母の長く孤独な戦いを、使命感に燃えて丹念に綴（つづ）った。十分な捜査もせずに自殺と即断、さらに犯人の自白を遺族に3年半も隠した警察を厳しく批判する。警察は、この事件の教訓をいかに生かすかが問われている。

評・多賀幹子（フリージャーナリスト）

二〇〇四年五月一六日⑨

『スポーツ批評宣言　あるいは運動の擁護』

社会

蓮実重彦 著
青土社・一九九五円
ISBN9784791761098

文学批評、映画批評で世に知られた前東大学長のスポーツジャーナリズム批判。「日本人は本質的にスポーツが好きではない。話題にするのが好きなだけだ」と喝破し、「美しい運動」こそを愛(め)でるという原点に返れ、と説く。

「自分の言葉でスポーツを語れないマスメディア」「国を背負ったスポーツなど面白いはずがない」「『読売巨人軍』系は一国主義的、メジャーで活躍できるのは『西鉄』系選手」などと、随所に挑発的な言説がちりばめられ、サッカーや野球ファンならずとも脳細胞を刺激される。

とくに「松井(秀喜選手)とヤンキースはミスマッチ」など、直截(ちょくせつ)的な個々の選手評は、渡部直己氏との対話も含め面白い。ただし、この国のスポーツはやはり「運動」ではなく、著者が批判する「擬似(ぎじ)的な文化イベント」や「中間層を癒(いや)す自堕落な日々の習慣」であり続けるだろうな――が読了後の大方の感想であろう。

評・佐柄木俊郎(ジャーナリスト)

二〇〇四年五月一六日⑩

『ブランドビジネス』

経済

三田村蕗子 著
平凡社新書・七九八円
ISBN9784582852202

LV(ルイ・ヴィトン)のロゴマークのバッグがぞろぞろ群れなすニッポン、いったいどうなってんの?かねての疑問に答える本が現れた。

たかがバッグというなかれ。今やルイ・ヴィトン・ジャパンは一日四億円の売り上げを誇る巨大企業。この不況下でなぜにブランドビジネスだけが大躍進をとげたのか、その謎に迫るのは日本型消費の現在を知ることだ。このスタンスが、他のビジネス書にはない本書の読みどころ。

海外の高級品がオーラを放っていた戦争直後から、百貨店のライセンスビジネスの盛衰、そして巨大ブランドの日本市場戦略の舞台裏まで、丁寧な歴史のフォローも読ませるけれど「ヴィトンの一人勝ち」の秘密がやはりいちばん面白い。日本人は「大勢で見る魔法」が大好きなのだと著者は言う。なるほど、ヴィトンってディズニーランドと同じなんですね。

それでもあなた、やっぱり欲しい?

評・山田登世子(仏文学者)

二〇〇四年五月二三日①

『イラク　大量破壊兵器査察の真実』

社会/国際

ハンス・ブリクス 著
納家政嗣 監修　伊藤真 訳
DHC・二一〇〇円
ISBN9784887243682

果たして「アヒル」はいたのかどうか

アヒルのように歩き、アヒルのようにガアガア鳴けば、それはアヒルだ。米国では、「状況証拠から、真実を類推できる」時のたとえに、そんな表現がよく使われる。

イラク戦争の前、米国は、イラクにはアヒルがいるに違いないと断じていた。イラク軍の動き、イラクの輸入品の内容、イラク政府の秘密主義といった「状況証拠」から、イラクには大量破壊兵器というアヒルがいると、自信たっぷりに類推していた。

だが、このあやふやなアヒル論法に、多くの国、人々は納得しなかった。類推でイラクを断罪し、武力行使に踏み切ることに合点がいかなかった。そこで注目されたのが、国連査察委員会だった。実際にイラクに出向き、アヒルがいるかどうか、事実確認にあたったのである。

本書は、査察委員長を務めたブリクス元スウェーデン外相の回顧録だ。国際政治を素材にした回顧録の命脈は、知の更新を可能にしてくれる秘話や新事実だが、本書も随所で、

「近過去」の記憶の更新に役立つ情報が異彩を放つ。

米英などは、イラクの大量破壊兵器保有を、武力行使の「大義」にした。その根拠がアヒル論法だったが、ブリクス氏は「一つでも決定的な証拠があるなどとは良心にかけて言うことができなかった」と言い切る。

開戦の1カ月前。ブリクス氏は、英国の国連大使の執務室にある盗聴防止機能の付いた電話で、ブレア英首相と協議する。その際、諜報（ちょうほう）機関の情報に頼るブレア首相に、疑問を呈した。「各国が提供してくれた機密情報に感謝はするが、思ったほどの説得力がある情報はなかった」「機密情報に基づいて行った査察のうち、少しでも結果が得られたのはわずかに三例にすぎなかった」「二十五万人もの部隊がイラクに侵攻してほとんど何も見つからなかったとなれば、奇妙でばかげたことになる」

米政府内では最初から、査察による解決など期待せず、武力でサダム・フセイン政権をつぶすしかないとの主戦論が根強かった。これとは対照的に英政府内では、何とか国連を通じた解決の糸口を見いだそうという意見が強かった。

そこでブリクス氏は、イラクに一定の「達成基準」を示し、それをイラクが満たせば、即時開戦という事態を回避するという打開案を、英政府と進める努力をした。開戦の10日前にも、ブレア首相と電話で話し合った。だが、そんな瀬戸際外交も行き詰まり、アヒル論法で武装した米国に引きずられるように、英国も開戦への坂道を転げ落ちていった。

「戦争で最初に犠牲になるのは、『真実』だ」との格言が、冒頭で引用されている。イラク戦争の「出口」を見いだせずに困窮する米国だが、「入口」での誤謬（ごびゅう）が失策ドミノの始まりであることを、本書は如実に物語っている。

（原題、Disarming Iraq）

評・吉田文彦（本社論説委員）

Hans Blix 28年生まれ。前国際原子力機関事務局長。

二〇〇四年五月二十三日❷

『抵抗論 国家からの自由へ』

辺見庸 著

毎日新聞社・一四七〇円

ISBN9784620316758／9784062752503（講談社文庫）

政治／人文

逆らわぬ人々に未来はあるのか

必ずしもその人の主張に同調できるわけではないのに、どうしても目を離すことのできない書き手がいる。

辺見庸はその一人。たぶん最後の一人だ。

本書は、イラク戦争開戦から自衛隊派兵までの、戦後政治の大きな変わり目の時期に発されたエッセイ、インタヴュー、講演録によって編まれている。

劈頭（へきとう）、辺見は「抵抗はなぜ壮大なる反動につりあわないか」と嘆じる。いまどきの「反戦パレード」に同行しての鬱懐（うっかい）だ。この行列の薄ら明るさは何だ。まるで煤（すす）けきった「戦後民主主義」の陰画みたいじゃないか！

挑発である。悪意的なのではない。悪意の避け難さを伝えたいがための挑発。

辺見はいう。ここに「かつてある作家がいった『陰熱』のように、静かに、暗く、くぐもった怒り」はないと。だから人々の跫音（きょうおん）がずんと重く響いて、ふやけた日常の表皮を落剥（らくはく）させることもない。

肝を煎（い）るような焦燥のなかに、清（すが）

しい諦念（ていねん）が揺蕩（たゆた）っているようにみえ、あるいは、その逆のようにも映る。

　また憲法を論じた文章で「国家を訝（いぶか）しむ者が憲法を云々（うんぬん）するのは矛盾するだろうか」と自問する。もちろん辺見は矛盾していない。憲法とは国家に対する縛り、命令であり、国民の自由な行為領域を担保する法典だからだ。別言すれば、憲法は国家への不信の上に成り立っている。

　いわずもがなの自明の理。だが、この国ではこんな当たり前を、眥（まなじり）を決して口にしなければならない。

　辺見の憲法観は正しい。しかし、その正しさは、彼の護憲論の正当を保証するものではない。ここが憲法をめぐる状況の難しいところだ。

　どの文にもただならぬ危機感が漲（みなぎ）っている。にもかかわらず、硬直した印象を与えない。文字面だけみれば確かに悲憤慷慨（ひふんこうがい）なのに、どこか飄逸（ひょういつ）な風情が窺（うかが）える。

　これは現（うつつ）から疎外された夢の話なのかもしれない。だけど、夢あっての現。夢なき「現実主義」は、むしろ現実を傷める。抵抗のない国家が滅びに近づくのも同じ道理。逆説的な憂国の書である。

評・宮崎哲弥（評論家）

へんみ・よう　44年生まれ。作家、元共同通信社記者。著書に『自動起床装置』など。

二〇〇四年五月二三日③

『〈読書国民〉の誕生　明治30年代の活字メディアと読書文化』

永嶺重敏 著

日本エディタースクール出版部・二九四〇円
ISBN9784888883405

文芸／社会

目から鱗、「想像の共同体」形成の歴史

　この欄の読者には、本好きが多いにちがいない。幸い、本をインターネットで注文し、全国どこにでも送ってもらえる便利な時代になった。読者にとっても読書という営みにとっても、一見日本は狭くなった。だが、大きな書店がそばにない読者には、新刊本を直接手にとって選ぶチャンスは依然、乏しい。読者にとって、距離の問題はなかなか超え難い。

　こういう距離感を多くの読書人が縮めたいと感じるようになったのは、裏返せば、均質的な読書の時空間が生まれたこと、即（すなわ）ち本書のいう〈読書国民〉の誕生による。日本中、どこに住んでいようと、どんな人だろうと、中央で発行された本や新聞を「同時的に」読むようになる。そういう時代は、いつごろ、どうやって始まったのか。活字を読むことを通して成立した日本という「想像の共同体」の形成を、１００年前にさかのぼって明らかにする。つまりは、〈読書国民〉誕生の歴史を繙（ひもと）くのが本書のテーマである。

　鉄道網の発達が活字文化の伝達速度を上げた話、「通信制図書館」など知識を地方に伝えるための郵便利用による本の流通の話、地方改良運動の下での図書館の普及の話など、活字文化の全国化がどのように進んだのかがよくわかる。

　なかでも興味深いのは、汽車や汽船の発達により移動中の読書が可能になったことをめぐるエピソードの数々である。音読習慣を身につけた人たちが、駅や車中で朗々と声を上げて本や新聞を読む。さぞや迷惑だったろう。声に出して日本語が読まれなくなったのも、公共的な読書空間の成立と関係する。また、車中読書は、どんな本や新聞を読んでいるかが見知らぬ他人に知られる、読書の可視化をもたらしたという。そして、一、二等車には専用図書室がついていたという指摘は、戦前の読書国民が階層化されていた事実を浮き彫りにする。「目から鱗（うろこ）」の連続である。

　どんな本が読むに値するか。読書国民の誕生から一世紀経（た）った今でも、本を手にとれない読者にとって、距離を埋めるのは有益な情報であろう。この書評欄もその一端を担っていると思いたい。

評・苅谷剛彦（東京大学教授）

ながみね・しげとし　55年生まれ。東京大学史料編纂所図書室勤務。

二〇〇四年五月二三日④

『洋裁の時代　日本人の衣服革命』

小泉和子 編著

OM出版発行、農文協発売・二八〇〇円
ISBN9784540031564　アート・ファッション・芸能／社会

女性はミシンを踏み内職に勤しんだ

私の母は、昭和二〇年代の末頃から、ピカピカ光るミシンを踏み、私たち五人の子供の洋服を作ってくれた。下着から高校の制服まで手作りだった。幼心に既製服を買えないからだと思っていたが、世は挙げて、洋裁の時代だったのだ。

そしてかくいう私も洋裁を習っていた。商店街で宣伝していたジグザグミシンが欲しかったが、母のミシンを踏んで、一時期、大概の洋服は自分で縫った。でも結婚の時はミシンを持って行かなかった。この本を読んでいるとこうした記憶の理由が分かってくる。「洋服の時代」でないところがミソだ。

生活史研究家の小泉和子は、戦後建った東京・久が原の実家を「昭和の歴史博物館」として公開している。開館以来毎年、ユニークな企画展を行い、好評を博しているが、そのひとつ、「洋裁の時代」の図録を再構成したのが本書である。

洋服は明治維新前後に入ってきたが、女性達がこぞって洋服を着始めたのは、ようやく戦後のこと。昭和五〇年代には、老いも若きも殆（ほとん）ど洋装になった。何故にこれほど洋服が普及したのか？　その経緯を、戦後の女性労働やアパレル産業の展開と絡めて丁寧に検証する。そこには大きな理由がいくつかあった。

戦災で衣服を失った人々は、とりあえず何か着なければならない。戦後の混乱を乗り切るには、活動的な衣服が必要だった。もんぺに慣れていたことが、和服を脱ぎ捨てる決心をさせた。しかし洋服を着るといっても、売っていない。既製服も、オーダーメイドも、庶民の感覚ではなかった。そこにミシンの普及があった。月賦でミシンを購入した妻達、未亡人達は、洋裁を習い、ミシンを踏んで内職に勤（いそ）しんだ。

ミシンは、昭和三〇年代には都市部で七五パーセントの普及率となった。そして四四年、家庭用ミシンの生産量はピークを迎える。以後は既製服の時代となるのだが、こうした女性達が係（かか）わった衣服革命の経緯を都市・農村部を含めた聞き取り調査や、多くの写真資料で裏付けて、セピア色に染まった戦後が、透けて見える懐かしさがある。

評・武田佐知子（大阪外国語大学教授）

こいずみ・かずこ　33年生まれ。京都女子大学教授。著書に『和家具』など。

二〇〇四年五月二三日⑤

『一海知義の漢詩道場』

一海知義 編

岩波書店・二九四〇円
ISBN9784000221399　文芸

漢詩の魅力をユーモアを交えて示す

中国・南宋時代に、陸游（りくゆう）という漢詩人がいた。憂国の詩を詠み、日常の哀歓を歌った。ここに、その陸游を読む会がある。半解先生こと一海知義さんを師と仰ぐ面々は、主婦一人を含む、多くが大学の研究者。専門外のメンバーもいる。皆、漢詩の魅力にとりつかれた人たちだ。

本書は、彼ら弟子たちが、毎回、一編ずつの読解に挑み、師に誤読や曖昧（あいまい）さを追及されながら、次第に深い読解へと、導かれていく記録である。

漢詩はあくまでも外国の古典詩。同じ漢字だからと思い込みで読んでいくと、詩の核はいつまでも固いまま。そういうもどかしさが先生の一言で、氷解していく面白さがある。

「春雨復寒遣懐」という詩では、「堂堂」や「在」が議論の的に。

師曰（いわ）く。「確かに堂堂を辞書で引くと『公然と、堂々と』とあるんやが、そのままではわかったようでわからんのとちがうか。実は、陸游は堂堂という言葉をよう使うてる。それらの用例を見てみると、人力の及ばぬことを言う場合が多いんや。（去実堂堂は）月日は人の力ではどうしようもなく流れていく、そういうニュアンスを表す言葉やで」

　また、師曰く。「この『在』はただ『ある』という意味ではなくて、『もとの場所にそのままある』という意味や」。「国破れて山河在り」の「在り」も然（しか）り。

　今、漢詩は、難しい古典として敬遠され、そうでなければ趣味のものとして、狭い世界でひっそりと創（つく）られている。

　漱石が素晴らしい漢詩を数多く残したように、明治期まで、漢詩・漢学は、知識人たちの共通の教養だった。江戸時代後期には、江馬細香（えまさいこう）など、何人もの女性の漢詩人まで出たのに、あの水脈は一体、どこで途切れてしまったんだろう。

　ひとつの漢詩を読む際には、古い用例や典故を参照し、詩の背景を知り、言葉ひとつひとつを根気よく吟味しなければならない。時間も忍耐も必要だ。それを踏まえたうえで、漢詩の読み方とその魅力を、ユーモアを交えて簡潔に見せてくれる本書は、陸游の、そして漢詩の世界の、恰好（かっこう）の入門書になるだろう。

評・小池昌代（詩人）

いっかい・ともよし　29年生まれ。神戸大学名誉教授（中国文学）。著書に『漢詩入門』など。

二〇〇四年五月二三日❻

『文学賞メッタ斬り！』

大森望、豊崎由美 著

PARCO出版・一六八〇円

ISBN9784891946821／9784480424136（ちくま文庫）

文芸

それでも、とりあえずもらっちゃうな

　大森望・豊崎由美という希代の「本読み」（変な言葉だけど、このお二人にはぴったり）が、いま存在している、数え切れないほどたくさんの文学賞のあれこれについて、100時間以上も熱く語り合った「オール・ザット・ブンガクショー！」というか、そういう本。

　あとがきで、豊崎さんも「……もっ、なぁーんも話したくないし、考えたくないし、書きたくないし、文学賞のことに関してはっ」と書いていらっしゃるけど、読んでるこっちもお腹（なか）が一杯です。

　お二人は、あらゆる「文学賞」を横断して「あの人のあの作品の評価がおかしい！」とか「あの選考委員の選評を読んだけど、ぜんぜんわかってない！」とか「この賞はほとんど意味がない」とかいっていて、はっきり申し上げて、ぼくもほとんど同意見ですけど、それ以上の詳しい発言は差し控えさせていただきます。

　でも、なんで、こんなにたくさん賞があるんでしょう。よくわからないんですけど、お二人のいうように、少なくとも読者のためじゃなさそうですねえ。

「豊崎　乱歩賞は偏差値六十くらいの新人賞。有名一流私立大学に入れるくらいの才能があるんです。……。
大森　メフィスト賞が一芸入試の大学でね。
豊崎　そうそう、あれは、けん玉日本一みたいな感じ（笑）。……。乱歩賞はセンター入試かな。
大森　じゃあ、国立大学でしょう。
豊崎　そっかー。受けるからにはまんべんなく九教科、保健体育までカバーしてほしい、みたいな（笑）」

　新人賞が大学入試だとしたら、他の賞はなんですかね。「日本文学株式会社」の辞令みたいなものですか。「×××　右の者　本日をもって課長に任ず」とか。入試に辞令、どっちも文学とはなんの関係もないじゃないかと思われるかもしれませんが、その通りなんですよ。

　ですから、文学賞って聞いても、別に有難（ありがた）がらずに、「あっそう」と適当に相槌（あいづち）をうっておけばいいんじゃないですか。

　でも、あげるよといわれたら、とりあえずもらっちゃいますけど。

評・高橋源一郎（作家）

おおもり・のぞみ　61年生まれ。SF翻訳者。
とよざき・ゆみ　61年生まれ。ライター。

二〇〇四年五月二三日⑦　文芸

『病猪の散歩』

前登志夫 著

NHK出版・一五七五円

ISBN9784140161241

著者は大和・吉野の「山住み」のなかで、身辺にある樹叢（じゅそう）や山河を彷徨（ほうこう）、またそれらと対話しつつ優れた短歌を詠み続けてきた。

その著者が乱れる世と自身の老いへの屈託を幾分（いくぶん）韜晦（とうかい）しつつ自らを「病猪（やみじし）」と名づけ、山住みの日々の想念をつづる。それは歌に関する随感の形をとりながら、己の作品のもととなる歌想の種子を採取する散策であり、さらには一首一首をつくりあげてゆく過程のような趣もある。

その想念のなかに、時折柿本人麻呂や藤原定家、西行、さらには柳田国男らが去来し、過去と現在を往還しつつ吉野の歴史や花や、あるいはその風土と土俗におもいを馳（は）せる。

それを著者の言葉で言えば「抗（あらが）い難いいまの世の権力構造に対峙（たいじ）する、その土地やその文化の怒り」であり、そうした想念の散策こそが病猪の「病める魂を治癒する」とも言う。

山ごもりをする一つの詩精神の呟（つぶや）きに耳を傾けたくなる一冊である。

評・前川佐重郎（歌人）

二〇〇四年五月二三日⑧　社会／国際

『バスクとバスク人』

渡部哲郎 著

平凡社新書・八一九円

ISBN9784582852219

スペイン・フランスに跨（またが）る小地域に閉じ籠（こも）り、頑迷固陋（がんめいころう）に伝統を守ろうとしてきたバスク人。近年では、過激なテロ活動でマスコミを賑（にぎ）わすことの多いこの「謎の民族」について、できるかぎり広い歴史的見地から、言語・経済・独立運動などを主要テーマに冷静に見直してみよう、という問題提起の書である。

とりわけ興味深い指摘は、バスク人はけっして内閉的ではなく、海外に雄飛して才知を発揮し、スペインでも鉄鋼業・金融業で経済発展を牽引（けんいん）してきたこと、現在注目を集めるグッゲンハイム・ビルバオ美術館やモンドラゴン協同組合の成功などにも、その開放的傾向が生かされていること、さらにその際、「家」のネットワークが支点になってきたことである。捕鯨やキリスト教布教など、日本とのつながりが意外と深いのも、嬉（うれ）しい驚きだ。

敢（あ）えてナショナリズムの眼鏡を外して少数民族の歴史と社会を語ろうとする著者の態度は、好感が持てる。

評・池上俊一（東京大学教授）

二〇〇四年五月二三日⑨　アート・ファッション・芸能

『シネマの快楽に酔いしれて』

加納とも枝 著

清流出版・一四七〇円

ISBN9784860290733

著者は、映画ファンに名高い新宿のジャズ喫茶「スマイル」の名物店主。

料理好きの主婦業と、深夜におよぶ営業をこなしながら、ハリウッド映画から、日本内外の学生映画祭まで、「かますの干物とおしょう油とお父ちゃんのクリーニングのワイシャツをお供にして」でも映画館へと通う。その映画への愛と記憶は、筋金いりの映画批評家たちにも一目おかれる。

本書は彼女の初めての著作で、娼婦（しょうふ）もの、「年上の女」もの、好きな役者、ベルトルッチにジャン・ヴィゴと、映画について縦横に語りながら、随所に彼女の人生が顔を出す。だがそこには、批評の硬直も人生論の偽善もなくて、ただ映画のおしゃべりの喜び（そして人生の哀〈かな〉しみ）がある。

「お酒は、心で飲んで頭で味わうもの。酒のある限り、映画のある限り、この二本立で行きたいと思います。私の人生の、ジ・エンドまで」

こう書いた加納さんは昨年、膵臓（すいぞう）がんで亡くなった。

評・中条省平（学習院大学教授）

二〇〇四年五月二三日⑩

『われらの悲しみを平和への一歩に』

D・ポトーティとピースフル・トゥモロウズ 著
梶原寿 訳
岩波書店・二五二〇円
ISBN9784000026482
社会

本書は、米国での9・11同時多発テロで肉親を失った人々が、その死を戦争の口実に使わないでほしいという一念で、家族会の「ピースフル・トゥモロウズ」（平和な明日）を結成、戦争に代わる別の道を求めて活動した、ひたむきな道程の全開示である。

足もとからはじまり、アフガニスタン、イラクへと活動は広がり、02年にはヒロシマで日本の被爆者と手をにぎりあった。

著者のデイビッド・ポトーティ（兄を失ったジャーナリスト）らは、自分たちが変わることで、世界に変化が起こりはじめることをめざした。その変化を証明するメンバーの手記は、迫力満点。一方、会に対する悪罵（あくば）のメールも届く。それも公平に収録して、懐の深さを見せる。

白眉（はくび）は、メンバー3人が市民的不服従運動のデモの先頭に立ち、戦争をやめさせるため自ら進んで逮捕されるシーン。内心の自由に従って生きる姿のすがすがしさ。

評・増田れい子（エッセイスト）

二〇〇四年五月三〇日❶

『パレオマニア　大英博物館からの13の旅』

池澤夏樹 著
集英社インターナショナル・二六二五円
ISBN9784797670950／9784087463453（集英社文庫）
歴史／アート・ファッション・芸能

「古代妄想狂」の男がたどる文明の旅

なんとまあ優雅で壮大な旅の記録であろうか。「優雅」と「壮大」は通常並び立たない形容だが、この旅行記では両者が渾然（こんぜん）と溶け合い、一種浮世離れした世界を見せてくれる。

「パレオマニア」は著者の造語である。「パレオ」（いにしえなるもの）への熱狂、すなわち「古代妄想狂」。主人公の「男」は、たとえば本書の表紙に写真が使われている、大英博物館の小さな展示物にずっと心奪われてきた。何というそのエレガントな愛らしさ（！）。ところが、この金や貝でできた牡山羊の像は、いまから四千六百年も前にメソポタミアで作られたものなのだ。そこで男は思う、この像が発掘されたイラクの遺跡に行ってみよう、と。

こんなふうにしてロンドンの大英博物館とギリシャやエジプトやインドなどの遺跡を往還しつつ、男が深めていく思いは、なんだ、古代にすべては完成していたではないか、というものだ。あとは拡大再生産のみ。いや、生活の質と幸福感を比べれば、明らかに古代のほうが上としか思えない。とするなら、私たちが信じてきた「文明」やら「発展」やらは何だったのか。エジプトともメソポタミアとも無関係なメキシコ・アステカの遺跡に、同じようなピラミッドが築かれている人類共通の指向性に感心する一方で、男は「いったい何のために我々は石を積んだのか」と廃墟（はいきょ）に問い掛けるのだ。

私は、本書を三分の一ほど読み終えたとき、著者がこの果てしない旅の着地点をどこに置くのか、ひとごとながら心配になった。「古代妄想」にしても、あまりに間口を広げすぎたように感じられたからだ。しかし、まったく思いもよらない土地に、着地点は用意されている。答えだけ明かせば、それはカナダとオーストラリアで、古代文明とは縁もゆかりもなさそうだが、そこに至る過程が巧みに織り込まれているので、読者は、主人公の思考の到達点に、心地よくいざなわれていくことだろう。

私は、本書を文明論からのみ紹介してきたきらいがあるけれど、旅先での珍事、よき人々との出会い、おいしい食事に、胸ふるわす大自然のパノラマと、紀行文としての読みどころは満載されている。

これからお読みになる方にひとことご注意申し上げると、ご自分の興味のある遺跡のページを抜き読みされることだけはおやめになったほうがいい。私はついつい韓国やカンボジアの章から先に目を通して、ひどく後悔した。ここは「男」に同行して、順番に遺跡巡りを楽しもう。男の深まりゆく思索とともに、四千六百年のときを超えていまなお私たちを魅了する作品を作りながら、名前は一切残さなかった、かのメソポタミアの作者ら古代のアーティストたちにおそらく敬意を表して、「私」ではなく「男」とした著者の真意も伝わってこよう。

評・野村進（ジャーナリスト・拓殖大学教授）

いけざわ・なつき 45年生まれ。作家。近作に『静かな大地』『風がページを……』。

二〇〇四年五月三〇日③

『あなたのマンションが廃墟になる日』

経済

山岡淳一郎 著

草思社・一八九〇円

ISBN9784794212993

建て替え誘導施策からの脱皮を説く

高度成長期以降に建てられた多くのコンクリート構造物の寿命が、極端に短くなっている。橋梁（きょうりょう）などのひび割れ事故が相次いでいるが、人ごとでないのが集合住宅。団地やマンションの平均リサイクル年数は「築後三十年」、現在二十七万戸がその圏内にあり、七年後には百万戸に達するという。それだけの住居が漏水や雨漏り、コンクリの剥落（はくらく）や鉄筋の腐食などの老朽化に苛（さいな）まれるのだ。木造建築の法隆寺が健在であることを思えば、作為を感じさせる異常さである。

対策の選択肢は建て替えか改修だが、日本では前者が推進されてきた。建て替えて高層化し、戸数増加分を再建費に充てれば、無償で広く新しい部屋をもらえたからだ。だがそれには、右肩上がりの土地神話が前提となる。地価が下がり新規分が売れなければ、ローンを完済したはずの「終（つい）の棲家（すみか）」に、再建や仮住まい、引っ越しの追加費用が数百万円もかかる。対策が住民間で合意されないと、建て替えも改修もままならぬまま、住まいは廃墟（はいきょ）と化していく。稲毛ニュータウンや震災後の神戸のエピソードには、息が詰まる。

著者は問題の本質が日本のスクラップ・アンド・ビルド体質にあると喝破し、土地を投機により転がす政財官の企（たくら）みを暴き出す。ディベロッパーにとって建て替えは金の成る木。法務省は、建て直しが促進されるよう区分所有法を改訂した。容積率の規制緩和と高層化は景気対策である。構造改革は政財官の癒着を切り離すと謳（うた）われたが、むしろ建て替え体質は強化されている。震災の被災者にまで建て替えの好機と煽（あお）るのは、浅ましいとしか言いようがあるまい。

対照的に欧米では上ものの改修が当たり前で、土地は共有物とみなされ、長期の定期借地権制度も定着している。日本でもそうした流れを受け、マンション管理の京都方式や費用が建て替えの五～六割ですむリファイン建築が現れた。そうした事例がせめてもの救いだ。

住居を土地投機にさらすと、「暮らし」も漂流し始める。日本社会の虚（むな）しさを描く快作ノンフィクションだ。

評・松原隆一郎（東京大学教授）

やまおか・じゅんいちろう 59年生まれ。ノンフィクション作家。著書に『ボクサー回流』など。

二〇〇四年五月三〇日④

『徴候・記憶・外傷』

中井久夫 著

みすず書房・三九九〇円
ISBN9784622070740

科学・生物／医学・福祉

豊かなる生 予感や余韻に耳をすまして

高名な精神医学者である著者は、心的外傷後ストレス障害や統合失調症の治療のなかで、患者が虫の知らせを聴くことの重要性を発見する。虫の知らせとは、この世界にみちる予感や余韻のことだ。

予感は未来へむかう。なにかの徴候が明確に現れる前の、プレ徴候ともいうべきもの。一方、余韻は過去から来る。かつて確かに存在したものの残響、残り香。この余韻がもっと明らかな形をとって、過去からなにかを引きだす手がかりになれば、それは索引と呼ばれる。私たちの生は、予感と徴候、余韻と索引につつまれて、はじめて豊かなものになる。

精神医学は、予感と徴候、余韻と索引の語るものに耳をすますことである。演繹（えんえき）と帰納による「科学の知」だけに頼るのではなく、ささいな足跡や草の倒れた跡から獣の通り道を読みとる狩人の「徴候の知」を活用することなのだ。

逆に、精神疾患は、徴候や索引を感じる能力の歪（ゆが）みとして表れる。たとえば、外傷性記憶は非文脈的に突発する。この場合の文脈とは、記憶に引きだし可能な索引が十分についていて、その索引の活用によって自己史が連続したものとして感じとれることを意味している。

ところが、外傷性記憶は、そうした文脈（索引のネットワーク）に組みこまれない異物だから、苦痛のもとになる。したがって、つらい記憶を自己史という索引のネットワークに組みこんでやることができれば、病は軽くなる。

「索引の多さはその人の生の豊かさと関連する」。なんと含蓄の深い言葉だろう！　索引とは、『失われた時を求めて』のマドレーヌ菓子のように、巨大な記憶の世界を開く入り口なのだ。

それでは徴候はどうだろうか？　言語をもっぱら徴候として用いることが詩だと著者はいう。徴候は未知の世界を開くものだから、詩は多少は難解になる。そういえば、中井久夫は、ヴァレリーやカヴァフィスの難解な詩の、卓越した翻訳者であり、解釈者であった。

精神医学の先端をゆく思索から、人生の奥深さを教える知恵がにじみでる。読めば読むほど味わい深い一冊である。

評・中条省平（学習院大学教授）

なかい・ひさお　34年生まれ。神戸大名誉教授。精神科医。著書に『清陰星雨』など。

二〇〇四年五月三〇日⑤

『負ける建築』

隈研吾 著

岩波書店・二三一〇円
ISBN9784000021593

アート・ファッション・芸能

建築の「強さ」とことん検証の評論集

タイトルを見て、安藤忠雄の『連戦連敗』という講義録の二番煎（せん）じかとおもった。いちばん強そうにみえる人が「敗退」の意味をかみしめる、そんな本かなともおもった。

ところが読みはじめるとじつは逆さで、「強さ」という、建築に対してだれもが抱いているイメージを建築の現場からとことん検証する、なかなかに強面（こわもて）の評論集なのである。

いちばんあたりまえのこと、もっとも基本的なことから、論を起こすところがいい。建築が並はずれて大きいこと、大量の物質を浪費すること、そして建ったものは取り返しがつかないこと。

阪神・淡路大震災、オウムのテロ、そして九・一一。三つの事件にこの建築家は震撼（しんかん）させられた。地震は「持ち家政策」という、建設事業の根本を揺るがした。サティアンはこれまでのいかなる壮麗な宗教建築とも似ていなかった。九・一一は、高く積み上げたものが脆（もろ）いという、あたりまえの事実を突きつけた。高く積み上げる途とは別の途はないのか。「象徴にも、視覚にも依存せず、私有という欲望にも依存しない」建築とは何か。この問いが、ここ十年、建築家の頭のなかで疼（うず）いていた。

オフィスビルが都市建築の主流となった経緯、透明な建築の流行、市民参加のプロセス導入という理念のいかがわしさ、デジタルな設計プロセスの功罪、セキュリティーという名の空間閉鎖、そしてなによりも「景気のドン底に、もっともお呼びでない超大型建築ができる」というちぐはぐさ、つまりは建築の「遅延」の原因。そんなテーマが、ちょっと立ち止まらせてくれよと言いたくなるくらいに颯爽（さっそう）と論じられる。

批評の人なんだとおもう。戦後建築史における丹下健三（モダニズムの巨匠）と村野藤吾（マルクス読みの数寄屋好み）・内田祥哉（建築の民主主義）という二極性の吟味、銀座四丁目角という都心中の都心にせせこましく立つガラス・ビルの「悲しさ」への問い、ブランドという視点からする安藤忠雄の仕事の解読などに、とくに味がある。

評・鷲田清一（大阪大学教授）

くま・けんご　54年生まれ。建築家、慶応大教授。著書に『新・建築入門』など。

二〇〇四年五月三〇日⑥

『犬は勘定に入れません　あるいは、消えたヴィクトリア朝花瓶の謎』

コニー・ウィリス 著　大森望 訳

早川書房・二九四〇円
ISBN9784152085535／9784150117078（ハヤカワ文庫〈上〉）・9784150117085（〈下〉）

文芸

おおらかな時代へのタイムトラベル

タイムトラベルもののSFであり、ミステリーである。

ではあるが、血湧（わ）き肉躍る活劇があるわけではない。悪い奴（やつ）も出てこない。ミステリーの第一条件は殺人があること、と言った人がいるけれど、本書では誰一人殺されない。それでいて、かなりの長編なのに楽々と読め、読後感は愉快だ。快作と表現したい。

二〇五七年の英国が舞台である。二十一世紀の初頭（つまり今ごろ）、死亡率のきわめて高い新型インフルエンザが世界的に大流行して人口は激減（かわいそうに猫は絶滅）し、文明は停滞しているという設定。第二次大戦の空襲で焼失した大聖堂の復元計画があり、それに欠かせないのが聖堂内にあったはずの花瓶なのだが、杳（よう）として行方が知れない。主人公のオックスフォード史学科大学院生は、花瓶を求めタイムマシンで十九世紀へと旅する。

実は紙幅の大半はこのヴィクトリア朝を舞台としたお話に割かれていて、だからどこか歴史小説の趣もある。読んでさわやかなのは、おおらかで落ち着いた時代を、ゆったりとした筆致で描いたことにあるのだろう。恋模様一つとっても、品がよく優しいのだ。もちろん筋書きもなかなかに巧みで楽しめる。

話は変わるが、ユーモアの本場は英国ということになっていて、本場にふさわしい小説といえば『ボートの三人男』（ジェローム・K・ジェローム作）がリストの上位に必ず挙がる。退屈と気鬱（きうつ）にとりつかれた男が、悪友二人に愛犬を加えヴィクトリア朝のロンドン郊外からテムズ川を手こぎボートで遡（さかのぼ）る珍道中を書き、一八八九年に発表された。

その副題「犬は勘定に入れません」をそっくり頂いたのが本書で、各章冒頭のスタイルも「三人男」を模し、主人公の院生が川旅を楽しむ三人男と犬に出会う場面も、ちゃんと用意されている。下敷きにジェロームを使うとは、誰も思いつかなかった小憎らしい知恵、手柄。これが効果的だった。

私、懐かしくて本家（丸谷才一訳、中公文庫）も読み返した。傑作である。

評・栗田亘（コラムニスト）

（原題、To Say Nothing of the Dog）

Connie Willis　45年生まれ。作家。著書に『ドゥームズデイ・ブック』など。

二〇〇四年五月三〇日⑦

『輝け！いのちの授業』

大瀬敏昭 著

小学館・一七八五円
ISBN9784098373642

社会

「明るく元気を標榜（ひょうぼう）しない」学校。無理に元気を求めるより、「『しっとり』とした環境の中で『さりげない優しさ』をもった子ども」を育てたい。そういう願いで茅ケ崎市立浜之郷小学校を創（つく）ってきた校長、大瀬敏昭さんの最後の著書。

「命のつながりや重さを子どもたちにどのように伝えていけばよいのか」。末期癌（がん）の自分を直視しながら、「いのちの授業」を、教師や子どもと創（つく）りあげていった実践の記録である。

「教師の『伝えたいもの』が強くあるとき、子どもの内面に何かの変化がおき、本当に大事なものとなって心にしまい込まれていく」。それを準備する周到な教材研究と教師間の綿密な討議を経て、教師と子どもが、それぞれに大切な「小さな物語」を紡ぎ出す瞬間が、授業に訪れる。

伝えたいものを伝えるために教師と学校にできること――この本を通して残してくれた、大瀬さんの「わすれられないおくりもの」を大切にしたい。

評・苅谷剛彦（東京大学教授）

二〇〇四年五月三〇日⑧

『アマゾンとアンデスにおける一植物学者の手記　上・下』

R・スプルース 著　A・R・ウォレス 編
長沢純夫、大曽根静香 訳

築地書館・各六三〇〇円
ISBN9784806712848〈上〉・9784806712855〈下〉

科学・生物

十九世紀、大航海時代に未踏の地を旅した自然科学者たちの探検記は「文明」対「野蛮」という二元論的世界観に大きな影響を与えた。ダーウィン、ダーウィン進化論に重大なヒントを与えたウォレス、そして、ウォレスに続き南米を旅したスプルースもその一人。

本書は、三万以上の新種の標本を作り、マラリアの特効薬とされたアカキナノキをインドへ移植するなど、植物学と植民政策に貢献した彼の約十五年にわたる旅の記録を親友ウォレスが編集した大著である。

熱病にうなされたり、戦争や地震に遭遇したりと困難は続くが、底なしの好奇心が日々を支える。自分を含む白人への批評眼は最後まで冷静だ。先住民を奴隷にする白人に対しては、「『野蛮人』という言葉は、戦争ゲームに興じるこれらキリスト教民族にこそあたえられるべき」と書く。

遺伝資源の宝庫として注目される地域を再認識する手がかりとなるだろう。

評・最相葉月（ノンフィクションライター）

二〇〇四年五月三〇日⑨

『イラク戦争と明日の世界』

ツヴェタン・トドロフ 著　大谷尚文 訳

法政大学出版局・一五七五円
ISBN9784588622045

政治／国際

著者はブルガリア出身でフランスで活動する世界的な知識人。記号学から出発して、文学批評や人類学など幅広い著作がある。

アメリカ外交批判の書だが、著名人のありきたりの批判ではない。前半のイラク戦争批判はいささか平凡だが、後半に向かうにつれて著者の所論は深みを増していく。テロとの戦いでは共感と支持を勝ち取ることが決定的に重要であり、力に頼る「帝国による平和」は不可能である。しかし、力を持たない正義は無力であり、国際政治では国家のみが力をもっているから、「法による平和」もまた実現しない。

望ましい選択肢は、国際関係を「友と敵」の二元論でとらえるのではなく、多元性を認めることであり、大国間に力の均衡が存在する状態である。そのためにヨーロッパは共同防衛のための軍事力を備えた「静かなる大国」になる必要がある、という結論は首尾一貫しており、責任感ある知識人の矜持（きょうじ）を感じさせる。

評・中西寛（京都大学教授）

二〇〇四年五月三〇日⑩

『爺さんになれたぞ！』

高木護 著
影書房・二二〇〇円
ISBN9784877143138

文芸

朝は三時に起きる。時間をかけてのんびり、横浜の自宅から都内の仕事場へ。七時頃仕事場に着くが、仕事らしい仕事はしない。昼になると近くの食堂で焼酎のお湯割り三杯。夕食はさすがに粥（かゆ）か雑炊。

戦後六十年放浪を続けてきた詩人が、七十歳を越えて「爺（じい）さん」になった。爺さんは放浪生活で欲気も脂気（あぶらけ）もすっかり脱落しているから仙人に近い。仙人も達人になると深山幽谷にではなく、都会のド真ん中に生きているのだ。

なんの役にも立たない爺さんはだんだん世間の目から見えなくなってしまう。あげくは、ことばだけになって爺さんの「生活と意見」が放浪の日々に出会った坊さんや忍者や、かと思うと無銭飲食常習詐欺師や山中おこもりのご同類の思い出とともに語り出される。羽化登仙（うかとうせん）の足跡一歩一歩にことばの蓮華（れんげ）が咲く。

「これといった者になれなくても、爺さんになれたら、それでよいではないか」

評・種村季弘（評論家）

二〇〇四年六月六日①

『ぼくとガモフと遺伝情報』

ジェイムズ・D・ワトソン 著　大貫昌子 訳
白揚社・三〇四五円
ISBN9784826901178

科学・生物

天才科学者だって生身の人間なのだ

本書を手にしたら、まず巻末のガモフの手紙を見てほしい。たどたどしい手書きの文字と、達者なイラストを見てほしい。英語が苦手な人も、少しは文章を読んでほしい（もちろん日本語訳もついているが）。それだけで、本書の価値を十分に感じ取れるはずだ。

もっともそれは、「あのガモフが……」という感慨があればこそだ。宇宙の始まりのビッグバンの証拠となる背景放射を予言するなど、宇宙論で大活躍しただけでなく、「トムキンス」シリーズでユーモアたっぷりに相対論や量子論を解説したベストセラー作家のあのガモフだ。そのガモフが、遺伝子の問題に取り組み、著者に二十二通の手紙を送っている。大半は研究仲間のためのネクタイのデザインなど、たわいのない内容だ。それがまた、このいたずら好きの巨漢の本性が出ていて好もしい。

著者のワトソンは、一九五三年にクリックと共にDNAの二重らせん構造を発見し、六二年には三十四歳でノーベル賞に輝いた大御所だ。発見までの息詰まる展開は前著『二重らせん』で書いており、本書はそれからノーベル賞に到（いた）るまでの取りとめもない身辺雑記だ。格別に文章がうまくもなく、劇的展開に興奮することもない。それでも読み進める私の心は、「ホーッ！」「ホーッ！」と感嘆の声を上げ続けた。

まず、登場人物のほとんどが、ノーベル賞級の有名人なのだ。その彼らが、科学史では絶対に語られることがない、あられもない私生活をさらしている。ガモフをはじめとする多くの結婚生活の破綻（はたん）が語られている。もちろん不倫もある！　二重らせん構造発見の先陣争いをしたポーリングの息子ピーターのプレイボーイぶりや、女子大生を孕（はら）ませて退学になったエピソードがある。ごていねいにも、そのピーターが被害者代表として本書の推薦文を書いている。

前著『二重らせん』のときには、長年の盟友クリックが烈火のごとく怒って、出版差し止めをせまった話は有名だ。本書でも、著者は多くの友人を失っただろう。そんなことを意にも介せず、我々の次元の低いのぞき見的な好奇心を満たしてくれているのがことのほか嬉（うれ）しい。

ストーリーの一方の軸は科学だ。DNA構造が解明された後、今度はそれがどういうメカニズムで生きた細胞の働き手であるたんぱく質の言語に翻訳されるかの発見レースだ。ガモフが最初の仮説を提示し、RNA（リボ核酸）がその鍵を握っているという著者らの直感が次第に裏付けられていくプロセスが面白い。

もう一方の軸は、著者の伴侶さがしだ。恋人の気まぐれに一喜一憂しつつ、他の多くの女性と不器用なデートを重ねる。念願かなって恋人と旅行にでかけたものの、二晩にわたって不首尾に終わったりする。あたり前のことだが、天才も生身の人間だと実感させてくれる一冊だ。

（原題、Genes,Girls,and Gamow）

評・天外伺朗（作家）

James D. Watson　28年生まれ。DNA二重らせん構造を発見した米国の生物学者。

二〇〇四年六月六日❷　経済

『戦略的金融システムの創造　「1930年代モデル」の終焉とその後にくるもの』

内藤純一 著

中公叢書・二三一〇円

ISBN9784120035197

金融の不安定性を解き、隔離策を構想

九〇年代以降、日本経済の不振にかんする説明や処方箋（せん）が次々に現れた。財政拡大、構造改革、リフレーション政策などだが、いずれも問題をややこしくしただけではなかったか。

不良債権処理論は引当金の積み増しを要請したものの、新規の不良債権が発生し続けた。金融を自由化すれば自己責任原則が貫徹され、ダメな銀行が淘汰（とうた）されるかのように言われたが、むしろウミは広がり金融危機を招いて、公的資金の注入を余儀なくされた。日銀が金融緩和に躍起になったところで、企業向け貸し出しと物価は冷え込むばかりだった。

これらの例では、「金融」が焦点となっている。とすれば、これらは金融の理解において、根本的な勘違いを含んでいるのではないか。そう考えていたところ、やっと腑（ふ）に落ちる解説に出会えた。それが財務官僚として金融危機の現場をくぐり、スティグリッツらの『新しい金融論』（東京大学出版会）の訳者でもある内藤氏の手になる本書だ。

金融にかんする様々な規制（一九三〇年代モデル）のもとで株式の持ち合いや土地神話が生まれたが、金融自由化とともにそれら資産の削減過程（デフレ）が始動して、自己資本比率の低下に襲われた銀行は貸し渋り、企業も融資をつなぎ留めるべく債務返済に努めた、それが不況の実態だったというのである。

ではなぜ自由化のもとで経済が不安定化したのか。スティグリッツによれば、銀行が貸し出しを通じて信用創造を行うのが現代の経済であり、しかし企業の情報は非対称にしか知られないから、危機において信用は割り当てられ、収縮してしまう（貸し渋り）。金融にかんする俗説は、倒産リスクと一体化した信用ではなく、安全な貨幣に注目するから間違っているのだ、と。

では資産デフレはなぜ始まりどこまで続くのか。その点は、本書でも解明されない。需給の均衡という経済学の論理では語れないからだろう。代わりに、自由化によって破壊された金融システムを建て直し、信用創造を決済から隔離するナローバンク構想が提示されている。

評・松原隆一郎（東京大学教授）

ないとう・じゅんいち　51年生まれ。大蔵省で金融行政を担当。財務省東海財務局長。

二〇〇四年六月六日③

『死を生きながら　イスラエル1993－2003』

デイヴィッド・グロスマン 著　二木麻里 訳

みすず書房・二九四〇円
ISBN9784622070900

社会／国際

書くことで理性と希望をつなぎ留める

「今日のテロって、もう起きたの？」朝、目を覚ました十一歳の息子にそう尋ねられたら、親はどう答えるべきなのだろうか。これは仮定の問いではない。イスラエルで子供を持つすべての大人が、向き合わねばならない現実である。誠実な親なら、テロの原因をどのように考えるにせよ（そしてそれは、大人にも理解できないほど複雑で奥深い）、そのような問いを十一歳の子供にさせるような状況を作ってしまったことへの自責の念にさいなまれるだろう。

本書は、イスラエルに生まれ、エルサレム近郊に住む作家が過去十年間、自らの住む地に平和が実現される希望を込めて書き続けてきた文章の集積である。九三年のオスロ合意の際、人々は困難を予想しながらも未来への希望を抱いていた。その後の歴史は、この希望が無残に打ち砕かれていく軌跡であった。両民族の間にわずかなりとも存在していた和解への意欲は、パレスチナ側の自爆テロとイスラエル政府の強硬措置の中で、むき出しの敵意と無理解へと姿を変えていく。アラファトもシャロンも愚かだが、彼らが多数から支持されていることを著者は認めざるを得ない。

先にイラクで不幸な最期を遂げられたフリージャーナリスト橋田信介氏は、戦場の悲惨さをもって戦争一般を否定する平和主義の短絡性を批判しながらも、戦争の愚かさにも限度があるべきだと訴えていた。それは本書の思いとも重なる。正義に基づく平和などというぜいたくは言わない、一般市民が安心して生きられる程度の平和が欲しい。しかし戦場と日常生活とが一体化してしまった状況では、恐怖が最低限の理性さえも駆逐してしまう。その様を描き出す筆は、絶望と怒りに押し流されそうになりながらも、まさに書くという行為そのものによって事態を客観化し、理性と希望をつなぎ留めているように見える。

いつかこの地に訪れるのだろうか。著者のような大人が子供の問いに対して「いや、まだだよ」ではなく、「テロ？　それは昨日までの話さ。もう忘れていいんだ」と言える日が。

（原題、Death as a Way of Life : Israel Ten Years after Oslo）

評・中西寛（京都大学教授）

David Grossman　54年生まれ。イスラエルの作家、平和運動家。

二〇〇四年六月六日④

『テロリスト・ハンター』

著者匿名　鈴木主税、中島由華 訳

アスペクト・二四一五円
ISBN9784757210301

ノンフィクション・評伝／国際

迷路を行き惑う米政府を活写

著者は、イラク生まれのユダヤ人女性だ。米国に移り住み、テロ集団の情報を集めるプロになった。イスラム教徒を装って得た情報を米連邦捜査局（ＦＢＩ）などに提供してきた。護身のためにこの本は匿名で著した。一見、怪しい気もするが、冒頭に「内容は実話」とある。

スパイ体験が次々に出てくる。録音機をイスラムの衣の中に忍ばせて、テロ資金に回される公算の大きい献金集会に潜入する。「聖戦」への寄付金を渡し、組織の様子をさぐる。緊張のあまり、衣の中で太腿（ふともも）をきつく掴（つか）んでいたため、1週間ほど痕（あと）が消えなかった――などのくだりは、実にリアルである。

圧巻は、テロ対策への厳しい批判だろう。98年に起きたケニア、タンザニアの米大使館爆破事件で、テロリストが有罪になった。ＦＢＩは彼の動きを事件の1年前から追っていたのに、事前に防げなかったと著者は指摘する。

9・11テロでは、乗っ取られた民間機が凶器となった。著者によると、FBIはテロ集団がそんな手口を思い描いていることを95年に気づいていた。別件で逮捕されたアルカイダ一派が当時、捜査官にこう証言したからである。

乗客を装って米国の民間機をハイジャックする。操縦室を占拠して、米中央情報局（CIA）本部に墜落させる。計画実行に際しては、火薬も爆薬も使わない。民間機ごと武器に仕立てる着想であった。

9・11テロで実際に激突したのは、CIA本部ではなく、米国防総省ビルと世界貿易センタービルだった。だが、手口は瓜（うり）二つだったのだ。

そんな米国のテロ対策に歯痒（はがゆ）さをつのらせたのだろう。匿名の特権を利用して、「経験を積むにつれ、私にははっきりと見えてきた。政府は地図を読めず、イスラム・テロの迷路を行きつ戻りつするばかりである」と揶揄（やゆ）する。

同じ対テロ戦でも、派手な武力行使と違って情報戦は「見えない戦争」だ。匿名とは言え、著者は公にできる範囲でしかしるせなかったに違いない。それでも、普段は窺（うかが）い知れない「テロ狩り」の最前線を、遠眼鏡で垣間見た思いがする。

（原題、Terrorist Hunter）

評・吉田文彦（本社論説委員）

二〇〇四年六月六日⑤

『奇術師』

クリストファー・プリースト著　古沢嘉通訳

ハヤカワ文庫・九八七円

ISBN9784150203573

文芸

先祖の確執が生んだ謎、今明らかに

ヴィリエ・ド・リラダンの『未来のイヴ』はエジソンが人造美女をつくる話だが、本書にはそのライバル、旧ユーゴの発明超人ニコラ・テスラも登場する。幻想文学にミステリーの謎解きとSFの要素を加味した、久方ぶりにわくわくする作品。

若い新聞記者のアンドルーは、自分が双子の片割れだという「共感覚」にとりつかれていた。三歳のとき養子に出されているのだが、不思議なことに、記録を調べてもほかに兄弟がいた形跡はない。

そんな折、ケイト・エンジャと名乗る女性から『奇術の秘法』という本が送られてきた。著者の名におぼえがある。アルフレッド・ボーデンはアンドルーの実の曽祖父（そうそふ）で、十九世紀末の伝説の大魔術師（イリュージョニスト）だったのである。ケイトは、自分の曽祖父ルパート・エンジャもまた奇術師で、一歳上のボーデンとは不倶戴天（ふぐたいてん）の仇（かたき）同士だったことを告げる。

瞬間移動芸を得意にしていたボーデンは、一八九二年にテスラがロンドンの科学協会で行った放電パフォーマンスをヒントに「新・瞬間移動人間」を考案した。奇術師は電気装置に囲まれたベンチに横たわる。まばゆい閃光（せんこう）があがった瞬間、彼は消えうせ、別の場所から姿をあらわす。肉体が瞬時に伝送されたのだ。

悔しがったエンジャは数年後、さらに派手な仕掛けを使って「閃光のなかで」というショーを披露してみせる。変装して客席に座ったボーデンは、どうしてもトリックが見抜けない。ついに舞台裏に忍びこみ、ある装置を発見するが、そこには、子孫のアンドルーの身にもかかわる重大な秘密が隠されていた……。

丁々発止のマジック合戦は、テクスト内テクストとして、ボーデンの手記『奇術の秘法』とエンジャの『日記』の双方から語られる。そこはミスディレクションが専門の奇術師。肝心な部分はすっとすり抜けるし、いったい何が、そしてどこまでが本当なのかわからない。

読者は、語りとプロットの二重のイリュージョンに眩惑（げんわく）され、電線のようにはりめぐらされた伏線にも気づかず、息をのむ結末に向かってひたすらページをめくりつづけるだろう。

（原題、The Prestige）

評・青柳いづみこ（ピアニスト・文筆家）

Christopher Priest　43年生まれ。英の作家。本書で世界幻想文学大賞。

二〇〇四年六月六日⑥

『人生、しょせん運不運』

古山高麗雄 著

草思社・一五七五円

ISBN9784794213013

文芸

自らの死を描こうとした作家の余白

誕生の記憶を書いた作家（三島由紀夫）はいるけれども、自らの死を書いた作家はいない。デュシャンではないが、「死ぬのはいつも他人」だからだ。しかし予想はできる。古山高麗雄の場合は、「独り暮らしだから倒れてもすぐには発見されずにいるだろう。暑い時期なら私の死体が発見されたときには、腐臭を放っているかもしれないなあ。その腐臭で発見されることになるかもしれない」。

とまれ確実にやってくる結末を前にして、八十一年の生涯を回顧した。旧朝鮮の旧満州との国境の町、新義州の富裕な医師の家庭に生まれ、兄一人のほかは母、姉妹と女ばかりに囲まれて育ち、やがて内地の旧制三高へ。当時としてはエリートまっしぐらの道程だ。ここでつまずいた。というより進んでドロップドアウトした。リベラルな校風で知られた三高にまで軍国主義的風潮が及んでいるのに堪（た）えられなかったからだという。東京へ出た古山は荷風『濹東綺譚（ぼくとうきたん）』にかぶれて、送金が尽きるまで玉の井に入り浸る。ちょっとした放蕩三昧（ほうとうざんまい）。するうちに妹も母も死に、幼時から彼を包んできた「女の国（ムンドゥスムリエブリス）」は崩壊する。その後は戦場へ。ここから先は戦後の読者のご存じの通り。

戦争三部作第一部『断作戦』に、帰還者が戦友の妹を捜しあてて、兄の末期を報告しに行くくだりがある。戦友の妹はいざ会ってみると何となくよそよそしい。彼女が当夜待っていたのは、非日常的な死を遂げた兄の過去の消息より現在同居中の息子の毎夜の帰宅とわかり、報告者はついしらける。直線的なエリートコースからドロップドアウトして円環的に反覆する「女の国」にかつての戦場体験者が見たものは、戦争も平和も呑（の）みこむ千篇一律（せんぺんいちりつ）の日常だったのだ。

作者の死により予定の半分以下で回想は中断されるが、一方で苛酷（かこく）な戦場体験を強いられながら、確信犯的かつ、かなりじだらくなドロップドアウト人間だった男の八十一年の生を支えた、したたかな「女の力」がまざまざと感じ取れる。未完の後半は『小さな市街図』のいつまでも埋まらない白地図のように余白のままに残った。

評・種村季弘（評論家）

ふるやま・こまお　1920〜2002年。作家。著書に『プレオー8の夜明け』（芥川賞）ほか。

二〇〇四年六月六日⑦

『清沢満之と哲学』

今村仁司 著

岩波書店・八一九〇円

ISBN9784000225335

人文

西洋思想の研究を専門としてきた学究が、熟思の末に仏教に邂逅（かいこう）するという例はそう珍しくない。

しかし、本書は決定的な出会いの産物だ。今村仁司の、近年の清沢満之（きよざわまんし）への入れ込み様は尋常ではない。

著者は、従来の清沢評価を超え、特殊な言語体系によって組み上げられた思想を丹念にほぐし、ヘーゲル哲学などと対照しながら釈義を施していく。仏教の関係（縁起）論の展開である、有機組織論および有限・無限論は本書の骨髄だ。

前著『清沢満之の思想』（人文書院）に比べ、「清沢から仏教そのものへ」という流れがより明確に打ち出されている点が興味深い。

ナーガールジュナの空の思想＝ネガティヴ論理学は、民衆に対する現実の説法のなかで存分に駆使されてきた。その大切な教えを虚無論と貶（おとし）め、民衆から遊離しているなどと難ずるのは「およそ言語的行為の何たるかを厳密に考察したことがない」輩（やから）の愚説だと今村は断じる。思わず快哉（かいさい）を叫んだ。

評・宮崎哲弥（評論家）

二〇〇四年六月六日❽

『不死鳥の歌人　斎藤史』

山名康郎 著
東京四季出版・二五〇〇円
ISBN9784812903568
文芸／ノンフィクション・評伝

二〇〇二年九十三歳で亡くなった斎藤史（ふみ）は、激動の昭和に伴走するように駆け抜けた歌人であった。

「濁流だ濁流だと叫び流れゆく末は泥土か夜明けか知らぬ」という二・二六事件を歌った初期作品から、「ぐじやぐじやのおじやなんどを朝餉（あさげ）とし何で残生が美しからう」という老いの歌まで、つねに多くの読者から支持を受けてきた。亡くなった後でも変わらない。

著者は、史の父である斎藤瀏（りゅう）と旭川時代に交流のあった歌人の父親をもつ。それゆえにずっと史に親近感をもっていたという。そういう体験と、多くの資料を渉猟し、波乱にみちた生涯を、作品とともに跡づけたのが本書である。

北海道に遊びにきた史の近くにキタキツネがあらわれた。史は、「キツネさん、こんにちは、大丈夫、こちらは恐くない人間なのよ」と声をかけた。すると警戒心の強いキツネが歩み寄ってきたという。こういったエピソードも、読み応えのある一冊にしている理由だろう。

評・小高賢（歌人）

二〇〇四年六月六日❾

『幕末明治　横浜写真館物語』

斎藤多喜夫 著
吉川弘文館・一七八五円
ISBN9784642055758
歴史／アート・ファッション・芸能

今年は日米和親条約が結ばれて百五十年になる。締結ゆかりの地に建つ横浜開港資料館は、開館以来二十余年、幕末・明治期に横浜で撮影された写真を精力的に収集してきた。館員である著者は、一方で歴史研究者として史料を博捜、古写真の裏付けを取るのに人一倍熱心だった。

すなわち、写真に写っているものは何か、いつ誰がそれを撮ったのか、そしてどこでどのように売買されたのか等々、歴史の遺留品である古写真は、しばしば手掛かりゼロの状態から探索を始めねばならない。

本書は、こうした執念の調査結果を満載する。開港直後から相次いで横浜に現れ開業した外国人写真家たちの足跡、最初の日本人写真家鵜飼玉川（ぎょくせん）が文久元（一八六一）年には早くも江戸で開業していたという事実、下岡蓮杖（れんじょう）の師「ウンシン」の正体など、長く日本写真史の謎であったことがつぎつぎと明かされる。

今後、本書を読まずして写真史は語れないだろう。

評・木下直之（東京大学教授）

二〇〇四年六月六日❿

『映画プロデューサーが語る ヒットの哲学』

原正人 著　本間寛子 構成
日経BP出版センター・一四七〇円
ISBN9784822243593
アート・ファッション・芸能

体験に裏打ちされた含蓄ある言葉がそここに見いだされる。「スタッフが熱心だと、映像に〝つや〟が出て」くるというような。

「失楽園」の最終場面について何度も監督と議論を戦わせたが、「プロデューサーだから」ではなく「最初の観客の視点」でアドバイスしたのだそうだ。

「戦場のメリークリスマス」を語る口調は軽やかなのに、「乱」の思い出には苦渋が立ちこめる。大赤字だったせいもあるが、それ以上に、相手が巨匠黒沢明で偉すぎたという反省のほうが大きい。

戦後、左翼系独立プロから新興洋画会社へ。宣伝に知恵を絞り、「エマニエル夫人」の超ヒットを生み出す。なんらかのかたちで製作にかかわりあった作品数39本。堂々たる映画人生だが、已に客観的で奢（おご）り高ぶりは一切ない。

むしろ著者の人柄がそくそくと伝わってくる。

資金集め、利益配分にもくわしく、プロデューサー入門としても貴重な一冊。

評・安倍寧（評論家）

『世間の目　なぜ渡る世間は「鬼ばかり」なのか』

社会

佐藤直樹 著
光文社・一四七〇円
ISBN9784334974428

「個人」を溶解するオトナの時空間

『オトナ語の謎。』（東京糸井重里事務所）という本が話題になってる。オトナ社会で流通している、よくよく考えるとちょっと変な言葉、言い回しを集めたもの。オトナ語の典型は「いつも、お世話になっております」。実際にお世話になっていようがいまいが、オトナの交際は「お世話になっております」から入る。ごく有り触れた言語コミュニケーションである。

だけど、これを外国語に翻訳するのはほとんど不可能。まるで無意味にみえるやり取りだからだが、本当に何の意味もないのだろうか。

いまオトナ社会という言葉を使った。これって所謂（いわゆる）、世間と同じものを指しているのではないか。そう考えるとオトナ語の背景にある日本社会の仕組みが透けてみえてくる。本書『世間の目』は『オトナ語の謎。』が教えてくれないオトナ語の根源を照らし出す。

オトナ社会＝世間は「親切―義理―返礼」の連鎖によって成り立っている。贈与と互酬の関係、つまり「お互い様」が第一義であり、個の意向など薬にしたくともない。

初対面の人に「お世話になっております」と挨拶（あいさつ）する含意は「あなたに私個人が直接世話になったわけじゃないが、お互いの関係のネットワークのどこかで接点があるに違いないから、まずはそのお礼をいっとくわ」といったところだろう。もっと端的にいえば「私とあなたとは、すでに贈与―互酬の関係のなかにあります」という意思表示なのである。

かくしてオトナに共通の、世間的コミュニケーションの時空間が開かれる。

刑法学者である佐藤直樹が繰り返し説いているのは、こんな世間には、欧米が基礎としている個人なんてものは存立していないという点だ。だから人権も、民主主義も、義務も、舶来の理念や制度は個を起点した本来の意味では使われず、その機能も果たしていない。似て非なるものに加工しなければ根付かなかったのである。

「自己責任」なる語が、世間の文脈のなかでしか到底了解できない用法で振り回されたのは、つい先日のことだ。

そこで著者は、世間概念を理論的に彫琢（ちょうたく）するのではなく、具体的な事象――臓器移植、いじめ、過労自殺、社会的格差の固定化、少年犯罪、マスコミ報道、ネット・コミュニティの擡頭（たいとう）など――のなかに世間の百態を看（み）て取っていく。

正直いうと、世間など八〇年代以降どんどん崩壊し、もはや過去の話になっていると決め込んでいた。確かに一部の綻（ほころ）びは著者も認めている。だが、本書を読んで、世間という枠組自体は些（いささ）かも崩れていない現実を強（したた）か思い知った。

いいとか悪いとかいう話ではない。ただ自分の置かれている社会がどんな原理で動いているかはだけは自覚していたい。そんな魂の単独者（ストレンジャー）に打って付けの一冊である。

評・宮崎哲弥（評論家）

さとう・なおき　51年生まれ。九州工業大学情報工学部教授。著書に『共同幻想としての刑法』など。

二〇〇四年六月一三日❷

『般若心経とは何か　ブッダから大乗へ』

宮元啓一 著
春秋社・一七八五円　人文
ISBN9784393135167

誓いの言葉が現実になるという思想

宗教や経典に接する姿勢として、（A）瞑想（めいそう）などの行を通じて内面体験を深め、体で理解していく方向と、（B）哲学的に理詰めで理解していく方向がある。

（A）はヒンドゥー教、禅宗、密教などの方法論だが、言語に頼らぬため伝わり難く、また神秘主義の落とし穴にはまる危険性がある。（B）はキリスト教神学や、ほとんどの仏教学で一般的だが、本来言語や論理に乗らない部分が欠落し、言葉のみが浮いてしまう危険性がある。

本書は、（B）の立場で『般若心経（はんにゃしんぎょう）』を徹底的に分析した良書だ。

まず、ゴータマ・ブッダが苦行を捨てて瞑想に入ったとき、（B）の方向を追求したと断じ、そこから出家を中心とする初期の仏教が起こったと説く。その後、急速に伸びてきたヒンドゥー教の勢力に負けじと、救済主義を取り入れて大衆化をはかったのが大乗仏教だ。そして、「ことばが現実化する」というヒンドゥー教の思想が取り入れられた。一般に「般若波羅蜜多（はんにゃはらみった）」というと「彼岸（ひがん）の智慧（ちえ）に到達する」と訳されるが、本書では「智慧に対する誓いのことばを守り通して真実にする」と解釈する。最後の「羯諦（ぎゃてい）……」というマントラ（真実のことば）が、その誓いのことばと等価だとしている。

ヒンドゥー教と対抗しつつ、同時にそこから多くの思想を吸収し、それまでの仏教と敢然と決別し、大衆化路線に火のように燃えていたなかで、この『般若心経』が誕生したことが、著者の豊かなサンスクリット語の知識とともに生き生きと語られている。

「空（くう）」に関しては、近年、物理学を参照し、より深い宇宙の根源的な構造を説いていると考える人が多い。たとえば高名な物理学者のデビッド・ボームは、目に見える物質的な宇宙（明在系）の背後に、目に見えぬもう一つの宇宙（暗在系）が存在し、明在系のすべては時間・空間を超越して暗在系にたたみ込まれていると説く。まさに「色即是空（しきそくぜくう）」そのものだ。（A）でも（B）でもなく、近代科学の視点からの経典解釈も一興だろう。そこから新しい仏教の方向性が見えるかもしれない。

評・天外伺朗（作家）

みやもと・けいいち　48年生まれ。国学院大教授。著書に『インド哲学七つの難問』など。

二〇〇四年六月一三日❸

『空中ブランコ』

奥田英朗 著
文芸春秋・一三〇〇円　文芸
ISBN9784163228709／9784167711023（文春文庫）

面白いぞ。笑えるぞ。楽になるぞ。

奥田英朗というと『最悪』『邪魔』など群像劇風の犯罪小説の作家として有名だが（どちらも傑作）、彼には喜劇作家の顔もある。直木賞候補作『マドンナ』は展開が弱かったが、『イン・ザ・プール』は笑えた。精神科医が水泳中毒や持続勃起（ぼっき）症などを治す話だが、何よりも主人公伊良部一郎のキャラクターが強烈。何しろ注射フェチでマザコンで自己チューという〝トンデモ精神科医〟なのである。本書はそんな伊良部ものの第二弾。

前作は変な病気が中心だったが、今回は職業人に焦点をあて、人間不信のサーカス団員（「空中ブランコ」）、尖端（せんたん）恐怖症のやくざ（「ハリネズミ」）、強迫神経症の神経科医（「義父のヅラ」）、ノーコン病のプロ野球選手（「ホットコーナー」）、嘔吐（おうと）症の女流作家（「女流作家」）が患者として登場する。といっても伊良部は診察しない。では何をやるのか？　遊ぶのである。治療のためではなく遊びたいから遊ぶ。患者よりも自分が大事なのだ、この男は。たとえばサーカスにいって〝うひゃー〟と奇声をあげてブランコに乗る。あげくには〝特別出演〟もする。もう悪のりの極致。しかしそれでも憎めない。患者は保護者気分で伊良部に付き合わざるをえない。

「ホットコーナー」に〝（ボール）コントロール〟とは人間だけの〝不思議な学習能力〟で、身につけるには〝明確な解答〟はないという文章が出てくるが、おそらく〝学習能力〟の獲得こそが目的なのだろう（伊良部にその自覚はないけれど）。いわば実践治療。ここにはやたら「心のケア」といって騒ぎたがる神経質な〝正しい〟治療への批判がある。まるで無菌室で不潔恐怖症が直せるかのような過保護な風潮を笑いとばしている。事実伊良部は患者を煽動（せんどう）し、軽犯罪（何かは読んでのお楽しみ）を嬉々（きき）としてやってのけるのだ。現代では多少の精神の歪（ゆが）みなど正常の範囲といわんばかりに。

そう、伊良部は見せかけの秩序を壊し、新たな価値を確立する愛すべきトリックスターなのである。その精神たるや実に痛快、物語は爽快（そうかい）この上ない。面白いぞ。笑えるぞ。生きるのが楽になるぞ。

評・池上冬樹（文芸評論家）

おくだ・ひでお　59年生まれ。作家。著書に『東京物語』『真夜中のマーチ』など。

二〇〇四年六月一三日④

『中世の聖と俗　信仰と日常の交錯する空間』

ハンス＝ヴェルナー・ゲッツ 著　津山拓也 訳

八坂書房・二九四〇円
ISBN9784896947380

歴史／人文

日常史を舞台にしたドイツ史学の逆襲

ドイツの中世史家たちが長年得意としてきたのは、何を措（お）いても国制史であり、部族・封建制・身分制、いずれを論ずるにも、「国家」についての問いが重くのしかかっていた。日本の西洋史学の揺籃期（ようらんき）には、剛直な指南役となってくれたのも事実である。

しかしヨーロッパで国家を越えるEUの実験が加速し、歴史家たちの関心が社会史へと大きくシフトすると、都市や記憶の歴史といった一部のテーマ以外では、ドイツの威光はすっかり地に墜（お）ち、フランスの歴史家たちがつぎつぎ繰り出す、派手で魅惑的な逸品の背後に、小さく霞（かす）んでいった。

雌伏数十年、じつは地道な開拓作業がなされ、新しい種が蒔（ま）かれていたのである。そろそろ収穫の時期を迎え、ヨーロッパ内外の学界にふたたびドイツの存在感を示しだしたのが、昨今の状況のようだ。ドイツやオーストリアで、多くの歴史家たちが集う共同耕作地は、「日常史」と呼ばれている。そのエッセンスを一般読者に分け与えてくれるのが、『中世ヨーロッパ万華鏡』（全三巻）である。

最初の配本となる本書は、中世の初期から盛期（六〜十二世紀）のヨーロッパ社会を、聖と俗がたがいに相手の懐に入り込んだ時代と捉（とら）え、結婚と家族、修道院、死、悪魔について論じている。たしかに珍しくもないテーマだし、史料にしても専門家にはよく知られたものが大半である。ところが、法典や聖人伝・年代記の全体をよく読み込んだ上で引用箇所（かしょ）を選択しているのが効いており、また堅実で密度の濃い研究成果を反映しているだけに、「そうだったのか」と思わせるツボ、見慣れたはずの風景を転換させる異化効果が随所に仕組まれている。「結婚と家族」についてその例を挙げれば、初期中世の結婚が愛情共同体であったこと、「大家族を作る」イメージが神話にすぎないこと、子供の命名法とその変遷が、家族の仕組みの理解にとってとっておきの指標になること、こんなことをさりげなく教えてくれるのである。

全三巻そろえば、ますます頼もしい中世世界再考の手引になるにちがいない。

（原題、Weltliches Leben in frommer Gesinnung?）

評・池上俊一（東京大学教授）

Hans-Werner Goetz　47年生まれ。中世史家、ハンブルク大教授。

二〇〇四年六月一三日❺

『地図を創る旅　青年団と私の履歴書』

文芸

平田オリザ 著

白水社・一八九〇円
ISBN9784560035825

伝わらない不安　直視する「対話」

言葉が正確なひとである。端正に言葉を紡ぎだすひと、と言いかえてもよい。そのひとが一度だけ、他人にくってかかる場面を目撃したことがある。距離をとって、慈しみをもって、場面を見るのに秀でたひと、そのひとが断固譲ることのできなかったものは何だったのか、ずっと気になっていた。その烈（はげ）しさが、この本のなかではもうすこし剥（む）きだしに、しかしやはり端正に綴（つづ）られている。

夜間高校生のときに一年半がかりで世界一周自転車旅行を敢行した平田オリザは、検定試験を受けて大学に入学し、早々に劇団を立ち上げる。その「青年団」の現在にいたるまでの軌跡が、当時のチラシ（ときに檄文〈げきぶん〉）を引用しつつ描かれる。

前半は、アゴラ劇場をねぐらとした草創期の迷走と、はちゃめちゃな挑戦と、確かな達成とが、まるで青春小説のように語られる。幼稚園時代に、買ってほしいものがあると、「どうして買ってほしいのか」「買うとどうなるのか」を、まるで企画書のように原稿用紙に書かされたという回想や、中江兆民を論じた卒業論文の引用が、のちの青年団の方法論を彷彿（ほうふつ）とさせる。

が、後半に入って、その筆致に錐（きり）を揉（も）むような烈しさがこもってくる。なぜ役者たちに長いセリフや大げさな身ぶりを禁じるのか。なぜ複数の会話を同時発生させるのか。そういった青年団独自の手法が、代表作『ソウル市民』の制作過程とともに説き起こされる。そしてこれが、高校での対話のワークショップなどに見られるような一つの社会的実験へと展開してゆく。

たがいに同調しあうという閉じた社会から、各人が文化や社会というかたちで引きずっている異なった背景の摺（す）り合わせをきちんとおこなう社会への移行が求められるなかで、真のコミュニケーションは「伝わらない」という局面を直視することより始めるしかない。そこには表現の不安がつきまとう。演劇人も一般市民も日々その不安と格闘している。だからこそ演劇は社会的実験につながる。戯曲とは、ガラス細工のように繊細な「対話のレッスン」にほかならないからだ。

評・鷲田清一（大阪大学教授）

ひらた・おりざ　62年生まれ。劇作家。著書に『芸術立国論』など。

二〇〇四年六月一三日❻

『炭鉱町に咲いた原貢野球　三池工業高校・甲子園優勝までの軌跡』

ノンフィクション・評伝

澤宮優 著

現代書館・二一〇〇円
ISBN9784768468784

揺れる町をひとつにさせた「お伽噺」

夏の高校野球の九十年近い歴史の中で、初出場校の優勝は珍しいことではない。ただ、その勝利が町を甦（よみがえ）らせたと今なお語り継がれる最たるものは、昭和四十（一九六五）年夏の全国選手権大会を制した三池工業高校だろう。人口二十一万人の福岡県大牟田市に凱旋（がいせん）パレードを見ようと集まったのは、総勢三十万人。労働争議に揺れる炭鉱の町が、ひととき、歓喜にわき返った。

本書は、その勝利への軌跡を、後に南海ホークスに入団する上田卓三はじめ、当時の部員や関係者の取材をもとにたどったノンフィクションである。

原貢が監督に就任したのは、昭和三十四年。部員たちが回想する原は「鬼」だ。血の小便が出るほど凄（すさ）まじい練習を見た当時七歳の息子辰徳（巨人軍前監督）は、「野球というのはあんなに殴られないと上手（うま）くなれんとネ」と母親に尋ねたという。有明海の砂浜で、原曰（いわ）く、「この松ば見てみろ。下はざらざらした砂地タイ。そぎゃん弱かところに松がしっかり立っとる。お前たちもこん松のごつ、足元ばすくわれんように、しっかり地に根ば張った生き方ばせんといかん」。

折しも、エネルギー源の重油への転換に伴う人員整理に端を発する三池闘争が、労組の分裂で激化。議会から同じ社宅の家族同士までが、いがみ合った。そして三川鉱炭塵（たんじん）爆発の大惨事。家族が、事故や解雇の犠牲になった部員もいた。

気持ちを奮い立たせようと厳しさを増す原。葛藤（かっとう）しつつ、原を渇仰する部員。

戦後最大規模の労働争議の敗北が人々の心に落とした影と、時代を覆う空気への記述が平面的である点は否めないが、彼らのひたむきさに引きずられるように、人々が主義主張を超え、心をひとつにしていくシーンは感動的である。

高校生の部活動に、結果的とはいえ、町が起死回生を担わせるのは健全な姿とはいえない。ブランド校への野球留学が行われるご時世には、お伽噺（とぎばなし）とすら感じられる。だが、そんな勝利が今も胸を打つのは、一発逆転のロイヤルストレートフラッシュを願いたくなる、この沈鬱（ちんうつ）な時代の写し絵に思えるからだろうか。

評・最相葉月（ノンフィクションライター）

さわみや・ゆう　64年生まれ。ノンフィクションライター。著書に『巨人軍最強の捕手』など。

二〇〇四年六月一三日⑦

『珍世界紀行　ヨーロッパ編』

都築響一 著

筑摩書房・六〇九〇円
ISBN9784480876171／9784480426390（ちくま文庫）

アート・ファッション・芸能

イラクでの米軍の捕虜虐待はおぞましい。しかし、日本国憲法にも「拷問及び残虐刑の禁止」の一条がある。憲法で禁じねばならないほど、人間は拷問に走る。

その恐怖の場面をわざわざロウ人形で再現、金を払って楽しむ行為とはいったい何だろう。馬鹿馬鹿しくとも、そこからは人間というものの姿が見えてくる。

『珍日本紀行』の著者が海を渡った。「珍名所を求めてヨーロッパの田舎を巡りはじめたころ、まず驚いたのが拷問博物館の多さだった」という。ほかにもエロティック博物館、医学標本博物館、軍事博物館など九十九の「珍名所」を紹介、美術館巡りでは分からないヨーロッパを、これでもかこれでもかと見せつける。

満載されたどの写真も物に溢（あふ）れ、うんざりするが、「蒐集（しゅうしゅう）」とは、過去に生まれた物の集合」であり、「過去という背もたれにからだを傾けながら、ゆったりと前を向く。そういう姿勢が、ヨーロッパにはあるようだ」という言葉には納得。

評・木下直之（東京大学教授）

二〇〇四年六月一三日⑧

『ニッポンの食遺産』

塩田丸男 著

小学館・三〇四五円
ISBN9784093874939

文芸

満身に食への好奇心をみなぎらせた著者が、3年かけて北海道から沖縄まで、47都道府県を獅子奮迅のいきおいでかけめぐり、その土地土地で昔から食べられてきた海、山、野のめぐみと出あい、ペンの舌鼓を打ち鳴らした熱血の書。

著者自身、この仕事を通してはじめて日本と日本人のユニークさ、つまり変わり者であることを発見しておどろいたという。

たとえば緑茶。不発酵茶だが、こんな飲みかたは世界でもごく少数派。そば切り（手打ちそば）という食べ方も同様。心太（ところてん）から寒天を作ったのも日本人のチエ、カマボコも日本のオリジナルという。先人のチエのゆたかさに惚（ほ）れなおす。

一方でその緑茶が売れず茶農家は減少の一途。他にもタラやシジミやタイなど伝統食の根幹が不漁という深刻な現実も見逃さない。

うどん好きの著者が探しあてた「どじょう打ち込みうどん」には一驚。そんな食べ方もあったのか。甘酸辛苦こもごも味わい満腹。

評・増田れい子（エッセイスト）

二〇〇四年六月一三日❾

『国際機関と日本　活動分析と評価』

田所昌幸、城山英明 編

日本経済評論社・五二五〇円
ISBN9784818815810

国際

日本の国際関係の議論の多くで、国際連合は錦の御旗だ。国の外交目標でも国連常任理事国入りが自己目的化しているし、アメリカ従属を嫌う人々にとって、特に冷戦後は国連しかよりどころがない。でも、国連って役にたってるの？　看板倒れという批判は大きい。国連以外の各種国際機関についても意味があるのか？

この本は、そういう素朴な疑問にストレートに答えようとした野心的な一冊だ。国連、世界銀行等の機関がどれだけ人とお金を使って、具体的にどんな成果をあげているか、本書は客観的な活動評価を試みる。中でもそこへの協力が日本の国益に貢献しているか、という視点を明確に打ち出したのには大拍手だ。

本書の評価方法にも疑問点はあるし、国益への貢献についても、白黒つけずにお茶を濁しているのは不満。でも主観と目先の事例にとらわれた国際協力議論の多い中で、まともな議論の前提となる包括的な検討の登場は素直に歓迎したい。

評・山形浩生（評論家）

二〇〇四年六月一三日❿

『夏目金之助、ロンドンに狂せり』

末延芳晴 著

青土社・三五七〇円
ISBN9784791761104

文芸／ノンフィクション・評伝

漱石の金之助時代、二年間のロンドン留学の軌跡を丹念に追い、その関連において作品を読み解く書。

著者自身のニューヨーク滞在経験や永井荷風の研究が随所に活（い）かされている。

自由人として海を渡った荷風に対して、金之助は国費留学生の枷（かせ）に縛られていた。研究課題は英文学ならぬ語学教授法で、実に中途半端。しかも、日本での社会的優越性は通用しない。このアイデンティティの喪失が、彼を狂気と紙一重の引きこもりに追い込んだ。

面白かったのは、「自転車日記」のエピソード。留学二年目、引きこもりを心配する家主のすすめで自転車の練習をはじめた金之助は、試行錯誤の末見事に乗りこなせるようになった。しかし、帰国後に発表した「自転車日記」ではことさらに失敗を強調し、物にならなかったと記している。

書くことの世界で、意図的に不合格者として生きようという決意から、作家「漱石」は生まれたのだ。

評・青柳いづみこ（ピアニスト・文筆家）

二〇〇四年六月二〇日❶

『エリアーデ幻想小説全集　第二巻』

ミルチャ・エリアーデ 著

住谷春也 編訳　直野敦 訳

作品社・五〇四〇円
ISBN9784878935763

文芸

連結のばらけたアナーキーな世界

書評を書くのが、とても困難な作家だ。でも、魅力のかけらを、何とか伝えてみたい。私はエリアーデを初めて読んだ。宗教学者と小説家の、二つの顔を持つ人で、ルーマニアの首都、ブカレストで生まれた。中篇（へん）「ムントゥリャサ通りで」は、二巻中、最も錯綜（さくそう）した作品である。

小学校の元校長であるファルマ老人が、かつての教え子、ボルザ少佐を訪ねる。約束は、午後二時。階段を上り下りし、ようやく尋ねあてても、少佐は約束も、老人のこともまったく覚えていない様子。つまり二人は、会ったけれども会っていない。連結がずれ、AとBが容易に合致しないのは、エリアーデの世界の特徴のひとつ。午後二時の約束は引き伸ばされる飴（あめ）のごとく最後まで伸びていき、作品のなかに迷宮的なレールをひく。日常の時間とまったく質の違う「無時間」の空間がここに出現する。

尋問に答えるファルマ老人の語りが大部を占める。「事が筋道を追って語られていないときには、時折混乱したように見えますし、……ある種の細部が全体と食い違うかのように見えることがあります」。この台詞（せりふ）はそのまま作品世界を言い当てる。細部が全体を常に揺らし、世界が確定しないので、読者は自分のいる場所がわからない。連結のばらけたアナーキーな世界に、自分が捨てられたように感じる。

　私が物語を読むのでなく、物語が私を読むと言ったほうが、エリアーデには相応（ふさわ）しいのかもしれない。確かに読んでいると、普段、眠っているような心の領土が深い刺激を受け、想像力が活性化するのがわかる。連想が飛び、変なことを思い出したりする。読後には、光を含んだ泥の塊のようなものが胸に残り、それは夢の培養土であるかのような表情をしている。

　茫洋（ぼうよう）と拡大していく全体を、ひきしめるのは、啓示のような細部だ。自分の乗った飛行機もろとも行方不明になったリクサンドル、真上の空に向かって放ったのに、二度と落ちてこなかった矢の話。地下室のなかで消えてしまったラビの息子や、ひとを自在に消したり現したりする大奇術師も。存在と非在が眩暈（めまい）のように入れ替わる。死は消滅でなく、「二度と帰ってこない」ものと表現されている。

　獣と交わる大女など、神話の世界も絡み合い、話は一層、重層的に。エリアーデの作品に登場する女は、みな神秘を噴き出す穴のような存在だ。メランコリックで官能的。むっとするような異国人の香りがする。

　本書を読みながら、思い出した詩集がある。ルーマニアの女性詩人、アデラ・ポペスクの『私たちの間に――時間（とき）』（住谷訳・未知谷）。エリアーデの作品にある、ある過剰さ。それは、「詩」というものが持つ、本質的な激しさ、濃さ、過剰さにも通じる。あわせて読んだとき、私には、水路がすーっと通いあった気がした。

評・小池昌代（詩人）

Mircea Eliade　1907～86年。宗教学者。著書に『世界宗教史』など。

二〇〇四年六月二〇日②

『昭和帝国の暗殺政治　テロとクーデタの時代』

ヒュー・バイアス 著　内山秀夫、増田修代 訳

刀水書房・二六二五円
ISBN9784887083141

政治

知日派記者が見た20世紀の「テロ国家」

　いま、とってつけたように「対テロ戦支援」を唱えるこの国に、テロが日常の風景であり、それによる威迫が国策推進の道具と化した時代があったことを思い返してみるのは意味のないことではあるまい。せっかくの「みどりの日」を、わざわざあの時代の名を冠した休日にするという永田町感覚には驚くよりないが。

　著者は、戦前23年間にわたって滞日し、「ニューヨーク・タイムズ」などの特派員を務めた英人記者。血盟団事件に始まり、五・一五事件、永田鉄山殺害事件、二・二六事件など、間近にみた血なまぐさい政治テロの顛末（てんまつ）を記し、それらを育んだ思想や社会背景を考察する。

　原著の出版は一九四二年。日米開戦の直前にあわただしく離日し、開戦直後に米国で執筆にとりかかったようだ。その意味で、米国でベストセラーになったといわれる別著『敵国日本』（〇一年に本書と同じ訳者、出版社で出版済み）と同様、「敵国」の実相を人々に誤りなく伝える意図で書かれたものであろう。

この手のキワモノには、感情的な反目による偏見や、生半可な知識による思いこみがつきものだと思うのだが、本書には小さな誤認などはあるものの、そうしたゆがみはまったく感じられない。

例示すれば、日本は一時的に「万邦無比」といったまやかしの哲学を病んでいる、それとは別の日本があり将来必ず世界に寄与するだろう、天皇は専制君主ではなく神輿（みこし）だ、この国では職業的な愛国主義と職業的な犯罪が合体している等々。歴史や文化を踏まえた上での、冷静で分析的な日本論は出色といっていい。

ただし、彼の目には、法廷や軍法会議の被告席に立った青年将校やテロリストたちを「賛美する声で国民がヒステリー状態になり」「司法も腰が引けて冷静さを失っている」と映ってもいた。この島国には、動機が純なら暴力をも許しがちな気風がどこかにあるのかも知れぬ。

bias＝「偏見」と同じ発音の著者は、終戦直前に亡くなった。戦前の日本を正視した屈指の記者といっていいこの人物が生きていれば、戦後の変貌（へんぼう）をどうウオッチしただろうかと惜しまれる。

（原題、Government by Assassination）

評・佐柄木俊郎（ジャーナリスト）

Hugh Byas　1875～1945年。米のジャーナリスト。他に『敵国日本』。

二〇〇四年六月二〇日❸

『宮尾本　平家物語　全四巻』

宮尾登美子 著

朝日新聞社・各二三一〇円
ISBN9784022576262〈1〉・9784022577252〈2〉・9784022578211〈3〉・9784022579133〈4〉
ISBN9784022643612（朝日文庫〈1〉）・9784022643629《2》・9784022643636《3》・9784022643643《4》
ISBN9784167287092（文春文庫〈1〉）・9784167287108《2》・9784167287115《3》・9784167287122《4》

歴史／文芸

平家の血をめぐる壮絶な物語

宮尾本平家物語が完結した。清盛の青年期から始まる第一巻は、清盛＝白河上皇落胤（らくいん）説を採る。出生の秘密に悩む清盛の姿は、実は全体に流れる、皇統と平家の血をめぐるテーマの前哨だった。

宮尾は、原「平家物語」に見える有名な清盛の遺言「頼朝の首を、我が墓前に懸けよ」は、一門の結束のため、妻時子が創作して述べたこととし、栄華の極致で亡くなった清盛には「何ひとつ思い残すことなし」と遺言させている。清盛亡き後、平家女人の筆頭として心を砕く時子の姿が際だち、納得がいく。

さらに時子は、平家の血を皇統に残すため、一門の女性と力を合わせ、奇想天外のすり替え計画を実行に移す。安徳帝は、実は壇ノ浦に沈んではいなかったのだ。詳しくは読んでのお楽しみだが、辺境に残るいわゆる安徳帝生存伝説を、鮮やかに仕立て上げて、あっと言わせる。

原「平家」の中では、大した役割を与えられず、名前も残せなかった女たちの、宮尾による原「平家」への、そして史実への、大どんでんがえし、しっぺ返しであり、胸すく思いがする。宮尾が原「平家」の中に嗅（か）ぎとって、書きたかった歴史の陥穽（かんせい）は、まさにこれではなかったか。現代の感覚で生き返ったたくましい女人群像がここにある。メロドラマ・タッチの「女人平家」などとは次元の違う、平家の血をめぐる壮絶な物語である。

歴史小説の登場人物は、時代の心でなく、実は現代の私たちの心で行動して読者の共感を得る。それでいて単なるコスチュームプレイでなく、歴史小説としての重みを持つのは、史実の肉付けがあるからだ。そこでつい歴史解説が長くなりがちだが、宮尾本はその点きっぱりと思い切りがいい。膨大な史料調査をさらりと処理して、物語の展開の中で、読者は最新の中世史研究の成果を受け取ることになる。その手際のよさに舌を巻く。

歴史家に要求されるのは、事実に即して判（わか）ることだけを言う禁欲である。小説家はそこは縦横無尽に、歴史の中の虚構を見抜き、新たな虚構を緻密（ちみつ）に組み立てる。それは歴史の真実に肉薄することでさえあるのだ。

評・武田佐知子（大阪外国語大学教授）

みやお・とみこ　26年生まれ。作家。著書に『櫂（かい）』『一絃（いちげん）の琴』など。

二〇〇四年六月二〇日❹

『レンブラントのコレクション　自己成型への挑戦』

尾崎彰宏 著

三元社・二九四〇円

ISBN9784883031351　アート・ファッション・芸能

「集めること」が画家を画家たらしめた

巻末に付された年表によれば、六十三歳まで生きたレンブラントの後半生は、肖像画家としての名声をいち早く得た前半生に比べると、まるでその絵のように光と闇、妻の死、愛人との破局、借金地獄、破産と続く惨澹（さんたん）たるものだった。

五十歳を迎えた時、借金の返済はいよいよ不能となり、処分のための財産目録が作成された。これが滅法面白い。「玄関広間」「控えの間」「控えの間の後ろにある部屋」という具合に、本人立ち会いのもと、アムステルダム市職員の後ろにくっついて、われわれ読者もまたレンブラントの家に踏み込み、一部屋ずつ財産を差し押さえていく感じだ。

やがて「美術陳列室」に突き当たる。ローマ人のさまざまな彫像に混じって、日本の兜（かぶと）、中国の陶器、東インドの裁縫箱もある。最上部の棚には夥（おびただ）しい数の貝殻、海洋生物の標本が所狭しと置かれ、七十冊に及ぶミケランジェロやティツィアーノなど過去の偉大な画家たちの版画集がある。イタリアの古代やルネサンスに強い関心を示す一方で、いかにも海洋国オランダの人らしく、東洋への関心が同居している。

本書の書名にいう「コレクション」とは、まずはこの財産を指し、それらがレンブラントの絵画に対し、どのように働きかけたかを解明する。美術品にとどまらない多様な物の蒐集（しゅうしゅう）とその所有とが、レンブラントをどのようにレンブラントたらしめたかに著者の関心は向かう。

ところで、レンブラントはその生涯に七十五点の自画像を描いたという。こんな画家はちょっといない。しかもその中で、しばしば「ブルジョアに」、「宮廷人に」、「乞食（こじき）に」扮している。著者は、これら自画像への執着もまた彼が蒐集に示した執着に通じると考え、一種のコレクションととらえる。なるほど、自画像の蓄積には、レンブラントが自らをどう見せようとしたかが如実に表れるはずだ。

現代における巨匠レンブラントを語るのではなく、レンブラントの時代のレンブラントを読者に引き合わせてくれるという点で、著者は美術史家の使命をきっちりと果たしている。

評・木下直之（東京大学教授）

おざき・あきひろ　55年生まれ。東北大大学院教授。著著に『レンブラント工房』など。

二〇〇四年六月二〇日❺

『統合心理学への道　「知」の眼から「観想」の眼へ』

ケン・ウィルバー 著　松永太郎 訳

春秋社・四九三五円

ISBN9784393360354　人文

学問や宗教の対立を宥和に導く可能性

「ケン・ウィルバーって何者？」

十年前なら答えは明解。宗教的な悟りの境地にいたるまでの意識の成長・進化の階層構造を明らかにし、宗教と心理学を統合した人。そして対立する心理学の諸学説を、対象とする階層別に矛盾なく分類してしまったすごい心理学者だ。その後、彼は、ありとあらゆる学問を四つの象限からなるマップ上にからめ取ってしまった。もう形容する言葉もない。

四つの象限とは、個の内面（意識）と外面（物質、身体、神経生理……）、集団の内面（文化、世界観、倫理……）と外面（社会制度、コミュニケーション形式……）であり、それらが相互に関連する階層的な発達構造になっている。このすべてを配慮した学問を、彼は「統合」と呼ぶ。

ちなみに自然科学は、本書に照らせば個の外面しか扱っていない。量子力学によると、観測しているときと観測していないときでは、素粒子の振る舞いは大きく異なり、数式を恣意（しい）的に変える。これは「観測問題」と呼ばれる未解決の難問だが、個の内面を無視できない証拠だ。

さて本書では、その新学説をもう一度解説し、山のように寄せられた批判に対して、ていねいに反論し自説を補強している。これは解（わか）りやすい。旧著『進化の構造』で私が引っかかった疑問点は、ほとんど氷解した。

たとえば、意識の成長・進化に関しては、階層構造とは独立の多くの発達ライン（情動、認知、モラル、自己同一性……）があること。新興宗教の教祖などが示す病理的な症状は、そのライン間の発達がきわめてアンバランスになることで説明できることなどを示した。

本書は、心理学に多くの頁（ページ）数をさいているが、基本的には哲学、芸術論、人類学、社会学、経済学、自然科学などがすべて、ひっくり返ってしまう予兆を示した本だ。四象限すべてが進化することが宇宙の基本構造だとしており、生物に限定したダーウィンの進化論を超えている。

世界中の学問や宗教を、すべてこの四象限上に配すれば、対立するさまざまな信念の立脚点が明らかになり、宥和（ゆうわ）の方向へ向かえるかもしれない。

（原題、The Eye of Spirit）

評・天外伺朗（作家）

Ken Wilber 49年生まれ。米国の思想家。著書に『万物の歴史』など。

二〇〇四年六月二〇日⑥

『サラダ野菜の植物史』

大場秀章 著

新潮選書・一一五五円
ISBN9784106035371

科学・生物

食生活の工夫で人類は生き延びた

サラダは、ごく当たり前のメニューである。町の食堂の和定食にサラダが付いても何の不思議もない。ゆえに本書で「日本人のサラダ歴は、およそ五十年というところである」と説かれると、え？ホントかいな、と呟（つぶや）くことになる。

考えてみれば、しかしこれまた何の不思議もない。昭和二十年代の前半、小学生は一様に学校で虫下しをのまされた。畑の野菜は人間が体内で生産した肥料を浴び、鮮度管理も、調理に使う水の衛生管理も不十分をきわめた。生食は原則として禁物だった。

半世紀を経て、日本におけるサラダは日常化、多様化し、今日われわれは啓蒙（けいもう）書ではなく、教養書としての本書を得た。この本、植物分類学の権威によるかなり高度な内容でありながら読みやすく、とりわけ雑学好みには面白い。

日本人のキュウリ消費量は世界一である。日本のサラダには多くキュウリが入るが、欧米ではめったに出あわない。

エリザベス朝のころ、ニンジンの花や果実、葉は帽子やドレスのアクセサリーに利用された。

ホウレンソウの日本伝来は十六世紀初め。西鶴の『好色一代男』にも登場する。ポパイ得意のホウレンソウは鉄分が高レベルで含まれているという説によるが、実は研究者が小数点を打ち間違えており、含有量は十分の一だった。

トマトは有毒とされ、長く観賞用だった。産業としての栽培は十九世紀以降。

等々、私などはこれだけでも好奇心を満たされるけれど、たとえば以下のような個所で、著者はさりげなく自らの主義主張を開陳しているのだ。

草食性の動物が「どんな植物でも食べるわけでは決してない」「まず苦み成分を含む植物が嫌われ」るのである。ところが人間は「苦みを愉（たの）しんでいる」。あるいは人類は、他の動物が強い臭（にお）いを嫌って食べなかった植物を食べることによって「生き延びてきた」。

サラダの角度から人間の歴史や国民性が語られ、それが鋭い。失礼ながら気軽に寝ころんで読み、しかも頭がよくなったような気分にさせられた。

評・栗田亘（コラムニスト）

おおば・ひであき 43年生まれ。東京大教授（植物分類学）。著書に『バラの誕生』など。

二〇〇四年六月二〇日⑦

『昭和の三傑』

政治

堤堯 著
集英社インターナショナル・一四七〇円
ISBN9784797671117／9784087450637(集英社文庫)

改憲論議が囂(かまびす)しいが、そのわりに一頃声高に唱えられていた「押し付け憲法」批判は鳴りを潜めた。

歴史的な正統性よりも現下のプラグマティズムの方が重視されるようになったというわけだ。けれども、いま一度省思してみよう。本当に日本人はアメリカに「戦争放棄」を押し付けられて、それを有り難く戴(いただ)いてきたのか。

本書は通説に逆らい九条幣原発案説を採る。別段、幣原喜重郎が万国平和の理想を信奉していたからではない。復興途上の日本が、アメリカの戦争の巻き添えにならないように、まんまと「マックをハメ込んだ」「救国のトリック」だったというのである。

著者はその幣原と、鈴木貫太郎と吉田茂を合わせて三傑とする。いずれも戦後を措定した人々であり、それ故、いま人気に翳(かげ)りが差しはじめている三人だ。「文藝春秋」時代はタカ派と目されていた名編集者が、彼等の事績を論じ、称(たた)える。時代の移ろいを感じさせる。

評・宮崎哲弥（評論家）

二〇〇四年六月二〇日⑧

『予防戦争という論理』

政治

ベンジャミン・R・バーバー 著
鈴木主税ほか 訳
阪急コミュニケーションズ・二一〇〇円
ISBN9784484041155

著者は旧著『ジハード対マックワールド』で注目を集め、クリントン前大統領の顧問も務めた。欲望を交換するグローバルな市場経済（マックワールド）と排外的な部族的、宗教的熱情（ジハード）は、共に民主体制を掘り崩すと論じた旧著の主張を九・一一事件後の状況に敷衍(ふえん)している。

著者によれば、テロはジハードの表現であり、その危険に対して民主体制は戦わねばならない。しかし軍事技術に頼り、自国は例外と考えるアメリカの対応は、恐怖を増幅し、予防戦争の論理は主権国家原理の否定につながる。つまり、テロと予防戦争とは相まって民主体制を暴力的に解体する危険をはらむ。

著者の提案は予防民主主義、すなわち教育や広報を通じて自発的な民主化を促し、国家間に法の支配を進めることでテロに対抗しようというものである。いささか楽観的すぎる気もするが、アメリカのリベラル派知識人の現状認識を示すものとして一読に値しよう。

評・中西寛（京都大学教授）

二〇〇四年六月二〇日⑨

『熱い書評から親しむ感動の名著』

文芸

bk1 with 熱い書評プロジェクト 著
すばる舎・一六八〇円
ISBN9784883993475

インターネット上の書店bk1(ビーケーワン)には、一般読者の書評が一日数十本届く。いま読める書評は十万本をこえている。すぐれた書評を書けば、評者はポイントがもらえるという嬉(うれ)しいオマケつきだ。人気評者も生まれ、その名前で検索もできる。

本書はそうして実力を認められた評者六十六人による書き下ろし書評集である。対象は評価の定まった「名著」だが、『神曲』から『池袋ウエストゲートパーク』までと選択の幅は広い。

各評者の自己紹介を読むと、通勤電車を至福の読書時間とする人もいて親しみがわくが、書評のレベルはかなり高い。文章がいまいちの場合でも、いい本を人に薦めたいという情熱が純粋にもえているからだ。

諭吉、安吾、淀長、サロイヤン、キンセラ、オースターなどの評はプロの域を摩する。新聞の書評欄を心待ちにする人がこの本を読めば、自分も書くぞという意欲がむらむらと起こってくるだろう。書評の未来を探る意欲的な試みである。

評・中条省平（学習院大学教授）

二〇〇四年六月二〇日⑩

『デザイン・ルール　モジュール化パワー』

C・Y・ボールドウィン、K・B・クラーク 著
安藤晴彦 訳
東洋経済新報社・五四六〇円
ISBN9784492521458
経済／IT・コンピューター

仕事の切り分けをうまくやると能率は抜群にあがる。これは常識だけれど、独立して評価するのはむずかしい。分業の多くは誰かが思いついてしまえば当然に思えてしまう。理念としてはわかるが、その部分だけの価値なんてはかりようがない、と思いがちだ。

本書は、その切り分け方法自体に焦点をあてたおもしろい本だ。

その最たる例として、著者たちはコンピューターを取りあげる。そのハードやソフトからシステム全体、開発方式、企業のビジネス手法、はては産業全体の構造まで、独立性の高い部分に切り分けるモジュール化の徹底と浸透が、いかに競争力と生産性を高めたか。技術から制度分析まで異分野を横断して原理をえぐりだす幅の広さは感動だし、モジュール化というデザイン原理が持つ価値をモデル的に定量化までした徹底ぶりには脱帽。

漠然とした常識が目の前で堅牢（けんろう）な概念として組み上げられる刺激的な一冊だ。

評・山形浩生（評論家）

二〇〇四年六月二七日②

『戦後思想の一断面　哲学者廣松渉の軌跡』

熊野純彦 著
ナカニシヤ出版・二五二〇円
ISBN9784888488693
人文

切迫感漂う　亡き師の「総括」

動詞まで概念と化した、漢字だらけのごつごつした文体。集会のアジテーションをそのままビラに写したような口吻（こうふん）。漢和辞典を引き引き、読んだ記憶がある。空調のない真夏の日、首にタオルを巻いて……というイメージがぴたりとくる。その書き物を、哲学科の学生のみならず、かけだしのデザイナーや装丁家まで、むさぼるように読んだ。〈概念〉が情念を引っぱる時代だった。「学生叛乱（はんらん）」のさなか、一九六九年から七二年にかけてあいついで刊行された廣松渉の『マルクス主義の地平』と『世界の共同主観的存在構造』である。

廣松の書き物に震撼（しんかん）させられたその世代は、亡き廣松の総括をきちんとやったのか、「問いのいっさいは、なお未済」ではないのか。熊野純彦が書いた廣松の評伝は、そう無言で突っかかってくるかのような面立ちをしている。

じぶんが何かを語りだすその場所に、いまどきの哲学研究者にはめずらしく執拗（しつよう）にこだわりながら、ヘーゲルやレヴィナスについての研究書を書き継いできた熊野。その彼が、廣松の薫陶をじかに受けた最後尾の世代として、廣松の思想形成期から晩年の『存在と意味』にいたるまで、その足跡をたどる。

第二部「解読」はどこか「研究生」を匂（にお）わせる文章であるが、九州での少年時代にまでさかのぼる戦後共産主義学生運動との表、裏でのかかわりと、自然のものとみえる世界の、社会的な「被媒介性」の構造を問題にする廣松のいわゆる〈物象化〉論の生成とを、意を尽くして反芻（はんすう）する第一部「軌跡」の記述には、このことは絶対だれかが書いておかねば……といった切迫感すら漂う。

廣松からの悠（ゆう）に八時間におよぶ長電話のこと、六〇年安保闘争のデモの最前列で「おんなはうしろに下がれ！」と叫び、樺美智子がそれに食ってかかったという思い出話がでたときの廣松の沈鬱（ちんうつ）のことなど、じかに接した熊野ならではの話があいだに挟まる。が、最後にちらっと書きつけられた、熊野の未（いま）だくすぶる廣松晩年へのわだかまりのせいか、口調はどこか淋（さび）しげだ。

評・鷲田清一（大阪大学教授）

くまの・すみひこ　58年生まれ。東京大助教授。著書に『レヴィナス入門』など。

二〇〇四年六月二七日③

『ダ・ヴィンチ・コード　上・下』

ダン・ブラウン 著　越前敏弥 訳

角川書店・各一八九〇円
ISBN9784047914742〈上〉・9784047914759〈下〉
ISBN9784042955030（角川文庫〈上〉）・9784042955047（〈中〉）・9784042955054（〈下〉）

文芸／アート・ファッション・芸能

名画に描かれていたイエスの秘密

シオン修道会という、女神崇拝のためキリスト教から異端視される秘密結社がある。いや、実在するかどうかは不明だが、少なくともそれに関する「秘密文書」がパリ国立図書館に所蔵されていた。

中に歴代総長のリストがあり、十二番目にダ・ヴィンチ、十九番目にはニュートンの名も見える。実は、二十五番目が私の研究するドビュッシーで、リストのコピーもとってきたが、次に行ったときは請求番号を記したカードが煙のように消えていたり、不思議なことがあった。

本書は、そのシオン修道会とダ・ヴィンチをめぐる神学ミステリー。ルーヴル美術館の館長ソニエールが、ギャラリー内で暗殺された。遺体はダ・ヴィンチの「ウィトルウィウス的人体図」を模して大きく手足を開き、周囲には意味不明の数字や言葉が蛍光インクで書かれていた。

「人体図」はソニエール自身のダイイングメッセージだった。最後に「ロバート・ラングドンを探せ」と書かれていたため、警察は、来仏中のハーヴァード大学教授ラングドンを容疑者とみてルーヴルに召還する。彼は秘密結社の象徴学の権威で、事件の直前にソニエールから面会を申しこまれていたのだ。

いっぽう、ソニエールの孫で暗号解読の専門家ソフィーは、幼いころから祖父とアナグラムや暗号で遊んでいたこともあり、メッセージが自分に向けられたものと確信してラングドンをかくまう。

警察の追跡を逃れながらの、ルーヴル内での暗号解読がスリル満点。メッセージの文字を並べかえると「モナ・リザ」が浮かびあがる。「モナ・リザ」の防護ガラスの表面には、蛍光インクで六つの単語が殴り書きされていた。文字をさらに並べかえると、これもダ・ヴィンチの「岩窟（がんくつ）の聖母」になる。そして、「岩窟の聖母」の背後にあったものは……。

ひとつが解明されると、また別の暗号が立ちふさがる。ソニエールが命を賭して守ろうとした「秘密」は、キリスト教を根幹からゆるがすようなものだった。あの「最後の晩餐（ばんさん）」にまつわるあっと驚く謎ときも出てきたりして、ページをめくる手がもどかしい。

（原題、The Da Vinci Code）

評・青柳いづみこ（ピアニスト・文筆家）

Dan Brown　64年生まれ。米国の作家。他に『天使と悪魔』。

二〇〇四年六月二七日④

『アフター・アメリカ　ボストニアンの軌跡と〈文化の政治学〉』

渡辺靖 著

慶応義塾大学出版会・二六二五円
ISBN9784766410785

政治／国際

2集団の調査から描く米社会の変貌

日本人にとって、〈アメリカ〉という存在は、よい意味でも悪い意味でも、気になる範型（モデル）である。だが、アメリカの社会や文化について語ることは存外に難しい。その巨大さ、多様さ、変貌（へんぼう）の激しさを無視すれば、ステレオタイプのアメリカ像に陥るだけだ。それとは対照的に、本書は、多面的で変化に富むアメリカ社会の複雑さを、フィールドワークという手法によって、やさしく包み込むようにとらえた労作である。

調査の対象は、ボストンに住む二つの集団。ひとつは「ボストンのバラモン」と呼ばれる「アメリカ最古で随一の名門家族の末裔達（まつえいたち）」、もうひとつは、「労働者階級」であることを誇りとしていたアイルランド系移民の子孫である。前者は、ワスプと称され、「ハーバード」以外は大学ではないという見方さえしていた、高学歴の「中上流」。後者はカトリックで、子や孫の代になって大学進学のチャンスを得て、ホワイトカラー職に就けるようになった「中流」である。

これら対照的な二つの白人グループの暮らしぶりの変化を、アメリカ社会の変貌とともに、まさに民の生活誌（史）＝エスノグラフィーとして、人の生き様の襞（ひだ）が見えるかのように丹念に描き出す。

能力主義と競争原理を強める「経済的ダーウィニズム」の浸透、社会全体に及ぶ多文化主義や行き過ぎた個人主義によって、名門家族の暮らしぶりにも変化が訪れる。広大な家屋敷を人手に渡したり、ワスプ以外と結婚したり、「名門」のしきたりを嫌いボストンを離れたり。アイルランド系にとって、同じ社会の変化は、中流への上昇移動のチャンスの拡大であると同時に、伝統的な民族文化や親族関係の希薄化をもたらす原因だったりする。

人の暮らしは、人と人とのつながりによって成り立つ。だが、そのつながり方もまた、時代の変化に翻弄（ほんろう）される。しかも、その変化は、民族文化や階級文化のフィルターを通して個々の人びとの暮らしぶりに行き届く——アメリカを語りながら、私たち自身の変化も透けて見えてくる。秀逸なエスノグラフィーである。

評・苅谷剛彦（東京大学教授）

わたなべ・やすし　67年生まれ。慶応大助教授（文化人類学）。

二〇〇四年六月二十七日⑤

『小沼丹全集　第一巻』

小沼丹 著

未知谷・一二六〇〇円

ISBN9784896421019

文芸

小説の達人の技巧極めた作品群

小沼丹の作品の魅力は、登場人物の生を浸す微妙な気配の照りかげりにある。

日常生活の細々としたできごとを端正な日本語でつづり、微苦笑的なユーモアをかもしだしながら、そこに一瞬、人生のふかい哀感を結晶させる。いわゆる「大寺さんもの」の短篇（たんぺん）や、名作「懐中時計」などには、そうした小沼文学の特質がみごとに浮き彫りにされている。

主人公と作者のすがたを虚実の皮膜一枚へだてて重ねる手ぎわもあざやかだ。小沼丹は日本の私小説の伝統を最もデリケートに継承する作家のひとりなのだ。

だが、そんな小説の達人が一朝一夕になったものでないことは、この『小沼丹全集』第一巻を読めばよくわかる。

『村のエトランジェ』に代表される初期小沼丹は、極めつきの技巧派である。たとえば、巻頭を飾る「紅い花」と表題作「村のエトランジェ」は、ともに男女関係のもつれによる殺人の意外性を扱っている。陰惨に書こうと思えばいくらでも陰惨に書ける題材だが、どこか無責任なユーモアが漂っているのは、事件をながめる作者の目が醒（さ）めていて、筆に絶妙の抑制がきいているからだ。だからこそ、そこにかいま見える人生の一瞬の魔の刻が、読者の頭に鋭く刻みこまれる。

たくまぬ味わいではない。たくみにたくんだ演出の冴（さ）えである。

小沼丹は、女教師が探偵になる洒落（しゃれ）たミステリー連作『黒いハンカチ』（本巻所収）の作者でもあり、いま再評価の機運も高いが、それは技巧派としての小沼文学の特色の端的なあらわれなのだ。

しかし、四十代で妻と母をつづけて亡くしてから、人の死を物語の仕掛けにするような作風から離れ、本全集二巻以降に読まれる独自の世界を開いていく。

この第一巻には、作者が生前ついに単行本化しなかったデビュー作「千曲川二里」が収められている。作者が本名で登場し、懐かしい親戚（しんせき）を訪ねる話だが、そのとき「私の感じたものは、親しみのある雰囲気と共に、一種のものかなしい気持であつた」との一文がある。作家は出発点に帰るというが、これが小沼丹の小説的感情の原点であるにちがいない。

評・中条省平（学習院大学教授）

おぬま・たん　1918〜96年。小説家。全集の監修は庄野潤三、三浦哲郎、吉岡達夫の3氏。

二〇〇四年六月二十七日❻

『空爆と「復興」 アフガン最前線報告』

中村哲、ペシャワール会 編著

石風社・一八九〇円
ISBN9784883441075

政治／社会

現地スタッフの緊迫感あるやりとり

近頃、私たちは何でもすぐに忘れる。「タマちゃん」を忘れ、「SARS」を忘れ、「牛丼」を忘れた。前代未聞の悲惨な事件も、次から次に起こるから、そのつど驚き、嘆き、日本の将来を憂えたあと、すぐに忘れてしまう。ましてや「アフガニスタン」など、はるか忘却のかなたではあるまいか。

しかし、マスコミの都合次第で私たちがアフガニスタンのことを注目しようが、忘れ去ろうが、中村哲医師を中心とするペシャワール会のスタッフたちは、かの地で病んだ人々を治療し、旱魃（かんばつ）で苦しむ村々に井戸を掘り、小麦やトウモロコシの種を蒔（ま）いて、ひび割れた荒れ地を緑の畑に変えてきた。

こうした活動は『医は国境を越えて』や『医者　井戸を掘る』（いずれも石風社刊）で徐々に知られるようになったが、本書は、アメリカでの同時多発テロから、米軍によるアフガニスタン空爆、タリバーン政権崩壊、そしてイラク戦争泥沼化の現在に至る、非常時下でのNGO活動の現場を生々しく伝えている。

中村医師の、現地での二十年に及ぶ経験から滲（にじ）み出てくる発言は、口先ばかりの饒舌（じょうぜつ）がはびこる日本の言論空間では、いつもながら「これぞ本来の言葉」と言いたくなる輝きを放つ。この紙幅では紹介できぬものばかりなのが残念だが、たとえば、アフガニスタンの識字率の低さを指摘する声に対して、彼は、口承文学の脈々たる伝統を掲げ、「読み書きできる民族がえらいのか」と逆に問い掛けてくるのだ。

本書の特徴は、だが、中村医師以外の現地スタッフたちの随想やeメールでのやりとりに、大半のページが割かれている点だ。それらがあまり整理されずそのまま投げ出されているだけに、かえって同時進行的な緊迫感が増している。

空爆下での必死の食糧配布や、日本人・地元民総出の突貫工事となった灌漑（かんがい）用水路の建設は、砂漠に水滴をたらすような徒労感と背中合わせの悲壮感すら漂わせながら、日本を覆う虚（うつ）ろな暗さの中のかすかな、しかし確かな光をもかいま見せてくれる。

評・野村進（ジャーナリスト・拓殖大学教授）

なかむら・てつ　46年生まれ。ペシャワール会医療サービス総院長。84年から現地で活動。

二〇〇四年六月二十七日❼

『孤独か、それに等しいもの』

大崎善生 著

角川書店・一四七〇円
ISBN9784048735308／9784043740031（角川文庫）

文芸

恋愛小説『パイロットフィッシュ』で吉川英治文学新人賞を受賞した抒情（じょじょう）派大崎善生の最新作品集で、五篇（へん）収録されている。

嘔吐（おうと）症の女性の孤独を見すえる「八月の傾斜」、夫婦の飽和点を思い巡らす「だらだらとこの坂道を下っていこう」、双子の姉妹との確執を語る「孤独か、それに等しいもの」、男女六人の夏を描く「シンパシー」、そして母親に自殺された娘の苦悩を浮き彫りにする「ソウルケージ」。とりわけ表題作と「ソウルケージ」が見事。死からの再生を優しく繊細に捉（とら）え、静謐（せいひつ）だが実に力強いドラマを作りあげ読み応えがある。

大崎作品はときに感傷に浸りすぎて、人物たちの孤独が甘美に響きすぎるきらいもあるが、生きるうえで避けられない哀（かな）しみや苦しみをすべて受け止めて、そこから思考する真摯（しんし）な姿勢が良く、また祈りに近い切々たるメッセージも胸をうつ。端正な文章、温かな感情、心にしみいるリリシズムも相変わらず魅力的だ。

評・池上冬樹（文芸評論家）

二〇〇四年六月二七日⑧

『評伝　岡潔　花の章』

高瀬正仁 著

海鳴社・四二〇〇円
ISBN9784875252184　科学・生物／ノンフィクション・評伝

なにぶん学問の性質が抽象の極みなので、数学者の伝記を書くことはむずかしい。幸いに数学史家の著者を得て、有名な奇行の持ち主としてでなく、晩年マスコミの寵児（ちょうじ）となり一部で崇（あが）められた「憂国の士」でもない、岡潔博士（1901〜78）の真正の評伝がまとまった。足跡を訪ねてフィールドワークを重ね、文化勲章受章に至るまで。前著の「星の章」と合わせて二巻の一大労作である。

「生活の中で研究するのではなく、研究の中で生活する」孤高の道は絶えざる精神の昂揚（こうよう）で、袋小路に入ると心情は現実を離れ懐かしい幼児の夢の世界に移動する。そして不可解な言動を生んだこの「懐かしさ」が研究の原動力でもあった。

しかしそれだけに、夫人をはじめ、親友中谷宇吉郎ら周辺の人々の労苦は並大抵ではなかった。そんな献身的サポートがあって、「学者としてあまりにもまっとうな道を歩み通したことこそ、岡潔の人生最大の奇行」と説く。まさに至言。

評・宮田親平（科学ライター）

二〇〇四年六月二七日⑨

『ジュエリーの歴史　ヨーロッパの宝飾770年』

ジョーン・エヴァンズ 著　古賀敬子 訳

八坂書房・三三六〇円
ISBN9784896948387　アート・ファッション・芸能

著者は、イギリスの美術史家・歴史家。中世初期から19世紀中葉までのイギリス、フランスなどの宝石の歴史をたどる壮大な一冊。原著は1953年初版で、ジュエリーを芸術として美術史のなかに位置づけた先駆的な研究でもある。

肖像画など膨大な資料を縦横無尽に使い分け、宗教や技術の発達などの背景と絡ませての解説は、陶酔感さえ催させる。王冠やネックレスなど300点以上の豪華絢爛（ごうかけんらん）な写真が見事で、眺めているだけでため息がでる。

それでいて、ジュエリーにまつわるエピソードは、妻が夫にねだって買わせたり、愛人にこっそり贈ったり、借金の担保にしたりと人間くさくて、宝石がいかに私たちと深いつき合いをしてきたかがわかる。

著者は、今後はジュエリーの機械生産が進み、手作りの魅力が失われるのでは――と悲観的だが、訳者は人間の創造性と美意識に明るい展望を語る。

評・多賀幹子（フリージャーナリスト）

二〇〇四年六月二七日⑩

『反折口信夫論』

村井紀 著

作品社・三一五〇円
ISBN9784878936357　人文

近代日本の巨人として知られる折口信夫＝釈迢空。マレビト、貴種流離などの独自な発想は今もなお大きな影響力をもち、一般に折口学などとも呼ばれる。

残された全集、ノートのほかに、教えを受けた人々の回想、解説、研究など、膨大な言説はまばゆいばかりだ。同性愛、コカイン常用というスキャンダラスな側面も加わり、余計神秘化された存在になっているといえるだろう。

本書は、「折口学は、その全体をまず認めてかかるか、全体を認めないか、といったていのもの」という池田弥三郎に代表される折口理解に「ノー」を告げる。

出来るだけ折口を生きた時代のなかに位置づけ、テクストとして読まなければならないと繰り返しいう。「死者の書」の読み方、「マレビト」という視角、戦争責任、戦後の神道の人類教化構想などに触れながらの神話崩しは熱っぽい。

長年の論集をまとめたもので重複もあるが、折口学再生への意欲に満ちた一冊。

評・小高賢（歌人）

二〇〇四年七月四日❶

『ゲド戦記外伝』

アーシュラ・K・ル＝グウィン 著
清水真砂子 訳
岩波書店・二三一〇円
ISBN9784001155723／9784000264686（物語コレクション）

文芸

アーシュラが使った魔法は…これか

六〇年代後半から七〇年代前半にかけて書かれた「大魔法使いゲド」を主人公とする『ゲド戦記』三部作は、世界中で多くのファンを獲得しました。だが、それだけなら、この作品は、傑作ではあるけれども優れたファンタジーの一つとして知られるに留（とど）まったでしょう。

三作目からおよそ二十年たった一九九〇年、ル＝グウィンは突然、第四部『最後の書（帰還）』を発表し、ファンを当惑させました。なぜなら、その主人公が「大魔法使いゲド」ではなく、魔力を拒否して人間として生きることを選択したひとりの女だったからです。さらにいうなら、その女は、「生理」というような刺激的な言葉を使い、ついにはゲドとセックスまでしてしまうからです。さらに十年後の完結編『アースシーの風』では、主人公の、虐待されレイプされた少女を筆頭に、崩壊寸前の世界を目の前にして呆然（ぼうぜん）とする男たちを尻目に敢然と戦う女たちが中心に描かれました。『アースシーの風』と同時期に書かれた短編集であるこの『外伝』でも、その姿勢は変わっていません。「カワウソ」では、ゲドの母校、魔法を教える「ローク学院」の成立に実は女が関（かか）わっていたことが書かれているばかりか、最後の「トンボ」では、ついに「女性排除」を本質とする「ローク学院」こそが世界を転落させた原因の一つなのだと糾弾されるに至ったのです。

そんな『ゲド戦記』の「変質」に対して行われた批判は、こういうものでした。

「ファンタジーに無粋なフェミニズムの主張を持ち込むべきではない。我々は、ただ魔法と冒険に満ちた豊かな物語を読みたいだけなのだ」

だが、「魔法と冒険に満ちた豊かな物語」としてのファンタジーとはいったい何でしょう。それは、現実の中にではなく、目を閉じて見る夢の中にしか存在しえぬものなのでしょうか。

『ゲド戦記』のもっとも重要な主張は「魔法とはことばだ」ということです。魔法使いは、相手に「ことば」を投げかけ、術にかける。「ことば」を投げかけることが魔法なら、我々の生きる世界、「ことば」が飛び交い、それによって影響を与え合うこの世界もまた魔法の世界ではないのでしょうか。たとえば、「女は男の支配下で生きよ」という暗黙の強制も、「女」にかけられた「魔法」ではなかったのか。

「わたしたちは間違う。間違ったことをする。動物はけっしてしないのに。どうしたら動物のようでいられるんでしょう？ でも、とにかくわたしたちは過ちを犯しうる。犯してしまうのです。くり返しやってしまう」

「ことば」を覚えたために、人間は間違う。間違えて、間違えて、世界を破滅の危機にまで追い込んでしまう。だが、自由はその中で見つけるしかないことを、ル＝グウィンは（『ゲド戦記』の登場人物たちは）、知っていたのです。

（原題、Tales from Earthsea）

評・高橋源一郎（作家）

Ursula K. Le Guin 29年生まれ。米作家。ゲド戦記シリーズほか『闇の左手』など。

二〇〇四年七月四日❷

『新橋駅の考古学』

福田敏一 著

雄山閣・四八三〇円
ISBN9784639018407　歴史／アート・ファッション・芸能

汽笛一声、文明開化の遺構を復元

さしたる用事もないままにしばしばその待合室に佇（たたず）んだ永井荷風にとって、新橋駅とは「無類上等のCafé」「あらゆる階級の男女が、時としてはその波瀾（はらん）ある生涯の一端を傍観させてくれる事すらある」場所であった（「銀座界隈」）。

明治五（一八七二）年開業の新橋駅は横浜と結び、そこから世界へとつながっていた。閉ざされた江戸から開かれた東京への転換を鮮やかに象徴する場所である。大正三年に表玄関の座を東京駅に譲り、烏森に現在の新橋駅が開業したあとは汐留貨物駅となり、戦後復興を支えて昭和六十一年にその役目を終えた。

汐留地区の再開発を前に始まった発掘調査は十年に及んだ。本書は、その成果を一般に向けわかりやすく説いたものである。執拗（しつよう）に示される発掘の所見と文書や図面や写真との付き合わせに、あるいは食傷する読者がいるかもしれないが、実はそれこそが本書の醍醐味（だいごみ）だ。

まるで薄皮を一枚ずつめくっていくような慎重な発掘と分析によって姿を現したものは、百年を超えて成長と変化を続けた旧新橋駅にほかならない。ポンペイ遺跡とは異なり、遺構のすべてが同時に存在したわけではない。駅舎と一本のホームと転車台と車庫で始まった小さな駅に、工場や発電所などの大型施設がつぎつぎと増え、一方で不要の施設は壊され、また転用された。「遺構どうしの重複（重なり合い）という現象は、どちらが壊し、どちらが壊されているかを正確に把握すること」が肝心と著者はいう。

これはまた、近現代を対象とする考古学ならではの醍醐味ともいえるだろう。地表のすぐ下に潜んでいるとはいえ、われわれに地続きの相手が複雑極まりないこと、古代遺跡の比ではないからである。

こうして、明治の旧新橋駅が机上で復元された。さらに実際に、創業時の駅舎とホームの一部が復元されたのは、昨年春のことだ。発掘された石積みが見えるように保存されており、駅舎内では出土物の展示も行われている。

本書を片手に、汐留再開発地区の高層ビルの谷間に出現した明治の東京を、ぜひとも訪れてほしいものだ。

評・木下直之（東京大学教授）

ふくだ・としかず　53年生まれ。法政大大学院修士修了。東京都埋蔵文化財センター勤務。

二〇〇四年七月四日❸

『アダムの呪い』

ブライアン・サイクス 著　大野晶子 訳

ソニー・マガジンズ・二一〇〇円
ISBN9784789722797／9784863328617（ヴィレッジブックス）　科学・生物

地球と人類を破滅させる男性遺伝子

題名から推理小説か怪奇小説の類を想像しかねないが、大はずれ。一流の学者によるれっきとした科学ドキュメンタリーだ。だが、へたな小説が裸足で逃げ出すほどスリリングで面白い。

前著『イヴの七人の娘たち』で著者は、女性のみに受け継がれるミトコンドリア遺伝子を分析し、約十四万年前にアフリカにいたひとりの母（イヴ）から、どう枝分かれして、人類が世界各地に散らばっていったかを、鮮やかに解き明かした。

その後、男性のみに受け継がれるY染色体の解析が進み、人類共通の父親（アダム）が約六万年前にいたことが判明した。その前に存在したY染色体は絶滅したらしく、「呪い」の兆候が見える。

女性の進化マップがきれいな円形になるのに対して、男性のはいびつだ。特定の遺伝子が異常にはびこるからだ。ケルトの英雄サマーレッドの遺伝子は、千年で五十万人に増殖した。モンゴルの英雄チンギスハーンの遺伝子は、今日千六百万人に広がったと推定される。巨大な富と権力を手にした闘争的な遺伝子が、ときには暴力的な手段も辞さず拡大する。著者はそこに、自然を抑圧し地球を破滅に向かわせる「呪い」を感じている。

もうひとつの「呪い」はもっと深刻だ。通常の遺伝子はペアになっており、突然変異は半分しか伝わらない。Y染色体は相棒がいないので全部伝わる。しかも卵子は二十四回しか細胞分裂しないのに、精子は千回以上コピーされ、突然変異にさらされる確率が高い。現在でも精子の奇形は三分の一〜二分の一に達しているが、今後さらに破壊は進み、十二万五千年後には男性の生殖能力はいまの百分の一程度に劣化するという。「呪い」は、人類絶滅への時限爆弾だったのだ。

本書が解説する性や遺伝のしくみの精緻（せいち）さは、まさに驚嘆に値する。人類の知恵はそれを解き明かし、コントロールできるところまで進んでしまった。

著者のいう、地球破滅と人類絶滅の二つの呪いもさることながら、人類が浅はかな知恵を振り回して、遺伝や進化をコントロールしようとすることの方が、はるかに怖いような気がするのだが……。

（原題、Adam's Curse）

評・天外伺朗（作家）

Bryan Sykes　英オックスフォード大教授（人類遺伝学）。

二〇〇四年七月四日④

『コロンバイン・ハイスクール・ダイアリー』

ブルックス・ブラウン、ロブ・メリット 著
西本美由紀 訳
太田出版・一五五四円
ISBN9784872338362

社会／ノンフィクション・評伝

「巻き込まれた者」が放射する倫理性

これは「アメリカの悲劇」ではない。

コロンバイン事件のことだ。一九九九年四月二〇日、コロラド州リトルトンのコロンバイン高校で二人の生徒が十三人を射殺して、自らも命を絶った。

本書を読み、加害者や被害者たちを取り巻いていた様々な状況、環境をつぶさに知れば、とても対岸の火事とは思えない。主著者のブルックス・ブラウンは、学友や先生たちを無慈悲に撃ち殺した二人の友達だった。

一口に友といっても複雑な仲である。著者は犯人の一人、エリックのホームページで「殺す」と脅迫されていた。些細（ささい）な諍（いさか）いが原因だった。エリックは言葉だけではなくいやがらせを実行した。

そんな深刻なトラブルを抱えながらもブルックスは彼等（かれら）とのつきあいをやめなかった。何故か。著者も加害少年たちと同様、学校や地域社会から爪弾（つまはじ）きにされ、リアルライフに身の置き場のない孤独な自分を持て余していたからである。

学校を闊歩（かっぽ）しているのは、スポーツチームに属する強健な生徒たちだった。彼等はひ弱な「コンピュータ・オタク」であるブルックスや加害少年たちを格好の嘲（あざけ）りと暴行の対象とした。

保守派の政治家などは事件後、加害者たちがゲームやネットに夢中だったことを殊更に取り立て、暴力的なエンターテインメントが子供たちを駄目にしているというキャンペーンを張った。日本でもお馴染（なじ）みの構図だ。

これに対しブルックスは反論する。まず暴力的なのは社会の側であり、サブカルチャーはその反映に過ぎないと。

リトルトンやコロンバインの閉鎖性には息が詰まる。ブルックスは殺人犯と親しかったばかりに容疑者扱いされてしまう。しかし、そんな逆風をものともせず、あくまで自分で考え、判断し、己が言葉で他を説得しようとする彼の「倫理性」には心を打たれる。

事件によって引き起こされた社会不安や被害者感情を、政治や宗教に利用しようとする輩（やから）への批判は苛烈（かれつ）を極める。その怒りを孕（はら）んだ能弁の影に、取返しのつかない悲しみがそっと寄り添う。

（原題、No Easy Answers: The Truth Behind Death At Columbine）

評・宮崎哲弥（評論家）

Brooks Brown　米コロンバイン高OB。
Rob Merritt　新聞記者。

二〇〇四年七月四日⑤

『ブッシュへの宣戦布告　アメリカ単独覇権主義の危険な過ち』
ジョージ・ソロス 著
寺島実郎 監訳　藤井清美 訳
ダイヤモンド社・一六八〇円
ISBN9784478170557
政治／経済／国際

独善に陥ったアメリカの改革を激論

「あれか、これか」という二分法の思考法は、ものごとを単純化するのには役立つが、複雑な社会の理解に使われると致命的な見逃しを招きかねない。グローバル経済の理解にも、この二分法が顕著である。一方には規制を次々に撤廃しようとする市場原理主義があり、他方には反グローバリズムがある。その狭間（はざま）で、健全な市場経済の構築が阻まれてきた。

二十年以上ものあいだ国際投機の最前線で勝ち続け、他方で三十三カ国に対し累計50億ドルもの慈善活動を行うジョージ・ソロスは、しばしば不可解な人物と言われる。ブッシュ再選阻止を激烈に論じた本書でも、かつての反共の闘士が反米を唱えている。だが論旨は極めて明快、難渋に見えるとすれば二分法思考のせいだ。ソロスが目指すのは、健全な市場社会と民主政治の構築である。

金融のグローバル化は、いくつもの不安定を生んだ。投機によってバブルと劇的な落ち込み（バスト）が繰り返され、金融危機は途上国経済にしわ寄せされた。流動的な資本に課税することが困難であるため、国内でも貧富の差が広がり、税収減から国家単位では公共財や福祉が提供できなくなった。こうした経済論を導くのが、人は社会から反作用をうけるという「再帰性」、誰しも過ちうるという「可謬（かびゅう）性」、自由な批判によって過ちをただす社会である「オープン・ソサエティー」といった独特の概念である。

グローバル経済の欠陥に歯止めをかけ、テロや紛争を阻止するには、国際協調が必要となる。ところがブッシュのアメリカは国連改革を指導するどころかイラク戦争を起こし、テロの激化を招いている。単独覇権主義と先制攻撃をうたうブッシュ・ドクトリンに導かれるアメリカは「自分たちこそ真理」という独善に陥って、9・11以降は批判的言論の封殺にも躍起になっている。

ソロスが立ち向かうのが、かつてのソ連同様に「クローズド・ソサエティー」と化したアメリカなのである。こうした彼の闘いの来歴については、同じく新刊であるM・T・カウフマン『ソロス』（ダイヤモンド社）に詳しい。

（原題、The Bubble of American Supremacy）

評・松原隆一郎（東京大学教授）

George Soros　30年ブダペスト生まれ。56年米に移住。

二〇〇四年七月四日⑥

『楽園後刻』
甘糟幸子 著
集英社・一六八〇円
ISBN9784087746990
文芸

ひとが生き、老い、死んでいく「場所」

鎌倉観光の娘たちが道をふさいでいるのを見ると動物的な唸（うな）り声をあげて洋傘（ようがさ）で追い払う老女がいる。「鎌倉の妖怪」と娘たち。Tシャツにコカ・コーラの英字を染めた、そんな娘たちの背中に老女は「アメリカかぶれ！」と罵声（ばせい）を浴びせる。

逸子、八十四歳。ドイツ大使館勤めの夫とともにナチス・ドイツはなやかなりし戦中は「お洒落（しゃれ）な生活」を過ごし、戦後は零落。夫に先立たれてからはお手伝いさんをしながら天音寺裏の古家で孤独な老年を迎えている。

逸子には鎌倉育ちの（義理の）姪（めい）がいる。菊子、六十歳前後。少女時代うっ屈すると、当時はまだ広かった逸子の家の桜の巨木を見にきた。某日、思い立って菊子は同年輩の信子を花見に誘う。が、かつての桜は消えて庭は墓地となり、逸子の廃屋じみた家だけが取りのこされている。

ガラス窓ごしに屋内を覗（のぞ）く。ドイツ製の柱時計、堅牢（けんろう）な家具、ノイシュヴァンシュタイン城の複製写真。記憶がほぐれてゆく。二匹いたドーベルマン、露台の葡萄（ぶどう）や、逸子のもてなしてくれた香りの高い珈琲（コーヒー）……。現実の室内には剥（は）がれたペンキが紙テープのように天井からぶら下がってゆらめいている。

舞台は鎌倉だが、いわゆる古都鎌倉ではない。上述の三人の女たちそれぞれの現実の生活の場、ということは、そこで生き、老い、死んでゆく場としてのどこにでもあるどこかだ。だから逸子は廃屋の台所で孤独死を遂げ、菊子一家は夫の譲二の勤め先倒産とともに積み木細工が壊れるようにあっけなく崩壊し、菊子自身も癌（がん）を病んで世を去る。残された信子は誰も避けることのできない老いと死に向かって歩みだす。その耳にチエホフ『桜の園』の桜木の倒れる響きがエコーしたことだろう。

作者は著名な野生植物エッセイスト。それだけに正確な植物観察の目が随所に行きわたり、老年にさしかかった女たちの物語というのに、花と草木に埋めつくされて、古木に咲いた桜花のようにかぐわしくみずみずしい。

評・種村季弘（評論家）

あまかす・さちこ 34年生まれ。エッセイスト。著書に『花と草木の歳時記』など。

二〇〇四年七月四日⑦

『チベットの潜入者たち　ラサ一番乗りをめざして』

ピーター・ホップカーク 著　今枝由郎ほか 訳

白水社・二九四〇円

ISBN9784560030448

歴史／政治

百年前の世界には本物の「秘境」が残っていた。山脈に囲まれた「世界の屋根」チベットはその一つだった。清朝が衰え、その支配が有名無実となる中で、独特の仏教政治体制を守ろうと外来者を拒むチベット政府。対して、帝国拡張を図る列強は「秘境」を開こうとし、チベット人とそれ以上に手ごわい地形への侵入をくり返した。

著者は、中央アジアでの列強の角逐を描いてきた練達の文筆家。幾多の資料を渉猟し、侵入を企てた人物とチベット側の対応にあくまで焦点を絞って、この時代の価値観の中で生きた人々の姿を活写する。

言うまでもなく、この攻防はチベット側の敗北に終わる。やがて帝国主義も過去のものとなり、冷戦期には中央アジアへの関心そのものが後退した。しかし、中央アジアが国際政治の焦点として蘇（よみがえ）ってきた今日、本書のエピソードは、かの地でくり広げられている熾烈（しれつ）な人間模様を想像する一助ともなるであろう。

評・中西寛（京都大学教授）

二〇〇四年七月四日⑧

『建築はほほえむ　目地 継ぎ目 小さき場』

松山巖 著

西田書店・一三六五円

ISBN9784888663854

アート・ファッション・芸能

片手の掌（てのひら）に納まってしまうほどの、小さな本だ。「空間」と「人」との関係について考えられている。言葉がぽつぽつと、詩のように建つ。すぐ読める。だが、何か忘れものをしたような気分になって、再び本を繰る。不思議な本だ。確かに、この本には、私たちの忘れものが入っている。

機械化によって、人の経験の核が失われ、その結果、「そっとしずかに、しかもぴったりとドアを閉めるというような習慣が忘れられていく」というアドルノの言葉は、私たちに、なんと戦慄（せんりつ）的に響くことだろう。

浴室などにあるタイルの隙間（すきま）を目地という。建築は、この目地のような隙間や継ぎ目をつくることで成り立っているという。目地が笑うという建築用語があるらしい。継ぎ目が広がるという意味だが、それも「建物が生きているから」。

都市における路地も、目地のようなもの。小さき場への関心が、失われつつある。危機意識に満ちた、鋭く豊かな一冊である。

評・小池昌代（詩人）

二〇〇四年七月四日⑨ 『イギリス人に学べ！ 英語のジョーク』

教育

クリストファー・ベルトン 著 渡辺順子 訳
研究社・一六八〇円
ISBN9784327451752

エイプリル・フールという国民的習慣を創案し「ユーモアのこととなると、真実は二の次」と考えるイギリス人。困難に対処するいちばんの武器は笑いだと信じて疑わない。

彼らは、日夜パブに通ってジョークの応酬に精出す。口にした者が笑うのは大目に見られるが、聞かされた側は最悪だという反応を示すこと。これが相手への最大の賛辞となる。

この本を読みながら笑い声を立てたら、ルール違反に問われるからご用心。

著者が収集したあまたの例証は、男女の機微から政治まで広範囲に及ぶ。

「最近の外交官は、たびたび席につくことを許されている給仕長以外の何ものでもない」

今の日本にぴたり当てはまる警句も出てくる。ユーモアのスパイスをきかせた墓碑銘まであるそうだ。

この本ではユーモアとジョークがほぼ同義語的に用いられているが、ユーモア精神の具体的発露がジョークだと考えればいいのだろう。

評・安倍寧（評論家）

二〇〇四年七月四日⑩ 『パロティングが招く危機 メディアが培養する世論』

社会

石川旺 著
リベルタ出版・一八九〇円
ISBN9784947637895

パロットはオウム。パロティングは意味も分からないまま真似（まね）ることだ。「メディアの意見を、深く考えずにそのまま受け入れる場合が増えてはいないか」の問題意識から書かれたジャーナリズム論である。

東京での世論調査に基づき、メディアの論調と意見形成の関係を考察し、「読売新聞」の読者では「朝日」「毎日」の読者に比べ、「憲法改正」に賛成の比率が圧倒的に高いなどを指摘。TBSの「筑紫哲也のNEWS23」やテレビ朝日の旧「ニュースステーション」の視聴習慣は、保守的な論調の新聞購読者をリベラルな方向に引き戻している、など興味深い論考もある。

その上で著者は「誘導された表層的な意見表明」の危うさを説く。民主主義の基盤である世論はなかなか難物だ。シンプルなメッセージ以外伝わりにくい複雑な現代社会に、そもそも「熟慮された世論」を期待できるのだろうか、などと考えさせられる。

評・佐柄木俊郎（ジャーナリスト）

二〇〇四年七月一一日① 『ナショナリズム 名著でたどる日本思想入門』

人文／新書

浅羽通明 著
ちくま新書・九四五円
ISBN9784480061737

『アナーキズム 名著でたどる日本思想入門』
浅羽通明 著
ちくま新書・九四五円
ISBN9784480061744

「道具としての思想」核心に迫る

思想なんて、何の役にたつの？ これにきちんと答えるのはむずかしい。思想なんてナントカ主義だのイズムだの本質だの可能性の中心だの、どうでもいいところで変な派閥を作って怒鳴りあうだけ、というのが一般の印象だ。いや、それもウソだな。普通の人はそもそも「思想」なんかに具体的な印象なんか持っていない。せいぜいが特殊な人々による浮世離れしたこざかしいおしゃべりと思っているくらいだ。

でも一方で人は深く思想に冒されている。ケインズは「知的影響から自由なつもりの実務屋は、たいがいどっかのトンデモ経済学者の奴隷だ」と述べたけど、思想にもそんなところがある。ふと何かの折りに、ぼくたちは出来合いの思想にすがる。でもなぜその思想だったのか。どういう状況でその思想は必要とされたのか？

浅羽通明の『ナショナリズム』『アナーキズム』に始まるシリーズは、それを本気で考えている。ナショナリズムなら三宅雪嶺や丸山真男、そしてアナーキズムなら大杉栄や埴谷雄高といった大物たちをテコにしつつも、浅羽の分析はその書き手のみならず、それを求めた読者のニーズまで深く掘り下げる。

たとえばナショナリズムは、日本の近代国家化の中で必要とされた思想だ。押しつけただけでなく、当時の国際環境と都市化の中で、地域性だけに頼れなくなった日本人自身が積極的に求めた思想でもあった。これをもとに、コミュニティ意識の延長としてナショナリズムを捉（とら）える小林よしのりの議論と、狭い地域性の崩壊ばかり強調する姜尚中的な反ナショナリズム議論を、浅羽は同じ現象の表裏だと一撃で看破する。

一方のアナーキズムは、自由を徹底して追求する思想だ。でも生活や家族のためには不自由に耐えるしかない。時にそれすら否定する純粋アナーキズムは、実はすねかじり的な甘えを根底に持つ。浅羽はそれを、埴谷雄高が引きこもりのおたく先駆者だったことなどを足がかりに論じつつ、保守主義とアナーキズムの類縁性など驚くような指摘を次々に繰り出してみせる。

その思想を大衆的に咀嚼（そしゃく）しつつ、その可能性を最も先鋭的に拡大した例として採り上げられるのは、本宮ひろ志（ナショナリズム）や松本零士（アナーキズム）のマンガだ。そして最後に、現代日本におけるこうした思想の役割についての冷徹な分析。思想が社会を動かすわけじゃない。社会の要請が思想を呼び出す。この「道具としての思想」という確固たる視点から導かれる分析は、ナショナリズムといえば右傾化といった紋切り型をあっさり蹴倒（けたお）し、その思想の核心にまで迫る。思想なんて、何の役にたつの？　このシリーズの出現は、この問いそのものを変える。いまや問題は、あなたがどんな思想をどう役にたてるつもりか、ということだ。本書にはそのヒントがぎっしり詰まっている。

評・山形浩生（評論家）

あさば・みちあき　59年生まれ。早稲田大・法政大講師。著書に『教養論ノート』など。

二〇〇四年七月一一日❷

『野川』

古井由吉 著

講談社・二三一〇円

ISBN9784062123419／9784062758253（講談社文庫）

文芸

半世紀を行き来し、死から生をつむぐ

死というものが、幾重にも重なった、しかし相互に透明な構造で語られる。

のっけから、競馬のみやげでもらったイミテーションの埴輪（はにわ）の馬が出てくる。埴輪は古代の埋葬の副葬品、いわば死後の死を見てきたものだ。これがずっと象徴のようにしてあらわれる。

物語は、文筆業の主人公が井斐（いび）、内山という二人の同級生からきかされる打ち明け話を軸に展開する。その内の一人、井斐とは思い出したように会うだけの間柄だったが、井斐が病気で亡くなる一年前、主人公は彼を蕎麦（そば）屋に誘った。

自分の葬儀の模様を夢に見る、と井斐は語った。どこかで男女の睦（むつ）み合う声が漏れ、哀れだな、と耳をやる。その間にも絶えず人が到着する。家の近くを流れる野川の土手を急ぎ足でやってくる。

土手をゆく人々のイメージは戦争中に遡（さかのぼ）る。三月十日の東京大空襲、井斐の母は重い結核で臥（ふ）せった夫を家に残し、八

歳の息子を連れて逃げたのだ。その光景が井斐のトラウマになっている。

内山から「女に狂った」と打ち明けられたのは、大学四年の夏だ。相手は下宿の女主人で、部屋から部屋へと場所を移して交わる。睦言（むつごと）がわりに「あたしたち、こうして死んでいるのね、もうひさしく」とつぶやく。何十年ぶりかでこの話を思い出した主人公は、女は心中の間合いを計っていたのだろう、と思う。

主人公は、井斐がわずかな差で危機をまぬがれた瞬間も知っていた。高校三年のとき、二人は校舎の屋上で「あの限りで、生涯を尽（つく）した」ようなひとときを過ごしたのだ。銀杏（いちょう）の黄葉が風もないのに一斉に散りしきるこのシーンで、私は涙が止まらなかった。

二人の友が何年も間を置きながら絶えきりにもならず顔を合わせてきたのも、すべてこの屋上での沈黙の名残の小宴だったのかもしれない。「誰でもそれぞれの死後を今に生きている」

ぎりぎりまで絞り上げられた言葉が、戦後半世紀という時間も、音と言葉の境界線も超えて疾走しながら、ひたと焦点を合わされるとき、その凄味（すごみ）に思わず身ぶるいがする。

評・青柳いづみこ（ピアニスト・文筆家）

ふるい・よしきち　37年生まれ。作家。著書に『仮往生伝試文』『白髪の唄』『忿翁』など。

二〇〇四年七月一一日❸

『目白雑録（ひびのあれこれ）』

金井美恵子 著
朝日新聞社・一五七五円
ISBN9784022579232／9784022643964（朝日文庫）文芸

バカと言い切る直球エッセー

このエッセー、続編を雑誌に連載中だが、再開前に一回だけ休んだ。すると著者のもとに知人や読者から問い合わせがあったそうだ。もしや過激な悪口を書いたせいで打ち切られたのか、などと。

気を揉（も）むのも、わかる。日々苛々（いらいら）すること、むかっ腹が立つこと、嫌いなこと、頭に来ることの数々を、「書くのがユカイで楽しい文章」で実名直球損得無関係に狙い撃つのだから、書かれた方がユカイで楽しいはずはない。

むろん読む方は別で、筆鋒（ひっぽう）の鋭さにときにオドオドしつつも、かなりの回数で指摘に頷（うなず）き、何度か抱腹絶倒に至る。狙い撃たれるのは、「競争相手は馬鹿ばかりの世界」（＝「文学の世界」）の住人にはじまって、スーパーの七夕飾りに願い事の短冊をつるす若い男まで種々雑多。この男なんぞ「美人でスタイルのいい、頭が良くて（中略）ボクの彼女になりますように」と記したのを著者に読まれ、短冊の裏に大きく「ムリだっての!!」と書かれてしまう。

タイプ別では、標的の第一は「交際したくないものの筆頭」のオヤジだ。画一的な実在のオヤジに加え、「バカな正義派おやじ系文章」も槍玉（やりだま）にあがる。

男だって実名直球エッセーみたいなものを書くが、頭の隅でコソクに世間の反応をコソコソ計算している感じがある。その点、著者は小学校の読書感想文で、作者の文章について「へただからつまらなかった」と書いた筋金入りなのだ。ハナから勝負にならん。

やはり男が及ばないのは有名人の形態模写。一緒に住む姉君による「デブの中学生がキャンプに行って戦争ごっこをしてウルシにかぶれたって顔」という某国某防衛庁長官評などは凄（すご）い。

ときにオドオドして読むと書いたが、これはオヤジ的反応だろう。女なら留飲が下がる個所がもっとあるに違いない。

バカという言葉が頻繁に登場する。何年かで還暦を迎える著者いわく「年なのだから、批評抜きで馬鹿を馬鹿と指摘することが経験ゆえに許されるのである、と開き直りたい」。そう、バカはバカとしか言いようのないときがある。

評・栗田亘（コラムニスト）

かない・みえこ　47年生まれ。作家。著書に『プラトン的恋愛』『タマや』など。

二〇〇四年七月一一日④　政治

『戦後政治の軌跡』

蒲島郁夫 著

岩波書店・三九九〇円
ISBN9784000236447

「自民党システム」の盛衰を実証分析

統計を駆使して日本政治を解析する、実証的政治研究の第一人者の論文集である。戦後政治の中核を「自民党システム」として定義した第1部と、田中角栄元首相の第一審有罪判決後の一九八三年総選挙から昨秋の総選挙までの、主要な国政選挙の分析を軸とする第2部以降とに大きく分かれている。

著者によれば、自民党システムとは、経済成長を進め、その果実を成長から取り残された社会集団にも配分することで、政治的安定を達成するシステムである。第Ⅰ部では、近代化の過程で経済発展は社会制度の不備ゆえに政治的不安定に結びつく、という米国の政治学者ハンティントンなどの仮説に反論する形で、政治的安定と一定の民主化を両立させたモデルとして、自民党システムがおおむね肯定的に描かれている。

対照的に第Ⅱ部以降では、経済成長が鈍化し、自民党システムの基盤が崩れていく時期を扱う。八三年総選挙で自民党は敗北したが、田中角栄は驚異的な得票を果たした。そこに著者は、自民党システムが地方の利益を優先する「ローカル・マキシマム、グローバル・ミニマム」(部分栄えて、全体滅ぶ)の政治に変容し、日本の民主制をじり貧に向かわせる危険を察知した。

しかし、その後も自民党は、一時期を除いて今日まで政権の中枢にあり続けている。自民党システムの下で、野党は有効な対抗勢力たり得なかったからである。日本政治の変化の動因となったのは、有権者の投票行動やメディアであり、それらを表現するキーワードとして、「バッファー・プレイヤー」(牽制〈けんせい〉的投票者)や、共鳴多元主義、業績投票といった概念が次々と提示される。

重厚なデータ分析は専門家向けだが、各章の結論と巻末にある各章の紹介を読むだけでも骨子はつかめる。最近の政治状況についても、二大政党論が喧伝(けんでん)される中、公明党の重みがましていることや、民主党の支持基盤がまだ脆弱(ぜいじゃく)なことなど、興味深い指摘がなされており、実証分析を支える筆者の政治的洞察力の鋭さを感じさせる書物である。

評・中西寛(京都大学教授)

かばしま・いくお 47年生まれ。東京大教授。著書に『政権交代と有権者の態度変容』など。

二〇〇四年七月一一日⑤　歴史

『ヴェネツィアの歴史　共和国の残照』

永井三明 著

刀水書房・二九四〇円
ISBN9784887082854

美しき楽園を支えた冷徹さと仮借なさ

ヴェネツィア共和国のコンパクトな通史である。といっても、最盛期の十五~十七世紀を中心にした記述ではなく、その後につづく緩慢な衰退期に拘泥して、斜陽の中に生きる人々の心にまで測鉛を下ろしているのが特徴である。今日なおその残映を引きずる、幻想的な水上遊園地のごときヴェネツィアのイメージがこの衰退期に完成し、以後、世界中の旅人を惹(ひ)きつけてやまないところに、著者のこだわりは由来するのだろう。

だから、本書の中核をなすのは、衰退の美学を生きるヴェネツィア人を活写する後半部である。そこでは、外国の貴顕を招いた豪奢(ごうしゃ)な宴会、カーニヴァルでの乱痴気(らんちき)騒ぎ、奔放なエロスに身を捧(ささ)げる貴族の男女、ニンフのごとき衣装で踊る修道女、カフェでの愉(たの)しい会話の様子などが畳み掛けるように描きだされ、読んでいるだけで頭がクラクラしてくる。

しかし、潟(ラグーナ)の町の麗しくも浮薄な生活をクローズアップし、現代日本の世情に重ね合わせて共感を呼び寄せようとするだけなら、ヴェネツィア史研究の第一人者が、満を持して書き下ろすまでもなかっただろう。軒並み外国勢力に蹂躙（じゅうりん）され没落する他のイタリア諸国を尻目に、唯一人政体を維持し、静かな繁栄をつづけるヴェネツィア。その基盤が作られた中世・ルネサンス期の巧みな外交操作、権力集中を防ぐ政治制度、経済再編の努力などを、前半でしっかり押さえているからこそ、後半が生きてくるのである。

目立った暴動も反乱もなく、不動の国内体制を誇る稀有（けう）な政体が、その秩序と安定を維持するのにいかに腐心し、仮借ない態度で臨んだかという冷厳な事実にも、目を逸（そ）らしてはいない。近代ヴェネツィアは、十人会、国家糺問（きゅうもん）官らが監視の目を不断に光らせる「警察国家」だったのであり、一年の半分も遊びほうけている市民に寛容な政策も、一種のガス抜きだったのだろう。世界で一番長く「共和制」をつづけてきたといっても、じつは厳格な身分制が貫徹していたことを忘れてはなるまい。

本書はヴェネツィアの夢と現実をこもごも見据えた、熟練の技の産物である。

評・池上俊一（東京大学教授）

ながい・みつあき　24年生まれ。同志社大名誉教授。著書に『ヴェネツィア貴族の世界』。

二〇〇四年七月一一日❻

『狭山事件　石川一雄、四十一年目の真実』

鎌田慧 著

草思社・二三一〇円
ISBN9784794213105　歴史／ノンフィクション・評伝／新書

他人に奪われた人生を取り戻す

秀逸なルポルタージュだという評価に異論はない。膨大な資料を渉猟し、事件に新たな光をあてた労作である。さらに誤解を恐れずにいえば、私は、一人の冤罪被害者の教養小説（ビルドゥングスロマン）として読んだ。

狭山事件とは、昭和三八（一九六三）年、埼玉県狭山市の高校生・中田善枝が誘拐され、遺体で発見された事件である。当初から被差別部落を標的にした捜査が行われた。容疑者・石川一雄は関与を否定したが、その後自白し、一審で死刑判決を受ける。当時、二十四歳だった。

ラブレターすら他人に代筆・代読してもらう石川に、脅迫状など書けるわけがない。警察は、認めれば十年で出してやると籠絡（ろうらく）し、調書をでっち上げた。

「十年ですむといわれて、本当にうれしかったもんね、当時のわたしは」

石川はいう。ドラム缶を半分に切って浴槽にするほどの貧しさ。自白は家族を守るための「犠牲打」だった。死刑の意味もわかっていなかった。事態の深刻さを教えてくれたのは獄中の死刑囚や、「胸を張れ、頭を上げろ」と叱責（しっせき）する右翼だった。自分の無知に気づいたとき、独房で声をあげて泣いた。

猛然と文字を学び始めた石川は調書の嘘（うそ）を見破り、闘うことを決意。逮捕された時、自分の名前が書けずに「一夫」と書いてごまかした人物が、一一八枚に及ぶ上告趣意書を書き上げるのである。

仮出獄から十年。今では憤怒を自戒の念に変え、「中田善枝さんには、申し訳ないことをした。自分があともうすこしがんばっていれば、犯人はつかまったはずだ」と語る。曲折の生を生きる石川の凛（りん）とした佇（たたず）まいに、感動を覚えた。

狭山事件の不幸とは、当事者不在のまま警察やマスコミや政治、善意の支援者までもが「狭山事件物語」を作り、過剰な装飾を施したことだ。本書でも真相を解明する新事実は発見されていないが、名誉回復とは冤罪を晴らすだけではあるまい。人に語られ、収奪された人生を自分の手に取り戻すこと。体温をもつ生身の人間である石川が決然と立ち上がる姿を描いた本書はその出発点であり、虚心坦懐（きょしんたんかい）に事件を見直す契機となるだろう。

評・最相葉月（ノンフィクションライター）

かまた・さとし　38年生まれ。ルポライター。著書に『自動車絶望工場』『ドキュメント屠場』。

二〇〇四年七月一一日⑦

『美と王妃たち』

ジャン・コクトー 著　高橋洋一 訳
河出書房新社・二三一〇円
ISBN9784309204093

文芸

本邦初訳、コクトーのエッセー二篇（へん）を収める。落穂拾いではない。文化史への言及と詩的暗示が多く、難しい文章なのだが、訳者は解説をたっぷり加えて困難を乗りきり、貴重かつ読み応え十分な一冊となった。

前半は「フランスの王妃たち」。といっても、ジャンヌ・ダルクからサラ・ベルナールまで、実際の王妃に限らず、十九人の女傑を集めている。コクトーは偉大な俳優を「聖なる怪物」と呼んだが、これはコクトー一流の「聖なる怪物」列伝なのである。訳者解説とあわせれば、中世から現代に至るフランス女性史の外伝としても面白く読める。

後半は「暗殺として考えられた美術」。シュルレアリストが批判したキリコの擁護から出発して、美の観念を飛躍の多い断章形式で論じている。サルトルがジュネ論で引用した有名なウッチェルロの挿話が含まれるのはこのエッセーであり、これは遠近法の魔術的性格を示唆する最も重要な一文といえるだろう。

評・中条省平（学習院大学教授）

二〇〇四年七月一一日⑧

『晴れた日は巨大仏を見に』

宮田珠己 著
白水社・一六八〇円
ISBN9784560049921／9784344413801（幻冬舎文庫）

アート・ファッション・芸能

大仏は奈良・鎌倉という時代は疾（と）うに終わり、今では全国津々浦々に数限りなくある。とりわけ昭和から平成にかけて建立ブームがあったという。それらは大きさを競ったがゆえに座らず、突っ立っている。

本書は、身長四十メートル以上の巨大仏に限定し（最高は牛久大仏の百二十メートル、ちなみに奈良大仏は十五メートル）、読者を仏前へと、さらに胎内へと案内してくれる。大仏が林立する現代日本の「ウソのような現実の風景」が、こうして明らかにされた。

日常的な風景の中に立つ巨大仏の「すがすがしい違和感」を著者は繰り返し語り、なぜそこに引かれるのかを自問、巡礼の果てにたどり着いた境地は、世界があることの不思議に立ち会うことであった。

約束事でがんじがらめになった日常風景からぬっと突き出し、誰が何をいおうと、巨大仏はまずそこにある。下手物と感じるなら本書を閉じ、「すがすがしい違和感」を共有するならば巡礼へと旅立つしかない。

評・木下直之（東京大学教授）

二〇〇四年七月一一日⑨

『「しきり」の文化論』

柏木博 著
講談社現代新書・七七七円
ISBN9784061497191

人文／社会

わたしたちの生活は無数のしきりから成っている。空間のしきりは人間関係をしきることに結びついているし、勤務時間とプライベートな時間を分けるのはモダンな都市生活の特徴だ。

そう、しきりは至るところに遍在している。自己と非自己を分ける免疫システムから、アルファベット順に世界を弁別する辞書的な知に至るまで、様々なしきりを多角的に考察する本書はさながら「しきりの百科全書」である。

とはいえ圧巻は後半、住空間のしきり論だろう。西欧近代住宅の壁しきりとはちがって、日本の家屋はふすまのようなやわらかいしきりを使い、敷居や縁といった微妙な「うちそと」の区別に依（よ）ってきた。その暮らしが、一九二〇年代に始まる住宅近代化によっていかに洋化し、「わたし」の個室化を進めてきたか、あざやかに明かされる。

現在、パソコンとケータイによってさらなる変容をとげつつある公私の境界を再考するのにも絶好。

評・山田登世子（仏文学者）

二〇〇四年七月一一日⑩ 経済／国際

『アマルティア・センの世界』

絵所秀紀、山崎幸治 編著
晃洋書房・二六二五円
ISBN9784771014893

グローバル化と共に、南北間で所得格差がかつてない広がりを見せつつある。センが共感をもって迎えられたのは、現代における南側の「貧困」のありようにリアルに迫ったからだ。貧困とは、社会基盤の貧しさゆえ、同じ所得を得たとしても先進国民になしうることができない人々の状態というのである。

こうしたセンの主張については『貧困の克服―アジア発展の鍵は何か』（集英社新書）に平易に説かれているが、その先の著書を読もうとすると、社会選択論にかんする超抽象的な議論から貧困の具体的な計測基準まで、あまりの専門性にめまいを覚えてしまう。

本書は市場経済論・社会選択論・不平等論・開発論・インド論・ジェンダー論などを専攻する十人の日本人による論文集。専門性の背後にあるセンの全体像を浮かび上がらせようという試みがありがたい。なかでも、センは道徳哲学者アダム・スミスの再来なのだという指摘には得心がいく。

評・松原隆一郎（東京大学教授）

二〇〇四年七月一八日❶ 政治／人文／国際

『分断されるアメリカ　ナショナル・アイデンティティの危機』

サミュエル・ハンチントン 著　鈴木主税 訳
集英社・二九四〇円
ISBN9784087734058

多文化主義がもたらした内なる危機

著者ハンチントンは、他人が見ようとしない現実に目を向け、言いづらい主張を打ち出す大胆な政治学者だ。

話題作『文明の衝突』では、ナショナル・アイデンティティーをグローバルな視点から仕分けし、八つの類型を抽出して、「文明」と呼んだ。そして国々は帰属する文明間で連帯したり敵対したりもすると唱え、とりわけイスラム文明および中華文明（「儒教・イスラム・コネクション」）が西欧と敵対する可能性を指摘して、憎悪にも近い批判を浴びた。文化アイデンティティーという非合理にも見える価値意識をめぐり、世界が混乱に向かうと予言したのである。枝葉はともかく大枠として言えば、泥沼のイラク情勢などからは、ハンチントンの先見性を支持せざるをえない。

「文明の衝突」は、アメリカにとって、いわば「外なる危機」であった。そして今回描かれるのが、アメリカにとっての「内なる危機」である。アメリカのナショナル・アイデンティティーが、国内で危機に瀕（ひん）しているというのだ。

本書では、アメリカのナショナル・アイデンティティーには四つの要素があるとされている。白人であるという「人種」、イギリス出身であるという「民族性」、自由や平等・民主主義といった「信条」、そしてアングロ・プロテスタントの「文化」である。ところが冷戦後の世界において、自由民主主義は普遍的原則とみなされるようになったから、アメリカ人は「信条」では自己を他と差別化できない。そのうえ祖国との絆（きずな）に固執し同化を拒む移民がとりわけメキシコから大挙して押し寄せ、「人種」や「民族性」も希薄化した。多文化主義というイデオロギーおよび交通や通信というインフラの進歩が、そうした傾向を後押ししている。

その結果、アメリカ社会はアングロ・プロテスタントおよびヒスパニックによる二言語・二文化に分断されつつある。先進国では珍しい（キリスト教福音主義への）宗教回帰も、それに起因するという見立てである。

国民のアイデンティティーを、他国文化との差異という視点で強調する姿勢には、無理がある。だが国家が国民の平等を保障しようとすれば、なんらかの次元で「等しさ」の基準を確保せねばならない。ハンチントン自身は、アングロ・プロテスタント文化の再興に期待をかける。ところがそれに由来する福音主義が、アメリカ史においては奴隷解放や女性・非白人への差別撤廃をもたらす動因となった。とするならば、文化アイデンティティーの危機を演出した多文化主義は、アメリカのメーン・カルチャーの嫡子であろう。アメリカは敵を外に求めるが、それはみずからの内にあるのではないか。

大著ながら平易な文章で冷戦後の世界を再考させる、挑発の書だ。

(原題、Who are we?)

評・松原隆一郎(東京大学教授)

Samuel P. Huntington 27年生まれ。米・ハーバード大学教授、国際政治学者。

二〇〇四年七月一八日②

『カナダ先住民の世界 インディアン・イヌイット・メティスを知る』

人文

浅井晃 著

彩流社・五〇四〇円

ISBN9784882028758

苦難の歴史や芸術、宗教を集大成

来月の六～八日、カナダ先住民の大長老、ウィリアム・コマンダが「すべての部族の輪」と呼ぶ大集会を招集している。「聖なるパイプの保持者(祭司ができる長老)」と認定されているひとりとして、私も三十名ほどの「日本部族」を率いて参加する予定だ。

著者は、カナダ文学への関心から先住民に接するようになり、二十年余にわたってトーテムポールの写真を撮り続け、膨大な資料を収集してきた。その集大成が本書であり、まれにみる労作だ。

カナダには、平原系、イロコイ系、トーテムポール系など、いくつかの文化の異なるインディアン部族と、それとは別にイヌイットなどの先住民がいる。おのおのはさらに細かい部族に分かれているが、著者はそれらの言語、文化、儀式の違いなどを、詳細に調査している。とくに伝統的な宗教観とキリスト教の葛藤(かっとう)と融合の様子は興味深い。文学は著者の専門だけに、口承による神話から近代文学まで幅広く紹介している。彫刻、絵画、音楽なども、伝統の復活から近代芸術に到(いた)る道程が語られている。まさに先住民のすべてを網羅した百科事典だ。

さらには、白人との出会いから、先住民社会の変貌(へんぼう)、政府の政策の変遷、先住民の権利闘争、一連の武装蜂起事件まで、実に丹念に史実を追っている。本書では比較していないが、アメリカ政府より、カナダ政府の方が少しスマートに先住民問題に取り組んできた印象だ。

本書は、先住民に関心のある人に必読の良書だが、難点は文献調査が主体のため、白人の視点になっていることだ。

今日でも同化策に反抗している伝統派の先住民が少数ながら残っているが、交通事故を装ったりしてどんどん殺されていると私は聞いている。サンダンスというのは、四日四晩飲まず食わずで踊り続ける、きわめて過酷な祈りの儀式だ。そこで私が会ったイヌイットは、駅から突き落とされ、両足を轢断(れきだん)されていた。しかも二週間前に、息子を交通事故で失っていた。長老の制止を振り切って、血まみれの義足で踊り続けようとする彼の姿は、鬼気せまるものがあった。

評・天外伺朗(作家)

あさい・あきら 25年生まれ。元大正大教授。著書に『トーテムポール世界紀行』など。

二〇〇四年七月一八日❸

文芸

『鉄塔家族』

佐伯一麦 著

日本経済新聞社・二六二五円
ISBN9784532170653／9784022644046（朝日文庫〈上〉）・9784022644053（〈下〉）

生きる手触りを実感させる名作

どうしてこれほどまでに心を落ちつかせてくれるのだろう。ここにあるのは、とりたてて変わらない日常生活の風景ばかりなのに、読む者の心を鎮める力がある。人生を振り返り、日々の暮らしを見つめ直す力がある。

この小説は「私小説を生きる作家」＝佐伯一麦の最新作である。小高い山の集合住宅に住む小説家の斎木と草木染をする妻奈穂を中心に、デジタル放送用の新しい鉄塔工事の進捗（しんちょく）を追いつつ、少しずつだが確実に移ろう人間の営みを描いていく。私小説といっても作者は「斎木」の三人称を採用し、しかも本書では奈穂、前妻の元で暮らす息子、単身赴任中の放送局員、喫茶店のマスターなどの多視点を導入し、さながら群像劇のようなスタイルを駆使して、いっそう濃（こま）やかで多様な人生をあぶりだしている。

〝鉄塔家族〟というのは、他人同士なのにまるで家族のように寄り添う小さな社会のことだろう。〝鉄塔建設〟は、無事な日々でも内面においてはたえず解体と更新を繰り返していることの比喩（ひゆ）でもある。実際、足元を脅かす生の危うさと不安が掬（すく）いあげられている。具体的には斎木の病気、前妻との確執、息子の家出などが起きて緊張感が漂うようになる。

とはいえ、環境と心境の変化が小動物や植物との関係でユーモラスに語られるので、私小説ファンなら尾崎一雄や小沼丹、近年の庄野潤三を想起するかもしれない。しかし佐伯一麦は一段と内面凝視を深め、人物と物語に厚みをもたせている。私小説なのに静かな群像劇であり、群像劇でありながら物語は劇的に流れずに、人々は淡々と己が日常を生きていく。四季の変化を愛（め）で、自然と感応しながら、生きる「時間」を着実に内面に刻み込んでいく。穏やかな日常を生きる歓（よろこ）び、その浄福感が行間から溢（あふ）れてくる。だからこそ、はじめて体験するのに懐かしく、繰り返してきたにもかかわらず新しい。情景と言葉が内部で響きあい、生きる手触りを実感させてくれるのである。

本書はまぎれもなく、佐伯文学の集大成であり、『木の一族』と並ぶ最高傑作。名作として記憶されるべき作品だろう。

評・池上冬樹（文芸評論家）

さえき・かずみ 59年生まれ。作家。著書に『ショート・サーキット』『一輪』など。

二〇〇四年七月一八日❹

政治／国際

『イラク ユートピアへの葬送』

スラヴォイ・ジジェク 著　松本潤一郎ほか 訳

河出書房新社・二一〇〇円
ISBN9784309243139

新たな暗黒時代のまっただなかで

ラカンの精神分析理論を自在に読み替え、未到の荒野に新しい政治理論を打ち立てつつあるジジェクによる、イラク戦争の考察……というような予備知識は一切いらないことを最初に書いておこう。

「問題は戦争か平和かではなく、この戦争にはなにかしらおそろしく間違ったものがあり、その結果として、何かが取り返しがつかぬまでに変容してしまう、という『腹の底からの感覚（gut feeling）』であり、それは無根拠なものではない」

では「おそろしく間違ったもの」とはなにか。ジジェクは、それを「静かな革命」と言い換え、その正体を暴き出す。

「身柄を拘束された『アルカイダのナンバー3』とされるカリド・シャク・モハメド」に関するエピソードはこうだ。逮捕された彼には「それとわかる打撲傷の跡のようなものがあった」。すでに拷問を受けたのかもしれなかった。その写真を前にして、パット・ブキャナンが、情報を取り出すために「拷問を加えても、いいかな？」とテレビの前で問うた時、

「他のコメンテーターたちの応答ならびに視聴者からの電話」は「圧倒的に『いいとも！』だった」。翌日、別のコメンテーターは「この囚人に対しては、望むことなら何であれ、何をしようとも許される、と述べ」た。「なぜなら、彼は『およそいかなる権利も持たぬ、一種の人間の生ごみ』なのだから、と」

どの時代にも拷問はあった。どの戦争でも残虐な行為は絶えなかった。だが、それは「汚らしい秘密とされていた」。「今日、公にこのような見解を表明することが、そもそも可能ですらあるということ、これは真の破局である」

アメリカは、キューバのグアンタナモで囚人たちを「法的無効性のただなか」においた。彼らは、法的な意味で、人間ではなかった。アメリカは、法の及ばぬ「例外状態」を自らの手で作りだしたのである。

そんな「新たな暗黒時代」から抜け出す方途はあるのか。「ある」とジジェクは答える。それは、徹底的に考える、という行いの果てにしか現れないにしても。

（原題、IRAQ：The Borrowed Kettle）

評・高橋源一郎（作家）

Slavoj Žižek 49年まれ。哲学者。著書に『信じるということ』など。

二〇〇四年七月一八日⑤

『影の外に出る 日本、アメリカ、戦後の分岐点』

片岡義男 著

NHK出版・一四七〇円
ISBN9784140808351

政治

イラク戦争に触発された戦後日本論

『スローなブギにしてくれ』に代表されるポップな作家、片岡義男の変身ぶりにはつくづく驚かされる。日系2世の家庭に育ったバイリンガル。若者向けのシティー・ロマンを量産する書き手。それがかつての通り相場であった。

七、八〇年代に浸透していたそのイメージを払拭（ふっしょく）するかのように近年、めざましく仕事の領域を広げた。軟派から硬派へ、創作から評論へと。いまや批評家としても確かな地位を築きつつある。

イラク戦争終結後の昨秋以降飛び交った「日本の主体的判断」「国益」「国際社会への貢献」等々の言葉に奇妙な違和感を覚えたのが執筆のきっかけだ。「軽く読めるちょっとした時評のような文章」とあるが、どっこい、中身は戦後を通観した日米関係論であり、硬質の日本論だといっていい。表題の「影」はもちろん米国の影、「外に出る」とは「日本が自分をとらえなおすことが出来るのかどうか、というほどの意味」である。

戦場の他国へ軍隊をだすことに伴う責任の重さが自覚されないまま、もっぱら対米関係からイラクへの自衛隊派遣に踏み切った小泉首相や関係者を「国家を持っていない人たち」と表現し、「立場や都合、面子（めんつ）などだけを頼りにつぎはぎの折衷案を二転三転させ」と書く。

「考え続ける」ことの大切さを説く著者は、べきである、べきでない、の結論を急ごうとはしない。しかし、平易な言葉で表される思考の筋道は、ハッとさせられるほど鋭く、凄（すご）みがある。例えば、戦後日本を「主権が侵害され続けたのではなく、主権のなかにアメリカを持ち続けたのだ」とか「選択肢が（対米依存の）一つしかないのは無能国家、失敗国家の特徴だ」と表現するのである。

ただし、日本の現状について「国家観の欠落が来るところまで来た」と見る著者は、国家意識を強めようとする側の動きには、さほどの懸念を抱いていないようにみえる。「影」のなかにいることで抑えられていたものが暴走することはないのか。極端から極端へと走りかねないこの国の足取りにはやはり危うさを覚えないわけにはいかないのだが。

評・佐柄木俊郎（ジャーナリスト）

かたおか・よしお 40年生まれ。作家。『日本語の外へ』『ホームタウン東京』など。

二〇〇四年七月一八日❻

『触る門には福来たる』

広瀬浩二郎 著
岩波書店・一六八〇円
ISBN9784000230100

『ユニバーサルサービス』

井上滋樹 著
岩波書店・一八九〇円
ISBN9784000023535

医学・福祉／社会

障害の有無超えた生きやすさを求めて

広瀬浩二郎さんは、全盲の人類学者。白杖（はくじょう）を手に、日本にとどまらず一人でアメリカにも出かけ、フィールドワークを実践する。その痛快な異文化体験エッセー集が本書である。居合抜きや合気道といった武道をたしなみ、視覚障害者サッカーの日本代表チームを率いたこともある。その行動範囲は、まさにフィールドワーカーそのものである。研ぎすまされた「六感」を駆使し、世界の手触り、舌触り〈なかなかの健啖家（けんたんか）です〉を、目で追うのとは違うかたちで私たちに伝えてくれる。広瀬さんが六感で「観（み）た」世界に触れることで、目で見る世界のとらえ方が変わる。底抜けに明るい異文化理解への導きの書である。

広瀬さんが提唱するのは、「バリアを取り除く」バリアフリーではなく、「バリアのあちらとこちらを『自由に』行き来する」〈フリーバリアン〉の理想である。これは、井上滋樹さんの「ユニバーサルサービス」の思想に重なる。製品や建物、環境といったハード面に限らず、コミュニケーションや人的なサポートを含め、「あらゆる人の立場に立って、公平な情報とサービスを提供する」ことをめざす考え方である。

障害者にとっての便利さの追求だけではない。「あちらとこちらを『自由に』行き来する」ためには、どんなコミュニケーションやサポートが必要か。井上さんの本は、車いすの扱いから、視覚や聴覚に障害のある人たちをサポートするときの心得など、人には聞きにくい、学校でも習わなかった基本的な知識や考え方をわかりやすく解説した、ユニバーサルサービスのよき入門書である。障害があることの大変さを「わかりあえないからこそ、わかりあおうとする」。井上さんの言うユニバーサルな世界は、広瀬さんの言う、目で見る文化と六感で観（み）る文化の違いを認め合う世界に通じる。

二冊の本を通して、どんな人にも生きやすさを公平に提供できない私たちの社会の硬さが浮かび上がる。でも、少しずつでも楽しみながら変えていこうよ——読んだあとに、そのすがすがしいまでに前向きなメッセージの清涼感が残る。

評・苅谷剛彦（東京大学教授）

ひろせ・こうじろう 67年生まれ。国立民族学博物館助手。
いのうえ・しげき 63年生まれ。博報堂勤務。

二〇〇四年七月一八日❼

『野生のしらべ』

エレーヌ・グリモー 著　北代美和子 訳
ランダムハウス講談社・一七八五円
ISBN9784270000168

ノンフィクション・評伝

昨年パリに行ったら、友人たちが「エレーヌ・グリモーが狼（おおかみ）と暮らしているそうだ」と言っていた。一瞬『ジャングル・ブック』を思い出したが、逆らしい。彼女の方がニューヨーク郊外に保護センターを作り、狼を飼育しているのだ。

エレーヌは、三十五歳の元美少女ピアニスト。演奏で神経を痛める人は多いが、彼女は反対。幼いころは強迫神経症に罹（かか）り、自傷行為もあった。それがピアノに打ち込むことで発散されていった。練習やステージには全く問題がなかった。

問題は人間関係だ。早くから才能を開花させ、大物に称賛され、信じられないような幸運に恵まれても、自分で断ち切ってしまう。

本書は、そんなエレーヌが狼との交流によって心を開き、社会との絆（きずな）を作り上げる過程を、狼にまつわる伝説や迫害の歴史と入れ子方式で綴（つづ）っている。初めてエレーヌに会った雌狼が、全く警戒せず腹を見せて寝ころぶシーンは感動的だ。

評・青柳いづみこ（ピアニスト・文筆家）

二〇〇四年七月一八日⑧

『天使の代理人』

山田宗樹 著

幻冬舎・一六八〇円
ISBN9784344006195／9784344407794（幻冬舎文庫〈上〉）・9784344407800（〈下〉）

政治／人文／新書

現代小説は倫理を語り得るか。この問いに真正面から答えた作品。

テーマは「妊娠中絶は殺人ではないのか」。穏健な良識家たちが眉を顰（ひそ）めて黙する生殖医療の暗面だ。反発や誤解を怖（お）じてか、いまや専門の研究者すら敬遠しがちになっている。

外連味（けれんみ）あるストーリーテリングで知られる山田宗樹が果敢に挑んだ。

四人の登場人物の「現実」がポリフォニックに描き出される。妊娠中絶をした一九歳の大学生、患者の取り違えでお腹（なか）の子を堕（おろ）されてしまった主婦、パーフェクト・チャイルドを得るため精子バンクの利用を決意するキャリアウーマン、そして中絶や人工死産に手を貸す仕事を辞め、中絶を思い留（とど）まるよう妊婦を説得する「天使の代理人」なる運動をはじめた助産師……。

各々（おのおの）の、一様ではない心の襞目（ひだめ）を作者は一つの事件にたくし込んでいく。

複雑な事柄を複雑なままに描ける小説の強みを生かした、全く新しい倫理の書だ。

評・宮崎哲弥（評論家）

二〇〇四年七月一八日⑨

『いつか物語になるまで』

中上紀 著

晶文社・一六八〇円
ISBN9784794966247

文芸

著者は作家の故中上健次氏の長女。5年前、28歳のとき『彼女のプレンカ』ですばる文学賞を受賞した。

中編小説を3本並行で書いている。でも書きかけのまま著者はしばしば旅に出る。パスポートは当然スタンプだらけ。旅に出ないときは記憶のアルバムに目を注ぐ。それも旅だ。

本書は、この二つの旅さきでめぐりあった、予期せぬ出あいや出来事、それ故に恍惚（こうこつ）を覚えた瞬間を大切に保存したファイル。一編一編は短文小体ながら、ジューシーな物語性に富み芳香を秘める。

関東大震災の炎の地獄を位牌（いはい）と仏像を背負って逃げのびて以来、波瀾（はらん）万丈の人生だった母方の祖母を見つめる「長生きの本当のヒケツ」、亡父の仕事場から那智の大滝をのぞみつつ熊野の子を実感する「那智滝アルバム」をはじめ、自分の生の〝根〟の部分に触れてゆくよろこびが、清らかな湧水（ゆうすい）のようにあふれ出ている。どこにもムリのない優しい文章も魅力のひとつ。

評・増田れい子（エッセイスト）

二〇〇四年七月一八日⑩

『記憶としてのパールハーバー』

細谷千博、入江昭、大芝亮 編

ミネルヴァ書房・五二五〇円
ISBN9784623039166

歴史／政治／国際

冷戦終結後、過去をめぐる論争が高まった。特に第二次世界大戦について、戦争世代が冷戦下の様々な制約から解放されてその記憶を明らかにし、時に政治問題にまで発展した。

本書は日米の歴史家（二人の中国出身者を含む）による、戦争の記憶をめぐる共同研究の成果を集めた論文集である。書名はいささかミスリーディングで、パールハーバーを表題に掲げた論文は二本のみであり、原爆論争、戦後日米関係史と戦争の記憶、ベトナム戦争など多岐にわたる内容が扱われている。とりわけ、アメリカの黒人や日本の遺族会、海外からの引き揚げ者などの記憶を扱う論文や、二人の中国人研究者による、中国を加えた観点が新鮮である。

パールハーバー六〇周年となった二〇〇一年の9・11事件以降、記憶をめぐる論争はやや沈静化した印象もあるが、だからこそ、客観的な学術的分析に基づく理解が進むことを期待したい。

評・中西寛（京都大学教授）

二〇〇四年七月二五日❶

『野中広務　差別と権力』

魚住昭 著
講談社・一八九〇円
ISBN9784062123440／9784062753906（講談社文庫）

政治／ノンフィクション・評伝

弱者から信頼されるこわもて政治家

大物政治家同士による衝撃的なやりとりが、本書の最後に出てくる。

昨年九月の自民党総務会で、政界引退を目前に控えた野中広務・元幹事長が、麻生太郎・政調会長（当時）に向かって、以前、麻生が、

「野中のような部落出身者を日本の総理にはできないわなあ」

そう発言したと指摘し、

「私は絶対に許さん！」

と激しい怒りをあらわにしたというのである。麻生は反論せず、顔を真っ赤にしてうつむいたままだったと、著者は記している。

私は、在日コリアンのルーツを持つ元衆議院議員の新井将敬が自死に追い込まれていく経緯を調べたことがあり、永田町での差別意識のひどさは知っていたつもりだが、権力の中枢でこんなやりとりが交わされていようとは思わなかった。この場面だけでも第一級のスクープだが、本書には著者が野中広務の半生を追う過程で発掘した様々な新事実が盛り込まれ、まず読み物として中身の濃い作品に仕上がっている。

人物評伝として言えば、著者は四年に及ぶ取材・執筆のあいだに、ふたつの難関と向き合わねばならなかったはずだ。ひとつは、評伝の対象となる人物が存命中で、本人や周囲が取材にきわめて非協力的である現実。もうひとつは、部落差別という、著者の言を借りるなら「中世以来の日本人の心の闇が凝縮してできた壁のようなもの」との格闘である。

これはもう最初から〝負け戦〟を覚悟した戦いであったろう。差別を重要なテーマにしたノンフィクションを、単行本化の前に月刊誌で連載する制約の厳しさは、体験した者でなければわからない。だからこそ言えるのだが、よくぞここまで取材できたものだ。この種の本にありがちな糾弾調にも思い入れ過剰にも陥らない、抑制の効いた文体も魅力的である。その原稿が月刊誌に発表された直後、野中は、

「君が部落のことを書いたことで、私の家族がどれほど辛（つら）い思いをしているか知っているのか」

と、涙をにじませた目で著者を睨（にら）みつけたという。野中は一貫して部落差別と戦ってきたが、反差別の強調が逆に世間の反感を招き、差別の〝再生産〟につながってしまうことへの懸念を人一倍強く抱きつづけてきた。

彼はまた、政敵に対しては恫喝（どうかつ）や切り捨てをも辞さない恐ろしさを見せつけながら、弱者に対しては、たとえばハンセン病訴訟の原告団から「細やかな気配りがあって人間として温かい」「痛みのなかに身体をおける人」と心から信頼される存在でもある。その二律背反（アンビバレンツ）的な人間性を見事に浮かび上がらせた本書を読み終えて、まっとうな読者なら、被差別部落への偏見を募らせるようなことは決してあるまい。

評・野村進（ジャーナリスト・拓殖大学教授）

うおずみ・あきら　51年生まれ。ノンフィクションライター。著書に『渡邉恒雄　メディアと権力』など。

二〇〇四年七月二五日②

『家族狩り　第一部　幻世の祈り～第五部　まだ遠い光』

天童荒太 著

新潮文庫・各五四六円～七四六円
ISBN9784101457123〈1〉・9784101457130〈2〉・9784101457147〈3〉・9784101457154〈4〉・9784101457161〈5〉

文芸

衝撃的な題材を手堅いリアリズムで

天童荒太の新作は、一九九五年発表の『家族狩り』の完全な改稿版である。その結果、一冊の単行本が、五分冊の文庫本へと成長した。四〇〇字づめ原稿用紙で二六〇〇枚をこえる大作だ。

関東近辺で、家族を皆殺しにする事件が続発する。家庭内暴力をふるう子供が肉親を殺害し、自殺するというパターンだった。親たちには、生きているうちに残虐な暴行が加えられていた。

捜査にたずさわるベテラン刑事・馬見原（まみはら）は、家庭内暴力の激化という警察内部の判断に疑問をおぼえる。子供が実の親をあんなふうに殺せるはずがない。しかし、馬見原自身、息子がオートバイで自殺同然の死をとげて以来、妻は精神を病み、娘は仕事中毒の父親を憎悪するという、家族崩壊の危機に直面していた。

事件の捜査が進むうち、馬見原の周囲に、家族関係の葛藤（かっとう）で身も心も傷ついた人びとが浮かびあがり、彼らの物語がしだいに一つの焦点を結んでいく。

その群像の立体的な描き分けがみごとである。改稿版では副次的な登場人物の数もふえ、人間的な温かみに力点がおかれ、小説全体がふくよかな印象になった。省筆も大胆におこなわれている。九五年版の残酷さを誇張するような描写は抑制され、題材はショッキングだが、手堅いリアリズムの感触が増している。ともかく、読者にこの大冊のページをたゆみなく繰らせる作者の力量は、現在の日本の小説界でも屈指のものだ。

だが、最大の変化は、新版では家族の問題と並んで、阪神大震災や9・11など世界の悲惨な事件への言及が多くなったことだ。家庭内の悲劇と世界の悲劇が無媒介に等価なできごととして比較されているのだが、その点には疑問を感じる。

村上春樹の『神の子どもたちはみな踊る』や、片山恭一の『雨の日のイルカたちは』にも通じる傾向であり、外の世界の悲劇と自分の内面の苦しみを重ねあわせることで、世界の悲惨に傷つく良心の証しにしようとするのだ。しかし、それは無根拠な自己満足にすぎない。そうした感傷をこえて、この有能な作者が世界の実像を見すえる時を待ちたいと思う。

評・中条省平（学習院大学教授）

てんどう・あらた　60年生まれ。作家。著書に『永遠の仔（こ）』など。

二〇〇四年七月二五日③

『『食道楽』の人　村井弦斎』

黒岩比佐子 著

岩波書店・四四一〇円
ISBN9784000233941

ノンフィクション・評伝

大ベストセラーを生んだ明治の奇才

村井弦斎（むらいげんさい）とは、幕末に生まれ昭和の初めに死んだ超売れっ子の新聞小説家であり、婦人啓蒙（けいもう）家であり、印税収入で湘南は平塚に大邸宅を構えると、今度は断食や木食（もくじき）の研究・実践に励み、山中で穴居生活を送り、奇人変人と名指しされたりもした面妖な人物である。

同時進行で複数の新聞連載小説を執筆、なかでも紅葉の『金色夜叉』と並び人気を博したのが、明治で一番長い小説『日の出島』だった。世界を驚かす発明の数々が登場するこの作品は、連載足かけ六年にして、しかも未完。

ついで趣味や道楽を取り上げる「新篇（しんぺん）百道楽」シリーズにかかった。たとえば『酒道楽』とか『女道楽』。ただし『酒道楽』は、巧みに滑稽（こっけい）味を織り込んだ禁酒の勧めが主題であり、『女道楽』は女道楽は人道に反すると主張する内容だった。本人は酒を好まず、結婚後も妻に、現存するだけで五百通近いラブレターを書いたロマンチストだったのである。

明治三十六年、四作目の『食道楽』で、彼は最も熱狂的に迎えられる。主人公は大食漢（大腹）なれど心優しい文学士、大原満（おおはらみつる）。配するにしとやかで美しく料理自慢のお登和。けれども読者の興味は、文中に織り交ぜられる六百三十種もの料理（ほぼレシピ付き）にあった。

弦斎自身も西洋料理のコックを雇い、日本料理も達人の教えを受け、書く料理はすべて試食し、美味と思うものだけを採用した。単行本化されると大ベストセラーとなり、本屋の小僧たちが取っ組み合いの喧嘩（けんか）までして増刷本を奪い合ったという。その広告にいわく「嫁入（よめいり）道具の中には必ず此（この）書無かるべからず」。

それほどの評判をとった『食道楽』と弦斎の名を、いまどれだけの人が知っているだろう。などと感慨にふける必要は、たぶんない。埋もれた資料を丹念に掘り起こしたこの評伝を読みながら感じるのは、己の主義主張に素朴に沿って生きた人間のすがすがしさだからだ。

同時に、明治とは可能性にあふれた近代日本の青春時代だったのだとあらためて思う。実験し挑戦し苦闘し挫折し、なお希望がある青春の時代である。

評・栗田亘（コラムニスト）

くろいわ・ひさこ　58年生まれ。ノンフィクションライター。著書に『伝書鳩』など。

二〇〇四年七月二五日❹

『パターン・レコグニション』

ウィリアム・ギブスン著　浅倉久志訳

角川書店・二三一〇円
ISBN9784047914681

文芸

目新しさと懐かしさ　奇妙な同居

もう二十年も前に、産軍学複合体と大コングロマリットの支配するネットワーク社会を傑作『ニューロマンサー』で描き出したウィリアム・ギブスンの期待の新作が、本書『パターン・レコグニション』だ。

これまでのギブスンの新作はかわいそうだった。『ニューロマンサー』があまりにも傑作すぎ、その後のインターネット社会を予見するような内容だったこともあって、かれの新作は常に新しい技術社会像を描き出す予言小説としての過大な期待がついてまわった。そしてギブスン自身もそれになまじ応えようとして、かえってわざとらしい説得性に欠ける作品が連発されてきたように思う。

だが本書でギブスンは、作り物じみた未来世界を放棄する。舞台は二〇〇二年。あらゆる場所に大メーカーの看板があり、スターバックスが通りにあふれ、携帯電話とネットが浸透したこの世界だ。ブランドアレルギーという奇妙な病気を持つ主人公ケイスは、ネット上に流れる謎の動画に魅せられているが、ひょんなことからその作者を探す仕事を引き受け、アメリカからイギリス、日本、ロシアと世界都市をめぐり……。

ギブスンの小説の常として、作品はいくつかの層を行き来する。データ化しきれない肉体のレベルと、表層的なブランドや技術風景のレベルと、そしてネットワーク世界と。それぞれの層に、目新しさと古さが同居している。過去二十年間で、世界は本質的には変わっていない。でも表面的にはちがっている。未来の捏造（ねつぞう）をやめ、現代をそのまま描き出した本書を読むのは、目新しさと懐かしさを同時に味わう奇妙な体験となる。現代は変化がはやすぎて未来が失われた、という作中の記述を裏切って、本書はある種の未来をかいま見させてくれる。それを読み取るのが読者に課せられたパターン認識（レコグニション）の課題だ。

本書は実は『ニューロマンサー』のリメイクでもある。両者をあわせ読むとき、十分な時代認識を持った読者であれば、そこにこめられた現在の未来性とその逆をありありと感じ取れるはずだ。

（原題、Pattern Recognition）

評・山形浩生（評論家）

William Gibson　48年米国生まれ。作家。著書に『ニューロマンサー』など。

二〇〇四年七月二五日⑤

『誓い　チェチェンの戦火を生きたひとりの医師の物語』

ハッサン・バイエフ 著　天野隆司 訳
アスペクト・二九四〇円
ISBN9784757210387　歴史／政治／ノンフィクション・評伝

敵味方の区別を超え、壮絶な医療活動

プーチン・ロシア大統領の柔道の腕前は知られているが、本書の著者も柔道とサンボの世界レベルの名手である。しかし、両者は闘技場で相まみえることは決してないだろう。チェチェン独立運動に対する強硬姿勢によって大統領まで昇りつめたプーチンと、チェチェン人医師として戦争の現場に立った著者バイエフは、完全な別世界に住んでいるからである。

著者はソ連体制下で偏見に曝（さら）されながらも医師として資格を取得し、ソ連崩壊後にはチェチェンの地にあって二度の戦争を生き抜いた。書名の「誓い」とはヒポクラテスの誓いのことであり、それに忠実であろうとする著者は、チェチェン人だけでなく、ロシア人兵士も治療する。その行為によってチェチェン強硬派からもロシア側からも敵視され、ついにアメリカに亡命を余儀なくされる。本書は、渡米後にジャーナリストの助力を得てまとめられた回想録である。

本書の中心的テーマは、緊迫した戦場での医療活動の気高さであり、その行為が時に人々を動かす力をもつことである。著者は家族に危険が及ぶことを知りながら、捕らえられたロシア兵の脱出を手助けし、ロシア脱走兵をかくまう。またロシア兵の中にも、著者やその家族を助ける人物がいた。著者の活動は英雄的と呼ぶにふさわしく、出国後、国際人権団体から顕彰された。

しかし、本書は単に人道主義に訴える本ではない。ロシアの残虐行為と、一部のチェチェン武装勢力の粗暴さを批判しつつも、著者はチェチェン人としての誇りを抱き、メッカへの巡礼においていやされる。医師としての倫理と祖国への思いの相克から生じる苦悩こそ、本書に深みを与えているのである。著者の父はスターリン時代の民族的迫害にもかかわらず、ソ連の勲章を胸に飾る。それは迫害の中で生きていく現実の厳しさを知る故である。

帝政ロシア期まで遡（さかのぼ）る問題の根深さを概観するには、植田樹著『チェチェン大戦争の真実』（日新報道）が参考になる。

（原題、The Oath）

評・中西寛（京都大学教授）

Khassan Baiev　63年チェチェン生まれの医師。2000年、米国に亡命。

二〇〇四年七月二五日⑥

『世界の環境の歴史　生命共同体における人間の役割』

ドナルド・ヒューズ 著
奥田暁子、あべのぞみ 訳
明石書店・七一四〇円
ISBN9784750319315　歴史／科学・生物／社会

おごれる人間の物語　地球大改造の愚

地球というのは、ひとつの生物種によって自然環境が大きく改造された惑星である。人間の脳は直立猿人の時代から約200万年かかって現在に近い形に進化し、その後も発達を続けてきた。この間、世界史的な節目を迎えるたびに自然環境を改造し、今やその規模は惑星大に及んでいる。

本書は、世界史という縦糸に環境史という横糸を通し、人間とバイオスフィア（地球の生命圏）の相互関係を総覧する。近年、人間中心史観に挑戦する環境史観をテーマにした類書が少なくない中で、「持続可能な開発」の境地にいまだに到達できない人間の物語を簡易、的確に描き抜いているところが出色だ。

惑星の改造はなだらかに進んできたわけではない。時代の変化に応じて、ピンと改造のマグニチュードが跳ね上がる。狩猟生活から農耕生活に移った時に最初の大きな変化が生じ、都市文明の台頭が変容を加速した。欧州での改造が壁にぶち当たると、今度は他の大

陸へと触手が伸び、改造空間は飛躍的に拡大した。

　自然収奪が生態系の許容限界を超える時、繁栄は足元をすくわれる。「（衰退の）原因をつくっている人間が知らないところで結果をつくり出したりして、人間がもたらす影響を加速する」こともあった。だが、朗報もある。自然改造一直線の限界を見て取った賢者が多数いたのである。たとえば、中国の孟子。彼が生きた紀元前4世紀、中国では人口増加→食糧増産→森林伐採・資源収奪が大車輪で進んだ。変化を目の当たりにした孟子は、梁の恵王にこう助言した。

「もしあなたが編み目の細かい網を大きな池で使用することを許可しなければ、人びとが食する以上の魚や亀を得られます。もしあなたが適切な季節にだけ山上の森で斧（おの）を使うことを許すならば、使用する以上の木材が得られます」

　現在のグローバリゼーションで、地球改造は一段と加速されるのか。やがては、孟子が示したような中庸路線が全地球化していくのか。行末を考えるにつけ、まずは本書のような歴史書を、備忘録として傍らに置いておきたいものだ。

（原題、An Environmental History of the World）

評・吉田文彦（本社論説委員）

J. Donald Hughes　歴史学者。米デンバー大教授。

二〇〇四年七月二五日⑦

『十字軍の精神』

歴史

ジャン・リシャール 著　宮松浩憲 訳

法政大学出版局・三三六〇円
ISBN9784588022210

　イスラーム世界から聖地を奪回するため、西方キリスト教世界が十一世紀末以降約二百年間、間欠的に実施した十字軍。世俗的な権益をめぐって争っていた諸国の君主や諸侯が、突如命懸けの遠征に身を投じ、配下の騎士や農民らも、土地財産を売り払って彼らに随行した事実は、十字軍を支えた宗教的な精神抜きには、とても理解できない。

　本書はその精神の構成要素を、「兄弟愛」「聖所崇拝」「罪の意識」「名誉心」などに見出（みいだ）した後、同時代の関連史料をたっぷりと紹介している。歴代教皇の勅書の中で次第に教会の制度としての姿を整える十字軍、絶大な影響力をもつ聖ベルナールの「永遠の十字軍士」の理想、叙事詩に表れた夫婦別離の悲嘆、十字軍忌避者の至極もっともな言い分など、生生しい現場の声が聞き取れる。

　その声に耳傾ければ、現代の政治やジャーナリズムの世界で「十字軍」がいかに誤用されているかが、浮き彫りになってこよう。

評・池上俊一（東京大学教授）

二〇〇四年七月二五日⑧

『祈りの懸け橋　評伝　田中千禾夫』

石澤秀二 著

白水社・三九九〇円
ISBN9784560035863

アート・ファッション・芸能／ノンフィクション・評伝

　「田中千禾夫（ちかお）」と聞けばかつての新劇青年は、ちょっと襟を正したものである。名作『おふくろ』の作者で、『物言う術』を著し、わが国の近代演技術を確立した劇作家なのだ。

　60年代におこった小劇場運動は、反新劇が旗じるしだった。世界の変革と同時期の実験運動でもあったから、はじめは歯牙（しが）にもかけなかった既成の新劇界が、やがて一種の断絶に追いこまれることになる。

　しかし田中千禾夫は俳優座を拠点として、秀作『マリアの首』、翻訳劇を逆手にとった『教育』、先鋭な『8段』をはじめ、たえず自己革新して、アングラ劇の先駆ともいえる芝居を晩年まで作りつづけた。まるで古武士のような風格を持ったこの劇作家の仕事は、もっと広く世に知られてよい。

　90年の生涯を父祖の代から跡づけた正攻法の伝記で、文章は篤実ながら、妻の田中澄江との葛藤（かっとう）も見逃していない。この大冊を機にかれの再認識をと、昔の演劇青年は切に望む。

評・杉山正樹（文芸評論家）

二〇〇四年七月二五日⑨　文芸

『一葉の恋』

田辺聖子 著
世界文化社・一五七五円
ISBN9784418045198

読書は、読んでいる最中に幸福があるが、この本には、読んだあとの幸福もある。余韻というような大人（おとな）しいものではない。もっとアクティブな、勇気のようなもの。

三部構成のエッセイ集である。Ⅰには、一葉や晶子、吉屋信子など、著者の愛する作家たちが。Ⅱには、司馬遼太郎や開高健を始めとする、著者の友人・知人らが。そして3には、祖母や父母、叔母など、魅力的な家族の人々が登場する。

それらはみな、一方的なことでなく、著者が愛した対象から、同時に愛されたという証左でもある。愛情が行き来する光景はいいものだ。読んだ者の心に、弾力が戻る。

子供時代を振り返ったエッセイ「みんなが愛してくれていた」。人生を生きぬく力の源、それは子供のころにたくわえられるのではあるまいかと著者は思う。愛されたという記憶を心の支えに、「やっと辛（つら）い人生を渡ってゆく」のである。読みながら涙がとまらなくなった。

評・小池昌代（詩人）

二〇〇四年七月二五日⑩　文芸／人文

『ゴシップ的日本語論』

丸谷才一 著
文芸春秋・一五〇〇円
ISBN9784163659305／9784167138196（文春文庫）

講演、座談会などをまとめた本だが、著者は「筋が通つてゐるし、どのときもかなり念入りに準備をしたから、気楽に読めてそのくせ中身のある本になつてゐるはずだ」と自負する。

巻頭の日本語論2編では、パソコンのマニュアル、病院の掲示、官庁の書類などを診断し、欠陥文章が出回るところに現代日本文明の弱点があると指摘する。近代国家の形成を急いだ結果でもあるし、現在ではテレビや携帯電話も悪影響を及ぼしている。

従って、学校ではゆとり教育を即刻やめて、日本語教育の時間を増やすべきだと勧める。英語の小説を読むことによって日本語の小説の書き方を学んだという著者は、同時に、英語など外国語の時間も増加させるようにと提言する。

一国の運命は、政治と経済によるだけではなく、言語による所が大きい。憂国の弁には、日本語をもっと鍛えたいという著者の並々ならない愛情がこもる。

評・多賀幹子（フリージャーナリスト）

二〇〇四年八月一日①　アート・ファッション・芸能

『生きつづける光琳　イメージと言説をはこぶ《乗り物》とその軌跡』

玉蟲敏子 著
吉川弘文館・四〇九五円
ISBN9784642037655

時代こえ国をこえる「装飾美」の魅力

光琳と琳派の関係は、一筋縄ではいかない。琳派を字義どおりに読めば、元禄時代の画家尾形光琳が率いた一派、となるが、光琳は確かに京都で活躍したものの、琳派は実在したかどうかあやしい。

昭和四十七（一九七二）年に、東京国立博物館が創立百年記念として「琳派展」を開催した際、企画者たちの間では展覧会名がすんなり決まらなかったと本書で知り、驚いてしまった。極論すれば、確固たる「琳派」は当時なお存在しなかったことになる。しかし「琳派展」と冠したことで、会場に並んだ俵屋宗達や本阿弥光悦から、光琳や尾形乾山を経て、酒井抱一や鈴木其一（きいつ）に至る、それぞれに百年を隔てた、お互いに会ったこともない、むろん師弟関係にもない、いわば私淑によってつながった画家たちが、あたかも一派であるかのようにくくられた。

著者は同展を「近代の国民国家成立以来の琳派観を集大成」したものととらえる。本書は、どのような力学が働いて琳派観が形成され、集大成に至ったかを丹念にたどり直す試みである。

こう書くと、琳派は近代の産物である、国民国家の幻想に過ぎない、といった類（たぐい）の「伝統の創造」論と読者は思うかもしれないが、著者は光琳をめぐるふたつの出来事に注目し、無味乾燥な言説史に陥ることを巧みに回避した。

すなわち、光琳の百年忌と二百年忌のそれぞれの顕彰の様子を探る。これが実に興味深い。なにしろ、百年忌は文化十二（一八一五）年に姫路藩酒井家に生まれた抱一によって営まれ、二百年忌は大正四（一九一五）年に三越呉服店によって営まれたからだ。ともに光琳の画集が出版された。近世と近代、大名文化と大衆文化、文人サークルと消費社会、本来ならば別々の研究領域であるものがひとつの視野に収まる。

ふたつの年忌の間には、日本の開国があり、西洋への日本美術の流出があり、それで火が付いたジャポニスムがあり、一方には、西洋人の目を多分に意識した日本美術史の編纂（へんさん）がある。

ここで俄（にわか）に「装飾」という言葉が浮上する。装飾美術を一段低くとらえる西洋で、その復興をねらうひとびとが生活とともにある日本美術に目を向けた。これに応えるかのように、日本では、装飾性こそが日本美術の特質だと口にされ、琳派がそれを代表する地位を得る。

装飾志向はアール・ヌーヴォーへと展開、この流行が日本に伝わる中で、三越呉服店は光琳に目を付け、呉服模様に積極的に利用したのだった。抱一に代表される限られた趣味の世界から、光琳は大衆に向けて一挙に開放された。

このように繰り返し再生され、琳派の代表者とされてきた光琳は、本書のタイトルどおり、これからもなお生きつづけるだろう。さて、十一年後に迫ったつぎの三百年忌は、どこで、誰によって、どのように営まれることか。

評・木下直之（東京大学教授）

たまむし・さとこ 55年生まれ。武蔵野美術大学教授。著書に『都市のなかの絵』『酒井抱一』など。

『国際シンポジウム　小津安二郎』

蓮実重彦、山根貞男、吉田喜重 編著　　アート・ファッション・芸能

朝日選書・一三六五円
ISBN9784022598530

「謎と未知」の監督を語り合った全記録

昨年、小津安二郎の生誕百年を記念して大規模なシンポジウムが開かれた。世界から集まった豪華なゲストたちは、二日間満員の聴衆がつめかけたことに感激した。その全記録である。三百ページほどの本だが、中身はとてつもなく濃い。

会の冒頭で、蓮実重彦は小津安二郎を未知の監督として定義しなおす。戦前の小津映画では、田中絹代や八雲恵美子がピストルを構えていた。さすがに、戦後は原節子が拳銃を手にするわけにもいかないから、新珠三千代や司葉子や京マチ子が手にもったものをどんどん放りなげた。小津作品は戦前から一貫して女性のアクション映画だったのだ。なるほど、小津は未知の監督なのである。

吉田喜重は、九歳で見た『父ありき』の川釣りの場面を語る。渓流に並んだ父と息子の少年が、同じ釣りの動作を反復する。ふと父が少年に別れが近いことを告げる。すると、少年の反復の動作が次第にずれていき、釣りは終わってしまう。人生は日常の反復である。だが、いつのまにかずれが入りこみ、同じ行

為が変質してしまう。反復とずれ、それが人生の時間の意味だと吉田少年は直感した。

小津は映画を観客に「見せる」ことをきらった。ただ曖昧（あいまい）なままに「見られる」ことだけを願った。そこから小津映画の謎めいた印象が生まれてくる。

この吉田喜重のいう小津映画の謎めいた曖昧さをめぐって、世界から集まった映画評論家と監督たちが次々に言葉をつむぐ。小津の謎と未知こそがこのシンポジウムの原動力なのである。

小津映画の不思議さを前にして、オリヴェイラが、キアロスタミが、ホウ・シャオシェンが、自分の映画作りの根本について省察をめぐらし始める。そのたびに会場は、映画という謎と未知にたちむかう厳粛な畏（おそ）れに包まれていく。

九十歳近い井上雪子をはじめ、岡田茉莉子や香川京子など、小津映画に出演した女優たちの話も興味ぶかい。井上雪子は岡田茉莉子の父・時彦と小津映画で共演していた。一歳で父を亡くした茉莉子は初めて映画での父の声を耳にする。そこがシンポジウムの感動の頂点である。

評・中条省平（学習院大学教授）

はすみ・しげひこ　映画評論家、フランス文学者。
やまね・さだお　映画評論家。
よしだ・よししげ　映画監督。

二〇〇四年八月一日③

『明日へひょうひょう　重度障害者のムスメとともに生きて』

森田登代子 著
向陽書房・一五〇〇円
ISBN9784906108497

歴史

娘に前向きの生を選ばせた理由

出産を控えた私の娘が、出生前診断を受けるか否か、悩んでいたことがあった。さんざんつわりに苦しんだあげくだったし、着々と育っているお腹（なか）の中の子供を、たとえ異常児出産の確率が高いと診断を受けたとしても、今さら中絶などする気になれないと、検査の是非を夫婦でとことん話し合ったという。

私とほぼ同年代とおぼしき著者は、二十五年前、体に重度の障害を負った女の子を出産した。立ち会った医師は「寿命は長くありません、たぶんすぐに」と慰めるように言い、直ちに母乳を止める注射が打たれた。せめて生まれた「一四日」という日を忘れないために「かずよ」と名付けられた娘は、しかし強靱（きょうじん）な生命力で生長して、俳優を志すまでになった。

その過程での母の心の葛藤（かっとう）を、授乳の方法を知らず、胎動を体験できなかった母としてのコンプレックスにさいなまれつつ、抱いてしまった殺意までを正直に告白する。「こんな子を産んで」という世間の視線に立ち向かい、全力で突っ走る娘をおいかけるように、やがて自ら大学院に進学し、研究者を志すに至る。

最近、バリア・フリーがどんどん進んで、障害者と健常者の間の溝が埋まりつつあるとは言えるが、心のバリア・フリーは、実はいっこうに進んでいないのではないか。

おそらくこの本が、とてつもなく重い事実を突きつけているにかかわらず、爽（さわ）やかな読後感を呼ぶのは、著者の「健常の母親のわたしがムスメの障害やムスメの悲しみを一〇〇パーセント理解できることなどありえません。少なくともわたしにはできません」というスタンスが、障害者に対する理解がどれほど自分に出来るだろうかという読者の後ろめたさを拭（ぬぐ）い去ってくれるからだ。同時にこのスタンスが、娘に前向きの生を選ばせたのだろう。母と娘は運命共同体だけれど一心同体じゃない、という距離の置き方が、「生まれてきてよかったわ」という娘の述懐につながるのでもある。

私より早くこの本を読み上げてしまった私の娘は、「読んでよかったわ」と、八カ月のおなかをさすりながら微笑（ほほえ）んだ。

評・武田佐知子（大阪外国語大学教授）

もりた・とよこ　国際日本文化研究センター共同研究員。著書に『近世商家の儀礼と贈答』など。

二〇〇四年八月一日④

『ミケランジェリ　ある天才との綱渡り』

コード・ガーベン 著　蔵原順子 訳
アルファベータ・二九四〇円
ISBN9784871984591　アート・ファッション・芸能

魔術めいた大ピアニストの真実

ドイツの指揮者、カルロス・クライバーが亡くなった。キャンセル魔、インタビュー嫌い、生きているときから伝説。実は、そっくりそのままイタリアのピアニスト、ベネデッティ・ミケランジェリ（一九二〇〜九五）に当てはまる。

彼のステージは、それ自体が魔術めいていた。黒ずくめの服に黒のハンカチ。手首をくるりとまわして出てくる音はこの世ならぬ神秘の響きで、完璧（かんぺき）な技巧とも相まって聴衆を魔法にかけてしまう。

ドイツ・グラモフォンのプロデューサーである著者は、一九七五年、クライバー×ミケランジェリという恐ろしい顔合わせでベートーヴェンの「皇帝」の録音を試みたときのエピソードを明かす。

完全主義者のミケランジェリが、まず自ら選定したピアノの調整に難色を示してオケと指揮者を待たせる。別のピアノが運びこまれ、やっと録音が始まったものの、今度はクライバーがスコアに書き込んだ解釈が、巨匠のお気に召さない。指揮者を無視してオケのメンバーと打ち合わせる。傷ついたクライバーは翌日ホールに現れず、企画は頓挫した。

日本語で読めるミケランジェリの評伝は、講習会等で師事したゴズベックのものがあるが、崇拝のあまり肯定的な見方に終始している。録音の現場で彼とつきあい、モーツァルトの協奏曲では指揮者までつとめた著者は、「魔術」の裏側を暴露するには格好の立場にいるわけだ。

興味津々なのは、ドビュッシー「前奏曲集」の録音秘話。二台のピアノのうち一台を選んだ巨匠は、弾かない方のダンパー（余韻を止める装置）をあげておいて、演奏の振動で弦がそこはかとなく共鳴し、「ひとつまみのスパイスのよう」な効果を上げるように工夫したとか。

暴露話だけではなく、ベートーヴェンのフレージングをケンプと比較したり、楽譜に書き込んだ独特の指使いの秘密を探ったり、解釈論にも踏み込んでいる。

練習風景を収めた付録ＣＤにも注目。「氷の巨匠」ミケランジェリが、著者と二台のピアノでモーツァルトを弾きながら、グールドばりの「熱い」歌声でメロディを唸（うな）っているのだ！

（原題、Arturo Benedetti Michelangeli）

評・青柳いづみこ（ピアニスト・文筆家）

Cord Garben　独のピアニスト、指揮者、レコード・プロデューサー。

二〇〇四年八月一日⑤

『がんばれ仏教！　お寺ルネサンスの時代』

上田紀行 著
ＮＨＫブックス・一一二八円
ISBN9784140910047　人文

大衆を救う実践活動に希望をつなぐ

「書きながらこんなに泣くことになるとは思ってもみなかった」と、あとがきにある。熱い想（おも）いにあふれた一冊だ。

著者の専門は文化人類学。かつて、スリランカでの悪魔祓（ばら）いのフィールドワークから、日本中に「癒やし」ブームを巻き起こしたひとりが、今回は仏教と四つに組んでいる。

「死に臨んだ者のケアもできず、残された家族のケアもできず、人格も品格も仏の慈悲も何も感じられない」と、現在の寺や僧侶に対する批判の舌鋒（ぜっぽう）は鋭い。葬式仏教という蔑称（べっしょう）は、その葬式がまともにできていないから生まれると論破する。仏教語を連発する「言葉の仏教」は、人々の心に届いていない。それよりも関係性に正面から向き合う「縁起を生きる仏教」を提唱し、それを実践する六人の僧侶の姿を生き生きと描いている。

イベントを企画実行することにより、寺と地域とのネットワークを活性化させ、講師との幅広い人脈をつなぎ、寺を地域にとってかけがえのない存在へ育て上げていく様子は感動的だ。本来の寺は法事のみを執り行うところではなく、「学び、癒やし、楽しみ、気づき」の場なのだ。さらには、チェルノブイリ放射能被災者やカンボジア難民などの救援に取り組む僧侶も紹介されている。

「六人の僧侶との出会いは、私にとって一つの巡礼であった」

著者は、若くして豊かな日本の中で自らを見失い「心の危機」に苦しんだ。それを東南アジアやインドなどの貧しい人々との触れ合いで癒やされ、スリランカでは力のある僧侶に会い、本当に大衆を救済する仏教活動に出会った。その精神の遍路の延長上に本書はある。

かつて日本は豊かになれば幸福になると信じて、右肩上がりの経済成長にいそしんだ。それが破綻（はたん）したいま、八〇年代には先端的な若者のみが感じていた不安感、孤独感、空虚感、実存的喪失感などが、中高年にまで及んでいる。それを救うのが仏教の役割だとし、全国の寺や僧侶に奮起を促し、「ボーズ・ビー・アンビシャス」（坊主よ、大志を抱け）と語る著者のことばは熱い。

評・天外伺朗（作家）

うえだ・のりゆき　58年生まれ。東京工業大助教授。著書に『悪魔祓い』など。

二〇〇四年八月一日⑥

『トンデモ本の世界　S・T』

と学会 著

太田出版・各一五五四円
ISBN9784872338485〈S〉・9784872338492〈T〉　人文

ゾンビが種まきゃカラスが突っつく

「トンデモ本の世界」シリーズもこれで第五弾。今回は二冊同時刊行となった。

トンデモ本とは、著者の意図とは別の視点から楽しめる奇想、珍説が書き込まれた書物を指す。オカルトや疑似科学、陰謀論の類（たぐい）とみて差支（さしつか）えない。と学会とは、作家の山本弘を会長とするトンデモ本研究を趣味とするライターやジャーナリストのグループのこと。

トンデモない奇説を正面から批判するのではなく、斜めから笑おうという彼らの姿勢が、八〇年代的価値相対主義の美質を受け継いでいることは疑い得ない。

ところが、最近この「笑う」姿勢が後退しているのではないかという批判が散見されるようになった。と学会はマジで反オカルトや疑似科学叩（たた）きに乗り出しているではないかというのだ。

しかし最新刊『S』『T』（このアルファベットは特に意味なし）を読んでも、彼らの視位に顕著な変化はみられない。変わったのは世の中の方ではないか。

オウム事件直後には鳴りを潜めたオカルト、ニューエイジ話や陰謀説が、このところぞろぞろと蘇（よみがえ）り、ゾンビのようにメディアを徘徊（はいかい）している。

「水は、人の言葉や心に感応し、文字を読む能力まで持つ」（『T』）とか、「アポロの月面着陸はNASAによって捏造（ねつぞう）された大芝居だった」（『S』）とか、「二〇一二年に太陽系がフォトン・ベルトに接近し、人類は未曽有（みぞう）の天変地異に見舞われる」（『T』）といった昔ながらのパタンのトンデモ話が繰り返され、本屋の店頭などを賑（にぎ）わせている。

他方で「ゲーム脳」理論のように、一般に浸透してしまう疑似科学も急増中（『T』）。一部の精神科医やカウンセラーが流布している「トラウマ的記憶の抑圧、忘却」説（『T』）もその一例だ。この手は学者や専門家の著作ということもあって、大新聞の書評欄などでも無批判に賞揚（しょうよう）されたりするから要注意だ。

常識は揺らいでいる。常識が安定していてこそ奇想を愛（め）でる余裕が出る。もしと学会の余裕が少しでも減じているとすれば、それだけ「笑ってる場合じゃない度」が上昇しているからかもしれない。

評・宮崎哲弥（評論家）

とがっかい　92年結成の読書家集団。「日本トンデモ本大賞」を主催。

二〇〇四年八月一日⑦

『マキャベリ的知性と心の理論の進化論』

科学・生物

R・バーン、A・ホワイトゥン 編
藤田和生、山下博志、友永雅己 監訳
ナカニシヤ出版・六三〇〇円
ISBN9784888488549

人間様はかなり賢いけれどなぜだろう。生き残るためとか、道具を使うようになったからとかいう説はある。でもそんなの実は大した知性はいらない。ゴキブリやミジンコだって立派に生き延びている。道具だって、サルが海水でイモを洗うとかアリを藁（わら）でつり出すとかが知性の証拠とされるけれど、その程度の話ならだれかが偶然やったのを文字通りサル真似（まね）すればすむ話。つまりヒトは単なる生存上の要請にしては賢すぎる。なぜだろう。

それは社会関係じゃないか。顔色を読み、だまし、裏をかき、共謀したりする——そうしたマキャベリ的権謀術策のためにこそ知性は発達したんじゃないか。それが本書の提示する仮説だ。集められた各種論文は、各種のサル社会の観察を通じて知性と社会関係とのかかわりをていねいに検証する。知能が発達したサルほど、ごまかしや計算ずくの行動をするらしい。知性の本質の一端を精緻（せいち）に解き明かしてくれる好論集となっている。

評・山形浩生（評論家）

二〇〇四年八月一日⑧

『闇からの光芒　マフマルバフ、半生を語る』

アート・ファッション・芸能／ノンフィクション・評伝

ハミッド・ダバシ、モフセン・マフマルバフ 著
市山尚三 訳
作品社・一八九〇円
ISBN9784878935886

9・11以前にアフガニスタンの内情を描いた唯一の映画「カンダハール」で知られる、イラン人映画監督のインタビュー集である。

文字が読めない父親に六日で離婚された母親のもとで育ち、パーレビ政権打倒を目指す地下活動に身を投じて投獄される。イスラム革命が起きて釈放されると、あと三十回革命が起きても文化が本質的に変化しなければ何も変わらないと悟り、文化活動に転じる。

紛争地を描く監督はいつも政治的発言を期待されるもので本書もそれに応えている。だが、より興味深いのは、図書館や出版社を自分で作るほどの読書家だったことや、預言者の物語を毎晩聞かせてくれた祖母や妻の死が創作に深い影響を与えたと語るくだりだ。

昔「人類を救いたい」と思った少年は今「自分自身を救うために映画を作っている」という。批評家の挑発にのり暑苦しく語ったり、突っ込まれて飄々（ひょうひょう）とかわしたりする掛け合いも小気味よい。

評・最相葉月（ノンフィクションライター）

二〇〇四年八月一日⑨

『セネカ　現代人への手紙』

人文

中野孝次 著
岩波書店・一八九〇円
ISBN9784000236461

先頃逝去した著者の晩年は、『論語』や『徒然草』などの古典を精力的に読み解く仕事に費やされた。そうした流れの果てに邂逅（かいこう）したのが、キリストと同時代のローマに生きた哲学者セネカの著作である。

だが、セネカの『道徳についてのルキリウスへの手紙』を自らの訳によって紹介した本書は、その傾倒ぶり、と言うより「のめり込み方」が従来の作品とは明らかに違う。「セネカの思想をその内側からセネカになり代って語りかけているような」と記す通り、七十九歳の日本の老作家が、二千年も前のローマの哲学者に取り憑（つ）かれたかのようなのだ。

セネカは、かつて仕えた暴君ネロからいつ死刑を命じられてもかまわぬよう、一日一日を最後の日として生き、そして自裁を遂げた人物である。著者がガンを告知されるのは本書の脱稿後だが、セネカを通じて人間の至高の姿をかくも懸命に説いたのは、死に対する無意識のうちの切迫感ゆえだったのかもしれない。

評・野村進（ジャーナリスト・拓殖大学教授）

二〇〇四年八月一日⑩

『日本の信徒の「神学」』

隅谷三喜男 著

日本キリスト教団出版局・二五二〇円

ISBN9784818405332

人文

成田空港問題で国と反対派の調停役を務め、介護保険制度の創設を提唱するなど、書斎にとどまらぬ活動を続けて、昨年死去した社会派学究の遺作である。

熱心なキリスト者だった著者が「日本人とキリスト教」と題して行った、教会での連続講座の内容などが中心。キリスト教はなぜ日本で全人口の一％を越えないのか、日常生活が信仰と切り離されてしまうのはなぜかなど、教会関係者や信徒に向けられた問題提起は、大変に重いものだろう。

一般読者も日本人論、宗教論、現代社会論として興味深く読める。通底するのは、日本人の伝統思考として「現世主義」や「幸福志向」が強いとする認識であり、仏教もキリスト教も本質的に受容されずに「日本化」した、と考察する。

感謝と祈願はあるが、懺悔（ざんげ）がない日本。だから戦争への謝罪の姿勢は弱く、半面、米の原爆投下の責任を問う声も乏しいなどの指摘はなるほどと思わせる。

評・佐柄木俊郎（ジャーナリスト）

二〇〇四年八月八日①

『近代日本の思想・再考 Ⅰ明治思想家論、Ⅱ近代日本と仏教』

末木文美士 著

トランスビュー・Ⅰ巻二九四〇円、Ⅱ巻三三六〇円

ISBN9784901510240〈Ⅰ〉・9784901510257〈Ⅱ〉

人文

近代の訪れに対峙した仏教の姿

文明開化が進めば、いずれ仏法など無用の長物となるに違いない。福沢諭吉のような明治の啓蒙（けいもう）思想家たちはそう考えていた。

だが仏教は廃れなかった。それどころか日本近代は仏教を必要としたのである。

宗教を所詮（しょせん）「非合理で迷信的な頑物」「前近代の遺物」と看做（みな）す思想史家たちは、この問題に正面から取り組もうとしなかった。仏教学者は仏教学者で、近代思想としての仏教という視点をあえて忌避しようとしてきた節がある。

末木文美士は仏教の側から切り込んだはじめての人である。その腹の括（くく）り様は次の一節に窺（うかが）える。「またぞろ、新しいことであるかのようにポスト近代が言われ、ポスト近代を担うものであるかのように仏教が脚光を浴びる」「そんな仏教ならば、葬式仏教と一緒に滅びた方がよほど光栄であろう」（『再考2』）

学究らしからぬ激しい口吻（こうふん）だ。この火を吐くような激しさこそが、単なる研究書で終わるはずのないことを保証している。

『再考Ⅰ』では、島地黙雷（もくらい）、井上円了、村上専精（せんしょう）、清沢満之（まんし）といった近代仏教を措定（そてい）した人々の思想が洗い直される。と同時に、井上哲次郎、綱島梁川（りょうせん）、西田幾多郎（きたろう）といった非仏教者ながら仏教に強い関心を持ち続けた思想家も取り上げられる。

明治とは、周知のように近代国家の樹立とともに、個人の確立が求められた時代であった。維新政府が強行した神仏分離、廃仏毀釈（きしゃく）によって、近世の長い眠りから叩（たた）き起こされた明治の仏教思想家たちは、直ちに「個」と「個を超えるもの」の基礎付けという難題に直面する。明治国家や神道勢力との対峙（たいじ）を考えれば、足場の悪い場所で、重過ぎる負荷を担ったといえよう。やっと整合できたかと思えば、別の箇所（かしょ）から深刻な矛盾が露呈する。その繰り返しだった。とりわけ島地、村上、清沢は矛盾に引き裂かれ、「屈折と妥協」に追い込まれる。

「国柱会」の田中智学が男尊女卑を否定し、夫婦の関係性を主軸とした仏教を唱えていたという興味深い事実は、本書ではじめて知った。

『再考Ⅱ』では、思想家に焦点を絞るかたちではなく、考説や事象そのものが論じられる。著者の批評性はこちらの方に濃く発色してい

る。

　とくに和辻哲郎と丸山真男の仏教論への批判が面白い。末木は、前近代的な非合理性、生活世界に密着した因襲（いんしゅう）性を仏教から摘除しようとした和辻、丸山の功績を認めつつも、彼らの視力が思想の重層性や両義性に十分に届いておらず、故にまた別の過誤を導きかねないものになっていると指摘する。和辻の「輪廻（りんね）思想と無我思想の両立不能」説への批判は十分な説得性に欠けると思えたが、「屈折と妥協」の思索のなかにこそ『伝統』が蓄積しないという『伝統』を革新する機縁があるという見方にはまったく賛成だ。

評・宮崎哲弥（評論家）

すえき・ふみひこ　49年生まれ。東京大大学院教授。

二〇〇四年八月八日❷

『自省録　歴史法廷の被告として』

中曽根康弘 著

新潮社・一四七〇円

ISBN9784104687015

政治／ノンフィクション・評伝

風雪をくぐった政治家による現状批判

　戦後日本を代表する「政治的人間」を挙げるとすれば、著者はまず間違いなく入ってくるだろう。日本国憲法下の最初の総選挙で初当選して以来、昨年の衆院選前に小泉首相からの勧告を受け、無念の引退を余儀なくされるまで、政界を生き抜いてきた人物である。

　従って、『自省録』といっても、深く頭を垂れて自らの来し方を反省する内容を期待してはならない。小泉首相が引退を要請しに訪れた際の会話を冒頭に掲げ、首相が思想、哲学、歴史観を欠いた「ポピュリズム」政治に堕していると批判した上で、あえて自らの歴史観、政治観を披瀝（ひれき）する内容である。それも「歴史という法廷に立たされる当事者の自己弁護と映る」かも知れないことを自覚しながらである。

　それでも、戦後政治を長く歩んできた著者の見解は、興味深い内容を含んでいる。たとえば、講和条約が発効する直前に当時の吉田首相に対し、昭和天皇の退位について問い、首相から一蹴（いっしゅう）されたエピソードを振り返り、著者自身が首相になって昭和天皇の人柄に接した後は、かつての質問は不要であったと感じた、と述べている。あるいは、安保改定騒動の際、岸内閣の閣僚だった池田勇人が自衛隊の導入を強く主張したのに、その後首相となった池田は低姿勢に転じたことを振り返り、その変わり身の早さを感じたと回想する。

　著者の同世代の政治家には、著者について同様の感想をもつ人もいるだろう。それが政治の本質とは言わないまでも、政治には原則や倫理を貫き通すよりも、何ごとかを実現するという結果によって判断される面が確かにあるのであり、そうした政治倫理を具体的に示すことに本書の価値があろう。

　その上で、曖昧（あいまい）な合意の上に営まれ、明確な意思表示を行わない政治について「日本の政治に関（かか）わりつづけた者の眼（め）から見ると、戦前の政治の欠陥はそのまま戦後、そして現在に持ち越されています」という指摘には聞くべき点があるだろう。議席をペンに取り換えた著者の政治人生は、今後も続きそうである。

評・中西寛（京都大学教授）

なかそね・やすひろ　18年生まれ。自民党幹事長、首相などを歴任、03年衆院選を前に引退。

二〇〇四年八月八日③

『100歳の美しい脳 アルツハイマー病解明に手をさしのべた修道女たち』

デヴィッド・スノウドン 著 藤井留美 訳
DHC・一六八〇円
ISBN9784887243651
科学・生物／医学・福祉／社会

献脳するシスターたちの見事な生き方

集団の医療記録や調査をもとに病気の原因や発生条件を探る疫学研究は、コレラからタバコとがんの関係に至るまで医学に多大な恩恵をもたらした。ただし、そこで得られた情報は匿名で処理されるため、一人一人の人生から導き出されたものとは想像しにくい。科学的客観性を保つため、対象と距離をおくよう指導されている研究者ならなおさらだろう。

一九八六年、修道女を対象とした「ナン・スタディ」と呼ばれるアルツハイマー病研究に携わることになった著者も例外ではなかった。期待に胸ふくらませてノートルダム教育修道女会の門を叩（たた）いたところ、代表者に「ここの女性たちが何者なのかということを、けっして忘れないで」と告げられ動転するのである。

とまどう著者を修道女たちは家族のように受け入れ、六七八人が研究への協力と献脳を申し出た。突破口を開いたのは彼女たちが書いた自伝だ。言語能力や前向きの人生観が長寿と深い関係をもつこと、アルツハイマー病に冒（おか）された脳でも明晰（めいせき）なまま生きられる人がいることなど画期的な知見が次々と得られていく。

本書がたんなる医療記録ではないのは、自伝や日常会話を通じて彼女たちの人生が生き生きと描かれているためだ。ナチス下のドイツを逃れて渡米し、六七歳でアフリカでの植林活動に打ち込んだシスター・ドロレス。一日ひと組のミトンを編み、慈善団体に寄付する百四歳のシスター・マシア。別れ際にいつも「私より先に逝かないで」とジョークを飛ばす九七歳のシスター・エスター。恍惚（こうこつ）の人に寄り添い介護する若き修道女たち。

「老いぼれる前に死にたいもんだ」と歌うザ・フーの「マイ・ジェネレーション」に共感していた著者は、十五年後「死ぬ前に老いぼれたい」と考えを改める。研究者は被験者に教えられ育てられるものと気づいていく姿に『火星の人類学者』で知られるオリバー・サックスを重ねる読者もいるのではないだろうか。

ナン・スタディの標語「最後まで人生を生きられますように」の背後には、六七八の人生がある。ゲノム医学の時代への示唆に富む、美しい一冊だ。

（原題、Aging with Grace）

評・最相葉月（ノンフィクションライター）

David Snowdon 米ケンタッキー大教授。アルツハイマー病研究者。

二〇〇四年八月八日⑤

『ダライ・ラマ その知られざる真実』

ジル・ヴァン・グラスドルフ 著 鈴木敏弘 訳
河出書房新社・二九四〇円
ISBN9784309243153
歴史／人文

業の深さ・闇の深さ、そして希望の光

ダライ・ラマ十四世は、世界で最も尊敬されている仏教僧のひとりだ。亡命中の難しい立場の中で非暴力を貫く戦いの姿勢、また世界平和や慈悲の心を説くことばは、人々の魂に響く。そして、多くの人がチベットに理想社会を夢見る。

本書はまずその幻想を打ち砕く。たとえば九世から十二世までのダライ・ラマが、いずれも早世しているのを毒殺と推定している。ダライ・ラマは政治と宗教の双方に君臨するが、先代が遷化（せんげ）した後、転生者が発見され成人に達するまで、必ず約二十年の空白期間が生じる。その間、摂政たちの退廃と権力争いは目にあまるものがあり、毒殺により権力をキープする力学が働いている。

幼少期から厳しい仏教教育を受け、毎日を瞑想（めいそう）と祈りにささげている高僧が、我々凡人とまったく同じように富や女性や権力欲に溺（おぼ）れていく様子は心が痛む。何のための修行だったのか。この腐敗が亡国の遠因になったのは明らかだ。

中国軍の侵入から、約十年におよぶ葛藤（か

っとう）をへてインドに亡命するいきさつは、よく知られているが迫力満点。とりわけ中国軍による数々の残虐行為を生々しく書いている。インドにおける難民たちの苦難、チベットの惨状を世界に訴える外交。それらの艱難辛苦（かんなんしんく）が実ってのノーベル平和賞受賞なども周知の通り。その中で本書は、国を失ってもなお権力闘争に明けくれるチベット社会の業（ごう）の深さをあからさまに書いている。

チベットに理想郷を夢見る人にとって本書はまことに居心地が悪いだろう。闇の部分に焦点が当たっているからだ。しかしながら、薄っぺらな理想郷の記述と違い、闇が深い分だけ光がきわ立つ。

偏執的で排他的なイデオロギー信奉者たちによる民族的大悲劇の闇。修行をきわめたはずの同胞の退廃の闇。絶望的な国際情勢の闇。その中でわずかな希望の光に献身する一群のチベットの人々、そして世界中のサポーターの崇高さが浮き彫りになっている。

結局、本書は、チベット讃歌（さんか）であり、仏教讃歌であり、ダライ・ラマ讃歌であり、そして何よりも人間讃歌なのだ。

（原題、Le Dalaï-Lama）

評・天外伺朗（作家）

Gilles Van Grasdorff フランスのジャーナリスト。チベット学の専門家。

二〇〇四年八月八日⑥

『私の昭和史』

中村稔 著

青土社・二五二〇円
ISBN9784791761227

ノンフィクション・評伝

遠い、だが確かな記憶 詩人の半生

昭和二年（一九二七）生まれ。まだ田園だった大宮（さいたま市）に育った。後年の詩人中村稔は意外なことにスポーツ少年。全大宮が巨人軍と対決した時代の野球ファンで、器械体操が得意だったという。それにエノケンがごひいき。一家で遊びにいくときにはきまって大宮から浅草に出てエノケン一座へ。二・二六事件を遠雷のように感じながら、おおむね豊かな田園と中産階級の家庭にはぐくまれた幼少年時代を過ごし、やがて府立五中から旧制一高へ。ここらでもはや「昭和史」とは無縁でいられなくなる。

それにしても今にして思われるのは、戦中の中等・高等教育が部分的にもせよかなり高度のレベルを持続していたことだ。リベラリズムで知られた五中は、戦時色が濃厚になった時代にも当局の意向に反して多様な価値観をはぐくむ教育環境を教師・生徒が共同して維持していた。当然のことに良友・良師にめぐまれる。その先で出会った一高の先輩・寮友も、すでに独自の価値観を形成していて時流に左右されない。

一高では国文学会の寮室に属し、中村真一郎、大野晋、いいだもも、のような戦後文学を用意した錚々（そうそう）たる先輩に伍（ご）して万葉集の輪講に加わる。弱冠十八歳のおどろくべき早熟児。それよりもおどろくのは、三月十日東京大空襲ぎりぎりまで浅草の東橋亭という小屋に通い詰めて娘義太夫を聞き、おそらく同じ小屋で「一人遣いの人形浄瑠璃で文楽のあらましを観（み）た」という稀有（けう）な体験をしていることだ。

一方で「昭和史」は家庭の中にまで入り込んでいた。東京地裁判事だった亡父がゾルゲ事件の担当判事だったからだ。後に亡父の述懐するには、「自分が出会った日本人の中で最も偉いと思ったのは尾崎秀実、外国人ではリヒアルト・ゾルゲ」。

「私」と「昭和」の硬軟両様が切り結ぶ、「私の昭和史」はとりあえず昭和前期の八月十五日で終わる。戦後詩を代表する詩人中村稔と知的所有権の現役第一線の弁護士中村稔の昭和後期については続編が予告されているが、一日も早い実現が待たれる。

評・種村季弘（評論家）

なかむら・みのる 27年生まれ。詩人、弁護士。詩集『鵜原抄』ほか著書多数。

二〇〇四年八月八日⑦

『報復ではなく和解を　いま、ヒロシマから世界へ』

秋葉忠利 著　はらだたけひで 絵
岩波書店・一六八〇円
ISBN9784000247528／9784006032937（岩波現代文庫）
政治／社会／国際

本書は、ノーモア・ヒロシマの精神にあらためて強い光をあてた、著者入魂のスピーチ集である。

99年、広島市長に就任して以来、国内外で行った核兵器廃絶に関するスピーチのなかから「三つの勝利」「報復ではなく和解を、敵対関係ではなく人道を」などを収めている。

その主旋律は、被爆者たちが異口同音に吐露する「他の誰にもこんな思いをさせてはいけない」という言葉から引き出した黄金のメロディーであり、原爆投下に復讐（ふくしゅう）するため、より破壊的な死の兵器を開発するのではなく、核兵器の廃絶にあらゆる力を注ぐという、ヒロシマの和解精神のアリアだ。

しかし、現実に核兵器は存在し、三発目の危機なしとしない。冷酷な現実と希望のせめぎあいのなかで、廃絶への具体策も数々示され、説法は厚みを増す。

市民と共同でつくる平和宣言も収録。演歌から宣言のキーワードをつかむというウラ話にホッ！

評・増田れい子（エッセイスト）

二〇〇四年八月八日⑧

『私の履歴書　映画は狂気の旅である』

今村昌平 著
日本経済新聞社・一八九〇円
ISBN9784532164713
アート・ファッション・芸能／ノンフィクション・評伝

30代初め、ある脚本家に映画でやりたいことはと問われ、即座に〃重喜劇〃と答える。本来、重いという形容詞は喜劇にはそぐわない。しかし今村監督は「人間の真実を描いてずしりと腹に響く重い笑いもある」と考えていたので、この新造語を発したという。

カンヌ映画祭大賞の「楢山節考」ほか一連のバルザック風？人間喜劇は、この志の具現化と見られる。

「豚と軍艦」脚本執筆中に小津安二郎、野田高梧両先輩に「汝（なんじ）ら何を好んでウジ虫ばかり書く」といわれ、内心「このくそじじい」と毒づいたと告白している。

映画作りについての監督の信条は、一にも二にもロケハンと脚本である。撮影開始後もねばりにねばる。2年余りかかった「神々の深き欲望」をめぐる裏話は壮絶すぎ唖然（あぜん）となる。ただし文章のタッチは、重喜劇とは異なり至って軽妙。

脚本家天願大介の後書きが「金儲（かねもう）けが下手な理想主義者」の父今村昌平を語って爽（さわ）やかな印象を残す。

評・安倍寧（評論家）

二〇〇四年八月八日⑨

『太陽と毒ぐも』

角田光代 著
マガジンハウス・一四七〇円
ISBN9784838714995／9784167672041（文春文庫）
文芸

後書きの言葉を使うなら〃だらだら続くしあわせな恋人たち〃の〃ばっかみたいな〃日常を描いた十一篇（へん）が収められている。好きだけどどうしても我慢できない性癖（買い物依存、万引き）や習慣（風呂に入らない、迷信好き、三食がお菓子）をテーマにしている。

人にとっては瑣末（さまつ）な事柄が、〃互いを見つめ合って愛を語ることも恋をささやくこともなくなった〃若い恋人たちには大事。主義ではなく生理感覚が優先される時代だからである。

ここにはへらへらと過ごすしょうもない恋人たちの日常がある。でも、卑近な生活の細部にこそ、その人物、ひいては時代を決定づけるものが宿っていることを作者は見抜いている。その観察力、鋭いユーモア、シニカルな批評精神が良く、またしなやかな文体とテーマ把握も素晴らしい。

直木賞にノミネートされなかったが、候補になっていたら『空中ブランコ』『邂逅（かいこう）の森』と激しく争っていたのではないか。必読！

評・池上冬樹（文芸評論家）

二〇〇四年八月八日⑩

『終の住みか」のつくり方』

高見澤たか子 著

晶文社・一七八五円

ISBN9784794966223／9784087462791（集英社文庫）

アート・ファッション・芸能／ノンフィクション・評伝

築20年目の自宅の全面的なリフォームを決行した著者が、完成までの約1年間を克明にたどる。きっかけは、夫婦が相次いで階段から転げ落ちそうになったことで、長く安心して暮らすため「終（つい）の住みか」をめざした。親をみとり、娘も息子も独立し、これからは自分たちのために生きるとの決意表明でもあった。

どんな家にするかは、どんな生き方をするかに直結する。選択を迫られる場面では、夫婦が話し合って決断を下していく。夫が難病との診断もあり、車いすのアプローチにも考慮し、基本的な動線を変えずに、不安な部分を取り除いた。

完成後もっとも評価しているのは、食事、睡眠、入浴、排泄（はいせつ）などの日常動作が1階で完結できることという。また、設計者、職人、友人、隣人など、著者は周囲の人たちになんと恵まれていることか。改築をめぐって、人の輪がぐんぐん広がっていくさまに胸が熱くなった。

評・多賀幹子（フリージャーナリスト）

二〇〇四年八月二二日❶

『攻撃計画　ブッシュのイラク戦争』

ボブ・ウッドワード 著　伏見威蕃 訳

日本経済新聞社・二三一〇円

ISBN9784532164737

政治

迫真の描写で追う政策決定の内幕

著者は、アメリカの最高首脳の政策決定を同時代的に描写するジャーナリストとして、すでに日本でも広く知られている。ハリウッド映画は続編ばやりだが、本書も9・11事件からアフガニスタン戦争への軌跡を描いた『ブッシュの戦争』の続編とも言える作品であり、ブッシュ政権がイラク開戦に至る経緯を、ブッシュ大統領も含めた多数のインタビューと取材に基づいて克明に跡づけている。

実際、本書の魅力でもあり、また注意すべきでもあるのは、映画の脚本を読んでいるかのような生き生きとした会話描写である。ブッシュ大統領、ラムズフェルド国防長官、パウエル国務長官、ライス大統領補佐官、フランクス中央軍司令官など主要人物たちの会話が、その場にいたかのように再構成される。たとえばテネットCIA長官がイラクの大量破壊兵器保有について「スラムダンクぐらい確実じゃないですか！」と叫んだ描写は、ブッシュ政権内の政策検討の様子を印象づける（スラムダンクとは、バスケットボール用語で、リングの上からシュートすること）。しかし、いくら著者の取材力をもってしても、発言を正確に記録したテープか議事録を手にすることは（それが現にあるにしても）まず不可能だろうから、こうした描写には著者の脚色も含まれているに違いない。将来の歴史家は、どこまでを歴史的証拠として採用すべきか、頭を悩ませるだろう。

しかし歴史的正確性はともかく、大きな流れを描き出している点では本書の記述は信頼がおけるだろう。すでに回想も数多く出されているので、驚くほど目新しい発見はないが、ラムズフェルドがハイテク兵力を重視して軍部に圧力をかけたこと、占領計画について国防総省が主導権をとり、国務省の専門家の参加が排除されたことなどが改めて確認できる。

とりわけ真に迫るのは、イラクに潜入した諜報（ちょうほう）部員からのフセイン父子がいる農場をつきとめたという情報に基づいて、作戦計画を変更してその農場を爆撃する決定を下した場面である。主要閣僚が攻撃を支持し、ブッシュは最後の瞬間に決行を決意する。切迫感のある描写はさすがだが、政権の焦燥感が伝わってくる。

また、本書のスタイルは、真実に迫ろうとするジャーナリズムが政治過程の一部に組み込まれてしまう今日の状況を象徴していると も読める。この点で、『ブッシュの戦争』やブッシュ父政権期の湾岸戦争を描いた『司令官たち』といささか調子が異なるのは興味深い。

それは著者自身がワシントンポスト紙の記者として、この戦争への疑問をぬぐい去ることができなかったからであろう。大量破壊兵器の存在について疑問をもつ声が政権内にあることを知り、記事掲載を促した経緯が記述してあるのは、取材記者としてのアリバイ提示なのかも知れない。

（原題、Plan of Attack）

評・中西寛（京都大学教授）

Bob Woodward 43年生まれ。ウォーターゲート事件を追及した米紙記者。

二〇〇四年八月二二日②

『テーマで読み解く日本の文学 上・下』

大庭みな子 監修

小学館・各四四一〇円

ISBN9784093874779〈上〉・9784093874786〈下〉 文芸

女性作家らによる豪華艶麗な文学批評

総勢四十一名の女性作家が日本文学を読み解く。こんな豪華艶麗（えんれい）な企画が、分厚い二冊の本として実現した。「神との交わり」「異界はどこにある」「エロスと生死」など、十のテーマをめぐって各論者が自由に論じている。学術論文を思わせるもの、破格のエッセー風のもの、幼少時の思い出や作家としての理想にからめたもの、はたまた現代の社会状況に触発されたものなど、十人十色である。

しかし多くの論者は、女性であることを強く自覚し、一人の女性として記紀・万葉をたえず呼び返しながら、「日本文学」の深海に潜り養分を得ている点で、共通しているように思われる。そしてその神話的世界に浸透した性愛の力と呪力を体感し、あるいは古代以来の日常生活の襞（ひだ）に畳み込まれた情感や土地の描写に隠された精霊の化身を掬（すく）い取ろうとしている。上代から近世にいたる歌集、物語、説話、日記、紀行文、さらには正統的文学史には載らないアイヌ・沖縄の文学や口承文芸まで自在に評しながら、逞（たくま）しい足取りで近・現代世界の海面へとジャンプして、柔軟かつ強靭（きょうじん）な批評の言葉を紡ぎえたのは、それゆえだろう。

当然、従来の説への疑問、斬新な解釈にもふんだんに出会える。川端、荷風、太宰ら男性作家、あるいは三田村鳶魚（えんぎょ）をはじめとする男性研究者に、まったく臆（おく）することなく噛（か）みついているのも、胸がすく。古代からの伝統を汲（く）み、日本文学の源たる「歌」を現在まで詠み上げ続けているのは女性作家だ、との自負も随所に窺（うかが）える。

かくて明治以降、男性によって主になされてきた文学批評の偏向を正したい、との編集委員たちの企図は、十分達成されたと言えよう。いやそんな硬いことを考えずとも、教科書的な文学史の対極をゆく本書には、どこを開いてみても楽しい記述に満ちている。読者は、名高い古典を読み返してみよう、あるいは初めて名を聞く作品でも是非一読してみたい、ときっと思えるだろうし、それが「私」を基体にじっくり読み込むことで、古典の魅力をおのがじし発見できることを示した本書の、何よりの美点であろう。

評・池上俊一（東京大学教授）

おおば・みなこ 30年生まれ。作家。『三匹の蟹』で芥川賞を受賞。

二〇〇四年八月二二日❸

『イングランド社会史』

エイザ・ブリッグズ 著
今井宏、中野春夫、中野香織 訳
筑摩書房・七一四〇円
ISBN9784480857583

歴史／政治／社会

身近に思う国の、いまだ知られざる姿

日本にとってイングランドは、格別な思いを寄せる国だ。大陸に近い島国であって古い歴史を持ち、経済大国の先輩でもある。バブル経済とその崩壊（1720年の南海泡沫〈ほうまつ〉事件）、大戦を経た厭戦（えんせん）気分や福祉社会化、サッチャーの構造改革（新自由主義）など、日本にとっても身近な問題を経験してもいる。

それゆえ戦後、一部の知識人にはその歴史が法則であり、日本もたどるはずだとみなされた。市民革命（17世紀）や産業資本家の台頭（18世紀）、第二次産業革命（19世紀）と消費社会化（20世紀）などの近代化である。ところが現実のイングランド史には、そうした机上の想定ではとても割り切れぬ興味深いエピソードに溢（あふ）れている。そんな逸脱にこそ、この複雑な国の本質があるのではないか。

とりわけそう印象づけるのが、政治史や経済史とは視点の異なる社会史だ。日本人の手になるものとしても角山栄・川北稔編『路地裏の大英帝国—イギリス都市生活史』（平凡社）などはイングランドの意外な素顔を紹介してくれた。ただ類書は多いものの、個人で通史を描ききったものとなると、G・M・トレヴェリアンの1944年の作『イギリス社会史』（翻訳はみすず書房）が知られるのみだった。本書は半世紀の後に、膨大な成果を加え、先史時代から現在までを描く決定版である。

文学からの多彩な引用や無数の写真は拾い読みするだけで楽しいが、1873年に国土の五分の四が7千人の個人に所有されていたというデータには驚いた。政治と産業の革命で、大土地所有者は消え去ったんじゃないのか？　そういえば、「1930年代では、まだ階級によって異なる多様なイングランドが共存しており」とある。サッカーにしても、いまなお下層階級のスポーツだ。

地域は今も社会の基盤で、「パブと教会」がその中心にある。スコットランドや北アイルランドの独立問題もあり、階級や地域、政体にかんしては、むしろ日本との違いが印象に残る。いまだ知られざるイングランドに誘ってくれる、美しい労作だ。

（原題、A Social History of England）

評・松原隆一郎（東京大学教授）

Asa Briggs　21年生まれ。英国の歴史学者。

二〇〇四年八月二二日❹

『伊藤博文と韓国併合』

海野福寿 著
青木書店・二六二五円
ISBN9784250204142

歴史／政治

自治植民地目指した？元老政治家

「馬鹿な奴（やつ）だ」。ハルビン駅頭で狙撃された前韓国統監の伊藤博文は「犯人は韓国人」と聞き、虫の息でそう呻（うめ）いたという。著者は、狙撃者安重根（アンヂュングン）との架空対話で、伊藤にその意味を語らせる。

「君は私がいなくなれば、日本の韓国侵略の手綱がゆるむと考えていただろう。それは逆だ。私のうしろには、韓国を踏み台にして大陸に攻めのぼろうとして、うずうずしている軍人集団がいたのだよ。（中略）彼ら軍人が併合を実行するために私を消したのだ」

韓国人にとって伊藤博文は秀吉と並ぶ「侵略国日本」のシンボルだ。日露戦争終結の一九〇五（明治三八）年、軍隊の威圧下で第二次日韓協約を調印させて韓国を保護国化し、自ら初代の統監となった「悪役」であり、その四年後に伊藤殺害を実行した安重根は、民族の恨みを晴らした「義士」に他ならない。

本書は、その伊藤のイメージを多少とも修正する点で刺激的である。首相や枢密院議長を四度も務めた元老政治家伊藤は国際協調重視派で、大陸への膨張を企図して韓国の直轄

植民地化を急ぐ山縣有朋（やまがたありとも）や桂太郎、寺内正毅（まさたけ）ら陸軍軍閥とはしばしば対立した。このことはよく知られているが、著者はさらに進めて、伊藤が併合には賛成しつつ、武断的な統治ではなく、国名が残り、一定の行政権・立法権を持つ「自治植民地」を目指していたと見る。支配には被支配者の内面的合意が必要であり、それを育成するのが先決、の漸進論だったというのだ。

伊藤の死を待ったかのように、事態は急展開する。半年後には寺内が初の軍人統監に就任し、その三か月後、一九一〇年のまさに今日、「韓国皇帝陛下は一切の統治権を完全且（か）つ永久に日本国皇帝陛下に譲与す」（併合条約第一条）るのだ。

歴史にイフをいっても仕方がないが、伊藤暗殺なかりせば、昭和に至る軍国日本の足取りはいくらか違ったものになったか、と想像できなくもない。ちなみに著者は、安とは別に日本軍閥関係者が関与した二重狙撃説を示唆する。一部に根強くある主張で大変に面白いが、資料は十分でなく、未消化の感は否めない。

評・佐柄木俊郎（ジャーナリスト）

うんの・ふくじゅ　31年生まれ。明治大学名誉教授。著書に『韓国併合史の研究』など。

二〇〇四年八月二二日⑤

『その名にちなんで』

ジュンパ・ラヒリ著　小川高義訳

新潮社・二三一〇円
ISBN9784105900403／9784102142127（新潮文庫）　文芸

人間の普遍的な感情をあえて表現

いい小説を読んだあとは、感動がその作品をつきぬけて、小説というジャンル全体に及んでしまう。小説というものに対して改めて目を見張りたくなるのだ。本書はまさにそういう一冊。

目新しいことが書かれているわけではない。ジュンパ・ラヒリは、人間のごく基本的な、普遍的な感情について書く。誰もがよく知り、どこかで経験したかもしれないことを書く。しかし誰もそのことを、あえて表現しなかった、表現できなかったことを書くのである。

女が男の靴に、こっそりと自分の足をすべらした瞬間。電話が相手に取り次がれるまでにボールペンでいたずら書きした跡。からっぽのティーカップ、説明書がなくなった組み立て式のツリー。バスのなかに忘れてきたみやげものの荷物や、到着の遅れた息子の乗った列車を、数時間も立ちながら待っていた父のこと。

こんなことを、丁寧に、いとおしみながら、ひたと目を据え、淡々と冷静に、職人のように記していく。それは消えていく瞬間に、一つひとつ、名前を与える行為のように見える。こうした一瞬は、次の頁（ページ）をめくれば、記憶と呼ばれるものに変化する。小さな記憶が、読者の心にも一つひとつ、積もっていく。私はこの小説に登場する人々を、読んだのでなくて生きたのだと思った。

インドからアメリカに渡ったベンガル人夫婦に、男の子が誕生する。彼の名はゴーゴリ。ゴーゴリ・ガングリー。ロシアの文豪、ニコライ・ワシーリエヴィッチ・ゴーゴリにちなんだ名だ。命名に際しては、祖母や父のからんだドラマがあった。だが本人は、風変わりなこの名がうっとうしくてならない。名前とは不思議なもの。変だ、おかしい、それでなければいいのにと思っているのは、誰でもない、本人だけ。ゴーゴリ、その音に似て、ごつごつした武骨なダイヤモンド、唯一絶対の「わたし」というものを、ゴーゴリ自身がどう受容していくのか。

なんでもない箇所（かしょ）で涙がとまらなくなる。しかし決してしめっぽい小説ではない。ぶっきらぼうで風通しのいい文体を創（つく）った訳者の功績も大きいと思う。

（原題、The Namesake）

評・小池昌代（詩人）

Jhumpa Lahiri　67年英国生まれ。米国在住の作家。著書に『停電の夜に』など。

二〇〇四年八月二二日⑥

『反社会学講座』

パオロ・マッツァリーノ 著
イースト・プレス・一五〇〇円
ISBN9784872574609／9784480423566（ちくま文庫）
人文／社会

社会問題の虚偽、がんがん暴きます

著者はイタリアの花売り娘を母として生まれ、今は幕張に住み、立ち食いそばのバイトと大学講師をしています。姓もなんだか嘘（うそ）くさい感じがします。

ところが本書は、社会学の方法の精髄を抽出し、誰にでも社会学ができることを証明しつつ、社会学的思想に挑むというじつに真っ当な志に貫かれています。

社会学的思想とは何か。「世の中が悪くなったのは、自分以外の誰かのせいだ」という考えです。自分は努力せずに世の中を良くできる、とても幸せな思想です。

例えば、近頃の若者はけしからんと思ったとします。世の中が悪いのは、けしからん若者のせいだ。社会学はこういう直感をとても大事にします。親のスネばかりかじっている。聞けば、アメリカの学生は自分で学費を払っているというではないか。伝聞に基づいて、すぐれた先進国とダメな日本を比較することも忘れてはならない技術です。パラサイトシングルは日本に一〇〇〇万人もいるのだ！データで脅しをかけたあとは、結論です。パラサイトシングルを何とかしないと、このままでは日本は滅びる。少子化で、税収も年金制度も危ないというのに。

著者はこれに反論します。一〇〇〇万の若者が一人暮らしを始めれば、住宅は貸手市場に転じます。ＩＴバブルでシリコンバレーに技術者が大量流入したとき、家賃急騰のあおりで、五年間で一万人の労働者がホームレス状態になった先例があるのです。日本でも同じことが起こり、家賃は若者の支出の五分の一以上を占めるので、若者全員が苦しい経済状態に陥ります。その莫大（ばくだい）な家賃は、自分が住む住宅以外に余分な賃貸し用の住宅をもつ金持ちのところに行くのです。これでもパラサイトシングルを撲滅して、金持ちをもっと金持ちにしますか？

こんな調子で、著者は、青少年の凶悪犯罪、フリーター、学力低下、少子化といった社会学者のお得意な問題の虚偽をがんがん白日のもとに暴いていきます。「ふれあい」が大好きな朝日新聞のユニークな感性も標的にされています。暑い夏、おやじたちの熱い憂国の心をクールダウンするのにもってこいの好著です。

評・中条省平（学習院大学教授）

Paolo Mazzarino　自称イタリア生まれの30代。

二〇〇四年八月二二日⑧

『カフカの生涯』

池内紀 著
新書館・二七三〇円
ISBN9784403231018／9784560721162（白水Uブックス）
文芸／ノンフィクション・評伝

身長一八二センチ、体重六一キロ。痩身（そうしん）、華奢（きゃしゃ）。年齢より若く見えたという。日記や手紙には、くり返し無能、不器用、人づき合いのわるさ、臆病（おくびょう）、小心、気おくれといった自分の欠点を挙げているが、実際はかなり魅力的な顔立ちで、多くの人間に愛された……。

『変身』『城』などによって死後、二〇世紀文学の代表になるフランツ・カフカ。本書はその四十年余の実人生に光をあててゆく。

彼を育んだユダヤ人家庭、ゲットーをふくむプラハという都市、地に消えたように目立たない大学生生活、友人マックス・ブロートのこと、「労働者傷害保険協会」の職員として、現代のサラリーマンのように出張する日々。病的なまでの手紙好き、そして成就しなかった恋愛から喉頭（こうとう）結核による死まで、事細かに描写されている。

まさに長年の研究成果の上にたった新しい人間カフカ像である。四〇〇ページをこえる大冊だが、久しぶりに伝記のおもしろさを堪能した。

評・小高賢（歌人）

二〇〇四年八月二二日⑨

『招客必携』

グリモ・ドゥ・ラ・レニエール 著　伊藤文 訳
中央公論新社・三九九〇円
ISBN9784120035487
人文

ミシュラン・ガイドに先立つこと約百年、希代の食通グリモ・ドゥ・ラ・レニエールは『食通年鑑』を刊行して料理批評を創始した。そのグリモがアンフィトリオン（招待主）の心得をまとめた手引が本書である。

美食の国フランスには生活芸術（アール・ド・ヴィーヴル）という言葉があるが、手引はまさにその精髄をゆく。たとえばアンフィトリオンの務めたる肉の切り方。巧みに肉をさばく熟練は肉片に「新しい価値」を授け、それを「凡庸から超越させる」と言う。言葉どおり、献立からワインの供し方、招待のしかたと受け方、テーブルの会話術にいたるまで完璧（かんぺき）な食卓をめざすこの奇書は、凡庸をはるかに超えた通人グリモの精神をまざまざと伝えている。この美食王が奇想天外な饗宴（きょうえん）の数々で世を驚かした伝説もうなずけようというものだ。

図版から懇切丁寧な訳注まで、もてなしを心得た編集がすばらしい。文化史としても格段の読みごたえ。

評・山田登世子（仏文学者）

二〇〇四年八月二二日⑩

『戦後政治の崩壊』

山口二郎 著
岩波新書・七七七円
ISBN9784004308935
歴史／政治

小泉改革への不評もあって、参院選は自民党の敗北に終わった。それを予測していたかのように、著者は改革の欺瞞（ぎまん）性と、自民党衰退の必然性を指摘する。

小泉改革は、国民に自己責任というリスク負担を押しつける。一方で既得権を守るために中央省庁と政治家が編み出した裁量的政策は維持される。改革を叫ぶ首相と抵抗する自民党。この自己矛盾が改革を羊頭狗肉（ようとうくにく）にしていると分析する。

自民党支配を支えてきた戦後政治の構造が崩壊したとも指摘する。政権交代のない自社55年体制、高度経済成長が前提の利益配分政策、それを支えた官僚主導の政策決定システム。いずれも明らかに過去のものになりつつある。

注目されるのはリベラルな政治学者で知られる著者が、これからの自衛隊の国際貢献について、軍事力の行使を含む警察活動に積極的であるべしと主張していることだ。今後、活発化するであろう憲法改正論議に一石を投じそうだ。

評・薬師寺克行（本社論説委員）

二〇〇四年八月二九日①

『どんなガンでもあきらめない　帯津三敬病院に生きる』

村尾国士 著
晶文社・二七三〇円
ISBN9784794966254
医学・福祉／ノンフィクション・評伝

人間を部品の集合と見ない医療思想

ほんの少し前まで、近代西洋医学の目ざましい発展に対して、人々は何の疑問も抱かなかった。いま、その信頼がゆらいでいる。

ひとつには、手術と抗癌剤（こうがんざい）と放射線による苦しい治療のあげく、悲惨な状態で死んでいく癌患者が多いことだ。もうひとつは、人間の身体を部品の集合体とみなし、部品を修理すれば病気が治るという機械論的合理主義の限界が知られてきたからだ。むしろ、漢方などの伝統医療や代替医療（西洋医学以外の医療）の方が、人間をまるごととらえ、好結果を生むこともある。

しかしながら、一方ではいんちき代替医療に引っかかって、法外な費用をとられたあげくにぐちゃぐちゃにされてしまう患者も後を絶たない。ひとりでもそういう患者を看（み）た医師は、代替医療アレルギーになる傾向がある。

本書は、そういった混沌（こんとん）とした医療の世界の中で敢然と新しいアプローチに挑戦してきたひとりの医師、帯津良一のドキユメンタリーだ。中国で気功を癌の治療に役立てているのを知り、82年に道場つきの病院を建設するが、誰も気功に参加してくれず、院長ひとりポツンと待つ日々が続いた。しかしながら、その後の気功ブームが追い風になり、治療実績も上がり、多くの人の賛同を得て、次々に新しい方法論に挑戦し、哲学を開拓して今日に至っている。

彼は、病との闘いを三つの階層に分けている。土台に相当するところは患者の心の持ちようであり、「生き抜くぞ！」という強い意志と同時に、「いつでも死ねるぞ」という死生観の重要性を説く。二番目の階層は、食事や気功により体を整え、自然治癒力を高めること。三番目でようやく治療になるが、西洋医学、東洋医学、民間療法など、使える武器は何でも使う。したがって、西洋医学が見放した末期癌患者でも、いくらでも手段があり、奇跡の治癒が多出する。

著者は、本書に先立ち、そうした奇跡の治癒例を雑誌に書いていた。ところが、取材を進めるうち、その中の多くの人が亡くなっていることを知り、愕然（がくぜん）とする。じつは、末期癌の患者が多く集まるこの病院では、ベッド数に対する死亡率はかなり高いのだった。そこを公平に見極めたことで、かえって著者は帯津医師の思想の意義にいっそう目を開かれて行く。

人はいずれ死にゆく存在であり、いっときの延命を騒ぎ立てることより、病を通じて人生の神髄を体得していくことの方が、人間として崇高なのではなかろうか。本書では、そういう患者例も紹介されているが、欲をいえば、この点をもう少し掘り下げて欲しかったと思う。

帯津医師が、悠久な宇宙の時の流れを説き、ときには宗教的ともとれる死後の世界を語るのは、そのような患者の心の変容を願って共に道を追求しよう、というメッセージに聞こえる。

癌患者ならずとも、お薦めしたい一冊だ。

評・天外伺朗（作家）

むらお・くにお　42年生まれ。ノンフィクションライター。著書に『おれは土門拳になる』など。

二〇〇四年八月二九日❷

『夜は満ちる』

小池真理子 著

新潮社・一四七〇円
ISBN9784104098057／9784101440224（新潮文庫）文芸

怖くて官能的でやるせない物語

小池真理子というと『無伴奏』『恋』『欲望』などの恋愛小説の作者の印象が強いが、元々はサスペンス作家である。『墓地を見おろす家』『夜ごとの闇の奥底で』などの傑作長篇（ちょうへん）、『怪しい隣人』『記憶の隠れ家』などの優れた短篇集がある。本書には彼女本来の心理サスペンスが揃（そろ）っていて、ぞくぞくするほど怖い。

たとえば「イツカ逢エル……」。父親が愛人と住んでいた陋屋（ろうおく）を訪れる娘。父親に愛人ができたことで両親の関係が破綻（はたん）し、自らも気のふれた母親との生活を余儀なくされた娘の回想がゆるやかに進み、やがて静かにある真相が示される。

または「康平の背中」。老人と情を交わす矢先、部屋の片隅に、亡くなった恋人の康平があらわれる。ものいわぬまま康平を見るうちに、甘美だが不気味でもある過去が迫り出してきて狂おしくなる。

そのほか誰かに監視されていることに悩む「坂の上の家」、葬儀へと向かう女性の追想が最後に劇的に転換する「やまざくら」など計七篇が収録されている。

強烈などんでん返しもあるが（「坂の上の家」「やまざくら」など）、初期ほど鋭くはない。死者との交流を描いた作品が多いけれど、作者は生者の隣に死者がいる衝撃よりも（プロットの意外性よりも）、生者と死者がともに同じ世界に生きている不可思議さに力点をおくようになった。死者からみれば生者の世界は歓喜にふるえているし、生者からみれば死者たちの世界の顔ぶれは懐かしい。その視点が深く複雑に人物の内面を照らす。

つまり人物たちは死者を恐れるのではなく、むしろ相手から得られない許しを得ようとし、拭（ぬぐ）えない悔いを拭おうとする。そこでは性的欲望が明らかにされ、因縁が不可解な形で投影され、ゆくりなくあからさまに現実がむき出しになる。

たえず足元が崩れさるような拠所（よりどころ）のない生。そこはエロティックで不条理で残酷な場所であり、同時に懐かしくやるせない場所でもある。肌が粟（あわ）だつほど怖いが、（古語を使うなら）憧（あくが）れるほどの高揚感と浮遊感と忘我もある。そう、官能のすべてを生々しく喚起させる小池真理子の極上の物語が、ここにあるのだ。

評・池上冬樹（文芸評論家）

こいけ・まりこ　52年生まれ。作家。著書に『狂王の庭』『瑠璃の海』『雪ひらく』など。

二〇〇四年八月二九日③

『遊撃の美学　映画監督中島貞夫』

中島貞夫 著　河野真吾 編

ワイズ出版・三九九〇円
ISBN9784898301739／9784898302835（ワイズ出版映画文庫〈上〉）・9784898302880（〈下〉）

アート・ファッション・芸能／ノンフィクション・評伝

アナーキーな精神に満ちた巨匠の全容

私にとってこの夏最高の映画体験は、東京・新文芸坐の「中島貞夫特集」だった。暑いなか連日つめかける観客の熱気も凄（すご）かったが、中島映画のごった煮的パワーは、現在の映画界にはもはや存在しない貴重なもので、見るたびに力がわき、仕事の合間をぬって夜討ち朝駆けで日参した。本書は、中島貞夫の映画マジックを解明する全作品インタビューなのだ。

中島貞夫は、日本プログラムピクチャーの最後の巨匠である。

プログラムピクチャーとは、ひと言でいえば二本立て映画のことだ。一本立てになって予算も増えて映画は作りやすくなったかというととんでもない。広い観客層を狙うので、中身に制約ができて、「シャシンに毒がなくなっ」た。その点、中島貞夫は二本立て出身で、時代そのものがアナーキーだった一九六〇年代後半から七〇年代にかけて五〇本もの映画を撮った。時代劇、仁侠（にんきょう）映画、ポルノ、戦争映画、ドキュメンタリー、実録ヤクザもの、なんでも撮ったし、なんでも撮れた。こんな大監督はもう二度と出ない。

作品歴の多彩さは、中島貞夫の思想の反映でもある。父親を犬死にさせた太平洋戦争の敗北による価値崩壊がその出発点である。中島が、深作欣二と肝胆相照らす仲だったのは、戦後の安定を拒否し、しかしニヒリズムの無力に行かず、アナーキーな精神の高揚を肯定する姿勢に共通するものがあったからだろう。

それゆえ、なによりも単一の価値観を嫌い、『あゝ同期の桜』のような特攻精神の極限を問う戦争映画も、『８９３愚連隊』のような「ネチョネチョ生きとる」ことを謳（うた）うだらしないヤクザ映画も、『ポルノの女王にっぽんＳＥＸ旅行』のような不思議なやさしさにみちた「エロとテロ」の映画も撮ることができた。

こうした中島のゲリラ的映画作りは、東映という会社での「企業内抵抗」と呼ばれたが、なにより金が重要な映画製作において、これほど柔軟かつ強靭（きょうじん）な精神力を発揮した人物の記録は、高度資本主義の現代にこそふさわしい倫理の書として読める。凡百の人生論よりはるかに刺激にみちた教育的名著でもあるのだ。

評・中条省平（学習院大学教授）

なかじま・さだお　34年生まれ。映画監督。著書に『映像のスリット　わが映画人生』など。

二〇〇四年八月二九日❹

『沖縄が長寿でなくなる日』

沖縄タイムス「長寿」取材班 編

岩波書店・一八九〇円
ISBN9784000223775　医学・福祉／ノンフィクション・評伝

「癒しの島」のイメージを問い直す

昨年末に「26ショック」を知り、事態の深刻さに気づいた。厚生労働省が発表した平成十二年の調査で、沖縄男性の平均寿命が五年前の全国四位から二十六位に転落したことを指す言葉だ。悪いデータはまだある。肥満率は男女とも全国一位、中高年男性の自殺者数も一位。離婚率の高さは以前からよく知られた話だ。

これだけの事実を前にしても、沖縄は「癒（いや）しの島」だという。なんか変だ。見ていないものがあるのではないか。取材班が突いたのはそこだった。外からのイメージを否定せずに悪い面を覆い隠してきた地元メディアのあり方を反省し、食生活から医療、家族、介護など多岐にわたり綿密な取材を行い、沖縄のイメージを根底から問い直そうとしたのである。

そこここにほころびがあった。米軍統治で食生活が急変し、伝統食離れが進んでいた。高カロリー食や飲酒喫煙が原因で糖尿病や肝疾患、肺がんが急増。自殺企図者がこの五年で倍増しているのに、精神病への偏見から実態調査は行われず、心のケアに取り組む施設もない。息子を自殺で亡くした父親は訴える。「沖縄を癒しの島というには疑問がある」

本書は現状報告に留（とど）まらず、沖縄に長寿がもたらされた理由に立ち返る。そこで浮き彫りになるのは、終戦後の医師不足から生まれた「医介補」や離島医療を支える保健婦のように、本土復帰で廃止の危機に直面し、当事者の努力で生き残った制度が支えてきたものの大きさだった。WHOの途上国支援プロジェクトに採用された沖縄方式（宮古島のマラリア・フィラリア撲滅運動）や、研修医が各診療科を回るスーパーローテート方式のモデルとなった県立中部病院など、いまやスタンダードとなったシステムが誕生した背景もよくわかる。

沖縄の長寿はもたらされたものというだけでなく「獲得したものである」という終章の一節には、長寿を真の寿とするのは個々の志とそれを裏切らないシステムだという思いが込められているのではないか。「癒し」を求めて旅したり移住したりする前に読んでおくべき、もう一つの沖縄ガイドブックである。

評・最相葉月（ノンフィクションライター）

沖縄タイムスの6人の記者が取材、執筆。同紙に03年1月から12月まで掲載された。

二〇〇四年八月二九日❺

『仏教「超」入門』

白取春彦 著

すばる舎・一五七五円
ISBN9784883993666／9784569668345（PHP文庫）　人文

仏教本来の考えを平易に説き分ける

仏教への関心がかってないほどの高まりをみせている。

けれど「ブーム」と喧伝（けんでん）されるわりに、「仏教とは何か」という問いに端的に答える入門書が見当たらない。三枝充悳（さいぐさみつよし）や袴谷憲昭（はかまやのりあき）といった優秀な学者による「仏教入門」はある。しかしこれらは、いわばセミプロやマニア向きの「入門」で、特別な問題意識や予備知識を持たない人達の「お釈迦様の教えを知りたい」という素朴なニードに応じるものではない。

それどころか、最近ではプロの僧侶が檀家（だんか）に向かってする法話すらも内容が覚束（おぼつか）なくなっている。「ブーム」の影で、空骸化はなお進んでいるのである。

そんななか「超」入門を銘打った本書が上梓（じょうし）された。何が「超」なのか、と訝（いぶか）りながら頁（ページ）を繰ると、いきなりこんな一節に出くわした。

僧侶や仏教学者は「かたや悟りはすぐそこだと言い、かたや悟りは遥（はる）か彼方（かなた）であると言い、かたや輪廻（りんね）があると言い、かたや生まれ変わりなどありえないと言う」。一体どっちなんだ。そう問い質（ただ）したくなるのは当然だろう。凡百の仏教本が糊塗（こと）している肝心要を本書は誤魔化（ごまか）さない。著者の白取春彦は学者でも僧でもない。だが故秋月龍珉禅師（あきづきりょうみんぜんじ）が「この人なら」と信頼し、嘱望した書き手だ。

　ブッダは「人生とは苦しみである」という、単純でリアルな認識から出発した。仏教とは、その「存在苦」を解消するためのマニュアルといってもよい。

　本書では、この本来のシンプルさ、実際性が生きるように、叙述に工夫が凝らされている。四諦（したい）、縁起、空、無我、涅槃（ねはん）、慈悲といった鍵概念が、これほど平易に、しかも誤解の余地なく説き分けられた例は稀有（けう）である。

　他方で著者は、後代に付加されたと思われるつくり話を厳しく排する。仏教はあくまでも「知的な宗教」だからだ。

　諸行無常をペシミズムと看做（みな）したり、浄土、彼岸、仏国土を比喩（ひゆ）以上のものと捉（とら）えたり、輪廻の実在を主張したりする「伝統的」仏教への批判も鋭い。ここまで読み進んで、やっとタイトルの「超」の意味が腑（ふ）に落ちた。

評・宮崎哲弥（評論家）

しらとり・はるひこ　著述業。著書に『この一冊で「哲学」がわかる！』など。

『都市伝説的　中華人民驚話国　仰天三面記事に読む、もう一つの中国』

鷹木ガナンシア敦 著

新宿書房・二九四〇円
ISBN9784880083193

歴史／経済／社会

「大人」と「小人」が織りなすお国ぶり

　本書に先立って趙珩（ちょうこう）著『中国美味漫筆』（鈴木博訳、青土社）を読んだ。知識人にして食通の筆者が半世紀に及ぶ豊かな体験を綴（つづ）ったもので、老舗（しにせ）名菜の記憶、飲茶（ヤムチャ）の昔気質の嗜（たしな）み方などが、甘酸っぱい思い出を交えつつ紹介される。悠揚迫らざる筆遣いながら、細部まで神経、観察が行き届いており、私は「大人（たいじん）」という言葉を何回か思い浮かべた。

　三面記事に登場する庶民の姿を報告した本書は、前記美味エッセーとは対照的に猥雑（わいざつ）、奔放、混迷、狼藉（ろうぜき）、悲哀を凝縮したような内容だ。ページを繰っていて浮かんだ語句は、もちろん「小人（しょうじん）閑居して不善を為（な）す」である。

　不善の例は限りない。我が子を外科に連れて行き、舌を切って「巻き舌」にしてもらった親が上海にいる。英語の発音をよくするためで、上海仁愛病院には続々希望者が訪れた。

　婦女子の誘拐が各地で多発している。嫁不足の農村で高く売れるからだ。重慶市だけで、検挙数は年間三百件を超えた。被害は死んだ女性にまで及ぶ。青銅峡市で検挙されたグループは、墓地から盗んだ遺体を長距離バスに乗せて運び、農村で販売していた。未婚のまま死んだ男性の「花嫁」にする風習が残っているのである。

　香港ではペットを道連れに飛び降り自殺する女性が後を絶たない。医師や教師など専門職にこの傾向が強く、巻き添えを食うのはシーズー犬と決まっている。

　外科医が手術中に携帯電話で女友達と高級車を購入する相談をしていたのも香港。患者本人に告発されたが、医療委員会は「専門業務上特に不適切な行いはなかった」との裁決を下した。

　等々の仰天記事は、しかし単に興味本位だけで並べられているわけではない。軽妙な筆致のうちに日中の比較文明論が忍ばせてあり、小声ながら中国文化も論じる。あとがきに曰（いわ）く「他の文化を、他の人々をおかしいものと捉（とら）える思考が、どれだけ脆弱（ぜいじゃく）な基盤の上に成り立っている事か。中国の新聞と同様に日本の新聞に目を転じてみれば、現代日本も相当非常識な……」。まことに同感。

評・栗田亘（コラムニスト）

たかぎ・がなんしあ・あつし　71年生まれ。作家。著書に『お笑い超大国中国的真実』など。

二〇〇四年八月二九日⑦　社会

『盗まれた手の事件　肉体の法制史』

ジャン＝ピエール・ボー 著　野上博義 訳
法政大学出版局・三七八〇円
ISBN9784588022234

事故で切断された他人の手を盗んだら、どんな罪に相当するのか。こんな突飛（とっぴ）な例をテスト・ケースにして、人間の肉体の法的地位を考察している。

移植医療と遺伝子操作の急速な展開への法律家の対応の遅れに危機感を募らせる著者が、市民法の非肉体化の歴史を追って、ローマ法、キリスト教思想、ゲルマン法、近代市民法を検討しながら提示した対応策は意表をつく。神秘性とか人間の尊厳の名の下に、肉体を人事の彼方（かなた）に祭り上げるのではなく、肉体は「物」だということをはっきりさせ、権利主体たる「人」にその「所有権」を認めるべきだというのである。

肉体が、神聖な物から共有物ないし無主物へとスライドすることで、医学＝薬品業界による阿漕（あこぎ）な商品開発と公権力の不当な野望の犠牲になるのを防ぐためにはそれしかない、というこの解答には、異論もありえよう。だが日本の法学界にも一石を投ずる議論になりうるのではなかろうか。

評・池上俊一（東京大学教授）

二〇〇四年八月二九日⑧　アート・ファッション・芸能

『美術館商売』

安村敏信 著
勉誠出版・一〇五〇円
ISBN9784585071037

美術館を商売に結びつけるのはけしからん、と考える人が読むべき本である。

「美術館は水商売」とまで著者はいう。「さあ、いらっしゃい」「ゆっくり見てね」「買ってちょうだい」「来てよかった」「また来てね」という章立てに、すべては語り尽くされている。

日本の古美術に楽しく親しんでもらうことを使命と信じて疑わない著者が、そのために、勤務先の板橋区立美術館でどんな工夫をしてきたのかを、美術館経営論・運営論などと気負わず、率直に、わかりやすい言葉で語りかける。

市民のリクエストに応えて展示品を選んだ展覧会、ガラスケースから取り出した掛軸（かけじく）や屏風（びょうぶ）と、畳の上で向き合う展示会場での記念撮影の奨励など、いずれも観客の立場に立った試みだろう。従来の美術館には、この姿勢が欠けていた。

美術館を商売に短絡させ、使命は不要、観客数さえ増えればよいと勘違いしている多くの人たちもまた、手に取るべき本である。

評・木下直之（東京大学教授）

二〇〇四年八月二九日⑨　経済

『進化経済学のフロンティア』

西部忠 編著
日本評論社・三四六五円
ISBN9784535553217

ソ連の崩壊によってマルクス経済学が退潮し、経済学の主流には新古典派が定着した。以後、論争が起きるとしても、基礎となる教科書的な知識は盤石だとされている。景気対策として構造改革か反デフレ政策しかないかのように喧伝（けんでん）されたのもそのせいだ。

けれども景気ひとつとっても、それら二つの立場だけで説明されたとは感じない人も少なくない。それは、ひるがえって新古典派経済学そのものに対する疑念を引き起こす。本書は「進化」をキーワードに、複雑系や経済思想などの新たな知見を駆使しつつ、主流派を超克し代替的な経済像を打ち立てようとする「進化経済学」の最新の論文集である。

経済や制度の進化についての思弁的考察にとどまらず、地域通貨の発生にかんするシミュレーションや企業および野球選手の寿命についてのデータ分析など多士済々で、経済学においていまだ瑞々（みずみず）しい思考が可能であることを示している。

評・松原隆一郎（東京大学教授）

二〇〇四年八月二九日⑩

『古きよきアメリカン・スイーツ』

岡部史 著
平凡社新書・七七七円
ISBN9784582852332
人文／新書

本書は、著者自身の経験を踏まえて書かれた、アメリカのお菓子の履歴書である。お菓子を切り口に「アメリカという国の根っこの部分を見直していく」本でもある。

初めてコカ・コーラを飲んだとき、著者はその濃い色と異様な味と匂（にお）いに驚く。「まるで何かの薬品、たとえばクレゾール液を薄めたよう」と。なぜこんな飲み物が、多くの人を惹（ひ）きつけているのか。その謎が、実はこの飲料の存在を危うくもし、魅力の源泉にもなってきた。販売の躍進には、戦争が利用されたという説も紹介されている。

カポーティやカーヴァーの作品に登場する、焼きマシュマロ（おいしそうだ！）やジェロ（ゼリーのこと）を紹介するくだりを読むと、活字から、その味が脳髄に染み、作品の細部が、生々しい新鮮さで立ち上がってくる。ピーナツバターの単なる甘みも、その生い立ちを知れば、きっと少しだけ変化するだろう。歴史も味覚を作っているのである。

評・小池昌代（詩人）

二〇〇四年九月五日❶

『バレンボイム／サイード　音楽と社会』

D・バレンボイム、E・W・サイード 著
A・グゼリミアン 編　中野真紀子 訳
みすず書房・二九四〇円
ISBN9784622070948
政治／アート・ファッション・芸能／社会

「相反」を認めつつ「相似」深める

エルサレム生まれのパレスチナ人と、十歳でイスラエルに移住したユダヤ人といえば、一般的には不倶戴天（ふぐたいてん）の敵同士という構図だろう。しかし、哲学者サイードと音楽家バレンボイムは一九九〇年代に出会って以来、急速に親交を深め、音楽と政治、文化についての対話を重ねてきた。その精髄をまとめたのが本書で、二人の「相似（パラレル）」と「相反（パラドックス）」にスポットが当てられている。

二人に共通しているのは、フルトヴェングラーへの熱狂だ。一九五一年、十六歳のサイードは、カイロで聴いたフルトヴェングラーに魅了された。三年後、十一歳のバレンボイムはフルトヴェングラーの前でピアノを弾き、ベルリン・フィルとの協演を提案されている。しかし、両親はそれを断った。戦争とホロコーストが終わって九年しかたっていなかったからだ。

この拒絶を残念に思ったというバレンボイムは、エルサレムでワーグナーを指揮するなど、イスラエル社会のタブーを破りつづけてきた。一九九九年には、サイードの協力を得てワイマールでワークショップを開催し、アラブとイスラエルの若い音楽家たちを集結させている。

二人が見解を異にするのは「ホーム」に対する感覚だ。サイードの最も古い記憶は「ホームシックの感情」だった。いっぽう、音楽という世界言語を操るバレンボイムは、コスモポリタン的状況に全くストレスを感じていない。

バレンボイムは、「ホーム」の感覚を、彼のいわゆる「調性の心理学」と結びつける。調性音楽には「ホーム」に当たる主調があり、そこから異質の領域に進むが、またホームに戻ってくる。サイードはこれを発展させ、十二の音をばらばらにした新ウィーン楽派を「ホームレス状態」と呼ぶ。そして、秘伝性に傾きすぎた二十世紀音楽は社会と遊離し、権威を失いつつあると考える。一方バレンボイムは、現代音楽を最も積極的に演奏する指揮者の一人なのだ。

ここで、哲学者の客観的な視点と、音楽家の主観的な視点が激しく交錯する。「モーツァルトやハイドンを聴くようにして聴かれることを意図していない人の作品を、プログラムに載せることによって」裏切り行為をしていると断じられたバレンボイムは、「なんでだめなの?」ときく。この純朴さ!「僕は基本的に自分がほんとうにやりたいと思う音楽を演奏し、指揮しているのだから」。明らかに彼は、友の抱く音楽への危機感を共有していない。二人の一番の「相反」は、どうやらこの点にありそうだ。

サイードは、才気と独自性によって境界を越えるバレンボイムをソクラテスやガリレオに譬(たと)えているが、私にはむしろ、ワーグナーの楽劇の英雄パルジファルのように見える。彼の理想主義、恐れを知らぬエネルギーが、音楽とイスラエルを救うよすがになるといいのだが――。

(原題、Parallels and Paradoxes)

評・青柳いづみこ(ピアニスト・文筆家)

D. Barenboim　42年生まれ。イスラエルの指揮者、ピアニスト。

E. W. Said　1935~2003年。米の哲学者。

二〇〇四年九月五日❷

『中国農村崩壊　農民が田を捨てるとき』

李昌平 著　吉田富夫 監訳　北村稔、周俊 訳

NHK出版・二三一〇円
ISBN9784140808818

社会

危機的な現状を生々しくリポート

先のサッカー・アジアカップでの反日騒動もあり、日本人の対中感情は「戦後最悪」と言っても過言ではなかろう。この本の書名を一瞥(いちべつ)して小気味よさを感じる向きも多いと思われるが、本書はそんな気分を消沈させてしまうにちがいない必死の訴えに満ちている。

本書で繰り返される著者の言葉は、「農村は実に貧しく、農民は実に苦しく、農業は実に危険な状態だ」というものである。この表現には、いささかの誇張もない。

中国共産党の地方書記を務める著者が住む人口四万人のその地域では、農民が農業では食えないので、女性や老人すら出稼ぎに行き、田畑の実に六五%がうち捨てられている。生まれたばかりの赤ん坊にさえかかる「人頭税」などの重税や、農民に寄生して生きる党幹部らの腐敗堕落ぶり、さらにそれらの党幹部が大半を占める高利貸による雪だるま式の借金が、農民たちを「死ぬなら町で死ぬ、来世は農民にはならない」と絶望させるまで追い詰めてしまったのだ。

著者は、こうした農村の惨状をしたためた直訴状を、当時の朱鎔基首相に送り、それは党のトップたちに回覧されて調査団が組まれ、メディアでも大きく取り上げられるのだが、このくだりを読んだとき、私にはかすかな疑念が生じた。無名の一庶民を「人民の英雄」にまつりあげて党内の権力闘争に利するのは、毛沢東時代以来の常套(じょうとう)手段である。

ところが、著者は地元で密告者扱いを受け、子供は学校でいじめにあい、最終的には党書記を辞任せざるをえなくなる。監訳者によれば、本書は中国では事実上の禁書扱いだという。

言うまでもなく、中国の屋台骨は、十三億の人口のうち九億が暮らす農村部が担う。本書の記述を中国全土に敷衍(ふえん)するのは早計であろうが、共産党幹部ら高利貸の階層と農民の階層とはいまや「搾取と被搾取の関係になってしまった」と嘆く著者の言葉に接すると、やはり「中国革命とはいったい誰のための革命だったのか」という、私自身これまでに幾度となく反芻(はんすう)した虚(むな)しさを禁じえない。

評・野村進(ジャーナリスト・拓殖大学教授)

LI CHANG PING　63年生まれ。記者、編集者。

『映画美術　擬景・借景・嘘百景』

木村威夫 著　荒川邦彦 編
ワイズ出版・四四一〇円
ISBN9784898301722

アート・ファッション・芸能／ノンフィクション・評伝

現実に似て非なる別世界を作る面白さ

サブタイトルの「擬景・借景・嘘（うそ）百景」に、ぐいと引き込まれた。とりわけ「嘘百景」に。

そうだよ。映画は、俳優、監督、脚本家、カメラマンに、美術、照明、音声、衣裳（いしょう）、大道具・小道具担当の裏方が、寄ってたかって嘘をつく。嘘を嘘で固めて、スクリーンに、いくつもの人生、いくつもの別世界を作り出してきた。

伊藤熹朔（きさく）に入門、新劇の舞台美術に携わっていた木村威夫のところに憲兵が現れ、じろりとにらんで、「遊んでいる場合じゃない」、と脅したのが日米開戦の少し前、これを機に映画の世界に転じた。

以来六十年にわたる映画美術家としての歩みを、荒川邦彦という格好の聞き手を得て振り返ったのが本書である。

大映、日活、そしてフリーとなったそれぞれの時代の代表作を取り上げ、どんなセットを作り、そこにどんな工夫があったのかを、木村は「図面と呟（つぶや）き」で延々と語り続ける。

たとえ木村の名を知らなくとも、日活アクション映画の非現実的で反建築的なキャバレー、鈴木清順監督と組んでつぎつぎと生み出した「ひと味ちょっと違う世界」を懐かしく思い出す読者は多いのではないか。

また、はじめにドラマありき、劇中の人間関係に合わせて、木村が建物・建具・間取り・調度品・俳優の衣裳を決めていく様子も興味深い。逆に、われわれの人生は、与えられた環境の中で人間関係を築くほかないのだから、なるほど映画とは現実に似て非なるものである。

嘘は本書のキーワードであるものの、ちょっと複雑な嘘である。木村はこんなふうにいう。本物そっくりの再現は面白くない。それでは映画が嘘っぽちになる。うまく嘘をついて、すなわち現実をいじって、それではじめて本物に見える。それが映画美術であり、「虚と実の兼ねあわせで表現するわけなんだ」と。

五百ページを超える大著だが、一気呵成（いっきかせい）に読んだ。そして、憲兵の脅しに屈せず、戦中も戦後も、木村が「遊んでいる場合」をずっと続けてきたことがよくわかった。

評・木下直之（東京大学教授）

きむら・たけお　18年生まれ。「肉体の門」「忍ぶ川」「ツィゴイネルワイゼン」「深い河」など。

『上がれ！　空き缶衛星』

川島レイ 著
新潮社・一二六〇円
ISBN9784104684014

科学・生物

挑戦・努力・友情！の青春物語

何事も実体験は大事だ。ガキの頃に時計やラジオや車や化学実験セットをいじって工学を志す人はたくさんいる。でも科学技術も高度化してきて、最近の原子力とか遺伝子工学とか宇宙工学とかだと実体験といってもむずかしい。教育用核融合炉のある中学校は限られているし、遺伝子操作設備も一般家庭にはまだ普及してない。宇宙工学もえらくお金がかかるので、高校はおろか大学で宇宙工学を勉強しても、多くの子は何一つ宇宙に送り出す経験がないままだ。これじゃあいかん。工学は、ブツを作ってなんぼの世界。学生たちに、人工衛星を作らせよう！　そして実際に打ち上げよう！

本書は、そんなコンテストに参加した、東京大学チームの奮闘記だ。ジュースの缶サイズの人工衛星を、アメリカの砂漠でアマチュアロケットに便乗させてもらって、上空で切り離す。設計上の苦労、東工大とのよきライバル関係を、挑戦！　努力！　友情！　そして成功！　という定番少年ジャンプ路線で描き出し、実に楽しい。

とはいえ、本書を読んでワタクシずいぶん憤りを感じたものです。やい後輩ども、秋葉原の店のイロハもご存じねぇたぁ何事だ。ハンダづけを留学生の世話になったとか、発光ダイオードの駆動回路ごときを一発でモノにできないとか、情けねえぞ。それが天下の東大工学部か！

が、それは本書のいいところでもある。こんな程度の技能でも、ゴール目指して努力するうちにそこそこモノになることも見せてくれるうえ、読者に自分でもやりたい気分にさせてくれるのだもの。「ええいまだるっこしい、オレに貸してみろ」と何度言いたくなることか。

ホレ高校生諸君、こんな低レベルの連中にでかいツラさせとく法はない。一撃で倒せるぞ！ 夏休みももう終わりだけれど、是非本書を読みなさいな。短いし、読みやすいよ。そして感想文に書くのです。「本書を読んで、東大恐るるに足らずと思いましたので、是非来年はあたしも挑戦したいと思います」。そうなったら、日本の工学の未来も明るいんだがなあ。

評・山形浩生（評論家）

かわしま・れい 北海道大卒。NPO法人大学宇宙工学コンソーシアム事務局長。

二〇〇四年九月五日⑤

『中世ヨーロッパの歌』

ピーター・ドロンケ 著 高田康成 訳

水声社・七三五〇円
ISBN9784891765217

文芸

豊かな歌声に満ちていた中世が蘇る

豊かな歌声が響き渡っていた中世ヨーロッパ世界。本書はその歌＝抒情詩（じょじょうし）を、宗教詩、女心の歌、恋愛詩、アルバ（きぬぎぬの別れ）、舞踏歌、リアリズムの歌に分類し、各ジャンルの代表的な作品を深く読み解いて、読者を陶然たる境地へと誘う。読み進むにつれ、西欧文学の清冽（せいれつ）な源泉に親しく触れる喜びが、ジワッと胸に広がってゆくだろう。

たとえば四世紀の讃美（さんび）歌の伝統から始まった「宗教詩」は、十三世紀には華麗で情熱的な俗謡で宗教体験の玄義を表現するフランチェスコ会士や、「愛する人のもとにわれはゆく　花に降りる朝露に似て」と、まるで現代女流歌人のように歌う女性神秘家が現れて、ついに讃美歌の圏域を脱するが、その道程を丹念に辿（たど）るのは、じつに興味深い。あるいは「女心の歌」のうち民衆的な詩歌を代表する「ハルチャ」というジャンルの詩には、恋に苦しむ乙女の素朴な心情が直截（ちょくせつ）的に、ときには挑発的に吐露され、愛らしいことこの上ない。

著者は、国や地域、言語の違いがもたらす特色に対し十分に配慮しながらも、汎ヨーロッパ的な文化現象としてこの時代の抒情詩を捉（とら）える。また世俗歌謡と宗教詩歌の密接な相互関係について力説することも忘れない。この立場から、世俗歌謡は十一世紀に突然発生したのではなく、初期中世からさかんに歌われていたはずだ、という推論が導きだされる。

だが、学界の常識を覆す見解が提示されたことだけが大切なのではない。ひとつひとつの詩の解釈が鋭く的確なのである。詩的想像力の質と幅、抒情と思想が拮抗（きっこう）しあう地点を見極めながら、各詩人が連なる伝統とそれを転回させる独創性を指摘し、素朴な外見の下に隠れた超絶的な技巧を焙（あぶ）りだしてゆく。どの詩篇（しへん）の解釈にも、非凡な明察がある。

とっつきにくいラテン語と中世諸言語、加えて難解な技法ゆえ大抵の人が敬して遠ざけていた作品群が、碩学（せきがく）の比類ない鑑賞によって、ごく近しいものに感じられる。歌を忘れた散文の時代＝近代の障壁を突っ切って、中世の玲瓏（れいろう）たる歌声が蘇（よみがえ）ってくる様は感動的である。

（原題、The Medieval Lyric）

評・池上俊一（東京大学教授）

Peter Dronke 34年生まれ。ケンブリッジ大教授。

二〇〇四年九月五日⑥

『北京&東京　報道をコラムで』

加藤千洋 著
朝日新聞社・一四七〇円
ISBN9784022579270　政治／経済／ノンフィクション・評伝

中国に対する深い理解と鋭い洞察

テレ朝「報道ステーション」のコメンテーター加藤千洋さんは、エッセイの名手でもある。たとえば北京の古物市場、「鬼市」を覗(のぞ)いた一文からは、まるで現地ルポのマイクを握っているような、雑踏の喧噪(けんそう)までが、確かに聞こえてくる。

今、北京の人が「鬼市」というと、週末だけ、ブローカーや農民が全国から集まって、がらくたや古書、骨董(こっとう)を商う古物市場のことなのだそうだ。「ほぼ偽物なのでそのつもりで」と忠告されたというが、夜の明けないうちから市が立つといい、「闇市」さながらである。

「鬼市」というと私がピンとくるのは、古代中国の史料に出てくるそれである。文化人類学でいう「沈黙貿易」のことを指し、古くはヘロドトスの『歴史』にも登場する、言葉の通じない民族同士が、無駄な軋轢(あつれき)を避けるため、無言で物々交換をする営為である。漢民族は、鬼が集まって市を開き、あたかも人のように貿易に従事すると考え、「鬼市」と呼んだらしい。夜半から鶏が鳴くまでの暗闇の中で行われたとのことだから、やはり「闇市」でもあるのだろうか。そんなことをつらつら考えながら読み進む。加藤さんが、共産党中央から流出したらしい「機密」の但(ただ)し書きのある、林彪一派の幻のクーデター計画を入手したという骨董市も、この「鬼市」だったのだろうか。

加藤さんは東京外語大中国語科の出身だそうで、得意の語学を駆使して裏通りをくまなく歩いている。等身大感覚の、温かく鋭いまなざしが、特派員として北京駐在中、トウ小平死去のスクープを掌中にさせたのでもあろう。

突然敷かれた交通規制の中、黒塗り高級車が続々と詰めかける病院の前には、野次馬(やじうま)が数十人集まっていたが、記者は一人も、中国人記者すらいなかったという。さらにトウ小平が息を引き取った病院から最後に走り去った高級車に江沢民が乗っていたと喝破する。中国では古来、後継者は死の床にある先王の遺言を聞き漏らさぬよう最後まで枕頭(ちんとう)にはべり、最後に引き揚げるものだからだそうだ。

中国に対する深い理解と洞察がなくては、特ダネは取れないのだと実感する。

評・武田佐知子（大阪外国語大学教授）

かとう・ちひろ　朝日新聞編集委員。テレビコメンテーター。著書に『胡同の記憶』など。

二〇〇四年九月五日⑦

『秋の花火』

篠田節子 著
文芸春秋・一七〇〇円
ISBN9784163231204／9784167605094(文春文庫)　文芸

〝セカチュウ〟にも〝冬ソナ〟にも魅力を感じない人にお薦めの傑作短篇(たんぺん)集。

もてない男女の一風変わった出会いをユーモラスに描く「観覧車」、無責任な自称ジャーナリストたちを痛烈に皮肉る「戦争の鴨たち」、痴呆(ちほう)症の姑(しゅうとめ)の介護に疲れた嫁が見知らぬ男との性に焦がれる「灯油の尽きるとき」も面白いが、やはり表題作が素晴らしい。

盛夏を過ぎ、人生の秋を迎えた男女のひそやかな恋情を、ブラームスの弦楽六重奏にのって詳(つまび)らかにしていく話である。心の傷口が開く甘い痛み。その痛みが喚起する官能の震えと甘やかな記憶が、老残をさらけ出す指揮者の業と対比されて、いちだんと輝きだす。まるで秋の花火のように静かで儚(はかな)く美しい。奥床(おくゆか)しく慎(つつ)ましい愛がリリカルに謳(うた)いあげられている。

同じくクラシック音楽（ショパンのホ短調ワルツ）をベースにする「ソリスト」も、奇蹟(きせき)のような演奏をする女性ピアニストの人生を凄絶(せいぜつ)に描いて圧倒的だ。

評・池上冬樹（文芸評論家）

二〇〇四年九月五日❽

『市民と武装』

小熊英二 著
慶応義塾大学出版会・一七八五円
ISBN9784766411003

歴史／政治／社会

ニュースで銃社会の悲劇に触れる度、アメリカ国民は何故、かくも銃所持に固執するのか理解に苦しむ。

銃擁護論者たちはいう。銃を保有することは、合衆国憲法修正第二条で認められた尊い「人権」なのだと。

この憲法解釈が正当かどうかは別として、少なからぬ人々にとって、個の武装権は立憲主義や民主主義と密接しているのである。

本書は、著者の大学院時代のアメリカ論二篇（へん）から成るが、銃社会の来歴を思想史の視点から辿（たど）った一つ目の論文がとくに刺戟（しげき）的だ。

小熊は市民の武装権の主張を単なる時代錯誤として片付けず、「国家権力の治安能力に身を委ねるしかないとき、〝武器〟を持たずしかも自立した市民とはいかに構想しうるのか」という問いに繋（つな）げてみせる。

安全を求める世論が新たなファシズムを招来するという危惧（きぐ）も囁（ささや）かれるなか、「各戸に銃を配れ」と挑発した六〇年代の丸山眞男と共鳴しつつ、現下の閉塞（へいそく）を破らんとするスリリングな論考。

評・宮崎哲弥（評論家）

二〇〇四年九月五日❾

『郷愁　サウダーデ』

内海隆一郎 著
光文社・一八九〇円
ISBN9784334924409／9784334741990（光文社文庫）

文芸

男も五十を過ぎると、さすがに自分が何ほどのものか分かってくる。分かってくるが、簡単にどうにかできるわけでもない。生き続けるしかなく、やがて六十の坂を越えていくのだ。

そうした男たちの心情を描いた短編集である。

部長で定年退職してEメールに楽しみを見いだしている男がいる。ある日、旧友からメールが届く。オーストラリアに滞在中で、死んだ妻との世界一周をしようという約束を、いま果たしているのだそうだ。

次のメールには、ここも飽きたからヨーロッパに行くとあった。男は、自分だけが取り残されてしまうような気分に陥りかけ、中断していた自分史のファイルを開く。やがてパリからの通信が届き、すぐに「お詫（わ）び」が届く……。（「Eメール・エレジー」）

うしろ姿のしぐれていくか。そんな気分にとらわれかけるが、そこは短編の上手、各編とも最後で軽やかに救ってくれる。年配の男には、それがうれしい。

評・栗田亘（コラムニスト）

二〇〇四年九月五日❿

『患者さんと家族のためのがんの最新医療』

垣添忠生 著
岩波書店・二一〇〇円
ISBN9784000051958

医学・福祉

日本ではいまやがんが死因のトップ。三人に一人はがんで死ぬ半面、克服した患者も三百万人いるという。それとの闘いは、もはや特別な物語ではなく、日常の風景だといっていい。

とはいえ、この病気の現れ方や振る舞いは尋常一様でなく、対処の難しさは半端ではない。ひとたび宣告を受けた患者や家族たちはああか、こうか、と思い悩み続けることになる。

そうした人々に正確な知識と多くの選択肢を、と現役の国立がんセンター総長が監修などでなく、自ら書き下ろしたのが本書。診断法・治療法から副作用、緩和ケア、さらには予防まで最新の情報がわかりやすく網羅され、これ一冊でがん医療の現状が見渡せる「がんの百科全書」だ。

「だれにもわかる」と「学問的レベルが高い」はなかなか両立しないものだが、自身の大腸ポリープ切除の像を掲載するなど、体験を随所に盛り込んだ、懇切さがにじむ好著である。

評・佐柄木俊郎（ジャーナリスト）

『ザ・トヨタウェイ　上・下』

ジェフリー・K・ライカー著　稲垣公夫訳
日経BP出版センター・各二三一〇円
ISBN9784822244156〈上〉・9784822244163〈下〉　経済

期待の方式を真に導入する原則とは

今年3月期決算で「純利益1兆円」を突破。販売台数でも米フォード・モーターを抜き、米ゼネラル・モーターズ（GM）に次いで世界第2位に躍り出ようとしているトヨタ自動車。株式時価総額に至っては約15兆円、ビッグスリーにメルセデスを加えた額をも上回る。名実ともに世界最強の自動車メーカーと言えよう。

バブル経済を背景に八〇年代後半に過大評価された「日本的経営」が忘れられても、「トヨタ生産方式」がいま内外で熱く語られるのは当然であろう。その秘密を探り学ぼうとする他社は後を絶たず、国内でも郵政公社が民営化の布石として導入したばかりだ。

ところが外国では、研究書でこそ「リーン生産方式」と呼ばれ評価が定まっているものの、適切な量の中間製品を作るために札を付けて回す「カンバン」や異常が発生したときに音や光で周囲に知らせる「アンドン」、5S（整理、整頓、清潔、清掃、しつけ）などのツールを取り入れた企業にも、顕著な成果は上がりにくいといわれる。著者はトヨタ生産方式の分析を専門とするのみならず、それが日本以外の国に普及する過程に直接にかかわってきた。それゆえ本書の読みどころは、トヨタ式経営が外国人の目にいかに映り、外国企業が模倣に失敗した理由をどう理解しているのかにあるといえよう。

印象深いのは、フォード主義のような大量生産方式が唱える「効率性」と、トヨタ生産方式にいう「ムダ取り」が異なるという比較論だ。前者は在庫にかかる場所代や欠陥品発生率を無視しており、消費者が購入してくれた時点で発生する「価値」から見直せば多くの過程がムダなのだという指摘は、いまなお多くの読者の目から鱗（うろこ）を落とすだろう。品揃（ぞろ）えをメーカー側の都合ではなく顧客の要望に合わせるという流通業における「買い手主導」の発想とも重なり、最近目立って増えたコンビニ発のプライベート・ブランド生産を先取りしているとも思える。

もう一点は、外国企業が導入に失敗する理由についての著者の判断である。「ムダ取り」のツールを躍起になって導入してもそれはトヨタ式経営の半面にすぎず、使いこなすにはその裏面を修得せねばならないという。それが「長期的な経営判断」「人間尊重とチームワーク」そして「継続的な改善と学習」で、合わせてトヨタウェイ14原則が詳述されている。

トヨタとは、危機感をもつ従業員たちが、何十年も先を見越し試行錯誤と改善を持続する稀有（けう）な組織体なのだ。ところが同僚であれ他者に「反省」を披露する文化は日本固有のものだから、外国ではとりわけ「カイゼン」の徹底が困難と著者は見る。だが我々は、反省しない日本企業も無数に存在することを知っている。トヨタ式は豊田家の特異な伝統なのか、日本文化の遺産なのか？　興味尽きない一冊である。

（原題、The Toyota Way :14 Management Principles from the World's Greatest Manufacturer）

評・松原隆一郎（東京大学教授）

Jeffrey K. Liker　米ミシガン大教授。

二〇〇四年九月一二日❷

『「日米関係」とは何だったのか』

マイケル・シャラー 著　市川洋一 訳

草思社・三三六〇円
ISBN9784794213228　歴史／ノンフィクション・評伝

対日政策の変容を詳細に追う

戦後初期のアメリカの対日政策を専門とする外交史家による、戦後日米関係史の分析である。ただし、一九七〇年代初頭までの時期が全体の九割を占めていることが示すように、表題からイメージされるような概説的通史ではなく、研究書としての性格が強い。

97年に発刊された原書の題名「Altered States」は「変えられた国（日本）」と「変化した状態＝日米関係」を掛けた言葉である。そこにある問題意識は、アメリカが同盟国として成長させようと必死だった戦後日本が、アメリカを追い抜くまでの経済大国になってしまったというもので、アメリカ帝国論や日本の衰退論が隆盛する今日の感覚とは少しずれがある。

それでも読む価値があるのは、本書が手堅い実証に支えられているからである。一九五〇年代まで、アメリカがどれほど日本の政治的、経済的安定に意を尽くしたか。たとえば「反共の騎士」ダレス国務長官は、日本からの繊維製品の輸入に対して導入されようとした州レベルの規制に対して、アジアの共産主義封じ込めと日米の経済利益のためにその撤回を説いた。こうした姿勢はもちろん冷戦期アメリカの自己利益に基づいた行動だったが、それが個別的な国内利害を乗り越えさせ、日本の国際社会への復帰、経済的繁栄に貢献したことも否定しがたい。国際政治においては高い視点からの利己主義の方が利他主義よりも長続きする事が多いが、実現は難しい。著者はアメリカ外交に批判的な視角を持つが、今から思えば戦後対日政策は高いレベルにあったと感じる。

そうしたアメリカの姿勢もニクソン政権の頃から変わってくる。佐藤政権との繊維交渉に象徴されるように、アメリカはあからさまに狭い利益を追求しはじめた。同時に、米中の和解やアメリカの防衛分担要求など、日本を取り巻く環境も複雑化した。この時期以降の本格的な実証研究は今後の研究を待つほかないが、情報公開資料を一部とり入れた本書の分析は今後の研究への道標ともなるだろう。

（原題、Altered States : The United States and Japan Since the Occupation）

評・中西寛（京都大学教授）

Michael Schaller　米国の歴史学者。著書に『マッカーサーの時代』など。

二〇〇四年九月一二日❸

『古代の蝦夷と城柵』

熊谷公男 著

吉川弘文館・一七八五円
ISBN9784642055789　歴史

ヤマトの「砦」の多様な機能明らかに

今、古代蝦夷（えみし）と境を接した北方史研究が熱い。八月末にも、山形に全国から古代史・考古学の若手が集まり、古代東北地域史について研究会が行われた。

本書では、蝦夷の服属儀礼を解明してきた熊谷が、考古学の研究成果をふまえ、城柵（じょうさく）を地域間交流の視点からとらえて、古代国家との関係を明らかにした。

ここで蝦夷とは、古代王権が日本列島の東・北方に住む、「王化」に従わない異質の人々を一括した呼称である。王権のがわの政治的要請によって生み出された政治的な観念であり、原アイヌを含め、文化的に多様な人々を包括している。

古代東北には、六世紀末ごろ、関東地方からの植民が始まる。蝦夷の居住域に進出した彼らは、柵と溝で囲んだ集落を営んだが、本書ではこれを原初的な「柵」としてとらえる。移民の集落である「柵」は、有事には防御の役割を果たしたが、平時には開かれて、蝦夷との間の交易センターの役割を担っていたとするのだ。そしてこの「柵」が、律令国家の段階に「城柵」へと展開、かつての交易センターの機能を王権・国家が積極的に掌握していったと見る。斬新な視点だ。

城柵は、戦前は軍事的な砦（とりで）として、戦後は一転して官衙（かんが）（役所）としてとらえられてきたが、熊谷は城柵が、軍事・政治・経済にわたる多様な機能を通じて、蝦夷社会に大きな影響を及ぼしたと考える。

七世紀半ば、新潟県に渟足柵（ぬたりのき）が置かれたと記録にあるが、ほぼ同時代に作られた仙台市の郡山遺跡は、大規模な官衙タイプの柵として注目を集めている。飛鳥の石神遺跡と同じ石組みの池が発見され、蝦夷との交易が服属儀礼の形式で行われたことが想定される。朝貢は、ギブ・アンド・テイクの互酬的性格を持つから、蝦夷にとっても経済的・政治的利益があった。結果として相互の交流は比較的容易に拡大し、蝦夷社会がヤマトの物質文化を取り入れていく契機ともなった。

古代東北研究を牽引（けんいん）する立場からの自省も込めて、蝦夷と狩猟の関係を再評価し、蝦夷の文化の独自性をも強調する。蝦夷研究の新段階を示した一書である。

評・武田佐知子（大阪外国語大学教授）

くまがい・きみお 49年生まれ。東北学院大教授。著書に『大王から天皇へ』ほか。

二〇〇四年九月一二日④

『兵器の拡散防止と輸出管理 制度と実践』

浅田正彦 編著

有信堂高文社・五二五〇円

ISBN9784842055534

政治／国際

絵空事ではない 地獄が現実の時代に

いったん使用されると無差別に市民を痛めつけ、地獄絵のような惨状をもたらす。そんな非人道的な属性に着目し、核、生物、化学兵器には大量破壊兵器（WMD）という範疇（はんちゅう）があてがわれている。

理不尽な国やテロ集団がWMDを手にし、脅してきたらどう対応するか。あるいは何の前触れもなく、平穏な街がWMDを使ったテロに襲われたらどうなるか。そんな「想定脅威」が、9・11テロや「核の闇市場」の存在の発覚で、決して絵空事ではなくなってきた。

WMDの拡散防止には大別して三つの方法がある。一つは、疑惑施設を破壊する武力攻撃だ。場合によっては疑惑国の政権転覆も辞さない。米英はイラクに対して強引にこの道を選択した。二つめは、条約やその他の国際合意によってWMDの保有を禁じるアプローチで、核不拡散条約などがこの分類に入る。

三つめは、WMD保有につながる技術や物資などの国際的な移転を規制する輸出管理である。本書はこの分野の専門家たちが著した概説書で、WMDとミサイル、さらには通常兵器に関する輸出管理制度が、専門的な予備知識がなくても理解できるように編まれている。

輸出管理の効果について本書は、（1）技術・物資の移転を完全に阻止できなくても、外交交渉で事態を打開するまでの時間を稼げる（2）禁輸によって兵器開発の経済的コストを上昇させ、同時に政治的な圧力をかけることで、開発が割に合わないことを自覚させる――などの点を指摘する。

輸出管理制度はまだまだ不完全で、抜け道も多い。本書では制度全体の光と影を指摘した後で、主要国での実践ぶりを紹介する。欧州や中国、ロシアなどが直面する課題が簡潔に整理され、世界の実勢を俯瞰（ふかん）する手助けになる。

不拡散政策としての輸出管理は、その重要度とは不釣り合いに、脚光を浴びることが少ない存在であった。だが、WMDをめぐる今後の安全保障戦略では中核的位置を占めることだろう。そんな輸出管理の政治力学や地政学を理解するうえで、必携書とも言うべき一冊である。

評・吉田文彦（本社論説委員）

あさだ・まさひこ 58年生まれ。京都大教授（国際法）。訳書に『軍縮条約ハンドブック』。

二〇〇四年九月一二日❺

『死亡推定時刻』

朔立木 著

光文社・一八九〇円
ISBN9784334924362／9784334740917（光文社文庫）

文芸

現実感あふれる冤罪サスペンス

やりもしない犯罪を自白するなどといったことは、よほどの拷問でもない限りあり得ないのではないか。合理的な思考の持ち主はそう考えがちだ。しかし、調書という「紙」が何よりモノをいう日本の刑事裁判では、取調官の思いこみや、知識に乏しい被疑者のちょっとした考え違いが、「紙」に記録されることで、結果として裁判官の判断までも誤らせかねない。そのことが現実感を持って伝わる冤罪のサスペンスである。

男とも女ともつかぬ不思議なペンネームだが、明かしてしまえば、著者は刑事裁判の分野で知る人ぞ知る女性弁護士だ。小説家志望で文学部を卒業し、法学部に入り直して司法試験に合格したという変わり種。過去の二つの小説は法曹界でいくらか話題になった程度だったが、本作は一気に読めて文句なしに面白い。

資産家の娘である女子中学生が誘拐されて殺され、若者が逮捕される。山中の遺体近くにあったカバンから金を盗んだためだが、取り調べ刑事の誤った確信から、誘拐殺人の犯人と見なされ、起訴されてしまう。被害者を死なせた責任の追及を恐れる県警本部長の意向も絡み、鑑識による死亡推定時刻が身代金受け渡し失敗後ではないようにゆがめられていく。裁判が始まった後の展開がとりわけ迫真的で、読者の期待からすると意外な結末なのだが、それは伏せておこう。

警察幹部や刑事たち、被疑者と家族、事件の被害者一族、一、二審の弁護人や裁判官、検事たちといった登場人物が善悪の型にはまらず、ひだのある人間として描かれるのが、ストーリーの現実感を高めている。評者はとりわけ、被疑者の母親に頼まれて一審の私選弁護を担当する弁護士の、依頼者に親身でない、いい加減な仕事ぶりに、とてもリアルさを感じた。その世界に身を置く著者ならではの描写力であろう。

正確な刑事手続きに沿っている点で、刑事訴訟法を学ぶ学生や、事件記者などには格好の教材ともなろう。裁判員制度の導入で、広く刑事裁判に関（かか）わることになる一般市民にも、捜査や裁判の危うさを面白く教えてくれる読み物だ。

評・佐柄木俊郎（ジャーナリスト）

さく・たつき 元々は小説家志望の現職刑事弁護士。著書に『お眠り私の魂』『深層』。

二〇〇四年九月一二日❻

『あの薔薇を見てよ　ボウエン・ミステリー短編集』

エリザベス・ボウエン 著　太田良子 訳

ミネルヴァ書房・二六二五円
ISBN9784623040797

文芸

癖になる、ひんやりと鋭い読後感

意地悪で辛辣（しんらつ）で、どきどきする短い小説が二十編。改めて、女の書く小説って面白いなあと思う。面白いのなかには、恐ろしいなあという驚嘆の溜息（ためいき）も混ざっている。作品中にしかけられた薔薇（ばら）の棘（とげ）で、読者はきっと傷を負うだろう。その痛みこそが、ボウエンの魅力である。

二十一世紀を見ることなく亡くなったダブリン生まれのこの小説家は、生涯に数多い短編小説と十の長編を書いた。だが、日本では、ほとんど紹介されていない。本書は「ミステリー」となっているが、わざわざ括（くく）らなくてもいいような気がする。もっとも、人間心理の暗い夜道を、かすかな案内灯で照らすような筆致は、読者の探究心を大いに刺激する。その肌合いをしてミステリーと呼ぶことに、わたしはまったく反対しない。

日常の細部がしっかり書き込まれているが、進行する出来事は暗示的。すーっと読むと、あれっ？ 何か起こったのかな、と困惑する。

一見、何も起こっていないように思える。でも、何かが変わった。組み替えられた。そんな気がして、また、戻って数行読む。そうして目をこらし読んでいくと、作品の輪郭が少しずつ明確になってくる。

時には暗示が効きすぎて、最後まで謎のなかに取り残される作品もある。そういうとき、自分が気のつかない、ぼんやりした女のように感じる。それもまた楽しいのだ。きっとどこかを読み落としたに違いない。もう一度迷路をたどりながら読み返す。ひんやりと鋭い読後の印象は、癖になるような味である。

女や子供たちの心理を描くとき、ボウエンの筆はもっとものびやかだ。「告げ口」は、姉たちの友人ジョセフィーンを殺してしまったろくでなしのテリーが、家族にそれとなく告白しながら、誰からも親身に信じてもらえない話。テリーの心の暗部と彼のだめさ加減を、晴朗としたユーモアで、たんたんと描く。決して上から神のように裁かない。矛盾や不条理にやすりをかけて、なめらかなお話に仕上げるのではなく、人生の細部の連結の悪さを、そのままに放置して表現する凄（すご）み。詩的箴言（しんげん）も随所に光る。

評・小池昌代（詩人）

Elizabeth Bowen　1899〜1973年。アイルランド生まれの英国作家。

二〇〇四年九月一二日⑦

『ニート　フリーターでもなく失業者でもなく』

玄田有史、曲沼美恵 著

幻冬舎・一五七五円
ISBN9784344006386／9784344408258（幻冬舎文庫）

社会

ニートとは、英語の「Not in Education, Employment, or Training（学生でも訓練生でもない無業者）」の頭文字をとった英国生まれの造語である。こうした若者が日本でも急増し、40万人に達するという。ニートとはどんな若者か。気鋭の経済学者とルポライターが、その実態を、統計やインタビューをフルに使って描き出す。

働くために動き出すことのできない若者。それぞれ人生の意味を探し求める途上に、ニートはいる。本書の救いは、働き出すきっかけにも光を当てたところ。

中学2年生全員に5日間の職業体験を与える兵庫や富山での実践を紹介しながら、仕事を通じて人と出会うことの大切さを強調する。「本当」の自分探しの迷路に迷い込んだ若者たちに、自分のやるべき「本当」に出会うためにも、あと「一歩だけ」踏みだして、働いた方がよい、というメッセージを残す。理想の押しつけや無理強いをしない優しさの滲（にじ）む一冊である。

評・苅谷剛彦（東京大学教授）

二〇〇四年九月一二日⑧

『ニュースがまちがった日』

林直哉＋松本美須々ケ丘高校・放送部 著

太郎次郎社・一八九〇円
ISBN9784811807140

教育／社会

事件の第一通報者である河野義行さんを、結果的に「犯人」視してしまった松本サリン事件報道は、日本のマスメディアに教訓を残す事件であった。テレビはなぜ間違ったのか。地元・松本市の美須々ケ丘高校放送部員たちは、河野さんや、取材にかかわった地元放送局の記者らへのインタビューをもとに、番組を制作。高校生を対象にした放送番組コンクールで、高い評価を得ることになる。

本書は、同高放送部員とその元顧問である筆者が、この番組制作を通じて、メディアに対し何を感じ、何を学んだかをつづったメディアリテラシーの試行実践の軌跡である。

日ごろ取材する側のメディアが、取材される側に回った時に高校生たちに示した強い警戒反応とその後の両者の取り組みは、不信感が横たわるメディアと市民との関係をどう再構築していくかを考える上で、示唆的である。メディア論としてだけでなく、教育現場の実情と課題も考えさせる一冊。

評・音好宏（上智大学助教授）

二〇〇四年九月一二日⑨

『誤読された万葉集』

古橋信孝 著

新潮新書・七一四円

ISBN9784106100734

文芸／新書

万葉集は、古代日本人の素朴な生活感情を素直に表現した歌集とする説が教科書などを含め広く流布している。本書はこの言わば定説に対して、疑問点や矛盾を具体的に列挙しつつ「誤読」の実相に迫る。

著者は、まず万葉集を国民歌集と呼ぶには難点が多く無理だと指摘する。その理由として「東歌（あずまうた）」「防人歌（さきもりうた）」など一部を除いて、ほとんどが大和の宮廷やその周辺にいた人々の歌で占められ、全国の国民規模の集になっていないと述べる。

また「貧窮問答歌」で有名な山上憶良の「子らを思（しの）へる歌」についても、単に家族愛を詠んだものではないと指摘。当時の奈良時代は単婚世帯の登場によって大家族が崩壊しつつあり、理想家肌の政治家でもあった憶良が、個人的な感情以上の社会性を込めて詠んだものであろうと解釈する。

項目の中には「大伴旅人は大酒飲みか」など興味ぶかいテーマが並び、簡潔な語りかけの文章が、万葉集を解きほぐしてくれる。

評・前川佐重郎（歌人）

二〇〇四年九月一二日⑩

『脳死と臓器移植の医療人類学』

マーガレット・ロック 著　坂川雅子 訳

みすず書房・五二五〇円

ISBN9784622070832

人文／医学・福祉

北米においてはすんなり受け入れられ、定着した脳死・臓器移植が、日本ではなかなか根付かない。この態度の違いはどこからくるのか。双方の葬送儀礼、身体観、生死観の差異を探りながら、曲折した心情の風土を浮き彫りにする傑作。

大冊だが、とてもわかり易（やす）い叙述で、読み通すのに大した労を要さない。各章末に短いノンフィクションが付されているが、生生しい内容だけに本文よりも深く考えさせる。例えば、アメリカやカナダの移植医の肉声が紹介されている。彼らも「ドナーは死体」とすっきり割り切れているわけではない。

また臓器不足が深刻なカナダでは、ダウン症の少年への移植が議論を呼んだ。知的障害者への移植など臓器の「無駄」だという意見が多数を占めたのだ。

日本社会で、ノーマルな医療としての認知が広がりつつあるいま、北米では逆に、脳死の意味の問い直しがはじまっているという。

皮肉な行き違いかもしれない。

評・宮崎哲弥（評論家）

二〇〇四年九月一九日①

『マイライフ　クリントンの回想　上・下』

ビル・クリントン 著　楡井浩一 訳

朝日新聞社・各一九五〇円

ISBN9784022579409〈上〉・9784022579416〈下〉

歴史／政治／ノンフィクション・評伝

率直な口調で読ませる大統領の半生

アメリカの大統領は、想像を絶する激務を課される。本書の下巻でクリントンは93年からの大統領在任の8年を回想するが、98年10月の数週間など、イスラエルとパレスチナに和平合意させようと、ネタニヤフ、アラファト両首脳をワシントンに呼び、何日にもわたり膝（ひざ）詰め談判を行い、並行して予算案を議会で通過させた。そのまま中間選挙の終盤に突入したため、各州を遊説してもいる。

そのうえ私生活では、モニカとの性的関係について同年8月に告白して以来、毎週ヒラリー夫人とともにカウンセリングを受け、しかし寝室から追い出されてソファで休む日々だったという。民主党の大統領としてはルーズベルト以来の再選を果たしたのに、同時に弾劾を受けた史上2人目の大統領ともなった。激務に加えて、毀誉褒貶（きよほうへん）もつきまとったのである。

それにもかかわらず彼には、いまなお絶大な人気が寄せられている。その理由に、政治的重大事を語る口調が、私事に触れる際の無防備とも思えるほど率直なそれと同じだということがあると思う。誕生からアーカンソー州知事時代までを扱う上巻を合わせると1500ページを超える大著ながら本書を一気に読めるのも、その素直な口調が魅力的だからだ。

父を誕生前に失い、酒乱で粗暴な継父が撃った銃弾が母と自分の間を抜け、壁に穴を開けたという幼年期。ジャズと政治、読書や女性との交際（5人までが実名付き、他にも数人？）に精出し、愛国心とベトナム徴兵回避との折り合いに苛（さいな）まれた学生時代。マヘリア・ジャクソンやレイ・チャールズ、ティナ・ターナーなど偉大な音楽家の実演に接した際の感激からは、黒人文化への敬意が伝わる。こうした体験が、貧者と富者、白人と黒人、異性愛者と同性愛者といった国民間の対立に融和を図ろうとする内政方針に結実してゆく。

一方、数回に及ぶ例の「不適切な行為」については、モニカとのものも「このなかに含まれる」、とある。他にもあった、と示唆しているのか？　ドキリとさせられる表現ではある。

政治家としてのクリントンは、グローバル化に情報化、新保守主義化にテロリズムという時代の潮流に抗し、アメリカを再浮上させた名大統領と総括されよう。それだけの業績を挙げさせたのがアメリカの社会風土であることも、本書は示している。大統領は、精神がよほどタフもしくは単純でないと務まらない。クリントンは前者の典型、では現大統領はどうか。

引き継ぎの席上、クリントンが安全保障上最大の問題はビンラディンと念押ししたがブッシュ周辺はイラクに注目したという。そうした先入観ゆえに9・11を阻止できず、その後もイラク叩（たた）きに猛進。まさに単純型だが、ブッシュもまたアメリカの政治風土の落とし子なのだろう。

（原題、My Life）

評・松原隆一郎（東京大学教授）

William Jefferson Clinton　第42代アメリカ合衆国大統領。

二〇〇四年九月一九日②

『人類の地平から』
川田順造 著
ウェッジ・二一〇〇円
ISBN9784900594746

『アフリカの声』
川田順造 著
青土社・二五二〇円
ISBN9784791761272

『人類学的認識論のために』
川田順造 著
岩波書店・七一四〇円
ISBN9784000233972

人文

三角測量と強靭な視線が生む「語り」

じぶんの思考がぶれかけている、淀（よど）みだしていると感じたとき、すがるようにその声に耳を傾けたくなる思索者がわたしにはいる。そのひとり、川田順造の著作が、久しぶりに立て続けに出た。

まず『人類の地平から』。随想集とはいえ、一本、堅い芯が通っている。人類学者としていまの文化に対しきちんと発言しておかねばならないこと、という芯だ。川田の言葉だと、インフォーム（形にあてはめる）ではなくパフォーム（身体をとおして形にしてゆく）という、これからの知のあり方だ。

西アフリカとフランスでの入院経験から現代日本の医療を見直す。一夫多妻が福祉制度として機能している社会から高齢化社会の抱える問題を照らす。あたりまえのように子どもが働く社会からいまの教育を根本から質（ただ）す。さらには開発の、あるいは豊かさの意味、身体と道具の関係、農の心……というように、文化をめぐってつねに基本中の基本に立ちかえる語りに、思わず襟を正させられる。

その、たしかな、奥行きのある語りは、東でも西でもない南の声、そう、アフリカの生活文化からの視線を入れた文化の「三角測量」と、個別への愛着を「一般化への強靱（きょうじん）な視線」で支える「離見」（レヴィ＝ストロースが世阿弥から学んだ視線）という、川田が長年にわたる西アフリカの生活経験のなかで培った構えからにじみ出てくるものだ。

その「三角測量」の一点についての研究が、『アフリカの声』だ。声、踊り、力、時、性、死、肖像、方位などを切り口とする西アフリカ文化論は、三百年にわたる西欧の奴隷貿易と、それにけしかけられた内部の悲惨な権力闘争の歴史への洞察を、厚い下敷きとしている。

最後に『人類学的認識論のために』は、人類学が現在、学科として、メタ・サイエンスとして、そして思想として試されている問題に、宗教に劣らぬ巨（おお）きなスケールをとって取り組む。「われわれ」のうんと外側に光源をとって、「われわれ」の手前を照らしてきた川田の視線は、ヒトの外との倫理的関係にまでおよぶ。

評・鷲田清一（大阪大学教授）

かわだ・じゅんぞう 34年生まれ。文化人類学者。

二〇〇四年九月一九日③

『ベラ・チャスラフスカ　最も美しく』

後藤正治 著

文芸春秋・二一〇〇円

ISBN9784163660202／9784167679934（文春文庫）

ノンフィクション・評伝

民主化で復活した女王の痛々しい現在

読み進めながら、映画『グッバイ、レーニン！』を何度も思い出した。病床にあってベルリンの壁崩壊を知らなかった東ドイツの女性の目の前を、ヘリコプターで宙づりにされた巨大なレーニン像が手を差し伸べながら飛来するシーンだ。街にはコカ・コーラの看板。イデオロギーの瓦解（がかい）を前に呆然（ぼうぜん）と立ちすくむ女性の横顔が、チャスラフスカと重なった。

東欧の急激な民主化はあらゆる価値を相対化し、人々はかつての自由化運動の旗手さえ忘れ去ろうとしている。チェコでも、東京・メキシコ五輪の体操で個人総合優勝したチャスラフスカを知らない世代が増えている。そんなとき、少年時代に彼女に淡い気持ちを抱いていた著者が評伝を書こうとチェコを訪れた。一九六八年のプラハの春を支持し、ソ連軍を主力とするワルシャワ機構軍の弾圧によっても「二千語宣言」の署名を撤回しなかった理由を問うためである。

チャスラフスカの現状は芳しいものではなかった。ビロード革命を迎え、ハヴェル大統領の顧問やチェコ五輪委員会会長として復活するも、息子が前夫を死に至らしめるという事件を機に心を病み、だれにも会えなくなっていた。質問にはただ、ファクスでこう回答した。

〈節義のために。それが正しいとする気持ちはその後も変わらなかったから〉

ひりつく言葉に導かれるように、著者は同時代を生きた人々を訪ね歩く。ライバルだった旧ソ連の選手、チェコで迫害された歌手マルタ・クビシュヴァ。コマネチが亡命した米国にも渡る。現実は甘い感傷をうち砕く悲劇に違いないのだが、沸々と熱いものがこみ上げてくる。

プラハの春と同じ一九六八年に、パリ、米国、日本で同時に起きた運動を評する「青春グローバリズム」という言葉には戸惑いを覚えたが、消え入りかけた物語を紡ぎ直す真摯（しんし）な取材行は、人知れず小さなチャスラフスカ像を穿（うが）つ彫り師のようで、最後の最後まで目が離せなかった。もちろん、彫像に込められた魂はイデオロギーではなく、国境も時も超えて普遍的な人の心の芯のようなもの。だれにも奪うことのできない、祈りだ。

評・最相葉月（ノンフィクションライター）

ごとう・まさはる 46年生まれ。ノンフィクション作家。『リターンマッチ』など。

二〇〇四年九月一九日❹ 歴史／人文

『ポル・ポト〈革命〉史』

山田寛 著
講談社選書メチエ・一六八〇円
ISBN9784062583053

徹底破壊ねらった家族・宗教に敗北

カンボジアのポル・ポト政権による大虐殺の報は、辛うじて余喘（よぜん）を保っていた社会主義幻想を失墜させた。

一九七五年の民主カンボジア樹立からわずか三年八カ月二〇日のあいだに犠牲になった国民は約百五十万人。その多くは革命政府によって無惨に殺された。

冷静な著者は、日本のジャーナリストや学者に「解放勢力」を応援し、「ポル・ポトは虐殺などしていない」と唱え続けた人々が多くいた、と淡々と記している。また、ベトナムがカンボジアを公然と非難しはじめるや、俄（にわか）に大虐殺批判派に回った「ベトナム応援団」も少なくなかったとも。

このなかには、何の釈明も行わぬまま時を遣（や）り過ごし、憂い顔で「現代日本の右傾化」などを懸念してみせている「大物」もいる。正直いって、私はこのような処世に寛容にはなれない。

ポル・ポトという恐るべき歴史の蹉跌（さてつ）を忘却しないためにも、また後知恵に頼って軽々に「片付け」てしまわないためにも、本書はいま読まれるべきである。

当時、現地で取材に当たった著者が、「すでにわかったこと」と「未（いま）だにわからないこと」を慎重に仕分けしながら、事の顛末（てんまつ）を明らかにしていく。暗く、重苦しい史実の連続だが、感情を抑えた筆致が巻を措（お）かせない。

にしても、掲げられている原因分析が大虐殺という事態の重さとまるで釣り合っていないようにみえるのは否めない。ポル・ポトの政権奪取のプロセスそのものが、偶発事の連続のようである。

偶然のせいで百五十万もの人命が損なわれたとしたら、何とも遣る瀬ない話だ。

ポル・ポト政権は「家族」や「宗教」を反動的な旧思想の最たるものして、徹底的に破壊しようとした。「妻子と一緒の食事をしたい」と漏らしただけで処刑されかねなかったし、僧侶は、生かしておいても無益な寄生虫として排斥された。

然（しか）るに、その指導者たち自身は心中で家族を思い、仏教を拠（よりどころ）としていた。

革命思想は家族と宗教に敗れた。本書の結語は二十世紀を反省する上で、普遍的な教訓を示唆しているように思う。

評・宮崎哲弥（評論家）

やまだ・ひろし 41年生まれ。嘉悦大教授、元読売新聞アメリカ総局長。

二〇〇四年九月一九日❺ 文芸

『アフターダーク』

村上春樹 著
講談社・一四七〇円
ISBN9784062125369／9784062755191（講談社文庫）

物語が私たちの現実の皮膜そのもの

あと少しで日付が変わる深夜から、朝の七時少し前まで。大抵の人が眠りこんでいる時間帯に、この物語は進行する。舞台は、ファミレス、コンビニ、ラブホ（ラブホテルのことだ）、深夜のオフィス、そして眠る女の部屋。

冒頭から、「私たち」という視点が据えられているが、この「私たち」とは誰なのか。そこに読者である自分を重ねると、はじき出されてしまうような箇所（かしょ）がある。「視点」は観念となって個人の肉体を離れ、物語をつき動かしているように見える。世界を俯瞰（ふかん）し、観察し、そこに決して介入しない顔のない「私たち」。その分厚い匿名空間は、圧力のように小説の上空を常に覆い、そこから「私」という個人を、奪い返すように小説は進む。

主人公のマリは、外国語大学で中国語を勉強する十九歳。「すごい美人」の姉を持ち、常に比較されて大きくなった。そのマリに惹（ひ）かれる高橋は、再会したとき、マリから名前を思い出してもらえない。「忘れててかまわないよ。とことん凡庸な名前なんだ。ときどき自分でも忘れてしまいたくなる。でも、自分の名前って、そんな簡単に忘れられないものなんだよな。他人の名前なら……どしどし忘れちゃうんだけどね」――自分の名前は忘れられないという高橋の言葉は、この本のなかで、なぜか、命綱のように、わたしに響く。

　マリの姉、エリの部屋で起こるできごとは、超現実的なのにとてもリアルだ。眠り続けているはずのエリが、いつのまにかベッドから消え、部屋の片隅にあるテレビに映し出され、画面の中からこちら側を見ていたりする。テレビのあちら側とこちら側には、同質で均一の時が経過しているらしい。そこでは一体、誰が何を見ているのか。読者である、この私までもが、顔を失った匿名の一人になるような恐怖がある。一見、複雑な設定だが、知っているものに突き当たったという感じがある。本書に描かれた現象はこのように、何かに変換して意味を捕らえ直すというような文学的な余裕を持たない。それは夢でも喩（たと）えでもなく、私たちの現実の皮膜そのものなのだ。

評・小池昌代（詩人）

むらかみ・はるき　49年生まれ。作家。『ノルウェイの森』『海辺のカフカ』など多数。

二〇〇四年九月一九日⑥

『8月の果て』

柳美里 著

新潮社・二七三〇円

ISBN9784104017089／9784101229317（新潮文庫〈上〉）・9784101229324（〈下〉）

文芸

名前と祖国を失った男の声を聞いた

　ぼくは、いままで柳美里のいい読者ではなかった。彼女の小説の、時に過剰に戯曲的な手法や、批評性を欠いた「私小説」的スタイルに対して、疑問を呈したこともある。そして、この巨大な作品で、作者のスタイルが一変したわけでもない。だが、それにも関（かか）わらず、この作品について、ぼくはいままでとはまったく違った感想を持った。感想か。そんな言葉、この小説にふさわしくないな。ものすごく感動したんだ。ほんとに。

　この小説の主人公のモデルは、作者の祖父であり、朝鮮半島から日本へ渡った一人の優れたランナーだ。そのランナーの生涯を追うことは、朝鮮半島と日本、その痛ましい歴史を追いかけることになる。そして、それは「死者」を主人公にするということでもある。

　だが、気をつけなきゃなんない。「死者」は、ほんとうはなにも語れないからだ。しかし、そのことを知りながら、それでも、小説家は、「死者」に語らせなければならないことがある。いったい、どうすれば、ほんとうは不可能な「死者」の代弁ができるのか。

　この小説で作者が挑戦したのはそのことだ。そして、ぼくには確かに聞こえたように思えた。名前と祖国を失った一人の男の声、それから、その声の向こうにある、たくさんの声がだ。

　名前と祖国を失うこと。それは、言葉を失うことだ。だから、ここに書かれているのは言葉を失った者たちの悲劇だ。だが、悲劇は「彼ら」のものだけだったのか。我々もまた、そのことに気づかぬまま言葉を失っているのではないか。では、どうすればいい？

「春のヨジャ（おんな）、春のコッ（はな）、春のナビ（ちょう）、春のムルコギ（さかな）、春空の下のすべてのものが、空がみている甘美で退屈な夢のなかをたゆたっているようだ」

　奪った国の言葉と奪われた国の言葉が、かつて見たことのない美しさで並び立つ、この小説のこの言葉の連なりの中に、ぼくは我々と「彼ら」が共有することの可能な未来を見たように思ったのだ。

評・高橋源一郎（作家）

ゆう・みり　68年生まれ。『フルハウス』『家族シネマ』『ゴールドラッシュ』ほか。

二〇〇四年九月一九日⑦

『二枚目の疵(きず)　長谷川一夫の春夏秋冬』

矢野誠一 著
文芸春秋・一七〇〇円
ISBN9784163661803
アート・ファッション・芸能/ノンフィクション・評伝

くっついたり離れたりの芸能ネタが相も変わらずテレビや週刊誌をにぎわせているが、小せえ小せえ。

昭和十二年、人気絶頂の映画俳優、林長二郎が暴漢に左頬(ほお)を斬(き)られたときは新聞が号外を出し、歌舞伎界の大御所、十五代市村羽左衛門をして「豪儀なもんだぜ。俺(おれ)が死んでも号外は出めえ」と言わしめた。

斬られた長二郎は、血だらけで大鏡の前に立ち、両手で傷口をひらいて深さを確かめた。己の美貌(びぼう)を意識した壮絶なさまに、周囲は息をのんだという。

東宝の、松竹からの長二郎引き抜き騒ぎが背景で、のちの大映社長、永田雅一の犯人教唆がいわれた。しかし後年、長二郎改め長谷川一夫と永田は手を握る。

没後二十年。いま、一夫を語る人はどれほどか。波瀾万丈(はらんばんじょう)の人生を、行き届いた取材と豊かなゴシップで綴(つづ)った本書には「一つの昭和史」といった趣がある。イケメンなどと剥(む)きだしでなく、二枚目という雅(みやび)な言葉が生きていた時代の。

評・栗田亘(コラムニスト)

二〇〇四年九月一九日⑧

『漱石の巨(おお)きな旅』

吉本隆明 著
ＮＨＫ出版・一二六〇円
ISBN9784140054574
文芸

漱石にとっての「旅」を考察するにあたって、著者は二つの旅に注目する。一つは文部省給費で１９００年に出発したロンドン留学だ。英国と英語に通じるようにとの課題を超え、〈文学とは何か〉の疑問や、東洋と西欧の文学概念の違いの解明に死に物狂いの挑戦をする。原著を集めてノートに蓄積するなど引きこもっての精進を、周りは狂気と評した。しかしそれは苦悩と懸命の努力の姿であり、研鑽(けんさん)は、『文学論』とその「序」に集約され、漱石の文学的特質の開花に通じた、と著者は見る。

もう一つは、満鉄総裁に就任した親友の招きに応じた１９０９年の満州(現在の中国東北部)、朝鮮半島の旅である。『満韓ところどころ』は紀行文でも随想でもなく、『坊っちゃん』と同じく、含み笑いを外にひらいた不思議な文体だと、執筆意図を探っていく。数ある漱石論のなかで、二つの旅から創作の核心に迫った点で画期的だ。

評・多賀幹子(フリージャーナリスト)

二〇〇四年九月一九日⑨

『科学の最前線で研究者は何を見ているのか』

瀬名秀明 編
日本経済新聞社・一六八〇円
ISBN9784532164683
科学・生物

科学者の論理性と作家の感性を併せ持つ著者が、最前線の研究者18人にインタビューした。

難解なことが多い科学だが、真摯(しんし)で巧みな語りかけと引き出しによって、一般の理解に近づけることに成功している。研究対象がナノテクノロジーなどミクロ化する一方で、学際的な領域も多く、心、地球環境といった複雑系がウエートを増していることがうかがわれる。各研究者が個性と出会いからテーマをつかみ、新しい発見に喜びながら、人間はどこへ行くのか、日本人が科学を研究する意味は、などと自問する、その思考回路が興味深い。

「クリティカルなものの見方は、人間の信じたがる自然な心に逆らう部分があり(中略)訓練の必要がある」「今までの科学は過去に向かう科学だった」「(シミュレーションの予測によって未来を見ることができれば)環境問題や食料生産、政治経済なども左右される時代がくる」など、光る発言が随所にある。

評・宮田親平(科学ライター)

二〇〇四年九月一九日⑩

『一票の反対　ジャネット・ランキンの生涯』

政治

大蔵雄之助 著

麗沢大学出版会・一八九〇円
ISBN9784892054808

一九四一年十二月八日（アメリカ太平洋時間）、日本軍による真珠湾奇襲攻撃の翌日午後、ワシントンの連邦議会はルーズベルト大統領の対日宣戦布告決議案を受けて、採決に入った。上院は満場一致で承認したが、下院では一人の女性議員が断固反対を貫いた。

本書はこの果敢なモンタナ州選出の共和党議員ジャネット・ランキン（一八八〇〜一九七三）の、その割には知られていない生涯を明らかにした評伝、行き届いた紙碑である。

採決のとき、彼女は叫んだ。「女なので私は戦争には行けません。ですから他の誰であれ、戦場に送ることを拒否します」。即座にまきおこる「非国民！」「自決せよ」の非難。だが屈せずランキン議員は大統領告発の声明を出す。FBIは反逆派とみて彼女の身辺をひそかに洗ったという。

戦後も情熱衰えず、九十二歳で死ぬまで反戦の旗をかかげ続けた。本書は一九八九年の旧版の改訂・増補版。ランキン〝帰る〟。

評・増田れい子（エッセイスト）

二〇〇四年九月二六日❶

『外人部隊』

文芸

フリードリヒ・グラウザー 著　種村季弘 訳

国書刊行会・三七八〇円
ISBN9784336046383

現代に通用　絶望感流れる戦争小説

外人部隊といえば、『モロッコ』と『ボー・ジェスト』のゲーリー・クーパーか、『地の果てを行く』のジャン・ギャバン。前者は優美、後者は豪胆と対照的なキャラクターだが、ともに、命を惜しまぬ男伊達（おとこだて）、ニヒルでロマンチックな根無し草というのが通り相場だろう。

だが、これはむろんハリウッドとフランスが作りあげた美しい映画の神話にほかならず、たとえば『地の果てを行く』のマッコルランの原作は、勇猛果敢なデュヴィヴィエ監督版より、はるかに重苦しい幻滅につつまれている。

マッコルランは第一次世界大戦後のニヒリスティックな風土を生きる作家で、サンドラールやセリーヌとの精神的親近性を感じさせるが、この『外人部隊』のフリードリヒ・グラウザーもまた、スイス出身のドイツ語作家でありながら、まぎれもなくサンドラールやセリーヌと比較されるべき尖鋭（せんえい）的な作家である。グラウザーが真価を発揮した本作は、マッコルランを完全に顔色なからしめる絶望的な苦さを発している。発表当時（一九四〇年、作者の死の二年後）ほとんど評判にならなかったのも無理はない。その戦争観は時代に先行しすぎていた。あまりにも現代的なペシミズムにみちているのだ。

グラウザーは十九世紀末ウィーンに生まれ、ダダイズムに最年少のメンバーとして参加し、モルヒネ中毒で父親により精神病院に強制隔離された。本書に併録された『モルヒネ』には、その辺の事情と麻薬哲学が語られている。そして、一九二〇年代はじめに、フランスの外人部隊に入り、モロッコで現地のパルチザンとの戦闘に就く。その経験を基に『外人部隊』を完成し、ほどなく亡くなる。享年四十二。

『外人部隊』は戦争小説だが、戦闘場面はほとんどない。そのかわりに描かれるのは、麻薬や犯罪や革命で国を捨て、外人部隊に身を投じたはぐれ者たちの、アルコール耽溺（たんでき）（何しろ朝起きると兵隊はみんな焼酎をひっかけるのだ）、刃傷沙汰（にんじょうざた）、男色、セックス、あげくの果ては発狂。一応、作者自身を投影したレースという主人公がいて、この男の物資横流し、公金横領から、腕を切っての自殺未遂（作者の実体験）にいたる話が主筋にはなっているが、二十人を超すあらくれ者の個性を彩り豊かに描きわけるところに、この小説の醍醐味（だいごみ）がある。

戦争は戦闘ではない。未来への展望を禁じ

られた、痛ましい現在の果てしない持続である。作品の底辺を一貫して流れるこの絶望的な感覚は、第一次大戦の無差別大量殺戮（さつりく）という経験と切り離せないものであり、ここに『外人部隊』の戦争観の現代に通用する鋭さがある。

なお、この翻訳は先ごろ逝去された種村季弘氏の遺業であり、終生、デラシネ（根無し草）的精神を飄々（ひょうひょう）と体現された種村氏に、まことにふさわしい無国籍的一作である。

（原題、Gourrama）

評・中条省平（学習院大学教授）

Friedrich Glauser　1896～1938年。スイスの作家。

二〇〇四年九月二六日②

『夜のピクニック』

恩田陸 著

新潮社・一六八〇円
ISBN9784103971054／9784101234175（新潮文庫）文芸

懐かしく、切なく、幸福な青春小説

いまや高見広春の『バトル・ロワイアル』が青春小説の名作であるように、本書もまた永遠に読み続けられる青春小説になるだろう。といっても、ここでは一滴の血も流れない。暴力もない。激しい恋愛もない。しかしにもかかわらず面白く、読む者の心を揺さぶってやまない。

『バトル・ロワイアル』では中学生達（たち）が殺し合いを演じたが、ここでは高校生達が一日八十キロの鍛練（たんれん）歩行祭に挑む。主人公は高三の西脇融と甲田貴子。付き合っている噂（うわさ）があるが、二人は誰よりも相手を避けていた。物語はそんな二人の因縁を徐々に明らかにしながら、貴子の密（ひそ）かな〝賭け〟の行方を追っていく。

ここでは高校生達がひたすら歩くだけで、事件らしい事件は起きないけれど、内面は確実に変わる。〝みんなで夜歩く。ただそれだけのことがどうしてこんなに特別なんだろう〟と感動するのは、昼間なら絶対に話をしない事柄を暗闇では語ってしまうからであり、それによって相手の意外な顔を知り、触れられなかった心に触れることになるからである。

この人物同士の秘めたる葛藤（かっとう）を摘出していく手際が抜群だ。生徒達が賑々（にぎにぎ）しく出入りしながらも各人物の個性を魅力的に描きわけ、人物の数ほど脇筋をはらみながらも混乱は一切なく、やがて融と貴子をめぐる本筋に絡み、緊張感をたたえてラストへと収束していく。その力強いストーリーテリングと多彩な人物描写はどうだろう！　何よりも素晴らしいのは、様々な挿話の一つひとつから真実を、つまり人間のもつ優しさや寛大さや友情の本質を探り当てることだろう。

とにかくノスタルジックで、リリカルで、いつまでも読み続けていたい小説だ。懐かしくて、切なくて、愉（たの）しくて、もう最初から最後までわくわくしてしまった。生きてあることが嬉（うれ）しくて、誰かに感謝したくなるような幸福感がひしひしとわきあがってくる。『バトル・ロワイアル』は若者の間で読まれているが、本書は世代を超えて読み続けられるだろう。子供からは心の汚れた親へ、親からは純真さを失いそうなわが子へと贈られるにちがいない。新作にしてすでに名作。必読！

評・池上冬樹（文芸評論家）

おんだ・りく　64年生まれ。作家。著書に『光の帝国常野物語』『禁じられた楽園』など。

二〇〇四年九月二六日❹

『カラシニコフ』

松本仁一 著

朝日新聞社・一四七〇円
ISBN9784022579294／9784022615749（朝日文庫） 社会

銃と問題提起 新発見ある稀有な一冊

カラシニコフことAK47といえば自動小銃の一大傑作。昔ベトナムで撃ったとき、横で射撃場の人がばらして掃除してるのを見て、そのシンプルさに唖然（あぜん）とさせられたっけ。こんな単純なの！ あんな雑に扱っていいの?! でもその単純さと雑さは戦場での信頼性を高め、技術力の低い途上国でも製造を可能にした。それが独立運動ゲリラ支援と武器流出で世界中に広まり、誕生から数十年たった今も各地で人々を殺傷し続けている。

本書はそのカラシニコフ小銃に焦点を当て、その誕生から現在の「活躍」ぶり、果ては武装解除運動までを追ったノンフィクションだ。白眉（はくび）はなんといっても設計者のカラシニコフ本人に開発経緯や設計思想を詳しくきいた部分。生きてたのか！ すき間の多い精密でない作りは意図してのものだったこと、トカレフらの設計との競争など、珍しい話が満載だ。記述は正確だし、日本の自衛隊向け小銃メーカーにも話をきき、きちんと比較しているのも立派。

さてそのAK47、世界各地のゲリラや反乱軍や内戦で今なお現役だ。本書はその傷跡を追い、アフリカの元ゲリラやその家族やスラム住民に話をきくのだが、ここは本書の弱いところ。描かれた事例は悲惨ではあるけれど、それをカラシニコフのせいにはできないだろう。さらに、無能な政府の援助はダメでNGO経由で援助すれば万事オッケー、といわんばかりの援助改革談義は安易すぎると思う。NGOは、ミクロに薬を配ったり学校作ったりはできるけど、全国民が豊かになる有益な経済改革とかはできないので本質的な解決は困難なのに。そしてこの話題はカラシニコフというテーマとずれていて、本書の軸を弱めていると思う。

もっともそれは本書の価値を下げてはいない。問題提起自体は正当だし、独立国と認めてもらえず苦悩するソマリランドの話題などは、銃とは無関係の独立した話としてきわめて刺激的。平和主義者も援助関係者も、またかなりのガンマニアでも、読めば必ず何か新しい発見がある稀有（けう）な一冊だ。

評・山形浩生（評論家）

まつもと・じんいち 42年生まれ。朝日新聞編集委員。著書に『アフリカで寝る』など。

二〇〇四年九月二六日❺

『戦士の肖像』

神立尚紀 著

文春ネスコ・一八九〇円
ISBN9784890362066／9784167717544（文春文庫）

『むかし、みんな軍国少年だった』

瀬戸環、小島裕子 編

ジー・ビー・一九九五円
ISBN9784901841375 歴史／ノンフィクション・評伝

「遺書記せ」の命令に決まり文句連ね

同じ時代を体験しても、人それぞれに感懐は異なる。当たり前のそのことが、戦争を語る段になると必ずしも当たり前でなくなって、あれは暗黒期だったとか、いや正義に満ちていたとか、とかく一色に染めたがる人たちが出てくる。

六十年前の戦争をめぐる表題の二冊は、色には色々ある、人には色々あるという当たり前で大切なことを、決して声高でなく思い出させてくれる。

一冊は、海軍の軍人として戦い、生き残った男たち二十四人の記録。濃密なインタビューが核になっている。もう一冊は、銃後で少年期を過ごした二十二人の手記。幼い日記を添えた文章もある。

二十五歳、独身の少尉は、このまま戦死すれば肉親以外の記憶から消え去ってしまうと思い、友人知己の好意を面前で踏みにじることで自分を覚えておいてもらおうと企てる。
ある青年は出撃前に上官から遺書を記せと命じられるが、浮かばない。結局、決まり文句を連ね「天皇陛下萬歳（ばんざい）」で締めくくった。「そう付け加えておけば何となく格好がつく。虚勢ですよ」

色々が際立つのは、たとえば八月十五日の玉音放送。ある大尉は「戦争終結を告げるその内容に衝撃を受け、全く心中穏やかではありませんでした。逆上に近かったと思います」と言い、別の二等飛行兵曹は「戦闘続行！なんていいながら、顔が緩んで」と語る。

ある少年は「頭の中が真っ白になった」が、別の少年は「頭の上がパアッと明るくなにかの重石（おもし）がとれたように軽くなった」のだった。

戦士たちは大正生まれ、少年たちは昭和十年前後の生まれ。一方は若くして生を終えるという予感に包まれて日を送り、他方はやがて兵隊さんに、などと素朴な望みを抱いていた。そうした時代を振り返るとき、中身の重いのはやはり前者の本である。心に刺さる言葉の一つ。

「戦争中は誠心誠意働いて、真剣に戦って、そのことにいささかの悔いもありませんが、一生懸命やってきたことが戦後、馬鹿みたいに言われてきて。つまらん人生だったですね」

評・栗田亘（コラムニスト）

こうだち・なおき 63年生まれ。報道写真家。

二〇〇四年九月二六日⑥

『わが20世紀・面白い時代』

エリック・ホブズボーム 著　河合秀和 訳

三省堂・四六二〇円
ISBN9784385361253

歴史

歴史家の葛藤を込めた回顧録

著者はイギリスのベテラン史家であり、19世紀から20世紀の世界史を広汎（こうはん）な視野で描いた連作で広く知られ、その最後の巻は本書と同じ訳者によって『20世紀の歴史 極端な時代』として邦訳されている。同書において著者は20世紀を、一九一四年の第一次世界大戦に始まり、ソ連共産主義が解体した一九九一年をもって終わる「短い世紀」と定義づけている。本書は、その「短い世紀」を生きた歴史家の回顧録であり、マルクス主義歴史家というアイデンティティーを獲得した著者が、歴史家として成功する反面、マルクス主義の挫折を観察することになった足跡の記録である。

著者はロシア革命の年、一九一七年にユダヤ系英国人の父とオーストリア人の母の間に生まれ、ウィーン、ベルリンで暮らす間に共産主義運動に未来への希望を見出（みいだ）す。やがてイギリスのケンブリッジ大学に進み、学生としてイギリス共産党に入党。第二次世界大戦期の兵役を経て、ソ連東欧圏の共産支配の実態に幻滅しながらも脱党はせず、ソ連解体まで党員であり続けた。それは左翼運動への共感と期待からだったが、60年代の新左翼運動を担う若い世代に対して著者は違和感を禁じ得なかったし、破壊活動に従事し、分離主義的、民族主義的方向に向かう運動には否定的だった心情がつづられている。後半で歴史学者としての回顧の比重が高まってくるのは、開きつつあった左翼運動との距離を反映しているのだろう。

著者の記述には弁解調の所もあるし、いささかくどく感じられる所もある。しかし共産主義の失敗について議論の余地のなくなった今日こそ、挫折を経験した一生を「面白い時代」と振りかえる著者の姿勢は貴重であろう。ある時期まで共産主義は純粋な動機と高い知性をもつ人々を引きつけた。共産主義の魅力と挫折を、世界や未来は容易に理解でき、都合よく操作できると考える人間の傲慢（ごうまん）さへの警告と受け取れば、著者がユーモアと諦念（ていねん）を込めて語る内面的葛藤（かっとう）は、21世紀に生きる我々にとっても無縁とはいえないだろう。

（原題、INTERESTING TIMES:A Twentieth-Century Life）

評・中西寛（京都大学教授）

Eric Hobsbawm 歴史家。「19世紀・20世紀史」4部作など。

二〇〇四年九月二六日 7

『二人のアキラ、美枝子の山』

ノンフィクション・評伝

平塚晶人 著
文芸春秋・二二〇〇円
ISBN9784163660301

山男にゃ惚（ほ）れるな。昔そんな歌があった。孤高の登山家を描いた山岳ノンフィクションを読んで、なるほどと思った。自己愛が強いくせに命を大切にしない。女は不幸になると。

この歌は美枝子にはふさわしくない。美枝子とは、『氷壁』のモデルで槍ケ岳北鎌尾根で遭難死した松濤（まつなみ）明の恋人と噂（うわさ）され、先鋭的な岩登りの集団第二次RCCを創設した奥山章の妻となった登山家だ。

美枝子と著者の美しい往復書簡が、死から三十年以上経た二人を浮かび上がらせる。山だけを見つめた若き松濤のひりひりする鋭さとエゴイストぶり。三十代で山岳映画の製作者となってプロ・アマのはざまに揺れ、エベレストの夢を断たれた奥山の苦悩。自死。

「強く生きてくれ」。奥山の遺言どおり二人の何倍もの現実を生きた美枝子のなんと凛々（りり）しいことか。読み終えたあと、美枝子の残像が岩壁のように屹然（きつぜん）と立ち上がり、いつまでも消えなかった。

評・最相葉月（ノンフィクションライター）

二〇〇四年九月二六日 8

『ルパン三世ジャズノート＆DVD』

大野雄二 著
講談社・二八〇〇円
ISBN9784062124973

アート・ファッション・芸能／ノンフィクション・評伝

作曲家になろうと思ってなったわけではない、と自ら認める音楽家の半自伝。映画、テレビと無差別に仕事をこなしてきたと見えながら、その半生を貫く主調音としてジャズがある。

いっときCM音楽の頂点に立つが、制約が多くなると、経済的には恵まれないジャズ演奏家に戻ってしまう。代表作「ルパン三世」の音楽も、「長く支持され続けている理由のひとつは、ジャズをベースに作ったこと」と胸を張る。

熱海の有名旅館の次男坊に生まれ、中学生でモダンジャズに開眼し、ほぼ独学でジャズピアノを修得する。〝師匠〟はアメリカのレコードである。それだけに、後年、六本木のクラブで本場の一流プレイヤーと共演し、ルーツの差異に相対せざるを得なくなるくだりは、切実な響きが籠（こ）もる。

若い読者を慮（おもんぱか）ってか、人名、曲名、専門用語に詳細な脚注がつく。附録（ふろく）のDVDでは著者の誠実そうな風貌（ふうぼう）、一音一音慈しむような演奏が確かめられる。

評・安倍寧（評論家）

二〇〇四年九月二六日 9

『所有という神話　市場経済の倫理学』

経済

大庭健 著
岩波書店・三五七〇円
ISBN9784000233965

年初から景気回復が伝えられ、夏場も液晶テレビなど高額商品が売れたが、一方では貯蓄が底をつき破綻（はたん）する家計も続出した。構造改革はリストラを是とし大企業に業績回復させつつ、利益を底辺まで行き渡らせる策ではなかったのか。

いまこそ所得再分配や市場競争への規制などを唱える「リベラリズム」の出番だが、資本や身体・土地について所有権は不可侵であり所得は市場への「貢献」で配分せよと迫る「リバタリアニズム」に対し、経済活性化の点で旗色が悪い。著者は社会システム論と倫理学を駆使しつつ、福祉の正当化という経済学が避けてきた難問に挑む。

難解な表現が混じるが、市場は孤立系ではないというのがポイント。平等であるべき機会は権力により歪（ゆが）められ、自己決定しているかに見える個人も父母なく生まれはしない。社会は人々相互の「配慮と尊重」から成り立っているのだ。では、平等さを測る基準は何か？　具体論が期待される。

評・松原隆一郎（東京大学教授）

二〇〇四年九月二六日⑩

『自然詩の系譜　20世紀ドイツ詩の水脈』

神品芳夫 編著
みすず書房・八四〇〇円
ISBN9784622070986
文芸

詩人は自然というモチーフを手放さない――これは日本の和歌や俳句などの伝統詩に固有の現象ではない。

本書はドイツの「自然詩」の系譜を、二つの戦争の激動とその後の祖国の分断の時代に、詩人たちがそのよりどころとして生きぬいた自然という「水脈」を論考したものである。

ドイツの自然詩は、十七世紀から十八世紀にかけて始発し、ゲーテにおいて「詩人が自分を自然の子と認識して、母である自然を歌うという関係」が確立したという。

本書は第二次世界大戦を境として、一九四五年以前と以後に分け、前半ではレルケやレーマン、後半ではフーヘル、ボブロフスキーなどについて具体的に作品を紹介しつつ現代自然詩形成の跡を辿（たど）る。それらの詩は、かけがえのない自然を通して歪（ゆが）んだ時代を問う息づかいを強く感じる。その意味でこの書は、戦争の絶えない今という時代にも普遍の意味を持っている。

評・前川佐重郎（歌人）

二〇〇四年一〇月三日①

『言論統制』

佐藤卓己 著
中公新書・一〇二九円
ISBN9784121017598
歴史／社会

戦時下の真相は戦後なぜ隠されたか

学問の最大の醍醐味（だいごみ）は、定説を打ち破る新たな発見にある。だが、発見にいたるまでの過程を、読者にもリアルに追体験させてくれる社会科学の本は意外と少ない。本書が、その数少ない一冊であることは間違いない。

本書の主人公、鈴木庫三陸軍少佐は、戦時中、内閣情報局情報官として、思想界の言論統制にあたった、言論弾圧の「元凶」といわれた人物である。この定説は、石川達三の小説『風にそよぐ葦（あし）』の中で、「佐々木少佐」として描かれたことを発端とする。自由主義的な雑誌出版社の社長を前に、「君のような雑誌社は片っぱしからぶっ潰（つぶ）すぞ」とどなりつけ、紙の配給権を盾に脅しをかける。本書の出版元、中央公論社が、この雑誌社のモデルなのだが、傲慢（ごうまん）で教養とは無縁に見える「思想界の独裁者」として、他の有名出版社の社史にも、戦後の言論史にもきまって登場する人物、それが鈴木庫三である。

だが、これほどまでに昭和言論史に悪役として登場する鈴木庫三とは、「いったい何者であったのか」。その真相に触れた研究は皆無であった。新たに発見された日記をもとに、鈴木の生い立ち、経歴、思想がつまびらかにされる。そこで示されるのは、貧しい農村出身で、刻苦勉励、独学の末に下士官から陸士を経て、さらには軍の派遣生として東京帝大教育学研究室に学び、一時は倫理学者を目指した「教育将校」の姿であった。と同時に、徹底した合理主義者であったことも、彼の著書から明らかとなる。

それにしても、なぜ真相は隠されたのか。著者は、戦後、鈴木を思想弾圧の首謀者へと祭り上げ、批判した出版界の重鎮や作家、思想家たちの戦争協力の実態に目を向ける。石川をはじめ、国分一太郎、宮本百合子といった言論人。中央公論社、朝日新聞社、岩波書店、講談社といった大新聞・出版社。いずれもが、鈴木を思想弾圧の元凶に見立てるか、肝心なところで不自然に無視する言説をつくりあげてきた。

「剣はペンより強い」。悪者を見いだすことで、自らを被害者の側におく。加害者の邪悪さや無教養をあげつらえば、自らの戦争協力は、非合理な暴力に屈した結果として免罪できる。すすんで行った戦争協力という否定しがたい過去を掘り起こさないためにも、鈴木庫三の真相に迫ることはタブーとなった。そこに、民主主義を騙（かた）る、歴史の捏造

（ねつぞう）があった——これこそ、より根深い言論統制ではなかったのか。

豊富な資料に裏打ちされた論証により、定説の誤謬（ごびゅう）が、いかなる政治的意味をもってつくられたのかが明らかにされる。そのプロセスを、読者はスリリングに追体験する。

本書の奥深さは、この謎解きだけに終わらないところにある。教育、階級、軍隊、思想、芸術といった、さまざまな場の織りなす戦時期日本のすぐれた社会分析の書でもある。

評・苅谷剛彦（東京大学教授）

さとう・たくみ　60年生まれ。京都大学助教授。著書に『「キング」の時代』など。

二〇〇四年一〇月三日❷

『中国権力者たちの身上調書　秘密文書が暴いた処世術・人脈・将来性』

アンドリュー・ネイサン、ブルース・ギリ 著
山田耕介 訳
阪急コミュニケーションズ・一八九〇円

ISBN9784484041186

政治

「革命第四世代」指導部の素顔に迫る

時宜に適（かな）った一冊と言える。

先に閉幕した中国共産党の中央委員会全体会議で、胡錦涛国家主席および党総書記が、前任の江沢民から中央軍事委員会主席の座を委譲され、中国のトップのポスト三つ、すなわち国家と党と軍の三権をすべて手中に収めたばかりである。これで胡錦涛体制が名実ともに確立されたかと言えば、ことはそう単純ではなさそうだと本書は教えてくれる。

暴露調の書名に戸惑うことなかれ。本書は、チャイナ・ウオッチャーとして名高い著者の元に、〝竹のカーテン〟をかいくぐって持ち込まれた内部調査報告書を読み解きながら、胡や温家宝首相ら「革命第四世代」の指導部がどんな人々で、中国をどのような方向に導こうとしているかを分析したリポートである。

本書によれば、胡に江ほどの実力はなさそうで、温と、江の懐刀である曽慶紅が強い発言力を有し、胡が独自色を出すにしても、三年後の二期目以降であろうという。今回の人事で、曽が予想された軍事委副主席の座に就かなかった一件をもって、江の求心力の陰りを指摘するメディアもあるが、曽の代わりに就任した徐才厚もまた、江の忠臣にすぎない事実を、本書はすでにあばいていた。

本書を読めば、昨今の感情的・扇情的な反中論が、まるで有害無益な代物であることがわかる。なにせ相手は、鄧小平時代から二十年以上をかけて選び抜かれた、技術官僚出身のエリート中のエリートたちなのである。慎重で、柔軟性とバランス感覚に富み、なおかつ党の内部文書によれば「年間平均一万五千人が処刑」される異常さを黙認し、共産党独裁の必要性を信じて疑わない、強烈なナショナリストの一団でもあるのだ。

先月ご紹介した『中国農村崩壊』（ＮＨＫ出版）が〝下〟から見た現代中国とするなら、本書は徹底的に〝上〟から見た巨大な隣国の姿である。両書は、中国の現状と未来を冷静に把握するための一助となろう。ちなみに、本書で「潜在能力の高さは指導者中ナンバーワン」と折り紙付きの曽慶紅は、日本をアメリカの「将棋のコマ」と言い切っている。

（原題、China's New Rulers : The Secret Files）

評・野村進（ジャーナリスト・拓殖大学教授）

A. Nathan　コロンビア大教授。
B. Gilley　大学生。

二〇〇四年一〇月三日③

『シリーズ心の哲学　[Ⅰ]人間篇、[Ⅱ]ロボット篇、[Ⅲ]翻訳篇』

信原幸弘 編

勁草書房・各二九四〇円
ISBN9784326199242〈Ⅰ〉・9784326199259〈Ⅱ〉・9784326199266〈Ⅲ〉

人文・科学

物心二元論を圧倒する外在主義とは

本書は心の問題を、主として哲学の視点から多角的にとらえた、最新の論文集だ。関連する分野は広く、哲学以外では心理学、脳科学、認知科学、ロボット工学などの自然科学系がからんでいる。

自然科学系では突飛（とっぴ）な仮説が実験で証明されると、それまでの前提や論理が崩れるため論理の脆弱（ぜいじゃく）性が身に染みている。したがって、言語と論理のみに頼る哲学とは必ずしも肌が合うわけではない。

たとえば「[Ⅱ]ロボット篇（へん）」で名古屋大学教授の戸田山和久は哲学者たちの議論のやり方を嘆き、「哲学者が行うべきことは他にもある」と断じている。しかしながら、「心」の研究は哲学が先行しており、その概念の多くが自然科学系に取り込まれてきたのも歴史的事実だ。

かつて、心は身体とは独立に存在すると考えられていた（哲学者デカルトの物心二元論）。最近では脳内活動がすべてとする唯物論者が多くなった。たとえば我々の感覚（色や音や痛みなど）の質感を「クオリア」と呼ぶが、当初この概念は唯物論では説明できないはずだと、物心二元論者が呈示した。それがいまや唯物論者に取り込まれ、脳科学者が真剣に取り組むテーマになった。物心二元論者の旗色はすこぶる悪い。

本書では唯物論の視点から、脳内現象と心的な出来事の関係を詳細に議論し、さらに心は外部の道具、社会制度、集団の合意事項などと深くかかわり、個人では閉じていないと説く「外在主義」を紹介している。

欲をいえば、より広い自然科学系を視野に入れると、心の問題はさらに掘り下げられるだろう。たとえば「外在主義」に関連して、人間の無意識は全人類につながっているとする、深層心理学者ユングの「集合的無意識」の仮説がある。また量子力学によれば、確率的な波として拡（ひろ）がっている素粒子を人間が観測すると粒子が出現する。これはかつて哲学者ホワイトヘッドが提唱し、仏教の唯識が説く「唯心論」復活の可能性を示唆しており、とても面白いのだが……。

心の問題は奥が深い。秋の夜長にぴったりの、噛（か）みごたえのある三冊だ。

評・天外伺朗（作家）

のぶはら・ゆきひろ　54年生まれ。東京大助教授。著書に『意識の哲学』。

二〇〇四年一〇月三日④

『アフター・ヴィクトリー　戦後構築の論理と行動』

G・ジョン・アイケンベリー 著　鈴木康雄 訳

NTT出版・三九九〇円
ISBN9784757140578

政治／国際

法支配下の秩序を軽んじた米国の失敗

気鋭の国際政治学者による学術書である。初心者には読みにくい面もあるが、それでもあえて通読を薦めたい。「米国のイラク統治は、なぜうまくいかないのか」を考察する重要な手がかりが記されているからだ。

歴史を振り返ると、戦争は国際秩序再編の転機をもたらしてきた。戦勝国、とくに戦争勝利で決定的な役割を演じた国にパワーが蓄積され、逆に敗戦国のパワーは減衰する。こうした戦略環境において、秩序再編の方法はひとつではなく、大別して三つの方法が駆使されてきた。

ひとつは、「勢力均衡型秩序」の形成だ。強国と弱小諸国の力の均衡を復元するために、弱小諸国が対抗的連合を組むパターンである。2番目は「覇権型秩序」で、強国が弱小諸国を支配・管理する。「最も極端な形態」は帝国で、階層的な構造が形作られる。3番目は「立憲型秩序」である。そこでは大国によるパワー活用は抑制され、合意に基づく法的、政治的制度を中心に秩序形成される。

著者はナポレオン戦争、ふたつの世界大戦、東西冷戦の「戦後」を克明に点検し、歴史の歯車が次第に「立憲型秩序」へ動いてきたことを論証する。「無差別的、恣意（しい）的にパワーが行使されるかもしれない」という脅威にさらされる秩序よりは、法の支配を重視する「立憲型秩序」のもとで生きる方がずっと安心できると考える傾向が強まったのである。

原書が刊行されたのは「9・11」の前だが、日本語版への序文の中で著者はこう述べる。米国は「制度と政治的パートナーシップを通じてパワーを行使した時」にこそ、「最大の成功」を手にしてきた。米国はまた、国際社会に「ルールと制度を定着させる」ことができるし、「制度によって、米国は自国パワーをより正統的で、より長期的なものにすることができる」。

国連に背を向けてイラク戦争に突入し、今は戦後の泥沼に苦しむ米国。本書を読んだ後に改めてイラク戦争を顧みると、「立憲型秩序」という歴史的所産を軽んじた時の、政治的負債の大きさを思わずにはいられない。

（原題、AFTER VICTORY）

評・吉田文彦（本社論説委員）

G. John Ikenberry 54年生まれ。米プリンストン大教授。

二〇〇四年一〇月三日⑤ 歴史

『大江戸の正体』

鈴木理生 著

三省堂・一九九五円
ISBN9784385360287

土地利用と物・人の流転にみる江戸史

『江戸はこうして造られた』、次いで『江戸の町は骨だらけ』（いずれも、ちくま学芸文庫）と、この著者の本をいつも楽しく読んできた。

江戸の実像を、地形と物流からとらえることが著者の真骨頂。物流といっても、商品の流通に限らない。水の流れから人骨・墓石の流転までを視野に入れて、ダイナミックに都市の歴史を語る。

江戸を語る本はごまんとある。その多くは文献に頼り、しばしば「下町人情的なくつろぎ空間を追い求め」、われわれはわれわれで、時代小説や映画・テレビの時代劇から勝手に想像した江戸を楽しんできた。

ところが近年、考古学の射程が江戸時代にまで及び、盛んに東京を掘り返して成果を上げている。三年前には、東京駅北口あたりから、キリシタンの墓地が見つかったという。

しかし、研究の進展はどうしても細分化をもたらす。そこで、「微細になってしまった江戸を、より広い視角で見よう」としたのが本書である。

江戸の正体は「いちば」だと、著者はいう。はじめは寺社の境内に成立した「市庭（いちば）」が定期化すると、領主はそれに目を付け、利用し、城下に抱え込む。行商人は定住して同業者らと結束、領主は彼らに「町」を与えて、安全と無税を保障する。こうして、領主と商人・職人の持ちつ持たれつの関係が出来上がる。

これが市の町化、すなわち都市化であった。商品の集散には、河川や海岸の湊（みなと）が望ましい。その最良の立地条件を充（み）たして成立し、大消費地へと成長したものが江戸にほかならない。

こうした大きな構造を明らかにした上で、そこに繰り広げられた人間の暮らしを、身分、労働、消費、行楽、祭礼、芸能、売春、信仰、情報など多様な観点からつぎつぎと解き明かしてゆく。

ふと本書を離れて、目を現代に転ずると、東京が「怒涛（どとう）のような貨幣経済」に支配された江戸から確かに地続きであり、巨大な「いちば」であると納得する。著者のいうとおり、「江戸は案外、身近にあるのである」。

評・木下直之（東京大学教授）

すずき・まさお 26年生まれ。都市史研究家。著書はほかに『江戸の川 東京の川』など。

二〇〇四年一〇月三日⑥

『コマネチ　若きアスリートへの手紙』

ナディア・コマネチ 著　鈴木淑美 訳

青土社・一九九五円
ISBN9784791761333

ノンフィクション・評伝

満点演技連発した「白い妖精」の秘密

本書を読みながら、満点を取る精神構造というようなことを考えていた。

76年モントリオール五輪の「白い妖精」コマネチが、若い体操選手からの手紙に答える形で半生をふり返る。段違い平行棒や平均台で史上初の10点満点を七回も出したとき、彼女はまだ十四歳。可憐（かれん）な容姿で一躍ヒロインとなった。

驚嘆すべきは切り替えの速さだ。アテネ五輪のホルキナは、得点のたびに感情をあらわにした。魅力的だったが、肝心なところでミスを重ねた。コマネチは、初めて10点を出したときですら、すぐにそれを忘れた。表彰台に立っている間も、演技の反省点を探して次にそなえる。

コマネチの出現は女子体操を「美」から「技」に変えたが、そこには、コーチのベラ・カロリーが深くかかわっていた。彼は四千人をテストして小柄な少女たちを集め、食事や練習を徹底的に管理した。のちに彼はアメリカに亡命し、やはり金メダルを獲得したが、この名コーチにスポイルされる選手も続出した。

あなたも子供時代を犠牲にしたのかときかれたコマネチは、こう答える。自分はもともと高いところから飛び降りるのが大好きだった。体操は、想像もしない形で宙を舞う機会を与えてくれたのだ。

コマネチは、過剰なトレーニングにつぶされない秘訣（ひけつ）を教えてくれる。自分はいつも予備の力をとっておいた。許せる痛みと無駄な痛みを分けて考えた。カロリーには常に叱咤（しった）激励されていたが、故障する危険はなかった。彼は、自分の本当の限界を知らなかったのだから。

ピアノ教育に携わる私には、このコメントの凄（すご）さが身にしみる。周囲の期待、指導者の野望の犠牲になる例は数多くみられるが、大成するかどうかは、本人が自分の能力をどこまで掛け値なしにみきわめられるか、にかかっているのだ。

チャウシェスク元大統領の次男との関係など、暴露話を期待する人は肩すかしをくうかもしれないが、演技と同じように贅肉（ぜいにく）をそぎ落としたコマネチの「言葉」は、そんなゴシップ的興味を一掃する。スポーツのみならず、広く教育全般にかかわる人に読んでほしい本だ。

（原題、Nadia Comaneci : letters to a young gymnast）

評・青柳いづみこ（ピアニスト・文筆家）

Nadia Comăneci　76年五輪で活躍したルーマニアの体操選手。89年米国に亡命。

二〇〇四年一〇月三日⑦

『ぶ仕合せな目にあった話』

吉田直哉 著

筑摩書房・二三一〇円
ISBN9784480814685

文芸／ノンフィクション・評伝

小学館・日本国語大辞典の「ふしあわせ」の項に「古く『ぶしあわせ』とも」とある。あえて古風な表現を用いたのは著者独特の戯れ心の表れと見る。

本の表題にもなっている「ぶ仕合（しあわ）せな目にあった話」は、いちどだけ書いた小説が芥川賞候補になり、マスコミ取材に翻弄（ほんろう）されるおのが姿をユーモラスに描いたエッセイである。あえなく受賞を逸した小説「ジョナリアの噂（うわさ）」も併載されているが、敗戦後の東京、開発に荒らされる80年代の奥アマゾンと時空を超えた才筆ぶりが、冴（さ）えわたる。

伝奇小説的スリルは、むしろ直木賞向きかも。上演の機会に恵まれなかったという点では、戯曲「眠れ、サルフィンクス」もまた「ぶ仕合せ」な作品に属する。硫黄島激戦に材を得つつ、現代の東京とハリウッドを結びつけ、日本軍少将のルーズベルト大統領宛（あて）親書の謎に迫る。

他にコラム類多数収録。すべてに著者の多岐にわたる教養がさり気なく滲（にじ）み出る。

評・安倍寧（評論家）

二〇〇四年一〇月三日⑧

『万国「家計簿」博覧会』

根岸康雄 著

小学館・一二六〇円
ISBN9784093897112　社会／ノンフィクション・評伝

かわいらしくも勉強になる一冊。世界13カ国の中流世帯の家計簿をネタに日々の生活の話をきくだけの、シンプルな本だが、それが各国の経済事情のみならず、社会状況から人生観まで描き出せているのは著者の才能のなせる技か、はたまた自宅の家計をさらして同情を誘った作戦勝ちか。

各種の生活実態レポート的な本の中で本書のよさは、お金という客観データ重視と、そしてあからさまなイデオロギー的意図の不在だ。この種の本の多くは記述が定性的にすぎ、生活苦を強調して経済格差を糾弾等の政治的な魂胆が露骨だ。本書はそれがないし、おきれいでない部分もきちんと描く。愛人を囲って費用捻出（ねんしゅつ）にヒイヒイ言うお父さんを見ても、道徳的に糾弾したりはしない（が経済的な苦労は描く）。それがかえって記述の信頼度を高める。データも詳しくて大学のレポート一本くらいは書けそうだし、気軽で楽しい読み物的な記述が無味乾燥なデータに深みを与えている。

評・山形浩生（評論家）

二〇〇四年一〇月三日⑨

『福沢諭吉の真実』

平山洋 著

文春新書・七五六円
ISBN9784166603947　人文／新書

ながらく続いていた論争を解決するかもしれぬスリリングな一冊が出た。

福沢諭吉の評価には以前より対立があった。丸山真男などに代表される市民的自由主義者としての福沢を評価する立場。一方で、後期の侵略的・差別的な論説を重視する見方である。福沢諭吉全集には確かに双方の文章が存在する。福沢は果たして変節したのか。

本書は四度にわたる全集の編纂（へんさん）過程を検討することによって、論争の基礎となっているテキストにじつは大きな問題が抜け落ちていることを指摘する。

すなわちいままで福沢の手によるとされた日清戦争前後からの「時事新報」の多くの無署名論説や漫言が、『福沢諭吉伝』の著者である石河幹明のものであり、それを彼が全集のなかにしのびこませ、伝記を書き上げたというのである。

失語症になった晩年の諭吉、時事新報内部の問題、文体と語彙（ごい）による分析など、論証は推理を超えて、限りなく真実に近いように思えた。

評・小高賢（歌人）

二〇〇四年一〇月三日⑩

『重光葵　最高戦争指導会議記録・手記』

伊藤隆、武田知己 編

中央公論新社・六〇九〇円
ISBN9784120035494　歴史／社会／ノンフィクション・評伝

東条内閣失陥の後を受け、一九四四年七月から翌年四月まで戦争指導を行った小磯国昭内閣の外相重光葵が残していた最高戦争指導会議の記録と手記をまとめたものである。この会議は政府と軍部を包括し、一体的な戦争指導を行う目的で小磯の強い主張で設置された。その審議の状況を明らかにした記録として本書は貴重である。

しかし記録が示すのは、強力な戦争指導とは程遠い小磯内閣の迷走ぶりである。日本の敗勢は明らかだが、どのように戦争を終結させるべきか。蒋介石との和平、独ソ戦の調停、フィリピン決戦後の妥協的和平など様々なアイデアが語られるが、いずれも現実性を欠き、重光の努力も空回りする様子が伝わってくる。

四五年になるとさすがに切迫し、降伏への気運が出てくるが、程なく小磯内閣は役割を終えた。追いつめられなければ力が出せないのは、日本の政治指導の特質だろうか。考えさせられる記録である。

評・中西寛（京都大学教授）

『ナラ・レポート』

津島佑子 著

文芸春秋・一九九五円
ISBN9784163232805／9784167717414（文春文庫）文芸

死者の声を聞かせる母と子の物語

なんてったって、ぼくは小説が大好きだ。こんなに、面白くて（そうじゃないのもあるけど）、ぼくを元気づけてくれる（ガックシくるやつもあるな、中には）ものは、他にない。でも、一つだけ注意しなくちゃいけないことがある。それは、小説を読む、ということは、レストランでとるフルコースの食事のように、黙っていれば、どんどん目の前に皿が運ばれてくるものじゃないってことだ。ぼくたちは、自分の脚で出かけなきゃなんない。作者が作りだした小説という森の奥へ、ただコンパスだけを持って（だから、もちろん危険が一杯）。

津島佑子さんの『ナラ・レポート』の中へ入っていく。冒険には地図がつきものだ。その地図にはこう記してある。

「十年前、一二歳の少年、森生（モリオ）を残して母は亡くなった。古い街ナラに住むモリオは、その街に澱（よど）むなにかに反発し、街の象徴であるシカを殺すに至る。すると、ハトに転生（？）していた母のこんな声が聞こえるようになったのだ。『ねえ、どうして、シカを殺したの？』。だから、彼はこう答えた。『ナラがいけないんだ。そうとしか言えない。ナラはぼくを認めないし、ぼくもナラを認めない』

かくして、子に執着するあまり現世に舞い戻った母と、『古い、古い時間が流れ』こびりついた街を憎む子は、その根源を求めて、一気に歴史を遡（さかのぼ）っていく」

母と子は、真っ逆様に落ちていく。ナラの古い時間に向かって。そして、落ちた先、『日本霊異記（りょういき）』や『今昔物語』の中世で、古い物語の中の母と子に転生する。さらに、その中でまた、何度も、繰り返し、生まれ変わるのである。

でも、それは、まだただの「地図」にすぎない。だから、ぼくたちは、耳を澄まし、作者の囁（ささや）きに聞き入るのだ。

この小説の中では、この不思議に自由な空間では、すべてが可能だ。「母」と「子」は、どんな場所にも行けるし、どんな時代にも行ける。もしかしたら、作者は、遠い昔に、「子」を亡くしたことがあって、その「子」を取り戻すために、この空間を作りだそうとしたのだろうか。いや、違う。仮にそんなことがあったとして、作者は、もうそれからは解き放たれているはずではないのか。では、なぜ？

子どもの「死」は、歴史に記載されない。そして、子どもの「死」をほんとうに悲しむのは「母」だけだ。だが、「死者」とは、いつも歴史から消し去られるだけの存在ではないか。だとするなら、「死者」を葬ることができるのは、結局「母」だけでないのか。そのことに気づいた瞬間、この「母と子の物語」は、歴史を取り戻したいと、「死者」の声を聞きたいと願う、すべての読者に接続する。ぼくたちは、みんな、未来の「死んだ子ども」なのだ。

評・高橋源一郎（作家）

つしま・ゆうこ　47年生まれ。作家。『火の山　山猿記』『笑いオオカミ』など著書多数。

二〇〇四年一〇月一〇日②

『裸者と裸者　上・孤児部隊の世界永久戦争、下・邪悪な許しがたい異端の』

打海文三 著

角川書店・各一五七五円

ISBN9784048735575〈上〉・9784048735582〈下〉／9784043615032（角川文庫〈上〉）・9784043615049（〈下〉）　文芸

孤児たちの断念と成長を描く戦争小説

物語の舞台は、近未来の日本である。国軍が政府軍と反乱軍に分かれ、内戦状態にあった。肉親を失った七歳の海人（かいと）は幼い妹と弟を守るため、必死に働いていたが、反乱軍に拉致され、孤児部隊に入れられてしまう。戦争を生き抜くには〝真実に踏みこまずに、それがなかったかのようにふるまわねばならない〟。だから海人は人を殺し、セックスをし、レイプや強奪などの暴力に麻痺（まひ）していく。

タイトルの由来はノーマン・メイラーの『裸者と死者』だろう。メイラーは第二次世界大戦中の南太平洋の孤島を舞台に、戦場経験に乏しい兵士たちの悲惨な情況（じょうきょう）を鮮烈に描いたが、打海文三は内戦状態に陥った近未来の日本社会（その混乱した戦況はニュースで見るイラクそのままだ）で、孤児たちに銃をもたせて戦争を生き延びさせようとする。約五十年前、メイラーは死者を生者と対比する重要な要素としてとりあげたが、打海文三は戦場における死者に重きをおかない。戦場の死など、現代においてはもはや特別なことでも劇的なことでもない。

そもそも孤児たちを〝戦争の犠牲者〟とする紋切り型の発想がない。むしろ被害者どころか加害者として、戦争を推進するアナーキーな存在としてみる。だがその一方で、平和で公正な社会を築かんとする理想主義の発芽も見出そうとする。

内戦状態の容赦ない〝現実〟のなかに少年少女たちを投げ込み、冷徹に見据えているので、読者を選ぶかもしれない。しかし知的障害者の救済をテーマにした感動作『時には懺悔（ざんげ）を』の作者だから、女性との交情、兄弟愛や友情などは実に温かみのある筆致で描かれるし、ときおり挿入される性描写は、破滅の快楽に誘う秀作『そこに薔薇（ばら）があった』と同じく、怖（おそ）れと喜びに震えていて何とも官能的だ（いったいこれほど戦争の性をエロティックに描いていいものか）。

本書は、戦争とそのシステムを捉（とら）えた文字通りの戦争小説である。そして同時に、断念しながら生きていかざるをえない孤児たちの、その断念の美しさを描いた一大成長譚（たん）でもある。続編がまたれてならない魅力あふれる世界だ。

評・池上冬樹（文芸評論家）

うちうみ・ぶんぞう　48年生まれ。作家。著書に『ハルビン・カフェ』など。

二〇〇四年一〇月一〇日③

『82歳の日記』

メイ・サートン 著　中村輝子 訳

みすず書房・二九四〇円

ISBN9784622070962　文芸／ノンフィクション・評伝

老いに寄り添い、孤独を愛しむ日々

サートンを私に教えてくれたのは、ひとまわりも年下の友人だった。人気作家を何人も担当する編集者の彼女が、ある日、ほんとうはこんな作家を読んでいたい、とサートンの名を挙げた。道ならぬ恋に悩む彼女のあまり頼りにならない話し相手だった私は、まもなくサートン五十八歳のときの『独り居の日記』を読み、詩人の言葉が私の中にもするりと心地よくすべり込んでくるのを感じた。

それは、同性愛を扱った小説を発表して酷評され、大学の職も失うところから始まる作家としての不遇と、やがて孤高を選びとるまでの心の軌跡だった。だれかといても、ひとりでいても、孤独を愛（いと）しむことの尊さ。重苦しくつらい日々でも、その時間をただ経験することの大切さがつづられていた。

メーン州ヨークの海辺の家に住み、二十年。八十歳を超えればもう神聖な遠いところにいってしまったかしらとおそるおそる読み始めたが、あっさり裏切られてほっとした。草を踏むやわらかな感触や猫のピエロの声で幸せな気分になったかと思えば、自分の詩が二十

世紀の女性詩人のアンソロジーに収められなかったことや悪意で書かれた書評で「抜け殻」になるほど落ち込んだりする。読書中のミステリーをなくして憤慨したり、ファンの手紙に救われたりと、相変わらず気忙（きぜわ）しい日々をユーモアを交えてつづる文章に、心をなでられるようだった。

ただ、時を長く刻んだぶん、心を結び合った友との別れは痛々しい。もはや大きく手に入れることもなければ、失うものもないけれど、心を立て直すには若いころよりも時間がかかる。いつまでたっても、心は意のままにならぬものなのだ。でもそれは、勇気づけられるメッセージ。八十二歳になっても、日記を書き続けられるのだから。

〈老いについて語り、重くのしかかるもの、手放すべきものはなにかを見いだすことは、わたしにとっていい作用をすることがわかった。〉

だれにも訪れる独り居、老いの時間。その傍らにそっと寄り添う、宝石のような本に出会えてよかった。

（原題、At Eighty-Two : A Journal）

評・最相葉月（ノンフィクションライター）

May Sarton　1912～95年。アメリカの作家。著書に『海辺の家』など。

二〇〇四年一〇月一〇日④

『ウィトゲンシュタインから龍樹へ　私説『中論』』

黒崎宏 著

哲学書房・二三一〇円
ISBN9784886790859

人文

言語を究めて言語を超えた世界を示す

仏教の悟りとは何だろうか。悟りとは一般に、禅定（ぜんじょう）に入って得られる言語を超えた境地とされている。

しかし「言語を超える」とはどういうことか。修行者がヨーガや禅といった心身技法を通じて、日常的な言葉や意味の「外部」を体感したとしても、それを意味づけるのは依然として言葉である。その解釈が誤っていれば、結局言語に囚（とら）われたままの、悟りとは程遠い心境に留（とど）まる。そう考えると、禅定で得られる経験もまた方便に過ぎないことがわかる。

そこで仏教中興の祖、龍樹（ナーガールジュナ）はその主著『中論』で、言葉によって「言語を超えること」の実相を書き表した。『中論』は二七の章、約四五〇の偈（げ）（短い韻文）から成る。まるでアフォリズム集のような体裁である。

昔から難解とされてきた。何せ「去るものは去らない」だの、「視覚は決して見ない」だの、一見わけのわからない、謎掛けのような偈が並んでいるからだ。

だが、龍樹の意図は明白である。言葉を徹底的に厳密に扱うことで矛盾を露呈させ、言語の本質と限界を証示したのだ。

本書は『中論』の註釈（ちゅうしゃく）書の最新である。『中論』の註釈書といえば、月称（チャンドラキールティ）の『プラサンナパダー』をはじめ、様々な立場から数多く著されてきた。本書では、何とウィトゲンシュタイン研究の第一人者が、言語ゲーム論の視座から『中論』を読み解く。言語ゲーム論とは「一切を、心的なものも物的なものも、言語的存在と看做（みな）す」立場である。著者は、これが世界の非実体性、即（すなわ）ち、空＝縁起を説く『中論』の世界像に直結するという。

西洋の哲学を専門としながら『中論』を論じた学者はいままでもいた。本書の凄（すご）さは主要な偈が掲げられ、それらに註解が施してある点だ。手前勝手な釈義ではない。出典が明記され、仏教学の通説とは異なる読みが示される場合にはその旨、特筆されている。

現代言語哲学を媒介として、仏教の悟りに肉迫する。仏教者に限らず、哲学的な思索が好きな人なら、一度は挑んでみたい高峰ではあるまいか。

評・宮崎哲弥（評論家）

くろさき・ひろし　28年生まれ。成城大名誉教授。著書に『科学と人間』など。

二〇〇四年一〇月一〇日❺

『フジモリ時代のペルー』

村上勇介 著
平凡社・七九八〇円
ISBN9784582452280

政治／国際

政権の興亡を冷静堅実に分析

日本人にとってラテンアメリカ社会は遠い存在である。関心の大半は日系人や現地に居住する日本人に対してであり、先日の小泉首相の歴訪の際も日系人社会との交流が大きく報じられた。ペルーについても、日系二世のフジモリ大統領がかつて統治し、日本大使公邸占拠事件で多数の日本人が拘束された事件の印象が突出している。

それに対して本書は、政治学の視点からフジモリ政権の性格を解明したオーソドックスな研究であり、世界的に見ても立派な内容をもつものである。

著者は、民主主義か権威主義かという体制分類よりも、政治秩序が制度化を欠いている点にペルー政治の特質があると強調する。この特質は一八二一年の独立以来変わらない伝統であり、政党や組織が有力指導者の私党的性格をもち、庶民は指導者に大胆な問題解決を期待する人民投票的志向を有する。フジモリ政権も基本的にはそうしたペルー政治の伝統の中から生まれ、また失墜したというのが著者の基本的観点である。

ペルーでは七〇年代末に軍政が行き詰まり、一九八〇年に民政へと移行、同時に有権者の範囲が大幅に拡張された。しかし経済混乱やテロの増大に対して有効な対処を行えない既存の政治勢力への不満がうっ積していた。少数派の日系人出身で、既存の組織に頼らずに民衆と対話したフジモリが大方の予想をくつがえして九〇年の大統領選挙に勝利した原因を著者はこのように分析する。

しかし大統領となったフジモリは、緊急事態への対処という理由で強権的な政治指導を行う。国際的には批判をあびたが、ある時期まで政権は国内での支持によって支えられていた。しかし深刻な危機を脱した時、大統領は長期的ビジョンを欠き、むしろ諜報（ちょうほう）部の有力者モンテシノスへの依存を強め、最後にはその関係が政権の命取りとなった。

現地での観察と、広汎（こうはん）な文献調査に基づく筆者の分析はあくまで冷静で説得力に富む。ペルーだけでなく、ラテンアメリカ、ひいては途上国政治研究の一つのモデルたりえる力作である。

評・中西寛（京都大学教授）

むらかみ・ゆうすけ　64年生まれ。ラテンアメリカ専攻。国立民族学博物館助教授。

二〇〇四年一〇月一〇日❻

『悲願千人斬の女』

小沢信男 著
筑摩書房・一九九五円
ISBN9784480818249

アート・ファッション・芸能／ノンフィクション・評伝

破天荒な奇人列伝、至芸の名調子で

『犯罪紳士録』の著者による破天荒な奇人列伝。一度読みはじめたらやめられないほど面白い。山田風太郎の明治ものをもっと実証的に仕上げた趣だが、著者の口調が講談の名人のように弾んで、それじたい至芸として結晶している。

表題の「千人斬（せんにんぎり）」を達成した有名女性は二人いる。女の場合は、千人信心といい、心願かなうと観音様になるらしい。その一人が下谷芸者のお玉。接した男の家紋を背中の上から順に刺青（いれずみ）して、尻まで紋だらけになったというから凄（すさ）まじい。だが、千回千個もの刺青が背中に乗りきるかと思うと、眉唾（まゆつば）物の疑いも生じてくる。

もう一人が本書の主人公、松（まつ）の門（と）三艸子（みさこ）。明治の高名な歌人だが、二十歳で深川芸者となり、山内容堂や松平確堂など、旧幕の並みいる大物の寵（ちょう）を受けた。数え年四十八で大願成就、赤飯を配ったという。だが、そんな淫蕩（いんとう）な女がどうして一流の芸者として遇され、歌道の師として名門へ出入りできたのか？　また、

それが伝説にすぎないとすれば、なぜそんな伝説が生まれたのか？

　小沢名探偵は、終始、この侠気（きょうき）あふれる江戸っ娘（こ）・三艸子をえこ贔屓（ひいき）しながら、実証と推理を展開し、快刀乱麻を断つごとく千人斬の真実を断ってみせる。そのスリリングな名調子をとくと堪能あれ。

　残る三人は男で、現代では三艸子よりはるかに有名人。それだけにどこかで聞いたような話もまじるが、先にもいったとおり、ここは小沢信男の名人芸を楽しむべき極上の寄席なのである。聞いたことのある演目だと目くじらを立てるような野暮天には端（はな）からお引きとり願おう。

　妾（めかけ）を作るたびに支店を経営させ、二十店舗と、三十人の子供を作った牛鍋チェーン「いろは」の大王・木村荘平。

　明治から昭和まで五十六年も精神病院に収容され、そこから世界内閣改造やインド国総長ガンジー任命など号令を下しつづけた「日本一の狂人」芦原将軍。

　極貧、アルコール耽溺（たんでき）、少年愛の天才入道・稲垣足穂。

　いずれ劣らぬ怪人・奇人の愛すべき言行録だ。千人斬ってくださいとはいわないが、もっともっと続編が読みたい。

評・中条省平（学習院大学教授）

おざわ・のぶお　27年生まれ。作家。著書に『裸の大将一代記』など。

二〇〇四年一〇月一〇日❼

『美学とジェンダー　女性の旅行記と美の言説』

エリザベス・A・ボールズ著　長野順子訳
ありな書房・五〇四〇円
ISBN9784756604842
人文／社会

啓蒙（けいもう）時代に成立した「美学」は、教養ある特権階級の男、すなわち紳士を普遍的に妥当する美の基準の持ち主だと看做（みな）し、洗練された想像力を持たない劣者は、社会内部（女性や貧乏人）でも外部（非ヨーロッパ人）でも、彼らの指揮下に服すべきだ、とした。

　本書は、十八世紀初頭のメアリー・ワートリー・モンタギュから十九世紀初頭のメアリー・シェリーまで、この美的言説の階級的・ジェンダー的性格を逸早（いちはや）く見抜いたイギリスの女性作家七人の旅行記を、近代美学批判として読んでみようと果敢に試みている。

　長い文化的伝統によってもっぱら美的「対象」と見られてきた女性は、一度男性の視点から構築された言説を我が物とし、自分自身を美的「主体」として位置づけねばならなかった。それだけに女性作家の美学批判は緊張に満ち、しばしば袋小路に陥るが、美的言説に亀裂を走らせようとするその苦闘には、近代を越える可能性がほの見える。

評・池上俊一（東京大学教授）

二〇〇四年一〇月一〇日❽

『砂漠の戦争　イラクを駆け抜けた友、奥克彦へ』

岡本行夫著
文芸春秋・一六〇〇円
ISBN9784163659800／9784167717018（文春文庫）
政治／国際

首相補佐官として、イラク再建に奔走した著者の回想録だ。武装勢力の凶弾に倒れた復興支援担当の日本人外交官への追悼を織り込みながら、支援の舞台裏を説き明かす。

　たとえば米国は、町の再建に必要なセメント工場の技術指導を日本に依頼する。著者らは最初、民間人派遣に慎重な態度を示したが、地元の要望も強く、引き受けることにした。帰国した著者は自身が社外役員を務める技術系の会社に頭を下げ、何とか専門家の派遣にこぎつける。これは一例だが、戦闘が続く国での復興支援が抱える難題、その克服に努める実務家の葛藤（かっとう）が興味深く描かれている。

　イラクには世界的な遺跡があり、平和さえあれば石油がなくても観光でやっていける。亡くなった外交官はそんな夢を著者に語ったことがある。イラク戦争への評価は分かれたままではあるが、この本の紙背からは、戦後の平和構築にかけた実務家たちの気概が鋭角的に伝わってくる。

評・吉田文彦（本社論説委員）

二〇〇四年一〇月一〇日⑨

『メディアが市民の敵になる』

山口正紀 著

現代人文社・一九九五円

ISBN9784877982225

社会

「人権と報道・連絡会」の世話人でもある元読売新聞記者が「大手メディアは権力の広報機関化が進み、市民の敵になりつつある」の視点で書き綴（つづ）ったジャーナリズム批判。雑誌「週刊金曜日」連載の時評が中心だ。そこに書いた日朝首脳会談をめぐる『「拉致一色報道」が隠す日本側の侵略責任』などの記述が社内で問題にされ、記者職から営業職へと配転。定年まで五年余を残して読売新聞を退社するのだが、その経緯は後半部に詳しい。

著者の主張は特段過激ではなく、「リベラルな人権派」といったところだろう。しかし、こうした座標軸が相対的に弱体化してしまった現状に、企業の論理が優先しがちな日本のジャーナリズムの問題状況が表れている。ただし「読売新聞社に絶望したわけでもない」と書く著者によれば、社内には米のイラク攻撃に賛成するような報道姿勢に疑問・反対の意見を持つ記者は少なくないという。

評・佐柄木俊郎（ジャーナリスト）

二〇〇四年一〇月一〇日⑩

『狂気という隣人　精神科医の現場報告』

岩波明 著

新潮社・一三六五円

ISBN9784104701018／9784101305714（新潮文庫）

医学・福祉

興奮状態にある多くの患者を迎える、精神科救急の壮絶な現場。病院の内外で自傷他害を繰り返す人々。継続的な精神疾患を残すことの多い覚せい剤乱用者たち。だが警察など司法組織はこうした患者と関（かか）わりたがらず、大学病院の精神科も熱心でなく、いわゆる精神病院が押しつけられがちだ。

ことに重症の患者が多いことで知られる、公立精神病院で長く勤務した医師が、少ないスタッフなど貧しい条件のなかでいかに苦闘したかを報告した本。

重大な罪を犯した触法精神障害者の問題は考えさせられる。報道がタブーのようにする一方で、「識者の見解」は信頼性が低く、やや教条的な「人権派」と、反対に隔離収容して二度と社会に出すなと主張する「保安派」（と著者は呼ぶ）の対立も激しい。なによりも実情を十分に認識したうえで、正面から議論することが必要ではないかと説く。そのためにも貴重なドキュメントである。

評・宮田親平（科学ライター）

二〇〇四年一〇月一七日①

『人間の本性を考える　心は「空白の石版」か　上・中・下』

スティーブン・ピンカー 著　山下篤子 訳

ＮＨＫブックス・上・中巻一一七六円、下巻一二六〇円

ISBN9784140910108〈上〉・9784140910115〈中〉・9784140910122〈下〉

人文／科学・生物

遺伝特性を補う望ましい社会とは

人は最初は白紙状態で、環境や努力ですべてが決まるという思想は、ここ数世紀の不合理な差別撤廃や教育整備などに大きな役割を果たしてきた。でもこの思想には大きな問題がある。まちがってるんだもの。人間の相当部分は遺伝的に決まる――それがこの本の主張だ。

著者のピンカーは人間進化の観点から言語や視覚を分析するハーバード大学の俊英で、科学解説書の名手としても高名だ。遺伝の重要性ならお手のもの。でも本書のすごさは「人は最初は白紙」という過度の環境重視的な思いこみが有害だと明言し、その提唱者たちをなで切りにしたことだ。かれらの議論は真実から目を背け、問題の真の解決を遅らせてしまう、と。

たとえば暴力。人間は本来は平和的だという説がある。暴力や戦争は文明の病であり、幼児体験や暴力的なメディアのせいで広まる、と。でも先住民族は実はどれもえらく暴力的

だし、メディアと暴力もほとんど無関係だ。テレビやマンガなんか規制したって何にもならない。人は暴力的なのが自然で、文明社会はむしろその傾向を抑えて発達してきたんだから。

あるいは男女の性差。男と女は遺伝的にちがうし、それは嗜好(しこう)にも出る。男女の職業的な偏りは、社会の洗脳のせいだけでなく遺伝的な部分も大きい。だから女の政治家や重役が少ない等の結果平等を求める悪(あ)しきフェミニズムはまちがいだし、「男の子/女の子らしい」遊びを弾圧し、性的役割分担をすべて否定する昨今のジェンダーフリー思想は、子供の本能的な感覚を混乱させるだけだ、と本書は述べる。

本書の批判は多岐にわたる。子育ての議論は、子供の言語獲得を専門とするピンカーならではの鋭さだし(育児に悩む親御さんが読むとホッとします)、他にも政治、芸術等カバーされていない分野はないほど。日本での各種議論にも直結したものばかりだ。「進歩的」とされる発想や論者をまっこうから否定する結論も多く、だれが読んでも必ず驚く部分があるはずだ。だが記述は実に軽妙ながらとても実証的で説得力があるし、この邦訳は削除されがちな注や参考文献まできちんと残し、議論の根拠をすべて検証可能にしてくれた。

遺伝要因を指摘した本の多くは、欧米では反動差別文書として大迫害を受けてきた。本書でピンカーは、社会生命を断(た)たれる危険さえ冒しているのだ。本書は進化に根ざした人間理解を示し、それに対応した教育や社会像まで描きだす。人が進化で得た遺伝特性を補う望ましい社会とは——本書はそれを提案し、来るべき総合学問体系すらうかがわせる。むろんそれが実現するのは、優に五十年は先だ。だが半世紀先の社会への整合性ある見通しを示した本が何冊あるだろう。恐るべきパワーと射程を持った、知的な自信にあふれる一冊だ。

(原題、The Blank Slate)

評・山形浩生(評論家)

Steven Pinker 米国の心理学者。

二〇〇四年一〇月一七日❷

『アルカイダ ビンラディンと国際テロ・ネットワーク』

ジェイソン・バーク 著

坂井定雄、伊藤力司 訳

講談社・二六二五円
ISBN9784062124768

ノンフィクション・評伝

イスラム過激派についての常識を覆す

わからない、だから怖い、というのがすべての争いの大本にはある。とするなら、自爆攻撃を辞さず、無辜(むこ)の人質の首を冷酷に切り落とすイスラム過激派の所業は、「わからない、だから怖い」の最たるものであろう。この取材にあたったジャーナリストの著者も、「私は怖かった」と率直に告白しているほどだ。

そもそも「9・11」のアメリカ同時多発テロですら、わからないことだらけではないか。どうしてあんなことをしたのか。アルカイダがやったと言われるが、なぜ犯行声明を出さないのか。首謀者とされるビンラディンは、いったい今どこにいるのか。

別のインタビューで本書の取材と執筆にまるまる五年を費やしたと述べている著者は、これらの謎を解き明かしながら、私たちの〝常識〟を次々と覆していく。著者によれば、ビンラディンを頂点とする、鉄の規律で結束した秘密組織がアルカイダであるという見方が、大変な誤解なのだ。アルカイダは「組織」

と言うよりも「原理」で、ビンラディンとは縁もゆかりもない人間でも、アルカイダを名乗ればきょうからアルカイダなのである。だから、ビンラディンを逮捕しようが殺害しようが、アルカイダは生き続けるし、イスラム過激派はいっそう急進化するだろうと著者は断言する。

　こうしたイスラム過激派の淵源（えんげん）を宗祖ムハンマドにまで遡（さかのぼ）り、そこから西欧との緊張関係の中でどういう思想が派生して、度重なる戦乱や暗殺の末、いかに今日の「テロリスト」と呼ばれる人々に流れ込んでいるかを、著者は複雑怪奇なジグソーパズルをひとつずつ組み合わせていくように記述する。かくして砂漠の地上絵のごとく浮かび上がってきたイスラム過激派の姿は、おそらく読者の想像を絶するはずだ。この大部の著作を命がけの取材で完成させた著者の力業は瞠目（どうもく）すべきもので、それだけに生硬な訳文と、誤記や表記の不統一が惜しまれる。

　ところで、冒頭にあげた謎の答えをひとつだけ明かすと、ビンラディンはアフガニスタンとパキスタンの国境の山岳地帯で生きのびているようなのである。

（原題、Al-Qaeda）

評・野村進（ジャーナリスト・拓殖大学教授）

Jason Burke　70年生まれ。イギリスの新聞記者。

二〇〇四年一〇月一七日③

『シベリア鎮魂歌　香月泰男の世界』

立花隆 著

文芸春秋・二八〇〇円
ISBN9784163657509

ノンフィクション・評伝

極寒の抑留体験を改めて克明にたどる

　シベリア抑留の体験を描いた香月泰男の「埋葬」が、装飾古墳を思わせるように赤いのはなぜだろうとずっと疑問だった。本書で、「せめて絵の上でなりと戦友を暖く葬ってやりたいという気持ちが働いたのである」という香月の言葉を読み、ようやく疑問は氷解した。

　現実には、死者は軍隊毛布にくるんで運ばれ、凍土に掘った墓穴に裸のまま横たえられた。貴重な衣服や毛布までをいっしょに埋めるわけにはいかなかった。

　ところが「埋葬」を描いたあとで、香月の絵筆はぴたりと止まる。シベリア・シリーズと呼ばれることになる連作のその次がなかなか描けない。「ほんとにシベリヤをシベリヤらしく、あったがままに描くためにはやはり十年の歳月が必要だった」からだ。その後は毎年描き続け、62歳で世を去った時、あとには57点の作品（山口県立美術館所蔵）が残された。

　初めからシリーズの構想があったわけではない。これを最後の絵にしようとしても、思い出が思い出を呼び、絵筆をおくことができない。語っても語っても語り尽くせないシベリア体験が香月にはあった。戦争の空（むな）しさを描き出すことに、それらはひたすら向けられた。

　「戦争を認める人間を私は許さない」と断言する。こうした言葉を、山口県三隅町の香月宅に通い詰めて聞き出したのは、まだ駆け出しのルポライターだった立花隆である。それは『私のシベリヤ』と題され、香月の名で一九七〇年に出版された。香月が戦争で何を体験し、何を考え、シベリアの絵がどのように生まれたのかを克明にたどることができる。

　34年後に改めて出版された本書は、この『私のシベリヤ』に、立花自身のシベリア調査報告を加えたものだ。老練なジャーナリストとなった立花は収容所跡を訪ね、極寒のシベリアを体験し、当時のソ連がなぜ日本人捕虜を必要としたのかという世界史的な視野の中に、香月の個人的体験をとらえ直した。

　香月泰男が亡くなってすでに30年になるが、立花隆という語り部を得て、シベリア・シリーズの真価は戦争を知らない次世代へと伝わるに違いない。

評・木下直之（東京大学教授）

たちばな・たかし　40年生まれ。評論家。著書に『田中角栄研究』『臨死体験』など。

二〇〇四年一〇月一七日❹

『ロバート・キャパ最期の日』

横木安良夫 著
東京書籍・一八九〇円
ISBN9784487800117　ノンフィクション・評伝

戦争写真家のラストショットを追って

「現場百遍」と昔の刑事は言ったらしい。現場には手がかりのすべて、本質の本質があるという教訓だ。

現場に繰り返し通って、かよい詰めて出来上がったのが、この本である。率直に言って文章は武骨（ぶこつ）、構成もゴチャゴチャしている。それでいて不思議な吸引力に富む。知らず読み進む。

スペイン内戦中の「崩れ落ちる兵士」などの作品で知られる戦争写真家ロバート・キャパはどこで死んだか。

一九五四年、キャパは毎日新聞に招かれて来日し、滞在中に米国のメディアからインドシナ戦争の取材を依頼され、その足でベトナムに向かう。そして五月二十五日、地雷に触れて死んだ。ドアイ・タンと呼ばれる辺りで、今年が没後五十年に当たる。

しかし、正確にどの地点で死んだのかはわからない。ここ、と指さすことができない。膨大な伝記が何冊か書かれたが、死に至る日々と最期についてはいずれも数ページしか割いていないという。

著者は元来、ファッションやヌード、広告などの写真家だ。六年前、単なる好奇心からキャパ最期の地に行って花でも手向けようと旅をする。ところが、たどり着けない。誰も知らない。

意地もあって探すための新しい旅が始まる。日本で当時の関係者を訪ね、資料を微細に点検し、またベトナムに行く。

たとえば福岡の老人ホームにいる毎日新聞の元写真部員、九十二歳に会う。十分に老いた相手との話はほとんど成立せず、引き揚げざるを得ない。けれど翌日、バスに一時間乗ってもう一度出かける。一日かかって少しずつ心を開いてくれた老人に対し「きちんと感謝していない自分に気がつい」たからである。老人は「君はもの好きだなあ」と言う。

巻を貫くこの姿勢が著者の身上である。数多くの証言、残されたネガやポジフィルム、記録、地図、絵。スリリングな過程を経て、ことし四月、著者はまるで変貌（へんぼう）した最期の地を突きとめる。「僕は僕の知らなかったキャパに会った。それは（中略）キャパは何を撮りたかったのかということを、考える旅でもあった」

評・栗田亘（コラムニスト）

よこぎ・あらお　49年生まれ。写真家。著書に『サイゴンの昼下がり』など。

二〇〇四年一〇月一七日❺

『ブッダとそのダンマ』

B・R・アンベードカル 著　山際素男 訳
光文社新書・一〇五〇円
ISBN9784334032654　人文／新書

差別から生まれ出た仏教の新たな実践

「生ける宗教」という言い回しがある。生活世界や社会実践の場面で、有効に機能している宗教という意味で使われる。同時に神学や教理学など死物に等しいという批判も込められている。

こんな二分法には賛成できないが、宗教が書物や机上の論議に留（とど）まるものでないことは確かだ。信仰者には信仰者としての生き方が問われる。他の誰でもない「この私」が問い質（ただ）すのである。

仏教者の実践を考えるとき、いつも思い出すのはアンベードカルだ。インドの最下層カーストである不可触民に生まれ、凄（すさ）まじい差別と闘いながら学殖を育み、社会改良家として、共和国憲法の父として現代史にその名を刻んだ。

彼はその死の二カ月前の一九五六年十月、約五十万人の被抑圧同朋（どうぼう）とともに、カースト制度を根底で支えているヒンドゥー教を棄（す）て、仏教に改宗した。これが「新仏教」と呼ばれるリヴァイヴァル運動の濫觴（らんしょう）だった。

アンベードカルの衣鉢は、日本人僧侶、

佐々井秀嶺（しゅうれい）によって継がれ、その信者の数は、いまや一億人を超えるという。

本書は、アンベードカルが死の直前に書き下ろした仏教の基本書であり、一億のインド仏教者の「聖典」である。『ブッダとそのダンマ』という題通り、ブッダの足跡を辿（たど）る伝記とダンマ（法）、即（すなわ）ち教義の解説から成る。両方とも透徹した合理主義に貫かれているのが特徴だ。

仏伝の部分では、経典にみられる神話的な潤色が徹底的に排されているし、教義論では、ヒンドゥー由来の神や霊魂の存在、輪廻（りんね）転生やカルマ（業）の相続などが「ブッダが反対したこと」としてきっぱり否定されている。

大乗仏教のような、縁起や空性に関する精緻（せいち）な議論はみえない。あくまで清らかな生き方と絶えざる自己省察、欲望の制御と無常の認識が説かれている。この素朴さは最初期の仏典に通じる。

仏教は土着の信心や迷信、因襲（いんしゅう）や階級などあらゆる観念的、社会的桎梏（しっこく）から人々を解放するための、勝（すぐ）れて実践的で普遍的な思想運動だった。本書は仏教をその本来の姿に立ち戻らせる試みである。

（原題、The Buddha and his Dhamma）

評・宮崎哲弥（評論家）

Bhimrao Ramji Ambedkar　1891～1956年。インドの政治家。

二〇〇四年一〇月一七日⑥

『THE WRONG GOODBYE ロング・グッドバイ』

矢作俊彦 著

角川書店・一八九〇円
ISBN9784048735445／9784041616093（角川文庫）　文芸

苦い味わいが示すハードボイルドの今

かつてハードボイルド小説は、卑しい街をゆく憂い顔の騎士の流浪の詩だった。それがいまや卑しい街をさまよう卑しい魂の絶望の物語になっている。チェイスやスピレインや大藪春彦の暴力小説はまだ大人のお伽（とぎ）話だった。だが、トンプスンとエルロイを通過したハードボイルドやノワールと呼ばれる現代小説は、身も蓋（ふた）もない地獄絵を描きだす。そんな趨勢（すうせい）に世界でただひとり突っぱっているハードボイルド作家が矢作俊彦である。

とはいえ、その思いきりカッコつけた抵抗はパロディーとすれすれの試みでもある。憂い顔の騎士が近代では発狂したように、ヨコハマをさすらう孤高の刑事も、ポストモダンの現代にあっては単なる時代遅れの変わり者と見なされるのが落ちだからだ。表題にそのパロディー性がはっきりと表れている。これはむろんチャンドラーの傑作『長いお別れ』のもじりだが、本作の「ロング」は「長い」ではなく、「間違っている」ほうなのである。じっさい、物語も、冒頭と結末の一行も、『長いお別れ』とそっくりだ。

主人公である神奈川県警の刑事・二村（ふたむら）は、酔っぱらいの日系米兵・ビリーと酒を一緒に飲む友人になる。ある夜、ビリーは二村の家に来て、横田基地まで自分と大きな荷物を運んでほしいと依頼する。ビリーは横田から小型ジェットで飛びたち、あとにはトランクにつめこまれた女の死体が残される。帰ってから二村と酒を飲もうと約束したビリーは、二度と戻ってこなかった……。

さらにいくつかの死体と失踪（しっそう）者が現れ、すべての出来事が精妙なプロットでつながれ、謎は解ける。ミステリーのお約束である。だが、この小説が凡百のハードボイルド小説と異なっているのは、軽妙な外見の下の苦い味わい、現代においてハードボイルドは挽歌（ばんか）としてしか成立しないという、歴史的にきわめて正確な、深い諦念（ていねん）ゆえなのである。

「さよならをいうのはわずかのあいだ死ぬことだ」

現代にさよならをいう矢作俊彦の美しい小説には、このチャンドラーの名せりふこそがふさわしい。

評・中条省平（学習院大学教授）

やはぎ・としひこ　50年生まれ。作家。著書に『ららら科學の子』（三島由紀夫賞）など。

二〇〇四年一〇月一七日⑦

『陸は海より悲しきものを　歌の与謝野晶子』

竹西寛子 著
筑摩書房・一九九五円
ISBN9784480823557
文芸

寂寥（せきりょう）感、哀感、疲労感――情熱の歌人として名高い与謝野晶子はこうした感性とはおよそ無縁なイメージが強い。ところが、三、四十代の歌集を細心に読み重ねると、「哀（かな）し」「寂（さび）し」「淋（さび）し」といった語の多用に驚かされる。確かにそこには、鈍色（にびいろ）に染まった「塞（ふさ）ぎ」の世界がわだかまっているのだ。いったい何ゆえの、いかなる悲哀なのだろう……。

こうして著者は、世に評されることの少ない晶子の「悲しみ」を歌に訪ねる旅に出る。出立（しゅったつ）をうながしたのは、『みだれ髪』からおよそ二十年後の歌集『草の夢』中の秀歌。「いさり火は身も世も無げに瞬きぬ陸は海より悲しきものを」

記憶の底にゆらぐ歌に照らされて、海よりも悲しい陸の、沈鬱（ちんうつ）な旅が辿（たど）られてゆく。夫鉄幹亡き後の挽歌（ばんか）集『白桜集』に至るまで、この恋の歌人の奥深さ、魂の振幅の大きさに目をみはる思いがする。

薄暮の秋に似つかわしい心の遠景は、竹西寛子ならではのもの。

評・山田登世子（仏文学者）

二〇〇四年一〇月一七日⑧

『フレンチの達人たち』

宇田川悟 著
河出書房新社・一八九〇円
ISBN9784309016504／9784344412002（幻冬舎文庫）
ノンフィクション・評伝

料理は人なりとばかり、日本フランス料理界第一線のシェフ16人（うちフランス人ふたり）を俎上（そじょう）に載せる。レストラン批評でも料理評論でもなく、料理人の人物論に徹し、おのおのの人となりを描き出す。

対象のシェフは1921年生まれの村上信夫から54年生まれの三國清三まで。裸一貫、本場の厨房（ちゅうぼう）で修行した苦労人がずらり並ぶ。

たとえば斉須政雄。日本人には「非日常の料理」の「フレンチを作り続け」「たえず不安につきまとわれる」生真面目（きまじめ）な性格が、浮き彫りにされる。

飛び交うキーワードはグローバリゼーション、フュージョン、アイデンティティなど。各国の素材・調理法がとり入れられ、無国籍化の流れが進むなか、世界的にフランス料理の独自性が問われているからだ。

パリ生活が長く、ロンドンでレストラン経営の体験もある著者は、フランス料理の未来を伝統回帰に託す。お皿の向こう側を覗（のぞ）いてみたい人にぴったりの1冊。

評・安倍寧（評論家）

二〇〇四年一〇月一七日⑨

『安息日の前に』

エリック・ホッファー 著　中本義彦 訳
作品社・二五二〇円
ISBN9784878936470
文芸／ノンフィクション・評伝

つねに社会の最底辺に身を置き、思索と読書を続けたE・ホッファー。失明、孤独、自殺未遂、放浪といった過酷な人生のなかから紡いだ沖仲仕の哲学は、『波止場日記』などでよく知られていよう。本書は彼の晩年の日記である。

「ポール・ヴァレリーによれば、近代以降、征服した国を五十年以上維持できた大国は一つもないらしい。もしこれが本当なら、ロシア審判の日は一九九〇年代に訪れるだろう」

これは一九七五年三月の予言のような一節である。「足が自分の体を運んでくれるか、腕が上がるか、目が見えるか（中略）、老人には確信がもてない。これは社会についても当てはまるだろうか。当たり前の行動や態度がとれなくなったとき、社会は老いたとみなされるべきなのだろうか」

自分の老いと死を見つめながら、二十世紀という過酷な時代を反芻（はんすう）する。読みながら考え、また読むという最後まで学びつづける精神力に感嘆するほかはない。

評・小高賢（歌人）

二〇〇四年一〇月一七日⑩　文芸

『ニューヨーク』

ベヴァリー・スワーリング 著　村上博基 訳

集英社・六三〇〇円
ISBN9784087734089

17世紀半ば過ぎ、開港まもないニューアムステルダムに、イギリス人の兄妹が降り立った。外科医の兄は総督の胆石手術を成功させ仕事場を得る。しかしまもなく人妻に横恋慕、薬草を処方する調薬師の妹は先住民にレイプされ妊娠する。敵対していた医師が妹の才能目当てに結婚を申し出たとき、兄は人妻の身請け金欲しさに受けてしまう。こうしてアメリカ独立までの一族の長い愛憎劇の幕が切って落とされるのだ。

奴隷の反乱と処刑、ユダヤ人襲撃などに劣らず、乳がんやジフテリアへの当時の医術が手に汗を握る迫力をもつ。史実とフィクションとの混じり方が絶妙で、これが作者の小説第一作というから驚く。

登場人物の中ではリズベッタとロシーンが好き。彼女たちはこの頃からすでにニューヨークという大舞台で夢を追っていたのだ。ハリウッドがこの大作を見逃すはずはない。早くも配役を推測して楽しんでいる。

評・多賀幹子（フリージャーナリスト）

二〇〇四年一〇月二四日❶　文芸

『ブルータワー』

石田衣良 著

徳間書店・一七八五円
ISBN9784198619183／9784167174194（文春文庫）／9784198927516（徳間文庫）

世界救済の崇高な意識に満ちた物語

二〇〇一年九月十一日に米国で起きた同時多発テロは、直接・間接をとわずに様々な文学作品に影響を与えているが、日本でも戦争とテロを考える作品が増えてきた。最近では荻原浩の『僕たちの戦争』（双葉社）と石田衣良の『ブルータワー』が収穫。この二作、偶然にも〈9・11〉とタイムスリップで繋（つな）がっている。

前者は〈9・11〉の翌日から話が始まる。サーフィン好きのフリーター尾島健太が大波に呑（の）まれ、タイムスリップして一九四四年に。一方、一九四四年九月十二日、特攻隊員の石庭吾一は誤って海に墜落して二〇〇一年の日本にという設定。ノーテンキな健太は特攻隊員になり、バリバリの特攻隊員の吾一は健太の体をかりて平和な日本で〝恋人〟と過ごすことになる。

青年を正反対の情況（じょうきょう）に投げ込むことで、戦争の残酷さと平和の尊さをあらためて体験させる。荻原なのでシリアスなテーマを扱いながらもユーモアを忘れず、またタイムスリップものの定石、関係者たちの歴史の改変の是非をうまくドラマに盛り込んで、スリルのある物語に仕立てている。不満は、物語の面白さが優先されて、戦争のテーマが薄まっている点だろうか。

その点、石田衣良の『ブルータワー』は、戦争というテーマを先鋭的に打ち出す。

悪性脳腫瘍（のうしゅよう）で死の宣告を受けた瀬野周司が目覚めると、そこは二百年後の未来社会だった。世界戦争で黄魔ウイルスがまかれ、人々は伝染の恐怖から高い塔を作り移り住んでいた。高さ二キロの青の塔は完全な階級社会で、上層を統治階級、下層を地の民が占めていたが、両者は戦闘状態にあり、テロが相次いで起きていた。

やがて周司は、未来と現代を往復しながら、世界の破滅の芽をつむために、黄魔を無力化できるオリジナルの遺伝子を求めることになる。

〝現実世界の南北問題とテクノロジー占有を、高さ二キロの塔の垂直問題にシンボリックに圧縮〟した社会が鮮烈だ（引用は「あとがき」より）。一見するとあざといが、終末的な社会像を様々な細部を通してリアルに作り上げている。何よりも読者に、戦争が終わらない今、人は何をなすべきなのか、見ず知らずの未来の人々のために何ができるのか、テロと憎悪の連鎖をなくすにはどうすればいいのかを突きつける。

とりわけラストがいい。女性の肉体を使った〝行為〟が何とも官能的に、でも世界救済の崇高な意識に貫かれていて素晴らしく感動的だ。石田衣良の代表作『娼年』と通じる、人間味のある温かなエロティシズムが結晶化している。

作者は〝9・11で受けた衝撃を、なんとか小説の形で吐きだしたい〟、〝どれほど現実が真似（まね）ようとしても、追いつけない作品にしよう〟（同）というが、その意図は十二分に成功しているといえるだろう。石田衣良という作家の潜在的な力の凄（すご）さを改めて見せつける作品だ。

評・池上冬樹（文芸評論家）

いしだ・いら　60年生まれ。作家。著書に『4TEENフォーティーン』『1ポンドの悲しみ』など。

二〇〇四年一〇月二四日②

『マーロン・ブランド』

パトリシア・ボズワース 著　田辺千景 訳

岩波書店・二六二五円
ISBN9784000267687

アート・ファッション・芸能／ノンフィクション・評伝

スターで厄介者…「聖なる怪物」の伝記

簡潔な文体で、一筋縄ではいかない屈折した個性をうまく描き出した伝記だ。

ブランドの父は暴力癖があり、母はアルコール依存だった。息子は生涯、父親憎悪とマザコンから脱却できなかった。

高校を追放された少年ブランドには、他人の歯の大きさまでまねるマイムの才があった。エリア・カザンと組んだ『欲望という名の電車』では、下着をつけないジーンズとTシャツ姿で、太股（ふともも）の筋肉の一本一本まで露にして、センセーションを巻きおこす。粗野でセクシーな反抗児。ブランドはクーパーとゲーブルの時代に終止符をうち、エルヴィスやミック・ジャガーの美学の先駆者となった。

赤狩りの時代、密告者であるエリア・カザンが監督する『波止場』に二十九歳で主演して、アカデミー賞を獲得する。ブランドがこの映画に出る条件は、毎日、午後四時に精神科医にかかれるように撮影を打ち切ることだった。

『片目のジャック』で監督のキューブリックを馘（くび）にして自分で演出し、『戦艦バウンティ』の浪費でMGMを破産寸前に追いこんだあたりで、ブランドは厄介者の烙印（らくいん）を押される。環境保護と黒人革命に没頭し、肉体は肥満に冒される。

だが、大逆転は七〇年代に訪れる。同時期に『ゴッドファーザー』と『ラストタンゴ・イン・パリ』に主演し、前者では顔と声まで変えてしまう究極の技巧を披露し、後者では全篇（ぜんぺん）即興をちりばめながら肉体と感情をさらけ出した。

こうして再び時代のカリスマになりながら、ブランドの周辺には不幸の匂（にお）いがたちこめる。息子が異母妹の恋人を射殺し、もう一人の娘が家で首を吊（つ）る。

それはまるで、存在するだけで世界を支配したスターが、運命に支払った高価な代償のように見える。

まことマーロン・ブランドは「聖なる怪物」だった。だが、ハリウッド帝国の聖なる殉教者でもないし、醜聞に埋もれた怪物でもない。映画スターを、夢の国の王子さまから、傷つきやすい肉体と心をもった人間へと脱皮させたリアリストだった。その映画的リアリズムの苦闘の痕（あと）が本書にはあざやかに刻まれている。

（原題、Marlon Brando）

評・中条省平（学習院大学教授）

Patricia Bosworth　アメリカの伝記作家。

二〇〇四年一〇月二四日④

『安全神話崩壊のパラドックス　治安の法社会学』

河合幹雄 著

岩波書店・三六七五円
ISBN9784000220231

社会

犯罪増はなく、境界の崩れが不安呼ぶ

リストラが横行し、年金制度も破綻(はたん)が予感されている。牛海綿状脳症(BSE)騒動で食の安心も脅かされた。加えて、「日本には犯罪が少ない」という安全神話も揺らぎつつある。まったく不安だらけだぜ、というのが国民の一般的な心情だろう。

ところがこと犯罪に関しては増えても凶悪化してもいない、と著者は言う。それでいて我々は、皮膚感覚としては確かに安全が脅かされていると感じる。なぜだろう？　本書はこの謎を、法社会学の視点から切れ味鋭く解き明かす。

まず、グラフを駆使しつつ事実が示される。一般刑法犯は近年急増しているが、自転車盗が急増部分で、除外すると微増にすぎない。凶悪犯はというと、殺人は50年代から減り続けてこの10年は横ばい。強盗は急増しているものの、ひったくりや集団でのカツアゲを統計に組み込んだせい。検挙率が急降下しているが、ほぼ窃盗犯検挙率の低下に相当している。警察が、軽微な余罪の追及には人員を回さなくなったかららしい。意外さに、あっけにとられた。

後半が、謎解きである。ポイントは、刑法の運用。日本では、累犯者はヤクザの世界など「境界」の向こうに隔離されるか、もしくは刑事や保護官といった「現場の鬼」が彼らにサシで対面しつつ謝罪させ、こちらの社会へ復帰する世話をしてきた(個別主義)。そうした裁量によって犯罪を「ケガレ」として一括する境界線が維持され、安全神話が語られた、という仮説である。犯罪そのものも、繁華街や夜間という一般人が近づかぬ領域で起きていた。境界が崩れ、「現場の鬼」が人手不足になって、「住宅街」で「昼間」に犯罪を見聞きするようになったのが、我々の皮膚感覚を過度に刺激するのだ、と。

経済にせよ、不安対策は法の透明な運用で、というのが昨今の風潮である。本書の仮説が正しければ、犯罪についてはそれだと皮膚感覚上、逆効果になるはず。

安易な改革に警鐘を鳴らす力作である。

評・松原隆一郎(東京大学教授)

かわい・みきお　60年生まれ。桐蔭横浜大学教授。共編著『体制改革としての司法改革』など。

二〇〇四年一〇月二四日⑤

『最後の錬金術師　カリオストロ伯爵』

イアン・マカルマン 著　藤田真利子 訳

草思社・二五二〇円
ISBN9784794213426

歴史

いかさまと迷信の時代のヒーロー

『山師カリオストロの大冒険』の著者、種村季弘さんがいらしたら、舌なめずりして書評なさったに違いない。一七四三年パレルモに生まれ、九五年にローマで獄死したカリオストロの生涯を、豊富な資料を駆使して描いた痛快な歴史物語。

その名はどこかできいたことがあるだろう。ルパン・シリーズ、宮崎駿のアニメ、そしてモーツァルトの歌劇「魔笛」のザラストロのモデルとして。

ときはフランス革命前夜。「理性と啓蒙(けいもう)の時代」十八世紀は、実は(だからと言うべきか?)「いかさまと迷信の時代」だった。カリオストロも、若い妻を使って色事師カザノヴァに近づき、偽造文書を作成してみせたり、東欧の小公国のお姫さまを降霊術でたぶらかしたり。

生まれ故郷の修道院で伝授された医術の腕だけはホンモノだったらしい。処方箋(せん)を調べたら、彼が使っていた薬はすべて無害か有益なものだったという。

無害では効かないじゃないかって?　カリオストロはカリスマ性で補ったのだ。その瞳は「言い表しようもない超自然的な深みをた

たえていた」という。

ゆく先々で、貧しく病める人々が彼のまわりに群がった。いっぽうで、フリーメースンの支部を利用して上流社会にはいりこみ、錬金術やカバラで人心をつかむ。ばれそうになると、さっさと逃げ出す。メースン嫌いのエカテリーナ二世はだませなかったが、ポーランドの王様やイギリスの皇太子はいちころだった。

一七八五年に起きた「フランス王妃の首飾り事件」が有名だ。女詐欺師ジャンヌが、マリー＝アントワネットの名をかたり、五百四十個ものダイヤでできた首飾りを盗んで逮捕された。彼女は、カリオストロに罪をなすりつけるのだ。

裁判で冤罪は晴らすが、カリオストロは国外追放となる。このとき発表した文書は、収容されていたバスティーユの陥落や革命を予言したとして騒がれた。正確には当たっていないのだが、ただならぬオーラで信じさせてしまったのだ。

波瀾（はらん）万丈の生涯に快哉（かいさい）を叫ぶもよし、こういう人物を跳梁跋扈（ちょうりょうばっこ）させた「時代」をかいま見てため息をつくもよし。

（原題、The Last Alchemist : Count Cagliostro, Master of Magic in the Age of Reason）

評・青柳いづみこ（ピアニスト・文筆家）

Iain McCalman　47年マラウィ生まれ。文化歴史学者、豪州国立大学教授。

二〇〇四年一〇月二四日⑥

『世界の明日が決する日　米大統領選後の世界はどうなるのか』

カレル・ヴァン・ウォルフレン著　川上純子訳

角川書店・一四七〇円
ISBN9784047914902

国際

「外野席」がやきもきする11・2

アメリカが変わらなければ世界は変わらない。米国民よ、何とかしてくれ！

イラク戦争が招いた混乱や、環境政策をめぐる協調態勢の崩壊など、国際社会に米国政治へのうらみ、つらみの声がいまほど満ちている時代はあるまい。

三十五カ国で行われた世論調査で、米大統領選では現職ブッシュ氏より民主党のケリー候補の勝利を望む、が上回った国が三十カ国にのぼったそうだ。朝日、ルモンドなど十紙の最新の共同調査結果もほぼ同様だと報じられた。投票日の11・2を固唾（かたず）を飲んで待つ世界のそうした気分を代弁し、米国の政治と社会を、いささかキワモノ的に論じるのが本書である。

ブッシュ大統領は、常に酔ったような心理にある「ドライ・ドランク」状態ではないかと書く著者は、ブッシュ政権を「ウソとプロパガンダで米国政治を変質させた」などと、辛らつに批判する。そしてケリー政権なら諸外国とより友好的な関係を築き、イラク政策や対中政策が変わる可能性があるという。

他方、米国の社会はいまや、自国を特別な国だと宣伝する右派の強力なイメージ戦略に征服されてしまったとし、仮に大統領が交代しても、さほどの変化は起きないかも、の懸念をも示す。多様な価値観を認めるリベラルな政治勢力が「国家への忠誠心を欠く」という非難に押され、ひどく弱体化したからだ。

そうした宣伝が浸透してしまう「アメリカの大衆の無知」にも繰り返し触れ、考えさせられる。ただし、著者は切っ先鋭い日本論で米論壇に受け入れられたが、元々啓蒙（けいもう）主義の伝統を汲（く）むヨーロッパ人であり、あくまでも「外」からの観察である。その点、正鵠（せいこく）を射ているかどうかは一応留保しておきたい。

それやこれやで、読了後「世界が変わるか」には絶望的な気持ちにもなる。しかし、第一次大戦当時、栄光ある孤立を求め、三年間参戦を拒んだ米国に対し、英国が指導層を標的に宣伝活動を展開し、再選後のウィルソン大統領が参戦を決意した前例もある。現在とは正反対の状況ではあるが、「外から米国を変える」こともできないわけではないのだ。

（原題、The Day When the Future of the World Will Be Decided）

評・佐柄木俊郎（ジャーナリスト）

Karel van Wolferen　41年オランダ生まれ。ジャーナリスト。

二〇〇四年一〇月二四日⑦　歴史

『イギリス紳士の幕末』

山田勝 著
NHK出版・一〇一九円
ISBN9784140910092

幕末維新期の日本を知る上で、外国人の見聞記は恰好（かっこう）の資料である。当時の日本人には当たり前で書くまでもなかったことに、外国人は好奇の目をみはるからだが、この本がそうした日本滞在記の紹介の書とひと味違うのは、日本を見つめるイギリス紳士の視線が、なぜそんな方向に向かうのかを、イギリス社会史から解いているからだ。

日英通商条約の締結に功あったエルギン卿の秘書、オリファントが、江戸の粋な男たちを〝dandy〟と表記したことを、著者は高く評価する。イギリスのダンディ＝「エレガンスをそなえた優美で孤高な男」と日本の「伊達者（だてもの）」を、「華麗」と「簡素」の違いがありながらも、美の表現方法、ライフスタイルに通底するものを見取っているのだ。

究極のダンディ、オスカー・ワイルド研究の第一人者でもある著者ならではの、イギリス社会風俗史としても楽しめる、一冊で二冊分美味（おい）しい本である。

評・武田佐知子（大阪外国語大学教授）

二〇〇四年一〇月二四日⑧　文芸

『猫に名前はいらない』

アンドリュー・N・ウィルソン 著
小竹由美子 訳
白水社・一六八〇円
ISBN9784560047941

おのでらじろうから、はがきが届いた。「はじめまして。ぼく、じろう。あそびにきてね」と拙（つたな）い字で書いてある。「南大塚・路地裏生まれ」だという。

彼、拾い猫である。小野寺家の猫はこれで二匹になった。兄貴分の「ちびた」もよく手紙を寄越す。保護者の女性は、ちびたとじろうの筆跡を違えるのにずいぶん練習したらしい。

本書の主人公、英国の猫によれば「人間ってのは、なにかに名前をつけるとそれを征服したように思う」のだそうだ。そういえば、かのシェークスピアも「名前ってなあに。バラを他の名で呼んでも香りに変わりないのに」と申しておる。

ときに哲学を交えながら、冒険あり恋あり悲しみありの来し方を、さすらい猫が語る。著者はもちろん猫の言葉がわかる。そしてもちろん、猫嫌いには凡作としか思えないだろう。

いまウチの猫に「コハル」と呼びかけてみた。振り向きもしない。とりあえず人間に用事はないのだ。

評・栗田亘（コラムニスト）

二〇〇四年一〇月二四日⑨　歴史／人文

『フィリピン歴史研究と植民地言説』

イレート、ラファエル、キブイェン 著
永野善子 編・監訳
めこん・二九四〇円
ISBN9784839601775

長らくアメリカの植民地だったフィリピンは、アメリカナイズされた社会でいかに生きるかという先例を私たちに示しているとも言える。また、一九〇〇年前後の比米戦争におけるアメリカの姿は、軍事介入を「愛他的行為」とし、フィリピン人が「互いに殺し合うのを防ぐために彼らに銃を向けた」点で、百年後のイラクでの現状を黙示していたかのようだ。

本書は、国際的注目度の高いフィリピン史研究者三人の論文集で、一般の読者には馴染（なじ）みにくさもあろうが、豊富な訳注により興味深く読める。たとえば〝国民的英雄〟と呼ばれるホセ・リサールを、当時の宗主国スペインとの併合論者で、革命を拒否した人物とみなす、かの国の進歩的知識人に広く共有されている見方は、アメリカによる巧妙なプロパガンダの結果であることが論証される。

骨絡みのアメリカ化から歴史をどう奪い返すのか。この問い掛けと、私たちも無縁ではありえない。

評・野村進（ジャーナリスト）

『グローバル化で世界はどう変わるか　ガバナンスへの挑戦と展望』

ジョセフ・S・ナイ・Jr.、ジョン・D・ドナヒュー 編著
嶋本恵美 訳

英治出版・三五七〇円
ISBN9784901234511

政治／国際

広がる、「相互依存」の厚い網の目

ここ10年ほどですっかり耳慣れた言葉になったグローバル化。でも、それっていったい何なのか。万華鏡のように多様な表情を持つこの現象に、どう対処すればいいのか。米国ハーバード大などの俊英たちがこれらの問いに切り込んだ研究報告書の翻訳である。

まず、グローバリズムを「相互依存関係の網の目（ネットワーク）がいくつもの大陸にまたがって広がっている世界の状態」と規定する。ネットワークを構成するのは、人間だけではない。資本や財、情報や考え方、そして環境汚染物質、病原体も加わる。これらすべての構成要素が国境を越えて動き回り、互いに作用・反作用を繰り返す。

では、グローバル化とは何なのか。この点については比較的シンプルで、グローバリズムが拡大するのがグローバル化で、縮小するのが反グローバル化だと定義している。

もちろん、グローバル化は今に始まった現象ではない。東西文明の交流、大航海時代、帝国主義時代など、いくつもの類例が存在する。ただ、大事なことは「グローバリズムがどのくらい古くからあるか」ではなく、その時代のグローバリズムが「厚い」か「薄い」かであるというのが本書の基本的な視座である。

「希薄なグローバル化」の一例は、シルクロードだ。東西交流を促したシルクロードではあるが、往来したのは「少数の果敢な商人」であり、交易品に「直接的影響」を受けたのは「主として沿道の限られた富裕層の消費者」でしかなかった。これに対して今は、歴史上最も「厚みのあるグローバル化」の真っただ中にあり、経済、軍事、情報通信、環境問題などの分野における「大規模で絶え間ない動き」が、多くの人々の暮らしに影響を与えている。

ところで、現在進行形のグローバル化が抱える諸問題の管理、統治には、従来と異なる行動様式を求められる。高度にネットワーク化が進み、諸問題がネットワークを通じて伝搬、拡散する傾向が強まる。臨機応変に対処していくには、国家やその他の行動主体（企業や市民社会など）が共同行動、協働作業の担い手として連携を強め、ネットワーク力を高めなくてはならない。

テロ集団、病原体、環境汚染……問題の原因と結果がグローバル化に便乗して広がるのか、対応する側がネットワークを活用してグローバル化に伴う不利益を最小化し、利益を最大化するのか。それは双方のネットワーク力の壮大な葛藤（かっとう）にも見える。

振り返って見て、日本のネットワーク力は大丈夫なのか。むしろ、国家と他の行動主体の階層的な上下関係が緩まないままではないのか。狭い国益観、古典的な主権国家観の殻に閉じこもっていては、時代にマッチしたネットワーク力を身につけられないことは確かだろう。

（原題、GOVERNANCE IN A GLOBALIZING WORLD）

評・吉田文彦（本社論説委員）

Joseph S. Nye, Jr.、John D. Donahue　ともに米国の公共政策研究者。

二〇〇四年一〇月三一日❷

『中世パリの生活史』

シモーヌ・ルー 著
杉崎泰一郎 監修　吉田春美 訳
原書房・四二〇〇円
ISBN9784562037926
歴史

13～15世紀の市民生活をつぶさに描く

パリについては、これまでも無数の書物が書かれてきたし、中世にかぎっても少なからぬ研究の蓄積がある。今更屋上屋を重ねるつもりか、と疑問をもつ向きもいるだろう。しかし本書を読み終えてみれば、今まで何を知っていたのだろうか、と逆に不思議の感に捉（とら）えられるに違いない。

本書は十三世紀から十五世紀までのパリ市民の日常生活の諸局面を、当時の人々の生活の「場」に寄り添って調べ上げている。王と宮廷が存在し、教会が人々の魂を守っている都市の権力と権威の序列について述べた後、庶民の仕事場や商店、家族、衣食住、余暇などが検討される。とはいえ誂（あつら）え向きの史料が揃（そろ）っているわけではない。不動産証書、租税台帳、会計簿、財産目録、裁判記録、遺言書といった地味で単調な史料からデータを拾い上げ、数多く突き合わせることで、隠れていた姿を浮き彫りにしてみせるのが、著者の腕の見せ所である。

こうした作業が重ねられるうちに、淡彩の風景画のなかに、多様な身分・職業の人物が小さく紛れ込んでいるような、パリ生活模様が眼前に展開してゆく。ときどきあるシーンがズームアップして、家の中での夫婦喧嘩（げんか）、通りの窃盗事件、職人の徒弟奉公、施療院の食事などの様子が、微細に描写されるのが感銘深い。

本書が教えてくれるのは、パリは現在とおなじく、中世においても愉快で思いがけない出来事に満ちた町であり、また美味（おい）しい食べ物が集まった巨大な消費センターであったことだ。その住民は、他の都市・地域以上に多様な絆（きずな）で連帯し、援助し合っていたこともよく分かる。

あえて難をいえば、物語性が希薄なことだろう。時代ごとに、どんな原因で何がどのように変化していったのか、点景たち相互の関係をいかに理解したらよいのか、歴史を読み考える楽しみであるストーリー展開があまりないのである。しかし、そうしたストーリーが描かれる画布をこそ本書は提供しているのであり、まがいものでない画布がこれまで欠けていたことを思えば、やはりきわめて貴重な書物だと評価すべきだろう。

（原題、PARIS AU MOYEN ÂGE）

評・池上俊一（東京大学教授）

Simone Roux　パリ第10大学ナンテール校名誉教授。

二〇〇四年一〇月三一日❸

『平和を破滅させた和平　上・下』

デイヴィッド・フロムキン 著
平野勇夫、椋田直子、畑長年 訳
紀伊国屋書店・各三九九〇円
ISBN9784314009669〈上〉・9784314009676〈下〉
歴史／ノンフィクション・評伝

無知と傲りが生んだ中東社会の混乱

いかに悪い出来事でも、何か一つは良いことをもたらすのだろうか。中東の混乱は世界の一大災厄だが、その災厄はこの地域への関心を高めている。一五年前にアメリカで公刊され、注目を集めた大作が翻訳されることになったのも、その表れだろう。

本書はアメリカ人歴史家が第一次世界大戦期の中東をめぐる国際情勢についてイギリスを軸として描き出した書物である。今日まで続く中東の混乱は、大戦中の欧米列強の政策、なかんずくイギリスのそれに起因するのであり、その誤算と失敗の数々が醒（さ）めた筆致で語られる。

アラブ人の反トルコ運動を強化するためにアラビア半島のフサインをアラブの指導者と認めたフサイン・マクマホン協定を結ぶ一方で、仏露と戦後の権益を分割したサイクス・ピコ・サゾノフ協定を結び、更にユダヤ人の支持を獲得するためにパレスチナへのユダヤ人植民を支援するバルフォア宣言を発した。

第一次世界大戦が終わってみるとこれらの空証文の矛盾が噴出するのは当然だった。

本書から浮かび上がってくるのは、イギリスを始めとする当時の欧米人の中東地域に対する無知と傲（おご）りである。本国政府の関心は、戦況に有利なように現地社会を利用し、戦後の権益を獲得することであった。しかし専門家と称される人々すら、トルコの支配やイスラム社会の基本的知識を欠いており、できあがった政策はご都合主義的な判断の集積であった。「戦争を終えるための戦争」と宣伝された第一次世界大戦は、実は大戦前の「平和」を永遠に失わせた「和平」しかもたらさなかったというのが本書の皮肉なタイトルの由来である。

しかし本書はイギリスを始めとする狡猾（こうかつ）な外部世界が純朴な現地社会をだましたというような単純な善玉・悪玉像を描いてはいない。本書にはイギリスが「してやられた」エピソードも数多く含まれている。恐れるべきなのは外部世界が、この地域の奥深さを理解せずに介入し、自らの誤りと向き合おうとしない癖であり、それは今も続いていることなのである。

（原題、A Peace to End All Peace）

評・中西寛（京都大学教授）

David Fromkin　ボストン大学教授。

二〇〇四年一〇月三一日④

『母に歌う子守唄』

落合恵子 著
朝日新聞社・一三六五円
ISBN9784022579362／9784022644039（朝日文庫）
文芸／医学・福祉／社会

「福祉」の未来を見つめる格闘と葛藤

深夜、ようやっと眠りに入った母の右手がふうっと浮いて、しきりに宙をさまよう。その手が白い壁に影をつくる。ふと、幼い頃にしてもらった影絵遊びを思う。風邪をこじらせて帰宅した日は、マスク越しに「ただいま」と声を絞りだす。それも無理ならタンバリンの鈴を振って、帰宅を知らせる。すると母もまた「おかえり」と息だけで応える。そういえば、母と糸電話で息だけの会話をしたことがあった。母が楽しみにしている「のど自慢」の番組。その手に「自分の掌（てのひら）」を重ね、歌に合わせリズムをとる」。カスタネットのリズムをうまくとれなかった幼い頃、この母に同じようにしてもらった記憶がよみがえる。

深夜、2時間おきに体位の交換。あいだにオムツを換え、周りを拭（ふ）き、排尿量を量り、水分補給をし、そして原稿を書き継ぐ。夜明けとともに、お粥（かゆ）やおかずの支度。ヘルパーさんの分まで。昼間は、主宰する雑誌の編集、どんなに遠くても日帰りの「福祉」の講演。その車中で爆睡……。要介護度5の母親と生きる落合さんの「こま切れ」の日常だ。そのお母さんがお漏らしをし、指先を真っ白にするほどの力で椅子（いす）の脇をつかみ、口をへの字にして憎まれ口を叩（たた）く。

「恵子ってね、子供の頃、おもらしをすると、椅子にへばりついて立とうとしなかったのよ。口をへの字にして」

「なあんだ、おあいこじゃん！」

安堵（あんど）から疲労へジェットコースターのように急降下し、期待が膨らみかけたらじわじわブレーキをかける。そんなもがきのなかに訪れるのが、昔たしかに同じことをしてもらった記憶だ。

ある動物学者が教えてくれた。後に生まれた者が先に生まれた者の世話をするのは人間だけだ、と。すごい文化だ。すごい文化は、すさまじい格闘と葛藤（かっとう）を求める。そこをくぐり抜けるのはただならぬことだ。そしてその途は一つではない。介護のさなか、言いにくいこともきちんと言って、口が酸っぱくなるまで病院や介護事業所と交渉する。自分たちのケースを悔いなくやりきらなければ、この国の「福祉」に未来はないと信じて。

評・鷲田清一（大阪大学教授）

おちあい・けいこ　45年生まれ。作家。著書に『バーバラが歌っている』など。

二〇〇四年一〇月三一日❺

『神谷美恵子の世界』

みすず書房編集部 編

みすず書房・一五七五円
ISBN9784622081869　医学・福祉／ノンフィクション・評伝

使命感をもち自己を貫いた表現者

神谷美恵子コレクションの刊行が始まり、第一巻目として、日記付きの『生きがいについて』が刊行され、同時にその生涯を俯瞰（ふかん）する『神谷美恵子の世界』が出た。『生きがい……』の初版から、ほぼ四十年。人間の心について、生きる意味について、神谷美恵子自身が生きる日々のなかで、あたかも自分を鍛えるようにして考えぬいた本である。

深く、宗教的な資質を持った人で、医学を志したとき、友人に、「病人が私を待っている」と言ったらしい。使命感——他者から呼ばれているという感覚は、彼女を生涯貫いた。自己の心中から湧（わ）くその声に耳を澄ますことによって、遠回りしながらも、自己を貫く生き方ができたのだろう。日記からは、子供二人を育て、精神科医、教職者、表現者として生きることの苦労も読みとれる。しかし執筆者の一人、中村桂子氏は本書の中で、こんなふうに書く。

「……ここで、家庭と仕事の両立というような言葉は使えない。すべてが神谷美恵子というひとであるからだ。……私自身……仕事と家庭の両立というフレーズにはいつも違和感を抱いてきた。全部で私なのだと思ってきたのである。……神谷さんの日記を拝読し、こういう生き方でいいのだと思えたのが嬉（うれ）しかった。これは、女性に限ったことではない。男性も含めて仕事も日常生活もすべて一人の人間を通すという生き方が普通になった時、『生きることを大切にする社会』が生（うま）れると思うのである」

唐突だが、私は、塔和子（とうかずこ）という詩人を読むとき、少し離れた場所で、神谷美恵子の存在が響いているような気がすることがある。塔和子はハンセン病患者として療養するなかで強靭（きょうじん）で美しい数々の詩を書いた。ハンセン病患者のために長く精神科医として働いた神谷美恵子は、この世における「詩の働き」を信じ、そのことに強く感応した人である。単独の思索者として仰がれるように読まれるのでなく、常に、何かと結ばれ、繋（つな）がりあい、読者それぞれと響きあいながら、有機的なありようで、読み継がれていく。神谷美恵子は、そんな表現者だと思う。

評・小池昌代（詩人）

神谷美恵子の詩やアルバム付き。中村桂子、鶴見俊輔、中井久夫、加賀乙彦らが寄稿。

二〇〇四年一〇月三一日❻

『いとしこいし　漫才の世界』

喜味こいし、戸田学 編

岩波書店・二七三〇円
ISBN9784000221436　アート・ファッション・芸能

落差に満ちたしゃべくりが爆笑を生む

いとし　わが日本が代表するあの新幹線ね。
こいし　あ～、はいはいはい。

夢路いとし・喜味こいし、愛称「いとこい」の漫才は、こんなふうに、いつもすっと始まった。

奇をてらわず、派手なアクションもなく、上品な背広に身を包んで、「お前」「俺（おれ）」ではなく「君」「僕」を口にし、急（せ）きもせず慌てもせず、淡々とふたりの掛け合いが進んでいくうちに、いつしか話は奇天烈（きてれつ）な展開を見せ、交通巡査が信号無視の通行人に謝り、大阪の布施の隠居の大工の棟梁（とうりょう）がフセイン大統領となり、客席を爆笑の渦へと巻き込む。

落差が快感だった。晩年のいとしは好々爺（こうこうや）の風貌（ふうぼう）で、若いころとは違ってゆっくりとしゃべっただけに、その笑いには、一瞬にして世界を変貌（へんぼう）させるような凄（すご）みがあった。

爆笑とは身体が勝手に笑ってしまう笑いである。押し殺すことができない。だから、「いとし・こいし名作選」を収めた本書を、決して人前で開いてはいけない。何度も私は爆笑し、そのつど我に返って、ひとりであることを確かめた。

本がそんな力を持っていることに改めて驚く。もちろん、それはいとし・こいしの姿やしゃべくりが、本書の背後にあざやかに浮かび上がるからだ。

旅芸人の子に生まれたふたりは、楽屋で育った根っからの芸人だった。実に、65年も漫才を続けた。映画やテレビでの活躍、とりわけ12年間続いたテレビ番組「がっちり買いまショウ」の司会は忘れられない。多くの読者にとって、「いとこい」は今なお生きているだろう。

講談・落語に比べると、漫才の本は少ない。漫才は、エンタツ・アチャコに始まる歴史が浅く、また、当意即妙にその時々の話題を取り入れるから、定本をつくりにくい。本書はその難問に挑戦、「漫才の最高峰」いとし・こいしの名作15本を後世に伝えようとする。

いとしの「私のマンザイ放浪記」、こいしの「演目解説」に、「いとこい」を敬愛する何人かのエッセーを添えた本書を、文字どおり、ご笑覧いただきたい。

評・木下直之（東京大学教授）

きみ・こいし　27年生まれ。夢路いとしは兄。
とだ・まなぶ　63年生まれ。演芸研究家。

二〇〇四年一〇月三一日⑦　文芸

『どこかに神様がいると思っていた』

新野哲也 著

新潮社・一四七〇円
ISBN9784104697014

有力な、まことに有力な新人の登場である。評論やノンフィクションを手がけている作者の二作目（でも十七年ぶり！）の小説。長いライター生活で培った老練さが見られるが、その一方で小説にかける初々しさと清新な細部がある。

落魄（らくはく）した男が最後に見出す幸せ「どこかに神様がいると思っていた」、山奥で男が目撃する鮮烈な光景「蝶（ちょう）の谷」、やくざがひょんなことから〝祈祷（きとう）屋〟をつとめる「聖壇に祈りを」、正義感の強い男の猪突猛進（ちょとつもうしん）の人生「口笛で恋歌を」など十篇（へん）が収録されているが、いずれも温かみのある老成した眼差（まなざ）しで、人それぞれ決して一様ではない喜びと哀（かな）しみを捉（とら）えている。

小説ファンなら、会話で物語をつなぐあたりの瀟洒（しょうしゃ）な都会小説は神吉拓郎、ユーモラスな人情小説は山口瞳、詩情をたたえたアウトドア小説は稲見一良を思い出すのではないか。最良の作家を想起させながら、なおかつ生気あふれる個性がある。これはいいぞ。

評・池上冬樹（文芸評論家）

二〇〇四年一〇月三一日⑧　アート・ファッション・芸能

『THE LITTLE BOX OF BEATLES』

アラン・クレイソン 著　刈茅由美ほか 訳

ソフトバンクパブリッシング・二五二〇円
ISBN9784797327496

ひとつのグループとして論じたビートルズ伝なら、玉石混淆（ぎょくせきこんこう）ながら山ほどある。メンバー個々の伝記も沢山（たくさん）出ている。しかし、ひとりの著者が4人それぞれの伝記を書き、その4冊をワン・ボックスに納めた例は、寡聞にして私は知らない。

この方法論だと、ジョン、ポールにくらべ、やや存在感の薄いジョージ、リンゴの独立性が際だってくる。

リンゴの登用で退場を余儀なくされたドラマー、ピート・ベストについてジョージ本のなかで、「無情なやり方でお払い箱にされ」たとある。人生の狂った彼についても1冊あったら興味深かったろうに。

ポール本のなかに次のような本人の告白がある。

「ジョンと僕が初めて曲を書き始めたとき、すべてものまねから入ったんだ」

4人の音楽的軌跡についてすこぶる克明。私生活の乱脈ぶりも詳細を極める。

個々人の素顔を知れば知るほどビートルズの起こした奇跡との落差は大きく、めまいが生じてしまう。

評・安倍寧（評論家）

二〇〇四年一〇月三一日⑨　文芸／社会

『自分と自分以外　戦後60年と今』

片岡義男 著
NHKブックス・一〇七一円
ISBN9784140910061

本書は小説家、翻訳家、詩人、エッセイストでもある著者が、自分にまつわる出来事と、自分が外に向けて寄せる関心事について綴（つづ）ったエッセー集である。

戦争末期の少年時代に、疎開地から見た広島への原爆投下の様子から語り始め、終章で現実の積み重ねに引きずられながら現実を追認する今の日本という国の来し方行く末を淡々と記す。その筆致は常に過度の感情移入を抑制し、平熱が保たれている。これは著者の姿勢というより覚醒（かくせい）感と言えるかもしれない。常に等身大の視線で物事を見つめ、それ以上でもそれ以下でもない。それだけに、例えば著者が「新憲法は世界に向けて日本を解放した」と、きっぱりと言い切る時、かつてのイデオロギーや感情論を越えた静かな気迫が今伝わってくる。

ふと、いま日本が世界の何処（どこ）にいるのかを考える時、この書は自分の身の丈から見渡した幾つかの疑問とその解を示してくれる、そんな一冊である。

評・前川佐重郎（歌人）

二〇〇四年一〇月三一日⑩　文芸

『イマジネーション　今、もっとも必要なもの』

赤川次郎 著
光文社・一五七五円
ISBN9784334974626／9784334742003（光文社文庫）

この本を読んで、あっそうかと思ったことがある。

暗いニュースがあいつぐのに、世の中どこかおかしいという声は一向に聞こえてこない。そんな話よりオリンピックで金メダルをとった記事を読みたがる、と著者は言う。「おそらく人は、自分の暮（くら）しに不満があり、将来への不安を抱えていると、いやな話など聞きたくないのだ」

若い世代に読者が多い著者は、ことさらに時流を追わず、人間は基本的に変わらないというスタンスをとってきた。しかし、昨今はどうも理解不能なことが起こる。生活の底に不気味なものが潜んでいる。想像力の欠如が原因ではないか。

いじめ問題や対人関係。相手の立場に立ってものを考える習慣が失われつつある。人間が想像力を働かせなくなったらどうなるかは歴史が証明しているのに。

大学での講演をまとめた文章は平易ながら核心をつき、著者の抱く危機感がひしひしと伝わってくる。

評・青柳いづみこ（ピアニスト・文筆家）

二〇〇四年一一月七日①　人文／社会／ノンフィクション・評伝

『評伝 北一輝 全5巻』

松本健一 著
岩波書店・各三一五〇円
ISBN9784000264761〈1〉・9784000264778〈2〉・9784000264785〈3〉・9784000264792〈4〉・9784000264808〈5〉
ISBN9784122059856（中公文庫〈1〉）・9784122059962（〈2〉）・9784122060128（〈3〉）・9784122060319（〈4〉）・9784122060432（〈5〉）

「革命的ロマン主義者」にふくらみ

近代日本について数々の独創的な研究を公表する一方で、現代の様々な知的課題に対しても鋭い問題提起を行ってきた著者にとって、北一輝の研究は出発点であり、常に立ち戻る原点でもあった。その膨大な研究成果がこの度、全五巻の評伝として完成した。全身全霊が傾注された熱気が行間から立ちのぼる、掛け値なしの力作である。

本書が描き出す北一輝の五十四年の生涯は鮮烈の一語に尽きる。明治中期に佐渡に生まれ、上京して二十三歳の若さで『国体論及び純正社会主義』を自費出版するが、即座に発禁の憂き目にあう。北は逃れるように中国に行き、中国革命に関与する。この時書いた著述は後に『支那革命外史』として出版される。しかし第一次世界大戦後、ウィルソン外交と朝鮮、中国での反日運動を眺めつつ、日本の国内改造に関心を移して『日本改造法案大綱』を著す。

その後日本に戻った北は、大川周明らが結成した国内改造をめざす結社、猶存社に参加し、世を憂う下級士官との接触が始まる。猶存社は解散するが、北は政党政治の腐敗と財閥支配を糾弾する立場から政治の裏面で暗躍した。しかし次第に法華経への傾倒を強め、政治活動からは遠ざかった。にもかかわらず、二・二六事件に連座して一九三七年、銃殺刑に処せられた。

迫害を受けながらも北の思想は板垣退助、河上肇から岸信介、三島由紀夫までに強い印象を与えてきた。かねて著者は「革命的ロマン主義者」として北を解釈してきた。かつてそれは「革命は左翼、ナショナリズムは右翼」というドグマに対するアンチ・テーゼとして打ち出された。しかし本書での北はロマン主義者として、豊かでふくらみを持つ存在となった。

鎌倉時代に順徳天皇と日蓮が流された記憶の残る地で、自由民権の息吹と本土との経済交流による変化を感じ、眼疾による学業と恋の挫折を経験した生い立ちが、万世一系説に基づく天皇観を否定し、国民革命によって社会主義を実現するという、明治にあっては稀有（けう）の視角を可能にした。下級軍人を改造の担い手といち早く認識し、中国をめぐるアメリカとの角逐の危険性を察知、その回避に努めるという透徹したリアリズムをもちながら、中国革命家の遺児を養子として慈しみ、二・二六事件の首謀者たちの意気に感じて死を受け入れる情の篤（あつ）さが、独特のカリスマ性を生んだのであろう。

本書は二十世紀の北一輝論、革命家としての北像の完成型と呼べよう。しかし本書は、北の思想が、ロマン主義とテロの関係や、日本とアジアの連帯と相克など、二十一世紀的視点から解明されるべき巨大な問いをはらんでいることも示した。本書を新たな出発点として、二十一世紀的な北一輝像を描く研究が登場することを期待したい。

評・中西寛（京都大学教授）

まつもと・けんいち　46年生まれ。評論家。『丸山真男　八・一五革命伝説』など。

二〇〇四年一一月七日②

『資料が語る戦時下の暮らし　太平洋戦争下の日本　昭和16年～20年』

羽島知之 編著

麻布プロデュース・三三六〇円

ISBN9784900710030

歴史

黄変やシミに戦争協力の過程を実感

あれは昭和三十年代のはじめだったか、時々父が、蓄音機をまわして聞かせてくれたレコードがあった。「愛国行進曲」である。直接レコード盤の上に印刷された、日の丸を掲げて行進する子供達（たち）の姿がカラフルだし、勇ましい曲も幼心に好きだった。「アメリカさんに聞かれちゃいけないから、雨の日にしかかけられないんだよ」と、父は目で笑いながら、秘密めかして言った。

その懐かしいレコードまでが登場する本書は、膨大な新聞の蒐集（しゅうしゅう）で知られる羽島知之氏のコレクションから選ばれたものである。新聞を中心に、教科書、雑誌、ポスター、広告ビラ、戦時国債、「赤紙」と呼ばれたピンク色の召集令状や、米軍が降伏を勧めて撒（ま）いた宣伝ビラに至るまで、氏が集めた戦時下の暮らしを語るナマの資料を、すべてカラーで掲載する。

実は新聞のみならず、あらゆる出版物、印刷物、絵本や漫画、そして子供のおもちゃまでが、戦時体制協力の広告媒体になっていたのだと改めて実感させてくれる。もんぺの花嫁姿を推奨する意図の着せ替え人形や、「興味津々健全遊具」のうたい文句の「戦争将棋」。誰がこんな玩具で！と思いはするが、当時の子どもは喜々として遊んだであろうことが哀（かな）しい。

今新聞は、図書館でもほとんどマイクロフィルムや縮刷版で収蔵される時代だが、本書の黄色く変色し、シミまでが浮き出た紙面に、戦時下、紙質が悪化していく過程まで見て取ることが出来、戦争中の暮らしが生々しく浮かび上がる。

氏が新聞の蒐集を思い立ったのは、特色ある国語教育を編みだした大村はまに、戦後すぐ、中学で教えを受けたことがきっかけだった。大村は教科書も無い中、包装に使っていた新聞紙を集めて読ませ、記事の読み方、書き方を学ばせた。調査や実習、発表をふんだんに取り入れた大村の授業で、新聞の教育における役割を体感したからこそ編者は、紙の資料に語らせることで、戦争が否応（いやおう）もなく庶民を巻き込み、がんじがらめにしていった事実を、ナマのかたちで示したのだろう。平和教材としても有効な一書である。

評・武田佐知子（大阪外国語大学教授）

はじま・ともゆき 35年生まれ。資料収集コンサルタント、紙の文化資料館代表。

二〇〇四年一一月七日③

『時の光の中で　劇団四季主宰者の戦後史』

浅利慶太 著

文芸春秋・一五七五円
ISBN9784163663500／9784167753412（文春文庫）文芸

見せ場たっぷり　辣腕の爽快な自賛

成功譚（たん）は、それまでにどれほど苦難の旅路があっても、結局は自賛話に傾くのを避けられない。

ましてや著者は、巻末の紹介に従えば「日本にミュージカルを定着させるとともに、ロングラン公演の成功により日本演劇界の興行形態を変革した」劇団四季のボスであり、ミラノ・スカラ座での『蝶々夫人』などの演出で「国際的評価を得」た辣腕（らつわん）であり、「歴代総理をはじめ政財界に及ぶ交流の広さで知られる」人たらしなのだ。読み進むうちに、張り扇の音が聞こえてくるような気分になる。

劇団四季の興隆を縦糸に、自身の豊かな交流を横糸に編んだこの「戦後史」は、要するに浅利流の演出で彩られた講談なのである。たとえば兄貴分の元電通マンに著者が「お客は入らない。とても難しいよ」とこぼす。兄貴分は諭す。「馬鹿を言うんじゃない。世界中を見てみろ。ロンドンもニューヨークのブロードウェイも劇場は満員だ。理由は唯（ただ）一つ。普通の人が観（み）て面白いものをやってるからだ。（中略）芝居者は芝居で食え。八百屋は野菜を売って食うんだ。どんなに苦しくてもそれを貫け」。高座で語れば、どっと拍手が来るところ。

こんな見せ場が随所にあって飽きさせない。語り口は一種さわやか、素朴にしてその通りの教訓もさりげなく挟まれ、なにやら得したみたい。あ、これ四季ミュージカル得意の手法でもあった。

『佐藤榮作日記』には「私の名前が十九回出てくる。民間人として他の人より多少多いと思うが（中略）そんな回数ではない」そうで、佐藤退陣会見の際の記者団一斉退場の一件をはじめ、政治家との付き合い話はなかでも面白い。虚実はともかく評者はそこを楽しんだけれど、「経営者としては認めるが、演出家としてどうか、などという失敬な奴」（本書）も当然いるだろう。

その辺り百も承知で、著者はこう斬（き）り捨てる。「芸術は同時代の経済、政治などあらゆるものとの関（かかわ）りの中にある。単独に芸術史など書いても意味はない。まして演劇においては」。そうかと頷（うなず）けば、読後感もなんだか爽快（そうかい）になる。

評・栗田亘（コラムニスト）

あさり・けいた 33年生まれ。演出家。主な演出・制作に「キャッツ」「オペラ座の怪人」。

二〇〇四年一一月七日❹

『リーラ　神の庭の遊戯』

玄侑宗久 著

新潮社・一四七〇円
ISBN9784104456055／9784101166544（新潮文庫）　文芸

居場所を失った現代人のはかなさ

いわずと知れた芥川賞作家にして現役の僧侶、一貫して真正面から「死と救済」に取り組んできた著者が、自殺という重いテーマを扱った書き下ろし長編。そのわりに、読後感がさわやかなのは、この著者の作品に共通の特徴。

自殺した若い女性にかかわりあった六人、弟、その恋人、母、再婚した父、男友だち、ストーカーだった男、などがそれぞれの視点から死者とのかかわりを語り、スパイラル状に自殺に至る経緯が明かされていく。自殺者の頼りにするイオン樹液シートなどの小道具、やたらにありがとうと書きつける様子など、現代社会で居場所を失った人々の典型的なはかなさがよく書かれている。自殺への伏線となったストーカーの、無言電話には慈悲で応じるべきだ、と勝手に決めつける心理描写も成功している。

副題の「神の庭」は、無言電話の背景に流れていたスペイン語のボーカル曲で、被害者も気に入って買ってしまう。そこに、加害者／被害者では割り切れない、複雑な人間関係を匂（にお）わせている。最終的には、死者も、自らを責める生者たちも、ストーカーさえも救われてゆく。

題名の「リーラ」は、インドの言葉で「神の遊戯」の意。語源は「揺れる」。一見偶然に見える事象の背後にある、目には見えない神秘的な秩序をさす。

「私たちが生きているのもリーラ。死ぬのもリーラ。（中略）きっとみんな、植物も動物もどこかで繋（つな）がってるんだわ」と、弟の恋人にいわせている。その繋がりを求めて人は生き、救われてゆく。

死後の世界、成仏とはどういうことか、などは著者の作品に常につきまとうが、本書では弟の師匠の整体師や、恋人と一緒に姉の成仏を頼みにいった沖縄の霊能者（ユタ）の口を通して語られる。その中に、仏教の教義と、科学と、民間伝承の間をさ迷う、著者自身の「揺れ」が感じられる。じつは、その「揺れ」は、近代文明国に生きる人のほとんどが感じている。僧侶でありながら、仏教の教義を押しつけることなく、自分自身の「揺れ」をそのまま表現しているところに、この著者の小説の魅力があるように思われる。

評・天外伺朗（作家）

げんゆう・そうきゅう　56年生まれ。僧侶、作家。著書に『中陰の花』『化蝶散華』など。

二〇〇四年一一月七日❺

『金毘羅（こんぴら）』

笙野頼子 著

集英社・二一〇〇円
ISBN9784087747201／9784309410371（河出文庫）　文芸

文学を読むとは？ 祈り、信じることさ

ついにたどり着いたのだ、と思った。やっちゃったね、と思った。おめでとう、笙野さん。あんた、もののみごとに、近代文学という亡霊に引導を渡したよ。「おまえはすでに死んでいる」って。

いや、近代文学というものが「死んでいる」ことぐらいなら、誰でも知ってる（というか、言ってる）。でも、大切なのは、そのことじゃない。その後になにをするかということだ。だから、笙野さんは書いた。

近代文学だとっ？ へっ、そんなものより、金毘羅だっ！

主人公の「私」とは「笙野頼子」のことだ。つまり、作者に限りなく近い人物のことだ。そして、その「私」は、「魂」として海で生まれ、上陸の機会を狙い、生まれてすぐに死んだ女の子の体にするりと入り込む。その正体こそ「金毘羅」。それは、打ち捨てられた神様。あらゆるものと合体しようとする変な神様。「元々実体のない」「ウィルスのような」神様。「わけのわからない」神様。「反逆的な」神様。「言葉にこだわり続ける」神様。「いる

と困る」神様。「言葉、プライド、孤立を大切にする」神様。まだまだ続けられます、いくらでも。とにかく、それが「金毘羅」だ。

そして、ある日、「私」は、自分がそのような神様、「金毘羅」であることに気づくのである……と書くと、ふつうは、「私」がそんな幻想を見たとか、なにか高級な比喩（ひゆ）として、そんなことを書いたとか、思ってしまう。だが、それこそ、「私」が（「笙野頼子」が、「金毘羅」が）嫌ってきた、憎んできた「近代文学」的な読み方なのだ。「金毘羅」であるとは、信じることだ。極私的に祈ることだ。祈りは、幻想ではない。解釈も、比喩も、必要ないのである。

近代文学は、近代国家の成立と共に生まれた。いいこともした。けれど、国家と共に多くのことどもを徹底的に抑圧した。その結果が、いまのありさまだ。

その罪、万死に値するか。彼らに殺され無視され葬られたものたちが、長い百年の（数千年の？）忘却の果てに、いま鮮やかに甦（よみがえ）った。「金毘羅」の姿して。

評・高橋源一郎（作家）

しょうの・よりこ 56年生まれ。作家。著書に『タイムスリップ・コンビナート』『水晶内制度』など。

二〇〇四年一一月七日❻ 社会

『インターネット時代の表現の自由』

ジェレミー・ハリス・リプシュルツ 著
尾内達也 訳
皓星社・二九四〇円
ISBN9784774403694

実験場としてのサイバー空間

中傷・悪罵（あくば）の吐き出し口にもなれば、自殺志願の背中を押す道具にもなるインターネットだが、米国発のヘイト・スピーチは想像を超えてすさまじい。例えば「ニュルンベルク・ファイル」というサイトは、中絶を実施する医師の情報を求めてリストに掲載し、殺された医師の名前を数時間後には横線で消していた。露骨な殺人教唆であり、脅迫である。

本書の何よりの魅力は、米国で起きた具体的な事件や話題を豊富に紹介している点にある。社会学者だけに、分析や考察は法律論にとどまらず政治、文化など多面にわたる。中でもクリントン大統領の性スキャンダルに火をつけたゴシップサイト「ドラッジ・レポート」に関する詳細な記述は、正統派メディアとの対比でジャーナリズムとは何かを考えさせる、興味深い論点を提供している。

「表現の自由」は、とりわけ国民が政治参加するうえで不可欠の権利だ。民主主義の教科書では、そう説かれてきた。市民が情報ツールを手にしたいま、成熟社会への期待も高まってはいる。しかし、弊害現象ばかりが目立つ現状にはだれしも暗然としないわけにはいかない。

尖鋭（せんえい）な論争を生んだのは、クリントン大統領時代の96年に制定された通信品位法だ。ポルノや「下品な画像」をオンラインで未成年に見せたものに刑罰を科すとしたこの法律は「包括的に過ぎる」などとして、市民運動団体から提訴されたのだが、連邦地裁と最高裁が相次いで「違憲」と判断し、より制限的でない規制への道筋をつけた。「表現の自由」概念の沿革をめぐる章を読むと、とかく安直な規制に走りがちな政府や議会に対し、司法権が絶妙な守り手として機能してきた彼我の違いが良くわかる。

結局のところ、名誉毀損（きそん）やプライバシーなどの人権に配慮しつつ、規制は最小限にという、困難で地道な方策を目指すよりないのだろう。貧富などの社会関係や大企業の情報統制力を重く見る著者も、安易な理想論や楽観論には立たない。「表現の自由」にとって、サイバー空間は良くも悪くもなる実験場だとする、分析と問題提起の姿勢を貫くのである。

（原題、FREE EXPRESSION in the AGE of the INTERNET）

評・佐柄木俊郎（ジャーナリスト）

Jeremy Harris Lipschultz 58年生まれ。米ネブラスカ大教授。

二〇〇四年一一月七日⑦

『図説・ローマ帝国衰亡史』

エドワード・ギボン 著　吉村忠典、後藤篤子 訳
東京書籍・七一四〇円
ISBN9784487761753
歴史

名著の誉れ高いギボンの大著を、要点を押さえて短縮し、さらに多くの写真・図版と註釈（ちゅうしゃく）を加えて一層楽しく読めるようにした書物である。嬉（うれ）しいのは、形容語を巧みに使用したギボンの名文の香りをなお濃厚に留（とど）めていることであり、またローマ史の専門家二人による、学問的に正確な訳文だということである。

前一世紀のアウグストゥス帝時代から、六世紀のユスティニアーヌス帝下での帝国の最後の栄光まで、皇帝の治世順に、戦争や政策を中心に叙述してゆくのは、古びた歴史学のスタイルだともいえよう。だがヒューマニスト、ギボンが随所に挟み込ませている人物評をはじめとする評言は、今でも色あせず心に残る。

平和と繁栄そのものが帝国の生命力と精神力を衰退させていったのだ、という主旋律に耳傾けながら読み進めば、近現代の「大国」の運命と二重写しになって興趣が増す。ローマ史への入門書、そして含蓄ある文明論として奨（すす）めたい。

評・池上俊一（東京大学教授）

二〇〇四年一一月七日⑧

『絶望　断念　福音　映画』

宮台真司 著
メディアファクトリー・一七八五円
ISBN9784840111300
人文

映画が対象になっている。それもマイナーな日本映画が主だ。然（しか）るに本書は映画評論ではあり得ない。

著者は「実存批評」の試みであるという。実存とは何か。「この私」だ。社会や共同性とは別次元にある「この私」。この、従来の社会科学が「誤差」として片付けてきた領野に切り込む。映画はその素材である。

だが、何故（なぜ）に映画なのか。映画は「この私」と社会の交錯点に結像した幻のようなものだからだ。そこには、ときに直接経験される現実よりも深いリアリティが映し出されることがある。

観客が得た「ある種の体験やコモンセンス（共通感覚）」に狙いが定められる。

著者は「この私」を世界の調べに耳を澄ますものと捉（とら）えている。世界とは、社会よりも広く、しばしばその外部として意識される不可視の域だ。

世界の旋律が静かに響く映画を、社会学者が語る。語られているのは社会の限界であり、「あの世」へのアイロニカルな希望に他ならぬ。

評・宮崎哲弥（評論家）

二〇〇四年一一月七日⑨

『ゲノム敗北　知財立国日本が危ない！』

岸宣仁 著
ダイヤモンド社・二一〇〇円
ISBN9784478240977
人文／科学・生物

二〇〇三年四月、ヒトゲノム解読計画完了が宣言された。十年以上をかけ、「生命科学のアポロ計画」と呼ばれたこの国際プロジェクトへの貢献度は、米、英がそれぞれ五九％、三一％に対し、日本は六％だった。事態を「ゲノム敗北」とする著者が、当事者に広範に取材して解明したノンフィクション。

実は解読計画立ち上げの九年前、すでにわが国で、実現のカギになるDNA高速自動解読の構想があった。それがなぜ軌道に乗ることなく瓦解（がかい）したか。

原因として貿易摩擦下でアメリカによって強化された知的財産権の問題もあったが、そればかりでなく内なる理由として、独創の芽を摘んだ官・学界のセクショナリズムがあった。そのつけは、科学研究費が外国製の高価な機器購入に消えている現実に表れている。

知財なくしてわが国の生存は危うい。ポストゲノム時代を睨（にら）みながら、自由な発想を阻害する縦割り社会の構造改革まで提言する。

評・宮田親平（科学ライター）

二〇〇四年一一月七日⑩

『公立校の逆襲　いい学校をつくる!』

藤原和博 著
朝日新聞社・一四七〇円
ISBN9784022579423/9784480424365(ちくま文庫)
教育/人文

長くビジネスの最前線にいた著者が、東京都初の民間人中学校長として杉並区立和田中学校に赴任した03年4月から1年半の記録である。父親の視点を軸に教育界に飛び込み、子どもの未来のために進化する「いい学校」を目指した。「前例主義」の呪縛を排してことに当たれば公立校はよみがえり、私立を超える可能性があるとの確信を持つ。

就任と同時に校長室を生徒たちに開放。続けて校長文庫を貸し出し、一選手としてクラブ活動に参加、授業を直接担当する。まるで新卒で入社した一営業マンのように、お客様である生徒のキャラクターを把握する努力を怠らない。そうした行動から見えてくるものはたくさんある。運動会一つを取っても先生はいかに忙しいか。学校を事故や失敗を理由に攻撃するより、チャレンジする機会が増えるように支え協力することが今、必要なのだ。学校関係者ばかりでなく子を持つ親にこそ広く読んで欲しい。

評・多賀幹子（フリージャーナリスト）

二〇〇四年一一月一四日①

『アルツハイマー　その生涯とアルツハイマー病発見の軌跡』

コンラート・マウラー、ウルリケ・マウラー 著
新井公人 監訳
保健同人社・三一五〇円
ISBN9784832702950
医学・福祉/ノンフィクション・評伝

百年前に発見した医師の先見性

科学でわからないことがあると、私は伝記を読む。道に迷うのは、その研究がどんな文脈に位置するかが把握できていないから。その点、伝記は科学史を背景に人の考え方の軌跡が描かれる。生命科学者・柳澤桂子さんの半自伝『二重らせんの私』に登場する生物の先生の言葉が印象的だ。「人間というものは、ものごとが発見された順序に沿って説明されたときに、いちばんよく理解できるものだよ」

本書は、一九〇六年にアルツハイマー病を初めて報告したドイツ人医師アロイス・アルツハイマーの伝記である。一九九五年にフランクフルト大学病院の書庫でアルツハイマー病第一例のカルテを発見した著者らは、詳細な記録に驚き、彼の生涯に光を当てることになった。

一八六四年、カッセルの王国公証人の家に生まれた。優れた観察眼をもち、ベルリンの大学で精神病に脳病理学を取り入れた講義を聴いて、「顕微鏡の精神医学」に関心をもつ。

当時、精神医学には二つの考え方が示されていた。精神病の原因を心に求める精神派と、体（脳）に求める身体派だ。アルツハイマーは、精神派のフロイトと並び「現代精神医学の父」と呼ばれる身体派のクレペリンのもと、精神病の解剖学的基盤の解明に取り組んだ。

信念の人である。そして、脳の向こうに人を見る医師であった。病理学は顕微鏡をのぞくばかりで成果なしと揶揄（やゆ）されたが、本書はその評価を修正するだろう。カルテの主はアウグステ・D。夫への不信を機に奇妙な行動をとるようになり、五十一歳で入院。健忘症と病的な嫉妬（しっと）の裏に「特異な病気」が潜むと考えた彼は、毎日のように診察を行い、死後に脳を解剖した。

このとき発見された広範囲の萎縮（いしゅく）と大脳皮質の老人斑がアルツハイマー病の二大特徴として大きな成果となるのだが、学会では注目されず、議論が集中したのはフロイトの精神分析だった。カルテも本来の棚とは違う場所に保管されていたらしい。脳科学と精神分析が最近まで融合しなかったことを思うと興味深い話だ。フロイトに批判的だったクレペリンが新しい疾患としてアルツハイマーの名をつけて分類したため、かろうじて病名だけが生き延びたのだ。

妻を失った後は、劣悪な環境にあった病院の改革に無給で取り組み、病棟を開放的にしてコンサートを開くなど、画期的な試みをし

ていたことに驚かされる。やがてドイツは第三帝国に突入するが、アルツハイマーは精神病の遺伝には慎重な態度を貫き、ナチスの断種政策を正当化した『生きるに値しない生命の根絶の許可』の著者ホッヘらとは対立したという。

悪夢の時代の前に、百年後の高齢化社会への福音の種が播（ま）かれていたとは。新事実を掘り起こし、「発見された順序」を明らかにした著者らに敬意を表したい。

（原題、Alzheimer: Das Leben eines Arztes und die Karriere einer Krankheit）

評・最相葉月（ノンフィクションライター）

K. Maurer　精神科医。
U. Maurer　アルツハイマー博物館館長。

二〇〇四年一一月一四日②

『真夜中の五分前　side-A・B』

本多孝好 著

新潮社・各一二六〇円
ISBN9784104716012〈side-A〉・9784104716029〈side-B〉／9784101322513〈新潮文庫〈side-A〉〉・9784101322520〈side-B〉

文芸

生きることの重みを祈るように描く

印象的なエピソードの創造と細部の見事な連繫（れんけい）、そして強力なテーマ把握。心を揺さぶられ、同時に小説作りの巧（うま）さに唸（うな）らされるのが、本多孝好である。一言でいうなら、繊細で精緻（せいち）で情感豊か。それは本書でもかわらない。

小さな広告代理店につとめる〝僕〟は、六年前の二十歳のときに、恋人の水穂を交通事故で失い、それ以来、女性と真剣な付き合いができなかった。

そんなおりにあるプールで、一卵性双生児の片割れの〝かすみ〟と出会う。〝かすみ〟と妹の〝ゆかり〟は幼いころから入れ替わって遊んでいるうちに、互いの区別がつかなくなるときがあった。そんな〝かすみ〟の不安は、〝ゆかり〟が恋人をもったことでいっそう強まる。

〝僕〟は〝かすみ〟の相談にのるうちに、次第に彼女に惹（ひ）かれていく……。

という紹介をすれば恋愛小説に見えるかもしれない。事実、サイドAの最後には、恋愛小説としてのクライマックスがあり、読者は心を震わせ、思わず幸せなため息をつくことになる。しかしサイドBに移り、世界は転調する。約二年後にはじまる物語では〝僕〟の仕事も、脇役の配置もがらりとかわっている。若き小説巧者は、A面で伏せられていたカードを少しずつ明らかにして、何ともスリリングに物語を運んでいくのである。

恋人を失った男の物語はふつう再生へと向かうけれど（その具体的な成果が、実に感動的な第一作品集『MISSING』だ）、今回はその方向性をとらない。〝僕〟を触媒にして、人々の「生」の実感をきわだたせ、生きることの重み＝時間に思いをめぐらす。時間にあわせて生きるのではなく、時間をとめて、その重さをはかること。そこで愛情もはかれ、〝嫌になるくらい惨めで、笑っちゃうくらいに馬鹿馬鹿しくて、それでも僕はそれに少しだけ救われる〟という形が緩やかに提示されるのである。

やさしく祈るような眼差（まなざ）しで、人々の生活の営みを温かく捉（とら）える本多孝好。今回はややラストが駆け足なのが惜しまれるけれど、静謐（せいひつ）な時間に支配された、切なくエモーショナルな物語は健在だ。

評・池上冬樹（文芸評論家）

ほんだ・たかよし　71年生まれ。作家。著書に『MOMENT』など。

二〇〇四年一一月一四日❸

『処刑電流　エジソン、電流戦争と電気椅子の発明』

リチャード・モラン 著　岩舘葉子 訳

みすず書房・二九四〇円
ISBN9784622071044

歴史／社会

「人道的な死刑」という疑問を残して

　恐ろしい書名、おぞましい表紙写真、日曜日の朝からこんな話題には接したくないと思う読者にあえて紹介。同じ朝を迎えて、きょうもまた生きていると安堵（あんど）する死刑囚が、今の今、地球上に何人いるのかと思いをめぐらしてほしい。

　おぞましい、と書いたものの、電気椅子（いす）の写真を目にしたところでピンとは来ない。それがどのように使われ、どのように人を死に追いやるのか、想像がつかない。大方の日本人がそうではないか。

　アメリカで最初に電気椅子を開発した技術者、新たな処刑法として採用した議会・法曹関係者、そして誰よりも、最初にそこに座らされた死刑囚ケムラーもまた、電流がどんな事態をもたらすのかがよくわからなかった。

　最初のいきなりの本番は、1890年8月6日に行われた。本書は、その様子を克明に再現するところから始まる。はじめ電流が17秒間流されたが、ケムラーは死なず、あわてた執行人はさらに4分30秒間の通電を行い絶命させた。

　これは成功なのか失敗なのか、ケムラーは即死したのか苦痛を受けたのか、残酷なのかそうではないのか、直ちに激しい議論が巻き起こった。なぜなら、電気処刑は、残酷な絞首刑に代わる人道的な死刑として開発されてきたからだ。

　その過程には、「偉人」エジソンが一枚かんでいるという驚くべき話が明らかとなる。電力事業に直流を採用するエジソンは、ライバル社が採用した交流を攻撃するため、電気処刑に交流が使われるように仕向ける。交流は人を感電死させるほど危険だと。

　さらに本書は、電気処刑の導入に際し、それが「残酷で異常な刑罰」なのかをめぐる法廷論争を詳しく紹介、いったい「人道的」な処刑があるのかという根源的な疑問を提示する。より「人道的」な手段を求めるのは、死刑から目をそむけたいがゆえだと著者はいう。

　日本は日本で、切腹・斬首・磔（はりつけ）・火あぶりの代わりに、より「人道的」という理由で絞首刑を採用し、そのまま今日に至っているのだから、これは決して海の向こうの話ではない。

（原題、Executioner's Current）

評・木下直之（東京大学教授）

Richard Moran　米マウント・ホリオーク大学社会学教授。

二〇〇四年一一月一四日❹

『ソーシャル・キャピタル　現代経済社会のガバナンスの基礎』

宮川公男、大守隆 編

東洋経済新報社・三三六〇円
ISBN9784492313428

経済／社会

信頼や市民的結びつき衰退への懸念

　アメリカでは好景気がほどほどに持続しており、体制への批判といえば対イラク戦争が焦点であった。とはいえブッシュ再選で国内的には支持が上回り、不満は抑えられたかに見える。ところが経済の底上げに無理したせいで生じた社会のひずみには、危機感を抱く人が少なからずいるらしい。市民的な結びつきが衰退していることを懸念するR・D・パットナムもその一人である。

　社会学者R・ベラーらも80年代半ばのアメリカについて、個人主義が先鋭化したため他者との相互連帯やコミュニティーの意味を見いだす「心の習慣」が揺らいでいるというインタビュー調査を発表したが、パットナムは社会的な信頼関係や市民的な積極参加を「ソーシャル・キャピタル」と呼び換え、95年にその減退が民主主義のあり方や経済・社会に広く亀裂を及ぼしつつあると警告して話題を呼んだ。

　本書に訳出された論文のタイトルが印象的だったからである。題して「ひとりでボウリングをする」。93年に少なくとも一度はボウリングに行ったアメリカ人は80年から10％も増え、連邦議会議員選挙で投票する人を三分の一も上回ったというのに、クラブのメンバーとしてボウリングする人はその間に四割も減ったと指摘したのである。それは仲間と飲食するビールやピザの売り上げを減らしただけでなく、会話するチャンスも奪い、ソーシャル・キャピタルを減じた。

本書にはパットナムを導きの糸とする論文が収められている。宮川公男はアメリカでホワイトカラーや熟練技能者らから成る中産階級や産業集積を持つ地域コミュニティーが瓦解（がかい）した理由として、グローバリズムとマネー経済化のもとで企業が生産能力への投資を止（や）めて投機的ベンチャーに転身したことを挙げる。

社会全般に対する「道徳的信頼」の重要性を説くE・M・アスレイナーによれば、日本は経済的不平等ゆえに信頼を高められないでいるという。アメリカのたどった道程を、日本も追っている。所得格差が顕著になった昨今、傾聴すべき点満載の論集だ。

評・松原隆一郎（東京大学教授）

みやかわ・ただお 麗沢大学教授。
おおもり・たかし 内閣府経済社会総合研究所次長。

二〇〇四年一一月一四日⑤

『環境リスク学　不安の海の羅針盤』

科学・生物／社会

中西準子 著
日本評論社・一八九〇円
ISBN9784535584099

常識論にそった視点の有効性を示す

中西準子は、日本では常に時代の半歩先を歩いていた環境工学者だ。この本は彼女の退官講義と、環境問題をめぐる雑文を集めたもので、彼女のリスク論の優れた解説書にもなっている。

彼女のリスク論は、実は結構単純な話だ。環境問題でもコストやリスクをきちんと考えよう。あらゆる危険や害をゼロにするのは無理だから、処理にかかるお金と発生するリスクとを比べて妥協点を考えましょう。それだけ。

当たり前の常識に思える。でも環境問題の世界では、この常識がなかなか通用しない。一方では、お役所や業界の思惑で効率の悪い下水道整備が推奨され、一方では一切のリスクを排除せよと目をつり上げる（善意とはいえ）環境保護屋さんが跋扈（ばっこ）する。

中西はそういう双方の議論と一貫して戦い続けてきた。本書はその現在進行形の記録だ。前半は、上下水道をめぐる議論。最初は汚染物質規制や特定の処理方式の是非を考えていた中西が、だんだんリスクとコストや便益とのバランス重視に変わるプロセスは実に腑（ふ）に落ちる。

そしてその発想に基づく後半のダイオキシン研究（実はダイオキシンの主発生源は焼却炉じゃない！）に始まる論考は、環境問題の現状についての厳しい批判となっている。環境ホルモン「問題」の虚構性。牛海綿状脳症（BSE）がらみの全頭検査の無意味さ。いずれも微少なリスクが大仰に取りあげられ、マスコミが不安を煽（あお）り、それが政治的に利用され、大量の無駄遣いにつながっている。きちんとしたデータと冷静な分析に基づき批判がわかりやすく展開されるこの部分は、コミュニケーションの道具としてのリスク論の有効性を示すものでもある。

最近になってようやく彼女の発想がじわじわとあちこちに浸透しはじめてきた。でもまだまだ足りない。もっともっと多くの人に本書を読んでほしい。不毛な極論はやめよう。煽りに踊らされず心穏やかに生きよう。バランスのとれた常識論に戻ろう。この単純なメッセージを、本書は楽しく穏やかに、でも力強く伝えてくれるのだ。

評・山形浩生（評論家）

なかにし・じゅんこ 38年生まれ。産業技術総研・化学物質リスク管理研究センター長。

二〇〇四年一一月一四日❻

『言葉の常備薬』

呉智英 著
双葉社・一二六〇円
ISBN9784575297362／9784575713343（双葉文庫）
文芸／人文

言葉の貧しい者は幸い……じゃないぞ

『言葉の常備薬』クイズ！　第一問。森と林はどちらが鬱蒼（うっそう）としていますか？　字面につられて「もちろん、森」と答える人が大多数だろう。しかし、それでは辻褄（つじつま）が合わないことがある。

　第二問。餃子は中国語で何と読む？　「無論、ギョーザ」。ブー。中国語ではチャオズだ。ではギョーザという読みはどこからきた？　『広辞苑』などにはチャオズの転訛（てんか）とある。だがチャオズがギョーザに訛（なま）ったりするものだろうか？　この説明にはどうも無理がある。

　第三問。旧制一高の寮歌「嗚呼（ああ）玉杯に花うけて」で、玉杯に花を浮かべているのは誰？　「当然、『栄華の巷（ちまた）』を『低く見て』酒を酌み交わし、天下を憂える一高生」。ブー。正解は、その一高生が見下している巷の衆愚の方である。

　本書にはこんな、虚を衝（つ）かれるサプライズが満載されている。常日頃から言葉に気を配っている人なら文句なく楽しめる、呉智英ならではの言語エッセイ集だ。

　けれども、言葉に関する随想によくある「近頃の若いもんの言葉の乱れ」を嘆き、叱（しか）る本ではない。それは捧腹絶倒（ほうふくぜっとう）の「まえがき」を読むだけでわかる。保守系の某新聞に掲載されたコラムの無識ぶりが徹底的に論（あげつら）われている。若いもんの言葉遣いを慨嘆している連中にしてからがでたらめなのだ。

　言語は人の思考の産物でありながら、個々の思惟（しい）を超えている。だから人々は、言語の相に社会の端的な反映を見出（みいだ）す。その限りにおいて、文化的な保守主義者が、文法や用法の乱れや語彙（ごい）の貧困化に心を痛めるのは故なきことではない。

　しかし、言葉はもっと広く深い。呉のエッセイの魅力は、漫文調の軽妙な筆致で書かれながら、ときとして言語の深淵（しんえん）をのぞかせることにある。

　例えば、イエスの言葉にある「心の貧しい者」とは一体どういう人かという疑問から神学の根本に迫る。あるいは、マンガの、無音を表す「シーン」という擬音や、ものの非存在を表す描法の考察から存在論と言語の関係に推し及ぶ……。

　この薬、ちょっと苦みもあるが、常用すれば知の滋養強壮に効きますよ。

評・宮崎哲弥（評論家）

くれ・ともふさ　46年生まれ。評論家。著書に『バカにつける薬』『現代人の論語』など。

二〇〇四年一一月一四日❼

『肉中の哲学』

ジョージ・レイコフ、マーク・ジョンソン 著
計見一雄 訳
哲学書房・六九三〇円
ISBN9784886790866
人文

　日本語でも英語でも、考えを「咀嚼（そしゃく）」し「呑（の）み込み」「消化する」といった言い方をする。これを「メタファー」（隠喩（いんゆ））と呼ぶが、①心は本来、身体化されている、②思考はたいてい無意識のものである、③抽象的概念は大幅にメタファー的なものである、この三つのポイントを、本書は現代認知科学の成果によって論証しようと試みる。

　ところが、主張はきわめてラディカルだ。プラトンから、デカルト、カント、ひいては分析哲学、ポストモダニズムに至るまで、従来の西洋哲学はもはや使い物にならなくなっているというのだから。とりわけチョムスキーに対する批判は、著者レイコフの長年の論敵ゆえか、辛辣（しんらつ）そのものである。

　はっきり言って、文章は難解。論の進め方に慣れるまで、時間がかかるかもしれない。だが、新たな哲学の地平を切り開こうとする著者たちの論考は綿密で、〝知的格闘技〟ファンなら興味深く読めるだろう。

評・野村進（ジャーナリスト）

二〇〇四年一一月一四日⑧

『夜の色』

デイヴィッド・リンジー 著　鳥見真生 訳

柏艪舎・一八九〇円

ISBN9784434048388

文芸

ミステリーの読者は、騙(だま)されるために本を開く。ところが上手に騙してくれる作家は案外少なく、しばしば白けることになる。

この本の作者は、幸せなことに練達の策士である。筋立ては緻密(ちみつ)に計算され、しかし当然ながら人為の痕跡など微塵(みじん)もない。

妻を自動車事故で失ったヒューストンの画商が、ローマから来た美術の講師と出会い、たちまち恋におちる場面で幕は開く。いやその前に、別の画商がベネチアで、コレクターのドイツ人富豪に九点の素描を脅し取られる短い一章が挿入されており、これが第一の伏線となる。

画商たちも美術講師も富豪も大きな秘密を抱えている。物語は二転三転し、巡らされた伏線が見事につながってくる。脇役それぞれに膨らみがあり、筆致も抒情(じょじょう)的で上級品の出来。

小道具に絵画それも素描をあしらい、全体の印象に品が生まれた。昨今の拙劣、乱暴な犯罪を忘れ、騙される快感を楽しみたい人に。

評・栗田亘(コラムニスト)

二〇〇四年一一月一四日⑨

『クリスチャン・ボルタンスキー　死者のモニュメント』

湯沢英彦 著

水声社・四七二五円

ISBN9784891765194

人文/アート・ファッション・芸能

幼いときに使っていた私物の数々から始まり、家族アルバム、殺害死体の写真カード、ランプに囲まれた死者の生前の写真、そして遺品を入れた衣裳(いしょう)缶や無数の古着の陳列と、〈死〉とその記憶の消失をめぐって、制作を続けてきた美術家ボルタンスキーについての、はじめての評伝であり、解釈である。

消失したものをめぐって「甘い匂(にお)いを焚(た)き込める」コーネルとも、「〈加害者〉の息子」の位置に立つキーファーとも違ったかたちで、〈死〉の記憶の消失と向きあってきたボルタンスキーは、「もはや誰も思い出せないことを証拠立てるための逆立ちしたモニュメント」を作りつづけてきたのだと、著者はいう。

ボルタンスキーからすれば、時代のコンテクストを切って物を羅列する博物館にこそ「忘却の匂い」が蔓延(まんえん)しており、彼の作品はむしろ「喪失を共にするように促す」ものだ、と。〈死〉が見えにくくなった現代を問う力作だ。

評・鷲田清一(大阪大学教授)

二〇〇四年一一月一四日⑩

『歌謡曲の時代　歌もよう人もよう』

阿久悠 著

新潮社・一四七〇円

ISBN9784104708017/9784101334516(新潮文庫)

文芸

作詞家として、昭和という時代に多くの名曲をおくりだした著者。ここに紹介されている曲、わたしは全部知っているし、歌えと言われれば歌えます。耳に確実に残るいい曲を、よくまあこれほど、書いたものです。あっぱれ。生み出された背景には、著者の醒(さ)めた鋭い洞察があり、それは本書の読みどころだ。

著者は、歌謡曲を「時代を呑(の)み込みながら巨大化していく妖怪のようなもの」という。流行歌とも違うし、演歌とも別のもの。「永久に伝統芸となり得ない、常に生(なま)もののようなところが」あると。

あの時代、例えば、沢田研二にしろ、山本リンダにしろ、歌手自身の人生と時代とメロディーとその歌詞が、すべて複雑にからみあって、曲を味わうという醍醐味(だいごみ)があった。かわって平成。卑小な「私」を歌う時代に、かつての興奮は消滅したかに見える。おーい、歌謡曲。お前の餌は時代だよ、目を覚ませ、餌を食え、と著者は挑発する。

評・小池昌代(詩人)

二〇〇四年一一月二一日❶

『ことばたち』

ジャック・プレヴェール 著　高畑勲 訳

ぴあ・三三六〇円
ISBN9784835609607

文芸

まさに事件！ 仏の代表的詩集を完訳

これはまさに〈事件〉だ。

ジャック・プレヴェールは、マルセル・カルネ監督と組んで、名画『天井桟敷の人々』や『霧の波止場』を生んだ、戦前のフランス映画最高のシナリオライターである。

戦後、本書『ことばたち（パロール）』を発表し、この詩集は現在まで軽く三百万部をこえるロングセラーになっている。一九九二年に『ことばたち』が、ガリマール社の有名なプレイヤッド叢書（そうしょ）に『プレヴェール全集』第一巻として収録されたときにも、一万円近い値段にもかかわらず、たちまち十万部のベストセラーになった。フランスの真の国民的詩人なのだ。

その『ことばたち』の、日本初の完訳版がついに出た。これが〈事件〉その一である。

もちろんプレヴェールの詩を訳したのは、この本が初めてではない。なにより小笠原豊樹（＝詩人・岩田宏）という偉大な紹介・翻訳者がいる。小笠原訳によるプレヴェールの詩は、それ自体日本語として楽しめる完結した名訳である。だが、プレヴェールのことばは、均一でなめらかな日本語の流れにすんなりと収めるには、あまりにも複雑な、プリズムのように変化する、過剰な意味に富んでいる。したがって、本書は別冊として（！）注解をつけ、様々なことば遊びや、幾重にも絡みあった意味や、謎めいた語句を徹底的に解明した。

これほど詳しい注解は世界にも例がない。本書が参照したプレイヤッド版全集をも超えている。これが〈事件〉その二である。

〈事件〉その三は、この訳と注解をおこなった人物が、今年六十九歳になるほとんど新人といってよい翻訳者であることだ。『ホーホケキョ　となりの山田くん』という大傑作アニメを監督したあの高畑勲なのである。

高畑勲の訳と注解によって、詩人ジャック・プレヴェールは、日本人の前に初めてその巨大な全貌（ぜんぼう）をあらわした。

これまで漠然と愛と反戦とペーソスの詩人のように思われてきたプレヴェールが、どれほど複雑なことばのテクニックを駆使し、超現実的な美しいイメージをつむぎだし、愚かな世界に絶望と孤独をたたきつけ、同時に、人間を悲劇に追いやる空虚な理想と戦いぬいた人物であるか、本書は、この上なく繊細なことばの解剖をつうじて明らかにしている。

詩のことばは優雅になめらかに流れるべきだと考える人は、本書の訳がぎくしゃくしているというかもしれない。また、詩に注解なんて無粋だと考える人もいるだろう。だが、ひるがえって、たとえば私たちは『新古今和歌集』を、なめらかな現代語訳だけで、注解ぬきに読めるだろうか？　その意味で本書は、詩の翻訳ははたして可能か、という古くて新しい問題にも果敢に挑んでいるのである。

（原題、Paroles）

評・中条省平（学習院大学教授）

Jacques Prévert　1900〜77年。詩人、脚本家。

『汐留川』

杉山隆男 著

文芸春秋・一六〇〇円

ISBN9784163234106/9784167504038(文春文庫) 文芸

余韻を誘う風景画のような秀作

時間をかけて味わいながら読んだ。筆致は抑制がきいているが、あえかな叙情がただよい、行間には思いがつめこまれている。鮮やかな幕切れもできるだろうに、あえて余韻を誘うような開いた終わり方をしている。それもまた好ましい。

ここには七編の小説が収められている。作者は『メディアの興亡』『兵士に聞け』などでお馴染(なじ)みのノンフィクション作家だが、本書ではまるで別人のように市井の人々の静かな生活を凝視している。社会的な事件は皆無で、むしろ穏やかな日常生活のなかでの人との再会、または耳にした出来事を語っている。

たとえば「散骨式」では新聞記者が亡き父親の意外な姿を物語り、「手の中の翡翠(ひすい)」では放蕩三昧(ほうとうざんまい)だった父と母との強い絆(きずな)に思いをはせ、「汐留川」では四十年ぶりのクラス会をまえに昭和三十年代の銀座の情景をよみがえらせる。

ごらんのように人物たちはみな過去を振りかえる。ゆるやかに記憶の螺旋(らせん)階段をおりていき、忘れていた肉親や友人たちの切なる表情や仕種(しぐさ)を思い出す。ときに想像をめぐらせて、ありえたかもしれない人々の行為を哀感にくもる微光でつつみこむ。この登場人物の〝眼差(まなざ)し〟をかりて、それぞれの人生を生きられることの嬉(うれ)しさと切なさがたまらない。

といっても、浅田次郎や重松清のように涙腺をことさら刺戟(しげき)させないし、叙情派志水辰夫のように格調高く謳(うた)いあげることもしない。山本周五郎や藤沢周平の時代小説の味わいに近いが、決して人情小説に集約しない。より開かれて終わる。それでいてしたたかで、どこまでも温かな人生の実感が加えられている。たとえていうなら、淡彩な風景画。しかし線の一つひとつは微妙な色彩に富み、しみじみと心にしみいるものがある。

一部の例外をのぞいて、優れた小説家が優れたノンフィクション作家になれないように、優れたノンフィクション作家は優れた小説家にはなれない。「事実」に支配され「虚構」を自由自在に操れないからだ。しかし杉山隆男は異なる。思いのままに、だが精妙に物語を織りあげている。まさに注目すべき小説家の登場だ。

評・池上冬樹(文芸評論家)

すぎやま・たかお 52年生まれ。作家。著書に『誰かに、似ている』『日本封印』など。

『パリのヴィルトゥオーゾたち ショパンとリストの時代』

ヴィルヘルム・フォン・レンツ 著 中野真帆子 訳

ショパン・一九九五円

ISBN9784883641857 歴史/アート・ファッション・芸能

大作曲家のレッスン現場からリポート

ショパン一八一〇年生まれ、リスト一一年生まれ。二人とも細身でイケメン。こんなスター作曲家がそろうなんて、音楽史上でも珍しいのではないかしら?

二人の同時代人で、ロシアの音楽愛好家による回顧録である。一八二八年にパリを訪れた著者のレンツは、なんとリストから直々にピアノを教えてもらったのだ。譜例も紹介されているから、ウェーバーのソナタやショパンのマズルカの紙上レッスンを楽しむこともできる。

リスト邸にはピアノが三台も置いてあったが、指定された楽器を弾いたらまるで音が出ない。リストは、「音階を一つさらうのに十倍の効果が出るよう、鍵盤を非常に重くしてあります」と言った。(負荷をかけて指を鍛えるやり方は時代遅れなので、マネしないように)

一八四二年に再びパリを訪れたレンツは今度はショパンのレッスンを受けている。なかなか人に会いたがらないショパンに渡すようにと、名刺に「通行許可証」と書いてくれたのはリストだった。ちなみに、リストはレッスン代をとらないがショパンは相当高かったらしい。

ショパンが好むピアノは、できるだけ鍵盤を軽くしたプレイエルだ。レンツが「リストに習った」マズルカを弾くと、ショパンはちくりちくりと厭味（いやみ）を言う。

ジョルジュ・サンドにも紹介されたが、彼女はひどく無愛想で、上着のポケットから巨大なハバナ葉巻を出し、ショパンに向かって「火を頂戴（ちょうだい）！」と叫んだ。リストが「可哀想なフレデリック」とつぶやいたわけだ、とレンツは納得する。

レンツの回想には誇張や演出がめだつが、証言そのものは信憑（しんぴょう）性があるという。ベートーヴェンのソナタでは「月光」や「熱情」くらいしか弾かれなかったとか、当時の音楽事情もわかって面白い。

きわめつけは、目の前で聴くショパンの自作自演だ。レンツによれば、「楽譜を読んだ印象と、実際に響く現実の音の世界」には食い違いがあった。「彼の意図やピアノについての認識を考慮しないなら、彼の作品は理解されないままで終わる危険性がある」というコメントは、百六十年後の今もそのままあてはまる。

（原題、Die Grossen Pianoforte-Virtuosen Unserer Zeit）

評・青柳いづみこ（ピアニスト・文筆家）

Wilhelm von Lenz　1809〜83年。音楽愛好家のロシア帝国参事官。

二〇〇四年一一月二一日❹

『憂き世店　松前藩士物語』

宇江佐真理 著

朝日新聞社・一六八〇円
ISBN9784022579539／9784022644183（朝日文庫）文芸

健気に生きていく裏店の住人たち

時代小説にも数々あれど。

私は、できるなら、しっとりと哀（かな）しくて、でも結局は明るいものがいい。人間に希望を抱ける物語が読みたい。本を閉じて、人間っていいなと感じたい。

宇江佐真理は、たいていの場合、そんな望みに沿ってくれる。この本もそうで、しかも出来がいい。

文化四年（一八〇七年）、蝦夷（えぞ）松前藩は陸奥・梁川にお国替えになった。九千石の小名への降格であり、大勢の家臣の士籍を削らなければならなかった。江戸詰だった相田総八郎も召し放された一人で、彼は神田三河町の長屋、徳兵衛店（だな）に住み、手内職で生計（たつき）を立てる。

総八郎の妻なみは、舅（しゅうと）には実家に戻れと命じられ、実家では嫂（あによめ）にいびられて、心を決め江戸に出る。が、夫の行方はわからない。無謀にも人通りの多い浅草雷門の前に立ち続け、七日目にまったくの偶然から総八郎に巡り会う。

作者はこの浪人夫婦の哀歓こもごもの裏店暮らしを、松前藩の帰封が実現し帰参がかなうまでの十五年にわたって、急がずあわてず、しみじみと描いた。

裏店の住人が寝静まった夜更け、妻は造花の飾りを作り続ける。夫は畳んだ布団に寄りかかったまま軽くいびきをかいている。「人が生きていくのは切ないことだと、なみは思う。自分も切ない。総八郎も切ない。いや、この裏店も、その周りも切ない。切ないから、せめて今を必死で生きなければと思う」

いくつもの話、さまざまな情景の合間に、感慨がぽつんと差し挟まれる。筆の運びはふんわりと自在ながら、決して飾りすぎない。世話好きのお米、水商売のおもん、中風を病むとん七、曲折を経て夫婦に生まれた娘の友江、それに藩主の五男で花鳥画をよくする蠣崎波響（かきざきはきょう）……登場する誰それが愛（いと）おしくなる。

いつの時代も憂（う）き世（よ）である。人はそうした憂き世を健気（けなげ）に生きていく。だからこそ、たまには隔たりある架空の世界に遊びたい。話は架空であっても、人としての真実はたしかに読み取れる。

わずかな欠点が一つ。副題はあらずもがな。説明に過ぎてどうも味気ない。

評・栗田亘（コラムニスト）

うえざ・まり　49年生まれ。作家。著書に『深川恋物語』『余寒の雪』など。

二〇〇四年一一月二一日⑤

『〈意〉の文化と〈情〉の文化　中国における日本研究』

王敏 編著
中公叢書・二三一〇円
ISBN9784120035760
経済／社会

ハルキや「東愛」を楽しむ中国の若者

中国語の「小資」（プチブル）という言葉も、変われば変わるものだ。以前は、このレッテルを貼（は）られたら、下手をすると革命の敵として思想改造の対象にされかねなかった。それがいまでは、若者たちの憧（あこが）れの的なのだという。

「小資」は最近の中国で、センスのよいシングルの都市生活者や、そのライフスタイルを指す流行語となっている。「日劇」（日本製ドラマ）の「東愛」（『東京ラブストーリー』の略称）から、村上春樹に耽溺（たんでき）して「村上的」な趣味を楽しむ生き方まで、「小資」の〝定番メニュー〟もそろってきた。しかも意外なことに、このような日本文化の受容をテーマにした研究論文までが続々と発表されている。

古来、中国では、日本文化など中華文明の残滓（ざんし）にすぎず、まともな研究に値するものとはみなされてこなかった。日中戦争や文化大革命といった逆風も相次ぎ、日本を対等な視線で見る研究が開花したのは、ほんのこ十数年のあいだのことなのである。

その成果が収められた本書を読んで、いやあ、なんだか気分が明るくなりましたね。日本の茶道の成り立ちを、とことん調べ尽くし、高く評価している研究者がいる。靖国神社について冷静に分析できる学者も現れている。第一、村上春樹の小説に「個の天国」と「生活の術（すべ）」を見いだしている中国人がこんなに大勢いるとは、迂闊（うかつ）にも知らなかった。

ただし、本書の表題でもある、中国は「意志」の文化で日本は「感情」の文化だとする論文は、あまりに単純化しすぎているように思えたし、編著者が高く評価する、共産党の対日政策史に関する論文も、私には退屈きわまりなかった。その背景には、だが、中国共産党政府の視線をつねに意識しなければならない、研究者たちの現状がある。編著者の言う「日本の研究者からは想像しがたい制約と環境」が、編著者を含む日本研究者たちを取り囲んでいるのであろう。

その意味では、玉石混交の論文集。だが、〝玉〟の部分には、陰りがちな日中関係の中で、きらりと光る輝きがある。

評・野村進（ジャーナリスト・拓殖大学教授）

ワン・ミン　54年中国河北省生まれ。法政大学国際日本学研究センター教授。

二〇〇四年一一月二一日⑥

『村嶋歸之著作選集　第1巻「カフェー考現学」』

津金澤聰廣、土屋礼子 編
柏書房・六〇九〇円
ISBN9784760126125
歴史／社会

「歓楽の王宮」を愛おしむまなざし

神戸、大阪、東京の盛り場に通いつめて発見した「社会悪」の報告に、生涯を捧（ささ）げたジャーナリストの著作選集（全五巻）の出版が始まった。第一巻には、カフェー論がまとめられている。

大震災後まもない一九二〇〜三〇年代の日本では、貧富の差が拡大する一方、女性たちが家計を手助けするため単純労働へと大挙して雪崩込（なだれこ）み、多くの「人間苦」を生み出した。ところがモダニズムの風潮が漲（みなぎ）り、機械的労働で擦り減った神経を宥（なだ）めようと刺激を求める男たちが、新興建築の櫛比（しっぴ）する歓楽街をさまよい歩いたのも、おなじ時代であった。

著者によれば、危うい橋を夢心地で駆け抜けた新時代の「歓楽の王宮」がカフェーであり、「女給」こそその女王なのであった。道頓堀、新開地、銀座などに林立した当時のカフェーとは——今若者に流行の洒落（しゃれ）たカフェとはおよそ異なり——供される食事や酒よりも、甘くうら悲しいジャズが流れる中、エロスを発散させて客により添う女給を売り物にしており、遊廓（ゆうかく）や芝居小屋が廃れるにつれて大躍進した、昭和初期モダン都市の妖花だったのである。

　このカフェーの実態とその裏に潜む犯罪や社会問題、そして官憲による弾圧を、本書は詳しく報告している。現場取材を積み重ねたルポルタージュに女給の声を挟み込み、また多様な統計データを付加しながら注目すべき現象への分析を加えていて、読みごたえ十分である。

「試みに都会の街頭に立ってごらんなさい。まづ、あなたの眼を射るものは、強烈なネオン・ガスの光です。全面を苺（いちご）色に塗つた女の唇です。耳に入るのは、狂はしげなジャズの急速度な音です」――講談調にテンポよく都会の刺激が喚起されてゆくと、著者とともに「社会悪」を呪うはずが、女給の「暴露美」が蠢（うごめ）くかつてのカフェーを見てみたかったなあ、と柄にもなく思ってしまう。女給を愛（いと）おしむことこの上ない、著者の人柄が滲（にじ）み出た文章の力ゆえだろう。論理的構成とはほど遠く、繰り返しも多いのだが、とても心地好（ここちよ）く読める。もちろん資料としても第一級の価値がある。

評・池上俊一（東京大学教授）

むらしま・よりゆき　1891〜1965年。大阪毎日新聞社記者。著書に『ドン底生活』など。

二〇〇四年一一月二一日⑦

『ディナモ　ナチスに消されたフットボーラー』

アンディ・ドゥーガン 著　千葉茂樹 訳
晶文社・二三〇五円
ISBN9784794966360　歴史／ノンフィクション・評伝

　キエフの伝統あるサッカークラブ、ディナモ。本書はこのチームを襲った戦時下の過酷な物語である。

　一九四一年六月、不可侵条約を破り、ナチス・ドイツが突如ソ連に攻め込んできた。最初の標的は、穀倉ウクライナの首都のキエフ。スターリン体制下で収奪されてきたこの地が、今度はドイツに蹂躙（じゅうりん）される。

　選手たちも飢餓や虐殺という死の影におびえる毎日になった。しかし、翌年、ひょんなことから懐柔策としてリーグ戦が始まる。

　初めはドイツになびく民族主義者チームに、続いてハンガリーなどの駐屯部隊さらにドイツの兵士からなるチームに、いずれも大差で勝利してしまう。占領軍の威信はゆらぐ。そこで強力な選手が集められリベンジが行われることになる。

「勝つことが許されないことを理解せねばなりません」という警告を受けるなかでの勝敗、そしてそののちの選手の運命は？　政治とスポーツのせめぎあいを活写したノンフィクション。

評・小高賢（歌人）

二〇〇四年一一月二一日⑧

『私がそこに還るまで』

稲葉真弓 著
新潮社・一六八〇円
ISBN9784104709014　文芸

「あああ、ああ、どうしてこんなところに辿（たど）りついてしまったのだろう」。身寄りのない老女が、病院のベッドの上、薄れゆく意識のなかでうめく。高度成長のなか、「何十夜もの闇」を走りぬけてきた。節くれだった手は男も愛したけれど、結局独り。

　夏休みの一日、お台場の観覧車に乗って空に浮かび、母にとり憑（つ）いた「一生懸命」から逃げようとする少女もまたひとりぼっちだ。「絶え間なく体の中で呟（つぶや）いているものが息苦しくて」、街に火を放ちたくなる女のこころの凄惨（せいさん）さ。

　二一世紀の夜の底に、ロンリー・ウーマンたちの声にならない叫びが満ちわたる。闇に吠（ほ）えるようなその悲しみは、名指すべき敵の名もなく、ひたすらおのが身をえぐる。「還（かえ）る」場所などありはしないのだ。

　負け犬などという言葉では語りえぬ魂の哀（かな）しみ。読み終えて、深いところから涙がこみあげてくる。女たちの孤独を見つめてきた作家の達成点を示す短編集。

評・山田登世子（仏文学者）

二〇〇四年一一月二一日⑨　文芸

『死刑判決　上・下』

スコット・トゥロー 著　佐藤耕士 訳

講談社文庫・各一二〇〇円
ISBN9784062748667〈上〉・9784062748674〈下〉

『推定無罪』『立証責任』（文春文庫）などで名をあげたリーガル・サスペンスの旗手の久々の新作。十年前の三人惨殺事件で死刑が確定し、執行目前の男が、獄中から「無実」を訴える。証拠上は絶望的だが、意外な人物が犯人だと名乗り出て、過去と現在が交錯しつつ物語が展開する。

何より人物造形が巧みだ。公選弁護人として関（かか）わる、誠実だが風采（ふうさい）のあがらぬ弁護士と、男の死刑判決を書き、その後麻薬で人生を棒に振った美貌（びぼう）の元女性判事との不器用な愛。かつて男を逮捕し、自白させたやり手の刑事と、長く愛人関係を続けた野心家の女性検事。二組四人が織りなす陰影のある人間ドラマは、ずしりと読み応えがある。

自身の体験記『ハーヴァード・ロー・スクール』（ハヤカワ文庫）を読んだ読者ならご存知（ぞんじ）だろうが、法律家（現在弁護士）が文筆に手を伸ばしたのではなく、作家が法律家になったのだ。うまいはずである。

評・佐柄木俊郎（ジャーナリスト）

二〇〇四年一一月二一日⑩　文芸

『雁行集』

安岡章太郎 著

世界文化社・二一〇〇円
ISBN9784418045235

著書に未収録のエッセーを、一九五〇年代から近作までおさめる。半世紀にわたる長い時なのに、作者の文章は、対象をとらえてすこしのブレもない。

父母を描いても、佐藤春夫や井伏鱒二や坂口安吾、あるいは親友の遠藤周作や心ゆるした中上健次を追想しても、それぞれの体温が伝わる見事なポルトレになっている。若き日の映画体験やシャンソンの歌声までが、戦時下そのままの雰囲気で甦（よみがえ）ってくる。

代表作の『海辺の光景』をはじめ、『流離譚』で父方の、『鏡川』で母方の系譜を描いた著者の、ごく率直なうち明け話もあって興味はつきない。

そして、全編にこめられた、懐かしさにも似たかろやかなユーモア。そういえば、日本の文芸の根幹には和歌と随筆があったのではなかったか。文学や小説の終焉（しゅうえん）が性急に論じられる昨今、まず「文章」から検証する必要があって、このエッセー集は、ひとつの試金石ともなっている。

評・杉山正樹（文芸評論家）

二〇〇四年一一月二八日①　文芸

『電車男』

中野独人 著

新潮社・一三六五円
ISBN9784104715015／9784101304717（新潮文庫）

つまり…、だから「純愛小説」なんだ

この『電車男』は、日本最大のインターネット匿名掲示板として名高い「2ちゃんねる」の「書きこみ」を本にしたものだ。

典型的な「ヲタク」青年の主人公が、電車の中で、暴れる酔っぱらいの手から一人の若い女を救ったところから、この「物語」ははじまる。

お礼のティーカップが届き、青年の心はときめく。しかし、女の子と付き合ったことのない「ヲタク」青年にはどうすればいいのかわからない。誰か、教えて！　青年の、この真摯（しんし）な「書きこみ」に、掲示板の仲間たちは一斉に立ち上がり、アドヴァイスを送り、励ますようになる。「電車男」と呼ばれるようになった青年と、「エルメス」と呼ばれることになった若い女の間に起こる、小さな恋の駆け引き。それを丹念に報告する「電車男」の「書きこみ」に、匿名の仲間たちは、一喜一憂する。まるで、それが我が事であるかのように。

およそ、二カ月。大団円の日がやって来る。「告白」に出かけた「電車男」が帰って来るの

を、仲間たちは明け方まで待つ。そして、帰宅した「電車男」は戦果を報告する。

「『私も電車さんの事が好きです。だからこれからもずっと一緒にいてくれますか？』と彼女が言った」

その瞬間、パソコンの画面を見つめていた住人たちから祝電の嵐が舞い込むのだった……。

……ところで、この本を読む前、「実は『電車男』なんて存在しないらしいですよ」と教えてくれた友人がいた。すべては、誰かが、掲示板の住人たちをたきつけるために作りだした「物語」なのだと。この現代では稀（まれ）な「純愛」が、事実なのか、それとも、誰かの創作で、それに初（うぶ）な掲示板の住人たちが踊らされただけなのか、この本を読む限りでは判断できない。

だが、一つだけ確かなことがある。この本は、もっとも重要な部分を切り落とすことによって成立しているのである。

『電車男』は、正確には、3月14日から5月17日にかけての「物語」だ。しかし、この本は、掲示板に掲載された最後の日を素知らぬ顔で削除し、その前日までで完結させている。

なぜなら、ネット上の「電車男」は「大団円」の後になってもなお登場し、「エルメス」との性交寸前の行為を書きこむ。それまで応援していた住人たちは、戸惑いを隠せず、そんなことは止（や）めろと忠告する。だが、暴走しはじめた「電車男」は、それを無視するのである。

なぜだ？　住人たちを騙（だま）し果せたことで、凱歌（がいか）をあげたくなったのか？　それとも、いつの間にか、掲示板上で拍手を浴びることが、彼の目的となっていたからか？　不可解なミステリーになるはずの「5月17日」を消し去ることで、この作品は、見事に「純愛」の顔つきをすることに成功している。

評・高橋源一郎（作家）

著者名の「中野独人」とは「インターネットの掲示板に集う独身の人たち」という意味の架空の名前。

二〇〇四年一一月二八日❷

『ケーブ・ベアの一族「エイラ　地上の旅人」上・下』

ジーン・M・アウル著　大久保寛訳

ホーム社発行、集英社発売・各二一〇〇円
ISBN9784834251050〈上〉・9784834251067〈下〉　文芸

種を超えた強い愛の絆を描く

二九カ国で三千五百万部という空前のベストセラーの完訳版がようやく出た。

天変地異で一人になったクロマニオンの少女エイラが、重傷を負ってネアンデルタールの一族に救われ、葛藤（かっとう）の中で育っていくという異色の設定。

物語の鍵は、進化による特性の違いだ。骨格が異なり、力では劣っても運動能力が上回り、石投げ器の扱いに熟達する。咀嚼（そしゃく）能力が衰えたかわりに発声が自由になり、音声言語が発達している。

何よりも興味深いのは、前頭葉の発達により、比喩（ひゆ）や象徴を駆使した、いわゆる流動的知性といわれるものを獲得していることだ。これらのポイントは、私の知る限り認知考古学にきわめて忠実であり、著者がいかに真面目（まじめ）にこのテーマに取り組んだかをうかがわせる。

それに加えてクロマニオンは、ネアンデルタールが保有していた先祖と共通の記憶を失っているという想定。狩りと宗教的儀式が中心の因習が強い集団生活の中で、これらの相違点が微妙なすれ違いを生じ、エイラは孤立し、うとまれ、恐れられ、あるいは尊敬されていく。その様子が、並々ならぬ筆圧と構成力で、見事に語られている。

著者はさらに、先住民文化から多くを取り入れている。トーテム（守護動物神）や薬草の知識はアメリカ先住民族の文化だ。今日でも、メディスンマン（薬師(くすし)）になるためには、膨大な薬草の体系を習得しなければならないが、おそらく著者も同じような訓練を受けたのだろう。クライマックスの熊送りの儀式は、アイヌのイオマンテそのものだ。

これらの道具立ての中で、物語をつらぬくのは愛。養母の薬師や異形の呪術師の老人との、種の相違を超えた強い愛の絆(きずな)だ。そしてもうひとつは、タブーを破り改革を進める孤高の魂の叫びだ。

私事になるが、全社の反対の中でCDやAIBOを開発していた私自身の孤独の戦いがエイラと重なってしまい、涙にまみれて一気に読破した。今日、「最近の若者は……」と嘆いている大人たちは、エイラを嘆くネアンデルタール人そっくりかも知れない。続編を期待する。

（原題、The Clan of the Cave Bear）

評・天外伺朗（作家）

Jean M. Auel　36年生まれ。米国の作家。

二〇〇四年一一月二八日③

『うまい日本酒はどこにある？』

増田晶文 著

草思社・一五七五円
ISBN9784794213471／9784794218568（草思社文庫）

ノンフィクション・評伝

良品が呑み手に届かぬもどかしさ

美味(おい)しい酒をつくるために、不断の努力を続けている人々を、ルポする。

醸造規模を縮小し、田圃(たんぼ)までチェックして選んだ原料米を、文字通り磨き上げるように、ていねいに自家精米し、布団に寝かせるようにして仕込み、手間暇(てまひま)かけた、まさに工芸品のような酒を、流通のルートにも乗せず、限定流通させて品質を守ろうとする蔵元。

かと思うと、酒を「優れた工業製品」と位置づけ、白米を破砕、液化して百％酒に出来る醸造法を開発してコスト削減し、徹底的に機械化して、質量ともに日本一を目指す大メーカー。

とはいえ、このところの日本酒の落ち込みといったら、ない。ワインにおされ、爆発的ブームの焼酎に圧倒されて、つるべ落としに消費が減っている。蔵元はどこも青息吐息で、どんどんつぶれ、酒屋の失踪(しっそう)・自殺も急増している。作れば売れるという時代に、醸造用アルコール、糖類、調味料などを加えて三倍に増量した「三増酒」を売りまくったつけがまわってきたのだという。

一方で量販店での、ワインに比べて明らかに差別的に粗雑な扱いが、酒の品質を劣化させている。日本料理の気取った店が、美味しい酒を置いていない。「汎日本酒主義者」を標榜(ひょうぼう)する著者は、時には「日本酒原理主義者」にもなって、悲憤慷慨(ひふんこうがい)しつつ、日本酒の業界が直面している現状を次々明かす。

私は酒税審議会の委員をしているが、酒はひところよりずいぶん美味しくなった。昔の日本酒はべたつくので嫌いだった。一晩置いた飲み残しの盃(さかずき)にねっとりと、添加した糖質が溜(たま)っているのをみて、ぞっとしたこともあった。かといって、昨今はやりの、炭素濾過(ろか)して無色透明、ひたすら水のごとしというような、味もそっけもないお酒なんか、お金を払って呑(の)む気がしない。しっかりこくのあるお酒が好きだ。

そんな日本酒復権の秘策はといえば、お酒にピッタリくる日本食の再評価と、酒の美味しさや効能をうたう情報、そして何よりも美味しい酒を造り続けることだと著者。地道な努力しかない。同感。

評・武田佐知子（大阪外国語大学教授）

ますだ・まさふみ　60年生まれ。ノンフィクション作家。著書に『果てなき渇望』など。

二〇〇四年一一月二八日❺

『パリ一九〇〇年・日本人留学生の交遊』

『パンテオン会雑誌』資料と研究』

『パンテオン会雑誌』研究会 編

高階秀爾 監修

ブリュッケ・七九八〇円

ISBN9784434046193

ノンフィクション・評伝

時を超えて聞こえてくる俊英たちの声

今から17年前のこと、パリの日本大使館に一通の手紙が届いた。差出人はシッテルという91歳になる老人で、一九〇〇年ごろの日本人留学生たちの回覧雑誌を所有しており、それを寄贈したいという申し出だった。

老人の両親は、当時、パリでスフローという名の小さなホテルを経営していた。日本からやって来た何人もの留学生が、そこを下宿にした。彼らは仲間を集め、パンテオン会と名乗り、しばしばホテルの食堂や近所の居酒屋で晩餐（ばんさん）会を催した。回覧雑誌はそこから生まれた。

会員は黒田清輝・浅井忠・和田英作・久保田米斎ら美術家を中心としたが、学者や軍人も交じり多彩だった。美濃部達吉の名も見える。いずれも帰国後は各界で活躍することになるエリートたちだが、大半が30歳前後とまだ若い。お互いに渾名（あだな）で呼び合うことが会則だった。

会名は、ホテル近くのパンテオンに由来するものの、雑誌を開くと、「パンテオン会義考」という記事が見え、「飄天音」「蛮底音」「反天恩」などの字を当て、自由闊達（かったつ）な暮らしぶりを自らからかっている。かくのごとき戯文のほかにも、俳句、戯曲、漢詩、エッセー、書簡、漫画、絵画と、手作りの雑誌の中身は盛りだくさんだ。

脈絡の無さこそが特色の、3号しか残されていない、あるいは続かなかったこの雑誌を丹念に紐解（ひもと）く試みが、研究会によって進められてきた。本書はその成果である。翻印、影印、CD-ROMにより、『パンテオン会雑誌』を復刻すると同時に、研究会メンバーによる詳細な解題と論考を収め、会員たちが共有していた演劇への強い関心、俳諧の「座」に通じる連帯、諧謔（かいぎゃく）や風刺といった遊びの精神の横溢（おういつ）などを明らかにした。

シッテル家が大切に守り、今はパリの日本文化会館に収まった3冊の回覧雑誌からは、パリの安宿にたむろした日本人の声が、百年の時を超えてがやがやと聞こえてくる。それは笑い声であったり、つぶやきであったりするが、いずれも、遠い異国での体験を彼ら自身の目と言葉でとらえようとした貴重な記録である。

評・木下直之（東京大学教授）

責任編集は今橋映子、ロバート・キャンベル、馬渕明子、山梨絵美子。

二〇〇四年一一月二八日❻

『他者と死者　ラカンによるレヴィナス』

内田樹 著

海鳥社・二六二五円

ISBN9784874154984／9784167801489（文春文庫）

人文

難解なテキストが解けていく興奮

タルムード（ユダヤ教の聖典）の優れた研究者レヴィナスの「他者」をめぐる思想を、精神分析学者ラカンの「鏡像」理論などに重ね合わせながら読み解こうと試みた、挑発的な書物である。

著者は「まえがき」で「いまだにレヴィナスが『ほんとうは何を言いたいのか』よく分からない。ラカンについては……さらに……分からない」と書く。誘惑される言い方だ。彼らの言葉は難解だが、それは読者に、「意味」でなく、「意味」の背後にある、書き手の「欲望」を追うようにと誘うためだ。ここから著者は、レヴィナスのテキスト論に、そして他者の問題へと踏み込んでいく。

レヴィナスは、テキストから無限の叡智（えいち）を汲（く）み上げるために、「師」について読みの「作法」を学ばねばならないという。師としての他者は、私たちが出会うことになるすべての他者の原型。読む行為は、他者との相互対話的なものだ。それゆえ、他者を知らない独学者は批判され、そのとき彼の目の前にいるのは彼自身の「鏡像」にすぎないとされる。

ラカンもまた「師」を機能としてとらえ、「人は知っている者の立場に立たされている間はつねに十分に知っている」と書いた。弟子より多くの知を有する者であるから師というわけでない。弟子は時に師が教えていないことまで学んでしまう。だが、そのとき、その「知」は、どこからやって来たのか。テキストを読み、書く行為のなかに、私と他者と、もうひとつ、第三者の存在が示唆される……。

最終章では「死者としての他者」に言及する。レヴィナスは家族や親戚（しんせき）をホロコーストで失い、ラカンの事実上の妻はユダヤ人だった。二十世紀を縦断した二人は、ともに大戦を生き延び、生き残ったという立場から、死者という他者にどう向き合うかを考えぬいた。行為に先立ってすでに人間は有責である、しかも無限に——レヴィナスの倫理は、今、この現代に、切実な重みで響き渡る。

著者の文章は、頭で理解するより先に、わずかに速く「腑（ふ）に落ちる」ものだ。難解なテキストが、確かに解けていく興奮がある。

評・小池昌代（詩人）

うちだ・たつる　50年生まれ。神戸女学院大教授。著書に『レヴィナスと愛の現象学』など。

二〇〇四年一一月二八日⑦

『現代アメリカの陰謀論』

マイケル・バーカン 著　林和彦 訳

三交社・二九四〇円
ISBN9784879191571　人文

社会が不安定化すると、人々のあいだに広まる「物語」がある。陰謀論だ。

「まともな教養の持ち主は決して陰謀論に耳を傾けてはならない」。若い時分、年長の友人がそう忠告してくれた。アメリカ人の大学教授だった。こうした知識層の良識に反しアメリカ社会にはほぼ恒常的に陰謀論が蔓延（はびこ）っている。これを学術的に考究した稀有（けう）の書。

陰謀論者に共通する信念は「何事にも偶然はない」「何事も表面とは異なる」「何事も結託している」の三つだと指摘されている。

この件を読んで思わず膝（ひざ）を打った。その通りなのだ。陰謀論者は偶然性や非合理性を認めない。あらゆる事件は、裏で周到に計画されていて、相互に連関している。そう信じ込んでいる。

挙句（あげく）の果てに、その説明原理として辿（たど）り着くのが、本書で詳しく紹介されている、秘密結社だの、UFOだの、地下王国だの、ハルマゲドンだの、なのだ。

極端な合理主義の、悲しいまでに不合理な末路である。

評・宮崎哲弥（評論家）

二〇〇四年一一月二八日⑧

『生首に聞いてみろ』

法月綸太郎 著

角川書店・一八九〇円
ISBN9784048734745／9784043803026（角川文庫）文芸

ハードボイルドファンも本格推理ファンも楽しめるミステリー作家といえば、『ウィチャリー家の女』『さむけ』などのロス・マクドナルド。ハードボイルドの巨匠だが、そのトリックと緻密（ちみつ）な謎解きは本格ファンをも唸（うな）らせる。

新本格の代表格の一人、法月綸太郎は『頼子のために』『一の悲劇』など本格だけどハードボイルドファンも楽しめる秀作を発表してきた。本書はそんな法月の代表作で、首を切り取られた石膏（せっこう）像の謎を探る物語は、ロス・マクへのオマージュに貫かれている。

血縁の闇に踏み込むロス・マク風のプロット、緊迫感にみちたスリリングな展開、そして美しく端正なロジックが見事。脇役設定に私立探偵小説ファンへのくすぐりもあるが、基本的には本格ミステリー。苦悩派の名探偵〈法月綸太郎〉のキャラクターが後退し、ややや謎解きに奉仕しているのがハードボイルドファンには不満だが、まぎれもなく今年のミステリーの収穫。

評・池上冬樹（文芸評論家）

二〇〇四年一一月二八日⑨

『マイマイ新子』

高樹のぶ子 著
マガジンハウス・一六八〇円
ISBN9784838715312／9784101024226（新潮文庫） 文芸

戦争の傷跡がまだ生々しく残る昭和30年、9歳の新子は現在の山口県防府市あたりに祖父母、両親、妹と暮らす。著者は、新子は私自身であると同時に多くの日本人でもある、と打ち明ける。季節の手ざわりや家族の繋（つな）がり、生や死を身近に感じながら子供が子供らしく成長できる豊かな環境だったと当時を振り返る。

新子の頭にはつむじが二つある。一つは頭のてっぺんについているが、もうひとつは額の真上に乗っており、マイマイと呼ばれていた。それは新子の気持ちに敏感に反応し、何かあれば右の前髪は黒い針金のように立ちあがる。新子は広島の原爆の慰霊碑に刻まれた「あやまちは繰り返しませんから」のあいまいさを突く。「あやまち」とはいったい誰のあやまちなのか。この時もマイマイは風車のように回転した。戦後、平和を希求した日本人の原点は、正義感にあふれた多感な少女、新子のマイマイに宿っている。

評・多賀幹子（フリージャーナリスト）

二〇〇四年一一月二八日⑩

『女優であること』

関容子 著
文芸春秋・二八〇〇円
ISBN9784163663609
アート・ファッション・芸能／ノンフィクション・評伝

その人をして語らしめようという手法で、著者は相手から思いがけないエピソードを引き出す。手にした材料の並べ方がまたうまい。それぞれの芸風、人となりが肌のぬくもりを伴って浮かび上がってくる。

登場する女優は、1908年生まれの長岡輝子から55年生まれの渡辺えり子まで12人。私は、波乃久里子の章をひときわ興味深く読んだ。父勘三郎、弟勘九郎、師匠先代水谷八重子と周囲に文字通り〝役者〟がそろっているせいか。花柳章太郎が、六代目菊五郎を尊敬するあまり、この名優の孫に当たる久里子にポンポンと柏手（かしわで）を打つくだりには、思わず頬（ほお）がゆるんでしまった。

12人のうち奈良岡朋子、岸田今日子ら新劇系が多数派を占める。著者の歌舞伎通はつとに知られているところだが、今や崩壊したにも等しい新劇への思い入れも、並々ならぬものと見た。

〝女優であること〟以上に〝女であること〟が薫り立つ好著。

評・安倍寧（評論家）

二〇〇四年一二月五日①

『希望格差社会 「負け組」の絶望感が日本を引き裂く』

山田昌弘 著
筑摩書房・一九九五円
ISBN9784480863607／9784480423085（ちくま文庫）
経済／社会／新書

頑張ろうと思い直せる道まで消滅

年金の掛け金を払わない若者が増えている。著者はフリーターにインタビューした際、「五年後の生活の見通しも立たないのに、五〇年後の生活の心配ができますか」と言われて、返す言葉をなくしたらしい。なぜ若者が、そこまで希望をもてないのか。

本書はそれを、若者を取り巻く厳しい現実から解き明かす。毎年、上場企業のホワイトカラーや技術者を志望して叶（かな）わぬ大卒者が数万人生まれている。望んでいながら中小企業の正社員になれない高卒者は10万人、結婚できないフリーター女性が20万人。ついでに大学教員になれない博士課程生も、毎年7千人。30代で球団を購入しようかという大金持ちが話題になる陰で、こうした「負け組」が存在する。

けれども「負け組」というだけで、希望を失う必然性はない。問題は、勝ち組との格差を受け入れつつ、自分なりに頑張ろうと思い直させるシステムまでもが崩壊したことだ。

著者は高度成長期から九〇年代まで、職業・家族・学校においてそうしたシステムが機能していたという。男性正社員の雇用が安定し収入も伸び、多くがサラリーマン・主婦からなる家族を作り、学校はどこに行ったかで就ける職を振り分ける（あきらめさせる）働きを果たしていた。

ところがそうしたシステムを生んだ大量生産・大量消費型の「オールドエコノミー」がグローバルな競争やIT化という「ニューエコノミー」に取って代わられると、専門能力を有する人と単純作業しか回してもらえない人に「二極化」が進んでしまう。さらに職業や結婚について個人に選択の自由が認められると、職業・家族・学校が不安定化し、望んだ職場や異性に「選択されない」リスクが広がる。

著者は『パラサイト・シングルの時代』で、これまでは「負け組」にも親が支援してくれる道があることを示した。ところが今回は家族や会社にも悲観的で、敗者復活の費用を負担しなくなったという。「負け組」はありもしない夢を見るか、希望そのものを持てなくなる。引きこもりや反社会的犯罪が、ここから起こる。

筆者も日本的経営や金融に関する護送船団方式などの制度が急激に解体され、それが「負け組」意識と将来不安とをもたらしたと論じたことがある。けれどもそうした議論は、経済学畑ではほぼ黙殺された。ところが経済学者たちが「不安」や「不平等」から目を背けている間に、佐藤俊樹氏の不平等社会論、橘木俊詔氏の経済格差論、苅谷剛彦氏の教育階層論などが現れた。本書も家族社会学の見地からみたパラフレーズである。では、ここからの脱出口はあるのか。まず著者の勧めるコミュニケーション能力の習得は必須であろう。「選択される」には、口説く力を持つしかないからだ。

陰鬱（いんうつ）にして鋭利な、時代診断の書である。

評・松原隆一郎（東京大学教授）

やまだ・まさひろ　57年生まれ。東京学芸大学教授。著書に『パラサイト・シングルの時代』など。

二〇〇四年一二月五日②

『龍樹　空の論理と菩薩の道』

瓜生津隆真 著

大法輪閣・三一五〇円
ISBN9784804612126

人文

豊かな社会の苦しみと響きあう教え

将来に対する希望を失っている若者が増えている。ひきこもりやニート（若年無業者）といった逃避的なライフスタイルの遠因にもなっているらしい。さらには、集団自殺や自暴自棄的な犯罪の多発と結びつけて捉（とら）える社会学者もいる。

かくも富裕になり、平均寿命も延びた社会で、希望が失われている。人間とは厄介な存在である。

仏教で興味深いのは、開祖達（たち）が貧病争などの実生活上の苦しみに突き動かされて道を求めたわけではない、という点だ。

本師ブッダも、本書の主人公である大乗仏教の祖、龍樹（りゅうじゅ）（ナーガールジュナ）も豊かで壮健だった。現世の様々な快楽を味わい尽くし、やがてすべてに倦（う）んだ。

龍樹は「青年時代激情にかられて隠身の術をもって王宮に忍び込み、美女を犯し、危うく一命を落としかけたことが出家の動機となった」と伝えられている。これはフィクションかもしれないが、そもそもお話として面白いし、仏教という教えの性質を知る上でとても重要だ。

生きるだけなら生きられる。情報も快楽も、ちょっとコンピュータの画面をクリックすれば得られる。そんなふうに生存条件に関する苦しみが消えたときに、生存そのものの苦しみが露頭してくる。

龍樹はブッダのシンプルな教えを、より精緻（せいち）に説き直した。ブッダの言葉が、あまりに無駄がなさ過ぎて、いろいろ誤解をする人々が増えてしまったためだ。

彼は、すべての生存（有）は幻や陽炎（かげろう）のようなものであることを論証した。幻といっても虚無ではない。ただ実体ではなく、無常であり、要するに人が執着すべき対象ではないというのだ。

龍樹といえば『中論』が有名だが、本書では『六十頌如理論（ろくじゅうじゅにょりろん）』という大切な著作も詳しく取り上げられている。瓜生津は『六十頌如理論』研究の権威なのだ。

龍樹の優れた評伝には中村元『龍樹』（講談社）があるが、本書の方がわかり易（やす）い。究極の個人主義から発出した仏教者が、いかに自利利他の実践（菩薩〈ぼさつ〉道）に入るかが丁寧に描かれているのも特色。

絶望を経て希望に、利己を経て慈悲に向かう一つの道がここにある。

評・宮崎哲弥（評論家）

うりゅうず・りゅうしん 32年生まれ。京都女子大前学長、同大名誉教授。仏教学。

二〇〇四年一二月五日③　科学・生物

『直立歩行　進化への鍵』

クレイグ・スタンフォード 著
長野敬＋林大 訳
青土社・二五二〇円
ISBN9784791761487

悠久の時間の産物としての二足歩行

かつては恐竜にも二足歩行を得意とするものがいた。短時間短距離ならチンパンジーも立って歩ける。だが、ヒトのように長時間にわたり、効率的に直立歩行できる生物種は他に存在しない。

ヒトをヒトたらしめたのは直立歩行だった。自由になった手で道具を操り、脳の発達にも大きく貢献したからだ。だが、直立歩行への進化の因果律は今なお多くの謎に包まれている。

本書はさまざまな学説、研究データなどを紹介しながら、その謎に分け入る。ユニークなのは、「ただ一つの理由で、あるいはただ一つのステップで二足歩行が現れたという観念を振り捨てることだ」と説いている点だ。

こんなシナリオがある。環境の変化で森林が減り、サヴァンナ（草原地帯）が増えた。サヴァンナに出たヒトの祖先（サル）は周囲の安全を確認したり、遠くの獲物を見渡したりするために、すっくと立ち上がり、やがて二足歩行を得意とするようになった……。

だが著者は、今は「ヒトの進化の決定的な段階は、サヴァンナではなく森のなかで繰り広げられた」との説が有力と強調する。果実を入手するため、枝の上に立つ。実がなくなると地上に下りて別の木に移り、まずは低い実に手を伸ばす。こうした行動は完全な直立歩行ではないが、原型ではある。同じような行動が「何百万回も繰り返されれば、祖先には利用できなかった食料資源を利用できる類人猿の系統が自然選択で有利」になり、同類他者に差をつけたとも考えられる。

「肉食」がヒトへの進化に大きな影響を与えたとの指摘も興味深い。直立歩行し、道具を使うようになった祖先は、肉を好んで食べるようになった。栄養の収支は大きく改善され、脳の拡大につながり、知能の発達にも貢献した。狩猟生活への移行には、「心身の設計」を変化させる壮大な物語が潜んでいたのである。

直線的ではない。むしろさまざまな伏線が試行錯誤を経ながら、進化の推力となる。「二足歩行は、数百万年かけて形づくられた手の込んだ芸術作品」という著者の修辞が説得力を持っている。

評・吉田文彦（本社論説委員）

（原題、UPRIGHT : The Evolutionary Key to Becoming Human）

Craig Stanford 南カリフォルニア大教授。J・グドール研究センター共同所長。

二〇〇四年一二月五日④

『1688年 バロックの世界史像』

歴史

ジョン・ウィルズ 著 別宮貞徳 監訳

原書房・二九四〇円
ISBN9784562037902

世界史を発見する楽しみ

学校で習う歴史は無味乾燥なもの、特に世界史は暗記科目の典型というのが世の通念だろう。人物やら地名やら王朝の名称やらが並んでおり、訳も分からずに記憶する。試験までにどれだけ覚えておけるかが勝負であり、それが済めばきれいさっぱりと忘れてしまう。残念ながら、学校で世界史を学んで楽しかったという人は正直少ないだろう。

しかし本書がやろうとしているように、世界史を縦切りにするのでなく、横切りにしてみれば、いろいろな知識がつながってきて意外な楽しみを見つけだすことができる。一六八八年という年を、「イギリス名誉革命！」と覚えれば、それだけで終わってしまう。しかしこの時、ヨーロッパではフランスの太陽王ルイ一四世、東では清朝の康熙帝が権力の絶頂にあり、間のロシアではピョートル大帝が権力を固めつつあった。史上名高い三大皇帝が並び立っていた時代であることを知れば、一挙にイメージがふくらむ。更にこの年が日本では元禄元年にあたり、将軍綱吉の治世であり、井原西鶴が『日本永代蔵』を出版したことを知れば、日本史と世界史の距離感も狭まる気がするだろう。

著者は近代香料貿易や東インド会社を研究したアメリカの歴史学者である。このテーマは政治、経済、社会、文化をつなぐ視野の広さを要求されるものらしい。本書でも著者はアメリカ、アフリカ両大陸の間で行われていた奴隷貿易の話から始め、イギリス東インド会社のムガル帝国との戦争の話で終えながら、その間に様々な社会的、文化的エピソードを織り交ぜて世界を駆けめぐってくれる。よい話もあれば腹立たしい話もあるが、説教くささのない著者の文体が心地よい。

グローバリゼーションという言葉などない時代にも、世界がつながっていたことを感じさせてくれる一書であり、その時代を「バロック」という言葉で表現したのは訳者の慧眼(けいがん)だろう。少し難しい専門用語も出てくるが、年表と世界地図を脇に置き、百科事典やインターネットで調べながら読んでいけば格好の冬休みの読書の材料にもなるだろう。

(原題、1688: A Global History)

評・中西寛（京都大学教授）

John E. Wills, Jr. 南カリフォルニア大歴史学教授。

二〇〇四年一二月五日⑤

『6(シックス)ステイン』

文芸

福井晴敏 著

講談社・一七八五円
ISBN9784062126410／9784062757089(講談社文庫)

劇的な展開 ネタ詰まった傑作集

いやあ巧(うま)い巧い。長編作家と思われていた福井晴敏の初の短編集だが、これが長編なみにネタがぎっしりと詰まっていて、プロットの構築が抜群。胸のすくような銃撃戦があり、泣かせる脇筋があり、あざとく鮮やかなどんでん返しがある。

六編収録されているが、いずれも存在を秘匿された市ケ谷の防衛庁情報局のメンバーが絡む物語だ。つまり北朝鮮のスパイと山の中で戦う「いまできる最善のこと」、スーツケース爆弾を探す「畳算」、〝北〟と内通する男女を監視する「サクラ」、海賊シンジケートを内偵する「媽媽(マーマー)」、スリがスパイ戦にまきこまれる「断ち切る」、そして伝説の狙撃手との駆け引き「９２０を待ちながら」。

と紹介すると索漠としたスパイ小説を想像されるかもしれないが、少年の救出、母や妻としての苦労、過去をひきずる男と娘の葛藤(かっとう)といった脇筋を折り込んでいる。緊迫した諜報(ちょうほう)活動のすぐ隣にごく普通の日常生活を配置してリアリティーを確保している。生身の人間としての苦悩を描くことで逆に謀略に翻弄（ほんろう）される工作員たちの活動に現実味を与えているのである。だからこそ読者は劇的な展開に昂奮（こうふん）し、ときに目頭を熱くさせるのだ。

たとえば感動作「媽媽」。立ちふさがる権力との戦いのなかで、子持ちの女性工作員の行動力と勇気が試される。母として、妻としていかに戦い抜くのかが切実な形で提示されるのだ。ラストの夫の言葉に、ヒロインともども読者もまた思わず落涙してしまうのではないか。

あるいはスリリングな秀作「920を待ちながら」。急激なアクションの展開のなかで過去のいまわしい出来事（友人の死）が語られ、窮地にたたされ、やがて極限状況を迎える。そこで繰り広げられる緊迫感にみちた対決と騙（だま）しあい。小気味よいどんでん返しを連続させて、驚くべき真相を明らかにする。

エッセンスとはいわないが、ここにはスパイ小説の、ハードボイルド小説の、活劇小説の、女性探偵ものの最良の部分がある。もちろん福井晴敏らしい、熱きメッセージも随所にあり、激しく読者の胸を揺さぶる。今年の掉尾（とうび）を飾る傑作だ。

評・池上冬樹（文芸評論家）

ふくい・はるとし　68年生まれ。作家。著書に『亡国のイージス』『終戦のローレライ』など。

二〇〇四年一二月五日⑥

『若かった日々』

レベッカ・ブラウン 著　柴田元幸 訳

マガジンハウス・一六八〇円
ISBN9784838714667／9784102149331（新潮文庫）文芸

話題の作家がつづる自伝的短編集

独特の皮膚感覚に訴えかける文章が魅力のレベッカ・ブラウン。邦訳四作目は相いれない父と母への親和性に引き裂かれた女性をめぐる連作短編集である。

「私」の外見は、父親そっくりだ。青い目、ウェーブのかかった髪、ごつごつした膝（ひざ）。でも、夜中に悪夢でうなされてとび起きる癖は母方の遺伝である。母はそのたびにしっかり抱きしめてくれた。

やがて両親は離婚し、「私」は母親に育てられる。海軍軍人なのに戦争経験がなく、にもかかわらず見てきたように戦場を語る父を、娘は許せないと思っている。男の子がダメな父親を嫌うように。

しかし、彼女自身もホラ話が得意なのである。中学のとき、ほとんどすべての女生徒の憧（あこが）れだったチアリーダーのテストを受けなかった話を、真実を伏せてフェミニズム的英雄譚（たん）に仕立てたりする。

第四話「魚」が見事。父親と海釣りに行った十四歳の「私」は、父の手引きで一匹釣り上げたものの、熱狂する父に、「これ、戻していい？」ときく。戻される瞬間、宙ぶらりんになった二人の気持ちを象徴するように、魚は白く輝いた。

そして、幼時の水にまつわる第八話。母が水を嫌うため、水泳は父から教わった。彼の腕に向けて必死で泳ぐ。時計の金属バンドがはさまりそうな毛深い腕。父は、泳ぎきった娘の肩に手を乗せる。

こうした背景に囲まれた二編では、核となるレズビアン体験が語られる。チアリーダーのテストを受けなかったことをきっかけに、同じ性癖を持つ教師ミス・ホプキンズと出会ってしまう第六話。

「私」は彼女の手を肩に感じる。手首の外側につけた腕時計。この部分が、第八話のエピソードに重なる。青い目の女教師は、父親のかわりだったのだろうか？

全十三編を覆うのは、豊かな音楽性だ。頭の中で音楽が呪文のように聞こえる感覚から作品が始まる、と語る著者は、作曲家が音符を書きとめるように言葉を書く。第十一話の「私はそれを言葉にしようとする」など、そのまま音楽を聴くよう。海のうねりのように襲い、また鎮まる自殺衝動。一行一行が身体組織に浸透し、おもむろに脳髄に上っていく。

（原題、The End of Youth）

評・青柳いづみこ（ピアニスト・文筆家）

Rebecca Brown　56年生まれ。米の作家。『体の贈り物』など。

二〇〇四年一二月五日⑦ 文芸

『灰色の魂』

フィリップ・クローデル 著　高橋啓 訳

みすず書房・二三一〇円
ISBN9784622071143

第一次世界大戦下のフランスの田舎町。純真無垢（むく）な十歳の少女の死体が発見される。脱走兵が逮捕され、激しい拷問で自白に追いこまれる。だが「私」は町の名士である検察官に疑いをかける。検察官の屋敷の一隅に住まいを借りた美しい女教師が自殺するという事件も明るみに出る。この二つの死の関係は？……

白黒のペン画のように淡々と、だが細緻（さいち）な銅版画のようにくっきりと、町の風景と住民の生態が描かれ、そこから、検察官と女教師と「私」の抱えこんだ魂の暗黒が浮かびあがってくる。謎解きはあまりにあっけなく訪れるが、読後の印象はやるせなく重い。

かつて若き山田風太郎はミステリーの特徴を「割り切れる」ことだとした。だが、動機がいつも割り切れるなら、ミステリーは所詮（しょせん）二流の小説にすぎない。そう言い残して山田青年はミステリー界を去った。『灰色の魂』の動機は必ずしも割り切れない。そこが一流の小説たる所以（ゆえん）である。

評・中条省平（学習院大学教授）

二〇〇四年一二月五日⑧ 医学・福祉

『私の「日本エイズ史」』

塩川優一 著

日本評論社・二三一〇円
ISBN9784535584167

エイズ問題は解決にほど遠く、犠牲者が増加しているにもかかわらず、SARS騒ぎなどに押しやられたようにまるで過去の話題になろうとしている。しかし「歴史」になったぶん、いまや冷静に振り返ることができよう。84～94年に日本のエイズ対策の中心にいた著者による記録は貴重だ。

エイズが一時パニックを呼んだ理由は、主として米国では同性愛者から、日本では輸入血液製剤で感染した血友病患者から、それぞれ「発見」されるという社会問題を伴いながら、潜伏期が異常に長かったため。誤解、誤報も含む報道が過熱したが、専門家たちにも「分からない」ことが多く、手探りの日々であったのだ。

人類の宿命のように新しいタイプの感染症が次々と襲ってくる。得られた教訓は、情報の完全開示が対処の第一歩であること。また報道にとっては、速報だけでなく、感染者や患者の人権、プライバシーの保護や、偏見の打破や啓蒙（けいもう）も大きな役割であるということだ。

評・宮田親平（科学ライター）

二〇〇四年一二月五日⑨ 人文／医学・福祉

『音楽力』

日野原重明、湯川れい子 著

海竜社・一四七〇円
ISBN9784759308426

あの『生きかた上手』の日野原重明と、音楽評論家の湯川れい子が音楽にかける熱い思いを語っている。二人は、日本音楽療法学会の理事長と評議員であり、中心テーマは「癒やし」。

日野原は医師として二〇年ごしに音楽療法を研究しており、数々の奇跡の治癒の臨床経験がある。その医学的証拠を集め、音楽療法師の国家資格を作るための運動をしている。湯川は自らの癒やし体験を通じて、赤ちゃんに子守歌を聞かせる運動を展開している。

しかしながら本書は、音楽療法に関して体系的に述べている訳ではない。むしろ二人の音楽に関連する生い立ち、癒やしに関する感想から現代社会の世相にいたるごった煮的なエッセイ集であり、そこに豊かな人生哲学がにじみ出ている。

音楽は単に聞いて心地よいだけではなく、身心深く何らかの働きかけをする。それはやはり、「生きているというエネルギー」が込められているからだと説く、希望にあふれた一冊だ。

評・天外伺朗（作家）

二〇〇四年一二月五日⑩

『私の詩歌逍遥』

中村稔 著

青土社・二七三〇円
ISBN9784791761456

文芸

くぐもりの無い平明な文体こそが、巨大な対象にじかに迫ることが可能だという好例のようなエッセー集である。

著者は現代詩の長老の一人であり、同時に現役の弁護士である。

エッセー集は、朔太郎や中也の詩の特質、茂吉や楸邨などの短歌・俳句論、さらには三島由紀夫の思い出など実に広範囲にわたる。

その幾つかにこの詩人の好奇心と平常心を揺さぶる出会いが記されている。

たとえば、戦後まもない頃の東大の学生時代、親交のあった三島由紀夫と、郊外から夜遅くになって渋谷に帰ってきた時、三島の父君が駅まで三島を迎えに出ておられたという。この意外な光景が著者に少なからず衝撃を与えた。三島由紀夫という作家を考える上でのひとつのヒントのようにも思える。

そんな挿話や発見が淡々とスケッチされている。そのさりげの無いスケッチの端々に、詩人の眼（め）が生き生きと輝いている。

評・前川佐重郎（歌人）

二〇〇四年一二月一二日①

『吉田秀和全集 23 音楽の時間V、24 ディスク再説』

吉田秀和 著

白水社・各四八三〇円
ISBN9784560026588〈23〉・9784560026595〈24〉

人文／アート・ファッション・芸能

ジャンルを超えた「展望」の魅力

一九七五年から刊行されてきた全集もついに完結。23巻はレコード誌の連載と朝日新聞「音楽展望」が中心。24巻は未収録のエッセイなど。

休載中の「音楽展望」が始まったのは七一年のことである。「展望」だったから続いたと吉田は書く。これが時評だったら、時のうつろいとともに消え去ってしまっただろう。

実演やディスクを聴きながら、吉田はその芸術家の過去や未来を見ようとする。トルコの新進ピアニスト、ファジル・サイのような溌剌（はつらつ）たる才能を聴くと、先はどうなるかと想像する。カルロス・クライバーの訃報（ふほう）に接すると、優秀な指揮者だったのにどうして仕事を減らしてしまったんだろうと思いをめぐらせる。

吉田は、時代の好みの変遷も見据える。主観主義から客観主義への切りかえ、そして現在の多様なスタイル。彼も含めた評論家たちが六〇～七〇年代に聞きほれた演奏が、今はつまらなく感じられたり、興味を持てなかった作品に心打たれたりすることがある。いったいなぜか？　耳とそれに直結する心や頭はどんな具合にできているのか。読み手に問いかけ、ともに考える。

吉田の「展望」は音楽にとどまらない。プルースト『失われた時を求めて』の一節、ある貴婦人の「嬰（えい）ト音のように無限に引きのばされていた微笑」を読むと、ワーグナー『トリスタンとイゾルデ』の宿命の嬰ト音を連想してしまう。プルーストは、話者と貴婦人の間に何のドラマも起きないことを皮肉るために、あえてこの音を使ったのではないか、などと深読みする。

文章の喚起力、比喩（ひゆ）のうまさにはうならされる。モーツァルトを弾くブレンデルは、「巨人がわざわざ小さな自転車に乗って苦労して走っている」ようだ。グルダはモーツアルトを弾いたあと、ニヤッと薄笑いを浮かべる。「ひとをバカにしている」ようでもあり、「照れた揚げ句、自分で道化を演じている」ようでもあり。

朝比奈隆にしても、ほんのひとはけで芸術家としてのありようをデッサンしてみせる。「彼は全身全霊を込めてやりたい音楽を見いだし、いくらやってもこれで終（おわ）りということにならないので、くり返しやらずにいられないということを身をもって示し、それで生き、それで死んだ芸術家だったのである」

いっぽうで、「あんなにぴんぴんしていて、あんなにすばらしい演奏をするのに、何かというとキャンセルする」アルゲリッチにも思いをはせる。吉田もまた、演奏家を襲う継続への疲弊感、ステージに臨むときのような精神的葛藤（かっとう）に苦しめられているのかもしれない。というのは、音楽評論も瞬間の芸術だからだ。疾走する音楽をとらえ、的確な言葉に変換する作業は並大抵ではないし、誰にもできることではない。

読みながら、吉田に評されてきた「音」たちの幸せを思っていた。

評・青柳いづみこ（ピアニスト・文筆家）

よしだ・ひでかず　13年生まれ。評論家、水戸芸術館館長。『吉田秀和全集』は75年に刊行開始。

二〇〇四年一二月一二日②

『ヴァレリーの肖像』

清水徹 著

筑摩書房・七一四〇円
ISBN9784480838094

文芸／人文

精緻な読みで詩人の精神を再発見

ヴァレリーはしばしば「純粋な自己」の探求者だといわれる。だが、この「自己」はいわゆる「近代的自我」ではない。すなわち、一定の志向性をもった確固たる精神ではない。著者・清水徹によれば、ヴァレリーの自己とは、明確に輪郭づけられる実体ではなく、なかに入りこむものの多様性にしたがって姿を変える潜勢的な精神のありようなのである。

これはなんとも厄介な話だ。たとえば、ヴァレリーの分身とも目されるムッシュー・テスト。この一介の株屋はいっさい著作をおこなわない。しかし、つねに変化する意識の現象すべてを言語化できる能力をもつ。それなのに、その自由に使える能力を使わず、潜勢的な存在であることを選ぶ。精神のあらゆる可能性を汲（く）みつくすために、文筆による精神の不完全な顕在化を拒否するのである。

ムッシュー・テストがこうした精神生活の基盤に置いているのは、死のモラルである。人間には死があり、世界には限界がある。この限界としての死をたえず見つめながら、意識の働きを可能なかぎり強く持続させることが、ムッシュー・テスト＝ヴァレリーの自己のあり方だ。

有名な長篇（ちょうへん）詩『若きパルク』もまた、地中海を舞台とする神話的な意匠にもかかわらず、「夢想の人物と、同時にまた夢想の対象とが、ともに意識された意識であるような、そうした一夢想」である。つまり、鏡を覗（のぞ）きこむ自分を覗きこむ自分を覗きこむ自分を覗きこむ……自分という無限のナルシスの物語だ。ヴァレリーが生涯、ナルシスを特権的なテーマとして描いたことは偶然ではない。

若きパルクもまた、自己の内部に視線を深めてゆくうち、光は失われ、視線は闇にさまよい、ムッシュー・テストと同じく、限界としての死を発見する……。

清水徹の読みは、ヴァレリーの意識に寄りそうように精緻（せいち）で、息苦しいまでに正確だ。そのようにして再発見されるヴァレリーの肖像は、「地中海的調和と純粋詩の詩人」ではなく、死とエロスを内側に抱えこみ、意識の隘路（あいろ）を這（は）いすすむ蛇である。読後、めまいのような解放感さえひきおこす恐るべき解読力なのだ。

評・中条省平（学習院大学教授）

しみず・とおる　31年生まれ。フランス文学者、文芸批評家。著書に『書物について』など。

二〇〇四年一二月一二日❸

『被差別部落のわが半生』

山下力 著

平凡社新書・七七七円

ISBN9784582852516

社会／新書

妻や娘に「糾弾」される元「糾弾屋」

被差別部落出身者であることに悩み、隠し、二十八歳にして「これこそオレが言いたかったことだ」と、初めて部落解放運動に目覚める。その後の解放運動の中で「糾弾屋」と呼ばれた筆者が、山あり谷ありの自らの半生を振り返り……。

表紙カバーの紹介にしたがえば、本書はこうした内容である。さすれば居住まいを正し、まなじりを決して読まなければいけないような気分に……なる必要はさらさらない。

素朴な意味で、読んで面白いのである。関西ことばを取り混ぜた筆致は軽快軽妙、知らず知らず引き込まれる。涙あり笑いあり。けれど涙は、いつの間にか笑いと化し、笑いは涙になる。読者としてもカミシモを着てなんかいられない。

しかも、為(ため)になる。被差別部落をめぐる今日の状況、論点が頭に入るのは当然ながら、これも知らず知らず、人間とは何だろうなんてことを考えさせられる。人間はやっぱり矛盾に満ち満ちているんだね、と改めて頷(うなず)いたりする。

年に一度か二度、著者は夫人から強烈な批判を受けるそうだ。「あなたはあらゆる差別はいけないと外では言うてはりますけど、家庭におけるあなたの振る舞いは、私を対等の人間として扱うことを忘れていることがしばしばです。よくそれで差別撤廃などと言えますね」。夫は一言もない。娘さんも言う。「私は小さいときから、お父さんの演説もしょっちゅう聞いていた（中略）でも全然おもろなかった」。オヤジは俯(うつむ)く。

言えず俯いたまま、著者は記す。

「部落民の健常者は『障害者』との関係で、男は女との関係で、日本人としては在日朝鮮・韓国人をはじめとする少数民族との関係で、往々にして『差別する側の立場』に立つことも事実である」

「人は誰でも『差別したり』『差別されたり』する存在なのではないか」。こうした発想からすれば「糾弾屋」もまた旧態依然たるわけにはいかない。

「運動」の先頭に立つ人の言辞は、ともすれば「為にする」ものになる。比べれば著者は、率直にして人間的である。この本が面白くて為になる所以(ゆえん)だ。

評・栗田亘（コラムニスト）

やました・つとむ 41年生まれ。奈良県議6期。奈良県部落解放同盟支部連合会委員長。

二〇〇四年一二月一二日❹

『スモールワールド・ネットワーク 世界を知るための新科学的思考法』

ダンカン・ワッツ 著 辻竜平、友知政樹 訳

阪急コミュニケーションズ・二九四〇円

ISBN9784484041162／9784480097378（ちくま学芸文庫）

経済／IT・コンピューター／社会

つながり方に着目、野心的な社会研究

知り合いの知り合いをたどっていくと6人目では誰でも世界中のある人とつながっている。こんな「スモールワールド現象」を出発点に、人と人のつながり方が社会と人をどう変えていくかを研究する。そういう新しい科学が生まれ、注目を集めている。本書は、ネットワーク科学の新境地を拓(ひら)いたといわれる物理学出身の若き社会学者、ダンカン・ワッツによる新科学伝道の書である。

音楽であれ、伝染病であれ、政治運動であれ、ある一定の範囲を超えて広がったとき、一挙に大流行するのはなぜか。複雑な送電線システムの一部が壊れたとき、大規模な停電が起こったり起こらなかったりするのはなぜか。これらに共通するのは、点と点をつなぐネットワークとその「進化」の問題である。

人でも物でも、集合体としてつながる、そのつながり方の規則性と偶然性に注目すると、個々の振る舞いからは説明できない全体のはたらきやその進化を科学的に予測することが

できる。それも、物理学のアイデアで数学的なモデルをつくり、コンピューターを駆使することで。この最先端の科学がいかに生まれ、どこが新しいかを、自ら分野を拓いた著者が熱く語る。それが本書である。

この科学が野心的なのは、つながりの進化という視点に立つことで、一見無関係に見える様々な現象の背後に、普遍的なルールがあることを導き出そうとする試みだからだ。インターネットの普及も、系列企業の工場火災で部品供給が一時停止した「トヨタ＝アイシン危機」も、9・11直後のニューヨーク市の危機管理も、その分析対象となる。

「何がどのように起こるかは、ネットワークに左右される」。そして、何が起こったかではなく、何が起こりえたかを考えることで、将来何が起こるのかが理解できる。数学とコンピューターを武器に、「すべての潜在的に可能な世界」を調べ尽くそうとする貪欲（どんよく）な社会研究の誕生。はたして具体的な社会現象の解明にどこまで迫れるかには未知の部分が残るが、何かが始まっているという期待をもたせる蠢動（しゅんどう）が確かにこの本にはある。

（原題、SIX DEGREES : The Science of a Connected Age）

評・苅谷剛彦（東京大学教授）

Duncan J. Watts 米コロンビア大学准教授。

二〇〇四年一二月一二日⑤

『イチロー革命 日本人メジャー・リーガーとベースボール新時代』

ロバート・ホワイティング 著 松井みどり 訳

ノンフィクション・評伝

早川書房・二一〇〇円
ISBN9784152085993

衝撃を受けたのは日本プロ野球だった

「和」や「集団主義」「猛練習」などのキーワードを使って日本野球を分析した快著『菊とバット』で、日米文化比較に新境地を開いた著者が、久方ぶりに得意のフィールドに戻ってきた。

八十四年ぶりに大リーグの年間最多安打記録を塗り替えた今年のイチロー選手は、私たちをわくわくさせてくれた。ただし、本書の書名から、その天才的なバットさばきとスピードが、パワー万能に流れた彼の国の国技を「原初」の姿に引き戻しつつある、といった内容を期待するとすれば、いささか裏切られよう。

原著名は「イチローの意義」。日本人大リーガーの活躍に目をつけた米の出版社の求めで今春出版された。イチローをめぐる私生活を含めたエピソードだけでなく、野茂英雄や松井秀喜ら日本人選手たちの育ち方や素顔が克明に語られる。とはいえ、元来が米国の読者向けだから、主な眼差（まなざ）しは、イチローの幼時からの猛特訓など、やはり彼らを育んだ日本野球の特異な風貌（ふうぼう）に注がれる。

しばしば球団と軋轢（あつれき）を起こし、とかく冷たい視線を浴びてもきた選手たちの大リーグ挑戦史がとりわけ面白い。なかでも、野球協約の盲点をついて任意引退の道を選び、初志を貫徹して三十年ぶりに「先駆者」となった、野茂の勇気と意志の強さには改めて感服してしまう。彼や伊良部秀輝の代理人として「日本野球の扉をこじ開けた」団野村氏の波乱に満ちた半生も、評者には大変興味深かった。

大リーグがこれほど身近になったのは彼らのおかげだが、個人としての自立や自律が不可欠なその世界に、多くの日本人選手が競うように挑戦し始めたのは、「和」や「集団主義」の束縛が薄れてきた証しでもあろう。『菊とバット』からすでに四半世紀。良し悪（あ）しはともかく、日本社会の変化はここまできたのだ。

そう考えれば、表題の「革命」が起きつつあるのは、長く旧套（きゅうとう）を脱することができなかった日本のプロ野球なのではないか、と納得させられる。選手会の初めてのストといい、オーナーたちの引退や楽天の参入といい、「イチローたちの意義」は日本でこそ大きかったのだ。

（原題、The Meaning of Ichiro）

評・佐柄木俊郎（ジャーナリスト）

Robert Whiting 42年生まれ。米のジャーナリスト。『菊とバット』ほか。

二〇〇四年一二月一二日⑥　文芸

『黙って行かせて』

ヘルガ・シュナイダー 著
高島市子、足立ラーベ加代 訳
新潮社・一六八〇円
ISBN9784105450014

強制収容所看守だった母と再会したが

母は元ナチス親衛隊員、アウシュビッツ第二強制収容所ビルケナウの看守だった。今は老人ホームに暮らすその人を、幼くして捨てられた娘（著者）が訪ねていく。その二十七年ぶりの再会から別れまでの、二時間の対話である。

「本書は実話です」と帯にあるのは、海外での評判が影響しているのだろう。イタリアのメディアは、犠牲者のために「実の母親を糾弾することさえ厭（いと）わなかった」と娘の勇気を讃（たた）え、ドイツのメディアは、母親の過去に関する物証が示されていないと疑念を呈したという。

これが加害者の子供が背負わされた宿命だ。新事実は何か、いかに親の言葉を引き出すかに視線が注がれる。イタリアに住む娘は、ナチスの歴史を知る証人として作家活動をしてきただけに、その角度から評価を受けるのはやむをえない。

でも、これは、そういう本ではない。何が事実で、何がフィクションかなんてどうでもよくなるぐらい哀（かな）しい本だ。

母親の口から出てくるのは、自分は優秀な看守で、人体実験でも忠実に任務を遂行したという自慢話ばかり。悔恨の情などない。それもそのはず、一九七一年に初めて娘と再会した母親は、直後に猛烈な罪悪感に襲われ、家族にまつわる物を一切捨てて記憶の外へ葬り去っていたのだから。娘が「糾弾」する相手は、とうの昔に娘は死んだと思いこんでいる恍惚（こうこつ）の人なのだ。にもかかわらず、母親を揺さぶりたい娘は自分に囁（ささや）く。〈もし彼女が正直に話をしさえすれば、ママと呼んであげると言え！〉

あえて何が「実話」かといえば、母娘の対話の、この歪（ゆが）みようではないか。

「その女の人はどうなるの?」「手早く注射されちまうのさ」「どんな注射?　さっさと言って!」「石炭酸のちっちゃな注射。心臓にじかにグサリ!」

あまりに残酷で、滑稽（こっけい）で、痛々しい。結局この日が永遠の別れとなり、娘は愛憎の対象を失った。娘の心はもう、ほどかれることはない。だが、これから娘が書き続けなければならないのは、その、ほどかれぬ心のことだ。それが、加害者の子供の「実話」である。

（原題、Lasciami Andare, Madre）

評・最相葉月（ノンフィクションライター）

Helga Schneider　オーストリア出身でイタリア語で書く作家。

二〇〇四年一二月一二日⑦　政治／新書／国際

『アジア冷戦史』

下斗米伸夫 著
中公新書・七九八円
ISBN9784121017635

１９４６～47年のソ連、１００万～２００万人。58～59年の中国、2千万～3千万人。90年代半ばの北朝鮮、２００万人。

かつて冷戦期の東アジアに同盟関係を形づくった三つの社会主義国はカネのかかる核開発で国民に負担を強い、飢饉（ききん）を引き起こした。その結果、これだけの餓死者を出したとして本書があげる数字だ。

なぜアジアで冷戦は完全に終わらず、朝鮮半島などに対立を残しているのか。筆者は、ペレストロイカ後に公開されたソ連の史料を大量に駆使し、興味深い事実もふんだんに織り込みながら解明を試みている。

アジアの社会主義国の関係は、ソ連と中国、北朝鮮のように、中心と周辺の関係に緊張をはらむ「偽りの同盟」だった。それが、陣営の多元化・多極化へとつながり、冷戦の終了に時差と多様性を生んだ。これが筆者の見立ての軸である。

北朝鮮の核開発はじめ、現在のアジアの問題を考えるうえで多くの刺激的な観点を与えてくれる野心作といえよう。

評・大野正美（本社論説委員）

二〇〇四年一二月一二日⑧

『肩をすくめるアトラス』

アイン・ランド 著　脇坂あゆみ 訳

ビジネス社・六三〇〇円
ISBN9784828411491

文芸／人文

資本家による民衆搾取を糾弾する小説は多いが、本書はなんと、愚鈍で醜悪で無能な人民が、福祉とか公平とか弱者救済とかいうお題目をかさに、有能で美男美女ぞろいの資本家たちを弾圧して搾取していると糾弾するお話だ。登場人物は会話のたびに延々と演説を展開し、描写も大仰でくどく（おかげで二段組み千ページ超の卒倒しそうな長さ）、小説としては下手。

だが（いやそれゆえに）主張は実にわかりやすく、原著刊行後半世紀近い今もアメリカでカルト的な人気を持つ。それは凡人に、自分は実は有能なのに社会に弾圧されているから芽が出ないと責任転嫁させてくれる便利な仕掛けのせいが大きいけれど、一方で過度の規制が経済の活力を殺（そ）ぐという点で本書が半面の真実をついているためもある。

このため本書は通俗的な自由放任主義論のバイブルにもなっている。現代米国思想の一端を知るために一度（眉にツバをつけながら）読んでおいて損はない。

評・山形浩生（評論家）

二〇〇四年一二月一二日⑨

『けさの鳥』

山岸哲 著　田中光常ほか 写真

朝日新聞社・二一〇〇円
ISBN9784022579553

科学・生物

落葉とともにバードウォッチング全開の季節到来。タイムリーな出版だ。

写真が素晴らしい。北海道から琉球諸島まで、日本各地で記録された三百三十三種の鳥たちが得意のポーズを決めている。見るだに心が空に遊ぶ。

生息地別の分類も大変ありがたい。絶滅危惧（きぐ）される「稀少（きしょう）な鳥」もさることながら、山地の鳥、草地の鳥、水辺の鳥、里の鳥と、大まかな分類が初心者に親切である。くわえて、二百字にも満たない一筆書きで鳥の「文化」を語るエッセイの素晴らしさ。

『伊勢物語』に登場する「都鳥」はユリカモメで、ミヤコドリはまた別の鳥だという。あるいは、「飛ぶ宝石」の名をもつカワセミ。漢字で「翡翠」と書くが、これは宝石が鳥に喩（たと）えられたのであって、その逆ではない。あっと教えられて、もう一度写真に見入る。黄と黒のダンディな羽色をしたキビタキは「東男」だとか。

見ても読んでも実に愉（たの）しい図鑑である。

評・山田登世子（仏文学者）

二〇〇四年一二月一二日⑩

『沖縄差別と平和憲法』

大田昌秀 著

BOC出版・三九九〇円
ISBN9784893061461

政治／社会

自衛隊のイラク派遣以来一段と強まった九条改変を含む改憲の動きを、沖縄の目で深くくまなく凝視するのが本書である。

著者は現職の参院議員、元沖縄県知事、そして何より鉄血勤皇隊の一員として沖縄戦に動員され、九死に一生を得た体験を持つ。戦後密航船で運ばれた新憲法をコピーで読んで魂の奥底をゆすぶられたという。だが本書は、社会学者として沖縄にとって憲法とは何であったかを冷静に検証することに重きを置く。

平和、民主、人権の現憲法。しかし米軍の占領と軍政下、沖縄にはこの憲法の適用はなかった。住民はどうしたか。憲法なき住民は主席公選、復帰運動を通して、憲法を現実のものにしようと四苦八苦してきた。苦を忍ぶ希望の源泉が憲法だったと切々と説く。

戦前戦後を貫いて沖縄に課せられたのは軍事優先の政策、つまり九条なき状態であった。改憲の本質は日本の沖縄化にあるとの渾身（こんしん）の警告が頁（ページ）に満ちる。

評・増田れい子（エッセイスト）

二〇〇四年一二月一九日❶

『不安の正体！ メディア政治とイラク戦後の世界』

金子勝、A・デウィット、藤原帰一、宮台真司 著

筑摩書房・一八九〇円
ISBN9784480863584

政治／経済／社会

刺激満載、「冷酷なハト」たちの饒舌

言いようのない無力感に、これほど多くの人々がさいなまれる時代がかつてあったろうか。

9・11とイラク戦争が生んだ混迷で、世界の行く末ははなはだ覚束（おぼつか）ない。だのに米国は、広範な合意や正当性の確保を顧慮せぬ人物に引き続き采配（さいはい）を委ね、日本では「逆らえないよ」の思考停止が続く。理性や寛容、対話、連帯といった価値に重きをおく人々にとっては、とりわけ居心地のよくない時代である。

その不安に満ちた困難な時代を読み解き、打開への道筋を探ろうと、いずれも1950年代生まれの、四人の気鋭の論客が長時間にわたって論じ合ったのが本書だ。

財政、政治経済、国際政治、社会と専門が異なる四人の関心は微妙にずれている。しかし、立ち位置は藤原の言う「冷酷なハト」、すなわち理念より現実重視のリベラリストという点で共通する。おまけにそろって饒舌（じょうぜつ）で、元気がいい。だから議論は、共通の「敵」をにらみつつのエール交換、といった趣で展開する。

「敵」は何か。それはむろん、ブッシュのアメリカが突き進むユニラテラリズムの世界政策であり、ネオコンに代表される、社会構造の複雑化が生むリスクや不安を大衆動員しようとする政治であり、とりわけ、それに踊らされ、批判力を喪失したメディアだ。

たとえば、藤原の議論はこう進む——イラク問題では特に米の新聞などでしばしば宥和（ゆうわ）政策がナチスの跳梁（ちょうりょう）を生んだという「ミュンヘンの教訓」が援用された。イラン相手の戦争にも勝てなかったイラクを、ヨーロッパの大半を破壊する力を持ったナチスと同列視して、結果的に政策の選択肢を狭めた。北朝鮮についていま、同じような状況が日本にある、と。

それを宮台が「日本は戦争のリアリティがなく、だから対北朝鮮の強硬論をナイーブに噴き上げることができる、それは国際政治学者も含めて同じ」と受ける。こうしたやりとりが様々なテーマをめぐって続くのだが、紙幅がないので一端を見出し的フレーズで紹介しよう。

「アメリカはいまや江戸幕府だ」「米国に幻滅した親米リベラル派」「一秒コメントだけが有効な日本のメディア状況」「パブリックな議論が行われない日本のインターネット」「規制緩和は利権政治そのもの」「とてつもなく悪いことが起きなければ世界は変わらない」……。

結局、いわんとするメッセージは、メディアがあおる「不安」に踊らされるな、何がリアルかの透徹した目を持て、だ。未来への手立ては問いかけほどに明快には用意されない。しかし、タカ派的言説が幅を利かす中で、居心地の悪い思いをしている人々にとっては、モヤモヤを多少とも晴らし、脳細胞を刺激してくれること請け合いである。

評・佐柄木俊郎（ジャーナリスト）

かねこ・まさる 慶応大教授。
Andrew DeWit 立教大助教授。
ふじわら・きいち 東京大教授。
みやだい・しんじ 東京都立大助教授。

二〇〇四年一二月一九日②

『ALS　不動の身体と息する機械』

立岩真也 著

医学書院・二九四〇円

ISBN9784260333771

政治／人文／社会

人工呼吸器をつけて生きる環境を

書かれるべき本が、書かれた。障害者運動や安楽死、臓器移植といった倫理問題に対峙（たいじ）してきた社会学者の、やはり、ここが出発点であったかと思った。生きて死ぬことについての最も重要で、最も普遍的な課題が凝縮されているからだ。

表題は、筋萎縮（いしゅく）性側索硬化症（ALS）と人工呼吸器を意味する。ALSは、物理学者のホーキング博士が患っていることで知られる原因不明の難病で、治療法はまだない。ある患者が「永遠に続くカナシバリ」と表現したように、頭脳は明晰（めいせき）なまま体が動かなくなる。食べることも声を出すこともできず、やがて息が苦しくなる。呼吸器をつけて十年以上生きる人はいるが、国内六千人以上の患者の約七割がつけずに亡くなる。

意識は鮮明なのに息が苦しいなんて怖い。そう思った著者は、安楽死を認めない日本でなぜ呼吸器をつけない（消極的安楽死ではないか）で死ぬことが容認されているのか、生きるのをやめたいと思うほどの状態があるのかを検証する。

材料は、患者の本（多くがハリーポッターの版元・静山社刊）や患者と家族が作ったホームページの闘病記。足の指やまばたきを使う意思伝達装置で綴（つづ）られたものだけに、これほどの言葉が発信されていたのかと驚かされる。「クオリティー・オブ・ライフ（生活の質）」や「自然な死」といった耳ざわりのいい言葉の背後で棚上げされた問題が、患者と家族だけに沈潜していたことも見えてくる。

結論は明快だ。人がいて人工呼吸器があれば、自ら死ぬほどの病気ではない。無責任は承知で、それでも生きろと著者はいう。「質のわるい生」に代わるのは「自然な死」ではなく「質のよい生」。呼吸器をつけるか否か、生か死かの選択に患者を立たせている場合ではなく、生きて当然と思える環境を急ぎ整えよと。

迷い、逡巡（しゅんじゅん）を繰り返す著者のくねくねした文章に誘われ挑発された読者は、それでも射抜くべき的は射抜く姿勢に、安堵（あんど）とかすかな感動さえ覚えるだろう。異論は噴出しそうだが、こんなふうに直言した人は今までいなかっただけに、これはなおさら喫緊の課題と得心した。

評・最相葉月（ノンフィクションライター）

たていわ・しんや　立命館大学大学院教授。著書に『私的所有論』『自由の平等』など。

二〇〇四年一二月一九日④

『お産椅子への旅　ものと身体の歴史人類学』

長谷川まゆ帆 著

岩波書店・二九四〇円

ISBN9784000223768

歴史／人文／医学・福祉

出産の道具から身体性の喪失を問う

お産椅子（いす）。座部がU字型にくり抜かれた、洋式トイレを思わせるお産専用の椅子である。十六～十八世紀の西欧で普及したこの奇妙なモノの変遷をたどりながら、身体と医学的視線、そしてジェンダーとの関（かか）わりに迫っている。

歴史学から人類学へ敢然と歩を進める著者は、フランスのアルザス地方に通いつめ、お産椅子の飾られた産科医の応接室を訪れる。また別の病院の倉庫からは、三人がかりで重い椅子を引っ張りだして見せてもらったこともあるという。かようにモノを見て触れる直接的体験が、本研究のベースになっている。

お産椅子の「改良」の意味も、自らの触覚と身体感覚を駆使して探査している。背もたれ、握り棒、足台、クッションなどの付加が、産婦の身体にどんな得失をもたらしたのか、お産を経験した者ならではの採点は、辛いが正確だ。私は、肘掛（ひじか）け椅子をお産椅子替わりに、いきんだりふんばったりしてみたが、どうもうまくいかなかった。「触れること／触れられること」の根源的な関係性を叙したくだりも、おそらく女性だからこそ書けた麗しい文章である。まさに体を張ったアプローチであり、それが読者をぐいぐいと引き込んでゆく。

だが、お産椅子の便利さ、機能性の向上が、周囲の人々による産婦の身体への繊細な関わりを道具で代替させ、人間的な触れ合いの精神の減衰を招いた、だからお産椅子とその改良が象徴する身体の「近代化」から離脱して、より人間的な身体を回復すべきだ、という本書を脈打つ論調には、身体感覚を特権化したゆえの危うさを感じないではない。古代や中世に、より「人間的」な身体があったとは、とても考えられないからだ。

欧米でも日本でも、お産は仰臥（ぎょうが）姿勢ではなく、上半身起こして（座産）、いや立って（立産）するほうがよい、との考えが盛り上がりつつあると聞く。お産を〝病〟として位置づける臨床医学の視線によりすたれたお産椅子の復活がなるのだろうか。本書誕生は相当難産であったようだが、時宜を得た立派な子供が生まれたことを、著者とともに喜びたい。

評・池上俊一（東京大学教授）

はせがわ・まゆほ　東京大助教授。フランス近世・近代史、歴史人類学。

二〇〇四年一二月一九日⑤

『マンガ学への挑戦　進化する批評地図』

文芸

夏目房之介 著
NTT出版・一五七五円
ISBN9784757140844

新たな視角含む強力無比の案内図

夏目房之介はマンガにおけるロラン・バルトである。例えば彼は山岸涼子作『日出処の天子』の主人公の顔を論じている。その精妙な分析を読むと、抽象的な記号の集合にすぎないマンガの空間から、たしかに「身体性」と呼ぶしかない官能的な体験が立ちあがってくるプロセスを実感できるのだ。文学の世界で、こうした記号の「身体性」の体験を自覚的に言葉にした批評家はバルトだった。だから、彼はマンガ界のバルトなのだ。

本書でも夏目は、マンガ家へのインタビューがしばしばつまらないものになることに触れて、マンガ家の「完全に身体化された技能」は格闘技やスポーツに通じるもので、マンガ家の作家的記憶は作品と手技の間に残っているので、マンガ家個人の日常的意識に問いかけても実りは少ないのだと見事な説明をしている。

とはいえ、こうした夏目房之介のマンガ表現論は、彼の個人的な才能だけから生まれたわけではない。本書は、現在のマンガ批評の水準と情勢を見渡すためのきわめて明解で簡便な「地図」だが、同時に、日本の戦後マンガの受容史をたどることで、夏目マンガ表現論が生まれてくる歴史的な経緯も明らかにしている。

本書が根本におく問いは、マンガは誰のものか？というものだ。一九六〇年代の鶴見俊輔らの大衆文化論は、マンガは社会のものだと考えた。一方、七〇年代以降の「マンガ世代」は、マンガを自分のものだと実感し、マンガに共感できる自分＝作者という理解の共同の場を作りだした。ここに初めて作者と自己同一化できる読者層が成立したのである。

夏目房之介が切り開いたマンガ表現論もまた、このマンガ理解の共同の場の成立を背景にしている。ただし、夏目は作者＝読者という表現主体の意図の完結性を信じるほど素朴ではなかった。先にも触れたように、作者＝読者の意図をこえるマンガの身体性に注目し、新たな表現論の視角をうち立てたのだ。

その後の社会学的な展開も興味深く、マンガに関心をもつすべての者がたち帰るべき議論の基盤を提供する、小さいが強力無比のガイドマップである。

評・中条省平（学習院大学教授）

なつめ・ふさのすけ　50年生まれ。マンガコラムニスト。著書に『漱石の孫』など。

二〇〇四年一二月一九日❻

『ネグレクト　育児放棄　真奈ちゃんはなぜ死んだか』

杉山春 著

小学館・一三六五円

ISBN9784093895842／9784094081954（小学館文庫）

教育／社会／ノンフィクション・評伝

我が子を虐待する親は鬼畜だったか

うろ覚えで恐縮だが、「虐待の　ニュースに画面　切り換える」という川柳があった。

　仕事柄、あらゆる種類の事件に目配りする方だけれど、幼児虐待事件だけは私も目を背けたくなる。この本を手にしたのは、だからテーマに惹（ひ）かれたのではなく、小学館ノンフィクション大賞を受賞した本書が、編集者やライター仲間の評判になっているからなのである。

　十代で親になった未熟な夫婦が、三歳の我が子を段ボール箱に入れたまま、「ネグレクト」（育児放棄）して餓死させた。「鬼畜若夫婦」と週刊誌に指弾された通りの、私たちとは縁もゆかりもなさそうな事件である。ところが、著者が収監中の被告に面会し、二人と文通を続け、丹念な周辺取材を経て提出してきた事実の一片一片は、どこかで私たちと繋（つな）がるものばかりなのである。

　社宅での孤独な育児に悩む妻。仕事で疲れ切り、夜泣きをうるさがる夫。孫を甘やかすだけの祖父母。発育のわずかな遅れを、自分自身が否定されたかのように感じてしまう母親……。虐待しているのは、残虐非道な親ではなく「ごく普通の人たち」で、「虐待してはいけないことを十分に知っているのだ」という著者の指摘に、はっとさせられる。

　きっかけは些細（ささい）なトラブルなのだ。それが、「不運」と呼ぶしかない出来事の連鎖によって、雪だるま式に膨らんでいく。そこに、親や祖父母の生育歴までもが影を落とす。問題なのは、その雪だるまが転がり落ちていくのを食い止める力が、家族にも地域にもない点で、そんなことはみな百も承知にちがいないのだが、いざこの若夫婦が身近にいたら、たとえばあなたは事件を未然に防げたか。

　昨年、児童相談所に寄せられた虐待の相談処理件数は二万六千五百六十九件にのぼる。餓死した我が子に、「私はあなたを殺したかったわけではない」と伝えたいという若い母親の叫びは、いつ誰の口から発せられてもおかしくない。一見〝異常な事件〟を事実の積み重ねで〝我がこと〟に転化せしめた、正統的ノンフィクションの労作である。

評・野村進（ジャーナリスト・拓殖大学教授）

すぎやま・はる　58年生まれ。フリーランスライター。著書に『満州女塾』。

二〇〇四年一二月一九日❼

『血に問えば』

イアン・ランキン 著　延原泰子 訳

早川書房・二一〇〇円

ISBN9784152086020

文芸

　スコットランドの都市エジンバラの郊外にある私立学校で、陸軍特殊空挺（くうてい）部隊（SAS）の元隊員が銃を乱射して現場で自殺、生徒二人が死に、一人が重傷を負うという事件が起きた。犯人を襲った狂気の原因は何なのか。おなじみリーバス警部が捜査にあたる。

　大阪府池田市の小学校で起きた事件が記憶に新しく、ランキンが描いた犯罪は、絵空事に留（とど）まらないリアリティーを持っている。ゴス（ゴシック）・ファッションを身にまとい、自室での生活映像をネットに流す少女や、家庭を顧みない議員の父親を軽蔑（けいべつ）する少年が登場したりして、現代日本の風景として示されたとしても違和感がない。この共時性には、複雑な思いに駆られる。

　最終的には極めて古典的な手がかりによって意外な解決を迎えるが、同時に、解き明かされない心の謎が残される。シンプルなプロットを錯綜（さくそう）したストーリーと現代的なテーマでまとめた、時代に誠実な秀作だ。

評・横井司（ミステリー評論家）

二〇〇四年一二月一九日⑧

『魔術師』

ジェフリー・ディーヴァー 著
池田真紀子 訳
文芸春秋・二二〇〇円
ISBN9784163234403／9784167705688〈文春文庫〈上〉〉・9784167705695〈下〉

文芸

リンカーン・ライム・シリーズの本質は、科学捜査にあるのではない。たしかにライムは科学捜査の天才で、塵（ちり）ひとつから犯人を割り出していくが、しかしこのシリーズの本質は変幻自在のプロットにある。連続するどんでん返しにこそ、ディーヴァーの意欲はそそがれている。さまざまなミスディレクションとトリックを駆使して、読者を幻惑させることが、この職人作家の心意気なのである。つまり、ケレンたっぷりの小説なのだ。

シリーズ第五作の本書が傑作になりえているのは、この構造による。今回の仇役（かたきやく）は魔術師。マジックの世界では観客を幻惑するために誤導のテクニックが問われるそうだが、五十代の紳士が突如として七十代の老婆に変身したり、手錠をかけてもすぐにすり抜けたりと、それが全開するのだ。すなわち、このシリーズにもっともふさわしい仇役といっていい。二度は使えない手だが、本書に緊迫感が漲（みなぎ）っているのはそのためだ。

評・北上次郎（文芸評論家）

二〇〇四年一二月一九日⑨

『女性天皇論　象徴天皇制とニッポンの未来』

中野正志 著
朝日新聞社・一三六五円
ISBN9784022598608

政治／社会

天皇制が存続する理由は何なのか？　天皇制についての議論は、その人に歴史感覚があるか無いかを如実に示して面白い。本書は「やっぱりか」と思いながら読める、歴史感覚ありの本だ。

たとえば、現在の天皇制は決して伝統的ではない近代の制度であることが詳しく検証されている。いわく「男系男子による『万世一系説』に立つ近代天皇制」が成立したのは明治二十二（１８８９）年である、と。明治には、それまで慣例となっていた生前退位も否定したし、女帝を排除し長男の即位とした。これは武家の家督相続制そのものだから、武家の家制度が天皇家に適応されたのだ。しかも万世一系説は学問上ではとっくに崩壊している。

こうなると、根拠をもたない近代天皇制って、真剣に考えるべき事柄なのか単に面白いだけなのか、悩んでしまう。もっと深刻なのは皇族の人権問題だと私は思っているのだが、女性が天皇になればそれは解決するのだろうか？

評・田中優子（法政大学教授）

二〇〇四年一二月一九日⑩

『魚の名前』

川崎洋 著　田口哲 写真
いそっぷ社・一七八五円
ISBN9784900963276

文芸／科学・生物

日本語を楽しみ、ことばの世界で悠然と遊んだ詩人は、この本を遺（のこ）して十月、七十四歳で立ち去った。

くるりと皮をむいて料理するから／カワハギ／と名付けたのは／オイハギ／としての人間だ

といったふうに魚の名前の由来を訪ね、詩を書きつけ、思い出を記し、カラー写真を配して地域ごとの多様な呼び名を紹介する。登場するのはフグ、メバル、タコ、ハゼなど三十八。

長く横須賀に住み、釣りを愛し酒を愛した。あるとき、北海道のサケ孵化（ふか）場に行った。幼いサケは養魚池で育ち、川へ放流される。たまたま孵化場の裏手に出た詩人が見たのは、養魚池に通じる狭いコンクリートの溝をひしめいて泳ぎのぼるサケの群れだった。遠く海から帰ってきた彼らは、生まれた水のにおいを追ってふるさとの孵化場にたどり着いたのだ。「その情景を私は一生忘れることはできない」

春風のようだったという詩人の、鋭い観察と感性。

評・栗田亘（コラムニスト）

平成十七年

2005

二〇〇五年一月九日❶

『桂米朝集成　全四巻』

桂米朝 著

岩波書店・各三五七〇円
ISBN9784000261470〈1〉・9784000261487〈2〉・9784000261494〈3〉・ISBN9784000261500〈4〉

文芸／アート・ファッション・芸能

上等なおでんの滋味思わす名人芸

米朝、まもなく傘寿。上方落語再興の立役者で、人間国宝の名人上手。しかも博識で筆が立つ。過去に著書多数。著書に収められていない文章も多数。そうしたあれこれから選び編んだのが本集成だ。

この本をたとえれば、おでんである。

全四巻のうち既刊二冊（上方落語1、2）に盛られているのは対談、落語論、演出論、エッセー、小咄（こばなし）、芸談、上方寄席囃子（ばやし）をめぐる蘊蓄（うんちく）など多種多彩。目次を見渡すと、上等のおでん屋のカウンターに座ったような気分になる。

大根、豆腐、つみれ、里芋、がんもどき、すじ、ゆで玉子（たまご）……いうまでもないけれど、おでんの種は種々雑多な集成に見えて、それぞれに特徴があり主張がある。出汁（だし）の染み具合ひとつ取っても、種によって微妙な違いがある。

もちろんこれはそこらのいい加減な店や、ましてコンビニなどではなく、種にも出汁にも雰囲気にも心を砕く主人がいての話だが、本書における主（あるじ）、米朝の筆法、語り口は、ぽっと、そうした老舗（しにせ）を思わせる。

「マイク禍」と題した四十年前の小文がある。マイクロフォンが普及したのは結構だとしても、二十人ほどしか入れない部屋にマイクを置くとはどういう神経か、と書き「いつまでたっても客席が落ち着かず、しっとりとした雰囲気が盛り上がってこない原因は、案外マイクにあることが多いのです」と続ける。

ではどうすればよいかは読んでいただくとして、「山上の垂訓のキリストも、法を説いた釈迦も、ギリシャ、ローマの雄弁家も、何万、何千の聴衆を前にして、長時間、マイクなしで喋（しゃべ）りつづけたのは、どなりつづけでもなかったと思います」の辺りまで来ると当方も、喧噪（けんそう）の現代日本について一考することになる。

万事こんなふうに具体的だから、東京落語はサラリとし上方の噺（はなし）はコッテリしてあくどいという説に対して、サラリもコッテリも味であって可否善悪はいえない、上品なつまらなさも下品な面白さもある、と穏やかに説かれると、なるほどなるほど、おでんも同じやなと頷（うなず）いてしまう。

世阿弥の『風姿花伝』は実際的な手引の書物であって、団体客がバスの時間がきたのでゾロゾロ出て行きかけたらどうするかについても参考になると記されれば、歴史やら範疇（はんちゅう）やらを超えた深さにうなったりするのである。

〽噺家殺すに刃物は要らぬアクビ三つで即死する、という都々逸（どどいつ）がある由。でも本書には笑いも毒もてんこ盛りで、アクビの暇はない。

独演会で連日頑張る米朝のお尻の調子が悪くなり、寝台自動車で帰った。見送る一同は車に向かって合掌。横になった米朝、仕方なく顔に白手拭（てぬぐ）いをかけ胸で手を組んだとか。

哄笑（こうしょう）と、おでんの湯気の豊かさ。

評・栗田亘（コラムニスト）

かつら・べいちょう　25年生まれ。落語家。『米朝落語全集』全7巻など。

二〇〇五年一月九日❷　文芸

『百年の誤読』

岡野宏文、豊崎由美 著

ぴあ・一六八〇円
ISBN9784835609621／9784480424945（ちくま文庫）

大ワザ連発！日本近代読書史を再編成

岡野宏文と豊崎由美はいま最強の書評タッグチームである。

私は毎年出る「リテレール別冊　ことし読む本　いち押しガイド」の巻末で、このコンビがその年のベストセラーをメッタ斬（ぎ）りにする対談コーナーをいつも楽しみに読んでいたのだが、二人はいつのまにか、企画を「その年」から「この百年」へと変え、偉業を達成していた。

本書では、一九〇〇年の徳冨蘆花『不如帰（ほととぎす）』を皮切りに、ほぼ毎年一冊、計百冊余のベストセラーを丹念に再読し、日本近代読書史の再編成を試みている。

なんていうと、お堅い本と思われるかもしれないが、とんでもない。切り口の独創性、読みの正確さに、二人の打々発止（ちょうちょうはっし）のやり取り、ほとんど悪乗りともいうべき対話の弾みかたといったら、四百ページ読んでなお、読後感はもっと読みたい！というものなのだ。

『不如帰』を山口百恵主演のドラマ「赤いシリーズ」にたとえ、佐藤春夫の『田園の憂鬱（ゆううつ）』を不潔で怠け者のダメ男物語として読み直し、井伏鱒二の『山椒魚（さんしょうお）』を「ぎすぎすした世の中に疲れたら、リポビタンDじゃなくて、鱒二で『ファイト一発！』。元気が出ますよ」って訳のわからない絶賛をしたり、谷崎潤一郎の『細雪』を「病気小説」として歴史的に位置づけたりと、再評価にもじつに多彩なワザがあるのだが、やはり胸がときめくのは著者たちの歯に衣（きぬ）きせぬ悪口だ。

『失楽園』や『ハリポタ』が論理的にずたずたにされるのも面白いが、同様に『友情』や『蟹工船』や『人生劇場』や『雪国』や『智恵子抄』が爆笑を誘うトンデモ本として巨細に分析されていて、胸の晴れかたはスケールが違う。

サルトルの世界文学史に残る『嘔吐（おうと）』さえ、「今読んでもほとんど意味のない作品」で、「訳文もよくないしねえ」。〈火曜日　記すことなし。実存した〉だったら訳し直せと豊崎由美はいう。〈ぶっちゃけ暇。なんかオレ今、超いるって感じ？〉

なるほどこれなら舞城王太郎風の現代的な空っぽさが浮きあがる。こんな具合にワザの尽きない対談集なのです。

評・中条省平（学習院大学教授）

おかの・ひろふみ　55年生まれ。フリーライター＆エディター。

とよざき・ゆみ　61年生まれ。ライター。

二〇〇五年一月九日❸　ノンフィクション・評伝／国際

『裸の独裁者　サダム』

アラ・バシール、ラーシュ・シーグル・スンナノー 著　山下丈 訳

NHK出版・二九四〇円
ISBN9784140810064

「巨悪」を生み出した平凡な人物

サダム・フセイン元大統領の身柄が拘束されて、一年余りになる。彼が生きて抵抗もせずに捕まったことは意外の感を与えはしたが、逮捕は占領統治にはほとんど何の影響も与えなかった。政権が崩壊した時、すでに彼は政治的には過去の人になっていたのである。

いやバグダッドで彼の銅像が引き倒されるかなり前から、政権は事実上崩壊していたのかも知れない。連合軍に対する抵抗の弱さもそう考えれば最も納得がいくのではないか。サダムの身近にいた人物の手になる本書を読むと、そうした仮説すら浮かぶ。それほど政権は機能不全に陥っていたのである。

著者はシーア派出身で、英国に留学経験もある整形外科医であり、同時にイラクを代表する画家・彫刻家でもあるという。二十年間サダムの医師団の一人として、サダムとその親族、側近のありようをつぶさに観察し、言葉を交わしてきた。政権崩壊後、カタールに出国して書いたのがこの回顧録である。

本書にはよく知られたエピソードも、そう

でないものも含まれている。サダムの長男ウダイの残虐な行動や、娘婿の殺害の話は他の証言ともおおむね一致する。逆にサダムに影武者はいなかったと断定し、サダムに第二夫人がおり、彼女との逢瀬（おうせ）で交通事故にあったといった話などは、政権の中枢に近かった著者ならではの証言である。ただ、全（すべ）てが率直に書かれているか否かは今後の検証を待たねばなるまい。

何といっても本書の核心は、サダムの人となりである。それは気分屋で時に残酷に振る舞うが、基本的には有能かつ真面目（まじめ）で凡庸な独裁者の素顔である。できの悪い息子たちに手を焼きながらも突き放せず、縁起をかつぎ、ウオノメに苦しみ、稀（まれ）には自ら料理もする。体制の腐敗に怒り、世間の評判を気にかけるが、まともな側近を次第に遠ざけ、自らが全てを握ることでかえって腐敗を深めてしまう、独裁者の悲劇である。

かくも平凡な人物が巨大な悪を生み出したことを思う時、現代独裁体制の闇の深さがかえって胸に迫る。

（原題、SADDAMS FORTROLIGE）

評・中西寛（京都大学教授）

Ala Bashir　医学博士。
Lars Sigurd Sunnanå　ＮＲＫ元中東特派員。

二〇〇五年一月九日❹

『喪失と獲得　進化心理学から見た心と体』

ニコラス・ハンフリー著　垂水雄二訳　人文

紀伊国屋書店・二六二五円

ISBN9784314009683

コロンブスの卵的な進化の可能性

ラスコー洞窟（どうくつ）などに描かれた先史人たちの壁画は、文化や文明の証拠だとされることが多い。だが本書の著者はそれを疑問視する。あの手の洞窟壁画は、天才自閉症児の絵にそっくりだ。そしてそうした自閉症児は、言語能力を獲得すると同時に、驚異的な絵の才能を失う。

だったらあの絵は、まだ言語のない、文化以前の人々の状態を示すのではないか。あれは言語の獲得で失われた力の発現ではないのか。何か新しい能力の獲得の代償に、古い能力を喪失する――本書では、こうした人類進化におけるトレードオフが論じられる。

かつて人は驚異的な記憶力を持っていた（稗田阿礼は古事記を暗記していた）。それが文字の浸透と同時に失われる。絵画能力の喪失と言語の獲得、記憶力の喪失と文字の獲得。でも言語と文字の獲得が人類の発展に果たした役割は論をまたない。それは一歩後退することで二歩進むという、進化的なステップだった。

もっと卑近な話だと、知性や美が生存に有利なら、どうしてぼくたちは超美男美女や超天才に進化してないの？　それは有能な人が一人で何でもやるより、頼りあわないと何もできない凡人のほうが協力して社会を作りやすいからだ。何の苦労もなく相手の見つかる美男美女よりも、ブス・ブオトコのほうが相手を得ようと努力して人類を進歩させるから。美や知性を少し捨てることで、人は社会と努力を獲得している！

他にも宗教の役割、プラシーボ効果の意味など、本書の議論は実に広汎（こうはん）でありながらコロンブスの卵的な説得力を持っている。いまなお、人はいろんなものを失いつつある。そして年寄りはそれを嘆く。礼儀が、根気が、数学や読解力が失われて世も末だ、と。でも、仮にこれが事実でも、実はぼくたちも失うことで何かを新たに獲得しているのかもしれない。個別に見ればあまりよろしくないような現象でも、大局的には何かいい影響を人類にもたらすのでは？

本書は、そんな可能性に目を向けさせ、人のさらなる進化の可能性をかいま見させてくれるのだ。

（原題、THE MIND MADE FLESH）

評・山形浩生（評論家）

Nicholas Humphrey　43年英国生まれ。心理学者。

二〇〇五年一月九日⑤

『進化しすぎた脳　中高生と語る「大脳生理学」の最前線』

池谷裕二 著

朝日出版社・一五七五円
ISBN9784255002736／9784062575386（講談社ブルーバックス新書）　科学・生物

興味を誘う対話に教育の真髄を見た

本書は、最新の脳科学を八人の高校生に四回講義した記録だ。だから平易なのは当然。だが、単なる教養書ではなく、最新の研究成果が紹介され、著者自身の仮説が熱く語られている。

私自身は現在、脳科学と人工知能の統合を目指しており、この分野は専門に近いのだが、何度も感嘆の声を上げた。これほど深い専門的な内容を、これほど平易に説いた本は珍しい。人間の脳は環境に適応する以上に進化してしまったというのが、題名の意。

私たちは常に、記憶があやふやなことに悩まされるが、その脳科学的なメカニズムが解説されている。さらに、そのあいまいさが、人類の融通無碍（ゆうずうむげ）な思考法に貢献していると説く。「下等な動物ほど記憶が正確」だ。どうやら、博覧強記型の人間は、動物としてはあまり上等ではないようだ（？）。

意識の条件として著者は、「表現を選択できる」「短期記憶がある」「経験により脳の状態が変化する（可塑的）」の三つをあげている。これは議論の余地は大いにあるが、ユニークな視点だ。

さらには哲学の分野に大胆に踏み入り、思い切った主張をしている。

「心は脳が生みだしている」

「身体が存在することによって、はじめて脳の機能が生じる」

「私たちが世界を見ているのではなく、脳が（人間に固有な特定の）世界をつくり上げている」

「自由意志（じゆういし）は潜在意識の奴隷だ」

もちろん、これらの主張を裏付ける脳科学的な説明はあるが、学者の間でもホットな論争になっている。このような話題をスパッと提供しているのが本書の魅力のひとつだ。

著者自身が「私自身が高校生の頃にこんな一連の講義を受けていたら、きっと人生が変わっていたのではないか」と自讃（じさん）しているが、百％賛成。生徒との対話を重ね、興味と興奮を盛り上げつつ核心を語る。これが教育の真髄（しんずい）だ。

単に脳に関する興味を満たすだけでなく、人間とは何か、教育とは何かを考えさせる一冊だ。

評・天外伺朗（作家）

いけがや・ゆうじ　70年生まれ。東大助手（薬学）。共著『海馬　脳は疲れない』など。

二〇〇五年一月九日⑥

『音の静寂　静寂の音』

高橋悠治 著

平凡社・二五二〇円
ISBN9784582832471　文芸／アート・ファッション・芸能

評論？　エッセイ？　詩か？

これがどんな本なのか、
それをうまく説明することは難しい。
音楽評論なのか、音楽エッセイなのか、
はたまた、
そのふりをした詩的な散文、あるいは、
瞑想（めいそう）にも似た詩的断片なのか。
ほんとうは、それらすべて、
というべきなのだ、この驚異的な本は。
ところで、この書評、著者の高橋悠治さんの書き方を真似（まね）しているんです。
実際、どんどん改行して、つまり、詩に形を似せてみるだけで、その文の印象はガラリと変わってしまう。
読んでいる方も、もちろん、書いているぼくの方も。
なんだか、いつもと違うことを書いてしまいそうになり、そして、気づくのだ、「書く」ということの大半は、「約束事」なんじゃないか。
評論でも、エッセイでも、小説でも、詩でも、まず世間で決まっている形があって、そこから始まる、そんな「約束事」に従って書いて（「書かされて」？・）いるだけなんじゃないか、と。

音楽だって同じだ、
と高橋さん（本の著者の方）はいう。
たとえば、
「観客は一人ずつ椅子（いす）に縛り付けられ、ステージに向かった姿勢を強いられ、飲食はもちろん、しゃべっても立ち上がっても歩きまわっても眠ってもいけない、途中で拍手をしてはいけない、終わったら拍手をしなければいけないなどと、ひらいたままの目や耳に注ぎこまれる芸術に黙って耐えている」（クラシックの）コンサートって何だ？
たとえば、
「最近二〇〇年のヨーロッパ音楽の習慣にすぎない」音の構造や奏法が音楽のすべてと思われているのは何故（なぜ）？
高橋さんに倣ってぼくも考える、
自由なはずのポップミュージックがクラシックより、もっとひどく「約束事」に囚（とら）われている気がするのは何故？
「音楽は自由を目指す」という言葉を昔聞いた、
「約束事」に「自由」はない、もちろん、それは「音楽」に限ったことではないのだけれど。

評・高橋源一郎（作家）

たかはし・ゆうじ　38年生まれ。作曲家、ピアニスト。著書に『たたかう音楽』など。

二〇〇五年一月九日⑦

『家宝の行方　美術品が語る名家の明治・大正・昭和』

小田部雄次 著

小学館・二三一〇円
ISBN9784093861366

アート・ファッション・芸能

どの家にも家宝のひとつやふたつはあるだろう。しかし、大名家となれば桁（けた）が違う。先祖伝来の宝物は文字どおり家宝であり、歴代藩主が勝手に処分できるものではなかった。それが明治維新で大きく揺らいだ。

本書は、明治末年から盛んになる売り立てを手がかりに、家宝流出の軌跡を丹念にたどる。明らかにされるのは、一方に買い手がいなければならないという当たり前の事実だ。

買い手のいない維新直後はそれほど動かなかった家宝が、大正期に入り、大戦景気による成り金の登場で市場が形成されると、みるみるうちに吸い込まれてゆく。関東大震災と金融恐慌の打撃が追い打ちをかけた。昭和初年には、大名道具は「払底」したという。

経済変動に対応できなかった旧大名家の没落と新興勢力の台頭とは一枚のコインである。その裏から表へ、家宝は冷徹に移動するものだということを教えられた。これからの「家宝の行方」も気になるところだ。

評・木下直之（東京大学教授）

二〇〇五年一月九日⑧

『パリ・キュリイ病院』

野見山暁治 著

弦書房・二一〇〇円
ISBN9784902116267

文芸／アート・ファッション・芸能／ノンフィクション・評伝

画家の夫は妻の陽子さんをYOCO（多分ヨッコ？）と呼び、妻は夫をオニイと呼んでいた。だが死期が近づくにつれ、妻の呼び方はオニと短くなる。ただそれだけの描写から限りない哀切感が滲（にじ）み出る。

しかし全篇（ぺん）327頁（ページ）にわたり日本の私小説にありがちな感傷性はない。「実録」と呼んでもらいたいという著者の気持ちが、うなずけるような気がする。

妻は、パリで絵の修業に励む夫のもとへ3年遅れでやってくる。しかし突然、不治の病に侵され、不帰の人となってしまう。

若き日、異郷で妻を失ってしばらくのち、書き上げた著作の再刊である。画壇で重きをなす著者は洒脱（しゃだつ）な随筆家としても知られるが、この若書きの詩情豊かな文章、生と死をめぐる精緻（せいち）な省察にその萌芽（ほうが）が見てとれる。

周囲の人物への観察眼も鋭い。ハンガリー人の看護婦がロマン・ロランの最期を看取（みと）った人だったという余話が、興味をそそる。

評・安倍寧（評論家）

二〇〇五年一月九日⑨
『女たちの単独飛行　中年シングルをどう生きるか』
C・M・アンダーソン、S・スチュアート 著
平野和子 訳
新曜社・二六二五円
ISBN9784788509221
社会

日本では、仕事ができても美人でも、結婚していなければ負け犬との本が話題になったが、これはそのアメリカ版ともいうべき1冊。著者たちは家族問題の専門家などで、40歳以上のシングル女性90人にインタビューを行い、彼女たちが世間の予想を見事に裏切って、いかに満足度の高い生産的な生活を送っているかを実証した。

アメリカには、いまだに「女性は結婚して初めて幸せになれる」との〝神話〟が存在する。独身者は欠陥を持ち寂しくて惨め、と決めつけられる。かつては、健全な社会を脅かす魔女として火炙（あぶ）りか国外追放の対象だったというからすさまじい。しかし現在のシングルの毎日は、自分で物事を決定し責任をとる心地よさにあふれる。今後、日本でも未婚、離婚、死別の増加に伴い、独り身が増えることは間違いない。仕事、勉学、趣味と縦横無尽に活躍する彼女たちの言動から、励ましと勇気がもらえる。

評・多賀幹子（フリージャーナリスト）

二〇〇五年一月九日⑩
『原っぱと遊園地』
青木淳 著
王国社・二一〇〇円
ISBN9784860730253
アート・ファッション・芸能

『原っぱと遊園地』とはまたおっとりした書名である。が、これは対立する二つの建築理念の比喩（ひゆ）なのだ。

「原っぱ」とは、そこで行われることが空間の中身を作っていく建築のこと。他方、「遊園地」とは「あらかじめそこで行われることがわかっている建築」をさす。「ルイ・ヴィトン表参道」の建築家でもある青木は、「原っぱ」の典型を、同じ表参道にあって、すでに取り壊された同潤会アパートに見る。もともと住居だったはずが、ギャラリーやブティックとして使われなおした建築だ。

原っぱでは、ともかくそこへ行ってそれから何をして遊ぶか決める。特定の行為のための空間ではなく、行為と行為をつなぐものそれ自体をデザインしようというのが、青木の建築だ。そこから、文化とは、人と空間との関係が、当初の機能以上に成熟し、その関係から新たな機能が育まれていく過程のことだという文化論が導きだされる。

評・鷲田清一（大阪大学教授）

二〇〇五年一月一六日①
『怪帝ナポレオンⅢ世　第二帝政全史』
鹿島茂 著
講談社・二九四〇円
ISBN9784062125901／9784062920179（講談社学術文庫）
歴史／ノンフィクション・評伝

ポストモダンを創始した「愚帝」？

『居酒屋』や『ナナ』で有名なゾラの「ルーゴン＝マッカール叢書」は十九世紀小説の一つの到達点だが、この大作には「第二帝政下の一家族の自然的・社会的歴史」という副題がついている。この小説がしめすように、第二帝政とは、技術と進歩の時代としての十九世紀の総括であるとともに、十九世紀的近代がその後どのようにポストモダンなる時代へと変質していくかを示唆する、興味津々の移行期でもある。

本書は、この時期の主役であるナポレオンⅢ世（一八〇八～七三）の生涯をとおして、第二帝政（一八五二～七〇）のもつ現代的な意義に迫った歴史評伝の力作である。

ナポレオンⅢ世といえば、ナポレオンの甥（おい）という虚名を利用し、陰謀とクーデターで独裁者に成りあがり、第二帝政（ナポレオン帝国の再現という意味だ）を築いたものの、普仏戦争では、開戦から二カ月たらずで敵軍の捕虜になって自滅した愚帝というイメージがある。とくにマルクスの悪口のせいで、

ナポレオンのお笑い版パロディーという評価がわが国でも根づよい。

だが、鹿島茂はこうした左翼的な見方を、何かにつけて善玉と悪玉を峻別（しゅんべつ）する「プロレス」史観として排除する。一方、鹿島史観では、ナポレオンⅢ世は世界最初のイデオロギー的君主であり、彼は民衆生活を向上させるために社会全体の変革をめざしていた！ 実際、彼が三十六歳で著した書物は『貧困の根絶』と題され、『共産党宣言』より四年も早く、労働者階級の権利と未来、生活の向上を強く主張していた。

ナポレオンⅢ世はサン＝シモン主義の研究者だった。この思想はマルクスによって空想社会主義と片づけられたが、鹿島茂はむしろ加速型の産業資本主義だと考える。ナポレオンⅢ世は、労働者の福祉施設の建設や、パリ大改造などを通じて、物流を循環的に活性化し、スパイラル状に社会的富を増大させるというサン＝シモン主義の理念を実現してしまったのだ。

たとえば、パリを世界で最も美しい都市にした改造事業は、国家的な「地上げ」で工事費用を捻出（ねんしゅつ）したという点で、高度資本主義下における日本の都市改造の先駆であるともいえる。これはバブル的施策ではあったが、いまでも世界中から人を集める現在のパリを歴史に残した。

そのバブルの上で、デパートに象徴される消費経済社会が成立する。第二帝政は史上はじめて、消費を必要から快楽へと変容させた社会だった。消費そのものを目的とする消費という新たな経済のスタイルを開いた点で、ポストモダンの出発点がここにあるとも考えられる。

何を考えているか分からない皇帝だったからこそ、近代の分かりやすさとは異なる、私たちが生きる近代以後の分からなさを体現できたのかもしれない。数々の政策の失敗をこえて、そんな感慨をさそう不可解な皇帝なのである。

評・中条省平（学習院大学教授）

かしま・しげる　49年生まれ。フランス文学者、エッセイスト。著書に『愛書狂』など。

『蝶のゆくえ』

橋本治 著

集英社・一六八〇円
ISBN9784087747171／9784087462623（集英社文庫）

文芸

平凡な人々の、誰にも覗けない内面

この本は、六つの短編が収められた小説集だが、橋本治の思考の感触が残る、評論のような部分がある。橋本治の顔をしたOLや、橋本治の匂（にお）いのする中年女性が現れる。えぐみといっていいのだろうか、そこに独特の面白さがある。著者の論理には、中継地点が抜けたような、不思議な飛躍あるいはねじれがあり、即座にはわかりかねて目を凝らしているうちに、読者はそこを入り口として、どこにでもいる平凡な人々の、けれど、誰にも覗（のぞ）けないそのひとだけの心の内側へ、導かれていくことになる。

「ふらんだーすの犬」が凄（すご）い。虐待されて死んだ、七歳の孝太郎の物語。これはむしろ、目を疑うような「普通の」小説なのだ。しかし「橋本治」という固有名を、作品が、木端微塵（みじん）に打ち砕いてしまった傑作といえる。流れる水のように、ひどく自然に、当事者たちが、事件の結末へと押し流されていく描写が怖い。目をつぶりたくなる。見ないことにしたい。しかし小説はすすむ。

蝶（ちょう）のゆくえを追う、見開かれたままの「子供の目」のなかで、上映されている現実を見るように。著者自身が、そういう目で、世界を見ているひとなのではないか。

　たとえば孝太郎は、「子供らしい直感で、ブリーチを重ねた母の髪が傷（いた）んでいる、そのことだけを見て」いる。「どこかがこわい」そのひとの髪が、「命をなくした草のように見えた」。なんて悲しい描写だろう。もう一方の加害者、母親の再婚相手が孝太郎を見る目は、「子供が見知らぬ子供を見る目だった」とも。

　救われるところがない、と思いながら、冒頭に戻ってみる。川に投げ捨てられた黒いゴミ袋が、ゆっくりと流れていくのを、孝太郎が見送るシーンから始まる。そのとき、その黒いゴミ袋が、私のなかに入ってきた。孝太郎が見た風景を、読者として内面化する、つまり私が孝太郎を生き直すような感じだった。そのことでようやく私自身が、いや孝太郎が、救われたように感じたのだ。

　最初はただ、読み過ごした冒頭が、結末に至って、俄然（がぜん）光りだす。著者はここで、お経を唱えているのかもしれない。

評・小池昌代（詩人）

はしもと・おさむ　48年生まれ。作家。著書に『桃尻娘』『つばめの来る日』など多数。

二〇〇五年一月一六日③

『アメリカという記憶　ベトナム戦争、エイズ、記念碑的表象』

マリタ・スターケン 著

岩崎稔、杉山茂、千田有紀ほか 訳

未来社・三九九〇円

ISBN9784624111779

国際

強制される集合的記憶に抗する記念碑

　ワシントンの中心部モールにベトナム戦争記念碑が建設されたのは1982年のこと、全長150メートルに及ぶ黒い御影石には、6万人近い全戦死者の名前が刻まれた。

　その5年後に、同じモールに、今度はエイズによる死者を悼む布製のエイズ・キルトが初めて展示された。さらに5年が過ぎると、1枚がひとりの死者を追憶するキルトの総数は2万枚を超えていた。

　本書は、このふたつの「記念碑」を手がかりに、80～90年代のアメリカ社会を解読する試みである。ベトナム戦争とエイズの流行が、ともに強いアメリカを失墜させ、トラウマとなった出来事だとはいえ、両者をいっしょに論じることにどんな意味があるのかという思いを抱きながら読み始めたものの、それは、次のような個所でたちどころに氷解した。

　ベトナム戦争記念碑の大地に横たわるデザインが、垂直性を志向する記念碑の伝統を破壊し（ゆえに論争を巻き起こした）、一方、折り畳み可能、移動可能、増殖可能なエイズ・キルトが反記念碑的であることはいうまでもない。

　両者のさらに重要な共通項は、死者ひとりひとりとの対話を可能にしていることで、この点でも、アメリカ国民たれという集合的な記憶を一方的に強制しがちな従来の記念碑、たとえば戦勝記念碑や無名戦士の墓とは対極にある。著者は、それを「国民文化という支配的形式に対する抵抗のアリーナ」だという。

　著者が執拗（しつよう）にこだわるふたつのものとは身体と写真である。ベトナム戦争帰還兵やエイズウイルス感染者の傷ついた個々の身体は、それぞれに記憶を宿す場であり、ベトナム戦争やエイズの一般的で通俗的な表象（戦争映画やテレビニュースに写真が深く関与する）には回収し切れないものだからだ。

　記憶を作り出し、変容させる複雑で多様な動きを読み解く本書の意図は、邦題よりも、「もつれる記憶」という原題により率直に示されている。

　戦争記念碑を建てても、建てようとしても議論が起こらない日本社会についてもまた、考えさせられる本である。

評・木下直之（東京大学教授）

（原題、TANGLED MEMORIES）

Marita Sturken　米・南カリフォルニア大学準教授。

二〇〇五年一月一六日④

『なんくるない』

よしもとばなな 著

新潮社・一三六五円
ISBN9784103834069／9784101359298（新潮文庫）　文芸

沖縄の空気と溶け合う四つの物語

　人間は二種類に分けることができる。沖縄がとても好きになる人と、沖縄なんてまっぴらご免という人と。

　前者は繰り返し出かけ、たとえば老後はかの地で過ごしたいと夢想する。後者は、まあ肌が合わないとしか言いようがない。これが東京や札幌なら、好き嫌いはそこまで分かれないだろう。

　よしもとばななは、とても好き人間である。この本のあとがきも「沖縄という場所が私の人生に入ってきたことは、とても大きなことだった」と書きはじめ、「深くても軽くてもなんでも、あの土地に魅せられた人全（すべ）てと、沖縄への感謝の気持ちを共有できたら、それ以上の喜びはないと思う」と結ぶ。

　中短編四つ。舞台はみんな沖縄。しかし語り手は必ず、東京あたりで暮らす女か男だ。「ちんぬくじゅうしい」は父と母と娘の、家族の解体と再生の物語。「家族が家族として安全だった時代」が失われていく、その哀（かな）しみがしみじみと描かれ、どうにも切ない。

「なんくるない」は離婚し沖縄に来た女性の恋の話で、表題は「どうにかなる」の意。「リッスン」は浜辺で出会う若者と少女のスケッチ。読みながら突然思い出したのは、文学の質はまったく違うが、サマセット・モームである。

「雨」「赤毛」など彼の秀作の舞台は南太平洋の島々で、でも登場するのは西欧の男女。人生の内面が温気（うんき）を込め濃く語られて、あれは熱帯を場とし、しかも訪問者でなければ描けない作品だった。

　ばななも「私はあくまで観光客なので、それ以外の視点で書くことはやめた」と記す。「足てびち」でふうわりと、さりげなく語られるのは「対になっている感じ」の夫婦の風景と妻の死。

「闇を見て、また光が降り注いで、思い出を抱いて」「立ち止まることも許されない人生の、私たちは単なる奴隷だ」という文章を、「なのにどうして、こんなにもいいものだと思えるのだろう」と反転させてこの物語は終わる。

　なんだか素直に納得できるのは、ばななの世界と亜熱帯の空気とが、気持ちよく溶け合っているせいに違いない。

評・栗田亘（コラムニスト）

よしもと・ばなな　64年生まれ。作家。『不倫と南米』『海のふた』など。

二〇〇五年一月一六日⑤

『あなたへの社会構成主義』

ケネス・J・ガーゲン 著　東村知子 訳

ナカニシヤ出版・三六七五円
ISBN9784888489157　人文

社会的問題の解決 関係や対話を糸口に

　地球には重力がある。この一見疑う余地のない科学的「事実」も、「地球」や「重力」や「ある」という言葉の意味の了解によって成り立っている。つまり、私たちが共通の意味を理解し合う関係を作り上げていることが、この言明を事実と見なす大前提である。

　このように、ものごとを徹底的に、意味を作り出し了解し合う人と人との「関係」を通してみようとする見方、それが社会構成主義だ。そこでは、「真理」も「善」も「正義」も「合理性」も、すべて言葉を介して社会的に構成されるものだとの見方が貫かれる。

　この見方のどこがよいのか。唯一絶対の「正しさ」が疑われる現代。さまざまな難問を考える上での手がかりを与えてくれるところに強みがある。宗教間・民族間の対立も、男と女、健常者と障害者といったマジョリティーとマイノリティーとの関係の場合も、そこに横たわる問題の解決に、たった一つの正解はない。そこには正しさ自体をめぐるとらえ方の違いが、抜き差しならない形で入り込んでいる。

こういう時代には、正しさの競い合いではなく、多様な声に耳を傾け、正しさについて対話を続け、新たな了解を作り出していくこと、著者のいう「対話」が求められる。唯一絶対の正しさに縛られずに、なおかつ、互いに意味づけ、理解し合う関係をどうやって作り直すか。本書を通じて、社会構成主義の基礎知識とともに、生活場面でそれをどう実践すればよいのかを学ぶことができる。相対主義と同じではないかとか、懐疑主義に陥るだけだといった批判や疑問にも答えてくれる。かゆいところに手が届く社会構成主義の入門書なのである。

だが、どこか腑（ふ）に落ちない感覚も残る。本当にそれでうまくいくの？

読者がこういう疑問を抱いたとすれば、ガーゲンはきっとほくそ笑むに違いない。疑問に発するこうした「対話」を開き、促すことに、社会構成主義の可能性をみるからだ。とことん納得できたと思わせない読後感。そこに、本書の魅力がある。

（原題、An Invitation to Social Construction）

評・苅谷剛彦（東京大学教授）

Kenneth J. Gergen　米国スワースモア大学心理学部教授。

二〇〇五年一月一六日⑦

『X染色体　男と女を決めるもの』

デイヴィッド・ベインブリッジ 著
長野敬、小野木明恵 訳
青土社・二三一〇円
ISBN9784791761524

科学・生物

精子の持つ性染色体がXかYかで受精の瞬間、胎児の性が決定される。その結果、母親の性染色体とあわせて女児にはXXが、男児にはXYが分配される。ではどうやってXとYは胎児の性をつくっていくのか。矮小（わいしょう）なYが活動的に、どしどし男性化を進めていく一方で、大きなXは何もしようとしない。女性化とは受け身の働きなのだろうか。

ところが最近の生殖生物学はXの奥深い働きを解明している。重要な遺伝子を乗せたXを二つ持つ女性は血友病など伴性遺伝病の多くから免れるだけでなく、「二人の人間でありながらも、二人がひとつに混じり合った存在」となる。さらには二つのXが過剰に働かないよう、初期段階で一つのスイッチを切って不活化するという芸当も演ずる。

要するに、男性の単純さに比べ女性は生物学的に複雑なのだ……といって安易にジェンダー論に結びつけることなく著者は、巧みな筆致で自然の営む有性生殖の霊妙さを伝えてくれる。

評・宮田親平（科学ライター）

二〇〇五年一月一六日⑧

『奇蹟の医の糧』

パラケルスス 著　大槻真一郎、澤元亙 訳
工作舎・三九九〇円
ISBN9784875023821

歴史／医学・福祉

十六世紀前半に活躍したスイスの革新的な医者にして錬金術師による医学書三部作の一冊。医術には哲学、天文学、錬金術、医師倫理の四つの柱があるとして、権威主義に溺（おぼ）れる愚かしい大学医学部教授連を痛罵（つうば）しながら熱弁をふるう。

病気も医術も「自然」から由来するので、自然の四領域（火、空気、水、土）にひとつの構造原理を見出（みいだ）し、そこから人間の認識へと進むことが大切である。また医療は病気を管理している天の運行に則（のっと）って施さねばならない。そして医師が効力ある医薬＝アルカナ（秘薬）を製造するための術が、錬金術である。以上三つの基礎を内に含み、神の意志に従ってそれらを支えるのが医師倫理だという。

こうした独特な自然観・宇宙観に裏打ちされたパラケルススの医術は、民間療法・代替医学の祖として現在注目されている。新薬開発、薬剤大量投与、手術至上主義の西洋正統医学への年経てなお新しい一喝だ。

評・池上俊一（東京大学教授）

二〇〇五年一月一六日❾

『マイケル・ムーアへ　戦場から届いた107通の手紙』

マイケル・ムーア 著　黒原敏行ほか 訳

ポプラ社・一三六五円
ISBN9784591083635

アート・ファッション・芸能／ノンフィクション・評伝

マイケル・ムーア監督のドキュメント映画「華氏(かし)911」。それはイラク戦争の大義なるものの虚構（ウソ）を粉砕するフィルムの弾丸だったが、この映画をもっとも強く支持したのは監督も予想しなかった戦場の兵士たち、そして身内を失った家族たちだった。

彼らは「やあ、マイク」「よお、マイケル」と肩を抱くような口調で監督に本音を書き送ってきた。本書はその集大成である。

クリス・Fは書く。「ぼくらはイラク人とアメリカ国民をテロリズムから守っているんだと思わされていました。だけどなんのことはない、本当は、ぼくらがテロリストじゃないか！」

どの手紙にも戦争のワナにはまったが故に戦争の正体を知った当事者の底知れない怒り、悲しみ、戦争への憎悪が噴出している。

乳飲み子を残して戦場へ行った息子夫婦の母親は書く。「ブッシュの双子の娘を戦地にやって息子夫婦を戻せと言いたい」。この怒りが平和につながる日は……。

評・増田れい子（エッセイスト）

二〇〇五年一月一六日❿

『官邸外交』

信田智人 著

朝日新聞社・一一五五円
ISBN9784022598615

政治

小泉外交の特徴は首相のイニシアチブである。しかし、首相も、よい政策を生み出すにはサポーターを必要とする。小泉首相にとってラッキーだったのは、橋本内閣期の省庁再編を機に整い始めた官邸主導の政策決定の枠組みを利用できたことであろう。その意味で小泉外交を「首脳外交」ではなく「官邸外交」と捉(とら)える本書の視点は当を得ている。

九・一一事件後の対応もイラク特措法も湾岸戦争期とは大きく変わった政策組織が支えとなっている。しかし、報道は時々の政策は追いかけるが、政策決定機構についてはほとんど報じてくれない。対して本書は、古川貞二郎前官房副長官へのインタビューも含め、最近の官邸の政策決定のあり方を明らかにしている点が強みである。

とかく日本人は「日本外交はだめだ」と一刀両断にしがちだが、十分ではないにせよ改革は行われており、それなりの成果をあげているという本書の見方を支持したい。

評・中西寛（京都大学教授）

二〇〇五年一月二三日❶

『哲学の冒険　「マトリックス」でデカルトが解る』

マーク・ローランズ 著

筒井康隆 監修　石塚あおい 訳

集英社インターナショナル・二九四〇円
ISBN9784797671032

人文

哲学や哲学史をきちんと学んだ人には滋養になる類(たぐい)の本ではない。しかし、哲学書は読まずとも、人間とは何か、人生に意味があるのか、などと思い悩んだ覚えのある人、とりわけ私のように、難解な本を読みかけてはいつも放り投げてきた人間には、一気に読めてかつ、それだけで深遠な学問の受講許可証をもらったような気にさせてくれる愉快な本である。

何しろ、教材はすべて話題になった近年のハリウッド製SF映画だ。「フランケンシュタイン」で実存主義が解(わか)る、「トータル・リコール」＆「シックス・デイ」でアイデンティティ論が、「インビジブル」でカントが、「スターウォーズ」でニーチェが、「ブレードランナー」で死の意味が……と続く各章のタイトルを眺めるだけでも楽しくなる。

著者は、ウェールズ生まれの哲学教授。哲学の命題をわかりやすく、と工夫した自分の授業の内容を本にしたらしく、「採り上げている論点をつかめば、たいていの大学の哲学概論コースを難なく修了できる」と、序文に書く。

なぜSF？　人間とは異質のものとの遭遇が中心、他者との遭遇は自身の姿を真正面から映し出す鏡だから。にしてもなぜ映画？　抽象的な問題や議論が視覚化され、これに優（まさ）る哲学の学び方はない。などなど、明快である。

たとえば、アーノルド・シュワルツェネッガーが殺人サイボーグになる「ターミネーター」を素材に、「心」とはいったい何なのか、のいわゆる「心身問題」を解きほぐす。「物質的なものではない」とする「心身二元論」から、人間は純物質的なものでそれ以上のものではありえないとする「唯物論」（経済学のそれではない）へと進み、究極には未来のメカニカルな知性体出現の可能性へ、と議論が展開される。

トム・クルーズが、予知能力を持つ子供たちによって殺人を犯すと予知される主人公に扮する「マイノリティ・リポート」では、「自由意志」や「決心と行動の因果関係」が考察され、「決定論」や「非決定論」「主体因果説」などの学説に次から次と問いが投げかけられる。自分が指を動かせと指令する前に、実は指を動かす脳の活動は始まっているとの有名な実験結果なども紹介され、人間は本当に自由なのか、すべてが自分で制御できないことの結果ではないのか、などと考えこまされることになる。

著者はシュワちゃんの大ファンらしく、随所で「大哲学者だ」と称賛している！　半面、サルトルは「史上最もルックスがよろしくない哲学者」、ハイデガーは「常に出世を狙っていた」、デカルトは「昼時まで寝ているのが好きだった不精者」などと、本物にはいやみなコメントを加える。とはいえ、決してトンデモ本などではない。遊び心にまぶして人間存在の不思議さ、奥深さを、教えてくれるのだ。

（原題、The Philosopher at the End of the Universe）

評・佐柄木俊郎（ジャーナリスト）

Mark Rowlands　英ハートフォードシャー大教授。

二〇〇五年一月二三日②

『彰義隊遺聞』

森まゆみ 著

新潮社・一六八〇円
ISBN9784104100033／9784101390239（新潮文庫）

歴史／文芸

半日戦争その後の人生群像を集め歩く

昨年は新撰組（しんせんぐみ）ばかりに日があたった。NHK大河ドラマが1年持ったのは、忠臣蔵ばりの新撰組銘々伝に仕立てたおかげだと思うが、同じ時代、よく似た境遇にあったはずの彰義隊「銘々伝」は、からきし知られていない。烏合（うごう）の衆が、わずか半日で、あっけなく負けた上野の戦争と片付けられるのが落ちだ。

なるほど、雑司ケ谷鬼子母神門前の茶店茗荷（みょうが）屋での最初の会合は慶応4年2月12日（この日の朝に徳川慶喜は江戸城を離れ上野寛永寺に移った）、彰義隊の名乗りを決めたのが2月23日、戦争が5月15日だから、閏（うるう）4月をはさんだとはいえ、わずか数カ月の活動歴しかない。

しかし、落ち延び、生き延びた隊士にはその後の人生があった。函館に転戦し、新撰組の土方歳三らとともに戦った者もいる。新政府の官吏、ついで銀行重役となった本多晋のような人もいれば、幇間（たいこもち）として生きた松廼屋露八のような人もいるが、生き残り隊士の多くは追っ手を逃れ、名を変え、著者のことばを借りれば「明治の底で隠棲（いんせい）」した。決して「烏合の衆」ではないいくつもの人生に、著者はもう一度光をあててゆく。

戦死者を弔うことも残された者の使命だった。最初の会合から参加した小川椙太（すぎた）は七回忌を機に奔走し、死者を荼毘（だび）に付した場所に墓を建てると、そのまま墓守となった。西郷さんの銅像の背後にある墓所がそれである。

さらに本書に導かれ、三ノ輪円通寺を訪れると、上野から移築された黒門に寄り添うように、隊士を慰霊し顕彰するたくさんの石碑が立ち並んだ光景を目にすることになる。

いうまでもなく、遺族にとって、隊士の活躍ぶりは子々孫々に語り継がれるものであり、一方、江戸の住民たちの目撃談もまた語り継がれて伝説となった。

書名に「遺聞」を冠した著者の意図は、史実ではなく、まさしくそうした言い伝えを集めて歩くことにあった。確かめようのない「ひいじいさんの話」がやたら出てくるのはこのためだ。

本書を片手に、上野の山とその周辺をぜひとも歩き回っていただきたい。

評・木下直之（東京大学教授）

もり・まゆみ 54年生まれ。地域雑誌「谷中・根津・千駄木」編集人。著書に『鴎外の坂』など。

二〇〇五年一月二三日③

『肖像の眼差し』

ジャン＝リュック・ナンシー 著
岡田温司、長友文史 訳
人文書院・二五二〇円
ISBN9784409030714　人文／アート・ファッション・芸能

向こうから「乗りだして」くる顔

むかし、私は空いた時間に絵を、それも人物画ばかりを描いていた。三時間ほどモデルを凝視しながら、しかしまったく違う顔を描こうとしていた。海を見つめながら、小川で水浴びしている裸婦の絵を描いていたルノワールにこれをなぞらえるのはおこがましいが、そのときのあがきは今もよく憶（おぼ）えている。顔をもっと近くにたぐりよせたかったのか、顔をちりぢりに遠ざけたかったのか……。

肖像はだれかの顔を描いたものである。あるいは、だれかの面影をとどめようとして描かれる。このあたりまえの了解を、ナンシーの語りはばっさり切る。

考えてみれば、肖像とはいえ、そこに描かれた人物をじかに知っている人はだれもいない。だが、だれかが描かれている。そのときの「だれか」とはだれか。

ナンシーは、肖像においてはつねに三つの関係性が生まれるという。「似ている」「呼びかける」「まなざす」ということ。が、一見分かりよさそうなこの規定は、常識をぐいと抉（えぐ）るものだ。

「似ている」ということは肖像の出現とともになりたつと、ナンシーはいう。肖像はだれかに似せて描かれるのではなく、似るという関係が絵のなかに生成することで「主体」が誕生する、と。

よく考えてみれば、だれも自分の顔を見たことがない。他人の顔を観察しようにも眼（め）が合えば視線はつい逸（そ）れる。そのなかで、対象としてではなく、眼差（まなざ）しとして向こうから「乗りだして」くるのが顔であり、描かれたこの顔、この眼差しのなかで絵画自体が、眼差し、つまりは肖像となる。肖像において「だれか」（主体）が生まれるというのは、だから奇異な議論ではない。「だれか」が生まれることと画面が絵になることとは、同じ構造をもった出来事だからだ。

その眼差しを「激化させ、突出させ」たピカソ、「はるか彼方（かなた）から眼差しを孤立したものとして画布のなかに到来させ」たジャコメッティ、「眼差しをねじり苛（さいな）む」ベーコン……。ぞくぞくするような解釈の予感とともに、肖像論は閉じられる。もっと読みたいという恨みを残して。

（原題、Le Regard du portrait）

評・鷲田清一（大阪大学教授）

Jean-Luc Nancy 40年生まれ。仏ストラスブール大教授。

二〇〇五年一月二三日④

『フィールド　響き合う生命・意識・宇宙』

リン・マクタガート 著　野中浩一 訳

河出書房新社・三三六〇円
ISBN9784309906072

人文／科学・生物

異端の科学研究を大きな仮説体系に

いやはや、驚くべき本が出版された。もしこれが本当なら、物理学も、医学も、生物学も、脳科学も、軒並み枕を並べて討死（うちじに）だ。著者は、医療ジャーナリストなのだが、インタビューした物理学者のハル・パソフや医学者のジャック・バンヴェニストなど多くはまともな学者であり、いわゆるトンデモ本ではない。

私にとっても他人事ではない。本書の主張のひとつである「観測者の意識こそが観測された物体を存在させている」というのは、仏教（唯識）やヒンドゥー教（ヴェーダーンタ）の教えと同じだが、私自身も量子力学と深層心理学から導かれる仮説として提唱してきた（『意識は科学で解き明かせるか』講談社など）。

真空が、何もない状態ではなく、膨大なエネルギーを秘めていることは、すでに既存の物理学が明らかにしてきた。それをゼロ・ポイント・フィールド（ZPF）と呼ぶ。あらゆる物体は、ZPFを通じて宇宙の隅々まで結びついている。また、宇宙の始まり以来のあらゆる事象や物体が、ZPFに痕跡として刻み込まれている。記憶は脳に蓄積されているのではなく、脳は単にZPFに対する検索、読み出し機構に過ぎない、というSFのような説を紹介している。

もうひとつのポイントは、細胞はきわめて微弱な電波を発信しており、通常の神経による通信ネットワーク以外に、電波による細胞間の直接的なネットワークが存在する、という主張だ。おまけに、水の分子はその固有周波数を記憶する能力があるとし、ホメオパシー（作用物質の分子が、まったく存在しないぐらいに希釈した水を用いて治療する代替医療の方法論）の動作原理を解明した。

ところが公開実験ではそれが否定され、バンヴェニストは袋叩（ふくろだた）きにあった。著者はそれも含めて、壮絶なパラダイム・シフトの戦いととらえており、現在は迫害を受けているこれらの説が将来の主流になると断じている。素人なりのつめの甘さはあるが、異端の説を集大成してひとつの仮説体系にまとめ上げた彼女の努力は称賛に値する。このような勇気と大局的視野が、科学の飛躍に必須だ。

（原題、THE FIELD）

評・天外伺朗（作家）

Lynne McTaggart　英米で活躍する医療ジャーナリスト。

二〇〇五年一月二三日⑤

『アメリカの秘密戦争　9・11からアブグレイブへの道』

セイモア・ハーシュ 著　伏見威蕃 訳

日本経済新聞社・二五二〇円
ISBN9784532164898

ノンフィクション・評伝／国際

イラク捕虜虐待報じる「ソンミ」記者

テロを未然に防ぐために、アメリカが情報を収集する。これは正しい。情報を収集すべく、イラクやアフガニスタンでとらえた捕虜を尋問する。これも正当化されよう。

だが、捕虜の大半が敵兵ではなく、あてずっぽうにつかまえた民間人だとしたら。また、尋問の名目で拷問や虐待が日常化しているとしたら。さらに、それは軍の上層部が関与した計画的なもので、ブッシュ政権の中枢から暗黙の了解を得ているとしたら……。その最悪の形が、イラクのアブグレイブ刑務所で、全裸の〝人間ピラミッド〟を前に記念撮影をするアメリカ兵たちとなって現れた事件は、まだ記憶に新しい。

このスクープを報じた人物がセイモア・ハーシュだったと知り、感慨に打たれたジャーナリストは私だけではあるまい。ベトナム戦争当時、ソンミ村での大虐殺を暴いて、米軍撤退のきっかけを作ったあのハーシュが、またしても大スクープを放ったのだ。しかも彼は、現場からとっくに引退してもおかしくない六十代半ばのフリーランサーなのである。

特筆すべきは、本書に収められている数々のスクープが、単なる打ち上げ花火ではなく、緻密（ちみつ）かつエネルギッシュな調査報道に基づいている点である。その裏には、情報機関からの頻繁なリークと、果てしない神経戦のような裏取り作業があったにちがいない。

著者の関心は、つねに全体構造へと向かう。その引き絞った弓弦（ゆんづる）から放たれた矢は、なぜブッシュ政権が偽情報を鵜呑（うの）みにしてイラク戦争に踏み切ったのかという巨大な的を射ぬいているかに見えるが、著者は「最も重要な疑問がいくつも残っている」と最後に吐露している。

著者の執念を支えているものは、いったい何か。そのことに思いを馳（は）せると、日本にはなぜこの水準の調査報道が生まれないのかという内心忸怩（じくじ）たる問い掛けへの答えも、おのずと浮かび上がる。それを、あえてひとことで言うなら、軍隊を含めた自国の民主主義システムはかくあるべしと信ずる、強烈な理想主義の存在ではあるまいか。

（原題、Chain of Command : The Road from 9/11 to Abu Ghraib）

評・野村進（ジャーナリスト・拓殖大学教授）

Seymour Hersh　米のジャーナリスト。ピュリツァー賞受賞者。

二〇〇五年一月二三日❻

『夏の椿』

北重人 著

文芸春秋・一六〇〇円
ISBN9784163235806／9784167744014（文春文庫）文芸

風情にみちた清新な時代小説

物語は天明六年七月の江戸大水害から始まる。大雨の夜、甥（おい）の定次郎が何者かに殺されたことを、立原周乃介（しゅうのすけ）は知る。

周乃介が探索を進めていくと、定次郎が遊女の沙羅（さら）の身請けのために金を得ようと奔走していたこと、また米問屋柏木屋を探っていたらしいことがわかる。その米問屋は勘定所と繋（つな）がりがあり、おいそれと近づくわけにもいかなかった。いったい定次郎の身に何が起きたのか。

時代小説のミステリーである。意外性に乏しいきらいはあるが、突然訪れる敵との対決場面は緊迫感に富んでいてはらはらするし、終盤の屋敷内での剣戟（けんげき）は凄（すさ）まじく、なおかつ美しく燃え上がる炎が官能的で、昂奮（こうふん）を覚えてしまうほど。このあたりは手練（てだ）れの風格すら感じられる。

主人公の周乃介は妾腹（しょうふく）の子で、いまは刀剣の仲介、一刀流道場の師範代、そしてもめごと仲裁で生計をたてている。妾腹の子で、剣の達人で、もめごと仲裁といえば、藤沢周平の『よろずや平四郎活人剣』の神名平四郎が想起されるが、ここでは闊達（かったつ）なユーモアよりも、藤沢文学の初期の沈鬱（ちんうつ）さがあり、仲間をまじえての捜査活動は彫師伊之助もの（たとえば『漆黒の霧の中で』）を思い出させる。藤沢文学の影響下にあるが、独自の声も響かせている。一言でいうなら、生きることの華やぎと儚（はかな）さ。それらが渾然（こんぜん）となって、独特の叙情を生みだしている。

たとえば、題名の夏の椿（つばき）とは、沙羅樹のこと。〝陽射（ひざ）しにあらがうような白い花でね。可憐（かれん）だが、華やかでもある。陽が翳（かげ）ると、どこか悲しげだ〟という台詞（せりふ）が出てくるが、それは遊女の沙羅をさしている。定次郎と周乃介が惹（ひ）きつけられた、華やかで悲しげな女の肖像でもある。

新人の第一作だから、まだぎこちないところがある。しかしプロットは堅牢（けんろう）だし、人物像は確かで、市井の人々の哀歓が、自然の風物の描写を交えて巧みに掬（すく）いあげられている。新人なのに、いたずらな外連味（けれんみ）を排して、時代と事件の関（かか）わりを真摯（しんし）に描いている。外連味がなくても、人生が織りなす綾（あや）と深みがある。風情にみちた清新な時代小説。艶（つや）やかで切ない物語がとても魅力的だ。

評・池上冬樹（文芸評論家）

きた・しげと　48年生まれ。ミステリー作家。本書がデビュー作。

二〇〇五年一月二三日⑦

『黒い看護婦　福岡四人組保険金連続殺人』

森功 著

新潮社・一四七〇円
ISBN9784104721016／9784101320519（新潮文庫）

ノンフィクション・評伝

顰蹙（ひんしゅく）を買うのを承知であえて書く。こんなに笑った事件ルポは初めてだ。何度も失笑し、のけぞった。

本書は、福岡県久留米市で起きた四人の看護婦による保険金連続殺人事件を追ったドキュメントである。四人が医療技術を駆使して夫たちを殺し、男は一人も関与しなかった事件として大きく報道された。著者は、主犯格の吉田純子に肉体関係を強要され犯罪に引きずりこまれた共犯・堤美由紀の五百枚に及ぶ獄中書簡を読み、その驚くべき全容を明らかにした。

人の負い目を利用し、金を巻き上げる吉田の巧みな人心掌握術。三人の共犯者に「吉田様」と呼ばせ、女王様と召使の関係を築く。ほころびだらけの吉田の虚言に籠絡（ろうらく）され、夫を次々と殺（あや）めていく女たちの冷酷さが不気味だ。世にかくも悪女がいるとは。

「子供が三人おったら、男なんかもういらんよ」

「抹殺」された夫たちが、ただただ哀れに見えた。

評・最相葉月（ノンフィクションライター）

二〇〇五年一月二三日⑧

『前田建設ファンタジー営業部』

前田建設工業 著

幻冬舎・一三〇〇円
ISBN9784344007062／9784344418325（幻冬舎文庫）

アート・ファッション・芸能／社会

かのマジンガーZの格納基地（それも移動エレベーターから割れるプールまですべて）を実際に作ろう！

中堅ゼネコン前田建設がこの問題にマジで取り組んだのが本書。放送の各回を見ては仕様を読み取り、図面を引いて技術的な可能性をあれこれ探る。どうせアニメだから、といい加減に取り組むのではなく、工法や設備などを現在の技術的な可能性の中で十分に検討し、それにちゃんとお金と時間の裏付けをつける！

お値段しめて72億円、工期6年5カ月だそうな。地味なそろばん勘定と思われている積算プロセス（いや、地味なそろばん勘定ではあるんだが）を、ここまで笑えて勉強になる夢のあるものにした力業には感服するし、だれも実現するなんて思ってなかったものに敢（あ）えて真面目（まじめ）くさって取り組んで平然と実現してみせた、地味な土建屋さんならではのちゃめっ気に脱帽だ。

しかしこれを本気で発注する道楽者がどっかにいないもんかなあ。

評・山形浩生（評論家）

二〇〇五年一月二三日⑨

『憲法で読むアメリカ史〈上・下〉』

阿川尚之 著

PHP新書・上巻八四〇円、下巻八六一円
ISBN9784569633619〈上〉・9784569637754〈下〉／9784480095794（ちくま学芸文庫）

歴史／新書

「人民の、人民による、人民のための政府」。誰でも知っているリンカーンの言葉である。しかしこの言葉が実は連邦最高裁の判決からの引用であり、連邦の州に対する優越を表現していることを知っている人はどれぐらいいるだろうか。

アメリカ人の憲法に対する愛着はきわめて強く、右も左も憲法の精神を否定する人はほとんどいない。しかしアメリカ社会の中で憲法が占める位置を具体的に知ることは容易ではない。どこの国でも法律は外国人には分かり難い事が多いし、特殊な法律用語も絡んでくるからである。

本書は、アメリカで法曹資格をとり、現在は駐米公使を務める著者が、アメリカ史の中で連邦最高裁が果たした役割を判事や事件にまつわるエピソードを交えて概説した好著である。

政治のただ中にあって、時に誤りを犯しながらも法の精神を実現すべく努力する判事たちの姿は、司法改革に揺れる日本の関係者にも示唆をもつだろう。

評・中西寛（京都大学教授）

二〇〇五年一月二三日⑩

『映画を見ればわかること』

川本三郎 著
キネマ旬報社・二一〇〇円
ISBN9784873762517　文芸／アート・ファッション・芸能

書かれているのは、私のような凡人には〃映画を見てもわからぬこと〃ばかり。著者がさりげなく拾い出す例証に思わずはっとさせられる。

韓国映画「八月のクリスマス」と小津安二郎監督「晩春」の両方に足の爪（つめ）を切る場面が出てくるのを踏まえ、前者に小津風の「静かな安定感」を見出（みいだ）す。

かと思うと、「猟奇的な彼女」の喜劇的見どころから、猟奇の2文字が佐藤春夫の造語だという話に発展していく。いわば高級連想ゲームの楽しさ。

映画から文学、時には美術、音楽にも及ぶ広範囲な知的渉猟ぶりは、川本さんの〃旅と散歩の達人〃という一側面とどこか似ていなくもない。

それにしても、なんという博覧強記ぶり。確か著者は、「神は細部に宿り賜（たも）う」という成句が大好きなはずだが、それを実証すべく持てる記憶力を自在に駆使している趣がある。

リベラルな視点、優しい文体の上質な映画エッセイ集。

評・安倍寧（評論家）

二〇〇五年一月三〇日①

『日暮らし　上・下』

宮部みゆき 著
講談社・各一六八〇円
ISBN9784062127363〈上〉・9784062127370〈下〉／9784062762038（講談社文庫〈上〉）・9784062762045（〈中〉）・9784062762052（〈下〉）　文芸

さりげないユーモアとあえかな叙情

小説とはこんなに面白く、こんなに愉（たの）しく、こんなに豊かなものだったのか――。

そのことは十分わかっていても、あらためて感得させてくれる作品は実に少ない。その少ない体験を、本書は十二分に味わわせてくれる。

物語の主人公は、南町奉行所同心、井筒平四郎。面倒くさがり屋だが、いざ事件に対峙（たいじ）すれば怯（ひる）まず行動するし、人情の機微にも通じている。相手役は甥（おい）の弓之助で、十三歳なのに、まだおねしょ癖が治（なお）らない。しかし顔は超美形で頭脳明晰（めいせき）、平四郎にかわって事件を推理する名探偵だ。二人を補佐するのが、同じく十三歳の三太郎。片端から記憶して忘れることのない驚くべき人間レコーダー。そのほかに三太郎の育て親の岡っ引き政五郎、気風のいい煮売り屋のお徳（とく）などを配して脇筋を作っている。

本書はおもに、四つの短編と一つの長編で構成されている。具体的にいうなら、三太郎が寝込んでしまう「おまんま」、植木職人佐吉と妻お恵の絆（きずな）を描く「嫌いの虫」、子供を食べる鬼が住むという屋敷で働く女中の奮闘編「子盗（ことり）鬼（おに）」、女たらしを罠（わな）にはめる「なけなし三昧（ざんまい）」、そして佐吉が巻き込まれた殺人事件を平四郎たちが追及する本編「日暮らし」である。

四つの別個の物語と人物たちが本編「日暮らし」で結びつけられ、謎を深め、あらたなドラマを作り上げていく。そのドラマの根底には前作『ぼんくら』の事件が横たわっているのだが、小説巧者の宮部みゆきなので、前作を読んでいなくてもきちんとわかるように書かれている。

ここには何よりもまず、至る所でニヤリとする愉しいユーモアがある。人物たちの滑稽（こっけい）な仕種（しぐさ）や物の見方を誇張して、物語の風通しをよくし、温かな日溜（ひだ）まりを作っているのである。

次に、右でも触れたが、構成の妙。それだけでも十分に完成されている下町人情ものの短編たちが「日暮らし」に吸収されることによって、さらに人物造形を深くし、物語をいちだんと錯綜（さくそう）させていく。キャラクターは役割にとどまらずにいくつもの表情をのぞかせて、あるものは颯爽（さっそう）と活躍し（弓之助が何とも可愛く、恰好（かっこう）いい）、あるものは翳（かげ）りを濃くしていく。

　そして、とりわけいいのは、物語にあふれる篤（あつ）い人情で、自分が生きる世界が実に豊かで、温かいものであることを様々な挿話を通して教えてくれる。一日一日積み上げるような日々の暮らしが決して易（やす）くなく、むしろ大変なものであることに思いをはせ、まっとうに生きる人々の、まっとうな思いを掬（すく）いあげ、日々の生活の尊さを静かに力強く訴えているのである。

　ともかくここには時代小説の際立つ効用がある。人間の本質をつく優れた人生観照が、さりげないユーモアとあえかな叙情にくるまれ、優れた技巧によってしみじみと打ち出されている。宮部文学を代表する最高傑作の一つだろう。

評・池上冬樹（文芸評論家）

みやべ・みゆき　60年生まれ。作家。著書に『火車』『理由』『模倣犯』など多数。

二〇〇五年一月三〇日②

『私は、産みたい』

野田聖子 著
新潮社・一二六〇円
ISBN9784104729012

医学・福祉

自らの不妊治療の体験、赤裸々に

　野田聖子衆院議員が結婚後、夫婦別姓法制化に奮闘する姿を、私は熱い期待を込めて注目してきた。なにしろ「お前はそんなこと（夫婦別姓の導入）をやっているから子供ができないんだ」なんてことを、首相経験者が平気で口にする国政の世界、賛同を得るまでの困難は、容易に推察できたから。

　本書で彼女は、自らの不妊治療と流産の体験を、「職場結婚」した夫鶴保庸介参院議員との、人工授精をめぐる深刻な確執を含めて、率直に告白している。

　八回におよぶ体外受精は、「私は産みたい、もう時間が残されていない！」という四〇歳を過ぎた野田氏の、ヒリつくような想（おも）いのなかで繰り返された。大量・多種の薬の服用・注射が課されたあげくの待望の妊娠が、あえなく流産。治療をめぐって温度差のある夫との悶着（もんちゃく）の末、受精した卵子を子宮内に移植し、やっと着床を確認できたというのに……。

　国会という並はずれた男社会で、不妊治療と格闘しながら、その事実を匿（かく）して、政治家としての仕事をこなしてきた。分刻みの日程、深夜におよぶ会合。そして頻繁な長距離移動。人に支えられて成り立つ職業ゆえ、仕事か、治療かの選択では、常に仕事が治療に優先されねばならなかった。あげく、事態は暗転して、治療は今なお続けられている。

　薬漬け、検査漬けの不妊治療が、果たして最良の方法なのか？　本書にはまったくふれられていないが、不妊治療は莫大（ばくだい）な費用がかかるのも問題だろう。代理出産の是非の問題もある。だがこの本は、少子化対策をライフワークとし、子供を産み、育てたいすべての女性を支援することを目指す野田氏が発信した、不妊に悩む全女性への、力強い応援歌であることは間違いない。

　女性に関（かか）わる政策は、夫婦別姓もそうだが、なかなか当事者でない男性政治家の理解を得るのは難しい。風邪をひいたという噂（うわさ）も政治生命に関わる世界のこと。夫婦生活の内実など、政治家としてここまで書くか、という批判もあるようだが、氏の体験が、血の通った政策に反映されることを期待したい。

評・武田佐知子（大阪外国語大学教授）

のだ・せいこ　60年福岡県生まれ。衆院議員。93年初当選。01年鶴保庸介参院議員と結婚。

二〇〇五年一月三〇日③

『リーマン博士の大予想　数学の未解決最難問に挑む』

カール・サバー 著
黒川信重 監修　南條郁子 訳
紀伊国屋書店・二六二五円
ISBN9784314009737

科学・生物

素数めぐる数学者たちの七転八倒

百五十年も解けなかった数学の最難問に、なにやら面白い展開があって、扉がカタカタ鳴っている。そんな音がした。

リーマン予想とは、ドイツの数学者ベルンハルト・リーマンが一八五九年に発表した素数に関する仮説である。素数とは、2、3、5、7のように、1とその数以外の自然数では割り切れない数字のこと。数字が大きくなるにつれ素数が現れる頻度は減っていくが、なくなることはない。この素数分布に規則性があると予想したのがリーマンである。ところが、証明せずに亡くなってしまった。

困ったのは後世の数学者である。数学の根幹にかかわる重要な問題だったためだ。リーマン予想が証明されれば解ける定理が五百余あるのだから。暗号解読にも影響を与えるといい、米国は研究に国費を投じた。証明した人に百万ドルの懸賞金を贈ると発表した研究所も現れた。

数学者の頭に並々ならぬ興味を抱く著者は、証明に挑む人々を訪ね歩く。証明の誤りに気づいて心臓発作を起こした人。「ぼくたちの理解にぽっかりとあいた穴」と語る人。コンピューターの基礎を築いたアラン・チューリングのように、リーマンが間違っていることを証明しようとした人もいる（その可能性は否定されていない）。物理学のアプローチが新しい視点を与えたのは朗報だ。

著者が時間をかけて対話したのは、昨年証明を発表した米パーデュー大学のド・ブランジュだ。二十年間で二度、証明に失敗。彼の論文を読むのは「時間の無駄」とバカにされても挫（くじ）けない……って、もしや現代版『絶対の探求』か。バルザックは、万物に共通する「絶対」という物質の研究に執念を燃やして家産を失った老化学者の悲惨さを描いたが、リーマン予想にも「悪魔も虜（とりこ）にする」魅力が備わっているのは確からしい。

ただし、その醍醐味（だいごみ）は数学者しか遊べない「抽象の王国」にある。数学チンプンカンプンの人間には想像もつかないし、証明されてもその喜びに浸ることはできないのだろうけど、そんな魅惑的な世界が自分と隣り合わせにあると考えるだけで、わくわくするではないか。

（原題、Dr.Riemann's Zeros）

評・最相葉月（ノンフィクションライター）

Karl Sabbagh　科学ジャーナリスト。

二〇〇五年一月三〇日④

『おわりの雪』

ユベール・マンガレリ 著　田久保麻理 訳
白水社・一六八〇円
ISBN9784560047989／9784560071823（白水Uブックス）

文芸

清冽ではかない少年時代の回想の物語

現代文学にまれな清冽（せいれつ）な抒情（じょじょう）のみなぎる小説である。清冽ではあるが、どこか夢まぼろしのようなはかなさも漂っている。痛切でありながら、あわく遠い。かつて少年だった人物の、はるかな回想で語られる物語だ。

雪の多い山間の町が舞台で、主人公の少年の名前も、正確な年齢も分からない。にもかかわらず、「ぼく」という少年の実在感が迫ってくるのは、単純な言葉で描かれる少年の内心に、いまだ理解不可能な未知の世界への畏（おそ）れが、つねにみずみずしくたたえられているからだ。

町の通りで売っているトビが欲しくてたまらない少年は、寝たきりの父にトビ捕りの作り話を聞かせてやる。彼のいちばんの気がかりは、深夜に外出する母の立てる物音が病気の父の耳に届くことだ。なぜ母は深夜に外出するのか？　わからない。少年の目で切りとられた世界の、わからないことが世界の奥行きをいっそう深めているのである。

トビを買うため少年は小づかい稼ぎをする。養老院の老人の散歩の手伝いに、いらなくなった動物の始末。ともに死と親しむことだ。

老犬を死なせるため、少年は長い雪のなかの旅に出発する。旅というほどのものではないが、少年と老犬にとっては旅以外のなにものでもない。きびしい自然に囲まれ、少年がどこにもある死の影を発見する瞬間が、この小説の頂点だ。

死の床にある父は少年にこう語る。

「むかし父さんも、あることを経験した。ふつうならつらいと感じるようなことだったが、おれはそうは感じなかった。だがそのかわり、自分は独りだと、これ以上ないほど独りきりだと感じたんだ……」

少年は、いつかこの言葉の意味を聞こうと思いながら、結局、果たせない。ここでも、わからないことが世界の奥行きを深くしている。

冷たい雪の町の父と子。夜半にすすり泣く母親。死にゆく老人と動物たち。窓辺のトビの姿。読後もそうした情景の哀(かな)しみが実在のごとく迫ってくる。子供にゆっくりと読み聞かせたい小説である。

(原題、LA DERNIÈRE NEIGE)

評・中条省平(学習院大学教授)

Hubert Mingarelli 56年フランス生まれ。作家。

二〇〇五年一月三〇日⑤

『不登校は終わらない 「選択」の物語から〈当事者〉への語りへ』

貴戸理恵 著

新曜社・二九四〇円

ISBN9784788509276

教育

不登校という生き方の意味を読み解く

本書のタイトルから、学校に行けない状態が続き、引きこもりにつながる、という話を連想したとすれば、それは見当違いである。不登校が「終わらない」のは、それ自体一つの生き方としてありうるからだ。本書は、その賛否を超えて、不登校という生き方の意味を探る試みである。

そのためにとられる方法は、〈当事者〉の語りを丹念に読み解くこと。それを通じて、不登校を、学校を拒否し自ら選び取った進路だと見なす「選択の物語」の死角が明るみに出る。なるほど、選択の物語は、不登校を生む学校の非を撃つ力を持っている。不登校の当事者にとっては、自分を肯定する物語でもある。だが、それと同時に、学歴の点でも将来の職業の点でも、社会的に不利な立場におかれることを自己責任として受け入れてしまう言説でもあるというのだ。

こうした当事者による語りの分析を通して、親、不登校という生き方をめぐる困難さや、教師、フリースクールなどの「居場所」関係者といった〈非当事者〉とのすれ違いが浮かび上がる。なぜ学校に行かない?という理由探しの不毛。学校批判を念頭に不登校を楽観的に肯定する言葉のむなしさ。「語らされる」ことと「語りえない」ことのせめぎあい……。

だが、本書の議論を一歩進めると、いったい〈当事者〉とは誰なのかと思う。不登校の子を抱えた家族や、教師、他の関係者も、それぞれが当事者として生きている。そして、不登校に向き合い、「理解」しようとあがき、その子をいとおしむ。それがかえって、その子を追いつめたり、居場所を奪ったりもする。

こうした理解の不可能性をわかった上で、では、どうすれば互いによりよく生きる術(すべ)を見つけられるのか。不登校という現象は、その難しさを承知した上でもなお、人と人とが理解し合い、共によりよく生きたいと願う、人としての性(さが)を映し出しているのかもしれない。

本当には理解し合えないことをわかった上で、それぞれが当事者でもある他者と共に、不登校を生きる。そこにかすかな希望が浮かんでくる。

評・苅谷剛彦(東京大学教授)

きど・りえ 78年生まれ。東京大学大学院博士課程在籍。

二〇〇五年一月三〇日❻

『戦争請負会社』

P・W・シンガー 著　山崎淳 訳
NHK出版・二六二五円
ISBN9784140810101
社会／ノンフィクション・評伝

戦争とは　ビジネスチャンスか？

戦争ビジネスと言えば、戦車や戦闘機などをつくる武器産業。そんなイメージを抱いているとすれば、もはや頭が古いのかも知れない。今や、軍隊が担ってきた仕事を代行する民間会社が台頭し、武器の調達から実際の戦闘行為まで手広く請け負っている。

本書はこうした戦争の民営化の実態を詳細に分析した力作だ。軍隊機能のグローバルな民営化にともなって、「貿易や財政といった国際的分野で起きたように、安全保障領域における国家の役割は特権を剥（は）ぎ取られてきている」。それが著者のひとつの結論だ。「国家の暴力独占」が破れつつあるのである。

ここ10年余り、平和維持、人道介入、対テロ戦争などで軍隊が運用されるケースが増えた。財政上の制約もあり、軍事行動にともなう作業すべてを正規軍だけで担い切れない。そこに戦争請負会社のビジネスチャンスが生まれた。

アパルトヘイト時代の南アフリカ軍のOBたちを中心につくった会社やその姉妹会社は、戦争部隊を即日編成できる。「軍隊貸出業」のようなもので、コンゴやシエラレオネなどで活動してきた。米軍OBがつくった別の会社は安全保障コンサルタント業で売り出し、情勢分析や軍事訓練などを引き受けてきた。

雇い主は紛争を抱える国家に限らない。平和維持や人道援助などで活動する国連の専門機関やNGO（非政府組織）も警護などの目的で、民間軍隊の力を借りるケースもある。戦争請負会社が国際安全保障制度にビルトインされているのが実態だ。

戦争民営化の基調は、数々の問題もはらむ。企業兵士たちは国際法の位置づけがあいまいで、戦争犯罪をおかした時にはどこでどう裁かれるのか。大多数の国が反対するような戦闘行為を会社が請け負った場合、国際社会はどう規制、抑制すべきなのか。

この本が疑問のすべてに答えてくれるわけではない。だが、軍隊機能がグローバル市場で取引される時代の現実、そしてその行く末を考える際の起点を読者に与えてくれる。

（原題、CORPORATE WARRIORS: The Rise of the Privatized Military Industry）

評・吉田文彦（本社論説委員）

Peter Warren Singer　米国の政治学者。

二〇〇五年一月三〇日❼

『水晶の夜、タカラヅカ』

岩淵達治 著
青土社・二三一〇円
ISBN9784791761593
社会／国際

1938年11月9〜10日ドイツ全土でナチによる大規模なユダヤ人迫害がおこなわれた。破壊された商店の窓ガラスが道路に堆（うずたか）く積まれ、水晶のようにきらめいていたところから、この忌まわしい夜は〝水晶の夜〟と呼ばれるようになった。

当日、ベルリンには初の欧州公演を目前にして、厳しい稽古（けいこ）に励む日本の若き女性群30名がいた。天津乙女ら宝塚歌劇一行である。

この美しい呼び名は、事件当夜よりむしろ彼女たちの輝ける舞台にこそふさわしいのではないか。

著者は、宝塚への思い入れ並々ならぬものがあるらしく、内外の資料を駆使し公演の実態を見事再現してみせる。当然、プログラムは「三番叟（そう）」など和もの中心。総監督秦豊吉が「もっと笑って」と指示した効果あり、批評に「微笑（ほほえ）んでいる日本の乙女たち」と紹介されたという。

ナチの暴挙と宝塚ドイツ公演が交叉（こうさ）する歴史のひとこまは、著者の慧眼（けいがん）がなければ埋もれたままだったろう。

評・安倍寧（評論家）

二〇〇五年一月三〇日⑧

『アルコール依存社会』

人文

中本新一 著
朱鷺書房・二六二五円
ISBN9784886026323

「アダルト・チルドレン論を超えて」と副題にある。

著者は、元アルコール依存症で、いまも自助グループの運営に関(かか)わる。これは現場からのカウンセリング批判だ。

依存症とアダルト・チルドレン(以下AC)とが結びつけられたのは、一九八〇年代のアメリカにおいてである。九〇年代に入り、日本でも急速に浸透した。

著者は、AC概念の導入と普及の過程を、「患者」の立場、即(すなわ)ち診断される側、分析される側、レッテルを貼(は)られる側から凝視していた。このような当事者の証言は稀(まれ)だし、貴重である。

AC論は現に苦しむ者を救わない。AC論者のなかには、例えばヒトラーの独裁をその幼児体験に還元してしまうような、社会的視点の欠落傾向がみられる。人間観も単調極まりない。そう著者は告発する。

「傷をもたざるを得ないのが人であり、傷というものがなければ人の命も深まらない」。浅薄な専門家にはとても到達できない境地である。

評・宮崎哲弥(評論家)

二〇〇五年一月三〇日⑨

『恋するアラブ人』

文芸

師岡カリーマ・エルサムニー 著
白水社・一八九〇円
ISBN9784560027721

題名からは、現代のアラビアンナイトを想像してしまうが、艶(つや)っぽい話がつづられているわけではない。歴代アラブ詩人の逸話を織り交ぜ、アラビア語の美しさとアラブ社会の今昔を語る随筆である。

筆者は、エジプト人の父と日本人の母の間に生まれ、カイロ大を卒業するまでエジプトで過ごした。アラブ人女性の目線で見た家族、人間関係の描写は、新鮮で読み応えがある。

たとえば、アラブ人は謝らない、との風評がある。人の足を踏んでおきながら、「マアレーシュ」(気にするな)という言葉が返ってくるからだ。しかし、筆者は、「悪気はないんだよ」との底意を持ち出す。相手の気持ちを思いやる誠意は日本人と同じだ、と。

本書は、日本アラブ協会が発行する「季刊アラブ」での連載を、まとめ直したものだ。アラブとの接点がない一般読者のためには、亡き父への敬愛だけでなく、カイロで暮らす母の心境にも触れてほしかった。

評・定森大治(本社編集委員)

二〇〇五年一月三〇日⑩

『巡礼地に立つ　フランスにて』

文芸

高橋たか子 著
女子パウロ会・二一〇〇円
ISBN9784789605908

巡礼とは、ひたむきな信仰形態のひとつであることをこの一冊を読み通して感得する。それは、カトリックやイスラムの聖地、あるいはそれらの古い信仰の拠点への帰依の旅であり、四国八十八カ所の遍路も同じであるにちがいない。

本書はこれまでキリストの現存を観想する旅を続けてきた著者の、フランスにおける「マリア出現の地」を訪ねての紀行である。

フランスには熱烈なマリア信仰の地が幾つもあり、「マリア出現の地」とは、マリアが眼前に現れた、言わば霊能を実感した人たちの地のことであろう。

例えば、ルルドにおいてこのマリア出現を十八回も体験したベルナデットという十八世紀の少女について、著者はそれぞれの体験の様子を追体験するように日付を追いながら克明に記してゆく。

こうした表出は、科学万能の世界に対するアンチ・テーゼとして、著者もまた深い信仰の中に居ることを知るのである。

評・前川佐重郎(歌人)

二〇〇五年二月六日❶

『量子コンピュータへの誘い　きまぐれな量子でなぜ計算できるのか』

石井茂 著

日経BP社・一八九〇円

ISBN9784822282110

—IT・コンピューター

生命の不思議に迫る興味深いテーマ

「量子コンピューターって何?」という質問に、私はいつも「あの世のコンピューターだよ」と答えている。この世の常識では理解は困難だ。

素粒子の奇妙な振る舞いに関しては、かつてアインシュタインが「そんな馬鹿な!」と否定したほどで、我々がうろたえるのは当然だ。たとえば、あらゆる可能性を秘めた、雲のような素粒子(これを量子状態という)が、誰かが観測したり、何らかの擾乱(じょうらん)により突然ひとつの可能性に収斂(しゅうれん)して粒子として出現すること。あるいは、遠く離れた素粒子が、まるでテレパシーで交信しているようにからみ合っている「量子からみ合い」などだ。

量子コンピューターというのは、この奇妙さをそのまま演算に利用する。あらゆる可能性を同時に計算できるので、計算能力は飛躍的に向上する。すでに通常のコンピューターでは数十億年かかる因数分解が、瞬時に解けることが数学的に証明されている。因数分解は、今日の暗号の基本のため、これは通信の安全性にとって大問題だ。ところが、量子状態を保つのが難しく、ちょっと前までは一千万分の一秒程度だった。ごく最近、核磁気共鳴を使った量子コンピューターで、それが飛躍的に伸びて0・5秒程度になり、はじめてまともな問題の計算が出来るようになった。とはいうものの、部屋いっぱいの巨大な装置を用いて、ようやくごく簡単な因数分解が解けた、というレベルだ。

『量子コンピュータへの誘(いざな)い』は、そのような神秘的な内容を高校生でも理解できるように書かれた好著。とくに、原子の発見から量子力学の発展に至る物理学の歴史を、興味深いエピソードを交えて語っている部分が圧巻。科学史の教科書に使いたいくらいだ。もちろん、超低温技術などの周辺も含めて、量子コンピューターや量子暗号の解説も、歴史的経緯も含めてきわめて懇切丁寧で分かりやすい。

さらに手っ取り早く理解したい人には、ジョージ・ジョンソンの『量子コンピュータとは何か』(水谷淳訳、早川書房)がお奨(すす)め。こちらは本当に何の知識もない人のために、通常のコンピューターの動作原理を、玩具の動きから説き明かし、それとの対比で量子コンピューターを解説している。豊富に出てくる比喩(ひゆ)が、実に適切で楽しい。読者の思考の過程を、これほど親切に道案内してくれる本を、私はかつて見たことがない。テーマが飛躍しているだけに、これは多くの人にとって、救いになるだろう。

私は、量子コンピューターに特別な想(おも)いを抱いている。それは、ロボットの研究者として、生物の情報処理との圧倒的な相違を痛感しているからだ。今日の初歩的な量子コンピューターから想像するのは困難だが、生物に「あの世のコンピューター」が組み込まれている可能性は否定できない。単に計算能力の飛躍だけではなく、生命の不思議にも迫る興味深いテーマなのだ。

評・天外伺朗(作家)

いしい・しげる　日経BP社編集委員室長。

二〇〇五年二月六日❷

『裏ミシュラン ヴェールを剥がれた美食の権威』

パスカル・レミ 著　吉田良子 訳
バジリコ・一三六五円
ISBN9784901784580
社会

店の格付けのやり方は？ 秘密を暴露

二〇〇三年、フランス美食界を震撼（しんかん）させる事件が起こった。超一流レストランを経営するスター料理人ロワゾーが銃による自殺を遂げたのだ。有名なガイドブック「ゴー・ミヨー」が、サービス低下を理由に彼の料理店の評価を下げたことが自殺の原因ではないかと囁（ささや）かれた。それほどに、ガイドブックの星の数はレストランにとって死活問題なのである。

「ゴー・ミヨー」以上に名高いガイドブックが「ミシュラン」だ。ミシュランはタイヤの製造会社である。タイヤ会社がなぜ「美食の聖典」を作っているのか？

自動車がまだ普及しない時代、ミシュラン社は、自社の宣伝用の小冊子に地方のおいしいレストランを積極的に載せた。そうして、消費者に自動車を（つまりタイヤを）使わせる刺激剤にしたのだ。この巧妙な作戦は大成功で、いまではミシュランは料理店のガイドブックの名前としてむしろよく知られている。

これまで、ミシュランのレストランの格付け（星なしから星三つまで）の内幕は厳重に秘密にされてきた。ところが、ミシュランの調査員だった著者が本書を書いてやり方を暴露してしまったため、ミシュラン側は著者を「労働契約上の秘密保持の義務」に違反したとして、昨年の出版以来、法的係争が続いている。

というと、どんなにスキャンダラスな本かと思うだろう。邦訳の題名もそうした印象を強めている。だが、これは実にまっとうな料理調査人の報告であり、グルメの神話を期待すると拍子ぬけする。

調査員はわずか五名。週に八〜十回レストランで食事を取るが、予算があって高級ワインは飲めない。判断の基準は、一般客がそこで金を使いたくなるかどうか。料理の味は勿論（もちろん）だが、店のサービスの良し悪（あ）しで評価はかなり左右される。なぜなら、調査員も人間だから。

だが、ミシュランの星のつかない素晴らしいレストランはないと著者は断言する。ミシュランの権威には盾ついたものの、自分のかつての職場の正統性は擁護したいというのが本音なのだろう。

フランスの美食界を崇（あが）める人にとって、本書は格好の解毒剤となるはずだ。

（原題、L'inspecteur se met à table）

評・中条省平（学習院大学教授）

Pascal Remy　「ミシュラン」の調査員を88年から16年間務めた。

二〇〇五年二月六日❹

『分裂するアメリカ社会』

堀内一史 著
麗澤大学出版会・二六二五円
ISBN9784892054884
政治／人文

宗教のあり方から政治の姿を探る

ジョージ・W・ブッシュほど宗教との関（かか）わりを取り沙汰（ざた）される大統領も珍しい。それもほとんどの場合、おどろおどろしく、あるいは面白可笑（おか）しく潤色されている。まるで大統領が狂信者か何かであるかのようだ。

彼には、よく「宗教右派」を含意するレッテル（キリスト教原理主義者、福音派（エヴァンジェリカルズ）、ボーンアゲインなど）が貼（は）られる。アメリカの政教問題の専門家たちはこれについて甚だ懐疑的だ。本書の著者もそういう立場である。

確かに以前には「福音派」「ボーンアゲイン」を自称して憚（はばか）らない大統領がいた。民主党のカーターだ。大統領候補もいた。二〇〇〇年、W・ブッシュと大統領の座を競ったゴアである。

そもそも「福音派」「ボーンアゲイン」といい、「宗教右派」「キリスト教原理主義者」といい、正確に理解している日本人がどれほどいるのだろう。生半可な知識しか持っていないと、つい陰謀論めいた米政権観に流されてしまいがちだ。

そこで本書である。奇を求めぬ、手堅い内容。それなのに驚きに満ちている。

アメリカのクリスチャンの世界では何故、個人の回心体験が殊(こと)のほか重視されるのか。聖職者ではなく、平信徒による伝道が盛んな理由は何か。元来世俗から距離を置き、厳格な信仰生活を保ってきた原理主義者がどうして政治的影響力を揮(ふる)うようになったのか。そういう素朴な疑問にも適切な答えを示してくれる。

アメリカ人は宗教的な国民である。各種の意識調査からも疑う余地はない。

その指導者が、演説などでしばしば神様を引き合いに出したところでまったく不思議ではない。問題はその先にある。

著者は、公教育論争の過程やキング牧師の軌跡、W・ブッシュの政策の変遷を追いながら、アメリカの背骨(バックボーン)である「市民宗教」の光と影の交錯を描き出す。

国家に対する神の超越性を欠落させた「市民宗教」は、「国家の自己偶像化」の装置に堕する。それこそがW・ブッシュのアメリカの、危うい傾(かし)ぎだという。同じ批判でも、凡百の単純極まりない反ブッシュ論とは深度が違う。

評・宮崎哲弥(評論家)

ほりうち・かずのぶ 55年生まれ。麗澤大学教授。アメリカ研究、宗教社会学。

二〇〇五年二月六日❺

『サクリファイス』

フローランス・デュガ著　長島良三訳

河出書房新社・一六八〇円

ISBN9784309204239

文芸

「女であること」を禁じたのは何?

ポーリーヌ・レアージュ『O嬢の物語』の系譜に連なる哲学的ポルノ。読み手を興奮させる目的で書かれたのではなく(少なくとも、私はあまりきざさなかった)、女性のセクシュアリティについてひとつのケースを提示するというふうな。

帯には「人はこれほど放逸に性愛を極められるのか!」と書かれているが、違うと思う。「世間一般の女たち」のように男を愛そうとしてうまくいかなかった女子大生フローランスは、自分にフィットする愛を求めてあらゆる倒錯的な行為に及ぶが、いつも満たされないままだ。

フローランスをめぐる人物は、大学教師の男性JPと教え子の女性ナタリー。著者は自在な性の置き換えを試みる。ナタリーはフローランスに対してもJPに対しても女性としてふるまうが、フローランスは状況に応じて男にも女にも変容する。ただし、男たちに対してはいつも受け身の立場で、ここがポイント。

JPは二人の女性を加虐趣味で苛(さいな)む。彼女たちがそれを望んでいると察したからだ。二人だけで関係を持つようになったフローランスとナタリーは、互いにSとMの役割を交替(こうたい)させる。そのあまりの過激さに、JPは傍観者の立場に退く。

まさに血みどろのシーンがつづくわけだが、女性の性愛がしばしば苦痛と結びつくというようなSM文学の構図にとどまらず、幼時の回想がフラッシュバックのように挿入されて、そもそもの背景となるゆがんだ親子関係が示唆される。

フローランスはナタリーに自分の反映を見ているのだ。彼女を痛めつけながら、彼女によって痛めつけられながら、自分の中の女性性を破壊しようとしているのだ。父親によって汚された女性性を。

皮肉なことに、唯一フローランスを癒やすことができたのは、彼女に性衝動を感じないゲイの男性ルイだった。暴漢に襲われたフローランスを救った彼は、彼女が本質的に性倒錯者ではないことを見抜き、こう囁(ささや)く。「あなたが女であることをあなたに禁じたのは何ですか?」

この小説で描かれている愛のかたちはきわめてアブノーマルだが、全体は普遍的な命題で貫かれている。

(原題、Dolorosa Soror)

評・青柳いづみこ(ピアニスト・文筆家)

Florence Dugas フランスの作家。他に『エロスの聖典』『追伸』。

二〇〇五年二月六日⑥

『子どもが減って何が悪いか!』

赤川学 著

ちくま新書・七三五円

ISBN9784480062116

医学・福祉/社会/新書

「少子化は不可避」認めた制度設計を提言

女性が一生の間に産む平均子ども数(合計特殊出生率)が1・29に落ち込み、人口維持に必要な水準(人口置換水準、約2・07)を大きく下回ったことは、すでに日本の常識となった。だがこんにち「少子化」は、事実であることを超え、日本社会が克服すべき焦眉(しょうび)の課題とも目されている。

私は日頃、この理屈の展開がどうにものみ込めないできた。国民一人あたり経済成長が維持されればよいのに国民経済全体の成長を求め、年金制度問題は人口増を前提とする賦課方式に無理があるのにそれを少子化のせいにするのは奇妙である。高齢化が同時進行しており、にもかかわらず定年年齢を引き上げないなら労働人口が減って当然。なにより親の産む権利や効用ばかりが注目され、子どもが幸せに生まれてくる権利が無視されるのはおかしい。

これらの疑問に真正面から答え、反問や批判も加えてくれる文章に初めて出会った。それが本書である。論旨には対立点もあるが、正直言って出会いそのものに感銘を受けた。疑問を持つことは自由社会の条件であるはずなのに、なぜか一定方向の疑問には抑圧が加えられている、と感じていたからだ。

だが抑圧は実在するらしく、著者によれば、いまや「男女共同参画社会を実現して、少子化を防ごう」なる主張が批判を許さない勢いで横行しているらしい。私も著者同様、女性の社会進出を妨げる差別は撤廃すべきだと願うが、しかしそれが実現したとして、「少子化を防ぐ」という後段が自動的に続くか否かは成り行き次第としか言えない。

本書の真骨頂は、その「成り行き」を厳密に統計で分析し、自分の願いと異なる結論にも目を瞑(つぶ)らないすがすがしい姿勢にある。「オナニー言説」などの研究家という著者の作品を食わず嫌いできたものの、少子化を回避不能な現実とみなし、専業主婦も独身者も共働き家庭もすべてに機会が均等であるように制度設計しようという今回の提言には共感した。知的とは、こういう思考の進め方を言う。文体はときに脱力系であるが。

評・松原隆一郎(東京大学教授)

あかがわ・まなぶ　67年生まれ。信州大学助教授。著書に『性への自由/性からの自由』など。

二〇〇五年二月六日⑦

『オキナワの家』

伊礼智 著

インデックス・コミュニケーションズ・一六八〇円

ISBN9784757302761

社会

沖縄についての素敵(すてき)なガイドブックである。

といっても名所旧跡が紹介されているわけではない。遊びやうまい物が案内されているのでもない。

沖縄生まれの建築家がふるさとの家々をめぐり、思いを込めて記した本なのだ。「スージ(路地)と屋敷内との間に衝立(ついたて)のような壁があります。これがヒンプン(屏風〈びょうぶ〉)と呼ばれ、伝統的な沖縄の住まいの特徴的なもので、目隠しと魔よけを兼ねています。ヒンプンがひとつあるだけで、街との関係が楽しく、何か心地よいと感じてしまい、ワクワクさせられるから不思議です」

おだやかな文章に、やわらかなスケッチが添えられる。アメリカ施政がもたらしたスラブヤーと呼ばれるコンクリート・ブロックの家、フクギの防風林で囲われた集落、家を守るシーサー、住まいのまわりの神々……。家と人を通して沖縄の過去と現在が鮮やかに見える。子ども向けだが、大人にも、とても向く。

評・栗田亘(コラムニスト)

二〇〇五年二月六日❽　アート・ファッション・芸能／ノンフィクション・評伝

『私事(わたくしごと)』

中村雀右衛門 著

岩波書店・一六八〇円
ISBN9784000257558

中村雀右衛門は当代随一の女形である。歌舞伎の観客なら、その芸の深さを先刻承知。昨年は文化勲章がさらに花を添えた。

もともと立役(たちゃく)(男役)の家に生まれ、軍隊に召集されて六年間、死と紙一重の戦争体験をした。帰還すると父が亡くなってい、後見人の大名題(おおなだい)から女形になるよう勧められた。二十七歳からの遅すぎる修業である。三歳で女形になると決めていた六世歌右衛門との差は二十余年、あまりにも拙(つたな)いおのれの芸に絶望して、自殺をおもいつめたことさえあった。

映画「佐々木小次郎」で村上元三の原作どおり、いかにも戦後派らしい若武者を演じて評判になったのが仇(あだ)となり、関西歌舞伎へ左遷されたり、腰元役から出直したりと辛酸をなめる。ようやく「死んだつもりで生きている」という覚悟ができて道が開けた――。

真率な告白だけに、この本にはひとを励ます力がある。芸談『女形無限』(白水社)との併読を薦めたい。

評・杉山正樹(文芸評論家)

二〇〇五年二月六日❾　歴史

『環境と景観の社会史』

徳橋曜 編著

文化書房博文社・二四一五円
ISBN9784830109430

二十一世紀最初の万博は「自然の叡智(えいち)」をテーマとし、地球環境と科学技術の折り合いを模索する予定だという。大規模な開発の代わりに環境を守り、美しい景観に囲まれていたいとの願いは、低成長時代にふさわしい。だが環境問題には利害対立がつきもので、目標設定は容易ではない。

それなら歴史に学んでみたらいい。本書には西洋の古代から近代まで、環境への働きかけと、その背後にある自然観を扱った七本の論考が集められている。随所に意表を突く指摘がある。古代ローマでは屎尿(しにょう)をあえて下水道に排出せず施肥用にしていたこと、十四世紀トスカーナ地方の都市法にすでに自然環境制御の条項が多数あったこと、北アメリカの自然保護運動を支えた「手つかずの西部」は神話にすぎなかったことなどが、文献史料・考古学的資料から顕(あら)わにされているのである。

自然の叡智に学ぶ人間の営みの多様性を教えてくれる、質朴な好著である。

評・池上俊一(東京大学教授)

二〇〇五年二月六日❿　社会／国際

『韓国と日本国』

権五琦、若宮啓文 著

朝日新聞社・一九九五円
ISBN9784022579577

世に対談本と言えば、「一」のものを「十」にふくらませた話と相場が決まっているが、本書は違う。

韓国の東亜日報社長や副総理・統一相を務めた権五琦(クォンオギ)氏がさしずめピッチャーとするなら、朝日新聞論説主幹の若宮啓文氏はキャッチャーの役どころ。で、このピッチャーの投げるボールが、見たこともないクセ球なのだ。韓国と北朝鮮の関係は、東西ドイツよりもパレスチナとイスラエルに近いと指摘したり、イラクの現状を、近代国家運営上のノウハウもリーダーシップも未発達だった六十年前の韓国になぞらえたり。

対する若宮氏も、日韓ワールドカップ共催にこぎつけるまでの裏話を初めて明かすなど、読者へのサービス精神を発揮している。とりわけ、韓国屈指の知識人から、明治維新を「アジア維新」の第一歩と高く評価すべきとの主張がなされた意義は、計り知れない。

二人の柔軟かつ大局的な位置どりが、本書を奥行きのあるものにしている。

評・野村進(ジャーナリスト)

二〇〇五年二月一三日①

『シナリオ　神聖喜劇』

大西巨人 原作　荒井晴彦 脚本

太田出版・二九四〇円
ISBN9784872339024　文芸／アート・ファッション・芸能

夢に見る　映画化実現の日を

小説を原作とした映画と、もとの小説とは、まったくの別物である……という常識を、わたしは、長い間、ほとんど疑うことがなかった。

どのような優れた映像作家の手になるものであっても、原作を「超える」ことなど不可能であり、もしそれが優れた映画となったのなら、それは原作とは無関係に、その映画が持つ力故なのだ、と信じてきた。

その根拠が揺らいできたのは最近である。明治の小説を原作とする映画を、学生に見せつつ、近代文学についての講義をする、ということは何度か行ってみた。映画を活用することを思いついたのは、彼らが明治文学を、というかそもそも文学を、読みたがらぬからである。百年も前に書かれた小説にまったく興味を示さぬ彼らに、とりあえず、映画を見せたのだ。すると、たとえば溝口健二の『虞美人（ぐびじん）草』を見ながら、彼らは、大いに哄笑（こうしょう）したのである。わたしは、彼らと話して気づいた。彼らは、原作である『虞美人草』（ややこしい文章だ）を読んでも理解できなかったのに、その小説の本質（とわたしが考えているもの）を、溝口健二の映画を通して見事に理解していた。まるで別物であるはずの映画を見て、彼らはオリジナルの小説の魂を発見していた。そのような力を持つ、そのような関係を映画と持つことのできる小説も存在する、あるいは、そのような関係を小説と持つことのできる映画も存在するのだ。

ところで、いったい、誰が、大西巨人の、真に偉大と呼ぶしかない、天国的な長さを持つ巨大な軍隊小説を映画化しようと考えるだろう。この特異な長篇（ちょうへん）は、その長さによって、題材の地味さによって（昭和十七年の初めの三カ月ほどの新兵訓練中の物語なのだから）、さらに、物語の中核部分が、主人公となる「記憶の人」東堂二等兵が暗記し想起する、過去に読んだ書物や陸軍関係の諸規則・典範・法令の引用であることによって、映像化に頑強に抵抗する。だが、荒井晴彦はこの四千七百枚の長篇を、切り刻み、肉の部分を棄（す）て、混沌（こんとん）とした時間をきちんとした時系列に整頓した。そして、出現したシナリオ『神聖喜劇』は、当然のことながら、小説『神聖喜劇』の、ミニチュアでしかない。それにも関（かか）わらず、ここには、小説『神聖喜劇』の核が、奇蹟（きせき）のように存在している。

法外な作品への法外な対応としてのシナリオを読みながら、わたしは、これが実際に映画となって実現する日の来ることを熱烈に夢見た。あらゆるものの輪郭が緩み、曖昧（あいまい）な言葉が流通するこの世界に、かつて、戦争という巨大な不条理に、ただ一人、言葉の厳格な適用によって抗しようとした男を再び出現させたいと願った。東堂は、1942年にではなく、いまこそ我々にとって必要な人物なのだ。なにより、そのことを気づかせるために、このシナリオはある。

評・高橋源一郎（作家）

おおにし・きょじん　作家。著書に『深淵』ほか。
あらい・はるひこ　脚本家、映画監督、編集者。

二〇〇五年二月一三日❷

『荷風の永代橋』

草森紳一 著
青土社・五〇四〇円
ISBN9784791761616

文芸

「無」の心が書いた壮大な叙事詩

大冊である。だが、読後感のなんと爽快（そうかい）なこと。隅田川の川風が、一気に胸の内を通り過ぎた感じがする。

大正・昭和の一大叙事詩、荷風の日記『断腸亭日乗（にちじょう）』を中心に据え、「永代橋」という独自のテーマを掲げて、荷風を自在に論じた本である。もう一つの切り口に「漢詩」がある。荷風の父、久一郎氏は官僚から実業界に転じた人だが、一方で、荷風の及びもつかない博覧強記の漢詩人（永井禾原〈かげん〉）だった。

同じ「詩」を解しながら、この親子、その詩魂に少し違いがある。漢詩は志の詩だが、荷風はこの伝統的な志（天下）へ反逆する志、すなわち「志なき志」の持ち主。だが著者は、「父＝漢詩を意識しつづけることにより、その官能主義的な耽溺（たんでき）の文学は、同時代の文学に比しても、稀（まれ）なほど政治的にならざるをえなかった」という。禾原の残された漢詩を中心に、荷風の心の内が、父との確執が、読み解かれていく。

資料に深く分け入った緻密（ちみつ）な労作だが、狭く苦しくならないのは、ひとえに文の魅力。熱中と拡散が同居しているのである。荷風の散策にも似た寄り道が多いせいか。その偶然のような寄り道が、必然の、本質的な思索のかけらを拾う。荷風の渡った永代橋から、現代の永代橋、荷風遊学時代の欧米の橋、カフカの短編「橋」にまで飛び火しながら、橋が思考され、渡り方の「作法」までもが、真摯（しんし）にユーモラスに語られる。

著者は、永代橋のたもとに二十年来住んでいるという。橋はもはや著者自身のようである。荷風が最愛の女・お歌と共に永代橋の上から、川に旧稿を捨てる場面なども、永代橋（＝著者）が、一部始終をじっと見ていたように面白い。

最後に、能の舞台をひきながら、橋とは、「この世の時空に縛られている人間にとって必要な次元をこえるためのギアのようなもの……。橋は在っても、無いに等しい」と書く。それは橋を渡る者の、確かにひとつの境地である。「永代橋に入魂してみて、そのことがつくづくとわかる。俺（おれ）は『無』だと」。こういう心が書いた本なのだ。本書もまた、壮大な叙事詩。

評・小池昌代（詩人）

くさもり・しんいち　38年生まれ。評論家。著書に『江戸のデザイン』など。

二〇〇五年二月一三日❸

『火を喰う者たち』

デイヴィッド・アーモンド 著　金原瑞人 訳
河出書房新社・一五七五円
ISBN9784309204277

文芸

人類愛を物語る反戦小説の傑作

なんてシンプルで、なんて力強いのだろう。圧倒された。激しく心を揺さぶられたといっていい。

一九六二年十月、英国の寂れた海辺の村でロバートは、様々な出来事に直面し戸惑っていた。幼なじみのエイルサは学校にいかずに家業の採炭に勤（いそ）しみ、ジョゼフは背中一面に刺青を彫っていた。ロバート自身は、上流階級の子弟がいく中学に入学したものの、残酷な教師たちの暴力に苦しめられ、家庭では体調不良の父親を案じていた。

そして時あたかもキューバ危機。テレビをみると、核ミサイルがとびから第三次世界大戦の勃発（ぼっぱつ）も予想され、世界が破滅する不安にかられていく。

少年の日常生活がリアルに描かれているだけである。それなのに、場面場面が強烈で、ときに現実を突き抜けたような目眩（めまい）を覚えるほど。情景がじかに心をうち、わしづかみにするからだろう。

たとえばロバートの前に現れる、気の触れた大道芸人マクナルティー。頬（ほほ）を串差しし火を喰（く）う男は、たえず見物人たちを〝金を払え！　見たけりゃ金を払え！〟と恫喝（どうかつ）するのだが、憤怒と苦悶（くもん）と闘志に満ちた表情を見ていると、娯楽の対価ではなく、人生のそれを求められているような感覚に襲われる。そもそもマクナルティーはロバートの父親とビルマ（現ミャンマー）戦線で一緒で、悲惨な戦争体験から頭がおかしくなったのだ。

　このように少年が対峙（たいじ）する小さな世界と、それに覆い被（かぶ）さる大きな世界が並行し、重なり合うことで、少年が味わう人生の苦悩が、起こりうる戦争の悲劇を喚起させることになる。しかも苦悩ばかりではなく、友情や家族愛、広く人類への愛が語られていて、実に痛切（特に愛するものを一つひとつ挙げていく第四十八章は涙なくして読めない！）。

　本書は成長小説であると同時に、まぎれもない反戦小説だろう。心ふるえる思春期の驚きと不安と喜びを生き生きと情熱的に捉（とら）えることが、生命の価値を物語り、戦争を遠ざけることになる。そんなシンプルな思いが切々と響く、何ともエモーショナルな傑作だ。

（原題、THE FIRE EATERS）

評・池上冬樹（文芸評論家）

David Almond　英国の作家。著書に『秘密の心臓』ほか。

『考えてみれば不思議なこと』

池内了著
晶文社・二三一〇円
ISBN9784794966490

科学・生物

「科学オンチ」を勇気づける新博物学

　宝くじたの字が消える大晦日（おおみそか）、と朝日川柳にあった。告白すれば旧冬、評者も二十枚買い最下等二枚の惨敗だった。

　この本、「宝くじに当たる確率は隕石（いんせき）に当たる確率よりも小さい」と題した一部読者を絶望に陥れる文章で始まる。

　一等を夢見ても、それは錯覚に過ぎないというのである。胴元は「分数の分母を言わず分子だけ言って、いかにも大きな数のように思わせ」純情な人びとを誘うのである。よぉく考えてみればその通りで、二度と買うまいと一応は誓う。

　チャプリンの「ライムライト」のライムとは、昔の劇場が照明用に燃やした石灰のこと。『枕草子』で名高い星づくしのくだりは、当時の百科事典の引用。「豚に真珠」の出典は新約聖書の「豚に真珠を投げてはならない」……。

　などと並べると雑学書めくが、さにあらず。読んでのお楽しみだけれど、それぞれ意味あって登場する。

　例を挙げれば、新鋭機はコンピューターによる自動操縦だから安全性が高いと航空会社はうたうのに、空の事故が減っていないのはなぜかという不思議。離着陸まで自動操縦に任せているから、と謎解きは鮮やかである。事故の大半はこのときに起きているのだ。

　コンピューターの石頭と人間の感性とはまだしっくりいっていないのだから、まず人間を信頼するべしと著者は説く。

　そうしておいて、「実は、このような自動制御は飛行機だけでなく原子力発電でも行われています」と、こちらの背筋をぞくっとさせて結ぶ。

　専門分化が進んで理系の学問と文系の学問は大きく分断され、「文系は科学オンチ」「理系は専門バカ」と軽蔑（けいべつ）しあったりする。これでは人類が獲得した知の半分しか楽しめないではないか。何ともったいないと著者は、科学と文学や歴史、民俗学や神話など諸分野を統合する「新しい博物学」を提唱してきた。

　その池内博物学の、本書はいわば入門編。専門の天文学を基点にしたとき、筆は一段と冴（さ）える。もしかすると自分は科学オンチじゃないかも知れぬ。読み終わってそう思ったが、これも錯覚か。

評・栗田亘（コラムニスト）

いけうち・さとる　44年生まれ。名古屋大学大学院教授。著書に『ヤバンな科学』など。

二〇〇五年一二月一三日⑤

『現代日本人の意識構造　第六版』

社会

ＮＨＫ放送文化研究所 編

ＮＨＫ出版・一〇七一円
ISBN9784140910191

すべての議論の土台となる現実の像

ＮＨＫ放送文化研究所は、一九七三年から五年ごとに大規模な意識調査を実施してきた。一九七三年といえば、第一次オイルショックの直撃で日本経済の高度成長に止（とど）めが刺された年であり、「後期戦後」のとば口であった。

この「日本人の意識」調査は成熟に向かう日本社会をクールに観測してきたといっていいだろう。

七回目になる最新の調査は二〇〇三年に実施されたが、その結果と分析が書籍として纏（まと）められた。本書、六冊目の『現代日本人の意識構造』だ。

誰しも薄々気づいているところだが、近年、家族観や性愛観が激変した。

今回「必ずしも結婚しなくてもよい」と答えた人が全体の約六割（五九％）に達している。一〇年前、九三年の調査では約半分（五一％）だった。

結婚しなくてもよいと思う傾向は、とくに二〇歳から三九歳の未婚女性に強く出ていて、実に八九％にも上っている。

「結婚しても、必ずしも子供を持たなくてもよい」を是とした人はちょうど五〇％。一〇年前に比べて一〇ポイントも増えた。

この一〇年をみても、結婚や出産、育児についての自明性（「当たり前」感）が急速に崩壊していることがわかる。

夫婦の姓に関しては、はじめて「夫婦は同姓であるべきだが、どちらが名字を改めてもよい」が三〇％の支持を得、トップに躍り出た。それ以外は「当然、夫の姓」が二九％、「現状では夫の姓」二五％、「夫婦別姓」一三％である。

別姓でもなく、夫の姓優先でもなく、夫婦いずれかの姓を選択することとした現行民法の趣旨の広く深い浸透が窺（うかが）える。これは選択という契機を強く意識するという意味で、お互いの生家の姓を結婚後も持ち越す夫婦別姓支持の増加よりもラディカルな変化といえまいか。

対照的に権利意識の状況は酷（ひど）い。「納税義務」を権利と思い込んでいる人が四二％もいる。「表現の自由」を権利と看做（みな）す人の割合は三六％しかいない。

メディアで流通する底上げされた現実ではない、「原寸大のニッポン」がここにある。すべての議論の土台として。

評・宮崎哲弥（評論家）

執筆はＮＨＫ放送文化研究所世論調査部の４人が分担。

二〇〇五年一二月一三日⑥

『高い城・文学エッセイ』

文芸

スタニスワフ・レム 著　沼野充義ほか 訳

国書刊行会・二九四〇円
ISBN9784336045065

ストイックなＳＦ論の核心とは何か

レムは『ソラリス』などで知られるポーランドのＳＦ作家である。論理的ながら（いやそれ故に）異様なアイデアと、厳密な知性のもたらす緻密（ちみつ）な作品世界は根強いファンを擁する。だがＳＦ評論家としてのレムは、まとまった形では本書が待ちに待った本邦初紹介となる。

一読して驚かされるのは、レムのＳＦ論の異様なまでの堅苦しさと偏狭さだ。レムにとって正しいＳＦの方向性は一つ。種としての人類や社会に科学や知識や進化がどう影響を与えるか、厳密かつ論理的に検討すること。それ以外は上っ面だけのまやかしでしかない――。

え〜、そんな勝手な基準を勝手に作られましてもねえ。

典型的な例はダニエル・キイス『アルジャーノンに花束を』の評。このＳＦは急激な知能増大と喪失を経験する少年の喜びと悲しみ（それは人間すべてが共有するものだ）を描いた名作だが、レムは知性増大の社会的影響の考察がないと批判する！　レムのＳＦ論は、こうしたピント外れな議論だらけで一般性のかけらもない。偏狭さからくる論理的厳密性は、作品構造の分析などには威力を発揮している。だが一方で、ナボコフ『ロリータ』を、ロリコン性愛文化小説としてのみ論じた一文の奇怪さなどはちょっと比類がない。

だが……当のレム自身の小説は、まさにかれが推奨する「理想の」SFになりおおせている。その偏狭な、というかストイックなSF観は、レムが数々の傑作を生み出す基盤になっているのだ。確かにそこには、見落とされてきた可能性がある。だがそのレムは、普通の小説から、架空の小説の序文や書評といった妙な形式に移行し、八〇年代末には小説の断筆宣言までしている。これまた何事かを物語るものではある。

SFの真の可能性とは何なのか、そしてレムの小説の核心はどこにあるのか。収録された三〇年も前の論文群がつきつける問題は、今なお力を失っていない。さらに本書には、レムの回顧録『高い城』が収録されている。これまたレム好きにはたまらない一編となっている。

(原題、Wysoki zamek/Rozprawy i eseje)

評・山形浩生(評論家)

Stanisław Lem 21年ポーランド生まれ。SF作家、評論家。

二〇〇五年二月一三日⑦

『戦後日本の社会学 一つの同時代学史』

社会

富永健一 著

東京大学出版会・六五一〇円
ISBN9784130501583

戦後の日本において、社会学という学問はどのような変遷を遂げてきたのか。その紆余曲折(うよきょくせつ)と学界内外の事情、現在に至る研究の到達点を示す。本書は、自らこの学問世界とその時代を生きてきた社会学者による「同時代学史」である。

本書がユニークなのは、そのスタイルにある。著者は、学史をたどるに値すると判断した数多(あまた)の研究書を取り上げ、一つ一つの内容を紹介するとともに、評価し、批判を込めたコメントを付けていく。目指されるのは、リベラル派を自認する富永社会学のレンズを透過し、位置づけられた諸研究の織りなす学史である。そこには、高度成長期を経た農村や都市の変貌(へんぼう)、産業化と企業社会の変化、マルクス主義の影響等々、戦後日本社会の陰影が滲(にじ)む。

社会学がこだわる「社会」とは何だったのか。社会学「理論」はどこに向かうのか。この泰斗の目を通して、日本の社会学(限界も可能性も含め)を俯瞰(ふかん)できる一冊である。

評・苅谷剛彦(東京大学教授)

二〇〇五年二月一三日⑧

『陳真 戦争と平和の旅路』

ノンフィクション・評伝

野田正彰 著

岩波書店・一八九〇円
ISBN9784000238281

神人相和する楽の音を磬(けい)と言うそうな。本書の主人公陳真さんは美しい磬の持ち主で、北京放送やNHK中国語講座の講師を長くつとめた女性である。

しかし時代と体制が彼女の上にふるったムチは苛酷(かこく)非情を極めた。台湾出身で進歩的であると同時に家父長の暴力もふるう言語学者の娘として一九三二年東京に生まれ、中国人は劣等とさげすまれ、日本敗戦の後、台湾へ移るが、そこでは国民党からの迫害にあい一家離散。香港を経て新中国発足の直前ようやく北京へ。十七歳から北京放送局で働く。建国の日、天安門前で涙そうそう。しかし予期せぬ飢餓、文革の嵐、さらに病に襲われる。

著者が陳真さんと出あうのは八二年、海苔(のり)巻きで歓待された。精神医学を専門とする著者はムチの下の半生を聞きとる過程で光を見る。「自分の体験を悲しむことは少なく相手の悲哀を悲しんでいる」精神のやわらかな日射(ひざ)し。その日射しは読者の心に虹を放つ。

評・増田れい子(エッセイスト)

二〇〇五年二月一三日⑨ 経済

『脱フリーター社会 【大人たちにできること】』

橘木俊詔 著

東洋経済新報社・一五七五円
ISBN9784492222560

「15歳から34歳の若者のうち、パート・アルバイトおよび働く意志のある無職の人（学生・主婦は除く）」であるフリーターは、厚生労働省によれば209万人、予備軍も入れると400万人を超える。正社員ではないため未熟練のまま放置され、年収も多くは時給が最低賃金を割る低賃金ゆえに100万円に満たず、結婚もままならぬ状況にある。

フリーターには、現代日本が直面する難問が凝縮しているかのようだ。不況下で新規雇用を減らす形で雇用調整を行う企業の酷薄さや、やりがいある職を求め短期間で離職してしまう若者の身勝手さが産み落としたかに思えるからだ。

だがこうした見方には偏見が含まれているらしい。労働と家計の経済学の泰斗がゼミ学生の意見を配しつつ分析・提言する本書によれば、その多くは正社員になろうとする意欲を持ち、しかし高齢者と働き口をめぐり競合しているという。フリーターをめぐる問題の本質に迫る快著である。

評・松原隆一郎（東京大学教授）

二〇〇五年二月一三日⑩ 社会

『スト決行 プロ野球が消えた2日間』

朝日新聞スポーツ部 著

朝日新聞社・一二六〇円
ISBN9784022579782

昨年6月、突然オリックス・近鉄両球団の合併が発表された。しかも1リーグ制への「仕組まれた」シナリオの始まりであることがわかり、ぼくら長年のパ・リーグファンには一大衝撃となった。

やがて「たかが選手が」発言が飛び出し、これは自らの権力の源泉であるメディアの利益しか眼中になく、暴言や圧力を重ねてプロ野球支配を強めてきた者の手によることが次第に構図として見えてくる。

だが、その総仕上げの直前にファンと選手が立ち上がり、この「公共文化財」を奪還することにひとまず成功した。

その「長く熱かった」夏から秋にかけての日々を、時々刻々に再現したのがこの本だ。歪（ゆが）んだ筋書きの暗部に切り込んでいく報道は実にスリリング。

単なる一スポーツの出来事ではない。読んで振り返るほどに、民主主義は我々自身が守らなければならないという原則を改めて認識する人も多いことだろう。

評・宮田親平（科学ライター）

二〇〇五年二月二〇日❶ 教育／人文

『やりなおし教養講座』

村上陽一郎 著

NTT出版・一六八〇円
ISBN9784757140851

「みっともない」からやめるのです

以前、高校生だった息子に「おやじの時代は壁があってよかったね」と、皮肉まじりに言われたことがある。同じころ、わたしと同世代の教師に、ひとりの女子高校生が、「男らしさや女らしさ、家族、国家……と、自明のことと思われているものがじつは制度にすぎないんだと、次から次へとあたりまえのことを壊していくのはいいけれど、じゃあ、壊したあとどうしたらいいかも教えてください」とくってかかった、という話も聞いた。

その壁はあくまで外の壁だったこと、内になにかたしかな物差しがあったわけでもないことを、この本を読んで確認せざるをえなかった。

「教養」の崩壊、これまで何度も耳にしたことを、この本も強く憂えている。そしてほぼ同時に、わが文部科学大臣がいわゆる学力低下に危機感をつのらせ、「ゆとり教育」の見直し、つまりは知育の強化という方針を打ちだした。

村上陽一郎がここで訴えているのはしかし、知育の復活ではない。むしろ正反対のものだ。

かつてわたしたちの「科学史」の読み方を一新させてくれた村上は、ここで「教養」の意味を問いなおしている。「自分の中にきちんとした規矩（きく）を持っていて、そこからはみ出したことはしないぞという生き方のできる人こそが、最も原理的な意味で教養のある人と言えるのではないか」、と。「みっともない」から、「自分に恥ずかしい」からやめておきましょうという感覚、それを支えるのが「教養」だというのだ。

欧米の教養教育（リベラル・アーツ）の歴史、それに倣った旧制高校の「教養主義」を事細かにたどりながら、欧米の教養教育が「知的エリートの基礎訓練」としてなされてきたことをあきらかにする。医師や弁護士といった高度専門職業人になる前にまずは「良きエリート市民」としての資格を身につけるための教育である。

「教養主義」には知識を競いあうようなところがあるが、「教養」は知識ではなく、ひとつの節度のことだという。「これをやるならやらないほうがまし」という感覚である。自分を超えたもの、自分より優（まさ）ったものを見とどけ、それに従うという態度である。かつてオルテガは、それが見えず、専門性という名の視野の狭さに自足する科学者こそ、エリートどころかむしろ「大衆」の典型だと言い放ったが、おなじように村上は、「誰かが見ているという意識を根拠にして、だからやらないんだという振舞（ふるま）い方は、私はちゃんと残しておいていい人間の姿だと思うんですよね」という。そのためには、「可能な選択肢をできるだけ多く体験すること」、つまり自分が依拠しようとする枠組みを選択し、十分に練るだけの時間が要るという。

ヒューマニティの語源であるラテン語「フムス」には、腐植土という意味がある。その意味するところに、村上の「教養」は深くこだわる。

評・鷲田清一（大阪大学教授）

むらかみ・よういちろう　国際基督教大教養学部教授。著書に『近代科学を超えて』ほか。

二〇〇五年二月二〇日❷

『「喪」を生きぬく』

石村博子 著

河出書房新社・一六八〇円
ISBN9784309016979

ノンフィクション・評伝

死別の悲しみに向き合う姿にいやされ

父が病没してもう六年になるというのに、私はまだ悔やんでいる。ほかに救う手立てがあったのではないか。多忙にかまけて、ゆっくりと話をする機会もなかった。これではまさに「さればとて墓に布団も着せられず」ではないか、と。

親の死でさえこうなのだから、わが子に先立たれた方の悲しみはいかばかりか。本書は、十八歳のお嬢さんを交通事故で失ったお母さんの回想から始まる。事故以来十六年の歳月が流れたけれど、何年たとうが何をしようが、胸にあいた空洞は埋まらないという。娘の死によって、自分が不幸になったとも、逆に様々な人との出会いに恵まれて「人生が豊かになった」とも言いたくないという言葉が、ひとしお胸に響く。

本書で、たとえば三十代の妻をがんに奪われた夫は、「後を追うことを思わない日はなかった」と振り返り、他方、夫を亡くした妻は、「この苦しみにはきっと何かの意味がある」と自分に言い聞かせて日々を耐え忍ぶ。また、幼子を遺（のこ）して逝く娘を看取（みと）った母は、「私はもう終わりだ」、そう感じたと述懐している。

　愛する家族に死なれた人の聞き書きを、二十話も読まされるのは辛（つら）いと思われようが、読み進むにつれ、不思議なことに、当初感じた痛ましさは薄れてゆき、かえって、死者との対話を心の中で続けながら生き抜こうとする彼らに、深い慰藉（いしゃ）を与えられている自分に気づく。

　ただ、ノンフィクション作品としては、瑕瑾（かきん）があると言わざるをえない。ほとんどが遺族一人だけの証言で、複数の視点に欠けている。さるベテランのノンフィクション作家など、「あらゆる告白は結局、自慢話である」と苛烈（かれつ）に言い切ったものだが、そうした取材相手との距離感は全体に乏しい。

　だが、そのような尺度では測れないノンフィクションも、たしかにある。〈愛する人の死がもたらした苦しみや悲しみを乗り越えることはできないし、乗り越える必要もない〉。この共通のメッセージを引き出せただけで、著者の仕事は成就しているとも言えよう。本書に力づけられる読者は多いにちがいない。

評・野村進（ジャーナリスト・拓殖大学教授）

いしむら・ひろこ　51年生まれ。ノンフィクション作家。著書に『ハルビン新宿物語』。

二〇〇五年二月二〇日③

『ナボコフ＝ウィルソン往復書簡集　1940―1971』

V・ナボコフ、E・ウィルソン 著
S・カーリンスキー 編　中村紘一、若島正 訳

文芸

作品社・五〇四〇円
ISBN9784878934858

これはまさに相聞歌　恋文の集である

　一人はエドマンド・ウィルソン。二十世紀のアメリカを（いや、世界を）代表する文芸批評家。もう一人はウラジーミル・ナボコフ。ロシアに生まれ、アメリカに渡った亡命作家。こちらも、二十世を代表する偉大（で偏屈）な作家と称される。この二人の間で、およそ三十年にわたって交わされた書簡を集めた。

　最初のうち（というか、ほぼずっと）、ナボコフはウィルソンにこう書き続ける。「とても君に会いたい」「とにかく、バニー、すぐに会えることを願っている。どうかもっと手紙を書いてほしい」「君にぜひ会いたくてたまらない」

　この頃、アメリカでは無名の亡命作家にすぎないナボコフには、庇護（ひご）の手を差し出すウィルソンへの甘えの気持ちもあったのか。もちろん、ウィルソンもまた、ナボコフの途方もない才能に惚（ほ）れ込み、孤独な作家のためにあらゆる便宜を図ったのだ。批評家として、作家として、お互いの力量を認め合う二人。にもかかわらず、こと文学や政治となると、一転して、激しいバトルの応酬になる。

　「このロシア語の詩法という問題を論じ尽くしておこうと思うが、それというのも君はまるで間違っているからだ（ナ）」「いくつかの関連事項では、君は道を踏み外して愚かにも片意地になっている（ウ）」「私や『ロシア人自由主義者』のことを君はほとんど何もわかっていないことになる（ナ）」「（『ロリータ』について）これはこれまで読んだ君のどの作品よりも気にいらない（ウ）」

　このような激情が、時には二人を遠ざけ、けれど和解し、やがて、応酬は減り、一年に一度ほどの静謐（せいひつ）なやりとりへと変化していく。求め、理解することを要求し、時には難癖をつけ、それでも会いたいと言いつづける。これは、恋人に対する態度ではないだろうか。

　そう思えた時、我々は、まるでナボコフ自身の自伝的名篇（めいへん）『記憶よ、語れ』の中に埋め込まれるべき遠い昔のラヴレターを読んでいるような錯覚に陥る。だが、それは当然ではないか。作家は批評家という恋人を、批評家は作家という恋人を、いつも探し求めているのだ。

（原題、Dear Bunny, Dear Volodya: The Nabokov-Wilson Letters, 1940-1971）

評・高橋源一郎（作家）

Vladimir Nabokov　小説家。
Edmund Wilson　文芸批評家。

二〇〇五年二月二〇日④

『もう牛を食べても安心か』

福岡伸一 著
文春新書・七五六円
ISBN9784166604166
科学・生物／新書

新たな病から考える生きることの本質

国内初の変異型ヤコブ病患者が確認された。狂牛病（BSE）に由来する病だ。他方、アメリカ産牛肉の輸入再開に向けた動きが活発化している。

そこに一石を投じる、実に時宜を得た出版だ。各国の狂牛病対策を批判する著者の筆致には、気鋭の分子生物学者には相応（ふさわ）しからぬほど、熱気が漲（みなぎ）る。

だがあえて記すが、本書の真価は狂牛病問題という時務に関（かか）わる部分にはない。時事関連本として早晩片付けられるとすれば、知の宝の持ち腐れだ。

私達（たち）の心身観、生命認識に、コペルニクス的転回を迫る内容なのである。

例えば、読後「食べる」という行為のイメージが一変する。私達は、食事をエンジンに注ぎ込まれるガソリンのように見立てている。だが「食べる」ことは、分子以下のレヴェルでは、自らの体を少しずつ入れ換える行為に他ならない。

摂取されたタンパク質などは、消化作用で瞬時に分子レヴェル、さらにそれ以下に分解され、生体を構成する分子や原子と置き換えられる。「私たちの身体は数日間のうちに入れ換わっており、『実体』と呼べるものは何もない。そこにあるのは流れだけなのである」

この代謝メカニズムは、謎の死を遂げた生化学者、シェーンハイマーによって発見され、生体の「動的平衡」と名づけられた。循環する「流れ」の生化学だ。

第五章では何と「心」が主題となっている。体が流れなら、私の同一性を担保しているのは、心、それも記憶であるはずだ。では記憶は不変か。結論をいえば、それもまた「動的平衡」状態にある。つまり身も心も、一時も留（とど）まることのない流動そのものなのである。

著者はシェーンハイマーの分子論的身体像を一歩進め、情報論的身体像に読み替えていく。その視位からの臓器移植や遺伝子組み換えに対する批判は、生命倫理論争に新たな論点を付け加えている。

狂牛病の病原体もまた、この循環メカニズムに乗じて体内に侵入し、伝染した。生命の根幹の脆弱（ぜいじゃく）性を突く恐るべき病だ。しかも未解明の点が多い。だからこそ牛の全頭検査は継続されるべきなのだ。

評・宮崎哲弥（評論家）

ふくおか・しんいち　59年生まれ。青山学院大教授。分子生物学。訳書に『虹の解体』ほか。

二〇〇五年二月二〇日⑤

『観覧車物語　１１０年の歴史をめぐる』

福井優子 著
平凡社・二九四〇円
ISBN9784582832518
アート・ファッション・芸能／社会

空中散策を楽しむ大輪に魅せられて

10年前には観覧車と飛行塔の区別もつかないほど「遊園地オンチ」だった著者は、あれよあれよという間に、『観覧車通信』の極東特派員、ついで東京支局長へと出世した。

とはいえ、支局長のほかには、大学教授を定年退職した編集長がアメリカにひとりいるばかり。11年前から、世界中の観覧車に関する情報を集めた無料のニュースレターを、せっせと発行してきた。発行部数は公称１００部。

その創刊間もないころに、ふとしたきっかけで編集長と知り合った著者は、これまたせっせと、日本の観覧車に関する情報を提供してきた。その功績を多とした編集長は、「日本における観覧車の歴史を調べてみないか」と持ちかける。

これまでに遊園地の研究はあっても、観覧車だけの研究はなかった。自ら未踏の地への探索を決意した著者は、絵はがきや新聞記事や特許記録を博捜し、明治40年の東京勧業博覧会の観覧車が日本初、という通説をたちまちひっくり返してしまう。その前年に、最初の観覧車が大阪戦捷紀念博覧会に登場したことを突き止めたからだ。当時の新聞は、「あるいは高く天に登らんとし、或いは降って地に潜まんとするの快を欲しいままにする」と、空前の楽しさを讃（たた）える。

さらに、最初の国産観覧車が昭和12年の名古屋に出現したことをほぼ明らかにした。それから約七十年、戦後の遊園地ブームを経て、今日の日本は世界最大級の観覧車を何台も有する「観覧車大国」になったという。それを支えた製造業者らへのインタビューが貴重だ。

こうして、明治・大正・昭和・平成の観覧車の歩みが、世界の観覧車の歴史の中にあざやかに描き出された。

評者は、昭和40年ごろ、横浜ドリームランドで、生まれて初めて観覧車に乗った。回転につれて大きく移動するキャビンが怖かった。それは1920年代のニューヨークにあった「ワンダーホイール」をそっくりに真似（まね）たものだという。

本書を手にする誰もが、こんなふうに、観覧車との最初の出会いを懐かしく思い出すに違いない。満載の写真が楽しい。

評・木下直之（東京大学教授）

ふくい・ゆうこ　74年から共同通信社勤務。94年から観覧車研究をプライベートに続ける。

『血と油』

マイケル・T・クレア著　柴田裕之訳

日本放送出版協会・二三〇五円
ISBN9784140810118

米国外交と石油の構造的つながり解明

ブッシュ政権が石油を狙ってイラク戦争を行ったというのは単純すぎる議論だが、アメリカの中東政策にとって石油が大きな意味をもっていることは間違いない。

本書は、アメリカの安全保障政策の専門家がアメリカの対外政策と石油との構造的なつながりを解明した著作である。二〇世紀の前半、アメリカは自国の豊富な石油供給に基づいてアメリカ的生活様式を作りあげた。しかし一九七二年を頂点に石油の国内生産は減少に転じる一方で、その消費量は伸び続け、アメリカは石油に関して対外依存を高めることになった。問題は産油国の多くが不安定で、自由や民主主義といった価値観をアメリカと共有しない政権に支配されていることである。その典型が中東湾岸地域だが、その他の産油地域であるカスピ海周辺、中南米、アフリカも同様の問題を抱えている。

カーター政権の頃からアメリカは湾岸地域の地政学的重要性を見直し、この地域でのプレゼンスを質的に高めてきた。ブッシュ政権の対中東政策はその到達点である。かつてはソ連の影響力を排除することが目的だったが、今日では石油輸出への依存を高めるロシア、近代化著しい中国とにらみ合いながら、アメリカはこの地域やその他の産油国への支配力を高めようとしている。

しかし著者は、こうした政策は矛盾をはらんでおり、将来的に破綻（はたん）すると断じる。産油地域でアメリカのプレゼンスを高めることは軍事的、経済的負担を伴うばかりか腐敗した独裁政権を支援することで人々の怒りを買う。いずれにせよ石油資源は枯渇することが避けられないので、単なる先延ばしにしかならない。

代替案として著者が提示するのは、米政権が一日も早くエネルギー、特に交通・運輸原料としての石油依存を低下させる努力を行うことである。豊富なデータと分析に裏づけられた論旨は明快で、説得力に富んでいるが、訳者のあとがきにもあるように、今日のアメリカでこうした提言が受け入れられる見込みは高くないのが残念である。

（原題、BLOOD AND OIL）

評・中西寛（京都大学教授）

Michael T. Klare　米ハンプシャー大教授。

二〇〇五年二月二〇日⑦

『旬の味、だしの味 「つる壽」語りづくし』

柿澤津八百 語り　平松洋子 聞き書き
新潮社・二四一五円
ISBN9784104724017
文芸

古典芸能の名人に似てあくまでも穏やかな語り口。しかし、それを裏で支えるのはあまたの試行錯誤を経た体験の重みである。最後の頁(ページ)近く柿澤さんの父君が人間国宝清元志寿太夫だと知り、得心が入った。

柿澤さんの店「つる壽(じゅ)」では絶対に削りぶしは使わない。鰹(かつお)ぶしをかく時は「足は前後に開き加減。全身を使ってぐっぐっといかないと」。

東京生まれだが大阪で修業したのち、虎ノ門で店を持ちおよそ44年になる。「自分の我を通そうとすると、おそらくだめだ。自然に寄り添っていくのが、日本料理の本質」と云(い)い切る。

グラビアで見る二段の折詰(おりづ)め弁当のなんと色鮮やかなこと。思わずお腹(なか)がきゅうっと鳴ってしまう。このお弁当の品数は15だそうだが本のほうにはもっと沢山(たくさん)の秘伝が詰まっている。夏場の味は11、12月の8割方におさえるとか。

聞き書きの腕も冴(さ)えたもので、時には包丁片手の語り手の姿をホウフツとさせる。

評・安倍寧(評論家)

二〇〇五年二月二〇日⑧

『時効なし。』

若松孝二 著　小出忍、掛川正幸 編
ワイズ出版・一八九〇円
ISBN9784898301814
アート・ファッション・芸能／ノンフィクション・評伝

映画監督・若松孝二の語りには確信犯の力強さがある。自分の信じることしか口にしない人間の美しさがあふれている。

この自伝は、盟友・足立正生の刑が確定した後に語りおろされたため、日本赤軍やパレスチナゲリラの内幕にも大胆に触れており、現代史の証言としてもたいへん貴重だ。実際、若松は本書で、一日違いでイスラエル軍に殺されそこなった体験を告白している。

だが、大島渚(若松は『愛のコリーダ』の製作者だ)が喝破したように、若松が撮ってきた映画の血と暴力は、彼の繊細すぎる含羞(がんしゅう)を覆うための装いであり、本書に折々触れられる大島や赤塚不二夫や深作欣二らとの交友のすがたは、羨(うらや)ましいほど人間的で、温かい。

長編劇映画監督九十五本は現役日本人としておそらく最多であり、自ら映画館を所有する監督も世界に稀(まれ)だろう。そんな桁(けた)外れな人間のスケールの大きさが、本書を豪快にして濃(こま)やかな冒険物語に仕上げている。

評・中条省平(学習院大学教授)

二〇〇五年二月二〇日⑨

『武器なき祈り』

板垣真理子 著
三五館・一六八〇円
ISBN9784883203116
アート・ファッション・芸能／ノンフィクション・評伝

70年代からアフロビートという新スタイルの音楽を世界中に普及させたナイジェリアの歌手、サックス奏者フェラ・クティ(97年没)は、権力者の不正を暴く活動家でもあった。何度もアフリカへ出かけて取材した、写真家でエッセイストの筆者は、夢にまで登場したというフェラ自身の、歯に衣(きぬ)を着せぬ話も交え、波乱に満ちた活動を描く。

60年代後半に渡米、マルコムXなどの黒人運動に触発されたフェラは、帰国後、軍事政権下で度々ひどい仕打ちを受けたが、作品を放ち続けた。

植民地政策がアフリカに及ぼした悪影響、ヨルバの人々が信ずる神々、一夫多妻制など、フェラを立体的にとらえるための社会的背景も詳しく、分かりやすい。

晩年のフェラは「闘い」から「祈り」へと重点を移していたという。庶民にピンとくる日常的な比喩(ひゆ)の多い歌詞を引用したこの本を読んでいると、最近再発されたCDを聴きたくなる。

評・ピーター・バラカン(ブロードキャスター)

二〇〇五年二月二〇日⑩

『アメリカでいちばん美しい人』

亀井俊介 著
岩波書店・二七三〇円
ISBN9784000220255
アート・ファッション・芸能

マリリン・モンローがわずか36歳で亡くなってから、すでに42年がたつ。生前は「セックス・シンボル」といわれアメリカ社会の犠牲者とみなされたが、その後、評価は高まり続け、今では20世紀の「女神」とたたえられている。

彼女が登場したころは性の解放を求める風潮があり、これに乗った。彼女を押し上げた時代の力は否定できない。しかし注目すべきは死後の〝活躍〟で、絵画や文学など文化のあらゆる分野で新しいファンを獲得している。それは彼女が肉体の美しさに合わせて精神の美を持っていたから、と著者は言う。当初はモンローを女性の恥辱と嫌ったフェミニズムにおいても、やがて彼女の真価を発見し仲間に取り込んでいく過程が興味深い。彼女は、アメリカ文化の変遷を映す鏡の役目も果たしているのだ。

この殺伐たる世界では、「人間」の美の化身としてさらに輝きを増していくだろう、と結ぶ著者に同感だ。

評・多賀幹子（フリージャーナリスト）

二〇〇五年二月二七日①

『戦争の考古学』

佐原真 著　金関恕、春成秀爾 編
岩波書店・二九四〇円
ISBN9784000271141
歴史／ノンフィクション・評伝

「自由な精神」弾む佐原ワールド

著者には亡くなるまでの十二年ほど、かなり親しくお付き合いいただいた。十人ばかりが集まって、年に何回か飲み、食べ、しゃべり、歌って楽しむ。彼は飲めなかったが明朗闊達（かったつ）に飲んべえの輪に加わり、歌の時間になると高い澄んだ声で原語の「菩提樹（ぼだいじゅ）」を披露した。

いつだったか「ねえ、ねえ、知ってた？」と彼が言った。なんであれ自分の興味を引く新たな事実が生じると、目を輝かせて仲間に報告するのである。その夜の新発見は文部省唱歌「村の鍛冶屋（かじや）」の歌詞だった。

「あの三番はね（と、ここから小声で歌ってみせて）〽刀はうたねど大鎌（おおがま）小鎌　馬鍬（まぐわ）に作鍬（さくぐわ）　鋤（すき）よ鉈（なた）よ　平和のうち物　休まずうちて　日毎（ひごと）に戦う　懶惰（らんだ）の敵と……って続くんです。いいでしょ、平和のうち物ってところ。刀はうたねど、なんだよ」

数々の論文、一般読者向けの文章、講演などを収めた本書には、右のごとき佐原真の面目が存分に盛られている。箇条（かじょう）書きにすれば、

1、興味津々、話題豊富。
2、それを分かりやすく、ウイットに富んだ文章に仕立てる。
3、発想は自由奔放に見えて、実は厳密。ひそかに「実証主義者」と称した。
4、平和を願う強い心、である。

初め、戦争はなかった。人間は、農耕や定住がもたらす富や不動産によって後天的に戦争を始めた。ゆえに戦争は人間の意志一つで廃絶しうる。――一九九〇年代の初めごろから彼は、広く普通の人びとに向かってこのことを書き、語りはじめた。本書で博引旁証（はくいんぼうしょう）、繰り返し説かれるのもこのことだ。

二十世紀は戦争の世紀と呼ばれた。けれどもこの様子では次の世紀もまた戦争の世紀になりかねない。そうした時代の空気を感じとったのだ。それに、若い学徒の時代以来「戦争」は彼の研究テーマの大きな一つでもあった。

考古学は、過去を研究する学問だ。しかし佐原真は猿人・原人の時代と現代人の間を自在に行き来した。過去を学んで現代を知り、それを基礎に未来を見通そうと試みた。

本書冒頭の「ヒトはいつ戦い始めたか」と題した文章で彼は、四百五十万年の人類の歴史のうち戦いの歴史は最近の八千年に過ぎないと書く。「それは、翻訳すると四・五メート

ルのなかの八ミリである」

こうした主張には、当然というべきか、学問的立場からも強固な反論がある。それらへの公平にして丁寧な反駁（はんばく）も、読みどころの一つ。ページを繰りつつ私は、しばしば「自由な精神」がきっぱりと、そこにあるのを感じた。

近刊の「美術の考古学」も含め、近しい考古学者の手になる解説もとてもいい。奥深く幅広い佐原ワールドの優れた手引きになっている。

評・栗田亘（コラムニスト）

さはら・まこと 1932〜2002年。考古学者。本書は「佐原真の仕事」（全6巻）シリーズの1冊。

二〇〇五年二月二七日②

『楽器と身体 市民社会における女性の音楽活動』

フライア・ホフマン 著 阪井葉子・玉川裕子 訳

春秋社・五二五〇円

ISBN9784393931653 人文／アート・ファッション・芸能

音大ピアノ科に女子学生が多いわけ

一七五〇年から一八五〇年にかけて、オーストリアやドイツの市民階級における女性音楽家の活動とその受け入れ状況を、豊富な資料で検証した本である。

アンネ・ゾフィー・ムター、五島みどり、チョン・キョンファ、庄司紗矢香。世界で活躍する女性ヴァイオリニストの名前はすぐ浮かんでくる。オーケストラでも、多くの女性奏者が活躍している。

でも、当時のドイツ文化圏では、女性がヴァイオリンを弾くことはタブー視されていたそうなのだ。「暴力的で急な動きを要求する」楽器が「女性が守るべき立ち居振舞（ふるまい）」にふさわしくないから。そもそも女性の身体に似せてつくられている弦楽器を女性が弾くのは、同性愛を連想させるということもあったらしい。

かわりに奨励されたのがピアノで、十九世紀前半にコンサートに出演した女性器楽奏者のうち、九割はピアノを弾いていた。といっても、女性は職業をもつべきではないとされていたころだから、彼女たちの多くはアマチュアだった。

後半では、さまざまな社会的規範にもめげず、果敢に職業演奏家を目指した女性たちのエピソードが紹介される。

乗馬でも横座りしなければならなかった時代、一八四五年にデビューしたチェリスト、リザ・クリスティアニは、批評家たちの好奇の目にさらされながらドイツ各地を演奏旅行した。カロリーネ・シュライヒャーも、「口の形がゆがむから」と封印されていたクラリネットに打ち込み、四十年のキャリアを築いた。彼女たちの勇気がジャクリーヌ・デュプレやザビーネ・マイヤーを生んだのだ。

私が思いをはせるのは、日本のピアノ事情である。音大のピアノ科は女子学生で占められているが、プロになる確率は低い。ソリストはそんなにいらないし、ピアノはオーケストラにはないからだ。

息子が音大に行くことは反対する親も娘には許す。就職できなくても結婚すればよい、結婚できなくても家でピアノを教えればよいと考えるからだろう（少子化で、この道も危うくなりつつあるが）。事情は二世紀前のドイツ文化圏とあんまり変わっていないかもしれない。

（原題、Instrument und Körper）

評・青柳いづみこ（ピアニスト・文筆家）

Freia Hoffmann 独オルデンブルク大教授。専攻は音楽学。

二〇〇五年二月二七日④

『肉体と読書』

赤坂真理 著

講談社・一六八〇円
ISBN9784062119689

文芸

全身が感覚器　詩のようにひかる言葉

モードを中心のテーマに据え、服、コスメ、整形、アイドルなど、現代の表層に軽やかに切り込んだコラム集。高級マダム誌の「上流」ファッションが、どこかしらコスプレに見えてしまうわけ、化粧品の主観的なコピー(「ぷるぷる」とか)をめぐる怖い話など、私たちを取り囲む空気のなかに、著者は動物的直感を働かせて立ち止まる。事物の表面に染み出てくる、時代の無意識を幻視する。

だが、私が一層惹(ひ)かれたのは、著者自身にまつわる、一見、素朴に見える話だ。

通っていた矯正歯科医は、硬い鹿の子織りの白衣を着ていた。素手で作業をしていた彼。頭皮に張りつくほどの短髪だった著者。治療中に、互いの皮膚が触れ合う瞬間があったのだろう、「指に刻まれている指紋の奥行きと、鹿の子織りの重層パターンが、重なって感じられた」。その時の感覚を元に、小説『ミューズ』を書く。「物語を幻視させる服というのがあると知った」とある。

全身が感覚器。このように、著者の末端の神経は、時に異常なほど敏感に増幅して、外界の事象を受け止める。一瞬にあわ立った皮膚の記憶を、他人のもののようにつまみだし濃縮する。脳はそれを還元して、文章をつむぎだす。

「クロックワーク」は知らない町で入った鍼灸(しんきゅう)院の話。盲目の鍼灸師がいる空間。そこで「ものたちは、意味のように並んでいた。あるいは、同じかたちでも置かれた位置で意味が異なる、数字のように」。時計の針がくっきりと時を刻む。「体表を指で触れられるとその場所に脈がやってくる。脈はいたるところで打っている。私の中の血とパルスの連携。私はひとつの時計になる」

著者はかつて、ボンデージ(体を縛る)雑誌の編集をしており、そこで自分自身が作られたと書いている。縛られた着衣の女たちを見て、痛みと痺(しび)れを感じ、それが解かれたときの、末梢(まっしょう)にまで血が通う有り様を想像したと。そこにこの人の原点があるようだ。

読者の皮膚にぴたっと張り付く、薄い黒革のような文の質感。切り詰められた言葉が、詩のようにひかる。

評・小池昌代(詩人)

あかさか・まり　64年生まれ。作家。著書に『ヴァイブレータ』『ヴァニーユ』など。

二〇〇五年二月二七日⑤

『倫理としてのナショナリズム　グローバリズムの虚無を超えて』

佐伯啓思 著

ＮＴＴ出版・二一〇〇円
ISBN9784757140912／9784122062092(中公文庫)

経済／人文

新たな経済状況に即し公共心の再興を

経済のグローバル化が進み、日本のメーカーが中国に工場を移転させるといった現象はありふれたものとなった。情報技術（ＩＴ）を用いた株取引によってライブドアがフジ・ニッポン放送という既存メディアを脅かしている。何百億円を数年で儲(もう)ける青年実業家と最低賃金ももらえないフリーターという具合に、所得格差も拡大している。こうした時代には、政策はどんなものになるべきか。

ここ十年来、二つの基本方針が挙げられてきた。国家主導のケインズ主義や福祉主義が赤字財政を招いたということで、小泉政権はグローバル化に対応すべく、リバタリアニズム(自由至上主義)を「構造改革」の名で導入した。これに反対する側も、国家には頼れないことから、ＮＰＯや地域経済、セーフティーネットに期待をかける「第三の道」型のリベラリズムを模索してきた。それに対しナショナリズムや倫理を持ち出すのは、いかにもアナクロに見えるだろう。

だが著者の思索は、見かけの何歩も先を踏破するものだ。リバタリアニズムといいリベラリズムといい、ともに高度成長期を経て形成された「中間層」やそこに内包される公共心を前提しており、グローバル化・IT化の下でそれらが融解したのだから、無効となったというのだ。なるほど高給を得ながら外国で税を払い、放送網を取得しようとしながら利用目的を説明しない現代のエリートたちは、公共心を失っている。

　多くの著作の集大成として打ち出す結論は、グローバル市場と地域経済を媒介させるような公共心を国家レベルで再興させることである。それが経済の新たな現実に即した「市民的（シビック）ナショナリズム」であり、旧時代の排他的・均質的な国家主義とは異なる。

　ただし本書には、ITといえば没意味的で不道徳なコミュニケーションしかもたらさないという見方が色濃いようだ。それは半面の事実ではあるが、新しい市民倫理の醸成にはパーソナルメディアがかかわらざるをえないだろう。マスコミは市民相互の「承認」や「称賛」に向かなくなっているからだ。

評・松原隆一郎（東京大学教授）

さえき・けいし　49年生まれ。京都大学大学院教授。著書に『隠された思考』など。

二〇〇五年二月二十七日⑦

『おばさんの茂吉論』

宮原望子 著

柊書房・二三〇〇円
ISBN9784899751038　文芸

　近現代を通して、歌人をひとり挙げろといえば、ほとんどが斎藤茂吉というだろう。たくさんある茂吉論のなかに、またユニークな一冊が加わった。茂吉の作品・生涯を、日記や、手紙などを通し、日常のレベルから詮索（せんさく）・憶測した本書は、「おばさん」的目線の低さが独特だ。

　性格的に不一致が多いことは確かだが、昭和八年一月には、夫人と三回も映画を見、外食する。時に日記に「輝子Menstruation」と記す茂吉。妻の生理日をメモすることなどを考えると、仲は意外によかったのではないかと推理する。

　「六十（ろくじふ）になりつつおもふ暁（あかつき）の水（みづ）のごとくに豈（あに）きよからめ」と詠んだある月、入浴が八回、鰻（うなぎ）を十四日も食べているのに驚き、「三日とおかず鰻を貪（むさぼ）って濃い体臭や垢（あか）を排出しながら、それでもなお茂吉は、水の如（ごと）く無味無臭、無欲恬淡（てんたん）の老境を理想としていたのだろうか」と問いかける。

　軽妙な文章についつい引き込まれてしまうエッセーだった。

評・小高賢（歌人）

二〇〇五年二月二十七日⑧

『曠吉の恋　昭和人情馬鹿物語』

久世光彦 著

角川書店・一六八〇円
ISBN9784048735711／9784043883011（角川文庫）　文芸

　昭和八年、川端曠吉は十五歳だった。東京巣鴨の水道屋の次男坊は、当時の人気作家、川口松太郎に憧（あこが）れて小説家になることを決意するが、翳（かげ）のある女たちに魅せられて、小説どころではなくなっていく……。

　川口松太郎の『人情馬鹿物語』に捧（ささ）げられた人情小説の白眉（はくび）。川口は大正の下町と人情を描いたが、久世は昭和初期の下町生活の哀歓を、豊かな季節感とともに巧みに掬（すく）いあげていく。

　ここには曠吉の恋が五つ描かれてあるが、いずれにも、男女のかけがえのない独特の生と性の息づかいがあり、読者は、その艶（つや）めく美しい交情とあふれる思いに心をふるわせてしまうだろう。随所で披露される（いまやほとんど忘れ去られつつある）都々逸も、小粋でユーモラスで精確、しかも一刷（は）けの叙情を残していて何とも忘れがたい。

　まことに温かくて、優しくて、切なくて、それでいて涙を絞りきったあとのような清々（すがすが）しさが滲（にじ）む。注目すべき連作のはじまりだ。

評・池上冬樹（文芸評論家）

二〇〇五年二月二七日❾

『兵士であること　動員と従軍の精神史』

鹿野政直 著

朝日新聞社・一三六五円

ISBN9784022598684

歴史

赤紙一枚で殺す者、殺される者として戦場へ送りこまれた兵士たち。その内側の心の風景とは……。

歴史家の著者は繊細な感覚に支えられ、周到な洞察力を駆使してこのテーマに分け入る。

一兵卒として中国山西省に赴き、白兵戦を交え「ひきよせて寄り添ふごとく刺ししかば声も立てなくくづをれて伏す」（歌集『山西省』）の絶唱をのこした歌人宮柊二を手がかりに、また同じく一兵卒として中国を転戦、戦後、連作「初年兵哀歌」（銅版画）で世に衝撃を与えた浜田知明を通して、さらに岩手県旧藤根村出身の農民兵が恩師や家族にあてて書いた手紙（一番の楽しみは討伐としたものもある）を素材に、著者は〝兵士であること〟の恐怖の実相をつかみ出す。ヒトが殺す歯車というモノ化すること、殺されて腐肉というモノ化すること、と。

徴兵におびえつつ十五歳直前に敗戦を迎えた著者の呻（うめ）きが紙背からひびく切実かつ明晰（めいせき）な兵士論である。

評・増田れい子（エッセイスト）

二〇〇五年二月二七日❿

『ブランド中毒にされる子どもたち』

アリッサ・クォート 著　古草秀子 訳

光文社・一七八五円

ISBN9784334961763

アート・ファッション・芸能

コンビニに並んだ化粧品を見てもわかるように、今や中学生さえもブランド好きの時代だが、ブランド志向が低年齢化した先進国アメリカの現況報告。

ナイキのスニーカーからダナ・キャランの服まで、ティーンをターゲットにした企業の戦略もさることながら、そのティーンの実態がすごい。なかでもこわいのが「肉体のブランド化」。豊胸手術をトップに、整形手術をうけた一八歳未満の少女の数は二〇〇〇年から一年間で二割以上も増えたという。「プチ整形」が定着しそうな日本の行く末が気になってくる。

さらに上をゆくのが「自己のブランド化」。性犯罪の犠牲になった体験を綴（つづ）ったり、日々の生活風景を小説化したりして出版する「自伝小説」が盛んだという。幼い頃から有名ブランドに囲まれて育った世代にとって、いまや「有名人」こそ手にしたい究極のブランドなのだ——二一世紀版アメリカンドリームが日本に警鐘をならす。

評・山田登世子（仏文学者）

二〇〇五年三月六日❶

『環境考古学への招待　発掘からわかる食・トイレ・戦争』

松井章 著

岩波新書・七七七円

ISBN9784004309307

歴史／社会／新書

チリアクタに取り組み「昔」を明かす

環境考古学が、昔の人の日々の暮らしを復元する上で、めざましい成果をあげている。英国創始の、昔の人々の生活をとりまく環境を、動物学、植物学などの自然科学を援用し、考古学の手法で知ろうという学問だ。

遺跡周辺の古環境を復元し、変遷を追うと同時に、人々がどのように環境に適応し、利用して現在に至ったかを明らかにする。

本書は動物考古学で一躍名を馳（は）せた松井章氏による、環境考古学への道案内の書である。

考古学がまず好事家の学問として始まったという事情もあって、華麗な土器や豪華な副葬品ばかりに目を奪われがちであった。だが好事家の目をひかないような自然遺物＝骨や木片、種子や花粉などチリアクタの類（たぐい）からこそ、当時の生活にかかわる情報を読みとれるのだ。

一万年も前の多摩川には、鮭（さけ）が遡（さかのぼ）っていたが、鮭の歯ばかりで椎骨（ついこつ）が見つからないのは、頭を落として干物にし、交易に出したからとか。弥生以来犬は食用にされ、肉食が禁じられていた江戸時代には、家老格の家でも人目を忍んで食べていたことが次々に明かされる。

一方、古代から中世の、ゴミ穴等から出土した人骨には犬の咬（か）みあとがあった。成長期に飢餓を体験した形跡があることも多く、生前も死後も過酷だった環境を物語ってくれる。

世界で初めてバイキングの遺跡にトイレ遺構を発見、回虫・鞭虫（べんちゅう）などの卵を見つけた研究者の体験を聞いて発奮、藤原京のトイレ遺構に取り組んだことが、日本初の大量の寄生虫卵発見につながってゆく。トイレの堆積（たいせき）物から取り出した種子や寄生虫卵から、古代人の食卓メニューや罹（かか）っていた病気さえつぶさに分かってしまうのだ。骨の状態から調理法だって推理できる。

戦跡考古学というジャンルの紹介もある。クロアチア内戦はじめ、世界各地の紛争の証拠を生々しく呈示し、戦争犯罪の解明に役立っている。環境考古学は現代の課題にも応えるのだ。

この本では、松井氏が考古学少年だった幼い日の記憶から始めて、大学に進学したものの、石器や土器など人工遺物の編年・分類に終始する旧態然とした考古学に飽きたらず、縄文人の台所ゴミ、貝塚を漁（あさ）って、イノシシや鹿の骨を見つけ、いろんな時代の台所ゴミから歴史が語れるのではと思い至ったのが、今日の松井氏の出発点だったことも明かされる。

動物考古学を志し、アメリカへ渡って猛勉強した修業時代。長じては「あなたが日本の考古学をだめにした！」と、故・佐原真さんに酔って絡み、数日後、その佐原さんから奈良文化財研究所への受験を勧められる。ここを足がかりに、さらに考古学関連の遺跡や考古学者を訪ねて、世界を駆けるのだ。考古学ならずとも、これから世界に飛び出して、新しい研究を志す若い人たちに読んでほしい痛快な本である。

評・武田佐知子（大阪外国語大学教授）

まつい・あきら　52年生まれ。奈良文化財研究所埋蔵文化財センター遺物調査技術研究室長。

二〇〇五年三月六日❷

『シクスティーズの日々　それぞれの定年後』

久田恵 著

朝日新聞社・一二六〇円
ISBN9784022579713／9784022615404（朝日文庫）

医学・福祉／ノンフィクション・評伝

戯れ言では語れぬゴールデンエイジ

60代こそ人生最良の黄金時代だよ。一足先にその時代を過ごした先輩がしきりにいう。英語でも熟年期の人生をゴールデンエイジと呼ぶじゃないかと。

仕事にも家庭にも、それなりの達成感はある。身体はまだまだ動くし、自分の外に見知らぬ世界が山とある。その気になれば、何にでも挑戦できよう。本当の自分探しはこれからだ……。「トバ口をくぐったばかり」の気分が抜けきれぬ評者にも正直、そんな思いがある。

二年余り前の朝日新聞家庭面（現生活面）に一年間にわたって連載され、話題を集めた「仕上げの時　助走の時　シクスティーズの日々」をベースにした本書は、その60代の男女四十四人のさまざまな生き方を「落穂（おちぼ）ひろいのように集め、聞き取った」ルポルタージュである。

「黄金」というよりは「疾風怒濤（しっぷうどとう）」「波瀾万丈（はらんばんじょう）」という言葉の方が似つかわしい話が少なくない。ペーパー離婚をし、同居は続けながら家事の報酬をもらうことにした妻がいれば、老母の介護で単身故郷の山村に戻り、家庭を崩壊させつつ、自身の新たな居場所を見いだした元サラリーマンがいる。一方に息子夫婦との同居にホゾをかみ、他方に離婚して子連れで戻ってきた娘を歓迎する夫婦がある。読む人はそれぞれに自身の境遇と重ね、ホッとしたり、共感を覚えたりするだろう。

安心が保障されず、価値観が混迷するニッポン社会の現実を生きてきた人々の生々しい言葉を紡いだ文章には、随所に金言が見いだせる。「背中をポーンと押してやらないと男はなにもできぬ」「夫婦でいても一人で生きる覚悟を」「自由を味わった戦後世代の老後の幸せは、自力で作り出していかねばならない」「『過去の人生への納得』が、越えるべきハードル」「人生は最後になるまでどう展開するか分からない」等々。

実態のない厚生年金加入の疑惑を追及されて「人生いろいろ、会社もいろいろ」とのたもうたどこやらの首相も同世代のはず。ぜひご一読あれ。人の生きざまは百人百様ですが、夢と現実が交錯する日々の連なりは、戯（ざ）れ言（ごと）まじりで語られるほど軽いものではないのです。

評・佐柄木俊郎（ジャーナリスト）

ひさだ・めぐみ　47年生まれ。ノンフィクション作家。『母のいる場所』など。

二〇〇五年三月六日❸

『斬首の光景』

ジュリア・クリステヴァ 著
星埜守之、塚本昌則 訳
みすず書房・四四一〇円
ISBN9784622070856
人文

おぞましさに秘められた再生への力

首、それも切られた首の描写をめぐる考察である。ブルガリア出身の現代フランスを代表する思想家であるクリステヴァは、かくもおぞましいテーマから、一体何を引き出そうとするのだろうか。

先史時代に脳を抜いて墓に飾られ、また美術品にもなった頭蓋（ずがい）骨。ペルセウスにより切り落とされて血を滴らす蛇の髪を生やしたメドゥーサの頭。ギリシア正教会のイコンとそれを引き継ぐ西欧のウェロニカの聖顔布。ルネサンス期以来画家たちを虜（とりこ）にした女たち（サロメ、デリラ、ユーディット）のために頭を切られる男たち。さらにはギロチンから転がり落ちる首、ウォーホルによるマリリン・モンローの顔の複製や映画の中の斬首……。クリステヴァは、こうした西欧文化に充満する過剰ともいえる斬首のイメージを相手に、精神分析学はもとより、神話学、人類学、美術史、文学、神学の知識を総動員しながら考察を重ねる。ルーヴル美術館での展覧会のカタログということもあろうか、堅固な論理構成はないが、筆の赴くままに、鋭い思索を展開してゆく。

彼女によると、夥（おびただ）しい斬首の光景が繰り返し描き出されるのは、つぎのような理由からだという。すなわち話す存在となり表象能力を獲得するために母から分離した子供は、その喪失感から抑鬱（よくうつ）状態に陥るが、斬首のイメージがそこからの再生を助けるのである。斬首の光景は「去勢」の象徴的代用物にとどまらず、母の胎内からこの世に生まれ落ちた人間が、かならず通らねばならない根源的な喪失の過程、死と女性的なものへの恐怖を表すとともに、その不安にたいする崇高な防御ともなっているからである。見方を変えれば、表象する動物としての人間が思考する心の奥底を視覚化したヴィジョンが、首の光景だというのである。

さて、このいかにもフロイト的な解釈に説得されるかどうかは別として、私は、当初感じたおぞましさの印象が、読後はサッパリ消えていた。政治や経済、科学の歴史とは次元を異にした、イメージの到来とそのさまざまな現れをめぐる深層の歴史があることも教えられた。

（原題、VISIONS CAPITALES）

評・池上俊一（東京大学教授）

Julia Kristeva　41年生まれ。思想家。

二〇〇五年三月六日④

『宗教の教科書　12週』

菅原伸郎 著
トランスビュー・一八九〇円
ISBN9784901510295　人文

疑ったあげく「気づく」ことが核心に

宗教入門である。宗教学入門ではない。といわれても困惑する人が多かろう。ぶっきらぼうに宗教入門などと差し出されても、一体どの宗教に導いてくれるのか、皆目わからない。キリスト教か、イスラム教か、仏教か……。

そうではない。

言い換えれば、これは宗教という営為、宗教的な生き方を、一見優しく説く本だ。

宗教の本質は「祈り」だという人がいる。だが、祈らない宗教もある。祈念を否定するのではない。祈らないことでもっと深い祈りに向かうのである。

宗教の核心は「信」だという人がいる。だが盲信は、本当に宗教的な営みといえるだろうか。自分自身と隙間（すきま）なく密着してしまった信心には、自分を疑い、まさぐり、否（いな）む契機がない。自己否定という、宗教的生にとって大切な要素が欠け落ちているのだ。

著者、菅原伸郎はいう。「宗教とは『気づく』ものなのです。疑って、疑って、そのあげくに、ハッとして、なあんだそういうことか、と了解するものです」

菅原は、朝日新聞の「こころ」欄の編集長を九年間務めた。ジャーナリストとして特定の教団や宗派に偏することなく、宗教の諸相を見つめてきた。

だが、この著作は決して気楽な傍観者の立場で書かれてはいない。道を求める者として心の同行（どうぎょう）を募る、そんな真摯（しんし）さが随所に滲（にじ）み出ている。

カミとか、ホトケとか、ジョウドとか、テンなどと名付けられる「それ」は、実際自分の外にあるもんじゃない。

「そうではなくて、ある日、自分の中に何かムクムクと、大きくなってくる」ものだ。気づきの不意打ち。

その聖なる瞬間は、千の迷執（めいしゅう）、万の絶望を経た後に、なお道を問うことを止（や）めなければ、自（おの）ずと訪れる。菅原はこんな詩を引いている。

「わがこころの／暗やみに　気づいたら／遠くで　小さな星が　ひかります」

先刻、宗教的な営みとは何かを「一見優しく説く本」と評した。けれどしっかり目を凝らしてみれば決して優しくない。生死の理（ことわり）は綺麗（きれい）事では済まないからだ。

評・宮崎哲弥（評論家）

すがわら・のぶお　41年生まれ。元朝日新聞論説委員。著書『宗教をどう教えるか』ほか。

二〇〇五年三月六日⑤

『死体はみんな生きている』

メアリー・ローチ 著　殿村直子 訳
NHK出版・二一〇〇円
ISBN9784140810125　科学・生物／医学・福祉

献体後の死体めぐるクールな報告

本人の意思に基づく献体の目的が医学の解剖実習に限られる日本と異なり、米国では、してほしいことを意思表示できるが、してほしくないことは指定できない。献体後の死体の行方を報告した本書が話題になったのもそのためだろう。

正直なところ、何度も気がめいった。自動車の衝突実験や軍隊の弾道研究に死体が使われるという事実だけでも衝撃的だ。それ以上におだやかではいられなかったのが、著者の取材姿勢である。

たとえば、犯罪科学捜査のため腐敗を研究する施設で、腐った臓器を段階的に採取する科学者にどんな感じがするかと不躾（ぶしつけ）にたずねている。このときはさすがに「私の脳の中はどうなっているか、はっきり言ってほしいですか？」と不快感をあらわに切り返される。それでも「この仕事の意義だけを考えるようにしています」と応じてもらえたのは、ひとえに科学者の誠意と忍耐ゆえだろう。臓器を摘出した腹部に詰められた氷が血で赤く染まる様子を「チェリーフラッペ」にたとえる一節には、絶句した。

だが、読み終えて気づくのだ。死体を対象化（モノと思う）して解剖に徹するよう教えられた医学生が緊張のあまりジョークを発してしまうのに似て、不謹慎なたとえ話も無遠慮も、死体を前に著者の心が揺れている証拠ではないか。興味本位で書かれた本ではないのは、臓器提供したH氏を死体安置室に運び終えた移植コーディネーターが「これ、ここでいい？」と言ったのを聞き逃さず、〈Hは「これ」になった〉と指摘する一行でも明らかだ。母親の死にふれ、科学が扱うのは知らない人の「死体」であり、自分が愛した人の「遺体」を使う実験は見たくないとも書く。この視線は大切だ。

献体者の人生や遺族の心情を掘り下げない点に日米の死体観の相違を感ずるが、死体と働く人々の仕事と献体の志を知るには格好の書だろう。自分の死体をどうするか、考えざるをえなくなる。ちなみに私が引かれるのは、埋葬の代わりに、凍結乾燥した死体を堆肥（たいひ）にして土にかえす計画だ。墓地の用地難対策に、団塊の世代から検討してみてはどうか。

（原題、STIFF）

評・最相葉月（ノンフィクションライター）

Mary Roach 米のサイエンスジャーナリスト。

二〇〇五年三月六日❻

『白の鳥と黒の鳥』

いしいしんじ 著

角川書店・一三六五円
ISBN9784048735742／9784043918010（角川文庫） 文芸

毒気があるから心温まる不思議な世界

いしいしんじといえば、『ぶらんこ乗り』『麦ふみクーツェ』など、しみじみと心温まる長編でおなじみだが、本書は掌編集。十枚前後の掌編が十九作収められていて、そのような作風とは異なる作品も目立つ。「物語の曲芸師」という異名をもつだけあって、今回はよりいっそうバラエティーに富んでいて、スラップスティックな度合いを強め、奇想を鮮やかに紡ぎ、残酷な深淵（しんえん）をのぞかせている。

たとえば、ホームレスたちが歌合戦をする「薄い金髪のジェーン」は、あらくれたユーモアを次々に繰り出して哄笑（こうしょう）を誘うし、異様に太った住民たちの奇妙な日常を捉（とら）えた「太ったひとばかりが住んでいる村」は、ほのぼのとした哀感を醸しだして切なくなるし、老人が魚屋で山羊（やぎ）を買わされる「わたしの千食一夜―第百二十三回」は、諧謔（かいぎゃく）をきかせた超現実的な話にほくそえんでしまうし、アレルギー体質の少年がひきこもる「薄桃色の猫たち」は、ひえびえとしたグロテスクさをつきつけられて慄然（りつぜん）となる。

そのほかにも顔が盗まれるシュールな寓話（ぐうわ）「すげ替えられた顔色」、作曲家フォスターが大阪弁で語るすっとぼけた与太話「オールド・ブラック・フォスター」、家畜の物真似（ものまね）が得意な肉屋の少年の成長譚（たん）「肉屋おうむ」など秀作揃（ぞろ）いだ。

文学的にも、宮沢賢治的な童話、石川淳風のおとしばなしや内田百けん風の幽玄なる綺譚、あるいは荒ぶるユーモアと颯爽（さっそう）としたシュールさが絶妙の椎名誠風の超常小説や、哀（かな）しみをにじませたバリー・ユアグロー的な白日夢などを思い出させて、まことに多彩。才能の万華鏡を見る思いである。もちろんそのような文学的な喚起は、作者の才能の広さと奥深さが文学の豊かな鉱脈にふれるからであり、実際の作品は似て非なるものである。

ともかく、どこにもない世界の、でも読者には郷愁と憧（あこが）れと愛（いと）おしさと、そして少しの恐怖をよびおこす物語たち。その恐怖とは、誰もが回避できない〝死〟を折り込んでいるからだろう。心温まる物語の毒気。いや毒気があるからこそ温かみが増すいしいワールド。何度も手触りを愉（たの）しみたくなる不思議な小説世界だ。

評・池上冬樹（文芸評論家）

いしい・しんじ 66年生まれ。作家。著書に『トリツカレ男』『プラネタリウムのふたご』など。

二〇〇五年三月六日⑦

『『仁義なき戦い』をつくった男たち』

山根貞男、米原尚志 著

NHK出版・一六八〇円
ISBN9784140808542　アート・ファッション・芸能

「仁義なき戦い」は今や日本映画の名作と評価されるが、封切り時は「女番長（スケバン）」との二本立て、ただの娯楽映画だった。本書は「仁義～」を東映という映画会社が生んだ歴史的必然としてとらえ、日本近代史のなかに位置づけようとする。

「仁義～」は広島の原爆の映像で始まる。それは戦後の混沌（こんとん）の象徴であり、深作欣二監督は善玉悪玉の区別なくヤクザの群像をゆれるカメラで描いた。殺陣師・上野隆三や撮影監督・吉田貞次の生々しい証言が現場の熱気を伝えている。

この創造の現場を支えたのは、脚本家・笠原和夫の緻密（ちみつ）なドラマ作りだった。

笠原は現地調査と聞き書きを欠かさず、また、例えば「二百三高地」のための年表は細かい字でびっしり書かれ、四メートルにも及ぶ。執念の賜物（たまもの）である笠原の膨大な取材ノートの一端を実際に見られるだけでも本書の価値は絶大である。

ドキュメントと歴史展望のバランスが見事にとれた映画ファン必読の好著だ。

評・中条省平（学習院大学教授）

二〇〇五年三月六日⑧

『時の震（ふる）え』

李禹煥 著

みすず書房・三九九〇円
ISBN9784622071174　文芸／アート・ファッション・芸能

ひとりの美術家の思考や様々な想念、自分や他者にいだく距離感や懐疑を、自らの手によって断層撮影したようなかずかず、それが本書である。

著者は韓国に生まれ、日本を拠点にヨーロッパでも広く活躍する画家・彫刻家であり詩や小説も書く。

この書のあるものは散文詩であり、あるものはエッセー、またあるものは物語風であったりする。この中で韓国旅行から帰ってきた日本女性に「本当に韓国って素晴らしい国ですね」とほめられて「気持ち悪く」なり、逆に日本に来た韓国の実業家に「日本って素晴らしい国ですね」と言われて「腹を立てる」。

これらは著者が天邪鬼（あまのじゃく）なのではなく、虚飾を排し事の本質に直に迫ろうとする人間の性（さが）でもあろうか。

それぞれ一編ずつ読み進むにつれて人間の素顔が見えてくる。それは同時に李禹煥（リウファン）という芸術家の、絵画や彫刻の制作の着想を書きつけた下絵（エスキス）のようにも思えてくるのである。

評・前川佐重郎（歌人）

二〇〇五年三月六日⑨

『同じ釜の飯』

中野嘉子、王向華 著

平凡社・一四七〇円
ISBN9784582824445　社会／ノンフィクション・評伝

ナショナルの炊飯器は香港で59年の発売以来、累積で800万台売れ、今なお65％の市場占拠率を誇っている。といっても日本で見かけるあの製品ではない。香港人の好きな「トロッ」とした粥（かゆ）が炊け、蓋（ふた）にガラスの天窓が付き、最新式ではケーキが焼けるよう多機能仕様となっている「楽聲牌」（パナソニックの香港名）炊飯器である。

驚くのは、ナショナルが40年以上前から現地仕様で製造し、輸出していることだ。知恵を授けたのが現地代理店を率いる蒙民偉（モンマンワイ）。蒙は大阪工場を頻繁に訪れ、担当者が音を上げるほど厳しい注文を出し続けて香港仕様の炊飯器を鍛え上げ、松下幸之助から「あんたを信用する」の言葉一つで契約書なしに販売権を得た。

商品は、技術力だけでは受容されない。宣伝から運送・販売法まで、巨大な文化の壁をいかに乗り越えるのか。本書は多くのインタビューを基に、世界の米食地域を制覇する過程を生き生きと描き出す。

評・松原隆一郎（東京大学教授）

二〇〇五年三月六日⑩

『無国籍』

陳天璽 著

新潮社・一四七〇円
ISBN9784104740017／9784101360218（新潮文庫） 社会

私たちは国籍をほとんど意識せずに生活しているが、30代の著者はこれに振り回されてきた。両親は中国大陸生まれで台湾籍、その後日本に移住した。彼女は6人兄弟の末っ子として横浜中華街で誕生した。

72年に日中国交正常化が決まり、台湾との外交関係が断絶すると一家の状況は激変した。両親はやむなく中国でも日本でもなく「無国籍」を選択した。その結果、彼女は小学校受験、海外渡航、留学の奨学金申請などの際に露骨な差別を受ける。

称賛に値するのは著者が怒りや悲しみの体験につぶされるどころか逆に問題意識を膨らませ、大きく成長することだ。香港やアメリカで学ぶ機会を獲得して、国家、国境、アイデンティティーなどと取り組む。沖縄やフィリピンへと足を延ばし無国籍の人たちの声に耳を澄ませる。「国籍」から見えてくるものはこのように多い。彼女の今後の研究と発言に期待する。

評・多賀幹子（フリージャーナリスト）

二〇〇五年三月一三日❶

『英語教育はなぜ間違うのか』

山田雄一郎 著

ちくま新書・七五六円
ISBN9784480062192 教育／新書

劣等感と信仰が生む「常識」への警告

英語を自在に操る「国際人」になりたい。せめて自分の子どもには英語力をつけさせたい。これからの日本人には英語力が必須だ——こうした英語力願望をもつ人は少なくない。コンプレックスの裏返しともいえる願望だが、本書はそういう人にこそ読んでほしい一冊である。

「グローバル化」の時代には、国際共通語としての英語力が不可欠だ。だから、日本人の英語力を高めなければならない。こんな「常識」や「神話」が巷（ちまた）にあふれている。「グローバル・リテラシー（国際的対話能力）」を担う言語としての英語という見方であり、その英語力を高める教育の奨励である。本書は、こうした常識を疑い、日本の英語教育がなぜ間違ってしまうのかを、言語学の知識に基づき、教育の実態を見据えながら、わかりやすく解き明かす。

著者の言う、間違いを導く常識とは何か。外国語の中でも英語を特別視し、国際理解教育と結びつける見方。バイリンガルの頭の中には二つの別々の言語能力があるという見方。外国語の学習には早期教育が有効だから小学校にも英語を取り入れるべしとの見方。ネイティブ・スピーカーによる英語教育を信奉する見方、等々。こうした常識が、英語教育を誤った方向に導くと、著者は警告する。

たとえば外国から若者を招聘（しょうへい）し、学校に派遣するALT（外国語指導助手）制度。ネイティブ・スピーカーに接する機会を与えようとの試みだが、英語教育の専門家でもない若者に、高額の給与を払って行われるこの「文化交流プログラム」は、英語教育としてのねらいがあまりに不明確だ。そのため、本人も何をすべきか不安を感じたり、安易なお金稼ぎの場になったり、日本人教員が彼らをうまく使いこなせなかったりといった問題が生じているという。ネイティブ信仰の落とし穴の一例である。

日本語であれ、英語であれ、それらに共通する深層の「基底能力」が言語能力の土台である。それは、どんな言語の使用もコントロールする力のことだ。英語力も、この基底能力の高さによる。これが著者の言語能力観である。だから、基底能力を高めるには、まずは豊かな日本語力が必要となる。書き言葉を介して、直接触れることのできない世界を知る「間接経験」を豊かにしておくことで、基底能力も高まるという。

学ぶ楽しさや、すぐに役に立つことを求める風潮が、日本の教育界には溢（あふ）れている。たとえ小学校から始めても、週3、4回の授業で英語が流暢（りゅうちょう）に話せるようになるはずがない。そんな願いは虫がよすぎる。地道な応用練習が不可欠なのだ。それを楽しくやる教える側の工夫が問われているのであり、楽しければよいというものではない。この警句は、英語に限らず、現在の日本の教育一般にあてはまる。まさに、「学問（学び）に王道なし」である。

評・苅谷剛彦（東京大学教授）

やまだ・ゆういちろう 45年生まれ。広島修道大学教授（言語政策、英語教育学）。

二〇〇五年三月一三日②

『ウーファ物語（ストーリー） ある映画コンツェルンの歴史』

クラウス・クライマイアー 著
平田達治、山本佳樹ほか 訳
鳥影社・六〇九〇円
ISBN9784886298720 歴史／アート・ファッション・芸能

戦争が生んだ独映画会社の栄光と没落

ウーファはドイツ映画史上最大の映画会社である。二〇世紀初頭、フランスのパテやゴーモン社に続いて、しかしハリウッドのメジャー会社よりは早く、世界の映画の最先端に立った。本書は大判八〇〇ページ以上をかけて、ウーファの栄光と没落の歴史を克明に記す。そこには「別の手段による戦争の継続」としての文化史のありようが生々しく浮かびあがる。

一九一七年、第一次世界大戦の末期、ドイツ軍司令官のルーデンドルフは映画産業を連合国に対する宣伝の効果的な兵器と位置づけ、政府、財界一丸となってウーファを創設する。ドイツは大戦に敗れるが、映画会社は生き延びる。敗戦の翌年、ウーファ製作、ルビッチ監督のフランスを舞台にした歴史大作『パッション』は、アメリカで大ヒットを記録し、ウーファの名は世界にとどろく。

そして、有名な『カリガリ博士』を製作したデークラ映画を吸収し、欧州最大のノイバーベルスベルク撮影所を所有する。このスタジオには、ラング監督『ニーベルンゲン』のあの深いゲルマンの森と、ムルナウ監督『最後の人』の六〇メートルもある巨大セットが同時に作られ、イギリスから来た若い映画人の度肝を抜く。この青年はヒッチコックといった。

一九二〇年代、ウーファは技術に立脚した芸術の理想境だった。その怪物的な完全主義の到達点が、ラングの『メトロポリス』である。この悪魔的な吸引力を、当時勃興（ぼっこう）しつつあったナチスの宣伝責任者ゲッベルスは見逃さなかった。

ナチスが政権に就く一九三三年、ウーファはゲッベルスに掌握され、芸術＝技術の理想境から、国民の意識操作のための兵器庫へと変化する。そして、ドイツ第三帝国と運命を共にしながらも、会社は再び一九六三年まで生き延びる。

本書は、映画分析を通じてナチス支配の必然性を論証したクラカウアーの『カリガリからヒトラーへ』とほぼ同じドイツ映画の黄金時代を扱っている。だが、クラカウアーの書物よりはるかに歴史的客観性に富み、今後のドイツ映画論の基礎となるに十二分な論述の厚みを備えている。翻訳者の労をたたえたい。

（原題、Die UFA-Story：Geschichte eines Filmkonzerns）

評・中条省平（学習院大学教授）

Klaus Kreimeier 38年生まれ。メディア学者。

『我、拗(す)ね者として生涯を閉ず』

本田靖春 著

講談社・二六二五円
ISBN9784062125932／9784062759069(講談社文庫〈上〉)・9784062759076(〈下〉)

ノンフィクション・評伝

「社会部記者」の誇りと志を貫いて

大判で分厚い本書にみなぎるのは、人間にとって「志」とは何か、という真摯(しんし)な問いであり、真摯なその答えである。

本田靖春は昨年十二月、七十一歳で生涯を閉じた。文筆生活五十年、最初の十六年は読売新聞社会部記者として、以後はフリーライターとして活動した。この遺作で彼は、自身の誕生から近づく死まで、たどってきた道を峻厳(しゅんげん)に点検する。私はきちんと生きたか、と。

当然、言葉は鋭く、衣(きぬ)を着せない。批評、批判は(小物を除き)実名、名指しである。読売社主・正力松太郎の取り巻きを「チンケなゴマスリ野郎」と断じる。民放テレビは「職業的ミーハー集団」であって「まともな物書きは、テレビ局なぞ相手にしない」と斬(き)り捨てる。

あっさりした浅薄な既成概念でひと括(くく)りにはできないのが、世の中であり、人間だ。たった一行を書くために十日も一カ月も靴底をすり減らし取材して、なお分からないことは多い。その視座からすれば「新聞や週刊誌からのパクリを常習としている」民放テレビとコメンテーターは評価に値しないのである。

「私には世俗的な成功より、内なる言論の自由を守り切ることの方が重要であった」と彼は書く。「でも、私は気の弱い人間である」。いささかでも強くなるため彼は自らに課す。「欲を持つな」。欲とは金銭欲、出世欲、名誉欲である。

凡人には息苦しいほどの覚悟だが、徹すれば恐ろしいものはない。そして徹した身にはジャーナリズムの現状、日本の現況は耐え難い。「かつて、マッカーサーは日本人をとらえて、精神年齢は十二歳、と評した。それでも、十二歳で殺人者であり売春婦である今日の状況より、はるかにましではないか」

読売時代、一〇〇%献血をめざす「黄色い血」追放キャンペーンをはじめ、数々の記憶に残る記事を放った。この売血体験がもとで、肝がんになる。さらに右眼失明、両足切断……とこの十数年は病床にあった。けれど本書の文章は晴朗で透明度が高い。「昨日よりも今日、今日よりも明日が明るい」と信じていた時代の社会部が、彼は好きだった。

評・栗田亘(コラムニスト)

ほんだ・やすはる 1933〜2004年。ノンフィクション作家。著書に『誘拐』『不当逮捕』など。

『現実の向こう』

大澤真幸 著

春秋社・一八九〇円
ISBN9784393332283

人文

不気味な「他者」を不気味でなくすには

日本国憲法を生かしながらイラク撤兵や北朝鮮戦略、国連改革に具体的な提言を行おうとするならば、「改憲命」の保守派から現実離れを嗤(わら)われるのが近年の相場。だが極東アジアの動乱から国土を保守しようとしてアメリカに頼り、負い目からイラクに派兵するという論理にも無視しえぬねじれがある。

著者は難解な思想で知られるが、「イラク派兵」「オウム事件」「『砂の器』リメーク版」を手がかりに、ハーバーマス、デリダ、ローティら現代思想の大御所連を助演俳優にかり出して、提言を引き出す論の進め方は劇的かつスリリング。また書店で行った講演集だけあって読みやすい。

強引に要約すると、ポイントは二つある。第一は時代診断で、欧州は普遍的正義を追求して「話せばわかる」モダン状況にあり、アメリカは各文化が追求する価値に優劣をつけがたく「話してもわかりあえない」ポストモダン状況にある、という。日本ではさらに両者が戦後史に投影されて、モダンの「理想の時代」がアメリカに憧(あこが)れた70年まで、サブカルチャーに耽溺（たんでき）するポストモダンの「虚構の時代」が95年まで続いた、とみる。

第二に、欧と米、モダンとポストモダンは話し相手たる「他者」の扱いをめぐり抜き差しならぬ対立関係にあり、アメリカの先制攻撃ドクトリンは、理解しえぬ他者への不寛容に由来する。

提言は、ポストモダンの乗り越えを目指している。他者は不気味であっても攻撃せず、逆に「歓待」ないし「贈与」してみよう。自他ともに変質する（気心が知れる）はずだ。「北」で言えば、日本が無数の難民受け入れを覚悟するという「難民ピクニック作戦」で東欧的な民主革命を期待できる、というのである。

自他の転変は対話の本質であってポスト・ポストモダンに特有の現象ではないし、難民でなく戦闘員がやってきたら、などと疑念も湧（わ）くが、金体制が崩壊すればいずれ難民問題は不可避となる。派兵を拒否するなら何を負担しなければならないのか。護憲派も哲学まで総動員で検討しようという主張に共感した。

評・松原隆一郎（東京大学教授）

おおさわ・まさち　58年生まれ。京都大学大学院人間・環境学研究科助教授。

二〇〇五年三月一三日⑤

『ピーテル・ブリューゲル　ロマニズムとの共生』

幸福輝 著

ありな書房・五〇四〇円
ISBN9784756605856　歴史／アート・ファッション・芸能

あの大画家もかつてはマイナーだった

十六世紀フランドルを代表する画家ピーテル・ブリューゲルは、写実的な農村風景や活力溢（あふ）れる楽しい農民風俗を描いていて、日本でも人気が高い。

ところが著者は、開口一番、ブリューゲルがフランドル画家として代表者扱いされているのは、十九世紀末以来の美術史研究の偏重によってもたらされた異常事態であり、同時代には、人気の点でも画題の一般性の点でも、マイナー画家にすぎなかったと主張する。それどころかアントウェルペンの知識人サークルに属していた彼を、農民画家と呼ぶことさえおかしいと、ブリューゲル神話解体を宣言する。

こうなると、ブリューゲル好きの読者は心配になってくるのだが、もちろん著者は、美術史家たちが長年塗り固めてきた虚構を暴くだけですましてはいない。ブリューゲルの作品の真の意味に、思い掛けない方角から光を当てようと企てているのだ。それはまず、画家志望者のお定まりのコースであったイタリア修行を経験したにもかかわらず、他の画家のようには古代遺跡や神話の物語を描かずに、ただひたすら精緻（せいち）な再現性をもつ自然風景描写にこだわった初期ブリューゲルに、イタリア的理念とフランドルの伝統との融合を見出（みいだ）すことから始まる。

さらに瞠目（どうもく）すべきは、名作「十字架を運ぶキリスト」にネーデルラント絵画の集大成としての性格を探り当て、月暦画連作を、その購入者であった大商人ヨンゲリンクの邸宅の装飾プログラム、とりわけ、同時に飾られた画家フランス・フローリスのイタリア人文主義的作品との関連の下で論ずるという、後半部の水際立った議論である。

近年全盛の図像学を中心にした解釈学では見落とされがちな、絵画の展示、受容、国民意識といった、社会における画家と作品の意味に迫った本書は、美術史研究の流れに一石を投ずることだろう。「ブリューゲルの作品群は、いっそうその偉大な輝きを増しているように見える」との結論に、なんだやっぱりブリューゲルは、フランドルの代表的な画家なんじゃないか、と一安心。

評・池上俊一（東京大学教授）

こうふく・あきら　51年生まれ。美術史家、国立西洋美術館学芸課長。

二〇〇五年三月一三日 6

『外交による平和』

細谷雄一 著

有斐閣・三四六五円

ISBN9784641076938

政治／ノンフィクション・評伝

孤独な政治家の幸福と不幸

アンソニー・イーデン。二〇世紀のイギリスを代表する政治家チャーチルを外相として支え、時にその誤りを正し、やがて後継して首相の座についたが、わずか一年九カ月で失意のうちに政権を去った人物。最優秀助演賞を演じ続けたが、主演賞には縁のなかったこの人物の外交面での功績に焦点を当てた本書は高水準の外交史研究と人物評伝が結びついた佳作である。

当時のイギリスのエリートとしては高い家柄でもなく、早期に父を亡くしたイーデンは、その知性と努力によって若くして政治家となり、洗練されたヨーロッパの外交世界を経験し、国際協調の精神と外交術を自らの身体に染み渡らせた。

運命の扉を開いたのは、ヒトラーのドイツとの宥和（ゆうわ）に反対し、政権を去った決断であった。その行動によって彼はチャーチルの腹心として揺るぎない立場を確立し、彼の下で枢軸国との対決を指揮した。

しかしチャーチルの後継者と見なされるようになった後は、イーデンの外交的知性は次第に重荷になっていく。彼は賢明にもイギリスの国力の衰退と、アメリカ、ヨーロッパ大陸諸国との協調の必要性を認識していた。その認識は大英帝国の栄光に固執するチャーチルのそれに比べて疑いもなく、先見性をもっていた。しかし結果として彼は調整役に駆け回ることで自らを疲弊させてしまった。ヨーロッパの安全保障枠組みやインドシナ和平を構築する際には抜群の外交手腕を示しながら、自らの確固たる名声を打ち立てることには成功しなかった。その負い目が首相となった後、スエズ出兵という、似つかわしくない判断ミスを犯し、引退を余儀なくされる運命につながったのではないだろうか。

しかし人生の幸不幸は単純には計りがたい。イーデンが政治と外交に精魂を傾けた時期は、不幸で、孤独な家庭生活の時代でもあった。再婚によって生涯の伴侶を得、政界から退いた後にこそ彼にとって幸福が訪れたという叙述は、学術的筆致の奥にある著者の対象への親愛の情をほの見せる味わいがある。

評・中西寛（京都大学教授）

ほそや・ゆういち 71年生まれ。慶応大学講師。著書に『戦後国際秩序とイギリス外交』など。

二〇〇五年三月一三日 7

『九月が永遠に続けば』

沼田まほかる 著

新潮社・一六八〇円

ISBN9784104734016／9784101338514（新潮文庫）

文芸

物語はかすかな不安とともに始まる。佐知子の一人息子の文彦が、ゴミ捨てにいったまま帰って来ないのだ。翌日、若い恋人の犀田（さいだ）がホームから転落し、電車にひかれ死亡する。文彦が事件に関係しているのか。

失踪（しっそう）という日常生活に穿（うが）たれた不安から物語は始まり、過去の亡霊が押し寄せるおぞましいサスペンスへと変貌（へんぼう）していく。といってもおどろおどろしいものではない。むしろ人の心の奥底に眠る忌むべきもの、唾棄（だき）すべきものを、一つひとつ丁寧に顕在化させていくだけなのだが、その過程が何とも生々しい。病み、汚れ、膿（うみ）をもつ精神の禍々（まがまが）しさを容赦なく剔出（てきしゅつ）し、読者の眼前につきつけ、腐臭を嗅（か）がせるからである。

しかも、鋭く研ぎ澄まされた悪意と、不逞不逞（ふてぶて）しいグロテスクな狂気が融合し、ひそやかでひりひりした恐怖を増幅するから、いやはや何とも怖い。気色悪い物語だが、でも作家的力量は抜群。第五回ホラーサスペンス大賞受賞作だ。

評・池上冬樹（文芸評論家）

二〇〇五年三月一三日⑧

『グレン・グールド論』

宮澤淳一 著
春秋社・四二〇〇円
ISBN9784393937570

アート・ファッション・芸能

グールド書を多く訳している著者による初の評論。

バッハ「ゴルトベルク変奏曲」の録音の比較が面白い。54年収録の「主情的」なライヴ録音。翌年のデビュー盤の「超越的」演奏。死の前年に再録音された「超・超越的」演奏。

この間グールドは、内的カンタービレを削(そ)ぎ落とし、「触感の慶(よろこ)び」も封印し、独自の方法でテキストを再構築して「演奏のマニエリスム」を完成させた。

著者は、グールドのこうした禁欲主義や客観主義、批評性を、カナダという国の特性に照らして論じる。

アメリカンドリームの対極にあるカナダは、競争原理をすり抜けて超越の方向に向かう。公開演奏を拒否し、録音活動に限定したグールドの身振(みぶ)りも、決して負け犬精神ではなく、優れた発想の転換なのである。

「(北の謎とは)ネガティヴな自然の中でポジティヴな思想を醸造する発想です」というグールドの言葉が、そのことを裏づける。

評・青柳いづみこ(ピアニスト・文筆家)

二〇〇五年三月一三日⑨

『幕末の毒舌家』

野口武彦 著
中央公論新社・二一〇〇円
ISBN9784120036026

歴史/文芸

人事がやたら好きで、個人情報に詳しいよ。でも、出世できないからって、あんなに他人の悪口を言いふらすことないだろ。自信家なのに実は世渡り下手なんだ。愛すべき人物ではあるけれど、友達には絶対持ちたくないタイプだな。

本書の主人公を自身の得意ワザである噂話(うわさばなし)の俎上(そじょう)に載せればこんな所だろう。幕臣大谷木醇堂(じゅんどう)。幹部試験に合格しながら生涯うだつが上がらず、ひたすら世を呪い、悪口雑言の数々を書き散らすことで鬱屈(うっくつ)を晴らし続けた奇人である。

近年の別著『江戸のヨブ』(中央公論新社刊)などでこの実在人物に触れた著者が、「醇堂放言」「醇堂漫録」など、膨大な著述の一部を改めて読み解いた。時の老中筆頭阿部正弘を論難し、大学頭の林一族をこき下ろす、といった一方的人物評の数々も面白いが、ホンネトークで表現される時代の世相や風俗、生活感覚は、現代社会との意外な近さもみせて新鮮だ。

評・佐柄木俊郎(ジャーナリスト)

二〇〇五年三月一三日⑩

『検証・カネミ油症事件』

川名英之 著
緑風出版・二六二五円
ISBN9784846104221

ノンフィクション・評伝

わが国最大の食品公害事件であるカネミ油症事件は、発生から三十七年もたつのに、今も後遺症に苦しむ人々が多いなど、解決していない。本書は事件の全貌(ぜんぼう)を丹念に描いていく。

事件が深刻化した理由はなにより、加害企業が食用油にポリ塩化ビフェニール(PCB)を混入させた工事ミスを長く隠したことと、誤った原因説から始まった裁判で見当外れの審理が続いたことだ。いち早く副産物のダーク油を飼料としたニワトリが多数死んでいたのに、行政が深く究明しなかった点も挙げられる。さらにはPCBの熱処理産物で原因物質となったダイオキシンの解明も遅れた。

しかも被害者は、第二審で勝訴しながら最高裁での和解によって仮払金の返済が求められていて、三重四重の不幸な立場にある。行政、司法の不手際が生んだこの悲劇に、政治が救済の手をさしのべるべきだというのが著者の主張だ。この本を書いた使命感がひしひしと伝わってくる。

評・宮田親平(科学ライター)

二〇〇五年三月二〇日❶

人文

『堅気の哲学　福田定良遺稿集』

福田定良 著

藍書房・二一〇〇円
ISBN9784900876194

えらぶらず、ぎりぎりまで考える

　哲学の言葉というのは、なんだかえらそうにしている。やたら大上段に構えたり、だれにも見えていないものを見えるようにすると見得（みえ）を切ったり、まるで検問官のように、根源性とか深さ、厳密性とか不変といったものさしで他の知のいとなみをねちねち問い詰めたり。

　この「大哲学」に一貫して反旗を翻したのが福田定良だった。ひとびとが暮らしのなかでつきあたっている問題から始める。概念を振りかざすのでなく、ともに言葉を探しながら、考えの道筋を見つけてゆく。今でいう「哲学カフェ」のような小さな運動を、会社員や主婦とともに進めてきた。その福田は晩年、籐椅子（とういす）にもたれ、菓子折りの蓋（ふた）の上に葉書（はがき）大に切った紙片をのせ、それこそ小さな字でライフワーク「チイ哲」（ちいさな哲学）について綴（つづ）っていた。

　それにしても「堅気」とはまた古めかしい表現だ。国民でも平民でも人民でも民衆でもなく、堅気。これを選んだのは、支配という関係から切れているから。ここには、生きるのに不可欠のものを作る仕事が堅気であり、まともな仕事をしているという感覚のほうが正義云々（うんぬん）より大事であり、知らぬまに「日本」とか「人類」といった大きな共同体の一員としてのワレワレになりすましてはならぬ、という矜持（きょうじ）が滲（にじ）む。

　堅気とはいえそれは無垢（むく）な存在ではなく、堅気でない「その筋の人」を内から生みだし、利用し、ときに国家のため、会社のためと称してそれに成り上がり（下がり？）もする。

　そこで福田は「チイ哲」が見習うべき表現の作法として、落語をとりあげる。落語家は、まずは笑われる存在なのだが、堅気をおかしく描写することで客（＝堅気）が堅気を笑う場面を作りだす。どこか身に覚えのあるおかしみに浸されているうちに、客は笑う自分が笑われている当の者であることに気づく。落語家とは、堅気の自己批評を仲立ちする芸人のことであり、その芸のなかで、堅気と芸人のあいだの差別―被差別の関係もおのずから消滅してゆく。

　復員船のなかで、叛乱（はんらん）する工員と兵隊のあいだをとりなした自身の体験を反芻（はんすう）するくだりは、ちょっと痛い。「事態を収拾する」ことじたいが支配意識から発するものでなかったかという反問。ここから、法であれ教育であれ「すべし」という語りが生まれるところにはつねに支配の意識が忍び込むという強烈な自己批評が生まれる。が、この批評は、消費者におもねる現代の社会そのものにも向かう。堅気の仕事が「より気楽な仕事・カネのもうかる仕事」に脅かされ、批評を事とするはずのメディアも「もっとオモシロク」という欲望に呑（の）み込まれるのだから。

　堅気をそのいいかげんさも含めてサポートするために、哲学を哲学でなくなるぎりぎりのところにまで引っぱっていったこの試み、鶴見俊輔にならって、「限界哲学」と呼んでみたい。

評・鷲田清一（大阪大学教授）

ふくだ・さだよし　1917〜2002年。哲学者。著書に『ひとりよがりの哲学』など。

『植民地神社と帝国日本』

青井哲人 著
吉川弘文館・九九七五円
ISBN9784642037686
人文

祭祀空間を創出・改造した意味を解明

日本が戦争に敗れて植民地のすべてを失った時、公式なものだけで、台湾には68の、朝鮮には82の神社があったという。

「日本人のあるところ必ず神社あり、神社のあるところ亦（また）日本人があった」とは、戦前から海外での神社奉斎運動を精力的に展開したある神道家の繰り返し口にした言葉だが、そうした神社が「日本人社会が消えると同時に消えてしまうしかないものだった」という事実を、著者は冷徹に突きつけ、「日本の植民都市とは何だったのか、国家神道とは何だったのか」と問いかける。

この前者の問いを、本書は執拗（しつよう）に追求する。1901年創建の台湾神社と25年創建の朝鮮神宮を手掛かりに、失われた景観の復元を通して、神社を必要とした日本植民都市の特質が明らかになる。

日本人が新しい土地で都市を営もうとする時に、神社は不可欠なものであった。それも、道路や水道や官庁舎といったインフラが整備されたあとで登場するのではなく、同時進行で建設された。

とりわけ台湾神社と朝鮮神宮は植民地の全土を守護する「総鎮守」であったから、むしろ都市の建設と改造の根幹に深く関（かか）わるものであった。総督府を頂点とする官庁が行政を、神社が住民の教化や祭祀（さいし）を受け持つという補完関係にあり、それぞれの役割を演じるために、官庁地区は市街の中心に、神社境内は市街に面した山の稜線（りょうせん）上につくられた。

神威を表現するためには、見下ろし見上げられる視覚的な呼応関係が重視されたからだ。両地区を結ぶ目抜き通りは都市の基軸をなし、神社に隣接する山や森は「神苑（しんえん）」へと改造された。当然、在来の祭祀空間は変更を迫られる。本書の表紙は、ソウルの南山を強引に造成して建設された朝鮮神宮の姿にほかならない。

こうした植民地における神社は、しばしば支配と被支配の関係の中にとらえられ、厳しく断罪されてきたが、著者は冷静沈着に、まずはそれが何であり、何をもたらしたのかを解き明かすことに徹している。本書は博士論文にもとづくものだが、学術書の枠を越えて、その成果は一般読者にも届くに違いない。

評・木下直之（東京大学教授）

あおい・あきひと　70年生まれ。人間環境大学助教授。共著『アジア都市建築史』など。

『ナラタージュ』

島本理生 著
角川書店・一四七〇円
ISBN9784048735902／9784043885015（角川文庫）
文芸

まっすぐな思い、古風に堂々と描く

いまどき珍しいほど古風な、本格的なプラトニック・ラヴである。女子大生と高校教師の愛。その抑制と情熱を行き来する関係が最後までたゆまずに、心地よい緊張とエモーションをかきたてながら突き進み、最後に静かで熱い余韻を抱かせる。これはいい。素晴らしくいい。

大学二年の春、工藤泉の所に、高校時代の演劇部顧問の葉山先生から電話がかかってくる。後輩たちの卒業公演に参加してくれないかという。思わず泉は〝本当にそれだけの理由ですか〟と問いかける。泉は高校を卒業するときに思いを告げ、先生の秘密を教えられて諦（あきら）めたのだ。先生は、〝ひさしぶりに君とゆっくり話をしたいと思ったんだ〟と答える。

こうして二人は再会し、ふたたび不安と喜びを覚えながら向かい合う——。

難病も、性愛も、トラウマもない恋愛である。にもかかわらず読ませる。場面の一つひとつが心に響く。それは五感を開き、外界との感応を通して心象を描くからだろう。心理を反映していない風景描写などひとつもない

といっていい。

そのうえ島本理生は、『リトル・バイ・リトル』のときもそうだったが、たちはだかる他者を描き、ヒロインは大人社会のとば口で懊悩（おうのう）する。金原ひとみ（『蛇にピアス』）や綿矢りさ（『蹴（け）りたい背中』）の閉じられた世界、つまりヒロインが自分と同じ世代の人間としか付き合わず、他者という概念がきわめて乏しいのとは大きく異なる。

それにしても、恋愛感情の息苦しさと甘美さはどうだろう。久しく忘れていた人を思うまっすぐな思い、その切々たる感情に、郷愁と、なぜか焦燥を覚えてしまうほどだ。おそらくいまを生きるものたちの不安、〝ぽっかりとあいた体の底が清々（すがすが）しいくらい淋（さび）しくて途方にくれる〟状況を鋭くえぐっているからだろう。つまりは生の根幹にふれているのだ。

しかも前述したように、心象風景と他者の存在という、もっとも伝統的な文学の手法とテーマで挑み、めざましい成果をあげている。物語も手法も古風だ。しかし、これほど正統的で美しい、堂々たる小説も、近年まれなのではないか。

評・池上冬樹（文芸評論家）

しまもと・りお 83年生まれ。作家。著書に『シルエット』『生まれる森』など。

二〇〇五年三月二〇日❹

『ネアンデルタール人の正体』

歴史／科学・生物

赤澤威 編著
朝日新聞社・一四七〇円
ISBN9784022598691

彼らは違う精神世界に住んでいた

編著者の赤澤威は、シリアのデデリエ洞窟（どうくつ）でネアンデルタールの全身化石を掘り当てたラッキーな人物だ。その赤澤を中心に、ネアンデルタール人の全体像を描き出そうとした野心的なシンポジウムの記録が本書。しかもプレゼンがいい。

読まれる本であることを最大限に活（い）かし、出土の状況や人類史の位置づけはもとより、遺伝子分析、骨格の復元や食生活から、頭蓋骨（ずがいこつ）から推定される脳の構造をもとに、かれらの言語や精神世界まで、各分野の専門家にきっちり説明してもらう。さらにはそれを総合した生活像まで、現状で学問的に推定できる範囲できちんと示してくれるのだ。

これで読者はネアンデルタール人たちが俄然（がぜん）、身近な存在に思えてくる……かどうかはわからない。実はぼくは、むしろかれらとの溝のほうを強く感じてしまった。従来の通俗的なネアンデルタール像は、人類との類似性を強調する。死者に花を供えて埋葬したとか、壁画を描いたとか。でも本書はそういう媚（こ）びたサービスはしない。いまの人類と姿形や暮らしは似ているのに、脳の構造から推定してかれらはまったく違う精神世界に住んでいたらしいのだ。似た部分とちがう部分のコントラストが、わずかな差から生じる両者の溝の不思議をくっきり浮かび上がらせるのだ。

本書にはもう一つポイントがある。個別領域を狭く深く追求するのが学問のありがちな方向性だけれど、本書はそれを集大成して全体像を見せようとする。その全体像から今度はその個別分野――言語学や骨格の再現技術、人間の成長分析その他――が迫力を得る。古代人類学とは一見無縁に思える分野が、協力しあうことで未知の世界を描き出せる――本書はそうした学問のつながりとパワーまで感じさせてくれる。

こういう努力がもっと増えれば、一部で騒がれるような理系離れや学問離れも食い止められるんじゃないかな。どうやってそうした総合を実現するか――本題のネアンデルタール人とは別のところで、これまた本書から読み取るべき重要な点なのだ。

評・山形浩生（評論家）

あかざわ・たける 38年生まれ。人類学者。共編著に『モンゴロイドの地球』など。

『ジャン・ピアジェ』

白井桂一 編著

西田書店・二一〇〇円
ISBN9784888663915

科学・生物

発達心理学者の業績わかりやすく

発達心理学は、かつては教育や治療にあたる人だけが勉強した。ところが、アダルトチルドレンの問題が明らかになり、一般の大人の理解、ひいては社会的現象の解釈にも必要になってきた。さらに私のようなロボット研究者にも必須科目になっている。

その発達心理学を開拓したのが、ピアジェだ。生物学で博士号をとり、哲学、社会学、科学思想史、心理学などを教えた。おまけに、数学、物理学、論理学、サイバネティックス（人工頭脳学）などの専門家と共同で、この学問を発展させた。そのため、彼の膨大な著作は、多方面の深い専門性に裏付けられており、きわめて難解。我々プロの研究者でも、噛（か）みつくと歯がボロボロになる。

本書は、ピアジェの業績を、自伝と晩年のインタビューを柱にして、年代順に整理している。引用がほとんどだが、並べ方が適切なため、きわめて分かりやすい。正直いって地獄に仏の感がある。ピアジェに挑戦して挫折した人（私もそのひとり）や、これから挑戦する人には絶対にお勧め。

ピアジェの方法論は、巧妙な実験を工夫し、子供たちの反応から仮説を検証していく。その際に、子供たちに対するあふれるような愛情と尊敬が、何よりも好もしい。実験は単純だが、結論は画期的。たとえば、カントなどが人間は生得的に持っていると考えた「時間」「空間」「因果性」などの概念が、誕生後の経験から構成されることを立証した。

また、数学の群論や論理学に裏付けられた、ひとつひとつの認知の発達プロセスを明らかにしたこともさることながら、個人の発達のプロセスと、人類が長い年月をかけて獲得していった進化や発展のプロセスの類似性を発見したことは大きい。これは、生物の系統的な進化、数学や物理学などの学問の発達などと、個人の能力の獲得の間に、共通の法則が存在することを意味しており、発達心理学の枠組みをはるかに超えて、宇宙の底にひそむ神秘的な真理にせまっている。

猫への謝辞を中心にした七行の短い後記が、本書のユニークさの象徴。

評・天外伺朗（作家）

しらい・けいいち　25年生まれ。ピアジェ研究家。著書に『愛』『大人の思考』など。

『永遠の子ども』

フィリップ・フォレスト 著　堀内ゆかり 訳

集英社・二九四〇円
ISBN9784087734270

文芸／医学・福祉

愛娘を失った悲しみ綴る「私小説」

ある日、四歳の愛娘（まなむすめ）がガンを宣告された。大学教授のパパは勤めを切りつめ、医学書を読みあさり、娘と一緒にお絵かきを習い、セーラームーンごっこに興じる。抗ガン剤、脱毛、手術、再発といった過程を記す著者の筆は、対象をつき放せばつき放すほどにじみ出てくる悲しみや喪失感に彩られ、深い感動を呼ぶ。

しかし同時に本書は、一人の作家が生まれる内的過程を綴（つづ）った教養小説として読むこともできる。ソレルスを研究する比較文学者の著者は、「想像したり観察したりできない」自分は創作には不向きだと思っていたが、娘の死を機に書かずにいられない衝動にかられたのである。

死に関する本は沢山（たくさん）出るが、どれもかんじんのところは避けて通っている、と著者は書く。「これみよがしの悲壮感（パトス）なし！　だが、そうすると真実は、実際に生きられた不安と悲しみのあの耐え難い結び目は、どうなってしまうのだ？」

とはいえ、書くことの無力は著者を苛（さいな）む。描写しようとしたとたんすりぬけてしまう言葉。どうあがいても忘却を防げないもどかしさ。やはり子どもを失ったマラルメは、息子のために書こうとした本を完成させることができなかった。

試行錯誤の末に著者が選びとったスタンスは、大昔の狩人が洞窟（どうくつ）の壁に残した手形である。「僕はもういない。いただけである」と語るために。「小説は、時間のなかでの勝利――密（ひそ）やかで無意味でささやかな――、栄光のない奇跡である。小さな切り込みが、時間の記憶喪失の厚みのなかに、こっそりと開かれる」

本書を書くとき、著者が下敷きにしたのは日本の私小説だった。というより、彼が私小説の範疇（はんちゅう）に属すると考えていた三島や太宰、漱石の作品。とりわけ、父親の苦悩を真正面から描いた大江健三郎には励まされた。のちに著者は、彼らの大半が、厳密な意味での私小説を批判した人たちであることを知るのだが。

主観性を旨とする日本の私小説は、客観性を旨とする西欧の自然主義への大いなる誤解から生まれたという。とすれば本書は、日本の私小説に対する「美しい取り違え」から生まれたといえよう。

（原題、L'enfant éternel）

評・青柳いづみこ（ピアニスト・文筆家）

Philippe Forest　フランスの作家。ナント大学教授。他に『さりながら』。

二〇〇五年三月二〇日⑦

『ルバイヤート集成』

オマル・カイヤーム 著　矢野峰人 訳

国書刊行会・五二五〇円
ISBN9784336046598　文芸

十一世紀ペルシアの天文学者にして哲人、オマル・カイヤーム。彼のルバイヤート（四行詩集）が世界的名声を獲得したのは十九世紀後半のことだ。英国人フィッツジェラルドの名訳がその名を不朽にした。

現世の無常を嘆じ、だが来世の救いを疑い、しかしてこの世でひたすら美酒にひと時の悦（よろこ）びを見出（いだ）す。この思想は日本人の人生観によく合致して、全訳に限っても二十種近くにおよぶ。

本書は、一九八八年に九十五歳で物故した英文学者・矢野峰人がフィッツジェラルド訳から重訳した三種類の版を集成したもの。同じ詩を三度訳し直し、そのたびにまったく異なった調子の翻訳に仕上げる驚嘆すべき離れわざなのだ。

稀覯（きこう）本に属する三冊の矢野訳を一つに集めるという発想がなんともうれしく、装丁・体裁に細かい配慮が行き届いて、読み巧者二人による解説も申し分ない。手にしているだけで心おどる昨今稀（まれ）な書痴、文学マニアのための逸品である。

評・中条省平（学習院大学教授）

二〇〇五年三月二〇日⑧

『ヒトラー暗殺計画とスパイ戦争』

ジョン・H・ウォラー 著　今泉菊雄 訳

鳥影社・二九四〇円
ISBN9784886298836　歴史／ノンフィクション・評伝

700ページ近い本書の主人公は、ドイツ国防軍諜報（ちょうほう）部長官W・カナリス。彼はドイツのスパイ活動を指揮しつつ、一方でヒトラーを何とか排除したいというレジスタンス組織の中心人物でもあった。

ヒムラーなど、ナチス内部の権謀術数が渦巻くなかで、そんなことが果たして可能だったのか。ミュンヘン会談から「バルバロサ」作戦という独ソ戦、そしてドイツの敗北までの、ほぼ10年間の彼の具体的な活動が語られてゆく。

ヒトラーでないドイツを造るために、一方で、情報を英仏側に流す。第2次大戦は、スパイ戦争だったといわれるが、ここまで複雑だったのかと感嘆する。異常に猜疑（さいぎ）心の強いスターリンのほか、ヒトラー、ゲーリング、リッベントロップ、チャーチル、ルーズベルト、ウィンザー公、フランコ、ダレスほか、登場人物にも事欠かない。

迷路のように入り組んだ情報戦を生き抜いた人生。事実のすさまじさに圧倒された。

評・小高賢（歌人）

二〇〇五年三月二〇日⑨　社会／新書

『ルポ　戦争協力拒否』

吉田敏浩 著

岩波新書・七七七円
ISBN9784004309277

有事法制ができ、自衛隊はイラクにいる。戦後60年目の急激な変化をふまえてジャーナリストの著者は、自衛隊員とその家族、支援協力を求められる民間企業や港湾労組などテンションの高い当事者を取材。協力のありよう、とまどいはもとより、そこに生じている良心的戦争協力拒否の波動をキャッチした。

「復興支援であって戦争に行くわけではない」と言う自衛官、「よその国の人を殺すということは、自分も殺されるということ」と自衛官の息子に説く母親、不安と疑問のなかで辞職したり配置転換を求める隊員もいる。著者は自衛官にも戦争協力を拒否する権利が人権としてある、と書く。

しかし問われているのは市民も同じ、「戦争に協力しないのは当たり前という正気が保たれる社会にするのか」が個々の課題になると。拒否の根拠が数多く示されており、戦争の加害者にも被害者にもなりたくない市民にとって、示唆に富んだ生きかた心得帖（ちょう）だ。

評・増田れい子（エッセイスト）

二〇〇五年三月二〇日⑩　文芸

『私の人生　ア・ラ・カルト』

岸惠子 著

講談社・一六八〇円
ISBN9784062126953／9784022617811（朝日文庫）

著者は多くの映画に出演、さまざまな受賞もした。24歳のとき、映画監督イヴ・シァンピと結婚のため渡仏。医学博士で反ナチ地下運動を経験した夫からの影響と、異国暮らしで磨きをかけた鋭い感性で、作家やジャーナリストとして活躍の幅を広げている。

旺盛な好奇心のままハリウッド、パリ、中東、アフリカを軽やかに走り、異なる歴史、民族、文化を引き寄せては自らの半生とからませる技が巧みだ。著名なスターとの交流シーンもふんだんで、美しく独特な日本語での描写には華やかな銀幕の香りが漂う。

一方、フランスで生まれ育った一人娘の自立宣言にあわてふためいたり、実母が溺愛（できあい）する3匹の猫を好きになれない自分を責めたりと、その〝普通ぶり〟は、ほほえましいほどだ。

時間と場所を自由自在に飛び越える本書からは、著者のひたむきで真摯（しんし）な生き方と、故郷、日本への熱い思いが伝わってくる。

評・多賀幹子（フリージャーナリスト）

二〇〇五年三月二七日①　文芸

『告白』

町田康 著

中央公論新社・一九九五円
ISBN9784120036217／9784122049697（中公文庫）

これぞパンク！破滅のドラマを笑いで

町田康は日本のストリートが生んだ最も強靭（きょうじん）な知性である。伝説的な「ロック・マガジン」の編集者・阿木譲はこう語っている。

「日本人にとってパンクとは何だったのかっていう問いに対する答え。その答えは町田町蔵［康］です。（中略）町蔵がぼくのところに最初来たのは、彼がまだ高校生の頃ですよ。でも、彼がエライなぁと思うのは、あれだけ無知だった男が、パンクっていうもので、あそこまで知的な男になった。それはすごい」（篠原章『日本ロック雑誌クロニクル』より）

パンクの知性とは、おそらくすべてを留保なく懐疑に付すことである。町田康の新作『告白』でも、その野生の思考のスピードとパワーが遺憾なく発揮されている。

題材は、河内音頭の「河内十人斬り」にも歌われる、明治時代に起こった連続殺人事件。主人公・熊太郎は、現実と理想の裂け目にはまり、周囲の無理解に絶望し、借金を重ね、殺人と自殺にむかう。いってみれば、明治時代のボヴァリー夫人みたいな話なのだ。

しかし、熊太郎が恐ろしいカタストロフに走る本当の原因は、彼が自分のなかに近代的な思考のめざめを自覚してしまったことにある。

熊太郎はみずからを「極度に思弁的、思索的」人間だと考える。しかし、その思いを河内の前近代的な言葉で他人に伝えることができない。そこから、熊太郎の意識と、彼をとりまく共同体とのあいだに深い齟齬（そご）が生じていく。これが熊太郎の悲劇である。

つまり、『告白』とは、自分にふさわしい言葉を生みだそうとして生みだせず、破滅に至るほかない近代的な自意識のドラマなのだ。換言すれば、これは言文一致体を作りだし、新しい精神に形をあたえた日本近代文学史の陰画ともいえる物語だ。この途方もなく野心的な企てを生むのに、日本文学は『浮雲』以来、百二十年近くを要したことになる。

その熊太郎のドラマを、町田康は、思弁的な近代小説の言葉と土着的な河内弁との、世にも奇妙キテレツな混淆（こんこう）体で歌いあげる。その結果、緊迫感あふれる大量殺人への道行きの物語でありながら、また、犯罪者の粘りづよく犀利（さいり）な心理分析でありながら、この小説のいたるところから、つねに生命力にみちたユーモアが噴きだし、まるで上質の落語を聞いているときのように大笑いさせられてしまうのである。

二葉亭四迷が言文一致体を生みだすのに三遊亭円朝の落語を参考にしたのは有名な話だが、すべてを懐疑と笑いに付す落語的精神と言葉のリズムこそ、まさにこの小説の読みどころであり、そこに日本最高のパンク詩人である町田康の真骨頂があらわれている。ともかくエキサイティングで、読む者の背筋を熊太郎の哀（かな）しみが最後に刺しつらぬく。そういう小説である。

評・中条省平（学習院大学教授）

まちだ・こう　62年大阪生まれ。作家、ミュージシャン。著書に『きれぎれ』（芥川賞）など。

二〇〇五年三月二七日❷

『岡倉天心　物ニ観ズレバ竟（つい）ニ吾（われ）無シ』

木下長宏 著

ミネルヴァ書房・二六二五円
ISBN9784623043262
アート・ファッション・芸能／ノンフィクション・評伝

没後に生まれた神話をリセット　実像へ

朝日新聞の片隅に、毎月、美術雑誌「国華」の広告が出ることに読者はお気付きだろうか。それは豪華な月刊誌で、明治22年に始まり、今月でなんと第1313号になる。

その創刊に携わったのが本書の主人公岡倉天心である。「美術ハ国ノ精華ナリ」とする名高い「発刊ノ辞」を自ら書いた。すなわち、建設が始まったばかりの日本という近代国家に、誰もが目にできるような姿かたちを与えるものが美術にほかならないと主張する。

なるほど、その結果、現代のわれわれは、過去を近世・中世・古代へとどこまでもさかのぼって日本美術を思い浮かべることができる。

ただし、その考え方は、国粋主義へと容易に滑り寄る。昭和の日本が戦時体制を固めていたころ、さらに有名な言葉「アジアは一つ」（『東洋の理想』）によって、岡倉は大東亜共栄圏建設の理想を唱えた予言者として祀（まつ）り上げられた。

しかし、それは岡倉の与（あずか）り知らぬこと、「岡倉の発言と発想は〈美術〉から始まり〈美術〉に還（かえ）る」と指摘する著者は、その著作と丹念に向き合い、神話化された岡倉天心をいったん白紙に戻したうえで、実像に迫ろうとする。

その作業がどれほど丁寧で誠実なものであるかは、たとえば、岡倉覚三を天心と呼ぶことへの疑問に始まり、イメージの固定化を避けるための35枚の顔写真の提示、"The Ideals of the East"は複数形の原題を生かして『東洋の理想』よりも『東洋の理想態』と訳した方がよいという提案、東大での講義「泰東巧芸史」のメモ群に網の目のように引かれた線の解読などからうかがわれる。

いわば岡倉覚三と覚三没後に登場した岡倉天心とを峻別（しゅんべつ）する作業を続けた著者は、「岡倉の生涯は、〈美術史〉を書くために生きた一生だった」と結論する。しかも、それは、われわれが思い浮かべるような過去から現在へ一直線につながる単純な日本美術史ではなく、アジアの網の目の中に位置する日本美術史だった。

岡倉天心に学ぶことは多く、そのための最良の書をわれわれは手に入れた。

評・木下直之（東京大学教授）

きのした・ながひろ　39年生まれ。横浜国立大学教授。『ゴッホ　闘う画家』など。

二〇〇五年三月二七日③

『イエスとはなにか』

笠原芳光、佐藤研 編

春秋社・二三一〇円
ISBN9784393325360

人文

専門家の対話で「真正」の言葉を探究

イエス研究が静かなブームを迎えている。大御所の八木誠一、荒井献、田川建三の著作がふたたび注目を集め、大貫隆や本書の両編者らを旗手とする流れが加わって勢いを増している。歴史社会学的なアプローチ、逆説的反抗者としてのイエスへの着眼、経験を表象したイメージ・ネットワークの解析など、依拠する方法の相違はあれ、原始キリスト教団によって救世主＝神に祭り上げられる以前の、人間イエスの生き様と思想を取り出すことに心血を注ぐ、という点にこの潮流は収斂（しゅうれん）する。二千年にわたるキリスト教と教会の歴史を背負い、制度を正当化する神学や儀礼でがんじがらめにされた欧米の聖書研究の桎梏（しっこく）、あるいは単純な反発から免れたこの島国で、一種独特の情味あるイエス像が作られつつある。

討議を元にした書物としては稀（ま）れに見る濃密度の本書には、そのイエス研究の現状と可能性が、「聖書学」のほかに「思想」「文学」「芸術」の諸視点から熱っぽく語られている。さらに旧来の聖書学から脱皮して、新天地に躍り出ようという、燃えるような志が煮えたぎっている。

もし聖書学からの離脱に不十分な点があるとすれば、文献学・解釈学の篩（ふるい）にかければ、後代の伝承や編集・挿入を除外して、真正のイエスの言葉を取り出せる、という自信がどの研究者においても揺るがないことだろう。いくら立派な言葉でも福音書記者のマルコやマタイによる挿入ではいけない、どんなに模範的な生き方でも実在の人物のものでなければ意味はない、ということのようだ。イエスへの探求の果てが「イエスは私だ」「後は想像力だ」とまで言い切った本書の結論と、この立場はどう折り合えるのか。

第1部で、激しい客観性批判に泰然と応じ、「何のために聖書学をやっているのか」と問われて「やっぱりこれは自分の生き方とかかわります」と答える荒井献の発言に、そのヒントがあるのかもしれない。歴史的な真理探究と、人倫の道への指針が綯（な）い混ざった聖書学という不思議な学問の動向には、今後とも目が離せない。

評・池上俊一（東京大学教授）

かさはら・よしみつ　京都精華大名誉教授。
さとう・みがく　立教大教授。

二〇〇五年三月二七日④

『名古屋と金シャチ』

井上章一 著
NTT出版・一六八〇円
ISBN9784757141100
歴史／人文

絶好調の都市支えるゴールデンキャラ

今や名古屋が絶好調。二四時間開港の中部空港は、まちがいなく日本のハブ空港になるだろうし、「愛・地球博」なんて駄洒落（だじゃれ）みたいなネーミングの万博も、いよいよ開幕で、なんだか浮足立ってきた。

井上章一も絶好調である。学者はミーハーでなくちゃいけないとは私の持論だが、ほんとに井上先生には脱帽である。こんどは金シャチから、名古屋を解こうという。この本、たぶん本人に聞けば、万博を当て込んで出版したと開き直るであろうが、そう一朝一夕に出来た本ではないことは、読み始めればすぐわかる。

名古屋のシャチの親戚（しんせき）が、古代地中海世界では、想像上のイルカとして造形されていた。海神ポセイドンやトリトンの乗り物のイルカは、本物のイルカではなく、金シャチ風のイルカだった。そんな壮大な拡（ひろ）がりをもった金シャチが、名古屋でよみがえり、街にあふれている。井上先生は、シャチを愛する市民感情が、どのようにはぐくまれてきたかを、都市論的背景や街の文化史として探る。

尾張徳川家の威光の象徴だった金シャチは、維新政府に差し出され、鋳潰（つぶ）されて金塊になる運命だったが、東京で開かれた日本初の博覧会に出品されて大いに人気を集め、以後全国の博覧会を巡業、ウィーン万博にまで出かけていく。新政府に差し出された、名古屋の人身御供だった金シャチの、圧倒的な集客力を、名古屋人は知るのだ。

以後シャチが外に向けての名古屋のシンボルと化してゆく。第二次大戦の時、空襲で焼け落ちた城と共に、金シャチも溶けて無くなったが、名古屋市民は十数年で再建してしまう。もはやシャチは封建遺制のシンボルではなく、完全に市民のものになった。そして二〇世紀半ば以降、マスコット化・キャラクターグッズ化したシャチが、都市大衆社会の産物として巷（ちまた）にあふれていく。愛知万博の開会式に金シャチは市民代表として出席したそうだ。明治の集客力の夢よ再び、というところだろうか。「しゃっちょこばった」近代史ではなく、楽しく読んで名古屋気質が分かった気になれる。

評・武田佐知子（大阪外国語大学教授）

いのうえ・しょういち　55年生まれ。国際日本文化研究センター教授。『愛の空間』など。

二〇〇五年三月二七日⑤

『批評という鏡』

渡辺保 著
マガジンハウス・二四一五円
ISBN9784838715725
文芸／アート・ファッション・芸能

劇評の域を超え人間の生き方に迫る

渡辺保は海内無双の歌舞伎評者である。豊かな経験と眼力の確かさは言うまでもないが、とりわけ筆遣いが素晴らしく、行間に舞台が透けてくる。

褒めるときには景気よく褒めるけれど、批判の筆鋒（ひっぽう）の鋭さが彼の本領で、これもよく知られているところ。二〇〇一年十二月、歌舞伎座の「弁慶上使」を例にとればこんな具合だ。「肚（はら）のなさは團十郎ばかりではない。芝翫のおわさも芝雀の花井もみんな他人が芝居をしている間ボーッと気を抜いている。芝居を受けるべき肚がないからだろう」

絶賛の例は二〇〇〇年九月、歌舞伎座「菊畑」での羽左衛門。「本舞台へ来ての芝居もいい。（中略）『ただし又目通りでないと思う無精か』の『ただアレィ』と沈めていく調子に老人の深慮、人生体験の深さが滲（にじ）む」といった調子だ。

こんなふうに神経が行き届き、分量もたっぷりした批評を最近の四年半分、百二十四編収めた。たっぷりしているのは、元原稿が字数制限なしのホームページに書いたものだから。

彼は長年、朝日新聞や中央公論を舞台に劇評を書き継いできた。ところが中央公論社が吸収合併され、発表の場を失う。そのとき、つぎの場として選んだのがインターネットだった。

「私は自分の感じたことをできるだけ正確に書こうとしてきたから、当然私の意見に反対の人も出る。ことに批判された役者の反撥（はんぱつ）は大きかった。（中略）波状的に、執拗（しつよう）に、私の排斥をメディアに訴えつづけた人もいる」。メディアは、劇評家を守る。しかしそれは「批評を書く人間には許されぬ甘えである。自分一人で全責任を負って、書きつづけることは出来ないだろうか」。

かくて、いっそう恐れを知らぬ、それでいて良識の抑制が利いた（ここが大切）ネット上での劇評が始まる。

この試みは結果として、右で紹介した「あとがき」が象徴するように、しばしば劇評の域を超え、人間の生き方を考えさせる魅力的な内容に結実した。

本書評欄担当の最後に、批評の本質を衝（つ）く本に出あえて、評者も幸せだった。

評・栗田亘（コラムニスト）

わたなべ・たもつ　演劇評論家。『女形の運命』『歌舞伎　型の魅力』など。

二〇〇五年三月二十七日⑥

『帝国の傲慢（ごうまん）　上・下』

マイケル・ショワー 著　松波俊二郎 訳

日経BP社・各二三一〇円
ISBN9784822244361〈上〉・9784822244408〈下〉

政治／国際

米の対テロ政策は本当に有効だったか

著者は、米中央情報局（CIA）の元テロ対策官だ。アルカイダ担当部長を務めた経験も持つ。

米国のブッシュ大統領は最近、イラクやアフガニスタンでの対テロ戦争の成果を自賛することが多い。確かに、米国は「メガテロ」の再来を防いできた。サダム・フセイン政権を打倒して、イラク民主化への布石も打った。だが、CIA長官は「九月一一日に匹敵する規模の破壊的攻撃さえ、現在のアルカイダには可能と思われます」と述べており、危機を乗り越えたわけではない。

著者はむしろ、米国のアルカイダ対策は失敗の連続だったと指摘する。「アメリカがアルカイダ率いる世界のイスラム原理主義武装勢力と戦争しているのは、アメリカの政策が原因」であるにもかかわらず、米国自身がそのことを軽視している。それが著者の診断である。

では、問題視される米国の政策とは何か。大別すると、パレスチナ問題があるにもかかわらず、イスラエル支持を続けていること▽アラビア半島に米国などの軍隊が駐留していること▽米軍がイラク、アフガニスタンに侵攻したこと▽反政府イスラム勢力を抑えるロシア、インド、中国を支持していること▽原油価格を低くするようアラブ産油国に求めていること▽腐敗したイスラム独裁政権を支持していること——の6点である。

米国の政策に不満を抱くイスラム世界の人々に、ウサマ・ビンラディンは「防御的聖戦」を呼びかけ、テロリスト予備軍の拠点は増えている。「ビンラディンの脅威」とは何なのか。著者は、「彼の思想がイスラムの教義にもとづいており、世界の一〇億を超えるイスラム教徒たちがその教義を日々実践しているという事実に力を得て、ますます強力なものとなっている」ことだと指摘する。

ビンラディン分析やテロとの戦いに対する評価については、異論も多いことだろう。だが、「新しい脅威」を声高に強調するだけでなく、脅威の深層まで掘り下げる試みは欠かせない。本書には、何年も前から「新しい脅威」を見つめてきた著者の識見が濃縮されている。

（原題、IMPERIAL HUBLIS）

評・吉田文彦（本社論説委員）

Michael Scheuer　元米CIAテロ対策担当。

二〇〇五年三月二七日⑦ 文芸

『戯曲 デモクラシー』

マイケル・フレイン 著　常田景子 訳

岩波書店・二三一〇円
ISBN9784000240123

冷戦下のスパイ・ドラマ。実際に起きた出来事に基づく。1974年5月7日の朝日新聞は、第一面トップで「ブラント西独首相辞任／EC、支柱を失う」と報じた。首相の側近中の側近が旧東独諜報(ちょうほう)部員だったことが、露見したのである。

しかしスパイ劇以上に現代史ドラマである。ナチス台頭からベルリンの壁崩壊までが、一望のパノラマのように見渡せる。

更に政界内幕ドラマとしてのスリルもある。そして何より重厚な人間ドラマである。人間の強さ、弱さすべてがさらけ出される。

表題の「デモクラシー」はきわめてアイロニカルと見た。この制度の難しさ、危うさ、それを知る民主主義者の苦渋こそ作品の眼目ではなかろうか。

チャーチルのかの名言、「民主主義は最悪の統治形態だ、ただし、時代々々、試みられてきたあらゆる他の形態を除けばの話だが」を思い起こさせる。

政治と芝居、スパイが大好きな?英国が生んだ一級品。

評・安倍寧（評論家）

二〇〇五年三月二七日⑧ アート・ファッション・芸能

『ムーサの贈り物 ドイツ編』

喜多尾道冬 著

音楽之友社・二一〇〇円
ISBN9784276210851

ディスクのジャケットの絵を選ぶのは、弾き手の楽しみのひとつだ。作曲家ゆかりの、あるいは作品とひびきあう図柄を見つけたとき、ようやく仕事を終えたような気がする。

本書は、ジャケットを入り口に、音楽と絵画の幸福な出会いを渉猟している。ブラームスにもとづく連作銅版画集を制作したM・クリンガーは、最後の一葉で作曲家本人から「目に見える音楽」と賞賛された。

作曲家自身が描いた絵がジャケットを飾ることもある。メンデルスゾーンの風景画の柔らかな線と調和のとれた構図は、古典派とロマン派の境目にいたこの作曲家を象徴するようだ。

バロックから現代音楽まで、ジャケットになるのがダントツに多いのはロマン派の画家C・D・フリードリヒの絵だという。楽器や奏者をモティーフにしているわけではないが、静謐(せいひつ)な中に激しいドラマをひそませた画布からは、まぎれもなく音楽が聞こえてくる。

評・青柳いづみこ（ピアニスト・文筆家）

二〇〇五年三月二七日⑨ 人文

『あたらしい自画像 「知の護身術」としての社会学』

ましこ・ひでのり 著

三元社・一八九〇円
ISBN9784883031542

自分にも周囲の他者からも見えない〈自己の一部〉がある。それは、自分にも周りの人にとっても、できれば直視したくない「つごうのわるい」自分である。自分たちとは一見縁遠い「疎外／抑圧された第三者＝少数者」の視点を借りると、自分たちも「おなじアナのムジナ」。知らぬまに、加害者になっている自分が見えてくる。

こういう死角に陥る自画像をどうすれば認識できるのか。本書は、社会学という学問を、自分と周辺を映し出す、半球ドームにはり付けられたカガミにたとえ、社会学のものの見方を身につける方法を具体的に示した入門書だ。

援助交際、少年犯罪、異常なまでに競争を煽(あお)るスポーツの世界。こうした身近な例題を使って、普段見えなくなってしまう自画像を照らし出す。反論・異論を試みたくなる部分もあるが、そうした「挑発」も本書の魅力だろう。学生はもちろん、訳知り顔の大人たちにも読んでほしい。

評・苅谷剛彦（東京大学教授）

二〇〇五年三月二七日⑩

『大仏破壊』

高木徹 著
文芸春秋・一六五〇円
ISBN9784163666006／9784167717216（文春文庫） 国際

タリバン政権。アフガニスタンをいつの間にか支配した宗教勢力の名が日本で知られるようになったのは、彼らがバーミアンの古代大仏像の破壊宣言をしたと報じられた01年冬のことだった。前著『戦争広告代理店』で注目を集めた鋭敏な番組制作者が、大仏破壊の経緯を追ったのが本書である。

純朴な改革運動として出発したタリバンが権力を握ると厳格なイスラム主義を強制する政権へと変貌（へんぼう）していく。その間にタリバンに庇護（ひご）を求めてきたビンラディン率いるアラブ人勢力がタリバンを操るようになる。大仏破壊はこの変化の兆候だったが、国際社会は人権侵害や大仏破壊には怒りを示したものの、事態の本質には目を向けないまま九・一一事件の日を迎えることになる。

二体の大仏像の運命をツインタワー攻撃の先触れとして描く本書は、映像のカットを思わせる切れ味の、スリリングな活字ドキュメンタリーである。

評・中西寛（京都大学教授）

二〇〇五年四月三日②

『自由に生きる　フランスを揺るがすムスリムの女たち』

ルーブナ・メリアンヌ 著　堀田一陽 訳
社会評論社・二一〇〇円
ISBN9784784513116
国際

反人種差別運動を率いる姉御の闘争記

第2次大戦後、西欧諸国は格安労働力を確保するため、旧植民地からの移民労働者を大量に導入した。フランスは北アフリカから、ドイツはトルコから、イギリスにはパキスタン移民が、数世代にわたり共存する。だが移民の多くは特定街区に集中し、福祉や行政サービスを十分受けられずスラム化する所も多い。貧困と挫折、差別視されることが移民の若者を荒廃させ、唯一の自己実現手段である暴力にしがみつく。その暴力のしわ寄せを食うのは、移民社会の女性たちだ。

本書の著者、ルーブナ・メリアンヌはフランス在住のアラブ移民の娘だ。仏国民でありながら仏社会からの差別と移民社会の閉鎖性と封建性という二重のくびきのなかで、もがいてきた。男と外を歩くと「売女（ばいた）と街区（まち）で噂（うわさ）され」、進学コースに行きたくても移民の高学歴化を望まぬ学校システムが鉄の壁としてそびえる。

だがルーブナは、ホスト国にも移民社会にも遠慮がちな親の世代のようには、頭をたれない。戦う、ブチ切れる、黙らない、前に進む。高校生でありながら、反人種差別運動のリーダーとなる。

残念なのは、副題に「フランスを揺るがすムスリムの女たち」とあることだ。ルーブナは自分をアラブ移民二世として位置づけ、イスラム教徒（ムスリム）とは自己認識しない。モロッコ人夫婦の娘に生まれた彼女はムスリムだ。だが彼女はアラブ移民社会の問題解決をそのイスラム性に求めない。近年、政教分離の公教育の場でのムスリムのスカーフ着用要求を仏政府が禁止して話題になっているが、移民の権利要求をスカーフ問題にすりかえて、移民がムスリム文化を自己規定して少数集団に引きこもるのではいけない、とルーブナは主張する。ましてや家族との絆（きずな）を断って「ゲットーを出て、別の生き方をすればいい」のでもない。

男の子たち自身が「問題は『（略）ちんぴらとか能無しっていうイメージをどうやって取り払うか』ってこと」だ、と気づくこと。それが解決だと彼女は言う。

「高校生反乱の姉御」と呼ばれた彼女の手記は、現代の自由の女神の爽快（そうかい）な冒険記でもある。

（原題、*Vivre Libre*）

評・酒井啓子（アジア経済研究所主任研究員）

Loubna Méliane　78年生まれ。「SOS人種差別」副会長。

二〇〇五年四月三日③　社会

『〈犯罪被害者〉が報道を変える』

高橋シズヱ、河原理子 編

岩波書店・一八九〇円

ISBN9784000244299

「し過ぎる」と「し足りない」に批判痛烈

すさまじい取材の嵐を体験し、やがて犯罪被害者の救援活動に生きがいを見出(みいだ)した一人の女性が、心を通わせるようになった女性記者に持ちかけた。「一緒に考える場をつくれないでしょうか」

その女性、地下鉄サリン事件で霞ケ関駅助役だった夫を亡くした高橋シズヱさんの働きかけで始まった、新聞・通信社などに籍をおく取材者たちの「学び」の記録である。事件や災害の被害者を招いた勉強会は、四年間で十五回に及んだ。何を学んだか。集まりの世話役で、編者の一人である河原記者によれば、集団的過熱取材の問題であり、「型にはまった悲劇報道」への異議であり、取材される人々への説明不足だ。

大阪・池田小事件の被害者の父親は「取材陣への嫌悪と恐怖」を語り、大切な葬儀の場などをかき乱された体験を痛切に述べた。中華航空機墜落事故の遺族の女性は「何も考えていない記者」と「頭のなかで記事ができている記者」への苦言を呈し、「脚色した犠牲者像ではなく、現実を」と強調した。

印象深いのは、高橋さんら被害者の側に「本来、敵対関係ではない。取材者と手を携えあえば、原因の追究や問題点の発掘、救済の前進が図られる」と、報道への建設的関与を望む声が強いことだ。よってたかっての「し過ぎる」報道への非難だけでなく、問題の追究など、して欲しい報道は「し足りない」という痛烈な批判がこめられている。

犯罪被害者等基本法が昨年末に制定され、日本でもようやく犯罪被害者への本格的な支援が重要な政策課題となってきた。しかし、報道による二次被害の問題は、日本新聞協会などによるささやかな改善はみられるものの、メディア全体の動きは依然鈍い。こうした学習活動に参加しないような大多数の取材者にこそ、モラルや意識の底上げが必要なのだ。

さまざまな姿で突発する事件や災害の取材に、共通の定理はない。取材者は常に被害者に寄り添えばいい、というものでもないと思う。しかし、生活者の常識と、相手の話に耳を傾ける誠実さは、最低限欠くべからざるものであろう。

評・佐柄木俊郎(国際基督教大学客員教授)

たかはし・しずえ　地下鉄サリン事件被害者の会代表世話人。

かわはら・みちこ　朝日新聞記者。

二〇〇五年四月三日④　人文

『埴谷雄高』

鶴見俊輔 著

講談社・二五二〇円

ISBN9784062127769／9784062902984(講談社文芸文庫)

「自分探し世代」と交信する大妄想人

最近の日本では、政治家や思想家の変節を「転向」といわなくなった。

鶴見俊輔は、かつて一九五九年、『共同研究転向』上巻で、転向を「権力によって強制されたためにおこる思想の変化」と規定し、この用語を屈辱と罵倒(ばとう)から切り離して、思想史研究の金字塔をうちたてた。対象の一人に埴谷雄高を選んで論じたのが、本書冒頭に再録された「虚無主義の形成」である。

キーワードは「薔薇(ばら)、屈辱、自同律」。権力の強制で信念を放棄させられ、密室に閉じこもった孤我の自問自答から、「非転向」よりもはるかに透徹した政治思想が生まれ出る逆説の劇を描いた。

それから四十五年。ほぼ十年周期で天空に出現する彗星(すいせい)のように、鶴見の視界には埴谷の仕事が再接近し、その度ごとに輝きを増しているようだ。埴谷は不動の原点に立ち続け、鶴見は変転する時勢のうちに新しい視点を獲得する。相手はずっと無限遠点にたたずんでいるのに、十年おきにリニューアル的な発見が待っているといった具合である。

　たとえば二〇〇二年になって書いた「晩年の埴谷雄高」には、老年の埴谷におとずれた「もうろく」が古い出来事の意味を「一挙に照らしだす」という啓示的な指摘がある。日常生活では饒舌（じょうぜつ）家として知られながら決して語ろうとしなかった部分が、解禁されて表層に解き放たれるというのだ。

　とかく難解な観念小説として敬遠され気味だった『死霊（しれい）』を読みほぐし、読者との距離も縮められる。

　一九三三年に獄中で着想し、一九四五年に着手したが、その後ほとんど半世紀を経て、一九九五年に未完のまま中絶したこの大作は、すべて作中人物の妄想の交信録である。しかしただ昭和初期の挫折した革命青年の独語にとどまらず、平成の「自分探し」世代にも通じる観念と日常言語との格闘がある。

　だから「自同律の不快」をムカツキと理解する今の読者にとって、『死霊』の対話が携帯電話的であると喝破するところには、鶴見俊輔という思想家のバツグンの感度が発揮されている。

評・野口武彦（文芸評論家）

つるみ・しゅんすけ　22年生まれ。哲学者。『鶴見俊輔集』ほか著書多数。

二〇〇五年四月三日⑤

『僕の見た「大日本帝国」』

西牟田靖 著

情報センター出版局・一六八〇円
ISBN9784795843028／9784044094256（角川ソフィア文庫）
歴史／ノンフィクション・評伝

重い過去に注がれた若者のまなざし

　それは30歳の若者にとって「あまりに唐突な風景だった」という。

　オホーツク海の寒風が絶えず吹きつける海辺にポツンと立つ鳥居。5年前の夏、バイクで旅した南サハリンの人口500人ほどの寒村ウズモーリエで、予期せぬ「戦前の日本」に出くわす。

　この「祖国、日本の過去というものを初めて突きつけられた」体験は、かつての「大日本帝国の領土」に足跡を探し求める旅にと著者を駆り立てた。

　ただし「重い過去」と向き合うにしては旅装はあくまで軽やかだ。今風のバックパッカーのそれで、時に足としてバイクやスクーターを駆使する。

　韓国では領有権問題が再燃する「反日の聖地」の竹島を遊覧船で巡った。いまでも日本語を共通語とする台湾の山地民族の古老と語り、酷寒の旧ソ満国境では残留孤児と対面。最後に訪れたミクロネシアのテニアン島では、膨張しきった帝国の息の根を止める2個の原爆を投下したB29の発進基地に立つ。

　かつての植民地、傀儡（かいらい）国家、信託統治領で、有形無形の「帝国の遺産」と、様々な形で過去を背負って生きる人々との出会い。そこには「『侵略』というたったひとことの言葉だけでは割り切ることのできないもの」があった。

　「目に見える遺産」である鳥居や忠魂碑、和風建築に強いこだわりを見せる著者は、一方で各地の老人たちが口にする日本語や立ち居振る舞い、観念など「目に見えない遺産」にも目を見張る。

　そして「植民地統治の是非については、これらの広大な地域で行われたことをひとまとめにして一元的な結論を出すことは、僕にはできない」と結ぶ。

　それは「『靖国問題』『尖閣諸島や竹島などの領土問題』『歴史教科書問題』など……盛んに取り沙汰（ざた）される『わかりやすい』対日行動以外に、現地にはさまざまな『反日』や『親日』のカタチが存在している」からだという。

　「過去に拘泥する必要はないが、過去を知る必要はある」という姿勢がバランスよく貫かれ、反日と親日のはざまを掘り起こしたルポである。

評・加藤千洋（本社編集委員）

にしむた・やすし　70年生まれ。ノンフィクション作家。

二〇〇五年四月三日⑥

『ウディ・アレンの浮気を終わらせる3つの方法』

ウディ・アレン 著　井上一馬 訳

白水社・一九九五円
ISBN9784560035900
文芸／アート・ファッション・芸能

諧謔のきいた奥深い「性の茶番劇」

最初から最後までくすくすと笑い通しである。鋭く粒だった台詞（せりふ）の勝利だ。

映画の字幕には字数制限があり、機関銃のように言葉が飛び出すウディ・アレンの映画では短縮され、いまひとつ言葉の切れ味が伝わらないが（そのため人物たちの表情や演技に見とれてしまうのだが）、こうして活字で読むと、言葉が礫（つぶて）となって相手を叩（たた）き、ときにナイフとなって切り裂くことがよくわかる。

本書は、映画の脚本ではなく、アレン初の戯曲集で、一幕劇が三本収録されている。映画の脚本家が〝電波系〟のホームレスにつきまとわれ脚本家の私生活が全部あらわになる「リヴァーサイド・ドライブ」、三組のカップルと劇作家が騒動を繰り広げる「オールド・セイブルック」、そして二組の夫婦のすさまじいバトルがえんえんと続く「セントラル・パーク・ウェスト」である。

物語はいつものアレン調である。つまり、夫や妻が、それぞれのパートナーに隠れて恋をし、セックスをし、別れようとしている状況が表面化して、人物たちがてんやわんやになるというパターンである。いつものパターンであるけれど、そのたたみこむような台詞の洪水、切り返しの鋭い反駁（はんばく）、辛辣（しんらつ）な罵倒（ばとう）、脱力してしまうような他愛（たあい）のないジョーク、変化にとんだ性的揶揄（やゆ）、変な言い方になるが自家中毒的愚痴やふてぶてしい居直りなどが、ときにカミュやサルトルなどの言葉を引用してなされる。そのおかしみと機知のひらめきは、さすがにアレン、他を圧倒する出来ばえだ。

劇中の言葉を使うなら、〝性の茶番劇〟になるが、しかし攻守ところを変えての丁々発止は溌剌（はつらつ）として、しかも突然の告白がなされて意表をつく展開をたどり、読者を驚かせながらも着地はきれいにきまるし、「オールド・セイブルック」のようにピランデロの名作を彷彿（ほうふつ）とさせるシュールな展開も見事で、愉快このうえない。なによりもいいのは、人間の哀れでおかしな性がにじみ出て、微苦笑で包み込み、寛容と許しへと向かうところだろう。諧謔（かいぎゃく）のきいた奥深い人間喜劇、三本とも完成度の高い秀作だ。

（原題、THREE ONE-ACT PLAYS）

評・池上冬樹（文芸評論家）

Woody Allen　35年生まれ。米国の俳優、脚本家、劇作家。

二〇〇五年四月三日⑦

『科学哲学の冒険』

戸田山和久 著

NHKブックス・一一七六円
ISBN9784140910221
人文／科学・生物

血液型性格判断を「非科学的だ」と断定する人がいる。どんなことが科学的で何が非科学的かを予（あらかじ）め知っているかのように。だけど、科学的とか、非科学的とかって微妙な、かなり難しい分別のようにもみえる。それに厳密な答えを用意するのが科学哲学だ。科学哲学とは、科学という複雑な営為を丸ごと理解する営みである。

本書は、理科系の「リカ」と哲学系の「テツオ」、そして「センセイ」との問答を通じて、科学哲学のエッセンスをわかり易（やす）く説く。

いろんなところで話題になるポパーの「反証主義」をかくも簡潔に、正確に説明した本を私は知らない。

近年、科学哲学の世界では、科学的事実の真理性を疑い、そんなものは社会的な決まりに過ぎないとする説が勢いを増している。だが、例えば、重力は人と人との約束事なのだろうか。

著者は、科学的事実の実在を擁護する立場から、いろいろな試行錯誤を紹介する。ハッピーな「落ち」も秀逸。

評・宮崎哲弥（評論家）

二〇〇五年四月三日⑧

『「話の特集」と仲間たち』

矢崎泰久 著
新潮社・一五七五円
ISBN9784104736010
ノンフィクション・評伝

「話の特集」は、いまではもう伝説的な雑誌といっていい。60年代から70年代のサブカルチャー全盛期に、小劇場運動と時世粧（じせいそう）を競った先駆的な存在だった。

雑誌といえば、とかく編集長だけがクローズアップされがちだが、参加したスタッフがどんなに貢献したか知れない。ここにはそれも記録されていて、とても風通しがいい。

まず和田誠。かれがいなければ「話の特集」は新しいスタイルを創造できなかったろうし、編集会議に出た異色の面々が個性ある人材を紹介しなければ、雑誌通（つう）の吉行淳之介を唸（うな）らせることもなかったろう。

さらにこの回想記で重要なのは、先端をゆく雑誌の資金繰りの苦心談である。手形詐欺のため、やくざに監禁され、ほうほうの体で逃げ出す挿話をはじめ、内幕のきびしさをこれほど赤裸々に描いた本はめずらしい。創刊からの5年間だけでなく、以後の長い展開期まで、ぜひ書きとめてほしいものだ。

評・杉山正樹（文芸評論家）

二〇〇五年四月三日⑨

『夢の分析　生成する〈私〉の根源』

川嵜克哲 著
講談社選書メチエ・一五七五円
ISBN9784062583190
人文

現代人はこの世を「近代的な主体」として世俗的に生きながら、同時にこの世を越えた神や運命に関（かか）わらざるをえない「近代以前の主体」としても生きている。

本書はその両義性を「内面性」「超越性」と呼び、二つの意識がどのように錯綜（さくそう）しながら夢の中に現れるか、ある中年女性の夢を手がかりに考察していく。

女性は夫婦関係の問題や偏頭痛、耳鳴りに悩み、「さびしく怖い」反復夢を見ていたが、治療が進むうちにその夢は消え、普通の主婦の私（内面性）とシャーマニスティックな私（超越性）が、「往復運動」しながら共存することを象徴する夢へと変容してゆく。

著者はそれを「超越性と内面性のダンス」と呼び、古代的でも近代的でもない非西欧文化圏ならではの意識のあり方ではないかと提唱する。そういっていいならフロイトとユングのダンスともいうべき、新しい意識の地平をめぐるスリリングな夢分析だ。

評・宮迫千鶴（画家・エッセイスト）

二〇〇五年四月三日⑩

『野の道往診』

徳永進 著
ＮＨＫ出版・一三六五円
ISBN9784140054734
文芸／医学・福祉

人はそれぞれの道を歩いて生きている。だが大部分の道は、「定められた道」だ。老いを迎え体の不自由を抱えたときにこそ、自由な道づくりが必要なのではないか。

心温まる医療エッセーで定評のある著者は四年前、勤務医をやめ、「死に向かっていく」人々の支えとなるために、郷里の鳥取の街の裏通りにささやかな有床診療所を設けた。そこで出会った人々と診療生活についての短文集である。

患者の多くはがんの終末期にあり、くねくねした道をたどって在宅患者の往診にも行く。大仰な言葉は一つもない。野の花を愛（め）で、風や波の音を聞きながら人々の「物語」に耳を傾け、苦しみを癒やす。そして病室で患者の息子さんが結婚式を挙げたり、寝たきりの老人が「立つ」ことができたりしたときの喜びに、いのちの奇跡を感じる。

一つ一つの挿話が詩のように美しい。まさに「野の道」を行く医師の歩みである。

評・宮田親平（科学ライター）

二〇〇五年四月一〇日①

『オテル　モル』

栗田有起 著

集英社・一五七五円
ISBN9784087747461／9784087463064（集英社文庫）

文芸

おだやかな声で語る　絶対的な安心感

不思議な小説である。この不思議さ、何かに似ている、と思い、すぐに思い当たる。寝入る前に大人が枕元で読んでくれたお話である。うつらうつらしながら聞く、どこか遠くの国の、もしくはどこか遠い時間の物語。色合いを強めたり弱めたり、においを発したり消したり、登場人物を近づけたり点景のように遠ざけたりしながら、ゆっくりと眠りに誘うような。

主人公の希里が、職捜しのはて、ある風変わりなホテルに採用されるところから小説ははじまる。オテル・ド・モル・ドルモン・ビアン。悪夢を遠ざけ、上質な眠りを提供する地下のホテルである。都心の、ビルとビルの隙間（すきま）を希里が通り抜け、オテル・モルにたどり着くとき、彼女に手を引かれるようにして、読み手もその風変わりなホテルに足を踏み入れてしまう。ホテルにすべてを捧（ささ）げている外山さん、どこかそらっとぼけた二人のやりとり、耳が変になるほど地中深く掘られた無音の世界。

さわさわと心地よい文章で描かれているが、さわさわと心地よいことだけが描かれているのではない。ホテルの外の希里の生活は、かなりシビアだ。彼女には双子の妹、沙衣がいて、心を病んでいる。彼女が高校生のとき好きだった男は、今や沙衣の夫になっている。沙衣は入院しており、父母はそれに付き添っており、だから希里は、かつて好きだった男と、彼と沙衣の子どもと、三人で生活している。バランスを崩さないよう、秤（はかり）で数グラムの塩を正確に計るみたいな慎重さで、距離をとりながら。

けれどこの小説に痛みは描かれていない。作者はシビアでもある希里の生活から、やっぱり秤で塩を計るみたいな慎重さでもって、痛みを取り除いている。しんどいことも、つらいことも、痛みをとりのぞいた上で、あっけらかんと描く。リアリティがあるかといわれれば、ない。けれどリアリティがなんであろう、という作者の潔い声が聞こえてくる。ビルとビルのあいだの、細い隙間の前に立ち、この向こうにホテルなんかあるはずがない、と言ってしまえば、私たちは地下ホテルの扉を見つけることなんかできないのだ。すばる文学賞受賞作『ハミザベス』、前作の『お縫い子テルミー』でも、大人のための童話とも言える、そんな扉の奥の世界を作者は描いている。

子どものころ、眠ることに淡い恐怖があった。意識がとぎれ、その合間にするりと一日がすぎていく変化というものがなんとはなしにこわかった。枕元で本を読む大人の声は、だからそれをやわらげるものでなければならなかった。私は長い長い話を好んだ。つづきはまた明日、と終わる話が好きだった。今日と同じく明日がやってくると信じられるからである。この小説は、穏やかな声で読み上げられる長い話とよく似ている。つづきはまた明日、暗闇と光はかならず順番にやってきて、そのくりかえしにおそれることも怯（おび）えることもないのだという、絶対的な安心感を、この小説もおだやかな声で語ってくれる。

評・角田光代（作家）

くりた・ゆき 72年生まれ。作家。本作が昨年夏の芥川賞候補作に。『ハミザベス』ですばる文学賞。

二〇〇五年四月一〇日②

『アンドロイドの「脳」』

スティーヴ・グランド 著
高橋則明 訳　瀬名秀明 解説
アスペクト・二三一〇円
ISBN9784757211018
ーIT・コンピューターー

アマチュアのセンス光る知能の自己創発

人工生命ペットを題材にしたゲームがヒットし、英国政府から勲章を授与された著者が、脳科学を勉強してロボット製作に取り組んだ。その三年間のプロセスをユーモアたっぷりに書いたのが本書だ。正直いって、本書の中でも参照されている犬のようなロボット「AIBO」を開発した私が、書評に適任かどうかは疑問。あまりにも知りすぎているからだ。

素人の発想は、えてして思い込みとひとりよがりと誇大妄想に満ちている。しかし、なまじっか他人の論文を読んでいないだけに誰も気づかない斬新さを秘めていることもある。

著者の技術レベルは、単なるド素人の域を超えているが、高いとはいえない。出来上がったロボットも、いまいちだ。したがって、帯の「これはロボットではない。新たな生命の創造なのだ！」というコメントは、残念ながら素人の誇大妄想といわざるを得ない。

しかしながら、著者のアプローチの方向性には並々ならぬセンスの良さが光っている。従来のAI（人工知能）や作り込みを排し、脳科学を参考に知能を自己創発しようという試みだ。じつはこれは「認知発達ロボティクス」という新しい分野として立ち上がりつつある。私自身は、ロボット側から脳科学への貢献も含めて「インテリジェンス・ダイナミクス（動的知能学）」と呼ぶことを提唱している。

ところが、この方向性に気付いている研究者は世界的にはまだ少数だ。現実には、一八五億円を浪費した日本の「第五世代コンピュータ」などのプロジェクトが軒並み破綻（はたん）して十年以上たつというのに、相変わらず従来型の記号処理AIが人間を超えると主張する大学者が結構いる。プロの研究者といえども、大多数はおそろしくセンスが悪い。

その中で、著者は独力でこの方向性に気づき、大胆な簡略化の仮説を駆使してともかく物をまとめている。勇気と挑戦者魂が光り、高揚感が伝わってくる本だ。このような偉大なアマチュアが次第に実力をつけて、いつの日か我々プロの研究者をギャフンと言わせる日がくるのかもしれない。くわばらくわばら!!

（原題、Growing up with Lucy）

評・天外伺朗（作家）

Steve Grand　58年生まれ。英国のロボット製作者。

二〇〇五年四月一〇日③

『文化の場所　ポストコロニアリズムの位相』

ホミ・K・バーバ 著　本橋哲也ほか 訳
法政大学出版局・五五六五円
ISBN9784588007781
人文

人間が模倣し擬態することの本質に迫る

とんだ覚えちがいもあるものだ。十年ほど前、一九九四年刊行の原著を初めて読んだ時以来、わたしはこの本を「擬態論」なるタイトルで記憶していた。それぐらい第四章の「擬態と人間について」が強烈だったのだ。

いまも第一印象は変わらない。アリストテレスからアウエルバッハに至る理論家が古典的な文学や芸術の根本に想定してきた模倣原理「ミメーシス」を批判的にふまえつつ、グローバリズム以後の文化にかんがみて擬態原理「ミミックリー」を建設的に発展させていく思索は、明らかに本書独自の理論的基礎を支えている。

その点こそ、エドワード・サイードが帝国と植民地の歴史系列を相互交渉するものとして見直す「対位法」理論や、ガヤトリ・スピヴァクが言葉を奪われた土着的・従属的情報提供者の立場を問う「サバルタン」理論とは、一線を画す。この擬態論を楽しむには、たとえば日本語の「学ぶ」という動詞の裏に「まねぶ」すなわち「よく真似る」ことが見え隠れすることを考え合わせるとよい。

一九四九年ボンベイ（ムンバイ）生まれでイギリスはオックスフォード大学その他で教育を受け、目下ハーバード大学で教鞭（きょうべん）を執る著者は、そもそもわたしたちがものを真似る行為自体が「ほとんど同じだが完全に同じではない」修正・再構築作業の産物であり、植民地主義を批判するイデオロギーなしには成り立たないことを、雄弁に説き明かす。

帝国側よりキリスト教を教え込まれた植民地の原住民は、思いもよらぬかたちで聖書を読み替え消費して当然なのだ。この視点より、シェイクスピアの『テンペスト』からトニ・モリスンの『ビラヴド』におよぶ文学作品が俎上（そじょう）に載る。

さらに著者は、ふつう忠実なる再現と信じられている翻訳文化の擬態論的本質に迫り、植民地主義以後の世界を空間のみならず時間においても考え直すことを示唆してやまない。ゆえに本書自体の訳出もまた、二一世紀という「別の時間」の中で、新たな読み直しをもたらすはずである。

（原題、THE LOCATION OF CULTURE）

評・巽孝之（慶應大学教授）

Homi K. Bhabha 49年インド生まれ。米ハーバード大教授。

二〇〇五年四月一〇日④

『世界のイスラーム建築』

深見奈緒子 著

講談社現代新書・七七七円
ISBN9784061497795 アート・ファッション・芸能／新書

モスクや墓…多彩な姿の由来を検証

イスラム研究が我が国でも活発化し、続々と本が出版されるなか、建築だけは出遅れていた。それだけに、日本人による初の本格的なイスラム建築論として、本書の価値は高い。

西はモロッコから東はインドネシアまで、イスラム世界は広く多様だ。気候風土も、先行する文化も異なるだけに、建築の形や姿の違いの由来を読むのは、実に知的で興味が尽きない。イスラム教発祥の地、アラビア半島を皮切りに、「石」を建築材料とした地中海世界、「土」のペルシア世界というイスラムの中心を彷徨（さまよ）った後、アフリカや東アジアの周辺世界まで訪ね、建築の伝播（でんぱ）、融合の系譜を検証して歩く著者の手腕は見事だ。

同じ地中海でも、メディナの「預言者の家」を原型とする中庭型のモスクが北アフリカのアラブ圏に広がる一方、シリアには初期キリスト教の建築遺産が、またトルコには、ビザンツ教会の傑作、ハギア・ソフィアの雄大なドーム形態が継承され、固有の文化を生んだ。

建築空間の魅力もこの本でたっぷり味わえる。イスラム建築は身体的で、その醍醐（だいご）味は内側に入り体感してこそわかる。アル・ハンブラ宮殿の回廊の楽園のような居心地のよい小世界に佇（たたず）み、また立体幾何学が生むペルシアの美しいドームに包まれてコーランの響きに感じ入る。

高度な文明を築いたイスラム世界だけに、建築もモスク、墓、マドラサ（学院）といった宗教施設を筆頭に、宮殿、住宅、都市の諸施設など、多種多彩だ。実は、建築を語りつつ、複雑ながらうまく組織されたイスラムの社会や都市の仕組みと、そこでの人々の暮らしを、この本は丁寧に説いてくれる。

著者は若い頃、工学的な生真面目（きまじめ）な建築研究に凝り固まっていたが、10年前にイスファハンというイランの古都と出会い、他領域の研究者との交流を通して、イスラムの社会と文化の奥深い魅力に開眼したという。以来、建築史が専門だからこそ見えてくる新鮮な発見、繊細な観察の数々が彼女の最大の持ち味になった。学問の楽しさ、世界を読み解く面白さを、建築を通じて教えてくれる本でもある。

評・陣内秀信（法政大学教授）

ふかみ・なおこ 56年生まれ。東京大学東洋文化研究所非常勤講師。

二〇〇五年四月一〇日⑤

『李玉琴伝奇　満洲国最後の〈皇妃〉』

入江曜子 著

筑摩書房・二三一〇円
ISBN9784480857781　歴史／ノンフィクション・評伝

福々しさと強運の生涯たくましく

十五歳で満洲国皇帝溥儀（ふぎ）の最後の側室（第四夫人）となり、容貌（ようぼう）の福々しさと強運にちなんで「福貴人」と呼ばれた李玉琴（りぎょくきん）の生涯が生き生きと描かれている。

父親は、満洲の首都・新京（長春）にある食堂の給仕。「幼稚で、あまり勉強していないくらい」の少女を自分の手で教育したいという溥儀の意を受けた関東軍高級参謀・吉岡安直が、国民学校から連れ帰った美少女だ。その天真爛漫（てんしんらんまん）ぶりは、すぐさま溥儀を和ませたという。

玉琴が帝宮で過ごしたのは、満洲国最後の二年。溥儀が撫順城内管理所に抑留され共産党の思想改造教育を受けている間、八路軍に軟禁された。売国奴の妻という過去を清算して生き直すよう軍に離婚を勧められるが、玉琴は溥儀に執着した。貴人の誇りを失えば、自分には何も残らないことを知っていたからだ。

転機は、瀋陽の日本人戦犯裁判で訪れる。溥儀が被害者の立場から日本を批判したことが話題を呼び、玉琴に突然、長春市図書館司書の職が与えられたのだ。

だが、特別扱いは反発と批判を招く。災いの根源は溥儀だと考えた玉琴は離婚を決意。面会日、管理所の溥儀の部屋に運ばれたダブルベッドで同衾（どうきん）し、離婚が決定的になったという告白が生々しい。

過去は、玉琴に呪いと福をもたらす。文革の最中はつるし上げにあい、鎮静化すると、今度は下放された。映画「ラストエンペラー」が耳目を集めると、自分の経済価値を知った玉琴は自伝の映画化でトラブルを起こす。本書の取材も、謝礼を米ドルで払うことが条件だったという。

取材当時、長春市政協委員だった玉琴の饒舌（じょうぜつ）ぶりや表情に垣間見える自惚（うぬぼ）れの一歩手前にある息づかいをすくい上げる著者の手つきのあざやかなこと。その後、玉琴が亡くなったためだろうか。自伝では隠蔽（いんぺい）されていた過去、不貞の子を養子に出したことや公民となった溥儀の妻・李淑賢との確執も明かされた。

アヘンに心身を蝕（むしば）まれた正室・婉容のように、時代に翻弄（ほんろう）された悲劇の皇妃といった評価は玉琴にはふさわしくないようだ。変転する人生を切り開こうとする意志の力が、全編に満ち満ちている。

評・最相葉月（ノンフィクションライター）

いりえ・ようこ　35年生まれ。作家。『我が名はエリザベス』『少女の領分』など。

二〇〇五年四月一〇日⑥

『社会生物学論争史　1・2』

ウリカ・セーゲルストローレ 著　垂水雄二 訳

みすず書房・1巻五二五〇円、2巻六〇九〇円
ISBN9784622071310〈1〉・9784622071327〈2〉　歴史／科学・生物

「遺伝子の支配」めぐる科学者ドラマ

三〇年前、縦横三〇センチ、厚さ四センチ、重さ二・七キロ、全七〇〇ページの大部な本がアメリカで出版された。著者はアリ研究の大家でハーヴァード大学教授のE・O・ウィルソン、書名は『社会生物学』。それが大論争のはじまりだった。

その大著は、いうなれば社会行動の百科全書だった。粘菌という植物とも動物ともつかない不思議な生き物から始まって、あらゆる生物の社会的行動が網羅されている。もちろんヒトの行動も。

そのどこが論争を呼んだのか。行動の基盤はすべて生物学的に決まっており、体系化が可能であるとウィルソンは主張した。アリはたしかにそうだろう。しかし、ヒトもアリも根は同じと言われると、たいていの人は動揺する。しかも、第一章のタイトルは「遺伝子の道徳性」。これはあくまでも比喩（ひゆ）なのか、それとも著者は本気で、ヒトも遺伝子の操り人形にすぎないと主張しているのか。

ただちに攻撃の火の手があがった。その急

先鋒（きゅうせんぽう）は、「科学の誤用・悪用」にとりわけ敏感な一派。ウィルソンの論調に、個々人の行動は生まれつき遺伝的に決まっていて、教育や環境でも変わらないとする「遺伝的決定論」のにおいをかぎつけたのだ。ウィルソンも即座に反論した。この論争がことさら耳目を集めたのは、批判派の主役に、ウィルソンと同じ大学、それも同じ建物の同僚がいたことだった。

本書は、四半世紀に及ぶその論争を間近で観察し続けた科学社会学者による回顧と分析である。全体は三幕ものオペラになぞらえられている。登場人物は業界のセレブたち。論争の勝者は誰だったのか。勝者も敗者もいないと、著者は結論する。結果的には、「善（よ）い科学」とは、科学における「真理」とは何かをめぐる考え方の違い、あるいは政治信条の違いが浮き彫りにされた。大西洋もまたいだ論争は、自浄作用も果たした。

日本では論争もないまま、浮気遺伝子とか恋愛遺伝子など、通俗化された社会生物学が広まっている。なればこそ、本書の刊行は意義がある。人間の本性とは、科学は誰のためのものかについても大いに考えさせられる。

（原題、DEFENDERS OF THE TRUTH）

評・渡辺政隆（サイエンスライター）

Ullica Segerstrale　米イリノイ工科大教授。

二〇〇五年四月一〇日⑦

『私の大事な場所』

ドナルド・キーン 著

中央公論新社・一八九〇円
ISBN9784120036156／9784122053533（中公文庫）　文芸

著者の新聞や雑誌に掲載された原稿や講演が収められていて、アメリカ人学者の稀有（けう）な軌跡がたどれる。19歳で日本語を勉強し始め、太平洋戦争の勃発（ぼっぱつ）直後に米海軍日本語学校に志願した。戦争が終わると学生のほとんどが学ぶことをやめたが、日本語の魅力は著者をひきつけて離さなかった。それからの60年以上を、日本学の国際的権威として、愛する日本文学の研究に捧（ささ）げてきた。

日本人作家との交流も多く、面白いエピソードが満載だ。例えば永井荷風の日本語の美しさに感動の余り家の汚さを忘れたし、司馬遼太郎との対談では彼の博識に圧倒されて苦しんだ。

著者が東京に住むようになってから40年が過ぎた。「日本の何がそれほど良いか」と聞かれると、「日本語に囲まれていること」と答える。これまで、文化の〝かけ橋〟として働いてきたことをうれしく思うと述べるが、著者を得た日本文学こそ幸運だったのだ。

評・多賀幹子（フリージャーナリスト）

二〇〇五年四月一〇日⑧

『経済が社会を破壊する』

正村公宏 著

NTT出版・一六八〇円
ISBN9784757121409　経済

エコノミストはながらくカネ回りが良くなれば社会も活気づくと唱えてきた。現実はどうか。「人の心はカネで買える」と断言したIT長者は、世間から手ひどい抵抗を受けた。「勝ち組」企業の従業員も過労に追い込まれ、経済苦ゆえの自殺者は未曽有（みぞう）の多さのままだ。これを矛盾と感じる鋭敏な人には、書名がコトリと腑（ふ）に落ちるだろう。

貴重なのは、社会評論にとどまらず経済の論理から説明を与えてくれる点。余力のあった70～80年代に、高度成長で疲れた社会と生活を再構築すべきだったという説には共感する。財政を緊縮せず、親を長時間の勤務や通勤から解放して家族に戻し、子供が安心して遊べる地域を維持し、美しい自然を回復するなど。

だが性懲りもなく経済の中だけでカネを回そうとして無駄に公共投資や金融緩和を続け、構造改革では企業をシゴいて、揚げ句に経済も停滞した。政治家とエコノミストの責任を思い知る一冊。

評・松原隆一郎（東京大学教授）

二〇〇五年四月一〇日⑨

『ユージニア』

恩田陸 著
角川書店・一七八五円
ISBN9784048735735／9784043710027（角川文庫） 文芸

誰もいない場所で木が倒れたとき、倒れる音はするのか。普通に考えれば、音はする、という答えになるだろう。だが量子論の世界では、観察者が存在しなければ音はしない、という考え方をする。

現代日本のミステリーには、この量子論的な考え方をそのまま小説にしたような作品も少なくない。恩田陸の『ユージニア』も、まさにそのような作品だ。

小京都と呼ばれる北陸の地方都市で起きた集団毒殺事件の真相が、関係者のインタビューや小説的記述を交えながら追求されていく本書は、さまざまな視点を通して語られていくことで、個々のエピソードやキャラクターが際立ち、求心的に謎を追いつつも多元的な物語が立ち現れていく。

過去の事件を扱っていることも与（あずか）って、全編に静謐（せいひつ）な雰囲気が満ちており、舞台となった地方都市出身の作家・泉鏡花を連想させないでもない。言葉の真正の意味でミステリーと呼ぶべき逸品である。

評・横井司（文芸評論家）

二〇〇五年四月一〇日⑩

『三島由紀夫と橋川文三』

宮嶋繁明 著
弦書房・二五二〇円
ISBN9784902116281 文芸／ノンフィクション・評伝

橋川文三と三島由紀夫は、たがいに共通の重心のまわりを回転する連星のように緊密な関係にあった。

橋川の直弟子にあたる著者は、三島の天皇論と自決の背景には橋川の影響があったとする仮説から、橋川が三島に対していわばメフィストの役割を果たしたとする思想史の内景に分け入ってゆく。

共有していたのは戦争体験一般ではない。この二人は、民衆には災禍でしかない戦争にひそかな「秘宴」の愉悦を感じていたという特異なうしろめたさから出発したことを特色とする。思想家としての橋川は、暗い情念に明晰（めいせき）な輪郭を与える難業に挑み続けた。

著者は論旨を迷わずたどり、この論敵同士の間に保たれる微妙な共謀と対決の機微を『文化防衛論』をめぐる応酬から読み解く。

橋川の思想は、戦後日本人の心に深く突き刺さって抜けないヤジリだ。論じ切るには、抜かずにまっすぐ押し出すしかないと感じさせる一冊である。

評・野口武彦（文芸評論家）

二〇〇五年四月一七日①

『ロシアン・ルーレット』

山田正紀 著
集英社・一八九〇円
ISBN9784087747317 文芸

実験的で娯楽的 ホラー・サスペンスの到達点

山田正紀は小説の達人である。デビュー以来三〇年間、どんなジャンルに挑戦しても抜群におもしろい作品を書き上げてしまう。どれを読んでも当たりはずれがないのだ。そんな彼が自ら自信作と呼ぶこの連作集では、読者はまず、「ロシアン・ルーレット」なる命名自体に、うまさを感じるだろう。このタイトルは、実弾がどこかに一発だけひそむ弾倉を回しつつ、自分のこめかみに向けてピストルの引き金を引くゲームを指すが、それはもちろん自殺行為の別名でもある。全十話におよぶ連作のひとつひとつがピストルの弾倉というわけだ。

まず冒頭で描かれる事件現場がショッキングである。崖（がけ）から転落したバスが、横倒しになった送電塔の尖端（せんたん）に車体の中央を串刺しにされ、崖から宙吊（ちゅうづ）りになり、きしみながら左右にゆれている。降りしきる雨の中、ちぎれた送電線になぎ倒されたであろう樹木が、チロチロと青白い地獄の炎を這（は）わせている。

物語は基本的に、事故直前、そのバスに乗

り合わせたK県は人口十五万人の栖壁（すかべ）市の刑事・群生蔚（むろうしげる）の意識を中心にくりひろげられていく。各章の主人公が変わっても、すべてが群生の視点のみから語られる。あらかじめ乗客全員と面識があるわけではない。ただひとりの例外は、かつて彼と何らかのつながりがあったらしいコンビニのアルバイト娘・相楽霧子（さがらきりこ）だが、しかし彼女にしても、同市の場末のカラオケ・ボックスで殺害されたばかり。にもかかわらず、額の銃痕もあらわな彼女が堂々と同じバスに乗り、群生に話しかけてくるのだから、はたしてこれは幻影か幽霊か？

　群生は乗客たちを「善人」と見ようとするも、霧子はこんな言葉をくりかえす――「いい人間は死んだ人間だけ。人間なんかどいつもこいつも生ゴミだよ」。その結果、群生は霧子の超絶的な力の助けで、乗客各人の秘密を幻視し、それらが例外なく地獄を孕（はら）んでいることを思い知る。バス運転手から果樹園経営者の妻、七歳の少年、拒食症の女、営業部長、それに無菌マウスの研究者まで……各人の人生が、怒濤（どとう）のように群生の意識へ流れ込む。やがて連作は語り手である群生本人が内部に秘めるとてつもない闇に向かって、突進する。従来の物語そのものの約束事をまんまと突き崩す仕掛けが随所に詰め込まれ、どの連作も小説のツボに命中していて、はずれがない。

　むろん結末については明かせないが、ただし最大のヒントとして、本作品のテーマが、同時期に発表された長編SFと通底することだけは、ふれておいてもいいだろう。七四年発表の山田正紀デビュー作『神狩り』は言語哲学的な神概念への挑戦だったが、今年三月刊の続編『神狩り2』（徳間書店）は三〇年前の原点を神経科学的に組み替える。本書『ロシアン・ルーレット』は、それをさらに物語学的に練り直し、語り手という存在そのものが秘める恐怖を露呈させた、高度に実験的にして極度に娯楽的なホラー・サスペンスといってよい。

評・巽孝之（慶應大学教授）

やまだ・まさき　50年生まれ。作家。著書に『ミステリ・オペラ　宿命城殺人事件』ほか。

二〇〇五年四月一七日❷

『境界線の政治学』

杉田敦 著

岩波書店・二四一五円
ISBN9784000225359／9784006003371（岩波現代文庫）

政治

「われわれ」「彼ら」を分かつ妥当性は

　領土をめぐる紛争が多発している。

　この種の問題を考えるたび、領有権主張の法的根拠とされる先占、征服、割譲などの、いわゆる「権原（タイトル）」とは結局何かという疑問に行き着く。詮（せん）ずるところ、国家による勝手な線引きのことではないか。

　境界線を引くこと。それは政治的なるものの本質である。必ずしも国境線のような、見易（やす）い実線とは限らない。境界線は予（あらかじ）め人々の脳裡（のうり）にあり、「われわれ」と「彼ら」とを分かつ。または友と敵とを。仲間とよそ者とを。文明と野蛮とを。国民と非国民とを。

　いま世界の一端で、グローバリズムが喧伝（けんでん）され、他端ではアイデンティティの政治が叫ばれる。どちらも暴力の契機を孕（はら）み、不吉な風潮を散乱させている。

　そんな情勢下で境界線を思考する。何とアクチュアルな政治学だろう。

　著者、杉田敦の思考は、イラク戦争後の混沌（こんとん）たる政治状況と切り結んでいる。

　いまや人と人とを隔てる線はあらゆるとこ

ろに引かれている。境界線は、民族や階級といった明瞭（めいりょう）な分界を示すだけではなくなった。錯綜（さくそう）する線が織り出すちっぽけな網目に、仮初めの寄辺（よるべ）を見出（みいだ）すしかない。それが私達（たち）の姿だ。

合意に着目しても、対立に着目しても、境界線の政治からは逃れられない。アイデンティティを強調しても、差異性を強調しても事態は変わらない。

同一性（共同性）への再帰に、混沌からの血路を見出そうとする政治哲学者、マイケル・ウォルツァーに対する、本書の批判は鋭く、そして重い。

しかし杉田は、境界線の廃棄を気安く唱えるような楽観も許さない。

例えば法は、確かに無数の線を引く。しかも、その線引きはしばしば権力の恣意（しい）に委ねられる。それを認めた上で、こう反問する。「それではわれわれは法なしにやっていくことができるのか」と。

私達は線を引かずにはいられない。だが、自らが引いた線が何を排除したかを絶えず意識し、その線の妥当性を問い続けることならばできる。その可能性に賭ける本書は、ラディカルな政治学批判でもある。

評・宮崎哲弥（評論家）

すぎた・あつし 59年生まれ。法政大教授。著書に『権力の系譜学』『権力』ほか。

二〇〇五年四月一七日③

『ソーシャルパワー　社会的な〈力〉の世界歴史Ⅱ　上・下』

マイケル・マン 著　森本醇、君塚直隆 訳

NTT出版・上巻四九三五円、下巻五二五〇円
ISBN9784757140592〈上〉・9784757140820〈下〉

歴史／社会

社会科学と格闘して描く「長い19世紀」

社会科学者の心の中には、社会の全体を自らの理論によって包括的に解き明かしたいという尽きせぬ欲望が渦巻いている。大半の学者は欲望を抱いたままで終わるのだが、時には本当にその仕事を実行に移す人がいる。著者もそうした例外的な学者である。

本書は社会的ネットワークの交錯という観点から人類社会を説明しようとする歴史社会学の大著の第2巻である。第1巻（02年に同じ訳者による邦訳が出ている）では先史時代から18世紀までの人類史を扱ったのに対し、本巻では1760年代から第1次世界大戦までの「長い19世紀」のイギリス、フランス、ドイツ、オーストリア、アメリカ合衆国を扱ったに過ぎない。しかしそのページ数は第1巻の1・5倍に近い量となっている。

その主な所以（ゆえん）は、過去の主要な社会科学諸分野の議論を参照した上で、自らの理論の正当性を主張するという著者の手法であろう。社会科学のほとんどは18世紀以降を扱っているから、おのずと著者は社会科学全体と格闘することになる。しかも著者の基本的な枠組みは、経済、軍事、イデオロギー、政治の四つの社会的な力の源泉の組み合わせによって社会構造とその変動を説明するという正統派に属するものであり、広範な読書量と手際よい評価には感心させられるが、よくも悪くも従来の理論を一刀両断にして新たな視角を提示するという荒々しさには欠ける。

特に第2巻は第1巻に比べても国民国家の枠組みが強調され、その分、既存の研究のまとめという色合いが強まっている。

それでも、国家権力を専制的な力と基盤構造的な力に区分けしたり、制度論的国家統制というモデルを提示したりと随所で著者の独創的な見解が示されているし、最終章でそれまでの分析が第1次世界大戦の起源と結びつけられる構成は美しい。全4巻の構成だが、この巻だけでもまとまりがついている。

最後に、本書の性質上、専門用語がちりばめられていることは避け難いが、大著を平易な日本語に移しかえた訳者の努力を称賛したい。

（原題、THE SOURCES OF SOCIAL POWER Vol.2）

評・中西寛（京都大学教授）

Michael Mann　歴史社会学者。

二〇〇五年四月一七日⑤　歴史

『明治馬券始末』

大江志乃夫 著
紀伊国屋書店・一八九〇円
ISBN9784314009768

競馬に差した近代の光、そして影

日本の近代競馬は、日露戦争の軍馬の平和利用から始まった。

馬匹（ばひつ）改良の国策にしたがって馬政局が設置されたのは明治39年（1906）5月。社会に戦勝気分がただよい、旧満州の原野で激闘した騎兵隊が「戦場の花」と謳（うた）われていた時代である。ロシア軍の降伏後、戦利品として獲得された軍馬数千頭のうちから優良な種馬が選ばれ、産馬奨励に刺激をもたらした。

馬をトピックにして近代史の内景を切り開く。幼時から馬が好きだったという著者でなくては書けない一冊である。

馬政局はさっそく大蔵省・陸軍省・農商務省の勢力争いの場になった。中でも力を入れていたのが陸軍である。軍馬改良に熱心であったのと同時に、そのための財源不足にも苦しんでいた。そこで眼（め）を付けたのが競馬である。馬券収入はまたとない資金源を約束する。

お手本は横浜居留地の外国人がやっていた根岸競馬だった。馬券の売買は刑法の賭博罪にひっかかるはずだが治外法権で見逃されていたというのが面白い。その辺は黙認というかたちで、明治39年11月、池上競馬場で「日本最初の近代競馬」が開かれた。後の天皇賞の原形である「帝室御賞典」レースが始まり、軍馬競走もあった。競馬会の収益は当時の金で7、80万円もあったとされる。

各地で競馬会が林立した。大衆賭博が公認されたのだから便乗も多かった。八百長レースが発生して、非難攻撃の声が高まる。司法省は明治41年（1908）10月、陸軍の反対をねじ伏せて馬券発売禁止に踏み切り、馬政局長官が辞職して抗議する騒ぎになった。

そのさなかに騎兵士官のスキャンダルが暴露された。日露戦争のエリート連隊の将校が軍紀に違反して馬券を買っていたと新聞報道されたのである。真相は憲兵隊によるデッチアゲだったが、その横暴に抵抗した騎兵旅団長は報復人事を受けて退役まで昇進できなかった。

事件の背景にやがて「大逆事件」に向かう政治検察の胎動を透視しつつ、読者を明るい競馬から歴史の深い闇に引き込んでゆく手腕は老練である。

評・野口武彦（文芸評論家）

おおえ・しのぶ　28年生まれ。歴史家、作家。『靖国神社』ほか著書多数。

二〇〇五年四月一七日⑦　文芸／ノンフィクション・評伝

『北原白秋』

三木卓 著
筑摩書房・二九四〇円
ISBN9784480885210

北原白秋。ひとがこの名前を眼（め）にした時「ペチカ」「この道」などの懐かしい童謡を口ずさんだり、鮮烈な短歌や詩の幾つかを思い浮かべたりする。白秋の仕事は才能の赴（おもむ）くところ短歌、詩、童謡、新民謡、小説、俳句など多岐にわたり、その人生もまた曲折、波乱にみちた航路のようだった。

著者はものごころがついた頃からの白秋体験から、やがて破天荒とも思えるこの巨大な詩魂の航跡を辿（たど）り始めた。いわば詩人が詩人の内側を見届けた。

白秋は名歌「君かへす朝の舗石さくさくと雪よ林檎（りんご）の香のごとくふれ」という相聞歌を収めた歌集『桐（きり）の花』の時代に、人妻との恋がもとで姦通（かんつう）罪の告発を受け収監される。この頃の白秋を著者は「困難が束になって襲いかかってきた『試煉（しれん）の充実期』」と述べる。自由、放蕩（ほうとう）が白秋にとって詩の肥やしになったのだ。

斎藤茂吉とともに白秋が現代の詩歌に与えた影響ははかり知れない。この一冊はそれを熱をこめて語る。

評・前川佐重郎（歌人）

二〇〇五年四月一七日⑧　歴史

『金尾文淵堂をめぐる人びと』

石塚純一 著
新宿書房・二九四〇円
ISBN9784880083339

近代日本出版史はほとんど未開拓の研究分野である。紅玉堂、東雲堂、籾山書店、アルス、阿蘭陀（オランダ）書房など、思いつくままに名をあげてみたが、現在、これらの出版社は存在しない。そういうことも研究の進まない背景にあるだろう。

金尾文淵（かなおぶんえん）堂もそのひとつで、与謝野晶子の著作を多く手がけ、また美本造りとしても知られた書肆（しょし）である。本書は、その金尾種次郎を中心に、作家・学者・画家などとの人間交流を、刊行物や多くの資料発掘によって明らかにする。

徳富蘆花との不思議な関係、三十年かけて完成した『望月仏教大辞典』と呼ばれる企画の発想と挫折、その他、挿絵から造本まで、金尾文淵堂の果たした文化的役割はいまでも興味深い。

著者だけではなく、出版関係者の理想や熱意があって、初めて「本」という世界が立ちあがる。そういう元編集者らしい思いがすみずみまでこもっていた。巻末の刊行書目年表も大変貴重な調査データであろう。

評・小高賢（歌人）

二〇〇五年四月一七日⑨　科学・生物

『世の中意外に科学的』

櫻井よしこ 著
集英社・一四七〇円
ISBN9784087813067／9784087462289（集英社文庫）

今の世の中、科学抜きでは成り立たない。だから科学は大切だと説くのだが、これがなかなか通じない。なぜなら、科学を理解するなんて七面倒臭い、専門家にまかせておけばいいと、大方の人が考えているからだ。しかし、科学の研究をする専門家はいても、科学をウオッチする専門家はいない。人まかせにせず、一人ひとりが科学をウオッチする心構えが望まれる所以（ゆえん）である。

とはいえ、面白くもないものをウオッチする気にはなれない。あるいは、必要性が感じられないものにかまける気にはなれない。

それに対して、本書のメッセージはきわめて明快である。世の中の仕組みを科学的にウオッチすることの必要性、科学的に物を見ることによって得られるワクワク感が、説得力豊かに説かれているのだ。世の中を少しばかり科学的に見ることで、何かを知って何を知らないかを知ることこそ最高の知的喜びとの著者の言がすばらしい。

評・渡辺政隆（サイエンスライター）

二〇〇五年四月一七日⑩　ノンフィクション・評伝

『黒部の太陽　ミフネと裕次郎』

熊井啓 著
新潮社・一六八〇円
ISBN9784104746019／9784101369518（新潮文庫）

戦後の経済復興を賭けた黒四ダム（黒部川第四ダム）建設が素材なのだから、当然といえば当然だが、映画「黒部の太陽」は、リアリズムに徹した実に骨太の社会派ドラマだった。上映時間3時間15分。三船敏郎、石原裕次郎の激突が話題を呼んだ。

ミフネ、裕次郎に加え、中井景プロデューサーもすでにこの世にいない。中核4人のうち、唯一の生き残り熊井啓監督が、37年後に書き上げた現場報告が、またまた迫力に富む。

独立プロ製作だけに、大手映画会社が、他社出演などを禁じる五社協定を盾に圧力をかけてくる。トンネル内大出水の場面を撮影する際は、死者を出す一歩手前までいった。襲いかかる難関を乗り越えられたのは、全員に最高の日本映画を作るんだという志があったればこそ。

シナリオ（井手雅人、熊井）が併載されているので、本文といきつ戻りつしながら読むと、現場の苦労が他人事（ひとごと）とは思えなくなってくる。

評・安倍寧（評論家）

二〇〇五年四月二四日❶

『戦争と万博』

椹木野衣 著

美術出版社・二九四〇円
ISBN9784568201741　人文／アート・ファッション・芸能

明るく薄っぺらな「晴れ舞台」を徹底解剖

わたしの勤務先は、大阪万博の跡地の外れにある。いまは緑がずいぶん深くなり、高速のアスファルト道も周囲にすっかり溶け込んでいる。が、生活臭はまったくない。祭りの記憶もとっくに消え、それなりに美しく穏やかな風景、だが底知れず退屈な風景が、だらんとひろがる。

全共闘運動や反体制デモ、ヒッピーやアングラ芸術で都市がなにやらざわついているとき、竹林を大きく削ったこの人工都市にも人があふれかえった。あまりに明るく、そして薄っぺらな未来のイメージに、人びとはとまどいながらもどこかハイになっていた。そのけだるい感触だけはいまもありありと残っている。

そんなまどろみを引き裂くような本が出た。破格の国家予算をつぎ込み、産業界を巻き込み、そしてなにより日本の前衛芸術家集団を「総動員」したこの戦後最大の「晴れ舞台」について、資料や批評や研究がほとんどなく、それにかかわった人たちもなぜか口をつぐんでいる……。それをひとりの美術批評家が問題にした。

切り口は美術批評家らしく、こうである。50年代に「前衛」の旗手だった人たち、たとえば実験工房という脱ジャンル的な前衛芸術家集団、具体やネオダダ、建築におけるメタボリズム。かれらはなぜここに集結したのか。なぜここで「前衛」としての武装を解除し、さらにその記憶をこぞって封印したのか。

長らく批評のタブーとなってきた「万博芸術」を解剖してゆくうち、この批評家は、地下に埋められた驚くべき配線の数々を見いだす。

丹下健三をはじめとして大阪万博の主力となった建築家たちが戦時中の「大東亜建設記念造営計画」に加わっていたこと。万博事務局に旧満州国の行政スタッフが採用されたこと。最初のプランナーであった浅田孝の、当時としては違和感のあった「環境」概念が、建築と都市計画と前衛美術のあいだをつなぎつつ、原爆投下後の建築の意味について決定的な問題提起をするとともに、続く田中角栄の日本列島改造論にも強いインパクトを与えたこと。戦中・戦後の日本美術のなりたちは、戦争画から万博芸術をへてジャパニメーションにいたる「聖戦芸術」の三度の反復として捉（とら）えかえされるべきこと。大東亜共栄圏の構想から万博の奇矯なパビリオン群をへて地下鉄サリン事件までをつなぐ「滅亡」のテーマ。万博会場で「全裸走り」をしたダダカンとアナキスト・大杉栄をつなぐ糸、その大杉を暗殺し、特務工作員として満州で暗躍した甘粕正彦が彼の地でおこなった映像実験が万博に落とす影……。

この本のいたるところに、まるでミステリーのように、隠れた補助線が引かれている。できすぎではないかと一瞬、目を疑うくらいだ。が、事実は小説よりさらに奇なり。万博建築をプロデュースした丹下健三が、愛知万博開催というまさにその時にこの世を去ったのだから。

万博には「未明」の領域が多すぎると、椹木野衣はいう。本書はその「未明」を炙（あぶ）りだした超問題作だ。

評・鷲田清一（大阪大学教授）

さわらぎ・のい　62年生まれ。美術評論家、多摩美術大助教授。『シミュレーショニズム』ほか。

二〇〇五年四月二四日②

『坂本義和集　全6巻』

坂本義和 著

岩波書店・三九九〇～四四一〇円
ISBN9784000270151〈1〉・9784000270168〈2〉・9784000270175〈3〉・9784000270182〈4〉・9784000270199〈5〉・9784000270205〈6〉

政治／国際

護憲平和と冷戦の矛盾に挑んだ進歩派

著者は丸山真男などに代表される進歩派知識人の系譜に連なる国際政治学者として、50年代から今日まで現状の批判と変革を訴える立場から数多くの評論を公にしてきた。本書は著者の主要な作品をテーマ別に編集した著作集である。作品年譜がなく、著作全体の中での各作品の位置づけが分かりにくい点は残念だが、2巻以降につけられた解題がこの点をある程度補っている。

進歩派を標榜（ひょうぼう）する著者が保守主義者エドマンド・バークの研究から出発したことは意外な感もある。著者は若い頃に未完だった論文を今回、完結させた（1巻）。18世紀的世界観から抜け出られず、フランス革命を理解できなかったのがバークの限界であると指摘する分析だが、半世紀を経て論文が完結されたことはこの著作集の意義の一つであろう。

しかし著者の業績の中心は、何といっても2巻以降に収められた、同時代の国際政治分析であろう。進歩派知識人にとっての課題は、護憲平和主義という国内的課題と冷戦という国際環境の拘束の間にいかに矛盾なき論理を見いだすかであった。著者は国際政治の現状を権力政治として捉（とら）え、その変革を主張することで、国内的論理と国際的論理の両立を図ろうとした。初期に「中立日本の防衛構想」（3巻）において、日米安保と自衛隊に代えて国連警察軍の日本駐留を提案し、後期に市民的連帯による権力政治の置き換えを主張したのも、そうした要請に応えようとしたものと理解できる。

それらの主張には、その論理や実現可能性において批判も寄せられてきた。主体的に自衛努力をしない国を国連が守ってくれるとは思えないし、政治と権力は不可分だから、市民的連帯も権力政治を消し去ることはできないだろう。

しかし著者の作品は戦後日本の一つの立場を代表するものとして後代の人々に読まれる価値をもつものであろう。先人の仕事に敬意を払い、批判を含めて継承するのでなければ、流行に流れるだけになり、強い思考は育たないからである。そのような意味においても、今回の著作集の完結を評価したい。

評・中西寛（京都大学教授）

さかもと・よしかず　27年生まれ。東京大名誉教授。

二〇〇五年四月二四日③

『〈学級〉の歴史学　自明視された空間を疑う』

柳治男 著

講談社選書メチエ・一五七五円
ISBN9784062583251

教育

起源は英国　教育論議の前提に光あてる

学校生活の舞台である「学級」は、パック旅行やファストフード店のサービスと似ている？　一見、私たちの常識に反する発見が、本書の核心である。

こうした学級の特徴に注目するのはなぜか。教育が展開する学級という舞台（ハードウエア）の存在が、そこで行われる教育のあり方（ソフトウエア）を大きく枠づけており、それに気付かないほど、学級の存在が当たり前に受け入れられているからだ。そんな常識をとらえ直し、教育論に反省を迫る。そこに本書のねらいがある。

では、学級はパック旅行やファストフード店とどこが似ているというのか。この疑問に答えるために著者は、学級誕生の地、イギリス教育の歴史を繙（ひもと）く。

イギリスで最初のパック旅行が始まった19世紀半ば、どんな内容の教育を提供するのかをあらかじめ決めたシステムとして、学級の制度も完成し広まった。多くの子どもを一斉に教える上で、事前にさまざまな条件や内容を統制し、効率性を追求するしくみ＝「事前制御」による教育である。ここに、近代とともに、学級制度が採り入れられた理由がある。マニュアル化されたファストフード店やパック旅行と似るのも、ともに「近代」という生みの親を持つからだ。

さらにそこに、生活重視の日本的特徴が加わる。教師と生徒、生徒同士の親密な交わりを「よい教育」とする教育観。さまざまな生活機能を抱え込み、多様な活動で膨れ上がる「定住の場」としての教室。個性尊重の児童中心主義や「心の教育」も上乗せされる。

だが、そもそも学級はファストフード店のように事前制御を念頭につくられた、融通の利かないハードウエアである。そこに、有名シェフのレストランばりに、個性的で高級なサービス（「生きる力」の教育？）を期待したらどうなるか。日本の教育論で見過ごされる論点である。

メリットもデメリットもある「近代」の宿痾（しゅくあ）を背負った学級とどう向き合うか。それを避けては、まともな教育論議はできない。その一歩先を見通すためにも手に取ってほしい一冊である。

評・苅谷剛彦（東京大学教授）

やなぎ・はるお　41年生まれ。中村学園大教授（教育社会学）。

二〇〇五年四月二四日❹

『四十日と四十夜のメルヘン』

青木淳悟 著

新潮社・一五七五円

ISBN9784104741014／9784101282718（新潮文庫）　文芸

すんげえ！面白い、だから読んで

「四十日と四十夜のメルヘン」が新潮新人賞をとったすぐ後、選考委員の保坂和志さんから、「すごく面白いから読んで」というハガキが来た。保坂さんが保証しているのだから、面白いに違いないと思って読んだ。その時の感想は、というと、「すんげえ！」だった。

作者の青木淳悟さんは、次に「クレーターのほとりで」という作品を書き、その評判が伝わってきた。どうやら、傑作らしかった。しばらくたって、実際に読んでみたら、やっぱり傑作だった。

つまり、「すんげえ！」のと傑作の二本が収められているのがこの本で、お買い得というべきだろう……とこれだけでもう書くことはほとんどないのだが、内容についてもちょっと書いておこう。「四十日」のあらすじはというと、主人公の「わたし」は、チラシに、なぜか、七月四日から七日までの四日間の日記を繰り返し書いている。それは、おそらく、「わたし」の「小説の先生」の小説が、ある修道士の手記を下にして書かれたもので、しかも、その「先生」が、もともと七年分もある手記を、修道士の生活はまったく同じことの繰り返しなので、七日分の手記に書き換えるというとんでもない暴挙に出たことに深く影響されているからだ……。

違うな。もしかしたら、ぜんぜん違うかも。でも、この小説の、いちばんすごいところは、そこなのだ。

ふつうの小説は、あらすじを間違えずに説明できるのに、この小説では、説明しようとすると、必ず間違う。

人が生きるということ（これは「人が言葉を使うということ」に等しい）は、とてもとてもとても複雑でやっかいなことで、小説というものは、そのとてもとてもとても複雑でやっかいなことを、再現するために存在している。だから、小説というものは、あらすじなんか説明しようとしたって混乱して間違えるものの方が正しいのである。つまり、青木淳悟さんの小説には、「人生」が描かれているのだ。えっ？　では、他の人の小説に書かれているものは何？　たぶん、何にも書かれてないんじゃないですか。

評・高橋源一郎（作家・明治学院大学教授）

あおき・じゅんご　79年生まれ。03年、表題作で第35回新潮新人賞。

二〇〇五年四月二四日⑤

『途上国ニッポンの歩み　江戸から平成までの経済発展』

大野健一 著
有斐閣・二四一五円
ISBN9784641162310
歴史／経済

ビッグバンより漸進主義で「和魂洋才」

日本経済の通史に関心のある読者は多い。それでいて、一般読者の知的好奇心に応えうる書物は少ない。なぜだろうか。さまざまな史実につき、学界では無数の解釈が示され、論争が繰り広げられているのだが。

一因として、おのおの解釈を列挙しても「点」が並ぶにすぎず、歴史という「線」にならないことがある。「線」をかたどるには一定のビジョンが必要になるが、マルクス主義の革命史観には往時ほど共感が寄せられていない。

留学生向けの講義録だというが、ビジョンを提示するために著者が行った工夫は秀逸だ。ひとつには、開発のアドバイザーという立場を利用して、極東の農業国から最先端の工業国へとたどった日本を途上国に見立て、個々の経験を評価している。幕末期に多くの藩がすでに経済発展していたのに、江戸期の長者231人のうち維新を経た半世紀後には20人しか地位が維持できなかったという、豪商が明治産業化の担い手ではなかったことを示す記述などは、近代史がすでに疎遠なものとなった日本の読者にも、新鮮な驚きをもたらすだろう。

いまひとつの工夫が、途上国は外国から与えられたインパクトをそのまま受け止めず、従来のシステムと、主体的に統合してやることで発展できるという「翻訳的適応」の考え方である。明治維新では、産業化や民主化といった洋才をいかに天皇制や日常心理という和魂につなげるかが問題となった。

だが適応には時を要する。近代化に悩んだ漱石の講演が引用され、時が熟するのを待つ「漸進主義」が、一気の適応をめざす「ビッグバン」よりも好意的に紹介されている。いまだ封建的な民衆に合わせて立憲君主制を唱えた大久保と、人心の刷新を説いた福沢の相違は、この点にあるという。

IMFの勧告通りに財政緊縮を導入すべきだと結ぶように、ここ10年の改革に関しては「漸進主義」は支持されないが、会計ビッグバンに端を発したIT長者のメディア買収への世論の反発なども、同じ図式から考えてみたくなる。

評・松原隆一郎（東京大学教授）

おおの・けんいち　政策研究大学院大学教授。『途上国のグローバリゼーション』など。

二〇〇五年四月二四日⑥

『まがたま模様の落書き　あるオランダ人が見た昭和の日々』

ハンス・ブリンクマン 著　溝口広美 訳
新風舎・一八九〇円
ISBN9784797449990
歴史

戦後日本と歩んだ元銀行員の回想録

十八歳で、占領下の日本に赴任したオランダの銀行員ハンス・ブリンクマンが、昭和四十九（一九七四）年に日本を去るまでの日々をつづった回想録である。

海外渡航できない、書類にサインする権利もない、屈辱的な日々を恬淡（てんたん）として生きる日本人の姿がある。書かれていることの多くは、日本人の行員や京都の芸術家との交流、名古屋の女性との結婚など個人的な体験だ。なのに、しなやかな感受性とまっすぐな観察眼ゆえか。戦後から高度成長期にかけての日本が、一人の青年の成長物語と相まって、くっきりとした輪郭をもって現れるのを感じた。

本人に自覚はないようだが、ハンスは日本を信じ、復興を助けた数少ないエリート外国人の一人だったのだ。二十九歳で東京支店長になると、信頼を日本企業への融資という形で具体化した。昭和三十年代にそれがどれほど困難だったか。本社への説得材料はただひとつ。〝私は日本を信じる。私と同じように信じてくれ〟。だからこそ、東京五輪を機に経済成長を遂げる日本を誇りに思った。

だが、魔法も解ける日がくる。米国の銀行の日本担当重役になると、日銀や大蔵省との交渉に神経をすり減らし、市場開放を拒み続ける日本の甘え体質をだんだん擁護できなくなった。まがたま模様とは、明確な判断を避けたいとき、日本人がテーブルの上で指先でなぞる形のこと。はじめは欧米人の攻撃性への対応策と思ったが、人を煙（けむ）に巻く曖昧（あいまい）な態度に我慢ならなくなった。欧米と日本の間で引き裂かれたハンスは、日記に書いた。

〈人間の運命とは生を抱きしめることであって、対立するのではない〉

離日したハンスが金輪際、日本を見限ったかどうかはふれないでおく。ただ、一ビジネスマンとして日本の復興に青春をささげたハンスの言葉は、どんな評論家とも違う説得力をもって響くはずだ。

読了後、飛行機のタラップに立つハンスの写真が一瞬、厚木飛行場に降り立つマッカーサーと重なった。いやいや、あの威圧的な姿とは大違い。こちらはスーツの襟にコサージュをつけ、少年のようにいたずらっぽい笑みを浮かべている。

評・最相葉月（ノンフィクションライター）

Hans Brinckmann　32年ハーグ生まれ。元銀行員。文化交流にも尽力。

二〇〇五年四月二四日⑦　社会

『暗闇のなかの希望』

レベッカ・ソルニット著　井上利男訳

七つ森書館・二三一〇円

ISBN9784822805968

終わりの見えないイラク戦、行方の知れぬグローバリゼーションの波。深い闇におおわれたようないまという時代に、それでも光を探り新風を起こす知識人のひとり、著者（61年生まれ。米国カリフォルニア在住）はそんな位置にいる。

本書執筆の動機は03年春の世界規模の平和行動（同2月15日には南極基地、イヌイット領土の住民を含む3千万人とも言われる人々が参加）のあとの絶望を見つめることにあった。しかし著者は絶望の誘惑をかわし平和行動の真価に迫る。そこには特定の指導者を必要としない自立した、非暴力で戦争に反対する新しい市民パワーが出現していた。希望は萌（も）え出た。

核兵器の重圧、頻発する戦争や不況、過酷さを増す時代の中で市民は変化をとげている。著者は「花は暗闇で育つ」と記す。ネバダ核実験場閉鎖運動、ホームレス支援、座禅と多彩に行動する日常から紡ぎ出されるその思索と表現は、五月の薫風に似て新鮮。

評・増田れい子（エッセイスト）

二〇〇五年四月二四日⑧　人文／社会

『狂気と犯罪』

芹沢一也著

講談社＋α新書・八四〇円

ISBN9784062722988

精神の病などが原因で、心神喪失状態で行われた犯罪は処罰されない。これは一般に「人道的」処遇であると思われている。

本書は、この通念に根底から異議を唱える。精神障害者は、この規定のために「法の世界」から排除されている。公正な裁判を受ける権利を奪われる。

しかも、この規定によって、精神障害者は、一般社会においても、危険な存在と看做（みな）されてしまう。

「法の世界の住民でもなければ、社会の住民でもない」。「狂気」は二重の排除を受けているのだ。

だがこれは歴史的に形成された観念と制度である。

著者は、その来歴を辿（たど）り、刑事司法が精神医学的権力に侵食され、支配されていく過程を解き明かす。

いまや凶悪犯罪が起こると、犯人の行為自体ではなく、「心」や「内面」に焦点が絞られる。そして、犯人と「同じ心の傾向」を持った人々が問題視される。

かかる風潮の暴力性を徹底的に抉（えぐ）り出す思想史の冒険！

評・宮崎哲弥（評論家）

二〇〇五年四月二四日⑨

『ロボットは人間になれるか』

長田正 著
PHP新書・七三五円
ISBN9784569641553
IT・コンピューター／新書

「ロボット新時代」といわれる。これまでの産業用ロボットなどと異なる、二足で歩き、踊ったりボールを蹴(け)ったりする、親しめるロボットが登場してきたことが、ブームを生んでいる。

しかし、この人間型ロボットがこれから人間とどのように共生できるだろうかとなると、実はよく分かっていない。たとえば二足歩行にしても、目下のエンターテインメント系以外、用途目的がはっきりしない。

最大の理由は、ロボットが代行しようとする人間の知能や機能は、近づけば近づくほどに底なしに複雑であるからだ。「空想」と「科学・工学」の間の距離は限りなく遠く、ハードルは多い。が、それでも懸命な開発研究が進められている。

日本のロボット研究に草創期から携わってきた著者自身によるこの本は、過去の試行錯誤を率直に明かし、自問自答しながら現況と未来像を語り尽くしている。それだけに「人間にとってロボットとは何か」を考えさせてくれる好著だ。

評・宮田親平（科学ライター）

二〇〇五年四月二四日⑩

『パンダの死体はよみがえる』

遠藤秀紀 著
ちくま新書・七三五円
ISBN9784480062208／9784480430601（ちくま文庫）
科学・生物／新書

なんとも面妖な書名だが、中身は熱血解剖学者の奮闘記とでも言えばよいのだろうか。動物園などで動物が死んだと聞くや、遠藤先生は押っ取り刀で駆けつける。冒頭で紹介されているゾウの解剖シーンはとにかくすごい。ゾウを丸ごとつけ込むホルマリン水槽がない以上、解剖は時間と体力との勝負だ。急がないと腐ってしまう。それに、新鮮な組織を調べてこそ見えてくる真実がある。パンダの指をめぐる結婚前日の大発見（第三の親指発見！）もそうやって達成した。

動物の死体は、解剖して保存してこそ、末代の役に立つ。なぜならそこには、生命進化史四〇億年の真理が宿っており、燃やしてしまえばそれまでだからだ。

アフリカの珍獣ツチブタの手をCTスキャンにかけ、「誰よりも速く土を掘るためにこそ、ツチブタの手は美しい」と叫ぶ遠藤先生、どうやら、文豪にして形態学の祖ゲーテばりのロマンチストでもあるらしい。

評・渡辺政隆（サイエンスライター）

二〇〇五年五月一日①

『半島を出よ　上・下』

村上龍 著
幻冬舎・上巻一八九〇円、下巻一九九五円
ISBN9784344007598〈上〉・9784344007604〈下〉／9784344410008（幻冬舎文庫〈上〉）・9784344410015〈下〉）
文芸

福岡を独立させよ　暴力・テロの近未来リアル

北朝鮮特殊戦部隊の精鋭が福岡ドームを占領し、三万人の野球観戦客を人質にして、福岡を日本国から独立させようと図る。

荒唐無稽（こうとうむけい）、というもおろかなこの物語を、リアルで緊迫した近未来政治小説に仕立てあげたのは、村上龍の卓越した調査力と構想力である。奔放なイマジネーションを、細密な世界認識ががっちりと支えている。

ドルの凋落（ちょうらく）がすべての始まりだった。日本は大量のアメリカ国債をもっているはずだったが、その大半はアメリカ財務省の金庫に保管され、アメリカの圧力で売ることができなかった。その結果、日本の円と国債と株の大暴落が起こり、ついに国民の預貯金が凍結される。こうして経済大国から転落した日本の弱り目に北朝鮮がつけいったのだ。

特殊戦部隊の人質作戦に手をこまねいた日本政府は、テロの拡散を恐れて福岡を封鎖する。その間に、特殊戦部隊は住基ネットと納税者番号を駆使して、悪質な資産家を逮捕し、財産を没収して、その資産をもとに福岡内部の政治・経済を牛耳ってゆく。彼らには日本人の予想をこえる二の手、三の手があった……。

特殊戦部隊の政策は表面上ほぼ合法的だが、その遂行を保障しているのは、苛酷（かこく）な暴力である。人を廃人にする拷問であらゆる情報を引きだし、自分たちに攻撃が加えられればただちに報復の処刑とテロを行うと脅迫し、規律に反した部隊兵を見せしめに公開射殺する。

この暴力は「外部」のシンボルである。日本の内部にいて、外部の恐ろしさを見て見ないふりを続けてきた日本人が、いきなり戦争とテロにみちた「外部」に犯されたのだ。いわば、精神的鎖国を無理やり、北朝鮮のリアルな暴力によってこじ開けられたのである。

人命尊重を第一に掲げた日本政府は、福岡を封鎖することで真の決断を回避し、とりあえず鎖国を続けるしかない。人命などになんの価値も見ない北朝鮮特殊戦部隊との勝負は初めからついていたといえよう。第一ラウンドは特殊戦部隊の完全な勝利に終わる。

だが、北朝鮮にも「外部」は存在しない。どれほどリアルポリティクスにおいて巧妙であろうとも、例外や逸脱や少数者を絶対に容認しない北朝鮮には、内部だけがあって、外部が存在しない。そこにいらだつ日本人がいた。均一的日本社会から「外部」として排除された、犯罪者や異常者からなる少年の集団である。

毒虫飼育やブーメランや手製爆弾やビルの配管や軍事のおたくである犯罪少年たちは、みずからの特技をいかして、北朝鮮特殊戦部隊へのカウンターテロを開始する。

かつての怪作『昭和歌謡大全集』の続編である本書は、アウトロー少年の活躍を描くスリリングな冒険小説としても見事に成功している。だが、この強烈なスリルは、隠されていた外部の暴力が露呈するとき、人間はどこまで自己に誠実に決断し行動できるか、という根源的な倫理の問いから生まれているのである。

評・中条省平（学習院大学教授）

むらかみ・りゅう　52年生まれ。作家。著書に『五分後の世界』など。

二〇〇五年五月一日❷

『ある歩兵の日露戦争従軍日記』

茂沢祐作 著

草思社・二九四〇円
ISBN9784794213884

歴史／ノンフィクション・評伝

淡々と克明に記す　万骨枯るの世界

今年2005年は日露戦争終結百年にあたる。この従軍日記の筆者は、新発田（しばた）歩兵第十六連隊の上等兵で、戦功によって伍長に昇進した人物である。その遺族から歴史の節目にあたって公開された。

軍事評論家兵頭二十八（にそはち）の禁欲的で簡潔な解説が、歩兵第十六連隊―歩兵第十五旅団―第二師団―第一軍という組織の仕組み、さらには隊内での上等兵の役割といった事柄を要領よく説明している。

茂沢上等兵は、鴨緑江（おうりょくこう）渡河作戦、遼陽会戦、沙河会戦、黒溝台（こっこうだい）会戦など歴史に残る戦闘のほぼすべてに加わり、塹壕（ざんごう）で砲撃を浴び、散兵線で前進中に二度も銃創を負っている。

戦史をひもとけば、いずれもみな歩兵戦術の世界史的転回点をなすほど重要な会戦だったとわかる。しかし歩兵には、全局は見えないし、知る必要もない。ただ駒として現場に投入されるのみ。生死を分けるのは「運」だけである。

世は「言文一致」の時代であった。一兵卒

にも立派な文章が書けた。

日露戦争は『肉弾』『此一戦（このいっせん）』など日本で最初の「戦争文学」を生み出したが、この従軍日記には戦記物につきまとう名文調が見られず、達意の口語文で兵卒の日常を淡々と記述する。毎日の関心事は食い物である。旧満州の極寒と烈風にさらされた身体の休養である。いつまでも続く無聊（ぶりょう）のはてに、無我夢中で切り抜けるしかない戦闘の時間が襲来する。終われば敵も味方も入りまじって死屍累々（ししるいるい）。

心に残るのは、悲惨をきわめた奉天会戦のさなかに一時休戦を約束し、白旗と赤十字旗を掲げてたがいの死傷者を収容する一場面であろう。双方が握手もかわす。時間が切れると、銃撃戦再開。この時代にはまだ、敵味方が顔を持った人間同士として戦っていたのである。

日本軍の死傷者は八万五千名。悲惨な流血の対価請求でもするように盛んな戦勝気分にひたる一方で、筆者は「勝ってますます兜（かぶと）の緒（お）を締めよ」と自戒する。万骨を枯らした将は果たして戦訓を得たか。この歴史的戦勝から1945年の敗戦まではわずか40年しか経（た）っていない。

評・野口武彦（文芸評論家）

もざわ・ゆうさく　1881～1949年。新潟県出身。紳士服仕立て業。元全国洋服組合理事長。

二〇〇五年五月一日❸

『中世とは何か』

ジャック・ル＝ゴフ 著　池田健二、菅沼潤 訳

藤原書店・三四六五円
ISBN9784894344426

歴史

従来の歴史観覆し、西洋史の核心に迫る

「ルネッサンスはあなたの敵ですか」

フランス中世史の最高権威、ジャック・ル＝ゴフにちょっと意地悪な問いが向けられる。中世とルネッサンスの関係は、様々な論争が行われてきた西洋史の根本テーマだ。「安易な歴史をでっち上げる道具としてのルネッサンスならそうですね」と彼は答える。そして、輝くルネッサンス像を描いた美術・文明史家ブルクハルトをル＝ゴフは、中世史家にとってはありがたくない人物だと素直に認める。こんな問答を通じ、自身が生涯研究し続けた中世の深い意味を肩肘（ひじ）張らずに率直に語ったのがこの本だ。従来の時代区分と中世観を根底から覆し、西洋史の核心に迫る内容をもつ。

グローバリゼーションが世界を席巻するなか、ヨーロッパは独自の立場でその存在感を強めている。EUの統合を実現したヨーロッパの一体感は何処（どこ）から来るのか。そこにキリスト教の存在がある。著者は、その母胎ができ上がった中世こそヨーロッパ成立の時期だと言う。そして、地中海的なギリシャ・ローマ文化とは一線を画し、東方教会、ユダヤ教、イスラム教などの他者と対立する自らの存在を自覚するなかからヨーロッパが生まれたと明快に論ずる。

西洋近代文明の萌芽（ほうが）が中世に見いだせるという著者の話はどれも興味深い。普通ルネッサンスの産物と見做（みな）される「人間主義」がその一つ。父なる神から子なるキリストへと神の概念の中心がシフトし、人間主義が芽生えたのが中世なのだ。

今日につながる都市の発展を見せたのももちろん中世。そこから世俗的な社会の制度、文化がおおいに発達した。商業や商人＝銀行家、大学、そして芸術も中世に誕生したという。利益をあげ、富を蓄積すれば、キリスト教徒にとっての罪の意識もまた強まる。告白の制度が整い、「煉獄（れんごく）」という救済への別の道が発明されたのだ。

ブローデルを継ぐアナール派第三世代のリーダーと言われるル＝ゴフが、私生活、風俗、心性や感性まで拡大されるその「新しい歴史」研究の極意をじかに語ってくれるのも本書の大きな魅力だ。

（原題、*À la recherche du Moyen Âge*）

評・陣内秀信（法政大学教授）

Jacques Le Goff　24年生まれ。中世史家。

二〇〇五年五月一日❹

『国連とアメリカ』

最上敏樹 著
岩波新書・八一九円
ISBN9784004309376

新書／国際

超軍事大国は国際秩序と折り合えるか

「国連改革」とは日本が常任理事国入りすることだ、と言わんばかりの軽躁（けいそう）な言説。中国や韓国など近隣諸国との外交戦略を欠いた「遠交近攻」まがいの票集め。最近この国をにぎわしている国連への構えや取り組みに、どこか違和感を覚えるのは評者だけではあるまい。

本書は、国連の今昔をわかりやすく解き明かしてくれる啓蒙（けいもう）の書である。しかし、いわゆる「国連改革」に関する記述はまったくといっていいほどない。

イラク戦争であからさまになった米と国連の相克、それが突きつけたこの平和機構の構造と限界こそが根本問題だとする著者の姿勢は、その意味で鮮明だ。主題は、そもそも多国間主義を原理とする国連と、単独行動主義のアメリカは共存できるのか。唯一の超軍事大国が、力でなく法の支配を目指す国際法や国連の秩序と折り合っていけるのか、である。

「アメリカ問題」の根深さは、前身国際連盟の創設に奔走した第28代大統領ウィルソンが、議会に批准を拒まれて加盟できなかったことに端的に現れる。国際連合もまた、当時の国務長官コーデル・ハルらの構想による米国の強い願望と意思で生まれたが、ヘゲモニーや行動が制約されることへの警戒心や反発にさらされ続けてきた。両者の関係はその時々で一様ではないが、著者は繰り返し「この国の中には多国間主義と折り合いの悪い何かがある」と嘆息をこめて書く。

終章のメッセージはこうだ。ウィルソンやハルも「戦争にとって代わる唯一の方法は国連を発展させることです」（61年9月の演説）と述べたケネディも米国が生んだ政治家だ。彼らはナイーブな多国間主義者ではないにせよ、「理念としての国連」を受け入れる「もう一つの米国」だった。こういう世界観をアメリカが取り戻せるかどうか――。

とはいえ、ブッシュ政権が、国連大使に国連批判の急先鋒（きゅうせんぽう）ボルトン国務次官を指名したことは、「米の下の多国間主義」を目論（もくろ）む意思表示でもあろう。「還暦」の祝年を迎えた国連は文字通り「本卦還（ほんけがえ）り」し、原点に戻って、その存在意義を再構築しなければなるまい。

評・佐柄木俊郎（国際基督教大学客員教授）

もがみ・としき　50年生まれ。国際基督教大教授。専攻は国際法、国際機構論。

二〇〇五年五月一日❺

『私にとってオウムとは何だったのか』

早川紀代秀、川村邦光 著
ポプラ社・一六八〇円
ISBN9784591086001

ノンフィクション・評伝

底なしのニヒリズムから生じる「稚気」

オウム真理教事件については語り尽くされているようで、実のところ核心の部分はほとんど一般には知られていない。というのも、「麻原彰晃」こと松本智津夫被告を始め、教団中枢からの証言が皆無に近いせいで、麻原の側近中の側近だった著者による回顧録（実質は懺悔〈ざんげ〉録）は、その意味で貴重な証言に満ちている。

そもそもは、ヨーガのサークルに入るくらいの気持ちで、オウムに入会したのだった。ヨーガや瞑想（めいそう）により「本当の自分」を知りたいとの至極ありふれた動機からである。麻原の印象も、質素で品位ある「ヨーガの先生」という、いま私たちが彼に対して抱いているイメージとは対極のものであった。それがなぜ坂本弁護士一家殺害事件や地下鉄サリン事件を引き起こすまでに至ったのか。本書を繰り返し読んでもすっかり納得がいったわけではないが、現代の日本にオウムとまったく無関係と言い切れる人間は一人もいないだろうとは思った。

オウムには、誇張ではなく、人類が考えつ

づけてきた問題が詰め込まれているのである。自己とは何か、幸福とは何か、科学とは、組織とは、権力とは、そして信仰とは何か。ところが、オウムの手にかかると、こうした大テーマがことごとく薄っぺらで安っぽい代物に変じてしまう。一見「出家ごっこ」や「宗教戦争ごっこ」の足元に、底なしのニヒリズムが口を開けていて、ぞっとさせられるのだ。

たとえば、逮捕のおそれが迫った著者は、麻原の命令で「上祐」や「村井」と一緒に女装をして東北地方を逃げ回り、あちこちで「おかま」と呼ばれるのだが、こんなドタバタ喜劇の背後では、「ポア」という名の「慈悲殺人」(!)が繰り広げられている。共著者である川村邦光氏の言うオウムの「珍妙さ」や「稚気」は、この教団を考える際、見落としてはいけない要素であろう。

たまたま本書を一読中、ポール牧自殺の報を聞く。禅宗の家に生まれ、指パッチンで人気者になったのち、最近再び得度した彼のような人こそ、案外、オウムのニヒリズムを見極めていたかもしれないと、いまさらながら思う。

評・野村進(ジャーナリスト・拓殖大学教授)

はやかわ・きよひで 49年生まれ。
かわむら・くにみつ 50年生まれ。大阪大大学院教授。

二〇〇五年五月一日⑥

『イトウの恋』

中島京子 著

講談社・一六八〇円
ISBN9784062127776/9784062760034(講談社文庫)

文芸

新しい出会い生む昔日の「夢の時間」

男子校の郷土部顧問をつとめる冴(さ)えない教師、久保耕平は、実家の屋根裏部屋である人物の書いた手記を見つける。曽祖父(そうそふ)の旅行鞄(かばん)から見つかったそれは、明治時代に通訳ガイドとして活躍した、伊藤亀吉の手記だった。

伊藤亀吉には実在のモデルがいる。十九世紀、イギリスから明治の日本を訪れた女性探検家、イザベラ・L・バードの通訳として、彼女とともに旅した少年である。彼女の著書「日本奥地紀行」に想を得てこの小説を書いたと、作者はあとがきに書いている。

小説『イトウの恋』で、久保耕平に見つけられた手記は、ぷつりととぎれて続きがない。その先をなんとしても読みたい耕平は、細い糸をたぐり寄せるようにして、イトウの係累縁者をさがしだす。そうして彼の曽孫(そうそん)にあたる、劇画の原作を書く少々風変わりな女性、田中シゲルを見つけだし、「郷土部の調査」という名目で、協力を請う。

突然見知らぬ中学教師から呼び出されたシゲルが「曽祖父の手記さがし」に徐々にのめりこんでいくのと同様に、私もイギリス人女性と旅するイトウに魅せられて、気がつけば手記の続きが見つかるのを祈るように待っている。四角四面な耕平と、個性的なシゲル、まるで会話の噛(か)み合わなかった二人は、ともにイトウに手招きされるようにして、同じ方角を見据え、次第に距離を縮めていく。それぞれの人生のキーワードを見つけながら。

本当に美しい小説である。年長のイギリス人に恋した少年は、現在を生きる耕平とシゲルにばかりではなく、読み手にも、何かを知りたいと願う微熱のような気持ちを思い出させる。何かを知りたい、知識も愛情も、旅することも人と出会うことも、すべては子どものように純粋な、その気分からはじまっている。

イトウ少年は女性探検家に東北を案内したが、この小説の作者は、さらに広い時間軸と空間へと私たちを招いてくれる。「旅の時間は夢の時間」とは女性探検家の言葉だが、まさにそんな気分で本を閉じた。

評・角田光代(作家)

なかじま・きょうこ 64年生まれ。出版社勤務などを経て『FUTON』で作家デビュー。

二〇〇五年五月一日⑦

『禁じられたベストセラー　革命前のフランス人は何を読んでいたか』

歴史／社会

ロバート・ダーントン 著　近藤朱蔵 訳

新曜社・三九九〇円
ISBN9784788509344

ベストセラーはよくも悪しくも、その時代の気分をあらわすものだ。では、一七八九年以前のフランス人はいったいどんなものを読んでいたのだろうか。

当時の大手出版社兼卸売業者の古記録から、禁書をふくめた書物の中身や読まれ方を考察した本書は、『猫の大虐殺』（岩波書店）などで日本にもよく知られる著者らしい一冊。

売れ行き良好書の上位は、哲学（厄介なことを引き起こす恐れのある本をこう呼んだらしい）、ポルノ、スキャンダル（政治的中傷、内幕もの）だという。これはどこの社会も変わらない。

取引や流通、そのネットワーク、コミュニケーションの回路、あるいは読者の反応、世論の形成など、本をめぐる新しい社会史的分析は読みごたえがあった。

ルイ十五世の治世末期からの中傷文学が、国事に関する真面目（まじめ）な議論を提供する代わりに、意見を二極化し、政府を孤立化させ、結果として革命に繋（つな）がったという推論はとても新鮮だった。

評・小高賢（歌人）

二〇〇五年五月一日⑧

『むかしのはなし』

文芸

三浦しをん 著

幻冬舎・一五七五円
ISBN9784344007413／9784344410954（幻冬舎文庫）

昔話を現代的な視点から語り直した作品集である。

たとえば「かぐや姫」はホストのトラブル話に、「花咲か爺（じじい）」は泥棒とストーカーの話に、「天女の羽衣」は叔父と姪（めい）の禁断の愛に変奏されている。そのほか「浦島太郎」「鉢かつぎ」「猿婿入り」「桃太郎」などがアレンジされているのだが、なかでも傑作なのは、「桃太郎」を題材にした「懐かしき川べりの町の物語せよ」だろう。ほかの六作が昔話を光源として輝いているのに、これは逆。

ここでは桃太郎の鬼退治が、札付きの高校生のモモちゃんがグループを引き連れてやくざの情婦を襲う話になっているのだが、暴力的でありながら温かく、クールな凶暴性を見せつつ、人の弱さと狡（ずる）さも静かに射抜いて、清々（すがすが）しく颯爽（さっそう）たる物語に仕立てている。

収録されているのは七編。いずれも隕石（いんせき）が地球に衝突し、いずれ死を迎えることを前提にした世界で、ゆるやかにつながる。着想と構成が心憎い作品集だ。

評・池上冬樹（文芸評論家）

二〇〇五年五月一日⑨

『教育不信と教育依存の時代』

教育

広田照幸 著

紀伊国屋書店・一五七五円
ISBN9784314009805

本書は教育改革論議に、現場感覚と研究に基づく慎重な検討を求める。昨今はこの手の当然の要請が嘲笑（ちょうしょう）と無視の対象となる。しかし、広田は巧みに言葉を編み上げ、発言を止（や）めない。

広田によると、これまで、一部の例外を除き、多くの学校で優秀な教師が成果を上げてきた。ではなぜ、学校や教師を悪者にして、朝令暮改の教育改革が行われるのか。広田は教育改革の議論は「飲み屋談議の延長上」だからだと言う。それゆえ教育の構造や理念、現場の状況を理解できない。そして、教育に何もかも期待する「教育万能主義」が蔓延（まんえん）し、構造問題の「技術問題化」や「個人倫理問題化」が強行され、また、「『心』に踏み込んでしまう教育」が強制され、「『道徳教育の失敗→道徳の再強化』という悪循環」に陥る。

この本は、不安を煽（あお）って改革の原動力とする教育改革の手法を告発しつつ、教育に期待しすぎない勇気と知恵を持つことを提案している。

評・樋田大二郎（聖心女子大学教授）

二〇〇五年五月一日⑩

『新藤兼人・原爆を撮る』

新藤兼人 著

新日本出版社・一八九〇円
ISBN9784406031691 文芸

「原爆の子」「第五福竜丸」など、原爆を題材とした映画を撮り続けてきた新藤監督の未発表シナリオ「ヒロシマ」の全文が収録されている。映画化未定というが、大変な問題作だ。金縛りにあったように、しばらく動けなくなった。

原爆投下直後、一人一人がどんなふうに殺されていったのか。監督はただ、その「残酷」を描こうとしていた。政治的な映画ではなく、芸術映画として。

ピカッと光る。一面まっ白。爆風が起こる。焼けただれた人が、木っ端微塵（こっぱみじん）になって吹っ飛ぶ。目玉が飛び出す。水を求めて川に飛び込む。溺（おぼ）れ死ぬ。死んだ子を抱く母親が発狂する。

〈この一秒、二秒、三秒の間に何がおこったかをわたしは描きたい。五分後、十分後に何がおこったか描きたい。それを二時間の長さで描きたい。一個の原爆でどんなことがおこるかを描きたい。〉

死を、ひたすらに受けとめる。九十三歳、新藤監督の祈りだ。

評・最相葉月（ノンフィクションライター）

二〇〇五年五月八日❶

『死の棘日記』

島尾敏雄 著

新潮社・二三一〇円
ISBN9784103101062／9784101164052（新潮文庫） 文芸

ここに記されたような行いを僕は「愛」と呼ぶ

昭和二十年代の末、島尾敏雄というひとりの作家に、ある不幸が訪れる。敏雄の不倫によって、妻ミホが狂気に陥ったのである。しかし、それ自体は、どこにでもある悲劇にすぎない。仮に、夫が、生き残った特攻隊長であり、妻が、その隊長に恋した、王族の血を引く南の島の娘であったという、物語のような恋愛で結びついたとしても、家庭を持ち、生活を始めてしまえば、結局のところ、人は同じ退屈なドラマを繰り返すしかないのである。

……というのは間違いなのだ。島尾敏雄とその妻ミホに限っては。

ミホは狂う、狂う、狂う。そして、幾夜も眠らず、夫を責める、責める、責める。けれど、すぐに反省し、何もかも一からやり直そうと思い、うまく行きそうになり、けれど、次の瞬間には、またすべてが元に戻り、狂い、狂い、狂うのである。

敏雄は、そのすべてを日記に書き込む。ちょっと待て。そんな余裕があったのか？ いや、余裕がないからこそ、日記を書いたのだ。日記を書かなければ、死んでしまうと思ったから、書いたのだ。

「ぼくは絶望し死の旅の方へ出かけるそぶりが出る。するとミホは狂乱する。赤土の崖（がけ）の山の方に走り出す。つれ戻しに山に登る。風の中で家の屋敷が見下ろせる。遠く小さく伸三とマヤが手をつないで門を出たりはいったりしている。子供らへの思い込み上げる……。」

これでは小説も書けない。仕事もできない。だから、日記を書く。なにがわかるか。家に「不気味なもの」がいることがわかる。それは、言葉も届かず、自分の力ではどうすることもできないものだ。だとするなら、それは死者のようなものではないか。ああ神さま。いままで、ぼくは、小説なんて、自分の言葉の届く範囲で書けばいいと思っていました。思い上がっていました。すいません。あんなもの、小説なんかじゃなかった。ほんとうに書くべきなのは、その「不気味なもの」なのだ。その「不気味なもの」を作ってしまったぼくには、それを書く義務があるのだ。

敏雄は、この日記と体験をもとにして、戦後文学最高の作品『死の棘（とげ）』（埴谷雄高の『死霊』や大西巨人の『神聖喜劇』や武田泰淳の『富士』を差し置いても、ぼくはこれを第一位に選ぶだろう）を書くにいたる。しかしそれは後の話だ。

この本の中には、「至上」の苦しみが充満している。それにも関（かか）わらず、読後感が明るいのは、敏雄が最後まで妻であるミホと向かい合おうとしたからだ。狂ったミホは、死者（他者）となった。死者（他者）を取り戻すには、その死者（他者）と向かい合うしか方法はなかったのだ。そして、通常、我々は、そのような行いのことを「愛」と呼ぶのである。

評・高橋源一郎（作家・明治学院大学教授）

しまお・としお　1917～86年。作家。『日の移ろい』『魚雷艇学生』など著書多数。

二〇〇五年五月八日❷

『自閉症裁判　レッサーパンダ帽男の「罪と罰」』

佐藤幹夫 著

洋泉社・二三一〇円
ISBN9784896918984／9784022616012（朝日文庫）

医学・福祉／社会

真の償い導くには言動の「翻訳」が必要

四年前、浅草で女子大生がレッサーパンダ帽をかぶった男に殺された。当初報道合戦が繰り広げられたが、まもなく一切報じられなくなった。なぜか。

男に自閉症の疑いがあったためである。こんなとき、報道は障害者の人権に「配慮」し及び腰になる。真実は闇に葬られる。だから、本書が世に問われた意味はきわめて大きい。

裁判所は、軽度の精神遅滞は認めるが責任能力はあり、再犯の危険性が高いとして無期懲役を言い渡した。だが、量刑から想像される男の人間像は本書で一変するだろう。

養護学校の教師を二十数年務めた著者は、この事件は、障害を知らずして解明できない、責任も贖罪（しょくざい）もありえないと確信。被害者加害者の双方を取材し、障害が事件に与えた影響や、裁判での男の受け答えや態度を検証、自白の評価と量刑の設定に疑問を投げかけた。

目を見張るのは、自閉症の認知世界から裁判記録を読み直す作業だ。自閉症の人々が最も苦手とするのは、他者の視点に立ち自分を相対化すること。男の場合、奇異な格好は、男の中に「人目」がないためと考えると腑（ふ）に落ちる。他者と自分の考えの区別が不得手なため、取調官に異議を唱えられぬまま供述をとられた形跡もある。男は女子大生と「友だちになりたかった」と証言した。包丁を持って何を今さらと思うが、男の生活史をたどると、包丁が自分の意志を伝える必需品となっていく過程が見えてくる。

知的障害を持つ人の犯罪の刑事手続きには、翻訳作業が必要なのだ。著者の主意はそこにある。ビデオ収録による取り調べの可視化、福祉関係者の立ち会い、出所後支援などの具体策は、責任能力論議に明け暮れる司法に一石を投ずるのではないか。男の養護学校時代の教師が卒業生の支援に乗り出す姿や、困窮を極める男の家族を支える福祉団体の活動も、再犯防止への足がかりとなるだろう。

「犯人を死刑にしてほしい」と願う遺族を前にしてなお、障害を理解せよとは引き裂かれる思いだ。だが、真の償いの意味を問う著者の真摯（しんし）な訴えは、時間はかかっても遺族の心に届くと信じたい。

評・最相葉月（ノンフィクションライター）

さとう・みきお　53年生まれ。フリージャーナリスト。著書に『ハンディキャップ論』ほか。

二〇〇五年五月八日③

『太平洋戦争と上海のユダヤ難民』

丸山直起 著
法政大学出版局・六〇九〇円
ISBN9784588337037
歴史／国際

日本も対米目的で接し、一転、隔離策へ

日本で語られるユダヤ人論の多くは、日本人論の鏡像である。島国のなかで自らの共同体性に疑念を抱かぬ日本人と、流浪のなかで意思をもって共同体を構築してきたユダヤ人、という差異の強調は、常に日本人がユダヤ人問題を「他人事（ひとごと）」として認識してきたことを意味する。日本がユダヤ人社会と直接対峙（たいじ）する接点が少なく、西欧を通じて間接的に触れるしかなかったからであろう。

だが本当にそうだったのだろうか。本書が扱うのは、第2次大戦前夜の日本軍の、上海のユダヤ人社会に対する積極的なかかわりである。著者はイスラエル政治を中心とする中東専門家だが、本書は日本現代史の重要な一面を焙（あぶ）り出す。

上海には、19世紀半ばからイラク系ユダヤ人財閥を中心にコミュニティーが確立されていった。西欧でのシオニズムの興隆、ロシア、東欧でのユダヤ人迫害の結果、20世紀前半にはロシア、東欧起源のユダヤ人の東アジア流入が増加し、ナチス・ドイツ下での大虐殺で大量の難民が中国に流れ込んだ。終戦当時、上海のユダヤ人は2万人を超えていた。

本書は、開戦前夜、日本軍や財界が、当時の対英米関係の改善を目的として中国のユダヤ人社会に接近していった過程を追う。ユダヤ人の存在を対米勧誘と資金利用の文脈で考える発想は、第1次大戦時の大英帝国がイスラエル建国を約束した発想と同じであり、戦前の日本が当時の西欧列強と共有された枠組みでユダヤ人問題を扱っていたことを意味する。対独同盟が成立し英米が敵国となると、日本軍は政策を一転させて、ユダヤ人を指定地域に隔離した。

大戦後、新天地を求めてイスラエルに移住を希求する難民と、長年上海に住み着いたユダヤ人商人が中国残留を望みながら国共内戦の過程で同じく上海を追われることになる結果は、ユダヤ人問題の根幹を浮かび上がらせる。ユダヤ人問題といえば「中東での数千年来の宗教対立」という誤解が蔓延（まんえん）しているが、ユダヤ人が世界史のあちこちではじき出されてきた過程に、東アジアも無縁ではない。

評・酒井啓子（アジア経済研究所主任研究員）

まるやま・なおき　42年生まれ。明治学院大学教授。『アメリカのユダヤ人社会』など。

二〇〇五年五月八日④

『オムニフォン 〈世界の響き〉の詩学』

管啓次郎 著
岩波書店・二九四〇円
ISBN9784000223829
文芸

「わたし」を解き放つ不思議な読後感

不思議な開放感と感動をもたらすエッセー集である。タイトルにあるオムニというのは、すべての、とか、普遍、無限、多、などを意味するラテン語の接頭語。「あらゆる言葉が同時に響きわたる言語空間」。その、代表的な場所として、カリブ海が選ばれているのは、最初にして、最も烈（はげ）しい文化衝突が起こった、象徴的な場所だからだという。

一四九二年、コロンブスがこの地に到達し、ヨーロッパの侵略が始まった。「近代」の幕開けだ。砂糖黍（さとうきび）畑で働く労働力のために、アフリカから奴隷が輸入されると、三角貿易の拠点にもなった。先住民はほぼ絶滅し、言語に関して言えば、英・仏・スペイン語などのほか様々なクレオール語が話されているという。純粋で根源的なもの、固定したものが、カリブ海にはないのである。

この混合した文化基盤のなかから、ジャメイカ・キンケイドやマリーズ・コンデなどの、新しい文学が誕生した。本書でも、その作品が紹介されている。引用部分を読む限りでも、力強く、魅力を覚えるものばかり。野性的で、

なんというか、腹に響くようなところがある。

ここまで読んできて、でも、それは日本から遠く離れた場所の話でしょ、と思うなかれ。そもそも「人間が経験している風景には……もはや何も本来的なものはないのではないか」と著者は書いている。確かに私はいま、中国語訛（なま）りの日本語を話す、魅惑的な女性から買った天津甘栗をつまみ、ブラジルから輸入されたコーヒー豆をひいてコーヒーをいれ、トルコで作られた服を着ている。日本の、こんな片隅の、いま、この瞬間にも、こうして世界は、響き渡っているのだ。

文化の純粋性や不変性、所属や所有、領土といった観念から、本書は私たちを解放するが、同時にそれは、「わたし」が、ひとつしかなく、不変であるという固定観念からも、私自身を解き放つ。

「わたし」と世界の関係の結び目を、いったん解いて、結び直してみよう。そんな気持ちになる新鮮な一冊だ。長旅からようやく戻ったような、気持ちのいい疲労感が読後にやってくる。

評・小池昌代（詩人）

すが・けいじろう　58年生まれ。翻訳者、エッセイスト。著書に『コロンブスの犬』など。

二〇〇五年五月八日⑤

『歴史家の書見台』

山内昌之 著

みすず書房・二七三〇円

ISBN9784622071334

文芸

自国中心史観を見直す知恵の157冊

真の書評は本の紹介ではない。人の心に書物のタネをまく仕事である。

つとに書評を《芸》の域に高めている著者は、ほぼ前後して『鬼平とキケロと司馬遷と』（岩波書店）を出版しており、時代小説から歴史古典までを自在に往復しながら、歴史を読む楽しさをウンチクたっぷりに語っている。選択に迷うところだが、ここでは世界情勢に向かって、読者に大きな視野を開くという点で本書に重点をおきたい。

この書見台には、全部で百五十七冊の本が載っている。見どころは、それらが一篇（へん）ごとに、書評というスタイルによる自立したエッセイになっていることだ。

テーマにしたがって五部で構成され、①「イスラーム社会を知るために」②「帝国とはなにか」③「歴史と教育」④「アジアのなかの日本」⑤「楽しみとしての読書」と区分されている。

著者の専門分野からは、たとえば「聖戦」と訳される「ジハード」が本来は武装闘争ではなく「努力」を意味する言葉だったことを教えられる。

しかし本書の特色は何よりも、そのイスラム史をも引き合いにして、日本に限らずどこの国にもある自国中心主義史観を相対化して見せていることだ。人々がよく口にする「歴史から学ぶ」とは、具体的にはどういうことか。過去にいくつもの国家的・民族的ジコチューが衝突して先が見えなくなった状況をどうにか切り抜けた知恵のまねびではないのか。

この一冊のメリットは、面白い本がこんなにたくさんあるという情報だけではない。現代日本に起きているホットな問題の数々に参考書リストを提供していることにある。9・11テロについて、日ロ関係について、南京事件について、教科書問題について、著者自身による回答が与えられているのではない。だがそれらに関して床屋政談以上の知見を持つためには、今どういう本を読んだらいいかが自然にわかってくるだろう。

もともとバラバラな小文だった書評を一つの《物語》のある組成に仕上げたのは、著者の安定した視座もさることながら、編集者の技倆（ぎりょう）が光っている。

評・野口武彦（文芸評論家）

やまうち・まさゆき　47年生まれ。東京大学大学院教授（国際関係史）。

二〇〇五年五月八日⑥

『禅的生活のすすめ』

ティク・ナット・ハン 著　塩原通緒 訳

アスペクト・二二〇〇円
ISBN9784757211179

人文

呼吸・歩行・瞑想で人生を豊かに

仏教を説く人は多い。が、真の実践をしてきた人はどれほどいるだろうか。著者は「行動する仏教」で高名なベトナムの禅僧だ。共産／非共産と、国を二分する戦争のさなか、悲惨な状態の村人を救うべく医療、教育、生活などを援助するボランティア団体を立ち上げた。ところが、両陣営から敵の活動と誤解され、多くの仲間を虐殺された。

その中にあってなお、非暴力と哀れみを叫ぶ彼の言葉は、悲痛でさえある。

たとえ彼らが
山ほどの憎しみと暴力で
あなたを打ち倒しても
たとえ彼らがあなたを虫けらのように
踏みつけ、踏みつぶしても
たとえ彼らがあなたの手足を切りとり、はらわたを抜いても
忘れないでください、兄弟よ
忘れないでください
人はあなたの敵ではないと……

本書は、しかしながら、そういう極限状態の記述はほんの僅（わず）かであり、一般の市民の人生を豊かにする方法論に満ちあふれている。まず、あらゆる人の心の中に、仏性とともに、怒りや恐怖や憎しみの種子があり、それを肯定するところから非暴力の実践がはじまると説く。

「自分の中の野獣は殺せませんし、また、殺そうとするべきでもありません」

泥（自分の中の否定的な部分）があるからこそ、蓮（はす）（仏性）が花開くのであり、要はいかに泥と付き合うかにある。そのための方法論として①意識的な呼吸②意識的な歩行③瞑想（めいそう）、を勧めている。

それらを実行していない文明人は、皆走っているという。「一歩踏み出すごとに、あなたは現在の瞬間に到達します。それだけで現在に到達するのですから、なぜ走る必要があるでしょう?」

この言葉の深い意味がわからなかったら、上記①〜③を実行し、再度味わってほしい。本書の本当の深さは、実践をしないと心に落ちないだろう。

世界中のすべての指導者、戦闘的な平和運動家や環境運動家に読んでほしい。まず、自分の心の平和がつちかわれない限り、よりよい社会は望むべくもない。

（原題、Creating True Peace）

評・天外伺朗（作家）

Thich Nhat Hanh　26年ベトナム生まれ。禅僧、学者、宗教指導者。

二〇〇五年五月八日⑦

『蜂起』

森巣博 著

金曜日・一八九〇円
ISBN9784906605026／9784344409736（幻冬舎文庫）

文芸

作者はオーストラリア在住の国際的博奕（ばくち）打ちとして知られる。日本の「そと」でおのれの腕一本を頼りに生きるだけに、世間の思惑と「うち」の論理を最優先する日本の醜態に情け容赦のない鞭（むち）をふるう。

主人公は四人。腐敗した警察で甘い汁のおこぼれにあずかっていた警視。リストラで脅迫され上司に体を貪（むさぼ）らせるOL。世間全体が右傾化して出番がなくなった初老の右翼。リストカットを繰り返し、母親の愛人に強姦（ごうかん）される少女。

四者四様に日本の病を凝縮し、破滅の淵（ふち）に立たされる。おりから日本は一千四百兆円の借金がはじけてホームレスのねぐらが皇居前広場を占拠する事態に立ちいたる。その騒乱のなかで主人公たちは目的なきテロに身を投じていく。

底なしの絶望と憤怒の物語だが、文章に香具師（やし）の口上のように猥雑（わいざつ）なパワーとリズムが脈打ち、作者は怪人のごとく哄笑（こうしょう）し吠（ほ）えまくる。日本のピカレスク小説の新たな展開である。

評・中条省平（学習院大学教授）

二〇〇五年五月八日❾

『ロング・ドリーム　願いは叶う』

ノンフィクション・評伝

三宮麻由子 著
集英社・一六八〇円
ISBN9784087747508／9784087462678（集英社文庫）

著者は病気のために、4歳で視力を失った。その直後は、自分には永遠に朝が来ないとの絶望感に襲われた。また、何を食べても味がしなくなって、食事は苦痛でさえあった。紅葉を「見せてあげたい」と言われると相手の好意を感じるだけに悲しくなった。私が最も胸を突かれたのは、街を歩くときの恐怖感だ。心無い人から殴る蹴（け）るの暴力まで受けることがあるという。

しかし著者はやがてスズメの鳴き声を聞き分けて朝の時間を知り、季節の進み具合まで味わえるようになる。食事に関しては目を使わずに食べ物の味を判断でき、おいしいと思える。枯れ葉の散る音に紅葉を〝見る〟し、歌舞伎〝観劇〟、大相撲〝観戦〟と次々に夢を叶（かな）えていく。

どんなにつらいことがあっても、外に出て新しい経験に挑戦するのが好きと、前向きな好奇心が旺盛だ。我々が到底及ばない奥深い世界で、感性豊かに暮らす姿には勇気を与えられる。

評・多賀幹子（フリージャーナリスト）

二〇〇五年五月八日❿

『希望』

文芸

林京子 著
講談社・一四七〇円
ISBN9784062128650／9784062901659（講談社文庫）

「被爆体験の風化」が言われて久しい。広島、長崎での被爆者の高齢化と死亡とによって、原爆の惨禍の実態を語り継ぐ人が年々少なくなってきている現状が、確かにある。

著者はこうした現実の中で、長崎で被爆した一人として、原爆や核をテーマに、いわばその語り部として小説を書き続けてきた。

本書は表題の「希望」を始め五つの短編から成り、いずれも原爆や放射能問題などが、人間の生の営みの物語として綴（つづ）られている。

「希望」は、長崎で被爆した女性の生きて負う結婚、出産への恐怖、そして一筋の希望の光を見いだすまでの道程が描かれている。重いテーマでありながら雑（まざ）り気のない透明感のある文体が、時に、読む者を柔和な気分に包み込む。

深刻な課題をつきつけられた疲労感が読後に充実感に転換する瞬間でもある。

日本に原爆が投下されて今年六十年となる。原爆文学の境地を開いた著者ならではの作品である。

評・前川佐重郎（歌人）

二〇〇五年五月一五日❶

『靖国問題』

歴史／新書

高橋哲哉 著
ちくま新書・七五六円
ISBN9784480062321

どう論じても「割り切れない」感情を直視

小泉首相のがんこな靖国参拝がアジア外交の躓（つまず）きの石になっている。平和への祈りどころか、繰り返される反日デモの理由にされている。

なぜそういう事態が起きるのか。本書は「首相の靖国参拝がなぜ問題になるのか」を手がかりに①国民感情、②歴史認識、③宗教、④伝統文化、⑤新追悼施設案という順序で、複雑な事柄をていねいに「論理的に」解きほぐそうとしている。

論旨はわかりやすい。第一に、靖国神社を戦死の悲哀を幸福感に転じてゆく装置と規定する。第二に、A級戦犯合祀（ごうし）をめぐって、アジアの戦争で莫大（ばくだい）な被害者を発生させた植民地主義との関係を直視すべしと主張する。第三に「神社非宗教論」を否定して、首相参拝には合憲判決が一つもない事実に注目する。第四に、靖国信仰を「死者との共生感」に還元するまやかしを批判して、靖国神社には天皇のために戦死した霊しか祀（まつ）られていないと指摘する。第五に、どんな追悼施設も政治に反戦平和の意志がない限り、いずれ「第二の靖国」に転化するだろうと予言する。

　国民感情を正面に据えた切り口があざやかだ。三百万の戦死者を英霊として追悼したい遺族感情を中心に据えるが、同時に二千万のアジアの被害者の怨念(おんねん)はもとより、合祀されるのを拒むキリスト者・無宗教者の主張にも眼(め)が配られる。感情問題の厄介さは、どれもが心情としてはもっともだが、思想的には相反するという点にある。

　だから靖国問題にはみな身構えてしまう。その葛藤(かっとう)のただ中に分け入った著者は、明治二(一八六九)年に設立された東京招魂社以来の靖国神社の歴史をたどって、靖国信仰が戦死者とその家族にどんな安心立命と死後の浄福を約束したかを明らかにする。神聖な境内に戦場の死者の霊魂が迎えとられて永遠に眠る。この安息感は純粋無垢(むく)な宗教感情でなくて何であろうか。ゆえに首相の靖国参拝は政教分離を定めた憲法第二十条に違反する、というのが著者の論法である。

　明快である。だが靖国問題は、どう論じても俗にいう「割り切れない」ものを残す。《靖国感情》のほぼ主成分をなすこの要素は、論理とはまた別の方法で透析するしかない。本書には不思議に土俗の匂(にお)いがしない。招魂社の夜店・見世物(みせもの)は昔の東京名物で、例祭の日、境内にむらがる群衆には怪しげで猥雑(わいざつ)な活気が溢(あふ)れ、アセチレン燈(とう)の臭気がせつなく郷愁をかきたてていた。《靖国感情》はこのドロドロした底層から、死者と生者が同一空間で行き交う精霊信仰の水を吸い上げている。この泉に政治が手を突っ込むのは不純だ。民衆みずからそう感じることが大切なのではないか。

　ナショナリズムと国際感覚のはざまで考えあぐみ、正直なところ、戦死者を祀るのは自然だが、自分が祀られる事態は迎えたくないと感じているごく平均的な日本人が、各自と靖国とのスタンスをさぐるのに便利な一冊である。

評・野口武彦(文芸評論家)

たかはし・てつや　56年生まれ。哲学者、東京大学大学院教授。著書に『記憶のエチカ』など。

『職業外伝』

秋山真志 著

ポプラ社・一五七五円
ISBN9784591085974／9784591131152(ポプラ文庫)

ノンフィクション・評伝

「人生まるごと」の仕事人を訪ねる旅

　幼い頃に心躍らせた夜店の賑(にぎ)わい、場末の小屋で見てはいけないものを見て全身金縛りになった体験、長じて出入りするようになった花街の人生模様。その万華鏡のような思い出を彩っていたのが、飴(あめ)細工や見世物(みせもの)であり、幇間(ほうかん)や俗曲師の姿であった。あるいは紙芝居師、銭湯絵師、麻紙紙漉人(ましかみすきにん)、彫り師、へび屋、真剣師。いまや「絶滅職種」とでもいうべきこれら仕事人を訪ねる旅である。

　迷走し、放浪したあげく、回り回ってやっとたどりついた「職」。夢にも思わなかった人生。目算があってその仕事についたわけではない。たぶん「ハマった」としか言いようがない。

　ほろっとさせられる話がいっぱい。

　芸大の彫刻科の授業に嫌気がさし、テキ屋稼業でもまれ、「日本一の飴細工師」になった男。ある日、知的障害をもつ幼女が百円玉を握りしめて、「オジサン、クモつくって。お空の雲」とねだる。「思わず空を見上げた。いままでで一番うれしくて、悲しかった注文だった」

女も男もみな一途だし頑固だが、人情にだけはつい流されてしまう。それはたぶん、陰で支えてくれる人がいたからこそ、いつ持ち崩すやもしれぬこんな不安定な人生をまがりなりにも続けてこられたのだと思い知っているからだ。だから、えらそぶるところが微塵(みじん)もない。

根暗で、引っ込み思案な幇間と、学校教員の妻。出勤前の喧騒(けんそう)のさなか、脇でチントンシャンと三味線の稽古(けいこ)をしている夫に妻が切れる。以後、ゴミ出しを引き受けるが、その後ろ姿を見た奥さんは「この人には所帯じみた感じは全く似合わない」と、即刻、言葉を翻す。

90歳でいまも賭け将棋に生きる真剣師。波瀾(はらん)万丈の人生にあって再三、生活に窮し妹に金を無心するが、母はそのたび同じ金額をそっと娘に送っていた。その母の臨終の床の下から、息子の名義で書かれた香典袋が出てきて、このつわものがどっと泣き崩れる。

働くことが人生を、悲喜こもごもまるごと抱え込んでいたこれらの仕事、それが消えてゆく理由をとことん知りたいと、読み終えて思った。

評・鷲田清一(大阪大学教授)

あきやま・まさし 58年生まれ。フリーランスライター兼エディター。

二〇〇五年五月一五日③

『ウォーキング』

ヘンリー・D・ソロー 著 大西直樹 訳

ノンフィクション・評伝

春風社・一八九〇円
ISBN9784861100307

自由、独立を象徴する「そぞろ歩き」

かつて、一冊の本や一枚のレコードを探して都内を歩きまわった時代があった。いまや、インターネットの発展は、とうに市場から消えたものすら、たちまち発掘してしまう。

してみると「歩くこと」の意義も変わったのか。かつて「イギリス人は歩きながら考える」と評されるライフスタイルを理想とした時代も終わってしまったのだろうか。

十九世紀中葉のアメリカ東海岸に暮らした自然文学(ネイチャー・ライティング)の元祖ソローは、そもそもわたしたちが「歩くこと」をほんとうにわかっていたのかどうかを、考え直させる。

タイトルこそ、あたかも健康法マニュアルのように映るかもしれない。だが、最晩年である一八六一年のミネソタ旅行をきっかけに書かれた本書がまず思いめぐらせるのは、「そぞろ歩き」(ソンタリング)が「聖地」(サンテ・テール)へ向かうことなのか、「土地なし、家なし」(サン・テール)なのか、という語源にまつわる諸説であり、著者は逡巡(しゅんじゅん)の末、前者を選ぶ。

中世の時代、聖地へ向かうという名目で施しを乞(こ)いながら全国を徘徊(はいかい)していた放浪者のすがたを尊重し、「歩くこと」の背後に、異教徒から聖地を奪還する十字軍の勇姿を幻視するのだ。

ソローにとって、歩くのは誰にでもできる運動ではなく、天賦の才能を必要とし、余暇、自由、独立を象徴するものであり、方角にしても、ヨーロッパという過去の蓄積が位置する東ではなく、あくまで未来の冒険が広がる西をめざす。

ソローの思想は徹底して個人的な境地へ向かいつつも、その実、南北戦争以前より培われたアメリカの帝国主義的領土拡張政策の精神をそっくり写し取っている。しかしまったく同時に、本書は、たんなる「有用なる知識」よりも「有用なる無知」の美しさを、そして「知的存在との共感」を実現するような知性こそ肝要であることを説く。

広大なる自然をそぞろ歩きながら知性の限界を突き抜けようとする知性の洞察は、いまなお深く鋭い。


(原題、Walking)

評・巽孝之(慶應大学教授)

Henry D. Thoreau 1817～62年。米国の作家。著書に『ケープ・コッド』など。

二〇〇五年五月一五日⑤

『目には見えない何か　中後期短篇集1952−1982』

パトリシア・ハイスミス 著　宮脇孝雄 訳

河出書房新社・二五二〇円

ISBN9784309204321

文芸

人の心不可解さ　描写に醍醐味

始祖のポー以来、推理小説は不可解な犯罪を扱うが、謎はすべて論理的に解明されなければならない。しかし、その約束がしだいに独り歩きして、論理の奇抜さを競う遊戯と化していった。

ハイスミスも、映画化された初期作品『見知らぬ乗客』や『リプリー（太陽がいっぱい）』のころは、推理小説のトリッキーな遊戯性を否定してはいなかった。

だが、『殺意の迷宮』や『ガラスの独房』といった中期の大傑作では、人間の行為がすべて論理的に解明されるという推理小説の約束事を捨て、「人間はなにをしでかすか分からない」という根本的な不可知論がハイスミスの哲学となる。

むろん、あらゆるミステリー作家のなかで最も心理分析に長（た）けた一人であるハイスミスは、人間の心理と行為を可能なかぎり論理的な連関のなかで描きだす。しかし、ぎりぎり最後の瞬間に、論理による説明を放棄して、人間の心の底知れぬ不可解さへとジャンプする。その目くるめく飛躍が彼女の小説の醍醐（だいご）味だ。

ほぼ全作品が日本語に訳されてこれ以上ハイスミスが読めないと嘆いていたファンにとって、本書は干天の慈雨である。短篇（たんぺん）集だけに、ミステリーにかぎらぬ題材の幅広さと、この作家の人間理解を凝縮した形で楽しむことができる。

たとえば、「生まれながらの失敗者」。事業に成功せず、実の兄に大金を騙（だま）しとられる男の話だ。子供が大好きだが、娘は生後二か月で死に、妻は子供の生めない体になる。だが、その悲しみは妻の前ではおくびにも出さない。なぜなら、

「あきらめることには慣れっこになっていたのである」

この簡潔で残酷な一文が書けるかどうかが、作家の、真の技量の分かれ目だ。

さて、主人公に突然叔父の遺産が転がりこむ！　その現金をかばんに入れて運ぶ道中のハラハラドキドキはハイスミスのお手のもの。この男なら必ず失敗するだろう……。だが、驚きはラストにある。ここでも人間精神の不可解さがみごとにあらわになるが、冷徹な長篇とは異なり、読者の心は温かさに包まれる。チェーホフに比肩すべき作家なのである。

（原題、POSTHUMOUS SHORT STORIES Volume2）

評・中条省平（学習院大学教授）

Patricia Highsmith　1921〜95年。米国の作家。

二〇〇五年五月一五日⑥

『考える脳　考えるコンピューター』

ジェフ・ホーキンス、サンドラ・ブレイクスリー 著　伊藤文英 訳

ランダムハウス講談社・一九九五円

ISBN9784270000601

IT・コンピューター

知能を「行動」ではなく「記憶」から解明

著者は脳を工学的に実現したいと考え大学院を出たが、学問の閉鎖性に失望し、実業界に転じた。有名なパームパイロット（携帯情報端末）などで成功した富をつぎ込み、02年にはレッドウッド神経科学研究所を設立し、初志に戻った。行き詰まった人工知能の考え方を脱し、脳の働きを統合的に理解し、その機能を実現しようとしている。この新技術により、将来巨大な産業が展開するとし、今日のPC業界における、インテルやマイクロソフトに相当する企業が、10年以内に出現すると予言している。

著者と私は、共通点が多すぎる。世界最初の手書き文字入力の「パームトップ・コンピューター」は、著者より6年前に私が商品化した。その後、犬のようなロボットAIBO（アイボ）、二足歩行ロボットQRIO（キュリオ）を開発し、作り込みによる知能の限界を知った。そして、身体性に基づく新しい人工知能と脳科学を統合した学問「インテリジェンス・ダイナミクス（動的知能学）」を提唱し、その

名を冠した研究所を昨年設立した。意図するところは、寸分たがわない。

本書で著者は、大脳新皮質の機能について大胆な仮説を提示している。それらは必ずしも新しくはないが、実験的に確認されていることを、無理なく強化、拡張しており、一流の研究者の素質を感じさせる。従来は知能を行動から定義して失敗してきたが、記憶から見るのが正解という。そして、抽象度や全体／細部、時間変化の大きさなどで、いくつかに階層化された構造の中で、上昇していくセンサー情報と下降していく記憶からの予測がせめぎ合う、という認知の機構を提唱している。よくわかっている体験ほど下の層で両者が一致し、まったく未知の体験は最上層を抜けて、海馬に達するという。まだ検証はされてはいないが、正直いって「ウーン。マイッタ！」というところだ。私の直感は、「その通り！」とささやいている。

パームトップでは、私が早過ぎて一敗地にまみれた。動的知能学の勝負も容易ではない。本書を読むと壮絶な日米間の脳をめぐる戦いの観客になれますゾ！

（原題、On Intelligence）

評・天外伺朗（作家）

Jeff Hawkins　科学者。
Sandra Blakeslee　科学記者。

二〇〇五年五月一五日⑦

『オタクの遺伝子　長谷川裕一・SFまんがの世界』

稲葉振一郎 著

太田出版・一九九五円

ISBN9784872338690　人文

オタク論が盛況だ。オタクという生き方の定着や成熟を暗示するかのように。

だが上辺の賑（にぎ）わいの割に、オタクの本質を考察する本や論考は数少ない。

気鋭の社会哲学者の手になる本書は、本格SFこそオタクの精神の原点と捉（とら）えその「遺伝子」を最も濃厚に受け継ぐマンガ家、長谷川裕一の作品世界を論じながら、オタクの可能性を探り当てようとする試みだ。

オタクとは、人工世界を虚構し、そこに立て籠（こも）る者という悪評がある。かかる非難は、虚構世界とは何も生み出さない思考の袋小路であり、それに耽溺（たんでき）することは現実逃避に過ぎない、という前提に立っている。稲葉はこの前提を疑う。

虚構世界もまた現実の一部であり、「そのようなものとしてまさしく」現実世界を変えていく力に他ならぬ、というのである。ここに、オタクがオタクのままで現実にコミットする経路が開かれている。

傍論ながら、胸の透くほど正確な仏教観も示されている。

評・宮崎哲弥（評論家）

二〇〇五年五月一五日⑧

『宮大工棟梁・西岡常一「口伝」の重み』

西岡常一 著

日本経済新聞社・一六八〇円

ISBN9784532164980／9784532194642（日経ビジネス文庫）　ノンフィクション・評伝

飛鳥建築と白鳳伽藍（がらん）の復興に打ち込み、「最後の宮大工」と称された西岡常一棟梁（とうりょう）の人気は没後10年の今日も衰えない。

古代建築の「心と技」を実践した棟梁の独特の語りの魅力をしのぶ人たちが自然と集まって、「西岡常一棟梁の遺徳を語り継ぐ会」も誕生している。

本書の第2部をなす棟梁と一緒に仕事をした瓦師、左官、大工、釘（くぎ）と金物の職人たちの座談会、あるいは2人の子息、薬師寺管長、文化財保護関係者らとのインタビューは、この「語り継ぐ会」の活動の成果の一端である。

第1部は日本経済新聞の「私の履歴書」の転載だ。その29回の連載で意外だったのは、兵卒として日中戦争に何度かかり出されていることだ。ただし命を懸けた戦場でも棟梁は中国の建築の観察を怠らない。

一筋に打ち込んだ一徹者のみが持つ仕事に対するゆるぎなき自信と、社会と人生に対する深い洞察が随所に読みとれる内容だ。

評・加藤千洋（本社編集委員）

二〇〇五年五月一五日⑨　文芸

『人生の特別な一瞬』

長田弘 著
晶文社・一六八〇円
ISBN9784794935328

バスに揺られていたり、川縁を歩いていたりする、なんでもない時間、ある光景がこちらを捉（とら）える一瞬というのが、ときおりある。その一瞬の正体がなんなのか、私たちは言語化したりせずに、「何かいいものを見た（気がする）」、それだけの気分で通りすぎる。

詩人は、その一瞬の時間を、じつに見事に止めてみせる。言葉だけで。この一冊にはそんな一瞬が詰まっている。私たちはそれを心ゆくまで眺めることができる。光景の裏側の、目玉が捉えきれないものまで、見させられてしまう。

なんと幸福の詰まった一冊だろうか。人生の特別な一瞬を、本を開くだけで、何度も何度も見、味わい、反芻（はんすう）することができる。そこにあるのは感動や驚嘆というよりも、むしろ納得だ。私たちはたしかに、こんなふうにして、世界というものとつながっているのだ、という深い納得。

言葉って、こんなにも力を持ったものなのかと、あらためて思い知らされた。

評・角田光代（作家）

二〇〇五年五月一五日⑩　人文

『カラオケ文化産業論』

野口恒 編著
PHP研究所・一四七〇円
ISBN9784569642222

世代間のギャップが広がるなか、カラオケだけは老若男女の区別なく日本人の圧倒的支持を得ているから不思議だ。誕生して30余年、1兆円産業にまで発達したカラオケの歩みと未来展望を論じた刺激的な書。

サブカルチャーと最先端技術。日本が誇る二つの得意技の見事な結合が、この巨大エンターテインメント産業を育んだ。

「歌を唄（うた）うのが好き」な心情を巧みにとらえたカラオケは、サラリーマン社会のストレス解消に最大効果を発揮した。面白いのは、集団主義と思われがちな日本人は実は自己表現が好きで、カラオケがそれに見事に応えたという指摘だ。豊かな社会の到来で余裕が生まれ、抑圧されていた日本人の芸を好み、楽しみを求める本来の心がカラオケを通じて解放されたのだ。

成熟社会、高齢化社会のなかで、生きがいをもって皆が元気に暮らしていくにも、カラオケの重要性が増すという未来予測はなるほどと思わせる。

評・陣内秀信（法政大学教授）

二〇〇五年五月二二日①　科学・生物

『SYNC　なぜ自然はシンクロしたがるのか』

スティーヴン・ストロガッツ 著
蔵本由紀 監修　長尾力 訳
早川書房・二三一〇円
ISBN9784152086266／9784150504038（ハヤカワ文庫）

人体から天体まで、不思議な同期の謎に迫る

東南アジアの熱帯林には、一年に一度、ホタルの木が出現する場所があるという。一本の木に無数とも思える数のホタルがとまり、クリスマスツリーの電飾よろしく、いっせいにシンクロ（同期）して明滅をくり返すのだ。さぞやロマンチックな光景であるにちがいない。

それにしてもなぜ、ホタルの雄はシンクロするのか。それに関しては、以前から、交尾相手の雌を引き寄せるため（雄どうしのコンテスト）とか、捕食者回避（みんなで渡ればこわくない！）など、生物学的な説明がなされてきた。問題は、どうやってシンクロするのかである。個々のホタルが全体を見渡して意図的に同調するのは不可能だろうし、単純に隣のホタルに合わせるだけではウェーブができるのが関の山である。

じつは、指揮者もいないのに複数の周期的な活動がシンクロする現象はホタルにとどま

らない。心臓の細胞から天体の運動まで、生物無生物を問わず広く見られるのだ。このような広範にして複雑怪奇な現象を扱うにあたっては、数学が有力な武器となる。実際、非線形微分方程式という、聞いただけでも怖(お)じ気(け)づきそうな数学の力を借りると、ホタルの謎を解く光明が見えてくる。

　むろん、ホタルが方程式を解いているわけではない。ホタルはただ、最初は個々ばらばらに周期的な明滅をしているだけである。ところが、互いにコミュニケーションし合いながら明滅周期を変えているうちに、突然、すべての明滅周期がシンクロするということが、実際に起こってしまうのだ。そのような現象を数学的に予測したのが、本訳書の監修者である蔵本由紀・京大名誉教授であり、それを実証したのが著者ストロガッツだった。

　著者はまた、最近話題の、世界のすべての人は六人の仲介者によってつながっているという「スモールワールド問題」を実証した研究者の一人でもあり、シンクロ現象とネットワーク理論の第一人者である。

　しかし本書は、数式だらけの無味乾燥な本ではない。それどころか、数式は一つも登場しない。著者は、「シンクロ」という言葉をキーワードに、脳波、体内時計、神経系、レーザー、超伝導、月の公転、小惑星帯など多様な自然現象に見られる不思議な秩序の謎を、多彩な比喩(ひゆ)を駆使することにより紹介してゆく。きら星のごとき先駆的研究者の愉快な逸話もちりばめられており、サービスも満点の好著である。

　専門外の人に科学を語る場合には、巧みな比喩が欠かせない。本書では、「原子をユニゾンで歌わせる」というしゃれた比喩も紹介されている。これは、たくさんの原子がシンクロする「ボース・アインシュタイン凝縮」の研究が、ノーベル物理学賞に輝いた時のプレスリリースの一文だという。スウェーデン王立科学アカデミーもやるもんだ。こういうセンスを日本の科学界にもぜひ定着させたいものである。本書を読んでそんなことまで考えてしまった。

(原題、SYNC : The Emerging Science of Spontaneous Order)

評・渡辺政隆(サイエンスライター)

Steven Strogatz　コーネル大応用数学科教授。非線形力学。

二〇〇五年五月二二日③

『反ユダヤ主義の歴史I　キリストから宮廷ユダヤ人まで』

レオン・ポリアコフ 著　菅野賢治 訳

筑摩書房・七一四〇円
ISBN9784480861214

歴史

透徹した目で西洋社会の暗部描く

　いかなる社会にも後ろめたい部分は存在する。西洋においてその最たるものは、言うまでもなく反ユダヤ主義の伝統である。ホロコーストは20世紀の鬼子であるナチスが引き起こした特異な現象であったというのが今日の一般的な理解であろう。しかしその根元に、西洋社会の反ユダヤ主義という長く、かつ暗い歴史があることは否定できない。

　著者は、帝政ロシアに生まれ、長くパリに住み、ナチス占領下で南部非占領地域で潜伏生活をした経験をもつ。亡命ユダヤ人であり、反ユダヤ主義の研究者として世界的に知られた碩学(せきがく)である。本書は全4巻(邦訳では、別の1巻を加えて全5巻の予定)からなる著者の主著の第1巻であり、古代から17世紀までを扱う。

　ユダヤ人の歴史については既に日本語でも本格的な書物がいくつもあるが、反ユダヤ主義という角度から歴史を追った本書は、西洋史を裏側から見るという独特の趣をもつ。反ユダヤ主義は古代には存在せず、また近代以前の非西洋世界にも存在しなかった。それがはっきりとした姿を示したのは11世紀末、十字軍の時代の西洋であった。民衆の熱情が身近な異教徒であるユダヤ人迫害をもたらし、権力者は過剰な暴力を抑制しつつもユダヤ人を差別し、時に資金源とした。

　黒死病への恐怖、魔女狩り、宗教改革の熱情といった西洋社会の変動は、そのたびに反ユダヤ主義を再生した。それはユダヤ人が社会階層として定着しえたポーランドのような例外を除いて、神話的、空想的な内容だったが、現にユダヤ人がいる所では、その排撃の口実として用いられた。くり返される迫害の過程を通じて、ゲットーに住まい、苦難を耐え忍ぶというユダヤ人的心性も形成されてきたのである。

　描かれた内容は、人類史の中でも最も恥ずべき、残虐な事績の繰り返しでありながら、著者の文体は感情を超えて冷静で、時にユーモアも交えられている。誤解を恐れずに書けば、知的な意味で退屈させない。透徹した歴史記述の神髄を味わえる一書である。


（原題、Histoire de l'antisémitisme 1）

評・中西寛（京都大学教授）

Léon Poliakov　1910～97年。歴史家。著書に『アーリア神話』ほか。

二〇〇五年五月二二日④

『呉清源とその兄弟　呉家の百年』

桐山桂一 著

岩波書店・二五二〇円
ISBN9784000228565／9784006031909（岩波現代文庫）

歴史

三様の人生、家族・祖国・己の才のために

　日露戦争が終わった1905年、清朝は隋唐の時代から延々と続いてきた伝統の科挙制度の廃止に踏み切る。

　それから間もない近代の曙光（しょこう）がほの見える20世紀初頭の北京で、この物語の主役となる呉家の3兄弟は誕生する。

　父は福建省の名家の出だが平凡な一官吏。父親が清朝高官である母は、その時代の上流家庭では珍しく纏足（てんそく）をしない近代的な女性だった。

　呉家は結核を患った父の若死にによって傾くが、長男呉浣は官吏に、次男呉炎は文学に、そして早くから才能を見いだしていた三男に父は碁石を与え、その道に進むことを遺言する。

　この末弟が本書の主人公の呉泉。昭和の囲碁界でほぼ無冠ながら最強棋士に数えられた呉清源、その人である。

　その後の兄弟の歩んだ道は日本と中国、および満州国と台湾を含めた激動の北東アジア現代史に翻弄（ほんろう）され、まことに起伏に富んだものとなる。

　長男呉浣は日本の大学を出て満州国官吏となるが、終戦直前に台湾へ。だが傀儡（かいらい）国家で働いた履歴が傷となって公職につけず、渡米して生涯を終える。

　大陸にとどまって苦学し、最も意志的に生きた次男呉炎は、抗日戦争を戦って共産党に入党。建国後は大学教授となるが、政治運動のたびに兄弟との関係をとがめられ、批判の対象となった。

　そして呉清源は「日中親善」のために14歳で来日。以後、四辺がそれぞれ19路、目の数361の碁盤を「宇宙」と考え、ひたすら技を磨くことに没頭するが、国籍選択や漢奸（かんかん）（売国奴）批判、信仰や健康の問題など、身辺は必ずしも静穏なものではなかった。

　「一人は家族のため、一人は祖国のため、一人は己の才能のため」に生きたと著者が言う兄弟の自由な往来が実現したのは、20世紀も終わりに近づいたころのことだった。

　著者は呉清源との足かけ5年におよぶ対話を重ね、今年で93歳になる呉炎を天津に、82歳で台湾に独居する末の妹を訪ね歩いた。丹念に再現された「歴史と人生」のからみ合いが興味深い。

評・加藤千洋（本社編集委員）

きりやま・けいいち　59年生まれ。東京新聞記者。著書に『反逆の獅子』など。

二〇〇五年五月二二日⑤

『いきなりはじめる浄土真宗　インターネット持仏堂1』

内田樹、釈徹宗 著

本願寺出版社・七七七円
ISBN9784894167773

『はじめたばかりの浄土真宗　インターネット持仏堂2』

内田樹、釈徹宗 著

本願寺出版社・七七七円
ISBN9784894167780

人文

因果・善悪の妙を哲学者と僧が対論

仏教に惹（ひ）かれる哲学者は少なくない。確かに仏教という体系は魅惑的だ。けれども、哲学者のアプローチは往々にして知解に偏りがちだ。

しかも瞑想（めいそう）修行などに凝り出すや、その体験を悟りと短絡する傾向もある。

本書は、哲学者と僧侶の論考の往復によって構成されるが、アタマにもカラダにも、囚（とら）われていない。

著者の一人、内田樹はレヴィナスの研究者、哲学的エッセイの名手であると同時に、合気道の達人でもある。つまり身体の不可思議には馴（な）れっこなのだ。だからこそ僧侶と五分（ごぶ）で渉（わた）り合える。

対する浄土真宗本願寺派の釈徹宗は修行三昧（ざんまい）の坊さんではなく、宗門きっての理論派として知られる気鋭の学僧だ。

こんな二人の共著が、単なる浄土真宗入門であろうはずがない。

一冊目の『いきなりはじめる……』では、仏教における因果の捉（とら）え方がメインテーマとなっている。まず内田が勧善懲悪的な業報説の反倫理性を指摘し、レヴィナスの有責論を参照しながら、因果律を転倒させる思想の重要性を説く。

この提起を受けて釈は、同時決定的、相互依存的な縁起観（「因があるから果があると同時に果があるから因がある」と観じること）こそが仏教独自の因果論であると応じる。

語り口こそ和やかだが、ピンと張り詰めた思考が向き合っている。

釈が、仏教の説く因果、縁起の認識は「おのれの執着・無明を相対化するためにこそある」と打てば、内田が「それは因果による思考を放棄することではなく、広大で、豊かな因果のネットワークを構想する知性を励ますためではないか」と響く。このように互いの思索を照合しながら、次第に仏教の土台を明らかにする。

二巻目『はじめたばかりの……』では、善悪論を軸に親鸞の考説、浄土真宗の基本教理が検討される。

内田は「真に知性的であろうとすれば、人間は宗教的にならざるをえない」と総括している。だが、宗教の側の読後感としては「真に宗教的であろうとすれば、人間は知性的にならざるをえない」だ。

評・宮崎哲弥（評論家）

うちだ・たつる　神戸女学院大教授。
しゃく・てっしゅう　龍谷大ほか講師。

二〇〇五年五月二二日⑥

『ドキュメンタリーは嘘をつく』

森達也 著

草思社・一七八五円
ISBN9784794213891

アート・ファッション・芸能／ノンフィクション・評伝

「覚悟」も「煩悶」も足りぬメディア

メディア批判がかまびすしいのに、メディアの側の痛覚は鈍い。内部に異議申し立てがあっても、大きく膨らむことはなく、やがてルーティン・ワークに流されて萎（しぼ）んでいく。最近まで内側にいた評者としては天に唾（つば）する思いだが、昨今の日本メディアは、テレビも新聞もなべてそんな病に侵されているようだ。

「客観や公正など幻想。すべての映像は撮る側の主観や作為を逃れられぬ」とするドキュメンタリー哲学に立ったメディア批判の書である。矛先は主に、その覚悟がないまま安全主義に逃げ込み、わかりやすい善悪二分論に与（くみ）してしまうメディア従事者や作り手に向けられる。

TVドキュメンタリー出身の映像作家である著者は、オウム真理教や取り巻く社会を被写体として描いた長編のドキュメンタリー映画「A」や、続編「A2」などで国際的に評価されてきた。最近は活字メディアでの時評的な発言が目立つが、本書の圧巻はやはり自身の生々しいテレビ局との軋轢（あつれき）や挫折体験であろう。

「殺人集団」の視線が足りぬとオウムの撮影がお蔵入りになった経緯。精神障害者の犯罪を扱ったニュース特集で、モザイクの多用を強いられた体験。そしてテレビ全体からのドキュメンタリーの後退……。そこには煩雑な取り組みを避け、安全な規格品を量産するメディア状況がそのまま浮き彫りにされている。

そんな時代だからこそ、見る側にメッセージへの渇望が強まっているのではないか、とも思うのだが、「華氏（かし）911」のマイケル・ムーアには、「ドキュメンタリーを愛していない」と冷たい。

「メディアの営みは商業行為」と割り切り、視聴率や発行部数を追求するのは必然だと言う著者は、その商業化が近年臆面（おくめん）もなくなっているとし、記者やディレクターたちの葛藤（かっとう）や煩悶（はんもん）がなくなっていることが問題だ、と言う。

内外の作品を紹介しつつ披瀝（ひれき）されるドキュメンタリー論は「撮ることに自覚的な作品でなければならぬ」の確信に尽きている。状況を動かし得るのは「個の志」しかない。著者がいうのは、結局そのことであるように思われる。

評・佐柄木俊郎（国際基督教大学客員教授）

もり・たつや　56年生まれ。映画監督、ドキュメンタリー作家。『A』『いのちの食べかた』ほか。

二〇〇五年五月二二日⑦

『あなたへ』

河崎愛美 著

小学館・一三六五円
ISBN9784093861519／9784094081688（小学館文庫）

文芸

十五歳の少女の小説なのに、驚くほどストイックである。登場人物に名前はなく（徹底して「私」と「あなた」だ）、絵文字もなく、流行（はや）り言葉もなく、疑問符は数えるほどしかなく、感嘆符に至ってはゼロ。会話も、かぎ括弧を使わず、一行アキで示し、人物の思いを屹立（きつりつ）させる。恋愛小説なのに〝愛〟という単語は一カ所しか出てこない！

ここには（大げさではなく）普遍的な、恋愛感情の透明な美しさと哀（かな）しさがある。ある種散文詩を意識したような、意図的に脚韻をふんで醸成される叙情がとても心地よく、物語の結末では、それらが抑えられた〝絶唱〟のような響きになって、読む者の胸をはげしくうつ（不覚にも僕は涙を抑えきれなかった）。

若いから言葉が甘いし、表現しきれていないところもある。しかし滔々（とうとう）と流れる感情の艶（つや）やかさと、物語を支配する豊かで静謐（せいひつ）な時間は特筆ものだろう。第六回小学館文庫小説賞受賞作。将来が実に楽しみだ。

評・池上冬樹（文芸評論家）

二〇〇五年五月二二日⑧

『澁澤龍彦との日々』

澁澤龍子 著

白水社・二一〇〇円
ISBN9784560027776／9784560721070（白水Uブックス）

文芸／ノンフィクション・評伝

三島由紀夫や埴谷雄高が予言したように、澁澤龍彦の著作は、日本の知的風土を大きく変えた。

〈知〉が古い学問から脱して、人間の巨大な快楽的営みの一環となり、プラトンとボマルツォの怪物庭園が、同じ風景のなかで新たな光を放ちはじめたのだ。

この奇跡を支えたのは、澁澤の純粋な資質だった。彼の本は、彼の資質の告白である。だからファンは澁澤の人間性に惹（ひ）かれる。

本書は、そんな澁澤ファンにとって垂涎（すいぜん）・必読の贈り物である。十八年間、彼とほぼ全生活をともにした夫人の回想録だからだ。

だが、回想録などと無粋な言葉で呼ぶにはあまりに軽やか、傍らで話を聞いているような、やさしくお茶目な語り口が楽しめる。

どのエピソードも澁澤龍彦の人間を彷彿（ほうふつ）とさせるが、無類のくいしん坊だった夫を語る件（くだり）など、血肉と化した澁澤のエピキュリアンぶりを知ることができる。まことに稀有（けう）の精神であり、人間だった。

評・中条省平（学習院大学教授）

二〇〇五年五月二二日⑨

『ローランド・カーク伝　溢れ出る涙』

ジョン・クルース 著　林建紀 訳

河出書房新社・四四一〇円
ISBN9784309268255　アート・ファッション・芸能

77年に41歳で他界した盲目のサックス奏者、ラサーン・ローランド・カークは、3本の管楽器を同時に口にくわえ（フルートは鼻に）、無数の楽器をぶら下げ、息継ぎなしに何分も吹き続け、時にサイレンやオルゴールも鳴らすという奇抜な奏法で、きまじめなジャズファンからはゲテモノ扱いされてきた。

たしかに外見からは、超絶技巧の大道芸人というのがせいぜいの高評価になっても仕方がない。けれども私のこよなく愛する『リターン・オブ・ザ・5000ポンド・マン』を聴いて欲しい。女優が語る詩にハモニカで伴奏する曲など、これほど心温まる音色を奏でる音楽家はいまい。

本書は3年間のインタビューを経て綴（つづ）った伝記の決定版。尺八を吹くカークを小鳥が取り巻いたというエピソードが美しい。教会音楽やブルースに始まるアメリカ黒人音楽の正当な体現者であったことが、多くの証言で明らかにされる。

評・松原隆一郎（東京大学教授）

二〇〇五年五月二二日⑩

『トイレになった男』

ウォレス・レイバーン 著　ウサミナオキ 訳

論創社・一五七五円
ISBN9784846005542　歴史

ある日女王から川に流れるおびただしい紙切れについて尋ねられた臣下は、落ち着き払って答えた。「あれは水浴禁止の通達書でございます、陛下」。国会議事堂では、汚物によるテムズ川の臭気のために議事が妨げられるほどだったという。大英帝国全盛、ヴィクトリア王朝時代の裏面である。

この環境衛生の改善策として取り組まれたのが、下水道建設と水洗便所の改良である。本書の主人公トーマス・クラッパーは水道工事業の徒弟から身を起こし、高い水圧と節水という難問を力学応用により解決して水洗便所を完成、「王室御用達衛生技師」にまで上りつめる。その原理は、今日でも変わるところがない。

それは、第一次大戦で派遣されてきた米兵士たちを驚かせ、母国にひろめられて「クラッパー」は全米でトイレの代名詞ともなる。

完全主義者の大発明家の伝記としてはややまとまりに欠けるきらいはあるが、文明化への隠れた功労者を顕彰するには十分だ。

評・宮田親平（科学ライター）

二〇〇五年五月二九日①

『デセプション・ポイント　上・下』

ダン・ブラウン 著　越前敏弥 訳

角川書店・各一八九〇円
ISBN9784047914933〈上〉・9784047914940〈下〉／9784042955085（角川文庫〈上〉）・9784042955092（〈下〉）　文芸／科学・生物

米大統領と宇宙開発のタブーに挑んだ傑作

当代随一のストーリーテラーは、タブー破りが得意だ。宗教象徴学者ロバート・ラングドンという魅力的なヒーローを据えて、『天使と悪魔』（二〇〇〇年）ではローマ教皇を、『ダ・ヴィンチ・コード』（二〇〇三年）ではイエス・キリストを、とてつもなくスキャンダラスな歴史の中で演出してみせた――。

二〇〇一年発表の本書『デセプション・ポイント』は、右のシリーズとは異なり、過去の歴史ならぬ間近に迫る近未来の視点から、アメリカ大統領と米航空宇宙局（NASA）をめぐるタブーへ果敢に斬（き）り込んだ傑作である。

大統領と宇宙開発と聞けば、一九六〇年代初頭、ジョン・F・ケネディ政権時代のニュー・フロンティア政策を思い出す向きもあろう。しかし、それからとうに半世紀近い歳月が過ぎようとしているいま、宇宙開発は決してバラ色ではない。たしかに使い捨てロケットの時代から反復使用に耐えるスペースシャトルの時代への移行は、一見したところ経済的転回に見えたが、しかし一九八六年のチャレンジャー号爆発事故のあとも災厄が続き、本書の原著刊行後の二〇〇三年にはコロンビア号の空中分解事故により、事実上、宇宙開発は大きな停滞を余儀なくされている。

いまや大統領選の争点が、これまでさんざん失敗をくりかえし何十億ドルもの資金をムダ遣いしてきたNASAの処遇に絞られ、宇宙開発の民営化が抜本的に検討されるようになるのも、時間の問題なのである。かくして本書では、NASAを支持する現職大統領ザカリー・ハーニーを追い落とすべく、上院議員セジウィック・セクストンが権謀術数の限りを尽くす。

折も折、セクストンの娘で国家偵察局（NRO）に勤める主人公レイチェルは、大統領およびNASAの側から、十八世紀に北極圏へ落下した隕石（いんせき）に地球外生命体（ET）とおぼしき昆虫の痕跡が発見されたというショッキングな知らせを受ける。各地での空飛ぶ円盤（UFO）目撃はハイテク航空機の誤認にすぎないというのが情報機関内部の常識だったし、地球外文明探索（SETI）に象徴される活動も丸三五年間、総額四千五百万ドルをかけたのに何一つ実りがないNASA最大の金食い虫であるのは、暗黙の了解だった。したがって、この隕石がほんとうにETの証拠なら、大統領陣営の逆転勝利は必至。

にもかかわらず彼女が事件の核心へ迫れば迫るほど、命を狙う魔の手が忍び寄る。しかも、父であるセクストン上院議員ときたら、娘の命と引き換えにしても、大統領の椅子（いす）を狙ってやまない。はたして欺瞞（ぎまん）という欺瞞が次々と暴かれ、大統領選は思いもよらぬ展開を見せる。

わけても、謎の隕石がこう紹介されるところが印象深い。「このニュースはすべてを備えている――科学、歴史、政治ドラマといった、人の心を引きつける話題の大鉱脈だ」（第七三章）。本書を一気に読み終えた読者は、この論評がブラウン文学自体にぴったりあてはまることを、確信しているはずである。

（原題、Deception Point）

評・巽孝之（慶應大学教授）

Dan Brown　64年生まれ。米国のベストセラー作家。

二〇〇五年五月二九日②

『ネクスト　善き社会への道』

アミタイ・エツィオーニ 著
小林正弥 監訳　公共哲学センター 訳
麗澤大学出版会・二五二〇円
ISBN9784892054716

人文

対話を通じ内面からの秩序づけ目指す

コミュニティーを社会の基盤とみなすコミュニタリアニズムは90年代以降のアメリカで、自由放任の市場原理にもとづく新保守主義と、福祉や権利を国家によって保障しようとするリベラリズムの双方を批判する思想として脚光を浴びた。

アメリカでは建国時に、市場や連邦よりも地域共同体や自発的結社が社会を支えたという経緯があるから、中道を行く「第三の道」を標榜（ひょうぼう）してはいるものの、考え方としてはむしろなじみ深いはずだ。とはいえ、家族や地縁・信仰などを中心とする伝統的な共同体の再興を目指す社会保守主義とは異なる。職業や性的指向、趣味などを通じて社交する多様なコミュニティーも含める点が現在形だ。

コミュニタリアニズムは当初、哲学畑でリベラリズムの非歴史的な人間観を痛烈に批判して注目されたが、社会学者であるエツィオーニは具体的な公共政策を打ち出している。以前の『新しい黄金律』は学術的大著だったが、今回は「同胞市民に向けて」書かれたパンフレットだけあって、内容は簡潔である。

人々を自由放任や国の強制によって外面的につなぐのでなく、対話を通じて内面から秩序づけようとする点が重要だ。吸わない人に煙を吹きかけてはならないという配慮が共有されているならば、喫煙は法で禁止されなくてすむ。そして社交や対話は人として互いに敬意を払うところに始まるから、衣食住で「尊厳」を確保しうるだけの「ベーシックミニマム」が必要になり、そこから権利と責任の均衡をめぐって警察や公衆衛生、サイバースペースなどについての各論が展開される。

近年、経済競争に勝つための高等教育が整備されつつあるが、学力よりも対話能力を養う初等・中等教育こそが重要だとエツィオーニは指摘する。これには感銘を受けた。学者は学者言葉、会社人間は会社言葉に染まる日本では、対話能力の低さこそが懸念される。「ゆとり教育」は、そこに焦点を当てるべきだった。

監訳者解説はアメリカの政治潮流も踏まえて有益だが、字句表記などで自己宣伝の気配があり、戸惑う。

（原題、NEXT: THE ROAD TO THE GOOD SOCIETY）

評・松原隆一郎（東京大学教授）

Amitai Etzioni　29年ドイツ生まれ。社会学者。

二〇〇五年五月二九日❸

科学・生物

『心を生みだす遺伝子』

ゲアリー・マーカス 著　大隅典子 訳

岩波書店・二九四〇円
ISBN9784000053891／9784006002343（岩波現代文庫）

「氏か育ちか」の議論を超える地平へ

最近の生物学は、ゲノム（遺伝子）と脳科学の話題で花盛りである。関連図書の出版も相次いでいる。そこにまたもや加わったのが本書。おまけに書名まで、遺伝子と脳（心）のダブルヘッダーときている。もっとも、原題は『心の誕生』。

邦題に「遺伝子」の三文字が追加された背景には、全九章のうち最初の七章で遺伝子のはたらきが論じられていることにある。ただし、小難しい論議ではない。著者の専門は言語学と心理学なのに、自家薬籠（やくろう）中のもののごとく、DNAについて軽やかな解説が展開されているからだ。

著者はなぜにそこまで遺伝子にこだわるのか。その理由は、ヒトゲノム解読により、ヒトの遺伝子はわずか三万個あまりと推定されたことに由来する。ヒトの心（脳）の複雑なはたらきが、たったの三万個の遺伝子で説明されてたまるかというのは、当然の反応である。しかしここに、遺伝子をめぐる誤解の大本があると著者は語る。

遺伝子の機能は、一個につき一つとはかぎらない。なにしろ、ヒトのほぼすべての細胞は、同一の遺伝子セット（ゲノム）をそなえており、三万個の遺伝子を擁するヒトのゲノムは、爪（つめ）から心臓そして脳に至るまで、自在につくりだしてしまう。これは、最初からきっちりとした青写真がゲノムに焼き付けられているゆえではなく、時と場所に応じて（これを著者は、IFとTHENと表現する）、遺伝子の情報が階層的かつ柔軟に機能するからにほかならない。いうなれば、素材は限られているが、レシピを臨機応変に変更することで、料理に莫大（ばくだい）なバリエーションがもたらされるというわけ。

そのような遺伝情報によって作られる脳もまた、柔軟な機能を秘めている。したがって、「ヒトの心を決めるのは、氏か育ちか」なる論争はもはや成立しない。遺伝は当然介在するが、遺伝だけで決まるはずもないのだ。

論争となっている問題を論じるとなると、つい強弁しがちである。その点本書の筆致はあくまでもしなやかであり、そのうえ透徹した論理で貫かれている。若き俊才の力量に脱帽。

（原題、THE BIRTH OF THE MIND）

評・渡辺政隆（サイエンスライター）

Gary Marcus　ニューヨーク大準教授、同大幼児言語センター所長。

『干潟の光のなかで』

ハンス-ヨゼフ・オルトハイル 著
鈴木久仁子 訳
エディションｑ・二四一五円
ISBN9784874178478
文芸

水の都を舞台に禁断の恋を描く

最近、英国の海岸をびしょぬれのスーツ姿で歩いていて保護された、謎の「ピアノマン」が話題になった。記憶を失っているらしく、素性もわからないが、ピアノの腕前だけはたいへんなものとか。

本書の主人公アンドレアも、その境遇がとても似ている。ただ、彼が生きるのは十八世紀末のヴェネチア。しかも最初、干潟のぬかるみに埋まった小舟のなかで、「死体」として発見された。その後意識を取り戻すのだが、記憶は喪失。魚にやたらと詳しかったり、魚みたいに達者に泳いだり、火におびえたりと、手がかりめいたものはあるが、彼が「誰であったか」は最後までわからない。

しかし彼が、「誰になったのか」は、最後の最後でさりげなくあかされる。

彼には、すばらしい絵の才能があった。実在した、ある画家がモデルになっているのだが、ここではまだ、その名を明かさないでおこう。著者のまったくの想像によって作られた物語だが、かの画家の絵を最後に重ねてみると、本書の奥行きはさらに広がる。

アンドレアと女主人カテリーナの、「禁断の恋」の行方も本書の読みどころ。水上の交情場面を始めとする、官能シーンがすばらしい。ふたりで乗り込んだゴンドラのなかで、カテリーナは待ちかねたように、カーテンをひく。「たちまち薄暗くなった部屋の中で、隙間（すきま）からもれてくる光線が、船の揺れにつれて、天井、壁そして床へと飛び回る」。暗い船室の光と影。古都ヴェネチアを流れる、とろりとして暗い水の質感は、秘められた恋の質感そのものだ。

彼らの不義の恋は密告され、アンドレアは入獄。恋は終わる。だが少しもかわいそうという感じはしない。彼はその後、画家として立ったことが示唆されるし、カテリーナは、彼女にふさわしい、平凡で穏やかな日々を送った。恋愛小説というよりも、芸術家小説と呼ぶほうが、ふさわしいのだろう。

欲を言えば、名画のようなこの世界に、あと少しの混沌（こんとん）と混濁が欲しいような気も。しかしそれは、本書の役目ではないのかもしれない。

（原題、Im Licht der Lagune）

評・小池昌代（詩人）

Hanns-Josef Ortheil 51年生まれ。ドイツの作家。

『叡知（えいち）の海・宇宙 物質・生命・意識の統合理論をもとめて』

アーヴィン・ラズロ 著 吉田三知世 訳
日本教文社・一七〇〇円
ISBN9784531081448
科学・生物

「真空は空虚でない」との仮説で解く謎

近代科学の勃興（ぼっこう）により、それまで世の中の常識だった神秘主義は、迷信の地位までおとしめられた。しかしながら、科学的説明を阻む現象は、ＬＳＤや瞑想（めいそう）の体験を含めて多数報告されており、神秘主義と科学の統合を試みる人は多い。哲学者のベルグソンや物理学者のボームなどがその代表格。本書もその流れ。

著者の本職はピアニストだったが、哲学を学び、システム哲学という新分野を開拓した。その後、国連の依頼による新しい世界経済秩序の研究など多方面で活躍してきている。

古代インド哲学には、宇宙の森羅万象から人間の想念にいたるまで、ありとあらゆることが記録されているといわれる「アカシック・レコード」という概念があるが、本書のすごいところはそれを、科学的視点から説明していることだ。

ボームは、素粒子の奇妙な振る舞いを説明するための仮説として、物質的な世界の背後に、目に見えない、時間も空間も超越した世界（内蔵秩序＝私はそれをあの世と呼んでいる）の存在を説いた。著者の説もその路線を踏襲するが、あの世の正体は真空そのものだ、と言い切る。

　最新の物理学によれば、真空は単なる空虚ではなく、莫大（ばくだい）なエネルギーを秘めている。著者は、そこにあらゆる事象や想念が、歪（ひず）みとして痕跡を残しており、宇宙はそれを通じて瞬時に影響しあう、密結合されたひとつの実体だと説く。この仮説により、宇宙論の謎、量子力学の謎、生物学の謎、意識研究の謎のすべてが氷解すると述べている。

　私自身も、瞑想を通じて神秘体験になじんでいる。いままでボームの仮説を紹介しながら、神秘と科学を統合する本を書いてきた。しかしながら、ボームの仮説も物理学の世界では受け入れられておらず、著者も私も、物理学者ではないから書ける、という面は否定できない。ともに、厳密な意味での科学的仮説というよりは、科学的ロマンと呼ぶのがふさわしいだろう。しかしながら内心では、頭の固い物理学者たちを尻目に、このロマンが着々と証明され、科学の主流になる日を確信している。

（原題、Science and the Akashic Field）

評・天外伺朗（作家）

Ervin Laszlo　32年ハンガリー生まれ。ピアニスト、哲学者、未来学者。

二〇〇五年五月二九日❻

『昔日（せきじつ）より』

諸田玲子 著

講談社・一八九〇円

ISBN9784062129244／9784062762311（講談社文庫）

文芸

それぞれの過去が滲む　色鮮やかに

　江戸の地名には、それぞれ独特の顔だちが埋め込まれ、土地柄と人間模様が分かちがたく織り合わされている。

　西丸（にしのまる）下の工事人足、小石川に住む大名の側室だった尼、神田の渡り中間（ちゅうげん）、麹町の幕府目付（めつけ）、下谷の女犯（にょぼん）僧、四谷の武芸者、伝馬町の牢屋（ろうや）同心、そして静岡港に向かう船中の敗残の旗本たち。本書の八編は、家康の開府から幕末にいたる江戸の武家社会で、異なった時期と場所で起きる出来事であるが、作中人物はいずれも昔日から何かを持ち越してきていて、それらが作中の「今」に立ち現れ、決着を迫って物語を紡いでゆく。

　第一話『新天地』の江戸はまだ草創期で、日比谷入江を埋め立てる現場で働く男が主人公だ。戦場の勇士だったと触れ込んでいるが、本当は戦死者の剥（は）ぎ取りをやっていたらしい。ホラ話に気が付いて軽蔑（けいべつ）する息子の眼（め）の前で、最後に「父性」を取り戻す結末がいい。

　また第三話『似非（えせ）侍』の主人公は旗本屋敷の門番をしているが、以前に「頼む」といわれたら断れぬ武士の不文律によって人を斬（き）った過去を持つ。逃げ込んできた当代風の若者をふたたび斬る羽目になるが、主命を守って死んだ相手に「二十年前の己」を見るという話。

　要所での色の使い方がうまい。

　第五話『女犯』では、武士の妻がたった一度だけ寺僧と犯した過ちの記憶がふと玉虫色によみがえる。女の静かな魔性が音もなく燃える。第六話『子竜（しりょう）』には修業一筋の老武芸者が出てくる。年甲斐（としがい）もなく恋心にのぼせた眼に沁（し）みる若い娘の小袖の藍（あい）色があざやかだ。第七話『打役（うちやく）』で、罪人を叩（たた）く役目を知られた父がわが娘の白眼にたじろぐのは悲しい。

　二百五十年も続いた江戸の亡国の状を語る第八話『船出』では、旗本とその家族二千六百人が船底に詰め込まれて静岡に輸送される場面にたちこめる「敗色」が淡彩すぎて少々不満であるが、全編を総体として端正な薄味に仕上げているのは好ましい。長いこと胸底にしまいこまれてきた過去が吹き上がってきて滲（にじ）み出させる各自の心の色は、読後もしみじみと眼に残る。

評・野口武彦（文芸評論家）

もろた・れいこ　作家。著書に『其（その）一日』『末世炎上』など。

二〇〇五年五月二九日⑦

『オーマイニュースの挑戦　韓国「インターネット新聞」事始め』

呉連鎬 著　大畑龍次、大畑正姫 訳

太田出版・一八九〇円
ISBN9784872339307

IT・コンピューター／社会

韓国で世論形成の新たな担い手として五年前に登場し、盧武鉉（ノムヒョン）大統領誕生の原動力になったインターネット新聞のことは、日本でもようやく知る人が増えてきた。「市民みんなが記者」を合言葉に「保守的な紙新聞」と戦ったその足跡を、軽妙な筆致で綴（つづ）ったベストセラーの翻訳である。

著者はそれを発案し、主宰してきた四十代の元雑誌記者。いまや社員六十七人、市民記者三万六千人になった世界最大のネット新聞の成功物語は、明るい刺激と教訓に満ち、未来メディアへの想像をかきたてる。世界新聞協会の大会にゲストとして招かれ、ソウルの本社に視察の人波が絶えないのは、読者の頭打ちに悩む旧来メディアの危機意識の表れでもあろう。

「オーマイに続け」と、日本でも市民参加型ネット新聞は増えつつある。しかし、まださほどの伸長がみられないのは、若者世代に著者のいう「準備された市民」が乏しい故だろうか。

評・佐柄木俊郎（国際基督教大学客員教授）

二〇〇五年五月二九日⑧

『私の家は山の向こう』

有田芳生 著

文芸春秋・一九五〇円
ISBN9784163668406／9784167438036（文春文庫）

ノンフィクション・評伝

日本で「時の流れに身をまかせ」シングル盤200万枚を売った歌手にとどまらない。テレサ・テンの歌う中国語の歌は、全アジア地域の中国人たちの圧倒的な支持を受けた。

本の題名「私の家は山の向こう」は、香港での天安門事件抗議集会で歌った曲名に拠（よ）っている。彼女がこの歌に託したのは中国本土への熱い思いだった。

取材期間10年余。世界各地に足を延ばした渾身（こんしん）のノンフィクション。彼女の人生の薄倖（はっこう）な側面がかなり書き込まれていながら、決して息苦しくならないのは、著者のテレサに注ぐ眼差（まなざ）しに愛があるからか。

いくつもの新事実が明らかにされる。台湾軍スパイ説の根拠のなさ、チェンマイで客死する経緯など。電話インタビューした「北京青年報」記者の存在とその後は、とりわけ興味深い。

人気スターを現代史の文脈のなかで読み解くとどうなるか。台湾と中国、ふたつの国家に引き裂かれたその悲劇性が改めて痛ましい。

評・安倍寧（評論家）

二〇〇五年五月二九日⑨

『アフター・セオリー　ポスト・モダニズムを超えて』

テリー・イーグルトン 著　小林章夫 訳

筑摩書房・二六二五円
ISBN9784480842664

人文

真理や進歩など、いわゆる「大きな物語」に疑いの目をむけ、多元論、非連続性、異質性などを称揚し、文化的相対主義に向かう傾向をポスト・モダニズムはもっている。そのためか、今日の文化理論は原理の前には居心地が悪く、普遍性に対しては怖気（おじけ）をふるい、野心的な概括を天から認めない。

一方で、私たちが住んでいる世界は、9・11以後の状況に象徴されるように、神の意志、西欧の宿命といったブッシュ的原理主義の赤裸々な力になす術を失いつつあるように見える。

博学多才、才気煥発（かんぱつ）の著者が、皮肉とジョークを交え、文化理論の現状を分析し、いままで避けてきた客観性、愛、死、道徳・倫理などの問題を改めて検討し、ポスト・モダニズム以後の目指すべき方向を考えたのが本書である。

政治的な言説を表明しなくなった知識人が多いなかで、愚直なまでの熱っぽさは、自国イギリスへの怒りも含めた責任感なのでもあろう。

評・小高賢（歌人）

二〇〇五年五月二九日⑩

『女子マネージャーの誕生とメディア』

人文／社会

高井昌吏 著
ミネルヴァ書房・二二〇〇円
ISBN9784623043774

高校野球の聖地、甲子園のベンチに女子マネージャーが入れるようになったのは、1996年以後だ。なぜ以前には許されなかったのか。許された理由は何か。ここには、朝日新聞を舞台にした、女性差別をめぐる議論のねじれた展開があった。この謎解き一つとっても、女子マネージャーがジェンダー研究の鋭い切り口になることがわかる。

男子中心の運動部に女子マネージャーが登場するようになったのは、60年代からだ。そこにはどんな時代変化があったのか。メディアの変化を追いながら、著者は運動部や男女間の関係の変化に迫る。

とはいえ、彼女らを、（マンガ『タッチ』の南ちゃんに影響された）可愛く男に奉仕する存在として見る、ありきたりの分析ではない。スポーツを通じた男たちの「友情」を女性はどう見るのか。女子マネージャー的なまなざしを手がかりに、同性間、異性間の関係を読み解く。そこに本書の発見がある。

評・苅谷剛彦（東京大学教授）

二〇〇五年六月五日❶

『生命操作は人を幸せにするのか　蝕まれる人間の未来』

科学・生物

レオン・R・カス 著　堤理華 訳
日本教文社・二六〇〇円
ISBN9784531081455

米国の政策判断の堅牢さ示す重層的な思考

先日、アメリカ下院が、難病治療に役立つといわれる胚（はい）性幹細胞（ES細胞）の研究規制を緩和する法案を賛成多数で可決した。ブッシュ大統領の科学政策を批判する科学者のロビー活動が奏功したわけだが、ブッシュは「受精卵を破壊する研究に税金を使ってはならない」として、拒否権を発動する構えを見せている。

これを、中絶反対を主張するキリスト教右派を支持層とするブッシュの政治的アピールとみなすのは、表層をなぞるだけだろう。アメリカの政策判断のベースにある価値体系は堅牢（けんろう）だ。本書を前にして、それを思い知らされている。

著者は、世界初の生命倫理学研究所「ヘイスティングス・センター」の創立メンバー。二〇〇一年、ブッシュが設置した大統領生命倫理委員会委員長となり、生殖目的ではないクローン研究は容認する方向で動いていた審議を土壇場で逆転させ、四年間の研究停止に導いた。本書はいわば、著者が起草した委員会の報告書『治療を超えて』の思想的背景ともいえるだろう。

「二十一世紀に十六世紀の感覚をもちこもうとしている」との批判があることから原理主義的な言説を想像するが、そうではない。

体外受精や臓器移植、クローン、遺伝子操作、安楽死などが技術的に可能な時代に人間が何を失うかを問い、深い考察を加えていく。

瞠目（どうもく）するのは、最大の危険は、個々の自己認識や幸福に対する考え方から生まれるとの指摘だ。その核心に、豊かな生活を保障してきた科学技術中心のリベラル民主主義がある。

たとえば、権利の肥大化。きれいな空気を吸う権利から裸で踊る権利、簡単に死なない権利を獲得したはいいが、揚げ句の「死ぬ権利」。このパラドクスを突く筆先はあざやかだ。

リベラル民主主義には問題を解決に導く手段も示されていると説きつつ、畏怖（いふ）や畏敬の念、道徳観念をはぐくんできた家庭、教育、宗教、政治に注意を向けよ、とも。「日々の積み重ねが精神の奥底の洞察力を育て、かけがえのない心の習慣となって根づいていくのだ」

四十年前、医学の発達が人間性の根幹にある「尊厳」を脅かすことを懸念する人々が生み出した生命倫理学が、いまや公共政策の手続き論に終始し、問題を解決するどころかいたずらに議論を混乱させているという批判はそのまま、日本の現状にもあてはまるだろう。

あくまでも本書は、西洋哲学やキリスト教を土台に論理が構築されている。技術が容易に国境を越える今、文化的多様性を認めた上でなお共有できる価値を探ろうとする視点がないのは気になるところだ。ただ、それがアメリカの強固さであり、現在の日本がもっとも欠く、価値体系の一貫性というものかもしれない。

異論はあろう。だが、こうした人物が国の生命倫理政策を担い、生命倫理が政治選択の争点になるという事実には、羨望（せんぼう）さえ覚えるのだ。

日本でかつて、総理大臣が、倫理委員会の長が、自身の生命観を説得力ある言葉で表明したことがあっただろうか。

（原題、LIFE, LIBERTY AND THE DEFENSE OF DIGNITY: THE CHALLENGE FOR BIOETHICS）

評・最相葉月（ノンフィクションライター）

Leon R. Kass 医学博士、シカゴ大教授、政策研究シンクタンク特別研究員。

二〇〇五年六月五日❷

『町に住まう知恵　上方三都のライフスタイル』

谷直樹 著

平凡社・二六二五円

ISBN9784582544305　歴史／アート・ファッション・芸能

「都市のエレガンス」を歴史にたずねて

私たち日本人には調和のある美しい町をつくる能力や、集まって住み都市生活を皆で楽しむセンスが欠けているのだろうか？　ロードサイドの郊外型大規模店舗が流行（はや）る一方、中心市街地が寂れる地方都市の風景や、逆に都心回帰で高層マンションが既存の町を壊している近年の東京都心の状況を見るにつけ、悲観的にならざるを得ない。

「いや、そんなことはない」と考える建築史家が、日本人が本来持つはずの都市に住むスピリットを、歴史を遡（さかのぼ）って描いたのがこの本だ。舞台は、我が国でも圧倒的に長い都市の歴史を誇る上方の堺、京都、大坂。生活文化の先進地でもある。

その三都市の違いが面白い。ヨーロッパ宣教師が「日本のヴェネツィア」と呼んだ堺の商人たちは、その自由な空気の中、豪華な町家だけでは飽き足らず、想像力を働かせ数寄屋風の草庵（そうあん）茶室を創（つく）り出し、新興都市に魅力を加えたという。

都の京都は、店と住まいが一体化した「町家」を完成させ、統一感のあるエレガントな町並みを生んだ。「うなぎの寝床」のような奥長の敷地の中に、空間も材料も無駄なく生かす合理的な設計で、住みやすく、しかも美しいデザインの建築が出来たのだ。その集合から生まれる景観がまた見事。日本の都市の問題は、「町家」を超える現代の都市型建築がいまだ現れていない点にあると言われる。

商都大坂は、より発達した活気ある大衆都市。効率よく建てられる表長屋形式の町家が多く、また借家が圧倒的だったという。見栄（みえ）や外聞より実をとり、都市を楽しむ文化があったのだ。

今の日本人が失ったのは、「家」にではなく「町」に住むという感覚だ。かつての町には会所を中心に自立した営みがあった。また、ハレの場を生む祭りがあってこそ、人々の絆（きずな）が深まり町への愛着も生まれた。そして遊興の場を特に発達させたのが大坂。芝居や見世物（みせもの）、花見ばかりか、店先を覗（のぞ）き町並みを見て歩くのも楽しみだったという。都心の高層マンションや郊外住宅地の建設だけでいい町ができないのは明らかだ。町に住まう過去の知恵を現代に生かしたい。

評・陣内秀信（法政大学教授）

たに・なおき 48年生まれ。大阪市立大大学院教授。共著に『まちに住まう』など。

二〇〇五年六月五日③

『子どもたちのアフリカ』

石弘之 著
岩波書店・一七八五円
ISBN9784000228558　ノンフィクション・評伝／国際

カカオ輸出世界一を支える幼い奴隷

統計として示される数字の数々。それらは、一見、無表情な、人それぞれの物語の詳細を省いた記号のようにも見える。だが、本書に集められた多くの数字は、圧倒的なリアリティーをもって、アフリカという現代世界の難問を突きつける。

たとえば、1103万5千人という数字。これは、2001年現在、サハラ以南のアフリカで、親をエイズでなくした孤児の数だ。4800万は、アフリカで学校に行かずに労働に従事する14歳以下の子どもの人数であり、同年齢層の29％にあたる。さらにアフリカには1千万人を超えるストリート・チルドレンがいて、奴隷として「輸出」される子どもは最低でも毎年20万人に上る。ほかにも、性的虐待に遭う少女の数や、年の端もいかない少年兵の数が紹介される。

これらの数字の裏側に、子どもたちを取り巻くどのような日常があるのか。子どもに不幸をしわ寄せてしまう、グローバル化した世界のどこに問題があるのか。子どもを通して表れるアフリカ問題。それが、偶然にも豊かな社会に生まれ、暮らすことのできる私たちの日常とどのように結びついているのか。そこに目を向けながら、本書は「無関心による大量虐殺」といわれるアフリカの惨状を、数字を裏づける豊富なエピソードを通じて詳（つまび）らかにする。

チョコレートの原料、カカオの世界最大の輸出国、コートジボワールの農園では、1万5千人の子どもが奴隷として働き、生産コストを下げている。だから先進国では簡単に手に入るチョコレートには、アフリカの子どもたちの汗と血と涙が混じっている、といわれる。本書を読むまで知らなかった事実だ。

最後に著者はいう。「アフリカに対して何をすべきか」の前に、「何をすべきではないか」をまず考えるべきだ、と。見ようが見まいが、知らず知らずのうちに私たちがしている何かが、アフリカの子どもたちの問題とどこかでつながっている。とすれば、少しでも正確に、その事実を知るところから始めるしかない。本書がその懸け橋となる。

評・苅谷剛彦（東京大学教授）

いし・ひろゆき　40年生まれ。北海道大大学院教授（地球環境学）。著書に『酸性雨』など。

二〇〇五年六月五日④

『いつかパラソルの下で』

森絵都 著
角川書店・一四七〇円
ISBN9784048735896／9784043791057（角川文庫）　文芸

急死した父に出会い直す、島への旅

とうに亡くなった父親を、私は他人みたいに思うことがある。いったいどんな人だったんだろうと、見知らぬ人みたいに思うのだ。そうして少しびっくりする。おんなじ屋根の下で暮らした家族なのに、本当には知らなかったのではないかと思ってしまうことに。

父親はいったい何ものだったのか。この小説に登場する三人きょうだい――主人公の野々（のの）、兄の春日（かすが）、妹の花（はな）は、私よりかなり切実に、その疑問を抱く。彼らの父は子どもたちに異常なほど厳格だった。春日と野々はそれに反発するように家を出ている。その父が事故死した直後、厳格な父には似つかわしくない事実を、野々は知ってしまう。会社の女性との情事である。

父はいったい何ものだったのか、厳格さの裏にあったものは、父自身が口にしていた忌まわしい過去、暗い血とはなんなのか。上京以来、父親が憎み遠ざけ、決して再訪することのなかった故郷、佐渡へと、三人は向かう。もちろん三人にとってははじめての地であり、親戚（しんせき）たちも初対面である。

深いテーマとは裏腹に、小説はじつにユーモラスな語り口で展開していく。ときに声を出して笑いつつ読み進み、ふと、なんだか陽（ひ）の光を存分に浴びているような心持ちになっていることに気づく。これはそういう、光に満ちた小説だ。それはきっと、この小説が描いているのが、亡くなった父親の秘密ではなく、たまたま父であったひとりの男とたまたま子どもであった彼らとの、新たな邂逅（かいこう）だからだと思う。

家族であっても、他者は底知れぬ部分を持っただれかなのである。弱さと強さと、自立と依存と、賢さと愚かさと、相反するものを抱えこんだだれか。けれどそれは決して悲観すべきことではないとこの小説は告げる。なぜならば、それ故に私たちは幾度でも出会うことができるから。出会い、そうして相手の内に在る不可思議な矛盾を、認め合うことができるから。

じつにやさしく、たのもしい小説である。

評・角田光代（作家）

もり・えと　68年生まれ。作家。著書に『カラフル』『永遠の出口』『DIVE!!』など。

『武装SS興亡史　ヒトラーのエリート護衛部隊の実像　1939-45』

ジョージ・H・スティン 著　吉本貴美子 訳　吉本隆昭 監修
学習研究社・三一五〇円
ISBN9784054013186

歴史

私設軍隊の生々流転を浮き彫りに

武装SS（ナチス武装親衛隊）の歴史には、戦場の栄光と戦争犯罪の汚辱が切り離しがたく癒着している。

本書の原著は一九六六年にアメリカで初版が刊行され、今なお版を重ねる古典的名著の由。日本での専門書は芝健介『武装SS』『武装SS全史　1・2』（共著）と比較的少ない。新たに加わったこの翻訳書は、原著者に関する情報がもう少しほしいが、軍事用語もまじえた訳文は平易で、読者がふだん映画で知っている戦史があらためて勉強できる。

SSは、一九二九年にはわずか二百八十人の「ナチスのイエズス会」をめざす黒シャツのボランティア集団にすぎなかった。それが三三年に権力の座についたヒトラーの私設軍隊として強大な組織に成長する。三四年にライバルのSA（ナチス突撃隊）を粛清してさらに勢力を拡大。三九年には二十五万人に膨張して、ゲルマン人種優越論で固められたエリート部隊に変貌（へんぼう）した。

公式に「武装親衛隊」という名称が発足したのは一九四〇年である。この軍隊には、初めから終わりまで、ヒトラーの私兵団とドイツ国防軍最強の部隊という不即不離のあいまいな二重性が体質的につきまとっていた。

中核には金髪で青い眼（め）、身長一八四センチ以上の身体強健な総統護衛隊。周辺には、ユダヤ人・捕虜・パルチザンを虐殺した強制収容所管理部隊・特別処刑隊・ならず者外人部隊。著者は、第二次大戦後しばらくして出てきたSS擁護論にはきびしく批判的である。悪名高い数々の汚れ仕事は、他民族を「劣等人種」視するSSイデオロギーの所産であり、無答責ではありえないと明言している。

士気高いエリート部隊だった武装SSは、諸方面の戦闘に「火消し部隊」として投入され、みごとな戦果を挙げるが、酷使されて消耗が激しく、やむなく増員のため国外在住のドイツ人や外国人にも人的資源を求め、強制徴用して《劣化》を招く経過をたどる。

虎の子を使い果たしたヒトラーが、SSの戦意喪失に絶望して自殺するまでのダイナミズムが興味深く読める。

（原題、THE WAFFEN SS: Hitler's Elite Guard at War 1939-1945）

評・野口武彦（文芸評論家）

George H. Stein　米歴史学者。

二〇〇五年六月五日❻

『花まんま』

朱川湊人 著

文芸春秋・一六五〇円
ISBN9784163238401／9784167712020（文春文庫） 文芸

不可思議な少年時代　際立つ物語世界

デビュー作『都市伝説セピア』で、いきなり直木賞候補になった朱川湊人の短編集である。『都市伝説セピア』と同じく、ノスタルジックな雰囲気をたたえていて、何とも心地よい。いずれも作者の故郷である大阪を舞台にしていて、主人公たちが少年時代を回想する物語だ。

たとえば表題作の「花まんま」は兄の視点から、妹の誕生と成長が語られる。幼い妹はやがて見ず知らずの土地や名前の話をするようになり、自分は彦根に住んでいた女性の生まれかわりだと告げる。半信半疑のまま、兄と妹は親に内緒で彦根へと旅立つ。そこで二人を迎えたものは？　親と娘の絆（きずな）の強さ、亡くなってもいまだに忘れることのできない死者への思いを切々と訴えて、激しく胸をうつ。

また、「摩訶不思議（まかふしぎ）」は、ぐうたらな、でも愛すべき叔父が死に、葬儀の途中で起きる摩訶不思議な事件の顛末（てんまつ）を甥（おい）にあたる少年が語る。〃人生はタコヤキやで〃とうそぶく叔父や調子のいい父親をはじめ、愛人たちのキャラクターも抜群。入り乱れる人間関係を、まるで松竹新喜劇のようなドタバタ仕立てにして大いに笑わせ、見事な幕切れへと向かう。

その喜劇的筆致は、病で苦しむ者たちをあの世に送る「送りん婆」でも発揮され、恐怖と笑いの配分が絶妙だし、その一方で、在日の少年との友情を描いた「トカビの夜」、少年が墓地で女性と親しくなる「凍蝶（いてちょう）」では、孤独な心象を、怪獣や不気味な蝶のイメージに重ねて独特の叙情を生み出している。また、妖精と少女の人生の関（かか）わりを捉（とら）えた「妖精生物」では、苦く悲しい現実を厳しく見せて、ラスト一行でどきりとさせる。

前作のときは、やや着地に弱さがあり、もうひとつ作品世界が際立たないうらみがあったが、今回は驚くほど腕をあげて目配りも十分。鮮やかでありながら、決して技巧に走ることなく、あくまでも、生きることの喜び、辛（つら）さ、哀（かな）しさなどを掬（すく）いあげる幕切れになっている。

ここには、譬（たと）えるなら、宮部みゆき的な人知を超えたものとの不思議な交感と情愛、重松清的なエモーショナルな盛り上がりがある。今年の収穫の一冊だろう。

評・池上冬樹（文芸評論家）

しゅかわ・みなと　63年生まれ。作家。著書に『さよならの空』など。

二〇〇五年六月五日❼

『リバタリアニズム読本』

森村進 編著

勁草書房・二九四〇円
ISBN9784326101542 経済

「金で買えないものなどあるわけない」。メディア買収騒動で名をはせたＩＴ（情報技術）企業家の「名言」だ。彼は果たしてリバタリアンといえるか。政治哲学を学ぶ者のあいだで、ちょっとした論議になった。

リバタリアニズムは自由を最優先の価値とする思想だ。とても新しく、そして古い。その信奉者、リバタリアンが尊ぶ自由には経済的自由も含まれる。即（すなわ）ち、市場機構への信頼は厚く、政府の介入は悪とされる。件（くだん）の企業家の、自由な競争を阻害している体制への「挑戦」は、リバタリアンの反乱とみなせそうだ。

私達（たち）は、自分でも気づかぬうちに部分的にリバタリアンになっている。世の流れを変え得る、実効的な思想とはそんなものだろう。

そこでこの「読本」。名立たる専門家が集結し、基本的コンセプトから読書案内まで、平易を旨として書き下ろした。

とくに近頃はやりの、恨みがましい「新自由主義批判」に飽き果てた人は是非！

評・宮崎哲弥（評論家）

二〇〇五年六月五日⑧

『風のなかのアリア　戦後農村女性史』

大金義昭 著
ドメス出版・三三六〇円
ISBN9784810706383　ノンフィクション・評伝

戦後60年、農にたずさわる女性たちはどう生きてきたか。何に泣き怒ってきたか。いま何を目ざすか。本書は敗戦の年に生まれ大学を出ると同時に「家の光協会」に所属、以来40年近く農の現場に目をこらしてきた著者による真摯（しんし）なアプローチである。

主題に迫る方法として、著者は農に生きた当の女性が必死で書いた手記、詩歌、作品を主たる道しるべに選んだ。

戦後は涙の時代。『石ころに語る母たち―農村婦人の戦争体験』『原爆に夫を奪われて―広島の農婦たちの証言』などが切々。高度成長期は怒りの時代。『北富士入会の闘い―忍草母の会の42年』が先頭に立った不屈の女たちを活写。

そして今。エコロジカル派が伸長。新鮮、安心、安全を価値とし、消費者と連帯、社会を豊かにするぬくもりの農業を目ざして始動していると著者のペンも弾む。農村の女性たちは涙と怒りをこやしに戦後史をみのらせた。アリアが快い。

評・増田れい子（エッセイスト）

二〇〇五年六月五日⑨

『くど監日記　真夜中の弥次さん喜多さん』

宮藤官九郎 著
角川書店・一六八〇円
ISBN9784048538466　アート・ファッション・芸能

〝クドカン〟こと宮藤官九郎の映画「真夜中の弥次（やじ）さん喜多さん」を渋谷のシネマライズで観（み）る。

しりあがり寿のシュールな傑作『弥次喜多in DEEP』を映像になぞできるんかいなと思って観たら、ありゃりゃちゃんと映画になっている。江戸と現代がワープし、生者と死者が交歓する、怖くておかしくて深い世界が、華麗に描かれているのだ。

本書はそのメイキング・フィルムならぬメイキング・ダイアリー。脚本家としてはすでに揺るぎない評価を得ている著者も、初めての監督に胃が痛くなるほど悩み、試行錯誤を重ね、それでも難問をひとつずつクリアしてゆく様が、軽快に語られている。

映画を観おえ、夜の渋谷に出てみたら、そこはなんと浮遊する弥次さん喜多さんの世界。喜多さんの言う「リヤル（現実）」が混線したみたい。こんな〝地続き〟感は初めてだ。この人は監督としても、とてつもない才能だぞ。

評・野村進（ジャーナリスト）

二〇〇五年六月五日⑩

『マイティ・ハート』

マリアンヌ・パール 著　高濱賛 訳
潮出版社・一六八〇円
ISBN9784267017070　ノンフィクション・評伝

02年にイスラム教過激派テロリストに殺害された『ウォールストリート・ジャーナル』紙記者ダニエル・パール氏の妻がつづったメモアール。パール記者はある容疑者の背後関係を取材していたときにカラチで誘拐され、鋭利なナイフで首を切り落とされた上、九つに分断されるという残虐な処刑を受けた。その映像はアラブ系テレビを通じて放映された。

フランス人ジャーナリストの著者はそのとき妊娠しており、過酷な運命を乗り越えてアダム君を出産した。夫とそっくりの表情で自分を見つめるアダム君に、「平和のために戦う人がこれからもっと増えるはず」との夫の言葉を思い出す。

人間がここまで残酷になれることに衝撃を受けたが、世界中から母子に届いた無数の手紙には優しさがあふれていて、救われる。「人間の本質は善との信念を取り戻せた」と述べる著者に共感した。

評・多賀幹子（フリージャーナリスト）

『魂萌(たまも)え！』

桐野夏生 著

毎日新聞社・一七八五円
ISBN9784620106908／9784101306339(新潮文庫〈上〉)・9784101306346(〈下〉)

辛辣で愉快　59歳の主婦が模索する別の人生

最初少し不満を覚えた。初老の主婦の日常を題材にしているからか、桐野夏生にしては大人(おとな)しい気がしたからである。しかし主婦が家出をする場面からがぜん面白くなる。人物像に奇矯さがにじみだし、世界が歪(ゆが)んでくるからだ。

主人公は専業主婦の関口敏子、五十九歳。夫の隆之は退職して、趣味の蕎麦(そば)うちに励んでいるし、息子の彰之は都市銀行に勤めた後、ミュージシャンを夢見て、両親の反対をおしきってアメリカに移住。娘の美保は家を出てコンビニでバイトをし、いまは年下の青年と同棲(どうせい)中だ。

物語は、隆之の葬儀の場面から始まる。隆之が風呂場で倒れて急死し、彰之が、一度も会ったことのない妻と子供たちをつれて帰ってきて、いきなり遺産相続の問題に直面する。三十過ぎても親に依存する子供たちと、死んで初めて知る夫の隠された素顔。敏子は疲れ果て、いままでの人生と老後を考えざるをえなくなる。

『ＯＵＴ』では〝死体解体業〟を営む主婦たちを描き、『リアルワールド』では殺人犯の少年を逃す少女たちを描いたが、今回は老後を迎えた主婦たちの一見穏やかな日常を捉(とら)えている。作者がこれほど平凡な日常に則した物語を書いたのは初めてだろう。ずっとサスペンスや犯罪小説や幻想小説など、虚構性の強い物語を作ってきたが、ここではそれと無縁。だがしかし、基本的には従来の桐野作品と何ら変わりはない。

たとえば映画制作者たちの舞台裏を描く『光源』(余談だが、この作品はもっと評価されていい)では破局と生の放棄が語られ、直木賞受賞作『柔らかな頬(ほほ)』では母親が行方不明の娘を追ってさすらい、『ダーク』では探偵ミロをひたすら堕(お)としつづけ、『グロテスク』では娼婦(しょうふ)となってさまよう女たちの内面をえぐった。このように桐野文学の主要テーマは、絶望的なまでの生の混沌(こんとん)であり、彷徨(ほうこう)である。それは本書でも同じ。ここでは、さざ波のたつ日常のなかでの精神の漂泊がしかと見据えられている。

その敏子の苦悩と成長が面白い。夫の愛人との対決などは痛烈で、桐野的な悪意と毒がみちてハラハラするし、主婦グループの男をめぐる確執も微苦笑をさそうし、息子と嫁との挿話も辛辣(しんらつ)で愉快。しかし重要なのは、人物たちの関係がどこに着地するかではなく、様々な葛藤(かっとう)を通して魂のありかを探る点にある。あらゆる虚飾をはぎとり、抜き差しならぬ状況へと追い込み、混沌たる世界の底へと降り立つ。

というと、重苦しい小説に思われるかもしれないが、まったくそうではない。皮肉なユーモアと鋭い風刺がきいていて、何とも溌剌(はつらつ)としている。桐野夏生らしく、ときに冷ややかな悪意の棘(とげ)が見え隠れするが、それは厳しい現実認識の表れであり、敏子は次第にうまくやりすごすようになる(そのあたりの育まれるタフネスも頼もしい)。

そう、これは少年や青年ではなく、老年を主人公にした教養小説なのである。老いて始まる長い別の人生を模索する小説でもある。したたかな読み応えをもつ、桐野夏生の新たな成果だ。

評・池上冬樹(文芸評論家)

きりの・なつお　51年生まれ。作家。著書に『天使に見捨てられた夜』『ローズガーデン』など。

二〇〇五年六月一二日❷

『ピエロ・デッラ・フランチェスカ』

石鍋真澄 著
平凡社・五〇四〇円
ISBN9784582652055
アート・ファッション・芸能

独自の解釈交え描く謎の画家の全体像

複製でしか見たことがないのにけっして忘れられない絵というものがある。私にとって、本書の画家ピエロの《モンテフェルトロ祭壇画》がそれにあたる。

伏し目がちの聖母がどこか東洋的な無表情で中央に座り、膝(ひざ)には幼いキリストが眠っている。キリストの胸に鮮血の滴りのように真っ赤な珊瑚(さんご)のネックレスが掛かっているのも印象的だが、なにより不思議なのは、聖母の頭上の、天井の大きな貝殻から金鎖が垂れ、その先に白い卵がぶらさがっていることだ。

本書の周到を極める解説によれば、空中の卵は新たな誕生の象徴である。一方、赤い珊瑚はキリストの血であり、従って血を流して聖母の膝で眠る幼児は、十字架から下ろされ母に抱かれて永遠の眠りにつくキリストの運命を予告している。

つまり、この絵には、珊瑚と卵を介して死と再生が描きこまれている。

フェルメールとともに、二〇世紀が再発見した最大の画家ピエロは、こうした図像学的解読の宝庫といえる。例えば歴史家ギンズブルグは、ルネサンスを代表する「謎の絵画」であるピエロの《キリストのむち打ち》について、ヘラクレス的力業ともいうべき解釈を披露した。

しかし、本書の石鍋氏はギンズブルグの強引さを退け、このむち打ち図のにわかには信じがたい幾何学的厳密さを強調しつつ、聖書『詩篇(しへん)』の正統的な読解にもとづく独自の解釈をうち出している。

無論、解釈に唯一の正解はない。しかし、石鍋氏はこの百年のピエロ研究の流れに細かつ公平な目を配りつつ、過不足のないピエロの全体像を、一般読者にも十分納得できるように提示している。

その全体像とは、初期ルネサンスの厳密な数学的調和を求めながらも、職人の律義さで絵画という手仕事を全うし、晩年にはフランドル絵画に通じる宇宙的共感へと接近してゆく、人間の知性のもっとも明澄で幸福なかたちである。

それは、中世の信仰とも近代的意識のドラマとも違う、まるで宙づりにされた卵のように神秘的で、しかし、ゆるぎないフォルムの実在感を伝えてくる。そこにピエロの永遠の新しさがある。

評・中条省平(学習院大学教授)

いしなべ・ますみ 49年生まれ。成城大教授。著書に『サン・ピエトロ大聖堂』など。

二〇〇五年六月一二日❸

『小児救急 「悲しみの家族たち」の物語』

鈴木敦秋 著
講談社・一七八五円
ISBN9784062126816/9784062761994(講談社文庫)
医学・福祉

記者の自問が「糾弾と謝罪」の図式破る

深夜、わが子の具合が急に悪くなる。昼間あんなに元気だったのに、いまはぐったりして声も弱々しい。親なら誰だってあわてる。かくして救急病院に駆け込む全患者の二割から四割を小児が占め、子供の三人に一人が年に一度は時間外の救急を受診する結果となるのである。

だが、その先に、子供を救い親を安心させる医療システムが整っているのか。まったくそうはなっていない現実を、著者は三つの悲劇を通じて描き出す。

岩手県では、生後七カ月の乳児が、四カ所の病院をたらいまわしにされたあげく亡くなった。東京の下町では、五歳のかわいいさかりの男の子が、医師の誤診と怠慢によって命を奪われた。一方、治療する側の小児科医も、殺到する患者に対応しきれず、ある良心的な医師は四十四歳で過労のすえ自死に追い込まれた。

本書は、しかし、よくある告発調のルポではない。むしろその対極に位置するものだ。

著者が、まず新聞記者である自分自身を問うている。おれには、遺族の思いを背負いきれない。いっそ関係を断ってしまおうか。いや、彼らを裏切ることはどうしてもできない。遺族の思いを背負えないなら背負えないなりに、裏切ったと思わないで済む方法はないものか。

そこで著者は、私などには思いも寄らない行動に出る。亡くなった三人の遺族を引き合わせ、小児救急を牽引（けんいん）する日本小児科学会の理事をそこに同席させて、それぞれの思いの丈を語ってもらうのだ。記者としては〝掟（おきて）破り〟のこの越権行為が、遺族は糾弾し、医療者側は謝罪するか開き直るかのどちらかという、メディアが好んで作り上げてきた従来の図式を打ち破ってゆく。

著者を含め一堂に会した人々が、患者側にとっても医療者側にとっても質の高い医療環境を求めていこうと話し合う場面は、感動的ですらある。とりわけ自死した小児科医の長女が、大学の医学部で学びながら父と同じ小児科医を目指してゆく姿に、胸打たれた。取材は綿密、文章は熱っぽく、ときに野暮（やぼ）ったいが、「記者魂」という死語になりかけている言葉を、私は久々に思い出した。

評・野村進（ジャーナリスト・拓殖大学教授）

すずき・のぶあき　63年生まれ。読売新聞記者。著書に『大学病院に、メス！』。

二〇〇五年六月一二日④

『日露戦争史』

横手慎二著

中公新書・七七七円

ISBN9784121017925

歴史／新書

読みどころは虚々実々の外交駆け引き

日露戦争終結百年という歴史の節目の割には、なぜか記念すべき戦史の大著が刊行されていない。そんな出版界の数少ない収穫といえる本書は、二百ページそこそこながらタイムリーな好著である。

日露戦争とはどんな戦争だったか。

十九世紀末から二十世紀初めにかけての戦争は「欧米帝国主義対アジア・アフリカ植民地」の構図をそなえ、（1）殺傷力の高い兵器の使用、（2）非戦闘員の殺戮（さつりく）、（3）人種差別といった特色を帯びて戦われ、おおむね宗主国が勝った。日露戦争も当初は世界中からそのたぐいだろうと思われていたが、日本は勝利し、終了時には日本を強国の一員に押し上げる「帝国対帝国」の戦争に変わっていた。

読みどころは外交戦争史である。

記述は外交官風にマイルドな筆致で書かれていて、血湧（わ）き肉躍る戦闘場面を期待する向きは拍子抜けするほど淡々としているが、しかし丁々発止、虚々実々の外交駆け引きには迫力がある。

対立する二国の一方が自国の安全を増そうとすると、他方の国は不安を増す。そういう悪循環を「セキュリティ・ジレンマ」というそうだ。日露関係でもロシアは旧満洲を、日本は韓国をというかたちで勢力圏を定める「満韓交換論」が相互不信でまとまらず、戦争以外に解決策がなくなってゆく経過をたどる。交渉決裂から戦端開始に持ち込んでゆく外交の呼吸が呑（の）み込める。

旅順要塞（ようさい）陥落や日本海海戦といった戦史の名場面も出てくるが、それらハイライトシーンを準備する政府と軍首脳の迷いと決断が興味深い。軍は政策決定に口出ししないが、独自の判断で開戦準備を進める。政府は最大の戦果を欲張るが、軍のリアリズムに耳を傾けて妥協する。その結果、たとえ日比谷焼き打ちが起きても、明治の日本では、政府と軍との間には対立を超えた協力があった。

日露戦争の勝利は日本を東アジアの大国にしたが、敗者はより多くを学ぶ。ロシアでは詳細で軍部に厳しい戦史が編纂（へんさん）され、「奇妙なほど分析姿勢を欠いた日本の公式の戦史」と対照的だという指摘は、今日ひとしお傾聴に値しよう。

評・野口武彦（文芸評論家）

よこて・しんじ　50年生まれ。慶応大学教授。著書に『東アジアのロシア』など。

二〇〇五年六月一二日⑤

『持続可能な都市　欧米の試みから何を学ぶか』

福川裕一、矢作弘、岡部明子著
岩波書店・二三一〇円
ISBN9784000234092　アート・ファッション・芸能／社会

超高層ビル中心の都市政策を問い直す

六本木の超高層マンション上層に住居を構える家庭に招かれた。驚いたのはすぐ向かいに超高層ビルが軒を並べていたこと。四十数階の上空なのに、互いに人の顔が識別できた。何にも遮られず富士山を眺めるには、それ以上の高さに住むしかない。いまや富士の絶景は金持ちの専有物になってしまったのだ。

都市空間の再分配は、なんぴとにも平等に行われねばならない。ところが小泉政権の「都市再生」政策では法を制定してまで過剰な規制撤廃を行い、不動産開発業者は望むままに二〇〇〇年以降だけで二百棟を超す超高層ビルを建設している。一部企業と富者だけが優遇されているのである。

豊かな都心（東京では総武線以南）で景気が回復すれば貧者や地方にも波及する、という浅ましい理屈が透けて見えると著者らは言う。そうした理屈を持論とする政府寄りの都市プロデューサーは、サッチャーが市の都市計画権限を奪い取ってからロンドンでビル建設が可能になったという逸話を持ち出している。だが本書は、近年の欧米の都市政策の潮流が、そうした誤解とは正反対に向かっていることを明快に論じている。

中低層ビルの作る景観が愛されてきたロンドンではここ数年、超高層ビル建設の是非をめぐって大論争が勃発（ぼっぱつ）し、反対派にはチャールズ皇太子も加わって、建設許可は疲弊した地域で下りることとなった。美しく再生した都市として「世界のモデル」とまで評されるバルセロナは、東京と同じく財政難でも「官が空間を民が建物を」の方針で成功した。「スマートな成長」をめざすアメリカでは、州に強力な土地利用規制権が与えられている。いずれも、コミュニティーに属するすべての人が空間を享受できるよう工夫している。

巻末には日本で下町の暮らしを破壊せずに木造密集地の再生を可能にする試案が掲げられている。土地の所有と利用を分離するのがミソ。高層ビルの人口密度は、三階建ての低層集合住宅で置き換えられるという説には目を見張った。都会暮らしに希望が湧（わ）く書である。

評・松原隆一郎（東京大学教授）

ふくかわ・ゆういち　千葉大教授。
やはぎ・ひろし　大阪市大教授。
おかべ・あきこ　千葉大助教授。

二〇〇五年六月一二日⑥

『〈育てる経営〉の戦略　ポスト成果主義への道』

高橋伸夫著
講談社選書メチエ・一五七五円
ISBN9784062583282　経済

成果主義の対極＝「日本型」の本質看破

かつて日本の産業界では、アメリカ流の成果主義（個人の業績が報酬に直接反映する人事システム）が企業を活性化すると固く信じられていた。ところが、それを導入した企業が軒並みおかしくなり、「何か変だぞ！」と感じていたときに前著『虚妄の成果主義』が出版された。

その本で著者は、単純な「賃金による動機づけ」は科学的根拠のない迷信、と切り捨て、古臭いと思われていた日本型年功制が、いかに優れていたかを力説した。つまり、賃金は生活を保証し、「仕事の報酬が次の仕事」という動機づけがうまく機能していたという。

本書はその続編であり、成果主義の対極にある日本型年功制の本質が「人を育てる経営」だと看破している。それは、たとえ短期的な業績を犠牲にしてでも、次の世代の経営者を命がけで育てるという強い決意をさし、単なる人材育成とは違う。この日本の経営の伝統的な本質が最もうまく機能するように、長年かけて工夫し、はぐくんできた結果が年功制なのだ。安直に最高経営責任者（CEO）を外部から引っ張ってくるアメリカ型経営とは、根本的に違う。

成果主義の導入により、この「育てる経営」が徹底的に破壊されたという。たとえば、育てる経営の基本機能の中に「やり過ごし」がある。上司の指示を自らの責任において無視することにより、判断力を養っていくのだ。やり過ごしのできない部下は無能なのだ。ついでに言うと指示を無視されて怒り狂う上司も無能だ。育てる経営とは、随所にそういった非合理性に支えられている。それが、すべて合理的でないと気がすまない成果主義では生き延びられないのだ。

現場を知らない経営者たちが、現場を知らないコンサルタント会社の能書きを鵜呑（うの）みにして、成果主義を導入し、多くの会社を破滅に導いてしまった。「もう自分の頭で考えましょうよ」と叫ぶ著者の言葉は、41年余を大企業の中で過ごしてきた私の心を深くゆさぶる。

復古主義の香りはするが、企業経営の本質を鋭くついており、日本中のすべての経営者に読んでもらいたい名著だ。

評・天外伺朗（作家）

たかはし・のぶお　57年生まれ。東京大教授（経営学・経営組織論）。

二〇〇五年六月一二日⑦

『かわうその祭り』

出久根達郎 著

朝日新聞社・一八九〇円

ISBN9784022500120／9784043745036（角川文庫）文芸

当初は、限りなくエッセーに近いコレクター小説なのかと思った。古本集めからチラシ集め、偽造切手集め、果ては結石集めまで、蒐集（しゅうしゅう）をめぐる洒脱（しゃだつ）な思索が全編を貫いているからである。やがて、これがめっぽうおもしろい歴史ミステリーであるのに気づく。

なにしろ、秘密のエロ映画として発掘された「女の一生」に、満鉄映画製作所創立十五周年記念の大作「撥雲見日（ポーユインチエヌリー）」（「雲を払って日を見せて」）が組み込まれており、後者の主演女優が「映画の東京を記録する会」の会員・五郎の母親にそっくりだというのだ。

いったい、誰がどんな目的で二本のフィルムをツギハギしたのか？　はたして物語は満州国内部の阿片（アヘン）密売に関する醜聞（スキャンダル）に踏み込み、思わぬ展開を見せる。

タイトルは、かわうそが捕った魚を食べる前に散らかしておく習慣、転じてはコレクターが獲物を自分のまわりに広げて悦に入る習性をさす。古書店を営む作家ならではの絶品である。

評・巽孝之（慶應大学教授）

二〇〇五年六月一二日⑧

『古道具　中野商店』

川上弘美 著

新潮社・一四七〇円

ISBN9784104412044／9784101292373（新潮文庫）文芸

骨董品（こっとうひん）屋ではなく、古道具屋である。メンコや昔の看板、人から不用品と見なされたものを並べた店、それが中野商店である。そこで繰り広げられる会話がおもしろい。Aという話題を持ち出したのに、それがBへCへとずれて、核心がいつのまにか見えなくなっている。けっこう大事なことを話し出したのに、会話はうろうろと別の方向にいき、大事なことは些末（さまつ）さに埋もれる。かと思うと、いきなりなんの前触れもなくするりとあらわれて、読み手の心をひゅっととらえる。

店主を筆頭に、中野商店に出入りする人々は、そこで売られている品物のようにスマートではない。現実とずれている、というよりも、現実の外にもうひとつ、勝手に現実を作り上げ、そこで棲息（せいそく）している感じ。その独特な空気が、読み手に不思議な解放感をもたらす。些末さと大事なものごとが薄く埃（ほこり）をかぶってごっちゃになっている、非スマートな場所が、忘れ得ぬほど心地いい。

評・角田光代（作家）

二〇〇五年六月一二日⑨

『ナツコ　沖縄密貿易の女王』

奥野修司 著
文芸春秋・二二五〇円
ISBN9784163669205／9784167717476（文春文庫）
歴史／ノンフィクション・評伝

歴史から抹殺された記憶が、濃密な取材によって浮上した。占領下の沖縄。子供から老人までが密貿易に手を染め、「アメリカ世（ユ）」でも「ヤマト世（ユ）」でもない自らの時代「沖縄世（ウチナーユ）」を謳歌（おうか）した六年間の記憶だ。

その主役がナツコ。戦争で夫を失い、二人の娘をおいて海に出た。華僑や関西商人と手を結んで得た利益は、一航海で現在の数億円。砂糖、米、家畜、ペニシリン、あめ玉までを運び、米軍が陸揚げした薬莢（やっきょう）を扱う「香港商売」ではその倍を売り上げた。

「人間は、死ねばそのへんの道端に転がっている石ころと変わらないさ」

人を助けるには自分が強くなくてはいけない。飢えた沖縄のために働き続け、闇商売の親分と慕われたナツコの統率力、情報力、資金力の謎と、三十八年の波乱の生涯が描かれる。

自分だけの宝石を慈しむような「海人」たちの語りに、十年以上耳を傾け続けた著者もまた、意志の人。

評・最相葉月（ノンフィクションライター）

二〇〇五年六月一二日⑩

『ともだち刑』

雨宮処凛 著
講談社・一四七〇円
ISBN9784062127967／9784062760164（講談社文庫）
文芸

理不尽ないじめと同調する周囲に、燃え上がる孤独を強いられる「私」。その内面に、自らを蝕（むしば）むような怒りが結晶し、「あなた」への殺意が明確な形になるまでの過程が、しんしんとした文章で綴（つづ）られている。中学校のバレー部が舞台だ。

「私」の怒りを表現した部分は、突然、詩のような分かち書きに。文章から血が噴き出した感じがした。著者は、自分自身の皮膚の記憶を、この作品を通して、書ききったのではないか。

それにしても、いじめるほうも、いじめられるほうも、区別がつかないくらいの、荒廃した心。それなのに、両者はまったく別々の人間で、決して溶け合って一緒にはなれない。もし、一緒になれれば、「あなたは私の痛みを、共有してくれる」のに。十三歳の、この認識は、悲痛である。

何も知らない母のあたたかい手が、冷えきった「私」の手に触れるところがある。作品中、唯一といっていいこの温度が、心の深部に染（し）み透（とお）る。

評・小池昌代（詩人）

二〇〇五年六月一九日①

『ことばのために　僕が批評家になったわけ』

加藤典洋 著
岩波書店・一七八五円
ISBN9784000271059
文芸／ノンフィクション・評伝

百冊読んだ相手とサシの勝負ができるから

著者の回想によれば、一九七〇年代の日本の批評は暗かった。一九八三年は「ニュー・アカ、現代思想元年」になったが、やっぱり難しかった。この年、ぴかぴかの海外新思潮を満載したポストモダンの全盛に抗して苦闘した著者は、「批評とは、本を一冊も読んでいなくても、百冊読んだ相手とサシの勝負ができる」言語ゲームだとする発見を自己の始発点に据えた。

余はいかにして批評家となりしか。これを当世風にソフトにいえば本書のタイトルになる。初めに明かされる批評家誕生の劇を知ると、やがて九〇年代後半、『敗戦後論』『戦後的思考』をひっさげて批評の第一線に立った著者が、「ねじれ」という平仮名のキーワードで概念構築をこころみ、その後ずっとこの初一念で持ちこたえた心意がよくわかる。難しさの魅力だけが批評ではない。しかし平仮名の当たりの柔らかさは、思いがけず重くしんどい問題を背負い込むことを辞するものではなかった。

戦後日本の社会には国民ぐるみの自己欺瞞（ぎまん）があると告発する加藤典洋の批評は、たしかに戦後知識人の痛点をついていた。同時代の読者からは、全共闘／団塊世代の心の声を伝えたと支持を得た。反面また多くの批判にもさらされたのは、戦没者の「汚れ」とか天皇の「裏切り」とかいったショック療法的な語り口よりはむしろ、読者に迫ってくる態度決定として、いつまでもいわば《痛む歯を抜かずにじっとガマンしていろ》といわれ続けるのは正直どうも敵（かな）わんという思いがあったからではなかったか。

本書では、この「ねじれ」のテーマは再論されていない。新たに仕切り直しをするかのごとく、将来の読者に向かって《批評とは何か》を語りかける。批評とは何よりも「自由参加の、どこからもはじめられる言語のゲーム」であり、その酵母は日常言語のあちこちにまどろむ、と寺山修司の対談から西原理恵子のマンガまで豊富な実例をあげて平易に説明している。

批評は「私的な個人」から出発し、「この私的な感じを普遍的な感じに置き直す」ことを旨とする。もちろんこの批評像は、著者の持論である「私利私欲の上にどう公共性を築くか」（『日本の無思想』）という問題意識にぴったり呼応している。ミーイズムを罵倒（ばとう）すべからず。私利私欲こそが戦後とポスト戦後を一筋つらぬく太い線だとする主張である。

古語に「公は私に背く」とある。「公」は「八」と「ム」の会意。ム（わたくし）は「私」の古字、一説に八は「背」の古形。日が暮れてなお遠い道のりをこの批評家は進んでゆこうとする。

時あたかも無思想日本の公共空間は、インターネット社会と溶け合ってきている。特にブログの盛況によって、「私」が自由に軽々と批評活動に加われる条件が生じてきた。話題も文芸評論に限らない。今や批評は、和歌や俳句のような広い裾野の上に成立するジャンルに変わった。ここから今後の課題が見えてくる。

この一億総批評家化の時代に、プロの批評家は自己をどう《特化》するであろうか。

評・野口武彦（文芸評論家）

かとう・のりひろ 48年生まれ。早稲田大学教授。文芸評論家。著書に『敗戦後論』など。

二〇〇五年六月一九日❷

『ホモセクシャルの世界史』

海野弘 著

文芸春秋・三三六〇円

ISBN9784163667904／9784167751012（文春文庫）

歴史／人文

同性愛列伝で20世紀を浮き彫りに

同性愛の罪で投獄された「世界一有名なホモセクシャル」、オスカー・ワイルドの代表作に『ドリアン・グレイの肖像』がある。絶世の美青年が主人公のこの小説にはホモセクシャルな気分がたちこめているが、本書の著者は、「ドリアン」とは古代ギリシアのドーリア人のことだと説く。ドーリア人は戦士の友愛で名高い民族で、彼らが軍隊組織のなかで男子の同性愛を発達させた。この「ギリシアの愛」は、プラトンの『饗宴（きょうえん）』によって神話的な正統性をあたえられる。

そこから始まり、アレクサンドロス大王、カエサル、ハドリアヌス帝、聖アウグスティヌスと、ホモセクシャル大列伝を縦横に綴（つづ）る海野氏の筆は、「夜の警察」という同性愛取り締まり隊のできたフィレンツェのレオナルドやミケランジェロまで、とどまるところを知らない。

といって、これはただ面白おかしいだけのエピソード集ではない（むやみに面白いことは事実だが）。

科学の発達によって、男女の生物学的違いが人間の絶対的区別となったのは、十九世紀後半のことである。その結果、異性と同性という概念が決定的に重要になり、古代からの男色（ソドミー）は、同性愛（ホモセクシャル）と呼ばれるようになった。そして、ホモセクシャルは罪悪から病気へと変質していく。十九世紀末のワイルドの投獄事件は、こうした「ホモセクシャル」成立の分水嶺（ぶんすいれい）と見ることができるだろう。

本書の根底にあるのは、「ホモセクシャル」を作りだしたのは二十世紀であり、この現象を通じてこそ、二十世紀の社会（とくに文化・芸術）の特徴が浮き彫りにできるという強い確信である。著者はつねにこの問題提起にたち戻り、古代ドーリア人から現代ニューヨークのゲイに至る世界史を、特異な二十世紀論として編み直してみせる。

なかでもハリウッドの同性愛をめぐる章は圧巻で、タイロン・パワーもケーリー・グラントもゲイだったという話など興味は尽きないが、『風と共に去りぬ』の監督だったジョージ・キューカーがクビになった真相には度肝を抜かれた。

評・中条省平（学習院大学教授）

うんの・ひろし 39年生まれ。評論家。著書に『アール・ヌーボーの世界』など。

二〇〇五年六月一九日③

『中村屋のボース インド独立運動と近代日本のアジア主義』

中島岳志 著

白水社・二三一〇円
ISBN9784560027783／9784560721254（白水Uブックス）

歴史／国際

アジア主義から生まれたインドカリー

今日では忘れられかけているが、20世紀のかなりの期間、西洋に対抗してアジアとの連帯を訴える「アジア主義」は日本人を動かす理念として軽視できない力をもっていた。

ある意味でその理念の強さを最も純粋に示しているエピソードが、本書の主人公インド人ナショナリスト、ラース・ビハーリー・ボースが第1次世界大戦期にイギリス支配を逃れて来日し、新宿の中村屋に助けられた経緯であろう。中村屋の主人夫婦は当時、同盟国だったイギリスとの誼（よしみ）からインド独立運動に冷淡だった政府の姿勢に対する純粋な怒りと、ボースに対する同情から、大きな危険を冒してボースを匿（かくま）い、その娘もまた進んでボースと結婚したのである。

しかしアジア主義的連帯は心情レベルでは成立し得ても、現実の秩序を変革し、新たな秩序を構築する体系的な思想にまで昇華することはできなかった。日本のアジア主義者の大半は日本の基準によってしかアジアを理解しなかったし、アジア主義者と連帯を求めたボースや中国の孫文らも、本質的にはアジア全体の解放よりも自民族の解放を願うナショナリストだった。

やがて日本政府がアジア主義的主張を掲げて帝国の支配圏を拡大する政策に出始めると、アジア主義は心情の純粋さも思想としての力強さも失っていく。一時期は日本への批判を交えつつアジアの解放を訴えたボースの言論も、次第に日本を弁護する色彩を強めることになった。ついには日本の代弁者と見なされてインド人ナショナリストに対する影響力を失い、インドの独立を見ることとなく、太平洋戦争末期に失意のうちに世を去った。

若い学究の手になる本書は、ボースの生涯を清新な文体で追うことで、アジア主義の美しさと限界を描いて余すところがない。明治初期にイギリスから輸入された「カレー」に対抗する気概を込めてボースが作った「インドカリー」は、中村屋の看板商品として今も残る。その軌跡は、大正期のロマンチックなアジア主義が現代のエスニック趣味へと変容する物語を象徴している。

評・中西寛（京都大学教授）

なかじま・たけし 75年生まれ。京都大人文研研修員。著書に『ヒンドゥー・ナショナリズム』。

二〇〇五年六月一九日④

『友情』

西部邁 著

新潮社・一六八〇円
ISBN9784103675044

ノンフィクション・評伝

思想する人の心の「深み」を映す鏡

この本は亡き友の墓標である。内容は長い墓碑銘と見立ててよい。

西部邁の社会思想家としての出世作『大衆への反逆』に「不良少年U君」というとても印象的な短文が収められていた。中学時代に知り合ったUとの交友を簡潔に綴（つづ）ったものだ。西部とUは同じ名門高校に進み、「精神的同性愛」の気配が漂うほどの親友になった。だが、どうしようもない運命が二人の生路を分かつ。Uは退学し、極道をひた走っていった。

「不良少年U君」は委細が捨象されていたため、ロマンティックな友情物語のようにも読める。だが、生の実相はそんな甘やかな感懐など寄せ付けぬほど凄絶（せいぜつ）だったのだ。

その後、Uこと海野治夫は自死した。焼身か入水かすら、判然としない骸（むくろ）でみつかったという。

海野は西部の元に、自身の人生を記した手稿を送付していた。西部は、その手記と自らの記憶とを手掛かりに、戦後時代の一断面としてこの生の記録を遺（のこ）そうと発心する。そして二つの暗い炎の光跡が鮮やかに描き出された。

苛酷（かこく）な貧困があり、差別があった。切なる希望がやがて魂を侵し、むしろ救いのなさこそが心の支えとなる。そんな悲惨な皮肉に満ちていた。

海野の父はBC級戦犯として処刑された朝鮮人軍属だった。母は苦界に身を沈めた過去を負っていた。彼はアイデンティティの置き処（どころ）を予（あらかじ）め奪われていた。

この故郷喪失者に注がれる西部の視線はこよなく温かい。メキシコのインディオと白人の混血、メスティーソを引き合いに出し、「出自」なるものに基づく差別分別の愚かしさに憫笑（びんしょう）を与えている。クレオールだの、ポストコロニアルだのといった目新しい思潮が軽佻（けいちょう）にみえるほどの凄（すご）みを込めて。

保守は、少なくとも西部の唱える保守は、教条の類（たぐい）とは無縁の思想であることを教えてくれる。

友のための墓銘が、少し角度を変えるとまるで著者の遺書のように映るところがある。だが、まだ早過ぎる。まだ戦いは終わっていない。

評・宮崎哲弥（評論家）

にしべ・すすむ 39年生まれ。思想家、評論家、元東京大学教授。

二〇〇五年六月一九日⑤

『ベジタブルハイツ物語』

藤野千夜 著

光文社・一五七五円
ISBN9784334924553／9784334742485（光文社文庫）

文芸

ありきたり積み上げ巨大な日常を遠望

二階建てアパートと、それに隣接する大家の家。それがこの小説の舞台である。大家一家と、アパートの住人たち、交互の語りによって物語は進む。

ワンルームのアパートというのは、一過性の場所である。そこで一生を終えるような類（たぐい）の空間ではない。この小説でも、アパートの住人は大学生であったり地味な会社員であったり、職を失った夫とその妻であったりする。彼らは皆、何かを夢見ている。ちょっと感じのいい同僚とジョギングをする、というささやかなことだったり、シナリオライターになる、というような将来展望だったり。住人はみな、何ものかになりたいと願いつつ、現時点では何ものでもない人々である。

対して大家一家の面々は、娘や息子に家庭崩壊を危惧（きぐ）されながらも、けっこうのんきに、何ごともなく、平凡に暮らしている。個人個人がどう思っていようと、割合仲のいい楽しそうな家族ではある。何ものかになる、というような野望を、家族のだれもが持っていない。何ものでもなく日常を送っている。
アパートの住人たちと大家一家の対比がおもしろい。それは変化と不変であるし、瞬間と永遠のようでもある。しかしながら、その相対するものを読んでいると、その対比をまるごと飲みこむ日常というものに気づかされる。この小説のなかで、日常は永遠よりももっと頑丈な何かだ。

大家が飼っているシッポナという犬がいる。大家の娘も息子も、この犬を撫（な）でて家を出ていき、この犬を撫でて家に帰ってくる。犬はいつでもそこにいて、撫でられるとうれしそうに尻尾（しっぽ）をふる。この小説で描かれる日常は、シッポナにどことなく似ている。私たちの窮地を救ってくれるわけでもない、何ものかになるチャンスなど与えてくれないが、しかしそこに居続ける。

日常の些事（さじ）をこれでもかと積み上げて、作者は読み手に、瞬間と永遠を内包する巨大なものを垣間見させる。一見さらさらと読めるが、なんと読みごたえのある小説だろうかと思う。

評・角田光代（作家）

ふじの・ちや　62年生まれ。作家。著書に『ルート225』『彼女の部屋』など。

『パレスチナから報告します　占領地の住民となって』

アミラ・ハス 著　くぼた・のぞみ 訳

筑摩書房・二五二〇円
ISBN9784480837134

政治／国際

「平和」の枠組みの中に生じた閉塞状況

自分の国の政府が「加害者」となった時、その国籍を背負う国民はどうすればいいのだろう。自国の同胞が隣人に憎しみを持って攻撃された時、それは自国の兵士が隣人を蹂躙（じゅうりん）しているからだ、と認めることができるだろうか。そして「加害者」の国の人間として、「被害者」の側に立って生活することができるか。

イスラエルのジャーナリストであるアミラ・ハスは、ナチスドイツ下での迫害経験を持つ両親のもとに生まれた。ユダヤ人の彼女が、イスラエル軍が占領するガザとヨルダン川西岸地区の特派員として、自国の兵士や入植者がいかに占領地のパレスチナ人の生活を侵害しているかを、被害者の立ち位置から自国民向けに書く。本書は、1997年から2002年までにイスラエル日刊紙に掲載されたコラムをまとめたものである。

イスラエル兵がいかに正確にパレスチナ少年の頭を撃ち抜くか、まだ人の住む家をいかに無残にブルドーザーで押しつぶすか、住民の移動を封じ息を詰まらせ、自治政府の建物に乱入して糞尿（ふんにょう）をまき散らしてきたか。イスラエル政府が「安全のため」と称して占領地への締め付けを強化したことが、パレスチナ人の怒りを爆発させ「死ぬ準備ができている」若者を増やし、「ユダヤ人にとっても危険」な状況をもたらす、と彼女は強調する。

彼女の批判はイスラエル政府に対してだけに向けられているのではない。パレスチナ自治政府はイスラエル防衛の下請け業者になるか、パレスチナ人の大衆蜂起を政治的に利用するかで、結局占領地住民は自分たちの政府からも疎外されていった。90年代、一見「平和」が進んでいたかに見えるオスロ合意の枠組みのなかで、実は占領地住民が分断され閉塞（へいそく）状況に追いやられていたことを、彼女は鋭く追及する。むしろ随所で描写される、占領地住民とイスラエル兵士の限られた対話や相互の生活に対する学習の経験のなかに、「ふたつの民族がともに価値があり平等だ」と認め合う可能性を見る。

巻末、ジャーナリスト土井敏邦氏によるインタビューが秀逸だ。「傍観者にならない」という著者の決意が、力強い。

（原題、REPORTING FROM RAMALLAH）

評・酒井啓子（アジア経済研究所主任研究員）

Amira Hass　56年生まれ。イスラエルの日刊紙「ハアレツ」特派員。

二〇〇五年六月一九日⑦

『時の娘たち』

鷲津浩子 著
南雲堂・三九九〇円
ISBN9784523292975
文芸

アメリカの夢と悪夢には独立革命を支えた啓蒙（けいもう）主義が影を落としている。

かつて中世のアリストテレス・スコラ派が自家薬籠中（じかやくろうちゅう）のものとしたのは目に見えず人間のはかり知れない世界としての「スーパーネイチャー」であり、一方、目に見えて人知の及ぶ世界が「ネイチャー」であった。

ところが啓蒙主義をピークとする「知識革命」以後、すべてが数量化され視覚化され、「アート」はサイエンスと結託した「テクノロジー」へと変貌（へんぼう）した。本書は、こうした思想史上の大転換を経てもホーソーンやメルヴィルが、ルネサンス時代の世界観と十九世紀の世界観とを奇妙にも併存させていることに注目する。

「ナチュラル・ヒストリー」が自然史ではなく、神の意匠を具現化した「自然誌」だったとするエマソン論は示唆に富む。ポウ論では、宇宙創造論をめぐる思索を軽妙なるホラ話と表裏一体のものとする詩的想像力が強調される。まれに見るアメリカ文学思想史の収穫。

評・巽孝之（慶應大学教授）

二〇〇五年六月一九日⑧

『拝啓　法王さま　食道楽を七つの大罪から放免ください。』

リオネル・ポワラーヌほか 著　伊藤文 訳
中央公論新社・一八九〇円
ISBN9784120036385
歴史／アート・ファッション・芸能

パリ一おいしくて行列ができるパン屋のポワラーヌが事故で急逝したのが〇二年。死後、彼の机下にはローマ法王への嘆願書が発見された。「食道楽（グルマンディーズ）を七つの大罪から放免されたし」と。彼の遺志に賛同する美食家連の文章を収めたのが本書である。

歴史家、作家、政治家、修道士からデザイナーのソニア・リキエルまで多士済々、全員が美食にオマージュを捧（ささ）げ、大罪とされる不当さを訴えている。

他人と美味を共にする喜びがなぜ罪なのか。さすがは悦楽の国フランス。出色は売れっ子シェフのアラン・デュカスだが、エスプリあふれる文章の妙はぜひ読者がじかに……。

それにしても七つの大罪の起源は？　グルマンディーズとはそもラテン語では何？　面白本のタイトルに騙（だま）されて読むうちにカトリック文化の深みにはまる。随所に博識のスパイスが効いた老獪（ろうかい）なグルメ本だ。澁澤龍彦が生きていたら手を打って喜びそうな一書。

評・山田登世子（仏文学者）

二〇〇五年六月一九日⑨

『イギリスでは　なぜ散歩が楽しいのか？』

渡辺幸一 著
河出書房新社・一五七五円
ISBN9784309243382
文芸／国際

かつて欧州の美しい街道や行き届いた社会制度を日本と比較して「ストックとフローの違いだ」と一言で片づけることがあった。

しかし、今や日本は超高層ビルがあいついで出現し豪華なショッピングモールが開店する。物質的な豊かさばかりが人の目を引く。

イギリスで財務アナリスト、エッセイスト、歌人として暮らす著者の目には、それらの日本の姿が「欲望刺激光線の国」と映る。その光線に晒（さら）されながら日本は、どこか窮屈で生きにくい国になってきていると肌で感じると言う。

その対比として、例えばロンドンの町並（まちなみ）では、古い建物を保存し、緑地や公園を残すことに国民が力を注ぐ。身体の不自由な人が堂々と生きられる社会づくりなど金では得られない努力の数々が紹介される。

言い古されたようでいてなぜか強い説得力を持つ。

それは毎年三万人を超える自殺者を出す閉塞（へいそく）社会の国に住む一人として痛切に過ぎるからに違いない。

評・前川佐重郎（歌人）

二〇〇五年六月一九日⑩

『科学者キュリー』

セアラ・ドライ 著　増田珠子 訳
青土社・二三一〇円
ISBN9784791761814　科学・生物／ノンフィクション・評伝

キュリー夫人の伝記としては、次女エーヴの書いた『キュリー夫人伝』が名高い。が、これはあまりにも母親を「聖女」と神格化したものとして、反動のようにその後、夫ピエール死後のスキャンダルなど、人間としての面をあきらかにしたものが現れている。

これらに対し、今度の伝記の特徴は、対象との距離を適切に、より客観的、冷静に見つめて描き切ったところ。コンパクトだが科学史や女性解放史のなかでの位置づけもすっきりとし、かえって彼女の熱情的生涯と同時に悲劇性も浮き彫りにしている。

ことに後半生で苦しめられた放射線障害が、添えられた晩年の指に火傷（やけど）を負った写真にも裏づけられて痛ましい。ラジウム発見のためにみすぼらしい部屋で苦闘した若き日々が「人生でもっともすばらしくもっとも幸福な歳月」であったとの自身の言葉が重い。才能を継承してノーベル賞を受賞した、長女イレーヌの小伝もつけられている。

評・宮田親平（科学ライター）

二〇〇五年六月二六日②

『打撃の神髄　榎本喜八伝』

松井浩 著
講談社・一八九〇円
ISBN9784062129077／9784062816458（講談社+α文庫）　ノンフィクション・評伝

身体観が転機を迎えて見直される極意

榎本喜八は36年生まれ。50年代半ばから70年代初頭まで活躍した、元祖「安打製造機」である。24年9カ月で一〇〇〇本安打という空前絶後の記録を達成、一部には王・長嶋も凌（しの）ぐという評価を得るも、寸暇を惜しんで究極のフォームを求め、三振するとコーラ瓶を叩（たた）きつけるといった行動から、「変人」と囁（ささや）かれた。資格を有しながらも参加していない名球会の公式サイトには「榎本選手は病気療養中です。ご家族の意向により、あまり表に出てきておりません」と記されており、球界との疎遠さがうかがえる。

けれども現在の榎本は、アパート経営などしながら悠々自適の暮らしぶりだという。超絶的な打撃理論に、野球人でも近づく者がいなくなったというのが実情であるらしい。スポーツライターの著者は96年から足繁（しげ）く自宅を訪ね、長時間かけて白熱のインタビューを行い、成果としてこの傑作評伝が生まれた。

荒川博の勧めで入門した合気道の身体技法をバッティングに応用するその極意は、「臍下丹田（せいかたんでん）に呼吸をしずめ、足裏で地面を持ち上げる」といったもの。63年には12打席に限ってピッチャーとの「〝間〟が消滅する」夢の境地に至った、という。言葉だけ聞けば、多くの人が当惑したのも仕方ないと思う。

ところが近年、トップアスリートたちの身体観も転機を迎えている。古武道や体幹トレーニング、初動負荷理論やスロトレなど、意識を体内に集中させつつ腹圧を高めたり、手足は脱力することで身体の操作性を上げたりする諸理論が、理解可能な言葉で提示され注目を浴びているのだ。著者もまた、榎本の語る神懸かり的な表現に、明晰（めいせき）な言葉で迫ってゆく。時代がようやく榎本に追いついたのだろう。

榎本は終戦直後、屋根に穴の開いた家で傘をさし台風をやり過ごしたことがあるという。打撃不振が榎本をパニックに陥らせた理由も、極貧に舞い戻る恐怖から説き明かされており、納得がいく。だが末尾に紹介される衝撃的な行動までは説明がつかない。それでも、イチローとの達人対談が実現するなら、読みたい!!

評・松原隆一郎（東京大学教授）

まつい・ひろし　60年生まれ。スポーツライター。著書に『世界最速の靴を作れ！』など。

二〇〇五年六月二六日❹

『眼の冒険　デザインの道具箱』

松田行正 著

紀伊国屋書店・二九四〇円
ISBN9784314009829　人文／アート・ファッション・芸能

「似ている」から始まる思考の魅力

著者に叱(しか)られるかもしれないが、まず本文最後の二ページを開いていただきたい。

右ページには、催眠効果をもたらすといわれる縦ストライプを夜空に向けサーチライトで投射した、ナチスのニュルンベルク党大会のフィナーレでの壮麗な光の列。左ページには、世界貿易センター(WTC)崩壊跡地の近くでおこなわれた追悼の光の儀式の模様。青い光が二本、漆黒の空を突き刺すように、あるいは悲しみの刃が地殻を破って飛びだしてきたかのように、垂直に立つ。

この衝撃は、たぶんどんな言葉の列よりも強い。対極にあるはずの二つの儀式が共有する相同的なイメージ、それが、人びとの思考の背後にある暗い軌跡を浮き彫りにする。

「似ている」ということの発見から始まる思考、それは遊びのようであり、パズルのようでもあり、そしてときに批判的な思考でもある。

星雲と頭髪(つむじ)と指紋と素粒子の飛跡、そして対数螺旋(らせん)をつくるヒナギクの配列図。ブロードウェーや平安京とチェス盤と曼陀羅(まんだら)図と中国明代の印章とル・コルビジェのグリッド構成案とコンピューターの回路。あるいは、今は懐かしいフトンタタキから家紋、ケルトの装飾、一筆書き、サナギを経て真空論へ。「画竜点睛(がりょうてんせい)」からアインシュタインの宇宙モデル、デュシャンの絵、アナグラムを経て、漢字の犬・刃・氷の「、」へ……。

謎めいた数列や幾何学のパズルも盛り沢山(だくさん)。アナロジー(類推)は、ある事柄に見られる関係が別の事柄においても見られることに着目する比例的思考であるから、当然のことであろう。

最後に、「似ている」ことに過敏で、ことの真実よりは画像の整合性にこだわる眼(め)の動きから、とてつもない夢想と幻想が生まれる過程を、パノラマのように映しだす。

物語でも推理でもなく、複数の像を脈絡を跳び越して思いもよらないかたちで接触させる思考、そう、図像的思考は、演繹(えんえき)や帰納とは異なる仕方で、人類の認識をぐいぐい開いてきた。

私たちの思考の衰弱を衝(つ)く一冊だ。

評・鷲田清一(大阪大学教授)

まつだ・ゆきまさ　グラフィックデザイナー。『絶景万物図鑑』ほか。

二〇〇五年六月二六日❺

『風味絶佳』

山田詠美 著

文芸春秋・一二九〇円
ISBN9784163239309／9784167558062(文春文庫)　文芸

秘蔵レシピで味わう極上の日本語料理

現代最高の(言葉の)シェフが、秘蔵のレシピで作り上げた、六篇(へん)の小皿料理だ。もったいなくて、一度で読めない(食べられない)。だから、ぼくは、毎日、一篇ずつ読んだ(食べた)。

この時代に、この国で、こんな小説が書かれているのだ。日本語は、こんなにも素晴らしいことができるのだ。だから、ぼくたちは、まだ大丈夫だ。そう思うと、なんだかたまらない気持ちになって本から目を上げ、窓を眺めた。六月の鎌倉は緑で一杯、いちばんいい季節だ。

ぼくがあと数日で引っ越す、この小さくて古い、日本の家は、チエホフの名翻訳家、神西清の終焉(しゅうえん)の地だ。ぼくは、神西清がチエホフを訳した部屋で、山田詠美の小説を読んでいた。

ガラス戸の向こうの、紫陽花に包まれた玄関のベルを、若き三島由紀夫が押したのだ(大家さんがそう言った)。満面に笑みを浮かべた吉田健一が大きな風呂敷包みを抱え、やはりベルを押したのだ(大家さんがそう言った）。彼ら、全盛期の日本文学の担い手たちは、この小さな家に集まって、日本語について、白熱した会話を交わしたのではなかったか。

「神西さん、如何（いかが）ですか?」「文学がわからなくなったらチエホフの短篇を読みたまえ。あそこには『すべて』がある……ぼくは、そう言いつづけてきたのだが、これからは、こう付け加えよう。山田詠美の短篇も同様だ、と」

「三島さん、如何ですか?」「六篇に登場する男たちは、順に、鳶（とび）職、清掃作業員、ガソリンスタンドのアルバイト、引っ越し作業員、汚水槽の作業員、火葬場の職員、やわなインテリはひとりもいない。日本文学に必要なのは、肉体を描く言葉を見つけることだったのだ。気にいった！　この娘に、ぼくの後釜になってもらおう」

「吉田さん、如何ですか?」「ふぉっふぉっふぉっ。『夕餉（ゆうげ）』を読んで、料理小説と勘違いする読者もいるかもしれんね。だがね、きみ、料理を味わうこともできない作家に、言葉を味わうことができるだろうか。いや、人間を味わうことが」

評・高橋源一郎（作家・明治学院大学教授）

やまだ・えいみ　59年生まれ。作家。著書に『姫君』『PAY DAY!!!』など。

『海を越えた艶（つや）ごと　日中文化交流秘史』

唐権 著

新曜社・三三六〇円
ISBN9784788509443

歴史／国際

1866年夏、上海。2人の日本女性が…

1866年の夏、上海・黄浦江にいかりを下ろした外航船から2人の「日本淑女」（地元英字紙の表現）がふ頭に降り立った。著者は、その2人が「おそらく近世以来中国へ渡航した最初の日本女性である」と考えている。

この年（慶応2年）、幕府は200年続けた海禁政策を解除。学問と貿易のための海外渡航を認める。2人は政策転換の恩恵にいち早く浴したわけなのだが、その正体は「普通の日本婦人が女性たちだけで視察や見物のために上海へ渡航するとは考えられぬことで……いずれも玄人の女、長崎丸山遊郭の遊女であったに違いない」と著者は推測するのだ。

本書は、こうした興味深い考察を重ねて近世の中国と日本を結んだ人たちの言動から描いた文化交流史である。

とりわけ本書がユニークなのは、中国の文人や商人らを虜（とりこ）とした長崎の遊女や、明治直前から続々と大陸に渡った日本人妓女（ぎじょ）ら、とかく歴史の狭間に埋もれがちな「艶の世界」に光をあてようと試みた点ではなかろうか。

全体は3部構成で、第1部は明代末期から起きた中国国内の空前の観光旅行熱が、海を越えて鎖国日本の唯一の窓であった長崎に至った経過を概括。貿易都市としてだけでなく、当時屈指の遊興都市であった異国の街に魅せられた唐人と江戸庶民の交わりを描き出す。

第2部は、衰退する長崎に代わって清朝末期から急速に発展した上海に焦点を移す。「魔都」に続々と進出した日本女性は「東洋妓女」と呼ばれたが、彼女ら「からゆきさん」は決して売淫（ばいいん）だけを営む存在ではなく、歌手や踊り子として、そして詩画をたしなむ才女としても「多様多彩な交流の担い手」であった、と主張する。

終章に至って著者は、20世紀の戦争の惨禍と長い国交断絶のため、今日の中国人は「日本人をもっぱら殺伐とした相手として認識するようにもなっている」とも書く。だからこそ振り返りたいのが、近世の隣邦間にあった実に人間的な交わりではないか。言外にそう語りかけているように感じた。

評・加藤千洋（本社編集委員）

Tang Quan　69年中国生まれ。関西外語大、平安女学院大講師。日中比較文化研究専攻。

二〇〇五年六月二六日❼

『私という運命について』

白石一文 著
角川書店・一六八〇円
ISBN9784048736077／9784043720040（角川文庫） 文芸

大手企業に勤める女性の二十九歳から四十歳までの物語である。恋愛、別離、結婚、出産、死を通して人生の意味を問いかけていく。

テーマはずばり運命。いまどき運命などという言葉を、これほど衒（てら）いもなく、自然に使えて、なおかつ説得力をもたせるのも珍しい。それもこれも求道的な人物の精神性が魅力的で、多くのアフォリズムが生きているからだろう。『僕のなかで壊れていない部分』に顕著だった常識や平凡な幸福に対する懐疑と侮蔑（ぶべつ）、また爛（ただ）れたセックスも影をひそめ、『一瞬の光』『すぐそばの彼方（かなた）』のような苦悩者たちの人生賛歌が静かにうたわれて、温かな感動をよぶ。

やや時系列に語りすぎて単調に流れているところもあるけれど、それでも、これほどまでに正面から力強く、生きることの重要さを見いだそうとする人物たちの熱き思いはまれだろう。白石一文の小説がみなそうだが、読者に新たな思索を促し、もう一度己が人生を振り返らせる力がある。

評・池上冬樹（文芸評論家）

二〇〇五年六月二六日❽

『時のしずく』

中井久夫 著
みすず書房・二七三〇円
ISBN9784622071228 文芸

もうずいぶん前になるが、著者の『分裂病と人類』（東大出版会）に驚愕（きょうがく）した記憶がある。さらに、阪神淡路大震災に際し、精神医学者の立場から著者が救援活動に奮闘されたこともよく知られた事実だ。そんなこともあって、中井久夫という名は私に強くインプットされている。

本書は、自伝的な文章、幼少期からの読書体験など、33編を収録した第4エッセイ集である。集中、出会いと別れが多く描かれているが、なかでは「阪神間の文化と須賀敦子」が印象深かった。生前、1度しか会っていないにもかかわらず、須賀敦子という個性があざやかに探りあてられているからである。

イタリア語という媒介はあるが、彼女の育った阪急沿線の空気、大阪船場が培った文化、神戸を窓とする西欧、それらが文体の地下水になっているという。うなずかせる指摘だろう。

手抜きのない彫琢（ちょうたく）された1編1編を、しばしの間、嘗（な）めるように読ませてもらった。

評・小高賢（歌人）

二〇〇五年六月二六日❾

『戦争とジェンダー』

若桑みどり 著
大月書店・二三六五円
ISBN9784272320240 人文

ブッシュ大統領がイラク戦争を促進するとともに同性愛結婚に断固反対したことは、同時に記憶されなければならない。戦争を起こす男性中心社会にとって必要不可欠なのは一夫一婦制異性愛社会であり、そこから産み落とされる未来の兵士たちであるからだ。かくして著者は皮肉る。「せっせと産む女、せっせと殺す国家、これがジェンダー分業の極北であった」

さらに本書は、むしろ男性中心社会のほうが紀元前数千年になって登場した一時的な制度にすぎず、先行した母系制社会をあたかも先住民族のように武力で征服したのだ、と見直す。とはいえ男は戦争、女は平和という二項対立は、そう簡単に割り切れない。歴史は女性でも戦争ができることを証明してきたが、いったんそれを受け入れると性差秩序が崩壊し社会全体が危機に瀕（ひん）するために、記録において抑圧されてきたのだと、著者は言う。戦争と性差双方の問題点と解決策を知るのに最高の入門書。

評・巽孝之（慶應大学教授）

二〇〇五年六月二六日⑩

『帝政民主主義国家ロシア』

中村逸郎 著
岩波書店・三一五〇円
ISBN9784000240130

国際

「帝政民主主義」は著者の造語であり、プーチン体制は形式的には民主主義体制だが、実質においては帝政期の権力構造と似た形態になりつつある、というのが著者の結論である。

この体制は二面性をもつ。一方では、地方政府の自治権を奪い、大統領を頂点とする行政機構の集権化が進みつつある。同時に、身近な問題を解決する手段を奪われた住民の不満を直接にすくい上げる姿勢を示すことで、かつて皇帝に対して抱かれていた「慈父」としての大統領像を作り出し、世論の支持を獲得する。末端の統治機構に対して向けられた民衆の不満は大統領への期待（まず間違いなく実現しないのだが）を高め、その権力を強化する方向に作用するのである。

こうした政治構造の分析はさておいて、本書の白眉（はくび）は市井のロシア人が置かれた苦境の克明なリポートである。遅れているプーチン訪日を待つ間、ロシア社会の現状を知るために一読に値しよう。

評・中西寛（京都大学教授）

二〇〇五年七月三日①

『ゴリラ』

山極寿一 著
東京大学出版会・二六二五円
ISBN9784130633246

科学・生物

「人間よりも進みすぎた」隣人に学びたい

細胞にも色艶（いろつや）がある。明けても暮れても試験管をのぞいているうち、その色艶が見分けられるようになると、もう「一心同体になるほどに彼らを愛し」はじめている。だから色艶が悪いと、風邪をひいているのではないかと心配になる……。生物学者の岡田節人のことばだ。

「愛さないと見えないものがある」とは、ドイツの哲学者、マックス・シェーラーの思想であり、文化人類学者、岩田慶治の、研究をふり返っての深い感想でもある。この思いが、今西錦司、伊谷純一郎、そして山極寿一へと続くわが国の霊長類学者の調査にも色濃くただよう。

限られた観察時間でデータをとり、論文を量産し、書いた後はその動物に関心を失う「小回りのきく賢い学者」になるより、「対象にずっと感動と愛着をもち続ける動物学者になりたい」と思ってきたその山極が、アフリカの熱帯林に足を踏み入れてかれこれ30年近くになる。

ゴリラは「人間になれなかった動物」ではなく、「人間よりも、ある方向へ進みすぎてしまった動物」である。ゴリラは、人間もかつてもっていたはずの「高い許容力」と「思いがけない可塑性」をそなえた社会構造をもっている。それに、遺伝的にサルより人類に近い。類人猿は「人類の過去を探る辞書のひとつ」なのだ。われわれ人類がくり返してきた衝突の悲しい歴史を〈共存〉の途（みち）へと切り替えるには、その類人猿がたどった〈共存〉の別の途から、あるいはまた「人類とは異なる自然の見方や利用法」から、うんと学ぶ必要がある。「われわれ人類はけっして最善の方法で自然と接してきたわけではない」からだ。山極はそう考える。

が、われわれはこの隣人のことをまだよく知らない。「人間の負の部分」としてむしろ遠ざけてきたからだ。その生態の本格的な調査も、50年代の終わりに開始されたばかりだ。

ベートーベンやイカルスといった名で個体識別しながら、来る日も来る日もゴリラの糞（ふん）を計量し、水洗いしてから、新聞紙の上に拡（ひろ）げ、竹べらでかき分け内容物を分析する。まるで宝物を扱うように。この「糞分析」に4年間。一集団のゴリラを2年間ひたすら追跡し、交尾、育児、社会行動を子細に観察し、３４７５のネスト（巣）を調査する。度重なる子殺しと異なる集団間でのメスの移籍の機制を、ああでもない、こうでもないと推理する。気が遠くなるほど地道な調査である。

　が、その研究がひどく難しくなっている。ゴリラが、90年代以降激減しているからだ。内戦の激化と難民の大規模な移動、それによる密猟の横行、ブッシュミート（野生動物の獣肉）の商取引の急増、エボラの流行による病死がその直接の理由である。不安定な政情のなかで、地元住民とともに基金を募り、からだを張ってゴリラの保護運動と地域の環境教育に取り組むその山極を突き動かしているのは、ヒトの観念さえ揺さぶるこんな信念だ——「現代人の身体には心の歴史の百倍におよぶ体験が刻印されている。心が身体を思うがままに操れるわけがない」。

評・鷲田清一（大阪大学教授）

やまぎわ・じゅいち　52年生まれ。京都大教授。著書に『ゴリラとヒトの間』など。

二〇〇五年七月三日❷

『誰も知らないイタリアの小さなホスピス』

医学・福祉／社会

横川善正 著

岩波書店・二一〇〇円
ISBN9784000237659

「後進国」で実現した手づくりの福祉

　イタリアの特徴とその底力は、人口数万の小さくて魅力的な街が綺羅星（きらぼし）のごとく点在することにある。どこも自然の美しさと歴史的佇（たたず）まいをもち、個性ある生活環境を誇る。北イタリアのヴェネツィア近郊にあるトレヴィーゾもその代表の一つ。水路が網目状に巡るこの小都市が本書の舞台だ。

　突然襲った癌（がん）で最愛の夫を失った女性アンナが、死と向き合った夫との深い交流の体験をもとに、癌末期患者の家庭介護の民間ボランティア組織を設立し、死を迎えるまでの終（つい）の棲（す）みか、ホスピスを手づくりで完成させた。その活動に友人として寄り添う貴重な経験をもった一人の美大教師が著したユニークなホスピス論が本書である。

　著者は医療や福祉の専門家ではない。偶然の出会いからホスピスの世界を知る。アンナも全くの素人だった。夫の死を契機に、人生を見つめることからこの世界に飛び込み、志を共にする人々と一緒にホスピス建設に命をかけた。その過程で起こった様々なドラマを丁寧に調べ、書き上げたこの本は心を打つ。

　イタリアは、イギリスやドイツと比べ、ホスピスの後進国。自治体には頼れず、制度も不備ななか、個人の想像力に始まり、それに共鳴する人々が真のボランティア精神で取り組んだアンナ達（たち）の活動は、福祉の原点を問い直す。そこにはカトリックの国らしく、他者を思う博愛の気持ち、連帯の精神がある。そんな社会活動家のアンナだが、公的な場に出るには服装に気遣うし、食事には手を抜かない。末期患者に音楽が最良の点滴になるという人間らしい発想もイタリア的だ。

　注目すべきは、彼女達の活動を支える背景に、歴史と自然に恵まれたトレヴィーゾそのものがあるという指摘だ。この街全体がホスピスなのだという。

　福祉は北欧がモデルだと言われてきた。だが、家族や地域コミュニティーを大切にする南欧型社会を見直すのも、高齢化を迎える日本の社会を再考するのに重要ではないか。明るく陽気なイメージばかり強調されるイタリア社会が本来もつ生真面目（きまじめ）さを、本書はよく伝えてくれる。

評・陣内秀信（法政大学教授）

よこがわ・よしまさ　49年生まれ。金沢美術工芸大教授。著書に『ティールームの誕生』など。

二〇〇五年七月三日③

『シャガールと木の葉』

谷川俊太郎 著

集英社・一七八五円

ISBN9784087747584

文芸

軽妙でたくましい言葉の「息」づかい

谷川俊太郎は、だいぶ前、もう詩は書かないといって、沈黙していた時期がある。本書を読みながら、そのことを思い出した。言葉と言葉は、ここで、なめらかにかみあいながら、意味から脱出し沈黙のほうへ、限りなく回転して逃走しようとしている。題名にもなった詩の、シャガールとは、「貯金はたいて買ったシャガールのリト（石版画）」。一方の木の葉は、道で拾った無料（ただ）のクヌギの葉。比べられない二つの美を並べて、詩人の心は、沈黙の秤（はかり）のように揺れる。

あとがきで、自分を「爺（じい）さん」なんて書いているが、詩には、まったく、その年齢が見えない。若々しいというのとは少し違う。むしろそのこととの不思議を思うのだ。年齢を持たない、透明な人が書いた、独特の軽みとそれゆえの怖（おそ）ろしさ、品格のある静謐（せいひつ）さ。とてもデリケートで、同時にたくましい、そして正確な、言葉の「息」づかいがここにある。あえて言えば、その「息」だけで書かれたような詩集なのだ。言葉を書こうとすら、していないような。

「やっぱり／がっこうは／わなだったと／すんだめで／みつめていた／こども／やさしく／がむしゃらに／わかさを／すきなおとこに／みつぎ／このよに／やきもちやいて／がいあに／わがみをささげた／すがおの／み／こ」

これは亡くなった、矢川澄子氏へ捧（ささ）げられた追悼詩。「やがわすみこ」が、各行の頭に、三回、織り込まれている。あざとさなく、力みなく、遊戯的行為を通して本質をつく。「素顔の巫女（みこ）」像を、「スミコ」という音から掘り出したのは、やっぱり「詩人の仕事」だと思う。

ときどき、言葉がなめらか過ぎて、自分が何を読んでいるのか、読まされているのか、一瞬、不安になるようなこともある。なぜ、不安になるのだろう。軽妙な言葉が踊りながら誘う先に、「死」があると感じられるせいかもしれない。沈黙の秤にかけられた死は、木の葉一枚と等値に釣り合い、静かに揺れているように見える。乾いていて軽い、本書の言葉たちは、死者および死のまわりに積もっていく、木の葉のことなのだと私は思う。

評・小池昌代（詩人）

たにかわ・しゅんたろう 31年生まれ。詩人。著書に『よしなしうた』『世間知ラズ』など。

二〇〇五年七月三日④

『ヨコモレ通信』

辛酸なめ子 著

文芸春秋・一二六〇円

ISBN9784163670508／9784167713249（文春文庫PLUS）

文芸

辛らつで笑いあふれる消費文明探訪記

文字通り人をなめた筆者名です。おまけに人前でうっかり口に出したら品性を疑われかねないタイトル。しかし、そんなことで本書を敬遠したら、この上なく繊細で辛らつな消費文明レポート、今の日本で最も独創的なスペクタクル社会論を見逃すことになってしまいます。

本屋の女性店員の前で書名を口にするのが恥ずかしい男性読者は、ネット書店でも利用して読んでみてください。これまで自分がテレビや雑誌でよく知っていると信じていた日本という社会の恐ろしいほどの奥深さが見えてきて、めまいでへなへなと脱力してしまうでしょう。

辛酸なめ子さんは、その名も『処女☆伝説』という著書をもつ若き才媛（さいえん）です。マニアックなうんちくを傾けるエッセーマンガで一部に熱狂的な人気を呼んでいますが、本書では、標的を「情報化社会からヨコモレした事象」に定め、メモ帳とデジカメを両手に、様々なスポットに侵入しては、「心の羽根でヨコモレをキャッチし」、トリップ感覚と笑いにあふれる探訪記事を書きつづけています。

なめ子さんの赴く場所は、広大な都庁の土産物屋の隣に出現した古代ローマ神殿風バーから始まり、七〇〇〇円以上の料金を払って飼い主が下僕のように奉仕する犬用温泉「綱吉の湯」、荒川区で一番ギラギラ輝くスター北島康介アテネ決勝中継応援会、池袋防災館、食虫植物展、上智大学ミスコン、江原啓之霊能イベント、眉サロン「アナスタシア」と、多彩きわまる六〇アイテム。わくわくします。

そのキュートでブラックな文章芸にはじかに本で酔って頂くとして、例えば人体の不思議展で、死体が性器どころか内臓までモロ出しで芸人のように頑張ってポーズしているのを見て、なめ子さんは、「死者と生者の間で中途半端に永遠の命を与えられてしまった彼らの姿に、人間に定められた『死』の必要性を感じました」とぽつりとつぶやくのです。これは人工的に無毒化された死のスペクタクルへの本質的な批判です。

客とともにイベントに同化しながら、そんな醒(さ)めた目をもつ彼女は、現代文明における貴重な異人なのです。

評・中条省平（学習院大学教授）

しんさん・なめこ 74年生まれ。漫画家、エッセイスト。著書に『ほとばしる副作用』など。

二〇〇五年七月三日⑤

『ヴィーナス・プラスX』

シオドア・スタージョン 著　大久保譲 訳

国書刊行会・二三一〇円
ISBN9784336045683

文芸／科学・生物

両性具有の未来世界 思索小説の傑作

ふとしたことから、人類が滅んだのちの未来の地球で目を覚ます主人公、チャーリー・ジョンズ。その世界は「レダム」と呼ばれ、銀色に輝く空に向かって紡錘形の建物がそびえ、人々は見えないエレベーターにでも乗っているかのように全速力で空中を上下する。

住民はみな奇妙な服装をまとい、男とも女ともつかない。そこでは「Aフィールド」なる万能テクノロジーがすべての環境を整え、「セレブロスタイル」なる記録装置が個人の思索を他人に移植することで高度な学習成果を上げる。男女の原理を超越したレダム人が神のごとく崇拝するのは、子どもたちだ。

ところが、すべてのエネルギーから解放されたように見えるユートピアにも、過去の遺物である人類の中からチャーリーを連行するべき理由があった——。

もちろん、両性具有の世界や女性だけの世界を描くSF小説は、アーシュラ・K・ル＝グウィンをはじめ決して少なくない。しかし「キャビアの味」とも評される技巧派スタージョンが一九六〇年に書き上げ、「幻の名作」と噂(うわさ)されてきたこの長編小説は、一味も二味もちがう。

作中、レダム人のフィロスは人類が何千年もの間、ひたすら外部にばかり注目してきたことを批判し、いまは「外側ではなく内部に集中することでバランスを取る必要があります」と述べるが、この発言は間違いなく、五七年のスプートニク打ち上げ以後に火がついた米ソの宇宙開発競争を絶妙に皮肉っているだろう。

とはいえ、作家は必ずしもレダム世界を全面肯定するわけではない。それどころか、超人類であるレダム人がなぜか人類の子どもを産み落としてしまうという大事件が起こり、この未来世界の驚くべき真相が明かされる。

本書は二〇世紀中葉の保守的な男女観を批判しつつ、素朴な両性具有論の限界をもあらかじめ洞察してやまない。いかなるユートピアニズムもテロリズムと表裏一体であるのが明らかになった今日だからこそ読まれるべき、これはスペキュレイティヴ・フィクション（思索小説）の傑作である。

（原題、VENUS PLUS X）

評・巽孝之（慶應大学教授）

Theodore Sturgeon 1918〜85年。米国の作家。著書に『夢見る宝石』など。

『国学の他者像　誠実（まこと）と虚偽（いつわり）』

清水正之 著
ぺりかん社・三七八〇円
ISBN9784831511089　人文

《感動させる対象》という心和む発見

国学と他者という組み合わせは、見たところいかにも相性が悪い。

社会にネオナショナリズムの波がうねるとき、その根底ではネオ国学の心性が動いている。自己の複数化として「公」を強調する立場は、異論をすべて他者として排除する。それと奇妙に共存しているプチ保守主義の「私」の視野には、最初から他者が入ってこない。

著者は「近代日本では、国学はその政治性においてあるいは評価され、あるいは忌避される」という。平田篤胤（あつたね）派の国学を念頭にした指摘である。他者とは《まつろわす対象》のことだ。幕末維新期に猛威をふるい、戦時期にもてはやされ、その後も三島由紀夫に影響を与え、丸山政治学に拒絶された経緯がある。

本書はまったく異なる断面で国学をとらえる。キーワードは「私秘性」。国学では、日常性の世界できめこまやかに自他の関係をさぐる思惟（しい）がむしろ本流だったとするのである。著者が「対面的他者」と呼んでいるのは、単純に暮らしの中の「他人」と思えばいい。人間のまったく私的な感情が他人様（ひとさま）を感動させる手だてが一つある。歌である。著者は歌学・歌論に国学の源泉を見る。サブタイトルに付けられた「まこと」「いつわり」という一対の語句も歌学の用語である。

だから戸田茂睡（もすい）・契沖（けいちゅう）・賀茂真淵・本居宣長とたどられてくる国学史の流れは、通例にならって平田篤胤には向かわない。ここでカーブを切って、一般には不思議な神秘主義思想家と思われていた富士谷御杖（ふじたにみつえ）につなげられる。百人一首の注解を通じて人間の「まこと」を深く問いかけた国学者である。

わずか三十一文字の和歌が、なぜ自己と他者とをなかだちするのか。

歌の極致は恋歌である。宣長を論じて「そもそも規矩（きく）なき心の発動が、なぜ他者の共感をよびうるか」と問題を立てた著者は、御杖論に至って、一回限りの場での「公と私の分裂、私秘の暴露と隠蔽（いんぺい）とのあわいで歌われることによってのみ感動を呼ぶ」と結んでいる。

国学の他者が《感動させる対象》だったとは心を和ませる発見ではないか。

評・野口武彦（文芸評論家）

しみず・まさゆき　47年生まれ。東京理科大教授（倫理学、日本倫理思想史）。

『優しい音楽』

瀬尾まいこ 著
双葉社・一二六〇円
ISBN9784575235203／9784575511932（双葉文庫）　文芸

『幸福な食卓』で吉川英治文学新人賞を受賞した作者の新作。中編が三本収録されているが、秀逸なのは「タイムラグ」だろう。

妻子のある男と恋愛している「私」が、ひょんなことから男の娘を一日預かる話で、ありえない設定なのに、深く頷（うなず）きながら読んでしまう。細かいひねりをきかせた語りが抜群だけど、しかし決して巧（うま）さを際立たせることなく、あくまでも不幸な関係にある二人の幸福感、仮初めかもしれないが、深いところで心の触れ合うことができた喜びが、しかと捉（とら）えられてある。

不埒（ふらち）なのに許せて、許せるけれど完全には納得いかなくて、でもそれでも何か愛（いと）おしくて、温かな感情を覚えてしまう。そんな複雑な感興の混じる嬉（うれ）しさがここにはある。それは残りの二編にもいえることだ。

柔らかく屈折する会話を駆使した、微妙な人間関係の描出。その襞（ひだ）を生き生きとのぞかせ、不思議なぬくもりをじんわりと抱かせる瀬尾ワールド。見事です。

評・池上冬樹（文芸評論家）

二〇〇五年七月三日❽

『異文化結婚　境界を越える試み』

ローズマリー・ブレーガー、ロザンナ・ヒル 編著
吉田正紀 監訳
新泉社・三一五〇円
ISBN9784787705044
社会／国際

オックスフォード大学の女性文化研究所がワークショップを実施、そこから生まれた本だ。日本では外国人との結婚を国際結婚と呼ぶが、多民族化に向かう現況では、異なる言語や宗教などに属する者同士の結婚には、「異文化結婚」がより適切ではないかと、監訳者は述べる。

ヨーロッパ、中東、アジアなどにまたがった数多くの事例は、異文化結婚の多様な側面をあぶり出す。国家が異文化結婚を規制するかと思えば、異人種間であっても同じ宗教が二人の絆(きずな)を強固なものにすることに、新鮮な驚きを覚えた。

ジェンダー間の役割期待のずれが結婚を崩壊させる厳しさもあるが、子どもたちは、二つの伝統を持つことは自分に広い視野を提供すると、アイデンティティーを肯定していて心強い。日本でも外国人との結婚がこの30年で6・5倍に増加した。ただあこがれたり、逆に毛嫌いしたりする偏見から解放される一冊。

評・多賀幹子（フリージャーナリスト）

二〇〇五年七月三日❾

『レコードはまっすぐに』

ジョン・カルショー 著　山崎浩太郎 訳
学習研究社・三七八〇円
ISBN9784054022768
アート・ファッション・芸能／ノンフィクション・評伝

LP、ステレオ登場という時期に、史上初の「ニーベルンクの指環」全曲録音などで、伝説的な名を轟(とどろ)かせたレコードプロデューサーの自伝。ショルティ、カラヤン、バックハウス、デル・モナコといった大指揮者、大演奏家、大歌手が次から次へ登場し、へーと思うような逸話をふりまいてゆく。クラシックファンにはたまらない翻訳である。

音楽家につきもののお金とわがまま、そして奇癖にもふんだんにスペースをとる。吝嗇(りんしょく)きわまりないアンセルメ、オーケストラの音を小さくし、自分の弾く音が雷鳴のように響くことを要求するルービンシュタイン、外国の町で姿を消す癖のリヒテル。カラヤンは音楽以外でも、自分がいちばん賢いと思っていた。

巨匠といわれるすさまじい人たちを集め、長時間拘束し、録音するというのだから、忍耐力は想像をこえる。最近、クラシック業界は不振だ。新譜もあまり出ない。こういう優れた裏方がいなくなったせいかもしれない。

評・小高賢（歌人）

二〇〇五年七月一〇日❶

『南瓜(かぼちゃ)の花が咲いたとき』

ドラゴスラヴ・ミハイロヴィッチ 著
山崎洋 訳　山崎佳代子 解説
未知谷・二一〇〇円
ISBN9784896421316
文芸

暴力を行使する者と被害者への乾いた視線

セルビア文学を初めて読んだ。セルビアは旧ユーゴスラビア連邦共和国に属し、歴史的には大戦や複雑な民族紛争に翻弄(ほんろう)され、解体と再生を繰り返してきた。内戦の後、03年にセルビア・モンテネグロと国名を変えた。こうした情報は、とりあえずは入ってくる。でもそこには一体、どんな人間がいて、何を考え、日々を暮らしているのか。

登場する人々は、愚かで弱く、家族を愛し、友を裏切り、悪いこともする。なんだ、私と同じじゃないか。ただ、少し違うのは感情の「深度」だ。彼らは深く絶望し、深く悲しみ、深くよろこび、そして深く憎悪する。その姿は、どくどくと波打つ心臓の鼓動の音、つまり生きるということを、改めて私に思い出させる。

舞台はナチス・ドイツ占領下のセルビアの首都ベオグラードの下町、ドゥシャノヴァッツ。そこで青春期をすごした、リューバという男が主人公だ。彼は戦後、東西冷戦下の祖国から、すべてに絶望し出国をするが、受け

入れ国では結局、政治的な亡命者として処理され、現在はスウェーデンで妻とその連れ子と暮らす。複雑によじれた、熱い望郷の念を抱きながら。

そんな彼が語る祖国での過去。その人生は、ねじれて汚れた太い荒縄を想像させる。しかし彼の「底」はとても明るい。生き抜いてやるなどと意気込むわけではない。むしろユーモラスに脱力している。その姿勢でともかく前進する。女の子にもてればいい気にもなる、どこにでもいそうな男なのだ。

パルチザン活動をしていて突然捕まったまま帰らない兄。空襲が始まって学校が休みになると、町は無法者たちの天下である。あるとき、リューバは、ドイツ兵とつるんでいた淫売（いんばい）の女を、八人の悪い仲間と襲い、力ずくで初体験をする。終わると、娼婦（しょうふ）は「……あんたたちのお袋なんか、死んじまえばいいわ」と悪態をつく。その姿は滑稽（こっけい）で、とても悲しい。このとき一緒に襲った仲間の一人、親分格のストーレが、後に、美しい娘に成長したリューバの妹を強姦（ごうかん）し、彼女を自殺に追いやってしまう。リューバはそれを知り、復讐（ふくしゅう）を企（たくら）む。そしてストーレは死んだ。ボクサーでもあったリューバは、時には人を死に至らしめることもある、「力」の裏表をよく知る男である。

彼ら男たちは、こうして様々な「敵」を倒すために単純に権力や暴力をふるう。悲しいのは女たち、ことに彼らの母親たちだ。娘に自殺されたリューバの母、リューバに息子を殺されたストーレの母。殺したほうも、殺されたほうも、互いに家族のように見知る者たち。母たちは暴力を使わないかわりに、ときには相手を許そうとし、自らの存在理由を失い、衰弱することでしか、暴力というものに抗（あらが）えない。

本書は68年に発表され、世界15カ国で読まれてきた出世作の本邦初訳。暴力を行使する者と被害者という対立が描かれるが、そこには対立しているはずの二者を、とけあわそうとする、著者のあたたかく乾いた視線がある。

評・小池昌代（詩人）

Dragoslav Mihailović　30年セルビア生まれ。作家。

二〇〇五年七月一〇日❷

『帰国運動とは何だったのか　封印された日朝関係史』

高崎宗司、朴正鎮 編著

平凡社・三五七〇円

ISBN9784582454321

政治／国際

日朝国交樹立のパイプ作り 緻密に論証

唐突ながら、質問をひとつ。在日コリアンのルーツを辿（たど）ると、朝鮮半島の北と南、それぞれの割合はどのくらい？

五対五？　北六、南四？　逆に北四、南六？　残念、いずれも不正解。実のところ、在日の九割は南、つまり現在の韓国にルーツがあるとみられている。

そうなると、一九五〇年代末に始まり、十万人近くもの在日が北に渡った〝帰国運動〟とは、いったい何だったのか。それはたとえば、仮に日本が南北に分断されているとして、九州出身の在米邦人とその家族が、親類縁者も知り合いもいない北海道に移住するようなものであった。しかも、資本主義国から社会主義国への集団移住という、現代史上、類例のない異常事態だったのである。本書は、この出来事をアカデミズムの立場から初めて本格的に論じた著作と言ってよい。

その画期的な論点は、北朝鮮が〝帰国〟を強力に推し進めた理由が、労働力不足を補うためという従来の説ではなく、日朝国交樹立に向けてのパイプ作りだったとしているところにある。にわかに承服しがたいかもしれないが、著者たちの論考は緻密（ちみつ）で、東西冷戦のさなか、中ソとの社会主義陣営外交から脱皮したい北朝鮮が、日本をめぐって韓国と綱引きを演じた末、結局、一九六五年の日韓条約締結により対日外交を硬直化させてゆく過程が、実証的に述べられている。

当時は、こうした北朝鮮の意図も実態も知らぬまま、在日側も、送り出す日本側も、〝帰国運動〟を寿（ことほ）いだ。マスコミは「朝日」から「産経」まで、〝帰国熱〟を結果的に煽（あお）った。あの石原慎太郎氏でさえ、〝帰国〟推進の署名をしたという話も、本書には出てくる。推進派それぞれの思惑についても、冷静な検証が加えられており、説得力がある。

最近幅を利かせている国粋主義者どもが何と言おうと、在日が移住を決断した背景に、日本での過酷な民族差別があったことは言を俟（ま）たない。ただ本書は、北朝鮮バッシングの中で均衡を図ろうとするあまり、無数の悲劇を生んだ最大の責任者である北朝鮮への見方が甘いと、多くの読者には感じられるかもしれない。

評・野村進（ジャーナリスト・拓殖大学教授）

たかさき・そうじ　44年生まれ。津田塾大教授。
パク・ジョンジン　東大大学院博士課程。

二〇〇五年七月一〇日③

『イスラームの根源をさぐる　現実世界のより深い理解のために』

牧野信也 著

中央公論新社・二六二五円

ISBN9784120036392

人文／国際

使命感をもって伝える豊かな精神世界

9・11事件に始まり、アフガニスタン攻撃、イラク戦争と続くイスラーム世界の深刻な危機は、各国の研究者に、それにどう向かい合うかを迫り続けている。東洋学の大御所であるバーナード・ルイスは、対テロ戦争の推進者であるネオコンの「教師」として、再び論壇を賑（にぎ）わせた。そのルイスを、二十数年前に西欧の中東に対する「オリエンタリズム」として批判、論破して一躍脚光を浴びたエドワード・サイードは、対イスラーム偏見へと逆行する欧米の論調に抗しながら、一昨年他界した。

さて、わが日本である。日本は欧米と異なり独自のイスラーム学を確立してきた。西洋哲学と東洋思想を抱合した井筒俊彦氏は、すでに50年以上前に日本国内はむろんのこと、西欧、イスラーム諸国で高い評価を得ている。だがその学問的蓄積が、今のイスラーム認識の危機において紐解（ひもと）かれることは、ほとんどない。

そのことに、井筒氏の一番弟子とも言える著者は、怒っている。浅学なイスラーム理解が横行するばかりの現状に、伝えずにはいられないとの思いが、すでに大家の地位揺るがぬ著者をして本書を書かせた。その静かな、しかし切迫した使命感には、感動すら覚える。

商業的宗教としての発祥、イスラームの即物的思考と精神性重視の二面性が、預言者のメッカ時代とメディナ時代にさかのぼれること、それが現在のスンナ派とシーア派、あるいはスーフィーの差異として表れていること、イスラームの神の人格性、倫理性、唯一性、イスラームにおける魂の働きなど、「日本人にとって……受け容れるのが困難で、また中々理解できない」と繰り返しつつも、極力読者に伝わるような筆致で、その本質を解読していく。神と人間の関係を、ブーバーやフロムをひきつつ語る本書からは、矮小（わいしょう）化されたイスラームの姿は消え、豊かな哲学的思惟（しい）が広がる。

「受け入れがたい」異文化を、「日本人の価値観で外から眺め」ず、「浅い次元からでなく、深く根源的に」理解すべきだとの主張は、イスラーム理解に限らず異文化理解一般に必要な姿勢だろう。

評・酒井啓子（アジア経済研究所主任研究員）

まきの・しんや　30年生まれ。東京外国語大名誉教授。著書に『イスラームとコーラン』など。

『日本の「ミドルパワー」外交』

添谷芳秀 著
ちくま新書・七五六円
ISBN9784480062352
政治

アジア諸国と連携する長期戦略を提言

外から見ても、内から見ても、日本という国の生き方を説明するのは難しい。日本なしの世界が考えられないほど重要な存在では恐らくないが、完全に無視できるほど無意味な存在でもない。また、多くの日本人は原理原則に基づいて世界を動かそうというほどの意欲はないが、全くの無原則で受動的な存在でいることには満足できそうにない。

戦後日本の生き方は間違っていなかった。しかしその生き方を明瞭（めいりょう）に表現する言葉をもたないことで、日本外交は自信を欠いたものとなり、また疑念をもって見られているのではないか。東アジアの国際政治を専門とする著者の問題意識はこの点にある。

著者の解答は日本を「ミドルパワー」と位置づけることである。「ミドルパワー」とは、国際政治の基本的な秩序を構成する大国ではないが、国際秩序に対して一定の修正を促すことができる程度の力をもつ国家のことである。それはカナダやオーストラリアが自らの外交を表現する際に用いた言葉だが、著者は占領期から現在に至る日本外交の軌跡を追いながら、「ミドルパワー」という言葉でそこに首尾一貫したイメージを提示しようとしているのである。

もっとも、「ミドルパワー」という言葉がどれほど落ち着きがよいかには、疑問もある。軍事に関与せず、経済と文化で世界に貢献すると言えば、大概の人は賛成だろうが、インスタントラーメンやエコカー、アニメで日本はやっていくと言うと、正直物足りない気もするのではないか。

しかし、そうしたことは著者も百も承知のはずで、著者の意図はより実践的な所にありそうである。第一に、国際秩序の基本を構成する力としては今日でも軍事力が不可欠であることを認めた上で、日本はそのゲームに参加しないことを宣言すること、第二に、アジアの中で台頭する中国と同じレベルで競い合うのではなく、他のアジア太平洋諸国と連携するという視点から長期の戦略を構想すべきだということである。声高ではないが、折り目正しい外交論である。

評・中西寛（京都大学教授）

そえや・よしひで　55年生まれ。慶応大教授。『日本外交と中国　1945－1972』など。

『徳川将軍家十五代のカルテ』

篠田達明 著
新潮新書・七一四円
ISBN9784106101199
歴史／新書

権力の頂点にあった人々の健康家系図

徳川歴代将軍の身長は、十四代まで正確に計測されている。個々の数値と測定方法の秘密は本書を読んでのお楽しみにしておくが、そのデータはたんなる数字以上に歴史の面白さを語る。

たとえば五代将軍綱吉は、百二十四センチの低身長症だったらしい。そのせいもあってか、綱吉は将軍の権威を保つことに人一倍熱心で、自己顕示欲が強かった。自分で学問の講義をしたり、能を演じて舞台に立ったり、賢君イメージを作るのに一所懸命だった。

身長測定だけではない。本書は、徳川将軍十五代の没年齢・死因・側室の人数・子女の人数をきちんと調べて一覧表にしている。歴史上の人物の診断カルテは以前にもあったが、本書はさらに突っ込んで、なぜそういう病気が出たかの社会背景まで分析している。

食中毒と思われていた家康の死因は胃がんだったらしく、将軍職を争って弟忠長を死に追いやった三代家光はうつ病に苦しんでいたという話は興味深い。

健康は誰にでも大切だが、将軍様となると

またひとしお切実である。江戸時代の二百六十年間、十五代にわたって政治権力の頂点にいたのだから、その一人一人の体調や病状は歴史を動かす要因になりかねず、事実なっている。

十五人のうち正室から生まれたのは家光と慶喜の二人だけ。その他はすべて側室腹という「雑種強勢」の法則は面白い。それでも家康の直系は四代で途切れ、以後も何度か嫡子がいないままに将軍が死去すると、継嗣争いにからんで政争が起きた。九代家重と十三代家定は脳性麻痺（まひ）の症状が見られたが、将軍の座に就く妨げになっていない。家定には筋肉の不随意運動が出ると江戸城で拝謁（はいえつ）したアメリカ総領事ハリスの日記にある。

将軍は病気でも臣下が支える。「将軍の息子という特殊な条件下にあったとはいえ、障害者を差別することなくうけいれたのは日本史上特筆すべき出来事であった」という著者の観察は、日本の政治に底流する知恵を深くうがっている。

読者を一風変わった歴史の見方に案内してくれること請け合いである。

評・野口武彦（文芸評論家）

しのだ・たつあき 37年生まれ。医師、作家。著書に『法王庁の避妊法』など。

二〇〇五年七月一〇日⑦

『無宗教からの『歎異抄』読解』

阿満利麿 著

ちくま新書・七三五円
ISBN9784480062376
人文／新書

大乗仏教の至極（しごく）は凡夫（ぼんぷ）の悟りにある。凡夫とは何か。在家である。修行を生の糧としていない者である。迷妄世間の只（ただ）中で悟りを求める人である。著者の言葉では「無宗教」ということだ。

親鸞の語録とされる『歎異抄』は、確かに大乗思想の一つの極限を示している。何せ、善悪、幸不幸の分別を否定し、自力による修道を否定し、親しき者のための供養すら否定するのだ。

そんな「不道徳」な教えのどこが宗教かと訝（いぶか）る人もいるだろう。著者は答える。「善に敗れ、悪に絡みとられる人間の哀（かな）しさが、やがて宗教の世界を開く」「いかに善悪のけじめに神経をすり減らしていようが、人生そのもののはかなさ、不条理、虚妄に、道徳は答えを出すことはできない」

宗教に関する通念を覆す一節だろう。

「業報（ごうほう）にさしまかせて」一途に阿弥陀（あみだ）の本願に頼れと親鸞は説いた。俗にいう「他力本願」ではない。これが仏教的実存への決断に他ならないことを本書は教える。

評・宮崎哲弥（評論家）

二〇〇五年七月一〇日⑧

『田辺写真館が見た〝昭和〟』

田辺聖子 著

文芸春秋・一九五〇円
ISBN9784163670201／9784167153427（文春文庫）
文芸

田辺写真館が大阪の福島区に建ったのは昭和三（1928）年の頃。祖父の創業が明治三十八（05）年だから老舗（しにせ）である。

写真館はなんせ大所帯。見習い技師が五、六人住み込んでおり、祖父や曽祖母のほか、父母と弟妹に叔母たちもいて、物語には事欠かない。技師の応召を歓送する家族の集合写真から、著者が樟蔭女専を卒業して裏に闇市のある商店で事務員になるまでの、文字通り「昭和」の脈動が伝えられている。

敗戦の直前、写真館は米軍の空襲ですべて焼失したのだが、著者は手をつくして焼け残った写真を蒐（あつ）め、当時の市井の暮らしを甦（よみがえ）らせた。

重要なのは、戦前は貧しく、戦時中は暗い時代だったという通念を覆してみせたこと。庶民はそれぞれの生活を楽しみ、関西のモダニズム文化を享受していた。冒頭に川柳を引用した「お聖さん」の闊達（かったつ）な文章が、そんな日々の素顔を、みごとに描きとめている。

評・杉山正樹（文芸評論家）

二〇〇五年七月一〇日⑨

『ガイアの素顔　科学・人類・宇宙をめぐる29章』

フリーマン・ダイソン 著　幾島幸子 訳
工作舎・二六二五円
ISBN9784875023852
科学・生物

齢（よわい）80を超えたプリンストン高等研究所名誉教授で高名な理論物理学者のエッセイ集。9歳のときに書いたという未完の短編SFと、80年代に書いた小文を中心に収録。

古今の巨大科学プロジェクトを「適切な規模」という視点から縦横に批判したかと思うと、有人火星探査を本気で推奨する筆致が、真面目（まじめ）とも冗談ともつかない味わいをかもしだす。

いずれも80年代に発せられた警句ながら、20年の時を経た現時点でもなお、いや、いろいろなことがあった後の今だからこそ傾聴に値するところがすごい。

かつての英国が偉大な科学者を輩出する一方で優れた古典学者を生まなかったのは、ラテン語とギリシア語重視で科学の授業は無しという教育環境のおかげだったと語る、古き「良き」英国出身者としての教育論もユニーク。逆説と諧謔（かいぎゃく）とちょっぴりの感傷が漂う硬派な科学論としてお薦め。

評・渡辺政隆（サイエンスライター）

二〇〇五年七月一〇日⑩

『Jポップとは何か　巨大化する音楽産業』

烏賀陽弘道 著
岩波新書・八一九円
ISBN9784004309451
アート・ファッション・芸能／社会／新書

著者の飽くなき探究心によれば、その呼称は88～89年にFMラジオから生まれた。そして急速にメディアに広がってゆく。それは「洋楽と肩を並べることができる、センスのいい邦楽」の総称であった。

著者は、この呼び名とそう呼ばれる音楽を「ファンタジー」と見る。一種の共同幻想といってもいい。送り手側だけでなく受け手側も、聞きながら「自分も外国と肩を並べたように感じる」からだ。

JポップのJには日本から世界、特に欧米への念願が込められていたが、実現に至らず。デビュー盤で900万枚売った宇多田ヒカルは、米市場に進出して2万枚強の実績しか残せなかったという。

技術革新、日本経済の動き、消費性向など音楽を取り巻く状況への目配りが驚くほど広範囲。一方、CMや通信カラオケとの関連ほかビジネス内部への踏み込みも怠らない。読後、ヒット曲の正体がからくりの向こうに透けて見えてくる。

評・安倍寧（評論家）

二〇〇五年七月一七日①

『マザー・ネイチャー　「母親」はいかにヒトを進化させたか　上・下』

サラ・ブラファー・ハーディー 著
塩原通緒 訳
早川書房・各二七三〇円
ISBN9784152086396〈上〉・9784152086402〈下〉
科学・生物／社会

男性優位の視点では見えない生物の本質

四半世紀以上前までは、たとえば母親が産む子どもの数を決めている環境条件は何かが、動物の生態や行動研究における一大テーマだった。そしてたいていの答は、食物の量だった。

ところがその後、問題設定のスタイルが様変わりしてしまった。生物の特徴や行動は「何で決まっているのか」ではなく、「誰が決めているのか」を問うスタイルへと変貌（へんぼう）したのだ。先ほどの例で言えば、子どもの数を決めている「条件」を問うのではなく、決めているのは母親なのか父親なのか、あるいは子ども自身なのかと、行動の主体を問うのである。

これは、ある特定の行動は誰の得になるのかを問題にすることでもある。かつてはここで、「種の存続」のためという説明がされていたが、今は誰もそんなことは言わない。個々の個体が、自分の「遺伝子」を少しでもたくさん残すためという言い方をする。あるいは、「自分の血筋」を少しでも多く残すためという言い方をしてもいい。しかしそうなると、繁殖にかかわる行動一つとっても、母親、父親、子どもという三者の利害衝突が生じうる。ただし三者間の利害を調整するのは、自然淘汰(とうた)の冷徹な作用である。

このような視点の変更を迫った事実として、雄による子殺しの発見があった。たとえば新たに群れを乗っ取った雄が、追い出した雄の子どもを殺し、さっそくその母親と交尾をするというショッキングな行動である。しかもこの行動は、ある種のサルで見つかったのをきっかけに、チンパンジー、ライオンなどさまざまな動物で見つかった。

じつはこの行動を見る視点自体も一大転換を遂げてきた。当初は、単純に雄が自らの親権を拡大するための利己的な行動と見られていた。しかし視点を変えると、これは雌にとっても必ずしも損な行動ではない。群れを乗っ取った雄にどのみち子どもを殺されるなら、早々に殺されたほうが、子育てへのむだな投資を節約できるからである。また、群れ生活をする動物の雌は、複数の雄と積極的に交尾をする。利己的な雄なら、わが子かもしれない子どもを殺しはしないだろうとの打算からだ。

このような功利的な視点は、「高等」なサルである人間にも向けられた。本書の著者は、サルを研究する人類学者として、また三人の子の母として、そのような視点の転換を牽引(けんいん)してきた主役の一人である。本書では、広範な文献を縦横無尽に引用しつつ、「母性の本質(マザーネイチャー)」に取り組んでいる。

人間の母親には、子どもを慈しむ本能があるとされている。しかし、そんな「母性」は男性優位社会につごうのよい神話であると、フェミニストは反論する。それに対して著者は、母性は「本能説」と「神話説」という二項対立では解決できない複雑な特質であると説く。「母なる自然(マザーネイチャー)」を改変することまでも学んでしまった人間は、かなりひねくれた存在だからだ。ずっしりと読みごたえのある、しかし思考の転換を迫らずにはおかない刺激的な書である。

(原題、MOTHER NATURE)

評・渡辺政隆(サイエンスライター)

Sarah Blaffer Hrdy　カリフォルニア大名誉教授。

二〇〇五年七月一七日❷

『水平記　松本治一郎と部落解放運動の一〇〇年』

高山文彦 著

新潮社・三二五〇円

ISBN9784104222032/9784101304335〈新潮文庫〈上〉〉・9784101304342〈下〉

歴史/社会

超然とした存在感浮かぶ指導者の生涯

ハンセン病への差別に苦しみながら、文学に生命を賭した北条民雄の評伝『火花』で、著者は自らの姿勢について北条の『いのちの初夜』を受けこう書いた。〈「生命だけがびくびくと生きている」存在として人間をとらえようとする視点は、つねに失わないつもりできた〉

あれから六年。戦前戦後の部落解放運動を率いた全国水平社議長・松本治一郎の生涯を描いた本作で、著者を貫く芯に改めてふれた気がした。ここにも、生きることのひどく困難な状況にありながら、懸命に生きた人の言葉と存在が、まわりの人々、未来に生きる人々を、どれほど力強く支えうるかを信ずる心がある。

「生き抜け、その日のために」

著者をかり立てたのは、治一郎が、長崎の原爆で母親を失った部落の若者にあてた、この一文だったという。

学校や軍隊で差別に遭い、「その日」のために戦う人々の悲しくも勇ましい姿は、もうひとつの維新の物語である。当初、明治天皇を「解放の父」として差別撤廃を訴えていた水平社が、共産・社会主義によって活動の性格を変容させ、治一郎を神格化する過程は、当事者によって改変・隠蔽（いんぺい）された事実も多いだけに、目から何枚もうろこがこぼれ落ちた。

　不思議なのは、この間何度も同人に裏切られながらも彼らを許し、経済的精神的に支援し続ける、超然とした治一郎の存在感である。イデオロギーとは無縁、マルクス主義の本は一冊も読んでない。差別する側の心をも解放する「人類最高の完成」を理想とすれば、思想信条の違いなどとるに足りぬと考えたか。読むほどに、治一郎がキリストと重なった。

　ただし、ここに奇跡は起こらない。「結婚の自由が認められれば、差別はなくなる」という言葉にこそ、治一郎の水平運動の真髄（しんずい）があると著者は記すが、悲願はいまだ叶（かな）えられたとはいいがたい。

　だが、竹の皮剥（かわは）ぎを手伝いながら母に聞いた村人の受難や妻帯せぬことを決意させたある女性との別れの悲しみは、四十年を経て今に届いた。明日からきっと、「その日」を見つめる目は変わる。

　それほど深い祈りがこめられた書だ。


評・最相葉月（ノンフィクションライター）

たかやま・ふみひこ　58年生まれ。作家。著書に『地獄の季節』『鬼降る森』など。

二〇〇五年七月一七日③

『アフリカ「発見」　日本におけるアフリカ像の変遷』

藤田みどり著

岩波書店・三三六〇円
ISBN9784000268530

歴史／人文

西欧と向かい合う中で揺れ動いた認識

古代ヨーロッパでは、地中海を越えたアジアやアフリカには犬頭人、無頭人、一足人などの異形の種族が住む、と考えられていた。北アフリカの「ベルベル人」の名が、古代ギリシャ人が彼らを「野蛮人＝バルバロイ」と呼んだことから来ていることは、よく知られている。

　黒人が日本史に初めて登場したとき、イタリア人巡察師に同行した「黒坊主」の彌介は、信長の大のお気に入りとなった。その後も、出島をこっそり抜け出した黒人を遊女屋に連れていって奉行所のお咎（とが）めを受けたり、オランダ人が病気の黒人下僕を「用済み」と毒殺したことに同情したりと、江戸時代の日本人は、比較的無邪気に、素朴な好奇心をもって黒人と遭遇していたようだ。

　だが西欧からの伝聞が情報の中心となると、アフリカに虎がいると信じた新井白石のように、不確実な情報が広がり、福沢諭吉のように、アフリカは「無智（むち）混沌（こんとん）の一世界」と断じられる。一対一の異文化への関心は失われ、日本の対アフリカ認識は、西欧列強に対するアンビバレントな感情を介したものとなった。

　同じ非白人としての共感と、白人世界に寄り添ってアフリカのような従属化を避けたいとの思いの間を揺れ動く、近代日本の対アフリカ観――これが、本書で繰り返し登場する視点である。西欧列強に対する反感を自己投影して、アフリカの反キリスト教政策を評価、非欧米の連帯を訴えた東海散士や、アフリカを舞台に日本人が活躍する勧善懲悪小説を書いた押川春浪などが、紹介される。

　また著者は、黒人より動物を愛護する白人の問題を指摘するが、主人公を日本人の混血とした和製ターザン（南洋一郎）も、動物としか話せず、黒人を忌み嫌う。アフリカ人が主人公同様に人格を備えた者として描かれるには、山川惣治の「少年ケニヤ」まで待たねばならない。

　昭和初期の、華族黒田雅子嬢のエチオピア王子へのお輿（こし）入れ騒動のエピソードなども含めて、本書は歴史のなかの日・ア関係を豊かに描写する。だがそれは、近代以降の日本が常に置かれてきた位置を、浮きだたせることでもあるのだ。


評・酒井啓子（アジア経済研究所主任研究員）

ふじた・みどり　東北大学大学院国際文化研究科教授。アフリカの比較文化研究。

二〇〇五年七月一七日❹

『世界の体験　中世後期における旅と文化的出会い』

フォルカー・ライヒェルト 著
井本晌二、鈴木麻衣子 訳
法政大学出版局・五二五〇円
ISBN9784588008191
ノンフィクション・評伝／国際

思わず苦笑　異文化接触の葛藤と誤解

飛行機で簡単に移動できる現代と比べ、中世の旅は危険で辛（つら）いものだった。だが、中世の人々は想像以上によく旅をし、世界を体験した。巡礼者、聖職者、特使、学生、商人、職人等々。憧（あこが）れの都へ、また未知なる辺境の土地へ。旅と文化的出会いが本書のテーマだが、相互理解や実りある文化交流より、そこで生まれた葛藤（かっとう）、誤解や偏見への考察が興味深い。

中世史が専門のドイツ人著者の守備範囲はめっぽう広い。旅を通じた異文化接触の面白い例が次々に披瀝（ひれき）される。まずは、アルプスの北と南を結ぶ旅。文化も経済も優越するイタリアの旅人が野蛮なドイツを酷評する記述は痛烈だ。暗くて不毛な土地。粗野な生活様式と未開の風俗。まずい食事とマナーの欠如。逆にドイツ人は、アルプスを越えてイタリアに入った途端、ぼられる不安に襲われ、「金に汚いイタリア野郎」の観念を抱く。「永遠の都」ローマにも同じく幻滅して帰国する。今と変わらぬ姿に思わず苦笑。

次の読みどころは、西と東を結ぶ旅。ラテンヨーロッパ出身者は、クレタ島でローマ教会に敵意を抱く正教徒達（たち）と出会い困惑した。典礼の方法がいかに奇妙かを描写する。オスマン世界では、捕虜になった何人ものヨーロッパ人が、トルコ社会に深く入り込み、価値ある報告を残した。イスラム教に改宗しようかと思い悩んだ人物もいるという。中世の旅の象徴は、聖地エルサレムへの巡礼だ。偏見と憎しみに固まる異教徒の間をぬっての聖地への旅。ロバでエルサレムに向かう途中、村人達から罵声（ばせい）を浴び、粘土や石を投げられたという。一方、敬虔（けいけん）な異教徒との個人的出会いから、ムスリムへ深い理解を示す文章を残したヨーロッパ人もいたという説明に、ほっとさせられる。

旅の誤解の極め付きは新大陸に到達したコロンブス、というのが面白い。マルコ・ポーロの本を重要な情報源としたコロンブスは、自分が着いたキューバはアジア大陸の一部だと思い込み、ハイチをジパングと生涯信じ続けたのだ。

夢や幻想も現実を変える力となる。誤解や偏見も人類の社会の成熟とともに解決される。少なくともそう信じたい。

（原題、Erfahrung der Welt : Reisen und Kulturbegegnung im späten Mittelalter）

評・陣内秀信（法政大学教授）

Folker Reichert　49年生まれ。シュツットガルト大教授。

二〇〇五年七月一七日❺

『東京タワー　オカンとボクと、時々、オトン』

リリー・フランキー 著
扶桑社・一五七五円
ISBN9784594049669／9784101275710（新潮文庫）
文芸

淡々と描く、愛しきバカタレな日々

リリー・フランキー版「死にたまう母」である。といっても、深刻な話も笑い話にしてしまう作者だから、何度も笑える。

前半は、福岡の小倉で生まれたボクの少年時代を語り、後半は、東京での学生暮らし、上京してきたオカンとの共同生活および闘病、そして死へと焦点があっていく。特に闘病から死へと至る中盤以降の展開が、本書の白眉（はくび）といっていい。

斎藤茂吉の『赤光』、小説では井上靖の『わが母の記』、安岡章太郎の『海辺の光景』など、死にいく母をみつめる息子の物語はあるけれど、それらと比べると冗漫で、ネジのゆるい語りであるが、でも逆にそのゆるさが風通しをよくし、豊かな猥雑（わいざつ）さをとりこんで、ユーモアを光らせ、母の死を、恬淡（てんたん）と語りながらも静かに胸にしみいるものにしている。

何よりも印象的なのは、辛苦を乗り切っていくバイタリティー溢（あふ）れるオカンの肖像だろう。小倉では様々な職業につき、親戚（しんせき）の家を転々とし、甲状腺ガンを発病する。東京に出てきてからは、息子の友人・知人のために大量の料理をつくり、彼らと愉(たの)しく飲み続け、興がのると変装して踊って笑いをとり、そしてかげではひそかに死の準備をしていた。

ここには死へと向かう時間が刻み込まれているが、でもそれ以上に生きる喜びと幸福感がつまっている。母親と息子の生活、喧騒(けんそう)にみちたビルの一室での日常生活のあれこれのほうがかえって切ない。〝ありきたりなことが真面目に行われているからこそ、人間のエネルギーは作り出される〟という文章が出てくるけれど、まさにありきたりなことを丹念に追い、人間のエネルギー、つまり生きる喜びをしかと掴(つか)みとっているのである。

実に淡々と自然に、愛(いと)しきものを愛しく温かく描き出す。その筆力が凄(すご)い。人はみな一人で生まれ、一人で生きているような顔をしているが、各自に〝家族がいて、大切にすべきものがあって、心の中に広大な宇宙を持ち、そして、母親がいる〟という真実。それをこれほど情感豊かに、しかも〝バカタレな日々〟を通して描いた作家はいただろうか。まぎれもない才能による、まぎれもない傑作だ。

評・池上冬樹(文芸評論家)

リリー・フランキー 63年生まれ。作家、イラストレーターほか。著書に『ボロボロになった人へ』など。

『シビック・ジャーナリズムの挑戦 コミュニティとつながる米国の地方紙』

寺島英弥 著

日本評論社・一八九〇円
ISBN9784535584129

政治／社会

新聞に未来はあるか? 改革の試み

次代を担う大学生たちとの接触が深まるにつれ、「新聞に未来はないかも」の思いも深くなる。「押し付けがましいメディア」との覚めた新聞観。どこか胡散臭(うさんくさ)く受け止められてしまう「ジャーナリズムの使命」といった言葉。彼らの間に、新聞への親近感はおろか、情報や思考のツールとしての存在感がほとんどないことに慄然(りつぜん)とする。

ひと昔前の先輩たちと違い、彼らは社会人になっても、今のままの新聞には目を向けないだろう。そのことはほとんど自明だと思われるのに、新聞の側に何とかせねば、の変革の動きはない。

米国は一歩先を行く。読者が新聞を離れたのではなく、新聞が読者を離れてしまったのではないか——発行部数も読者も減少した八〇年代末以降、こうした認識から、全米各地の地方紙で、再生の新たな試みが始まった。シビック・ジャーナリズムとか、パブリック・ジャーナリズムと呼ばれる改革運動である。

新聞を読者と交わり、かかわりあい、ともにつくる「場」に。そんな掛け声に象徴されるこの運動の足取りと実践活動を、東北ブロック紙の論説委員が、米国各地で見た報告だ。

何より、運動推進の根拠地となってきたNGOや、創始者といわれるウィチタ・イーグル紙のバズ・メリットをはじめ、各地で出会った関係者たちの熱意と発言が瑞々(みずみず)しい。

著者によれば、この運動を全米の新聞の五分の一以上が実践している。具体的な取り組みは、選挙報道の改革があれば、オンラインや公開討論会、編集への関与といった読者との双方向性の追求、コミュニティの問題解決への積極的な関与など様々であり、ひと括(くく)りにするのは困難なようだ。要は「上から見下ろす」ような従来のジャーナリズムへの反省に立つ諸々(もろもろ)の試みなのであろう。

この運動に、ワシントン・ポスト紙など大手紙は「客観主義からの逸脱」だと冷淡だそうだ。しかし、選挙の投票率の低下一つをとってみても、従来型報道が市民の冷笑主義と無関心の広がりを生んでいる、との問題意識は、一つの核心を突いているのではないか。

評・佐柄木俊郎(国際基督教大学客員教授)

てらしま・ひでや 57年生まれ。河北新報論説委員。共著に『小児科砂漠』など。

二〇〇五年七月一七日 7

『そうだったのか　手塚治虫　天才が見抜いていた日本人の本質』

中野晴行 著
祥伝社新書・七九八円
ISBN9784396110093
ノンフィクション・評伝／新書

著者は前作『マンガ産業論』で、世界的にも稀（まれ）な日本マンガの成功の秘密を、社会経済史的にじつにすっきりと解明してみせた。本書でも、その持ち味である明快さは保たれている。

鉄腕アトムは天馬博士に発明された。博士は死んだ息子・トビオが忘れられず、息子そっくりのロボット・アトムを創（つく）ったのだ。だが、背が伸びないアトムは、ついに博士から「お前はトビオではない」と宣告され、サーカスに売り飛ばされる。

アトムのこのアイデンティティーの喪失を、著者は敗戦日本人の自己崩壊と重ねあわせる。そして、手塚マンガを、戦後日本の物質的・精神的変化の反映として丹念に読み解いていく。

一見単純な視点だが、平明な論述を追ううちに、なるほど手塚マンガは日本人の鏡だったのだなという重い感慨が湧（わ）き、手塚の遺作『グリンゴ』を論じる最終章では、「じゃ…日本人てのは一体なんなのだーッ」という主人公の叫びが我々の心に突き刺さるのである。

評・中条省平（学習院大学教授）

二〇〇五年七月一七日 8

『改憲論を診る』

水島朝穂 編著
法律文化社・二一〇〇円
ISBN9784589028341
政治／社会

書店で、帯に「国家を疑え!!」と大書されている新刊をみかけた。

だが強大な権力装置である国家を疑うのは、国民として当（あた）り前である。そのことと危急存亡の秋（とき）に、国のために犠牲を払うことのあいだには何の矛盾もない。どちらも近代の常識だ。

それが反体制気取りの惹句（じゃっく）になってしまう点に、この国の不幸の根がある。

改憲問題も同根。憲法とは統治権力を制限する法である。いわば国民による国家に対する命令、それも禁止を主とする命令だ。ここがよく理解されていない。

私は、軍事の基本問題に関する規定を欠く現行憲法には重大な穴があるとみている。しかし、だからといって近代憲法の基本原則を踏み外すような改憲を許してよいはずがない。

本書は護憲の立場からの改憲論批判の論集である。質にばらつきがみられるものの、全体として読ませる。憲法の本義を再考するために、あるいは改憲論を錬磨するために、一読の価値あり。

評・宮崎哲弥（評論家）

二〇〇五年七月一七日 9

『アメリカ革命とジョン・ロック』

大森雄太郎 著
慶応義塾大学出版会・五〇四〇円
ISBN9784766411607
歴史／政治

アメリカを建国に導いた思想は何だったか。かつては自由主義者ロックの権利論が注目されたが、ここ30年は正反対に共和主義の義務論こそが建国に寄与したという見方が席巻した。

この問いが重要なのは、アメリカにはイギリスから独立した当時に唱えられた主張が、いまを生きる思想として息づいているからだ。個人の自由や商業利益という権利のみが追求される一方、商業を腐敗の原因とみなし、公徳心を保って国家や共同体の防衛義務を果たそうとする面もある。

本書は、そのような二面性こそが建国の精神だったと見る。1764年から76年に至るパンフレットや新聞など膨大な活字メディアに分け入り、そこにロックの『統治二論』が「同意による統治」や移住権、抵抗権の論として引用されていることを見いだし、「古き良き国制」を新天地で再現するのがかの革命だったと論証している。学術書ながら、思想が世界を変える様を生き生きと描く労作だ。

評・松原隆一郎（東京大学教授）

二〇〇五年七月一七日⑩

『希望のニート』

二神能基 著
東洋経済新報社・一五七五円
ISBN9784492222621／9784101375717（新潮文庫） 社会

学校にも行かない、仕事もしない「ニート」と呼ばれる若者が増えている。多くの人々が、不安を感じ、問題だと見るニートが、どうして「希望」なのか。その答えは、不登校や引きこもりの若者と接し、「働きたくない」のではなく、「働けなく」なってしまった彼ら（登場するのは圧倒的に男の子だ）と、親たちとの関係を見据え、支援してきた著者の長年の経験から導き出されたものである。

大切に育てられた若者たちが直面する「社会」という壁。それを、あまり無理せず乗り越えるために、寮での共同生活や仕事場の提供を続けてきたＮＰＯ「ニュースタート事務局」の実践報告でもある。

「スローワーク」のすすめや、「あらゆる家族は出来損ない」という指摘にはなるほどと思う。効率重視の働き方や、無理を重ねがちな子育てのあり方から少し離れ、肩の力を抜こう。そんな、誰もが「いい加減」に生きていける社会づくりをめざす提言でもある。

評・苅谷剛彦（東京大学教授）

二〇〇五年七月二四日①

『サルトルの世紀』

ベルナール＝アンリ・レヴィ 著
石崎晴己 監訳
藤原書店・五七七五円
ISBN9784894344587

『サルトル 「人間」の思想の可能性』

海老坂武 著
岩波新書・七七七円
ISBN9784004309482 歴史／人文／新書

生誕一〇〇年 最後の文化英雄、再評価の試み

今年はサルトル生誕百年にあたる。

パリの巨大な国立図書館では「サルトル展」が開かれている。大規模な展覧会だが、新しい知見を示すより、「最後の文化英雄サルトル」のイメージを盛りあげる演出が露骨で、逆に、文化英雄のいない現代の不安がすけて見える。かつての沢田研二の歌を借りるなら、「サルトル、あんたの時代は良かった」というわけである。

実際、二十世紀はサルトルの時代だった。B＝H・レヴィによれば、「サルトルとは、世紀を縦断し、世紀の中に呑（の）み込まれるあらゆるやり方が一堂に会する場」だったからだ。

一九〇五年に生まれたサルトルは、小説『嘔吐（おうと）』で「実存」という観念をうちだし、西欧哲学の長い歴史にあと戻りのきかない亀裂を入れた。第二次世界大戦後のパリでは、実存主義のチャンピオンとして、あらゆる文化領域に君臨し、その講演は観客の失神や暴動の場と化した。のちのロックのコンサートのように。

サルトルの名声は世界的になり、彼は積極的にデモや政治活動に参加する。そう、参加（アンガージュマン）というフランス語が世界の若者の合言葉となった。そして、彼はマルクス主義を標榜（ひょうぼう）し、革命の実現を信じて戦った。

しかし、社会主義が無残に崩壊したいま、サルトルの理想は失効し、挫折した英雄へのノスタルジーが回顧展を包んでいる。だが、そんな風潮に逆らって、レヴィと海老坂武はサルトルの再生を試みる。ただし、正反対の方向から。

レヴィは、二人のサルトルがいた、という。若いサルトルとその後のサルトル。若いサルトルは、『嘔吐』や『存在と無』で、物の実存を探求し、人間中心主義の哲学を破壊した。つまり、一九七〇年代以降の、構造主義と呼ばれる反人間主義的な哲学の潮流を創（つく）ったのは、サルトルなのだ。構造主義の流行の三十年も前に。

レヴィの論証は圧倒的で、確かにサルトルが二十世紀哲学の転回点なのだと思えてくる。「実存は本質に先立つ」という彼の言葉ととも

に、知はポストモダンの時代に入っていたのだ。

　では、その後のサルトルは？　物（実存）を捨て、人間（本質）の立場に立った。人間をより良く変え、より良い社会の実現＝革命が可能だと信じた。だが、そうしたより良い人間への信仰こそが、収容所列島、文化大革命、ポル・ポト派の虐殺につながるとレヴィはいう。サルトルもまた同じ道に踏み迷っていった。

　一方、海老坂武は、そんな反人間主義の先駆としてサルトルを再評価されたのではたまらない、と叫ぶ。著書の副題にもあるとおり、サルトルの関心の中心は一貫して人間であり、彼は、「人間はどこまで人間でありうるか」という問いを極限まで生きた人間なのだ、と。

　レヴィが思想史的に新たなサルトル像を築いたとすれば、海老坂武は個人的体験としてこそ生きるべきサルトルというドラマを熱く描いてみせる。この二冊を補完的に読むことで、サルトルの真実はいっそう厚みをますことだろう。

（原題、Le Siècle de Sartre）

評・中条省平（学習院大学教授）

Bernard-Henri Lévy　思想家、作家。

えびさか・たけし　フランス文学者。

二〇〇五年七月二四日❷

『福沢諭吉　1青春篇　2朱夏篇　3白秋篇』

岳真也 著

作品社・各一六八〇円

ISBN9784878936838〈1〉・9784861820076〈2〉・9784861820274〈3〉

歴史／文芸

　かつて文芸評論家・江藤淳はこの作家に「福沢諭吉を書いてはいけない」と諭したという。真意はともあれ、この主題がこれ以上新境地の望めないほど探究し尽くされているように見えるのは、たしかなことだ。百ドル札の顔であるアメリカ建国の父ベンジャミン・フランクリンと同じく、わが一万円札の表を飾る近代日本建国の父は、何よりもまず中世的な迷信を一掃し科学的合理主義を貫いた啓蒙（けいもう）思想家として、疑う余地がない。

　だが、江藤に背いても念願の伝記小説に挑んだ岳は「青春篇（へん）」「朱夏篇」「白秋篇」の全三巻から成る斬新な福沢像を描き出す。何しろ本書は、才気を爆発させて悪戯（いたずら）の限りを尽くす少年の悪童物語（ピカレスク・ロマン）として始まるのだ。

　福沢が神仏も怖（おそ）れず稲荷を冒涜（ぼうとく）した話は有名だが、大阪へ行くのに偽の手紙を捏造（ねつぞう）したり、緒方洪庵の適塾の仲間をからかうのに今日でいう葬式ごっこを仕掛けたり、遊郭通いの過ぎる仲間をワナにかけてまんまと奢（おご）らせたりと、やりたい放題。札つきのワルなのである。

　そんな悪童が咸臨丸でのアメリカ体験や遣欧使節団でのヨーロッパ体験を経て幕末の風雲をくぐりぬけ、慶応義塾の母胎を築く。少年時代より「門閥制度は親のかたきなり」と断じる階級社会批判は変わることなく、むしろ「学者は政治・政局の埒外（らちがい）にあって、つねに批判精神をもって臨むべきだ」と見る成熟した精神へと発展していく。

　当時の福沢が洋学者代表として尊王攘夷（じょうい）派から睨（にら）まれ、暗殺の憂き目に遭いそうになるところなど、手に汗握るハードボイルド小説と呼ぶほかない。もっともさすがに明治の大人物は懐が深く、そうした暗殺者候補すら巧妙に説得して塾へ引き入れ、かけがえのない同志に仕立ててあげてしまうのだから凄（すご）い。

　本書の福沢は最後まで自身の道を曲げずに、若々しさを保つ。それはフランクリン以上に、福沢とほぼ同年だったアメリカ作家マーク・トウェインを、それこそハックルベリー・フィンの悪童精神を、彷彿（ほうふつ）とさせる。岳真也ならではの発見が、ここにある。

評・巽孝之（慶應大学教授）

がく・しんや　47年生まれ。作家、法政大講師。

二〇〇五年七月二四日③

『竹内好という問い』

孫歌 著

岩波書店・三七八〇円
ISBN9784000237642

人文／ノンフィクション・評伝

アジア論に新たな地平開く、文学的手法

かつて竹内好（たけうちよしみ）という、型にはまらない知識人がいた。戦前に、在野で中国文学研究を始め、戦後も一時期大学に勤めた以外、在野で活動したが、田中角栄内閣と国交回復した中国政府に失望して中国研究を止（や）めた人物である。対象について正確な判断や予測を下す人を専門家というなら、彼は中国専門家として優秀ではなかったし、今の日本では過去の存在と受けとる向きが多いだろう。しかしその竹内が、今海外で広く注目を集めている。国際シンポが開催され、その論文集が中国を含めた各国で翻訳され、反響を呼んでいるのである。

本書の著者こそ、中国で竹内の論文集を刊行した人物である。著者は竹内の死後10年ほどして来日して竹内の著作に出会い、10年以上かけて研究を仕上げた。そのテキスト読解の深さ、表現の巧みさは瞠目（どうもく）すべき水準であり、一流の思想研究作品と呼ぶにふさわしい。

しかし竹内のどこが今日、魅力的なのか。一つには主張と行動において首尾一貫しながら、しかも安易な分類を許さない彼の独自性にあるだろう。竹内はアジアにこだわり続け、その結果、右翼とも左翼とも言えない存在となった。太平洋戦争開始直後にはアジアを解放する戦いとして歓迎する文章を書き、戦後も悔いなかった。しかし安保改定時には反対運動に参加し、安保改定を阻止できなかったことをきっかけに大学を辞した。

現在、日本で竹内好研究をリードする松本健一は、こうした竹内をアジア主義的民族主義者として捉（とら）える。著者の視点は少し違うようである。安直な概念化を徹底的に問い直そうとする竹内の文学論の中に、アジアをめぐる既存の言説を乗り越える可能性を探り出そうとする。平板で、しばしば西洋から借用された科学的観念によるのではなく、実践的で含みをもつ文学的手法こそがアジアへの接近に新たな地平を開くのではないか、と著者は問う。

日中間で硬直した論争が繰り返される今日、著者の問題提起を受けとめ、実りある対話を成立させることのできる知識人が日本にも居て欲しいものである。

評・中西寛（京都大学教授）

スン・グー　55年中国生まれ。中国社会科学院文学研究所研究員。中国文学、日本思想。

二〇〇五年七月二四日④

『奄美・沖縄　哭きうたの民族誌』

酒井正子 著

小学館・一九九五円
ISBN9784096262313

人文／社会

死者との別れ　ないがしろにせず

過日、旧知が亡くなり、葬儀に出席したら、遺体との対面がかなわなかった。すでに身内のみの立ち会いで火葬を済ませたのだという。見舞いにも行き語り合った相手なのに、目の前にあるのは遺骨の入った小さな箱だけというのが、何とも釈然としない。最近こういうことはままあるのだが、不全感のようなものがいまだに尾を引いている。

奄美や沖縄では、死者は歌と共に送られてきた。それを著者は「哭（な）きうた」と呼ぶ。様式には定型と不定型があり、定型でも節回しやリズムはさまざまで、各自が死者の亡骸（なきがら）に向かって、思いの丈を即興で歌う。そして、あたりをはばからず、声をあげて泣きに泣く。

哭きうたは、葬送の場以外で歌うのを不吉とするタブー性から、録音も採譜もほとんどなされず、ただコミュニティーの中で口づてに伝承されてきた。それを十年以上もかけて採集した本書は、だが、研究書ではなく、あくまでも一般の読者に向けて書かれている。

著者の危機意識が、そうさせたにちがいな

い。ベテランの民俗学者である著者は、直接に間接に繰り返し問うている。われわれは、なぜ思う存分に泣かなくなったのか。どうして悲しみを豊かに表現するすべを失ってしまったのか。人と人とのつながりが薄く脆（もろ）く成り果てたのは、死者との別れをないがしろにしてきたわれわれの近代のありよう、まさにこのことが根底にあるのではないか、と。

哭きうたで、死者は送られるだけではなく、自ら歌いかけてもくる。本書を彩る写真を見てゆくと、奄美や沖縄の人々は、先祖の墓の前に一族が寄り集（つど）い、ともに食べ、ともに語らって、精霊を送り、また葬送の場には幟（のぼり）のような弔（とむら）いの旗が、何本も海風にそよそよとなびいている。「ああ、いいなあ」と私は幾度もつぶやく。このように死者を送れる生者のことも、送られる死者のことも、心底うらやましくてならないのだ。

世界一、二の長寿を誇りながら、自殺率でも世界有数という日本の抱える矛盾の根っこを、本書は静かな言葉で指し示している。

評・野村進（ジャーナリスト・拓殖大学教授）

さかい・まさこ　47年生まれ。川村学園女子大教授。著書に『奄美歌掛けのディアローグ』。

二〇〇五年七月二四日⑤　社会

『都市美　都市景観施策の源流とその展開』

西村幸夫 編著

学芸出版社・二九四〇円

ISBN9784761523626

美意識をボトムアップした先例に学ぶ

13人の専門研究者が、欧米8カ国と日本について都市の美観政策の系譜をたどった論文集である。こうした形の企画は学術関係では無数にあり、一般読者が通読して楽しめるものは少ない。ところが本書は厳密な論考の集積でありながら、出版じたいに極めて戦略的な意図が込められている。それに心惹（ひ）かれる読者ならば、ページのあちこちで発見と驚きに出合うだろう。

近年我が国では、巨大マンション建設などに反対する訴訟がいくつも起こされている。だが財産権が憲法で保障されている以上、建築基準法などに違反しない建築物は規制しづらい。そこで昨年末に「景観法」が施行されたのだが、この法も無条件には運用されないはずだ。建築物の高さや色彩を制限しても財産権を侵さないと言い張るには、特定の景観が美しく良きものであり、「公共の福祉」を増進すると論証しなければならないからだ。だが、価値観については個人の自由に任すのが当然とされる昨今、そんなことが可能だろうか？　実際、「景観保全」の立場に対して「特定の美意識を押しつけるファッショだ」と、お決まりの反応を示す人は多い。

そこで本書は、財産権や個人主義、自由主義といった考え方を産み落とした当の欧米諸国が、それらの概念と両立するよう知恵を絞り規制をかけていく有り様を、各国の歴史や地域性に即して詳述してゆく。イタリアやドイツなど全体主義が跋扈（ばっこ）し戦後に徹底的に反省された国々でも、現在ゾーニングや条例を駆使することで「都市美」が実現されている。事情は各国まちまちだが、美意識を国が上から押しつけるのでなく、地域からボトムアップしていく点は共通している。景観規制が資産価値を高めるという傾向もあるらしい。景観法にとって援護射撃となる事例の数々が挙げられているのだ。

摩天楼が林立した19世紀末のアメリカで、採光とテナントの奪い合いに悲鳴を上げた不動産関係者が高さ規制を望むに至ったという逸話は、今後の日本を考える上でも興味深い。脚注と図版も満載で、楽しめる。

評・松原隆一郎（東京大学教授）

にしむら・ゆきお　52年生まれ。東京大学教授。著書に『環境保全と景観創造』など。

二〇〇五年七月二四日⑥

『心の発生と進化　チンパンジー、赤ちゃん、ヒト』

デイヴィッド・プレマック＋アン・プレマック 著
長谷川寿一 監修　鈴木光太郎 訳

新曜社・四四一〇円
ISBN9784788509528
人文／科学・生物

天才サラとプラスチック語で研究発展

「心の理論」とは、他人の心を推定することをいい、4歳ぐらいで発達する能力だ。著者は巧妙な実験により、チンパンジーにその能力があることを78年に発表した。ところが反論も多く、大論争に発展した。現在では「留守中にバナナを違う容器に移されたとき、帰ってきてどの容器を捜すか」といった、いわゆる「誤信念問題」を解くことが「心の理論」だということになり、チンパンジーでは未（いま）だ証明されてはいない。しかし、この一連の論争は認知心理学や発達心理学を大いに発展させた。その経緯は7章で語られているが、「心の理論」の定義に関しては、著者はかなりご不満げ。

言葉を話さない幼児やチンパンジーに様々な心理テストを実施するためには、並々ならぬ工夫が必要だ。著者の成功は、その工夫に加えて天才的なメスのチンパンジー「サラ」との出会いが大きい。本書では比較的あっさり記述しているが、それでもサラに対する想（おも）いは伝わってくる。もうひとつの成功要因は、プラスチック片で単語をあらわす「プラスチック語」を学習させたことだ。

言語を学習していないチンパンジーでも、違いを区別する学習を続けていると、独自の言語（単語レベル）を発達させる。ところがその個体は、「同じ」「違う」というプラスチック語を習得した個体に比べて、様々な領域ではるかに能力が劣る。このことから、人間の言語の知能への貢献が推察できる。ただし、メタファー（暗喩（あんゆ））など従来は言語特有の機能と考えられていたものが、チンパンジーにも存在する等価性という概念に支えられていることなども明らかにしている。

因果性とかアナロジーとか、じつに様々な能力をテストするために、方法論を工夫してチンパンジーに相対する後半部分は迫力満点で興奮を誘う。最後に、これらの知見を生かして、新しい教育論を展開しているが、一聴に値する。

人を人たらしめている心の構成要素を、丹念に調べ上げた好著だ。

「人類は、哲学的な観点からではなく、科学的な観点から、自分たちがなに者なのかを理解し始めている」

（原題、ORIGINAL INTELLIGENCE : Unlocking the Mystery of Who We Are）

評・天外伺朗（作家）

David Premack　25年生まれ。心理学者。
Ann Premack　共同研究者。

二〇〇五年七月二四日⑦

『現代生殖医療　社会科学からのアプローチ』

上杉富之 編

世界思想社・二三一〇円
ISBN9784790711315
医学・福祉／社会

生命科学の発達によって急変する人間観に、真正面から取り組もうとする学際研究が盛んだ。科学史家の松原洋子はこの状況を、編著書『生命の臨界』で「一九世紀後半の西洋人が経験した、生物進化論の受容をめぐる倫理的危機に勝る危機」である一方、「新しい生命論や身体論、人権概念の誕生前夜のスリリングな時代」と表現している。

とくに、生殖医療は家族制度を揺るがす可能性があり、国内外の実態調査が不可欠となっている。本書はその意味で、現状を俯瞰（ふかん）できる恰好（かっこう）の論文集だ。

伝統的な「男児選好思想」の影響で男児がいないのを不妊とみなす韓国の特殊性、第三者からの配偶子提供や受精卵凍結を禁じたイタリアの政治的背景、精子をミサイル、分娩（ぶんべん）室を戦場にたとえるイスラエルの産婦人科講義など、各国の相違を際立たせる報告も。

総じて子の視点に立つ研究は圧倒的に少ない。我々は本当に大事なことはまだ何も知らない。

評・最相葉月（ノンフィクション作家）

二〇〇五年七月二四日8

『終わりからの旅』

辻井喬 著

朝日新聞社・二六二五円

ISBN9784022500182／9784022615954(朝日文庫) 文芸

日々遠のいてゆく太平洋戦争が、いかに日本人の内面に刻印されているか。これは異母兄弟の体験を軸として、その痕跡の深さを追求した長編小説である。

兄の忠一郎は、ファストフード・チェーンを全国に展開する起業家だが、七十代半ばをすぎた現在も、敗走したビルマの密林での悪夢から逃れられない。

頭部を損傷して記憶の一部が消えたため、人肉を食って生きのびたのでは、などと妄想がひろがるのだ。

新聞記者として長野支局へ赴任した弟の良也は、元陸軍大佐の父を看病する茜(あかね)を愛したが、初恋びとは父の死後、不意に消息を絶ってしまう。

三十年後、バリ島で再会した茜は、重病で透きとおるように痩(や)せていた。そのノートから元将校の父の原罪意識を知り、茜の失踪(しっそう)も自立への困難な旅も、彼はようやく理解できた。

多彩な人物を駆使して、戦争と戦後を描くこの力作は、敗戦後六十年の夏、読む一冊にふさわしい。

評・杉山正樹(文芸評論家)

二〇〇五年七月二四日9

『戦争とマスメディア』

石澤靖治 著

ミネルヴァ書房・二三六〇円

ISBN9784623043637 歴史／人文

戦争になると、マスメディアの報道がウサン臭くなることを読者／視聴者はよく知っている。そのウサン臭さを本書は、メディアのフレーミング機能と娯楽性から説明する。社会の木鐸(ぼくたく)として何を見、何を知るべきかを教示する立場にあるとともに、メディアはゲーム性、ショー性抜きには成り立たないビジネスだ。

米メディアは、湾岸戦争では滅菌された戦争を目指す米政権に戦争を見せてもらえなかったが、イラク戦争では従軍取材で「見せて」もらいながら、「ぐちゃぐちゃになって分断され」た死体を避けて「きれいな戦争」で高視聴率を稼いだので、政権にもメディアにも「よい戦争」になった、という皮肉。悲惨な死が伝わればメディアの好戦性に歯止めがかかるのでは、と期待する一方で、著者はメディア性善説に警鐘を鳴らす。

副題に「湾岸戦争」とあるが、ジャーナリズム全般の問題を提示して手厳しい。

評・酒井啓子(アジア経済研究所主任研究員)

二〇〇五年七月二四日10

『ビネツ』

永井するみ 著

小学館・一八九〇円

ISBN9784093797351／9784094082340(小学館文庫) 文芸

エステティックの大手チェーン店から高級エステサロンに引き抜かれた主人公麻美は、そこで「ゴッドハンドの再来」と呼ばれる。このサロンにいた元祖ゴッドハンド、サリは六年前、何ものかによって殺害されている。

美を追い求める女性、つまりエステを受ける側の熱狂、それによって生じるひそやかな格闘を読ませながら、しかし作者が描いているのは、美を与える女性、エステを施す側の、どこか不気味な静謐(せいひつ)だ。ゴッドハンドという言葉の通り、彼女たちを静かに狂わせるのは、神の意志とでもいうべき力である。美しさというものは、神と同義語にもなり得るのだ。

簡素な文章なのに、直接肌に触れられているような体感的な湿り気がある。読んでいるあいだじゅう、実際にエステを受けているような心地よさがある。その心地いい感覚が、最終章で一気に、しかし静かにかたちを変える。どう変わるのかは、読んで実際に味わってほしい。

評・角田光代(作家)

二〇〇五年七月三一日❷

『声をなくして』

永沢光雄 著

晶文社・一八九〇円
ISBN9784794966698／9784167493042（文春文庫）
医学・福祉／ノンフィクション・評伝

〈弱さ〉晒す人間同士のいたわりの作法

泣かせるルポを書きついできた永沢光雄。その彼が、下咽頭（いんとう）ガンの手術を受け、声を奪われた。起きるなり首に激しい痛みが襲い、ときに呼吸困難にもなる。手の指を一本動かすのさえぎりぎり痛むことがある。耳鼻科、精神科、腎臓内科、皮膚科と、ぐるぐる回る毎日……。

辛（つら）いに決まっている。が、文は躍る。ずっこけたり、突き落とされたり、押し黙ったり、号泣したり。

患者としてはサイテーと判断される。朝から焼酎をあおり、大量の薬も焼酎の水割りで流し込む。が、生きるってまあそういうものかと、妙に納得させられる。

もともと、図々（ずうずう）しく話を聴くことのできないインタビュアーだった。なのに、こころの琴線にふれると、すぐに逆上してしまう。約束もなかなか守れず、守れなかったことで傷口がいよいよ広がって、がくんと落ち込む。ダメさ、いじけやすさ、甘えた……、そんな〈弱さ〉を晒（さら）して生きてきたひと。

意地っぱりな言葉や怒号、ときに無防備すぎる吐露のあいだで、わたしは看病する奥さんの表情やふるまいを必死に想像していた。酒については一言もいわず、毎日、スポーツ新聞とパック入りの焼酎を買って帰る。おならをするつもりが「大変な惨状」を招いてしまっても、くっくっと笑う。診察室のドアを開けるときは、不可解なほどに明るく、「妻の挨拶（あいさつ）で一瞬、そこは病院でなくなる。バーのドアを押したのか、と錯覚さえしてしまう」。マンションから飛び降りかけたときは、前に立ちはだかり、みずからの気持ちには一切ふれず、12時間かけて助けてくれた医師のことのみを訴える。「妻の説得、立派であると思った」

あえて口にしないこと、あるいは想（おも）いとは違うほうに言葉をひん曲げたり、心にもない言葉で突っぱねたり、憎まれ口を叩（たた）いたりすること。これ、弱虫のくせについ意地は張る、そんなどこにでもいそうな難儀な人間どうしの、逆さになったいたわりの作法でもある。

「めいわくかけて、ありがとう」。たこ八郎の墓碑に刻まれたその言葉を、ふと、思い出した。

評・鷲田清一（大阪大学教授）

ながさわ・みつお　59年生まれ。作家。著書に『AV女優』『強くて淋（さび）しい男たち』など。

二〇〇五年七月三一日❸

『アースダイバー』

中沢新一 著

講談社・一八九〇円
ISBN9784062128513
歴史／社会

縄文海進期の地形から探る東京の変遷

名建築や文学者の住居跡、路上の気になる物件を辿（たど）る町歩きは楽しい。だが建て替えを急ぎ路傍に余白を許さない経済効率優先の都会では、遊び心は満たされにくくなってきた。国道沿いのコンビニやラーメン店などロードサイド・ショップ群がそうであるように、資本主義は国土を均質に塗りつぶしつつある。

だがある日、ママチャリに跨（またが）り、地質学地図を現代地図にコンピューター上で重ね合わせた地図を見つめながら東京の街角を走る著者の眼前で、均質で退屈なはずの景観は、夢まぼろしのごとく断崖（だんがい）や湿原、霊気を帯びた場所として立ち現れてきたという。

7千年から4千年前、温暖化により海面は現在よりも数メートル高かった（縄文海進期）。河谷に海が進入し、東京では神田や上野をつなぐあたりまでが海で、さらにフィヨルド状に10本もの入り江が吉祥寺を南北に切る線にまで及んだ。縄文人は、入り江で貝の殻をまとめて捨てた。それが貝塚なのだが、さらに後に建てられた寺社や古代遺跡を書き込むとあら不思議、いずれも入り江の「岬」に位置しているのである。これはひょっとして、大発見なのではあるまいか。

もちろんこの著者のことであるから、「大発見」を学術報告してすませるわけがない。新宿の王城ビルや東京タワー、浅草ロック座など現代のランドマークも書き込んで、文学的想像力を羽ばたかせるのである。いわく、湿地であった新宿だから、湿り気の多い肉体サービスが売られているのである。朝鮮戦争でスクラップ化した戦車を鋳直して建設した東京タワーは、メディアという権力の象徴として縄文期有数の岬に屹立（きつりつ）している。秘仏である浅草寺の観音は開帳されないから、浅草のストリップも「ご開帳はなし」なのだ、と。

「アースダイバー」とは、カイツブリが水中の泥をすくって大地を創造したとするアメリカ先住民神話。我々が無意識に伝えてきた古代の地形への畏（おそ）れを今に甦（よみがえ）らせよう、という信条が込められている。地図も付録され、遊び心を猛烈にかき立てる一冊である。

評・松原隆一郎（東京大学教授）

なかざわ・しんいち　50年生まれ。思想家、人類学者。著書に『カイエ・ソバージュ』など。

二〇〇五年七月三一日④

『チンチン電車と女学生　1945年8月6日・ヒロシマ』

堀川恵子、小笠原信之 著

日本評論社・一四七〇円
ISBN9784535584259／9784062931281（講談社文庫）

歴史／ノンフィクション・評伝

一瞬で消えた希望　少女たちの原爆秘史

今も広島の街には、60年前の走行中に被爆したチンチン電車が走っている。あの日、あの時、被爆した路面電車は70両を数えたという。その運転士と車掌のおよそ7割が14～17歳の女学生だった。

この知られざる過去にどのような事実が隠されていたのか。本書は、その歴史を掘り起こし、戦争というものの真実を教えてくれる。車掌や運転士であり、女学生でもあった少女たちのヒロシマを追ったドキュメンタリーである。

貧しい家に生まれたから、女だからという理由で、小学校を終えたらそれ以上の学校に行けない。そんな少女がたくさんいた。自分も女学校に行きたい。親に頼んでも、村で女学校に行けるのは医者の娘くらい、「ぜいたくさせてはいかん」と反対された。学校に行くことが、希望だった。

そういう時代に、働きながら学び、給料ももらえる女学校が誕生した。今ではその存在さえ忘れられた、広島電鉄家政女学校である。

戦争中、男たちが徴兵にとられ、運転士や車掌が不足した。その空席を埋めるべく、電車の仕事を少女たちに教え、業務につかせる。そのために、敗戦までのわずか2年半の間だけ存在した「幻の女学校」である。

誰が生徒であったのかもわからない学校の歴史を繙（ひもと）くために、著者の一人、堀川恵子さんは、懸命に当時の名簿を捜す。電車会社の倉庫に堆（うずたか）く積まれた段ボール箱。山のような古い書類の中から数日がかりで名簿を探し当てる。この発見によって、古い電車と少女たちと現代がつながっていく。

どんな生徒がいたのか。何を学び、どんな仕事をしたのか。そして、あの8月6日は、少女たちにとってどんな一日だったのか。戦後をどう生きてきたのか。

もっと学びたい。その希望が閃光（せんこう）とともに一瞬に消え去ってしまった。戦争やヒロシマを語り継ぐことの意味を考えるためにも、必要な一冊である。この本を手に取る人にはぜひ、少女たちの目に焼きついた「地獄絵」から目をそらすことなく、ヒロシマと向き合ってほしい。

評・苅谷剛彦（東京大学教授）

ほりかわ・けいこ　テレビディレクター。
おがさわら・のぶゆき　フリージャーナリスト。

二〇〇五年七月三一日⑤

『生きていりゃこそ』

森繁久彌 語り　久世光彦 文
新潮社・一五七五円
ISBN9784103545057
アート・ファッション・芸能／ノンフィクション・評伝

官能的な感動呼ぶ天才役者の芸と追憶

本書は、「大遺言書」として週刊誌に今も連載中の文章をまとめたものです。

大なり小なり遺言書というものは、そう遠くない将来に著者が亡くなることを想定しているわけですが、世間の予想を裏切る森繁マジックが働いたのか、本書はその三冊目！森繁さんも九十二歳になり、題して「生きていりゃこそ」。とても遺言書の題とは思えません（その意味は本書巻末で明かされますが、そこだけ立ち読みしてはいけません。全編通して読んで初めて感動がいや増すのです）。

しかし、本書はよくある聞き書きとは違って、あくまでも作家・久世光彦が「私」として語り、年上の友人・森繁久彌の言動を描くという連作エッセーです。

何せ二人は四十年の付きあい。子供の私が見ていたTV「七人の孫」以来の仲間です。当時森繁は五十一歳。しかし稽古場（けいこば）に入る時から、「どう見たって七十七翁だった。凄（すご）い人だと思った」というのです。芸で老人を演じていた天才役者が、いまや老人という芸を見せているのですから、面白くないわけがありません。

森繁さんは大の健啖家（けんたんか）で、齢（よわい）九十余にして四キロの牛肉ですき焼き大会を開いたりします。本書には森繁家の食生活のリストが公開されていますが、誰もが唖然（あぜん）とするでしょう。また、森繁さんは銭湯が大好きですが、一度町の銭湯に出かけていって周囲にパニックを起こして以来、銭湯は禁じられています。しかし、突然帝国ホテルの大きな風呂に入りたいといい出したり、ふらりと人のパーティーに顔を出して大歓迎を受けたりしています。うつらうつら眠り、時々舞台への情熱でかっと目を見開いたりします。

そんな森繁さんの日常生活が、ページを繰るにつれ、しだいに、見聞きした奇人変人の思い出、戦後の旧満州での悲惨な経験、初恋の人との交情、母への思い、忘れがたい言葉や歌など、はるかな追憶のなかへと漂いだします。時間が溶けてゆくほとんど官能的な感動に、読者は甘く哀（かな）しく酔わされるでしょう。

これは役者の言行録というより、彼を媒介として作家が美しく結晶させた、失われた時への切々たる挽歌（ばんか）なのです。

評・中条省平（学習院大学教授）

もりしげ・ひさや　13年生まれ。俳優。
くぜ・てるひこ　35年生まれ。演出家、作家。

二〇〇五年七月三一日⑥

『アメリカ大統領と戦争』

アーサー・シュレジンガー・ジュニア 著
藤田文子、藤田博司 訳
岩波書店・一八九〇円
ISBN9784000220286
歴史／政治

ブッシュの予防戦争は革命的な変化か

「後悔先に立たず」といい「攻撃は最大の防御なり」という。九・一一同時多発テロに起因するジョージ・W・ブッシュ大統領の戦争は、こうした原理のもとで暴走するアメリカの単独行動主義（ユニラテラリズム）に支えられているように見える。そしてそれだけならば、アメリカが二百年以上前の建国時代より、ジェファソンらとともに保持してきた最も古い伝統の焼き直しにすぎない。

ところが、ブッシュの戦争は一味ちがう。著者は、そこに「革命的な変化」すら喝破する。旧来の「先制攻撃」が「いまそこにある危機」を回避する必然ならば、ブッシュ的な戦略はむしろ「予防戦争」であり、これは「将来、可能性のある……推定される脅威」をあらかじめ叩（たた）く方法論であるからだ。

それは、第二次世界大戦以降の米ソ冷戦を切り抜けるのに成功を収めた共産圏の封じ込め政策などを顧みず、戦争をせずに平和を目指すよりも予防戦争をすることで平和を目指そうとする、まったく新しい軍事作戦だった。

本書がユニークなのは、第二代および第六代の大統領を父子で務めたアダムズ家と第四一代および第四三代の大統領を父子で務めたブッシュ家とを、折にふれて比較対照している点である。両家はとくに息子の代において、一般投票で敗れながらも選挙人団を介した少数派集団によって大統領に選ばれた点で共通する。

だが、第六代大統領ジョン・クインシー・アダムズは、アメリカが「撲滅する怪獣を探しに海外に出かけていくべきではない」、他国との戦争に入ればアメリカの基本政策が「自由から力へと変化するだろう」「アメリカは世界の独裁者となるかもしれない。そして自らの精神を律することがなくなるだろう」と予言するほどの洞察力を持っていた。

いまやブッシュ・ドクトリンは、あたかも「予防戦争こそ最大の復讐（ふくしゅう）なり」と宣言するかのような論理的倒錯の境地に立ち至っている。かつて一七世紀のイギリス形而（けいじ）上派詩人が「優雅な生活こそは最大の復讐なり」と語った時代から、何と遠くへ来てしまったことか。

（原題、WAR AND THE AMERICAN PRESIDENCY）

評・巽孝之（慶應大学教授）

Arthur M. Schlesinger, Jr. 17年生まれ。米国の歴史家。

二〇〇五年七月三一日 ⑦

歴史／文芸

『兼好　露もわが身も置きどころなし』

島内裕子 著

ミネルヴァ書房・二六二五円
ISBN9784623044009

兼好の『徒然草』といえば学校でいちばん最初に習う古典文学だが、この古なじみが思いがけず新しい顔を見せてくるのに驚く。

著者は、小林秀雄以来の《物が見えすぎる眼》とか《人生の達人》とかいった決まり文句を排し、兼好（けんこう）がまだ兼好（かねよし）だった青春期の伝記的な空白に迫って、悩み多き《未成年》の内面をよみがえらせる。

主唱されるのは『徒然草』の連続読みだ。江戸時代にできた序段及び二百四十三段の区分によらず、章段番号を取り払ってその全体を統一的な視野に収める。そうすると、無常観とか教訓性とか後世が作り上げた虚像は薄れ、「つれづれ」の肉感性が生々しく浮かび出てくるのが見える。

序段とは序奏であり、「ものぐるほし」の楽想を提示する最初のフレーズなのではないか。著者はたくみな演奏家のように『徒然草』をバラバラな断片群ではなく、一定の展開部と再現部をそなえた楽曲として面目を一新している。

評・野口武彦（文芸評論家）

二〇〇五年七月三一日 ⑧

ノンフィクション・評伝

『母への詫び状』

藤原咲子 著

山と渓谷社・一四七〇円
ISBN9784635330381

新田次郎と藤原ていの長女が赤裸々に綴（つづ）った半生記。中国東北部で終戦を迎え、母は生まれたばかりの著者を背負い、二人の男児の手をひき、北緯38度線を越え帰国した。引き揚げの壮絶な体験記「流れる星は生きている」は、幼子を守り抜いた母親の強靭（きょうじん）な精神と愛情を記したとしてベストセラーになった。

しかしこの本を12歳のときに読んだ著者は、衝撃を受ける。「背中の咲子を犠牲にして二人の兄を生かす」の表現などから、「私は愛されていなかった」と母への不信感を募らせる。

先年、同書の初版本を偶然書庫で見つけ、著者に宛（あ）てた「ほんとうによく大きくなってくれました」の母の温かい言葉に、凍えた心は一気に溶けた。今は認知症に侵された母に著者は絶叫する。「逝ってはダメ。やっと戻ってきた咲子だよ。もう少しそばにいたいの」。母との確執を克服するまでの魂の軌跡は、読む者を浄化するだろう。

評・多賀幹子（フリージャーナリスト）

二〇〇五年七月三一日⑨

『夏王朝は幻ではなかった』

岳南 著
柏書房・二九四〇円
ISBN9784760127290　歴史／ノンフィクション・評伝

中国最古の王朝と伝えられる「夏」は紀元前2070年に成立し、紀元前1600年に商（殷）に滅ぼされた。中国政府が組織した古代史解明のプロジェクトチームが4年半をかけて割り出した結果である。

中国文明の起源について、その輪郭をかなりはっきりと示した。どのようにして、その結果を導き出したか。本書はそれを詳しく記録している。

2000年まで行われたこの調査には様々な分野の専門家約200人が投入された。筆者は調査への立ち入りを認められた唯一の作家だ。

中国では導入が遅れた少量のサンプルで発掘物の年代を突き止められる放射線測定技術が活躍。「史記」などの記述や甲骨文、青銅器銘文に残された天文現象などの手がかりを組み合わせながら、夏、商、周の年代を解き明かしていく。

最近、夏の貴族のものではないかというトルコ石の竜の形のつえも見つかっており、夏を身近に感じる。

評・五十川倫義（論説委員）

二〇〇五年八月七日①

『焼身』

宮内勝典 著
集英社・二一〇〇円
ISBN9784087747645　文芸

自死した僧侶の実像を求めた心の旅

記憶とは本来当てにならないものだ。ところが、私達（わたしたち）の実在感はその不確かな記憶に深く根ざしている。

「9・11」をきっかけとした世界瓦解（がかい）の感覚と誤記憶の自覚。この物語は実存を支える足場の崩れから始まる。

作者の分身である「私」は、冒頭から現（うつつ）を逸し、夢幻界にまろび出ている。泡や影のように覚束（おぼつか）ないこの世にあって、なお「信じるに足るもの」を希求し「私」は旅立つ。ヴェトナムへ。

ヴェトナムで一夏を費やして、「X師」の生の痕跡を辿（たど）ると決めてあった。「X師」とは、アメリカの支援を受けたゴ・ディン・ジェム政権の仏教弾圧に抗議するため、自らの身を焼いて果てた僧侶である。一九六〇年代前半、ヴェトナム戦争の泥濘（でいねい）の入り口で起きた事件だった。その火定（かじょう）（焼身入定）の姿はメディアを通じて全世界に配信され、人々を震撼（しんかん）させた。

四〇年以上も前に死んだ、名前すら知らない一仏僧が、この「私」にとって、世界、そして記憶の要となり得る唯一の存在だったのだ。

妄想、なのかもしれない。賢（さか）しき疑念が幾度となく脳裡（のうり）に浮沈する一方で、官能の膚（はだ）が熱帯の空気に触れて、はしたなく蕩（とろ）けてしまう。

そんな「私」の迷いを映すように、「X師」――渡越してほどなく、ティック・クアン・ドゥックという名だったことが判明する――の実像は杳（よう）として掴（つか）めない。

「私」は寺院を巡り、当時の事情に通じていそうな僧侶に質問をぶつける。だが、その実、虚空に向かって問い掛け続けている。クアン・ドゥック師よ。どうして、あなたは自らを焼き滅ぼすという挙に出たのか。ブッダは苦行を否定し、中道を説いたではないか。激しい思いや行いを吹き消すことを理想とし、暴力を悪として退けたではないか。

「9・11」の自他の命の尊さを省みないテロリズムと、焼身による抗議を分かつ線が引けるだろうか。その差は「紙一重ではないか」。

ある老僧から、その答えは「法華経」にあると告げられる。確かに、薬王菩薩（ぼさつ）の焼身供養を賞揚（しょうよう）する章がみえる。だが、「私」は得心できない。彼が何者なのか、依然としてわからない。

帰途に着く直前、クアン・ドゥック師がガソリンを被り、炎に包まれた十字路に立つ。

そこで「私」は官能を全開し、火定を追体

験する。「印を結んでいた両手がほどけて、ゆっくり、上へあがっていく。ひじが曲がり、なにかを抱きかかえる格好だ。両足のひざも曲がり、ぐらっと左右にひらいている」

「女が、いとおしい男を深々と迎え入れる体位にそっくりだ」と「私」は感じる。また「出産の姿勢にも似ている」。この直喩(ちょくゆ)は暗喩を含んでいる。焼身は、いとおしい世界を受け入れ、世界を再生する行(ぎょう)だったのだ、と。

信仰告白か、私小説か。人によって読みが異なるだろう。宗教の側に立つ評者には、当今稀(まれ)な、紛(まが)う方なき「文学」であった。

評・宮崎哲弥(評論家)

みやうち・かつすけ 44年生まれ。作家。著書に『金色の虎』『裸の王様、アメリカ』など。

二〇〇五年八月七日②

『東京の公園と原地形』

田中正大 著

けやき出版・一八九〇円
ISBN9784877512729

社会

緑の空間に心安らぐのはなぜか

公園は都会の雑沓(ざっとう)の休止符である。緑と空間の広がりが、人々に心の安らぎをもたらすのはなぜだろうか。

その原地形に「谷戸(やと)」が隠れているからである。谷戸とは、武蔵野のハケに典型的に見られるように、三方が高台に囲まれ、一方だけが空いている地形をいう。谷頭(やとがしら)に始まり、谷底(こくてい)がうがたれ、谷口(やぐち)に出て終わる。湧水(ゆうすい)と高低差と開口部が演出する土地と水のエロス。地理学用語にもポエジーは豊富である。著者の美しい表現を借りれば、すぐれた公園は「自然の地形の呼びかけ」に耳を傾けて設計されている。

渋谷、北沢、大久保、池袋といった地名には、かつて東京各地に広がっていた谷戸の痕跡が刻み込まれている。際限なく広がる住宅地に蔽(おお)われて原風景は消え失(う)せ、その遠い記憶が地名に保存されているのだ。東京の台地と谷が繰り広げてきたあまたの地勢のドラマのうち、最大のスケールの谷戸が半蔵堀・千鳥ケ渕など皇居をめぐる濠(ほり)だったと教えられて、なるほどと眼(め)の覚める思いがする。

清水谷公園、石神井公園、明治神宮外苑、新宿御苑、国立自然教育園。どこを歩いても、著者は愛情をこめた視線を景観の隅々にそそいで自然の地相を読み取る。足は疲れを知らず、踏みしめる地面の微妙な勾配(こうばい)をたどり、人工庭園の地下深くに埋まっていた昔の谷戸がよみがえってくるのを感じとる。

原地形とは「自然のままの地形」のことだが、庭園史家の著者が力説するのは、自然景観は人手を加えずに放置したのではダメになるという法則である。有名な武蔵野の雑木林にも「伐期」があって、タイミングを失うと樹高が伸びすぎる。

だから本書で取り上げられる数々の名園の地誌には、所有者が誰であったかの運不運もからむ栄枯盛衰の歴史が語り込まれている。椿山荘の三つの丘の変遷などは、それだけで一篇(いっぺん)の物語だ。

現代の東京では、都心と郊外とを問わず、生き残った谷戸地が高層建築の海に呑(の)み尽くされかけている。本書を読んだ後では、空のある公園は再開発ラッシュを食い止める無形の砦(とりで)に見える。

評・野口武彦(文芸評論家)

たなか・まさひろ 26年生まれ。元東京農大教授。著書に『日本の庭園』など。

二〇〇五年八月七日❸

『カレーソーセージをめぐるレーナの物語』

ウーヴェ・ティム 著　浅井晶子 訳

河出書房新社・一六八〇円
ISBN9784309204390

文芸

戦禍の町を舞台に出会いと別れ描く

北ドイツに、カレーソーセージという食べものがあるらしい。立ち食いの屋台で食べる、庶民の味。このソーセージは、人々のあいだでなんとなくできあがったものではなく、あるひとりの女性の発見したものだと考える「僕」が、かつてハンブルクで屋台を出していた老女、レーナを訪ねるところから、物語ははじまる。「僕」は老人ホームに暮らすレーナのもとに通い詰め、カレーソーセージの誕生秘話を聞き出していく。

カレーソーセージ発見の背後には、膨大な時間と偶然の連なりがあった。第二次世界大戦の終戦直前、ひょんなことから知り合った若い水兵を、脱走兵としてレーナはかくまうことになる。やがて戦争が終わっても、家から一歩も出られない彼に、レーナはその事実を告げられなかった。二十代の、故郷に妻も子どももいる彼に、部屋を出ていってもらいたくなかったからである。レーナが息子ほど年の違う彼に抱いた思いは、恋愛よりももっと粗野で荒々しい、強い感情に思える。ここから小説はスピードを増し俄然（がぜん）おもしろくなる。著者は、四十代のごくふつうの女性の日常を描くことで、戦禍のハンブルクの輪郭を描き出す。老いたレーナは「僕」に言う、あのころが「人生でいちばん楽しかった」と。その後のカレーソーセージ「発見」までの経緯は、痛快なほどドラマティックだ。脱走兵も、また夫も失ったレーナが生活をたてなおす経緯は、そのまま、敗戦国の復興の歴史である。

カレーソーセージという食べものの話でありながら、ひとりの女性の人生史でもあり、そうしてまた、これは戦争を描いた小説でもある。正確な記録だけが戦争の記憶を伝える手段ではない、それをどのように噛（か）み砕（くだ）き消化し自分なりに理解するか。「楽しい時期だった」と老婆に回想させることで、著者は戦争の異様さを、自分なりに消化したその時代を切り取った。否応（いやおう）なく時代に生かされる人の、かなしさとたくましさを描き出した。物語のおもしろさもさることながら、戦争という負の記憶をどう調理するかという自由さをも、私は味わった。

（原題、Die Entdeckung der Currywurst）

評・角田光代（作家）

Uwe Timm　40年生まれ。ドイツの作家。『赤』『僕の兄の場合』など。

二〇〇五年八月七日❹

『フィリピンを乗っ取った男』

アール・G・パレーニョ 著

堀田正彦、加地永都子 訳

太田出版・一八九〇円
ISBN9784872338867

ノンフィクション・評伝

いまも君臨する不死身の政商

これは富と権力を求めてやまない一人の男の物語だ。それだけなら、世の中そこら中に転がっている話だが、その主役がマルコス独裁政権と結託してフィリピン経済をむさぼり尽くした政商だとすれば、ちょっと話は違ってくるだろう。

この国の有力ファミリーの一つ、コファンコ家の一員に生まれたエドアルド・コファンコ・ジュニア、通称ダンディンが本書の主人公である。

砂糖とココナツの利権を足場にのし上がり、フィリピン最大の食品・飲料会社サンミゲル社や複数の銀行を牛耳る実業家で、かつキングメーカーと目されるほどの影響力を握る政治家でもあるという、実に多様な顔を持っている。

マルコスが莫大（ばくだい）な財産を築き上げたのは、いわゆるクローニー・キャピタリズム（取り巻き資本主義）という手法だった。そのからくりを単純化すれば、独裁権力のもとでファミリーや盟友にボロ儲（もう）けが可能な事業の実質的な独占権を与え、その「上がり」を自分の口座に振り込ませたのである。そこには日本企業の影もちらつく。

民衆蜂起によってマラカニアン宮殿から追放された独裁者は、米軍の大型輸送機で可能な限りの財物をハワイへ運び出すが、それは通貨、金塊、預金証書、宝石、貴重品等で、総額で数億ドルにのぼり、それ以外にも莫大な財産を周到に準備した海外の口座に隠していた。

その取り巻きの中で最もうまみを味わった一人がダンディンだったが、彼がほかの誰より「物語」の主人公になり得るのは、独裁者とともに逃走したにもかかわらず、いつの間にかフィリピンに舞い戻り、いまも隠然とした影響力を失わずにいることだろう。

本書は、こうした東南アジアの途上国に頻出する、政治権力と経済利権の関係の一つの典型例を、緻密（ちみつ）な取材によって浮かび上がらせる。

またコリー・アキノ元大統領はダンディンのいとこに当たるが、中国福建省にルーツを持つ有力ファミリーの家族史を通じ、フィリピン近現代の裏面史が活写されている点なども興味深い。

（原題、BOSS DANDING）

評・加藤千洋（本社編集委員）

Earl G. Parreño　ジャーナリスト。

二〇〇五年八月七日❻

『完璧な家　パラーディオのヴィラをめぐる旅』

ヴィトルト・リプチンスキ著　渡辺真弓訳

白水社・四四一〇円

ISBN9784560027028

アート・ファッション・芸能

居心地よい設計　魅力の源泉を訪ねて

「歴史上もっとも影響力のある建築家は誰？」。正解は、ルネサンス時代にベネチアの後背地で活躍したパラーディオだ。特に、田園につくられた数多くのヴィラ（別荘）の魅力と著書『建築四書』を通じて、欧米にその名が轟（とどろ）き、パラーディオ風の建築が世界各地に伝播（でんぱ）した。

パラーディオの建築には不思議な力がある。遠い過去、古代ローマの建築を連想させる一方、現代人の心に響く新しさがあり、今も人気が高い。

パラーディオに関する本は数多い。その中で、偉大なパラーディオの作品を美術品ではなく「住宅」として建築家の目で眺め、その魅力の源泉を探る点に本書の新しさがある。著者が建築史の堅苦しい研究者でないところがよい。自由な立場でヴィラを探し訪ね、新鮮な目で観察し、その特徴を丁寧に描き出す筆致は見事だ。読者を美しい田園に誘い、自分がまさにヴィラを訪ね歩いている贅沢（ぜいたく）な気分にさせてくれる。同時に、パラーディオの歴史上の意味を楽しく学べるから、嬉（うれ）しい。

今風に住宅設計を建築家が数多く手掛けること。住宅の正面を古代神殿の形で飾ること。田園風景と対話する建築の発想。自分の作品集の役割をもつ建築書の出版。いずれもパラーディオが始めた。

独自の古典モチーフから、一目でその作品とわかる特徴を持つパラーディオだが、住宅の立地、施主の要求に巧みに応えて、常に創造性豊かなアイデアを発揮した。本書の構成は、年代を追って代表作の九つのヴィラを訪ね、作風の変化を読み、その理由を推論するというもの。パラーディオらしい幾何学的性格、比例の美的感覚も重要だが、著者の究極の狙いは、いかに彼の住宅が居心地よく設計されているかを証明することにある。パラーディオがどんな風に設計依頼を獲得したか。また、名声を得た後も稼ぎは多くなかったといった裏話も、興味が尽きない。

建築家と現地を熟知した専門家の訳だけに、ヴィラ巡りの愉楽に安心して身を委ねられる。建築が好きになるきっかけをつかむにも格好の本と言えよう。

この夏、休暇を少しとってパラーディオ行脚に出掛けてみてはいかが。

評・陣内秀信（法政大学教授）

（原題、The Perfect House : A Journey with the Renaissance Master Andrea Palladio）

Witold Rybczynski　43年生まれ。米国の建築評論家。

二〇〇五年八月七日⑦

『北朝鮮「虚構の経済」』

今村弘子 著

集英社新書・七一四円
ISBN9784087202960
政治／国際

「すべての人が等しく白米と肉のスープを食べ、絹の服を着て瓦屋根の家で暮らすこと」。生前の金日成（キムイルソン）主席が語っていたこの目標はうつろで切なくもある。

飢えと脱北の流れ。工場は動かず、あらゆるものが足りない。北朝鮮の経済はなぜこんな縮小再生産の悪循環に陥ったのだろう。

計画経済が機能しない「計画なき計画経済」、自立的民族経済を標榜（ひょうぼう）しつつ援助で成り立つ「被援助大国」、世界はボーダーレスなのにボーダー「フル」な経済運営……。本書は、北朝鮮経済の歴史をたどり、現状を追いながら、破綻（はたん）の背景をそう読み解く。

中国経済を専門とする著者は中国から北朝鮮も見てきた。きわものの北朝鮮本が多いなかで、中国側研究者の資料も用いた記述は冷静で説得力がある。

隔靴掻痒（かっかそうよう）と著者も言うように、迫るには制約の多すぎる対象だ。経済を牛耳るともされる軍関連の第2経済委員会をもっと知りたいが、ないものねだりか。

評・小菅幸一（編集委員）

二〇〇五年八月七日⑧

『映像表現のオルタナティヴ』

西嶋憲生 編

森話社・三三六〇円
ISBN9784916087539
アート・ファッション・芸能／ノンフィクション・評伝

一九六〇年代の日本映画は、既存の映画五社の危機を背景に、大胆な前衛的試みを開花させていった。

大島渚は、「日本の夜と霧」で、過去と現在、空間の内と外を自在に行き来する政治的討論劇を実現させるが、松竹はこれを封切り数日で上映中止にする。

一方、武満徹と組んだ「銀輪」で戦後実験映画の出発点を印した松本俊夫は、『映像の発見』など尖鋭（せんえい）的な著作を世に問いつつ、「薔薇（ばら）の葬列」で劇映画に鮮烈な前衛精神を注ぎこむ。

その他、末期の大映を辞めて、奇妙に土俗的な想像世界のなかで日本の政治的未来と三島事件を予見した「無人列島」の金井勝。あるいは、演劇的手法や観客参加によって映画の既成概念に揺さぶりをかけた寺山修司。また、性と革命の主題を妖（あや）しいイメージに昇華させたドナルド・リチー。

本書はそうした映画作家たちの活動を独自の視点から紹介するとともに、六〇年代映画の多彩な試みに歴史的展望をあたえている。

評・中条省平（学習院大学教授）

二〇〇五年八月七日⑨

『原爆体験』

濱谷正晴 著

岩波書店・二九四〇円
ISBN9784000227421 歴史／社会／ノンフィクション・評伝

広島・長崎で被爆した人々を対象に、85年に大規模な調査が実施された。「調査票をいただきました。読んだだけで眠れない夜が続いています。（中略）自分の精神状況がどうなるかわかりません……」。こうした理由から回答を断った人もいた。思い出したくない過去に触れる調査だが、1万3168人が回答した。本書は、そこからさらに分析に必要な項目に回答した6744人を選び、詳細な検討を加えた報告である。

国をあげての戦争に犠牲はつきもの。国民は「受忍」しなければならないとの論に対し、はたして原爆とは人間にとって受忍しうるのかと問う。「苦悩としての原爆体験」にふみこみ、そこからいかに「生きる支え」の思想が生まれ出るのかを、丹念な分析を通して追う。

数にこだわる社会調査の手法を用いながらも、一人ひとりの人間の視点から、原爆体験という、人類にとって未曽有の経験の全体像をとらえようとした労作である。

評・苅谷剛彦（東京大学教授）

二〇〇五年八月七日⑩

『置き去り　サハリン残留日本女性たちの六十年』

吉武輝子 著

海竜社・二六二五円
ISBN9784759308792

歴史／ノンフィクション・評伝

一本の電話が著者の耳をつんざいた。政府の公言とはウラハラに、敗戦でソ連領となったサハリンに日本女性が置き去りにされているという重い事実。

ノンフィクション作家の著者は01年サハリンの地を踏み、置き去りの過酷な歳月に耐えてきた女性たちを取材。

一方、悲劇の背景を成す日露戦争以降拡大する日本の軍事路線、その帰結としての敗戦、これまであまり語られなかった戦争末期ソ連の参戦によってサハリン全土が戦場になった悲惨をも精力的に描き出した。逃げまどう住民を乱射するソ連兵、集団自決する日本女性、引き揚げ船に対するソ連潜水艦の不法攻撃。

こうした国家間の暴力つまり戦争が個々の女性にどう及んだか。強制結婚、貧苦、夫の暴力。配分されたのは恐怖だった。「苦労コンテストに出たら全員一等賞」「私の戦争は終わることがない」。女性たちの声を受けとめ一途に戦争を問う炎の書が生まれた。

評・増田れい子（エッセイスト）

二〇〇五年八月二一日❶

『小説の自由』

保坂和志 著

新潮社・一七八五円
ISBN9784103982050／9784122053168（中公文庫）

文芸

「小説」についてかんがえることも「小説」なんだ

保坂さんは、小説について、徹底的に考える。それから（同時に）、こう言う（書く）。

「私は小説をまず書き手の側に取り戻すために、この連載を書いているのだ」

「小説を書いていればそのあいだだけ開かれることがあるから書くのだ。『開かれる』『見える』『感じられる』……人によって言葉はそれぞれだろうが、小説を書いているときにだけ開かれるものがある」

この本では、特定の作家が問題にされているわけではない（カフカや小島信夫のように敬愛の対象となる作家はいるけれど）。また、特定の作品やテーマが集中的に扱われているわけでもない。ただただ「小説」が、というか「小説的思考」そのものが対象になる。そして、保坂さんは、そのことについて、繰り返し、飽きずに、書き続ける。

なぜなら、それは、ふつう一般の読者も、ほとんどすべての文芸評論家も、もしかしたら多くの小説家も、悲しいかな、小説というものを誤解しているからだ。

小説とは、（多くの人々が考えるように）ただストーリイのある散文なのではないし、登場人物たちに感情移入するために存在しているのでもない。それは、ひとことでいうなら、ものを考えるためのある一つの優れたやり方、なのである。

そのことの最良の、かつ具体的な例は、「小説が書かれる以前に、小説という概念を持たない人たちが小説的な思考をしたとしたら、どういう外見のものが書かれうるのか」という仮定で、保坂さんが、アウグスティヌスの『告白』について論じた個所だ。

「小説的思考」は、小説が生まれる以前から存在した、というこの魅惑的な考えに、ぼくも同意する。「整ったものを良しとする文章観から見ると歪（いびつ）で異様」なアウグスティヌスの書き方の背後にあるものを、それ以外の名前で呼ぶことは不可能なのだ。

「小説」とは何か。「小説的思考」によって書かれたもののことだ。では、「小説的思考」とは何か？　それは、実のところ、『小説の自由』というこの本の中に流れている思考のことなのである。

ところで、これ、「5　私の解体」と「7　それは何かではあるが、それが何なのかは知りえない」の間は、番号なしで「桜の開花は目前に迫っていた」という章になっていて、そこは雑誌「新潮」に連載中に書いた短篇（たんぺん）小説なんですよ。なぜ、短篇小説が、そのまま、長篇評論の一つの章になっているのか、保坂さんはぜんぜん説明していない。でも、みなさんは、もうわかりますよね。「小説的思考」によって書かれているなら、当然、この『小説の自由』もまた小説であり、だとするなら、短篇小説が、その中に含まれていたって、なんの不思議もないじゃありませんか！

評・高橋源一郎（作家・明治学院大学教授）

ほさか・かずし　56年生まれ。作家。著書に『この人の閾（いき）』『カンバセイション・ピース』ほか。

二〇〇五年八月二一日❷

『ピアニストが見たピアニスト　名演奏家の秘密とは』

青柳いづみこ 著

白水社・二二〇〇円
ISBN9784560026625／9784122052697（中公文庫）
アート・ファッション・芸能／ノンフィクション・評伝

深い感受性　香り立つ人間像

「ソリストは多くの聴衆の前で裸で立つ勇気がなければやっていけない」。読みながら、昔、取材で会った著名な演奏家の言葉が通奏低音のように響いていた。

裸だから「物語」の鎧（よろい）が必要になる。どんな曲も暗譜で弾き続けたリヒテル、完璧（かんぺき）主義者ミケランジェリ、超絶技巧をわがものとする「自然児」アルゲリッチなど、ここに登場する六人のピアニストたちはみな、天才伝説の持ち主だ。

だが、物語も翳（かげ）りを見せる日がくる。観客は気づかなくても、同業者は見逃さない。自らもピアニストである著者は映像や文献、周辺取材を通じ、彼らも裸で舞台に立つ孤独に耐える生身の人間であることを明かしていく。もしかすると、これは恐ろしい禁断の書かもしれない。

アルゲリッチはソロをめったに弾かない。その理由を訊（たず）ねるのは日本のプレスではタブーらしい。だが、著者は思いがけないエピソードをたぐり寄せる。

真っ暗な舞台で蓋（ふた）を開けたピアノにだけ光が射（さ）し込む光景が、ワニが口を開いて待ちかまえているようで怖かったこと。空前絶後の演奏を成し遂げても、観客との一体感を感じたことはまだ一度もないこと。興味深いのは、一人では弾けないのに協演者が演奏を始めると、「うん！　私」となって反射的に弾けるようになることだ。影となる相手がいれば弾ける資質を「心底ソリスト」の証左とみる指摘に思わず膝（ひざ）を打つ。

著者に近しい人々の逸話は、胸苦しくなるほどだ。デュオの相方の死後、「半身をもぎとられた」ように弾けなくなった師バルビゼ。神経障害の噂（うわさ）が広まると仕事が来なくなると、一人痛みに耐えていた友人ハイドシェック。やがて、一九七〇年代の技術偏重主義の犠牲となった演奏家たちの苦悩が浮きぼりになる。神話の崩壊である。なのに彼らの誇りは挫（くじ）かれず、むしろ人間像に馥郁（ふくいく）たる香りが添えられたようだ。芸術家としての深い感受性と文筆家としての冷静な視線を併せ持つ著者の才質のなせる技か。

著者は以前、すでに終わった演奏の批評は購買に影響しないと書いたが、少なくとも私は彼らの音にふれたくなった。

評・最相葉月（ノンフィクションライター）

あおやぎ・いづみこ　ピアニスト、文筆家、大阪音楽大学教授。著書に『水の音楽』など。

二〇〇五年八月二一日❸　歴史／人文

『世界文明一万年の歴史』

マイケル・クック 著　千葉喜久枝 訳

柏書房・二九四〇円
ISBN9784760127313

西欧近代中心の発想を相対化した史観

一つの話題から十も百も議論が発展する頭の柔らかい人と話すのは、想像力をかきたてられてわくわくする。著者はイスラーム史家だが、歴史家にありがちな蛸壷（たこつぼ）型の専門家ではなく、人類発生からＮＡＳＡに至るまで縦横無尽に議論を展開し、他領域に「でしゃば」る。「ある地域で起きたことが何故別の地域で起きなかったのか」という素朴な問いが、全体に通底する問題意識だ。

まず、本書が時間的な流れに縛られていないことと、これまで歴史的大事件と当然視されてきた近代史の諸事実を大胆にすっぽりと抜かしていることに驚かされる。つまり「西欧近代」が徹底して相対化されているのだ。「今が昨日より進んでいる」という時間中心主義に留保をつけることで、自国史優先、進化論的発想を見直す。日本の公教育で一番重視される近代ヨーロッパにはちょっと触れるだけで、「西欧近代」ではない方法で発展を目指そうとした別の方法――つまりマルクス主義とイスラーム原理主義に、むしろページを割く。

時を追って歴史を見ることに慣れている我々には、18世紀まで続いたオーストラリアの狩猟採集社会や8世紀のアフリカのガーナ王国に触れた後に、インダス文明や秦の統一が来る章立ては、一見ランダムな印象を与える。そのなかで、著者の最大関心は「いかに文明が継承されたり途絶されたりするか」だ。

文字を持つ文明は、後世の社会がそれらを再生可能な史的材料を大量に残したことで引き継がれやすい（だから「復興」とか「原理主義」が常に有効性を持つのだ、という指摘は説得力がある）。だが、無文字社会でも、遺伝子的変化や技術、牧畜のあり方などで、文明は花開く。文字のない東アフリカの年齢組制度やメソアメリカの暦が、いかに複雑であることか。しかし新大陸では、他文明から孤立していたために競争という刺激を受けず、その文明は衰亡した。

逆に、最初に世界を均一化したイスラーム文明は、征服と巡礼による人の広範な移動によって生まれた。グローバル化もまた、西欧近代の専売特許ではない。

（原題、A brief history of the human race）

評・酒井啓子（アジア経済研究所主任研究員）

Michael Cook　40年生まれ。米プリンストン大学教授。

二〇〇五年八月二一日❹　文芸

『サウスバウンド』

奥田英朗 著

角川書店・一七八五円
ISBN9784048736114／9784043860012（角川文庫〈上〉）・9784043860029〈下〉／9784062779357（講談社文庫）

描写に冴え　少年のひと時の冒険物語

奥田英朗の才能は予断を許さない。

直木賞を取った『空中ブランコ』など、賞のお墨つきで読んだ人は仰天したことだろう。精神科医が活躍するセラピー小説だが、主人公の方がよほど精神に問題があるという問題作なのだ。昨年最笑の小説だったといって過言ではない。

しかし、その前の『邪魔』と『最悪』は、ともに同時多発的な犯罪小説で、ひねりにひねったストーリーを語りの超絶技巧で引っぱる鮮やかな手際は、新たなミステリーの名人の誕生を印象づけた。

ところが、今回は少年小説である。これがまた舌を巻くほどうまい。子供から大人へと脱皮する少年の生理と感覚に寄りそい、スピーディーな直球勝負で、彼のひと時の冒険を描きだすのだ。

主人公の二郎は、ごく普通の小学校六年生。ただ一つ普通でないのは、父親が左翼の元活動家で、国民の義務や年金制度や税金、すなわち国家を認めない頑固者だったことだ。はたから見れば相当面白い変わり者だが、二郎にとっては何かにつけて問題を起こす厄介な存在だ。

物語の前半では、真っ当な正義感の持ち主である二郎が、あくどい中学生の恐喝にあい、その災難に、友人たちと立ち向かってゆく。小学六年の心臓の鼓動が聞こえてくるほど生々しくスリリングな語り口が作者の才能の証しだ。

だが、小説が加速するのは後半で、父親が家にかくまった活動家が事件を起こしたことから、二郎の一家はなんと沖縄の西表島に引っ越しすることになる。

この南島で、新たな事件のタネがまかれ、それまで迷惑千万な脇役にすぎなかった父親ががぜん存在感をまし、物語は、二郎の目から見た、思想闘争の趣を帯びてくる。少年がヒーローだから難しい理屈は一切ない。だが、現代のドン・キホーテである父親の行動を触媒にして、自然と文明、個人と国家、ユートピアと権力という根本的な問題が問われるのだ。

父親の開発反対闘争に賛同するおもろいカナダ人など、随所に奥田英朗一流の人物描写も冴（さ）えている。自然への憧（あこが）れを失わない大人のための、苦みのきいた冒険小説としても一級品である。

評・中条省平（学習院大学教授）

おくだ・ひでお　59年生まれ。作家。著書に『ウランバーナの森』『イン・ザ・プール』など。

二〇〇五年八月二一日⑤

『ヒトラー　最期の12日間』

ヨアヒム・フェスト 著　鈴木直 訳

岩波書店・一九九五円
ISBN9784000019347　歴史／ノンフィクション・評伝

「破滅への意志」持つまれな権力者

社会秩序の安定のためにタブーが形成されることはよくある現象である。第2次世界大戦後、ヒトラーは最大の負のタブー、絶対悪として戦後秩序の安定化装置の役割を果たしてきた。冷戦時代においてすらナチズムを悪と見なす価値観は東西間で共有され、国際秩序の根底をなしてきたし、ドイツにおける戦後コンセンサスは、ヒトラーを指導者となし、その悪行を防げなかった罪を認めることと、ヒトラーを例外的な悪とすることでドイツ史を救済することとの微妙なバランスの上に成り立ってきた。

しかし時代の変化と共に秩序やコンセンサスの有効性は低下し、歴史に対する問い直しが強まる。フェストは、60年代からヒトラーを始めとするナチス指導者を研究し、邪悪だがしかし人間的な存在として描いてきたドイツの歴史家である。

著者によれば、ヒトラーは敵の服従ではなく絶滅を企図したまれな権力者であり、しかも敗北を自覚した後もドイツの徹底的な壊滅と、最後には自らの死体の完全な抹消を望むという「破滅への意志」を持ち続けた狂気の世界の住人だった。赤軍によってベルリンが制圧される状況を後景として、地下要塞（ようさい）に暮らすヒトラーとその側近の最期の12日間に焦点を当てることで、こうしたヒトラーの本質を示そうとした著者の意図はそれなりに成功している。ただ、自決を前に結婚を選択したヒトラーや、絶望的な状況下でも彼を見捨てなかった側近たちの姿が、ある種の共感を呼び起こすことも否定できない。

本書は、昨年ドイツで公開され、日本でも先頃封切られた映画の原作の一つであり、邦訳の書名は映画の題名からとられている。この映画が製作され、様々な話題を呼んだこと自体、60年の歳月を経て戦後秩序とそれを支えてきたコンセンサスが問い直されている状況を如実に反映していると言えるだろう。そして、戦争認識が東アジアの国際秩序の変容と絡んで問題化し、また日本とドイツが主導した国連改革が孤立しつつある状況では、日本人にとっても本書がはらんでいる問いかけは他人事ではない。

（原題、DER UNTERGANG）

評・中西寛（京都大学教授）

Joachim Fest　26年ベルリン生まれ。歴史家、ジャーナリスト。

二〇〇五年八月二一日❻

『グールド魚類画帖　十二の魚をめぐる小説』

リチャード・フラナガン 著　渡辺佐智江 訳

白水社・三七八〇円　文芸

ISBN9784560027233

画家と魚が織りなす奇想天外な物語

まず、本書ブックカバーの表と裏を彩るタツノオトシゴの絵が目を惹（ひ）く。

表のほうはポットベリード・シーホース。その名のとおり、まるまると膨らんだ太鼓腹の中心の孔より毎分一匹ないし二匹の赤ん坊をおびただしく産み落とすが、第一章で作家である著者はそれをうっとりと見つめ、あたかも自ら長引くお産を終えて疲れ切った「哀れなシーホース」になったかのように感じる。

裏のほうはウィーディー・シードラゴン。海草ともみまごう優雅と憂愁とを兼ね備えたその美しさは、「仲間を引き寄せたり、色とりどりの礁に溶け込んだりするための、進化上の必要性から生じた」としか思われないが、最終章を迎えると、やがて本書の主人公である画家自身がこのタツノオトシゴと化す……。

二〇〇一年に発表された本書は、オーストラリア南東、タスマニア出身の著者が、十九世紀前半に英国からファン・ディーメンズ・ランド（現在のタスマニア）へ流刑となった囚人画家ウィリアム・ビューロウ・グールドの手になる「魚の本」を見つけ、眩惑（げんわく）されるところから始まる。著者はこの「魚の本」に収められた三十六葉の魚の絵に無限の想像力を感じ、前述の二種類のタツノオトシゴを含む全十二種類の魚類を選び出してモチーフに据え、この囚人画家が歩んだであろう奇想天外な人生を幻視した。

流刑植民地の成立から司令官の野望たる大麻雀（マージャン）館の建立と病の蔓延（まんえん）、英国海軍による侵攻とクーデター、司令官殺害と奇跡の復活、そして灼熱（しゃくねつ）地獄と化した島の再建……。これら主人公が目撃する事件の連なりは、限りなくゴシック・ロマンスに近いタスマニア史なのである。

はたして事件の展開に伴い、魚の中に人間が見いだされ、魚が人間の内部に入り込み、魚が人間に復讐（ふくしゅう）し、ついには人間が魚そのものへ変容していくところは圧巻だ。ゆえに最終章では、この小さなウィーディー・シードラゴンが決して「絶滅の危機にある進化上未発達な種」にとどまらず、壮大なる歴史への洞察を宿す可能性が実感される。二〇〇二年度英連邦作家賞受賞作。

（原題、Gould's Book of Fish）

評・巽孝之（慶應大学教授）

Richard Flanagan　61年生まれ。オーストラリアの作家。

二〇〇五年八月二一日❼

『あの夏、少年はいた』

川口汐子、岩佐寿弥 著

れんが書房新社・一四七〇円　文芸

ISBN9784846202958

「人間は誰でも、心の中に追憶の映画館を持つ」は、本書の一文にある、なかにし礼氏の言葉。その心のフィルムの残像が、はるかな時を超えて、再び男女の人生の交錯を紡ぎ出した、大人のメルヘンである。

ひと夏だけの教育実習にやってきた年上の女性に思慕の念を抱き、忘れ得なかった当時九歳の少年が、五十九年後、偶然に視（み）た古いテレビ番組の再放送でその名に思い当たる。「もしや」と書き送ったことで始まった二人の往復書簡と、やりとりを見守る友人知人たちのエールで構成された、情感あふれる読み物だ。

彼女が記していた当時の日記がみつかり、懐かしい学校生活のあれこれや級友、教師たちの情景が手紙のたびに蘇（よみがえ）る。そして六十年ぶりの邂逅（かいこう）。少年は、いま七十歳を超えた映画作家の岩佐。教生は、十歳年上の歌人にして児童文学者の川口。昭和十九年。かくも自由で豊かな教育現場がこの国にあったことに驚く。

評・佐柄木俊郎（国際基督教大学客員教授）

二〇〇五年八月二一日⑧

『デモクラシー・リフレクション』

伊藤守、渡辺登、松井克浩、杉原名穂子 著

リベルタ出版・二五二〇円
ISBN9784947637963

社会

新潟県巻町の名を一躍有名にしたのは、長年、町を二分してきた原発建設計画の是非に対して、「住民投票」という意思表明の場を用意したことであろう。この住民投票での「原発建設反対」が多数を占めるという民意の表明が、結果的に二〇〇三年の原発計画完全撤回につながっていく。

本書は、巻町の原発建設問題に地域社会、地域住民がどのように向き合ったのかについて、地元・新潟大学を拠点に総合的な調査研究を進めた四名の社会学者によるレポートである。筆者らは、原発建設計画を撤回に導いた巻町の「住民投票」運動が、従来の反対運動には希薄だった住民の判断や意思表明の場を強く求める運動だったと指摘する。

それは巻町だけに見られた一過性のものではない。そこに、社会構造と住民意識の変化を背景に、日本全体で進む政治参加意識の変化と、その向こうにあるデモクラシー・リフレクションの可能性を感じ取るのである。

評・音好宏（上智大学助教授）

二〇〇五年八月二一日⑨

『命に値段がつく日　所得格差医療』

色平哲郎、山岡淳一郎 著

中公新書ラクレ・七九八円
ISBN9784121501813

医学・福祉／ノンフィクション・評伝／新書

活躍中のジャーナリストが、みずからの手術体験から関心を深めた変革期の医療システムを分析し、問題提起する。

戦後築かれた医療の仕組みが社会構造の変化によって、破局に直面。解決策として混合診療、病院の株式会社化などの「市場原理」が導入されようとしている。それは所得格差により「命に値段がつく日」への第一歩ではないか、と。

答えるのは、老人医療費が全国一低いのに平均寿命など高い健康指標を保つ長野県で地域医療を実践している医師だ。その成果は、医療を人と人との膨大な接点の集積として進めてきた先人たちの努力の結実であることが明らかにされる。

医療の外と内からの正反対からのアプローチが、管理や市場化でなく、「人間が人間として人間のお世話をする」という「医療の原点」による仕組みづくり、医師づくりが必要だという一点で合流する。コンパクトに医療の問題点を整理し、指針を示した一書だ。

評・宮田親平（科学ライター）

二〇〇五年八月二一日⑩

『敗北と文学　アメリカ南部と近代日本』

後藤和彦 著

松柏社・三一五〇円
ISBN9784775400807

歴史／文芸

勝ち戦に文学はない。敗北からこそ文芸復興の機運が生まれる。

本書は、南北戦争の戦後文学だったアメリカ南部文学を鏡にして「戦後日本」の問題を映し出そうとする力作の評論である。

民主主義の大義をかざす大国と戦って敗れ、国土は廃墟（はいきょ）と化し、おびただしい戦没者の墓碑の上に、戦死の意味を無化するかのごとき繁栄が押し寄せる。たしかに顕著な鏡像関係が成り立っているといえる。

著者によれば、両者の間には、敗北の意義を問い返す《敗北の文化》の質に決定的な差異が存在する。加藤典洋が『敗戦後論』でいう「ねじれ」である。どこに回復の途を探るか。

フォークナーらの「南部文芸復興」は戦後六十年間の歳月を必要とし、その根底には「強い祖父・弱い父・熟成する子」という世代交番のドラマがあった。

「日本の敗戦から数えて第三番目の世代」である著者が、批評のモチーフをつかんだ出発点である。

評・野口武彦（文芸評論家）

二〇〇五年八月二八日❶

『メディアの支配者　上・下』

中川一徳 著

講談社・各一八九〇円

ISBN9784062124522〈上〉・9784062130035〈下〉／9784062763837（講談社文庫〈上〉）・9784062763844（〈下〉）

経済／ノンフィクション・評伝

一族の愛憎劇が映し出す昭和・平成史

この大河ドラマ的なノンフィクションの序幕では、まず三人の主要人物が紹介される。日枝久と堀江貴文と鹿内宏明。うち二人は今年の二月、「ライブドア事件」の報道で連日テレビに登場した顔である。おかげで読者には、本書で語られるフジサンケイ秘史から当事者の表情がごく身近に想像できる。心にくい演出だ。

話は十三年前に戻って一九九二年七月二十一日、日枝グループがわずか十分間のクーデターで鹿内宏明の産経新聞会長解任を決議する場面は、「権力を巡って待ったなしの決断」が迫られる瞬間を劇的に再現して圧巻だ。誰がトップになるかの争闘に決着を付けるなら、手段は他にもあろうに、かくも剥（む）き出しの強制手段をもって権力交替（こうたい）を実行したのはなぜか。

このグループには創立者の鹿内信隆の個人史はあっても、「社史」がないと著者はいう。信隆は、退役主計中尉で終戦を迎え、戦時の曰（いわ）くありげな人脈・金脈を使って戦後経済に浮上してきた人物である。一九五〇年代に電波事業に手を拡（ひろ）げ、ニッポン放送・フジテレビ・産経新聞の実権を次々に握って、着々と支配力を強め、ついに六八年、「商業右翼」を社是とするフジサンケイグループ会議議長に就任した。

新聞論調としては反共右翼、テレビでは軽佻浮薄（けいちょうふはく）というユニークな営業路線が確立され、「彫刻の森」美術館や世界文化賞設置などの文化事業も手がけられる。美術品がいかに営利と結びつくかのカラクリは、一時有名になった「持株（もちかぶ）比率15パーセント」とは何かをはじめ、ニッポン放送とフジテレビの入り組んだ持株関係と共に図解されていてわかりやすい。

八五年、議長職は信隆の長男春雄に世襲され、鹿内一族のグループ支配は安泰と見えた。ところが八八年、春雄が急死し、その後継者に娘婿のエリート銀行マン宏明が指名されたことから家族の内紛が勃発（ぼっぱつ）する。それとタイアップして、三代にわたる鹿内独裁への反逆を呼号し、宏明の罪状を数え上げて追放しようと日枝グループのクーデター計画が胎動しはじめる。

息も継がせぬ展開である。宏明が最後の武器として握りしめていたニッポン放送株を無力化するために、日枝が株式上場と公開買い付けに打って出ざるをえなかった理由が、これで明快に了解される。その目論見（もくろみ）が、堀江貴文の介入という思いがけぬ事態の出現であえなく反転した経過は、まだ読者の記憶に新しい。

本書は著者の単行本第一作の由であるが、天下の公器を私物化する勢力への怒りが行間にふつふつとたぎっていて小気味よい。驚くべき取材力を発揮して、放送・テレビ・新聞と「マスコミ三冠王」を誇ったフジサンケイグループの奥の院に踏み込んでいるだけではない。この堅固な筆力には、複雑な事件の連鎖を一望のもとに構成する独自の《史眼》が光っている。

シカナイ伝説（サガ）ともいうべき一族の愛憎劇から昭和・平成史が見えてくる。浮かび出るのは、株主が投資先の社会的使命を問わず、ただ配当のみを追求する現代日本の縮図である。

評・野口武彦（文芸評論家）

なかがわ・かずのり　60年生まれ。ジャーナリスト。元「文芸春秋」誌記者。

二〇〇五年八月二八日②

『美と礼節の絆　日本における交際文化の政治的起源』

池上英子 著
NTT出版・四四一〇円
ISBN9784757141162
人文／社会

美を愛でる結社が整えた近代化の基盤

ライブドアによるニッポン放送買収騒動で、買収を仕掛けたH社長が軽装について「礼儀を失している」と貶(けな)されたことは記憶に新しい。だがなぜ、株の売買に礼儀だの作法だのが必要とされたのか。

著者は市場取引を「基本的には心底を知りがたいストレンジャーである人びとのあいだでなされることが多い」とみなし、ゆえに「情緒コスト」が伴うと指摘する。企業の人事担当が採用を断る際に「残念ながらご希望にそえません」と一筆加えるのは、志願者に配慮してのことだ。見知らぬ人同士のつながりには、情緒コストを削減する「シヴィリティー(市民的礼節の文化)」が必要なのである。西欧では、中世身分制の崩壊後、礼節をいかに整えるかが問題となった。

著者は前著『名誉と順応』で、中世日本の武士たちにおける「名誉」追求の文化が、主従関係が常に反故(ほご)にされる不確定性にさらされていたからこそ意義を持ったという斬新な解釈を示した。本書では、礼節の文化が「座」など中世における自発的結社を起源とすると見ている。連歌や茶の湯など集団で営まれるセッション型の芸能は、礼法にもとづく社交の典型だというのだ。

こうした「美的なパブリック圏」は、徳川期に爆発的に拡大する。商品市場の広がりとともに都市では消費文化が花開き、高い識字率を背景に出版産業が勃興(ぼっこう)して、俳諧やファッション、貸本などで美を愛(め)でる結社が人々をヨコにつないだ。身分制や分割統治といったタテ割りの幕藩体制が全国を支配する一方で、それは私的な領域をつなぐ「弱い紐帯(ちゅうたい)」としてのみ容認された。こうした「徳川ネットワーク革命」によって美意識や礼節、教養が育まれ、日本は経済発展と近代化の準備を整えたというのである。

コーヒーショップやパブにおける政治的討議が西欧における民主制の揺籃(ようらん)となったとしばしば言われるが、そうした理想の「市民社会」を経由しなかった日本がなぜ発展を実現したのか。「文化資本」や「社会資本」を繁栄の基盤とみなす近年の諸説を駆使しつつ、重厚かつ説得的な説明が展開されている。

評・松原隆一郎（東京大学教授）

いけがみ・えいこ　米ニュースクール大学大学院社会学部教授、社会変動研究所所長。

二〇〇五年八月二八日③

『御巣鷹の謎を追う　日航123便事故20年』

米田憲司 著
宝島社・一九八五円
ISBN9784796646673／9784796684545(宝島SUGOI文庫)
ノンフィクション・評伝

映像・音声付き、多くの疑問浮き彫りに

日航ジャンボ機墜落事故20年のこの夏、新聞やテレビには回顧企画が溢(あふ)れたが、捜索をめぐる謎を含め、事実に改めて肉薄し、悲痛な記憶を人々に鮮烈に蘇(よみがえ)らせたという点では、本書にとどめを刺すといっていいかもしれない。

とりわけ、ボイスレコーダーの音声や飛行の立体画像などを収録した付録のDVDは、事故機のクルーたちの必死の操縦振りを伝えて生々しい。決して際物ではなく、抑制の効いた、資料的価値の高いドキュメントである。

著者は、この事故の報道にあたった日本共産党の機関紙「赤旗」社会部取材チームの中心メンバー。墜落現場を目指した発生当夜の体験に始まり、その後、なぜ救出が遅れたのか、事故原因の真相は何か、を長期にわたって追い続けてきたベテラン記者だ。思い返せば、この事故報道では赤旗紙の健闘は光っていた。

生存者の一人、川上慶子さんによる「墜落直後は何人も生きていた」という証言や、救

難活動に突然中止命令が降りた、との米空軍中尉の手記などの衝撃的なスクープを一般メディアはしばしば後追いさせられた。のちにボイスレコーダーの録音テープなどを入手できたのも、そうした実績の賜物（たまもの）であったのだろう。

長期取材の集大成ともいえる本書は、なお数多くの疑問を浮き彫りにする。自衛隊機が繰り返し墜落現場を確認しながら、なぜ四度も間違いの発表をしたのか。真っ先に到着した米軍ヘリに、なぜ救助活動を依頼しなかったのか。運輸省航空事故調査委員会（事故調）の報告は、客観的な事実と矛盾する部分が多すぎ、公表されたボイスレコーダーの記録にも作為があるのでは、等々だ。

「私たちも（略）断定できるだけの材料は持ち合わせていない」と、明確な答えは示さず、ミサイル撃墜説は「荒唐無稽（こうとうむけい）」と退けるなど、科学的な分析に終始している。評者には「日本では救助活動にも上の許可が必要」とか「米軍の帰還命令は自衛隊の面子（めんつ）を考えた政治判断では」「事故調は、初めから結論ありき」といったあたりの指摘が興味深く、案外謎解きのカギを握るのでは、と感じられた。

評・佐柄木俊郎（国際基督教大学客員教授）

よねだ・けんじ　44年生まれ。「赤旗」社会部記者。専門は航空、軍事、司法など。

二〇〇五年八月二八日④

『飄々楽学』

大沢文夫 著

白日社・二五二〇円

ISBN9784891731144

教育／科学・生物

流れる風のごとく楽しき科学者人生

日本の大学は、文系が七割で理系は三割だという。理系と文系のコース分けは高校から始まり、近年の高校進学率は97％前後ときわめて高いことを考えると、この割合は日本全体でもあてはまるのかもしれない。エンジニアの苦闘と成功を描く「プロジェクトX」が一部で高い人気を得ているようだが、日本全体から見れば、理系はしょせんマイナーなのだ。ということはつまり、日本人の大半は、科学者や技術者と身近に接することがないわけである。それでは、理系の研究者は変人でオタクっぽいというイメージが生まれるのも宜（むべ）なるかなである。

理系研究者が、一般論として薄給に甘んじながら困難な研究に勤（いそ）しむのはなぜなのか。文系人間から見れば、これほど不思議なことはないだろう。

理系人間に対するそんな不思議を解消したい人に絶対お勧めなのがこの本。ぼくもこれまで、さまざまな研究者の自伝や評伝を読んできたが、理系の研究についてこれほど楽しそうに語っている本は初めてである。まさに書名どおり、飄々（ひょうひょう）として科学を楽しんできたことがよく伝わってくる。もちろん、理系人間にもお勧めである。

著者は、物理学から生物学に関心を広げ、生物物理学という新しい分野を切り開いてきた。いや、物理学から出発してゾウリムシの「自発性」にまで手を広げた研究者とでも言ったほうが、興味が湧（わ）くかもしれない。門下からも多才な人材を輩出し、その放牧的教育方針から、「大沢牧場」の異名もある。

本書中には取っつきにくいタンパク質名なども頻出するが、細部などは読み飛ばし、著者の関心がいかに広がり、人との出会いがどのような発見を導いてきたか、そうした偶然と必然とによって新しい研究領域がダイナミックに切り開かれてきたドラマを楽しむのが正解。

それにしても、半世紀前の科学は時間の流れも人と金の動きもじつに鷹揚（おうよう）だったことがよくわかる。便利さとスピードを生み出した科学技術の成果は、逆に研究そのものの性格まで変えてしまったのだ。時代の証言としても貴重である。

評・渡辺政隆（サイエンスライター）

おおさわ・ふみお　22年生まれ。名古屋大学・大阪大学名誉教授。

二〇〇五年八月二八日⑤

『コーネル・ウールリッチの生涯　上・下』

フランシス・M・ネヴィンズJr．著　門野集 訳

早川書房・各二九四〇円
ISBN9784152086457〈上〉・9784152086464〈下〉

ノンフィクション・評伝

謎多き作家の作品分析　隅から隅まで

江戸川乱歩の随筆を好む人ならば、乱歩がどれほどウールリッチ＝アイリッシュの『幻の女』に惚（ほ）れこんでいたかご存じだろう。私も乱歩の激賞に煽（あお）られて読み、失望した。幻の女の消失トリックのちゃちさに呆（あき）れたのだ。まだ中学生、なんにも分かっちゃいなかったのである。

ウールリッチの小説は謎解きとしては欠点だらけだ。その欠点を補って余りあるのが、ぞくぞくするほどロマンティックで誘惑的な文体であり、運命の前ではすべての人間がひとしく挫折するという、彼の小説すべてを包みこむペシミズム哲学の暗闇のような深さである。

こんなに甘くて苦い小説ばかり書いた人間はどんな生涯を送ったのか？　上下二巻、千ページ近い本書を書きあげた著者（そして、細心の注意を払って日本語に移し、原書以上のデータを充実させた訳者）の情熱もそこから発している。

だが、この本を通読しても、ウールリッチの生涯について知りうることはそう多くない。二十冊ほどの長編小説と二百以上の短編を残したが、人生の大半を母親と二人きりでニューヨークの安ホテルにこもって過ごし、享年六十四の葬儀には五人しか参列者がなかった。

それでも著者は存命の関係者に話を聞き、あらゆる資料を博捜する。その結果、ウールリッチの最初の結婚の失敗と、彼のスーツケースに入っていた水兵服の関係など、なまじなミステリーよりはるかに面白い秘密が暴露されたりもする。

また、ウールリッチをハメットと並んで古典的ミステリーの世界観を破壊した重要作家と見なすなど、推理小説史論としても本質的な問題を提起している。

だが、本書の大部分をしめるのは、彼の全作品（！）の紹介と分析である。ウールリッチの小説を隅から隅まで何度も読み返した者にしか書けない巧みなプロット紹介で、私も本書を読みながら、忘れていた短編が記憶の奥からよみがえってくる興奮を幾度となく味わった。

著者はいう。ウールリッチの世界について書くことは、いつのまにか彼の人間を書くことになる、と。その確信の正しさを証明した真摯（しんし）な好著である。

（原題、CORNELL WOOLRICH : FIRST YOU DREAM, THEN YOU DIE）

評・中条省平（学習院大学教授）

Francis M. Nevins, Jr.　43年生まれ。作家、評論家。

二〇〇五年八月二八日⑥

『本当はちがうんだ日記』

穂村弘 著

集英社・一四七〇円
ISBN9784087747669／9784087463538（集英社文庫）

文芸

おかしくて深い現代の不気味な皮膜

このエッセー集の著者、穂村弘は、子供の頃の夏休み、どこかへ行く予定も一切なく、ただ毎日、自転車に乗って駅前の本屋に行き、そこで、六時間以上、立ち読みしていたそうだ。読むのは文庫本、世界の名作。でも、何も、感じなかった。大人になって読み返したとき、なんて面白いんだ、と感動したそうだが、「何かに感動するひとは鈍感なんじゃないか、と今の私は思う」と「硝子（ガラス）人間の頃」というエッセーで書いている。

確かに私たちは、透明な硝子に包まれた子供時代を抜けでて、否応（いやおう）なく「世間」や「現実」に入門するわけだが、知らぬまになじんで、硝子の膜を忘れる。でも、この本を読むと、そういう膜の感触が蘇（よみがえ）ってくる。穂村弘は十分大人だが、まだ境界にいるのかもしれない。

書かれてあるのは、不恰好（ぶかっこう）な自分像。例えば。①あだ名がなかった。②素敵（すてき）になりたい。③上着のポケットには、アーモンドをいれている。ナッツ類が好きだ。

④実は総務課長だった。⑤かつて北海道で同棲（どうせい）していた（意外）。⑥小心、臆病（おくびょう）、誰かに守ってもらいたい。⑦オーラがないですね（とファンに言われた）。⑧中学校では卓球部。⑨焼き鳥の串から肉をなかなか外せない。⑩もらった年賀状を深読みする癖がある。⑪はちみつパンと古本が好きだ。⑫気がきかない。⑬それにしても、いつのまにか、結婚していた……とまあ、こんな具合。自分の無能力を笑いながら、それをテコにして世の中を見つめ返す。頭脳明晰（めいせき）な恐るべき歌人だが、そういう姿は、ここに一個もない。

けれど、彼は四十を過ぎている。私も含めてだが、現代は外側の情報が物凄（ものすご）い速さで流れているのに、内側の時間が驚くほど緩慢。たぷたぷと停滞している。みな、年をとらない。成熟しない。そのことにムンクの「叫び」のような悲鳴をあげたくなる。

著者はそんな現代の不気味な皮膜を、ここでぬいぐるみのように被（かぶ）って演じて見せてくれている。本当はちがうんだ。こんなはずでは。額に汗をかき言い訳しながら。おかしくて深い、新触感を持った文章の書き手である。

評・小池昌代（詩人）

ほむら・ひろし　62年生まれ。歌人、エッセイスト。著書に『ラインマーカーズ』など。

二〇〇五年八月二八日❼

『消えた赤線放浪記　その色町の今は……』

木村聡 著

ミリオン出版発行、大洋図書発売・一七八五円
ISBN9784813020110／9784480433367（ちくま文庫）

歴史／社会

盛り場という言葉は外国語に訳しにくい。日本の都市の特徴なのだ。その盛り場も商店街から裏手の色町まで様々な要素からなる。

盛り場の奥座敷ともいうべき妓楼（ぎろう）の並ぶ遊廓（ゆうかく）の多くは、戦後、赤線となった。同時に、芸妓（げいぎ）のいる花柳界も存在してきた。時代が推移し、社会や町の構造が大きく変わる中、いずれも姿を変貌（へんぼう）させてきた。

本書は色町歩きの達人が、全国津々浦々、旧遊廓、赤線跡地を訪ね、その現在の姿を描いた紀行写文集。盛り場の裏手に存在する風俗街を徘徊（はいかい）しながら、かつて遊廓、赤線のあった場所を探り、古い建物を発見する。その嗅覚（きゅうかく）たるや流石（さすが）だ。木造三階の遊廓建築、モダニズムの香のあるタイル装飾等の写真は、貴重な記録。

単なる風俗街放浪記でなく、歴史の源流を辿（たど）る気概がある。昭和初期と戦後すぐに出た先達の書物が導き手になったという。消えゆく色町。ノスタルジーだけでなく、日本の社会史、文化史からも見逃せない。

評・陣内秀信（法政大学教授）

二〇〇五年八月二八日❽

『新聞記者　夏目漱石』

牧村健一郎 著

平凡社新書・八一九円
ISBN9784582852776

文芸／ノンフィクション・評伝／新書

いまさら漱石論なんて、とおっしゃる向きも多かろう。だが、意外な〝ミッシング・リンク〟があった。朝日新聞記者としての漱石である。それを書いたのが現役の朝日新聞記者というのも、何かの因縁か。

『こころ』も『それから』も、すべて朝日に新聞小説として発表された。著者は、漱石の入社が、彼自身にとっても、新聞界にとっても、いかに画期的な出来事であったかを、内部資料もまじえ、ドキュメンタリータッチで活写している。

脇役たちもいい。いまや樋口一葉の片思いの相手としてしか記憶されていない半井桃水（なからいとうすい）が、実は日本初の海外特派員にして朝鮮語の達人だったなんて、あなた、ご存知（ぞんじ）でしたか?

漱石を招聘（しょうへい）した池辺三山への義理立ての仕方や、律義なサラリーマン処世なども、私は初めて知った。入社時、給料についてドライな交渉をしたのに、十年勤めて結局、昇給はなかったというのも、著者の小さな〝スクープ〟であろう。

評・野村進（ジャーナリスト）

二〇〇五年八月二八日⑨

『悪霊』神になりたかった男

亀山郁夫 著
みすず書房・一三六五円
ISBN9784622083016　文芸

知と美と富と腕力を備えた貴族の青年が、たわむれに少女を陵辱（りょうじょく）し、その自死の様子を冷徹に見届けるというおぞましい行為。ドストエフスキーの長編『悪霊』の素材である。

人間の内に潜む悪魔性を摘出するこの難渋なテーマは、『悪霊』が書かれた十九世紀後半、帝政ロシアの暴力と陰謀、貧富が重層する時代背景をおいては考えにくい。

著者は作中の主人公の「告白」をテクストとし、この難解な長編の核心を綿密に腑分（ふわ）けしてゆく。それはいかにもスリリングであり、ドストエフスキーという巨人の文学営為を裸にすることにほかならない。

結論として「告白」そのものにドストエフスキーの全人格が凝集されているとする。畢竟（ひっきょう）、そのことがドストエフスキーの文学のリアリティーへの献身だったという。まことに壮烈な表現への営みである。人間という多面体の生命の産物として『悪霊』が、にわかに近づいてくる気がする。

評・前川佐重郎（歌人）

二〇〇五年八月二八日⑩

『妖精と妖怪のあいだ　評伝・平林たい子』

群ようこ 著
文芸春秋・一五〇〇円
ISBN9784163664606／9784167485139（文春文庫）　文芸

平林たい子という作家の小説を私は読んだことがない。なのにこの本を手にしたのには理由がある。彼女の別れた夫が書いた小説「妖怪を見た」を、たまたま古本屋で買っていたのである。別れた夫に「妖怪」呼ばわりさせる女性っていったい……と、下世話な興味を持っていたのだった。

この評伝は、そんな下世話な興味も満たしてくれつつ、もっと深く、ひとりの人間のありようというものに触れさせてくれる。一見この作家は、破天荒、でたらめ、矛盾に満ちている。しかしその裏側で、人生に対する強い希望がつねにある。それは強すぎて、ときにぽきりと折れたり、大きな迂回（うかい）を余儀なくさせられたりする。それでもがむしゃらに立ち上がるひとりの女性の姿は、なんとたのもしく痛快だろうか。

そんな女性の書いたものを読まないなんてもったいない。小説という方向から、再度この作家に会わなければならない。そう強く思った次第である。

評・角田光代（作家）

二〇〇五年九月四日①

『戦後日本のジャズ文化　映画・文学・アングラ』

マイク・モラスキー 著
青土社・二五二〇円
ISBN9784791762019　歴史／アート・ファッション・芸能

60～70年代の異様な活力の秘密明らかに

本書はジャズという音楽の受容史ではない。副題がしめすように、日本文化のさまざまな領域がジャズという刺激を受けていかに変容していったか。その動きを多角的に読み解く試みである。その結果、一九六〇～七〇年代の日本文化の異様な活力の秘密の一端が明らかにされた。著者は、戦後占領下の日本と沖縄の文学を専攻するアメリカの学者だが、東京のジャズクラブなどに出演するピアニストでもあり、そうした感性の柔軟さを十分に発揮して、明晰（めいせき）な論理性に裏打ちされながら読んで面白い労作に仕立てあげた。

敗戦直後の日本におけるジャズのイメージは、単純なアメリカ流民主主義の謳歌（おうか）と、黒澤明が『酔いどれ天使』で描いた低俗な民衆のパワーという二極に分裂していた。しかし、石原裕次郎の『嵐を呼ぶ男』が大衆的なジャズ像を決定した一九五八年、マイルス・デイヴィスの音楽を起用したフランス映画『死刑台のエレベーター』が公開されて、高尚な芸術としてのジャズという観念を日本のインテリ層に植えつける。

　たとえば、五木寛之はジャズマンを主人公にした一連の小説で、ジャズをロマン主義的な求道の物語として描き、また、ジャズの吸収と克服のプロセスを、明治以降の欧米文化の批判的受容という普遍的な問題の末端に位置づけた。

　六八年前後の政治的・文化的激動期に入ると、若松孝二と阿部薫、足立正生と富樫雅彦、唐十郎と山下洋輔など、ジャズを政治的・芸術的行動と結びつけ、広範囲な前衛的文化革新へと拡大する動きが湧(わ)きおこる。そして、リロイ・ジョーンズの『ブルース・ピープル』を批判してジャズ評論を世界的水準に引きあげた相倉久人や平岡正明が理論的援護をおこなう。ここではジャズはいわば革命のメタファーであり、既存の体制への抵抗と破壊のシンボルとなった。

　その申し子は中上健次である。中上は五木寛之のようにジャズを小説の題材にすることはなかった。しかし、小説の方法論として日本のほかのどんな作家よりも真剣にジャズを吸収し、溜(た)めこんだ言葉を一回かぎりの即興演奏のように吐きだす独自の文体をつくりあげる。

　ジャズとは音楽の一ジャンルであることを超えて、秩序と無秩序のバランス、ヒエラルキーと権力への抵抗、周囲の人間との対話による自己主張、既成の境界線をつねに更新しようとする意欲、そして何よりも、リスクを恐れず一回かぎりの実践(即興)に賭ける精神のありようを意味していたのである。

　しかし、八〇年代以降、ジャズは回顧と消費の対象となる。いま日本で一番ジャズを聴ける場所は、光ファイバーや衛星を利用した有線放送を流すそば屋や焼き肉屋なのだ。かつて、足立正生と富樫雅彦が連続射殺犯・永山則夫を題材にした映画で批判した風景の均一化が、ジャズだけでなく日本全体を覆いつくしている。だが、著者は悲観はしない。ジャズの実践者にふさわしく、一回のみのライヴに賭ける精神の緊張が続くかぎり、ジャズは生き延びると主張している。

評・中条省平(学習院大学教授)

Michael S. Molasky　56年米国生まれ。ミネソタ大アジア言語文学部準教授(現代日本文学)。

二〇〇五年九月四日❷

『シャドウ・ダイバー　深海に眠るUボートの謎を解き明かした男たち』

ロバート・カーソン 著　上野元美 訳

早川書房・二三一〇円
ISBN9784152086488/9784150503406(ハヤカワ文庫〈上〉)・9784150503413(〈下〉)

ノンフィクション・評伝

深遠な命題帯びた冒険ドキュメント

　つまらんノンフィクションを読みすぎてむしゃくしゃしているとき、この本に出会った。

　「レック・ダイバー」と呼ばれる、沈没船を専門に捜索するダイバーたちの物語である。主人公の一人、ベトナム戦争の死線をくぐり抜けた元衛生兵が、ある日、水深七十メートルもの海底で、美しい流線形の沈没船を発見する。中から、鉤(かぎ)十字マーク入りの食器皿が出てきた。ナチスの誇った潜水艇「Uボート」なのだった。

　ところが、アメリカのこの海域に沈んだUボートなど、戦史のどこにも記録されていない。いったいこいつは何物なのか……。ここから元帰還兵と、もう一人の主人公であるドイツ人の父親を持つ百戦錬磨のダイバーとのミステリー・ツアーが始まり、謎解きは二転三転する。

　その間に、仲間の三人がダイビング中に命を落としてしまう。ときに人を狂死させる水圧の恐怖が、ぞっとするほどに迫ってくる。

レック・ダイバーは、難攻不落の未踏峰を目指す登攀（とはん）者と同じくらい、死と隣り合わせの存在なのである。

この海洋冒険ドキュメントは、途中から深遠な命題を帯びてゆく。Uボートのドイツ人乗務員たちは、負け戦を知りながら、無駄死にを覚悟の上で、逃亡も叛乱（はんらん）も企てず、敢然と海に乗り出していった。その輪郭がはっきりしてくるにつれ、無言の彼らが主人公たちに問い掛けるのだ。いま深海にいる君は俺（おれ）で、俺は君だ、運命に試されたとき逃げるのか、それとも立ち向かうのか、と。

かくして、Uボートの中に埋もれていた数十体の白骨たちが、主人公二人を変えてゆき、ついには十年余り後、ドイツの遺族の元にまで引き寄せるのである。

そう、これは生者と死者、かつての敵と味方の、邂逅（かいこう）と、そして抱擁の物語なのである。深海での生者と死者の低い対話の声が、やがて海鳴りとなり、さらにあたかも天空からのレクイエムとなって降り注いでくるかのようだ。行き届いた取材といい、巧みなストーリー・テリングといい、これが初の長編ノンフィクションとは思えぬ出来栄えである。

（原題、SHADOW DIVERS）

評・野村進（ジャーナリスト・拓殖大学教授）

Robert Kurson 「エスクワイア」記者、編集者。

二〇〇五年九月四日③

『退廃姉妹』

島田雅彦 著

文芸春秋・一四五〇円
ISBN9784163241708／9784167462031（文春文庫） 文芸

歴史の闇の奥底 さらに深い女の闇

敗戦国の女性というテーマには、戦後六十年の今になっても《開かずの間》めいた秘密の匂（にお）いがこもっている。

商女（しょうじょ）は知らず亡国の恨み、江（こう）を隔てて猶（な）お唱（うた）う後庭花（こうていか）（杜牧）。この晩唐の名詩からは戦争に勝てなかった男の悲哀が滲（にじ）み出ているが、女の心は語られない。一九四五年の日本では、唇を真っ赤に塗った女性が米兵の腕にぶらさがって歩く町に、戦時は亡国の音とされたジャズが流れていた。『退廃姉妹』に登場する「商女」は宣言する。「東京はアメリカ人に占領されたけど、あたいたちはアメリカ人の心と財布を占領するんだ」

当時の日本政府が音頭を取って占領軍向きの慰安施設を作った事実は、歴史教科書論争でもあまり話題にされないが、ヒロイン姉妹の父親は、国策によって女衒（ぜげん）になり、女たちを慰安所に送り込む仕事を商売にする男である。ところが妙ないきさつで戦犯として逮捕され、姉妹は父が背負った莫大（ばくだい）な借金と共に弱肉強食の戦後社会に投げ出される。

焼け残りの邸は「スプリング・ハウス」と名付けられて大繁盛する。

売春とは春の菜の花を売ることだと思っていた妹は、ナイロンストッキングと引き換えに処女を奪われ、米兵専門に身体を売って稼ぎはじめる。特攻隊に入った恋人の面影を胸に抱く姉は、売春宿の女将（おかみ）になって営業を支える。姉妹は自分たちの「戦後」を力強く生きる。息子と手を切れといってきた米海軍大佐に、交換条件として父親の釈放を持ちかけるまでに成長を遂げるのである。

妹がオンリーさんになって渡米する夢破れて自殺を図ったり、姉が元上官を殺して逃亡犯になった特攻隊崩れと心中行に出たり、最近はメロドラマの手法さえ自在に使いこなす作者は、日ごろ黒白写真で見なれた戦後史の画面にデカダンスの彩色を加えてよみがえらせる。

語り明かされるのは暗い《歴史の闇》だけでなく、さらに深く広がる生暖かい《女の闇》である。小説の毒は、適度に甘味（あまみ）と苦味（にがみ）を調合されてゆっくりと全身にまわり、世にいう自虐史観も自己愛史観もへだてなく静かに腐食する。

評・野口武彦（文芸評論家）

しまだ・まさひこ 61年生まれ。作家。著書に『彼岸先生』『快楽急行』ほか。

二〇〇五年九月四日④

『岸和田だんじり祭　だんじり若頭日記』

江弘毅 著
晶文社・一六八〇円　文芸
ISBN9784794966780

半端押しのける　意気といたわりの街

この男、東京の書店でも買える関西の人気タウン誌の辣腕（らつわん）編集長にして、だんじり祭の元若頭である。一年中頭の中が「だんじり」だらけ。「だんじりでゆうたら……」という翻案で思考のすべてが回っている。

なぜ命がけで4トン以上の地車（だんじり）をよってたかって曳（ひ）き回すのか、なぜ危険きわまりない十字路を全速力で曲がることに懸（か）けるのか。そんな問いは、祭の当日に仕事が休めなくて会社をやめる男もごろごろいるこの街では一蹴（いっしゅう）される。「人はパンのみにて生くるにあらず」がそのまま生きている街とでも言おうか。

だからほどほどが毛嫌いされる。『責任をとる』ではなく『責任をまっとうする』というところに常に軸足を置かないと、何一つ前へ進まない」世界なのだ。

江の言い方だと、通知簿1と5の親友が毎日わいわいやかましくやっている街。カタログ情報をやたら気にして通知簿3ばかりで生きる人生に対して、1のやつは「さっぱりわからん」と言い、5は「おまえはアホか」で終わり。半端が押しのけられる。

そんな若頭たちの「寄り合い」も、だから半端ではない。だんじりを小屋から出して開く元旦の新年会に始まり、若頭の月例会、顔合わせの親睦（しんぼく）会、安全祈願祭、物故者の慰霊法要（明治時代から34名が命を落としている）、さらに勉強会、友誼（ゆうぎ）町との花交換会など、年中途切れずある。これらすべてに宴会がともなう。とにかくひっきりなしに「寄り合い」、その合間に仕事に行くという感じだ。

「遣」という語に惹（ひ）かれた。曲がり角での地車の「遣（や）り回し」、そして「お前らぁ、わかってんか」「しゃあないのお」といった荒々しい言葉で「気を遣（つか）う」年長者たち。意気と深いいたわりが言葉ににじむ。地車の組み立てにも、日頃のつきあいにも、「ひとつひとつに差し向かう」丁寧な心根が見える。

あくまで祭を軸に、会社や家族といった別の共同体でのそれぞれの生活の縁（ふち）を、そして生き方をさりげなく重ねあわす、そんな男たちの顛末（てんまつ）記。だから「だんじりでゆうたら……」なのだろう。

評・鷲田清一（大阪大学教授）

こう・ひろき　58年大阪府岸和田市生まれ。月刊誌「ミーツ・リージョナル」編集長。

二〇〇五年九月四日⑤

『ハードワーク』

ポリー・トインビー 著　椋田直子 訳
東洋経済新報社・一八九〇円　政治／経済
ISBN9784492222645

最低賃金での生活は？　実践の記録

経済を活性化させるために、「小さな政府」をつくる。非効率な官業は民営化する。官民を問わず、割高になる人件費を切り下げるため、正規職員を減らし、雇用は派遣会社との外部契約に変えていく。どこかの国の選挙公約にも似た内容だが、その先には、どんな社会と暮らしが待ち受けているのか。本書は、サッチャー改革以来、20年以上民営化路線を進めてきたイギリスで何が起きたのかを、生々しく伝えた問題提起のドキュメンタリーである。

何より本書がユニークなのは、新聞記者を務める著者が、政府の定める「最低賃金」（それ以下での雇用は違法となる基準）で、本当に生きていけるかどうかを、自ら実践し、その体験をまとめたものだということだ。時給4・1ポンド（８２０円）の生活。それは公共の安アパートに移り住むことから始まる。引っ越し先の老朽化した建物は悪臭がひどく、麻薬や売春、暴力の温床でもある。

そして次に、職探し。申告できる職歴も職業資格もない（という設定の）50歳を過ぎた女性である著者にできるのは、派遣会社に登録し、時給800円前後の短期的な仕事を転々とすることくらいだ。いつも仕事があるとは限らないし、なければ無給となる。病院の運搬係、学校の給食助手、電話セールス……著者がどんな仕事をし、職場にどんな人々がいたのかが本書の中心部分だが、そこから見えてくるのは、仕事のきつさばかりではない。効率化とコスト削減のための外部契約が、かえって仕事の非効率を生んだり、コスト高になる矛盾も見えてくる。

　こうした不安定な生活をする人々が、全体の30%を占める社会。国全体の経済成長にかかわらず、彼らの賃金は一向に上がらない。そして、子どもたちは、底辺から脱出するはしご——優れた教育を受ける機会を奪われる。「中流」崩壊後のイギリスに、日本の将来像が重なって見えてくる。貧富の拡大は、政策選択の結果、つくられるのだ。

　社会の平等を犠牲にしなければ経済的に成功できない、という神話を打ち消す研究成果の紹介にも目を引かれた。

（原題、HARD WORK）

評・苅谷剛彦（東京大学教授）

Polly Toynbee 英国のガーディアン紙のコラムニスト。

『魂の民主主義』

星川淳 著

築地書館・一五七五円
ISBN9784806713098

歴史／人文

米先住民にみる世界の民主化のルーツ

　本書は、西部劇でおなじみのアメリカ・インディアンが、じつはアメリカ建国や合衆国憲法に多大な影響を与え、その後のフランス革命をはじめとする世界の民主化のルーツになっており、さらには、戦後の日本国憲法へつながっているという内容。人種差別の激しいアメリカでこのことは極端に抑圧されてきたので、一般常識とは違うが、近年アメリカ人の間でも、見直しが進んでいる。

　12世紀、戦乱のたえなかった先住民・インディアンの5部族を、ピースメーカーという名の男が苦難の末にまとめあげた。その「イロコイ連邦」の社会・政治のシステムを記述したのが精緻（せいち）な117項目の「大いなる平和の法」。徹底した人民主権、自由と平等の精神、言論の自由、婦人や子供も含めた参政権、部族ごとの自治権、信教の自由、文民統制、二院制、大統領制などが含まれている。

　その後、アメリカ大陸を訪れた多くの探検家がもたらしたイロコイ社会の情報は、王と教会の圧政に苦しむヨーロッパ人の心をとらえ、「気高い未開人」という概念が定着していった。英国のトマス・モアは、その伝聞をもとに王や特権階級による圧政のない自由・平等な理想社会を『ユートピア』に書いた。ヨーロッパで起こった啓蒙（けいもう）主義思想は、まさにその底流の上に構築された。『社会契約論』を著したジャン・ジャック・ルソーは、インディアンを手本と言い切っている。

　アメリカ建国は啓蒙思想を基に、さらにフランクリンやジェファーソンなどのイロコイ情報通の主導で進んだ。イロコイ側の伝承ではイロコイ人に「手を引かれるように」と表現されている。

　著者は、そのイロコイ思想が日本国憲法制定に大きく影響したと主張。たしかに精神は受け継がれてはいるが、制定に関与した人たちは直接的にはイロコイを意識しておらず、この点は微妙。

　ただし、会議の冒頭ですべて自然に感謝し、7世代後まで配慮するインディアンの精神は先進国の民主主義には引き継がれなかった。政治・社会の混迷の中、民主主義を抜本から見直し、次の政治体制を考える上で見逃せない好著。

評・天外伺朗（作家）

ほしかわ・じゅん 52年生まれ。翻訳家、作家。訳書に『一万年の旅路』ほか。

二〇〇五年九月四日⑦

『プーチニズム　報道されないロシアの現実』

アンナ・ポリトコフスカヤ 著　鍛原多恵子 訳
NHK出版・二三〇五円
ISBN9784140810545　政治／社会／ノンフィクション・評伝

ロシアのプーチン大統領が就任して3年目の厳冬、イルクーツクのアパートで老人が死んだ。暖房用パイプの老朽化が原因だった。アパートの住人は彼の凍死体を冷たい床から金てこではがさねばならなかった。

退役軍人で勲章や国家年金を受けていたが、国家から本当に温かい配慮を受けていたとは言えない。

彼の姓はイワノフ。ロシアで最も多い姓だ。プーチン政権下で起きている「日常的な死」の典型だと、著者は言いたいのだろう。

オリジナルのロシア語版は本国では出版されていない。それもそのはずだ。著者はプーチン体制の不条理を告発しつづける女性ジャーナリスト。本書では軍隊の堕落、マフィアの増長、法曹界・政界の根深い腐敗を市民の側から暴き出す。

北オセチアの学校占拠事件の際、現地へ向かった著者は機上で何者かに毒を盛られ、一時重体に陥った。

彼女のペンを恐れる権力側のうろたえぶりを伝えるエピソードといえる。

評・加藤千洋（本社編集委員）

二〇〇五年九月四日⑧

『だれが日本の「森」を殺すのか』

田中淳夫 著
洋泉社・一七八五円
ISBN9784896919288　社会

森林率67％の豊富な森林資源を持つ日本。だが、国内の需要は、輸入材でまかなわれ、国産材は価格も下がったというのに、売れず、放置され、育てた森が荒れているという。なんだか、おかしな現状だ。

著者は森林ジャーナリスト。林業の現状を丁寧に取材しながら、木材をめぐる文化や産業の、新たな可能性を探っていく。「木づかい」を通して、日本や日本人、そして世界が見えてくるのが面白い。

燃料としての木、「炭」を焼く名人の話が印象的だ。よい炭を、質を揃（そろ）えて焼くのは難しい。最近、炭の使い手が、炭の性質や品質を理解せず、生産者にクレームをつけることがあるという。彼らが求めるのは最高級品。「資源を、工夫してみんな使うのではなく、もっとも美味（おいし）いところだけをつまみ食い」、「それが現代日本の消費の特徴になってしまった」と著者は嘆く。対話の欠落、専門家の減少、殺伐とした消費形態、備長炭だけの話ではない。

評・小池昌代（詩人）

二〇〇五年九月四日⑨

『ソウルジョブ』

仕事と生き方取材班 著
角川書店・一三六五円
ISBN9784048839167　社会

魂の結びつきを感じる相手を、「ソウルメイト」というそうだ。それに倣って、本著は出会うべくして出会う運命の仕事を「ソウルジョブ」と呼ぶ。収入や地位や名声には代えられない、自分にとって意義のあるもの、との意味合いだ。

20代から60代まで36人の女性のほとんどの実名、学歴などを明かして、それぞれのソウルジョブが紹介されている。葬儀社経営、ガムラン演奏家、骨董（こっとう）陶磁器修復師、整体師と、職種の多様さに驚く。企業勤めの枠から思い切って飛び出したら、こんなに自由な働き方が待っていたのだ。きっかけはがんの手術、友達のひと言、読んだ本などで、仕事に没頭する姿からは、本来の自分を探し当てた心地よさが感じられる。

登場する建築家の言葉「すべてのデメリットは、メリットである」は象徴的だ。マイナスをプラスに転じる、あくまで前向きな記録は、読者が天職に出会うための道標になるだろう。

評・多賀幹子（フリージャーナリスト）

二〇〇五年九月四日⑩

『渋さ知らズ』

陣野俊史 著

河出書房新社・二九四〇円
ISBN9784309268392
アート・ファッション・芸能／ノンフィクション・評伝

「渋さ知らズ」は、欧州でもっとも人気のある日本のフリージャズ・オーケストラだ。ダンドリスト（指揮者）不破大輔を中心にダンサー、舞踏家、役者まで総勢四〇±α名（不明）が国内外を行脚する。

本書は、一九八九年にアングラ劇団・発見の会の伴奏者から出発した彼らが欧州ツアー、フジ・ロック祭出演で客層と共に変化していく軌跡を新旧メンバーの語りで構成した大冊。

彼らが影響を受けた伝説のバンド「じゃがたら」のOTOは彼らの欧州進出を、一神教の国に「多神教の妖怪たちが地球の大地に天に生きものの魂を大量放出」するようと評す。正直、観（み）なきゃわからぬ実体に、著者はひたすら声、声、声を重ねて接近。群衆劇の顔した優れた音楽評かつ、そこに何かがあると信じて集まった現代の若者論だ。

「革命的というよりは、百姓一揆。イデオロギーや思想で一致しているんじゃなくて、『気分』」

まさしく！

評・最相葉月（ノンフィクション作家）

二〇〇五年九月一一日①

『ルービン回顧録』

ロバート・E・ルービン、ジェイコブ・ワイズバーグ 著
古賀林幸、鈴木淑美 訳

日本経済新聞社・三三六〇円
ISBN9784532165154 政治／ノンフィクション・評伝／国際

クリントン政権の経験から迫力ある問題提起

著者はクリントン政権で大統領補佐官と財務長官を歴任した。いつの頃からか、政権での仕事を終えた主要人物が回顧録を書くのがアメリカ政界でのならわしになっているが、正直言って内容は玉石混交である。その中で、本書はドラマ性には欠けるものの、よくまとまった記録であり、経済と政治、国際関係の関（かか）わりを学びたい人には好個の教材ともなろう。

ニューヨークの弁護士の家に生まれ、ハーバード、エールを経て、有力投資銀行の共同経営者になり、現在も巨大金融機関の経営に参画する著者は、間違いなく東部エスタブリッシュメントの一人である。しかし本書は、著者の思索好きの傾向も反映してか、彼の世代の――ベトナム戦争が大学や社会を揺るがす少し前に大学を卒業した――エリートの軌跡や世界観をよく示している。大学で学んだ哲学から、世に確実なものはないと確信し、蓋然（がいぜん）性に基づいて行動する原則を生み出したという点や、大きな金融取引の際には、失敗してもパリで小説を読んで過ごす生活があると心を決めたという記述など、人生をいささか達観しているところがある。

もちろん本書の中核を成すのは、政権での経験である。著者は、グリーンスパン米連邦準備制度理事会（ＦＲＢ）議長、サマーズ財務副長官（後に著者の後任の財務長官に就任）と共に、アメリカ経済の未曽有の好況を導いた。興味深いことに、著者自身は株式市場の上昇には懐疑的で、金融工学の複雑な理論も現実の前には限界があると感じていたようである。著者の関心はむしろ財政赤字の縮小にあり、クリントン政権がこの課題に真剣に取り組んだことをもって、好景気への最大の貢献としている。

同時に著者は、94年のメキシコ金融危機や、97年のアジア金融危機に始まり、ロシア、ブラジルなどを巻き込んだ世界金融危機に対処することになった。著者は、これらの危機をグローバル化がもたらした21世紀型の国際金融危機だとする。若干の反省点を挙げながらも、アメリカが後押しした、アジア諸国に市場化を迫った国際通貨基金（ＩＭＦ）の対応策を擁護し、批判への反論を詳細に記している。こうした著者の見解中、日本の金融財政担当者に対して繰り返し示される不満については、日本の関係者には反論もあるだろうし、対照的に中国当局が手放しといえるほど高く

評価されているのも気になる点ではある。

その点はさておいて、末尾2章に記述されている、米国経済と国際経済に対する問題提起には迫力がある。アメリカ経済が短期的視点を強め、長期的視点からの投資が疎（おろそ）かになり、再び財政赤字が拡大していることや、緊密に統合された世界経済の現実に制度的枠組みが追いついておらず、とくにアメリカの政治家や世論がアメリカの途上国との深い経済的つながりを理解していないことを警告する。また、先進国が世界の貧困問題に目を向けなければならないという訴えは、良識的見解として日本人も耳を傾けるべきであろう。


（原題、In an Uncertain World : Tough Choices from Wall Street to Washington）

評・中西寛（京都大学教授）

Robert E. Rubin 38年生まれ。
Jacob Weisberg エディター。

二〇〇五年九月一一日② 文芸

『夜明けの森、夕暮れの谷』

湯川豊 著
マガジンハウス・一六八〇円
ISBN9784838715169／9784480426352（ちくま文庫）

文に結晶したフライフィッシングの美

渓流でのフライフィッシングは「あてどない希望」だという言葉が本書に登場する。「神秘な流れ」をさかのぼり、完璧（かんぺき）なキャスティング（毛針をねらった個所にピンポイントで落とすこと）をして美しい魚を釣り上げる希望に託すあてどない行為なのだと。

思えば、ヘミングウェイの短編に登場するニック・アダムスや、映画「リバー・ランズ・スルー・イット」でブラッド・ピットが演じたフライフィッシャーマンの、あの独特な孤高のイメージは、あてどない希望を追う焦燥感と不安感の表れなのかもしれない。

本書は、釣り雑誌などに掲載された文章を集めた珠玉のエッセイ集である。著者が渓流でのフライフィッシングでねらうのはイワナ。切り詰められた透明な文体で綴（つづ）られたエッセイは、読者に、あたかも自分も釣り竿（ざお）を握って渓流に立ち込んでいるかのような錯覚を味わわせる。

その意味で、本書は罪な本でもある。フィールドに出られずにいる釣り師にとって、釣りをめぐるエッセイは諸刃（もろは）の剣となる。日頃の鬱憤（うっぷん）を浄化してくれる効用をもたらすと同時に、かえって欲求不満を募らせる毒も含んでいるからだ。

釣りは、孤独な作業であると同時に友情も育む。本書では、そうしたテーマを盛り込みつつ、釣行にからむ静謐（せいひつ）な物語が淡々と語られる。

フライフィッシングは、英国の貴族が自領内を流れる川で嗜（たしな）む釣りとして誕生し、大自然に溶け込むスポーツとして米国で完成を見た。釣り上げた魚を戻すキャッチ・アンド・リリースは、意外にも、英国庶民の雑魚釣りでの慣行に発し、米国で定着したルールである。

逆に、水面下の魚の存在を探るための偏光サングラスの使用は、英国貴族の伝統を汲（く）む流派では、魚に対してアンフェアだとされる。技術の習得にはある程度の努力が必要だし、道具に凝りだしたら切りがない。しかも、手付かずの渓流など、今の日本にはあるはずもないときている。やはり、釣り師が追っているのはあてどない希望であり、それには終わりがないのかもしれない。

評・渡辺政隆（サイエンスライター）

ゆかわ・ゆたか 元文芸春秋常務、東海大学教授。

『イスラーム世界の創造』

羽田正 著
東京大学出版会・三二五〇円
ISBN9784130130431
歴史／人文／国際

実体のない概念にとらわれるなと提言

拝復。驚きました。すごい本を書かれましたね。ご自身が長年研究対象としてきた「イスラーム世界」という地域設定に、かくもきっぱり訣別（けつべつ）されるなんて。

9・11事件以降、イスラームにまつわる事件の多さから、「イスラーム世界とは何か」との関心が高まりました。私たちと異なる価値観の「イスラーム世界」というものがあって、それが西欧世界に対立しているように見えたからです。

しかしこの本は、統一的な実体を持つ「イスラーム世界」なんてなかった、と言い切ります。その空間概念は、主に19世紀に近代化を果たしたヨーロッパ知識人が自らの優越性を誇示するために、「ヨーロッパ」の対置概念として作り上げたものだからです。そして西欧からの名付けに呼応するように、イスラーム教徒の近代知識人も、既存の国境を越えた「イスラームの統一」を掲げます。

この「イスラーム世界」は、思想家や政治家の理念の中の共同体であって、実際にイスラーム教徒が生活を営むさまざまな国単位の空間（ムスリムの住む複数の世界）とは違っています。しかし、それをごっちゃにしてすべて「イスラーム世界」と呼んでしまうことが、そもそもの混乱のもとなのだ、とこの本は主張します。全く同感です。本来多様な社会を一枚岩視するのは、無理がありますよね。

さらには、ある地域のまとまりを自明としてそこで起きたことを時系列的に語る、これまでの歴史の書き方を見直そうじゃないか、と提言します。どう書けばいいかはこれからの課題だけれど、前に進むしかない、と。

でも皮肉なことに、まだ見ぬ「イスラーム世界」実現のためにムスリムの中から支持者を動員し、衛星放送やインターネット上にバーチャルな共同体を作り上げる、その資源としての「空間」が、21世紀の今、存在します。これを歴史としてどう書きましょうか。思想家の理念の中にしかなかった世界は、アフガニスタンやイラクで実際に起こっている「西欧の侵攻」を象徴として、今やバーチャル空間に実体を持ち、現実の歴史を引っ張っているのではないでしょうか。

評・酒井啓子（アジア経済研究所主任研究員）

はねだ・まさし　53年生まれ。東京大学東洋文化研究所教授。

『二人乗り』

平田俊子 著
講談社・一六八〇円
ISBN9784062129138
文芸

いくつになっても恋愛にあがくのだ

三十代になったら恋愛の悩みなんかないんだろうと、二十代のころは思っていたのだが、三十代に突入するやいなや、以前に負けない恋愛の悩みに襲われた。現在三十代の私は、四十代になったらよもや恋愛のことなんかで悩まないだろうと、あいかわらず思っているのだが、三編の小説から成る本書を読み、そんなことあるはずないか、と笑いたくなった。

「嵐子さんの岩」の嵐子は、四十六歳である。私でさえ「そんな男に近づいたらよくない」と言いたくなるような、いいかげんな男性に恋をしてしまい、その結果、私でさえ「絶対こっちのほうがいい」と思える夫と別れ、ひとりマンションで暮らしている。表題作でもある「二人乗り」の不治子は、嵐子の妹で四十歳目前、十三歳の娘がいる。夫は不倫相手の元にいってしまい、娘は祖父母のところにいってしまい、家族の気配が残る家にやっぱりひとり。「エジソンの灯台」は、不倫相手の元に走ったその夫、三十八歳の道彦が語り手になる。不倫相手とその老いた父親との三人暮らしをはじめた道彦は、ふわふわと流される水草のような男で、不倫相手の過去に嫉妬（しっと）してふいとその家も、出てしまう。

見事にみんなあがいている。恋愛に足を取られている。本書が描く彼らの恋愛は、しかし美化されてもおらずかといってどろどろしてもおらず、もっと日常に寄り添った何かである。台所のにおいとか袋入りのあんぱんとか、仏壇に供えた花とかやかましく時刻を知らせる壊れた時計とかと同列に、人の暮らす場所にあるもの。決して絵にならず、美しくもないが、しかし彼らがあがく姿は、フライパンやアイロンがあるべき場所に常にある、そんな安心感を与えてくれる。

前作『ピアノ・サンド』と同様に、平田作品には、軽やかなほろ苦さと、独特のユーモアがある。

坂道では足を踏ん張る。下り坂では風を切る。荷台に座ったときは前の人にしがみつく。ときどきバランスを崩してよろける。人とともに生きていくのは、不器用に自転車を漕（こ）ぎつづけるようなことなのかもしれない。

評・角田光代（作家）

ひらた・としこ　詩人、劇作家、小説家。詩集に『詩七日』、小説集に『ピアノ・サンド』。

二〇〇五年九月一一日⑤

『鶴屋南北　滑稽を好みて、人を笑わすことを業とす』

諏訪春雄 著

ミネルヴァ書房・二七三〇円
ISBN9784623044054

アート・ファッション・芸能

自分の「悪」に無自覚な現代を先取り

無造作に人を殺すのが日常化してしまった現代の日本には、いつしか四世鶴屋南北の怪談劇に追い付き、追い越した面がある。最近の犯罪は、南北ばりの残虐シーンを軽くやってのける。それで元祖の特異性が薄れたせいか、南北論はここ十年ばかりずっと下火になっていたが、本書は久々に南北世界の底知れぬ深さに光を当て直している。

歌舞伎研究のエキスパートである著者は、もちろん今更らしく「悪の美学」などは論じない。数多い狂言から主要作を選んでわかりやすく紹介し、字もろくに知らなかった南北が、次々と「観客の神経をかきむしるような怪談劇」を創出して民衆の心をつかみ、晩年の最高傑作『東海道四谷怪談』に向かって成長してゆくプロセスをたどる。

南北を解くキーワードは《道化》である。かつて笑いをもって現世と異界を媒介するシャーマンだったオドケは、日本文化の中でしだいに矮小（わいしょう）化して歌舞伎の道化方になる。「南北」は、もともと道化方の名跡であった。それを襲名した四世南北は道化に徹底することで「笑いによって秩序を逆転させる」自由を手に入れたとされる。

歌舞伎には「世界」という用語がある。曽我・源平・太平記といった特定の時代背景をさす。作中人物も決まっている。南北の生世話（きぜわ）の舞台は、その世界を同時代の江戸とごちゃ混ぜにしてしまう。時局のトピックもすぐ当て込んで取り入れる。お姫様言葉と下層社会の口語とが入りまじる。南北劇のセリフは歌舞伎の言文一致に他ならない。

道化の視点には善悪正邪の区別がないから、南北劇の世界に勧善懲悪は存在しない。『四谷怪談』の伊右衛門とお岩のように、「悪人が加虐者となり、それが日常と化したときに被虐者の非日常によって復讐（ふくしゅう）される」関係だけがある。

「悪」がたんなる加虐行為にすぎないというのは恐ろしい社会である。当事者意識がゼロで、自分の「悪」にケロリと無自覚なのが特徴だ。最近よく見る人間光景を通して、著者は「現代に呼応する南北」の姿を鮮明にとらえている。

評・野口武彦（文芸評論家）

すわ・はるお　34年生まれ。学習院大名誉教授（日本近世文学）。

二〇〇五年九月一一日⑦

『中井英夫戦中日記　彼方より　完全版』

中井英夫 著　本多正一 編
河出書房新社・二三一〇円
ISBN9784309017150　歴史／ノンフィクション・評伝

中井英夫の『虚無への供物』はいまや、「新本格」なる推理小説流派のバイブルだが、中井の小説の本質は、全能者の権力を手にした錯覚をもって嬉々(きき)として死の遊戯に耽(ふけ)るポーの末裔(まつえい)たちの対極にある。人をあやめることへのおぞましい戦慄(せんりつ)こそが、この小説の根底にあるモチーフだからだ。

そのルーツを探るためにはぜひとも本書を読まねばならぬ。二十代初めの中井は陸軍参謀本部で情報教育係を務めながら、この激烈な反戦の、いや戦争憎悪の日記を記していた。国家という愚劣な抽象観念のもとに滅びゆく日本人への呪詛(じゅそ)と、その日本人にほかならぬ自分への苛立(いらだ)ちが、この日記を染めあげている。

日本人が一丸となって戦争に突入したという神話を真っ向から否定する貴重な歴史文献であるとともに、これまでの版から削除されていた母の死の前後のほとんど錯乱に近い記述を復刻した完全版ゆえ、中井英夫の人間性を知るのに不可欠の書物にもなっている。

評・中条省平(学習院大学教授)

二〇〇五年九月一一日⑧

『日本　その心とかたち』

加藤周一 著
スタジオジブリ発行、徳間書店発売・四九三五円
ISBN9784198620189　文芸／人文

わずかにゆがんだ茶碗(ちゃわん)を、なぜ日本人は尊ぶのであろうか。また西欧とは異なり、人工的ということで左右対称を避け、どこか自然とも通じる非対称性を私たちは好む傾向にある。

こういった造型芸術にあらわれた日本文化の基本的特徴を、豊富な図版とともに、縄文土器の時代から近代まで通観した大冊。

此岸(しがん)性、集団主義などとならび、全体からはなれて、部分それ自体への関心が、やまと絵の細密画から桂離宮の書院の襖(ふすま)の把手(とって)に至るまで、日本の一貫した特徴だという指摘は、とりわけ興味深かった。

全体は部分の積み重ねで成立する。それは城下町でも、大名屋敷でも変わらない。俗にいう建て増し方式。しかし、それが調和をつくり、変化のある「リズム」を生みだす。文芸における連歌とも共通するという。

巻末のアニメーション監督・高畑勲との対談では、能や絵巻物の伝統がアニメに生きているといった、現代に繋(つな)がる論点も提出されていた。

評・小高賢(歌人)

二〇〇五年九月一一日⑨

『誤読日記』

斎藤美奈子 著
朝日新聞社・一五七五円
ISBN9784022500328／9784167773052(文春文庫)　文芸

近ごろは各社ちえをしぼった、刺激の強い題名の本が続々と出る。読んでみたいと思っても、かたぎの人はいちいちつきあってはいられない。とは言えやっぱり気になる——そんな人にとってこんなに頼りになる本があろうか。

話題本175冊のすべてがここにある。すでに現代古典となった『バカの壁』から中曽根康弘『自省録』まで。もちろん丸谷才一『闊歩(かっぽ)する漱石』のような重厚な文豪本も。まだあった！『小泉純一郎写真集』。『バカ』が手に取るバカの壁」だの、「自省」の「省」は「慢」の誤植だろうなどという親切な指摘をまじえながら。

また、くだんの文豪書は『坊ちゃん』を論じながらプルーストやジョイスにも及び、「古今東西文学見本市」ないしは「海老(えび)にたつぷり衣をつけた天ぷらのやう」だなどと。「誤読」だと照れながら言いたいことをまげる気配はない。

現代日本の文芸社会学的状況を知る見取り図として、読書人必携の一冊である。

評・田中克彦(言語学者)

二〇〇五年九月一一日⑩

『直木三十五伝』

植村鞆音 著
文芸春秋・一八〇〇円
ISBN9784163671505／9784167717865（文春文庫）
文芸／ノンフィクション・評伝

43年の短い生涯を生きたいように生きた。なのに人からも毛嫌いされることが少なかった。生来の稚気のせいだろうか。大正末期から昭和初年の文士の典型を見る思いがする。

いま現在、直木三十五の名前は文学賞の名称に残っているに過ぎない。生涯の友菊池寛が、「彼出て初めて日本に歴史小説が存在したといってもいい」と絶讃（ぜっさん）した代表作「南国太平記」でさえ、どのくらい読まれているか疑わしい。

早稲田大学在学中から6歳年上の女性と同棲（どうせい）する。授業料滞納で学籍がないはずなのに、卒業写真には青野季吉、西條八十らとちゃっかり写っている。出版社を始め大赤字を食らうが、債鬼を待たせ居眠りを決め込んだという。

モダンボーイで映画、飛行機、自動車、競馬をこよなく愛す。無口のくせして芸者にえらくもてた。

三十五の甥（おい）による初の本格的伝記である。対象への親愛の情を抱きながら、過剰でないのがいい。

評・安倍寧（評論家）

二〇〇五年九月一八日❶

『731』

青木冨貴子 著
新潮社・一七八五円
ISBN9784103732051／9784101337517（新潮文庫）
歴史／ノンフィクション・評伝

「細菌部隊」が戦犯訴追を免れた事情に肉薄

本書を読む前に、森村誠一著『悪魔の飽食』を久々に取り出して見た。奥付に「昭和56年」とある。そうか、あのフィーバーからもう二十五年近くが過ぎたのか。

若い読者のために申し添えると、『悪魔の飽食』は、戦中の満州（中国東北地方）で「石井部隊」こと関東軍第七三一部隊が、中国人捕虜らを人体実験や生体解剖に供しながら、大規模な細菌戦に備えていた事実を、初めて満天下に知らしめたドキュメントである。三部作で累計三百万部以上の超ベストセラーとなったが、著者の森村氏には匿名の脅迫や右翼団体からの抗議が殺到したことでも知られた。

その七三一部隊を率いていた石井四郎の日記が、最近、本書の著者により発見されたとの記事を読み、思わず唸（うな）った。戦後六十年も経（た）って、まだこんなものが出てくるのか、と。いや、関係者の大半が鬼籍に入ったいまだからこそ出てきたのかもしれないのだが……。

ただし、石井が敗戦直後に記した日記帳二冊の内容それ自体は、備忘録代わりのメモ程度のもので、そこから生々しい告白の類が飛び出してくるわけではない。その暗号や略称ばかりで第三者には何が何やらわからない日記の中身を、アメリカの公文書や関係者たちが残した証言、数少ない存命者へのインタビューと突き合わせて、丹念に肉付けをし、誰にもわかる形で提示したところに、本書の真骨頂がある。

戦争犯罪の極みとも言うべき蛮行を冒しながら、石井ら七三一の隊員たちは、なぜ誰一人として戦犯にならずに済んだのか。そこにあったとされる当時のGHQとの密約とは、いったいどんなものだったのか。著者は、厖大（ぼうだい）な公文書から新事実を洗い出し、これまで一度も取材に応じてこなかった元軍医の口を開かせた。

こうして浮かび上がってきた現代史の奇々怪々な絵図を小文で説明するのは不可能で、本書をお読みいただくしかないのだが、おそろしく単純化して言うと、次のようなものだ。

アメリカにとっては、石井らを絞首台に送ることよりも、彼らが満州から密（ひそ）かに持ち帰った人体実験のデータのほうが、はるかに重要であった。とりわけペスト菌に感染させたペスト蚤（のみ）は、「七三一部隊が発明した当時の最新秘密兵器」で、ソ連も虎視眈々（こしたんたん）と狙っていた。石井らは戦犯の訴追を免れるため、その背後にいた陸軍参謀本部は「天皇にも累が及ぶ」のをかわすべく、いわば血まみれのデータをアメリカ側にそっくり引き渡したのである。

　元七三一の面々は、素知らぬ顔で戦後の医学界に活躍の場を得た。自称「石井の番頭」はのちのミドリ十字を創業し、〝薬害エイズ事件〟を引き起こす。ニューヨーク在住の著者は、9・11後、炭疽菌（たんそきん）やペスト菌によるテロ攻撃の恐怖を肌で味わう。〝悪魔の飽食〟は決して終わっていないのである。

　日記に垣間見える石井の素顔が、人一倍の母親思いだったというのも、人間存在の底知れなさを感じさせるばかりだ。


評・野村進（ジャーナリスト・拓殖大学教授）

あおき・ふきこ　48年生まれ。ジャーナリスト。著書に『FBIはなぜテロリストに敗北したのか』など。

二〇〇五年九月一八日②　医学・福祉

『トラウマの医療人類学』

宮地尚子 著
みすず書房・三六七五円
ISBN9784622071501

体験を引き受けなおす真摯な自己描写

　本書をそろそろ閉じる段になって、はじめて一枚の写真に出あう。アフリカ東部の難民キャンプで、家族が心配そうに見守るなか、少女の胸に聴診器を当てる著者が写っている。そしてその写真の「嘘（うそ）」を著者はみずから暴いている。「『難民を救う』という実践は実行されたわけではなく、写真に表象（うつしだ）されたにすぎないのです」と。

　難民援助のコアは治療でなく、効果も見えない周辺活動を黙々とこなすことにあること。現地の利害関係にもみくちゃになり、ときに利権を生み、ときに難民のほうが国民よりもよい医療を受けられるという歪（いびつ）な事態も生まれること。この子をなんとかしたいと思いつめるなかで、不整合、恣意（しい）性、自己分裂、無力感が底なしに深まってゆく日々。そしていずれ引き揚げる自分……。

　そのような断裂についての真摯（しんし）な自己描写は、本書で記述・分析されたさまざまなカテゴリーのトラウマ的な体験をすべて、おのが身に引き受けなおすかのようである。

　トラウマやPTSD（心的外傷後ストレス障害）の概念は、ときに発見的に作用しもするが、ときに「きれい」すぎて弊害や暴力性を生むこともあると、著者はいう。ベトナム帰還兵、テロとホロコーストと拷問の被害者、マイノリティー、薬害エイズ患者とその家族、性暴力や家族虐待の被害者……。被害を口にすること自体が二次的な被害を招くことになりかねないそうした伝達不能な外傷的体験に、どう身を寄せ、支援するのかという問いと、それを記述するトラウマ概念の危うさ。そのはざまで、著者は、世界のあちこちに走る「段差」や「深い溝」に突き当たりながらも、「世界の非倫理がどのようなシステムによって形成、維持されているのか」を必死で読み取ろうとする。

「被害者のため」というパターナリスティックな視線でものを見るのではなく、事態にまみれ、うろたえながらも「当事者が研究者を『使いこなす』」場面へと身を挺（てい）しつづける医療人類学者の姿が、眼（め）に焼きつく。

評・鷲田清一（大阪大学教授）

みやじ・なおこ　93年、京都府立医科大大学院修了。一橋大助教授、精神科医。

二〇〇五年九月一八日③

『下妻物語・完　ヤンキーちゃんとロリータちゃんと殺人事件』

嶽本野ばら 著
小学館・一四七〇円
ISBN9784093861533／9784094084849（小学館文庫）
文芸

21世紀日本の〝乙女たちのオトコ気〟

正編『下妻物語』（02年）と昨年の映画版は、傑作だった。昨今グローバルな関心を呼ぶ先端的な少女文化を切り口に、奇妙に骨太な日本的感性を垣間見させるという仕掛けが、何とも渋い。

完結編にあたる本書でも、あの名コンビは健在だ。もともと兵庫は尼崎で生まれ育ちながらも、父親の詐欺師稼業のせいで茨城県の田舎町へ引っ越してきた語り手・竜ケ崎桃子は、ロココの精神を尊び、優雅で可愛らしいファッションに命を懸ける真性ロリータ。いっぽう、彼女の無二の親友の白百合イチゴは素肌にサラシを巻き、「舗爾威帝劉（ポニーテール）」なるレディースへの所属歴をもち、ニッカボッカの上に特攻服をはおるというファッションでどこにでもあらわれる絶滅寸前、筋金入りヤンキー。

このふたりが、あいもかわらずお互い悪態をつきながら、ますますノリのいい掛け合いを聞かせる。読者は彼女たちのボケとツッコミをいつまでも堪能していたくなるだろう。

とくに今回の場合、例によって些細（ささい）なことでケンカを始めたふたりが、自分たちの問題をますます深く考え込ませるような殺人事件に巻き込まれていくという展開がすごい。

物語前半、VERSACE（ベルサーチ）を愛するイチゴは「バッタもの（コピー商品）はオリジナルへ敬意を払い努力しているが、パクリは単なるドロボーだ」とする独自の高邁（こうまい）なる（?）哲学を披露して桃子と大論争するも、さてふたりが東京駅から下妻市へ戻るのに利用した水海道行きの高速バスで起こった殺人事件が、アガサ・クリスティの『オリエント急行の殺人』そっくりの模倣犯罪であったことから、本書はたちまち本格推理小説へと変容を遂げる。

その結果、主人公たちの友情転じては疑似恋愛の本質、いわば乙女たちのオトコ気とでも呼ぶべき精神を浮かび上がらせてしまう展開は、『忠臣蔵』を連想させずにはいない。

先端と伝統の絶妙なバランスのうちに、本書はまぎれもなく二一世紀日本の核心を射抜いたのである。

評・巽孝之（慶應大学教授）

たけもと・のばら　作家。著書に『ロリヰタ。』『ツインズ』『エミリー』など。

二〇〇五年九月一八日④

『表現の自由VS知的財産権　著作権が自由を殺す?』

ケンブリュー・マクロード 著　田畑暁生 訳
青土社・二九四〇円
ISBN9784791762040
人文／社会

「文化」と「知」の囲い込みを痛撃

とっつきにくい法律書のような書名だが、どっこい、むしろ「柔らか本」だ。音楽、文学から遺伝子科学、商品のブランドまでとりあげる話題が幅広く、面白い挿話が満載で、読み始めたらぐいぐい引き込まれてしまう。

何でも「知的財産」として私有化し、ビジネスにしてしまう企業社会やグローバリズムへの問いかけをはらんだ、警世の書でもある。

挿話を二、三あげれば▼有名な「ハッピー・バースデー・トゥー・ユー」はいまやワーナー・ミュージック社の所有物で、公的な場所で歌うにはライセンス契約が必要▼モンサント社製の遺伝子組み換え植物の花粉が風に運ばれて受粉してしまったカナダの農場主が「特許侵害だ」と訴えられた▼自分の昔の曲の著作権侵害で訴えられたギタリストがいる▼特異な白血病患者の担当医が、彼の脾臓（ひぞう）から得た遺伝情報でひそかに特許をとり、製薬会社から巨額報酬を得た。それを知った患者が訴えたが敗訴、等々。

「ものづくり」から付加価値の高い「知」や「ソフト」重視へ、の掛け声とともに、先進諸国では近年、特許権や商標、著作権など知的財産権の保護が急速に強化され、企業による文化や技術の囲い込みが進む。しかし、それは芸術でも科学の分野でも、かえって創造性を奪うのではないか。できるだけ「コモンズ」(公共の資源)にしていくほうが、社会の進歩や民主主義の成熟につながるのではないか。これが本書のメッセージだ。

著者はアイオワ大学で知財法制などを教える教員だが、70年生まれというから、まだ30代。ヒップホップなどを中心とした音楽評論家でもあり、特にデジタルサンプリングなど、音楽分野の話題が実に豊富だ。合衆国国歌の「星条旗」が18世紀の英国の俗な流行歌の無断借用だとの指摘は笑わせる。

本文中の「表現の自由」の文言には必ず®がついている。著者が98年に特許商標局で「FREEDOM OF EXPRESSION」を商標登録した印なのだが、それは「文化の商品化、私有化」への半ばおふざけ的抗議行動。営利目的でなければ「いつでも使ってもらっていい」のだ。

(原題、FREEDOM OF EXPRESSION®)

評・佐柄木俊郎(国際基督教大学客員教授)

Kembrew Mcleod 70年生まれ。米アイオワ大コミュニケーション学部教員。

二〇〇五年九月一八日⑤

『震度0(ゼロ)』

横山秀夫 著

朝日新聞社・一八九〇円
ISBN9784022500410/9784022644350(朝日文庫) 文芸

警察小説の進化 胸躍る一気読み

横山秀夫のベストではない。人物の綿密な描き分け、緊迫したドラマの構築の点で物足りなさがある。明らかに『第三の時効』『半落ち』『陰の季節』『動機』のほうがいい(作品の順序は僕の評価順)。しかしそれでも読む価値は十二分にある。一気読みの面白さがある。

阪神大震災が起きた朝、七百キロ離れたN県の県警本部の警務課長の不破が失踪(しっそう)する。直属の上司である冬木は愕然(がくぜん)とする。ノンキャリアの立場を踏み越えることなく知恵袋に徹し、的確な助言をあげてきた彼を、人事で抜擢(ばってき)する矢先だったからだ。いったい何があった?

それと前後してホステス殺し、交通違反のもみ消し、選挙違反事件などが浮上し、警察幹部たちが衝突する。己が保身と野心から内部闘争が激しさを増す。

捜査班同士が足の引っ張りあいを演じる『第三の時効』、様々な人物の視点から事件をあぶりだす『半落ち』、些細(ささい)な事件が一個人の尊厳の問題につながる『陰の季節』『動機』などの要素がつめこまれている。ただしミステリー性(『第三の時効』『臨場』)、感動(『半落ち』『クライマーズ・ハイ』)、個人対組織というテーマ(『陰の季節』『動機』『顔』)の面でもやや強烈さに欠ける。

息子を死なせた警備部長の苦悩の描き方にあらわれているが、いくらでも泣かせられるのにそれをしない。やや異なる方向、具体的には風刺劇(ファルス)を目指している。今回、幹部たちの公舎を舞台にして、彼らの夫人たち(おもに元婦人警官たち)の瑣末(さまつ)な見栄(みえ)を風刺して、節々で微苦笑を誘っている。この戯画化の筆法は、作者の新たな挑戦として歓迎したい。

帯に〝警察小説はここまで進化した〟とあるが、進化とは警察小説の内実、すなわち警察捜査小説と警官小説の長所を最大限まで推し進めたことをさす。前者の捜査活動のダイナミズムとミステリー的興趣、後者の人物造形の掘り下げと堅牢(けんろう)なドラマが揃(そろ)っているのである。本書は、両者を十分に兼ね備えた『第三の時効』ほどの大傑作ではないが、警察小説の王者たる横山秀夫の魅力は十二分に発揮されている。やはり横山秀夫はいい!

評・池上冬樹(文芸評論家)

よこやま・ひでお 57年生まれ。作家。著書に『出口のない海』『ルパンの消息』など。

二〇〇五年九月一八日⑥

『ジーニアス・ファクトリー 「ノーベル賞受賞者精子バンク」の奇妙な物語』

デイヴィッド・プロッツ 著　酒井泰介 訳
早川書房・二一〇〇円
ISBN9784152086587

科学・生物／社会

「優秀な遺伝子」の妄想に取り憑かれ

　アメリカに初めて精子バンクができたのは、一九七〇年。これまでに百万人の子供が誕生し、市場規模はいまや一億六千四百万ドルに達するといわれている。

　この精子バンク業界の革命児が、ロバート・グラハムである。優秀な遺伝子の消滅は進化の衰退だという妄想に取り憑（つ）かれ、眼鏡用プラスチックレンズの開発で得た資金で、八〇年にノーベル賞受賞者精子バンク「レポジトリー・フォー・ジャーミナル・チョイス」を設立した。

　なぜ今どき、こんな優生学的思想の権化ともいうべき企てが成立したのか。子供たちはどうなったのか。この二点への興味から読み進めたのだが、本書はみごとその疑問に答えてくれた。

　ドナーの一人、ウィリアム・ショックリーに注目した著者は、ノーベル物理学賞受賞者でありながら、貧民や黒人の断種運動に晩年を費やした差別主義者の素顔をたどるうち、この伏魔殿に分け入ることを決意。ネットで情報提供を呼びかけ、ドナーや母子と連絡を取り合った。

　母親らの証言によれば、素性のわからぬ精子が流通した当時、ドナーの健康や業績などの情報を与えた上で顧客に「チョイス」させるシステムが画期的で、ほかより安心だったらしい。しかし、ショックリーの名が公になるやノーベル賞受賞者は去り、ドナーの基準は緩んだ。「ルネッサンス・マン」と称するスポーツ好きのハンサム男、嘘（うそ）の知能指数で登録された男もいた。九九年の閉鎖までに誕生した子供は二一七人。ドナーと母子の対面も実現するが、彼らをめぐる仰天スクープはここには書かないでおこう。

　著者に接触してきた大半が母子家庭で、ドナーに恋愛感情を抱く母親もいるという事実は、一方で沈黙する家族に想像を至らしめる。救いは、グラハムが目指す遺伝子至上主義社会を子供たちが言下に否定し、家族の絆（きずな）を強めたことか。

　氏より育ちに希望を託す著者にはもちろん同意する。ただ、母親の子育てを評価するあまり、遺伝子が影響を与える生物学的な面への考察が浅いのは気になるところだ。不謹慎ながらおもしろすぎる本書への、そこが唯一の不満である。


（原題、THE GENIUS FACTORY）

評・最相葉月（ノンフィクションライター）

David Plotz　インターネットマガジン「スレート」編集者。

二〇〇五年九月一八日⑦

『暮らしに活かす　雨の建築術』

日本建築学会 編
北斗出版・二六二五円
ISBN9784894740372

社会

　現実には経済優先の大規模再開発が続くが、21世紀の建築の世界の理念は、環境共生の方向へ大きく変わりつつある。本書は、建築界を牽引（けんいん）する日本建築学会の中に、エコロジー、とりわけ雨に拘（こだわ）る専門家が集い研究したユニークな本だ。

　かつて人間は、雨の怖さもありがたさも熟知していた。本書が示す通り、雨の飲み水や生活用水への面白い利用は世界に数多い。屋根やパティオそのものが、雨を集める装置だった。だが、近代人は雨との付き合い方を忘れた。やっかいな雨を下水道や川にすぐ流すことばかりを求めた。

　その発想を逆転させるべきだ。個々の家の敷地で雨を貯（た）め、地中に浸透させ、また大気に戻す。洪水を防ぐにもいいし、災害時には生命を繋（つな）ぐ貴い水となる。

　雨は恵みだ。それを現代の発想・技術で豊かに利用しない手はない。環境建築家たちのアイデア満載のこの書は、ちょっとした工夫で得られる雨との楽しい付き合い方を教えてくれる。

評・陣内秀信（法政大学教授）

二〇〇五年九月一八日❽

『キリスト教帝国アメリカ』

栗林輝夫 著
キリスト新聞社・二五二〇円
ISBN9784873954424
人文／国際

アメリカに『レフトビハインド』という小説シリーズがある。既に十二巻を数え、五千万部を超える空前の大ヒットになっている。

原理主義的な黙示録解釈に基づく、極端な善悪二元論に彩られた「神学的」アドベンチャーSFである。だが、単なるエンターテインメントというより、宗教右派のポップカルチャーの代表格と理解すべきだろう。

邦訳も出ているが、あまりに荒唐無稽（こうとうむけい）で、とても日本人の腑（ふ）に落ちる内容ではない。だが、それを真に受けている人々が、同時にブッシュ政権の支持層の一角を成している。

本書は、そんな知られざるアメリカに光を当てる。著者はクリスチャンであり、組織神学の研究者だ。

宗教右派と概括される諸宗派——福音派やボーンアゲインに関する説明がやや一面的であったり、陰謀論的な政権批判に流れがちであるなど、幾つか気になる点もみえるが、それらを差し引いても読むに値する。アメリカの異貌（いぼう）を知るために！

評・宮崎哲弥（評論家）

二〇〇五年九月一八日❾

『2005年のロケットボーイズ』

五十嵐貴久 著
双葉社・一六八〇円
ISBN9784575235319／9784575512397（双葉文庫）
文芸

本の帯には、「本邦初の理系青春小説」とある。

SFやホラーなどの理系小説はあった。ぼくのイメージでは漱石の『三四郎』も、東大理学部の野々宮さんが登場する理系っぽい小説だが、分類は教養小説。

「理系青春小説」というキャッチの意外性は、理系と青春がイメージとして結びつかないからかも。なにしろ理系は暗くてオタクっぽいとされている。

本書の題材はたしかに理系である。なにしろ高校生たちがコンテストに応募して、人工衛星を造り実際に飛ばしてしまう話なのだ。

だが主人公は、たまたま工業高校にいる文系少年。真の戦力となるのは、わがままだったり引きこもりだったりするオタク少年で、いわば定番の理系キャラ。ただし例外（明るい理系）は、秋葉原の電子部品店の美少女彩子。この子はカッコイイ！　それに、紆余（うよ）曲折のストーリー展開が痛快だからいいか。少なくとも「青春小説」という看板に偽りはない。

評・渡辺政隆（サイエンスライター）

二〇〇五年九月一八日❿

『教育委員会廃止論』

穂坂邦夫 著
弘文堂・一六八〇円
ISBN9784335460258
教育

一見すると過激なタイトルである。だが、中身を読むと、教育の地方分権化が求められる時代に、国と地方の教育行政のあり方を見直すためのヒントがちりばめられている。そんな具体的提案に満ちた本だ。

著者は、今年6月まで埼玉県志木市長を務めた。全国に先駆けて市費で教員を増員し、「25人程度学級」を実現。さらには、不登校などで学校に行けない子どものための「ホームスタディ制度」を導入した。いずれも最初は国や県の抵抗を受けての先駆的な試みだった。それだけに著者は、今の教育委員会制度が機能しない理由も、市町村教委と県教委や文部科学省との関係の問題点もリアルにつかんでいる。

学校現場や市町村に実質的な権限が与えられていないがために、「ぬるま湯」に浸（つ）かった状態の学校をどうやって再生するか。「現場からの改革や制度設計」のための新たな教育委員会制度の提案は、短絡的な廃止論よりはるかに説得的だ。

評・苅谷剛彦（東京大学教授）

『人名用漢字の戦後史』

円満字二郎 著
岩波新書・七七七円
ISBN9784004309574

子に贈った名を否定された親たちの闘争

人名に使えない漢字がなぜあるのか。

わが子の名前に自由に漢字を使いたい親と、制限を加えたがるお役所とのトラブルは果てしない。人名用漢字の移り変わりには、戦後六十年の歴史が反映している。本書は、漢和辞典の編集を仕事にしている著者ならではの《漢字で読み解く戦後史》である。

知っているようで知らなかったことをいろいろ教えてくれる。

人名用漢字の制限は、戦後民主主義と共に始まった。一九四七年の戸籍法改正で人名には「常用平易な文字を用いなければならない」と決められたのである。省令で定めるとされた範囲は、一九四六年に「現代かなづかい」と共に内閣訓令・告示として公布された「当用漢字表」千八百五十字の枠内に限定された。

漢字制限は、国会で議決されたのではない。戸籍法改正とワンセットにして《強制》されたともいえる。難しい漢字の廃棄を反封建闘争ととらえる国語審議会の「表音派」がリードした経過もあり、一部にはこれを《GHQ国語改革》とか《押しつけ漢字制限》とか呼ぶ極論もあったそうだ。

しかしこの聖域は、その後絶えず民間からの漢字自由化の要求にさらされ続けることになる。中でもいちばん強いのは、せっかく名付けた子どもの名前を漢字が不適当という理由で役所から突き返された親の怒りであり、方々で起こされた裁判が、実際に制限枠を緩める力につながっていった。

一九五一年には「人名用漢字別表」が公布されて九十二字が追加された。主導権は法務省に移って、一九七六年には「人名用漢字追加表」でさらに二十八字ふえた。以後、何回か改訂が行われて今日に至っているわけである。大勢は相次いで解禁される方向に進んできている。

著者は視野をたっぷり深く取り、問題を複雑にした諸要因として、①法務省と文部省との縦割り、②市民と行政との対立を材料豊かに分析しているが、とりわけ面白いのは、③テクノロジーからの観点であり、制限論の背景には、活字を作るコストがかさむ新聞社や印刷会社の利害がからんでいたという指摘は初耳だった。

パソコンの普及は、漢字制限問題の客観的条件を一変した。和文タイプライターの漢字数は二千そこそこだった。今やＪＩＳ漢字は六千三百五十五。誰でも漢字が「書ける」ようになった新しい時代の到来である。

それはまたわが子の名付けにも特異性を競い合う「個性の時代」でもあった。漢字に制限はあっても読み方は野放しなのだ。漢字自由化の前衛は、不思議に難読漢字を好む暴走族のネーミングだといっているのは卓見である。

著者は「漢字の唯一無二性」と表現しているが、たしかに漢字には、起源的な呪術性から発するのか、今なお「この字でなくては」とこだわらせる神秘性がこもっている。

反封建から暴走族までの歴史を刻んできた戦後日本の漢字は、打たれ強く生き延びる。

評・野口武彦（文芸評論家）

えんまんじ・じろう　67年生まれ。編集者。著書に『大人のための漢字力養成講座』。

二〇〇五年九月二五日②

『今ここにいるぼくらは』

川端裕人 著

集英社・一七八五円

ISBN9784087747720／9784087464351（集英社文庫）

文芸

初めて立ち会う少年たちの無垢な体験

川端裕人は異色である。国際金融サスペンス『リスクテイカー』とサイバーミステリー『The S.O.U.P.』がいい例だが、情報が過剰で、設定も複雑で、キャラクターに感情移入して読ませる手法をとらない。精緻（せいち）に構築された独特な世界観で人を惹（ひ）きつける。しかし一方で家族小説『ふにゅう』のように、主人公の苦悩を明るくユーモラスに点綴（てんてい）して読者を快くもてなす小説もある。本書もまた然（しか）り。

本書は少年小説である。小学生の博士（ひろし）を主人公にした短編七作が並ぶが、特徴的なのは編年体ではないこと。小学一年の夏に博士は源流をめざし、五年の秋に友人のサンペイ君と池の主を釣り、四年の夏に妹と山でオニババと出会い、六年の夏に宇宙人とUFOに思いをはせるという風に時期がばらばらである。

これは、作者の主眼が少年の成長ではなく居場所探しにあるからだろう。というと、小学生の居場所探し？ 川で遊び、釣りをし、UFOに期待する話のどこに？ と思うかもしれない。しかし読んでいるとまったく既視感はない。まさに初めて立ち会ったかのように、僕らは少年たちの日々を味わう。もう一度過去へと戻り、その時々に感じた不安と充足感を思い出し、無垢（むく）なまま味わうべき体験があることに気づくのだ。博士の体験が心の奥の記憶を喚起させるのである。

〝いつかきみが出会うものと、ぼくがこれまでに出会ったもの。それらは、つながっているような気がする。すべての川を束ねる海まで下らなくても、ぼくたちは同じ水脈の中にいるんだからね〟という言葉が出てくるが、まさに本書は〝同じ水脈の中にいる〟ことを瑞々（みずみず）しく感得させてくれる。だから逆説的に〝ぼくたちは一人ぼっちだ。それも悪くない〟と続いても、僕らは納得する。繋（つな）がりあいながらも、生の基本の孤独さ、生き抜く上で必要な強さを思い知るからである。

文学的には、少年が原初的な風景を心に刻み込む点で、ヘミングウェイのニック・アダムスものや小川国夫の柚木浩もの（『生のさ中に』）、マキャモンの『少年時代』を思い出せる。本書はそれらに連なる新たな標準といえるだろう。

評・池上冬樹（文芸評論家）

かわばた・ひろと 64年生まれ。作家。著書に『はじまりのうたをさがす旅』など。

二〇〇五年九月二五日③

『阿片王 満州の夜と霧』

佐野眞一 著

新潮社・一八九〇円

ISBN9784104369034／9784101316383（新潮文庫）

ノンフィクション・評伝

軍や政治家の資金源を「私心なく」差配

「著者の最高傑作」と帯にある。だが奇怪な読後感の残る本だ。

佐野氏は、戦後日本の高度経済成長がもたらした光と影を描いてきた。虱潰（しらみつぶ）し、としか言いようのない精力的な調査は一貫している。ダイエー創始者の中内功伝『カリスマ』では、同級生の記憶にも残らぬほど物静かだった少年が、長じて一国経済を破壊しかねぬほどの累積債務にひた走った謎を追い、フィリピン戦線での異常な個人体験をつきとめた。

「高度成長がなぜ可能だったか」と問い、その答えを「満州」に求めるという本書のスタンスは鋭い。東京で行き詰まった戦前の都市計画を、あたう限り理想に近づけたのが首都「新京」（現・長春）だったし、「山を削り海を埋める」神戸市の都市経営は、市長が旧満州での体験を反復したものだ。ところが佐野氏はむしろ戦時上海の暗部に注目し、「日中戦は20世紀の阿片（アヘン）戦争だった」というテーゼを、日中両国にまたがる阿片の一大シンジケートを差配した「阿片王」里見甫（はじめ）を通して論証しようと試みるのである。

　里見没後に遺児への寄付を求めて回された「芳名帳」に記された人物のすべてを訪ねる著者の姿が、本書の基調にある。けれども「下半身が闇の中に溶けた」と形容される人物ばかりが現れて、テーゼの証明には至らない。A級戦犯の里見がなぜ釈放されたのか、アメリカで占領軍関連の資料に当たるべきではなかったか。「男装の麗人」や「怪しい秘書」への固執は、物語を迷走させている。

　それにしても惹（ひ）かれるのは、会社のリストラ案で自分を筆頭に置くような、豪胆にして私心なき里見の人柄だ。中毒者の溢（あふ）れる中国では阿片を即時禁止ではなく漸禁させるべきだというのが後藤新平案だったから、民間より高純度で安価な阿片を必要悪として提供するのは一種の公共政策であった。儲（もう）けはすべて人にくれてやり一切私腹を肥やさなかった里見には、公務に殉じたという意識しかなかったのかもしれない。だが資金は岸信介や児玉誉士夫らに流れ、戦後政界を拘束した。無私ゆえに悪徳が蔓延（はびこ）るという逆説が、この本の読みどころだ。

評・松原隆一郎（東京大学教授）

さの・しんいち　47年生まれ。ノンフィクション作家。主な著書に『旅する巨人』など。

二〇〇五年九月二五日④

『ポストモダンの思想的根拠　9・11と管理社会』

岡本裕一朗 著

ナカニシヤ出版・二五二〇円

ISBN9784888489508

人文／社会

新たな「管理社会」を読み解く試み

　私たちが思想を必要とするのは、いったいどのような場面におかれたときだろうか。テロ防止はわかるけど、監視カメラはちょっと。競争もしかたないが、増えるニートも心配……従来の言葉で表現するにはしっくりこない不安や怖（おそ）れ。先を見通せないいらだち。自分たちの立ち位置さえわからない不確かさ。こうした曖昧（あいまい）な危うさの意識に加え、これまでとは違う、何かが確実に変わってきているという実感が伴うとき、そこに新たな言葉を与える思想が求められる。本書は、「9・11」以後の世界の変化を、これまでとは異なる「管理社会」の到来と見なし、それを「ポストモダン」の思想によって読み解く試みである。

　カギ括弧をつけた三つの言葉を並べてみると、なにやら難解な用語の詰まった現代思想の書物を思い浮かべるかも知れない。だが、心配は無用。ポストモダン思想のわかりやすい復習もかねて、一歩先の見通しを示すのが本書である。

　「大きな物語は終わった」のリオタール。「リゾーム」概念のドゥルーズ。「脱構築」を説いたデリダ。「モダンな規律社会」に迫ったフーコー。「差異の戯れ」を謳（うた）い、ニヒリズムと相対主義に陥ったかに見えるこれらポストモダンの思想を、流行時の読み取りの問題点を明解に解説した上で、著者は、何が今問われるべきかを明かす道具立てとして読み直していく。

　私たちはどんな時代に向かっているのか。読み解くためのキーワードは、自由と管理である。ローティ、ジジェク、ネグリとハートといった思想家のアイデアをおさえつつ、自由の拡大を求めるがゆえに、安全を確保し、管理を強めていく現代社会の逆説を解く。テロへの恐怖から受け入れた監視の強化。自由競争がもたらす格差拡大。それらの延長線上で、自由が奪われる「統制管理社会」へと向かうのか。それとも、管理のからくりを明らかにした上で、自由との調和をもたらす「管理自由社会」へと向かうのか。新たな言葉を得ることで、管理社会にどう立ち向かえばいいのかを教えてくれる。格好の現代思想入門書である。

評・苅谷剛彦（東京大学教授）

おかもと・ゆういちろう　54年生まれ。玉川大学教授（哲学・倫理学）。

二〇〇五年九月二五日⑤

『語るに足る　ささやかな人生　アメリカの小さな町で』

駒沢敏器 著

ＮＨＫ出版・一六八〇円
ISBN9784140054826／9784094081947（小学館文庫）

文芸

旅人の視線　五感を開き町から町へ

旅にあこがれながらも、わたしたちは、日々、繰り返す、日常の長い時間に耐えて生きる。でも、そんな生活の傍らに、こんな一冊の旅行記があったら、もう、旅なんか、しなくてもいい。いや、いっそう、旅への憧（あこが）れは募るかな。

レンタカーをとばし、小さな町ばかりを選んでモーテルに泊まり、アメリカを横断した旅の記録だ。ある年の夏には、マンハッタンを起点に、ニューヨーク州スプリングヴィルから一カ月ほどかけてシアトルまで。次の年の夏には、ニューオーリンズからロサンゼルスまで。

インディアナ州モーガンタウンでは、五十セントのコーヒーを出す、町一番の人気店「キャシーズ・カフェ」へ。「味は泣けた」。店主マイクが話す経営理念は、あらゆる国の、おおきな都市が見失ったものだ。「誰もが人生の主人公だった。語るべき内容と信念を人生に持ち、それでいて声の大きな人物はひとりもいなかった」。そんな人々が暮らすスモールタウン。「現在のアメリカとは完全に逆」を向いた、その意味では「反アメリカ的と言ってもいい」人々の暮らしを見つめながら、著者はこの国の素顔を探っていく。

文章は、たんたんとして乾いており、感情が高まりそうなときも、おぼれず、すっと対象から離れて立つ。そのあたたかくて冷たい距離感は、そこに定住しない、旅人の持つ視線である。けれど観光客のまなざしではない。著者はその土地に生きる人々のなかにもぐりこみ、言葉をかわし、動物的な触覚を尖（とが）らせながら、自らの五感と心をオープンにして、町から町へ、移動する。

町から町。その「間」が、妙に心にしみる。旅の重さが、ふっと胸に降りる。言い換えればつまり、ひとつの章を読み終え、ちょっと立ち止まり、次の町についての文章を読み始める前の、何もしないでいる空白の時間のこと。その「間」にこそ、この本を読むことの幸福が立ち上ってくる。ああ、あの町で、あんなことがあったなあと思いながら、未知なる次の町へ、不安をしずめ身をすべらせていく。そのとき、かすかにあわだつ皮膚。読者もまた、旅をするのだ。

評・小池昌代（詩人）

こまざわ・としき　61年生まれ。著述家、翻訳家。著書に『夜はもう明けている』など。

二〇〇五年九月二五日⑥

『オヤジ国憲法でいこう！』

しりあがり寿、祖父江慎 著

理論社・一二六〇円
ISBN9784652078136

文芸／社会

前文に記す―「若いってダメじゃん！」

すいません。勘違いしてました。なにがって、これ、憲法に関する本だったと思ってたんですよ！

そしたら、世のオヤジ代表である著者が、「いまどきのヤング」に向かって、「オヤジの心得」を説いた本だったのだ。だから、「日本国憲法」ではなく「オヤジ国憲法」――って、力が抜けるではありませんか。本屋の皆さん、この本を間違っても、憲法関係の棚に置かないように、と思っていたのだが、読み終えたいまは、逆にこう思う。これこそ、その棚に置かれるべき本だったのだ！

「オヤジ国憲法前文」はこういう。

「オヤジとは、世界的、いや、宇宙的スケールで、『なんでもあり』な存在である。クサくていい。矛盾したことを言っても『あれはもう、しょうがない』と最初から期待されてないから楽だ。（中略）。オヤジは底抜けに自由である。

一方、ヤングは、ほんのちょっとしたことに、『もう死んじゃいそう』というくらい、ヘロヘロになるまで悩む不自由な生き物である。

（中略）オヤジとしては、ヤングの悩みや混乱に、宇宙のルールを従えて対峙（たいじ）する。すなわち、ここに5条15項の『オヤジ国憲法』を発布し、もってヤングに対して、『若いって、ダメじゃん！』と高らかに宣言するものとする」

では、その「若いって、ダメじゃん」の中身とはなにか。

それは突き詰めていくと「ヤングなときって、なにかと硬直しながら生きている」という言葉にたどり着く。それは、要するに「自分とは違う考え、違う立場の発言に対して、『正しいか／間違っているか』の二つの反応しかできない」「自分の理解の外側にも世界があるということを認められない」という考え方だ。そして「正しさを主張する者は、無闇（むやみ）に声だけがデカい」のである。

そういえば、どこかの国の大統領や総理大臣も、それからどこかの国の新聞やコメンテーターも、「無闇に声だけがデカ」くはなかったか。ああいうのは、皆、ヤングで「お子さま」で、だから「ダメじゃん！」なのである。チョー納得！

評・高橋源一郎（作家・明治学院大学教授）

しりあがり・ことぶき　58年生まれ。漫画家。
そぶえ・しん　59年生まれ。アートディレクター。

二〇〇五年九月二五日⑦

『ヨーロッパ近代の社会史』

福井憲彦 著
岩波書店・二九四〇円
ISBN9784000254519
政治／社会／国際

21世紀にも慣れ、「19世紀は遠くなりにけり」という感が強い。だが本書は、現代の我々自身を深く知るにも、この時代のヨーロッパを見直す必要があると説く。それが生んだ近代の仕組みは、政治経済から文化まで、世界を制覇し、地球の人々の生き方を今も方向づけているからだ。

フランス近代史が専門で、我が国の社会史研究を牽引（けんいん）してきた著者だけに、歴史の新たな見方の提示にこだわる。キーワードは「工業化」と「国民国家」。該博な知識とデータを駆使し、ヨーロッパがいかに産業文明と国家や社会の仕組みを創出したかをまず論じる。

だが、著者の本当の目論見（もくろみ）は、こうした国や社会の制度、枠組みの形成が、現実に起こる動き、即（すなわ）ち仏語のプラティークの世界にどんな変化をもたらしたかを示すことにある。労働大衆、消費社会、メディア、欲望、居酒屋、映画、家族、女性等、今日の日本社会を読み解くにも鍵となる見方が次々に登場し、読者を刺激する。

評・陣内秀信（法政大学教授）

二〇〇五年九月二五日⑧

『幸田文のマッチ箱』

村松友視 著
河出書房新社・一五七五円
ISBN9784309017228／9784309409498（河出文庫）
文芸

著者は出版社に勤務していたころ、たびたび東京・小石川の幸田文邸を訪れた。目に留まったのが、幸田が季節の千代紙を貼（は）ったマッチ箱。それ以来、手土産に箱をもらうのが常になった。ある日、急に訪ねたとき、あわてて貼りつけたために糊（のり）が乾かず箱はひんやりとしていた。著者は幸田のかわいらしさや生真面目（きまじめ）さなどに感じ入り、この体験を原点として彼女を追う旅を開始する。

まず彼女の赴いた場に足を運び、会った人に話を聞いた。また母、姉、弟らの肉親の死に次々と襲われた幸田の年譜を確認し、作品を通して、父、露伴の厳しいしつけや離婚に至った彼女の結婚生活を辿（たど）った。

浮かび上がったのは、幼少の頃から幸田にまとわりついてきた負の体験に、渾身（こんしん）の力を込めて輝きを与え続けた姿。その先で〝崩れ〟という生涯をくくる大テーマに出くわした。作品『崩れ』こそ幸田自身への鎮魂歌だ、と著者は言い切る。

評・多賀幹子（フリージャーナリスト）

二〇〇五年九月二五日⑨

『科学大国アメリカは原爆投下によって生まれた』

歌田明弘 著
平凡社・二九四〇円
ISBN9784582824452
科学・生物

原爆を開発したマンハッタン計画については、リチャード・ローズの『原子爆弾の誕生』を始め多くの文献があるが、本書は科学者グループを統括したヴァニーヴァー・ブッシュに着目して、科学と政治の相関を解き明かした佳作である。

電気工学の専門家ブッシュは、ドイツによる原爆開発を懸念する科学者の声を反映して政府を説き、開発計画を立ち上げる。科学者、政治家、軍人などの複雑な関係を巧みに調整し、米英間の交渉にも携わった。科学者が破滅的新兵器を開発することに倫理的問題を感じつつも、戦時における科学者の使命を果たすという態度をとった。

戦後、対ソ強硬論を唱える保守派になるが、かつての同僚オッペンハイマーの共産主義者疑惑に対しては弁護に回った。最後は彼のアナログ型のコンピューター構想がパソコンとインターネットにつながり、核時代を超える役割を果たしたという皮肉な巡り合わせも描かれている。

評・中西寛（京都大学教授）

二〇〇五年九月二五日⑩

『対話の回路　小熊英二対談集』

小熊英二 著
新曜社・二九四〇円
ISBN9784788509580
文芸

お手軽な作りばかりの対談集の中にあって、本書は一頭地を抜く。

なにせ対談に臨む気構えが違う。たとえば、村上龍から編集者を通じて対談を申し込まれたときなど、著者は「一週間、時間をください」と言い、村上のほぼ全著作を読破してから会いに行く。

本書に登場する網野善彦、姜尚中、島田雅彦ら他の論客に対しても姿勢は変わらず、しかも話の中身は徹底的に理詰め。だからこそ、老民俗学者の谷川健一に、「いまの民俗学が人びとから信頼を得ていないのは、一言でいって役に立たないから」などと切り込める。どの対談相手も、これだけ自著を読み込まれていれば、何を言われたって本望というものだ。

著者には、『〈民主〉と〈愛国〉』『〈日本人〉の境界』『単一民族神話の起源』といった、大著の〝連山〟がある。それらに手を出しかねている読者にとって、本書は格好の〝登山口〟となろう。

評・野村進（ジャーナリスト）

二〇〇五年一〇月二日①

『出生の秘密』

三浦雅士 著
講談社・三一五〇円
ISBN9784062130059
人文

分析と統合の力業で日本近代文学を解読

出生の秘密。一見使い古された言葉である。だが、三浦雅士がこの言葉にあたえた射程は恐ろしく遠大だ。これは日本近代文学の解読から人間誕生の瞬間にまでさかのぼる、気が遠くなるような分析と統合の力業なのである。

幼年期は人間形成に決定的な力をもつ。このことはもはや常識だ。しかし、人間は生まれて数年の最も重要な時期の記憶を喪失している。いちばん大事なことは本人の目には隠されているのだ。エディプスの神話が古来あれほど人を魅了してきたのは、彼の出生の秘密が隠されていたからなのである。

ここから三浦氏は、出生の秘密に憑（つ）かれた作家と作品を次々に尋問の場に召喚する。

まずは丸谷才一の『樹影譚』。樹の影に異様な愛着を抱く小説家が、ある老婆に招かれ、そこで自分の出生の秘密を聞かされるという短篇（たんぺん）だ。その結末で、主人公は「七十何歳の小説家から二歳半の子供に」、さらには「未生以前へ、激しくさかのぼつてゆく」ように感じる。どうして出生の秘密にそんな奇跡のような力があるのか？　これが本書の根本的な問いとなる。

次いで国木田独歩の『運命論者』。この小説で実の妹と結婚する男の悲劇を描いた独歩は、最初の妻の妊娠も娘の誕生も知らなかった。彼の娘は、妻の母の娘として入籍されていたのだ。『運命論者』の裏に隠れた出生の秘密である。

また志賀直哉の『暗夜行路』。周知のとおり、作者自身が投影された主人公・謙作は父の子ではなく、祖父が母と通じて作った子供だった。

さらに中島敦の『北方行』。母を知らぬ伝吉という主人公を造形した作者もまた、生みの母を知らなかった。そして、自分が自分であることに必然性などないと気づき、世界がばらばらになって意味を失うという病的な自己意識に苛（さいな）まれる小説を書いた。出生の秘密を抱えた人間は自己意識が過敏になる。いや、鋭敏すぎる自己意識が出生の秘密を引きよせるのだ、と三浦氏はいう。出生の秘密とは、自己意識の発生を映しだす鏡なのだ。ヘーゲル流にいえば、自己意識の誕生とは人間の誕生にほかならない。ここが本書の眼目となる。

そして、発狂した実母のほか養母と伯母と義母、計四人の母をもった芥川龍之介と、生後まもなく里子に出され、実家に戻ったのも束（つか）の間、ふたたび養子に出された夏目漱石。この二人の小説と生涯の分析は本書のまさに白眉（はくび）であり、今後、近代日本文学の研究者は『出生の秘密』の論点を避けて通ることはできないだろう。

かくして、出生の秘密という自己意識のドラマを経めぐったのち、著者は、自己意識と他者の葛藤（かっとう）を人間精神の起源においたヘーゲルへと到達する。そして、ラカンの精神分析も、パースの記号論も、ルソーの孤独も、この自己意識のドラマとして解読するのである。それだけではない。ここから、食と性の儀式、共同体、国家、宗教の起源まで明らかにしてしまう。冒頭で「気が遠くなるような分析と統合の力業」だといった理由がお分かりいただけるだろう。

評・中条省平（学習院大学教授）

みうら・まさし　46年生まれ。評論家、新書館編集主幹。著書に『身体の零度』『青春の終焉』など。

二〇〇五年一〇月二日❷

『見ることの塩　パレスチナ・セルビア紀行』

四方田犬彦 著

作品社・二五二〇円
ISBN9784861820496

文芸／国際

隔て、見ないことにし、忘れる心の荒廃

読みながら、本の中の世界に入り込んで出て来られなくなる。回りの音が消え、賑（にぎ）やかで明るい雑踏のなかでひとり、あちら側にいることの孤独を感じるが、頭上に広がる空を見て、かの地の空の青と壊れかけた砂色の壁を想像する。

詩人の紡ぐ旅の記録に、激しく嫉妬（しっと）するのは、そういうときだ。社会科学者が紛争の実態について、幾万もの言葉を尽くしても伝えきれないというのに。

作者が旅の過程で描くイスラエルと旧ユーゴスラビアに共通するのは、「隔てる」ということだ。分離壁で占領地のパレスチナ人を隔離するイスラエル。彼らはパレスチナの土地は欲しいけれども、住民はいらない。旧ユーゴでは、戦争がアイデンティティーを細分化し、相手を差別することで、自分たちの優位性にしがみつく。命を賭けた戦いは、自分たちと他者との境界を、宗教、民族や顔つきで明確にすることでしかなかった。

隔てられた者の痛みを見ないことによって、普通の日常生活を保とうとするのも、イスラ

エルと旧ユーゴで共通している。パレスチナ人に対してイスラエルの軍隊がどのような仕打ちをしているのか。自国の同胞が玩具的に弱者を虐（いじ）めている現実を目撃しながら、自分たちだけに約束された平穏な日常を営む緊張感と不条理に耐えられず、イスラエル人はこうしたことすべてを、見なかったことにする。見られない、という形で存在否定されたパレスチナ人は、その日常から彼らを追い出す壁にしがみついて、壁を叩（たた）きながら自分たちの存在を叫ぶ。

戦闘が繰り返されるなか、10年間以上も聖母マリアの出現を見続けたヘルツェゴビナのメジュゴリエの人々は、第2次大戦中に虐殺された大量の遺体の丘の傍らに住む。殺戮（さつりく）について考えるかわりに、自分たちの住む土地の神聖さにすがり、孤立と虐殺の記憶を忘れるのだ。セルビア人は皆、ユーゴ時代の共存を思い出して、ノスタルジアに浸っている。

苦言をひとつ。著者は本書内で、自分がテロという用語を使わない理由を説明している。だが、本書の帯には大きく、「テロルの連鎖」とある。痛ましい。

評・酒井啓子（東京外国語大学教授）

よもた・いぬひこ　53年生まれ。明治学院大教授。著書に『映画史への招待』『モロッコ流謫（るたく）』など。

二〇〇五年一〇月二日③

『イタリア的「南」の魅力』

ファビオ・ランベッリ著

講談社選書メチエ・一六八〇円
ISBN9784062583374

社会

陽気で気楽、だけではないんです

30年ほど前、経済破綻（はたん）、テロ、ストライキなどに苦しみ、ヨーロッパの劣等生と言われたのが嘘（うそ）のように、イタリアはその後、底力を発揮し、ファッション、デザイン、食文化を中心に、世界の人々が憧（あこが）れる国となった。だが、日本ではこの国への理解は浅く、イタリア人は陽気で、気楽というイメージばかりが強い。本書は、それを不満に思うイタリア人が自ら書いた価値あるイタリア論。イタリア人の考え方の根底には悲観、切なさ、暗い部分があるという。実際、オペラや映画に、そして最近人気のカラバッジョの絵画にも、人間の心に潜む暗い部分が重厚に表現されている。

この本はイタリア料理を問い直すことから始まる。パスタとピッツァがその代表とされるが、実はどちらも歴史的には案外新しく、貧しさが生んだものだという。次は「陽気なイタリア人」のイメージをつくったナポリ生まれのカンツォーネ。だが実際は、今のイタリア人にとって、こうしたカンツォーネはさほど重要ではない。社会への関心、愛、家族関係、自己意識を歌い込むイタリアン・ポップスの素晴らしさを知って欲しいと著者は説く。続く章の、複雑で理解しにくいイタリアの政治風土と最新の政治状況に関する説明からは学ぶことが多い。

そもそもアルプス以北の国々と比較し、イタリアの近代化は特殊で不徹底だった。古代以来の分厚い歴史、複雑な社会構造、濃密な家族や人間関係。簡単には近代化が社会に浸透するはずもなく、後進的性格が残った。識者の間に、近代への一種の拒否感もあった。だが、工業社会が終焉（しゅうえん）し、新たな価値が求められると、近代化に乗り遅れたイタリアが、逆にそれを長所にできる時代が来たと言えよう。

悲観的な逆境をうまく乗り越える技能がイタリア人独自の想像力を生んでいるし、他人を信頼できないが故に発達した家族経営の中小企業が逆に創造性を発揮して、イタリア経済を活気づけている。

ゆっくり動く生活リズムに依拠した「南型の思想」が今後ますます重要になると著者は言う。今後の日本人はどう生きるべきか、おおいに考えさせられる。

評・陣内秀信（法政大学教授）

Fabio Rambelli　63年生まれ。札幌大学教授（比較宗教論など）。

二〇〇五年一〇月二日④

『縮図・インコ道理教』

大西巨人 著

太田出版・一三六五円
ISBN9784872339741
文芸

難問の提示…答えは読者に委ねられた

大西巨人といえば、人が関(かか)わるあらゆる分野で、「俗情との結託」を厳しく批判した人である。ところで、「俗情」とはなにか。いま手元にある「大辞林・第二版」によれば「①世間の事情や人情。『——に疎い』②名利・愛欲などに引かれる卑しい心。また、世俗的な心情。『——を離れる』」とある。

なるほど、「俗情との結託」は批判されねばならない。しかし、たとえば「文学」における「俗情との結託」とはどんなことを指すのか。

文学に涙や感動を求めること、それは「俗情との結託」である。文学にわかりやすさと新奇の情報を求めること、それも「俗情との結託」である。以下、思いつくことを箇条書(かじょうが)きにしてみる。

既成の概念を疑わぬもの、解答を(性急に)求めようとするもの、解答を(性急に)与えようとするもの、整理整頓されているもの、同じような言葉を連呼するもの、感傷的なもの、大声をあげるもの、現実から目をそむけるもの、事柄の表面のみを見て思索なきもの、他人の思考を借りるもの——これは、すべて「俗情との結託」であり、大西巨人によって峻拒(しゅんきょ)されるものである。だが、これほどまでに「俗情」を排除して、いったい残るものがあるのか。その疑問への、作者からのみごとな応答こそ、ここにあげる『縮図・インコ道理教』に他ならない。

これを小説と呼ぶべきなのか、評論と呼ぶべきなのか、それとも、それ以外の未知のジャンルに属するものと考えるべきなのか、それはぼくにもわからない。

作者は、常識(俗情)の外に「文学」を置いているからだ。

「インコ道理教(オウム真理教)」をめぐり、天皇制をめぐり、戦争と革命と国家とテロリズムと芸術のありかたをめぐり、つまり、現在を生きる者にとって避けることのできない難問をめぐり、著者は、凝縮された思考の断片を提出する。だが、ここには、どんな意味でも解答は存在せず、すべては、読者に委ねられる。

「俗情との結託」を排するとは、実は、読者への信頼と(自由であることの過酷さを耐え続けよという)依頼なのだ。

評・高橋源一郎(作家・明治学院大学教授)

おおにし・きょじん 19年生まれ。作家、評論家。著書に『神聖喜劇』など。

二〇〇五年一〇月二日⑤

『厭世フレーバー』

三羽省吾 著

文芸春秋・一六八〇円
ISBN9784163242002/9784167719029(文春文庫)
文芸

5人が語り継ぐ父親失踪の"その後"

家のことすべてを放って、父親失踪(しっそう)。その後の日々を、五人の語り手が語る。

十四歳の次男。父の失踪後、アルバイトを余儀なくされ、新聞配達をはじめる。十七歳の長女。高校に通いながら、歓楽街でやっぱりアルバイトをはじめる。この二章は、部活のこと、恋愛や友だちのこと、そしてふいに父親の消えてしまった崩壊まっただなかの家族のことについて、現代っ子らしい軽妙な語り口で書かれている。この軽妙さにだまされてはいけない。現代の家族を小気味よく皮肉った、よくある話かと、私はあやうくだまされるところだった。違うのだ。

第三章で、家を出ていた二十七歳の長男が、戻ってくる。彼は残された家族のために、働きまくる。知らず、父親の代わりを果たしはじめる。第四章、語り手が母親になって、小説はさらに深くまで読み手を連れていく。前半ではわからなかったこの家族の成り立ちが、彼女の語りによって明かされる。血縁だけで結ばれた、怠慢なだけの家族ではない、何かもっと重要なことを共有した共同体であることが、徐々にわかってくる。そして第五章。失踪した父の父親、祖父の、回想を交えた語り口になり、家族とは、という限定的な問いではなく、人と人との関（かか）わりとは、という、さらに深く広義な問いを、読み手は与えられることになる。

一、二章の、語り口の軽妙さは、最後まで読むと、じつに意味深く心に残る。この家族には、役割がある。彼らを家族にしているのは、血でも共有すべき過去でもなく、この役割である。子どもは何も知らない子どもの役割をまっとうしていればいい。父という役割がいなくなれば、だれかがそれをこなせばいい。それは皮肉でもないし捨て鉢なことでもない、ひどくたくましく、健全なことだ。崩壊も再生も書いていない、この小説が書いているのは、人間の持つ、そのたくましさでありその健全さである。

第四章が私はとくに好きで、今も読み返す。失踪した父親は、世界がどんなフレーバーだろうが、私にもそれを、ちゃんと見せてくれるのだ。

評・角田光代（作家）

みつば・しょうご　68年生まれ。『太陽がイッパイいっぱい』で小説新潮長編新人賞。

『ミャンマーという国への旅』

エマ・ラーキン 著　大石健太郎 訳

晶文社・三二五〇円
ISBN9784794966766

ノンフィクション・評伝／国際

軍事政権下のまさにオーウェルの世界

英国の作家G・オーウェルは若き日の5年余を警察官としてビルマで過ごしている。この植民地体験を追う旅に出た筆者は、軍事政権によってミャンマーと改名された国で、まさに「オーウェル的世界」に遭遇するのである。

それは全体主義の恐怖をオーウェルが予言した『一九八四年』の悪夢が、まさに現実化したかのような世界だった。

「私たちは実際ビルマで起きていることについては、話すことも書くこともできないんです」とティーパーティーで会った作家は声をひそめる。

政府が反動的だと考える情景や情報を伝える作家やジャーナリストは、その筋に目をつけられれば作品は発表できず、悪くすれば投獄の憂き目を見る。

作者はオーウェルの最初の赴任地マンダレーで、信頼できる友人に紹介されて会った退職教師や歴史家と即席の「オーウェル読書会」を持つ。官憲の目を避けねばならないし、そもそも『一九八四年』も『動物農場』もこの国では禁書だ。

そこで町中の客の出入りの多い茶店に集まり、わざと騒々しいテレビの傍らに席を占めて語り合う。だが細心の用心をしても外国人である作者の旅には常に監視の目と尾行がつきまとった。

ラングーン（現ヤンゴン）、避暑地メイミョー、オーウェルの母親の出身地モウルメインと、筆者はオーウェルの足跡を追い、彼が吸った空気をかみしめての旅を続けるが、先々で聞いたのは人間性の抑圧に呻吟（しんぎん）する知識人の声だった。

厳しい思想統制の中でも彼らの心の内に迫る対話ができたのは、作者がビルマ語に精通していたからだろう。そして五感をとぎすました情景描写も本書の魅力だ。たとえば往時の繁栄が消えたモウルメインに着いた晩の情景。

「明かりと言えば、売り子が屋台に立てた数本の蝋燭（ろうそく）の火だけだった……蒸し暑い大気はキンマの匂（にお）い、エンジンオイルの匂いでむせ返るようだった。蝋燭の蝋がパパイヤの小粒な実の上に落ちて、糖衣みたいに小さな山を作っていた」

アジア的豊饒（ほうじょう）に根を張る軍事独裁政権の恐怖を静かに告発したルポである。

（原題、SECRET HISTORIES : Finding George Orwell in a Burmese Teashop）

評・加藤千洋（本社編集委員）

Emma Larkin　バンコク在住の米国ジャーナリスト。

二〇〇五年一〇月二日❼

『ぼくの交遊録』

岡井隆 著

ながらみ書房発行、春風社発売・二九四〇円

ISBN9784861100444

文芸／アート・ファッション・芸能

「第二芸術論」「奴隷の韻律」など短歌に対する戦後の厳しい批判の数々。その批判をバネとして新たな芸術たらしめんと試行錯誤した前衛歌人たち。六月に亡くなった塚本邦雄、そして著者や寺山修司もその一人であった。

前衛短歌は比喩（ひゆ）表現や反写実を多用、社会的視点を重視し、物語性を導入したりした。それらは、今や現代短歌に溶け込んでいる。

著者は数々の試行の跡を辿（たど）りつつ歌人、作家、詩人、俳人など幅広い層の人物との邂逅（かいこう）、交流を振り返る。

例えば塚本邦雄について「諸般にわたって指導していただいた。ライバルでありつつ、師であるとぼくは思っている」と述べ、寺山修司の短歌については「好きだというのは本当で、あの歌の価値はぼくの中で年々重くなる」とも言う。

前衛歌人の衣をまとい、今も第一線で試行を続ける著者の率直な述懐でもある。短歌は何処（どこ）へゆくのか。著者の短歌にかける情熱と気迫は衰えてはいない。

評・前川佐重郎（歌人）

二〇〇五年一〇月二日❽

『ダイブ 水深170メートルに逝った愛』

ピピン・フェレーラス 著　杉田七重 訳

ソニー・マガジンズ・一六八〇円

ISBN9784789725989

ノンフィクション・評伝

フリーダイビング（素潜り）といえば、映画「グラン・ブルー」を思い出す人は多いだろう。

この競技には、フィンを使って自力で潜る以外に、重りで急潜行した後、圧縮空気を入れたバルーンで浮上する種目がある。

キューバ生まれの著者の妻オードリーは02年、この種目で世界記録の深さに到達しながら、浮上中におぼれ死んだ。バルーンがうまく開かなかったのだ。

オードリーは南仏出身で、28歳の若さだった。この悲劇について、著名な米スポーツ専門誌は、「世界記録への危険な挑戦」と題する特集を組んだ。

たしかに、息を止めたままで10気圧以上の水圧に体をさらすのは、危険きわまりない。真のスポーツと呼べるのだろうか。

オードリーの先輩ダイバーでもある著者は、「登山家がエベレストを目指すのと同じ本能だ」と、記録への挑戦を弁護する。深海の魅力と恐怖が混在するドキュメントは、読ませる。

評・定森大治（編集委員）

二〇〇五年一〇月二日❾

『江戸の町奉行』

南和男 著

吉川弘文館・一七八五円

ISBN9784642055932

歴史

江戸ではたんに町奉行所であり、江戸町奉行所とはいわなかった。

現代の東京都知事よりも大きな権限を持っていた江戸の町奉行は、いつもテレビの時代劇に登場してくるが、いざ実際に具体的な知識を得ようとすると、これまで適当な参考書が意外に少なかった。

本書は江戸社会の研究ではかねて定評のある著者が、裁判・治安警察・生活実態という三つの切り口から町奉行所についての基礎知識をまとめた好著である。

南北の奉行が二人、両組あわせて与力五十騎、同心二百人。わずかそれだけの役人が、なぜ二百五十年にもわたって、人口が百万に達した江戸の治安と民政を維持できたのか。幕府政治と町人自治とを組み合わせた行政の仕組みである。

目明かしとか自身番とか牢名主（ろうなぬし）とか権力の末端がよくわかるし、おなじみの人名や事件もいろいろ紹介されているから、座右の町奉行所小百科として実用的にも役に立つ本だ。

評・野口武彦（文芸評論家）

二〇〇五年一〇月二日⑩

『韓国のデジタル・デモクラシー』

玄武岩 著

集英社新書・七三五円
ISBN9784087203011　政治／IT・コンピューター／新書

韓流ブームが続く中、新聞に韓国人俳優の名前を見ない日はない状態が続いている。他方、韓国の政治についてはどうだろう。金泳三や金大中の頃はともかく、今の政治はよくわからない、という人が多いのではないだろうか。

本書は今日の韓国政治のあり方を知る上での良著である。02年の大統領選挙で見られたように、現在の韓国ではインターネットを通じた様々な政治運動が大きな役割を果たしている。本書は、この新しく見える運動が、実は60年代以来の韓国の民主化の中から生まれたものであることをコンパクトに整理し、位置づけている。

もっとも、このような動きには、光もあれば影もある。筆者が高く評価するデジタル・デモクラシーが韓国をどこへ導くのかは、まだ定かではない。それでも隣国では何かが起こっている。我々自身の民主主義を考える上でも、もう少し関心を持ってもよいのではないか、と思う。

評・木村幹（神戸大学教授）

二〇〇五年一〇月九日①

『心は実験できるか　20世紀心理学実験物語』

ローレン・スレイター 著　岩坂彰 訳

紀伊国屋書店・二五二〇円
ISBN9784314009898　医学・福祉

臨床的なしぐさで問う、研究者らの「偉業」

面白い。しかし危うげな本。

心理学実験という主題がそもそも剣呑（けんのん）だ。

本書の二章でも取り上げられている、有名なミルグラムによる電気ショック実験など、いま同じことをやれば訴訟沙汰（ざた）に発展しかねない。

ミルグラムは「罰と学習効果の関係を調べる実験」という触れ込みで被験者を募り、彼らに成績の上がらぬ学習者に対し罰として電気ショックを与えさせた。だが実際は、学習者は全部「サクラ」。電撃による苦痛も演技だった。学習者が苦悶（くもん）の表情を浮かべるのを目の当たりにしながら、どこまで実験の指導者の命令に従って電気ショックを与え続けられるものか。人間性の臨界を試すのが真の目的だったのだ。

確かに興味深い実験だ。服従の心理的機制について一定の知見を引き出したともいわれる。

だが危うい。当然、この実験は各方面にセンセーショナルな反応を引き起こした。倫理的な非難が押し寄せ、ミルグラムの名声は廃れた。

心理学の博士号を持ち、臨床経験もある著者、ローレン・スレイターは、ミルグラムが何をやろうとしたのかを再び探問する。被験者、彼の支持者、彼の批判者に取材を重ねながら。

しかし、その書き振りがあまりにパセティックなのだ。だから面白い。思わず引き込まれてしまう。だから危うい。例えばミルグラムが心臓発作で死ぬシーンは、実験に重ね合わされて、こう描出される。「……ミルグラムには電気ショックが与えられた。一度。二度。彼の身体は何度空中に跳ね上がったことだろう。魚のように身をのけぞらせて。ショック。ショック。黒い除細動器のパッドが押しつけられる。けれども彼は逝ってしまった。電気ショックで生き返らせることはできなかった」

本書を、実験心理学についての啓蒙（けいもう）的な読み物として紹介するのは、あってはならないミスリーディングだ。これはそんな生温（なまぬる）い本じゃない。もっと異様なもの……。

人の心を実験の対象にしようとする知性が孕（はら）む一種の狂気を、詩的な――また別の狂気に憑（つ）かれた、と言い換えてもよい――知性によって捉（とら）え直した実話物語（ノンフィクション）といえる。

精神科医が詐病を見破れるかを実験したローゼンハンを取り上げた第三章は、まさしく感動的だ。彼女は、精神科医が患者の正気と狂気を厳密に見分けることができないとしたローゼンハンの結論を全面否定する精神医学者に反論するため、身をもって実験の追試を決行する。果たせるかな、やはり異常と診断され、抗精神病薬を処方された。精神医学は二度も地に塗（まみ）れた。

けれど、彼女の胸奥に残ったのは精神医学への不信ではなかった。親身になって患者を気遣い、柔らかな言葉で傷ついた精神を癒（いや）そうとする医療現場の人々の「思い」が心に刻まれた。

妻を失い、娘を失い、いまは自らも寝たきりのローゼンハンにこの「素晴らしい経験」を伝えたいと彼女は書く。それとともに「私たちがまだ生き続けることを、私たちの言葉が未来に織り込まれていくことを」。

（原題、OPENING SKINNER'S BOX）

評・宮崎哲弥（評論家）

Lauren Slater　米国の心理学者、臨床心理士、ノンフィクションライター。

二〇〇五年一〇月九日❷　文芸

『天使のナイフ』

薬丸岳 著

講談社・一六八〇円
ISBN9784062130554／9784062761383（講談社文庫）

少年犯罪の深層追求　社会派の秀作

本年度の江戸川乱歩賞受賞作である。乱歩賞はレベルの高いミステリー新人賞だが、賞の性格上、技術的にもテーマ把握の上でも弱く、振り返れば凡作も目立つ。しかし本書は格段にいい。歴代の受賞作の中でも上位に入る秀作だ。

カフェ店の店長である桧山は、刑事の訪問を受ける。刑事は四年前、妻の祥子が殺されたときの担当だった。犯人は十三歳の少年三人で、十四歳未満のために刑事責任は問われず、そのうちの二人は〝林間学校の合宿程度の拘束しか与えられない〟児童自立支援施設への送致だった。人一人を殺して、その程度なのか？

国家が罰を与えなければ自らの手で、と思った桧山だったが、刑事によると、最近その少年たちが相次いで殺されたという。いったい誰が何の目的で？　桧山は真実を求めて調査に乗り出す。

いやあ、よく出来ている。展開は二転三転し、終盤はどんでん返しの連続。まさにミステリー的興奮がみなぎっている。伏線の張り方は周到で人物像にも陰影がある。新人の第一作とは思えないほど目配りがよく、細部が充実している。

だが何よりも見事なのは、テーマである少年法を多角的に捉（とら）えていることだろう。厳罰にすべきなのか、それとも子どもの人権を守り、更生に期待を寄せるのか。そんな厳罰派と保護派との相剋（そうこく）を、桧山がつぶさに検証する。少年犯罪の被害者として、〝えぐられた肉と神経が剥（む）き出しになった〟ような激しい心の痛みをいまだ抱えて生きているのに、安易に厳罰派に与（くみ）することをせず、かといって理想論に終始する保護派も疑問視しながら、謎を解きながらテーマを考えぬく。

本書の最大の魅力は、この倫理の煉獄（れんごく）ともいうべき境地が、関係者たちの隠された肖像とあいまって一段と深まるところだろう。その混沌（こんとん）を強めるために事件と人物像を作りすぎている難もあるが、それだからこそ事件が白熱化し、主人公らの思いが一際（ひときわ）強く響き渡るのも事実。決して理想に走らず、かといって総花的にもならずに主題を深く追求する。

信じるに値する視点で書かれた社会派ミステリー。今年の収穫の一つだろう。

評・池上冬樹（文芸評論家）

やくまる・がく　69年生まれ。ミステリー作家。本作が第一作。漫画雑誌の原作賞に入選も。

二〇〇五年一〇月九日③

『ブログ　世界を変える個人メディア』

ダン・ギルモア著　平和博訳

朝日新聞社・二三〇五円
ISBN9784022500175　人文／IT・コンピューター／社会

元新聞人が新旧メディア一体化を模索

今年上半期に話題・注目を集めた商品の第一位は「愛知万博」でも「スター・ウォーズ・エピソード3」でもなく「ブログ」。電通が調査したそんなアンケートの結果が先ごろニュースになった。少し前には「ブログの利用者が335万人に」の総務省推計も発表された。

日本でも市民権を得つつあるその新たな情報発信メディアを中心にした、先進地米国で起きている現象の最新リポートだ。だれもがインターネットに手軽に書き込める「ブログ」は、周辺技術の革新も日々めざましい。「未来のニュース報道は、講義型から会話やセミナーのようなものになるだろう」という著者の確信には、伝統的メディアの関係者ならずとも、刺激を受けないわけにはいくまい。

サンノゼ・マーキュリー紙のコラムニストなど新聞人だった著者は、新聞や放送の「自己満足と傲慢（ごうまん）さが増殖してゆく世界」に批判的で、自ら草の根ジャーナリズムを実現するためのベンチャー組織を設立した。この本もネットで概要を公開し、市民の意見やコメントを反映しながら仕上げた「ブログ本」である。

市民メディアに期待しつつも、バラ色の未来を描いているわけではない。さまざまな実例を示しつつ、情報の確度や、捏造（ねつぞう）、サイト荒らしの横行、情報操作や誘導といった不可避の危うさにも言及。正確・公正・倫理規範といった伝統的メディアの価値観が大切だとし、その良質な部分を守りながら、両者を一体化する道を探りたい、というスタンスに立つ。情報の適正な評価や編集、整理などでジャーナリストが果たせる役割を重視するのも説得的である。

旧メディアの側は、米国でさえ一部を除き、こうした未来にまだ本気で向き合おうとしてはいないようだ。しかし、新聞などが大きな力を持ち得たのは、知識や情報が少数の人々に偏在していたからだ。いま、状況はまったく違う。専門的な知識も重要な情報も、多層になった社会の周縁に広く散在している。読者や受け手総体の方がはるかに多くのことを知っている時代になった。そのことの自覚が乏しすぎるのではあるまいか。

（原題、We the Media）

評・佐柄木俊郎（国際基督教大学客員教授）

Dan Gillmor　51年生まれ。今年グラスルーツ・メディア・インクを設立。

二〇〇五年一〇月九日④

『前川國男　賊軍の将』

宮内嘉久著

晶文社・一八九〇円
ISBN9784794966834　ノンフィクション・評伝

日本近代建築の再考促す本格的評伝

昭和三（一九二八）年、卒業証書を手にした晩、世界にデビューしたばかりの建築家ル・コルビュジエに師事すべく、パリへ発（た）った青年がいた。後に日本の近代建築をリードし続けることになる前川國男（一九〇五～八六年）だ。その名作、上野の東京文化会館、新宿紀伊国屋ビル等をご存じの方も多いだろう。

我が国の建築界にとって重要なこの建築家の初の本格的な評伝が、生誕百周年という記念すべき年に出版された。渾身（こんしん）の力を込めて執筆したのは、前川の最もよき理解者であり、また前川と共に歩んだ建築編集者の宮内嘉久。熱い思いとクールで鋭い批判精神が生んだ本書。読者を引き込み、日本の近代建築、さらに近代社会そのものの再考へと向かわせる。

自由な国際的雰囲気のル・コルビュジエの工房で多くを学び、パリの空気を思いっきり吸って帰国した前川。彼を待っていた日本社会は、軍国主義の圧力と超国家主義の風潮。欧州帰りの眼（め）には、似て非なる近代。その重い状況の中、建築における真の近代を求め、彼の戦いは始まった。戦後の高度成長期には、精神なき経済主義、巨大開発に建築界は巻き込まれる。前川は権力に阿（おもね）ることも、商業主義に流されることもなく、自由な精神を貫き、苦悩した。孤独な戦いだった。

著者は前川の人、思想、作品の特徴を的確に描き出しながら、日本の近代建築の歩み全体を強烈な批評精神で振り返る。それは同時に、編集者として、建築ジャーナリズムの世界で自分が何を考えてきたかの表明でもある。

印象的なのは、やはり日本の近代建築をリードした世界の丹下健三の生き方に対する著者の手厳しい見方だ。国家に奉仕し記念碑的作品をつくり続け、大阪万博でその役割が終わると、国外、特にアラブ諸国の体制を支える仕事に転身。最後は批判したはずのポストモダンの意匠で東京都庁舎を設計した。骨太な精神性のもと、常に社会を考え、都市や環境との真の対話を求めた前川の生き方は丹下と対極的だった、と著者は指摘する。

この十二月から東京で開催予定の前川國男建築展が今から楽しみだ。

評・陣内秀信（法政大学教授）

みやうち・よしひさ 26年生まれ。編集者。著書に『建築ジャーナリズム無頼』など。

二〇〇五年一〇月九日⑤

『崛起（くっき）する中国　日本はどう中国と向き合うのか？』

政治／国際

小島朋之 著

芦書房・三一五〇円

ISBN9784755611889

ちぐはぐな胡錦涛政権を定点観測

中国はアメリカと並んで日本の外交の両輪をなす重要国である。しかし一般の日本人が中国の実情に関して客観的な情報を得ることはアメリカに比べてはるかに難しい。それは改革開放の定着した今日でも、政治や軍事に関する情報を出したがらない中国の体質のせいもあるが、日本人の多数派がかつては「親中」、今は「嫌中」という色眼鏡で中国を見てしまう癖があることにも原因がある。メディアには大量の中国論があふれているが、部分的な情報を拡大解釈して色眼鏡を厚くするものが多く、真に蒙（もう）を啓（ひら）いてくれる作品は少ない。

そうした中で本書のような分析は、中国に対する長年の冷静な定点観測を集積した貴重な存在である。著者は中国の現状分析をリードする学者であり、20年以上にわたってアジア問題を専門とする月刊誌『東亜』に中国分析を連載してきた。本書はその連載を集めた9冊目の書物であり、03年と04年に書かれた記事が中心となっているが、本年春の反日暴動を受けた分析がつけ加えられている。

言うまでもなく、この時期は02年11月に江沢民政権と交代した胡錦涛政権が地歩を固めてきた期間にあたる。「世界の工場」として定着した中国は、国際的に見れば台頭する大国である。胡錦涛政権もそのことを意識し、一旦（いったん）は「和平崛起」（平和的発展）を掲げた。しかしこのスローガンは一時期取り下げられ、最近また復活した。ちぐはぐな行動の背景には内外に様々な矛盾を抱え、明確な指針を打ち出せないでいる胡錦涛政権の苦境がうかがえると本書は分析する。

国内的にも、胡錦涛政権は中国社会の急速な変化に対応した新たな政策を打ち出すことが期待されていた。しかし、「科学的発展」といういかにも理系出身者が多い世代らしいスローガンを示してはみたものの、山積する社会問題に対して具体策に乏しく、むしろ政治的引き締めが強化される傾向すらある。

巨大な矛盾を抱えた中国という存在のありのままを知るという、日本人にとって最も重要な視覚を教えられるいぶし銀の一書である。

評・中西寛（京都大学教授）

こじま・ともゆき 43年生まれ。慶応大教授。著書に『現代中国の政治』など。

『哲学的落語家!』

平岡正明 著

筑摩書房・二三一〇円
ISBN9784480885227

アート・ファッション・芸能

やるせないほど一心不乱の枝雀の落語

心のこもった枝雀落語論である。

「俺(おれ)は西国とは鮮烈に出くわしたい。げんに河内音頭に出くわしたように、鋭く枝雀落語に出くわした」

あのアルカイックスマイルで百面相を演じ、動きの大きいカミシモでめまぐるしく別人格に入れ替わり、高座から転がり落ちんばかりの熱演で客席を沸かした枝雀の芸風は忘れがたく、死後もなおファンの数は多かろう。

涙が出るほど笑わせる芸がある。泣くのと同じ涙腺が刺激されるのか、それとも心を打たれるくらいおかしいのか。桂枝雀の落語には、やるせないまでに一心不乱のところがあった。

人体には「笑い」の経絡(けいらく)のようなものがゆきわたっていると見える。そのツボを押されて、感受性のやわらかい部分に効いてくるのである。

著者は、枝雀の大車輪芸にアクの強さを感じなかったためずらしい東京人だ。「関東と関西でも、あの時代に生(うま)れた自分たちは同じようなものだ」という気持ちが強いから、枝雀も落語に登場してくる人物も、決して箱根から向(むこ)うに住む赤の他人ではない。

「わては松本留五郎、言うんですわ。おやじが死ぬときに、苦しい息の下から、留エ、おまえは松本留五郎いうんや、コト、と往生(いき)まってん」(『代書屋』)

コトっと首がかたむくシグサが絶妙で、笑いながらホロリとさせられた。

世間に数多(あまた)ある「落語通」ではないから、玄人めいた「芸論」を披瀝(ひれき)しない。理屈抜きに、ただひたすら枝雀の《声》に聞き入る。履歴書ならぬゲレキ書を頼みにきて、きまじめな代書屋を泣かせる留五郎のコテコテの上方弁の向う側に「笑い」の原音を聞き澄ます。ここで凝らされているのは、ジャズ評論で鍛えられた耳である。

他にも『三十石』『貧乏神』『高津の富』『茶漬(ちゃづけ)えんま』をはじめ枝雀が得意芸にしていた演目が十数席取り上げられている。落語にしか出てこないなつかしい連中に再会できるのが楽しい。

鶴がツーッと飛んできてルッと止まる世界の住人よ、永遠なれ。

評・野口武彦(文芸評論家)

ひらおか・まさあき 41年生まれ。評論家。著書に『山口百恵は菩薩である』など。

『戦後和解』

小菅信子 著

中公新書・七七七円
ISBN9784121018045

歴史/新書/国際

第2次世界大戦中に日本軍に捕らわれて過酷な処遇を受けたイギリスの元捕虜のなかでは、日本に対する激しい怒りを抱きつづけている人もまだ多い。そのことは、今夏の対日戦勝60年記念式典でも示された。

しかし、日本側の謝罪を前提として、戦争が残した偏見を克服し、互いの和解を図ろうとする努力も、日英間では積み重ねられてきた。80年代以降における、イギリスの元捕虜をめぐるそうした和解の試みの軌跡を描くことが、本書の中心テーマである。その主題に収斂(しゅうれん)する形で、戦争と講和の歴史、戦争責任問題についての日独の比較が扱われ、また日英和解を比較の基準として、「歴史問題」に関する日中間の取り組みが論じられている。

著者自身、日英和解の過程に深くコミットしてきたが、本書はそれを表面に出すことなく書き上げられた。しかし、その経験は叙述の底で脈づいており、正義よりも妥協こそ必要という結論も、含意に富んでいる。

評・木畑洋一(東京大学教授)

二〇〇五年一〇月九日⑧

『チェンジメーカー　社会起業家が世の中を変える』

渡邊奈々 著

日経BP出版センター・一六八〇円

ISBN9784822244644　経済

「世のため人のためになりたい」と、いっぺんも思わなかった人などいはしまい。けれども、それはそれ。食えなきゃ話にならんし、無償の奉仕は続かんし、まあ結局「身過ぎ世過ぎ」には勝てませんな。

いや、そんなことはない、と行動で示している人たち十八人が、本書の主人公である。ニューヨークの荒れ果てたホテルをホームレス専用宿に変え、ちゃんと収益もあげているアメリカ人女性。「病院ピエロ」として、入院中の子供らの治癒に一役も二役も買っているイタリア人女性。日本からは、「社会責任投資」という新しい投資方法を推進する女性起業家が登場する。つまり、武器輸出解禁の旗振りをしているような企業には投資しないということ。至極もっともな話だ。

彼らを「社会起業家」といい、アメリカではエリートたちが、「世のため人のため」をどんどんビジネスに変えている。本書と出会って人生が変わる人が、きっと出てくる予感がする。

評・野村進（ジャーナリスト）

二〇〇五年一〇月九日⑩

『孤立、無援』

阪本順治 著

ぴあ・一八九〇円

ISBN9784835615578　アート・ファッション・芸能／ノンフィクション・評伝

勇気をあたえられる書物だ。生きて、仕事を続ける勇気。映画に興味のある若い人にぜひ読んでほしい。

助監督時代、子供たちが寒い海に入る映画を撮った。子供に温かいうどんを食わせてやりたい。だが冷えたら逆効果だ。だから出前の注文のタイミングを計って待機した。そんな心くばりが次第にスタッフや役者の信頼を得る。それが映画作りの原動力だという。

第一作『どついたるねん』でボクサーの赤井英和に汗が必要になった。何百人ものエキストラを待たせて赤井に腕立て伏せをさせた。そうして出た本物の汗があの映画の迫力を生んだ。監督も役者もいい根性だ。

代表作『顔』では主役・藤山直美の暗さに注目した。そこに、周囲に対して「閉じていた」思春期の自分の暗さが重なりあったという。この件を読んで、つねに暗い内省を遠心力でぶち破る阪本映画の秘密が分かった気がした。感動的な実践的映画論であり、告白的人間論でもある所以（ゆえん）だ。

評・中条省平（学習院大学教授）

二〇〇五年一〇月一六日②

『アムニジアスコープ』

スティーヴ・エリクソン 著　柴田元幸 訳

集英社・二九四〇円

ISBN9784087734324　文芸

記憶喪失の街を幻視する魔術的私小説

スティーヴ・エリクソンは現代最高の幻視者である。アメリカ大統領ジェファソンの黒人女性奴隷の愛人サリーや、ナチスの独裁者ヒトラー専属のポルノ作家バニングなどをあまりにも生き生きと描き出す魔術的リアリズムは、独自のものだ。しかし現代は幻視者にとって暮らしやすくはない。彼は生まれる時代を間違えたのではないか、その根本は一九世紀ロマン派なのではないか。

本書もまた、著者が言葉のあらゆる意味においてロマンティックであることを裏書きする。ここからあぶりだされるのは、おびただしい女性たちとの恋愛の挫折を経てぼろぼろになり、現実と幻想の区別、記憶と夢の区別もあいまいになりながらも、いまなお生死を賭けて世界の変革を妄想する三文映画評論家の肖像なのだから。

舞台となる近未来とおぼしき大震災後のロサンゼルスでは、時間の流れ方が異なる無数のタイムゾーンが併存する。「いま／ここ」ではないもうひとつのアメリカ、とくにアムニジア（記憶喪失）の街・ロサンゼルスをダイナミックに幻視するのは、エリクソン文学の真骨頂だ。原著を刊行した一九九六年、著者は道徳など知らぬ新道徳主義者や魂が悪意に染まった新正義派および新愛国主義者の勃興（ぼっこう）に憤っていた。そんな閉塞（へいそく）感を打開するのに、彼は記憶の問題を根本から問い直す。

興味深いのは、主人公の目下の恋人ヴィヴが「メモリスコープ（記憶鏡）」なる彫刻を作り、それによって得られる太陽の目もくらむ光で人間が「一番忘れられている記憶」を見ようと企（たくら）むところだ。そして最大のクライマックスは、作家がかつて自身の小説内部の作中人物として創作したにすぎない伝説の映画監督アドルフ・サールが実在し、その代表的な無声映画『マラーの死』の上映会に招待される場面で訪れる。

現実が虚構化するばかりか、捏造（ねつぞう）が実在化する魔術的私小説。旧来の愛読者には、エリクソン文学ならではのスターシステムがぞんぶんに味わえることも保証しよう。

（原題、AMNESIASCOPE）

評・巽孝之（慶應大学教授）

Steve Erickson 50年生まれ。米国の作家。著書に『彷徨う日々』など。

二〇〇五年一〇月一六日③

『不登校という生き方 教育の多様化と子どもの権利』

奥地圭子 著

NHKブックス・九六六円

ISBN9784140910375

教育／社会

フリースクール20年 苦闘の集大成

不登校、ひきこもりなどが激増している。ほとんどの人が、過保護などのためだとし、怠け、病気、甘え、発達の遅れなどと否定的に見ている。

著者の主張や活動は広く知られているが、長年にわたってそういう見方に真っ向から反論してきた。いまの社会や学校教育が、競争、管理、上下関係、押し付けに満ちており、子供たちの個性、興味、感性を押しつぶしている。それに対するのっぴきならない生命の反応が不登校になっていると解釈する。

著者はかつて、小学校の教員時代に自分の子どもが次々に不登校になってしまった。何とか登校させようとあせるうち、長男が拒食症になり泥沼化。ところが、一度のカウンセリングで拒食症が治り、自分がいかに子供の心に寄り添っていなかったか、愕然（がくぜん）とする。

そして教員をやめた著者は、不登校児などが自由に参集する「東京シューレ」を設立する。それが、いわゆるフリースクールのはしりだ。本書は、その20年に及ぶ苦闘の集大成。子供たち、親たち、行政と格闘し、運動を横に広げ、世界的になっていく様子が生き生きと語られている。また、社会や学校教育や文科省の不登校対策の問題点などにも、多くのページがさかれている。子供たちが全面的に受け入れられると「自らの内に秘められた宝物が生きて動く」様子は感動的だ。

著者は学校のあり方に問題があるので、不登校児を無理やり学校に引き戻そうとする社会がいけないと主張する。そうだとすると、学校環境が急激に劣化したのだろうか。

一般常識からは突飛（とっぴ）に聞こえるだろうが、私は子供たちの変化が大きいと考えており、この現象を「人類の進化」ととらえている。かつて槍（やり）で動物を仕留めていた時代に発達させた、アドレナリン系のホルモン分泌が弱く、闘争が苦手な子供たちが登場してきたのだ。いまの競争社会や画一的な教育システムが絶対なのではなく、いずれ進化していくだろう。

そう考えると、著者の活動はまさに時代を先取りしてきたといえる。来るべき次の社会へのヒントを秘めた一冊だ。

評・天外伺朗（作家）

おくち・けいこ 41年生まれ。東京シューレ理事長。著書に『学校は必要か』など。

二〇〇五年一〇月一六日④

『容疑者Xの献身』

東野圭吾 著

文芸春秋・一六八〇円

ISBN9784163238609／9784167110123(文春文庫)　文芸

繊細にどっしりと、恋愛と友情の物語

いつもながら、この著者の小説はページをめくる手を止めさせないが、本書は、恋愛、友情、という普遍的なテーマを、じつに繊細に扱っている。

天才的な頭脳を持ちながら、高校の数学教師に甘んじている石神は、アパートの隣に住む女性、靖子に、一方的な恋心を抱いている。あるとき、靖子と娘の美里が、訪ねてきた元夫を殺（あや）めてしまう。それを知った石神は、彼女たちの罪を完璧（かんぺき）に隠蔽（いんぺい）するべく、奔走する。石神の真の意図を、読み手は、靖子と同様に知らされない。石神が幾重にも仕掛けたトリックを暴いていくのは、学生時代の彼の唯一の友人だった物理学教授、ガリレオ先生こと湯川。まるで数式の証明を競って行うように、ガリレオ先生は石神の真意を読みとっていこうとする。

靖子というのは読み手にとってはあまり魅力的な女性には思えない。弁当屋で働く、過去の不幸がなんとなく容貌（ようぼう）に染みついたような、中学生の母親である。しかしだからこそ、彼女を思う石神の気持ちが、不気味なまでにとぎすまされたものに思えてくる。彼女は石神の真意をまるで知らず、ただすがるような気持ちで、彼から与えられるほとんど意味不明の指示に従い続ける。

一方で、石神とガリレオ先生の静かな応酬がくりひろげられる。「自分で考えて答えを出すのと、他人から聞いた答えが正しいかどうかを確かめるのとでは、どちらが簡単か」。そうして、石神の出した解答とはべつの解答を、ガリレオ先生は引き出し、みずからの答えに苦悩する。

石神の意図がすべてわかったとき、ここに描かれる恋愛の形態にも、友情の在り方にも、胸をつかれる。ほとんど恋愛と無縁に生きてきた男の、決して他に汚されることのなかったまっさらな部分に、恋にすらならなかった彼の愛情に、ひれ伏すような気持ちになる。そして学生時代、才能を競い合った二人の、地味ながらきらめくような時間と、その才能が行き着いてしまった未来に、ただただ、うなだれる。どっしりと持ち重りのする小説だった。

評・角田光代（作家）

ひがしの・けいご　58年生まれ。作家。著書に『秘密』『探偵ガリレオ』『幻夜』など。

二〇〇五年一〇月一六日⑤

『靖国問題の原点』

三土修平 著

日本評論社・一五七五円

ISBN9784535584532　歴史／人文

宗教性と公共性を併せ持つ「両棲動物」

「靖国問題」を主題とする本は数多（あまた）出版されているが、特定イデオロギーに染め抜かれた、「内輪」向けの論考ばかり。読むに値しないものが殆（ほとん）どである。

断言するが、近年上梓（じょうし）された夥（おびただ）しい靖国関連書のなかで、読むに足る内容を備えているのは本書のみである。

まず、この問題を論じる際、必ず持ち出される「政教分離」と「戦争責任」。本書はこの二つを金科玉条としない。

「政教分離」は各国の歴史的事情によって様々なかたちがあるという。例えば、関東大震災と東京大空襲の犠牲者の追悼施設「東京都慰霊堂」は、都の所有と管理の下にある。ところが春秋の慰霊祭は仏式で執り行われる。「政教分離」は杓子定規（しゃくしじょうぎ）に適用されていないのである。

「戦争責任」に関しても、右の「謀略史観」、左の「せっかく史観」に基づく議論は、戦後社会のリアルな変化を冷静に認識する妨げになっていると批判する。

ちなみに「謀略史観」とは、ＧＨＱが押し

つけた政策によって戦後日本は骨抜きにされたという立場。「せっかく史観」とは、戦後改革でせっかく民主的、平和的な国へと歩み出したのに、反動勢力の策謀でなし崩しに右傾化が進んでしまったという立場である。

これらの思潮が、問題の本質を隠蔽（いんぺい）し、解決の緒を見失わせた。

靖国神社は奇妙な両棲（りょうせい）動物である。伝統的な神道に由来する「宗教性」と近代国家の原則に由来する「公共性」とを併せ持つ。これこそ靖国神社創建以来の最大の矛盾であり、強みである。大方の賛否の論がその罠（わな）に嵌（はま）り、二重拘束（ダブルバインド）に陥っているが、本書は構造を解き明かす。

それを踏まえ、GHQの「神道指令」に関する通説を覆す第六章は圧巻。靖国神社はあえて民間の宗教法人になる方途を選んだのである。しかし、そのことで一層矛盾は激化し、蟠（わだかま）りは硬結した。

戦後の早い段階で、靖国神社自体を非宗教的施設へと脱皮させていれば、今日のような混迷を迎えることがなかっただろうという著者の見解に賛同しつつ、そんな抜本改革ができないのがこの国の宿痾（しゅくあ）なのだ、という苦い思いに囚（とら）われた。

評・宮崎哲弥（評論家）

みつち・しゅうへい 49年生まれ。東京理科大学教授、経済学博士。

二〇〇五年一〇月一六日⑥

『ヨーロッパ合衆国』の正体

政治／経済／国際

トム・リード著　金子宣子訳
新潮社・二二〇〇円
ISBN9784105458010

米国に対抗する強大なパワーに迫る

知らぬ間に、ヨーロッパで歴史の地殻変動が起きている（!）。

『ワシントン・ポスト』紙のロンドン支局長としてヨーロッパの動静を追い続けてきた著者が、アメリカ人に警鐘を鳴らすのは、このことだ。世界はアメリカ単独の一極支配から、欧州連合（EU）との二極体制へと急速に移行しつつある。だからアメリカ人よ、内側ばかりを向くな、外界、とりわけヨーロッパで進行中の事態を注視せよ、と。

アメリカ人に冷水を浴びせかける事実が、次々に出てくる。セブンアップもダンキン・ドーナッツもホリデイ・インも、すでにヨーロッパ企業に買収された。世界の旅客機製造のナンバーワンは、もはやボーイング社ではなく、ヨーロッパのエアバス社である。さらに、アメリカ多国籍企業の雄ゼネラル・エレクトリック社が目論（もくろ）んだ強引な企業合併が、ヨーロッパの独占禁止法に引っ掛かり、無惨（むざん）にも叩（たた）き潰（つぶ）される事件の内幕が事細かに再現される。企業の存在感で言えば、トヨタの社長がアジアの独禁法担当官の前に跪（ひざまず）くような屈辱の顛末（てんまつ）である。

そもそもチャーチルの提唱による「ヨーロッパ合衆国」が突如、目に見える形で出現したのは、統一通貨ユーロの誕生であった。ユーロは、大方の予想に反し、ドルを抜いて「世界最強の通貨」となり、ヨーロッパのどこで生活してもよいと考える〝E世代〟を生み出す。

だが、こうなるまでには、ヨーロッパを二度と戦禍に巻き込んではならぬという共通の決意と、そのために国家対立を超えた統一ヨーロッパの創造が不可欠とみなす理想主義者たちの苦闘があった。当初EUを冷笑していた著者が、スケールの大きな取材によって、こうしたヨーロッパのしたたかな理想主義に敬意を表するまでに至る過程が、本書のいわば〝裏地〟である。

アメリカが軍事力に偏した「ハード」なパワーなら、EUは政治力・経済力・文化力、中でも福祉力を重んじる「ソフト」なパワーだと著者は言う。アメリカのハード・パワーに押されがちな日本人にこそ、本書を読んでもらいたい。

（原題、THE UNITED STATES OF EUROPE）

評・野村進（ジャーナリスト・拓殖大学教授）

T. R. Reid 90年代前半は「ワシントン・ポスト」紙記者として日本に滞在。

二〇〇五年一〇月一六日❼

『大西洋の海草のように』

ファトゥ・ディオム 著　飛幡祐規 訳

河出書房新社・一六八〇円
ISBN9784309204451

文芸

貧しく封建的な島の寒村。若者は閉塞（へいそく）感から都会に出ることに夢中だが、田舎教師は子供たちに道を外させまいと懸命に諭す。だが彼も慣習と規律でままならぬ恋の結果、恋人と私生児を失った。村を出たが失意のもとに帰郷し自殺した青年。人生の失敗を取り繕う大人たち。都会で成功した姉は、故郷に残した弟からの過剰な期待と望郷の念に心を引き裂かれて……。

こう書くと、藤沢周平か山本周五郎の時代小説みたいだが、舞台はアフリカ、セネガルの小島だ。島を出た若者は、移民先のフランスで黒人差別にぶつかる。本書は、そのフランスで子守をしながら作家となった著者の自伝的小説である。

書かれている世界は問題山積なのに、文章はドライブ感に溢（あふ）れ、紺碧（こんぺき）の海と島の緑を鳥瞰（ちょうかん）するような爽快（そうかい）さがある。W杯サッカー中継の描写からは熱狂する若者の歓声が聞こえそうだ。最後、姉と弟の会話は、やっぱり人情話。泣ける。

評・酒井啓子（東京外国語大学教授）

二〇〇五年一〇月一六日❽

『三つの教会と三人のプリミティフ派画家』

J・K・ユイスマンス 著　田辺保 訳

国書刊行会・三九九〇円
ISBN9784336047229

アート・ファッション・芸能

『さかしま』で著名なユイスマンスの遺作となった美術論集。ノートル＝ダムほか二つの教会と、グリューネヴァルトほかフランクフルトの謎の画家二人を論じている。原著からほぼ百年後の初訳だが、表層を凝視し、その奥から信仰と人間の格闘のドラマをえぐりだすまなざしの強さは、現在でも感嘆を呼びさます。

題材は多様だが、論者の嗜好（しこう）は明白である。ノートル＝ダム寺院の象徴表現に錬金術師の暗い欲望を検証し、フランクフルトの典雅な女性像に悪魔の誘惑の最も淫猥（いんわい）な表現を見てとるのだ。この作家は、天国よりも地獄を見たがる精神の持ち主だった。それだけに、至純の天国への憧（あこが）れもいっそう激烈だった。

圧巻は、コルマールの美術館のグリューネヴァルトを論じた文章である。壊疽（えそ）に侵された死体のようなキリストと輝かしく復活するキリストを同時に描いたこの画家は、ユイスマンスの極端から極端へと走る二面性をよく体現していた。

評・中条省平（学習院大学教授）

二〇〇五年一〇月一六日❾

『山猿流自給自足』

青木慧 著

創元社・一七八五円
ISBN9784422930411

文芸

著者は10年前、還暦直前に妻と番犬を伴い、故郷丹波に「山猿塾汗かき農園」を開き自給自足生活をはじめた。本書はその報告書。

本職は経済ジャーナリストで、主として環境破壊の元凶は世界企業であると批判の矢を放ってきたが、パソコンのたたき過ぎのためか腕を痛めた。

そこで、言葉よりオルタナティブを行動で示そうと、論より証拠を生きる男一匹に変身した。

700坪の土地を入手、間伐材を自力で製材、住居など9棟を手づくり、20アールの田畑にコメ、小麦はじめ百品目を作付け。鶏、兎（うさぎ）、アマゴを飼育。肥料は堆肥（たいひ）、田草とりは鶏にさせる。マムシはマムシ酒に、ムカデはムカデ油に。

ホームページで情報を公開、見学者を受け入れ、営農を伝授する開かれた山猿塾である。面白いのは、農作物を多めにつくり野鳥やシカなど先住の「野生のみなさん」に食べてもらうという流儀。わかちあいが山猿流の極意と見た。

評・増田れい子（エッセイスト）

二〇〇五年一〇月一六日⑩

『女ひとり世界に翔ぶ　内側からみた世界銀行28年』

小野節子 著

講談社・一六八〇円
ISBN9784062130134

ノンフィクション・評伝

なんとも熱い本である。

著者はジュネーブ大学の大学院で博士号を取った後、直接に世界銀行に就職した人。現場の実務を生々しく語る。砂塵（さじん）舞うアフリカ西部のモーリタニアで、現場の政情や貧困、文化に精通し、関係者をねばり強く説得しながら貸し出しを実施する情熱に打たれる。

だがもっと凄（すご）いのが、コネと権謀術数とアメリカの思惑が「鳴門海峡」ほど渦巻く世銀の実態である。ここまで実名を挙げ、当事者の息づかいを描いた本も珍しい。大蔵省からの出向組は、本省での居場所を気に掛け国際機関では小馬鹿にされ、それでいて「好きな精進料理の教祖の本をスペイン語訳する」ことに血税を奮発したりしている。

それでも後味に品があるのは、著者の人柄ゆえだろう。安田善次郎のひ孫でありオノ・ヨーコの妹であることも、ひけらかさない。開発実務に就く人、必読！

元気になりたい人、オススメの半生記である。

評・松原隆一郎（東京大学教授）

二〇〇五年一〇月二三日①

『東海村臨界事故への道』

七沢潔 著

岩波書店・二七三〇円
ISBN9784000241335

社会／ノンフィクション・評伝

安全を構築できぬ日本の社会構造への警告

昔、電力会社の広告に「千年王国」というコピーが使われていたことを思い出す。核燃料サイクル計画、という国家プロジェクトの夢が託されていたのだろう。再処理したプルトニウムを高速増殖炉で燃やしながら新たな燃料に加工して再利用する、まさに夢の無限電力である。

だが、高速増殖炉「もんじゅ」のナトリウム漏洩（ろうえい）など相次ぐ事故で計画が頓挫したのは周知のとおり。そして、一九九九年九月に東海村のウラン加工工場ＪＣＯの転換試験棟で起きた臨界事故は、二人の命を奪い、六百六十三人の住民を被曝（ひばく）させるという未曽有の大惨事となり、プロジェクトの足元の脆弱（ぜいじゃく）さを見せつけた。

本書は、核燃料サイクル計画という日本の原子力開発史を背景に、有罪判決を受けたＪＣＯの社員ら当事者の取材や裁判記録を通して臨界事故の全体像を描き出したドキュメントだ。

驚くことに、原子力推進派の間でこの事故は、「バケツ」に象徴されるような安全管理の意識が低い下請け会社で、規律を逸脱した社員によって引き起こされた特殊事例だとする認識が広がりつつあるという。裁判は終結したのに、寝た子を起こすなといったところだろう。

著者は原子力反対派でも推進派でもない。国内で三分の一の電力を担う原子力に今後も依存し続けるならば、法的責任とは別に事故を構成する要素を明らかにし、安全を確保するための構造がいかに綻（ほころ）びていったか、そのプロセスを正確にとらえよと警告するのである。

ＪＣＯは当時、動燃の高速実験炉「常陽」で使う燃料を作るために高濃度のウラン溶液を扱っていた。事故はそのウラン溶液を沈殿槽という装置に投入したことで発生している。だが、そもそもＪＣＯではウラン溶液は扱わないはずで、事故が起きた溶液の「混合均一化」という工程は国への申請書に記載されていなかった。

検証の切り口は三点である。①転換試験棟の設計・改造計画の安全審査で何が見落とされたか。②動燃の発注はいかに混乱し、その影響でＪＣＯの作業工程がいかに逸脱したか。③ＪＣＯの安全管理体制はどのように崩壊したか。

事故を食い止められたはずの何段階もの関門が、いとも簡単に破られていくのがわかる。安全審査官が任期を気にして認可を急いだ。

日米原子力協定を背景とする政策の変動や「もんじゅ」計画の変更が「常陽」にしわ寄せし、動燃とJCOの情報交換がうまく行われなかった。電力自由化に伴うリストラと効率化で、JCOの社員同士の技術伝達に空洞が生じた、等々。

現実は複雑で地味だと著者はいう。悪者を特定できるわけではなく、実際は複数の要因が折り重なり事故は起きた。本書を読了しても、溜飲（りゅういん）が下がるわけではない。ただ、チェルノブイリ原発事故から二十年近く原子力を追い続けた著者の、いまだ安全文化を構築できないでいる日本の社会構造への深い怒りは胸に届いた。

先日、核燃料サイクル路線を堅持する「原子力政策大綱」が閣議決定された。「千年王国」に向けて、本書の重みはいよいよ増すだろう。

評・最相葉月（ノンフィクションライター）

ななさわ・きよし　57年生まれ。ＮＨＫ放送文化研究所主任研究員。『チェルノブイリ食糧汚染』など。

二〇〇五年一〇月二三日❷

『イメージ・ファクトリー　日本×流行×文化』

ドナルド・リチー 著　松田和也 訳

青土社・二五二〇円
ISBN9784791762071

人文／アート・ファッション・芸能

愛憎と理解のこもった犀利な日本批評

三島由紀夫が絶賛した映画作家であり、小津や黒澤の研究者でもあるリチー。本書は「幻影の工場」日本への積年の愛憎と理解のこもった犀利（さいり）な批評である。

日本人には新奇なものへの癒やしがたい欲望がある。「もののあわれ」とは、万物の原理である無常の容認であり、新しいものへの愛と未練の否定である。つまり、ここには、伝統の否定が伝統だという日本文化の逆説がある。

日本人は新しいイメージを求める。イメージの変化は本質の変化ではないが、技術の変化や革新とは容易に結びつくため、技術立国的な要因となる。その結果、新しいイメージが、技術を操る企業にコントロールされることになる。

かくして日本はイメージ工場となる。ファッション、広告、性産業、ゲーム。イメージの過剰は、物それ自体と見かけとを混同させ、本質の理解をイメージの所有にすり替えてしまう。イメージ操作が得意な小泉政権は、まことに幻影の工場にふさわしい。リチー氏はそんな野暮（やぼ）なことは一言もいっていないが。

ファッションの世界でいえば、日本は制服天国として名高い。制服は、見かけと本質が一致することだ。しかも、ファッションとは皆が一斉に同じものを着ることであるなら、制服こそファッションの極限例といえよう。日本でコスプレが流行（はや）るのは道理なのである。

もともと日本におけるイメージ技術（画法）は、本書にある土佐光起の定義が示すように、現実と遊離した独自の法則をもつ。つまり、イメージがその語源のイミテーションではなく、自立した価値を帯びやすい。マンガ的なキャラクター商品はその典型であろう。これらのイメージは現実における対応物を欠いている。その特徴は「カワイイ」ことである。

「カワイイ」とは、イメージの世界にしか存在しない均一的幸福感の形容なのだ。その根源にあるのは、リチーによれば、日本最初の憲法の第一条に書かれた「和を以（もっ）て貴しと為（な）す」である。すなわち、自己を定義する必要はもはやなく、ただ均一的幸福感のイメージだけが増殖する世界に私たちは生きているらしい。

（原題、The Image Factory）

評・中条省平（学習院大学教授）

Donald Richie　24年米国オハイオ州生まれ。評論家、映像作家。

二〇〇五年一〇月二三日④

『アルジャジーラ　報道の戦争』

ヒュー・マイルズ 著　河野純治 訳
光文社・二四一五円
ISBN9784334961848
ノンフィクション・評伝

矛盾抱え成長する新興メディアの軌跡

湾岸戦争がCNNを世界的メディアにしたとすれば、9・11事件後の「テロとの闘い」で世界に知れ渡ったのがアラビア語衛星放送アルジャジーラである。しかし、このメディアの背景について詳しいことは余り知られていない。本書はイギリスのフリージャーナリストがその実態をつぶさに追いかけた力作である。

実はこの放送局はペルシャ湾岸の小国カタールの首長から財政的支援を受けて運営されている。イギリスのBBCがサウジ資本をスポンサーとして始めたアラビア語放送が編集権を巡る対立がもとで頓挫した際、メディア戦略を練っていたカタール首長がその組織を引き取って96年に発足したのがアルジャジーラ（アラビア語で「半島」を意味する）である。

活字を読めず、退屈な国営放送に飽きていたアラブ民衆にとって、衛星アンテナさえあれば誰でも見られるアルジャジーラは、刺激的な番組を提供した。CNNやBBCを真似(まね)た人気番組「反対意見」や「宗教と生活」は、それまでのアラブ社会でタブーとされていた事柄、たとえば、政治腐敗や性生活といった話題を正面から取り上げることで人気を呼んだ。また、多くのアラブ人はアルジャジーラを通じて初めてイスラエル人政治家の肉声を聞いたのである。更に第2次インティファーダ（反占領闘争）報道やビンラディンを含むアルカイダ要人のビデオテープ、アフガニスタン戦争やイラク戦争の現場報道でアルジャジーラは中東以外のメディアにとっても貴重な情報源となった。

ただ、記述が時にあらゆる権力に屈しない正義の味方というイメージを強調し過ぎる印象はある。カタールが、一定の変化はあるものの自由民主主義にはほど遠い状況で、アメリカとの同盟を含めた湾岸の権力政治を生きる存在であることを忘れてはならない。また、他の巨大メディア同様、アルジャジーラ自体も権力を振るう存在になりうる。それでも本書は、矛盾をはらみつつ成長する新興メディアの軌跡を通じて、現代中東社会の躍動を感じさせる好個のドキュメンタリーと言えよう。

（原題、Al-Jazeera）

評・中西寛（京都大学教授）

Hugh Miles　サウジアラビア生まれ。フリージャーナリスト。

二〇〇五年一〇月二三日⑤

『神の子犬』

藤井貞和 著
書肆山田・二九四〇円
ISBN9784879956484
文芸

「わかんない」でもたいせつなこと

新聞の書評欄では、ほとんど（現代）詩を扱わない。なぜなら、詩は、特殊なものだと思われているからだ。

ほんとうは、詩こそ、すべての人たちのために書かれているはずではないのか。でも、現実には、違う。「詩」は「難しい」。そして「わからない」。だから、「みんな」は読まないのだ、という。

だが、重要なことが一つある。詩を好きな人、詩を愛する人も、実は「わからない」と思って、読んでいるのだ。

その「わからない」には、二つある。一つは、その作者が、自分のことしか考えないから「わからない」ものだ。

その人は、自分の興味があることを、自分のために書いている。だから、その人のことがわからないので、書いているものもわからない。なのに、その人は、「わたしの書いたものがわからないなんて、センスない」などと呟(つぶや)くのである。

もう一つ。そちらの作者は、遠くにいる我々に一生懸命、なにかを伝えようとしているのだ。「たいへんだよ、堤防に穴が開いて、水が漏れているよ！」とか。でも、遠くて、声なんか届かない。だから、その人は、狂ったみたいに、手を振り、脚をバタバタさせる。すると、遠くで、それを見ている我々は、「何、あれ？　ぜんぜんわかんない。頭、イカレてんじゃないの」などと思うのである。

藤井貞和さんは、後の人だ。彼の詩にも、たくさんの「わからない」がある。しかし、それは、藤井さんが「日本語と日本の現在」というたいせつな堤防が決壊しようとしている現場から離れず、全身全霊で「言葉がね、日本語がね、ダメになっちゃうと、我々もまた全滅だよ」というメッセージを送っているからだ。

藤井さんは、穴の開いた堤防に腕を突っ込んでオランダを守った少年のように、「たいせつなもの」を守るために、その場所を死守すると決めたのだ。

「ちからが足りなくて、なんにもできなく、三年、十年、／わたしたちはただうたってる、階段室で、吹きさらしの、／廊下で、つらい時代が、どんなにきみたちを捨てても、／忘れられなく、また立ちあがるからね、性懲りなく。」

評・高橋源一郎（作家・明治学院大学教授）

ふじい・さだかず　42年生まれ。詩人。詩集『ことばのつえ、ことばのつえ』など。

二〇〇五年一〇月二三日6

『ダンボールハウス』

長嶋千聡 著

ポプラ社・一三六五円
ISBN9784591088302

社会／ノンフィクション・評伝

変化し続ける路上生活者住居の記録

路上生活者のハウスの、2年9か月をかけた調査記録である。グラフや数字ではなく、手書きのスケッチと図面と文章で、住人の住まい方、建築仕様が描かれる。生活費0円に近い暮らしをしている人びと、延べ70件の記録だ。

はじめは「要注意人物」なので、うろちょろしてまず顔を覚えてもらい、豚足を肴（さかな）に酒を酌み交わしもしながら、1週間から1か月かけて訪問許可をもらう。

工法には、テント型、小屋型、寝袋型、ツーバイフォー型、モノ構造体型、無セキツイ型などがある。意外な居住形態として、寮型、賃貸型、ルームシェアもある。圧巻は、十数台の冷蔵庫で囲われ、その中がきれいに収納庫になっている繁華街近くのハウスだ。

調査の過程で、自治体によって解体・撤去されるさまをつぶさに目撃する。建物が一瞬にして「ゴミの山」にしか見えなくなる。そこではじめて気づく。あれらのハウスは、「一度ゴミとして捨てられた後に集められ、彼らによって蘇生させられたモノ」だったのだ、と。

これらのハウスは、ふつうの家族住宅のように、社会との圧力関係のなかでその輪郭が決まるのではない。枝や茎を集めてきて、それにじぶんの胸を圧（お）しつけ成形する鳥のように、その形はいわば内部から押し寄せてくる。所有され、購入され、賃貸される建築とは異なって、室内が蒸せばその場でシートを切って窓を作るというようにたえず変化するダンボールハウスには、内部から噴きだすような生身の息づかいがある。もちろんそれは、「つねに変化し続けなければ、住まい続けることのできない路上生活の過酷さの裏返し」でもあるのだが。

コンビニや公共設備など、都市環境に寄生して生きる単身者の都市生活は、路上生活者のそれに構造的に近接してきている。だからこそダンボールハウスの建築学的分析だったのだ。

「蘇生」という言葉のあと、「彼女を取材対象者、つまりホームレスのおじさんに奪われた事件（ようするに失恋だ）は、けっこうキツかった」という一文にふれると、せつなさは一気に高ぶる。

評・鷲田清一（大阪大学教授）

ながしま・ゆきとし　80年生まれ。中部大工学部建築学科卒。

二〇〇五年一〇月二三日⑦ 文芸

『円生と志ん生』

井上ひさし 著

集英社・一二六〇円 ISBN9784087747652

この本は戯曲だから、対話形式で評してみたい。

〔男〕円生も志ん生も寄席で噺（はなし）を聞いてるから、最初はとまどったけど、すぐに慣れた。作劇術が巧いね。

〔女〕戯曲を読んでみて、それがよくわかったわ。

〔男〕白いめしで酒は呑（の）み放題、給金もめっぽう高いと聞いた志ん生が旧満州に円生を誘う。ところが、敗戦でふたりとも大連で足止め。それからは苦心惨憺（くしんさんたん）、旅館から追い出され、遊郭の置屋に匿（かくま）われたのも束（つか）の間、ロシア人兵に追われて乞食（こじき）同然の暮らしになる。

〔女〕国家から見捨てられた棄民なのよね、結局は。

〔男〕でも落語だけは互いに研鑽（けんさん）して、のちの名人芸を予告する。落ちぶれた志ん生がキリスト様に間違えられる場景は傑作だよ。

〔女〕私はどの場にもぴったりの合唱に感心したな。

〔男〕謡も浄瑠璃も感情が高まると歌になる。この作者の歌には笑いと涙があってブレヒトも裸足だね。

〔女〕戯曲を読むって楽しいのね。初めて知ったわ。

評・杉山正樹（文芸評論家）

二〇〇五年一〇月二三日⑧ 文芸

『雨の日はソファで散歩』

種村季弘 著

筑摩書房・一八九〇円 ISBN9784480814746／9784480427267（ちくま文庫）

種村季弘没して早一年。本書は生前に自ら編んだ最後のエッセイ集である。

焼跡（やけあと）時代の銀座や池袋の記憶、映画評論を書き出した頃や当時の呑（の）み仲間の思い出など、懐かしい話をさらりと綴（つづ）る。恬淡（てんたん）とした語りがかえって死の予感を抱いていたのだと思わせるが、読了すれば、彼は時代そのものにある死を予感していたという印象が残る。

たとえば「幻の豆腐を思う」という一文。熊本で懐かしくも旨い豆腐を食し感激。しかし土地の人からそんな豆腐など足許（あしもと）にも及ばぬ絶品が数カ月前に製造禁止になったと教えられ、こう記す。「できれば幻の豆腐が日常食として食べられる桃源郷に住みたい」

思い出すのは無私の友情、プライドある交遊、気骨ある店。そんな人々が当（あた）り前に暮らす市井ももはや幻。大隠は市に隠れるというが、種村という大隠は、酢豆腐ばかりの現世を捨て幻の市へ引っ越した。今はただ彼の不在の大きさをあらためて噛（か）み締（し）める。

評・松山巖（作家・評論家）

二〇〇五年一〇月二三日⑨ ノンフィクション・評伝

『朔太郎とおだまきの花』

萩原葉子 著

新潮社・一四七〇円 ISBN9784103168072

詩人萩原朔太郎の長女で今年7月に84歳で急逝した著者の遺作。父は家族とは別世界に生き、姑（しゅうとめ）にいじめられ夫にかまってもらえなかった母は子を捨てて、年下の大学生と不倫に走った。著者は祖母から虐待されながらも、知的障害の妹を守って世話を続けた。

開業医の長男である父は医家を継がない苦悶（くもん）を詩集『月に吠（ほ）える』で吐き出し、新しい自由口語詩を確立させた。文学のことしか頭にない父には、子どもの存在など見えないのは当たり前で、むしろ文学の厳しさを感じたと理解を示す。

離婚後、長男と妹を洋裁で養う著者は、25年ぶりに再会した母親を引き取る。彼女のわがままに振り回されるが、それでも共に暮らして良かったという。母が認知症になる前に洩（も）らした「やっぱりお父さんを一番愛していたわ」が、父に聞いてもらいたかった最後の言葉だ。家族の絆（きずな）を懸命に結ぼうとする著者の、凛（りん）としたやさしさに泣ける。

評・多賀幹子（フリージャーナリスト）

二〇〇五年一〇月二三日⑩　文芸

『僕はジャクソン・ポロックじゃない。』

ジョン・ハスケル 著　越川芳明 訳

白水社・二三一〇円
ISBN9784560027271

パフォーミング・アーティストとしても知られる米国の新人作家による、才気煥発（さいきかんぱつ）なデビュー短編集。奇抜なタイトルは作品の読み方自体を示す。ここには実在した文学者や俳優や映画監督が数多く登場するが、物語はいずれも彼らの実像にこだわることがない。

かつて超現実画家ルネ・マグリットがパイプの絵を「これはパイプではない」と題し、ものごとの原型ならぬイメージのほうが無限に反復しズレていくメカニズムを取り出したように、本書も音楽家グレン・グールドや映画監督オーソン・ウェルズらを登場させつつ、その原型から驚くべき想像力の飛躍を遂げる。

強烈なのは、一見無縁な固有名詞たちを衝突させることで生じる起爆力だ。特に末尾に置かれた「奥の細道」では、わが松尾芭蕉と曾良の師弟愛が、英国詩人キーツとファニーの恋愛、写真家アーヴィング・ペンとモデルのリサの仮想恋愛と絶妙に絡み合い、散文芸術の極致を成す。

評・巽孝之（慶應大学教授）

二〇〇五年一〇月三〇日❶　アート・ファッション・芸能

『素数の音楽』

マーカス・デュ・ソートイ 著　冨永星 訳

新潮社・二五二〇円
ISBN9784105900496

数学の深淵へと誘ってくれる物語

感動と理解は、必ずしも一致しない。たとえば、「平均律」の理論は理解していなくても、バッハの「平均律クラビーア」に感動できるというように。それと同じで、超ひも理論はちんぷんかんぷんでも、演奏家の語り口一つで、宇宙を統べる壮大な統一理論の夢に魅せられることはできる。

科学とか数学というと、難しくてよくわからないからといった理由で、とかく敬遠されがちだが、理論や実験の詳細は理解できなくても、科学や数学が語りかけるメッセージやドラマを楽しむことは可能である。一般向けの科学書や数学書がおもしろくないとしたら、それは、内容が難解なせいではなく、読み物としての出来が悪いせいなのではないか。

本書は、近年収穫の多かった数学書のなかでも出色のおもしろさである。物語の主人公は「素数」。素数とは、2、3、5、7、11など、1と自分自身以外では割り切れない正の整数（自然数）のこと。

素数は、古来、多くの数学者を虜（とりこ）にしてきた。あらゆる数字は、素数どうしのかけ算として表せるからである。つまり、数字の元素のようなものと考えればよい。ところが、元素の周期律表は一定のパターン（周期）を示すが、素数を表にしても、そこにはいかなるパターンも認められない。数学はパターンと秩序を尊ぶ。なのに、一〇〇番目あるいは二〇〇〇番目の素数を予測する公式を、数学者は見つけられずに来た。

むろん、素数の謎に迫った数学者はいた。一九世紀ドイツの数学者ガウスは、たとえば五万とか一〇万以下の素数が何個あるかを予測する式を編み出した。だがそれはあくまでも近似式であり、素数の法則を突き止めたわけではない。その弟子リーマンは、師の衣鉢を継ぎ、素数の分布のしかたを予想する「リーマン予想」を行った。このリーマン予想が、本書の第二の主人公である。

じつはこのリーマン予想、一五〇年近くたった今も、証明されていない。三〇〇年来の難問フェルマーの定理が解けた今、数学に残された未解決の歴史的難問の一つなのだ。

そもそもページの余白への書き込みで予想されたフェルマーの定理は、数式としてはきわめて単純なものだった。それに対してリーマン予想は、一二〇〇字というこの紙幅をもってしても説明しがたい。というか、じつはかくいう筆者も、リーマン予想の核をなすゼータ関数なるものがよくわからない。それでもなお、著者の筆力もあって、本書を読み通す上で、さほど痛痒（つうよう）を感じなかった。

思うにその理由は、「ゼータ関数の風景」とか、素数の「音色を奏でるオーケストラ」、「混沌（こんとん）とした素数の満ち潮」といった比喩（ひゆ）が想像力を刺激し、並みいる数学者の挑戦を退けてきた素数が開く広大な地平を、心地よく鑑賞できたからだろう。最近になって、素数と量子力学との関係まで浮上してきたと聞かされると、数学と自然界の深淵（しんえん）を覗（のぞ）き見た思いにさせられる。

（原題、The Music of the Primes）

評・渡辺政隆（サイエンスライター）

Marcus du Sautoy 65年生まれ。オックスフォード大数学研究所教授。

二〇〇五年一〇月三〇日❸

『黄色い雨』

フリオ・リャマサーレス 著　木村榮一 訳

ソニー・マガジンズ・一七八五円
ISBN9784789725125／9784309464350（河出文庫）　文芸

死者たちの存在感に言葉を失う小説

いい小説だ。人が生きる空間の幅と深さを、とてつもない言葉の力で押し広げる。読み終わったあと、虚脱感と充実が同時にやってきて、自分の足裏の底がぬけた。それでいて、いまここにいる自分自身が、底のほうから力強くあたたかく抱きとめられたようでもある。誰によって？　死者たちによって。

間近に迫った自分の死を、静かに迎え入れようとしている男。彼はアイニェーリェ村という廃村に、ひとり取り残され、長い年月、超絶した孤独のなかで生きてきた。自分が死ねばベルブーサの村から男たちがやってくる。誰もいなくなった村を荒らしにくるだろう。

男のなかから記憶の川があふれだす。祖父が死に両親が死に、長く知った人々、そして息子が、村を、自分を、見捨てていったときの哀（かな）しみ。妻ザビーナとふたり取り残された後、その妻も神経を病み、厳寒の十二月、雪のふる夜、粉挽（ひ）き小屋で首をつる。使われたロープは、果樹園を荒らしたイノシシを銃で撃ち殺したあと、玄関の梁（はり）に吊（つる）すために使ったものだ。一度は投げ捨てたそれが、春がきて、再び雪の下から現れたとき、男はロープをザビーナの魂として、自分の腰に巻きつける。彼の傍らには名前のない雌犬が、みすぼらしい「神」のようにいつもつきそっている。その犬のために取っておいた最後の弾で犬を見おくったあと、男はいよいよ死を待つ準備をする。

彼の周りに現れてくる死者たち。母親やザビーナ、四歳で死んだ子サラ、戦争で消息を絶った長男。彼らは言葉で語らないが、確かにそこにいるように感じられる。そして男はまだ生きているのに、肉体の輪郭は解かれつつあり、中空に漂う魂ひとつのような存在感で、私たち読者に語りかける。

タイトルの「黄色い雨」とは、秋の空からふりしきるポプラの色づいた枯れ葉であり、生と死のあわいを濡（ぬ）らす幻影の時雨でもある。著者は詩を書いていて、のちに散文に移った。土と血の臭（にお）いを伝える濃厚な文章。刺すような哀しみと、自意識のない透明感がすばらしい。言葉を失う小説である。

（原題、LA LLUVIA AMARILLA）

評・小池昌代（詩人）

Julio Llamazares 55年生まれ。スペインの詩人、作家。

二〇〇五年一〇月三〇日④

『うつし　臨床の詩学』

森岡正芳 著
みすず書房・二七三〇円
ISBN9784622071594　医学・福祉

微細な応答の積み重ねで「特異」を解く

とにかくむずかしい問題を扱っている。問題が抽象的すぎるというのではない。あまりにも近くにありすぎて、そんな〈いのち〉のうごめき、そんな〈いのち〉のかけあいがあろうとすら、ふつうは思いもしない水準の問題である。

たとえば、ひとが深い鬱屈（うっくつ）からかろうじて抜けだそうというとき、その直前にふと立ち上がる「何かがたまってくるという漠然とした包括的な感じ」とか、他者の気持ちをなぞりながら、相手の言葉にみられるわずかなずれや落差に感応してゆくことで会話の方向が大きく転じだす瞬間とか、感情の揺れが他者にうつされるその投射と感染の過程とか、これから生まれようとしていることを掴（つか）みにいかないでひたすら待つことの意味とか、黒板を拭（ふ）くかのように消去された3歳以前の記憶の痕跡への気づきとか。

「うつし」とは、「移し」であり、「写し」であり、さらに「映し」でもある。移動や置き換え、反映や感染、そして「現（うつつ）」と「虚（うつ）」……。「うつし身」を論じた哲学者・坂部恵の『仮面の解釈学』（76年）に強く感化されたそのまなざしを、著者はカウンセリングというみずからの臨床の現場に向ける。

他者から「うつし」を受けるというかたちでの認識を臨床科学の基軸に据え、他者の気持ちをまとめるというよりも、それをなぞりながら、彼のうちでかき消されていた彼自身も気づいていない別の微（かす）かな声を「強めに映し返していく」こと、その「微細な小さな応答の積み重ね」がカウンセリングなのだと、著者はいう。

臨床の科学は、だれかを見舞うそのつど一回きりの出来事にかかわってゆくという意味で、一般的なものを扱う「普遍的なものの科学」ではなく、一度かぎりの単数の出来事を扱う「特異なものの科学」（ロラン・バルト）の可能性に懸けている。それは、だれかに別のだれかが居合わせることではじめて可能になる科学、と言いかえてもいい。

記述は語りかけるようで易しいが（まんなかの50ページを除いて）、問題の困難は面接記録の断片を通じてだけでも充分にうかがえる。

評・鷲田清一（大阪大学教授）

もりおか・まさよし　54年生まれ。京都大大学院で臨床心理学を専攻。奈良女子大教授。

二〇〇五年一〇月三〇日⑤

『「アメリカ音楽」の誕生　社会・文化の変容の中で』

奥田恵二 著
河出書房新社・三六七五円
ISBN9784309268521　歴史／アート・ファッション・芸能

米大陸を貫く500年の音楽史をたどる

音楽をジャンルに限って語るのはやさしい。しかし本書がすごいのは、アメリカ大陸を貫く音楽史をたどり、賛美歌からオペラ、黒人霊歌からラップまでを一気に網羅してみせた手腕である。

まず冒頭から、アメリカ先住民が音楽を呪術に役立つ実用的な道具と見ていたいきさつが指摘され、目からウロコが落ちた。「音楽療法」の走りだろう。

一七世紀に植民したピューリタンたちはといえば、和声や対位法を駆使した音楽を華美と見て毛嫌いしたので無伴奏、無和声を厳格に守る。それが徐々に重唱や掛け合いを含み、自由で個性的な「口語的な音楽（ヴァナキュラー・ミュージック）」へと展開したのだ。最初の有料音楽会は一七三一年にボストンのピーター・ペラム邸で開催されている。

名曲の成立についても興味深い。いまのポップスでもよくカバーされる「アメージング・グレース」は、当時の強欲なイギリスの奴隷商人ニュートンが自らの奴隷船が難破を免れたことから改悛（かいしゅん）して作詞したもの。それが普及した裏には大規模な信仰復興運動があったことを示唆する文化史的分析は、深く鋭い。

　しかも、白人が黒人の音楽表現を許したのは、奴隷の労働意欲をかきたて、キリスト教に改宗しやすくするためで、黒人の側も、白人に向けてはヨーロッパ的なクラシック音楽を、自分たちのためには陽気で自由奔放な音楽を演奏してみせたという。そんな黒人の音楽を、ミンストレル・ショーでは顔を黒塗りにした白人が模倣し、それがまた黒人自身をも巻き込み、多民族社会アメリカの音楽的本質を形作る。この文化的相互交渉なくしては、ブルースもジャズもロックもありえなかった。

　最大のハイライトはやはり、チャールズ・アイヴズに関する考察だろう。アイヴズは、一九世紀ロマン派の超越主義思想家エマソンに傾倒し、多調性や引用技法を使いこなす難解で実験的な楽曲を書き綴（つづ）りながら、実業の面でも活躍した現代音楽家だった。新大陸到達を起点に五百年もの音楽史をうたいあげた本書は、読者に驚くべき恩恵をもたらす。

評・巽孝之（慶應大学教授）

おくだ・けいじ　36年生まれ。音楽史家。著書に『アメリカの音楽』など。

『国語教科書の思想』

石原千秋 著

ちくま新書・七一四円
ISBN9784480062703

歴史／教育／人文

教材の背後に潜むものをあぶり出す

　歴史教科書問題が華やかに論争されてきたのに比べて、国語教科書はこれまであまり脚光を浴びることがなかった。

　歴史は、何を教えられてもいずれ現実とぶつかって実地に訂正される。国語はそうはゆかない。言葉の読解を介して子供たちの「無意識」に刷り込まれてゆくものだからである。

　この一冊が告発するのは、国語科でひっそりと進行している危機である。「戦後の学校空間で行われる国語教育は、詰まるところ道徳教育なのである」というのが著者の基本的な現状批判である。道徳が悪いのではない。特定の徳目を国語が唯一無二の「正しい読み」として教え込むことが危なっかしいのだ。

　今や息の根を止められた「ゆとり教育」を「いつも『正解』ばかり答えていたような頭でっかちの官僚が作った、歴史に残る大チョンボ」と断言する著者は、その凋落（ちょうらく）とワンセットで騒がれはじめた「読解力低下」というフレーズの独り歩きにも警告を発している。

　日本の十五歳の読解力が低下しているという主張の根拠になったのは、PISA（生徒の国際学習到達度調査）のテスト結果である。ところが、そのPISAの試験が求める読解力とは、「批評精神」であり、「他人とは違った意見を言うことができる個性」であって、文章の暗唱とか漢文の素読とか、教育方針を復古的にすれば得点が上がるものではないという指摘は大切だろう。

　本書の後半は、現行の国語教科書に対する批評である。思い切ったツッコミが随所に見られて楽しませる。特定出版社の教科書を俎上（そじょう）に載せているのは、三分の二を占めるシェアから一般化できると判断されたからであり、それ以上に、著者のターゲットは、教材の背後に隠された文科省の学習指導方針のあぶり出しに向けられている。国語教育が道徳教育の隠れ蓑（みの）にされ、「正解」通りに読まない子供は「国語ができない子供」になってしまったという指弾は痛烈である。

　評者の原風景には、戦後の墨塗り教科書の記憶が残っている。あれほど多くを教科書から学んだことはなかった。

評・野口武彦（文芸評論家）

いしはら・ちあき　55年生まれ。早稲田大学教授（日本近代文学）。

二〇〇五年一〇月三〇日⑦

『サウジアラビア　変わりゆく石油王国』

保坂修司 著
岩波新書・八一九円
ISBN9784004309642
政治／国際

砂漠をラクダで王子がはるばる旅する世界から、降ってわいた石油収入で成り金になったけれど、旧来の宗教に縛られた男尊女卑の封建社会——。サウジアラビア王国のイメージとは、そんなところだろうか。

だがサウジ社会の超近代性と伝統性、贅沢（ぜいたく）と禁欲の併存には、激しい緊張関係がある。最大の産油国として富が溢（あふ）れる一方で、仕事につけない失業青年たち。厳格なイスラーム教育を徹底し、王室がイスラームの二大聖都の守護者を標榜（ひょうぼう）する一方で、軍事的に対米依存を深化させた湾岸戦争。

本書の問題意識の核は、なぜサウジからビンラディンや9・11の実行犯が多数生まれたか、にある。政治の矛盾に敏感な若者が、その「不満や不安をどう表現していいかわからない」環境に長く置かれてきたサウジ。国内の改革運動もあるが、その歩みは遅い。政治参加の術（すべ）のない怒れる若者たちは、国外に出て世界に刃（やいば）を突きつけるのだ。

評・酒井啓子（東京外国語大学教授）

二〇〇五年一〇月三〇日⑧

『あるジャーナリストの敗戦日記　1945〜1946』

森正蔵 著　有山輝雄 編
ゆまに書房・二九四〇円
ISBN9784843318294
ノンフィクション・評伝

毎日新聞社会部長として戦時報道に携わった森正蔵の日記。政府のポツダム宣言受諾を知った昭和二十年八月十日から翌年大晦日（みそか）までが収録される。『旋風二十年』の著者といえばご承知の読者もいるだろうか。

占領軍の検閲にいかに対応したか。高まる労働運動が社にどんな動揺を与えたか。編集の基本綱領を策定すべく開かれた会議で、天皇制や憲法について討議された様子などが綴（つづ）られる。

児玉誉士夫から財産処分の相談を受けたことや野坂参三の帰国報道が他紙に抜かれた背景など興味深い裏話がある一方、妻子との束（つか）の間の交流には家庭人としての素顔が垣間見える。森は自らの戦争責任を問い、旧敵国に裁かれるのもやむなしと考えていたようだ。

「日本は亡国として存在す」。医学生・山田風太郎は昭和二十年大晦日の日記に書いた。一年後、森は記す。「国家は自らの力がなく、自らの意志はあっても、その命ずるまゝに動くことが出来ず」。

評・最相葉月（ノンフィクションライター）

二〇〇五年一〇月三〇日⑨

『花街　異空間の都市史』

加藤政洋 著
朝日選書・一四七〇円
ISBN9784022598851
歴史／社会

近代化という荒波のなかで、古層に埋もれてしまう文化やライフスタイルは少なくない。芸妓（げいぎ）遊びもそのひとつ。かつては田舎町の盛り場でも定番だったこの娯楽も、今や東京や京都の片隅で細々と息を継いでいるだけだ。

文化地理学を専門とする著者は、こうした芸妓たちが所在し、営業する場所を「花街」と定義し、明治以降の花街の盛衰を丁寧に描きだしている。人々が覆い隠そうとする陰の部分であるだけに、史料や証言の発掘には相応の苦労が伴ったに違いない。

新しいのは、近代日本の都市形成という観点から花街に光を当てたという点。政治家・役人・商人たちの思惑が渦巻くなかで、花街は都市の形成と密接に関（かか）わってきたのである。

主だった花街や廓（くるわ）を網羅する本書を片手に、かつて栄華を極めた街を巡るのも一興である。盛時の面影を留（とど）めた酒場でも見つけ、一献傾けるのもなかなか乙ではないか。

評・篠原章（大東文化大学教授）

二〇〇五年一〇月三〇日⑩

『オリーブの海』

ケヴィン・ヘンクス 著
白水社・一六八〇円
ISBN9784560027288
文芸

夏休みを迎えたマーサの元に、事故で亡くなったクラスメイトの日記が届いた。口をきいたこともない彼女は「マーサと仲良くなりたい」と書いていた。中学生のマーサは想像する。友だちがいないってどういうことか。死んでしまうってどういうことなのか。

祖母の家がある海辺の町を舞台に、マーサの夏の日々が描かれる。父や母を疎ましく思う、自分でもよくわからない感情、男の子に感じる恋に似た気分、思春期にだれもが抱く気持ちを、小説はていねいにすくい上げる。先ほどの問いは、そのひと夏で少しずつかたちを変える。友だちになるというのはどういうことか、生きるというのはどういうことか。この問いは前者と似ているようでじつはぜんぜん違う。そうしてマーサは、死んでしまったクラスメイトのためにできることを思いつく。

ひとつひとつの光景が、光を放つようにきらめいている。ラストの美しさには、息をのむばかり。

評・角田光代（作家）

二〇〇五年一一月六日①

『恐怖の存在 上・下』

マイクル・クライトン 著 酒井昭伸 訳
早川書房・各一七八五円
ISBN9784152086686〈上〉・9784152086693〈下〉／9784150411466（ハヤカワ文庫〈上〉）・9784150411473（〈下〉）
文芸

圧倒的なスペクタクル感覚 社会の矛盾を描く

去る八月末、米国のニューオーリンズを襲った大型ハリケーン「カトリーナ」の正体をめぐって、九月なかばに驚くべき解釈が登場した。あれは日本のヤクザがロシア製ハイテク機器を使い人工的に起こしたもので、原爆投下への報復だった、というのである。アイダホ州のTVキャスター、スコット・スティーブンスの仮説だが、本人は提唱した直後に退社したらしい。そういえば十年前、阪神大震災の時には、オウム真理教がそれを大国の地震発生兵器によるもの、と決めつけたことがあった。

このふたつの珍解釈がそろいもそろって、かの発明王エジソンのライバルと呼ばれたクロアチア出身の技術者ニコラ・テスラの未完の理論をもとにし、一種の環境テロの謀略を想定しているのは興味深い。天災が人災であり、しかも科学技術の天才のしわざではないのかという、限りなくトンデモ本に近い噂（うわさ）。だが科学者作家マイクル・クライトンが着目したのは、こうした噂こそが新たな神話を生み、新たな疑似科学を支え、しかも真偽よりも「恐怖」のほうを撒（ま）き散らしかねないという、高度情報化社会の構図である。

ストーリーはあいかわらず巧みだ。〇三年、太平洋の島嶼（とうしょ）国家ヴァヌーツが、地球温暖化による海位上昇が進めば、海抜一メートルしかない国土が水没しかねないのを怖（おそ）れて、温暖化の元凶とされる二酸化炭素排出量では世界最大のアメリカ合衆国を相手取り、訴訟を起こす。それを支えるのがNERF（アメリカ環境資源基金）で、全費用を大富豪ジョージ・モートンが受け持つ。

だが、地球温暖化はほんとうに科学的に確証された真実なのか？ それが真実としてまかりとおっている背後には、特定の人間の意図や権力が介在し、一部の人々だけが経済的恩恵に浴しているのではないか――そうした問題意識により、本書は地球温暖化を信奉する環境保護思想家たちと「環境教の熱烈な批判者」たちとの、激越で時にコミカルな論争を描く。

奇妙なタイトルは、後者の代表格である社会学者ホフマン教授が、現代において支配的な〈政治・法曹・メディア〉複合体が、たとえ根拠がなくとも何らかの恐怖を広め大衆を操作してしまう構図を「恐怖の極相（ステイトオブフィアア）」と呼ぶところに起因する。やがて肝心のモートンが交通事故に遭って失踪（しっそう）し、高度に組織化された環境テロリストたち、いわば前代未聞の「ネットワーク化した敵」を相手取る「ネットウォーズ」の火蓋（ひぶた）が切って落とされる……。

　これまで環境テロリストといえば、ホテルや住宅や森林などを焼き討ちすることで知られてきたが、本書ではミサイルを利用して嵐を制御したり、海底に地滑りを起こして津波を発生させたりするのだから、スケールがちがう。自然を保護すべき人々がなぜテロに走るのか、そもそも自然と思われたものはどこまで自然だったのか——圧倒的なスペクタクル感覚をたっぷり味わったあとには、現在社会が抱え込むさまざまな矛盾を考えこませる問題作である。

（原題、STATE OF FEAR）

評・巽孝之（慶應大学教授）

Michael Crichton　42年生まれ。米国のベストセラー作家。

二〇〇五年一一月六日❷

『東京奇譚集』

村上春樹 著

新潮社・一四七〇円

ISBN9784103534181／9784101001562（新潮文庫）　文芸

懐かしく切実で深いもの　余白に

　村上春樹は長編もいいが、それ以上に短編が素晴らしい。言葉とイメージが凝縮されていて、細部が巧みに連繫（れんけい）して、ひとつのテーマを屹立（きつりつ）させる。何よりもバランスがとれていて、見事な結構をもつ。それでいて、あえて十分に説明しない余白があり、読む者はそこに、言葉ではうまくいいあらわせない何か、懐かしくも切実な何か深いものを感じとる。

　たとえば、ピアノ調律師が姉と和解する「偶然の旅人」。いくつもの偶然を重ねながらも少しも作為を感じさせず、生の不思議な営みを浮き彫りにする。〝僕らの方に強く求める気持ちがあれば、それはたぶん僕らの視界の中に、ひとつのメッセージとして浮かび上がってくるんです〟という真実を示しながら。

　〝かたちのあるものと、かたちのないものと、どちらかを選ばなくちゃならないとしたら、かたちのないものを選べ。それが僕のルールです〟（「偶然の旅人」）という言葉が示すように、ここでは（村上春樹の小説では）形のないもの、目には見えないものが重きをなす。女性ピアニストがハワイで亡くなった息子を悼む「ハナレイ・ベイ」では、自分に見えない息子の幽霊の意味を考え、彼女はすべてを受け入れる重要さを知る。また、作家が謎の女性と付き合ううちに小説のテーマが変化する「日々移動する腎臓のかたちをした石」では、日々移動する無意識の欲望の方向と生成に目が向けられる。

　奇譚（きたん）とは、不思議で怪しい、ありそうにもない話のことである。あえて奇譚とつけるほど村上春樹にとって特別なジャンルではなく、むしろいつもの小説集といっていい。短編集『神の子どもたちはみな踊る』との関連（人物数人が重なり合う）、先行する作家たちの影響（「日々移動する——」はカーヴァー、失踪（しっそう）した男を探る「どこであれそれが見つかりそうな場所で」はオースター、女性が自分の名前だけを忘れる「品川猿」はポー）なども興味深いが、でも大事なのは、読者自身が何を感じ、何を見るかだろう。なぜなら、奇譚が人を夢中にさせるのは、その定かでない事実の形、人によっていかようにも読みとれる形だからである。

評・池上冬樹（文芸評論家）

むらかみ・はるき　49年生まれ。作家。著書に『羊をめぐる冒険』『海辺のカフカ』など。

『脱出記　シベリアからインドまで歩いた男たち』

スラヴォミール・ラウイッツ 著　海津正彦 訳

ソニー・マガジンズ・二三一〇円
ISBN9784789726306　歴史／ノンフィクション・評伝

自由求め　収容所から超人的な逃避行

一九五六年刊行で二十五カ国語に訳されてきたこの世界的ベストセラーが、なぜいままで日本語に翻訳されなかったのか。邪推してみるに、三つの理由が考えられよう。

ソ連のスターリン独裁下での凄(すさ)まじい拷問や、でっちあげ裁判や、シベリアまでの〝死の行進〟が克明に描かれている部分に、当時の、社会主義幻想が蔓延(まんえん)していた日本の出版界が二の足を踏んだのではないか。これが第一点。第二の理由は、シベリアの強制収容所を脱走した著者らが、徒歩で逃げ続け、ソ連からモンゴル、チベット、ヒマラヤを経て、ついにインド北部に辿(たど)り着くまでの逃避行が、あまりに超人的だからである。

見ようによっては、できすぎているからだ。本書が「虚構」との指摘は刊行当初から一部にはあり、このことも邦訳をためらわせたのかもしれない。たしかに、酷熱のゴビ砂漠を、十二、三日間もほとんど飲まず食わずで歩くなど不可能だが、著者は「日数の計算ができなくなっていた」とも告白している。

私がノンフィクションの書き手の直観から言うなら、本書の魅力を引き立たせている細部の描写の大半は、実際に体験した者でなければ書けない内容だ。とりわけ、人目を避ける旅路で遭遇したモンゴル人やチベット人から受けた手放しの歓待の描写は、読み手の胸をも温かいもので満たさずにはおかない。彼ら大自然の中で悠揚迫らざる生き方をしている人々との一期一会を通じて、著者は深刻な人間不信から脱し、人間としての本質的な自由を取り戻してゆくのである。

この自由への希求に対する感度の鈍さが、邦訳の出版を今日にまで遅らせてきた第三の、そしてひょっとすると最大の理由ではあるまいか。敗戦直後にかいま見えたとされる〝青空〟を、ほとんどの日本人は自らの手でさらに押し広げようとはしてこなかったのだから……。

癖のある訳文（「ご太い猪首」とか「興奮に満ちたもろもろ」とか）にはいささか興ざめしたけれど、本書のすばらしさは、世界中で半世紀も読み継がれてきた事実が、何よりも証明している。

（原題、THE LONG WALK）

評・野村進（ジャーナリスト・拓殖大学教授）

Slavomir Rawicz　１９１５～２００４年。元ポーランド陸軍騎兵隊中尉。

『藤森流　自然素材の使い方』

藤森照信ほか 著

彰国社・二五二〇円
ISBN9784395005376　アート・ファッション・芸能

屋根に花…常識破る建築の楽しい裏話

型破りの東大教授にして、建築探偵の藤森照信は今や、「タンポポハウス」等を生んだユニークな建築家としても人気者だ。生き方は破天荒そのもの。本来、建築史家の彼は、信州の田舎育ちだけに近代化＝西欧化に憧(あこが)れ、文明開化の東京の都市史を描くことから出発。だが、野性の血がそこに収まることを許さず、現場に出て町中の建物を調べ、建築探偵に。後に赤瀬川原平らと出会い、路上観察学会を結成。近代化から外れた面白い物を探しあてるパフォーマンスを披露し、消費時代の潮流から身を離す独自の立場を獲得。

そして、いよいよ建築家にチャレンジ。設計事務所での修業経験がなく、設計は素人。だが目利きの建築史家の豊富な経験、子供の頃からの物づくりの技が、常識破りの自由な発想を次々に生み出した。出来上がった建築作品は、屋根に花が咲き、木が生え、また鉄平石で覆われた住宅など、誰も見たことがないユニークなものばかり。これが大いに受けた。

その作品群が生まれた経緯、背景、秘話を、設計に共同した仲間の若き建築家達（たち）と楽しく語ったのが本書だ。土、木、石等の自然素材に徹し、しかも荒々しさを追求する前例のない施工への挑戦の連続だけに、試行錯誤の苦労話が続く。失敗の告白や自慢話もまた読者を引き込む。

　成功の鍵は何か。建築づくりに独自の世界を切り開くべく、建築探偵が煉（ね）った秘策が本書で明かされる。その一。工業製品を避け、自然素材に徹底的にこだわるが、実は自然素材はもっぱら表層に用い、本体はコンクリート等、近代技術でしっかり支える。その二。誰もが評価する数寄屋造り等の木造建築の伝統美を嫌い、毛深く荒々しい縄文的な独自の表現とする。常人には思いもつかない発想だ。

　藤森作品は、自然素材を用いながらも、伝統ともノスタルジーともほど遠い。どこかにありそうで、どこにもない創造的なインターナショナルなヴァナキュラー（土着的）建築だ。時代に逆向きに走りつつ、実は時代の先を行っている。本書は、現代人の心をおおらかに解き放つ藤森作品の不思議な力の秘密を解き明かしてくれる。

評・陣内秀信（法政大学教授）

ふじもり・てるのぶ　46年生まれ。東京大学教授。本書の著者は藤森氏ら計7人。

二〇〇五年一一月六日⑤

『クルド、イラク、窮屈な日々　戦争を必要とする人びと』

渡辺悟 著

現代書館・二三一〇円
ISBN9784768469019

ノンフィクション・評伝

追い込まれたなかでの暴力への依存

冒頭、自爆未遂犯に会うところから始まる。イラクで活動を拡大しつつあったアルカイダ系組織に誘われた青年が、イラク戦争直前にクルド地域で自爆を決行しようとして最後逡巡（しゅんじゅん）し、逮捕された。

　安全の高みに住む日本人が常に抱く「自爆者」への疑問を、著者も本人にぶつける。なぜ自らの命をなげうつ？　だが明確な答えは返ってこない。「イスラムに反しているから」、という素朴な青年の無邪気な答えは、「世の中なにか間違っている」といった義の思いだろう。自爆の報を聞くたびに、それは私に、かつて児玉誉士夫邸に軽飛行機で突っ込み自死した青年俳優のことを想起させる。

　フリージャーナリストの著者は、戦争前からイラク入りして取材を続けてきた。印象的なのは、本書が単純な反戦にも解放礼賛にもなっていないことである。戦争すれば旧政権下で虐げられてきた自分たちが救われる、として戦争を待ち望むイラクのクルド民族たち。戦後の米軍による占領、虐待、理不尽な攻撃と破壊に憤り、アメリカへの抵抗は当然だと思いつめるファルージャやドーラの人々。

　著者は時折彼らに、「でも戦争では人が死ぬよ」「原爆を受けても日本で抵抗運動は起きなかった」と指摘する（本書には頻繁にイラク人の日本観が出てくる。それだけでも面白い）。彼らは少し、黙る。考える。だが結局、「でもそうするしか仕方ないじゃないか」と答える。

　「それしか方法がない」という思いつめた結論は、本書のタイトルにある「窮屈な日々」から生まれる。独裁による圧制、弾圧。戦争。外国の占領による日常への侵害。そうしたものすべてがイラク人を窮屈な環境での生活に追い込み、追い込まれたなかで、手っ取り早い暴力への依存へと向かう。戦争を待ち望んだ少数民族も、自爆に向かう若者も、その閉塞（へいそく）感の産物だ。

　大怪我（けが）をしながら、元気にサッカーをする少年のエピソードが出てくる。ナチス下を生きたフランクルの「夜と霧」を参照しながら著者は、傷ついた肉体を前向きに支えるのは希望だけだ、と語る。

　希望の細い糸は続いているだろうか。

評・酒井啓子（東京外国語大学教授）

わたなべ・さとる　66年生まれ。フリージャーナリスト、カメラマン。

二〇〇五年一一月六日❻

『さようなら、私の本よ！』

大江健三郎 著

講談社・二一〇〇円　文芸
ISBN9784062131124／9784062762724（講談社文庫）

「小説への信」を失わぬ作家の叫び

大江健三郎は、現存する、最大の顰蹙（ひんしゅく）作家である、とぼくは考える。

例えば、戦後民主主義へのナイーヴな信頼や、政治的アクションへの止（や）むことのない参加は、高度資本主義下の日本人の多数にとって、顰蹙ものである。

さらに顰蹙をかうのは、その作品だ。外国の作家や詩人の引用ばかりじゃないか、自分と自分の家族や友人と自分の過去の作品について書かれても興味持てないんですけど——等々。

だが、真に顰蹙をかうべきなのは、もっと別のことだ、とぼくは考える。

この小説だけではなく、近作全（すべ）てで主人公を務める長江古義人は、ノーベル賞作家で、本ばかり読む人である。要するに、作者の大江健三郎にそっくりの人物だ。その、作者そっくりの人物のもとを訪ねた、幼なじみの、国際的名声を持つ建築家、椿繁は、「老人の最後の一勝負」として9・11同時多発テロに触発された東京の超高層ビル爆破計画を持ちかけ、そのあらましを、新しい小説として書くように要請するのだが——というのが、この小説の「あらすじ」だ。

しかし、そんな「あらすじ」に従って「読まれる」ことを、この小説は拒否している。

作中人物の一人は、主人公にその計画を「本気で受けとっていられたか」と訊（たず）ねる。「本気」があるのか。あるとしたら、それは何なのか、と。それは、作者自身が、読者になりかわって訊ねたことなのだ。この小説の「本気」は何か、と。

この小説は、読者の前で揺れ動く。過激な煽動（せんどう）と真摯（しんし）な問いかけと悲痛な叫びに滑稽（こっけい）さ、そのどれが「本気」なのか、と読者を悩ませる。だが、小説とは、そういうものではないのか？　苦しみつつ、作品の解読を通して、作者さえ知らないものを見つけ出すのが、小説を読む、ということではないのか。だとするなら、小説への信だけは失わぬ大江健三郎は、世界がどのように変わっても、他の作家たちが小説を書かなくなったとしても、ただ一人、小説を書き続けるに違いない（なんと迷惑な！）。それ故に、ぼくは、彼を最大の顰蹙作家と呼ぶのである。

評・高橋源一郎（作家・明治学院大学教授）

おおえ・けんざぶろう　35年生まれ。作家。94年、ノーベル文学賞受賞。

二〇〇五年一一月六日❼

『故地想う心涯なし』

中川芳子 著

編集工房ノア・二一〇〇円　文芸
ISBN9784892715785

年齢を経るにつれ望郷の想（おも）いは募るだろう。まして、その地が海を越えた異国だったとき、どんな気持ちに襲われるだろうか。

ソウルに育ち、天津で結婚、北朝鮮に疎開。敗戦の際、母子で三十八度線を決死の覚悟で越えた著者の自伝的な連作小説集。いずれも喪失した故郷への懐かしさに満ちている。

金沢出身の政治家の祖父、しっかりものの祖母。その祖父の意向で、朝鮮に行くことになった俳人で、蒲柳（ほりゅう）の質の父、自分を無にして仕える母。そして帰国後の京都。朝鮮を背景に、時間の経過が端正な文章によって描き出される。

雲一つなく、紺碧（こんぺき）に晴れ上がった冬空で、朝鮮凧（だこ）と日本凧が、秘術をつくす。どちらかの糸の切れるまで終わらない光景を描いた「ナッカンダア」という作品が、六編のなかでもとりわけ印象深かった。

後に特攻隊で命を落とす男の子との交遊も、作者には空高く飛ぶ凧にも似た忘れ難い記憶だったにちがいない。

評・小高賢（歌人）

二〇〇五年一一月六日⑧　経済

『なぜ資本主義は暴走するのか』

ロジャー・ローウェンスタイン 著　鬼澤忍 訳
日本経済新聞社・一九九五円
ISBN9784532351632

ライブドアのニッポン放送買収事件の際、多くの経営者が肝を冷やしたことに、外国株による「三角合併」解禁問題がある。来春から株を等価交換できる予定だったのだが、日本企業は株価が安いため全製薬会社を合わせても株価総額がファイザー製薬の5％に過ぎない。軒並み外資に買収されるところだったのだ。

「企業価値」でなく「株主価値」を中心とする資本主義では、経営者は絶えず株価を引き上げねばならない。本書はそうした状況が90年代のアメリカに起こした酸鼻を極める顛末(てんまつ)のリポートである。

当初、経営者は企業防衛に努めただけだが、ストックオプションで年俸を得ると株価吊(つ)り上げが自己目的化し、会計士は経営収益と株価を切り離す粉飾に邁進(まいしん)、一般家計までが年金を株につぎ込むに至る。

結果がエンロンやワールドコムの破綻(はたん)と年金の消失であった。日本の未来は、ここに予告されている。

評・松原隆一郎（東京大学教授）

二〇〇五年一一月六日⑨　文芸／科学・生物

『デカルトの密室』

瀬名秀明 著
新潮社・一九九五円
ISBN9784104778010／9784101214368（新潮文庫）

ロボットの情報処理と人間の思考を分かつものは何か？　自己意識、というのが一つの答えだろう。情報を処理するだけでなく、情報処理を行う自分を監視するもう一段上の視点（私という意識）をもつこと。本書の作者は、「私を思考する私」を人間の究極の条件とした哲学者にならって、自己意識を閉じこめる脳をデカルトの密室と呼ぶ。意識はこの密室を出ることができるか？　これが本書の根本テーマである。

物語は、あるロボットが天才女性科学者を殺した事件から出発する。高度化されたロボットが、プログラムによらず自分の意志で人間を殺したとしたら、それこそ、意識がデカルトの密室を脱出するチャンスではないか。真の犯人は誰かという謎とともに、小説は、人間とは何か、機械に意識はありうるか、という問題に踏みこんでいく。

ロボット工学の実践的最前線と、意識をめぐる抽象的な思弁がダイレクトに結びついた刺激的な小説だ。

評・中条省平（学習院大学教授）

二〇〇五年一一月六日⑩　社会／ノンフィクション・評伝

『テレビは戦争をどう描いてきたか』

桜井均 著
岩波書店・四二〇〇円
ISBN9784000240154

ここ半世紀、ドキュメンタリー番組は戦争について、どんなメッセージを発信してきたのか。現役プロデューサーである著者は、アジア太平洋での戦場、原爆、戦争責任などを扱った番組を素材にその深層底流に迫る。

取材で集められた個々の言葉や逸話は、生身の人間の視点から、戦争とは何かを読み解く糸口だ。そこを手掛かりにどこまで、戦争を知らない世代も包み込む形で歴史認識の共有に近づけるのか。

多くの番組が挑んできたが、著者は「テレビという媒体(メディア)を通して、人びとはじつにさまざまな言葉を使って苦難の戦争体験を語ってきた。しかし、それが集団の経験にまで結実することは少なかった」と厳しく自己採点する。

戦争ドキュメンタリーを総覧できる貴重な一冊だが、それにとどまらない。戦争とメディア、歴史の記憶をめぐる論考は鋭角で、日本の内憂を見事に射抜いている。

評・吉田文彦（本社論説委員）

『不運な女』

リチャード・ブローティガン 著　藤本和子 訳

新潮社・一六八〇円　文芸
ISBN9784105127022

このユーモア、この繊細、このものがなしさ

すでに亡くなった作家をあまりにも好きな場合、既刊の著作をできるだけ読まないようにする、ということが私にはよくある。読みたいが、我慢するのだ。だって全部読んでしまったら、もう出ることはない新作を待ち焦がれてしまうだろうから。かような理由で、五、六冊読んだのち、ブローティガンの著作物を私は自分から遠ざけた。残りは一生かけてゆっくり読もうと決めたのだ。

ところが、なんとブローティガンの新作が、書店に並んでいるではないか。一九八四年にピストル自殺したこの作家の、遺作だ。二十年のときを経て、最後の小説が翻訳されたのである。

ハワイ、カナダ、アラスカと、旅した期間のこと、そしてモンタナに帰ってからのことが、日記風に綴（つづ）られている。とはいえ書き手はブローティガンだ、ただの日記ではない。語り手である「わたし」が紡ぐ言葉は、過去と現在と、目に見えるものと見えないものと、「ここ」と「ここ以外」との、垣根をいともたやすくあいまいにして、あちらこちらへと行き来する。読みはじめてすぐは、話がほうぼうに飛ぶまとまりのなさに戸惑うが、途中、はたと気づく。はたしてブローティガンにまとまりのあった著作があったっけ。そうだ、この作家はまとまりを読ませるのではない、ほころびをこそ、読ませるのだった。

このユーモア。この繊細。このアイロニー。このものがなしさ。この茶目（ちゃめ）っ気。この冷淡さと、この愛情。この作家にしか書けない言葉の数々を、むさぼるように読んだ。

ブローティガンはいつも、ちいさなものを見ている。たとえば、語り手はある日の日記に、恐怖映画のポスターを見ているうち、泣き出してしまうおばあさんのことを書いている。それから、カフェで隣り合った男が、朝ドーナツを食べたあとに菓子パンを買う様子を書いている。なんてことはない、日常の、ちいさな一瞬を、それは見事に切り取って、忘れがたい映像として読み手の目に残してしまう。ここには、ちいさきものへの愛がある。役にたたないささやかさへの肯定がある。そのように生きる私たち人間に対する、やさしいあきらめがある。

首吊（くびつ）り自殺をしたという「不運な女」について書こうとしつつ、語り手はなかなか書かない。読むことと知ることはイコール、という図式に慣れた私は、彼女について明かされないことに焦（じ）れつつも、読み終わってみると、語られなかったもうひとつの物語をも、読んだ記憶が残る。ささいな雑事と意味不明な他人の行動によって縁取られた日常を読むことによって、何かの理由で首を吊った、そして今なおひそやかに死んでいるある女性の、語られることのない物語。

約二十年前に亡くなった作家の、二十年以上前に書かれた小説である。驚くべきは、二十年なんか一瞬に無にしてしまうほど、この作家の言葉は今なお新しく、そうしてぬくぬくとあたたかい。

（原題、An Unfortunate Woman : A Journey）

評・角田光代（作家）

Richard Brautigan　1935～84年。米国の作家。『アメリカの鱒釣り』など。

二〇〇五年一一月一三日❷

『土恋(つちこい)』

津村節子 著

筑摩書房・一六八〇円

ISBN9784480803917

文芸

いのちをつなぐ壮大さに満たされて

舞台は、阿賀野川流域にひらけた新潟県安田村。佐渡ケ島の相川にある小さな旅館の長女みほは、伯父の紹介で安田村庵地に三代続く窯元の長男・啓一に嫁ぐ。みほは二十七歳、シベリアに抑留されていた啓一は三十八歳だった。

初夜の床で、みほは啓一から姑(しゅうとめ)ががんであることを知らされる。夫婦を待ち受ける苦難の日々の始まりである。

啓一の器はひとつひとつ蹴(け)り轆轤(ろくろ)で成形し、薪を燃料にした登り窯で焼く。安い型もののやきものやプラスチック製品が出回るなか苦戦を強いられる。借金もある。みほは振袖を売って生活費を工面するが、台風で窯が崩れたり不渡り手形をつかまされたりして災難は続く。

「何とかなるすけ」「おめさんの食器は日本一使い易いけえ」

背筋をしゃんと伸ばして啓一を励ますみほの姿が、物語のはじめに置かれた一節と重なる。〈佐渡を、絶海の孤島、流人の島と思っている人の中には、前方に佐渡ケ島が見えてくると、船が新潟へもどったのかと思う人がいるという〉

佐渡とは、向きあってみれば思いのほか大きく凜々(りり)しい、みほのことだと。

啓一の面取湯呑(ゆのみ)が日本民芸協団の公募展で入賞し、娘四人を抱える生活もようやく穏やかになる。ここで終われば、戦後を生きた夫婦の愛と庵地焼誕生の物語だろう。いや、ここで終わってもいいと思えた。庵地の土の匂(にお)いに包まれた、心豊かな夫婦のかたちを見たのだから。

ところが後半、思わぬ展開がある。みほから長女の美子へと視点が移り、一家を支える主役がダイナミックに入れ替わるのだ。両親の下で窯元の厳しさを学んだ美子は「かあちゃん、男に出来ることは女でも出来るとおれは思う」と告げ、十八歳で四代目を嗣(つ)ごうと立ち上がる。

ふるえがきた。親の知らぬうちにいつのまにか、子は心を固めている。それを知った親の驚きと誇りとさみしさ。家族が未来にいのちをつなぐことの壮大さ。

子のない私に、人の親の心情を本当に知ることは叶(かな)わない。それでも、そんな私でも、みほのように満たされてしまう。物語の偉大な力だ。

評・最相葉月(ノンフィクションライター)

つむら・せつこ 作家。著書に『黒い潮』『茜色の戦記』『菊日和』など。

二〇〇五年一一月一三日❸

『テヅカ・イズ・デッド　ひらかれたマンガ表現論へ』

伊藤剛 著

NTT出版・二五二〇円

ISBN9784757141292

文芸

物語よりキャラ　変化の構図、説得的に

マンガがつまらなくなったという声をよく聞く。だがそれは違うと本書の著者はいう。手塚治虫の作品を規範として育ち、戦後マンガの奇跡的な成長を支えた読者や評論家に、今のマンガの魅力が分からなくなったのである。テヅカ　イズ　デッドと宣告される理由だ。

その決定的な分水嶺(ぶんすいれい)は一九八〇年代半ばにあると著者は分析する。そのとき日本マンガに何が起こったのか? キャラクターからキャラへの移行である。

キャラクターとは、絵の背後に人生や生活を想像させ、内面を感じさせる人物像である。ひと言でいえば、物語性を生きる存在だ。これに対して、キャラは、固有名をもち、人格的な存在感ももつが、人生や内面をもたない。だから、これまでのマンガの読者はキャラに同一化することができない。にもかかわらず、現在のマンガを支える読者は、現実的な身体性を欠いたキャラに強く感情的に反応する。読者のかなり一方的なこの感情的反応が、「萌

(も)え」と呼ばれる。

八〇年代後半以降のマンガのなかでは、物語よりもキャラの魅力が優位に立ち、マンガ家の自己表現より読者の「萌え」の方が大事な要素になった。近代的な自己表現としての物語の終わり。すなわち、ポストモダンへの突入である。

こうした大きな見取り図を説得的に展開する著者はまた、マンガの細部の読み取りにも天才的な繊細さを発揮する。その力量は、手塚治虫の『地底国の怪人』においてキャラの力が抑圧・隠蔽(いんぺい)され、代わって近代的人間の物語が戦後マンガの導きの糸となったことを解き明かす二十数ページに結晶している。この鮮烈でシャープな読解の力業に、私の背筋に戦慄(せんりつ)が走ったことを告白しておこう。

つまり、キャラの魅力は、「手塚治虫＝マンガの近代」の前から存在していた。従って、マンガのポストモダンとは、マンガ固有の本質への回帰だとも見なせる。だが、とここでマンガ旧世代に属する私は悲しく思うのである。萌えを誘発するキャラがマンガ固有の魅力だとするならば、私はこの魅力とともにマンガの未来に行くことはできないな、と。

評・中条省平(学習院大学教授)

いとう・ごう 67年生まれ。マンガ評論家、編集者。共著に『網状言論F改』。

二〇〇五年一一月一三日⑤ 歴史

『会津戦争全史』

星亮一 著

講談社選書メチエ・一六八〇円

ISBN9784062583428

ここに《日本人の戦争》の原点がある

会津戦争を原点にすると、《日本人の戦争》が見えてくる。

幕末会津藩の悲運は、輝ける明治維新の暗い裏面として、正史では隅っこに追いやられてきた。皇朝史観であれ、進歩史観であれ、戊辰戦争を「正義の戦争」と見る立場からは歴史の経常支出と見なされるこの内戦は、著者にいわせれば「日本近代史の汚点」であった。

鳥羽伏見戦争で「朝敵」とされた会津藩主松平容保(かたもり)は、国元に帰って謹慎し、謝罪を申し出たにも拘(かか)わらず、薩長政権はそれを無視して、①容保の斬首、②会津若松開城、③領地没収の三点を要求して譲らない。会津の窮境を見かねた東北諸藩は連帯して奥羽越列藩同盟を結成し、足かけ二年にわたる戦乱の幕が切って落とされるのである。

新政権軍の攻勢で列藩が次々と脱落するなか、孤立して戦った会津藩がついに力尽き、若松落城を迎える悲劇は、これまで独特の怨念(おんねん)と敗者の美学にいろどられて語り継がれ、本書でもクライマックスになっている。

類書は多い。著者自身もこの題材で何冊か書いている。旧怨(きゅうえん)は消えないし、また忘れるべきでもない。問題はいかに相対化するかである。本書の新機軸は、会津戦争を受難と被害の視点だけからでなく、普遍的な《戦争と日本人》という論点から眺め直している点にある。

判明している戦死者は二千四百七人。これには農兵・人夫・「官軍」にレイプされて殺された女性が数えられていない。新政権軍の兵士は、相手が弱者と見ると徹底的にいたぶる軍隊だった。

勝者の暴虐はもとより、敗者の側も批判をまぬかれない。行間からは敗北を必要以上に悲惨にした会津藩上層部への怒りが、まるで今日の出来事のようにたちのぼってくる。優秀な銃隊に向かって槍隊(やりたい)が突撃するしか戦法がなく、老人隊が前線に出て戦い、少年・婦女子が参戦して自害する。これは無能な指導部による《本土決戦》だったのである。

東北人の著者が、奥羽越列藩同盟をアメリカ南北戦争における北軍になぞらえる意地の張り方にも敬服する。

評・野口武彦(文芸評論家)

ほし・りょういち 35年生まれ。作家。著書に『後藤新平伝』など。

二〇〇五年一一月一三日❻

『プロファイリング・ビジネス　米国「諜報産業」の最強戦略』

ロバート・オハロー 著　中谷和男 訳

日経BP社・二三一〇円
ISBN9784822244651
経済／ノンフィクション・評伝／国際

「自由と安全のため」の監視社会への道

最近の米国への旅行者で、入出国時に不愉快さを感じない人はまれだろう。安全検査で靴を脱がされるくらいはともかく、いちいち指紋をとられ、顔写真を撮影される。「安全のためだ」と自らを納得させつつも、これが「自由の国」の関門なのか、とうんざりさせられる。

9・11同時テロ後の米国は、政府に盗聴や捜索の権限をほとんど無制限に与える愛国者法の制定を契機として、急速に「監視社会」化が進んできた。その社会的空気を背景に個人情報の収集と分析、販売を業とするビジネスが巨大化し、人々のプライバシーや人権が侵されている実態を生々しく描くのが本書である。

アクシオム。チョイスポイント。セイシントとそれを買収したレクシスネクシス等。W・ポスト紙の記者である著者が取材対象としたのは、大企業へと急成長を遂げた、日本ではあまりなじみがない各社だ。これら企業は、たとえばフリーダイヤルをかけてきた消費者について即座に、どんな家に住むか、車は、などのプロフィルを提供できるほど膨大な個人データを蓄積し、信用調査や市場開拓の分野で莫大（ばくだい）な利益をあげている。

9・11後、テロ対策や犯罪捜査などにあたる政府部門が、個人情報の収集でこれら企業への依存度を高めたことが急成長に拍車をかけた。各社は政府高官を雇い入れて営業活動を展開するなど、その癒着ぶりは「米国はいまや安全保障と情報産業の複合体に向かっている」と法学者の警告を招くほどなのだという。

レイプ事件が起きると、警察から犯人に該当しそうな人物のリスト作成を依頼される会社があれば、「テロリズム指数」のリストを作成し、最脅威の千二百人の名前を政府に提供する企業もある。著者が一章をあてて顔の自動認識システム開発を紹介したビジョニクス社の監視カメラは、各国から引き合いがあり、今夏のロンドンの同時多発テロで四人の犯人を突き止めたことで有名になった。

「もはやわたしたちには、隠れる場所すらない」が、著者の結び。街頭カメラの急速な普及をみるだに、私たちにとっても絵空事ではないと気付かされる。

（原題、NO PLACE TO HIDE）

評・佐柄木俊郎（国際基督教大学客員教授）

Robert O'Harrow, Jr.　ワシントン・ポスト記者。カーネギーメロン賞受賞。

二〇〇五年一一月一三日❼

『威風と頽唐　中国文化大革命の政治言語』

吉越弘泰 著

太田出版・四九三五円
ISBN9784872339826
歴史／政治

中国の歴史では時の権力を批判し、風刺する言説に対する弾圧、すなわち「文字獄」と呼ばれる暗黒の時代が繰り返されてきた。

文化大革命も自己と異なる意見を敵性あるいは悪と見なす毛沢東が引き起こした、現代の文字獄だった。

その文革期には独特の語彙（ごい）や言い回しが流布したが、この文革言語の政治的出自や影響力を、それを用いた毛沢東、林彪ら政治指導者や「四人組」ら左派のイデオローグ、それに紅衛兵各層の代表的言説から読み解いた大著である。

扇動力に満ちみちた文革言語は多くの若者を鼓舞したが、逆に人の「心を鉛のように」し、「骨格に刃物を刻みつける」打撃を与え、死地に追いやりもした。

共産党は81年に「党と国家と人民に大きな災難をもたらした内乱」と文革を総括し、今は「徹底否定」が国是となった。だが文革言語の抑圧性だけでなく解放性にも着目する筆者は、功罪両面から光を当てた文革の再検証が必要だと説く。

評・加藤千洋（本社編集委員）

二〇〇五年一一月一三日⑧

『ブエノス・ディアス、ニッポン』

ななころびやおき 著

ラティーナ・二〇〇〇円

ISBN9784947719058

ノンフィクション・評伝／国際

こう言っちゃ何だが、はなから売れるのを放棄したような書名とペンネーム。しかし、激変する在日外国人社会の現状を知るためには必読の一冊と言えよう。

著者は、依頼人の七割以上が在日外国人という現役ばりばりの弁護士である。〝不法滞在〟中、交通事故に遭ったスリランカ人への保険金の交渉から、ダウン症児を抱えるペルー人女性に対する強制送還命令の取り消しまで、複雑多岐な実例をあげつつ、われわれが毎日のように見かける外国人たちが、日本で何を思い、どんな問題に苦しんでいるかを伝えてくれる。

日本人男性との不倫の末に出産したフィリピン人女性とその子に在留特別許可を与えるのは、「正常な婚姻秩序」を乱すとした国側に、じゃあクリントンやミッテランも国の秩序を乱したのかと迫るあたりは、著者の面目躍如。外国人たちに振り回されながらも、彼らに育てられてきたという著者の心意気が、全編にあふれている。挿画もいい。

評・野村進（ジャーナリスト）

二〇〇五年一一月一三日⑨

『トットちゃんの万華鏡　評伝　黒柳徹子』

北川登園 著

白水社・一八九〇円

ISBN9784560027790

文芸

著者は黒柳徹子の業績を書き残しておくべきだと本人への取材を重ね、資料を読み解いて稀有（けう）な才能の輪郭を浮き彫りにする。72歳の彼女は、いくつもの顔を持つ。大ベストセラー『窓ぎわのトットちゃん』を出し、テレビでは長寿番組「徹子の部屋」の司会とクイズ番組の解答者を務める。あまたの舞台でヒロインを演じる上に、ユニセフ親善大使、日本パンダ保護協会名誉会長などの職をこなす。

多彩な活動を支えるのは、ひたむきな努力。インタビュー番組では、ゲストの事前調査を13枚のメモ用紙にまとめる作業を欠かさない。「世界・ふしぎ発見！」への出演を受けたのは歴史の勉強ができるから。1回に十数冊を読破する。

天衣無縫の自由人だが、生中継中に「……のくせに」と言った子どもに「差別しているように聞こえる」と諭す一面も持つ。好奇心と行動力の献身の人生、と著者。万華鏡はようやく一つの像を結んだようだ。

評・多賀幹子（フリージャーナリスト）

二〇〇五年一一月一三日⑩

『われら以外の人類』

内村直之 著

朝日選書・一三六五円

ISBN9784022598837

科学・生物／ノンフィクション・評伝

科学記事のなかでも、歴史を書き換えるような人類化石の発見と考古学上の発見は、新聞の一面を飾ることが多い。われわれがたどってきた道に関係するのだから、当然といえば当然か。

人類進化を研究する分野は、古人類学と呼ばれる。

その古人類学には、ケニアを本拠地としたリーキー一家など、スター研究者が少なくない。いや、人類化石の大発見をすれば、一躍スターになれるほど、めったに訪れない幸運であると同時に、世間の関心が高い分野なのだ。そのため、古人類学の研究史は、研究者列伝でもある。

本書は、化石発掘の現場を訪ね、スター研究者へのインタビューを重ねることでまとめられた、古人類学の現状ルポルタージュである。平易な言葉で語られているが、専門論文も読み込んだ上で、人類進化に関する最新の研究成果がバランスよくまとめられている。

人類の来し方行く末に思いをはせたい人は必読。

評・渡辺政隆（サイエンスライター）

二〇〇五年一一月二〇日②

『和本入門　千年生きる書物の世界』

橋口侯之介 著

平凡社・二三一〇円
ISBN9784582832921／9784582767445（平凡社ライブラリー）

人文／アート・ファッション・芸能

身近な文化遺産の世界に誘う

和本は、読者のいちばん身近にあり、手に取ることも、手に入れることもできる文化遺産である。

本書の著者は和本を主として商う古書店主である。学者には専門分野があるから無意識の偏愛に陥りがちだが、こちらは「価格付け」で一元化するから自然に公平な見方が生じて、一冊一冊を「たったひとつの本」としてかわいがる。

著者の定義では、「和本」とは「有史以来、明治の初め頃までに日本で書かれたか、印刷された書物の総称」とのことだが、奈良・平安のものはほぼ重要文化財クラスになっていて縁遠く、何といっても、江戸時代に板本として多量に出版された書物が和本の主流であり、思想書から大衆文芸までの諸ジャンルにわたって今日でも市場で流通している。

この入門書は三段階に分かれ、初級の「和本とは何か」でその歴史をたどり、中級の「実習・和本の基礎知識」は、いざ手にした場合の書名・作者名・刊年など基本情報の見方を教える。上級の「和本はどのように刊行されたか」は、くわしい素性調べの手順を記しているが、ちょっと大学院レベルかもしれない。

江戸板本はコウゾを原料にした和紙で作られているから、強く、軽く、しなやかで、何よりも保存がいい。明治以後の洋紙の出版物と違って、いつまでも劣化することがない。サブタイトルの「千年生きる書物の世界」という表現は決してオーバーではない。

サイズには大本（おおぼん）・半紙本・中本（ちゅうぼん）・小本（こほん）という定型があり、それぞれ現代のB5判・A5判・B6判・文庫本に相当する。つまり原型である。巻末に版権と出版届をかねた奥付を付ける慣習は、現行制度にそのまま受け継がれている。

日本人の本好きは、間違いなく江戸時代に培われたのである。情報性と骨董（こっとう）性と市場性をそなえた和本は、図書館でじかに接し、物によっては手軽に買える文化財として意外に近距離にある。若い読者層に和本文化の裾野（すその）を広げようと書かれた第四章「和本の入手と保存」は、買い方まで伝授していて親切であり、美しい装幀（そうてい）にも愛情がこもっている。

評・野口武彦（文芸評論家）

はしぐち・こうのすけ　47年生まれ。出版社勤務を経て古書店主。東京古典会会員。

二〇〇五年一一月二〇日③

『捕虜たちの日露戦争』

吹浦忠正 著

ＮＨＫブックス・一〇七一円
ISBN9784140910405

歴史／国際

人道主義と国益が結びついた捕虜厚遇

日露戦争ではロシア側の8万人弱の捕虜が日本各地に収容され、日本側も2千人強の捕虜を出し、その大半がロシア北部のメドベージ村に移送された。彼らの生活を扱った文献は少なくないが、本書は捕虜の取り扱いを世界史的観点から概観した『捕虜の文明史』の著者が、新たな史料を加えて日露戦争時の捕虜処遇を客観的で広い視野から分析した好著である。

日露戦争時に日本が捕虜を厚遇したことはよく知られているし、ロシア側も概（おおむ）ね国際法に従って捕虜を遇した。本書の記述も、基本的にはこの事実を確認するが、より大きな歴史的視座や隠された事実を発掘することで、このエピソードを単なる美談ではなく立体的に捉（とら）えている。

歴史的に見れば、戦時捕虜の処遇が国際法上明確に規定されるようになったのはようやく19世紀後半になってからであり、実は帝政ロシアこそ、文明国としての人道性をアピールするために捕虜取扱規則の制定を主導した国であった。日露戦争時の捕虜処遇の基準となったのは「ハーグ陸戦規約」だが、これはニコライ二世の呼びかけで開かれた国際会議での、ロシア出身の国際法学者マルテンスの活躍の結果であった。日本もまた文明国としての地位を証明するため、国際法学者を戦場に派遣するなど、国策として国際法の遵守（じゅんしゅ）の徹底を図った。

しかし日本国内には当時から、捕虜となることを恥辱と見なして帰国後の元捕虜を冷遇し、同時に敵捕虜を厚遇することを批判する風潮も一部にあった。更にサハリンでの捕虜虐殺の事実と公式戦史での隠蔽（いんぺい）があったことも本書は明らかにしている。他方、ロシア側の日本人捕虜処遇でも一部に略奪、虐待と呼ぶべき事態が存在した。

それでも後の日本軍の「戦陣訓」に代表される捕虜否定がもたらした残虐さや、ソ連のシベリア抑留に比べれば雲泥の差であった。現代の紛争につきまとう野蛮さを見ても、当時の捕虜処遇が貴族的文化の残る時代に人道主義と国益が結びついた特殊な状況の産物と思えてくる。

評・中西寛（京都大学教授）

ふきうら・ただまさ 41年生まれ。東京財団常務理事。著書に『聞き書日本人捕虜』など。

『魔王』

伊坂幸太郎 著

講談社・一三〇〇円
ISBN9784062131469／9784062761420（講談社文庫）
文芸

9条、ファシズム、「考えること」の恐怖

不思議な小説である。念じたことを他人にしゃべらせることができる、という特殊な能力を身につけた兄が語り手である表題作「魔王」、弟の恋人が語り手である「呼吸」、そのどちらにも一貫して、憲法第九条の改正や、ファシズムについての議論がくりかえし出てくるが、あとがきには「それらはテーマではない」と著者自身が明記している。

たしかにこの小説は、そうしたものごとへの問題提起に終始しているわけではない。何かもっと大きなものに向かって開かれているし、憲法改正が是か非かというような単純な小説ではない。警告でもないし、社会批判でもない。作者は、憲法改正や国民投票と真正面に向き合いながら、今、この国に生きていること、それがどういうことであるのかを誠実に切り取ったのだと思う。あくまでも小説というかたちで。

兄が主人公の「魔王」を読んでいるときは、考えないことの恐怖を感じる。「呼吸」では反転し、考えることの恐怖を。しかしどちらも、まったく同じであると気づく。コンピューターや携帯電話の普及で、格段に情報量が増えた今、配信された情報を鵜呑（うの）みにし、出所の知れないそれらを出し入れすることを「考える」と同義にしてしまうことの恐怖。おそらくそれは、ほんの十年前には見あたらなかった恐怖だと思う。

時代は少しずつ変化している。たとえば六〇年代、七〇年代には、人々はその変化に触れることができたのではないか。直接触れ、関（かか）わっていると信じることができたのではないか。しかし今、私たちは、変化に触れることができない。変化はどこかでひそやかに進行し、私たちは気づかずそれに順応していく。この小説に登場する兄も弟も、それに全身で抵抗しているように思える。今という時代、ここという場所は、だれでもない私たち自身のものではないか、気づかぬうちに順応させられてたまるか、と。

得体（えたい）の知れない不気味さを味わわせつつ、しかし小説は、抜けるような澄んだ空をも垣間見させる。私たちが直接触れられる真の光景として。

評・角田光代（作家）

いさか・こうたろう 71年生まれ。作家。著書に『ラッシュライフ』『死神の精度』など。

二〇〇五年一一月二〇日⑤

『浜町河岸の生き神様　縮尻鏡三郎』

佐藤雅美 著
文芸春秋・一六八〇円
ISBN9784163244006／9784167627157（文春文庫）
歴史／文芸

簡潔な語り口　洗練された時代小説

佐藤雅美が快調である。時代小説家の中でも、佐藤ほど多くのシリーズを同時に書き進めている作家も珍しいのではないか。半次捕物控、物書同心居眠り紋蔵、八州廻（まわ）り桑山十兵衛、元町医者啓順、そして本書の縮尻（しくじり）鏡三郎ものと五つのシリーズを並行させているのだが、どれも面白い。五つの中では本シリーズがいちばん地味かもしれないが、しかし地味でも、たっぷりと愉（たの）しませてくれる。

主人公は拝郷（はいごう）鏡三郎。通称、縮尻鏡三郎。将来を嘱望されていた勘定方の役人だったが、故あってしくじり（縮尻は当て字）、かつての上司の尽力で、いまは私設牢屋（ろうや）大番屋の元締をしている。犯罪人や被疑者の証拠調べのほか、市中の揉（も）め事の処理も行い奔走する毎日だ。

具体的には放出された稀覯（きこう）本の行方を追ったり（「似た者どうしの放蕩（ほうとう）の血」）、心中者の正体を探ったり（「踏み留（とど）まった心中者の魂魄（こんぱく）」）、焦げついた大名の借金を考察したりする（「浜町河岸（はまちょうがし）の生き神様」）。そのほかにも四件の事件が扱われているが（計八編の短編が収録されている）、いずれも江戸の暮らしを綿密なデータで解きあかしている。

かつて藤沢周平は、佐藤雅美が『恵比寿屋喜兵衛手控え』で直木賞を受賞したときの選評（「オール読物」平成六年三月号）で、〝物語と考証の絶妙のバランスが生み出した傑作〟と述べたことがあるが、この本の中でも心中者の扱いにしろ、古本の売買にしろ、金銭貸借に関する民事訴訟にしろ、単なる説明で終わらず、物語と密接に絡んでいる。もともと歴史経済小説を得意とする作者だけに、とりわけ当時の金銭感覚の細部は生き生きと捉（とら）えられており、現代人にも江戸の暮らしぶりをしかと感得できる内容だ。

もちろんひねりのきいたプロットを忘れてはならないだろう。脇役の一人ひとりに至るまで一筆書きによる巧みな性格描写も見事だし、メリハリのきいた簡潔でスマートな語り口、飄々（ひょうひょう）としたユーモアもいい。鏡三郎の私生活の脇筋に変化が乏しいのが不満だが、それでも肩の力のぬけた、それでいて十分に洗練されたストーリーテリングには満足である。

評・池上冬樹（文芸評論家）

さとう・まさよし　41年生まれ。作家。著書に『花輪茂十郎の特技』『啓順純情旅』など。

二〇〇五年一一月二〇日⑥

『グレン・グールド発言集』

ジョン・P・L・ロバーツ 編　宮澤淳一 訳
みすず書房・五七七五円
ISBN9784622070191
文芸

音楽の「なぜ」を精密に語ることばたち

なぜここはこの音？　なぜここはこの色？　無数の音程や響きからたった一つの音が選びだされる。無数の明度や色調からたった一つの色が選びだされる。そこには、この音、この色以外、絶対ありえない。微（かす）かな肌合いのずれも許せない、その精密さというのはどこからくるのだろう。それが見えたとき「芸術」作品のほんとうの理解がはじまるのだとしたら、音痴で「色弱」（子どものころから医師にそう診断されてきた）のわたしなど、「芸術」にははなから縁なしと言うほかない。そしてこれまで、批評家のだれも、すくなくともわたしにはその「なぜ」を教えてくれなかった。

コンサート会場での演奏を拒絶し、「息を吹きかけてキーが下がらないピアノは弾きたくないね」とか「同じ運指で三度と弾いたことはありません」などとうそぶき、カラヤンにピアノとオーケストラの別収録を提案し、録音中は、楽譜や作曲者の指示を改変し、空いた手を叩（たた）きながら低い声で歌い、空いた手で指揮する……。生前、ともかく物議をかもしつづけた「天才肌」のグレン・グールド。その口から次々とこぼれる言葉は、その「なぜ」を語ってくれる。「なぜ」は楽曲の構造をめぐるものなので、わたしには漠としか理解できない。けれども、〈精密〉を照準とした発言であることはわかる。

　グールドの講演原稿やインタビュー記録、彼が作ったラジオ番組の台本などを集めた本書からは、グールドが、電子媒体を駆使して、音楽とそれをめぐる言説にどのような革新を持ち込もうとしたのかを知ることができる。バッハからシェーンベルクまでの音楽史から何を聴きとるべきかについてのグールド自身の一貫した鋭い考えにふれることができる。聴く者が音楽の創造に参加するというのがどういうことかがイメージできる。

　みずからフレーズを弾き、レコードやテープを聴かせながら、作曲と変奏と演奏と聴取の何かを語りつづけたグールドのラジオ番組、それをしょっちゅう耳にできたトロントの市民がうらやましい。

（原題、THE ART OF GLENN GOULD）

評・鷲田清一（大阪大学教授）

John Peter Lee Roberts　30年生まれ。共編著『グレン・グールド書簡集』。

二〇〇五年一一月二〇日⑦

『教室を路地に！　横浜国大VS紅テント2739日』

唐十郎、室井尚 著

岩波書店・一七八五円
ISBN9784000225441

教育

　一九九七年、唐十郎は横浜国立大学教授に就任し、初講義で教室の黒板をぶち破って登場した。この唐のパフォーマンスは当時マスコミで大きく報道された。そして本年一月、唐教授は赤い木馬に乗って最終講義に現れ、定年で退職した。

　その間、何が起こっていたか。本書は、唐十郎の大学での活動を巨細に描きだす。横国大に室井尚という稀有（けう）の伴走者がいたからこそ可能になった活動であり、その記録なのだ。大学教育の枠組みをこえる現場の興奮が伝わってくる。

　初講義での初々しい緊張ぶりに始まり、唐という男の繊細な側面が次々に披露される。唐十郎の人間論としても出色の面白さだ。

　ケータイと戦うなど失敗の連続として始まった講義は、最終的に、唐ゼミ☆という劇団を一本立ちさせるところまで行き着く。

　これは制度として普遍化されえぬ教育論の書である。唐と室井の教育とは、一回限りの荒唐無稽（こうとうむけい）な出会いの演出だったからだ。

評・中条省平（学習院大学教授）

二〇〇五年一一月二〇日⑧

『死因究明　葬られた真実』

柳原三佳 著

講談社・一四七〇円
ISBN9784062130950

ノンフィクション・評伝

「死んじまったもんは、しょうがねえじゃねえか！」。家族の死因を知りたいと願う遺族に、警察署長が投げつけた言葉だ。

　犯罪で死亡した疑いが濃厚なのに、検視も司法解剖もされずに事故死や病死と判断された人々の遺族が、著者と連携をとりながら日本の司法解剖制度の脆弱（ぜいじゃく）さを訴える。本書はいわば、その凄絶（せいぜつ）な戦記である。

　ある法医学者は、先端医療が受けられる同じ国で、死ねば江戸時代へタイムスリップだと語る。虚偽の検案書を警察に書かされることもあるという。犯罪性をぬぐいたい警察の事なかれ主義と怠慢は明らかだ。

　さらに司法解剖の謝金や解剖率の低さから犯罪が構造的に見落とされる過程を検証。米国の検視官制度や死後CT撮影などの情報は明日にも役立つだろう。

　著者もまた、医療ミスで亡くなった父親の裁判を闘った経験をもつ。一貫して被害者に寄り添う問題提起は、今、国会を動かしつつある。

評・最相葉月（ノンフィクションライター）

二〇〇五年一一月二〇日 ❾

『東京湾が死んだ日』

増子義久 著
水曜社・一六八〇円
ISBN9784880651521
歴史／経済

東京オリンピックが開催された40年ほど前、東京湾は死に至った。それまでこの湾には大勢の漁民がいたが、彼らから海を奪い、京葉臨海コンビナートが強引に建設されたのだ。

だが今。操業を止めた工場の跡地は、環境共生を謳（うた）いつつ新たな都市風景を生み出している。過去の歴史が次々に風化していく。

本書はそれに対し、怒りを込める。千葉に新聞記者として赴任した経験をもつ著者が、歴史の闇に眠っていた克明な記録をもとに再現した衝撃の東京湾開発史がこの本だ。

進出企業による料亭接待、優先雇用等の誘いで、漁民が漁業権を放棄した経緯が詳細に描かれる。札束が飛び交う中、補償金を巡る家族の亀裂。芸者遊びと賭博に溺（おぼ）れ、新たな職場に適応できず転職を繰り返す男達（たち）。大気汚染、爆発の危険で逃げ出す住民。漁師町は崩壊し、無力感だけが残った。

東京湾の死を記録し、海を奪われた漁民の無念さを描く本書は心を打つ。

評・陣内秀信（法政大学教授）

二〇〇五年一一月二〇日 ❿

『日系アメリカ人強制収容とジャーナリズム』

水野剛也 著
春風社・四八三〇円
ISBN9784861100383
国際

国家や社会が戦争などの危機に瀕（ひん）した時、「国益」「公益」の名による弱者迫害や人権侵害がしばしば起きる。ジャーナリズムはどこまでそれに抗し、「監視犬」の役割を果たし得るか——第2次大戦の日系人強制収容問題を素材に、現代的でもあるこのテーマに取り組んだ労作である。

取り上げたのは、リベラル派雑誌「ニュー・リパブリック」「ネーション」の2誌と「日米」など邦字紙2紙。日本軍の真珠湾奇襲後、米国のメディアはそれまで日本寄りだった邦字紙も含め、戦争協力一色に染まる。しかし2誌は、日系人の一斉立ち退き・強制収容政策には批判的視点を失わず、戦時ヒステリアや人種偏見に一定の警鐘を鳴らす。米言論の懐の深さの表れともいえるであろう。

時を経て、米政府は80年代に強制収容を誤りと認めて謝罪。1人2万ドルの補償が行われた。改めて言論の役割や「真の国益とは」を考えさせられる。

評・佐柄木俊郎（国際基督教大学客員教授）

二〇〇五年一一月二七日 ❶

『ハルカ・エイティ』

姫野カオルコ 著
文芸春秋・一九九五円
ISBN9784163243405／9784167753092（文春文庫）文芸

魅力あふれる女性の半生描く大きな小説

とにかくおもしろくて、夢中で読んだ。一九二〇年、滋賀県に生まれた、持丸ハルカの半生である。尋常小学校に通い、高等女学校に通い、師範学校に通い小学校教師になり、二十歳のとき見合いで結婚したものの、軍人の夫、大介は外地に駐屯しているため、新婚早々義父母と暮らし、太平洋戦争が激化したとき、夫のあらたな駐屯地、渥美半島で暮らし、終戦を迎え、戻っていた実家で子どもを産む。大阪に住み、夫が事業を興すと、その行く先を案じたハルカは幼稚園に職を得て働きはじめる。

何がそんなにおもしろかったのか。戦争、敗戦、高度成長期と、変化に富んだ時代の、市井の人の暮らしが、である。その時代、どんなふうにたいへんだったか、という話を聞いたことはあっても、どんなふうに楽しかったか、ということは聞いたことがない。楽しいなんて感想自体がタブーなのだ。しかしどんな時代であろうと、人は、一日のなかに何かしら、ささやかな楽しみを見いだしたはずである。激化した戦争のなかで、よく知りはしない夫と、まったく知らない土地に暮らし、孤独と不安に押しつぶされそうになりながら、ハルカは藁（わら）半紙一枚の「女の一生」のプログラムを何度も読む。

　楽しめる、ということは、ハルカという女性の最大の美徳であり魅力である。このたくましい女性は、女学校時代、ないものをないと嘆くより、あるものをあると喜ぶことを選ぶ、「そのほうが、たのしい」と気づく。彼女を支え続けるのは、この気分だ。ハルカの人生を不幸だとすればいくらでもそう断じることもできる。終戦を迎えやっと生活が落ち着いたころには夫の事業はうまくいかない。度重なる鞍（くら）替えとつねにちらつく女性の影。胸のときめく恋をすれば、相手はハルカに金を無心する。しかしいつ何時もハルカは空を見上げている。楽しめることをさがしている。ハルカという人物が醸し出す気品、気高さは、その姿勢から生じている。人はかように気高く生きることが可能であると、ハルカ自身から教えられたような心持ちになる。

　この作者ならではの、緻密（ちみつ）な人物関係図も魅力のひとつである。ハルカの家族、大介の両親、隣近所の人々、そして一生つきあうことになる、女学校時代の友人たち。ハルカがハルカらしく時代を生き抜くさまと同様に、作者は彼らひとりひとりの生き方も手を抜かずに書ききる。読み終えるころには、近所に住まう実在のだれかれのように、ひとりひとりが思い浮かぶほどだ。

　どのようにも読める小説である。昭和の歴史としても読め、ひとりの女性の生き方としても読め、この国の価値観、性差感の変化としても読める。また、家族小説とも読めるし恋愛小説とも読める。そんな単純な括（くく）りが馬鹿馬鹿しく思えるほど、大きな小説である。

　読み終えると物足りなく感じる。六十代、七十代のハルカも読みたかった。もちろんこれは不満ではなく、ハルカという女性に魅了された読み手としての賛辞である。

評・角田光代（作家）

ひめの・かおるこ　58年生まれ。作家。『受難』『ツイ、ラ、ク』が直木賞候補に。近著に『桃』。

二〇〇五年一一月二七日②

『戦後ドイツのユダヤ人』

武井彩佳　著

白水社・一九九五円
ISBN9784560026083　歴史／ノンフィクション・評伝／国際

矛盾と葛藤を抱えて住み続けた

　60年同胞を大量に殺害され、自らも死の恐怖に晒（さら）されながら、そうした状況を生み出した社会に住み続けるのは、筆舌に尽くしがたいことに違いない。「ドイツはユダヤ人不在の地となり、その不在こそが……未来永劫（えいごう）ドイツの罪の証しとなるはずであった」。だから筆者も、第2次大戦後、ユダヤ人が「どこで自分の親兄弟を殺したかもしれない人間と出くわすかわからない」地にいるとは思いもしなかった。その意外性が、本書を生んだ。

　彼らの多くは、ナチスの迫害を避けて「ユダヤ人」性から逃れてきた。しかし皮肉にも戦後、彼らはその「ユダヤ人」性にすがることになる。「被害者」として戦後の救済を求めるには、「民族の枠組みに立ち戻ることが求められた」のであり、ナチズムの差別を否定して「法の前の市民の平等」を徹底することは、補償も得られないことを意味した。

　その一方で、「『ユダヤ民族』という仮想の共同体」を設定するシオニズムにとっては、「殺人者の国ドイツ」にユダヤ人が居残るということ自体が、ユダヤ人国家（イスラエル）建設の必要性に対する反証となる。自分たちは何故「ユダヤ人国家」に移らずに、ドイツに住み続けるのか。「ユダヤ人」とは何か。それは激しい帰属意識の葛藤（かっとう）を生む。

「詰めたスーツケースに座って」いつでも移住できるつもりでいたドイツのユダヤ人。だが60年代後半には、「ドイツでの生活を前向きに受け止めるべきだ」との主張が出てくる。90年代のユダヤ人社会を率いたブービスは、自らを「ユダヤ教徒のドイツ市民」と位置づけた。

半面、「被占領民となり傷ついた自尊心に苦し」むドイツ人にとっては、連合軍の庇護（ひご）を受けるユダヤ人を、自分たち敗戦国の「運命共同体」の一員とみなすのは難しい。犠牲者に与えられる特権へのねたみに始まり、「ホロコーストについて聞かされるのにはもううんざり」「ドイツはもう十分に謝罪し、罪を償った」との声が上がるなか、被害者たるユダヤ人を加害者視する風潮が生まれる。

これは他人事ではない。「国民」形成の本質への問いは、我々の問題でもある。

評・酒井啓子（東京外国語大学教授）

たけい・あやか　71年生まれ。早稲田大学法学部比較法研究所助手。ドイツ現代史、ユダヤ史。

二〇〇五年一一月二七日❸

『完全演技者（トータル・パフォーマー）』

山之口洋 著

角川書店・一五七五円

ISBN9784048736343　文芸／アート・ファッション・芸能

甘美な毒、ロック・ミステリーの新境地

いささか地味なタイトルでありカバーではある。だが、ひとたびページをめくれば、そこには実力派の幻想作家にしか書けないめくるめく音楽小説が展開し、読者はたちまち、その甘美な毒に酔いしれるだろう。一九九八年のデビュー長編『オルガニスト』がクラシックを素材にしたバロック・ミステリーとして画期的だった一方、本書は青春小説の仮面を借りつつ、グラムからテクノへ至る音楽革命を中核に据えたロック・ミステリーの新境地を拓（ひら）いてみせた。

時は一九八〇年代。主人公の井野修は、大学で理工学部化学科に在籍しながらバンド活動にいそしんでいたが、そのパンク指向自体に疑いを抱くあまり、メンバーと齟齬（そご）をきたす。だが、すべてに絶望しかけていた折も折、耳にした謎のアルバム「ＫＬＡＵＳ　ＮＥＭＯ」が運命を変える。

ジャケットを彩るオペラ座の怪人ともドラキュラ伯爵とも見まごう前衛芸術家クラウス・ネモが、ボーイ・ソプラノを思わせる非現実的なファルセット・ヴォイスと悪意に満ちたテナーとを軽々と使い分けるオペラ・ロック。修はすぐにニューヨークへ飛びライヴを目撃。それは直立不動で歌うネモと、紅（あか）い人民服で正確無比に踊るボブB、それに紫のレオタードをまとい扇情的な肉体を誇示するジェニファーの三人から成る、極度に官能的なパフォーマンスだった。

ひょんなことからバンドに引き込まれた修は、ハドソン河底のスタジオで共同生活を開始。次回作のプロデューサーは何とデビッド・ボウイ。やがてネモとジェニファーがいかなる呪われた関係を経て至高の音楽を手に入れたのか、彼らがいったいなぜ修を必要としていたのか、そして、そもそもなぜ舞台が八〇年代に設定されなければならなかったかが、劇的に判明する。

ちなみに、ネモの名の由来は、今年が没後百周年にあたるフランス作家ジュール・ヴェルヌの『海底二万マイル』の潜水艦船長から。その視点で読み直すとまた新たな相貌（そうぼう）を見せるところが、本書最大の仕掛けかもしれない。

評・巽孝之（慶應大学教授）

やまのぐち・よう　60年生まれ。作家。著書に『0番目の男』『瑠璃（るり）の翼』など。

二〇〇五年一一月二七日④

『ベトナム戦争の「戦後」』

中野亜里 編

めこん・三六七五円
ISBN9784839601843 政治／ノンフィクション・評伝／国際

知られざる暗部やため息すくいとる

ベトナムのホーチミン市（旧サイゴン）で、不動産業者の〝見習い〟をしたことがある。むろん取材の一環だったのだが、そのとき一九七五年の〝サイゴン解放〟（もう三十年も前のことだ！）の裏面をしばしば見せつけられた。

一例をあげると、日本人駐在員らにマンションや一戸建てを賃貸する家主の多くは、旧北ベトナム出身の軍関係者であった。彼らはサイゴン陥落後、南ベトナム政府や軍の高官が所持していた家屋を、〝分捕り合戦〟のようにして手に入れ、それらを外国人に法外な値段で貸し付けては暴利を貪（むさぼ）っているのだと、現地の事情通たちは声を潜めたものである。

本書を読み、こうしたベトナムが「戦後」抱えてきた問題を、アカデミズムの立場から本格的に論じる研究者たちがようやく現れてきたと思った。

ここで列挙されているのは、日本人の大半にとって初めて知ることばかりであろう。たとえば、かつて英雄視された南ベトナムの解放戦線は、政権を握ったベトナム共産党により、存在そのものが事実上、抹殺されている。たとえば、ベトナム戦争中、北ベトナム軍や解放戦線も、民間人虐殺に手を染めていた……。

私自身、ホー・チ・ミン時代の北ベトナムで粛清の嵐が吹き荒れ、一万数千人もの人々が処刑されていた事実や、ホーチミン市の人口の半分近くが、どこにも住民登録をされておらず、社会的権利も持たないという現状を知らなかった。

しかし、著者たちは、ベトナムの暗部ばかりを、ことさらに暴きたてているのではない。ベトナム戦争中は〝ベトナム反戦〟で勝手に思い入れ、いままたエスニック・ブームで勝手に思い入れる日本人の視線が届かぬところで、ベトナム人たちが日々どのように生きてきたかを、彼らのため息までそっとすくいとるようにして伝えているのである。

勝手に思い入れ、勝手に幻滅する、そんなことでいいのか、と本書は言う。この問い掛けは、古くはソ連や中国、近年では韓国と北朝鮮に対して繰り返されてきた、われわれの他国へのまなざしの危うさにも向けられているはずだ。

評・野村進（ジャーナリスト・拓殖大学教授）

なかの・あり 早稲田大学非常勤講師。現代ベトナムの政治と外交を研究。

二〇〇五年一一月二七日⑤

『五つの資本主義 グローバリズム時代における社会経済システムの多様性』

ブルーノ・アマーブル 著
山田鋭夫、原田裕治ほか 訳

藤原書店・五〇四〇円
ISBN9784894344747 経済／社会／国際

市場ベースだけでない経済制度分析

なんでも市場化することを「改革」とみなし、制度や慣行・規制などの「構造」を、基調としては解体していく構造改革は、世界の潮流となっている。規制を緩和し解雇を容易にして、金融は銀行から株主中心へと移行させ、公的部門でも緊縮財政や民営化が推進されている。国際通貨基金や世界銀行が経済破綻（はたん）した国々に融資と引き換えに課したからだが、日本では長期不況への手詰まりから自発的に採択、大陸欧州（とくに独仏）でも受け入れへの圧力が強まっている。

けれども制度が市場を縛る足かせでしかないとは、断言できない。日本や大陸欧州では、ながらく制度が市場を支え、成長を実現してきた。それゆえ両地域では制度重視の経済研究が進んだ。青木昌彦の「比較制度分析」は、オン・ザ・ジョブ・トレーニングやカンバン方式といった制度を市場取引という「ゲームのルール」とみなし、企業間関係から金融、官僚制に至る組織が相互補完にある状態を分析している。またフランスでは「レギュラシオン学派」が、労使関係を中心として制度が調整されてゆく動態を論じた。

　問題は、制度が市場にとって不可欠として、解体せずに改革する方針をどこに見いだすかだろう。青木は制度が「かつてのゲームの結果（均衡）」として、経済の中で自生するとみなした。けれどもそれだと、欧州の労使関係におけるような厳しい対立が記述できない。しかしレギュラシオンを継ぐ著者は、労使関係だけを特筆するのでは資本主義の多様性が見失われることに配慮し、青木説に「ルールは経済とは別次元に属する政治対立の中で生成する」という自説を加え、制度経済論の集大成を図っている。圧巻は後半部で、多様なデータを解析し、そこから制度を分類して、資本主義を「市場ベース」「社会民主主義」「大陸欧州型」「南欧型」、そして日韓の「アジア型」という五つの「型」に類型化している。

　製品市場の競争過程で消費者の嗜好（しこう）を見落とすなど細部については異論もあるが、経済を英米の「市場ベース」だけからとらえる単純化への反論として、貴重な成果である。

（原題、The Diversity of Modern Capitalism）

評・松原隆一郎（東京大学教授）

Bruno Amable　61年生まれ。パリ第10大学経済学教授。

二〇〇五年一二月四日❶

『カーテン　7部構成の小説論』

ミラン・クンデラ 著　西永良成 訳

集英社・二六二五円
ISBN9784087734355

文芸／人文

無視されてきた西欧の辺境で小説は進化した

　ミラン・クンデラのこの小説論を読みながら、私はある夕刻のことを思い出していた。シンポジウムからの帰り道、私は平田オリザさんとまだ議論を続けていた。「19世紀にはサイエンティストとアーティストが並行的に出現しましたね」と水を向けると、「演出家もそうですよ」と平田さんは言った。「えっ、どういう意味？」と返すと、「あたりまえじゃないですか。演劇が『普通の人』を表現しだしたからですよ。『普通の人』を描こうにもモデルがまったくなかったから、演出家が必要になったんです」と、平田さんは淀（よど）みなく答えた。

　退屈なほど些細（ささい）な出来事の重なり、そのなかで突然こよなくエロティックな行為が展開してしまう。あるいは自殺が起こる。人生のその散文的な現実のすきまから、それをそっくり塗りかえるようにして立ち上がる「喜劇性」の、極度に圧縮した描写の連なり……。〈歴史〉が過去の出来事を、現在の、要約され単純化された影絵へと変じてしまうのに対して、〈文学〉はそのように「刺繍（ししゅう）された真実」の「予備解釈というカーテン」を引き裂くところにその存在理由があると、クンデラはいう。小説は読者に、それらを鏡のように差しだす、と。

　セルバンテス、フロベール、カフカ、ムージル、ゴンブローヴィチ……。彼らの文章を変奏曲のように引きながら、チェコ生まれのクンデラが語るのは小説への愛であるが、その背後には、クンデラの〈私〉とそれを編んだ〈国〉とそれを超えるもう一つの〈歴史〉（価値の歴史）への錯綜（さくそう）した思いがひかえる。

　「かつて一度もみずからの命運の主人であったことも、みずからの境界線の主人であったこともない」中央ヨーロッパという括（くく）り。それを、打ち捨てられ無視されてきた西欧のもう一つの辺境であるラテンアメリカと重ねあわせながら、この二つの土地が「二十世紀小説の進化において中枢の場所を占めた」ことの意味を問う。滑稽（こっけい）と誇張とアイロニーと明晰（めいせき）さを手法とした、辺境のもう一つのモダニズムの意味を問う。

　あるいは、小説はそれを産んだのとは別の国で、翻訳をつうじてより深く理解されてきたという洞察から、西欧社会にみられる、「みずからの文化を大きなコンテクストのなかで考察することの無能力（あるいは拒否）」を、頑（かたく）なな地方主義として告発する。ヨーロッパは「最小の空間のなかの最大の多様性」という、みずから育んだはずの最良の価値を見失った、と。

人びとの日常の愚行を、滑稽に、剥（む）きだしに描く小説は、じつは「悲劇的な感覚」を失ったヨーロッパの裏面でもある。たがいに相対的なものがみずからの真実を手にするのは、敵対者の破滅を代償とするかぎりのことであるという「悲劇」。その有罪感の深い感覚こそが、敵対者にも正しさを認める「和解」の条件である。が、現在、「悲劇的なものが私たちを見捨ててしまったのであり、おそらくそこにこそ真の懲罰がある」。クンデラは、「滑稽」の行く末を見つめた果てに、この重い言葉を書きつけた。

（原題、LE RIDEAU:ESSAI EN SEPT PARTIES）

評・鷲田清一（大阪大学教授）

Milan Kundera　29年生まれ。作家。著書に『存在の耐えられない軽さ』『不滅』など。

二〇〇五年一二月四日❷

『経済政策の政治学　90年代経済危機をもたらした「制度配置」の解明』

上川龍之進 著

東洋経済新報社・三九九〇円
ISBN9784492211557

政治／経済

日銀と大蔵省がなぜ失敗したかを分析

この十年の不況を、誰がどのような理由から起こしてしまったのかは、近年の経済行政で最大の話題である。にもかかわらずそれを論じるのは難しい。「犯人」以前に「原因」が、厳密には特定されていないからだ。つい先頃まで、「構造改革派」は不良債権処理の遅れと様々な規制・慣行を原因とし、「インフレ目標派」はデフレが原因だとみなしてきた。当然、それぞれの見立てる犯人は異なり、激烈な論争が生じた。

著者は論点を少しずらして、80年代のバブルと90年代の金融危機に焦点を絞り、前者を日銀の低金利政策、後者を旧大蔵省の信用秩序維持政策の失敗（破綻（はたん）金融機関の処理や公的資金の投入にかかわる仕組み作りの先延ばし）という衆目の一致する原因からとらえて、日銀と大蔵省がなぜそうした行動をとったのかを、膨大な新聞・雑誌資料および近年の政治理論をもとに分析している。記憶に新しい個別の出来事が一貫した理屈で物語られる様は、壮観だ。

既存の説明を物足りなくしてきたのは日本型経済システムそのものが「悪」であるかのように論じるからで、それだと80年代までなぜうまくいったのか理解できない。その点、本書は「成功」が後の「失敗」の原因となったというスタンスで、納得がいく。日銀は狂乱物価で批判を受けインフレ抑制に専心し、80年代前半まで成功した経験が裏目に出て、資産価格の高騰を見落としたし、大蔵省も福祉税構想など本務である財政部門の堅持には強気であったのに、金融部門の分離という制裁が迫ると天下り先喪失を恐れて信用秩序維持で責任逃れをしてしまったという。官庁の行動は「組織存続」の論理を優先するという見立てである。

ただし本書が説得的であるのは、バブルと金融危機に話題を絞っているからともいえそうだ。これが十年不況の全般となると、学界を二分する論争に決着がついていないことを見ても、とるべき方針は自明でない。官庁の組織利益と公共利益とが合致するような制度設計をという提言はもっともだが、制度が万能でないがゆえに政治の意味があるのだと思う。

評・松原隆一郎（東京大学教授）

かみかわ・りゅうのしん　76年生まれ。大阪大学大学院法学研究科助教授。

二〇〇五年一二月四日③

『大正時代　現代を読みとく大正の事件簿』

永沢道雄 著

光人社・一八九〇円
ISBN9784769812746

歴史／ノンフィクション・評伝

どこか平成に似た「昭和日本の原点」

重厚長大だった明治に続く大正という時代には、どうしても軽薄短小に見えてしまうところがある。

明治の四十五年と昭和の六十四年に挟まれた大正の十五年間は、従来ずっと「踊り場的な中途半端な段階」と見られていたが、実は「昭和日本の原点」だったのではないか、と著者はいう。昭和の敗戦後にアメリカからもたらされた民主主義を国民が柔軟に受け入れたのは、大正デモクラシーで十分下地ができていたからだと見るのである。

政治史を中心に二十九の話題を連ねたこの大正事件簿は、さすが手練（てだ）れのジャーナリストの筆だけあって政変・疑獄・騒乱・災害と変化に富んで飽きさせず、時代の歩みがよくわかる。とりわけ個々の話を連ねて「大正」という織物に仕上げる隠し縫いが冴（さ）えている。

もしかしたら一つの元号の時代色は、天皇の個性と切り離せないのかもしれない。明治大帝と比べて大正新帝から受ける印象は、「いささか頼りなく見えたし、はっきりいえば危なっかしい」感じだったそうだ。気軽な挙措言動も噂（うわさ）になった。その分だけ重圧感が取れて、民意の発言力が増したことは否めまい。

改元早々に起きた大正政変は、藩閥政府の打倒運動である。大日本帝国憲法の発布と議会開設から二十余年を経て、反政府勢力には「憲法擁護」のスローガンで民衆を結集できる清新な政治感覚があった。この「旧」憲法は、現憲法の成立と同時に廃止されるまで一度も改正されていない。その枠内でたっぷり攻防できたし、民衆運動の高まりは、何度も総理大臣の首をすげ替えた。

大正デモクラシーのうねりは、大正十四（一九二五）年三月の普通選挙法の成立をもってピークに達するが、治安維持法を抱き合わせにされて新しい試練の歳月を迎える。日本がほどなく恐慌と戦争の昭和に突入する前夜までの波瀾万丈（はらんばんじょう）の古く「よき時代」の物語である。

著者によれば、歴史の面白さは「自分の生きる時代への類推」にある。大正はどこか、戦後民主主義を使い捨てた感のある平成と似ていないだろうか。

評・野口武彦（文芸評論家）

ながさわ・みちお　30年生まれ。元朝日新聞記者。著書に『海底の沈黙』など。

二〇〇五年一二月四日④

『武器としての〈言葉政治〉　不利益分配時代の政治手法』

高瀬淳一 著

講談社選書メチエ・一五七五円
ISBN9784062583435

政治

言葉に注目　新たな分析に道開く

郵政解散から自民党大勝に至る流れが打撃を与えたのは、郵政法案反対派や民主党だけでない。日本政治を観察してきた政治学者の大半も、解散時には小泉自民党の大勝を予想できず、衝撃を受けることになった。選挙民の意識や政治的利害の構造に基づく従来の政治分析手法では十分に説明できない現象が、今回起きたのである。それではどう考えればよいのか。「劇場型政治」という流行語も分析概念としては弱い。

本書は、政治コミュニケーションを専攻する著者が、政治における言葉の力に着目する「言葉政治」の観点から小泉政治を読み解こうとする著作である。政治、ことに民主政治において雄弁術が不可欠の要素であることは古代ギリシャの例からも明らかだが、戦後日本では政治は利益分配を中心に営まれ、せいぜいパフォーマンスの効果が時に語られる程度で、政治的武器としての言葉の力は軽視されてきた。「抵抗勢力」という言葉によって野党の攻勢も党内の反対も封じ込めた小泉首相は、

「言葉政治」の実行者として日本政治に新機軸を示したという分析は説得的である。

著者は、小泉流の「言葉政治」は小泉以降も引き継がれるだろうと見る。なぜなら、経済成長の果実を分配することで政治権力を生み出した田中角栄流の「利益分配型政治」はこれからの日本では有効性を低下させ、言葉という資源を操ることで、増大する負担の受け入れをいかに国民に納得させるかという「不利益分配」こそが日本政治の主要な課題となることが見込まれるからである。

率直に言って戦後の首相の演説などを中心に「言葉政治」への関心、巧拙といった観点から評価している前半部はさほど目新しい議論を提示していない。また「言葉政治」という概念は興味深いが、その巧拙を決めるのは何かといった点について更なる掘り下げも望まれる。しかし、福祉国家における利益政治を前提とした政治分析に対して、言葉やシンボル、メディアに注目する本書は、新たな政治分析の手法に道を開く有力な手がかりを提供していると言えよう。

評・中西寛（京都大学教授）

たかせ・じゅんいち　58年生まれ。名古屋外国語大教授。情報政治学。

二〇〇五年一二月四日⑤

『ほとんど記憶のない女』

リディア・デイヴィス 著　岸本佐知子 訳

白水社・一九九五円
ISBN9784560027356／9784560071748（白水Uブックス）

文芸

もつれた人間関係、可笑しく哀しく

本を読んでも読んだことを忘れ、読みながら考え書いたメモの類も、あとになって読み返すとどれもが未知のもののようだ。そんな女の困惑が、苦い面白みを広げる表題作のほか、五十の短編が収められている。長くて数ページ。短いものはたった二行。とても面白いと興奮するものもあれば、それほどでもないと思うものもある。だが、後者の作品も、別の日に読み返せば面白いと思えるかもしれないと思う。なぜならば、別の日のわたしは今のわたしと同じ人間ではないから。

当たり前のことだけど、普段、こんなことを考えて読書はしない。面白くないのは作品のせいである、とひとまずは思ったりする。しかしそう言ってしまうことに深く躊躇（ちゅうちょ）するものが、この作家の創（つく）ったものにはある。作品に対峙（たいじ）する自分の方がぐらぐら揺れてくるのである。

一方、ああ面白かった、というものに関していえば、面白い理由が即座にはわからない。なんだかよくわからないけど妙に面白く、しかもなぜ、この「わたし」は、これが面白いと思ったのだろうと、読み終えたあとも、引き続き考えてしまうことになる。どうやら、すべての作品に、自分というものを「見知らぬ他者」として意識させ、疑わせるところがあるようだ。

「出ていけ」という作品は、「出ていけ、もう二度と戻ってくるな」と怒った男と、その言葉に傷ついた女の話。読者を女の立場に置いて、「あなた」がなぜ、この言葉に傷ついたのかを、考え語っていく。実によくある状況ですね。でも、著者の関心はなぜ男がこんなことを言ったのかという「原因」や、彼らの心理的葛藤（かっとう）には向かわない。男の言い放ったこの一言がこの状況下において、どんな意味と構造を持っているのか、小説家というよりも科学哲学者のような情熱で考えていく。

そのうちに、傷ついたわ、なんて感情はどこへやら。読者の胸には最後、ひからびた蜜柑（みかん）の皮みたいな「抽象的真実」が残されるのだが、この瞬間の爽快（そうかい）なこと！　開放感を味わうと同時に、あのもつれた人間関係とやらを可笑（おか）しく哀（かな）しく距離を持って眺めることになる。

評・小池昌代（詩人）

（原題、ALMOST NO MEMORY）

Lydia Davis　47年生まれ。米国の作家、フランス文学翻訳家。

二〇〇五年一二月四日❻

『さむらいウィリアム　三浦按針の生きた時代』

ジャイルズ・ミルトン 著　築地誠子 訳
原書房・二九四〇円
ISBN9784562038640　歴史／ノンフィクション・評伝

歴史がダイナミックに動いた時代描く

身の丈が三メートル以上もある「野蛮人」の群れが襲撃してきたり、「大きなペニス」を自慢げにさらけ出しているのに、放屁（ほうひ）にはやけに神経質な「原住民」たちと出くわしたり。こういう〝オリエンタリズム〟と呼ぶにも値しないトンデモ話を書き残した大航海時代の西洋人たちも、こと日本となると、筆致が一変する。しばしば敬意すらこめられる。

日本人は、われわれ西洋人より、はるかに洗練された複雑な礼儀作法を保ち、清潔で、しかも悪意がない（よそでさんざん悪意にさらされてきたのだ）。大坂城や江戸城は、目もくらむばかりの壮麗さ。街道はきちんと均（なら）され、ごみひとつ落ちていない。もっとも、宿場に差し掛かると、獄門のさらし首が陳列され、試し斬（ぎ）りにされた刑死人の死体が転がっているのが、玉に瑕（きず）だが……。例外なく、そんな印象記を綴（つづ）っている。

その中にあって、本書の主人公ウィリアム・アダムスは、異色の存在であった。徳川家康の庇護（ひご）のもと、さむらい姿で刀を差し、日本人の妻子を持った。「三浦按針（あんじん）」と名乗り、家康の通訳としても大活躍した。彼をいわば〝狂言回し〟にして、本書は、日本の歴史が最もダイナミックに動いた時代を、さながら安土桃山期の屏風（びょうぶ）絵が動き出したかのように描いている。

ところが、この狂言回し、詳細な記録をあまり残さなかったようだ。そこで著者は、周囲の西洋人たちの手記をもとに、ウィリアムの人物像を浮かび上がらせてゆく。おもしろいのは、来日した初のイギリス人である彼が、あとからやって来るイギリスの船乗りたちの行状に、いつも眉をひそめているところだ。好き放題に酒をあおり遊女を買う母国の荒くれ男どもを、彼は明らかに「野蛮人」とみなしているのである。

イギリスの古文書を渉猟しつくし、わかったことだけを書き、わからなかったことはわからないと書く著者の姿勢が、いさぎよい。禁欲的でありながら、なおかつ豊饒（ほうじょう）。質の高いノンフィクションに共通することの特徴が、本書にもあてはまる。翻訳のよさも、特筆ものである。

（原題、SAMURAI WILLIAM）

評・野村進（ジャーナリスト・拓殖大学教授）

Giles Milton　英国の作家、ジャーナリスト。著書に『スパイス戦争』など。

二〇〇五年一二月四日❼

『人は歌い人は哭（な）く大旗の前　漢詩の毛沢東時代』

木山英雄 著
岩波書店・三五七〇円
ISBN9784000019361　歴史／文芸

中国の古詩には左遷中の作者が残した秀作が少なくないが、本書が取り上げる現代の旧体詩の作者も1人を例外とすれば、いずれも政治運動の荒波をかぶって迫害された革命家、政治家、教授、作家、翻訳家といった知識人である。

彼らは公的な表現の場を奪われたがゆえに、わざわざ伝統的な定型詩詞の形を借り、表現や典拠に細心の注意をはらいつつ政治的受難の境涯を嘆じ、権力への批判や恨みを吐露した。

中国知識人の古典に借りた修辞術は伝統的なワザであり、その注釈は至難である。それを中国文学史と思想史のすぐれた研究家である著者が、深く読み込んだ点が本書の魅力だろう。

ただ1人の例外とは毛沢東だ。詩人としての資質を持つ政治家ではあるが、文芸思想論争を政治闘争に切り替え、多くの文学者に冤罪の帽子をかぶせた責任は免れまい。その典型例ともいえる50年代の「反革命事件」の主人公・胡風の作品の多くは獄中詩である。

評・加藤千洋（本社編集委員）

二〇〇五年一二月四日⑧

『土門拳の格闘』

岡井耀毅 著
成甲書房・一九九五円
ISBN9784880861876
アート・ファッション・芸能／ノンフィクション・評伝

木村伊兵衛と並び、写真という表現ジャンルを、戦後、一貫してリードしてきた土門拳が亡くなってから十五年たつ。晩年は十年以上、ベッドの上だったというから、その活動は思ったほど長くない。しかし、対象と激しく切り結んだ『風貌（ふうぼう）』『ヒロシマ』『筑豊のこどもたち』『古寺巡礼』などは、いまでも強烈な印象を残している。

「見えざるもの」を写真として見せる力には誰しも感服せざるを得なかったが、自信過剰、傲岸不遜（ふそん）など、その人間性にはとかく毀誉褒貶（きよほうへん）もつきまとっていた。一方で、土門は長年アマチュア写真の審査選評も続けていた。語りかけるような熱っぽさに、多くの投稿者が励まされたという。また毎月の文章は、そのときの彼の写真や社会への思いを濃厚に反映していた。

本書はその選評を発掘し、それを縦糸に、この傑出した写真家の内面にまで迫る一冊。豊富な資料を巧みに織りなしながら、生涯をたどる手わざは読み応えがあった。

評・小高賢（歌人）

二〇〇五年一二月四日⑨

『ジャーナリズムとしてのパパラッチ』

内田洋子 著
光文社新書・七五六円
ISBN9784334033279
ノンフィクション・評伝／新書

日本で「パパラッチ」と言えば、ダイアナ妃に執拗（しつよう）な取材攻勢をかけ、事故死を誘発したゴシップばかりを追うカメラマンといった悪いイメージが強い。このパパラッチというコトバは、巨匠フェリーニ監督の「甘い生活」のなかで、マルチェロ・マストロヤンニ扮するフォト・ジャーナリストが〈パパラッツォ〉と呼ばれたのが最初。有名人を追いかけてスクープをものにするカメラマンたちの総称として定着したという。

ただし、そのパパラッチの発祥地であるイタリアでは、単なるゴシップ狙いの覗（のぞ）き見カメラマンと片づけられない魅力がある「やんちゃ」なジャーナリストとしての地位を得ている。ある大御所パパラッチは、「公でないシーンを写真に撮る、という僕たちの業務は、立派な時事報道だと思っている」と語る。イタリアで活躍する正統派パパラッチへのインタビューを交えながら、パパラッチ・ビジネスの裏側を垣間見ることができるのも興味深い。

評・音好宏（上智大学助教授）

二〇〇五年一二月四日⑩

『未来を開く教育者たち』

神尾学 編著
コスモス・ライブラリー発行、星雲社発売・一六八〇円
ISBN9784434067846
教育／人文

医療の世界で、代替医療が注目されてきたのと同様に、教育の世界でも文科省教育以外の代替教育の重要性が高まっている。その代表格がシュタイナーやモンテッソーリだろう。

本書は、その2人に加えクリシュナムルティやベイリーなどの教育改革者、ならびにユネスコの設立などの背後に「神智学」の思想があったと説き、それらの経緯を詳しく追っている。

神智学は、あらゆる宗教を包含する真理と、著者らは紹介している。そのため上記代替教育は霊性や精神面の成長に重点がおかれ、年齢に即した意志や情感の発達に配慮されている。

知育偏重で、激しい競争状態に子どもたちを追い込む文科省教育に対する反動から、上記代替教育が評価されているが、反面、神智学のもつオカルト的な宗教性に反発する人も多い。

教育に宗教性は必要か。必要だとすると、それはどういう形であるべきか。今後の教育のあり方を考える上で欠かせない一冊だ。

評・天外伺朗（作家）

二〇〇五年一二月一一日❷

『奇想コレクション　どんがらがん』

アヴラム・デイヴィッドスン 著
殊能将之 編　浅倉久志ほか 訳
河出書房新社・一九九五円
ISBN9784309621876／9784309463940（河出文庫）文芸

名人芸の極致、奇想楽しめる短編集

アヴラム・デイヴィッドスンは、典型的なマイナー作家に見える。一九五〇年代から六〇年代にかけてミステリーやSF、ファンタジーにおける主要な文学賞を総ナメにし、現在入手できる原書も少なくないのに、なぜか売れ線ではないため通好みに映ってしまう。

だが擬態現象を広く深く展開した五九年度ヒューゴー賞受賞短編「さもなくば海は牡蠣（かき）でいっぱいに」（初訳時は「あるいは牡蠣でいっぱいの海」）を三〇年ほど前に読んだ時の強烈な印象は、いまも消えない。独特な奇想に貫かれながら、これは誰が読んでも楽しめる現代文学の傑作なのである。

だから今回、『ハサミ男』で一世を風靡（ふうび）した新本格ミステリーの鬼才にしてデイヴィッドスンを偏愛する殊能将之が珠玉の十六編を厳選し、豪華翻訳陣を得て謎の作家の正体を少しばかり明かしてくれたのは、うれしい限りだ。

表題作は、地球がいちど滅び〈大遺伝子転移〉と呼ばれる時代を経たのち、人類のすがたかたちも変貌（へんぼう）してしまった世界で、かつての核兵器とおぼしき「どんがらがん」が、かろうじて抑止力だけはとどめながら本質については忘れ去られているというブラックユーモア小説。バラードやヴォネガット、わが国では筒井康隆や野田秀樹を連想させる。

黒人奴隷制時代の常識を皮肉った「物は証言できない」やスウィフトをひとひねりした「さあ、みんなで眠ろう」、風変わりな書店を扱う「そして赤い薔薇（ばら）一輪を忘れずに」、魔術的リアリズム仕掛けのミステリー「すべての根っこに宿る力」なども、すべて名人芸の極致。

とりわけ、未来の流行に関する予知能力を備えた一家の運命をスリリングに描く六一年発表の「ナイルの水源」に至っては、サイバーパンク作家ウィリアム・ギブスンの近作長編を彷彿（ほうふつ）とさせる設定と、現在の小説をあらかじめ熟知したうえでパロディー化しているような筆致に感銘を受けた。

はたしてデイヴィッドスン自身が、埋もれた逸材どころか、文学の未来を見通す予知能力者だったのかもしれない。

（原題、Bumberboom and other stories）

評・巽孝之（慶應大学教授）

Avram Davidson　1923～93年。米国の作家。

二〇〇五年一二月一一日❸

『かけがえのない、大したことのない私』

田中美津 著
インパクト出版会・一八九〇円
ISBN9784755401589
ノンフィクション・評伝

強さも弱さも認める生き方の心地よさ

この本を読んで感じる心地よさは、一体どこからくるのだろうか。読み進めるうちに、ハッとする言葉に何度も出会い、線を引く。その個所を読み返すたびに、何かを刺激されつつ、心と身体が緊張と弛緩（しかん）を行きつ戻りつして、じんわりと心地よさへと向かっていく。

とはいえ、癒やし系の本などではない。本書は、一九七〇年代のウーマンリブ運動、ぐるーぷ「闘うおんな」のリーダーとして知られた田中美津のインタビューや対談、講演記録などを集めた一冊であり、それらを通して、過去と現在と未来が織りなす「田中美津という生き方」を描き出す。その生き方が、「かけがえのない、大したことのない私を生きる」だ。

では、どんな生き方か。リブ運動の初期に取材を受けたときの逸話。年齢を聞かれて実際より一つ若く申告した二十七歳の著者。それを「年を一歳ごまかす『私』もマル」「年なんて気にしないでやりたいことをやって生きようとする『私』もマル。（中略）その両方の

自分を生きることが、ここにいる女として生きることなんだ」と受け入れる。運動も、そこから始まる。だから、マルかバツかの硬い枠でしか考えない運動は、枠をはみ出す「私」を受け入れないだけに、つらくなる。

抑圧された人びとがいることに怒りを感じる「私」と、シッポまでアンコの入った鯛（たい）焼きをもらって幸せな気分になる「私」。真面目（まじめ）も不真面目も、強さも弱さも、全部ひっくるめて「かけがえのない、大したことのない私」である。

幼児期の性的虐待の記憶。リブ運動。さらにメキシコに渡り一児をもうけて帰国。その後二十年以上にわたり鍼灸（しんきゅう）師として、患者さんたちの心と身体の病に向き合う。「せっかく病気になったんだから」とそれまでの生き方を見直そう。そんな考えが「私」を生きることにもつながる。

鋭い問題提起が随所にありながら、読者を追い込まない。読み終えたとき、眉間（みけん）のしわが少しでも伸びていたら、その「私」から何かが始まるだろう。あなたが女でも、そして男でも。

評・苅谷剛彦（東京大学教授）

たなか・みつ　43年生まれ。鍼灸師。著書に『新・自分で治す冷え症』など。

二〇〇五年一二月一一日④

『誰も「戦後」を覚えていない』

鴨下信一　著

文春新書・七五六円
ISBN9784166604685

歴史／アート・ファッション・芸能／新書

空腹を知らない世代に伝えたいこと

この一冊に語られている「戦後」は、敗戦後五年間の日本の世相である。

人間の記憶にはあやふやなところがあって、よく覚えているつもりでも、思い出そうとすると忘れてしまっていることが多い。著者はそれを拾い集めて、一つの時代をまざまざと再現する。

食糧難・殺人電車・闇市・預金封鎖・間借り生活・シベリア抑留……など十五項目にわたって、だいじな材料が惜しげもなく並べられ、コンパクトに圧縮されているが、その一端がひとたび想起されれば、六十年も昔の日々の残像が水中花のように開くことだろう。

しかし、本書の重点はナツメロ的な回顧談にはない。復元されるのは、むしろ「忘れてしまった戦後」である。

戦後の記憶には、すっぽりと抜け落ちている部分がある。なぜ忘れるのか。思い出すまいと抑圧がかかるからである。人間は都合の悪いことを忘れるのだ。

典型的な一例として、美空ひばりのこと。死後に国民栄誉賞まで贈られたこの不世出の歌手について「日本人がこの人を〈いじめた〉こと」をすっかり忘れている、と著者は指摘する。デビュー当時、いかにも英語っぽく歌ったものだから、下品だと嫌ったというのである。ひばりの歌はアメリカ文化の模倣から始まった「戦後日本のシンボル的存在」であり、その点に喝采と嫌悪が共存した原因があったといい、それをケロリと忘れたのは「日本人がひばりに追いついた」からだとする意見はなるほどと傾聴させる。たしかに戦後の日本人は「恥といっしょに民主主義を学んだ」のである。

時代のBGMが入り乱れて流れる。カムカム英語は耳にしみついているが、東京裁判関係の報道にバッハのトッカータとフーガが使われていたとは知らなかった。よみがえってくる画面は、評者のような同時代人にも初めてのように生新だ。戦後史に書いてあることではなく、文献記録に残りにくい事柄を懸命に語り伝えて、空腹を知らない若い読者層にも「〈戦後〉を自らの体験のように感じて欲しい」と呼びかけているこの一冊は、名著の部類とするにふさわしい。

評・野口武彦（文芸評論家）

かもした・しんいち　35年生まれ。演出家。著書に『忘れられた名文たち』など。

二〇〇五年一二月一一日❺

『月の輪書林それから』

高橋徹 著

晶文社・二三一〇円

ISBN9784794966858

ノンフィクション・評伝

古本という大海に魅せられた男

東京・神田の古書店街を足が棒になるまで歩くのは実に楽しいものだが、最近はネット書店や目録での販売を主とする古書店もはやるらしい。

著者も目録による商いを15年続ける若手世代の店主の一人だが、7年前の前著『古本屋月の輪書林』に次いで古書の世界の面白さを存分に語っている。

先入観も手伝い、古書店主というとなんとなくひと癖もふた癖もある御仁が多いように思ってしまうが、著者は大変率直なお人柄のようだ。大学の芸術学部を2カ月で中退して映画製作にかかわり、その後古書店員になり、「食うために古本屋になった」と前著で告白している。

「ぼくみたいなチンピラ古本屋が、何十年も続いている老舗（しにせ）に正攻法で勝てるわけがない」とも自認するのだが、では何をもって勝負するか。

それはただ一つ、「本のにおい」をかぎつける能力だという。

東京では目利きの店主が集まる古書市があちこちで開かれている。そこで著者が注目するのは書籍や手紙、名刺といった雑多な印刷物がひもでくくられたり、段ボール箱に詰め込まれた出品物だ。これを業界では「山」と称する。

「この『山』買い、ヘンチクリンなよくわからないものがひょっこり姿を現す。そこが、また面白いのだ」

そんな山の中で遭遇し、目下、著者がひかれるのは旧満州国という「消えた国」にかかわった無数の人たちや、三田平凡寺という明治・大正期の趣味人のような「忘れられた人」たちである。

これと目を付けた人物の交友関係を洗い出し、関連の書物を集めて目録を編む。その過程が日記の形を借りて披露されるが、淡々とした筆致が楽しい。

消えた人、忘れられた人、そういう人たちを古本の中から再評価したいと考えている。関連の本とは、すなわち悪友、恋人、親兄弟、あるいは敵のことだという。1冊からはじまり、目録に書き加えられる本は次々とふくらむ。

「食うため」どころか、古本という海の深さ広さ、大きさの魅力に取り込まれた著者の姿が目に浮かぶようだ。

評・加藤千洋（本社編集委員）

たかはし・とおる 58年生まれ。古書店主。著書に『古本屋　月の輪書林』。

二〇〇五年一二月一一日❻

『ディープ・スロート　大統領を葬った男』

ボブ・ウッドワード 著　伏見威蕃 訳

文芸春秋・一八五〇円

ISBN9784163675800

歴史／政治／ノンフィクション・評伝

完結したジャーナリズムの「教科書」

「ウォーターゲート事件」は、70年代米ジャーナリズムの輝かしい成果として歴史に刻まれている。当初の民主党施設への盗聴目的の侵入事件と、ホワイトハウスによるもみ消し工作の真相を追及し、ニクソン大統領を辞任に追い込んだW・ポスト紙の二人の若い記者の仕事は、ベストセラー本『大統領の陰謀』と同名の映画になって、人々の賞賛を集めた。

その一人、入社間もないウッドワード記者の情報源となり、的確な助言を与え続けた政府高官が「ディープ・スロート」だ。有名ポルノ映画の題名からの借用だが、その後30年以上にわたり正体は明かされなかった。今年になり、当時FBI（連邦捜査局）の副長官だったマーク・フェルト氏が家族の説得で名乗りを上げ、同記者側が、氏との関係や接触状況を明らかにしたのが本書である。

著者の海軍大尉時代からの知り合いだったこと。スパイもどきの指示や真っ向からの取材の働きかけ。ポスト側からもホワイトハウスに情報が流れ、大統領周辺も情報源がフェルト氏だと感づいていたなどの事実が明かされ、『陰謀』の空白部分を埋める読み物となっている。

いささか悲痛なのは、90歳を超えたフェルト氏は認知症で、すでに多くの記憶を失っていることだ。数年前から連絡を再開した著者との間でも、十分な対話は成立せず、「ディープ・スロート」となった動機や、組織的関与の有無などは、結局答えが得られなかった。

FBIとホワイトハウスの間の対立や、氏が長官に昇格できなかったことなど、動機をうかがわせる事情もあったが、ともあれ、野心に溢（あふ）れた駆け出し記者と、政権の捜査への対応に不満を抱いたフェルト氏の絶妙なコンビは、事件を見事に「歴史」に仕上げた。

かくて、記者は本人が明かすまで情報源を守り通し、米国屈指の言論人ともなって、ジャーナリズムの「教科書」は完結した。イラク戦争開戦の疑惑をめぐって、一人のディープ・スロートも、真実追求の意欲に燃えた駆け出し記者も現れなかった今の米国を考える上でも、刺激に満ちた実録である。

（原題、THE SECRET MAN : The Story of Watergate's Deep Throat）

評・佐柄木俊郎（国際基督教大学客員教授）

Bob Woodward　43年生まれ。米紙「ワシントン・ポスト」編集局次長。

二〇〇五年一二月一一日⑧

『東京飄然』

町田康 著

中央公論新社・一八九〇円
ISBN9784120036767／9784122052246（中公文庫） 文芸

ある日、ふらりと家を出て無目的というぜいたくな着想を抱き旅に出る。仕事をもつ男にとって出来そうでなかなか果たせない夢。

エッセーの冒頭、「一壺を携えて飄然（ひょうぜん）と歩いてみたくなったのだ」に、けなげな夢にかける心意気がある。東京の幾つかの街や鎌倉、江の島、生まれ故郷の大阪にもゆく。あくまで「飄然」のスタイルを装って。

しかし、そんな甘い着想はたちまちに壊されてしまう。何処（どこ）へいっても無機質。今どきの街や観光地は悠長に付き合ってはくれない。このような出会いや仕打ちに時に憤慨し、失望し、意気消沈したりもする。その感情表現は、あくまでパンクロックの歌手、小説家、詩人の叫び声のようでもある。それでいて独特のテンポあるリズム感いっぱいの文章が快い。

そして、なによりもそれぞれの出会いを、小気味のよい小咄（こばなし）のようなユーモアにくるみ、飄然の旅が、実は妄想の旅であったことを自らに語りかける。

評・前川佐重郎（歌人）

二〇〇五年一二月一一日⑨

『鳥たちの旅　渡り鳥の衛星追跡』

樋口広芳 著

ＮＨＫブックス・一一二八円
ISBN9784140910382 科学・生物

本書は、ツルやハクチョウ、タカなどに送信機を装着し、それを人工衛星で追跡してきた15年間のすばらしい研究成果である。

従来、渡り鳥の調査は、できるだけ多くの鳥に足環（あしわ）を付け、その鳥がどこかで回収（発見）されるのを期待する運まかせの研究だった。それが、高性能小型送信機の開発により、渡り鳥の旅のコース追跡が可能となったのである。

研究の過程で、皮肉な事実も判明した。厳重な警戒下に置かれている朝鮮半島の非武装地帯が、渡り鳥にとっては絶好のオアシスだったのだ。鹿児島県出水で越冬するマナヅルも、非武装地帯でしばし羽を休めてから、中国黒竜江省などの繁殖地に到達する。

しかし、渡り鳥をめぐる情勢は厳しい。特に東南アジアの熱帯林の減少は、日本に渡来する夏鳥を激減させている。かつて農薬の乱用が生起した「春になっても鳥は歌わない」という悪夢が再現しつつあると、著者は警告する。

評・渡辺政隆（サイエンスライター）

二〇〇五年一二月一一日⑩

『吉田茂　尊皇の政治家』

原彬久 著
岩波新書・八一九円
ISBN9784004309710　政治／ノンフィクション・評伝／新書

吉田茂については既に読み切れないほどの著作が存在するが、90年近い波乱に満ちた生涯故に、本格的な評伝は大部なものが多い。その点、吉田の生涯をコンパクトに、最近の研究も踏まえてバランスよく描いているのが本書の特徴である。

改めて感じるのは、外交官として活動した前半生から首相となった後半生まで、吉田の生涯は日本の命運と深く結びついていたという事実である。尊皇と開国の気風とが入り交じった明治初期に生を受けた吉田は、戦前と戦後を通じて日本の国家的栄光と西洋、特に英米との協調を二つながらに実現する道を探り続けた。その首尾一貫性こそ吉田の真骨頂であった。

しかし本書からは、アジアとのつき合いは吉田にとって終始苦手な分野だったという印象を受ける。各国が自尊心を守りつつ、対等に協力できるアジアは作りうるのか。吉田が答えられなかった問いに今の我々は直面しているのかも知れない。

評・中西寛（京都大学教授）

二〇〇五年一二月一八日❶

『グローバル化の社会学』

ウルリッヒ・ベック 著
木前利秋、中村健吾 監訳
国文社・三五七〇円
ISBN9784772005104　社会／国際

多様に進む後戻り不能な過程の暗部と希望

「リスク論」という学問があり、リスクを客観的な確率として計量可能なものとみなし、リスクをはらむ行為から得られるベネフィットと検査や被害のコストを比較して、行為の適否を決めるべきだと唱えている。リスク論は「近代」の所産である。近代とは、市場で個々人が合理的に目的を追求し、発生した失業や公害のリスクは国家が福祉・社会政策によって制御しうるとされる歴史段階だからだ。

けれども技術が日進月歩する現在、原因と結果の関係は複雑化し、計算は素人には不可能事となった。代理として専門家が登場したが、高度な分業生産体制のもとでは責任は曖昧（あいまい）だ。マンション耐震強度の偽装や牛海綿状脳症（BSE）にかんする全頭検査が話題になった今年ほど、この問題が切迫して感じられた年はあるまい。

ベックは86年の『危険社会』で、市場経済の生み出すリスクが制御可能であったのは「第一の近代」にすぎず、因果関係の複雑さや分業体制の深化からエコロジカルな危機が出現した現在、世界は「第二の近代」に移ったと喝破した。本書ではさらに、国民国家までもが市場と個人のはざまで融解する過程を、諸説を引きながら検討している。

新自由主義にもとづく「グローバリズム」は国家を健在ととらえ、その上で規制緩和と自由貿易の振興が世界に豊かさを均霑（きんてん）させ、リスクも制御できるという「近代」の見方をとる。

ベックはこれを批判して、「グローバル化」を第二の近代特有の現象と見る。知識が資本とともに不可欠な生産要素となった現在、労働は世界中で置き換え可能になった。そこで超国籍（トランスナショナル）企業は高い法人税と人件費を逃れて地球上を移動し、経営者はもっとも快適な土地で暮らしている。「敗者」である労働者は定住するしかないが、土地柄の魅力は彼らが築き上げたものだ。安全な食住には費用がかかり、リスクは貧者に押しつけられるのと同様の不公正さが、グローバル化した世界を貫いている。

もっとも、ベックは経済だけがグローバル化したとは見ない。「モロッコ娘がアムステルダムでタイ式ボクシングをする」（ルシア・ライカのことか？）ようなグローバルかつローカルな文化の混交や、世界規模のテレビ・キャンペーンと不買運動で環境破壊した石油会社を屈服させる市民運動の拡（ひろ）がりもあり、グローバル化は多様に進行している。なにより、欧州連合（ＥＵ）や世界貿易機関（ＷＴＯ）、国際裁判所などが超国家的に再編されている。グローバル化は後戻り不能な過程と見るベックは、不公正を糺（ただ）す機関として、そこに希望を託す。

97年に書かれた本書は、国際テロ組織という「脱国家」主体の行動は視野に入れているものの、「ヨーロッパ」という超国家連邦への期待が勝っているせいか、「勝ち組」米英の帝国主義的な反攻までは想定外であるようだ。それでも、日米の国家関係と大企業を重視する小泉政権の「グローバリズム」を見直す視点は、十分に用意されている。

（原題、Was ist Globalisierung?）

評・松原隆一郎（東京大学教授）

Ulrich Beck　44年生まれ。社会学者。著書に『危険社会』など。

二〇〇五年一二月一八日②

『中国を変えた男　江沢民』

ロバート・ローレンス・クーン 著　鵜沢尚武ほか 訳

ランダムハウス講談社・三三六〇円
ISBN9784270000953　政治／ノンフィクション・評伝／国際

だれも予想しなかった総書記就任

中国の第3世代の指導部の「中核」とされた江沢民前総書記（前国家主席）の親族や親友、元同僚らが語った証言をもとに編まれた人物伝である。

したがって批評家や反対者の声に耳を傾けた政治的評伝ではなく「江沢民その人」といった個人的伝記の色彩が濃い。

ただ様々な意味で「異色」ではある。まず作者は米国の投資銀行家で、中国当局の市場経済化のアドバイザーを務めたり、自身のビジネスも展開しているが、必ずしも中国専門家ではない。

そして英語版原著の出版から間もない05年初めには中国国内で中国語版が出版された。まだ健在の大物政治家の外国人の手になる伝記が、このような扱いを受けることは異例中の異例といえる。

毛沢東や鄧小平など第1、第2世代指導者の伝記あるいは演説・論考集などは、党中央部門の専門研究グループが関係資料を収集、分析し、その上で「欽定（きんてい）版」を刊行するのが通例だからだ。

したがって出版直後から香港など海外メディアで、本書の制作過程に中国政府の対外宣伝部門である国務院新聞弁公室の「関与」があった、などという関連報道が相次いだのもうなずける。

主人公が毛や鄧のような革命の刀傷を背中に負う世代ではないため、人生そのものに波瀾（はらん）万丈の山場がそれほどあるわけではない。

それでも天安門事件の際、失脚した趙紫陽総書記の後任に、だれも予想もしなかった江氏（当時は上海市党書記）が鄧小平によって指名される過程や、事件で大きく傷ついた対米関係の修復に、いかに江氏が細心かつ時に大胆に取り組んだか、そして結果的に「中国を変えた」長期政権を維持した手堅い政治手法など読みどころも少なくない。

ただこうした政治的に微妙な時期の記述の一部は中国語版ではカットされている。例えば本書プロローグの、民主派活動家らは「自由の女神の手製のレプリカの下で中国政府に公然と抗議し、自分たちの主張を全世界に伝えるよう西側ジャーナリストに訴えた」といった天安門事件に関する記述である。

（原題、The man who changed China : the life and legacy of Jiang Zemin）

評・加藤千洋（本社編集委員）

Robert Lawrence Kuhn　米国の投資銀行家。

二〇〇五年一二月一八日❸

『中国農民調査』

陳桂棣、春桃 著　納村公子、椙田雅美 訳

文芸春秋・二九〇〇円
ISBN9784163677200

社会／ノンフィクション・評伝

知られざる農村の現実　隣国の深い闇

全国人民代表大会で温家宝首相が強調したとおり、三農問題（農業、農村、農民）は中国共産党が直面する最大の課題だ。人口十三億のうち農民は九億人。そのうち四億人が余剰労働力とされるが、彼らには働く場所も出て行く先もない。都市戸籍と農村戸籍という二元戸籍制度で移動が制限されているため、出稼ぎに行っても社会保障はなく、子供は教育を無償で受けられない。不公平を解消すべく戸籍法の見直しが迫られているが、政府部門は制度撤廃に反対している。

改革開放政策に潤うのは都市だけではないか。著者夫婦は、農村三大改革のうち「大包干（ダーバオガン）」と呼ばれる生産請負制と、農民にかかる税や負担金を軽減する「税費改革」の発祥の地・安徽省を二年かけて歩き、農村の実態調査を行った。

地方幹部の腐敗ぶりが甚だしい。九八年、朱鎔基首相（当時）が視察した村の幹部は、空の倉庫に急遽（きゅうきょ）穀物を運び込み、彼を欺いた。税負担の問題を県に訴えた農民が派出所で殺されたリンチ死事件や、幹部の不正を県に直訴した農民が一斉逮捕された事件など、政府を震撼（しんかん）させた事件の真相もすべて実名で明かされる。

注目すべきは、税費改革の第一人者、何開蔭（かかいいん）らが食糧市場の開放・価格自由化を目指す改革案を提示する経緯と、彼らが直面する障壁がそのまま中国の構造問題を浮き彫りにする点だろう。公務員の人員整理がないまま実施された税費改革のしわ寄せは義務教育に及び、教師の給料未払いが続いた。改革の先陣を切った村の小学校を訪れた朱鎔基は、ペンキがはげ落ちた古い机をさすり、「なんということだ」と嘆息したという。

農村出身の著者らでさえ、知らなかった現実。まずは出版を優先したためか、政府首脳や一党独裁への批判はない。「人民の利益」を重視すると宣言した胡錦涛政権には期待を寄せ、国はもう一度革命を行い、農民を解放せよと書く。

だが、本書は発売二カ月で発禁となった。海賊版七百万部という異常事態が隣国の闇の深さを物語る。それは同時に、既存の法則がすべてあてはまらなくなる「相転移」寸前の社会の蠢（うごめ）きにも映る。

評・最相葉月（ノンフィクションライター）

ちん・けいてい、しゅんとう　共にルポルタージュ作家。

二〇〇五年一二月一八日❹

『彰義隊』

吉村昭 著

朝日新聞社・一八九〇円
ISBN9784022500731／9784101117508（新潮文庫）

歴史／文芸

流浪の貴種　輪王寺宮能久法親王

上野の宮様には、世俗の政治権力を越える宗教的な特赦権が具（そな）わっていると信じられていた。窮鳥懐に入れば、慈悲の衣でかばって助けるのである。

東叡山寛永寺の代々の山主には、剃髪（ていはつ）して「法親王」になった皇子が迎えられる。慶応四年（一八六八）一月、徳川慶喜が鳥羽伏見の一戦に敗れて江戸に逃げ帰り、寛永寺に謹慎して助命を嘆願した時の山主は輪王寺宮能久（りんのうじのみやよしひさ）法親王だった。法名は公現、皇族の長老といわれる伏見宮家の生まれである。

慶喜を守るという名目で上野の山に立て籠（こも）った彰義隊の戦争は、徳川の旗本が辛うじて面目を保った小劇場的な戦闘であるが、その舞台につどった数多の群像の中から、作者はただひとり輪王寺宮だけにスポットライトを当てて、その運命の転変を書きたどる。

彰義隊は一日で征討され、上野を落ちのびた宮は潜伏と逃亡の日々を重ねた末、旧幕府の軍艦で仙台に送られる。その地には新政府

の会津藩追討に対抗して、奥羽越列藩同盟が結成されていた。流浪の貴種として珍重された宮は、その盟主に推戴（すいたい）される。あやうく南北朝の再現になるところだったのである。

　作者は近年の作風の特色をなす墨画のような描線で史実を切り取ってゆくが、行間からは抑制された激しい情感が透けて見える。いちばん力が籠（こ）められているのは、同じ皇族でありながら敵味方になった有栖川宮との対立感情である。

　輪王寺宮は、東征大総督として東海道を下ってくる有栖川宮を静岡で出迎え、面会して慶喜の助命を懇願したが、面と向かって侮蔑（ぶべつ）的に拒絶される。作者はその屈辱感を強調し、作中の宮に軍事を統括する決意すら結ばせている。奥羽戦争に敗れて降参してからも屈辱的な扱いを受け、後にやっと許されて北白川家を継いだ宮は、「朝敵」の汚名を雪辱するため、明治二十八年（一八九五）、台湾の反乱鎮圧に出征し、現地でマラリアに感染して病死する。皇族も「勝ち組」と「負け組」が鮮明に分かれるのだ。

　宮の不運な一生を記銘しておこうとする作者の思いが心に迫ってくる。

評・野口武彦（文芸評論家）

よしむら・あきら　27年生まれ。作家。『天狗争乱』（大佛次郎賞）など著書多数。

『新リア王　上・下』

高村薫 著
新潮社・各一九九五円
ISBN9784103784043〈上〉・9784103784050〈下〉　文芸

作者は探索の旅に乗り出したのだ

　作家と読者の関係は、恋愛関係に似ている。好き、好き、大好き、超愛してる。そういう作者を、読者は欲しがる。

　だが、愛は時に暴走する。愛は偏狭になる。そしてこんなことを言う。「なぜ、あの頃みたいに愛してくれないの？（あの頃のような小説を書かないの？）あなた、すっかり変わってしまったのね（小説が）」

　『マークスの山』や『レディ・ジョーカー』の作者高村薫のファン（ぼくもその一人だ）は、前作『晴子情歌』を読んだ時、そう思ったかもしれない。それでも、『晴子情歌』には、主人公晴子の煌（きらめ）くような繊細な感情が刻み込まれていた。だが、続く、大河小説第二弾の、この『新リア王』からは、その柔らかな「なにか」さえ抜け落ちているように見える。

　『新リア王』は、青森に巨大な政治王国を築いた「現代のリア」老代議士福澤榮と、前作の主人公晴子との間にできた婚外子、僧侶となった彰之との間に交わされる長大な会話で成り立っている。榮が語る戦後政治の膨大で生臭いエピソードの数々。そして、宗教者彰之の語る、観念の世界。だがそれらは、一方通行となっていて会話の形すらなしていないのではないか。いったい、作者はこの小説でなにを読ませたいのか。微（かす）かに疑問を感じながら、終結部にたどり着いた時、突然感動がやって来る。

　高村薫は、すべてを承知の上で、この小説を書いたのだ。なにもかもわかった上で、誰もが理解できる（ふつうの）小説の豊かさへの道を断念したのである。

　ミステリー作家として、作者は、近代日本に巨大な犯罪の痕（あと）を見出した。その犯人捜しの旅を、作者は『晴子情歌』以来、開始したのだ。作者は、いま深く、近代に入り込み、その暗い底に降りてゆきつつある。その孤独な探索の旅に付き添う者の姿は見えない。魅力的な登場人物も、奔流のような物語も、この旅には必要ないからだ。だが、旅の果てに見つかるものが、我々のまだ知らない「豊かさ」ではないと誰が断言できるだろう。

　「狂えるリア」とは、荒野に乗り出した作者自身のことなのだ。

評・高橋源一郎（作家・明治学院大学教授）

たかむら・かおる　53年生まれ。著書に『マークスの山』など。

二〇〇五年一二月一八日❻

『西洋音楽史』

岡田暁生 著

中公新書・八一九円
ISBN9784121018168

歴史／アート・ファッション・芸能／新書

見晴らしのよい「最強の民族音楽」史

小学生のころ、変に思っていた。音楽室の壁にずらーっと並んでいる音楽家たちの肖像。「音楽の父」バッハからモーツァルト、ベートーベンをへて、ドボルザークあたりまでだったか。音楽って西洋にしかなかったの、音楽ってたかが二百年ほどの歴史しかないの、と。

「クラシック」を「世界最強の民族音楽」として歴史空間のなかで描きだす本書を一刻も惜しむように読み進めるうち、この疑問はすっかり氷解した。音楽通史なんて40歳前の「怖いもの知らず」か60歳以降の「怖いものなし」にしか書けないと言われてきた著者は、音楽史の蛸壺（たこつぼ）化した共著論文集に嫌気がさし、45歳にしてその通史の執筆に挑んだのだ。

目の醒（さ）めるような記述にそれこそページを繰るたびに出あう。

音楽を書くこと、設計することの意味、「水平」進行から「立体」構築への変化、（ドイツやウィーンでなく）ベネチアとフランドルとパリの音楽史における重要な位置、クラシックの創生期と現代のポピュラー音楽の登場時において英国が占めた共通のポジション、バッハの方法と同時代の潮流との大きなずれ、交響曲と弦楽四重奏曲との対比が近代市民生活における公私の区別に対応していること、ベートーベンが社会主義や進化論と共有していた時間の理念、さらには彼の技法と「勤労の美徳」との結びつき。

あるいは、器楽曲の出現と抽象美術との本質的な類似、音楽におけるダンディズムとスノビズム、音楽の限界を前にしてストラビンスキーとシェーンベルクがたどった反対ベクトル、「誰が何を作るか」から「誰が何を演奏するか」への聴衆の関心の変化、20世紀後半の同時代現象としての前衛音楽と巨匠の名演とポピュラー音楽……。

最後に掲げられる問い、それは次のようなものだ。――「根底から何かが変わってしまって、二〇世紀前半までを説明するのと同じ論法では、もはや音楽史を把握しきれない状況が起きているのではないか？」

音楽を語るのに臆病（おくびょう）だった私が、見晴らしのよい台地に立った気分になった。

評・鷲田清一（大阪大学教授）

おかだ・あけお 60年生まれ。京都大助教授。著書に『〈バラの騎士〉の夢』など。

二〇〇五年一二月一八日❼

『回想　回転扉の三島由紀夫』

堂本正樹 著

文春新書・七四六円
ISBN9784166604777

ノンフィクション・評伝／新書

この文章を五年前「文学界」で読んだときにも驚愕（きょうがく）したが、今回改めて驚きを噛（か）みしめている。まことに瞠目（どうもく）すべき記録であり、三島について、今後これほど誠実かつ興味深い証言がなされることは絶無だろう。

十五歳の堂本氏と二十四歳の三島は銀座のゲイ喫茶で出会い、バイクに轢（ひ）かれて死んだ黒衣のゲイ青年に導かれるようにして、兄弟の契りを結ぶ。二人を引きつけたのは切腹趣味で、岩風呂のある宿で落ちあっては、王子と軍人、船長と水夫、やくざとお坊ちゃんなど、様々な設定で切腹心中ごっこを繰り返した。

その趣味は、同性愛ポルノ小説『愛の処刑』と映画『憂国』とに結実する。前者は先ごろ三島の真筆と認定され、後者は封印を解かれてDVD化される。

『憂国』ののち、切腹ごっこは止（や）み、三島は楯の会との自決に向かう。「死」によって「官能が真に荘厳なものになる」とは、三島が死の直前、堂本氏の著書に捧（ささ）げた遺言だった。

評・中条省平（学習院大学教授）

二〇〇五年一二月一八日⑧

『香田証生さんはなぜ殺されたのか』

下川裕治 著

新潮社・一四七〇円

ISBN9784103002314

ノンフィクション・評伝／国際

ひとりの日本人青年がイラクで殺されたとき、世間は被害者を非難したが、本書の著者が知りたかったのは、タイトルの疑問よりも、彼は単に無知でバカで平和ボケだったのか、ということだったのではないか。

著者が、アジアと旅の著作が多い下川裕治さんであると気づいたときは意外な気がしたが、読みはじめて納得する。著者はバックパッカーという切り口から、香田さんに近づいていくのである。バックパッカーという旅のスタイルや、現在のバックパッカーたちにも焦点をあてながら、彼になりきるかのように、著者は彼の旅した場所を歩く。ゆっくりとひとりの青年が見えてくる。きまじめゆえに焦燥感を抱き、もがく二十四歳の青年の姿が、肉づきを持ってあらわれる。著者は香田さんを正当化も弁護もしない。旅の先達として、あまりにも先へと急ぐ彼に、おい待てよと声をかけるようにうしろ姿を追う。もちろんその声がもう届かないことも承知で。

評・角田光代（作家）

二〇〇五年一二月一八日⑨

『国際法　はじめて学ぶ人のための』

大沼保昭 著

東信堂・二五二〇円

ISBN9784887136328

政治／経済／国際

本の帯に「これって、国際法教科書？」とある。とっつきにくい国際法の世界へ、こきみよい筆致で招き入れてくれる。だからと言ってレベルを下げたわけではない。国際社会の理がせめぎ合う法の実相を表と裏の両面から照らし出す。

国連憲章は武力禁止が原則だが、実際には自衛権の名目で武力行使を正当化できる。国際法は「偽善の体系」にも見えるが、独自の武力行使を自衛権に拠（よ）るしかない現実は、戦争突入の判断を抑止したり、武力行使の拡大を防いだりする効果を持つ。「偽善の体系であっても、武力禁止規範があった方がはるかに望ましい」という著者の解説は、国際法が秘める、したたかな力を感じさせる。

本書は戦争と平和の問題のほか、人道や経済、地球環境、国家の領域など幅広い分野をとりあげ、国際法の全身像を描く。ただ、軍縮の分野の言及は少ないので、黒沢満編『軍縮問題入門』（東信堂）の併読をお薦めしたい。

評・吉田文彦（本社論説委員）

二〇〇五年一二月一八日⑩

『ポピュリズムに蝕まれるフランス』

国末憲人 著

草思社・一六八〇円

ISBN9784794214577

政治／人文

今秋、フランスは移民暴動で揺れた。移民を取り巻く階層対立、文化衝突、人種差別と、フランスが抱える問題がすべて、一気に噴出している。

その暴動前夜に書かれた本書は、暴動に結晶する諸問題の核に、「ポピュリズム」とエリートの失墜がある、と指摘する。

本書の記述の多くを占めるポピュリスト、ルペン氏の02年大統領選大躍進のときには、評者もパリにいた。民主的選挙の結果、移民排斥主義の右翼政治家が二位となったことに、フランス人は一様に衝撃を受けていたが、民主主義が大衆受けする攻撃的人物を選ぶことは、かの国に限ったことではない。ブッシュしかり、イランの超保守派アフマディネジャドしかり。

「間接民主主義が機能不全に陥り、選挙で選ばれたはずの政治家らを『自分たちが選んだ代表』とみなす意識が薄れてきた」。それこそが問題だ、とする筆者の警告は、正鵠（せいこく）を射ている。

評・酒井啓子（東京外国語大学教授）

平成十八年

2006

二〇〇六年一月八日❶

『水滸伝　全十九巻』

北方謙三著

集英社・各一六八〇円
ISBN9784087744903〈1〉・9784087744910〈2〉・9784087744972〈3〉・9784087745252〈4〉・9784087745542〈5〉・9784087745689〈6〉・9784087745825〈7〉・9784087746068〈8〉・9784087746365〈9〉・9784087746549〈10〉・9784087746716〈11〉・9784087746853〈12〉・9784087746983〈13〉・9784087747119〈14〉・9784087747225〈15〉・9784087747379〈16〉・9784087747492〈17〉・9784087747683〈18〉・9784087747829〈19〉／9784087469837（集英社文庫〈完結ＢＯＸ〉）

歴史／文芸

苛烈な人生の数々　わくわくする革命小説

読んでも読んでも終わらない。しかし愉（たの）しいのだ。面白いのだ。わくわくするのだ。北方『水滸伝』全十九巻。二週間かけて読みおえた。

『水滸伝』は中国の四大奇書の一つで、百八人の豪傑たちが山東省の梁山泊に集結して、官軍と戦い滅びる物語である。民間説話が元になっているので、編者によって物語は異なるが、共通しているのは、百八人の豪傑たちが梁山泊に勢ぞろいすること。その約束事を北方は破る。なぜなら北方は、原典を徹底的に解体し、全く新たな物語に再構築したからである。

それは一言でいうなら、革命小説。ある対談で語っているが、〝キューバ革命がもっていた変革へのロマンチシズム〟を『水滸伝』に移しかえた。梁山泊をキューバ島に見立て、宋王朝（米国）と対決する構図。腐敗した体制のなかで虐げられている民衆が反乱を起こし、国を倒さんとする――。これは明らかに学生運動に参加した全共闘世代の思い入れだろう。だが観念的に革命を語るのではなく、あくまでもリアリズムで押す。つまり時代も国も違えども、まさに現代の小説として書かれている。それが吉川英治の『新・水滸伝』や柴田錬三郎の『われら梁山泊の好漢』ほかの類書と決定的に違う点だ。

具体的には、革命を成功させるために重要な経済基盤（闇の塩）の確保、特殊部隊の創設、各地をまわるオルガナイザーの獲得。そんな梁山泊の動きに、朝廷側も「青蓮寺」という諜報（ちょうほう）機関（中国版に存在せず）で対抗し、スパイを放ち情勢を探る。そう、ほとんどスパイ小説の趣だ。しかしそれは一部に過ぎず、第一巻『曙光（しょこう）の章』を読めばわかるが、後半は脱獄小説。巻をおうごとに冒険小説、青春小説、恋愛小説、戦争小説など、あらゆるジャンルをとりこんで終盤へとなだれこんでいく。特に十八巻、十九巻が凄（すご）い。梁山泊と官軍の童貫軍との全面戦争（北方のオリジナル）には心を奪われてしまう。目の前で両親を殺されて言葉を失った少年の楊令（これもオリジナル）が、宋建国の英雄、楊業の子孫の楊志に育てられ、梁山泊に馳（は）せ参（さん）じ、最前線にたつ。その凛々（りり）しき颯爽（さっそう）とした姿に、読者は声援を送ることになるのだが、しかし童貫軍の何たる強さ！　次々と梁山泊の要衝を崩していき、豪傑たちが次々と戦死していく。

〝変革へのロマンチシズム〟というにはあまりに凄絶（そうぜつ）な死が多数描かれるけれど、そこに無残さはない。男も女も、志を全うするうえで、〝死ぬべき時に、死ねばいい。死ぬべき時は、むこうからやってくるはずだ。その時までは、精一杯生きる〟と考えているからである。

この潔くも苛烈（かれつ）な人生の数々。それを彩るとびきり個性的な人物たちと、惚（ほ）れ惚（ぼ）れするほどの行動と、胸に響くあまたの箴言（しんげん）。小説を読む至福がここにある。巻をおくことあたわず、涙流れてやまず、物語あやまたず読者の心を掴（つか）み取り、さらなる展開を希求してしまう。

幸いにも、続編『楊令伝』が準備されているという。二世代にわたる変革の志がどのように実現するのか、いまから実に愉しみだ。

評・池上冬樹（文芸評論家）

きたかた・けんぞう　47年生まれ。作家。著書多数。本作で第9回司馬遼太郎賞を受賞。

二〇〇六年一月八日②

『トラファルガル海戦物語　上・下』

ロイ・アドキンズ 著　山本史郎 訳
原書房・各一八九〇円
ISBN9784562039616〈上〉・9784562039623〈下〉

歴史／文芸

英国の世界支配への決定的な一歩

もしこの戦いがなければ、世界の〝共通語〟は英語ではなく、フランス語だったかもしれない。著者は巻末で、そう推察している。なんて突飛（とっぴ）な、と思われるだろうが、上下二巻の大著を読み終え、私には深く首肯できるところがある。

たとえて言えば、元寇（げんこう）当時の日本人の危機感を幾層倍にもふくれあがらせたものを、十九世紀初頭のイギリス人たちは肌身で感じていたのだった。あの無敵のナポレオンが海峡を越えて、イギリスに攻め込んでくる。それをすんでのところで食い止めたのが、スペインのトラファルガー岬近海で、ネルソン提督ひきいるイギリス艦隊が、フランス・スペイン連合艦隊を撃破した、一八〇五年の〝トラファルガー海戦〟なのである。

本書は、その全貌（ぜんぼう）を記した決定版と言ってよい。私が強く惹（ひ）かれたのは、だが、帆船同士の戦いを微に入り細を穿（うが）って書き込んだ分厚い描写よりも、往時の戦場でのモラルのあり方であった。私はまったく知らなかったのだが、ほとんどの戦艦に女性が大勢乗り込んでいる。一部は火薬運搬員で、そんな女性の一人が海に投げ出され、全裸同然で救助されたときには、敵艦の男たちが最大限の紳士的なふるまいを見せ、また男の捕虜に対しても、イギリスの艦長が「とてもおいしいお茶」（最高級の紅茶であろう）でもてなしたりする。現代の戦争に比べ、はるかにモラリスティックなのである。

著者の本業は考古学者との由。さもありなん、化石の一片一片を掘り起こし吟味する手つきで、ネルソン提督本人から新入りの水兵までの手記を渉猟し、それらを巧みにちりばめて、二百年も前の戦いを今に甦（よみがえ）らせている。麻酔のない時代、艦内での緊急手術で腕を切断される負傷兵の激痛や、戦闘後の「血糊、脳みそ、肉片だらけ」の甲板の血なまぐささが、学者の隙（すき）のない文体で再現される。

五千人が死んだこの海戦で制海権を得たイギリスは、〝七つの海〟の覇者となってゆく。英語はたしかに広まったが、アジアやオセアニア、アフリカの多くの人々にとっては、新たな災厄の時代の幕開けにほかならなかったと私は思う。

（原題、Trafalgar : The Biography of a Battle）

評・野村進（ジャーナリスト・拓殖大学教授）

Roy Adkins　イギリスの考古学者。

二〇〇六年一月八日③

『あったかもしれない日本　幻の都市建築史』

橋爪紳也 著
紀伊国屋書店・二三一〇円
ISBN9784314009980

社会

夢のプロジェクトにみる豊かな想像力

この頃（ごろ）、アジアの都市が元気だ。高速道路を撤去し都心に清流を蘇（よみがえ）らせたソウル、汚れた川と周辺を見事に再生したシンガポールをはじめ、都市開発に夢とビジョンが感じられる。一方、大規模開発に機能性と経済性の追求ばかりが目立ち、都市づくりの夢も方向性も見えない東京。今の日本社会には都市ビジョンを描く力が萎（な）えてしまったのか。

その状況に応えるかのように、本書は日本の歴史の中で登場し、実現しなかった夢のプロジェクトを丹念に追いながら、建築家、土木技術者、政治家、事業家たちがいかに想像力豊かに国土を考え、都市や建築を構想したかを示し、我々を勇気づけてくれる。時代的には、パリの美に憧（あこが）れバロック的な官庁街を構想した明治に始まり、自由な発想で先進的な構想を生んだ大正・昭和初期、造形に国家や大東亜共栄圏を意識した戦時下を経て、最後は大阪万博の初期構想で終わる。

水と関連する話が意外に多いのに驚かされ

る。まず、琵琶湖と日本海の間に運河を開削し、太平洋まで舟運で結ぶ大正期の壮大な計画。次に、今の甲子園球場が「紅洲(ベニス)」と呼ばれる可能性があったという面白い話。アメリカ西海岸には、彼らの「イタリアへの憧れ」を実現した「ベニス」という名の町がある。その発想を日本に直接輸入する構想があったに違いないと著者は言うのだ。続く舞台は戦前の東京湾。皇紀二千六百年を祝う万国博覧会の開催が決定し、月島を中心とする埋め立て地が会場に当てられた。五輪誘致も決まり一時月島が会場候補地とされた。この海上都市計画も中国大陸での戦火拡大で幻に終わったという。

一方、陸側の郊外にも人々は夢を描いた。戦前期にはイギリスの田園都市を範とし、衛生・健康・文化を重んずるビジョンある開発が進められた。だが戦後、アメリカの影響下で徹底した住宅の商品化が進み、均質化した郊外が各都市に広がった。戦争による断絶がもしなければ、健康を主題とする日本的田園郊外が実現していた可能性がある、と著者は論じる。

この本を読んで、夢を描く感性や豊かな構想力をぜひ取り戻したいものだ。

評・陣内秀信(法政大学教授)

はしづめ・しんや　60年生まれ。大阪市立大学助教授。著書に『飛行機と想像力』など。

二〇〇六年一月八日④

『何が映画を走らせるのか?』

山田宏一 著

草思社・三九九〇円

ISBN9784794214607

アート・ファッション・芸能

快楽に満ちた百年史、絶妙の語り口で

『ゴダールの映画史』に倣えば、本書は「山田宏一の映画史」と呼べるだろう。つまり、映画百年史ではあるが、直線的、年代記的には語られない。自由な連想により、逸脱に逸脱を重ね、歴史という唯一の真実を示すのではなく、複数の真実を同時に顕揚する。だが、山田宏一の映画史にはゴダールのような難解さはどこにもない。つねに映画の快楽(物語の面白さ、イメージの躍動、ゴシップの楽しさ、スターの美しさ)が満ちみちている。

例えば、映画史上最初にスターという言葉が使われたのはどこでか? トリック映画の始祖メリエスが興したスター・フィルム社の商標のなかで、というのが答えである。つまり、映画は星の光のもとで急発展するのだが、スター・フィルムはまもなく倒産し、替わって、綺羅星(きらほし)のごときスターたちの時代が始まる。この飛躍の妙、語り口の巧(うま)さ! そして、世界最初のスターたちの顔の話から、その顔に魅せられてクローズアップが生まれたこと、また、スターを売り出すための引き抜き合戦や嘘(うそ)の報道(スターの死亡記事を流す)などを論じ、スターとは金(興行価値)に他ならないことから、金を追求する映画会社と映画作家との厳しい戦いを描きだす。これは本書の多彩な話題のほんの一例にすぎない。

いわば自由連想の飛躍と、尻取りのような意外な連係と、正確な論理性とが隙(すき)なく絡みあい、映画史の流れをさかのぼり、また下りして、その多様な水脈を楽しくたどっていくのである。

作家主義、モンタージュ、テクニカラー、アクターズ・スタジオ、赤狩り。映画ファンならだれでも聞いたことがある魔法のような言葉に正確な定義があたえられ、その功罪が同時に肯定(!)され、すべては映画をより強烈に楽しむための快楽の源泉として探求されてゆく。

だが、これは楽天的なだけの本ではない。「映画は終わったのかもしれない」と深く懐疑する山田氏のいつになく厳しい表情も見え隠れして、映画的快楽の美味にこの上なく辛いスパイスとして作用している。お楽しみは命がけだという真剣勝負の恐ろしさも読みどころである。

評・中条省平(学習院大学教授)

やまだ・こういち　38年生まれ。映画評論家。著書に『トリュフォー　ある映画的人生』など。

二〇〇六年一月八日⑤

『消された校舎　旭丘高校校舎建て替えてんまつ記』

旭丘高校校舎の再生を考える会 編

風媒社・一五七五円
ISBN9784833110686

社会

文化財建造物としての利用を訴えて

「アメリカは歴史の浅い国、日本は伝統の生きる国」と言われる。本当だろうか？　驚くべき数字がある。国が保護している文化財建造物の数は、アメリカが5万2千件弱、日本はなんと4997件（05年）。イギリスはイングランドだけで44万件強（93年）だから、我々がいかに歴史を殺してきたかが分かる。「震災が多いから仕方ない」、というのが一般的な反論だ。けれども震災対策は口実で、経済効果が本音ではないのか。

日本の「スクラップ・アンド・ビルド」体質を象徴するのが、全国で頻繁に対立が伝えられる校舎建て替えだ。01年に滋賀県の豊郷小校舎が脚光を浴びたが、その前年に起きた愛知県・旭丘高校での騒動を回顧したのが、本書である。

1938年竣工（しゅんこう）の旭丘高校の校舎は、結果的には全面取り壊しとなった。旧制中学校舎として典型的な造りであり、階段教室を持つなど特異でもあるため文化財登録が可能だったが、所有者である県は発議せず、議会と高校・同窓会とともに解体を推進した。取り壊し強行の論拠は「建設後60年経（た）ったから」と「議会で可決されたから」だけで、耐震診断も行わず話し合いでも妥協しなかった。

修復を唱えたのが、OBが中心となった著者ら「再生を考える会」である。「ガサガサ」といった推進側の表現の大半が誇張であること、再生費20億円に比し全面建て替えには33億円もかかること、廃棄物が5500トンも出て環境負荷が高いこと、国は文化財や環境の保護の観点から修復に好意的であることなどが次々に明らかにされ、興奮を覚える。だが取り壊し禁止の仮処分申請は却下され、正門での座り込みも解除された。

かつては構造計算の能力が低かったから経済効率性をうるさく求められず堅牢（けんろう）でデザインに優れた建築物が出来たのだ、という説が引用されているが、耐震偽装事件が予見されているかのようだ。せめてもの救いは、その後各地で修復重視の傾向が見えてきたこと。その先鞭（せんべん）を付けた運動の貴重な記録であり、政治家・建築家・在校生など様々な立場からの思いが綴（つづ）られている。

評・松原隆一郎（東京大学教授）

編者団体は、2000年3月に設立。校舎が取り壊された後、01年3月に解散宣言。

二〇〇六年一月八日⑦

『一億人の俳句入門』

長谷川櫂 著

講談社・一五〇〇円
ISBN9784062129305／9784062880299（講談社現代新書）

文芸

一句を捻（ひね）る、という言葉がある。しかし、捻ろうが黙考しようがそう易々（やすやす）と秀句が生まれるわけではない。

最短詩型である俳句を「短い」からといって迂闊（うかつ）に手を出すと、間もなく短いがゆえの困難に直面し、やがて一句誕生の辛苦を身をもってしらされる。

この書を読めばいい句ができると早合点してはいけない。俳句の入門書は沢山（たくさん）あるが、この書は俳句を作る上での技巧のあれこれを指南したものではない。

俳壇の俊英が芭蕉を中心に据えて、自らの俳句観を述べつつ、俳句の詩としての豊かな拡（ひろ）がりと味わいを展（ひら）いてみせるのだ。

とりわけ俳句にとって生命とも言うべき「季語」と「切れ」を最重点に置き、明快な分析と解釈を加える。さらに、最短詩型であるがために、過去の他人の句と類似の句ができてしまう「類句」の危険性と、その対応についても著者ならではの識見が示されている。俳句の門外漢にとっても読み応えのある一冊である。

評・前川佐重郎（歌人）

二〇〇六年一月八日❽ 文芸

『葉薊(はあざみ)館雑記』

宮英子 著
柊書房・二七〇〇円
ISBN9784899751311

「大雪山の老いたる狐毛の白く変りてひとり径を行くとふ」といった作品で、いまもなお幅広く愛唱されている宮柊二(しゅうじ)が、亡くなってから今年で二十年になる。

夫人であり、同時に同じ歌人の立場から、柊二作品の周辺や背景、あるいは交友、さらには従兄(いとこ)にあたる滝口修造のことなどを、洒脱(しゃだつ)に描いたエッセイ集であるが、隠されていた伝記的事実までも明らかにされて驚かされる。

そのひとつが、「澹月(たんげつ)の光に思へば」という柊二の恋人についての一文。十九歳時の柊二の大恋愛はすでに歌壇史の一コマとしてよく知られているが、じつはもうひとり恋人がいた。

しかも、生涯愛したのはその人であったと断言もする。時間の経過もあるだろう。対象がすでに歴史的存在であるということも分かる。しかし、身内からはなかなか書けないものだ。女性はやはりすごいなあと、感嘆してしまった。もちろんそれは、妻として、歌人としての自信でもあるだろうが。

評・小高賢(歌人)

二〇〇六年一月八日❾ 政治/社会/ノンフィクション・評伝

『パチンコ「30兆円の闇」』

溝口敦 著
小学館・一四七〇円
ISBN9784093797238/9784094083460(小学館文庫)

山口組やハンナングループ総帥・浅田満など、世のタブーに切り込む著作で知られるジャーナリストの今回の標的はパチンコ。オーストリアのGDPを上回る市場規模、年間三十兆円の超巨大産業の実相に分け入る快著ならぬ「怪著」だ。

肉声が詰まっている。安全対策を構築するため、大手台メーカーが接触してくると豪語するウラ屋。出玉を遠隔操作する手口を披露するカバン屋。上海にビルを建てた中国人ゴト師。高度にシステム化されており、騙(だま)される客がバカだとは思えなくなる。

著者が本丸とみなすのは警察。パチンコは法的に賭博ではないため出玉を景品に替えてから換金する。警察は適法な古物売買というが脱法との指摘もある。遊技機の検定機関に天下るのも警察官僚だ。「主管官庁と取り締まり官庁が一緒」であることに、不正と腐敗の原因があると見る人もいる。法で賭博とみなすのがなぜ改革の端緒を開くかよくわかった。

評・最相葉月(ノンフィクション作家)

二〇〇六年一月八日❿ 文芸

『愛人の数と本妻の立場』

向井万起男 著
講談社・一五七五円
ISBN9784062131308

宇宙一の愛妻家とおぼしき向井万起男さんが、愛人の本を書くとは、あまりにもこれは「チョットなぁ」ではないか。

ところがどっこい、あくまでもこれは木星が六三個の衛星を持つというエッセイのタイトルで、木星の英語名ジュピターは、好色で有名なギリシア神ゼウスを意味するという落ち。こんな感じで数字にまつわる蘊蓄(うんちく)を披露したエッセイ集。

そういえば、著者の名前にも数字が冠されている。不思議な名前と思っていたら、こちらは、一万回こけても起きあがるようにとの、親御さんのありがたい願いなのだとか。納得。

そんな著者なので、数字へのこだわりは人一倍。宇宙飛行士でもある愛妻「千秋チャン」の名前にも数字が入っているほど!

七三編のショートエッセイのすべてを数字に絡めた苦労はさぞやと推測されるが、飄々(ひょうひょう)たる語り口と、各所に挿入された軽妙な著者似顔絵が、なんとも絶妙。

評・渡辺政隆(サイエンスライター)

『マオ　誰も知らなかった毛沢東　上・下』

ユン・チアン、ジョン・ハリデイ 著
土屋京子 訳
講談社・各二三一〇円
ISBN9784062068468〈上〉・9784062132015〈下〉
ノンフィクション・評伝

抗日戦の神話も嘘？ 議論呼ぶ新説が続々

　毛沢東が1949年の建国の後に、60年前後の「大躍進」でとてつもない飢饉（ききん）をもたらし、60年代の「文化大革命」で粛清を行い数千万の人民を死に追いやったことは、これまでも紹介されてきた。李志綏（リーチーソイ）『毛沢東の私生活』のように、身近な見聞から食欲や性欲にだらしない男として描いた暴露本も何冊かある。中国共産党にしてからが、文革の「誤り」は公式に認め、建国以前の輝かしい「功績」がそれを超えているのだというレトリックを用いている。学界でも、毛は闘争の論理や「農村による都会の包囲」の戦略を駆使して建国にこぎつけたものの、都市生活者による経済発展は実現できなかったとされている。

　それだけに、文革期の一家庭が翻弄（ほんろう）される様を哀切込めて描きベストセラーとなった『ワイルド・スワン』の著者が十年の歳月をかけ送り出した毛沢東伝とはいえ、なお破壊できる偶像なぞあるものかとまず思ったのだが、そんな先入観は、上巻で吹き飛んだ。建国以前の「功績」をすべて爆破し去ろうとするかのように、挑戦的な新説が、ページを繰るごとに現れるのだ。英雄的な長征の果てにたどり着いた延安を拠点に、愛する農民とともに抗日戦争を闘ったという神話は、真っ赤な嘘（うそ）だというのである。

　毛は自己愛に取り憑（つ）かれたサディストで、共産主義にさして共感せず党の創立時のメンバーでもなく、長征はたんなる敗走、蒋介石打倒の目標に向けては日ソと結んで中国の分割をも模索し、自軍である紅軍も野心の生（い）け贄（にえ）として、党員や支配地の農民は残虐な拷問と略奪・処刑によって恐怖で縛り上げた、と言うのだ。スターリンは毛の野心と残虐性に共感し、対日戦争回避のために利用したのだという。毛と張学良、スターリン、蒋介石のやりとりが本当なら、20世紀の国際関係史は根本的に見直しを迫られる。共産主義にも最終的な判決が下されるだろう。問題作であることは間違いない。

　日本関係では、張作霖爆殺はスターリンの策謀だと示唆しており、遠藤誉『チャーズ』で知られた八路軍の長春包囲作戦による33万人の餓死事件は、毛沢東が直接に指揮したものと指摘する。中国公式発表の南京大虐殺犠牲者数を上回る数字である。もっとも、「大躍進」3800万の犠牲者も毛は軍事大国化の代償と認識していたらしく、数字が空（むな）しく思えてくる。

　本書の生命線は、数百人におよぶ関係者へのインタビューと中国・旧ソ連の初出アーカイブ文書。とはいえ、どれほど多くの一次データを掘り起こしても、解釈は他にも可能である。すでに内外の学界で批判が出ているが、父の仇（かたき）か全責任を毛に負わせて人民を免責する決め打ち風の新説には疑問も多い。百倍もの戦力を有する国民党に勝利した理由を、人民が理想に燃えたからと見るのなら理解できるが、恐怖と偶然だけでは説明として納得しかねる。「人民の敵」を処罰する得意げな紅衛兵の写真を見ると、毛は人民に潜在する破壊衝動を引き出す天才だったのでは、という気がする。

（原題、MAO：The Unknown Story）

評・松原隆一郎（東京大学教授）

Jung Chang　52年生まれ。作家。
Jon Halliday　歴史学者。

二〇〇六年一月一五日❷

『ニュルンベルク・インタビュー　上・下』

レオン・ゴールデンソーン 著
R・ジェラトリー 編　小林等ほか 訳
河出書房新社・各二五二〇円
ISBN9784309224404〈上〉・9784309224411〈下〉
政治／ノンフィクション・評伝／国際

精神科医が探るナチス幹部の「病理」

「私」の家庭は、心休まるところだった。五人の子供に恵まれ、妻との性生活も順調だった。ただ、「仕事」が忙しすぎて、家族には寂しい思いをさせた。

一九四二年、「そのころがもっとも忙しかった」。アウシュビッツ強制収容所で毎日二千人の死体を焼却する「仕事」を任されていた、あのころが……。

かく言う「私」とは、元・強制収容所所長のルドルフ・ヘースなのだが、「私」の告白の前段と後段との眩暈（めまい）を覚えるほどの懸隔（けんかく）に、評者の私は何とか〝架け橋〟を見出そうとする。

精神科医の著者も、同じ動機に駆られていた。ナチスの最高幹部たちの「病理」を発見しようと乗り込んだ著者は、ニュルンベルク裁判の被告と独房で個別に面談を重ねるうちに、彼らの大半がきわめて頭脳明晰（めいせき）で、生い立ちも家庭生活も至極まっとうな常識人ばかりであることを知る。それを記録したノートが、別の編者の手で六十年後に初めて刊行された。

ガス室で子供まで殺して、悪夢を見ることはないのか。著者は問い、「私」は答える、「一度もない」。「私」と私との〝架け橋〟は、沼の底に沈んだままだ。

被告人仲間に対しては辛辣（しんらつ）で、しばしば罪をなすりつける彼らにしても、すでに自殺して被告席にはいないヒトラーへの評価は別である。「疑問の余地なく天才だった」「子ども好きで……、優しく、情にもろい人」「すばらしい記憶力の持ち主」。この魅力、ただごとではない。

私は、しきりにピュリツァー賞作家ハルバースタムの『ベスト＆ブライテスト』を思い起こしていた。六〇年代、アメリカの「最良にして最も聡明（そうめい）な」エリートたちが、いかに国民をベトナム戦争の泥沼に引きずり込んでいったのか。

してみると、ナチスの最高幹部たちも、当時のドイツが誇りうる「ベスト＆ブライテスト」たちではなかったか。

著者との対話の四カ月後、絞首刑に処せられる元ドイツ国家保安本部長官は、戦争についてこう予言している。

「人類の進歩が急速であればあるほど、先制攻撃をしかけることはますます重要になってくる」と。

（原題、THE NUREMBERG INTERVIEWS）

評・野村進（ジャーナリスト・拓殖大学教授）

Leon Goldensohn　1911～61年。精神分析医。

二〇〇六年一月一五日❸

『絵はがきにされた少年』

藤原章生 著
集英社・一六八〇円
ISBN9784087813388／9784087466072（集英社文庫）
ノンフィクション・評伝

アフリカの体温　小さな物語で編む

アフリカという日本からあまりにも遠い土地を描くのに、著者は無名の人々を主人公に十一の小さな物語を積み重ねるというオムニバス手法をとった。物語の底流に、約六年のヨハネスブルク特派員生活で出会ったおそらく千以上の人々の言葉や光景が息づいているためだろう。一見すいすい読めるやさしい文章だが、冷静な観察者でなければできない鋭い角度で対象が切りとられていて、何度も味わいつつ読み返したくなる上質な短編ノンフィクション集に仕上がっている。

「あんまり、こうマッチョにしないでね」。冒頭、「ハゲワシと少女」でピュリツァー賞を受賞しながらも自死したカメラマンの友人がいった言葉だ。なぜ少女を助けなかったのかと批判された戦場カメラマンの苦悩、なんて「できすぎた物語」はもうたくさんという意味である。著者はむしろそんな報道に疑問をもち南アフリカに住む彼を訪ねた。そして、撮影現場での意外な事実と、アフリカ生まれの欧州人の孤独にいきあたる。

表題作は一九三〇年代、たまたま通りかかった英国人に撮影された写真に大人になってから偶然出会ったレソト王国の老教師の話だ。東京本社の上司「石川さん」は、勝手に撮影され絵はがきにされた悔しさ、白人に虐げられたアフリカ人の悲劇といった「見出しどころ」を著者に要求する。だが実際は、老人は写真を家宝と思っており、撮影した英国人への恨みなど一切なかった。はるばるレソトまでやってきた著者への、ねぎらいとも揶揄（やゆ）ともとれる老人の言葉が胸をさす。

私たちが一生かけても見ないものを、あなたがた外国人はたった二、三日で見てしまう。大したものです、と。

アフリカに生きるとはどういうことか。本書は、マッチョな見出しからこぼれ落ちるアフリカの人々の体温を感じとるためのとば口に立たせてくれる。裕福になった日本人にはとり戻せない尊い生き方が示される。網羅されているわけではないのに現代史の流れもわかる。たとえば、史上最も「野蛮」と報じられたルワンダ大虐殺を語る時、フツ族とツチ族の違いがわからない人は読んでほしい。

評・最相葉月（ノンフィクションライター）

ふじわら・あきお　61年生まれ。毎日新聞記者。本書で第3回開高健ノンフィクション賞受賞。

二〇〇六年一月一五日④

『大阪「鶴橋」物語　ごった煮商店街の戦後史』

社会

藤田綾子 著

現代書館・一八九〇円
ISBN9784768469156

「焼肉の街」の固定観念を打ち破る

四半世紀前、評者は大阪でサツ回りや街ダネを拾う社会部記者。成人後に初めて関西文化圏に接した身に、いわゆる関西らしさを感じさせた場所はミナミやキタの盛り場、それに大阪環状線や私鉄沿線に連なる幾つかの下町商店街だった。

とりわけ五感で「大阪らしさ」を体感したのが環状線と近鉄線の交差駅の周辺に広がる鶴橋商店街だった。

高架のホームに降り立った瞬間、鼻腔（びこう）を香ばしい焼き肉の煙が刺激する。気のせいなのかキムチの匂（にお）いも感じられた。おそらく評者の人並みの嗅覚（きゅうかく）が、鶴橋周辺は大阪きっての在日コリアンの居住地だという頭から入った知識によって、異様に敏感になっていたからだろう。

だが鶴橋と聞けば「焼肉やキムチの店が集まる商店街」という条件反射は、きわめて表層的だったことが本書を読むとよくわかる。「韓国・朝鮮料理の店が増えだしてきたのは、この30年ほどの傾向にすぎない」のであり、マスコミの方が「焼肉の街・鶴橋」のイメージを作り出してきたのかもしれない。

鶴橋は食品や繊維の問屋街から出発し、現在は六つの商店組合に約660店舗の多種多様な業種が集積する。エスニックな味わいは一部でしかないのだ。

著者は、その「ごった煮商店街」の一角に仕事場を構えて10余年というフリーライター。戦後の空気を色濃く残す「わが街」の魅力にいつしかとりつかれ、資料をあさり、丹念に古老を訪ね歩き、戦後60年の歩みを掘り起こした。

闇市から出発した商店街は全国にも少なくないが、鶴橋が特異なのは再開発の波をかぶらずに戦後間もなくの建物や区画が残り、ありきたりの高層化を免れて「平面の商店街」であることだ。

したがって道路は迷路のようで、阪神大震災後は防災面の脆弱（ぜいじゃく）性が意識されている。またシャッターを閉めた店舗も目立ってきた。

「手つかずの昭和20年代」のような商店街がいつまで残存できるか。そうした思いが著者を鶴橋の戦後史を記録する作業にかりたてたようだ。足で書いた、生き生きとした「街の社会学」だ。

評・加藤千洋（本社編集委員）

ふじた・あやこ　62年生まれ。フリーライター。共著『一〇〇人の在日コリアン』など。

二〇〇六年一月一五日❺

『三島由紀夫の二・二六事件』

松本健一 著
文春新書・七四六円
ISBN9784166604753 政治／ノンフィクション・評伝／新書

ロマン主義者・三島の天皇観

昨二〇〇五年は三島由紀夫の生誕八十年、没後三十五年にあたっていて、一九七〇年に「天皇陛下万歳！」と叫んで切腹し、その死も天皇から無視された文学者の生涯が人々に想起された。

本書のテーマは、三島由紀夫「の」二・二六事件であり、微妙な助詞の使い方のうちに、著者が最近伝記を完結させた北一輝「の」二・二六事件と対峙（たいじ）させる構図が浮かび出ている。

著者によれば、三島は北を「悪魔的に」理解していた人間であり、昭和十一年（一九三六）に起きたこの陸軍将校反乱をめぐって、北と三島と昭和天皇は「あたかも三つ巴（どもえ）のようにからまって、非常な緊張関係を形づくっている」とされる。三島は終始、徹底した天皇機関説論者だった北に天皇をも革命の手段に使おうとする「悪魔的な傲（おご）り」を感じとって反発していたのである。

反乱は天皇の命令で鎮圧され、主謀者と目された北が銃殺刑に処されるとき、他の被告から「天皇陛下万歳」の三唱に誘われたが「やめておきましょう」と断った話は印象的だ。北の「若殿に兜（かぶと）とられて敗（ま）け戦（いくさ）」という一句の引用も当を得ている。意外にも機敏に動いた天皇に軍隊を押さえられたと苦笑するのだ。

発生当時まだ十一歳だった三島にとって、この事件は、最初はただ「何か偉大な神が死んだ」悲劇と直感されただけだったが、しだいに三島の内部で大きく膨れ上がり、やがて晩年の「などてすめろぎは人間（ひと）となりたまひし」という痛切な問責に形を変えてゆく。

著者の定義では、ロマン主義者は「美しいものを見るために現実に眼をつぶる人間」だそうだ。たしかに三島は昭和天皇の政治性を潔癖に嫌いぬいて、現実にはありえない《純粋天皇》の幻を追い求め、自ら創出した文化的天皇制の概念に殉ずるかのように自決した。気の毒なほど勝手な片思いであった。

戦争もなく内乱もなしに、いともやすやすと《女系容認天皇制》が合意されつつあるかに見える昨今、改めて三島の天皇原理主義が提起した問題の重さを考え直させてくれる一冊である。

評・野口武彦（文芸評論家）

まつもと・けんいち 46年生まれ。作家、評論家。著書に『評伝　北一輝』ほか。

二〇〇六年一月一五日❻

『ブレア時代のイギリス』

山口二郎 著
岩波新書・七三五円
ISBN9784004309796 政治／新書

二分法では読み解けない政治を分析

あとがきで、著者は、昨年春のイギリスでの在外研究時の経験をもとに本書を書いたとある。実は評者も、衆議院選挙での小泉圧勝の余韻を十分見たあとで、同国での在外研究生活を始めた。政治学の専門家ならずとも、大陸の西と東に位置する二つの島国の首相の比較に興味が行くのは、英国滞在中だからだという理由だけではない。二つの国のリーダーとその政策がもたらす社会の変化を比べることで、日本だけでは見えてこない問題点が浮かび上がる。

本書は、書名の通りブレアの時代が、どのような政治的、社会的背景のもとで登場し、イギリス社会を変えていったのかを分析しながら、ニューレーバー（新しい労働党）が掲げる「第三の道」という政治理念の可能性と限界を明らかにしようとするものである。

はたしてブレアは、市場主義を一層進める新自由主義者なのか。それとも、その修正を図り、立ち行かなくなった福祉国家の再生を目指す改革者なのか。

外交面なら、イラク戦争に見られるように、ブッシュの追随者なのか、それとも、懐に入ってアメリカの暴走をとどめるブレーキ役をかっているのか。あるいは国内での「テロとの戦い」は、多民族国家であるイギリス社会にどのような影響を及ぼすのか等々。内政、外交、それぞれ具体的な問題を取り上げながら、単純な二分法では読み解けないブレアの政治とその影響の分析を試みる。

教育政策についても目配りが利く。選挙のスローガンで有名になった「教育、教育、教育」。これは、「完全雇用」の実現から「十全な雇用可能性」への政策転換であり、新たな雇用・福祉政策の一環であった。はたして、社会的弱者を社会に取り込もうとするこうした政策を通じて、格差と貧困の問題はどこまで解決したのか。学校ごとに全国テストの点数が公表される競争主義が持ち込まれたことで、学校はどう変わったのか。

対立軸が見えづらく、「改革」一辺倒の日本の政治を見通すための「他山の石」。それを見事に浮かび上がらせたところに本書の魅力がある。

評・苅谷剛彦（東京大学教授）

やまぐち・じろう 58年生まれ。北海道大学教授（行政学）。著書に『戦後政治の崩壊』など。

二〇〇六年一月一五日⑦

『甦る昭和脇役名画館』

鹿島茂 著

講談社・二五二〇円
ISBN9784062131377

アート・ファッション・芸能

著者は大学から大学院へ進む前後十年間に三〇〇〇本以上の映画を見た。その多くは東映ヤクザ映画や日活ロマンポルノである。つまり、日本のプログラムピクチャーの最後の光芒（こうぼう）を一身に浴びながら、鬱屈（うっくつ）した青春を送っていたのだ。

浪費された時間はここに奇書として結晶した。選ばれた脇役は十二人。出てくる女優が三原葉子と芹明香だけという選択を見ても、この映画館主の趣味の良さを知ることができる。

しかし、ヤクザ映画もポルノ映画館も男たちのホモソーシャルな悪のパラダイスであり、男優の悪の魅力を論じてこそ、鹿島教授の筆は冴（さ）えに冴える。

圧巻は冒頭と掉尾（ちょうび）を飾る荒木一郎、渡瀬恒彦、成田三樹夫論。これぞ男の悪の華。ともかく面白いだけでなく、「博徒外人部隊」の渡瀬恒彦の登場に、美的なユートピアの成立の不可能性という日本文化全体の転回点が見られる、という指摘など、意外かつ犀利（さいり）な分析の連続に思わず膝（ひざ）を打つ。

評・中条省平（学習院大学教授）

二〇〇六年一月一五日⑧

『旅の途中　巡り合った人々　1959－2005』

筑紫哲也 著

朝日新聞社・一八九〇円
ISBN9784022500748

文芸

「そろそろ回想記を」と持ちかけられて生まれた本だそうだ。実年齢を感じさせない著者も、すでに古稀（こき）と聞けば、得心が行く。とはいえ、在日二世の歌手の歌からとった表題には「まだまだ」の気持ちがにじむ。「枯れ」とは無縁、筆先はシャープである。

「自分は媒体。強いて書くとすれば出会ってきた他人様のことしかない」という境地で綴（つづ）った、半世紀にわたる交友録ないし取材の覚書だ。新聞記者、雑誌編集者、TVキャスターと多様な経験を重ねただけに、対象の顔ぶれは三木武夫から美空ひばりまで、左右、硬軟、内外とりまぜて、幅の広さが半端ではない。

ただし、政治家諸公とのあれこれより、文化人とのエピソードの方が、格段に深くて面白い。オペラなど音楽全般から、陶芸、芝居、映画、麻雀（マージャン）までといった趣味、嗜好（しこう）の自在さ。それを嫌みなく読ませる巧みさ。おしゃべりより、やはり文筆の人だ。

評・佐柄木俊郎（国際基督教大学客員教授）

二〇〇六年一月一五日⑨

『ミドリノオバサン』

伊藤比呂美 著
筑摩書房・一三六五円
ISBN9784480814753

文芸／科学・生物

植物についてのエッセイなので、園芸について何も知らない私には不向きだろうかと思いつつ読みはじめたのだが、読み進むにつれ、植物が植物と思えなくなってくる。伊藤比呂美さんのエッセイにはよく登場する娘たちが、ここではずいぶんと大人になっていてびっくりするのだが、植物もまた、彼女たちのように愛（いと）しくなってくる。

筆者の言うとおり、植物というのは店に並んでいるときがいちばんきれいで、家に持ち帰ってくると、あとは枯れるか、みすぼらしくなっていく。それを筆者は、文字通り精魂傾けて世話するのである。その精魂傾け加減は、途方もないし、どこかすさまじい。植物は、その精魂をきちんと養分にするようにずんずん繁殖する。ここには力強いたくましさがある。何ものかとともに暮らさんとする人の思いのたくましさである。何かを愛したい、愛に応えさせたい、という人の思いは、自然の生命力と拮抗（きっこう）するほど強いのだと知る。

評・角田光代（作家）

二〇〇六年一月一五日⑩

『女教皇ヨハンナ　上・下』

ドナ・W・クロス 著　阪田由美子 訳
草思社・各一九九五円
ISBN9784794214485〈上〉・9784794214492〈下〉

歴史／文芸

著者のアメリカ人女性が7年のリサーチと執筆期間を経て完成させた、小説第一作。すでに世界の18の言語に翻訳出版され、映画化も決定した極上の歴史エンターテインメントだ。

時は9世紀。女性に勉学が許されなかった時代に、ドイツ生まれのヨハンナは男性を装い、ずば抜けた知性で教皇にまで上りつめる。陰謀と計略の渦巻く教皇庁で、彼女は女子のための学校、救護院などの建設に貢献、「人民の教皇」と呼ばれて敬愛される。しかし、母の「男の人に身を任せてはだめよ」との警告に反して妊娠、早産時に〝女性〟であることが発覚すると同時に息絶える。

結末は悲劇でも、強い意志で困難を乗り越え夢を実現させていく姿は、現代の女性読者の熱い支持を受ける。たとえバチカンが存在を否定する伝説の人物でも、「人は自分が選んだ人生を自由に歩むべきです」との信念は今でも胸を揺さぶる力を持つからだろう。

評・多賀幹子（フリージャーナリスト）

二〇〇六年一月二二日❶

『スティーブ・ジョブズ』

ジェフリー・S・ヤング、ウィリアム・L・サイモン 著　井口耕二 訳
東洋経済新報社・二三一〇円
ISBN9784492501474

IT・コンピューター／ノンフィクション・評伝

奇跡の復活とげたアップル創設者の光と影

アップル社を創立し、追い出され、12年後に返り咲いて奇跡の復活をなしとげた男の伝記を長年つきあいがあるジャーナリスト2人が書いた。並の伝記ではない。本人が激怒し、発禁要求が通らぬとその出版社のすべての書籍をアップル・ショップから排除した。読む前からやじ馬的な血が騒ぐ。期待は最後まで裏切られない。

乱立する個人用コンピューターの中で頭角をあらわし、時の寵児（ちょうじ）になりながらあらゆる人と衝突し、ついには自らがペプシコーラ社から招いたジョン・スカリーに追い出され、夢よもう一度と新コンピューター会社ＮｅＸＴを立ち上げたものの、売れずに大赤字。映画監督ルーカスの離婚費用のために売り出されたコンピューター・グラフィックス会社ＰＩＸＡＲを買い、制作用に社内開発された画像専用コンピューターを売るも、やはり大赤字。絶体絶命の中、ＰＩＸＡＲが「トイ・ストーリー」などの映画製作でヒット

を連発する。会社を上場して再び大金持ちに。基本ソフトを求めていたアップル社にNeXTを売却。自らも乗り込み、卓越した商品企画力を発揮してiMacやiPodなどで瀕死（ひんし）のアップルを蘇（よみがえ）らせた。そのすべてがドラマチック。

だが本書の魅力は、その節々にジョブズの性格の光と影が微妙にからんでいることを、克明に描いたことだ。光の部分は、たぐいまれなセンスの良さ、人を虜（とりこ）にし、技術者を奮い立たせ、大衆を熱狂させる魅力と情熱。影の部分は、自己中心的でケチで、すぐ人を罵倒（ばとう）し、すべてを支配しようとし、友人でも功績があった人でも切り捨てた後のぞっとするほどの意地悪さ。

ジョブズはじつは、母に捨てられ養父母に育てられている。そのことと、ガールフレンドが産んだ娘をかたくなに拒否するなど、上述の影の部分との関連がほのめかされている。多くの女性遍歴の後、結婚して子供にめぐまれ、次第に心が落ちついていく。そう、本書はひとりの男のドロドロした深層心理の葛藤（かっとう）の物語なのだ。アップルの復活やPIXARの成功が主題ではない。だから本人が激怒したのだ。

原題のiConは、コンピューター画面上のアイコンと偶像の意味を兼ね、同時にiMac、iPodを連想させる。

私は、本人も主な登場人物も面識があり、このドラマの片隅で息づいていた。それだけでなく、彼との共通点が多い。少数の優秀な技術者を燃える集団にする仕事のやり方がそっくりであり、私が開発したNEWSワークステーションと、彼のNeXTが市場で激しく競合した時期もあった。瞑想（めいそう）をたしなみ、菜食主義のところまでそっくりだ。

「人というのは矛盾の塊」と著者はいう。偉業をなす人ほど矛盾が大きいのだ。私が億万長者にならなかったのは、彼ほど矛盾が大きくなかったと喜ぶべきなのか？ いずれにしても本書は、矛盾に満ちた彼の魅力をあますところなく伝えている。ジョブズよ、怒り狂うことなかれ、まじめに瞑想して心にもっと平安をもたらせ。

（原題、iCon : Steve Jobs, The Greatest Second Act in the History of Business）

評・天外伺朗（作家）

Jeffrey S. Young ジャーナリスト。
William L. Simon ジャーナリスト。

二〇〇六年一月二二日❷

『ザ・サーチ グーグルが世界を変えた』

ジョン・バッテル 著 中谷和男 訳

日経BP社・一八九〇円
ISBN9784822244873

経済／IT・コンピューター

急成長遂げた検索エンジン企業描く

世界には二種類の人間がいる。グーグルを使う人とグーグルを使わない人だ。

グーグルとは九八年創業、〇五年には株式の時価総額十兆円という急成長を遂げた世界で最も人気のある検索エンジンだ。かくいう私も、ニュースから音楽までどんな情報でも探せる（気がする）という期待から使っているが、本書はグーグルを使わない人にもぜひ読んでほしい。

まず検索エンジンの変遷やライバル企業の興亡をたどりながら、デジタル世代の起業家の考え方が一望できる。彼らの目指す「完全な検索」とは何か。「意志の反映」といわれる検索がどんな生態系を作るのか。細長い検索ボックスでしかないグーグルが立体的に浮かび上がる。

無料の検索がビジネスになる過程が興味深い。「台風」と「髪が薄い」を検索すると前者は数百万件、後者は約一万件の項目が表示される。検索が力を発揮するのは後者。探し物は育毛剤？ と推測できるためだ。こんな多様な検索の動向に着目したのがオーバーチュアら先行企業。未知の客より意志ある顧客を市場に誘導する、マーケットモデルの転換だ。

グーグルが評価を得たのは「邪悪にならない」という顧客保護の方針。広告も出稿額でなくクリック数=人気でインデックスの順位が決まる公平さが支持された。数年で検索の精度が向上したのは、五億以上の投稿で構成される国際的なメッセージングシステムなど、豊富なデータ資産を次々買収しているためという。

検索の演算法を微調整したため順位が下がり大打撃を受けたウェブ上の靴店が紹介されるが、最近は順位や著作権、個人情報をめぐる訴訟も急増。中国では政府が禁ずる情報は表示しないという妥協を余儀なくされている。「邪悪にならない」はずの企業にグローバル経済の倫理が問われているという指摘は、IT産業の抱える深刻な弱点を突いている。

『銀河鉄道の夜』の「地歴の本」のごとく全世界をインデックスしたいという欲望渦巻く時代に信頼は築けるか。読了後、この生態系に順応できない人や情報を無価値とみなす世界が「完全」で「公平」なのか、という疑問はいや増した。

(原題、The Search)

評・最相葉月(ノンフィクションライター)

John Battelle　ワイアード誌の共同創刊者、コラムニスト。

二〇〇六年一月二二日③

『開発援助の社会学』

佐藤寛 著

世界思想社・二三一〇円
ISBN9784790711513

社会

思慮の足りぬ善意はマイナスである

日本が援助大国になってかなりになるが、日本人の援助観は分裂したままである。一方には日本の援助は立派に役に立っており、感謝されているという擁護があり、他方には日本の援助は腐敗や環境破壊をもたらしているという批判がある。しかし両者とも、援助を「困っている人を助ける」と見る、いわば慈善的援助観とでも言うべき素朴さを共有しているのでは、と思う。相手からの感謝といった「気持ち」の問題がしばしば語られるのも、日本人のこういった素朴な援助観の表れではなかろうか。

そもそもなぜ先進国は途上国に援助をするのか、また援助をするべきなのか。改めて問うと答えは簡単ではない。国際援助については、専門家の間でもめまぐるしく議論が移り変わってきたというのが実情なのである。最近では貧困削減や環境保全、民主化といった理由づけがなされることが多いが、これまでと同様に一時の流行に過ぎないかも知れない。

開発援助の専門家が書いた本書には、過去の援助理論の変遷といった堅い内容も触れられている。しかし難しい理屈はとばして、著者が挙げる具体例を読むだけでも、効果のある援助を行うことは簡単ではないことがよく分かる。

たとえばある社会の結核感染率を下げるには、感染者の自覚症状がなくなった後も一定期間薬をのみ続けることが重要だが、薬があってものまなくなることがある。かといってのみ続けることに安易に報酬を与えたりすると、目先の効果はあっても、人々が報酬をあてにするようになって新たな問題を生み出す。

もちろん著者の立場は援助無用論では決してない。著者が言わんとするのは、援助する側が自らのパワーを自覚し、援助する側と受け取る側の価値観の相違を認識することの重要性である。善意だけでは不十分どころか、思慮の足りない善意はマイナスですらある。

援助のような行為においてこそ、「気持ち」だけでなく冷徹な計算が必要である。援助について日本人がこうした成熟した考えを持てれば、援助だけでなく外交全般がより力強さを、もつだろう。

評・中西寛(京都大学教授)

さとう・かん　81年、東京大文学部卒。アジア経済研究所開発研究センター主任研究員。

二〇〇六年一月二二日④

『国語辞典はこうして作る』

松井栄一 著

港の人発行、新宿書房発売・二三一〇円 文芸
ISBN9784880083469

「用例こそ辞書の生命」が著者の信念

見出し語の数が四十四万四千五百項目もある辞書を作るのは、さぞ大変な苦労だと思うけれども、長年続けていると、その仕事からは「辞書作りの楽しさ」を味わえるものだという。

著者は、祖父から三代にわたって『日本国語大辞典』（小学館）の編纂（へんさん）にかかわってきた碩学（せきがく）である。「日の当たらない場所で、掘り出されるのを待っている言葉たちの声」に耳を傾け、語彙（ごい）を増やそうと探し回る採集欲には果てしがない。一つの用例を見つけ出そうと一年かけて三十冊の本を読むという集中ぶりには、新種の花をたずねて野を歩く植物学者の姿を連想させるところがある。

われわれが辞書を使うのは正確な漢字表記を知りたいとか、語句の意味を確かめたいとかいろいろな必要性に応じてであるが、権威のある辞書の場合、説明文を何か客観的に《公定》された定義のように受け取って疑わない。ところが本当は、多くの職人の手を経て作られた《小作品》だったとわかる。

本書によれば、辞書が作られる手順は、おおむね①まず語彙を収集する。②言葉の用例カードを作る。③原稿を作る。④記述スタイルを統一する。⑤用例の一つ一つを底本で確認する、と要約できる。こうして何段階ものプロセスをたどって、われわれがふだん辞書の「語義」「用例」として見なれている記述ができあがるわけである。

安直な辞書だったら、たとえば「機会」を「チャンス」と説明するような言いかえで済ませてしまう。ぴったりで過不足のない語義を創出するには、できるだけ豊富な用例を背景にしていることが勝負の分かれ目である。

著者の信念では、用例は辞書の生命であり、一つの言葉に加えられる意味記述の陰に「活字になる用例の何倍かの、日の目を見ない用例があってこそすぐれた辞書ができる」のだ。石垣の積み石のように、見えているのは奥深く広がる材質のほんの一面にすぎない。

日ごろ漫然と読み流してきた辞書の文章だが、これからは一語ごとのセンスを大切にして味読するとしよう。

評・野口武彦（文芸評論家）

まつい・しげかず 26年生まれ。『日本国語大辞典』（小学館）代表編集委員。

二〇〇六年一月二二日⑥

『金春屋ゴメス』

西條奈加 著

新潮社・一四七〇円
ISBN9784103003113／9784101357713（新潮文庫） 文芸

スリル満点 近未来江戸国の粋な物語

何とも粋な新人が登場した。ふつう「金春（こんぱる）」と聞けば能楽の伝統を維持する名門を、「ゴメス」と聞けばかの有名怪獣を連想するだろう。だが一読、この奇妙な取り合わせ以上に自然なタイトルはありえないことが、よくわかる。

のっけから、親分と手下による粋なやりとりが楽しい。ほどなく、蟋蟀（こおろぎ）が膝（ひざ）先で鳴くかたわら、「親分」が薄く雲がかかった月を眺めながら「そういや、あすこへ行ったおめえの妹は、達者か」と呟（つぶや）き、「手下」が「正月に賀状が来たっきりで。まあ、なんとかやってるみたいです」と返すあたりで、時代劇ならぬ時代錯誤的な雰囲気へと巧妙にシフトしていく。かぐや姫の話でもなさそうだ。

そう、本書の舞台は、二一世紀中葉の日本の北関東と東北にまたがり、一万平方キロメートルの領土と七百万人の人口をもつ「江戸」という名の国。歴史小説のように「時間」を過去へさかのぼるのではなく、まさに二一世紀初頭の日本内部の「空間」に、当初は大富

豪がカネに物を言わせた限りなくテーマパークに近い老人タウンとして建設され、やがては鎖国を敷く専制君主国家として独立を試みながらも、名目上は日本の属領に甘んじる新興国家が「江戸」なのである。この未来では、月への旅行や移住も、地球の裏側へ行くよりたやすくなっているらしい。

主人公は、そんな時代にもかかわらず、三百倍の難関をくぐり抜け江戸移住の権利を得た大学生の佐藤辰次郎（しんじろう）。タイトルの人物は、辰次郎の受け入れ先である一膳飯屋（いちぜんめしや）・金春屋の裏手、通称「裏金春」に居座る巨大怪獣めいた長崎奉行・馬込寿々（まごめすず）、通称「ゴメス」（性別は女性）として畏（おそ）れられる前出の「親分」だ。折も折、謎の奇病・鬼赤痢が江戸を襲い、辰次郎は、どうやら幼年時代の自分の欠落した記憶のうちに、謎を解くカギがひそむことを知る……。

ファンタジーというふれこみながら、スリル満点の展開は絶妙のハードボイルドを、江戸の伝統を生態系から維持しようとする発想は最先端の環境文学研究（エコクリティシズム）を彷彿（ほうふつ）とさせる。思いのほか多面的な魅力を備えた筆致がみずみずしい。

評・巽孝之（慶應大学教授）

さいじょう・なか　64年生まれ。作家。本作品で第17回日本ファンタジーノベル大賞受賞。

二〇〇六年一月二二日⑦

『萌えの研究』

大泉実成 著

講談社・一五七五円
ISBN9784062128599

人文

「萌（も）え」関連の市場規模が八八八億円という報道は波紋を広げたようだ。そんなに儲（もう）かるんなら、企業として、日本国として、萌えを支援しようという動きさえ出てきた。何ともあさましい話である。政財界のお偉方が「萌え」を理解しているとは思えないからだ。

萌えとは、「マンガやアニメやゲームのキャラクターに恋心に近い感情を抱くこと」と大ざっぱな定義はできる。だが、そこから先が未知の深海にも等しい。奥の深い深い世界なのだ。

本書の著者は、とりあえず萌えの大海に飛びこみ、「萌え」漬けになろうと決意する。これはその不思議な世界の現場報告である。

ジャンルは、ライトノベル、テーブルトークRPG（何のこっちゃ）、美少女ゲーム（通称エロゲー）、マンガにアニメ。次第に萌えに熱くなりながらも、常に距離をもった記述が、萌えの特異性と普遍性を照らしだす。だが、夢中で本書を読了してなお、萌えは私にとって異世界のままだった。

評・中条省平（学習院大学教授）

二〇〇六年一月二二日⑧

『「見た目」依存の時代』

石井政之、石田かおり 著

原書房・二五二〇円
ISBN9784562039654

人文

誰しも外見は気になる。美人やイケメンは得だとの見方も共感を得る。今や老若男女を問わず、「見た目」を気にし、少しでも美しくなろうとする。そういう規範が社会に広まっていると著者たちは言う。しかも、より若く美しく見せることは、かける時間やお金、自分の努力次第。社会の二極化は、ついに「外見格差」と結びついた。

だが、本書のすごさは、こうした現代日本の風潮をあぶり出しただけではない。顔にアザなどのある当事者を支援するNPO法人「ユニークフェイス」会長の石井さんと、化粧文化論を研究してきた石田さん。二人の論考が協奏しあって、「見た目」の元にある、自分の顔や身体とはいったい誰のものか、「本当の自分」と「素顔の自分」とはどんな関係にあるのか、といった奥深い議論が展開される。

問われているのは、どうやって自分なりの生き方を取り戻すか。その追求が「人それぞれ・年それぞれの美しさ」に通じるという。

評・苅谷剛彦（東京大学教授）

二〇〇六年一月二二日⑨　国際

『才能の森　現代演劇の創り手たち』

扇田昭彦 著

朝日選書・一三六五円

ISBN9784022598882

内外演劇人24人の人物論集。根底にあるのは舞台への鋭い眼差（まなざ）しだが、対談などで得た人となりも巧みに織り込まれている。

たとえば蜷川幸雄。開幕3分間に「奇抜な視覚的趣向」を凝らす演出家だとした上で、インタビューの際のサービス精神を引き合いに出す。下戸の蜷川が「いつもカキーッと目覚めている状態でいたい」と語っているのは、いかにも。

野田秀樹が舞台で見せる軽快な跳躍は、絶えず危険と隣り合わせらしい。切って大量出血した鼻には傷跡が残っているという。

人物の重みがひときわ迫ってくるのはピーター・ブルックの章。初対面の際、著者は、その柔和な瞳に緊張感をときほぐされた。多国籍俳優の起用につき「演劇の命は相違だから」と語ったそうだが、この至言には私も共感する。

他に舞台評価をめぐり対立した安部公房や演劇雑誌編集長から俳優に転じた畠山繁も。一種の演劇界鳥瞰（ちょうかん）図としても読める。

評・安倍寧（評論家）

二〇〇六年一月二二日⑩　歴史／政治

『女帝の歴史を裏返す』

永井路子 著

中央公論新社・一五七五円

ISBN9784120036835／9784122051089（中公文庫）

ことし、皇室典範の改正案が国会に提出されて女性天皇の問題はさらに論議をよぶことになるだろう。

しかし、日本の女帝について、われわれは、知るところ、きわめて少ないのではないか。あの江戸時代でさえ、女性の天皇が存在していたのである。

古代から近世まで八人の女帝について書かれたこの本は、まさに時宜を得た好著といってよい。

すぐれた歴史小説家として、著者は深い学識と新しい視角から定評ある人物を数多くとらえ直してきた。ここでは東洋で最初の大女帝だった推古天皇をはじめ、皇極（斉明）、持統、元明、元正、孝謙（称徳）ら古代の女帝たちは、単なる中継的な存在でないと立証し、それぞれの個性的な人間像が、エピソードも豊かに描かれている。

朝日カルチャーセンターでの講義を基に、話し言葉で語られていることもあって、きわめて平易で明快、歴史に興味がある読者には見逃せない一冊である。

評・杉山正樹（文芸評論家）

二〇〇六年一月二九日①　政治／国際

『オスロからイラクへ　戦争とプロパガンダ　2000-2003』

エドワード・W・サイード 著　中野真紀子 訳

みすず書房・四七二五円

ISBN9784622071631

「共通の人間性」を信じてアラブ諸国批判も

エジプトの有名な映画監督ユーセフ・シャヒーンの作品に、「他者」という映画があるが、その冒頭に、米コロンビア大学で教鞭（きょうべん）をとるパレスチナ人学者、エドワード・サイードがチョイ役で登場する。大学のキャンパスで彼は、卒業するアラブ系の学生にこんこんと、母語アラビア語で他者との共生の重要性を諭す。78年に出版された主著『オリエンタリズム』以来、西欧で構築された知の世界が「中東」を他者視し差別化することで成立したことを、批判的に指摘してきた彼ならではの「贈る言葉」だ。

本書は、03年に死去したサイードの最後の四年間の評論をまとめたものである。生を受けたパレスチナでのイスラエルの攻撃が残酷さを増し、自らその国民であるアメリカが狭量な単独行動主義に傾斜し、9・11を見、救いのないイラク戦争の開戦を見る。その最も痛ましい日々のなかで、死を前に紡ぐ彼の言葉は、かつてないほどの切迫感と危機感に溢（あふ）れている。

そこでは、これまで彼が批判してきた問題群——イスラエルの途轍（とてつ）もない暴力、アメリカのアラブ、イスラームへの偏見、武力による解決への妄信など——が、繰り返し糾弾される。だが本書の特徴は、驚くほど厳しいアラブ諸国政府への批判が展開されていることだ。なによりも本書に所収されている評論が、英語圏の読者に向けられたものではなく、アラビア語の主要紙「ハヤート」紙とエジプトの「アハラーム」紙に寄稿されていることが目を引く。

そこに通底するのは、市民としての経験をもたないアラブの統治者たちが、自らの権力にしがみつくためだけに飛びついた「和平」がいかに無意味であるか、権力者たちがいかにアラブの国民の存在を無視し、彼らを守ることに無力であるか、という批判だ。彼は繰り返し「なぜパレスチナの抵抗運動が南アフリカのように世界から普遍的な支持を得られないのか」を訴える。アメリカのお情けにすがるしか「和平」を追求できない、という考え（これはアメリカの戦争を利用してしか独裁政権を打倒できない、としたイラクの亡命政治家たちにも当てはまる）を捨て、自力で「世界の想像力をとらえる」努力こそをすべきではないか。

何故（なぜ）アラブ知識人たちは自作がヘブライ語に翻訳されることを拒否するのか、何故アメリカについて十分な知識を獲得しようとしないのか。「侮蔑的な態度という幼稚な行為を真の抵抗と取り違え」るな、という彼の主張の根幹にあるのは、「共通の人間性」への信奉である。一つの土地に二つの民は、共存できるはずだ、と。

だが一方で、彼は最期まで「パレスチナに対して満足なことをしていない」との悔いに苛（さいな）まれてきた。いくらアラブの高級紙の紙面上で訴えても、性急かつ短絡的な反米主義に走るアラブの若者たちは増え続けるという、現実。

冒頭で触れた映画では、サイード先生の教え子2人がともに、アラブに帰国した後テロに倒れる、という結末が待ち受けている。サイードの悔いと共通する苦悩が、ここにある。

（原題、FROM OSLO TO IRAQ: AND THE ROAD MAP）

評・酒井啓子（東京外国語大学教授）

Edward W. Said　1935〜2003年。イギリス委任統治下のエルサレム生まれ。

二〇〇六年一月二九日②

『カルメンの白いスカーフ　歌姫シミオナートとの40年』

武谷なおみ 著

白水社・一九九五円

ISBN9784560027844

アート・ファッション・芸能／ノンフィクション・評伝

波乱の人生を通して描くイタリアの心

世の中にはこんな素敵（すてき）な出会いがあるのかと驚かされる。著者は団塊世代のイタリア文学者。小学五年生の頃、テレビのイタリア・オペラ中継でカルメンを演ずるプリマドンナに魅了され、送ったファンレターがもとで、歳（とし）の差を越え日伊を結ぶ二人の深く麗しい友情が生まれたのだ。その歌姫の名は、ジュリエッタ・シミオナート。九十五歳になった今も、元気で後進の指導にあたる歌う文化財だ。

本書はシミオナートの波乱の人生を描く伝記だが、この芸術家の知られざる人間的魅力を生き生きと描く筆致は、娘同様に可愛がられた著者ならではの技だ。

憧（あこが）れのローマへの留学を実現させた著者を温かく迎えた歌姫は、年上の医師との結婚を機に、すでにオペラ界を潔く引退し、人生で唯一の平和な時期を過ごしていた。異国から来た娘を夫と共に、イタリア流の愛情で包む様子が微笑（ほほえ）ましい。夫は各界を代表する人達（たち）と深い親交のある超大物の医師。彼との会話を通して、著者は生きたイタリア近代史と出会い、社会の奥深くを知る幸運に恵まれた。シミオナートからは栄光の時代の思い出を聞き、多くの資料を入手したという。

だが、「生きた文化財」シミオナートの語り部になろうと著者が決意するには、阪神淡路大震災の体験を待たねばならなかった。命からがらシミオナートの貴重な資料を運び出しながら、生きる喜びを彼女の伝記を書くことで表現しようと誓ったのだ。以来シミオナートを幾度も再訪しインタビューを重ね、ビデオ作品を完成した。その記録は日本のみか、本場イタリアの人々にも深い感動を与えた。

著者が描くのは、明るく楽しい通常のイタリア像とはいささか違う。シミオナートが生真面目（きまじめ）な性格が特色のサルデーニャ人の血を半分もつことも関係していよう。著者も、不安感を底にもつというシチリア文学の専門家だ。歴史を背負った濃密な人間関係の背後にある重さ、暗さ、矛盾。そのすべてを越える愛情、生きる喜び、美しさの追求こそイタリアの神髄だ。それを象徴的に表現するのがこの国のオペラだろう。本書はそんなイタリアの心を描いた出色の文化論だ。

評・陣内秀信（法政大学教授）

たけや・なおみ　大阪芸術大学教授（イタリア文学）。著書に『イタリア覗きめがね』など。

二〇〇六年一月二九日③

『王道楽土の戦争　戦前・戦中篇』
『王道楽土の戦争　戦後60年篇』

吉田司 著

NHKブックス・戦前・戦中篇一一二四円、戦後60年篇一一二八円

ISBN9784140910450〈戦前・戦中篇〉・9784140910467〈戦後60年篇〉

政治／社会／国際

手際鮮やか　大スケールの歴史劇場

表題の王道楽土とは、狭義には戦前の日本による満州建国を意味する。

本書の論述の基本は、戦後日本の高度経済成長が満州国の培った人脈とノウハウによって支えられた、という認識に貫かれている。満州国は一九四〇年に完成する日本の戦時統制経済の縮図であり、この統制経済は戦後も生き延びて、官僚による企業の「護送船団方式」となった。また、満州は様々な企業育成の実験国家であり、満州国の人脈と技術が、戦後日本を支える東急・西武・阪急の私鉄沿線開発、新幹線、トヨタ・ニッサンの自動車産業の三本柱を育てたのだった。

資料を駆使して論証を進める著者の手際はじつに鮮やかだ。引用資料の硬い記述が吉田の手にかかると（これを彼は「コラージュ・ノンフィクション」と呼ぶが）、歴史は立体感をもった劇場となり、登場人物は生々しい個性をもった大小の怪物に変わる。本書はさながら精神のフリークスが跳梁跋扈（ちょうりょうばっこ）するサーカスのように面白い見世物（みせもの）なのだ。

だが、そこまでならば、手練のライターがまとめあげた上出来の戦後日本外史である。本書のスケールの大きさは（大風呂敷の広さは、といってもいい）そんなレベルをはるかに超える。謎の編集者Zが提起した人骨、沖縄戦の洞窟（どうくつ）、蒙古襲来という三つの図像解読というミステリー的な趣向に始まり、戦後日本の王道ならぬ民道楽土の追求（つまりバブル崩壊に帰着する経済成長至上主義）を、古代日本の国家形成と民族的ルーツの探求へと直結するのである。恐るべし！吉田史観。同時に、香具師（やし）の口跡を思わせる語りのアクロバティックな名人芸も心ゆくまで堪能できる。

しかし、本書は最終章に至ってバブル崩壊以後の現実に切りこみ、アメリカのイラク戦争と歩調を合わせる小泉政権、石原都政の軍事立国と電子情報管理社会の実態をラディカルに抉（えぐ）りだす。それはホットな〈現在〉への批判であるとともに、アマテラス（農耕定住民）の支配によって流産させられたヒルコ（海洋漂泊民）の逆襲という、遠大な〈歴史〉の眺望にもとづく希望の表白でもある。

評・中条省平（学習院大学教授）

よしだ・つかさ　ノンフィクション作家。

二〇〇六年一月二九日❹ 文芸

『スープ・オペラ』

阿川佐和子 著
新潮社・一六八〇円
ISBN9784104655021／9784101184531（新潮文庫）

幸せな気分に満ちたユーモア小説

題名はソープ・オペラ（昼の連続ホームドラマ）のもじりだろう。実際「第1話 トバちゃん」から「第22話 三人のベッド」まで二十二話構成で、毎回次回への引きもあって飽きさせない。しかも人物たちは美味（おい）しい料理、特にスープが大好きで、さまざまな種類が出てくるから家庭は豊かに輝いてくる。

主人公は大学の事務員の島田ルイ、三十五歳。母親はルイを産んで亡くなり、父親は出奔。洋装店を営む叔母のトバちゃんとの二人暮らしがずっと続くかと思いきや、叔母は還暦を目前にして運命の恋人が出現し、家を出てしまう。

そんなルイの前に二人の男性が現れる。画家のトニーさんと編集者の康介で、なぜか意気があい、ルイの家に転がりこみ、独身女性（恋愛敬遠症の傾向あり）、画家（三回結婚、二度の離婚。三度目間近）、そして編集者（セックスレスの疑いあり）の共同生活がはじまる――。

そのほかにも、叔母の恋人の医師、世話好きの女友達、売れっ子の小説家などが登場して実に賑（にぎ）やか。驚くのは性格描写が巧みなことで、それぞれが意外な相貌（そうぼう）を見せ、行動をとり、物語がねじれていく。劇的ではないものの、それぞれの局面で人生の機微を浮き彫りにするものだから、しみじみとしてしまう。

また文章も明快で、歯切れがよく、なんとも軽妙。会話は生き生きとしているし、しばしばもらされる独白で、胸のすく啖呵（たんか）をきり、ときにツッコミを入れて、微苦笑を誘う。人生や家族を論じることよりも、馬鹿話にうつつを抜かすことが多いけれど、でもみな人生において何が良くて、何が良くないかを感じて生きていく。〝曖昧（あいまい）ってのは、大事なことだよ、康介。まだ人間が練れてないね〟などという言葉がひょいと出てきて、読者の胸に残る。それもこれも、特別な感情や付き合いの多寡に関係なく、〝人生にとってかけがえのない〟人間関係を鮮やかに描ききっているからだろう。

幸せで愉快な気分にみちたユーモア小説である。どこまでも軽く、でも何にもかえがたい響きをもつ。阿川佐和子が、本物の小説家であることを示す秀作だ。

評・池上冬樹（文芸評論家）

あがわ・さわこ 53年生まれ。エッセイスト、司会者。著書に『ウメ子』など。

二〇〇六年一月二九日❻ 政治／社会／国際

『自由』

齋藤純一 著
岩波書店・一三六五円
ISBN9784000270113

「自己統治」強調で制約がより大きく

少しくらいけがをしてもいいから、自然ともっとふれあい、友だちと取っ組み合いをし、家庭と学校のみならず地域のなかで健やかに育ってゆくべきだと呼びかける一方で、「安全」という標語の下、見知らぬ大人との接触を避けるべく子どもたちを監視し、真綿の厚い囲みのなかに閉じこめる大人たち。「自己決定」に代表される現代の自由概念がなぜこうした矛盾を強いてくるのかを突きとめたいというモチーフから、本書は生まれた。

自由についての議論は、抽象的になりがちだ。自由は、秩序や規律の対項として、ルールのルールを問いかえすような次元で語られざるをえないからである。

著者はそこで、「自由」の敵が何であったか、つまり何が人びとを脅かしてきたかを、まずは歴史に沿って見てゆく。他者の暴力、国家の権力、社会の同一化圧力、市場の強制力……。そしてそれが一巡し、他者による暴力が自由に対する脅威として再浮上してきている事実を、現代の「安全性に対する過度の強調」に見る。

背景にあるのは、自由の脱政治化という事態だ。「自己開発」「自己評価」「自己責任」といった標語に透けて見える〈自己統治〉の強調は、社会的な問題を個人の内部へと転換し、同時代を生きる他者たちへの関心を閉ざし、評価機関やセラピストといった専門家への依存を強め、依存的状況にある人びとへの憎悪をすらかきたててきた。「欲せざる他者との予期せぬ出会いや交渉が生じないような幅のなかに閉じていく」予防的な視線が社会に充満する。現在では、「統合の過剰」よりも「分断の深化」が自由により大きな制約をかけているというわけだ。

これに対置されるのが、自由は私の内ではなく人びとのあいだにこそあるという視点だ。自由を自己完結的な主権性と同一視するかぎり、他者とのあいだで「非決定性を相互に触発し合う創造的な緊張」は失われるというのだ。抑圧からの自由が別の抑圧へと転落してゆくプロセスを注意深くえり分けながら、最後に、他者の自由を擁護することの意味と責任へと議論は収束してゆく。

評・鷲田清一（大阪大学教授）

さいとう・じゅんいち 58年生まれ。早稲田大教授。政治理論・政治思想史専攻。

二〇〇六年一月二九日⑦

『ケネディを殺した副大統領 その血と金と権力』

バー・マクレラン 著　赤根洋子 訳

文芸春秋・三五七〇円
ISBN9784163676807

政治／ノンフィクション・評伝

二十世紀最大の悲劇の主人公——それは必ずしも一九六三年にテキサス州ダラスで暗殺されたケネディ大統領ではない。本書によれば、暗殺を画策し政権を継いだ副大統領リンドン・ジョンソンのほうが、貧農から成り上がるも、ベトナム戦時下ではお手上げ、引退後は重度の鬱病（うつびょう）を患い「アメリカ合衆国史上最低の大統領」の汚名を着せられた点で、はるかに悲劇的だ。

もちろん、主犯をめぐってはマフィア説はじめ多様な解釈が相次ぐが、本書が特権的なのは著者自身が、ジョンソンと青年時代より共犯関係を結ぶテキサス法曹界の黒幕エド・クラークの事務所に入り、六六年から七一年までジョンソンの顧問弁護士をつとめていたからである。生存競争の激しいテキサスの風土からどうしてジョンソンのように「複雑」な人格が形成されなくてはならなかったかを綴（つづ）る筆致が明快。それは、ケネディ暗殺がもうひとつの「南北戦争」だったことを、雄弁に解き明かす。

評・巽孝之（慶應大学教授）

二〇〇六年一月二九日⑧

『時代小説盛衰史』

大村彦次郎 著

筑摩書房・三〇四五円
ISBN9784480823571／9784480429506（ちくま文庫〈上〉）・9784480429513（下）

文芸

関東大震災を境に講談に文芸的な味わいが加わった時代小説が登場、大衆を魅了した。そのパイオニアとされる『大菩薩峠』の中里介山は、大衆小説という呼称を嫌ったという。当時、大衆小説を飯の種と見下し純文学に劣等感を抱く作家が多かったことに驚く。

一方この読書熱を好機と見て作家を盛（も）り立てたのが講談社の野間清治ら出版人だ。「キング」「講談倶楽部」など雑誌を舞台にした大衆小説史を背景に、論争や艶聞（えんぶん）、葬儀まで人間味あふれる作家の逸話が織り込まれ、息つく間もなく読める。文壇三部作でも感じたが、著者自身が講談師のように軽やかに語る人ではないか。吉川英治、白井喬二以来の大ウソつきと称賛された司馬遼太郎や〈マゲモノのSF〉といわれた山田風太郎の登場も興味深い。

「人々の魂に何かを与える紙碑を残したい」。山岡荘八ら多くの弟子を育てた長谷川伸、死の直前の言葉が胸を打つ。時代小説への愛に溢（あふ）れる書。

評・最相葉月（ノンフィクション作家）

二〇〇六年一月二九日⑨

『プロフェッショナル広報戦略』

世耕弘成 著
ゴマブックス・一五七五円
ISBN9784777102990
政治

昨年秋の総選挙は、自民党の歴史的勝利に終わったが、その要因の一つとして指摘されているのが、メディアの影響である。選挙戦は「小泉劇場」と称されたように、小泉自民党のパフォーマンスがメディアで喧伝（けんでん）された。この選挙を振り返って「メディアの敗北」と評した総合雑誌もあったが、言い換えれば、自民党のメディア戦略が功を奏した選挙でもあった。

その自民党で「コミュニケーション戦略チーム」のリーダーとして、総選挙の広報戦略を取り仕切ったのが著者である。NTT広報部の報道担当課長から、参議院議員に転身した世耕氏は、議員就任当初から、官邸、そして自民党の広報改革を訴えていたという。本書では、総選挙の裏側で自民党がどのような広報戦略を実行したのかを解説するとともに、メディア社会における広報戦略の重要性を説く。政治の側が広報戦略を研ぎ澄ますなかで、報道機関、そして有権者のリテラシーが問われている。

評・音好宏（上智大学助教授）

二〇〇六年一月二九日⑩

『「食」の課外授業』

西江雅之 著
平凡社新書・七七七円
ISBN9784582853049
人文／新書

海外で食事をしようとして勝手がわからなかったり、海外からのお客さんをもてなそうとしたのに喜んでもらえなかったりといった経験は、多くのひとが持っている。

美味（おい）しいものや珍しいものについて饒舌（じょうぜつ）に語るのではない。その大本にある「食べる」こととは何なのか。ただ生存するためだけに栄養を摂取するだけではない、「文化」そのものだ。

牛を食べないひとがいて、生魚を食べないひとがいる。おなじものを「食べる」と言うひとと「飲む」というひとがいる。宗教や習慣の違いと一言で切り捨ててしまうのではなく、宗教や習慣も含めたうえでの、「文化」という視点から、著者は丁寧に、具体的に、そして文字どおり噛（か）んでふくめるように、「食べる」いとなみを読み解いてゆく。

「食」についての本ではある。が、読み終わると、自分のひとつひとつの行動が、目に見えない文化の編み目のなかにあることが実感できるだろう。

評・小沼純一（文芸評論家）

二〇〇六年二月五日①

『完訳　ファーブル昆虫記　第1巻上・下』

ジャン＝アンリ・ファーブル 著
奥本大三郎 訳
集英社・各二五〇〇円
ISBN9784081310012〈第1巻上〉・9784081310029〈第1巻下〉
科学・生物

時代変わっても尽きない「好奇心」の魅力

ファーブルといえば『昆虫記』でとても有名だが、母国フランスでは、さして有名ではないと聞く。彼は南仏の片田舎に居を構え、生活のためにさまざまな科学啓蒙（けいもう）書を執筆した。いうなれば、サイエンスライターの草分けだった。『昆虫記』は、一八七九年から約三〇年をかけて完成させた全一〇巻の博物誌である。

この書が日本で人気を博すにあたっては、随想としても優れていることや、虫好きが多いということのほかに、特異な知識人を翻訳者として得たことも大きかったかもしれない。大正一一（一九二二）年、『昆虫記』の邦訳を最初に出版したのが、誰あろう、アナーキストの大杉栄だった。また、長らく定訳として親しまれてきた岩波文庫版の共訳者は、それぞれ在野の知識人として名をなした、きだみのる（山田吉彦）と林達夫だった。

南仏の長閑（のどか）な自然の中で、学界の権威に対する反骨精神を胸に黙々と自然観察に励むファーブルの回想録が、フランス自由主義思想に共鳴する知識人たちの共感を呼んできたのである。そのほかファーブルの紹介者としては、やはり在野の才人、平野威馬雄の名も挙げられる。

しかし、なにしろ岩波文庫版の初版は主として戦前の出版である。したがって文体が古い。しかも、真の虫好きが読むと、どうにも気になる個所が散見される。そういうわけで、小学校一年生でファーブルと出会った無類の虫好き仏文学者である訳者が、ライフワークの一環として取り組む新訳が、本書である。

言うまでもなく文章は読みやすく含蓄に富み、登場する動植物の情報が細密画付きで盛り込まれているなど、読者サービスは至れり尽くせりである。しかし、なぜ今さらファーブルなのかと問い直す必要はある。

本書で活写されている虫の行動は、一〇〇年以上を経た今でも、むろん変わりはない。狩人蜂が、急所に的確に針を刺すことで獲物を麻痺（まひ）させる本能のすごさは、何度読んでも驚愕（きょうがく）させられる。だが、その説明原理は、今や大きく様変わりした。ファーブルは、同時代の博物学者ダーウィンの進化理論に対する反論として、本能の不思議を強調している。機械的な試行錯誤の繰り返しで、精妙きわまりない行動が進化したはずがないと信じたがっていたのだ。

一方、やはり優れた自然観察家だったダーウィンは、複雑精緻（せいち）な行動も、もとは単純な行動から発達したにちがいないと考え、進化理論に到達した（ちなみに大杉栄はダーウィンの進化理論にも共鳴し、『種の起源』の翻訳もしている）。本能の完璧（かんぺき）さを損なう間抜けな行動もあることにファーブルは首をかしげたが、実はそれこそが、進化の道筋を明かす動かぬ証拠だと見抜いたのである。

時代や説明原理は変わっても、研究の原点は精緻な観察と、不思議を見てなぜと問う姿勢であることに変わりはない。尽きない好奇心の大切さと、無用の用を実感させてくれるファーブルの魅力は、未（いま）だに古びていない。

（原題、SOUVENIRS ENTOMOLOGIQUES〈1〉）

評・渡辺政隆（サイエンスライター）

Jean-Henri Fabre　1823～1915年。フランスの博物学者。

二〇〇六年二月五日②

『『ニューヨークタイムズ』神話　アメリカをミスリードした〈記録の新聞〉の50年』

ハワード・フリール、リチャード・フォーク 著

立木勝 訳

三交社・二六二五円
ISBN9784879191601
社会／国際

真実よりも保身的バランスを追求

米国メディア界の旗手であり「公的政策に関する問題について、最も権威ある情報源であり指針」とされてきたのがニューヨーク・タイムズ紙だ。本書はその高級紙の報道が、いかに米国の対外政策を誤らせてきたかを、個々の記事を引用しつつ検証する。ベトナム戦争時のトンキン湾事件やニカラグア問題の報道も引き合いに出されるが、圧巻はやはり、至近のイラク戦争報道をめぐる点検作業だ。

侵攻の「大義」とされたイラクの大量破壊兵器保有については、国際原子力機関（ＩＡＥＡ）の査察報告などから、疑問視する見方が有力だった。しかし、タイムズ紙上では、それらはほぼ無視され、根拠の乏しい政府高官などの匿名情報により、ブッシュ政権の開戦プロパガンダに手を貸す報道が繰り返されたことが綿密に解き明かされる。

リベラルホーク（リベラルなタカ派）の論者を多用してイラク侵攻を支持したかと思うと、開戦直前には国際協調体制を理由に反対に回るといった論調の使い回しも指摘される。

「中立主義」を標榜（ひょうぼう）するポジショニングに執着し、真実追求よりは常に保身的にバランスをとろうとするのが同紙の体質だというのだ。

大量破壊兵器問題について同紙は、すでにワシントン・ポスト紙とともに自己検証記事を掲載し、報道の誤りを認めた。米中央情報局（CIA）の情報漏洩（ろうえい）事件で収監された女性軍事記者（退職）の政府高官との癒着や報道の偏りが明るみに出るなど、イラク戦での傷は深い。

しかし、国際法学者を含む著者らは、この誤りはイラク戦に限らぬ同紙の本質的欠陥だとする。一言でいえば「国際法や国連憲章の視点を欠くため、違法な軍事行動に対して確たる方針を持てない」ということであり、後半部は過去半世紀にわたるその論証に費やされる。

全体に「法による世界統治を」といった理想主義に立つ批判であり、筆致は厳しいが、同紙への愛着と期待もにじむ。「記事捏造（ねつぞう）」といった事件は新聞にダメージを与えるだけだが、軍事的冒険をめぐる誤りは国民にとってははるかに深刻な問題だ」が著者たちのメッセージだ。

（原題、THE RECORD OF THE PAPER）

評・佐柄木俊郎（国際基督教大学客員教授）

Howard Friel 情報サービス企業代表。
Richard Falk 米の国際法学者。

二〇〇六年二月五日③

『核を追う テロと闇市場に揺れる世界』

吉田文彦 編 朝日新聞特別取材班 著

朝日新聞社・二六二五円
ISBN9784022500588

政治／社会／国際

闇市場など核拡散の現状を丹念に追究

冷戦時代の最大の脅威は核兵器だった。冷戦終焉（しゅうえん）後の最大の脅威は、依然として核兵器である。ただし、脅威の性質は変わった。冷戦期には米ソの「恐怖の均衡」という人類の頭上に下がるダモクレスの剣だったが、今は核兵器や核物質を用いた「汚い爆弾」が、地域紛争やテロによって使われる恐怖が世界に広まりつつある。

本書は、核問題を追いかけてきた論説委員を中心に、朝日新聞の記者たちが核拡散の現状を探った書である。パキスタンの原爆の父と呼ばれるカーン博士が核に関する情報を裏で流していた、という報道は世界を揺るがせた。しかしカーン・ネットワークの真相は闇に包まれたままである。本書は、約30年前、カーン博士がいかにウラン濃縮技術をパキスタンにもたらしたかにまで遡（さかのぼ）り、カーン・ネットワークが欧州、東アジア、アフリカを巻き込んだ世界的な広がりを持っていたことを丹念に追いかける。しかもカーン博士の活動は、恐らく核の闇市場の氷山の一角に過ぎない。

冷戦が終焉した時、核物質や核技術が流出する危険が叫ばれ、アメリカを始めとする西側諸国はそれなりに流出防止に努力した。しかしグローバル化が進む中で、核拡散を押しとどめようとする努力はいかにもひ弱い。冷戦後の世界が不透明感を増す中で、自らの安全を核兵器に頼ろうとする各国の動機は高まっており、それが核の闇市場に対する大きな需要を生み出しているのである。世界最強国のアメリカが、包括的核実験禁止条約（CTBT）を批准せず、あまつさえ新型核兵器の開発を進めようとしていることも、世界の核への依存心を高めている。

核兵器が自国の安全を高めるというのは20世紀最大の幻想であろう。その意味で、唯一の被爆国として核廃絶を要求する日本の立場は、道義的にも国益としても恐らく正しい。しかし問題は具体論であり、本書も明確な処方箋（せん）は示せていない。ただ、現状を率直に見つめた上で、国際的な規制を強める努力を支える他ない、という本書のメッセージは正しい方向であろう。

評・中西寛（京都大学教授）

よしだ・ふみひこ 55年生まれ。朝日新聞論説委員。著書に『証言・核抑止の世紀』など。

二〇〇六年二月五日④

『江戸の怪奇譚　人はこんなにも恐ろしい』

氏家幹人 著
講談社・一七八五円
ISBN9784062692601／9784062765442(講談社文庫)
歴史／人文

日常と背中あわせだからコワイ話

この一冊は、成熟した大人のためのイケナイ本である。遠い昔の小児期に置き忘れてきた罪と悪の暗がりに、こわごわ立ち戻るライセンスを与えてくれる。

「怪談の向こうに江戸の真実が見える」と信じる著者が史料の深い森から拾い集めてくるのは、怪談といってもヒュードロドロの幽霊話ではない。今日なら新聞の三面記事を飾るような奇怪な出来事である。生活の日常性と背中合わせに起きるがゆえによけいコワイ話の数々だ。怪談の背景には社会の犯罪目録が取り揃(そろ)えられている。拉致、誘拐、痴情、イジメ、性犯罪、少年非行、幼児・老人虐待、親殺し・子殺し……語られるのは、現代の日本でもごく身近に語られる話題である。

たとえば文政四年（一八二一）、一少女の身体から針がたくさん出てくる奇病が発見されて騒ぎになった。幼時に折檻(せっかん)のため刺されたものらしかった。同六年のこと、江戸城西丸で、職場のしつこいイジメでついにキレた旗本が五人の同僚を斬(き)り殺して自殺。上司は事実を隠蔽(いんぺい)しようとして醜態をさらす。その後、何人も模倣犯が発生した。同十三年には、西国のある藩が殿様ぐるみで、国元で労働力にするため、三十人もの少年少女を拉致しようとしたことが発覚した。

人の顔をした腫れ物の話も怖いが、もっと不気味なのは、享和二年（一八〇二）に起きた母親惨殺事件である。加害者は三人の子供たちだった。次男が突然長男に母の殺害を命じ、その死骸(しがい)を長男と長女に切り刻ませた。日頃仲むつまじかった家族をなぜそんな惨劇が見舞ったのかは不明である。著者のアンテナは、役人に調べられた姉弟が、死骸を切り刻むのが「面白く」感じられたと供述している事実に敏感な反応を示す。

人性には《悪》のＤＮＡが間欠的に発現するとしか思えない不思議な反復性。ちかごろ残虐な犯罪が起きるたびにいわれる「心の闇」は、なまじ合理の光を当てると消えて見えなくなる。闇の奥にうずくまるのは、かつて江戸の怪談を吐き出したのと同じ古沼から繰り返し呼び返されてくる悪夢なのに違いない。

評・野口武彦（文芸評論家）

うじいえ・みきと　54年生まれ。日本近世史研究者。著書に『江戸の性談』など。

二〇〇六年二月五日⑤

『詩への小路』

古井由吉 著
書肆山田・二九四〇円
ISBN9784879956606
文芸

詩人たちの晩年と響きあう思念の結晶

一日の終わり、本書を開く。文体も内容も、一度にたくさん読めるものではない。それで毎日、少しずつ読んでいく。著者がいままでつきあってきた、数々の詩をめぐるエッセー集である。詩の根っこと、もつれあい、絡みあう、作家の精神が瑞々(みずみず)しい。

「詩への小路」という題名がいい。目をつぶると、裏道の、聖性を帯びた、同時に生々しい「小路」が光りだす。それは著者の文章そのものである。

たとえば「魂」と著者が書くとき、その魂には、確かな重量があり、毛がはえ、皺(しわ)が寄り、汗がしたたっている。読む側の、内分泌腺が、不思議に刺激される文章なのだ。わたしは最初、こんな具合に、「詩」よりも「への小路」に、比重をかけて楽しんだ。

とりあげられている詩は、リルケの「ドゥイノの悲歌」を中心に、ボードレールやギリシャ悲劇、漱石の漢詩など。クライストやヘッベルなど、初めて知る作家の作品もある。掲出されたほとんどすべてを、著者自身が訳しているのも特徴のひとつだ。

総じて、少数者のために開かれた世界という感触がある。確かに狭い入り口だ。いや、狭いというより、この時代においては、そもそも万人において、消滅しかかっている入り口なのかもしれない。だからこそ、そこに身をすべりこませて、読んでいくことの醍醐味（だいごみ）がある。

「ドゥイノの悲歌」は、リルケが亡くなる四年前、四十七歳のときに完成したという。十年を費やして奏でた「悲歌」だ。自然や事物から繊細な比喩（ひゆ）をつむぎ、生と死を永遠の眼差（まなざ）しで考察した、十の歌から構成されている。本書では、いくつかの理由から、行分けのかたちでなく、散文のように追い込んで訳された。逆にそれが新鮮で、恐れずどしどし読んでいける。前後に付された著者の短文は、詩作品と一体となったものだ。

どの章も、著者自身の老年と、詩人たちの晩年が響きあう内容だが、衰えゆく身体と刺し違えるほどの、筋肉のついた粘りのある思念が、一冊の所々、蜜のような、汗のような結晶を生む。

評・小池昌代（詩人）

ふるい・よしきち　37年生まれ。作家。著書に『槿（あさがお）』『仮往生伝試文』『野川』など。

『ゴータマ・ブッダ考』

並川孝儀 著
大蔵出版・二九四〇円
ISBN9784804305639

綿密な分析で仏教の最古層を追う

文献学というのは一見地味だが、実は刺戟（しげき）的な学問分野だ。とくに「仏教とはどのような教えか」を考えるとき、文献学的教養は不可欠といってよい。

何故（なぜ）なら、あらゆる経典が、開祖ゴータマ・ブッダの著作ではないことが明らかになっているため、ブッダ自身が一体何を説いたのかは、文献学による遡及（そきゅう）を介して推知する他ないからだ。

本書には、文献学という世界の面白さ、楽しさが詰まっている。それはまるで考古学や探偵小説を思わせる。

著者は、まず先学に倣って初期仏典の韻文経典を最古層と古層とに分類し、それらに徹底的な批判を加え、最古層から古層への記述の変化の流れを検出する。

そして、その流れの方向性を逆に辿（たど）ることで、最古層以前の「歴史的ブッダ」の説いた思想が推定できるというのだ。

これはとても妥当な方法だ。昨今の啓蒙（けいもう）書のなかには、仏典成立時期の目安となる韻文、散文の区別を無視し、語形の変化もお構いなしに、悉（ことごと）くブッダの真説とみなす、まったく乱暴な説述が見受けられる。対照的に、本書の視座は客観的であり、実証性に富む。然（しか）るに、その手堅い推論の帰結は新鮮ですらある。

例えば「ブッダ」という呼称、「渡す」という語の用例の変化から、救済者の性質が開祖に付加されていったことがわかる。また「涅槃（ねはん）」の語源やブッダの息子、ラーフラの命名をめぐる推理と考察などは本当に探偵小説顔負けだ。

では、ブッダは輪廻（りんね）をどう捉（とら）えていたか。古層の経典では、確かに輪廻は業報（ごうほう）と結びつけられ、積極的に説かれる。だが著者は文献を精査し、最古層の経典には輪廻（サムサーラ）という語は見出（みいだ）せず、「来世」や「再生」などの表現はみえるものの、いずれも否定的な文脈に限られている事実を突き止める。ブッダ自身の輪廻観は飽（あ）くまで否定的であったと推すことができるのだ。「無我なのにどうして輪廻という生死を超えた我の存続を認めるのか」との疑問が氷解するとともに、当時から流布していた輪廻という観念の因襲を、無我の思想を立てて解体しようとしたブッダの姿を、本書は見せてくれる。

評・宮崎哲弥（評論家）

なみかわ・たかよし　47年生まれ。佛教大学教授。専門はインド仏教。

二〇〇六年二月五日⑧

『ゼロ金利との闘い　日銀の金融政策を総括する』

植田和男 著
日本経済新聞社・一七八五円
ISBN9784532351830
経済

著者は、日本を代表する金融経済学者であり、日本銀行政策委員会審議委員として金融政策の舵(かじ)取りも行った。本書では、ゼロ金利政策と量的緩和政策という最近の異例な金融政策を、その当事者であった著者が、平明に論じている。

著者によると、量的緩和政策の眼目は「将来、景気が回復しても、もうしばらく緩和を続ける」と約束することで、金融危機の最中に市場心理を沈静化させたことにあった。日銀の政策がこれからも信頼されるためには、この約束を守らなければならない。だから、量的緩和が必要なくなってもすぐに解除すべきではない、というのが経済理論家である著者の見解である。

ただ、現実の世界では、当局が昔の約束を反故(ほご)にすることは珍しくない。いま議論されている量的緩和の解除は、理論と現実がぶつかり合う非常に興味深い実例だ。本書は、量的緩和の解除論争を正しく考察するための基礎的な知識を与えてくれるだろう。

評・小林慶一郎（本社客員論説委員）

二〇〇六年二月五日⑨

『愛と情熱の日本酒　魂をゆさぶる造り酒屋たち』

山同敦子 著
ダイヤモンド社・一八九〇円
ISBN9784478960974／9784480428158（ちくま文庫）
ノンフィクション・評伝

焼酎ブームの陰で、日本酒は売り上げが落ち込んでいる。73年に最大だった販売量は半分になった。

ところがこと味の点では、現在は日本酒ファンにとってうれしい時代。終戦後の米不足時代に始まった糖類添加ベタベタの粗悪酒で日本酒イメージは地に落ちたが、反動で「淡麗辛口」や高額な大吟醸がもてはやされ、一息ついた最近は、高品質かつ手頃な銘柄が続々登場している。本書は、目下人気の九つの小さな蔵を訪ね、作り手の情熱を丹念に描き出した感動のルポルタージュである。

巻末に著者オススメ百選も付録され、評価は類書中、的確さで群を抜く。「リンゴの蜜を思わせる、甘い風味が長くたなびき……」とは我が愛飲の「初亀」評。文体もキリリと締まり、熟成した銘酒を思わせる。注も丹念。

「日本酒新時代のプリンス」「酒造り中は気迫で〝行っちゃってる目〟の専務」など登場人物も個性が際立つ。格好の入門書だ。

評・松原隆一郎（東京大学教授）

二〇〇六年二月五日⑩

『チベット語になった『坊っちゃん』』

中村吉広 著
山と渓谷社・一六八〇円
ISBN9784635330398
文芸／国際

著者はチベット仏教の研究を進めるうちに、中国・青海省のチャプチャにある青海民族師範高等専科学校に留学しチベット語を学んだ。やがて、逆にチベットの学生に日本語を教えることになる。

日本から学校に寄贈されていた書籍の中より、夏目漱石の『坊っちゃん』を選んで翻訳させた。チベット語文法と日本語文法の共通点を利用した著者の教授法は、チベット語教育を高めることに通じると、漢族への同化を進める中国共産党サイドから警戒される。しかし著者は「チベット語が秘める可能性を広げ、生徒の能力を伸ばしたい」と孤軍奮闘を続けたのだった。

漱石が日本語に埋め込んだウイットに、学生は翻訳の最中に大笑いし即興芝居まで演じる。生き生きとした授業の様子は、まるで奇跡を見るようで感動を呼ぶ。情熱にあふれた講師の姿勢と、それを見事に受け止めた生徒たちは、共に称賛に値するのではないか。

評・多賀幹子（フリージャーナリスト）

『日本美術の歴史』

辻惟雄 著
東京大学出版会・二九四〇円
ISBN9784130820868　歴史／アート・ファッション・芸能

「かざり」こそ根幹　大胆かつ簡明に描く通史

　いまから三十五年前、辻惟雄の『奇想の系譜』を読んだときの驚きを忘れられない。私はまだ高校生だったが、又兵衛、若冲（じゃくちゅう）、蕭白（しょうはく）、蘆雪（ろせつ）、見たことも聞いたこともない画家の主にモノクロの図版と解説によって、歴史の教科書で知る古色蒼然（こしょくそうぜん）とした日本美術は、色あざやかに輝く未知の大陸に変わった。それが日本美術史研究にとっても画期的な意味をもつ著作だと知ったのは、もっとずっと後のことだ。そして、いまや『奇想の系譜』のおかげで、若冲などは人気画家といえる地位にまで昇りつめている。

　その辻惟雄による日本美術通史である。

　著者は、日本美術の本質を、大胆かつ簡明に「かざり」と「あそび」と「アニミズム」の三点にまとめている。

　「あそび」は、一見真面目（まじめ）くさった日本人の生活態度の裏に豊かな遊び心を見ぬいたホイジンガの主張を引きつぐ考えであり、「アニミズム」は、万物に精霊が宿ると信じる日本人の自然崇拝を強調するものである。自然崇拝と日常生活の遊び心。真面目で剽軽（ひょうきん）な日本人の二面性をあらわす巧みなキーワードといえよう。そういえば、かつて剽軽（ひょうげ）とは、古田織部が茶陶に取りいれた意匠の奔放な遊戯性を評するのに使われた言葉だった。

　とりわけ重要な特質は「かざり」である。「美術」は明治の初めに西洋の〈fine art〉を日本語に翻訳してできた用語であり、日本人は伝統的に美術と工芸を区別してこなかった。日常的に用いる工芸品のかざりが日本美術の根幹をなすものであり、それは一万数千年前に発する世界最古の縄文土器にさかのぼる。「縄文」は縄目のかざりのことであり、これは、幾何学的な図形や人間や事物の表象よりも、工芸的なパターンや文様の操作・変形に興味を注ぐ日本人の美意識の深層を最も雄弁に物語るものだろう。

　一方、縄文的な原日本人のかざりの美学は、弥生時代以降、中国を主な影響源とする東アジア文化圏の波にたえず洗われ、変化を被っていく。装飾古墳に満ちていたかざりは、仏教伝来とともに、仏教美術という大きな渦に呑（の）みこまれたかに見える。だが、西洋美術史の方法論で彫刻としての仏像を分析するだけでは、日本美術の全体像は見えてこないと著者は主張する。

　というのは、仏教美術は浄土のありさまを金銀宝石で描きだす極彩色のかざりの総合芸術だったからであり、色彩が褪（あ）せ、形だけが残った現状を原状だと勘違いしてはいけないのだ。

　それゆえ、奈良、平安、鎌倉の仏教芸術と、室町から桃山と寛永・元禄で頂点に達するかざりの美学とのつながりを探る想像力が、今後の美術研究には必須ということになる。

　とはいえ、本書は大学生のための教科書であり、日本美術という森の形を明確にするために、そこから飛びでた枝葉を切るような真似（まね）はしていない。歴史書としての首尾一貫性を保ちつつ、日本美術の無限の多様性を三八〇点（！）に及ぶオールカラーの図版にゆだねる。いまのところ望みうる最良の教科書ではあるまいか。

評・中条省平（学習院大学教授）

つじ・のぶお　32年生まれ。東京大学名誉教授。著書に『奇想の図譜』『遊戯する神仏たち』など。

『磯崎新の思考力　建築家はどこに立っているか』

磯崎新 著
王国社・二一〇〇円
ISBN9784860730307　アート・ファッション・芸能／国際

痛烈な批判含む建築史への深い洞察

世界を舞台に活躍する建築家で、作品のみかその言説でも大きな影響力をもち続ける磯崎新の最新の評論集だ。対話の形式や逝った人々への追悼の文章を通し、過去を振り返りながら平明に論じていて、著者の思いがよく伝わる。真の批評精神が成立しにくい日本の社会風土への痛烈な批判が根底に強く感じられる。

まず建築界の証言として貴重なのが、偉大な師、丹下健三を弟子たる著者がどう評価するかを語る章だ。建築を単に街や建物の設計にとどめず、人々の生きる場たる社会、都市、国家までを構想し、眼（め）に見える形にすることだと教えた師は、偉大だった。だが日本が変わり、国家が丹下を必要としなくなってからは輝きを完全に失ったという。丹下の下で独自の設計手法を叩（たた）き込まれた著者が、師から自立し自分流の建築表現を切り開くのに苦闘した個人史を語る内容は興味深い。

建築家、磯崎新の独自性は歴史や時間への深い洞察にある。高度成長期の1960年代、メタボリズムという日本の建築運動が世界に注目されたが、著者はこのグループには入らなかった。明るい未来像に違和感をもち、廃虚やパラドックスに惹（ひ）かれていたのだ。

建築の歴史を批評の精神で問い直す彼の論考は、近代デザイン批判、建築家P・ジョンソンの死の意味、パッサージュ論を始め、どれもなるほどと唸（うな）らせる。また、批評と建築史研究の優れた業績を持ちながらアカデミズムに受け入れられず、「巨大建築」論争がもとで建築界から追われ、隠者の道を選んだ建築史家、神代雄一郎の仕事を蘇（よみがえ）らそうと再び光を当てる著者の思いは、共感を呼ぶ。

著者は超大御所の建築家でありながら、時代の先端現象に関心を向け、刺激的に発言し続ける。一方で、その発想は遠い過去と現在の往還を意識し、根源に常にこだわる。日本なら伊勢神宮、西欧ならフィレンツェのルネサンスの建築家達（たち）が創造した透視図法的な空間の捉（とら）え方だ。著者にとってその垣やバリアを越えるための思案は今なお続くのだという。発行者が付けたという書名は、持続的に思考するこの建築家の姿勢に相応（ふさわ）しい。

評・陣内秀信（法政大学教授）

いそざき・あらた　31年生まれ。建築家。著書に『建築における「日本的なもの」』など。

『絵画のなかの熱帯　ドラクロワからゴーギャンへ』

岡谷公二 著
平凡社・二九四〇円
ISBN9784582652062　アート・ファッション・芸能

芸術家たちが自分探しに向かった「南」

多感な青年が未知の地を目指すのは、「電波少年」や一昨年イラクで命を落とした若者の、「自分探しの旅」に始まったことではない。「アデン・アラビア」のポール・ニザンしかり、ビートルズのインド音楽への傾斜しかり。

その時の「未知の地」は、たいていは南国だ。溢（あふ）れる光と色彩、人と人との直接的な距離、強烈な香りと腐臭が一番生々しく体験できるのは、「北」ではなく「南」である。そしてそれに一番魅了されるのは芸術家、特に画家だろう。本書は、モロッコ経験に心を打たれたドラクロワからタヒチのゴーギャンまで、西洋近代画家たちの「南」への憧憬（あこがれ）を追う。

「南」には地理的な意味と、世界システム上の意味と、両方ある。近代以降、ヨーロッパから南を訪ねた旅行者の多くは、「南」に近代化、産業化で失われた楽園を見た。それは、しばしば現実とはかけ離れた「南」の異国情緒を映し出す。アングルの「トルコ風呂」やジェロームの「蛇使い」（エドワード・サイードの主著『オリエンタリズム』の表紙は、この絵だ）などは、その典型だろう。

本書で秀逸なのは、ゴッホとゴーギャンの比較から浮き彫りにされる、西欧近代芸術家の「南」との鏡像関係である。ゴッホが南に向かい、そこに夢見たのは、あくまでも絵画界に、色彩に力点をおいた新風を生み出すことだった。彼は「南方を絵画の観点からしか見ることができなかった」のである。

一方で、幼少期をペルーで過ごしたゴーギャンは、まさに「北」と「南」の間にあって、どちらにも安住できない境界人だった。そして彼は「おのれの中の野蛮人を……自覚」し、「文明人を殺し、野蛮人として再生する」ことを選ぶ。彼にとっては「熱帯の絵画ではなく、熱帯での生活」が必要だった。「南」とは「自分の存在の問題」だったからだ。

「南」は常に西欧にとって逃げ道であり、否定してきた世界である。鋭敏な芸術家にとって、「南」は自己が失ったものを否（いや）応なく見てしまう「対自の問題」だが、著者は、それは「日本人にとっては即自の問題」とする。その意味は深遠だ。

評・酒井啓子（東京外国語大学教授）

おかや・こうじ　29年生まれ。跡見学園女子大名誉教授。『郵便配達夫シュヴァルの理想宮』ほか。

二〇〇六年二月一二日⑤

『ペリー提督　海洋人の肖像』

小島敦夫 著

講談社現代新書・七五六円
ISBN9784061498228　歴史／ノンフィクション・評伝／新書

「海の実務家」だった黒船の男

日本を開国させたペリー提督は、その歴史的役割に比べて、個人としての顔立ちがよく知られてこなかった。本書はその領域に力強い光を当てる。

キャリア豊かな船乗りの著者が描くのは「海洋人」ペリーである。これまでの幕末史がペリーを陸の側からしか見ていないのに対して、海からの視点をつらぬいたこの一冊は、ペリーの人と仕事について新鮮な知識を与えてくれる。黒船艦隊を「米国の船員集団の行動」ととらえる発想は驚くほど新しい。

海洋人とは、「海上生存実務」をマスターした人間であるという。著者の見るところ、東洋艦隊司令長官に就任したペリーは、鎖国日本に開国を迫る使命の遂行にあたって、大海で生き延びる「海事的な経験」則を適用した「海の実務家」に他ならなかった。

ロードアイランド州ニューポートに生まれ育ったペリーは海の申し子だった。父親は私掠（しりゃく）船（地域公認海賊船）の船長、兄は英国軍艦を撃破したヒーローであり、ペリー自身も新生米国海軍の士官コースを昇進してきている。十九世紀の中頃は、北からロシア、西からイギリスが勢力を伸ばしてくる形勢に対抗して、アメリカが東から太平洋に進出してくる「海洋の時代」であった。ペリーは国際政治の第一線に立っていたのである。国内には極東に艦隊を派遣することに反対する声もあり、ペリーにとっては決して失敗を許されない選択であった。

日本では評判の悪い「砲艦外交」「力の誇示」も、実はのるかそるかの土俵際で取った必死の作戦だった楽屋裏がよくわかる。ペリー艦隊には弱点がいくつもあった。しかし今差し迫った危機を切り抜けることこそ、海の実務家の本領である。荒れる海は先送りを許さない。

嘉永六年（一八五三）のこの決定的な時点で、徳川幕府が取った優柔不断な「ぶらくり（目くらまし）」政策といかにも対照的である。歴史にはイフがあってよい。もし幕府が米大統領から発砲を禁止されていた相手の内幕を見透かして一戦を辞さずの態度で臨んだら、日米関係史はどうなっていたかと興味は尽きない。

評・野口武彦（文芸評論家）

こじま・あつお　38年生まれ。海洋ジャーナリスト。著書に『アメリカス・カップ'95』など。

二〇〇六年二月一二日⑥

『うしろ姿』

志水辰夫 著

文芸春秋・一六〇〇円
ISBN9784163245409／9784167471033（文春文庫）文芸

惜別と断念　艶やかな叙情の短編集

志水辰夫の短編は独特の光を放つ。作家は短編を書く場合、細部の連繋（れんけい）を意図し、巧みに計算をして、きれいに閉じたがるものだが、志水辰夫の場合は計算はするものの、途中からモチーフを前面にうちだして、ときに投げ出すようにして終わる。まるで読者は、長編小説の一場面を読まされたような気になるのだが、それでも忘れがたい印象を残す。開かれた物語のただなかに取り残され、まるで登場人物と同じ余韻の中に佇（たたず）むからだ。

それは本短編集でもかわらない。姉と弟の苛烈（かれつ）な人生をあぶりだす「ひょーぅ！」、ひとり娘の恋の行方と亡き妻を思いめぐらす「雪景色」、男が逃亡を図りながら己（おの）が人生を振りかえる「トマト」ほか計七編収録されていて、珍しく話に起承転結があり、意外な展開を見せるけれど、それでも人生の様々な断面を情感豊かに物語る志水節は相変わらずである。

題名の〝うしろ姿〟とは、二度と見ることのない人のうしろ姿であり、去りゆく者が見せるうしろ姿だろう。惜別と断念。具体的には惜別に至るまでの郷愁と葛藤（かっとう）であり、断念するまでの悔いや迷いである。〝若いふたりにことば以上のものが伝わったかどうか、それはわからない。しかしもう、そんなことはどうでもよかった。ことばで伝えられるものなど、ほんのわずかしかない。人間はそうやって生きてきたし、また生きてゆくほかないものなのだ〟という鋭い諦観（ていかん）に裏打ちされた生き方。〝人間には忘れたいもの、忘れなければいけないもの、自分の代で記憶を断ち切ってしまわなければならないものがある〟とする確固たる人生への対峙（たいじ）の方法が随所で示される。

生きていくうえでさけられない挫折や哀（かな）しみ。その折々の胸にわきあがる突然の思いや、はるかな人生へのあこがれや、あるいは消えていく光のなかでかみしめる生の余燼（よじん）などが、ここにある。誰もが痛切に味わう人生の数々を、志水辰夫はざっくりと切り出して見せ（その断面の何と濃〈こま〉やかなことか！）、そして多くの事実の中から、その人にとっての真実をつかみ出す。志水辰夫らしい艶（つや）やかな叙情で染め上げられた絶品の短編集だ。

評・池上冬樹（文芸評論家）

しみず・たつお　36年生まれ。作家。著書に『背いて故郷』『ラストドリーム』など。

二〇〇六年二月一二日⑦

『陸軍尋問官　テロリストとの心理戦争』

クリス・マッケイ＆グレッグ・ミラー 著
中谷和男 訳

扶桑社・二三一〇円
ISBN9784594050610　ノンフィクション・評伝／国際

書き出しは、不愉快きわまりない。アフガニスタンの米軍収容所に送られてきた捕虜たちが、はさみで着衣を切り取られ、「けつの穴の検査」で金切り声をあげるといった描写が続く。著者は米陸軍の尋問官で、アルカイダなどのテロ組織に関する情報を、捕虜から聞き出すのが任務である。

尋問はマニュアル化されているが、捕虜も尋問官を混乱させるマニュアルを叩（たた）き込まれている。疑心暗鬼と疲労困憊（こんぱい）の渦の中で、ジュネーブ条約遵守（じゅんしゅ）派の著者が、やがて条約違反の「脅迫」や「侮辱」を行うところまで追い詰められてゆく様が、生々しい体験を通じて描かれる。マニュアルからこぼれ落ちた他者や異文化に対する洞察力の欠如が、はしなくも露呈する。

何かと評判の悪い尋問官による、自己正当化の書と切り捨てることはできる。だが、聞き取り役の「ロサンゼルスタイムズ」記者は、自己正当化の裂け目から吹き出してくる戦争の実相を、しかと捉（とら）えている。

評・野村進（ジャーナリスト）

二〇〇六年二月一二日⑨

『ある秘密』

フィリップ・グランベール 著　野崎歓 訳
新潮社・一六八〇円
ISBN9784105900519
文芸

やせっぽちでひ弱な主人公は、ハンサムで力強い兄がいることを夢想する。皮肉にも、彼の夢想した兄の存在が、家族の持つ重苦しい秘密をじょじょに引きずり出す。家族がたどった悲劇的運命が、圧倒的な静謐（せいひつ）さで語られる。

ナチスの影が迫るフランスで、名の綴（つづ）りを変え民族の血から逃げようとした人々の運命は、彼らの愛情や嫉妬（しっと）や淡い憎しみによって奇妙な具合にねじれていく。物語は現在まで続き、ラスト、作家がなぜこれを書かねばならなかったのかをも、読み手は知ることができる。

ここ数年、ヨーロッパの作家による戦時下を描いた小説が数多く出版されている。戦争を知らない世代が戦争を描く、その必然をいつも思う。そして彼らはなんと自由にその必然を操るのかと感嘆する。本書は事実に基づいた小説だが、それでも感傷や記録から切り離されることによって、やはり小説の自由を獲得している。

評・角田光代（作家）

二〇〇六年二月一二日⑩

『情報学的転回　ＩＴ社会のゆくえ』

西垣通 著
春秋社・一八九〇円
ISBN9784393332429
政治／ＩＴ・コンピューター

ＩＴ社会礼賛の書ではない。「情報」が世界観、人間観を一変させつつあるとの認識に立つ。しかし、人間がシステムに組み込まれ、日々情報処理に追われて、内面からコンピューターの奴隷化されつつあるのではないか、との厳しい異議申し立てである。「人間を機械化していく現在の流れを逆回転させること」が表題の意味だという。

ＩＴはユダヤ・キリスト教的な一神教の進歩思想の産物だとする著者は、それが促す競争原理がむき出しで持ち込まれ「とんでもなくひずんだ」日本社会を痛烈に批判する。自殺の増加や、若者たちのニート化と階層分化。はびこる消費主義、快楽主義。資源のないこの過密社会には、エゴや競争を超えた「聖性」が必要なのではないか、と。

思想的な鍵は、人間や生物を外からでなく、内側から認識しようとする仏教やその源流のインド哲学にあるのではないか。これが著者の問いかけだ。

評・佐柄木俊郎（国際基督教大学客員教授）

二〇〇六年二月一九日①

『ワイルドグラス　中国を揺さぶる庶民の闘い』

イアン・ジョンソン 著　徳川家広 訳
ＮＨＫ出版・二二〇五円
ISBN9784140810811
政治／国際

輝かしい経済成長下の「影」を伝えて出色

建国50周年に当たる99年の春、北京の政治中枢である中南海に万を超す民衆が抗議に押し掛けるという事件が突発した。「謎の気功団体」とされる法輪功の存在を世界に知らしめた中南海包囲座り込み事件だった。

衝撃を受けた政府は法輪功を非合法組織に指定し、大がかりな邪教追放キャンペーンに乗り出す。7月には幹部を一斉に拘束し、会員数が公称数千万人という「巨大地下組織」を徹底的につぶすとの政治的意志を明確にした。

外国人記者の取材は制限され、会員と接触すれば記者証を取り上げられ、事情聴取の対象ともなった。こうした中で、中国特派員だった著者はサスペンス小説もどきの潜行取材も試み、現場の声を丹念に拾った。この際の北京発の一連報道は01年のピュリツァー賞受賞という形で評価されている。

本書は3部構成で、第3話が法輪功事件の背景を解き明かすべく、山東省の女性会員の死と家族の孤独な闘いを追った潜入ルポだ。

職場をリストラされた女性は健康法で始めた法輪功に生きがいを見いだす。政府の禁令に抗議しようと生まれて初めて北京にのぼるが、たちまち警官に見つかって地元へ送り帰される。最初は党組織の末端の細胞である町内会幹部の「善意の説得」であったが、抗議の意志を曲げないとわかると非公開の改造センターへ送られ、結局は拷問死に至らしめられる。

当初は母親の浅はかな行動をたしなめていた娘も不条理な死に納得がゆかず、再調査と法的救済を求めて立ち上がるが、これも厚い壁に跳ね返されてしまう。

第1話は、いま全国各地で頻発している「農民反乱」の典型例を干ばつに苦しむ黄土高原の貧しい農村で取り上げ、地元政府に異議申し立てをする重税に苦しむ農民と、彼らの反乱に理解を示し、支援する弁護士を登場させる。

文革世代の田舎弁護士はただ訴状を書くだけでなく、村を回って原告団に加わるように説得する。こうした行動に恐れをなした当局は社会秩序を乱したかどで彼を投獄してしまう。

第2話では08年の五輪開催へ向けた再開発の荒波に住まいから追い立てをくう北京市民の集団訴訟と、その理論的支えとなる建築学専攻の大学院生の活躍を描く。同時に役所が不動産会社をつくり、没収した土地を自分たちの資産としてディベロッパーに売却し、莫大（ばくだい）な利益を上げるメカニズムも活写される。

以上の3話は農村、都市、精神の危機という「現代の中国が直面する危機の諸相」を代表すると著者は言う。いずれも未熟な司法制度を背景として描かれるが、「共産党を脅かすと判断される訴訟が行われている裁判所は、たちまち党の自衛の道具となってしまう」と著者の指摘は手厳しい。だが、十分な説得力がある。

経済発展の光の陰で生じている社会的動揺をあぶり出した出色の中国報告だが、著者は無謀とも思える闘いに挑む勇気ある個人の存在に中国の希望を託しているようでもある。

（原題、WILD GRASS）

評・加藤千洋（本社編集委員）

Ian Johnson　現在、米ウォールストリート・ジャーナル紙ベルリン支局長。

『マイク・マンスフィールド　上・下』

ドン・オーバードーファー 著

菱木一美、長賀一哉 訳

共同通信社・各二五二〇円

ISBN9784764105652〈上〉・9784764105669〈下〉

政治／ノンフィクション・評伝

敬愛の念込めた「保守リベラル」の評伝

偶像破壊の時代である。メディアはきまぐれにカリスマの仮面を張りつけ、やがてはぎ取る。そこに真の敬意といったものが入り込む余地はほとんどなく、ことに、人格者として尊敬される政治家といった存在は既に絶滅したかと思われる。

駐日アメリカ大使を77年から88年まで務め、「世界に比類なき二国間関係」という「殺し文句」を発明して、深刻化する日米摩擦の時代を乗り切ったマイク・マンスフィールドは、この珍種の最後の一人であったかも知れない。本書は、アジアの国際政治を専門とする実力派のジャーナリストが深い敬愛の念を込めてその一生を追った伝記である。

01年に行われた彼の葬儀の記述から入り、生い立ちを描いた最初の3章はとりわけ感動的である。貧しいアイルランド移民の子として生まれた彼は母を失い、中学卒業前に家出し、海軍、陸軍、海兵隊を遍歴した。その後、鉱夫として暮らしていた彼に道を開いたのは、高校教師の妻との出会いだった。妻の強い勧めで大学を終えた彼は大学教授からやがて政治を志し、20世紀アメリカ議会政治の中心人物への道を歩むことになる。しかし彼は生涯、故郷モンタナの庶民としての出自と海兵隊二等兵としての経歴への誇り、そして妻との愛を保ち続けた。

53年に上院議員となってから77年に引退するまで、彼はアジアに詳しい「保守リベラル」の代表格として政権を支え、時に批判した。もちろん著者はジャーナリストとして真実を追う。彼が駆け出しの政治家の頃には嘘（うそ）をついて自らのアジア経験を大きく見せていたことを明らかにし、また、50年代に南ベトナムでゴ・ジン・ジエム政権擁立を後押しし、皮肉にも後に彼が政権と対立して反対したベトナム戦争への道を開いてしまったと評価する。

それでも著者のこの人物への畏敬（いけい）は揺るがない。完璧（かんぺき）な政治家、いや人間などあるはずもなく、欠点を含んでなお偉大さは存しうる。「マイク」の死の直前に交わされた短い別れの挨拶（あいさつ）が、著者の思いを伝えて温かい。

（原題、Senator Mansfield）

評・中西寛（京都大学教授）

Don Oberdorfer 31年生まれ。ジャーナリスト。

二〇〇六年二月一九日③

『あなたのなかのサル 霊長類学者が明かす「人間らしさ」の起源』

フランス・ドゥ・ヴァール 著　藤井留美 訳

早川書房・一九九五円
ISBN9784152086945

科学・生物

暴力と平和志向　矛盾飼いならす人間

人間はサルから進化してきたらしいが、周囲にはどう見ても進化し損なったとしか思えない輩（やから）がうようよいる。しかし本書を読むと、このコメントがはなはだサルに失礼なことがよくわかる。

『政治をするサル』『サルとすし職人』などで、チンパンジーの権力闘争におけるドラマチックな陰謀、取引、同盟、詐欺の様子を克明に書いてきた著者が、一転してサルの視点から人間社会を語ったのが本書。

たとえば、フサオマキザルにとって、キュウリは好物だが、隣のサルにブドウが与えられると、不公平に怒ってキュウリを食べなくなる。逆に、自分だけ御馳走（ごちそう）をもらったボノボが、友人たちに分け与えることも観察されている。著者は自分だけ優遇されると、他者の恨みを買うことを予測しているとし、そこから感情に根を下ろした道徳性のようなものが発現すると説く。我々が人間的と思っているほとんどの特性はサルにもある。

自分とまったく身体の構造が違う、傷ついたムクドリをいたわり、その羽をひろげて飛ばせようとするなど、高度な共感を示す面と共に、生きているサルの頭蓋骨（ずがいこつ）を割って脳ミソを食べるなど、残酷な面も語られている。

全般的には、チンパンジー社会とボノボ社会の対比に多くのページがさかれている。前者はオスが支配し、闘争が多く不安定で残酷であり、後者はメスが支配し、融和的で好色で、あらゆることをセックスで解決する。とくにメスどうしが激しく性皮をこすり合わせる、GGラビングという行為は群れの平和に不可欠だ。

ひるがえって、人間社会はセックスを寝室に隠蔽（いんぺい）し、夫婦制度によりほとんどのオスに生殖の機会が与えられた。そのため、多くのオスが協力するようになり、大規模な狩りや工事がおこなわれ、人間社会固有の文化が生まれたと説く。

ただし、誰の頭の中にも権力志向で暴力的なチンパンジー的要素と、好色で平和を愛するボノボ的要素が同居している。その両者の矛盾を飼いならしたのが人間だ。サルの視点は、びっくりするほど人間の本質を鋭くえぐってくれる。

（原題、Our Inner Ape）

評・天外伺朗（作家）

Frans de Waal オランダに生まれ、81年米国に移住。霊長類学者。

二〇〇六年二月一九日④

『黒田清　記者魂は死なず』

有須和也 著
河出書房新社・一九九五円
ISBN9784309243610／9784309411231（河出文庫）
ノンフィクション・評伝

絶滅希少種の「ブンヤ」を描き切る

伝記物が嫌いではない。しかし、このジャンルが独り立ちしていない日本で、同時代人を描く評伝を面白く読んだ記憶がない。綿密な取材は、経費面から見合わないのだろうし、その心配がないひも付きの提灯（ちょうちん）本は論外だ。人間関係への配慮から、踏み込んだ記述を避けて上っ面をなでただけに終わるものも多い。

「大阪読売」の名社会部長として知られた庶民派ジャーナリストの生涯を描いた本書は、違う。何より、温かい目を注ぎつつ余計な遠慮を削（そ）ぎ落とした、対象との距離感が絶妙だ。それが、破天荒に見えて一本背筋の通った人物像を、生き生きと映し出す。しばしばほろりとさせられるが、笑える挿話も満載だ。なのに、時代状況への切り込みも鋭い。

むろん、面白さの過半は黒田氏の波乱に満ちた生き様や、個性豊かな人柄に由来しよう。挫折しかけた記者志望の夢が読売の大阪進出で救われた経緯。抜いた抜かれたの哀歓を晴らす酒とバクチの日々。朝起きが苦手で、事件記者より遊軍記者を望み、やがて、企画に見せる抜群のセンスと文章のうまさで頭角を現す。

評者も同様の職場での経歴を持つが、とかく無頼を気取り、弱者に共感、不正や権力には生理的に反発といった、「ブンヤ」たちの生態がビビッドに描かれていて感心した。著者は、晩年の黒田氏と付き合った出版社の編集者だが、取材や資料収集が丹念で、とくに、遺族の全面的な協力を得て、氏の未公開日記を閲覧したことが奥行きを深めている。

読者と対話するコラム「窓」や、毎年の戦争展開催で、「黒田軍団」と呼ばれる社会部の黄金時代を築いた部長時代や、右寄りに路線を変えた東京本社の方針で、社内的に追い詰められて行く過程も、関係者のほとんどが実名で登場して生々しいが、細部はお読みいただこう。

「記者は主観を出せ」「報道とは訴えることや」という持論や、退社後のミニコミ活動を詳しく知るだに、この人は、いま流行のブログを活字の世界でやっていたのだ、と気付く。ともあれ、メディア職場でも管理色が強まったいま、こうした記者は、もはや絶滅希少種だろう。

評・佐柄木俊郎（国際基督教大学客員教授）

ありす・かずや　56年生まれ。月刊「ＰＬ」編集委員。

二〇〇六年二月一九日⑤

『近世後期政治史と対外関係』

藤田覚 著
東京大学出版会・五九八五円
ISBN9784130201414
政治／国際

日ロ関係から幕末外交を見る意味

鎖国日本の扉を強引にこじ開けたのはペリーの黒船だが、最初にノックしたのはアメリカではない。すでに十八世紀の末から、日本の北方はサハリン・千島に進出して交易を迫ってくるロシアの南下政策に脅かされていた。日米関係の裏地には、日ロ関係が織り込まれている。現代にも大きく影を落としている外交問題の原形は、早くも江戸時代後期にできあがっていた。

歴史を読物（よみもの）として楽しむ読者には、本書はちょっと堅苦しいかもしれない。しかし多少の歯応えを覚悟すれば、専門書ならではの面白さが味わえる。うずたかい史料の山を「やみ雲に捜しているうちに、なにか光っているかのように」先方から姿を現してくる史実を共有してゆくのは、また別個の楽しさだ。歴史小説を読むだけで歴史がわかるとは限らない。たまには研究書も悪くない。

本書のテーマは、日ロ関係を断面にして見た幕府政治史である。

鎖国とは、通商をオランダと清（しん）、通信を朝鮮・琉球に限定し、それ以外の国とは国交を結ばないという対外関係の枠組みである。幕末日本では「祖法」とされたが、著者によれば、その起源は意外に新しく、寛政五年（一七九三）、松平定信がロシア使節ラクスマンに通達した『国法書』に始まる。

その後、文化二年（一八〇五）にはレザノフへの拒絶通告、同四年に蝦夷（えぞ）地数カ所で起きたロシア軍艦の報復攻撃、同十年のゴロヴニン釈放などいくつかの波瀾（はらん）を経て、幕府は蝦夷地上知（官有化）と海岸防備方針（薪水〈しんすい〉給与か打ち払いか）をめぐる政策論争を迫られる。やがて嘉永六年（一八五三）、プチャーチンがペリーと先を争って来日し、アメリカに遅れじと開国を要求するまでの前史は長いし教訓に富む。

幕府内部では、対外関係をめぐる重大な政策決定にあたっての合議手続きが制度化され、幕末の海防掛（がかり）の先駆になった。その蓄積は後世に継承されたかどうか。二〇〇五年のプーチン訪日に際して示された外交手腕の巧拙を測る基準も、歴史から学べるのではなかろうか。

評・野口武彦（文芸評論家）

ふじた・さとる　46年生まれ。東京大学大学院教授（国史学）。

二〇〇六年二月一九日❻　文芸

『寒夜（かんや）』

李喬 著　岡崎郁子、三木直大 訳

国書刊行会・三六七五円
ISBN9784336045317

台湾の客家人の苦難の半世紀刻む

台湾総督府に勤めていた祖父から日本の統治のよいところは教えられても、台湾人への思いを聞くことはなかった。近代化の側面から日本を評価する親日家がいる一方、抗日運動に生涯を捧（ささ）げた人がいるのはなぜか。日本軍の兵士として戦った人々の心の内はどうだったか。出生の根っこが台湾とつながっているというのに、私の認識には大きな空洞がある。

だからこの小説は戸惑いと感動が錯綜（さくそう）した状態で読了した。支配する側にいた民族が支配される側にいた民族をたやすくわかっていいはずがない。中空に投げ出され、着地場所を探しあぐねている。

全島を大水害が襲った一八九〇年、苗栗（ミアオリー）県大湖（ターフー）の東に位置する山、蕃仔林（ファンツリン）を開墾の地に選んだ客家（ハッカ）人一家の苦難の半世紀である。十八世紀初頭、広東から移り住んだ客家籍漢人の末裔（まつえい）だった。

第一部「寒夜」は、日本兵の上陸で男たちが義勇兵として立ち上がる姿が描かれる。台湾総督府は土地の権利証を持たぬ者に盗賊の罪を科した。農民を土匪（どひ）とみなす政策が一家を追いつめ、多くの血が流れる。主人公は日本兵に母親を殺された阿漢（アーハン）の妻、灯妹（トンメイ）。捨て子だった過去をもつ灯妹は懸命に働き一家を支える。

時が変わり、二等兵としてルソン島に駆り出された阿漢と灯妹の六男、明基（ミンチー）の悲愴（ひそう）な敗走が第二部「孤灯」の軸である。日本人を四本足、日本名に改姓名した台湾人を三本足と呼んで蔑（さげす）む明基も、日本兵の良心にふれる瞬間がある。個々の友誼（ゆうぎ）が民族の隔たりを消すことはないが、故郷を恋う心に違いはない。生命の尊さを死の間際になってしか確認できない男たちの無謀を知る灯妹は、憤怒を鎮め、大地に吸い込まれるように生を終える。

「運命というものを、苦しみというものをわかったとき、おまえはたぶん人生に対してそんなに不満をいだかなくなるよ、でもそんなこと永遠にわからなくてもいいんだよ」

著者は、灯妹の言葉にすべての死者への鎮魂の思いを託したのではないか。

着地などしなくていいのだ。占領や戦争が人の心に何を刻むのか。それをただまっすぐに感じとればいいのだと思う。

評・最相葉月（ノンフィクションライター）

リー・チャオ　34年生まれ。台湾の作家。

二〇〇六年二月一九日⑦

『まちづくり道場へようこそ』

片寄俊秀 著

学芸出版社・一九九五円
ISBN9784761512088　社会

絵も歌も上手で話も面白く、構想力も実行力も抜群。建築系の大学教授の著者はそんな型破りのルネサンス的人間だ。本書はその教授が説く、まちを学びの場と考える独創的な教育論であり、まちづくり論でもある。

舞台は著者の大学に近い兵庫県三田市の寂れた商店街。そこに学生達（たち）と飛び込み、まちづくり道場としての研究室を開設。商店街の人達と交流しながら学生達は実践から学び、研究論文を纏（まと）めつつ育っていく。商店街も若々しい生命力を貰（もら）う。次々に名案を出し実行に移す教授の迫力は凄（すご）い。

著者のまちづくり運動家としての底力は、長崎にいた時に培われた。地域財産として発見した中島川石橋群を市民と共に開発から守り、1982年の大水害の後、大奮闘の末、眼鏡橋の現地再建を実現し、文化を守るのに成功したのだ。

連戦錬磨の現場から得たまちづくりの知恵を著者は熱っぽく語る。日本的まちづくりの戦略を学び、パワーを得るのに格好の本だ。

評・陣内秀信（法政大学教授）

二〇〇六年二月一九日⑧

『青山娼館』

小池真理子 著

角川書店・一五七五円
ISBN9784048736688／9784041494172（角川文庫）　文芸

主人公・奈月は、高級娼婦（しょうふ）。かつてはヘアメークの仕事をしながら、最愛の娘を育ててきた。だが娘が転落死。娼婦として生きる親友に、偶然、再会したことから、三十歳を過ぎて、自らも意識的に身体（からだ）を売ることに。自分に何が求められているかを適切に知り、聡明（そうめい）に冷静に職務を全うする彼女は、まるで優秀な事務員のよう。

なぜ、娼婦を選んだのか。目的はお金でなく、快楽でもない。本人にも明確にわからないことなのか。だが、月給約二十五万円の生活から日給最低保証八万円への昇給は、彼女をより強く変貌（へんぼう）させていく。

職業としての娼婦。選民たちのユートピアとしての秘密の娼館。わかりやすい定型を十分に踏まえながら、その定型がむしろ心地よく効いて楽しめる。

中心にあるのは、生々しい男女関係よりも、自殺した親友とのりりしいほどの友情で、官能を描きながら、文章の芯には、少年のような、硬い清潔さが感じられる。

評・小池昌代（詩人）

二〇〇六年二月一九日⑨

『こちら南極　ただいまマイナス60度』

中山由美 著

草思社・一六八〇円
ISBN9784794214683　科学・生物／ノンフィクション・評伝

毎秒三〇メートルを超える強風、マイナス六〇度にもなる極寒の地に一年以上暮らせといわれたら、遠慮する人が多いだろう。

本書は、女性記者として初めて越冬隊に参加した日録。記者だからといって、何もしないでいいわけがない。男性隊員と一緒に、土木作業をし、さらにすすんで料理も手伝う。

雪上車をみずから運転し、昭和基地から一〇〇〇キロも離れた標高三八一〇メートルの南極でもっとも高い基地の「ドームふじ」での苛酷（かこく）な観測生活も体験する。

何でも見てやろう、という観察眼は、女性らしく、細部にも注がれる。とりわけ食べ物の話はおもしろかった。さらにゴミ、水、病気、トイレ、さらには隊内でのストレス、いさかい。

広大な自然観察もなかなかだ。虹色だけでなく、緑色にも流れるオーロラ。地球上の九割が南極にあるという氷。その発するさまざまな音。アザラシは「ピヨピヨ」と鳴く。南極での露天風呂はちょっぴりうらやましかった。

評・小高賢（歌人）

二〇〇六年二月一九日⑩

『讃歌』
篠田節子 著
朝日新聞社・一七八五円
ISBN9784022500892／9784022645340（朝日文庫）
文芸

音楽小説が好きだ。

音楽は読むものじゃない、という正論もあろうが、文学から着想した名曲はいくらでもあるので、音楽から発想した小説が音楽的であってはいけないという理由はない。しかも、書き手は当代一の音楽小説の書き手で、シューベルトがモチーフなのである。

はたして『讃歌（さんか）』は、天才少女ヴァイオリニストとうたわれ国際的評価も得た主人公が、留学中に事故に遭い、四半世紀のちに楽器をヴィオラに持ち替えて奇跡の復活を遂げた物語だ。売り出すレコード会社やテレビ番組制作スタッフの悲喜劇を、半ばミステリー、半ば青春回想記仕立てで、生き生きと描き出す。

問われるのは「天才神話」がいかにたやすくマスコミという物語装置によって作られては捨てられていくか、という点である。ヒロインのもたらす音楽的感動が西洋を日本化せざるをえなかった部分にあるという洞察自体が、いま最も感動的な音楽批評といえる。

評・巽孝之（慶應大学教授）

二〇〇六年二月二六日①

『文明崩壊　滅亡と存続の命運を分けるもの　上・下』
ジャレド・ダイアモンド 著　楡井浩一 訳
草思社・各二一〇〇円
ISBN9784794214645〈上〉・9784794214652〈下〉／9784794219398（草思社文庫〈上〉）・9784794219404〈下〉）
人文

地球規模の考察　文明が崩壊する原理示す

昨年の暮れ、米国のワシントンDCで、二〇〇四年に開館して以来話題の「アメリカ・インディアン博物館」へ足を運んだ。政治的な正しさ（ポリティカルコレクトネス）を優先するご時世にこの名称とは驚くが、館長は生粋のシャイアン族の血を引く人物。展示場には合衆国のみならずカナダや南米、カリブ海域までおよぶ先住民の先史時代以来の文化がずらりと並び、昼にはボリビア先住民のスパニッシュ・ダンスが披露され、カフェテリアでは一時は絶滅の危機も囁（ささや）かれていたバッファローのサンドイッチがふるまわれる……。

先住民が批判的に再構築していくアメリカ大陸史――この視点に感銘を受けたのは、前作『銃・病原菌・鉄』で文明発展の原理を思索した著者の、〇五年に刊行した新著のヴィジョンとも響きあうからだ。本書は、必ずしも今日の先進国だけでなく、とうに滅亡した旧文明や自ら環境破壊を行った先住民にも平等に注意を払う「比較研究法」により、きわめてグローバルな文明崩壊の原理を紡ぎだした力業である。

全体は四部構成。「第1部　現代のモンタナ」は戦略的な序論で、全米で最も美しい自然に囲まれた西部のモンタナ州が最も貧しく、自立できずに外部に支えられているのはなぜかと問い、そこに米国のみならず世界の縮図を見る。「第2部　過去の社会」は本書の中核をなし、イースター島やマヤ、ヴァイキングらの文明が現在の世界的危機と通じる構造により衰亡した一方、太平洋南西部の小島が独自のボトムアップ方式によって、鎖国時代の日本が正反対のトップダウン方式によって、それぞれ繁栄をきわめたコントラストが描き出される。

「第3部　現代の社会」と「第4部　将来に向けて」は併読すべき現代文明論。アフリカやカリブ海諸国家、中国やオーストラリアの抱える危機を分析するとともに、かつての豊かな風景を覚えていない健忘症やリスクの可能性をまのあたりにしていながら心理的に封じ込めてしまう拒絶反応などのため、人々が非合理な意思決定に走る場合が多いこと、今後は企業論理と生態学的論理という二項対立を突き崩すべきことを雄弁に語る。ただ最終的に一般市民から企業へ働きかけよという提言に落ち着くところは、いささか旧弊な正論に過ぎるかもしれない。

本書最大の魅力は、気が遠くなるほどの過去の文明が、九・一一以後の現在文明と容易に共振しうる構造を見抜く批評眼である。南東ポリネシア諸島の原住民が自ら環境を破壊した経緯は、現在も「経済的に重要でありながら、生態学的な脆弱（ぜいじゃく）さをかかえた数多くの区域（例えば石油の産地）が、他の区域の生活に影響を及ぼして」いる実情を彷彿（ほうふつ）とさせる。文明発展の成功例とされる日本ですら「徳川幕府が採った資源枯渇問題の解決策の一部は、別の場所（蝦夷〈えぞ〉地時代の北海道＝評者注）の資源枯渇を招くことによって、日本の資源を保護することだった」という皮肉を見逃さない著者の省察は、現代世界全体について考える多くのヒントを私たちに与えてくれるだろう。

（原題、COLLAPSE : How Societies Choose to Fail or Succeed）

評・巽孝之（慶應大学教授）

Jared Diamond 37年米国生まれ。米カリフォルニア大LA校教授。著書に『人間はどこまでチンパンジーか?』など。

二〇〇六年二月二六日②

『ローリング・ストーンズ　ある伝記』

フランソワ・ボン 著　國分俊宏、中島万紀子 訳

現代思潮新社・八四〇〇円
ISBN9784329004420

アート・ファッション・芸能／ノンフィクション・評伝

暴力、性…悪と響きあうバンドの物語

「俺（おれ）がギターを取り上げ、〈Jumpin' Jack Flash〉のリフをかき鳴らしたとたん、何かがここで起こるんだ、腹の真ん中あたりでさ。[…]たぶんこの世代の人間が全員それを感じてるんだ。爆発さ。退屈とか、順応主義に対する反抗。[…]ローマの門に押し寄せた野蛮人ってところさ」

ローリング・ストーンズのテーマ曲について、作曲者の一人のキース・リチャーズはこう語る。本書の著者の立場も同じだ。つまり、ストーンズの評伝はあるバンドの記録ではない。それは私たちの時代を描きだす伝記になるのだ。ストーンズが三、四十年前、あれらの歌を歌ったのは、私たち自身がそう望んだからだ。彼らが片手を挙げると、世界がこだまを返した。彼らの歴史は現代の大きな悪と響きあっている。ドラッグ、風俗の自由、そして傲慢（ごうまん）を貫く必然性。

したがって、本書は、たった一つのギターのリフがどれほどの力を発揮しうるかを精細に分析する音楽研究書であると同時に、私たちの時代を貫くドラッグとセックスとバイオレンスの物語にもなっている。それはスターを飾る挿話ではなく、現代の本質に通じる回路だからだ。

その記述が白熱するのは、彼らが頂点を極める一九七〇年前後を描く一章である。その絶頂の下で、ストーンズの創設者ブライアン・ジョーンズがプールで溺死（できし）し、リチャーズの親友グラム・パーソンズの死体がアリゾナの砂漠で焼かれ、オルタモントのコンサートで観客が暴走族にナイフで刺し殺される。水と火と鉄による偶然の三つの死は、ストーンズの徴（しるし）の下で、現代を象徴する必然となる。

著者のボンは現代フランスを代表する小説家の一人だが、四十年以上に及ぶストーンズの熱烈なファンで、厖大（ぼうだい）な資料を集め、関係者に会い、無数の読み捨て雑誌、海賊版のビデオ、CD、インターネットのサイトを逐一照合して、信じるにたる事実のみを収集した。その結果、大判二段組み、八〇〇ページ近いこの巨大な本は、ストーンズ伝の決定版になった。

ボンの文体のスピード感を日本語に移しえた訳者の力量を心から称（たた）えたい。

（原題、Rolling Stones : une biographie）

評・中条省平（学習院大学教授）

François Bon 53年生まれ。フランスの小説家。

二〇〇六年二月二六日③　文芸

『掘るひと』

岩阪恵子 著
講談社・一六八〇円
ISBN9784062132473

日常の背後に流れる女性の孤独感描く

ここに、派手な話は一つもない。主人公は皆、成熟した女性で、結婚という枠組みのなかに静かに収まって暮らしている。あるいはそうすることを決意している。だが、彼女たちは深く一人であり、時折その孤独が、彼女らの行為や見た光景を通して、静かに放埒（ほうらつ）に、出現する。

「庖丁（ほうちょう）とぎます」の鳩子の場合。夫の死後、独り身の、自由な時間を半ばもてあましながら、彼女は、ぶらぶらと街を歩き、たとえば次のような光景を眼（め）に収める。「桜並木の道をバスが追い越していき、すぐ先の停留所でとまる。乗るひとが一人、降りるひとはいない……」

読みながら、なぜか、はっとする。私もそんなバスを見たことがある。見たけれども、すぐに忘れた。日常は、そうして流れていくのだから。私たちが流して生きているともいえる。けれどどこに、言葉として描かれると、その流れが一瞬、止まってみえる。そしてその一瞬を、そうして引き留め、眼に収めた、孤独なこころについて思う。それは著者のこころであり、鳩子のこころであり、読者である私のこころでもある。

あるいはまた、「掘るひと」の佐保子の場合。夫は単身赴任中。義母と暮らす彼女は、格別の目的もなく穴を掘る。土を掘ることが密（ひそ）かな喜びなのだ。夜、義母の世話から解放された彼女は、一人になって布団の上に身を横たえ、孤独な自分の「肉の匂（にお）いを嗅（か）ぐ」。そしてそこに、ある豊穣（ほうじょう）な、土の匂いを重ねて嗅ぐ。

日常の細部が、こうして丁寧に掬（すく）いあげられていく一方で、ここには決して書かれていないこともある。それは主人公たちが、たとえばバスを見ながら、穴を掘りながら、そのとき何を思い、何を感じたかということ。でもだからこそ、私たちは感じる。そして思い出す。日々の背後には、言葉にしなかった様々な感情が、濁流のように流れていったことを。

著者の文章は、透明な濾紙（ろし）となって、それを私たち読者に伝える。まさに濾紙なので、まぎれもない文章がそこにあるのにもかかわらず、文を読んだということすら、忘れそうになってしまう。地味で鮮やか。そんな九つの作品が集った。

評・小池昌代（詩人）

いわさか・けいこ　46年生まれ。作家。著書に『淀川にちかい町から』『雨のち雨？』など。

二〇〇六年二月二六日④　文芸／ノンフィクション・評伝

『円を創った男　小説・大隈重信』

渡辺房男 著
文芸春秋・一九九五円
ISBN9784163246604／9784167753474（文春文庫）

近代日本を開いた大言壮語と即断即行

若い頃から「大口の大隈」といわれた。口が大きいだけではない。言うことが大きい。声までが大きかった。

明治開化期の日本をテーマにいくつも快作をものにしてきている著者は、本書では維新の若獅子大隈重信がいちばん輝いていた時期にスポットを当てる。慶応四年（一八六八）から明治四年（一八七一）にわたる疾風怒涛（どとう）の時代である。

王政復古はまだ権力を奪取しただけにすぎず、国際社会の荒波に乗り出したばかりの新政権は、いつ難破するかわからぬ危険にさらされていた。

大隈重信は、薩摩・長州・土佐に出遅れたハンディキャップを背負う佐賀藩出身の政治家である。国づくりの根本は「会計と外交」という信念に燃えて、大胆不敵かつ傍若無人に腕をふるい、生まれて間もない明治政府の内部で地位を固めてゆく。政策論争は権力闘争に他ならないから、政敵の蹴（け）落としも辞さない。大隈が果敢に立ち向かった課題は、国庫のプライマリーバランスの回復であった。新政権は旧幕府の負債を抱え込んでスタートした上に、「太政官札」という莫大(ばくだい)な額の不換紙幣を発行して国家予算を捻出(ねんしゅつ)した後遺症にあえいでいる。おまけに幕末の混乱期に濫造(らんぞう)した偽金が流通して貨幣信用を失わせている。大至急、手を打たなければ、せっかくの新生国家は沈没の運命をたどるしかない。

大隈重信の獅子奮迅が始まる。

本書は、その大隈が近代日本に貨幣制度を確立することをめざして展開する活動に焦点を合わせ、ついに「円」を単位とする新しい通貨を誕生させて国際的な信用を獲得するまでをたどる経済小説としても読める。ピークは明治四年の五月十日に公示された「新貨条例」であるが、外務省と大蔵省の人事をめぐる政争や駆け引きも面白い。

著者が描き上げて見せる明治という時代の《若さ》は、ひとしく累積債務に苦しみながら政治家が手をこまねいている現代日本と引き比べて羨(うらや)ましい限りだ。白面の青年の大言壮語と即断即行が国家の危機を打開してゆく物語は、一服の清涼剤以上のことを語りかけてくる。

評・野口武彦（文芸評論家）

わたなべ・ふさお　44年生まれ。放送プロデューサー。著書に『インサイダー』など。

『日本の科学／技術はどこへいくのか』

中島秀人 著

岩波書店・二三一〇円
ISBN9784000263450

科学・生物

市民との公共的な討議で方向の模索を

大学における研究で科学技術系が占めるウエートは破格的に大きい。研究に投じられる予算はある種バブル状態にあるし、そのぶん、リーダーは性急に成果を求められながら、しかし研究に従事する間もなく、次の競争資金の獲得のため企画書を書くビジネスマンのようなあわただしい生活を強いられている。いわゆる「書面戦争」である。そんな状況が学問へのあこがれを駆るはずもなく、若い世代の理科離れは進み、いずれ人材不足も深刻な問題となりそうだ。

他方、科学技術の「暴走」への不安も市民のあいだに高まりつつある。薬害訴訟、原発の事故隠し、地下鉄サリン事件、牛海綿状脳症（BSE）問題、輸入食品の農薬汚染、インターネットでの個人情報流出といった事件があり、地球温暖化問題や遺伝子組み換え食品の安全性という問題があり、さらに先端医療における生命操作を倫理的に危ぶむ声も小さくない。

現代生活に多大な恩恵をもたらしたはずの科学技術はいま、わたしたちの日常生活の至近距離で、こうした問題を抱え込むにいたっている。なのに、科学技術にいま何が起こっているのか、その現状は正確に知られていない。

「自律した」科学から、「社会に開かれた」科学への、とはいえ実のところは国家や産業のミッションに過剰なまでに浸蝕(しんしょく)された科学への、転換。科学技術史の光と影を丹念に読み解いてきた著者は、科学論ですら掴(つか)みあぐねているその実態に踏み込んで、問題を一つ一つ焙(あぶ)りだす。

科学技術の進歩が理想的な社会を生みだすという幻想はもう通用しない。消費生活から国家戦略まで、「一般社会の誰もが科学技術の利害当事者になった」がゆえに、科学技術のシビリアンコントロールが不可欠になっている。では、科学技術の「正しいガバナンス」は何を基準に計られるべきか。その方向は、市場ではなく、科学者・技術者と市民との公共的な討議のなかで模索されるしかないと著者はいう。そのためには「媒介の専門家」の養成が急務だ、と。市民も科学論者も、正負の過剰な反応をくり返している場合ではないと言いたいのだろう。

評・鷲田清一（大阪大学教授）

なかじま・ひでと　56年生まれ。東京工業大助教授。科学技術史。

二〇〇六年二月二六日⑥

『アメリカ人であるとはどういうことか 歴史的自己省察の試み』

マイケル・ウォルツァー 著　古茂田宏 訳

ミネルヴァ書房・三三六〇円　人文／国際
ISBN9784623045303

民族や宗教の共存への調停意欲が低下

9・11同時多発テロからイラク戦争に至るアメリカの外交について、多くのアメリカ論が出版されてきた。それらはアメリカの「外なる世界」に対する認識を分析するものだが、「内なる世界」である自国をどうとらえるのかを論じる書物も目立っている。

一方の極はハンチントンで、民族や文明が相いれず対立すると見る。著書『文明の衝突』は世界が文明ごとに分裂するとし、『分断されるアメリカ』ではアメリカ国内での民族的不統一に懸念を示した。

これに対しウォルツァーは、この小著で、アメリカの本質を「文化的な多様性と宗教的な寛容」に見いだす。アメリカはたんに州が集まった「連合国家」なのではなく、様々な民族や人種、宗教信者が共存してきた点に特徴があるとする。アメリカ国家の特徴はいずれかの民族性や宗教にはかかわらぬ中立性にあり、それぞれの集団が差異を保ちつつ共存しうるよう調整する、というわけだ。

言語すら共有できない多民族化が進むときに共存は不可能というのがハンチントンの悲観論だが、ウォルツァーは異なる民族や宗教が「仲良く喧嘩（けんか）する」のをアメリカの伝統とみなし、そうした調停意欲の低下にこそ問題があるとする。調停には「市民的礼節」が必要としており、共感を覚えた。

政治の焦点を国家に置く保守主義とも個人に当てるリベラリズムとも異なって、中間集団を強調するコミュニタリアニズムがウォルツァーの立場とされているが、本書では、アメリカの右傾化は、9・11の恐怖体験から福音主義プロテスタントとカトリック原理主義者が共和党に雪崩を打って入党したせいで起きたと診断している。そこには、現在のアメリカは宗教と政治の分離および国家の中立という本来の姿を見失っている、という理解が込められている。

ヨーロッパは移民の国アメリカとは異なり「土地に根ざした」地域の連合体だとしているが、とすれば、日本が改革で地方分権を目指すなら、ヨーロッパ型の地域連合ということになるのだろうか。モデルを見誤らないようにしたいものだ。

（原題、What it Means to be an American）

評・松原隆一郎（東京大学教授）

Michael Walzer　35年生まれ。政治哲学・倫理学者。

二〇〇六年二月二六日⑦

『シティ・オブ・タイニー・ライツ』

パトリック・ニート 著　東野さやか 訳

早川書房・二二〇五円　文芸
ISBN9784152086983

新鋭の鮮烈な私立探偵小説だ。だが正統派ではない。

主人公のトミーはパキスタン系英国人でアフガニスタン還（がえ）りの元聖戦士（ムジャヒディン）。しかし〝人生について必要なことは、すべてクリケットから学べる〟が持論で格言好きの父親に育てられたので、変な引用癖があり、痛い目にあっても軽口を叩（たた）く。想起するのはチャンドラーの探偵マーロウではなく、ロバート・アルトマンが映画化した『ロング・グッドバイ』のマーロウ。ヘビースモーカーでやたら饒舌（じょうぜつ）。物腰は軽いが、反骨精神は徹底していて猪突猛進（ちょとつもうしん）。

とにかく才気煥発（さいきかんぱつ）。娼婦（しょうふ）の行方を追う話はロンドンを襲う無差別テロにまで広がり、移民社会が危機に瀕（ひん）する。ウディ・アレンと伊坂幸太郎を思い切りファニーにして、日活の無国籍アクション映画を加味したような要素もあり、愉（たの）しめる。これほど賑々（にぎにぎ）しく派手で、突拍子もない作品も珍しい。読者を選ぶが（純文学ファン向き）、響きわたる新しい声は忘れがたい。

評・池上冬樹（文芸評論家）

『ナミイ！ 八重山のおばあの歌物語』

姜信子 著

岩波書店・二一〇〇円
ISBN9784000241557
文芸

本から歌が洩（も）れ聞こえてくるようだ。三線（さんしん）の早弾（び）き、あけすけな歌声、手舞い足踊る酔客たち。「ナミイおばあ」こと新城浪（あらしろなみ）は、流行歌、民謡、春歌、なんでもござれ。石垣島でおばあと出会った著者は、憑（つ）かれたようにのめり込み、沖縄の島々から川崎、台湾、韓国まで旅を共にする。

文章が弾（はじ）けている。沖縄の指笛に囃（はや）し立てられたみたいだ。歌うような文章に乗せて、おばあとの旅は過去にも踏み込む。身売り、色街、植民地、そして戦争が幻視される。

それでも、歌うことは喜び、喜ばすこと。歌うことは生きること。軍歌すら生きるよすがにしてきた庶民の逞（たくま）しさと哀（かな）しさが全編にあふれ、最後はアジア的神話の世界へ。著者は、おばあのあとを追って、あたかも〝巫女（みこ）〟になる。

詳述する紙幅がないけれど、著者が断崖（だんがい）絶壁に穿（うが）たれた「穴」を跳び越えたところで締めくくれば、画竜点睛（がりょうてんせい）になったのに。でも、おれ、何度か泣いたけどね。

評・野村進（ジャーナリスト）

『晶子とシャネル』

山田登世子 著

勁草書房・二三一〇円
ISBN9784326653133
文芸／ノンフィクション・評伝

「晶子」は与謝野晶子である。「あの」シャネルと同時代人で、パリにいたのも同時期とは、結構意外だ。

臆面（おくめん）もなく性の喜びを歌い、鉄幹との馬鹿ップルぶりを披露する晶子と、ひたすら活動的にと、帽子を捨てスカートを短くしたシャネル。お嬢様の飾り立てた様式を元気に飛び越えたところが、2人の人生の小気味いいところである。

晶子が山川菊栄らと戦わした「母性保護論争」のくだりが、面白い。「実家の財産に胡座（あぐら）をかいてるアナタたちと違って、アタシは働かなきゃなんないのよ」、とでもいうような晶子のせりふが聞こえてきそうだ。

2人の登場の背景に、「好き勝手やる若い女たち」の台頭を見るのも、印象的。『明星』に集うのも、ジャージーを着て自転車に乗るのも、きゃぴきゃぴの女学生だ。

「はたらく女」と「しろうと」性が共通項と、著者は言う。いつの世も大衆と女子高生が、文化を作る。

評・酒井啓子（東京外国語大学教授）

『サザエさんをさがして』

朝日新聞be編集部 編著

朝日新聞社・一〇〇〇円
ISBN9784022500762
アート・ファッション・芸能／社会

テレビでもおなじみの「サザエさん」は、やはり4コマまんがのほうが味わいがある。大胆に省略された背景にも、4コマに凝縮された人間関係にも、その時代の息吹が映し出されているからだ。本書は、そんな「サザエさん」を素材に、昭和という時代を振り返る、本紙beの連載をまとめた単行本である。

押し売りにちゃぶ台にたき火、現金支給のボーナスなど。今では見られなくなった風物をマンガとともに回顧することで、戦後日本の大変動期の移りゆく様が浮かび上がる。

長谷川町子の時代活写とユーモアのセンスについては言うまでもないが、その妙味を生かしながら、テーマごとに関係者の話を交え、時代背景を小気味よくまとめた解説記事は、ただただ郷愁を誘うだけでない。その時代を生きた人にも、目からウロコの新たな発見がある。こういう時代を経て、今に至ったのだとの感慨を持つだけでも、手にする価値のある一冊だ。

評・苅谷剛彦（東京大学教授）

二〇〇六年三月五日❷

『「ニート」って言うな!』

本田由紀、内藤朝雄、後藤和智 著

光文社新書・八四〇円
ISBN9784334033378

社会/新書

幻影のような「若者観」にモノ申す

若者を憎悪している。世の風潮を眺めていると、どうもそうとしか思えない、まったく理不尽な議論が罷(まか)り通っている。

例えば、統計的な確証もなしに、少年犯罪の増加や凶悪化が社会問題化される。

また、ゲームやインターネット、携帯電話など、若者が接触しがちなサブカルチャーやメディアが槍玉(やりだま)に挙げられる。

最近は「ゲーム脳」だの「脳内汚染」だのと、まことしやかな、おどろおどろしいコピーによって社会への浸透圧が高まっているから、実に質(たち)が悪い。

ニートという言葉も、瞬く間に人口に膾炙(かいしゃ)したが、単なるキャッチ・コピーかもしれない。本書はそんな健全な懐疑へと読者を導き、さらに進んで、正しい社会認識とは何かを熟考させる。

ニートとは、一般に働かず、学ばず、職を求めてもいない若者を指す。しかし、各方面に影響を及ぼしているわりに、定義が明確ではない。一説によれば約八五万人にも達するというが、本田由紀の論考によると、これは風説に等しい。何故(なぜ)なら、八五万人のうち、本当に働く気のない若者は半数に過ぎないからだ。近年増加しているのは労働意欲があるタイプである。しかも、増加傾向にあるといっても、若年失業者やフリーターの激増に比べれば、問題にならないレヴェルに留(とど)まる。

結局「ニートの増大」とは若年雇用の低迷によって派生した現象に過ぎず、限りなく幻影に近いものではないか。だとすれば、ニートになった原因を、若い世代の職業意識や家庭環境に帰すことは、まったくの的外れである。

ところがその的外れが常識と化してしまうのが、マスメディア主導で醸成される世間の趨勢(すうせい)、いわば「メディア世間」である。内藤朝雄は「メディア世間」の排除の構造を剔抉(てっけつ)している。

痛快なのは、後藤和智による綿密な「若者論」精査だ。論者名指しの手厳しい批判が列記されているが、「メディア世間」の一方向化を破る意味でも貴重。後藤は、第一線研究者である本田や内藤とは異なり、無名の大学生だ。しかし、その批判的知性には舌を巻く。評者もどこかで若者を軽んじていたようだ。

評・宮崎哲弥(評論家)

ほんだ・ゆき 東京大助教授。
ないとう・あさお 明治大専任講師。
ごとう・かずとも 東北大生。

二〇〇六年三月五日❸

『建築と破壊 思想としての現代』

飯島洋一 著

青土社・二九四〇円
ISBN9784791762477

人文

21世紀テロの本質に迫る精神分析批評

九・一一同時多発テロから五年、事件をめぐる解釈が巷(ちまた)にあふれて久しい。だが建築批評の俊英の手になる本書は、一九世紀のドストエフスキーから世紀転換期のフロイトを経て二〇世紀の芸術全般を見直し、そのうえで二一世紀的なテロの本質に迫る画期的な精神分析批評として、ほかに類書がない。

著者がロラン・バルトやスーザン・ソンタグを参照しながら前提するのは、そもそも「撮る」行為(shooting)が「獲(と)る=殺す」行為(shooting)と重ならざるをえない、という一点だ。一九世紀アメリカのロマン派詩人ホイットマンはさまざまな扮装で写真を残したが、著者はその末裔(まつえい)を二〇世紀ポップアートの巨匠ウォーホルのオリジナルなき複製芸術に見いだし、彼が暗殺未遂事件の被害者となったことを重視する。ウォーホルの個人的な鏡像関係へのこだわりこそは、世界貿易センターの双子ビルが体現した同時代理念や運命と共振するというのだ。かつて作品を神秘化したアウラ(微妙な雰囲気)を殺してしまった複製芸術は、いまやそれ自体がひとつの死を免れない。

とくにスリリングなのは、写真の起源に立ち返りながら、原爆投下もまた光によって生きた都市をそのまま撮影し、ヒロシマの表面に像をそのまま焼き付ける疑似的な写真だったとする洞察だろう。

写真の発明と同時に、死の光学が予見されていたとすれば、写真家ケルテスが一九七五年に双子ビルの周囲に二羽の鳥が舞う「世界貿易センター」を撮ったときにはすでに、人びとは二機の旅客機による「ツインタワーの消滅を見たいと密(ひそ)かに願っていた」のかもしれない。建築が成立したからその写真が撮られるのではなく、写真という表象の原理がまずあってこそ建築が成立し、かつ破壊されもするというポストモダンの運命。

複製テクノロジーの発展は、米ソ冷戦を支えるイデオロギーをも消滅させたが、さらにその先で、同時多発テロにより複製が複製を食い合うカニバリズム(食人行為)にも似た構図が再検証されるとき、本書の奇妙なタイトルは絶妙な説得力を発揮する。

評・巽孝之(慶應大学教授)

いいじま・よういち 59年生まれ。多摩美術大教授。著書に『現代建築・テロ以前/以後』など。

二〇〇六年三月五日④

『ブルックスの知能ロボット論』

ロドニー・A・ブルックス 著　五味隆志 訳

オーム社・三三六〇円
ISBN9784274500336

科学・生物

「知能には身体が必要」研究の源示す

86年に、その後の人工知能やロボットの世界を一変させる論文が出た。それが著者による「サブサンプション(包摂)アーキテクチャ(SA)」だ。

それまでの自律ロボットは、外部環境の認識とモデルの構築、行動計画の作成と選択などを直列的に計算していた。SAでは、面倒な計算を一切せず、反射的な行動を並列的に計算するだけで、複雑な環境の中でうまく立ち回れることを示した。具体的には、衝突防止、彷徨(ほうこう)、探索の3層構造になっており、下位の層の機能をうまく利用(包摂)するというのが名前の由来だ。

これにより、知能には身体が必要で、環境との相互干渉によりそれが発現することが明らかになり、それまでの記号処理型の人工知能の限界が露呈した。

本書は、そのとっぴな発想がいかに生まれたかを丹念に語っている。昆虫の行動をヒントに毎日思索し、次第にSAが煮詰まっていくくだりは圧巻。じつは、妻の宗教上の理由で、このとき彼はタイ南部の川の中の水上住宅に、言葉が通じない状態で3週間幽閉されていたのだ。

著者はさらに「意識とは何か」「人間は特別な存在か」などの哲学的な議論を進め、いずれは人間と機械の境界がなくなるが、そのためには「生命のジュース」と呼ぶべき、未知の計算プロセスの発見が不可欠と主張している。

本書では触れていないが、SAから出発した潮流は「身体性認知科学」「認知発達ロボティックス」などの新学問分野を生み、主としてスイスや日本で発展した。私自身は、脳科学への貢献を含めて「インテリジェンス・ダイナミクス(動的知能学)」と呼ぶことを提唱している。著者のいう「生命のジュース」は「インテリジェンス・モデル」と名付けられ、多様な経験の記憶がいかに一般化され、次の状況で役立つか研究されている。

訳者は、日本でSAが議論されていないことをあとがきで嘆いているが、それは理解が浅いからではなく、あっという間に乗り越えて先に行ってしまった、というのが真相だろう。知能研究の源流を教えてくれる好著。

(原題、Flesh and Machines: How Robots Will Change Us)

評・天外伺朗(作家)

Rodney A. Brooks 54年生まれ。MITコンピューター科学・人工知能研究所長。

二〇〇六年三月五日❺

『暗闘　スターリン、トルーマンと日本降伏』

長谷川毅 著

中央公論新社・三三六〇円
ISBN9784120037047／9784122055124（中公文庫〈上〉）・9784122055131（〈下〉）

政治／国際

日本降伏の意味を国際関係から分析

言うまでもなく、1945年の降伏の決断は日本史上において最も重要な出来事であった。にもかかわらず、この決定をめぐる研究は十分に行われてきたとは言えない。文献の大半は日本側の決定過程に焦点を当てたものであり、それ以外では原爆投下を含めたアメリカの決定を分析したものがほとんどである。つまり、日本の降伏に至る国際政治に関する研究は戦後60年以上を経てなお決定的に不足しているのである。

本書は、ロシア研究を専門とする著者が、ロシア人研究者（故人）との共同研究を踏まえ、日本の降伏決定に至る過程を米ソ関係を主とする国際環境と日本政府内部の決定の両面から分析した書である。昨年英語版が出版されて注目されていたが、著者によれば、本書はその完全な日本語訳ではなく、若干の変更を含んでいるとのことである。

本書の最大の特徴は、ソ連側の対日参戦に至る過程を詳細に分析した点にあるだろう。ソ連首脳部は大戦中、日本との中立状態を維持する一方で、戦後安全保障の確保という視点から日本周辺地域での領土要求を固めていた。しかしその要求を実現するためには対日参戦が不可避と考え、早くからその方向を推進したのはスターリンその人であったことを本書は明らかにする。対して、ヤルタ会談の時点ではソ連の対日参戦を望んでいたアメリカは次第にソ連への不信を強め、原爆が完成したこともあってソ連参戦前の日本降伏を期待するようになった。ポツダム会談の頃には表面的な協力関係の水面下では、日本降伏を巡って米ソ間で激しい競争が繰り広げられていたという本書の主張は説得的である。

他方で、日本側の分析については疑問も残る。本書は原爆投下ではなくソ連参戦が降伏の決断にとって決定的だったと主張するが、史料的に十分に証明されているとは言い難いように感じた。また国際関係についても、イギリスや中国の視点はほとんど扱われていない。しかし国際政治史の観点から日本の降伏の意味を捉（とら）え直す必要性を示した点において、本書は重要な研究である。

評・中西寛（京都大学教授）

はせがわ・つよし　41年生まれ。カリフォルニア大サンタバーバラ校歴史学部教授。

二〇〇六年三月五日❻

『盗作　上・下』

飯田譲治、梓河人 著

講談社・各一二六〇円
ISBN9784062132923〈上〉・9784062132930〈下〉／9784062759670（講談社文庫〈上〉）・9784062759687（〈下〉）

文芸

主人公は芸術の神？一気に読ませる

絵画にせよ小説にせよ、自分の力以上の作品が仕上がったとき、「神がおりる」というような表現を使うことがある。

私のような凡人にしてみれば、そんなことがあるはずない、と懐疑的になってしまうのだが、この小説を読んでいたら、気まぐれに人に力を貸す芸術の神さまの存在を、なんだか信じたいような気持ちになった。

田舎町に暮らす平凡な女子高生、彩子はある日、何ものかに突き動かされるように一枚の絵を仕上げる。

見た者が心を動かされずにはおられないその絵は、やがて日本中に知れ渡る。しかしまったく同じモチーフ、同じ構図のモザイクがすでに存在していたことが明らかになり、彩子は盗作者と断じられることになる。

高校を卒業した彩子は逃げるように故郷を出、東京で働きはじめる。平凡に埋没することを良しとする彼女に、しかし、今度は音楽の神さまがおりてくる。聴いた人の心にしみこみ耳を離れないその曲もまた、すでに発表されていたことが暴かれる。

どこか現実離れした物語だが、そんな馬鹿なと鼻白むことなく一気に読んだ。優れた芸術の持つ力というものを、非凡も平凡も関係なく今を生きる人すべての共有物として、この小説は描き出す。中心に置かれたそのテーマの強さが、そのまま読み手をラストまで一気に引っ張っていく。

芸術に限らず、どんな分野でも、天才と称される人々がいる。図らずも天から才を授かってしまった彩子と、彼女の気まぐれな力に翻弄（ほんろう）される人々の対比が、見事に描かれている。

天才の孤独と同時に、嫉妬（しっと）も勝敗も関係のない、おそらく彼らにしかわからない清廉な世界をもこの小説はかいま見せ、そこが心地よい魅力になっている。

ページターニングの醍醐味（だいごみ）を味わわせつつも、ああおもしろかった、のみで終わらせるのではなく、芸術とはなんであるのか、という深い問いを心に残す小説である。

評・角田光代（作家）

いいだ・じょうじ 59年生まれ。映画監督、脚本家。
あずさ・かわと 60年生まれ。作家。

二〇〇六年三月五日⑦

『幹細胞の謎を解く』

アン・B・パーソン 著　渡会圭子 訳
谷口英樹 監修
みすず書房・二九四〇円
ISBN9784622071785
科学・生物

ヒトも鳥も虫もみな、もとを正せば一個の卵から出発している。一個の受精卵から複雑な体が作られてゆくのは、分裂を繰り返す細胞が、細胞中のDNAの指令により、それぞれ異なる発生経路を辿（たど）るべく、運命づけられるからである。

これは、よく考えると不思議な話である。すべての細胞が同じDNAをもっているはずなのに、なぜ異なる局面で異なる組織が作られてゆくのだろう。最初は何にでもなれる全能の細胞（これを幹細胞という）が、分裂を繰り返す過程でどんどん特殊化されてゆく仕組みは、今もって謎が多い。しかし逆に、幹細胞が手に入れば、どんな器官でも修復可能なはずなのだ。

本書では、そのような幹細胞をめぐる研究の歴史と器官再生を目指す医学研究の今後の展望が語られる。

韓国ソウル大学の黄禹錫（ファンウソク）教授による幹細胞捏造（ねつぞう）事件が世間を賑（にぎ）わせている折から、その背景を知りたい人にお勧めの好著である。

評・渡辺政隆（サイエンスライター）

二〇〇六年三月五日⑧

『みる　きく　よむ』

クロード・レヴィ＝ストロース 著
竹内信夫 訳
みすず書房・三〇四五円
ISBN9784622071815
人文

著者は、かつて南北アメリカのインディアンの神話を読み解いた大著『神話論理』と、その序論といえる『野生の思考』によって世界に大きな衝撃を与えた。

人は農耕や狩猟という生きるための活動を知ったときなぜ永遠の生を失ったのか、なぜ人は肉を料理し、ジャガーは生で食うのか、なぜ月と太陽は違ったリズムで動くのか……。神話は、豊かな自然と交感する感性が、人間の生きる条件に触発され、生の意味を物語ったものだと著者はいう。

本書は、神話研究が取り出した「感性の論理」が、著者の偏愛する18世紀前後の西欧の芸術作品においていきいきと発現していることを、著者自身の文化的歴史的故郷で検証しなおした作業の記録であり、書き下ろしとしては最後の本となろう。画家プッサンや作曲家ラモーの作品、その評者の批評やランボーの詩に、「感性の論理」のさきがけが見いだされる。そこに西欧の豊かな神話の鉱脈が確かめられている。

評・渡辺公三（立命館大学教授）

二〇〇六年三月五日⑨

『国際テロネットワーク』

竹田いさみ 著
講談社現代新書・七七七円
ISBN9784061498235
政治／新書／国際

01年の米同時多発テロの最終謀議は前年にマレーシアの首都クアラルンプールのマンションで行われた。ここからも国際テロ組織アルカイダのアジアへの浸透ぶりがうかがえる。

著者は「現場主義」を信条とする東南アジア研究の国際政治学者。テロリストがリクルートされるイスラム学校やヤシ林に隠れるアジトにも足を運び、「現場の匂（にお）いをかぎ、空気にふれ、そこから物事を考え」たことから本書は生まれた。

ビンラディンが親族や腹心を東南アジアに送り込み、アルカイダとジェマー・イスラミア（JI）、アブ・サヤフ（ASG）などイスラム系過激派組織と人脈や金脈、情報で結びつく経緯の分析には豊富な現地情報が盛り込まれている。

著者はイスラム社会に地縁、血縁の根を張る闇の送金システム「ハワラ」の巧妙な実態にも触れ、テロ資金源の根絶は「きわめて困難」だとし、テロとの戦いは「続くことを覚悟しなければならない」と結ぶ。

評・加藤千洋（本社編集委員）

二〇〇六年三月五日⑩

『バリ発チモール行き　ヌサトゥンガラ島々紀行』

瀬川正仁 著
凱風社・一九九五円
ISBN9784773630046
文芸

よく知られたインドネシアはバリ島。その隣、ロンボク島から東につらなる島々がヌサトゥンガラだ。

生き方も考え方も食べる物もそれぞれに違う島々を、映像ジャーナリストの著者は、とまどいながらも愛し、四半世紀にわたるつきあいをつづけてきた。

近代化という西洋化を進めてきた日本、その日本の高度成長のなかで育ってきた自らを二重写しにしながら、島々の変化と将来を想（おも）い描く。コモド島は世界自然遺産に登録され、オオトカゲの餌づけが禁止されて定期船が立ち寄らなくなった。二十世紀末に東西に分裂したティモールは、植民地時代から島中の白檀（びゃくだん）を取り尽くされた。

世界中どこでも、ひとがおなじ欲望を抱くようになるグローバリズムがすぐそこまで来ている。それは、テレビというメディア、著者の携わる仕事と大きくつながっている。著者のアンビヴァレントなおもいが島々の景色のなか、持続低音のように、ある。

評・小沼純一（文芸評論家）

二〇〇六年三月一二日①

『あなたに不利な証拠として』

ローリー・リン・ドラモンド 著　駒月雅子 訳
早川書房・一三六五円
ISBN9784150017835／9784151776014（ハヤカワ・ミステリー文庫）
文芸

心震わす警官の懊悩　リアリズムに徹した傑作

読みながら何度も心が震えた。昂奮（こうふん）することはある。感動することもある。感涙に咽（むせ）び、温かな余韻に浸ることもある。あるいは衝撃をうけ、思わず声をもらすこともある。しかし小説を読みながら、心が震えることは滅多（めった）にない。

まず、冒頭にあるのは、「完全」という短編だ。主人公はキャサリン、二十二歳。警官歴十五カ月で、職務執行中に強盗を撃ち殺した。物語では、キャサリンがどのように事件と関（かか）わり、どのように射殺したかを振り返る。それだけである。十頁（ページ）、およそ三十枚の短編なのに、まるで長編のように重く深い。徹底したリアリズムで、警察官の職務の一部始終を描き、事件現場へと読者を連れて行き、キャサリンが銃を撃たざるをえない状況をまざまざと味わわせる。そして殺すしかなかったこと、殺さなければ自分が死んでいたことを深く感得させるのである。

そう、僕らはキャサリンになる。彼女が目

にするもの、触れるもの、聞くものすべてが僕らの体験になる。彼女の懊悩(おうのう)が外界と感応し、戦(おのの)き、おそれ、うちひしがれていくのを感じ取る。読む者の心が震えるのは、主人公の恐れがそのまま熱を帯びて伝わってくるからだ。

それはほかの短編でも変わらない。キャサリンのほかに、交通事故で辞職せざるをえなかったリズ、家庭内虐待の犠牲者であるモナ、レイプの被害者に心をいためるキャシー、ある事情から職務放棄をするサラと、ここには五人の女性警官が登場し、それぞれ主役を務め、行きつ戻りつして絡まりあいながら、エモーショナルな結末へと向かっていく。エピグラフに使われているオスカー・ワイルドの言葉をもじるなら、純粋であることはめったになく単純であることは絶対にない真実を、それぞれが魂の暗闇で見いだすことになる。とくにサラを主人公にした最後の「わたしがいた場所」は、まるで桐野夏生のように魂の彷徨(ほうこう)を描ききり圧倒的だ。

本書は、女性警官たちの物語なので、一般的には警察小説のジャンルに入るだろう。実際、キャシーを主人公にした「傷痕」はアメリカ探偵作家クラブの最優秀短編賞を受賞している(作者は元警官なので、細部がきわめて具体的で峻烈(しゅんれつ)であり、人間ドラマも鋭く痛切だ)。

あるいは、〃世界から詩を汲(く)み上げる心情と深い人間洞察の眼(め)、それと主人公のシニカルな心的構造が釣り合って一篇(いっぺん)のハードボイルドが誕生する〃という藤沢周平の定義を援用するなら、まさにハードボイルドといってもいい。

しかし、冒頭の「完全」、または死臭から子供時代を回想する「味、感触、視覚、音、匂(にお)い」が証明するように、細部の緻密(ちみつ)な写実性、内部への沈潜の深さ、静謐(せいひつ)で揺るぎない完璧(かんぺき)な文体と味わいは純文学である。日本の純文学が失いつつある徹底したリアリズムの強さ、叙事が生み出す詩情の輝きを改めて印象づけてくれる。

本書は、女性作家の第一短編集だ。十編の連作に十二年間かけたというが、まさに経験の蜜と文章の彫琢(ちょうたく)の深度がうかがえる傑作。ここ十年間の新人のベスト3に入るだろう。必読!

評・池上冬樹(文芸評論家)

(原題、ANYTHING YOU SAY CAN AND WILL BE USED AGAINST YOU)

Laurie Lynn Drummond 米国生まれ。作家。警官の経験があり、本書は最初の作品集。

二〇〇六年三月一二日②

『母の声、川の匂い ある幼時と未生以前をめぐる断想』

川田順造 著

筑摩書房・二五二〇円
ISBN9784480855985

文芸

父の献身を理解 地霊の気漂う自分史

著者は文化人類学者として、主に西アフリカの部族「モシ王国」を、長年にわたって研究してきた。文字を持たない社会の豊かさや、そこに生きる人々の地声の美しさ、王の系譜を語る太鼓言葉を、わたしもまた、著者の本を通じて、初めて知ったひとりだ。本書はその著者が、自己の源へと遡(さかのぼ)った記録。特異で魅力的な「自分史」である。

隅田川の向こう、深川・高橋(たかばし)の代々続く商家(米屋)に生まれた著者。青年の頃は、この出自が卑小に思われてならず、それは自己及び父への嫌悪・反感を呼んで、やがて遠くフランスへ留学。ヨーロッパやアフリカの世界へと脱出した。けれど、両親も死んだ後になって、「吸い寄せられるように、自分と自分を生んだ地域」に「向かい合ってみたくなった」。

幼少時、あるいは未生(みしょう)以前の記憶を、恐る恐る静かに探り行く文章は、揺(ゆ)り籠(かご)を揺するように繊細だが、一方で、長年のフィールドワークで培われた感覚は、故郷（ふるさと）・深川をも、自己のなかの「異境」として、厳しくタフに対象化する。あるいはまだ、深層に残る嫌悪の跡が、懐かしい生地へと容易に傾く情緒を、ばねのように鍛えているのだろうか。

　音と匂（にお）いの記述が、生々しく官能的だ。「あたしなんざ」「そうすっとね」「まっつぐいくてえと」「やっぱし」……。聞き書きによって現在によみがえる、下町の人々の話し言葉。あるいはまた、三つ上の姉が母に温習（さら）ってもらっていた長唄「賤機帯（しずはたおび）」の、声と三味線の音色の記憶。著者は自分の記憶の底ぶたをとり、そこから、この土地に生きた人々の、束になった声を立ち上らせ、文化の深層を掘り起こそうと試みる。

　しかし私がもっとも心打たれたのは、最後の一章「父の手紙」だ。留学中に届いた、乱れた文字の父の手紙。「反抗する子への理解なき信頼と献身を黙々と貫いた父」を、著者は一人の男として、今ようやく理解する。「母」を題名に持つ本書が、母の懐に包まれて終わるのでなく、反抗を貫いた父へと帰結するところが、清々（すがすが）しくあたたかく、そして哀（かな）しい。地霊の気が漂う、一冊である。

評・小池昌代（詩人）

かわだ・じゅんぞう　34年生まれ。文化人類学者。著書に『アフリカの声』など。

二〇〇六年三月一二日❸

『ヒトラー・コード』

H・エーベルレ、M・ウール 編　高木玲 訳

講談社・三四六五円　政治／ノンフィクション・評伝
ISBN9784062132664

「本当に死んだのか」と疑うスターリン

現代史を塗り替えるドキュメントなら、ロシアで発掘せよ。ソ連崩壊以降、これが研究者の合言葉になっているが、まさかこんな代物がつい昨年までモスクワの公文書館に眠っていようとは（！）。

　ヒトラーの側近中の側近だった二人の親衛隊兵士が、ソ連の捕虜となり、長期間、徹底した尋問を受けていた。ヒトラーは本当に死んだのか？　このことを問い続ける、もう一人の独裁者スターリンの疑念を晴らすために。

　二人の独裁者は、互いに「魂の親近性」を感じていたという。スターリンの命（めい）を受けた内務人民委員部（のちのKGB）が、側近二人の供述と資料とを厳密に突き合わせて、ヒトラーの絶頂から自殺に至る十二年間を再現した本書は、意外なことに「ニュージャーナリズム・タッチ」と呼びたくなるほど、現代的なノンフィクションの体裁をなしている。

　二人の側近は、ヒトラーの自殺現場をつぶさに見、遺体の焼却作業にも携わっていた。スターリンの欲求を満たす、最適の人物たちだったのである。

　しかし、彼らの供述から浮かび上がってくるヒトラーは、〝怪物〟でも〝道化〟でもない。冒険小説とチョコレートボンボンが大好きで、政敵の声色を真似（まね）て周囲を爆笑させたり、ときにパリのストリッパーのスライドに見入ったりする小柄な中年男の姿が、淡々と描出される。対ソ戦の泥沼化につれて苛立（いらだ）ちを深め、不眠症や手の震えに悩まされてゆく姿を、偏執的なほど微に入り細を穿（うが）って伝えているのは、スターリンという最大の読者の歓心を買うためであったろう。

　ヒトラーは、ドイツ人と外国人が結婚する場合の写真付き申請書を、わざわざ自分で仔細（しさい）にチェックしていた。劣等人種の血をドイツに入り込ませぬためにである。彼はまた、連合国軍によるベルリン爆撃を、都市の再開発がしやすくなると、本気で歓迎していたふしがある。

　外にも内にも向けられていたこの破壊衝動と、臆面（おくめん）のない排他的民族主義を知るにつけ、現代の日本の、たとえばインターネット上にはびこる言説の同種の臭気に薄気味悪さを禁じえない。

評・野村進（ジャーナリスト・拓殖大学教授）

（原題、DAS BUCH HITLER）

Henrik Eberle、Matthias Uhl　ともに70年生まれ。ドイツの歴史研究者。

二〇〇六年三月一二日④

『ファルージャ　栄光なき死闘　アメリカ軍兵士たちの20カ月』

ビング・ウェスト 著　竹熊誠 訳

早川書房・二一〇〇円
ISBN9784152087010

ノンフィクション・評伝／国際

無計画で混乱したイラク政策の醜悪さ

読んでいて、胸が悪くなる。

イラク戦争後、反米抵抗活動の拠点となったイラク西部のファルージャに駐屯し、04年11月に最大規模の掃討作戦を実施した、米軍の記録。胸が悪くなるのは生々しい殺人の記述だけではなく、徹底した「米軍」の眼差（まなざ）しで書かれているため、彼らが「敵」とみなしたイラク人の生活と痛みが、見事なほど抜け落ちているからだ。他国の街に勝手に「ブルックリン橋」と名づけるところなど、端から異なる言語を理解しない姿勢が徹底されている。「人間は所詮（しょせん）相互理解ができない」と、元海兵隊の著者は言い切る。

本書が露呈するのは、イラクに駐留する米軍が、あまりにもいい加減な知識と情報で投入されていることだ。フセイン政権＝スンニ派支配、とか、ファルージャがスンニ派地域だからフセイン支持だ、といった単純化された認識枠組みもさることながら、人選を間違えて不適切な人間に権限を与える。「誰が味方で誰が敵かを見分け」られず、「真のイラクの指導者が見つからない」と文句を言う。それはそうだろう。米政府はそうしたことを全く考えずに、戦争を始めたのだから。あげく、市街に騒音を撒（ま）き散らし、相手を侮蔑（ぶべつ）する戦術に日々没頭する。

普通の農民でも侵略に対しては武器を取ると分かっているのに、老人に肩を貸すような若者だというのに、米軍に反対する者を皆「武装勢力」とする固定観念。

だが本書で重要なことは、米兵が日々人間性を失い、イラク人が敵愾（てきがい）心を募らせていった原因が、米政権の無計画で混乱した政策にある、と指摘する点だ。復興計画を進める傍らで、別の街を空爆する。武力を使えば信頼を失うことがわかっていて、攻撃命令が出される。攻撃のピークで、政治的配慮から突然停止が言い渡される。それは、米政権の文官と武官の「破滅的」な関係によるものだ、と著者は言う。米の、現在に続くイラク統治の失敗を集約した言葉だ。

イラク人は「戦争で勝ったためしがない」が、「交渉となると負けない」と皮肉を言う米将校。戦争せずに交渉で解決するに越したことは、ないはずだが。

（原題、NO TRUE GLORY : A Frontline Account of the Battle for Fallujah）

評・酒井啓子（東京外国語大学教授）

Bing West　海兵隊でベトナム戦争従軍。ノンフィクションライター。

二〇〇六年三月一二日⑤

『ジェイン・オースティンの読書会』

カレン・ジョイ・ファウラー 著　矢倉尚子 訳

白水社・二五二〇円
ISBN9784560027394

文芸

「読む」ってことは「生きる」ことだ

『ジェイン・オースティンの読書会』というタイトルなので、どういう小説かと思って読みはじめると、みんなでジェイン・オースティンの小説を次々に読んでいく（読書会の）話。タイトルそのままではありませんか！

でも、心配が一つ。ぼく、オースティンの小説、一つしか読んだことがないのですが（というのも見栄〈みえ〉で、実際は、中学生の頃、世界文学全集に入っていた『高慢と偏見』を半分読んだだけ）、この小説についていけるのかしらん。

大丈夫。著者のファウラーさんは、「①オースティンを読んだことがない人、②昔一度読んだだけの人、③毎年読み返す人」のすべてを満足させるように書いたのだそうだ。なるほど。では、安心して読んでいくことにしよう。

登場するのは6人。女性が5人、男性が1人。長く独身生活を続けてきた女、その女の親友で、夫の不倫に悩む妻、その妻のレズビアンの娘、等々。それぞれに、単純に語り尽くせぬ過去と現在を持つ6人の男女が集まり、オースティンの小説について、その中で起こる、愛と結婚と生活と打算について語り続ける。そして、同時に、作者は、オースティンの小説について語る6人の登場人物たちの、ほんとうの姿についても語り始める。

いつの間にか、我々読者もまた、その読書会の参加者になったかのように、その集まりを楽しみにし、そして、聞き惚(ほ)れている。なにに？ 彼らが語る、オースティンの小説の感想に？ いや、そうではない。ふだんなら、素直に耳を傾けたりしないような、どこにでもある、もしかしたらひどく陳腐でさえある、彼ら6人の「人生」というものにだ。

オースティンの小説は、「人生」について書かれている。小説は進化したかもしれないが、「人生」は進化などしなかった。我々は、いまも、オースティンの小説の登場人物たちと同じような「人生」を生きている。そのことに6人が気づいた時、彼らの読書会は終わる。彼らは、オースティンを読んだのではない、オースティンを「生きた」のだ。いや、「読む」とは、本来そうではなかったか。

（原題、The Jane Austen Book Club）

評・高橋源一郎（作家・明治学院大学教授）

Karen Joy Fowler 50年生まれ。米国の作家。

二〇〇六年三月一二日⑥

『日本を滅ぼす教育論議』

岡本薫 著

講談社・七五六円
ISBN9784061498266

教育／社会

マネジメントの欠如が招く失敗と混乱

役職に就いている間は公にできないことでも、辞めると自由にものがいえる。日本の組織ではよくあることだ。それだけに、立場を離れた直後の言葉には、その組織に染み渡った、通常表からは見えにくい特徴が織り込まれている。そういう視点から、元文部科学省課長の書いた本書を読むと、そこから日本の教育論議の特質が二重、三重に浮かび上がる。

大仰なタイトルが付いているが、国際経験豊富な著者の指摘の多くは的確だ。海外からの視点を熟知した、教育行政の中枢にいた立場から見る、日本の教育論議の不思議さ、おかしさ。各章の表題にあるように、本書では、現状の認識、原因の究明、目標の設定、手段の開発、集団意思形成の五つについて、教育論議の「失敗」が明らかにされる。

著者の批判の矛先は、「区別のできない」日本的論議の落とし穴に向けられる。たとえば、目的と手段の区別ができないために、適切なシステムの整備より「意識改革」といった精神論が重視される。ルールとモラルの区別ができないために、何でも「心の教育」で問題解決できると思えてしまう。さらには、カリキュラムや学力を論じる際に、社会の全員に関係する税金を使って行われる教育政策と、特定の学校に関係する教育実践との区別もできない、国家のニーズと子どもたちのニーズの区別もできない、と鋭く指摘する。

要するに、マネジメントという発想の欠如が、日本の教育論議を混乱させているというのが著者の見立てである。事実のとらえ方や割り切り方に少々違和感を覚えるところはあるものの、大筋の議論はまっとうである。

それにしても、こういう分析能力のすぐれた官僚が早々と辞めてしまうのはどうしてか。著者の批判は、文科省内の論議にも向けられる。その指摘がもっともらしく見えるだけに、区別のできない論議がいまだ省内でも続いているのかと思えてしまう。もしかすると文科省の存在自体が、日本的論議を許してきたのかもしれない。いろいろな意味で読み応えのある本である。

評・苅谷剛彦（東京大学教授）

おかもと・かおる 55年生まれ。政策研究大学院大学教授。専門は地域地理学。

二〇〇六年三月一二日⑦

『おそめ　伝説の銀座マダムの数奇にして華麗な半生』

石井妙子 著
洋泉社・一八九〇円
ISBN9784896919844/9784101372518(新潮文庫)
ノンフィクション・評伝

夜の銀座史は文壇の側面史でもある。昭和三十年、そこに「おそめ」というバーが開店した。マダムは祇園の元人気芸妓（げいぎ）。

美貌（びぼう）と、独特の雰囲気もあって、大佛次郎、川端康成、小津安二郎、白洲次郎、川口松太郎など、錚々（そうそう）たる文士や文化人が贔屓（ひいき）にし、たちまち「夜の銀座」の中心となり、小説や映画の舞台にもなった。毎週京都から、飛行機で通ってきたマダムの名は上羽秀。

本書は彼女の一生を丹念に追う。母子家庭、不幸な落籍のあと、のちに仁侠（にんきょう）映画のプロデューサーとして知られた俊藤浩滋との恋とその後の献身ぶり。まさに数奇の一語に尽きる。一方で、ライバルであったバー「エスポアール」など、当時のマダムたちをふくむ銀座事情、あるいはそこに通ってくる多くの名士たちのエピソードも実によく調べられている。

歴史の表舞台からは消えてしまった時代風俗の断面が、一人の女性を通して立ち上がってくるノンフィクション。

評・小高賢（歌人）

二〇〇六年三月一二日⑧

『遠い雲　遠い海』

宮下展夫 著
かまくら春秋社・一三六五円
ISBN9784774003214
文芸/ノンフィクション・評伝

文筆を業（なりわい）とする人物に原稿を依頼し、それをしかと受け取るのが編集者の大切な仕事のひとつである。新聞社の担当の記者は、この仕事に加えて自らも原稿を書く。

本書はその記者の眼（め）を通して触れた谷崎潤一郎、川端康成、三島由紀夫ら昭和文学を彩った個性ゆたかな作家たちの執筆の現場を生き生きと紹介している。

新聞に『古都』を連載していた当時の川端康成は、筆が進まず苦しんだ。そんな時、わざと睡眠薬を飲んで朦朧（もうろう）として眠気と闘いながら筆を運んだという。この奇癖と執筆への執念。

また、谷崎潤一郎が死去した時、三島由紀夫に四百字詰め六枚の追悼文を依頼した時のこと。三島は著者の眼前で、わずかな時間に谷崎文学の言葉の美学を淀（よど）みなく書き上げたという。

これは単に著名な作家の裏話を綴（つづ）った裏面史ともちがう。作家と記者の心の触れあいと相互の緊張感が同居している。作家像が生気を帯びるのはこのためだ。

評・前川佐重郎（歌人）

二〇〇六年三月一二日⑨

『陰日向に咲く』

劇団ひとり 著
幻冬舎・一四七〇円
ISBN9784344011021/9784344411685(幻冬舎文庫)
文芸

落ちこぼれたちの性格きっちり描く

木造家屋の残る下町に佇（たたず）む著者近影という、妙に懐古趣味的なカバーに惹（ひ）かれて気軽に読み出したら、止まらなくなった。いま芸人としても俳優としても脂の乗っている劇団ひとり初の著作は、社会の落ちこぼれたちを主人公にした五編から成る連作短編集。

ホームレス志願のサラリーマンが公園デビューを果たし共同体に溶け込む一方、この道二〇年という長老モーゼのもとには大成功した息子の迎えがやってくる「道草」、借金まみれの男が自殺をやめて振り込め詐欺に走るも、相手には相手の事情があったという「Overrun」、駆け出しお笑い芸人のカップルのなれそめとステージを絶妙な視点の切り替えで描き出す実質上の表題作「鳴き砂を歩く犬」など、いずれも抜群の構成力だ。抱腹絶倒のアイドル〝ドロ子〟まできっちり性格造形し、過剰なスターシステムまで構築ずみ。長編ではさらに飛躍を遂げることが予想される、大型新人の登場である。

評・巽孝之（慶應大学教授）

二〇〇六年三月一二日⑩ 『クロスボーダー宣言』

社会／国際

国際交流基金 企画・制作

鹿島出版会・一六八〇円

ISBN9784306085077

国際交流基金は85年に「地域交流振興賞」（昨年より「地球市民賞」）を創設、国内で国際文化交流事業などを展開している団体・個人を毎年3件ずつ表彰してきた。本書に収められたのは、04年までの受賞者たちの活動の軌跡だ。

土地柄を生かした多様さと充実ぶりには目を見張る。人形浄瑠璃芝居の伝統がある長野県飯田市の「いいだ人形劇フェスタ」、愛知県常滑市の海外から陶芸家を招く「とこなめ国際やきものホームステイ」、外国人花嫁のために日本語教室などを開く「秋田県国際交流をすすめる婦人の会」と、もう枚挙に暇（いとま）がない。

常滑市では当初、大人は外国人を遠巻きにし、子どもは「ガイジン」とはやしたてたのが、やがてたばこ屋のおばあちゃんは世間話をし、子どもは笑顔であいさつを交わすようになった。ボーダー（境界線）を突破する「内なる国際化」と、東京を軽々と飛び越す地方の文化力に圧倒される。

評・多賀幹子（フリージャーナリスト）

二〇〇六年三月一九日① 『少年裁判官ノオト』

社会

井垣康弘 著

日本評論社・一六八〇円

ISBN9784535515000

著者はその世界では有名人といっていい。神戸家裁に在職中に、須磨区で起きた児童連続殺傷事件の加害男性「少年A」の審判を担当し、「なぜ起きたのかを世に知らせるべきだ」と、決定の要旨を初めて公表した。以来、被害者と加害少年との関係などを調整してより良い決着を目指す、いわゆる「修復的司法」にも取り組み、メディアなどで少年法や少年審判について、積極的な発言を続けてきた。退官後も喉頭（こうとう）などのがんと闘いつつ、少年たちの立ち直りに奔走する型破りな元裁判官である。

裁判所には「子どもの事件は子どもにやらせる」という言葉があるそうだ。少年事件は経験の浅い判事補に、という意味だが、出世コースとほど遠い道を歩いた著者は晩年、思いがけずそれを担当させられる。しかし、「少年A」の事件を契機にのめり込み、転勤も拒んで退官までの八年弱に、延べ五千人を超える少年の審判を担当した。さまざまな相貌（そうぼう）を持つそれぞれの犯罪や非行と、その処理をめぐる思い出を、エッセー風に綴（つづ）ったのが本書だ。

「静かなところで一人で死にたい」。生気なくそう語っていた少年Aに「医療少年院送致」の決定を言い渡したあと、毎年面会した。一年後は面会を拒まれた。次の年には一時間だけ会えたが、視線を合わそうとせず「無人島で暮らしたい」とボソボソ。ところが、「収容継続」を決めた審判をはさんで、Aは徐々に生きるエネルギーを取り戻していく。わだかまっていた母親とも感情の交流が始まる。著者が見守り続けた七年余の間に起きたAの変化は、「モンスターは葬れ、殺してしまえ」の憎悪に満ちた社会的空気のなかで彼と格闘した、医師や教官たちの努力を物語って生々しい。

評者は、少年Aとの関（かか）わりとは別に、もろもろの少年犯罪をめぐるエピソードや事件の決着のさせ方に、著者の社会や人間理解の深さを感じた。被害者や地域とどう折り合わせるか、家族との関係をどう修復させるか、心や金銭の償いは、といった、事件ごとにこらす工夫の数々は、親身にあふれている。時間をかけて、少年や被害者が納得できる審判を心がけようとする努力を重ねたからだろう。少年院では「井垣裁判官から送られてきた子の意欲は目を見張るものがある」との定評があったともいう。

とかく「目立つ」ことを嫌う日本の裁判所ではしかし、著者のように「法廷の外＝社会」を常に意識し、より良い解決を求めて肉声でぶつかっていく裁判官は、あまり好まれないし、偉くはなれない。裏返せば、人間理解の浅い「子ども」に委ねられる審判のかなりの部分が実は、少年の真の更生や社会の納得とは程遠い、おざなりな処理に終わっているのではないか、と肌寒さを覚えないわけにはいかない。

「少年法が甘いから、今のうちとばかり非行に走る」という俗論が、この国に根強くはびこっている。それが少年法の厳罰化にも追い風を吹かせてきた。少年審判の実情をあまりご存じない人にぜひ読んでほしい本である。

評・佐柄木俊郎（国際基督教大学客員教授）

いがき・やすひろ　40年生まれ。弁護士。05年まで地裁、家裁判事。共著に『裁判官は訴える！』など。

二〇〇六年三月一九日③　経済

『経済のグローバル化とは何か』

ジャック・アダ 著　清水耕一、坂口明義 訳

ナカニシヤ出版・二五二〇円
ISBN9784779500541

競争原理への一元化で市場が不安定に

表参道ヒルズが華々しくオープンした。中高生で賑（にぎ）わう竹下通りを擁しながら原宿が大人の町でもありえたのは、ひとえに同潤会アパートのしっとりした佇（たたず）まいあってのことだ。同潤会は、関東大震災の後に耐震構造に配慮すべしという政治的・社会的要請を受けて建設されたアパートである。そのような時を経た名建築だけが持つ文化や歴史を解体してそこに現れたのは、海外ブランド店がぎっちりと効率的に集積する空間であった。

「グローバル化現象は、『社会的なもの』『政治的なもの』に対する『経済的なもの』の復讐（ふくしゅう）である」と著者は言う。それならば同潤会を海外ブランド店に置き換えた表参道ヒルズこそがグローバル化の象徴的事例ということになろう。だが「経済のグローバル化」にかんする大半の議論は、「世界市場の統合」を指摘するにとどまってきた。それだと海外ブランド店が表参道に軒を並べることまでしか指さないことになる。

社会や政治も視野に収めると、グローバル化を通して見える光景は一変する。「市場統合論」では、分業の広がりによって生産性が向上し、局地的な村落経済の余剰を交換する地域市場が生まれ、それが結合して国民市場となり、開放されて国際市場へ成長したとされる。一方、本書は、グローバル化を昨日今日の現象ではないとし、その起源を11世紀ごろから地中海や北海・バルト海あたりで行われた遠隔地商業に求める。のちに商人は国家と結託し、外部から国内の諸規制を撤廃するに至ったというのである。

市場は「競争」だけでなく「組織化」も不可欠の要素としている。ケインズ主義や日本的経営といった「組織化」は、グローバル化の過程で解体された。だが「組織化」は需給調整だけではなく、政治や社会と経済の折り合いをつける役割も果たしている。それが競争一元論によって破壊されたせいで世界市場はとくに金融面で不安定化し、周辺国は停滞を余儀なくされたとする。

ポラニーやウォーラーステイン、ブローデルらを引きながら、啓蒙（けいもう）書の枠を超え、スリリングな議論を展開している。

（原題、La mondialisation de l'économie）

評・松原隆一郎（東京大学教授）

Jacques Adda　59年生まれ。国際政治経済学者。

二〇〇六年三月一九日④ 『ピープルの思想を紡ぐ』

花崎皋平 著
七つ森書館・二一〇〇円
ISBN9784822806156
人文

水平的な共生めざす「まつろわぬ」宣言

「本書は……現代日本の政治・思想・文化の状況に対するつよい違和の念に貫かれています」。本書はこのような言葉で始まる。「まつろわぬ」ことの表明である。「まつろわぬもの」、それは坂部恵の定義によれば、「秩序のあらためての『聖別』としての『まつり』に参与せぬもの」のことである。「まつろわぬ」ことが、時代の巨(おお)きな濁流に抗しえず「空振り」し、メッセージを届けるべき次の世代に「そっぽを向かれ」ても、それでも声を張り上げる、そんな宣言である。

眠ってはならない、みなが寝入っているあいだにこそ問わねばならない、そんなミネルヴァの梟(ふくろう)のような想(おも)いが、著者のこれまでの「オルタナティブな思想」を駆ってきた。オルタナティブには言うまでもなくさまざまな形がある。その形は増殖すればするほどよい。著者のそれも増殖に増殖をくりかえしてきた。

著者がここで対抗すべき巨きな流れとして引きずりだすのは、ナショナリズムとグローバリズムだ。それに対抗的に立てるのは「ピープルネス」と「サブシステンス」の思考である。

講演録が中心になっており、現場の声というより骨太のやや大ぶりな言葉がめだつが、運動を増殖させる過程で共振した別の骨太の声を深い敬意とともに引いているのでそれを引くと、ピープルネスとは石牟礼道子のいう「ごく小さなものの中に生きる思いや優しさ、威厳を見つけていく方向」であり、サブシステンスとは滝沢克己のいう「人間共通の低みに立つ」思想であり、安里清信のいう「生存基盤に根を張る」生き方だ。

アイヌ民族の詩を論じ、コモンズ(共有財)の保全運動を論じ、田中正造の思想を論ずるなかに、所轄庁による「認証」ではなく、市民が、あるいは当事者自身が「公益」かどうかを判断し選択する、そういう「水平的な自治、分権、協同、共生」の運動に与(くみ)してきた著者の半生が折り重なる。彼にとって、「地域」も「共生」もけして融和の場所ではなく、〈触発〉と〈闘い〉の現場だったことが、隠そうにも隠しえない苦々しさをまじえて書きとめられている。

評・鷲田清一(大阪大学教授)

はなざき・こうへい 31年生まれ。哲学者。著書に『生きる場の哲学』など。

二〇〇六年三月一九日⑤ 『他人を見下す若者たち』

速水敏彦 著
講談社現代新書・七五六円
ISBN9784061498273
社会

個人的怒りに敏感　社会悪に無反応

若者の行動が奇異になっている。個人的な怒りはすぐ爆発させるが、社会悪には無反応だと言われて時久しい。

最近ではすっかり日常化した「キレる」行為を《自尊感情が傷つけられた場合に些細(ささい)なことで怒る》現象と定義する著者は、そうした行動の根底にある心理的メカニズムを「仮想的有能感」と名づけて、日本の最新世代に起きている心性の変化を解明しようとする。

著者が初めて使用するこの用語はたいへん有効であり、さまざまな事例を①感情表出の変質、②やる気の低下、③他者軽視、④自己肯定感への渇望、と四つの分野にわたって分析してゆく。挙げられるのは、謝らない子どもとか、人前で化粧する少女とか、「自分以外はバカ」という態度で振る舞う青年とか、「オンリーワン」感覚とか、読者にもなじみ深いはずの話題の数々である。

自分のミスに思い至らず、まず「相手の落ち度を鋭く指摘する」しか能のない政治家も多くなった。

自身への甘さは、自尊心（プライド）とも自己愛（ナルシシズム）とも微妙に違っているらしい。攻撃的に見えて、実は過剰に自己防御的なのではないか。大づかみに《いつも「自分より下」を必要とする他者軽視で成り立つ防衛機制》と見ているのは当たっていよう。「2ちゃんねる」の閲覧とこの種の有能感とには相関性が高いという観察は、なるほどそうかと納得する。

この仮想的有能感という仮説は心理学の立場からの発言であるが、近年流行語にもなった「格差社会」「下流社会」など社会学の概念と重なる関心事から出発していて、非常に大切な問題への切り口になっているように思われる。

こういう心理機制が働くのは、若者だからだろうか。それとも、世紀の代わり目の日本人だからなのだろうか。著者が「今後増大する」と予測しているのが何だか不気味だ。

キレやすい若者をじっとガマンづよく論じてきた著者が、ついぽろりと、この人々には「汚れっちまった悲しみ」（中原中也）がないのではないかと洩（も）らしているところが妙味である。

評・野口武彦（文芸評論家）

はやみず・としひこ　47年生まれ。名古屋大学大学院教授（教育心理学）。

『気まぐれ古書店紀行』

岡崎武志 著

工作舎・二四一五円
ISBN9784875023913

古本の虫　日本全国を飛び回る

本好きのための情報誌『彷書月刊』で8年間にわたって連載中の人気コラムが分厚い一冊になった。

書評を含む本回りのライターである著者は「均一小僧」を自称する。古書店の店頭には「なんでも100円」といった安価な本が並ぶが、この均一コーナーでまず足を止めて入念に背表紙を眺め、意外な宝物をつり上げることを何よりの喜びとするからである。

その根っからの本好きが、題名の通り足の向くまま気の向くまま、全国を股に掛けて三百数十軒の古書店を足で歩いた探訪記である。

単に店構えや掘り出したものの紹介にとどまらず、個性あふれる店主との対話や、店を探し当てるまでの町歩きでの体験談も、これまた愉快。

そして「駅前にあったあの店が」といった名店が惜しまれて看板を下ろし、目録やネット活用の新しい売り方が増え、カフェや酒場と一体になったニューウエーブ店の出現といった業界事情もさりげなく紹介されている。

ユニークなのは本書の随所にある書き込みだろう。以前の持ち主の書き込み跡は古書では値引き材料だが、数年前に訪ねた店がその後廃業したといった有用情報が、手書きで欄外に挿入されているのは親切で、面白い試みだ。

この古本の虫を抱える家族のエピソードにも微苦笑を禁じ得ない。旅行にでかけても主目的が古書店探訪であることは妻もとうにあきらめているが、ある日、東京の下町の古書店で、まだ小学生の娘が父親が目下夢中になっている外国マンガのシリーズ本を見つける。「でかしたぞ、娘！」と父親は頭をなでたが、さて困った。どの巻を持ってて、どの巻がないかわからない。すると娘が「それはある、ない、ある、ある……」と楽々選び出し、家に帰るとすべて正解。教えずとも子は育つ。

散歩の極意というか醍醐（だいご）味は何も目的を持たずにぶらつくことだろうが、この1冊を持参して春の街に繰り出すのも悪くない。古書店で収穫を得て、喫茶店で一服するのもまた楽しからずやだ。

評・加藤千洋（本社編集委員）

おかざき・たけし　57年生まれ。ライター、編集者。著書に『古本生活読本』など。

二〇〇六年三月一九日⑦

『差別とハンセン病　「柊（ひいらぎ）の垣根」は今も』

畑谷史代 著
平凡社新書・七九八円
ISBN9784582853070

社会

日本人は忘れやすい。これは、明治以後の国家本位の学校制度に根がある。小学校から大学までの試験本位の昇進で、その時の試験を終えると忘れる。自分たちのした戦争についても、その終わりに原爆を落とされたことについても、忘れる。

しかし、忘れないことを保つ人はいる。1907年から96年まで、90年にわたる隔離の中に生きた人たちは、自分たちが閉ざされていることを忘れない。隔離が法によって廃止された後も、外の社会の偏見によって隔離は続いている。むしろ、法律上もはや隔離はなくなったという常識が、今も続く隔離を支えている。

この本はその常識からめざめたひとりの記者が、勤めている信濃毎日新聞に休職を願い出て大学に入り直し、自由な時間に元患者からその生活史をきいた記録である。話す人と、聞く人とのあいだに育った信頼が、現代日本にまれな考える文体を生み出した。もっとすぐれた書評に値する仕事である。

評・鶴見俊輔（哲学者）

〈訂正〉　２００６年３月26日朝刊（「訂正・おわび」の掲載日）

19日付『差別とハンセン病「柊（ひいらぎ）の垣根」は今も』の書評で、著者が「勤めている信濃毎日新聞に休職を願い出て大学に入り直し、自由な時間に元患者からその生活史をきいた記録」とありますが、実際は上司の判断で在職のまま取材していました。訂正します。

二〇〇六年三月一九日⑧

『水車・風車・機関車　機械文明発生の歴史』

坂井洲二 著
法政大学出版局・三六七五円
ISBN9784588276330

科学・生物

水車に魅せられた民俗学者が機械文明発生の歴史を論じた労作だ。三十数年前にドイツに留学した著者は、山間の村で壮大な水車小屋と出あい感動した。人々の暮らしを扱う民俗学者でありながら、機械にも強い。辺鄙（へんぴ）な土地を訪ねて水車の遺構を観察し、メカの発展史を解き明かした。

本書の真骨頂は、技術の在り方をめぐり、東西世界の比較文明論を示す所にある。米は雨の多い東洋に、麦つまりパン食は比較的雨の少ない西洋に広まった。米は脱穀が簡単でご飯として食べられるが、麦は殻をとるのに力が必要で、製粉水車が発達したというのだ。

川がない所では、風車の製粉機を考案し、さらにその発想を製材や鍛冶（かじ）用の水車にも応用したという。

畜力を活発に利用したのもヨーロッパの特徴で、その代わりに登場した蒸気機関車が畑を耕したというから滑稽（こっけい）だ。本書を読むと逆に、水車も畜力も控えめだった日本が技術大国になりえた理由も考えたくなる。

評・陣内秀信（法政大学教授）

二〇〇六年三月一九日⑨

『水子〈中絶〉をめぐる日本文化の底流』

ウィリアム・R・ラフルーア 著
森下直貴ほか 訳
青木書店・三九九〇円
ISBN9784250206023

社会

中絶は殺人か基本的人権か。米国を二分する政治的課題だ。いい加減、二元論の隘路（あいろ）から抜け出したい。そう願う米国の日本研究者が水子供養に手がかりを求めた。殺人でも権利でもない、あわいをすくい上げる仏教的な中絶文化を真正面から論じた日本文化論だ。

神仏の領域に送り返すという意味の「カエス」、農作業の言葉を借りた「間引き」、救い救われる対象としての「地蔵」。こうした言葉や慣習に罪悪感を和らげる意味をこめた日本人のプラグマティックな生命観を解きほぐす。あくどい水子商売には批判的だが、中絶が必ずしも道徳の荒廃につながるわけではないとして、人々の心を支えるために仏教が果たした役割を前向きに評価する。

原著は一九九二年刊行。隔世の感を覚える部分もあるが、今、翻訳されたことは意義深い。生命倫理の観点からだけではない。痛みを抱えつつ生を紡いできた日本人の心の根にふれた気がするからだ。

評・最相葉月（ノンフィクション作家）

二〇〇六年三月一九日⑩

『シャーマンが歌う夜』

中上紀 著
作品社・一四七〇円
ISBN9784861820588

文芸

ミバはタイの山岳民族の人たちと酒を飲んでいる。シャーマンの儀式に出掛けると、老婆がすっと立ち上がり、踊りだす。ミバはここに来てどれくらい経（た）っているのか、時間の感覚がない。シャーマンの歌はつづいている。「シャーマンの歌は、時間そのものを溶かしてしまうのかもしれない。優しい、子守歌のような響きなのに細胞の奥まで浸透する、そんな歌だ」

長さの異なる十二作品を、執筆の順を逆にたどった著者初の短編集は、或（あ）る特定の場所や時に、主人公が見てしまう、出会ってしまうちょっとした、しかし深く何かを揺さぶる、かならずしも目には見えない「ちがい」が描かれてゆく。それは、先に触れた表題作のような非日常的なところでも、旅先でも、想起される子供時代であっても、だ。ウェブ上で発表された作品が大半を占めるが、こうした「気づき」が、密（ひそ）かにウェブのなかを走っているのもまた、「神秘」のあり方であるにちがいない。

評・小沼純一（文芸評論家）

二〇〇六年三月二六日①

『名もなき孤児たちの墓』

中原昌也 著
新潮社・一五七五円
ISBN9784104472024／9784167773601（文春文庫）

文芸

小説におさらばできない作家の苦しみ

中原昌也は嫌われる。

あるいは、「まったく妙なことを言うやつだ」と訝（いぶか）しげに思われる。

なぜなら、「ぼくの書いた小説なんか読まないでください。世の中には、もっと楽しい小説があります」というような、小説家としてあるまじき発言をするからだ。

十六の短篇（たんぺん）を発表順に集めた、最後の一つを除くと、ただでさえ短い小説が、後半になるほど（たぶん書くのが苦しくなってきたせいで）さらに短くなっていく、この本を読んでいると、ほんとうになにもかもイヤになってくる。

この、ほとんど筋らしい筋のない小説集の中に、もしなにか意味を見つけようとしたら、それは一つしかない。

「イヤだ！」ということだ。作者が「イヤだ！」と渾身（こんしん）の力をこめて叫んでいることだけは、わかるのである。

なにが「イヤ」なのか。いちばんイヤなのは、小説を書くことだ。それは、「これは価値があるものですよ、とか何とか言って、本当は何の意味もない物を売りつけている」からだ。「自分の書いていることが大変切実なことであるかのように振る舞わなければならない」からだ。つまり、中原昌也は「小説を書くのがイヤ」なのではなく「ウソばかりの小説を書くのがイヤ」なのだ。そして、中原昌也が嘆く通り、小説の周りは、ウソだらけなのである。

たとえば、作家の多くは、読者のことなんか、ぜんぜん考えない。

たとえば、作家の多くは、もう新しいものなど何一つ産み出せなくなっているのに、知らぬふりをして、平気で書き続けている。

たとえば……いや、そんなリストアップを続けても、キリはない。その事実を知っていても、誰もなにも言わない。正直に書いて波風を立てたくない。「ほんとう」のことは厄介なのだ。恥ずかしいけれど、ぼくだって、そんな仲間の一人なのだ。

小説が、もしそのようなものであるなら、なぜ中原昌也が苦しむ必要があるのか。さっさとおさらばすればいいだけの話ではないか。

中原昌也が苦しんでいるのは、彼が世界一のアホだからだ。現実の小説が、どれほど悲惨な状態にあったとしても、もしかしたら小説にはまだ「ほんとう」が可能かもしれない、などと思っているからだ。

だが、彼の苦しみは、単なる一小説家の苦しみにすぎないのだろうか。文学（小説）が世界のミニチュアであるなら、我々はすべて、彼と同じように、「ウソ」で固めた世界に苦しんではいないだろうか。

人から「ほんとうのことがどこかにある」という思いが消えない限り、中原昌也のような作家が現れ、ほんとうのことを書いては、嫌われる。だが、そのような作家がまだ存在すること以外に、小説（文学）に希望はないのである。

四年間、お世話になりました。書評委員としての仕事は今回で最後です。さよなら。

評・高橋源一郎（作家・明治学院大学教授）

なかはら・まさや　70年生まれ。作家、ミュージシャン。『あらゆる場所に花束が……』など著書多数。

二〇〇六年三月二六日❷

『聖書の日本語　翻訳の歴史』

鈴木範久 著　人文

岩波書店・三三六〇円
ISBN9784000236645

日常会話の「眼からウロコ」も「隣人」も

よく政界で使われる「選挙の『洗礼』を受ける」とか、「『三位一体』の改革を進める」とかいった比喩（ひゆ）がもともと神学用語であることは、日頃あまり意識されているとは思えない。

今ではそのくらい日常の言語生活に溶けこんでいる聖書の日本語は、いつから、どのようにして形成されてきたのか。この一冊は、キリスト教の移入と普及の過程を翻訳思想史という角度から丹念にたどった労作である。

最初の布教者だったザビエルが「デウス」を「大日（だいにち）」と訳し、後であわてて取り消した話は有名だ。江戸時代後期の国学者平田篤胤（あつたね）が禁制の中国天主教書を手に入れて神道教義に応用した秘話も紹介される。いちばん力が籠（こも）っているのは、近代以後の翻訳事業であり、「明治元訳」「大正改訳」「口語訳」「新共同訳」と積み重ねられてきた訳語の検討を通じて、「その言葉によって象徴されるものが何であるかが、いかに重大な文化的・政治的問題を惹起（じゃっき）することになるか」という大きなテーマを探求している。

日本語に定着したと見なす「聖書語」のキーワードは、愛・神・救世主・教会・天国・福音……など三十語にわたる。そのうち二十三語は中国語訳聖書からの流入であるという。日本語訳聖書に初出する言葉は、悪魔・クリスチャン・宣教・造主・伝道者・ハルマゲドン・隣人の七語だというのは、それこそ「眼(め)からウロコ」(これも聖書語!)だった。

この事実はたんなる影響関係だけにとどまらず、外来の「思想語」がはらむ在来語との危険な裂け目をあぶりだす。いったいGodと神とカミとは同一の対象を意味しているのか、という根源的な問いかけをはらんでいるのだ。中国語訳聖書では、「上帝」である。最初の訳業に参加したヘボンは、日本語で「神」とするのをためらったそうだ。『和英語林集成』では、カミは「神道の八百万(やおよろず)の神々」と語釈されている。

子どもの頃、「悪いことをしてはいけない。神様が見ているよ」といわれたことを思い出す。頭にどんなイメージを浮かべるかは、人それぞれに微妙だ。

評・野口武彦(文芸評論家)

すずき・のりひさ 35年生まれ。立教大学名誉教授(日本宗教史)。著書に『内村鑑三』など。

『にほんの建築家　伊東豊雄・観察記』

瀧口範子 著

TOTO出版・一八九〇円
ISBN9784887062641/9784480429803(ちくま文庫)
アート・ファッション・芸能/ノンフィクション・評伝

「静かな革命家」に密着して描いた肖像

個々人の情熱、企業の財務、行政との押し問答が複雑に絡まりあうその渦中に立ち、数日の出張でベネチア、ミラノ、パリ、あるいはバルセロナの建設現場や展覧会場を回り、帰国すればこんどは、日本地図を縦横斜めに切り裂くかのように事務所と現場と学校を飛び回る。そんな移動生活のなかで、ひとり、ずっと、だれも考えたことのない空間をあたまのなかで感じ、組み立て、しぶとく発酵させている……。かくも頑固で緻密(ちみつ)、それでいてじつにノンシャラン(力が抜けて無頓着なのだがどこか物憂げ)な男。本書は、建築の最前線で爪先(つまさき)だっている男の、言ってみれば密着取材記である。

70年代は、広間が白く円弧に続く「中野本町の家」、80年代は、内/外の境を溶解させた半透明な「シルバーハット」というふうに、都市と消費社会の変容に真正面から向きあってきたこの建築家は、いま、柱ではなく外壁に構造の役を担わせる布のような建築(たとえば「トッズ表参道ビル」)、あるいは内と外が反転するチューブのような建築(ゲント市文化フォーラム・プラン)にはまっている。「道を究める」のが嫌い、「茶碗(ちゃわん)をなでるように、洗練させていくだけのような建築のアプローチは嫌いだ」と言い切る伊東らしい、大きな旋回である。

その伊東に密着して、事務所での議論、施主との対話、講演や授業をつぶさに観察したのは瀧口範子。細胞が増殖するかのようなうねる曲線だらけのスケッチをのぞき込み、会話の端々に注意し、顔面に走る微細な異変を鋭くキャッチし、ポップとシックをきわどいところで両立させるその服装をぬかりなく報告し……というふうに、伊東の建築とおなじくディテールにこだわりながら、それでいて彼がいま建築のどんな問題にぶつかり、どんな刃を研いでいるかを、距離を置いて思想的にきちんととらえる。

とんでもないことを考えつく、だれも即座についていけない、激しい怒りがいつ発火するかわからない、そんな緊張感と、ただ居眠りしているだけともみえるポーカーフェース。瀧口はこの静かな革命家の肖像をスリリングに描ききった。

評・鷲田清一(大阪大学教授)

たきぐち・のりこ ジャーナリスト、編集者。

二〇〇六年三月二十六日④

『ビッグ・ピクチャー　ハリウッドを動かす金と権力の新論理』

エドワード・J・エプスタイン 著　塩谷紘 訳

早川書房・二八三五円
ISBN9784152087003　経済／アート・ファッション・芸能

世界を征服した「映画の都」の現実

「二〇〇四年までに、アメリカの映画はおおむね世界を征服した」と著者は書く。欧州と日本を合わせた興行収益に占めるハリウッド映画の割合は、すでに八割。近年、仏の「赤ちゃんに乾杯！」「ニキータ」や日本の「リング」など、他国製映画のリメイクも盛んだが、「世界の市場をつかむのには、米人俳優が登場する、アメリカン・スタイルの映画が必要だということが明白になった」とも。

パラマウント、ユニバーサル、ワーナー・ブラザーズなどのスタジオを創業したのは、いずれも貧しいユダヤ系東欧人移民だ。エジソンの特許侵害の追及を逃れて西海岸に本拠を移したのが「映画の都」の誕生につながった。いまや「世界のアメリカ化」の象徴ともいえるハリウッドのその後の変遷と、経費や収益など、映画ビジネスの裏側を克明に明かしてなかなかに刺激的である。

何より、ハリウッド映画の大部分が赤字であることに驚く。メジャー六社が〇三年に封切った映画の配給経費百八十億ドルに対し、世界中で回収した入場料収入は六十四億ドル。全世界の収益のうち劇場の占めるシェアは一八%で、映画づくりはいまや、ビデオやDVDとテレビの放映権料に支えられている。それらを含めて収益のあがる映画は、全作品の五%以下しかない。

一流スターの出演料が八桁（けた）（一千万ドル）を超えるなど、製作経費や宣伝費の高騰が背景だ。ところが「ハリー・ポッター」や「スター・ウォーズ」シリーズ、「スパイダーマン」のように、さほどのスターは出演しないが、キャラクター商品やDVDを含め、一本で十億ドル以上を稼ぐ超ヒット作がまれにある。こうした「子ども向け」映画が、スタジオ全体の財政を何年間も支え、「大人の映画」づくりや映画人たちの文化を支えているとの指摘は、興味深い。

「新生ハリウッドを造った男たち」の一人として、ソニーの故盛田昭夫氏に相当のページ数を割く。松下や東芝といった企業名も再三登場するし、海外の配給市場として最大であるなど、日本がハリウッドを支えている構図も見えてくる。

（原題、THE BIG PICTURE : The New Logic of Money and Power in Hollywood）

評・佐柄木俊郎（国際基督教大学客員教授）

Edward J. Epstein　35年生まれ。米のジャーナリスト、作家。

二〇〇六年三月二十六日⑤

『リベラリズム　古代と近代』

レオ・シュトラウス 著
石崎嘉彦、飯島昇藏ほか 訳

ナカニシヤ出版・四六二〇円
ISBN9784888488310　人文

「ネオコン教祖」？　思想史家の真骨頂

本書は19世紀末にドイツに生まれ、ナチスを逃れてアメリカに移ったユダヤ人思想史家の40年近く前の論文集の翻訳である。著者の弟子の選定による論文集『古典的政治的合理主義の再生』の翻訳が10年前に公刊されたが、その時から予定されていた訳書である。

「訳者あとがき」にもあるように、本書の公刊まで時間がかかったのはその高度に専門的な内容ゆえである。ギリシャ哲学や中世思想の詳細な検討を含む本書の訳業に多大の精力を要したことは容易に想像できる。しかしその間、この思想史家を巡る世の関心は大きく変わった。かつて政治思想史の専門家以外にはほとんど知られなかった著者の名は、今やネオコンの教祖という評判と共に広く認知されるようになったのである。

死後30年余りを経たこうした展開に最も驚いているのは著者自身ではなかろうか。確かに彼は、近代合理主義の内包する限界を指摘し、古代及び中世の古典研究の必要性を訴えた点で異端の研究者であり、「保守主義者」に分類しても間違いとは言い切れない。また、彼の近代合理主義批判の一端には、ヒトラーの台頭を抑制できなかったワイマール時代の経験に恐らく由来する価値相対主義への批判と、ソ連共産主義への道徳的対抗の必要性の認識があり、そこに知的戦闘性の要素を見ることも不可能ではないだろう。しかしネオコンの主張が自由民主主義の世界的拡張にあるとするなら、安易な自由民主主義の称揚こそ厳に戒めたという点で、ネオコンの最も厳しい批判を著者の論考から導き出すことも可能である。

ネオコンとの関連といった俗な関心を超越し、思想史に取り組むことで主張をなした思想家として著者は読まれるべきであろう。率直に言って、本書は政治思想史の門外漢が気楽に読める著作ではなく、先述の前訳書を入門として先に読むことを勧める。知的格闘を余儀なくされること間違いなしだが、著者の問題意識さえ了解すれば、古代、中世の難解なテクストを鮮やかに読み解いてくれる最良の教師としての側面が見えてくるだろう。

（原題、LIBERALISM ANCIENT AND MODERN）

評・中西寛（京都大学教授）

Leo Strauss　1899年～1973年。政治哲学者。

二〇〇六年三月二六日⑦

『学徒兵の精神誌』

大貫恵美子 著

岩波書店・二六二五円
ISBN9784000224628

人文／社会

死に意味を与える。そこには自らの生の有り様が反映する。そしてその生は、個人を超えた時代や国家の有り様に枠づけられている。死の確実な戦いに赴く若者にとって、戦争のために死ぬとはどういうことだったのか。第2次大戦下に綴（つづ）られた7人の若者の手記を通して、アメリカ在住の人類学者が、学徒兵の精神誌を繙（ひもと）く。本書は、教養も知性も世界的視野も持っていた当時の大学卒業者が、軍国主義やこの戦争の無意味さを承知しつつ、死を受け入れていった軌跡を明らかにした好著である。

政府が「殺した」と著者はいう。死に至るまでに記録された苦悩に満ちた死への意味付けの痕跡。そこには、知性や人間性の証明だけではなく、国家と個人の葛藤（かっとう）が見事に描かれている。殺されたのは知性なのかもしれない。

「国を愛する心」の教育の一歩先に何があるのか。それを考えるためにも、生きることさえ選べなかった若者から学ぶことは多い。

評・苅谷剛彦（東京大学教授）

二〇〇六年三月二六日⑧

『生き延びるための思想　ジェンダー平等の罠』

上野千鶴子 著

岩波書店・二五二〇円
ISBN9784000221511／9784006002701（岩波現代文庫）

人文／社会

ひとつの偽造メールで大混乱をきたした先日の国会だが、ひとつの重要な社会的概念「ジェンダー」（性差）をめぐる保守派の曲解と事実の捏造（ねつぞう）については、何ら問い直さぬままだ。フェミニズム抑圧の風は、ますます強まろうとしているかのように見える。

そんな状況下、論争の達人・上野千鶴子は、湾岸戦争以後の過程で思索した「女性兵士」の投げかける様々な問題を皮切りに、ナショナリズムがいかにヒロイズムによって個人を切り捨てる「死ぬための思想」であったか、いっぽうフェミニズムがあくまで戦争にもテロにも加担せず、民主主義の罠（わな）を回避しようと試みる「生き延びるための思想」であるかを、力強く説く。

独自の理論から概念定義をめぐる論争、今日の国家と性差を考えるための必読書の紹介、自己解題を兼ねた末尾のインタビューまで、著者が新しい思想たりうる「新しい言葉」を希求する姿勢は、読者に深い感銘を与えてやまない。

評・巽孝之（慶應大学教授）

二〇〇六年三月二六日⑨

『ジョン・コルトレーン『至上の愛』の真実』

アシュリー・カーン 著　川嶋文丸 訳

音楽之友社・三七八〇円
ISBN9784276232808

アート・ファッション・芸能／ノンフィクション・評伝

ジャズの名盤の中でも、コルトレーンの『至上の愛』は、最高位の敬意を表されてきた。ところがこのアルバムには謎がある。彼の「黄金のカルテット」は結成期間である3年の間、「マイ・フェイバリット・シングス」をほぼ毎日のように演奏し、無数のライブ盤が流通しているのに、この組曲はほとんど公開演奏されていないのだ。

本書は膨大な資料と新たな証言を巧みに構成することで、この偉大なサックス奏者がR&Bのテナー吹きからマイルス楽団を経て巨人へと成長する過程を追い、ビートを放擲（ほうてき）した晩年までを感動的に描いている。他の曲が錯綜（さくそう）した音楽技術を追求するのに対し、『至上の愛』は彼の幼児からの宗教体験に回帰した点で隔絶しているのだ、という謎解きには納得した。

晩年には練習風景を観客が安く覗（のぞ）けるロフトを探していたとか、オリジナル・テープは廃棄されたといった逸話も満載。

評・松原隆一郎（東京大学教授）

二〇〇六年三月二六日⑩

『旅行記作家マーク・トウェイン』

飯塚英一 著

彩流社・一九九五円
ISBN9784779111365

ノンフィクション・評伝

マーク・トウェインといえば「トム・ソーヤーの冒険」しか思い浮かばないのだが、旅行記作家としての顔も持っていたらしい。本書は、彼の旅行記を年代ごとにていねいになぞりながら、マーク・トウェインという作家の、日本ではあまり知られていない素顔を紹介している。

外輪船でエジプトとヨーロッパを回（めぐ）るツアーに彼が参加したのは一八六七年。この船旅のさなか、彼は紀行文を書き新聞社に送り続けるのだが、文句ばかり書き連ねているところがなんとも興味深い。イタリアで絵画を見ては文句を言い、ヨルダン川を見てはその狭さに落胆する。しかしながら、この旅行で旅に取り憑（つ）かれた彼は、その後も機会があるごとに旅をし、還暦を過ぎてもインド、南アフリカへと長期旅行をしている。十九世紀アメリカの自由さとはちゃめちゃさ、そして皮肉屋で執念深く、野心に燃えた作家の姿とが、旅を基軸にしてぴったりと重なり合う。

評・角田光代（作家）

二〇〇六年四月二日①

『ポピュラーサイエンスの時代』

原克 著

柏書房・二九四〇円
ISBN9784760128860

科学・生物／IT・コンピューター

「幸福で豊かな家族」演出した家電

真新しい電気冷蔵庫の中を覗（のぞ）き込んで「おおーっ」と感嘆し、茶の間に運び込まれたテレビを拍手で迎える——大ヒットした映画『ALWAYS　三丁目の夕日』は、「家電の映画」と呼んでもいいのではないか。

わが家に電化製品が増えることの喜び、それは、便利さや快適さという直接的な効能を超えて、「冷蔵庫のある暮らし」や「テレビのある暮らし」を手に入れた喜びに他ならない。だからこそ、高度経済成長期、家電の買い物は家族総出のイベントとなりえたのだ。

本書は「20世紀の暮らしと科学」の副題どおり、前世紀に登場したテクノロジーがひとびとの生活や考え方に与えた影響を探る。

ハリウッドスターの白い歯が嫌いだった谷崎潤一郎、アドバルーンで逃げ去る怪人二十面相など、著者はさまざまなエピソードをちりばめた軽快な筆致で、二十世紀の〈日常的身振り（ハビトゥス）〉に組み込まれたテクノロジーを語るのだが……しかし、科学と暮らしはダイレクトに結びついているわけではない。そこに介在するのが情報。「ポピュラーサイエンス」を「大衆化した科学情報」と定義づける本書のキモは、アメリカ・ドイツ・日本の大衆的な科学雑誌をひもとくことで、一般大衆にわかりやすく情報化された科学のイメージが社会に広がっていくさまを描くところにある。

たとえば、コンタクトレンズの普及には、視力矯正の効能以上に「メガネをかけないほうが美しい」という言説の果たした役割が大きかった。家事労働の軽減という実用性のアピールだけでは売れなかった食器洗い機も、「自由な時間が獲得できる」と宣伝戦略を変更――〈食器洗い機を購入することが、新しい生き方を手に入れることに繋（つな）がる〉と提唱したことで、一気に普及のペースを速めたのだという。高度経済成長期のニッポンで冷蔵庫やテレビが憧（あこが）れだったのも、アメリカ製のホームドラマが描く「幸福で豊かな家族」のイメージと無縁ではなかったはずだし、そのアメリカでも、「幸福で豊かな家族」は、朝食のテーブルに置かれたトースターがイコンとして具現化されていたのだった。

そう考えると、合計二十七のテクノロジーをコラム集ふうに綴（つづ）った本書は、科学読み物の枠にとどまるものではなく、メディア、広告、大衆、そして戦争をも視野におさめた二十世紀論としても読めるだろう。

いや、〈科学情報とのかかわりにおいて、われわれが無意識のうちに絡め取られているさまざまな価値の枠組み、言説の枠組み〉は、舞台を二十一世紀に移しても変わらないはずだ。

パソコン、ケータイ、テレビゲーム、原子力……それらはいま、どうポピュラーサイエンス化され、どんな価値や言説をまとっているのか。著者によると、ポピュラーサイエンスとは〈ときに誤謬（ごびゅう）をふくんだ〉もので、〈必ずしも正確ではない〉。前世紀を振り返るときには苦笑いのネタになる誤謬の数々も、リアルタイムに置き換えてみると……優れた読み物の愉（たの）しさを満喫しながら、一読後には、微妙な苦みが胸に湧（わ）いてくるのである。

評・重松清（作家）

はら・かつみ　54年生まれ。早稲田大教授（表象文化論）。著書に『書物の図像学』など。

二〇〇六年四月二日②

『市場には心がない』

都留重人 著

岩波書店・一七八五円
ISBN9784000234184

経済

「成長なくて改革を」の遺著

享年93。本書は、亡くなる直前まで時事問題に関心を抱き、発言を続けた「著者最後のメッセージ」である。「市場には心がない」ことは誰もが知っている。問題は、そのマイナス要因をどう埋めるかであり、小泉改革の民営化路線は本末転倒だ。

実際、アメリカの大統領委員会が郵便事業に関し、当初の民営化案を否定して国営独占の維持を勧告したのは、それが成長産業ではなく衰退産業だったからだ。成長産業なら「心がない」市場でもユニバーサル・サービスを維持できる。しかし、衰退産業になれば「社会保障的意味」のある郵便サービスをあまねく提供するのはむずかしくなる。だから、大統領委員会は、ブッシュ政権の下でも民営化より現行形態（国営独占）の存続を勧告したと著者は言う。

小泉政権の「改革なくして成長なし」を『お経』のようなもの」と批判する著者は、「成長なくて改革をこそ」が本筋だと主張する。その背景にはJ・S・ミルが160年近く前に説いた、ゼロ成長は必ずしも、「人間的進歩の停滞を意味するものでない」という定常経済の発想がある。もちろん、著者は市場や成長の役割まで否定しているのではない。GDP（国内総生産）の持つ「歪（ひずみ）」に関し研究を重ねてきた経済学者として、人間の幸福や福祉に結びつかない市場や成長の問題を指摘しているのである。

著者は敗戦後第1回の「経済白書」の執筆者としても有名だが、小泉改革をめぐる最近の白書の分析に対しては大変厳しい。そもそも、成長を目的とする「改革」は、「手段と目的をはき違えている」と批判したうえで、肝心の潜在成長率の計算に過去の成長要因（成長会計）を「援用することは納得しかねる」と不満を述べる。GDPギャップの推計に至っては「衒学（げんがく）的趣味からくる余興だったのだろう」と皮肉を交えて一蹴（いっしゅう）する。

碩学（せきがく）の思想は読み手の知力を映す鏡でもある。本書の内容はすでに著者の本を何冊か読んだ読者には新味に欠けるかもしれないが、改めて本書を繙（ひもと）き自らの知的成長を顧みるのも一興だと思われる。

評・高橋伸彰（立命館大学教授）

つる・しげと　1912～2006年。経済学者。一橋大学学長などを歴任。

二〇〇六年四月二日③

『へんな子じゃないもん』

ノーマ・フィールド著　大島かおり訳

みすず書房・二五二〇円
ISBN9784622071983

文芸

祖母、母の戦後と戦争めぐる思索

年表式にいえば、95年は阪神淡路大震災とオウム真理教事件の年、である。でも、そうか、それだけではなかったのだと思った。

95年6月、著者は成田空港に降り立つ。脳出血で倒れて3年、2度目の発作を起こした祖母に会うための1年ぶりの帰郷だった。冒頭に石垣りんの詩の一節が引かれる。「久しぶりで逢（あ）った老女は病み／言葉を失い／静かに横たわっていた」

本書はその夏の思索の記録だ。語られていることの半分は、祖母や母との日々であり、幼い頃の記憶である。庭中を植物でいっぱいにし、孫娘を自分の布団に入れて寝かせた祖母。娘時代を戦争ですごし、短い結婚生活の後に占領軍の軍人だった父と別れた母。同じ映画スターに熱をあげ、同じ野球チームを応援し、同じ社会主義政党を支持し、喜びと心配を分かち合ってきた2人は今、介護される人とする人として、そこにいる。

もう半分は、戦後50周年の日本への問いである。8月15日の記者会見で侵略と植民地支配にいたる「国策」の「誤り」を認めながらも、与党社会党の首相はもうひとつの虚構をくつがえせなかった。もし彼がその日、人々が見守るなかで、亡き天皇に戦争責任があった、そう述べていたらどうだったろう。せめて「国民的な嘘（うそ）の延命」に加担している認識の表明として、言葉につまりながら話したのだったら、日本は少し変わったかもしれない。

「愛着の記録を残したかった」と著者は述べる。「個々人の生涯を織りなす愛着とそれが生み出す葛藤（かっとう）と、社会と歴史の大きな流れとの関係を追ってみたかった」と。

日常は細部の積み重ねである。そして歴史も、ほんとは細部の積み重ねなのだ。

まだ少し意思の疎通がはかれた頃、自分は半分日本人ではない「へんな子」だったと感じていた孫娘の質問に答え、長い沈黙の後に祖母はいった。「へんな子じゃないもん。自慢の子だもん」

これはうちのおばあちゃんのことだ、と感じる読者は多いだろう。そして、少し気持ちが晴れるはずである。

（原題、FROM MY GRANDMOTHER'S BEDSIDE）

評・斎藤美奈子（文芸評論家）

Norma Field　47年生まれ。シカゴ大東アジア言語文化学科長。

二〇〇六年四月二日④

『魂の重さの量り方』

レン・フィッシャー 著　林一 訳

新潮社・一八九〇円
ISBN9784105051211

人文／科学・生物

科学はどのように進むのか

魂の存在を証明するにはどうすればよいか。一つの方法は魂に重さがあるかどうかを確認することだろう。重さが確認できたなら、それは魂が存在することの傍証となる。

では、魂の重さを量るにはどうすればよいか。米国のさる医師は、一九〇一年に一つの実験を試みた。臨終の床にある患者をベッドごと秤（はかり）に載せたのだ。その結果、死亡直後の重量減は、およそ二一グラムと計測された。これが魂の重さなのか。

その医師は、たぶんそうだと考えた。それでも彼は、科学的な検証作業を続行した。魂の重さを量ったという自分の観察が間違っている可能性を否定すべく、実験を重ねたのである（機会は少なかったが）。しかし、実験結果はまちまちだった。しかも、犬を用いた実験では、死後における重量変化はいっさい認められなかったという。犬には魂がないということなのか。

その後、精度を高めた動物実験が何度か試みられたこともあったが、結局、魂に重さがある可能性（仮説）は、否定も肯定もされなかった。そもそも、死後の重量変化があったとしても、それが即、魂の重さとは限らない。あるいは、魂には重さがあるという仮説が否定されたとしても、魂の存在を否定したことにはならない。科学とはそうしたもので、仮説を検証する方法は提供するが、その仮説が否定されたからといって、魂は存在するという信念体系を覆すことにはならないのだ。

というわけで、書名にひかれて本書を手に取った人の何割かは、期待を裏切られることになる。本書は、魂の存在を証明した本ではなく、科学的な方法とは何か、科学はどのようにして進むかを説いた大まじめな（ただしエスプリとユーモアも加味された）本だからである。

科学もまた、仮説検証という方法論に立脚した一つの信念体系である。なればこそ、別個の信念体系に属する宗教との両立も可能なのだ。もう一度言おう。光、雷、生命の謎などを追求した科学者たちの迷走ぶりが紹介されている本書は、読んで損はない、いたって真っ当な本である。

（原題、Weighing the Soul）

評・渡辺政隆（サイエンスライター）

Len Fisher　42年生まれ。英ブリストル大学名誉研究フェロー。

二〇〇六年四月二日⑤

『複雑さを生きる』

安冨歩 著

岩波書店・二三一〇円
ISBN9784000263504

人文

無根拠の上に成り立つ秩序

わたしたちは、日々の行動の決定に、可能な選択肢をすべて考慮するようなことはしない。それどころかほとんど決定らしい決定さえ行わずに日々生きている。それが可能なのは、コミュニケーションの円滑さ、つまり信頼があるからである。およそ人間が介在する秩序には、この信頼が基盤にある。

しかしこの信頼という基盤の確実な根拠は、端的に言って、存在しない。私が相手を信頼するのは、相手が私を信頼している（と信頼している）からで、その事情は相手にとっても同じであり、したがって根拠をたどろうとすると循環に陥るからだ。

この無根拠は、それを主体の問題と考えるかシステムの問題と考えるかで、大きく見え方が変わる。そして著者は、この無根拠を個別の主体の問題とする考え方を徹底して批判する。そのような考え方は単に客観的認識として無効であるだけでなく、倫理的な虐待ともなるというのだ。秩序は、主体の内部にではなく、主体の外部にある主体間関係として存在するからであり、それにもかかわらず個別の主体に一方的・局所的に秩序の責任を負わせることは、不可能を強制することだからである。

数理的手法にも明るい著者は、複雑系の科学の知見を応用して、この秩序の無根拠に対して、それをシステムの問題と捉（とら）えたうえで、実践的に対処する態度と技法を探求しようとしている。

ベイトソン、M・ポラニー、ルーマンといった、この分野に関心のある読書人ならおなじみの基礎文献の平易な導入をかねつつ、リデル＝ハートや孫子にまで至る意外なテクストの（再）解釈、野球や鍼（はり）治療などの身近な実例がちりばめられた筆の運びは、一見突飛（とっぴ）ではある。しかし全体の構成としてみると、人文社会科学基礎論としての複雑系の科学の導入から始まって、しだいにスケールの大きな人間および社会のシステムへの応用の手続きを順に示す体系性を具（そな）えている。多面的に展開する著者の思想の、現時点でのエッセンスともいうべき一書。

評・山下範久（北海道大学助教授）

やすとみ・あゆむ　63年生まれ。東京大学助教授。著書に『貨幣の複雑性』など。

二〇〇六年四月二日⑥　国際

『太鼓歌に耳をかせ』

石橋純 著

松籟社・二九四〇円
ISBN9784879842374

ベネズエラの文化運動の軌跡

海外でのフィールドワークに基づいた報告として、数年に一冊、出るか出ないかの作品である。

舞台は、われわれの大半とは縁もゆかりもない南米の石油国ベネズエラ――。大手家電メーカーの駐在員として赴任した著者は、およそ八年をこの地で過ごすうちに、一人のミュージシャンと出会い、やがて会社を辞めラテンアメリカ文化研究にのめりこむほど、人生を一変させられてしまう。

彼、ヘルマン・ビジャヌエバは、生まれ育ったスラムで、長らく野卑な芸能と蔑（さげす）まれ、近代化とともに消滅の危機に瀕（ひん）していた、「タンボール」という太鼓主体の歌と踊りを復活させ、いわば〝町おこし〟の著名なリーダーになってゆく。たとえて言うと、日本の小さな町の住民が、一人の指導者を中心に地元のサッカーチームをもり立て、Ｊリーグに昇格させる感覚に近いだろうか。

ビジャヌエバたちの実践は、南米から連想しがちな放埒（ほうらつ）や即興性とは正反対の、規律正しく戦略的なもので、それを記す著者の明快な筆致にも、カオスが置き忘れられていやしまいかと言いたくなるほどだ。

ところが、中盤から物語が大きく動き出す。あらすじは興趣を削（そ）ぐので記さないが、ベネズエラの歴史や文化についての、やや煩雑にも思えた記述が、あとになってずばりずばりとパズルの空隙（くうげき）にはまってゆく。

そのたびに、ベネズエラの聞いたこともない町の路地裏に、こつこつと穴を掘っていったら、地球の裏側の、われわれの足元にぽっかりと空いた空洞につながっていたかのような感慨にとらわれる。いずこも変わらぬ人の心の移ろいやすさに、ため息が出る。

アカデミズムの最新の知見を採り入れつつ、ビジャヌエバの行動から現代文化の潮流までを読み解く手際は鮮やかなものだ。本作りにも、すみずみにまで神経が行き届いている。

人は地域の中で、いかに生きてゆくか。このことに関心のある読者なら、深い充足を得られるにちがいない。

評・野村進（ジャーナリスト）

いしばし・じゅん　62年生まれ。東京大学教員（ラテンアメリカ文化研究）。

二〇〇六年四月二日⑦

『孫が読む漱石』

夏目房之介 著　実業之日本社・一八九〇円

ISBN9784408534794／9784101335131（新潮文庫）文芸

冒頭、「吾輩（わがはい）は孫である」と嘯（うそぶ）く。そして、あの『吾輩は猫である』に登場する漱石の分身ともいえる苦沙弥（くしゃみ）先生の猫の目線で『坊っちゃん』『三四郎』など漱石の作品の数々を軽妙な文体で読み解いてゆく。

著者は漱石の長男の子、マンガ評論を中心に活動領域が広い。親の七光りどころか漱石ともなれば、孫にも余光が降り注ぐ。

オレはオレだという自意識もある。それをひとまず措（お）いて祖父と向き合った。いまさら漱石を持ち上げても始まらない。といって突き放すわけにもゆかない。距離感のとりかたがむずかしいのだ。

たとえば『坊っちゃん』について「表層的には痛快かもしれないが、何か、じつは暗い話の気がするなぁ」という。あの策士の赤シャツ、そのとりまきの野だいこらの姑息（こそく）な計略に対し、ぶん殴ってせいせいとする。「坊ちゃんも山嵐も、所詮（しょせん）負ける側の人間で、官軍、維新政府に目のかたきにされ」と、じつに明快に論を進める。

だからこそ「痛快」は漱石のうっぷん晴らしなのだろうと解釈する。

あたかも漱石の猫が孫に憑依（ひょうい）したように、いま再び漱石の作品を観察し分析しているような気分になる。それが面白いのである。

評・前川佐重郎（歌人）

二〇〇六年四月二日⑧

『夕光の中でダンス』

エレノア・クーニー 著　船越隆子 訳

オープンナレッジ・一七八五円

ISBN9784902444339　文芸／ノンフィクション・評伝

アメリカ人の女性作家が、アルツハイマーを病む母親を介護する凄絶（せいぜつ）な日々を克明に綴（つづ）った。実話の持つ迫力で、アメリカでベストセラーになっている。

母は、夫の死後、短期記憶に空白ができ、ちょっとした判断ができなくなるなど、最初の徴候（ちょうこう）があらわれた。1人にしておけないと、兄や夫の理解も得て、著者は自分の住まい近くに呼び寄せた。

母は、かつて雑誌記者でモデルも務め、美人コンテストでは優勝している。著者にとっては自慢の母で、物書きという同じ道を選んでもいる。

母を楽しませ喜ばせたいと面倒を見始めるが、たちまち自分たちの生活が成り立たなくなってしまった。騙（だま）して介護付き施設などに預けたものの薬漬けになり暴力を振るい追い出される始末だった。やがて紹介された生活介助施設では受け入れられ、著者は少しずつ日常を取り戻すが、「自分を信じきっている母を捨ててしまった」との罪悪感に襲われる。

名の知られた母の壊れ方をさらけ出し、娘としての引き裂かれる思いを赤裸々に吐露した勇気に脱帽する。日本でも、同じ境遇に置かれた人は少なくない。熱い共感を呼ぶだろう。

評・多賀幹子（フリージャーナリスト）

二〇〇六年四月二日⑨

『翻訳教室』

柴田元幸 著

新書館・一八九〇円

ISBN9784403210884／9784022646644（朝日文庫）文芸

二〇〇四年から〇五年にかけて、東大文学部で三、四年生を対象にして行われた「翻訳演習」の授業の筆記録である。

課題となる原文は、ヘミングウェイからレイモンド・カーヴァーを経てレベッカ・ブラウンに至る現代アメリカ小説。これに村上春樹とカルヴィーノの英訳を加えた全九編だ。

各原文の長さは教科書のほぼ一ページ程度で、長いものでも二ページ強。計十数ページの原文を日本語に翻訳することがこの授業の課題である。その作業に、教師と学生たちは本書三三〇ページの対話を費やしている。どれほど細密な共同作業か、それだけでもよく分かるだろう。

その結果、普通は翻訳者の頭のなかで起こる解釈と訳語の定着という些事（さじ）の連続が、教師と学生の会話をとおして、具体的な取捨選択のプロセスとして明瞭（めいりょう）に浮かびあがってくる。

そして、ここに現れる翻訳とは、大学受験の英文解釈のように定式化される作業ではなく、ああでもないこうでもないと絶えず頭脳と感性を酷使し、最良の訳文を求める一回一回命がけの日本語との格闘なのだ。

その厳しさが和らぎ、楽しい読み物に仕上がっているのは、教師の絶妙のユーモア感覚のおかげである。

評・中条省平（学習院大学教授）

二〇〇六年四月二日⑩

『作曲家・武満徹との日々を語る』

武満浅香 著

小学館・二七三〇円
ISBN9784093876131

アート・ファッション・芸能／ノンフィクション・評伝

「谷川俊太郎さんと浅香さんに出会ったことで、武満はちょっとつまらなくなった」。瀧口修造のもとに集った芸術家集団「実験工房」の仲間、秋山邦晴は浅香によくそういったという。常識をわきまえてちゃんと生活する友人や妻の出現で武満の野放図さが失われたという意味だ。でも、と浅香はいう。「もし私がいなかったら、徹さんは死んでいたかもしれないんだから」。加えれば、浅香がいなければこんなすてきな夫婦の物語を読むことはできなかった。

朝食のメニューから猫の世話、友人たちとの交流まで、音楽と家族を愛した作曲家の日々を秘蔵写真や編集者の取材で明らかになった新事実と共に回想する。

作曲はハッピーじゃないとできないといって、喧嘩（けんか）してもすぐに自分からごめんね、とあやまる人だったという家庭での素顔。映画「乱」をめぐり、黒澤明に宛（あ）てた手紙に記された静かな怒り。万博に協力する武満を批判した高橋悠治との不思議な関係。浅香の語り口は穏やかなのに、どきりとさせられる逸話がいくつもあって胸がざわざわした。武満本人が降りてきた瞬間だったのか。その人ひとりのものではない人生、ということを考えた。

評・最相葉月（ノンフィクションライター）

二〇〇六年四月九日❶

『自分自身への審問』

辺見庸 著

毎日新聞社・一二〇〇円
ISBN9784620317557

文芸／人文

存在を賭け自問自答　鮮やかなイメージ

辺見さん、お久しぶりです。のべ十時間ものインタビューに答えてくださったのは、名著『もの食う人びと』が刊行された直後でしたから、もう十二年も前になるのですね。共通の友人や知人たちから、おからだの具合を仄聞（そくぶん）し、陰ながら案じておりました。

けれども、本書を読みはじめてすぐ、ほっとしました。鮮やかなイメージを読者の眼前に立ち上がらせる力量は、いささかも衰えていない。見渡すかぎりの焼け野原に、一匹の金魚が「一筋の紅い実線を曳（ひ）いて」中空を移動してゆくシーンなど見事なものです。

この本は病中の随想集ですが、表題ともなっている「自分自身への審問」は、ことさらに苛烈（かれつ）な文章です。脳出血で半身が麻痺（まひ）してしまった肉体に、追い討ちをかけるがごとく、がんが襲いかかってくる。その只中（ただなか）で、病室にパソコンを持ち込みながら、存在を賭けた自問自答が、手術中の空白の時間をはさんで、延々と続けられます。

「これからの終わりの時をお前は何を考え、どう過ごそうというのか」

審問官である、もう一人の辺見さんは尋ねます。追及は果てもなく続きますが、辺見さんは、術後の全身に管をつながれた姿で、「いま、たったいま、自分を問われ、答えることが、私にとってはとても大事なのだ」と、切迫した調子で答えています。

よく似ていると思いました。辺見さんと私とが、です。抑えがたい怒りを抱え込んでいること、慈しみたい人々をかえって傷つけてきたこと、不眠のつらさ……。日本を覆う冷笑主義（シニシズム）への唾棄（だき）もそっくりです。ただし、辺見さんのそれらが〝原液〟とするなら、私のは何倍にも希釈されている。そこに物書きとしての差が如実に現れているのでしょうが、おかげで私は辺見さんほどにはのたうち回らずに生きてこられた。その代わり、中途半端さで生き恥を晒（さら）してきたと言ってもいい。

辺見さんはたぶん、『カラマーゾフの兄弟』の「大審問官」を意識しているのでしょう。とするなら、本書の審問官があげつらうように、「死ぬまで衒（てら）いつくす気か」と言いたくなるところが、あえて酷薄を承知で申し上げれば、私にもあります。自身を剔抉（てっけつ）する文章からですら、あの〝辺見節〟が聞こえてきてしまう。文章が巧緻（こうち）にすぎるのです。もっと底の底までえぐり出す力が、辺見さんには充分に残っているのではないか。

審問官は最後に、「もう二度と語るな」と、「残りの生涯にわたる沈黙」を罰として科します。決して皮肉ではなく、意気軒昂（いきけんこう）だなと思いました。辺見さんは、まだまだ語りつづけるつもりですね。文末に「未完」とあるのは、その証左でしょう。

辺見さんは五年近くを過ごした東京・山谷で、大勢の「野宿者」と出会い、「四つん這（ば）いになって酔っぱらいの吐瀉物（としゃぶつ）をズルズルと音立てて啜（すす）りあげている男」も見たと記している。そのような人物のかたわらに寄り添いつつ書いた辺見さんの文章が、私は読みたい。それこそ辺見庸にしか書けぬ、凄絶（せいぜつ）な文章にちがいないからです。

評・野村進（ジャーナリスト・拓殖大学教授）

へんみ・よう 44年生まれ。作家。著書に『もの食う人びと』『永遠の不服従のために』『いま、抗暴のときに』など。

二〇〇六年四月九日②

『手塚治虫＝ストーリーマンガの起源』

竹内一郎 著

講談社選書メチエ・一六八〇円
ISBN9784062583541

アート・ファッション・芸能

作品を踏査 驚異の演出法を分析

作者は『人は見た目が9割』というベストセラーを生みだした著述家で、マンガの原作や戯曲の執筆も手がけている。本書は、その作者が九州大学に提出した学位論文を平易に書き改めたものである。

手塚治虫が生みだした「ストーリーマンガ」という形式を、手塚の個人的資質と日本の文化的土壌が結びついてできた果実と見なし、手塚的ストーリーマンガを形成する様々な要因を検討している。

近世以降の日本文化には、講談という奇想天外な語り物の伝統があり、これが立川文庫という子供向け読み物となり、さらに紙芝居という視覚的物語形式へと流れこむ。紙芝居の作者たちは、エイゼンシュテインらのモンタージュ理論を研究して、紙芝居の構成や場面転換に役立てた。

手塚治虫は映画的手法を活用することでストーリーマンガを確立するのだが、映画的技法の応用には紙芝居という先駆があり、それは子供向け語り物の伝統と深く結びついていた。その意味では、手塚はいきなり出現した革命児ではなく 日本の文化的伝統の継承者でもあった。

だが、手塚が活躍を開始するのは、戦後の激動期である。旧来の日本文化を圧倒する勢いで、ハリウッド映画、ディズニーのアニメ、アメリカンコミックス、SF小説などが海外から流入する。手塚はそれらの影響を貪欲（どんよく）に自作にとりこみ、意識的に利用する。

本書の核心をなすのは、手塚がデビュー以来5年間に描いたほぼ全作品を踏査して、手塚がそうした影響源を消化しつつ編みだした映画的手法と驚異の演出法を分析するくだりである。実際のマンガのコマを引用して、手塚が開発したテクニックの見どころを具体的に紹介するのである。

この実例により、初期の手塚の創造的エネルギーがいかにすさまじいものだったか、リアルに感じとれる。

また、手塚マンガの本質を「動き、変化するもの」への尋常ならざる嗜好（しこう）にあるとし、ここから手塚マンガのスピード感が生まれ、そのスピード感が日本のストーリーマンガの特色となったという指摘にも大きく頷（うなず）かされる。

評・中条省平（学習院大学教授）

たけうち・いちろう 著述業。戯曲など創作の筆名は「さい ふうめい」。

二〇〇六年四月九日④

『教養の歴史社会学』

宮本直美 著

岩波書店・六九三〇円
ISBN9784000225472　アート・ファッション・芸能／社会

「音楽は言葉で語りえない」のはなぜ？

クラシック音楽であれポピュラー音楽であれ、音楽について語るのは難しい。作曲や演奏の技法、歌詞、作り手のライフヒストリーについて私たちは確かに饒舌（じょうぜつ）に語り、音楽の優劣について言い争ったりするのだが、最終的には「音楽は言葉では語りえない」という割と平凡な諦念（ていねん）に達してしまうことが少なくない。

本書は、私たちが知らず知らずのうちに身につけてしまっているそうした音楽観の社会的「起源」の所在を、19世紀ドイツの文脈に照準することによって教えてくれる。

本書の主眼は、後発先進国ドイツの市民層に広がった「教養」の論理とその社会的意味を、同時代の音楽実践と絡み合わせながら分析していく点にある。「教養」も「市民」も「音楽」も、目指されるべき理念とされるが、決して到達することのできない何かであり、明確な規定を持ちえないにもかかわらず、というか、持ちえないがゆえに、人々をその実現・達成に向けて駆り立てることとなる。

この奇妙な論理の成り立ちを、著者は、アマチュア音楽活動、市民的天才というバッハ像の誕生、言語には還元されない「純粋な器楽」への指向、作曲家の絶対化と結びつく聴取様式の生成、といった具体的な音楽史のなかに読み解いていく。到達不可能なものへと不断に人を駆り立てる「教養」の論理は、音楽という社会的な場において顕著な形で現れ出ることになった。「言葉では語りえない」という音楽イメージの誕生の背後には「教養」の論理が控えていたのである。

終章では、この奇妙な論理が「ドイツ」という地理的・歴史的な理念にも適用されることが指摘される。大学教育から音楽、そして「ドイツ」にまで通底する「教養」の論理を炙（あぶ）り出す議論は十分な実証性を持っており、実に説得的である。19世紀ドイツという文脈の固有性を尊重した周到な著作なのだが、「語りえない」幻想にいまだ浸されている現代という近代社会を相対化するうえでも、重要な示唆を与えてくれるのではなかろうか。

評・北田暁大（東京大学助教授）

みやもと・なおみ　69年生まれ。東京大学文学部助手。社会学。

二〇〇六年四月九日⑤

『日本主義的教養の時代　大学批判の古層』

竹内洋、佐藤卓己 編

柏書房・三九九〇円
ISBN9784760128631　人文／社会

自由主義者糾弾の動機示す

近年、戦前昭和期に活躍した日本主義者の研究が進展してきている。これにはおそらく、現代の状況とのアナロジーがあるのだろう。ここで現代の状況というのは、ナショナリストの台頭という事態であり、戦後の反体制的な左翼やリベラルな知識人たちを、ジャーナリズムやアカデミズムの世界で君臨するエスタブリッシュメントだったと見て、それに強く反発するような潮流の展開のことである。本書の背景にも、今日のこの種の動向に対する、共感と批判の念が流れているように見える。

本書で取り上げられた蓑田胸喜（むねき）と原理日本社は、１９３０年代に自由主義的知識人糾弾のファナティックな行動をとったことで知られている。彼らは、東京帝大法学部を中核とした制度としてのアカデミズムを、反国家的なリベラリストや左翼の本拠地として排撃した右翼であった。彼らの攻撃をきっかけに、滝川事件、天皇機関説事件、そして建国神話を批判した津田左右吉の排撃事件などの、リベラルな法学説や大学と学問の自由への、権力による弾圧事件が起きたのだった。

編者たちは、戦後の左翼やリベラリストの回顧の中では、この種の日本主義者の思想と影響力が不当に軽視されてきたと考え、その再評価の必要を唱えている。本書の意義は、蓑田胸喜やその師の三井甲之（こうし）を始めとして、短歌、英語学、社会学、学生運動、ジャーナリズムなど多様なジャンルで展開していった、その勢力の社会的な広がりを明らかにした点だろう。

だが蓑田などの思想が、それ以前のマルクス主義に代わって「日本主義的教養」として学生などに受容されたという、竹内氏らの説には疑問が残った。「教養」として受け入れられたのは和辻哲郎や長谷川如是閑などの日本文化論であって、それはここで取り上げられた攻撃的で偏狭な日本主義とは異なるものではなかったのか。とはいえ本書で具体的に発掘され論証された、彼らの存在の周辺的・辺境的な性格は、その激しい攻撃性を支える内的根拠として興味深かった。

評・赤澤史朗（立命館大学教授）

たけうち・よう 42年生まれ。関西大教授。
さとう・たくみ 60年生まれ。京都大助教授。

二〇〇六年四月九日⑥

『テレビは政治を動かすか』

政治／社会

草野厚 著

NTT出版・一六八〇円

ISBN9784757141322

踊り踊らされるという見方を超えて

ドキュメンタリー番組の格付けをするNPO団体を設立するなど、専門である政治学の枠を超えて活躍する著者。最近の論壇での発言に「この人は保守？リベラル？」と判断に迷うことも多いのだが、いまだにこの二分法にとらわれている古い人間は、著者がリアルタイムで目撃している「テレビと政治のビミョーな関係」を感じ取ることなど到底、できないであろう。

テレビを論じる専門家であると同時にテレビ出演者でもある著者は、小泉自民党が圧勝した昨年の総選挙を例にあげながら、テレビ報道の特性を「洪水報道化、二項対立、制作者の誘導が容易、映像が命、時間的制約」という五点にまとめ、今回の選挙における自民党メディア戦略はこの点を巧みについていたことを明らかにしていく。

しかし一方で、「マスコミは小泉政権の広報機関と化した」「有権者もマスコミの偏向報道に踊らされた」といった意見は必ずしも正しくない、とも言う。著者は、自民党の圧勝はあくまで改革の評価による「業績投票」によってもたらされたもの、と考えるのだ。

ただ、小泉首相が「テレビはじめメディアを縦横無尽に使い、いや使い尽くし、世論の支持を得」たのは事実であり、それに関しては「やりすぎだ」との批判があることに触れるのも忘れない。このように本書では昨年の「小泉劇場」で何が起きていたのかが、実に客観的にバランスよく語られる。著者は、小泉首相に対する自分の評価が、この四年余で大きく揺れ動いたことまで、率直に吐露している。

問題は、インパクトのある映像や極端なフレーズにならされ、すっかり〝テレビ脳〟になっているわれわれに、中立的なスタンスからの著者のメッセージがどれだけ届くだろうかということだ。

「テレビは政治を動かすか」というタイトルを見て「で、結局は動かすの？動かさないの？」と答えだけを知りたくなった人にこそ、気持ちを落ち着けて読んでもらいたい本だ。もちろん、テレビ制作者にも政治家にも。

評・香山リカ（精神科医）

くさの・あつし 47年生まれ。慶応大学教授。著書に『国鉄改革』など。

二〇〇六年四月九日⑦　政治／国際

『NGO、常在戦場』

大西健丞 著

スタジオジブリ発行、徳間書店発売・一五七五円
ISBN9784198621353

NGOは政府や企業と距離を置き、地味で小規模な援助活動をやるもの——。そんな常識を覆して、全方面巻き込み型の民間海外援助システムをぶち上げたのが、著者の大西氏だ。氏のNGO「ジャパン・プラットフォーム」に対して、政府や企業の下請けに成り下がっている、と見るか、NGOの活性化と機能拡大に効果大と評価するかで、従来のNGOの間では議論百出だろうが、弱冠20歳代で自前のNGOを設立し、30歳代前半でそれを統括する組織を作り上げる才覚は、刮目（かつもく）に値する。

なんといってもこの風雲児が名を上げたのは、アフガニスタン支援会議へのNGO参加を巡る鈴木宗男議員、そして外務省との攻防だろう。湾岸戦争後のイラク・クルド地域で地雷を踏み（幸いにも不発）、東ティモールで雨で体を洗っていた青年が、国会に参考人招致される。その生々しいやりとりが、本書で綴（つづ）られる。

NGO活動は、やさしい気持ちだけではない、営業も政治もできないとダメなんだなと、冷徹な現実を知らされる。タフさが要求される仕事。けど、百戦錬磨を売りに紛争経験自慢のオヤジになったら、あかんで、大西はん。

評・酒井啓子（東京外国語大学教授）

二〇〇六年四月九日⑧

『藍の空、雪の島』

謝孝浩 著

スイッチ・パブリッシング・一六八〇円
ISBN9784884180232

ポル・ポト政権下のカンボジアから人びとが逃げ出して、どのくらい経（た）っただろう。ある日、黒服の男たちが戦車で街にやってくる。それまで送っていた生活があっという間に変わり、先がどうなるかわからない。

子どもにとって、世界は、目の前にある、手で触れることのできるものがほとんどすべてだ。だから「僕」は、ただ目の前にあることに対処する。そこにあるのは生きてゆくことへのつよい意志。そして希望は、未知なる「イープン（日本）」へたどりつくこと。

飛行機から見た、キラキラ輝く白い陸地に胸を高鳴らせ、この国で「難民」として大人になった「僕」。しかし、かつて憧れた国に違和感を抱かずにはいられない。いいものは沢山ある。爆弾はない。でも、自問を抑えられないのだ。「イープンって、そんなにいいところかな……」

スカケウの香り。バナナの葉が茂る小径。川から拾いあげるビニール袋。パイナップルを積む小さな船で感じる水の近さや川の風。過酷な日々のなかに、瑞々（みずみず）しい感覚が見え隠れする。

すっきりとした「僕」の語り口は、あくせくした日々を過ごす私たちにすっとはいってくる、冷たい水のように。

評・小沼純一（文芸評論家）

二〇〇六年四月九日⑨　歴史／政治

『プロヴァンス古城物語』

高草茂 著

里文出版・二六二五円
ISBN9784898062470

南仏の光溢（あふ）れる美しいプロヴァンスは憧（あこが）れの地。だが、この地方には、宗教や民族の対立による血で塗られた重たい歴史がある。

美術が専門の著者が長年、現地の巡礼路を辿（たど）り、見捨てられ、忘れられた古城や教会、遺跡を丹念に踏査し、正史にはない歴史を描いた。本書がこだわる残虐な殺戮（さつりく）が繰り返されたプロヴァンスの歴史と、物悲しくも美しいこの地の風景の描写の対比が印象的だ。

各地にローマ帝国の植民都市が建設され、後のキリスト教の普及も早かった。だが、浸透した異端カタリ派に対する正統派であるローマ教会側からの弾圧が続き、この地方は虐殺の舞台となった。聖地サンチャーゴ・デ・コンポステーラへの巡礼路を異端から守る意味があったし、教皇のアヴィニョン幽囚も、異端弾圧に乗じたフランス王の策略によるという。

近世に入ると今度は、神への純粋な信仰を貫くプロテスタント（ユグノー派）が世俗の王権と対立。国王及びカトリックと激しく衝突し、この地方は再び血塗られた大地と化したのだ。

イタリアともスペインとも異なる南仏固有の風景の秘密を解き明かす歴史紀行として興味が尽きない。

評・陣内秀信（法政大学教授）

二〇〇六年四月九日⑩

『一日　夢の柵』

黒井千次 著
講談社・一九九五円
ISBN9784062131162／9784062901000（講談社文芸文庫）
文芸

古びた医院に健康診断にいく男、眼科医に老いた母を連れていく息子、ジャケットのポケットから覚えのない電話番号のメモを見つける男。短編の主人公はみな、老いを意識しはじめた男である。彼らの、ごくありきたりな日常が、簡潔な言葉ですぱっと切り取られている。その切り口を眺めるように読み進めていくと、何やらざわざわと胸騒ぎがしてくる。見慣れているはずの日常のひとこまが、ぐにゃりとゆがみ、ゆがんだままもとに戻らない、そんな不穏さを覚える。

九十歳を過ぎた老母を見舞ったあと、知人の息子の写真展に向かう男を描く「一日」という短編が、とりわけ心に残る。著者の言葉は決して難解でもトリッキーでもなく、むしろ淡々と写実的なのだが、何かこちらが落ち着かなくなるような不気味さがあり、間近まで迫られているような凄（すご）みがある。

男の一日は、私たちの「生」の断面でもある。すべての生はそれぞれ異なる速度で進んでいるとこの短編集は気づかせる。読みながら不穏さを覚えるのは、その速度が例外なく死へと向かっていると知らされるからだろう。

「一日」の最後の男のつぶやきが、べたりと耳にはりついていつまでも消えない。

評・角田光代（作家）

二〇〇六年四月一六日①

『ヒストリアン　Ⅰ・Ⅱ』

エリザベス・コストヴァ 著　高瀬素子 訳
NHK出版・各一七八五円
ISBN9784140054932〈Ⅰ〉・9784140054949〈Ⅱ〉
歴史／文芸

歴史は怪物？　手に汗握る吸血鬼ドラマ

世に殺人を扱った本は数多い。だが、もしもあなたが、たまたま一冊の本を手に入れてしまったばかりに、命を付け狙われる羽目に陥ったとしたら？

アメリカの新進女性作家エリザベス・コストヴァが二〇〇五年に発表するやいなや全米ベストセラー第一位となり、百万部以上を売り尽くし、ハリウッド映画化も決まった第一長編小説『ヒストリアン』は、そのタイトルどおり、「歴史」と一体となった「書物」の魅力と恐怖を、じっくり味わわせてくれる。序文でも明らかなように、ここでの「歴史」は必ずしも現代人の手で解析されるがままの客観的対象ではなく、ときに自ら猛然と「情け容赦もなく暗い鉤爪（かぎづめ）」をむきだして歴史学者自身へ襲いかかってくるような、意識をもつ「怪物」なのだ。

物語は一九七二年のアムステルダムから始まる。ヒロインは好奇心にあふれる十六歳の少女。彼女はある日、元歴史学者でいまは外交官を務める父ポールの書斎より、竜の絵の入った本を抜き出し、それとともに「不運なる後継者へ」と書かれた謎の手紙を発見、父に事情を問いただす。かくして父は愛娘（まなむすめ）に、彼自身もかつてその本を図書館で見つけ指導教授だったバルトロメオ・ロッシに問いただしたことを、そしてその本をきっかけに吸血鬼「ドラキュラ」すなわち「竜（Dracul）の息子」が現代まで生きている証左をつかめるかもしれないことを、劇的に語る。そして、ドラキュラ探索の果てに、少なからぬ人々が危難に遭い、誰よりロッシ教授自身が消息を絶ってしまったことも。

だが、やがて師匠を慕うポール自身も姿を消す。はたしてヒロインは、自分が赤ん坊のころに死んだとばかり聞かされていた聡明（そうめい）なる母ヘレンと再会し、自らの家族にひそむ謎を知ることになる。ダン・ブラウンの『ダ・ヴィンチ・コード』がイエス・キリストの遺伝子のゆくえを明かすとしたら、本書はそれに勝るとも劣らぬ迫力で、ドラキュラの遺伝子のありかを示すだろう。

もちろん、ゴシック・ロマンスやゴスロリ文化全盛の昨今、新しい歴史学やポストコロニアリズムからする人種論的視点に立ったドラキュラ再評価も相当の進展を示しているので、正直なところ、読み出したときには類型に終わるのではないかという懸念があった。だが本書は、多くの亜流を生んだブラム・ストーカーの『吸血鬼ドラキュラ』（一八九七年）とは異なり、トランシルヴァニアとワラキアで暴虐の限りを尽くし、オスマン帝国の侵略をできる限り長く阻止することに貢献した十五世紀の専制君主、「串刺し公」と呼ばれたヴラド・ツェペシュの正体へ迫ろうとする。とりわけクライマックスで、すべての愛書家を魅了するだろうドラキュラの図書室が生き生きと描かれるところは圧巻だ。

そう、本書では、誰よりドラキュラ自身が最大の愛書家であり最も理想的な歴史家なのである。手に汗握る吸血鬼ドラマと高度に思索的な歴史学ドラマとを巧みにからませるという離れ業に、わたしは心から感嘆した。

評・巽孝之（慶應大学教授）

（原題、The Historian）

Elizabeth Kostova　64年米コネティカット州生まれ。エール大学卒業。ミシガン大学で創作学修士号を取得。

二〇〇六年四月一六日❷

『喧嘩両成敗の誕生』

清水克行 著

講談社選書メチエ・一五七五円

ISBN9784062583534

歴史／人文

「自力救済」に苦しまぎれの終止符

相殺（そうさい）とは、かつて「相殺（そうさつ）」だった。

自分の身内を殺された被害者側が加害者側に《等価報復》を要求し、かつそれを実行する。中世の日本は、そうした私的制裁の習慣がごく普通に行われる荒々しく殺伐たる社会であった。

喧嘩両成敗（けんかりょうせいばい）という言葉は耳に親しく、高校の歴史教科書も重要事項として扱うそうだ。起源は戦国時代にさかのぼり、「喧嘩をした者は理非を問わず双方を同等に処罰する」と定めた法文である。

自分が蒙（こうむ）った損害を公権力にたよらず私的な争闘で回復することを歴史用語で「自力救済」という。従来の理解では、喧嘩両成敗法はこの状態にピリオドを打ち、「紛争を『喧嘩』（私的な実力行使）によって解決するのを未然に解決することで、紛争解決の権利（裁判権）を大名権力に集中させる役割を担った」と評価されていた。際限もなく続く無秩序状態の闇にさしかけられた法の光と見なすのが定説だったのである。

室町・戦国時代の社会史を専門とする著者は、この一冊ではむしろその闇の部分に眼を向ける。一九八〇年代以後の中世法制史研究を存分に消化吸収し、人に笑われれば血を見るのが当たり前で、路上がいつ殺傷の場になるかわからぬ危険をはらんだ室町人の気風を表情豊かに描き上げ、問題の輪郭をくっきりと切り取って示している。

喧嘩両成敗法は、抽象的な法理でも、円満な揉（も）め事解決法でもなかった。山積するナマの苦情処理の処方箋（しょほうせん）であった。既成の権威が解体した社会には、所領争いとか復讐（ふくしゅう）とかの紛争が後から後から発生してくる。それらをいかに現実的に処理するかという苦しまぎれの具体案の集大成に他ならない。その血みどろの形成過程をたどった上で、何事にも調和を重んじる「柔和で穏やかな日本人」という自己イメージに疑問を提出する著者の若い感受性は、鋭敏に日本の近未来像を察知しているように思われる。

最近よく強調される自己責任論は、もしかしたら再現しつつある自力救済社会の前触れではないだろうか。

評・野口武彦（文芸評論家）

しみず・かつゆき　71年生まれ。明治大学専任講師（日本中世社会史）。

二〇〇六年四月一六日❸

『沖で待つ』

絲山秋子 著

文芸春秋・九九九円
ISBN9784163248509/9784167714024（文春文庫）　文芸

ユーモラス、ぱきぱき、颯爽と前へ

文学界新人賞受賞作の「イッツ・オンリー・トーク」を読んだとき、僕はふと開高健が古山高麗雄を称賛したときの言葉を思い出した。つまり〝したたかな苦渋を濾過（ろか）した「かるみ」〟が、古山ほどではないにしろあると思った。

売れない女の絵描きが、勃起（ぼっき）障害でマザコンの議員や自殺未遂の経験をもつ元ヒモらと付き合う話を、軽妙に描いているのだが、その（変な言い方になるが）年季の入った軽々とした身ぶりがとても印象的だった。

それは芥川賞受賞作の「沖で待つ」にもいえる。住宅設備機器メーカーの福岡支店で働く「私」と同期の太っちゃんは、やがて互いに強い信頼を覚え、どちらかが亡くなったときに、恥ずかしいものが記録されている相手のパソコンを破壊する協約を結ぶ。物語は太っちゃんが亡くなり、「私」が部屋に入ってその協約を実行する場面から始まる。

まず、いきなり太っちゃんの幽霊が出てくるので驚く。人を食った場面だが、絲山秋子なので少しの湿りけも不可解さもない。淡々と回想シーンとなり、女性総合職の出現で男と女が対等に働く職場がいかに愉（たの）しかったかを生き生きと語っていく。そして、恋愛未満友情以上の男女の関係を絲山秋子らしいさばさばしたユーモラスな筆致で捉（とら）えていく。ロマンティックな題名のおバカな内容も笑える。

笑えるという点では、同時収録されている「勤労感謝の日」のほうが上。失業中の三十六歳の恭子が三十八歳の商社の男と見合いする話だが、威勢のいい、あけすけで身も蓋（ふた）もない語りなのに心地よい。ぱきぱきとしたリズミカルな文章、さばけているくせに意外なところにこだわり、それでいて颯爽（さっそう）と前に進んでいくあたりの調子のよさ、さらに癖のある個性的な人物たちの創出という点で、僕はふと古山高麗雄ではなく田中小実昌を想起した。

絲山秋子は芥川賞では、綿矢りさや金原ひとみに先をこされたが、文体と人物造形ではより成熟していて、何より確かな現実認識に貫かれた軽みが抜群。純文学のジャンルに留（とど）まらない得難い才能だ。

評・池上冬樹（文芸評論家）

いとやま・あきこ　66年生まれ。本書表題作で今年、第134回芥川賞。

二〇〇六年四月一六日❹

『アーモリー・ショウ物語』

ミルトン・W・ブラウン 著　木村要一 訳

美術出版社・三九九〇円
ISBN9784568201857　アート・ファッション・芸能

米現代美術界の伝説、熱気描き切る

現代美術の伝説として語り継がれている展覧会がある。

一九一三年、ニューヨークの陸軍兵器庫で開催された国際現代美術展、アーモリー・ショウだ。欧米から千二百点の作品が展示・販売され、巡回展も含めた入場者は二十万人。ピカソのキュビズムやマティスのフォビズムに初めて出会ったアメリカ人の間には賛否両論がわき起こり、美術市場に多大な影響を与えた。

最も物議を醸したのがマルセル・デュシャンとピカビアで、独自のアイデンティティを模索していた二十世紀初頭の米国の柔らかな土壌は、ショウを機に渡米した彼らを受け入れ、戦場となるヨーロッパから現代美術の中心地としての看板を奪いとる。

著者は美術史の転換点ともいえるこのショウを主催したアメリカ画家・彫刻家協会の若き芸術家たちの遺品（議事録や書簡、現金出納帳）をひもとき、全出品作や購入先、寄付金の詳細を解明。モダニズムがいかに米国に浸透し、定着したかを描き切った。

下世話な関心だが、あのコレクターがこの絵を買ったのかと線でつながることに興奮した。米国最大のマティス・コレクターで知られるアルバート・バーンズが、当時はなんら関心を示さなかったというのも興味深い。マティスは「八歳の子供の馬鹿騒ぎ」などと批判を浴びていたのだ。

遺品は主催者の人間像も雄弁に物語る。とくに報酬を一銭も得ていなかったことに注目したい。彼らは作品を集めるために渡ったヨーロッパの前衛に打ちのめされ、勉強不足で旧態依然とした米国美術界の現状を打破しようと決意した。歴史的評価よりも自分の目を信じ、大衆に披露した日を「新しい精神の出発点にしたい」と誓った。自分の創作ができなくとも、赤字を覚悟でショウに賭けた。

つまり本書にはアートで世界を変えたいと本気で願い、行動した若き芸術家の志が描かれているのだ。この志こそアートと呼ぶのではないか。

上品な装幀（そうてい）とは不似合いなほどの「熱」が立ち上ってくる本を前にして、これほどの「熱」を現在の私たちは何に対して抱きうるかと考えた。

（原題、The Story of the Armory Show）

評・最相葉月（ノンフィクションライター）

Milton W. Brown　1911〜98年。20世紀美術史家、画家。

二〇〇六年四月一六日⑤

『もう一度読みたかった本』

柳田邦男 著

平凡社・一五七五円
ISBN9784582833188／9784582767261（平凡社ライブラリー）

文芸

本棚を見ればそのひとがわかる

「本棚を見れば、そのひとのことがわかる」というおなじみの言葉が、本書の読了後はしみじみと胸に染みる。そうか、本棚に並んでいるのは「いま読んでいる本」ではなく「かつて読んだ本」なんだな、とあらためて気づく。

たとえば、古稀（こき）を迎えたひとが、自分はどうやっていまの自分になったのかという〈自己形成史〉を探るとき、かつて愛読した本を本棚から抜き取ってみることは、大きな意味を持つはずだ。

著者もそうだった。『あすなろ物語』『トニオ・クレエゲル』『モオツァルト』『老人と海』『千曲川のスケッチ』『異邦人』『外套（がいとう）』……少年時代や青春時代に愛読していた二十数作の小説や評論、詩歌集を、著者はいとおしそうに読み返す。それは、時の流れに色あせない古典の力の再確認であると同時に、若い頃に心惹（ひ）かれた場面や一節を踏まえつつ、また別の角度から光を当てることで、作品に新たな魅力を発見する試みでもあるだろう。

そんなブックガイドとしての愉（たの）しさを持つ一方で、本書は、〈本をとおして甦（よみがえ）る私自身の青春時代を、今の私が言語化〉する自叙伝でもある。昭和十一年生まれのヤナギダ青年やクニオ少年を振り返る著者のまなざしは、とても優しい。だが、その奥には、社会や個人の歴史を凝視するノンフィクション作家の目が確かにひそんでいる。

若き日々に読みふけった本を再読することは〈普段は忘れている地下に広がる根、人生の幹や枝葉に暴風や日照りにも耐える力を与えてくれる地下の根っこを、もう一度透視画像として映し出して確かめる作業〉である、と著者は言う。青春時代に優れた本に出会う幸福や、再読に価（あたい）する／しないで作品が論じられることのほんとうの意味が、ここにある。一冊の本に、一編の小説に、再会すること――それはもちろん、著者をそっくり真似（まね）て古稀まで待たなければならないというものでもないだろう。むしろ現役の、生きることにちょっと気弱になったオジサンやオバサンにこそ、その効果は大きいかもしれない。

評・重松清（作家）

やなぎだ・くにお　36年生まれ。作家。著書に『マッハの恐怖』『犠牲』など。

二〇〇六年四月一六日⑥

『文盲　アゴタ・クリストフ自伝』

アゴタ・クリストフ 著　堀茂樹 訳

白水社・一四七〇円
ISBN9784560027424／9784560071953(白水Uブックス)

文芸／ノンフィクション・評伝

書くことを支えに生き抜いた亡命作家

『悪童日記』は衝撃だった。平易な言葉で描かれる素っ気ない文章が、ずしんと心の奥底まで貫通して、そのまま残る。未(いま)だにその貫通痕(こん)は私の内に残っている。本書は、その『悪童日記』の著者が書いた自伝的物語である。

まるで無声映画のような徹底した静けさで語られる。幼少期から思春期を経て続く光景の、隙(すき)をぬって忍び寄るように、時代背景が見え隠れする。一九三〇年代後半から五〇年代までの動乱の時代を、著者は具体的な事件やできごとではなく、「言語」の存在によって描き出す。

故郷の村で家族と住んでいたころは、「言語(ことば)はひとつしかなかった」と著者は書く。九歳で、住民の四分の一が敵語であるドイツ語を話す町に引っ越し、その一年後、国はロシアに占領され、人々はロシア語を話すことを強要される。そうして二十一歳、オーストリアへと亡命した彼女はふたたびドイツ語を話す必要性に迫られ、さらにその後、スイスのフランス語圏に送られ、まったく理解できない言語のなかに投げこまれる。

成長していくに従って私たちは言語を覚え、言葉はゆたかになっていくが、著者の場合は反対である。大人になればなるほど彼女は言語を失っていくのだ。

亡命した仲間たちは、社会的立場、文化的背景、家族と言語から切り離され、禁固刑が待っていることを承知でハンガリーへ戻ったり、死を選んだりする。人を生かすのは物質ではないのだと思い知らされる。言語というものの重要性にも、また。

著者にとって「書く」という行為は、生きることと同義だった。戻らず、死なず、そこでの日々を生き抜くこと。かつて私に衝撃を与えた小説が、そのようにして生まれたのだと知り、驚くとともに深く納得する。心の内まで貫通するあの強さは、言語とともに奪われてきた家族や思い出を奪い返そうとする意志であり、自身を保つ手段でもあったのだと。

書くことは、この著者には終わらない闘いなのだ。やはり心の奥底まで貫通する一冊である。

(原題、L'Analphabète)

評・角田光代(作家)

Agota Kristof　35年生まれ。ハンガリー出身の作家。『悪童日記』など。

二〇〇六年四月一六日⑦

『ぼくはいつも星空を眺めていた』

チャールズ・レアード・カリア 著　北澤和彦 訳

ソフトバンク クリエイティブ・一八九〇円
ISBN9784797333138

文芸／科学・生物

「土星が期待を裏切ることはめったにない」。この一文の含蓄の深さが、本書の内容を雄弁に語っている。

古来、星は人を魅了し、惑わしてきた。かのガリレオは、土星は三つの惑星でできていると発表した。しかしその二年後、両脇に控えていたはずの二個の星は消えていた。むろん、土星の環(わ)が角度によって見えにくくなったせいだ。知ってしまえばそれまでだが、かといって科学の知識が星空の魅力を削(そ)ぐことはない。

著者はコネティカット州の森のそばに住む作家にして編集者。かつては天文少年だったが、大学生時代、学資の足しにするために、過去を売り払った。一二歳のときに買ってもらった天体望遠鏡を手放したのだ。以来四半世紀、星空を見上げることなく生きてきた。

初恋の相手との再会は、星がきれいという娘の一言だった。いっしょに見上げた星空は、9・11の殺伐たる光景で干からびた心を潤してくれた。昔の情熱をよみがえらせた著者は、裏庭に天体観測所を自作する。本書では、建築を決意してから完成までの一年間が、星座の移ろい、占星術師だった母との思い出、天体観測の逸話などを交えて語られる。静謐(せいひつ)にして秀逸な科学エッセイである。

評・渡辺政隆(サイエンスライター)

二〇〇六年四月一六日❽

『イルカ』

よしもとばなな 著
文芸春秋・一三三〇円
ISBN9784163247601／9784167667047（文春文庫）　文芸

小さな本だが、大きくあたたかい。主人公の恋愛小説家・キミコが、ときに悪意や暴力に近寄りながらも、様々な人と出会い、やがて、婚姻外で子を産むまでのいきさつが、自然な流れで描かれていく。

小説だ。だがこれは、能（あと）う限りのシンプルな言葉で書かれた、「生命」についてのひとつの思想の本ともいえる。なぜ、ひとが子を産むのか、そこに至るのか、その解答を、わたしはこの一冊から得たように思った。

かつて、著者の父・吉本隆明氏の本を読んだとき、私は、あ、子を産んでみよう、とふと思ったことがあったのだが、そういうふうに後押しされる何かが、娘である著者へと流れ込んでいるのを感じる。特別な親子だという話をしたいのでなく、本書の主題でもある生命のあり方に、そこでも驚き、感慨を深めるのである。

本書に登場する人々は、他者とともによりよく生きるため、実にあれこれ心を働かせるが、とりわけキミコの「賢（さか）しさ」には、心洗われ、心うたれる。その賢しさが、キミコという個を超えて、生命を慈しむ無名の身体の、中心から発していると感じられるから。「イルカ」というのは、その源に住むものの、象徴なのではないだろうか。　評・小池昌代（詩人）

二〇〇六年四月一六日❾

『貸本マンガRETURNS』

貸本マンガ史研究会 編
ポプラ社・一八九〇円
ISBN9784591091913　文芸／アート・ファッション・芸能

本書は、貸本マンガ史研究会の6年間の活動の成果であり、今日の段階で知られる限りの、貸本マンガの歴史の全容を描こうとした概説書といえよう。貸本マンガとは、新刊書店には並ばないで、貸本屋向けにだけ出版された特殊なマンガ雑誌や長編マンガのことである。その全盛期は1950年代後半から60年代初めの時期であった。

本書では、時代劇、ミステリーやハードボイルド、少女マンガ、怪奇ものなど、貸本マンガのジャンルごとの特徴やその盛衰が描かれている。また、さいとうたかを、水木しげるなどその世界で活躍した代表的な作家の作品論が展開されている。

本書によれば、高度経済成長の開始期である貸本マンガ全盛期の時代は、中卒で集団就職して、都会の商店や紡績工場で働く貧しい少年少女たちが多かった。彼らこそが、貸本マンガの最大の読者層であったという。そして、その読者層の年齢の上昇や豊かな社会への転換とともに、貸本マンガは青春マンガに変わり、また貸本屋自体が消滅していったのである。ここには、高度成長初期の貧しい都会生活に密着した世界から、今日の豊かな社会を斬（き）ろうとする視点が見られるといえよう。

評・赤澤史朗（立命館大学教授）

二〇〇六年四月一六日❿

『おじさんはなぜ時代小説が好きか』

関川夏央 著
岩波書店・一七八五円
ISBN9784000271042／9784087465976（集英社文庫）　文芸

時代小説はなぜ人気があるのか。山本周五郎、吉川英治、司馬遼太郎、藤沢周平、山田風太郎、長谷川伸、村上元三と、森鴎外ほかの代表作をあげて、見事に立証した好評論である。

旧制高校の同人雑誌から生まれた純文学が、自己表現のため私小説に傾きがちなのに対して、かれらの多くは世間を知った苦労人だけに、自己を語るためではなく、読者のために書いた。それが「根も葉もあるおとぎ話」として、広く大衆に支持された。

いわゆる進歩史観にさからって、過去から未来への連続性を信じ、封建的として否定された日本的感情や日本的人間関係を再評価しようとした。それはかつてこの国に存在した、ある種のユートピアふうな世界を想起させ、読者に慰めを与えた。

司馬遼太郎のように、日本の近代文学が不得手とした日本文化論を展開し、『坂の上の雲』で政治と軍事を描いた作家もいる。山田風太郎も藤沢周平も、時代小説の巨匠たちは静かでかつ戦闘的だった――。

鋭い指摘に深くうなずきながら、ひとつだけ疑問が残った。時代小説が好きなのは「おじさん」だけだろうか。現に私の若い女友達ときたら、私以上に熱心な愛読者なので……。

評・杉山正樹（文芸評論家）

『花はさくら木』

辻原登 著
朝日新聞社・一七八五円
ISBN9784022501790／9784022645036（朝日文庫）

歴史／文芸

内親王と幕府官僚のやるせない幻の恋

現在のところ、日本最後の女性天皇である後桜町（ごさくらまち）天皇には、まだ智子（さとこ）内親王と呼ばれていた若き日の隠れたロマンスがあった。

作者が久々の長編時代小説として世に問う『花はさくら木』は、こんな意表外の構想で書き出される。舞台は宝暦十一年（一七六一）の春、桃の節句にはなやぐ京都御所である。恋というほど露骨な感情ではない。しかし九重の雲にくるまれる内親王が親愛の情を抱いてしまったとあっては穏やかではない。その相手は、人もあろうに田沼意次（おきつぐ）。後に汚職役人の代名詞にまでなるこの人物も、政治の理想に燃える男盛りの少壮官僚として作中に登場してくる。

時代小説は、歴史の羽目を外してよいジャンルである。多少はタガが外れても構わない。作者は司馬遼太郎風の歴史リライトではなく、あえて吉川英治風の伝奇ロマンにさかのぼる。従来の江戸物では、地平線の彼方（かなた）に《勤王》の虹を架けて世界を構成するのが常だったが、本作の田沼は、将来の日本を信用経済国家にすることを考え、「中央銀行」を作るために大坂の豪商鴻池に出資させようと企（たくら）む辣腕（らつわん）政治家である。朝廷に接近したのも、もう一人の豪商北風の不審な献金ルートを断つためであった。

北風は、伏見港を根拠にする密貿易商であり、ひそかに朝鮮国王と接触し、対馬から拉致して自分の養女にした菊姫（淀君の末裔〈まつえい〉!）を朝鮮王子に嫁がせて、反幕府勢力を形成しようとしている黒幕である。

時代小説のだいじな骨組みである男女の色模様は、内親王と田沼の分身として、この菊姫と田沼の部下で公儀御庭番の青年武士との間で展開される。濡（ぬ）れ場もあるし、チャンバラもある。池大雅・与謝蕪村・円山応挙・上田秋成といった豪華な顔ぶれがもったいないくらいのチョイ役で出演するなど読者サービスもよい。もっと大活躍させて欲しかったし、また「すてきに」という江戸の流行語が出てくるのは四十年ほど早いのではと若干異論もなくはないが、本作がそんな細瑾（さいきん）を越えて読者を引きずってゆく妙味は、作者が現代日本のアクチュアルな事件をきわどく掠（かす）め取ってちりばめる手腕にある。

物語は、内親王が菊姫と間違われて誘拐されるという破天荒な筋立てでスタートするのだが、その内親王が初めて見る外界に自由を満喫し、「わたし、いま置かれている立場をたのしんでもいいはずだわ。あとは一生、何もないのですもの」と洩（も）らす言葉は哀切だ。

今上（桃園）天皇の御不例を知った田沼は「女帝の儀、くるしかるまじき」と幕府の方針を決める。田沼と内親王がお忍びで大坂の繁華街を歩く場面は映画の『ローマの休日』を思わせ、菊姫と御庭番が協力して北風の密輸基地をつぶした後、二人で大陸中国へ亡命するのは、今も昔も変わらぬ海峡の狭さを感じさせる。

翌宝暦十二年（一七六二）、後桜町天皇は即位して「聖なる場所」に身を隠し、江戸に戻った田沼は「政治の泥」にまみれる。だからこそ、この幻の一期一会はやるせない。

評・野口武彦（文芸評論家）

つじはら・のぼる 45年生まれ。作家。「村の名前」で芥川賞。著書に『翔（と）べ麒麟（きりん）』（読売文学賞）、『遊動亭円木』（谷崎賞）など。

二〇〇六年四月二三日❷

『そのたびごとにただ一つ、世界の終焉Ⅰ・Ⅱ』

ジャック・デリダ 著　土田知則ほか 訳

岩波書店・各三五七〇円
ISBN9784000237116〈Ⅰ〉・9784000237123〈Ⅱ〉　人文

深い友愛にみちた16の追悼

本書との出合いは忘れられない。二〇〇一年に米国はシカゴ大学出版局より企画刊行された英語版原著『喪の仕事』（The Work of Mourning）を初めて読んだのは二〇〇四年の八月。西欧形而上学の伝統に対して巧妙かつ執拗（しつよう）に挑戦し続け、結果的に米ソ冷戦解消の預言者となった脱構築哲学の巨匠が、ロラン・バルトやミシェル・フーコー、ジル・ドゥルーズ、エマニュエル・レヴィナスなど十四名への切々たる追悼文を綴（つづ）った一冊は、深い友愛にみちた追想としても、弔いという作業自体をめぐる瞑想（めいそう）としても、読みごたえじゅうぶんだった。したがって、その強烈な印象も冷めやらぬまま、同年十月九日に著者の訃報（ふほう）を聞いた瞬間は、衝撃というしかない。

追い打ちをかけるように、ジョナサン・カンデルの「ニューヨーク・タイムズ」同年十月十日付への寄稿は、アルジェリア出身のユダヤ系であったデリダと、ベルギー出身で戦時中には反ユダヤ主義文書を残しアメリカへ移住したポール・ド・マンの交友を嘲笑（ちょうしょう）するかのような、死者に鞭打（むちう）つ文章であり、それに猛反発した北米知識人たちがインターネット上で巨大な署名運動を展開、デリダ再評価への道を拓（ひら）く。反フランス主義とも共振する反知性主義的身ぶりはアメリカ的ポピュリズムのお家芸だが、そんなアメリカを象徴するブッシュ再選も同じころの出来事であった。

今回の邦訳は、最初の英語版に加えて、デリダ評価の起源であるジェラール・グラネル、現代文学を代表するモーリス・ブランショへの追悼文を採録し、二〇〇三年に刊行成ったフランス語版の全訳。存在論的な現前よりも不在に惹（ひ）かれ、死者の肉体（corps）とその著作（corpus）の逆説的な関係を思索し、マルクスらの亡霊たちと語り続けたデリダの体系において、追悼という形式はもともと相性がよかったことが再認識できる。死が単純な終わりではなく終わりなきものの開示であることを多角的なスタイルで説く本書は、追悼の達人デリダ自身の全著作を未来に向かって押し開くだろう。

（原題、Chaque fois unique, la fin du monde）

評・巽孝之（慶應大学教授）

Jacques Derrida　30年生まれ。哲学者。04年、パリで死去。

二〇〇六年四月二三日❸

『僕はマゼランと旅した』

スチュアート・ダイベック 著　柴田元幸 訳

白水社・二五二〇円
ISBN9784560027417　文芸

胸に「どさっ」と、渋い感動の重み

シカゴの街を舞台にした、十一篇（ぺん）からなる連作小説集だ。時代は、五〇年代から六〇年代にかけて。「僕」ペリーを中心に、その家族や級友、朝鮮戦争から生還した叔父さん、第二次大戦で右腕をなくした飲み屋の店主など、忘れ難い面々が登場する。皆、裕福とは言えない暮らしの中で、体をはって生きる人々だ。

繊細にして重厚な語りは、「タフな台車」を思わせる。地面を行く、ごろごろという音が、文の底から響いてくるようだ。細部がみっしり書き込まれているので、最初は、読みにくいと感じる読者もいるだろう。しかしそうした緊密さが、あるとき、ある一行で、突然はじけ、作品の地平がいきなり開かれることもある。ダイベックは、詩も書く。思わず傍線を引いてしまうような、一行の力技を知るひとである。そういう箇所（かしょ）にぶつかると、まるで戸口に「どさっ」と荷物が降ろされたみたいに、渋い感動の重みが広がる。そのようにして、私は「胸」におののき、「ブルー・ボーイ」に泣いた。

「胸」は、ならず者のジョーが、一人の男を殺すまでの話。殺された男の魅力的な妻とジョーとの関係が緊迫感をもって暗示的に描かれる。非情な殺人描写と抒情（じょじょう）的な甘美さが、不思議に同居する作品だ。

「ブルー・ボーイ」のほうは、病気で死んだ少年をめぐる話。弟思いの残された兄の哀（かな）しみ、追悼創作を書く優等生少女の挫折。こうしてダイベックは、汚れ者から穢（けが）れ無き者たちまでを、同じ瑞々（みずみず）しさで同じ線上に並べて描く。

読者はまず冒頭から、シカゴのとある飲み屋にいきなり放り込まれ、やや不親切なやりかたで、次々と人々に引き合わされるわけだが、店のカウンターには固ゆで卵の入ったボウルがあり、皆、そこから卵を勝手にもっていく。儲（もう）かりそうもない飲み屋なのにいいのかしら？　読んでいると、そんなことまでが妙に気になる。気になって手を伸ばせば、本当に卵をこの手で掴（つか）めそうな気がして、いつのまにか私も常連客だ。

人間の生きる確かな空間が、この本の中には、丸ごとある。懐の深い小説である。

（原題、I Sailed with Magellan）

評・小池昌代（詩人）

Stuart Dybek　42年生まれ。米の作家。著書に『シカゴ育ち』など。

『世俗の形成』キリスト教、イスラム、近代

タラル・アサド著　中村圭志訳

みすず書房・六五一〇円
ISBN9784622071907

人文

西欧が普遍視する概念を批判的に考察

慎重な本、というのが、第一印象である。単純化、平易化によって生じる誤解を避け、丁寧に論を進める、著者の真摯（しんし）な姿勢がうかがえる。

それは、サウジアラビア生まれのムスリムで米国在住の学者、という著者の出自と無関係ではない。9・11以降蔓延（まんえん）するイスラムや宗教一般を巡る議論が、いかに短絡的に過ぎることか。序章での「西洋・非西洋を問わず、……無差別な残虐行為を正当化するために聖典の権威に訴える必要があったことはない」との謂（い）いは、けだし名言である。

だが本書は、ムスリム社会の代弁ではない。近代一般に関（かか）わる哲学的課題であり、普遍とみなされる近代・世俗概念への批判的考察である。

本書の核には、「なぜ『近代』が政治的目標として支配的なものとなったか」という疑問がある。そしてヨーロッパ近代の中心的概念とみなされる「世俗」を取り上げ、それが宗教と固定的に切り離されるものではないこと、聖性と相互関連しあうことを指摘する。著者の前作「宗教の系譜」と対になる議論である。

ここでの鍵概念は、「権力」と「近代国民国家」だ。「イスラム主義が国家権力に傾倒しているのは……正当的な社会的アイデンティティーと活動の場を形成せよと、近代国民国家に強要されているから」だ、との指摘は興味深い。「近代国民国家は、個人の生のあらゆる側面を……規制しようとしている」がゆえに、彼らも「世俗的世界における国家権力に無関心なままではいられない」。イスラム主義もまた、近代の中にある。

だが、近代ヨーロッパのアイデンティティー形成の中で、イスラムは鏡像的位置に置かれてきた。最も近い他者であるがゆえに、常に否定と矮小（わいしょう）化の対象となる。

ヨーロッパがイスラムを疑似文明視、脱本質化し、ヨーロッパ内のムスリムを同化させてきた、その背景に、著者は近代国家の多数派／少数派概念の問題性を見る。多数の中の少数としてではなく、世俗ヨーロッパにおける「さまざまな少数者と並ぶひとつの少数者」としての共存可能性への問いは、示唆に富む。

（原題、Formations of the Secular）

評・酒井啓子（東京外国語大学教授）

Talal Asad　33年生まれ。ニューヨーク市立大学大学院教授。

二〇〇六年四月二三日⑤

『Op.ローズダスト　上・下』

福井晴敏 著
文芸春秋・各一八九〇円
ISBN9784163245003〈上〉・9784163245102〈下〉／9784167763015〈文春文庫〈上〉〉・9784167763022〈中〉・9784167763039〈下〉
文芸

テロめぐる攻防　苦い味わいの物語

福井晴敏の三年半ぶりの新作。上下巻で一一〇〇ページを軽くこえる超大作だ。

そのスケールの大きさにおいて、また、国際的なテロによる日本の危機というアクチュアルな主題において、さらには、戦争をめぐって日本人ひとりひとりの生き方を問う真摯（しんし）な倫理性において、村上龍の『半島を出よ』に匹敵するパワーをもった小説である。だが、村上龍のクールな描写性に比して、福井晴敏の語りは焼き切れそうに熱い。

インターネット分野に集中して投資を行い、国防産業にまで進出した「ネット財閥」の重役がたて続けに三人爆殺される。それは恐るべき正確さで計画された大規模テロの始まりだった。実行者は、防衛庁を追われた情報員・入江を中心とする「ローズダスト」と名乗る五人。その背後には北朝鮮の影が見え隠れする。

事件の解明に、防衛庁の非公開情報機関「ダイス」の丹原が乗りだす。丹原と入江のあいだには、悲劇的な過去の因縁があった……。

この物語の枠組みそのものにさほどの新味はない。だが、テロリストの非情な行動を描く精密機械のような叙述に、読者はあっというまに呑（の）みこまれていく。それを追う捜査側の反応や警察および防衛庁の内情も息づまるリアリティーで活写される。

そして、ついに両者が激突する、お台場を舞台にしたカーチェイスから総合ショッピングセンターでの銃撃戦に至る最初のクライマックス！　世界的なレベルで見ても掛け値なしにベストクラスと断言できる密度と迫力だ。しかし、これは小説全体にとってまだ序盤戦にすぎない。ラストの戦闘場面の激烈さには誰もが唖然（あぜん）とすることだろう。

だがさらに重要なことは、アメリカ製の映画や冒険小説のように、テロリストが単なる悪人ではないことだ。それどころか、彼らは、平和主義だといいながら一朝有事となれば主権だ国家だと逆上し、昨日までの自分を簡単に捨てる日本人の心性と、それを利用しようとする支配層の策謀への本質的な批判者なのである。ここに、本書の深く苦い読みどころがある。

評・中条省平（学習院大学教授）

ふくい・はるとし　68年生まれ。小説家。著書に『亡国のイージス』など。

二〇〇六年四月二三日⑦

『生と死のボーダーラインで揺れた　問題少女』

長田美穂 著
PHP研究所・一四七〇円
ISBN9784569649511
社会／ノンフィクション・評伝

リストカット、摂食障害、薬物・セックス依存、境界性人格障害、と帯にある。二十歳で自死した少女を説明するありふれたキャッチコピーだ。でも、読まずにはいられなかった。書き手が「揺すられる」対象に会った瞬間、ノンフィクションは生まれる。

抗うつ剤の取材で知り合ったレイカは大江健三郎を読破し、ビョークを聴く感度の鋭い十六歳。二人はときに取材を逸脱し、友だちのようにつき合う。でもレイカは著者の取材者としての計算を見透かしていた。著者があるライブに誘った直後に連絡を断（た）つのだ。結局なにもわかってないね、とでもいうように。

著者は告白する。彼女の才能に嫉妬（しっと）し、肝心のところで踏み込めなかった。だからこそ死の理由を見極めたいと。そしてなんと、レイカを追い込んだ「悪者」探しの旅に出るのだ。それは、普通に自分を好きになりたいだけと語った彼女の真意から隔たる旅なのだが、支離滅裂に見える著者自身が晒（さら）されることで二人の間の不協和音がいっそう際立ち、私は最後まで目を離せなかった。

取材者の地軸が狂う。個と個が鈍く捻（ねじ）れる。狂いと捻れが逆説的に生々しくレイカの残像を結ばせ、消し去った。

評・最相葉月（ノンフィクションライター）

二〇〇六年四月二三日⑧

『ワークライフバランス社会へ』

経済／社会

大沢真知子 著

岩波書店・二一〇〇円
ISBN9784000257589

日本の企業はもっぱらパートなど非正社員を多用して人件費の削減に努めてきた。グローバル化に伴う「コスト競争の激化」に対応するためだ。これに対し、「正社員の働き方を柔軟にし」、日本とは逆に「非正規から正規への移動を進めて」きた国のほうが、経営面で高い成果を上げていると著者は言う。経営と労働の双方が利益を共有する「シェアリング・フルーツ」を、そうした国ではどのように実現してきたのか。その答えが「ワークライフバランス」である。

仕事一筋の正社員にも、家庭と両立可能な柔軟な働き方を慫慂（しょうよう）する。その結果、労働時間は短くなり、賃金も減るが、時間あたり賃金は変わらず、自由な時間が拡大する。正社員の地位に経営側も固執するのは、そのほうが企業に対する忠誠心が期待でき、労働時間の減少ほどには生産も減らないからだ。

「正社員のあり方を変えることができなければ、日本の非正社員問題を解決できない」という著者の主張に異論はない。ただ、その実現に向けた役割を日本の政府に求める前に、非正社員との共闘を怠り、待遇改善の遅れに関し経営側と「共犯」関係にあった日本の労働組合に、評者としては反省を求めてほしかった。

評・高橋伸彰（立命館大学教授）

二〇〇六年四月二三日⑨

『曼荼羅都市』

アート・ファッション・芸能／国際

布野修司 著

京都大学学術出版会・五二五〇円
ISBN9784876986736

都市史はまだ新しい学問分野だ。西欧に始まり、江戸東京など日本の都市、そしてイスラム圏の都市が注目され、今アジアに光が当たる。本書はそのアジア理解に不可欠なヒンドゥー都市を本格的に論じた労作。

登場する都市の姿は、中央に市民の広場をもつ西欧都市や、地形に合った有機的な形態を示す日本の都市とは異質だ。インドの曼荼羅（まんだら）的な宇宙観がそのまま都市の空間構造となって現れる。極めて明快な秩序をもつ都市形態には目を奪われる。

基本は、世界のどこにもあるグリッド（格子状）都市。だがヒンドゥー都市では、空間のヒエラルキーが強烈だ。中央に巨大な寺院、そして王宮を配し、その外側に、階級や機能に応じ何重にも空間を仕切り、入れ子構造の都市を築き上げる。宗教的な宇宙観がかくも見事に象徴的な都市造形を生む例は、世界に他にない。

本書は、古代から伝わる文献の記述から理念としての都市の形態を復元する一方、インド及びインドネシアの都市を現地で徹底的に踏査し、実際の都市の姿をリアルに描き出す。研究室の学生達（たち）と汗水流した調査の成果が端々に感じられるのも魅力的。アジア研究の到達点を示す貴重な書だ。

評・陣内秀信（法政大学教授）

二〇〇六年四月二三日⑩

『ラジオ記者、走る』

ノンフィクション・評伝

清水克彦 著

新潮新書・七一四円
ISBN9784106101588

小学生の時、父に買ってもらったトランジスタ・ラジオは、自慢の宝物だった。音声だけで広がるラジオの独特な表現空間の肌触りが好きだった。

ところが、このところラジオの評価は芳しくない。以前のような爆発的人気の深夜ＤＪは姿を消し、若者のラジオ離れが目立つという。一昨年、マスコミ4媒体の1つでもあるラジオの広告費が、インターネットに抜かれたことは広告業界にとっての衝撃的ニュースだった。

そんな今のラジオがどうなっているのかを、ラジオ記者の立場から綴（つづ）ったのが本書である。何かと話題となるテレビ局とは違い、ラジオ局の現場の様子は、意外と知られていない。著者の担当したラジオ・ニュースは、テレビのそれと違って、記者一人でどこへでも出かけ、現場の息づかいをマイクで拾ってくる。永田町での政治取材も、湾岸戦争下の現地からの報告も、そして、雲仙普賢岳の火砕流レポートも、マイクだけで勝負しているラジオ記者の姿は、ラジオの新たな魅力を感じさせる。

著者が勤務する教会風のラジオ局は、昔の東京の風情を残す場所に立つ。そんな街の匂（にお）いも伝わってきそうなラジオ局の物語だ。

評・音好宏（上智大学助教授）

『現代イスラーム世界論』

小杉泰 著
名古屋大学出版会・六三〇〇円
ISBN9784815805357
人文／国際

多様性と広がり、営為の豊かさ示す

中東の歴史を学んでいて残念に思うのは、19世紀から20世紀前半の中東・イスラーム地域には、驚くほど魅力的な歴史的ヒーローが数多く登場するのに、彼らをビビッドに描いた邦語の書がないことだ。西欧の中東進出という脅威に対して改革と祖国防衛を高らかに謳（うた）い、イランからエジプト、トルコを駆け巡ったアフガーニーは、そうした傑物の代表例である。日本で言えば坂本竜馬、現代史ではチェ・ゲバラに匹敵するこの革命児の辿（たど）った軌跡を追うだけでも、中東近代史版「峠の群像」の息吹が感じられる。

彼だけではない。後に続くアブドゥやリダーなど当時のイスラーム近代知識人は、言論界に幅広く影響を与えたが、彼らがエジプトで発行した雑誌はインドネシアでも読まれていた。イスラーム近代史の面白さは、「黒船到来」の何倍もの震度を持つ動乱のなかで、人と思想が縦横無尽に広がり、思わぬところで思わぬ結節点を生むところにある。

本書は、数少ない邦語での本格的なイスラーム現代政治の研究書のひとつだが、多くの章で記述されるのは、そうした近代イスラームの多様性と広がり、思想的社会的営為の豊かさだ。なによりも、イスラームを本質主義的、静態的なものとみなし、伝統墨守的な人々の集団と考える発想が批判される。

研究書としての本書の目的は、実に明確である。「現代の政治研究は、国民国家と世俗主義を学問的な前提としている」がゆえに、「宗教政治を分析するようにはできていない」。イスラームを（政教一致ではなく）「政教一元」でかつ「教経統合」（経済はイスラームが人々の生活を律する最も直接的な分野である）と論ずる著者は、既存の政治学を超えて、「イスラーム政治」を理解するための新たな政治理論を構築する必要がある、と主張する。21章の「イスラーム政党」論などは、そうした試みの一環である。

そのために、国民国家の枠組みや地理的近接性だけでまとめられた「地域」とは異なる、「メタ地域」を分析対象とすべきだ、と著者は言う。一定の政治環境のなかで何らかの連鎖性を持ち、地理的領域を超えて成立するネットワークの「メタ地域」（「第三世界」や「途上国」もそうだ）として、イスラーム世界を捉（とら）える。イスラーム世界は、「真のイスラーム」が単独でどこかに存在する固定的な領域ではなく、それぞれの現場で「誰もが自分の思想を『イスラーム』そのものの理解として語る」空間だからだ。

歴史や理論だけでなく、現代の中東地域のアクチュアルな政治現象にも、本書はさまざまな視角を提示する。現在頻繁に問題視される「宗派対立」について、伝統的な宗教社会共同体が現代の国家システムのなかで新たに「利権集団」化したこと、その共同体が持つ世界観に密接な関係を持つイデオロギー集団が、同じ共同体構成員のなかから支持者を動員していることを指摘するが、これはまさに今のイラクで進行中の出来事を言い当てている。「対立」は、心や信仰ではなく、政治や経済にある。

評・酒井啓子（東京外国語大学教授）

こすぎ・やすし 53年生まれ。京都大学教授。著書に『現代中東とイスラーム政治』など、共編著に『岩波イスラーム辞典』など。

二〇〇六年四月三〇日❷

『14階段　検証　新潟少女9年2カ月監禁事件』

窪田順生 著

小学館・一五七五円
ISBN9784093897020

社会／ノンフィクション・評伝

猟奇事件？の闇を現場で追う

最近、事件取材がむずかしくなったと聞く。現場で聞き込みをしていても、個人情報保護を理由に協力を拒まれることが増えたというのだ。その一方で、ネット上に当事者の写真や日記がさらされる。

なんか変だ。それでも現場を歩けば何かがつかめると信じたい。桶川ストーカー殺人事件のように、一人の記者の執念が事件解明の突破口を開くこともあるのだから。

本書を手にしたのも、当時28歳の男が9歳の少女を9年2カ月にわたり監禁した部屋に、初めて足を踏み入れた貴重な報告であるためだ。同じ家に住む男の母親がなぜ少女の存在に気づかなかったのかという点にも、一定の事実を読者に提示している。

暴力に耐え、息子のため競馬雑誌を買う「従順な下僕」のような母親の姿がある。歳の離れた亡き父親もまた、軌道をずれていく息子を叱（しか）ることのできない人だった。当初報道されたような、少女わいせつの前科をもつ「引きこもり」男の異常犯罪というイメージからこぼれ落ちた、男とその家族の姿が見えてくる。

そして読者はついに、20年以上、母親が上ることはおろか見上げることも許されなかった14段の階段を上り、「王国」の全貌（ぜんぼう）を知る。そこで発見した男の「宝物」と父親の遺品から父子関係と事件との因果を探る仮説はやや強引だが、案外核心を突いている点もあるかもしれない。

しかし、事件の闇は依然深い。少女が発見された日、保健師に促されて2階に上った母親に少女はこう話しかけたという。「お母さんですか？毎日ご飯を作っていただいて、どうもありがとう」

本書はまだ、この言葉の本意には到（いた）り着いていない。

著者は三たびの現場に立つだろうか。一度目は写真週刊誌記者、二度目はフリーライターとして現場に立った著者は、取材者としての逡巡（しゅんじゅん）を時折吐露している。母親に説教するように質問を重ねる不遜（ふそん）さに気づき、言葉を呑（の）み込む場面もある。本筋とは無関係だが、人の人生を奪うという不条理に心底憤り、迷い、行動できるのは、今の時代、もはや希有（けう）な才能と思える。

評・最相葉月（ノンフィクションライター）

くぼた・まさき　74年生まれ。ノンフィクションライター。雑誌編集にも携わる。

二〇〇六年四月三〇日❸

『裏社会の日本史』

フィリップ・ポンス 著　安永愛 訳

筑摩書房・四五一五円
ISBN9784480857828

歴史／社会

貧窮者とやくざから歴史を俯瞰

もちろん書き手によるけれど、海外の読者に向けて日本を紹介した本は国内の読者にも有効な場合が少なくない。あうんの呼吸でわかったような気になっている（でも本当はまるでわかっていない）事象が一から解きほぐされることで、霧が晴れるような気分がままま味わえるのだ。

本書でいう裏社会とは、排除されることで漂泊の民となり、社会の周縁に押しやられた人々のこと。第一部で語られるのは中世の賎民（せんみん）に起源を持つ被差別民、明治以降の下層労働者、横山源之助が『日本之下層社会』で描いたような貧困層、そして著者が「どんづまりの街」と呼ぶ現代の山谷や釜ケ崎の住民までを含む「日陰の人々」である。

一方、第二部の主役は「やくざ」である。これには博徒とテキヤの二系列があると著者はいう。江戸の侠客（きょうかく）。明治の義賊。極右思想と結びつき軍との協力関係さえ築いた戦前の「愛国的やくざ」。そして、戦後の政界や財界との結びつきを強めた「黒幕」や三大暴力団の「親分」。

貧窮者とやくざが一冊の中に同居する。そこがこの本のキモというべきだろう。〈社会は「良き」貧者と「悪(あ)しき」貧者、また「おとなしい」放浪者と「手ごわい」放浪者との区別には無関心だった〉と著者は書く。

〈表面上は国家への異議を唱えているようでいて、結局は並列的かつ補完的な国家のコマ割だった〉と断罪されるやくざと、〈最後の偉大な拒絶のヒーロー〉かもしれない物言わぬ貧窮の民。

最終的に下される判断は逆だけれども、そこには確かに連続性が認められるのだ。17世紀から20世紀末までを俯瞰(ふかん)した論証は緻密(ちみつ)で、「へぇへぇへぇ」の連続。

著者のフィリップ・ポンス氏は、04年4月のイラク邦人人質事件の際、人質になった3人の若者を力強く弁護する論評を「ルモンド」紙に載せ日本の世論に鋭い一撃を加えた、あの東京支局長である。とかく「同質性」が強調される日本社会の多様性を浮き彫りにし、〈日本列島は不服従の者たちの住処(すみか)でもある〉ことを示した快著である。

(原題、Misère et Crime au Japon)

評・斎藤美奈子(文芸評論家)

Philippe Pons　42年パリ生まれ。「ルモンド」東京支局長。

二〇〇六年四月三〇日❹

『デス博士の島その他の物語』

ジーン・ウルフ 著　浅倉久志ほか 訳

国書刊行会・二五二〇円
ISBN9784336047366

文芸／科学・生物

島、異常な博士…虚実の境界を超え

動物を人間に生体改造し近代文明を教え込む――H・G・ウェルズの名作『モロー博士の島』(一八九六年)の恐るべき設定は、一見したところ植民地主義的なアイデアの深層に、いまもなお多くの可能性を孕(はら)んでいる。ここに届けられたアメリカSFの重鎮によるオマージュ、すなわち一九七〇年代に書き継がれた「デス博士の島」「アイランド博士の死」「死の島の博士」の三部作プラス一編から成る連作は、ウェルズ以後の異常な「博士」像や、冒険心を誘う「島」という設定、それに生と「死」を経た永遠の生命の問題が、いったいなぜ現代の文学的想像力をかきたててやまないのかを、徹底的に思索してみせる。

表題作は何度読み返してもすばらしい。あらすじだけとれば、美女と怪物、多くの危機を乗り切る船長とマッドサイエンティストに彩られた俗悪(キャンプ)なるパルプフィクションに夢中の少年タッキーが、いつしか自分自身と物語との境界線を乗り越えてしまうという、典型的なファンタジーあるいはメタフィクションに映るだろうか。だが、虚実をまたぐデス博士が少年に「きみだって同じなんだよ」と囁(ささや)く瞬間、読者もまた神ならぬ何らかのマッドサイエンティストに作られた怪物かもしれないことを予感させる。

三部作最終作では、マイクロコンピュータを駆使した発声書籍という発明により多くの読み書きに不自由な人々が救われた未来において、ひとつの文学作品のキャラクターが他作品に流出し感染するという「本の性病」が描かれており、表題作での予感は実感に変わった。ハイテクによって読書という文化自体の意義が変わり果ててしまったこの未来像には、現代社会そのものへの最もアイロニカルな洞察がある。

また、併録された「アメリカの七夜」(一九七八年)は、『アラビアン・ナイト』にもとづきながら、遺伝子異常が蔓延(まんえん)し怪物化した人間たちが徘徊(はいかい)するアメリカの廃墟(はいきょ)をイスラム系訪問者の視点より活写しており、まさに二一世紀の預言書と呼んでも過言ではない。

評・巽孝之(慶應大学教授)

(原題、THE ISLAND OF DOCTOR DEATH AND OTHER STORIES AND OTHER STORIES)

Gene Wolfe　31年米ニューヨーク生まれ。作家。

二〇〇六年四月三〇日⑤

『世のなか安穏なれ　『歎異抄』いま再び』

高史明 著　　人文／社会
平凡社・一八九〇円
ISBN9784582739176

親鸞との「つなぎ目」探す思索と求道

高史明は死ぬことをずっと考えてきた人である。

極貧の在日朝鮮人の家に生まれ、三歳で母と死別し、父親が首をくくろうとするのを泣き叫びながら制止しようとした人である。

学歴も何もないまま、当時の過酷な朝鮮人差別の世に投げ出され、作家として自立しかけたとき、深く深く愛していた一人っ子のご子息が自死を遂げてしまう。これで誰が生きつづけられようか。

親鸞の『歎異抄』と出会って、著者はかろうじて生への道を歩み出した。爾来（じらい）、三十余年に及ぶ思索と求道の結果が、この講演録である。

会話体とはいえ、わかりやすい本ではない。いや、われわれの「わかる」という骨がらみの合理主義をいったん捨て去らなければ、本書を「わかる」ことはできないのかもしれない。ところが、読みはじめるや、活字が目に食い込んで離れなくなる。

とりわけ、作家・野間宏の文学と親鸞とのかかわりを論じた章に、異様な迫力がある。現代人の生き難さを見抜き、『歎異抄』を読み込んでいた野間でさえ、私たちと、親鸞の説いた念仏とを結びつける「つなぎ目」を見いだせなかったのではないかと、著者は問う。そのつなぎ目を求める私の前に、だが、著者は『歎異抄』などの仏典の言葉を原文のまま示して、「わかる」ところまでは導かない。

現代人の「超えがたい奈落」ゆえなのか。そこが「信心」と言われればそれまでなのだが、著者もまたつなぎ目を万人に「わかる」ように伝える方途を、いまだ持ちえていないのではないか。

亡きご子息は芥川の『蜘蛛（くも）の糸』を読み、感想文を書き残していた。しかし、芥川の描くお釈迦さまの姿はおかしいと、著者は言外に述べている。お釈迦さまなら、再び地獄の血の池に落ちたかん陀多（かんだた）を、極楽の上から哀れむのではなく、自ら地獄に降りて共に苦しまれるはずだというのである。私を含む〝かん陀多〟たちが、いくら「信じない」「信じられない」と言おうが、お釈迦さまはなおどこまでも寄り添ってくださると著者は説きつづけてやまない。

評・野村進（ジャーナリスト）

コ・サミョン　32年生まれ。作家。著書に『いのちの優しさ』など。

二〇〇六年四月三〇日⑥

『いま平和とは　人権と人道をめぐる9話』

最上敏樹 著　　政治／社会／国際
岩波新書・七七七円
ISBN9784004310006

「人間本位のリアリズム」を求めて

「二〇世紀最後の一〇年間で、二〇〇万人以上の子供が殺され、六〇〇万人の子供が重傷か回復不能の障害を負いました」。米ソが巨費を投じて軍拡競争に励み、核戦争の一歩手前までいった冷戦も正気の沙汰（さた）ではなかったが、その後の世の中はいよいよおかしい。そんなことは言うまでもないのかもしれないが、もう一度繰り返すけれども、一〇年間で二〇〇万人の子供が殺されたという事実を突きつけられると改めて慄然（りつぜん）とする。二一世紀以降のアフガニスタンやイラクでの戦争、スーダン西部での虐殺や欧米でのテロはこの勘定に入っていないのだ。

なぜ事態の悪化を止められないのか。誰がどうやって平和をもたらそうとしているのか。そもそも平和とは何なのか。この本が取り組むのはこうした基本問題だ。平和のためにある国連は、拒否権を有する安保理常任理事国の武力行使に対して無力である。そしていわゆる国際社会は、資源もなく、戦略的に重要でもなく、また白人のいない国での殺し合いを本気で止めようとしない。この現実に対して著者は、平和とは人間の日常性の確保であり、人権の問題だと訴える。そして「人間本位のリアリズム」にもとづき、不条理な格差を解消して人間の平和をつくり出すNGOの活動や、国境を超えて隣人たちと協力する地域共同体の出現を語る。

こうした「市民派」的な議論に対し、理想主義だとの批判が現実主義者から浴びせられることは容易に予測できる。著者自身も、軍事的安全保障と人間の安全保障のどちらもが重要だという。しかし、力頼みの平和の限界は明らかだ。軍事力で平和が保たれるなら、パレスチナ問題などありえない。力は大事だが、他者を尊重する共生の思想が根を下ろさなければ平和は安定しない。

だとすると、力を有する者こそ他者を尊重しなければならないだろう。欧米のマスメディアに乗り込み、安保理常任理事国を説得して共生を常識化できるだろうか。それができれば、日本の平和学のソフトパワーはすごい。

評・高原明生（東京大学教授）

もがみ・としき 50年生まれ。国際基督教大学教授。著書に『国連とアメリカ』など。

二〇〇六年四月三〇日❼

『スローフードな日本！』

島村菜津 著

新潮社・一五七五円
ISBN9784104011032／9784101045221（新潮文庫） 社会

イタリアで始まった「スローフード」運動の紹介者が、日本に舞台を移し、この国の食の在り方を根本から問い直す力作だ。

豊かになった日本は、イタリアと並ぶグルメ大国に見える。だが実は、この40年、急激な社会の変化で、日本の食を支える構造は空洞化し、危うい状況にある。食料自給率は先進国では最低クラス。農薬、食品添加物を多用し、遺伝子組み換え食品に頼るから、安全性もあやしい。大規模な生産と流通を優遇する国の政策で、農家や個人店舗は苦しく、農村風景も商店街も荒廃する。

食を問いつつ、生活意識ばかりか現代日本の環境問題、さらにムラおこしの経済問題に鋭く切り込むジャーナリスト感覚は見事だ。

嬉（うれ）しいのは、こうした厳しい現状に抗して、徹頭徹尾おいしいものを作るべく、土地に根差して頑張る人達（たち）が各地にいることだ。著者は北海道の農場から沖縄・宮古島の農家民宿まで、本物の食にこだわる小さな生産者達の活動を紹介し、エールを送る。公害を克服し、環境から地域再生を進める水俣の食のリポートも感動的だ。

食を通じた文明批評でもある本書は、人と人、人と自然の関係を取り戻し、日本の社会が真の元気を回復する道を示してくれる。

評・陣内秀信（法政大学教授）

二〇〇六年四月三〇日❽

『イリアス　トロイアで戦った英雄たちの物語』

アレッサンドロ・バリッコ 著　草皆伸子 訳

白水社・二一〇〇円
ISBN9784560027387 歴史

ホメロスの『イリアス』『オデュッセイア』はあまりにも有名だ。でも、いざ通読しようとすると、しばしば挫折してしまう。ひとつには、「語り」が近代と大きく違っていることがあるだろう。

『海の上のピアニスト』の原作者、バリッコは、この長大な叙事詩を語り手ごとに分けた。人間の物語として、神々の登場する場面を取り除いた。するとどうだろう。すっきりとした骨格が現れたのである。古代から伝承されてきた「声」の文学が、現代の演劇的な場に、朗読として甦（よみがえ）る。

本書の特徴は、語りなおされた叙事詩の読みやすさではない。バリッコが記す巻末のエッセイは、『イリアス』の魅力と、現在、古典を読むなかで何を考えるのかを、深く示してくれる。そしてこう記すのだ――「今日、真の平和主義がしなければならないことは、戦争が諸悪の根源であると極論することではない。わたしたちがほかの種類の美学を創出できないかぎり、戦争の与えてくれる昂揚（こうよう）感がなければわたしたちは生きていけないのだということを理解する必要がある」。

『イリアス』への入門書としてだけでなく、戦争なるものを考える一助として、本書の読み方はある。

評・小沼純一（文芸評論家）

二〇〇六年四月三〇日⑨『ペンギンは歴史にもクチバシをはさむ』

科学・生物

上田一生 著

岩波書店・三〇四五円
ISBN9784000059770

ペンギンは大の人気者である。直立二足歩行をする姿が、愛着を感じさせるからかもしれない。それと関連して、ぼくにもペンギンにまつわる思い出がある。

オーストラリアの南岸沖に浮かぶタスマニア島を旅していたとき、思いがけず、ペンギンという町に行き合わせた。そこの海岸には、コガタペンギンが生息している。沖合に出ていたペンギンたちは、ねぐらに帰るために、日没と共に上陸する。夕闇に紛れて波打ち際に泳ぎ寄り、「よいしょっ」とばかりに立ち上がるその姿は、まさに人間を連想させるものだった。

そんなわけで、キャラクターグッズは数知れず、北の動物園のペンギンパレードに人々は行列をつくる。

しかし、ペンギンにとって人間との出合いは受難の始まりだった。北半球のペンギンともいうべきオオウミガラスは乱獲の末に絶滅した。南半球の本物のペンギンたちも、船乗りの食糧や油採取を目的に大量殺戮(さつりく)の憂き目にあった。それがいつの間にアイドル視されるようになったのか。

本書は、キャリア三〇年の自他共に認める「ペンギン好き」が蘊蓄(うんちく)を傾けた貴重なペンギン文化史である。これを読めばあなたもペンギン通。評・渡辺政隆(サイエンスライター)

二〇〇六年四月三〇日⑩『それにつけても今朝の骨肉』

文芸/ノンフィクション・評伝

工藤美代子 著

筑摩書房・一六八〇円
ISBN9784480814777

ベースボール・マガジン社の社長をつとめる男と、彼の別れた妻、妻が引き取った三人の子ども(障害を持つ兄、聡明(そうめい)な姉、勉強嫌いな妹)。女優でもある男の愛人。男の、現在の妻とその子どもたち。気の強い彼の母親。登場人物をこうして書き出しただけでも、人間関係がどのくらい複雑であるか推測できよう。語り手は勉強嫌いな妹、ミヨコであり、これは著者の自伝的小説である。

なんだかはちゃめちゃである。ミヨコの父と母は離婚したはずであるのに、縁が切れない。娘はしょっちゅう父の会社にいき、父はしょっちゅう彼らの家にやってくる。父の新しい家庭にも、娘二人は招かれて滞在する。母は父の悪口を言いながら、けれどすっぱりと関(かか)わりを断つことをしない。文字通り、死ぬまで。

出版社を興し、東欧文学に興味を持つようになる父の有り様は、終戦から高度成長期を突き進む時代背景と重なり合う。泥臭くて野心的、そして、人間らしい体温がある。

家、というものを思う。そこに定義はない。ここに書かれているのは、時代とともに走った男が、不器用ながら懸命に作り上げた、愛も憎も覆うほど大きなひとつの家のかたちである。

評・角田光代(作家)

二〇〇六年五月七日①『感染爆発 鳥インフルエンザの脅威』

科学・生物/医学・福祉

マイク・デイヴィス 著

柴田裕之、斉藤隆央 訳

紀伊国屋書店・一六八〇円
ISBN9784314010016

巨大なウイルス培養槽となった地球

本書は、鳥インフルエンザの脅威を、医学的・技術的な観点にとどまらず、社会的・経済的・政治的構造の観点から、現下のグローバリゼーションに必然的にともなうリスクとして描き出した作品である。

一般に、ヒトに寄生するウイルスにとって、ヒトの数が増えること、ヒト間の接触の種類と量が増えること、そしてそのようなヒトの接触の場が空間的に集中することは、いわば「餌」へのアクセスが増えることを意味している。しかも鳥インフルエンザのように、もともと鳥や豚に感染するウイルスが変異してヒトにも感染するような場合では、その「餌」の文脈には、それらの動物(とりわけ家畜)も含まれる。つまりグローバリゼーションにともなう人口爆発、ヒトの移動の激化、(特に第三世界のスラム化した)巨大都市の増殖、そして巨大資本によって「合理化」された食肉産業とそれに依存する生活様式の拡大といった現象は、いわば地球を巨大なウイルス培養槽にするようなものなのだ。

くわえて、鳥インフルエンザがとりわけ危険なのは、そのウイルスがきわめて早い速度で進化するという性質を持つ点である。ウイルスの複製過程がきわめて変異を起こしやすい不安定なものであるうえ、ごくわずかの変異で劇的に感染力や毒性が高まる可能性がいくらでもあるからである。たとえるなら、無数のベンチャー企業が、爆発的なペースでイノベーションと淘汰（とうた）を繰り返すさまに近い。

これに対して、ワクチンや抗ウイルス薬をつくる製薬企業は、ウイルスほどイノベーションが盛んではない。ウイルスのイノベーションは、生態システムにおける生存の論理だが、製薬企業のイノベーションは、市場システム（それも権力と癒着した巨大企業によって歪（ゆが）められた市場システム）における利潤の論理だからである。

事態をさらに悪くしているのは、鳥インフルエンザの主要な発生地が集中している東アジア・東南アジア地域において、中国、タイ、インドネシアなど、疫学的監視体制が深刻なまでに貧弱な国が多く、しかもそれら各国の当局に新型インフルエンザの発生を隠蔽（いんぺい）する体質が蔓延（まんえん）していることである。そういった無責任は、ただでさえ急速で危険なウイルスの変異を加速するに任せるまま放置することにほかならず、事が明らかになるころには、事態は、取り返しのつかないことになってしまいかねない。

著者が拾う専門家の多くの声からは、新型インフルエンザの感染爆発の危険性は、潜在的というより、まだ起こっていないのが不思議なくらいなところにまでいたっていることがわかる。そしてその危険が現実化したとき、最初に、そして集中的に犠牲になるのは、衛生状態・栄養状態の悪い幼児と老人、つまり文字通りの弱者である。

これまでに多くの問題作をものしてきた著者は、フランスの歴史家フェルナン・ブローデルの影響を公言している。その筆致が暗示するのは、文明の危機、いわば現代のペストとしての鳥インフルエンザである。

（原題、The Monster at our Door）

評・山下範久（北海道大学助教授）

Mike Davis　46年生まれ。アメリカの社会批評家。著書に『要塞都市LA』など。

二〇〇六年五月七日❷

『フラッシュ』

カール・ハイアセン著　千葉茂樹訳

理論社・一四四九円
ISBN9784652077740

文芸

海を守るため　少年に危機の連続

ここ半年、海外ミステリーに収穫があった。先日紹介したローリー・リン・ドラモンドの大傑作『あなたに不利な証拠として』以外にも、ジェフリー・ディーヴァーの『クリスマス・プレゼント』（文春文庫）とカール・ハイアセンの『幸運は誰に？』（扶桑社ミステリー）がある。ディーヴァーはどんでん返しの名手で、ハイアセンは群像ミステリーのパイオニア。二作とも超絶技巧が発揮された傑作であり、同じく技巧派の東野圭吾の『容疑者Xの献身』が五十万部売れているなら、二百万部売れてもおかしくない。

さて、本書は、そのハイアセンが、YA（ヤングアダルト）用に書き下ろしたもの。得意の群像劇を封印し、少年の一視点で統一しているが、語りは溌剌（はつらつ）としていて実に愉快だ。

物語は、少年ノアが警察署に留置されている父親ペインに面会する場面から始まる。父親は汚水を垂れ流すカジノ船を沈めてしまったのだ。船の持ち主は狡猾（こうかつ）で証拠を掴（つか）まれないようにしていた。そこでノアは父親の指示に従い、証拠を掴もうと奔走する。

　ハイアセンの小説のテーマのひとつが自然保護だが、それは本書でも変わらない。海亀が産卵におとずれる海を守るべきだという信念から、父親はあえて罪をおかした。その父の思いをかなえるために何をなすべきなのか？

　というと真面目（まじめ）に響くが、ハイアセンのことだから、憎らしい敵を配し、心優しくも力強い仲間を与え、危機の連続を作り（カジノ船内での波乱にみちた冒険を見よ）、そして意外なゲストを登場させて心おどらせてくれる。

　もちろんYAなので、『幸運は誰に？』のように奇矯な人物が賑々（にぎにぎ）しく出てきて、複雑に絡み合って暴走するようなクレージーな物語のドライヴ感はない。しかしほかの小説にもまして、家族愛を温かなユーモアと真摯（しんし）な議論で描き、ラストにはなんともいえない幸福感が満ちている。

　自然保護の大切さと家族の絆（きずな）の強さ。あまりに真っ当なテーマだが、ハイアセンは、少しも啓蒙（けいもう）色を出さず、やや破天荒な物語でしかと感得させる。やはり大した作家だ。


（原題、FLUSH）　評・池上冬樹（文芸評論家）

Carl Hiaasen　53年米フロリダ生まれ。作家、ジャーナリスト。

二〇〇六年五月七日③

『フランソワ・トリュフォー』

アントワーヌ・ド・ベック、セルジュ・トゥビアナ著　稲松三千野訳

原書房・五〇四〇円
ISBN9784562039913

アート・ファッション・芸能／ノンフィクション・評伝

映画に愛をこめた男の孤独と苦悩

　トリュフォーは「愛とやさしさ」の映画作家だといわれる。じっさい、彼は、女と子供のほかに主題はないと断言した芸術家である。だが、トリュフォーは「孤独と暗さ」の映画作家でもあった。母親から愛されないことにどれほど苦しんだかは、『大人は判（わか）ってくれない』を見ればよく判る。生者との付きあいより死者の思い出に親しみを感じる資質は『緑色の部屋』で全開になっている。

　マドレーヌ元夫人から話を聞いた時、トリュフォーは常々「長生きできない」と口走り、ひどい抑鬱（よくうつ）症状にも悩まされたと彼女は語った。

　本書には、トリュフォーの数々の愛ややさしさの挿話とともに、その孤独と暗さが克明に記録されている。彼は「少年時代に受けた目に見えない傷と暴力の一部を、心の奥に秘め、ずっと抱えていた」。それは彼の「知られている側面ほどは人々の尊敬に値しない」が、「知られざる側面のほうがずっと面白いのだ」。少年時代からの娼婦（しょうふ）との交渉がたたって鑑別所で受けた梅毒治療のための連続38回の尻への注射から、ジャンヌ・モロー、カトリーヌ・ドヌーヴ等々、自分の映画に主演したほとんどすべての女優との恋愛関係まで、これほど詳しい伝記はめったにない。

　トリュフォーは52歳で亡くなる直前まで三度も自伝の執筆を企て、そのため、恋人の手紙から請求書や薬の処方箋（せん）にいたるまで何でも保存し分類し、それを部門別ファイルに収めて、自分の映画会社のオフィスに保管していた。

　だが、この極端な自己収集癖はナルシシズムからは遠く、子供時代の愛の欠如のせいで、常に足元から分解してしまいそうな自分という存在を、なんとか外側からの証拠でまとめ、つなぎとめようとした必死の作業に見える。本書の詳細な記述は、トリュフォーが生涯かけて集めた一次資料によって可能になった。

　そうして結晶した人間像は弱さや苦しみを抱えこみながらも、映画への愛と仕事の力で一歩でもいいからいつも前へ進もうとする驚くほど実直な実践的精神である。そこに心からの感動を禁じえない。


（原題、François Truffaut）　評・中条省平（学習院大学教授）

Antoine de Baecque　映画評論家。
Serge Toubiana　映画雑誌の元発行人。

二〇〇六年五月七日④

『幻滅の資本主義』

伊藤誠 著
大月書店・二五二〇円
ISBN9784272211138
経済

「良心までも売る」新自由主義を批判

本書は著名なマルクス経済学者が、古希を迎えるに際して自ら編んだ論文集である。収録論文11のうち八つは01年以降に発表された新作であり、全体を貫く視点も資本主義の「逆流」と言われる新自由主義と、「グローバリゼーションの内実」に関する「批判的分析」と、刺激的だ。マルクスの理論や資本主義の歴史にくわえ、日本経済の現状にも関心を抱いてきた著者ならではの洞察の結晶と言える。

著者はすでに過去の著作で、第2次世界大戦後の高成長をリードしたケインズ主義を「一定の歴史的文脈のもとで外見的成功を収めていたにすぎない」(『現代の資本主義』)と総括し、崩壊した社会主義についても「働く人びとを社会の主人公とする」理念が「ソ連型社会で十分実現されていなかった」(『現代の社会主義』)と批判している。各種の経済主義に重層的な幻滅を表明してきた著者が、本書で小泉構造改革が依拠する新自由主義にメスを入れたのは、それが「人間と自然を搾取し、疲弊・荒廃させる」傾向を強めているからだ。

実際、労働者保護的な法律が次々と緩和される中で、パートや派遣にくわえ女性の深夜労働など企業にとって都合の良い雇用ばかりが増加する一方で、地球温暖化や都市環境の悪化、および生活の安全確保への取り組みには遅れが目立つ。また、累増する財政赤字のツケも多くは経済的強者よりも弱者に回されている。

足元の景気回復に浮かれ、少子化や人口減少、あるいは年金、医療、教育などへの対応が手遅れになる前に、現在の日本では、良心までもが貨幣で売られるとマルクスが喝破した資本主義に内在する問題の理論的解明が、「強く要請されているのではなかろうか」。著者は、「土地の全人民所有と企業の公有制を基本とする」中国の社会主義市場経済に、環境破壊の防止や経済生活の安定に向けた「重要な学問的・実践的課題がふくまれている」と言う。この一見すると突飛(とっぴ)な指摘に、特定の経済体制(主義)に固執することなく、多様な可能性を求めてきた学者の慧眼(けいがん)が潜んでいるのではないだろうか。

評・高橋伸彰(立命館大学教授)

いとう・まこと 36年生まれ。国学院大教授。経済学。著書に『信用と恐慌』など。

二〇〇六年五月七日⑤

『日本人の遺訓』

桶谷秀昭 著
文春新書・七六七円
ISBN9784166604654
ノンフィクション・評伝/新書

人のまさに死なんとする、その言や善し

人のまさに死なんとする、その言や善し(論語)。この一冊は、三十四人の日本人が後世に言い残した「最後の言葉の語録」である。

遺訓は遺書ではない。形式の制約はなく、特定の個人に宛(あ)てられる文書でもない。多くは生涯ついに飼い慣らせなかったエゴの発話でありながら、なぜだか不思議な無私性がにじみ出る。

時代的には、『古事記』のヤマトタケルの「倭(やまと)は 国の真秀(まほ)ろば」に始まって三島由紀夫の檄文(げきぶん)に終わり、人選としては、特攻隊中尉の遺書から変人永井荷風の日記に及ぶまでの幅がある。顔ぶれはすべて著者の好みで選(よ)り抜かれ、和泉式部に親鸞が続き、武田信玄と芭蕉が隣り合わせ、乃木大将と夏目漱石が連接するなど、各人の魂の孤独な旋律が雅楽のように多声法的に響き交わし、天来の楽曲を奏でる趣だ。

二千年の歴史からわずか三十四顆(か)の珠玉を拾い出すのは容易な業ではない。著者は二百六十枚を書き下ろすために五年の歳月を要したという。文章の結晶度の高さに努力の

ありかが見える。各章は古典的な歌物語の様式をそなえている。先人の言葉はウタであり、著者の解説はそのちょうど詞書（ことばがき）に当たる。めいめいの叙情的な頂点に向かってまっすぐ登りつめてゆく個々人の生命の時間を緻密（ちみつ）に語りこめるのである。

　本書で紹介される遺訓は決して悟り澄ました名言ではなく、むしろ執着や迷妄や動揺の跡をとどめているからこそ非凡だったといえる。たしかに「少数の天才の最後の言葉は、多数の声なき生活人の最後の言葉と連続してゐる」のだ。著者は西郷隆盛の遺戒の教訓性にではなく、この人物の「巨大な感情量」に感動する。太宰治を論じては、その死後、「日本の現代文学から、含羞（がんしゅう）が急速に失はれていつた」としめくくる。

　日常の言葉が万事につけて軽くなってきた昨今、人々が求めているのは力強く心を打つ言葉である。著者の浪漫人の風骨は、「品格」といわずに品格への渇きを満たしてくれる文章が存在することをおのずと示している。

評・野口武彦（文芸評論家）

おけたに・ひであき　32年生まれ。文芸評論家。著書に『昭和精神史』など。

二〇〇六年五月七日⑦

『陰謀国家アメリカの石油戦争』

スティーブン・ペレティエ著　荒井雅子訳

ビジネス社・一七八五円

ISBN9784828412634　政治／経済／国際

　無知、無責任、非人道的、でたらめ、ナンセンス、おとり商法……と、アメリカの中東政策をクソミソにこき下ろした本書が面白いのは、反戦家や人権活動家の筆によるのではなくて、米中央情報局（CIA）上級分析官を務め陸軍大学でも教鞭（きょうべん）を執った、中東専門家が書いた点だ。

　石油のため、軍産複合体のため、自己欺瞞（ぎまん）に満ちた戦争をアメリカが中東に仕掛けたとの視点は、アメリカに振り回されたイラクのクルドを分析した四半世紀前の著作『クルド民族』から一貫している。イラン・イラク戦争以降つぶさに現地を見てきた著者ならではの情報は、重みがある。

　宗教勢力が中東の混乱の原因ではないし、サダム・フセインはイラクの高度成長を実現したし、イランの民族自決は理のあることだった。近年全く逆に喧伝（けんでん）されるこれらの事象は、70年代以降の中東を知っていれば当たり前の事実だ。自らの知識の蓄積を無視され失策が続くことに、ベテラン情報官たる著者は、憤懣（ふんまん）やる方ない。

　特にアメリカが、何でもイランのせいにすることの間違いを、繰り返し非難する。イランが脅威だと主張する今のブッシュ政権への、強烈なダメ出しだ。

評・酒井啓子（東京外国語大学教授）

二〇〇六年五月七日⑧

『アドルフ・ヒトラーの一族』

ヴォルフガング・シュトラール著　畔上司訳

草思社・一九九五円

ISBN9784794214829　政治／ノンフィクション・評伝

　二十世紀の暗部を演出したヒトラーとスターリン。この二人に関する関心はいまも尽きることがない。

　ヒトラーに関するおもしろい一冊がまた出た。本人のことでなく、家系や親類縁者の詳細な調査である。その発端は、婚外子として生まれ、また三度結婚し、多くの子どもをもうけた父親にある。つまりヒトラーには異母兄弟のほかに、甥（おい）や姪（めい）がたくさんいた。

　自殺によって、若い命を絶ってしまった姪のゲリ。ヒトラーが唯一夢中になった女性ともいわれる。

　ゲリの母でもあり、ヒトラーにも強くものが言え、結果として遠ざけられた異母姉のアンゲラ。レストランを開き、血縁を売り物にした異母兄アロイス。重婚の罪で告発された人物でもあった。彼が英国に残してきた息子ウィリアムは、これまた数奇な運命をたどる。叔父さんがあのヒトラーと知った彼の驚愕（きょうがく）と行動。しかし、英国に戻り、今度は渡米し、反ナチス講演で金を稼ぐ。しかも海軍に入隊、戦闘に参加する。もうひとり、生涯独身を通した妹パウラも忘れてはならない。

　一族にヒトラーのような人物が生まれたとき、人々はどんな行動に走るのか。歴史に翻弄（ほんろう）された「ふつうの人」の悲喜劇がここにある。

評・小高賢（歌人）

二〇〇六年五月七日⑨

『共和国アメリカの誕生　ワシントンと建国の理念』

本間長世 著
NTT出版・二五二〇円
ISBN9784757141315

政治／国際

いまのアメリカ合衆国が国連すらものともせず暴走し続ける姿勢は、しばしば単独主義（ユニラテラリズム）の名で批判される。それが、もともとアメリカ建国理念の内部に埋め込まれていたという通説は、さてほんとうだろうか。

本邦アメリカ研究の重鎮が放つ本書は、副題どおりワシントン初代大統領を中心に、現代アメリカ最大の問題をわかりやすく解き明かす一冊。必ずしも伝記という形式を採らず、セイラムの魔女狩りから9・11同時多発テロにおよぶパースペクティヴにおいて、ワシントン以後のさまざまな大統領たち、政治家たちの苦闘が縦横に検証される。

ワシントンはたしかに防衛的単独主義を構想し、モンロー宣言を経て単独主義は墨守されたが、にもかかわらず、それと昨今の超大国アメリカの単独主義とは区別すべきである、というのが著者の立場だ。ジェファソンやハミルトンの政治理念を融合したセオドア・ローズヴェルトが掲げた「ニュー・ナショナリズム」の再検討から、今日、すでに特定の民族集団を名乗らないアメリカ人たちが織りなす「ポストエスニック・アメリカ」の展望まで、多彩なアメリカ像にふれることができるのもうれしい。

評・巽孝之（慶應大学教授）

二〇〇六年五月七日⑩

『ジーコスタイル』

中小路徹 著
朝日新聞社・一五七五円
ISBN9784022220745

ノンフィクション・評伝

〝日本代表番記者〟という立場を生かした最近3年分の報告と解説が本書の特長。ジーコ・ジャパン理解の副読本として読み進むうちに、悲観論者ですら、もしやドイツでやってくれるのではという気分になってくる。

「日本にとって最善の決断が取れるよう、神の導きがあることを祈っている」（05年8月15日のジーコ監督インタビュー「アジア最終予選を振り返って」より）

「（5年15日に、W杯のメンバー）23人を招集する時、間違ってしまうおそれがあるとわかっているし、皆を満足させることはできないのもわかっている。でも、間違わないよう努力している。何より不公正な判断をしてしまわないよう、神様に祈っている」（06年2月8日のインタビュー「いざ本番へむけて」より）

発言部分は鹿島の地に、銅像まで立っている現日本代表監督の言ってみれば〝人間宣言〟。68年生まれの著者によると、ジーコは非公開練習のないオープン主義の監督ということになる。

ただ、肯定的に捉（とら）えられた「ジーコ・スタイル」による果実の収穫は6年12日のW杯初戦、対オーストラリア以降。同じ著者による続編の執筆が待たれる。

評・佐山一郎（作家）

二〇〇六年五月一四日❶

『人類が知っていることすべての短い歴史』

ビル・ブライソン 著　楡井浩一 訳
NHK出版・三二五〇円
ISBN9784140811016／9784102186213（新潮文庫〈上〉）・9784102186220（〈下〉）

歴史／科学・生物

文系の作家が書いたオモシロ科学史

われわれは何者で、どうしてここにいるのか。この問いかけに答えるには、少なくとも、歴史と哲学と科学という三つのアプローチがある。この三つすべてを学ぶに越したことはないが、どれか一つと言われれば、何を知りたいかによるだろう。

人間が歩んできた歴史を文字でたどれるのはたかだか数千年。それを知りたいのか、それともそれ以前までさかのぼりたいのか。それ以前となると科学の領域だ。

存在とは何か、自分とは何かを知りたければ哲学だが、生命論、宇宙論にまで思考が及べば、その先は科学と融合する。そういえばカントも、宇宙は星雲として起源したという説を提唱している。万学の祖アリストテレスは、今流に言えば科学者でもあった。

では科学は、どんな答を用意してくれるのか。たしかに科学は、人類の存在、宇宙の存在などをめぐるさまざまな謎解きに挑戦してきた。その結果何がわかり、何がわかっていないのだろう。これは、意外と難しい問題である。今どき、科学全般に通じている人などめったにいないし、お手軽な本も見あたらないからだ。とにかく、教科書の類（たぐい）はちっともおもしろくない。

本書の著者も、教科書のつまらなさに科学への関心から遠ざかった、いわゆる「文系」の人だった。それがふと、「自分の生涯唯一のすみかである惑星について何も知らないことに気づき、切迫した不快感を覚えた」という。そこそこの知識を「理解し、かつ堪能し、大いなる感動を、そしてできれば快楽」を味わえる科学書を書こうと思い立ち、三年を費やして書き上げたのが本書だという。

その意図は大いに成功している。宇宙の成り立ちから人類の現状まで、科学の成果をざっくりと抽出して一級のエンターテインメントに仕上げた手並みは、さすがに手だれのライターである。楽しみながら、科学リテラシー（教養）を身につけられる。

冒頭で歴史や哲学に答を求めると科学に行き着くと書いたが、その逆もまたある。科学の知見を語ると、必然、科学の歴史、科学者のエピソード集になるからだ。そしてそのことで、冷徹なイメージのある科学が血の通った営みに思えてくる。しかも、過去の科学者には、奇人変人が目白押しときている。

著者は、現代の科学の現場にも出かけ、さまざまな科学者への取材もしている。現代の科学者に奇人変人が少ないのは、逆に科学が普通の営みになりつつあるからだろうか。それはそれでよいことなのだろう。

本書を読んで改めて思うのは、科学が解明していないことはまだまだ多いということである。そして、科学は語り口ひとつで、苦にも楽にもなるということだろう。

本書を読んで初めて知ったのは、ニュートンの科学書『プリンキピア』出版と、孤島にいた飛べない鳥ドードーが人間のせいで絶滅したのが、ほぼ同時期の出来事だったという事実である。科学には未来を予測することはできない。われわれにできるのは、科学の知識を未来に役立てることだけである。

評・渡辺政隆（サイエンスライター）

（原題、A Short History of Nearly Everything）

Bill Bryson　51年米国生まれ。作家、英ダーラム大学名誉総長。著書に『アメリカ語ものがたり』など。

『江戸の橋』

鈴木理生 著

三省堂・一八九〇円
ISBN9784385362618／9784044063047（角川ソフィア文庫）
アート・ファッション・芸能／社会

変わらぬ愛が示す 東京が失ったもの

橋と水のテーマは、これまで好んで文学的な都市風景論として語られてきたが、この一冊は、情緒に流れず、技術面にこだわるところから新鮮な視界を開いて見せる。

橋材にどんな材木が使われ、工事現場までどうやって運ばれるか。橋柱はどう打ち込むか。建設費は誰が出資し、誰がメンテナンスをするか。江戸の橋は動力がなかった時代に巨材、巨石を使いこなした土木技術の精華だったことがわかるし、昔から手抜きや民営化や崩壊事故といった問題の構図も出ているのが興味深い。

かつて「橋」と「端」が同義語だった由来は、草創期の江戸では、たんなる語源ではなくて目前の事実だった。海岸を埋め立てて土地を造成し、堀を切り開いて分割する。川の流れを付け替える。常に新しいウオーターフロントができるから、「橋」とは対岸に向かって伸びる「端」に他ならなかった。

取り上げるのは両国橋・新大橋・永代橋など隅田川に架けた橋、日本橋界隈（かいわい）の橋、銀座近辺の橋であり、著者はつつましく「江戸・東京の橋の全部を対象にしていない」とことわっているが、これら江戸の中心地域だけでも話題性はたっぷりある。

　若い読者の中には、外濠（そとぼり）通りが以前に文字通り江戸城外濠だったのを知らない人もいるのではないか。橋は消滅して、呉服橋・鍛冶（かじ）橋など地名にだけ痕跡を留めている。

　とりわけこんな一情景は、現代の東京が何を失ったかを示して余りあろう。

　明治大正の東京でも、日本橋の上にたたずむと、下流には「菱形（ひしがた）をなした広い水」（永井荷風）が連なり、江戸橋・思案橋、流れに交叉（こうさ）する堀割（ほりわり）の荒布（あらめ）橋・鎧（よろい）橋が一望できた。現在では日本橋川の上空が高速道路に蓋（ふた）をされ、その支柱が川の中に林立する「東京一の薄暗い水面」が排気ガスに煙っている。

　江戸の橋を昔の美しい姿で再現する行間には、現代日本の橋梁（きょうりょう）行政に対する静かな批判が秘められているが、それにもまして、今も変わらず生活の一部である橋と川への深い愛情がこもる。

評・野口武彦（文芸評論家）

すずき・まさお　26年生まれ。都市史研究家。著書に『大江戸の正体』など。

二〇〇六年五月一四日③

『万物の尺度を求めて　メートル法を定めた子午線大計測』

ケン・オールダー著　吉田三知世訳

早川書房・二九四〇円
ISBN9784152086648　科学・生物／ノンフィクション・評伝

度量衡統一のドラマが描き出す「近代」

　メートルという単位が、フランス革命を契機として、地球の子午線をもとに決められたというのは常識である。本書のもっとも端的な要約は、このメートル法制定の歴史的過程をその技術的前提である子午線の測量を中心に描いた科学史ノンフィクションといったところだ。フランス革命論としても読めるし、測量（とその誤差の処理）技法の近代化をめぐる技術史としても読める。グローバリゼーションを諸物の規格の標準化の過程とすれば、本書をグローバリズムの起源を描いた作品とする解釈も可能だろう。だが、本書の面白さにはそれら以上の奥行きがある。

　メートル法に限らず、度量衡の統一は、古今の政治権力にとってつねにおおきな課題であった。それは直接的には、おおむね徴税と用兵の実際的必要のためである。だが原理的には、およそ単位というものが、人間のあいだの決まりごとの領域、つまり社会のシステムに属して定義されるべき面と、そういった人間の意志や利害からは独立して存在する自然のシステムに属して定義されるべき面という、必ずしも調和しない二つの面を持っているからでもある。いわばその不調和の調停の巧拙に、権力の正統性がかかっているのである。

　しかし、この潜在的な不調和を徹底して排除しようとする意志は、しばしばかえってこの不調和の矛盾を深刻化し、むしろこの不調和を根源的なところで受け入れるある種の諦念（ていねん）が、そういった矛盾に処する実際的効用を持つ。近代性とは、まさにこの二つの契機の動的な相互作用で織り成されるものだ。本書の奥行きは、このことが、子午線の測定に携わった2人の人物、すなわちメシエンとドゥランブルの対照的な歩みに投影して描かれているところにある。読者は、この2人の人生に交互に共鳴しながら、近代性が立ち上がる構造的瞬間を追体験するだろう。テーマの深さにもかかわらず、推理小説仕立てのたくみな構成と、生き生きとした人物描写で、まったく飽きさせず最後まで読ませる。多くの読者に開かれた好著である。

（原題、The Measure of All Things）

評・山下範久（北海道大学助教授）

Ken Alder　米ノースウエスタン大学の科学史の教授、作家。

二〇〇六年五月一四日④

『華族』

小田部雄次 著
中公新書・九八七円
ISBN9784121018366
歴史／社会

明治以降の特権階級　成立から消滅まで

かつて鶴見俊輔は、50年代には逆コースの流れの中で、再軍備から「家」の復活まで、あらゆる戦前の制度への復帰が唱えられたのだが、唯一その復活が唱えられなかったのが華族制度だったと述べた。つまり明治以降の特権身分である華族制度は、それほど国民に不評判であったというわけだ。しかし今では華族は、洗練された消費文化の先駆者として関心を集めているように見える。

華族については、明治初期の制度成立史の研究が充実しているのに比べ、明治中期以降に関する研究が少なかった。これは、その実態を明らかにする史料が乏しいためであった。1884年施行の華族令以降の華族の数についてはこれまで諸説があり、本書の成果の一つが、その総数を1011家に確定した点にあるということは、従来の研究の薄さを示すものだろう。

華族というとそのイメージは、旧大名家、旧公卿（くぎょう）、維新の功臣の家柄であり、資産のある生活を送っているという姿である。しかし少数特権階級とはいえ、全部で1千家を超えるとなると、このイメージからはこぼれ落ちる華族も相当の数出現してくる。華族に取り立てられた叙爵の理由も、その時期によって異なっていた。特に明治中期以降になると、昔の家格や維新期の功績より、現在の国家への貢献が重視され、勲功華族の男爵に軍人が取り立てられるケースが増えてくる。そして軍人とのバランスをとるように、財閥の当主や多数の文官も叙爵されていく。

華族の経済的基盤に着目し、その資産格差やその動揺の過程を追跡している点も、本書の特徴である。さらに必ずしも「親日派」ともいえなかった、朝鮮貴族（韓国併合に伴って、華族に準ずる身分として設定された）についても、取り上げている。これらの事実から浮かび上がってくるのは、著者の説明とはやや違って、単純に「皇室の藩屏（はんぺい）」とばかりは位置づけられない華族の実態であろう。近代日本の華族の成立から消滅までを叙述し、華族について考える手がかりを与える通史として、意義があるといえよう。

評・赤澤史朗（立命館大学教授）

おたべ・ゆうじ　52年生まれ。静岡福祉大教授。日本近現代史。

二〇〇六年五月一四日⑥

『ジェーン・フォンダ　わが半生　上・下』

ジェーン・フォンダ 著　石川順子 訳
ソニー・マガジンズ・各二四一五円
ISBN9784789727815〈上〉・9784789727822〈下〉
アート・ファッション・芸能／ノンフィクション・評伝

「完璧」という不可能求めて過食症に

女優ジェーン・フォンダ、68歳。アカデミー主演女優賞を2回受賞。新しいエクササイズ法「ワークアウト」を開発した事業家でもあり、反戦運動や青少年運動などを行う社会活動家でもある。私生活では、3度の結婚、離婚を繰り返しふたりの子どもの母親。

公式プロフィールだけを見るとまさに「完璧（かんぺき）な女性」だ。その人の自伝と言われれば、私でなくとも「前向き思考と強烈な自己肯定」ということばを連想するのではないか。しかし、ジェーン・フォンダという人はそうではないようだ。

彼女の70年近い人生の半分近くは、繰り返される過食症の恐怖と劣等感で占められる。女優として大成功を収め40歳を迎えても、彼女はまだ周期的に過食し嘔吐（おうと）していた。家族を持ち、映画に出て、社会活動に熱中しながら過食に苦しんでいる自らの状態を著者は、詩人のことばを借りて「第三眼瞼（がんけん）というベールがおりている」と表現しながらこう分析する。「私の摂食障害は完璧という不可能を求めていたことの裏返しで、食べ物を体に『入れる』ことで自分の中の空虚を埋めようとしていたのだ」

この分析そのものは精神科医顔負けの正確さだが、問題は彼女ほどの成功者がなぜ、自分の中に埋めなければならないほどの空虚を抱えなければならなかったということだ。

もちろん母親の自殺、映画スターである父親の薄情など、空虚の原因と思われるものはいくつもある。しかし、それを補って余りあるほどのものを彼女は自分自身の才能と努力で手に入れているはずなのだ。

何でも持っている。それでもまだ「空虚」が残っている。完璧を目指すことをやめたいが、立ち止まる自分を許すことはできない。ジェーン・フォンダと同じ女性はいま大勢いる。70歳に近づいてもなお、「しっかりと自覚して生きたい」と宣言しようとする彼女のような女性を生み、そして栄光と苦悩を与え続ける社会、それがアメリカということなのだろうか。

（原題、MY LIFE SO FAR）

評・香山リカ（精神科医）

Jane Fonda　37年生まれ。米国の女優。

二〇〇六年五月一四日❼　科学・生物

『黄砂　その謎を追う』

岩坂泰信 著

紀伊国屋書店・一八九〇円
ISBN9784314010023

十代のころ本書に出会っていたら、私は黄砂研究者を目指したかもしれない。

科学のおもしろさ、途方もなさ、苦労も喜びもひっくるめてつまっている。日本に黄砂研究の第一人者が存在すること自体にまず驚いたが、そんなすごい人がああでもないこうでもないと一般人の疑問を先取りするような筆致で黄砂研究の最先端を教えてくれる。その真摯（しんし）さに感銘を受けた。

四年ぶりに猛威を振るい死者まで出した黄砂だが、黄砂が何者で、いつどこでどのように発生し、どうやって移動し何を一緒に運ぶのか、環境にどんな影響を与えるのか、といったことを知るには格好の書だ。

著者は黄砂をいい意味での「空飛ぶ化学工場」と呼ぶ。黄砂が大気中の亜硫酸ガスと反応していることが確認され、黄砂に大気汚染物を掃除する機能があるのではないかと推測されるようになったためだ。最近では、海に降った黄砂がプランクトンの餌となり、食物連鎖の一端を担っていることまで解明されつつあるらしい。さらに著者は、黄砂に微生物が住み着いている可能性まで示唆する。いやでも興味がわくというものでしょう。

敦煌での気球観測など現場のエピソードも楽しく、夢がある。

評・最相葉月（ノンフィクションライター）

二〇〇六年五月一四日❽　アート・ファッション・芸能

『窓から読みとく近代建築』

酒井一光 著

学芸出版社・二三一〇円
ISBN9784761523879

昨年『日本全国近代歴史遺産を歩く』（阿曽村孝雄著・講談社＋α新書）という本を読んで以来、私のにわかブームは「ヘリテージング」（近代化遺産を見て歩くこと。ヘリテージは遺産の意味）である。ババアくさいといわばいえ。散歩がてらのレトロな建築見物は楽しいのだ。

『窓から読みとく近代建築』は、そんなヘリテージングの楽しみを広げる本。機能の面での窓の役目は採光や通風だ。が、デザインの面からいえば、窓は建築物の顔、目玉である。

泉布観（大阪市）や旧グラバー邸（長崎市）に特徴的な扉と同様に人が出入りできる「フランス窓」。南海ビルディング（大阪市）や明治生命館（東京都）に配された、古代ローマの大浴場に由来する「ディオクレティアヌス窓」。箱根富士屋ホテルや日光金谷ホテルの壁を彩る東洋風の「花頭窓」。窓の文化と歴史を丁寧に追い、窓の外側と内側の風景を論じながら紹介される建築は約１２０軒。

〈名建築といわれるものには、たいてい優れた窓があり、ごくありふれてみえる建築にもそれなりの窓がある〉。窓は建築を知るための入り口、と著者はいう。読むだけでも楽しいが、やっぱり実物も見に出かけなくっちゃ。

評・斎藤美奈子（文芸評論家）

二〇〇六年五月一四日⑨

『紛争と難民　緒方貞子の回想』

緒方貞子 著
集英社・三二五〇円
ISBN9784087813296　ノンフィクション・評伝／国際

著者は、1991年から10年間、国連難民高等弁務官として世界の難民の保護と救済に専念した。本著は、昨年刊行された英文回顧録の日本語版である。

多くの人道状況の中から、難民流出の規模の大きさや事情の複雑さなどを考慮して、イラク北部、バルカン地域、アフリカ大湖地域、アフガニスタンの四地域の問題に焦点を絞り、関連する事実の検証と分析を試みた。「難民の恐怖と苦痛を故郷に戻れるという喜びに変えたい」と強力なリーダーシップを発揮、人道援助の最前線で献身的に働いてきた姿が、歴史的事実を背景に浮き彫りになる。

よく引用される著者の「人道問題に人道的解決なし」の発言は、実はいらだちの発露であって、人道行動は政治行動にとって代わることはできないとの説明は、過酷な現場と数多く向かい合った人ならではの説得力を持つ。

無数の生命を救い、人々の苦しみを緩和した喜びをかみしめたいとしながらも、紛争を起こした根本問題を解決できず、批判されたことや悔恨の念にかられたこともあったと率直だ。

一人の日本女性の大きな貢献に勇気を与えられ、誇らしさと感謝の念がこみ上げる感動の一冊。

評・多賀幹子（フリージャーナリスト）

二〇〇六年五月一四日⑩

『球体写真二元論　私の写真哲学』

細江英公 著
窓社・三二五〇円
ISBN9784896250763　アート・ファッション・芸能

カメラのシャッターを切れば写真はうつる。そのとき写真は外界の反映、つまり現実の「鏡」になっている。しかし、被写体やレンズの選択、アングルや絞りの調節によって、写真家は現実の反映を自己表現に変える。その意味で、写真は、写真家の心の「窓」でもある。この記録と表現、客観と主観の矛盾のなかに、写真芸術のダイナミズムがひそんでいる。

細江英公は写真を、客観を北極とし主観を南極とする球体だという。この球体上では、写真家が客観的記録をめざして北極に到達しても、そのまま旅を続ければ、ふたたび主観という反対の極に向かうことになる。そのような写真のありようを、著者は「球体二元論」と名づけるのである。

細江は『ガウディの宇宙』では、石の建築という死んだ物質をまるで生きている皮膚のように描きだし、物質を、死を、肉体化した。逆に、三島由紀夫をモデルとした『薔薇刑』では、生と死を二極に置き、生きている三島の肉体を永遠化し、変化しない死に変えた。

写真とは瞬間を永遠に変えることもできれば、死の永遠を生の瞬間に変換することもできる錬金術なのだ。ここに細江芸術の秘密がある。

評・中条省平（学習院大学教授）

二〇〇六年五月二一日①

『女たちは二度遊ぶ』

吉田修一 著
角川書店・一四七〇円
ISBN9784048736824／9784043912018（角川文庫）文芸

はかなげでたくましい11人の後ろ姿

十一の短編小説の語り手は、みな若い男である。彼らはみな、ワンルームのアパートのようだ。まだ若く、結婚や就職や終（つい）の棲家（すみか）や、そういう人生の決定事項の手前にいる、「仮」の状態。しかしこの短編集は、彼らの姿ではなく、彼らが出会った女たちの姿を描いている。深い関係を持つこともない、複雑な恋愛に発展することもない、「仮」にとどまっている男たちが、ある時期すれ違うように関（かか）わりを持った女たち。

合計十一人の女が登場するのだが、おもしろいことに、一般的に魅力的な女性がひとりもいない。著者が男性であることを思うと、たいへん複雑な気持ちにさせられる。それこそすれ違うような女性たちを、一種神聖化して書かれた小説にはうんざりするが、しかし、神聖化のかけらもなくここまで非魅力的に書かれると、女性としては何やらどきりとするものがある。

「平日公休の女」という短編に、化粧品の販売員である女が出てくる。友だちの家で「ぼく」は彼女と出会い、交際をするようになる。

気前のいい女で、食事も旅費も出してくれる。なのに「ぼく」はかつてつきあっていた恋人を忘れられない。結局その恋人からよりを戻そうと持ちかけられ、「ぼく」は彼女をふってしまう。

この女性が小説内で名を持っておらず、「彼女」とだけ記されていることに気づくとき、何か腑（ふ）に落ちるものがある。本書に登場する十一人の女は、「選ばれない女」なのである。もちろん男が選ぶ側であって女が選ばれる側であるという能動受動を言っているのではない。彼女たちもまた、選ばれることを望んでもおらず、自分が望んでいるものが何かもまだわかっておらず、だから取り繕ったり自身を飾ったりすることがいっさいない。服もアクセサリーも身につけていないような無防備な姿を、そうと気づかぬままかいま見せる。どきりとさせられるのは、だからだ。語り手の男たちが「仮」の状態にいるように、女たちもまた、「仮」にとどまっている。

ひとつだけ、他とは異なる一編がある。ほかの短編はみな、一瞬のすれ違いののち、男も女も仮の場を出てそれぞれの場所へ向かっていったと思わせるのだが、「十一人目の女」だけは、男も女も「仮」に閉じこめられる。狭いアパートで同棲（どうせい）する男が、別れ話を持ちかけた女を殺（あや）めてしまう。なぜそうなってしまったのかを問う者に対して男は「分かりません」とくりかえしている。彼が弱々しくくりかえす「分かりません」は、関係というものの持つ不可解さへと私たちをひっぱりこんでいく。好きだ、愛している、という感情のみが、男と女の寄り添う理由ではないのだと気づかされる。愛憎の強さが関係の濃度を決めるのではない、とも。

未熟と成熟の中間、あるいは無関係と関係の中間を見事に描き出した短編集である。読み終えたとき、十一人の後ろ姿を見送ったような錯覚にとらわれる。はかなげでもあり、たくましくもあるその後ろ姿は、魅力的ではないながらしかし目に焼きついたように残る。

評・角田光代（作家）

よしだ・しゅういち 68年生まれ。作家。『パレード』で山本周五郎賞、『パーク・ライフ』で芥川賞。近著に『ひなた』。

二〇〇六年五月二一日②

『砂漠の女王 イラク建国の母ガートルード・ベルの生涯』

ジャネット・ウォラック 著 内田優香 訳

ソニー・マガジンズ・二六二五円
ISBN9784789727792

歴史／ノンフィクション・評伝

中東を分割した英国女性の栄光と影

その昔、ロマンと異国情緒を求めて中東の砂漠を訪れた英国の冒険家は数知れないが、なぜか女性が多いことに驚く。19世紀後半には詩人バイロンの孫娘アン・ブラントが、20世紀前半には旅行家フレヤ・スタークが、中央アラビアからメソポタミアを旅して、数々の中東紀行を残した。

特に本書の主人公ガートルード・ベルの存在は際立つ。当時の女性として珍しいオックスフォード大卒の彼女は「ひとかどの人間」を夢見、ペルシャ駐在の伯父を訪れたのを機に、中東での冒険旅行にハマっていく。勇猛な山岳部族のドルーズを電撃訪問し、砂漠の遊牧部族と渡り合う。部族間抗争激しいアラビア半島に飛び込んでは、拉致監禁される。世界帝国として君臨する大英帝国出身ならではの奔放さ、行動半径の広さだ。

ペルシャを「天国」と呼び、砂漠に心躍らせる彼女だが、第1次大戦の開始によってその運命は大きく変わる。中東での土地勘、語学力を買われて、英軍諜報（ちょうほう）部に登用された。それまで好奇心で集めた知識と人脈が、オスマン帝国を解体して英仏で分割するという、当時の対中東支配戦略に使われるようになるのだ。

　その結果、ベルはイラク建国を策定する東方書記官としてバグダッドに職を得、政策決定に絶大な影響力を得た。中東分割の国境線を引き、「アラブ人のための国づくり」に酔い、人事をほしいままにし、高みから神の視点で人を動かすことに快感を覚える。

　ここに学ぶべき教訓は、多い。傲慢（ごうまん）な上司に自らの情報が却下されること、現地に同情的過ぎるとして疎まれることへの苛立（いらだ）ちは、現代の諜報員たちにも共有される。ベルもまた、自国からは現地化したと非難され、現地住民からは外国の手先と見なされる。

　ベルは英軍のメソポタミア侵攻前夜、イラクの有力部族の長に「何のために来たのか」と問われ、「好奇心を満足させるため」であって「英国は砂漠から利益を得ていない」と答えて、相手の不信を解いた。だが、結果的に彼女はその言葉を裏切ったのだ。

　彼女は、中東に関（かか）わる者にとって常に反省の鏡である。


（原題、DESERT QUEEN）

評・酒井啓子（東京外国語大学教授）

Janet Wallach　米の作家、ジャーナリスト。

二〇〇六年五月二一日③

『プラド美術館　名画に隠れた謎を解く！』

藪野健 著
中央公論新社・一八九〇円
ISBN9784120037085

アート・ファッション・芸能

模写してわかる画家の意図や筆運び

　上野の杜（もり）で開催中の「プラド美術館展」が人気を集めている。ベラスケス、ティツィアーノ、ゴヤ等の作品をはじめ、膨大な絵画コレクションで知られる世界でも屈指の美術館だ。これだけの名画を集めたスペイン王室の凄（すご）さ、この国の底力に驚かされる。

　この展覧会に呼応して洒落（しゃれ）た本が出た。著者は、若き日に、画家である父親に連れられこの美術館を訪ね、スペインに惚（ほ）れて留学した画家、藪野健。マドリードの美術学校に入っても、プラドに毎日通い模写に没頭したという。

　本書は美術書として実に大胆かつユニーク。本物の絵と並んで、著者が描き起こした模写の絵が脇に置かれ、読者はその絵解きを通じて、過去の名画の本質に迫れるのだ。忠実な模写ではなく、省略と解釈を交え、その特徴を丁寧に描くものだが、見比べて、本物の作品以上に味のあるものさえある。著者＝画家の技が光る本だ。

　著者は昨秋、プラド美術館を再訪し新たに模写に取り組んだ。その筆致をたどると画家の呼吸、筆運びの勢いが伝わり、作者の意図も見えてくるという。美術史家とは違い、手を動かしながら制作の秘密を探って、名画に隠れた謎を解いたのだ。

　登場する作品はどれも、著者お気に入りのもの。宮廷内の登場人物を巧みに配し、視線の計算、光と影の絶妙な構成で目を奪うベラスケスの「宮廷の侍女たち」。多数の人物と動植物が展開する奇々怪々で幻想的なボッシュの「快楽の園」。巨匠らに加え、ボデゴンという静物画を見事に描いた画家達（たち）の紹介も興味深いが、本書を貫くのはやはりゴヤへの特別な思い。王室の肖像画家として成功しながら、戦争で荒廃した惨憺（さんたん）たる姿の祖国への絶望と恐怖を描いたゴヤの「黒い絵」の重い情念の世界を、著者はたくさんの模写で表現する。まさにスペインの心、ここにあり、だ。

　最後は、瞳の中に希望の星の輝きを描いたエル・グレコの「十字架を抱くキリスト」。この絵を見て、読者も明るい気持ちで本書を読み終えられる。名画をこれほど身近に感じさせてくれる本は稀（まれ）だ。

評・陣内秀信（法政大学教授）

やぶの・けん　43年生まれ。画家、早稲田大教授。著書に『絵画の着想』など。

二〇〇六年五月二一日❹

『泣き虫しょったんの奇跡』

瀬川晶司 著
講談社・一五七五円
ISBN9784062133296／9784062765824（講談社文庫）
ノンフィクション・評伝

晴れてプロ棋士、敗者の心細やかに

将棋という日本で特異に発達したゲームは、稀（まれ）に〝劇的人間〟と呼ぶしかない人物を生み出す。本書の著者など、さしずめその最新のスターと言えよう。

半年ほど前、三十五歳のサラリーマンが、プロ棋士相手の六番勝負で三勝し、晴れてプロとなった。奨励会（正式には「新進棋士奨励会」）を通過しないプロの誕生は実に六十余年ぶりで、「閉鎖的な将棋界に風穴を開けた」とマスコミでも騒がれたから、「ああ、あの人か」と思い出される読者も多かろう。本書は、彼の半生記である。

登場人物たちの輪郭が、いずれもくっきりしている。文字通りの弱肉強食の世界ゆえか、細部と大局とをかわるがわる見ることに長（た）けた著者ならではの観察眼ゆえか。おそらくその双方であろう。

「いるかいないのかわからない」小学生だった著者をほめまくって才能を引き出した担任の先生、真向かいの家に住む、友達にも敵にも早変わりする宿命のライバル、二人にプロ棋士への夢を託す、内に喪失感を抱えた将棋道場のあるじ……。みな控えめだが、一途に何かを願うような生き方をしている。

奨励会には二十六歳までしか在籍が許されない鉄の掟（おきて）がある。それまでに四段にならなければ、将棋だけに「命を削って」きた努力は水泡に帰す。それは「挫折」などという生易しいものではなく、著者も将棋を憎悪し、車道に飛び出して死のうとさえする。そこから立ち直り、将棋本来の楽しさを再発見して、不可能とされたプロへの関門にもう一度挑む姿もよいのだが、本書の最大の魅力は、敗れゆく者たちの心の揺れが、きめ細やかに、しかも悲愴（ひそう）感に酔うことなく真正面から見つめられているところだ。

青春小説のようにも、現代版『アマデウス』のようにも、人情噺（ばなし）のようにも読める。〝いい人〟ばかり出てくるのに物足りなさを感じないわけでもないが、「好きな道を進むのは大変だったよ。でも、がんばってみて本当によかった」と最後に真情を吐露する著者の肩をぽんと叩（たた）きたくなった。

評・野村進（ジャーナリスト）

せがわ・しょうじ　70年生まれ。戦後初めて実施された編入試験で将棋のプロ棋士に。

二〇〇六年五月二一日❺

『こんなに楽しい！　妖怪の町』

水木しげる 監修　五十嵐佳子 著
実業之日本社・一六八〇円
ISBN9784408534909
アート・ファッション・芸能／ノンフィクション・評伝

ふるさとの愛し方を教えてくれる本

『ゲゲゲの鬼太郎』ファンには先刻ご承知のとおり、鳥取県境港市は「妖怪の町」である。そもそもは同市が鬼太郎の生みの親・水木しげる氏の故郷であるという縁から一九九〇年に始まった「妖怪の町」づくり、百体を超える妖怪のブロンズ像が並ぶ『水木しげるロード』を訪れる観光客は、年間八十五万人超（二〇〇五年度）――人口約三万八千人の境港市は、いまや堂々たる観光都市なのである。

本書は、そんな境港市のガイドブックであると同時に、「妖怪の町」の歩みをたどったノンフィクション。妖怪のブロンズ像がカラー写真で紹介され、御大・水木しげる氏のロングインタビューも収録されているという盛りだくさんの一冊で、地元住民の反対や漁業不況の逆風の中、紆余曲折（うよきょくせつ）をへて「妖怪の町」が形作られていくドラマは、時代遅れでつまらない比喩（ひゆ）だと承知で言えば、活字版『プロジェクトX』の趣もある。

しかし、本書の面白さは、成功の物語のみ

にあるわけではない。〈町の人々の日常に、妖怪のエッセンスが無理なく自然に溶け込んでいる〉境港の町そのもの——観光都市ではなく、〈日常〉の生活の場としての町の姿が、じつに魅力的なのだ。水木氏が語る少年時代の境港の姿は、ノスタルジーに満ちていながらも、決していまの境港と断ち切られてはいない。『水木しげるロード』や『水木しげる記念館』をつくり、守り、愛する町の人々もまた、水木氏と同じものを我が町・我がふるさとに見ているのだから。

自らを「水木サン」と呼ぶ水木氏は、言う。〈場所には感情があると水木サンは思っています〉

本書は、「町おこし」の指南書としても広く読まれるだろう。だが、「理」（＝利）が先に立ってしまうと……「境港には妖怪というキラー・コンテンツがあるから」の一言で終わる。違うのだ。ふるさとの地霊とも呼ぶべき町の〈感情〉や、そこでの暮らしが育んだ人々の〈感情〉をいかに尊び、慈しんで、誇りとするか。本書が教えてくれる最大のものは、ふるさとの愛し方なのだ。

評・重松清（作家）

みずき・しげる　22年生まれ。漫画家。
いがらし・けいこ　ライター、作家。

二〇〇六年五月二一日⑦

『MOMOSE　伝説の用心棒　不良のカリスマ・百瀬博教』

塩澤幸登 著　河出書房新社・二九四〇円
ISBN9784309906744　ノンフィクション・評伝

刃物の上を裸足で渡ろうとして時としてけがもする、そんな人生。しかし、その人物が裡（うち）に秘めた人間の魅力ともいうべき生の姿が幾人もの著名人の心を捉（とら）え、その邂逅（かいこう）によって今は作家・詩人・格闘技のプロデューサーなどとしても活躍する。そんな男性の型破りな半生を、編集者時代に出会った著者が、航跡を辿（たど）るように描く。

MOMOSEとは百瀬博教のことである。彼は柳橋のいわば〝筋目（すじめ）〟の侠客（きょうかく）の子として生まれ、その巨躯（きょく）を見込まれて大学の相撲部に入り、やがて赤坂のナイトクラブの用心棒になる。

ここで売り出し中の石原裕次郎に出会い、意気投合する。それは二人の環境こそ異なるものの無頼の人間同士の共感といってもいいかもしれない。そして、兄の石原慎太郎とも心を通わせ文学の妙味をしる。

しかし、拳銃不法所持の罪で下獄、この服役の期間さまざまな書を読みあさったという。本人の語る「自己改造」の期間。森鴎外、谷崎潤一郎、三島由紀夫を読み、人間の地金に磨きをかける。またある時「広辞苑」を丸覚えしようと思ったりもする。規格を超えている。ともかく、戦後日本に登場した異色の風貌（ふうぼう）のひとつが活写されている。

評・前川佐重郎（歌人）

二〇〇六年五月二一日⑧

『妖怪文化入門』

小松和彦 著　せりか書房・二九四〇円
ISBN9784796702713／9784044083038（角川ソフィア文庫）　経済／アート・ファッション・芸能

『ハリー・ポッター』以後のファンタジー・ブームと『陰陽師』などの妖怪ブームが連動し、水木しげるの再評価や京極夏彦の映画化が相次ぐ昨今、最近では直木賞作家・朱川湊人や芥川賞作家・絲山秋子の作品など主流文学のうちにも、幽霊人情噺（ばなし）がごく自然に溶け込んでいる。折も折、妖怪と幽霊の区別からしっかり説き起こし最新の知見まで盛り込んだ本書が出た。

まず第一部では著者の専攻する文化人類学や民俗学からする定義体系が吟味され、第二部では宮崎アニメ「千と千尋の神隠し」なども分析して広がりを示し、第三部では憑（つ）きものや鬼、異人といったキー・コンセプトが再検証される。

とくに刺激的だったのは、この分野の元祖・井上円了の『妖怪学講義』（一八九六年）が、人々が不思議と思う現象を妖怪と見なし、明治の文明開化とともに、いずれは科学的・合理的に説明できるものと信じたこと、つまりは今日ならばゴースト・バスターズと呼ばれるだろう妖怪撲滅者としての体系を構築していたことだ。井上への批判から風俗史の江馬務や民俗学の開祖・柳田国男の理論が展開された経緯は、ポストモダン以降の知的風土をも導く一本の線として、実に興味深い。

評・巽孝之（慶應大学教授）

二〇〇六年五月二一日⑨　教育／国際

『日本語と中国語』

劉徳有 著
講談社・一七八五円
ISBN9784062131360

著者は、要人の通訳や新華社特派員を長く務めた、中国政府文化部元副部長にして日本語の達人。言葉が違えば文化は違う。日本語と中国語を比べることから二つの文化の違いを考え、相手を理解する難しさとともにその楽しさを巧みな語り口で教えてくれる。

日本の「腐っても鯛（たい）」にあたるのは、中国では「瘦死的駱駝比馬大（どんな瘦（や）せたラクダも馬より図体（ずうたい）がでかい）」。なるほど、いかにも日中の風土の違いが感じられるではないか。

とくに面白いのは、ダイナミックな社会の変貌（へんぼう）を反映した中国の新語事情だ。「電脳」は日本語化しているが、「袋鼠族」を知っている人は相当の中国通。「袋鼠」すなわちカンガルーのごとく、両親の庇護（ひご）の下から離れない若者のことだという。

「〜族」という言い方は、「人気」などの言葉と同じく、最近日本から伝わった。

文化交流に着目すると、世界でも特殊な、日中間の微妙なつながりとへだたりが見えてくる。

そのほかにも、あいまいな日本語表現の中国語への訳し方や、中国で使われる和製漢語の驚くべき多さなど中国語を使う人に役立つ情報を満載。次の版からはぜひ索引をつけてほしい。

評・高原明生（東京大学教授）

二〇〇六年五月二一日⑩　科学・生物

『ハンター&ハンティッド』

ハンス・クルーク 著　垂水雄二 訳
どうぶつ社・一八九〇円
ISBN9784886223326

野生動物が躍動する映像は、見る人を魅了してやまない。なかでもいちばんハラハラドキドキさせられるのが、肉食獣が狩りをして草食獣を倒すシーンだろう。われわれは、肉食獣のむだのない動きを美しく思うと同時に、襲われて食べられる側にも、ついつい感情移入してしまう。

本書の著者クルークによれば、人類は進化の過程で、獲物を狩る側であると同時に狩られる側でもあった。そのせいで、肉食獣に対して微妙な感情を抱いてしまうのだという。

大型哺乳（ほにゅう）類、それも特に肉食獣をめぐる研究では、一九七〇年代に画期的な進展があった。きちんと個体識別をした上での長期観察に基づく研究が、次々と発表されはじめたのだ。

その先陣を切ったのが、誰あろうクルークだった。彼の研究により、ハイエナは従来考えられていたような死肉漁（あさ）りではなく、むしろライオンの方が、ハイエナが倒した獲物を横取りしている事実が判明した。

本書は、コンパクトながら、肉食獣研究の長老が著した肉食獣大全である。考えてみれば、犬や猫も肉食獣である。少なくとも、わんこ、にゃんこファンは必読だろう。

評・渡辺政隆（サイエンスライター）

二〇〇六年五月二八日❶　文芸

『わたしを離さないで』

カズオ・イシグロ 著　土屋政雄 訳
早川書房・一八九〇円
ISBN9784152087195／9784151200519（ハヤカワepi文庫）

不可解な「存在」めぐる、戦慄の小説

英国にある、施設・ヘールシャム。幼少時から共に育ってきた生徒たちが、数人の教師と暮らしている。全寮制の学校かと思いきや、描かれる空気には微妙な違和感がある。

まず彼らには家族が見あたらない。孤児かというと、そういうわけでもなく、その「存在」の感触に、言葉では、説明しにくい不可解さが漂う。望めばいつの日か、好きな人と暮らす程度の可能性はありそうだが、どうやら子供は産めないらしい。そんなことってあるだろうか？　わたしたちが普通に使うような意味での、「将来」とか「未来」あるいは「可能性」などという言葉が、彼らにはどうもうまくフィットしないのだ。

若者たちは施設にいるあいだ、仲間たちと密接な関係を育み、詩をつくり絵を描く、一見幸福そうな日々を送る。だが施設を出たあとは、「介護人」あるいは「提供者」となって、孤独な生活を強いられるようになる。誰を介護するのか、何を提供するのか。すべては明確に説明されぬまま、作品は注意深くミステ

リアスに進む……。

著者、カズオ・イシグロは日本人として生を受け、幼い頃に英国に渡った。厳密な意味で母語でない英語で書く作家である。不条理な世界に取り残されたような人間（それは私たちのことに他ならないと思うが）が、多くの作品に登場し、彼らの魅惑的な語りを通して、いくつもの豊穣（ほうじょう）な物語を生み出してきた。

本書では、穏やかな知性と豊かな感受性を持つキャシーという女性が語り手である。彼女もまた、あの施設で育ち、今は「介護人」として働いている。彼女の繊細で音楽的な語りは、読み進めるにしたがって、ああこの人は信じられるという不思議な友情を読者に感じさせる。ヘールシャムでの膨大な過去をゆさぶりながら、人が確かに生きたという証を丁寧に紡ぎだしていくその手つきは、母のように懐かしく慈悲があり、証人のようにおごそかだ。

その語りによって真実は、薄皮をはがすようにあきらかになっていくが、それでも最後まで、あれはいったい、どういうことだったのだろうと、謎のままに残される細部もある。しかしその謎は解明されずに残されるからこそ、まぎれもない生の温（ぬく）もりを持って記憶の底でいつまでもうごめく。

わたしたちは、何かの目的のために生まれるわけではない。生まれるために生まれ、生きるために生きる。なぜ、生きていくのか、わからないままに、先の見えない暗闇を進んでいく。ある目的のもとに生を受け、役割をはたして死ぬ彼らは、その点で私たちとまったく異なってみえる。だが、どんな圧力が彼らの生を限定し未来を縛ろうとも、命それ自体は、目的など無効にして、ただ生きようとするのだ。生きるために。その矛盾と拮抗（きっこう）がこの小説に、深く大きな悲哀をもたらしている。

「複製」の概念が「命」の本質を押しつぶそうとする戦慄（せんりつ）の小説である。まだ誰もこのことを経験したことがない。でも知っていたという既視感がある。そこが真に恐ろしい。

（原題、Never Let Me Go）

評・小池昌代（詩人）

Kazuo Ishiguro　54年長崎生まれ。作家。89年、『日の名残り』でブッカー賞。他に『浮世の画家』『遠い山なみの光』。

二〇〇六年五月二八日②

『アーサー王宮廷物語　全3巻』

ひかわ玲子 著

筑摩書房・各一六八〇円
ISBN9784480804013〈1〉・9784480804020〈2〉・9784480804037〈3〉

歴史／文芸

伝説が持つグローバルな意義を実感

かつてジョン・F・ケネディ第三十五代アメリカ合衆国大統領は、自らのホワイトハウスを「キャメロット」すなわち辣腕（らつわん）の騎士たちが集うアーサー王宮廷の所在地にたとえたという。

あたかもアーサー王自身のごとく、ケネディ本人も非業の死を遂げ人々の涙を誘ったが、だからこそ逆に、彼が政権を握った一九六〇年代初頭を、アメリカがまだ明るく希望に満ちた汚れを知らぬ時代としてなつかしむ向きが、後を絶たない。

我が国を代表するファンタジー作家ひかわ玲子が十五年の歳月をかけて完成したこのライフワークは、古来語り直されてきたアーサー王ロマンスが、二十一世紀の今日、ますますグローバルな意義を持つことを実感させる傑作だ。

アーサー王伝説を細部まで熟知する著者だけに、新機軸もきちんと用意している。アーサー王に仕える小姓であり鷹（たか）に変身できるフリンと、王妃ギネヴィアの女官として仕え鷦鷯(みそさざい)に変身できるメイウェルという双子の兄妹を登場させ、後者を事実上のヒロインに設定したのである。

　第一巻『キャメロットの鷹』では、外界と接触せぬまま予言をつづれ織りにし未来を見通す魔力をもつシャロットの姫君エレインが、アーサー王の暗殺を予示してしまい、王と実の姉である妖精婦人モーゲンとの確執が浮上する。第二巻『聖杯の王』では、当のエレインがアーサー王妃ギネヴィアの愛人である騎士ランスロットとの恋に落ち、純潔のままこの世を去り、亡骸(なきがら)のまま舟で河を下るも、ここで彼女の「夢の子供」として騎士ガラハッドが登場するのは興味深い。さらに第三巻『最後の戦い』ではアーサー王とその実の子モードレットの凄絶(せいぜつ)な対決が演じられるが、大団円では、これまでにないかたちでアーサー王の血統が継がれていく将来が構想され、作者の独創がひときわ冴(さ)え渡る。

　魔法の不思議と人生の不条理とを巧みに融合し、アーサー王伝説を最も本質的な日本的感性で甦(よみがえ)らせた本書は、まさにそれ自体が圧倒的なタペストリーを織り成す。

評・巽孝之(慶應大学教授)

ひかわ・れいこ　58年生まれ。88年、「ドラゴンマガジン」誌連載でデビュー。

二〇〇六年五月二八日❸

『釜ケ崎と福音　神は貧しく小さくされた者と共に』
本田哲郎 著
岩波書店・二六二五円
ISBN9784000224635/9784006032821(岩波現代文庫)
人文

現場で考える「貧困と差別」のイエス像

　世間は『ダ・ヴィンチ・コード』の話題でもちきりだけれども、イエスとマグダラのマリアが結婚して一児をもうけた、くらいで騒ぐんじゃなーい。派手さでは及ばぬものの、この本が主張するイエス像も従来のイメージを覆すという点では相当なもの。

　高い人格と学識を持ちながら、貧しい人たちとともに歩んだ高貴な人物、なんてとんでもない。彼はとことん貧しく、へりくだりを示す余裕などこれっぽっちもなく、「誕生から死まで、底辺の底辺をはいずりまわるようにして生きた」。「食い意地の張った酒飲み」で、ヘブライ語も読めない無学の徒で、「大工」と訳されている職業の実態は石の塊をブロックに切り分けていく「石切」で、それは当時の最底辺の仕事だった。

　イエスだけではない。マリアは律法に背いて父親のわからぬ子を身ごもった罪深い女だから出産の場さえ与えられなかったのだし、そこに駆けつけた「東方の三博士」が怪しい異教徒の占師なら、羊飼いも卑しい職業。12人の弟子だって大半は漁師、あとは徴税人マタイ、極右の過激派くずれというべき熱心党のシモン。いずれも当時のユダヤ社会では「罪人」とされる賤業(せんぎょう)で、つまりイエスは社会から排斥、差別される貧困層に属していたのだっ！

　ギリシャ語の原典にはそう書かれている。大方の聖書は誤訳しているし、教会の教えにも弊害が多い。と主張する著者は、93年から釜ケ崎の労働者と連帯して闘っているフランシスコ会の神父さん。本書には「こういう人たちにこそ布教しなくちゃ」と思っていた彼が「洗礼は受けない方がいいんじゃない」と職務にあるまじき考えを持つに至った過程も綴(つづ)られている。

　私は以前、本田訳の新約聖書『小さくされた人々のための福音』に本当に驚き、敬服したことがある。聖書の物語に多少の造詣(ぞうけい)がある人はテキストの解読に興奮するだろうし、そうでなくても貧困や差別を考える上で多く示唆に富む。「弱者への支援」に潜む差別性を鋭く突きながらも口調はユーモラス。現場感覚にあふれた実践の書だ。

評・斎藤美奈子(文芸評論家)

ほんだ・てつろう　42年生まれ。神父。著書に『イザヤ書を読む』など。

『霊的人間　魂のアルケオロジー』

鎌田東二著
作品社・一九九五円
ISBN9784861820755

日本にまだ「霊」は生き延びているか？

この一冊は、アイルランドの海岸で孔（あな）の開いた石を拾うエピソードから始まる。自然の石笛である。吹いてくれと訴える声が聞こえる。

石笛を吹く。するとその霊妙な音にみちびかれて、読者は時間と空間を越える不思議な旅路へ誘い出される。ヘルマン・ヘッセ、ブレイク、ゲーテ、本居宣長、上田秋成、平田篤胤、稲垣足穂、イエイツ、ラフカディオ・ハーン。決して任意に並べられた人名ではない。一筋の通い路でたがいに結ばれた「霊」の世界の遍歴なのである。

ゲーテと本居宣長は「二卵性双生児」であり、宣長は「日本型ファウスト」だと大胆な断言を下すのも、深い確信から発している。詩を生み出す力は「精霊（ガイスト）」だとするゲーテの直観は、やまとうたを「言霊（ことだま）」の発現ととらえる宣長国学と相呼応している。比較文学風に類似を言い立てるのではない。同一の心性の働きを見て取っている。

本書のキーワードをなす「霊」の字はモノと読む。モノとは何か。日本語で「品物」「悪者」「怨霊（まもの）」といろいろに使い分けられるこの言葉の多義性を、著者は「物質・物体（物）から人格的存在（者）を経て霊性的存在（霊）に及ぶ『モノ』の位相とグラデーションの繊細微妙さ」と表現している。別々の存在なのではない。全部がひとしくモノなのだ。コトが抽象的で無機質なのに対し、モノには、なつかしい独特の触感がある。カミよりも等級が低くて親しみやすい。

宣長の「もののあはれ」にも、上田秋成の「もののけ」にも、モノは遍在する。平田篤胤はそれを学問の対象にしたし、稲垣足穂は近代社会でモノとの交信をこころみた異色の作家だった。『怪談』で有名なハーンには『神国日本』の著がある。空気が澄みきったこの美しい風土では、木にも草にも八百万（やおよろず）のモノが宿っている。

山野に産業廃棄物が溢（あふ）れ、耳は政治的弁舌で塞（ふさ）がれた現代日本にも、まだモノは生き延びているのだろうか。本書は大丈夫と請け合ってくれている。人間がモノへの愛着を忘れずにいる限りは。

評・野口武彦（文芸評論家）

かまた・とうじ　京都造形芸術大教授、宗教学者。著書に『翁童論』4部作など。

『トナカイ王　北方先住民のサハリン史』

N・ヴィシネフスキー著　小山内道子訳
成文社・二一〇〇円
ISBN9784915730528

日ソ対決に利用された少数民族の歴史

世界の軍事紛争の中で少数民族は、時には大国の特殊部隊に編成され、逆に国内の多数派の民族から抑圧されることがある。ベトナム戦争でアメリカが、現地の少数民族を軍事的に利用して、悲劇をもたらしたことは知られているが、日本でも60年前にはそれと似た歴史があった。

本書は、サハリン島（樺太）を日ソで半分ずつ領有していた戦前期に、日本領の南樺太における反革命派の少数民族リーダーだった、ヤクート人ヴィノクーロフの伝記である。彼は、日本が北サハリンを一時的に占領したシベリア出兵期に日本軍と結びつき、その地の少数民族を支配する大商人となり、多くのトナカイを手に入れた。やがて日本軍とともに南樺太に撤退した彼は、北シベリアの故郷であるヤクーチアの独立に向けて、日本の対ソ干渉戦争に期待をかける。だが彼の活動は、専らサハリンの国境線をめぐる日ソ間の軍事対決に利用されたのである。

日本の樺太庁は、国境線に近い地にウィルタ、ニブフなどの少数民族を集住させた「オタスの杜（もり）」を建設し、そこで同化政策を推進しつつ多くの観光客を呼び込んでいた。今ではすっかり忘れ去られているヴィノクーロフの名は、「オタスの杜」を代表する著名人として知られ、彼は北方少数民族唯一の政治家でもあった。1930年代前半に彼は3回にわたって東京を訪問し、荒木貞夫らの陸軍軍人などに面会し、対ソ戦開始の陳情をくり返している。本書では面会した日本の高官たちが、彼の主張におざなりな賛辞を呈しながら、少数民族への好奇のまなざしを向けていたに過ぎず、その訴えを冷淡にあしらっていたことを、さりげなく叙述している。

本書は素人っぽい描き方ながら、発掘した史料や証言を集めて、ヴィノクーロフの夢と挫折、そのあくどさや粗暴さ、そして大国の軍事策動の手先として利用された結果の惨めさを描写している。と同時にここでは、ヴィノクーロフの支配下にあった少数民族の家族たちの、底抜けの貧しさが点描されており、そのことが心に残った。

（原題、OTACY）

評・赤澤史朗（立命館大学教授）

N. Vishnevskii　59年生まれ。クリーリスク地区副地区長。

二〇〇六年五月二八日⑥

『建築の可能性、山本理顕的想像力』

国際

山本理顕 著

王国社・一九九五円

ISBN9784860730314

生活様式と建築の類型的な図式を疑う

建築や都市空間がどのようなかたちをとるか、ということはその内部で生活し行動する私たちの生のスタイルと深く結びついている。どういう家族形態、ライフスタイルをとるかということと、どういう間取りを好むかということは深く関係しているし、どのように教室・研究室（容器）を設計するかということと、実際に行われる教育の「内容」とは、たぶん密接に連関している。

容器としての建築と内容としての生活様式（あるいは社会性）との分かちがたい密接な結びつきをいかに捉（とら）えていくか。山本理顕は、そうした問題を徹底的に突き詰め、様々な空間的作品を提示してきた建築家といえる。

本書は、保田窪第一団地、緑園都市、東雲キャナルコートCODAN、公立はこだて未来大学の「設計」にかかわってきた著者による自作解説の書であると同時に、ライフスタイルが多元化した現代社会における建築家のあり方について考察した方法論の書でもある。

注意しなくてはならないのは、著者が単純に「生活至上主義」を礼賛しているわけではないということである。彼は人々の生活様式・社会性（内容）に建築（容器）が服従すべし、などといった建築ポピュリズムを唱えているわけではない。なぜなら「内容」もまた「常に類型化された『容器』を想定して与えられる」からだ。

住宅にしても、学校にしても美術館にしても、私たちは自分たちの生活や行為（内容）が空間（容器）を規定していると深く信じている。しかし、その「内容」の多くは、既存の類型化された「容器」のイメージに侵されている。だから、重要なのは、『内容』によって担保されている『容器』という図式を疑う」ことである。紋切り型的な「内容」と「容器」の相互依存関係に「介入」することこそ、建築（家）の「倫理」なのである。

いうまでもなく、その倫理は、「生活者」という言葉に安住しがちな私たち自身の建築に対するまなざしにも変更を迫るものだ。

評・北田暁大（東京大学助教授）

やまもと・りけん　45年生まれ。建築家。著書に『新編　住居論』など。

二〇〇六年五月二八日⑧

『金馬のいななき　噺家生活六十五年』

三遊亭金馬 著　朝日新聞社・一九九五円

ISBN9784022501738

アート・ファッション・芸能／ノンフィクション・評伝

著者は現役最長の高座歴をもち、今年で喜寿を迎える。四代目・三遊亭金馬を襲名して39年になるが、見るからに艶々（つやつや）と若々しく、昭和30年代の国民的人気テレビ番組「お笑い三人組」を楽しんだ私にとって、いまだに小金馬という名前の方が親しみ深いほどだ。

「お笑い三人組」で著者が演じたのは、50円で腹いっぱいになる食堂「満腹ホール」の主人・竜ちゃんだった。50円という金額に時代を感じるが、本書を読んで、この設定が、戦前に著者の父母が経営していたその名も「五銭満腹ホール」に由来することを知った。本書の冒頭では、戦前の東京・深川一帯の風景が生き生きと描きだされる。時代と風俗の記録としてまことに貴重である。

著者は12歳で三代目・金馬（「居酒屋」の名人だ！）に弟子入りするが、師匠との出会いと交情を描く部分が本書の大きな読みどころ。とくに師匠の逝去を語る四章末尾は涙なしでは読むことができない名場面だ。

長寿であるだけに、世を去る人々との別れの場面が多いことも本書の特色のひとつである。文楽、志ん生、歌笑、三平、そして親友・志ん朝。笑いを稼業とした人々の死には、つねに深い哀感がある。

評・中条省平（学習院大学教授）

二〇〇六年五月二八日⑨

『名画座時代』

阿奈井文彦 著

岩波書店・二五二〇円

ISBN9784000022644

アート・ファッション・芸能

東京・池袋の『人世坐（ざ）』を皮切りに、前橋、門司、松山、那覇、北海道、京都……全国各地の名画座を経巡（へめぐ）る旅である。「名正確には、その大半が閉館しているので、「名画座の記憶」をたどる旅だと紹介したほうがいいだろうか。

著者は、名画座のプログラムやチラシを紹介し、関係者の証言を引き出していく。名画座の本領は、上映作品の〈組合わせの妙味〉と〈映画を愛してるんだな、と観客へも伝わる〉映画館独自のチラシの宣伝文や解説文にあるのだ、と。

そんな名画座の人々の映画への情熱を味読しながら、読者は、もう一つの物語にも気づくことになるはずだ。彼らは皆、「街」の文化や娯楽を担うプロデューサーでもあったのだ。名画座時代とは、言い換えれば「街」に映画館のあった時代、広島『サロンシネマ』館主の言葉を借りれば〈行きつけの小さな店〉があった時代、さらには「街」の一つひとつに、個性に満ちた愉（たの）しみがあった時代のことではないか。

「消えた映画館を探して」と副題は付いていても、著者は決して映画館だけをたどったわけではない。本書は、名画座があった頃の「街」の面影を探す旅の記録でもあったのだ。

評・重松清（作家）

二〇〇六年五月二八日⑩

『「正しい戦争」という思想』

山内進 編

勁草書房・二九四〇円

ISBN9784326450787

人文／社会

「正しい戦争」というフレーズだけで、拒絶反応を示される向きもあるかもしれないが、本書は、戦争の正当化や、まして美化を意図した作品ではない。むしろその逆である。

本書を貫くのは、「正しい戦争」がありうる可能性を議論の正面に据えることで、二つの極端な立場を相対化する姿勢である。すなわち、一方の立場はすべての戦争を悪だとする絶対平和主義であり、他方の立場は戦争を利害だけで評価し、倫理的な正しさを問題としない「現実主義」である。なるほど両者はともに、眼前の戦争をめぐってしばしば喧（やかま）しく主張されるが、多くの場合に思考停止に陥りがちである。

それに対して本書は、「正戦」や「聖戦」を称する戦争を前に、それが本当に正しい戦争であるのかと不断に問うための批判的枠組みとして「正しい戦争」を論ずる理論的・歴史的基礎を提供する。その問いかけこそが、普遍的価値や超越的価値に訴える戦争の言説がますます氾濫（はんらん）する今日において、より有効に戦争を抑止することにつながるからだ。

憲法改正や在日米軍再編の論議が進むなか、広く読まれるに値する一書である。

評・山下範久（北海道大学助教授）

『犯罪被害者の声が聞こえますか』

東大作 著

講談社・一九九五円
ISBN9784062125918／9784101342719（新潮文庫）

社会／ノンフィクション・評伝

尊厳ある主体の誇りをかけた闘い

読み進めながら、何度となく胸がふさがれた。理不尽な犯罪によって家族を奪われ、あるいは自らが傷つけられた被害者が、なぜこんなにも、二重三重に苦しまなければならないのか……。二〇〇〇年の全国犯罪被害者の会結成から二〇〇四年の犯罪被害者等基本法成立までを描いた本書は、まずなにより、悲しみと怒りに満ちたノンフィクションとして読まれるべきだろう。

一面識もない男にガソリンを浴びせられて火をつけられ、全身に火傷（やけど）を負った女性に、病院は治療費を執拗（しつよう）に請求する。加害者に支払い能力がないのなら被害者が自ら治療費を負担すべきだ、というのが病院側の論理だ。宅配便の配達を装った男に妻を殺害された夫は、加害者やマスコミには開示される捜査記録や公判記録を被害者はいっさい見ることができないという司法の現実に愕然（がくぜん）とする。本書は、そんな被害者二人――岡本真寿美さんと岡村勲さんの〈誰からの支援も得られず、制度の不条理の中で、耐え続けてきた〉姿を軸に書き進められる。いわば「個」の戦い（いや、「孤立無援」の「孤」のほうがふさわしいだろうか）が、苦しみを共有するひとたちとの横のつながりを得て、国を動かしていくまでのドラマなのだ。

だが、本書は決して被害者の感情のみを押し出したノンフィクションではない。書き手は、犯罪被害者をめぐるドキュメンタリー番組を何本も手がけてきたＮＨＫの元ディレクター。〈当時も今も、私は犯罪被害者の方々に「お気持ち分かります」と述べたことはありません。それは、あまりに不遜（ふそん）に思えるからです〉と書く著者は、被害者の苦しみに安易にべったりと寄り添うのではなく、理解と情熱ある取材者としての距離を保ったうえで、加害者や国への単純な憤りの先にある、一回り大きな問題を読者に提起する。

〈常に「国家」対「被告人」という図式で、刑事司法を考えていた〉ために〈その裏側で、被害者が置き去りにされている〉司法制度に対する疑義――特に終盤、「基本法」制定前に「権利」と「支援」の文言をめぐって「被害者の会」が関係省庁と対峙（たいじ）するくだりは、〈事件の当事者、つまり「尊厳を持った主体」〉である被害者の矜持（きょうじ）を熱く示して、「被害者＝かわいそう」という安直かつ無礼な図式に貶（おとし）められることを毅然（きぜん）として拒む。その結果、「基本法」は〈被害者が尊厳を持って生きていくことが、「権利」として、日本ではじめて認められた〉画期的な法律となったのだ。

もちろん、現在形で読者に問う書名が象徴するとおり、〈この制度に魂を入れる作業は、これから〉である。だからこそ、本書は「被害者の会」「基本法」に限定された物語ではないのだ、とあえて言っておく。〈尊厳を持った主体〉の誇りをかけた闘いの記録は、読者自身が確かな尊厳を持って生きていくことへの問いかけでもあるはずだ。自他の尊厳をともに認めてこそ、僕たちのまなざしは、対岸の火事としての「かわいそう」の図式を超えられるのだろう。

評・重松清（作家）

ひがし・だいさく　69年生まれ。元ＮＨＫディレクター。カナダのブリティッシュ・コロンビア大大学院生。

二〇〇六年六月四日②

『K2　非情の頂　5人の女性サミッターの生と死』

ジェニファー・ジョーダン 著　海津正彦 訳

山と渓谷社・二五二〇円
ISBN9784635178136

ノンフィクション・評伝

過酷さに挑んだ女性5人の明暗描く

心に残る山岳ノンフィクション、佐瀬稔の『長谷川恒男虚空の登攀(とうはん)者』にこんな一節があった。K2は人生の分岐点になる山。K2を登っていたら人生が変わっていたはずの登山家は何人もいる――と。日本人として初めてK2に登頂した日本山岳協会隊のひとり、広島三朗の言葉だ。

アルプス三大北壁冬期単独登攀を成し遂げた長谷川はじめ、孤高の登山家たちの人生を変えたかもしれない山がなぜ世界第二峰のK2なのか。

その理由は本書を読み進めて少し想像できた。のどかな田園地帯から登るエベレストと違い、パキスタンと中国の国境にあるK2へは灼熱(しゃくねつ)の砂漠を小型四輪駆動車で走り、氷河を踏み越え1週間、さらに45～65度の急傾斜を登らねばならない。犠牲者の割合はエベレストの3倍となれば死の淵(ふち)に近づくことと同義。独立不羈(ふき)の登山家なら挑まずにおれない目標だろう。

「非情の山」の称号までもつK2を語るのに、本書は実に魅力的な主人公を得た。1986年に女性初登頂を遂げたポーランドのワンダ・ルトキェヴィッチら5人の女性登頂者である。5人全員が下山中のK2か、他の8000メートル峰で遭難死したという不思議な因縁を知った著者は、女たちの家族や友人を訪ね、自らもK2に2度挑み、生々しい体験を5人の心情に重ねた。

父親を殺されるという悲しみを背負った者、男を翻弄(ほんろう)しながら登山を楽しむ者、子連れ登山を批判された者もいる。女性のK2登頂者という以外に共通点はない五つの生が緩やかにつながりつつ、登頂の喜びから死に向けて急降下する。女が山に登ることの困難を抱えながら、あえて息苦しいほど過酷な道を選びとった5人の凜々(りり)しい横顔が最後にくっきり浮かび上がる。

ただ私がもっとも心動かされたのは、国民的英雄となったワンダが、晩年、8000メートル峰14座全山登頂の記録を焦るあまり、カンチェンジュンガの雪穴で引き返せなくなる場面だ。「下りろ」といえなかった若きパートナーの慟哭(どうこく)が胸にささる。残された者の心に開いた穴は深く、どこまでも底が見えない。

(原題、SAVAGE SUMMIT)

評・最相葉月(ノンフィクションライター)

Jennifer Jordan　58年生まれ。米国のジャーナリスト、作家。

二〇〇六年六月四日③

『宮田登　日本を語る3　はやり神と民衆宗教』

宮田登 著

吉川弘文館・二七三〇円
ISBN9784642071352

人文

日本人の心情表す民間信仰を鋭く考察

民俗学を通して日本の社会や文化の深層を描き続けた宮田登が亡くなってはや6年。その研究成果を編んだ『宮田登　日本を語る』(全16巻)の刊行が始まり、4巻まで来た。本書はその3巻目。単行本未収録の論文、エッセー等でかくも膨大な企画が実現した。

著者は常に知の狩人だった。日本民俗学といえば、柳田国男。その枠を広げ超えるべく、民俗学の可能性を求め斬新なテーマに挑戦し続けた。民間信仰、都市民俗から女性、子供、老人、さらには妖怪にまで及ぶ多面的で広い視野に立つ研究は驚くばかりだ。

その学風も、歴史学、宗教学、人類学、社会学等との交流から生まれた宮田独自のもの。現地調査の聞き取り、観察に基づく通常の民俗研究の方法に、文字資料を導入。歴史民俗学を発展させたのだ。しかもその資料は近世の随筆等、多岐にわたる。俗なもの、現代の社会文化現象に強い関心を向ける著者は、新聞や週刊誌などの雑誌も丹念に読んでいた。

本書は宮田民俗学の大きな柱、民間信仰を

テーマとする。まずは、山に霊や神聖さを感ずる日本人の山岳信仰が成立したメカニズムを解く。出羽三山の羽黒山での死と再生の儀礼等、どれも興味深い。

そして、本書の中心テーマ、民間信仰とはやり神の話が続く。日本は一神教の世界とまるで違う。様々な神々が群生し、現世利益を求めるのがこの国の宗教観だ。既成宗教教団の枠外にあり、従来評価の低かった民間信仰こそ、日本人の心情、生活習慣を表すと著者は考える。熱狂的に祀(まつ)り上げ、そして祀り棄(す)てられる流行神にその本質を見る。

江戸の都市を活性化したのが寺の開帳。その頻度から、民衆の持つ微妙な生活感情の変化がわかるという分析は卓抜だ。江戸庶民に広がった富士講信仰への考察も鋭い。流行病を治す秘術に人々が頼り、稲荷信仰とも繋(つな)がっていた。富士山頂は極楽を意味し、江戸市民は現世に極楽を実現すべく、身近に富士塚をつくったという。富士講の世界は男女平等を旨としたという指摘も新鮮。不安を抱える現代人の心に響く内容揃(ぞろ)いの本だ。

評・陣内秀信(法政大学教授)

みやた・のぼる　1936~2000年。民俗学者。著書に『日本人と宗教』など。

二〇〇六年六月四日④

『ヘルメットをかぶった君に会いたい』

鴻上尚史 著

集英社・一七八五円

ISBN9784087748093

文芸／社会

今ここにいることのリアルさ求めて

読みながら、幾度も本の表紙に巻かれた帯を確認した。これは小説だ、と帯にはある。

昔の曲を集めたCD集のCMで、作者は学生運動が盛んだった時代の映像を見る。ヘルメットをかぶって微笑(ほほえ)む女性に惹(ひ)かれ、彼女をさがしはじめる。匿名の脅しを受けながらも、つてをたどって彼女を追っていくうち、現在の彼女の消息がじょじょに明らかになっていく。その筋立てとは別に、学生運動が終わったあとに大学生になった作者の、高校時代、大学時代の回想がある。学校全体を覆っていた無気力と管理を、そして自分が間に合うことなく終焉(しゅうえん)を迎えた学生運動というものを、作者は正面から凝視するように書いていく。

六〇年代から七〇年代にかけて起きた学生運動、その正体がなんであったのか、理屈でも理論でもなく私もまた知らない。しかしその時代、国家が、政治が、世界が、ある学生たちにとっては「触れることのできる」何かだったのではないかと考える。現在の日本の若者の、国や政治や世界情勢に対する無関心は世界的に見てもめずらしい。この無関心は、それらが決して「触れられない」ものだという諦観(ていかん)からはじまっているように思えてならない。たとえ錯覚だとしてもそれらに触れることができると信じられた時代を、知りたいと切望したことが私もある。余分な情報はいらない、いちばん純粋な部分を知りたいと。本書の作者とまったく同じように。

作者が追い求めているのは、次第に、ヘルメットの彼女ではなく、今の時代に自分がいるということの、体感としてのリアルさであるように思えてくる。読み進むうちこれがフィクションでもそうでなくてもどうでもよくなってくる。重要なのはそんなことではないと気づかされるのである。作者は彼女から視線を外し、違う方法で時代に触れようとする。それはリアルへの渇望である。時代との接点への、強烈な希求である。それほどまでに、今の時代は私たちから遠い。本当に触れることはできないのか、世界と無縁でいるしかないのか。この小説はそう叫んでいる。

評・角田光代(作家)

こうかみ・しょうじ　58年生まれ。劇作家、演出家。本作が初めての小説。

二〇〇六年六月四日⑥

『昭和のまぼろし　本音を申せば』

小林信彦 著
文芸春秋・一七〇〇円
ISBN9784163680705／9784167256234（文春文庫）　文芸

くつろいだ文章の中にも硬派の気概

昨二〇〇五年は、「戦後六十年」の大きな節目にあたっていた。「昭和」はすっかり遠くなった。本書のタイトルにもそんな隔世の感がよく出ている。『週刊文春』に連載され、愛読者も多い「クロニクル・エッセイ」を一年ごとにまとめるシリーズの八冊目にあたる。

やたらに天災の多い年だった。各地で地震が相次ぎ、超大型台風が荒れ狂って爪痕（つめあと）を残した。天災と人災は連動するのだろうか。「9・11総選挙」は小泉首相の地すべり的勝利に終わった。

おなじみの筆力については今さら論評するまでもないが、終始くつろいだ筆致が、読者に信頼しても大丈夫という安心感を与える。何よりも、トピックが豊富だ。映画・芸能から日常生活にわたる四方山話（よもやまばなし）が、ごく自然に世相批判につながるところが妙味である。

何ごとにも一家言あるがくどくどいわず、ガンコではないが筋は通す。毒舌をふるわず、遠慮がちながらしっかり直言する。たとえば、「小泉首相は六十を過ぎて、幼児性を保っているレアケース」であり、「首相の幼児性が彼ら（選挙民）の幼児性を魅了した」と。ふつう江戸っ子系統の東京人は、肩肘（ひじ）怒らして政治談義をしないものだ。日頃ダンディな著者が、心ならずも政談に引き込まれるのはよっぽどのことである。

後世からふりかえって「あれがターニングポイントだったのか」とわかる決定的な年がある。著者が回想するのは少年期の昭和十五年（一九四〇）だ。紀元二千六百年の祝典があって、日本中が旗行列に浮かれて騒いでいた。日本の大衆は「時として権力が命じる前に、先走りして迎合する」のである。果たして昔の光景だけで終わるだろうか。

現代東京の高層建築群は、関東大震災と米軍大空襲の廃墟（はいきょ）の上に聳（そび）えている。昭和の老人はそれを知っている年齢だから、本気になって今の世をあやぶむ。あれこれの身辺雑事を語っているうちに、昨今はいやでも天下国家が視野に入り込んでくる。くつろいだ中にも硬派の気概を見せる文章術が楽しい。

評・野口武彦（文芸評論家）

こばやし・のぶひこ　32年生まれ。作家。著書に『東京少年』など。

二〇〇六年六月四日⑦

『99999（ナインズ）』

デイヴィッド・ベニオフ 著　田口俊樹 訳
新潮文庫・七〇〇円　ISBN9784102225226　文芸

青年が刑務所に収監されるまでの二十四時間を描いた『25時』で鮮烈なデビューを果たしたベニオフの短編集である。『25時』同様、清新で鋭い感覚で切り取られた作品が揃（そろ）っている。

チェチェンでの内戦を舞台にした戦争小説「悪魔がオレホヴォにやってくる」、少年時代に出会った少女のその後の人生を耳にする「幸せの裸足の少女」、女性との苦い恋の顛末（てんまつ）「ネヴァーシンク貯水池」なども佳作だが、収穫は、女性歌手を見いだす辣腕（らつわん）ディレクターの哀歓を描く表題作「ナインズ」と、飛行機のなかであえて排泄（はいせつ）物まみれになるエイズ患者の抗議「幸運の排泄物」だろう。

この二つには（いやベニオフの全作に通底するといっていいが）、静かに育まれる諦観（ていかん）と絶望がある。しかしそれが決してペシミズムにならず、むしろもういちど人生へと踏み出さざるをえない、悲哀としての知恵になる。温かくも苦く、ときに悔悟をうながすような発見がある。

味わいは純文学に近い。あからさまに泣かせも笑わせもしないし、驚くような展開もない。しかしベニオフは作品の節々で、錯綜（さくそう）した人生の諸相を垣間見せて、読む者に深いため息をつかせる。読み応えのある、いい作品集だ。

評・池上冬樹（文芸評論家）

二〇〇六年六月四日❽

『書物の運命』

池内恵 著
文芸春秋・二〇〇〇円
ISBN9784163680606
文芸

本書は、いまや専門のイスラム政治思想史や中東国際政治に収まりきらぬほどの活躍で、読書界の寵児（ちょうじ）といった観さえある著者の書評集である。あわせて、著者のいわば私的読書論や地域研究者としての独白にことよせたアラブ文化論なども収められている。イデオロギーを徹底的に排する歯切れのよい議論と、気（き）っ風（ぷ）のいい啖呵（たんか）のようにリズミカルな文体の心地良さは、この著者の大きな魅力である。本書に収められた一本一本の文章に、その魅力はあふれている。

一冊にまとめられたそれらの文章を通して読んで、あらためて感じたのは、本というメディアが織り成す空間と現実とのあいだの距離感をつかむ著者の感覚の鋭さと確かさである。前者への耽溺（たんでき）は、書評芸として消費の対象となれば良いところで、悪くすれば、すぐに現実から遊離した自己確認に堕する。他方、現場の実感に立て籠（こ）もりつづけることもまた、別種の幻想への逃避でしかない。この点、著者は少壮ながらタフなバランス感覚を持った読書人である。

それにしても上手（うま）い。評者は本書一読の後、つい乗せられて、著者が評した本を買いあさりすぎた。読者諸賢にもご用心アレ。

評・山下範久（北海道大学助教授）

二〇〇六年六月四日❾

『〈妻〉の歴史』

マリリン・ヤーロム 著　林ゆう子 訳
慶応義塾大学出版会・六〇九〇円
ISBN9784766412376
アート・ファッション・芸能／社会／国際

現在、アメリカでは第1子の約4割は婚外子で、結婚の48％は離婚に終わる。伝統的結婚制度の形骸（けいがい）化が進み、〈妻〉は絶滅の危機に瀕（ひん）した種とさえ言われる。著者は、スタンフォード大学の女性・ジェンダー研究所上級研究員。そうした状況だからこそ、歴史のこの時点で遺産を総ざらいすることは有意義と考えた。

政治、経済、文学、風刺画、広告、さらに市井の女性が残した手紙・日記など膨大な資料を駆使して、古代ギリシャでの「結婚」制度の誕生、キリスト教世界における結婚と生殖の義務化、中世ヨーロッパにおけるロマンチシズムの付与、戦時下の妻の役割、現代アメリカ社会における個人主義の進行など、壮大なスケールで〈妻〉の劇的な変容ぶりを浮き彫りにした。

「規範も禁制もほとんどないこんにちにおいて妻になるということは、実にクリエイティブな努力を要する」と著者は認め、「結婚における平等という理想に向かって屈せずに前進する勇気を持って」と呼びかける。46年間の結婚生活で、「妻」という小さな言葉の中に隠された有り余るほどの意味を知るに至ったとする、著者ならではの励ましなのかもしれない。

評・多賀幹子（フリージャーナリスト）

二〇〇六年六月四日❿

『あるエリート官僚の昭和秘史　『武部六蔵日記』を読む』

古川隆久 著
芙蓉書房出版・一八九〇円
ISBN9784829503744
歴史／ノンフィクション・評伝

満洲。「王道楽土」「五族協和」が謳（うた）われ、当時の日本人の夢と理想でもあった。しかし、内実は関東軍の傀儡（かいらい）国家、しかもアヘン密売など、「偽満洲国」と中国から指弾されるのも無理からぬ実態があった。

エリート官僚とは、矢内原忠雄、芥川龍之介、菊池寛などと一高で同期、法学部進学後、恩賜の銀時計組で内務省に入省した武部六蔵のことである。一九三五年、求められ、大陸に渡り、関東局という植民地統治の行政機関に赴任し、最後は国務院総務長官までつとめた。本書は、その克明な日記を摘記し、満洲国のなまなましい内側を紹介する。

皇帝溥儀や皇后の荒れた生活、現地官僚たちとの交流、関東軍の専横ぶり、現地民が手入れした農地を強制的に安く買い上げていった移住計画などへの記述には、実務家らしい冷静な目も存在する。

次第に、軍への不信感が募り始め、満鉄の監督権、さらには満洲国の人事や組織への介入など、関東軍の独裁に頭を悩ませる。満洲研究はさかんだが、全体像が解明されたとはいいがたい。東条英機、石原莞爾、板垣征四郎、松岡洋右、鮎川義介などの人物評も含め、『武部六蔵日記』は一級品の資料にちがいない。

評・小高賢（歌人）

『命の番人　難病の弟を救うため最先端医療に挑んだ男』

ジョナサン・ワイナー著　垂水雄二訳
早川書房・二六二五円
ISBN9784152087225　医学・福祉／ノンフィクション・評伝

愛する弟が難病に侵された時、兄は

医療技術の進歩はさまざまな難病を克服したものの、未（いま）だ有効な治療法の見つかっていない病気は多い。最愛の人が不治の病を宣告されたとしたらどうするか。本書は、原因も治療法もわかっていない難病を発症した弟のために行動を起こした兄の物語である。

難病の名前は筋萎縮（いしゅく）性側索硬化症、別名ALS。神経が徐々に麻痺（まひ）してゆく病気で、手足や口に始まり、最終的には全身の運動機能が失われて自力呼吸もできなくなる。多くの患者は、診断から数年で呼吸機能が麻痺してしまうようだ。そしてその時点で、人工呼吸器を装着するか否かの選択が迫られる。

この病気で特に残酷なのは、知能や意識は最後まで正常に保たれているのに運動機能のすべてが奪われてしまう点である。米国では、この病気にかかった大リーガーの名前をとって、ルー・ゲーリッグ病とも呼ばれている。また、天才物理学者の誉れ高いホーキング博士も患者の一人である。

ヘイウッド家の次男で大工のスティーヴンは、古民家を改築中に体の異変を感じた。身長一九〇センチの美丈夫（表紙の写真を見ると映画俳優顔負け）は、名門大学を卒業してエンジニアになっていた兄ジェイミーとの腕相撲で、初めて負けたのだ。

スティーヴンがALSと診断されたとき、兄ジェイミーは、さる神経科学研究所の技術移転部長に転身していた。それはあくまでも偶然の転身だったが、因縁めいてもいる。弟が難病に侵されたと知ったジェイミーは、研究所のデータベースと同僚研究者の知恵袋を最大限に活用し、ALS治療の可能性を探るプロジェクトを開始した。そして、ALSの原因は、神経細胞におけるある種の遺伝子変異であるとの仮説に行き着く。そうだとしたら、正常な遺伝子を送り込めれば、治療の可能性が出てくる。ジェイミーは、研究所の職を辞め、その可能性に賭けることにした。

兄ジェイミーが希望を託した方法は遺伝子治療と呼ばれる。いかなる病気にしろ、遺伝子治療が治癒効果をもたらした例は一つもなかった。しかし彼は、その技術と意欲を持つ医師を駆り立て、遺伝子治療の実施を目指す財団を設立する。ジェイミーのバイタリティと統率力は、驚異的なスピードで事態を展開させてゆく。

ワイナーは、米国を代表するサイエンスライターであり、その取材力と文学の素養あふれる筆力には定評がある。当初、客観的な取材者としてジェイミーに接触したワイナーは、自身の母親も別の神経難病と診断されたことで心が揺れる。遺伝子を改変してもよいのか、生命の尊厳とは何かなど、最先端医療技術が提起する生命倫理の問題に対して、傍観者たりえなくなってしまったからだ。

その間も病状が着実に進行する中で、患者本人であるスティーヴンの、周囲への気配りと凜（りん）とした態度は変わらない。一方、著者のワイナーは、日々変貌（へんぼう）してゆく母親を正視できない。誰にとっても決して他人事ではない様々な問題提起をはらんだ読み応えのあるノンフィクションである。

（原題、HIS BROTHER'S KEEPER）

評・渡辺政隆（サイエンスライター）

Jonathan Weiner　53年生まれ。サイエンスライター。著書に『フィンチの嘴（くちばし）』『時間・愛・記憶の遺伝子を求めて』など。

二〇〇六年六月一一日❷

『東京バンドワゴン』

小路幸也 著

集英社・一八九〇円
ISBN9784087753615／9784087462876(集英社文庫)
文芸

ホームドラマの手練手管で涙と笑い

最後の謝辞（〝あの頃、たくさんの涙と笑いをお茶の間に届けてくれたテレビドラマへ〟）にあるように、往年のホームドラマに捧(さ さ)げられた小説である。ここには〝たくさん〟はないものの、気持ちのいい涙と愉(たの)しい笑いがある。

小説の舞台は、築七十年にもなる日本家屋の古本屋「東京バンドワゴン」。明治から続く古本屋で、現在の店主は三代目の堀田勘一、七十九歳だが、いまだに現役である。

堀田家は大家族で、長男我南人(がなと)(六十歳。伝説のロッカー)、我南人の長女藍子(あいこ)(三十五歳。未婚の母)と娘の花陽(かよ)(十二歳)、長男紺(三十四歳。ライター)と妻の亜美(三十四歳。元スチュワーデス)と息子の研人(けんと)(十歳)、そして我南人の愛人の子である青の八人。勘一と我南人の妻は病死しているが、物語の語り手は二年前に亡くなった勘一の妻サチで、空の上から家族が直面する事件の行く末を見守るという形である。

事件といっても、百科事典が現れては消えたり、老人ホームからおばあちゃんが失踪(しっそう)したりと大騒ぎする内容ではない。しかしホームドラマは、大騒ぎすることのない事件に過剰に反応し、ありえない設定からありえない展開になるのが常道。本書も、作りすぎじゃないかと思いつつも目が離せず、節々で笑い、温かな人情にほろりとする。ホームドラマがもつ憎らしいまでの手練手管を、作者はもっているのである。

もちろんその〝作りすぎ〟はご都合主義と、〝憎らしさ〟はあざとさと紙一重。でもそう見えないのは、物語の根底に我南人がいう〝LOVE〟があるからだろう。久世光彦演出のホームドラマなら家族が激しく喧嘩(けんか)することで確認した絆(きずな)だが、小説では心理を台詞(せりふ)で説明する必要はない。すでに訳ありの四世代家族が同じ屋根の下で暮らす以上、心の内を秘めていることが多く、それらが事件によって静かに語られ、微笑(ほほえ)みつつ了解していくのである。

ともかく最高の家族小説である。作者が謝辞を表すドラマが連続ホームドラマだったように、ぜひシリーズ化されんことを切に望みたい。

評・池上冬樹（文芸評論家）

しょうじ・ゆきや 61年北海道生まれ。第29回メフィスト賞を受賞しデビュー。

二〇〇六年六月一一日❸

『貧困の終焉　2025年までに世界を変える』

ジェフリー・サックス 著
鈴木主税、野中邦子 訳

早川書房・二四一五円
ISBN9784152087232／9784150504045(ハヤカワ文庫)
経済／社会／国際

命の危機に立ち向かう「臨床」医の報告

著者のジェフリー・サックスは、国際金融およびマクロ経済政策の分野で業績を挙げ、84年に29歳の若さでハーバード大学の教授に就任した。その優れた才能の一端は、邦訳もされているマッキビンとの共著『グローバル・リンケージ』(服部彰ほか訳、学文社)からも窺(うかが)われる。

先進国における経済政策の相互依存について理論的・計量的に分析した同書は数式も多く難解だが、本書にはそうした数式は登場しない。代わりに著者自身が足を運び、自らの目で確認した「貧困」の実態を表す写真や地図および図表が多数掲載されている。というのも、現在の著者は理論と統計を駆使する経済学者ではなく、貧困という病に立ち向かう「臨床」医だからだ。

研究室から現場への転機は、元教え子の縁で経済の高熱(ハイパー・インフレーション)に苦しむ南米のボリビアを訪問したときだった。そこで著者は「患者」を直接診断し、国家予算の基盤である石油価格の一時的な急騰で高熱を抑える処方を提案した。一見不合理な処方の実践によって、高熱は収まり「ボリビアは片足を開発の梯子（はしご）に」かけられるまでに回復した。この成功が評価され、著者は様々な国から経済顧問として招かれるようになったという。

著者は、途上国に対して金融引き締め、財政赤字削減といった教条主義的な改革を迫るIMF（国際通貨基金）よりも、極度な貧困の救済に消極的な先進国のODA（政府の途上国援助）を強く批判する。実際、DAC（開発援助委員会）加盟の22カ国がGNP（国民総生産）の0・7％をODAに回せば、「全世界11億人にのぼる極貧層を」救済できると著者は主張する。その財源は、アメリカの場合20万ドル（約2200万円）を超える所得に5％の追加税を課せば賄える。同じことは日本においても言えるはずだ。

「これは私たちの危機なのだ」と、本書の序文でボノ（ロックスター）が語るとき、危機とはまさに命の危機である。その救済のために、富裕層にそれなりの負担を求めるのは是か非か。答えは本書を読んでから出してほしい。

（原題、THE END OF POVERTY）

評・高橋伸彰（立命館大学教授）

Jeffrey Sachs　54年生まれ。コロンビア大地球研究所長。

二〇〇六年六月一一日④

『楽園への疾走』

J・G・バラード 著　増田まもる 訳

東京創元社・二四一五円
ISBN9784488016470／9784488629137（創元SF文庫）

文芸／科学・生物／社会

恐ろしくも美しい知的暴力のわざ

これは危険な本だ。のっけから主人公のエコ・フェミニズム系医師バーバラ・ラファティが「アホウドリを救え」「いますぐ核実験をやめろ」と叫ぶので、本書をてっきり、純然たる自然保護運動小説の類型かと錯覚する読者もいるだろう。かつて六〇年代に徹底した世界終末風景を幻視したバラードがとんでもない思想的転向でも図ったのかと、いぶかしむ向きすらあろう。けれど心配はご無用、バラードならではの恐ろしくも美しい知的暴力は健在だ。

舞台はタヒチ島の南東六百マイルに浮かぶサン・エスプリ島。ここは七〇年代に核実験場の候補に挙げられるも、その後、実験場はガンビア諸島のムルロア環礁に移され、二百人ほどの原住民もすでにウィンドワード諸島に移住済み。ところがフランス系の原子力科学者がこの島に戻りつつある、しかも滑走路拡張の都合上、ワタリアホウドリの重要な営巣地を破壊しつつあると聞きつけたバーバラは、それをまんまと抗議運動に利用してしまう。

イギリス時代の彼女には、かつて安楽死を促進して殺人罪に問われ医師免許を剥奪（はくだつ）された過去があり、いまの自然保護運動への加担は、自らの過去への罪ほろぼしにも見えるのだが、ことはそう単純ではない。バラードはこれまで女嫌いの男を書かせたら天下一品だったが、この異端のエコ・フェミニストは男嫌いがエスカレートして「男であることはもっとも大きな遺伝的欠陥」と見てやまぬ科学者なのだから。そして彼女は、この島をアホウドリどころか「女たちの絶滅に瀕（ひん）した強さ、熱情と激情と残酷さの自然保護区にしたい」と真剣にもくろむ革命家なのである。

そのヴィジョンがいかに衝撃的に達成されるかは、本書の視点人物である少年ニールの運命をじっくり見守っていただこう。その結果織り紡がれるのは、まぎれもなく九〇年代以降のバラードが最も深く鋭い思索を展開した最高傑作である。本書に匹敵する現在日本側の知的冒険としては、笙野頼子の長編小説『水晶内制度』（二〇〇三年）くらいしか思いつかない。

（原題、RUSHING TO PARADISE）

評・巽孝之（慶應大学教授）

J. G. Ballard　30年中国・上海生まれ。作家。46年英国移住。

二〇〇六年六月一一日⑤

『サッカーが世界を解明する』

フランクリン・フォア 著　伊達淳 訳

白水社・二四一五円

ISBN9784560049754　社会／ノンフィクション・評伝／国際

「地域の固有性」を衝撃的に示す

またワールドカップがやってきた。世界中が注目する、地球上で最大級の人類の祭典。サッカーは世界の共通語だ。サッカーがうまければ、誰だって、どの社会でもスターになれること間違いなし！

いまやプレーヤーの労働市場は国際化し、フーリガンのファッションさえ国境を越えて広まった。しかし、サッカーという言語で綴（つづ）られる物語は国によってかなり異なる。華麗な個人技のブラジル、組織とスピードの日本といったプレースタイルだけの話ではない。サポーターのあり方、そして政治や経済との関（かか）わり方には、地域の固有性が色濃く反映されている。

ワシントンで政治記者をしている著者は、仕事を八カ月休み、サッカーのグローバル化を取材する旅に出た。その体験に基づき書かれた本書は、日本のファンにとっても衝撃的な内容に満ちている。

鈴木隆行選手が所属するレッドスター・ベオグラードのサポーター集団は、民族浄化の突撃部隊だったことがある。そして中村俊輔選手が活躍するセルティックは、宗教上の偏見が残るクラブ所在地のグラスゴーのみならず、アイルランドのカトリック系住民の期待をも背負って戦う。著者の観察によれば、サッカーは「伝統の受け皿」として、民族のアイデンティティに活気を与えているのだ。

それに加え、イタリア・サッカーの不正疑惑は最近になって事件化したが、ペレも含めブラジルの腐敗もはなはだしいという。そうしたサッカービジネスに伴う負の側面があるのは事実だ。その一方で、女性をサッカーから締め出していたホメイニ革命後のイランでも、西欧に対する独自性を価値としてきた米国でも、サッカーという普遍言語が社会に浸透しつつある。

サッカーファンとしてはこの本を読みたくなかったと思うほど厳しい現実もある。だが「グローバル化」対「地域の固有性」という大問題を、サッカーという切り口で論じた著者の手法は見事に成功したといえよう。

さあ、誰か本書のアジア版を書いてはくれまいか。出たら必ず読むことを誓うから！

（原題、HOW SOCCER EXPLAINS THE WORLD）

評・高原明生（東京大学教授）

Franklin Foer　アメリカの政治記者。「ニュー・リパブリック」誌編集主任。

二〇〇六年六月一一日⑦

『わが名はヴィドック』

ジェイムズ・モートン 著　栗山節子 訳

東洋書林・二九四〇円

ISBN9784887217164　社会／ノンフィクション・評伝

ヴィドック、世界初の探偵事務所を開いた男である。一八二八年に出した『回想録』が大評判を呼ぶが、これは探偵になる直前までの自伝であり、代作者がいて虚実とりまぜ誇張が多い。本書は、この神話的な人物の生涯を、各種の資料に基づき、客観的に再現した波瀾（はらん）万丈の伝記である。

本人は犯罪に一度手を貸しただけだと主張するが、二十代のヴィドックの生活は、投獄と逃亡と再投獄の繰り返し。その間の犯罪者との交流を宝に、警察にリクルートされて、監獄でのスパイから警視庁特捜班の創立者へと出世する。

修道女に化けて脱獄したという得意技を活（い）かし、変装して暗黒街に潜入し、多くの犯罪者を逮捕した。

街娼（がいしょう）から公妃まで女性関係が派手で、敵も多く、警視庁を辞職した後は、犯罪の知識と経験を基に探偵として活躍したが、主な業務は借金の取り立てだった。

ヴィドックの名声は文学者によるところが大きい。バルザックの描く悪魔的な英雄ヴォートランはヴィドックがモデルだし、知人のユゴーは彼の経験談から、脱獄囚ジャン・ヴァルジャンと鬼刑事ジャヴェールのイメージをともに作りあげた。そのヴィドックの実像を知るのに格好の書物だ。

評・中条省平（学習院大学教授）

二〇〇六年六月一一日❽

『プラハ　都市の肖像』

ジョン・バンヴィル 著　高橋和久、桃尾美佳 訳

ＤＨＣ・一四七〇円
ISBN9784887243873　歴史／国際

この5月の連休に観光ツアーでプラハに出かけたのだが、世界中が連休なのかと思うほど〝カフカの街〟は多くの旅行者でごった返していた。帰国後アイルランドの作家バンヴィルの独創的なプラハ紀行を読む。著者はこの魔都に恋をして、言論統制や密告が日常化していた東西冷戦時代から何度も訪れているらしい。

石畳に響く足音、ヴルタヴァ川に面した暗いカフェ、目の下に深い影がさす美女との会話……。そう、ここには誰もがイメージする「半ば光で半ば影であるようなあの独特の覆われた輝き」を湛（たた）える街の姿が描かれている。著者は冷戦終結後、資本主義の波に呑（の）み込まれてからのプラハも知っているようだが、あえてその話はしない。

では、本書に描かれているのは、あくまで過去のプラハの姿なのだろうか？　いや、東欧時代のプラハにだって、「陰鬱（いんうつ）な威容」だの「悲劇的な美」だのがはたして実際にあったのかどうか。これはあくまでバンヴィルの記憶の中にあるプラハなのであり、同時に身勝手な旅行者の期待を満足させてくれるプラハの姿なのだ。地図にはあるのに、地上のどこにもない魔都。ああ、もう一回だけ行ってみたくなってきた。

評・香山リカ（精神科医）

二〇〇六年六月一一日❾

『モダニズム建築　その多様な冒険と創造』

ピーター・ブランデル・ジョーンズ 著
中村敏男 訳

風土社発売・四四一〇円
ISBN9784938894818　アート・ファッション・芸能

ミースやコルビュジエら巨匠の名と共に輝いたモダニズム建築、それを批判して登場したポストモダンの潮流。それさえも忘れられがちな今、近代を冷静に振り返り、モダニズム建築史を書き換えることが必要だ。

それに挑む著者は言う。影響力の強い近代建築史の名著は全（すべ）てモダニズム革命の強調のため、扱う対象を絞り単純化してイズム（主義）を打ち立てた。巨匠のみが神話化され、多くの有力な建築家が埋もれた、と。

本書はそんな偏った解釈を脱し、多様な形で創造性を発揮した建築家、メンデルゾーン、タウト、シャローン等の仕事を掘り起こす。手法はナラティブ（物語的）なもの。作品を敷地、風土と周辺の歴史的文脈、場所性等の視点から丹念に読み解く語りは豊かだ。

モダニズム建築の醍醐（だいご）味は、「形態は機能に従う」等の単純理論では分からないこと。モダニスト誰もが伝統教育を経験し、作品の様々な次元にそれが現れていることが示される。普遍性を追求し抽象空間を目指したミース、グロピウスと、特殊な解を求め場所と対話する空間を目指したシャローンらの対比を論ずる著者の筆は冴（さ）えている。問題を投げ掛ける刺激的な書だ。

評・陣内秀信（法政大学教授）

二〇〇六年六月一一日⑩

『学問の力』

佐伯啓思 著

NTT出版・一六八〇円
ISBN9784757141353／9784480432322（ちくま文庫）

人文

本書は「語りおろし」を活字にした本だそうである。と聞けば、昨今、書き手のネームバリューに便乗して、安直に採算をとろうとした本の多さに閉口の向きもあろう。しかし本書については、その懸念は無用だ。なぜなら、本書における著者第一の主張は、いわば語りおろしのできないような知識の不毛さを批判するところにあるからである。

われわれはみな、歴史、文化、社会、家族といった文脈に埋め込まれて生きている。「ものを考える」ということは、本来、そうやって生きていることとは切り離せない。著者は、そのように日々現に生きることと等価であるような次元で世界と向き合い、そうして受肉化された知識を「故郷のある」思索と呼ぶ。著者は、70年代の後半以降、世界からこの意味での「故郷」が失われてきていることに危機意識を表している。

コンパクトで平明ながら、著者の保守主義思想（その立場からする構造改革批判は傾聴に値する）の軌跡が、驚くべき率直さで、まさに語りおろされており、著者の作品に親しんできた読者はもとより、著者をまったく知らぬ読者にも、強く訴えかける魅力を持っている。

評・山下範久（北海道大学助教授）

二〇〇六年六月一八日①

『黒澤明VS.ハリウッド 『トラ・トラ・トラ！』その謎のすべて』

田草川弘 著

文芸春秋・二六〇〇円
ISBN9784163677903／9784167773533（文春文庫）

アート・ファッション・芸能

幻の映画製作、巨匠の心の淵に迫る

定説を覆す資料を発見したとき、書き手が当事者を傷つけることなく客観的かつ公平に事実を記述するのはむずかしいことだ。黒澤明という映画監督の、ともすれば名誉を損ないかねない資料を手にした著者は、まずそのことを一番悩んだのではないか。あとがきで明かされるが、最後まで自分の正体を伏せたのも、自らを律する箍（たが）を必要としたからかもしれない。そして、その試みは成功した。

本書は、昭和40年の『赤ひげ』から45年の『どですかでん』まで、黒澤の「失われた5年間」と呼ばれる季節をジャーナリストが検証したノンフィクションである。この間に二つの企画が立ち上がり、頓挫した。ハリウッドで製作が予定された『暴走機関車』と『トラ・トラ・トラ！』である。とくに、20世紀フォックスと提携して日米双方の視点から真珠湾攻撃を描く『トラ・トラ・トラ！』は、黒澤が「この映画を見たら（真珠湾攻撃を）騙（だま）し討ちだ、なんてもう誰にも言わせない」と語ったように、歴史的に意義深い作品となる可能性があり世間の関心も高かった。だが、完成した映画に黒澤の名前はない。なぜか。

健康上の理由で辞任、いや解任だ、などと情報が錯綜（さくそう）する中、黒澤は自分は病気ではない、フォックスに抹殺されたと主張。米国との交渉にあたった黒澤プロの当時32歳のプロデューサーが責任を問われ、生涯にわたり黒澤と絶縁することとなった。以後、事情を知る者は口を閉ざし、謎だけが残された。「失われた」のではなく、隠蔽（いんぺい）されたのだ。

国内取材の限界を感じた著者は米国で黒澤オリジナルの「準備稿」を発見。フォックスのプロデューサー、エルモ・ウィリアムズに会い、製作日報や契約書の入手に成功した。

27回に及ぶ改稿の過程で黒澤がこだわり続けたものが明らかになる。黒澤は、意に反して開戦の突破口を開く山本五十六の苦悩こそ最大の悲劇とし、これを『平家物語』やギリシャ悲劇を意識しつつ描きたい。米国側は『史上最大の作戦』のようなスペクタクルにしたい。度重なる応酬で黒澤は疲弊。撮影開始後は素人役者を起用した誤算に苛（いら）立ち、スタッフと衝突。酒におぼれ、奇行に走った。

後半、契約書や医師の診断書をもとに数々の事件や誤解が検証されるが、本書が映画界

の醜聞の真相解明に留（とど）まらず、芸術とは、文化とは、コミュニケーションとは、といった普遍的な問いを提起しえたのは、こうした冷静な科学的手法がとられたためだろう。

読後の余韻は重い。誰も信用できない黒澤という王の孤独と狂気、そして黒澤の天才に敬意を表しつつ決断を下すエルモの寛容と冷徹さの背後に、文化摩擦という言葉ではとらえ切れない人の心の深い淵（ふち）を見た気がした。

復帰第一作『どですかでん』には、頭師佳孝演ずる知的障害者の六ちゃんが「どですかでん、どですかでん」と電車の口真似（まね）をしながら走る姿が登場する。黒澤が『暴走機関車』に乗り気だったのも機関車が大好きだったからだという。……そうか、六ちゃんのあの姿は、失意の黒澤が再び歩き出そうとするしるしだったのか。なんだか、泣けてきた。

評・最相葉月（ノンフィクションライター）

たそがわ・ひろし　34年生まれ。ＮＨＫ記者などを経てフリージャーナリスト。米の放送ジャーナリズムで活躍したエド・マローの研究者。

二〇〇六年六月一八日②

『王になろうとした男　ジョン・ヒューストン』

ジョン・ヒューストン 著　宮本高晴 訳

清流出版・三三六〇円

ISBN9784860291532

アート・ファッション・芸能／ノンフィクション・評伝

映画より面白い！ 波瀾万丈の自伝

途方もない自伝である。これがすべて事実なら、ヒューストンの一生は彼の映画より面白いといって過言ではない。話芸の冴（さ）えも類書に例を見ないほどの巧みさだ。

最初の職業はボクサー。25戦23勝。その後、新聞記者を経て映画監督になる。だが、昔取った杵柄（きねづか）で乱暴者の俳優エロール・フリンと1時間近く殴りあい、鼻をつぶされながら、フリンの肋骨（ろっこつ）を2本折ったというからすさまじい。

イタリアで戦争の記録映画を撮り、あまりの残酷さにこの作品は上映禁止になりかかる。こんな風に、映画人として文字どおり戦争を生きぬいた人物はまずいないだろう。

愛人は数知れず、結婚は5回。3度目の時は、「おたがいをよく知るには絶好の方法よ」という相手の言葉に応じて結婚し、最後は妻よりチンパンジーとの暮らしを選んだともいえる変人である。

35歳の監督デビュー作『マルタの鷹（たか）』は史上最初のフィルム・ノワールとして映画史を飾る。その後の映画作りの波瀾（はらん）万丈の挿話は、『黒船』の日本ロケで住民が暴動を起こした話など本書にてんこ盛りだが、『アフリカの女王』のウガンダ・ロケはその頂点をなすものだ。イーストウッドはこの時のヒューストンをモデルに映画を作ったが、事実は映画を完全に凌駕（りょうが）している。ヒューストンは人肉まで食ったようだ。その顛末（てんまつ）はぜひ本書でお楽しみ頂きたい。

また、34章など、わずか7ページに自分の映画作りの要諦（ようてい）をまとめ、世界最小にして最高の映画実践論としている。映画ファン必読の名文だ。

ヒューストンの自伝がこれほど感動的なのは、「フィルムメイカーの人生は数多くの小人生から成り立っている」ことを片時も忘れないからだ。親友ハンフリー・ボガートの最期をみとり、マリリン・モンローとクラーク・ゲーブルの遺作となる『荒馬と女』を撮りあげ、『フロイド』ではアルコール依存と白内障と精神の危機で滅びていくモンゴメリー・クリフトの姿を凝視する。そこには単なるスキャンダル趣味とは全く無縁の、あらゆる運命への厳しくも寛大なまなざしがある。

（原題、An open book John Huston）

評・中条省平（学習院大学教授）

John Huston　１９０６〜87年。映画監督。「黄金」でアカデミー監督賞受賞。

二〇〇六年六月一八日❸

『昭和三方（さんかた）人生』

広野八郎 著
弦書房・二五二〇円
ISBN9784902116533
ノンフィクション・評伝

地の底から見つめた日本と世界の激動

欠陥だらけの本である。寄せ集めの文章、人名や用語の説明不足、時代の空白部分の多さ。何よりも、こうしたまとまりのなさを補う、総覧的な解説がない。にもかかわらず、捨てがたい魅力がある。

かつて「馬方」「船方」「土方」を「三方」と呼び、「人間の屑（くず）」とみなされていた、と著者は記す。三つの職種を彼は渡り歩き、なかでも「土方が地下にもぐった」炭坑夫を二十六年間も務めた。かたわら、プロレタリア作家・葉山嘉樹（よしき）の知遇を得て作家を志し、肉体労働の最底辺から掴（つか）みとった真実を作品化せんと執念を燃やしつづけた。その日々を綴（つづ）った日記が、本書の中核をなしている。

「馬方」の章では、人馬一体の、貧しくも温（ぬく）い時代が牧歌的に描かれる。「船方」、つまり著者の場合、日本・アジア・ヨーロッパ航路の缶（かま）焚きになってからは、炎熱地獄の束（つか）の間、港々で出会う〝からゆき〟たちに、著者は屈託のないほがらかさを感じている。炭坑夫の時代は、さらに凄（すさ）まじい。落盤事故で同僚たちが次々と死んでゆき、著者も生き埋めになるが、かろうじて救出されるのだ。

昭和期の回顧録ではなく、おのれの体ひとつを頼りに地の底を這（は）いずり回りながら、日本と世界の激動を冷静に見つめつづけた同時進行の日記は稀有（けう）なものだ。著者が書き残さなければ、歴史の闇に消えていったアウトローたちの姿も、一人一人陰影が濃い。

そして、背景にあるのは、つねにアジア――。「上海の為市（ためいち）」（実弟）や「戦地の熊さん」「台湾の敏江さん」らが登場し、著者も戦後、大阪で「朝鮮飯場」に入った際、若い朝鮮人同士の殺し合いをすんでのところで制止している。当時五十代だった著者は、二十代のころ朝鮮人の親方と「朝鮮流の兄弟分のちぎり」を交わしたとき掌（てのひら）に入れた刺青を示して、いきり立つ二人をなだめるのである。まるで小柄な高倉健のように。

その作家への夢は、ついにかなわなかった。だが、九十近くまで生きた著者の記録からは、いわば〝大庶民〟が肉体からひねり出した哲学が伝わってくる。

評・野村進（ジャーナリスト）

ひろの・はちろう　1907〜96年。著書に『華氏一四〇度の船底から』など。

二〇〇六年六月一八日❹

『夜の公園』

川上弘美 著
中央公論新社・一四七〇円
ISBN9784120037207／9784122051379（中公文庫）
文芸

自由ゆえに男も女もよるべなく

ようやく踏み込んだなと思った。『センセイの鞄（かばん）』で知られる、ほんわかとした恋愛小説を書いていた作者が、初めてどろどろとした夫婦関係と不倫を描いたからである。

もちろんどろどろといっても、川上弘美のことだから、罵倒（ばとう）や暴力が介在するようなものではなく、あくまでもやわらかくふんわりとした感触である。しかし淵（ふち）までいかずにその先を暗示する、または淵までいってもそれを考えずに、ある種象徴的なイメージで感得させていたのに（それはそれで見事だったが）、本書では淵の先に踏み込み、人生に確かな点を打っている。

専業主婦のリリは、夜の公園で出会った青年の暁と関係をもち、やめられなくなる。かといって夫の幸夫と別れる気持ちはない。そんなリリにやがて転機が訪れる。高校時代の友だちの春名が介入してきて、幸夫の隠された生活があらわになるからである。

小説ではリリ、幸夫、春名、暁と順番に視点が移り、それぞれの肖像を鮮やかに切り返していく。最終章では小まめに視点が切り替わり、緩やかなリズムを刻みつつ、新たな生活が輪唱されていく。

本書が新鮮なのは、男と女の愛と欲望が自由であることだろう。文学は往々にして、男女がどこかに隷属することの安らかさと危うさ、または隷属しない上での既成の価値観への抵抗がはかられることが多いけれど、川上弘美は人々を縛る外部の規制から自由になろうとする。かくあらねばならない基準はないが、逆にかくありたいという強い欲望も生まれない。そのために男も女もよるべない営みを続けていくしかない。どこにでも進みうるのに何故（なぜ）か軌道の中でもがいたり、もがきながらゆっくりと軌道を外れていき、茫漠（ぼうばく）とした仮初めの安定をえたりする。でもそれは、自ら望んだことなのか？

小説のなかでリリが〝どうしてわたし、今ここにいるんだろう〟と考える場面があるが、それは他の人物たちも同じ。ここでは、さまよいながら抱くことになる静かな悔悟と確かな覚悟が描かれていく。生と性の「現実」をリリカルに捉（とら）えた秀作だろう。

評・池上冬樹（文芸評論家）

かわかみ・ひろみ　58年生まれ。『センセイの鞄』では谷崎潤一郎賞を受賞。

『開かれた歴史学　ブローデルを読む』

イマニュエル・ウォーラーステインほか 著
浜田道夫、末広菜穂子、中村美幸 訳

藤原書店・四四一〇円
ISBN9784894345133

歴史

適切な知的分業による真の学際性を

「もしノーベル歴史学賞が存在していたら、受賞していただろうと思う20世紀の歴史家は？」とアンケートをとったら、フェルナン・ブローデルの名が上位に入ることはまちがいないだろう。本書の原題は、直訳すると「ブローデルを読む」。ブローデルの没後、いわばその知的遺産の目録を作成すべく編まれたブローデル論の競演である。寄稿者には、歴史学のみならず、経済学、社会学、地理学といった隣接の各分野のフランスにおける大家7人（くわえてブローデルの所説から離陸した「世界システム分析」を提唱し、彼の遺産相続人のなかで最も「国際的」に有名となったアメリカの歴史社会学者ウォーラーステイン）が名を連ねている。

本書の各論者がくりかえし強調しているように、ブローデルの最大の遺産は、歴史学に、隣接の諸学問の知見を接続する大きな枠組みを敷き、ヒトとモノ、歴史と歴史以前、近代と前近代、国家と市場と社会といった区別立てで知を切り刻む作法に、あらゆるレベルで抗議する態度を歴史学にもたらしたことである。

もちろん今日、学際性の必要は（歴史学に限らず）すでに当たり前に言われている。しかしむしろ当たり前すぎて、なぜそうするのかという問題意識が希薄になってしまった。結果として、一方ではブローデルという虎の威をかりて、歴史を思想表現の道具のようにもてあそぶ似非（えせ）学際的な歴史談義が跋扈（ばっこ）し、他方で、既存の専門研究と専門研究の合間のますます狭いニッチの発見を学際性と取り違えるような「専門化の弊害」を指摘する声は絶えることがない。

いまブローデルを読むときに必要なのは、単に没理念的な専門分化を批判するだけではなく、知的なスーパーマンへの幻想を捨てることでもある。言い換えれば、求められているのは適切な知的分業とその指針にほかならない。本書は、そのためのきっかけとして読まれるならば、ブローデルが遺（のこ）した歴史学の学際的エートスを確認するうえでやはり有意義な総括を提供していると言えよう。

（原題、Lire Braudel）

評・山下範久（北海道大学助教授）

Immanuel Wallerstein　30年生まれ。

二〇〇六年六月一八日⑥

『悪魔と博覧会』

エリック・ラーソン 著　野中邦子 訳
文芸春秋・三二〇〇円
ISBN9784163680903
ノンフィクション・評伝

19世紀末シカゴに交錯した光と影

遊園地には見世物（みせもの）小屋と大観覧車がつきものだ。とはいえ、そんな常識が初めて成立したのは、一八九三年にコロンブスの新大陸到達四百周年を記念して開かれたシカゴ博覧会、通称ホワイトシティ以降のことであり、かのオズの魔法の国やディズニーランドすら、その影響下にあった。独立革命や南北戦争につづく画期的な事件、それがシカゴ博覧会である。天才発明家エジソンの手になる映画の原型キネトスコープも、ここでお披露目されている。

二〇〇三年に発表されベストセラーとなった本書は、シカゴ博覧会の景観設計から現場監督まですべてを統率した高層建築の先駆者ダニエル・ハドソン・バーナムの人生と、博覧会場最寄りのワールズフェア・ホテルを経営しつつ容赦なく多くの人々の生命を奪った医師にして連続殺人鬼マジェット、転じてはヘンリー・ハワード・ホームズの人生とを巧妙に縒（よ）り合わせ、底知れぬ恐怖と歴史の感動とをもたらす一種のノンフィクション・ノヴェルである。

バーナムとホームズは直接出会ってはいないものの、シカゴ博覧会を舞台に、片や光り輝くホワイトシティを、片や暗く怪しいブラックシティを代表する男たちが、期せずしてひとつの時代を構築してしまったのは運命の皮肉だろう。コナン・ドイルの名探偵ホームズが誕生した一八八六年にマジェットがホームズなる偽名を選んだのも奇遇だが、本書後半、重婚と詐欺と虐殺をくりかえす殺人鬼ホームズをじわじわと締め上げていくベテラン刑事フランク・ガイアの手腕は、それこそ名探偵ホームズに勝るとも劣らぬ迫力だ。

そして最大のクライマックスは閉幕式直前、アイルランド系移民のパトリック・プレンダーガストによるハリソン市長暗殺の瞬間に訪れる。さらに本書は、バーナムとその盟友ミレーとが、それぞれ豪華客船オリンピア号とタイタニック号に乗り込んでいた、というもうひとつの奇遇で枠組まれ、世紀末シカゴのみならず二〇世紀アメリカ全体の光と影を予告するのだから、何とも心憎いではないか。

（原題、THE DEVIL IN THE WHITE CITY）

評・巽孝之（慶應大学教授）

Erik Larson　米国作家。邦訳に『1900年のハリケーン』など。

二〇〇六年六月一八日⑦

『陸軍墓地がかたる日本の戦争』

小田康徳ほか 編著
ミネルヴァ書房・三三六〇円
ISBN9784623046188
社会／ノンフィクション・評伝

大阪城の東南にある旧真田山陸軍墓地を訪れた人は、一目でその異様な光景に驚かされる。門を入ってまず目に入るのは、「馬丁」「鍛冶（かじ）工」など日清戦争の軍役夫の、同じ大きさの墓碑が整然と並んだ姿である。広さ4500坪の墓地には、5千基以上の墓碑が林立しており、墓は兵卒、下士官など生前の階級別に区分されて立っている。

旧真田山陸軍墓地は、1871（明治4）年に創建され、今日でも戦前の面影を最も多く残している最大の旧陸軍墓地である。ここに埋葬された者は、戦死者だけではない。軍隊内の病死、事故死、自殺者があり、清国兵、ロシア兵などの捕虜もあった。

戦争体験者が少なくなった今日、地域の戦争を語る資料である戦争遺跡の保存運動が盛んになっている。旧真田山陸軍墓地でもその保存と研究を目的とした団体が、01年に地元市民や研究者などによって設立された。本書はこの団体が、墓碑や仮忠霊堂の調査の先行研究を踏まえ、十分な記録のない軍隊の死者たちについて、その死の原因や彼らの運命を発掘した論集である。軍事動員される民衆のありさまを捉（とら）える中で、近代日本の戦争の姿を考えようとした本であるといえよう。

評・赤澤史朗（立命館大学教授）

二〇〇六年六月一八日⑧

『愛犬王　平岩米吉伝』

片野ゆか 著

小学館・一六八〇円
ISBN9784093897037　科学・生物／ノンフィクション・評伝

平岩米吉ほどの愛犬家はちょっと例がないだろう。寝食をともにするだけでなく、専門医に用具一式を運ばせて、自宅で犬の手術をさせるほど、人犬一体の暮らしをしていた。

東京・自由が丘の千坪あまりの庭に金網でケージをつくり、シェパードや純日本犬のほか、狼（おおかみ）を飼育した。そればかりか「動物屋敷」と恐れられるほど、狐（きつね）や狸（たぬき）、山猫やジャッカル、ハイエナまで飼っていたから、昭和九年当時の畑ばかりの環境でも、隣家はたえず転居するし、米吉も奇人として白眼視される。

かれはどんな組織にも属さぬ、在野の動物学者なのだ。「動物文学」を創刊して、シートンの『動物記』を発掘したり、詩人のまど・みちおを世に出したり、フィラリア撲滅に私費を投じたりする。

孤独な幼年時代、かれは乳母が読んでくれる馬琴の『椿説弓張月』の、源為朝に忠誠をつくす狼の話を、せがんでは繰りかえし聞いた。あれが自分の原点で、一生、好きな研究ができて幸運だったと、八十八歳の病床で愛娘（まなむすめ）に述懐する。笑う犬をはじめ、多彩で個性的な犬たちの挿話とともに、世俗の栄達とは無縁だったかれの浄福の生涯を、この伝記は、あたたかく包みこむように描いている。

評・杉山正樹（文芸評論家）

二〇〇六年六月一八日⑨

『江戸庶民の楽しみ』

青木宏一郎 著

中央公論新社・二九四〇円
ISBN9784120037344　歴史／ノンフィクション・評伝

遊びは日常生活からの解放である。江戸町人の歴史はほとんどそのまま遊びの歴史と重なり合う。本書は十七世紀から十九世紀までをそれぞれ前半後半に分け、遊び場が発生し、発達し、花開き、大衆化するプロセスを太い線で語る。

話が生き生きしてくるのは十九世紀、文化・文政から天保を経て幕末にいたる大衆文化の時代だ。主役になるのは、遊郭で豪遊するのがステータス・シンボルだった富豪ではなく、宵越しのゼニを持たない下層社会の民衆である。花見・寺社の開帳・富くじ・見世物（みせもの）・行楽……客が集まれば儲（もう）けのタネがある。早くもレジャー産業の原形が生まれているのが面白い。

本書で特に役立つのは、関ケ原の戦の慶長五年（一六〇〇）から徳川幕府滅亡の慶応四年（一八六八）までの網羅的な「江戸レジャー年表」である。娯楽・行楽関係の主要事象をメインにして、政治的事件を参考欄に掲げる。普通の歴史年表をひっくり返した構図からは、娯楽が近景で政治が遠景という独得（どくとく）の遠近感が浮かび上がる。ペリー来航の年には、蒸気船の見世物に人気が集中、幕府最後の日々も、人々は見世物・女歌舞伎・曲馬に群がった。民衆のレジャー欲求は衰えを知らない。

評・野口武彦（文芸評論家）

二〇〇六年六月一八日⑩

『犬のしっぽを撫でながら』

小川洋子 著

集英社・一四七〇円
ISBN9784087813418／9784087463927（集英社文庫）　文芸

この本の著者・小川洋子は、「小さなことですぐに落ち込む」という。そういうときどうするか。彼女は「罵（ののし）られ箱」の蓋（ふた）をそっと開ける。「かつて自分に浴びせられた数々の罵りの言葉をしまってある箱」。そこから一つ一つを取り出して心静かに対面し、また箱に戻す。そうしているうちには「落ち込んでいた気持が不思議と安らかになってくる」と。

数、犬、野球、アンネ・フランクなど、愛読者にはおなじみのテーマが出てくる。小説と重ねて読む楽しみがあるだろう。著者の小説を知らない人には、この作家がどのように現実を眺め、そこからどのように物語を紡ぎ出すのかが、とてもクリアに見えてくるはずだ。そしてこの本の真の魅力は、むしろ後者の方に傾く。

「罵られ箱」のような見えない箱をこの世に在らしめる「物語の力」によって、作家は世界を魅力的に組み替えるが、それは現実を捻（ね）じ曲げることでない。そうすることが、より柔らかに強く生きるための方法なのだ。物語が物語として形を成す手前の、「芽生え」みたいなものが詰まっている。一人で読むのはもったいない、でも一人だけでそっと読みたい。これはそんな、エッセイ集である。

評・小池昌代（詩人）

二〇〇六年六月二五日❶

『現代経済学の誕生』

伊藤宣広 著

中公新書・八一九円
ISBN9784121018410

経済／新書

ケインズに先立つマーシャル再認識

マーシャルの名は知らなくても彼がケンブリッジ大学教授就任の講演で語った「冷静な頭脳と温かい心情（cool head but warm heart）」を知る人は多いはずだ。ロンドンの貧民街で暮らす人々の悲惨な姿に心を打たれ、数学者から経済学者に転じたマーシャルは、20世紀の経済学に革命を起こすケインズを生んだケンブリッジ学派の始祖でもある。

主著『経済学原理』は、1925～26年にかけ大塚金之助による邦訳が出版されたが、10年ほどで絶版になったという。それが40年近く経て新訳・出版された際、その意義について日本における近代経済学の導入に貢献した中山伊知郎は同書（馬場啓之助訳、東洋経済新報社）のはしがきで次のように語っている。最初の訳書はケインズの『一般理論』（36年刊）が出る前に出版され、「マーシャルにさかのぼってケインズの革命の意義をさぐることの必要が痛感されたときに、すでに手にはいらなかった」。ケインズは「マーシャルからでている」「マーシャルを理解することなしに、ケインズは理解できない」。

それから40余年を経た今日、新訳書も絶版になっている。折しも、今年は『一般理論』創刊後70年、ケインズ没後60年、ケインズに対する関心の高まりが予想される中でマーシャル知らずのケインズ理解（最近は批判も多い）がますます増える恐れもある。そんな評者の不安を払拭（ふっしょく）してくれたのが本書である。体裁は新書だが、内容は歯ごたえがある。マーシャルからケインズに至るケンブリッジ学派の系譜を、ピグーや、ロバートソンおよびホートレーの学説にも触れながら丁寧に展望し、同派の源流がマーシャルにあることを著者は示そうと試みる。

実際、ピグーは名目と実質利子率の乖離（かいり）を「マーシャルと同様の仕方で説明し」、ロバートソンの経済学も「マーシャル的である」ほか、ホートレーの貨幣理論も発想はマーシャルの「延長線上にある」と指摘する。さらに、デフレを支持したマーシャルと、インフレを支持したケインズの間にも「見かけほどの相違があるわけではない」と述べ、労働者にとってどちらの状況が望ましいかを基準に判断した2人の「同質性」を強調するのである。

読まれる機会が少なくなったマーシャル経済学の重要性を再認識させる点で、本書は現代経済学説の優れた解説書であり、研究書であることは間違いない。ただ、マーシャルに光を当て、ケインズをケンブリッジ学派の「一人の登場人物として」相対化しようとするあまり、不確実な未来と変えることのできない過去との狭間（はざま）（現在）で新しい経済学を創出したケインズの革新的な業績が、本書では軽視されているように思われる。著者は、「部品としては既知であったばらばらのピースを、より洗練された形で有機的な理論体系に統合したところにケインズ経済学の真骨頂がある」というが、ケインズの価値はマーシャルより出（い）で、マーシャルを超えた点にあるのではないか。30歳前の若い著者には評者への反論も含め、より深い学説の解明に向けて弛（ゆる）みない研究を期待したい。

評・高橋伸彰（立命館大学教授）

いとう・のぶひろ 77年生まれ。京都大大学院経済学研究科博士課程修了。05年4月から、立教大経済学部助手。近代経済学史、現代経済学。

二〇〇六年六月二五日②

『鏡花と怪異』

田中貴子 著

平凡社・二三一〇円
ISBN9784582833270　文芸

幽霊、妖怪、女神……異界と作家の関係

鏡花論を読む楽しみは、聞きなれた楽曲を新しい演奏で聴くことに似ている。どう弾くかと期待に心が躍る。

たとえば『草迷宮』の亡母が歌っていた手鞠（てまり）歌のライトモチーフは、どんな節回しで奏でられるか。

つとに『百鬼夜行の見える都市』で知られ、オバケの世界の消息に通じる著者は、無類の鏡花愛好者でもあり、専門の中世文学から「学問領域のたこつぼ化」した境界を越えて近代の鏡花研究に参入する。ひっさげてくるのは「鏡花にとって怪異とは何だったのか」という問いかけだ。

『眉かくしの霊』には幽霊が出るし、『天守物語』には妖怪が続々と登場するし、『山海評判記』には女神も示現する。戯曲『山吹』の憑（つ）かれたように老人を折檻（せっかん）する貴婦人も女怪のうちだ。鏡花の小説には一作ごとに違う窓口から《異界》が開顕（かいけん）している。神出鬼没する怪異の群は、いわば心象で組み立てられた多元方程式だから、解は必ずしも一つでなくてよい。世の鏡花ファンは、おおむね自分だけが特別の恩寵（おんちょう）を与えられ、解読のパスワードをそっと教えられているという思い込みがフツーではない。いわんや研究者においてをや。

総論的な《怪異とは何か》といった正攻法ではあまり面白さが出ず、かえって著者自身のキノコへの偏愛にみちびかれた章に切り口がみずみずしい。三人の山伏が踊りながら着物を脱ぐと女で、それを見ていた神主が発狂する『茸（きのこ）の舞姫』に注目するなんてさすがだ。鏡花の「女」を論じても、耳にタコのできている「母恋い」になど洟（はな）も引っかけず、落魄（らくはく）の女（たぶん虚言症）がミミズクと河童（かっぱ）を手下に使って華族夫人に報復する『幻の絵馬』をピックアップする鑑識眼もいい。

鏡花研究者のタコツボは、いつの日か《異界》に行き当たるまで、その底を深く掘り穿（うが）つ試掘孔である。民俗学・深層心理学・構造詩学・伝記考証・出典探索と、思い思いのツールを駆使して孤独な作業を続けている。

中世から掘り進めてきた横穴は、どんな深度でこの縦穴と行き会うであろうか。

評・野口武彦（文芸評論家）

たなか・たかこ　60年生まれ。甲南大教授。著書に『安倍晴明の一千年』など。

二〇〇六年六月二五日③

『のりたまと煙突』

星野博美 著

文芸春秋・一八五〇円
ISBN9784163679501／9784167753757（文春文庫）　文芸

はっとする日常へのまなざしの意外さ

日常生活で観察されるささやかな出来事を描かせて、星野博美の右に出る書き手はめったにいない。さらにそこから結末までの、間然するところのない展開。

例えばこんな話がある。

「私」はカフェでランチを食べていた。給仕したのは、いつもはルーズソックスを穿（は）いていそうな女の子。そそっかしく、フォークを落としてアイスクリームのグラスを割ったのにも気づかない。最近の若い女性に、こういう体の末端に力が入らない人が多い。そんな状態で、君たちこの過酷な世界を生き延びられるのかい、と「私」は思う。なんだか腹も立った。

その後、別のファミレスで、ウエートレスがスプーンを落としてグラスを割った。客の中年男性はグラスをじっと見つめ、こうつぶやいた。

「俺（おれ）の人生、今日で終わっちゃったりして」

ひきつっていたウエートレスの顔が、明るく溶けた。

同じ瞬間の異なる反応に、中年客と自分の

人生が凝縮されている。「私」はどうしようもなく、落ちこんだ……。

ささいな変化を見逃さぬ観察眼が、こまやかな感性に濾過（ろか）され、一瞬、するどい思考に転じる。ここに、現代最良のモラリストがいる。

東京の中央線沿線でなぜ飛びこみ自殺が多いのかという謎を扱った章も興味深い。著者が愛する香港の風景と比べて、東京という都市、いや日本という国の風景の本質をえぐりだす見事なエッセーだ。

そういえば、この本には死を扱った文章が多い。家族の、友人の、愛猫の死。人は死をいたむ。その悲しみ。人は死を忘れる。そのエゴイズム。「すべてを忘れて、私たちは幸せに近づいたのだろうか」

星野博美はつねに物事の隠された一面に目を向ける。そのまなざしの意外さに、読者ははっと胸をつかれる。そして、自分もしゃんと背筋を正したいと思う。そんなスリリングで感動的なショートエッセーが50編もつまっている。

「最後のクリスマス」という話など、近頃ほとんど見ない短編小説の模範のような切れ味だ。一つ一つのタイトルのうまさにも惚（ほ）れ惚れする。

評・中条省平（学習院大学教授）

ほしの・ひろみ 66年生まれ。作家、写真家。著書に『転がる香港に苔（こけ）は生えない』など。

二〇〇六年六月二五日④

『国境を越える歴史認識 日中対話の試み』

劉傑ほか 編
東京大学出版会・二九四〇円
ISBN9784130230537

社会／国際

相互理解を促すニューウエーブ

歴史上、加害者と被害者に分かれた人々の間で歴史認識を一致させることは難しい。例えば広島と長崎への原爆投下をめぐっては、多くの米国人と日本人との間で見解が異なる。それほどの相違はないだろうが、日中間に確かに存在する歴史認識のずれが、しばしば政治問題化してきたことは周知の事実だ。

本書は、30代や40代の比較的若い歴史家が中心となり、近現代史における代表的な争点を日中双方の観点から解説した論文集である。取り上げられたのは、琉球所属問題や義和団事件、日露戦争、田中上奏文、南京での大虐殺、汪兆銘政権、歴史教科書、台湾の日本統治時代、靖国神社、戦争賠償と戦後補償など、いずれをとっても彼我の認識上の深い溝をはらむ大きな問題ばかりだ。

11名の著者たちは、こうした難問に対し、わかりやすく効果的な一次資料を随所に示しながら、事実をもって日中双方に存在する認識の誤りを正していく。日中間の歴史認識問題が最近始まったものではなく、実は19世紀の東アジア近代以来の課題だという指摘には、目を見開かされると同時にため息も出る。「両国の人びとが対話を始めるための環境整備の一助となる」ことをねらった本書の意義は確かに大きい。

そう言いうるのはなぜか。この本が画期的である所以（ゆえん）は、日本と米国にいる3名の中国人学者が参加したことに留（とど）まらない。実は、中国社会科学院に直属する社会科学文献出版社から、本書の中国語版が同時出版されたのだ。

中国共産党の見解と異なる観点の提示がなぜ認められたのか。本書によれば、中国の学界では階級闘争史観に代わり、近代化やナショナリズムから歴史を説明する傾向が強まっている。共産党政権の正統性が、革命の実現から中華の復興に変わったのだ。

だが変化は単純ではない。中国当局は最近、自国の歴史教科書批判を載せた刊行物を停刊させた。その一方で本書を容認した背景には、歴史事実を共有する自信の高まりと、日中関係の発展を図る外交上の気運があるのだろう。

評・高原明生（東京大学教授）

りゅう・けつ 62年北京生まれ。早稲田大学教授。近代日本政治外交史。

二〇〇六年六月二五日❺

『被爆のマリア』

田口ランディ 著

文芸春秋・一三五〇円
ISBN9784163248707／9784167753900（文春文庫）

文芸／社会

神話的な時の流れに原爆を置き直す

不思議な「原爆小説」である。原爆の悲惨さが直接描かれているわけではない。著者の視線は、むしろ原爆以後の六十年、「平和」という静かに狂った戦場に向けられる。ところが読んでいると文字の裏側に、明るいピンク色をした原子雲のイメージが、絶えずちかちかと明滅する。まるで映画のサブリミナル効果みたいに。読者の潜在意識に働きかけるようなものが、文章のなかにうごめいているようなのだ。田口ランディはこの本のなかで、一体何をしたのだろうか。

四つの短編が収められている。いずれの主人公も、焦点のぼやけた「平和」のなかで、戦争のリアル、生のリアルに触ろうとしてもがいている人々だ。

「イワガミ」には、著者自身を思わせる作家「私」が登場する。その彼女もまた、「平和ってなんだろう、それがわからない」とつぶやきながら、被爆者から原爆の悲惨さを聞き取るばかりの取材に、限界と欺瞞（ぎまん）を感じている。

ところが、資料を返しにいった先で、「磐神（いわがみ）」という奇妙な古書に出会う。そこには世界の始まりから広島が焦土と化し、再びその土地に草木が芽生えるまでが、全身全霊をこめて語られていた。

「私」はこの本に強く感応し、著者・宮野初子が被爆者であることを直感する。それは宮野が「自分と切れてしまった自然に、強い意志を持って触れようと」していることがわかったからだ。原爆投下前の広島には豊かな自然があった。七本の光る川、風、空気、匂（にお）い……。

ここまで読んだとき虚を突かれた。原爆は常にその「瞬間」と「以後」の時間のなかで語られてきた。けれど広島には「それ以前」があった。それ以前のもっと以前には世界の始まりがあった。原爆が、そうした大きな神話的流れのなかに位置づけられたことで、「私」にもそして読者にも、初めて原爆がリアルに見えてきたのである。連綿と続くその流れに、わたしもまた組み込まれている者だ。自分の小さな細胞のひとつが、あの原爆を記憶している。読後、そんな思いに捕らわれた。

評・小池昌代（詩人）

たぐち・らんでぃ 作家。『コンセント』で小説デビュー。『転生』『富士山』など。

二〇〇六年六月二五日❻

『STOP！自殺』

本橋豊ほか 著

海鳴社・二五二〇円
ISBN9784875252313

社会

各国は予防のために何をしているか

日本は「自殺大国」だ。警察庁が先ごろ発表したまとめでは、昨年1年間に全国で自殺した人は前年よりも増え、8年連続で3万人を超えたことがわかった。世界保健機関が04年に発表した自殺率の国際比較では、日本は10位と先進国のなかで最悪だ。

にもかかわらず、国のレベルでの自殺予防対策は遅れがちで、本格的に始まったのは00年になってから。私たちの意識のどこかに、自殺について表だって語ることへのためらいや「自殺は個人の問題」という思いがあったのだろう。

しかし、「社会的問題」と考えて予防対策を講じることで防げる自殺も、確実にある。世界各国の自殺予防対策を調査研究してまとめた本書は、論文集とはいえ一般の人にも関心が高いタイムリーな一冊といえる。

たとえばフィンランドでは、研究に基づいて「自殺の最大の原因はうつ病」（病気ならば治療的対応ができる）という新しい考え方が生まれ、そしてさらに一歩、その先を進む「相互影響モデル」に基づく対策が採用されている。行政が学校、職場、地域、マスコミなどあらゆる場を巻き込み、働きかけて、ネットワークを形成しながら自殺予防を行っていこう、というダイナミックなものだ。

そして実際に、フィンランドの自殺率は6年間で14%減少している。

また、「イギリス版いのちの電話」と言われるサマリタン協会は、「自殺の成功／失敗といった用語は使わない」などのマスコミ用のガイドラインを細かく定めており、一定の評価を得ている。

報告者たちは「外国は進んでいる。それに比べてわが国は……」と自虐的になることなく、各国の取り組みを客観的に紹介していく。欲を言えばそれらを踏まえた上で、現在、考えうるもっとも理想的な自殺予防対策を提示してほしかったが、日本はそれ以前の段階なのかもしれない。まずは、「自殺の背後にひそむうつ病は、治療すれば治る病気」と知ってもらうこと。そこから始めなければならない。

評・香山リカ（精神科医）

もとはし・ゆたか　54年生まれ。秋田大学医学部教授。公衆衛生学。

二〇〇六年六月二五日⑦

『魚のつぶやき』

科学・生物

高田浩二著

東海大学出版会・二九四〇円

ISBN9784486017226

東海大学出版会は魚類図鑑では権威のある出版元である。それがまー、なんちゅう粋な（アホな）本を出してくれたものではないか。『魚のつぶやき』は、世にもまれなる魚が一人称でしゃべる図鑑なのだ。

私はマダイ。私はタチウオ。拙者は秋の味覚サンマである。俺様（おれさま）はオオクチバスだ。ワシが魚の横綱クエでごんす。――なんだってまたこんな込み入ったレトリックを、と思うけれども、そこはそれ。名前の由来、分類や分布、知られざる生態、季節の味に文化の話題。カラー写真とともに150種もの魚介が次々出てきて自己紹介をするのだから、これは圧巻。

〈エビやカニが大好物だけど、たまにはタコと格闘することもあるわ〉となぜかギャル語で話すハモ。〈沖縄にいるときゃ～♪「グルクン」って呼ばれたの～♪〉と唄（うた）うタカサゴ。〈おっと、お嬢ちゃん、海に遊びに来て浮かれすぎだよ。何にでも、すぐ手を出しちゃ～いけねぇ〉と脅すハオコゼ。

新聞連載をまとめた本だから完璧（かんぺき）な図鑑ではないものの、記述には血が通う。

「魚と語って三十余年」を誇る著者の高田浩二さんは福岡市内の水族館長。水族館見学のお供にもぴったりの親子で楽しめる本だ。

評・斎藤美奈子（文芸評論家）

二〇〇六年六月二五日⑧

『ざわわ　ざわわの沖縄戦　サトウキビ畑の慟哭』

社会／ノンフィクション・評伝

田村洋三著

光人社・一八九〇円

ISBN9784769812999

冒頭、沖縄戦の犠牲者を悼む「さとうきび畑」の歌に関する衝撃的な事実を知らされる。昭和42年に発表されてから20年以上もの間、作詞作曲した寺島尚彦のもとに沖縄からの反響は一通も届かず、沖縄戦を生き抜いた人々の中には、誤解を与えかねない歌だという批判もあるというのだ。

戦時下の沖縄で殉職したヤマトンチュウ（本土人）を主人公に数々のルポを発表してきた著者は今回、サトウキビの品種改良に勤（いそ）しんだ兵庫出身の農事試験場長・北村秀一の生涯を中心に、サトウキビ（キビ）と沖縄戦の関（かか）わりを描いた。

「命の糧」であるキビに光が当てられたことで、地上戦の残酷さはいっそう生々しく際立つ。人々の飢えを癒やし、束（つか）の間の休息の場となったキビ畑。だが米軍は畑を次々と焼き払い、沖縄戦末期には「ざわわ」と揺れるキビなどなかった。火だるまで死んだ祖母の無念を語る者。家族が一人ずつ欠けていった、悲劇の「南部落ち」と呼ばれる逃避行の実態も明らかになる。

本土の沖縄搾取の歴史は薩摩の琉球支配に始まり、キビ生産農民から奪った黒糖は明治維新の資金源だったという。「ざわわ」と歌う前に知るべき人生がここにある。

評・最相葉月（ノンフィクションライター）

二〇〇六年六月二五日⑨

『パリ　モダニティの首都』

デヴィッド・ハーヴェイ 著
大城直樹、遠城明雄 訳
青土社・五〇四〇円
ISBN9784791762682
経済／社会

壮麗な近代首都に急成長した19世紀のパリが舞台だ。二月革命からパリ・コンミューンへの激動期。この都市に帰される〈近代〉誕生の神話を本書は徹底検証する。複雑で怪物のようなパリの都市社会の光と闇を空間や場所と絡めて描く試みは実に新鮮だ。

著者は英国生まれの社会経済地理学者。研究でパリに滞在する間に、この街に魅せられたという。マルクスを引用し、階級的な視点から社会変化の構造を鋭く論じつつ、バルザックにあやかり、迷宮的で万華鏡的なパリの街を遊歩者の立場で感性豊かに描く。

最大の論点は、ナポレオン3世の下でのオスマンによるパリ改造事業とその影響に関する評価だ。

病んだ都市に外科的にメスを入れ、直線街路、公園、象徴空間を生むばかりか、首都の社会・経済的な空間の枠組み再編を実現した。労働者階級を都心から追いやり、ブルジョアの優美な商業・文化空間への転換を画したが、古い環境も実は残った。だがやがて、富裕層と労働者が明確に分かれ住む階級的な隔離が顕著に。華麗なパリからは想像できない劣悪な労働条件や女性の低い地位等、社会の暗部も描かれる。今のパリの実像を深く知るうえでも必読の書だ。　評・陣内秀信（法政大学教授）

二〇〇六年六月二五日⑩

『ギフト、再配達』

藤田真文 著
せりか書房・二四一五円
ISBN9784796702720
社会

テレビ番組のテクストの分析は、文学などに比べ未発達の部分が多い。それは、再放送やDVD化などがなされない限り、「再読」の可能性が格段に低いためである。テレビ番組のテクスト分析の方法をわかりやすく説くのが、本書である。

表題にもなっている「ギフト」は、1997年にフジテレビ系列で放送された連続ドラマだが、同番組はストーリーよりも、ある少年事件とのかかわりで放送史に名をとどめている。同年、傷害致死事件を起こし、起訴された少年の一人が、凶器としたナイフ購入のきっかけは、「ギフト」で主人公の青年がナイフを携帯する姿だったとして、拘置所から同番組の再放送中止の要望書を放送局に送った。それ以来、「ギフト」は再放送されていない。このような経緯から、著者は「ギフト」が社会的に救出されるべきだとして、本書の分析対象に扱ったのだ。

著者は、物語論、記号論、映像論、メディア論、精神分析学、フェミニズム、カルチュラルスタディーズなどの方法論とテレビ・テクストとの関係を問いつつ、「ギフト」を再読していく。テクストと読み手の相互責任により「ギフト事件」は再考察されるべきとの主張も説得力を持つ。　評・音好宏（上智大学助教授）

二〇〇六年七月二日①

『アメリカ南部に生きる』

セオドア・ローゼンガーテン 著
上杉忍、上杉健志 訳
彩流社・五二五〇円
ISBN9784779111624
歴史／社会

恐るべき記憶力　観察力　行動力！

正直に言うと、この本、途中で投げ出そうかと思った。奴隷解放後のアメリカ南部に生きた黒人の長老の一人語りなのだが、日常の些事（さじ）に話が及びすぎているように思えたのである。綿花畑で働くのがどんなに大変な作業かは実感として伝わってくるのだけれど、四百字詰め原稿用紙にして千七百枚以上にのぼろうかという大著の半ば過ぎまで、ドラマティックな展開に欠けるのである。

ところが、このネイト・ショウという老人の叙述のスタイルに馴染（なじ）むにつれ、彼の言葉が深海に降り積もるマリン・スノーのごとく心の底に沈殿してゆき、ある堆積（たいせき）を超えたあたりで〃化学変化〃が起こる。まるで海底の機雷が次から次へと炸裂（さくれつ）するかのように、驚愕（きょうがく）が広がってゆくのである。とにかく、この異常な記憶力は何だ（！）。

たとえば、綿花にたかる害虫を「つまみあげてよーく見てやった」ら、「やつは口先を花芽や実の莢（さや）につきたて、今度は自分の尻尾（しっぽ）をそのまわりに撃ちこんで卵を産み付ける」と、ショウは回想する。このファーブル顔負けの観察眼を、彼は自分たち黒人の世界と、それにのしかかってくる白人の世界に向け、しかもドキュメンタリー・フィルムみたいに克明に再現しえたのである。

かくして成立した本書は、私の中の図式化されたディープ・サウスの黒人世界を大きく塗り替えた。白人地主のように振る舞う黒人地主がいる。小作人のショウに雇われて綿つみをする貧しい白人たちもいれば、おのれの卑劣な仕打ちの数々を、死ぬ前に黒人たちに詫（わ）びてまわる白人商人もいる。とはいえ、黒人は白人の圧倒的な支配下にあり、あの手この手の巧妙な手口で、しぼりとられるままに一生を終える者が大半なのだった。

かつての黒人奴隷の子として生まれたショウは、読み書きがまったくできなかった。が、恐るべき観察力と記憶力に加え、用心深さと粘着質の行動力によって、白人地主らからの迫害をひとつひとつ退け、やがて自動車まで所持する成功者となる。ショウの背骨を貫いていたのは、「自分を大切にし、誇りを失わない」気概であった。

その彼も、だが、白人たちからの銃撃にやむをえず応戦したあげく、不当な懲役十二年の獄中生活を強いられる。それでも辛抱強く耐えに耐え、五十九歳で釈放されるや、「わしの一生の中で一番激しく働いた」と言うくらい、再び野良仕事に没頭するのだ。最近かくも鼓舞された自伝を、私は知らない。

ショウは、よき家父長として懸命に生きた。しかし、自ら耕し広げた綿花畑から子供らは次々に去ってゆき、最愛の妻にも先立たれ、孤独な老人となった彼の前に、若い白人の大学院生、つまり本書の著者が現れる。合計百二十時間ものインタビューをまとめた作品は、アメリカで1974年に発表され、大きな反響を呼んだ。その邦訳の出版が今日にまで至ったのは、南部農村の〝黒人英語〟や、英文法からはずれた独特の表現が頻出したためである。幾度もの挫折を乗り越え、全訳に成功した訳者父子に敬意を表したい。

（原題、All God's Dangers）

評・野村進（ジャーナリスト・拓殖大学教授）

Theodore Rosengarten　44年生まれ。米国の歴史家。

二〇〇六年七月二日②

『ジャングルの子　幻のファユ族と育った日々』

ザビーネ・キューグラー 著
松永美穂、河野桃子 訳
早川書房・二二〇〇円
ISBN9784152087256

ノンフィクション・評伝

熱帯の故郷・家族との力強いきずな

弱いなあ、この手の話は。

言語学者の父母と共に、西パプアのジャングルで少女期を過ごしたドイツ人女性が、愛と冒険に溢（あふ）れて暮らした後、西欧でカルチャーショックに悩む。自殺まで図りながら立ち直る、その体験記だ。

弱いのは、ハラハラドキドキの冒険譚（たん）にではない。確かに、虫が混ざった小麦粉を平気で食べたり（二十代に中東の砂漠を旅した時、私も「たんぱく質入り」と言って正当化した）、虫が入っていないか毎朝靴の中身をはたいたり（私はベッドから逆さにぶら下げた）、サトウキビの皮を歯で食いちぎったり（歯茎が血だらけになる）、著者の腕白（わんぱく）にはいちいち膝（ひざ）を叩（たた）く。

だが何が胸を打つといって、著者がドイツに帰り、便利だが機械的な生活に居場所を見いだせず、手首を切るまで苦しんだときに、ジャングルの故郷、ファユ族の「家族」が夢で現れ、その存在によって自分を取り戻すくだりだ。

ファユ族の人々から届けられた、「ザビーネの心は幸せか」との思いやりの言葉。こんな殺し文句、私たちの世界のどこで日常茶飯に聞かれる？　心を直撃する言葉を、先進世界は何故（なぜ）失った？

　昔を懐かしみ、豊かな心の交流を失った都会生活を批判するのは、往年のヒット曲、木綿のハンカチーフを引くまでもない。だが本書はただの懐古趣味ではない。「私はジャングルに属している」と、自らのアイデンティティーに高らかに誇りを抱く。

　ジャングル育ちを矯正し、文明社会に適合させようとした「狼（おおかみ）に育てられた少女」や、「文明的」ではない娘を上流社会に躾（しつ）けることを美徳とする「マイ・フェア・レディー」の世界から比べると、著者の結論はいかに画期的か！　彼女にとって、ジャングルで学んだことこそが生の証しだ。

　そして、相手に押し付けない、優れた西洋がジャングルを導くなどという優越意識を持たない、しかしジャングルを「楽園」視しない、死と背中合わせの世界を放置しないという、他者と真摯（しんし）に付き合う姿勢が浮き彫りにされる。

　彼女の決然とした面立ちがまた、超かっこいい。

（原題、Dschungelkind）

評・酒井啓子（東京外国語大学教授）

Sabine Kuegler　72年生まれ。80年～89年、ファユ族と生活。

人文

『連帯の新たなる哲学　福祉国家再考』

ピエール・ロザンヴァロン 著　北垣徹 訳

勁草書房・三四六五円
ISBN9784326653096

不幸が特定の人びとに偏らない社会を

　福祉国家が補償の対象とすべき不幸は、従来、偶然的で短期的なものであり、社会に確率的に分布するものと想定されてきた。しかしその前提はもはや失効したというのが、本書の起点である。いまやひとびとの不幸は、固定的で長期的であり、より重要なことに、個々人の人生の条件や軌跡を解析することで、確定的にその分布を同定しうるようなものとなってきている。

　従来的な想定のなかの不幸は、保険の仕組みを通じて、そのリスクを社会的に分散・共有させることができる。その不幸は、同じ社会に属するほかの誰かに起こるのと同じくらいの確率で自分にも起こりうるがゆえに、ひとびとはそれぞれ保険に参加する動機を持つ。しかしグローバル化に伴って社会構成が多様化し、情報技術と生命技術の発展に伴い、リスクの偶然性が低下すると、保険による連帯の根拠は失われる。そこには、隣人の不幸を自分にも起こりえた不幸だと捉（とら）える契機はもうないからだ。結果として、（市場的な）効率追求の場からいったん排除された者は、福祉の領域に隔離され、社会への再参入を半永久的に阻まれることになる。

　特定の境遇におかれた個々人を固定的に排除しつづけるような社会が不公正であることは明白だ。必要なのは、物財的な補償の給付以上に、すべてのひとが社会に参入するための条件を用意することである。社会参入のための条件はひとりひとり違う（違うがゆえにこそ保険では連帯できない）。ある場合には職業訓練がその条件かもしれないが、別の場合には地域社会との日常的な関（かか）わりを増やすことがそれにあたるかもしれない。その個別の条件に対応しうる支援を多元的に拡充していくことが、福祉の領域と市場の領域の分断をゆるやかに架橋することにつながるはずだと著者は主張する。

　社会への参入のしかたの自由度を高める方向に福祉国家の能動化を求める著者の議論は、アマルティア・センのケイパビリティ（潜在能力）の考え方にも通ずるところがある。グローバルな射程を持つ良書である。

（原題、La nouvelle question sociale）

評・山下範久（北海道大学助教授）

Pierre Rosanvallon　48年生まれ。仏・社会科学高等研究院の政治学者。

二〇〇六年七月二日④

『日本海海戦とメディア　秋山真之神話批判』

木村勲 著
講談社選書メチエ・一六八〇円
ISBN9784062583626

歴史／社会

失点を隠し完全勝利の神話を創出

長らく闇に埋もれていた『極秘明治三十七八年海戦史』の存在が発表されたのは昭和五十二年（一九七七）である。それ以後、日本海海戦の実像に迫る研究がいくつも書かれた。本書はその流れに沿って、尨大（ぼうだい）な未刊史料と公刊戦史・同時代の新聞雑誌報道を比較検討し、この海戦史に輝く大勝利を飾る伝説の仕組みを解読する。

日本海海戦の勝因といえば「丁字戦法」と「敵前大回頭」。明治三十八年（一九〇五）五月二十七日、連合艦隊が対馬沖でロシアのバルチック艦隊を撃滅した栄光は、司令長官東郷平八郎と参謀秋山真之の名前に結びついた国民神話になって今なお揺るがない。しかし著者によれば、それらは当初、世論への「イメージ効果」を狙って大本営と新聞メディアが流布させたフレーズだったという。

戦況報告を物語に変えた元兇（げんきょう）とされるのは、当時大本営参謀だった小笠原長生（ながなり）という人物である。本書には同年六月十五日の東京朝日新聞に載った「戦闘詳報」が紹介されているが、それには全艦隊が一糸乱れず敵艦隊を迎撃し、午後二時五分の回頭から始まった海戦が二時四十五分には決していたとある。後に秋山が主張した「開戦後三十分決着論」の原形である。

クローズアップされたのはもっぱら秋山の頭脳と東郷の神業である。実際の戦闘では不可避的に発生する齟齬（そご）・見込み違い・戦術ミスといった失点は隠蔽（いんぺい）され、無謬（むびゅう）神話が作り上げられる。①ロシア艦隊の針路判断に悩み、一度は津軽海峡に向かいかけた、②秋山の「丁字戦法」が机上案として批判を浴びた、③繋留（けいりゅう）機雷作戦が「天気晴朗なれども波高し」という気候条件で中止された、④いったん取り逃がしかけたロシア艦隊を捕捉殲滅（かいめつ）できたのは第二艦隊長上村（かみむら）彦之丞が命令を無視した「独断専行」の結果だった等々の事項が戦史の表面から消去されたとするのである。

戦史の文学的脚色を実証する文献批評は精密だ。たしかに公刊戦史と『坂の上の雲』の間には、鎖の一環として存在すべき古典的な歴史の書物が欠けている。

評・野口武彦（文芸評論家）

きむら・いさお　43年生まれ。神戸松蔭女子学院大教授。

二〇〇六年七月二日⑤

『江戸八百八町に骨が舞う』

谷畑美帆 著
吉川弘文館・一七八五円
ISBN9784642056137

歴史／医学・福祉

骨から病読みとる古病理学への案内

魅力的なタイトルだ。『江戸八百八町に骨が舞う』。もう、これだけだって買い。

もっとも骨は実際には舞わずに土中に埋まっている。墓地に遺跡に、もしかしたら、ほら、そこの工事現場にも。特に東京なんかはあやしいです。都市史研究家の鈴木理生氏が『江戸の町は骨だらけ』（ちくま学芸文庫）で述べているように、寺院の移転が頻繁に行われていた江戸では、墓地の下は放ったらかして上物だけお引っ越し、なんていう例がいくらでもあったのだ。

本書にも再開発に伴う発掘現場から出土した数々の古人骨の話が登場する。高層ビル街に姿を変えた汐留シオサイトの下から出てきたほれぼれするほど美しい女性の骨（溺死〈できし〉?）。荒川区の刑場跡から出土した不気味な頭蓋骨（ずがいこつ）の山（獄門さらし首?）。高級マンションが立ち並ぶ港区でよく出る貴族顔の人骨集団（寺院跡）。これから夏に向けてピッタリの話題である。

とはいえ、もちろん本書はオカルト目的の本ではない。遺跡や遺物は考古学、人骨は人類学という従来の枠組みを超え、考古学と人類学と医学の境界にある「古病理学」の可能性を説くマニフェストの書というべきだろう。

調査の対象は、主として18世紀の江戸とロンドンだ。ともに100万の人口を抱える世界有数の大都市でありながら、人骨に残る痕跡から両都市の特徴が浮かび上がる。

江戸は人口の約6割を男性が占める町だった。そのため遊郭も多く、町人層の人骨にはかなりの率で性感染症（梅毒）の痕跡が残る。ロンドンの人骨に多いのは、ビタミンD不足によるくる病だ。霧のロンドンの「霧」の正体はスモッグで、大気汚染で日照時間を確保できない人々が多数いたのではないかという。

新しい分野だけに、ここで大きな研究成果が語られているわけではなく、コレラやペストなどの感染症、江戸に多かった脚気など、骨に痕跡を残さぬ病気も少なくない。その点ではやや肩すかしだが、今回は研究の骨組みまで。血肉の部分は「骨を見るとわくわくする」という著者の今後の骨折りに期待ってことで。

評・斎藤美奈子（文芸評論家）

たにはた・みほ　明治大兼任講師。共著『考古学のための古人骨調査マニュアル』。

『性同一性障害の社会学』

佐倉智美 著

現代書館・一八九〇円
ISBN9784768469217

社会

人は必ず〈男〉〈女〉のどちらかなのか

本の表題や装丁から難しい学術書なのだろう、と思っていたら、仕事場に置いてあった本書を私より先に読み始めた大学の教え子が叫んだ。「センセイ、この論文集を書いた人も男から女になったんだって！」。大学院で「性の多様性」について社会学的に研究した著者自身が、いわゆる性同一性障害の当事者なのだ。

「からだの性と心の性が一致しない病気があるんでしょう。かわいそうにねえ」と理解され同情されるのは、変態扱いされるよりはずっとマシだ。特例法により一定の要件を満たせば、戸籍上の性別を変更することも可能になった。しかし、著者は「待った」をかける。「からだは男だけど心は女、という病気なんだね。手術を受ければ、晴れて〈女〉の戸籍になれますよ」というだけでは問題は解決しない、と言うのだ。

まず、「自分にあらかじめ割り振られた性別とは異なる性別で生活しようとすること」は、本当にそれだけで特殊な病気なのだろうか。そして、「戸籍を変えられる」というのは、逆に言えば、人は必ず〈男〉〈女〉のどちらかでなければならない、という硬直化した性別二元論のあらわれなのではないか。そう、本当に必要なのは、「男か、女か」に無理やり押し込めるのではなくて、性の多様性をもっとおおらかに認め合うことなのではないだろうか。それは、見た目の性別と書類上の性別が一致しない人が、戸籍を変えなくてもあたりまえのように受け入れられる社会を作ることでもある。

精神医療の現場でも、ノーマリゼーションという概念の背後に「病気になどならずバリバリ働くことが善」という価値観を感じる瞬間がある。必要なのは、「差別よりはマシだけど」でとどまらないこと、それぞれがそのままでいられる寛容な社会を目指すこと……とつい硬い口調になってしまったが、この本じたいの語り口は柔らかく論文集らしからぬ読みやすさ。もっと当事者としての経験談を読みたかったが、それは別のエッセイ集で存分に語られているようなので、そちらをあたってみることにしよう。

評・香山リカ（精神科医）

さくら・ともみ　64年生まれ。大阪大大学院修了、NPO法人「SEAN」理事。

二〇〇六年七月二日⑦　文芸

『澪つくし』

明野照葉 著
文芸春秋・二〇〇〇円
ISBN9784163248806/9784167675028（文春文庫）

分類すれば、本書はホラー短編小説ということになる。しかし本書を読んでいたときの私は、怖さよりもむしろ、ゆたかさを感じた。

すべての短編の背景に、古来の日本独自の慣習もしくは思想がある。「つむじ風」に登場する夫婦は、そこが元来「辻」と呼ばれた場所だと知らず、友人から借り受けた家へ引っ越してくる。その家で妻は、現実には存在しないはずのものと対峙（たいじ）することになる。

「雨女」には、卜占（ぼくせん）や祭祀（さいし）を生業（なりわい）とする民族の血を受け継いだ女性が登場する。葬式を一手に引き受ける彼らは、千年のあいだ、生まれてくる女の子だけにその能力を伝え続けている。

本書に登場するいくつもの言葉――まれびと、辻、六道、荒魂（あらみたま）、和魂（にぎみたま）――のほとんどを私は知らないが、この短編を読んでいると、ずいぶん昔から知っていたような錯覚を味わう。人がまだ、神を畏（おそ）れ、死を畏れていたときの幾多の習わしが、ひどくなつかしく、ゆたかなものとして感じられる。

おそろしいのは、あの世や霊魂ではなくて、死をも畏れることのなくなった現代の私たち、今の背後に連綿と続く過去をいともたやすく断ち切ってしまう私たちではないか。そんなふうに思わせる小説だった。　評・角田光代（作家）

二〇〇六年七月二日⑧　ノンフィクション・評伝

『レーサーの死』

黒井尚志 著
双葉社・一六八〇円
ISBN9784575298918

「非業の死」という言葉の似合う職業がレーシング・ドライバーと思われがちである。しかしモータースポーツである以上、国内黎明（れいめい）期の60年代と変わらぬ意識のままでは困るのだ。

アイルトン・セナとローランド・ラッツェンバーガーについてはその死を放送した人々に主眼がおかれているが、このノンフィクション短編集では、福沢幸雄、川合稔、鈴木誠一、風戸裕、高橋徹、小河等ら懐かしいヒーローたちも蘇（よみがえ）る。

享年の平均は29。「速すぎる死」という外ない。トヨタを激しく追及した「福沢幸雄裁判。」の項で著者は「市販車の技術こそが（特殊車である）レーシングカーに生かされる」と通説とは逆の現実を示し、目から鱗（うろこ）が落ちる。つまり「企業秘密」は、事故車両が欠陥車であっただけという陳腐極まりない真相……。

「必要な死」だったとは決して言いたくない。だが彼らなくして安全性確保のためのレギュレーション（規定）整備は進まなかった、という黒井ならではの鎮魂のかたちが5編からひしひしと伝わってくる。

惨事の発端と帰結を明らかにすることだけにとどまらず、周辺人物の心の襞（ひだ）や裏事情にまで迫った秀作である。　評・佐山一郎（作家）

二〇〇六年七月二日⑨　人文

『人魚たちのいた時代』

大崎映晋 著
成山堂書店・一八九〇円
ISBN9784425947317

実在と神話がひとつになった文化。と言いたくなるような海女の世界。海女とはもちろん海に潜ってアワビやサザエ、海藻などを採る女性たちのことだ。

能登や志摩、伊豆、安房など今も日本各地にわずかながら息づいている。しかし海洋汚染など海の環境変化の中で、この〝人魚〟たちの生息もしだいに危うくなってきているという。

水中写真家・水中考古学者として長年この海女を見つめてきた著者にとって、海女は海藻の間を縫うように自在に游（およ）ぎまわる美しい人の形をした魚なのだ。

こんな話が出てくる。『大地』で著名なパール・バックの長崎を舞台にした小説『大津波』が映画化された際、著者は海女の水中撮影の依頼を受けた。しかし登場する海女の表現に実際とはことなる部分がありやむなく依頼を断る。ところが、来日中だったパール・バックは、著者の説明に耳を傾け、やがて海女の海での生活や習慣に深い理解を示して快く書き直しに応じたという。

本書には、このような挿話や各地の海女の日常が、海を糧とする者の眼（め）で細やかに描かれている。

そこには失われつつある文化への愛惜にとどまらず、海女への限りない畏敬（いけい）の念も込められている。　評・前川左重郎（歌人）

『栄光なき凱旋　上・下』

真保裕一 著

小学館・各一九九五円
ISBN9784093797269〈上〉・9784093797276〈下〉／9784167131111（文春文庫〈上〉）・9784167131128（〈中〉）・9784167131135（〈下〉）

文芸

日系米国人の誇りを描く戦争小説

　およそ二千五百枚の大作である。長い。実に長い。しかし第二次世界大戦中の日系アメリカ人の苦難を物語るなら、この程度の長さは必要であり、事実長くても退屈はしない。

　主人公は三人の日系二世である。精肉店で働くジロー・モリタと大学生のヘンリー・カワバタとマット・フジワラ。ヘンリーは白人の銀行に就職が決まり、マットはハワイで白人女性と結婚を決めていたが、日本軍による真珠湾攻撃で暗転する。日系人たちは強制収容所に送られ、ヘンリーは法廷の場で争い、ジローは語学兵として米国陸軍情報部に入り、マットはハワイ国防軍へ志願する——。

　日系二世を主人公にした日米戦争ものといえば、山崎豊子の『二つの祖国』が有名だろう。山崎豊子がひとつの家族を中心に、おもに日系人の強制収容所、原爆投下、東京裁判などに力点をおき、二つの祖国に心が引き裂かれる邦字新聞の記者の苦悩に焦点をあてたのに対し、真保裕一は時代に翻弄（ほんろう）される三人の若者の運命を追う。特徴的なのは、三人の二世がアメリカを祖国と見なしていることだ。憎悪を向けられ、不当に強制収容される同胞たちに輝ける明日が訪れることを願いながら彼らは戦場に赴くのだが、アメリカという国を信じることができず、父と母が生まれ育った、もうひとつの祖国への思いが強まる。

　二つの祖国があるがゆえに、愛国心のありかは複雑となり、読者には冷静に考える対象となる。『二つの祖国』では終盤、東京裁判を綿密におい、公正を欠いた戦争裁判を深く追及したが、本書では終盤の欧州戦線、まさに捨て駒として扱われながらも、結果的にアメリカ合衆国の歴史上もっとも多くの勲章を受けた第四四二連隊（日系アメリカ人のみの軍隊）の死闘を徹底的に描く。〝著者はおそらく『プライベート・ライアン』を活字の力で乗り越えようとしたのではないか〟（「週刊文春」六月一日号、野村進評より）といわれるほど、その戦闘描写はすさまじく、正視できないほど残酷だ。しかしその戦闘を支えたものは〝日系人としての誇りと未来への祈り〟である。〝戦場では誰もが哀れな人殺し〟だが、彼らの銃の引き金を引かせるのは、戦場から遠く離れたところで枕を高くして寝る国民である。一体誰が非難できよう。

　この感動作を読みながら、僕はずっとデイヴィッド・グターソンの名作『殺人容疑』とニーナ・ルヴォワルの秀作『ある日系人の肖像』を思い出していた。前者は二世代にわたる白人と日系人の友情と憎悪と愛の物語であり、後者は、殺人事件を絡めた三世代にわたる日系人社会の歴史と現在を描いた物語である。どちらにも民族、戦争、差別、恋愛、死などで懊悩（おうのう）する人々の不安と絶望が切々と描かれてある。何よりも三作に共通するのは、民族や人種の対立のなかで、いかに誇りと高潔を失わずに生きていくのかが問われていることだろう。本書では主人公三人の声がときに重なり、同じように聞こえてしまうところもあるが、その問いかけは強く鋭く、読む者の心を激しく揺さぶる。戦争小説の一つの収穫であり、真保裕一の代表作だろう。

評・池上冬樹（文芸評論家）

しんぽ・ゆういち　61年生まれ。作家。『ホワイトアウト』で吉川英治文学新人賞。『奪取』で日本推理作家協会賞と山本周五郎賞。

二〇〇六年七月九日②

『共感覚　もっとも奇妙な知覚世界』

ジョン・ハリソン 著　松尾香弥子 訳

新曜社・三六七五円
ISBN9784788509986

人文

音に色がつく 不思議で豊かな五感

十九世紀を代表するアメリカ女性詩人エミリ・ディキンスンに「わたしが死んだとき蝿（はえ）の羽音が聞こえた」なる一行で始まる詩がある。やがてその響きは奇妙にもこう形容される――「青く、ふたしかでよろめくような羽音」。

そう、ここでは音に色がついている。だが、これが必ずしも言葉の錬金術ではなく、先天的に一つの刺激から複数の感覚が生じる能力を持ち合わせ、視覚や聴覚、嗅覚（きゅうかく）などの五感が入り乱れる「共感覚」(synaesthesia)を生きてきた人々の証言だとしたら?

最相葉月はかつて『絶対音感』（一九九八年）で、いったん平均律を基準に叩（たた）き込まれてしまった絶対音感は音楽習得に有利なこともあれば不利なこともあるという両義性を鮮やかに記述したが、いっぽう心理学者ハリソンが行動科学や統計学、解剖学、生理学、分子生化学の理論を援用しつつ二〇〇一年に上梓（じょうし）した本書は、共感覚の保持者の豊かで恵まれた創造力を評価し、これは環境や訓練によっても習得できるのではないかと真剣に模索する点で、抜群におもしろい入門書である。

とくに興味深く読んだのは、第五章において歴史上著名な芸術家たち、たとえば詩人ボードレールやランボー、作曲家スクリャービン、映像作家エイゼンシュテイン、抽象画家カンディンスキー、物理学者ファインマン、それに俳人・松尾芭蕉らが、共感覚の視点から分析されている点だった。彼らが先天的な共感覚者であったのか、それとも共感覚的表現をメタファーとして駆使できる芸術家であったのかが、ここでは慎重に吟味される。

いちばんスリリングだったのは、ロシア系アメリカ作家で、かの『ロリータ』（一九五五年）の著者ナボコフが、母親から共感覚を譲り受け、それは自身の息子にも遺伝したという事実だ。彼には、英語の長母音のaは「乾燥した木の色合い」だが、フランス語のaは「磨いた黒檀（こくたん）」に見えたという証言を聞けば、そもそも文学における言語遊戯自体がこれまでとはまったく別の「色合い」を帯びるものとして、実感されるだろう。

（原題、SYNAESTHESIA）

評・巽孝之（慶應大学教授）

John Harrison　心理学者。英国の大学で研究に従事。

二〇〇六年七月九日③

『モナ・リザと数学』

ビューレント・アータレイ 著
高木隆司、佐柳信男 訳

化学同人・二三一〇円
ISBN9784759810585

アート・ファッション・芸能／科学・生物

ダ・ヴィンチに見る科学と芸術

レオナルド・ダ・ヴィンチ本ブームの折、本書もレオナルドが後世に残した暗号（コード）の解読書である。ただしこちらは、キリストの秘密を暴露する暗号ではなく、美をめぐる暗号のお話。

レオナルドは、天才芸術家であると同時に優れた技術者にして発明家だった。発明の大半が生前に実用化されなかったのは、技術の発達を先取りしすぎていたせいである。

本書の要諦（ようてい）は、レオナルドは優れた「科学者」でもあったと強調する点にある。著者は、科学とは「論理と数学に基づき、自然現象を理路整然と系統的に理解し、解釈し、説明する」知識の体系であると定義する。自然現象を詳細に観察し分析したレオナルドは、なるほど科学者の先駆けだったにちがいない。いみじくもレオナルド自身、「発明家とは自然の解説者にほかならない」という寸言を残している。

本書のもう一つのねらいは、レオナルドを

媒介に、科学と芸術という異なる文化を架橋することにある。そう語る著者自身が、理論物理学者であると同時に画家でもある。

レオナルドの絵画作品は、どれもみな、数学的、幾何学的なロジックに則（のっと）っている。特に「最後の晩餐（ばんさん）」と「モナ・リザ」は、遠近法の極致とも言える。

しかし、レオナルドに限らず偉大な芸術家たちはみな、直観的に美の黄金律を会得している。たとえば、「モナ・リザ」も含めて大半の肖像画は、片眼（かため）がキャンバスのほぼ中心線上にあり、しかも眼の高さは、縦方向の下から61・8％付近にあるという。これが美を生み出す秘策で、芸術家はこの「法則」を直観的に見抜いている。実は、なにを隠そう61・8％という比率こそ、自然美のさまざまな局面に現れる、かの有名な黄金分割比なのだ。

科学は無味乾燥と思われがちだが、このように科学には美しさの証明もできる。また、数学や物理学では、「美しい証明」と呼ばれることが最大級の賛辞である。科学と芸術は、もともと表裏一体の存在なのかもしれない。だとしたらレオナルドは、まさにその権化だった。

（原題、Math and the Mona Lisa）

評・渡辺政隆（サイエンスライター）

Bulent Atalay　米メアリー・ワシントン大物理学教授。

二〇〇六年七月九日④

『地中海　人と町の肖像』

樺山紘一 著

岩波新書・七七七円
ISBN9784004310150

歴史

時空超え視覚的に描く文化の豊饒

地中海世界を知り尽くした歴史家による知的刺激に満ちたエッセイだ。古代から高度な文明を生み、宗教、思想哲学、科学、芸術等、人間の英知のもとを築いた地中海世界。加えて、自然の生態も、民族も文化も実に多様な地域。

その豊饒（ほうじょう）さを描くための仕掛けが見事だ。地中海世界の本質を見極めるツボとして、六つの主題と12人の「人」が登場する。古代ギリシアから18世紀イタリアまで、時空を超え、地中海で活躍した人物の肖像を、舞台となった町のトポスとともに描く。

本書には歴史家・樺山紘一らしさが随所に現れている。西洋中世史が専門だが、イスラム世界にも強く、中東、マグレブ、アンダルシアの町々も実に適切に登場する。また、文献史学の学者でありつつ、美術や建築・都市が大好きで、地中海の豊かさを視覚的なイメージとしても描くのだ。

主題の幾つかを紹介しよう。まず歴史。歴史家という存在も地中海が育んだ。ギリシアのヘロドトスと並び、マグレブのイブン・ハルドゥーンが登場する。各地を遍歴しながら、土地の生態を観察し、複眼的な視点でことの本質を捉（とら）える先進性を、時間を超えた2人の歴史家に見出（みいだ）すのだ。

次は科学。ヘレニズム世界の科学の中心地、アレクサンドリアが舞台。シチリア人、アルキメデスがこの地で数学を研究し、機械学の才能を飛躍させたという。地中海各地で行き来が多く、知的な交流も活発だったのがわかる。

そして真理。コルドバのイスラムとユダヤを代表する2人の知性に光を当て、アリストテレスをいかに理解したか、また地中海が生んだこの理性と信仰を巡る議論が後の世界に与えた影響を論ずる。

最後に景観。戦後映画の名作「旅情」と「ローマの休日」を、18世紀にカナレットとピラネージがそれぞれ描いたベネチアとローマの景観図と重ね、両都市の個性を論ずる着想は卓抜だ。景観という価値を見つけ創造し、人々を魅了したのが二つの都だという。

遠い過去を語りつつ、今に生きる我々に貴重なメッセージを地中海から発信している点も、本書の大きな魅力だ。

評・陣内秀信（法政大学教授）

かばやま・こういち　41年生まれ。東京大名誉教授。著書に『カタロニアへの眼』など。

二〇〇六年七月九日❺

『社会を越える社会学　移動・環境・シチズンシップ』

ジョン・アーリ 著　吉原直樹 監訳

法政大学出版局・五二五〇円

ISBN9784588008450

社会

「移動」に焦点を当てて理論を構築

私たちは日々様々な「移動体験」をしている。自動車、電車といった交通手段による通勤・通学から、携帯電話のようなモバイルメディアによって可能となるコミュニケーション、あるいは、インターネットを介したグローバルなレベルでの情報とカネの交換・移動まで、私たちはごく平凡な日常のなかで数知れない「移動」の体験をしている。意識的に「移動をしよう」「移動させよう」などと考える必要はない。グローバルな経済・社会・メディア環境に置かれた現代人は、ただ普通に日常生活を送っているだけで、無数の「ヒト」「カネ」「モノ」の移動にかかわってしまうのだ。

しかし、従来の社会学理論は、こうした「移動」という問題を見逃して、静的で動きのない「領域」を対象にしてきた——著者アーリはまず、そうした批判から始め、いまやグローバルな水準で展開される「動きや移動性、偶発的な秩序化」に焦点を当てた、スケールの大きい社会理論のスケッチを描いていく。たえざる「移動」を捉（とら）えるためにはどのようなメタファーで状況を理解し、理論を組み立てていくべきなのか。こうした問題意識をアーリは、「旅行」「ウオーキング」「自動車」「ウォークマン」「住まい」「シチズンシップ」といった具体的な素材の分析を通して深めていく。具体性と抽象性を往還するなかで理論が生成していく現場を読者は目撃することになるだろう。

第一章でアーリは、十三項目にわたって〈今後数十年の社会学における「社会学の方法的規準」〉を記述している。メディア技術、移動技術の発展、および経済・社会のグローバル化と相まって激変するヒトとヒト（あるいはヒトとモノ）との関係性や身体感覚、「国家」の機能を捉え返していくための社会学の「方法規準」である。そうした挑戦的な規準を掲げる本書の議論は、スリリングであると同時に論争的でもある。本書を媒体として「移動性と社会（学）」をめぐる議論空間が広がりと厚み、そして複雑性を獲得していくことを期待している。

（原題、SOCIOLOGY BEYOND SOCIETIES）

評・北田暁大（東京大学助教授）

John Urry　46年生まれ。英・ランカスター大学教授。

二〇〇六年七月九日❻

『井伊直弼』

母利美和 著

吉川弘文館・二七三〇円

ISBN9784642062862

歴史

運命のいたずらで豪腕政治家に

幕末の歴史群像の中で、井伊直弼（いいなおすけ）という人物ほど後世の評価が分かれる例はめずらしい。明治初年から昭和二十年までは一部の学者を除いてほぼ「国賊」扱いだったが、敗戦後は見方が大きく変わり、「開国の元勲」として脚光を浴びることになった。歴史が裁くのではない。時々の《政治》が判断してきたのだ。

近代日本の運命を定めた日米修好通商条約の調印は、独断専行だったのか、先見の明のなせる業か。本書は多くの謎に包まれた直弼の人間像に斬（き）り込む評伝である。

明治政府との微妙な関係もあって、彦根藩井伊家に伝わる史料は長い間秘密のベールにくるまれていたが、平成六年（一九九四）から公開され、これまで隠蔽（いんぺい）されてきた部分にも歴史のメスが入るようになった。とりわけ、井伊家が明治政府に提出した史料の写本が「意図的に改竄（かいざん）」されていて、学者がそれを知らずに論文を書いてきたという事実があり、そのショックが著者による直弼研究への刺激になったというのは興味深い。

　調印を断行した直弼が大見得（みえ）を切った「勅許を待たざる重罪は甘じて我等壱人に受候」という有名な言葉はフィクションだったらしい。

　井伊家の十四男に生まれた直弼は、本来ならどこかに養子に入り、大老はおろか彦根藩主になるチャンスさえないはずの庶子であった。政治的な野望とは無縁で、茶道に専念するむしろ内面的な若者だったのである。運命のいたずらで井伊家の世子（跡継ぎ）に浮かび上がり、当主で実兄の直亮からひどいイジメに遭う。厳密な歴史家の著者が、禁欲的な表現で、直弼の生々しく屈折した暗い前半生を淡々かつ端然と書いている筆致が面白い。

　そんな直弼がいきなり大老職に押し上げられて晴れの舞台を踏み、豪腕をふるう政治家にオオバケして、外国勢力と京都朝廷を相手に力闘する姿が、史料を生かして丹念に再現されてゆく。

　政治と権力闘争が不可分に絡み合い、直弼自身の暗殺という結末をたどる安政の大獄の分析は、次の仕事としてぜひ期待したいところだ。

評・野口武彦（文芸評論家）

もり・よしかず　58年生まれ。京都女子大助教授。主要論文に「能役者」。

二〇〇六年七月九日⑦

『帝国の終焉とアメリカ』

渡辺昭一 編

山川出版社・三三六〇円
ISBN9784634640191

歴史／政治／社会

　「帝国」や「アメリカ」という言葉が書名に躍っているが、本書は時事評論書ではない。一昨年の西洋史学会大会でのシンポジウムの成果をまとめた硬派の歴史学論文集である。扱われている「帝国の終焉（しゅうえん）」とは大英帝国の終焉であり、それと表裏を成すアメリカへのヘゲモニー移転である。

　英米間のヘゲモニー交代については、これまで多くの議論が蓄積されてきたが、そこで論じられる「ヘゲモニー」は、往々にして、あたかも帝国の玉璽や玉座のように強国間で授受される固定的なモノや立場として描かれてきた。

　しかし、ヘゲモニーとは本来、規準（ルール）や標準（スタンダード）を設定し、それを受け入れさせる規範的な力である。そこには、その規範を受け入れる側の主体性が必ず介在する。本書は、アジアの側から、英米間のヘゲモニー交代の過程を捉（とら）えなおす視角を貫く。アジアの諸主体は、頭越しに授受される権力にただ黙従していたわけではなく、常に各々（おのおの）の利害に基づいて、協力、抵抗、あるいは内側からの転覆といった多様な戦術をとった。それは多元的な相互作用が重なり合うゆらぎのある過程だったのである。

　翻って現在的示唆に富む一書である。

評・山下範久（北海道大学助教授）

二〇〇六年七月九日⑧

『現代に生きるケインズ』

伊東光晴 著

岩波新書・七七七円
ISBN9784004310136

経済

　最も有名な経済学者ケインズは、批判と誤解が最も多い経済学者でもある。死後60年経つケインズには、もはや反論の機会はない。本書は代表的なケインズ研究者が、新資料の発見も踏まえ、著者の思索の中で生きるケインズの問題について論じた会心の作である。

　実際、財政赤字の責任をケインズに求めるのは筋違いだ。完全雇用に近づいた段階で黒字に転じなければ赤字が累積するのは当然だからだ。そもそもケインズは財政支出の乗数（波及）効果には懐疑的だった。

　また、所得が増え、予想利潤率（資本の限界効率）が高まれば需要は増えるとケインズは言ったが、貨幣供給を増やしインフレ期待を醸成して実質金利を下げれば、景気が回復するとは言っていない。単純なリフレ政策（金融緩和によるデフレ克服策）の効能とケインズ理論は無縁なのである。

　ケインズにとって経済学は「科学」ではなく「道徳科学（モラルサイエンス）」だった。だから効率性や自由の実現を先験的な目的とせず、時々の社会において「核となる問題を摘出し」たと、著者は言う。そこに「偉大」な経済学者と呼ばれる所以（ゆえん）もあったはずだ。ステレオタイプの批判や誤解に終止符を打つとも言える本である。

評・高橋伸彰（立命館大学教授）

二〇〇六年七月九日⑨

『レオナルド・ダ・ヴィンチ　伝説の虚実』

竹下節子 著

中央公論新社・一九九五円

ISBN9784120037337アート・ファッション・芸能

『ダ・ヴィンチ・コード』のせいで秘密結社のリーダーという影の顔が定着してしまったレオナルドだが、彼がどの程度オカルトの潮流に関（かか）わったかを知りたい人は多いだろう。本書はその疑問に答えてくれる。

オカルト的なレオナルド解釈の論拠に、彼が謎の「アカデミア」を率いたという説がある。本書は、それが実在したとしても、修道士や芸術家や学者の趣味的なサークルにすぎず、ましてや新プラトン主義を奉じる秘教的結社などではありえないと結論する。

しかし、これ以降、伝説は独り歩きする。十八世紀には彼はテンプル騎士団やフリーメイスンと関係づけられ、フロイトからは同性愛者として精神分析され、ペラダンの薔薇（ばら）十字団によって聖杯の守護者に祭りあげられる。『ダ・ヴィンチ・コード』が書かれる要素はすべて整っていた。

こうした解釈を本書はすべて虚像だと論破していく。これらの像が一定の説得力をもつとすれば、それが西欧思想の陰の潮流の反映だからだ。レオナルドはそうした思想の守護神とするのにうってつけの多面的天才だった。それゆえレオナルドを光源にして、西欧の隠れた思想史が浮かびあがってくるのである。

評・中条省平（学習院大学教授）

二〇〇六年七月九日⑩

『プラハ日記　アウシュヴィッツに消えたペトル少年の記録』

ハヴァ・プレスブルゲル 著

平野清美、林幸子 訳

平凡社・一六八〇円

ISBN9784582832808　歴史／ノンフィクション・評伝

一九四一年秋のプラハ。壁のない収容所といわれたゲットー。チェコ系ユダヤ人の家庭に生まれ、絵や小説を書くのが大好きな十四歳の少年ペトル・ギンズ。級友や親類が次々とナチスに輸送（収容所送り）されるなか、自分の連行される直前の翌年八月まで、彼が書き残した二冊の手作りノートの日記が本書である。

ヴェルヌの小説を好み、少年らしくソリ遊びを楽しむ一日がある一方、ユダヤ人に徽章（きしょう）が導入され、供出強制が増えてゆく事実も忘れてはいない。

噂（うわさ）がとびかい、多くの人が逮捕され、街には暗殺や処刑も珍しくない日々。終わりに近づくにつれ、日記の筆跡は神経質になるというが、しかし、街の様子などを記録するその平静さには驚嘆せざるをえない。何という自制力だろう。

六月には叔父と三人の教師が、七月には祖母、父の姉夫婦、そして伯母が輸送。クラスにはもう五〇人中一六人しか残っていない、と、祖母を見送った七月九日の日記には書いている。

二年後、アウシュビッツのガス室で命を絶たれることになるが、収容所でも同室の少年たちと雑誌を編集したりして、将来への希望を表現し続けたという。

評・小高賢（歌人）

二〇〇六年七月一六日②

『殿様の通信簿』

磯田道史 著

朝日新聞社・一三六五円

ISBN9784022501899／9784101358710（新潮文庫）　歴史

本書のタイトルは前作の好著『武士の家計簿』を受けているが、少々控えめすぎる。せめて副題に「徳川ＣＩＡ」ぐらいはあった方がよい。

基本になっている史料は『土芥寇讎（どかいこうしゅう）記』。徳川幕府が隠密を使って元禄三年（一六九〇）現在の全国大名の公私にわたる実態を探り出した調査書である。殿様が家来を土くれやゴミのように扱えば、臣下も主君を仇敵（きゅうてき）視するという意味だそうだ。

ホントカネーと思う話にも根拠

高校の頃から古文書ばかり読んでいたという著者には、史料の文字列を視覚化して、歴史の動画を立ち上げて見せる特技がある。昼夜閨房（けいぼう）で女とたわむれ、政治は大石内蔵助ら家老に任せっぱなしの播州赤穂城主、浅野内匠頭。やはり無類の女好きで、幕府公認の「馬鹿殿様」とされた岡山藩主、池田綱政。著者の博捜は徹底していて、城内をいつもお腹（なか）の大きい女が歩いているといったホントカネーと思うような話もしっかりウラを取っている。

いちばん精彩を放っているのは、「加賀百万石」と称される金沢藩の三代藩主、前田利常の物語だ。藩祖利家以来この北陸の大藩は、天下制覇をめざす徳川家康にとって眼(め)の上のタンコブであり、幕府を作ってからも安心できず、何とか口実を設けて取り潰(つぶ)そうと機会を窺(うかが)っていた。二代藩主利長は毒害された噂(うわさ)がある。人並みはずれた偉丈夫だった利常も家康に警戒され、いつも殺害の危険にさらされて暮らしていたという。

そんな重圧に耐えて生き延びた利常は、「三州割拠」という外交戦略をうちたてる。中央の政争には決して参加せず、加賀・越中・能登に立(た)て籠(こも)ってひたすら時を待つ持久戦法を守って、百万石を幕末まで無事に持ち伝えた。

その間、政略結婚の悲恋あり、蛇責めあり、便所の怪談ありで、史談はたくみなストーリーテリングに転じ、この人物評伝はおのずと歴史小説の気鋒をあらわしている。文章にはいまだ司馬遼太郎風の口気が残っているが、すぐに卒業するであろう。

江戸時代の殿様に現代の日本人を見るセンスが次にどんな仕事で光るか楽しみだ。

評・野口武彦(文芸評論家)

いそだ・みちふみ　70年生まれ。茨城大助教授。著書に『武士の家計簿』など。

二〇〇六年七月一六日③

『氷点』停刊の舞台裏

李大同 著　三潴正道 監訳

日本僑報社・二六二五円

ISBN9784861850370

人文／社会

中国言論界の生々しいドキュメント

中国のメディアというと、独裁を維持するための宣伝装置を思い浮かべる人も多いだろう。確かに共産党の情報統制システムは健在だ。党の政策方針を逸脱した言説がないか、新聞や雑誌のみならずインターネットにも当局の目が光っている。しかし様々な通信手段が発達し経済や文化のグローバル化が進んでいる今日、いつまで人々の本音を抑え込むことができようか。

本年一月、有力な全国紙の一つである『中国青年報』の週刊付属紙『氷点』が停刊を命じられた。そのきっかけは広州の中山大学の教授による中国の歴史教科書批判を掲載したことだった。教科書が義和団の残忍な犯罪行為を非難しないことを取り上げ、中国と外国との紛争では中国が必ず正しく、反列強、反西洋人すなわち愛国だと教えることは非理性的な排外主義をもたらすと喝破した論文だ。

本書は、同文の掲載から停刊、そして関係者の処分と復刊までの顛末(てんまつ)を前編集主幹が赤裸々に語った記録である。

10日間で一気に書かれた本書には、残念ながら中国の統治機構など日本の読者向けの背景説明がやや不足し、それが故の誤訳も散見される(本書には中国語の原文が付く)。しかし問題の本質は明瞭(めいりょう)だ。40年前の文革開始との類似性を突かれて共産主義青年団の第一書記が絶句するなど、数々の生々しい会話記録には圧倒的な迫力がある。本書は中国での発行を禁止されたというが、メディアの実情を内側から明らかにした衝撃はそれほど大きいとも言えよう。

中でも興味深いのは、統制する側も報道する側もネット上に現れる反応に敏感であることだ。言論の自由がない状況で民意を知るには、匿名の書き込みに頼らざるをえない面がある。だが激しくなりがちなネット上の言説が「世論」とみなされるのならば、その危うさは言うまでもない。

今回、憲法と党規約に書かれた権利を楯(たて)にした著者の抵抗は実らなかったが、世界に向けた発信力はもはや抑圧されえない。狭い地球の大きな国で、自由を求める言論人と権力とのあつれきは今後一層激化することだろう。

評・高原明生(東京大学教授)

り・だいどう　52年生まれ。ジャーナリスト。前『氷点』編集主幹。

二〇〇六年七月一六日❹

『小沢昭一的新宿末廣亭十夜』

小沢昭一 著

講談社・一二六〇円
ISBN9784062134781

アート・ファッション・芸能／ノンフィクション・評伝

十夜の記憶、温もり伝えるおしゃべり

この六月に刊行された随筆集『老いらくの花』（文芸春秋）で、小沢昭一さんは話し方心得についてこんなふうに書いている。〈どうでしょうか、「文は人なり」といわれますが、結局のところ「話も人なり」じゃございません？〉

本書『小沢昭一的新宿末廣亭十夜』は、その実践編と言っていいだろう。

昨年六月、小沢さんは十日間にわたって新宿末広亭の高座に上った。〈寄席は私にとって、心のふるさと〉という小沢さんだからこそ、あえて落語は敬して遠ざけ、〈むかしの寄席の想（おも）い出、つまり心に残った芸人さんのお噂（うわさ）などを、「随談」と称して、トロトロおしゃべりする高座でお許し頂いたのです〉。

本書は、その十日間の記録――小沢さんが語った言葉、歌った歌、吹いたハーモニカのメロディーはさすがにむつかしいが、客席の笑い声まで、まるごと収録している。

噺家（はなしか）や芸人の逸話、盟友の誰某（だれそれ）についての敬愛の情あふれるナイショ話、大道芸や流行歌のあれこれ……話題は心地よい脱線を繰り返し、語る言葉もまた心地よく揺れる。

〈私も半分呆（ぼ）けてきちゃってるんですよ。ええ、もう呆けてますからね。／家でも、「おい、あの、ほら、え、あの、何を、あのほら、あれ、何しとけ」なんてね。／そうすると家にいるもう一人の人も、「ふんふんふん、何ね」なんて、ほとんど代名詞だけで、夫婦で暮らしてる〉

声が聞こえる。表情が浮かぶ。引用では隠した客席の拍手や笑い声まで聞こえてくれば……それが、高座と客席がつくる「場」の力である。

僕たち読者は、その「場」に居合わせなかったことを悔やみながらも、ご相伴にあずかればいい。書物は「記録」のためのものであっても、語るように書く名手の小沢さんが実際に語った言葉をまとめる、というややこしい仕事をみごとにこなした本書に読みふけるひとときは、十夜の「記憶」にふさわしい温（ぬく）もりを持っている。これもまた、小沢昭一そのひとと「場」を共にする歓（よろこ）びなのだ。

文は人なり。話も人なり。一冊の書物だって――。

評・重松清（作家）

おざわ・しょういち 29年生まれ。自称「しゃべくり芸人」。舞台・ラジオなどで活躍。

二〇〇六年七月一六日❺

『維持可能な社会に向かって』

宮本憲一 著

岩波書店・一八九〇円
ISBN9784000221559

アート・ファッション・芸能／社会

新たな貧困の「日本病」解決へ道示す

公害を「死語」にするな、という書き出しが心を掴（つか）む。1960年代初頭から、色々な圧力や脅迫にも屈せず、公害問題と常に戦ってきた環境経済学者の眼（め）には近頃、政府のみかマスコミや学界における、公害は終わったという認識の後退ばかりが映るのだ。

時代の変化で、環境への関心は著しく高まり、研究者の数も増えた。だが、「環境学栄えて環境亡（ほろ）ぶ」と言わざるを得ない状況だと著者は嘆く。昨年、深刻な状況が明らかになったアスベスト問題は、史上最大の社会的災害になる危険性があるというのに、真剣に取り組もうとする気骨のある若手研究者がいない。そんな危機意識が本書を生んだ。

真の公害、環境問題の解決への道とは何か。それを示すべく著者は、深刻な公害を経験した水俣、四日市等の歴史に再度光をあて、そこから教訓を導く。さらにこれらの地域の完全な再生と社会経済の仕組みの根本的な改革への道として、「維持可能な社会」という考え方を提唱するのだ。

公害に苦しんだ水俣、川崎、水島、尼崎等

の地域が、被害救済の要求から一歩進み、公害地域を健康で美しい都市に再生しようと運動を起こしつつあるのは、明るい話題だ。だが現実の日本は、長時間労働と通勤地獄、住宅の貧困、自然や町並みの破壊、アメニティーの欠如、無計画な土地利用等、「維持可能な社会」の実現にはほど遠い。著者はそれを新たな貧困の「日本病」と名づける。小泉内閣の新自由主義による構造改革はそれをさらに悪化させた。

日本でも可能なはずとの思いのもと、海外の画期的な事例が紹介される。イタリアのポー川流域の干拓地の一部を湿地に戻し、地域再生を実現した例。ドイツのフライブルクにおける軍の基地跡地をエコロジカルな住宅街に再生した例等、どれも示唆に富む。

従来のように国家や外来企業に依存せず、地域の資源や知恵を最大限生かした内発的発展に未来の可能性を求めるべきだ。「小さくても輝く自治体」運動のような希望の星もある。21世紀最大の課題、「環境再生」を根本から考え直す上で必読の書だ。

評・陣内秀信（法政大学教授）

みやもと・けんいち 30年生まれ。大阪市立大名誉教授、滋賀大名誉教授。

『ツアー１９８９』

中島京子 著

集英社・一六八〇円
ISBN9784087748123／9784087464719（集英社文庫）

文芸

「不思議さ」漂わせる手の込んだ物語

手の込んだ長編小説だ。

まず、ある主婦のもとに15年前の手紙が届く。書かれたのは１９８９年。差出人は香港にいるらしい。「凪子さん」と自分に呼びかけている。しかし、彼女にはそんな男と会った記憶もないのである。

2番目の男性は、15年前の自分の日記を見つけて読みふけってしまう。香港旅行中に会った女や消えた男のことが書かれていた。だが、すべては夢の中の出来事のよう。

3人目の女性は、ネット上で奇妙なブログを発見する。そこには彼女しか知らないはずの15年前の出来事が綴（つづ）られていた。１９８９年の日付。その頃彼女は旅行会社の添乗員をしていたが……。

と、このように、物語は同じ日付（１９８９年3月）の同じ場所（香港）をめぐる記憶の問題として提出される。

3人の背景にあるのは「迷子つきツアー」と呼ばれる奇妙な団体ツアーだった。１９８９年から92年にかけて実施されたそれは〈通常のパッケージツアー客の一人を、『迷子』として現地に置き去りにすることにより、他のツアー客に『不思議さ』や『奇妙な感覚』を体験させること〉を目的としていたのである。

15年といえば、殺人事件の時効が成立するだけの年月である。小説は一見「迷子つきツアー」の謎解きのような装いを凝らしているけれど、ミステリーのように読んではいけない。最終章「吉田超人」にたどり着く頃には、読者自身も「不思議さ」「奇妙な感覚」に巻き込まれていることに気づくだろう。

中島京子は現在注目すべき気鋭の作家のひとり。03年に田山花袋の『蒲団（ふとん）』を換骨奪胎した『ＦＵＴＯＮ』で作家デビュー。05年には知る人ぞ知るイギリスの女性旅行家イザベラ・バードの『日本奥地紀行』を下敷きにした恋愛小説『イトウの恋』で読者を増やした。資料を作品に取り込むのが上手な人で、こういう知的な作風が私は大好き。

『ツアー１９８９』は「資料も自作してみました」という感じに見えるが、そのへんはわからない。昭和から平成に変わったあの年の3月。私は何をしていたんだっけ。

評・斎藤美奈子（文芸評論家）

なかじま・きょうこ 64年生まれ。作家。著書に『イトウの恋』など。

二〇〇六年七月一六日⑦

『終戦後文壇見聞記』

大久保房男 著

紅書房・二六二五円

ISBN9784893812148

文芸

終戦後、復員して間もない著者は、文壇の改革を目指して創刊された文芸誌「群像」に採用される。丹羽文雄曰（いわ）く「生（うま）れた時に母親のはらの中にお世辞を言うことを忘れて来たような」態度のでかい若者だったが、丹羽や伊藤整、高見順、中野重治らとの交流を通じて文壇の何たるかを学び、鬼編集長と呼ばれるまでになる。本書はその20年間の回想記。若き編集者の教養小説（ビルドゥングスロマン）としても読める。

作家がいかに戦争責任論やマルクス主義と対峙（たいじ）したか、戦犯出版社と批判された講談社で「群像」が果たした役割は何か、といった文学史も意外な事実に満ち興味深いが、私がより引かれたのは作家の体臭だ。吉川英治より活字が小さいのが嫌で連載をやめた伊藤整。両横綱、丹羽と舟橋聖一の関係。高見が「最後の文士」と呼ばれた理由。他の作家の悪口ばかり言う作家を白洲次郎が「紳士らしくない」と諫（いさ）めたとか、「難解ホークス」埴谷雄高は話せばわかりやすい人、といった逸話も。彼らの顔貌（がんぼう）が俄然（がぜん）気になり、秋山庄太郎の写真集『男の年輪』を繰る。「丹羽より下じゃだめだよ」と原稿料の念押しをした舟橋の耳に御利益がありそうな縮れ毛が生えてたりして2倍楽しい。

評・最相葉月（ノンフィクションライター）

二〇〇六年七月一六日⑧

『老いるヒント』

シャーウィン裕子 著

情報センター出版局・一五七五円

ISBN9784795845022

社会

著者は、英国南西部の小さな村に米国人の夫と7年ほど住む。丘の上に立つ石造りの家に心を惹（ひ）かれ、終（つい）の棲（す）み家として購入したのだ。

そこは、70代の著者夫婦と同年代の人々が都会から引退してくる比較的裕福な地域。友人の元外交官クリスは、散歩という神聖な時間とロマンスが生きがいだ。貴族出身のサーラは71歳で7人の孫がいるが、企業重役ながら社会奉仕に尽力、女王から栄誉の称号を与えられる招待を断った。91歳でひとり住まいのバーバラは、ダンテの研究に没頭する。それぞれが円熟した英知を得て、人生の総決算のような実り多い生き方をしている。

一方、著者が10日間入院したときに観察した高齢患者の姿は痛ましい。午前3時に「紅茶とビスケット！」と叫ぶドロシー、夫の名を声のかぎりに呼びつづけるリリー。病を得た人たちを描写して「人間は歳をとっても崇高な面も持ち合わせていることを信じたい」。

著者は、23歳で日本から米国へ。離婚再婚を経て6人の娘を持ち、持病のリウマチの痛みに耐えながらも、「やりたいことがたくさんあって気があせる」と意欲的だ。著者のセカンドライフもまた輝いている。

評・多賀幹子（フリージャーナリスト）

二〇〇六年七月一六日⑨

『アイの物語』

山本弘 著

角川書店・一九九五円

ISBN9784048736213／9784044601164（角川文庫）

文芸

物語の設定は、今から数世紀後の日本。人類の人口は激減し、地球はアンドロイドに支配されている。映画「ターミネーター」を連想させる設定だ。しかし、人類とアンドロイドとの間で激しい戦闘が演じられているふうでもない。ちょっとした小競り合いがある程度らしい。

小さなコロニー間を渡り歩きながら、20世紀後半～21世紀前半に創（つく）られた物語を語っている少年「語り部」は、アイビスという名の美しい戦闘用マシンの虜囚となる。そして逆に毎夜、物語を聞かされるはめに。

シェエラザードならぬアンドロイドが読み聞かせるのは、少年が初めて聞く、ヒトと仮想世界、あるいは人工知能搭載マシンを題材にした美しい短編小説。

アンドロイドはなぜ、そんな物語を語るのだろう。隠された意図は何なのか。一種の洗脳なのか。しかし最後に語られた物語はヒトと人工知能をめぐる真実の歴史だった。

ヒトはなぜ、真実に目を向けず、いたずらに殺し合うのだろう。それを諫（いさ）める方法はないのか。アンドロイド、いや作者は、「物語の力」にそれを求めた。

ばらばらに発表した短編を一つの物語に結晶させた作者の構想力に脱帽。

評・渡辺政隆（サイエンスライター）

二〇〇六年七月一六日⑩

『漢詩紀行辞典』

文芸

竹内実 編著
岩波書店・四九三五円
ISBN9784000803083

歴史は遡（さかのぼ）ればどこまでも奥深く、空間を極めようとしても果てしがない。この中国のつかみようのない魅力は古来多くの詩人を旅に誘ってきた。

広大無辺の世界をうたったあまたの詩の中から330編を厳選。これを読み解いて時空を超えた旅を試みようとしたユニークな辞典が本書だ。

最古の夏王朝は長く幻といわれたが、近年の研究で実在が証明された。夏の初代皇帝は治水で名高い禹だが、この聖人の名にちなみ中国大陸は「禹域」とも呼ばれる。

本書は、この「禹域」を江南、北京とその周辺、中原、長安と辺境、巴蜀（はしょく）、長江悠々、長江下流域、華南とその奥地の八つに分類。それに域外として扶桑（日本）と序章の「禹域」を加えて10章から成る。

項目としてたてられた80カ所の地名には杭州や桂林、三峡といった名高い景勝地からチベットのラサや海南島といった辺境の地までが網羅される。詩人も杜甫や李白といった盛唐の詩聖から近現代の梁啓超、毛沢東と実に幅広い。

読みたい詩、知りたい地名や人名がすぐ引ける目次と作品がついているのは便利。中国の旅には格好の伴（とも）となる一冊だ。

評・加藤千洋（本社編集委員）

二〇〇六年七月二三日①

『バイオポリティクス　人体を管理するとはどういうことか』

科学・生物／医学・福祉／新書

米本昌平 著
中公新書・八八二円
ISBN9784121018526

生命倫理で、せめぎあう「個」と「公」

著者が昔、チベットの寒村に出かけたときの話を旧作『知政学のすすめ』で読んだことがある。鳥葬の風習をもつその村で、老人が臨終の床にあった。ところが同僚の医師が診察したところ、一瞬の治療で延命する。著者は晴れがましく思ったが、すぐに考え直す。

自分たちは今、彼らの死にゆくプロセスの文脈を壊したのではないか。科学技術の浸透は止められないが、素朴な善意から無意識に彼らを助けることと、科学技術の浸透を彼らが歴史的文脈の中で咀嚼（そしゃく）する大切さを意識していることの間には天地の開きがある、と。

以来、生命倫理の諸問題を政治課題として扱うことの重要性を説いてきた著者の言動には、常にこの問題意識が流れているように思う。本書でも変わりない。ただあえて「バイオポリティクス」という言葉を提示したことに、最も大きな意味があるのではないか。

そもそもバイオポリティクスとは、フランスの哲学者M・フーコーの言葉で、国家権力が公衆衛生や健康水準、出生率などを調整的に管理する政治を意味する。著者はフーコーの言葉をふまえつつ、その先を見据える。

背景には、ヒトゲノム研究や発生工学の急展開で、科学研究の主軸が物理科学が射程とする「外なる自然」から身体という「内なる自然」へ移行したこと。さらに、身体が分解・解体され、素材として編集される対象となったことがある。このため医師と患者の関係を規定する「インフォームド・コンセント」（説明と同意）や「自己決定」（自分がよければいい）といった米国発の生命倫理学（バイオエシックス）の考え方では対処できない事態が顕在化した。人体の商品化は商業主義が「自己決定」を巧みに利用した結果であり、臓器移植ツアーや韓国の論文捏造（ねつぞう）事件で発覚した卵子の大量採取などは、経済格差に起因する南北問題だ。

本書は、身体の処分権をプライバシーの範疇（はんちゅう）とみなす米国型自由主義を反面教師に、「連帯」という新たな価値を見いだした欧州の動向をたどりつつ、日本が取り組むべき政策を示す。生命倫理的課題には、個人の自由より上位に「公序」が位置する場合があることを確認し国内法を整備したフランスの議論が、人間の尊厳を規定する「EU憲法」案の生命倫理原則に結実する経緯は示唆に富む。

ただ、ナチス優生学を知る私たちは、国家

が人体を管理することをどう正当化できるかという問いに直面するだろう。市民の監視下に置くとしても具体策はない。「人類全体が準備不足」という著者は、まず社会の側が独立した複数のシンクタンクをもつことを提案する。アジア諸国との比較研究も喫緊の課題だ。在野で30年、科学政策の比較分析に徹した著者の実体験から確信した方法論だろう。

それにしても、日本でなぜこの手の議論が高まらないかを問う必要はある。男女産み分けにしても代理出産にしても「自己決定」が肥大した「個」のままで止まっている。科学技術の浸透をただ眺めるだけならチベットの教訓は生かされない。「公」の心を取り戻す力となるのもまた「個」だという著者に挑発された、新しい「個」の誕生を期待する。

評・最相葉月（ノンフィクションライター）

よねもと・しょうへい　46年生まれ。専門は科学史、科学哲学。『知政学のすすめ』で吉野作造賞を受ける。現在は、科学技術文明研究所長。

『霊魂だけが知っている』

メアリー・ローチ 著　殿村直子 訳

NHK出版・二二〇〇円
ISBN9784140811177

人文

科学の目で楽しく眺める〝あの世〟

「心霊」や「死後の世界」が大流行（はやり）だ。もちろん昔から、幽霊話や肝だめしが好きな人はたくさんいるが、昨今のスピリチュアルブームはもっとマジでホット。私のような一般精神科医のところにまで、「前世や守護霊を知りたい」という人がやって来る。「精神医学は一応、科学なんで」と言うと、「科学で証明されていないことはウソ、って言いたいんですか」と反論される。今や科学は心貧しき近代合理主義の象徴であり、「目に見えない豊かな世界」に比べてずっと分が悪いのだ。

本書の著者であるジャーナリストのメアリー・ローチは、頭の固い科学万能主義者ではないが、できればスピリチュアルな現象も科学で解明してもらってから信じたい、と思っている。そして行動力あふれる彼女は、輪廻（りんね）転生や臨死体験を研究する学者のもとを訪れたり霊媒学校に体験入学したりしてみる。十九世紀半ばに公開交霊術で荒稼ぎしていた三姉妹がいた、などスピリチュアリズムの歴史や基本的知識も満載だ。

そうやってアメリカからインドへ、イギリスへと出かけているうちに、著者は気づく。研究者といっても、その多くは中立的というよりかなり心霊現象に入れ込んでいる。自らを「疑い深い性格」と言う著者は、彼らの熱意に敬意を表しながらも「これだけのめり込んでいれば、たとえ否定材料が出てきても見えないのでは」と思ってしまう。そう、信じている人は科学的証明を待つまでもなく最初から信じているし、「インチキじゃないの」と思っている人は近づきもしない、というところに心霊研究や超心理学の不毛さの原因がある。

さて、さまざまな体験を通して著者は結局、「スピリチュアルの証拠」をつかめたのだろうか。その答えを明かすかわりに、あとがきから一部を紹介しよう。「たぶん、私は死後の生を信じるべきだろう。だって信じたほうが楽しいし、希望が持てるから」。つまり、本書は「楽しいスピリチュアリズムのススメ」なのだ。くれぐれも、「科学は悪だ」「私を救うのは霊魂だけ」とマジになりすぎないように。

（原題、SPOOK : Science Tackles the Afterlife）

評・香山リカ（精神科医）

Mary Roach　アメリカの科学ジャーナリスト。

二〇〇六年七月二三日③

『フューチャー・ポジティブ　開発援助の大転換』

マイケル・エドワーズ 著
CSOネットワーク、杉原ひろみ 企画・監修
杉原ひろみほか 訳
日本評論社・二九四〇円
社会／国際
ISBN9784535554160

他者への施しという優越感を払拭して

かつて学生が言った言葉。「大学は嘘（うそ）つきだ。国際協力がウリの学部なのに、卒業後国際協力の就職先なんかないじゃない」。ある政府機関職員の愚痴。「国際貢献がしたくて就職したのに経理事務ばかりでうんざりだ、といって、若者がすぐ辞めていく」

結局、皆考えるのは、世界のために何かしたいけど私の努力は本当に役立つのだろうか、ということだ。

本書には、あきれ果てるような援助の問題が綴（つづ）られる。国際援助機関が組織の生き残りや予算消化ばかり考えて、現地のニーズを無視していることや、途上国の開発プロジェクトが無責任体制のもとに放置されていること、「1億ドルに満たない救援物資を輸送するのに40億ドルもの費用がつぎこまれる」多国籍軍の「人道援助」などなど。

「人助け」の美名のもとに、それがいかに別の目的に利用されたり、不適切な介入や主義主張の強要に繋（つな）がったりすることか。開発援助機関は「家にやってくるだけでも迷惑」なのに「何でも良く知っているから自分に任せろと言い張って、その家の家事をとりあげる」危険を孕（はら）んでいる。

だが、著者が国際援助に否定的なのでは、全くない。四半世紀も開発援助のプロだっただけあって、問題解決への強い意思が溢（あふ）れている。中途半端な支援は事態をさらに悪くするが、だからといって「苦しむ人々を放っておく」のではなく、「もっとよい仕事」を目指すべきなのだ。

そのために、国際機関や各国政府の組織的改革の必要性を説くが、なにより「援助する側がまず自らを変えること」が強調される。『他者』は私たちの助けを必要とし、依存しているという固定概念」を捨てなければならない。他者への施しという優越感を払拭（ふっしょく）することによって初めて「他者を適切な形で助けることができる」。

必要なのは、個人個人が、自分の立ち位置で何が出来るか考えることだろう。冒頭の学生に会ったら、こう答えたい。「助けを請われる仕事を探すのではなく、今いる場所でどう助けられるかが大事なんだよ」、と。

（原題、Future Positive）

評・酒井啓子（東京外国語大学教授）

Michael Edwards

二〇〇六年七月二三日④

『風に舞いあがるビニールシート』

森絵都 著
文芸春秋・一四七〇円
ISBN9784163249209／9784167741037（文春文庫）
文芸

幅広い題材、手堅い作風で直木賞

直木賞は往々にして、その作家の代表作よりも、どちらかというと小粒な佳作に授与されがちである。第百三十五回の直木賞を受賞した三浦しをんの『まほろ駅前多田便利軒』も、それから本書もその例にもれない。

ここには短篇（たんぺん）が六作収められている。表題作は、国連難民高等弁務官事務所に入った女性の愛と理想を、元夫の事故死をからめて描いている。国連の難民救済という難しいテーマに挑戦したことと高い社会性が受賞の決め手になったようだが、不安と絶望を象徴する〝風に舞いあがるビニールシート〟は鮮烈に焼きつくものの、肝心の元夫婦の葛藤（かっとう）とそれぞれの肖像が弱い。残酷な戦場と対照になるはずの二人の生の燃焼、たとえば性描写が生彩を欠いていることも原因のひとつだろう。

社会的なテーマを正面から見すえたものよりも、むしろサイド・ストーリーにした「犬の散歩」のほうが起伏にとんでいて面白い。表題作のような肩肘（かたひじ）張ったところはなく、犬たちの餌代のために夜はスナック

で働く主婦の生活を生き生きと捉（とら）えつつ、「ボランティア」の意味を優しく問いかけていく。終盤の義母との会話がやや臭いけれど、ちょっと泣かせる短篇だ。

一番の力作は、仏像の修復師たちの生き方を描く「鐘の音」だろう。仏像の官能的な美しさ（それは作中には出てこないが土門拳の写真を見れば一目瞭然（りょうぜん））に魅せられ、人生を狂わせた男の話である。仏像修復の過程で知る信仰の基盤を揺るがす重大な事実を、師匠との確執を交えてスリリングに物語っている。

その他では女性社長に振りまわされる女性秘書の意地をしたたかに示す「器を探して」、男たちの絆（きずな）を軽妙に描く「ジェネレーションX」も佳篇といえるだろう。

シリアスなものからコメディタッチの作品まで、題材も幅広く、作風は実に手堅い。個人的には、児童文学から出発した作家にありがちな常套句（じょうとうく）の無造作な使用、視点の揺れ、唐突な情報提示が気になるが、それは今後の課題だろう。受賞を機にさらなる飛躍を期待したいものだ。

評・池上冬樹（文芸評論家）

もり・えと 68年生まれ。『リズム』で講談社児童文学新人賞を受けデビュー。

歴史／人文

『絵はがきの時代』

細馬宏通 著

青土社・二三一〇円
ISBN9784791762743

「何げなさ」の背後に複合的な歴史

旅先で、何の気なしに絵はがきを買い求める。風光明媚（ふうこうめいび）な観光名所なら、なおのこと。しかし、その裏側にこれほど複合的な歴史がひそんでいたとは—。

そもそもわたしたちは、古き良き紙メディアがやがては新しい電子メディアに取って代わられるかのように思いこみがちだが、こと絵はがきに関するかぎり、それは錯覚にすぎない。著者はまず、近代郵便制度の幕開けである一八四〇年とともに世界初の郵便切手が発行されたことを確認するが、このときの郵便物はまだ封書のみ。そして、ほんの数年後の四四年には、郵便以上に簡便なモールスによる電信機が実用化されている。

ところが、まさにこの電報こそが、封書よりも気軽な形式としての郵便はがきの必要性を痛感させ、ついに一八六九年のウィーンで、世界最初の郵便はがきに関する規則が制定され、イギリスでは七〇年、アメリカおよび日本では七三年に、規則の制定とともに、はがきの使用が始まるのだ。そして二〇世紀初頭より、絵はがきの消費量は一気に増大する。

かくして本書は、ひとまず透かし絵はがきや立体写真絵はがき、ジャポニズム絵はがき、災害速報絵はがきなどの形態と意味を緻密（ちみつ）に追う精確きわまる文化史として読むことができるが、まったく同時に、ルソーから漱石までを読みなおす新たな文学史の可能性も孕（はら）む。

だが、わたしがいちばん感銘を受けたのは、本書がバルトやデリダ以後の理論を承（う）けて、絵はがきとはまさに送り先である相手がその観光名所に不在であり、「あなたにここにいてほしい」という情緒に支えられているからこそ書き紡がれる、という洞察だ。

さらに著者は、明治から大正のころとおぼしき一枚の美人絵はがきに画鋲（がびょう）の跡があることに着目。写真の中で髪を直す婦人の視線と所有者の視線とを調べていくと、絵はがき自体がもうひとつの鏡を演じているのがわかるという、フーコーばりの哲学史的な思索を展開しており、そのあざやかな推論には深く感嘆せざるをえなかった。

評・巽孝之（慶應大学教授）

ほそま・ひろみち 60年生まれ。滋賀県立大助教授。著書に『浅草十二階』ほか。

『愛情省』

見沢知廉 著
作品社・一五七五円
ISBN9784861820847

昨年、自宅マンションから飛び降り自殺をとげた見沢知廉の短編集である。

見沢は新右翼としての活動中、仲間とともにスパイを査問して殺してしまうという事件を起こし、12年におよぶ獄中生活を送った。

本書の表題作で遺作となった「愛情省」もまた、この長く苛酷（かこく）な監禁生活をモチーフにしている。主人公の名はウィンストン2世。オーウェルの『1984』で全体主義国家の犠牲となった人物が現代日本に甦（よみがえ）ったという設定なのだろう。

ウィンストンⅡ世が生きるのは、留置場から拘置所の独居房をへて閉鎖病棟にいたる監禁施設ばかりである。そこは、収容者の他者との接触を禁じ、ベッドに縛りつけ、感覚を遮断し、大量の抗精神病薬を点滴であたえ、排泄（はいせつ）さえも下剤と浣腸（かんちょう）で完全管理する世界なのだ。

だが、この異様な世界の微に入り細をうがった描写を読み進めるうち、これが特殊な世界を描いた特殊な体験談ではなく、現代日本の普遍的な寓話（ぐうわ）にほかならぬことに気づき、愕然（がくぜん）とさせられる。私たちが生きる日本とは、閉鎖病棟であり、果てなき監獄なのかもしれない。見沢が命を賭けて描きだそうとしたのは、そうした日本のダークサイドだった。　評・中条省平（学習院大学教授）

『草花とよばれた少女』

シンシア・カドハタ 著　代田亜香子 訳
白水社・一八九〇円
ISBN9784560027431

舞台は第二次世界大戦がはじまる直前のカリフォルニア。主人公の少女スミコは事故で両親を亡くし、弟タクタクと、花農家を営む親戚（しんせき）の家に引き取られている。やがて日本が真珠湾を攻撃し、スミコたち「ニッケイ」は、収容所での生活を強いられる。題材は決して明るくはないのだが、この小説には一貫して、すこんと抜けた青空のようなすがすがしさがある。

アメリカにおける戦時下の日系人が描かれているのも興味深かった。祖国を知らない少女の目を通して、複雑な立場を余儀なくされた日系人たちの姿が見えてくる。彼らは収容所の庭に緑を植え花を咲かせる。スミコはこの場所ではじめて友だちを得る。得たものと失うものをつねに箇条書（かじょうが）きにしながら、まるで蝋燭（ろうそく）の火に手をかざすようにして、スミコは未来という希望を守り続ける。

この著者の前作「きらきら」も、病気や貧困という題材を扱いながら、やはり澄んだ清冽（せいれつ）さがあった。それは、与えられた運命のなかで人がいかに未来を獲得するかを、著者が描こうとしているからだ。どんな状況であっても、人は自分の未来を得ることができる。そうすることで人は、運命の過酷さから解放される。

評・角田光代（作家）

『天皇の軍隊と日中戦争』

藤原彰 著
大月書店・二九四〇円
ISBN9784272520763

本書は、軍事史家として知られた藤原彰の遺稿集である。藤原によれば、日中戦争における日本軍は、頻繁に中国人の家を焼く軍隊であった。家を焼かれた人々は難民化し、焼く行為はしばしば住民殺害を伴った。

戦争中の日本軍の記憶は、依然としてアジアと日本との間に横たわるトゲとして存在している。その日本軍の史料は、敗戦時にまとめて焼却された。そのため日本軍の戦争犯罪の様相は、被害者の証言以外の文書史料が少ない状況にある。しかし藤原は、あくまで日本軍の史料にこだわるのだった。彼は軍の「戦闘詳報」などの史料を用いて、南京事件での虐殺や、抗日ゲリラの根拠地を叩（たた）き住民を殺害した治安粛正作戦の背後に、軍の無責任な決定や命令があったことを追及していく。

その藤原は陸軍士官学校の出身で、若い下級指揮官として中国戦線を転戦し、戦後に大学に入り直して歴史家となった人物であった。本書のテーマも、アジア解放のはずの日本の戦争が、なぜ窮迫した中国人を生み出すのかという、中国戦線の中で芽生えた戦争への疑問から出発していた。彼はその晩年まで、自分の記憶の中にある軍という組織の責任問題と、格闘し続けたのであった。

評・赤澤史朗（立命館大学教授）

二〇〇六年七月二三日⑩

『フィリピン―日本　国際結婚』

社会／国際

佐竹眞明、メアリー・A・ダアノイ 著

めこん・二六二五円
ISBN9784839601966

学童のいる家の方なら、気づいておられるだろう。フィリピン人を親に持つ子供が身近に増えているという状況に。

ところが、その内実となると、ほとんど知られていない。日比国際結婚の背景から当事者たちの思いや子育ての悩みに至るまで、きちんと調べて報告したのは、本書が初めてではないか。

著者たち自身が、日本人男性とフィリピン人女性の研究者夫婦である。その強みをいかんなく発揮して、日本人側とフィリピン人側の双方から多彩な声とデータを集めることに成功している。それらの共通項をひとつだけあげるとすれば、フィリピン人（大半が女性）に対するステレオタイプのまなざしから脱しようと苦闘してきた点だ。

日本人と結婚して日本に定住したフィリピン人女性は、陽気でしたたかな〝ジャパゆき〟でも、家を守る従順な〝農村花嫁〟でもない。私たちと同じく、日本社会で堅実に働き、ささやかな幸せを願う人々なのである。

ただし、家族第一主義は日本人よりはるかに強い。フィリピンの路上に倒れていても、見知らぬ誰かが助けてくれるという本書の記述に、かの国の人々の魅力が端的に表されている。　評・野村進（ジャーナリスト・拓殖大学教授）

二〇〇六年七月三〇日❶

『君はいま夢を見ていないとどうして言えるのか』

人文

バリー・ストラウド 著　永井均 監訳

春秋社・三九九〇円
ISBN9784393323120

哲学的懐疑論の主張を検討する

私はいま、夢を見ていないとどうして言えるのか。私はビーカーの培養液に浮かぶ脳で、現実だと思っていることはすべて脳内のイメージなのではないか。あるいは、私は自分だけがそうと知らないまま長大な演劇の中に放り込まれており、私の家族も友人も演技をしているだけなのではないか……。

こんな考えにふととりつかれて夜も眠れなくなる、という経験をしたことがある人は、決して少なくないはずだ。そのきっかけは、人それぞれ。マンガ、映画、文学に思想、中には何のきっかけもないのに突然、「これって現実？　夢？」と疑い出したという人もいるだろう。ちなみに私の場合は、10歳のときに手塚治虫の『赤の他人』というマンガを読んだのが、目の前の現実や世界の自明性を疑い出す始まりとなった。

哲学者の中にも、この問いにとりつかれた人たちがいる。デカルトは、「自分が世界について知っていると思うことを、私たちは本当に知っているのだろうか？」と、「知識」についての疑問を投げかけた。そしてデカルトは、「何かについて知っている」というのは自分が世界について得た感覚なのだと主張する人に対しては、そもそもその世界が現実なのか夢なのかをどうやって区別するのか、とさらに問いかける。これが、哲学的懐疑論と呼ばれる系譜の始まりだ。

しかし、「世界は夢かもしれない、だから何かを知ることなんてできないんだ」と言ってしまうと、恋愛も仕事も、生きていることさえ無意味ということにもなりかねない。だから哲学者たちは、この懐疑論を打ち消すための理論を必死に打ち立てようとしてきた。

本書では、デカルトの懐疑論の紹介の後に、哲学の反懐疑論（哲学的知識理論とも言われる）が丁寧に紹介される。登場する哲学者は、オースティン、ムーア、カント、カルナップ、クワインなど。そのあたりの哲学的議論は、著者独特のややまわりくどい論法のためもあり、簡単には読み進められない。しかも、著者自身も最後まで、自分は懐疑論寄りなのか、それとも懐疑論に〝とどめ〟を刺すために本書を書いたのか、ついに立場をはっきりさせないのでもどかしい。ただ、哲学の領域では、今やこの懐疑論は「負け」ということで決着がついているらしい、ということはわかる。

しかし、哲学以外の世界ではどうだろう。たとえば精神医療の現場では、「自分のまわりが現実だという実感がない」と訴える離人症の患者が増加する一方だ。膨張し続ける仮想現実空間は、私たちの現実感覚を知らないうちに揺るがせる。

SF映画『マトリックス』の中で、モーフィアスは主人公ネオに言う。「ネオ、君はどうやって夢の世界と現実世界とを識別するんだね？」。実は私たちはその問いに、いまだに答えられずにいるのではないだろうか。懐疑論にまだ決着はついていない。まずは、哲学の世界での議論に耳を傾け、それから自分で考えてみよう。

（原題、THE SIGNIFICANCE OF PHILOSOPHICAL SCEPTICISM）

評・香山リカ（精神科医・帝塚山学院大学教授）

Barry Stroud 35年カナダ生まれ。米カリフォルニア大バークリー校哲学教授。懐疑論研究の第一人者。

『脱デフレの歴史分析 「政策レジーム」転換でたどる近代日本』

安達誠司 著
藤原書店・三七八〇円
ISBN9784894345164

歴史／経済

「松方財政」に遡る現代への警告

7月14日、日銀は5年4カ月ぶりにゼロ金利政策を解除した。デフレ（一般物価の継続的下落）が終焉（しゅうえん）し、この先も景気の拡大が続くと判断したからだ。これに対し、著者は、3月9日の量的緩和に続く一連のリフレ（緩やかなインフレ）政策からの転換は時期尚早だと警告する。根拠は、最新の計量経済学を駆使した実証分析ではなく、過去の政策分析から引き出した歴史の教訓にある。

すでに昭和恐慌の研究で実績がある著者は、歴史を明治14年の政変で大蔵卿となった松方正義の経済政策、いわゆる「松方財政」まで遡（さかのぼ）る。「松方財政に対する誤った評価」がバブル崩壊後の平成大停滞の源流、と考えるからだ。

松方財政は、一般には激しいデフレ政策（紙幣整理）で貿易赤字（正貨流出）を縮小し、不況によって〝捻出（ねんしゅつ）〟した農村の余剰労働力を都市の新興産業に誘導する構造改革によって「欧米先進国並みの経済成長を実現させた」と評価されている。

しかし、著者によれば、松方財政の成功要因は、デフレ政策の後に銀本位制を採用した点に見いだせるという。過大評価は禁物であり、今日においても緩やかなインフレの持続を指向する通貨システムを選択するほうが正しい政策だと主張するのだ。

本書の分析は経済政策に止（とど）まらず、時々の外交政策や政権闘争および政策決定者の生い立ちや思想にまで及んでいる。例えば、松方の前任の大隈重信が構想した外債発行による紙幣整理は、岩倉具視らに「売国行為」とみなされ、それが大隈の失脚に影響したと著者は指摘する。

こうした論の広さに、本書の元になった論文が第1回「河上肇賞」を受賞した所以（ゆえん）もある。労農派の経済学者大内兵衛の『河上肇』（筑摩書房）によれば、河上の代表著作『貧乏物語』は「日本にとっては、『歴史の経済的説明』のはじまりであった」。河上と著者の間には、歴史の中に今日的な問題点を見抜く鋭さでも共通点があるようだ。

ゼロ金利政策が解除された今こそ、その顛末（てんまつ）に関心がある人に薦めたい一冊である。

評・高橋伸彰（立命館大学教授）

あだち・せいじ 65年生まれ。ドイツ証券会社経済調査部シニアエコノミスト。

二〇〇六年七月三〇日❸

『きみがくれたぼくの星空』

ロレンツォ・リカルツィ 著　泉典子 訳
河出書房新社・一六八〇円
ISBN9784309204611
文芸

鋭く深く描く80歳の恋と「恋以上」

帯にはラブストーリーとある。しかしこれをラブストーリーとくくってしまっていいのだろうか？　読みながら私は幾度もそんな疑問を抱いた。読み進むにつれ、恋愛というものをはるかに超えた小説に思えてくるのだった。

妻を失い、脳血栓を患い、老人ホームに入った八十歳の物理学者トンマーゾは、そこでおこなわれるいっさいに我慢がならず、悪態ばかりついて「ミスタークソッタレ」の異名をとる。ホームで暮らして四年目、彼は奇跡を体験する。同じくホームにきた七十代の女性エレナとの出会いである。北風と太陽の物語のように、エレナはその愛で、トンマーゾのまとった重たいコートを脱がせる。諦観（ていかん）、絶望、嫌悪、恐怖——負の感情の詰まったコートを。

かつて老人ホームを運営した体験を持つ著者は、老い、というものの正体を、ユーモアとアイロニーを交えて、鋭く描き出す。思考ははっきりしているのに体が思うように動かない苦悩、見知らぬ若者に子ども扱いされる屈辱、そして大切な記憶がどんどん遠ざかっていく恐怖。

トンマーゾはかつて名の知られた物理学者だった。世紀の発見に年月を費やし、あと一歩というところで自らの研究に大きな欠陥を見つけ、天文学者へと路線変更する。銀河の運動について研究を重ねていた彼が、ある日、病に敗れる。おむつをし、食べ物をこぼす自分を強く嫌悪し、彼は自殺まで試みる。

語り口は軽やかだが、思わず私は、生きていくこととはなんであるのかと考えた。死ではなく、生の意味を。それがなんなのかわからなくなりかけたとき、トンマーゾと同様、読み手である私もエレナに出会うのだ。人生そのものを、自分と同様他人をもまるごと受け入れている、聡明な女性に。

この二人のあいだに交わされたものが、恋愛だと私にはどうしても思えない。老いてしか手に入れられないものをたしかにトンマーゾは得る。ここに描かれているのは、恋愛でもなく死でもない、人がその生を生ききることだと、私には思えて仕方がない。

（原題、CHE COSA TI ASPETTI DA ME?）

評・角田光代（作家）

Lorenzo Licalzi　56年生まれ。イタリアの作家、心理学者。

二〇〇六年七月三〇日❺

『日本沈没　第二部』

小松左京＋谷甲州 著
小学館・一八九〇円
ISBN9784093876001／9784094082746（小学館文庫〈上〉）・9784094082753（〈下〉）
文芸

25年後、世界に散った民族の運命は？

一九七三年、石油ショックの年に、小松左京の長篇（ちょうへん）小説『日本沈没』は、四百万部を超える大ベストセラーとなった。一九七X年、太平洋プレート下のマントル対流相に異変が生じ、日本列島全体が海中へのみ込まれ地上から消滅するというパニックと、その影響を多角的に描き出した同書は、米ソ冷戦下における高度成長期日本の危機意識と国際化指向の証言として、多くの共感を呼ぶ。

それから三十三年を経た今年、樋口真嗣監督による映画リメイク版『日本沈没』と河崎実監督による筒井康隆のパロディ短篇「日本以外全部沈没」（七三年）の映画版に加え、長年構想されていた待望の第二部がついに完成した。

舞台は「異変」の二十五年後、日本民族が世界中へ大量離散し、中国が旧日本海の利権を握るべく画策している時代。とはいえ、かつてのユダヤ民族とは異なり、国家を失っても日本政府は健在。時の首相には何と、前作にて日本沈没を説明する理論的骨子「ナカタ過程」を発案した情報科学者・中田一成がおさまっている。しかも前作において日本国家全体の黒幕を演じていた渡老人の子孫としてモーシェ・雅俊・ワタリ准尉と渡桜の兄妹が活躍、かつて老人の命じたとおり、彼らの母である花枝が、相手の国籍も人種も問わずに子どもを生んでは増やしてきたいきさつが語られるのだから、心憎い。もちろん、前作では潜水艦操縦士として大活躍した小野寺俊夫も記憶喪失の難民リーダーとして再登場し、かつての恋人・阿部玲子とのドラマティックな再会を果たす。

この時代、日本人が存続しうる条件は何か。それは洋上に構築される人工空間メガフロートと、地球環境の長期的変動を予測する地球シミュレータの技術である。地球寒冷化に備え、それらの技術は国際社会に貢献するとともに、結果的に日本再建を導くものと期待された。はたして国際社会とのスリリングな駆け引きを経て、驚くべき未来の日本像が活写される。

改めて第一部から一気に通読すれば、二倍楽しめること請け合いだ。

評・巽孝之（慶應大学教授）

こまつ・さきょう 31年大阪府生まれ。
たに・こうしゅう 51年兵庫県生まれ。

『銀色の翼』

佐川光晴 著
文芸春秋・一七〇〇円
ISBN9784163250106

一つになる難しさ、誠実に探る

夫婦の日々が静かに語られた中編二編を収める作品集である。「日々」に亀裂の「ヒビ」を重ねたほうが、より正確に作品の輪郭を伝えられるだろうか。

表題作は、脳腫瘍（しゅよう）に起因する慢性的な頭痛にさいなまれる夫と、片頭痛を持つ年上の妻の物語。日本慢性頭痛友の会という会合で知り合った二人は、いわば「痛み」によってつながった夫婦である。

だが、そもそも「痛み」とは――身体的なものでも精神的なものでも、「個」の中にある。相手の「痛み」を想像し、思いやることはできても、同じ「痛み」を感じることはかなわない。誰よりもそばにいる夫婦でさえも、決してお互いの「痛み」を分かち合うことはできないのだ。

結婚生活はしだいに軋（きし）みはじめる。かたくなに過去を隠した妻は、精神を病んでしまった。ただ一心に〈これ以上彼女を苦しませたくない〉と願う夫は、一つの決意を胸に秘めて、家出した妻を迎えに京都へ向かう。

だが、絶望への道行きしかありえないような物語は、最後の最後で、確かな光を読者に示す。夫婦は、一人と一人――二つの「痛み」は、ともに相手が踏み込めない聖域のようなものだ。ならば、それを残したまま包み込めばいい。「一つになる」のではなく「離れない」という愛し方を、夫は物語の最後につかみとったのだ。

それは本作だけの話ではない。佐川光晴さんは、デビューから一貫して夫婦や家族のあり方を問いかけてきた作家である。安易な「一つになる」に敢然と背を向けて、決して一つにはなれない夫婦や家族が、それでも結びつづける絆（きずな）の正体を、佐川さんは丁寧に、誠実に探ってきた。炭焼きを営む男が不倫の顛末（てんまつ）を語る併録作「青いけむり」もまた同様である。

ケレンとは無縁の作品世界は、もしかしたら地味すぎるという印象を与えてしまうかもしれない。しかし、二編に描き出される夫婦のヒビの、広がりよりもむしろ深さに気づいたとき――本書は、僕たちにとても大切なことを教えてくれるはずだ。

評・重松清（作家）

さがわ・みつはる 65年東京生まれ。「縮んだ愛」で野間文芸新人賞。

二〇〇六年七月三〇日⑦

『ブリュージュ』

河原温 著　中公新書・九〇三円　歴史／新書

ISBN9784121018489

水の街は美しい。「北方のヴェネツィア」と呼ばれるブリュージュもその一つ。各地との交易で中世から繁栄し、高い文化を誇ったフランドルの水都の歴史と魅力を本書は見事に描く。都市史を専門とする歴史家の面目躍如たる本だ。都市の形態や構造まで深く立ち入り、文献史料のみか実際の運河、広場・街路、建築を通して水都の歴史を語る。16世紀の詳細な鳥瞰図（ちょうかんず）は街歩きを倍楽しくさせる。

外国商人が大勢集った中世ブリュージュの国際性と求心性は凄（すご）い。現在、EUの中心がベルギーにあるのも頷（うなず）けよう。特に同時代のイタリア都市との深い交流、社会の類似性の洞察は、著者の得意とするところ。街に残るジェノヴァ人やヴェネツィア人の足跡には目を奪われる。

宗教色が強い中世でも、この先進都市では、世俗公共建築が沢山（たくさん）つくられたし、宗教画の背後には、都市の景観や人々の生活の日常性が豊かに描かれたのだ。

著者は支配者から貧民まで、都市社会の特質を示す諸断面に歴史家の鋭いまなざしを向ける。君主の栄光を賛（たた）える華麗な祝祭や宮廷文化を担う画家の活躍を描く一方、貧窮者の救済のための施療院、公営質屋の制度を論ずる。都市史研究の面白さが味わえる好著だ。

評・陣内秀信（法政大学教授）

二〇〇六年七月三〇日⑧

『昭和史論争を問う』

大門正克 編著　歴史

日本経済評論社・三九九〇円

ISBN9784818818736

本書は、戦後歴史学の中にあった可能性を、若い研究者が再検討しようとした試みである。岩波新書『昭和史』（遠山茂樹、今井清一、藤原彰著）は、昭和の戦争の時代を、戦後歴史学の立場から一般向きに描いて、55年に出版されベストセラーとなる。その『昭和史』には、亀井勝一郎ら文学者や評論家など多くの人からの批判が寄せられ、大論争に発展する。この論争から、今日の歴史学につながる新しい発想や視点が生じたのである。

本書の著者たちは編者を除いて、論争から20年近くを経た73年から78年の生まれである。『昭和史』が書かれた時代には、国民的歴史学運動、生活記録を書く地域のサークル運動、小中学校教員の歴史教育運動など、体験をもとにした社会運動が展開していた。著者たちは、これまで意識されてこなかった運動と結びつけて、論争を読み解こうとしている。

批判を受けて『昭和史』は59年に新版に書き直された。主張の明確な旧版と淡々と多様な事実を描いた新版とを比較した論考は、本書の最も鮮やかな部分である。十分受け止められなかった「国民」の戦争責任問題を含め、「未完の論争」としての問題提起の意味を再考した本といえよう。

評・赤澤史朗（立命館大学教授）

二〇〇六年七月三〇日⑨

『秋の四重奏』

バーバラ・ピム 著　小野寺健 訳　文芸

みすず書房・二九四〇円

ISBN9784622072164

七〇年代のイギリス、ロンドン。とある部署に、定年を控えた四人の男女がいる。みな一人暮らし。四人はいわゆる「同僚」である。ランチタイムはばらばらにすごし、諍（いさか）いこそしないが、内心では互いを、辛辣（しんらつ）な目で見ている。

そんな彼らも、誰かが人生の重大な局面に対すれば、何をおいても（あるいはやれやれという風情で）、結集する。

気難しいマーシャが退職したあと、心身を狂わせ、やがて死に至ったときも、葬儀に集ったのはその同僚。肉親でも親友でもない。元々そんなものは彼女にはいないのだが、いたとしたってあてにならない。いないと考えたほうがいいものなのだ。

死ぬときは一人。だからこそ、人と人は繋（つな）がるのだが、繋がることをマーシャのように拒否した場合ですら、人はその人のところへいく。それが生きる者の総意であるというように。

ここには老いつつある極めて孤独な人間たちが、それぞれの領域を決して冒すことなく、許されるぎりぎりまで近寄って、共に生きようとする姿がある。

再評価で蘇（よみがえ）った作家だという。熾火（おきび）のような余韻が長く残る。こんな小説を待っていた。

評・小池昌代（詩人）

二〇〇六年七月三〇日⑩

経済／人文／新書

『貝と羊の中国人』

加藤徹 著

新潮新書・七五六円
ISBN9784106101694

中国って何だろう。経済交流が広がって中国と直接かかわる日本人も増え、ニュースやドキュメンタリーでも中国はよく出てくる。だが知れば知るほどわからない、古くて新しく、多様で多層かつ巨大な社会！

著者は「中国とは何か」という大テーマを平易な語り口で論じてみせる。本質に迫るためのアプローチは漢字や演劇などの文化が中心で、そこに人口や国土といった地理が加わる。これが実に楽しく、面白い。

表題にもなっている貝の文化とは、有形の物財を重んじ貨幣として子安貝を用いた殷（いん）の文化。羊の文化とは、無形の善行を好む「天」を信じた遊牧民族的な周の文化。確かに財や貨には貝の字が、善や義には羊の字が含まれる。ホンネとしての貝の文化と、タテマエとしての羊の文化を共に受け継いでいるところに中国人の強みがあるという。

相手の考え方を知らなければ日中関係も進まない。「なぜこちらを理解できないのかわからない」と言い合うことの不毛さ。著者によれば、外国人が中国の機微を理解するには「冷たい目」と「暖かい心」が必要だ。相手を尊重し、謙虚にみる姿勢の大切さ。日中双方で、そんな中国論や日本論がもっと増えてほしい。

評・高原明生（東京大学教授）

二〇〇六年八月六日①

科学・生物

『ビッグバン宇宙論　上・下』

サイモン・シン 著　青木薫 訳

新潮社・各一六八〇円
ISBN9784105393038〈上〉・9784105393045〈下〉

革命的な科学理論が定着するまで

誰もがその重要さを知りながら、意外に軽視されがちなのが、冒頭の書き出しである。大上段に構えるべきか、さりげないエピソードから始めるべきか、大作であればあるほど、その選択は難しい。

数学もののノンフィクション2作を物しただけですでに大家の呼び声高いインド系英国人サイエンスライターの著者は、読者の自尊心をくすぐる書き方を選んだ。

広大な宇宙の片隅でその起源について考えをめぐらす知恵と剛胆（ごうたん）さを備えた生物種の一員にして、しかも天地創造の秘密を解き明かしたエレガントな理論がほぼ出そろった特別な世代に属するあなたは幸運だというのだ。

「さらにすばらしいことに、ビッグバン・モデルは誰にでも理解できる」との挑戦状を突きつけられたなら、これはもう、先を読み進むしかないだろう。

ただし本書は、宇宙創成を説明するビッグバン理論の解説書ではない。むろん、通読すればビッグバン理論の全容に触れることにはなる。しかし、そのような、いわゆる解説書はすでにあまた存在する。サイモン・シンが本書で描きたかったのは、突飛（とっぴ）ではあるが壮大な科学理論が想起され、紆余曲折（うよきょくせつ）を経て通説として定着してゆく過程、すなわち科学革命の一例としてのビッグバン理論だった。

革命的な科学理論がたどる運命は、最初は「ばかばかしい理論」としてスタートし、「もしかしたら正しいかもしれない」と受け入れられ始め、最後は「あたりまえの考え方」として定着するというものだ。

天文学における最大の科学革命は、地動説の受容だった。コペルニクスの地動説は、当初は無視された。無名のコペルニクスの説は常識に反しており、しかも当時主流の天動説に比べると、天体の動きを予測する精度が低かったからである。その当時にあっては、天動説のほうが合理的な考え方だったのだ。

地動説は最終的に勝利を収めたわけだが、ビッグバン理論も似たような道をたどった。そもそもこの理論は、アインシュタインの一般相対性理論をさらに一般化する過程で提案された。ただし提案者はアインシュタインではない。それどころか、永遠に存在してきた静的な宇宙という「常識」に縛られていたかの大天才は、後にビッグバン理論と呼ばれることになった「膨張する宇宙論」に、当初は異を唱えていた。

結局のところ、いかに革命的な理論でも、データによって実証されないことには定説として受け入れられはしない。それが実証されるには、観測技術の進歩を待たねばならない。データによって裏づけられても、難癖を付け、受け入れを頑（かたく）なに拒む科学者は常に存在する。最終的には、守旧派世代の退席を待つしかないのだ。

ビッグバン理論で宇宙の謎のすべてが解けたわけではない。しかし、ビッグバン宇宙論は、人間の知性が達成しえた輝かしい知的到達点の一つである。したがって、その知的葛藤（かっとう）の歴史は大いに知る価値がある。だからこそ本書は書かれるべくして書かれた。

（原題、BIG BANG）

評・渡辺政隆（サイエンスライター）

Simon Singh　67年生まれ。作家、TVプロデューサー。著書に『フェルマーの最終定理』『暗号解読』。

二〇〇六年八月六日❷　政治／社会

『人権の政治学』

マイケル・イグナティエフ 著
添谷育志、金田耕一 訳
風行社・二八三五円
ISBN9784938662523

「タダ」「普遍的善」の思い込みに異議

均質な国民からなる国家という考えが神話であることは、今日では常識に近い。なんらかの意味でのマイノリティーを抱えない国民国家など存在しないからだ。そこから国民国家をさまざまな人権抑圧の源泉として批判する論者は多い。

しかし、人権はタダでは保障されない。その保障には、経済的コスト（金銭的負担）もかかれば、政治的コスト（権力の発動）もかかる。著者が鋭く指摘するのは、この人権保障のコストは、人類にとって無限に支払いうるものではないという現実である。それゆえ、コストを払ってでも強制的に介入すべき人権侵害と、そうではない場合との線引きが問題になるのだ。

この洞察を前提に著者が引き出している主張は、大きく二つ。まず、ある国家がそのシステム自体の作用によって差し迫った重大な人権侵害の危険をひきおこすのでないならば、その国家の安定化は、人権を保障する最大の資源として尊重されるべきだということ。では、その「差し迫った重大な人権侵害の危険」の存否はどう判断されるのか。これに対して著者は、人権は、つねに強制されるべき普遍的善ではなく、それを踏みにじられている当事者に、そこからの救いを求める資格を付与する仕組みとしてのみ理解されるべきだと主張する。

二つの主張をあわせて、著者は自己の立場を「人権のミニマリズム」と称している。人権概念を、より多くのひとびとが合意できる実用的（プラグマティック）な部分に厳しく限定することで、その保障の手続きの公正性と効率性の両立を目指しているというわけである。

「テロとの戦争」に巻き込まれていく世界において、われわれは、人道的介入と内政不干渉とのあいだの理念の調整に苦しんでいる。本書は2000年に行われた講演の記録であるが、著者はその後03年のイラク戦争を積極的に支持する論者のひとりとなった。本書は、その根拠とも読めるし、その逆にも読める。しかし、いずれにせよ、単純な原則への還元を拒んでいるところにこそ、本書の価値は見いだされるべきであろう。

（原題、Human Rights as Politics and Idolatry）

評・山下範久（北海道大学助教授）

Michael Ignatieff　47年生まれ。年初からカナダの下院議員。

二〇〇六年八月六日③

『子ども兵の戦争』

P・W・シンガー著　小林由香利訳

NHK出版・二一〇〇円
ISBN9784140811160

政治／社会／国際

「米兵の視点」での深刻さには違和感

現代の戦争における民間軍事企業の役割を指摘した話題作、『戦争請負会社』の著者による、最新作。本書では、昨今の戦争での未成年戦闘員の問題を取り上げる。

アジアやアフリカ、中東や中南米で、政府側もゲリラ側も、安価で「使い捨て」できる子どもたちを、拉致したり誘拐したり唆したりして、戦闘を長期化させている、と著者は論ずる。元子ども兵の証言は、どれも暗澹（あんたん）たる気持ちにさせられる内容だ。

著者は、子ども兵増加の理由をこう述べる。子どもにも使える小火器が世界的に普及したこと。冷戦後国内秩序を維持できない破綻（はたん）国家が増え、内戦が蔓延（まんえん）したこと。貧しい子どもたちは特に絶望感が強いこと。友人や家族を殺されたことで、生き残った自分への自責の念と復讐（ふくしゅう）心を強く抱くこと。戦うしか技能を持たない子どもが、戦うことを生業にするしかない環境におかれること。そして、そうした環境にある子どもを利用し戦いの道具にする組織が、至る所に存在するということ。

子ども兵問題の深刻さ、解決必要性が伝わってくるが、しかし、読み進むうちに違和感を覚える。本書の立ち位置が、子ども兵に向き合う外国軍、特に米兵の視点になっているのだ。子ども兵にどう向かい合うかに焦点が当てられ、子ども兵を生む途上国の問題、国際政治の矛盾への追究は途中で消えてしまう。

大人相手なら遠慮なく殺せるのに、殺すことに良心の呵責（かしゃく）を感じる子ども兵といかに戦わないですませるか、という問題であってはならないはずだ。国際社会の暗黙の了解のもとに、ふんだんに武器と大人の兵士を揃（そろ）えた侵略者や独裁者に対して、抑圧される側では子どもすら武器を取らざるを得ないという問題には、解決策は示されない。

子ども兵の訓練過程で、敵の命の安さ、殺すことへの鈍感さが教えられる、と著者は言う。それは実際には、世界に高価な命と安価な命がある、という現実を浮き彫りにしている。子ども兵は、国際社会のなかで一番安く、鈍感に殺されてきた社会層から生まれているのだ。

（原題、CHILDREN AT WAR）

評・酒井啓子（東京外国語大学教授）

P. W. Singer　ブルッキングズ研究所の上級研究員で、米軍顧問。

二〇〇六年八月六日④

『神風連とその時代』

渡辺京二著

洋泉社MC新書・一七八五円
ISBN9784862480361

歴史／新書

「神政」掲げた悲壮な武装反乱の真相

この一冊は一九七七年に福岡の葦（あし）書房から刊行されたきり、長らく絶版になっていた幻の名著の復刊である。思想史的に孤立し、敬遠されてきた神風連が、初めて理解可能になった思いがする。

神風連の乱は、明治九年十月二十四日の夜、神官太田黒伴雄（ともお）に率いられた熊本敬神党の同志百七十余人が決起し、「攘夷（じょうい）」と「神政」を呼号して熊本鎮台を襲撃した武装反乱である。

一党は西洋文明の象徴である銃砲を使用せず、刀剣と焼玉だけで襲撃を実行した。司令長官種田政明・熊本県令安岡良亮を殺し、鎮台兵約三百名を殺傷したが、すぐに鎮圧され、戦死二十八人・自刃八十七人・斬罪三人を出して、《組織的な自爆》といえるような悲壮な結末を迎える。

神風連の乱には、この時期に相前後して起きた佐賀の乱・秋月の乱・萩の乱と同様の士族反乱としては片づけきれぬ特異な要素がある。深い宗教性である。明治の徳富蘇峰さえこの党派を「保守的清教徒」「神秘的秘密結社」と評している。もともと「神風連」という呼び名も、世間がカミカゼだといって嘲笑（ちょうしょう）した戯称だったそうだ。

著者の立場は神風連と士族反乱との不連続性を強調し、思想的な核心を「信仰としての攘夷」に求めるところにある。「攘夷という政治的要求がじつは神学的原則の系にすぎぬ」とは名言だ。

神風連を動かした信念が国学者林桜園（はやしおうえん）の神学にあるという指摘なら以前からなされていた。著者の独創は「神事は本、人事は末」という教理を本居宣長の国学が産み落とした鬼子ととらえ、徹底した反政治的ラディカリズムを見出した点に発揮される。

桜園直系の太田黒伴雄は決起の可否すら「宇気比（うけひ）」という占いによる神意で定めた。肥後藩士族の軽輩層には時代の不如意が重くのしかかる。きっかけになった廃刀令は、攘夷を捨てた明治政府のもとで生きる実存的な不快感の臨界点だったにすぎない。

初版から三十年。神風連の歴史は、いち早くテロリズムと原理主義の親愛を予示していたかのように読める。

評・野口武彦（文芸評論家）

わたなべ・きょうじ 30年生まれ。日本近代史家。著書に『北一輝』など。

二〇〇六年八月六日⑤

『ひとがた流し』

北村薫 著

朝日新聞社・一六八〇円
ISBN9784022501998／9784101373317（新潮文庫） 文芸

静かに伝わる「生きる意味」

四十路の女性たちの物語である。〈自分が四十越えるなんて、百万年も先のことだと思ってた〉という学生生活をともに送った三人――アナウンサーの千波、バツイチ作家の牧子、そしてカメラマンの妻の美々が織りなす友情の物語でもある。

組織の中で働くオトナとして、年頃の娘を持つ母として、あるいは前夫の裏切りに傷つけられた妻として、三人は〈三原色のように違った生活〉を送りながらも、いまもお互いの家を行き来する付き合いをつづけている。物語の前半は、そんな三人の過去といまが、翳（かげ）りや謎をのぞかせつつ語られていく。

願い事を書いた「ひとがた」を川に流すという千波の故郷の風習から採られた題名にならえば、読者はまず、物語に流れる水そのものの清冽（せいれつ）さを味わうことになるだろう。男社会の中で生きていくこと、子どもの成長と巣立ち、学生生活の思い出の数々……北村薫さんの語り口はあくまで優しく、透明感にあふれた描写とともに、豊かなディテールを積み上げる。

三人の人生という「ひとがた」は、それぞれの軌跡を川面に描きながら、物語の中を流れていく。川の流れはときに渦を巻き、淀（よど）みもする。だが、「ひとがた」は決して川をさかのぼることはできない。ひとは誰も人生をやり直すことはできないのだ。

物語の後半、「ひとがた」の一つは仲間たちと別れ、ひとり海へと運ばれていく。川の流れをたどるなら、それは悲しみに満ちた物語になる。なのに読後には、とびきりの美しさに触れたよろこびが残る。登場人物の誰もが誰かを心配して、誰もが誰かのためになにかをしたいと願っているから――北村薫さん自身が見つめて、信じ、祈ってもいる「生きることの意味」が、きっと、そこにあるからだ。

千波は、美々の娘・玲に〈人が生きていく時、力になるのは何か〉と問いかけ、自ら答えを口にする。読書の時間を短い旅にたとえるなら、川べりの道を歩いてきた僕の旅は、その一言に出会うためのものだった。おそらく、それは、あなたにとっても――。

評・重松清（作家）

きたむら・かおる 49年生まれ。著書に『夜の蝉（せみ）』『スキップ』『語り女たち』など。

二〇〇六年八月六日❻

『昨日の戦地から　米軍日本語将校が見た終戦直後のアジア』

ドナルド・キーン 編　松宮史朗 訳

中央公論新社・二九四〇円

ISBN9784120037443　歴史／ノンフィクション・評伝

今も変わらない？「日本人の無自覚」

日本語を話せるアメリカ人なんて、第2次世界大戦直後の時期には、とても珍しい存在だった。本書の著者であるドナルド・キーンをはじめとする9名の米軍日本語将校は、そうした特別の人たちだった。彼らは、その頃本国ではほとんど関心を持たれていなかった日本やアジア各地から復員する日本軍の実像を、同時代のアメリカ人に知らせるために、意識的に手紙を書き残したのである。本書は、その当時の彼らの、40通の手紙の全訳である。

ここで描かれているのは、歴史の転換点に立って右往左往する日本人の姿である。著者たちは、アメリカ軍人や外国人の日本人に対する無理解に接すると、日本人のことを弁護したくなる人たちだった。しかし、自分たちに戦争責任があると感じていない日本人の姿勢や、教養ある日本人の間でも強い女性差別の態度に接すると、それに反発を覚えてもいた。ここには日本人への共感と反発との間を揺れ動く、彼らの心情も点描されている。

今の時点から見ると、彼らに接触を求める日本人には、地位ある人たちや知識人が圧倒的に多かったようにみえる。それは、彼らが占領軍の一員という特権的な存在だったことに関係するのだろう。たとえそれが日本語の話せる米軍将校であっても、彼らは日本の庶民にとっては、話すのに怖（お）じ気づくような存在であった。とはいえ彼らは、日本人に対する占領者の立場の特権性を自覚していて、自己批判的な視点が強くあることには驚かされる。

同時代のリポートを意図して編集された本書は、今では歴史の転換期の観測記録となった。本書で印象に残ったことの一つは、この当時の多くの日本人が、この戦争の結果として、日本が侵略した国民からのどんな反発と敵意にさらされることになったのかを、ほとんど自覚していなかったという点である。そしてこの点は、今も変わらないのかもしれない。その意味で本書は、戦後日本人がどんなに変わったのか、逆に変わらなかったかを示す鏡にもなっているのである。

（原題〝War-wasted Asia：letters, 1945-46〟）

評・赤澤史朗（立命館大学教授）

Donald Keene　22年米国生まれ。コロンビア大名誉教授。

二〇〇六年八月六日❼

『押入れのちよ』

荻原浩 著

新潮社・一五七五円

ISBN9784104689026／9784101230344（新潮文庫）　文芸

村おこしを描くユーモア小説『オロロ畑でつかまえて』（小説すばる新人賞）、若年性アルツハイマーを扱った感動作『明日の記憶』（山本周五郎賞）、ドタバタ調のクライム・コメディ『ママの狙撃銃』でお馴染（なじ）みの荻原浩の初の短篇（たんぺん）集である。何でもこなせる作者だけあってシリアスなサスペンスから馬鹿馬鹿しいホラーまで揃（そろ）っていて、読み応え充分（じゅうぶん）である。

ここには九篇収録されている。少女の視点から戦争のやるせない悲しみをえぐる「お母さまのロシアのスープ」、殺人計画を実行する夫婦の攻防を描く爆笑篇「殺意のレシピ」、十五年前に突然消えてしまった妹の事件の真相を知る「木下闇」もいいが、一番の出来ばえを示すのは「コール」だろう。

これは友人と妻の恋愛を応援せざるをえない〝僕〟の隠された動機をめぐる話だが、まず何よりも物語がひじょうに注意深く計算されているのがいい。しかも、中盤に大きくネタをわりつつ、なおかつ読者に切ない思いを抱かせて、ラスト一行でほろりとさせるのである。洗練された技巧、ひねりのきいたプロット、確かなテーマ把握、あざやかな着地という、本書におさめられた短篇たちの見本のような傑作だ。

評・池上冬樹（文芸評論家）

二〇〇六年八月六日⑧

『ヴェルレーヌ伝』

アンリ・トロワイヤ 著　沓掛良彦、中島淑恵 訳

水声社・五二五〇円　文芸／ノンフィクション・評伝

ISBN9784891765750

ヴェルレーヌといえば、「秋の日のヴィオロンのためいきの」や「巷（ちまた）に雨の降る如く」という名訳が反射的に思いだされるせいで、やるせない感傷にふける旧世代の詩人というイメージがあるが、「なによりも音楽を」と歌った彼の身上は、月並みな感慨を軽やかな詩的メランコリーへと昇華させる音楽的魔術にあった。

だが、その清冽（せいれつ）な霊感の噴水は深い泥水の源泉から湧（わ）きだしていた。彼の詩は噴水、生活は泥水だった。癒やしがたい酒乱で、男色女色の両刀を刃こぼれするほど酷使し、ランボーと地獄の夫婦のごとき修羅場を演じ、母と妻の間で引き裂かれ、晩年は二人の娼婦（しょうふ）に引き裂かれた。そうかと思えば、フランス語を英語なまりで発音するという独創的な英語習得法を開発した変な先生でもあった。

ヴェルレーヌ伝には専門の学者の大著もあるが、正確さを追求するあまり無味乾燥な事実の列挙になりがちだ。だが、本書はフランスを代表する伝記作家の手になるものだけに、じつに読みやすく面白い。

これほど愚かな一生を送った男があんなにも繊細で感動的な言葉の旋律をつむぎだす。そこに人間精神の神秘がかいま見える。

評・中条省平（学習院大学教授）

二〇〇六年八月六日⑩

『世界と恋するおしごと』

山本敏晴 著

小学館・一六八〇円　医学・福祉／社会／国際

ISBN9784093876407

医師である著者は、アフガニスタンなどで医療援助を続け、NPO法人「宇宙船地球号」を創設、40カ国以上でプロジェクトを実施してきた。その経験を生かして、本著では、シニア海外ボランティア、ユニセフ、NGOなどで、世界の人を助ける活動に就く20代から60代までの日本人男女に、インタビューを行った。

青年海外協力隊でエチオピアに派遣された女性は、現地では日本での常識が通じなくて、一から勉強して覚えていくことを「赤ちゃんになれる魅力」と話す。世界銀行で働いた男性は、多文化社会の中で、議論をし戦略を立てた充実ぶりを「世界中、あんな職場はない」と言い切る。

同時に、「国連機関で仕事を続けていくなら就職活動の繰り返し」「海外で何かしようと思ったら、全部自分でやる覚悟がいる」など、現場を知り抜いた人ならではの貴重なアドバイスも聞ける。

著者の「国際協力とは、世界のために自分の人生を使う生き方」「最初の一歩を始めることが大切。情報を集め、イベントに出かけ、目標となる『人』と出会おう」の声に力がこもる。国際協力など偽善ではないか、と疑う人に勧めたい。

評・多賀幹子（フリージャーナリスト）

二〇〇六年八月二〇日①

『バブル文化論〈ポスト戦後〉としての一九八〇年代』

原宏之 著

慶応義塾大学出版会・二一〇〇円

ISBN9784766412864

『東京大学［80年代地下文化論］講義』

宮沢章夫 著

白夜書房・二〇〇〇円

ISBN9784861911637／9784861914393（白夜ライブラリー）

歴史／社会

「消費」幻想VS.「かっこいい」ピテカン

1988年、日本全体の地価の総計は1164兆円で、この金を出せば、日本の25倍の広さをもつアメリカを二つ買えた。今となっては誰もが笑い話としか思えないこの虚構を信じえた時代が、日本の80年代である。

原宏之の『バブル文化論』によれば、80年代とは、こうした金銭的飽和状態を背景に、消費と所有によって他人とは異なる自己実現ができると信じた共同幻想の時代だった。簡単にいえば、ブランド（しるし）をつけ替えるだけで、新しい自分を創造できると思いこんでいたのだ。

その幻想を支えたのは、ブランドを中心に消費情報を主導した雑誌・テレビなどのメディアだった。西武百貨店がヒットさせた「おいしい生活。」というコピーは、まさにこのう

つろな消費スタイルを代弁するものであり、このときからデパートはモノではなく、消費のための情報を売る場所になった（安ければ安いほどいい実用品専門の百円ショップ、すなわち90年代型消費の正反対だ）。

だが、この「夢のような消費世界が決して幸福には直接結びつかな」かったというのが、『バブル文化論』の、ある意味では分かりきった、身も蓋（ふた）もない結論である。

というわけで、「80年代はスカ（はずれ、空っぽ）だった」と「別冊宝島」が特集を組んだほどに、80年代文化＝バブルという通説は一般化しているが、宮沢章夫が東大で行った『「80年代地下文化論」講義』は、その通説に収まらない視角を浮かびあがらせる。

題材は、82年に東京・原宿にできた日本初のクラブ「ピテカントロプス・エレクトス」（通称ピテカン）で、ここに集った音楽や美術やファッションや舞台関係の人々の営為を、宮沢は「かっこいい」のひと言で定義する。「バブル」と「おたく」と「スカ」の80年代に対するアンチテーゼである。

「かっこいい」とは個人的な趣味の問題である。それが時代に共有されれば一般的（ポピュラー）なものになる。だが、個人性と一般性をともに超えて普遍性を求めるとき、趣味は真の文化へと昇華される。そうした普遍性の探求を宮沢は「かっこいい」と形容し、一時期の「ピテカン」にそれがあったと主張する。西武百貨店＝セゾン系の文化の先で、現状に満足しない批評性を研ぎ澄ませば、ピテカン的なかっこよさに通じるだろう。

ピテカン的なかっこよさの対極には、おたく的な「内閉する連帯」があった。根暗なおたくはかっこいいピテカンに反感をもっていたが、同時に、おたくは「九〇年代的なインターネット的なコミュニケーション形式」（原宏之）の感覚的先駆者でもあった。

それゆえ、六本木のWAVEに象徴される西武セゾン系の流通業文化がつぶれたのち、おたく文化は森ビル系の不動産戦略と手を結び、同じ場所に六本木ヒルズを打ちたてる。おたく的インターネットの「内閉する連帯」が「かっこいい」文化を追い払った構図に見える、と宮沢章夫はつぶやく。だが、いままたヒルズ族にはバッシングの逆風が吹いている。この戦いの行方はどうなるのだろうか？

評・中条省平（学習院大学教授）

はら・ひろゆき　69年生まれ。明治学院大助教授。
みやざわ・あきお　56年生まれ。劇作家、演出家。

二〇〇六年八月二〇日②

『コルナイ・ヤーノシュ自伝　思索する力を得て』

コルナイ・ヤーノシュ 著　盛田常夫 訳

日本評論社・四九三五円
ISBN9784535554733　歴史／経済／ノンフィクション・評伝

「現実にこだわる」理論経済学を貫く

本書の著者コルナイ・ヤーノシュはハンガリー生まれのユダヤ人であり、社会主義経済の批判的研究で高い評価を受けた経済学者である。著者の家族はナチ支配による迫害を受け、父はアウシュビッツに送り込まれ、兄は労働キャンプに「狩り出され」て他界した。辛うじて生き延びた著者は、ソ連軍がドイツ軍とハンガリーの矢十字（ファシスト）党を粉砕した時には心の底から解放感を覚えたと言う。

戦後は共産主義者として党の機関紙でペンをふるう。しかし、取材を通して計画経済に内在する問題（不足の恒常化）に目覚め、研究者に転じて、なぜ社会主義経済の理論通りに計画や管理が機能しないかをテーマに学位論文を書いた。その直後にハンガリー動乱が起き、ソ連軍は今度は戦車で民衆を鎮圧し、ソ連の傀儡（かいらい）と化した党・政府は容赦ない粛清を続けた。

マルクス主義に批判的だった著者も執拗（しつよう）な尋問を受けたが、ハンガリー経済の

「現実」に依拠した研究を続けるために「国を離れなかった」。

理論経済学者の著者が「現実」にこだわったのは、本質的な点で現実と理論が乖離（かいり）している場合、修正されるべきは「理論」だという信念があったからだ。それが一般均衡論の非現実性を批判した『反均衡の経済学』、および計画経済の問題を「吸引（供給不足）」や「ソフトな予算制約」で分析した『不足の経済学』（未邦訳）などの主著に結晶している。

著者の分析は生産性の面で資本主義が社会主義を陵駕（りょうが）した背景にも及ぶ。不足とは正反対の過剰（モノ余り）が、生き残りを賭けた企業による、新技術や新製品の開発を促進したと指摘するのだ。

しかし、冷戦の終焉（しゅうえん）に伴う体制転換でハンガリーにも誕生した資本主義は、かつて人々が期待した社会主義と同様にユートピアではない。ハーバード大に招聘（しょうへい）されたときも一年の半分はブダペストに戻り、無給で研究することを条件にした著者は、権力の恐怖や富の誘惑に抗し、「思索する力を得て」、78歳の今も自らの眼（め）で見た現実を基に新たな課題に取り組んでいる。

（原題、A GONDOLAT EREJÉVEL）

評・高橋伸彰（立命館大学教授）

Kornai János　28年ブダペスト生まれ。ハーバード大名誉教授。

二〇〇六年八月二〇日③

『大地の咆哮（ほうこう）**　元上海総領事が見た中国』**

杉本信行 著

PHP研究所・一七八五円
ISBN9784569652344／9784569669113（PHP文庫）

政治／国際

外交の現場から見すえた巨大な隣国

著者は中国語の語学研修を受けた、いわゆる外務省チャイナスクールの一員であり、縊死（いし）した館員を抱き下ろしたと伝えられる前上海総領事。さる八月三日、肺がんにて死去した。痛みや薬の副作用と闘いながら、対中外交の実践を振り返り、渾身（こんしん）の力をふり絞って書いた現代中国論が本書である。

長いキャリアの間に目撃し体験したエピソードは豊富で資料的価値も高い。厳格な監視社会の中に暮らした、文化大革命期の北京や瀋陽での語学研修。その後の日中平和友好条約交渉の際、尖閣諸島に現れた二百隻の中国漁船には大陸の軍港から指示が出されていたという。さらに、世話係を務めたトウ小平の訪日や、交流協会台北事務所勤務での李登輝総統との交渉秘話など、興味は尽きない。

その後、経済担当公使として北京に勤務した経験をもとに、著者は一千万円程度の小プロジェクトを支援する草の根無償資金協力の拡大を主張する。基礎教育や公害など中国が抱える深刻な問題を隣国として看過せず、援助により問題提起して中国政府の予算配分の変化を導くという考えは傾聴に値する。また、上海総領事時代も含め、様々な問題に行き当たった日系企業を力強く、時に激しい姿勢で支援した様子は印象深い。

日中間には諸々（もろもろ）の問題が横たわる。著者によれば喧嘩（けんか）するのは簡単だが、相手にとって説得力のない理論を持ち出しても徒労に終わる。大事なのは農民の苦境や汚職腐敗の蔓延（まんえん）といった中国の内なる脅威を理解し、協力を通して相互尊重の関係を維持することだという。「そうしないと危なっかしくて仕方がない」。ここに日本の安全保障政策の基本があるという指摘は正鵠（せいこく）を射る。また、中国とバチカンが国交を樹立すれば、カトリックのミッショナリーが実状報告することで汚職腐敗を叩（たた）けるという着想には驚かされた。

全編を通して伝わってくるのは巨大な隣国との外交に体当たりで取り組んだ著者の熱情であり、経験に基づく知恵だ。チャイナスクールが対中外交を誤らせたという謬（びゅう）論は、本書によって粉砕された。

評・高原明生（東京大学教授）

すぎもと・のぶゆき　49年生まれ。外交官。元中国公使、前上海総領事。

『平和は「退屈」ですか』

下嶋哲朗 著

岩波書店・一五七五円
ISBN9784000247085／9784006032869（岩波現代文庫）

歴史／社会

戦争体験は伝わるか　対話と模索の記録

元ひめゆり学徒隊員の講演を聞いて「言葉がこころに届かない！」とある女子高生は言った。別の男子高生は言った。「戦争？　したっていいじゃん」。彼はわざと挑発的な言い方をしたのである。「戦争はいけない、平和は大切だ。こんなこと誰だってわかってる。わかりきったことを言い合って、わかりきった結論に達する。これってＷＨＹ？　を許さない学校の平和学習と同じじゃん」。俺（おれ）はその先へ進みたいんだ、と。

そうだよね。高校生じゃなくたって、私でもそう思う。

しかし、挑発された語り手たちの衝撃と失望は大きかった。若い人のこころに言葉が届かない。どうして？

両者の間の溝は深い。はっきりいって私は半ば投げていました。昨年、私立高校の英語の入試に、元ひめゆり学徒の証言を聞いた生徒が「退屈だった」と感じたという趣旨の問題が出て騒然となったけれども、「ありがたいお話を心して聞け」みたいなそういう態度が平和教育を失敗させたんじゃないの？　と。

でも、投げなかった人たちがいた！　『平和は「退屈」ですか』は投げなかった人たちによる対話と試行錯誤の記録である。「虹の会」と命名されたプロジェクトに参加したのは沖縄の高校1年生から大学4年生まで17名。そして元ひめゆり学徒の人々。２００４年夏から翌年の夏まで1年以上にわたる活動が若者たちをどう成長させ、ひめゆりの人々をどう変えたか。

学徒動員は強制だったというけれど、疎開という方法で拒否した生徒もいた。皇民化教育のおかげで動員されたと聞いていたのに、自発的に従軍したと主張する人もいる。対話の中で浮かび上がる数々の意外な事実。そのたびに若者たちは戸惑い考える。ひめゆりの人々の間にも緊張が走る。その過程は「戦争体験を語り継ぐ」という使い古された方法を再生させる、大きな可能性を示している。

靖国問題でゆれる夏。戦争体験者に残された時間は少ない。だが「体験」は語る人と継ぐ人の共同作業で鍛えられる。溌剌（はつらつ）とした若者たちが印象的。希望はあると思った。

評・斎藤美奈子（文芸評論家）

しもじま・てつろう　41年生まれ。ノンフィクション作家、画家。

『森のはずれで』

小野正嗣 著

文芸春秋・一八〇〇円
ISBN9784163249902

文芸

怖くて暗くて懐かしい「胎内小説」

「目」でなく、「耳」で読む小説である。読んでいると目が退化して、耳が異様に敏感になってくる。言葉のなかから、音が聞こえる。その音が立ち上げていく情景は、普段、わたしたちが見ているような、ピントのあった日常と少し違う。見えている表層の後ろ側に、何枚もの記憶の層が重なっていて、全体が、ぶれて震えているのである。

それは特定の個人の記憶というよりも、不特定な記憶の集合体という感触をもっている。胎児というものは羊水に揺られながら、こんな風景を夢見ているのかもしれない。

異国の小さな森のはずれに、「僕」と息子が暮らしている。息子はまだ小さい。妻は二人目を妊娠中で、出産のために実家に帰っている。二人の生活は、それ自体が、胎内的な空間である。森から聞こえる奇妙な音、奇妙な人々が、境界を安々と通過して、家の内へと侵入してくる。

四編の連作で構成されているが、なかでも、「古い皮の袋」が一番怖い。メンドリに喰（く）らいついた小犬・アブリルを処罰するため、古い皮の袋に、両者を入れて棒で叩（たた）きのめす農夫。かつて見たというその記憶を、息子は父にありありと語る。彼はそれをどうやら胎内で見ていたらしい。

古い皮の袋のまっくらな内部――わたしもかつて、そこにいた。まだそのなかに、いるような気もする。

物語が進行していくに従って、妻の胎内でむくむくと育っていく、生命の存在が感じられるが、一方でそれが外界へ出てこられないよう、押し込めておこうとする無言の敵意や悪意も漂う。

確かに、小説では最後まで妻が戻らず、当然、赤ん坊も生まれた気配はない。妊娠は永遠に続くのである。胎児は、ずっと胎児のまま、胎内でじわじわと老人になり朽ちていくのか。この世に現れ出なかったその「胎児」こそが、この物語の真の統率者であったような気がする。

大人が堪えて生きている哀（かな）しみが、透明なものとしてここに結晶している。

赤ん坊のように大声をあげて泣きたくなった。怖くて懐かしい「胎内小説」だ。

評・小池昌代（詩人）

おの・まさつぐ　70年生まれ。作家。『にぎやかな湾に背負われた船』で三島賞。

二〇〇六年八月二〇日⑦

『インドネシア　イスラームの覚醒』

倉沢愛子 著　洋泉社・二三一〇円

ISBN9784862480330　歴史／社会

「ローニン（浪人）」と「ジバク（自爆）」――。インドネシア語化されたふたつの日本語が、読後、忘れがたい印象を残す。

「ローニン」が学ぶのは日本の代々木ゼミナールを模した学校（四十五校もある！）だが、単なる予備校ではなく、イスラムの宣教を基礎に置く。一方の「ジバク」は戦争を知る世代に馴染（なじ）み深い単語で、しかし、こちらはバリでの爆弾テロで蘇（よみがえ）った。新旧日本語に通底するのは、イスラムである。

従来の近代化論では、経済発展が進むと、信仰への関心は薄れるはずであった。ところが、インドネシアでは一九九〇年代以降、日常生活でのイスラム化が色濃くなり、特に都市部の高学歴者のあいだで目立つ。この世界最多のイスラム人口を抱える国で何が進行中なのか。

ジャカルタに長年在住し、インドネシア研究では定評のある著者の報告は、事件や現象を追うことに汲々（きゅうきゅう）とするマスコミ報道とは異なり、たしかに変わりつつある時代の潮流をミクロとマクロの視点から冷静に伝えている。

著者は、インドネシアのイスラム国家化はまずないと言うが、近年のキリスト教徒への迫害を見ると、急進化への危惧が私には拭（ぬぐ）いきれない。

評・野村進（ジャーナリスト・拓殖大学教授）

二〇〇六年八月二〇日⑧

『歴史に気候を読む』

吉野正敏 著　学生社・二一〇〇円

ISBN9784311202964　歴史／科学・生物

歴史の一場面を書くときには、できるだけ気候を調べる。ある大事件当日、天気はどうだったか。その限りでは、気候は歴史の単なる背景だ。

しかし本書を読むと、その関係が逆転する。気候が歴史を動かすのである。少なくとも、歴史の舵（かじ）取りに決定的な影響を与えてきたことがわかる。

取り上げられる話題は、孫子の兵法、アンコールワット遺跡、ヴァイキングの活躍、川中島の合戦などと一見いかにも飛び飛びであるが、よく読むと巨視的な構図の向（むこ）う側に一つのテーマが見え隠れしている。もしかしたら本書の《影のテーマ》は、地球温暖化の問題なのではなかろうか。

世界の気候は九～十一世紀が温暖のピークだったそうだ。著者によれば、東アジアで唐が栄え、日本で平城・平安両王朝が確立し、東南アジアにアンコール文明が花咲き、北西ヨーロッパでヴァイキングの活動範囲が広がったのはその条件と無関係ではない。それ以後、一七〇〇年を低極とする低温の時代を迎えたとされるのである。「一九八〇年代以降のいわゆる地球温暖化については、ここではふれない」とあるのが何だか不気味だ。人類に最初の経験ではないが、文明は無事では済まないと歴史が語っている。

評・野口武彦（文芸評論家）

二〇〇六年八月二〇日⑨

『サバイバル登山家』

ノンフィクション・評伝

服部文祥 著

みすず書房・二五二〇円
ISBN9784622072201

みんながみんなネットでつながり、どこまでが自分の頭で考えたことなのか、自分の力で作ったものなのか、境目がわかりにくくなっている。そんな時代に、自分ひとりで何ができるかを考えぬき、実行する36歳の登山家の手記だ。

濃ゆい人。うっとうしいぐらい存在感がある。なのに彼は欲する。「生命体としてなまなましく生きたい。自分がこの世界に存在していることを感じたい」

うわっ、もう十分存在してるよと思うのだが、他人がいうのでは駄目らしい。自分自身が実感せねば。

彼は山に登る。知床、日高、アルプスへ。装備を持たないサバイバル登山だ。乾燥米を盗んだキタキツネを今度会ったら食ってやると憎み、「岩魚（いわな）の口に引っかかっているのは僕の意志だ」といってかぶりつく。自分のしていることは遊びかと問う冷静さもある。この冷熱の往復運動が、本書を読みごたえのある挑戦的な文明論に仕上げている。

重装備でK2登頂を成し遂げた反動とか、平和な時代の自分探しとか、いろいろ人はいうだろう。私はただこんなやつがいるというだけで愉快だし、嫉妬（しっと）するほど文章がうまいから、彼の本は次も要チェックと思った次第。　評・最相葉月（ノンフィクションライター）

二〇〇六年八月二〇日⑩

『ヒトの変異』

科学・生物

アルマン・マリー・ルロワ 著　築地誠子 訳

みすず書房・三三六〇円
ISBN9784622072195

子が親に似るのは遺伝である。もっとも、母親と父親の遺伝的な性質が混ざり合うにあたって、その調合は偶然に左右されるため、一卵性双生児を別にすれば、瓜（うり）二つの兄弟、姉妹は存在しない。これが遺伝の妙であり、そのおかげでこの世は多様性に満ちている。

遺伝学は、突発的に生じる変わり種、言うなれば「異常」な変異に注目してきた。この突然変異（ミュータント）の研究により、さまざまな遺伝の仕組みが見つかってきたのだ。

その結果わかってきたことは、正常と異常は紙一重だということだった。いやそれどころか、生死にかかわる変異を別にすれば、正常と異常を分けることとさえ難しい。

本書は、気鋭の進化発生生物学者が語る、ヒトの突然変異探求の歴史と最新研究の成果に関する読み応えのある科学書である。かなりショッキングな事例も紹介されているが、逆にそうした事実は、発生すなわち受精から誕生までの過程の精妙さ、すばらしさを教えてくれる。

程度こそ違うが「私たちはみなミュータントなのだ」という著者の言葉は、そうした最新の知見に支えられてこそ発することのできる、重みのあるメッセージである。

評・渡辺政隆（サイエンスライター）

二〇〇六年八月二七日②

『女人蛇体　偏愛の江戸怪談史』

歴史／文芸

堤邦彦 著

角川学芸出版発行、角川書店発売・二八三五円
ISBN9784047021334

不気味で哀れ　男への復讐の物語

女人蛇体という言葉は、原形的にエロティックで危険なイメージに満ちている。

どうも有史以来、この国の女性の一部は、極限の心理的・感情的条件のもとで蛇に変身して男に復讐（ふくしゅう）するらしい。いちばん有名なのは道成寺伝説だが、その他多くの《蛇になる女》の物語は、古代から江戸時代まで繰り返し出現して途切れることがない。

近世怪談の研究者である著者は、オソレという感覚からこの永遠の主題に迫ろうとする。民俗学風の語法に見えるが、実際は著者独得（どくとく）の用語である。大まかな枠組みをいうなら、古代・中世の説話では神仏に対する畏怖（いふ）であったオソレが、近世文学に至って生身の女に対する恐怖に変わったという論旨だ。

いったい何人の蛇婦が仏教の力で救われて成仏したことであろう。それも束（つか）の間（ま）、次の時代にはまた新たな蛇霊・蛇妖・蛇淫（じゃいん）の物語が生まれ出る。女の髪は無数の小蛇になってうごめき、帯が蛇になってするすると辷（すべ）り出し、芝居の舞台に

も全身に鱗（うろこ）をまとった幽霊が登場する。著者はありきたりの《共同幻想》などでは安直に説明しない。男女の愛憎にまつわる「家庭生活の底無し沼」が現前した姿と見るのである。

　この種類の蛇が棲息（せいそく）するのは、主として「閨（ねや）の薄暗がり」である。紹介される妖怪絵本『今昔百鬼拾遺』の一画面で、屏風（びょうぶ）越しに男女交情の場面を覗（のぞ）き込む女の幽霊の下半身が蛇身になっているのは、不気味だが哀れを誘う。

　学者がつらいのはハイライトを自分で創作できず、作品の引用で盛り上げなくてはならないことだ。豊富な例話を取り揃（そろ）えた実証は手がたく、構成も整っているが、惜しむらくはパズルを完成する何か決定的な一片が揃っていない印象が残る。いつか幻の名作が紹介されるに違いない。

　ある日突然、女がいきなり脱皮して、鱗の生えた素肌もあらわに巻き付いてくる。男の潜在意識にまどろむこのオソレこそ、男女の間に《恐怖の均衡》を保つ一筋の糸ではないか。碩学（せきがく）の著者が解き明かすのは、怪談が語る江戸の人性観察である。

評・野口武彦（文芸評論家）

つつみ・くにひこ　53年生まれ。京都精華大学教授。

二〇〇六年八月二十七日❸

『野蛮（バーバリズム）の世紀』

テレーズ・デルペシュ著　中谷和男訳

ＰＨＰ研究所・二二〇〇円

ISBN9784569654447

人文

欧州の内向きの平和主義に警鐘鳴らす

　かつて自由と民主主義を求めて専制と戦ってきたヨーロッパはもう存在しない。現在のヨーロッパは、世界のあちこちに巣くう独裁や恐怖の体制に目をつむり、歴史から隠居して、内向きの平和主義に耽（ふけ）っている――。これがイラク開戦を前に「古いヨーロッパ」を批判したラムズフェルド米国防長官や、『ネオコンの論理』の著者R・ケーガンの言葉なら驚きはない。しかし、フランスの核問題専門家の言葉だったとしたら？

　本書の議論は、スターリニズム、ナチズムを筆頭に、毛沢東、ポル・ポト、金日成、サダム・フセインといった専制のリストで始まる。そのリストは、1905年――著者によればこの年こそヨーロッパが「歴史から隠居」しはじめた象徴的な年である――を起点とした政治的暴力の20世紀史を描き出し、返す刀で今後20年間にわたるいくつもの専制の危険に激越な警鐘が鳴らされている。曰（いわ）く、ロシアはKGBの亡霊とマフィアに牛耳られた暴政国家だ。曰く、中国は毛沢東の負の遺産を全く反省しない人命軽視国家だ。北朝鮮やイランは言うに及ばず、パキスタンも油断ならない。これら現にある専制にヨーロッパが立ち向かうか否かが、「野蛮化」から世界が救われるか否かの決定的な岐路なのである……。

　本書を核問題専門家の率直な軍事的リアリズムと読むか、ステレオタイプでイデオロギー的な世界観に基づく好戦的アジテーションと読むかは、読者によって大いに評価の分かれるところであろう。しかし留意しておきたいのは、本書のような議論が、「古いヨーロッパ」の内部でも決して泡沫（ほうまつ）的な少数派ではないということである。そして日本においてもまた、同種の言説は、決して極論ではなくなってきている。

　時事性の高い本書を、鮮度の失われぬうちに日本の読者に届けようとされた訳者の努力には敬意を忘れたくない。それだけに、年号の誤記や固有名詞の表記のゆれ、訳注の妥当性の吟味など、もう少し慎重に編集が行われていれば除きえた不体裁が散見されたことが惜しまれる。

（原題、L'ENSAUVAGEMENT）

評・山下範久（北海道大学助教授）

Thérèse Delpech　イギリス戦略問題研究所の研究員。

『アーニー・パイルが見た「戦争」』

ジェームズ・トービン 著　吉村弘 訳

芙蓉書房出版・二三六〇円　歴史／ノンフィクション・評伝
ISBN9784829503805

「軍服を着た市民」描いた従軍記者

戦争中、僕の妻の父が出征していたとき、義母はたびたびニュース映画を見に行ったものだと聞いたことがある。それは映像のどこかに、自分の夫の姿が写っていやしないかと思ったからである。

アーニー・パイルは第2次世界大戦期のアメリカで、兵士とその家族に最も人気のあるコラムを書く従軍記者だった。その人気は、誰からも注目されない平凡な兵士である夫や息子について、彼が報道してくれるのではないかという期待と結びついていた。その彼自身も、目立たない風貌（ふうぼう）の人だったという。

多くの従軍記者が戦況報道を追いかけて、司令部の広報担当官の発表に群がっていたのに対し、彼はあくまで現場で兵士たちの姿を報道することにこだわっていた。彼が訪れた現場には、銃火を交える前線だけでなく、目につかない後方の兵器の修理部門もあった。彼は米軍兵士たちを、「軍服を着た市民」として描いたといわれている。戦争前に彼は、移動記者としてアメリカの全土を回り、数千人の市民と出会いコラムに書いたが、この経験が兵士たちのコラムにつながったのである。

ベトナム戦争を経た後の視点からすると、アーニー・パイルが描いた「戦争」は、彼が実際に見た、凄惨（せいさん）な戦場のすべてを報道していたわけではなかったことが分かってくる。彼は死者を「静かに眠る」ものとして描写し、ちぎれた肉片や酷（むご）い傷を書こうとしなかった。そこで兵士は、困難な状況の中で生き抜く、希望を感じさせる姿で描かれており、それは軍当局にも大いに受け入れられるものだった。彼の記事は、アメリカ人にとって「よい戦争」と記憶される第2次世界大戦観を形作るものであった。

ただ、アーニー・パイルの記事には、兵士たちの孤独や恐怖や疲労も描かれていた。その彼は、45年4月に従軍死した。本書は、戦争の重圧に押しつぶされそうになりながら、たえず現場に戻っていこうとした彼の姿を伝えている。兵士の「友」であろうとした戦争ジャーナリストの持つ意味と問題性は、今も問われ続けているといえよう。

（原題、ERNIE PYLE'S WAR）

評・赤澤史朗（立命館大学教授）

James Tobin　56年生まれ。マイアミ大準教授。

『国債の歴史』

富田俊基 著

東洋経済新報社・六三〇〇円　政治／経済
ISBN9784492620625

小泉政権で150兆円増の残高のツケは

日本の国債残高は06年度末で542兆円に達する見込みだ。対国内総生産（GDP）比では第2次大戦中の水準に並び、G7諸国の中でも最悪の借金国だ。なのに、国債金利（10年物新発債）はこの7月のゼロ金利解除後も2%を下回っている。膨大な財政赤字を抱えながら歴史的な低金利を維持している日本国債の信用力（償還の確実性）は、一見すると高く見えるが、実態は違うと著者は言う。冷戦が終焉（しゅうえん）した90年代以降、いずれの主要国でも国債金利は大幅に低下しているからだ。

そこで「同一の貨幣で元利金が支払われる」各国の国債金利を比較すると、円建てイタリア国債のほうが日本国債よりも低く、イギリス国債よりもポンド建て日本政府保証債のほうが高い。こうした金利差を見れば、日本の信用力が欧米の主要国より劣っているのは一目瞭然（りょうぜん）である。

本書によれば、国の借金である「国債の歴史はきわめて新しい」。なぜなら、どの国でも国債の信用力を支えているのは、「議会が決めた」税収を担保とする償還財源だからだ。国債の誕生には寿命のある国王に代わり、イギリスの名誉革命を嚆矢（こうし）とする恒久的な議会の創設が必要だったのだ。そこに、国債は「国の政治を体現し」、金利は「国の未来」に対する市場の評価だと言われる理由がある。

その典型が、過去の戦争と国債金利の関係に示されている。国債と言えば第2次大戦までは戦費の調達手段であり、時々の金利には市場による勝敗の予想が反映されていた。市場は常に正しかったわけではないが、市場の声を無視した多くの国は戦いに敗れ、国債もデフォルト（債務不履行）したという。

誕生以来、「国の歴史を映してきた」国債の教訓は、戦争を財政赤字に置き換えれば現在でも通用する。実際、5年半に及ぶ小泉政権の間に国債残高は150兆円近くも増え、新たな償還財源の手当てを怠ってきた日本の「未来」に対する、国際金融市場の評価はきわめて厳しい。その意味で財政再建は待ったなしの政策課題だ。それが本書を貫くメッセージである。

評・高橋伸彰（立命館大学教授）

とみた・としき　47年生まれ。中央大教授。著書に『経済政策の課題』など。

二〇〇六年八月二七日❻

『旅する巨人宮本常一　にっぽんの記憶』

人文

読売新聞西部本社 編

みずのわ出版・三一五〇円

ISBN9784944173389

民俗学者が写した昭和の風景の「今」

企画が抜群の本だ。主役は、生涯の4000日を旅に暮らした民俗学者・宮本常一と、彼の写真で切り取られた昭和の懐かしい風景及び人物達（たち）。

「多くが、やがて消えゆくに違いない」との思いから、宮本は民俗調査や農業指導で訪ねた先々で、様々なものにレンズを向けた。本書はそこに記録された風景と人物を追い求め、宮本生誕の地・山口から九州まで彼の足跡を多くの新聞記者が取材したルポだ。

貧しくも、自然の美しさと心の豊かさがどこにもあった。戦後から高度成長期を挟み、激しく変貌（へんぼう）した日本。物質的豊かさを獲得した一方、失ったものは大きい。宮本が撮った写真と、同じ場所の今を取材した記者達の思いのこもった文章は、この30年、50年の間に日本人が何をどう失ったかを強烈に訴えかける。

撮影場所の多くは、離島や辺鄙（へんぴ）な町や村。高度成長から取り残された所だ。宮本の古い写真には、まだ元気だった農業、牧畜業、林業、漁業、製塩業など、日本を支えた第一次産業と結び付く風景が活写されている。今残っていれば、自然と人間の営みが調和した文化的景観の価値を持つものばかりだ。

開発で道路や橋が建設される以前、宮本が訪ねた離島や海辺の古い町や村には、港に船の賑（にぎ）わいがあった。連絡船でだけ他の地域と経済も文化も繫（つな）がっていた。宮本は生活改善のため橋や道路の建設を応援はしたが、地域の自立こそが重要だと説いた。だが現実には、便利になるほど都会に力を奪われ過疎が進んだ。

シャッター通りと化した商店街の賑わいも今は懐かしい。山口県柳井の町での宮本の観察眼は鋭かった。彼に批判された銀座の名前をもつ商店街は今や寂れ、逆に評価を受けた無名の伝統的町並みが観光の切り札となっている。宮本は優れた民俗学者である以上に、地域の生き方に対し慧眼（けいがん）を示し、彼の言葉が地元の人々を勇気づけたのだ。

人口減少化の成熟社会を迎えた日本。小さな町の自立や生活を切り捨て、首都圏や大都市への集中をこのまま続けてよいのか。本書はそう問いかけているようにも見える。

評・陣内秀信（法政大学教授）

九州、山口各県の支局、総局などの記者31人が執筆。

二〇〇六年八月二七日⑦

『本朝金瓶梅』

林真理子 著

文芸春秋・一三八〇円

ISBN9784163251301／9784167476335(文春文庫)

文芸

中国で何度も発禁になった恋愛古典「金瓶梅」に着想をえた時代小説だが、作者は江戸を舞台に自由に物語を紡いでいる。

主人公は、札差業を営む無類の女好きの西門屋慶左衛門。寄ってくる女だけでなく、あちこちの女の噂(うわさ)をきいてはものにすべく奔走する。そんな慶左衛門に見初められたのが、人妻おきん。彼女は亭主を殺して、慶左衛門の妾(めかけ)となるものの、愛人はほかにも沢山(たくさん)いて、冷戦が繰り返される——。

「金瓶梅」だから性描写が多い。慶左衛門の頭の中には女と寝ることしかなく、愛人たちはいかに他の女たちよりも多くの寵愛(ちょうあい)をうけるか策をめぐらし、ときに罠(わな)を仕掛け、ときに殺人も辞さない。どこまでも淫(みだ)らで、放恣(ほうし)で、意地が悪く、とことん欲が深い。それなのに決して不快な印象はなく、むしろ微苦笑を覚えつつ読んでしまうのは、作者が、惑い多き凡夫たちの願望を包容力たっぷりに描いているからだろう。つまり〝思う存分に色ごとにふける〟ことの愉(たの)しさと卑しさと苦しさを冷静かつ悠々と捉(とら)えているからである。

きわめてポルノ的であるが、同時に人間への洞察に富む優れた笑劇である。ボリュームアップした長篇(ちょうへん)を読みたいものだ。

評・池上冬樹(文芸評論家)

二〇〇六年八月二七日⑧

『神話の心理学　現代人の生き方のヒント』

河合隼雄 著

大和書房・一五七五円

ISBN9784479791676／9784006003470(岩波現代文庫)

文芸／人文

神話とは一体何なのだろう。どんな力がそこにあるのか。そして私たちの生き方や人生に、それはどのような働きを及ぼすのか。神話離れの時代に危機感を覚える著者が、「神話」という無尽蔵の井戸にしまわれた意味を、凝縮されたヒントの形で語る。そこから何をどのように汲(く)み上げるか。読者それぞれに挑戦を促す一冊である。

「人間存在のもっとも根源的なことにかかわることが、神話に語られている」と著者は言う。だからそれを読むほうにも、「人間全体の力が要(い)る」と。

紹介されている各国の神話には、荒唐無稽(こうとうむけい)で野性味をもった話が多い。例えばインドネシアには、花の上に生まれた女の子・ハイヌヴェレが、地面に掘られた穴に落とされて死に、その死体を切断して別々の場所に埋めたところ、各部分が様々な芋類(いもるい)になったという神話があるそうだ。ここから著者が導くのは「何か新しいものが生み出されるために死(殺人)が存在しなくてはならない」という生と死の逆説。

子捨て、子殺し、親殺し、密通、姦計(かんけい)、盗みなど、神話には悪の行為が満載だが、その悪が創造の起爆力として働くことも。神話に描かれた象徴的行為には、深遠な智恵が隠されている。

評・小池昌代(詩人)

二〇〇六年八月二七日⑨

『テレビ政治』

星浩、逢坂巌 著

朝日新聞社・一二六〇円

ISBN9784022599001

政治／社会

小泉政権が間もなく終わろうとしている。5年前に小泉政権が誕生した当時、小泉首相の党内基盤は決して盤石だったわけではない。首相を支え続けたのは、支持率の高さであった。その源泉は、小泉首相独特のメディア・パフォーマンス、別名「小泉劇場」だとされる。特にその舞台を提供したテレビは、小泉政治のお先棒を担いだと非難を浴びることとなった。

では、小泉政権に見られる政治とメディアの関係性とは、どのようなものか。テレビ出演も多い朝日新聞の編集委員と東大の若手政治学者が、テレビが発する政治情報の今日的意味を検証したのが本書である。

著者らは、政治情報は、55年体制下では政官の玄人・業界向け情報であったが、80年代以降は、素人・平場向けの説明・説得力が求められるようになったと分析。この変化の過程で政治的影響力を強めていったのがテレビであり、特に小泉首相は、圧倒的なテレビ露出により、イメージ戦略を徹底した。いま、「政治」を扱うメディア間の関係性も揺らいでいると分析する。実力以上の影響力を持ったテレビの政治報道に対し、中身の充実、討論性・国際性の重視などを説く。これは、他のメディアに共通する課題でもある。

評・音好宏(上智大学助教授)

二〇〇六年八月二七日⑩

『プロ野球・燃焼の瞬間　宮田征典・大友工・藤尾茂』

澤宮優 著　現代書館・二一〇〇円

ノンフィクション・評伝

ISBN9784768469279

短い栄光の時を持つ巨人軍のエース（宮田征典、大友工）と捕手（藤尾茂）を描く連作ノンフィクション。

インタビューと史料を交錯させる作品スタイルだが、サラリーマンとの二足の草鞋（わらじ）を履く昭和39年生まれの著者の立ち位置がプラスに作用している。

この本が出た後、病没した宮田は、インタビューの最後に差し出される色紙に「八時半の男」と書いて照れくさそうに笑い、著者は「四〇年前の思い出が今もこの人の中に生きており、その後の指導者としての人生を支えてくれているという思いが改めてした」と記す。

昭和30年に年間30勝を挙げた大友は、大正14年生まれ。野球人の一番大切な言葉として「努力」を挙げ、それを色紙に書いた。今のプロ野球に対する感想を求められて「ほとんど見ていない。おもしろくないですネ」と呟（つぶや）く。

最も多くのページを割いた最終章では、藤尾とV9捕手森昌彦とのレギュラー争いの真相が検証されていく。斬（き）り捨て御免の非情な組織であることが明らかにされながらも、伝説の捕手は色紙に「読売巨人軍　藤尾茂」と大書する。

戦後日本人の光と影を重ねようとする著者に、胸襟を開く老雄たちの姿が麗しい。

評・佐山一郎（作家）

二〇〇六年九月三日②

『禿鷹狩り』

逢坂剛 著　文芸春秋・一八九〇円

文芸

ISBN9784163248905／9784167520113（文春文庫〈上〉）・9784167520120（〈下〉）

悪徳刑事男女の攻防　驚きの結末へ

ここには外面描写を徹底したダシール・ハメットが、鮮烈なサディズムとエロティシズムを追求したハドリー・チェイスが、ギャングたちの心意気を気高く描いたフィルム・ノワールの記憶がこだましている。しかも逢坂剛らしい鮮やかなキャラクター、卓越した技巧、ダイナミックなアクションとともにだ。

主人公は禿富鷹秋（とくとみたかあき）、通称ハゲタカ。渋谷神宮署の生活安全特捜班の警部補だが、実は暴力団も手玉にとる冷酷非情な悪徳刑事だ。そんなハゲタカの前に、女性刑事岩動寿満子（いするぎすまこ）があらわれる。岩動は女ハゲタカともいうべき悪徳刑事で、署から禿鷹を追い出すべく次々に罠（わな）をしかけてくる。

『禿鷹の夜』『無防備都市』『銀弾の森』に続く禿鷹シリーズ第四作で、いきなりクライマックスだ。時間があれば第一作から読んだほうがいいが、単独でも充分（じゅうぶん）に愉（たの）しめる。禿鷹と岩動との対決という前三作とは関係のない物語がメインで、虚々実々の息詰まる攻防が最後まで続き、読み始めたらやめられなくなるからだ。特に圧倒的なのは、関係者一同が対峙（たいじ）する終盤だろう。互いの生存をかけた戦いが、凄（すさ）まじい迫力とともに活写される。息をのむほどの緊迫感にみちていて、まさにシリーズのハイライトだ。

残念ながら本書で禿鷹は退場するが、シリーズは終わらないだろう。作者の代表作の百舌シリーズ（『百舌の叫ぶ夜』『幻の翼』）が公安シリーズから神宮署シリーズに転化したように、禿鷹シリーズも神宮署シリーズに転化していく気がする。そのための布石があちこちにある。

ともかくシリーズなのに、どこから読んでも面白く、小気味いいひねりをきかせて、驚きの結末へと持っていく。小説の視点が曖昧（あいまい）な小説が幅をきかせているが、逢坂剛は厳格に人物の視点を守り、徹底した外面描写で、禿鷹の心理を一切描写しない（唯一エピローグで彼の真意を知ることになる）。洗練されつくしたスタイルで、凄絶（せいぜつ）な暴力と散華を描ききっている。映画に奪われた〝活劇〟の面白さと昂奮（こうふん）を、久々に小説に呼び戻した傑作シリーズの白眉（はくび）。これぞ最高の犯罪小説だ。

評・池上冬樹（文芸評論家）

おうさか・ごう　43年生まれ。『カディスの赤い星』で直木賞と推理作家協会賞。

二〇〇六年九月三日③ 社会

『刺繍 イラン女性が語る恋愛と結婚』

マルジャン・サトラピ 著
山岸智子 監訳 大野朗子 訳
明石書店・二四一五円
ISBN9784750323619

社会の重圧笑いとばし、たくましく

現代イランの恋愛・結婚事情を、えぐみのある絵と率直な言葉で、痛快に描いた本である。

昼食会が終わった後、いつもどおり昼寝にいく男性陣。残された女たちは後片付けを終えると、サモワールで沸かしたお茶を飲みながら、「心の換気」と称するおしゃべりに花を咲かせる。陰口や愚痴、告白、涙……。でもこれがまったく陰湿じゃない。自らの手痛い経験までも、すべて激烈な喜劇として、あられもなく、笑い飛ばす。

処女性に重要な価値があり、結婚は親の意向が重視されるなど、女性にとっては重圧の多い国。女たちはその現実に、様々な策を弄（ろう）して抵抗してきたのだ。

ある女性は、家事と亭主の世話にあけくれる「妻」より、「愛人」でいるほうが最高と言い、処女を失ったことを悔やむ女性に「これで好きなだけセックスをしても、誰にもわからないわよ。この下にはメーターなんかついていないのよ！」と自分の下腹部を指差しつつ激励する（なるほどねえ、メーターか）。

また、ある女性は、自分の尻の脂肪を胸にまわして豊胸・痩身（そうしん）の整形手術をしたことを告白し、「でも、あのばかは（夫のこと）、私の胸にキスするたびに、実はお尻にキスしているんだってことを知らないのよ」（どひゃー）。

ちなみに、本の題名は処女膜などを縫い直す意味の隠語。部分刺繍（ししゅう）もあれば全面刺繍もあるとか。「案外たくさんのひとがしてるのよ！」

一座の最年長の婦人は言う。「人生っていうのは……馬の上に乗る時もあれば、馬を背負う時もある」。その「馬」の感触、イラン女性ならずとも、身に覚えがあるはず。

現在、核開発やテロ組織支援などで、危険な強気を誇示するイランだが、一方、本書に見る女たちの報復には一神教の閉鎖的な共同体に、風穴を通す陽気さがある。自国の政治をどう思うか、彼女らに本音を聞いてみたい。

筆のタッチで描かれた絵は、人物の目や皺（しわ）の表情に、生々しい魅力が。漆黒の優（まさ）る独特の絵柄に、わたしはアジア的な懐かしさを覚えた。

（原題、BRODERIES）

評・小池昌代（詩人）

Marjane SATRAPI 69年イラン生まれ。作家。パリ在住。原作はフランス語。

二〇〇六年九月三日④ 人文／社会

『「知識人」の誕生』

クリストフ・シャルル 著 白鳥義彦 訳
藤原書店・五〇四〇円
ISBN9784894345171

ドレフュス事件で浮上した新階級

イスラエル軍のレバノン空爆が激化するさなか、パレスチナ出身の故エドワード・サイードが一九九四年に刊行した『知識人とは何か』を読みなおした。そこで彼は、今日あるべき知識人を亡命者にしてアウトサイダー、権力に屈せず専門領域に閉じこもらないアマチュアと再定義している。メディア戦略にも敏感だったサイードは、東と西、少数派と多数派のみならず、現実と虚構の境界線を問い直す代表的な知識人だった。

本書の著者シャルルは、そんな「知識人」概念が、一八九四年に第三共和制のフランスで起こった「ドレフュス事件」をきっかけに生まれたいきさつを比較社会史的に説き起こす。それは、ユダヤ系の将校ドレフュス大尉が軍の機密を記した「明細書」をドイツへ流したというスパイ容疑で逮捕され、えんえんと裁判が行われるも、肝心の文書が偽造のためドレフュスが冤罪と決まり、名誉回復がなされるまで八年もの歳月を要した事件である。普仏戦争に付随する反ドイツ感情ゆえにドレフュスがスケープゴートにされたのだとする

説もあれば、ハンナ・アーレントのように、それはじつは、パナマ運河疑獄にユダヤ人がからんでいたことの余波なのだとする説も力強い。

かくして、ドレフュス派が民主主義に基づき真実を明らかにするという大義名分を掲げるいっぽう、反ドレフュス派はそれ以上に国家を中心にした秩序の維持を優先させるという対立が露呈した。前者に与（くみ）する自然主義作家エミール・ゾラは一八九八年にドレフュス再審を求める宣言「われ弾劾す」を発表、その賛同者の署名運動が後者の陣営より「知識人の抗議文」と呼ばれたところから、今日でいう「知識人」が成立する。

人種をめぐる論争は、先行する「文人」の役割を発展させながら、ときに「エリート」とも対立しつつ「真のエリート」を自負するような新しい階級を浮上させた。

ゾラが当時最先端の科学を意識した文学者だったことを考え合わせるなら、本書の知識人像は、いまなお啓発的に映る。

（原題、NAISSANCE DES "INTELLECTUELS"）

評・巽孝之（慶應大学教授）

Christophe Charle　51年生まれ。パリ第一大学教授。

二〇〇六年九月三日⑤　歴史

『乞胸　江戸の辻芸人』

塩見鮮一郎 著

河出書房新社・一九九五円
ISBN9784309224541

芸能集団の哀切な起源を伝える

今でも神社の境内で興行される見世物（みせもの）の「蛇食い」や「火吹き」のどぎつい絵看板には、たんなる好奇心を超えて、何か魂の粘膜的な部分に触れてくるものがある。

奇妙に胸をどきどきさせるこの不思議な感覚のルーツには、近代市民社会から遠ざけられた芸能と貧困と差別の隠れた血縁関係が潜伏しているのではなかろうか。

かねて『浅草弾左衛門』や『車善七』で江戸の被差別民の世界を描いてきた著者が、本書でテーマに取り上げるのは、やはり社会の底辺に生きて「乞胸（ごうむね）」と呼ばれた芸能集団の歴史である。名の由来は「先方の胸中の志を乞（こ）う」ところからきたとする語源説が有力だそうだ。

乞胸の研究史にはすでに多くの積み重ねがある。今回、石井良助・高柳金芳の業績がほぼ動かしがたいこの領域に筆を下ろすのは、著者に新しい切り口があるからだ。浪人という江戸時代の構造的失業問題を機軸に据えて定石とされる史料の『乞胸頭家伝』を読み直すのである。

家伝によれば、幕府ができて間もない江戸には、戦争が終わり、大名家が取り潰（つぶ）されて職を失った大量の浪人が溢（あふ）れていた。長嶋磯右衛門という男が窮状を見かね、食うに困った浪人仲間を集めて寺社の境内や空き地で草芝居を興行して生計を立てた。

ところが幕府に上演を禁止されたため、綱渡り・手品・万歳・物真似（ものまね）といった大道芸に転じる。家業のうちには何の芸もできず、施しを求める「辻勧進」もあった。今度は非人頭車善七から手下の生業が邪魔されると苦情が持ち込まれ、慶安年中（一六五〇年頃〈ころ〉）、身分を町人に落とした上、十二種の家業に限っては車善七の支配下に入る取り決めがなされたという。

本書はその「特異な芸人集団」の軌跡を話題豊かにたどり、明治四年（一八七一）の解放令で乞胸の名称が廃止され、大道芸がハレの場から追放されるまでを語る。

乞胸が歴史の暗がりに消え去り、差別が格差と名を変えた現代日本でも、哀切な起源から伸びてきた芸能の根茎は長く絶えることがない。

評・野口武彦（文芸評論家）

しおみ・せんいちろう　38年生まれ。作家。著書に『車善七』（全3巻）など。

二〇〇六年九月三日⑥

『八月の路上に捨てる』

伊藤たかみ 著

文芸春秋・一〇五〇円
ISBN9784163254005／9784167753979(文春文庫) 文芸

出口失った夫婦描き 始まりの予感

詰将棋に「けむりづめ」というものがある。今期の芥川賞を受賞した表題作の中で紹介されている。残暑厳しい八月最後の日、新宿界隈（かいわい）を回るトラックの中で、年上の女性ドライバー・水城さんは、主人公の敦に「けむりづめ」を説明する。

〈駒をどんどん取られながら追いつめて〉〈駒は煙みたいにぽんぽん消えていく。だけど上手（うま）くやったら、最後の最後で玉を追いつめられる〉

敦は「けむりづめ」にしくじってしまった。だから、明日――三十歳の誕生日に離婚届を役所に提出する。八月の終わり、二十代の終わり、結婚生活の終わり、さらには水城さんもドライバーの仕事は今日が最後……いくつもの「終わり」が交わった一点で、物語は過去と現在を行きつ戻りつして紡がれる。

敦と妻の知恵子が過ごした四年間は、「けむりづめ」と同様、盤上の駒を失いつづける日々だった。夢や野心が消え、仕事の疲れが二人から言葉を奪い、やがてもっと大切なものも失われて、盤上からは、攻める駒はもとより守る駒まですべて、いっさいが消えうせてしまう。

八月の路上のうだるような暑さが立ちこめるなか、結婚生活のエピソードの一つひとつもまた、風ひとつ吹くことなく重い。だが、若い夫婦の出口のない日々は、水城さんという魅力的な人物に笑い飛ばされたりはぐらかされたりすることで、ただの「夫婦であることの苦悩」から脱し得た。重さがなくなったのではない。それをさせないところが、伊藤たかみさんの人間を見る目の覚悟だろう。敦を包む現実の重さは変わらない。けれど、水城さんが重心の位置を前方に移してくれた。そのおかげで「終わり」の交点で紡がれる物語は、次の「始まり」への推力を得たのだ。

一方、併録された『貝から見る風景』では、「始まり」でも「終わり」でもない夫婦の日常が、かすかな不穏をはらんだ幸福感にくるんで描きだされている。優れた青春小説の書き手である新・芥川賞作家は、いま、「夫婦」という新たな鉱脈をも見いだしたのではないか。

評・重松清（作家）

いとう・たかみ 71年生まれ。著書に『ぎぶそん』『ドライブイン蒲生』など。

二〇〇六年九月三日⑦

『私の沖縄戦記 前田高地・六十年目の証言』

外間守善 著

角川学芸出版発行、角川書店発売・一五七五円
ISBN9784046210814 歴史／社会／ノンフィクション・評伝

昭和十九年七月、サイパンが玉砕。沖縄師範の生徒だった著者は二十年三月、現地入隊となる。四月には米軍が上陸。訓練の時間がなかった初年兵は、三八式や九九式銃の弾込めすらできなかったという。

首里の北方約三キロにある前田高地は、東西南北に展望のきく首里防衛の第一線であり、日米両軍にとって天王山の地であった。入隊早々の著者は、その高地の死闘に投ぜられた。

米軍戦車と火炎砲と小銃の息をつがせない集中攻撃、それに対して、あらゆる弾を撃ちつくした日本軍は拳大の石塊を投げ、敵の手榴弾（しゅりゅうだん）を投げ返すなど素手同然で向かう。戦友の死体が積み重なった中の、二十歳の青年の絶望的な戦い。

次第に、物量豊かな米軍に圧倒され、仲間も次々と斃（たお）れてゆく。外間二等兵も右手右足に小銃弾、手榴弾の破片をうける。そのあと、敗戦も知らず、負傷したまま壕（ごう）にひそみ、山中をさまよい、結局、八月後半に捕虜として収容された。

手榴弾自決の兄、米潜水艦の魚雷により沈没した対馬丸で死んだ妹をもつ沖縄学の第一人者が、関係者の聞き取り調査とともに、苛酷（かこく）きわまりないみずからの戦場を振り返り、鎮魂の思いをこめて記したドキュメント。

評・小高賢（歌人）

二〇〇六年九月三日⑧

『近代東アジアのグローバリゼーション』

歴史／社会／国際

マーク・カプリオ 編　中西恭子 訳

明石書店・二九四〇円

ISBN9784750323640

グローバリゼーションは冷戦の終焉（しゅうえん）やIT革命などとももちろん無縁ではないが、本質的には秩序概念そのものの変化であり、したがってそれは深層でゆっくりと進行しつつ、あとから振り返るといくつかの断層が刻まれているような構造的な歴史的変化である。

東アジアにとってこの意味でのグローバリゼーションは、近世的な華夷秩序から、近代的な国際秩序へ、そしてポスト国民国家的な秩序へという三つの局面のシフトとして捉（とら）えられる。本書は、この三つの局面を見通す理論的なパースペクティブを示しつつ、東アジアにおいては、近代化の正負両面が、しばしば〈帝国としての日本〉との関（かか）わりの中で経験されるという論点が、多様な角度から論じられている。また当時発達した通信技術が、行政の集権化、市場統合を可能にしたことなどを検証した第三部の議論は、一見地味ではあるが、重要な切り口である。

寄稿者の陣容も贅沢（ぜいたく）で、特に米国の中国史学の現在の水準を代表する理論家のひとりでありながら日本での紹介が遅れていたシカゴ大学のプラセンジット・ドゥアラ教授の論考が収められたことは喜ばしい。ケレン味のない硬派の良書。

評・山下範久（北海道大学助教授）

二〇〇六年九月三日⑨

『柘榴（ざくろ）のスープ』

文芸

マーシャ・メヘラーン 著　渡辺佐智江 訳

白水社・二一〇〇円

ISBN9784560027462

イラン革命の混乱を逃れてアイルランドの片田舎に移住したイラン人三姉妹が、人情味豊かなイタリア夫人から店を借りて、横柄な町のドンの嫌がらせや、スキャンダル好きの婆（ばあ）さんに囲まれるなか、イラン料理店を開くお話。三姉妹のなかでも一番美人の末娘と、町のドンの美形の息子が一目惚（ぼ）れ（会うなり互いの目に星、背に花が飛ばんばかりの描写が、いかにも中東風）、最後はハッピーエンドの、売れっ子イラン女性によるほのぼの小説だ。

と思いきや、各所に深刻な政治情勢が反映されている。長女は、左派系インテリの彼氏に協力したことで、革命前の王政下で逮捕された経験を持つ。次女は反対に右派宗教政党にかぶれ、その関係で結婚した夫が暴力亭主。革命という動乱に振り回された彼女たちの、波瀾（はらん）万丈の人生が浮き彫りになる。

だが、内容は重くならない。大家や神父、膨大な哲学的知識を持つブルガリア出身のホームレス。本書に登場する多様な国（特に南国）の出身者の心の豊かさが、三人を包む。

それと、料理。イラン料理の芳しい匂（にお）いが全編に漂い、たまらない。レシピも書いてあるし、今日はイラン料理を作ろうっと。

評・酒井啓子（東京外国語大学教授）

二〇〇六年九月三日⑩

『脳が「生きがい」を感じるとき』

科学・生物／医学・福祉

グレゴリー・バーンズ 著　野中香方子 訳

NHK出版・二三一〇円

ISBN9784140811252

人はどういうときに満足、いや「生きがい」を感じるのか。そのとき心、いや脳の中では何が起きているのか。脳科学者は、ある種の物質、具体的に言うならドーパミンなどが放出されているときだと答える。なるほど、しかしこれではあまりに味気ない。

では質問を変えよう。人はどういう状況で満足を感じるのか。むろん人それぞれだろうが、少なくとも新しいことに挑戦し、それなりに達成したときは、思わず「生きていてよかった」と思うのではないか。

人の感覚や感情をどのように測るかについては、長らく困難があった。ところが最近は、MRI（磁気共鳴映像法）という魔法の装置が開発されたことで、脳の血流を即時的に測れるようになった。つまり、脳のどこがいちばん興奮しているのかが、手に取るようにわかるのだ。

本書の著者は、MRIを駆使して脳の中の「満足中枢」とでもいうべきものを探ってきた。しかしそれだけではあきたらず、人が満足を感じる瞬間を求めて、自ら場末のSMクラブからアイスランドくんだりまで旅をする。科学の人間的側面を追体験させてくれる上に、北欧神話などの蘊蓄（うんちく）もたっぷりの好著である。

評・渡辺政隆（サイエンスライター）

『爆笑問題の戦争論』
爆笑問題 著
幻冬舎・一三六五円
ISBN9784344012004／9784344411791（幻冬舎文庫）

『憲法九条を世界遺産に』
太田光、中沢新一 著
集英社新書・六九三円
ISBN9784087203530

歴史／社会／新書

「笑い」を力に現代日本に切り込む

流行・風俗から政治・国際問題までを、「ギャグのネタ」として取り上げ続けてきた異色の漫才コンビ・爆笑問題。そのふたりが、「日本の戦争」だけをテーマに一年間、月刊誌での紙上漫才に取り組んだ。それをまとめた『爆笑問題の戦争論』では、先生役の田中裕二が日清、日露から太平洋戦争に至るまでの日本の歩みをわかりやすく説明するのだが、相方の太田光はすかさずしょうもないボケをかます。田中が「中国がまだ〝清〟と呼ばれていた時代だ」と言えば、「きよし」という具合に。

しかし、「こんなにふざけてばかりでは先に進まないのでは」と心配するなかれ、太田は絶妙のタイミングで田中の話をボケずに受ける。たとえば、「こう考えると日本と中国の関係ってのは昔からあまり変わってないというのが虚（むな）しいよな」と。そして次第に、このふたりのスタンスが明確になってくる。それは、先の大戦を侵略戦争ととらえ、「戦争反対」の立場を取っているということだ。もちろん、その意思表明をするときでさえ、太田は「俺（おれ）、今まで戦争賛成だったけど、反対にまわるよ」とギャグの衣を着せることを忘れないのだが。ただ、あとがきでは太田は一度もボケることなく、この本を作るにあたってのためらいと覚悟を率直に吐露してもいる。

『戦争論』で何かを踏み越えた、という実感があったのだろうか。その後に出た対談集『憲法九条を世界遺産に』では、平和や憲法への太田の思いは、もうギャグの衣を借りることもなく中沢新一を前にほとばしり続ける。とはいえ、太田は自分が「ああ、護憲派ね」とひとくくりにされることを望んではいないだろう。「宮沢賢治の作品は好きだ。でも、賢治が傾倒していった田中智学などの危険な政治思想は受け入れがたい」というどうしようもない違和感、割り切れなさとどう向き合うか、というところに太田の問題意識の出発点があるからだ。

憲法九条に関しても同様で、これによって護憲派と改憲派からたくさんの意見が出て迷いが生じるが、「じつは、その迷いこそが大事なんじゃないかと僕は思う」というのが太田の主張だ。だからこそ、この類（たぐい）まれなる憲法を「世界遺産に」とふたりは言う。「平和は美しいから」といった理想主義とは、なんとかけ離れた九条擁護論であろうか。

中沢のような思想家はともかく、太田はテレビを舞台とする芸能人であるから、政治色の強い発言を「色がつく」と言って止めようとする人もいただろう。しかし彼は、九条を守るという「冒険を続けたい」と言い、「自己嫌悪とジレンマの連続ですが、今が踏ん張りどきです」とまで言う。この破れかぶれなまでの勇気と決意を、論壇や政治家たちは、とくに奇（く）しくも同じ時期に同じ新書という形態で「憲法改正」という自らの政治理念を述べた次期首相候補は、どう受け止めるのだろう。爆笑問題に、今後も「お笑いの世界」と「言論の世界」の両方で自由な活躍の場を与え続けることができるかどうか。私たちの社会の懐の深さが今こそ問われている。

評・香山リカ（精神科医・帝塚山学院大学教授）

ばくしょうもんだい　漫才コンビ。
おおた・ひかり　漫才師。
なかざわ・しんいち　多摩美大教授。

二〇〇六年九月一〇日❷

『万民の法』

ジョン・ロールズ 著　中山竜一 訳

岩波書店・三四六五円
ISBN9784000244336

政治／社会／国際

正義原理を模索するしたたかな思考

宗教的・文化的な背景がきわめて異なっており、「西洋的」な政治理念（自由主義、民主主義）を必ずしも共有しない他者と、「私たち」はどのようにかかわりあうことができるのだろうか——宗教的な対立・確執が様々な局面で深刻化するポスト冷戦の時代を生きる「私たち」にとって、こうした問いはきわめて切実かつ喫緊なものとなっている。本書は、02年に逝去した現代リベラリズムの泰斗ジョン・ロールズが、原理的な次元にまで溯（さかのぼ）り、そうした問いに立ち向かった知的格闘の書である。

ロールズといえば、当事者に無知のヴェール（それによって当事者は自分の社会における地位や身分などに関して無知となる）を被（かぶ）せた思考実験的な社会契約論で有名だが、本書ではそうした「社会契約の一般的な観念を万国民衆の社会にまで拡張させ」ている。まず初めに「自由で民主的な諸国の民衆」（リベラルな諸国の民衆）のあいだで妥当する正義原理が模索され、次に「リベラルではないが良識ある諸国の民衆」——たぶんにイスラム教国家を意識したもの——とリベラルな諸国の民衆との関係、さらにはよき秩序に恵まれていない「無法国家」などと対処するにあたって、どんなあり方が可能か、といったことが考察される。深刻で複雑な文化対立をはらんだ現実の国際社会における「政治的リベラリズム」の可能性を徹底的に探究した論考といえよう。

国際関係を原理的・抽象的な次元で考察すると、しばしば「非現実的」とのレッテルを貼（は）られてしまう。しかし、文化対立の深刻さを真剣に受け止めつつも、安易な相対主義に与（くみ）することなく、「万民（諸民衆）の法」のあり方を追究するロールズの筆致は、そうした「現実主義」を撥（は）ね除（の）けるだけの力強さを内包している。いわゆる世界市民的（コスモポリタン）な構想には否定的な見解を述べているし、「正義の戦争」や原爆投下の是非についても踏み込んだ議論を展開している。現実主義／理想主義の対立軸に収まらない彼の思考のしたたかさを読者は痛感することだろう。

（原題、The Law of Peoples）

評・北田暁大（東京大学助教授）

John Rawls　1921～2002年。元ハーバード大学教授。

二〇〇六年九月一〇日❸

『希以子』

諸田玲子 著

小学館・一八九〇円
ISBN9784093797405／9784094084139（小学館文庫）

文芸

不幸さえ糧に。強い女の一代記

大正三（一九一四）年、東京・日暮里の路地で遊ぶ幼い希以子（きいこ）に、私たち読み手は三味線の音のなかで出会う。希以子には、生みの母と父、姉、養父母がいる。一見複雑な関係だが、希以子は彼らからたっぷりと愛情をもらって、天真爛漫（てんしんらんまん）に育っていく。父母の離縁、生母との別れ、父の大怪我（おおけが）、姉の死を経験しながら、それらに足をすくわれることなく、あっけらかんと希以子は成長していく。

成長した希以子を待っているのもまた、波乱に満ちた日々である。芸者見習いに出、結婚し離婚し、初恋の相手に誘われて満州へいき、幸福な日々を過ごすものの彼の投獄で別れ別れになり、北京で商売をはじめ、そのまま第二次世界大戦に巻きこまれていく希以子の姿をはらはらしながら追っていくと、人の命も人生も、塵（ちり）ほどにも思わず好き放題に翻弄（ほんろう）する時代の強風が見えてくる。

人は時代に生かされるしかないが、著者は、時代に翻弄された女性として希以子を描いているのではない。時代には抗（あらが）いようがないが、しかしその時代を栄養のようにして生きる女の姿を描いている。

自らに降りかかる災難も不幸も、希以子は生きる筋力へと変えていく。天真爛漫でお人好（ひとよ）しの楽天家。希以子の持って生まれた美徳は、時代に奪われることなく、逆に磨きをかけられていくように思えてならない。

冒頭の謝辞から、本書は実話をもとに書かれたと思われるが、まさにこの時代に生きた多くの女たちは、希以子と同様、なぜ自分はこんな時代に生まれたのかと嘆くことはなかったろう。今日一日を生きるのが精一杯（せいいっぱい）で、ほかにどんな時代があるのかなんて想像もつかず、ただ目の前にあらわれる姿のない強敵を、がむしゃらにとっちめて生きていくしかなかったのだ。

小説の終盤で、私たちは、だれに頼ることもなく生きる大人の希以子に出会う。縁の不思議さを思い、吹き抜けた時代の風を思い、希以子と、希以子の陰に数多（あまた）いる女たち――私たちには持ち得ない強さを持ったかつての女たちの姿を思う。

評・角田光代（作家）

もろた・れいこ 54年生まれ。作家。『あくじゃれ瓢六（ひょうろく）』で直木賞候補。『犬吉』など。

二〇〇六年九月一〇日④

『鞍馬天狗とは何者か』

小川和也 著
藤原書店・二九四〇円
ISBN9784894345263

ノンフィクション・評伝

チョンマゲをつけた市民精神

幕末日本で勤王の理想を掲げて新選組とたたかう鞍馬天狗は、チャンバラ小説の有名なヒーローである。しかしこの謎の剣士を生み出した作者大佛次郎の方は、今日よく知られているとはいえない。

大佛次郎は、一高・東大・外務省とエリートコースをたどりながら官界に進まず、新聞小説『赤穂浪士』の大ヒットで大衆文学作家の地位を確立した異色の経歴の持ち主である。身辺に政治の泥にまみれぬ清潔感を漂わせていた。闇から現れて常に正義に味方し、権力と対抗する鞍馬天狗の正体は最後まで不明だったが、世間はこの覆面の浪士が作者の分身であり、仮面であることを疑わなかった。

本書ではまず、「これまで不問に付されてきた大佛次郎の戦争責任追及という、気の進まない内容」をあえて避けなかった点を評価すべきだろう。著者は大佛が戦時中に書いた旧満州建国への期待感や神風特攻隊の讃美（さんび）といった文章を掘り起こし、「大佛の戦争協力は覆うべくもない事実」と断言している。

評伝のハードルは、相手のいちばんイヤな面をどう克服するかにある。著者はこれをクリアーした結果、大佛文学の普遍性をいっそう鮮明にして見せるのに成功した。偶像破壊でもないし、仮面剥（は）がしでもない。一九六四年生まれの若い著者は、大佛の「戦争責任」がよってきたるゆえんをクールな距離から理解できる世代だ。一面では軍部の独走を批判する高い西欧的教養をそなえた大佛は、反面また、国民の一喜一憂と心理的波動を共にする大衆作家であった。読者を動かすと同時に動かされていた、と。

東京裁判を傍聴して自分の一部が裁かれていると感じた大佛が畢生（ひっせい）の大作『天皇の世紀』に取りかかる動機もよくわかる。その晩年、パリ・コミューンの市街戦に鞍馬天狗を登場させたいと語ったというエピソードも印象的だ。

鞍馬天狗とは何者か。チョンマゲを付けた市民精神である。今も文学史上の大佛次郎の巨影には、日本にフランス第三共和制の夢を追い続けた淋（さび）しいブルジョア個人主義の孤独感が落ちている。

評・野口武彦（文芸評論家）

おがわ・かずなり 64年生まれ。一橋大学大学院在学中（日本思想・近世思想史）。

二〇〇六年九月一〇日⑤

『レッドパージ・ハリウッド』

上島春彦 著

作品社・三九九〇円
ISBN9784861820717

歴史／政治／アート・ファッション・芸能

追放後も密かに映画を支えた脚本家たち

レッドパージ（赤狩り）はマッカーシズムの別称でも知られるが、その頂点をなす映画界での粛清にマッカーシー上院議員は直接関（かか）わっていない。主役は下院非米活動調査委員会（HUAC）だった。

米ソの冷戦が深まる1947年、HUACは40人以上の映画人に共産主義者の疑いで召喚状を発する。ここにはチャップリンも含まれており、HUACはアメリカ的権威に逆らう者をすべて標的にする意図をすでに持っていた。実際、チャップリンはアメリカから事実上追放される。

HUACの召喚に応じた者のうち東独に向かったブレヒトを除く10人を「ハリウッド・テン」と呼ぶが、彼らは合衆国憲法の思想信条及び言論の自由を盾にとって、証言を拒否した。その結果、全員が議会侮辱罪で投獄される。

ハリウッドはHUACに屈服した。ここに召喚された映画人は自分の知る共産主義者を密告しない限り、映画産業のブラックリストに載り、業界から追放された。

本書は、密告を拒否して追放された主に脚本家の仕事を紹介する研究書である。

よほどの映画ファンでも知らないトリビアルな記述が満載されて興味が尽きないとともに、赤狩りが今も根づよいアメリカ中心主義の表れであり、また、映画界が舞台になることで、メディアの無意識的情報操作が引きおこしたパニックの最初期の一例だという大きな視点も提示する。

しかし、何より面白いのは、赤狩りの結果、ハリウッドは有能な映画人を失って衰退の道を下ったという紋切り型の史観が覆されることだ。実は、追放された脚本家たちは密（ひそ）かに良質の仕事を行い、ハリウッドに貢献していたというのが本書の最大の論点なのだ。たとえば、ハリウッド・テンの一人、ドルトン・トランボは、匿名で『ローマの休日』（！）、偽名で『黒い牡牛』の脚本を書き、二度もアカデミー賞を獲（と）っている。

その経緯の推理小説のように緻密（ちみつ）な論証は実際に読んでいただくほかないが、これはほんの一例。ともかく、著者の情熱と知識に脱帽するしかないパワフルな書物なのだ。

評・中条省平（学習院大学教授）

かみじま・はるひこ　59年生まれ。映画評論家。編集者。

二〇〇六年九月一〇日⑥

『ベトナム戦争のアメリカ』

白井洋子 著

刀水書房・二六二五円
ISBN9784887083523

歴史

非白人種族攻略の構図はイラクまで

著者はアメリカ植民地時代を長く研究し、ピューリタン女性の自伝『インディアンに囚（とら）われた白人女性の物語』の翻訳でも知られる歴史学者。そんな彼女が現代アメリカ史に本格的に取り組み、その成果を第一著書として放ったのだから、はじめはいささか意外な印象を免れなかった。

しかし、目次を見て当初の当惑は絶大な期待に変わる。というのもこの本は、植民地時代の先住民をめぐる戦争から二十世紀のベトナム戦争、ひいては今世紀のイラク戦争へ至るほぼ四百年近いアメリカ戦争史を、帝国のフロンティア・スピリットにもとづく非白人種族攻略というべき大胆な視点で一気にからめとろうとする、ほかに類例の少ないアメリカ史として構成されているからである。

そもそもベトナム戦争のはじまりはどこか？　常識的には、一九五四年のジュネーヴ協定が「二年後の南北統一選挙」までは「北緯十七度線上の軍事境界線をはさむ南北ベトナム双方ともに国際的な軍事同盟を結ぶことも外部からの軍事援助を受けることも認められない」と定めた条件を、アメリカ側がつっぱねた瞬間だろう。

だが著者は、十九世紀半ばよりフランスの植民地だったベトナムが、第二次世界大戦において日本の統治するところとなったため、この戦争を一九四五年の大戦終結から引き続く「三〇年戦争」と見る視点をも重視する。というのも、それこそは戦後、アメリカが自らを中心とした新しい世界秩序を築こうと、南ベトナムという「創作」を砦（とりで）に、トンキン湾事件をはじめとする「虚報」に根ざす報復攻撃を北ベトナムに仕掛け、着々と共産圏の封じ込めを実現していった米ソ冷戦期の歩みと一致するからだ。

だが本書最大の醍醐味（だいごみ）は、そうした「汚い戦争」がさらに、植民地時代より連綿と織り紡がれた構図にすぎないことを、豊富なデータで傍証している点にある。ベトナム戦争のはじまりを問うことでアメリカという国家のはじまりを浮き彫りにしてしまう本書の洞察は深く、その射程は多くのことを考えさせる。

評・巽孝之（慶應大学教授）

しらい・ようこ 47年生まれ。米ペンシルベニア大で博士課程修了。東京国際大教授。

二〇〇六年九月一〇日⑦

『悪魔のピクニック』

タラス・グレスコー 著　仁木めぐみ 訳

早川書房・二二〇〇円
ISBN9784152087478

人文／ノンフィクション・評伝

カナダ在住のトラベルライターが、非合法な食品・嗜好（しこう）品を求めて一年間、スイス、アメリカなどを巡って書き上げた。「禁じられたものに惹（ひ）きつけられる」と打ち明ける著者は、密造酒、ポピーシード・クラッカー、未殺菌の牛乳で造ったチーズ、牛の睾丸（こうがん）料理、キューバ製の葉巻、蒸留酒アブサン、ホットチョコレート、コカの葉、鎮静剤ペントバルビタール・ナトリウムの九つの「禁断の果実」を探して体当たりの取材を敢行、食前酒、フルコースの料理、そしてナイトキャップまでに仕立てて読者に差し出す。

生産者や愛好者を訪ね工場・博物館を見学し、禁止された背景を検証するうち、人々のおそれや偏見を知る。フランスのバイヨンヌの町では、18世紀にユダヤ人のチョコレート商人が町の中心地から追放されている。コカは麻薬コカインの原料として根絶やしの対象にされているが、コカ茶を飲み、コカの葉を噛（か）むボリビアでは、依存症患者は少ない。

〝禁止された食〟と社会・政治との関（かか）わりを解き明かす過程には、驚きと発見がいっぱい。「禁止されるのはそれが悪いものだから」と信じていた常識をみごとに引っくり返される。

評・多賀幹子（フリージャーナリスト）

二〇〇六年九月一〇日⑧

『きみのいる生活』

大竹昭子 著

文芸春秋・二二〇〇円
ISBN9784163681603

ノンフィクション・評伝

スナネズミ。英語では通称ジャービルと呼ばれていて、モンゴルの砂漠地帯に生息している小さなネズミのことである。

子どものいない夫婦が、あるときふいにこのネズミをペットショップで手に入れて、一緒に暮らし始めた。懸命に世話をし、遊び道具を工夫し、子どもを増やし、何匹もの死を看取（みと）り、そのそれぞれの個性を観察する。驚くほど個性が違うのだ。立ちあがる。ひっくり返る。お互いに挨拶（あいさつ）する。礼をする。びっくりすると、寝たままで飛び上がる。そのそれぞれの動作から物語が生まれる。

スナネズミは二年から三年しか生きない。その生涯の短さが、初老を迎えつつある夫婦の心に、深い思い出を刻みつけるのだ。

ペットとの共同生活についてなら類書はたくさんあるが、本書の特徴と面白さは著者がズボラなことである。突然飼い始めたのも、世話をするのも死を看取るのも夫である。飛行機に乗せて旅をしようとして断られると、搭乗を拒否するのは夫であり、著者は心ならずも一人だけ乗ってしまう。読んでいるうちに、スナネズミと言葉の少ない夫の姿がダブルイメージになる。わたしたちはつねに幻影のような小さな愛情の塊を求めているのだ。

評・佐々木幹郎（詩人）

二〇〇六年九月一〇日❾

『宝石泥棒の告白』

ビル・メイソン、リー・グルエンフェルド 著
田村明子 訳
集英社・二五〇〇円
ISBN9784087734461
ノンフィクション・評伝

何事であれその道を極めた人間の技は完璧（かんぺき）にして華麗、時として芸術的ですらある。アメリカで三十年間に四十億円に相当する宝石類などを盗み出した現代のルパンの告白録である。

この怪盗には、自らに課した盗みの鉄則がある。自分一人の単独行動にかぎること。絶対に人を傷つけないこと。留守宅のみをねらうこと。以上の三カ条。と言ってこの怪盗、義賊というわけではない。盗品を売り捌（さば）くことに余念がない。

ある時、日本でも少年たちを魅了した映画「ターザン」で有名な俳優、水泳選手でもあったワイズミューラーの家に盗みに入った。盗んだ宝石類に混じってオリンピックの金メダルがあった。一九二四年のパリ五輪、四百メートル自由形で、ワイズミューラーが獲得したものだった。この時、相手のかけがえのない物を盗んでしまったという自責と後悔の念に襲われたという。

この怪盗、盗みの準備はおさおさ怠りないものの、ごく普通の「市民」の心根も持っている。

コソ泥が逆上してすぐに殺人におよぶような昨今の犯罪者とはちがう。痛快といえば被害者にしかられるが、冷徹だけでないところに血の通った実話としてのおもしろさがある。

評・前川佐重郎（歌人）

二〇〇六年九月一〇日❿

『資本主義から市民主義へ』

岩井克人＋三浦雅士 著
新書館・一五七五円
ISBN9784403231056／9784480096197（ちくま文庫）
経済

貨幣の流通を支えているのは、その商品的価値でもなければ法的根拠でもない。貨幣として使われるから、貨幣なのである――。この人を食ったような、自己循環論的な構造の中に貨幣の持つ「真理」を発見する異能こそ、岩井氏の本領だ。貨幣のほかにも資本主義とは何か、法人（会社）とは誰のものかと不断に問い続ける岩井氏の論考には常にある種の驚きがある。

資本主義の危機とは、商品が売れない「恐慌」ではなく、貨幣が通用しなくなり、商品の価格が天文学的に高騰するハイパーインフレーションの可能性だという指摘は、そうした驚きの一つである。

本書では、岩井氏の一連の論考が三浦氏との対談を通して語られている。対談の中では、三浦氏による一方通行的な「岩井論」解釈がたびたび登場するが、それが読者の理解を混乱させるのではないかと多少気になった。ただ、「倫理性をもった」市民主義によって資本主義の危機を克服しようという、岩井氏の新たな思想の披露は本書の魅力である。その語りの背景には、「この世界が危険水域に入ってきた」との認識がある。現実の世界と距離を置き、思索に没頭してきた著者だから見える「真理」なのかもしれない。

評・高橋伸彰（立命館大学教授）

二〇〇六年九月一七日❶

『明治維新を考える』

三谷博 著
有志舎・二九四〇円
ISBN9784903426037／9784006002749（岩波現代文庫）
歴史／人文

カオスの相互作用が秩序を生んだ

明治維新は、歴史の一つの謎である。

日本の針路だけでなく、アジアの国際秩序をも変えた大事件だったにもかかわらず、それが「どんな変革であったのか実は良く分かっていない」と説き起こす著者は、その謎を三点に整理して示している。

①維新で消滅した武士身分が、打倒されたわけではないのに、黙々と秩禄（ちつろく）処分を受け入れて「社会的自殺」を遂げたのはなぜか。

②権力転覆を不可避とするような「単純・明白な原因」が見当たらないのに、幕府が瓦解（がかい）したのはなぜか。

③明治新政権が、「復古」の大義を掲げながら「文明開化」なる欧化政策を推し進めることに矛盾を感じなかったのはなぜか。

この一冊は、従来の明治維新論が視角に入れてこなかった諸論点を正面に据えて、一連の「なぜか」を考え直そうとする問題提起の書物である。そのスタンスは、「維新という巨大な変化を全体的に理解するにはどうしたら

よいか」という一語に要約される。日本特殊論も日本例外論も持ち出さず、「日本史のなかから世界史的な普遍を見出（みいだ）す仕事」をめざすのだ。そのためにトライする「歴史解釈の一般モデル」は、自然科学から最近さまざまな分野で応用されるようになった複雑系の理論をヒントにして論究される。

カオスとカオスの相互作用が、ある条件下では秩序をもたらすというシステムは、維新史の解析に役立つのではないか。

このいかにも「理屈っぽい」議論を理解するには、本書第三部にある三人の維新史家論を先に読むのが便利だろう。第一に、坂本龍馬を世界に紹介したアメリカの日本史学者マリウス・ジャンセン。第二に、今は敬して遠ざけられる古典的名著『明治維新』を書いた講座派マルクス主義の遠山茂樹。三人目は、人気と本の売れ行きにおいて職業歴史家を凌駕（りょうが）した「国民作家」司馬遼太郎。

とりわけ、自分で「戦後日本史学のアウトサイダー」をもって任じる著者が遠慮なく展開する遠山茂樹論をなかだちにすると、今なぜ複雑系が要請されているかの筋道が見えてくる。経済的要因を決定的な初期条件と見なす「階級闘争史観」に対する批判から発しているのだ。歴史の必然性を重視する遠山史学は、なるほど「諸要因の結合の仕方について様々な屈折がある」と認めているが、それをただ「怪奇複雑」で片付けられては途方に暮れるとたっぷりスパイスが利いている。

著者は《複雑系史観》とも《カオス史観》ともいっていない。複雑系とは、新しい代替史観の提唱ではなく、「維新における変化は、例外でも何でもない、ごく普通の現象と見なすことができる」という自信を与える別機軸の思考方法なのである。

カオスとは《方向を持ったでたらめさ》に他ならない。歴史は混乱で作られる。このモデルをたんに新奇な用語による歴史の再解釈にとどめぬためにも、今後の維新史像が以前とどう違ってくるかが問われる。『明治維新とナショナリズム』『ペリー来航』に続く次の仕事を刮目（かつもく）して待ちたい。

評・野口武彦（文芸評論家）

みたに・ひろし　50年生まれ。東京大学大学院教授。著書に『ペリー来航』、編著に『東アジアの公論形成』など。

二〇〇六年九月一七日②

『風の影　上・下』

カルロス・ルイス・サフォン著　木村裕美訳

集英社文庫・各七八〇円
ISBN9784087605082〈上〉・9784087605099〈下〉　文芸

「本の墓場」で1冊と出会い、少年は

小説を読む喜びにあふれている。物語の虜（とりこ）になることの愉（たの）しさがここにはある。

といってもストーリーが波瀾（はらん）万丈なのではない。激しい人間ドラマが展開するわけでもない。一応ミステリー仕立てだし、登場人物の人生は波瀾にみちているし、巧みな入れ子細工風の物語ではあるけれど、読者をひきつけてやまないのは文体であり、紡がれるイメージの豊かさであり、そしてそれらが表す孤独な少年の打ち震える内面である。

物語は、一九四五年の夏のバルセロナから始まる。十歳のダニエルは父親に連れられて、古書業界の人たちが集う「忘れられた本の墓場」にいき、一冊の本と出会う。フリアン・カラックスの『風の影』という小説だった。父親を探し求める冒険譚（たん）にダニエルは夢中になり、もっとカラックスの小説を読みたくなるが、カラックスは幻の作家といわれ所在不明。しかもカラックスの本を探し求めて焼却している人間もいて、本自体ほとんど残っていなかった。

いったいカラックスとは何者なのか。彼の本を焼却する男の動機とは？　やがてダニエルの身に危険が迫る――。

幻の作家を探すことが、スペイン内戦の悲劇をあぶりだし、それがいつしかダニエルの人生と交錯する。というとよくあるミステリーに思われがちだが、〝バルザックやユゴー、ディケンズなどの十九世紀文学を強く意識して書かれている〟と訳者が言うように文体は濃密で、一字一句なおざりにできない。文章を味わい、喚起される情景に酔い、緩やかな物語の展開に身を任すしかない（それが何とも心地よいのだ）。少年が世界に心を開き、様々なものと出会い、惑い、苦しむことが、あたかも僕ら自身の〝心にひらかれたとびらの奥を探索〟するかのような体験になる。ここでは本を読むことが〝自己の精神と魂を全開〟にし、〝物を読むことで、もっともっと豊かに生きられる〟ことを教えてくれるのである（これぞ古き良き文学の王道！）。

物語に浸ることの陶酔と幸福がここにある。十七言語、三十七カ国で翻訳出版されたのも当然だろう。正に傑作。

（原題、LA SOMBRA DEL VIENTO）

評・池上冬樹（文芸評論家）

Carlos Ruiz Zafón　作家。64年生まれ。米ロサンゼルス在住。

二〇〇六年九月一七日③

『作家が死ぬと時代が変わる』

粕谷一希 著

日本経済新聞社・二三一〇円

ISBN9784532165611

文芸

戦後の論壇や文壇の見事な見取り図

活字文化の面白さ、大切さを思い起こさせる価値ある本だ。著者は「中央公論」「東京人」のかつての名編集長。「中央公論」が言論界に大きな影響力を持った時期に編集者として活躍しただけに、作家、学者、政治家との交流は広く、この本一冊の中に、戦後日本の論壇、文壇、学界の見取り図が見事に描かれている。

本書の無類の面白さは、語り下ろしの方法から生まれた。著者の思いの丈が実によく伝わる。直接付き合った作家、評論家、学者の生き方、生態が次々に露（あらわ）にされるのだ。

思想的対立が鮮明な時代、総合雑誌もそれを反映した。天皇制批判をよく載せた「世界」や「中央公論」に対し、「文芸春秋」はインテリ批判から出発して皇室記事を掲載し、部数を伸ばしたという。

「中央公論」に載った深沢七郎の「風流夢譚（むたん）」の表現が右翼を怒らせ、暴力行為で中央公論社が威嚇される事件が起きた。労組争議も重なった苦悩の時期に著者はこの名門総合雑誌を率いた。その激動を体験した著者が、近年の雑誌全体のスキャンダリズムと右傾化の傾向には危機感をもつ、という警告は重大だ。

著者の根幹には寛容を尊ぶリベラリズムがある。若い頃、和辻哲郎の倫理に惹（ひ）かれた著者は、社会変革以前に人間の生き方の変革が必要という思想をもった。社会主義には距離を置き、戦後民主主義には懐疑的な立場をとる。論壇の主役として本書に登場するのも高坂正堯らの柔軟で現実的な自由主義者が多い。また複雑な今の時代を見渡し論壇を活性化させた功績を越境者、山口昌男と山崎正和に見る。

著者は60年代後半の全共闘運動が歴史上の重要な転換点だったと考える。三島由紀夫の自決、その後の文壇の変化、日本人の精神構造の変化などがそこから始まった、と。

中央公論社を去った著者は、天下国家のみ考えるのをやめ、足下の都市の風景や文化に関心を向け、様々な出会いから「東京人」を創刊した。都市文化を軸とする斬新な総合雑誌の企画は卓見だった。

言論史の現場を知り尽くした著者の忌憚（きたん）のない話は多くの人を刺激するに違いない。

評・陣内秀信（法政大学教授）

かすや・かずき　30年生まれ。評論家。著書に『反時代的思索者』など。

『マンガは欲望する』

ヨコタ村上孝之 著

筑摩書房・一九九五円
ISBN9784480873514

文芸／アート・ファッション・芸能／社会

吹き出しや絵の手法を縦横に分析

最近のマンガ研究は勢いがある。若い学問領域だけに、新しい成果を生む潜在力が大きいのだ。本書はマンガというメディアの特性を分析しつつ、近代からポストモダンへの移行という大きな思想的課題にも果敢に挑んでいる。

例えば、マンガには二種類の吹き出しがある。風船のようなやつと、雲のようなふわふわの線で描かれるやつである。前者は実際に発話された言葉、後者は登場人物が内心で考えた言葉を表している。誰でも知っているマンガの約束だが、この区別を確立した里程標的な作品は手塚治虫の『罪と罰』（1953年）だという。それ以前の日本のマンガでは、発話された言葉と内心の言葉がそんなふうに明確には区別されていなかった。

それでは、この区別によって何が表現されたか。それは外的な言葉と内的な世界の区別、外に出された言葉は分かるが、内面は分からないということだ。いい換えれば、人間は自分の考えしか分からない。つまり、風船形吹き出しと雲形吹き出しの区別は、自我の明証性と他者の不透明性という、近代文学を特徴づける考えがマンガにも刻印されたことを意味している。

これだけでも非常に興味深い指摘だが、著者の考察はさらに先に進む。80年代後半ころから、吹き出しの風船形と雲形の区別は急速に曖昧（あいまい）になっている。つまり、近代が終わり、ポストモダンの時代に入るとともに、内面と外面、私と他者の対立が稀薄（きはく）になっているということだ。確たる近代的内面に代わって、複数の声が自己のなかで対話するような分裂的主体が有力になっているらしい。

以上はマンガの言葉の話だが、絵についても、著者が杉浦茂の作品を例に巧みに説明しているように、マンガは一人称の視点や遠近法的視角の統一を土足で踏みにじる分裂的な表現力を発揮する。

そうしたマンガのハイブリッドな特質が、乙女ちっくマンガや少年愛や「妹萌（も）え」など様々なテーマを契機に、さらに縦横に分析されていく。改めてこう叫びたくなること請け合いだ。マンガ、すごいじゃないか！と。

評・中条省平（学習院大学教授）

よこた・むらかみ・たかゆき　59年生まれ。大阪大助教授。著書に『性のプロトコル』。

『思想としての〈共和国〉　日本のデモクラシーのために』

レジス・ドゥブレ、樋口陽一、三浦信孝、水林章 著

みすず書房・三三六〇円
ISBN9784622072218

政治／人文

アメリカ流民主主義への偏りを批判

選挙における投票の論理は、大別すれば二つである。ひとつは、その候補者が自分（が属する集団）の利益を代弁してくれそうだからというもの。いまひとつは、その候補者の主張が全体の利益にかなっているように思われるからというものである。

もちろん、実際の投票行動はこれほど単純ではないので、これはあくまで理念の問題であるが、もしあなたが後者の理念の方に共鳴するならば、あなたは本書の言う共和主義者に近いことになる。

二つの理念は、どちらか一方のほうが原理的にすぐれているというわけではない。前者は、自己利益の追求の自由を原則としているわけだから、よく言えば他者の利益や信条にも寛容であるが、悪く言えば無関心である。後者は、普遍的な公益へのコミットメントを要請するものであるから、よく言えば個々人の倫理的な当事者意識は高いが、悪く言えば政治的な（ときには暴力的な）過干渉に陥りやすい。いわば前者は政治を市場化し、後者

は社会を議場化するのだ。両者の緊張関係の健全さが近代社会の健全さのものさしだともいえる。

しかし、市場のグローバリズムが席巻する今日の世界においては、前者の論理は受け入れられやすいのに対して、後者、つまり共和主義の説得力はピンチに陥る。そのことを冷戦終結直後にすでに明快に警告していたドゥブレの1989年のエッセーをたたき台に、憲法学の碩学（せきがく）、フランス社会論の論客、フランス社会思想史の学究の三人が、日本における共和主義的契機の不在に議論の射程を延ばして考えようとしているのが本書である。筋金入りのフランス左翼がアメリカ流の民主主義に浴びせる批判の舌鋒（ぜっぽう）は鋭く、それが翻って日本の現在を斬（き）る仕掛けだ。

一見雑駁（ざっぱく）な構成に見えるが、通して読むと、共和主義というキーワードを挿入することで、私たちが日々感じている不安、グローバリゼーションのなかで失われているものが、単なる生活不安ではなく、政治的な実質を持っていることがわかる。視野の広がる一書。

評・山下範久（北海道大学助教授）

Regis Debray、ひぐち・よういち、みうら・のぶたか、みずばやし・あきら

二〇〇六年九月一七日❻

『徳富蘇峰　終戦後日記　『頑蘇夢物語』』

徳富蘇峰 著

講談社・二九四〇円
ISBN9784062134248／9784062923002（講談社学術文庫）

歴史／社会

疎外された怨みから「敗戦責任」追及

意外な形で今日の時代と、波長が合ってくる過去の人物がいる。戦時中に戦争鼓吹のイデオローグだった徳富蘇峰も、その一人といえよう。それは本書の蘇峰が、まるで「新しい歴史教科書をつくる会」の先駆けのように、日本の国家の戦争責任や植民地支配の責任を全部否定しているからだけではない。

彼は戦争責任の存在を否定しながら、敗戦の責任は追及している。しかもその追及の主な対象には、昭和天皇が含まれているのである。これこそ本稿が、長く世に出なかった理由であろう。むろん彼は、天皇制をあくまで守らねばならないとする立場なのだが、その主張が、何か今日の天皇制抜きの新しいナショナリズムの動きにも、微妙に波長が合っているように見えるのである。

本書は敗戦直後から翌年1月にかけて日記の形式で書かれた、徳富蘇峰の79本の論説集である。彼は周囲からも、戦時中の責任を問われることが必至と噂（うわさ）される立場にあり、不起訴に終わったとはいえ、実際にA級戦犯容疑者の一人に指名された。本書の論説のテーマが、戦争責任や敗戦責任の問題に集中しているのは、それが彼にとって、どうしても自分の立場をハッキリさせなければならない問題だったからである。とはいえ彼も、戦後の情報の開示に伴い、これまで擁護していた日本軍部に対しては、次第に失望の色を強めている。

ただし蘇峰は、単なるジャーナリストではなかった。現実に政治家と結びつきを持ち、政治家に建言し、政治を動かそうとする野心の持ち主であった。本書で興味深いのは、彼が戦時中や戦後にも、昭和天皇をはじめ東条英機、近衛文麿ら、多くの権力者に働きかけようとした回想が、ちらほら出てくる点である。それで見ると、彼が敗戦責任ありと追及している人たちは、みな彼が一時その政治行動に期待をかけ、建言したり働きかけたりした人であることが分かる。敗戦責任の追及は、結局それらの人たちが、彼の提言を聞かず、彼を疎外したことへの怨（うら）みつらみと結びついていたのである。

評・赤澤史朗（立命館大学教授）

とくとみ・そほう　1863〜1957年。歴史家。著書に『近世日本国民史』など。

二〇〇六年九月一七日⑦

『哺乳類天国　恐竜絶滅以後、進化の主役たち』

デイヴィッド・R・ウォレス 著
桃井緑美子、小畠郁生 訳
早川書房・二六二五円
ISBN9784152087508

科学・生物

自然史博物館の人気ナンバーワンは、なんといっても恐竜である。それに比べると、哺乳類（ほにゅうるい）の人気は今一つの感がある。

この落差を象徴するのが、アメリカのエール大学ピーボディ自然史博物館における両者の扱いだろう。

恐竜の化石を展示した大ホールの壁を飾るのは、長さ33・5メートル、高さ4・9メートルの巨大なフレスコ画「爬虫類（はちゅうるい）の時代」。それに対して哺乳類の進化を展示した小ホールの壁を飾る壁画「哺乳類の時代」は、全長18・3メートル、高さ1・7メートルと、はるかに小さい扱いなのだ。

人気の違いとはいえ、恐竜の歴史はたかだか1億8000万年であるのに対し、哺乳類の歴史は2億5000万年。おまけにそれがわれわれの歴史でもあることを考えると、いかにも偏りが目立つ。

この不公平を是正すべく、手練（てだ）れのサイエンスライターが立ち上がった。本書は哺乳類の多様な進化史のみならず、化石発掘者たちの競争などその多彩な研究史までをも読み解いたみごとな労作である。

現在61歳の著者が壁画「哺乳類の時代」に魅せられたのは10歳のときだという。一枚の図像からじつに半世紀の熟成期間を経て、本書は結実したのだ。

評・渡辺政隆（サイエンスライター）

二〇〇六年九月一七日⑧

『戦後の終わり』

金子勝 著
筑摩書房・一八九〇円
ISBN9784480863737

政治／経済／社会

この3月まで朝日新聞の論壇時評で健筆をふるった著者は小泉政権が「自民党……を延命させた」という。実際、壊れたのは、財源不足で「自壊寸前」の公共事業による利益政治だった。

この「自壊」こそ、族議員と派閥の利害調整が支えてきた自民党の「幅広いウィング」の喪失であり〈戦後という仕組み〉の終わりでもあった。にもかかわらず自民党が延命しているのは、規制緩和や民営化を源泉にした新たな利益政治への転換を図ったからだ。

背景には、「小さな政府」のほうが経済は成長し、官僚支配はなくなり、国民負担も軽くなるというドグマ（独断）がある。

しかし、経済協力開発機構（ＯＥＣＤ）の調査によれば、「大きな政府」のほうが成長率は高い。また、過去の実績をみるかぎり民営化では天下りが減らず、公的負担の削減も自己負担に回るだけだ。

８００兆円を超える公的債務、1・2台の低い出生率、7割未満の国民年金納付率など、「今の日本社会は持続可能でない数字で埋め尽くされている」。本書は、既発表の時評と、改めて「いま」を論じた書き下ろしから成る。小泉政権の終わりに、著者の熱い筆致に戸惑わず、冷めた頭で読んでほしい一冊である。

評・高橋伸彰（立命館大学教授）

二〇〇六年九月一七日❾

『日々の非常口』

アーサー・ビナード 著

朝日新聞社・一六八〇円
ISBN9784022502162／9784101276816（新潮文庫） 文芸

詩人である著者によるこのエッセイは、さらりと日々のことを書いているが、じつに多くのことを考えさせてくれる。まず私は、自分がいかに無頓着に言葉を操っているかに気づかされた。生まれたときから使っている言葉だから、信頼しきっているのだ。

著者は私より日本語をよく知っているほどだが、言葉や表現のひとつひとつを、疑い、比べ、分解し、日本語のなかを自在に泳いでいるかのようだ。「残雪」という言葉の美しさ、「アバウト」のやさしさ、「ぼけ」の恒久さ、「どうも」の便利さ……ふつうに使っている言葉の個性に、今さらながら気づかされる。

また著者は、郵政民営化について、憲法九条改正について、ブッシュ政権について、平均株価について、じつにウィットに富んだ言葉で、自分の意見を述べている。それがあまりにも明快なので、日本語が母語の私たちは、政治や経済について語るとき、日常とかけ離れた言葉を使う癖があるのではないか、だからそうした問題がなかなか身近に思えないのではないか、などと考えもした。

言葉は海のようなもので、彼方（かなた）へ泳ぎ出せば、さらに広く深くなる。著者に連れられ、私も遠泳をした気分だ。

評・角田光代（作家）

二〇〇六年九月一七日❿

『書痴、戦時下の美術書を読む』

青木茂 著

平凡社・二七三〇円
ISBN9784582833362 人文／アート・ファッション・芸能

軽い気持ちでページを繰り始めたのだが、途中から居ずまいを正して読むようになった。あとがきに「私の業余の仕事は、日本近代美術の史資料を集めて公刊したり、それについての雑文を書いたりすること」とあるが、古書収集、調査、探索、研究、そのいずれもあきれるほど奥が深く、時間のかけ方も半端ではない。

題名どおり、本書はおもに戦中の美術書に関する随筆である。川上澄生、鏑木清方、石井柏亭、土方久功、石井鶴三、岸田劉生、高橋由一などの仕事、小島烏水などの山岳書、戦争下の出版事情（意外に多い刊行部数にはびっくりさせられた）など、それぞれ興味深いことばかりだ。古書を通しての当時の美術界の動向やエピソード、さらにはときおり混じる学界や先人への皮肉や批判、よくそれる横道のはなし、私など素人にとっても十分おもしろい。

とくに通人、蒐集（しゅうしゅう）家が集った「集古会」会員であり、昭和十九年に『江戸時代商標集』を出した木村仙秀への関心・追究は粘り強い。世の中には収集・博捜・実証のすごい人がまだいるものだと改めて思った。書評のためでなく、ゆっくり楽しむ本である。反省させられた。

評・小高賢（歌人）

二〇〇六年九月二四日❶

『名もなき毒』

宮部みゆき 著

幻冬舎・一八九〇円
ISBN9784344012141／9784167549091（文春文庫） 文芸

毒みすえながら生きることへの敬意

〈幸せなんてね、あっけなく壊れちゃうものなのよ〉〈でも、あんたたち、それを知らないでしょ。身に沁（し）みないと、わかんないんでしょ？〉――長い物語の終盤で登場人物の一人が吐いたその言葉が、本を閉じたあともしばらく消えない。

怖い小説だった。物語を通じての疑似的な体験とはいえ、読者は間違いなく、幸せのもろさを身に沁みて思い知らされるはずだ。

物語は、首都圏で発生した連続無差別毒殺事件と、主人公・杉村の会社から解雇された女性アルバイトの巻き起こす騒動が絡み合う形で織りなされる。他者との関係を無化したうえで成り立つ無差別の凶悪犯罪と、ひととひととが接触を持つがゆえに起きる人間関係のトラブル――対照的な二本の縦糸は、しかし、根底に「怒り」があるという点で共通する。自分だけが幸せになれないことへの怒り、自分を受け入れてくれない周囲に対する怒り、勝ち負けの「負け」の側に一方的に組み入れられてしまった怒り、理想と現実とのギャップが生んだ怒り……。

むろん、それらは客観的には理不尽きわまりないもので、身勝手で自己中心な言いぶんだと切り捨てることはたやすそうに見える。だが、この優れた物語は、紋切り型の正義や正論を「上から」安易にふりかざすことを許さない。読者は背筋がゾクッとするなまなましさに包まれる。宮部みゆきさんがこまやかに描き出す登場人物一人ひとりの怒りは、はたして彼らだけの——犯罪者だけのものなのか？　僕たちのすぐそばにも同じ怒りを抱いたひとがいて、その矛先がひそかにこちらへ向けられていることはありえないか？　いや、それ以前に、僕たち自身の胸の奥でじっと息をひそめているものの正体は……。

怒りはやがて毒になり、他者を、そして自分自身をも侵す。〈私は、我々の内にある毒の名前を知りたい。誰か私に教えてほしい。我々が内包する毒の名は何というのだ〉——杉村の放つ問いは重く、苦い。おそらくそれは、この一編の小説でのみ答えが導かれるものではない。宮部さんは、いままでもそうだったように、今後も繰り返し同じ問いをはらむ作品を描きつづけてくれるはずである。

だが、その物語は決して、ニヒリズムの隘路（あいろ）に読者を誘いはしないだろう。本作もそうだ。宮部さんは、よろこびも悲しみも噛（か）みしめてきた年長者の姿を、生きることへの確かな「敬意」をもって描く。幼い子どものあどけなさを、生きることへの確かな「信頼」とともに描く。だからこそ、いまという時代をめぐるリアルな負の諸相が手加減なしに描かれた怖い作品なのに、読後には人間や人生や社会に対する前向きな思いが胸に残るのだ。

他者を疑うよりも信じるほうを選ぶと「お人好（よ）し」と呼ばれてしまう時代——まさに胸を張って「お人好しのパパ」と紹介したい杉村とは、シリーズ前作の『誰か』（カッパ・ノベルス）と本作だけでお別れしたくはない。生きることへの敬意と信頼に満ちた物語は、いま、なによりも求められているのだと思うから。

評・重松清（作家）

みやべ・みゆき　60年生まれ。『火車』で山本周五郎賞、『理由』で直木賞、『模倣犯』で司馬遼太郎賞・芸術選奨文部科学大臣賞など。

二〇〇六年九月二四日②

『ザ・パージァン・パズル　アメリカを挑発し続けるイランの謎　上・下』

ケネス・M・ポラック 著　佐藤陸雄 訳

小学館・各二九四〇円
ISBN9784093797412〈上〉・9784093797429〈下〉

歴史／政治／国際

「悪の枢軸」視せず対話・取引を説く

本書はイランについての本ではない。米国のイラン認識についての本である。事実と認識が違うことが、米国の対イラン政策の問題点だ。

冒頭に指摘されるように、「米国人の多くは、イラン人が米国人に抱く不満の根源について何も知らない」。一方イラン人は「あまりにも多くを知りすぎている」。親米王政のシャー時代、いかに米中央情報局（ＣＩＡ）がイラン内政に関与し、イランを支配してきたか。著者は、イラン人の認識の多くが事実と違うと反論しつつも、米国がそう疑われてもしかたのないことをしてきたのだと認めなければならない、と指摘する。

この反省は、従来の米政権の問答無用のイラン非難と比較すると、画期的だ。元ＣＩＡ分析官の著者が政策に携わったクリントン政権期、いかに対話路線を模索したかの経験談は興味深く、その分、ブッシュ政権が軽い気持ち（ただの数合わせ！）でイランを「悪の枢軸」に入れたことへの憤懣（ふんまん）やるかたなさが伝わる。

特に、イランとは取引可能、抑止可能だから政権転覆を強いるな、との著者の主張は重要だ。米国が口を出すたび内政干渉と見なされて逆効果を生むとの認識は、イランだけでなく広く中東全体で米政権が銘ずべきことだろう。

その一方、著者は米国主導の「飴（あめ）と鞭（むち）」方式を主張するが、そこで対イラン制裁の有効性について日本と西欧の非協力を非難している。しかし、外交ルートを持たず力任せに脅すしか方法のない米に対し、対話の道をつないできたのは日・欧だ。日本の外交担当者には、反論があろう。

イランに関して、米国の情報収集能力が不十分であることも忘れてはならない。CIAが活動できないのが問題なのではない。現地経験のなさ、言葉を知らないことのマイナス面は、著者も認めている。知ればイランはさほど「パズル（なぞ）」ではないのだが。

原書の出版後、イランで急進派ポピュリスト政権が誕生、状況が一変している。著者は最近の論文で新大統領を「核開発の確信犯」と評しているが、本書にも現状に触れた解説を加えて欲しかった。

（原題、THE PERSIAN PUZZLE）

評・酒井啓子（東京外国語大学教授）

Kenneth M. Pollack　66年生まれ。アメリカの外交政策研究者。

二〇〇六年九月二四日③

『ヴィジュアル・アナロジー　つなぐ技術としての人間意識』

バーバラ・M・スタフォード著　高山宏訳

産業図書・三三六〇円
ISBN9784782801536
アート・ファッション・芸能／科学・生物

デジタルの牙城へ　アナログの逆襲

日本人は「あいうえお」で考え、欧米人は「ABC」で考える。あたりまえのことで、そこにさしたるちがいはないように見える。戦後、西欧文化の影響にどっぷり浸（つ）かってきた我が国では、なおさらだろう。

しかし「あいうえお」の裏には文字そのものを「絵（イメージ）」とみなす漢字文化があり、「ABC」の奥には文字の起源をそもそも神の声を代理する「記号（サイン）」と捉（とら）える宗教文化がひそむ。そしてこの対比は今日ひろく親しまれている「アナログ」と「デジタル」の対比に通じるのではないか、と喝破するところから始まるのが、一九九九年原書刊行になるこの最先端芸術批評のおもしろさだ。

まず第一章、わたしたちはいきなり著者が「(^^)(にこ)」「＼(^o^)／(わーい／ばんざい)」といった、インターネット文化特有の絵文字を引き合いに出すところで度肝を抜かれる。彼女によれば、こうした絵文字こそは日本人特有のかたちで「言葉」を「複雑かつ、曖昧（あいまい）でさえある感情」と巧みに結びつける「精巧な顔造作の聖刻文字（ヒエログリフィクス）」だという。

顔文字文化から漢字文化圏の本質に迫るという奇襲。だが、それはまさしくアナログとデジタルの対比の深みから、ちがうもののなかに似ているところを積極的に見いだす「アナロジー」（類比）の考え方と、やや斜にかまえた角度から差異や断片化を称揚する「アレゴリー」（寓喩（ぐうゆ））の考え方という、根源的な対比を浮上させる。ギリシャ哲学以来、目に見えるものと見えないもののあいだを架橋して文明を建設した「アナロジー」の精神は、十九世紀ロマン派以降に危機を迎え、二十世紀末ポストモダンの時代までには「アレゴリー」の精神に取って代わられた。

しかし、じっさいのところ「アナロジー」はヘラクレイトスからライプニッツを経て、今日の電脳文化の形成に一役買っている。そのいきさつを膨大な図版で例証する本書は、まさにアナログの逆襲によってデジタルの牙城（がじょう）へ挑み、ネオ・マニエリスム美学を確立せんとする、今日最も知的な力業といえよう。

（原題、Visual Analogy）

評・巽孝之（慶應大学教授）

Barbara M. Stafford　米シカゴ大美術史学科教授。

二〇〇六年九月二四日④

『インドの時代　豊かさと苦悩の幕開け』

中島岳志 著
新潮社・一五七五円
ISBN9784103027515／9784101365718(新潮文庫)
歴史／社会

目を見張る都市中間層の生活

ちょっとした「インド・ブーム」である。経済面ではITを中心とした目覚ましい経済成長に注目が集まり、政治面では何かと摩擦が絶えない中国に対するカウンターバランスとしての期待が高まる。最大の魅力は、十一億人口の半分が二十五歳以下という、若い大国である点だろう。

私も話には聞いていたが、本書で描かれるインドの都市中間層の暮らしぶりには目を見張った。欧米風ニュータウンでの夫婦と子供二人の核家族、家事も育児もこなす優しい夫と自立した妻、子供たちは高学歴を目指して受験勉強に勤(いそ)しむ。これが理想のライフスタイルで、家父長的な大家族制は崩壊寸前にある。

エステ、ダイエット、〝癒(いや)し〟ブーム。半面、人間関係の希薄化が進み、都市部では自殺が急増している。まったくどこの国の話かわからない。

著者によると、人口の約二割がこうした中間・富裕層に属するが、一方で約四億人が極貧に喘(あえ)いでいる。カップルが街頭でキスを交わすデリーから、クルマで一時間ほどの農村に行くと、女たちは家に隠れ、外に出ても顔を覆ったままだ。あまりにも極端な二分化が生まれている。

著者はこうした状況とインド現代史を手際よく紹介しながら、焦点を、年来の関心事である「ヒンドゥー・ナショナリズム」に絞り込んでゆく。ヒンドゥー的なるものを称揚するこの動きは、かたやヒンドゥー過激派によるイスラム教徒虐殺、かたや孤独な都市住民の心の拠(よ)り所(どころ)という硬軟両面で広がり、政治を左右する一大勢力にまでなってきた。問題は、イスラムやパキスタンといった外部の敵を措定する排外志向で、著者から厳しく批判されている。ヒンドゥー・ナショナリストが歴史教科書の書き換えに執心する所も、既視感がある。

激変を遂げつつあるインドの現状を知るには、格好の一冊と言ってよい。ただ、巻末の「多一論的宗教哲学」とマザー・テレサにまつわる記述には、違和感が残る。せっかく積み重ねてきたフィールドワークの重みを、減じてはいまいか。〝若書き〟の勢い余ったということだろうか。

評・野村進(ジャーナリスト)

なかじま・たけし　75年生まれ。著書に『中村屋のボース』(大佛次郎論壇賞)など。

二〇〇六年九月二四日⑤

『藤田省三対話集成1』

藤田省三 著
みすず書房・三九九〇円
ISBN9784622072058
人文／ノンフィクション・評伝

日本人「精神」の革命を思った60年代

戦後思想の正統派として、丸山眞男を取り上げたり批判したりする研究は、続々と出版されている。藤田省三は丸山の弟子の一人だが、本書が扱う60年代前半期には、政治的にも思想的にも丸山と近い位置にあった。それは政治的には市民主義、思想的には近代主義の立場といえる。しかし藤田の唱える市民主義は、市民主義の通常のイメージを突き抜けて、やや強引に時代を超えた原理的な立場として提起されている感じである。彼の論理の特徴は、その構想力の大きさだろう。

本書は藤田省三の、日高六郎・吉本隆明らとの座談会や、鶴見俊輔・谷川雁などとの対談を集めたものである。全3巻のうち第1冊の本書は、60年から65年にかけての社会運動をテーマとしたものだ。ただし彼がここで追究しているのは、政治変革のプランというより、一貫して日本人の「精神」の革命の可能性であり、知識人の使命についてであった。

とはいえその藤田も、60年の安保闘争の頃には、その「精神」の革命が政治変革のプログラムに結びつく可能性を信じ、それを模索していたように見える。彼の唱える市民主義とは、自然権の自覚に立脚したコモンセンスの立場だった。それは多元的な思想の自由を確保しながら、異なる政治的なグループが共存しうるルールを作り上げていくような世界として考えられていた。彼によれば、そうした伝統はこれまでの日本社会にはなかったものである。

　しかし藤田は次第に、社会運動の大組織も小集団も、お互いに自己の立場を絶対視して対立しあう状況に、失望するようになる。市民主義の可能性を疑うようになり、その可能性が失われていくことに、日本社会の変質を感じ取るようになる。60年安保から大学紛争までの時代は、一面では大きな変革の可能性がありながら、それがうまく結実しないで終わった時代であった。その点で彼の予見力は、非常に早い時期から発揮されていたという印象である。本書は、60年代の社会運動を内在的に考える手がかりを与えるものといえよう。

評・赤澤史朗（立命館大学教授）

ふじた・しょうぞう　1927〜2003年。思想史家。『藤田省三著作集』全10巻など。

二〇〇六年九月二四日❻

『危険学のすすめ　ドアプロジェクトに学ぶ』

畑村洋太郎 著

講談社・一四七〇円

ISBN9784062135290

科学・生物／社会

「勝手連」式の事故調で原因を究明

　公共住宅のエレベーター、流水プールの吸水口、学校の防火シャッター、ガス湯沸かし器、家庭用シュレッダー。この数カ月間を思い出すだけでも、人工物による重大事故は後を絶たない。そのたびにニュース番組から聞こえてくる言葉は「危険を未然に防ぐことはできなかったのでしょうか」「メーカーはこの責任をどうとるのでしょうか」。

　たしかに道義的な責任を問うことは必要だ。しかし、と著者の畑村さんはいう。「原因究明」と「責任追及」を混同してはいけない。そこを明確に分けなければ、真の原因究明もむずかしいのだと。

　じゃあどうするのさ、とお思いだろう。そこに大きなヒントを与えるのが本書『危険学のすすめ』である。

　発端は2004年3月26日、六本木ヒルズ・森タワーの大型自動回転ドアに6歳の男の子が挟まれて亡くなった事故だった。国は国で対策に動いたが、それとは別に「勝手連的事故調」として発足したのが畑村さんらの「ドアプロジェクト」である。賛同者が好き勝手に集まった期間限定のこのプロジェクトは、大型自動回転ドアは他のドアより圧倒的に挟む力が強い「殺人機械」に近い代物だったことを実験から明らかにした。

　本書はその1年間の活動の記録だが、内容は回転ドア問題にとどまらない。

　ひとつには電車のドアからサッシまで広く「ドア」全般にひそむ危険を教えてくれること。自動は危険だが手動は安全と私たちは考えがちだ。が、自動車のドアやサッシの引き戸を勢いよく閉めたときの力は予想外に大きい。「手動はすべて危ない」のだ。

　もうひとつは組織論としてのおもしろさである。ドアプロジェクトの成功は「自分が何をすべきか」をそれぞれが考えて自律的に動く「自律分散型」だったことによると著者はいう。技術や資材を提供した参加者は個人から大手企業にまで及ぶ。事故を起こした会社も貢献した。

　安全マニュアルは不測の事態に対応できない。だから危険学。技術屋さんじゃなくても理解できる平易な記述にも「安全への配慮」あり！

評・斎藤美奈子（文芸評論家）

はたむら・ようたろう　41年生まれ。東京大名誉教授。専門は失敗学など。

二〇〇六年九月二四日⑦

『薔薇よ永遠に　薔薇族編集長35年の闘い』

文芸／人文

伊藤文学 著

九天社・一九九五円
ISBN9784861671142

著者が「薔薇（ばら）族」を創刊した35年前、同性愛者は異常者扱いされた。その後、ゲイという存在が日本で市民権を得るにあたって、この雑誌が果たした役割は決して小さくない。本書はその35年を回顧した記録であり、異性愛者が読んでも興味は津々として尽きない。

初期の「薔薇族」の大きな主題は、同性愛者の不安、特にゲイの妻帯者の悩みだった。社会的立場のために好きでもない女と結婚するのだから、責められて当然という見方もある。だが、本書のゲイの内心を綴（つづ）った手紙や生々しい事例を読めば、差別の圧力との葛藤（かっとう）に共感を禁じえない。

そうした半面、編集長の「ひとりごと」のコーナーでは、真面目（まじめ）にしたたかに生きるゲイの生活の諸相が紹介されていて、人生って広いなあと改めて深い感慨に誘われる。

なかでも面白いのは、日本一有名な同性愛者、三島由紀夫をめぐってこの雑誌に寄稿されたゲイ的観点からの論述で、ここでは紹介しにくい露骨に下世話な話題も含め、三島の人間性の一面を浮き彫りにしている。先頃完結した決定版全集で三島の真筆と認められた同性愛切腹小説「愛の処刑」も、30年以上前に「薔薇族」に再録され、本書にも全文掲載されている。

評・中条省平（学習院大学教授）

二〇〇六年九月二四日⑧

『デッドライン』

文芸

建倉圭介 著

角川書店・一八九〇円
ISBN9784048737098／9784043867011（角川文庫〈上〉）・9784043867028（〈下〉）

何とも力強くダイナミックだ。読み始めたらやめられない。まさに正統派の冒険小説である。つまり、過酷な時代状況のなかで、崇高な目的のために、苦悩する精神と酷使される肉体が描かれる。様々な障害や敵と戦い（その多くは内なる弱さとの戦いだ）、それらを乗り越えていく。

舞台は第二次大戦末期のアメリカ。日系人部隊で欧州戦線に参加した日系二世のミノルは、世界初のコンピューター開発計画に参加し、日本への原爆投下が不可避であることを知る。ミノルは偶然知り合った日系のダンサーのエリイと共に日本への密航を決意する。日本にはミノルの両親と妹が、そして広島にはエリイの息子の透がいたのだ。

北米大陸を横断し、アラスカを経由し、アリューシャン列島から樺太へ、そして北海道から東京へ、さらに広島へと向かう。願いはただひとつ、原爆投下の阻止。日本に降伏を勧めて、爆弾投下を回避するしかない。そうしなければ家族が、日本人の多くが死んでしまう……。

ミノルとエリイの激しい愛、ミノルを追う米軍側の日系人たちとの息詰まる攻防、そしてサスペンス漲（みなぎ）る終盤の対話と奔走。気高く生きた日系人たちの、命をかけた戦争を描く秀作。

評・池上冬樹（文芸評論家）

二〇〇六年九月二四日⑨

『オサマ・ビン・ラディン　発言』

政治／人文／国際

ブルース・ローレンス 編
鈴木主税、中島由華 訳

河出書房新社・二七三〇円
ISBN9784309243894

オサマ・ビンラディンは、発言するテロリストとして知られている。同時多発テロの後、アメリカが国威を賭けて彼を追うようになってからも、テレビやインターネットを通してメッセージを発し続けている。しかし、その発言について欧米メディアは、「さらなるテロを予告した」等、とくに攻撃的な部分のみを要約して報道するだけだ。

本書は、94年から10年間にわたるビンラディンの声明、説教、インタビューを集め、なるべく全文をそのまま採録したものだ。

驚くべき発見がいくつもある。まず、その雄弁さと話の論理性。博学と言えるほどの知識に加え、メディアの特性についても正確に把握している。そして、時に自作の詩を詠むなど、聞く者を思わず引き込む語り口の文学性。

ただ唯一にして最大の問題は、その結実が暴力ということだろう。

ビンラディンは、自分のやっていることはあくまで欧米がムスリム社会へ行ってきたことへの報復なのだ、と繰り返す。「彼らがわれらの女性や罪のない人を殺すかぎり、われらも彼らの女性と罪のない人を殺す」。〝純化された正義〟は暴走するしかないのだろうか。考えるべきことの多い問題の書。

評・香山リカ（精神科医）

二〇〇六年九月二四日⑩

『国際NGOが世界を変える』

功刀達朗、毛利勝彦 編著

東信堂・二一〇〇円
ISBN9784887137028　政治／社会／国際

貧困や人権、民族対立、環境などの問題に立ち向かう国際NGOの現状と課題に取り組んだ、第一線の活動家たちと研究者による最新リポートだ。対テロ戦争の対症療法が世界をますます混迷させる中で、国連の「ミレニアム開発目標」などへの息の長い取り組みこそが「地球市民社会」への展望を開いてくれることを実感させる好著である。

「ピースウィンズ・ジャパン」の大西健丞氏、「オルタモンド」の田中徹二氏ら実践者たちの論考は課題も突きつけて生々しいが、対人地雷禁止や、債務帳消しキャンペーン（ジュビリー2000）などで顕著な存在感を築いてきた国際NGOが、政策提言力を高めて、世界政治のアクターになりつつある現状がよくわかる。

日本での活動基盤は弱いとの指摘が共通する。世界中で昨年展開された「ホワイトバンド」は日本でも450万本も売れる盛り上がりをみせたが、単純なチャリティーと誤解されがちで、「貧困を生む政策を変更せよ」との運動の趣旨は十分理解されていなかったようだ。内向きの価値観が大手を振る今のこの国に必要なのは、たとえば仏が先行実施した国際連帯税などの豊かな発想なのだが。

評・佐柄木俊郎（国際基督教大学客員教授）

二〇〇六年一〇月一日①

『テヘランでロリータを読む』

アーザル・ナフィーシー 著　市川恵里 訳

白水社・二三一〇円
ISBN9784560027547　文芸／人文／ノンフィクション・評伝

秘密読書会で読む「禁制文学」

イスラーム革命後のイラン・テヘラン。ホメイニー師率いる新体制が、監視の目を光らせる息苦しい社会のなかで、大学を追われ、一切の教職から身をひいた著者が、密（ひそ）かに開いた読書会。そのメンバーは、「傷つきやすさと勇気が奇妙にも同居」する、皆、どこか一匹狼（いっぴきおおかみ）的な女子学生七人だった。

彼女たちは、ほぼ毎週、木曜日の朝、著者の自宅に集っては、ナボコフやフィッツジェラルド、ヘンリー・ジェイムズ、オースティン……などを読む。室内に入り、着用を義務付けられた黒いコートとヴェールをぬぐと、その下から現れるのは、鮮やかな色彩、官能的な肉体、そして裸の個の精神だ。

西欧的な価値観を持つものは、退廃的と批判され、反イスラーム的とみなされれば、直ちに逮捕・投獄。安易な処刑・暗殺もたびたび。そういうなかで、西洋の小説を読むのは、ひどく危険な行為である。外国書籍は流通をとめられ、本屋からは、外国文学が消えていくような状況にあった。

革命の翌年には、イラクとの戦争も勃発（ぼっぱつ）。心身の自由を奪われたとき、ひとは生きているという感覚を失う。そして、外側で形作られている異常な「現実」に拮抗（きっこう）するほどの、もうひとつの「現実」＝小説世界を求め、そのなかで、鮮明な生の感覚をとりもどしたいと願うのだ。

彼女たちは、ナボコフの「ロリータ」を、いま、このとき、このイランという国で生きる「わたし」の立場から、ダイナミックに読んでいく。多くの人が読んできたような、中年男ハンバートが少女・ロリータに対して抱く妄執や恋愛の話ではなく、「ある個人の人生を他者が収奪した」悲哀の物語として、徹底的に、ロリータの側に立って読むのである。この国で女であることの生き難さが、一人の人間が誰かの「夢の産物」となってしまうことへの憤りへと通じ、その哀（かな）しみに切実な共感を広げていく。

著者は言う。「小説は寓意（ぐうい）ではありません。それはもう一つの世界の官能的な体験なのです。……彼らの運命に巻き込まれなければ、感情移入はできません。感情移入こそが小説の本質なのです。小説を読むということは、その体験を深く吸い込むことです。さあ息を吸って」

感情移入とは、なんと懐かしい言葉だろう。そしてこれはなんと普遍的に響く言い方だろう。もしかしたら、わたしたちがなくしかけているのも、この素朴な行為、あらゆるものへの感情移入なのかもしれない。

全体主義を憎み、抗(あらが)い続けた著者は、やがてイランを離れアメリカへ渡る。けれど負った傷、様々な思い出は、記憶のなかから消えるはずもない。理不尽な処刑で死んだ学生もいる。読書会のメンバーはといえば、国を出て結婚し子供を産んだ者もいるし、国に残った者たちは、その後も集まり続け、本を読み、書き、ある者は教職についたとある。生きることと読むこととの熾烈(しれつ)な関(かか)わり合い。フィクションの力を改めて信じたくなる。透徹な勇気を与えられる本である。

(原題、Reading Lolita in Tehran)

評・小池昌代(詩人)

Azar Nafisi テヘラン生まれ。ジョンズ・ホプキンズ大教授。欧米留学後テヘラン大教員。81年に同大から追放。現在米在住。

二〇〇六年一〇月一日②

『「歌」の精神史』

山折哲雄 著

中央公論新社・一五七五円
ISBN9784120037603／9784122061989(中公文庫)

文芸／人文

毛細血管をひそかに流れる言葉のリズム

日本の風土には、七五調の音律と結びついた宿命的な無常感覚が深く沁(し)み込み、一木一草までが「諸行無常」の響きを発している。

著者は学生の頃、『平家物語』を「ただの美文ではないか」と軽んじていたのを反省し、自分を毒したのは小林秀雄の古典批評だったといっている。『無常といふ事』所収の同名のエッセイで、「『平家』のあの冒頭の今様(いまよう)風の哀調が、多くの人々を誤らせた」という一文である。

この告白は、半面また、辛辣(しんらつ)な小林寸評にもなっていて面白い。有名な「祇園精舎の鐘の声」で始まる名文を耳で聴いていないという批判である。小林はこれを視覚的なテキストとして読んだだけだから、無常感覚はただ「ありきたりの哀調、ステロタイプ化された観念」と見なされてしまった。その基調は戦後の日本で歴史家の石母田正、哲学者の唐木順三にも引き継がれたという議論になる。

その結果、何が起きたか。今様の節回しは平曲にも親鸞の和讃(わさん)にも浄瑠璃にも取り入れられ、音楽の古層として日本人の内耳に定住し、近代では演歌と浪花節に持ち伝えられている。その旋律に漂う悲哀や感傷は、社会通念では低級品扱いされるような風潮ができあがった。

それと呼応して、七五調の「短歌的抒情(じょじょう)」は否定と破壊の対象になった。全共闘のアジ演説は五五調であり、その退潮の後に颯爽(さっそう)と出現した俵万智の短歌は五七調だった。和歌の定型はいまだに新聞歌壇で健在だが、たんに悲哀を三十一文字に押し込めるパックになっているのではないかと著者は懐疑的である。

それでも五七五七七のリズムは、「われわれの毛細血管をひそかに流れつづけてやまないウィルス」である。思いがけない瞬間に感情的な不意打ちを仕掛けてくる。

昔あるマチネ・ポエティク系の作家から「浪花節を聞くと胸が悪くなる」といわれたが、「ぼくは時々ホロリとするんです」とはつい言いそびれた。本書は隠れ浪花節・演歌ファンの福音である。できれば、この気恥ずかしさの由来も察してほしかった。

評・野口武彦(文芸評論家)

やまおり・てつお 31年生まれ。宗教学者。著書に『愛欲の精神史』など。

『文化とは何か』

テリー・イーグルトン 著　大橋洋一 訳
松柏社・三六七五円
ISBN9784775401002
人文／社会

乱用され「インフレ」状態の文化概念

本書は、広く読まれた『文学とは何か』の著者による文化概念のコンパクトなパノラマである。

文化という言葉は、今日きわめて多義的に用いられる。本書のひとつの軸は、その多義性の混乱を整理する際の補助線として、普遍的価値を志向する文化と、個別的価値を志向する文化との区別を導入することである。乱暴に言えば、美術館や禅寺の文化と、コンビニやカラオケボックスの文化というわけだ。前者ではひとは自己を超えて高次の価値に接近しようとし、後者ではひとは自己のあり様を肯定する（逆の人もいるだろうが）。本書は、文明概念との相関関係の歴史的変容を跡付けること（類義語から対義語へ劇的な展開を示すのだが）で、文化概念に、この普遍／個別の緊張関係が持ち込まれる過程を鮮やかに描き出す。

この普遍／個別の緊張関係を前提にしたうえで、本書はさらに、卓越としての文化、同一性（アイデンティティ）としての文化、商品としての文化という三つの相が演ずる複雑な合従連衡に、分析を大きく展開させる。文化は、ある場合には伝統や権威と結びつき、別の場合には支配への反抗や承認の欲求と結びつき、さらに別の場合には身も蓋（ふた）も無く利潤の種として扱われる。たとえば、地産地消運動は、伝統を基礎にすることが多いが、地域の同一性の主張と結びつくこともあれば、露骨な商業主義と結びつくこともあり、かならずしも調和しない。そのくせ、どの立場の人間も「文化」を口実にするために、言葉の実質は目減りする一方である。

著者は、この文化概念のインフレの帰結として、この言葉が人間にとっての現実の無限の可塑性と同義に近づいている現状を憂えているようだ。文化からのアプローチによって変えられる現実の規模と射程は、今日の理論家たちがしばしば無自覚に前提としているよりはるかに小さいと、あっさりいってのける。ポストモダンも遠くなりにけり、である。

原著の口吻（こうふん）まで伝える疾走感のある訳文はさすが。憑（つ）き物が落ちるような読後感である。

（原題、The Idea of Culture）

評・山下範久（北海道大学助教授）

Terry Eagleton　43年生まれ。イギリスの文化批評家。

『ブロンズの地中海』

司修 著
集英社・一九九五円
ISBN9784087748178
文芸

幻想的な旅が見いだす美の強靭

不思議な小説である。あるとき「私」は、とうに亡くなった姉から電話を受ける。鏡台の引き出しに隠してあるノートを持って、パリにいってほしいと姉は告げる。そうして「私」はパリに向かい、ここから舞台は、現在と過去、かつて姉が滞在していた一九三九年のパリが交差する。

語り手の姉、カヨは、その年、画家である恋人を追いかけてパリへとやってきたが、彼は模写しか描けないことに絶望して自殺してしまう。残されたカヨは、美術学校に通うユダヤ人女性と愛し合うようになるが、やがて迫りくる戦禍に、パリを去りマルセイユへと逃れていく。

一九四四年、マルセイユを占領していたドイツ軍から全市民に退去命令が出されると、カヨは日本領事館の面々とスペインを目指し逃亡する。が、フランス側に捉（とら）えられ、捕虜になる。戦後日本に戻るが、原因不明のまま失明し、自動車事故で亡くなっている。

亡くなったはずの姉とパリで落ち合った「私」は、かつて彼女がたどったパリ、マルセイユ、ペルピニャンへと旅をする。第二次世界大戦時のフランスを緻密（ちみつ）に再現しながらも、浮かび上がるのは、体験の悲惨さではなく、それよりさらに強烈な光である。パリに生きた芸術家たちの息遣いと、その後も在り続ける芸術の力。それらが鮮烈な光となって、作中に点滅している。

著者は、藤田嗣治が見たパリを、ボーヴォワールが見たパリを、ベンヤミンの見たマルセイユを引用しつつかいま見せ、セザンヌの生きたエクスを、ダリの愛したペルピニャン駅を、マチスが暮らしたニースを鮮やかによみがえらせる。戦争が、いや、時代が何を奪い何を奪えなかったのかが、幻想的な旅のなかに立ち表れる。美という、人の闘いよりもよほど強靭（きょうじん）なものが強い色彩を放っている。

失明したカヨはかつて弟に「目が見えなくなってからものがよく見えるようになった」と言った。亡き姉と過去を経巡る「私」とともに、まさにカヨに手を引かれ、目を閉じたまま感じるような小説である。

評・角田光代（作家）

つかさ・おさむ　36年生まれ。作家、画家。「犬」で川端康成文学賞。『紅水仙』など。

『脳のなかの水分子　意識が創られるとき』

中田力 著

紀伊国屋書店・一六八〇円
ISBN9784314010115

医学・福祉

全身麻酔をヒントにした野心的な説

手術を受けるときにあたりまえのように施される全身麻酔は、考えてみればすごい技術である。本書の著者によれば、それは「大脳皮質の情報処理機能すべてが抑制される」ことによる「不感覚」であり、「『意識』そのものを抑えこむ作用」なのだという。

したがって、「特定部位の神経伝達をブロックする」局所麻酔とは、現象としても、使われる薬剤においてもまったく別物である。しかも、全身麻酔には、もっと驚くべき事実がある。全身麻酔がどうして効くのか、その仕組みはよくわかっていないというのだ。

むろん、一応の説明はある。全身麻酔薬は、脂肪に溶けやすいせいで脳に入りやすいから効くというもの。ただしこの「定説」は、具体的な仕組みについては何も説明していない。

かつて、この定説に敢然と挑んだ科学界の巨人がいた。タンパク質の立体構造の研究でノーベル化学賞、核実験反対運動の功績でノーベル平和賞を受賞したライナス・ポーリングである。彼は、全身麻酔効果のある薬品に共通する性質から、水の結晶化をうながすことが全身麻酔効果をもたらすという仮説を発表したのだ。しかしこの説は、異説として拒絶され無視された。

医学生時代にその異説と出合い、以後、「脳とこころ」の謎への挑戦に邁進（まいしん）してきたのが、著者である。水分子（正確には水素原子核）の挙動を検知することで脳の働きを画像化するファンクショナルMRIの世界的権威である著者は、麻酔薬が脳の中の水を結晶化させることで意識をとるのだとしたら、人間の意識すなわち「こころ」を生み出しているのは「脳の中の水分子のふるまい」なのではないかと思い至る。そしてそのアイデアを突破口に、脳の機能を説明する「脳の渦理論」を打ち立てた。

本書では、この理論に到達するまでの軌跡と思いの丈が熱く語られている。物理化学から神話まで話題は多彩なのに一気に読み通せるのは、科学論文のように筋立てが一貫しているからだろう。巨星ポーリングへの賛歌としても楽しめる。

評・渡辺政隆（サイエンスライター）

なかだ・つとむ　50年生まれ。新潟大学統合脳機能研究センター長。

二〇〇六年一〇月一日⑦

人文／社会

『ジェンダーで読む〈韓流〉文化の現在』

城西国際大学ジェンダー・女性学研究所 編
現代書館・一五七五円
ISBN9784768469347

『ジェンダーで読む〈韓流〉文化の現在』。色気のない小むずかしげな書名だが、何を隠そう、これは「冬ソナ」本なのだ。

日本では2004年に火がついた韓流ドラマ「冬のソナタ」。このメロドラマ、そして主演のペ・ヨンジュンがなぜそれほど人気なのかについては私も何人もの人と雑談をしたけれども、まさかそれをテーマにシンポジウムを開いてしまうとは！

パネリストは水田宗子氏をはじめとする女性学の第一線の研究者。物語論や女性論の視点で「冬ソナ」がマジメに分析される一方、黒一点（？）の姜尚中氏が物語の背景をなす韓半島の同時代史をおずおず語って花を添えたりしている。

結局あれでしょ、先生方も「冬ソナ」にハマっちゃったのよね。という想像はたぶん当たっている。しかし、語り合うに足る要素を韓流ブームが備えているのもまた事実。

中高年女性が中心のこのブームは「オバサン＝オバカサン」という揶揄（やゆ）の図式で報じられてきた。が、これは大衆的な広がりを持つ「女たちによるアジアの発見」であり、彼女らの学習熱と行動力を見くびるでないぞとの指摘にはドキッ。

後半は家族論や観光論などの論文集。硬派な「冬ソナ」本なのだ。

評・斎藤美奈子（文芸評論家）

二〇〇六年一〇月一日⑧

文芸／アート・ファッション・芸能

『自由訳 イマジン』ジョン・レノン＆オノ・ヨーコ

新井満 著
朝日新聞社・一〇五〇円
ISBN9784022502063／9784022616197（朝日文庫）

レノンとオノのなれそめは有名だ。当時、この日本人女性前衛芸術家は、「鑑賞者自身の想像力」を得て完成させるインストラクション・アートを発表し、その関連で六四年には作品集『グレープフルーツ』も刊行していたが、代表作「釘（くぎ）を打つ絵」を六六年のロンドンでの個展に陳列したところ、レノンと出会う。このとき、釘の代金五シリングがないので、彼は「それでは、想像で打たせてもらいます」と答えている。六〇年代という文脈を得てロックンロールとダダイズムが最も接近した瞬間である。レノン自身も名曲「イマジン」がオノの作品に多くを負うことを公言した。

だからこそ、本書が「イマジン」を両者の共作と記したばかりか、訳者の想像力を駆使して「宇宙飛行士」まで飛び出す「平和のための物語」に仕上がったのは画期的だ。なにしろ「イマジン」一語だけでも「イメージすること／心の中で思い描いてみること／そして／現実の向こう側に隠れている／真実の姿を／見きわめること」と、巧みに言い換えられていくのだから。

巻末の新井満とオノの対話も、レノン本人がいかに「東と西の融合」を意識していたかを裏書きして、説得力にあふれる。

評・巽孝之（慶應大学教授）

二〇〇六年一〇月一日⑨

アート・ファッション・芸能

『昼の学校 夜の学校』

森山大道 著
平凡社・一六八〇円
ISBN9784582231137

森山大道が正面切って写真を語った本である。

写真家志望の若い学生を相手にした質疑応答の記録だから、言葉は分かりやすく、ストレートだ。森山は〈写真〉という生き方の本質を留保なく差しだす。そこには、四十数年写真だけに生きてきた男の、稀有（けう）の世界把握がある。大げさでなく、表現者として生きていく勇気を与えられる本だ。

使うのは主にコンパクトカメラのリコーGR21で、ジーパンの尻ポケットに入れて街に出て撮る。写したはしから忘れて、フィルムを二千本撮るとカメラが壊れる。その二千本で写真集を一冊作るとなると、朝の九時から夜中の三時まで、一カ月以上暗室にこもって初めてプリントを焼く。そんな恐るべき量から、ある質をもった写真が生まれてくる。

そこまでして何を撮りたいのか。キーワードは〈欲望〉である。街はあらゆる欲望が渾然（こんぜん）一体となって交差する巨大なスタジアムだ。カメラを手にそこを歩く森山も撮る欲望体になる。欲望のバッテリー、欲望のレーダー。そして、街と人間の欲望の交差点である写真は光と時間の化石になるという。写真とは、卑近と遠大を一気につなぐ奇跡の仕掛けなのだろう。

評・中条省平（学習院大学教授）

『9人の児童性虐待者』

パメラ・D・シュルツ 著　颯田あきら 訳
牧野出版・二九四〇円
ISBN9784895000925　社会

幼女がわいせつな行為をされ、その上殺される事件を私たちは幾度も見聞きした。そのつど怒り悲しみ、子どもを守るためにあれこれ手を打つけれど、根本的な解決にはほど遠い。

本書では、被虐待経験を持つアメリカ人の女性研究者が、児童性虐待者に刑務所内で個別インタビューを行う。序章で「児童性虐待と効果的に闘うには、加害者を理解しなければいけない。どうか、偏見のない心で読んでいただきたい」と読者にも覚悟を迫る。

露出狂から攻撃的なレイプ犯まで、9人の男性は実に率直に語る。トニーは実父から吃音（きつおん）を種にいじめられ、レッドは10歳の時に40代の男性からレイプされた。継父から鼻を折られるほど暴力を受けたビリー。ベンの場合、一族の中で性虐待が行われていた。

著者は、それが犯罪の言い訳にはならないとしながらも、彼らがどんな教訓を学んで大人になったのかと訴える。「加害者たちをひとまとめに処罰するのでなく、救済の望みがある者には治療の道を見つけるべきだ」と強調する。「執筆に全人生をかけてきた」著者にとって、本書の完成は何よりの癒やしになったと信じたい。　評・多賀幹子（フリージャーナリスト）

『戦争大統領』

ジェームズ・ライゼン 著　伏見威蕃 訳
毎日新聞社・一六八〇円
ISBN9784620317809　政治／ノンフィクション・評伝／国際

描き出された米国ＣＩＡの「惨状」

私を含む、ベトナム戦争を知る世代には、アメリカにまつわるふたつの神話があるような気がする。〝ＣＩＡ（中央情報局）神話〟と〝ジャーナリズム神話〟である。

私見では、同時多発テロからイラク侵攻にかけての日々、誰かの台詞（せりふ）ではないが、「アメリカのジャーナリズムは死んだ」と思った。翼賛報道一色に塗りつぶされ、ベトナム戦争やウォーターゲート事件で論陣を張った頃の輝きは、見る影もなくなっていたからだ。

かたや〝ＣＩＡ神話〟のほうは、しぶとく脳裏に残っていた。そのイメージは、底知れぬ情報力と工作力を併せ持ち、ときにえげつない謀略をも辞さない秘密組織といった、われながら素朴なカリカチュアである。もしあなたも同様のイメージをお持ちなら、本書によって木っ端微塵（みじん）に粉砕されるはずだ。

著者が描き出すＣＩＡの現状は、「惨状」と言っても過言ではない。イラクにもイランにも、ＣＩＡはまともな情報網を構築していない。イラク侵攻前に大量破壊兵器の存在を証明しえなかった事実や、その後の戦況の泥沼化を示す報告は、途中で握りつぶされ、大統領と側近たちにとって「聞きたい」情報だけが伝えられてきた。

著者の大スクープのひとつは、ＣＩＡが在米イラク人たちをスパイとして本国に送り込み、かつて核開発に従事していた科学者らを通じて、現在は「核開発計画など存在しない」との明言を得ていながら、ＣＩＡ内部の縄張り争いのせいでホワイトハウスに伝達されずに終わってしまった出来事である。開戦数カ月前の実話だが、ブッシュはそれを知ったとしてもイラクに攻め込んだのではないか。

もうひとつの大スクープは、ＮＳＡ（国家安全保障局）が内外の膨大な電話を盗聴し、電子メールも盗み見ている行為を暴露したことで、アメリカ国民にはさぞ衝撃的であろう。

著者によれば、ブッシュ政権は事実上、ラムズフェルド国防長官とチェイニー副大統領に乗っ取られている。彼らは、国務省を蚊帳の外に追いやり、ＣＩＡを手玉にとって、情報機関の軍事化を着々と推し進めてきた。これは軍と情報機関を峻別（しゅんべつ）する国是に反する、「最悪の致命的遺産」になりかねないと、著者は厳しく批判している。

こうした見方には、たしかに〝図式化〟のきらいがある。おそらくはＣＩＡや国務省、国防総省の反主流派と元幹部らがおもな情報源であろうから、逆・情報操作に陥る危険もないわけではない。だが、インテリジェンスの世界に精通した著者が繰り出す情報の質と量は圧倒的で、通り一遍の批評など寄せ付けない迫力に満ちている。アメリカの〝ジャーナリズム神話〟を再び信じたくなるような、調査報道の底力を感じるのだ。

　私が本書を真っ先に読ませたいのは、先日の国会答弁で、イラク侵攻時に「大量破壊兵器が存在すると信じるに足る理由があった」などと前任者の強弁を繰り返した『美しい国へ』の著者である。ちなみに、「美国」とは中国や韓国では「アメリカ」の謂（いい）だが、もちろん単なる偶然であろう。

（原題、STATE OF WAR）

評・野村進（ジャーナリスト・拓殖大学教授）

James Risen　55年生まれ。米ニューヨーク・タイムズ紙記者。06年、ピュリツァー賞（国内報道部門）受賞。

『エンターテインメント作家ファイル108　国内編』

北上次郎 著

本の雑誌社・二三一〇円
ISBN9784860110611

発掘・発見　書評の力を教えてくれる

　著者のあとがきに異論がある。エンターテインメント小説の書評はその時々で消費されればそれでいい、〝その本を買うかどうか迷っている読者の指針になれば、それで充分（じゅうぶん）だ。あとからこうして一冊の本にまとめなくてもいい〟というのだが、これは明らかに新刊を対象とした発言だろう。新古書店やインターネット古書店の増加を考えれば、現代はかつてないほど本が容易に入手できる情況（じょうきょう）にある。新刊だけを視野に入れては困るし、北上次郎ほどの評論家となると活躍が幅広く、読者はフォローできない。書評集をまとめるべきなのである。それは本書を読めばわかる。

　ここには一九七九年の西村寿行の『闇に潜みし者は誰ぞ』の文庫解説から、今年の伊坂幸太郎の『重力ピエロ』の文庫解説まで百八本収録されている。およそ八百五十枚。しかもミステリ、SF、時代小説、恋愛小説、青春小説、ジュブナイルと守備範囲も広いし、一つひとつのジャンルの歴史が語られ、新たな解釈があるので参考になる。

　特に北上次郎の功績として大きいのは新人発掘だろう。児童小説出身の佐藤多佳子、あさのあつこ、森絵都、時代小説の荒山徹、富樫倫太郎など彼に見いだされ、読者に〝発見〟された新人は数多い。いや、〝発見〟というなら、評価の定まった作家たちにもいえる。戦後の大衆小説のベスト1と力説する阿佐田哲也の『ドサ健ばくち地獄』などは、ギャンブル小説という従来の見方を覆して、心理小説の傑作として読者の前に鮮やかに提示する。そのように提示されたら読者は読まないわけにはいかなくなる。

　そう、北上次郎の書評は煽動（せんどう）だ。その小説が読みたくて仕方がなくなるし、書評を読んでさらに関連作品も読みたくなる。宮本輝の『地の星　流転の海第二部』についての書評をもじるなら、〝書評がこれほど力に満ちた世界であることを教えてくれる本はそうあるものではない〟のだ。

　本が溢（あふ）れるいま、読書の指針として、新たな作家や馴染（なじ）みのないジャンルへの入門書として最適の本だし、小説好きなら必携の本であろう。

評・池上冬樹（文芸評論家）

きたがみ・じろう　46年生まれ。文芸評論家。著書に『情痴小説の研究』ほか。

『近代日本の陽明学』

小島毅 著

講談社選書メチエ・一五七五円
ISBN9784062583695

持ち込まれた変革の思想の系脈をたどる

知りて行わざるは未（いま）だこれ知らざるなり。目前に不正を見たら、ただちに正さなければ気が済まない。「知行合一（ちこうごうい）」の標語で有名な陽明学のエッセンスである。

明の王陽明に始まるこの儒学の一潮流は、幕末の日本で本家から独り立ちし、行動的な変革思想として強い影響力を持った。たとえば、三島由紀夫が最晩年の「革命哲学としての陽明学」で特筆したのは大塩平八郎・吉田松陰・西郷隆盛の三人である。

自分でも「反・陽明学的な心性を持つ」と認める若い著者は、日本陽明学に対して意地悪なまでに醒（さ）めたスタンスを保つ。大塩の蜂起は「成功する見込みもない暴挙」、松陰は「自己陶酔」。こう身も蓋（ふた）もなくいわれると評者の年齢では何だかムッとするが、意図的な挑戦かもしれないと思い返して先を読む。

近代日本の思想界に持ち伝えられた陽明学の系脈をたどる作業が本書の眼目だ。

著者の見るところ、日本陽明学の特色は「純粋動機主義」にある。動機が正しければあまり政治的結果を問わない《動機オーライ主義》といってよい。幕末維新の峠を越えた陽明学は、一回的な思想史上の役割を終了せず、この形質を優性遺伝子として保存させながら、多種多様な思想と習合して、一貫してしぶとく生き延びる。

陽明学の本流は今や日本にあると豪語したのは三宅雪嶺である。この「革命哲学」は大正天皇の侍講になった三島中洲によって宮中に入り、内村鑑三の手でキリスト教と合致させられ、井上哲次郎の労作でカントと調和するに至った。大逆事件の幸徳秋水にも大川周明の国粋主義にもひとしくその影が落ちている。赤色陽明学・白色陽明学どちらもＯＫなのである。最近では「歴代宰相の師」といわれて政界の黒幕視された安岡正篤の名前が記憶に新しい。

それにしても本書の巻頭と巻末で、「心の問題」を信条として靖国神社参拝を続けた前首相をクローズアップしているのは、陽明学の相場低落なのだろうか。それとも心性相容（あいい）れない著者による陽明学の戯画化だろうか。

評・野口武彦（文芸評論家）

こじま・つよし　62年生まれ。東京大学大学院助教授（中国哲学）。

『何がおかしい』

中島らも 著

白夜書房・二八〇〇円
ISBN9784861911866

笑いをめぐるラディカルな思考を展開

中島らもが転落死して二年。その後も著作は何冊も出たが、本書こそ彼の〈最後の作品〉の名にふさわしい。総合誌「論座」に連載された評論「笑う門には」を収録しているからだ。笑いをめぐるこのエッセーは、中島らもの実質的遺言ともいうべきラディカルな思考を展開している。

中島らもは「笑いとは『差別』だ」と断言する。同じことをフランスの劇作家で映画監督のマルセル・パニョルはこう表現していた。「笑いとは優者の劣者に対する優越的感情の爆発である」

例えば「センセーショナリズムとピーピング趣味とサディズムと吉本の芸人で成立しているテレビ番組」を見よ、と中島らもはいう。そこには愚かなものを見て、優越的感情をもって笑うという差別が構造化されている。だが、この愚かなものは愚かな視聴者のために作りだされた虚構にすぎない。そのからくりに嫌気がささないか、と著者は私たちに問いかけるのだ。

その一方で、ある人物にはこんなふうにも

語っている。

　なぜ人間は笑うのか。それは自己救済のためだ。他人を笑うことで自分を救っているのだ。だとするならば、その笑い＝差別は、善悪をこえた人間の条件ではあるまいか。人間が絶望に追いこまれたとき、生きるための不可欠の手段ではあるまいか。

　中島らもがそう語りかけたある人物とは、のちに自殺する落語家・桂枝雀だった。二人は朝の六時まで笑いについて語りあったという。

「この夜の六時間をもしテープに録っておけばゆうに一冊の本が出来ただろう。買う人も多少はいたかもしれない。何故ならこれはショウマン派同士のセメント試合［真剣勝負］だからである。しかしそんなことは世故に長けた出版社の考えることだ。おれには思い出だけで十分だ」

　この孤独な自負だけを武器に、中島らもは喜怒哀楽の喜と楽だけでなく、怒と哀にも踏みこんでいく。「笑う門には」のある回は、怒と哀を扱い、差別の問題に正面から切りこんで、雑誌への掲載を拒否された。この原稿も本書には完全収録されている。

評・中条省平（学習院大学教授）

なかじま・らも　1952〜2004年。作家、ミュージシャン。著書に『今夜、すべてのバーで』。

二〇〇六年一〇月八日⑤　ノンフィクション・評伝

『永遠の球児たち』

矢崎良一 企画

竹書房・一三〇〇円
ISBN9784812428375

悲哀だけでない光と影の記憶

　甲子園を沸かせた新旧の高校球児と、彼らの指導者をめぐる短編ノンフィクションのアンソロジーである。書き手は七人。鈴木洋史氏や山岡淳一郎氏のように既に何冊もの単著を上梓（じょうし）している書き手もいれば、一九七〇年代生まれの若い書き手もいる。だが、寄せ集めの印象はない。編集の「柱」がしっかりと通った一冊である。

　その「柱」とは——副題の「甲子園の、光と影」がなによりもはっきりと示している。「怪物」と騒がれながらもプロでは大成できなかった投手や、完全試合達成目前で大記録を逃した投手、常勝を義務づけられた強豪校の監督、ひっそりとグラウンドから去った名将……収録された七編はいずれも、甲子園という晴れ舞台で得た光の輝きと、「その裏」の影や「その後」の影を描き出す。

　だとすれば、これは悲劇と挫折の作品集なのか——？

　違う。七人の書き手は決して影の悲劇性を強調してはいない。むしろ逆だ。甲子園のヒーローや名将の人生を、ただ悲壮感や悲運や悲哀に満ちた影一色で塗りつぶしてしまうのは〈他者が抱く勝手な、底の浅い思い込み〉かもしれない、という意識こそが、本書を貫く太い「柱」なのだ。

　七編で描かれる球児や指導者は、だから、意外なほどよく笑う。さばさばと過去を振り返る。光と影の記憶を恨みごとでは語らない。たとえ光のまばゆさが影を際立たせてしまうのは事実だとしても、七編の主人公は皆、いまの光の中で、それぞれの日々を生きている。甲子園で得た光に比べれば、いまのそれは、まばゆさでは負けているかもしれない。だが、影の暗さが底を支える光は強く、深い。そして、その影の奥底にも、じっと目を凝らせば大切な宝物としての甲子園の光がキラリと輝いているんだと、七編は教えてくれるのである。

　僕は本書を「挫折を乗り越えたノンフィクション集」として読んだ。それは「球児」という限定された若者だけのドラマではないはずだし、指導者として「球児」と向き合うオトナだけの物語でもないはずだ、とも信じている。

評・重松清（作家）

著者は鈴木洋史、山岡淳一郎、谷上史朗、佐々木亨、中村計、津川晋一、矢崎良一の7人。

『ファイアースターマン日記』

二〇〇六年一〇月八日⑥

D[di:]著

マガジンハウス・一五七五円
ISBN9784838717057／9784043943333(角川文庫)　文芸

ネット舞台に癒やしの物語かと思えば……

誰もが心地よい「ぬるま湯」を求めている現代。インターネット上でも、気心の知れた仲間だけに限定できるソーシャル・ネットワーキング・サイトが人気沸騰中だ。そんな時代の温泉気分へ鋭く斬(き)り込んだこの「ノベルコミック」は、文句なしに楽しい。

主人公は失恋と失業のダブルパンチにあえぐ二六歳の水沢マリノ。彼女が新しく始めたアルバイトは、漫画家ダキマクラ・ダイスケが作り出した、ボーボー燃える炎そっくりの妖精ファイアースターマン（FSM）というキャラクターになりすまし、ネット上の交換日記で、現実生活に疲れたユーザーたちを元気づけるという仕事だ。じつのところこの妖精はかつて人間の男性で、多くの罪を犯して死神にすがたを変えられたため、罪の数だけ人間を救ってもとに戻ろうとしているらしい。ゆえに本書は、ひとまず癒やしの物語として受け止められるだろうか。

しかし著者D[di:]は漫画や小説、それに音楽まで多くの分野で活躍する多才なアーティストだけに、その構成は一枚岩ではない。彼女の視線は、時にシニカルなほど、悩める者たちの傷口に塩を擦り込む。

各章の冒頭が「『がんばって』という言葉が嫌いだった」「クールなんてくそくらえ」「闇雲(やみくも)なファンタジーは、打ち壊されなければならない」といった、世界を呪うかのごとき過激な警句で始まるのは序の口。やがては、ファイアースターマンに変身してユーザーたちをとことん愛し抜こうとするマリノたちオペレーター自身が、ふとしたことから、ゴスロリ系女子高生を含む現実のユーザーたちと接触してしまい、あろうことか自分自身の家族の秘密をはじめ、このキャラクター自体の恐るべき成立の秘密にまで立ち至るのだ。

ほんらいユーザーたちを甘やかすべきオペレーター自身が、この仕事を通じて癒やされるかと思えば新たに傷つき、傷ついたかと思えば再び癒やされる。現代の「ぬるま湯」の本質を問いつめた本書に、わたしはなみなみならぬ批評精神を感じた。

評・巽孝之（慶應大学教授）

ディー　作家、アーティスト。『ファンタスティック・サイレント』など。

『崩壊について』

二〇〇六年一〇月八日⑦

佐藤彰著

中央公論美術出版・二七三〇円
ISBN9784805505274　歴史／アート・ファッション・芸能／科学・生物

風変わりな建築史だ。建築の歴史といえば普通、出来上がる過程を扱い、いかなる考えで、どんな特徴をもつ建物がつくられたかを論ずる。完成後の姿、末路を問うことは稀(まれ)だ。本当は心象風景に結びつく建築のその後こそ重要なのに。

それが不満な著者は、建築にとって最も不吉な崩壊というテーマに注目した。

歴史上、多くの建物が崩壊し、執念で再建された。教会の塔や天井が崩れ落ちた例は枚挙に暇(いとま)がない。地震、嵐、雷の他に、鐘やオルガンの音までも原因になりえたという。よくぞ沢山(たくさん)の例を調べ上げたものだ。崩壊は人間の力を超えた事象でもあり、畏敬(いけい)の念を生んだ。ミサの間、天井が落ちないよう、祈りを捧(ささ)げることもあった。

ピサの斜塔のように、傾いているが故に、世界の人々の人気を集め、その崩壊を巡って賑(にぎ)やかな話題をまく建物もある。

崩壊は危険な由々しきことだが、西欧では同時に一種甘美で夢幻の世界と結びつくこともあったと著者は言う。地震、火事、水害に悩まされ続ける木造文化の日本とは違った美の感覚が育まれたのだ。比較文化論としても興味が尽きないが、一方でなぜこんな不思議な本を書いたのか著者に聞いてみたい気もする。

評・陣内秀信（法政大学教授）

二〇〇六年一〇月八日❽

『宇宙飛行士は早く老ける？』

ジョーン・ヴァーニカス 著　白崎修一 訳　科学・生物／医学・福祉

朝日新聞社・一三六五円
ISBN9784022599056

質問。地球から重力が無くなれば体はどうなるでしょう。答えは、老ける。血圧は上昇、骨はスカスカ、筋力は衰え、耳の聞こえは悪くなり、めまいがする。重力が戻っても、赤ちゃんのようによちよち歩き、人によっては失神する。

といったことは、過去の宇宙飛行士が体を張って証明してきた科学的事実で、巷（ちまた）にあふれるアンチエイジング商品よりはるかに説得力に富む老化予防の秘訣（ひけつ）が本書には書かれている。

仮説にまず引かれた。それは、老化現象とは長い人生をかけて重力の恩恵を徐々に避けるようになることが原因ではないかというもの。寝たり座ったりする時間が長くなれば若々しさを失うことは感覚的にわかるが、それを重力との関係から考察していくのだ。元NASAの生命科学部門責任者で、健康な男女にベッドで数週間寝てもらう実験を考案した著者によれば、宇宙に2週間いた30～50代男性とベッドで30日間寝た同年代の男性と70代男性では筋肉の衰えがほぼ同じという。

地球に帰還すると紙一枚が重く感じるという宇宙飛行士。華やかな報道の陰で彼らの心身に何が起こり、どんなリハビリで健康を回復してきたかも意外性に満ちている。

評・最相葉月（ノンフィクションライター）

二〇〇六年一〇月八日❾

『黒い傘の下で　日本植民地に生きた韓国人の声』

ヒルディ・カン 著　桑畑優香 訳　歴史

ブルース・インターアクションズ・一九九五円
ISBN9784860201890

歴史は、数多くの人生の束ともいえる。とすると歴史認識というものも、その時代に生きた多様な人生を理解することではないのか。韓流ブームが続いているにもかかわらず、日本人と韓国人のかつての植民地支配をめぐる歴史認識の差は、縮まってはいない。しかし、その時代の「朝鮮人」の目から見えた世界を知ることは、その差を縮めるものだろう。

本書は在米の韓国人51人の、戦前の植民地時代の思い出の聞き取りを集めたものである。そこには力ずくの植民地支配と、古い社会から脱する近代化の動きとが絡み合っている現実があった。語ってくれた人の中には、植民地の近代化の中で設置された高等教育機関の出身者もいた。彼らは、民族差別の中での僅（わず）かな上昇の機会を求め、人生の可能性を切り開いていったのである。

しかし独立運動に対する警察の抑圧や暴力は強烈なものだった。たいした政治活動をしていなくとも一度目をつけられると、しつこく監視され投獄されて、人生を台無しにする場合もあった。喜びや屈辱などさまざまな思いを抱いた多様な人生が、植民地支配という「黒い傘の下で」展開していたことを知らせる好著といえよう。

評・赤澤史朗（立命館大学教授）

二〇〇六年一〇月八日❿

『私の老年前夜』

長塚京三 著　文芸

筑摩書房・一六八〇円　ISBN9784480873538

本書は俳優・長塚京三の、二冊目になるエッセイ集である。複雑にして香気高い、瑞々（みずみず）しい文章が並んでいる。稚気と幽（かす）かに触れ合うほどの、頑固なやっかいさが魅力である。

俳優とあえてここに書くのが、不要なことだと思われもする。だが、本書のなかのどの一篇（ぺん）をとっても、著者が俳優であることを忘れさせてくれるものは一つもない。役者であることと人格が、みごとに融合していると思う。いや、融合とはきれいすぎる。生来の人格と職業が、かみつきあいながら、ここに一人の人間を、確かに在らしめたという感触が残る。

様々な場面で、著者は自分を、冷静に解体し吟味する。時にその作業は、幼い頃の自己をあぶりだすが、還暦を過ぎた今現在と、一体どこが違うのか。私の目には同じに見える。七面倒臭くて複雑で、ゆれ動く内面を持った少年。幼年と今が、かくも直列に、激しく繋（つな）がりあっている。奇妙にも胸打たれる点である。

むしろ読み難い文章である。独特の粘りとこらえ方がある。だから私も、「こらえて」読んだ。こらえるというのは我慢ではない。気持ちを溜（た）めながら、ゆっくりということ。稀有（けう）な文章に出会ってうれしい。

評・小池昌代（詩人）

『祖先の物語　ドーキンスの生命史　上・下』

リチャード・ドーキンス著　垂水雄二訳
小学館・各三三六〇円
ISBN9784093562119〈上〉・9784093562126〈下〉

科学・生物／医学・福祉

人類から出発し生命の起源へ至る旅

英国科学界の貴公子ドーキンスは、『利己的な遺伝子』という扇情的なタイトルを冠した本を30年前に出版し（邦訳書は26年前）、読書界に鮮烈なデビューを飾った。生命の進化を突き動かしてきた究極の単位は、自己の複製増殖を至上命令とする自己複製子すなわち遺伝子であるというメッセージは、誤解も含めて各方面に大きな影響を及ぼしてきた。

処女作出版時にはオックスフォード大学で動物行動学を講じていたドーキンスは、その後、刺激的な内容の一般向け進化学書を次々と送り出してベストセラー作家となり、10年ほど前からは同大学の寄付講座教授として、一般向けの著作・講演活動に専念している。

そのドーキンスも今年で65歳。近影を見ると、相変わらず理知的でハンサムではあるが、髪はすっかり白く染まっている。今回世に問うた大著のタイトル『祖先の物語』にも、さまざまな思いが込められているのだろう。

もっとも、本書の内容は、決して懐古趣味的なものではない。一般に生命の歴史を語る場合には、40億年近く前に起こった生命の起源から説き起こしてさまざまな生きものの盛衰を語り、われわれ人類へと至るというのがふつうである。ところがドーキンスは、生命の起源から現在まで連綿と続いてきた生物進化の系統樹を、現生人類から逆行するという、いわゆる倒叙法を採用している。そして、系統樹の枝分かれ地点に出くわすたびに、分岐点（結節点）上にいた祖先（彼はこれをコンセスターと命名している）にまつわる物語を語っているのだ。

カンタベリー物語を模して個々の結節点で語られる物語は、祖先をめぐる単なる解説ではない。それぞれが一冊の科学書に発展させられるほど含蓄に富んだ、きわめてぜいたくな内容である。本書一冊を読み通せば、現代進化生物学を総覧できるというしかけなのだ。俊才ドーキンスが腕をふるった豪華絢爛（けんらん）たるフルコースといったところだろうか。

しかし、人類を機軸に歴史を逆行する語り口には難点もある。人類の系統につながらないグループ、人類中心主義から見れば傍系にあたるグループ、子孫を残さずに潰（つい）えたグループについては多くを語らないまま置き去りにせざるをえないことである。いうなれば、勝ち組の歴史のみが語られる結果となるのだ。

それでもドーキンスがあえて人類のルーツを遡（さかのぼ）る巡礼の旅に出た大きな理由は二つ考えられる。一つは、創造論を掲げるキリスト教原理主義への反撃であり、もう一つは、進化の偶発性を強調する進化学の一派への牽制（けんせい）である。はからずもドーキンスは、自らに向けられたウルトラダーウィニスト（適応万能主義とも揶揄（やゆ）される立場）という批判を、むしろ誇らしい称号であると切り返している。一見懐古調のタイトルをもつ本書は、じつはきわめて政治的な意図を秘めてもいるのだ。

かつてぼくは、ドーキンスは説得される快感を味わわせてくれる著者であると書いたことがある。その点から言えば、本書の筆致はものたりない。それでもそこここで発揮されている筆の冴（さ）えは、さすがドーキンスである。

（原題、THE ANCESTOR'S TALE : A Pilgrimage to the Dawn of Life）

評・渡辺政隆（サイエンスライター）

Richard Dawkins　41年生まれ。進化生物学者、オックスフォード大学教授。著書に『利己的な遺伝子』ほか。

二〇〇六年一〇月一五日❷

『「豊かさ」の誕生　成長と発展の文明史』

ウィリアム・バーンスタイン 著　徳川家広 訳

日本経済新聞社・三三六〇円
ISBN9784532352202／9784532197681（日経ビジネス人文庫〈上〉）・9784532197698（〈下〉）

歴史／経済

「成長」の歴史を探る魅力的な物語

「思慮深い読者はそろそろ、本書が物質的側面に固執しすぎているのではないかと、疑問を抱く頃かもしれない」。385ページも読み進んだ後で投資アドバイザーの著者が語る。確かに書名を見れば「豊かさ」に括弧が付いている。心理的な幸福感ではなく物質的な繁栄（原著ではplenty）という意味だ。その繁栄の「誕生」が1820年前後だったと推理したのは歴史経済学者のアンガス・マディソンである。著者が本書で取り組んだのは統計で埋め尽くされたマディソンの著作を魅力的な物語に〈翻訳〉し、「近代世界に飛躍的な経済成長をもたらした文化と歴史の諸潮流を明らかにする」ことだ。

経済史の門外漢である著者が試みた歴史分析には、当然ながら〈粗さ〉が目立つ。しかし、古代ローマまで射程に入れて「持続的な富の増大」が西洋諸国で「常態化」する要素を抽出した著者の洞察力は〈粗さ〉を超えて見事だ。その要素とは私有財産権、科学的合理主義、資本市場および輸送・通信手段の四つであり、一つでも欠ければ「豊かさ」は生まれない。19世紀初めにイギリスが成長の〈離陸〉に成功したのも、最後の要素を満たす蒸気機関と電信技術が発明されたからだ。

著者は持続的な成長が民主主義を生み出すのであり、その逆ではないという。だから、独裁政権でも成長を重視するなら、いずれ民主主義が芽生えてくると楽観視する。もちろん、「豊かさ」の拡大はいつまでも続かない。いずれ終焉（しゅうえん）する。それはいつか、また、その要因は何か。著者の見方は冒頭の続きの386ページ以降で披露されるが、簡単に紹介すれば、格差や不平等の拡大は成長の結果であり、それが成長を促すことはないという。むしろ、放置すれば成長が終わる恐れもある。

「豊かさ」のためには過去の植民地政策までも容認する著者の議論には賛成できない面もあるが、ユニークな歴史研究で成長の要素を解明したり、繁栄の行方を予測したりするのは、資産の運用法だけを伝授する〈普通〉の投資アドバイザーよりも、ずっと真っ当なのかもしれない。

（原題、The Birth of Plenty）

評・高橋伸彰（立命館大学教授）

William Bernstein　米で人気の投資アドバイザー。

二〇〇六年一〇月一五日❸

『江戸東京の路地　身体感覚で探る場の魅力』

岡本哲志 著

学芸出版社・一九九五円
ISBN9784761512156

歴史／人文

都市づくりの根幹に　未来への提言

路地が今、注目されている。つい最近、ドイツから建築と文学の女性研究者が東京の路地で博士論文を準備中と言って、別々に訪ねてきたのには驚いた。また芸大の女子学生が北千住の路地を若い感性で描いたビデオ作品を見て、新鮮な感動を覚えたものだ。

路地と言えば従来、防災上も危険な、暗くて貧しい否定的存在だった。だが、近年の大型開発で都市が単調で退屈になるにつけ、逆に路地のもつ魅力に人々が惹（ひ）かれる。日本の都市を特徴づけ、よく話題になる路地だが、それを真正面から研究し書かれた本は意外にもなかった。それだけに本書は価値ある路地論だ。

著者は、実践的都市史研究家。東京を歩き尽くし、隅々まで知っている。同時に、古地図を今の地図に重ねて変遷を追う術（すべ）に長（た）け、都市を読む研究を次々に発表してきた。その経験が本書に結実した。

路地と聞いてすぐ思うのは、裏長屋が並ぶ江戸庶民の生活空間だろう。だが著者は意外にも、明治初めに遡（さかのぼ）り今も残る銀座の近代路地への思いから出発する。路地という懐かしい伝統空間に、現代的視点から新鮮な光が当てられる。本書を読むと、日本の町の体質として、路地的な空間がどこにも再生産された歴史がよく分かる。まるで遺伝子が受け継がれるように。

その空間は実に多様だ。江戸起源の佃島、菊坂、下谷・根岸、明治・大正期の銀座、月島、神楽坂、谷中・根津。昭和初期では渋谷百軒店や築地場外市場、戦後は駅前の闇市を引き継ぐ界隈（かいわい）、そして高度成長期以後のポストモダンの渋谷スペイン坂や代官山、といった風に。

今の東京に潜む、様々な時代を語る路地を著者と共に訪ね、場の雰囲気を身体で感じる楽しみを疑似体験できるのが、この本の面白さだ。路地を語る時に陥りがちな懐古や趣味の世界を越えて、日本の都市形成の特質を理詰めで描く点がよい。しかも、路地の精神が都市づくりの根幹に据えられるべきだ、という未来への強いメッセージが込められている。皆さんも読破すれば、大都会に潜むラビリンスにめっぽう強くなれますよ。

評・陣内秀信（法政大学教授）

おかもと・さとし　52年生まれ。岡本哲志都市建築研究所代表。

二〇〇六年一〇月一五日❹

『黒木和雄とその時代』

佐藤忠男 著

現代書館・二二〇〇円
ISBN9784768476758
アート・ファッション・芸能／ノンフィクション・評伝

変化を追う一貫した視点と哀惜

黒木和雄の遺作の映画「紙屋悦子の青春」は評判が高く、僕が見に行った時は満席であった。観衆には高齢者の姿が多かったが、戦争体験世代に共感される作品である。戦争末期の日常生活を切り取ったようなその映画は、ひたすら真面目（まじめ）でありながらトンチンカン、という会話が続く物語であり、戦時下の生活を丁寧になぞりつつ、その時代から距離を保っている不思議な秀作であった。

本書は、本年4月に急逝した映画監督の黒木和雄を扱った映画論である。黒木は60年代に、前衛的な映画の監督として世に出た人であった。前衛的というのは、映画の手法であるだけでなく、その主題の問題でもあった。それは、当時の分裂・先鋭化する学生運動を反映しながら、その主体形成のあり方を問うような性格のものだった。彼はハッキリした答えの見つからないその主題を、映像を通じて模索していたのである。

ところがそんな黒木は晩年になって、かつての前衛的な映画とはやや異質な、自分の戦争体験に立脚した作品を発表するようになる。「美しい夏キリシマ」「父と暮せば」など、戦争と庶民生活をテーマにしたその静かな反戦映画は、「紙屋悦子の青春」も合わせて彼の代表作となった。70歳を超してから新たに代表作を生み出すというのは、そう普通に見られることではない。

本書の著者の佐藤忠男は、その変化していく黒木の作品を、一貫性を持った視点で捉（とら）えるのに成功しているように見える。それは佐藤の映画論が、いわば人生論的な視点を持っているからだろう。ここでいう「人生論的な」とは、政治を意識しながらも政治イデオロギーによって裁断せずに、自分の生活の体験と重ね合わせて作品を把握しようとする視角であり、時代の中で翻弄（ほんろう）されていた自分自身を立ち止まって振り返るような見方ともいえる。佐藤は、突然の黒木の死に接して、「同時代を、多少の距離はあってもともに歩んで」きた人物とし、思えば映画の「同志」だったと記した。哀惜の念が溢（あふ）れた言葉といえよう。

評・赤澤史朗（立命館大学教授）

さとう・ただお　30年生まれ。映画評論家。著書に『日本映画史』全4巻など。

二〇〇六年一〇月一五日❺

『覚えていない』

佐野洋子 著

マガジンハウス・一五七五円
ISBN9784838716951／9784101354149（新潮文庫）　文芸

痛快に、まっとうに、正論でなく！

痛快という言葉は、この本のためにある。いや、この著者のためにある。こんなにもまっとうなことを、まっとうな言葉で、真っ正面から、ずけずけと書いてしまう著者はすごい。まっとう、とはいっても、正論ではない。正論ではないところが、おもしろいのである。

たとえば著者は、ゴミを出してと言われなければ出さない男を罵倒（ばとう）する。そういう男に育てた女親を罵倒する。美人を信奉する男を罵倒し自分の選択を棚に上げて愚痴る女を罵倒する。上から見て罵倒しているのではない、横から見て罵倒しているのである。いついかなるときも、老若男女森羅万象に至るまで、著者は横から、つまり同じ地平に立ってもの申している。武器も防具も身につけず、体裁や面子（メンツ）なんてかなぐり捨てて、裸んぼうのすっぴんで、正々堂々と。

あまりの痛快さに、つい、私も本当にそう思っていた、と思いそうになってしまうが、それは嘘（うそ）である。著者の言葉に目を開かせられ、自分もずっと同じことを考えていたような気になっているだけだ。自分以外のものを見下げず見上げず、関係ないと断じることなく、同じ地平に立ち、そこから言葉を放つことはとても難しい。痛快なのは、歯に衣（きぬ）着せぬもの言いではない、何にも曇らされることのない著者の目線が、武器も防具も用意せず闘いにいくその姿勢が痛快なのである。

正論は書かれていないが、しかし、真実は書かれている。まっすぐな目線は最短距離で真実を射抜くように照らす。あとがきを読むと、十年以上前に書かれたエッセイとあるが、しかし時代とともに後退していくところがまるでなく、反対に、現在をこそ書いていると思う。人が人らしく生きることとはどういうことか。「美しいばかりではないこの世を生きて行く力や希望を持つ」ことがどういうことであるのか。「スポーティ過ぎる」言葉の合間から、そうしたことが透けて見えてくる。おそらくあと二十年後に読み返しても、おんなじことを思うんじゃないか。真理とはそうしたものだ。

評・角田光代（作家）

さの・ようこ　38年生まれ。絵本作家。『神も仏もありませぬ』など。

二〇〇六年一〇月一五日❻

『裁判員制度はいらない』

高山俊吉 著

講談社・一三六五円
ISBN9784062136006／9784062812641（講談社＋α文庫）　社会

正面から廃止求める「全否定の書」

裁判官はシロウトには向かない職業である。「職」とは「専」だ。人を裁くことは誰もが簡単にできる仕事ではないから、専門的に訓練され、俸給を与えられ、身分と安全を保障された職業裁判官が特別に任命される。

本書は、二〇〇四年五月に超スピード審議で成立し、二〇〇九年五月までに、と施行を期す「裁判員法」を相手取り、なんらかの修正を求めるのではなく、真正面から裁判員制度そのものの廃止を主張する「全否定の書」である。

二十歳以上・七十歳未満の健康な国民は、呼び出しがかかったら指定の日に裁判所へ出頭しなければならず、裁判員に選定されたら、「やりたくない」といっても拒否できず、守秘義務を課されて裁判の内容は他人に口外できず、そのどれかに違反すると、懲役または罰金で処罰される。今まさに、そんな法律が実施されかけているのだ。

本書に特別寄稿した嵐山光三郎は、「人を裁くというのはげに恐るべきことで、神の仕事だ」といっている。たしかにその通りで、職業裁判官には民意によって約定された《法の女神》の代行というストレスがかかる。常人以上の権限を背負うという点で、裁判官は、逆説的に、オカミでなければ務まらない。

裁判員制度を支持する法律家は、「国民の司法参加で『司法はお上に』の意識を変える」といったそうだ。シロウトには裁判能力などないことを承知の上で、下々の一般市民を裁判に参加させるのだから、他に下心があると見られても仕方がない。ストレスの分散・転嫁である。最後には政府案に賛成させられる民間委員を連想するのは評者だけではないはずだ。

人を裁いて死刑や懲役を言い渡すのはイヤだ、という庶民感覚には大義がある。本書が指摘するように「裁判員制度と陪審制のすりかえ」はやっぱり要注意だ。強引に本制度を実施した場合、法廷は雷同裁判の場になるか、何ともいえず不調法・不細工・不体裁な司法の漫画と化すのではないかと不安になる。

無理のある制度は、見直した方がいいのではないか。

評・野口武彦（文芸評論家）

たかやま・しゅんきち 40年生まれ。弁護士、憲法と人権の日弁連をめざす会代表。

二〇〇六年一〇月一五日❼　歴史

『孫子兵法発掘物語』

岳南 著　加藤優子 訳

岩波書店・三〇四五円
ISBN9784000237130

「始めは処女のごとく後は脱兎（だっと）の如し」など、孫子の兵法は日本でも昔から知られている。しかし『孫子』の作者は永（なが）く謎だった。『史記』は呉王に仕えた孫武が書いたとするが、何者かが後に偽作したか、孫武の子孫であり史上実在したことが確認できる孫臏（そんびん）が著したとする説の方が有力となっていた。

この論争に終止符を打ったのが、72年に山東省銀雀山で出土した大量の竹簡だった。その分析によって、『孫子』13篇（へん）は確かに孫武の著作であり、それとは別に『孫臏の兵法』があることが遂（つい）に判明したのだ。

著者は、その竹簡の発掘から調査、保存までの過程を生き生きとした実録小説に描き出した。発見当初の不適切な取り扱いによって竹簡の一部は損傷してしまうが、そこは専門家が切歯扼腕（せっしゃくわん）する場面だろう。

また本書には作業員から国家文物局長まで、発掘や保存に関（かか）わった人物の経歴や言動が克明に描かれており、文革当時の社会状況が窺（うかが）い知れて興味深い。出土品の保管権をめぐっては省と県が激しく争い、また96年には偽の『孫武兵法』82篇が〝発見〟されたそうな。宝物に惑わされる人々を見て、著者は孫子とともに苦笑しているようだ。

評・高原明生（東京大学教授）

二〇〇六年一〇月一五日❽　歴史／アート・ファッション・芸能

『スケートボーディング、空間、都市』

イアン・ボーデン 著　齋藤雅子ほか 訳

新曜社・五七七五円
ISBN9784788510142

以前ある郊外都市に住んでいた時、夜寝静まった商店街でスケートボードに興じている若者たちの姿をよく見た。マッタリとした雰囲気を醸し出していたあの少年たちが、夜の都市空間に何を見ていたのか、私には知る術（すべ）もなかったわけだが、本書を読んで少しだけ分かったような気がした。

著者は自身ボーダーであったという建築史研究家。建築とスケボ、というと何やら奇妙な取りあわせに思えるが、それは私たちが建築物を特権化する建築—都市史観に毒されているからである。建築や都市の歴史は、単なる建造物の歴史ではありえない。そこに内在する人々の身体的経験によってたえず再解釈される意味空間、それが都市であり建築である。こうした視点に立って、著者は既存の建造物の正しい使用法を逸脱していくボーダーたちによる都市の作られ方を、その歴史とともに丁寧に記述していく。その意味で本書は紛（まご）うことなき建築の書なのである。

夜の商店街に佇（たたず）んでいたボーダーたち。彼らは私たちが自明視している都市や建築の物質的なあり方を、独特の身体技法をもって、たえず「読み替え」続けていたのだ。私たちは、彼らの都市への想像力に正しく嫉妬（しっと）すべきであろう。

評・北田暁大（東京大学助教授）

二〇〇六年一〇月一五日⑨

『ヒバクシャになったイラク帰還兵』

政治／社会

佐藤真紀 編著　JIM-NET 協力
大月書店・一四七〇円
ISBN9784272210909

原発や核兵器製造過程で生ずる核廃棄物を再使用した劣化ウラン弾は、湾岸戦争やコソボ、アフガニスタンで使われ、多くの癌（がん）患者を出し続けている。

なのに、地雷廃絶のように国際的な関心にやや欠けるのは、被曝（ひばく）の科学的立証が困難なこと、米がその危険性を認めないこと、政治的議論に埋没しがちなことがあろう。爆撃のインパクトが外部世界に見えにくいことも、無関心の一因だ。

本書の特徴は、イラク戦争後のイラクでの米兵の被曝実例を取り上げた点にある。米軍が遠くから攻撃しただけの湾岸戦争では、住民が死んでも外から見えなかった。だがイラク戦争後、多くの外国兵がイラクに留（とど）まる今では、放射能汚染の広がりは隠しようもない。イラクに関（かか）わる者すべてが被曝の危険にさらされていることを、本書は指摘する。

だが本書は、武器を扱う側の安全を確保すればそれでよしという具合に、問題が矮小（わいしょう）化されてはいけない、とも危惧（きぐ）する。「イラク人の被害を訴えてもアメリカの世論は動かない」から被曝米兵の声を聞く、というのでは、攻撃される人々の痛みを軽視することにならないかと、自戒を繰り返す。誠実な本だ。　評・酒井啓子（東京外国語大学教授）

二〇〇六年一〇月一五日⑩

『ユーゴ内戦　政治リーダーと民族主義』

歴史／政治／社会

月村太郎 著
東京大学出版会・三九九〇円
ISBN9784130301404

私たちはいまや、人権や民主主義といった普遍的価値の前では、内政不干渉の原則が絶対ではない世界に生きている。将来の世界史の教科書がその始まりに置く事件は、91～95年のユーゴ内戦であろう。この「内戦」こそ、軍事的紛争の主体を国家に限った近代的前提の崩壊を画す世界史的事件である。

にもかかわらず、この事件について私たちはあまりにも無知である。原因の一端は、それが圧倒的に複雑なことにある。本書は、セルビアのミロシェヴィッチ、ボスニアのイゼトベゴヴィッチ、クロアチアのトゥジマンという三人の政治指導者に軸足を置き、彼らによって民族的利害がいかに政治的に翻訳されたか、それがどのような弊害や限界を伴って事態を収拾不能としたかを、克明に描いている。

民族主義には大きな動員力がある。しかしそれゆえ、いずれ政治指導者の制御を超えてしまう。いくら強調してもしすぎることのないこの教訓を基調音に、三人の政治家の言動を軸に大胆に焦点を絞った記述のおかげで（また要を得た種々の付表のおかげで）、この複雑にして巨大な悲劇を理解する窓が、多くの読者に開かれた意義は大きい。

評・山下範久（北海道大学助教授）

二〇〇六年一〇月二二日②

『アメリカ第二次南北戦争』

文芸

佐藤賢一 著
光文社・一七八五円
ISBN9784334925116／9784334747572（光文社文庫）

「銃火器規制」が国内分裂の引き金に

歴史小説の手練（てだ）れによる最新作は、まず書名からしてトリッキイだ。その響きはいやおうなしに、かれこれ一五〇年ほどもむかしの北米で、かのリンカーン大統領が奴隷解放を実現した南北戦争のことを連想させる。

しかし本書は、断じて歴史小説ではない。あくまで二一世紀初頭における近い将来、アメリカが再び南北に引き裂かれる内乱に突入し、北米全体が戦火に包まれたらどうなるか、という設定で思考実験をくりひろげた壮大な近未来小説なのである。

そこでは、ピューリタニズムによって成立したこの国の原点を「新興宗教国家」と捉（とら）え「アメリカは成功したオウム真理教」と断じたうえで、北部中心の合衆国から「第二のジャンヌ・ダルク」が降臨し、南部中心の連合国にかの白人優越主義秘密結社の精神を継ぐ「ネオKKK」が暗躍していくさまが、生き生きと描かれる。

これまで「世界の警察官」として「世界平和」のために諸外国での戦争を続けてきたア

メリカが、さていかにして内乱へ突入するのか？

きっかけは、二〇一三年一月三日、テキサス州ダラスを訪問中だった史上初の女性大統領ケイト・マクギルが暗殺され、副大統領マーチン・ムーアが史上初の黒人大統領の座についたことにあった。もともと白人優位主義の強い南西部諸州は、それだけで反発する。かてて加えて、彼は、かねてからの腹案だった銃火器規制法案を強行し、それがＮＦＡ（全米銃火器協会）を刺激してしまい、国家を二分するほどの事態を招く。

主人公はジャーナリストの森山悟。彼は義勇兵の結城健人と親交を結び、女性軍曹ヴェロニカ・ペトリとの恋愛を深め、フランス系外交官僚ファビアン・リシュラと行動をともにするうちに、そもそもマクギル大統領暗殺の背後には思わぬかたちで「日本」が介在していたことに気づく。しかもその陰からは、米中戦争、転じては第三次世界大戦の可能性まで浮かび上がってくる。現在の日米関係の本質に斬（き）り込む、これは今日最もリアルな近未来史である。

評・巽孝之（慶應大学教授）

さとう・けんいち　68年山形県鶴岡市生まれ。作家。99年『王妃の離婚』で直木賞。

二〇〇六年一〇月二二日③

『階級社会　現代日本の格差を問う』

政治／社会

橋本健二著

講談社選書メチエ・一五七五円

ISBN9784062583718

フリーター・無業者層をどう規定するか

日本の思想界では、ごく最近まで「階級」という言葉は死語に近かった。日本は階級社会であるなどと発言する人間は、変人か「極端な政治思想の持ち主」かと見なされかねなかったそうだ。

本書はそのタブーを破り、二十一世紀に入ってから顕著に進んで、「格差社会」「不平等社会」「縦並び社会」などと表現されてきた日本社会の貧富差固定の構造を「階級社会」と規定している。「階級」の概念を「社会的資源によって区分された社会階層」と定義し、脱マルクス主義的・脱政治的・脱革命思想的な「普通の」用語だと強調しているのが特色である。

現代日本の社会構成は、①資本家、②旧中間階級、③新中間階級、④労働者という「四つの階級」を大枠として分析される。

最初の二つは雇用者側で、「従業員規模が五人以上の経営者・役員・自営業者・家族従業者」は資本家であり、同五人未満は旧中間階級とされる。吹けば飛ぶような中小企業主と寡占資本の経営陣との差異はどうなるのだろう。

著者が特に力を籠（こ）めるのは、被雇用者側の問題であり、その内部に走る「階級の分断線」のことだ。コンピューター・リテラシーが高く、専門・管理・事務職に従事する新中間階級は、今や労働者に対する「最大の搾取階級」であるとされる。被雇用者なのに搾取する側なのか。いちばん抑圧されている日本の労働者階級は「政治的には最も不活性な階級」であり、「階級闘争が発展する可能性はきわめて低い」と悲観的だ。

焦点になるのは、その労働者階級からも落ちこぼれて「一種の下層階級」を形成し、三十五歳未満人口の二八・七％（五五〇万）を占めるフリーター・無業者層である。

格差を解消する階級闘争の突破口は、新中間層の労働時間短縮にありとする著者はこれらフリーター・無業者層を「アンダークラス」と規定している。評者のような老世代にはこの労働者以下の「使い捨ての階級」こそ、正真正銘のプロレタリアートの出現と見えるのだが、この用語はやっぱり古いのだろうか。

評・野口武彦（文芸評論家）

はしもと・けんじ　59年生まれ。武蔵大学教授（理論社会学）。

二〇〇六年一〇月二二日④

『別世界・幽霊を呼ぶ少女』

楳図かずお 著

小学館クリエイティブ発行、小学館発売・三七八〇円
ISBN9784778030261
アート・ファッション・芸能

哲学的深さも 天才漫画家の出発点

いつ見ても少年のように若々しい楳図かずおだが、今年で70歳になった。1995年に完結した20巻の大作『14歳』をもって「最後の作品」と本人が宣言しているので、新作はもう読めない。

だが、21世紀に入ってレアな作品の復刻が相次いでいる。本書はとくに貴重な1冊だ。楳図がオリジナルストーリーに基づいて単独で描いた長編第1作『別世界』が収録されているからだ。このマンガを楳図は17歳のときに描きあげた。真の天才である。

舞台は原始時代。人間は様々な部族に分かれて争っている。その部族間闘争を生きぬいて人類の救済に向かうリバー少年の冒険物語だ。

主題の一つは人類の滅亡である。物語の初めでリバーは奇妙な岩に立って空を見上げている。彼は気づかないが、読者にはその岩がガイコツの形であることが見えている。つまり、映画『猿の惑星』のラストの自由の女神のように、この岩はすでに一度人類が滅びたことの痕跡なのだ。

『14歳』の結末近くでも、人間の滅亡後、ゴキブリがガイコツの上に立って、人間の再生を予言する。ガイコツ岩は楳図かずおのなかで40年間も持続した人類の滅亡と再生のシンボルなのである。

また、『別世界』で、生き延びた人類が火星人の子孫であると示唆される件も興味深い。火星人の目から見れば、地球こそ「別世界」なのだ。他者の存在につねに想像力を開き、別世界をけっして拒否しない寛大なまなざしこそ、楳図マンガの哲学的深さを保証するものである。

『別世界』の冒頭に夕やけが現れていることも感動的だ。楳図の最高傑作『わたしは真悟』も、最終作『14歳』も世界を覆う夕やけで始まるからだ。夕やけは世界を焼きつくす滅亡の光景であると同時に、浄化の炎による再生の可能性のイメージでもある。

本書に収録された『幽霊を呼ぶ少女』は四谷怪談をベースにした恐怖マンガだが、冒頭に見開きカラー2ページで描かれる夕やけの輝かしさはマンガ史に比類がない。この本をカラー復刻してくれた編集者に心から感謝したい。

評・中条省平（学習院大学教授）

うめず・かずお 36年生まれ。漫画家。

二〇〇六年一〇月二二日⑥

『心にナイフをしのばせて』

奥野修司 著

文芸春秋・一六五〇円
ISBN9784163683607／9784167753672（文春文庫）
社会／ノンフィクション・評伝

逸脱覚悟し 遺族の傷の深さ描写

一九六九年に神奈川県で起きた、高校一年生による同級生殺害事件――本書は、被害者の遺族が過ごしたその後の日々を克明に伝え、同時に加害者の少年Aが弁護士になって社会復帰を果たしていながら、慰謝料の支払いはおろか、いまだ謝罪すらしていないことを明かす。

……という内容だけでも十二分に「問題作」「衝撃作」に値する本書だが、「それがどう書かれているか」に目を転じると、本書が「問題作」となる所以（ゆえん）は、じつはむしろこちらのほうなのではないか、と気づかされる。

本書の大半は、被害者の妹の一人語りで構成されている。〈四半世紀以上も前の悲しみを、いまだに癒やされずに背負いつづけている〉遺族の姿が、書き手の目を介さずに描かれる。事実関係の吟味や補足はあっても、遺族に全面的に寄り添った手法である。それがノンフィクションの枠からはみ出しかねないことは、むろん、ベテランの奥野さんは百も承知のは

ずだ。

だからこそ、あえて一人語りを採用したことは、本書のテーマそのものとつながる。無念を抱いて死んだ父親、精神障害を疑われるまで心に痛手を負った母親、感情が消え去ってしまった妹。そんな遺族の傷の深さは、書き手が整理して代弁するのではなく、遺族自身の揺れ動く声でなければ伝えきれない――奥野さんはそう考えて、厳密な「事実」に担保されたノンフィクションからの逸脱も覚悟のうえで、当事者の「内面」をダイレクトに描く手法を選んだのではないだろうか。

その覚悟を踏まえるなら、「Aが弁護士になっていた」というスクープが強調されすぎるのは、本書の望む読まれ方ではないだろう。遺族の苦しみは、決してAの事件だけの特殊なものではない。被害者側の救済が置き去りにされた少年法に対する〈釈然としない〉奥野さん自身の思いもそこに重なるはずだし、遺族の「内面」を描いた本書は、少年法論議はもとより、少年犯罪が起きるたびに加害者の「内面」＝心の闇にばかり目が行ってしまう風潮にも一石を投じているのだから。

評・重松清（作家）

おくの・しゅうじ　48年生まれ。『ナツコ』で大宅壮一ノンフィクション賞など。

二〇〇六年一〇月二二日⑦

『アンダースロー論』

ノンフィクション・評伝／新書

渡辺俊介 著

光文社新書・七三五円
ISBN9784334033712

プロ野球選手の日常とスキル（技能）を事細かに言語化した一冊である。表題の投法は言うまでもなく下手投げのこと。『サイドスロー』では、いまひとつインパクトが足りない。「絶滅危惧（きぐ）種」と言われる『アンダースロー』であるからこそのロマン発生が不思議なところだ。各章の扉に配された杉浦忠、山田久志ら往年の同型・名投手連の投球フォームが美しい鳥の羽ばたきのように見える。

千葉ロッテマリーンズに在籍する30歳の著者は、球界屈指のアンダースロー投手。今シーズンこそ振るわなかったが、王貞治監督からワールド・ベースボール・クラシック日本代表のエースに指名され、期待に応えたことも記憶に新しい。

本書中、再三繰り返されるのが自身の素質の乏しさ。常に二番手でありながらも研究熱心さをよりどころに「プロ野球にたどり着きました」と渡辺は記す。身体の柔軟性を生かせる道がアンダースローと、中2の夏に勧めた炯眼（けいがん）の厳父の存在も大きい。

口語文体の新書という軽さはあくまで表向き。野球の奥深さを伝える上での心憎い裏切りが待っている。渡辺俊介にとってのアンダースロー投法は、「希望」や「第三の道」の別名であるのかもしれない。評・佐山一郎（作家）

二〇〇六年一〇月二二日⑧

『戦略爆撃の思想　ゲルニカ、重慶、広島』

前田哲男 著

凱風社・四七二五円
ISBN9784773630091

日本軍による重慶爆撃は二年前のサッカー試合で、日本チームが市民の激越なブーイングを浴びたことで、忘却のかなたから多少とも甦（よみがえ）った。ピカソで有名な「ゲルニカ」爆撃は一日限りだが、翌年に始まる「重慶」は三年間で二百回以上。実相解明に取り組んできた著者が、新資料を含めて旧著を大幅に書き改めた。

都市を住民ぐるみ攻撃の対象とし、「戦政略爆撃」の名称を掲げた「重慶」を、著者は「広島の前の広島」と位置づける。その軍事思想がハンブルクやドレスデン、米軍による日本本土への無差別爆撃へと戦争を進化させ、ついには原爆投下へと連鎖する。「核を落とす思想」に、日本は無罪を申し立てることはできない――がメッセージである。

奥地へ後退する中国軍に手を焼き、抗日戦時首都に爆弾を降り注ぐことで、局面を打開しようとした作戦は、エドガー・スノーやセオドア・ホワイトらによって詳細に報じられ、「アンフェア日本」の印象を世界に広めて、米国の対日戦機運を盛り上げた。この作戦に、リベラルな対米不戦論者として知られた井上成美が、海軍参謀長として深く関（かか）わっていたのも、歴史の皮肉というべきだろう。

評・佐柄木俊郎（国際基督教大学客員教授）

二〇〇六年一〇月二二日⑨　文芸

『僕たちは池を食べた』

春日武彦 著
河出書房新社・一六八〇円
ISBN9784309017754

「小説の精神科医」といえば、今は誰もが奥田英朗の小説に登場する精神科医・伊良部一郎を思い浮かべるだろう。だが残念ながら、実際にはあれほど破天荒な精神科医はいないし、治療だっていつも劇的とは限らないのだ。

それに比べれば、この作品集の主人公・カスガ先生はかなりリアル。それもそのはず、著者は現役の精神科医だからだ。看護師の妻とともに幸福な日常生活を営むカスガ先生だが、病院に行けばいろいろな患者がやって来る。うつ病に強迫神経症、失声症などという珍しいケースもある。丁寧に話を聞きながらゆっくり彼らの心のうちを探り、治療の方針を決めていく先生。精神科の診療はどう行われるのかと興味を抱いて本書を読む人は、「こんなに淡々と進むものなのか」と驚くかもしれないが、現場はこうだ。

誠実かつ常識的なカスガ先生には、精神科医には「患者の命とは直接かかわらない呑気（のんき）な連中」が多い、と言うなどなかなかシニカルな一面もある。この「自分の仕事をちょっと冷めた目で見ている」というところも、実に精神科医らしい。等身大の精神科医や精神医療の実像に感心するか失望するかは、読む人次第ということだろう。

評・香山リカ（精神科医）

二〇〇六年一〇月二二日⑩　歴史／政治／社会

『捕鯨問題の歴史社会学』

渡邊洋之 著
東信堂・二九四〇円
ISBN9784887137004

国際捕鯨委員会による捕鯨の一時停止から、すでに20年近くが経（た）っている。そこでは環境や捕鯨文化を語る非政治的なはずの議論が、国際政治やナショナリズムの立場と密接に関連する構造が生まれている。日本政府も日本沿岸の小型沿岸捕鯨は、日本の民族的な捕鯨の伝統文化に基づくものだと唱えている。

本書では日本の近代捕鯨は、必ずしも伝統文化を継承したものではないとしている。それは、技術を西欧から輸入し植民地を基盤としながら、国家的保護の下に発展した一つの「産業」であったとするものである。つまり「産業」化した捕鯨は、技術も労働力編成も伝統的なそれとは異なり、古い時代からあった日本人の鯨に対する観念との摩擦・軋轢（あつれき）を生みながら、新たな鯨肉市場を開拓する拡張主義的なものだった、というのである。

本書は、かつて森田勝昭が『鯨と捕鯨の文化史』の中で提起した日本の近代捕鯨に関する論点を、実証的に深め豊かにしたものともいえる。著者は、文化論が政治的意味を持ってしまう仕組みがあることを指摘しているが、政治と結びつきながらそれを越えた実証研究の確かさを感じさせる著書といえよう。

評・赤澤史朗（立命館大学教授）

二〇〇六年一〇月二九日❶　社会／新書

『格差社会　何が問題なのか』

橘木俊詔 著
岩波新書・七三五円
ISBN9784004310334

『日本の貧困研究』

橘木俊詔、浦川邦夫 著
東京大学出版会・三三六〇円
ISBN9784130402279

深刻な〈相対的貧困〉に分析の光

格差をめぐる論争が再燃している。経済学の分野で新しい火種を作ったのは労働経済学者の大竹文雄氏だ。同氏は昨年話題になった『日本の不平等』（日本経済新聞社）で、日本の格差は所得分配の不平等を示す統計（ジニ係数）で測ると拡大しているが、それは高齢化や世帯構造の変化による「ある種の見せかけ」にすぎないと主張した。10年に及ぶ研究成果を基にした大竹氏の分析は格差批判に対する反証として注目を浴び、政府も今年度の『経済財政白書』では同氏の見方を追認する調査を公表している。

これに対して、8年前の著書（『日本の経済格差』、岩波新書）で日本における「平等神話崩壊」の背後で「理にかなわない不平等化」が進んでいると問題提起した橘木氏は、新著『格差社会』では格差拡大がいまや貧困問題にまで発展していると警告する。統計上の格差は「見せかけ」との見方を超えて、著者は日本のような先進国に存在する〈相対的貧困〉の深刻さに分析の光を当てるのだ。その狙いは、高齢化の進展に伴い、高齢単身の「貧困者の数が非常に増えて」いるのに、それを『見かけ』として無視するのですか」という問いかけに象徴されている。

生存に必要な食料すら確保できない〈絶対的貧困〉がいまの日本で「大問題」になっているとは評者も思わない。だから、生活保護を受ける世帯が１００万を突破しても、小泉前首相は国会で「格差はどこの社会にでもあり、格差が出ることは悪いことではない」と発言できたのではないか。

しかし、貧困がもたらす問題は、一国の経済発展に伴って変化することも忘れてはならない。特に先進国では、〈絶対的貧困〉よりも、同じ社会に属する他人との比較で悲観したり、不満を覚えたりする〈相対的貧困〉のほうが「大問題」だ。自分の所得が低すぎるために人並みに社会参加できないとか、様々な機会から排除されていると感じる人が増えれば、社会の連帯感や安定感、ひいては安全まで損ねる恐れがある。そうした〈相対的貧困〉の境界線を平均（中位）所得の半分で引くと、日本の貧困率は著者の推計によれば01年で17％に達し、先進国の中では最悪の部類に属しているという。

こうした貧困の実態や評価は、浦川氏との共著『日本の貧困研究』で詳しく説明されている。数式や統計が多く一見取っつきにくいが、具体的な事例や数値も多く、読んでみると意外にわかりやすい。例えば、所得分配の公平に関するアンケートの分析では、格差があっても全体の所得が大きければよいとか、完全な平等がよいといった見方に対する支持はいずれも低く、高いのは〈相対的貧困〉を回避する分配だという結果が示されている。つまり、多くの人はある程度の格差を容認しながらも、〈相対的貧困〉は可能なかぎり減らすことが望ましいと考えているのだ。

評者が、橘木氏の議論に共感を覚えるのは、格差論争の地平を貧困にまで広げた点だ。それは経済学者として絶対に忘れてはならない視点でもある。

評・高橋伸彰（立命館大学教授）

たちばなき・としあき　京都大大学院教授。
うらかわ・くにお　京都大大学院在学

『緋色の迷宮』

トマス・H・クック 著　村松潔 訳

文春文庫・七七〇円
ISBN9784167705336

文芸

謎の奥深くへ　強く切ない凝視

誰にでも偏見はあるけれど、僕の偏見を一つだけ言わせていただくなら、トマス・H・クックを知らない人は小説ファンではない。トマス・H・クックを読まずして現代小説を語ることはできない。アメリカ探偵作家クラブの最優秀長篇（ちょうへん）賞を受賞した『緋色（ひいろ）の記憶』（文春文庫）、家族を殺した父親を追及する『死の記憶』（同）、取調室を舞台にした息詰まる密室劇『闇に問いかける男』（同）など、複雑巧緻（こうち）なプロットと切々たる哀愁の人間ドラマで読者を圧倒する。ミステリのファンのみならず純文学のファンをも満足させるし、両方の分野においても、クックほどの小説巧者は数えるほどしかいない。それは新作の本書を読んでもわかるはずだ。

写真店を経営しているエリックは、教職につく美しい妻とおとなしい息子との生活に満足していた。だがある日、八歳の少女エイミーが行方不明になり、ベビーシッターの息子キースに疑いがかかる。誘拐して性的暴行に及び殺したのではないかというのだ。エリックは憤慨するが、エイミーの両親も町の住民たちも疑惑の目を向けだす。やがてエリックは自らの家庭生活、さらには自分が生まれ育った家族の秘密にも気づきだす。

他のクック作品がみなそうであるように、ここでは誰もがみな弱さを抱え、いえぬ傷をもち、激しい不安のなかで生きていて、ある者は倒れ、ある者は破滅へと突き進む。人々は対峙（たいじ）し、交錯し、事実を探り合い、奥深く埋め込まれた謎を解きあかしていく。その巧緻な仕掛け、堅牢（けんろう）なプロットはさすがにクックである。スリリングなミステリ的昂奮（こうふん）と優れた人間ドラマの点で、前記三作には及ばないものの、それでも小説の醍醐味（だいごみ）を充分に味わわせてくれる。

とはいえ、正直いって、辛（つら）く哀（かな）しい小説である。読後感は苦く厳しいけれど、それでも随所で語られる諦観（ていかん）は人生の真実を照らし、絶望感を抱く者には何がしかの慰謝を与えるし、幸福と思いこむ者にはいずれ訪れる絶望のレッスンになる。それほどクックの凝視は深く、強く、切ないのである。クックを読め！

（原題、RED LEAVES）

評・池上冬樹（文芸評論家）

Thomas H. Cook　47年生まれ。米国作家。今作でバリー賞受賞。

二〇〇六年一〇月二九日❸　文芸／人文

『樹をみつめて』

中井久夫 著

みすず書房・二九四〇円
ISBN9784622072447

時空を超え人間を内側から見つめる

3歳のときに祖父から何を植えてもよいという花壇を与えられ、色とりどりのキンギョソウに導かれた人である。精神科医となり初めて赴任した病院へは、徒歩40分の林道をクヌギを眺めつつ通った。

長年、統合失調症の診療にあたり、阪神大震災では被災者の心のケアに取り組む。幼少時からの植物体験は、医学という人間中心の動物学大系に身を置く著者の思考に大きな広がりを与えたという。

この随想集にあるのも、植物の側に立ち、無用にみえるものの「存在自体を肯定して福をもたらす」という著者の視線だ。地蔵が増えた神戸のこと。認知症の人が思い出の品で「記憶の煤（すす）払い」をし過去を思い起こす光景。ハンセン病の療養所に精神科を設けた神谷美恵子の人生。とりわけ小学六年で敗戦を迎えた著者が平和への祈りを込めた長編「戦争と平和についての観察」は、国家の枠組みも民族も超え複眼的に歴史が捉（とら）えられ、読み進めるうちに心に壮大な宇宙絵巻が広がるよう。

戦争は勝敗に至る「過程」、平和は無際限に続く「状態」という前提に目を開かれる。戦時は格差も不道徳も棚上げされるが、平時は社会の要求水準が高まり堕落が意識されやすい。平和の言葉は同調者しか共鳴しないが、戦争の言葉は単純で万人に訴える。平和は凡庸、戦争は物語を生む。なるほど著者は人が戦争に向かう容易さに比べ、平和がいかに理解しにくく構築に努力を要するかを説くのである。

指導者の多くが早期に自国勝利で終戦するという願望思考に陥る心理や、略奪や強姦（ごうかん）へと戦争が堕落する背景も観察の対象だ。カウンセリングのように分析するのでも日本人特殊説を持ち出すのでもない。国益に左右される巷（ちまた）の歴史解釈ともほど遠い。観察とは真実を理解せんとする態度である。時空を超え人間をその内側から見つめる。そんな姿勢で歴史に臨む人を本来、歴史家と呼ぶのではないか。

「精神科医の心の中にはいくつかの墓がある」。多くの理不尽な死を目前に見た著者にとり、戦争を書くことは魂の供養でもあったろう。静謐（せいひつ）だが重い余韻の残る一冊。

評・最相葉月（ノンフィクションライター）

なかい・ひさお　34年生まれ。精神科医、翻訳・随筆家。『関与と観察』など著書多数。

二〇〇六年一〇月二九日④

『荷風さんの戦後』

半藤一利 著

筑摩書房・一七八五円
ISBN9784480814784／9784480425942（ちくま文庫）

文芸／ノンフィクション・評伝

「永遠のホームレス」として生きた男

やっぱり予想していた通り本書の「あとがき」は、昭和三十四年（一九五九）四月、永井荷風が数え年八十一で壮絶な孤独のうちに死んだ時、石川淳が『敗荷落日』と題し、死者を鞭（むち）打つ激しさで酷評した一文に触れている。

愛読していた荷風の日記『断腸亭日乗』までが全否定されたことに「向（むか）っ腹（ぱら）をたてた」著者は、戦後の荷風も戦前に負けず劣らず、みごと狷介（けんかい）で反逆的な生き方をしていたことを「歴史探偵として」証明しようと思い立つ。

著者はかいなでの荷風愛好家ではない。つとに一九五〇年代前半、最初の全集に収められた『日乗』を毎月買って読んでいたのだから年季がたっぷり入っている。

昭和二十年（一九四五）三月の大空襲で、麻布偏奇館を蔵書もろとも焼き払われた荷風が、千葉県市川に移住し、電車で浅草のヌード劇場に日参する風狂にして助平な生活スタイルは江湖の話題になった。「国破れてハダカあり」とはけだし名言だ。四つ道具は、ベレー帽・安物の買物籠（かいものかご）・コーモリ傘・軍隊靴。巨額な預金のある銀行通帳を肌身離さず持ち歩く。

練達の著者はもちろん文明批評だの反俗だのとヤボな理屈をいわない。歴史家らしく戦後史の主要事件を背景に持ってきても、当の荷風が徹底的無関心を決め込んでいて、接点が見つからないのもご愛敬だ。ひしひしと伝わってくるのは、著者も自認する「横恋慕」の情愛である。

荷風の数々の奇行は天下に名高い。その歯欠けも、ケチも、偏屈も、ヒガミも、被害妄想も、ノゾキ趣味も、全部愛しちゃっているのだ。しかしさすがにウラを取るのを忘れていない。『断腸亭日乗』といえども一方的には読まない。荷風の記載と他人の第三者的な観察とを突き合わせると、荷風のポーズにもけっこう恰好（かっこう）付けの面があったとわかって面白い。

みずから「永遠のホームレス」の境涯を選び取った荷風が、他人に看取（みと）られるのも拒絶し、ひとりで吐血して死んだ光景は、高齢化日本に《孤独死バンザイ》の痛烈なメッセージを発している。

評・野口武彦（文芸評論家）

はんどう・かずとし　30年生まれ。作家。『漱石先生ぞな、もし』ほか著書多数。

二〇〇六年一〇月二九日⑤

『国家論のクリティーク』

イェンス・バーテルソン 著
小田川大典ほか 訳

岩波書店・四〇九五円
ISBN9784000228664

政治

語ることも語らぬことも困難な概念

ベストセラーとなった首相の著書を始め、近頃「国家」論は、ちょっとしたブームの観がある。が、ブームというものは往々にして不安の裏返しだ。はたして、国家という概念の根拠は、今日、かなり問題含みなものとなっている。著者は、近代政治学の起源にさかのぼり、国家とは、なにか実体のある制度としてよりも、むしろ政治的なものを語る言語体系のなかで、いわばへその緒のような地位を占める概念として、私たちの思考のあり方を制約しているのだと説き起こす。

しかし、そう説かれても心外な向きは少なくはなかろう。国家などという「危険な」言葉を用いることに、なんとなくためらいを感じる人はむしろ多いくらいだろうし、実は、専門の政治学者の多くにとっても、もはや国家はまともな分析概念とはみなされていない。要するに、国家の概念は、ある種のイデオロギーとして、避けられるべきところでは避けられているのではないかということだ。

さにあらず、と著者は説く。すなわち、国

家という概念自体を使わずにすますことと、国家という概念からつむぎだされた言語体系から自由になることとは、似て全く非なることだというのだ。そしてこの一点への粘着的なまでのこだわりが本書の凄(すご)みである。

著者は、国家概念の再定義の試みを、批判されるべき当の言語体系を結果的に再強化するものとして批判するだけではなく、国家という概念を廃棄しようとする試みまでも徹底的に批判する。なぜなら、国家という言葉の使用をどれほど回避しても、そこで話されている言語の前提に国家という概念が埋め込まれ、他の諸々(もろもろ)の概念が国家という概念との関係において定義されているかぎり、それはいわば、頭隠して尻隠さずのお粗末な隠蔽(いんぺい)でしかないからである。

国家を語ってもだめ、語らなくてもだめ。本書の批判から明快な処方箋(せん)を導くのは難しい。しかし、本書を読んだあとでは、国家を語ることだけではなく、語らないことについても慎重にならざるをえないことはたしかである。

(原題、The Critique of the State)

評・山下範久(北海道大学助教授)

Jens Bartelson コペンハーゲン大学教授。国際政治理論。

二〇〇六年一〇月二九日❻

『ぼくと1ルピーの神様』

ヴィカス・スワラップ著 子安亜弥訳

ランダムハウス講談社・一九九五円

ISBN9784270001455/9784270102770(ランダムハウス講談社文庫)

文芸

インドの現実が素材の謎解き娯楽作

めちゃくちゃ、面白い。

学校にも通っていないインドの貧しい孤児の波瀾(はらん)万丈の物語、というので、暗く深刻な話だろうと思って読み始めたら、見事なエンターテインメントだ。楽しめる。

だいたい舞台設定となるクイズ番組が、あの「クイズ$ミリオネア」(ファイナル・アンサー?と司会者が迫るあれは、日本で生まれたものではない。英国に端を発し、世界中ではやった番組)のバージョンアップ版だというのが、読者の親近感を呼ぶ。

さらに「小学校の教育もない孤児がどうしてクイズに全問正解できたのか」の答えが、彼の人生経験のなかから導きだされる記述が、実にうまくできている。時系列がバラバラなので、ちょっと混乱するところはあるけれど。

そして、全問正解で10億ルピー(約26億円)を手にする青年が、クイズに挑戦した真の理由は何か、回答に不正があったのではと嫌疑をかけられた主人公を救おうとする弁護士は、いったい何者なのか。最後の大団円で奇麗に解決される、その気持ちのいいことといったら! 伊坂幸太郎風と言ったら褒めすぎかしら。

もちろん、インド版わらしべ長者の夢物語的な、お気楽小説ではない。貧困、子捨て、誘拐、売春、体を傷つけた子供を見せ物に小銭を稼ぐ悪党、DV、退廃的なキリスト教会、ヒンドゥー教徒とイスラム教徒の殺し合い、戦闘から逃げる腰抜け兵士。小説中にちりばめられるインドの過酷な姿は、いずれも誇張ではない現実だ。

ここにはあしながおじさんもいないし、主人公も清廉潔白な優等生ではない。見様見まねでモグリの観光ガイドをやるあたり、観光案内の中途半端な聞きかじり方が妙にリアリティーがあって、笑える。貧しいけれど天才、という美談ではない。

孤児ゆえに、周りの勝手な判断で世界の三大宗教の名前を同時につけられてしまった主人公は、その多重的アイデンティティーをちゃっかり生かしてタフに生きていく。そのくらい小器用なほうが世界はラクなのに、という作者のメッセージとも取れる。

(原題、Q and A)

評・酒井啓子(東京外国語大学教授)

Vikas Swarup 62年生まれ。インドの外交官。

二〇〇六年一〇月二九日⑧

『パブリッシャー』

トム・マシュラー 著　麻生九美 訳

晶文社・二九四〇円
ISBN9784794967008

人文／社会

巻末に、日本の読者のためにブックガイドが掲載されている。その名前のすごさにあきれるだろう。S・ラシュディ、T・ピンチョン、J・アーヴィング、R・ダールといった作家をはじめとして、科学者、俳優、芸術家など、手がけた著者陣のすごさ。いかにマシュラーが敏腕な編集者であったかを示している。

本書は、その回想録であるからおもしろくないわけがない。映画監督の夢が破れた青年が、ペンギンブックスを経て、ジョナサン・ケイプに入社したのは、一九六〇年五月だった。それからたちまち、同社は一流の出版社にのしあがる。

まだ無名の存在だったG・マルケスに、一度に五冊という前代未聞の契約をする。その中の一冊が『百年の孤独』だった。いたずら書きがおもしろいというところから、『絵本ジョン・レノンセンス』を発想する。動物園の哺乳（ほにゅう）類管理者だったD・モリスに『裸のサル』を書かせた経緯。

編集者ゆえに知りえる多くのエピソードから、著者との個人的つきあいまで、まさにひとつの出版の歴史だ。この良質出版社が、結局、ランダムハウスに吸収され、さらにベルテルスマンに売却されるというプロセスはなんとも皮肉である。

評・小高賢（歌人）

二〇〇六年一〇月二九日⑨

『学校再発見！　子どもの生活の場をつくる』

岡崎勝 著

岩波書店・一五七五円
ISBN9784000224680

教育／人文

学校はどうなってんだと思わされるニュースが続いている。安倍政権の教育再生に期待したくなるのもわかるけど、安倍首相はおそらく学校現場を知らない。あなたも知らない、私も知らない。親でさえ学校の日常は知らないのだ！

知らないことによる頓珍漢な改革がいかに現場を疲弊させてきたか。と憤っても子どもは毎日登校してくるし、給食から掃除当番まで学校の日常は待ってくれない。『学校再発見！』はそんな待ってくれない学校の現状を率直に誠実にリポートした、親も教師も必読のリアルな小学校論だ。

学力低下、ゆとり教育、愛国心といった話題もだけれど、特に傾聴すべきは労働現場としての学校が抱える問題である。非常勤が増え、正規の教員が減ったための労働強化。害の多い教員評価制度。教育委員会に気がねする校長の横並び主義。

著者は現役の小学校教論で、優れた小学校生活のガイド『がっこう百科』（ジャパンマシニスト社）などの編著書もある岡崎勝さん。学校はまず子どもたちの生活の場、公的な集団託児所であるという主張には目を三角にした教育論にはない視点がある。人件費を削ればサービスの質が落ちるのは当たり前なのだ。

評・斎藤美奈子（文芸評論家）

二〇〇六年一〇月二九日⑩

『けむりの居場所』

野坂昭如 編

幻戯書房・一六八〇円
ISBN9784901998185

文芸／ノンフィクション・評伝

喫煙者が、ほとんど軽犯罪者のように扱われる昨今に、喫煙をテーマにした本を出版するその心意気がすばらしい。執筆者は、開高健、藤沢周平、赤塚不二夫、田中小実昌と、数え上げればきりがないほどの豪華さである。最初から終わりまでみっちり、煙草（たばこ）、煙草、煙草の話。

煙草を通して時代が見えてくる。戦前の煙草の銘柄、空襲のただ中に防空壕（ごう）で見た煙草の火、戦後、物資不足のときに拾って歩く他人の吸い殻。数人が「火を貸す」という行為について言及しているのが興味深い。知らない人同士の距離がすっと縮む、緊張と親和の入り交じる瞬間が、それぞれの筆で書かれている。こんな光景は、今はもう見ることができない。

遠藤周作は煙草について「無駄にみえても、その無駄が人間のうえに大切なような楽しみなのである」と書く。本書はまさに、無駄ながら大切な瞬間を、ていねいに集めてある。仕事や日常からふっと遠くを見遣（みや）るような、ささやかながら貴重な時間を詰め込んだような随筆集である。

それにしても、かつての文人は喫煙マナーにじつにうるさかった。煙草よりも、格好悪い吸い方のほうが、害だったのである。

評・角田光代（作家）

『日本災害史』

北原糸子 編

吉川弘文館・四四一〇円
ISBN9784642079686

歴史／科学・生物

国家権力の力量映す「復興」を視野に

阪神淡路大震災の体験から生まれた「災害は社会の深部を抉（えぐ）り出す」という言葉は時代を超えた真理であり、この一冊をつらぬくキーワードになっている。

地震・洪水・飢饉（ききん）・噴火など巨大規模の災害は、一過性ではなく、社会に不可逆的な痕跡を残さずにいないから、深甚な自然災害はかならず歴史災害の性質を帯びる。

本書は古代・中世・近世・近代・現代と五部に分けて構成されているが、ただ時代を下るだけの通史ではない。個々の章には独立性があり、各時代に発生したモニュメンタルな災害のいくつかを典型化し、複数の筆者が、それを切り口として当該社会に固有の内部矛盾に迫るという構成を取る。

加うるに、本書には従来の災害研究から一歩踏み出した大きな特色がある。災害史は被害を語るばかりでなく、復興を視野に入れなければ災害史として成り立たないとする信念から、人間が災害を克服する《復興》に軸足を据えたことである。各章に収められた考古学・地震学・火山学・水理学・土木工学など諸分野にわたる専門家の知見が、災害学の基礎理論・基礎概念を整理するのに役立つ。

復興はたんなる復旧ではなく、社会インフラの増大を伴うが、一定規模以上の大土木工事は国家権力でなければ営めない。その意味では、権力とは《災害復興の能力を有する者》に他ならない。また逆に、災害は時々の権力者に鼎（かなえ）の軽重を問うのである。

古文書や発掘調査で復原（ふくげん）される災害史の断片から歴史の現場が見えてくる。

たとえば古代日本では、天仁元年（一一〇八）の浅間山噴火。降灰地域の復旧の遅れには「律令社会の弛緩（しかん）」が読み取れるという。中世になると、各地で繰り返される大洪水に対応する築堤工事の分担をめぐって荘園領と国衙（こくが）（国司役所）との対立が目立ち、その間に現地で実務を請け負える地域権力が台頭してくる。鴨長明の『方丈記』に描かれる元暦二年（一一八五）の京都大地震が、平家滅亡と同年に起きているのも象徴的だ。

近世では宝永四年（一七〇七）に富士山大爆発、天明三年（一七八三）に再び浅間山噴火。どちらも被災藩領だけでは自力解決できず、幕府単独でも処置できない。治水事業についても同様で、幕府が強権で大名に出費させるしかなかった。災害史上の近代とは、廃藩置県を経て一国全体での対策が可能になった時代なのである。また大正十二年（一九二三）の関東大地震のように、都市部への人口集中による被害規模の激甚化という新しい事態にも直面した。阪神淡路大震災の復興過程で、被災者支援よりインフラ整備計画が優先されたとの指摘も、背後に見え隠れする《災害と権力》の関係を鋭く衝（つ）いている。

大災害は常に《想定外》のかたちで発生する。一つの災害の復興事業は、未発の災害に対する予行演習だ。災害源は確実に増えている。日本列島が、近い将来、スケールも性質も異なる新しい災害に遭遇する予感におののいている昨今、本書はうずたかい難問の山に一条の光を差しかけた労作である。

評・野口武彦（文芸評論家）

きたはら・いとこ 39年生まれ。神奈川大学非常勤講師。著書に『安政大地震と民衆』など。

『それでも家族を愛してる』

ポー・ブロンソン 著　桐谷知未 訳
アスペクト・二三一〇円
ISBN9784757213050
社会／ノンフィクション・評伝

社会変動に適応、進化する力

結婚するのは簡単だ。が、そのあとがむずかしい。昔からそう言われてきたけれど、いまはもっとずっと大変だ。ましてや夫婦が子供を無事に育て上げ、終生添い遂げるなど至難の業に見えてくる。だから、世界中で「家族の崩壊」が叫ばれる……。といった通念に、著者は断固として「NO！」を突きつける。

かくも激変する世の中で、家族は驚くべき適応力を示し、新しい様々な形を生み出している。つまり、家族は「進化しつつある」というのだ。著者にそう確信させたのが、十九の家族を描き出したこのノンフィクションである。

各々（おのおの）の家族やその複雑な物語を紹介するよりも、彼らが抱えてきた問題を列挙するほうが、読者のイメージを鮮明にするだろう。たとえば、両親の不和、結婚生活のすれ違い、親子の断絶、幼少期のトラウマ、家庭内暴力、精神障害、浮気、失業、離婚、老親の介護、片親の家庭……。どれにもまったく無縁の家族などないはずだ。

しかし、語る側はいかにもそれらしい物語をなぞる通弊に陥りやすい。そこで著者は同じ内容の話を五回から八回もさせ、陳腐で「安全な」ストーリー化を許さなかった。

実のところ、家族をテーマにしたノンフィクションは滅多（めった）に成功しない。本書が稀（まれ）な例外となったのは、七百人もの候補の中から十九の家族を選び抜き、そのうえで長期間に及ぶ粘着的なインタビューを繰り返して、それぞれの一筋縄ではいかない物語を紡ぎ出した著者の力量による。

ただし、本書に即効的な処方箋（しょほうせん）を望むと当てが外れる。ここには、気の利いた箴言（しんげん）や、スピーチで使える〝ちょっといい話〟はほとんど出てこない。登場人物がおずおずと、だが腹蔵（ふくぞう）なく自身と家族を語るにつれ、それらがいわば〝まるごと〟われわれに働きかけてくるのである。

読み始めは、著者の独特な話法や異文化への不慣れから、内容が頭にすんなり入ってこないかもしれない。

願わくば、再読味読していただきたい。いくつかの家族の物語は、必ずあなたに食い込んでくる。

（原題、Why Do I Love These People?）

評・野村進（ジャーナリスト）

Po Bronson　米作家。著書に『マネー！マネー！マネー！』など。

『夏の力道山』

夏石鈴子 著
筑摩書房・一三六五円
ISBN9784480803979
文芸

ありきたりの日常生活なのに、輝き

温かくて力強くて、清々（すがすが）しい小説である。シンプルだが微妙なニュアンスがこめられていて節々で読ませる。

副題をつけるなら、「働く主婦五十嵐豊子、四十一歳の生活と意見」となるだろうか。五歳の男の子と三歳の女の子の母親で、映画監督兼時々俳優の夫をもつ豊子は、友人と小さな編集プロダクションを経営して、仕事と家庭生活をうまく両立させている。

小説では、そんな豊子の一日を追う。朝、夫に起こされて、二人の子どもの食事を作り、子どもたちを保育園に預け、仕事に出かけ……といった細々とした生活がスケッチされていくだけなのだが、読み応えがある。出色の受付嬢小説『いらっしゃいませ』（角川文庫）をあげるまでもなく、夏石鈴子の手にかかると、ありきたりの日常生活がとたんに輝きだす。

ここで輝くのは家庭と仕事である。豊子は仕事と家庭を両立させているが、その苦労は並大抵のことではない。夫はほとんど経済力がなく、自分が稼ぐしかないのだが、彼女は

あまり不平を言わずに、その苦労を、持ち前の〝知恵〟で乗り切っていく。つまり正しく判断し処理する能力である。この正しく判断する能力こそが、読者にとっては発見につながり、語られる台詞（せりふ）が卓見となる。

すなわち、相手が何を必要とするかを理解するために〝雑用の玄人〟になれ、仕事はどんな仕事であれ〝芸〟である、〝母親の一番大切な仕事は、子どもを正しく支配し、諭すことだ〟。そのほか男のさばき方、セックスの基本形、結婚が成り立つ三つの要素についても溌剌（はつらつ）とした解釈を示して唸（うな）らせるのである。ときにニヤリとするような見方を示して、生き方を楽にさせてくれる（夏石鈴子は優れた解説本『新解さんの読み方』の作者でもある）。

『いらっしゃいませ』同様、とても短いのが不満だが（これが唯一の欠点。もっともっと長く書くべきだ）、でもこれほど日常生活を読ませる作家も珍しいだろう。何でもない日常から、こんなに箴言（しんげん）を引き出す作家もまた珍しい。注目すべき豊かな才能である。

評・池上冬樹（文芸評論家）

なついし・すずこ 63年生まれ。97年、小説「バイブを買いに」でデビュー。

二〇〇六年一一月五日❹

『空飛ぶタイヤ』

池井戸潤 著

実業之日本社・一九九五円
ISBN9784408534985／9784408552729（実業之日本社文庫）／9784062764520（講談社文庫〈上〉）・9784062764537（〈下〉）

文芸

「責任なすり合い社会」を痛烈に批判

マンション耐震強度偽装やエレベーター事故、いじめの事実隠蔽（いんぺい）などのニュースを見聞きするたび、なぜ大の大人が責任のなすりつけ合いを何カ月も続けるのか、私はつねづね不思議に思っていたのだが、この小説を読んで「ああ、こういうことであるのか」と深く納得した。

大型トレーラーのタイヤが突如外れ、歩道を歩いていた子連れの主婦を直撃した。男の子は軽傷ですんだものの、主婦は死亡。大型トレーラーを所有していた運送会社に、業務上過失致死容疑の捜査が入る。スピード違反と過積載の事実はなかったものの、整備不良だったのか否かが確認できない。トレーラーの製造元であるホープ自動車にはなんの過失もなかったのか。そのことを究明するために、運送会社社長の赤松は全国を走りまわり、やがてホープ自動車の欠陥隠しを確信する。

さらに小説は、ホープ自動車側の目線でも描かれる。「官僚以上に官僚的」な社内の体質故に、社内の力関係ばかりに敏感な社員たち、徹底的に事なかれ主義の幹部。その体質にまみれつつも、「車を造りたい」という夢を追う沢田。さらに、事態を冷静に見つめる系列会社東京ホープ銀行の井崎と、立場のちがう多数の登場人物たちを緻密（ちみつ）に描き出し、隙（すき）のないリアリティが細部を覆っている。

なるほど、このようにして人は、たやすくものごとの本質を見誤るのか。ひとりの命より、社名や肩書や世間体が重要だと、このようにして思いこんでしまうわけか。小説の向こうに、昨今のニュースが透けて見えてくる。四年前に実際に起こった死亡事故と、その後の展開を思い出す人も多いだろう。赤松とともに怒ることのできる自分に、安堵（あんど）してしまう。

「結局のところ人は皆、歯車である」というのは、赤松がつぶやく言葉である。企業や社会において歯車でしかない私たちが、どのように自分自身を獲得するか、その過程を書いている。じつに牽引（けんいん）力のあるエンターテインメント小説であり、同時に、人間性を疑うような事件の多い現在への、痛烈な批判でもある。

評・角田光代（作家）

いけいど・じゅん 63年生まれ。作家。『果つる底なき』で江戸川乱歩賞。

『星々の生まれるところ』

マイケル・カニンガム 著　南條竹則 訳

集英社・三一五〇円
ISBN9784087734492

文芸

ホイットマンの詩で占う人類の運命

ストウ夫人が黒人奴隷制批判をこめた長篇（ちょうへん）小説『アンクル・トムの小屋』（一八五二年）が南北戦争の引き金と目されて久しいが、そのことは誰よりも時の大統領リンカーンが堅く信じていた。文学は時として世界を動かし、歴史をかたちづくる。

前作『めぐりあう時間たち』（一九九八年）ではモダニズムの巨匠ヴァージニア・ウルフに挑戦したカニンガムが昨年二〇〇五年に放った最新長篇は、十九世紀アメリカのロマン主義文学を代表するウォルト・ホイットマンの名詩集『草の葉』（初版一八五五年）をモチーフに選んだ野心作だ。過去・現在・未来の三つの視点から編み出された三つの連作は、ホイットマン文学に九・一一同時多発テロ以後の時代を乗り越えるヒントを見いだし、人類全体の運命を占う。

第一部「機械の中」では十九世紀後半のニューヨークを舞台に、工場の機械に飲み込まれ非業の死を遂げた兄サイモンを偲（しの）びつつ、兄の恋人キャサリンに恋心を抱く弟ルーカスが、街角で詩人ホイットマンと出会い、機械の中より死せる兄の声を聞いて啓示を受け、ひとつの決断を下す。

第二部「少年十字軍」では二十一世紀前半のニューヨークを舞台に、黒人女性警察官であり、かつて息子ルークを亡くした過去をもち、いまは年下の恋人サイモンその他と奔放な生活を送るキャットが、不動産界の大物を巻き込むテロ事件実行犯の母親で「ウォルト・ホイットマン」と名乗る老女に出会う。

第三部「美しさのような」では未来の北米大陸を舞台に、ホイットマンの詩とともに道徳的感性をプログラミングされた人造人間サイモンが、トカゲ状外観のナディア星人カタリーンと、地球を脱出するべきか否かの難局に立つ。そこでは南北戦争以前の逃亡奴隷の運命が、所有者から逃走する人造人間の運命と巧妙に重ね合わされていく。

かつてホイットマンは「星々の誕生を見に宇宙へ連れて行く」と歌ったが、それを承（う）けた本書は、地球という星自体の新生を夢見ようとする、最も詩的な祈りである。

（原題、SPECIMEN DAYS）

評・巽孝之（慶應大学教授）

Michael Cunningham　52年生まれ。米作家。前作でピュリツァー賞。

『思想空間としての現代中国』

汪暉 著　村田雄二郎ほか 訳

岩波書店・三七八〇円
ISBN9784000234245

歴史／人文／社会

90年代以降の知識人の課題を追究

高度経済成長、環境問題の深刻化、消費文化の成熟、格差社会化の進行。ポスト89年――天安門事件以降――の中国は、あたかも日本の60年代から90年代を一挙にやり遂げようとしているようにも見える。そのせわしない社会変動のなかで、中国の知識人たちは何を思想的課題として受け止め、いかなる議論の場を創（つく）り出そうとしているのか。本書は、中国研究者でなくとも気になるこうした問いに取り組んでいく上で、有益な示唆を与えてくれる。

著者にとって最も根源的な問いは次のようなものだ。「いま世界で使われている中国についてのさまざまな解釈枠は、中国を各種理論や方法で説明されるべき、受動的な客体としてのみ扱っている。とするならば、中国は真の意味で『思想空間』となりうるであろうか？」

「思想空間としての中国」を脅かす議論には二つの種類がある。ひとつは、経済的な自由主義や西洋的な近代化論などを普遍的な評価基準として設定し、現代中国の成熟度を測定するもの。著者は、そうした知の従属化に抗（あらが）うべく、80年代の「新啓蒙（けいもう）主義」やマックス・ウェーバーの理論（の中国への直接適用）を批判的に検討する。

いまひとつは、ヨーロッパ中心主義を批判するあまり、中国あるいはアジアなどを、無前提に実体化してしまうものである。真の意味で西欧中心主義を超克するためには、アジア中心主義を肯定するのではなく、グローバルな世界システムの連関を歴史的に把握することによって、「自己中心的・排他主義的・拡張主義的な支配論理」を打破しなくてはならない。著者が新自由主義に批判的スタンスをとりつつも、終始グローバリゼーションのダイナミズムを重視するのも、そのためである。

知の従属化と「アジア」の実体化のあいだを縫って、目まぐるしく変化し続ける現代中国の思想的来歴を追究する著者の姿勢。そこからうかがえる切実な問題意識を、日中関係が微妙な今だからこそ、アジアの隣人の一人として真摯（しんし）に受け止めたい。

評・北田暁大（東京大学助教授）

ワン・フイ　59年生まれ。清華大学人文社会科学学院教授。

二〇〇六年一一月五日⑦

『ラビリンス　上・下』

ケイト・モス 著　森嶋マリ 訳

ソフトバンク　クリエイティブ・各一五〇〇円
ISBN9784797334401〈上〉・9784797334418〈下〉　文芸

英国に住む著者は、南フランスのカルカソンヌの町を旅してその魅力の虜（とりこ）になった。家まで求めて地域の村々を訪ね回り、5年をかけて本書を完成した。

著者は、女性作家の小説を対象とするオレンジ賞の創設者の1人。それだけに登場する2人のヒロインは、造形が巧みだ。

その1人、アリスは、2005年にフランス南部の遺跡の発掘調査に参加、洞穴を見つける。その中には、二体の骸骨（がいこつ）と壁に刻まれた迷路（ラビリンス）、石の指輪があった。一方、13世紀初頭カルカソンヌに住むアレースは、聖杯の秘密が記された書の守護者となり、危険な旅に出る。800年の時空を越えて運命の糸で結ばれた2人は、ともに勇敢で愛情深い。

背景に、十字軍によるフランス南部の征服という壮絶な歴史がある。城の陥落前に、カトリック教会から異端とされたカタリ派信者が秘宝を持ち出したとの言い伝えも存在する。史実と伝説とフィクションが絶妙なバランスを保ち、ミステリー、ロマンス、ファンタジー小説と、いずれの読者も楽しめる。一つに織り込まれた二つの物語は、英国で100万部を突破、39カ国での出版が決定したベストセラーである。

評・多賀幹子（フリージャーナリスト）

二〇〇六年一一月五日⑧

『マンションの地震対策』

藤木良明 著

岩波新書・七三五円
ISBN9784004310365　政治／アート・ファッション・芸能／新書

欧米に比べ日本のマンションの歴史は短いが、今その数は急速に増えている。しかも日本は世界有数の災害国。来るべき大地震にどう備えるべきか。もし地震で壊れたらどうするか。姉歯元建築士の構造強度偽装事件で不安が広がる中、安心への心構えを伝授してくれる有り難い本が出た。

著者は、マンション保全コンサルタントとして長年の実績をもつ工学博士。我が国の度重なる地震の苦い経験を糧に、マンションの安全性がいかに高められてきたかを平易に説く。だが同時に、構造的には安全なはずの新しいマンションにも、玄関ドアが開かなくなる閉じ込め事故、電気・ガス・水道の停止等、多くの危険があると警告する。

本書の価値は、11年前の阪神・淡路大震災の被災状況と復興の紆余曲折（うよきょくせつ）を徹底検証した生々しさにある。その教訓として著者がこだわり批判するのは、補修すれば十分に住み継げるのに、建て替えを選択したマンションが多かった点だ。建て替えのみに公的支援をする行政の姿勢や社会風潮を問題視している。被害を最小限に抑えるにも、復興を円滑に進めるにも、結局は人と人の繋（つな）がり、コミュニティの日頃の活動が大切だというのが著者の思いだ。

評・陣内秀信（法政大学教授）

二〇〇六年一一月五日⑨

『アナーキカル・ガヴァナンス』

土佐弘之 著

御茶の水書房・二九四〇円
ISBN9784275004451

政治／国際

今日、リベラリズムは、ケインズ的経済政策と市民的自由を尊重する政治体制との組み合わせというかつての社会的リベラリズムの様式から、ハイエク的経済政策と治安管理を重視する政治体制との組み合わせという、いわばネオリベラリズムの様式へと転換を遂げつつある。著者はこの転換を、それなりに良かったものからの堕落や腐敗としてではなく、リベラリズムに内在する病理の全面化としてとらえ、徹底した批判の立場をとろうとする。

その病理とは、リベラリズムの外部に絶対悪があるとし、他者にその絶対悪を投影することで、その表象から人間性が剥奪（はくだつ）され、暴力への歯止めが失われるメカニズムと要約されよう。つまり今日「テロリスト」に向けられる暴力は、かつて新世界の先住民に、あるいはナチス・ドイツ下のユダヤ人に向けられた暴力と同型の論理によるというわけだ。

批判が容赦ないだけに、希望のある将来像はなかなか見えない。ネオリベラリズムと表裏を成す共和主義の芽の評価は最後まで両義的なままである。しかし、ポストモダニズムの思想的問題意識を国際政治学の次元で正面から受け止める著者の継続的努力は貴重だ。

評・山下範久（北海道大学助教授）

二〇〇六年一一月五日⑩

『闇の底』

薬丸岳 著

講談社・一五七五円
ISBN9784062135283／9784062764575（講談社文庫）

文芸

昨年、江戸川乱歩賞を受賞した薬丸岳の第二作。受賞作『天使のナイフ』は、妻を少年たちに惨殺された男を主人公にして、被害者の家族感情を無視し、未成年の犯人を過剰に保護する側面のある少年法の不備を鋭く突く作品だった。

一方、本作は、幼女を強姦（ごうかん）したり殺害したりしながら、社会復帰して再犯に走る性犯罪者の問題を扱っている。

主人公の刑事・長瀬は少年時代、自分の不注意から妹を幼女性愛者に殺された過去の持ち主だ。その長瀬の周辺で、幼女への残虐な犯罪が起こるたび、性犯罪の前歴者が殺される事件が発生する。犯人はサンソンと名乗る。フランス史に名高い首切り役人の名だ。その名の通り、サンソンは見せしめに性犯罪の前歴者の首を切断する。捜査の結果、斬首された男たちに共通する過去が見えてくる……。

過去のトラウマゆえサンソンに共感しかねない刑事・長瀬。サンソンをもてはやすマスコミ。劇場型犯罪への対応を迫られる警察。そしてサンソン本人の内心。多面的に絡みあう事件をスピーディに描きだす作者の腕は確かだ。この種のミステリーではどんでん返しはお約束だが、あなたは犯人を見抜けるか？

評・中条省平（学習院大学教授）

二〇〇六年一一月一二日①

『風が強く吹いている』

三浦しをん 著

新潮社・一八九〇円
ISBN9784104541041／9784101167589（新潮文庫）

文芸

ありえな～い、でも心をわしづかみ

駆け出したくなるほど爽快（そうかい）な小説である。

蔵原走は、寛政大学の新入生。高校時代に不祥事を起こし、陸上部を退部したという苦い過去がある。コンビニでパンを万引きして全速力で逃走中、自転車で追いかけてきた同大四年の清瀬灰二に突然、声をかけられた。

「走るの好きか？」

走はそのまま清瀬が住む崩れかけのアパート竹青荘に無理やり連れ込まれ住むことに。

住人はみな寛政大の学生で、クイズマニアや漫画オタク、双子に司法試験合格者、アフリカの留学生など、九人がそれぞれ狭い部屋で自分の世界を築き上げていた。そこに走が加わったところで清瀬が宣言する。竹青荘は今、陸上部になった。箱根駅伝を目指すと。

十人必要な競技にぎりぎり十人で挑む。しかも、大半が陸上競技未経験者なのに。

ありえなーい、という設定。なのに、ずんずん心がわしづかみにされていく。なんだなんだ、このやろう、と悔しくなるほどに。

大学陸上部を実際に取材し、踏まえるべき

事実を押さえたことも一因だろう。文句垂れつつも練習に励み、走ることの意味を問いながら成長していく彼らの姿は、決して絵空事と思えない現実味を帯びて迫ってくるのだ。

後半、箱根駅伝の襷（たすき）リレーからはページを繰る手が止まらない。海岸線、温泉街、トンネル、芦ノ湖、富士山へとめまぐるしく変化する景色に、学生たちの過去の挫折や複雑な家庭事情が重なる。そこにいない九人は今その瞬間を走る一人に呼吸を合わせる。孤独な走りの中で知るのは、仲間の孤独。自分の殻に閉じこもり「厳しくなきゃ走らないやつも、楽しくなきゃ走れないやつも、走るのなんてやめればいい」などとうそぶいていた走も、一本の襷を通じて「自分以外のだれかを恃（たの）む尊さ」に気づいていく。

帯に「目指せ箱根駅伝」とある本書が、学生が互いの友情を確かめあい心身ともに成長していく物語だとは想像がついていた。だが著者は、読者に筋書きを予想されることなど恐れもしない。彼らの感情の起伏が丁寧に書き込まれているが、読者も一緒に走った気になってくれというような押しつけがましさも感じられない。それを望むなら本物の駅伝を応援すればいい。ならば読者としては、著者がなぜあえて小説で駅伝を書いたのかを考えてみたいのだ。すると、彼らの言葉がこれまでとは違う音色で響き始める。

〈俺（おれ）たちが行きたいのは、箱根じゃない。走ることによってだけたどりつける、どこかもっと遠く、深く、美しい場所〉

人には、なんのためとか、誰のためとか、目的の定かでない行為を無性に必要とするときがある。それが何かは手にするまでわからないし、手にしたとしても他人に教えられるものではない。ただ、それはその人の人生を昨日までとはまったく違う色に塗り替える。

著者がこの直球勝負の物語で描いたのも、小説によってだけたどりつける「もっと遠く、深く、美しい場所」ではないか。本書を読み終えた瞬間たどりつける。私は確かに、その場所に立ったとしかいいようがない。

評・最相葉月（ノンフィクションライター）

みうら・しをん 76年生まれ。作家。『まほろ駅前多田便利軒』で直木賞。ほかに『月魚』『秘密の花園』、エッセー集『人生激場』など。

二〇〇六年一一月一二日❷

『ブルー・ローズ　上・下』

馳星周 著

中央公論新社・各一五七五円
ISBN9784120037665〈上〉・9784120037672〈下〉／9784122052062（中公文庫〈上〉）・9784122052079（〈下〉）文芸

薔薇作り主婦の失踪　圧倒的な暴走

あの馳星周が帰ってきた！　ここ数年、意図的に暴力と性描写を抑えた物語を作っていたが、ただ狙いも出来も悪くないものの（『雪月夜』のような秀作も生まれたが）、充（み）たされないものがあった。しかし本書で戻ってきてくれた。熱く激しい物語の世界、人物たちが劇的に対決し、感情が沸騰するような凶暴なる狂気の世界がここにある。

物語は、元警部補の徳永が警視総監の井口の家を訪問する場面から始まる。五日前から行方不明になっている、井口の娘の菜穂の調査依頼だった。菜穂は一昨年に結婚し、趣味の薔薇（ばら）作りに精を出していた。徳永は早速薔薇作りの仲間の主婦たちと会うが、彼女たちの行動には不審な点があり、深く追及していくと、隠された秘密が見えてくる。

スタイルは一人称一視点でテーマは失踪（しっそう）人探しである。これはもう典型的な私立探偵小説。徳永が借金まみれで酒びたりというのも、ハードボイルドにありがちな〝うらぶれた探偵〟だし、やがて見えてくるSMクラブや警察の腐敗もお馴染（なじ）みのものだ。ノワールの旗手が、オーソドックスな私立探偵小説を書いたとみえるが、それは前半のみ。馳星周のヒーローにしては珍しく正義を求めるのだが、警察内部の権力闘争にまきこまれて暴走していく。この暴走が圧倒的だ。下巻の中盤から怒濤（どとう）の暴力と熱情の世界が繰り広げられ、息をつめて読んでしまうことになる。

　だが従来のような抑圧された感情を解き放ち、カタルシスを得る物語ではない。馳星周はあくまでも人間の深層意識にある破壊衝動を見据えている。〝狂乱の世界で、わたしは己だけを恃（たの）みながら生きてきた。だが恃むべき己が崩壊し形を失って〟しまったいまどうなるのか。人は性と暴力の奴隷になるのかを探る。

　性と暴力のアナーキーな快楽を徹底的に追求し、同時に快楽への深い畏（おそ）れも視野にいれて、壊れた自己の残骸（ざんがい）を生々しく描破する。読者を厳しく選ぶが、ノワールの王者ジェイムズ・エルロイの凄（すさ）まじい狂熱と、現代ハードボイルドの雄、北方謙三の沈潜した内面凝視が出会った傑作だ。

評・池上冬樹（文芸評論家）

はせ・せいしゅう 65年生まれ。作家。96年、『不夜城』でデビュー。

『都（みやこ）と京（みやこ）』

酒井順子 著

新潮社・一五七五円
ISBN9784103985051／9784101351193（新潮文庫）

人文／ノンフィクション・評伝

京都と東京　生活感溢れ愉快な二都論

　東京的価値観ばかりがのさばる今、逆に和の文化にこだわる京都の価値は高まる一方だ。観光客の数も増え、しかも九割がリピーターという。

　東京文化とは異質な京都の魅力の秘密を、本書は独特の繊細で柔軟な観察眼で解き明かす。「負け犬」の言葉で大ブレークした著者だけに、巧みな造語術に随所で笑ってしまう。京都と東京の比較はとかく高尚な文化論になりがち。肩肘（かたひじ）張らない生活感覚溢（あふ）れるこんな愉快な二都論に出会ったのは初めてだ。

　京都の特徴は、無論その長い歴史あってのこと。平等で効率中心の分かりやすい東京に対し、京都では、人にも場所にも裏や奥が複雑に存在し、一筋縄ではいかない。だからこそ、著者の言う「お楽しみの重層性」も生まれるのだ。

　ウチとソト、外来と地元、仲間と非仲間が区別され、受け入れに巧妙なバリアーがある。その様を著者は絶妙なタッチで描く。象徴的なのは言葉。洗練された京都の言葉は複雑な迷宮で、他所（よそ）者が簡単には中心に入れなくしているという。面倒臭い複雑な贈答術、クラスの存在に裏打ちされた身分相応の精神、店に相応（ふさわ）しい客かどうかを料理人が観（み）るために存在するカウンター文化等、熟達が生む京都の特質を面白く見抜く。だが京都人は閉鎖的ではない。仲間になれば接し方がまるで変わるというのだ。

　人と場所への考察は経済の領域まで広がる。京都にはスーパーが少なく、しかも卸売市場とは違う朝市や伝統市場のようなイチバが多いことに着目。地産地消色が強く、マチとイナカが近いのだそうだ。それでいて、京都には「都会性」があるという。だとすれば、21世紀の成熟社会にふさわしいコンパクトシティーのモデルと言えるかも。

　古い京都礼賛ばかりでない。オタクの若者が集まるプチ・アキバの存在、濃いめで美味（おい）しい外食文化の発達、東大が明るく開催するミスコンに反対する京大の学生達（たち）など、京都の今が軽妙に語られる。著者は実は東京も大好きだ。東京と京都。違う価値観で動く二つの都を自由に往来するとは最高の贅沢（ぜいたく）者だ。

評・陣内秀信（法政大学教授）

さかい・じゅんこ 66年生まれ。コラムニスト。著書に『負け犬の遠吠え』など。

二〇〇六年一一月一二日④

『マフフーズ・文学・イスラム　エジプト知性の閃き』

八木久美子 著

第三書館・二一〇〇円
ISBN9784807406036　文芸／社会／ノンフィクション・評伝

近代と伝統、宗教の相克に悩んだ作家

私に山本周五郎か藤沢周平の筆力があれば、エジプトを舞台に下町人情物語を書いていただろう。レバノンを書くなら三島由紀夫の、イラクならパール・バックの筆が。

中東世界の日常は、波瀾（はらん）万丈だ。成功と貧困、愛情と裏切り、義侠（ぎきょう）心。封建制と近代への憧（あこが）れ、抑圧、栄光と破滅。近代エジプトが経験した劇的な変化が、そのまま庶民の人生の中に凝縮される。

エジプト随一のノーベル賞作家で、この夏逝去したナギーブ・マフフーズは、始めて民衆を語りかけの対象にした人物だ。常に社会の中に生き続け、エジプト近代小説の祖となった。本書は、そのマフフーズ作品の魅力を余すところなく分析、紹介する。

マフフーズの悩みは、近代エジプトの悩みそのものだ。つまり近代と伝統、宗教の相克だ。20世紀前半、他の知識人同様彼も近代西欧技術、思想に魅了される。だが彼は、彼や社会にとってイスラムは切っても切り離せない存在だと認識する。科学至上主義に傾斜しながら、イスラム教徒というアイデンティティーにどう折り合いをつけるか。

彼はその解答を、イスラムのなかでも内面を重視する思想、スーフィズムに見いだす。律法主義的な規範としてではなく、神と一対一で対峙（たいじ）し、自由な精神を約束する。応えぬ、姿を見せない神というテーマは、キリスト教に関して遠藤周作が問い続けた問題に通ずるものがあるが、マフフーズは最後に、応えぬが暖かく見守る精神世界を配置する。それこそがスーフィズムだ。

軍事共和制政権の誕生以降、彼の発表した作品には、イスラムのみならず三大宗教発生の故事をそのまま揶揄（やゆ）したものが登場する。現在のイスラム界の保守化を考えると、よくもここまで寓話（ぐうわ）化できたものだ。実際、その後これが反イスラム視されて、マフフーズはイスラム主義青年の襲撃を受けている。

一つ一つの作品の引用、解説が秀逸。作品自体を読みたいという気にされる評論だ。だからこそ、マフフーズ作品の邦訳の出版点数が数少ないのが、歯がゆい。

評・酒井啓子（東京外国語大学教授）

やぎ・くみこ　58年生まれ。東京外国語大教授。宗教学、アラブ思想史。

二〇〇六年一一月一二日⑥

『昭和の住まい学』

岡田憲治 著

鶴書院発行、星雲社発売・一五七五円
ISBN9784434083778

台所、浴室、便所…変遷を豆知識交え

「サザエさん」にはさまざまな生活音があふれていた。ガラガラ——これは玄関の引き戸を開ける音。廊下を歩けばミシミシいい、ふすまを開ければガタガタいう。60年代も後半になると洗濯機がチャボチャボ回り、掃除機がゴォーとなりはじめるが、テレビをつけるときはパチン、切ったときはプツン、電話はジーコンジーコンだ。

それがいまでは、玄関のチャイムがピンポーンと鳴り、ドアの開閉音はガチャン、バタンだ。ああ失われしガラリガラガラの戸。「ちびまる子ちゃん」の家も「ただいまァガラッ」だったのに。

『昭和の住まい学』は、とまあこんな具合にマンガや文学や広告や映画をダシや具材に用いながら、戦後の住まいの変遷をあの手この手でひもといた本。まとまった社会学的分析がなされているわけではないものの、豆知識がちりばめられて退屈しない。

もっともバカバカしい章を紹介しよう。題して「便所くんの野球日誌」。

便所くんは当初、打てない（ヒットが出な

い）、守れない（定位置が取れない）の9番バッターであった。彼は奮起し洋式トイレ打法を開発するが、和式トイレ打法を打率で抜くまでに20年かかった。77年のことである。次に彼が開眼したのはシャワートイレ打法で、痔（じ）の人がファンについたが、これを認めさすには女性ファンが必要だった。そこで彼はCMに出た。「おしりだって、洗ってほしい」。82年のことだった。9回裏のこの逆転ホームランで便所くんはスターになり、3番ファースト浴室くん、4番サード台所くんに次ぐ5番に昇格する。だが、その後はこれといった打法がなく……。

バカバカしいといったけれども、戦後の住まいとはつまるところ開発競争の歴史だったことがここにはよく表れている。（容器としての）住宅ではなく（人も込みの）住まいである点がミソ。台所や浴室や畳といった大物から、シャンプー、スリッパ、お父さんのステテコまで、幅広く考察した読み切りコラム形式のこの本を読むのに適した場所は、お風呂かなトイレかな。

評・斎藤美奈子（文芸評論家）

おかだ・けんじ 48年生まれ。住宅ジャーナリスト。

一覧表（リスト）を眺めて　文学好きな大人は雨夜の品定めよろしく秋の夜長を楽しみ、若い読者は創作のヒントを得る、これは文芸復権のための刺激的な本である。

評・杉山正樹（文芸評論家）

『文学全集を立ちあげる』

丸谷才一、鹿島茂、三浦雅士 著

文芸春秋・一五七五円
ISBN9784163684208／9784167138226（文春文庫）　文芸

え、今どき文学全集だって？　しかも世界文学を一三三巻、日本文学を一七二巻も立ちあげようなんて、本気なの？

だが、編者たちは、若い読者も楽しめる全集をと、ゴシップまじりで、かつ大まじめに論じているのである。

内容は型破りで、正典（キャノン）をめざした世界編はともかく（それでも、フロベールなら『ボヴァリー夫人』だろうとか、ロマン・ロランが入ってないぞとか、異論が続出するはず）日本編では志賀直哉と武者小路実篤が二人で一巻、芥川龍之介と菊池寛も同様なのに、内田百閒は一人で一巻、さらに小林秀雄が保田與重郎とあわせて一巻だが、吉田健一は一人で一巻。佐々木邦と岩田豊雄、林達夫と吉田秀和の巻まである。

編者たちの意図は明白だろう。求道的で禁欲的な作品やイデオロギー小説、とりわけ西欧の自然主義を矮小（わいしょう）化して、誠実な告白を至上とする私小説が日本文学の幅を狭くした。志賀直哉神話や、小林秀雄美学の呪縛を解いて、生きる歓（よろこ）びを描く豊潤な作品を広く提示しよう——。

二〇〇六年一一月一二日❽

『芸能鑑定帖』

吉川潮 著

牧野出版・一八九〇円
ISBN9784895000963　文芸／アート・ファッション・芸能

当代きっての落語・演芸の見巧者、吉川潮による演芸コラム99連発である。随所で膝（ひざ）を打ち留飲を下げる、めっぽう楽しい時評集に仕上がった。

吉川潮の美点の第一は、目の確かさである。彼が推薦する芸人は本物であり、注文をつける芸人には本質的に足りない所がある。例えば、先ごろ正蔵を襲名した林家こぶ平。吉川は正蔵の落語に偽善を感じるという。落語とは悪を含めて人間のすべてを肯定する芸なのだ。正蔵はその本質を見誤っている。なんと厳しく、潔い落語観だろう。

第二の美点は、文章の生きのよさだ。まさに江戸前、ほめる時も、けなす時も歯に衣（きぬ）着せず、その威勢のよさが文体になっている。本書の圧巻はかつての同志・快楽亭ブラックの借金踏み倒し・使いこみ事件の顛末（てんまつ）だが、そこでの吉川はまるで「大工調べ」の棟梁（とうりょう）だ。烈火のごとく怒りながら、その怒りを他人に見せる芸に昇華している。さすがというほかない。

美点の第三、いや、これがことの核心だが、吉川潮の書くものには愛があふれている。演芸評論は金にならず、長いつきあいが必要で、いくら芸人を愛しても見返りはない。その無償の愛が吉川潮の素なのだ。

評・中条省平（学習院大学教授）

二〇〇六年一一月一二日❾

『ブレイキング・グラウンド　人生と建築の冒険』

ダニエル・リベスキンド 著　鈴木圭介 訳

筑摩書房・三六七五円
ISBN9784480857842　アート・ファッション・芸能／ノンフィクション・評伝

リベスキンドは記憶に「形」を与えることによって、私たちの空間に対する政治感覚を触発し続けてきた建築家だ。ベルリンのユダヤ博物館や、アウシュビッツで絶命したユダヤ人画家ヌスバウムの美術館、そしてグラウンド・ゼロ。ポーランドのユダヤ人家庭に生まれ、イスラエル、アメリカを渡り歩いたリベスキンドのまなざしは常に、建築の根底に位置づく歴史的記憶へと向けられている。

本書では、そうした記憶の建築家が、ライフヒストリーを織り交ぜながら、自らが関（かか）わったプロジェクトの舞台裏を語っている。というわけで、本書は有名建築家のコンペ奮闘記として読むことができるだろう。建築界をめぐるかなり人間くさい記述も見受けられ、読み物として面白く仕上がっている。

しかし、何よりも、私的な記憶と政治的な記憶が、建築を媒介として交差する瞬間を描き出す筆致が見事だ。ソ連の収容所経験を持つ両親から継承した記憶や、9・11犠牲者の遺族たちの声、故郷を47年ぶりに訪れた際の感慨。建築や都市が人々の重層的な記憶とともにあることを改めて痛感させられる。記憶の建築家の「らしさ」が存分に発揮された活字作品といえよう。評・北田暁大（東京大学助教授）

二〇〇六年一一月一二日❿

『戦後の巨星　二十四の物語』

本田靖春 著

講談社・二一〇〇円
ISBN9784062135320　文芸／人文／ノンフィクション・評伝

美空ひばり、手塚治虫、中上健次、現役では長嶋茂雄、井上陽水、ビートたけし……。この豪華絢爛（けんらん）たる顔ぶれを相手に、一人のノンフィクション作家が週刊誌上で行った対談が、二十余年後に一冊となった。いままで刊行されなかったのが不思議だが、タイムラグの分、昭和末という時代のにおいが伝わってくる。

おととし亡くなった著者は、野球に譬（たと）えれば、狙い球を絞って打つ強打者であった。だから、つぼにはまれば素晴らしい打球を放つ。

独断を承知で言うと、出色は〝ショーケン〟こと萩原健一の回。たとえば、かつての不良仲間に〝ダイケン〟と〝チュウケン〟がおり、二人は在日朝鮮人で、彼らに何度も助けられたと打ち明けるところ。萩原の、

「ボクらは河原乞食（かわらこじき）ですよ」

という言葉に、著者が、

「陰歩いてる特権もあるんだよね」

と応じるところ。朝鮮からの引き揚げ者だった出自に終生こだわりつづけた著者だからこそ交わせた対話である。

著者と話すと、誰でも自分の中の〝無頼〟の血が騒ぐ。長嶋茂雄でさえそうなのだ。本書を貫くのは、この何ものにもまつろわぬ〝不逞（ふてい）〟の精神である。

評・野村進（ジャーナリスト・拓殖大学教授）

『ザ・ペニンシュラ・クエスチョン』

船橋洋一 著
朝日新聞社・二六二五円
ISBN9784022502414／9784022617033(朝日文庫〈上〉)・9784022617040(〈下〉)

政治／国際

もつれた国際関係の糸をほぐす

たとえばブッシュ政権の内幕を詳細に描いたアメリカのノンフィクションを読むにつけ、この水準の作品が日本にはなぜ生まれないのかともどかしい思いがする。だが、日本語から翻訳されて世界に発信してもおかしくない一冊がようやく現れた。

著者が描くのは、四年前の電撃的な小泉訪朝から先頃の北朝鮮によるミサイル発射と核実験に至る、政治・外交の舞台裏である。この複雑きわまりない経緯を、著者はいわば〝鳥瞰図(ちょうかんず)〟と〝虫瞰図(ちゅうかんず)〟の視点を自在に行き来しながら、練達の筆致で再現している。七百五十ページに及ぶ大著だが、長距離走者たる著者の呼吸はゴールまで乱れない。

その錯綜(さくそう)した、〝積み木くずし〟がいつ起こるやもしれない世界でのやりとりを、あえて当事者たちが発した激しい言葉のみ抜き出して例示しよう。平壌の首脳会談用特別控室で、官房副長官だった安倍晋三は盗聴を意識しつつ、金正日に聞こえよがしに、日本人拉致への謝罪がなければ「席を立って帰りましょう」と小泉を促す。一方、北朝鮮側の「ミスターX」は外務省の田中均に、「私は命がけでやっているのです」と洩(も)らすのである。

ブッシュ政権閣僚は金正日を「あんなうそつきをどうやって信用できるのか」と罵(ののし)るが、米政府内では国務省と国防総省および北東アジアの「地域の専門家」と核の「不拡散専門家」との対立が先鋭化し、国務副長官のアーミテージなど、副大統領で〝ネオコン〟のチェイニーを陰で「あのアホ」と罵倒(ばとう)するのだ。

北朝鮮側の悪態は、枚挙にいとまがない。ところが彼らにしても、ロシアの外務次官から「狂っている」と呆(あき)れられたり、中国国家主席には苦虫を噛(か)み潰(つぶ)したような顔をされたり、おまけに頼みの綱の韓国政府高官からも「韓国をなんだと思ってるんだ」と公衆の面前で怒鳴りつけられる体たらくなのである。

北朝鮮、韓国、アメリカ、中国、ロシア、そして日本の六カ国は、国家の「理性」と「獣性」に由来する、不信やら鬱憤(うっぷん)やら恐怖心やらで身動きがとれない。〝三すくみ〟ならぬ〝六すくみ〟なのだ。逆〝ウィンウィン・ゲーム〟と言ってもよい。各々(おのおの)の内部事情と駆け引きを、著者はこんがらがった糸玉をほぐし、一本一本の色合いと絡み合ったときの文目(あやめ)を示すかのごとく明らかにしてゆく。

かくして辿(たど)り着いた地点には、しかし、あまりにも多くの機会が失われてしまったあとの荒漠たる風景が広がるばかり。むろん最も多くの機会を失ったのは北朝鮮だが、日本も日朝首脳会談を国交回復に結びつけられず、パフォーマンスに長じてはいても地域秩序構想に欠けていた小泉政治によって、「北朝鮮外交で失った機会とは比べものにならないほど大きな機会を逃したのではないか」と著者は記す。この指摘は鋭く、かつ重い。

本書には、ボブ・ウッドワードらの調査報道に見られる断定調の歯切れよさはない。だが、泥沼を精密に解析したうえで、泥沼を泥沼として差し出して見せた本書は、外交という〝魔物〟の手触りを生々しく読者に感じさせるはずだ。

評・野村進(ジャーナリスト・拓殖大学教授)

ふなばし・よういち 44年生まれ。本社コラムニスト。著書に『通貨烈烈』(吉野作造賞)、『同盟漂流』(新潮学芸賞)など。

二〇〇六年一月一九日❷

『コレラの時代の愛』

G・ガルシア＝マルケス 著　木村栄一 訳
新潮社・三一五〇円
ISBN9784105090142

『わが悲しき娼婦たちの思い出』

G・ガルシア＝マルケス 著　木村栄一 訳
新潮社・一八九〇円
ISBN9784105090173

文芸

命の尊厳と哀しみで「奇跡の渦巻き」

ガルシア＝マルケスの全小説が、いま、相次いで刊行されている。現在、手にすることができるのは『わが悲しき娼婦（しょうふ）たちの思い出』、そして『コレラの時代の愛』。川端康成の「眠れる美女」に想を得たという前者は、二年前に発表された新作だが、後者のほうは、二十一年前に刊行された、怒涛（どとう）の長編。

どちらの作品にも、老齢・色好みの男主人公が登場する。女の魅力にあまりに易々（やすやす）と傾く彼らは、死が常に至近距離に意識されている分、粋で軽妙、ユーモラス、尊厳があって哀（かな）しみに満ちている。

『わが悲しき娼婦たちの思い出』は、「満九十歳の誕生日に、うら若い処女を狂ったように愛して、自分の誕生日祝いにしようと考えた」男が、十四になるかならないかの娼婦と数度、機会を持つも、少女が眠りこんでしまったりで、うまくことが運ばずという、その顛末（てんまつ）を描いたもの。

一方、『コレラの時代の愛』は、半世紀、一人の女を思って、独身を貫いた男の話。一途とはいえ、この男、その都度気のむくまま、様々な女性遍歴も重ねてきた。内戦やコレラ流行などで、至るところに死体がころがっている、そういう時代を背景として、男は女たちとの肉体的恋愛に燃えるが、物語の最後、意中の人と船旅に出たとき、二人は既に七十を超えていた。老醜のすえた匂（にお）いを自他の肉体にかぎ、二人は皺（しわ）よった皮膚で愛しあう。

少女を斡旋（あっせん）した、娼家の女主人は言う。「まじめな話、魂の問題は横へ置いて、生きているうちに愛を込めて愛し合うという奇跡を味わわないといけないわ」。うん。そのとおりね。そしてマルケスの作品は、実にその奇跡の渦巻きで出来ている。

男が女を愛するというシンプルな物語の骨組みを、南米・コロンビアのエキゾチックな風景描写が肉付け、豊穣（ほうじょう）なイメージが作中を乱舞する。とにかく飽きさせないのは、さすがマルケス。

訳者による「解説」は、読後のもう一つの楽しみである。マルケスの世界を俯瞰（ふかん）しつつ、この訳者もまた、渦に巻き込まれた一人とわかる。

（原題、El amor en los tiempos del cólera）
（原題、Memoria de mis putas tristes）

評・小池昌代（詩人）

Gabriel García Márquez　コロンビアの作家。『族長の秋』など。

二〇〇六年一月一九日❸

『音楽と文学の対位法』

青柳いづみこ 著
みすず書房・三一五〇円
ISBN9784622072430／9784122053175(中公文庫)

アート・ファッション・芸能

「楽譜に書けない」芸術の本質へ

「楽譜どおり弾け！」という罵声（ばせい）が強烈な人気まんが『のだめカンタービレ』は、音楽大学を舞台にしたスポ根ふう青春コメディだが、テーマそのものは新しいようで古い。名ピアニスト青柳いづみこの最新刊をひもとけば、モーツァルトからドビュッシーへ至るクラシックの楽聖たち自身が、さまざまな青春コメディを体現しつつ、ムージルからランボーに及ぶ文学の巨匠たちと直接的ないし間接的に共振し、芸術の本質へと立ち至る歩みが、テレビドラマ顔負けの解像度で描き出されていくのがわかるだろう。

冒頭のモーツァルトの章からして、シェーファーの『アマデウス』やカポーティの「カメレオンのための音楽」のみならずマッカラーズから筒井康隆、宮本輝らの諸作品におけるモーツァルト観を自由自在に織り交ぜる。作曲家シューマンと文学者ホフマンが逆方向より音楽と文学を横断していたこと、ワーグナーがボードレール以降のフランス象徴派のアイドルであり文字通りのドラッグ的存在であったことなどをめぐる博引旁証（はくいんぼうしょう）も圧倒的だ。

とはいえ、本書が最も燦然（さんぜん）たる輝きを見せるのは、即興演奏の名手としてのショパンが、自由自在な「想念」としてあらわれた「音楽」を「記譜するときの苦しみ」を語り、そこに「楽譜という記号に書きつけることによってもそこなわれてしまうような、瞬間的だからこそ唯一無二であるような、生の形のポエジー」を読み取るときである。そして、ドビュッシーがめざした「即興と想像力で生きた音楽を創り出す作業」を浮き彫りにするときである。ひいては、まったく同時に、ラヴェルのごとくルーセル的「独身者の機械」を想（おも）わせる音楽のうちに漂う「放っておくと際限なくロマンティックになってしまうのがこわくて、可能なかぎりそれを隠そうとするラヴェルの含羞（がんしゅう）」に共感が示されるときである。

「楽譜どおり弾け！」という命令が指す「楽譜」自体が一枚岩ではないことを解き明かす本書は、文学作品の表現もまた「文字どおり」ではないことを示唆してやまない。

評・巽孝之（慶應大学教授）

あおやぎ・いづみこ　ピアニスト、文筆家。『翼のはえた指　評伝安川加壽子』。

『自由主義の二つの顔　価値多元主義と共生の政治哲学』

ジョン・グレイ著　松野弘 監訳
ミネルヴァ書房・二九四〇円
ISBN9784623045846

政治

多様な社会に即した「寛容」のあり方

自由主義の最大の徳目は寛容だ。著者は、この自由主義的寛容には二つの系譜があるという。ひとつは、寛容の実践が最終的には単一の理想的な体制に収斂（しゅうれん）していくと考える系譜。もうひとつは、寛容の実践を、個別の状況に応じて平和的共存を目指す政治的過程そのものとして理解する系譜である。前者を捨て後者を純化する道を説くのが本書の眼目である。

しかし、なぜ単一の理想的な体制を目指してはいけないのか。それは善というものが、多様な歴史に根ざすさまざまな生活様式に根ざしたものであり、それらの多元的な諸善のすべてを調和させることが論理的に不可能だからである。

こう書くと、著者は、よくある共同体主義の立場で自由主義を批判しているかに聞こえるかもしれないが、そうではない。なぜなら、善が文脈づけられるところの生活様式は、ひとりの人間のなかにさえ多数のものがしばしば矛盾をはらんだまま共存しており、個人や、ましてや共同体といった単位で、一対一の整合的な対応があるわけでは全くないからである。

著者の議論は、自由主義が陥りがちな、いわば寛容の強制（多くの場合それは、自文化中心主義に汚染されている）の矛盾を回避しつつ、社会の多様化が進む時代に、自由主義を再生させる方途を探るものである。単一の理想的体制が論理的にはありえないとしても、現実の政治的過程において相対的な善悪の判断はできるし、するべきだという著者の主張は、自由主義と無原則な相対主義とを区別するギリギリのラインだ。

19世紀の自由主義の敵は国家だった。しかし今日の自由主義は、無秩序をこそ恐れるべきだというのが、新ホッブズ主義を標榜（ひょうぼう）する著者の時代診断である。たしかに、自由主義の修辞に突き上げられた理想主義が無秩序を引き起こす病理は、現在の私たちの眼前の光景でもある。その病理への処方が、著者の言う通り、妥協的な共存への合意の積み重ね以外にないならば、私たちに求められている政治的器量は不安なほど大きい。

（原題、Two Faces of Liberalism）

評・山下範久（北海道大学助教授）

John Gray　48年生まれ。ロンドン大学教授。政治哲学。

二〇〇六年一一月一九日⑤　人文

『戦争という仕事』

内山節 著

信濃毎日新聞社・一八九〇円
ISBN9784784070329

「すべて破壊」は市場競争にも共通

ライバルを倒し、勝者が市場という「占領地を拡大」する企業競争は「戦争」に似ている。本当の戦争とは違い、市場での競争なら歓迎する人は多い。自由な競争を通して商品価格は下がり、新しい技術が開発され、消費者の利益が高まるのは望ましいと考えられているからだ。

ところがこの結果、かつては「自然や環境、地域」などに配慮しながら行われてきた仕事は、今や自分が所属する組織の命令や方針に従うだけの仕事に変わり、「社会にどんな影響を与えるのかについて深く考えることもなく」遂行されるようになっているのではないか。著者は「現代の労働のなかに『戦争という仕事』と共通する何かがある」という。

1年の半分近くを群馬県の山村で暮らし、自ら農業を営みながら思索を続ける著者は、「現代の戦争を人間たちの寒々とした仕事のひとつとしてとらえたとき、そこから何がみえてくるの」だろうかと自問する。

現代の戦争が「敵」の社会のすべてを破壊するように、市場競争における勝利を目的とした現代の労働も、進出先の社会が持っていた「伝統的な関係の世界」を市場の力で解体してしまう恐れがある。「グローバル化する経済が世界をこわしていく姿」を見すごし、「お金さえあれば大半のことは解決できる」便利な市場システムに浸（つ）かっていると「人間も社会も蝕（むしば）まれるように頽廃（たいはい）していく」。

大切なのは労働を単なる収入の手段とするのではなく、自分の仕事にこだわりを持ち、生きがいをみつけることだ。著者は、「自然と人間が助け合うように働いていた過去」に戻れと勧めているのではない。現実しか見ずに、「過去から学ぶことを忘れたら……未来への想像力も失う」と忠告しているのだ。

かつて戦争の抑止力として期待された「近代国家、近代社会」が実現しえなかった「戦争のない社会」を、私たちが仕事のあり方を変えることによって創造できるなら、お金や便利さを捨てても挑戦してみる価値があるのかもしれない。

評・高橋伸彰（立命館大学教授）

うちやま・たかし　50年生まれ。哲学者、立教大大学院特任教授。

二〇〇六年一一月一九日⑥　人文／医学・福祉

『生命と現実　木村敏との対話』

木村敏、檜垣立哉 著

河出書房新社・一九九五円
ISBN9784309243948

「病」を排除する効率主義への警告

「自己」であるとは、なんだろう。古今東西の哲学や文学がテーマとしてきたこの問題に対し、「自己が自己であることの病」、つまり精神病の観察と考察を通じて取り組んできた人に、精神病理学者の木村敏がいる。

木村は臨床にこだわる精神科医だが、診察室での病者とのやり取りから得られた独創的な自己論や時間論は、多くの人たちを魅了してきた。本書で、木村の思索の足跡を丁寧にたどり、的確に紹介しながら質問を繰り出す哲学者の檜垣立哉もそのひとりだ。

木村が、病者の理解ひいては人間理解のために紡ぎ出した理論にはいくつものキーワードがあるが、檜垣はその焦点は〈あいだ〉だと考える。

〈あいだ〉とは〝自己と他者とのあいだ〟なのだが、ただそれだけの中間的な場所、部分という意味ではない。例えば音楽を演奏する自分と、「合奏全体の流れに流されて方向付けられている」自分との間にも〈あいだ〉がある。

木村は言う。「横に拡（ひろ）げれば自分と他人の〈あいだ〉になり、縦に折り畳めば自分と自分の〈あいだ〉になるような〈あいだ〉、それが自己という現象を成立させている」

そこで発生した自己は、自分の身体でもって、個別のものとして生きようとする。だから、自己と他者には圧倒的な非対称が生じる。しかしその一方で、個別的ではない生命が私の身体で生きてもいる。

こういったユニークな〈あいだ〉論、自己論は、あくまで木村の臨床場面での経験や実感から生まれたものだ。思索の機会を与えてくれた病者に対する木村の敬意が、行間にあふれている。

精神医学はいま、人間科学から脳科学に変身しようとしている。それに対する批判もあるが、「心の病か脳の病か」といった二律背反に閉じ込めることじたい、本質を逸脱していると木村は戒める。

「症状はすべて生体にとって、意味のある反応である」。これは、「病であること」をマイナス要因としてとにかく排除しようとする効率主義的な現代社会への大いなる警告でもあろう。

評・香山リカ（精神科医）

きむら・びん　京都大学名誉教授。
ひがき・たつや　大阪大学助教授。

『日本的エロティシズムの眺望　視覚と触感の誘惑』

元田與市 著
鳥影社・ロゴス企画・一九九五円
ISBN9784862650177　歴史／アート・ファッション・芸能

美の基準は民族によって違うし、時代によっても変化する。エロティシズムもしかり。今や西洋的価値観に洗脳された我々が失った日本独自のエロティシズムを著者は正面から論ずる。

本書は問う。日本人は裸体に関心がなかったか、と。

西洋美術では、神の時代の中世を除けば、美しき女性の裸体のオンパレード。理想の美が追求され、エロスの世界が表現された。一方、前近代の日本では、女の乳房は男にとって、エロティックでも美の対象でもなかったというから驚きだ。日本の男の乳房への性的な視線は、西洋への憧（あこが）れの結果だという。だが日本には、西洋のあからさまなそれとは違う独自のエロティシズムが育まれたのだ。

日本には古くから肉体拒否の思想や余韻・余白の美学の伝統があり、そこから女達（たち）の表情や容姿から滲（にじ）み出るほのかなエロティシズムが発達した。それを最も巧みに描いたのが江戸時代の浮世絵。ふくらはぎや太ももの一部を露出させる鳥居清長の女の姿表現に日本的エロティシズムの神髄を見る著者は、次に近松門左衛門の『曽根崎心中』で、男の人形の手が女の人形の素足や肌を触るエロティシズムを艶（つや）やかに描く。日本人の心の深層に迫る刺激的な文化論だ。

評・陣内秀信（法政大学教授）

二〇〇六年一一月一九日❽ 『中国がアメリカを超える日』

経済

テッド・C・フィッシュマン 著　仙名紀 訳

ランダムハウス講談社・二九四〇円
ISBN9784270001462

国内にピーキン（北京）という名前の市町村が14、カントン（広州）が32もある国は米国をおいてほかにないだろう。ネットで検索してみたらシャンハイだって6つもある。米国が発展する過程で、中国との交易が重要だったことの証しだ。

時はめぐり、中国経済の台頭とグローバル化の相互推進作用によって、本書によれば今や米国のほとんどすべての都市が中国と密接につながって成長している。イリノイ州ピーキンの農家はトウモロコシと大豆を輸出し、そこに本社を置く重機械部品メーカーは中国製品と世界で競争しつつ自らも中国進出する。そして郊外に店舗のあるウォルマートは、衣料や家電製品など、なんと中国の国内総生産の1・5％を輸入しているという。

ビジネスマン上がりの米国人ジャーナリストである著者は、現場をまわり、「中国の衝撃」を詳細に報告する。にわか勉強のせいか、細部の誤りが目立つ上、翻訳にも固有名詞の漢字表記の間違いが散見される。しかし、勘違いや早とちりはあっても、偏見や思い込みは少ない。増補版も含め米国では10万部が売れたベストセラー。ライバルが中国をどう見ているのか、日本の企業戦士たちには参考になるだろう。

評・高原明生（東京大学教授）

二〇〇六年一一月一九日❾ 『フレッド・アステア自伝』

アート・ファッション・芸能／ノンフィクション・評伝

フレッド・アステア 著　篠儀直子 訳

青土社・二九四〇円　ISBN9784791762989

アステアは人類の歴史が生んだ最も偉大なダンサーの一人だ。バレエ好きにとってニジンスキーがそうであるように、映画ファンにとってはアステアが「最高」なのだ。とはいえ、ニジンスキーはもはや見た者がいない伝説だが、アステアは誰でも見られる現実だ。「トップ・ハット」を、「バンド・ワゴン」を、「絹の靴下」を見よう。みんなアステアが最高だと認めるだろう。

そのアステアが書いた自伝が日本語になった。読まずに死ねるか。むろん面白い挿話に事欠かない。彼のトレードマークであるあのオールバックの薄い髪がカツラだったというような話がさらりと語られる。

稀代（きだい）の名コンビ、ジンジャー・ロジャーズとの「艦隊を追って」で、彼女はひどく重いビーズのドレスを着て踊った。ジンジャーの素早いターンで、数ポンドもの重さの袖がアステアの顎（あご）を直撃し、彼はグロッギーになりながら踊り続けた。画面を見ても、その痕跡もとどめないのだが。

ユーモアたっぷりに、淡々とした上品な語り口で、アメリカのショウビジネスを生き抜いた一人の男の人生が描かれる。その天然自然のエレガンスこそ、アステアのダンスの魅力の源泉でもあった。

評・中条省平（学習院大学教授）

二〇〇六年一一月一九日❿ 『性と暴力のアメリカ』

歴史／社会／新書

鈴木透 著

中公新書・八八二円
ISBN9784121018632

普通の国（？）の例として、私どもはよく「アメリカでは……」という言い方をする。これは正しい認識なのだろうか。いいえ、とんでもない、というのが本書を貫く主張である。厳格な性道徳と性解放が併存し、同性愛や妊娠中絶をめぐる争いが絶えないアメリカ。2億挺（ちょう）を超える銃が存在し、凶悪犯罪が多発するアメリカ。こと性と暴力に関しては、アメリカはむしろ「特異な国」なのだ。

本書はその理由を歴史的な背景から検証する。先住民を暴力で制圧し、戦争という暴力で独立を勝ち取った建国の歴史。加えて根強く残る「リンチ」の伝統。チャールズ・リンチ（彼はフロンティア時代の自警団長だった）という人名に由来するリンチは、マイノリティーを集団的暴力で排除し処刑してもよしとする思想をこの国の人々に植えつけた。異端者を排斥する思想は性や人種に対しても適用され、対外的には疑わしきを罰する「リンチ型戦争」として遂行されてきた。

「理念先行型国家」であるアメリカの内部には中世的な価値観が残っているとの指摘にギョッとしつつも深く納得。だってあの事件もこの戦争も……。特異な国が世界を牛耳っている現実に目を開かされます。

評・斎藤美奈子（文芸評論家）

『ブラック・アトランティック　近代性と二重意識』

ポール・ギルロイ 著
上野俊哉、毛利嘉孝、鈴木慎一郎 訳
月曜社・三三六〇円
ISBN9784901477260

人文／社会

近代史の隅々に生きていた黒人たち

標準的な世界史のなかで、大西洋は、いまもって近代の揺籃（ようらん）の地である。大航海時代の筆頭に挙がるのは常にコロンブスであり、産業革命もフランス革命もアメリカ独立革命も、みな大西洋で起こった事件である。少なくとも19世紀に至るまで、近代史を語ることは、大西洋史を語ることとほぼ同義である。

ここにヨーロッパ中心主義の匂（にお）いを嗅（か）ぎつけるのは、いまではむしろ常識的な話だ。近代はヨーロッパの白人だけを主人公とする物語ではない。近代史をグローバルな視野から書き直す試みは、現に盛んである。

考えてみれば、そもそも大西洋自体がヨーロッパ人の海などではなかった。近代の大西洋は奴隷貿易の海でもあり、そこで展開する近代史の隅々に黒人たちが生きていたからである。さらにその黒人たちは、「黒人たち」と単純に一括（くく）りにできるような存在ではない。たとえば、ガーナの黒人、アメリカの黒人、ハイチの黒人、イギリスの黒人は、それぞれ異なる文脈に埋め込まれていたからである。

言われてみれば当然の指摘ながら、このことを系統的に論じ、それを踏まえて世界史全体の書き換えと、近代概念そのものの再定義とを迫る本書の衝撃は凄（すさ）まじかった。

本書は、読み書きのできる白人の男性という、自己のアイデンティティーの一貫性に何の疑いもない抽象的な主体を前提とした啓蒙（けいもう）の概念を、全編にわたって完膚なきまでに打ちのめす。啓蒙のプロジェクトは、そこから排除されるひとびとのカテゴリーを作り出すことで成り立っていたのだ。著者は、その排除されるひとびとのカテゴリーに囲い込まれた黒人が、いかにして、その啓蒙の論理の矛盾を突き、その論理を逆手にとることで自らの解放を目指したか、その多様な戦術（特に読み書きの能力を身につける機会を奪われた彼らが、音楽という手段をいかに創造的に用いたか）を描き出す。

そして同時に強調されるのは、そこにとりついて離れない不安である。自らを排除する論理を逆用して自らを解放する戦術の可能性は、逆に自らを解放する論理に、自らを疎外する契機が潜んでいることを示唆するからだ。

この不安は、突き詰めると、決して「黒人たち」に固有のものではなく、むしろ啓蒙のプロジェクトそのもの、近代そのものにつきまとう不安である。近代に生きる人間は、潜在的に、誰もがそれぞれのしかたで「黒人」、つまり排除されるカテゴリーに囲い込まれる危険を負わされた存在なのである。

新しい問題設定を切り開く作品の常として、本書は長らく、熱狂的な賛辞とともに、当惑や拒絶にもさらされてきた。あたかも秘教の経典であるかのように、本書を敬して遠ざける向きもいまだに見受けられる。しかし原著刊行から13年の時間を経て、本書の問題意識はずいぶんと当たり前のものになった。実際、よく練られた良訳を通して、著者の議論に再度接すると、むしろその論旨の明晰（めいせき）さに吸い込まれるような思いがする。文化研究の原点を再確認する好機として、気負いなく読みたい作品である。

（原題、THE BLACK ATLANTIC: Modernity and Double Consciousness）

評・山下範久（北海道大学助教授）

Paul Gilroy　56年生まれ。ロンドン・スクール・オブ・エコノミクス&ポリティカル・サイエンス社会学部教授。

二〇〇六年一一月二六日❷

『選ばれた女Ⅰ・Ⅱ』

アルベール・コーエン 著　紋田廣子 訳

国書刊行会・各三二五〇円
ISBN9784336047557〈Ⅰ〉・9784336047694〈Ⅱ〉 文芸

狂気の愛の凄まじさ、執拗な筆致

途方もない奇書である。たとえていえば、プルーストをこえる瑣末（さまつ）主義、セリーヌの塁を摩する錯乱、ジョイスに匹敵する内的独白が、滔々（とうとう）として恐るべきお喋（しゃべ）りの激流に溶けこみ、音高く泡を立てているといった趣なのだ。

主な筋立ては典型的な宿命の恋、現代版のトリスタンとイゾルデといってもいい。

舞台は第二次世界大戦を控えたジュネーヴ。主人公のソラルは国際連盟の事務次長を務める中年の美男で、生まれながらの誘惑者だ。この男が一目惚（ぼ）れの恋に落ちる。相手は自分の部下の妻で、貴族出身の美女アリアーヌ。ソラルは夫を出張命令で海外に放逐し、彼女をものにする。

その狂気の愛の凄（すさ）まじさ！まずはそこが読みどころだ。

純乎（じゅんこ）たるロマンチシズムと悪魔的な嘲笑（ちょうしょう）とを混ぜあわせて、愛と性の諸相が病的な執拗（しつよう）さで描きだされる。

おりからのナチスの台頭で、ユダヤ人のソラルは国連から追放される。作者のコーエンはユダヤ人難民のための国際パスポートの起草者であり、物語後半のソラルを呑（の）みこむ受難には、作者自身の個人的な体験がにじみだす。

国籍さえも奪われたソラルは、アリアーヌだけを伴侶として放浪の旅に出るが、物語の後半では、宿命の愛の暗黒面がこれでもかこれでもかと畳みかけられる。引き金を引くのは嫉妬（しっと）である。アリアーヌが短い関係をもった男のことをたねに、ソラルはねちねちと彼女を責める。

その情熱的な愛から絶望的な嫉妬への転換が恐ろしい。そこには明確な理由はなにもないからだ。男と女が社会的な絆（きずな）を絶たれて一緒に生きることの必然としかいいようがない。その必然に導かれて二人は醜悪な心中に至る。理由を欠いた、絶対的な運命悲劇。どうして作者はこんな物語を書かなければならなかったのか。それが最大の謎だ。

とはいえ、上下二段組で千ページ近い大冊の大半を占めるのは、官僚政治、パーティー、家系、ファッション、美食、ユダヤ民族誌等々をめぐる饒舌（じょうぜつ）きわまるトリビアである。結末までたどり着けるのは、選ばれた読者であろう。

（原題、BELLE DU SEIGNEUR）

評・中条省平（学習院大学教授）

Albert Cohen　1895～1981年。スイスの作家。

二〇〇六年一一月二六日❸

『寺田寅彦　妻たちの歳月』

山田一郎 著

岩波書店・四〇九五円
ISBN9784000240208 歴史／文芸／ノンフィクション・評伝

風呂の中の「女の髪」を恐れる日々も

寺田寅彦といえば、戯歌「好きなもの　いちご　コーヒー　花　美人　懐手して宇宙見物」で知られるように、科学と文学の間を軽やかに往来したスーパー物理学者である。私もまた、耳の中の音や金平糖の話など日常に潜む不思議を題材にした科学エッセーを愛読してきたひとりだ。

だが本書を読み、寅彦にもっとも似合うのはそのいずれでもなく、晩年の随筆「曙町より」にある「風呂の中の女の髪は運命よりも恐ろしい」という一節だったと知った。

土佐藩士の父と士族の娘だった母をもつ寅彦の生涯を母・亀と夏子、寛子、紳という三人の妻の人生からたどり、「女の髪」の背後にあるひとりの男の心情を描き出した評伝である。著者には、生い立ちや文学の師、夏目漱石との交流を描いた『寺田寅彦覚書』（81年）があるが、前作で伏せた寺田家のいくつかの禁忌も初めて明かされた。

肺病で亡くなった若妻を描いた随筆「団栗（どんぐり）」のモデル、夏子の出生の秘密。四人の子を産み、科学者として絶頂期にある寅彦を支えた寛子の急死。とりわけ多くの紙数が費やされたのが、前作にほとんど登場せず、悪妻との風評があった下町育ちの紳である。亀との確執や前妻の子との不仲に寅彦も振り回され離婚の危機はあったが、著者は紳の日記やノートなど一次資料をもとに人間らしくふくよかな夫婦関係を浮かび上がらせる。晩年は隠居所の絵図を描き将来の相談をするなど穏やかな日々があった。紳は、自分より先に逝くなという夫の切なる願いに応えたのだ。

もうひとつの禁忌とは、寅彦の父が、刃傷沙汰（ざた）に座し切腹を命ぜられた弟の介錯（かいしゃく）をした「井口事件」に端を発する不幸であるが、ここでは、係累の多い寅彦は一族の「悩める家長」だったという著者の述懐を記すにとどめよう。寺田家とゆかりのある高知浦戸湾に生まれ、遺族の信頼を受けてきた著者だからこそ、寅彦の「受苦の生涯」（友人代表安倍能成の弔辞）が何を意味するか、その悲劇を語る資格と覚悟を持ち得たのだろう。

寅彦の随筆集をもう一度、一から再読したいと思った。

評・最相葉月（ノンフィクションライター）

やまだ・いちろう 19年生まれ。元共同通信社常務理事。著書に『寺田寅彦の風土』。

『反西洋思想』

イアン・ブルマ、アヴィシャイ・マルガリート 著
堀田江理 訳

新潮新書・七五六円
ISBN9784106101823
歴史／人文／新書

何者かに脅かされている危機感反映

冷戦後の世界における衝突、対立を論ずる議論は概して、対立の原因を冷戦期のような「主義」にではなく、民族や家の宗教・宗派のような、先天的要素に帰する。ハンチントンの『文明の衝突』は代表例で、人はどういう生活空間に生まれ育ったかで衝突する、と考える。

こうした発想が厄介なのは、生まれ育ちが原因だから対立は解決不能だ、との結論に導かれがちなことだ。衝突が政策や経済対立から発生する、との視点は見られない。

9・11を契機に執筆された本書は、近代自由主義世界が反西洋思想によって攻撃されている、と認識する。ここでの反西洋主義は、西洋の物質主義、合理主義、都市性を、非人間性、魂のなさ、腐敗（西洋毒）として嫌い、精神性や信仰に重きを置く。

反西洋思想の起源は西洋内部にあり、地理上の非西洋が反西洋と同義ではない、との指摘は正しい。反西洋の代表例として挙げられる全体主義もイスラーム主義も、西洋近代の副産物だからだ。

だがそこで実際に取り上げられる事例の多くは、アジア、イスラーム諸国といった地理的非西洋である。ドイツ、ロシアも挙げられるが、ここで想起させられるのは、19世紀から根強く存在する、近代化先進国としてのフランス、イギリスに対するドイツ、ロシアの後進性、との認識だ。反西洋思想の出現に、近代性受容の先進／後進という、進化論的な前提、歴史規定性が見える。

だから本書は真っ先に、戦前日本の「近代の超克」論を反西洋として挙げる。ここでは日本は明らかに、反西洋思想の豊かな土壌だ。先進西洋から見て日本がそう括（くく）られる類（たぐい）であることを知るだけでも、本書は読む価値がある。

個々の分析はかなり雑。しかし雑でも反西洋で括らずにはおられないほど、西洋は、何者かに脅かされている、との危機感を抱えている。それを反映したのが、本書だ。雑に括って対立構図を固定化するより、個別事例を正確に認識して、それぞれの反西洋性の原因を腑分（ふわ）けした方が、解決につながるのだが。

（原題、OCCIDENTALISM）

評・酒井啓子（東京外国語大学教授）

Ian Buruma 51年生まれ。米バード大教授。
Avishai Margalit 39年生まれ。ヘブライ大教授。

二〇〇六年一一月二六日⑤

『東京の果てに』

平山洋介 著

NTT出版・二五二〇円

ISBN9784757141094

経済／アート・ファッション・芸能／社会

「飛び地」に内閉　葛藤を排した空間

多額の投資を呼び込んだ都市のホットスポットで、天空に向けてそそりたつタワーマンション。それは徹底したセキュリティー・システムによって防護され、周辺の街の文脈から独立した「飛び地」として内閉している。もはやそこには建築が都市を支え、都市が建築を支えるといった相互関係を見いだすことはできない。

一方で、バブル経済崩壊後、住宅価格の低迷から抜け出すことのできないコールドスポットが都市縁辺部、郊外に散在している。そうした空間分化は市場経済の論理によってもたらされただけではなく、政策的な介入によっても拡大されることとなった。「〝ホットスポット〟に多量の援助を与え、〝コールドスポット〟をいっそう冷却し、都市の空間と経済とを切り分ける、という人為の力が東京改造を形づくった」。こうした視点に立ち、著者は実証的なデータを踏まえながら、淡々と、しかしときに熱く、ポストバブル期における東京の空間分化の問題に切り込んでいく。

戦後日本は、中間層に位置する多くの人々が持ち家取得を目指して梯子（はしご）を登ることができるような政治・経済システムを整えてきた。住まいをめぐるライフコースの筋書きが作られていたということができよう。しかし、その梯子の存在が自明なものでなくなって以降、梯子のあり方は多様化・拡散することとなった。

著者はそうした拡散・多様化の過程を書き留めると同時に、多様化が社会分裂につながる可能性を鋭く指摘する。都市を「葛藤（かっとう）を受け入れる空間」であるとする著者は、高層タワー建築＝「飛び地」への内閉を、都市における風景、暮らしの経験、建築と環境の差異を見えにくくする「反都市的」な試みとみる。世界都市として「成熟」へ向かっているかにみえる東京が、実は「都市」としての機能を失いつつあるのではないか——著者の問題意識は明確であり、また切実なものだ。

オリンピック誘致に乗り出すという世界都市・東京。本書は、その実態を見据え未来を考えていくうえで大きな示唆を与えてくれるだろう。

評・北田暁大（東京大学助教授）

ひらやま・ようすけ　58年生まれ。神戸大学教授。生活空間計画専攻。

二〇〇六年一一月二六日⑥

『雑誌のカタチ　編集者とデザイナーがつくった夢』

山崎浩一 著

工作舎・一八九〇円

ISBN9784875023982

人文／社会

「器」の手触りからさぐる可能性

以前、糸井重里さんにインタビューしたとき、氏はウェブについて「面積という概念のなくなった世界」と語っていた。なるほど確かに、ウェブにはあらかじめ定められた面積——「器」はない。そこに盛り込まれるコンテンツは、クリックやスクロールによっていくらでも拡張する。

一方、雑誌は、最初に「器」ありきの世界である。サイズはもちろん、重さや厚さも含む〈雑誌のカタチ〉が、コンテンツの質や量を決める。その〈カタチ〉は制約でもあるだろうし、逆に、モノとしての〈カタチ〉が定められているからこそ、ページをめくる読者の脳裏に広がる世界（＝幻想）が伸びやかに広がることだってあるはずだ。

山崎浩一さんの雑誌論は、そこから始まる。〈情報はパッケージと分離できない〉を大前提に、限られた「器」の中になにを入れ、それをどう伝えるか、さらには「器」そのものをどうつくるか——編集とデザインが紡ぎ出す雑誌の魅力を、つくり手へのインタビューを織り込みながら論じていくのである。

本書で採り上げられている雑誌は、「POPEYE」「少年マガジン」「ぴあ」「週刊文春」「ワンダーランド」「婦人公論」「クイック・ジャパン」、そして小学館の学年誌。メジャーからマイナーまで、一九六〇年代から現在までと、選択は幅広い。

〈雑誌のカタチ〉は、読者が手に取ってページをめくるという身体の運動と不可分である。編集者やデザイナーもまた、綿密な手作業や足で稼いだスクープ記事など、体を張って雑誌をつくる。本書にノスタルジーがあるとすれば、つくり手と読み手がかつて確かに共有していた「手触り」「肌触り」という言葉に象徴される雑誌の身体性を浮き彫りにしたことだろう。

しかし、ウェブの時代に雑誌の可能性を探るとき、その懐かしさは新しさに変わる。山崎さんは決して単純に古き良き時代を振り返っているわけではない。本書は「過去の名雑誌」を論じたのではなく、いまだ創刊されていない魅力的な「新雑誌」のための提言に満ちた一冊なのだ。

評・重松清（作家）

やまざき・こういち　コラムニスト、批評家。著書に『退屈なパラダイス』など。

二〇〇六年一一月二六日⑦

『カラダで地球を考える』

中野不二男 著

新潮社・一五七五円

科学・生物／社会

ISBN9784103690030

本書は文字どおりの体験レポートである。なにしろ著者自ら、体内に入れたもの（酸素＋食物＋水など）と出したもの（二酸化炭素＋水分＋ウンチなど）の計量までしているのだ。

そもそものきっかけは、ジャーマン・シェパードの子犬を飼い始め、ウンチの山と日々格闘するようになったことだった。11歳になった愛犬は、体重は安定しているものの、相変わらず大量に食べては大量に出すの繰り返し。試しに愛犬の収支決算を測ってみたら、食べた固形物は590グラム、ウンチの重さは880グラム。差し引き290グラムの増だが、呼吸によるエネルギー消費や水分も考えないと。

厳密な測定をしたくなった著者は、「ヒューマンカロリーメーター」なる装置に自身をゆだね、平均的な1日に自分が消費する酸素は596リットル、吐き出す二酸化炭素は500リットルとの数値を得る。ざっと計算すると、255グラムの炭素を肺から吐き出していることになる。

うーんと唸（うな）った著者の関心は地球全体の「呼吸」量へと向かい、日本の食糧自給率の低さに愕然（がくぜん）とする。一方、12歳を迎えた愛犬は、家族全員に見守られながら収支をゼロに戻し、静かに息を引き取ったという。

評・渡辺政隆（サイエンスライター）

二〇〇六年一一月二六日⑧

『生かされて。』

イマキュレー・イリバギザ、スティーヴ・アーウィン 著　堤江実 訳

PHP研究所・一六八〇円

ISBN9784569656557／9784569672571（PHP文庫）

社会／ノンフィクション・評伝

アフリカ・ルワンダでの大虐殺は、遠い国の不幸な出来事と、すでに記憶から薄れていた。しかし本著から受けた衝撃は、今後忘れることなど絶対にないと誓えるほど強烈だった。

94年、100万人ものツチ族がフツ族に殺害された。当時、女子大生だったツチの著者イマキュレー・イリバギザは、牧師の家の小さなトイレに7人の女性と3カ月ほど身を隠した。

槍（やり）や大鉈（おおなた）を手にして自分を殺そうと探し回る声が、壁一枚を隔てて聞こえてくる。しかも彼らはかつての友人や隣人だ。想像を絶する恐怖の中、神との対話を力として耐え抜く。

フランス軍キャンプに駆け込んだ後は、両親と兄弟の無残な死を知らされた。そもそもツチとフツの争いは、ベルギーなど元宗主国が採り入れた差別的な階級制度に発する。彼女は留置場の殺人者に面会、「あなたを許します」と告げたのだった。

98年、アメリカに移住、ニューヨークの国連で働き始める。虐殺や戦争の後遺症に苦しむ人を癒（い）やすための基金設置にも奔走する。ナチの犠牲者アンネが綴（つづ）った日記と並ぶ、感動的な物語。身の毛がよだつ状況を描きながら、勇気と希望にあふれて輝く。

評・多賀幹子（フリージャーナリスト）

二〇〇六年一一月二六日⑨

『アルジャジーラとメディアの壁』

石田英敬、中山智香子、西谷修、港千尋 著

岩波書店・二六二五円
ISBN9784000220347　政治／社会

情報記号論、経済・社会思想史、フランス文学・思想、映像人類学と専門の違う4人の研究者による中東・カタールに本拠を置く衛星放送局・アルジャジーラの報告である。

アルジャジーラが日本で知られるようになったのは、2001年9月に起きた米国・同時多発テロ以降であろう。その後の米軍のアフガニスタン侵攻、イラク戦争で、アルジャジーラは米軍の攻撃に曝（さら）される側の声、アラブ社会の声を積極的に拾い上げ、世界の注目を集めることになる。

国際的なニュース流通における西側メディアの優越性は、歪（ゆが）んだ非西欧社会の姿を流布させるとの批判がしばしばなされてきた。他方で、第三世界のメディアには、健全なジャーナリズム機能が期待できないとの批判もあった。

だが、本書が指摘するように、アルジャジーラの活躍は、西欧社会の近代化のなかで生成・発達したジャーナリズムの原理に忠実であろうとするメディアが非西欧社会にも育ちつつあることを明らかにするものだ。筆者らのインタビューに応えるアルジャジーラの記者たちの経歴や、そのジャーナリズム論は、グローバリズムの意味を考える上でも示唆的である。

評・音好宏（上智大学助教授）

二〇〇六年一二月三日①

『日本の200年　徳川時代から現代まで　上・下』

アンドルー・ゴードン 著　森谷文昭 訳

みすず書房・各二九四〇円
ISBN9784622072461〈上〉・9784622072478〈下〉　歴史

欧米と通じる近代化の矛盾描く

人は通史といったとき、何を思い浮かべるのだろうか。昨日の次に今日が来るというふうな年代記が、頭に浮かんでくるかもしれない。でも通史とは本来、太い論理の筋を軸に全体を叙述し、歴史の豊かな可能性に気付かせてくれるものなのだ。

本書は、ハーバード大学の歴史学の教授によって書かれた日本近現代の通史である。この本の魅力は、日本の近代に見られる上からの権威に基づく革命という矛盾が、後になって思いもよらないような展開を生み出す、ダイナミックな過程を描き出している点にある。本書では全17章のうち5章分が、社会経済史の叙述にあてられているのも一つの特徴だ。そこでは近代の日本社会が、都市と農村、中間層と労働者、ジェンダーの違いなどによって、いかに分断され緊張を孕（はら）んだ社会であったのかが説明されている。同時に人々の抱く価値観や欲求が、政治的支配や体制を形作る大きな要素として扱われている。

またこの本の大きな特徴は、その時代区分

の中にある。帝国議会が始動する1890年代から大正デモクラシー期が終わる1920年代末までを、対外膨張と政治参加の拡大が同時に進行する「帝国民主主義」（インペリアル・デモクラシー）の時代、昭和恐慌が画期の1930年代初めから50年代末までの戦争を挟んだ前後の時代を「貫戦期」と呼んで、現代国家化の時代と捉（とら）えているのである。この「帝国民主主義」と「貫戦期」は、日本に限らず欧米にも見られる、ある種の世界史的な範疇（はんちゅう）と考えられているようだ。

たまたま本書と時を同じくして、イアン・ブルマ『近代日本の誕生』（ランダムハウス講談社）という、やはり外国人によって書かれた日本近代史が刊行された。ブルマの本はより思想史的であり、アンビバレントな性格をもつ近代の日本人の精神的態度史ともいえる。そこでは、政治的自由主義・個人主義の流れとそれを押しつぶす権威主義・国家主義との対抗の動きが、叙述の背後を流れるテーマに設定されている。ブルマはその複雑な様相を、ちょっとしたエピソードなどによって巧みに表現している。それに比べるとゴードンの本書は、むしろ大河ドラマに近い。

とはいえ外国人によって書かれたこの二つの通史には、似た観点があるように思えた。それは一言でいえば、日本が特殊な国だという見方に対する批判である。彼らは日本の近代化過程には、むしろ西欧を含めて他の国々との共通現象が多く、日本独自の問題と自覚された事柄自体が、近代社会に普遍的な課題であったりすると言うのだ。

日本が特別な国であるとの思い込みは、時として日本人が陥る傲慢（ごうまん）さや自己中心的な姿勢を生みだす元となる。しかし同じ理解によって、逆に日本人が劣等感に打ちのめされることもある。その意味でこの両書での日本特殊論への批判は、ナショナリズムの高まりに身を任せようとしている日本人を批判するとともに、今や自信喪失に陥りかけている日本人を、歴史を振り返る中で、励ましているようにも見えたのである。

（原題、A MODERN HISTORY OF JAPAN : From Tokugawa Times to the Present）

評・赤澤史朗（立命館大学教授）

Andrew Gordon　52年生まれ。米ハーバード大教授（歴史学部長）。編著書に『歴史としての戦後日本』など。

二〇〇六年一二月三日②

『滝沢馬琴　百年以後の知音を俟（ま）つ』

高田衛 著

ミネルヴァ書房・三二五〇円

ISBN9784623047390

文芸

真の理解者と出会った江戸の戯作者

雄大な歴史伝奇小説『八犬伝』の作者滝沢馬琴は、生涯に何度か「百年以後（ももとせのち）の知音（ちいん）」を待つと記している。

草双紙から読本にわたって多くの作品がベストセラーになり、良質の読者にも恵まれていたのに、自分の真の理解者は百年後にしか出ないと言い放ったのだ。この言葉には名声にあぐらをかいた傲慢（ごうまん）の響きがないだろうか。

かねて馬琴再評価の前線で孤剣を揮（ふる）ってきた高田衛は敢然とこの発言を擁護する。またそれを突破口にして馬琴の心の深奥に迫ってゆく。

評伝ジャンルの制約はかえって視界を整理するのに逆利用され、尨大（ぼうだい）な伝記史料のうちから日記と書簡を捨てて家譜を取る。戯作者（げさくしゃ）馬琴は、実人生では断絶に瀕（ひん）した滝沢家の当主であった。代々旗本に仕える用人クラス武士身分の最下層である。微々たる家系であるが故に、馬琴はその存続に一生苦労した。

かつて馬琴は、近代日本の文学者から目の

敵にされていた。口に勧善懲悪を唱えながら、私生活ではケチでしつこくて、小心で陰険な二面性のある男で、八犬士は仁義道徳の化物だと酷評されていたのである。著者はそうした人間的な欠陥にも眼（め）をつぶらない。むしろそれを「苦闘する人間像」の証しとするのだ。

馬琴の個人的なエゴとしての《我執》と超自我的な《家格》意識とは、癒着した臓器のように切り離し不可能な状態でつながっている。

自分は町家に婿入りして兄弟と子孫を《士分》にしようと奮闘し、しかも次々と死なれる惨憺（さんたん）たる家族史は、『八犬伝』世界から形而上（けいじじょう）的な光で照らし出される。それはこの世にありえない崇高な父性愛が、乱世にはびこる弑逆（しぎゃく）・流血・獣姦（じゅうかん）といった諸悪と戦って勝利し、地上に仁政の里見王国を樹立する幻想の物語だ。八犬士の随一で「仁」の化身として活躍する犬江親兵衛に孫の太郎を重ねることにも特別の意味が籠（こも）る。

深読みは精読と紙一重であり、しばしば洞察への最短距離になる。謎の言葉を馬琴の《この人を見よ（エッケホモ）》であると看破した高田衛こそ、百年後の知己の名に恥じない。

評・野口武彦（文芸評論家）

たかだ・まもる　30年生まれ。東京都立大学名誉教授（日本近世文学）。

二〇〇六年一二月三日③

『ラシーヌ論』

ロラン・バルト 著　渡辺守章 訳
みすず書房・五六七〇円
ISBN9784622072348　文芸／アート・ファッション・芸能

「恋愛悲劇の作者」像を覆す伝説の書

30年も前からみすず書房の近刊予告に載っていた伝説の書物がついに姿を現した。これだけで「事件」である。

その上、本書はバルトの本のなかでも〈ヌーヴェル・クリティック（新批評）〉の理念を具体化し、従来の実証主義的文学研究者の激怒を呼んだ記念碑的な著作だ。実際、パリ大学教授・ピカールは「新批評あるいは新たないかさま」という本を書いて、バルトを攻撃し、文学史に残る論争に発展したのだった。

だが、そうした歴史的な事情から遠ざかったいま、虚心にこの書物に接する読者を打つのは、バルトの読解のこの上ない鮮烈さだろう。

フランス古典主義を代表する大詩人ラシーヌ。優雅をきわめる恋愛悲劇の作者というイメージは一挙に覆される。

「悲劇の偉大な場所は、海と砂漠のあいだの、絶対的な影と太陽に追いつめられた不毛の土地である」

冒頭の一文に代表される直感的な世界把握の鋭さ。そして触覚的ともいえる感性の冴（さ）え。一方には、夜と影、灰燼（かいじん）、涙と眠りと沈黙の断絶なき現前があり、もう一方では、武器、松明（たいまつ）、叫び声、きらめく衣装、生贄（いけにえ）を焼く祭壇、金と炎とが際立つ。そんな明暗法の世界としてラシーヌを再構成するあざやかな読解に、私たちは息をのむしかない。

しかし同時に、バルトは恐るべき荒々しさで、ラシーヌの世界を、エロスと暴力、血と罪、挫折と死が渦まく原始遊牧民的な欲望の世界としても図式化してみせる。

その繊細さと暴力性のコントラストに、哲学、言語学、精神分析の薬味を絶妙の匙（さじ）加減でふりかけるバルト節、こんな文章のアクロバット芸は誰にもまねできない。どんなに難解な概念を操っても、どれほど荒唐無稽（こうとうむけい）に論理を飛躍させても、バルトの書くものには、つねに名人芸の色と艶（つや）があって、読む者を楽しませ、酔わせてくれるのだ。

解題と訳注の密度と量にも驚嘆する。特に、100ページに及ぶ卓越した解題は、フランス演劇に精通する訳者ならではの、ラシーヌを通して現代演劇の最前線を照らしだす試みにもなっているのである。

（原題、SUR RACINE）

評・中条省平（学習院大学教授）

Roland Barthes　1915〜80年。フランスの批評家、思想家。

『虹色天気雨』

大島真寿美 著

小学館・一三六五円
ISBN9784093861762／9784094083385（小学館文庫）

文芸

居心地のいい関係をていねいに描く

たとえば三年前のことを思い出そうとするとき、まずできごとが思い浮かぶ。だれそれが結婚した、離婚した、子を産んだ、転職した、等々。けれども実際の日々は、できごとの隙間（すきま）の、だれかとの他愛（たわい）のない会話とか冗談とか、言葉にする必要もなかった思いとか、淡々と消えていく想像とか、そうしたものでできている。本書は、できごとの合間のそうした隙間、決して写真には残らない瞬間を、ていねいに描き出した小説である。

主人公の市子は、幼なじみの奈津から、小学生の娘美月を数日預かってほしいという電話を受ける。奈津の夫であり美月の父である憲吾が、突然姿を消したというのである。小説は、憲吾の行方を追いながら進行するかに見え、その実、市子と奈津、そのほか、風来坊のような恋人を好きでたまらないまりちゃんや、恋多きゲイの三宅ちゃん、彼らからちょっと疎まれている辻房恵など、昔ながらの友人たちの、わさわさとした関係が描かれていく。

彼らの関係が見えてくるにつれ、時間の流れがくっきりとあらわれてくる。彼らの共有したエピソードが丹念に書かれているわけではないのに、市子と奈津とまりが過ごしていた高校時代が、恋愛や仕事について語り合っていた夜が、奈津の結婚と出産を祝福した瞬間が、幼い美月を交えて遊んでいたまだ若さを残す時間が、まるで私自身もそこにいたかのように、濃いなつかしさと淡い生々しさを持って、たちあらわれてくる。

『水の繭』『チョコリエッタ』など、これまでの作品で、著者はいつも、居心地のいいシェルターのような場所を描いてきた。ときに幻想的に、ときに昨夜の夢のように。この小説でも、居心地のいい場所を描いているのは変わらないが、それはシェルターではなく関係のなかにある。

友情という言葉をいっさい用いず、それよりもはるかに強く、はるかに美しいものを描き出した。時間、という手出しのできないものを、さりげなくも完璧（かんぺき）に、私たちの味方につけてしまった。

評・角田光代（作家）

おおしま・ますみ 62年生まれ。作家。著書に『ほどけるとける』『羽の音』など。

『ぬけられますか　私漫画家滝田ゆう』

校條剛 著

河出書房新社・二三一〇五円
ISBN9784309017860

親しかった編集者が夭折（ようせつ）してもう八年になるが、いまだにその人のことを思い出さぬ日はない。

広範な読者がつく見込みのない私のような書き手を、なぜそこまで贔屓（ひいき）にしてくれたのか。その答えの一端を本書に見いだした気がする。

漫画家・滝田ゆうの生涯を綴（つづ）ったこの本は、だが、かつての担当編集者による懐古談ではなく、故人の家族や友人知己、仕事仲間の多数に取材をしてまとめあげた、しっかりとした造りの評伝になっている。

戦前の〝私娼窟（ししょうくつ）〟で育つ少年の世界を描いた傑作『寺島町奇譚（きたん）』が、いかに生まれたか。これが本書の山場だが、晩年、肥満体の着流し姿でテレビの人気者になっても、終生「楽しまない人であった」滝田という故郷喪失者を見守りつづけた著者の視線の〝満ち引き〟が、本当の読みどころである。

名うての遅筆家にして、度を超した飲酒癖の持ち主だった滝田に始終振り回されながら、必ずしも売れる漫画家ではなかった彼に、どうしてかくも執心したのか。私は、ここにも作者と編集者という、ある意味で異常な人間関係に潜む〝魂の相似形〟のようなものを感じてしまうのだ。

評・野村進（ジャーナリスト・拓殖大学教授）

二〇〇六年一二月三日❽

『ティンブクトゥ』

ポール・オースター 著　柴田元幸 訳

新潮社・一六八〇円
ISBN9784105217112／9784102451137（新潮文庫）　文芸

タイトルは、もともとはアフリカ西部の地名だが、それと同時に「どこか遠いところ」を意味する。多くの英語辞典では〝time〟の直前の項目が〝Timbuktu〟であることも、「時間に先立つ国」を連想させるゆえんかもしれない。はたしてアメリカ作家オースターが九九年に放った長篇（ちょうへん）でも、ティンブクトゥは来世、つまり「霊たちのオアシス」「この世界の地図が終わるところで始まる場所」をさす。

主人公は、瀕死（ひんし）の詩人ウィリー・G・クリスマスの飼い犬で人語を解する雑種のミスター・ボーンズ。彼は、詩人の死を超えてメリーランドからヴァージニアへ南下し、さまざまな人々のもとで暮らすも、けっきょく自分を「欠かせない存在」だと実感させてくれたのはウィリーだけだったことがわかり、何とかして主人と同じティンブクトゥへ赴こうとする。彼は主人の話をあたかも自分の人生であるかのように共有し、死後の主人とも対話を続けていく。種族を超えた友愛に、わが国であれば、忠犬ハチ公の物語を思い出すかたも多いかもしれない。だが、本書の忠誠心は典型的なアメリカ南部の封建精神を反映することで、独特な感動を与えてやまない。

評・巽孝之（慶應大学教授）

二〇〇六年一二月三日❾

『彼女がその名を知らない鳥たち』

沼田まほかる 著

幻冬舎・一六八〇円
ISBN9784344012394／9784344413788（幻冬舎文庫）　文芸

『九月が永遠に続けば』で第五回ホラーサスペンス大賞を受賞した沼田まほかるの第二作。相変わらず鳥肌たつほどの不気味さで気色悪い。でも面白い。

三十三歳の十和子は、八年も前に別れた黒崎のことが忘れられなかった。ふとしたきっかけで、自信過剰タイプの中年男の陣治と関係をもつようになり、生活をともにするようになるが、ある日、陣治の部屋から黒崎からもらったピアスを発見する。いったいなぜここにあるのか？

こうして男と女の関係の深い闇が静かにあきらかになっていくのだが、読者はいつしか悪酔いしたような気分になる。目に見えるものがすべて歪（ゆが）み、しかもたえず揺れていて、いつしか悪臭がしてくる。精神の腐臭ともいうべき妄執と破壊と狂気のイメージが重なり、深く捉（とら）えられて身動きできなくなるからだ。逃れたい。一刻も早く立ち去りたくなるけれど、とことん最後まで覗（のぞ）きたくなる。

おそらく途中で真相に気づくだろう。それでもおりられない。どこまでも暗く重く異常で、どこまでもリアルで切迫しているからだ。救いのなさが逆に絵になる、とびきりの絶望の物語。異様に明るい関西弁が狂気を研いでいて、怖い。

評・池上冬樹（文芸評論家）

二〇〇六年一二月三日❿

『カラスはなぜ東京が好きなのか』

松田道生 著

平凡社・一八九〇円
ISBN9784582527315　科学・生物／ノンフィクション・評伝

書名に対する答（こたえ）はズバリ一言、カラスにとって東京は住みやすいからである。ただし、漠然とカラスと呼ばれている鳥には、ハシブトガラスとハシボソガラスの二種類がいる。東京好きなのは前者で、後者は郊外の畑などでよく見かける種類。

ハシブトガラスは、本来は森に住むカラスだった。それなのに東京が好きなのは、公園や街路樹、お屋敷の高木、高層ビルなどが散在し、おまけに生ゴミも手に入るからである。

本書は、鳥類研究家である著者が、自宅周辺の散歩をかねて五年間にわたって行ってきたハシブトガラス調査の報告である。ただし、なにせ、頭のよさでは鳥類界随一とも言われるカラスが相手のことだけに、苦労も多い。巣があるとおぼしきあたりを見上げただけでも姿を覚えられ、以後、しっかりマークされるといった調子なのだ。

カラスにも個性があるようで、気の強さもいろいろだという。人を攻撃するカラスが、たまにニュースになるが、五年間でカラスに痛撃を浴びせられたのは一度きりで、そのときは、やっと自分も「自慢話」ができるとうれしかったとか。

本書を読めば、あなたもカラス好きになれるかも。

評・渡辺政隆（サイエンスライター）

二〇〇六年一二月一〇日❶

『脳の学習力』

S・J・ブレイクモア、U・フリス 著
乾敏郎、山下博志、吉田千里 訳
岩波書店・二九四〇円
ISBN9784000057974／9784006032487（岩波現代文庫）

医学・福祉

右脳型・左脳型への分類に疑問あり

本書は、しごくまっとうな本である。「まっとうな本」という表現は、脳本ブームとも呼びたくなるほど雑多な脳関係の本があふれかえっている昨今の状況においては、心からのほめ言葉となる。

それにしても、そもそもなぜ、脳本ブームなのだろう。第一の理由は、脳は誰にとっても身近なテーマであると同時に、誰にとっても謎だからだろう。そこには、自分たちの脳の仕組みを解明できるほどに優れたヒトの脳を、ほんとうに解明することなど可能なのかという、考えれば考えるほど眠れなくなりそうなパラドックスも潜んでいる。

第二の理由は、生きている人間の脳を調べるさまざまな研究手法が新たに開発されてきたことだろう。以前は、脳波を測定するか、事故や病気によって脳を損傷した患者の機能を調べるか、死体を解剖するくらいしかなかった。それが今は、磁気や放射線を検出する装置などを用いて、被験者に苦痛を与えることなく、活動中の脳の機能を調べられるようになってきた。

しかし、それでも脳には依然としてブラックボックス的な要素が多く残されているため、何を言ったとしても完全な間違いとは言い切れない面がある。これが、玉石混淆（ぎょくせきこんこう）の脳本ブームを生んでいる第三の理由だろう。

そんなわけなので、巷（ちまた）には脳科学に裏づけられた学習理論だの、脳を鍛えるといった言説や商品がたくさん出回っている。しかもそうした商法は、子供を持つ教育熱心な親や、自らの衰えを心配する中高年層の注目をひかずにはおかない。われわれは、誰の言葉を頼りにすればよいのだろう。

こうした状況なればこそ、「まっとうな本」に価値がある。本書は、脳科学でわかっていることとわかっていないことをバランスよく、学習能力という側面から正直に解説した良書なのである。

たとえば、子どもは何歳から読み書きの学習を始めるべきかに関しても、さまざまな説がある。発達の遅い子どもを考慮して就学年齢は七歳にすべきだとの説もあるし、初歩的な読み書きは幼稚園から始めるべきだとの説もあるといったぐあい。ところが著者たちは、「わたしたちには、これらの策のどちらがよいのか、またどのような子どものためによいのかはわからない」と、あくまでも正直である。

また、いわゆる右脳型人間と左脳型人間に分類したがる向きに対しては、「教育という点では、こうした分類は学ぶ力を妨げる障害でしかないとさえ思う」と述べている。この一文で共感できるのは、有害だと断定するのではなく、あくまでも自分たちの見解として述べている点である。証明されていない以上、断定などできるはずがないのだ。未（いま）だ白黒がついていない事柄に関してまで断定口調を押し通す怪しい本とのなんたる違いだろう。

脳科学に限らず、われわれは、「科学的」と称する言説に惑わされない力を身に着ける必要がある。それは、口当たりのよすぎる本や、やたら売り込み口調の強い本のうさんくささを見分ける力でもある。

（原題、THE LEARNING BRAIN）

評・渡辺政隆（サイエンスライター）

Sarah-Jayne Blakemore　ロンドン大学認知神経科学研究所研究員。
Uta Frith　同研究所教授。

二〇〇六年一二月一〇日❷

『韓国野球の源流』

大島裕史 著

新幹社・二二〇〇円
ISBN9784884000639

歴史／ノンフィクション・評伝

「日本仕込み」から大成長、新時代へ

日本のプロ野球には、今後破る者が出ないのではないかと言われる記録がある。たとえば大投手・金田正一の四百勝、たとえば〝安打製造機〟張本勲の三千本安打。二人のルーツは朝鮮半島で、ともに異邦人の親を持つ者が打ち立てた大記録なのだ。

日本チームが世界一に輝いたワールド・ベースボール・クラシック（WBC）は記憶に新しいが、イチローが感情を剥（む）き出しにするほど日本を窮地に追い込んだのは韓国チームであった。そこまでのレベルに達した韓国の野球史と、戦前からの日本との関（かか）わりを軸に描いた本書は、いま書き残しておかねば歴史の闇に消えてしまうにちがいない、貴重な証言に満ちている。

振り返れば、三つの時代があった。戦前、日本で野球を学んだ金永祚（キムヨンジョ）らが、朝鮮半島に野球を根づかせた一九四〇年代と五〇年代から、在日コリアンが実業団野球を盛り上げた六〇年代を経て、ついにプロ野球が誕生した八〇年代へと至る流れである。そこに、むろん多難な歴史が絡む。ある在日の選手は、〝帰国運動〟で両親が北朝鮮に渡ったため、韓国の公安から凄（すさ）まじい拷問を受け、日本に戻ったあと酒浸りになって早世してしまう。「韓国でも外人、日本でも外人」の彼らが、それでも野球を続けたい一心で懸命に生き抜いてゆく姿を、著者は淡々と描出する。その安易な感傷を排した文体が潔い。

意外なことに、日米よりも「代表チームを築いてきた歴史は韓国のほうが断然長い」と著者は記す。代表監督になった金永祚は、チームを悲願のアジア選手権優勝に導くが、病に倒れ、五十八歳の若さで帰らぬ人となる。その土饅頭（どまんじゅう）に、東京の帝京商業（当時）で一年後輩の、フォークボールで一世を風靡（ふうび）した杉下茂が手を合わせ、戦前からの友情を懐かしむ場面は感動的だ。

WBCの韓国チームは、在日が育てた監督やコーチが率い、日本で首位打者になった白仁天（ペクインチョン）によって素質を開花させられた巨人の李承ヨウ（イスンヨプ）らを主力として勝ち進んだチームであった。アジアの野球が新しい時代に入ったことを、この労作は静かに告げている。

評・野村進（ジャーナリスト）

おおしま・ひろし　61年生まれ。ルポライター。著書に『日韓キックオフ伝説』など。

二〇〇六年一二月一〇日❸

『つばき、時（とき）跳（と）び』

梶尾真治 著

平凡社・一五七五円
ISBN9784582833423／9784582767032（平凡社ライブラリー）

文芸

時間旅行ロマンスでグルメも堪能

二年前の夏、出張先の熊本で初めて松本喜三郎の生人形展を訪れ、その躍動感にみちたリアリティに感銘を受けたものだった。つい最近では、湘南は平塚にて、『美味しんぼ』の原型ともいわれる明治文学『食道楽』の著者・村井弦斎を記念する行事に足を運び、一世紀以上昔の珍味に舌鼓を打った。

折も折、大ヒット映画『黄泉がえり』の原作小説で広く知られる熊本在住のSF作家・梶尾真治の最新長篇（ちょうへん）『つばき、時跳び』を読み、それらの記憶があざやかに甦（よみがえ）る。デビュー作「美亜へ贈る真珠」以来、すでに三十五年にもおよぶキャリアのうちで、著者は時間旅行テーマの短篇（たんぺん）を得意としてきたが、同じテーマでも本格的な長篇という形式では初挑戦となる本書は、奇（く）しくも熊本のサブカルチュアと明治のグルメをぞんぶんに堪能させてくれる、堂々たる歴史改変小説の骨格を備えていたからである。

主人公の新進作家・井納惇（いのうじゅん）は、

熊本市郊外は花岡山の中腹に位置し、独特な肥後椿の咲き乱れる「百椿庵（ひゃくちんあん）」にたったひとりで暮らす。祖父母の死後に譲り受けた家だが、そこにはかねてより幽霊が出る、という言い伝えがあった。そして彼自身も屋敷の中で着物姿のうら若き美女と不思議なかたちで出会い、てっきり噂（うわさ）の幽霊かと思うが、接触し会話が成立してみると、このつばきと名乗る娘は明治維新直前、元治の時代から百五十年の時を超えて平成の時代へさまよいこんだ時間旅行者であるのが判明する。

タイムマシンを演じているのは、天井裏の梁（はり）に差し込まれた謎の金属棒。それを介した惇とつばきが時を超えて育む恋は、おなじみ梶尾節全開といったところだが、しかしまったく同時に、著者は長篇ならではの大仕掛けを用意した。謎のタイムマシン発明者にして未来からの旅行者「りょじんさん」の足跡を辿（たど）ると明治維新勃発（ぼっぱつ）の歴史的真相がわかるというダイナミックなドラマと、生人形を介して成就される恋人たちのタイムトラベル・ロマンスとを融合しきった手腕には、梶尾真治独特の「味」が堪能できる。

評・巽孝之（慶應大学教授）

かじお・しんじ 47年生まれ。小説家。91年、『サラマンダー殲滅』で日本SF大賞。

二〇〇六年一二月一〇日④

『集合住宅の時間』

大月敏雄 著

王国社・一九九五円
ISBN9784860730338

アート・ファッション・芸能

なぜ壊す？ 名建築へのオマージュ

日本の都市住宅の歴史にとって、2003年は悲しい年だった。関東大震災後にモダンデザインで建設され、高い評価を得て、人々に親しまれてきた同潤会アパートが次々に取り壊されたのだ。本書はこれらの名建築へのオマージュでもある。

昭和初期に普及したアパートメントハウスは、集合して住む経験は長屋しかなかった日本に、新時代の輝く生活スタイルを導入した。その象徴、同潤会アパートの建物と住民の関係に拘（こだわ）り、建設後の住み方の変遷を深く追跡研究した気鋭の著者が、本書では時代を戦後まで広げ、関西にも目を配って、興味深い集合住宅の数々を探索し、濃密な「生活の記憶」を描き出す。

キーワードは「時間」。欧米では近代の住宅も大切に住み続けられ、時間とともに価値が増す。日本では土地だけが重要で、建物の資産価値は年々減っていく。失われる街の記憶。「国民総記憶喪失」の状況に何とか抵抗したいとの思いが本書を貫く。

登場する23の事例中、同潤会アパートは四つ。女性の社会進出を象徴した大塚女子アパートメント、深川の交差点に見事な外観で聳（そび）える清砂通りアパートメント、居住者が育てた緑溢（あふ）れる中庭をもつ江戸川アパートメント、ケヤキ並木とマッチし外国を感じさせる表参道の青山アパートメント。今は亡き建築達（たち）だが、その濃密な記憶は今後の住まいづくりに生かしてほしい。

民間の手になる木造の愛すべきアパートメントの数々も、著者が掘り出した宝物だ。生活感溢れる古い集合住宅の中に、時間の蓄積を味わえるのが嬉（うれ）しい。モダニズムの集合住宅には、街区型の構成で魅力ある都市景観を生むものが多い。デザインも格好よく、人々が活（い）き活きと暮らした。

消えゆく住宅が多い中、明るい話題もある。本郷にある宗教施設、求道会館の裏に潜む求道学舎が、コーポラティブ方式の設計で、リノベーションされ、集合住宅として見事に蘇（よみがえ）ったのだ。豊かな未来は、過去の経験から学び、文化の遺伝子を次世代に伝えることから始まる。本書のメッセージもそこにある。

評・陣内秀信（法政大学教授）

おおつき・としお 67年生まれ。東京理科大助教授。専門は建築計画・住宅地計画。

二〇〇六年一二月一〇日⑤

『現代資本主義と福祉国家』

加藤栄一 著

ミネルヴァ書房・六三〇〇円
ISBN9784623047000　医学・福祉／社会

変身後の揺り戻しの危機を見据える

資本主義の原理に従えば、希少な資源や所得の配分は市場に任せ、政府の介入は可能なかぎり小さくするのが望ましい。実際、「夜警国家」と言われた19世紀のイギリスにおける政府支出の対GDP（国内総生産）比は10％前後と低かった。しかし、現代においては「小さな政府」の代表であるアメリカでも、その規模は同40％近くに達している。増大の主因は社会保障費にある。2度の世界大戦を経て「夜警国家」は「福祉国家」に変身したのである。

変身の背景には19世紀末の「大不況」を契機とする「労働の組織化」と、社会主義に対する脅威があった。だから、資本主義国家は労働者階級に参政権や団結権などの権利を認め、福祉の面でも「社会主義の要素を取り込んで資本主義」の「矯正」を図ってきたはずだ。その意味で、ソ連の崩壊にともない勝利したのは、「たんなる資本主義ではなく、社会主義を吸収して自己改造した資本主義なのである」と著者はいう。

それにもかかわらず、「あたかも『純粋』資本主義が『純粋』社会主義を滅ぼしたかのように、その影響」が広がることを、福祉国家論を中心に現代資本主義を研究してきた著者は懸念する。事実、冷戦の終焉（しゅうえん）を転機にアメリカの母子家庭に対する保護はウエルフェア（給付による支援）からワークフェア（就業の促進）に変わり、スウェーデンの年金制度も老後の給付額が変動する確定拠出に後退するなど、ほとんどの先進諸国で従来の福祉国家が「解体」しはじめている。

「解体」を推進しているのはグローバル化にともなう「多国籍企業の発展」である。自由に国境を超え、世界規模で利益を追求する多国籍企業に、国内の福祉充実に要する財政負担や雇用の保障などを求めることはますますむずかしくなっているからだ。ここに社会主義への対抗という大義を失った福祉国家の危機がある。危機に対する著者の処方は、改めて「世界的な規模で労働市場を組織化」することだが、その実現に向けた理念や運動は未（いま）だに形成されていない。

評・高橋伸彰（立命館大学教授）

かとう・えいいち　1932〜2005年。経済学者、元東京大学名誉教授。

二〇〇六年一二月一〇日⑥

『よろしく』

嵐山光三郎 著

集英社・一九九五円
ISBN9784087748055／9784087465372（文庫）　文芸

とにかくよく人が死ぬ小説である。人の死なない章はないのではないか。

「ぼく」の自宅の隣には老齢の両親が住んでいる。元T美術大学教授の父親ノブちゃんと、その妻トシ子さん。几帳面（きちょうめん）で博識のノブちゃんが、じょじょにぼけはじめ、トシ子さんと「ぼく」は相談して、彼を老人介護施設に入れることにする。その一方で、「ぼく」の暮らす近所では殺人事件が起き、不穏な空気のなか、意外な人間関係があらわれてくる。ノブちゃんのいる施設でも、老人たちが日夜大小の事件を起こす。色恋沙汰（ざた）もある。どこでも人が暮らしているかぎり、ざわざわと騒がしい。

老いを扱った小説だが、文章はおおらかに乾いていて、暗さが微塵（みじん）もない。暗さはないが悲哀がある。死ぬ悲しみではなく、生き残っていくせつなさである。ところどころ挿入されたノブちゃん、トシ子さん、「ぼく」三人の俳句が、そのせつなさを見事に切り取ってみせる。

老いてもなおつきまとう猥雑（わいざつ）さをあっけらかんと小説は書く。死のあとだってそのざわつきは逃れられない。しかし死の瞬間だけは、騒々しい日常のなか、ふと目をとらえた草花や夜の月のごとく、高潔である。その簡素な高潔さに胸を打たれた。

評・角田光代（作家）

二〇〇六年一二月一〇日⑦

『北京の檻　幽閉五年二ケ月』

鈴木正信、香取俊介 著

文芸春秋・一九五〇円

ISBN9784163684307

歴史／ノンフィクション・評伝

文化大革命期、中国当局による外国人記者や商社員の逮捕監禁が相次いだ。68年、身に覚えのないスパイ容疑で5年2カ月監禁された商社兼松の鈴木正信もその一人。本書は満州に生まれ、終戦直後は人民解放軍軍医助手として従軍した経験をもつ鈴木の生涯を香取が取材、共に書き上げたノンフィクションである。

国交がないのを理由に日本政府も外務省も積極的に鈴木の救出交渉を行わず、メディアも無関心。日中貿易に携わる他の「お墨付き」商社は個人の問題として無視した。夏至以外は光の射（さ）さない独房で厳しい取り調べに耐える日々。精神に破綻（はたん）をきたしてもおかしくないのに、差し入れの新聞が増えたり取調官の口調が優しくなったりすることに世界情勢の変化を感じとる冷静な判断力を持ち得たのは、二つの国の間で「個」として踏ん張るしかない人生を生きてきたためか。国交回復後、皮肉にもそんな鈴木が対中ODA第一号の病院建設の功労者となるのだ。

中国共産党は文革が誤りだったと総括、自己批判した。だが当時、文革を支持した日本の組織や団体がこれを真摯（しんし）に検証しただろうか。強い怒りと愛憎相半ばする中国への思いが全編を貫く。

評・最相葉月（ノンフィクションライター）

二〇〇六年一二月一〇日⑧

『中国・アジア・日本』

天児慧 著

ちくま新書・七三五円

ISBN9784480063267

政治／社会／国際

10月の安倍訪中によって日中関係は新展開を遂げた。だが約束された戦略的な互恵関係が実現し、東アジアで「両雄は並び立つ」のか、期待と不安が入り交じる。日中関係と中国の内政外交の現状を解き明かし、日本の外交戦略を大胆に構想するのが本書だ。

著者によれば、日中でアジアの盟主の座を争うのは間違いだ。犬猿の仲だった薩長が協力して新生日本を築いたように、二国間関係を超えた視点を持ち、アジアと世界のためにも主導権争いを超克せよと説く。

米国一辺倒の問題は何か。中国の台頭とその積極外交によってアジアではパワーの移行が進む。日本のプレゼンスは対話を通した中国への影響力の増加によって高まるのであり、日中が没交渉になれば米国だって日本を頼りにしない。確かに、この点の理解が肝心だ。

著者は、東西の米中および南北の韓・台・東南アジア・豪を結ぶクロスロード・アプローチを日本は採るべきとも説く。また、大局的戦略的な思考に長（た）けた中国人と、きめ細かく物事を処理することに長けた日本人は相互補完的だともいう。確かにそうだが、どうしてどうして、著者の戦略的思考も決して中国の戦国時代の縦横家たちに劣らない。

評・高原明生（東京大学教授）

二〇〇六年一二月一〇日⑨

『打ちのめされるようなすごい本』

米原万里 著

文芸春秋・二四〇〇円

ISBN9784163684000／9784167671044（文春文庫）

人文

書名の「打ちのめされる」とは、速読多読を自任する筆者が過去に書評でとりあげた本たちのことを指すが、本書を読む者が「打ちのめされる」のは、今年逝去するぎりぎりまで執筆活動を続け、しかも死に抵抗してじたばたし続ける筆者の末筆だろう。癌（がん）告知の衝撃、いい加減な癌療法の本や医者への徹底的な批判、死と痛みへの断固拒否――。これほどじたばたをさらけ出した文章はない。

死を前に諦観（ていかん）などできるか。十年前に突然事故で亡くなったポーランド研究者の吉上昭三氏が、やはり日々そう言っていたが、じたばた抵抗するぞと宣言した者ばかりが早く召されるとは、神は意地悪である。道半ばで書くことを止められた者の無念が、痛い。

とはいえ、最期の言葉の衝撃に隠れて、筆者が伝えようとしたことを見落としてはいけない。アフガニスタン戦争、イラク戦争、チェチェンでのロシアによる非道など、世界で進行する理不尽な戦争、弾圧に対する非難、抗議は容赦がない。

他者が理不尽な、無念の死を強いられることに、我慢のならない人であった。自らの死へのじたばたは、全世界の戦争への納得のいかなさに繋（つな）がっている。

評・酒井啓子（東京外国語大学教授）

『親と離れて「ひと」となる』

足立倫行 著

NHK出版・一四七〇円
ISBN9784140811276

教育／社会

自立支援の実践、現場から報告

本書は「現場」からの報告である。なにより、そのことを最大限に強調しておきたい。

不登校やひきこもりなど「現代の生きづらい青少年」を対象とする、合宿型――すなわち共同生活を営む民間の自立支援組織が、本書ではいくつか紹介されている。足立倫行さんは共同生活の場に赴き、組織を運営するおとなから話を聞き、若者の姿をリポートする。ただ、それだけ――だからこそ、僕たちに多くのことを教えてくれる一冊だった。

もしかしたら、現実のきれいな絵解きやすっきりと腑（ふ）に落ちる処方箋（しょほうせん）を求めるひとには、本書は少し不親切に感じられてしまうかもしれない。「なぜ（若者たちは／ニッポンは）こうなってしまったのか」という原因も、「では（若者たちは／ニッポンは）どうすればいいのか」という解決策も、ここには示されていないのだから。いわばトンネルの入り口も出口も見えない状態である。

ならば――僕自身をも含めて、トンネルの入り口や出口のありかを性急に求めてしまうひとに問おう。いま、我々が立ちすくんでいる暗闇の深さはどれくらいなのか、トンネルの中のどの位置にいるのか、手を伸ばせば壁に届くのか届かないのか、足元はぬかるんでいるのかいないのか……まずはそこをしっかりと確かめなければ、出口へ進むことも入り口へ立ち戻ることもできないのではないか？

長年、自立支援組織を運営してきた一人は言う。〈我々現場の実践者は、生きて変化する人間を毎日相手にしてる。理論通りに行かないことなんてしょっちゅうなんだ。それでも言えることは何か。我々の言葉が大ざっぱだったり矛盾したりするのは、ある意味で仕方ないんだよ〉

別の一人はこんなふうにも言う。〈俺（おれ）の仕事は、言葉で分析したり究明したりすることじゃなくて、立往生（たちおうじょう）している彼らを、彼ら自身の力で再び歩き出させることですよ。そのために共同生活をやってるわけだからね〉

本書で紹介される自立支援組織の数々は、決して楽園でもなければ万能の力を持っているわけでもない。カネの問題もある。地域との関係もある。若者の自立にしても〈うまくいく保証なんてありませんからね〉と「現場」は率直に認め、自立を支援するスタンスでさえ、組織によって異なっている。環境を整えるか自覚に任せるか、外から規律をつくるか自己規律に任せるか……。

足立さんはそれぞれの「現場」を敬意と共感のにじむ筆致でリポートしながら、なにが正しいのかを安易には決めつけない。「現場」のおとなが、若者に自立を押しつけてはいないように、である。

なんとフェアなリポートなのだろう。いじめの問題から教育基本法改正問題に至るまで、教育をめぐる論議が声高な入り口論と出口論に終始している状況だからこそ、ある意味では愚直なまでに色眼鏡なしに「現場」の現状を伝える本書の静かなたたずまいは貴重だし、と同時に、そのたたずまいじたいが、「矯正」でも「治療」でもない「支援」の本質をも示しているのではないか。

評・重松清（作家）

あだち・のりゆき　48年鳥取県生まれ。ノンフィクション作家。著書に『日本海のイカ』『北里大学病院24時』など多数。

二〇〇六年一二月一七日❷

『シニフィアンのかたち　一九六七年から歴史の終わりまで』

ウォルター・ベン・マイケルズ 著　三浦玲一 訳

人文

彩流社・二九四〇円
ISBN9784779111914

旧来の歴史観すべてに揺さぶり

現代アメリカを代表する批評家は誰か？こう訊（たず）ねられたら、わたしは迷わずマイケルズの名を挙げる。新歴史主義批評の金字塔『金本位制と自然主義の論理』（一九八七年）からモダニズム文学史の再解釈『我々のアメリカ』（一九九五年）へ、そして今世紀のネオ・リベラリズムを意識した二〇〇四年刊行の本書へと歩み続け、危機のアメリカにおける壮大な理論的転換をしたたかに生き延びてきた、彼は文字どおりの批評家であるからだ。

本書は三部構成。

著者はまず、一九六七年にマイケル・フリードが名論文「芸術と客体性」を発表して「モダニズムの死」を追悼した意義とともに、八九年に米ソ冷戦が解消しフランシス・フクヤマらによって「歴史の終わり」が叫ばれ始めた意義を重視して、第一章を「ポスト歴史主義」と呼ぶ。

続いて彼は、美術などにおける「対象」すなわち「記号表現（シニフィアン）」とそれを読む「主体（サブジェクト）」とに同じだけの重みを与え、ディープ・エコロジーまでを射程に入れた第二章を「プレ歴史主義」と命名。

そして、まさに冷戦解消へなだれこむ八八年に、新歴史主義批評の先達グリーンブラットが「死者と対話をしたい願望」から出発する『シェークスピアにおける交渉』を出版し、黒人女性作家トニ・モリスンが奴隷制の亡霊を描いた歴史小説『ビラヴド』（八七年）でピューリッツァー賞を受けたという奇遇が起こったがゆえに、第三章を「歴史主義」と題する。

かくして本書は新歴史主義や歴史の終焉（しゅうえん）論など旧来の歴史観すべてに揺さぶりをかける。だからこそ終章は、ハート&ネグリの『〈帝国〉』が「何を信じるか」というイデオロギーの政治学ではなく「いかに存在しうるか」という生政治学（バイオポリティクス）的闘争を浮上させた現在、パンク作家キャシー・アッカーの登場人物がインクならぬ血でテクストを書いたことを再評価する。

政治も文学もテロリズムの言説と無縁ではなくなった世紀に新たな批評的戦略はいかに可能か、そのためのヒントを満載した一冊だ。

（原題、The Shape of the Signifier）

評・巽孝之（慶應大学教授）

Walter Benn Michaels　48年生まれ。米イリノイ大シカゴ校教授。

二〇〇六年一二月一七日❸

『もうひとつの明治維新』

家近良樹 編

歴史

有志舎・五二五〇円
ISBN9784903426051

暗視カメラでとらえた幕末の内景

歴史学界には一種のＩＴ革命が進んでいるようだ。史料の大量デジタル化、情報処理と相互参照のスピードアップは研究環境を様変わりさせただけでなく、既存の歴史像にも変更を迫らずにいない。

本書は、その成果を取り込んで育ってきた若い研究者による幕末政治史論のアンソロジーである。編者の言では、近年の歴史学は「もはやグランド・セオリーの下に安住することは出来なくなった」由だが、一九七〇年代生まれを主力とする執筆陣は、初めから《大文字の歴史》から自由な世代であるのが清新だ。

長い間、幕末維新史をめぐっては《勝者の歴史》に対して《敗者の美学》が異を唱える構図が支配的だった。しかし今や、その対立を乗せた基盤自体を押し流す力が盛り上がってくる印象である。

収録された八本の論文は、どれも一級史料にもとづき、従来の薩長中心史観では《空白域》として取り残されていた部分にうまく狙いを定めている。①長州藩俗論派②尾張藩佐幕派③京都政局と米沢藩④孝明天皇腹心グループ⑤鳥取藩京都留守居⑥幕府首席老中板倉勝静⑦将軍空位期と諸侯会議⑧薩摩藩和平派と取り揃（そろ）えられたメニューは選別が行き届き、ツボを押さえている。専門研究者にとって興味深いばかりでなく、もっと広く、幕末志士物や新選組物で眼を肥やしてきた幕末史ファンの読者も思わず感興をそそられるだろう。

本書がスポットを当てるのは、正史でいつも脇役・引き立て役を振られる「日和見状態にあった中立諸藩」「勝者の中の敗者」といったマイナーな政治勢力だ。だが歴史過程は主勢力の独走だけではありえず、必ず「対立勢力の影響が刻まれている」はずである。この一連の事例研究は、政権の行方を定めがたく、疑心暗鬼が跳梁（ちょうりょう）する幕末史の《一寸先は闇》の中に暗視カメラを差し込み、複眼の内景を切り開いて見せている。

もしかしたら、今まで「幕府や朝敵諸藩側の史料」が未開拓のまま書かれてきた幕末史は、欠落だらけの視野を全視界と錯覚していたのではないかという気がする。

評・野口武彦（文芸評論家）

いえちか・よしき 50年生まれ。大阪経済大学教授。著書に『その後の慶喜』ほか。

二〇〇六年一二月一七日④

『あなたが平等主義者なら、どうしてそんなにお金持ちなのですか』

G・A・コーエン 著　渡辺雅男、佐山圭司 訳

こぶし書房・四八三〇円
ISBN9784875592112

政治／社会

マルクス主義の検討から政治哲学へ

著者は分析的マルクス主義の旗手の一人。分析的マルクス主義とは、壮大な歴史・哲学理論を礎とする伝統的なマルクス主義と袂（たもと）を分かち、数理的な手法等を援用して搾取、唯物史観といったマルクス主義のモチーフを現代的に再検討・再構成しようとする知的潮流のこと。コーエンは、ジョン・ローマーらと並ぶこの潮流の中心的人物であり、唯物史観を現代的な形で捉（とら）え返した『カール・マルクスの歴史理論』や、リバタリアニズム（自由至上主義）との対決を通して自由と平等との微妙な関係を検討した『自己所有権・自由・平等』などで知られる。

本書はそんな分析的マルクス主義者コーエンによるコーエン入門である。本書の内容は大きく三部に分けることができる。第一に、カナダ共産党の活動的メンバーだった母親と、ユダヤ人民同盟に所属していた父親のもとで育ったコーエンの自叙伝的部分。彼がどのようにユダヤ文化とマルクス主義的思想を経験してきたかが詳しく語られる。続いて、伝統的マルクス主義のいくつかのコンセプト、史的唯物論にもとづく科学的社会主義、「宗教は民衆の阿片（アヘン）である」という宗教観などが、明快なロジックにもとづいて検討される。そうした作業を通じて、伝統的なマルクス主義者たちが、なぜ「分配の正しい方法とは何か」といった問いを扱う「規範的な政治哲学」を回避してきたのか、ということが問題化され、政治哲学的な問いへと向かうコーエンの立場が明らかにされる。そして最後に、現代正義論の泰斗ジョン・ロールズの議論をたたき台として、平等（主義）という理念が政治哲学的に位置づけられていく。本書の表題にある問い——裕福な平等主義者という立場の道徳性をめぐる問い——は、第十講で詳細に検討されている。

マルクス主義をめぐる追想から、その批判的検討を経て、平等をめぐる政治哲学へ——講義録ということもあり、コーエンの他の本と比べて読みやすい。マルクス好きにもマルクス嫌いにも読んで欲しい一冊である。

（原題、If You're an Egalitarian, How Come You're So Rich?）

評・北田暁大（東京大学助教授）

Gerald Allan Cohen 41年生まれ。英国の政治哲学者。

『丸山眞男回顧談　上・下』

松沢弘陽、植手通有 編
岩波書店・各二六二五円
ISBN9784000021685〈上〉・9784000021692〈下〉／9784006003517〈岩波現代文庫〈上〉〉・9784006003524〈〈下〉〉
政治／人文／社会

「迷いながら」思想形成の過程明かす

その没後十年を経ても、政治学者丸山眞男は依然として毀誉褒貶（きよほうへん）の最中にある。だが彼の生涯や経験については、これまで意外に明らかにされてこなかったのだということを、本書を読んで改めて知らされた思いがする。

本書は晩年の丸山への、17回に及ぶ聞き取りをまとめたものである。それまでこうした試みを拒否していた丸山が、聞き取りに応じたのは、「時代の証言として一つの資料になるかもしれないと考えるようになった」ためということだが、そこには他人への評価を含め、包み隠さずに話そうとする姿勢があったといえよう。戦時下の回想の中で、経済史家大塚久雄の理論にはナチスに甘いところがあったなどと説明しているのも、その一例である。

印象に残ったのは、東大法学部という彼が生きてきた場が、丸山の意識の中でとても大きな位置を占めていたということだ。特高警察のブラック・リストに載せられていた丸山を、助手に採用してくれた東大法学部は、日一日と戦争に傾斜していく「時代からかくまってくれた」存在であったと、彼は終生、恩義に感じていたようである。そして彼は戦時下において、大学の自治を守る「反時局派」の大同団結こそが、東大の「人民戦線」の結成だと考えたのである。しかし彼によれば、戦時中に「時局」に抵抗していた東大法学部は、そのため逆に戦後には反省が足らず、保守的になったのだという。

また丸山は戦後に、それまでは肯定的だった重臣リベラリズムに批判的になっていくが、新聞記者の父親が宮中側近の牧野伸顕のもとに親しく出入りしていたことは、本書で初めて知った。戦前の丸山にあった重臣リベラリズムへの親近感は、この生い立ちと無関係ではなかったろう。

時代や権力との緊張の中で、誰にも自分自身の存在が試される時がある。人の思想というものは、そんな試練の場で、その人が真に信頼できる人格であるか否かにかかっていると、彼は考えていたようだ。丸山が迷いながら思想形成していく過程が、伝わってくる書物と思えた。

評・赤澤史朗（立命館大学教授）

まつざわ・ひろあき　元国際基督教大教授。
うえて・みちあり　成蹊大名誉教授。

『男たちの帝国　ヴィルヘルム2世からナチスへ』

星乃治彦 著
岩波書店・二六二五円
ISBN9784000223881
歴史／人文

ヴィスコンティの名作『地獄に堕（お）ちた勇者ども』でも描かれているように、ナチは男性の同性愛に対して矛盾した態度を取った集団だった。「排他的で強力な同志愛」で結ばれたナチはそれじたい同性愛的な要素が強く、実際の同性愛者も少なくなかったにもかかわらず、表面的にはそれを激しく嫌悪していたのだ。ナチ内部の同性愛者は粛清対象となり、強制収容所送りとなった一般の同性愛者は1万人以上、ともいわれる。

なぜこんな屈折した事態が生じたのか。「同性愛、イエスかノーか？」といった二者択一の理論では、答えが見えてこない。そこで著者は、「異性愛と同性愛」といった境界を取っ払い、性愛の問題をグラデュエーションでとらえる「クィア理論」で、ナチに至る近代ドイツの〝性政治学〟の分析を試みる。するとそもそも「同性愛者」そのものが、少数者を異化し排除するために政治的に作られたカテゴリーだという構図が見えてくる。ナチも自らの内にあるその要素を否定したいがために、「同性愛者」のレッテルを貼り、弾圧したのかもしれない。

同性愛者を「彼ら」ではなく「われわれ」と呼ぶ著者のチャレンジングな歴史再解釈は、まだ始まったばかり。今後の発展が楽しみだ。

評・香山リカ（精神科医）

二〇〇六年一二月一七日❽

『ぼくたちの砦』

文芸

エリザベス・レアード 著　石谷尚子 訳

評論社・一六八〇円

ISBN9784566024021

中東で戦争やテロが発生すると、そこで生きている人間は過激で残酷で同じ人間と思えない、という印象を持たれがちだろう。そもそも私たちと違う人々だから殺し合いが平気なのだ的な捉（とら）えられ方が、蔓延（まんえん）している。

そうではなくて、暴力と圧制の対象となっているのは、普通に家族を心配し恋愛し喧嘩（けんか）する、サッカー大好きな人たちなのだ。

この小説は、それを伝えるために、思いっきり普通の少年の生活を描く。イスラエルに占領されるパレスチナで、イスラエルによる外出禁止令や検問や抑えつけのなかで、いかにパレスチナ人たちがタフに「暮らし」を維持しているか。

子供が爆弾騒ぎに巻き込まれて欲しくない親、イスラエル兵に抵抗できない親を悔しく思う子供、難民キャンプ生活者へのパレスチナ人同士での蔑視（べっし）。でも占領者の監視をかいくぐって帰還した子供への、近所一体となった称賛、そして手作りサッカー場に寄せる、子供たちの夢。

作者はイギリス人。アンネの日記のように、幅広く共感を得る書がパレスチナにもあって然（しか）るべきだ、という執筆動機は、多くの中東関係者が頷（うなず）くだろう。

評・酒井啓子（東京外国語大学教授）

二〇〇六年一二月一七日❾

『ことばの力　平和の力　近代日本文学と日本国憲法』

文芸／社会

小森陽一 著

かもがわ出版・一七八五円

ISBN9784780300529

著者は２００４年にできた「九条の会」の事務局長だ。もちろん漱石や賢治の研究で知られる日本近代文学研究者でもある。副題が「近代日本文学と日本国憲法」かぁ。小森陽一らしい荒技だなあと、そんな冷やかし半分の気持ちで読みはじめ、しかし読みはじめてすぐ反省した。

日本国憲法をめぐる問題は、突き詰めれば言葉の解釈に行き着く。だが、それだけではない。近代日本が戦争とともにあった以上、文学作品も戦争と無関係ではいられない。

「国権の発動たる戦争」としての日清戦争を背景に社会の変容と性暴力の構造を浮かび上がらせた樋口一葉『たけくらべ』。日露戦争終結の翌年に書かれ、個人と国家の矛盾した関係を考えさせる夏目漱石『草枕』。第１次大戦のパロディーとしての宮澤賢治『鳥の北斗七星』。そして大江健三郎『奇妙な仕事』ほかの初期作品が含意する「誰も責任を取らない国」とその背後にある戦争責任の問題。

近代日本が経験した四つの大きな戦争を４人の作家の言葉を通して問い直す。おのずとそれは日本国憲法の思想につながるのだ。牽強付会（けんきょうふかい）な点もなくはないけど刺激的。小森先生、熱っぽく飛ばしてます。

評・斎藤美奈子（文芸評論家）

二〇〇六年一二月一七日❿

『さんずいあそび』

文芸

別役実 著

白水社・一八九〇円

ISBN9784560027912

漢字の偏の中で「さんずい」は、稲作民族の日本人にとってなじみ深い字が多い。例えば「淋（さび）しい」「涼しい」「海」「酒」などである。

本書はその「さんずい」のつくありふれた形容詞や名詞、六十語を引っぱり出して、その言葉が使われる時と場合によって意味やニュアンスを変幻自在にかえる不条理の条理を機知とユーモアを交えつつ語りついでゆく。

この中で「淋しさ」評論家という風流人が登場する。その高説によると、季節で秋に淋しさを感じるのはごく平凡。初夏に淋しさを感じるのは青壮年の中にいて老齢のわが身を思う類の淋しさであり、秋に思う淋しさよりは複雑で高度。生きとし生けるものが姿を消す冬の荒野、いわば「厳冬の淋しさ」を感じとる心は、初夏の淋しさを感じとる精神と同じ程度の感受性。最上級は、セミが鳴き立て、高校野球の熱狂を伝える盛夏に淋しさを感じとる心だという。いわば淋しさ感受性の「アガリ」というわけだ。

淋しさという言葉が季節ごとに役者のように振る舞うのである。もちろん劇作家である著者も「淋しさ」評論家であるにちがいない。不条理劇の第一人者らしい「さんずい」の演技の見定めのようでもある。

評・前川佐重郎（歌人）

平成十九年

2007

二〇〇七年一月七日❶

『失われた町』

三崎亜記 著
集英社・一六八〇円
ISBN9784087748307／9784087464986（集英社文庫）

文芸

巨大な喪失の理不尽さに抗う人びと

世界は理不尽なものなのか。だとしたら、人間だけはその理不尽さに抗（あらが）うことができるのだろうか。読了後も静かなめまいがずっと続くような小説だ。

デビュー作『となり町戦争』で町どうしに戦争をさせた著者は、今回は町をまるごと消滅させた。共通しているのは、いずれも「理由はないが不可避」という点だ。

町の消滅とは何か。それは、「およそ三十年に一度、何の前触れも、因果関係もなく、一つの町の住民が忽然（こつぜん）と姿を消す」ことだという。消滅したのは月ケ瀬町という町だが、人々はそれを新聞に載る数行の「お知らせ」で知るしかない。消滅に関心を持ちすぎたり住民が失われたことを悲しんだりするだけで、消滅がさらに広がる「余滅」と呼ばれる現象が起きる可能性があるからだ。同時に、国民の中には消滅に関（かか）わりを持つ人への差別感情も存在する。町の消滅はなかったことにしたい、そしてなるべく関わりたくないというのが、行政と国民に共通する思いなのだ。

「悲しむことさえ許されない」というこの恐るべき「管理された無関心」の中でも、やはり少数の例外者はいる。この消滅現象に関わる唯一の行政機関である消滅管理局の人々と、町に住んでいた家族や恋人を失った痛みを抑制しきれない人々だ。「余滅」に巻き込まれるリスクを背負いながらも次回の消滅を防止する対策を講じようとする管理局の職員の中には、何らかの形で自らも過去の消滅事件と関わりを持ち、それゆえに社会では差別されている人も少なくない。

その少数の例外者たちを追いながら、淡々と物語は進む。管理局の「消滅予知委員会」で働く白瀬桂子もそのひとり。感情の抑制を義務づけられている桂子の孤独を癒やすはずの恋人は、彼女が前回の町の消滅での「汚染者」であることを知ると、あわてて去って行く。「別れ」にすでに慣れてしまった桂子の心を次に動かしたのは謎のカメラマンだったが、彼もまた「澪引（みおび）き」ということばを残して「西域」と呼ばれる国外の地へと帰ってしまう。町の消滅も人の喪失も、仕方のない運命なのだろうか。それとも、人はそれを知恵と努力で回避できるのだろうか。それは桂子に限らず、物語に登場するすべての人物にとっての問いでもある。

この小説を、私たちは幾通りにも読むことができる。まずはSFとして、家族や恋人の喪失と再生の物語として、そして理不尽が横行する現実世界のメタファーとして。消滅した月ケ瀬町を財政破綻（はたん）した夕張市に置き換えてみると、とたんにこの幻想的な話がシビアな行政批判にも見えてくる。救いは、全編を通じてかすかな「希望」だけは決して失われていないところだ。理不尽を「宿命」などと考えて受け入れずに抗うことこそが、絶望の中にある人間に残されている最終的な権利なのではないか。

娯楽作品としてもっと気軽に楽しむこともできそうだが、読む者にどうしてもそれを許さないだけの静かな迫力が、この小説には潜んでいる。

評・香山リカ（精神科医・帝塚山学院大学教授）

みさき・あき 70年生まれ。小説家。05年『となり町戦争』（小説すばる新人賞）でデビュー。他の作品に『バスジャック』。

二〇〇七年一月七日❷

文芸

『シネマ2＊時間イメージ』

ジル・ドゥルーズ 著　宇野邦一ほか 訳

法政大学出版局・四九三五円
ISBN9784588008566

映画手法の転換　作り手の苦闘の物語

第二次大戦後、イタリアでネオレアリズモという映画運動が起こる。ロッセリーニを先頭に、現実の荒々しい感覚を伝える映画が作られる。

そして一九六〇年前後、フランスでヌーヴェル・ヴァーグが巻きおこる。ゴダールらが映画作りの文法を変えた。

ドゥルーズは、この二つの出来事とともに、映画は古典時代から現代に入ったと主張する。映画の古典時代と現代を分かつものは何か。それは〈運動イメージ〉から〈時間イメージ〉への転換である。

映画の最小単位であるショットは物や人の動きを映しだす。これが〈運動イメージ〉である。運動は、時間という変化する全体のなかで存在するが、映画で時間を表現するためには、ショットを組みあわせて編集し、間接的に再現するほかない。東京駅で電車に乗る人のショットに、同じ人が大阪駅で降りるショットをつなげば、そのあいだの時間の経過が表現できる。この映画の約束事を支えているのは、感覚運動的な連続性だ。

ところが、ネオレアリズモとヌーヴェル・ヴァーグは、この感覚運動的な連続性を破壊し、運動イメージのスムーズな連鎖による時間の間接的再現を退けた。代わって現れたのが、一つのショットのなかで直接的に時間を露（あらわ）にする〈時間イメージ〉である。

主人公が秩序ある空間のなかで目的に向かって行動する〈運動イメージ〉に対して、人間が無秩序のなかで彷徨（ほうこう）する〈時間イメージ〉が映画の最前線を占めるようになる。

「現代的な事態とは、われわれがもはやこの世界を信じていないということだ。……引き裂かれるのは、人間と世界の絆（きずな）である」

ことは単なる映画の手法の変化ではなく、世界の不可逆的な変化であり、それを感知した映画の天才たちがこの恐るべき事態にどう対処したかという戦いの物語である（その苦闘のなかでドゥルーズも自ら命を絶った）。映画を論じることが、即、人間精神と世界の深みを潜（くぐ）りぬけることに通じる稀有（けう）の書物であり、約20年前に書かれたが、世界が混迷を深めるいま、現代的な意義はかえって増している。

（原題、CINÉMA 2 L'IMAGE-TEMPS）

評・中条省平（学習院大学教授）

Gilles Deleuze　1925～95年。フランスの哲学者。

二〇〇七年一月七日❸

『どれくらいの愛情』

白石一文 著

文芸春秋・一八〇〇円
ISBN9784163254609／9784167772017（文春文庫）

文芸

いかに生きるかを熱く論じる人生賛歌

中篇（ちゅうへん）三作と長篇一作が収録された作品集である。三十九歳の女性が人生の岐路にたつ「20年後の私へ」、有名作家の死を巡って編集者夫婦に亀裂が入る「たとえ真実を知っても彼は」、不倫中の若い女性が答えを見いだす「ダーウィンの法則」、そして五年前に別れた女性との関係を描く長篇「どれくらいの愛情」だ。

いずれも隠された事実を小出しにして主人公の状況を追い、より苦悩を深めていく。白石一文は抜群の語り部だが、本書でも巧妙に物語を運び、人間ドラマを前面に出す。読者は物語の面白さに引きこまれ、人物たちに感情移入して、生きることの困難さに立ち会うことになる。そう、白石はここでも、生きることの意味を一つひとつ問いかけ、問題点を剔出（てきしゅつ）して力強いメッセージを示す。つまり、人生は充分（じゅうぶん）に生きるに値し、人は人を幸せにするためにあり、愛を失うことを決しておそれてはいけないし、絶望は深い愛を知る手だてでもある、と。

そんなふうに紹介すると辛気臭く思われる

だろう。帯に「これが2006年の涙です」とあるが、涙腺を刺激する話でもない。作者は読者が抱く欲望にそうのではなく、むしろそわない方向に連れ出して深く心に感じ入らせる。

人物たちがごく普通に「お告げ」「魂」「生まれかわり」「運命」等の言葉を使うので読者を選ぶところがあるが、それは作者が「目に見えないものの確かさ」を意図したからである。「目に見えるもの」がすべてではなく、むしろ目に見えないものの中に大切なものがあることを訴えている（たとえば「20年後の私へ」で語られる〝若々しい、自由な心〟というくだりの、何と感動的なことか！）。

小説がもつ人生論の側面を、これほど強くうち出す作家も、近年では珍しいだろう。だが昔から文学は、如何（いか）に生きるべきかを熱く論じる書物として大衆の支持を受けてきたのではないか。白石一文の小説はいわば、文学のど真ん中直球である。僕らはストレートに繰り出される数々の箴言（しんげん）にうたれ、人物たちの真摯（しんし）で切実な思いに心を熱くする。忘れがたい人生讃歌（さんか）集だ。

評・池上冬樹（文芸評論家）

しらいし・かずふみ　58年福岡県生まれ。作家。著作に『一瞬の光』ほか。

二〇〇七年一月七日④

『ベビー・ビジネス　生命を売買する新市場の実態』

デボラ・L・スパー著　椎野淳訳

ランダムハウス講談社・二二〇五円

ISBN9784270001622

医学・福祉／社会

「市場」の存在認め　枠組みを作れ

著者は、国際商取引の専門家。数年前に初めて生殖医療や養子縁組の現状を調査して驚いた。代理母6万ドル、卵子5万ドル、養子縁組3万ドル……これはもはや「市場」だ。それなのにこの世界の顧客は市場に参加しているという自覚がなく、商売の基本ルールがない無政府状態にある、と。

子宮や遺伝子や子供を商品とみなして利益を得る人がいる限り、市場の存在を認め、政府が主導権を握り規制の枠組みを作ることが必要ではないか。それが本書の主張だ。

道徳上の解決は目指さないという前提が挑戦的だし、市場と聞いただけで嫌悪感を覚える人も多いだろう。だが、市場の構造を理解するという一点を切り口に不妊治療や養子縁組の歴史をたどることで、何が市場を活性化させたかが実に明瞭（めいりょう）になるのだ。

治療が失敗しても顧客が医師を非難せず、価格について議論することさえない不妊治療。技術の進歩で自分と血のつながらない子供を産めるようになり、市場化が加速した代理出産。不妊治療と養子縁組が「互いの代替品」としてもつ密接な関（かか）わり……どれも善意の当事者の神経を逆撫（な）でしそうな記述ばかりだ。仮にも子供や子宮を財産権の対象として論じようとする試みが現状追認につながるという批判もあるかもしれない。

だがどんな純粋な物語が背後にあろうと、大金の動く商取引という側面は否定できない。子供を得ることは個人の営みだとしても、長期的に見れば、保険負担や男女産み分けによる遺伝的構成の変化を通じて社会に影響を与える。背景に経済的不平等や人身売買の疑いがあればなおさら、そんな重要な判断を当事者に任せたままでよいかという疑問もある。硬直した生命倫理の議論に突破口を開くためにも、著者のような手法で論点整理してみることもひとつの手かもしれない。そこからこぼれるものがかえって明確になり、よりよい市場をつくる力となる可能性もある。

著者は調査の過程で数々の悲劇を知り、どうすれば子供を守れるかと考えて何度も涙を流したという。市場を「流通」するのは生身の人間だ。

（原題、The Baby Business）

評・最相葉月（ノンフィクションライター）

Debora. L. Spar　ハーバード・ビジネススクール教授。

二〇〇七年一月七日⑥

『不埒な希望　ホームレス／寄せ場をめぐる社会学』

狩谷あゆみ 編著
松籟社・二三一〇円
ISBN9784879842466

人文／社会

野宿者の現実を「可視化する」試み

東京・新宿駅の西口通路に、円筒を側面から斜めに削ったような形をした奇妙なオブジェが、所狭しと通路脇に配置されている。公共空間に設（しつら）えられたベンチのようにもみえるが、先端が尖（とが）っているので腰をかけることはできない。建築史家の五十嵐太郎氏が排除系オブジェと呼ぶそれらの奇妙なオブジェ群の「展示場」は、かつて段ボールハウスに住まうホームレスたちの「居住地」であった。都市の野宿者たちの姿を不可視化しようとする欲望が、いわば物理的な環境設計の次元で結晶したものといえよう。

本書は、都市空間を「紳士化」しようとする言説と欲望によって、社会的に不可視化されようとしている「野宿者」たちの、生の実践を克明に記述することを企図した七編の論文によって構成されている。日雇い労働者たちが集う「寄せ場」、新宿駅西口地下の「ホームレス」、野宿者たちを労働者として再選別していく場としての自立支援センター、寄せ場に集う外国人や女性野宿者の置かれた状況とアイデンティティー　屈曲と困難を孕（はら）んだ野宿者たちの「抵抗」、「ホームレス襲撃」における「加害」の重層性……。

後書きにも書かれているように、すべての論文に通底しているのは、野宿者たちが置かれた「埒（らち）のあかない」問題を明らかにしようとする意志である。それらは、自立支援によって野宿者たちの身体を、管理しようとする行政や、「情報の受け手が安心して悲惨を消費できる距離を保証」すべく野宿者を脱色するマスコミの姿勢と異なり、野宿者たちの生の現実を徹底的に可視化しようとしている。公共空間において幽霊化されつつある野宿者の身体を、都市空間へと奪還する試みといってもいいだろう。

排除系オブジェに覆われた通路を通って帰宅し、夕方のニュースで「悲惨」を安心して消費するとき、「見えなくなっている」「見ないことにしている」リアル。著者たちの力強い文章によって、読者は自らの目を覆う「目隠し」を取り外さざるをえなくなるはずだ。

評・北田暁大（東京大学助教授）

かりや・あゆみ　広島修道大学教員。本書は日本解放社会学会創立20周年記念事業。

二〇〇七年一月七日⑦

『江戸時代の身分願望　身上りと上下無し』

深谷克己 著
吉川弘文館・一七八五円
ISBN9784642056205

人文

最近の日本では「士」の付く資格が増えてきているという。その心理の奥底には「士分化願望」が流れていると著者は見る。

江戸時代二百六十年は「兵農分離」と「四民平等」の間に挟まれている。支配層になった武士は、無事太平と安民を責務とするだけでなく、社会のお手本となるべき「規範身分」に位置づけられた。「武士になりたい」という欲求には出世欲と向上心とが微妙に結びついている。

著者は江戸時代の士農工商すべての階層に見られる上昇志向を「身上（みあが）り」願望と名づける。またその対極に、一揆・打毀（うちこわ）しなどの形態で間歇（かんけつ）的に出現する「上下（うえした）無し」の平等願望を置き、両極間の振幅に歴史の位相を見出（みいだ）す。参照される実例はたっぷりある。農村小作人の本百姓化、幕府旗本のいじらしい昇進運動、屋敷奉公を望む町娘の「玉の輿（こし）」夢想、金を出した町人に武士身分を与える売禄（ばいろく）（価格表まである！）、儒学者になって士分に出世するルート、幕末の危機に剣技をもって武士身分に取り立てられる登竜門。新選組の登場が社会心理から説明されると、なるほど「浪人」と「浪士」は違うのだと納得する。

現今の格差社会も新たな身分社会とはいえないか。

評・野口武彦（文芸評論家）

二〇〇七年一月七日 8

『ミュージカルが《最高》であった頃』

喜志哲雄 著　人文／アート・ファッション・芸能

晶文社・二九四〇円
ISBN9784794967039

昨年観（み）たミュージカルでは、三宅裕司率いる劇団SETの「ナンバダ・ワールド・ダンシング」が最高だった。座長たちの即興のみならず、それを支える大沢直行の脚本に舌を巻いた。何しろ、ヒップホップに始まり「踊り」自体の起源をめぐるおもしろおかしい旅に身を任せるうちに、「日本とは何か、西欧とは何か」なる生真面目（きまじめ）な問いかけが迫ってくるのだから。

そんなとき、英米演劇批評の権威・喜志哲雄の最新刊を手にしたのは、うれしい奇遇だった。著者はミュージカルの起源をイギリス作家ジョン・ゲイの『乞食（こじき）のオペラ』（一七二八年）に求め、アメリカにおける本格的ミュージカルの確立をジェローム・カーンの『ショー・ボート』（一九二七年）に見定めたうえで、その黄金時代を一九六〇年から八〇年のあいだと断言する。評価の尺度は明快だ。著者にとってミュージカルとは音楽優位ではなくあくまで言語芸術であり、精緻（せいち）な脚本で決まる「文学」にほかならない。

この基準で古典とされる作品すら斬（き）りまくり、意外な作品をクローズアップしていく手並みは、まさに名人芸。ミュージカルの真の楽しみ方をじっくり伝授してくれる、これは最高のマニュアルである。

評・巽孝之（慶應大学教授）

二〇〇七年一月七日 9

『酔いがさめたら、うちに帰ろう。』

鴨志田穣 著　文芸

スターツ出版・一三六五円
ISBN9784883810475／9784062766883（講談社文庫）

なぜ酒を飲むのか、飲んでいることを忘れたいからだという、「星の王子さま」に登場する問答を幾度も思い浮かべた。語り手の「僕」は酒をやめられず、家族に暴言を吐き、離婚されているのだが、そのことを思いだしては飲み続ける。血を吐き、倒れ、意識を失い、このままでは死ぬと医者に断言されても、飲む。

「僕」が強制的にアルコール依存症のための病棟に入院させられるときは、心底ほっとする。ところがこの病棟にいる人々が、一癖ある人ばかり。特殊な環境のなかで、患者たちの妙に子どもじみた欲求が爆発する様は、情けないやらおかしいやら。病人食の「僕」は、みんなの食べるカレーが食べられないことに心底腹をたてるし、食事係をめぐって、大の大人が「ぶっ殺してやる」と叫ぶほどの喧嘩（けんか）をはじめたりする。軽妙な語り口が、陰惨さなど感じさせず、人の元来持っている滑稽（こっけい）さを浮き上がらせる。

いってはいけない場所は避けて生きる。それが正論だが、人生は正論にはおさまらない。生きることはかくも理不尽である。それでもこの小説が絶望に彩られていないのは、「帰りたい」、そう切望する場所を、理不尽な「僕」が諦（あきら）めることをしないからだろう。

評・角田光代（作家）

二〇〇七年一月七日 10

『江戸時代のロビンソン』

岩尾龍太郎 著　歴史／人文

弦書房・一九九五円
ISBN9784902116588／9784101286211（新潮文庫）

四周を海に囲われているのに、日本人の気持ちは案外、海に開いていない。海辺の風景は破壊に晒（さら）され、海洋レジャーも未発達。それに不満な著者は、江戸時代に多く存在した漂流を通じて、日本人と海のダイナミックな関係を掘り起こす。

日本にも、ロビンソン・クルーソーさながらに孤島で生き残りに成功し帰郷した漂流者が多い。だが鎖国政策の幕藩体制の下、その情報は封印され、陸の論理を強めた近代には忘れられたという。帆柱一本の千石船しか許されない江戸時代。沿岸航法に頼ったが、嵐が来れば漂流に繋（つな）がった。しかも和船は頑丈で長期漂流に耐えたから、日本に漂流記の類（たぐい）が多いというのだ。

南海の孤島、鳥島がまずその舞台。三つの漂着事例を読むと、水と火の調達、魚釣りの工夫、アホウドリを食料ばかりか衣服の材料にしたサバイバル精神に驚かされる。他の漂流船の残骸（ざんがい）で船を建造し、帰還した話も凄（すご）い。北方のアリューシャン列島、東南アジアの島でのサバイバルでは、欧米やロシア、中国の船に救出され、列強の思惑に振り回された和製ロビンソンが少なくない。

海の論理の復権とサバイバル力の再評価を説く文明批判の書でもある。

評・陣内秀信（法政大学教授）

『アメリカ　非道の大陸』
多和田葉子 著
青土社・一六八〇円
ISBN9784791763047

『海に落とした名前』
多和田葉子 著
新潮社・一五七五円
ISBN9784104361038

ノンフィクション・評伝

旅の途上、着地することなき物語

はじめて多和田葉子の本を手にとったあなたは、おそらく面食らうだろう。それはあなたがこれまでに知っている「小説らしい形」とはいろんな意味でちがっている。

『アメリカ　非道の大陸』は、ベルリンに住み、ドイツ語と日本語で執筆活動を続けている彼女がはじめてアメリカを描いた連作だが、それはこんな風にはじまるのだ。

〈あなたは飛行機の中でうとうと眠りながら、そんなはずはないのに機体を外側から見ている自分に驚いていた。鈍い銀色の機体に氷の粒が何億も貼（は）り付いている〉

待って待って。「あなた」ってだれ？

ところがどっこい「あなた」がだれであるのかは最後までわからない。わからないまま小説らしきものは進行し、あなたはあれよあれよとおしまいの第十三章まで連れて行かれてしまう。「あなた」はその間、ニューヨークで詩の暗唱大会（フィギュア・スケートの競技会のようなの）を見物したり、シカゴで見知らぬ女性と摩天楼の最上階から地上を見下ろしてみたり、スーパーマーケットで買い物したり、「ネイティブ・アメリカン」の女性と博物館を訪れたり、フロリダで初対面の青年とマナティを見に行ったりする。

「あなた」がどの街でも初対面に近い人と行動をともにしているのは、アメリカという国の交通事情が関係している。車がないとすこぶる不自由な国に来たのに〈あなたは車の免許を持っていない。そのことを電話で言っても、まるで話が通じない〉のである。同じく「あなた」を主語にした『容疑者の夜行列車』がユーラシア大陸を列車で移動する物語であったのとは対照的だ。

個々の逸話の間に関連性はなく、物語がどこかに着地することもない。それで途方に暮れるのは、あなたが「小説らしい形」にとらわれているせいで、多和田葉子の小説はいつも旅の途上にある。途上だから当然オチなんてものはなく、一件落着感もなく結論も帰結もない。大団円なんてとんでもない。「閉じない」のだ、つまり。

主語が「あなた」である理由もそこにかかわる。もしこれが「わたし」、あるいは「ヨウコ」とかだったら、小説はたちまち「閉じた」ものになってしまうだろう。年齢や性別や職業や国籍や人種といった帰属に縛られない不思議な二人称「あなた」だからこその解放感。自分が乗る飛行機を外から眺める気分とも、それは重なるかもしれない。

『アメリカ』の1カ月後に刊行された短編集『海に落とした名前』の表題作は、飛行機事故の後遺症で、自分の名前も住所も経歴も忘れてしまった女性の物語である。

本人はそこにいるのに名前がない。〈たとえ身体がなくても名前さえ分れば保険が下りるはずだが、逆に名前からはぐれてしまった身体の方は保険がもらえない。本当は名前ではなくて身体の方が医者を必要としているはずなのだけれど〉

名前のない「あなた」と名前を失った「わたし」。多和田葉子を読むってことは、ガイドブックのない旅の楽しさに似ている。

評・斎藤美奈子（文芸評論家）

たわだ・ようこ　60年生まれ。作家。「犬婿入り」で芥川賞受賞。

二〇〇七年一月一四日❷

『再起』

ディック・フランシス 著　北野寿美枝 訳

早川書房・一九九五円
ISBN9784152087799／9784150707415（ハヤカワ・ミステリ文庫）　文芸

競馬シリーズ ハレーが帰ってきた！

現存する作家の最高のシリーズは何か？ときかれたら、僕はすぐさまディック・フランシスの競馬シリーズをあげる。心を揺さぶるヒーロー像、新鮮な舞台、巧緻（こうち）なプロット、強烈なサスペンス、皮肉なユーモア、苦い現実認識と揃（そろ）っている。何よりもいいのは、真実味のある個性豊かな人物たちの息詰まるドラマだろう。それは四十作目を数える本書でもかわらない。

物語は、元騎手の調査員シッド・ハレーが、上院議員から調査を依頼される場面から始まる。持ち馬が八百長に利用されている疑いがあるというのである。調教師のビルと騎手のヒューが怪しかったが、間もなくヒューが殺されてしまう。ハレーに謎のメッセージを残したまま……。

『大穴』『利腕』『敵手』と続くシッド・ハレーものの四作目である。競馬シリーズは原則的に毎回主人公が異なるのだが、例外が二つあり、その一つがハレーもの。作者が最も愛着をもつ連作で、事実、前記三作は四十作の中でもベスト10に入る傑作たち。レース中の事故で片腕を失った男の再生と挑戦を描く物語は、競馬シリーズの典型をなすだろう。つまり、肉体のみならず精神の限界まで追い詰められ、誇りと勇気と克己と愛をめぐる、熱く激しいドラマが展開するからである。

とはいえ今回は、謎解きに徹していてドラマの部分が弱い。しかし八十五歳の新作なのに、若々しく快調な語りは心地よく読者を掴（つか）んで離さない。体が熱くなるほどの昂奮（こうふん）にみちた傑作たち（『血統』『度胸』『興奮』『罰金』）と比べたら、悪役の邪悪さや脇筋も足りないが、それでも人間性に対する温かく深い理解が前面に出ていて、後味がいい。フランシスの水準作だが、それでも現代ミステリにおけば充分（じゅうぶん）に佳作に値する。

ともかく競馬シリーズは、一度も馬券をかったことがない人間でさえも夢中になる、小説好きなら必ずや虜（とりこ）になる素晴らしい小説の宝庫だ。真摯（しんし）で清廉な生き方をする男たちの物語という点で、突飛（とっぴ）と思わないでほしい、いまブームをよぶ藤沢周平のファンにも強くお薦めしたい。

（原題、UNDER ORDERS）

評・池上冬樹（文芸評論家）

Dick Francis　20年英ウェールズ生まれ。作家。競馬騎手出身。

二〇〇七年一月一四日❸

『満鉄全史』

加藤聖文 著

講談社選書メチエ・一六八〇円
ISBN9784062583749

『満鉄調査部の軌跡』

小林英夫 著

藤原書店・四八三〇円
ISBN9784894345447　歴史／ノンフィクション・評伝

軍と政治に巻き込まれた「国策会社」

「満州」は中国の領土でありながら、多くの日本人が特権的な利益を享受できる、戦前日本の代表的な「外地」であった。その地で最大の日本企業が南満洲鉄道株式会社、いわゆる満鉄である。その満鉄は、06年11月に創立百周年を迎えた。これを期して新進とベテランの研究者が、それぞれ満鉄に関する著作を公刊している。

若手の加藤聖文は、満鉄は鉄道会社というより、日本の国家戦略を推進する「国策会社」としての政治性が特徴だという観点から、コンパクトな通史を描いてみせる。特に山本条太郎・松岡洋右らの満鉄総裁を始め、満鉄をリードした多くの人物に光をあてることで、生き生きとした満鉄経営史を描いている。だが政治性ということの半面は、中国の軍閥と民族運動、日本の政党、外務省、軍部の織りなす内外の政争に巻き込まれることも意味していた。その対立を超えて一貫した満鉄経営の方針を持てなかったことが、満鉄の悲劇だったと加藤は捉（とら）えているようである。

ベテランの小林英夫の著作は、小林がこれまで進めてきた満鉄調査部研究の総集編となるものである。加藤の師でもある小林は、満鉄調査部が「満州」の経済調査の域を超えた政治的な調査に携わっていたことを重視している。調査部はロシア革命後からソビエトの革命政権の調査を開始し、それは45年の独ソ戦の報告まで続いた。また30年代中葉には日本軍の華北分離工作の先兵となって、軍に守られつつ華北の経済資源調査を行ったという。小林の研究は、調査部員の意識や生活にまで及んでいて興味深い。

両書で気がついたのは、満鉄の経営戦略にも調査部報告の中からも、「満州」の日本人の周囲で独自の経済発展を遂げていた中国人の姿が、ネガ像のように浮かび上がってくる点である。おそらく「外地」で特権を謳歌（おうか）していた多くの日本人には、「遅れた」中国しか見えなかったであろうが、満鉄の当事者は経済的実力を蓄えつつある中国人の世界を意識していた。今日の日中関係を考える上でも、示唆的な本といえよう。

評・赤澤史朗（立命館大学教授）

『アメリカの終わり』

フランシス・フクヤマ 著　会田弘継 訳

講談社BIZ・一八九〇円
ISBN9784062820325

ノンフィクション・評伝

改心でなく、ネオコンの原則回帰説く

著者は、いわずと知れた『歴史の終わり』の著者である。その著者が新保守主義（ネオコン）批判の本を書いた。冷戦後の世界における自由主義的な民主主義のグローバルな普遍性を強調してきた著者は、これまで自らも認める新保守主義の理論家でもあったので、これはかなりのスキャンダルである。しかし本書を、ただ改心した新保守主義者の自己批判や、まして懺悔（ざんげ）と捉（とら）えるのは、いささか浅薄な話である。

狭い国益を超え、自由や民主主義といった普遍的価値を重視して、そのグローバルな実現のために米国の国力を積極的に用い、究極的には国連や国際法の力を頼りにしないというのが、著者の説く新保守主義の本来的原則である。この原則自体への著者の信奉は、本書においても本質的に変わらない。ただ著者は、著者以外の現在の新保守主義者が、この原則の実際的運用において誤った傾向を帯びていることを指摘する。

その原因は、つきつめれば、もうひとつの原則の軽視に求められている。すなわち、急激な社会改造が社会そのものを破壊してしまう危険に敏感であるべきだという原則である。結果として新保守主義者たちは、独裁者さえ排除すればイラクが民主主義国家として自然に機能しはじめるかのような幻想を抱いて、国際社会の合意が不十分なままのイラク開戦を支持するという過ちを犯すことになったというわけである。

新保守主義の論理に内在したイラク戦争批判には、なかなかの説得力がある。だが、他の新保守主義者との違いを見せようとして著者がひねり出す「現実主義的ウィルソン主義」だの「重層的多国間主義」だのといったフレーズに、みかけほど大きな立場の転回はない。米国にまだ残るソフトパワーであれ、非政府国際機関であれ、利用できるものはなんでも利用しようという話に尽きているからである。つまりそれは新保守主義的発想のなかでの戦術路線の選択の問題なのだ。そこに示唆されるのは、むしろ新保守主義の思想的遺伝子の強さというべきだろう。

（原題、America at the Crossroads）

評・山下範久（北海道大学助教授）

Francis Fukuyama　52年生まれ。ジョンズ・ホプキンス大学教授。

二〇〇七年一月一四日⑤　人文

『「大菩薩峠」論』

成田龍一 著
青土社・二三一〇円
ISBN9784791763030

立ちはだかる「根源的な無思想」の壁

作者中里介山が「世界第一の長編」と豪語した大河小説『大菩薩峠』は、近代日本の地平に聳（そび）える巨峰である。

頂上では、盲目の剣士机龍之助をはじめ数多の作中人物の群像が、山霊のように奇怪な乱舞を繰り広げながら読者を待っている。

これまで登攀（とうはん）をこころみた読者には何回かの波があり、この巨大作の読み方自体が思想史の関数だったといえる。一九五〇年代の「土俗」、七〇年代の「民衆」、九〇年代の「ユートピア」と各世代に固有のキーワードを登山用具にして踏破をめざしてきた。本書で著者が仕掛ける解読装置は「帝国」である。

着眼点は、物語内時間と執筆時間との極端な不均衡だ。介山が大正二年（一九一三）から昭和十六年（一九四一）まで無慮二十八年の歳月と一万四千枚を費やして描いた《もう一つの幕末史》は、安政五年（一八五八）から慶応三年（一八六七）までのわずか九年間である。

永遠に明治を迎えない幕末の時間が内側に折れ込んで密度を高める一方で、作者の属する時間は満州事変から日米開戦へと日本の「帝国」が膨張の頂点を極めようとしていた時代であった。著者は昭和五年（一九三〇）に折り返し地点を想定し、『大菩薩峠』の物語は「絶えずその時点での問題をとり込みあらたな論点として提起していく」と指摘している。

介山の幕末史は同時代史の射影である。無制約に無限増殖する人物と事件の全体がポストコロニアリズムの文脈で展望されている。

あらゆる『大菩薩峠』論の試練は、理論のハーケンを打ち込めばぼろぼろに崩れる日本社会の《無思想》との直面である。かつて堀田善衛が「人民自体の音無しの構え」と表現した不気味な受動性、現代に即した譬（たと）えでいえば、《憲法第九条なんてこともあったかな、は、は、は》と空笑いを響かせる根源的な無関心の岩壁が立ちはだかる。一度は装備を捨て、素手で取り付くしかないだろう。

大菩薩峠は《魔の山》である。登り切ったと思うと、向こうの尾根筋に机龍之助の背姿がまた見えてくる。

評・野口武彦（文芸評論家）

なりた・りゅういち　51年生まれ。日本女子大教授。著書に『歴史学のスタイル』など。

二〇〇七年一月一四日⑦

『中世の旅芸人　奇術師・詩人・楽士』

ヴォルフガング・ハルトゥング 著
井本晌二ほか 訳　法政大学出版局・五〇四〇円
ISBN9784588008597　人文／アート・ファッション・芸能

四半世紀ほど前、中世の民衆史が日本でも流行したが、本書の描くヨーロッパの中世像は驚くほど新鮮で奥深い。著者は社会の辺縁にアウトローとして生きた旅芸人に光を当てながら、宗教的な倫理が浸透し現世の欲望を否定したはずの、ヨーロッパの中世キリスト教社会の表向きの顔を、次々に剥（は）がして見せる。

封建時代、日常の重たい秩序や規制に縛られた民衆は、旅芸人の刺激的な演劇、見世物（みせもの）、卑猥（ひわい）な語り、色っぽい踊りから、束（つか）の間の心の高揚、生の喜びを得た。

観客は農民や都市の民衆だけでない。宮廷の王侯貴族も旅芸人を手厚くもてなし、神に仕える聖職者も現世的欲望を抑えられず、司教や大修道院長さえ旅芸人の上演に没頭したという。社会から排斥されつつ、求められる。旅芸人は蔑視（べっし）と喝采の狭間（はざま）に生きた両義的な存在だった。年の市や村の広場、宿屋兼食堂、教会、墓地等、旅芸人の活動の場に著者が拘（こだわ）るのも嬉（うれ）しい。

古代ローマの演劇・見世物との繋（つな）がりと断絶を論じ、中世旅芸人の起源を明かす。宮廷内での多彩な演劇、祝祭の記述を読むと、中世がルネサンスの宮廷文化を先取りしていた様子も分かる。演劇史の見直しを迫る書でもある。

評・陣内秀信（法政大学教授）

二〇〇七年一月一四日⑧

『ＮＨＫ ＶＳ．日本政治』

エリス・クラウス 著　村松岐夫 監訳
後藤潤平 訳
東洋経済新報社・三九九〇円
ISBN9784492222751
人文

ＮＨＫと政治との関係は、常に問題にされてきたテーマである。本書は、米国の政治学者が学術研究書のみならず、新聞や雑誌、業界誌までも駆使して、戦後の日本政治におけるＮＨＫの政治報道が担ってきた役割、そして、ＮＨＫという組織と日本政治との関係性に斬(き)り込んだ労作である。

その検証範囲は、ＮＨＫの制度と組織、報道取材と編集プロセス、人事、労使関係、技術開発、ニュース内容の変容など、多岐にわたる。

興味深いのは、ＮＨＫ特有の中立的で非論争的な報道こそが、戦後の日本政治の正統性を描き、その安定性にも寄与したとの分析であろう。自民党による長期政権とその影響力を排除しようとする内外の反発とのバランスのなかで、ＮＨＫ内部に、その報道を注意深く管理するシステムが生成されていったのだと論ずる。

放送法というフォーマルなルールが明確に存在するがゆえに、政治勢力からのインフォーマルな影響力の行使に脅かされる一方で、経営安定化のために技術開発に邁進(まいしん)すれば、国の産業政策に組み込まれていく。そんなＮＨＫの宿命を、鮮やかに解き明かしていく。

現在進められているＮＨＫ改革論議に、多くの示唆を与えてくれる一冊である。

評・音好宏（上智大学助教授）

二〇〇七年一月一四日⑨

『世界に格差をバラ撒(ま)いたグローバリズムを正す』

Ｊ・Ｅ・スティグリッツ 著　楡井浩一 訳
徳間書店・一八九〇円　ISBN9784198622541
人文

「グローバル化はそもそも、すべての国、すべての人に未曽有の恩恵をもたらすはずだった」。しかし、現実はその効果が発揮されないまま、貧困が放置され格差が拡大していると著者は言う。いまのグローバル化を統治しているのは、公平な経済ルールや公正な国際機関ではなく、アメリカの「私益」だからだ。

実際、補助金で自国の農業を保護しながら、得意なサービス分野では市場開放を強制したり、新薬の生産を独占する一方で、途上国からは薬草に関する伝統的な知識を掠(かす)め取ったり、資本の自由化を求めながら、経済危機の際には真っ先に資金を引き揚げるアメリカの主張や行動がまかり通っているかぎり、グローバル化の果実は世界の隅々まで行き渡らない。

どうすれば「アメリカのやりたい放題」に終止符を打ち、グローバル化を「うまく機能」させることができるのか。本書にはドルに代わる世界紙幣の発行など様々な対応策が示されている。その実現に向け、著者はあえて「公正なグローバル化を求める声」に応えられる国は「アメリカ以外にありえない」と指摘する。背景には、すべての人間の平等を謳(うた)った建国の精神に、今こそ立ち戻るべきだという著者の思いが潜む。

評・高橋伸彰（立命館大学教授）

二〇〇七年一月一四日⑩

『僕僕先生』

仁木英之 著

新潮社・一四七〇円
ISBN9784103030515／9784101374314（新潮文庫）　文芸

かつてヴィム・ヴェンダースの映画『ベルリン・天使の詩』（一九八七年）に登場した天使は冴（さ）えない中年男の姿で現れ度肝を抜いたが、以後二〇年、本書は中国の仙人を何と戦闘美少女の姿で描きだす。

舞台は楊貴妃とのロマンスで知られる玄宗皇帝を頂点に抱く大唐帝国が、第二の黄金時代を迎えているころ。主人公の青年・王弁は、中国大陸東部の光州の屋敷で、元官僚の資産家である父の恩恵を受け、何の勉強もせず何の定職にもつかず、気ままなニート生活を送る身。だが、不老長寿の夢に取り憑（つ）かれた父のたっての頼みで、彼は黄土山で人間に妙薬を与えているという美少女仙人「僕僕先生」に弟子入りする。

この師匠は真の無の境地を究めるどころか、あえて人間の世界と運命をともにし人間の感情を尊重することを選び、自分自身を「出来の悪い落ちこぼれ」と卑下してやまない。そう、この師弟「ボク」と「キミ」は、案外似たもの同士ゆえに恋人同士とも見まごう。

ふたりが悠久の時すら一気に超えてしまう「世界をぬける」旅を続け、混沌（こんとん）の暗闇など多くの障壁を切り抜けていくさまは、まさに圧巻だ。第一八回日本ファンタジーノベル大賞受賞作。　評・巽孝之（慶應大学教授）

二〇〇七年一月二一日❶

『キケロ　もうひとつのローマ史』

アントニー・エヴァリット 著　高田康成 訳

白水社・五六七〇円
ISBN9784560026212　歴史／人文

現代日本にも通じるポピュリズム

このキケロ伝は、紀元前四四年三月十五日、独裁者シーザーが暗殺の兇刃（きょうじん）に斃（たお）れる世界史的な場面から始まる。

ローマ政界の長老格だったキケロは、元老院議場の最前席に座っていたが、眼（め）の前の惨劇に驚愕（きょうがく）して身体を硬くしていた。暗殺計画の蚊帳の外に置かれていたのだ。しかしブルータス、カシアス、カスカら共和政護持派はキケロを再び政治の現場へ引き出し、「ローマ共和政のシンボル」に祭り上げる。

本書に描かれるキケロは、もっぱら「思想家で知識人でありながら、現実の政治に関（かか）わった人物」として再現されている。テーマは暴力と直面した言論である。

著者は日本語版に序文を寄せて「本書はキケロの伝記であると同時に、権力についての考察でもある」と述べている。古代ローマと現代日本とは遠く距（へだ）たっているが、「今も昔も政治の基本原則はそれほど変わらない」からである。たしかにその通り。キケロに寄り添って再現されるローマの政治史にはどこか他人事とは思えぬ親近感がある。

政治家が支配の武器として巧みに使うポピュリズムのせいだろう。共和政も議会制民主主義も成功の鍵は民衆の人気取りにある。

ローマの歴史を動かした場所はフォーラムだった。古都の心臓部にある「長さ二〇〇メートル、幅七五メートルの長方形の広場」である。ここには元老院議場と大集会所があって政治の舞台になった。シェークスピアの史劇でおなじみの演壇も設けられていた。史上いくつもの名演説で記念される言論の場だ。キケロの生涯の主要な事件のほとんどはこのフォーラムで起きている。

弁論家から出発したキケロは、しだいに人望を得て政界に進出し、やがて執政官に選出される。共和政ローマの最高行政官である。モットーは「階級間の和」だった。当時のローマは辺境に内乱が起こり、首都では失業率が高くて社会不安も兆していたが、キケロは政府転覆の陰謀を鎮圧し、共和政を守った「祖国の父」と賛美される。

前途に立ち塞（ふさ）がったのが平民の利益代表「民衆党」に支持されたシーザーである。この有能な軍人は連戦連勝の実績をバックに破竹の勢いで権力の座に迫る。執政官に就任してもなお満足せず、一時は三頭政治で同盟したポンペイウスを戦闘で破って、ついに終身独裁官の地位を手中にする。それにも飽きたらず「王」をめざした権力欲が共和政護持派を暗殺の手段に踏み切らせたのである。

皮肉なことには、太陽暦の採用を始めとする大胆な政治改革は、シーザー独裁のもとで次々と進められた。キケロの説く共和政の理想は実現不可能な夢であり、現実のキケロは「優柔不断の人」「妥協の人」として権力に譲歩し、しばしば独裁を合法的に見せかける隠れ蓑（みの）になったが、シーザーの死後、共和政再建のためアントニウスに抵抗したのを憎まれて不幸な最期を迎える。

言論のコストは高くつく。高貴なローマ人は敗北したら自刃する慣（なら）わしだが、老いたキケロは従者に自分を斬首させて死んだ。

（原題、CICERO：A Turbulent Life）

評・野口武彦（文芸評論家）

Anthony Everitt　40年生まれ。元英国アーツカウンシル事務局長で、ジャーナリスト経験もある作家。

文芸

『アルバムの家』

女性建築技術者の会 著

三省堂・一八九〇円
ISBN9784385362731

子供時代の暮らし、間取り図とともに

「三丁目の夕日」の少女版とも言える本書は、女性建築士らが自分の育った家と暮らしを、過去の記憶を紡ぎ出して綴（つづ）った素敵（すてき）な本だ。

北海道から九州まで、小学生の頃住んだ家の話を33人の女性が包み隠さず披瀝（ひれき）。建築のプロの思いがこもる手書きの家の間取り図は、味があって楽しいし、屈託のない子供達（たち）の笑顔の写真も最高。著者達の気取りのない素直な文章は、普段着の暮らしを実によく伝える。どのページからも、懐かしさが込み上げる。

高度成長期に入る前の日本の家の様子を本書はリアルに再現する。物質的豊かさや便利さとは縁遠いが、素朴な生活の中に家族の絆（きずな）、温かさが感じられる。だが家庭のしつけは厳しく、仕置きで物置に閉じ込められることも。少女達はこうして逞（たくま）しく育った。

本書は戦後住宅史の貴重なデータベースでもあるが、実は大半の家が農家、職人の仕事場、または店舗等、生業と結びついていた。子供達は親の生き様を見て、手伝いながら育った。登場する専用住宅といえば　ほとんど転勤族の官舎や社宅なのが面白い。

核家族は少ない。3世代同居が当たり前で子沢山（こだくさん）だ。狭い家に大勢住むから、自分の部屋が持てた喜びは格別だった。玄関や廊下の隅でも、自分の机をもつのが嬉（うれ）しかった。

著者達の記憶に最も強く残るのが、4畳半の茶の間での家族揃（そろ）っての食事、団欒（だんらん）。日本の住まいの原点だ。そして家の外れにある、どこか怖いポットン便所。近代の機能主義が捨て去った不思議な場の力が存在した。お気に入りの五右衛門風呂の話も面白い。

子供達はともかくよく遊んだ。家の押し入れ、庭、路地、原っぱ、境内、田んぼ。どこも遊びの天国だった。コミュニティーなんて言う必要もない程（ほど）、近所づき合いは濃かった。

本書の価値は懐かしさだけではない。家庭や地域の崩壊が叫ばれる今、住まうことの根本を問い直す。便利で快適なだけで、果たしてよいのか。住む人の人生の素晴らしい記憶となるような家づくりをしたい。本書の執筆を通じてそう実感した彼女達の今後の家づくりの実践に期待したい。

評・陣内秀信（法政大学教授）

女性建築技術者の会は、76年発足した建築関係の仕事に携わる女性の集まり。

二〇〇七年一月二一日❸

『悲楽観屋サイードの失踪にまつわる奇妙な出来事』

エミール・ハビービー 著　山本薫 訳

作品社・二五二〇円
ISBN9784861821080

文芸／国際

パレスチナの不条理を笑い飛ばして

芝居のシナリオみたいな小説だなあ、というのが第一印象。しかも仲代達矢あたりの一人芝居の、と思っていたら、年末、パレスチナ人俳優のムハンマド・バクリが来日して、本作を演（や）ったらしい。

悲観論と楽観論をまぜこぜにした「悲楽観屋」を自認する主人公は、著者と同じ、イスラエル国籍のパレスチナ人。と書くと、イスラエルの圧政に抵抗する闘争文学を想像しがちだが、そこで描かれるのは、イスラエルの役人に雇われて、ただひたすら頭を低く生きていく主人公の、翻弄（ほんろう）され続ける人生だ。

黙れと言われればすぐさま舌をひっこめ、恋人との一夜にもたもたしているうち、イスラエル官憲に恋人を連れ去られる。息子に「言葉に気をつけて」といい続けたあげく、そんな息苦しさから抜け出るために銃を取った息子と、妻を失う。先祖は、海老（えび）のように背を曲げ、足元ばかり見て歩く。全編に流れるのは、諧謔（かいぎゃく）と不条理である。

でも、今のパレスチナで諧謔以外に何が語れる？　パレスチナに対する占領そのものが、ブラックユーモアという他ない奇妙な現実で、泣いても怒っても動かない岩のような不条理の世界なら、笑いとばすしかない。70年代に人気を博した左派系作家の著者が、現代アラブ文学界で異彩を放つのは、ここだ。

出会いと喪失を繰り返した後、最終章で処刑用の杭（くい）の先端に座ったまま姿を消す主人公が、蜘蛛（くも）の糸にぶら下がるカンダタのように寄る辺ない存在なのに対して、「ここはあたしの国！」と叫んで連行される恋人や、愛で息子を守る、と宣言する母など、登場する女性は常に、たくましい。女性たちが、失われた祖国への愛と希望として描かれるのは、詩人マフムード・ダルウィーシュなど、他のパレスチナ文学とも共通する。

文体が、味わい深い。千夜一夜物語かフランス文学か、はたまた聖書すらも彷彿（ほうふつ）とさせる格調高い古典の引用、模倣がちりばめられている。複雑に入り組んだ中東の歴史や地理にとまどう読者にも、訳者による懇切丁寧な注が付けられていて、ありがたい。

評・酒井啓子（東京外国語大学教授）

Emile Habiby　1921〜96年。イスラエル国籍のアラブ人小説家。

二〇〇七年一月二一日❹

『私のハードボイルド　固茹で玉子の戦後史』

小鷹信光 著

早川書房・二九四〇円
ISBN9784152087768

人文

「タフ」「非情」の文学　米国から日本へ

「日本のハードボイルドの夜明けは、いつくるんでしょうかね。コダカノブミツさん？」。名優・松田優作扮する工藤俊作探偵が、一九七〇年代末の人気テレビドラマ『探偵物語』で呟（つぶや）いたアドリブの台詞（せりふ）である。たしかに、ダシール・ハメット『マルタの鷹（たか）』の翻訳からミッキー・スピレーンら作家別短編集の編纂（へんさん）、ミステリ評論や研究、ひいては『探偵物語』の原作小説執筆までを長年こなしてきた小鷹信光の名は、我が国ではこのジャンルの代名詞になりおおせてしまった。したがって本書も決して自伝ではなく、なおも飽くことを知らぬ探求心の結実である。

ハードボイルドとはいったい何か？　イギリス人が好むのはきっかり三分三十秒茹（ゆ）でた半熟卵（ソフトボイルド）だが、アメリカ人が好むのは十五分も二十分もかけてコチコチに茹で上げた固茹で卵（ハードボイルド）であり、これが俗語で「食えないやつ」「御しがたい奴（やつ）」「手強（てごわ）い相手」、ひいては「非情な」「苛酷（かこく）な」なる意味に転じたという。

一九二〇年代のジャズ・エイジ以降、ハメットらが生み出したヒーローたちはまさにそんな連中であり、それが文豪アンドレ・ジッドらの評価を得た結果、「〝タフでなければ生きていけない〟大恐慌下のアメリカの町をひとり歩んで行った男たちの物語にハードボイルドの名が冠せられたのは一九四〇年代の初めのことだった」。

小鷹はその精神性からひとつの現代文学ジャンルが構築されていく経緯を、膨大な文献学的調査をもとに検証し、トウェインからヘミングウェイ、フィッツジェラルド、フォークナー、チャンドラーらのアメリカ文学史はもとより、谷譲次から江戸川乱歩、双葉十三郎、大藪春彦、矢作俊彦、そして村上春樹までにおよぶ、もうひとつの日米交渉史を生き生きと描き出す。

だからこそ、読み終えてから第一章「アメリカと私」へ戻ると、学童疎開の悲しみを抱えつつ「人前では決して涙を見せない少年」だった著者のハードボイルド的起源が、いっそう切実に迫るのだ。

評・巽孝之（慶應大学教授）

こだか・のぶみつ　36年岐阜県生まれ。訳書は『マルタの鷹』など100を超える。

『移民社会フランスの危機』

宮島喬 著
岩波書店・二九四〇円
ISBN9784000221610
人文

暴動が示した「平等」の国の袋小路

05年秋、パリ郊外で暴動が頻発した。数千台の車に火が放たれた原因は、主にマグレブ系（北アフリカ出身のアラブ人）移民青年の社会的不満だった。だが、理性＝言語（ロゴス）を尊ぶフランスの一般市民は、言葉なき不満を暴力で表した移民の行動に冷淡だった。

本書の著者は、この暴動の根本に、遠く大革命にまで遡（さかのぼ）るフランスという国家の本質的な問題があると指摘し、その理由を丹念に論じている。

フランス大革命は、自由、平等、友愛（博愛ではない。友愛は共同体内部での連帯を意味するからだ）を共和国の標語とした。とくに重視されるのは平等で、これは英米などで自由が前面に出されるのと対照をなしている。

フランス的平等の特徴は、市民が〈個人〉として法の下で等しく権利を認められることだ。国家の下に直接個人が存在するのであり、その中間にいかなる政治党派や宗教や民族による区別も認めない。

つまり法律上、民族的なマイノリティーは存在せず、国勢調査などで民族的出自のデータ収集は禁じられている。

ところで、外国人の両親からフランスで生まれた子は、11歳から5年以上フランスに居住していれば、成人した時点でフランス国籍を取得できる。したがって、暴動の主体となった移民の「第2世代」といわれる若者たちは基本的にフランス人であり、法の下の平等を保障されているのだ。

だが、法の下の平等は実質的な平等ではない。移民の子は移民であり、就職や居住地域に厳然たる差別が存在する。にもかかわらず、フランスの法体系は民族的マイノリティーという概念を否定しているので、フランス人になった移民を公的に救済することは難しい。これが移民問題をめぐってフランスが陥った袋小路である。移民青年たちの暴動は、そうしたフランス的平等という国是そのものを問題にしていたともいえる。

一朝一夕に乗りこえられる危機ではないが、著者は様々な取り組みを紹介している。世界がグローバル化する今、これはフランスだけの問題ではない。ここから日本が学ぶべきことはあまりにも多い。

評・中条省平（学習院大学教授）

みやじま・たかし　40年生まれ。法政大学教授。著書に『ヨーロッパ市民の誕生』など。

二〇〇七年一月二一日❻

『主語を抹殺した男　評伝三上章』

金谷武洋 著
講談社・一七八五円
ISBN9784062137805
人文

日本語国際化で注目、大胆な文法論

三上章とは、およそ百年前、広島に生まれた文法学者。英語にあるような主・述構造は、日本語にはないと喝破し、「主語」という概念は不要であると主張した人だ。

昔、私は、日本語には主語と述語があり、時に主語は略せると習った記憶がある。略すというのは、元より在るのが前提だが、三上文法はそうではない。日本語にそもそも主語なんてないというのである。半世紀近く前に刊行された著書『象は鼻が長い』は、ロングセラーとなった一冊。「は」という助詞が、主語でなく主題を示すものであり、句点を超えて次々と文にかかっていく重要な係助詞であることが強調されるなど、視界を一気に開く明解さがある。

著者は三十数年前に、留学先のカナダで現地の学生に日本語を教えることになったとき、この三上文法に出会い、目からうろこが落ちた。外国語として日本語を教えるとき、もっとも役立つのが三上文法だったという。それほどの理論が、発表された当時は三上が地方の一数学教師に過ぎなかったこともあって、学界からほとんど無視され、今も少数の理解者を除いて、黙殺に近い状態とは。

一見、不遇に見えるその人生を、著者は丁寧に追いかけていく。音楽にも秀で、反骨精神の固まりであった三上は、虚栄を嫌い、学際的教養にあふれた一種の奇人。友人も多く鋭いユーモアに満ちた人柄だったようだ。でも晩年は、自説が孤立する無力感も手伝って、躁鬱（そううつ）症、パニック障害、被害妄想、こだわりなどの奇癖が現れ、家事すべてをこなした妹・茂子に支えられながらも、生活者としては無残な終末を迎える。

言語構造を解明し、文法という「規範」に沿って、日本語を検証していく作業は、それだけとってみても熾烈（しれつ）なものに違いない。彼にとっての日本語は、そのなかに無意識に包まれて温（ぬく）もっていられるような母国語ではありえなかった。壮絶な孤軍奮闘の一生だが、その志と理論は、こうして遥（はる）か時空間を超えて、人々に知られ手渡されていく。三上の人間と思想に迫る、熱のこもった評伝だ。

評・小池昌代（詩人）

かなや・たけひろ　51年生まれ。カナダ・モントリオール大日本語科長。

二〇〇七年一月二一日❼

『日本サッカー史　日本代表の90年　1917→2006』

後藤健生 著
双葉社・二一〇〇円／資料編一八九〇円
ISBN9784575299328／9784575299335（資料編）
人文／ノンフィクション・評伝

サッカー日本代表90年の歴史は苦難に満ちている。だが著者は、希望あふれる一時期が戦前にあったことを書き逃さない。「もし、ベルリン・オリンピックに参加して貴重な経験を積んだ若い選手たちが、1938年のフランス・ワールドカップに参加し、そして集中強化を経て東京オリンピックに出場することができていれば、日本代表の強化は大幅に進み、その後の日本サッカーの歴史も現実の歴史とはまったく異なったものになっていたはずだ」

代表チームはそのベルリン五輪（36年）で欧州のサッカー先進国スウェーデンに3－2（前半0－2）の逆転勝ちを収めて上昇気流に乗る。それ故に著者は戦争による1940年東京五輪の返上が発展を中断させたと記さずにいられないのである。

4年ぶりのこの改訂版では、2006年ワールドカップ・ドイツ大会での戦いぶりを加筆。ジーコ・ジャパンはもとより、各時代の日本代表チームが抱え込んだ問題／疑問点が

素っ気ないぐらいの筆致で浮き彫りにされてゆく。

　補筆個所も多々あり、代表ユニホームの「青」についての有力説（東京帝国大学＝現在の東京大学のライトブルーのシャツが起源）も紹介されて飽きさせない。

評・佐山一郎（作家）

二〇〇七年一月二一日⑧　文芸

『屋上がえり』

石田千 著

筑摩書房・一六八〇円
ISBN9784480816528／9784480428844（ちくま文庫）

　石田千さんは「わたし」を消して屋上へのぼる。デパート、海の家、学校、団地、温泉施設、バッティングセンター……さまざまな屋上で、さまざまなひとを、風景を、記憶を、石田さんはスケッチする。五感は決してとがらずにとぎすまされ、吟味された言葉はそれぞれの場面にぴたりとはまっていながら、現在形の文が多いせいだろうか、不思議とはかなげで、そのよるべなさが、屋上に立って空や街を眺めるときの微妙な足のすくみかげんを思い起こさせる。

　みごとな筆の呼吸、軽やかさ——それを生んだのが「わたし」の不在ではないか。石田さんは、文中に「わたし」という呼称を決して出さない。石田さんのまなざしは特権的な「わたし」に縛られることなく、屋根や壁のない屋上さながら、開かれている。だから、読者はすうっと寄り添うことができる。本書を読了後に、巷（ちまた）にあふれるエッセー集・随筆集の類（たぐい）を開くと、文中に「わたし」がいかに頻出しているかに驚かされるはずだ。そして、そんな『「わたし」連発エッセー』にうっとうしさや押しつけがましさを感じたら……あなたはすでにして石田千さんの愛読者である、と僕は（これがいけない）思うのだ。

評・重松清（作家）

二〇〇七年一月二一日⑨　ノンフィクション・評伝

『本当は知らなかった日本のこと』

鳥越俊太郎、しりあがり寿 著

ミシマ社発行、ＷＡＶＥ出版発売・一五七五円
ISBN9784872902877

　この本は、日本と日本を取り巻く世界で起きているすべての問題はつながっている、ということを、もれなくかつわかりやすく説こうとした本だ。

　たとえば、現在の「ロハス・ブーム」の端緒は高度成長時代の公害問題で……といった物語がダイナミックに展開される。そういう思考って、今の人たちがいちばん苦手とするところだ。ただ、そうなるとこの本では当然、それぞれの項目をくわしく語ることはできなくなる。

　でも、筆者のひとり、鳥越俊太郎は、マニアックであることよりも「バラバラに見える現象が実はつながっている」と読者に伝えることを選ぼうとする。そして、章ごとに挿入されるしりあがり寿のときとして哲学的なマンガが、「本質を見抜け」という鳥越のメッセージをさらに強化している。

　「少子高齢社会」「団塊問題」「軍産複合体」など日本社会のあれこれを語ったあとで、鳥越は最近の日本社会全般が「強いもの」を求める風潮になってきている、とまとめる。それはいいこと？　悪いこと？　目の前の損得だけにとらわれず、がんばって考えてみてほしい。思考のヒントや材料は、この本の中にちゃんとあるはずなのだから。

評・香山リカ（精神科医）

二〇〇七年一月二一日⑩

『格差時代を生きぬく教育』

寺脇研 著
ユビキタ・スタジオ・一五七五円
ISBN9784877585068

教育

歯に衣（きぬ）着せぬ物言いで「ミスター文部省」と呼ばれた著者は、かつてゆとり教育を推進させた。87年に臨教審が立てた国際化などの未来予測に見合うよう、個々のスキル（技法）からマインド（心持ち）を教えるほうに傾斜させたのだ。

しかし学力低下論争の沸き上がりを背景に、ゆとり教育バッシングが起きて、彼は02年に文化庁に転出。それが昨年4月、当時の小坂憲次文科大臣の特命により文科省に戻り、大臣官房広報調整官に異動した。

本著では、出版社の編集者を聞き手として、国旗国歌から早期英語教育まで持論を展開する。格差については、成熟社会では存在するのは当然、みせかけの平等主義で教育を行った弊害は大きい、と明言。ゆとり教育、総合学習は、「違い」が意識される時代まで見越していたとも言えそうだ。

「社会の変化に伴い、詰め込み教育から生きる力を育む取り組みへと移行させる試みが、ゆとり教育」とする彼の言い分はごくまっとうだ。〝点数〟という局地戦で一方的に批判を浴びせると、現場の子どもたちが失うものは少なくない。寺脇氏は昨年11月に退職した。今後はさらなる本音が聞けるだろう。

評・多賀幹子（フリージャーナリスト）

二〇〇七年一月二八日❶

『世界の果てが砕け散る』

S・ウィンチェスター 著　柴田裕之 訳
早川書房・二九四〇円
ISBN9784152087850

人文／科学・生物

西海岸の大地震を軸に描く米国史

本書は、いわゆる「科学の本」というジャンルにはすんなりとは収まり切らない大作である。たとえるなら大河小説だろうか。

なるほど一九〇六年にサンフランシスコを襲った大地震がメインテーマであるにはちがいないのだが、話はそれだけに留（とど）まらない。大地震を引き起こした原因であるカリフォルニアの活断層、ひいては地球のダイナミックな活動とそれを解明する地質学についてはもちろん、時空を自在に横断しつつ悠々と語られる物語は、サンフランシスコという街の来歴、ひいてはアメリカという国のあり方にまで及ぶ。

そもそも著者は、一〇〇年前の地震について語るために、自宅のある東海岸から車で合衆国を横断してサンフランシスコに向かう旅に出る。あげくのはてにはサンフランシスコへの短期移住まで決行してしまう。

本書の構成にとって、一九〇六年のサンフランシスコは、一つの結節点とでも言えばよいだろうか。歴史はそこに向かって収束し、たまたまそこに居合わせた人々の足下で大地が咆哮（ほうこう）する。

一九〇六年四月一八日午前五時過ぎのサンフランシスコとその周辺には、不世出のテノール歌手カルーソーや作家のジャック・ロンドン、アンブローズ・ビアス、後の写真家アンセル・アダムズなどのほか、有名無名様々な人々が引き寄せられていた。この結節点へと至る著者の筆致は、ハリウッド映画の巨匠ロバート・アルトマン監督が描く群像劇を彷彿（ほうふつ）とさせる。ばらばらに同時進行していたオムニバスドラマが、大事件の勃発（ぼっぱつ）と同時にみごとに一つにまとまって意味をなすという仕掛けなのだ。

そしてその結節点から、また新たな歴史が語られる。それは、地質学、地震学にとって新たな歴史の出発点ともなった節目の年でもあったからである。いまや、地震の原因を天罰と考える人はいないし、大ナマズのしわざと考える人もいない。地震は、地球の地殻を覆ういくつものプレートが織りなすダイナミックなドラマの一環なのだ。

絢爛豪華（けんらんごうか）なオペラの公演から一夜明けた花の都サンフランシスコは、大地震によってあっけなく崩壊した。防災対策がいっさい施されていなかった虚飾の街は、大地の揺れにも猛火にも無防備だった。

サンフランシスコ大地震の規模はマグニチュード七・九と推定されており、死者の数は五〇〇〇人とも三〇〇〇人とも言われている。

ちなみに一九九五年に発生した阪神・淡路大震災はマグニチュード七・三で六四三七人の死者・行方不明者を出した。マグニチュード九・三とされる二〇〇四年のスマトラ沖地震では津波が発生したこともあって二十数万人の命が奪われた。

大地震は数値だけでは語り切れない悲劇や教訓を残し、なによりも歴史を変える。著者は、単なる地震の科学に関する本を書きたかったわけではなく、大地震によって変えられた歴史について語りたかったのだろう。そう、本書は科学書であると同時に歴史書なのだ。

（原題、A Crack in the Edge of the World）

評・渡辺政隆（サイエンスライター）

Simon Winchester 44年イギリス生まれ。ノンフィクション作家。著書に『博士と狂人』『世界を変えた地図』など。

二〇〇七年一月二八日②

『家のロマンス』

加藤幸子 著

新潮社・一四七〇円

ISBN9784103452089

文芸

世代超え生き残る広大な屋敷の呪力

この小説の、第一部の語り手は明治生まれのミヤ、第二部の語り手はその孫娘のヨシノである。しかしながら、本書の主人公はだれかと考えると、家、というのがいちばんしっくりくる。婿養子である夫、実の母キクとともに、子どもや住み込みの子守を引き連れてミヤが引っ越してきた、東京郊外にある和洋折衷の広大な屋敷。北原白秋が前住者だったその家は、五百坪の庭を有し、四季ごとに桜や梅が花を咲かせ、柿や枇杷（びわ）が実る。

七人の子を産んだミヤは、臨終の間際にあって、その屋敷での日々を回想する。幼いうちに亡くなった子がおり、戦争から戻ってきた子がおり、生き残った子どもらは成長して夫や妻を得るが、根づいたように屋敷に住み続ける。管理能力に長（た）けたキクとは異なり、書物を読むことだけが生き甲斐（がい）のミヤは、庭が荒れても、屋敷に住まう家族が仲違（たが）いしても、我関せずの態度を一貫し続ける。年老いていくミヤの姿は、まるで屋敷に取り憑（つ）いた家の精霊のようである。

臨終の場に駆けつけてきた孫娘ヨシノに、ミヤは自分の思いを託す。ヨシノは、祖母の引き出しから出てきた革表紙のノートに「家」の記憶を書きはじめる。

祖母がかたくなに守り通した家を、「家の外壁を這（は）いまわるツタみたいな圧力」と感じていたヨシノは、祖母亡きあと膨大な相続税を課された家の衰退を、どこか冷めた視線で眺め続ける。屋敷は時代にのみこまれるように姿を消すが、しかしかつての屋敷が持っていた呪力は、方々へと分散していく家族を、いつまでも捉（とら）えて離さないように見える。

大正、昭和、平成と、「家」の持つ意味の変換が、一家族の歴史とともに浮かび上がってくる。ブルドーザーの轟音（ごうおん）とともに、今が過去になるそのスピードとともに、かつての家は解体され、人々はその意味を見失いかける。しかし著者は、解体されたその後の人の在りようにこそ「家」の意味を見出（みいだ）す。人が死んでもなお生き残る、「家」の力を描き出す。主人公たる「家」の、それは美しい執念である。

評・角田光代（作家）

かとう・ゆきこ 36年生まれ。作家。「夢の壁」で芥川賞、『長江』で毎日芸術賞。

二〇〇七年一月二八日❸

『死顔』

吉村昭 著

新潮社・一三六五円
ISBN9784103242314／9784101117515（新潮文庫） 文芸

静かに満ちている死の質感

凛（りん）として、しんとした短編集である。作者の享年の半分を少々超えた程度の読み手は、収録の五編——ことに遺作となった「死顔（しにがお）」に静かに満ちている死の質感に、ただ粛然とするしかなかった。

乾いている。作品に描かれた濃淡さまざまな死に、安易に涙を誘う湿り気はない。といって、決して冷たくはないし、死が観念の中で転がされているのとも違う。作品中で最も印象的な言葉を借りるなら〈そうか、死んだか〉——書き手によっていかようにも大げさに修飾できる一言を、吉村昭氏はよぶんなものをすべて削（そ）ぎ落として、そこに置く。まるで読み手自身の死のとらえ方を問うかのように。

もっとも、氏が延命治療を拒んで亡くなったという「情報」は、すでに読み手の側にある。それをすっかり消し去って読むことは、もはや叶（かな）わないだろう。短編小説が胸に残す余韻の先の先にあるものを知ったうえで、読み手は作品と向き合うことになるわけだ。逆算しつつ読む、と言えばいいか。読まざるをえない、と言えばいいだろうか。

なるほどたしかに、吉村氏は作品に書いてあるとおりの死にかたを選んだ。作品の中に嘘（うそ）偽りの紛れ込むことを徹底して嫌った氏は、自らの死の哲学に対してもその流儀を貫いた。たとえ逆算されてもいささかも揺るぎない、氏の人間としての強さに、若輩の読み手はまずは粛然としたのだった。

しかしそれ以上に読み手の背筋をぴんと伸ばしてくれたものは、「死顔」と本書収録の「二人」とを読み比べたときに浮かび上がってくる、氏の作家としての強さだった。次兄の死という共通した題材を持つ二編は、多くの部分で重なり合いながらも決定的に違う。死の三年前に書かれた「二人」は、言葉が削られ、物語の起伏や結構よりもむしろ言葉の純度を高めるための推敲（すいこう）が（死の間際まで）なされたことで「死顔」へと至った。作家とは、書くことによって自らの死の準備をするものか、してしまうものなのか、と本を閉じたあとも——いまもなお、粛然とした思いは消え去らないのである。

評・重松清（作家）

よしむら・あきら 昨年7月、79歳で死去。著書に『戦艦武蔵』『破獄』『天狗争乱』など。

二〇〇七年一月二八日❹

『ワインの帝王 ロバート・パーカー』

エリン・マッコイ 著 立花峰夫、立花洋太 訳

白水社・三五七〇円
ISBN9784560027608 ノンフィクション・評伝

点数評価がもたらした功績と衝撃と

私は二年前から、勤務校で「ワインとグローバリゼーション」という講義を行っている。同僚の訝（いぶか）しげな視線に耐え、ソムリエ協会のエキスパート資格までとって、この授業を始めたのは、ワインというモノを通してみることで、グローバリゼーションの現実を、学生にうまく伝えられると考えたからだ。

本書は、消費者リポートのスタイルでワインの百点満点評価を公表するという画期的なワイン・ジャーナリズムの手法を打ちたて、ワインの世界に革命的変化をもたらしたロバート・パーカーの評伝である。当然ながら、パーカーが何者かよーくご存じのワインオタク（特に一昨年日本でも公開されたパーカー批判の映画『モンドヴィーノ』をご覧になったそこのアナタ）には、まず太鼓判の面白さだ。だが、本書の射程はここにとどまらない。グローバリゼーションの現実を描いたすぐれたノンフィクションでもあるからだ。

もともとワイン市場は、文化や伝統が幾重にもとりまいた閉鎖的な市場である。ワイン評論は、基本的に伝統の内側に属する者だけ

に通ずる言語でしか流通していなかった。だから、パーカーによる点数評価がワインの世界にもたらした「民主化」の衝撃と功績はきわめて大きい。

だが、そこに発生する新しい権力もまた大きい。グローバリゼーションが、モノや機会へのアクセスについて、既存の特権を破壊する効果があるのは事実だが、それがただちにそういったモノや機会へのアクセスを透明化するわけではなく、生産者と消費者の関係は、より不安定で信頼を欠いたものになりかねない。そしてそこには情報を操作する権力の危険がつきまとうことになる。ワインの世界においてパーカーの存在に投影されているのは、この意味でグローバリゼーションそのものなのだ。

本書は、パーカーの視点を通して、いわばワインという鏡に映ったグローバリゼーションを描いている。その意味で、本書はむしろ、ワインなぞスノッブの玩具だとお考えの向きにこそお勧めしたい。

（原題、THE EMPEROR OF WINE）

評・山下範久（北海道大学助教授）

Elin McCoy　ニューヨークのベテラン・ワインライター。

二〇〇七年一月二八日⑦　文芸

『ミステリアスセッティング』

阿部和重 著

朝日新聞社・一五七五円
ISBN9784022502445／9784062765770（講談社文庫）

東北の女子高生シオリは、歌うことが大好きで吟遊詩人に憧（あこが）れていたものの、音痴で天性のお人好（ひとよ）しゆえにさまざまな挫折を経験し、作詞を学ぶために上京し専門学校に通い始めたあとは転落の一途を辿（たど）る。

もともと彼女は、年子の妹ノゾミからたえず辛辣（しんらつ）な批判を浴びせられてきたし、恋人のスズキくんには親友とのあいだで二股をかけられていた。上京後も人間を無条件に信じこむ癖が直らず、こんどは友人たちのロックバンドに搾取されてしまう。折も折、実家が営む焼き鳥屋チェーンが、鳥インフルエンザに伴う痛手で倒産、娘にも精神的かつ経済的な打撃を及ぼす。

あたかも『嫌われ松子の一生』を彷彿（ほうふつ）とさせる転落人生は本書のオビでも「2011年の『マッチ売りの少女』」と裏書きされる。とはいえ従来、危険な小説を次々と放ってきた作者だけに、一筋縄ではいかない。ポルトガル系を名乗る謎のドラマー、マヌエルが、とつぜん失踪（しっそう）し、彼女のためにスーツケース型の携帯用核爆弾を残すのだ。

そして物語は、大方の予想を巧みに裏切り、衝撃の大団円を迎える。くれぐれも取り扱いには注意しよう、これは小さくても破壊力十分の小説なのである。評・巽孝之（慶應大学教授）

二〇〇七年一月二八日⑧　ノンフィクション・評伝

『編集者　齋藤十一』

齋藤美和 編

冬花社・二五〇〇円
ISBN9784925236287

編集者にとって齋藤十一（じゅういち）は伝説的な存在である。新潮社の独裁者といわれながら、素顔を決して見せなかった。しかし「週刊新潮」や「フォーカス」創刊だけでなく、作家の発掘など、その辣腕（らつわん）ぶりは尾ひれがつくほど喧伝（けんでん）されている。

五味康祐、柴田錬三郎、山口瞳、山崎豊子、吉村昭など、齋藤の薫陶によって世に出た作家は数知れない。小林秀雄、保田與重郎らとの交友。しかも、タイトルの名手で、「週刊新潮」は、ほとんどつけていた。あるいは、パイプをくゆらせた傲岸不遜（ごうがんふそん）な態度。天の声のように、彼の決定にはだれも反対できなかった。噂（うわさ）を含め、虚実入り交じったエピソードがいっぱい残っている。現在では到底想像できない強烈な個性だ。

本書は二〇〇〇年、八十六歳で亡くなった齋藤十一という怪物を、瀬戸内寂聴らの弔辞のほか、新潮社の仲間、多くの部下、かかりつけの医者、隣人、行きつけの料理屋の女将などの回想でまとめた一冊。編者は夫人。はじめて知った事実も多い。

うーん。こういう人だったのか。出版関係者ならずとも、興味ひかれる人物だろう。巻末に愛聴レコード盤一〇〇が付されているが、これもいかにも齋藤らしい。評・小高賢（歌人）

二〇〇七年一月二八日❾

『ザ・ビートルズ・サウンド　最後の真実』

ジェフ・エメリックほか 著　奥田祐士 訳

白夜書房・三九九〇円

ISBN9784861912214

ノンフィクション・評伝

文字通り「最後の真実」の名に値する記録だ。なぜなら、著者は「リボルバー」「サージェント・ペパーズ……」「ホワイト・アルバム」「アビイ・ロード」という音楽の歴史を変えた20世紀最重要の4枚のアルバムの録音技師、すなわち技術上の責任者だったからだ。

この分厚い回想録を読むと、ビートルズがライブ演奏を放棄した理由が納得できる。あの音楽はスタジオ以外では演奏も録音も再現も不可能だったのだ。

その創造秘話はどきどきするほど面白いが、すでにルウィソーンの『ビートルズ／レコーディング・セッション』という名著でほぼ明らかにされている事実だ。この本の美点は、その細部がビートルズ・サウンドのすべてを知る一人の男の肉声で語られているところにある。

それにしても恐るべき記憶力だ。文章もまい（訳文もすばらしい）。その生き生きとした文章で綴（つづ）られるハイライトはビートルズの崩壊過程だ。著者は4人のビートルの個性を巧みに描きながら、彼らの無二の友情が、人間関係の力学を通してとり返しのつかない嫌悪へと変わる必然性を平易に説いている。ビートルズのプロデューサー、ジョージ・マーティンの回想録をこえる出来ばえだ。

評・中条省平（学習院大学教授）

二〇〇七年一月二八日❿

『テレビはインターネットがなぜ嫌いなのか』

吉野次郎 著

日経BP出版センター・一五七五円

ISBN9784822245542

IT・コンピューター／社会

インターネットとテレビの関係は微妙だ。テレビのコメンテータの中には首をかしげたくなるようなネット悪玉論を展開している人もいるし、テレビをマスゴミ呼ばわりする意見もネット上に散見される。本書は、こうしたテレビというメディアの王様とネットという超メディアとの微妙な距離関係を、テレビのビジネスモデルに焦点を当てて分析している。

テレビ局が築いた放送インフラを維持しようとする欲望と通信会社の思惑との交錯、キー局が築き上げた「系列」と収益システムとの関係、ネットに目を向け始めた芸能界、制作会社との関（かか）わり方の変容……。テレビ局が長年にわたって作り上げてきたビジネスモデルは、少しずつではあるが確実に変化を迫られつつある。その不可避の変化の道筋を本書はわかりやすく指し示してくれている。

と同時に、本書を読むと「なぜかくもテレビは強いのか」ということも分かってくる。「王様」は「超メディア」の興隆にもかかわらず、したたかに生き続けるだろう。その生き様を、感情論を排して冷静に観察していく必要がある。本書はその道標となってくれるはずだ。

評・北田暁大（東京大学助教授）

二〇〇七年二月四日❶

『男性史 1・2・3』

阿部恒久、大日方純夫、天野正子 編

日本経済評論社・各二六二五円

ISBN9784818818842〈1〉・9784818818859〈2〉・9784818818866〈3〉

人文

近現代日本の「男」たちを問い返す

「男性史」とは、それ自体が刺激的なタイトルだ。でも本書は、男性とは社会的に作られたものだという視点に立って、男性であることを近現代日本史の中で問い返そうという、きわめて真面目（まじめ）な本なのである。ただ「男性史」には、問題意識先行の印象もあり、「男らしさ」の歴史を除けば、実際にどこまで展開できるのかは未知数であった。そんな中で15人の歴史家と6人の社会学者が、日本近現代の「男性史」の通史を初めて書いたのである。

日本の戦前期に、「男らしさ」のステレオタイプを形成しその大きな発信源となったのは、男性だけからなる戦闘集団である日本の軍隊であった。本書では過半数の論文が軍隊や兵士を取り上げているが、それもうなずけることだ。戦後の時代でも、「今は徴兵制がなくなったので、若い男がシャキッとしない」というのが、しばしば理髪店などで聞かれるオジさんたちの「世論」であった。そして比喩（ひゆ）的に「企業戦士」という言葉が使われたように、戦前の軍隊秩序はその後も男性社会の秩序のモデルとされたのである。

ただし著者たちによれば、近現代日本の男性像のモデルは、かなり多様なものであった。「軍人」に代表される「強い」男性像が影響力を持ったのは確かだが、メディアの上では「軟弱」なモダン・ボーイや小市民が取り上げられることも例外ではなかった。その状況は、戦後にはさらに拡大したと思える。

著者たちは、「男性であること」のモデルがいかに形成され、人々を縛ったかを描いただけではない。さまざまな男性の生活史を、発掘しているのが特徴である。このことは本書を幅広いものにした。しかし実態に力点を置くことで、「男性論」として迫ってくる衝撃力は弱くなったようにも見える。

なお本書では、体力、学歴、資産などの基準によって、男性たちがどのように選別されて生きることになったのかが、丁寧に追跡されている。そして選別の結果、男性たちの間にも男性であることの負担を強く感ぜざるをえない層が生まれることになる。その葛藤（かっとう）も「男性史」の一つのテーマであった。

また本書では半数に近い論文が、男女関係を取り扱っている。そこでは買春を含めて女性差別を批判した男性たちの動きが、明治初年から系統的に取り上げられている。そして明治末の知識人からは、権威主義的ではない家庭を作ろうとする試みも生じてくる。しかしそんな家庭も性別役割分業の上に立つ限り、家庭の中に男性の影は薄くなる。夫婦間で生活上の共感が持ちにくく、絶えずスレ違いが起きる構造が生まれるのである。でもその種の家庭からの脱却は、今日でも困難なのである。

そして最後には、現代日本は男性優位社会であっても、男性に一家を支える経済力ばかりが期待されており、そこでは本当に「男らしさ」が求められているのかという、疑問さえ出されている。近現代日本で男性として生きることはどんなことだったのかを考えさせる、問題提起の書といえよう。

評・赤澤史朗（立命館大学教授）

あべ・つねひさ　共立女子大教授。
おびなた・すみお　早稲田大教授。
あまの・まさこ　東京女学館大教授。

二〇〇七年二月四日❷

『天皇たちの孤独　玉座から見た王朝時代』

繁田信一　著

角川選書・一五七五円
ISBN9784047034044

歴史

新しい視点から見た平安政治史

藤原道長の「この世をばわが世とぞ思ふ望月のかけたることもなしと思へば」という歌は有名だ。道長は娘三人を一条・三条・後一条という三代の天皇の正妃に宛（あ）て、「一家三后」と称される権勢の絶頂に立っていた。

お取り巻きの公卿（くぎょう）がみなこの歌に唱和する中で、婉曲（えんきょく）にそれを辞退した反骨の男が藤原実資（さねすけ）である。権力闘争の局外でクールな視線を保った人物だ。九十歳まで長生きして、藤原摂関時代の宮廷生活を丹念に記録した日記『小右記（しょうゆうき）』を書き残している。

本書の狙いは、『小右記』に登場する円融・花山・一条・三条と続く天皇四代の記事を読み起こして、それぞれに個性的な「ぼやきの数々」に耳を傾け、「心の中の真実」を聞き取ることにある。

玉座は孤独な椅子（いす）だった。

瀕死（ひんし）の円融天皇は、誰にも病床を見舞われなかった。花山天皇は奇計にひっかかって出家させられた。一条天皇は正餐（せいさん）で食事の給仕をしてもらえなかった。三条天皇は三十六歳まで天皇になれず、「老（ふる）東宮」と軽んじられた。

　摂関政治は、藤原北家の嫡流が娘を入内（じゅだい）させ、天皇の外戚（がいせき）・外祖父として権力を独占し、一族を繁栄させた。公卿たちは天皇よりも兼家や道長への奉仕を優先する。

　天皇の即位年齢と在位期間を見れば、《天皇》がいかに政治のカードにされていたかは明白だ。円融は十一〜二十六歳、花山は十七〜十九歳。道長が後見役だった一条は七歳の幼年で即位し、三十二歳まで在位。例外的に三十六歳で即位した三条も四十一歳で退位。道長の外孫である後一条までのツナギであった。

　寿命も短かった。円融三十三歳、花山四十一歳、一条三十二歳、三条四十二歳。「王朝時代、長生きした天皇はいません」と語る著者の眼差（まなざ）しは、摂関政治に翻弄（ほんろう）される天皇の心の襞（ひだ）に入り込む。王朝は「王」朝にあらず。権臣の朝廷に外ならなかった。

　天皇たちの孤独にはめいめい独特の色彩と陰影がある。《血統》と《閨閥（けいばつ）》は、今なお無視できぬ権力者の要件である。角度を変えた平安政治史として味のある一冊だ。

評・野口武彦（文芸評論家）

しげた・しんいち　68年生まれ。神奈川大日本常民文化研究所特別研究員。

二〇〇七年二月四日❸

『闇の奥』の奥　コンラッド・植民地主義・アフリカの重荷

藤永茂 著

三交社・二一〇〇円
ISBN9784879191670

文芸／国際

自らの邪悪を他者に投影した西欧人

　冒頭からスリリングだ。コッポラの名画「地獄の黙示録」から、ベトナムの密林にカーツ大佐が出現するおどろおどろしさを再現し、その原作のコンラッド『闇の奥』から、主人公が狂気に絡め取られていく姿を引用する。これだけでも読者を捉（とら）えて放さないが、映画の一シーン、「ベトコンが子供たちの腕を切り落とした」との挿話に著者は着目し、『闇の奥』批判と、背景にあるベルギーの対コンゴ植民地政策批判を展開する。その迫力に、読んでいてぐいぐい引き込まれる。

　アフリカの大国、コンゴ王国がヨーロッパの小国ベルギーの植民地となったこと、しかもベルギー国王レオポルド二世の私有地だったのはなぜか、の解明から始めて、植民地期西欧の、対アフリカ政策と認識を鋭く批判する。著者は、当時の西欧知識人の「アフリカ大陸にひしめく黒人たちは『人間』ではあるが……断じて自分たちと同類ではない」（ハンナ・アーレント！）という認識を指摘し、コンゴでの黒人に対する白人の残虐行為を糾弾したコンラッドもまた、その偏見を免れるものではない、と論ずる。30歳代半ばで初代首相となったルムンバの、独立演説の清々（すがすが）しさに対して、ベルギー国王の植民地経験への無自覚さが何と対照的なことか。

　そこには、キプリングの詩に象徴されるように、「乱れさざめく野蛮な民どもの世話をする」ことを「白人の責務」と捉える、西欧のアジア、アフリカに対する優越意識が底流にある。アフリカを、人間を狂気と地獄に引きずり込む暗黒とみなす西欧の認識は、「原始の邪悪と西欧人の内心の邪悪」、すなわち西欧世界の闇自体を、アフリカに投影して見ることでしかない。サイードの「オリエンタリズム」論に、通底する視点だ。

　著者の経歴が、面白い。カナダで教鞭（きょうべん）を執っていた分子物理学の第一人者が、「白人」の非西欧への差別を、西欧文学に追う。『闇の奥』を翻訳したのも著者だ。専門とする研究分野と別に、追わずに居られぬテーマを抱え続ける。知に対する真摯（しんし）な姿勢に、学ぶところは大きい。

評・酒井啓子（東京外国語大学教授）

ふじなが・しげる　26年生まれ。カナダ・アルバータ大学名誉教授、物理学者。

二〇〇七年二月四日④

『植物診断室』

星野智幸 著

文芸春秋・一二六〇円
ISBN9784163256306

文芸

独身40男の物語に潜む父性の解体

主人公は「結婚できない男」（覚えていますか昨年のテレビドラマ）みたいな独身貴族の40男だ。中堅の商事会社に勤め、横浜のタワーマンションの21階に住み、趣味はベランダ園芸の上を行くジャングリング（茂るに任せたジャングル状態の緑）と、散歩の上を行く徘徊（はいかい）。人づきあいは苦手というより拒絶するタイプだが、しかし、そんな水鳥寛樹は、なぜか子どもにだけはモテるのだ。3歳の姪（めい）っ子は会えば彼にまとわりついて離れず、母には「あんたも子どもには好かれるのにねえ」と嫌味（いやみ）をいわれ……。

さて、ある日のこと、彼は妹夫妻に頼まれて、とある女性との間で変わった契約を結ぶ。夫の暴力が原因で離婚した彼女・山葉幹子は中学校の教師だが、別れたとはいえ月に一度は会う元夫の影響が幼い息子に及ぶのをおそれ、「まったく違うタイプの男性と触れさせたい」と考えて、その相手に水鳥を選んだのである。そしてはじまる、独身男と、5歳の兄と0歳の妹のいる母子家庭の交流。

凡百の小説だと、ここで独身の彼と子持ちの彼女の間に恋愛感情が芽生え……という陳腐な展開になるのだが、フッフッフ、玄人受けする作品を10年近く書いてきた星野智幸がそんな安易な方向に流れると思います？

『植物診断室』という表題は主人公が通う催眠療法のようなセラピーを指す。「地上に上がったあなたは、地下で根茎を伸ばしていきます」なぞと診断師が囁（ささや）く、怪しげな診断室ではあるのだが、スギナやススキから童謡の「お山の杉の子」まで、小説には植物のイメージがあふれる。

父性ないしは男性性の解体というテーマがここには含まれていると見るべきだろう。この父性は国家レベルの父性も含む。動物的で攻撃的な旧来の男性像に対し、父でも夫でもない男性像を模索する水鳥くん。「こういう人ってステキかも！」と感じる女性は意外に多いと思うなあー。

ところで、この小説は今期芥川賞落選作なのだった。これに賞を出さなかった文学業界にも、植物診断室でのセラピーが必要かもしれない。

評・斎藤美奈子（文芸評論家）

ほしの・ともゆき　65年生まれ。作家。「目覚めよと人魚は歌う」で三島賞受賞。

二〇〇七年二月四日⑤

『成長信仰の桎梏（しっこく）　消費重視のマクロ経済学』

斉藤誠 著

勁草書房・二三一〇円
ISBN9784326550548

人文

市場主義から説いた小泉改革の罠

「改革なくして成長なし」。5年半に及んだ小泉政権の宣伝文句である。確かに、成長率の推移をみれば01年度のマイナス0・8％を底にして、03年度以降は2・1％、2・0％、2・4％と回復している。しかし、成長のためにGDP（国内総生産）を拡大しても、それによって経済厚生（経済的な尺度で測られる国民の幸福度）が高まる保証はないと著者はいう。「経済厚生の究極的な源泉」が「消費行為から得られる幸せの度合い」にあるなら、いかにGDPを増やすかよりも、いかに「高水準で安定した消費を享受」できるかのほうが政策目標としては重要だからだ。

実際、消費は増えなくても、金利を下げて設備投資を刺激し、円安誘導で輸出を促進すればGDPは拡大する。しかし、投資の収益率が低く、さらなる円安で輸入価格が上昇すれば、将来の消費機会が縮小するだけではなく、国民の生涯にわたる消費支出は収入を下回り、その差額は財政赤字の穴埋めとして政府に没収される恐れがある。

この恐れは杞憂（きゆう）でなく着実に進行しているというのが、「マクロ経済学のロジックを一つずつ積み重ね」て得られた本書の診断である。診断の論拠は政府の根強い「成長信仰」と、それを政策面で支える日銀の異常な金融緩和だ。失われた10年の主因を設備投資の生産性低下に求める著者は、過剰な資本が整理され投資の生産性が回復するまでの間は、貯蓄を控えて消費を楽しむほうが国民の経済厚生は高まるという。

その意味で、行政改革には熱心でも財政赤字の累増を放置し、金融にもルーズだった小泉政権は「成長信仰」の罠（わな）に嵌（はま）っていたと言える。加えて、企業と銀行の既得権益を守りながら、国民の経済厚生を切り捨てた改革は消費者主権の「市場原理」にも反していた。民間にできることは民間にと言いながら、民（たみ）のための改革ではなかったのだ。市場主義の観点から、小泉改革も含め日本の経済政策を一刀両断にした本書は、易しくはないが、読むと楽しいマクロ経済学の啓蒙（けいもう）書である。

評・高橋伸彰（立命館大学教授）

さいとう・まこと 60年生まれ。一橋大教授。著書に『先を見よ、今を生きよ』など。

二〇〇七年二月四日⑥

『現代ベトナムの政治と外交』

中野亜里 著

暁印書館・三三六〇円
ISBN9784870151581

政治／人文／国際

抗米戦後の対外関係と国造りを分析

党大会を今秋に控えた中国で、ベトナムの政治改革が話題になっている。党のトップである書記長まで、複数候補が争う選挙で選ぶことなどが称賛されているのだ。日本では投資先として注目されているが、さあ、ベトナム戦争後のベトナムについて私たちは何を知っているだろう？

本書は、一次資料の丁寧な読み込みに基づき、抗米戦争勝利後のベトナム外交の展開を詳細に分析した労作だ。その一つの焦点は、カンボジア進攻により国際的孤立に陥ったベトナムが、八〇年代半ばにドイモイ（刷新）へ路線転換して全方位外交を展開する経緯に置かれている。

一九七八年、東南アジアの革命の旗手を自任するベトナムはポル・ポト政権のカンボジアに進攻した。他方、南部の強制的社会主義化は数十万人にも上るボートピープルを生んだ。ベトナムは、西側や中国のみならず東南アジア諸国の強い反発を受けたのだが、著者によればこれは抗米戦争期の世界の人民の支持を過信し、国際社会での自分の位置を見誤った結果であった。

国際的孤立と国民経済の破綻（はたん）を受け、八〇年代にベトナム指導部はドイモイ路線へ転換して市場経済化を進めた。それに続き、相互依存の時代には政治体制を超えたグローバルな利益が存在するとの新たな認識の下、米中を含め「すべての国と友人になる」新思考外交に乗り出した。そして冷戦後は、地域の一員たるアイデンティティを強めた。

こうした著者の結論には説得力がある。ただ、著者が禁欲的に主として公開資料に依拠した結果、改革開放とドイモイの関連など、ベトナムの政策決定における中国の影響がやや過小評価された印象もある。

いずれにせよ、リージョナルな共通利益が拡大し、東アジア共同体が構想される現在では、東北アジアと東南アジアを総合的に捉（とら）える努力が必要だろう。その上で鍵となる中国と、東南アジアとを結ぶ要に位置するのがベトナムだ。社会主義の行方、そして地域秩序の発展の方向性を見通す上でも、ベトナムと越中関係の動向に要注目である。

評・高原明生（東京大学教授）

なかの・あり 早稲田大・国学院大・慶応義塾外国語学校非常勤講師。

二〇〇七年二月四日⑦

『都市プランナー　田村明の闘い』

人文

田村明 著

学芸出版社・二三六〇円

ISBN9784761531454

自治体の「まちづくり」のチャンピオンと言えば、誰もが横浜を挙げるだろう。

その最大の立役者は、革新市長、飛鳥田一雄の下で大活躍した辣腕（らつわん）の都市プランナー、田村明だった。40年近く前、横浜市に招かれ、まちづくりの現場で闘い続けた軌跡を自ら振り返った本書は、迫力に満ちている。

すべてが初めて尽くしだった。従来の中央官庁の顔色ばかりを窺（うかが）い、全国一律の法律、制度に従うだけの無策の都市行政を見事に反転させたのだ。「市民の政府」をめざす闘いだった。

官製の都市計画ではなく、ソフトも含めた柔軟で市民的なまちづくりの可能性を横浜が示してくれたのだ。横浜らしい戦略プロジェクトを次々に構想した田村は、権威主義の中央官庁や開発利益を求める企業と真っ向から闘い、柔軟な知恵と巧みな技で多くの成果を勝ち得た。抜群の記憶力により実名入りで再現される歴史のドラマの数々は、ノンフィクション作品を読む醍醐味（だいごみ）をも感じさせる。

みなとみらい、元町商店街等、人気の場を実現する一方、横浜市は乱開発から緑を守り、都市農業を創設し、環境保全でも常に先進的だったのがよくわかる。

地方自治とまちづくりを考えるための必読書だ。

評・陣内秀信（法政大学教授）

二〇〇七年二月四日⑧

『ディープ・ブルー』

医学・福祉／社会

栗津美穂 著

太郎次郎社エディタス・二二〇五円

ISBN9784811807225

児童福祉に関して、米国のシステムは日本よりはるかに進んでいるといわれるが実態はどうか。本書は、虐待を受けた子供たちに向き合ってきたカリフォルニア州在住の日本人ソーシャルワーカーが、実体験をもとに現状と問題点を綴（つづ）った壮絶なリポートである。

著者が勤めるのは、24時間態勢で子供を受け入れるシェルターをもつ施設。麻薬中毒の親に虐待されて発達障害になった少女や性的虐待を受けた双子姉妹らの事例をもとに、セラピストや精神科医、ソーシャルワーカーらがどんな治療計画を立て、司法がどう介在し、実の親の更生がいかに連携されていく（連携されない）かが報告される。

心痛むのは、虐待の記憶が子供のその後の成長に与える影響だ。手を差し伸べた大人をも裏切って家を追い出され、「なんで、あたしのすること、ぜんぶこうなっちゃうの？」と涙する少女に答えられる大人はいない。子供たちの悲鳴は、世界で一番強いはずの国の未来への警鐘でもある。

子供にとって大切なのは「特定の大人との濃密で安定した永続的な関（かか）わり」という。著者はその体現者であり、地域ぐるみのケアシステムは明日にも参考になるだろう。

評・最相葉月（ノンフィクションライター）

二〇〇七年二月四日⑨

『随筆集　夕波帖』

文芸

小川国夫 著

幻戯書房・二三一〇円

ISBN9784901998192

三十数年前に短篇（たんぺん）集『生のさ中に』『悠蔵が残したこと』に出合って以来、小川国夫を読み返している。言葉はざっくりと切り落とされているのに、世界の表情はつややかで陰影があり、単純化された物語はときに神話的な響きをもつ。いったいどうしたらそのような表現と物語を生み出すことができるのか。それは本書を読めばわかる。

文学への基本姿勢「耳を澄ます」、文章論に大きな影響を受けた「志賀直哉の教え」、芥川龍之介と梶井基次郎の決定的な違い「エトナのエンペドクレス」、梶井の〝新しい〟魅力にふれる「梶井基次郎再読」、悲劇と喜劇が共存する物語の宝庫＝聖書「ヒューマン・バイブル」、自作を解説する「書きたい、見たい、聞きたい」、「川端康成文学賞の選評から」などでさらりと小川文学の核心が述べられているからだ。

そのほかに文人たち（本多秋五、藤枝静男、前登志夫）との交流、身辺雑記、若き日の欧州旅行の回顧が生き生きと時にユーモラスに語られていて愉（たの）しい。

今年八十歳を迎える小川国夫。洒脱（しゃだつ）な語り口のエッセイとはいえ、小川文学の特異さと偉大さにあらためて思い至る好著。また短篇集を読み返さなくては。

評・池上冬樹（文芸評論家）

『下流志向　学ばない子どもたち　働かない若者たち』
内田樹 著
講談社・一四七〇円
ISBN9784062138277／9784062763998（講談社文庫）
人文／社会

消費社会にしがみつき　未来から逃走

副題が示す方向へと日本は変わっている。著者は、その変質の理由を、経済原理による社会の均質化だという。日本の将来を絶望させるに足る、恐ろしいほど根源的な洞察だ。

昔の子供は家事を手伝うことで、働く者として家族から認められた。今、日本の子供たちは家事を手伝う必要がない。そのかわり、消費者として自分を確立する。超少子化でこづかいは潤沢なので、幼いころから金を持って買い物をする。4歳の幼児でもコンビニで金と好きな商品を交換できる。金は持つ人の身分を問わない。これが金のフェアさだ。

今の子供はしばしば「これを勉強すると何の役に立つんですか」と聞く。消費者として自分を確立した子供には当然の問いである。消費者にとって、自分がその有用性を理解できない商品は意味をもたないからだ。

だが、「何の役に立つか」と問う人間は、この有用無用について自分の価値観が正しいと思っている。勉強によって自分の価値観そのものがゆらぐことを知らない。幼くして全能の消費者となった立場から、今の自分の役に立たないものを退ける。

この態度を、今はやりの自己決定論、自己責任論が後押しする。勉強しなくても、自分で決めてそのリスクの責任を負えばよい。未来の自分に目をつぶり、今の自分の無知にしがみつく。役に立たない勉強をやらなくて何が悪い。こうして学習からの逃走が始まる。

労働からの逃走（ニート）も、日本という異常に均質化された高度消費社会の必然である。ヨーロッパのニートは階層社会で社会的上昇の機会が奪われている。日本のニートはその機会があたえられても、放棄するのだ。

消費社会の原理は等価交換である。労働に見あうと自分が判断する利益が得られれば働く。逆に、安い給料のために働く不快より、親の愚痴に耐えたり、近所の目を気にしたりする程度の不快のほうが軽いと判断すれば働かないのだ。ホリエモンがニート層の支持を集めたのは、最小の労働で最大の利益を得たからだ。AV女優がいくらでも出てくるのは、彼女たちがみだらだとか金に困っているとかいうわけではない。彼女たちには、その仕事はレートの良い交換に見えるのだ。

金による交換は、平等で、透明だ。そこに魅力がある。だが、その交換がスムーズに行われるためには、交換の場を下支えする社会的制度や人間的資質を開発する必要がある。この人間的資質は、教育以前には「何の役に立つか」分からないものだ。教育の場で「何の役に立つか」と問う消費者マインドが、学習からの逃避、労働からの逃避を原理的に支えている。教育者と子供たちが「何の役に立つか」と問いつづけるかぎり、潜在的な人間的資質は開発されず、消費者でしかない子供（将来の大人）が再生産されるばかりだ。

そんな絶望的に見える日本の未来のなかで、著者は余生は大学教師をやめて、武道の道場で地域の子供たちを教えてすごそうと考えている。瞬間的な等価交換ではありえない、悠久たる時間のなかでの変化を感じとる力の回復が、日本の子供再生の鍵になるだろう。

評・中条省平（学習院大学教授）

うちだ・たつる　50年生まれ。神戸女学院大教授。専門はフランス現代思想、映画論、武道論。著書に『狼少年のパラドクス』など。

二〇〇七年二月一一日②

『ダナエ』

藤原伊織 著

文芸春秋・一三〇〇円
ISBN9784163255903／9784167614058（文春文庫）　文芸

事件で始まり…終盤 抒情の熱と豊かさ

語りは落ち着いているものの、いきなり冒頭からショッキングな事件が語られる。

銀座の個展に出品された肖像画がナイフで傷つけられ、硫酸をかけられたのだ。しかし画家の宇佐美は人事（ひとごと）のような感じを受け、さらに事件を愉（たの）しんでいる自分に気付く。財界の大物である義父を描いた絵は、世界的な評価をうけている宇佐美の唯一の肖像画として珍重されていたが、怒りは湧（わ）いてこなかった。だが、犯人から電話があり、さらなる攻撃を予告されて、事件の背景を探りはじめる……。

『テロリストのパラソル』『ひまわりの祝祭』の藤原伊織のヒーローだから冷静である。斜に構えて、自分の置かれた状況を皮肉に眺めている。しかも〝わが思惟するものは何ぞや／すでに人生の虚妄に疲れて／今も尚家畜の如くに飢ゑたるかな。／我れは何物をも喪失せず／また一切を失ひ尽せり。〟という萩原朔太郎の詩を愛誦（あいしょう）しているから、ますます韜晦（とうかい）じみて屈折した肖像を見せる。

だが、近年の『てのひらの闇』『シリウスの道』といった藤原の傑作がそうであるように、ここでもヒーローの過去の因縁がゆくりなくあらわれ、宇佐美と義父の秘められた思いが前景へと迫（せ）り出してきて、読者の心を激しく揺さぶることになる。熱きドラマが展開するのだ。

藤原作品はとかくプロットが後半で停滞し、説明に汲々（きゅうきゅう）とすることが多いが、「ダナエ」にはそれがない。実になめらかに一気に物語が運ばれていく。静かな語りからやがてエモーショナルな語りへ、乾いて醒（さ）めた世界から艶（つや）やかで熱い情念の世界へと劇的に移行していくのだ。その終盤で熱を帯びる抒情（じょじょう）の何という豊かさ！朔太郎が別れた妻の言葉を思い出すたびに〝切々たる哀傷〟と〝人生孤独の無情感〟を覚えたというが、ここにもそれらが強く掬（すく）いあげられている。藤原文学を代表する傑作中篇（ちゅうへん）だろう。

本書にはほかに、作者が長年携わった広告業界が舞台の「まぼろしの虹」「水母」の二篇が収録されている。いずれも人生の悲哀と憂愁を、苦いユーモアにくるんだ佳作だ。

評・池上冬樹（文芸評論家）

ふじわら・いおり　48年生まれ。作家。『テロリストのパラソル』で直木賞を受賞。

二〇〇七年二月一一日③

『世界屠畜紀行』

内澤旬子 著

解放出版社・二三一〇円
ISBN9784759251333／9784043943951（角川文庫）　ノンフィクション・評伝

抜群の行動力で食肉の現場を活写

イラストルポライター、内澤旬子の単著第二作は世界の屠畜場（とちくじょう）めぐりである。まず企画主旨（しゅし）に意表を突かれた。日本で屠畜を語ると、仏教の殺生戒や穢（けが）れの感覚にいきあたる。だが都会に生まれ育った著者は何も知らなかった。ならば当事者のような顔をして被差別の歴史を語るよりは、屠畜がどんなに興味深い仕事かを視覚的にも知ってもらいたい。撮影禁止の場所も多い中、イラストルポという手法が断然強みとなった。家畜の絶命方法から解体の手順までを、端正な線画とにおいが漂ってきそうなほど活（い）き活（い）きとした文章で伝えている。

本書が成功した理由はさらに三つある。一つは、屠畜を特定の人々に押しつけ屠畜場に閉じこめてきた国と、生きるための自然の営みと考えてきた国の双方を紹介して、意識の相違を対比させたこと。インドでは今も差別発言が聞こえるが、モンゴルでは屠畜できる人が敬われ、エジプトのように「神様がくれた仕事」と屠畜を誇りにする国もある。文化背景を知らずに動物がかわいそうと批判する動物愛護団体の主張が、いかに的はずれかが浮きぼりになる。

二つ目は、芝浦屠場から墨田区の革鞣（なめ）しまで、身近な肉の一生を五章も費やして詳述したこと。職人技の数々も、女性や若者の声もどれも興味深く、BSE検査や肉の履歴を知るトレーサビリティがどれほど煩雑な手順で行われるかも明解だ。家畜を殺すのは最初の一瞬にすぎず、その後の作業のほうがずっと複雑で高度。屠畜への忌避感は宗教的な理由より、都市化によって生産の現場が外から見えなくなったことが原因ではないか、という仏教学者・金岡秀郎氏の言葉は説得力をもつ。

本書をおもしろくした三つ目の理由はなんといっても、猛禽（もうきん）飛び交うゴミ山に踏み入ることも厭（いと）わぬ著者の行動力だ。エジプトの大家族の女性が羊の解体を見守りながら語った言葉は、著者の思いと重なり合う。

「そう、この場面を子どもたちに見せるのは大事なことなの。私たちは動物を犠牲にして生きているということを忘れがちだから」

評・最相葉月（ノンフィクションライター）

うちざわ・じゅんこ　67年生まれ。イラストルポライター。『センセイの書斎』など。

二〇〇七年二月一一日❹　人文

『喪男（モダン）の哲学史』

本田透 著

講談社・一八九〇円
ISBN9784062137768

思想の担い手は「モテないオタク男」？

なんなんだ、この本。真剣なのか冗談なのか、ちゃんとした哲学入門書なのか、近代の恋愛至上主義を憎悪する著者の妄想なのか、さっぱりわからない。だいたい「モテないオタク男」を「喪男（モダン）」と呼べと言われ、「喪男が人生や現実を考える、それが哲学なのだ」と言われても、「はい、そうですか」というわけにはいかない。しかも、その思い込みひとつですべての哲学の歴史を語り尽くそうというのだから、空恐ろしい。「マルクスの哲学もまた、喪男のルサンチマンから生まれています。ですから多くの喪男に支持されたのです」などと言われたら、革命家はみんな泣いちゃうんじゃないか。

でも、この著者の暴走は一度、始まったら止まらない。おかまいなしにゲームやアニメなどの固有名詞を乱発しながら、ブッダにキリスト、ギリシア哲学からドイツ思想、精神分析にポストモダンまでが一気に語られる。「ユダヤ教の神が『巨人の星』の星一徹なら、イエスの神はKeyのPCゲーム『Kanon』の月宮あゆぐらい違います」といったオタク用語乱発の解説に辟易（へきえき）しながらもついページをめくり続けるうちに、「西洋哲学史とは三次元（現実）対二次元（精神）の対立の歴史」という著者の主張がなんだか説得力あるものに見えてくるから不思議だ。「ルサンチマンには善の心（萌（も）え）と悪の心（鬼畜）の両面があるので、我々はその善の心だけを三次元に適用し、悪の心は二次元に留めておかなければならない」といった主張にも、ついうなずいてしまったり。

それにしても、ニーチェにもガンダムにも等しく興味があり、本書の議論について行ける〝喪男な読者〟が、日本全国でいったい何人くらいいるのだろう。著者も今の日本は「悪夢のような恋愛資本主義社会」になっている、と言っているくらいだから、真の喪男は数百人なのでは。でも、本書で哲学や思想の世界への目が開かれる若い読者は、確実にいそう。ベストセラー『ソフィーの世界』と表裏一体をなすような本だ。どちらが表かは、あえて言わないけれど。

評・香山リカ（精神科医）

ほんだ・とおる　69年生まれ。評論家、作家。著書に『電波男』『萌える男』ほか。

二〇〇七年二月一一日⑤

『白い黒人』

ネラ・ラーセン 著　植野達郎 訳

春風社・二〇〇〇円
ISBN9784861100932

人文

「白人」でまかり通る？ 出自を意識？

「白い黒人」と聞けば、アメリカ文学の愛読者なら、かつて一九五七年にノーマン・メイラーが、かのビート世代の作家（ヒップスター）たちに対し、「ホワイト・ニグロ」なる呼称を献（ささ）げていたことを、たちまち思い出すだろう。それは、ジャズやブルースを貫く黒人の魂に啓発され、中産階級と決別しようとする白人系前衛芸術家の一団を指した。あるいは、十八世紀以来、白人がメークして黒人の役柄を演じた「ブラック・フェイス」を連想する向きもあるだろうか。

だが黒人女性作家ラーセンの本書が発表されたのは一九二九年、ハーレム・ルネサンスの渦中であり、原題も「パッシング」（Passing）だ。そこでは、混血の果てに肌の色が薄くなり、「白人としてまかりとおる」（passing for white）ようになった黒人女性たちそれぞれの運命が物語られている。

舞台は一九二七年。ニューヨークで幸福な家庭生活を送るアイリーン・レッドフィールドが、実家のあるシカゴに帰郷し、ドレイトン・ホテルのラウンジで、幼なじみの旧友クレア・ケンドリと劇的な再会を遂げるところから、すべては始まる。

両者はともに、白人とみまごう肌の色の持ち主だが、アイリーンが黒人としての民族的出自をたえず意識するいっぽう、クレアはといえばあっさり民族を捨て自己中心的な利益を優先させ、夫のジョン・ベルーにすら自分に黒人の血が入っていることは告げていない。だからクレアの家のパーティーに招かれたアイリーンは、黒人嫌いのジョンの言動に、はらわたが煮えくりかえる思いをする。

以後、彼女はクレアとの同性愛的ロマンスを発展させていくが、やがて、自分の夫ブライアンがクレアとのあいだに不義を結んでいることに気づいてからというもの、物語は思わぬ悲劇をもたらす。

問題は人種や性差ばかりではない。黒人女性が何よりも社会階級をいかに手に入れ、いかに失うものか——この皮肉な構図をめぐるラーセンの思索は、今日、ますますその意義を増している。

（原題、PASSING）

評・巽孝之（慶應大学教授）

Nella Larsen　1891〜1964年。米国・シカゴ生まれ。作家。

二〇〇七年二月一一日⑥

『舟と港のある風景』

森本孝 著

農山漁村文化協会・二九〇〇円
ISBN9784540062391

ノンフィクション・評伝

高度成長目前 細やかな日常を記す

戦前、日本の委任統治領だったサイパン島について取材していたとき、当時の南洋群島の漁業を担っていたのは沖縄の糸満出身者にほかならなかったと知り、驚嘆の溜（た）め息をついたことがある。

糸満漁民は、本書によると、はるかシンガポールやインドネシアにまで赴き、かの地では一年のうち十一カ月を海の上で送っていた。

「潜って耳をたてて魚の泳ぐ音を聞いただけで、だいたい何千斤の魚がいるかわかったものです」

唖然（あぜん）とさせられる証言も、本書には出てくる。これに限らず、魚群を追って移動してきた漁民たちが開いた村は、全国に多いという。漁民とは、つまり狩猟民なのだと、私は改めて思い知らされた。

著者は、近年再評価の著しい民俗学者・宮本常一の直弟子である。宮本の勧めで、一九七〇年代前半から各地の沿岸漁村を巡り始め、八〇年代後半まで詳細な調査を続けた。そこから選び抜かれた記録をまとめた本書は、宮本の名著『忘れられた日本人』の漁民版にたとえられるかもしれない。

一例をあげると、東北・下北半島の漁村の神社で、権現さまの能舞いがある。だが、権現さまは熊野、つまり紀州の神様だ。紀州は古来有数の漁業地。とすると、下北半島は漁民を通じて、遠く紀州とつながりがあったのではないか。こんなふうに小さな糸口から、著者は推理の羽を広げてゆく。著者と共に、こうした発見を重ねる喜びが、随所にある。

しかし、人々が風土に寄り添いながら、暮らしの知恵をつむいできた木目細やかな日常は、高度成長下の「便利さ」という巨大な潮流に押し流されてしまった。その寸前の日々を、タイムリミットぎりぎりのところで、著者は哀惜をこめて記録したのである。

沖縄・石垣島の海辺で、鮮やかな落陽に染め抜かれつつ、漁から無事に帰ってきた男たちを出迎える女たちの姿が「忘れられない」と著者は書く。その筆致からは、画家ミレーの「晩鐘」を前にしたときのような、静かな祈りの、声なき声が聞こえてくる。

評・野村進（ジャーナリスト）

もりもと・たかし 45年生まれ。漁村社会を中心とする民俗学研究者。

二〇〇七年二月一一日⑦

『東京初台演劇夜話』

大笹吉雄 著

人文／アート・ファッション・芸能

新水社・二五二〇円
ISBN9784883850945

東京の初台に新国立劇場ができて十年、その公演パンフレットに連載した「レパートリーを読む」を一冊にまとめたもの。

柿（こけら）落としの井上ひさし「紙屋町さくらホテル」では、登場人物の丸山定夫にちなんで築地小劇場の創立を、「リア王」ではシェイクスピアの四大悲劇の初演を、宮本研の「美しきものの伝説」では大正時代の民衆芸術を、森本薫の「怒濤（どとう）」では評伝劇の系譜をたどる。

また、秋元松代ほかの女性劇作家や、渡辺浩子ほかの女性演出家、地域語による戯曲など、上演作がいかに他者と深くかかわっているか、『日本現代演劇史』を書き継ぐ著者ならではの緻密（ちみつ）な考証が展開する。

野田秀樹の夢の遊眠社と市川猿之助の早替わり歌舞伎との共通性は、一九八〇年代のアイデンティティーの空虚化だという鋭い指摘や、終生のライバル村山知義と久保栄が旧制一高のクラスメイトだったという挿話もある。

チェーホフ没後百年で騒ぐ一方、新劇の本質を論じた岸田国士は没後五十年なのに追悼されない。六〇年代以降の小劇場運動が新劇を革新したという俗説を一蹴（いっしゅう）し、新劇とは新と劇との関係を探りながら進む演劇なのだと説く著者の情熱が紙背から伝わる好著。

評・杉山正樹（文芸評論家）

二〇〇七年二月一一日⑧

『働かない 「怠けもの」と呼ばれた人たち』

トム・ルッツ 著 小澤英実、篠儀直子 訳

ノンフィクション・評伝

青土社・三三六〇円
ISBN9784791763078

怠け者とは何もしない人ではない。自分の好きなことは喜んでする。著者の息子が朝から晩までカウチ（寝いす）で寝ころんでいたのも、けっして怠けていたわけではない。したいことを、していただけだ。

しかし、その行為は「資本主義の精神」の象徴であるベンジャミン・フランクリンが唱えた「時は金なり」の働く倫理に反していた。だから著者も最初は息子に怒りを覚えたはずだ。これに対し「怠惰の唱道者」サミュエル・ジョンソンは、「すべての人間は、怠け者だ」と言って、働かない倫理を支持した。

著者によればこの相反する倫理は対立せずに「複雑に捻（ねじ）れた認識」として共存している。実際、「自分が怠けているとき」は罪悪感と同時に喜びを覚える一方で、「他人が怠けているとき」には、嫉妬（しっと）とともに「怒りの感情が引き起こされる」からだ。つまり人間は働き者と怠け者に分類されるのではなく、両方の要素を備えているのだ。冒頭の息子も、著者が本書を脱稿する頃には「一日十四時間も働く」ようになっていたという。

本書はいわゆる「怠け者」の歴史ではない。時々の働く倫理に「必死」で抵抗したが故に、怠け者と呼ばれた人たちの歴史である。

評・高橋伸彰（立命館大学教授）

二〇〇七年二月一一日⑨

『アメリカの眩暈(めまい)』

ベルナール=アンリ・レヴィ 著　宇京頼三 訳

早川書房・三二五〇円　人文
ISBN9784152087843

著者は、新哲学派の旗手として名を馳(は)せたフランス思想界の寵児(ちょうじ)である。毀誉褒貶(きよほうへん)は激しいが、反マルクス主義的自由主義者として、その言行にスジはある。

本書はその著者が、さる雑誌の企画で、一年間アメリカを旅して書いた哲学紀行エッセーである。全編さながらアメリカ社会を映す知的万華鏡といった趣で、シャロン・ストーンのブッシュ批判を聞き、フランシス・フクヤマと議論を交わし、バラク・オバマの強い印象を書き記す。他方で、「ピューリタンな」売春宿、「オープンな」米国海軍潜水艦ツアー、「世俗的な」メガ・チャーチと、ヨーロッパ人の紋切り型的なアメリカ像を絶妙にずらしながら、アメリカ社会の深部に知のメスを入れる。そのメスが最も深く入るのは、グアンタナモを含むいくつもの監獄の観察である。

圧巻はエピローグ。著者は「アメリカとは……巨大なアメリカ人生産機械」でしかないと喝破しつつ、「帝国」としてアメリカを批判することの不毛を説く。そのようなかたちでアメリカを単純に批判できると考えることのほうにこそ、彼が批判してやまない全体主義の腐臭がするからである。

評・山下範久(北海道大学助教授)

二〇〇七年二月一一日⑩

『環境の歴史』

R・ドロール、F・ワルテール 著
桃木暁子、門脇仁 訳

みすず書房・五八八〇円　歴史/人文
ISBN9784622072645

本書の書名はとても象徴的である。なぜなら人類史や自然史はあっても、環境史など、本来ならばありえない概念のはずだからである。しかし人類は、自然の社会的用途を定義する形で「環境」を発見し認識してきた。したがって「環境の歴史」を語ることは自然と人間社会との絶えざる相互作用の歴史を語ることにほかならない(ただし本書で語られるのは主に「ヨーロッパの環境史」ではある)。

西洋においては、人間は自然を支配すべく創造されたとするキリスト教思想の影響が強い。古代社会では自然に服従するしかなかったが、近代社会はそのため、自然を手なずけ改変する方向で動いてきた。

しかし、東洋思想の基本はあくまでも自然順応型であるなどという安易なナショナリズムや昔はよかった式のノスタルジーに陥るべきではない。なぜならわれわれは今、地球規模の温暖化の危機に見舞われているからだ。

主要な環境問題と社会との相互作用、自然現象に対する認識の歴史的変遷、その時々の科学的解釈などを展望した本書は、歴史的知識を武器に今こそ政治的行動を起こすべきだというメッセージを含んだ刺激的な歴史書である。

評・渡辺政隆(サイエンスライター)

二〇〇七年二月一八日❶

『5』

佐藤正午 著

角川書店・一八九〇円
ISBN9784048737258/9784043593040(角川文庫)　文芸

物語の森 どこに連れられていく?

小説を読みながら何度もため息をついた。ゆったりとした語りなのに、文章は張りつめていて、軽い昂奮(こうふん)を覚えてしまうからだ。佐藤正午が抜群の語り部であり、賞には恵まれないものの文壇で五指に入る「小説巧者」であると僕は断定するけれど、それでもあらためて新作に出会うと、五指ではなくベスト3、いやそれ以上ではないかと思ったりする。

物語は、印刷会社に勤務する中志郎が妻とバリ島に行く話からはじまる。そこで中志郎は不思議な体験をするのだ。故障したエレベーターの暗闇の中で、ある女性とふれあい、妻に対する愛情が甦(よみがえ)るのである。結婚して八年、倦怠期(けんたいき)にあり、ベッドをともにすることも厭(いと)わしかったのに、急に積極的になる。

そんな夫婦の話をきかされたのが、小説家の津田伸一である。津田はその事態に影響をうけ、やがて作家として窮地にたたされる。

物語の運び方からして、さりげなく巧妙である。三人称一視点で始まりながら、やがて小説家の「僕」が出てきて（この登場が絶妙だ）、複雑な人間関係の一端を示し、さらに自由に人物を出し入れして、なんでもない挿話を積み上げていき、それぞれの危うい人生の基盤を見せていく。危うさとは、佐藤作品の人物たちが抱く、ありうる（ありえた）かもしれない別の人生への思いである。

たとえば、過去の人生の分岐点にたって別の人生を歩む『Y』、失踪（しっそう）した恋人の行方を捜しながら自分の人生の選択肢を考える『ジャンプ』を読めばわかるだろう。偶然がおりなす人生でありながら、人はいくつもある選択肢のなかからひとつを選び取り、「未来」を決めていく。だが、その選択は正しいのか、過去において選びとった「未来」＝「現在」に満足しているのか？　と考えるのである。

こうして人物たちは迷いだす。それは読者にとっては物語の森の中に迷いこんだような感触である。だがこれがいい。物語の森の愉悦をたっぷりと味わわせてくれるからだ。物語の森といってもロバート・ゴダード（『千尋の闇』）に代表される物語の万華鏡ではなく、道がいくつもあり、自分がどこに連れられていくのかわからない昂揚と期待である。

今回は「僕」にしろ、中志郎にしろ、読者が共感をよせる人物像ではない。「僕」は出会い系にはまり、恋人がいるにもかかわらず、次々に新しい女性と関係を結ぶし（だがこの辺の、多彩でどこか歪（ゆが）んだ女性たちとの挿話が実に読ませる）、中志郎はもうひとつ何を考えているかわからないところがある。

それでも物語に惹（ひ）きつけられるのは、錯綜（さくそう）した人間関係が動き、不都合な方向へと細部が組織化されていき、ある女性がもつ特殊な能力で眠っていた記憶が覚醒（かくせい）し、いちだんと人生の可能性が拡大されるからである。

物語の核心にふれるので曖昧（あいまい）に書くが、これはある種の苦い恋愛小説である。永遠の愛を謳（うた）うものではなく、世界のひとつの真理として、むしろ愛は醒（さ）めるものであることをアイロニカルに描いている。病気と涙と感動のない所で愛を語る、反『世界の中心で、愛をさけぶ』ともいうべき洗練の極致の秀作だ。

評・池上冬樹（文芸評論家）

さとう・しょうご　55年生まれ。作家。83年、『永遠の1／2』ですばる文学賞を受賞し、デビュー。著書に『Y』『ジャンプ』ほか。

二〇〇七年二月一八日②

『自閉症の君は世界一の息子だ』

ポール・コリンズ 著　中尾真理 訳

ノンフィクション・評伝

青灯社・二五二〇円
ISBN9784862280107

他者を理解するとは何なのかを問う

古書愛好家ポールと妻の画家ジェニファーは、息子の3歳児検診で医師に発達障害を指摘された。息子モーガンは1歳でアルファベットを覚え、2歳で歌を正確に繰り返せるのに、両親の呼びかけには反応しない。

夫婦はこれまで生きてきた自由な世界から目の前の現実にうまく着地できずに戸惑い、葛藤（かっとう）する。支援プログラムの力を借り、ありのままの息子を必死に受け入れようとする。ただし本書は帯にあるような単なる「感動的な子育て記」ではない。自分と異なる世界に生きる人をどう理解すればよいかという普遍的な問いが全編を貫いている。

自閉症者には他者の概念がなく、信じる、考える、といった心の状態を表す言葉が存在しないという。人に騙（だま）されたり裏切られたりすることも知らない。ポールは恐れた。モーガンに死をどう教えればよいか。いや、教えなくてはならないのか。自分が死んだら息子を守れるか。自閉症の初期症例といわれる18世紀の野生児ピーターに関する古書に導かれたポールは、精神医学の歴史をひもとき、自閉症者の内面へと分け入る。

親の教育が原因と説く似非（えせ）神経学者の欺瞞（ぎまん）や、フロイトの弟子カナーとアスペルガーが同時に同じ症例に着目して「自閉症」と名づけた偶然。音楽と数学の奇才やマイクロソフトに勤める自閉症プログラマーのエピソードは、強い集中力をもつ彼らの精神世界を垣間（かいま）見せてくれる。ポールは自分の過去もさかのぼり、彼もまた何かに熱中すると人の声が聞こえず、特殊学級に入れられたことを明かす。私たちだってどこまで他者を理解しているか。モーガンは本当に異なる世界の住人かという問いが大きくなる。「彼らはぼくたちなのだ。彼らを理解することは、人間であるとはどういうことなのかを理解し始めることである」

父と息子がかすかに会話を交わし、希望を見いだすところで本書は終わる。感動的だが涙はない。今この瞬間も不安と喜びが交互に押し寄せる彼らの日常が想像できるからだ。感傷に浸ることを許さない、著者の強い志も同時に。

（原題、Not Even Wrong）

評・最相葉月（ノンフィクションライター）

Paul Collins　米の作家。19世紀米文学の研究も。『古書の聖地』など。

二〇〇七年二月一八日③

文芸

『信頼』

アルフォンソ・リンギス 著　岩本正恵 訳

青土社・二五二〇円
ISBN9784791762330

「わたし」の核と核を結ぶ精神の旅

ここに収められた二十一の文章は、旅という経験を通して紡がれた瑞々（みずみず）しい思索の跡である。読者は前提も説明もなく、いきなりある土地のある瞬間へと送り込まれる。そこで私たちが受け取るのは、情報や知識でなく、未知なるものに出会ったときの、悦（よろこ）びや怖（おそ）れ、生々しい情動のほとばしりだ。意味の体系に縛られた身体を、緩やかに解くものが文章から湧（わ）き上がる。

取り上げられている場所の多くは、中東、南米、アフリカの都市など、不安な社会体制下にあり、宗教的対立や貧困を抱えた国。野性に満ちた土地の風景から、そこに生きる人間が炙（あぶ）り出されてくる。

ある章では、サハラ砂漠を通ってアラワーヌという聖地へ。案内人の現地人たちは、驚くべき記憶力と注意力で、目印もない砂漠の道なき道をゆき、目的の地まで著者たちを導く。砂に半分埋もれた「バンコ」と呼ばれる土の家、井戸に皮袋を落として水を汲（く）む方法。読者にとって、見知らぬ地名、見知らぬ言葉が、光となって輝き、風として通過する。

独特の腕力を備えた文章に、読者の魂は、机上から遥（はる）か異郷の地へと吹き飛ばされていくが、その遠心力によってもたらされる眩暈（めまい）が、本書を読む大きなよろこびだ。吹き飛ばされてふと我に返り、自分の今とここが、相対化されて見えてくる。その振幅が、実際の旅のなかに、もう一つ別の、精神の旅を生む。

「地球上の最貧十カ国のひとつ」マダガスカル島は、「絶滅の危機に瀕（ひん）する固有種」が多く棲息（せいそく）するアフリカ南東の島。そこで著者は、言葉も通じない現地の若者に、命と財産を託す。見知らぬ人間を信頼するには勇気が必要だ。だが、ひとたび相手を信頼すれば、相手の側にも、信頼されているという自己への信頼を引き起こし、信頼が信頼を増幅させていくのだとリンギスは言う。そして信頼の絆（きずな）は、社会的な衣をはぎとった、リアルな個人、「わたし」の核と核を結ぶと。

身体の細胞が活性化してくる本だ。タイトルの二文字が、読後、清冽（せいれつ）な響きで胸に刻まれる。

（原題、trust）

評・小池昌代（詩人）

Alphonso Lingis　33年生まれ。米の哲学者。『汝の敵を愛せ』ほか。

二〇〇七年二月一八日❹

『中世日本の予言書〈未来記〉を読む』

人文

小峯和明 著

岩波新書・七七七円
ISBN9784004310617

社会不安の核心に触れる未来記研究

世の中が乱れると怪しげな予言が飛び交う。ひところ話題になったノストラダムスの予言書のたぐいは、古くから日本にもあった。未来記である。とりわけ影響力を持ったのは『野馬台詩（やまたいし）』と『聖徳太子未来記』だという。

どちらも明らかに偽書である。前者は五言二十四句の漢詩の形式であり暗号めいた比喩（ひゆ）のうちに日本の滅亡を予告する。後者は伝本がいろいろあるが、すべて作者を聖徳太子に仮託した捏造（ねつぞう）である。うまいタイミングで掘り出される。いちばん有名なのは楠木正成が四天王寺で見て将来を知ったとされる秘密文書だ。

博学の著者は中世日本の数多くの実例を調査し、「事後にこそ予言は作られる」と断言する。未来記は、異なる時制による歴史の総括であり、旧記に偽装した現状批判に外ならない。篤実な研究が現代にも通じる社会不安の核心に迫ってゆくのだから、学問の世界はやっぱり奥深い。

予言発生の背景には、「天下の政不法」という時代認識が横たわっている。支配層の腐敗があんまりひどいので、神仏が愛想を尽かしてぞろぞろ日本を出て行ってしまう幻想が人々の心を占めるのである。神仏の鎮座という予定調和が根本から揺らぎ始める。神仏の談合もやたらに開かれるのが特徴だ。従来の安定支配が崩れて収拾が付かなくなっているのである。

右の二つの未来記は、源平合戦・南北朝の乱・応仁の乱といった社会混乱の度ごとに読み替えられ、新しいヴァージョンが作られている。時代が下るにつれて、冥々（めいめい）の背後から歴史を操る力には神仏ばかりでなく、不遇のうちに死んだ人物の怨霊（おんりょう）も加わり、権力に報復するシナリオになってくるのが怖（おそ）ろしい。

くだんの『野馬台詩』には「百王の流れ畢（ことごと）く竭（つ）き、猿と犬英雄を称す」という謎のような語句がある。皇室は衰微し、姦雄（かんゆう）が割拠して政権を争う時代が訪れる。かつてなされた解釈では、猿と犬は源頼朝と平清盛、山名宗全と細川勝元などに見立てられていた。さて現代日本の混迷政局のもとで、それに該当するのは誰と誰であろうか。

評・野口武彦（文芸評論家）

こみね・かずあき 47年生まれ。立教大教授（日本文学）。著書に『説話の声』など。

二〇〇七年二月一八日❺

『リベラルなナショナリズムとは』

人文

ヤエル・タミール 著
押村高、高橋愛子、森分大輔、森達也 訳

夏目書房・二九四〇円
ISBN9784860620585

紋切り型の対立図式を揺さぶる考察

一般にリベラリズムというのは「選択」と「自律」の思想とみなされている。個人がどのような共同体に所属するのか、各人にとっての善とは何か、といった問題について、リベラリズムは一意的な答えを与えることなく、個人の自律的な選択を尊重する。それに対して、ナショナリズムは特定の共同体への所属や忠誠を強調し、「個人主義」の蔓延（まんえん）を警戒する。とすれば、リベラリズムとナショナリズムは「相互に排他的」な思想であって、絶対に折り合いがつかないということになるだろう。

しかしそれは本当か。両者はどこまでも相いれることなく対立し続けるしかないのか——本書はこうした「難問」に正面から切り込み、「リベラルなナショナリズム」という理論的立場を明確に打ち出した政治哲学の書である。

ナショナリズムを非合理なものとして頭から否定するのではなく、その論理を粘り強く抽出し、リベラリズムとの接合可能性を探る。ネーションの自己決定（自決）権、リベラルな理念とナショナルな理念との長きにわたる「同盟関係」など、様々な論点を丁寧にトレースしながら、合理主義（＝リベラリズム）VS.非合理主義（＝ナショナリズム）という紋切り型的な二項図式に揺さぶりをかけていく。

著者はイスラエルに生まれイギリスで博士号を取得した政治哲学者。テルアビブ大学の教授職にあるが、イスラエル労働党の著名な政治家でもあるという。

著者の経歴からあまり多くのことを忖度（そんたく）するのは避けたいが、著者が採る「リベラルなナショナリズム」という立場は、英米リベラリズムを自家薬籠（やくろう）中のものとしつつも、どこまでもネーションというものに拘（かか）わらざるをえない著者のポジションに由来しているように思える。もちろん全体としてクールな論理に貫かれているのだが、クールな筆致が逆に著者のホットな問題意識を浮かびあがらせているようにもみえる。ホットな愛国（心）論が飛び交う日本でも、いや今の日本でこそ読まれてほしい一冊である。

（原題、LIBERAL NATIONALISM）

評・北田暁大（東京大学助教授）

Yael Tamir　54年生まれ。

『「エンタメ」の夜明け　ディズニーランドが日本に来た！』

馬場康夫 著

講談社・一四七〇円
ISBN9784062103480／9784062815239（講談社＋α文庫）

人文

大衆の心とらえた夢の実現者たち

表題の「エンタメ」とは、エンターテインメントの略である。もてなし、娯楽、余興、宴会……英和辞典には、さまざまな訳語が出ている。しかし、ここでは作品中に幾度も繰り返される言葉こそを第一の訳語としたい。「エンタメ」とはすなわち、「心を掴（つか）む」ことなのだ——と。

この国の「エンタメ」状況を一変させた東京ディズニーランド（一九八三年開業）は、いかにして日本にやってきたのか。本書はそのドラマを軸に、時代をいったん大きくさかのぼる。一九五一年の民放ラジオ放送開始、一九五三年のテレビ本放送開始、一九七〇年の大阪万博と「エンタメ」史のメルクマールをたどりながら、それぞれの「夜明け」にかかわったひとびとの姿を描き出していくのだ。

だが、著者は決してビジネスの成功譚（たん）を描いたのではない。眼目はむしろ、彼らがどんな夢を持ち、その夢を実現させるために、どのようにして目の前の交渉相手の（そして目に見えない大衆／消費者の）心を掴んできたか——いわば「エンタメ」力にある。

『闘牛』をはじめ井上靖の小説に再三モデルとして登場する小谷正一、その小谷の薫陶を受けてディズニーランドを日本に誘致した堀貞一郎、用地取得交渉やディズニーとの交渉をやりとげた高橋政知、そして、そんな彼らの夢の頂点、まさしく虹の彼方（かなた）で悠然と微笑（ほほえ）むウォルト・ディズニー……彼らの残したエピソードの数々は、いくつもの心憎い一言や運命の導きの妙味を織り交ぜながら、ひとの心を掴むとはどういうことかを教えてくれる。

ノンフィクションを「事実の報告」と狭義に解釈するなら、「現実はもっとどろどろしていたのではないか」という批判はありうるだろう。しかし、著者はおそらくそういった面はあえて捨象して、本書の物語そのものを上質な「エンタメ」として仕上げた。それは、ホイチョイ・プロダクションズ代表として一九八〇年代から数々の「エンタメ」をつくりあげてきた著者が偉大なる先達に宛（あ）てた、敬愛を込めた長い礼状にもなっているのである。

評・重松清（作家）

ばば・やすお　54年生まれ。マンガ原作者、映画監督。『気まぐれコンセプト』など。

二〇〇七年二月一八日⑦

『四谷シモン前編』

文芸

四谷シモン 著
学習研究社・二六二五円
ISBN9784054020689

四谷シモンを初めて見た舞台は唐十郎の『愛の乞食（こじき）』だった。芳紀26歳の女形シモンのために唐は現行の戯曲にはない冒頭の長ゼリフを書き加え、「蓮（はす）の乱れる不忍池で……」のシモンの名調子に高校生の僕と友人たちは文字通りノックアウトされた。だからシモンがまもなく状況劇場をやめた時、僕らの目の前は真っ暗になった。涙なくしては読めない唐への別れの言葉も本書には収められている。

シモンが状況劇場をやめたのは、人形作りに打ちこむためだった。そのすさまじい情熱がこの本の至るところから妖（あや）しい地熱のように噴きだしてくる。これは人形にとりつかれ、人形に魂を捧（ささ）げた人間の裸の履歴書だ。一見、書かれ方は柔らかい。人形作りのテクニック、唐や澁澤龍彦や土方巽との微笑（ほほえ）ましい交遊録、対談、10ページをこえる長い年表。どこから読んでも楽しい。だが、時々こんな言葉にぶつかって襟を正す。

「人形は魂の容（い）れ物。魂を容れるのはそれを見ている人。そして容れ物はどこまでも精緻（せいち）で美しくあるのが理想だ」

人間のさかしらな知恵や感情をもたない、純粋で空虚な容れ物としての芸術。僕はこの美しい言葉を一生忘れまいと思う。

評・中条省平（学習院大学教授）

二〇〇七年二月一八日⑨

『在日朝鮮・韓国人と日本の精神医療』

黒川洋治 著
批評社・一八九〇円
ISBN9784826504560
医学・福祉／ノンフィクション・評伝

きわめて重要なテーマなのに、ほとんど誰も取り上げる専門家がいなかった。現に、この問題について本格的な一冊を著した精神科医は、著者が初めてなのである。

多数の症例のうち一例だけあげると、在日の父と日本人の母との間に生まれた男性のケース。物心ついて父が朝鮮人と知らされ、「他人には絶対口にしない秘密」となる。やがて過剰なほど日本人として振る舞いだし、腕に「日本男児」の刺青（いれずみ）を入れ、職を転々とした末に入院。幻聴と迫害妄想が認められた。

これは決して極端な例ではないと、在日の取材をしてきた私は断言できる。彼に限らず、「朝鮮へ帰れ」といった幻聴や、警察に監視されているという妄想は、在日の日常では幻聴でも妄想でもない現実だからである。

在日の場合、アイデンティティーの葛藤（かっとう）が思春期特有の病理ではなく、初老期でも顕在化しうると著者は書く。その際「ほとばしり出る異常体験」の数々はどれも痛ましいが、本当は在日側の問題ではなく、そこまで追い込んだ日本社会の問題なのだと、誰しもが気づくにちがいない。

末期がんと闘病中の著者によって、タブーの重い扉がようやく開かれた。

評・野村進（ジャーナリスト）

二〇〇七年二月一八日⑩

『貧困の光景』

曽野綾子 著
新潮社・一三六五円
ISBN9784103114178／9784101146447（新潮文庫）
人文

テレビ画面に痩（や）せこけた異国の子どもが映る。たった百円で何人の子どもの命が助かるとアナウンスが流れる。募金先が提示される。心を動かされれば、人は幾ばくかの寄付をする。これはまぎれもなく善意だ。しかしその先を、私たちは考えない。ある金額を寄付した段階で、私たちは何人の子どもの命を救ったと思いこむ。善意は善意のままだれかに届くと、まっさらな善意で錯覚する。

本書は、善意で止まってしまう私たちの想像力の、その先を書いている。

キリスト教徒として生きる著者が、貧困にあえぐ地域を実際に訪ね、底なし沼のような果てのない風景を描き出す。同情やきれいごとをさっぱりと拒絶し、貧困というものの正体を見極めていく。同時に、年収の差異で格差を語る豊かな私たちの、想像力の麻痺（まひ）をも静かに指摘する。貧困の風景とは、まさに何かに鈍磨した日本の風景でもあるように、私には思えた。

「ならば、どうすればいい」という解答は、ここにはない。著者の味わう絶望を、読み手も味わうことになる。しかし、絶望からはじめなければならないこともある。少なくとも、著者がその手で得た希望は、そこから生じている。

評・角田光代（作家）

二〇〇七年二月二五日②

『スキャンダリズムの明治』

朝倉喬司 著

洋泉社・一八九〇円

ISBN9784862481078

歴史／人文

「書く側」に力点置き現場を追体験

スキャンダルは、民衆の変わらぬ嗜好（しこう）品である。

明治二十年代の日本では『万朝報（よろずちょうほう）』と『二六新報』という二つの小新聞が新しい読者層を開拓し、発行部数を飛躍的に伸ばした。その呼び水は、政治家・財閥・著名人の大々的な醜聞暴露だった。明治のスキャンダルは従来もっぱら明治社会史の材料として扱われてきたが、本書ではスキャンダルを書く側に力点を置くところが一味違う。週刊誌記者だった筆者はこの手の記事を書くコツを知っている。古新聞を丹念に読み直して、「歴史とやらに整序される以前の」ナマの事物を扱う執筆現場の活気を追体験してゆくのである。

日本最初の国政選挙、相馬事件、名士の蓄妾大公開、廃娼（はいしょう）運動、自然主義と五つのトピックが取り揃（そろ）えられる。

相馬事件とは、志賀直哉の祖父も連座した旧大名家のお家騒動であり、毒殺を疑われた旧主の死体を掘り出して鑑定するといった猟奇性も手伝って、当時「ワイドショー的に」騒がれた出来事である。その過熱気味の報道が、近代日本に生まれてきた「持たざる者」の「持てる者」への鬱屈（うっくつ）した気分の中で、「層をなした不満」のカタルシスだったと感じとる嗅覚（きゅうかく）は鋭い。

汚職、犯罪、不倫。スキャンダル報道は、社会に突き出された民衆の関心の凸レンズだ。ふだんは狭い視野で暮らしている人々を、突然よくも悪（あ）しくも「公民」として目覚めさせる。B級新聞のジャーナリストは身体（からだ）を張った。この時代、まだ言論の《自主規制》などはなかった。

当初デバガメの同義語だった自然主義文学の勃興（ぼっこう）は、それ自体がスキャンダルであった。その視点からの島崎藤村論がユニークだ。自分の姪（めい）との「過ち」を素材にして大作『新生』を書いた藤村の文体は、自分のスキャンダルを老獪（ろうかい）に回避する装置だったというのである。

持って回った意味ありげな言い抜けでスキャンダリズムの牙を抜く。現代の新聞・雑誌からテレビまでジャンル横断的にはびこっているのは、「藤村的文体」だとする指摘はいかにもその通りだ。

評・野口武彦（文芸評論家）

あさくら・きょうじ　43年生まれ。ノンフィクション作家。著書に『毒婦の誕生』など。

二〇〇七年二月二五日③

『日本帝国陸軍と精神障害兵士』

清水寛 編著

不二出版・六〇九〇円

ISBN9784835057545

歴史／ノンフィクション・評伝

戦後60年　なお80人以上が入院

亡父の手帳を繰っていたら、一枚のスケッチが見つかった。正座した男の胸の辺りにまで水が押し寄せている。弱々しい筆跡で「助けてください」の文字。ロシア語通訳だった父は、四年半のシベリア抑留中に受けた〝水拷問〟の記憶を、死の床で蘇（よみがえ）らせていたのだと、そのとき知った。

アジア太平洋戦争は、心を病んだ兵士をも多数生み出した。帰国後も、敵の喚声や銃声の幻聴に悩まされたり、中国で殺害した住民の顔が悪夢に現れ、「特ニ幼児ヲモ一緒ニ殺セシコトハ自分ニモ同ジ様ナ子供ガアッタノデ」苦しみ不眠に陥ったりする兵士が続出した。

こうした全陸軍の精神障害兵士の診療と研究を行う「特殊病院」だった千葉・国府台（こうのだい）陸軍病院には、総計一万人を超える精神障害患者が収容されていた。

戦争末期には、知的障害者も根こそぎ徴兵された。「精神年齢九歳程度」の人々が、「オ母サンノ所ニ帰ツテ焼芋ガ喰（く）イタイ」などと呟（つぶや）きながら、戦地に駆り出されたのである。なかには、逃亡や窃盗といった軍令・軍律違反を犯し、「陸軍懲治（ちょうじ）隊」と呼ばれる部隊で「懲治」の対象にされた兵士もいた。このような知的障害者も、戦地で精神疾患を発病すると、国府台陸軍病院に送られていた。そこで記録された膨大な「病床日誌」の分析が、本書の中核をなす。

専門書ゆえ、調査方法やデータの解読にかなりの紙幅が割かれている。読みやすいノンフィクション作品とは異なるが、事務的に記された日誌の中で患者が発する「（上官による殴打は）震ヘルホドニイヤナノデス」や「早ク自分ヲ殺シテクレ」といった言葉に目を留めると、背後に広がる阿鼻叫喚（あびきょうかん）の光景が一挙に眼前に引きずり出されるようだ。

二〇〇五年三月の時点で、なおも入院中の元・精神障害兵士は八十四人を数える。平均年齢は八十代半ば、まさに亡父と同じ世代である。

アメリカの医学専門誌によれば、イラクからの帰還兵の二割近くが心にPTSD（心的外傷後ストレス障害）などの障害を抱えており、日本でも陸上自衛隊員三人が帰国後、自殺を遂げている。

評・野村進（ジャーナリスト）

しみず・ひろし　36年生まれ。埼玉大名誉教授。著書に『発達保障思想の形成』など。

二〇〇七年二月二五日❹

『ダイナスティ　企業の繁栄と衰亡の命運を分けるものとは』

デビッド・S・ランデス 著　中谷和男 訳

PHP研究所・二三一〇円
ISBN9784569657080

ノンフィクション・評伝

世界的な同族経営の栄枯盛衰を描く

たとえば、大家族から核家族へとか、傭兵（ようへい）から常備軍へとかいった変化は、歴史のなかで新しく現れた組織形態への不可逆的な変化であるかのように考えられがちである。いわゆる近代化論の発想であるが、実際は、そういった風に考えるのはほとんど誤謬（ごびゅう）に近い。産業化以前の社会にも核家族の分布は数多く確認されているし、先般のイラク戦争では民間の軍事サービス会社の存在がクローズアップされた。

企業もまたしかり。家族が所有し、経営する企業は、所有と経営の分離を経て、株主民主主義に開かれた企業へと、不可逆的・必然的に脱皮するという単純な図式は、歴史のリアリティーに反している。これが本書の理論的立場だ。

富に至る道と富を失う道の微妙な分岐を画するものはなにかというテーマを貫いてきた練達の経済史家である著者は、ストーリーテリングの名手としても知られる。同族企業の盛衰に取材した本書は、各章ごとにロスチャイルド家やロックフェラー家、そして豊田一族など日本の読者にもおなじみの名前が並び、テンポよく進む筆致に引き込まれて全11章を通読すると、なんだか年末の大河ドラマの総集編を立て続けに見たような気分になる。

本書は決して同族経営を礼賛する本ではない。実際、経営の意欲と能力をともに十分そなえた人材を一族の中に安定して見いだすことの困難や一族内の人間関係の軋轢（あつれき）、くわえて一族と一族外のメンバーとの緊張が事業を破滅させる危険が、繰り返し指摘されている。

だが、それにもかかわらず、とりわけなにか新しい事業を起こそうというときに、血縁に由来する信用が回避させてくれるリスクの大きさは、いつの時代もかかわらず重要なのである。だから本書が示唆しているのは、（なにか新しい時代へむけた）将来への指針というより、およそ組織的な経済活動をする動物としての人間にとっての一般的な条件のようなものだ。本書の読後感が、ビジネス書というより、むしろ人間ドラマに近い所以（ゆえん）であろう。

（原題、DYNASTIES）

評・山下範久（北海道大学助教授）

David S. Landes　24年生まれ。ハーバード大学名誉教授。

『夢を与える』

綿矢りさ 著

河出書房新社・一三六五円
ISBN9784309018041/9784309411781(河出文庫) 文芸

少女の栄光と転落…真の主人公は

主人公の阿部夕子は、小学校にあがるとチーズ会社のCMキャラクターとして「半永久」の契約を結び、以後、商品とともに十二年間も成長を続けてきた国民的美少女。とある事件がきっかけで大ブレークした彼女だが、やがてダンサー田村正晃との恋愛と裏切りに苦しみ、十八歳にして、人生の栄光と転落すべてを経験してしまう……。

こう要約すると『ガラスの仮面』などに代表される一群の少女マンガを連想するかもしれない。だがヒロインはやがて、「夢を与える」のを仕事にする芸能人は「他人の夢であり続け」なければならないから、自らは「夢を見てはいけない」という掟(おきて)を知る。掟を破り恋愛沙汰(ざた)がスキャンダルになったからには長年培った信頼を失うのだ、という痛みも思い知る。その背後には、男と女の恋愛以上に、母と娘の確執が隠されていた。

そもそも母の幹子は押しかけ結婚の果てに夕子をもうけたのだが、にもかかわらずいつになっても夫である冬馬の心だけは、つかまえることができない。かくして母はステージママ業に専念することで心の欠落を補おうとするが、事情を知り抜く娘は、自らの芸能人生命が危機に瀕(ひん)した瞬間、母にこう言い放つ—「無理やり手に入れたものは、いつか離れていく」。

たとえ結婚しても世の中には所有できないものがあることを、整然と諭す娘。それだけに夕子は自分自身が「早く老けるだろう」と悟っており、それはいささかショッキングな結末を招く。

とはいえ少々奇妙なのは、この物語が、両親の恋愛から数えて四半世紀ほどの長い歳月を扱っているわりに、流れている時間がたえず「現在」であり、いっさいの「歴史」がうかがわれないことだろう。それは、第十章で「テレビの眼(め)」を擬人化するかのような思索が見られることと関連するかもしれない。真の主人公はテレビ自身であり、それが一切の歴史を剥奪(はくだつ)してしまう元凶かもしれない。この構図が二十一世紀初頭の日常とまったく無縁とも思われないところに、本書の不気味なリアリティがひそんでいる。

評・巽孝之(慶應大学教授)

わたや・りさ 84年生まれ。作家。04年、「蹴りたい背中」で芥川賞。

『学園のパーシモン』

井上荒野 著

文芸春秋・一六七〇円
ISBN9784163252704/9784167737023(文春文庫) 文芸

退屈をふりはらう赤いラブレター

パーシモン、というのは、色をあらわす言葉らしい。パーシモンレッドといえば、オレンジがかった赤。パーシモンツリーといえば、柿の木。とはいえ、なんともあいまいな像しか結ばれてこない。単なる赤ならば、人は安心して思い浮かべるが、そこにパーシモンがつくと、自分の思い浮かべた色で正しいのか、ちょっと不安になる。まさにこのあいまいな不安感が、小説全体を覆っている。

舞台は都内にある私立の学園。愛と自由をモットーとした幼稚園から大学までの一貫校である。学園創立者である園長は、腹部に腫瘍(しゅよう)ができて入院している。このカリスマ的存在の病状を、学園側はマスコミにも生徒たちにもひた隠しにしている。

また、高等部にはひそやかに語り継がれる噂(うわさ)がある。選ばれた生徒にだけ、「赤い手紙」が届く。それは学園のなかにある秘密の場所にいけるパスのようなもので、それをもらうと学園生活がばら色になる。そんな噂なのだが、しかしどんな基準で選ばれるのか、秘密の場所とはなんであるのか、詳しいことはだれも知らない。知らないのに、待ち焦がれている。

わかりやすい事件は何も起きない。が、ここに描かれているのは平穏ではなく、何も起きないことの不穏さだ。圧倒的な退屈が、膨れ上がった雨雲みたいに学園を覆っている。その雨雲をふりはらうように、高等部に編入した男子生徒は赤いラブレターを書き、ある女子生徒は美術教師と関係を持つ。経済的な豊かさや、わかりやすい美貌（びぼう）、あるいは芸術的な才能。登場する人々は、みなそうした意味で恵まれているが、彼らを分厚い退屈におしこめるのは欠落ではなく、そんなちょっとした過剰であるように思える。

安易な希望、お手軽な救い、一時的な解決を、潔いほど拒否した小説である。垂れこめた雨雲がいきなり晴れることはない。それでもラスト、雲の切れ目にかすかに反射する夕陽（ゆうひ）の色を見たような思いになる。そうして読み終えたとき、読み手は自分だけのパーシモンレッドを思い浮かべることになる。

評・角田光代（作家）

いのうえ・あれの　61年生まれ。作家。『不恰好な朝の馬』『誰よりも美しい妻』など。

二〇〇七年二月二五日⑦

『乾杯！ごきげん映画人生』

人文

瀬川昌治 著

清流出版・二一〇〇円
ISBN9784860291877

今年82歳になるベテラン映画監督・瀬川昌治が縦横に語った回想録である。

渥美清主演の「列車」シリーズ、フランキー堺主演の「旅行」シリーズでヒットを連発し、大映テレビ製作の「スチュワーデス物語」で話題をさらった名監督だが、自分がいかに演出に工夫をこらしたかといった手柄話はほとんどなく、新東宝の助監督時代から接してきた多くの大監督や名優奇優珍優とのユーモラスな挿話が大半を占める。お人柄の良さであろう。日本映画がまだ若かった頃の楽しさと熱気が生き生きと伝わってくる。

学習院高等科で同じ映画狂の三島由紀夫先輩と親しく交わり（本書に描かれる三島の素顔はとても印象的だ）、東大英文科に進んで六大学野球で三割バッターになるという映画以前の経歴も興味深いが、撮影所一態度のデカい新人・丹波哲郎とか、台詞（せりふ）を憶（おぼ）えずセットにカンニングペーパーを貼（は）る三木のり平とか、平気で信じがたい嘘（うそ）をつく三國連太郎とか、登場人物の面白さは瀬川映画を超えるものさえある。

だが、そうしたアナーキーな現場の緊張した人間関係こそが映画を支える力なのだという確信が全編を貫いて、この本の類（たぐい）まれな躍動感を生みだしている。

評・中条省平（学習院大学教授）

二〇〇七年二月二五日⑧

『何が社会的に構成されるのか』

人文／社会

イアン・ハッキング 著　出口康夫、久米暁 訳

岩波書店・三五七〇円
ISBN9784000241595

社会構成（構築）主義とは、私たちが「自然」で疑いえないと思っているような事柄が、歴史的・社会的なプロセスのなかで構成された、とする思考法のこと。ここ十数年ほど、日本の人文社会科学においても大きな影響力を持つようになった考え方だ。

この構成主義、明らかな文化的構成物に留（とど）まらず、「生物学的性差」や「クオーク」のような自然科学的な対象をも分析の対象としたため、多くの論争を引き起こした。

構成主義は、新しい知見をもたらす画期的な理論なのか、それとも科学的知見を否定する非合理主義なのか。本書は、こうした明確であるがゆえに、微細な差異を見えにくくする対立構図を、構成主義のタイプをその対象や目的に即して丁寧に類別化することにより、問い直そうとしている。

著者自身は「構成主義風の語り」に批判的な見解を示しているが、その位置どりは、訳者がいうように「中立を装った隠れ構成主義シンパ」といったところだろうか。「構成主義か否か」ではなく、「どのような構成主義か」という問いに拘（こだわ）りつつ、構成主義を鍛え上げていくこと。それが著者の真の目的であるように思える。

評・北田暁大（東京大学助教授）

『戦後日本と戦争死者慰霊』

西村明 著
有志舎・五二五〇円
ISBN9784903426068
歴史／人文

靖国神社問題とは何だろうと考えるとき、まず直面して呆然（ぼうぜん）とするのは、戦後日本人の戦没者「慰霊」追悼のあり方が、とても多様だということだ。戦没者の「慰霊」は、靖国神社だけにけっして集約されないのだ。それは宗教的な形を取るとも限らない。空襲や戦場の体験記は、しばしば空（むな）しく死んだ家族や戦友の供養として書かれるのである。

そんな中で、靖国神社の占める位置を確定するためには、日本人による戦没者の「慰霊」のパターン全体の、見取り図のようなものが必要になる。本書の意義は宗教学の立場から、「慰霊」のあり方の歴史的な見取り図を提示したことにある。本書では中世からの系譜をたどり、近代に優勢となった国家的慰霊システムと、前近代以来の民衆的な無縁死没者供養の二つの対抗的なパターンで、日本人の戦没者「慰霊」を説明する仮説を立てている。

本書で扱った長崎の原爆死没者「慰霊」のケース分析では、官が主催する祈念式典と民間の慰霊祭の二つは、昔からの対抗的な「慰霊」のパターンを継承したものだということが、丁寧に論証されている。靖国問題を考える上で、新生面を開く書物といえよう。

評・赤澤史朗（立命館大学教授）

『私の夫はマサイ戦士』

永松真紀 著
新潮社・一三六五円
ISBN9784103032717／9784101392714（新潮文庫）
人文／ノンフィクション・評伝

恐れを知らない日本女性だもの、世界中のどこの誰と結婚しても驚きはしない。しかし、マサイ族と結ばれたと知って、さすがに度肝を抜かれた。しかも第二夫人で、第一夫人にはすでに子どもが3人いる。結納金は牛4頭、嫁入り道具はひょうたん四つだ。

著者は、多くのリピーターを抱える人気添乗員。ケニア共和国の首都ナイロビから離れた小さな村に住むジャクソンさんにほれ込み、プロポーズを受けて2005年に挙式した。夫は推定30歳。7頭のライオンと象を仕留めた本物のマサイ戦士だ。

抱腹絶倒なのは夫とのセックスライフ。マサイの習慣なのか、夫は愛情表現が淡泊で、キスをすることもない。著者はスキンシップを訴えたり、日本のアダルトビデオを見せたりと試行錯誤を繰り返す。やがて彼は、家の中でなら抱擁しても大丈夫になるまで〝進歩〟したそうだ。

純粋で思いやりにあふれた夫の言動、「一緒に夫を助けよう」と喜ぶ第一夫人、「家族一丸となって生きるのは幸せ」と話す村の長老。過去の恋愛に傷ついた著者だけでなく、読者をも温める。日本女性はサバンナの恋に癒やされる時代が到来したようだ。

評・多賀幹子（フリージャーナリスト）

『神話論理Ⅰ　生のものと火を通したもの／神話論理Ⅱ　蜜から灰へ』

クロード・レヴィ＝ストロース 著
早水洋太郎 訳
みすず書房・Ⅰ巻八四〇〇円、Ⅱ巻八八二〇円
ISBN9784622081517〈Ⅰ〉／9784622081524〈Ⅱ〉
文芸

歴史から構造へ　精緻な神話研究

「20世紀思想の金字塔」と称（たた）えられる書物です。あまたある構造主義文献のなかで未踏の巨峰だったのですが、ついに邦訳が出始めました。原書は40年ほど前に4部作として刊行され（邦訳は5分冊）、この前半の2作は南アメリカ先住民の神話を扱っています。出発点はボロロ族の神話です。

ある少年が母親を犯す。父親は息子に復讐（ふくしゅう）するため、岩山に巣を作る鳥をとれと命じ、息子が上ったすきに、梯子（はしご）がわりの棒を外してしまう。息子は苦難の末、親兄弟を探して祖母と再会する。その夜、激しい雨が降り、祖母のかまどの火以外、村の火がすべて水で消えてしまう……とまあ、そんな話です。

レヴィ＝ストロースは、この神話を他の無数の神話と比較しながら、これが水の起源の神話のように見えて、火の起源の神話であること、また、火による料理の起源の神話にも属すること、さらに、食物に火を通す操作は、

空と大地、生と死、自然と社会を媒介する行為であること等々を読み解いていきます。

第1巻のタイトルが「生のものと火を通したもの」となっているのは、この2項対立のなかに、自然から文化へ、という人間の決定的な移行が刻まれているからです。

第2巻のタイトルは蜂蜜とたばこのことで、蜂蜜は火を通す必要のない料理以前の物質、たばこは火を通して料理の彼方（かなた）へ行く物質を代表します。この二つのテーマをめぐって神話は料理の周辺へと拡大し、宇宙論的な「構造」をもっていることが証明されます。

その手際の鮮やかさに感嘆する、とひと言で片づけたいところなのですが、レヴィ＝ストロースの論証たるや、良くいえばステンドグラスの薔薇（ばら）窓のように精緻（せいち）かつ華麗、悪くいえば気が遠くなるほど複雑で煩瑣（はんさ）です。この書物については「難解」との定評（？）がありますが、難解というより、あまりにも「徹底的」なのだというべきでしょう。

レヴィ＝ストロースが用いる主な論法は、類似（よく似た神話を集める）と対比（そこから2項対立の構造をとりだす）という比較的単純なものです。しかし、その実践の異様な徹底性ゆえに、読者は論理のつながりを追うのに一瞬たりとも気をぬけないのです。

この分析の驚異的な徹底性が、人間の思考の枠組みを大きく転換させました。それは歴史から構造へ、という転換です。

19世紀には人間が「歴史」を経るにつれて高度な文明を実現するという考えが信じられていました。しかし、20世紀の後半にいたって、レヴィ＝ストロースはその考えをひっくり返してしまいました。未開民族の神話には明確な精神の「構造」があり、西欧近代の文明を作った精神構造と未開の神話に見られる精神構造のあいだに優劣はない、と。

近代理性の作りあげた世界が袋小路に入りつつあるいま、合理的な設計図に基づく製作より、ブリコラージュ（手持ちの材料と道具による即興的な仕事）を重視する野生の思考の柔軟さこそ、私たちに必要なものでしょう。レヴィ＝ストロースの忍耐強く繊細な神話研究はそのことを強く示唆しています。

（原題、MYTHOLOGIQUES: LE CRU ET LE CUIT〈1〉DU MIEL AUX CENDRES〈2〉）

評・中条省平（学習院大学教授）

Claude Lévi-Strauss　08年生まれ。フランスの人類学者。著書に『野生の思考』など。

二〇〇七年三月四日❷　人文

『平安京のニオイ』

安田政彦 著

吉川弘文館・一七八五円

ISBN9784642056243

驚くほど深い歴史を探るアンテナ

花の都と歌われた平安京には、ナマの人間の生活臭が充満していた。

眼（め）をつぶり、耳も塞（ふさ）いで鼻だけを外界探知のアンテナにすると、もう一つの感覚次元の世界が、《嗅覚（きゅうかく）像》というべき不思議な立体感をもって浮かび上がってくる。

著者が「匂（にお）い」の問題に関心を抱いた動機は阪神・淡路大震災だったという。肺に侵入する埃（ほこり）の匂い・焼け跡の咽喉（のど）を刺すような焦げ臭さ・詰まったトイレの悪臭が研究心をそそり、古代の京都に《鼻》を開かせたのである。

ニオイには、漢字にすれば「匂」「薫」「香」「臭」の種別があり、明瞭（めいりょう）な《格差》がある。著者は公卿日記や文学作品から拾い出せる匂いのレパートリーを網羅し、王朝社会の上から下まで隈（くま）なく嗅覚の回路を行きわたらせる。

平安京のニオイは、いわば同心円の構造を備えている。中心には上流貴族が帰依した浄土教の仏を荘厳（しょうごん）する沙香。その周りに、貴族の男女が衣服に焚（た）きこめる上品な薫香。「追風」「移り香（が）」などと優雅に表現される芳香だ。香りの趣味は、それで個人が識別されるほど微妙だった。何しろ『源氏物語』の登場人物である薫に至っては、「御人香（おんひとが）」といって体臭までが仄（ほの）かにかぐわしいのである。

　その外側にひしめくもっと猥雑（わいざつ）な生活臭になると、いよいよ『今昔物語』の出番になる。平安貴族の特権的な生活圏から一歩外に出れば、もうそこは糞尿（ふんにょう）臭と獣臭が漂う下層庶民の居住区である。路傍排泄（はいせつ）が当たり前だから、古代の京都は糞尿都市だった。

　日常でも貧困の匂いを発しているその地域は、地震・大火・洪水・疫病といった災害で集中的に被害を受ける。風葬が普通だった京都は、さらに遺棄死体が河原はおろか道路や御所の門前にも山積する酸鼻な死臭都市に一変した。

　物の匂いからは驚くほど深い歴史の光景が開けてくる。平安京の住宅地が、左京の北東部と鴨川以東に発展した原因を死臭の有無に求めているのは卓見といえよう。日頃デオドラントに馴（な）らされた現代人に、嗅覚の意味を再発見させる良書である。

評・野口武彦（文芸評論家）

やすだ・まさひこ　58年生まれ。帝塚山学院大教授（歴史学）。

『地図は語る　「世界地図」の誕生』

応地利明 著

日本経済新聞出版社・二五二〇円
ISBN9784532165833

人文

ルネサンスの実証的精神で転機

　科学的に作成された正確だが味気ない現代の地図と異なり、様々な思いや意味が込められた古い時代の綺麗（きれい）な地図は我々を魅了する。本書は、人間が世界をどう認識し、地図に描いてきたのか、という大テーマに挑み、世界史を斬新な視点から読み直す。

　前半の主役は、東西の代表的な文化圏で作成された中世の世界図だ。どれも文明あるいは宗教独自の世界観を表現し、個性豊かで見て楽しい。

　仏教圏からは法隆寺蔵五天竺（てんじく）図が登場する。仏教伝来で世界に目を広げた日本が生んだこの世界図は、仏教の故郷、憧（あこが）れの天竺＝インドを中央に大きく表現し、中国をわざと小さく描いている。一方、キリスト教の世界観を表すヘレフォード図は、聖なる方位の東を上にとり、その果てにエデンの園を置く。中央に地上の聖地エルサレムを中心とする世界、下方に現世の人間世界である三つの大陸を描く。未知の世界には荒唐無稽（こうとうむけい）な動物や怪獣の姿がある。

　中国は中華思想らしく、宗教観ではなく王権思想がもつ世界観を地図に描く。天子の立つ王都を中心に、華（文明の地）と夷（野蛮の地）を選別して世界を構成するのだ。中世にはイスラムの先進性が際立っていた。シチリアでつくられたイドリースィー図は、自己中心的世界観や宗教的世界観に縛られず、東西の広範囲を地図に自由に描いたのだ。

　これら中世の世界図は、どれも思想性や芸術性に富む力作だが、世界観の表明が前面に出過ぎ、世界地図と呼ぶには科学性、実用性に欠けると著者は言う。その全（すべ）てを備えた地図の傑作は、大航海時代のポルトガルが生んだカンティーノ図なのだ。時はルネサンス。古代のプトレマイオス図の英知の復活も背景にあるが、それを大きく革新し、最先端の航海・測量・地図作成の技術で実証的精神に基づく世界地図がここに初めて誕生した。アフリカ、ブラジル等の正確な描写は驚きだ。海洋世界帝国ポルトガルの栄光を賛美する華麗な地図でもある。世界を探索する面白さに加え、イスラムやポルトガルが世界史に果たした偉大な役割を本書は再認識させてくれる。

評・陣内秀信（法政大学教授）

おうじ・としあき　38年生まれ。立命館大教授（地域研究）。

二〇〇七年三月四日❹

『フィッシュストーリー』

伊坂幸太郎 著

新潮社・一四七〇円
ISBN9784104596027／9784101250243（新潮文庫）　文芸

謎解きから普通小説への歩み示す

　四つの中・短篇（たんぺん）を収録した作品集である。深夜の動物園で毎晩うつ伏せになっている謎の男の動機をさぐる「動物園のエンジン」、泥棒が行方不明の男を探すうちに古い村の奇妙な風習を知る「サクリファイス」、ある作家の文章がさまざまな人々に影響を与える「フィッシュストーリー」、そして空き巣の男と女たちが野球選手の救済に奔走する「ポテチ」である。

　『オーデュボンの祈り』でデビューしてまもないときに発表した「動物園のエンジン」から書き下ろしの「ポテチ」まで、およそ六年間に発表された作品が並ぶが、これを読むと伊坂幸太郎の軌跡がわかる。つまり謎解きから、謎含みの洒脱（しゃだつ）な小説へという流れである。隠されたものを明らかにすることで終わるミステリから、謎を何らかのシンボルにして人生の意味や人間の関係性を探る普通小説への転向といったらいいか。

　その代表的なのが、「フィッシュストーリー」と「ポテチ」だろう。特に後者が特徴的だ。自殺未遂騒動からはじまり、不思議な出会いがあり、やがて繋（つな）がりが生まれ、隠された関係性を示しながらも、それぞれの夢や希望を託す方向に物語は収束していく。表題作では謎の作家の文章が象徴的だったが、「ポテチ」では野球という行為が人物の関係性のレベルと欲望の充足の比喩（ひゆ）として機能している。展開はオフビートで語りはクール、それでいて人物たちの精神的距離の踏破という、古き良きメロドラマを温かく描いて読者を十二分にもてなす。実に心憎いではないか。

　帯に〝伊坂作品を彩る名脇役たちが巻き込まれる、新たな事件の数々〟とあるように、ここでは長篇の『ラッシュライフ』『重力ピエロ』ほかに出てきた脇役たちが主人公をつとめる。長篇を読んでいなくても愉（たの）しめるが、長篇ですでに紹介したからか、筆がやや抑えられすぎて、肖像がもうひとつ鮮やかに際立つには至っていない点もある。

　とはいえ、作品同士が緩やかにリンクしていく伊坂文学においては優れたサイド・リーダー的側面をもつ。ファンには見逃せない好著だろう。

評・池上冬樹（文芸評論家）

いさか・こうたろう　71年生まれ。作家。著作に『重力ピエロ』『砂漠』ほか。

二〇〇七年三月四日❻

『スピリチュアリティの興隆』

島薗進 著

岩波書店・二九四〇円
ISBN9784000010740

『スピリチュアリティといのちの未来』

島薗進、永見勇 監修

人文書院・三九九〇円
ISBN9784409040850　人文

「新霊性文化」がこの時代に持つ意味

　人生の苦しみには、普遍的なものと時代ならではのものとがある。前者は病気や貧困、家族との別れなどであるが、最近は「生きる意味がわからない」など自己喪失感に苦しむ人たちも増えている。後者の苦しみは、決して科学の進歩やお金によっては救われない。「私って何?」という問いの答えを求めていま、多くの人たちが「スピリチュアル世界」と呼ばれる目に見えない霊的な領域に関心を寄せている。伝統的宗教とは少し異なる装いで「死後の世界」や「人から出ているオーラ」について語られるテレビ番組は、軒並み高視聴率だ。

　70年代から80年代にかけてニューエイジ系の若者を中心に起きた「精神世界ブーム」と呼ばれた同様の社会現象を鋭く分析した島薗進は、『スピリチュアリティの興隆』で、より広い層に浸透しつつあるスピリチュアル世界への関心を「新霊性文化」と名づけて考察した。

その世界に傾倒する人たちへの詳しい聴き取り調査のパートがとくに迫力があるのだが、そこにも病苦から逃れるためにではなく、環境保護活動や自己解放の探求から霊的世界へと接近していった人たちが登場する。今の社会で「よく生きよう」と思えば、既成の組織や運動の限界にぶち当たり、自（おの）ずと〝目に見えないより広い世界〟に足を踏み入れずにはいられないのだろうか。

従来の科学や宗教の限界とスピリチュアル文化の興隆の関係については、論集『スピリチュアリティといのちの未来』でより詳細に議論されている。

著者は「多様で、かつ生活に根を下ろした形」でこの新霊性文化が広がることについておおむね肯定的なようだが、中にはすべての答えを「守護霊」などに求めようとし、自分の頭で考えることをやめる人もいる、といった弊害もあると思う。また、生きることの意味もわからなくなり霊的世界に逃避せざるをえないほどのひどい現実、という問題も深刻だ。「新霊性文化の限界と問題」いう観点も忘れてはならないだろう。

評・香山リカ（精神科医）

しまぞの・すすむ　東京大教授。
ながみ・いさむ　名古屋柳城短大学長。

二〇〇七年三月四日⑦　人文

『インドカレー伝』

リジー・コリンガム 著　東郷えりか 訳

河出書房新社・二五二〇円
ISBN9784309224572／9784309464190（河出文庫）

いざインドで本場のカレーを食べようとしたらメニューのどこを探してもカレーの文字が見当たらなかった、というのはインド入門書によくある逸話だ。本書を一読すれば、現地には独自の伝統と名前を持った地方料理があるばかりで、インドを植民地支配したイギリス人が「ソースを使い香辛料を効かせた料理」をカレーと総称し、それらを取捨選択しつつ新たな概念を作りあげたという歴史的背景がはっきり見えてくる。

前著『帝国の身体』（未訳）でインド統治に携わったイギリス人官僚の文化的特異性を衣食住という身体的視点から考察した著者は、ここでは対象を飲食文化に絞り、カレーの成立だけでなく、それが大英帝国の隅々にまで広まってゆく過程を、チキンティカやビリヤニなどインド料理店でおなじみのメニューを取り上げて描き出す。

のみならず本書の醍醐味（だいごみ）は、カレーの前身となった多様な地方料理もまた、イスラムやポルトガルなど異文化との複雑な相互交流を経てはじめて成立したハイブリッドな文化的産物であったことを丁寧に解き明かしてゆくところにある。「多様性の中の統一」というインド文化の特性を理解するための、これは恰好（かっこう）の良書である。

評・赤井敏夫（神戸学院大学教授）

二〇〇七年三月四日⑧　人文

『境界知のダイナミズム』

瀬名秀明、橋本敬、梅田聡 著

岩波書店・二三一〇円
ISBN9784000263443

「境界知」とは、著者たちが編み出した新概念だ。

たとえば、誰しも自分と世界のズレを感じたことがあるだろう。だが年齢を重ね経験を積むにつれ、誰しも自分のほうを世界に合わせていく「常識（コモンセンス）」を覚える。だが古代ギリシャで「共通感覚（センスス コムーニス）」といえば、五感の統合を意味した。いまこそ、そうした古典的な「共通知」を回復し革新的な「境界知」を模索すべき時だ、と本書は訴える。

「境界知」とは、たんに異文化への「違和感」を克服していくだけではなく、むしろ違和感を居心地の悪さのまま刻々と操り、社会を生き抜いていくための知能である。ここではそれが、たとえば左利きが右利き中心に設定されている社会へ感じるバリアといったごくわかりやすいエピソードから、幼年期を抜けて魅惑的な冒険をくぐり抜けていくときに乗り越えなければならない一線や、人間型ロボットが人間に酷似すればするほど生じてくる不気味さの感覚まで、多様に例証される。

「ふつう」になじむために違和感を抑えるのではなく、むしろ違和感を育む境界知を武器にして「ふつう」のほうを造り替えてしまうこと——知性の未来をめぐる最先端リポートは、「考えるヒント」満載だ。

評・巽孝之（慶應大学教授）

二〇〇七年三月四日⑨

『マラソンの真髄』

瀬古利彦 著

ベースボール・マガジン社・一六八〇円　ノンフィクション・評伝

ISBN9784583039466

老コーチに忠実な「修行僧」という80年代瀬古イメージとは落差のある意外性に、この本ではしばしば出くわす。

マラソン15戦10勝の華麗な戦績とは裏腹に、高校時代から20歳での初マラソンまでは、根性なしで粘り強さも欠いていたという。

勝つために探し続けた答えを初公表する理由に、著者は引退後20年が経（た）っても記憶に残る選手が限られていることを挙げる。「それは寂しすぎることだ」とも記す。

じっさい宗茂・猛兄弟（54）、瀬古（50）、中山竹通（47）、谷口浩美（46）、森下広一（39）と続いてきた男子マラソン界は停滞している。練習やレースでペース感覚を磨く際に、今の選手は時計をチラチラと見すぎているとの指摘も鋭い。「継続は力なり、されど惰性の継続は退歩なり」ともいう。

創意工夫の数々を次々に編み出せたのは、走ることの意味を考え続ける情熱があったから。レースで勝つための経験則と信念が「マラソン練習とは、42・195キロを、長い距離だと感じないようにしていくこと」で始まる巻末の至言「百カ条」に結実した。

読みやすいが、内容は濃い。ランナー以外の競技者にも役立つ、創意に富む一冊だ。

評・佐山一郎（作家）

二〇〇七年三月四日⑩

『ニッポンの小説　百年の孤独』

高橋源一郎 著

文芸春秋・二三五〇円

ISBN9784163686103/9784480429285（ちくま文庫）

ノンフィクション・評伝

タカハシさんは小説家である。小説とは何かを考えずにはいられず、そして考えたことを人に伝えずにはいられないタイプの小説家でもある。だからこんな本まで書いてしまった。

『ニッポンの小説』。こんな偉そうな書名を自分の本につけられるのは、高橋源一郎か保坂和志くらいだろう。でも副題は「百年の孤独」である。なんか辛（つら）いみたいなのだ小説は。

その辛さをなんとか伝えようとタカハシさんはもがく。ニッポンの小説は「死者の代弁」ばっかりしてきたが「死」なんかほんとに書けるのかとか、小説と詩はどうちがうとか、どうして人は「無価値な人間に思われるように、できるだけ下手な文章を書きたい」と思わないんだろうとか。

この本には2種類の固有名詞が出てくる。漢字で名前が表記される人と、カタカナで表記される人と（固有名詞が伏せられている人も、イニシャルだけの人もいる）。

一言でいえば「日本語文学百年の制度を疑う大型評論」だが、そうまとめられることをタカハシさんは全力で拒む。だから日本ではなくニッポン、高橋源一郎自身も「疑う人」としてのタカハシさんを装う。フタバテイシメイの孤独を共有しちゃった人の書だ。

評・斎藤美奈子（文芸評論家）

二〇〇七年三月一一日①

『ハリウッド100年のアラブ　魔法のランプからテロリストまで』

村上由見子 著

朝日新聞社・一四七〇円　人文

ISBN9784022599155

なぜ「怪しい」イメージなのか

映画は、実は苦手だ。

話の筋や音響に加えて、絶大なインパクトの大画面映像で鑑賞する者に迫る。それが圧倒的すぎて五感を征服されるようで、どうも居心地が悪い。文章や音だけのほうが、想像力を働かせる余地があって、好きだ。

その苦手感、本書を読んで腑（ふ）に落ちた。映画では「悪者」と「正義の味方」の区別が、ただの人物描写によってではなく、肌の色や顔つき、行動様式で固定されるのだ。「悪者」は、映画を作る者が「怪しい」と感じるイメージを体現して登場する。褐色の肌で白い布を体に巻きつけ、一斉に尻を突き出した格好でお祈りをする、というような。

本書は、アラブやイスラム教徒がハリウッド映画でいかに「悪者」イメージを付与されてきたか、を概説したものだ。このテーマは欧米ではすでに多く取り上げられていて、9・11の直後には「Reel Bad Arabs」という大著（「映画の悪役アラブ」と「マジで悪いアラブ」の掛詞〈かけことば〉）が出版され、話題となった。見た目が「アラブ」っぽい住民が嫌がらせを受けるという、当時の米国社会の風潮に対するアラブ知識人の懸念が反映される。

　中東がらみのハリウッド映画で最初に登場するのが、聖書ものだ。面白いのは、シバの女王にせよ天地創造に登場するエジプトの女性たちにせよ、たいがいユダヤ／キリスト教世界の正しい男たちをたぶらかす、毒婦として描かれていることだ。毒婦ナンバーワンのサロメはユダヤの王、ヘロデの義理の娘だが、ベリーダンスにスケスケの服と、欧米がアラブに持つ退廃イメージで登場する。

　その一方で、アラブ男に略奪、陵辱されつつ惹（ひ）かれる白人女性、というステレオタイプも登場する。韓流ブームを彷彿（ほうふつ）とさせるルドルフ・ヴァレンティノへの熱狂は、「アラブに惹かれるおバカなオンナ」の象徴か。

　こうしたオリエンタリズム的アラブ像は、ユダヤ人問題が絡んで一層、「悪役」度が高まる。アクション物、スパイ物でアラブがテロリスト視されることは、冷戦終結や9・11に始まったことではない。ヒーローは、当然のように欧米から現れて、大団円を迎える。

　映画の怖さは、ここにある。活字だけで「正義」が語られるとき、読者はその正義を語る主語を読み替えたり疑ったりできるが、五感総動員で主人公に正義を語られると、批判的に読み替える余地もなく、圧倒的な悪のイメージが視覚的に確立してしまう。

「この世界のリアルとみなしたいものを映画の中に見出（みいだ）そうとする」と筆者は言うが、今のアメリカの政治自体が、ブッシュの見たい現実を実現する場だ。本書の映画解説の多くは、ブッシュ政権の対中東政策で見られるアラブ観との対比、相似性を念頭に置きながら、論じられている。

　ところで、本書とは関係ないが、石原裕次郎主演の「アラブの嵐」という邦画がある、と友人が教えてくれた。アラブの反植民地運動に主人公が巻き込まれる。昔の邦画に、ハリウッド的オリエンタリズムから自由な視線があったというのが、おもしろい。

評・酒井啓子（東京外国語大学教授）

むらかみ・ゆみこ　作家。著書に『イエロー・フェイス』『百年の夢』『イースト・ミーツ・ウエスト』『アジア系アメリカ人』など。

二〇〇七年三月一一日❷

『聖母の贈り物』

ウィリアム・トレヴァー 著　栩木伸明 訳

国書刊行会・二五二〇円
ISBN9784336048165　文芸

感動を超える痛烈で荒々しい神秘

　カバーの折り返しに、頑固そうな老人の写真。ああ、このじいさんか、と私は思う。深くくっきりと刻まれた皺（しわ）。尖（とが）った耳。眼（め）は鋭い。鋼のような視線。だが口角はかすかに上がり、微笑（ほほえ）みのようなものが浮かんでいる。ウィリアム・トレヴァー。この本の作者。顔から受ける印象は、彼の作品にそのまま通底する。

　あるアンソロジーでこの作家に出会った。容赦がないのに、どこか一箇所（かしょ）、絶望を裏返す温かみのある作品で、一読、しびれた記憶がある。本書はその彼の、本邦初となる短編コレクション。

　三部作「マティルダのイングランド」は、なかでも柱となるすばらしい作品だ。田園屋敷を舞台に、その一角の農場に住む「わたし」の半生が描かれる。途中、第二次世界大戦が勃発（ぼっぱつ）し、父や兄、姉の恋人が兵役に。父は帰らず、母は新しい男を見つける。生地店で働くその人は、やがて「わたし」の父になるが、「わたし」は生涯、彼を好きになれない。

多感な彼女の心に寄り添うち、私は「わたし」になりぼろぼろ泣いた。それだけでも十分のはずだったが、トレヴァーは、単なる感動に物語を落とさず、さらに、痛烈で荒々しい神秘をそこに加える。

　物語はここに一人の老女を配するのだが、彼女の存在が、「よくできた家族小説」の枠を壊し、呆然（ぼうぜん）とするような人生の深淵（しんえん）へと、読者を突き落とすのである。そこに至っては、涙も引っ込む。

　トレヴァーの作品には、こうしてリアリティを積み重ねた地上から、不意に離陸する瞬間がある。その聖なる一瞬に作品の命がある。高みから見下ろす著者の視線は、非情さをもって真実を照らし出すが、そのとき読者には涙でなく、より深い、沈黙の慟哭（どうこく）がわきあがるのだ。

　宝石のような一編、表題作を始めとして、本書には、そうなるしかなかった生の悲惨が、至る所、癒えない傷のように口を開く。この作家は、そうした運命の只中（ただなか）にいる人々を、決してすくい上げず、ただ見つめる。あまりに強く見つめるので、私にはそれが「愛」のように見える。

評・小池昌代（詩人）

（原題、THE VIRGIN'S GIFT）

William Trevor　28年アイルランド生まれ。英の作家。『同窓』など。

二〇〇七年三月一一日③

『どくとるマンボウ回想記』

北杜夫 著

日本経済新聞出版社・一五七五円

ISBN9784532165758／9784532280079（日経文芸文庫）

文芸

僕らの愛したおトボケのぼやき節

　躁ウツ病のどくとるマンボウがいて、ウソつきの狐狸庵（こりあん）先生がいた。とちりの虫の安岡章太郎氏がいて、ダンディーな吉行淳之介氏がいて、怒りっぽい阿川弘之氏がいた。どこに？　一九七〇年代半ばの中学生や高校生の書棚に、である。

　あの頃は、作家がさかんにエッセー集を刊行していたせいか、オジサンの作家と若い読者との距離がいまよりずっと近かった（と、同時代の実感として思う）。肝心の小説は読んでいないくせに、マセた中高生が「安岡サンって面白いぜ」「吉行サンの『腿膝（ももひざ）三年、尻八年』ってすごいよな」とおしゃべりする、そんな時代が確かにあったのだ。

　なかでも名コンビといえば、やはり、どくとるマンボウ・北杜夫氏と狐狸庵先生こと遠藤周作氏――『楡家（にれけ）の人びと』も『沈黙』も読んでいない中高生に「愛読者」を名乗られるのは、両氏には不本意な話だったかもしれない。それでも、僕はユーモアあふれる両氏のエッセーが大好きだった。お二人の丁々発止の対談が大好きだった。「僕たちは」と広げても、そうそう、と許してくれる同世代は数多いのではないだろうか。

　狐狸庵エッセーは、もう新作を読むことは叶（かな）わない。しかし、マンボウ氏は健在――それがなによりうれしい。

　題名どおりマンボウ氏が来し方を振り返って綴（つづ）った本書、亡くなった友人知己を偲（しの）ぶ文章には、さすがに寂しさは隠せない。ことに軽井沢での遠藤周作氏との思い出（ここでピンと来たひとは『狐狸庵VSマンボウ』の読者のはずです）をたどり、〈楽しかっただけに、寂しさもひとしおである〉と締めくくるくだりには、読み手もまた胸を締めつけられてしまう。

　だが、その一方で、老いの日々と家族を綴る章では〈坐（すわ）りきり老人〉の飄々（ひょうひょう）としたユーモアが読者の心をやわらかく包んでくれる。気力がない、と妻に叱（しか）られ、娘に叱られ、マカオのカジノに連れて行かれて〈頼むからあとは静かに死なせてくれと願うだけである〉……。このおトボケのぼやき節こそが、僕らの愛するマンボウなのである。

評・重松清（作家）

きた・もりお　27年生まれ。著書に『夜と霧の隅で』『青年茂吉』など。

二〇〇七年三月一一日④

『帝国のはざまで　朝鮮近代とナショナリズム』

アンドレ・シュミット 著　糟谷憲一ほか 訳

名古屋大学出版会・五〇四〇円
ISBN9784815805494

人文／国際

日清戦後に芽生えていた「近代国家」

韓国や北朝鮮は、ナショナリズムの強い国だという印象がある。そしてそれが「反日」的であるのは、日本の植民地化への民族的な抵抗の中で形成されたためだと理解されているように思う。

しかし本書はこうした近代朝鮮のナショナリズム形成についての理解を、それが生み出された時点に立ち返って、修正するものである。近代朝鮮の民族主義を生み出す決定的なきっかけになったのは、日本の植民地化が始まる以前に、資本主義世界体制への編入を迫る西欧の衝撃であったというのが、ここでの説明である。

そのナショナリズムを作り出した媒体は、日清戦争後の1895年から、次々とソウルの知識人によって創刊された新聞だった。それらの新聞に見られた「文明国」に追いつこうとする知識人の民族主義の論理が、第2次世界大戦後の韓国・北朝鮮のナショナリズムの原型になったというのである。

著者はカナダのトロント大学の教授で、本書は主に日清戦後から1910年の韓国併合までの時期の、漢文やハングルで書かれた新聞・雑誌や教科書を丹念に追いかけたものである。著者にはこの期間が、朝鮮にとって自前で近代国家を形成しようとした時代であったという認識があるように思う。その動きは、これまで世界の中心と思われていた中国が、周辺の「非文明」国に過ぎなかったという世界認識の変化と結びついていた。そしてその近代国家形成は日露戦争以後、「文明化」の論理を振りかざした日本の国家によって挫折させられ、そこに国家によらない、民族「精神」を強調した民族主義が生成していくのである。

本書の理解に立つと、韓国・北朝鮮のナショナリズムも近代日本のそれと一部で共通性を持ち、その違いは比較可能なものとして認識できるように見える。韓国や北朝鮮のナショナリズムは、それらの国の大衆の論理としてである。これと向き合うことなしに、私たちは隣人と親しくはなれない。隣国のナショナリズムを、東アジア規模で客観的に位置づける試みといえよう。

（原題、Korea Between Empires 1895-1919）

評・赤澤史朗（立命館大学教授）

Andre Schmid　63年生まれ。カナダ・トロント大学教授。

二〇〇七年三月一一日⑤

『ひとり日和』

青山七恵 著

河出書房新社・一二六〇円
ISBN9784309018089／9784309410067（河出文庫）

文芸

自立の物語　鉄道と駅を舞台装置に

今期芥川賞受賞作である。いろんな感想を私も聞きました。「絶賛されていたけど、どこがいいわけ?」「女の子の自立の物語なんだろうけどなんか薄味」。そして若い女性作家に必ずついて回る「こんなのは文学ではない」。

それはねえ、あなたの文学観が古いわけ。芥川賞選考委員の発想も古いけどね。小説の読み方にはいろんな角度があるわけで、たとえば鉄道と駅を軸に『ひとり日和』を読んでごらんよ。ちょっと違った景色が見えてくるから。

春、20歳の「わたし」は50歳も年上の吟子さんの家で居候をはじめた。家は細い道を一本挟んで私鉄の駅に隣接している。こっちからは電車が見え、ホームの端からは家が見える。このおもしろい場所が物語の舞台である。

夏、「わたし」は同じ私鉄の笹塚駅で、朝だけ売店の売り子のバイトをはじめた。そして同じ駅で働く藤田くんに恋をした。彼は朝のラッシュ時、向かいのホームの電車に人を押し込む整理員のバイトをしているのである。ふたりは親しくなるが、秋、ふたりの恋には暗雲が……。

　鉄道を人生にたとえれば、なんて野暮（やぼ）な見立てはしないでおくけれど、駅の風景は登場人物たちにも重なる。

〈吟子さんは縁側に立ったまま、駅のホームを眺めている。／「さっきのおじいちゃん、帰ったの?」／「今から帰る。来たよ」／吟子さんは手を振った。ホームからは、あの老人が手を振っている〉

　これが吟子さんなら、若い「わたし」はまだ笹塚駅のホームでうろうろしている。

〈「ときどき、電車に乗ってる人がすごくうらやましく感じるんだ。電車に乗ってどっかに行く用があるってことに。あたし、笹塚駅くらいしか行くとこないからさ」〉

　ここを踏まえると、彼女が就職して別の私鉄沿線に引っ越すのも、吟子さんの家を車窓から眺めるラストシーンもすばらしく効いてくる。

　ところで私の友人は「吟子さんの家の駅が特定できた」といっていた。東京の私鉄、京王線の急行も止まらぬ小さな駅だ。駅名は内緒（ないしょ）。吟子さんが驚くといけないからね。

評・斎藤美奈子（文芸評論家）

あおやま・ななえ　83年生まれ。作家。05年に「窓の灯」で文芸賞受賞。

二〇〇七年三月一一日❻

『水俣学講義〔第3集〕』

原田正純 編著
日本評論社・二八三五円
ISBN9784535584822
人文

なお終わらない「弱者直撃」見すえ

　水俣病の正式発見から50年余が経過した。この間、水俣病は何回も「終わった」と言われてきた。チッソの工場廃水に原因があると政府が認めた68年、被害補償を拒んだチッソを患者原告が訴え裁判で勝訴した73年、1万人超の被害者に対する医療救済が政治的に解決（和解）された95年、そして最高裁が被害を放置した国と県の責任を認めた04年。しかし、いずれの「終わった」にも、本書の編著者であり、50年近くにわたり現地で水俣病と向き合ってきた原田氏は「終わっていない」と反論する。

　事実、チッソの工場廃水に含まれていた有機水銀が不知火海に流れ込み、食物連鎖を通して中毒を起こした経緯や、その責任が明らかになっても、被害者と家族の苦しみは終わらない。なぜ、原因物質の特定が遅れ、危険な廃水が続けられ、被害者の認定や補償に時間を要し、行政の責任が棚上げされてきたのかを学問的に究明しなければ、同じような被害が繰り返される恐れがある。

　原田氏が大学の授業として「水俣学」をはじめたのは、若い人に「水俣という鏡にいろいろなものを映して……それぞれの水俣を見つけて」ほしいと思ったからだ。専門家と素人の壁を越える「水俣学」の講師は多彩であり、3期目の講義には作家の石牟礼道子氏や経済学者の宮本憲一氏に加え地元の小学校教論も登壇している。毎年変わる講師陣に共通するのは「公害は弱者を直撃する」、だから学問の目的は「弱者に置」くべきだという認識だ。

　1期目の講義録によれば、「所得倍増計画」で有名な元総理大臣の池田勇人氏は、通産大臣時代に「水銀と水俣病を関連付けるのは早過ぎる」と閣議で発言し、原因究明にブレーキをかけたという。水俣病の鏡には「あらゆるものが残酷なまでに映し出されてしまう」。「社会のしくみや政治のありよう」だけではなく、専門知識に囚（とら）われて胎児性の水俣病を見過ごしかけた医師の苦い経験も例外ではない。それが、私たちが忘れてはならない水俣病の「教訓」でもある。

評・高橋伸彰（立命館大学教授）

はらだ・まさずみ　34年生まれ。医学博士、熊本学園大学水俣学研究センター長。

二〇〇七年三月一一日⑦

『氷結の森』

熊谷達也 著
集英社・一九九五円
ISBN9784087748420／9784087465129(集英社文庫)
文芸

『相剋（そうこく）の森』『邂逅（かいこう）の森』（史上初の山本賞&直木賞ダブル受賞）に続く「森」シリーズ、マタギ三部作の完結編である。

　舞台は大正年間の樺太とロシア。マタギの柴田矢一郎は日露戦争で優秀な狙撃手として活躍したものの、もはや人を撃つことへの嫌悪感から銃をおき、故郷の秋田を離れて遠くサハリンで漁師や樵（きこり）の仕事を転々としていた。姉の仇（かたき）として義理の弟の辰治が十年以上も矢一郎の命を狙って追跡していたからだ――。

　その二人の雪原での逃亡と追跡、酷寒の間宮海峡の横断、ロシア、中国、日本の諜報（ちょうほう）戦、そしてロシア赤軍のパルチザンとの死闘など盛り沢山（だくさん）な内容である。精神と肉体が軋（きし）みをあげる限界までヒーローを追いつめ、銃をふたたび手にもたざるをえない男の内面をしかと捉（とら）えるあたりも周到だし、実にオーソドックスな（ほとんど海外ミステリなみの）冒険小説である。

　ドラマを作り上げる手腕もたしかだが、注目すべきは、シベリア出兵、尼港事件など歴史的な大事件のただなかで、男が戦争・愛国・民族・家族の意味を探り悩むことだろう。その意味でまさにこれは現代の小説である。悲惨な尼港事件のくだりがとくに胸をうつ。

評・池上冬樹（文芸評論家）

二〇〇七年三月一一日⑧

『数学する遺伝子』

キース・デブリン 著　山下篤子 訳
早川書房・二三一〇円
ISBN9784152087911
人文／科学・生物

この世に「数学の遺伝子」なるものはないという言明から本書は始まる。ヒトは言語能力を獲得したときに数学をする能力も獲得した。数学の能力は、言語を生み出した心的能力の新たな用途にすぎないという。つまり書名にある「遺伝子」とは、誰もが生まれつき持っている「能力」のことを指す比喩（ひゆ）的表現なのである。

　それにしてもなぜ、言語能力と数学が関係するのか。私たちは、目の前にない何かや誰かについての、さまざまな情報をやりとりする。いわば〝噂（うわさ）話〟。これが言語の主たる用途である。

　数学研究もまた〝噂話〟であると著者は語る。自然界のパターンや抽象的な存在の属性や相互の関係、すなわち目の前にないものを扱うからだ。数学者がちょっと特殊なのは円周率πの物語に心ときめかせ、さまざまな数やパターンとの関係性が心に浮かぶ人という点なのだとか。

　数学者にして言語学者でもある著者は、数学の勉強は思考のプロセスを身につけるための教養科目であるとも主張する。国語だけでなく、数学の基本的な能力は誰もが身につけるべきだとも。数学能力の起源から数学リテラシーの必要性までをも明快に語った刺激的な本である。

評・渡辺政隆（サイエンスライター）

二〇〇七年三月一一日⑩

『東京アンダーナイト』

山本信太郎 著
廣済堂出版・一六八〇円
ISBN9784331512067／9784331654828(廣済堂文庫)
文芸

夜の世界には疎い私でも、ニューラテンクォーターは知っている。昭和の時代に東京・赤坂で栄華を極めたナイトクラブの名前である。いまだ見ぬこの妖（あや）しくもエネルギッシュな〝おとなの世界〟で力道山が刺されて死去した、というニュースは、幼児の私にも強烈な印象を残した。

　「昭和の華やぎの象徴」と「惨劇の舞台」というふたつの顔を持つニューラテンクォーター。このクラブの数奇な歴史が立ち上げから閉店までを見守った経営者によってつづられた本書が、面白くないわけはない。しかも著者は、力道山が暴力団の男性にナイフで刺されるその瞬間のほぼ唯一の目撃者だ。トイレから出てきた力道山が鉢合わせした男の胸を突き、組み合ったふたりが離れたとき、男の手にはナイフが光っていたという。四十年以上前の一夜が、高度成長まっただ中の日本の風景とともに鮮やかによみがえる。

　ショーのために来日した大物ミュージシャン列伝の章も興味深いのだが、児玉誉士夫や横井英樹との関係がつづられたダークな部分もまた、この店と日本の否定しがたい一面。それにしても、この店に心血を注ぎ、いま「さらば昭和」と決別しようとする著者の潔さよ。

評・香山リカ（精神科医）

『醜の美学』

カール・ローゼンクランツ 著　鈴木芳子 訳
未知谷・四二〇〇円
ISBN9784896421811

負の概念を発光させた古典的大著

昔、三島由紀夫が「ドイツ語の抽象的表現能力」は日本文学にいちばん欠けている要素だと書いていたのを思い出す。何よりも「わざとゆるいテンポで物事の真相に迫ってゆく方法」が独特なのだそうである。

今回、本邦初訳されたこの一冊は、一八五三年に刊行され、ヨーロッパでも久しく稀覯本（きこうぼん）になっていた古典的大著である。美学の領域に「醜」という対象を取り込み、醜とは「美という正の概念によって負に設定された省察概念」であるとする抽象的な規定から出発して、死・腐敗・排泄（はいせつ）・嘔吐（おうと）といった生々しく有機的な事象を呑（の）み込み、端から咀嚼（そしゃく）してゆくのである。

著者のローゼンクランツには『ヘーゲル伝』の著述もあり、右でも左でもないので「ヘーゲル中央派」と評された由。だが少なくとも美学の分野では師を乗り越えて進んだといえる。ヘーゲル美学は醜を論ずるに値しないとして排除していた。しかし、この弟子はあえて「醜のパンドラの箱」を開き、眼（め）の前に飛び散った見るも忌まわしい対象群を美学の領域に取り込んで、壮大な体系に組織してゆく。醜は美から投光されなければ存立しえず、「美から醜、醜から滑稽（こっけい）へという晴れやかな循環」の中で定位置を与えられるという予定調和的な構図である。

万象をすべて整然と概念構築しなければやまないドイツ観念論の特色は、この美学書にも遺憾なく発揮される。醜の属性とされる無定形・不正確・歪曲（わいきょく）などの諸要件を緻密（ちみつ）に分析し、ビザール（奇矯）・バロック・グロテスク・バーレスク・悪趣味等々の微妙な差異を一つのスペクトルの上に連続的に並べ、かつ個々の特性を明確に定義する概念操作はちょっとした読みどころである。

芸術は醜を浄化して滑稽に転生させ、美の普遍的法則に服従させる。醜は喜劇として市民権を取得する。著者はこのテーゼを広い読者層に理解させるには実例が必要だとして多数の文学・美術作品を博引旁証（はくいんぼうしょう）する。《もう一つの美》とぎりぎりに肌を接するリスクを犯しつつ、豊富で刺激的な《醜の博物館》を展覧するのである。たとえば血みどろなイエス磔刑（たっけい）像を示して醜はキリスト教と共に芸術界に導入されたとする主張などは、後にマゾヒズムと呼ばれる感覚の周辺に微妙な一線をたどる。この回廊には今日でも身近に鑑賞できる名作が陳列され、読者も自分の審美眼で判定に加われるから面白く読めるだろう。

翻訳は、ドイツ語は堅苦しいという思い込みがなくなるほど流麗である。巻末には親切な解説が付され、本書が生まれた歴史背景の案内図になっている。とりわけ一八四八年革命前後のヨーロッパ市民社会に、直視を避けられないまでに汚物と猥褻（わいせつ）と犯罪が出現した状況の説明が丁寧だ。ボードレールの『悪の華』は醜それ自体を発光させたのである。

この《醜の福音書》は、百五十年の歳月を距（へだ）てて今なおみずみずしい。日々新種のウィルスのように醜が増殖する現代世界にあってこそ、美の恩寵（おんちょう）をもって醜を救済する希望はひとしお魅力的に輝く。

（原題、Ästhetik des Häßlichen）

評・野口武彦（文芸評論家）

Karl Rosenkranz　1805〜79年。ドイツの哲学者。ヘーゲル学派。著書に『知の体系』『論理学理念』など。

二〇〇七年三月一八日②

『大国政治の悲劇　米中は必ず衝突する！』

ジョン・ミアシャイマー 著　奥山真司 訳

五月書房・五四六〇円
ISBN9784772704564

政治／人文／国際

列強は必ず地域覇権を目指すのか

冷戦が終わったのは一九八九年。いつのまにか「冷戦を知らない子供たち」が大学生になるだけの時が経（た）ったものの、安定した国際秩序が出現する気配はいまだにない。

現在の日本を取り巻く国際情勢は複雑だ。北朝鮮の核問題をめぐる米朝の交渉は始まったが、拉致問題解決の見通しは立たない。日中間では共通の戦略的利益に基づく互恵関係の構築が合意されたものの、中国の軍拡への懸念は払拭（ふっしょく）されておらず、東アジア共同体の実現に向けた足並みは揃（そろ）わない。相棒である米国は、イラク、アフガン情勢の泥沼化に足を取られる一方、より大きな軍事的な役割を果たすよう日本を促している。

複雑な状況を把握し、日本が創造的な外交安保政策を展開する上で、国際関係の理論はどれほど役に立つだろう。

本書の著者は空軍勤務の経験を有する、「攻撃的現実主義」と呼ばれる学派の雄だ。著者によれば、世界政府が存在せず、大国が攻撃的な軍事力を有し、相手の国の考えを完全には理解できない状況の下、大国は生存のために合理的に行動し、必ず覇権を求めようとする。本書ではこの理論を丁寧に説明し、歴史的な事例に照らして検証した上で、二十一世紀初頭の大国間の角逐を予測している。

国際政治理論をめぐる論争は激しい。経済的な相互依存や民主主義政治体制、あるいは国際制度の確立が戦争を防止すると考えるリベラリズムなど、他の学派からの批判は当然ある。また、歴史事例検証に見られる我田引水のほか、冷戦後の在日米軍の駐留を日本が中国との争いを起こすのを防ぐためとするなど、現状認識や今後の予測についても疑問点が少なくない。

しかし、大国の権力争いこそ国際政治だとみなし、軍事力の有効性を強調する現実主義者が世界に多数存在するのは事実だ。中東を見れば軍事力の限界は明らかだが、好き嫌いを超え、現実主義について理解を深めることは日本人にとって重要である。

訳文は達意。ただ副題に「米中は必ず衝突する！」とあるが、著者は本書でそうは書いていないので、念のため。

評・高原明生（東京大学教授）

（原題、The Tragedy of Great Power Politics）

John J. Mearsheimer　米シカゴ大学教授（国際関係論）。

二〇〇七年三月一八日③

『パトリオティズムとナショナリズム　自由を守る祖国愛』

マウリツィオ・ヴィローリ 著

佐藤瑠威、佐藤真喜子 訳

日本経済評論社・三六七五円
ISBN9784818818927

人文

「普遍的価値」として称揚に疑問も

美しい祖国を愛しなさい、と為政者に言われるとなんだか胡散（うさん）臭く感じてしまうが、しかしそれを否定すると、自分の国を愛していないのか、と言われて、居心地が悪い。お上の言うナショナリズムと自分たちのクニへの愛は違うんだと、知識人が言いたくなるのは、不思議ではない。

今の日本のことではない。原書は、12年前のイタリアで書かれたものである。

排他的で特定の国の文化的特質に限定されたナショナリズムと、市民的自由という最善の公共利益を愛することを前提とするパトリオティズムとは異なるものだ、というのが本書の主張だ。本来共和政によって担われてきた後者の祖国愛が、近代になってナショナリズムへと変質し、その二つが混同されてきたことを、筆者は問題視する。

筆者が強調するのは、君主制や独裁でもいいから国を愛すべし、とするナショナリズムではなく、共和政下で個人の自由を保障するパトリオティズムこそが謳（うた）われるべきだ、という点だ。そしてそれは、「市民」として不正や差別と闘う、一種普遍的な市民的道徳、公共性に繋（つな）がる。

冒頭の「社会主義者の知識人は、ナショナリズムに対抗できる左派的パトリオティズムを構築する努力を……してこなかった」との指摘が、本書執筆の動機をよく示している。左派はナショナリズム批判のため国際主義を謳ってきたが、それが色あせた今、「国内においても国外でも、自由と正義という理想に献身することを意味する」祖国愛こそが、「国境を越える連帯」たりうる、と主張する。

その動機は、よくわかる。だが本書に通底する西洋性、キリスト教的な「愛」認識に首を傾（かし）げたくなるのは、評者だけか。また、本書がポジティブに位置づけるアメリカの共和政パトリオティズムを、執筆12年後の今、筆者はどう分析するだろうか。

「異国の地で他国民のために闘うとしても、我々はパトリオットであり続けなければならない」という言葉が、イラクとアフガニスタンの国民のために闘ったつもりのアメリカに、皮肉に重なる。

（原題、FOR LOVE OF COUNTRY）

評・酒井啓子（東京外国語大学教授）

Maurizio Viroli　52年生まれ。社会政治学者。

二〇〇七年三月一八日④

『ファンドーリンの捜査ファイル　リヴァイアサン号殺人事件』
ボリス・アクーニン 著　沼野恭子 訳
岩波書店・一六八〇円
ISBN9784000246347

『ファンドーリンの捜査ファイル　アキレス将軍暗殺事件』
ボリス・アクーニン 著　沼野恭子、毛利公美 訳
岩波書店・一七八五円
ISBN9784000246354

文芸

ホームズ並み推理と、ルパン級活劇と

著者名はいかにもロシア語的に響くが、日本語の「悪人」をもじったもの。というのも、著者はもともと日本文学者で、三島由紀夫をロシアに翻訳紹介した人物なのだ。

その悪戯（いたずら）っ気たっぷりの悪人氏が娯楽小説を書き始め、ロシア一のベストセラー作家となった。彼の最も人気の高い作品が「ファンドーリン物」で、今回訳出されたのは、シリーズの第3、4作。ともに作中で日本人が活躍する。

舞台は帝政ロシア末期。帝政はまもなく革命に打倒されるが、ソ連が崩壊した今、古き良き帝政時代はノスタルジーの対象らしい。本シリーズも、「文学が偉大であり、進歩への確信が限りなく、優雅に趣味よく犯罪が行なわれ解明された一九世紀」に捧（ささ）げられている。つまり、粗野で悪趣味な犯罪しかない現代への繊細な批判精神の表れなのだ。

主人公ファンドーリンは20代の美青年で外交官。まさにホームズやルパンの同時代人であり、ホームズ並みの推理的知性と、ルパン級の冒険精神とを合わせもっている。

おりしも彼は外交官として赴任先の日本をめざし、豪華客船リヴァイアサン号に乗っている。この船には、子供を含めて一度に10人を殺害するという、パリで起こった残虐な事件の下手人が同乗していた。未知の犯人を追ってフランス人の警部も乗りこんでいる。客船は洋上の密室である。果たして、第2、第3の殺人事件が起こり……。

この『リヴァイアサン号殺人事件』がホームズを髣髴（ほうふつ）とさせる本格推理であるなら、続く『アキレス将軍暗殺事件』は最良のルパン物にも匹敵するきわめて見事な冒険活劇に仕上がっている。このスタイルの書き分けに著者の才能の巨大さが感じられる。

また、このシリーズを単なる懐古的なミステリーから隔てているものは、叙述形式への先鋭な意識である。十九世紀的な全知全能の一人称で語るのではなく、語り手はしばしば交替して、世界の見え方をプリズムのように変えてみせる。にもかかわらず、娯楽小説としての完成度はいささかも揺るがない。驚くべき書き手が現れたものだ。

評・中条省平（学習院大学教授）

Boris Akunin　56年生まれ。

『イタリア12小都市物語』

小川熙 著

里文出版・二六二五円
ISBN9784898062654

過去と現代が同居…豊かな重層性

世界でも都市が最も輝くのはイタリアだ。本書はこの国に惚（ほ）れ込んだ美術史家が40年に及ぶ研究の成果をもとに、都市の魅力を通じてイタリアの文化史の神髄を描く。扱われる要素は多彩だ。絵画、彫刻などの美術に加え、建築、都市空間、演劇、音楽へと自在に広がり、イタリアの街の空気や暮らしの表情をも伝える。

定番のローマ、フィレンツェ、ヴェネツィア、ミラノというビッグな都市を避けているのがよい。登場するのは、イタリアらしさを濃密に表現する中北部の12の中小都市だ。人口が最多で26万に過ぎないのに役者揃（ぞろ）いで、文化史に燦然（さんぜん）と輝くのだから凄（すご）い。

本書は、これら12の都市を訪ねると、イタリア文化史の全体が頭に入るという巧みな仕掛けをもつ。古代エトルリアが見え隠れするペルージャに始まり、中世ではモザイクの輝きが美しいビザンティン美術のラヴェンナ、フランスに負けないロマネスクの美術・建築を誇るモーデナ等。次にルネサンスの文化メセナを展開したウルビーノ、マントヴァ、フェッラーラを訪ね、最後は近代を準備したパルマ、ベルガモで締めくくる。

とはいえイタリアだけに、どの都市も古代に起源をもち、歴史が何層にも重なる。中世初期の異民族侵入の激動の後、自治都市（コムーネ）として繁栄した点が登場する都市の共通した特徴で、封建的圧政の続いた南イタリアとは一味違う。この複雑で分かりにくい各都市の中世の歴史が丁寧に紐解（ひもと）かれるのも嬉（うれ）しい。教会の宗教美術の見どころが詳細に語られる一方、世俗権力の象徴、市庁舎や市民広場の壮麗さも描かれる。

そして12都市の過半は、中世都市の富の蓄積の上に、優れた君主を得て、ルネサンスの宮廷文化の輝きを獲得した。都市の繁栄は豊かな田園に支えられたというイタリアの特質も著者は見逃さない。

古代エトルリアの城門を最新型の車が通り抜ける感動を語る著者は、過去と現代が見事に同居するイタリアに惚れている。世界遺産の都市も多いが、どれも今の街として格好よい。著者が説くイタリア都市の美学はそこにある。

評・陣内秀信（法政大学教授）

おがわ・ひろし　30年生まれ。元中部大教授。著書に『地中海美術の旅』。

『藝文往来』

長谷川郁夫 著

平凡社・二三一〇円
ISBN9784582833515

本と人とが熱く関わった幸福な時代

原稿のやりとりのさなか、じつに不誠実な対応をされ、相手を怒ろうと思ったものの、怒れなかったという経験が私にはある。なぜ怒れなかったか。メールのやりとりしかしておらず、相手の顔を知らなかったのである。顔も声も知らない相手を、本気で怒ることは難しい。

本書を読んでいると、ああ、時代は変わってしまったのだなと深く思う。時代ばかりではない、書物の持つ熱というものも、否応（いやおう）なく変化したのではないか。

小沢書店という出版社の社主であった著者が、交際のあった作家や編集者、彼らの著作物と関（かか）わった記憶が、本書には贅沢（ぜいたく）なほどあふれている。言葉通りの交遊もあれば、書物を通しての交遊もある。作者とまみれるようにして本を作った歴々の編集者たちにも触れている。再現の叶（かな）わない美しい時間が、この本には流れている。

「愉（たの）しそうにしかし真剣に遊んだ」、小沼丹。「そうはイカのキンタマ！」と花札遊びに興じる中野孝次。家出先まで著者を迎えにこさせ、大船駅で黙してワンカップを開け続ける田村隆一。編集者の父の死を悼み、走り書きの長い手紙をファクスで送った水上勉。毎週ビアホールにあらわれ、編集者たちに料理と酒をおごった吉田健一。行間から体温が、熱がわき上がってくる。本に対する熱であり、本を媒介に関わり合う人々の熱である。

とはいえ、単なる交遊の記録ではない。本書にある言葉通り、著者にとって「文は人なり」であり「本もまた人」、作家、編集者、造本に関わるすべての人々が分かち難く結ばれている。

作家と編集者のつながりが変わったのだから、小説自体が変わるのは当たり前だと気づかされる。どちらがいい、悪いと私は思いたくない。けれどどちらが幸福かとは問うまでもない。

書物を消費物に成り下げることなかれと、今の時代に向けて、静かに、しかし誇らかに言い放つような一冊である。箱入りの凝った造本にも、著者の本への思いがあふれている。

評・角田光代（作家）

はせがわ・いくお　47年生まれ。早大在学中に仲間と小沢書店を創立。2000年まで社主。

二〇〇七年三月一八日⑦

『父マルコーニ』

デーニャ・マルコーニ・パレーシェ 著
御船佳子 訳　東京電機大学出版局・二六二五円
ISBN9784501621902　人文／科学・生物

ケータイひとつあれば、地球上どこにいても誰とでも話ができる現代。通信技術は、すでに魔法とすらいえないほど自然である。とはいえ百年前は？

たしかにイタリア系発明家グリエルモ・マルコーニが一八九四年、弱冠二十歳で編み出した無線通信は一九〇一年には大西洋横断に成功し、一九〇七年には一般向けの電報業務が始まっている。しかし、すべての新発明の例に漏れず、当時はこのハイテクノロジーをまだまだ先行きどうなるかわからぬおとぎばなしと見る向きも多く、有線通信の側からは露骨な批判さえあったというから、まさに隔世の感というべきか。

本書は、一九〇九年のノーベル賞受賞者マルコーニの劇的な生涯を、彼の長女が綴（つづ）った感動的な伝記である。彼女は無数の文書や書簡を読破し、関係者への聞き取りを行い、祖父から自身へ至るマルコーニ家三代記を書き上げた。その筆からは、アメリカ建国の父フランクリンに憧（あこが）れ、発明王エジソンに私淑した主人公が、多くの国家元首から称賛を浴びるいっぽう、一九一二年の豪華客船タイタニック号沈没をきっかけに、人類のため無線通信網のさらなる拡充をはかっていく創意と熱意が力強く伝わってくる。

評・巽孝之（慶應大学教授）

二〇〇七年三月一八日⑧

『在日義勇兵帰還せず』

金賛汀 著
岩波書店・二四一五円
ISBN9784000230186　歴史／ノンフィクション・評伝／国際

本書は約半世紀前の冷戦下で起きた朝鮮戦争で、南の国連軍・大韓民国側に兵士として志願した在日コリアン青年642名の、不遇で過酷な運命を掘り起こしたものである。なぜわざわざ兵士に志願したのかと、疑問に思うかもしれない。著者はそれを、日本社会で差別されていることからくる、実態を知らぬ「祖国」への「片思い」の愛国心のゆえと説明している。

しかし彼らを軍要員に受け入れた米軍も、彼らを斡旋（あっせん）した韓国政府駐日代表部も無責任であった。志願兵たちは、その任務・待遇・身分についてのハッキリした取り決めがないまま、派兵されたのである。彼らには、正式の米軍軍人の資格が与えられなかった。

その結果、戦死者の遺族へは何の補償もされず、撤退する米軍とともに日本に帰還した者は、米軍からの給与支払いもなしに放り出される。そして韓国の地で除隊命令を受けた約三分の一の志願兵たちは、日本政府がその再入国を認めず、彼らは家族の住む日本へ帰れなくなってしまったのである。彼らの人生は、米韓日三国の思惑によって利用され翻弄（ほんろう）されたのだった。在日コリアンが国家の狭間（はざま）で生きてきたことを、強く訴えかける物語といえよう。

評・赤澤史朗（立命館大学教授）

二〇〇七年三月一八日⑨

『アダムの旅　Y染色体がたどった大いなる旅路』

スペンサー・ウェルズ 著　和泉裕子 訳
バジリコ・一八九〇円　ISBN9784862380258　科学・生物

生物としての人類の特徴というと、つい、自意識や言語、発明の才など、脳に重きを置きがちである。しかし、そのほかにも大きな特徴がある。地球上の隅々、さまざまな場所に進出していることと、それにもかかわらず、遺伝的にはきわめて一様だという点である。

えっ、人種の多様さは明らかではないかという声が聞こえてきそうだ。たしかに、人類は多様な環境に適応する過程で、さまざまな人種を生み出してきた。だが遺伝的に見ると、人種間の差はないに等しい。

なぜそうなのか。答（こたえ）は、歴史の新しさにある。人類の共通祖先は、20万年ほど前に東アフリカで誕生した。化石の証拠と、母親の卵子だけを通じて伝わるミトコンドリアの遺伝子がそう語る。いわく、われわれは、20万年前に生きていた、ごく少数の「イブ」に端を発している。

だが、男性だけに伝わるY染色体遺伝子のルーツをたどると、その時間はぐっと縮まり、5万年前に出アフリカを果たし世界に散った少数の「アダム」たちに行き着く。この5万年という時間では、遺伝的多様化が起こるには短すぎたのだ。

遺伝学が解き明かす壮大な物語を真摯（しんし）に語った好著である。

評・渡辺政隆（サイエンスライター）

二〇〇七年三月一八日⑩

『テイラーのコミュニタリアニズム　自己・共同体・近代』

中野剛充 著
勁草書房・三二五〇円
ISBN9784326101672　人文

グローバル化の進展にともなって、近年、国家と市場のあいだに共同性を再構築する必要を唱える論調が目立つ。そのなかで、主として英米圏でコミュニタリアニズム（共同体主義）と呼ばれる政治思想が、日本の論壇でも注目を集めるようになってきた。

本書は、コミュニタリアニズムの主要な論客のひとりであるカナダの政治哲学者チャールズ・テイラーの思想を包括的に論じた本邦初の作品である。

コミュニタリアンは一般に、個人の権利に対して、コミュニティーが共有する善や価値観を重視する。その上で、著者がテイラーに固有の洞察とするのは、その共通善が単一のものではなく、本質的に多元的なものと捉（とら）えるところである。伝統的にリベラリストは、この諸善の多元性ゆえに、消極的自由（他人に妨げられない自由）の擁護に立てこもってきたが、テイラーは、多元的な諸善間の和解可能性を創造的に追求するところにこそ人間の自由があると主張するのだという。

テイラーは、カナダ・ケベック州の独立問題に関しても「深い多様性」を承認する方向での連邦制維持を主張している。生きた思想の緊張感が伝わる好著である。

評・山下範久（北海道大学助教授）

二〇〇七年三月二五日①

『新たな疫病「医療過誤」』

R・ワクター、K・ショジャニア 著
福井次矢 監訳　原田裕子 訳
朝日新聞社・二五二〇円
ISBN9784022502575　医学・福祉／ノンフィクション・評伝

「システム思考」でミスの克服めざす

子宮と腸を間違えて手術、鼻から18年前のガーゼ発見、異なる血液型を輸血……最近、国内で報道された医療過誤の事例の一部だ。これらは表沙汰（おもてざた）となった事例で、氷山の一角だろう。私の家族も、誤診によって病状が悪化した苦い経験をもつ。医療過誤は日本人の死因トップ10に入るという報告もあり、もはや100％安全な医療などありえない。

本書は、年間9万8千人が医療過誤で死亡し、訴訟が頻発する米国を舞台に、医療の安全を研究する二人の医師がこれに真正面から取り組んだノンフィクションだ。投薬ミスや集中治療室へ搬送中のエレベーター事故、患者取り違えなどの事例を挙げ、医師や看護師が何を考え、どう行動し、なぜ事故が起きたかを検証する。個々の事故を横糸でつなぎ、米国第5位の死因を占める医療過誤の本質を見極めようとする。大冊だが臨場感あふれる筆致に導かれ、読み始めたら止まらない。

いったいどんな悪質な医師がいるのかと思いきや、ほとんどがそうではないのだ。事故は実に人間的な理由によって起こる。いや、人間ゆえに「うっかり」誤るといおうか。

たとえば、小児心臓移植の権威といわれた医師が血液型照合ミスで幼い少女を死亡させた事例がある。ドナーが見つかったことを医師に連絡した臓器バンクも、仲介役のＮＰＯも、臓器を摘出した別の医師も、誰も血液型を確認しなかった。当の医師はやっと少女が救えると興奮していた。血液型を確かめるチャンスは何度もあったのに、そんなことは誰かがとっくに調べているはずという思いこみが全員にあった。複数の小さなミスの連鎖がシステム全体を貫通する大きな穴を開ける。感染症のように知らぬうちに甚大な被害が広がる。「疫病」と位置付けた所以（ゆえん）だろう。

近年は医療が高度化・専門化し、チームワークが必要となった。医師がいかに優秀でも申し送りでへまをすれば事故は起こる。ならば、人間は誤りを犯すものだという前提に立ち、組織の安全体制を構築せよ。それが本書が提起する「システム思考」である。具体的には、実用に耐える規則や確認表、研修の整備であり、チームが自由に意見交換できる環境づくりだ。これまでそんなこともできなかったのかと驚くが、多忙を理由に規則破りは日常化し、目上の医師に目下の者が意見をいえないのは日米共通の問題らしい。ぞっとする話だが、申し送りの際に必要な情報を伝えるのを怠った経験の有無を専門家３００人に尋ねたところ、全員が、有と答えたという。

加えて、著者が提案するのは、医療従事者と患者を敵対させない「無過失システム」だ。賠償と原因究明を切り離し、患者を早期に救済した上で医療従事者には過誤の報告を徹底させる。導入には慎重を要するが、訴訟で誰かの責任を追及してもシステムの改善につながらなかったという反省が背景にある。

「医療事故を理解するとは、究極的には人間の本性を理解すること」。自らの経験を含め、現場の失態を赤裸に描くには勇気を要したろう。だからこそ説得力をもつ。医療の安全を願う人すべてに読んでほしい力作だ。

（原題、Internal Bleeding）

評・最相葉月（ノンフィクションライター）

Robert M. Wachter、Kaveh G. Shojania　２人は米カリフォルニア大サンフランシスコ校の医学博士。

二〇〇七年三月二五日❷

『観光』

ラッタウット・ラープチャルーンサップ 著

古屋美登里 訳

早川書房・一八九〇円
ISBN9784152087966／9784151200625（ハヤカワepi文庫）

人文

タイ舞台に色鮮やかな生の裸形

久々に海外文学の叢書（そうしょ）「ブック・プラネット」が生まれた。本書はその第一弾でタイ系アメリカ人のデビュー作。英米の有力紙が絶賛し、全米図書協会から「注目すべき若手作家」に選出され、すでに十三カ国で刊行された。確かに喚起力豊かな文章は素晴らしく、収録された七篇（へん）すべてタイが舞台なのに異国情緒はなく、むしろ普遍的な生を追求していて実に鋭い。

たとえば表題作の「観光」。海辺のリゾートへと旅立つ失明間近の母親と息子の交流を描いた作品で、普通なら陰々滅々な話になりそうなのに、中盤からは明るく愉（たの）しく、それでいて一抹の悲しみを滲（にじ）ませて、生命の光を限りなく優しい筆致で捉（とら）えて、きわめて美しい仕上がりである。

または「カフェ・ラブリーで」。十一歳の少年が、兄に連れられてあやしげな酒場で大人の世界をかいま見る話で、具体的にはシンナーとセックスとオートバイが出てくる。この三つはありふれているものの、作者は少年の内面に入りこみ、緊張と不安と喜びを丁寧に掬（すく）いあげて読む者の心まで震わせる。

さらには中篇「闘鶏師」。闘鶏で破滅していく父親を見つめる娘の苦悩を描いた作品で、町を牛耳るボスの息子との対決、友情、克己心などテーマも多彩で、なおかつそれらが物語の基点になり新たな展開を辿（たど）る。最もドラマティックな秀作で読み応え充分。

そのほかでは息子の住むタイにやってきた老アメリカ人の頑固一徹を溌剌（はつらつ）とした（でもいささか苦い）ユーモアでくるむ「こんなところで死にたくない」、カンボジア難民の少女と心を通わせる「プリシラ」なども忘れがたい。

「闘鶏師」に〝善悪、左右、上下、内外、そういった言葉はここの人たちには意味がない〟という言葉があり、それがタイの現状なのかもしれない。しかしだからこそ、混沌（こんとん）とした情況で生きる縁や人の絆（きずな）といったものが逆に輝きだす。もちろんそこには燃えたぎる怒りが、熱をもつ癒えない傷が、あるいは理解されない悲しみもある。原初的ともいうべき色鮮やかな生の裸形がここにある。注目！

（原題、Sightseeing）

評・池上冬樹（文芸評論家）

Rattawut Lapcharoensap　79年米シカゴ生まれ。作家。

『周恩来秘録　上・下』

高文謙 著　上村幸治 訳

文芸春秋・各一九五〇円
ISBN9784163687506〈上〉・9784163687605〈下〉／9784167651688（文春文庫〈上〉）・9784167651695（〈下〉）

ノンフィクション・評伝

皇帝型権力の専制に振り回されて

ここ十年ほどの間に刊行された『毛沢東の私生活』や『マオ——誰も知らなかった毛沢東』などにより、中国建国の雄たる毛沢東像は地に堕（お）ちた感がある。代わって定着したのが、猜疑心（さいぎしん）の虜（とりこ）となった〝現代の始皇帝〟というイメージで、本書もそれを補強こそすれ、訂正を迫るものではない。本書で大きく塗り替えられているのは、ナンバーツーだった周恩来像の方である。

周が死んだとき、八十を超えた毛が爆竹を盛大に鳴らして喜んだという暗いエピソードから本書は始まる。毛の異常な猜疑心は、打倒した劉少奇や林彪だけでなく周にも向けられ、歴史的な米中国交回復で見せた周の鮮やかな手際までが、毛の猜疑を掻（か）き立てたというのだから、驚くほかはない。つねに周はひたすら平身低頭して生き延びるのだが、自己保身のため文化大革命時にはかつての同志たちを見捨てる決定を何度も下した。革命前には、転向した幹部の一家全員を処刑させる冷酷さも、彼にはあった。

それでも、毛には及ぶべくもない。毛は、周の膀胱（ぼうこう）がんを医師団から知らされていながら、周に伝えず、検査も手術も認めず、その死期を早める一方で、周に対する執拗（しつよう）な追い落とし工作を仕掛けつづけた。毛の仕打ちを著者は「冷酷で陰惨な殺人」と断じるが、ここまでされても周の屈従は変わらず、臨終の間際にも毛を讃（たた）える歌を口ずさんで微笑（ほほえ）むのである。

毛と周の関係は、暴君と忠臣、主人と奴隷、SとM、いずれにも似ているが、その徹底ぶりは常軌を逸している。フィクションなら、グロテスクな悲喜劇と笑い飛ばしたくなるところも多々ある。だが、これは中国共産党の中央文献研究室で機密文書を閲読できる立場にあり、一九八九年の天安門事件後アメリカに亡命した著者が、膨大な資料とインタビューによって構成したドキュメンタリーなのだ。

著者の言うように、中国の「皇帝型権力専制主義」の本質がいまも不変とするなら、かの地の人々はこれからも権力にいつ翻弄（ほんろう）されるかもしれぬ人生を送らねばならない。読後、重い徒労感が残った。

評・野村進（ジャーナリスト）

こう・ぶんけん　53年北京生まれ。在米の周恩来研究者。

二〇〇七年三月二五日④

『江戸の読書熱　自学する読者と書籍流通』　人文

鈴木俊幸 著
平凡社選書・二七三〇円
ISBN9784582842272

向学心支えた無名のベストセラー

正直に告白すると、評者は本書で大きく取り上げられている江戸時代の漢学独習書『経典余師（けいてんよし）』については何の知識もなかった。

著者は、文学史辞典にも載らず、注目する研究者もほとんどなく、「学芸史・思想史といった学問の視界には入って来なかった」この無名の書物を長い忘却の中から掬（すく）い上げ、あわせて十九世紀日本における「知の底上げ」という興味深い事象を掘り下げてゆく。「普通のことは論じにくく、歴史から普通のことが漏れてしまっている」という着眼が非凡である。

『経典余師』は鳥取藩の儒者だった渓（たに）百年の著作。これまでの教授法から大胆に踏み出して、儒学古典を「平ガナニてざつと解く」入門書を刊行した。何よりも「師要（い）らず」（先生不用）というのがセールスポイントである。

天明六年（一七八六）の初版このかた何度も版を重ね、偽版も売り出され、続版が明治初年にまで及ぶ隠れたベストセラーである。「尋常ならざる量の発行部数」があったと推定されている。

具体的な数字は不明であるが、続刊や再版といった版種の数、板木の疲れや摩耗状態から増刷の度合いがわかるそうだ。諸版本を網羅して実証してゆくプロセスは一般読者にはちょっと退屈だが、著者はさすが心得たもので「書誌についての繁雑な考証、また史料の引用を端折（はしょ）って」読んでもよろしいといっている。

見えてくるのは、近世後期に日本の津々浦々で民衆レベルの《向学心》が萌（も）え出た景況である。読書算盤（そろばん）を習う寺子屋でも素読を教える時代が到来していた。師匠も不足気味だったろう。経書の本文に「平仮名混じりで注釈と書き下し文」を付け、いわば《現代語訳》した『経典余師』の需要が増大した理由もうなずける。出版は営利事業だ。これを商機として販売網が着実に全国に広がったのである。

著者はその学問熱を「自学自習」の一語に要約する。江戸時代が近代日本に贈った遺産の一つは、民衆の高い識字率であった。学ぶことが「普通」だった社会を復原（ふくげん）した読み応えのある一冊だ。

評・野口武彦（文芸評論家）

すずき・としゆき　56年生まれ。中央大教授（書籍文化史）。著書に『蔦屋重三郎』など。

二〇〇七年三月二五日⑥

『テンペスト』　文芸

エメ・セゼール、W・シェイクスピア、ロブ・ニクソン、アーニャ・ルーンバ 著　本橋哲也 編訳
砂野幸稔、小沢自然、高森暁子 訳
インスクリプト・三三〇八円
ISBN9784900997141

300年の時を隔て読み替え、批評

「わたくしは暴君に支配されております。そいつは魔術師で、魔法でわたくしから島を奪い取ったのです。（中略）でもいちばん考えておかなきゃならんのは、あいつの娘、こいつはチョー美人のスケです」

一読して、まさかイギリスの文豪シェイクスピアが新世界アメリカを意識した傑作喜劇『テンペスト』（一六一一年ごろ執筆）の一節、それも島の原住民たる怪物キャリバンの言葉だとは、思いもつくまい。だがこれはまぎれもなく、編訳者がこの古典を巧みな二十一世紀日本語で甦（よみがえ）らせた成果なのである。

いっぽう、現代に甦ったキャリバンはこう語る。

「俺（おれ）をXと呼んでくれ。そのほうがいい。いわば名前のない人間だ」

これは、二十世紀カリブ海はマルティニク島出身の作家エメ・セゼールの手になる改作『もうひとつのテンペスト』（一九六九年）で

おいて、怪物ならぬアフリカ系黒人奴隷として再登場し、スワヒリ語の「ウフル（自由）！」を連発するキャリバンの言葉。そのモデルが一九六〇年代の黒人公民権運動家マルコムXであるのは、あまりにも明らかだろう。

三百年もの時の隔たりにもかかわらず、ふたつの『テンペスト』を並列させ、ポストコロニアル批評家ニクソンやルーンバらによる卓抜な論考をも収録した本書は、日本独自の編集になる卓抜なアンソロジーだ。時代や国家が変わっても読み替えられ書き直されるだけの余地を含んだ作品こそが古典の名に値することを、本書はひとまず実感させる。さらに、植民地主義が終わっても、その「終わり」自体を忘却して何度となく甦ってくるのが「帝国」の宿命であることも、復習できる。

たしかに元ミラノ公であった「征服者」たる魔術師プロスペローと「歴史のエージェント」たる奴隷キャリバンの対立は、作品の中核を成す。しかし同時に、プロスペローの弟アントーニアが兄からまんまと王位を簒奪（さんだつ）し、自らのウソを信じ込んでいったように、いまも「帝国」は密（ひそ）かに次の一手を狙っている。

評・巽孝之（慶應大学教授）

二〇〇七年三月二五日⑦

『読み違え源氏物語』

清水義範 著

文芸春秋・一五〇〇円 ISBN9784163256702 文芸

この本を読んで、誰よりも驚くのは紫式部だろう。

はかなく身まかった夕顔が、じつは生きていたり、末摘花に似たアメリカ娘が、純愛小説のヒロインになったりするのだから。

『源氏物語』から八人の女性を選んだ短編集だが、どれも原作の意図を生かしながら、まったく別の小説に転化している。しかも、一編ごとにスタイルをかえる凝りようで、「夕顔殺人事件」の対話体から、葵の上の日記、六条御息所のような女優の報復劇、色好みな老女の述懐と、それぞれに趣向が利いている。

あれほど光源氏の生涯のトラウマとなった藤壺（ふじつぼ）との「実事」も、当の藤壺にとってはまったく異なっていたと寓話（ぐうわ）風に語られる「最も愚かで幸せな后（きさき）の話」や、山荘の管理人が愛情を注いで育てた野草が、ふと気をそらした隙（すき）に枯れる「ムラサキ」は、とりわけ風刺が鋭い。

ただ、昔からの愛読者には、作者独特の笑いと毒が少し薄れてきたようで心配だ。たしかに今回は相手が悪かった。古来『源氏物語』ほど引用・変奏された名作はなく、さすがの手練（てだれ）れもややためらいがあったのだろうか。文体模写（パスティッシュ）とパロディーの達人だけに、現代の新しい笑いの文芸を、と切望してやまないのだが。

評・杉山正樹（文芸評論家）

二〇〇七年三月二五日⑧

『マニュファクチャリング・コンセント1・2』

N・チョムスキー、E・ハーマン 著

中野真紀子 訳

トランスビュー・1巻三九九〇円、2巻三三六〇円
ISBN9784901510455〈1〉・9784901510462〈2〉 人文

A5判の上下合わせて約七〇〇ページの大著。副題に「マスメディアの政治経済学」とあるように、寡占化の進んだアメリカの新聞・テレビがいかに「世論」という製品を製造し、流通させてきたのか。ケーススタディーを通し検証する。

ヴェトナムやラオス、カンボディアなどのインドシナ、エルサルバドル、グアテマラ、ニカラグアなどのカリブ世界、さらに東欧や南欧でのアメリカの行動、それに対するメディア報道が徹底的に調べられる。すると、法則に近いパターンが浮かび上がるという。

親米政権が登場すると、事態は改善しつつあると報道し、政権崩壊後は過去に遡（さかのぼ）って、実は悪辣（あくらつ）だったという風に書き改められる。端的な例がヴェトナムだ。

反ゲリラ戦争、国際テロ組織といった新しい概念と宣伝。それを追随・拡大報道するメディア。9・11以降のブッシュ政権の歩みも、メディア報道もほとんど同じパターンだ。敵が共産主義からイスラム原理主義の国際テロネットワークに代わっただけだ。

読み終わって、暗澹（あんたん）たる気分になった。まさか日本はここまでいっていないだろうが、マスメディア関係者にぜひ感想を聞いてみたい。

評・小高賢（歌人）

二〇〇七年三月二五日❾

『我、自衛隊を愛す　故に、憲法9条を守る』

人文

小池清彦、竹岡勝美、箕輪登 著
かもがわ出版・一四七〇円
ISBN9784780300734

護憲派の中には自衛隊の存在そのものを認めない人も多い。しかし、憲法9条の改定で直接的な影響を被るのは自衛隊。現実的に血を流すのも自衛隊員だ。内部の人たちは9条をどう見ているのだろうか。

本書の著者は3人の元防衛庁幹部である。湾岸戦争の際、平和憲法が国を守ると実感したという元教育訓練局長の小池清彦氏。冷戦終結後の脅威とは中ロ韓朝のいずれかが日本本土に上陸侵攻するときしかないが、そんな有事は虚構であると断言する元官房長の竹岡勝美氏。両氏の意見は一致する。この改憲は自衛隊を認めるためではなく、米国に追従した海外派兵が目的であること。国際貢献の名の下に海外派兵をしなければ非難されるなど嘘（うそ）で、日本は平和国家として世界の尊敬を得ているし、自衛隊員も専守防衛を誇りに思っていること。国防と名誉の観点からこそ改憲は阻止すべきだと彼らは主張するのである。

もうひとりは、衆議院議員を8期務めた元防衛政務次官の故・箕輪登氏。氏が起こした「自衛隊イラク派兵差し止め訴訟」の裁判記録が三つめの目玉である。

9条は非現実的な理想主義だとだれかにいわれて信じているあなたにこそ読んでほしい緊急提言の書だ。

評・斎藤美奈子（文芸評論家）

二〇〇七年三月二五日❿

『弄（もてあそ）ばれるナショナリズム』

政治／人文／国際

田島英一 著
朝日新書・七七七円
ISBN9784022731272

昨年十月の安倍訪中は、日中が戦略的な共通利益の存在を認め合った点で画期的だった。しかし、洋々たる発展の可能性を持つ日中関係にたれこめる暗雲は、双方のナショナリズムだ。

本書の特徴は、この分野で古典的なゲルナーのナショナリズム論を中国に応用し、「国民」創成の二つの立場を示したところにある。一つは孔子の教えを核に均質的な国民文化の形成普及を追求した「文明中国」派で、文官である「士」を担い手とし、清朝末期の康有為に代表される。もう一つは「漢人」という「民」の血縁幻想を核にする「血統中国」派で、代表は孫文だという。

毛沢東の「階級中国」でも出身階級による差別が横行し、「民」の血縁幻想から自由ではなかった。そして改革開放後には「文明中国」的愛国主義教育が行われるが、今や所得格差の拡大に押されて「血統中国」的大衆ナショナリズムがインターネットに噴出している。

日中のナショナリズムの不毛な争いからどうすれば脱（ぬ）け出せるのか。著者は少数民族問題をも視野に入れ、国民国家の論理を相対化しようとする人々の民際交流を説く。紹介される事例やアネクドートも豊富で、一般読者にも楽しめる力作だ。

評・高原明生（東京大学教授）

二〇〇七年四月一日❶

『星新一　一〇〇一話をつくった人』

文芸

最相葉月 著
新潮社・二四一五円
ISBN9784104598021／9784101482255（新潮文庫〈上〉）・9784101482262〈下〉

人生が文体を生んだ…初の本格評伝

星新一は「ボッコちゃん」など、ユーモラスかつ未来を予見するような作品で、日本にSFとショートショートを根づかせた。文庫発行数は3千万部超。感情を排した透明な文体の裏には、しかし苦渋のドラマがあったという。本書は、遺品の日記や草稿、関係者の手紙、談話など膨大な資料をもとに、英雄の生涯を語りおこす初の本格評伝である。

「今日あたり死のうかな」。父の会社を継いだ星の日記に、そんな言葉が見つかる。父は政治家であり〈星製薬〉の創業者星一、祖父は近代医学の草分け小金井良精。後に星は自分のルーツを洗い直すかのように、祖父と父の伝記を書いているが、本書によって明らかにされることは多大だ。星製薬は大正期にモルヒネの国産化に成功して大企業化したものの、阿片（あへん）疑獄でつまずいた。借金まみれの会社を継がされた新一は、経営手腕もなく、現実から逃げるようにSFの世界に入っていく。父の「負の遺産」がなければ、作家星新一は生まれなかったかもしれないのだ。

私が星新一に特別の興味を抱いたのは、彼が明治の翻訳家にして鴎外の妹の小金井喜美子の孫と知ったからで、つまり星新一は鴎外の又甥（またおい）にあたるのだが、そう言うと多くの人が驚く。これほど著名でありながら、人物像が世に知られていないのは、作家研究があまりに乏しいからだろう。この評価の低さはどこから来るのか。著者はそれを探っていく。星は昭和35年の直木賞落選のころから、「人間が書けていない」といったお決まりの批判を受けていたという。文学作品とは「作者の人生を放り込むもの」との認識があり、星の姿勢はその正反対のように見られた。そうではない、人間への絶望と愛情が深すぎるがゆえに、作品では感情を極限まで抑制したのだと、最相は分析する。人生が文体と小説スタイルを生んだのだ、と。

しかし星の初期のライバル安部公房が『砂の女』の英訳で世界に認められ、ノーベル賞候補と言われた一方、星は作品の数に賭け、1001編を目指す。「千編に終わらない」という意味をこめた1001編目がどのように迎えられ、どんなその後を辿（たど）ったか。それを語るくだりは、本書中でも最も胸にせまる。これは人物伝であり、戦後のSF史、翻訳史であると同時に、星新一とSFを評価しきれなかった日本文学の歩みでもあるのだ。

星を古くから知る同人誌の主宰者や小松左京や筒井康隆らの貴重な話のなかに、最相の洞察と批評が効いている。生命の連鎖を科学的に解説した星の初著書を「若い新一の遺書」のようと評する感受力は、作家の死生観とがっちり組み合ってこそ得られたものだろう。星の情念が「乗り移った」というあとがきの言葉には、かつて星自身が祖父の伝記を書いたときの「この本を書いたのは祖父でもあり私でもある」という名言がだぶり、取材対象に肉薄しようとする著者の情熱に圧倒された。こうして新たな解釈を加えられたことで、星新一という「一冊の本」はテクストの厚みを増した。評伝を読む意義を改めて考えさせてくれる一冊である。

評・鴻巣友季子（翻訳家）

さいしょう・はづき　63年生まれ。ノンフィクションライター。『絶対音感』で小学館ノンフィクション大賞。著書に『青いバラ』ほか。

『排除型社会　後期近代における犯罪・雇用・差異』

ジョック・ヤング 著　青木秀男ほか 訳

洛北出版・二九四〇円
ISBN9784903127040

人文

相対的貧困や剥奪が「生きる不安」に

英国で文化論的な視点から犯罪学の研究を重ね、本書の出版によって米国に招聘（しょうへい）された著者は、欧米の社会が「幅広い層の人々（下層労働者や女性、若者）を」受け入れて同化を目指す包摂型から、1960年代後半以降は様々な次元で人々を格付けして分断する排除型へ移行したという。その時期は、歴史家のホブズボームが指摘する「世界が方向感覚を失い、不安定と危機にすべりこんでいく歴史」のはじまりとも重なっている。

実際、市場競争が厳しさを増すなかで企業はコスト削減のために、ダウンサイジング（小型化）やアウトソーシング（外部化）を進め、正規雇用を縮小しながらパートや派遣などの非正規雇用を拡大してきた。この結果、「豊かな社会にいるにもかかわらず」相対的な貧困や剥奪（はくだつ）にさらされる人たちが増えている。

経済的にも、また社会的にも排除された人々の心には不満の種が宿り、それが犯罪となって表れる。これに対し警察が監視を強化しても犯罪は減らない。なぜなら犯罪は相対的剥奪の結果であり、その原因である「物質的条件が解決されないかぎり、すぐに再発する」からだ。

だからといって現在の社会を包摂型に戻すこともできない。「私たちの作業は、現在私たちが立っているところからはじめなければならない」。そのために著者が目標として掲げるのは「富の公平な配分と多様性の自由を保証する世界」を築くことだ。「正義の領域」では、性別や学閥および遺産などによるデタラメな配分を廃して能力に応じた報酬を実現し、「共同体の領域」では、文化は本質的に異なるのではなく、変容し融合すると考えて多様性を認め合うことが大切だというのである。

「正義」の基準となる能力をどのように測るかなど具体的な考察面では物足りなさもあるが、消費者の欲望を刺激しながら労働者の報酬を削減する市場原理の浸透が、経済的な不安定に加え、生きていることに対する不安まで惹起（じゃっき）することを8年前に見抜いていた原著の邦訳は、日本の格差や貧困をめぐる論争に新たな波紋を投じるはずだ。

（原題、THE EXCLUSIVE SOCIETY）

評・高橋伸彰（立命館大学教授）

Jock Young　42年生まれ。犯罪学者、NY市立大特別教授。

二〇〇七年四月一日③

『ベンヤミンの迷宮都市　都市のモダニティと陶酔経験』

近森高明 著

世界思想社・二九四〇円
ISBN9784790712503

文芸

「怯え」の感覚を尊重して論じる

冷たい霧雨のパリ。サンジョルジュ駅近傍の路地裏にあるプチホテルの一室で一気に読み終えた。

ドイツの思想家ヴァルター・ベンヤミンは、19世紀のパリに誕生したガラス張りのアーケード街であるパサージュに、都市を無目的に彷徨（ほうこう）する「遊歩者」を見いだした。

これまでの議論では、「遊歩者」とは客観的な「観察者」であると理解するのが一般的だった。しかし著者はベンヤミンのテキストには、何らかの「怯（おび）え」を前提とする「陶酔」とでも呼ぶべき経験も織りこまれていると主張、「遊歩者」は「観察者」であると同時に「陶酔者」であったと新しい論点を用意する。

ベンヤミン自身は、森に迷うように都市に迷った。そのためには修練が必要だとまで考えたようだ。確かに街を文物を予兆や暗号に充（み）ちた場所だと意識し、わざと迷い子のように怯えながら歩くと、都市は従来とは異なる相貌（そうぼう）を浮かびあがらせる。何気（なにげ）ないざわめきも不穏に感じ、普段よく見知っている何の変哲のない街路が、突如、迷宮となって立ち現れる。

そこで体感する「陶酔」とは、どんな経験なのか。本書では、たとえば魅惑的なイメージに惹（ひ）かれて疲れ切るまで彷徨すること、または路上にあってふと過去を想起する感覚などが例示される。具体的には、記憶の痕跡としての街路名、ガス灯の両義的な光が喚起する肯定的なノスタルジー、不吉な死の力を漂わす娼婦（しょうふ）と重なりあう人形などが論じられる。なかでも私は、ガス灯を「過渡期の技術」とみなし、だからこそそこに肯定的な神話性を看取できるとする章を面白く読んだ。

「あとがき」に、著者の関心の所在が吐露されている。著者が都市に感じてきた「何か底知れぬもの」に関する議論は、従来の都市論ではなされていない。そのあたりを物足りなく思ってきたという。他の論者が欠如させてきた「畏怖（いふ）」の経験を際立たせようとする背景には、著者独特の都市観があったわけだ。

「怯え」という感覚を尊重して都市を語る、新しい「都市論者」の誕生である。

評・橋爪紳也（大阪市立大学教授）

ちかもり・たかあき　74年生まれ。日本女子大人間社会学部講師（文化社会学）。

二〇〇七年四月一日❹

『謎のマンガ家・酒井七馬伝』

中野晴行 著

筑摩書房・一九九五円
ISBN9784480888051

人文／ノンフィクション・評伝

幻の作家の実像に光を当てた労作

「手塚治虫の名と業績を知らぬものはないが」と書き出そうとして、筆が止まった。死後すでに20年近く、若い世代には、一度も手塚作品を読んだことのない人もいるだろう。まして、その若き日の手塚と一作だけの共著を世に出したのみでマンガの〝正史〟から消え去った人物、酒井七馬の名を記憶している者が何人いるか。

しかし、そのたった一作がその後の日本のマンガを変えた。石ノ森章太郎や藤子不二雄といった人たちをこの世界に飛び込ませたのは、手塚が絵を、酒井が原作・構成を担当した作品『新宝島』(47年)との出会いだった。そのときの興奮を、石ノ森も藤子も力を込めて記録している。だが、彼らの賞賛(しょうさん)の全(すべ)ては手塚一人に向けられ、酒井の名は無視された。それどころか、当の手塚によって、酒井のその後の人生は不遇なもので、最後は餓死した、という〝伝説〟までが流布していった。

本書はその伝説に真っ向から異を唱え、丹念な取材と資料発掘によって、この幻の作家の真の姿と、その業績に光を当てた労作である。マンガ史研究の一級資料として、ぜひ手に取ってもらいたい。

……と言ってしまえば書評者としての責は全うするのだが、こういう書籍を、先にも言った、〝手塚治虫すら知らない世代〟にどう勧めればいいのか、悩むところである。聞いたこともない、歴史から消えた人物のことが自分たちに何の関係があるのかと、鼻で笑われるかもしれない。しかし、酒井七馬という個人の評伝を超えてこの本には、才能あふれる一人の創作者がもてあそばれる時代と運命、という永遠のテーマが描かれている。マンガ史という狭い枠の中に押し込めるには勿体(もったい)ない本だ。若い人たちにこそ、読んでもらいたいのである。

これも一種の伝説なのかも知れないが、この本の担当編集者は、酒井七馬の知名度の低さから執筆をしぶる著者に〝いいじゃありませんか、日本一売れない本を作りましょう〟と言い切ったそうだ。この本がどれだけの人に読まれるかで、日本の文化度が計られると言って過言でない。

評・唐沢俊一(作家)

なかの・はるゆき　マンガ編集者、ノンフィクションライター。著書に『球団消滅』ほか。

二〇〇七年四月一日❺

『大失敗』

スタニスワフ・レム 著　久山宏一 訳

国書刊行会・二九四〇円
ISBN9784336045027

文芸

コミュニケーションの極限状況描く

私は、SFについても東欧文学についても、熱心な読者ではない。しかしレムは読む。彼の作品がつねに、すぐれたコミュニケーションの文明論だからである。

2度の映画化で有名な『ソラリス』をはじめ、彼の主要な作品の系列は、しばしば「ファースト・コンタクト(最初の遭遇)もの」と呼ばれる。地球文明が異星の知的生命と遭遇・接触する。そのことによってなんらかの相互作用が生ずる(少なくとも地球人側に深刻な物理的・心理的影響が出る)。それにもかかわらず、わたしたちが普通言う意味でのコミュニケーションがまったく成立しない。相手の反応が敵意なのか好意なのか、そもそもそこにコミュニケーションの意思があるのかさえわからない。しかし接触が生み出す磁場に不可逆的に引きずり込まれていく。そのような極限状況が、レムの作品を貫くモチーフである。

本書に先立つ彼の諸作品では、コミュニケーションのさまざまな試みがことごとく不毛に終わる。こちらの発話に対して、応答なのかどうかが決定できないような現象ばかりが執拗（しつよう）に生起する。それが逆に他者の存在を浮かび上がらせるのだ。だが本作の仕掛けは少し違う。すなわち前作までに描かれてきたのと同工の極限状況のなかで、さらにそのような他者の存在を決して認めない論理を突き詰めたときに何が起こるかがこの作品の焦点である。

ページを繰る手がもどかしいほど読ませるラスト100ページの展開は、ほとんど風刺に近い空気を残してあっけない幕切れを迎える。無粋を承知でそこから教訓を引き出すなら、それはコミュニケーションの不可能性を拒絶する理性が、自壊的に暴走することへの戒めである。

レム最後の長編となった本書は、コミュニケーションの可能性をめぐる原理的探求を突き抜けて、まさにこの地球に起こってきた文明間交渉の歴史のリアリティーに近づいている。本書を前に、文明の衝突だの対話だのといった政治的題目は、どうしようもなく空疎に響く。

（原題、Fiasko）

評・山下範久（立命館大学准教授）

Stanisław Lem　1921〜2006年。作家。『エデン』など。

二〇〇七年四月一日⑥

『氷上の光と影　知られざるフィギュアスケート』

田村明子 著

新潮社・一四七〇円
ISBN9784103040316／9784101347318（新潮文庫）

ノンフィクション・評伝

華麗な舞いを取り巻くドラマ描く

日本のフィギュアスケート界が、いつのまにかすごいことになっている。

この間は、世界選手権も開かれて、テレビをつけたら、トリノの荒川に続けとばかりに、安藤美姫や浅田真央、高橋大輔が氷上を舞い、感極まって泣いたりしていた。

それにしても一段とコスチュームが華麗になった。観客席も埋め尽くされ、リンクのスポンサー広告もにぎやか。画面からも大きな投資がされている様子がみてとれた。

そして、いずれの世界も同じだけれど、光が当たれば、影も濃くなる。昨年のフィギュア界は、スケート連盟会長の背任スキャンダルが浮上し、目下、表も裏も大きな注目度だ。

本書はそんなさ中に書かれたフィギュアスケート・ノンフィクションで、著者は、日本のフィギュア界が低迷していた14年前から取材を続けてきたスポーツライターだ。

取材の始まりは米国メディアを興奮させた、リレハンメル五輪直前のケリガン襲撃事件。さらに、ソルトレイクシティ五輪での判定疑惑から新採点法導入への道筋。現場に居合わせた著者ならではの確かさで、十数年間のこの世界の動きを丁寧に描写している。クールな筆致が心地よい本だ。

読んで実感するのは、どの国もスター選手がひとり出現すれば、市場としての注目も浴び、一気に才能も集まってくるということ。光が当たっている時は、スキャンダルという影のドラマでさえ、人々の関心を支えることに貢献するのだ。

目下、フィギュア界に注ぐ光は、米国、カナダをそれて、日本、中国、韓国へと、移動中だ。それに伴い、日本のスケーターたちには、金メダルコーチと呼ばれる国際的な一流コーチが集中、技術レベルも芸術センスも競い合って進化している模様。

本著でも、テレビではフィギュアの本当のすごさは分からない、と強調されているが、スケーターたちの迫真の演技をナマで見るなら、今が、日本の旬の時か。この機を逃さず、一度は、リンクに行ってみたいと思った。

評・久田恵（ノンフィクション作家）

たむら・あきこ　米国在住のフリーライター。『知的な英語、好かれる英語』など。

二〇〇七年四月一日⑦

『黒人ダービー騎手の栄光』

ジョー・ドレイプ 著　真野明裕 訳

ノンフィクション・評伝

アスペクト・二一〇〇円
ISBN9784757213517

世界各地で2千数百勝を挙げた1882(明治15)年生まれの小さな巨人、ジミー・ウィンクフィールドの伝記である。

身長150センチ、47キロのジミーは、少年時代に生まれ故郷のケンタッキー州ブルーグラス地方を去り、1904(明治37)年、21歳の年に、激化する黒人差別を逃れるようにしてアメリカを出国。以後はロシア、ポーランド、オーストリア、フランス各国の馬場で活躍する。

だが欧州はジミーにとっての別天地であるのと同時に、ロシア革命と2度の世界大戦が待ち受ける危険きわまりない場所。とりわけ後半の「馬追い」の章は壮絶な描写の連続で、ロシア革命下、260頭余りの優駿(ゆうしゅん)を連れたオデッサからワルシャワへの逃避行1700キロを描く著者の才筆に驚かされる。

第2次大戦後の困窮を「リトルロケット」という名の老いた去勢馬に救われる、馬からの恩返しにあたる章も用意され、叙事詩的な大労作となっている。

話し言葉の極めて少ない、事実とことん重視の歴史記述でありながらも文学的かつジャーナリスティック。カンザスシティー出身の著者ジョー・ドレイプは『ニューヨーク・タイムズ』の現役記者。競馬関連の著述で知られる。

評・佐山一郎(作家)

二〇〇七年四月一日⑧

『ゆの字ものがたり』

田村義也 著

文芸

新宿書房・三一五〇円
ISBN9784880083650

かつて岩波書店の「世界」や「文学」の編集長を務め、4年前に亡くなった一編集者のエッセー集。ところが、それだけではとても著者の仕事の全貌(ぜんぼう)を言い表したことにはならない。装丁者として数々の名著を世に出した人物なのである。

社内装丁者として自社の装丁に携わる傍ら、依頼を受けて社外の装丁も幅広く手がけた。以来、装丁者の名前が記された本が1500点にものぼるという。

食べ物や酒などを語った洒脱(しゃだつ)なエッセーにまじって装丁の話が出てくる。

その中で「本というものの必須条件は、題字と著者名がはっきりしていることであって、その他のことはまあ二の次だ(中略)とくに本の背中は本の『顔』である」と言い切る。

そのため著者は、本の内容や特徴に細心の気を配り、自ら字を造形したりもする。つまり本を編集するということと装丁するという仕事は、べつの作業ではなく不即不離の関係にあるということにほかならない。それは同時に編集者としての信念でもあるにちがいない。

ともすればデザイン過剰となり、本の内容や手触りがなおざりになりがちな昨今、装丁にかけた著者の信念が受け継がれていることも感じさせる一冊である。

評・前川佐重郎(歌人)

二〇〇七年四月一日⑨

『部下を好きになってください　―IBMの女性活用戦略』

内永ゆか子 著

経済

勁草書房・一八九〇円
ISBN9784326653201

日本IBMの取締役専務執行役員の内永さんと言えば、働く女性のリーダー的存在だ。彼女は企業人としての約35年間を振り返り、若い世代に伝えたいことがあると、いくつものメッセージを織り込んでいる。

当初は、自慢話が並ぶ鼻持ちならない本ではないかと逃げ腰で読み始めたが、駆け出しのころの「青ざめるような失敗と立ち直れない失意の日々」も語る率直さである。離婚と異動が重なり、うつ病状態になったことも隠していない。

むろん、意欲と努力のエピソードには事欠かない。75年当時、女性は規定時間以上は残業できなかった。それで、いったんトイレに隠れて働き続けている。「管理職に昇進させてください」と直訴もした。だからこそ夢をかなえる自己実現の手段として、キャリアアップへの挑戦を女性たちに訴える。働いて生きるには「馬から降りない」覚悟が必要なのだ。

書名の「部下を好きになってください」とは、部下の発言を受け入れる余裕がなく負けたくないとつっぱっていたとき、ある課長からアドバイスされた言葉。自分への戒めとして、今でも座右の銘にしている。特に、男女新入社員に一読を勧めたい。

評・多賀幹子(フリージャーナリスト)

二〇〇七年四月八日❶　社会

『生きさせろ！　難民化する若者たち』

雨宮処凛 著

太田出版・一三六五円
ISBN9784778310479／9784480427670（ちくま文庫）

怒って、キレて、言葉にしよう！

4月になったとたん、テレビから「今日、全国の企業などで入社式が行われ、好景気の影響で新入社員はどこも大幅増です」といった威勢のよい声が聞こえてきた。大学生の就職活動を伝えるリポーターたちも、「今や就職戦線は完全に買い手市場です！」と声のトーンが高い。

でもそんなのはごく一部の世界のできごとだ、ということを実は多くの人が知っている。フリーターやニートの若者が社会問題となってから、もう長い時間がすぎた。

とはいえ、そのフリーターやニートの実態を知っている人はそう多くない。いまだに「定職に就かないのは怠けたいからだ」などと思っている人もいる。かく言う私自身も、社会に出ることに対して若者が感じている不安が、彼らを仕事から遠ざける最大要因ではないか、などと考えていた。

しかし、仕事に就けないことを若者の自己責任だと決めつけないでほしい、と著者は訴える。彼らの多くは、働きたいのに正社員として雇ってもらえない、あるいは精一杯（せいいっぱい）、働いているのにあまりの条件の悪さに生活していけないのである。運良く正社員になると、今度は過労死ギリギリの過酷な労働条件が待っている。人は、社会や企業の側の問題に、あまりに鈍感であった。

著者が浮き彫りにする若者の実態は、凄（すさ）まじい。前日に指示が来て1日だけの派遣、という単純な仕事を繰り返す。家賃が払えずサラ金に手を出したり、漫画喫茶を転々としたりする。正社員になっても早朝から深夜までの長時間労働で、時給に換算すると700円。心身を壊して生活保護を受給すれば、医療券が制限されて病院にもかかれない……。

まさに〝使い捨て〟の犠牲者になっている彼らだが、これまでは声を上げることをしなかった、と著者は言う。「なんかおかしいな」「でも自分のせいかな」と思っているだけの若者たちには「言語化できない苛立（いらだ）ちだけ」が募り、それが、リストカット、時には犯罪にまで暴発している、という。

しかし、一部の若者たちは自分たちを取り巻く社会のおかしさに気づき、フリーター労組などを作って行動に出始めている。『「ニート」って言うな！』など自己責任論を問い直す本の出版も続いている。著者はその動きを全面的に評価して言う。「私たちは怒っていいのだ。怒って、キレて、言葉にしていけばいい」。

一方で、社会を疑うどころか、社会との接続感を求めて「国」という共同体とつながろうと愛国者になって中国を攻撃するフリーターも多いことを指摘し、「弱者がより弱者を憎んでも誰も救われない」と危惧（きぐ）する。

著者自身、かつては「生きづらい」と自分や周囲に不信を抱き、自殺未遂を繰り返す少女だった。だが、今や若者の内面に寄り添って理解する力と、彼らの視線を内から社会へと向かわせる力をあわせ持つこの世代の〝希望の星〟へと再生した。自分に希望を仮託するだけではなく、声を上げ、運動を起こす若者が続くことを、著者自身も何より望んでいる。

評・香山リカ（精神科医・帝塚山学院大学教授）

あまみや・かりん　75年生まれ。作家。著書に『バンギャル　ア　ゴーゴー』『すごい生き方』『悪の枢軸を訪ねて』など。

二〇〇七年四月八日②

『中原中也　帝都慕情』

福島泰樹 著
NHK出版・一四七〇円
ISBN9784140811764　文芸

詩人が歌った「不可視の内景」たどる

中原中也の詩が発する響きは「誰でも創（つく）れる音の美しさではない」と著者は語る。情感ゆたかな韻律と階調を繰り返し朗読し、唇で覚えた歌人ならではの言葉である。

中也詩の出発点は短歌であった。その感受性がダダとの邂逅（かいこう）で覚醒（かくせい）し、詩人になろうと上京してきた十七歳の春からこの評伝が始まる。

著者はさきに中也詩を定型短歌に変奏した歌集『中也断唱』を世に問うた。「悲しみは雲の色しておりたると語らん寒き三月も暮れ」。その後長くステージ活動で中也詩を「絶叫」し続けた。

本書では「歩くことによってしか出会えないもの」を求め、戸塚・中野・高井戸・市谷谷町と、中也が十二年半にわたって帝都東京に刻んだ生の条痕をたどって回る。

この紀行は地表の遺跡探しではなく、時間の縦深への下降である。行く先々に中原の残像と重層した著者自身の魂の発見がある。戦争・復興・再開発ですっかり外見を変えた東京から、生前の詩人が眺めた風景がよみがえる。「中原の時代と私の幼年がクロスする」と述懐されるように、歴史背景というよりは、詩によってしか捕捉できない時代の不可視の内景だ。

たとえば、「トタンがセンベイ食べて／春の日の夕暮は穏かです」という有名な詩句が生まれたのは戸塚ではないかという直観。「雪が降るとこのわたくしには、人生が、／かなしくもうつくしいものに――／憂愁にみちたものに、思へるのであつた。」と歌われた雪景色に、二・二六事件の朝の首相官邸を幻視してしまう過剰なまでの想像力。

もちろん中也の彷徨（ほうこう）には、小林秀雄と一人の女性を奪い合った世紀の大失恋が底流している。失恋の傷手（いたで）が抒情（じょじょう）の定型を引き寄せ、「ダダの鎧（よろい）は剥（は）ぎ取られ、赤裸の心が喪（うしな）ったもののあまやかな吐息を欣求（ごんぐ）」したところに、「ほんにわかれたあのをんな、／いまごろどうしてゐるのやら。」と歌う悔恨の絶唱が生まれる。

今も人々の心の底の《汚れつちまつた悲しみ》を揺さぶる中也の肉声を聞こう。この五体投地的な評伝は読む者を深い感動に引き込む。

評・野口武彦（文芸評論家）

ふくしま・やすき　43年生まれ。僧侶、歌人。『福島泰樹全歌集』ほか著書多数。

二〇〇七年四月八日③

『自分の体で実験したい』

レスリー・デンディ、メル・ボーリング 著
梶山あゆみ 訳
紀伊国屋書店・一九九五円
ISBN9784314010214　医学・福祉／ノンフィクション・評伝

「命がけの科学」の報告 冷静な検証も

これはコロンブスの卵的な本である。最初に企画した人が偉い。誰にでも書けそうで、そう簡単には思いつけない。おみごとである。

本書の売りは、人間は何度の気温まで耐えられるか、食べ物はどうやって吸収されるのか、恐ろしい伝染病の原因は何かなど、命の危険も顧みず自ら実験台になった18世紀から現代に至るまでの科学者・技術者を紹介している点である。原題はまさに「モルモット科学者」。

だがそれだけで終わっているとしたら、いうなればプロジェクトX「命がけ編」でしかない。本書で評価できるのは、現在の視点からすればばかげていること、危険すぎることを、当時の時代背景、科学技術の水準の中でしっかりと位置づけ紹介した上で、その後の発見、現時点における知見を、傍注や文末注によってきちんと補足している点である。しかもその補足のしかたが粋で、過不足のないちょうどよいさじ加減になっている。そうした工夫により、本書は単なる偉人伝としては

終わらず、科学リテラシーを養う良書となりえている。

原書は、米国の科学教育者団体から高い評価を受けた小学校高学年以上向けの科学書なのだが、大人が読んでもおもしろい。それもそのはず、本書の着想を得てから出版まで、構想と取材に十数年をかけているという。その間に集めた長いリストの中から精選された10話がコンパクトにまとめられているのだ。

惜しむらくは、エーテルによる全身麻酔を初めて実施した米国医師の話で、日本の華岡青洲の偉業が補足されていない点だろう。青洲が薬草を独自に調合した全身麻酔薬を用いて、女性患者の乳がん摘出手術に世界で初めて成功したのは1804年であり、本書で紹介されている米国の事例に先立つこと40年あまり前のことなのだ。

だがそれはやはり、日本人によってこそ書かれるべき物語なのかもしれない。ただし、本書をまねて安易に二匹目のドジョウを狙うのはいただけない。目指すべきは独自の切り口、本書を超えた企画であるべきだろう。

（原題、GUINEA PIG SCIENTISTS）

評・渡辺政隆（サイエンスライター）

Leslie Dendy　米の大学教員。
Mel Boring　中学・高校教師。

二〇〇七年四月八日④

『美術のアイデンティティー　誰のために、何のために』

佐藤道信 著
吉川弘文館・四〇九五円
ISBN9784642037785

アート・ファッション・芸能

日本人の自意識はどんな仕組みか

美術に深い関心を抱いているわけではないのに、読んで頭がクラクラするような印象を与えられる美術史の本なんて、そうざらにあるものではない。ところがこの本は、まさにそういう本なのだ。

頭がクラクラするのは、本書が日本美術史の見方を通して、日本人の自意識がどんな仕組みで成り立っているのかについて、くりかえし問いかけているからである。私たちの自意識は他者との遠近感に基づいているが、その遠近感が著者の問いかけによってフラつくのである。

例えば東京国立博物館の常設展は、日本の美術史の展示が中心である。でも、これは当たり前のことではないのだ。欧米の大きな美術館は、みな一国史的な展示でなく、ギリシャに発してヨーロッパ地域全体の広域美術史の展示をしているからである。ではなぜ欧米では広域美術史で、日本など東アジアでは一国史的な展示なのだろうか。

東アジアの諸国は国家主義に立脚していたためだというのが、近年の美術史の回答だった。しかし著者はさらに、西欧の広域美術史を背後で支えたのは、国を超えるキリスト教の共同体の意識であったとし、宗教によって美術がどんなに規定されていったかを探ろうとするのである。西欧の広域美術史が、自らの源流からギリシャ美術と共通性の大きいエジプト美術を排除しているのも、キリスト教の宗教観に囚（とら）われていたためではないか。また前近代の東アジアにも広域の文化交流はあった。しかし日本の先進文化輸入のパターンは、人間の行き来が少ないモノの交易中心のそれで、地域の共通の意識を育みにくい形だったのではないか——。著者は、西欧と日本の美術史の双方を相対化する視点を、八方に広げていこうとしている。

ここには十分に熟してはいないが、新しい着想と問いかけがある。それは、日本と海外の美術の展示や実物に接した時のギャップや違和感に発している。本書が読みやすいのは、それが日常の感覚と地続きの地点で私たちの美術観を問い直した、その模索的な試みのためだといえよう。

評・赤澤史朗（立命館大学教授）

さとう・どうしん　56年生まれ。東京芸術大学准教授（近代日本美術史）。

『「少女」の社会史』

今田絵里香 著

勁草書房・三四六五円
ISBN9784326648788

人文／社会

「少年」から分岐したあやふやな存在

竹久夢二の叙情的な挿絵を収めた少女雑誌、吉屋信子の少女小説を耽読（たんどく）し、宝塚少女歌劇団のスターたちに胸ときめかせ、友人や上級生との妖（あや）しくも美しい親密な関係性を生きた「少女」たち。本書は、近代日本の都市新中間層の興隆とともに誕生した「少女」という存在のリアリティーを、社会的・歴史的・政治的な背景に照準しつつ分析した書である。

1章では、少女というカテゴリーが、「少年」から分岐し、「女子に学歴獲得を志向させつつ、なおかつ夫を支え男児を産み育てる女子向けのコースに進ませるための巧妙な仕掛け」となっていった。そのアイデンティティーの成り立ちを、続いて2章で、『少女の友』などの雑誌分析を通して、職業的成功を期待されるわけでもなく、それでいて妻・母になるということにも直接結びついていないというあやふやな少女イメージが生み出される経緯を分析する。

3章では、少女が親への孝の実践者より、親から情愛を注がれる「子ども」へと転態していく過程を、少女雑誌に掲載された小説の分析によって示す。4章では、学歴獲得を期待されながらも男子とは異なる意味を与えられた少女たちにとっての「成功」の微妙さを描き出し、5章、6章では、そうした微妙な位置に置かれた少女たちの関係の築き方が、雑誌投稿、エスと呼ばれる少女どうしの親密な関係にそくして論じられている。丁寧な史料渉猟と周到な論理構成に支えられた本書の記述は大きな説得力を持つ。本田和子や川村邦光らによる少女研究、乙女研究の系譜に連なる歴史社会学の労作といえよう。

著者は「『少女』という表象が戦後どのように変遷していくのかを今後の課題として取り組んでいきたい」という。たしかに、例えば60年代以降の表象空間において重要な役割を果たした少女漫画における少女と本書で扱われた少女とのあいだに、どのような連続と断絶があるかといった論点は、きわめて興味深い。著者の今後の仕事に注目していきたい。

評・北田暁大（東京大学准教授）

いまだ・えりか　75年生まれ。日本学術振興会特別研究員。教育社会学。

『みんなの「生きる」をデザインしよう』

菊地信義 著

白水社・一八九〇円
ISBN9784560027967

人文

ことばをイメージに　装幀家の教え

装幀（そうてい）の第一人者が、母校の小学校で6年生を相手に2日間の授業をおこなった。本書はその記録である。

授業のテーマはデザイン。菊地信義さんご自身の言葉を借りれば、〈イメージをことばにする。そのことばをイメージに戻す〉こと。具体的には、谷川俊太郎さんの『生きる』という詩を一冊の本にするなら、どんな表紙をつけるか——。

まずは『生きる』を引用させていただこう。〈生きているということ／いま生きているということ／それはのどがかわくということ／木もれ陽（び）がまぶしいということ／ふっと或（あ）るメロディを思い出すということ／くしゃみをすること／あなたと手をつなぐこと〉

あなたならどんな表紙にするだろう。木もれ陽や握手を描く？　残念ながら、詩の一節をそのまま使ったのでは菊地センセイの花丸はもらえない。〈自分自身の『生きる』の一行を見つけてください〉とセンセイは言う。谷川さんの詩のこの7行に、いわば自分だけの8行目を付けるわけだ。〈自分の一行ができたら、その一行を人に伝えるにはどんな文字の形や色がいいのか、絵がいらないのか〉を考えなければならない。子どもたちは戸惑い、迷いながらも、自分自身の「生きる」を探していく。そして、それを表紙のデザインを通じてなんとかみんなに伝えようと、文字に工夫をこらし、絵を描いて……。

なんと魅力的な授業なのだろう。しかも、本書の中に子どもたちの作品はゼロ――表紙そのものはいっさい紹介されていないのに、いきいきとした文章で再構成された授業の様子は、言葉だけで、子どもたちの困惑や手応えを、一人ひとりが感じ取った「生きる」ことのイメージを、鮮やかに見せてくれる。

さらには、還暦を過ぎて初めて教壇に立った菊地センセイと、27人の子どもたちの温かなやり取りは……そこにもまた『生きる』の新たな一行がひそんでいるように思えてならないのだ。子どもよりもむしろ、おとなにとって、とても大切な一行が。

評・重松清（作家）

きくち・のぶよし 43年生まれ。ブックデザイナー。
本書は著者が自装。

二〇〇七年四月八日⑦

『人々はなぜグローバル経済の本質を見誤るのか』

水野和夫 著　日本経済新聞出版社・二三一〇円
ISBN9784532352455／9784532196912（文庫）　人文

年間8000億ドルもの貿易赤字を出しながら危機に陥らない米ドル、1バレル70ドルを超えても世界インフレや不況とは無縁の原油価格、戦後最長の景気回復を更新しながら低迷を続ける日本の労働分配率など、これらはけっして「予想外の」できごとではない。原因は、経済活動にまで干渉する新たな「帝国」の登場と、国民国家の支配を超えて利潤を追求する「資本」の発展にあると著者はいう。

確かに、米国が「帝国」の力で貿易黒字国に資金の還流（ドル投資）を求め、それを国際金融市場で巧みに運用して利益を上げれば、フローの赤字ほど対外債務は増加せず通貨危機も先送りできる。また、消費意欲の旺盛な米国向けに中国の「資本」が設備を拡大し、規模の経済を梃子（てこ）にして生産性の上昇に成功すれば、資源インフレを克服しながら世界経済の成長も持続できる。さらに、利益の還元を求める国際的な株主が増えれば、好況でも企業は賃金を削減し配当に回さざるを得ない。

歴史学的な視点からグローバル化の本質を解明する本書の議論は説得的だ。しかし、「世界システム」の変化で新たに発生した不安への対応は残された課題である。その意味で本書は、なお未完成と言える。

評・高橋伸彰（立命館大学教授）

二〇〇七年四月八日⑨

『カブールの燕たち』

ヤスミナ・カドラ 著　香川由利子 訳
早川書房・一六八〇円
ISBN9784152087973　人文

暴力と恐怖政治が支配する社会の残酷さを描いた小説には、たぶん三つの種類がある。「未開の地」の、非文明的で野蛮な社会に恐怖するもの。オーウェルやソルジェニーツィンが描く、独裁政治の息苦しさ。そしてカミュの「ペスト」に表れるような、圧倒的で不条理な暴力と死。

タリバン支配下のアフガニスタンが、いかに人権抑圧的で残虐かを描いた書物は、「対テロ戦争」以降あまたあるが、その多くは最初のカテゴリ（非近代的なイスラーム狂信！）として描かれるか、せいぜい二番目の、イスラーム主義者の独裁として語られる。

だがこの小説から浮かび上がるのは、静かに壊れていく市民の姿だ。鬱屈（うっくつ）した生活に希望を持てない小役人たち、体制の提供する暴力に興奮し快楽を見いだしてしまう大衆、そして狂気の淵（ふち）に追いつめられる知識人エリート夫婦。

アルジェリア出身の著者は、アフガニスタンを描きながら、同様にイスラーム過激主義に翻弄（ほんろう）されて内戦に陥った母国の姿を投影する。かつて近代世俗主義を謳歌（おうか）した社会の行き着く果てに出現した暴力の極限状況として、イスラーム世界の西と東が重なる。

評・酒井啓子（東京外国語大学教授）

二〇〇七年四月八日⑩

『日本語は天才である』

柳瀬尚紀 著

新潮社・一四七〇円
ISBN9784103039518／9784101480121（新潮文庫）　人文

J・ジョイスや、R・ダールの文章と格闘した名訳で知られる英文学者の柳瀬さんが、日本語の懐の深さを縦横に語っている。考えてみれば、雑種混成の日本文化だから、その歴史は、翻訳に次ぐ翻訳だった。一読、今も翻訳の知恵を絞ることが、「日本語さん」の実力を知るに格好の場だと腑（ふ）に落ちる。

漢字や、そこから派生したひらがな、カタカナ、また、方言、ルビや回文、いろは歌……。実践と豊富な歴史的知識から繰り出される「日本語さん、えらい」の例には、「へー」の連続となる。西欧の感嘆符や疑問符だって、楽々、我がモノにします。「占めたぞ！占めたぞ!!　難有（ありがた）い!!!」なんて、紅葉の「金色夜叉」に出てくるんだって！

「七」は、古来、多くの場合、「シチ」と読むのが正しいそうだが、今はやたらに「ナナ」と読む。将棋好きの柳瀬さんは、棋士の羽生さんが七冠達成の際、世間が「ナナカン」と読むのがとても気になった。思いめぐらすに、70年安保をテレビが「ナナジュウネン」とくり返し叫んだのが、「シチ」派の息の根を止めたのでは、と!?

文章は平易、かつユーモラス。七面倒で、七転八倒というご心配は無用です。

評・四ノ原恒憲（編集委員）

二〇〇七年四月一五日②

『ルイザ　若草物語を生きたひと』

ノーマ・ジョンストン 著　谷口由美子 訳

東洋書林・二三一〇円
ISBN9784887217287　ノンフィクション・評伝

私たちはなぜジョーにあこがれたか

本書は、「若草物語」で有名なルイザ・メイ・オルコットの評伝である。読み始めたら、少女時代の記憶が怒濤（どとう）のように蘇（よみがえ）ってきた。

なにしろ、「昔気質の一少女」「花ざかりのローズ」「ライラックの花の下」……、11、12歳から15歳まで、私はずっとオルコット三昧（ざんまい）だった。19世紀のこのアメリカの少女小説を食べ物のようにして育ったのである。もちろん、「若草物語」も「続若草物語」もお気に入りだった。が、実際のオルコット家をモデルにした母と4人姉妹の物語の中で、「戦場で病気中」の「お父様」だけが私には腑（ふ）に落ちなかった。

本書を読んで謎が解けた。オルコット家は、夢想的な教育者の父が家族を扶養できず、母が現実社会と素手で戦って家族を支えたのだ。

勇敢な母アッバは、聡明（そうめい）な母でもあった。「若草物語」のように「不在の夫」を、娘たちには「立派なお父様」として機能させ、家族をまとめあげる力を持っていた。

この母の後継者が娘のルイザで、家族の経済も親の介護も小説家になった彼女が一身に担った。その人生は自分をモデルとした「若草物語」の次女、ジョー以上の波瀾（はらん）万丈だった。社会的に自立し、家族を支えた55歳のシングル人生であった。

私もたいていの読者同様、4姉妹の中では、ジョーに感情移入し、あこがれた。その彼女が小説を通して少女たちに語り続けたのは、母アッバが人生をかけて娘たちに伝えたことだった。「自分よりも他人を思いやりなさい」「外見より心です」「心の持ち方ひとつで、人はシアワセになれるのです」と。

素直な読者だった私は、ルイザの説く「清く正しい」少女でありたいと常に夢想していたわけで、あの時期を「まっとうな少女」でいられたのは、彼女のおかげだったのだ。人生のあれこれに振り回されてすっかり忘れていた作者への恩義を本書によって、気づかされた思いがした。

ルイザ・メイ・オルコットの少女小説は、生身のわが母よりもずっと教育的だったのである。

（原題、LOUISA MAY: THE WORLD AND WORKS OF LOUISA MAY ALCOTT）

評・久田恵（ノンフィクション作家）

Norma Johnston　米の児童文学作家。女優、教師など様々な顔も。

二〇〇七年四月一五日❸

『通訳／インタープリター』

スキ・キム 著　國重純二 訳

集英社・二六二五円
ISBN9784087734140
人文

劇的に秘密を明かす文学的「裏切り」

「翻訳者は裏切り者である」というイタリアの警句は、広く知られているだろう。たしかに翻訳には、原文のニュアンスを失ったり著者の意図を汲（く）み損なったりと、むずかしい局面を迎えることが少なくない。だが興味深いことに、多文化時代の昨今では、そうした翻訳のむずかしさそのものが、最も切実な文学的主題に転じている。

かくしてジュンパ・ラヒリの一九九九年度O・ヘンリー賞受賞作「病気の通訳」からソフィア・コッポラの二〇〇三年度アカデミー賞脚本賞受賞作「ロスト・イン・トランスレーション」へと続く系譜に、韓国系女性アメリカ作家キムによる、二〇〇四年度PEN境界文学賞ほかの受賞に輝く本書が加わった。

主人公の在米韓国人女性スージー・パークは法律関係を中心に活躍する通訳。彼女は依頼人の真実を知るとともに、たとえば移民の実情にかんがみ、素知らぬ顔でウソの翻訳をすることで、多くのむずかしい局面を乗り切ってきたベテランである。

前半は、彼女が一九九一年、コロンビア大学学生だったころに、同大学教授ダーミアンと駆け落ちし、そのあとも、妻子ある実業家マイケルと恋愛中というエピソードが続くから、あたかも渡辺淳一ふうのどろどろ不倫小説かと錯覚するかもしれない。

だが、ふたつの恋愛のあいだには、一九九五年、英語をほとんど話さぬままブロンクスで店を経営していた両親が暗殺されるという事件があり、後半は、あたかもハードボイルド小説のように、事件の真相が究明される。そして、目下失踪（しっそう）中の実の姉グレースが、そうした両親に反抗しているようでいながら、いかに彼らの秘密にほかならぬ「通訳」として長く深く関与したかが、劇的に語られる。

作中、シェイクスピアからメルヴィルまで、作者の文学的造詣（ぞうけい）が惜しみなく披露されるうちでも、ロシア系亡命作家ナボコフの反アメリカ小説『ロリータ』が、まさにこうした通訳的視点に立つ「裏切り」理論から読み解かれプロットに組み込まれていくさまは、圧巻というしかない。

（原題、The Interpreter）

評・巽孝之（慶應大学教授）

Suki Kim　韓国で13歳まで育ち、米ニューヨークへ移住。作家。

二〇〇七年四月一五日❹

『平凡パンチの三島由紀夫』

椎根和 著

新潮社・一四七〇円
ISBN9784103041511／9784101288819（新潮文庫）
文芸

60年代を演出した作家と雑誌の記憶

単行本の帯には、推薦文や惹句（じゃっく）（宣伝コピー）の他に、その本の面白い部分をちょいとつまんで、読者に紹介してある場合がある。一冊の本の中から最も紹介に値する部分をズバリ選んで抜き出すのはなかなか容易ではない。しかし、この椎根和『平凡パンチの三島由紀夫』であれば、もう、ここしかないという個所がある。本文を読み終えてから帯の裏を見たら、まさにその部分が使われていることを発見し、ヤルナと感心した。

引用されているのは、雑誌「平凡パンチ」で、68年から70年の三島の自決までの3年間、担当編集者だった著者が初めて三島に出会った場面の一節である。旧・帝国ホテルのコーヒーハウスで、三島は取材されながら昼食にハンバーグライスを注文し、

「キミは、ハンバーグライスのおいしい食べ方を知っているかい」

と著者に言う。そして、いきなりフォークでハンバーグを砕きはじめ、その上にライスをのせて、ごちゃまぜにしたうえで、

「こうして食べるのが一番うまいんだよ。キ

ミも、こうしなさい」と命令したという。

著者自身が第三者への、三島由紀夫という人物の説明に使っていたというこの場面には、三島の、その優れた知性と教養の裏に隠された幼児性が十二分に表現されていて間然するところがない。文学論や政治思想論では決してつかめない三島の本質がそこに浮かび上がってくる。

逆に本書の後半、「類似像（アナロゴン）」とか、「集合的無意識」とかという学術用語を借りて分析される三島像には、ほとんど魅力が感じられない。三島自身のそういう用語多用を著者がからかう場面があるのだから、〝政治記事からドラッグまで、すべてを誌面に盛り込みながら、批判はしない〟、平凡パンチという雑誌の特色そのままに、等身大の三島を、変な分析なしに紹介してくれればそれが一番面白いのだ。60年代を徹底的に魅力的にしていたのは、まさに平凡パンチと三島由紀夫の二つの存在であったのだから。

評・唐沢俊一（作家）

しいね・やまと　42年生まれ。元「POPEYE」「日刊ゲンダイ」「Hanako」編集長。

『イラン人は神の国イランをどう考えているか』

レイラ・アーザム・ザンギャネー 編
白須英子 訳
草思社・一八九〇円
ISBN9784794215642

人文／国際

政権にうんざり　欧米にもがっかり

世界的ヒットとなった「テヘランでロリータを読む」の著者アーザル・ナフィーシーを始め、文化、芸術界で国際的に活躍するイラン人15人の発言を集めた作品。

「テヘラン……」を読んだ米国の読者の多くは、イラン現体制の抑圧的性格、女性差別がいかに酷（ひど）いかに、強い印象を受けた。

今回取り上げる本書も、その流れにある。欧米在住のイラン人インテリたちが、母国の政権を告発するとともに、いかにイラン的生活、文化を愛し、自由を希求しているかを、熱く語る。心ならずも祖国を離れた知識人の切なさが、浮かび上がる。

本書のメッセージが米国に向けられていることは、明らかだ。現イラン政権を見て、イランにまつわる全（すべ）てを蔑視（べっし）しがちな欧米の読者に、イラン人の欧米に勝るとも劣らぬ高い芸術的、知的資質を賛美する。だがそれは、フセイン政権の圧制を訴えて、米国に武力での祖国解放を求めたイラク亡命知識人の対米ラブコールと、どこか重なる。

イラン在住の映画監督キャーロスタミーに「なぜイランにとどまるのか、政府からの干渉にうんざりしないか」と質問を投げかけているのも、いかにも米国的発想だ。だが欧米での成功を金科玉条のごとく誇るイラン人ばかりではないことは、キャーロスタミーが西欧の監督との共作を、「自分の映画ではない」と語っていることからもわかる。

イランに限らず中東では、欧米世界への憧（あこが）れと、欧米が持つ偏見への反発が同時に表出する。「白人」の側に自分を置き、他の中東出身者を見下すという、イラン人の自己認識を自省する（第2章）一方で、ノーベル賞受賞のイラン女性がヴェールをしていないことにしか感心しない米国の、ピント外れなイスラーム観にカリカリする（第3章）。

欧米との距離は、イラン人のアイデンティティーを巡る深刻な問題である。米軍がイランに侵攻したら、ヴェールを被（かぶ）る信仰熱心な女性と、ポルノに溺（おぼ）れる若者と、どちらが真のイラン人だと米軍は思うだろうか、という最終章の問いは、リアルで切実だ。

（原題、My Sister, Guard Your Veil ; My Brother, Guard Your Eyes）

評・酒井啓子（東京外国語大学教授）

Lila Azam Zanganeh　パリ生まれのイラン人ジャーナリスト。

二〇〇七年四月一五日❻　文芸

『京都夢幻記』

杉本秀太郎 著
新潮社・一九九五円
ISBN9784104288021

古都に流れる特別な時間をたどって

人生の時間は過ぎ去らずにゆっくり循環して立ち帰り、樹液のように瑞々(みずみず)しく老境を満たすのだろうか。

この一冊は、稀代(きたい)の散文家の手になる十一篇(ぺん)の楽曲である。水甕(みずがめ)に植えたアヤメの根に端を発して、話題は一見とりとめなく、著者の身辺雑事や回想をたどり進む。

家に伝わる屏風(びょうぶ)、ピアノ音楽、生家の事情、少年時の思慕、庭木、古屋に出没するイタチ、先代が売立(うりた)てで手放した美術品との再会、植物愛、マラルメ詩の新訳、祇園会の山鉾(やまぼこ)のこと。いかにも即興的に綴(つづ)られた各章は、たくみに配列・構成されて連なり、さながら分散和音のように誘(いざな)い合って、徐々に一つの主題楽想を浮上させてくる。

連作の底の暗がりには、濃泥(こひじ)を厚く堆積(たいせき)させた不透明な古沼が広がっている。ふだんは静かだが、ひとたび掻(か)き回せばたちまち濁る。それは濃密な血で結ばれた「親族関係の澱(よど)みに澱んだ沼」の暗喩(あんゆ)であり、遠い昔の「恋路(こいじ)」も埋もれているに違いない。水面下には歴史を秘めた旧家が深く沈み込んでいて、在りし日の気泡を吐き出している。

著者は散文という楽器を心憎いほど自在に弾きこなす。文学と美術と音楽を縦横に論じ、感情の倍音を響かせながら思想を明晰(めいせき)に分節する。眼(め)と耳は下地ができている。話題にする材料が無造作に身近に転がっているのは、京都の町衆が代々蓄えてきた得がたい精神の《富》である。

年齢で何かが解禁され、沼の水位がじわじわと高まる気配を感じる。しかし何たる寡欲さか。ブッデンブローク風の大河小説を垣間見させる質量が断片のまま惜しげもなく放出され、水底に躍る緋鯉(ひごい)の鱗(うろこ)のきらめきのように読者の眼を射てはまた消える。

謡曲の素謡(すうたい)を聞いて育ちながらピアノを「夢の王国」にしてきた著者が、最終章で、山鉾町の住人たる責任感について語り、「私は祭礼を演じる側にある」ときっぱり断言する語気が印象的だ。

習俗に倣い、時として土地の精霊にも化身するこの「西洋派」の文業には、古都に流れる別種の時間を湛(たた)えた《近代》が完熟している。

評・野口武彦(文芸評論家)

すぎもと・ひでたろう 31年生まれ。フランス文学者。『平家物語』など著書多数。

二〇〇七年四月一五日❽　文芸

『世界文学ワンダーランド』

牧眞司 著
本の雑誌社・二一〇〇円
ISBN9784860110666

大ざっぱにいえば、厳格なルールのある韻文に対して、より自由なのが散文芸術であり、さらに散文の中から、物語の旧弊な約束事を断ち切って現れたのが欧米の〈小説〉だ。〈小説〉とは、因習の中にひらかれた作家たちの解放区、何でもありのプレイランドだったのである。

いまやその小説が因習化しているとすれば悲しいが、本ブックガイドが選ぶのは、逸脱し、目を眩(くら)まし、枠組みを壊しながら、世界をひっくり返すような小説中の小説ばかり。マルケス、ボルヘス、クノー、カルヴィーノ、バンヴィル、チュツオーラ……。幻想文学系が豊富だが、リョサの『世界終末戦争』などリアリズム小説も多数。

著者は「ふだん体験しているリアルの域を大きく超える」想像力の質を幻想性と呼ぶ。「近代から現代の文学史は、ラブレーの『ガルガンチュアとパンタグリュエル物語』の脚注にすぎない気がしてくる」とか、ビュトールの『心変わり』は「退屈である愉快」など、簡潔な所感に高密度の批評がこめられる。

著者独自の視点で分類された75作、1冊残らず読み(返し)たくなった。著者は新しい異色作家短編集を編む企画をしているとか。ぜひ実現を!

評・鴻巣友季子(翻訳家)

二〇〇七年四月一五日⑨

『郊外の社会学』

若林幹夫 著

ちくま新書・七五六円
ISBN9784480063502

人文

メディア言論をみていると、郊外はあまり評判はよくない。均質性が子どもたちを窒息させ犯罪を誘発する、量販店が立ち並ぶ光景が歴史的景観を乱す――正直な話、郊外はバッシングにあっているのではないか、とすら思えてくる。

しかし、本当にそうなのだろうか。郊外は郊外として固有のリアリティー・歴史性を生み出してきたのではないか。もしあなたがそのように思い、従来の郊外論に物足りなさ、あるいは苛立（いらだ）ちを感じているとしたら、本書はお薦めである。

東京の最大級の郊外都市・町田に生まれ育ち、かつて筑波学園都市に通勤し、現在も東京東部の郊外都市に住む著者は、ときに私的な都市体験を織り込みつつ、郊外を断罪する立場にも、郊外を無条件に商品として肯定する立場にも与（くみ）することなく、郊外という場の微妙な位置を明らかにしていく。

その筆致は基本的に社会学的な手続きを踏まえたクールなものだが、郊外に対する著者自身の「愛」が所々に滲（にじ）み出ている。その「愛」の複雑さに、郊外を理解する鍵があるように思える。肯定／否定の対立を越えて郊外を理解しなくてはならない、と思わせる一書である。

評・北田暁大（東京大学准教授）

二〇〇七年四月一五日⑩

『白系ロシア人と日本文化』

沢田和彦 著

成文社・三九九〇円
ISBN9784915730580

人文

今日の世界では、内戦によって大量の難民が生まれている。難民はしばしば、多くのものを奪われた存在だ。故郷、住居、仕事、そして人権の保護も。白系ロシア人とは、1917年のロシア革命後の内戦で旧体制の白衛軍側について、難民となった人たちのことである。日本に在留したのは数千人らしいが、彼らは個人的なコネや才能や力だけを頼りに、生きる道を見出（みいだ）していくのだった。

白系ロシア人には当然ながら元白衛軍の将校もいて、日本で反ソ・反革命運動に従事する団体もあった。しかし日中戦争以降には、逆に日本の警察や憲兵からソ連のスパイの嫌疑をかけられて、監視・投獄される人たちも生じてくる。本書で主に取り上げたのは、困難な中で西欧の芸術やロシア文化を日本に伝えた、白系ロシアの知識人たちの活動である。

本書は、本文の3分の1を書誌が占めており、日本に来た白系ロシア人に関する文献・人物事典の観がある。そこには日本人バレリーナを育てたパヴロバやロシア語雑誌の編集者など、有名無名の白系ロシア人の活躍の跡が、小さなものまで拾われている。来日した白系ロシア人研究の礎石となる書物といえよう。

評・赤澤史朗（立命館大学教授）

二〇〇七年四月二二日①

『覚悟の人　小栗上野介忠順伝』

佐藤雅美 著

岩波書店・一九九五円
ISBN9784000224772／9784043925025（角川文庫）

歴史／文芸

静かな説得力で幕末経済官僚を描く

王政復古クーデターで京都を追われた徳川慶喜が老中に反撃を進言された時、味方に西郷隆盛や大久保利通に匹敵する人物がいるかと尋ねたという有名なエピソードがある。老中はおりませんと答えて引き下がった。そんなことはない。小栗上野介忠順（おぐりこうずけのすけただまさ）がいたではないか。本書のテーマはこの一語に尽きる。

小栗は悲運の幕臣であった。末期徳川政権の屋台骨を支えた能吏だったので憎まれ、明治時代には「国賊」呼ばわりされた。そのため世の小栗ファンには名誉回復のため我を忘れて応援するところがあり、何冊も書かれた小栗伝には冷静さを欠いた面が避けられなかった。かねて歴史経済小説ジャンルの第一人者と声価の高い著者は、ぴかぴかの英雄視もせず、声高な擁護論も叫ばず、終始静かな説得力をもって小栗の人間像に迫ってゆく。

幕末に「小栗様御役替え七十回」という言葉が流行（はや）ったそうだ。外国奉行、町奉行、歩兵奉行、勘定奉行、陸軍奉行並（なみ）

と主要ポストを歴任。良い仕事をするのだが、直言癖があるからすぐに免職される。着実な業績を残しては閑職に飛ばされ、必要になるとまた拾い上げられる。そんな浮沈を繰り返した経歴から、従来の小栗伝には、ともすれば一幕物のつなぎ合わせという印象が強かったが、本書は主人公の生涯に明確な一貫性を与え、初めて通し狂言として描き切ったと評せる。

　優秀な経済官僚の条件は、何よりも財源調達能力である。開国以来の内憂外患で巨額の支出に悩まされた幕府は、将軍の上京・賠償金・征長戦費とピンチになる度に、日頃は煙たがっている小栗を頼りにした。

　万延元年（一八六〇）の遣米使節団に加わった小栗は、現地で日米通貨摩擦の第一線で相手側と渡り合う。評者の知る限り、その交渉内容に踏み込んで描いたのは本書が最初である。関税で手に入ったドル銀貨を鋳造原資として金貨に化けさせ、幕府に莫大（ばくだい）な改鋳益金を生み出した万延二分（にぶ）判が「小栗の二分」と呼ばれたカラクリも明らかにされる。

　いちばんの山場は、長州戦争に敗れた幕府の命運を賭けた六百万ドルのフランス借款である。イギリスと結んだ薩摩に対抗し、幕仏同盟に日本の活路を見出（みいだ）した小栗は、その実現に渾身（こんしん）の努力を傾ける。しかし先方の国情が変わって中止。この話題はどんな小栗伝でも扱うが、著者の創見は、小栗がその失敗の代案財源として旗本の禄高（ろくだか）半減を実施したと一つながりでとらえる点にある。なるほどそうだったのか。結果的にはこれが怨嗟（えんさ）の的になって幕運はさらに傾くのだが……。

　全体が史料をよく読み込んだ客観的かつ冷静な筆致だから、時々ちらりと加える致命的な人物評との落差が楽しい。慶喜は「唾棄（だき）すべき卑劣漢」「政治オンチ」、松平春嶽は「政治好きの父ちゃん小僧」、勝海舟は「心がいびつ」とくるから嬉（うれ）しいではないか。

　海舟に足を掬（すく）われ、主戦論を唱えて慶喜から「御直（おんじき）の罷免」を申し渡された小栗は、江戸を去って知行地に土着するが、官軍の手で処刑される。斬首の場面を出さず、感情を抑制したフェイドアウトが心に残る。

評・野口武彦（文芸評論家）

さとう・まさよし　41年生まれ。作家。『恵比寿屋喜兵衛手控え』（直木賞）、『官僚川路聖謨の生涯』ほか著書多数。

二〇〇七年四月二二日③

『戦争の記憶を歩く　東南アジアのいま』

早瀬晋三　著

岩波書店・二四一五円
ISBN9784000236676

人文

「国民」限定でない歴史認識求めて

　日本が用意した大東亜共栄圏という「戦争空間」での経験を、東南アジアの国々で暮らす人々が、いかに「記憶」しているのか。各所に建立されている記念碑や博物館の展示を訪ねて、碑文や説明を読み解き、国ごとに培われてきた対日戦争と日本の占領に対する歴史認識を解説する。

　シンガポールでは日本による民族分断政策によって、国家としてのまとまりを欠いたことへの反省が今日に生きている。いっぽう戦時中に日本と結んだ同盟は無効であったと、戦後、国際社会に認めさせたタイでは、歴史的な位置づけを曖昧（あいまい）にしたままに戦争の痕跡が観光資源となっている側面が強調される。

　どの国にも、それぞれの国でしか通用しないナショナル・ヒストリーがある。戦争の「語られ方」も例外ではない。他国からみると「おかしい」と思える記述も含まれる。「終戦の日」も国によってまちまちだ。東南アジアへの中国の影響力や、国の枠を超えた個人同士の連帯の広がりなどもあり、いま「二国間関係」だけを議論しても歴史認識の問題は解決しない。

著者は、「国民」という限られた読者を想定した歴史認識を超えて思考する責任が、「ポスト戦後」世代の知識人に課せられているとみる。東南アジアの「ポスト戦後」世代は、学校教育や博物館などでの社会教育、記念式典などを通じて日本占領期について学んでいる。そのため彼らが国防や国民形成を考える際には、日本占領期を時に教訓としてみなすことがあるのだ。対して同世代の日本の若者はどうだろう。交流を重ねてゆくためには、対日戦争の「記憶」が各国でいかに伝えられているのかに目を向けるべきだ、という主張に納得する。

本書は若い世代に「過去認識への確かな手がかりを提供」する教材の作成が目標にあったようだ。そのため大阪市立大学と東京外国語大学の学生が提出したリポート課題の答案を読むなかで構想をまとめたのだという。東南アジアに関心も知識もない者も含めて、多くの大学生との共同作業というわけだ。各国語版の出版を実現して欲しい。

評・橋爪紳也（大阪市立大学教授）

はやせ・しんぞう　55年生まれ。大阪市立大学教授。『海域イスラーム社会の歴史』など。

二〇〇七年四月二二日④

『北朝鮮・中国はどれだけ恐いか』

田岡俊次 著

朝日新書・七七七円
ISBN9784022731364　人文／ノンフィクション・評伝／国際

軍事を知ることで見える国際関係

日本は恐（こわ）い、軍国主義が復活する、あるいはもう復活しているというイメージが中国や韓国の一部には存在する。だが、軍国主義化するとはどういうことなのか。例えば軍人の政治的な発言力の大小や国民経済に占める国防産業の割合、軍事関連書籍の出版部数など社会の様々な領域に占める軍事の比重でみれば、日本の軍事化の度合いは他国と比べてかなり低いと言えるだろう（中国社会の方がずっと軍事化しているというと多くの中国人はびっくりする）。

しかし私たちは軍事についてあまりにも無知であるために、北朝鮮のミサイルが頭上を飛び越えたり中国が衛星破壊実験をしたりすると、過剰反応しがちだ。そこで、信頼できる専門家による明快な解説がどうしても必要になる。

著者はベテランの軍事ジャーナリストであり、事実に即した客観的な分析には定評がある。本書では、北朝鮮の核ミサイル開発と中国の軍事力拡充に焦点を置き、防衛省で「バカ派」と揶揄（やゆ）された非合理なほどの「タカ派」的言説を弄（もてあそ）ぶ昨今の風潮を批判する。しかし著者は北朝鮮の核には警戒的だ。効果に限界はあるが、シェルターの設置と避難訓練、ミサイル防衛、そして米国の核の傘は「ないよりまし」だという。

もちろん、いずれの問題を考える上でも米国の動向は重要だ。著者によれば米国は昨秋、北朝鮮への対応の誤りに対する非難や日本の核武装などを恐れて核実験失敗説を流し、冷戦終結後には米軍人の一部がソ連に代わる脅威を初めは日本、今は中国に見出（みいだ）そうとしている。

しかし、他方で米国は中国と確固たる経済関係を築き、台湾独立を支持しないと繰り返し明言するほか、対中軍事交流を再開させて海軍の共同訓練まで行っているのだ。

著者の言うとおり、わざわざ中国を敵に仕立てることは愚の骨頂だ。非合理的な「バカ派」がはびこらないよう、日本人も軍事を忌避せずその常識を身につけることが望ましい。それと同時に、「日本はどれだけ恐い」のか、隣国の日本脅威論に丁寧に反論していくことも必要だろう。

評・高原明生（東京大学教授）

たおか・しゅんじ　41年生まれ。軍事ジャーナリスト、元朝日新聞編集委員。

二〇〇七年四月二二日5 『わたしたちに許された特別な時間の終わり』

岡田利規 著

新潮社・一三六五円
ISBN9784103040514／9784101296715（新潮文庫） 文芸

ラブホ4連泊の「青春」とイラク戦争

若手の演劇人が虎視眈々（こしたんたん）といい小説を書いてるんだよねという印象を私は最近もっている。宮沢章夫や松尾スズキがそうであったように、前田司郎も本谷有希子も、戯曲と小説、両方の賞に名前があがる。彼らの特徴は「彼はそのとき思った」式の、これが小説でございな書き方とは少しズレていることかな。

岡田利規の初の小説集『わたしたちに許された特別な時間の終わり』もそう。2編の短編が収められていて、うち1編「三月の5日間」は2005年に岸田戯曲賞を受賞した同名の戯曲の小説版だ。

舞台は渋谷。筋と呼ぶほどのものはない。「彼」と「彼女」はその夜、六本木のライブハウスで知り合い、初対面のまま渋谷のラブホテルに流れ、そこに4泊して、1度だけ外に出てインドカレーを食べた以外は、ひたすらセックスをしまくり、5日目に渋谷の駅で別れるのである。

それは夢のような奇蹟（きせき）のような時間であり、「ザッツ青春」といえなくもない。だが、その5日間が2003年3月であるとなれば、話は少し変わってくるだろう。

〈ブッシュがイラクに宣告した「タイムアウト」が刻一刻と近づいてくるのを、待ち構えるよりほかなく待っている最中〉だったあの3月。渋谷ではデモがあり、2人が出会ったライブハウスで開かれていたのも、やがてはじまる戦争を前提にした通訳つきの英語のパフォーマンスだった。ホテルに入った2人はしかし、テレビをつけず、携帯電話の電源も切り、時計を見ることとさえ拒否する。

日常に戻った後のことを彼らはベッドの上で想像する。

〈久々にテレビ付けるじゃない。ネット見たりね。それで、あ、なんだよ、もう終わってるじゃん戦争、みたいなね。そういうオチのシナリオは結構いいんじゃないかって、今思い描いてるんだよね〉

それはベトナム戦争時のラブ&ピースのような、能動的な反戦行為とはいえないだろう。でも彼らも世界と無縁ではいられないのだ。見慣れた渋谷の景色を「彼女」が外国の街のように眺めるラストシーンがすごくいい。

評・斎藤美奈子（文芸評論家）

おかだ・としき 73年生まれ。97年にソロ・ユニット「チェルフィッチュ」を旗揚げ。

二〇〇七年四月二二日6 『〈遅れ〉の思考 ポスト近代を生きる』 人文

春日直樹 著

東京大学出版会・二九四〇円
ISBN9784130130257

市井にあふれた「自己からのズレ」感

こうしてものを書いていると、書きおわったとたんに、「自分が書こうとしていたのは、こういうものではなかった」という感覚にとらわれることがしばしばある。もちろん原因の過半は私の筆力が足りないせいだが、「書こうとしていたなにか」と実際に書かれたものとのあいだの不一致には、哲学的な次元での問題、いわば自己からのズレの問題がある。

このズレの問題は、デリダやドゥルーズといった思想家たちによって洗練されたかたちで定式化され、20世紀の人文学・社会科学の認識論的前提におおきな影響を与えた。その知的インパクトは、最近では少し懐古的なニュアンスでポストモダニズムと呼ばれたりしている。

本書の着眼は、現在の世界において、このズレの問題が、学者の抽象的な認識論の次元でというよりも、むしろ市井の具体的な人間の生き方において顕在化していることに向けられている。なぜなら、グローバル化によって進行する万物の市場化と万人の自己規律化は、不断に自己点検する生き方を、技術的に可能にしていくと同時に、社会的に要求するからである。しかしその自己点検（「やろうとしていたなにか」と実際になされたこととの照合）は本質的にズレざるをえないというわけだ。

著者は、この洞察を〈遅れ〉の問題と表現しなおし、フィジーをフィールドとする自身の人類学者としての知見を織り込みつつ、19世紀のキリスト教宣教師の日誌の読解から太宰治まで、フリーター「問題」から、（近年、植民地主義批判の文脈で、いささか紋切り型の批評に囲い込まれがちであった）シェークスピアの『テンペスト』の鮮やかな再解釈まで、縦横無尽に筆をふるって、〈遅れ〉の問題から目を背けようとする態度や、〈遅れ〉を根絶可能なもの（あるいは排除すべきもの）とする発想に対して、粘り強い批判を展開している。

そして読む者を振り落とさんばかりの疾走感あふれる文体が、本書に独特の魅力と説得力を与えている。知的興奮に満ちた一書である。

評・山下範久（立命館大学准教授）

かすが・なおき　53年生まれ。大阪大教授。『太平洋のラスプーチン』など。

二〇〇七年四月二二日⑦　人文

『売れるマンガ、記憶に残るマンガ』

米沢嘉博 著

メディアファクトリー・一三六五円

ISBN9784840118026

本書は、三十年以上の歴史をもつ世界最大規模の同人誌即売会コミケ（コミックマーケット）で長年準備会代表を務め、マンガ評論の第一人者として健筆をふるいながらも、昨年十月に惜しくも急逝した著者の遺著である。その内容は、一九九九年より『コミックフラッパー』に連載したマンガ時評が中心だから、まずは気軽に読めるコラム集という印象を与えるだろう。

だが、ひとたび通読してみると、軽妙なスタイルから浮かびあがってくるのは、ひとつのサブカルチャーを死守し成長させてきた男が、ネット社会の進展に伴う著作権問題からマンガの国際市場進出、およびコミケ自体を芸術と見る国際建築展ベネチア・ビエンナーレへの出展まで、最も現在的にしてグローバルな問題とも取り組みつつも、愛してやまぬマンガというジャンルへの「このままでいいのか」という批判精神を決して失わなかった人生そのものだ。

自分の愛する文化が隆盛を極めれば手放しで喜んでしまうような油断は、彼には微塵（みじん）もない。マンガのみならずSFにもロックにも造詣（ぞうけい）が深く、サブカルチャー一般が原初的に備えていたパワーを決して忘れなかった米沢嘉博の、これは擬装された自伝なのである。

評・巽孝之（慶應大学教授）

二〇〇七年四月二二日⑧　科学・生物

『植物が地球をかえた！』

葛西奈津子 著　日本植物生理学会 監修

化学同人・一二六〇円

ISBN9784759811810

季節がめぐる中で、花が咲き、種子が実り、葉は落ちる。美しい花や新緑を見ると、なんとはなしに心が癒やされる。考えてみれば不思議なことばかりだ。

主食である米や麦はもちろん家畜の飼料まで、われわれは植物に依存している。海の魚だって、植物プランクトンを食べている。

そうした植物の活動を支えているのが光合成。誰もが学校の理科で習っていると思うが、緑の葉が日の光を受け、二酸化炭素をでんぷんなどの有機物に変換する仕組みだ。

最終的にわれわれの食料が生産されるこの過程で、大気中の二酸化炭素も減らされる。つまり、地球温暖化の軽減にも貢献しているわけで、植物は二重の意味で恩恵をもたらしている。

だが、話はそれほど単純ではない。植物も呼吸をしており、酸素を吸収して二酸化炭素を出している。それ以外にも、植物体が死んで分解されれば、二酸化炭素が出る。藻類の働きも無視できない。

本書は、植物をめぐるそうしたダイナミックな知見をまとめて紹介しようという「植物まるかじり叢書（そうしょ）」の第1弾。今回のキーワードは光合成。植物学のホットな話題を紹介する好企画である。

評・渡辺政隆（サイエンスライター）

二〇〇七年四月二二日⑩

『きだみのる　自由になるためのメソッド』

人文

太田越知明 著
未知谷・三二五〇円
ISBN9784896421828

今日から見ると差別的と受け取られる題名だが、村の実態を軽妙洒脱（しゃだつ）に描いた『気違い部落周游紀行』などのシリーズや、『ファーブル昆虫記』の翻訳など、きだみのるは戦後文化人のスターであった。

晩年は、放浪、奇行、借金を重ね、嫌われ者として亡くなった。

奄美に生まれ、各地を転転、三十九歳の時、フランス政府奨学生として渡仏。パリ大学でマルセル・モースに師事、社会学・民族学を学ぶ。戦争末期から、八王子奥の廃寺に住みつき、村での生活を始める。

洗練されたフランス文化を身につけた俊秀が、あえて日本の底辺に入り、なぜそこに拘（こだわ）り、その地点から発想しようとしたのか。

戦争中に刊行した『モロッコ紀行』という幻の書がある。卓抜なルポルタージュという意見がある一方、植民地統治政策や時局便乗的記述もみられるきわどい一冊だが、著者はそこに分け入り、国家から日本人へ、さらに村へと、視角を変えざるをえなかったきだの必然性を見いだす。

村落論だけでなく、小説やルポ、翻訳などの多くの著書を丁寧に読み直しながら、文学史や思想史におさまりきらない自由人の生涯と、思想の深層にまで迫った力作。

評・小高賢（歌人）

二〇〇七年四月二九日①

『中国外交の新思考』

人文／国際

王逸舟 著　天児慧、青山瑠妙 編訳
東京大学出版会・二九四〇円
ISBN9784130301411

責任ある「大国」への道筋を提言

先般、中国の温家宝首相が「氷を融（と）かす旅」と称して訪日した。盛大な拍手で迎えられて国会で演説したほか、朝の公園では太極拳を披露した。大学生とは野球に興じ、「国際電話でお母さんに演説をほめられた」ことを紹介するなど、親しみやすくソフトなイメージを振りまく温首相のテクニックに多くの日本人は引きつけられた。

しかしその一方で、東シナ海のエネルギー共同開発をめぐる妥協点は未（いま）だに見出（みいだ）せず、経済成長とともに国防費を高い伸び率で増やしていく中国の方針に変更はない。また、3年前には中国の原潜が日本の領海を侵犯したが、その際には明確な謝罪がなく、「遺憾だ」という一言で済まされたことは記憶に新しい。硬軟両面を見せる中国外交の素顔とは、一体どのようなものだろう？

本書の原題は『全球政治と中国外交』。グローバル化の時代の中国外交が如何（いか）にあるべきかを正面から問う、気合のこもった力作だ。著者は57年生まれ。文革後、大学入試が復活した77年に入学した秀才である。80年代には国内の政治改革について論陣を張り、89年の天安門事件後は開明派の国際政治学者として第一線で活躍している。

本書では、対話と協力による協調的な安全保障の実現、そして金融やエネルギー、環境なども含めた総合的な安全保障観の重要性が強調される。さらに、グローバル化の条件下で国内政治を安定させるためには、権力に対する監督と制約が必要だと繰り返し主張されるのが印象的だ。

また、中国外交に対する率直な批判にも目を見開かされる。人口の多さや発展の速さ、また安保理常任理事国であり核保有国であることに鑑（かんが）みれば、国際平和の維持と発展への貢献が不十分だという。著者によれば、中国外交の課題は国内の発展に有利な外部環境の構築と主権の保全のみならず、地域や世界で影響力を発揮し、建設的な役割が果たせる責任ある大国として公認されることなのだ。

本書でもう一つ印象的な点は、米国の「覇権的な思考と単独行動主義」への警戒の強さだ。米国の圧力に対しては、米中2国間の関係強化と同時に、中国が多国間外交を展開し活動空間を開拓する必要性が訴えられる。

しかし、ここで一つの問題が浮かび上がる。グローバル化の時代に新しい安全保障観が重要となり、「国際政治＝国家間政治」から「世界政治」への発展が語られながら、唯一の超大国は相変わらず権力を追求し、中国が影響力の拡大を求めるのも現実だ。著者は市民共同体的な政治文化の普及に期待するが、その困難さも認めている。だとすると、中国は強大になっても絶対に覇権を求めないと著者が断言する根拠は何なのだろう。

中国にはリアリストが多く、著者のリベラルな国際政治論は主流だとは言えない。しかし、胡錦濤政権への影響力は決して小さくない。訳者による大胆な再編集により、本書の議論の展開はかなりすっきりした。中国外交の新思考について知ると同時に、日本外交についても深く考えさせられる好著である。

評・高原明生（東京大学教授）

ワン・イージョウ　57年生まれ。中国社会科学院世界経済・政治研究所副所長。専攻は国際関係理論。

二〇〇七年四月二九日❷

『世界を変えた6つの飲み物』

トム・スタンデージ 著　新井崇嗣 訳

インターシフト発行、合同出版発売・二四一五円

ISBN9784772695077

人文

コーヒー→万有引力、ラム→米独立…

世界の最新情報や、面白い噂（うわさ）ばなしを仕入れたいと思ったら、現代人はどうするか。もちろんインターネットをのぞく。では、17世紀イギリスの人々はどうしたか。コーヒーハウスに出かけたのである。そこには多数の新聞や雑誌、政治パンフレットが置かれていて、自由に読めた。さらにはそこに集まる職業も身分も異なる人々と、数杯のコーヒーを飲みながら議論を交わせたのである。かのニュートンが万有引力の理論を世に出せたのは、コーヒーハウスでの科学討論がきっかけだった。アラビアから輸入されたコーヒーが大英帝国の知のあり方を変えたのである。

このコーヒーをヨーロッパにもたらした大航海時代の船乗りたちの飲み物がラム酒であった。砂糖を精製する際の余剰物である糖蜜から作られたラム酒は、新大陸への入植者たちにとり、厳しい冬を乗り切るための必需品だった。彼らは大量にラムを消費し、安いフランス領の糖蜜の輸入を拡大した。これに難色を示した英本国は他国の植民地からの糖蜜輸入に税をかけた。これに対する入植者たちの不満が、やがて独立戦争へとアメリカを導いていく。

その他、本書にはビール、茶、コカコーラなど、飲み物が世界の歴史に果たした意外な役割が多数記載されている……とはいえ、本書は単なる飲み物トリビア本ではない。鵜呑（うの）みは危険な部分もあるものの、人類の歴史が普段気にも留めない日常の嗜好（しこう）にいかに動かされてきたかという、脱常識の視点の切り口を示す知的興奮の書でもある。

高邁（こうまい）な現代思想の本を読むと、パラダイムの変換だのポストモダニズムだのといった用語があふれ、われわれ一般人の手の届かないところで世界が変革されつつあるのではないか、という不安感にさいなまれる。しかし、この本は人間の世界はそんな大仰なものでなく、日常から変化していくのだという、英国人特有の皮肉かつ実際的な歴史観が披露され、奇妙にリラックスした気分になれる。一杯の清涼飲料水のような本なのだ。ちょっと苦味（にがみ）のあるところもまた英国風味であるが。

（原題、A HISTORY OF THE WORLD IN 6 GLASSES）

評・唐沢俊一（作家）

Tom Standage　英国の歴史家。

二〇〇七年四月二九日❸

『排出する都市パリ』

アルフレッド・フランクラン 著　高橋清徳 訳

悠書館発行、八峰出版発売・二三一〇円
ISBN9784903487076

人文

泥や汚物にまみれた花の都の環境史

これまで訪れたなかで、もっとも印象深いミュージアムのひとつが、セーヌ河畔の地下にある下水道博物館である。ここでは実際に供用している下水に鉄網製のデッキを張り、そのまま展示室として使用しているのだ。汚水が流れる音が室内に響き、足の下から異臭が漂ってくる。ビクトル・ユーゴーの作品にも登場する環状大下水道網をはじめ、華の都パリの地の底に水路のネットワークが完成するまでの歴史を、鼻をつまみながら学ぶことができる。

本書は、そのような都市基盤が充実する以前、12世紀から18世紀までに時代を限定して、一次資料を読みこむかたちでパリの劣悪な都市環境を紹介するものだ。1890年に刊行された研究書である。原題を直訳すれば「衛生」となる。副題に「街路の状態、下水、ごみ捨て場、便所、墓地」とある。

どれほど酷（ひど）かったのか。パリは古く、ラテン語の「泥」に由来するルテティアと呼ばれていた。それほど泥だらけで汚れた町であったという。中世以降、人口が集中し都市化を果たしても、「悪臭を放つ不健康なごみ溜（ため）」のような「泥の町」であったという。時に流行する疫病は瞬時に都市を汚染し、数千数万人の生命を奪うことも稀（まれ）ではない。

17世紀にあっても、この都市には満足な便所は普及していなかった。四つ辻、教会の周囲、人々で賑（にぎ）わう界隈（かいわい）でさえ、人や動物の糞便（ふんべん）であふれ、腐った生ゴミも散乱していた。ルーブル宮でさえ、中庭、階段、バルコニーなどで訪問者たちは用を足し、宮廷の住人も気にかけはしない。食肉処理された牛や豚の臓物や血液も下水道に流れこみ、街は異臭で満ちていた。街路を歩いていると、階上からぶちまけられる汚物がふりかかる可能性があり、安全に歩くことができる街路もなかった。

権力が都市衛生という都市問題にいかに対処してきたのか。本書を環境行政史として読むことも可能だ。公害や環境問題との戦いは、産業革命以前にさかのぼる普遍的な都市問題であったことを、改めて学ぶことができる。

（原題、L'hygiène）

評・橋爪紳也（大阪市立大学教授）

Alfred Louis Auguste Franklin　1830～1917年。歴史を研究。

二〇〇七年四月二九日❹

『世界を壊す金融資本主義』

ジャン・ペイルルヴァッド 著
宇野彰洋ほか 監修

NTT出版・一六八〇円
ISBN9784757121928

経済／人文

「儲け」一辺倒を脱するには「政治」を

就職を間近に控えた学生に「企業はだれのものか」と質問すると、10年ほど前までは従業員とか取引先あるいは消費者や経営者および銀行など多様な答えが返ってきた。しかし、最近ではほとんどの学生が株主と答えるようになった。確かに、株主は役員の選任や配当の決定に関し総会で一株一票の投票権を行使できる。過半数の株式を取得すれば実質的な経営権の獲得も可能だ。こうした株主の「権力」はアメリカにおいては頻繁に発揮されてきたが、日本やヨーロッパでもグループ企業による株式持ち合いの解消などに伴い急速に強まりはじめているという。

背景には、個人投資家から資金の運用を委託されたファンドマネジャー（年金基金などの資産運用者）によるアメリカ的な企業統治の拡大がある。経営者は「株主全員のために働く熱心な奉仕人」に徹し、高い配当と株価の値上げに務めるべきだと迫る一方で、「金融の権力」に従えば経営者もストックオプション（株の値上がり益を得られる権利）によって株主と利益を共有できると誘惑するのだ。

本書の原題である「トータル・キャピタリズム」とは、儲(もう)けることを唯一の目的にしたアメリカ的な企業統治が、企業経営だけでなく、「教育や医療といった公共部門にまで」浸透していることを表している。ただ、株主本位の企業統治には批判的な著者も、経済システムとしての資本主義の評価については「人類全体に経済成長の恩恵をもたらしてきた」と肯定的だ。その意味で、著者は資本主義が地球規模で蔓延(まんえん)することに反対を唱える反グローバリズムや反市場主義とは一線を画している。

現在はフランスの投資銀行家として活躍している著者は、金融資本主義の世界的普及が深刻な環境破壊や格差拡大を引き起こす前に、どうすれば市民社会と共存できるシステムに変革できるかと問う。著者の示す解決策は「政治の領域に市場を再び含有させ」ることだ。かつてフランス社会党政権下で官房副長官を務めた経験もあるだけに説得的な主張である。

(原題、LE CAPITALISME TOTAL)

評・高橋伸彰(立命館大学教授)

Jean Peyrelevade 39年生まれ。投資銀行家。

『巨船ベラス・レトラス』

筒井康隆 著

文芸春秋・一二〇〇円
ISBN9784163256900/9784167181178(文春文庫) 文芸

虚実混濁による文学テロとの戦い

ある日突然、文学系イベントを行っている最中のカフェ「ペッティロッソ」で爆発騒ぎが起こり、犯人は、地方同人誌で活躍しプロ作家に恨みをもつ29歳の工員・鮪勝矢(しびかつや)と判明する。彼は「文学は終わった」「文学は遊びである」と多寡(たか)をくくる最近の作家たちや、ひたすら「売れる作品」で一発当てようと画策し未成年の書き手を優遇する出版関係者たちに憎悪を抱き、あくまで「文学は魂の叫びである」という主張を貫こうとする青年だった。

国内外を問わず、いまもなお物騒なテロが頻発するご時世で、仮に文字どおりの文学テロリストが出現したら、いったいどうなるか。悪くすれば、文学者そのものへの風当たりが、ひいては差別意識が強まりかねない。

かくして翌日の某ホテルにおける文学新人賞受賞パーティは大盛況。だが出席者たちは酒が回ってきたのか、やがてパーティ会場と巨船ベラス・レトラス(「純文学」の意)の船上との区別がつかなくなるばかりか、現実世界と作品世界の区分も不明となり、ついに生身の作家たちのあいだに、彼らの創(つく)り出した登場人物たちがまぎれこんだかと思えば、まさに本書を書いているホンモノの「筒井康隆」本人が降臨してしまう。

往年の筒井ファンなら、ここにかつての文学賞小説『大いなる助走』(１９７９年)における文壇批判や超虚構小説『虚航船団』(１９８４年)およびそれに引き続く『虚航船団の逆襲』(同年)における批評家罵倒(ばとう)などの影を、見て取るだろうか。

しかし文句なくスリリングな虚実混濁の果てに浮上してくるのは、現在文学において前衛と通俗のみならず、原典と海賊版の境界線すら曖昧(あいまい)化させていくテロリズムを相手に、作家自身が著作権を賭けて挑む戦いである。

目下、笙野頼子が売り上げ文学論批判を基礎にした論争小説を展開しているいっぽう、論争小説のご本尊である筒井康隆自身も、いま新たなかたちの闘争小説を開始した。文学テロとの戦いは文学自体によってしかなしえないことの記録が、ここにある。

評・巽孝之(慶應大学教授)

つつい・やすたか 34年生まれ。『虚人たち』で泉鏡花賞ほか著作、受賞多数。

二〇〇七年四月二九日⑥

『みずうみ』

いしいしんじ 著

河出書房新社・一五七五円
ISBN9784309018096／9784309410494（河出文庫） 文芸

あふれる水が結ぶ喪失と再生の物語

月に一度、水があふれるみずうみがある。体が膨張して水があふれるタクシードライバーがいる。母の胎内で羊水に漂いながら、誰に知られることもなく鼓動を止めてしまった胎児がいる。

三章構成の物語は、全編にわたって水に濡（ぬ）れそぼっている。いしいしんじさんの最新長編小説は、水の物語──「器」や「輪郭」を超える〈あふれる〉水の物語だった。

不思議なみずうみを描いた第一章の神話的な広がりは、第二章では一転、世界各地のニュースを集めるタクシードライバーの日常と身体の中に封じ込められる。時空のくびきから放たれていた物語に、新聞記事の日付と客の指示する行き先とが、いわば外から張りつく。さらに〈慎二〉という名の作家が登場する第三章では、日付も地名も主体的に、明確に示される。章が進むにつれて時空の焦点が引き絞られていくわけだ。

ならば、本作は「幻想から現実へ」という物語なのだろうか？ 確かに、いしいさん自身が取材に応えて語っているとおり、第三章での〈慎二〉夫妻が死産でわが子を亡くすエピソードは、氏が現実に体験したことでもある。それを踏まえるなら、物語が現実の側に引き寄せられていったのも納得できるし、光に包まれた美しいラストシーンが作家自身の「再生」にも重なり合って、感動をさらに深めてもくれるだろう。

しかし、いしいさんは、喪失と再生のドラマを「循環」させる。ラストシーンでも水はあふれているのだ。その水は一組の夫婦の再生という「輪郭」を超えて広がり、引き絞られた時空もまた死と誕生という極限まで至って解き放たれて、読者を物語の冒頭へと運んでいく。

読者は、再び湖畔にたたずむだろう。そこには口から水と物語を吐き出す〈眠りつづけるひと〉がいる。〈眠りつづけるひとの話には、はじまり、おわり、というものがなかった。それはこの世を流れる水にはじまりもおわりもないのと同じことだ〉──その物語を繰り返し聞いていると、「水」はやがて「命」に呼び名を変えるはずである。

評・重松清（作家）

いしい・しんじ 66年生まれ。作家。『麦ふみクーツェ』で坪田譲治文学賞。『ポーの話』など。

二〇〇七年四月二九日⑦

『アイルランドの文学精神』

松岡利次 著

岩波書店・三三六〇円
ISBN9784000220361 人文

古代から近代に至るアイルランド語の専門家の手で著された本書は、様々な意味で知的刺激に富んでいる。例えばここでは早くも7世紀つまりラテン語がキリスト教圏の共通言語となっていた時代に、この支配的言語を解体し、いわば「読めないラテン語」を用いて綴（つづ）られたテキストのあったことが紹介されている。

いうまでもなくこれは近代アイルランド文学の巨匠ジェイムズ・ジョイスの『フィネガンズ・ウェイク』を連想させる。この作品は英語に似て英語たりえない独自の文体で書かれているという意味で読めない傑作として有名だからだ。

支配的言語を解体することで支配─非支配の関係性に揺さぶりをかけようとするこうした姿勢はモダニスト・ジョイスの独創と評すべきか、あるいは歴史的にアイルランド民族の心性に根ざすものかの議論はひとまず措（お）こう。劣位に立たされた民族が言語的優越性にどう対峙（たいじ）すべきか、実はこれは現代日本が共有すべき問題だ。初等教育から英語を導入すべきかとの昨今盛んな議論も、母語を喪失するまでに支配的言語の圧迫にさらされたアイルランド文学の歴史をこのような良書から学ぶことで、何らかの指標が見えてくるかもしれない。評・赤井敏夫（神戸学院大学教授）

二〇〇七年四月二九日⑧

『老醜の記』

勝目梓 著

文芸春秋・一七八〇円
ISBN9784163255309／9784167479039（文春文庫）　文芸

男と女の関係とは何か、性愛を超えた男女の精神的な愛は存在するのかを、真摯（しんし）に見つめた秀作。小説現代新人賞をとる以前、純文学を志していた勝目梓の初の純文学である。

主人公はセックスとバイオレンスを売り物にしている作家と銀座のホステス。二人の恋物語である。恋物語といっても甘いものではなく、精神と肉体が軋（きし）みをあげる。二人が親しくなったとき、作家は五十九歳、ホステスは二十一歳。年齢差三十八歳の男女の交情に、妻子ある別の男を介在させて、作家が嫉妬（しっと）と恥辱で苦しみぬくからだ。

勝目だから性的場面も多く、性愛とプラトニックな愛の葛藤（かっとう）がメインになる。愛情の安らぎと肉体の快楽は別だという、昔の同人仲間の人妻（六十二歳）も登場させて、老境に入りつつある心と体の関係を、ゆったりと濃密な情事を通して描くところもいいし、〝老いの生理の静穏〟を見据えながら、性的執着が薄れていく過程も読ませる。

小説では作家とホステスの十三年間を追う。二人の愛の変容が淡々と、時に切々と、最後は実にしみじみと綴（つづ）られていて静かな感動を覚えるほど。昨年の『小説家』に続く勝目梓の円熟の新境地。見逃すな！

評・池上冬樹（文芸評論家）

二〇〇七年四月二九日⑨

『陸軍特攻・振武寮　生還者の収容施設』

林えいだい 著

東方出版・二九四〇円
ISBN9784862490582／9784769826279（光人社NF文庫）
歴史／文芸

一度出撃しながら、基地に引き返した陸軍特攻隊員の秘密の収容施設が、福岡に置かれた振武寮であった。振武寮に関する著者の取材は、昨年NHKの番組でも取り上げられた。出撃時には「生きている神」と讃（たた）えられた特攻隊員は、帰還後はあってはならない卑怯（ひきょう）者として隔離・虐待されることになる。負い目を感じて生き残った彼らが重たい口を開いたのは、その晩年になってからである。

引き返した理由は、さまざまであった。搭乗する機体が古く整備不良で、目的地に着く前にトラブルを起こしたとか、中継基地が米軍の空襲を受けて搭乗機が破壊されたなどの原因も多かった。戻ってきた特攻隊員の数は、沖縄戦の中でどんどん増加していく。陸軍特攻を担当した第六航空軍は、この予想もしない事態にうろたえて、それを隊員個人の責任にしたのである。

本書からすると、第六航空軍の幹部は徳之島の前線基地まで視察に赴き、特攻機がまともに飛べず、特攻作戦が破綻（はたん）している事実を知っていたと思われる。しかし今さら、特攻実施の決定を覆せないと考えていたようだ。今日にもある官僚的思考の無責任さを暴く、ドキュメンタリーともいえよう。

評・赤澤史朗（立命館大学教授）

二〇〇七年四月二九日⑩

『日本人の老後』

長山靖生 著

新潮選書・一二五五円
ISBN9784106035777
文芸／医学・福祉

「老後」より「今」が問題。私の「老後」のことなどほっといて、と言いたい団塊世代の一人だけれど、著者は言う。〈団塊の世代が四十年前後の「順応期間」を終えて、自己解放に向かっていく時代の可能性を検討したい〉と。なるほど。タイトルは地味だが、内容は前向きだ。

今、老後中の人、もうじき迎える人、さらにずっと昔の人、それぞれの事情が書かれていて、随所でそうだったのか、と目からウロコのデータに出会う。

たとえば、高齢になるほど「孤独不安」は低下する。高齢女性は自分の子どもとの付き合いは「たまに会話をする程度でよい」と思っている。目下、東京では単身世帯が増加中だが、お江戸の時代はもっとすごくて一人暮らしが二分の一だったとか。

さらに、ほほう、そうきますかあ、と著者の切り口に唸（うな）ったりもする。

なにかにつけ家族や地域共同体の「再生」が大事といって事済ましがちだけれど、実はそれはどこにもなかった過去かもしれない。あるべき老後の形は、当事者が常に「創造」するしかないと気づかされる。

近々、「老後」を生きようとする人には、読むとすごく役に立ってしまう本だ。

評・久田恵（ノンフィクション作家）

『イラク占領　戦争と抵抗』

パトリック・コバーン 著　大沼安史 訳

緑風出版・二九四〇円
ISBN9784846107079

人文

米の大失敗と深刻な無法状態を分析

4年前の5月1日、ブッシュ米大統領が能天気にイラク戦争に「終結」を宣言し、イラクに進軍した米兵が「解放されたイラク人が花を持って歓迎してくれる」と無邪気に信じていた頃、「本当にたいへんなのはこれからだ」と、正確に事態を予想し身構えていたのは、一部の中東専門のジャーナリストたちだった。英インディペンデント紙はパレスチナ報道の第一人者、ロバート・フィスクとともに、本書の著者パトリック・コバーンをイラクに投入していた。英ガーディアン紙は少し遅れて、戦争前からイラク国内からネット発信して超有名となったブロガー、サラーム・パックスのコラムを取り上げた。わが国各紙も、各社精鋭の中東記者をバグダッドに送り込んだ。

なかでもコバーンは、情報収集、分析力、表現力いずれも優れた、超一流のイラクウオッチャーである。湾岸戦争とその後を扱った前作「灰のなかから」は、筆者も愛読してあちこちで引用した。下手な米シンクタンクの中東研究者よりも、よっぽど信頼に足る。

その彼の新作たる本書は、ブッシュが「終結」宣言をしたときにはまだ「戦争は……始まっていなかった」と、のっけから看破する。いまだに「イラク戦争」を03年3月からの43日間のものとして表記しているのは、日本のメディアぐらいなものだろう。今年3～4月の米兵の死者数は、この43日間の死者数に迫るものとなっている。この状況を「戦後」ということが、いかにばかばかしいことか。

ということで、本書はその戦争と占領下の状況と米政権のイラク政策のとてつもない大失敗を、これでもかと述べ立てる。その手の本は、著者が危惧（きぐ）するように、つい悪いことばかりを選んで書いてあるのだろうと非難されがちだが、本書が緻密（ちみつ）な取材に基づく事実であるのは、一読すればわかるだろう。

そして楽観論を捨てきれない読者に、いかに事態の深刻さを理解させるかに腐心する。今のイラクが「完全な無法状態」だとの表現には、深く得心がいく。マスコミが多用する「イラクでまたテロ」という表現は、社会のなかで合法と違法が弁別されていることを前提としているが、事態はそれほど甘くない。イラクで放置されている法の不在状況こそが、問題なのだ。米軍の撤退、政権の不安定化などでしばしば懸念が指摘される「権力の真空」も、また然（しか）り。「戦後」この方、権力が真空でなかったことがあったか、と。

情報の精度だけではない。米政権がどう失敗していったか、なぜイラク人が反米化していったか、かつて存在しなかった宗派対立がいかに醸成されたか、政治分析の的確さも抜群だ。スンナ派のイラク精鋭部隊ですら、「戦争」中、フセインのために米軍と戦おうとしなかった、という著者の指摘は、常に思い出されるべき事実である。

イラク情勢理解に必読の書なだけに、誤植と誤記が多すぎるのが、残念。近年中東報道が増えたおかげで、アラビア語の固有名詞の邦語表記も定着しつつある。重版されるべき本なので、ぜひ見直してもらいたい。

（原題、THE OCCUPATION : War and Resistance in Iraq）

評・酒井啓子（東京外国語大学教授）

Patrick Cockburn　50年生まれ。アイルランド人ジャーナリスト。79年から英紙の特派員として中東の取材を続ける。

『「赤」の誘惑　フィクション論序説』

蓮實重彦 著

新潮社・二五二〇円
ISBN9784103043515

人文

イメージの快い覆しと、たゆたい

人間を刺激する赤色が文学によく登場するのは本能か。しかし、本書の著者を辟易（へきえき）させるのは、分析哲学や文学理論の書に赤が氾濫（はんらん）していることだ。フィクション論では、サールからエーコまで例文に赤い物を使い、ラカン、デリダ、アウエルバッハ、みな赤に無自覚。鴎外『かのように』、ハメット『血の収穫』、ポオ『盗まれた手紙』など赤を巧みに入れた小説も併せ読みながら、赤という「怪物」と真摯（しんし）に戯れようというのが、本書の趣旨だ。

著者は「必要にして十分なほど『理論的』であろうとする配慮」は放棄すると序章で宣言する一方、理論家たちの非理論性や矛盾点には、「深刻な疑念」を頻繁に表明する。初めの数章を過去のフィクション論の総括に費やしながら、著者自身のフィクション像はなかなか見えてこない。しかしこれは蓮實流の「誠実さ」ではないかと思う。

かつて人類学者スペルベルは「赤頭巾（ずきん）」と「ハムレット」を使って、構造主義の任意性に依拠する分析法を意地悪にパスティッシュ（文体模写）することで、その方法論の限界を指摘した。蓮實氏は非理論性や任意性を周到に導入して、理論家たちのパスティッシュを行い、答えを出さ（せ）ないことを示して批判を行ったのではないか、とすら思えた。本書の背後には、批評とは潔癖な理論ではなく「心の余裕」に存するという考えがある。

しかしやがて著者のフィクション像が現れてくる。ウルフの『灯台へ』を扱う章では、赤茶色の靴下が新たなミメーシス（模倣）の編みだされる場として読まれ、プラトン、アリストテレスによる「描写」の構図をゆるがす。私は同小説には青と白のイメージがあった（red・blue・whiteともに同数程度出てくる）が、それが快く覆された。

子規の『墨汁一滴』を読み、ギリシャ哲学、構造主義、ポストモダンの強健なディフェンスを破っていよいよ虚構論に攻め入る第8章は圧巻だ。虚構とは「偶然と必然のはざまに生起する」と言う著者は、赤を「嘘（うそ）」と「告白」の間に漂わせて終わる。これは真摯なたゆたいに他ならない。

評・鴻巣友季子（翻訳家）

はすみ・しげひこ　36年生まれ。評論家。『反＝日本語論』『表象の奈落』など。

『自然主義の人権論　人間の本性に基づく規範』

内藤淳 著

勁草書房・三四六五円
ISBN9784326101719

人文

特定の価値でなく事実を基に理論化

人権は、一般に、人が人間であるということによって持つ普遍的な権利であると考えられている。この「人権」という概念が、現代を生きる私たちにとって不可欠のものとなっていることは疑うべくもない。

しかし、「なぜ人権は正当化されうるのか」という基礎的な問いを考え始めると、私たちはとたんに議論の迷路に入り込んでしまうことになる。「人権というのは西欧の価値観を表したものにすぎない」という文化相対主義の立場からの批判もある。いったい人権はいかなる理論的根拠を持っているのだろうか。

この問いに答えを与えるべく、多くの法学者や哲学者たちが議論を積み重ねてきた。「理性的な存在たる人間の自律性」「行為主体としての人間目的志向的なあり方」――「人間であること」の普遍的な特徴を描き出し、それを元手に人権を正当化する様々な議論が提示されてきた。

しかしその多くは、特定の人間像を価値あるものとして前提にしており（価値論）、文化相対主義的な批判をクリアできていない。人権の普遍性を示そうとするならば、文化により違ってきてしまう価値観に依拠するのではなく、「人間に普遍的な要素を基盤とした理論構築」を目指さなくてはならない――そのように考える著者は、進化生物学の視点を積極的にとり入れ、人間に関する生物学的事実から人権を正当化しようと試みる。

著者が生物学の成果から引き出した人間の普遍は「人間は繁殖に向けて生きる」「人間は、『他の人間集団への対抗』を主原因として集団生活をする」の2点。そこから、段階的な考察を経て「社会権」的な要素をも含んだ人権概念の導出を図る。その論証を、著者は『『事実』に基づく人権の『脱―価値論』的な正当化」と呼ぶ。

「脱―価値論」的な論の運び方に違和を感じる人もいるかもしれない。しかし想定される批判に対する反批判も逐次提示されており、なかなか一筋縄ではいかない。冷静に熟読吟味してみたい一書である。

評・北田暁大（東京大学准教授）

ないとう・あつし 68年生まれ。一橋大学国際共同研究センター非常勤研究員。

二〇〇七年五月六日⑥

『桂昌院 藤原宗子（ふじわらのそうし）』

文芸

竹田真砂子 著

集英社・一九九五円

ISBN9784087753714

大奥で天下をとった 将軍綱吉の生母

女は氏なくて玉の輿（こし）。

この書き下ろし長篇（ちょうへん）のヒロイン桂昌院（けいしょういん）は、諺（ことわざ）通りの好運に恵まれ、徳川五代将軍綱吉の生母と仰がれて栄華の頂点を極めた女性である。

正伝では、父は二条関白公の家司本庄氏、母は鍋田氏と由緒ありげに書かれるが、実父は八百屋だった。母は本庄氏と再婚。その器量好（きりょうよ）しの連れ子が運命の輿に乗る。

公卿（くげ）社会のツテをたどって大奥に出仕。三代将軍家光のお手が付いて徳松（綱吉）を懐妊したのでお玉の方と敬われ、家光の死後は剃髪（ていはつ）して桂昌院と称する。側室としては破格の従一位を贈られ、その一族は大名や旗本に取り立てられて大いに繁栄した。

作者はあたかもヒロインの皮膚に埋め込まれたセンサーになったかのようだ。その心理と体感に密着して、少女時代から更年期までの人生を共に歩んでゆく。大人の情事から見覚える肉のうずき。男を支配する技巧の会得。公卿の姫君に向ける敵愾心（てきがいしん）。この女性に宿る猛烈な権勢欲は生来の情欲と分かちがたく、激しい上昇志向はリビドーの水位とひとしく高まる。

大奥入りした玉は、春日局に美貌（びぼう）を認められて家光の側（そば）に仕える。男色が好きだった家光を女に振り向かせる苦肉の策であり、玉は進んで志願して夜の蓐（しとね）に入る。首尾よく徳松誕生。大奥は「玉の天下」になった。玉は人々を平伏させる喜びに酔いしれる。「くねらせた手を口元にあてて笑う仕草（しぐさ）が春日局そっくりだと意地悪な観察も忘れないのが作者の愛情だ。

次代将軍では別腹の四代家綱に煮え湯を飲まされたが、三十年も待たされた揚句（あげく）、やっと愛児に運が廻（めぐ）ってくる。一心不乱に祈祷（きとう）した効験で綱吉将軍が実現したのである。男たちが表で働く幕府政治は桂昌院が吐き出す妖（あや）しい蜘蛛（くも）の網に絡め取られ、飽くなき満足感の栄養にされる。

綱吉はいつまでも仮想子宮に閉じ込められ、母子密着が生類憐（あわれ）みの令や忠臣蔵事件に連鎖する元禄文化が花開く。その最終章を急ぎ足にしたのが惜しまれるが、一読やっぱり《歴史は女で作られる》と信じたくなる一篇だ。

評・野口武彦（文芸評論家）

たけだ・まさこ 38年生まれ。作家。『白春』（中山義秀文学賞）、『鏡花幻想』ほか。

二〇〇七年五月六日⑦

『東京版アーカイブス』

人文／社会

泉麻人 著
朝日新聞社・一四七〇円
ISBN9784022502643

昭和27（1952）年から47年の主に本紙東京版からの70余りの記事をもとに、高度経済成長期の世相風俗を論評する。

女子銀行員の制服にデザイナーズブランドが採択されたこと、浅草のスペースタワーの出現、東京タワー斜塔説など、新しい風物に関（かか）わる記事が少なくない。対照的に、佃の渡しの廃止、灯が消えた恋文横丁のように、失われてゆく風情を愛惜する報道も選ばれている。いわゆるパ・リーグ党としては「懐かしの東京スタジアム」の話題に共感を覚えた。

ストリッパー嬢を客寄せにしたパチンコ店など、地方版ならではの面白い報道がある。いっぽうで漫画と現実が交錯した力石徹の葬儀、電話リクエストの流行、歩道橋の普及など、関西で育った私にとっても印象深い同時代の出来事も選ばれている。

複雑な気持ちで読んだのが『肥満児時代の幕開け』である。「君もスマートになれる」の見出しとともに、校庭で雲梯（うんてい）という遊具を使った特訓を受ける写真が掲載されている。当時、まさに肥満児であった自分の姿を想起した。雲梯は大の苦手で、惨めで嫌な思い出しかない。社会史と個人史とが偶然重なりあう時、記憶はもっとも鮮やかによみがえる。

評・橋爪紳也（大阪市立大学教授）

二〇〇七年五月六日⑧

『アイヌ民族の歴史』

人文

榎森進 著
草風館・三九九〇円
ISBN9784883231713

本書は、日本における先住民族としてのアイヌ民族を主体として書かれた、初の本格的な通史である。アイヌ史研究の大家渾身（こんしん）の作品は、その刊行自体がひとつの事件として画期的だ。

本書には傑出した三つの特色がある。第一は、アイヌ民族を日本における先住民族のひとつとして明確に位置づけたうえで、古代から現在までの歴史を一貫して叙述していることである。これは、アイヌ民族の固有の経験を、他の先住民族問題と共有・分有されるべき普遍的問題意識へと接続する重要な作業である。

第二は、アイヌ民族を主体として、その和人（および日本国家）との関係が描きなおされたことで、日本史の側にも新鮮な展望が与えられていることである。ロシアや中国をはじめ、極東の諸民族を含めた北東アジア関係史の構図が立体的に浮かび上がる叙述は見事である。

第三は、全編を貫く血の通った筆致の読みやすさである。読者はそこに、歴史家が史料を扱うたしかな手さばきを感じられるであろう。2段組みで600ページを超える大部ながら、本書には、読む者にページを繰る手を止めさせない力が宿っている。広く読まれるべき作品である。

評・山下範久（立命館大学准教授）

二〇〇七年五月六日⑨

『ナイトメア　心の迷路の物語』

人文

小倉千加子 著
岩波書店・一五七五円
ISBN9784000241618

ジェンダー心理学者としての小倉千加子はこれまでも、現代を生きる女性をリアルに描き続けてきた。とはいえ、それらは評論だったので、読者はどこか〝他人事〟として客観的に読むこともできた。

ところが、これは「小説家に若い女性読者からの手紙が届き続ける」という小説なのだ。「ナイトメア」と呼ばれるその女性は、兄だけを無条件に愛する母親を嫌悪する「母親恐怖」の状態にあるが、母親の否定と自分が女であることとの折り合いをうまくつけられないまま、徐々に精神のバランスを崩していく。

「母の前では、女でありながら、男の子に匹敵する業績を挙げ、決して兄を圧倒してはならず、父の前では、兄が与えられない女の子ならではの喜びを与えなければならない」といったフレーズは小倉ファンにとってはおなじみのものだが、それが小説となったとたん、読者は〝自分のこと〟として引き受けざるをえなくなる。

「ナイトメアの苦しみは、女性にとって不可避の、構造的な、底の深いもの」と語り手は言う。フェミニズムが取り組み続け、そしていまだ解決していない「女という生きづらさ」という問題が、この短い作品に凝縮されている。

評・香山リカ（精神科医）

二〇〇七年五月六日⑩ 文芸

『編集者という病い』

見城徹 著

太田出版・一六八〇円
ISBN9784778310509／9784087464184（集英社文庫）

編集者という仕事をこよなく愛しているのだろう。編集者を「人の精神という目に見えないものを商売にする、いかがわしいところがある商売」と語る見城氏だが、その編集姿勢は思いこんだら命がけ。書き手とは、とことん付き合うという見城氏の姿勢が、書き手たちの心をくすぐるのだろう。

若き編集者時代には、憧（あこが）れの石原慎太郎氏に初めて会うのに、40本の赤いバラを抱えて行ったという。そんな編集者ゆえに、幻冬舎の立ち上げ直後に、四谷の事務所を自ら訪れた石原氏をして、「何でもやるぞ」と言わしめるのだ。

出版不況といわれるなかにあって幻冬舎は、その設立早々から『ふたり』（唐沢寿明）、『弟』（石原慎太郎）、『ダディ』（郷ひろみ）と、ベストセラーを次々と世に出し、出版事業における編集者の力量の重要性を、改めて見せつけることになる。その後、幻冬舎は、文庫、新書にも進出。日本の出版界で確固たる地位を築いていったのは周知の通り。

著者は、本書を現役編集者の総決算と語るが、その編集者としての経験群は、編集者という職業の「病（やま）い」が持つ、快楽と切なさを存分に感じさせてくれる。

評・音好宏（上智大学教授）

二〇〇七年五月一三日① 人文

『兵士になった女性たち　近世ヨーロッパにおける異性装の伝統』

R・M・デッカー、L・C・ファン・ドゥ・ポル 著
大木昌 訳

法政大学出版局・二七三〇円
ISBN9784588362019

知的サバイバルとしての女の男装

1980年代半ばにアメリカ東海岸の大学院で学んでいたとき、同級生にテキサス生まれの陽気で聡明（そうめい）な娘がいた。いつもカウボーイならぬカウガールふうのいでたちで、真っ赤なオンボロ車を駆っていた。それが卒業後15年ほど経（た）った今世紀初頭、当時の仲間から、彼女がいまでは西海岸に移り、男性の弁護士として大活躍していることを聞き、いささか驚いたものである。

というのも、わたし自身がここ10年ほどのあいだ、植民地時代におけるアメリカ文学を研究しているうちに、本書でも取り上げられている男装のイギリス系女性兵士ハンナ・スネルの逸話に行き当たっていたからだ。18世紀半ば、夫に裏切られ子供にも死なれたハンナが、すべてに絶望したあげく武器を取りジャンヌ・ダルクをも彷彿（ほうふつ）とさせる兵士と化し、結果的にアメリカ独立革命の機運を煽（あお）ったことは、宗主国と植民地のあいだの主従関係をゆるがすに至った史実のひとつである。

女が男装する行為は、たんなるコスプレ的趣味嗜好（しこう）にとどまらず、個人どころか国家全体の運命を左右することすらあった。まさにこの点に焦点を当てた本書は、異性装の背後にいかに複雑な要因がからみあっていたか、そしてそれが文学作品に反映された場合、小説読者のほとんどが女性であったという条件も手伝って、いかに絶大な人気を博したかといういきさつを、徹底検証してみせる。

この共同研究は、オランダ語版原形が1981年、その大幅な増補改訂版が1989年に刊行されており、邦訳は後者の英訳版にもとづく。さて肝心なのは、81年版が「むかし陽気な娘がいた」というタイトルで、それが17世紀以来のオランダで子供を中心に親しまれてきた歌から採られている事実だろう。しかも、その歌詞をよくよく追ってみれば、航海に出たいと渇望した「陽気な娘」が7年間も軍に所属し、ミスを犯したさいに罰を逃れようと自分の性別を白状、しかも船長の愛人になることすら申し出るという、十分すぎるほどに大人の歌なのだ。ほんとうはこわいオランダ童謡、といったところか。

著者たちは異性装の背後に三つの動機を見る。まずは家族や恋人に起因するロマンティックな動機、祖国を守りたいという愛国的動機、そして貧しいがゆえに男性の職業を奪い取るしかなかったという経済的動機。そこか

ら出発する分析で興味深いのは、たとえば、同じ貧しさゆえの転身であっても、売春婦に身を落とすことだけは断じて避け、あくまで「女性の尊厳を維持する道」として選ばれたのが男装だったという調査結果である。さらに、娼婦（しょうふ）が妊娠してしまい、社会的体裁から夫を必要としていたので男装者を利用し結婚したという、驚くべき記録も見つかっている。男装して兵役の契約金をかすめとった女性詐欺師の実例も、枚挙にいとまがない。

異性装の文化史は、必ずしも性的変態の歴史ではなく、セクシュアリティの常識を利用しながらもその裏をかくことで成り立つ、高度に知的なサバイバルの歴史であることを、本書は深く納得させてくれる。

（原題、The Tradition of Female Transvestism in Early Modern Europe）

評・巽孝之（慶應大学教授）

Rudolf M. Dekker　51年生まれ。
Lotte C. van de Pol　49年生まれ。ともにアムステルダム大で学ぶ。

『ブロンド美女の作り方』

S・ネルソン、R・ホリンガム 著　藤井留美 訳
バジリコ・一八九〇円
ISBN9784862380418　文芸／科学・生物

笑いを起爆剤に科学をリポート

ちょっと気になる書名である。書名と内容が一致しないというのはよくあることだが、書名（それと装丁）だけにひかれてこの本を買ったとしても、いい意味で損はしない。たとえ「邪念」は満たされないにしても、先端科学のうんちくは楽しく仕入れられるはずだからだ。

著者たちも、この本は「毎日の生活で感じる（中略）八つの願望を題材にして、科学の最先端をわかりやすく、読みやすく解説したベストセラーねらい」で書いたと、正直に告白している。残念ながら『ホーキング、宇宙を語る』並みのベストセラー入りは逃したようだが、ホーキングを「第二章で挫折した人を対象」にしたという目標はみごとにクリアしている。

八つの願望の一つが、完璧（かんぺき）なブロンド美女の「クローン」を作りたいというもの。卑近な「願望」を入り口に、クローンに関する幅広い科学知識から社会的影響まで、SF小説・映画、テレビ番組など、ポップカルチャーネタを巧みに織り込みながら、わかりやすく楽しく語られている。テレポート（転送）装置を論じた章では、光の物理的性質から量子コンピューターまで、タイムマシンの作り方の章では、『不思議の国のアリス』から超ひも理論までといった調子である。

そのほか、家政婦ロボット、ダイエット、ブラックホール、サイボーグ、永遠の命などを切り口に、さまざまな科学分野の知見がてんこ盛りである。脱線気味の話題や補足説明はコラムで扱うという構成も、読みやすくていい。

著者の2人には3年前、原著出版の半年後に、英国エディンバラの科学フェスティバルで会ったことがある。BBCの科学リポーターとしての体験談を聞いたのだが、息の合った軽妙洒脱（しゃだつ）な受け答えが印象的だった。それもそのはず、実生活でもパートナーなのだとか。本書の執筆は、物理学系は奥さん、生物学系はダンナが主に分担したようだが、両者の持ち味がうまく噛（か）み合っていて、まさに絶妙の夫婦漫才のような仕上がりとなっている。お笑い系科学書という新ジャンルかも。

（原題、HOW TO CLONE THE PERFECT BLONDE）

評・渡辺政隆（サイエンスライター）

Sue Nelson、**Richard Hollingham**　ともに英国のジャーナリスト。

二〇〇七年五月一三日③

『ニコライ堂遺聞』

長縄光男 著

成文社・三九九〇円

ISBN9784915730573

人文

日本人の対ロシア感情と命運を共に

神田駿河台に特徴のあるドーム型屋根が聳(そび)えるニコライ堂（東京復活大聖堂）は、建物としては二代目である。

明治二十四年（一八九一）に建立された最初の聖堂は今のものよりサイズが大きく、地上四十メートル（現三十五メートル）の高さに鐘楼がそそり立ち、低い家並(やなみ)の東京を睥睨(へいげい)して威容を誇る都市のランドマークだった。

地上の景観ばかりでなく、ニコライ堂は明治の思想史地図でもユニークな位置を占めている。本書によれば、明治中頃の全盛期、ハリストス正教会の信徒数は約三万、カトリック六万、プロテスタント四万と伍(ご)して全キリスト教徒約十三万の二十三％に達していたという。意外に比重が高かったのである。

著者は創立者のニコライ、その後を嗣(つ)いだセルギイを始め、日本人信徒の小伝を綴(つづ)って正教会の歴史をたどる。個々のエピソード自体は門外者には多少こまかすぎる点もあるが、時代の大きな波動は、そうした人生小劇場の連なりを介して現象するものだ。

ハリストス正教が根付いたのは幕末に開港された箱館（函館）である。ニコライの布教は、この地で起きた明治政府軍と旧幕府軍との戦闘を信仰と不信心との「霊界戦」に導いた。初期の信徒層が戊辰戦争の敗者たる佐幕諸藩の士族を中心に、東北地方で「燎原(りょうげん)の火」のように広がったのも理由なしとしない。

宣教の線はすぐに東京に伸び、神学校はロシア語学校を兼ねていたので、世俗界へも「ニコライ派」と呼ばれる知識人群が輩出し、陸軍や早稲田大学でロシア語を教えた。

だが間もなく、日露戦争を転機に受難と迫害の季節が始まる。ニコライにロシアのスパイの嫌疑が掛けられ、多くの信徒が離反する。最大の打撃はロシア革命が勃発(ぼっぱつ)して本国からの資金援助が途絶えたことだった。そこへ関東大震災で聖堂は倒潰(とうかい)・焼失。セルギイによる再建。正教会の運命は日本人の対ロシア感情と共に激しく揺れ動く。

印象に残るのは、セルギイが革命後のモスクワと絶縁した日本正教会から追われ、陋屋(ろうおく)で孤独死する姿だ。

評・野口武彦（文芸評論家）

ながなわ・みつお　41年生まれ。横浜国大名誉教授。著書に『ニコライ堂の人びと』など。

二〇〇七年五月一三日④

『佐藤勝　銀幕の交響楽(シンフォニー)』

小林淳 著

ワイズ出版・三九九〇円

ISBN9784898302088

文芸

戦後の映画を彩った作曲家の軌跡

この書評欄を担当することになったとき、皮肉屋の友人が私にむかってこう言った。

「新聞の書評ってのはどうしてああ、分厚くて高い本ばかり扱いたがるのかねえ」

それが頭にひっかかって、なかなかそういう本を取り上げかねていたのだが、今回、あえてその禁を破って、この『佐藤勝　銀幕の交響楽』を取り上げたい。確かにこの本は分厚い。ハードカバーで380ページ以上ある。しかも値段が3990円（税込み）と高い。しかし、世の中には、分厚いこと、値段が高いことが嬉(うれ)しい本もある。なにしろ佐藤勝の研究書なのだ。

中学3年のとき、福田純監督の『ゴジラ対メカゴジラ』と、黒澤明監督の『用心棒』を立て続けに観(み)て、それぞれのテーマ曲の、打楽器と金管楽器のからみのダイナミックなカッコよさに共通項を見いだし、この2曲が同じ作曲家の手になるものであることを確認して満足して以来、その作曲家・佐藤勝は私の中で、特別な存在になった。そして「ぴあ」片手に名画座めぐりをしていた大学時代に、その多彩かつ多作な才能に心底、感服した。『暗黒街の対決』のようなギャングものから、今ではスタンダードとなった『若者たち』の主題歌まで、私の青春は、要するに今はなきさまざまな名画座の暗闇の中で、佐藤勝の曲を聴いていた時期、としてくれるのではないかとさえ思う。

私の世代で同じ体験を持つ人は多いはずだ。いや、本書の著者・小林淳自身が、まさに昭和33年生まれ（私と同い年）である。著者はこれまでにも、伊福部昭の映画音楽についての徹底した分析をまとめた労作を刊行している。自分のたどってきた足跡を、こういう映画や音楽の体験を通してつづろうとするのは、高度経済成長期世代のひとつの特徴かもしれない。それだけに佐藤を少し絶賛しすぎている感はあるが、そこらはご愛嬌（あいきょう）として許されるだろう。

自分の青春を凝縮したような本なら、分厚い方が好ましいのは当然のことだ。そして美しい思い出につけられた値段は、ちょっと高いくらいがちょうどいい。

評・唐沢俊一（作家）

こばやし・あつし　58年生まれ。映画評論家。著書『伊福部昭の映画音楽』など。

『シリーズ・現代経済の課題　現代日本の生活保障システム　座標とゆくえ』

大沢真理 著
岩波書店・二七三〇円
ISBN9784000270465

経済

男女共に仕事と家庭の「両立支援」を

夫婦と子供2人。戦後の日本における標準世帯だ。標準と言われてきたのは右肩上がりの成長下で、夫は主たる稼ぎ手、妻は家事・育児の担い手という「ジェンダー（社会的文化的に形成された性別）関係」で構成された世帯が、さまざまな政策のモデルとして扱われてきたからだ。男性の正社員と専業主婦を念頭に置いて政府の社会保障、企業福祉、および家族の相互扶助を組み合わせた生活保障システムも例外ではない。

しかし、ポスト工業化や女性の労働参加の拡大に伴い、非正規雇用で社会保険に加入できない夫とか、仕事か育児かの選択を迫られる妻、あるいはいつまでも結婚しない男女の増加などにより、従来のシステムではカバーできない「新しい社会的リスク」が顕在化している。こうしたリスクに対処するためには、現在の生活保障を性別を問わず、多様な個人を包摂できるシステムに再構築することが必要だと著者はいう。そうでなければ逆に機能する、すなわち「生活を保障するはずのシステムが、かえって生活を脅かし人々を排除」してしまう恐れがあるからだ。

著者が勧めるのは「男性稼ぎ主」型から、男女ともに仕事と家庭を両立できる「両立支援」型への転換だ。「社会政策の重心を、所得移転からサービス保障へとシフトさせ」、「生まれ、育ち、学び、働き……そして生をまっとうするうえで」不可欠なサービスを、誰もが利用可能な料金で、あまねく公平に提供すべきだという。

また、その財源も個人に対しては「稼いだら1円の収入からでも」負担する「単純な応能負担の仕組み」にすると同時に、「雇用形態が多様化し、雇用者が……流動化するもとでは」、人件費の総額を基準にした「拠出を事業主に求めることが合理的」だと主張する。そうすれば、国際的にみて自殺率の高い日本の壮年男性を、妻子の扶養などの重圧から解放することもできるというのだ。

本書は、熱狂のうちに幕を閉じた「小泉改革」を、生活者の視点から決算するうえで格好の研究書と言える。

評・高橋伸彰（立命館大学教授）

おおさわ・まり　53年生まれ。東大社会科学研究所教授。比較ジェンダー分析専攻。

二〇〇七年五月一三日❻ 文芸

『悪人』

吉田修一 著

朝日新聞社・一八九〇円
ISBN9784022502728／9784022645234（朝日文庫〈上〉）・9784022645241（〈下〉）

「ひとの気持ちの匂い」細心に重ねる

物語の最終盤で、若い登場人物が言う。〈俺（おれ）、それまでは部屋にこもって映画ばっかり見とったけん（略）人の気持ちに匂（にお）いがしたのは、あのときが初めてでした〉

生身の人間だからこそ持つ、気持ちの匂い——吉田修一さんは、それを、幾重にもかさねて立ちのぼらせる。一つの殺人事件を軸に、加害者、被害者、そして双方の家族や周囲のひとびとの屈託した思いやまっすぐな感情を、視点を移しながら描いていく。

といっても、吉田さんは決して神の視点に立っているわけではない。引用部分でも明らかなとおり、事件の舞台でもある九州北部の方言をむきだしにした登場人物の語りをそのまま、ごろん、と投げ出す。三人称の場面でも物語の運び手に徹して、作者自身の気持ちの匂いがいたずらに漂わないよう、細心の注意が払われている。

おそらく吉田さんは知っているのだ。加害者本人や家族の視点を物語に組み込むと、おのずと「同情」めいたものが読み手の胸に生まれてしまうことを。そこから「罪を犯した者にも孤独や悲しみがあったのだ」という方向に読者を導くのはたやすい。逆に被害者サイドの物語からでも「同情」を醸し出すことは容易だろう。

だからこそ、吉田さんは自らの声を消し、匂いを消したのではないか。ともすれば安易な「同情」のセンチメンタリズムに陥りかねない結構を持つ物語に、吉田さんは甘えを許さない一線を引いた。作者自身ですら踏み込めない結界をつくった。それが登場人物の一人語りではないのか？

作者の案内なしに、読者はさまざまな気持ちの匂いをまっさらなままで嗅（か）ぐことになる。ふだんナビゲーターとして重宝しているワイドショーのコメンテーターも、そこにはいない。被害者、加害者、関係者それぞれの匂いが渾然（こんぜん）一体となった果てに「悪人」の一語が、哀切なクエスチョンマークとともに浮かび上がる。その問いに対する答えは読者一人ひとりに委ねられる。これは、読み手の「私」の気持ちの匂いを問われる物語でもあるのだ。

評・重松清（作家）

よしだ・しゅういち 68年生まれ。作家。『パーク・ライフ』で芥川賞。

二〇〇七年五月一三日❽ 人文

『日本（ジャポン）、ぼくが愛するその理由（わけ）は』

ジャン＝フランソワ・サブレ 著 鎌田愛 訳

七つ森書館・二五二〇円
ISBN9784822807399

著者は、46年フランス生まれの社会学者。74年に来日、仏語講師として北海道に赴任後、東京・神楽坂に妻子とともに根を下ろす。「ぼくは日本なしには生きられない」とまで言われると、ついうさん臭さを感じるものだが、著名人との交流をひけらかすより、路地裏生活に自ら浸り、草の根の触れ合いに徹した姿勢には好感が持てる。

神風特攻隊だった居合道の師匠「ヒゲ先生」、東京郊外の被差別部落の出身者など、寄り添った人は多い。圧巻は、永谷のおばあさんとの情感あふれる交流だ。大家である彼女から「養子になりませんか」と持ちかけられる。悩んだ末に断るが、彼女から受けた厚い信頼を忘れず、亡くなった後は花を抱えての墓参を欠かさない。

ヨーロッパの文学や歴史、宗教などを時おり交えながら、日本人と出会う旅路で「違い」を考える。道中で、日本には文化、温和さ、粋、外に開かれた精神、公明さがあると発見した。

フランス国立科学研究庁日本支部を開設、所長などを歴任、「日仏の文化の懸け橋を組み立てたい」と希望する。著者のやさしさが日本のやわらかい部分を照らし出し、心地よく共鳴している。

評・多賀幹子（フリージャーナリスト）

二〇〇七年五月一三日⑨

『エレガントな象』

阿川弘之 著
文芸春秋・一五〇〇円
ISBN9784163674605／9784167146092(文春文庫) 文芸

文士という言葉が死語に近くなったと思っていた矢先、自在な表現の中に気骨のある美しい日本語の一冊に出会った。

こんな話が出てくる。横文字ばかりを連ねた意味不明のデパートの宣伝文を目にして勃然(ぼつぜん)と怒りがこみあげてくる。日本語の無視を嘆いているばかりではない。「横文字を並べ立てれば客が釣れると考える心根が卑しい」と憤慨するのである。

また最近、選挙の際に「マニフェスト」という言葉を、政治家はもちろん、マスコミも常識のように用いる。著者はそれに引っかかりを覚える。「新聞が括弧(かっこ)つきで『マニフェスト(政権公約)』、お分りでしょう、と言わんばかりに毎日毎日書くのが気に入らない」と叱(しか)りつける。怒りや小言ばかりではない。思わず相槌(あいづち)を打ちたくなるような文士の気息が伝わる随筆の数々。

日本芸術院の会員に選出された作家の故・阪田寛夫は、会員になったことが心の重荷になって、ついに会員返上の辞任願を出す。責任者は大いにあわてたという。阪田という作家の人柄が滲(にじ)み出るような話が淡々と綴(つづ)られている。文章に温度を感じる。ユーモアやウイットもふんだんにある。日本語もまだまだ捨てたものではない。

評・前川佐重郎(歌人)

二〇〇七年五月一三日⑩

『暮らしのテクノロジー』

原克 著
大修館書店・二四一五円
ISBN9784469213102 人文／科学・生物

私たちは身のまわりの発明品を通じて先端科学に触れる。かつて駄菓子屋で遊んだ世代は、店に入る時に抱いた期待感を「ガラス戸に伸ばした手」に記憶している。自動扉に親しんで育った今の子供たちは、「マットにそっと載せる足」に想(おも)いが残るのではないか。日常的な発明品が生活の利便性を高めると同時に、私たちの記憶の形質も変化させる、と著者はみる。

「ポピュラーサイエンス」など専門雑誌の記事を素材に、発明品が私たちにもたらす「科学のイメージ」を論じてきた著者の新刊である。本書では、回転寿司(ずし)の機構、リモコン、花粉症グッズ、アルコール検出器、カーナビといった製品を取りあげ、発明までの創意工夫や製品に託された理想、さらには人々への影響を紹介する。

なかでも大量消費社会を演出したショッピングカートが発明される経緯を記した章を面白く読んだ。客は自分の腕力で持てる以上の買い物をしない。どうすれば限界を超えて売り上げを増すことができるのか。自動的に動く商品棚などの失敗作を経て、ショッピングカートがデザインされた。新発明に至る試行錯誤や改善を重ねるなかで「科学のイメージ」がかたちづくられることが分かる。

評・橋爪紳也(大阪市立大学教授)

二〇〇七年五月二〇日①

『ひとりぼっちのジョージ』

ヘンリー・ニコルズ 著 佐藤桂 訳
早川書房・一八九〇円
ISBN9784152088109 文芸

ガラパゴスゾウガメと人間の交流史

この世でたった1人の生き残りだとしたら、どんな気持ちだろう。世界の終末もののＳＦではありそうな設定だが、現実にその境遇にある生きものがいる。人呼んで「ロンサム・ジョージ」。絶海の孤島でただ1頭だけ生き残ったガラパゴスゾウガメの雄である。

ジョージは、進化論の聖地ガラパゴス諸島中のピンタ島だけにすむゾウガメである。ガラパゴス諸島は南米エクアドルから西に1千キロの洋上にある火山群島。この距離は、ちょうど小笠原諸島と本州との距離に相当する。

古来、ガラパゴスゾウガメは洋上を行く船の保存食料として重用され、乱獲の末にその数が激減した。ビーグル号による世界周航の途上で立ち寄ったダーウィンも、その肉に舌鼓を打った一人だった。大小十数個の島からなるガラパゴス諸島にすむゾウガメは、島ごとにそれぞれの環境に適応し、甲羅などの形態が少しずつ異なる14のタイプに分けられる。当初ダーウィンはそのことに気づかなかったのだが、ガラパゴスゾウガメの多様性は、適応の妙として、現代の進化の教科書では必ず触れられている。

一般にこのタイプの違いは、種の一つ下の分類単位である亜種のレベルの違いとされている。ただし、三つのタイプは絶滅したため、現存するタイプは11である。そういうわけで、世界一孤独な生きものと呼ばれているジョージだが、世界唯一のガラパゴスゾウガメというわけではない。ゾウガメが絶滅したと信じられていたピンタ島で、1971年に発見された、その島唯一の生き残りなのだ。

ジョージは、72年にダーウィン研究所に保護され、今もそこで暮らしている。他のタイプのゾウガメの雌もたくさんいるのだから、それほど孤独でもなさそうなものだ。ところがジョージは、ひとり暮らしが長かったせいか、他のカメにとんと関心を示さない。ただ、関心を示したとしても、簡単に子どもを生ませるわけにもいかない。個々のタイプの遺伝的多様性を保持するために、混血は、できれば避けたいからだ。なにしろ今やジョージは、ガラパゴスという貴重な自然を守るためのシンボルに祭り上げられているのだ。

本書は、孤独で禁欲的なジョージをめぐる悲喜こもごものドラマを要領よくまとめたリポートである。たった1頭のカメの話で1冊の本が書けることでも、ジョージが置かれている特殊な立場がわかるというものだ。ロンサム・ジョージという名前が、アメリカのコメディアンにちなんでいるとは、寡聞にして知らなかった。

折も折、ジョージの仲間が見つかったというニュースが世界を駆け抜けた。ピンタ島に近いイサベラ島のゾウガメのDNAを調べたところ、ピンタ島タイプの血が半分混ざったゾウガメが見つかったというのだ。それは、かつて船乗りたちが島から島にゾウガメを移動させた名残とも考えられる。もっとよく探せば、100%ピンタ島タイプのカメがほかの島で見つからないとも限らない。推定年齢80歳ともいわれるジョージよ、首を長くしてその日を待て。

評・渡辺政隆（サイエンスライター）

（原題、LONESOME GEORGE）

Henry Nicholls　73年生まれ。進化生物学を専攻して博士号を持つイギリスの科学ジャーナリスト、科学雑誌編集者。

二〇〇七年五月二〇日❷ 文芸

『メタボラ』

桐野夏生 著

朝日新聞社・二一〇〇円
ISBN9784022502797／9784022645548（朝日文庫〈上〉）・9784022645555（〈下〉）

「過去の回復」は幸福をもたらすか

桐野夏生は書評者泣かせの作家である。なにしろ出る作品すべて文句なしにおもしろいのだから、どれかひとつを選ぶことなどできはしない。

だが今回、禁を冒しても『メタボラ』を取り上げるのは、これこそ21世紀日本を――ネオリベラリズムのもと格差社会の矛盾、家族崩壊の悲劇が噴出するこの国の現実を――あまりにも鮮烈に、これでもかこれでもかというほど凄絶（せいぜつ）に切り取ってみせた第一級の現在文学だからである。

本書は、沖縄本島とおぼしき密林で、本州出身らしき20代の記憶喪失青年が、宮古島出身の10代後半の嘘（うそ）つき少年・伊良部昭光（アキンツ）と、偶然の出会いをとげるところから始まる。前者は便宜上、アキンツおよび、のちにふたりして家に転がり込むことになるコンビニ勤めの娘ミカの提案で「磯村ギンジ」の名前を与えられる。出会ってすぐ無二の親友と確信し合ったふたりの若者は、ひょんなことから別々の仕事に就くも、ともに挫折して転職。やがてキンジは勤務先のシェア住居「安楽ハウス」のオーナー・釜田に実力を認められ、彼の選挙出馬の手伝いをするようになるいっぽう、アキンツは勤務先のホストクラブ「ばびろん」でもトラブルを起こし、果てはヤクザにからまれ、瀕死（ひんし）の重傷を負う。

ところが終盤、それまで離ればなれで好対照の人生を歩んできたふたりは、思わぬかたちで再会を遂げ、ともに驚くべき決断を下す……。

何の変哲もないスタンド・バイ・ミーふう青春小説のように響くだろうか。しかし物語を支えているのは、アキンツがかつて最大の天敵に奪われた最愛の女を取り戻し、ギンジが記憶喪失のきっかけを悟るとともに失った自分自身を取り戻すという、「過去の回復」のモチーフである。

だが、それが必ず幸福を導くという保証はあるのか？　むしろ絶望のどん底を突き抜けることで未来を拓（ひら）き、まったく別の自分を再構築することは不可能なのか？　これらの問いかけとともに、謎めいたタイトル「メタボラ」がその意味を開示するクライマックスは、まさに圧巻だ。

評・巽孝之（慶應大学教授）

きりの・なつお　51年生まれ。99年、『柔らかな頬』で直木賞。

『美術館の政治学』

暮沢剛巳 著

青弓社・一六八〇円
ISBN9784787232724　人文／アート・ファッション・芸能

日本独自のあり方と歩み改めて認識

たまたま入った美術館で現代アートの企画展などに遭遇し、ふと感じる「しまった」という気分。著者いわく。

〈確かに「現代美術」の多くは一般的なポピュラリティに乏しく、また作品鑑賞にあたっては特有のリテラシーを求められる場合もあるため、ほとんどの場合観客動員数という面であまり期待を寄せられないことは否めない〉

おお、「現代文学」をめぐる状況とおんなじだっ！

とはいえ当節は美術館の建設ラッシュである。国立新美術館、ミッドタウン内のサントリー美術館と、東京では新美術館のオープンが続いているし、地方都市も同様だ。箱モノ行政のツケに苦しむ自治体も少なくないのに、美術館に未来はあるの？

『美術館の政治学』は美術館のそんな最新事情と近代の美術館史をからめつつ、日本のミュージアムの現状と課題をさぐったミュゼオロジーの本、である。美術雑誌の連載が下敷きであるため、やや総花式の感はあり、タイトルに反して政治向きの生臭い話題は抑えられているものの、まさに美術館の回廊式に興味深いトピックが次々に登場する。ミュージアムの原点ともいえる万博、柳宗悦と日本民芸館の思想、一時代の文化を築いたセゾン美術館……。

特におもしろかったのは、上野の東京国立博物館の成り立ちと、靖国神社の遊就館を中心とした戦史博物館の考察である。幕末の上野戦争の舞台で「敗者」の記憶を残す上野の山に東博が建てられたのと、九段下に内戦の「勝者」たる官軍を顕彰する遊就館がつくられたのは、ほぼ同じ時期。それから百数十年後のいま、上野は巨大なミュージアムパークに発展し、遊就館は敗戦国の戦史博物館としての矛盾と欺瞞（ぎまん）をかかえる。

日本のミュージアムは歴史が浅い。コレクションの厚みは何百年の伝統を誇るヨーロッパとは比較にならず、大英博物館やルーヴル美術館のように観光客の大半が訪れるミュージアムもない。それでも日本は日本なりのプロセスを歩んできた。美術館はメディアである。あの美術館にも、よし、足を運んでみよう。

評・斎藤美奈子（文芸評論家）

くれさわ・たけみ　66年生まれ。評論家。著書に『「風景」という虚構』など。

二〇〇七年五月二〇日❹

『ゲーム的リアリズムの誕生』

東浩紀 著
講談社現代新書・八四〇円
ISBN9784061498839
人文

剣豪小説のような痛快さ持つ思想書

東浩紀氏も学者として老練になったものだ、というのが本書前半の印象だ。

本書は01年に講談社現代新書から上梓（じょうし）された『動物化するポストモダン』の、5年半ぶりに出た続編という位置づけになっている。内容は前作に引き続き、オタクと呼ばれる人々によるポストモダン的物語受容の変容（いわゆる動物化）を解き明かす体裁になっているものの、その手法はだいぶ変化している。

はっきり言えば前作におけるその問題提起は、論理の飛躍と取り扱う対象（アニメ等オタク的作品群）に対する知識の欠如があり、その分野に詳しい読者は、

「それはないだろう」

というツッコミを入れながら読み進めざるを得なかったはずだ。ところが、そうやって内容の不備を自分で補完しつつ読むという行為により、読了時点で読者個々の頭の中にオリジナルな動物化理論が完成するという仕組みで、これはまさにポストモダン時代の、新しい思想の呈示（ていじ）の形なのではないか、と思わせるユニークさがあった。

それに比べると、今回の続編は、用心深く、大塚英志氏らの先行のメタフィクション論の検討という形式をとって論を進めている。そこに大きな破綻（はたん）はないものの、前作にあったパフォーマティブな面白さには欠けるのでは、と心配になるのも事実である。

しかし、後半で、著者がオタク的物語消費の典型例としてのライトノベルを具体的に評論し始めるあたりになってくると、従来の東氏らしさが顔を出す。ライトノベルに比較された時の自然主義文学への勉強不足（本書での認識はクラシックに過ぎるだろう）を気にもとめずどんどん話を断定的に進めていくあたりの痛快さは、喩（たと）えが変かもしれないが、剣豪小説のような、スカッとした読後感を残す。こういう現代思想書もあまりない。代わりのいない個性を持つ学者なのだ。まだまだ老成せずに、若々しい問題提起を続けて欲しいものだ。

そういう意味で、一応独立した書籍にはなっているものの、前作からの通読をお奨（すす）めしたい。

評・唐沢俊一（作家）

あずま・ひろき 71年生まれ。哲学者、批評家、東京工業大学特任教授。

二〇〇七年五月二〇日❺

『都市の住まいの二都物語』

小沢明 著
王国社・二一〇〇円
ISBN9784860730352
人文

コミュニティーを育む「住居集合」

建築家である著者は「都市に住む」ことにこだわり続けてきた。その思索のあとを、都市・住まい・風景をキーワードとする各論から読み取ることができる。表題になっている小論も例外ではない。ロンドンとパリの「二都」で典型的な都市住宅を事例に、「都市に住まう」とは「街区に住む」ことではないかと、都市居住の本質を問いただす。

ロンドンのテラスハウスは、住人が管理する庭園――スクエアを3～4階建ての住棟群が囲む。日本の長屋のように、横に並ぶ各住戸が街路に面して出入り口を持ち、庭園と住戸群が一体となって街区をかたちづくっている。

対照的にパリのメゾン・ア・ロワイエは各フロアを一戸が占め、上方に積み重なる「成層住宅」である。各住戸は、階段室を媒介として街路と直接繋（つな）がっている。

これらの中層住宅は、住居が集まって街区を構成する「住居集合」である。対して日本の団地やマンションなどの「集合住宅」は、大きな建物を区分けしただけの「限りなく

リオンの集合」でしかない。「住居集合」は都市をつくり得るが、「集合住居」をいくら集めても都市になるはずもないと著者は断じる。

なるほどと思う。町家の例を出すまでもない。わが国の都市でも、京都や城下町に由来する歴史都市などでは、個々の住居が街路と密接な関係を持って集積することで街区を単位とする「町内」のコミュニティーが維持されていた。しかし今日の集合住宅は、ただ単に積み重なっているだけだ。これでは住民が街への帰属意識や公共性への配慮を抱きにくいのも当然だ。住まいという器のあり方から、都市居住の本質的な課題が浮かびあがる。

いっぽう著者は東北芸術工科大学で教壇に立ち、学長も務めた。本書に収載する式辞や講演録では、クリエーターとして世に生きる姿勢を語る。「えにし　私と建築と大学」と題する最終講義でも、出会いの大切さを学生に問いかけた。「建築教育」ではなく、人を育てる「建築家教育」に携わってきたという自負の記録である。

評・橋爪紳也（大阪市立大学教授）

おざわ・あきら　36年生まれ。訳書『パリ大改造』、共著『デザインの知』など。

『日本政治思想』

米原謙 著

ミネルヴァ書房・三三六〇円
ISBN9784623048434

人文

理想と現実の落差を踏まえて解明

政治思想が文化意識や社会思想と違うのは、それが政治的選択や政治戦略と深く結びついている点であろう。政治思想は、一方で政治的な理想や原理を示すものであるとともに、目の前の困難な現実を変えようとする魂胆や策略と一体のものなのである。

本書は幕末から1980年代までの約150年間にわたる、近代日本政治思想史の教科書である。著者は、中江兆民などの研究で知られる切れ味鋭い学者だが、本書はこの間学界で蓄積されてきた石橋湛山などの思想家研究の成果の上に立って、一貫した通史を提示したものだ。ここでは近代日本の政治思想のありようが、その政治的理想の持つ意味と、その理想とはかけ離れた現実への有効性という双方の視点から、解き明かされようとしている。

本書によれば福沢諭吉の脱亜論も、日本の国際的地位の上昇のために中国との差異を強調し、西欧からの差別的まなざしを避けようとした「戦略的発言」であった。しかし日本がその道を突き進んで日露戦争に勝利した結果は、福沢を継承した徳富蘇峰によれば、アジアからも西欧からも孤立した境涯に日本が陥ることを意味したのである。この「戦略」の行き詰まりが、非合理なナショナリズムの膨張を生み出すのだった。

本書のもう一つの特徴は、日本の国家主義や帝国主義を批判する左翼やリベラルの思想の流れを、系統的に追いかけている点である。その点で著者は、理想主義的な姿勢のために途中で大きく立場を転換していく大山郁夫より、原理を突き詰めずプラグマティックに対応することで、逆に状況の変化に左右されにくかった吉野作造の方を、評価しているように見える。

憲法改正問題に代表されるように、かなり大きな政治的決断に今の私たちは直面している。しかしその議論は、十分尽くされているとはいえない。理想と現実の落差を踏まえながら、なお理想を手放さない議論のためには、無意識のうちに私たちを縛っている日本の政治思想の伝統を振り返る必要があることを、気付かせる書物といえよう。

評・赤澤史朗（立命館大学教授）

よねはら・けん　48年生まれ。大阪大大学院国際公共政策研究科教授。

二〇〇七年五月二〇日⑦

『落花流水　谷崎潤一郎と祖父関雪の思い出』

渡辺千萬子 著

岩波書店・一七八五円　ISBN9784000024242　文芸

著者の祖父は関西画壇の重鎮・橋本関雪であり、義父は谷崎潤一郎。戦後、京都下鴨の潺湲(せんかん)亭で4年間、ともに暮らしたのは『細雪』のモデルとなった女性たちである。それから40年後、はじめて、晩年の文豪とその家族のありのままの素顔が、凜(りん)とした率直な話し言葉で描き出された。

著者自身も『瘋癲(ふうてん)老人日記』のヒロイン颯子のモデルだと見なされていた。たしかに谷崎は「トレアドルパンツの似合ふ渡辺の千萬子(ちまこ)の繊き手にあるダリア」と詠み、「あれのインスピレーションで小説を書きます」ともいった。だが『谷崎潤一郎＝渡辺千萬子往復書簡』(中公文庫)を検証すれば、いかにかれが千萬子を虚構化してゆくかがわかる。この本に収録された谷崎宛(あ)ての未発表書簡・21通で、ようやくその全貌(ぜんぼう)があきらかになった。

谷崎との「松子神話」を守るため、松子夫人は著者を一切記述せず、『細雪』のヒロイン雪子を演じつづけた妹の重子は、アルコール依存症で亡くなる。

生前、鹿ケ谷の法然院に墓をたて、寺の前に家を新築するよう勧めて「死後もそばにゐられます」と谷崎は書き送った。渡辺千萬子は長くかれの坊守をつとめ、その言葉に応えた。

評・杉山正樹(文芸評論家)

二〇〇七年五月二〇日⑧

『ハンニバル・ライジング　上・下』

トマス・ハリス 著　高見浩 訳

新潮文庫・各五四〇円
ISBN9784102167069〈上〉・9784102167076〈下〉　文芸

巨大な悪の怪物を生みだすものが、さらに巨大な悪だとすれば、それはやはり戦争ということなのか。

医学博士にして、底知れぬ教養を持つが、連続殺人鬼で、しかも文字通り「人を食う」。世界的ベストセラーで、映画も大ヒットした『羊たちの沈黙』(新潮文庫)、『ハンニバル』(同)などの連作で著者が育ててきたアンチヒーロー、ハンニバル・レクターが、いかに生成されたかの謎を明かす。

バルト3国の一つ、リトアニアの名家で何不足なく育つ聡明(そうめい)な少年、ハンニバルが、第2次大戦の末期、戦火の混乱の中で、最愛の妹までも悲惨な状況で殺され、孤児になる。その後、フランスに住む叔父に引き取られ医学生となった彼の、妹の死にまつわる壮絶な復讐(ふくしゅう)劇が物語の骨子。ナチズムともからみ、まずは納得させる。

興味深いのは、叔父の妻が紫という名の日本人で、彼は紫から日本の美学や武士道を学び、深く傾倒することだろう。その設定は一考に値する。ともあれ、公開中の同名の映画に比べ、活字の方がはるかに膨らみは大きい。特に映像では、洗練された日本の美学で統一されたはずの紫夫人の趣味が中国風にしか見えないのは、常ながら悲しい。

評・四ノ原恒憲(編集委員)

二〇〇七年五月二〇日⑨

『ボクシングはなぜ合法化されたのか』

松井良明 著

平凡社・二五二〇円
ISBN9784582833546　人文

プロレス好きの評者は、会場に同伴した知人に、「暴力だ！　警察に通報しよう！」と言われ、面喰(めんく)らったことがある。しかし、格闘技に限ってなぜ、相手の身体(からだ)に直接、攻撃を与えてよいのだろう。とくにボクシングでは、まれに死亡する選手もいるが、もちろんそれが罪に問われることはない。

本書は、「リングであればなぜ殴り合いが許されるのか」という興味深いテーマを、イギリスにおけるスポーツの近代化という観点から論じた本だ。メーンはボクシングだが、そこに至るまでの弓術や闘鶏などのアニマルスポーツの歴史、さらには「スポーツと賭け」の問題が、その時々の刑法との関連で語られる。

理性の国・イギリスらしく、常にこだわるのはそのスポーツが正当であるか否か、という点。それさえ保たれていれば、あとはいくら乱暴に見えるスポーツも「自由の諸権利の行使」と見なされ、許容される方向に向かった。では、「正当」とは何なのか。それは「身体の激しいぶつかり合いを見たい」という人間の本質的な欲望とも関係しており、法律だけで完全に説明するのはむずかしい。「見たいから」のその一歩、先まで考察しようとした意欲作。

評・香山リカ(精神科医)

『パニック都市』

ポール・ヴィリリオ 著　竹内孝宏 訳

平凡社・二二〇〇円
ISBN9784582702668

人文

「事故の博物館」である現代に警鐘

ポール・ヴィリリオは、日本では本来の専門である建築家や都市計画家ではなく、ドロモロジーすなわち「速度」の視点から人類文明に警鐘を発する情報論者として知られているのではないか。

ヴィリリオは、02年から翌年にかけて、パリの美術館で「これから起きるかも知れないこと」と題する展覧会を企画した。その核となる概念が「事故の発明」である。技術が進み、新しい装置が普及すると、従来は想定もされなかった「事故」が生産される。進歩と大惨事とは表裏一体という認識である。

いうなれば、私たちが謳歌（おうか）している文明の臍（へそ）であり、中心である巨大都市は、やがて起きるであろう大惨事を随所に潜ませた「事故の博物館」である。私たちは「20世紀最大のカタストロフ」である都市のただなかで、暮らすことを強いられているというわけだ。

都市をめぐる論考を中心に編まれた本書は展覧会と響きあう論集と考えてよい。

「破滅」を主題にした冒頭の章は、パリとナントという二都市の往還から書き起こされる。ヴィリリオは1930年代のパリで平和な幼少期を過ごし、10歳の時、ドイツ占領下のナントで空爆の恐怖を体験した。

近代以前の大規模な戦闘の多くは「野戦場」という名の場所で展開された。しかし100年前からはあらゆる都市が雷火の標的になった。20世紀とは市民に対する戦闘がテストされた時代である。「事故の博物館」である都市にとって最大の災いは戦争という名の大量殺戮（さつりく）なのだ。そこには、空を占拠する者が都市を制圧することを目撃したナントでのヴィリリオの体験が重なってくる。

いっぽうでグローバリゼーションがもたらす危機についても多彩に論じる。私たちは国家を単位とする「多極的で解放された国際性」から、電脳空間という「ヴァーチャルで単極的な世界」への変化を受容している。「もはや、〈国家〉の境界は都市の内部に移動する」とヴィリリオは述べる。それは領土拡大ではなく、閉域化した世界の内部を植民地化しようという動きである。

世界は果てしなく拡大し境界を失いつつある。かたや、内側では様々な分断が進み、セキュリティーで護（まも）られた北米の高級住宅地のようにみずからを外部と遮断する。拡張と自閉、両極端に向かうように見えて、行きつくところは等しくローカリティの消滅という地平だ。その最終的な状況をヴィリリオは「場所の黄昏（たそがれ）」と呼び「砂漠」にたとえる。

これまでのヴィリリオの著書と同様に分かりにくく、要約を拒む文体だ。ただ書物全体にちりばめられた記述とイメージから、大惨事を内在しつつ不毛な砂漠へと邁進（まいしん）する都市への問題提起を受け取ることができる。

ヴィリリオは、アメリカの象徴である摩天楼を「垂直方向の袋小路」とし、そのような「ビルディング国家」の政治も同様の状況にあると看破する。彼が少年期に、空を占拠した連合国軍からの攻撃を体験したことは示唆的である。本書は、9・11以降の世界の動向に対する著者なりの警鐘にほかならない。

（原題、Ville panique : Ailleurs commence ici）

評・橋爪紳也（大阪市立大学教授）

Paul Virilio　32年生まれ。『トーチカの考古学』以来、テクノロジーと芸術と戦争とメディアに関する数多くの著作を発表。

二〇〇七年五月二七日❷

『円朝芝居噺　夫婦幽霊』

辻原登 著
講談社・一七八五円
ISBN9784062138055／9784062766128（講談社文庫）
文芸

痛快なり！ 落語と翻訳と文学の迷宮

二葉亭四迷訳のツルゲーネフ、森鴎外訳のアンデルセン。外国文学の翻訳を通して日本近代文学の文体は作られてきた。さて、その明治の翻訳に多大な影響を与えた人といえば、三遊亭円朝である。

ところが、円朝落語こそがじつは翻訳物だったという大逆転、「目からウロコ」の切り口で読者をあっと言わせ、虚実交錯する迷宮へと誘いこむのが本書だ。物語論を擁したメタフィクションだが、その面白いこと痛快なこと！ 作中に「辻原登」が登場し、自身が十年前に書いた短編の国文学者の死にふたたび直面する。彼の遺品から出てきた明治期の速記原稿は、なんと「夫婦幽霊」と題する円朝の幻の噺（はなし）と判明。古式の速記を解読し、咄家（はなしか）の語り口を甦（よみがえ）らせる過程を、辻原登は「翻訳作業」としてとらえ、作者がみずから創出した人物から翻訳をひきつぐ、という奇天烈（きてれつ）な事態を出来させる。

作中作の「夫婦幽霊」がまた傑作である。御金蔵破りをめぐる三組の夫婦の化かしあいには、円朝自身もご活躍。江戸吉原や深川の鮮やかな情景と、サウンドスケープ。四迷や国木田独歩そっくりの文体が現れる個所など、たまらない。円朝師匠、自分のマネをした作家たちのマネをしているというわけだ。しかし名調子の噺と対照的に、訳者注では翻訳の苦労や疑問が縷々（るる）つづられ、やがて注のほうが本文を侵食していく。これはナボコフの『青白い炎』などで用いられてきた戦略だが、最後には驚天動地の訳者後記へ突入する。そこに芥川が?!

翻訳と原文の間に「すきま」があることを、辻原登は最大限に利用する。そもそも人が話した言葉、考えた言葉は、そのとおり文字化できるのだろうか。ポーランドの詩人ミウォシュは、「作家とは、見えざる大きな存在の言葉を書きとる筆記者だ」と言っている。では、「夫婦幽霊」の真の作者はいったい誰か？ 円朝か、速記者か、翻訳者か、それとも……？ 野暮（やぼ）なこと言っちゃあいけませんとばかり、本書は「作者の死」なんて文学の理屈は軽やかに超えて天翔（あまがけ）る。本物の物語（ロマンス）とはこのことだ！

評・鴻巣友季子（翻訳家）

つじはら・のぼる　45年和歌山県生まれ。06年、『花はさくら木』で大佛次郎賞。

二〇〇七年五月二七日❸

『コップとコッペパンとペン』

福永信 著
河出書房新社・一四七〇円
ISBN9784309018157
文芸

時間感覚と予定調和を攪乱の醍醐味

福永信を読むとは、稀有（けう）な読書体験をするってことだ。

実際彼は、小説を現代アートの一種と思っている節さえあり、『アクロバット前夜』では横書きに印刷された文章がページをまたいで延々と右に続いていく造本で読者をコケ脅（おど）しすらしたのだった。

その点、本書はふつうの短編集の顔をしているが、なまじふつうに見えるぶん、始末が悪い。なにせ表題作の1行目から意味が不明だ。〈いい湯だが電線は窓の外に延び、別の家に入り込み、そこにもまた、紙とペンとコップがある。この際どこも同じと言いたい〉

キツネにつままれた気分のまま、そこは見なかったことにして読み進めると、〈図書館で調べものをしていると、ここに座ってもかまわないかな、と聞こえ、早苗の周囲に煙草（たばこ）の匂（にお）いがただよった〉という話になり、予期せぬ男の子の出現で早苗は〈胸が高鳴る〉が、その後の展開はないまま、8行先で2人は〈近所もうらやむほどの中の夫婦〉

となっており、〈腹には子供までいる〉。では夫婦の話なのかと思えば、15行も進むと早苗はもう死んでいて、夫と娘が再婚話をしているが、数行後にはその夫も失踪（しっそう）してしまい、残された娘が祖父の家に引き取られている。娘は父を探しはじめるが、それも途中でうっちゃらかされ……。

なーにコレ。どうなってんの？　読者は目を白黒させずにいられなくなるだろう。

だが！　この時間感覚の失調と、1行も油断できない予定調和の攪乱（かくらん）こそが、この小説を読む醍醐味（だいごみ）なのだ。

『コップとコッペパンとペン』という表題も、前の言葉の一部をとって次につなげていくという小説の構造を示しているだけで、それ以上の意味はない（たぶん）。

もつれたり、とぐろを巻いたり、あらぬところに延びるロープや糸や紐（ひも）が作中には幾度となく登場する。縦糸と横糸で整然と織られているのが大方の小説だとしたら、この小説は、そう、アナーキーにもつれた糸。ほぐそうとすればするほど足をとられる。長いものには巻かれよう。イライラが快感に、変わるよ。

評・斎藤美奈子（文芸評論家）

ふくなが・しん　72年生まれ。著書『アクロバット前夜』、共著『あっぷあっぷ』。

『北朝鮮「偉大な愛」の幻　上・下』

ブラッドレー・マーティン 著　朝倉和子 訳

青灯社・各二九四〇円

ISBN9784862280121〈上〉・9784862280138〈下〉

ノンフィクション・評伝

壮大な個人崇拝物語の由来を詳細に

「キムイルソンチャングンはツツジが好き」と、学生の頃、歌ったことがある。そう、かつての左翼学生には「北朝鮮」は、親しみを覚える国だった。それがどうだろう。

今やこの国は「拉致」、「飢餓」、「核開発」……。なぜ、どうして、こういう国になったのか。

人が常軌を逸した行動をとるには必ずわけがあると言われている。ならばこの国には、いったいどんなわけがあったのか。周辺国が対応を誤れば、次のイラク戦争を誘発しかねない今、知らないではすまされない。

本著は、それを知るにふさわしい。上下二巻、読了に気力がいるが、分かりやすく面白い。まず、そこが凄（すご）い。米国ジャーナリストの著者が、1979年、朝鮮戦争以後、初めて「平壌」入りした折の衝撃の体験から始められていて、ページを繰る手が次第に止まらなくなるのだ。

さらに、朝鮮半島が南北に分断された当時のソ連、中国、アメリカ、韓国の思惑などが、前線で戦った軍人証言の裏づけて詳細に記述されている。

現在の「北朝鮮」を生み出した責任が、どの国にどうあるのか。金日成父子が、なぜかくも壮大な個人崇拝物語を作り上げる必要があったのか。「過去の歴史が現在に光を当てる」、そのことを実感させられる。

下巻では、金正日一族や元側近、労働者、犯罪者まで北朝鮮亡命者たちのそれぞれの立場からの数多くの体験が語られ、この国の「内側の姿」が見えてくる。

読了し、この不可解な国を追い詰める危険性を強く思った。今、この国にも確実に及びつつある経済改革が北朝鮮国民の意識を変化させ、国を自壊させていく、その可能性に賭けるべきではないかと。

戦争回避への切実な思いをこめた、著者、13年の労作である。

情報から閉ざされ、自由を奪われ、生存をおびやかされ続けているこの国の人々を思うと、過剰な情報の洪水に溺（おぼ）れ、現実に無関心になっている私たちの怠惰を思わずにいられない。

（原題、UNDER THE LOVING CARE OF THE FATHERLY LEADER）

評・久田恵（ノンフィクション作家）

Bradley K. Martin　42年生まれ。アメリカ人ジャーナリスト。

二〇〇七年五月二七日⑤　人文

『人はなぜ花を愛でるのか』

日高敏隆、白幡洋三郎 編

八坂書房・二五二〇円
ISBN9784896948905

悩ましい植物的エロスの開顕

ネアンデルタール人の人骨化石の周辺土壌から集中的に花粉が発見され、人類はすでに六万年前から死者の埋葬に花を供えていたとする学説が唱えられた由である。

人はなぜ花を愛（め）でるのか。この問いに答えるのはそれほど簡単ではない。花とは花全般を指すのか、それとも個別の花のことか。人々はサクラを愛するようにアカザの花が好きといえるだろうか。

本書は、京都の総合地球環境学研究所に会した学者たちがこの難問をめぐって開いたシンポジウムの産物である。考古学・文化人類学・美術史・遺伝学・衣服史・生態人類学といった多彩な分野からの発言が一つのテーマをめぐって交差するから、花好きなら読んで損はない。

全部で九つの文章が収められているが、総花的に紹介するよりも、書評子が啓発された知見を整理しておく方が有益だろう。文学・美術に謳歌（おうか）される花々を詩的に語る言葉は美しいが、それ以上に、本書でしか読めないのは、花をぶっきらぼうに《科学する》タイプの諸章である。

綺麗（きれい）で愛でたくなるような花が多量に出現したのは、わずか一万年ほど前のことだとする説には眼（め）を開かれた思いがする。原初、地上には森林しかなかった。農業が森の生態系を「攪乱（かくらん）」し、人間の定住が草地を広げる。森の巨樹と違ってライフサイクルの短い植物が多生し、一定時間内にたくさんの種子を作る必要から花が咲き満ちる。環境の「里」化が花を育てた。

もう一つの説は、花と人間との距離で「愛でる」行為を測定する。①食花、②接触、③装飾、そして④の段階で初めて花が人間の身体を離れて精神的に楽しむ。その諸段階は連続的で分離できない。

もし不満をいうなら、この陣容にぜひもう一枚、植物愛の発生部位について心理学のカードを加えて欲しかった気がする。花の魅惑は、人間の大脳皮質よりもむしろ間脳にいきなり作用してくる。

人はなぜ花を愛するのか。花は植物にのみ許される美しい生殖器官であり、抗しがたく悩ましいエロスの開顕だからではなかろうか。

評・野口武彦（文芸評論家）

ひだか・としたか　動物学者。
しらはた・ようざぶろう　都市文化研究者。

二〇〇七年五月二七日⑥　歴史／人文

『歴史で考える』

キャロル・グラック 著　梅崎透 訳

岩波書店・五〇四〇円
ISBN9784000025355

「語り」の背後にある価値観を分析

安倍首相が「戦後レジームからの脱却」を唱えていることからすると、終わりつつあるとはいえ今でも「戦後」は続いているに違いない。しかし本書によれば「戦後」が半世紀以上も長く続く現象は、日本以外では見られないようなのだ。こうした日本人の歴史意識を問いただそうとしているのが、本書である。

1990年代から登場した文化論的な研究は、日本近現代史研究の重要な一角を占めるが、その流れをリードしてきた一人が、ベトナム反戦世代に属するアメリカの日本研究者の著者である。本書は、主に日本の近現代についての歴史の「語り」が、その背後にどのようなイデオロギッシュな価値観や「近代」観、そしてフィクションを含む想念を潜めているかを分析した論文集である。

本書には、自己満足的な歴史の「語り」に対する強い反発の意識が見られる。例えば80年代以来の江戸ブームで描かれた、まるで高度成長後の日本社会のような「ポストモダンな江戸」像は、都合の悪い点を見ない歴史の作りかえであるという。それは今日の「不確かな未来からの逃避所」としての江戸像だというのだ。本書の特徴の一つは皮肉っぽい文体にあるが、それはこうした著者の姿勢に基づいている。

自国民向けのナショナルヒストリーも、自己肯定的な歴史の「語り」の一種である。その点で90年代に「慰安婦」が、アウシュビッツやヒロシマと並んで国境を超えた「トランスナショナルな記憶」に発展していった過程に著者は希望を見出（みいだ）している。

著者は、日本人の歴史意識を示す膨大なテキストに当たってそれを細心に処理しており、優れた力量の持ち主といえる。ただしその力は、主に歴史の「語り」に関するイデオロギー批判の面に向けられており、その「語り」がどこまで歴史の実態に基礎を持つかについては、あまり立ち入ることはない。とはいえグランドセオリーが失われた今日の段階で、批判的な歴史学がどうしたら作り出せるのか、模索する著者の思いが伝わってくる書物といえよう。

評・赤澤史朗（立命館大学教授）

Carol Gluck　コロンビア大学教授（近代日本史、思想史）。

二〇〇七年五月二七日⑦

人文

『暴力と和解のあいだ』

尹慧瑛 著

法政大学出版局・二九四〇円
ISBN9784588366055

北アイルランド紛争の難解さは、プロテスタント対カトリックという単純な宗教対立に還元できないところにある。これを未解決のまま放置された帝国主義支配の残滓（ざんし）と見ることが、現段階では最も妥当な分析方法だろう。

本書はユニオニストと呼ばれるプロテスタント集団に注目し、そのエスニック・アイデンティティの組成にメスを入れることで紛争の本質に迫ろうとしている。大英帝国が解体した後も国王の臣民（ブリティッシュサブジェクト）たることを帰属意識の拠（よ）り所とするかれらにとって、既に本国から棄民されたという現状を認めるのは集団の崩壊に直結しかねない。新たなアイデンティティ形成に向けての模索の過程を詳細に追う本書の分析には啓発される指摘が多い。

本書が対象とするのはプロテスタント、カトリック両派の穏健派政党UUPとSDLPが連合し紛争解決に期待が寄せられていた時代である。両者の合意からわずか9年、連立政権はあえなく倒壊し、武装闘争を繰り広げて反目したDUPとシンフェインの二大強硬派政党が今度は多数を占めながら歩み寄りを図りつつある。うたた隔世の感のある現状である。本書の真価が問われるのはこれからだろう。

評・赤井敏夫（神戸学院大学教授）

二〇〇七年五月二七日⑧

歴史

『湖の南』

富岡多恵子 著

新潮社・一六八〇円
ISBN9784103150053／9784006021924（岩波現代文庫）

来日したロシア皇太子に警護の巡査が斬（き）りつけた1891年の「大津事件」。近年明らかになった書簡や資料に丹念にあたり、犯人津田三蔵の36年の生に迫っている。「生マジメな性格」ゆえに、明治新政府の下積みとして精神も暮らしも追いつめられた姿は、今も日本にありはしないか。

津田は13歳で明治維新、16歳で廃藩置県を体験、17歳からの10年を新政府の兵士として過ごす。除隊できたときには、薄給の巡査の道しかない。負傷して勲七等を受けた西南戦争は、数少ない「イイ事」だった。

その「青春の栄光」をロシア皇太子が軽視したと誤解。「皇太子歓迎の花火の音」で戦場の記憶、死者への感慨がよみがえり「凶行を押し出す震源」にひろがった。「思想的狂人」（司馬遼太郎）といった従来の見方をひっくり返した著者は、津田の「運の悪い巡りあわせ」に同情する。

これまで取り組んだ中勘助や折口信夫らの評伝とは異なり、内面の言語化が苦手な男の「訥弁（とつべん）」の供述から隠れた衝動をかぎあてる洞察は鋭い。

後半、津田を調べる「私」に、知らない男から届く手紙は殺意めいた衝動を語る。現代の凶行の震源を感じさせ、不気味である。

評・由里幸子（前編集委員）

二〇〇七年五月二七日⑨

『聖なる妄想の歴史』

文芸／人文

ジョナサン・カーシュ 著　松田和也 訳

柏書房・二三一〇円
ISBN9784760131075

レーガン元米大統領の日記の中に、1981年6月にイスラエルがイラクの原子炉を爆撃した時、「ハルマゲドンは近いと本当に思った」という記述があると米誌が報じたのは記憶に新しい。ハルマゲドンとは、善と悪の最終戦争を意味する宗教用語である。日本でもこの言葉を教義に取り入れたカルト宗教団体が無差別殺人事件を起こしたことがあった。

多くの日本人にとっては妄想としか思えない思想だが、レーガン以降の大統領全員（！）が、この教えを真実として信じる傾向の強い教派（再生派）に属すると聞くと、ちょっとぞっとせざるを得ない。信仰は自由とはいえ、アニメやSF映画に描かれるようなことを世界最強の国家の指導者が信じているかもしれないのだ。

本書はそのハルマゲドン思想が記された預言書であるヨハネ黙示録が、どのように世界に広まり、また、人々がいかに現実の状況をその預言にあてはめて理解しようとしたかを、西欧史から説き起こしている。ユニークな文化史として楽しむか、あるいは訳者が奨（すす）めるように、現代世界の抱える問題提起の書として読むか。いずれにせよ、日本人がいかにこの方面において無知かを思い知らされる。

評・唐沢俊一（作家）

二〇〇七年五月二七日⑩

『コミュナルなケータイ』

人文

水越伸 編著

岩波書店・二三一〇円
ISBN9784000228718

これだけ私たちの生活のなかにとけ込んでしまった携帯電話は、その普及の速さと広がりもあって、独特なメディア文化を生みつつあるのは明らかだ。この極めてユニークな「ケータイ」文化の諸相を、しなやかに論じたのが本書である。

特に著者らが注目するのは、その利用者たちがケータイを介することで生まれるバーチャルな共同体（コミュナル）についてである。

ケータイ写真というメディア表現やワンセグ・サービスの開始による同一端末での通信的行為と放送的行為との融合、日用品となった携帯端末を自分好みに装飾することによる「デジタル民芸」運動としてのケータイ文化など、その独自な文化事象にも果敢に斬（き）り込んでいる。

とはいっても本書は、キワモノのポップ・カルチャー評論とは、一線を画すものだ。ケータイ文化が引き起こしつつあるメディアの社会的様態の変化を紡ぎ出し、また、それらの文化表現に研究者たちも批判的実践者として関（かか）わっていく。それらの行為自体が、ケータイ文化とモバイル社会をメディアの学問的研究の延長線上で再定義、理論化しようとする実践的研究の試みなのである。

評・音好宏（上智大学教授）

二〇〇七年六月三日❶

『貧しさ』

人文

M・ハイデガー、P・ラクー＝ラバルト 著

西山達也 訳

藤原書店・三三六〇円
ISBN9784894345690

西欧思想の生々しい切り口示す

この一冊を読んで、東大安田講堂の決戦の日、一学生が壁にヘルダーリンの「あたかも祭の朝に」という詩の冒頭をドイツ語で書き残したエピソードが心に浮かんできた。

歴史には時たま、限りなく見晴らしのよくなる稀有（けう）な時空点が訪れる。

一九四五年六月二十七日、フランス占領軍の「非ナチ化」政策で教職権を停止される直前、ハイデガーが記念碑的な講演を行った。題目は「貧しさ」。全篇（ぜんぺん）これヘルダーリンの箴言（しんげん）の注釈である。冒頭で引用されたのは、「我々においては、すべてが精神的なものに集中する。我々は豊かにならんがために貧しくなった」という予言的な語句だった。

ドイツは降伏し、ソ連軍はエルベ川東岸に駐屯していた。ハイデガーは微妙な位置にあった。世界史的な危機が一民族の危難、さらには個人的な危急と落ち重なるこの瞬間をいかに切り抜けるか。遠大な《存在》の時間と卑俗な歴史的日付の時間とをどう折り合わせ

るか。乾坤一擲（けんこんいってき）のきわどい勝負であった。次の言葉などは少なからず読者を驚かすに違いない。「粗雑な仕方で政治的に理解し、ロシア・コミュニズムと名づけているものは、ある精神的な世界に由来する」と。

本書は、①ハイデガー「貧しさ」②ヘルダーリンの詩的断章「精神たちのコミュニズム」③ラクー＝ラバルト『「貧しさ」を読む』④日本人学者によるラクー＝ラバルトへのインタビュー「ドイツ精神史におけるマルクス」の四部で構成されている。④が非常にわかりやすい。西欧思想史で生産的に受け継がれる注釈学の系譜が呑（の）み込める。

ハイデガーの講演はヘルダーリンの注釈である。ラクー＝ラバルトの解読では、同講演はヘルダーリンから前記の「たった一行の文章」だけを引用した「貧しさという主題についての、一九四五年という時点における変奏」と見なされる。ハイデガーは一九三四年に突然フライブルク大学総長職を辞任した。「ナチの踏み外しというのはニーチェ主義に責任がある」と気付いたからであり、以後、ヘルダーリンの註解（ちゅうかい）に《真の政治》の活路を求めたと喝破しているのは示唆的だ。

ハイデガーの変奏は、ヘルダーリンの箴言を「貧しさは、西洋の諸民族とその命運のいまだ隠されている本質の基底調音である」と読み替える。「貧しさ」とは、宗教的な清貧か、それとも敗戦国ドイツを見舞う飢餓と貧困か。この言葉も脱歴史性と時局性を一語に重層させる多義性を孕（はら）んでいる。

たとえば「祭の朝」が村の休日にも学生反乱にもひとしくハレの光を注ぐように、注釈とは、多義性の迷路に分け入って叡知（えいち）の光に達する作業なのではなかろうか。

最近物故したラクー＝ラバルトは「いつもヘルダーリンを利用しようとする」ハイデガーと対決してきた哲学者だった。貧を富に転ずるヘルダーリンの構想を歴史から切り離さず、革命的ルター主義の文脈につなぎ、マルクス思想の神学的起源にさかのぼる。書評子のような門外漢でも、西欧思想の生々しい切り口に興味をそそられる書物である。

評・野口武彦（文芸評論家）

（原題、Die Armut）

Martin Heidegger　1889～1976年。独の哲学者。

Philippe Lacoue-Labarthe　1940～2007年。仏の哲学者。

二〇〇七年六月三日②

『帝国の条件　自由を育む秩序の原理』

人文

橋本努 著

弘文堂・三六七五円
ISBN9784335460272

善いグローバル社会をもたらすには

グローバリゼーションは世界を帝国化する。本書は、この大胆なテーゼを基点として、そこから最大限に公正なグローバル社会を構想しようとする試みである。その眼目は、著者独自の思想としての「自生化主義」の開陳にある。

著者のいう「自生化」は自由主義の徹底である。自由を徹底することが、多様な個性を持つ諸個人の潜在能力を最大限に引き出す。それが個人と社会の両方に最も望ましい秩序をもたらす（逆に自由という価値は、そのような多様な諸個人の能力を引き出す方向で追求されなければならない）。つまり著者の言う「帝国」とは、自由主義が他の普遍主義的価値主張（たとえば平等）との均衡から解放された、一種のリバタリアン社会主義の世界である。

思想史的に言えば、本書は、ハイエク的な自生的秩序論とスピノザ的な内在性の哲学との交配でもある。単一の理性による設計によってではなく、多元的な能力の開花のなかから秩序は進化し、そのような能力の多元性は、主体に内面化された既成の（「正常」と「異常」の間の線引きを行う）権威を解除することによってはじめて開花する。

　だから著者は、金融商品の開発であれ社会運動の実践であれ、情報技術の商品化であれ市場を迂回（うかい）した創作活動であれ、ひとびとの創発性の増大として評価できるものはすべて肯定する。そこでは資本や権力に対する表面的な政治的態度は問われない。むしろ資本や権力の立場とそれに抗する立場とが拮抗（きっこう）することで、たがいに創発性を高めあうことが期待されている。自由の普遍性自体を争いえない世界は、ある意味で息苦しいが、帝国そのものは善でも悪でもない。ただ、できるだけ善（よ）い帝国を目指すならば、ひとびとの創発性が活性化される度合いが本源的な尺度となるというわけである。

　本書は一種のユートピア構想への呼びかけである。それは「自生化主義に応える主体として生きよ」という命法にも響く。その背後に激越な啓蒙（けいもう）家の相貌（そうぼう）を見るのは評者のみであろうか。恐るべき問題作の登場である。

評・山下範久（立命館大学准教授）

はしもと・つとむ　67年生まれ。北海道大准教授。『自由の論法』『社会科学の人間学』など。

二〇〇七年六月三日③

『臍の緒は妙薬』

河野多恵子 著

新潮社・一九九五円

ISBN9784103078098／9784101161051（新潮文庫）人文

生と死、昔日との秘めやかな交感

　本書の四つの短編が描くのは、なにか密（ひそ）やかな係（かか）わりである。生者と亡者の、あるいは過ぎた日との秘めやかな交感。そこには、「遺（のこ）された者」という河野氏のライトモチーフの一つが感じられた。

　例えば「星辰」は、夫が故人であるのを伏せ、彼の人生を星占い師に占ってもらう妻の話だ。開業医の夫との生活が静かに回想されるが、彼女の温かな追慕には、妻の冷たい骸（むくろ）と交わる男を描いた前作『半所有者』にも通ずる亡者との交渉があるのではないか。人は自らの死の内面を知りえない。死は遺された者のものなのだ、ということを改めて思う。本編は最後の最後で、両者の通い路がくっきりと浮かびあがるが、表題作では、黄泉（よみ）の気配はもう少し明らかかもしれない。

　臍（へそ）の緒（お）が大病の妙薬になるという小説を読んだ時から、主人公の女性の心には奇妙な「推理」がひっそり萌（きざ）している。臍の緒へのオブセッションを蔓（つる）のように手繰っていくと、そこには、お腹（なか）にいた子や肉親らの生と死が幾多も糾（あざな）われており、しまいにある記憶に行きつく。ただし実際の叙述はこんなふうに直線的には進まず、起点かと思うとすでに途上であり、終点かと思うとまだ先がある。主人公の明朗な声に、自ら見届けえぬ彼岸への焦がれを感じ、私は胸がしきりと騒いだ。

　入り組んだ表題作と好対照なのは、尋常小学校の日々を回顧する「月光の曲」だ。誰が誰になにゆえ語っているのか、といったナラトロジーの約束事はあっけなく消え、声だけが残る。いや、文調の変化につれ声の主すら消失するような印象を受けた。この語りのシンプルさはほとんど衝撃的であり、戦争前夜の空気を肌で感じる思いがする。

　うっすらとユーモラスにして不穏――それは本書の全体に通じることだ。「魔」に描かれる子のない夫婦の和やかな生活にも、一跨（また）ぎで作者の『幼児狩り』に繋（つな）がりそうな魔が潜んでいる。そう、どの編も静穏に包まれながら、日常からついと踏みだしてしまいそうな風のそよぎ、つまりは河野多恵子の世界が凝縮されているのである。

評・鴻巣友季子（翻訳家）

こうの・たえこ　26年大阪市生まれ。『みいら採り猟奇譚』で野間文芸賞。

『ラジオな日々　80's RADIO DAY』

藤井青銅 著

小学館・一六八〇円
ISBN9784093877121

文芸

喧噪と熱気、手書き原稿の時代

喧噪（けんそう）で始まり、手書きの原稿で終わる青春記である。

時代は1970年代終わりから1980年代前半にかけて。主人公の「ぼく」はラジオを主戦場とする駆け出しの放送作家――著者の藤井青銅さん自身である。〈小説的な脚色はあるけれど、事実関係は変えていない〉本書には、まず二つの味わい方があるだろう。

一つは、80年代前半のラジオの舞台裏を描いた業界グラフィティとして。もう一つは、〈海のものとも山のものともわからない初心者〉だった「ぼく」が、迷いながら、戸惑いながら、そして周囲のオトナたちに鍛えられながら生きていく青春小説――ただし恋愛抜きの、硬派な「仕事小説」として。

さらに加えて、本書にはもう一つの魅力もある。

藤井さんは、当時のラジオ業界に満ちていた熱気を、こまやかに、敬愛と、ある種の哀惜を込めて描きだしているのだ。〈あの良く言えば活気がある、悪く言えばうわついた雰囲気はなんだったのだろう?〉〈戦場のようであり、お祭りのようでもあった〉〈蛍光灯で煌々（こうこう）と照らされた制作フロア全体に、すべての音がうわ～んと響いていた。ぼくは、沸き立つような熱気を感じた〉……。

もちろん、その喧噪は必ずしも仕事に直結しているわけではない。作中に〈情報機器の進化で、すべてのオフィスは静かになった〉とあるように、喧噪はやがて効率化のもとに「むだなもの」として淘汰（とうた）されてしまうだろう。手書きの原稿だって同じだ。しかし、はたしてそれらはほんとうに「むだなもの」だったのか、と藤井さんは問いかけるのだ。

物語は、初めてラジオ局を訪れた「ぼく」がフロアの喧噪に気おされる場面から始まり、手書きの原稿がとても重要な小道具、いやむしろ「ヒロイン」のような役割を負って登場する場面で締めくくられる。ラジオが〈今よりもっと人間臭く、効率の悪い産業だった〉時代の話が2007年のいま刊行されることの意味と意義は、そこにこそひそんでいそうな気がする。

評・重松清（作家）

ふじい・せいどう　放送作家。「夜のドラマハウス」「オールナイトニッポン」など。

『コーヒーの真実　世界中を虜（とりこ）にした嗜好（しこう）品の歴史と現在』

アントニー・ワイルド 著　三角和代 訳

白揚社・三六七五円
ISBN9784826990417

人文

優雅な香りの背景に過酷な生産現場

そのうち血液がコーヒーになってしまうのではないか、と思うほどのコーヒー好きにとって、のっけから、1日60杯コーヒーを飲んでいたというバルザックが「明らかに危険」な状態で、1日25杯飲めば精神的にも物理的にも障害が出る、と書かれると、思わず、次はハーブティーにしようか、と思ってしまう。

しかも、カフェインを摂取したクモは、マリフアナやスピードをやったクモより、巣作りが下手になるらしい。

健康志向に走らなくとも、コーヒー会社がいかに生産農家を搾取してきたかという件（くだり）を読めば、大手チェーンのコーヒーをやめてフェアトレード（途上国との公平な貿易）で輸入されたコーヒーに切り替えるかとも思う。だがそれも、無実潔白ではないらしい。優雅な香りにつつまれるコーヒーが、どれだけ奴隷や植民地支配、強制労働など過酷な生産現場を背景にしてきたか、コーヒー買い付けに長年携わってきた著者の力作だ。

これまでもコーヒーを狂言回しにして、西

欧における市民社会の成立から植民地主義へ、という近代史を描いた本は、臼井隆一郎氏の名作「コーヒーが廻（めぐ）り世界史が廻る」（中公新書）を嚆矢（こうし）として多々あるが、本書は現代アメリカのコーヒー業界の暗部にまで筆を伸ばす。世界で5億の人々がコーヒー産業に携わっているのに、生産農家は貧困にあえぐ一方だ。中南米やベトナムのコーヒー産業が、いかに米国の利益に振り回されてきたか。コーヒーのために圧政が黙認される一方で、米国の薬剤散布、枯れ葉剤がコーヒーを危険に晒（さら）す。

ロマンを掻（か）き立てられる逸話も満載だ。イスラム神秘主義教団の学生たちが最初にコーヒーにはまった、という有名なエピソードから、オスマン帝国との確執とコーヒーの西欧への流入、ナポレオン流刑地であるセントヘレナでのコーヒー栽培。炭化したコーヒー豆2粒のペルシャ湾岸での発見も、太古の昔へと空想を広げてくれる。

人間の歴史のなかで、コーヒーは、毒と魅力に溢（あふ）れた永遠の魔性の女（ファムファタール）である。

（原題、COFFEE：A Dark History）

評・酒井啓子（東京外国語大学教授）

Antony Wild　植民地主義の歴史を専門とする英国のジャーナリスト。

二〇〇七年六月三日⑦

『60億を投資できるMLBのからくり』

アンドリュー・ジンバリスト 著　鈴木友也 訳

ベースボール・マガジン社・一八九〇円

ISBN9784583100180　ノンフィクション・評伝

著者紹介には「北米のプロスポーツリーグ、選手会、オーナー、都市などのコンサルタント」「全米屈指のスポーツエコノミスト」とある。

日本デビューは、93年に翻訳出版された『球界裏・二死満塁』（同文書院インターナショナル）。オーナーたちとコミッショナーの〝共同謀議〟やテレビ視聴の不公平を招く「反トラスト法除外措置」の問題点を公聴会で証言した人物という前宣伝だった。メジャーリーグが今も享受し続ける特殊な法的位置は、日本での「独占禁止法」除外特権にあたる。出版のタイミングは日本球界がJリーグ熱に危機感を抱いた頃で、01年11月の2球団削減案に端を発した米球界の管理・運営の奇天烈（きてれつ）さを是正しようとする本書はその続編。

訳者は自由で公正な競争の行われる巨大プロスポーツビジネスへと向かう米球界の以後10年の軌跡と比べ、日本球界の脱皮が遅いと解説する。それが原題『最高のチームが勝ちますように』とは大幅に異なる刺激的タイトルに結びついたのだろう。著者の処方箋（しょほうせん）の出し方は本書でもロジカルで小気味よい。刊行から既に4年。訳者の情熱で漸（ようや）く日の目を見たが、たしかにこのグローバルな論客の名はもっと広く知られるべきだ。

評・佐山一郎（作家）

二〇〇七年六月三日⑧

『クルマが語る人間模様　二十世紀アメリカ古典小説再訪』

丹羽隆昭 著　開文社出版・三五七〇円

ISBN9784875719908　人文

文学とテクノロジーは関（かか）わりが深い。しかしクルマと文学の連動については、ほとんど探究されてこなかった。そこへ自他ともに認めるクルマ好きの著者がアメリカ文学史をスリリングに読み替えた本書が登場、長年の渇が癒やされた。

まず第1章は、クルマの歴史を18世紀フランスから説き起こし、それが蒸気自動車から電気自動車、そして今日のガソリン車からハイブリッドカーへと改良されていった歴史が、しっかりと再確認される。

そして第2章から第8章まで、著者はドライサーの『アメリカの悲劇』やフィッツジェラルドの『グレート・ギャッツビー』、ヘミングウェイの『日はまた昇る』、ウォレンの『すべて王の臣』、サリンジャーの『笑い男』といった名作群を取り上げながら、登場人物とクルマの取り合わせのみならず、作家たち個々が抱いていたクルマ観を容赦なく解明する。とりわけ、フォークナーの『自動車泥棒』が、蒸気自動車への退行的歴史観を示しつつ、馬をモデルにいかに架空のクルマを創案するに至ったかを手堅く推論していく手つきには、舌を巻くしかない。

ハンドルを握るすべてのかたにお薦めしたい、スピード感あふれる一冊だ。

評・巽孝之（慶應大学教授）

二〇〇七年六月三日❾

『英語を禁止せよ　知られざる戦時下の日本とアメリカ』

大石五雄 著

ごま書房・一四七〇円
ISBN9784341083519

ノンフィクション・評伝

戦時中、セーフ、ファウルといった野球用語が「よし」とか「だめ」といった日本語に置き換えられたことはよく知られるが、スタルヒン投手が須田博と「改名」していたということまで知る人は多くはないだろう。ディック・ミネは三根耕一に、フェリス女学院は横浜山手女学院に、雑誌キングは富士に、鉛筆のHBは中庸にそれぞれ変えられている。

本書はこうした英語禁止の風潮が、言論界、政府、民間企業、教育といった様々な領域に広がっていく様子を具体的に記述したうえで、日系2世の若者を登用しつつ日本（語）研究に力を注ぎ、巧みな情報戦を展開していたアメリカの姿勢と比較している。日常生活、教育から敵性語を排除しようと試みた（そして情報教育を軽視していた）日本と、敵であるからこそ、日本（語）の理解を目指したアメリカ。このコントラストの持つ意味は決して小さいものではない。

もちろん、本書では日系人強制収容所のことも触れられており、アメリカの「日本理解」を手放しで肯定するものではない。「敵でありつつも／だからこそ理解する」という姿勢の持つアクチュアルな意義を、具体的な事例のなかから浮かび上がらせてくれる。

評・北田暁大（東京大学准教授）

二〇〇七年六月三日❿

『「過去の克服」と愛国心』

朝日新聞取材班 著

朝日新聞社・一三六五円
ISBN9784022599193

人文

今日本のみならず世界中で多くの国々が、「過去の克服」問題に苦しんでいる。解決できずにいる亡霊のような「過去」とは、戦中戦後のドイツとポーランドの間の相克やフランスの元アフリカ植民地人兵士の補償、南アフリカのアパルトヘイトやチリの政治弾圧の被害などさまざまだ。

本書は台湾や朝鮮、インドネシアなど日本の過去の支配の傷跡から出発する。その上で今日の世界の「過去」問題をコンパクトに紹介し、海外での被害者・加害者の和解の試みを取りあげて、日本での解決の道を探ろうとするのである。

「過去」が今になって問題化したのは、世界的に民主化が進展して人権侵害が許されなくなったためであろう。民主化は負債を伴うのであって、民主化しただけで「過去」の一切をチャラにすることはできないのだ。その「過去」の記憶は放っておけば、新たな怨恨（えんこん）や紛争の火種となる危険な記憶でもある。

他方で「過去」は、現在の政治対立によって浮上する問題である。しかしそのことは逆に、現在の政治的努力によって解決可能な問題であることも示している。なお本書では、日本の戦争の新発見写真も紹介していて、興味深い。

評・赤澤史朗（立命館大学教授）

二〇〇七年六月一〇日❶

『滝山コミューン　一九七四』

原武史 著

講談社・一七八五円
ISBN9784062139397/9784062766548（講談社文庫）

人文／ノンフィクション・評伝

集団主義的理想の欺瞞を浮き彫りに

本書は、とても繊細で美しく、そしてまた独特の苦みを持った、郊外空間をめぐるドキュメンタリーである。舞台は、62年生まれの主人公＝著者が、69年から75年まで、つまり小学1年から中学1年までの6年ほどを過ごした東京都東久留米市の滝山団地。この団地と、この団地の児童が圧倒的多数を占める市立第七小学校に生起する日常的な出来事群を、小学生の頃の著者の目を通して読者は追体験することとなる。

ただ、ここで書きとめられている出来事は、泥まみれで野山を駆け巡ったり、友人と殴り合いのケンカをしたり、といったいわゆるノスタルジーを喚起させるものではない。7〜8人によって構成される班に分かれ、勉強や生活、課外活動などで競い合ったり、委員長、書記などを含む代表児童委員会役員を選挙によって選出したり、学校空間とは異質の論理に貫かれた中学受験の塾に通ったり……といった具合に、本書に描かれている風景はとても「現代的」なものだ。本書は、著者自身が持つ記憶と記録、インタビューなどをもとに、原少年（子ども）の視点を再構成しつつ、その視点と現在の著者の視点とを折り重ねながら、「現代的」風景の複雑さを精細に描写している。

著者が「滝山コミューン」と呼ぶのは、校内暴力やいじめといった問題が現れる直前、「戦後民主教育のオプティミズム」を維持することができた最後の時期に、全生研（全国生活指導研究協議会）が唱える「学級集団づくり」を実践する教員と、「革新的」な団地の住人、その子どもたちによって実現された教育・生活空間である。理想に燃えたこのコミューンのさなかを生きた著者にとって、コミューンの記憶は「暗く苦いものとして」、30年間、心の奥底に沈殿し続けてきたという。

班や委員会を単位とした集団生活、林間学校での合唱と「火の神もいなければ火の子もいない」平等主義的なキャンドルファイア。善意に溢（あふ）れた集団主義的理想は、様々な形で生徒の身体と思考を管理し秩序化していく。権力に抗して「子どもたちのために」なされるという教育が、別様の権威主義を呼び込むという逆説を、原少年は鋭く読み取り、コミューンに対して冷めた視線を投げかける。原少年はやがて私立中学へと進学し、息苦しさすら感じさせるコミューンから離脱することとなる。「革新」的な理想主義の欺瞞（ぎまん）を、少年のまなざしを通して浮き彫りにする、優れた批判書ということができるだろう。

しかし、著者にとってコミューンの記憶は「暗く苦い」ものであると同時に「懐かしさを伴わずにはいられないもの」でもあるという。そのアンビバレンツ（両義性）こそが、「現代的」風景を描写するさいの繊細さと濃度を生み出しているのではなかろうか（もちろん歴史家としての著者の高い手腕によることはいうまでもないが）。70年代・郊外の団地に現れたコミューンの観察を通して「戦後思想史の一断面」を照射する貴重な証言の書である。

評・北田暁大（東京大学准教授）

はら・たけし 62年生まれ。明治学院大学国際学部教授。日本政治思想史。主な著書に『「民都」大阪対「帝都」東京』『大正天皇』など。

二〇〇七年六月一〇日❷ 人文

『伝統建築と日本人の知恵』

安井清 著

草思社・二八三五円
ISBN9784794215819

木造支える技、継承へ危機感にじむ

京の匠（たくみ）の自分史である。人柄そのままなのだろう、謙虚で穏やかな語り口のなかに、良質の木造建築を支える伝統の技が失われつつある現状への危機感が、強いメッセージとなって織り込まれている。

350年続く京都西の岡組を率いる棟梁（とうりょう）の家に生まれた。立命館大学で建築を学んだのち家業を継ぎ、松花堂昭乗ゆかりの草庵（そうあん）や書院、有楽斎の茶室如庵、桂離宮、利休唯一の遺構である待庵の修理や移築工事にも携わった。日本を代表する数寄屋の名品を見事に修復した腕を買われ、ボストンの子ども博物館への京町家移築やメトロポリタン美術館日本ギャラリーの作事など米国の現場も任される。

棟梁はさまざまな専門家と連携し、自らの職能集団も運営しなければならない。現地の職能集団であるユニオンとの軋轢（あつれき）を乗り越え、「真正な日本の建築」を異国に建立するための努力を積んだ。その足跡も詳細に述べられる。

建築家として世界を目指す若者にぜひ読ん

で欲しい。伝統建築の素晴らしさを米に伝えた著者の経験から、異郷において自分たちの文化的な背景を正確に説明する困難さと同時に、日本文化の所産を海外でかたちにすることの意義を学ぶことができるからだ。

国境を超えて棟梁として活躍するいっぽう、木造建築の素晴らしさを次代に伝える多彩な実践も重ねてきた。熊本県立球磨工業高校の伝統建築コース創設をはじめ教育現場での協力や、解体された古建築部材の再利用をはかるNPO「古材バンクの会」（06年に「古材文化の会」に改名）の活動などが注目される。大工集団「清塾」の実践も例外ではない。京都に遺（のこ）る町家や書院建築の改修現場に地方の大工を集め、先人の見事な仕事に触れる機会とする試みだ。従来は口伝で外部には極秘であった匠のノウハウも、現場で伝授しているようだ。

職人は単に技術を習得したから職人なのではない。技術の背後にある先人の文化や知恵に学び、次世代に伝える役割をも担う。時代が変わったこと以上に、棟梁を中心とする職人組織の伝統が危機にあるということなのだろう。

評・橋爪紳也（大阪市立大学教授）

やすい・きよし　25年生まれ。家業の工務店を経て、やすいきよし事務所代表取締役。

『『女性自身』が伝えたアメリカの戦争　ベトナムからイラクまで』

松田優、寺坂有美 編著

大正大学出版会・二九四〇円
ISBN9784924297517
人文／ノンフィクション・評伝

卒論が本に、斬新な視点で女性誌分析

本書は、女性週刊誌の老舗（しにせ）といえる『女性自身』に掲載された戦争報道ばかりを、１４４本集めて時系列で並べた資料集である。ここで「戦争」というのは、ベトナム戦争、湾岸戦争、そしてイラク戦争とアメリカが関（かか）わり、日本もその影響を受けた戦争のことである。

え、あの芸能スキャンダルまみれの女性週刊誌に戦争報道が？と思った人は、このメディアに対して誤解していると思う。たしかに表紙はどぎついし、中を開けば芸能、占い、美容の記事が多いが、実は新聞や他の堅い雑誌にはあまりない生活者の視点からの読み物や報道記事も少なくない。また、それらはふだんは活字に触れる機会が少ない人たちにもよく読まれる、という特徴もある。

ベトナム戦争に参加したいと志願する日本の若い男女をルポした「〝ベトコン義勇軍〟に集まった50人」など、個々の記事にも興味深いものが多いが、全編を通して見て初めてわかることも多い。たとえば現代は視覚優位の時代といわれるが、ベトナム戦争、湾岸戦争、イラク戦争の順で写真特集が減って、かわりに解説・問題提起の記事が増えている、というのもそのひとつ。もちろん、戦地での報道規制が厳しくなり写真が撮りづらくなったのもこの変遷の理由なのだろうが、それ以上に中東で何が起きているかをわかりやすく伝えたいという送り手、きちんと知りたいという受け手も増えているのでは、などと想像が膨らむ。

女性週刊誌に対する既成概念にとらわれない編者の視点の新鮮さに驚かされるが、それもそのはず、本書はもともと大学生の卒業研究としてスタートしたものだそう。教員の協力もあったようだが、アイデアと意欲さえあればコネも経験もない学生でもここまでのことができる、というよいお手本だ。

ただ、すべての記事は原稿化されていて写真はカットされているのが、ちょっと残念。著作権の問題などあるのだろうが、女性誌独特のあの扇情的なレイアウトでも見てみたかった。

評・香山リカ（精神科医）

大正大学文学部まつだ・ゆうの卒業論文に非常勤講師てらさか・ゆみが協力、藤原聖子教授監修で出版。

二〇〇七年六月一〇日❹

『解剖医ジョン・ハンターの数奇な生涯』

ウェンディ・ムーア 著　矢野真千子 訳

河出書房新社・二三一〇円
ISBN9784309204765／9784309463896（河出文庫）

ノンフィクション・評伝

裏社会にも通じた先駆的な科学者

ロンドンの法律事務所が立ち並ぶ街区の一画を占める王立外科医師会には、博物学ファン必見の解剖学博物館がある。本書は、その博物館が擁する膨大なコレクションの礎を築いた18世紀の外科医ジョン・ハンターを巡る興味尽きない物語である。

18世紀の英国には、業種として内科医と外科医がいた。内科医とは上流階級を相手に問診をし、気休めの処方箋（せん）を与える職業。それに対して外科医は、麻酔も消毒という意識もないまま、切った張ったに明け暮れる職業だった。いずれの医師になるにも正規の教育はなく、内科医はひたすら教養を修め、外科医は徒弟的な実地教育を積むのみ。

ただ、私塾のような解剖学校は存在し、人体解剖なども行われていたのだが、献体制度などない時代のこと、遺体の入手先が最大の難問だった。その結果、埋葬されたばかりの遺体を盗掘する商売まで成立していた。

解剖学校を営んでいた兄を頼ってスコットランドからロンドンに出てきたジョン・ハンターが最初に命じられた仕事も、盗掘グループからの遺体買い付けだった。闇社会の人間とも如才なくつき合えたハンターは、学校運営の力となると同時に、解剖と標本作りでも秀でた才能を発揮した。また、外科医としての修行も積んだハンターは、当時は希薄だった科学的な思考と方法を医学に導入し、合理的な治療法を数多く生み出し、「近代外科医学の父」とも称されている。

その一方でハンターは、動物の諸器官の比較研究に情熱を注ぎ、ありふれた動物から珍獣まで手当たりしだいに購入しては飼育し、死体は解剖した上で美しい標本に仕上げた。ミミズの消化器官からヒトの胎児まで、今もハンター博物館に陳列されあやしい輝きを放っている標本群はその遺産なのだ。

比較という研究手法から動物間の類縁を考察したハンターは、ダーウィンに一世代先んじた進化論者でもあった。近代医学創始期の混乱状態と、魅力的な人物を生んだ18世紀ロンドンの喧騒（けんそう）と人間模様を活写した快作である。

（原題、The Knife Man）

評・渡辺政隆（サイエンスライター）

Wendy Moore　英国のフリーランスジャーナリスト。

二〇〇七年六月一〇日❺

『危険な幻想』

ジェームズ・マン 著　渡辺昭夫 訳

PHP研究所・一五七五円
ISBN9784569691930

政治

中国の民主化　手放しの期待は困難

米国の対中政策は間違っている。中国での政治弾圧はやまない。中国と付き合いのある政財界指導者や学者たちは、通商を盛んにすれば民主化するという幻想をふりまいてきたのではないか。

このような大胆な問いを突きつけた著者は、米国外交に詳しい中国通のジャーナリスト。かつて、米中関係のダイナミックな展開を実証的に描いた『米中奔流』という名著を著した。

著者によれば、中国が大混乱に陥るという「激動のシナリオ」も正しくないし、経済発展が必ず政治を変えるという「気休めのシナリオ」も間違いだ。中国は、民主化した韓国や台湾と異なり、広く、貧しい内陸部を抱え、米国の圧力にも動かされない。少数派にとどまる中産階級も現状維持を求める結果、30年先においても権威主義体制が続く可能性が高いという。

この「第三のシナリオ」が実現した場合、30年後の国際社会は政治的自由をその規範としているだろうか。実は米国が中国を国際秩序に統合するのではなく、その逆が起きうると著者は警告する。

確かに、中国という巨人の発展にはジレンマがつきまとう。中国は経済発展のために平和な国際環境を必要とする。しかし、経済成長に見合った軍備拡大を国策としていることもあり、実際に発展すれば周囲に脅威感を与える。

だが、中国政治は変わりえないと絶望することもないだろう。利権を抱えこんだ官商癒着構造は堅固だが、所得税をきっちり取るようになれば確実に人々の納税者意識が高まる。農村選挙の導入も、様々な名目で農民から費用徴収する村幹部の説明責任の向上をねらいとした。問題は、「激動」はせずとも、政治改革の「軟着陸」が保証されないことだろう。

著者は対中統合戦略に批判的だが、代替案は提示できていない。日本としては、関与して中国の内発的発展を促す一方、東アジアで協働して民主的な地域レジームの構築に努めるほかはなかろう。

ただ、言うは易（やす）く、行うは難し。中国問題の重みを改めて考えさせられる一冊だ。

（原題、The China Fantasy）

評・高原明生（東京大学教授）

James Mann　外交専門記者を経て米戦略国際研究センター所属。

『ゲットーを捏造（ねつぞう）する　アメリカにおける都市危機の表象』

ロビン・D・G・ケリー 著
村田勝幸、阿部小涼 訳
彩流社・三〇四五円

ISBN9784779112461

人文

黒人を統治する狡猾な構造を暴く

「分割して統治せよ」とは、古今東西、権力の真理だ。被治者間の連帯の不在は権力の養分となる。だが分断を狙う露骨な政策は逆効果だ。そのあからさまな意図への反対に結集して、むしろ連帯は容易になる。裏を返せば、強固な権力の背後には、（恣意〈しい〉的なものではなく）自然であるかのように演出された分割の存在が強く疑われる。

本書は、アメリカの都市部における黒人の隔離の構造を問う理論的分析である。「怠惰」「凶暴」「無責任」を再生産する「文化」によって定義された「ゲットー」の表象のなかに、いかに黒人たちが囲い込まれているか。そのことによって、彼らが（政府や大企業などの）権力から受ける不当な仕打ちが、いかに「自然」視されているのか。

そこにメディアを通じたイメージの操作や偏見の再強化があるのはもちろんである。しかし著者がそれ以上に強く批判するのは（しばしば善意の）専門家の言説だ。人種主義者ならざる彼らは、「黒人問題」ではなく「シングルマザー」や「落書き」や「ドラッグ」といった問題を語る。それは表層においては問題を客観的に観察可能な行動の集合として分析するが、深層においては「問題」としての黒人の隠喩（いんゆ）のリストを生成する。つまりそれは人種概念を迂回（うかい）しつつ、人種偏見を固定化するレトリックなのだ。市場的自由主義を背景として、ここに自己責任（自業自得！）の論理が入り込むと、「ゲットー」は普遍主義的な（差別のないはずの）語りのなかで、矛盾なく隔離される。

この狡猾（こうかつ）な分割統治に対して著者は徹底したアイデンティティーの政治を主張する。事態が端的に黒人差別そのものである以上、異議申し立ての根拠は、黒人であることに置くしかないのだ。たとえ個別のアイデンティティー（黒人）を強調することが、表面的には（非黒人との）連帯を阻むかに見えたとしても、普遍主義のレトリックの拒否という一点に結集することで、むしろ真に普遍主義的な、より深い連帯への道が開けるというのが、自ら「ゲットー」出身である著者の信念であろう。

（原題、Yo Mama's Disfunktional!）

評・山下範久（立命館大学准教授）

Robin D. G. Kelley　62年生まれ。南カリフォルニア大学教授。

二〇〇七年六月一〇日❼

『人の痛みを感じる国家』

柳田邦男 著　新潮社・一四七〇円

ISBN9784103223177／9784101249223（新潮文庫）　人文

患者と同じ痛みを経験したとき過酷な辛（つら）さを実感として理解できた、自分はこれまで患者の身になって痛みを想像したことはなかった――

骨にまでがんが転移し、残された人生も長くはない50歳前の医師が語った言葉である。「脳天にまで達するような灼熱（しゃくねつ）感のある痛み」でも、他者（ひと）のものなら耐えられる。しかし、自分が襲われた場合には「一分間でも耐え難くなっている」と病床で著者に告白したという。

その言葉が「心にずきんと突き刺さ」った著者は、「筑豊じん肺訴訟」や「水俣病関西訴訟」などの裁判で、被害者の苦しみに心を痛めることとなく「行政の正当性を主張」する「官僚とは一体何者なのか」と問う。官僚の体質を変えるには一人ひとりに「意識の転換を求める」だけではなく、行政も組織として国民の立場に立った倫理を確立する必要があると著者は訴える。

人の受ける痛みや苦しみは仕方がないものではなく、相互に顔が見え理解してくれる人がいれば和らぐものである。大切なのは他人の立場で考えることだ。それが本書を貫くメッセージであり、匿名の誹謗（ひぼう）中傷が横行するネット社会を過激なまでに著者が批判する理由もここにある。

評・高橋伸彰（立命館大学教授）

二〇〇七年六月一〇日❽

『声と顔の中世史　戦さと訴訟の場景より』

蔵持重裕 著　吉川弘文館・一七八五円

ISBN9784642056311　歴史／人文

歴史の現場は口頭語の世界である。人々が語り、談じ、笑い、泣き叫ぶ局面が歴史を動かしたはずだ。ところが従来の「文献史学は詞（ことば）の生きた場景を知らない」というのが、本書をつらぬく問題意識である。

日本の行政と訴訟は古くから文書主義が制度化されていたが、民衆の大多数に読み書きができるようになったのは比較的後世のことである。そのギャップを補完するために、また非常事態の訴求として、ナマの「声」がいかに活用されてきたか。著者は古記録・公卿（くぎょう）日記・軍記物語などから数々の発話場面を拾い出して検証する。

発話は表情を伴う。「面なくして詞はない」として歴史の諸場面にクローズアップされた「顔」の実例も丹念に掘り起こされる。

歴史は読解対象としての文字史料だけでなく、行間から聴きとるべき音声に満ちている。日本社会に底流している文書と口頭・高声と囁（ささや）き・匿名と顕名・覆面と対面……といった微妙で巧妙な使い分けの《定理》が割り出される。

国会の大臣答弁で原稿読み上げが多いのも、インターネットの匿名の書き込みも、テレビニュースの顔のモザイクも、同じ根に発した文化事象だとわかる。評・野口武彦（文芸評論家）

二〇〇七年六月一〇日❾

『紙芝居は楽しいぞ！』

鈴木常勝 著　岩波ジュニア新書・八八二円

ISBN9784005005635　人文／新書

紙芝居は今では幼稚園などで先生が演じるもので、拍子木をたたいて子供たちを呼び集め街角で駄菓子を売りながら演じる、街頭紙芝居を思い浮かべる人は少ないだろう。著者は大阪で、今は数少ない街頭の紙芝居屋として活動し、紙芝居の歴史の研究者でもある人物だ。

街頭紙芝居が全盛期を迎えたのは１９５０年代半ばであったが、それはＴＶの普及によって急速に衰退したといわれる。ただ街頭紙芝居が消滅したのは、かつて遊ぶ子供たちの姿であふれかえっていた街角から、子供たちの姿が消え去ってしまったためだろう。

本書の中心は、かつて評判を取った街頭紙芝居のストーリーを紹介し、子供たちと演者との生き生きとした即興のやりとりを再現している点にある。著者の狙いは、街頭紙芝居の復活にあり、それを通してアナーキーな魅力と力を持つ子供たちの集う「街頭」をよみがえらせることにあるようだ。昔と変わらない子供の世界が、今でもあると、現役の紙芝居屋としての体験から、著者は信じている。同じ著者が街頭紙芝居の仕組みや歴史などを解説した『紙芝居がやってきた！』（河出書房新社）を、併せて読むこともお勧めしたい。

評・赤澤史朗（立命館大学教授）

二〇〇七年六月一〇日⑩

『父フロイトとその時代』

マルティン・フロイト 著　藤川芳朗 訳

白水社・二九四〇円
ISBN9784560024508

人文

精神分析の創始者ジークムント・フロイトについての研究・解説・伝記・回想はそれこそ汗牛充棟というほど出版されている。最近、新訳の『フロイト全集』（岩波書店）も出はじめた。

天才と呼ばれる人物を父親に持ってしまった子どもはいったいどんな感じで生きたのだろうか。長男の回想録という本書はそこが魅力のポイントである。

夏になれば、登山、釣り、キノコ狩り、花の収集を子どもとたのしむ。新婚のころの思い出があるので黒バラのような濃い紫の小さい花を好む。

泳ぎは正統的な平泳ぎだという。いかめしい顔のフロイトはどんな表情で水に親しんだのだろう。

ウィーンでは自転車も電話も嫌いで、書斎では一度もタイプライターは使ったことがない。食事時間はきっちり守られている。しかし、鶏肉料理が嫌い。

ユングなどの精神分析関係者の姿は、ほんの少し垣間見られるだけで、むしろフロイト一家の日常生活の細部が、著者自身の自分史と重ねられ、掘り起こされているところがユニークなのである。ときおり点描される反ユダヤの動き。最後の一家のロンドン亡命に至る経過も貴重な証言であろう。　評・小高賢（歌人）

二〇〇七年六月一七日①

『アイドルにっぽん』

中森明夫 著

新潮社・一五七五円
ISBN9784103046318

アート・ファッション・芸能

時代と併走する「無意識」の軌跡

本書に収められたすべての文章には、初出掲載の日付と媒体名が記されている。それは書誌的な配慮を超えて、本書の性格を、そしてアイドルという存在そのものを、なによりも明確に示しているのではないか。

本書は南沙織や山口百恵らがいた1970年代を視野に収めつつ、80年代以降現在に至るまでのアイドル史をたどることでそれぞれの時代の諸相と〈日本人の無意識〉を分析していくアイドル論集である。

しかし、中森明夫さんは所収の文章の中で最も新しい（2007年3月執筆）書き下ろしの「アイドル女優の可能性」の中で、こう書いている。〈アイドル論は超えられなければならない〉――それまでのアイドルやアイドル論をいっぺんに古びさせてしまう、まったく新しいアイドルの登場によって。あるいはまったく新しいアイドル論によって。

だとすれば、80年代半ばから書き継がれてきた中森アイドル論の数々もまた、おのずと「超えられてしまう」宿命を持っていることになるだろう。

もしもそれを逃れようと――せめて延命しようとするなら、2007年の時点から振り返った80年代や90年代のアイドル論を書けばいい。データベース的にアイドルをとらえ直してみるわけだ。だが、中森さんはあえて本書を初出のまま〈論旨は変えていない〉状態で構成した。結果、後出しジャンケンめいた目で読むと、微妙なズレや違和感を覚える箇所（かしょ）もないわけではない。

だが、そこにこそ「時代のあだ花」「使い捨て」と揶揄（やゆ）されるアイドルの真骨頂がありはしないか？〈常に依頼主の求める原稿ばかり書いてきた。目の前の現在を捉（とら）えることに忙しく、時代と併走するライブ感こそが何よりのよりどころだった〉と記す雑誌ライター・中森明夫の自恃（じじ）は、日本国憲法を挑発的に読み替えた（それは読んでのおたのしみ）本書にならって「依頼主」を「ファン」や「仕掛け人」に置き換え、語句の微修正をほどこせば、そっくりそのままアイドルの姿にも重なるのだから。

論じる側と論じられる側ともに〈時代と併走するライブ感〉を残したまま編まれたアイドル論集は、だから、絶えざる上書き更新の記録でもある。ピンク・レディーから小泉今日子へ、松本伊代から本田美奈子へ、栗尾美恵子から吉川ひなのへ……。さらにまた、上書き更新はアイドル個人の中でも果たされる。後藤久美子から後藤久美子へ、宮沢りえから宮沢りえへ……。

受け渡されるたびに前の走者を超えていくバトンの軌跡を中森さんは見つめてきた。それは、アイドルの人気を支える〈日本人の無意識〉の軌跡でもあるはずなのだ。

いつか——いまは未知のアイドルが、本書を丸ごと超えてしまうときが来るだろう。新たな〈日本人の無意識〉が、新たなアイドルを生み出し、新たなアイドルが新たなアイドル論を生む。その瞬間を誰よりも心待ちにしているのは、超えられるための一冊を上梓（じょうし）した中森さん自身かもしれない。

評・重松清（作家）

なかもり・あきお 60年生まれ。ライター。「オタク」「チャイドル」の命名者として知られ、著書に『東京トンガリキッズ』などがある。

二〇〇七年六月一七日② 文芸

『寺山修司と生きて』

田中未知 著

新書館・一九九五円

ISBN9784403210945

鬼才の不在を納得するまでの20年余

本文の前に、こう記されている。

「未知、きみは個有名詞じゃない。ぼくとの共通名詞である。一緒につくった一つの存在です。——寺山修司」

詩人で劇作家の寺山修司は、すでにこの世を去っている。24年前、47歳で。その彼からこのような言葉を贈られた女性とは誰なのか？著者、田中未知は、60年代に大ヒットした寺山修司作詞の「時には母のない子のように」の作曲者である、と言えば、思い出す人は多いかもしれない。

さらに、詳しく記せば、寺山が結成した演劇実験室「天井桟敷」の制作、照明を担当。その傍ら、個人秘書として、16年、彼を公私に亘（わた）って支え、死を看取（みと）ることとなった女性である。

そして寺山を喪（うしな）った3年後。彼女は、周囲にあて先も告げずに日本を脱出。オランダの田舎で、畑を耕して暮らし、夏にはテントを携え、ヨーロッパの山々を旅して回る日々を送っていたという。

本書は、そんな著者の24年間の沈黙を破る「寺山修司と自分」を語る本である。

寺山修司が、何をしようとし、なにを成しとげ、（他者から）なにをされたのか。寺山作品批判への反論、伝記作品の誤りの指摘、寺山の母の横暴への怒り、彼を救わなかった医者の告発など。衝（つ）かれたように書き綴（つづ）ってある。

まるで、寺山修司の分身のごとく。まるで、寺山修司が、つい昨日まで、すぐ傍らにいたかのように。

沈黙は、「私に静謐（せいひつ）をもたらすことはなかった」と記されているが、彼女にとってこの20年余は、この世界に「寺山修司」が不在であることを納得するために必要な時間だったのだろう。そして、不在の「寺山修司」を探し続けて見つけたのは、「死んだ人は、みんな言葉になる」ということの実感だった。

自分の職業は「寺山修司」であり、人生の大半を自分のことより彼のために使った、と言い切る著者の想（おも）いの強さに打たれざるを得ない。

「田中未知」は、鬼才寺山修司が、彼流のやり方で、この世に残していった作品である、そんな思いがした。

評・久田恵（ノンフィクション作家）

たなか・みち 45年生まれ。「天井桟敷」の制作・照明を担当、寺山の秘書も務めた。

二〇〇七年六月一七日③

『きみのためのバラ』

池澤夏樹 著

新潮社・一三六五円
ISBN9784103753063/9784101318202（新潮文庫） 文芸

「邂逅」のひととき鮮烈に切りとる

誰もいない森で倒れる木は音をたてない、というあの哲学命題を思いだしたのは、本書の「ヘルシンキ」という編を読んでいる時だ。人との言葉の齟齬（そご）に疲れた男が、北欧の森で孤独な木になる自分を夢想する。しかし人である以上、言語は放棄できない。齟齬を避けるというのは、無人の森の木になることなのか。

本書は、エピファニック（天啓のよう）な「邂逅（かいこう）」のひとときを鮮烈に切りとった短編集だ。パリの路地で、アマゾナスの奥地で、人々はめぐり逢（あ）い、別れていく。かかわりが短かったぶん別れは決定的な、痛切なものになる。

本書の背景に、2001年9月の惨事以来変わってしまった世界があることに、触れないわけにはいかないだろう。こうした人災の場に真っ先に駆けつけて書くのは報道記者、小説家は最後であるべきだ——あの年の秋、池澤氏と英国作家カズオ・イシグロ氏の公開対談に、そんなやりとりがあった。6年後に出た本書には、「最後に来るべき小説家」の応答という側面もあるかもしれない。

とはいえ、「平和を訴える文学」とは対極にある。声高な言葉は何一つなく、どの編もまなざしが語る。事件以前に書かれた作品も、本書に交じることで新たなまなざしを呼び入れる。ある編には、急に厳しくなった空港の保安チェックに戸惑う男がいる。だが次に置かれた2000年発表の「レギャンの花嫁」には、笑い声の響くおおらかなバリの税関の様子が描かれ、それをガラス越しに見つめる登場人物の視線に、現在の作者の、ひいては読む者の視線が自然と重なるだろう。

表題作の湛（たた）える哀惜は喩（たと）えようもない。メキシコの列車で男と少女が再会し別れる。こんな小さな物語までが、「その後」の世界からは奪われているのに気づく。この美しい少女を失ったのは彼だけではない。母国語を失う少年や、諸言語を超えた祈り。ここには言葉にならないものばかりが書かれている。無人の森の囁（ささや）きをも人に聴かせる力が小説にはあることを、改めて、深く、実感した。

評・鴻巣友季子（翻訳家）

いけざわ・なつき 45年北海道生まれ。作家。著書に『静かな大地』ほか。

二〇〇七年六月一七日⑤

『私たちは本当に自然が好きか』

塚本正司 著

鹿島出版会・二三一〇円
ISBN9784306093850 科学・生物

文化から問う「みどり」の百科全書

「自然好き」を自任する人は多いと思うけれども、はたして私たち日本人が真に「自然好き」かとなると、じつは甚だあやしいのである。

証拠はいくらだってある。思い出してみてほしい。あなたの住まいの近隣で、近年どれほどの樹木が消えたかを。

マンション建設のために伐採された屋敷林。駐車場などに転用されて消えた社寺林。落ち葉や日影を理由に強制的に剪定（せんてい）されて、見るも無惨（むざん）な姿にされた街路樹。

ことは景観の変化にとどまらない。たまの休日に日帰り旅行に出かけ、「やっぱり自然はいいね。リフレッシュするね」などと伸びをしたところで、その実態は〈車で出かけ峠で山を眺めて新鮮な空気を吸い、渓流の釣堀で養殖魚を釣ってアウトドア派と自称〉する程度の私たち。

だからこそ、本書の著者は問うのである。『私たちは本当に自然が好きか』と。

本書のキーワードは「みどり」である。原

生自然（人の手の及ばない原始の自然）ではなく、ある程度人の手が加わり、人とのかかわりをもった環境自然（身近な樹木、森林、庭、公園、山など）がここでいう「みどり」。経済発展や生活向上のためには「みどり」を排除するのが当然であるかのような都市開発への疑問が論の基調をなす。

けれども、いやー、びっくり、入り口こそ都市の「みどり」だが、古今東西にわたる自然科学と人文科学の知見をこれでもか！と詰め込んだ本書はさながら「みどり」の百科全書だ。「みどり」を切り口にすると、景観はもちろん歴史や文化や芸術を見る目も変わり、「花咲かじいさん」は自然の摂理に基づくお話、「ヘンゼルとグレーテル」は森の体験を教える童話、というように物語の読み方にさえ新しい発見が加わる。

植物の生育条件に恵まれ、国土の66％を森林が占める日本では、「みどり」に対する渇望感が逆に薄かったのかもしれない。その価値観を変えるには、環境問題のみならず歴史や文化の面から見た「みどり」の価値に気づくのが先決。その要求に120パーセント応えてくれる本である。

評・斎藤美奈子（文芸評論家）

つかもと・まさし 44年生まれ。日本住宅公団などを経て、現在、会社役員。

二〇〇七年六月一七日⑥

『黄金と生命 時間と錬金の人類史』

人文

鶴岡真弓 著

講談社・二九四〇円
ISBN9784062139724

「万物の王」探求 一気にたどる知的腕力

人は「黄金」を求めて移動する。1849年には、北米の東海岸から西海岸の黄金郷へと人々が殺到してゴールドラッシュが発生するが、20世紀に入ると、ハリウッドの映画産業やシリコンバレーのハイテク産業に人材が集中するのも、同じ「ゴールドラッシュ」の名で呼ばれるようになり、「黄金」は実体ならぬ象徴と化した。

本書がユニークなのは、黄金をひとまず、成長を続ける「万物の王」と位置づけ、その象徴を探求し続けた人類3万5千年の心性史を、恐るべき知的腕力で一気に語り倒したところである。

全体は三部構成。

第一部「黄金の夜——金属篇（へん）」は、ケルト文化に造詣（ぞうけい）の深い著者らしく、まずはアーサー王伝説内部に「産婆術としての冶金（やきん）術」を見いだす。しかし、やがて射程は、インド＝ヨーロッパ語族の文化へと拡大し、紀元前4500年前からくりかえされたこの語族の西への大移動が、ほかならぬ「万物の王」の探求に起因していたのではないかという仮説が示される。

それでは、人はなぜ「黄金」を求めるのか？

第二部「黄金の夜明け」では、キリスト教聖書の創世記におけるアダムが石器時代のヒトであったことが再確認され、楽園追放とは、経済的に豊かだった石器社会から、限りなく人口を増大させる新しい農耕社会への転換を意味したことが説明される。やがて、定住民を中心とする農耕社会に、非定住民たる「金属民」が一種の文化英雄として立ち現れ、彼らの磨き上げた冶金術が、人工的に時間を加速させるのに一役買う。

そして第三部「黄金の真昼——貨幣篇」では、近代国家における科学者ニュートンや、『ファウスト』を書いたゲーテらの活躍を例に、いかにして古来の魔術や錬金術が近代経済の空間へ流れ込んできたかが、雄弁に解き明かされ、生命時間を克服する経済人のすがたが描写される。「時は金なり」——この誰もが知る格言の背後を解き明かす斬新な心性史の「語り」に、わたしは文字どおり、時の経（た）つのを忘れてしまった。

評・巽孝之（慶應大学教授）

つるおか・まゆみ 美術史学者、多摩美術大教授。著書に『ケルト／装飾的思考』ほか。

二〇〇七年六月一七日⑧　人文／アート・ファッション・芸能

『はじまりの物語』

松田行正 著
紀伊国屋書店・二九四〇円
ISBN9784314010238

カバーが目をひく。表に黄、裏に鮮やかな赤。白地の中央に不定形の色面が配置されている。不思議なかたちは、古代エジプトのヒエログリフを解読する手がかりとなったロゼッタ・ストーンをトレースしたものだ。脇に「who designed first?」という短い英文が添えられている。

この表現に本書の意図が集約されている。グラフィックデザイナーである著書が、私たちが何気(なにげ)なく使っている概念・かたち・方法などの「はじまり」をひもときつつ、みずからの発想の源を紹介していく。

一つひとつの挿話が示す事実は、専門家や研究者の文献に典拠し、目新しいとは思えない。ただ転調に転調を重ね、飛躍をものともせず縦横無尽に展開する語りと発想法がじつに面白い。それを美術、建築、言語、歴史、文字、ロック、漫画、SF映画など、雑多なジャンルから抜き取られた図版群が補完する。

造本にも細工がある。小口の部分に男性・女性の図像がそれぞれ一人ずつ印刷されているのだ。頁(ページ)を開こうとするたびに、いずれかの人物と目をあわせ、一瞬、どきっとする。デザイナーの万華鏡のような脳内をのぞきこんだ気分にも似た読後感だ。

評・橋爪紳也（大阪市立大学教授）

二〇〇七年六月一七日⑨　文芸

『フランス父親事情』

浅野素女 著
築地書館・一八九〇円
ISBN9784806713418

パリで20年以上暮らす著者は、フランスの父親たちへの取材を重ねて、父性の再評価に向かう最新トレンドを追った。

フランスでは、70年代からのフェミニズム思想、女性の社会進出、避妊手段の発達などで、男女関係に劇的な変化が生じた。父親は輪郭のあいまいな影法師に成り果てたのだ。80年代に入ると、母親同様に育児にいそしむ「めんどりパパ」と呼ばれる父親が登場。90年代には父親の重要性が認知され、親権の法整備など父親の権利回復作業が進められた。

21世紀に入ると、父親をしっかり視野に入れた家庭づくりを目指して、「父親手帳」の交付、父親の出産休暇の延長などが決定された。出生率はいつか上がって、06年には2・0に達している。

こうした過程を踏んで現在のフランス社会が目ざすのは、「父性の権威」を復活させることではないか、と著者は捉(とら)える。むろん時代錯誤的な父権ではなく、子どもの成長に必要な、社会の一員として守るべき一線を示すものだ。

母親の愛情が開花するためにも、バランスを取る父親の存在は不可欠。紆余(うよ)曲折を経て到達した結論は、恋愛大国の成熟を痛感させる。

評・多賀幹子（フリージャーナリスト）

二〇〇七年六月一七日⑩　人文

『陸羯南(くがかつなん)』

有山輝雄 著
吉川弘文館・二二〇五円
ISBN9784642052399

陸羯南は、明治中期の日本新聞社の社長兼主筆であり、気骨のあるリベラルなジャーナリストとして知られている。陸羯南については彼の思想が、その時代状況といかに切り結んでいたのかを中心に描かれることが多かった。これに対し本書は、陸が政局から独立した政論を書く主筆であったことと、一つの新聞の経営者であったことが、どんな風にその内側で結びついていたのかを追究している点でユニークなのである。

陸の新聞経営の背後には、谷干城、近衛篤麿などの同志的なパトロンがいただけでなく、時には藩閥政治家の品川弥二郎の資金援助もあったという。このパトロンの保護は、一方でさまざまな政治勢力から距離を持つ批判を可能にするとともに、パトロンとの政治判断の相違から難しい立場を生み出すことになる。

そんな彼には、海千山千の「策士」としての面があったと、ライバルの徳富蘇峰は指摘していた。しかしその陸も、新聞大衆化の時代の波には、うまく対処できなかったようである。権力からも大衆からも一定の自立性を持ったジャーナリズムを目指した陸羯南の理想は、今日でも未解決の課題として残っているといえよう。

評・赤澤史朗（立命館大学教授）

二〇〇七年六月二四日❷

『文化と国防　戦後日本の警察と軍隊』

P・J・カッツェンスタイン 著　有賀誠 訳

日本経済評論社・四四一〇円
ISBN9784818819177

歴史／人文

「非暴力的」な文化が生んだ安全保障

本書が示す統計によれば、アメリカの警察は職務遂行に際し88年から92年の間に毎年平均「375人の重罪犯を殺している」。これに対し日本の警察が85年から94年の間に「殺したのは、全部で6人――1年に1人にもならない」。

もちろん、日本の警察も戦前は、多くの左翼活動家を「投獄し、拷問し」た。しかし、敗戦後は「どのような代償を払ってでも暴力を避け」、市民に「親しみやすいイメージを慎重に育て」てきた。その結果、定期的な家庭訪問で警察官が「緊急連絡先や電話番号だけでなく、家族の名前や本籍地、生年月日、職業」を聞いても、回答を拒否する人はほとんどいないはずだ。また、犯罪予防のためなら捜査令状がなくても、多くの人は住宅への立ち入り調査に協力するという。

一方、日本の軍隊は、戦後、自衛隊に変わっても反軍事的な世論によって活動を厳しく制限されている。「危機のときですら、自衛隊は、日本で自由に行動するための法的根拠を持っていない」。社会に溶け込んでいる警察と比較すれば、自衛隊は「大衆から著しく隔離されている」と言える。この一見すると異なる二つの現実の背景には、戦後の政治的闘争を経て日本の人々が共有するに至った「非暴力的」な文化という共通の要因があると、社会に与える文化の影響を重視する「社会構成主義」の研究で有名な著者は指摘する。

綿密な調査を積み重ね、安全保障を題材に日本論を論じた本書の原著が出版されたのは96年である。人間の心が移ろいやすいように日本の文化も不変ではない。凶悪な犯罪が頻発するようになり、暴力を避ける警察では安全を確保できないと人々が思い始めれば、非暴力的な警察への信頼は低下する恐れがある。また、外敵から日本を守るためには軍事力の強化が必要だという世論が高まれば、改憲によって自衛隊が正式な軍隊に生まれ変わる可能性もある。

そう考えると、小泉政権以降の日本社会に見られる右旋回を主導しているのは、政治家ではなく、むしろ国民なのかもしれない。

（原題、Cultural Norms and National Security : Police and Military in Postwar Japan）

評・高橋伸彰（立命館大学教授）

Peter J. Katzenstein　米コーネル大政治学部教授。

二〇〇七年六月二四日❸

『シュミット・ルネッサンス　カール・シュミットの概念的思考に即して』

古賀敬太 著

風行社・四五一五円
ISBN9784938662974

人文

21世紀の危機に〈劇薬〉となるのか

論語郷党篇（へん）に「薬を饋（おく）る」という言葉がある。孔子が人からもらった薬を口に入れなかったという話だ。荻生徂徠の注釈では、古代の薬は毒が強く、眩暈（めまい）がするくらいなのがよく効いた。人に毒を送って死なせることを「饋薬（きやく）」とも称したという。

こんな漢語を思い出したのは、本書の著者がカール・シュミットの《政治的なものの概念》を「カンフル剤」にするならともかく、「劇薬」として服用するのは要注意だと述べているからである。

一九八五年に九十六歳で死んだカール・シュミットの政治理論にはたっぷり毒性があった。その名前が囁（ささや）かれる時にはいつも「悪魔的」「魔性の」「危険な」という決まり文句が付けられた。

死後もなお依然として「ナチに加担したという覆うべくもない事実」に対する敵意は氷解せず、「ナチの桂冠（けいかん）法学者」というレッテルが剥（は）がされることはない。それにも拘（かか）わらず、二十一世紀の世界が迎えた新たな危機に際して、そのシュミットが再び注目を浴びている。それも「右翼ではなく左翼による《シュミット・ルネッサンス》」なのが特色だというのである。

本書は《主権》《憲法制定権力》《独裁》《戦争》などおなじみのシュミット独自の概念を学説整理した研究であるが、それらを現代の地球規模におけるグローバリゼーションの光で照らし返しているところに新味がある。

たとえば、イラクをテロ支援国家と見なして戦争を遂行するアメリカの《正義の戦争》観を批判する根拠に、反アングロサクソン普遍主義に根ざす《正戦論批判》を持ち出して再評価する見方。著者はこれを「過激な道徳的原理主義に対する解毒剤」と形容する。もし望むなら、日本がアメリカの原爆投下や極東裁判に異議を申し立てる論点も見付けられるだろう。

ワイマール憲法に墓穴を用意したシュミット理論の「饋薬」は、薄めたり、中和したり、イイトコドリしたりできるとは思えないが、議会制民主主義が戯画化した現代日本で《シュミット問題》を考える糸口として興味深い。

評・野口武彦（文芸評論家）

こが・けいた 52年生まれ。大阪国際大教授。『ヴァイマール自由主義の悲劇』など。

『北朝鮮へのエクソダス』

テッサ・モーリス－スズキ 著　田代泰子 訳

朝日新聞社・二三一〇円
ISBN9784022502551

人文／国際

政治に汚された「帰国事業」を再検討

国際社会では、時に人道の名において政治がおこなわれることがある。日本と国交のない北朝鮮への在日朝鮮人の「帰国事業」は、人道的な措置として1959年から実施された。しかし延べ9万3千人以上に及んだ帰国者の多くは、韓国の南の地域の出身者であり、後に北朝鮮で迫害されたりすることになる。

著者は、新たにジュネーブの赤十字国際委員会（ＩＣＲＣ）の数千ページに及ぶ「帰国事業」の資料を発掘し、その政治的側面を明らかにしている。資料からすると、「帰国事業」に井上益太郎を先頭とした日本赤十字社が積極的だったのは、生活保護世帯や左翼が多かった在日朝鮮人を、ていよく厄介払いする意図があった。

でももし、北朝鮮政府が在日朝鮮人の大量の受け入れを認め、ＩＣＲＣが支援するということがなければ、大がかりな帰国は実現しなかっただろう。ＩＣＲＣの援助は、韓国の強硬な反対をかわしアメリカの承認を取り付けるためには不可欠だった。

本書によれば、北朝鮮政府には、国内経済建設のための人員不足の状況を打開し、「帰国事業」への韓国の反対を打ち破って、国際政治上での北朝鮮の優位を実現する意図があった。そしてＩＣＲＣは、日本側の意図を疑いつつも、在日朝鮮人が日本国内で差別されている状況に対して無知であった。ＩＣＲＣによる帰国する人々の帰国意思の最終確認も、日本と北朝鮮の双方によって形骸（けいがい）化された。

本書には、ある種の暴露ものの面があるが、暴露ものにありがちな一面的な叙述が見られない。著者によれば北朝鮮への帰国者は、日本で疎外され国外に逃れようとした難民の一種であった。彼らが難民として脱出するには、一人一人で異なる動機があった。

国際政治において、人道なんて空虚なタテマエに過ぎないという見方もあるだろう。しかし著者は政治に汚された「帰国事業」を、難民を支援する人道の立場に立って再検討し、その責任を問おうとするのである。著者の感性が光るドキュメンタリーであるといえよう。

（原題、EXODUS to NORTH KOREA）

評・赤澤史朗（立命館大学教授）

Tessa Morris-Suzuki　オーストラリア国立大教授（日本経済史）。

二〇〇七年六月二四日❻

『ヒトと機械のあいだ　ヒト化する機械と機械化するヒト』

廣瀬通孝 編
岩波書店・二五二〇円
ISBN9784000069526　科学・生物／IT・コンピューター

変化していく心身、近未来像を提示

動物園の猿のしぐさに、私たちは、しばしば人間らしさを見いだす。逆に人間のなかに獣性を感じることもある。

機械との関係も同様ではないか。もちろん人類こそ唯一崇高な存在であり、機械は所詮（しょせん）、道具であるという二元論にこだわる人も多いだろう。しかし私たちは、愛車や愛機を擬人化し、また愛玩用のロボットを可愛いと感じる能力を併せ持つ。私たちは機械のなかに潜む「ヒト」を発見することができるのだ。

反対に、自身のなかに機械的な特徴を見いだす時がある。まるで機械のごとくマニュアルそのままの言動に徹する人もいる。「ハンドルを握ると人格が変わる」というがごとく、機械の性能に過剰に適応する人もいる。

私たちはこの1世紀のあいだに、機械に依存する文明を築いてきた。さまざまな機械類を使いこなし、生物としての限界を遥（はる）かに超える能力を獲得した。同時に、例えばパソコンや携帯電話によって私たちの生活様式や時間感覚が激変しつつあるように、機械の進化に応じて心身も変わらざるを得ない。人類と機械が協調した、著者の言葉を借りれば「スーパーヒト」が史上最強の生物なのは明らかだ。

機械はどこまでヒト化し、逆に私たちはどこまで機械化するのか。本書では、人間の能力を拡（ひろ）げる「拡張型の機械」と、人間の不得手な機能を担う「代替型の機械」に分け、それぞれの近未来像を論じる。また、誕生時からの出来事をすべて記録して人生を再現する「ライフログ」や、情報技術（IT）とロボット技術（RT）の応用である情報ロボット技術（IRT）など最先端の話題も分かりやすく紹介している。

でも一方で、著者は機械が持ち得ない人間の特徴として、個性や個体差の存在、習熟する能力、そして物事や出来事に意味付けや価値付けをしながら生きている点をあげる。個別の判断や行動は最適ではなくても、全体として妥当だという場合は少なくない。私たちの行動パターンが機械のごとく標準化されてはならない。著者の警鐘に耳を傾けたい。

評・橋爪紳也（大阪市立大学教授）

ひろせ・みちたか　54年生まれ。東京大教授（ヒューマン・インターフェースなど）。

二〇〇七年六月二四日❼

『ブレークスルーの科学』

五島綾子 著
日経BP社、日経BP出版センター・一六八〇円
ISBN9784822245399　人文／科学・生物

かつての科学者イメージは、好きな研究をコツコツやる浮世離れした人というものだったかもしれない。

だが、そんなイメージはもう古い。流行に左右されない地味な研究では研究費が取れず、好きなことなどできはしない。流行の研究を追うとなると激しい競争の世界に投げ込まれる。

科学の世界では、原則として2番目の発見に意味はない。1番にならなければすべてがパーになる。だから、データ捏造（ねつぞう）などという問題も出てくる。アメリカ流の成果主義や競争的研究資金配分制度をわが国も奨励したことで、そうした風潮が加速されてきた。

本書は、現代科学の厳しい現状を概観すると同時に、白川英樹博士がノーベル賞に輝いた背景を探った好著である。

白川博士の研究は、大型研究費に頼らない研究の積み重ねと、異分野との思わぬ融合によって結実した。しかもその相手は成果主義の本尊アメリカの研究者。かの国には、苛烈（かれつ）な研究費獲得合戦の戦場であると同時に、異分野との手を携えた研究をも可能とする余裕と奥の深さがあるのだ。形式だけでなく、そうした科学の伝統も定着させられるかどうかに、今後の日本の発展はかかっている。

評・渡辺政隆（サイエンスライター）

二〇〇七年六月二四日⑧

『イビチャ・オシムのサッカー世界を読み解く』

西部謙司 著

双葉社・一五七五円

ノンフィクション・評伝

ISBN9784575299601

著者は、オシム日本代表監督（66）が3年半指揮したジェフユナイテッド時代に立ち戻り、ケーススタディとしての21試合をピックアップ。持ち前の分析力で全員攻撃全員守備によるオシム流「トータルフットボール」の詳細を解き明かしていく。現状、本書がAFCアジアカップ（7月7日〜）観戦のための最良の参考書と言っても良いだろう。

軽妙洒脱（しゃだつ）な文体で押しながらも、「日本と韓国のサッカーは似ている」「オシムのスタイルは日本以上に韓国に合っているかもしれない」と記し、意表を突く。

相手に走り勝ち、球際で勝ち、執念で勝ち、試合にも勝つ、主張のある世界的にも異質なサッカー――がオシムのめざす「日本サッカーの日本化」と理解出来たが、まさにそれは温故知新。殊更目新しくもない戦術の再現ほど難しい。

本書で著者は昨年行われた日本代表の7試合（ホーム3勝1敗／アウェー2勝1敗）で生じた問題として「相手のカウンター」を挙げ、「まだそこまで手が回っていない」と対応力不足を指摘している。

会見でのオシム発言は知的な分だけ回りくどい。含意の読みとりという点で、オシムは著者の玄人仕事に感謝すべきなのかもしれない。

評・佐山一郎（作家）

二〇〇七年六月二四日⑨

『フランスから見る日本ジェンダー史』

棚沢直子、中嶋公子 編

新曜社・三三六〇円

人文

ISBN9784788510418

学問や思想っていうものは、だいたい西欧の理論の上に成り立っている場合が多い。ジェンダー論もご多分にもれずである。しかし歴史や文化が異なれば、男女や家族の関係にズレがあるのは当然だろう。

1999年に東京で、2000年にはパリで開かれた日仏女性研究シンポジウムをもとに、十数本の論考で構成された本書には、進んだ西欧／遅れた日本という枠をはみ出す多彩な史的事例が登場する。女神とされるが性別不明確なアマテラス、平安〜江戸の家の中での妻や母の座、近代天皇制と皇后、女性教祖出口なお、戦争のチアリーダーとしての銃後の女、そして現代の高学歴専業主婦。

私たちにはおなじみの話も多いけれども、フランスから見れば「ありえなーい」であるところに、日本を相対化する視点が生まれる。

古代から男女を明確に区分したフランスに対し、日本では単純な二項対立ではない曖昧（あいまい）な共犯関係が男女の間に成立していた。

専門的な話が多く、読むのにちょいと難儀はするものの、ボーヴォワールの国に日本の女たちが乗り込んで、日本のジェンダー史の講演をする。当日のようすを伝える臨場感にあふれた巻末の報告がおもしろい。

評・斎藤美奈子（文芸評論家）

二〇〇七年六月二四日⑩

『江戸の温泉学』

松田忠徳 著

新潮選書・一二六〇円

人文

ISBN9784106035791

温泉ブームの中、タイトルにひかれ、手軽なガイド的効能を求めて、この本を手に取ってはいけない。温泉が一挙に大衆化した江戸時代の状況を丁寧に追っている。でも、読むほどに、頭脳に、じわっと効いてくる。主な含有成分は、メディア論と、医学史だ。

温泉が人々の注目を集め始めたきっかけは、家康をはじめ、将軍家やそれにならった大名の熱海行きだった。熱海の湯を江戸に運ばせもした。その派手なパフォーマンスが、人々の注目を集め、熱海や箱根が大温泉地になってゆく。

来年のサミット会場に決まった北海道のホテルが、その報道で、予約で埋まったことを思い起こす。

また、当時、従来の東洋医学に批判的な医者たちが、新たな治療理論に取り組み、新しい西洋医学への道に結びついていく。その中心に温泉治療の研究があり、ついには成分分析にまでたどりついていた。彼らの発言や文書が広まり、名湯、有馬や城崎の人気が浮沈を繰り返す。初めに書いた2成分の融合が当時の温泉の意味を、浮上させる仕掛けだ。

当時、3週間が温泉治療の基本単位とされた。今の医学でも妥当性をもつという。手軽さが、すべてではない。本も温泉も。

評・四ノ原恒憲（編集委員）

二〇〇七年七月一日❶

『族の系譜学　ユース・サブカルチャーズの戦後史』

人文

難波功士 著
青弓社・二七三〇円
ISBN9784787232731

太陽・クリスタル…「一人一派」へ

自分史を思えば、「族」になりそこねた半生であった。中学生の時には暴走族、高校生の頃はサーファーの友人が少なからずいた。大学生になるとクリスタル族は遠い東京の出来事だと憧（あこが）れつつも傍観し、むしろニューウエーブやカラス族に親近感を覚えた。少し上のモラトリアム世代の気分も分かるが、新人類やおたくと呼ばれた少し下の世代の言動にも共鳴する。結局、どの「族」の成員になることもなく、青春時代を通過してしまった。

太陽族、みゆき族、フーテン族、アンノン族……。戦後の日本にはさまざまな「族」が出没した。その後も、おたく、渋カジ、渋谷系、コギャル、裏原系など、さまざまなサブカルが流行する。本書は内外の研究史を総覧したうえで、11のユース・サブカルチャーズを対象に、階級・メディア・世代・ジェンダー・場所という五つの視角から分析を加え、初の通史を試みる意欲的な研究書だ。

著者は、バブル景気に向かう狂乱した世相のなかでコピーライターとして活躍した。その当時、抱いていたサブカルチャーへの思いが、メディア研究の専門家となって再燃する。本書の出発点には、権力への対抗運動であったサブカルチャーが、いつのまにか「サブカルチャー立国日本」の起点として肯定されるように読み替えられた、今日の「サブカル観」への強い違和感があるという。

著者は「族」から「系」への変化に着目する。「○○族」として括（くく）られる文化は、ある場所に集う若者たちが互いに成員と認め合うことで自律的に形づくられた。60年代、戦争世代と戦後世代との埋めがたい落差を背景に、社会通念からの離脱を実践する「○○族」が輩出した。しかし80年代には、世代間の意識の違いも薄れ、豊かさのなかで若者の誰もが消費社会を謳歌（おうか）するようになる。若者文化は希釈され、ドロップアウトという「裏返しのエリーティズム」も忘却された。

「若者であること」だけでは、特別の意味をなさなくなったのだ。90年代に登場する「○○系」など、それ自体が若者の曖昧（あいまい）さを意味する近年のユース・サブカルチャーズは、ファッション雑誌やマーケティングの専門家がくだす託宣によって認知される。若者は、「個」であっても「孤」とならないために、メディアが続々と供給する細分化されたサブカルチャー群から音楽やファッションなどの嗜好（しこう）を獲得する必要に迫られる。

もはやいかなるユース・サブカルチャーズも既視感があるほどに、現代文化の一部として定位置を確保した。いまでは、「より微細な諸派――極端に言えば、一人一派――に分枝」した若者たちは、「リモコンでテレビの番組を切り替えるように、ケータイで繋（つな）がる相手を選ぶように」いくつものユース・サブカルチャーを着脱している。

筆者は「族」から「系」への大転換を見通して、20世紀後半を「ユース・サブカルチャーズの時代」と総括する。高齢化が進展する21世紀、果たして「○○系」を担う今日の若者たちは、「一人一派」のままに齢（よわい）を重ねてゆくことになるのだろうか。

評・橋爪紳也（大阪市立大学教授）

なんば・こうじ　61年生まれ。関西学院大社会学部教授。専攻は広告論、メディア史など。著書に『「広告」への社会学』ほか。

二〇〇七年七月一日②

『フロイトの弟子と旅する長椅子』

ダイ・シージエ 著　新島進 訳
早川書房・一八九〇円
ISBN9784152088239　文芸

中国で姫救出へ、中年童貞爆笑道中記

中国系フランス語作家・映画監督シージエの第一長編『バルザックと小さな中国のお針子』(2000年)は、中国共産党のプロレタリア大革命がピークを迎えた1971年、ブルジョア的価値観の象徴たるヨーロッパ文学への検閲の眼(め)を盗むように、バルザックやスタンダール、フロベールなど禁断の書物を秘(ひそ)かに愛読し続ける若者たちの友情と恋愛を生き生きと描き出した傑作だった。映画版では、彼らの故郷の村が水没していくスペクタクルが感動的だった。

この第二長編も2003年に刊行されるや好評を博し、フランスを代表する文学賞フェミナ賞を受賞。舞台は現代、こんどは精神分析学者ジークムント・フロイトの本が禁断の書物扱いされている。

主人公の中年男・莫(モー)は、フランスでフロイト理論を学び中国に帰国した童貞で丸メガネの精神分析医。彼は大学時代からの想(おも)い姫・胡灿(フーツアン)が収監されているのを救うという、ドン・キホーテの夢想めいた野望を遂げるため、名馬ならぬ自転車をこぎ、凄腕(すごうで)の判事・狄建国(ディーチェンゴ)との取引を試みる。

想い姫は中国警察の拷問の場面を隠し撮りしてヨーロッパのプレスに売りさばいた疑いで、四川省成都の女子刑務所で判決を待つ身。莫はそんな彼女を釈放するために、判事に一万ドルの賄賂(わいろ)を差し出す。ところが判事がそれとひきかえに要求したのはカネではなく、まだ赤いメロンを割っていない娘、すなわち処女だった……。

かくして莫の長い旅が始まるのだが、道中、逃走中の精神病患者と取り違えられたり、三日三晩麻雀(マージャン)をやりまくったあげくいったん死亡した狄判事が蘇生する現場に立ち会ったり、老観測人にフロイトさえ驚くようなパンダの性科学を教わったりと、奇想天外な局面をくぐりぬけていく。管理社会を出し抜こうと必死になればなるほど、彼の歩みは爆笑を誘う。

デビュー作のセンチメンタル・ロマンスとは打って変わって、ここに見事なスラップスティック・コメディを書き上げた作者の技量と可能性は、すでに尋常ではない。

(原題、LE COMPLEXE DE DI)

評・巽孝之(慶應大学教授)

Dai Sijie　54年中国・福建省生まれ。71年から74年まで下放経験も。

二〇〇七年七月一日③

『パリスの審判　カリフォルニア・ワインVS.フランス・ワイン』

ジョージ・M・テイバー 著
葉山考太郎、山本侑貴子 訳
日経BP出版センター・二五二〇円
ISBN9784822245856　歴史／ノンフィクション・評伝

ワインを国際化した76年の試飲会

1976年、パリのイギリス人ワイン商スティーヴン・スパリュアの主催で、フランス・ワインとカリフォルニア・ワインとの比較試飲品評会が行われた。結果は、主催者を含めて誰もの予想を裏切り、赤・白ともにカリフォルニアが1位を占めた。「無個性な安ワイン」というカリフォルニア・ワインへの偏見を劇的に変えるきっかけとなったこの事件は、ワイン愛好家のあいだでは、よく知られたエピソードである。だが、その背景と意義、そしてなにより試飲会の現場がどのようなものであったのかを知るには、これまでまとまったものがなく、むやみに神話化されてきた。

本書は、この試飲会の現場にいた唯一のジャーナリストである著者による、この事件の総括である。叙述は、この試飲会で赤・白それぞれの1位に輝いたスタッグス・リープ・ワイン・セラーズのW・ウイニアルスキー、シャトー・モンテリーナのM・ガーギッチの2人の人生を軸に、密度の濃いインタビュー

が、群像劇仕立てのストーリーに昇華されており、実に読ませる。そして泣かせる。特にクロアチアの寒村出身のガーギッチの波瀾（はらん）万丈の半生には涙腺が緩む。

ワイン愛好家にはおなじみの葉山節の調子のいい訳文にノセられて、一気に最後まで読むと、登場人物それぞれのライフ・ヒストリーに、ワイン産業のグローバル化が刻印されているのがよくわかる。いまさらながらではあるが、これほど世界中でワインが飲まれ、これほど世界中でワインが作られるようになったのは、本当にこの30～40年間ほどのことなのだ。

パリ試飲会は、実は厳密な意味では百パーセントカリフォルニアの勝利であったと断言しえない面もあったが、高級ワイン産地としてのカリフォルニアの勃興（ぼっこう）は、この大きな流れのなかでは、むしろ必然であったといえよう。しかも変化の規模と速度は今日さらに上がっているのである。

読後には、喉（のど）が鳴るのをおさえられない。私も今夜は、ガーギッチ・ヒルズのシャルドネで晩酌にしよう。

（原題、Judgment of Paris）

評・山下範久（立命館大学准教授）

George M. Taber 当時、タイム誌記者。

二〇〇七年七月一日❹ 文芸

『父のトランク』

オルハン・パムク 著　和久井路子 訳

藤原書店・一八九〇円
ISBN9784894345713

「元の自分の何かを失う」心の痛み

昨年トルコ人として初めてノーベル文学賞を受賞したオルハン・パムクの、受賞講演を含む講演、対談録。

受賞数カ月前に邦訳が出版された代表作『雪』が、イスラーム主義の台頭やトルコ建国以来の欧化主義など、現代トルコの政治問題を扱ったものだったので、パムクには政治小説家のイメージがあるかもしれない。だが彼の魅力は、その文章の静謐（せいひつ）感、人と人との緊張感を淡々と描く語り口にあることが、本作で改めてわかる。訳も美しい。

表題ともなった受賞講演は、タイトルの印象からか、向田邦子が『父の詫（わ）び状』で描いた家族の風景が思い浮かぶ。作家として成功した息子に、自分の書いたものを詰めたトランクを控えめに差し出す父と、その中身を見ることを恐れる息子。

彼が恐れるのは、そのなかから父でない別の存在が現れてくるのではないか、と思うからだ。作家になったパムクは、ものを書くとき、いかに日常生活や社交や温かい家族の団欒（だんらん）から切り離されるかを知っている。だが息子としての彼は、父が孤独を感じていたと思いたくない、家庭人としての父でいて欲しい、との気持ちが交錯する。濃密ではないが、家族、故郷イスタンブール、トルコの社会と伝統への愛が、文章の端々にひっそり現れていて、胸を打つ。

『雪』が描いた政治の世界が、彼の作品のなかでは例外的だとはいえ、本作でも西欧との関係への問題意識は、鋭く指摘される。パムクの作品のなかにしばしば浮かびあがる、自分のいる世界が「中心ではない」という感覚は、西欧にとって最も近い「他者」であるトルコ出身ならではの感覚だろう。「西」と「東」の問題は、「貧しい東の国々が、西欧やアメリカが言ったこと全（すべ）てに頭を下げるという意味になる」という指摘は、『雪』のなかでも登場人物の一人に語らせていることだ。

「西」と「東」の文明のどちらがいいかではなく、新しいものを受容したときに「元の自分の何かを失う」、それを心の痛むこととして描き続けているのが、パムクの変わらぬ魅力だろう。

（原題、My Father's Suitcase）

評・酒井啓子（東京外国語大学教授）

Orhan Pamuk 52年生まれ。既訳書に『わたしの名は紅（あか）』『雪』。

『未完のレーニン　〈力〉の思想を読む』

白井聡 著
講談社選書メチエ・一五七五円
ISBN9784062583879　歴史／ノンフィクション・評伝

「純粋資本主義」の時代に存在問い直す

今日、レーニンの名前は、ソ連崩壊に伴って引き倒された偶像としてか、偶像破壊の喜びの種子としてしか人々に知られていない。その情況で「レーニンとは誰か」を考えるのは反時代的だろうか。

そう若々しく問いかけるのが、この意欲的な一冊の出発点である。解読されるテキストは、『何をなすべきか?』（一九〇二）と『国家と革命』（一九一八）。通説では、前者は職業革命家によって構成される前衛党の樹立を「傲慢（ごうまん）に」主張した論文であり、後者は、プロレタリアート独裁とそれに続く国家の死滅を展望した「理想主義的な」著作。一見相反するかのようなレーニンの思考様式を「革命の現実性」という《力》の躍動として一元的に読解する視角が貫かれている。

書評子のような旧世代がまず感歎（かんたん）するのは、見事なまでのシガラミのなさである。本書で探求されるテーマは、かつて左翼派学習会の聖典とされたレーニンの権威とも、酷薄な権力主義の化身と非難されたレーニン像とも完全に切れた、まっさらな革命思想家の復顔術といえようか。

旧世代には「眼（め）からウロコ」というより「眼が点」の思いがなくもないが、レーニンを理解するためにフロイトを招喚する方法が大胆な構図を取って差し出される。等しく「抑圧されたもの」の対象化として、レーニンにおける「プロレタリアート」は、フロイトにおける「無意識」に対応する。たとえば、レーニンがロシア近代知識人を民衆崇拝のトーテミズムから切り離して実現したのは「マルクス主義の一神教化」だったという具合である。

レーニンのロシア革命は、一九九一年のソ連崩壊で劇的に終焉（しゅうえん）した。世界資本主義は対抗原理を消失させた結果、日本の総中流社会壊滅が示すごとく、「純粋資本主義を世界中で全面的に導入する」事態を迎えている。レーニンは逆説的に「アクチュアルな存在」になったと見るのが著者の執筆モチーフだ。

振り出しに戻ってレーニンを読む時代が訪れたらしい。新世代の開花度を占う標準木の感がある初仕事だ。

評・野口武彦（文芸評論家）

しらい・さとし　77年東京都生まれ。日本学術振興会特別研究員。

『〈病〉のスペクタクル　生権力の政治学』

美馬達哉 著
人文書院・二五二〇円
ISBN9784409040867　医学・福祉

健康ブームにわく社会に〝挑戦状〟

先ごろ発表された07年版「障害者白書」によると、精神障害を持つ人の数ははじめて300万人を超えたそうである。とくに、いわゆる躁鬱（そううつ）病などの「気分障害」の増加が目立っている。こういった報道を目にすると、私たちはすぐに「現代はストレス社会だ」「政府は真剣に心の健康問題に取り組め」などと口にする。そして、評者のような精神科医は、この種の恐ろしい病を治療できる「心の専門家」などと呼ばれる。

しかし、本書を読むと、こういった言説の背景には実にさまざまな意図や決めつけがうごめいていることがよくわかる。それは、健康はなくてはならないもので、少しでも健康でない状態は病気という悪であり、そしてその病気は医療の進歩や社会の努力で完全に治療や予防ができるはずだ、といった一連の発想だ。また、健康を個人の正しい選択の結果と考える人たちは、「心の病は、ストレス解消の義務を怠った者の自己責任」だと主張するかもしれない。

医学を学び、現在は現場からは少し離れた

ところにいる著者は、新型肺炎SARS、鳥インフルエンザ、エイズ、がん、ストレスなどの現代人にとっての最大の恐怖をひとつひとつ取り上げながら、その背後に働く政治的な力を丹念にあぶり出していく。たとえば「ストレス」をめぐっては、現代の「勝ち組」に典型的な前向きで合理的な考え方の持ち主が「ストレスに強い人」とされる評価尺度がある一方で、そういう人は「タイプA性格」なのでストレスが多い、とする説もある。この背景にあるのは、「人はストレスから身を守るために勝ち組を目指すべきだが、それが実現した暁には医療的ストレスケアをどうぞ」という複雑な政治学なのだ。

本書は、「病とは、自然科学的事実ではなく、特定の社会的文脈のもとで構築されたスペクタクルだ」とまで言い切る著者が、健康ブームにわく社会に突きつけてきた〝挑戦状〟だ。現代を生きる私たちには、「健康の増進に努める義務」と同時にこの著者の問いかけに答える義務もあるのではないだろうか。

評・香山リカ（精神科医）

みま・たつや　66年生まれ。京大医学研究科助手。臨床脳生理学、医療社会学など。

二〇〇七年七月一日 7　文芸

『花降り』

道浦母都子 著

講談社・一八九〇円　ISBN9784062139908

女性詩人だけではなく、女性の歌人も小説を書く。これは道浦母都子（もとこ）がはじめて描いた長編小説である。

二十三編の短章の冒頭に一首ずつ歌が引用され、物語と微妙に照応する仕組みも効果をあげている。

四十代の初めに夫を亡くし独身となった佐紀は、中学校の同窓会で再会した邦彦と、年賀状を介して約束し、年に一度、桜の名所を訪れている。かれは単身赴任で奈良の社宅に住み、佐紀は毎朝、マンションから生駒山（いこまやま）を眺めては、その日の吉兆を占う。中学二年で同級生だった邦彦こそ初恋びとで今も好きなのに、桜狩りの時だけが純粋な愛の時間だと佐紀はおもいこもうとしている――。

この設定からもわかるように、これは今どきの「泣ける」甘口小説とはちがうのだ。大人の女性が読むのにふさわしい恋愛小説ともいえようか。

甘口どころか大甘だ、と肉体派の訳知りはいうだろう。たしかに邦彦へ語りかける形式が、抒情（じょじょう）をやや過剰にしているし、佐紀の夢の描写にも問題がある。しかし、この作品は桜の美を中心に据えた、愛の歌物語なのだ。著者自身の巻末の一首「ただ一度この世を生きて自らのいのちと思う一人に会いぬ」という秀歌に昇華されてゆくまでの。

評・杉山正樹（文芸評論家）

二〇〇七年七月一日 8　ノンフィクション・評伝

『木暮実千代　知られざるその素顔』

黒川鍾信 著

NHK出版・一九九五円
ISBN9784140811948

木暮実千代。田中絹代や高峰三枝子らとともに日本映画のオールドファンには懐かしい美人女優の一人であるに違いない。

映画はテレビの登場によって昭和33年をピークに斜陽化するが、いまDVDなどの発達でかつての日本映画も茶の間で盛んに見られているという。200本を超える作品に出演した木暮実千代の映画もそうらしい。

本書は木暮実千代の甥（おい）である著者が、愛情を傾けつつも、戦前・戦中・戦後の叔母の女優人生を親族との葛藤（かっとう）もまじえつつズバズバと活写してゆく。

昭和25年、監督・溝口健二の「雪夫人絵図」が封切られた。ところが当時は淫（みだ）らな作品としてすこぶる評判が悪かった。しかし主演の木暮は「きれいだった」と褒められて上機嫌だったという。

また、どの映画に出演するかなど、見えざるところで火花を散らした最大のライバル、高峰三枝子と、いつの間にか心が通い合うようになったりもする。

木暮は平成2年に死ぬが、今年、「文芸春秋」企画の「昭和の美女ベスト50」には名前がなかった。著者は「完全に〝老兵〟になって消えてしまった」と、現実を淡々と書く。木暮実千代が親しみをもって近づいてくる一冊である。

評・前川佐重郎（歌人）

二〇〇七年七月一日⑨

『働きすぎる若者たち　「自分探し」の果てに』

阿部真大 著
NHK出版　生活人新書・七三五円
ISBN9784140882214
社会／新書

「好きなことを仕事にしてしまった」がためにワーカホリック（仕事中毒）になっていくバイク便ライダーたちの姿を描いた『搾取される若者たち』で話題を集めた、新進気鋭の社会学者の2冊目の単著。今回はケアワークに従事する「優しい女の子たち」が主人公である。

「利用者本位」のユニットケアの現場では、よりよいサービスを行うために、より長い時間利用者と一緒にいなくてはならない。しかし、そうやって相手のことを知れば知るほど、やるべきことが見えてきてしまうため、「サービスが限りなくエスカレート」してしまう。そして、このハードな仕事の報酬は決して高いとは言いがたい……。働きすぎでバーンアウト（燃え尽き）する若い働き手が少なくない所以（ゆえん）である。

こうしたケアワーカーの置かれた状況を打破すべく著者が提言するのは、ボランティアと連携した「やりがいを満たす集団ケア」だ。「それでは逆戻りなのではないか」「それよりもまず専門性を確立すべきだ」と思われた方は、ぜひ本書を手にとってみてほしい。「働くこと」をめぐる著者の豊かな社会学的想像力にきっと触発されるはずだ。

評・北田暁大（東京大学准教授）

二〇〇七年七月一日⑩

『『洋酒天国』とその時代』

小玉武 著
筑摩書房・二五二〇円
ISBN9784480818270／9784480428585（ちくま文庫）
社会

昭和30年代、寿屋（現・サントリー）が発行したPR誌『洋酒天国』は、豪華な執筆陣による博学、ウンチクの数々、ひねったユーモアやエスプリで人気を呼んだ。宴会ではなく個人で飲むという飲酒文化の変化だけでなく、雑誌メディアの多様化も先取りしていた。

著者は後期に編集部にいた。個人的な体験や数々の資料からこの雑誌の魅力のみなもとをふりかえった。

おうような2代目経営者佐治敬三、創刊からの発行人だった〈雑誌狂〉開高健に始まり、山口瞳、柳原良平、植草甚一、薩摩治郎八、埴谷雄高、山本周五郎ら、関係した多彩な人々の紹介から酒場文化の変遷まで縦横に筆は広がる。カウンターで年配の紳士から英雄列伝を聞くような味わいだ。

背景には、「暮しの手帖」の花森安治と共通する佐治の新たな生活文化づくりの思想があったという。しかし、あくまでも「メンズマガジン」、天国は男性に開かれていた。アフターファイブが男女で分けられたことは現在にも影響していそうだ。いずれにしろ、高度経済成長前にあった人間関係の濃厚さや夢や欲望、志に引きこまれた。全61号の総目次だけでも想像が刺激される。

評・由里幸子（前編集委員）

二〇〇七年七月八日①

『植物と帝国　抹殺された中絶薬とジェンダー』

ロンダ・シービンガー 著
小川眞里子、弓削尚子 訳
工作舎・三九九〇円
ISBN9784875024019
歴史／科学・生物

植民地支配で知識が失われた謎追う

万有引力やら二重らせんやら、なにか知識の起源はありふれた問いの対象だが、逆に無知の起源が問われることはあまりない。そもそも不在を問うことは一般に難しいが、それ以上に、知識というものが自動的に普及するものではないことを、ひとは忘れがちなのだ。知識は、秘匿され、抑圧され、歪曲（わいきょく）され、あるいはまたそれが知識であることが認知されず、内容が理解されず、伝わるべきひとに伝えられずに消失したりする。知識の供給と需要のあいだに、理想的な自由市場のごとき透明で円滑な交換の体系は存在しない。

本書の主役は、18世紀、カリブ海からヨーロッパにもたらされたオウコチョウ（黄胡蝶）という植物だ。赤や黄色の花が美しいこの植物は、広く中絶薬として用いられていた。だが、その薬草としてのオウコチョウの知識はヨーロッパには普及しなかった。オウコチョウ自体は観賞用として普及したのに、である。

なぜなのか。著者はその背景に三重の植民地支配の作用を見据え、薄皮を一枚ずつ剥（は）ぐかのごとき手つきで謎に迫る。

第一の植民地支配は自然に向けられたものだ。重商主義たけなわのこの時代、ヨーロッパ諸国にとって、植民地の植物は、薬品や香料、染料などとして高値で取引される「緑の黄金」であり、他国を出し抜いてそれを本国にもたらせば、盗賊でも英雄であった。生物資源の知的所有物としての囲い込み競争は、今日に始まったものではない。

第二の植民地支配は先住民や奴隷たちに向けられたものだ。その象徴は、近代植物分類学の父カール・リンネ。植民地の植物には、ヨーロッパ人に「発見」されるまでもなく、現地での呼称があり、その呼称のもとに先住民や奴隷たちはその植物に関する土着の知識を保持していた。しかしリンネはその一切を無視し、ラテン語による画一的な学名を上書きして消去してしまう。知識の消去は経験の消去であり、究極的には存在の消去につながる。科学の普遍性と暴力性とのあいだは紙一重なのだ。

第三の植民地支配は女性に向けられたものだ。人口を制御しようとする権力の欲望は、女性の身体をその管理下におこうとする。中絶が次第に違法化され、出産が医学化される。薬草を使いこなす産婆は、金属製の鉗子（かんし）や鉤針（かぎばり）を使う産科医（男性外科医）にとってかわられた。植民地の女性奴隷の中絶は、酷（むご）くも厳しい追及を受ける。それが奴隷供給のストライキの意味をもったからである。

推論を重ねつつ、最後に著者はこう示唆する。オウコチョウの薬効に関するヨーロッパ人の無知は「女性の出産をコントロール」する権力をめぐる長期的な闘争から派生したものだと。大西洋の両岸をまたいで展開したこの闘争の中で、自然に関する土着の知識は、一方で権力の都合によって選択的に摂取（というか略奪）され、他方で抵抗のために秘匿された。両者のあいだに口を開いた歴史の隙間（すきま）に、中絶薬としてのオウコチョウは滑りおちていった。知の帝国主義の闇の襞（ひだ）に触れる力作である。

（原題、Plants and Empire : Colonial Bioprospecting in the Atlantic World）

評・山下範久（立命館大学准教授）

Londa Schiebinger 米スタンフォード大学教授、同「女性とジェンダー」研究所所長。『女性を弄（もてあそ）ぶ博物学』など。

二〇〇七年七月八日❷

『ミノタウロス』

佐藤亜紀 著

講談社・一七八五円
ISBN9784062140584／9784062766517（講談社文庫）

文芸

「荒野」の果てになお残る情動の振幅

舞台は、二十世紀初頭、ロシア革命前後の、内戦が続くウクライナ。作者の得意とする題材で、冒頭から引きこまれる。主人公／語り手は、奇妙な経緯から地主に成り上がった男の次男、ヴァシリ・オフチニコフ。教養高く、世の中を舐（な）めてはいるが、自分のような息子たちはみな、「同形の金型から鋳抜かれた部品のように」「取り替えがきく」のだと自覚している。後半部では、父の死後、兄の命と土地財産を失い、ドイツ兵のはぐれ者たちと殺戮（さつりく）、略奪を繰り返すさまが、センセーションを排して描かれる。

作品が向かうのはどこか。戦争のおぞましさや、人心に巣くうミノタウロス（獣心）を書くことか。そういう副次的な効果もないではないが、目指すは「エンパシー（感情移入）ゼロ地点」とも言うべき地平ではないか。古典的な一人称小説では、多少なりとも「私」の眼（め）が他人の内面に焦点をあわせ、心情を映しだす。しかしヴァシリは他人へのシンパシーが皆無であり、語り手としては、他の登場人物へのエンパシーがないに等しい。全編「　」で括（くく）られた会話一つ出てこないのだ。どの人物にも寄りつこうとしない、荒野さながらのドライな叙述が渺々（びょうびょう）と続いている。

佐藤氏による、小説を読み書くための実践書『小説のストラテジー』から引くと、メロドラマの目的は「最大の振幅」だという。天上に昇らんとして墜（お）ちる。奈落から這（は）いあがる。メロドラマでは「人は笑うのではなく哄笑（こうしょう）し……意地悪をするのではなく破滅させ」る。まさに本小説ではそういう事態が次々と出現するのだが、エンパシーを無化した語り手を通すと、なんの感傷的「振れ」も起こらないのが見事だ。

しかし、である。ヴァシリの上をいくのは、母親の操り人形だった兄。神性の一つがアパテイア（不動心）であるなら、神々しいまでの無感覚だ。この兄を見るときのみ、ヴァシリにごく微量のエンパシーが交じるのを感じた。乾いてなお残る人間の情動というものに、読後、深く胸をつかれた。不毛の荒地が小説の豊饒（ほうじょう）を生む。

評・鴻巣友季子（翻訳家）

さとう・あき　62年生まれ。作家。03年、『天使』で芸術選奨新人賞。

『梶山季之と月刊「噂」』

梶山季之資料室　編

松籟社・二四一五円
ISBN9784879842527

ノンフィクション・評伝

36年前の創刊号、熱い息づかい今も

ひさしぶりに面白い雑誌に出会った。各号の目次を見ているだけでワクワクしてくる。『なぜ大新聞は週刊誌を目の敵にするのか』『アマ・スポーツは新聞が堕落させた？』『NHKが民放なみに視聴率を気にする理由』『なぜ日本では犯人射殺が少ないか』『一カ月で三倍になる絵画ブームのカラクリ』……いまどきの新書も交じっているんじゃないかと錯覚してしまいそうなイキのいいタイトルの記事は、じつはすべて30年以上前の月刊誌『噂（うわさ）』に掲載されたものである。

当代随一の流行作家だった梶山季之（かじやまとしゆき）が私財を投じて『噂』を創刊したのは、1971年のこと。本書『梶山季之と月刊「噂」』は、題名どおり、創刊の経緯から経営・編集の舞台裏、1974年の休刊までを、夫人や当時の編集長らがまとめた一冊である。後半には創刊号がまるごと再録され、また掲載広告の一覧表もつくられるなど、書誌的にも貴重な労作だが、それ以上に、関係者の証言から浮かび上がる梶山季之の創刊に向けての情熱や雑誌そのものの持つ熱に圧倒される。書評者の立場を離れて告白すると再録された創刊号を、僕は最近のどの雑誌よりも夢中になって読んだ（特に「文壇葬儀係」の異名を持つ編集者と梶山との対談は絶品）。記事の内容はもとより、座談会や対談を多用した誌面や作家の生原稿を掲げた表紙（創刊号は柴田錬三郎）からほとばしる「声」や「息づかい」にすっかり魅せられたのだ。

梶山は『噂』の経営のために原稿のさらなる量産を強いられ、休刊間もない1975年に急逝した。金銭的にも肉体的にも、あるいは精神的にも負担の大きかった『噂』がなければ、梶山はライフワークの『積乱雲』を完成していたかもしれず、のちの文学的評価も違っていたかもしれない。だが、流行作家を「流行（はや）りの作家」ではなく「流れ行く作家」と読み替えたとき、小説誌や週刊誌と共に疾走した梶山の凄（すご）みは、『噂』の存在によっていっそうの輝きを放つはずだ。雑誌もひとの「噂」も、常にとどまることなく流れ行くものなのだから。

評・重松清（作家）

執筆、編集は、フリーライターの高橋呉郎、ノンフィクション作家の橋本健午ら。

二〇〇七年七月八日⑤

『言語学者が政治家を丸裸にする』

東照二 著
文芸春秋・一七〇〇円
ISBN9784163692302

政治／人文

人心も選挙も制す 言葉の力を分析

不見識な発言で、先日も閣僚が辞任したばかり。政治家の発言が軽くなっていませんか、と思っている人は多いことだろう。政治家のスピーチには辟易（へきえき）、と思っている人も大勢いるにちがいない。

私もその口だけれども、では有権者が重いスピーチを求めているかといえば、そうもいえない。小泉政治の5年半を思い出せば、あの語り口が人気の源だったことはだれも否定できないだろう。石原都知事しかり、東国原宮崎県知事しかり。言葉を制する人が人心を制し、ひいては選挙をも制す。よくも悪くも、いまはそういう時代なのだ。

だとすると、集客力のあるスピーチとはどんなものなのか。『言語学者が政治家を丸裸にする』は、小泉前首相と安倍現首相を中心に政治家の言語表現力を吟味した本。言説内容には関知せず、表現のスタイルだけを分析する。

たとえばA氏とB氏が同じ演説の場に立ったとしよう。

A「＊＊市の皆さん、こんにちは。今日はこのいいお天気の日曜日に、凸山凹男がんばれという温かいお気持ちで駅前にお集まりいただきましたことを、厚く厚く御礼申し上げる次第であります」

B「いやあ、いっぱいですね。ありがとうございます。外にも会場に入りきれないのかな、大勢の方が立っておられるようです。本当にありがとうございます。凸山さん、よろしくお願いします」

演説の定型にはまったAは安倍式、のっけから聴衆を巻き込むBは小泉式。この2人の話し方は対照的なのだ。

話し言葉には、情報中心のリポート・トークと情緒中心のラポート・トーク、二つの面があるという。聴衆は情報より情緒を好むが、情緒だけでもだめで、要は二つを巧みにスイッチする能力が必要だってことらしい。

著者の分析はいちいちごもっとも。「～あります」「～です」「～思います」といった文末表現の変遷史も、田中角栄や竹下登ら歴代首相の癖をとらえた章もおもしろい。だけど爽快（そうかい）な読後感といえないのは……本じゃなくて政治の責任かな。野党政治家の分析ももう少し読みたかった。

評・斎藤美奈子（文芸評論家）

あずま・しょうじ 56年生まれ。米・ユタ大教授、立命館大教授。専門は社会言語学。

二〇〇七年七月八日⑥

『銃後の中国社会 日中戦争下の総動員と農村』

笹川裕史、奥村哲 著
岩波書店・二八三五円
ISBN9784000234399

歴史

戦時動員される民衆の姿を描く

本書が描く日中戦争で抗戦する中国の姿は、衝撃的なものだ。これまでの説では、日本の侵略によって中国民衆の中に民族主義的な自覚が生じ、中国共産党や国民党は、盛り上がるナショナリズムに依拠して抗日戦に勝利したというものだった。しかし本書で描かれたのは、ナショナリズムの熱狂には無縁のまま、むりやり戦時動員される中国の民衆像なのである。日中戦争期には中国の国民国家は形成途上で、いまだ国民国家に包摂されない民衆が数多く存在していたのである。

本書の舞台は、国民政府の臨時首都重慶がある四川省だ。国民政府は、お膝元（ひざもと）の四川省から多くの兵士を徴兵し膨大な食糧を徴発した。だが中国では、それまで徴兵制が施行されておらず、食糧徴発の割り当ての基礎となる土地台帳もしっかりしていなかった。もともと国家との一体感の乏しい地域社会に対し、強引に徴兵や徴発がおこなわれるのだから、それは極めて暴力的な形を取ることになる。

そこでは徴兵逃れが頻発する。そのため徴兵は、逃亡しないように寝込みを襲って兵営に連行する拉致同然の行為となる。反対に搬送される食糧が、数多くの飢民の群れに襲撃されて強奪されたりもする。徴兵と徴発を担当する末端行政官は、地元有力者を優遇する不正をおこない、徴発の割り当てをめぐって地域間の利害対立も表面化する。

　中国近現代史研究者である著者たちが用いたのは、台湾の国民政府や四川省の行政文書の中にあった、地域の民衆からの訴状や陳情書などである。それは下積みの者に負担が転嫁される、矛盾だらけの戦時動員の実態を告発するものだった。そして戦時下で大地主や有力者が甘い汁を吸うことへの反発が、共産党への支持を高めたという。

　抗日戦争は中国にとって、不可避な防衛戦争だった。しかしここには、国家の戦時動員政策にさらされた、底辺の弱者から見える世界の姿がある。それは過去の中国にとどまらず時代と地域を越えて、今日の世界の紛争地域にも共通する、戦争する国家の問題を示しているといえよう。

評・赤澤史朗（立命館大学教授）

ささがわ・ゆうじ　埼玉大教授。
おくむら・さとし　首都大学東京教授。

二〇〇七年七月八日⑦

『謎とき徳川慶喜　なぜ大坂城を脱出したのか』

河合重子 著　草思社・二三一〇円

ISBN9784794215987　ノンフィクション・評伝

　政治家はよく「歴史の判断を仰ぐ」という。後世から毀誉褒貶（きよほうへん）を受けるのは、歴史に名を残すほどの人間の宿命だ。やはり何といっても歴史を読む楽しみは、ああだこうだの人物評論に止（とど）めをさす。

　この一冊はみずから「慶喜贔屓（びいき）」と名乗り、「ずっと慶喜のことをしらべ、彼ひとりを見まもりつづけてきた」慶喜ウオッチャーの筆になる評伝である。

　徳川家最後の孤独な将軍を世の論告から守るべく、筆鋒（ひっぽう）の薙刀（なぎなた）を揮（ふる）う面持ちがあり、なまなかの反論を寄せ付けない気魄（きはく）が漂う。

　歴史法廷での審判は、旧幕臣による晩年の慶喜へのインタビュー『昔夢会筆記（せきむかいひっき）』の発言を証拠採用し、すべて好意的に解釈して、《疑わしきは慶喜の利益に》という手続きで進む感がなくもない。

　大政奉還・王政復古・鳥羽伏見の戦いと来て、大坂城からの悪名高い《敵前逃亡》についてだけは、「さすがの慶喜贔屓にも言葉がみつからない」と論評せざるを得ない。評伝のいちばんつらい所である。

　それでも許してもらえるのだから慶喜は幸せ者だ。江戸に逃げ帰った慶喜が朝敵にされた不運を「立て板に水」で弁明するのを聞いて助けてやる気になった皇女和宮の境地だろうか。

評・野口武彦（文芸評論家）

二〇〇七年七月八日⑧

『スコット・ジョプリン　真実のラグタイム』

伴野準一 著

春秋社・二四一五円

ISBN9784393935125　ノンフィクション・評伝

　1973年の映画「スティング」以来、黒人作曲家スコット・ジョプリン（1868年〜1917年）は、ラグタイムの名曲「エンタテイナー」のメロディーとともに、一躍有名になった。しかし、じつのところ、世紀転換期に一世を風靡（ふうび）したラグタイムは、1917年のジョプリンの死を境にいったん廃れ、1920年代のジャズ・エイジからこのかた、しばらく忘れられては時折息を吹き返すというサイクルを、くりかえしてきたにすぎない。

　その過程で、当初こそ売春宿などで演奏されていたがゆえに低級扱いされていたラグタイムは、やがて黒人以上に白人が愛しアメリカの誇りとする音楽と化す。今日では、ミズーリ州セデーリアにて毎春「ラグタイム・フェスティバル」が開かれているが、それを支えるのも主に白人の高齢者だという。

　著者は、かくも皮肉なラグタイム発展史を解明するのに、アメリカ黒人史と音楽史をしっかりふまえてかかる。ジョプリン最後のオペラ「トゥリーモニシャ」の分析から、ピアニストとしての技量と梅毒感染とのかかわりの推測に至るまで、本書は広範な調査力と鋭利な批評力に貫かれた評伝であるとともに、異色のアメリカ紀行としても楽しい。

評・巽孝之（慶應大学教授）

二〇〇七年七月八日⑨

経済／医学・福祉

『成果主義とメンタルヘルス』

天笠崇 著

新日本出版社・一六八〇円
ISBN9784406050418

今や教育現場にまで導入されようとする勢いの市場原理。その柱ともいえる成果主義制度は、職場ではすっかりおなじみのものとなった。しかし最近、この制度の弊害も指摘され始めている。本書は、成果主義に精神医学からスポットをあてて、その負の側面を浮き彫りにしようとした意欲作。

精神科医から見た成果主義の弊害とは、この制度が労働者に新たなストレスを与え、うつ病などの精神疾患や過労死を引き起こす、というものだ。長く臨床に携わる筆者は、「労働者のみならず産業医まで長時間労働を強いられる職場」「徹夜はあたりまえという環境の中でうつ病になったIT技術者」といった実例をあげながら、成果主義導入後の職場の実態を明らかにしていく。さらに、成果主義と「心の病」の因果関係をはっきりさせるため、考察を重ねる。

このあたり、一般の読者としては「成果主義は心に悪い」、とはっきり言ってほしいというところだと思うが、医学者である著者はあくまで感情的にではなく科学的視点でこの問題を解明したいのだろう。しかし、抑えた文体の後ろに流れているのは、経済効率ばかりを優先するいまの社会への怒りと労働者たちへの支援の熱い感情である。

評・香山リカ（精神科医）

二〇〇七年七月八日⑩

科学・生物／国際

『中国環境ハンドブック　2007―2008年版』

中国環境問題研究会 編

蒼蒼社・三二五〇円
ISBN9784883600694

中国の環境エネルギー問題に興味がある人、手を挙げて！　水不足や大気汚染、温室効果ガスの排出に黄砂の飛来、さらには石油を求めての対外進出等々、中国の高度成長に伴って環境とエネルギーの領域で多くの問題やあつれきが生じているのは周知の事実だ。

本書は、26人の専門家が分担執筆し、中国のほとんどの環境エネルギー問題について網羅的に解説した百科事典的な書籍。2年前に出版された05～06年版以来の最新動向がカバーされていることに加え、圧巻は全体533ページの3分の2を占めるデータ・資料編だ。環境状況公報から法律、統計、中国及び日本のNGOの活動、各国及び国際機関による対中環境協力、そして年表に文献リストまで、至れり尽くせりの情報が詰まっている。

著者たちは、客観的なデータを提供する一方で、問題解決のための熱い気持ちと冷静な思考の必要性を説く。無論、中国政府も手をこまねいているわけではない。風力や太陽熱利用などエネルギー源の多様化に取り組むほか、今後は外国企業にも一層の環境対策を要求してくることだろう。そこで本書には、日系企業へのアドバイスまで載っている。その周到さには脱帽するほかはない。

評・高原明生（東京大学教授）

二〇〇七年七月一五日①

科学・生物

『ゲッチョ昆虫記』

盛口満 著

どうぶつ社・一五七五円
ISBN9784886223364

『糞虫たちの博物誌』

塚本珪一 著

青土社・一九九五円
ISBN9784791763474

虫を愛する人々の生態を楽しむ2冊

世の中には「虫屋」と呼ばれる人たちがいる。たいていは趣味の昆虫採集家で、職業としての虫屋はそれほど多くないようだ。

これに対応する言葉としては、たとえばバードウオッチャーを鳥屋と呼ぶこともあるが、いささか違和感がつきまとう。まして、「釣りバカ」が魚屋と呼ばれることはない。このことからも、世における虫屋という存在の特異性がわかる。

『ゲッチョ昆虫記』の著者ゲッチョ先生（出身地である千葉県館山市の方言でカマキリとトカゲを指すカマゲッチョに由来するあだ名）自身は虫屋ではなく、単なる虫好きなのだそうだ。虫屋とは、「いかに採りにくい虫（「珍虫」と呼ぶ）を自らの手でものにするかということに、血道を上げる」人なのだとか。

虫好きの子供たちの尊敬を集める虫屋には「昆虫ハカセ」（虫キングではない）という寺

別な呼称も用意されているらしいが、ゲッチョ先生に言わせれば、それはあくまでもイメージだけの存在で、誰もその実像を知らない。

虫好き自然好きが高じたゲッチョ先生は、教職をなげうって埼玉から沖縄に移住した。そこで虫屋のお師匠様と出会い、さらには古今東西の本物の「昆虫ハカセ」たちに興味を持つ。この本は、虫好きでも虫屋好きでもない人も楽しめる愉快な昆虫記である。

ここで言う昆虫ハカセは、新種の昆虫を発見し、名前を付けてしまうような人たちのことだ。ただし、新種はそう簡単には見つからない。特にチョウなどは、チョウ専門の虫屋が多いことから、ほとんど絶望的である。

しかし、これまでに名前が付いている昆虫はおよそ77万種だが、現在の地球上には多く見積もって3千万種、少なく見積もっても数百万種の昆虫がいるというから、マイナーな種類や秘境を目指せば、新種発見も夢ではない計算になる。

しかし、見つけた虫が新種かどうかを見分けるには、専門的な知識が必要である。ゲッチョ先生は、サンゴ礁にすむ体長1ミリ程度のハネカクシという昆虫（海にも昆虫はいるのだ！）を採集するのだが、それが新種かどうかは昆虫ハカセの鑑定を待つしかない。はたして新種は見つけられたのか？

一方、海にすむ昆虫もいれば、動物の糞（ふん）を食べる昆虫もいる。糞虫（ふんちゅう）（虫屋はこれをクソムシとも呼ぶ）と総称される甲虫類である。『糞虫たちの博物誌』は、筋金入りの糞虫屋さんが語る里山の博物誌である。

この本を読んでいておかしいのは、大の大人がイヌやシカやサルの糞をほぐしては、目当ての糞虫を見つけると「いました！」「それだ！」「おめでとう」と喜び合う光景である。虫屋の宴会では、およそ「虫」の話以外は出ないというのもおもしろい。

しかし、虫をめぐる状況は愉快なことばかりではない。本来の自然が失われつつあるほかに、人為的な移入種が日本の固有種を脅かしている。せめてもの救いは、自然の多様性に熱狂し熱い思いを語る虫屋あるいは虫好きが絶滅危惧（きぐ）種にならないことだろう。

評・渡辺政隆（サイエンスライター）

もりぐち・みつる 沖縄大准教授。
つかもと・けいいち 北海学園北見大・平安女学院大元教授。

『廃帝綺譚（きたん）』
宇月原晴明 著
中央公論新社・一六八〇円
ISBN9784120038327／9784122053144（中公文庫） 文芸

正史を背景に 奔逸する「密」の歴史

この連環のようにめぐる四篇（へん）の物語が閉じられた時、読者は、日本の歴史に「顕（けん）」と「密（みつ）」の両面があることを知らされる。そればかりか世界史の裏側へも水面下の回廊が通じていることを。

元末の順帝、明初の建文帝、明末の崇禎（すうてい）帝、そして本朝の後鳥羽院。これら四人の廃帝、意に反して玉座を追われた帝王の物語に西暦の紀年が記入されていないのは、「密」の歴史に年代記的時間は流れないという覚悟だ。

前作『安徳天皇漂海記』で安徳幼帝をくるんで東アジアの海を漂流した「琥珀（こはく）の玉」は、本書でも各篇の《しかるべき時》に顕現する。そのタイミングは悲運に陥った帝王の危難を救うだけでなく、もっと深い歴史の秘密を示すかのようだ。奔逸するファンタジーの背景には、しっかり読み込まれた正史が影絵のようにデッサンされている。

作者の幻想史観を貫くのは《玉の秘義》とでもいうべき摂理である。皇室に伝わる三種の神器は「顕の神器」であり、それよりもなお貴い「密の神器」がひそかに存在していた。記紀神話は、天地初発の時、イザナギ・イザナミが最初に生んだクラゲのような蛭子（ひるこ）を海に流したと言い伝える。作者が大化の改新の戦火からよみがえらせた蘇我氏の『国記（くにつふみ）』の伝承によれば、歴代天皇の玉体を蔽（おお）う「真床追衾（まとこおうふすま）」は、その蛭子の残身であるという。奇瑞（きずい）をなす「琥珀の玉」の正体である。

隠岐に流された後鳥羽院の手に入ったのは、もう一つの「密の神器」たる「淡島の小珠（しょうじゅ）」だ。やはり原初、蛭子の次に生まれたが子のうちに数えられなかったモノである。時空を超えて呼び交わす二つの玉。もしかしたら、歴史とはこれら陰陽両極の放電から生じる現象なのではないか。

後鳥羽院は、蜜の光を放つ玉の幻景に宿命のライバル源実朝の首を見る。『金槐集』の名歌「大海の磯もとどろに寄する波破（わ）れて砕けて裂けて散るかも」と歌合わせをしたいという妄執が起こる。この帝王歌人が生命力を傾け尽くして一首を呻（うめ）き出すクライマックスは圧巻だ。どんな歌かはここでは明かせない。

評・野口武彦（文芸評論家）

うつきばら・はるあき　63年生まれ。作家。『安徳天皇漂海記』で山本周五郎賞。

二〇〇七年七月一五日❸

『ジャン＝ジャックの自意識の場合』

文芸

樺山三英 著

徳間書店・一九九五円

ISBN9784198623302

甦ったルソーのとんでもない実験

華麗な文章力をもつ新人が現れた。

時は1968年5月、かの18世紀フランス啓蒙（けいもう）主義を代表する思想家ジャン＝ジャック・ルソーの魂に乗り移られた日本人青年医師が、とある島に「海辺の王国」の名で親しまれる孤児院を建設し、多くの少年少女の「パパ」におさまり、かつてルソーが『エミール』で夢見た、自然における理想の児童教育を行い、「世界の救世主」を創（つく）り出す実験に取りかかる。

ところがその実験の内実たるや、人間の尊厳を粉みじんにしかねない脳手術を施す、マッドサイエンティストの所業であり、やがて「パパ」自身も、少女アンジュによって男根を噛（か）みちぎられる悲劇に見舞われる。かくして、人類の知性と生殖とを一気に脅かす恐怖が、物語を覆う。そして「パパ」を「先生」と呼ぶ天使たちが対話し、ヴードゥー教のゾンビたちがアメリカ史を語り直す……。

とはいえ、本書が描くのは、ひとつの危険思想の実験場にとどまらず、むしろ人類史的に何度か勃発（ぼっぱつ）してきた革命と進化の、最もわかりやすい戯画といってよい。

フランス思想を専攻した作家自身が取り憑（つ）かれているのは、ルソーの生きた18世紀のフランス革命と、画期的なルソー読解で知られるフランス・ポスト構造主義の思想家ジャック・デリダの体験した五月革命。それらの時間を飛び越えるため欧米文学史から自由自在に引用されるのは、デフォーやポー、カフカから、サリンジャーへ至る系譜。やがて、このあまりにも流麗なる文章に導かれてクライマックスへ至ると、現代に甦（よみがえ）ったルソーの子供たちが、ルソー自身を生み直し、あろうことか、ひいては世界全体を造り替えてしまう。

本書では、ルソーも少年少女たちも近代的個人の限界をやすやすと超え、多くの身体に乗り移っては乗り捨て、多様な時空間を放浪してはそこここに遍在していく、あまりにもしたたかな魂だ。最も根源的な思考実験の小説（スペキュラティヴフィクション）こそがSFの名に値するとしたら、本書はまぎれもなくその最新の収穫である。

評・巽孝之（慶應大学教授）

かばやま・みつひで　77年生まれ。本作で第8回日本SF新人賞を受賞しデビュー。

二〇〇七年七月一五日④

『フランスの景観を読む　保存と規制の現代都市計画』

和田幸信 著

鹿島出版会・二六二五円
ISBN9784306072589　アート・ファッション・芸能／国際

優れた景観が育む都市の美への意識

フランスの建築法規は「建築は文化の表現である。建築の創造、建築の質、これらを環境に調和させること、自然環境や都市景観あるいは文化遺産の尊重、これらは公益である」と定める。ユルバニスム（都市計画）という概念が広がる1920年代以前は大規模な都市開発にかかわる営為もアンベリスモン、すなわち美観の整備と総称していた。

いっぽう日本の建築基準法では「土地に定着する工作物のうち、屋根及び柱若（も）しくは壁を有するもの……」と規定する。建物の定義が違いすぎるのだ。建築行為は私権に属すると考える私たちの国では、「美」への配慮は乏しかった。ようやく2004年に景観法を制定し、現政権も「美しい国」をうたうが、そもそもの発想が異なる。

太陽・緑・空間を求める進歩的都市計画と、歴史の蓄積を審美的に評価する文化的都市計画の棲（す）み分けをはかりつつ、フランスの都市は今日の美観を維持するに至った。本書は20年の研究蓄積をもとに、フランスの都市計画と景観保全制度、屋外広告物や看板に関する厳格な規制、文化大臣にちなみマルロー法の愛称のある不動産修復事業などを分かりやすく紹介する。

著者は「すぐれた景観や環境は、すべてが調和して成り立っている。しかしこの調和も、景観を損なうたった一つの要因により失われることがある」と結論づける。一つひとつの材料、屋根や壁、街路、看板などすべてを整えないと全体の秩序は見えてこない。電線の地中化や高さ規制など、限定的で緩やかな規制にとどまりがちな、わが国の景観整備を暗に批判する。

では日本の現状をいかに改善するべきなのか。著者は優れた都市景観が教育的役割を果たすと説く。フランスでは幼年期に見た美観が、30年ほどを経過しても残っている場合が多い。美しい環境で育つことで市民も美の真価を理解できるというのだ。

「ジャンクな景観」に占拠され、数年で激変する大阪ミナミで生まれ育ったがゆえに、故郷喪失感に苛（さいな）まれている私には、耳に痛く、心に響く指摘である。

評・橋爪紳也（大阪市立大学教授）

わだ・ゆきのぶ　52年生まれ。足利工業大教授。共著に『フランスの住まいと集落』。

二〇〇七年七月一五日⑤

『ブログ・オブ・ウォー』

マシュー・カリアー・バーデン 著
島田陽子 訳

メディア総合研究所・一九九五円
ISBN9784944124244　IT・コンピューター／ノンフィクション・評伝

米兵たちが書き込んだ「戦場の事実」

イラク開戦から4年余。アメリカは、今なお自国の兵士を中東に送り続けている。

当初、軍上層部は兵士の士気高揚に繋（つな）がればと、インターネットへのアクセスを無制限に認めていた。兵士たちは、ブログやウェブサイトに、大量の書き込みを続けた。

本書は、そんな彼らの「生の声」を集めた本である。一兵卒から幹部兵まで、さまざまな任務や立場の兵士の体験が書き込まれている。

イラクへ赴く兵士たちは、みな「テロとの闘い」に身を投じることは、「祖国アメリカのため」「イラクの人々のため」と書く。時には、自分は「正義」をなすために、神に遣わされるのだ、とまで。

けれど、本国に居るかのように整ったベースキャンプを一歩出れば、そこは戦場だ。

いつ自分が銃撃されるか。

いつ爆弾で吹っ飛ぶか。

兵士たちは、たちまち、自分が戦うのは「国のため」でも、「イラクのため」でも、「金のため」でも、「神のため」でもない、共に身を危険にさらしている仲間のためだと言い始める。

「なぜなら、僕らはこのクソ溜（だ）めに一緒に放り込まれた仲間だから」

銃撃戦で初めて人を殺した兵士は書く。「仕事なんだ、悪く思わないでくれ」「人殺しが僕の仕事だ」

切羽詰まった兵士には、自国を戦場とされた人々の苦難と絶望を思いやるゆとりはない。

本書を編んだマシュー・カリアー・バーデンは、元陸軍予備役少佐である。イラクで戦死した友人の「英雄的行為」が報じられなかったことに苛立（いらだ）ち、ならば、戦場の兵士、ひとりひとりの物語を伝えようとブログを開設したという。

彼には、イラク戦争への批判も、反戦の意図もない。けれど、兵士によって綴（つづ）られる「戦場の事実」ほど、戦争というものの悲惨さ、不合理さ、その狂気を伝えるものはない。

２００５年、アメリカ軍は機密保持を理由に、兵士のブログの規制に乗り出した。

このような本が、出版されることは、もう二度とないのかもしれない。

（原題、THE BLOG OF WAR）

評・久田恵（ノンフィクション作家）

Matthew C. Burden ブログ「Blackfive」を開設。

二〇〇七年七月一五日⑥

『信じない人のための〈宗教〉講義』

中村圭志 著

みすず書房・二六二五円

ISBN9784622072928

人文

世俗と信仰一体、近代の構造浮き彫り

「あなたの宗教は？」と改めて問われると「持っていません」と答える日本人の中にも、暦の「大安」「仏滅」などを気にしつつ三々九度の杯で結婚し、お盆にはお坊さんを呼んで読経してもらい、定年後には観光を兼ねてお遍路へ、という人は少なくない。さらに最近は、前世や守護霊といったいわゆるスピリチュアルものがブームになっている。「神」への明確な信仰は自覚していなくても、宗教が生活習慣やお作法として根付いている日本で暮らす人たちには、本書の著者の言葉を借りれば案外、「宗教っ気」が多いのかもしれない。

では、他の国々はどうなっているのか。本書の前半は、自らも「無宗教」という著者による世界宗教ツアー。キリスト教、イスラム教、ヒンドゥー教などが、それらが生まれた時代背景や地域の状況を含めた広い視野から、ごくわかりやすい言葉で語られる。たとえば、私たちはよく「イスラム社会のことは理解できない」などと口にするが、政教も公私も区別されずすべてをイスラム教という秤（はかり）で量るイスラム共同体からすれば、西洋型の近代システムこそ奇妙、などの卓見に満ちた指摘が随所に見られる。

後半は、より総括的な宗教論。著者は、生活習慣化した「制度的宗教」と超越的な存在を信仰する「宗教的次元」が一緒くたになっているのが現在の宗教であり、それがまた宗教に対する理解を困難にしている、という。さらに、一見、超越的な宗教さえ国家の成立や国民の管理といった世俗的、政治的なゲームの上に成立している近代社会の構造が浮き彫りにされる。

では、世俗と混然一体となり、政治に利用される宗教はもはや必要ではないのか？　その問いに著者は、すべてが利害や効率で決まる現代だからこそ、超越的次元で考えるための「リベラルな宗教」が必要では、と答える。評者もその次元の導入には賛成だが、しかしそれでもなお残る疑問は、「神はどこへ行った？」。その答えが、生物学者ドーキンスの近著『神は妄想である』（早川書房）だとしたら、あまりにも寂しい。

評・香山リカ（精神科医）

なかむら・けいし 58年生まれ。編集者、翻訳家。訳書に『世俗の形成』など。

二〇〇七年七月一五日⑦

『幽霊を捕まえようとした科学者たち』

科学・生物

デボラ・ブラム 著　鈴木恵 訳

文芸春秋・二六〇〇円　ISBN9784163691305／9784167651664（文春文庫）

心霊主義とは19世紀末から20世紀初頭にかけて大西洋の両岸で大流行を見る文化潮流だが、これを概括しようとすると著名な霊媒の活動を追うものとなることが多い。信じがたい心霊現象の数々はもとより、トリックが暴露されてまきおこる醜聞こそ、読者の好奇心をいたく満足させる心霊現象報告の醍醐味（だいごみ）だからだ。

これらの著作に邦訳の少ないことを恨みとするが、本書の仕様はその手の類書とはいささか異なる。数ある心霊研究団体の中で科学的厳密性を誇った心霊研究協会（SPR）を扱うだけに、霊媒ではなく研究者の動向に焦点をあてて叙述を展開しているからだ。

とはいえ、いかに詐術の介入の排除に腐心したSPRであっても心霊現象の再起性を追求する限り霊媒に頼る他すべはなかった。そして霊媒という存在は例外なくうさん臭いものなのだ。ここに高踏的であるべきSPR研究者の苦難が始まる。そしてその軌跡は、懐疑を貫くことを第一義としながら、結局は死後霊の実在を確信して終わるのだ。ウィリアム・ジェイムズら指導的研究者の道程を追う本書が、著者本来の意図から外れてどこかしらアイロニカルな色彩を帯びて見えるのは、あるいはそのためかもしれない。

評・赤井敏夫（神戸学院大教授）

二〇〇七年七月一五日⑧

『NYブックピープル物語　ベストセラーたちと私の4000日』

文芸／社会／国際

浅川港 著

NTT出版・二三一〇円
ISBN9784757141575

編集者の著者は、1989年から11年間、ニューヨークの講談社アメリカで英文出版に従事した。アメリカでは年間約19万冊の新刊が誕生し、本だけで約3兆円を売り上げる。渡米後しばらくは、世界一の出版市場の圧迫感に苦しむ。

やがて、プラハの春の指導者A・ドプチェク氏の回想録に続いて、「Having Our Say」を出した。これは、ニューヨーク・タイムズのローカル版に掲載された記事に著者が目を留めたのがきっかけ。差別と貧困の中で高校教師と歯科医になった100歳を超える黒人姉妹が健在という。「本のネタになる」と直感。当初は2人から固辞されたが、93年に発売されると「アメリカ人に必読の書」と激賞され、累計300万部に達した。

むろん、惨憺（さんたん）たる結果に終わった本もあるし、日米の出版ビジネスの違いにとまどったことも。アメリカではエージェントなしの出版契約は異例で、再販売価格維持制度がないため、書店が自由に値段をつける。

体験談に我田引水の印象は薄く、アメリカ人同僚と奮闘する姿に海の向こうの出版界が見える。カリスマ編集者などブックピープルが登場するが、著者も仲間入りを果たしたようだ。

評・多賀幹子（フリージャーナリスト）

二〇〇七年七月一五日⑨

『考　混迷の時代と新聞』

社会

中馬清福 著

信濃毎日新聞社・七三五円
ISBN9784784070565

出張などで東京を離れた際には、できるだけ地元の新聞に目を通すようにしている。地元紙には、その土地のニオイが詰まっている。良質のコラムに出合えたときなどは、その土地の文化の高さに敬服し、少し得した気分にさえなる。

本書は、朝日新聞で論説主幹などを務めた後、長野の県紙・信濃毎日新聞で主筆として腕をふるう著者が、月に2度担当する大型コラム「考」の50本を1冊にまとめたものである。先のような理由から、この「考」は、私にとって以前から注目のコラムだった。国家、憲法、戦争、政治経済、教育など、取り上げるテーマは多岐にわたる。しかし、改めてこのコラム群を読んで感ずるのは、著者の日本の社会に対する危機感であり、それに警鐘を鳴らそうとする新聞記者としての使命感である。

この使命感の背景には、本書がサブタイトルに掲げるキーワード、「混迷の時代」に「新聞」は何ができるのかという著者の強い問題意識があることは明らかだ。それゆえに「考」では、日本のいまのジャーナリズム状況そのものに対しても、心優しくも厳しい注文を投げかける。

現役若手ジャーナリストにも、ぜひ読んでもらいたい1冊である。

評・音好宏（上智大学教授）

二〇〇七年七月一五日⑩

『生きることのレッスン』

竹内敏晴 著
トランスビュー・二二〇〇円
ISBN9784901510516
人文

自分のなかの「自然」を封じ込め、外側の与える目標に、早く、よりよく適応することが、社会全体から求められている。

しかし、いつか本来の「内なる自分」と衝突する。「自分を変えたい」「ことばがうまく伝わらない」……。身体表現を通して、その矛盾に気付かせようとし、独自の身体哲学を提唱する竹内レッスンに、悩める人々が多く参加するのも理由のないことではない。

聴覚障害のなかから獲得したことば、敗戦時の二度目の失語体験、演出・演劇活動など、自分の思索と体験を振り返りながら、なぜこのようなレッスンを始めたのか、また始めざるをえなかったのかを考える。

六十年を超える戦後という時間・空間も、いま「ことば」と「身体」を喪失してはいないだろうか。一方で、若者の身体は実際に壊れつつある。このようにこわばってしまった「身体」をゆらし、内側から湧（わ）いてくる「ことば」をとりもどすには何が必要なのか。

「からだのつぶやきに耳をすます」独特の「ワークショップ」や「パフォーマンス」は、声を忘れてしまった社会への示唆でもあるが、私たちの「生きる」意味を考え直させる契機にも満ちている。

評・小高賢（歌人）

二〇〇七年七月二二日❶

『ロバート・アルトマン　わが映画、わが人生』

ロバート・アルトマン 著
デヴィッド・トンプソン 編　川口敦子 訳
キネマ旬報社・三三六〇円
ISBN9784873762937
アート・ファッション・芸能／ノンフィクション・評伝

独自の「群像劇」監督雄弁に語る

好きな映画といったら、ふつう作品ひとつひとつで決まる。だが、何の気なしに観（み）て夢中になった作品のいくつかが、たまたま同一の監督の手になるものとわかる体験が何度も続けば、偶然は偶然ではなくなる。そのとき初めて、自分の好きな監督の固有名が、神話的な輝きを帯び始める。こうした特権的地位を占める映画監督のひとりが、わたしにとってはロバート・アルトマンだった。

１９２５年、アメリカはミズーリ州カンザス・シティのドイツ系カトリック家庭に生まれ、反ハリウッド系インディーズの代表格となり、独自の「群像劇」で広く影響力をふるった男。

スー族酋長（しゅうちょう）シッティング・ブル、西部興行師バッファロー・ビルからリチャード・ニクソン大統領、それに画家ヴァン・ゴッホまで、歴史上の挫折者たちに何らかの犠牲者のすがたを洞察し共感し続けた男。

そして、ヴェトナム戦争の渦中に、とびきりのブラックユーモアを刷り込んだ戦争映画『M★A★S★H』（１９７０年）から30年代英国カントリーハウス殺人事件を扱った豪奢（ごうしゃ）なるミステリ映画『ゴスフォード・パーク』（２００１年）まで、華麗な受賞歴を重ねるも、昨年２００６年、遺作『今宵（こよい）、フィッツジェラルド劇場で』の発表を機会にようやく、最初にして最後のアカデミー賞（名誉賞）が授けられるに至った男。

本書は、いまもなおポール・アンダーソンら崇拝者が後を絶たない、映画監督のための映画監督その人が、自己の映像世界をあますところなく語った画期的メモワールである。

その「群像劇」の基本は、あたかも浜辺で「砂の城」を建てるがごとき、儚（はかな）くも美しい一瞬の夢をめざすものであり、それは具体的には、対位法やフーガを基礎にジャズ的即興演奏を展開していくのにも似た、いわば音楽的方法論で映像を再構築するものである。何しろ、初期の実験的作品『イメージズ』（１９７２年）で主演を依頼したスザンナ・ヨークが、妊娠を理由に出演を断ってきたときにも受けつけず、あっさり主演の役柄を妊婦に変えてしまったのだという。

こうした即興的解決は、文学と映画の折り合いをつけるさいにも発揮される。

たとえば、ハードボイルドの巨匠レイモンド・チャンドラーの名作を映像化した『ロング・グッドバイ』（１９７３年）で強調される「堕（お）ちた偶像」の背後には、グレアム・グリーン原作、オーソン・ウェルズ出演の『第三の男』が介在していたこと。たとえば、レイモンド・カーヴァーのミニマリズム文学全体を一個の物語体系と見なすという神業を発揮した『ショート・カッツ』では、原作には存在しないジャズ・シンガーのテスと、その娘でクラシック・チェリストのゾーエという母娘が活躍するが、そこにはカーヴァー夫人であったもうひとりの才能豊かな作家テス・ギャラガーが投影されていることなど――。

　アルトマンの映画そのものが高度な文学批評になりえていたゆえんをも、本書は雄弁に語ってやまない。

（原題、Altman on Altman）

評・巽孝之（慶應大学教授）

Robert Altman 米映画監督。06年死去。
David Thompson 芸術に関するドキュメンタリスト、ジャーナリスト。

文芸

『いい子は家で』

青木淳悟 著

新潮社・一四七〇円
ISBN9784104741021／9784480430366（ちくま文庫）

変身もあり ヘンテコな家族の日常

一昨年、初の小説集『四十日と四十夜のメルヘン』（新潮社）で「すげえ新人が登場した！」と読書界を震撼（しんかん）（または当惑）させた青木淳悟の第2作品集はとびきりヘンテコリンな家族小説だった。

　今般の文学界は家族の小説ばやりで、反目したり和解したりとみな大忙しだ。それに比べたら『いい子は家で』の一家は平和である。だけど小説はヘンなの、カフカ的に。

　息子の靴の臭（にお）いをやたらと気にして洗わせろと迫る母。仕事を辞めて家に舞い戻ってきたとたん、ゲームに没入して話が通じなくなる兄。定年退職して家にいる父との会話はギクシャクして慣れないコントみたいになり、しかも視点人物であるこの家の次男は〈想像力が豊かというのか、ただ空想癖が強いだけか、彼はたまに目に見えないものを見てしまうことがあ〉る。

　ゲーム機のコントローラーを握る兄の腕はセラミックの筒になり、喫煙者である父の耳からは得体（えたい）の知れないものが噴き出し、空腹のあまりバターに手を出した彼は〈両手をついて床の上のバターを顔に寄せる。においを嗅（か）ぎ、表面を舌で舐（な）め、それからにむり、にむり、噛（か）んで食べた。／ふと顔を上げ、手の甲で頬（ほお）をこすると、やっぱり。彼は自分の手を舌で舐（な）めてきれいにした〉。うわっ、人間がネコに変身しちゃってる！

　この小説を支配しているのは、理性ではなく感情でもない、感覚だ。大脳の辺縁系っていうんですか、ものを考えたり知識をためたりするんじゃなく、動物なんかとも共通する原始の脳。その脳で日常生活をおくり、家族の姿を眺めたらこんな感じかも、と思わせるところがある。

　次男の目で〈一軒ごとに一名ずつの男性が屋根にしがみついているように見える〉とも記される家族。〈仮に「父なるもの」が屋根の上に置かれているとしたら「母なるもの」はきっと家の中にあるのだろう〉。同時収録の「ふるさと以外のことは知らない」では同じ状況が別の視点で綴（つづ）られる。1回目は困惑、2度目で少し納得、3度目にはたまらなくおかしい。2LDKは異次元への扉なのだ。

評・斎藤美奈子（文芸評論家）

あおき・じゅんご 79年生まれ。初の小説集『四十日と四十夜のメルヘン』で第27回野間文芸新人賞を受賞。

二〇〇七年七月二二日③

『ホメイニ師の賓客　イラン米大使館占拠事件と果てなき相克　上・下』

マーク・ボウデン 著　伏見威蕃 訳

早川書房・各二六二五円
ISBN9784152088246〈上〉・9784152088253〈下〉

ノンフィクション・評伝／国際

反米の潮流の原型となったギャップ

28年前、イラン革命の真っ最中に発生したテヘランでの米大使館占拠事件。その後現在まで続くイラン・米関係の決定的対立の原因であり、イラン革命がイスラーム色を強める契機となった、歴史的事件である。

その全容を、人質となった大使館員の視点から描いた本書を読むと、占拠に至るまでの米政権の無防備さ、読みの甘さにまず、驚く。大事には至らないだろうと思っているうちに、あれよあれよとイラン人学生たちが大使館に侵入する様。慌てて重要書類を端から廃棄する館員たち。なによりも、革命でイランから逃亡した国王をすんなり受け入れた当時のカーター政権の問題が、指摘される。この時まで米国はまだ、イラン新政権からそこまで反発されるとは思っておらず、イラン革命を歓迎すらしていた。

そして極めつきは、ずさんな人質救出作戦だ。米軍が送り込んだ救出部隊の航空機はイラン中央部の砂漠で砂嵐に遭い、戦いもせず炎上した。今の米国の、イラクでの立ち往生ぶりを彷彿（ほうふつ）とさせる。

本書は、15カ月近くもの間人質となった米大使館員へのインタビューに基づいた再現ドラマとして構成される。特に印象的なのは、「見張り」の学生たちとのやりとりから見えてくる、米・イラン間の認識のギャップだ。学生たちはひたすら、米国がイランに対して行ってきた陰謀と工作を暴こうとする。館員たちは、それをイラン人の根拠のない思い込みと考え、何で自分たちがこんな目に、と反発する。

このギャップは、その後埋まるどころか中東全域に広がり、反米の一大潮流を作り上げている。米国が中東をほしいままにしている、と反感を募らせる中東の人々に対して、その米国の出先機関の多くは、中東にほとんど関心もなく、深く食い込んでいるという自覚もない。相変わらず米国は、「発展途上国の敵意に慣れっこ」なままだ。ここに9・11やイラクでの反米の高まりの原型がある。

作者は、映画「ブラックホーク・ダウン」の原作者。本書も迫力ある映画になりそうだ。

（原題、GUESTS OF THE AYATOLLAH）

評・酒井啓子（東京外国語大学教授）

Mark Bowden　米のノンフィクション作家。

二〇〇七年七月二二日④

『ドーダの近代史』

鹿島茂 著

朝日新聞社・一七八五円
ISBN9784022503022

歴史／人文

〈自己愛〉で読み解く西郷・中江

書名のドーダは、漫画家の東海林さだお起原で、「ドーダ、マイッタか」という究極の自慢のフレーズの由。本書にサブタイトルを付けるなら《近代史を動かした自己愛の研究》とでもなろうか。

幕末から昭和の二・二六事件までの歴史人物が大勢登場するが、事実上、前半は西郷隆盛論、後半は中江兆民論をなしていて、その合わせ技が本書の妙といえる。

ドーダは「自己愛に源を発するすべての表現行為」であり、さらに「陽ドーダ」対「陰ドーダ」、「外ドーダ」対「内ドーダ」というサブ・ジャンルに分類される。

西郷隆盛の謎もこれで解ける（！）。討幕運動の中心で活躍していた西郷が、幕府瓦解（がかい）と同時に精気を失い、西南戦争で暴発するまで長い抑鬱（よくうつ）状態にあったのはなぜか。著者にいわせれば、ドーダのベクトルが陽から陰に転じたからに他ならない。今も変わらぬ西郷人気の秘密も、「自己愛を否定してみせる」のがいちばん強力な「陰ドーダ」だからであるとされる。

明治日本で「東洋のルソー」といわれた中江兆民は、「外ドーダ」の典型として語られる。別名を「お手本ドーダ」というそうだ。権威ある外国の思想家に憑依（ひょうい）されてオピニオン・リーダーになるタイプである。フランス留学時の楽屋話も面白いが、論のポイントは、自由民権を鼓吹した兆民さえもが、西南戦争勃発（ぼっぱつ）の直前、「内ドーダ」の西郷隆盛を担ぎ出してクーデターを起こそうと考えていたというエピソードであろう。

　著者の主張では、近代日本の病根は西郷崇拝に象徴される「禁欲の超人」の礼賛にある。現実にはありえない理想的人格に照らして、才能ある政治家・軍人は「君側の奸（かん）」として葬られ、破滅的な戦争に突っ込んでゆくという近代史の構図が提出される。

　ドーダというと語感は軽いが、その言葉を使うことで何かが明瞭（めいりょう）に見えてくる《用語視野》が開けているのは間違いない。独創的なるが故に独断的な物言いは、ドーダ人間が本質的に「愛情乞食（こじき）、称賛乞食なのである」という一語で免罪されている。

評・野口武彦（文芸評論家）

かしま・しげる　49年生まれ。共立女子大教授。『愛書狂』『職業別　パリ風俗』など。

『バン・マリーへの手紙』

堀江敏幸 著

岩波書店・一八九〇円
ISBN9784000244367

文芸

湯煎の力でゆるゆると道ならぬ道へ

　バン・マリーとは仏語で「湯煎（ゆせん）」「湯煎鍋」のこと。直火でがんがん熱するのではなく、湯を張った鍋を間に挟むことで、ゆるやかな温（ぬく）みをもたらす。著者はこれを自分の思考法に重ねあわせ、本や音楽をめぐる日々の発見や考察を湯煎にかけていく。前作の小説『河岸忘日抄』に結晶した揺蕩（たゆた）いためらうことの滋味は、こうして出てきたのかと感慨深く読んだ。

　堀江氏の心は、やすやすと動くもの、きっぱりと線引きするものには寄り添わないようだ。例えば、室生犀星に宣伝文を頼んできた佃煮（つくだに）店主の話がある。犀星が「（看板を書く）ペンキ屋さんに頼んだら」と断ると、なるほど、そうします、とあっさり去っていく。氏が呆（あき）れるのは、大作家に対する不作法もさることながら、「AからBへと……利便性だけに釣られて平気でひとを横切っていく」さもしさなのである。

　著者は「挟むひと」だ。挟む人はひたすら直線的に前進するのを拒む。中間地帯を好み、焼き芋の加熱法や、サンドイッチの懐の深さを愛し、仕事のメモはいったん本などに挟む（しばしば失〈な〉くす）。その精神は、コラージュや引用などにも繋（つな）がるという。「なぜか道ならぬ道へ逸（そ）れていく気持ちの流れを抑えることができない」という行（くだり）に、私は大いに共感した！

　湯煎の力で、仏語の前置詞一つから世界史地図が広がる。倒れた老木の上に若木が育つ「倒木更新」という現象に、弱さゆえの強大な力が見えてくる。運河に独特の「暗さ」は「人工的なものが自然の一部になり了せようとする時」に出るエネルギーの暗さだという引用があるが、その水路は地図に記されず、何かを運ぶ可能性を「どんより浮かべて」いる。私はここを読んでハタと、堀江氏も手がける翻訳という仕事を思った。翻訳書というのはなにか宿命的な「暗さ」をまとうものだが、あれは日本語の一部になろうとする人工物の、運河の暗さだったのか。

　と、本題から逸れた思いが湧（わ）きあがるのも、ゆるゆると頭をほぐしてくれる魅惑的な湯煎力のなせる技である。

評・鴻巣友季子（翻訳家）

ほりえ・としゆき　64年生まれ。作家、仏文学者。『熊の敷石』で芥川賞。

二〇〇七年七月二二日❻

『思考のエシックス　反・方法主義論』

鷲田清一 著

ナカニシヤ出版・二五二〇円
ISBN9784779500909
人文

難解でも癒やされる「哲学の言葉」

むずかしい本である。

この本を理解するために必要であるらしいフッサールの「現象学」ってなに？　というような私が読んでどうするの？　という本である。

が、「分からない」本を読む面白さというものがある。

とくに著者が鷲田清一というのがいい。言葉と文体が好ましく、癒やされるのだ。

「思考の緻密（ちみつ）さは思考の器官がみずから磨くナイフとしての『方法』によって極められるものなのか」とか。「ナイフではなくて絨毯（じゅうたん）のような、目のつまった濃（こま）やかなまなざしというものがあるのではないか」とか。

意味はよく分からなくても、ウーム、しびれる。

また、「人間をただ人間として愛するということは、はたして可能なのであろうか」とあれば、思わず本を閉じ、「だったらヒューマニズムってなに？」と、私の思いを浮遊させていったり、「自由とは？」「国家とは？」と、深夜に、ひとり、女がキッチンで頬杖（ほおづえ）をついて、物想（ものおも）いにふけったり。そんなかけがえのない時間を持つことができる。

ただ、むずかしい本を読むには、著者への信頼が不可欠だ。世間には内容の不備を隠蔽（いんぺい）するための難解さもあり、むずかしい、というだけで尊重してしまう向きもある。

その点、本書は保証付き。著者には、『「聴く」ことの力』という名著があり、母の介護で心身が弱り果てていた頃、その本によって救済されたという深い体験がある。

鷲田清一は、フツウの人の生きる現場を支える「哲学の言葉」の持ち主なのである。

そして、この本はその「臨床哲学」という領域を提唱する著者の立ち位置を知るためにも必要な論文集だ。

それにしても、哲学の専門家であるということは、なんと困難なことか。カントとか、スピノザとか、哲学史上のさまざまな著名な学者たちの言説を批評的に読み解かねばならない。

そのためにどれほどの「知力」が求められるのだろう。そう思うと眩暈（めまい）を覚える。

「分からなくっていい」を前提として本を楽しめる気楽さは、読者の特権である。

評・久田恵（ノンフィクション作家）

わしだ・きよかず　哲学者、大阪大次期総長。著書『モードの迷宮』など。

二〇〇七年七月二二日❼

『ロック・デイズ』

マイケル・ライドン 著　秦隆司 訳

バジリコ・二一〇〇円　ISBN9784862380494
アート・ファッション・芸能／ノンフィクション・評伝

70年代の初頭だったか。「ロックを通じてでも、革命的に世界を変えられるんじゃないか」などと、結構まじめに論議した時代のことを、思い出してしまった。ベトナム反戦から、ヒッピーなど様々な反体制的な動きと若者文化に密接にかかわりながら、ロックが一挙に時代の音楽となった季節があった。そんな64年から74年までの、アメリカでの現場の雰囲気とミュージシャンの肉声が、この本からは聞こえてくる。

筆者は、「ローリングストーン」誌の創刊編集者、元「ニューズウィーク」誌記者。その他数多くのメディアに音楽の記事を寄稿してきた。今回、収録されたのは、その原型となったリポートだけに、完成した記事では削り落とされた筆者の生の多くの言葉が、かえって現場での臨場感を読むものに伝える。

文章に登場するのは、ビートルズ、ストーンズ、ジャニス・ジョプリン、B・B・キング、ボブ・ディラン、オーティス・レディング、フー、ジミ・ヘンドリックス、ラビ・シャンカール、ジム・モリソン……。

すでに、世を去った人も多い。往時茫々（ぼうぼう）。貴重な資料であると共に、ある年代の読者には感慨を、若い読者には「知識」をプレゼントしてくれるだろう。

評・四ノ原恒憲（編集委員）

二〇〇七年七月二二日⑧

『未完の建築家　フランク・ロイド・ライト』

A・L・ハクスタブル 著　三輪直美 訳

TOTO出版・二一〇〇円　ISBN9784887062818

アート・ファッション・芸能／ノンフィクション・評伝

落水荘、帝国ホテル、グッゲンハイム美術館……。数々の名作で知られ、日本にも作品の残る米国人建築家の評伝である。建築家には作品を創作した人生と、実際に生きた等身大の人生がある。その双方に目を配り、少年時代から最期までを一気に読ませる。

それにしても、これほどまでに型破りで豪胆不敵、かつ魅力的な人物も珍しい。奔放に恋に落ち、支払い不履行は常習犯、度を超した衝動買いを反省することもない。経済的にも倫理的にも問題だらけ、言動には常に矛盾が見え隠れする。いっぽうで3度も住居を焼失、恋人と彼女の子供たちを使用人に惨殺されるなど、不運な出来事に遭うことも稀（まれ）ではなかった。しかし挫折のたびに、見事に人生を立て直した。

建築家は巨匠の名に安住することはなく、作風は晩年まで変貌（へんぼう）し続けた。完結や完璧（かんぺき）を求めず、あえて異端であり続けようとする姿勢は、日々の暮らしも同様であった。

建築家の最高傑作は、芝居がかった生涯そのものであった。その生き様と死に様に、誰もが驚き、笑い、感動し、呆（あき）れかえり、元気をもらう。建築に関心のない読者も、人物像に魅了されるはずだ。

評・橋爪紳也（大阪市立大学教授）

二〇〇七年七月二二日⑨

『格差社会ニッポンで働くということ』

社会

熊沢誠 著

岩波書店・一九九五円
ISBN9784000224789

格差を肯定する人は、勝者が高い報酬を得るのは当然であり、敗者には再挑戦の機会を与えればよいという。これに対し労働の光と陰を研究者の立場から見つづけてきた著者は、格差が拡大するなかで敗者を駆り立てるのは、勝者への憧（あこが）れではなく今の生活「から脱出しなければ……という切実な思い」であり、「ちゃんと生活できる」なら「大切なものを犠牲に」してまで「再チャレンジなどしたくないと考えるのがふつうでしょう」と反論する。

非正規労働者の増加についても、「IT革命によって高度な労働と単純な労働が分化し」たからという説明は安易すぎると批判する。実際、「半日ほどの訓練でできる」単純労働でも「責任は求められ」る。データの入力作業では「桁（けた）を間違えることは許されないし」、製品検査でも不良品を見過ごすことはできない。精神的な疲労に苛（さいな）まれる点ではどの仕事も同じなのだ。

働く者の権利を行使して、経営者に雇用条件の見直しを要求するのは労働組合の責務である。その意味で、企業や政府だけではなく、正社員中心の組合にも責任があるという著者の指摘は、現在の日本における格差問題の本質を突いていると言えよう。

評・高橋伸彰（立命館大学教授）

二〇〇七年七月二二日⑩

『娘と映画をみて話す　民族問題ってなに？』

人文

山中速人 著

現代企画室・一三六五円
ISBN9784773807059

世界で起きている紛争やテロの背景には、必ずといってよいほど「宗教」か「民族」がかかわっている。しかし、日本にいるとこれらの問題には疎くなってしまう。

本書は、「むずかしい」のひとことで片づけられがちな民族の問題を、「ホテル・ルワンダ」「ライフ・イズ・ミラクル」などよく知られた映画を題材にして解説した格好の入門書だ。ヨーロッパによる異民族〝発見〟の歴史、民族と国民の違い、移民や多文化主義が抱える問題点などこの分野を理解する上で欠かせない基本的な知識が、父親が娘に語るというスタイルでわかりやすく語られる。

本書を貫いているのは、「区別は常にあやふやなもので、それを決定づけるのはいつも政治」という考え方と、そこで区別され、排斥されてきた先住民族などの少数者側に立とうとする著者の姿勢だ。よく民族問題は「血の問題」だから解決は不可能、という人もいるが、そういう人には著者の次の言葉を贈りたい。「民族と民族の出会いは、いつもヨーロッパの側から一方的に不平等な関係の中で記録され、意味が与えられていった」。こんなことを娘に言える父親は、実際にはあまりいないだろうが。

評・香山リカ（精神科医）

二〇〇七年七月二九日❶

『ロストジェネレーション　さまよう2000万人』

朝日新聞「ロストジェネレーション」取材班 著

朝日新聞社・一二六〇円

ISBN9784022503091

社会

本当に穀つぶし？ 氷河期世代に光

ロストジェネレーション。ヘミングウェイの長編小説「日はまた昇る」のエピグラフに掲げられた言葉だ。定訳は「失われた世代」だが、本書の取材班が「今、25歳から35歳にあたる約2000万人」に名づけたロストジェネレーションの意味は「さまよう世代」である。言葉の由来を辿(たど)れば翻訳家の高見浩氏が、「日はまた昇る」の解説（新潮文庫）で示しているように「自堕落な世代」とか「だめな世代」が正解かもしれない。しかし、本書の取材班は、若い芸術家にパリの自宅をサロンとして開放していた女性作家スタインから「だめな世代」のレッテルを張られたヘミングウェイよりも、そう言われて「くそくらえ」と反発しノーベル文学賞を受賞するまでに変身した「さまよう世代」のヘミングウェイに光を当てる。

一握りのIT長者を除けば、本書に登場するロストジェネレーションの生活は総じて貧しい。それは、彼ら／彼女らが社会に出た時代は「就職氷河期」と呼ばれ、新卒者にとっても正社員の道は極めて狭かったからだ。その結果、前後の世代と比較すると「さまよう世代」には、日雇いや派遣といった非正社員だけではなく、生活費を親の年金や生活保護に依存する者も少なくない。そんな世代を見る「大人たちの感想」は厳しく、その典型が石原慎太郎・東京都知事の「フリーターとかニートとか、何か気のきいた外国語使っているけどね、私にいわせりゃ穀(ごく)つぶしだ……働く場所がいっぱいあるのに、なぜ働かないんですか」という言葉に表れている。これに対し本書の取材班は、「本当なのだろうか」と疑問を呈し、「3カ月で16社の面接を受けたが、すべて落ちた」り、「さまざまな分野についての知識や経験を身につけることができます」との宣伝文句に惹(ひ)かれて人材サービス会社に登録しても、紹介される仕事は日替わりの派遣ばかりというフリーターやニートの実態を次々と明らかにする。

「人は生まれてくる時代を選ぶことはできない」。だから、運が悪かったとあきらめるのではなく、「穀つぶし」のレッテル張りには「くそくらえ」と反発し、新たな生き方に挑戦するべきだ。その一例が本書でも紹介されている社会的企業ではないか。「担い手の多くがロストジェネレーション」の「新しいタイプのカイシャ」では、利益最大化よりも「福祉や雇用、教育、貧困といった社会の難題」解決が目的だという。また、「群れたくない」と言って人との関係を避けてきた世代が、取り壊し寸前の店舗を「素人の乱」で再興し、東京の商店街の一角に生活必需品を相互に融通しながら「月収15万円以下で暮らせる場所を……作り上げてしまった」のも、突飛(とっぴ)だが、既成概念に対する挑戦だと思う。

豊富な取材によって「見えにくい存在だった」ロストジェネレーションを可視化した本書は、日本におけるロストジェネレーションの潜在力を見事に描き出している。2000万人という巨大な人口の塊が、個の殻を破り共鳴し始めたとき、日本の社会に新たな日が昇るに違いない。

評・高橋伸彰（立命館大学教授）

若手記者チームが取材した07年1～2月の新聞連載や関連特集、続報記事をもとに再構成、加筆した。

二〇〇七年七月二九日②

『中国の風刺漫画』

陶冶 著
白帝社・二一〇〇円
ISBN9784891748548　アート・ファッション・芸能／国際

いまや「漫画迷（オタク）」も登場、文化的岐路に

中国最大の漫画見本市「中国国際動漫産業博覧会」を視察した時、コスプレの最優秀チームを決める催しが、会場で人気を集めているのに驚いた。「動漫」とはアニメと漫画の総称である。漫画やアニメ、さらにはオタク文化までもが、国家主導で振興されている。だが、これまで中華人民共和国建国以降の「中国漫画」について、詳細に述べた書籍や研究は皆無であったという。本書は、その穴を埋める大切な仕事だ。

そもそも中国で初めて「漫画」という言葉が用いられたのは1923年。日本に留学し、竹久夢二の作風に影響を受けた豊子愷（ほうしがい）が帰国したのち、描き始めた風刺画を漫画と呼んだのが初見だという。

著者は、中国の漫画家たちが「政治性の考慮」と「表現の大衆化」という二つの法則を守ってきたと述べる。たとえば清朝末期の「反洋教漫画」や戦争期の「抗日漫画」など、49年までは風刺に重きを置きながらも列強の侵略や官僚統治者に対する批判が主だった。50年代には反米を訴える「国際風刺漫画」や新中国を賛美する「謳歌（おうか）漫画」が流布した。文化大革命の時代には「造反漫画」、76年以降は「四人組批判漫画」、80年代には開放改革を求める「傷痕漫画」が出まわる。

風刺漫画の変遷と、中国の人たちや国家が直面した辛苦と闘いの軌跡は、おのずと重なりあう。中国美術家協会漫画芸術委員会も「漫画は一種の風刺性、ユーモア性を備えている絵画である。……それは、政治闘争と思想闘争の一種の道具である」と定義する。中国漫画にかかわる人たちは、世にうごめく諸悪を暴露し、自由を獲得するために闘いを続けてきたのだ。

いっぽう近年では、中国の子供たちも日本産のストーリー漫画に夢中だ。若い世代には「漫画迷」、すなわちオタクも増えている。著者は、従来型の中国漫画への関心が薄れている現状に懸念を示す。闘争の道具である風刺漫画の伝統と、ストーリー漫画という表現手段が、今後いかに融合し、新たな創造につながるのか。中国における漫画文化は岐路にあるようだ。

評・橋爪紳也（大阪市立大学教授）

とう・や　67年中国生まれ。中国現代芸術を紹介。ユーラシアンアート龍代表取締役。

二〇〇七年七月二九日③

『猫風船』

松山巖 著
みすず書房・二五二〇円
ISBN9784622073062　文芸

予知夢のよう〈魂のフィールドワーク〉

真っ赤な、大きな舌が空中からベロリと垂れ下がり、下界に向かって「この世はみんな嘘（うそ）だよ」と警告する。

冒頭作「アカンベー」の第一行からいきなり出現するショッキングな光景である。

読者がふだん現実の世界だと思っている外界は、本当は誰かが操作している巨大なイメージ画面であり、その内いつか綻（ほころ）びが生じて、あられもなく剥（む）き出しの実景が露呈するのではないか。

本書に連作掌篇（しょうへん）小説の形で収められた四十一場の白昼夢は、どの一つをとっても、予知夢に特有の濃厚な臨場感に満たされている。

いつ行っても、初対面なのに顔なじみのような気がする老人と出会える「ホホエミ食堂」。病院で永遠に診察の順番が回ってこない「みんな待っている」。新築の家の壁に書き込まれた文字が、至る所で自己増殖してゆく「落書き」。告別式に列席した黒いスーツの人々の群れがビルの屋上からの飛び降り待ちの行列に加わる「烏（からす）たち」。

次のドアの向こうには何が待ち受けているのか。作者は特別な探知器に導かれるかのように、都市空間のあちこちに埋め込まれたハッチから現実そっくりの異界に降り立ち、先々で《魂のフィールドワーク》を繰り広げる。

住民も不思議になつかしい人々だ。「天使のくせに」にはデブで酒臭く、身体（からだ）が重すぎて空を飛べない天使が出てきて哀愁をそそる。団塊の天使がいるのだろうか。「泣き虫サンタ」には、夢でよく感じる原罪的な無限責任感が漂っていてやるせない。現在時は幻在時に居住まいを変え、迷路は歩いてゆけば冥路につながる。「新住民」では、何年も前に死んだ知り合いがにこやかに微笑（ほほえ）みかける。

そして極め付きは「とてもセクシー」で描かれるシオサイトの超高層ビル群。暑い。道路には熱帯植物が繁茂している。異常な高温でビルも通行人もクニャクニャに変形しているのに、誰一人それに気が付いていない。

この回廊に連なる親しげな異界風景は、幻想の産物ではなく、予知像の正確なスケッチなのではあるまいか。

評・野口武彦（文芸評論家）

まつやま・いわお 45年生まれ。作家、評論家。『闇のなかの石』で伊藤整文学賞。

二〇〇七年七月二九日❹

『トランス・サイエンスの時代　科学技術と社会をつなぐ』

小林傳司 著

NTT出版・一八九〇円
ISBN9784757160187

科学・生物

誰がどう「想定」し、責任を負うのか

本書を読んでいる最中に新潟県中越沖地震が起き、柏崎刈羽原発で火災、次いで微量の放射能漏れが報じられた。M6・8、震度6強という規模の地震は、設計の想定を超えていたそうであるから、原発の損傷はある意味では必然だったともいえる。

しかしこの「想定」とは、いったい誰の想定なのか。その「想定」の責任は誰が負うべきなのか。これらの問いがまさに本書のテーマである。

著者は言う。特定の状況を仮定したときに、どれくらいの確率でどのような帰結が生ずるかということについてならば、専門家の意見はおおむね一致する。しかしその特定の状況が起こる確率に対して、その帰結として生ずる事態への事前（および事後）の対処にかかる費用をどう評価するのかについては、専門家の意見の一致は崩れる。この設計ならこの震度までは耐えられるということについては、確実な判断ができるとしても、そもそもどのレベルの耐震性が社会的に要請されているのかの判断にまで、専門家に確実さの責任を負わせるには無理があるのだ。

著者が強調するのは、社会が科学技術をどのように受け入れるか、そのデザインを専門家まかせにしておける時代は終わったということである。逆にいえば、科学技術を受け入れる社会的な責任を、より広くかつ直接的に市民が共有すべきだということだ。

もちろん、専門家と非専門家のあいだの溝は掛け声だけでは埋まらない。なにか制度的な工夫が必要だ。本書はそのひとつとしてコンセンサス会議の手法を紹介している。公募で選ばれた市民パネルが、専門家との対話および市民パネル間の対話を通じて、技術の導入に関する意見をまとめ、行政に働きかける。それによって万人が合意する完璧（かんぺき）な「想定」が保証されるわけではないが、専門家は、非専門家との対話から、より社会的に適切な「想定」をなしうるし、非専門家もその「想定」についての責任を当事者として共有することになる。

「責任者」のつるし上げを繰り返すだけでは、問題は悪化の一途なのである。

評・山下範久（立命館大学准教授）

こばやし・ただし 54年生まれ。大阪大教授。『誰が科学技術について考えるのか』。

二〇〇七年七月二九日⑤

『現代世界の戦争と平和』

栗原優 著

ミネルヴァ書房・二九四〇円
ISBN9784623049141
人文

苦い現実認識に立脚した護憲平和論

今日の世界では、一方で侵略戦争を否定する国際法の観念が広まりながら、他方から見ると各地で戦乱は絶え間ない状態である。この矛盾する現象を、私たちは理想と現実の違いとして理解すべきなのだろうか？　本書はこれを、「先進国の平和」という概念で説明するものだ。

「先進国の平和」とは、先進国同士が戦争をせず、発展途上国から先進国に戦争を仕掛けることがない体制のことである。確かに第2次世界大戦後、発展途上国では戦争が多発するのに、先進国は自分から発展途上国に出兵した場合を除けば、平和なのだ。本書では、戦後日本が戦争に巻き込まれなかったのも、「先進国の平和」の一環をなしていたからだとしている。

欧米では戦争の統計研究が盛んで、本書もハンブルク大学の戦争原因研究会などの成果に学んだものだ。著者はここ200年の戦争の統計から、近現代の戦争の原因はヨーロッパでもアジア・アフリカでも、国民国家の形成と結びついている場合が多いのを割り出している。逆に国民国家が成熟した先進国では、領土的な争いやマイノリティーとの紛争が戦争という形を取らなくなり、戦争の原因が減少する傾向があるという。また先進国への戦争は、相手が小国でも、他の大国を巻き込む大戦争に発展する恐れがあり、それが抑止力として働いていると推測している。

ただし「先進国の平和」は真の平和主義に立脚するものではない。それは覇権主義を振りかざす先進国が、発展途上国に軍事介入する行動と表裏のものだという。それは戦争を敗戦のリスクの少ない対発展途上国への局地戦に限定しようとするものなのだ。

「先進国の平和」論には、シニカルなところがある。そこには平和実現の理想や人命尊重の価値観は、今日では豊かな先進国やその国民のエゴイズムと結びついた時にだけ実現するという理解があるからだ。著者は護憲派だが、憲法第9条を守ることがこうした世界の現実に一面で合致しているという、苦い現実認識に立脚した護憲派であるようだ。

評・赤澤史朗（立命館大学教授）

くりはら・まさる　36年生まれ。創価大特任教授。『ナチズム体制の成立』。

二〇〇七年七月二九日⑦

『袖のボタン』

丸谷才一 著

朝日新聞社・一三六五円
ISBN9784022503145/9784022645852(朝日文庫)
文芸

人間世界の万象に知的好奇心を向けながら、それらをコラムという形にまとめあげた36篇（へん）の文明批評。

そこには天皇の「恋歌（こひか）」が何故（なぜ）いま姿を消したか、日本人とプロ野球の関（かか）わりなど、題材はすこぶる広い。

戦前の日本では、スポーツは教育と結びついていてプロは軽視されていた。この底には金銭への蔑視（べっし）や、蔑視するふりをする「いかがはしい精神主義」などがあったらしい。アメリカからもたらされたプロ野球が、打率や防御率、ゲーム差など数字によって明快で能率的な認識の方法を日本人に教えたという。「プロですから」という高々とした言いまわしに、アマチュアと峻別（しゅんべつ）した職業と技術の然（しか）るべき関係を日本人はアメリカから学んだと述べる。一つの文化論だ。

ふだんあまり気にもとめていなかった事柄に対する物の見方になるほどと小さく頷（うなず）かされる。論旨の道筋にも淀（よど）みがない。

そこには批判や憤慨だけではなく機知やユーモアもあり、こだわりもある。「批評」は多分に偏屈でなければ務まらない。それが今の時代こそ必要なのだ。

それに、この本の機知に富んだ題名と和田誠のイラストがピタリと合っているのが愉（たの）しい。

評・前川佐重郎（歌人）

二〇〇七年七月二九日⑨

『オリエンタルズ』

ロバート・G・リー 著　貴堂嘉之 訳

岩波書店・四六二〇円

ISBN9784000223904

人文

オリエンタリズムと聞けば、かつてパレスチナ系知識人サイードが定義したとおり、西欧が東洋を支配しやすいよう捏造（ねつぞう）した紋切り型のイメージ群が思い浮かぶ。フジヤマ、ゲイシャ、ハラキリや、吊（つ）り目で弁髪、奇怪な衣装などなど。

さて本書のタイトルは、サイード理論を承（う）けながらも、西欧人にとってはとてつもない魅惑とともに恐怖をもかきたてる在米東洋人を指す。たんなる海外からの来客（フォーリン）ではなく、見過ごしにできないほどまとまった人数で北米に住み着くようになった「永住外国人」（エイリアン）の集団を、さて模範的な民主主義国家たるべきアメリカは、いったいどのように遇してきたのか——。

米国ブラウン大学で教鞭（きょうべん）を執る、自身が中国系アメリカ人の著者は、19世紀以来、20世紀末に至るまで、東洋系が白人支配階級にとって民族的かつ性的な脅威にもなりえてきた経緯を、ブレット・ハートからアンブローズ・ビアース、「散り行く花」から「ブレードランナー」「ライジング・サン」におよぶ多くの文学作品や映画作品を例に、克明に分析していく。ことはアメリカに限らず、現在世界全体の問題であることを実感させてくれる一冊だ。

評・巽孝之（慶應大学教授）

二〇〇七年七月二九日⑩

『ビッグイシュー　突破する人々』

稗田和博 著

大月書店・一五七五円

ISBN9784272330492

社会

ジョニー・デップやブラッド・ピットといったスターから、アンパンマン、ミッフィーに至るまで個性的な面々が表紙を飾る、一見フリーペーパーのような小雑誌。このちょっとおしゃれな感じの（しかし内容的には硬派な）小雑誌は、大阪や東京の街中でホームレスの販売員たちによって販売されている。定価は２００円。売れれば１１０円が販売員の収入となる。ホームレスの自立支援を理念として創刊された『ビッグイシュー日本版』である。

本書は、この雑誌の立ち上げの事情や、販売のシステム、理念的背景、販売員や読者の『ビッグイシュー』との関（かか）わり方などを書きとめたドキュメンタリー。営利追求を前面に掲げた企業活動ではないが、収益を問わないボランティアでもない。２００３年に立ち上げられたこのメディア・プロジェクトを、様々な角度から描き出している。

情報化の進展のもと、空間や人間関係のバーチャル化がいわれる今、あえて媒体やコミュニケーションの物質性を重視する『ビッグイシュー』。「自己責任」論とは異なる地平で「自立」のあり方を模索する方向性を含めて、そのプロジェクトから私たちが受け取るべき示唆は大きい。

評・北田暁大（東京大学准教授）

二〇〇七年八月五日①

『となりの神さま』

裵昭 著

扶桑社・一四七〇円

ISBN9784594054007

『エトランジェのフランス史』

渡辺和行 著

山川出版社・一五七五円

ISBN9784634491977

人文／社会

オモロイ友達として共存する道問う

藤原新也が26年前に出版した『全東洋街道』が衝撃的だったのは、日本の外に旅して、アジア、中東の異文化に等身大でぶつかり、異国の強烈で生々しい日常を写真でわれわれに伝えてくれたからだ。

裵昭は、同じ異国のビビッドな生の営みを日本のなかに見つけて、紹介していく。群馬県のプレハブ建てのイスラーム教モスク、東京下町のマンションの一角にカラフルに飾り立てられたシク教寺院、九十九里浜で祈る韓国のシャーマン。これほどまでに多くの宗教、信仰ネットワークが日本国内で息吹（いぶ）いていたのかと、評者にも驚きだった。

外国人が増えるにつれ、日本に流入する異文化、見知らぬ宗教は、往々にして違和感と胡散（うさん）臭さをもって語られる。治安問題に結びつけたり、景観を問題にしたり、とにかく怪しい、という先入観が前面に出る。

「異文化を理解しなければ」と考えても、頭のなかだけの優等生的回答になりがちだ。

しかし、『となりの神さま』がこうした異文化認識と決定的に違うのは、すでに共存に視点を定めているところだ。その映像、筆致は、徹底して温かい。ワシ、こんなヘンテコでオモロイ知り合いがたくさんおるんやで、的な、友達自慢みたいな本だ。筆者自身、異国からきた人々の生活の多様さに共振し、楽しんでいる。自分もまたディアスポラ（離散の民）だという意識が、相手と同じ目線を生んでいるのだろう。

外国人とは誰か、という問いは、国民とは誰か、との問いでもある。人々が王様への忠誠によって「臣民」とされていたとき、あるいは人々が信仰に応じて「信徒」とされていたときには、誰がその共同体の構成員かは、わかりやすかった。だが王様がいなくなり、宗教が統治と切り離された現代の国民国家では、国民とはいかに規定されるのか。

その問題に最初にぶつかったのが、革命後のフランスである。フランス革命を支持すれば外国人もフランス人になれるのか。フランス人の子としてフランスに生まれなければフランス人ではないのか。いったん国籍を得た外国人は、子孫もフランス人なのか。

先般フランス大統領となったサルコジ氏は、内相時代、北アフリカ出身の移民第二世代の若者を「社会のくず」と呼んで、物議をかもした。フランス国籍を持っていても、移民出身者は常に異邦人として社会から排斥される。特に近年のイスラーム運動のグローバルな台頭で、「イスラーム嫌い」が西欧全般に蔓延（まんえん）しつつある。

『エトランジェのフランス史』は、外国人受け入れを巡るフランスの対応を軸に、国民とは何か、を問う。歴史的に、労働力としての外国人受け入れの必要性から、同化・共存を謳（うた）いつつ、しばしば激しい外国人排斥を繰り返してきたフランス。今後、日本も同じような試行錯誤を強いられるのだろうか？

でもそこに「となりの神さま」を、オモロイ友達自慢として楽しむ包容力があれば、日本での異文化共存には、西欧と違う等身大の共生の道が、開けているのかもしれない。

評・酒井啓子（東京外国語大学教授）

ぺ・ソ　56年生まれ。フォトジャーナリスト。

わたなべ・かずゆき　52年生まれ。奈良女子大学教授。

二〇〇七年八月五日❷

『近代による超克　戦間期日本の歴史・文化・共同体　上・下』

ハリー・ハルトゥーニアン 著　梅森直之 訳

岩波書店・各三八八五円
ISBN9784000225571〈上〉・9784000225588〈下〉

歴史／人文

絡み合った多彩な思想の網の目描く

訳者もいうように、本書において展開される「戦間期日本の思想史」は、異国趣味的な関心から書かれた日本特殊論ではないし、またもっぱら日本人の専門的な思想史家を宛（あ）て名とした研究でもない。

「戦間期日本」という時空間で生み出された様々な言論と思想実践を、グローバルな経済的・政治的・文化的文脈に位置づけながら理解し、そうすることによって、（西洋的）近代を乗り越えようとする思想的試みが現れ出るプロセスの動態を浮かび上がらせていくこと。本書の試みは、まさしく「ポストモダンの思想史」と呼ばれるにふさわしい方法論的意識を内包している。

そうした方法論的意識を具体化するために著者がとっている戦略は、きわめて複雑なものとなっている。1942年の「近代の超克」座談会をはじめとして、村山知義、戸坂潤、権田保之助、和辻哲郎、九鬼周造、三木清、柳田国男、折口信夫などと実に多彩な人々の思想が組上（そじょう）に載せられ、それらが網の目のように絡み合いながら、戦間期日本における「近代」「モダニズム」をめぐる思想空間を作り上げていく様子が詳細に描かれる。

だから本書は、戦間期日本における思想を時系列に沿ってマッピングした「列伝記」ではない。読者は、時間的に行きつ戻りつする込み入った議論を追尾することによって、複雑に絡み合った言論のネットワークのダイナミズムを――ときに同時代における国外の思想との照応関係を確認しつつ――体感することとなるだろう。すべて読み通した後に、（少々難解な）「序」における著者の問題意識が、遡及（そきゅう）的にじわじわと伝わってくる本である。

複雑な記述スタイルであるとはいえ、もちろん道標がないわけではない。様々な思想家たちが微妙な差異を伴いながら用いている「日常性」といったキーワードなどは、一つの手がかりとなるだろう。丁寧な訳者解説もある。このチャレンジングな思想史の試みが日本でどう受け止められるか、注目していくこととしたい。

（原題、OVERCOME BY MODERNITY）

評・北田暁大（東京大学准教授）

Harry Harootunian　ニューヨーク大学教授・東アジア研究所長。

二〇〇七年八月五日③

『とげ抜き　新巣鴨地蔵縁起』

伊藤比呂美 著

講談社・一七八五円
ISBN9784062139441／9784062769235（講談社文庫）

文芸

女友達から届く手紙のような長篇詩

伊藤比呂美の本には、詩でもエッセーでも小説でも対談でも、遠く離れた場所にいる女友達から来た、直近の消息と心境を知らせる手紙みたいな効用がある。細かい事情はわからなくても、本を通して彼女の近況を気にしてきた読者は日本中にいるはずだ。

『青梅』（人々に衝撃を与えた25年前の詩集である）の頃からそうだった。『良いおっぱい悪いおっぱい』（出産・子育てエッセーの嚆矢〈こうし〉というべき22年前の本である）からは彼女の娘たちも遠くで気にする対象に加わった。

『とげ抜き　新巣鴨地蔵縁起』は彼女の最新の「消息」である。〈父は老いて死にかけです。／母も死にかけて寝たきりです。／夫や王子様には、もう頼れません〉という状況の中で、夫のいるカリフォルニアの自宅と父母のいる熊本とを、ときには一番下の娘を連れて、ときにはひとりで行き来する。最初の章は「伊藤日本に帰り、絶体絶命に陥る事」。介護の必要な親と世話のかかる夫と自立する前の娘を、太平洋のあっちとこっちにかかえる彼女は、そりゃもう満身創痍（まんしんそうい）である。それで巣鴨のお地蔵様にちょっと頼ってみるのである。

〈母の苦、父の苦、夫の苦。／寂寥（せきりょう）、不安、もどかしさ。／わが身に降りかかる苦ですけれど、このごろ苦が苦じゃありません、降りかかった苦はネタになると思えばこそ、見つめることに忙しく、語ることに忙しく、語るうちに苦をわすれ、これこそ「とげ抜き」の、お地蔵様の御利益ではないか〉とか嘯（うそぶ）きつつ。

長篇（ちょうへん）詩だと本人はいっているけれど、詩なのかエッセーなのか小説なのかは、もはや判然としない。作中には古典だったり中原中也だったり宮沢賢治だったり、さまざまな文学の声が借用されて、それを読むのもまた楽しい。

詩人の「消息」が読者を引きつけるのは実用的な価値があるからだ。詩なのに実用的っておかしい？　だけどほんとに効くんです。性や出産や子の成長を描いてきた人が、50歳の坂にさしかかってぶつかる老いや病や死。四半世紀にわたる連続番組の重みがそこにある。

評・斎藤美奈子（文芸評論家）

いとう・ひろみ　55年生まれ。詩人。著書に『ラニーニャ』『河原荒草』『コヨーテ・ソング』など。

二〇〇七年八月五日④

『すべての終わりの始まり』

キャロル・エムシュウィラー 著　畔柳和代 訳

国書刊行会・二四一五円

ISBN9784336048400

文芸

心地よく常識ゆさぶる破壊の力

半世紀ものキャリアを誇るアメリカ女性作家キャロル・エムシュウィラーは、すでに生ける伝説である。ジェイン・オースティンとともにフランツ・カフカを愛する彼女は、長短編問わず多数の傑作を書き継ぎ、ネビュラ賞やディック賞、世界幻想文学大賞など華麗な受賞歴を重ねてきた。必ずしも大向こう受けしそうもないその作風を称賛したのは、フェミニズムとSFの双方の視点より「他者（エイリアン）」の意義を知り尽くした、『ゲド戦記』で著名なアーシュラ・K・ル＝グウィンや、その好敵手たる男装作家ジェイムズ・ティプトリー・ジュニアといった猛者たちだった。

日本独自の編集になる本書が揃（そろ）えた19の短編も、雰囲気こそ奇妙とか不思議とか不条理と評されるかもしれないが、語り手の巧みな叙述から、他者そのものの驚くべき深みや多様性をえぐりだし、わたしたちの日常を塗り替えていく手つきは、まさに文学的名匠というしかない。

表題作では離婚歴のある女性が、地球強奪の第一歩として猫の大虐殺を企（たくら）む異星人と結んだ共犯関係を告白し、「見下ろせば」ではヘビと猫を丸呑（の）みする鳥が「聖なる〈三〉」を体現する神として語り、「おばあちゃん」では孫娘が、人命救助に命を賭け天候や環境まで変えてしまうスーパーウーマンの武勇伝を回想し、「育ての母」では養母が、言葉や歌を教え込み愛情深く育んだ人間ならざる「あの子」との別れを惜しみ、「ジョーンズ夫人」では独身姉妹が、ふとしたことから遺伝子工学の産物らしき異形の老人を迎え入れ、新たな家族像を構築していくさまが綴（つづ）られる。

だがいちばんスリリングなのはむしろ、ごくあたりまえの人間たちが扱われる時だろう。「セックスおよび／またはモリソン氏」の語り手は、そもそも男女という二つの性を自明と思うこと自体が間違っているのかもしれない、「私たちの中にきっと『ほかの者』がいるはずだ」と確信する。

わたしたちの常識を心地よくもゆさぶる、これは小さくても破壊力満点の贈り物だ。

（原題、The Start of the End of It All）

評・巽孝之（慶應大学教授）

Carol Emshwiller　21年米・ミシガン州生まれ。作家。

二〇〇七年八月五日⑤

『大地の慟哭（どうこく）　中国民工調査』

秦尭禹 著　田中忠仁ほか 訳

PHP研究所・一八九〇円

ISBN9784569690032

経済／国際

農村から出稼ぎ　想像を超す苦境に

来年のオリンピックを控えた北京ならずとも、現在、中国の大都市の建設ラッシュはすさまじい。急速に進む中国の都市化、そして「世界の工場」とまで言われるようになった工業化を支えているのは、「民工」と呼ばれる農村からの出稼ぎ労働者だ。

いまや2億人はいると言われる民工は、いわゆる3Kの仕事を受け持ち、仕送りによって農村経済にも大きく貢献する。例えば03年には、それによって四川省の農民の純収入は50％増えたという。

本書は、中国で05年1月に出版され、多くの人に読まれた『中国民工調査』の邦訳である。著者は香港のエコノミスト。中国のいくつかの都市での実地調査と豊富な文献調査を組み合わせ、民工の生活の実態に迫り、それを多面的に描き出した。

一部の民工の実態の厳しさは想像以上だ。給料の遅配欠配は驚くに値しない。劣悪な労働環境による労働災害の頻発と社会保障の欠如、「民工米」と呼ばれる、食用に適さない古い米などを使った粗末な食事、性の抑圧と精神生活の不毛、民工の子供の就学難と学校でのいじめ、そして農村の留守家庭に残された子供への虐待やストレス。民工と農村は都市主導の変革の波に呑（の）み込まれ、血縁を中心とした農村の姻戚（いんせき）文化と社会システムは破壊されたと著者はいう。

　中国の指導者は決して無為無策でいるわけではない。差別をなくし、民工に正式労働者と同じ待遇を与えるよう指示を次々と出している。また、女子労働者や熟練工の不足が広東などで深刻化し、賃上げ圧力となっている。

　民工の苦難は高度成長に伴う過渡的な問題なのかもしれない。成功している民工だって少なくないはずだ。だが広い中国の場合、過渡期は相当長くならざるをえまい。制度上は差別を廃止しても、豊かな沿海大都市を除き、実態として民工全員に社会福祉を提供することは当面不可能である。差別意識の解消も簡単ではない。表はぴかぴかの摩天楼だが、その裏には長く、濃い影があることを本書は教えてくれる。

評・高原明生（東京大学教授）

チン・ヤオユイ　経済学博士、香港の管理顧問会社マネジャー。

二〇〇七年八月五日⑥

『古代の風景へ』
千田稔 著
東方出版・二一〇〇円
ISBN9784862490759

歴史

大和の山川に宿る歴史　現在から読む

　大和は国のまほろば。

　奈良盆地の東端を桜井から天理へと続く山の辺の道は、歩く人々を不思議な懐かしさで包み込む。この独特な風景は、周辺一帯が「大和王権の誕生の地」であった歴史と無関係ではなかろう。

　風景の原義は、《空気と光のたたずまい》にすぎない。眼（め）の前の山川草木に特定の立体感を与えるのは、その土地の歴史の残像だ。著者の視線が向かう先々で、風景から歴史が身を起こしてくる。

　やがて日本国全体の異称になる「やまと」は、もともと大和の国の一郷の小地域名から発祥している。その場所はどこであったか。それを検証する第一章「周濠（しゅうごう）と聖水」では、地理に想像力の補助線を加え、三輪山と巻向山（まきむくやま）との間に新羅（しらぎ）系・出雲系両集団による権力争奪の対峙（たいじ）ラインを引く。従来の三輪王権論と一線を画して、この土地に卑弥呼の推戴（すいたい）に至る倭国大乱（わこくたいらん）の跡を仮想するのである。

　風景に歴史を探るとは、自然地形に古代人の眼差（まなざ）しを注ぐことだ。「聖なる土地」だった飛鳥は、多武峰（とうのみね）を視界に入れることでその聖空間性がよみがえる。その秘密を解くヒントは近年発掘された亀形石造物にある、という見方がユニークだ。宮都構想の大本に、多武峰の神仙境を背に載せた亀がいるという道教思想の影響を見出（みいだ）すのである。

　キトラ古墳の壁画をめぐる論も多くを教えてくれる。話題になった星宿図を高句麗起源とする説に従い、被葬者を百済（くだら）王家に連なる人物と「憶測」するのであるが、同時にそれを窓口にして、唐・新羅の連合軍と百済を支援する倭（やまと）との対立軸という「東アジアの地政学的な情勢」を読み取る視点が鋭い。

　日本最古の都城とされる藤原京は、唐の長安をコピーして日常的な風景を直線で分断する「計画都市」だったが、周囲に香具山（かぐやま）・畝傍（うねび）・耳成（みみなし）の大和三山を配していた。

　藤原京から平城京へ、さらに長岡京・平安京へとめまぐるしく移り変わった歴代宮都の遺跡は、「血で血を洗う政争」の残骸（ざんがい）だ。歴史は地理に宿る。古代の風景は眺める側の現在地を見返してくる。

評・野口武彦（文芸評論家）

せんだ・みのる　42年生まれ。国際日本文化研究センター教授、奈良県立図書情報館長。

『宿澤広朗　運を支配した男』

加藤仁 著
講談社・一六八〇円　ノンフィクション・評伝
ISBN9784062140669

立木義浩撮影による秀逸な表紙のポートレート。だが、それは「遺影」なのだ。

宿澤広朗（しゅくざわひろあき）は昨年6月17日、心筋梗塞（しんきんこうそく）により急逝。享年55という早過ぎるラグビー界の至宝の死を多くの人が悼んだ。

本評伝の著者・加藤は47年生まれ。企業社会に生きた人々や老いをテーマにしたノンフィクション作品で定評がある。そうしたスポーツ専門ではない立場で銀行家（バンカー）としての軌跡に重心をおいて描いたところに、この本特有の妙味がある。宿澤はラグビー界の重職を長年務めながらも、最終的には三井住友銀行の専務執行役員。二足のわらじを履きこなした33年間の熾烈（しれつ）な日常が明らかになっていく。

加藤の本には、「突然の解任」と題された章があるが、永田洋光が宿澤を描いた『勝つことのみが善である』（ぴあ）では、そうならない。「いくら尻を叩（たた）いても変わらない（ラグビー協会の）サロン体質に業を煮やし、あるいは絶望して、自分から（理事を）やめたと考える方が自然」とあり、気になる。

いずれにせよ宿澤は、頭取や協会会長になる可能性のあった人物。加藤は「努力によって運を支配してきたが、達成寸前にして運に見放される」人生と、孤高のリーダーを哀惜する。

評・佐山一郎（作家）

『憲法9条の思想水脈』

山室信一 著
朝日新聞社・一三六五円　政治／人文
ISBN9784022599230

参院選での自民党大敗北のひそかな原因の一つが、憲法改正に性急な首相への不安では、と思えてならない。そんな改正論議の中心である憲法9条を支える平和思想の成り立ちを、丁寧に、丁寧に追っている。

戦争が古来、大きな災禍であった以上、洋の東西を問わず、不戦への道を説く思想は、長い歴史を持つ。一挙に国際政治の荒波に投げ出された明治以降の日本にも、東西の不戦思想の影響を受けた中江兆民ら多くの論者が現れる。特に、日清・日露の経験は、その願いを切実なものにした。

ただ、国内外を問わず、現実主義者から「夢想」と遠ざけられたのも確かだ。でも、その「夢想」が無駄であったともいえない。国際連盟、パリ不戦条約、そして国際連合とその夢の一部は形を変え実現してきた。9条の精神は、日本人を含む長い人類の英知の結晶であり、決して「押しつけ」うんぬんで片づけられるほどやわなものではない。

憲法草案に深くかかわった幣原喜重郎・元首相は、述べる。「戦争放棄は正義に基づく正しい道であって日本は今日この大旗を掲げて国際社会の原野を単独で進んで行くのである」。こんな言葉がまぶしすぎる時代は、少し悲しい。

評・四ノ原恒憲（編集委員）

『残留日本兵の真実　インドネシア独立戦争を戦った男たちの記録』

林英一 著
作品社・三三六〇円　ISBN9784861821301　歴史

第2次世界大戦後にインドネシア独立戦争に参加した残留日本兵は、約千人に及んだという。本書は、インドネシア名をラフマットという残留日本兵小野盛が記した独立戦争期の第一次資料を発掘し、インドネシア独立の複雑な政治過程を丁寧に追いながら、彼が独立戦争に身を投じた過程を跡づけたものである。

著者は、残留日本兵の独立戦争への参加動機とされる、「アジア独立」をめざしてという理由づけは、むしろ後になって作られた説明であると推測している。ただし残留の動機は何であれ、元日本兵たちが軍人としての知識や経験を元手に、日本の国家や軍を離れた一個人として異国で生きようと決意したのは事実である。しかし自力で独立を勝ち取ったとするインドネシアのナショナリズムの論理は、独立に協力した元日本兵を「厄介者」に変えてしまう面があった。

本書は、一個人のアジアとの交流史という観点を強調しているが、小野の後半生を含め残留日本兵の人生は、高度経済成長期以降には、一度は捨てたはずの日本との関係に大きく規定されたようにも見える。なお著者は84年生まれであり、資料の博捜ぶりなどその早熟の才能に驚かされる。

評・赤澤史朗（立命館大学教授）

二〇〇七年八月一九日❷

『経済再生の条件　失敗から何を学ぶか』

塩谷隆英 著
岩波書店・二二〇〇円
ISBN9784000227667

政治／経済

元次官が痛感する政策「戦略」の重要性

01年1月の省庁再編に伴い、かつての経済白書は「経済財政白書」と名前が変わった。名前だけではなく、時の政権に媚（こ）びない中立的なかつての白書の分析も、当時の竹中平蔵大臣の言葉によれば「経済財政諮問会議の審議のサポート」に変容した。

変わり果てた白書を見て66年に経済企画庁に入庁し、事務次官を経て99年に退官した著者は「昔の白書を懐かしく思う」という。しかし、ノスタルジーから覚めた著者は心機一転、バブル発生以降の失敗の教訓を「公共政策に携わった者の責務」として「後進に伝え」ようと試みる。失敗の本質は「戦略性の欠如」にあった。高度成長に継ぐ目標を定められないまま、整合性を欠いた政策運営が続けられたのだ。実際、プラザ合意後の円高不況や貿易摩擦への対応を優先し、資産価格の高騰を放置した失敗がバブルを招き、その退治に固執した過度な引き締め策が、銀行のバランスシートに与える影響を看過した失敗の顛末（てんまつ）が90年代の「大停滞」だった。

30年以上に及ぶ政策現場での経験から著者が学んだのは、不況に陥れば長期の目標を棚上げしても景気対策に集中し、好況に転じれば目先の利益よりも長期の目標を追求するという、政策「戦略」の重要性である。その判断を間違えば、97年後半以降の不況の際に財政支出を惜しみ、虎の子の財政構造改革法の効力を成立後1年余りで失った旧大蔵省の轍（てつ）を踏む恐れがある。同様に、一見「勇ましい」小泉改革の行方も、格差を放置すれば必ずしも安泰ではない。「見えざる神の手」に日本の未来をゆだねる改革に批判的な著者は、「改革なくして成長なし」の帰結が「効率一辺倒・弱肉強食の格差社会」に見えるという。

本書には多くの政治家や官僚が実名で登場し、景気判断や政策調整をめぐる議論や交渉の様子が臨場感溢（あふ）れる形で再現される。そこで著者が示すのは、どんなに優れた人間でも間違うということだ。過去の失敗を責めても歴史は変わらない。しかし、失敗から学ばなければ同じ失敗が繰り返されるのである。

評・高橋伸彰（立命館大学教授）

しおや・たかふさ　41年生まれ。経済企画事務次官、NIRA理事長など歴任。

二〇〇七年八月一九日❸

『ワープする宇宙　5次元時空の謎を解く』

リサ・ランドール 著
向山信治 監訳　塩原通緒 訳
NHK出版・三〇四五円
ISBN9784140812396

科学・生物

現代宇宙物理学の最先端からの報告

最新の宇宙論に触れるたびに抱くのは、宇宙に果てはあるのか、広大無辺な宇宙における人間の存在とはいったい何なのかといった、考えれば考えるほど頭がぼうっとしてきそうな問いである。素人に納得できる解答が出されないまま、理論宇宙物理学の新しい学説が送り出されている。

今回の新機軸は、われわれはブレーンと呼ばれる膜のようなものの上で暮らしているのかもしれないと説く「ワープした余剰次元」理論。それと、その理論の提唱者にして本書の著者が、アインシュタインやホーキングといった、まさに異次元の住人を思わせる天才ではなく、才色兼備の物理学者という点。

では、その余剰次元とは何か。われわれが認識する世界は、縦・横・高さという3つの次元でできている。それに時間も入れた4次元の世界ならば、まあまあ常識で理解できる。しかし実際にはこれに、歪（ゆが）んだ（ワープした）第5の次元が存在するというのが余剰次元理論である。いや、こんな説明ですわからなくて当然。そもそも600ページにもおよぶ本書の内容を数行で要約できるはずがない。

本書の半分あまりはアインシュタインから超ひも理論までの理論物理学史のおさらいに当てられている。かつてニュートンは、自分が他よりも遠くを見通せたのは、巨人たち（偉大な先人たち）の肩の上に乗っていたからだと語ったという。研究が進み知識が増えつつあるに伴い、先端科学を理解するための素養も増大する。踏み越えるべき巨人の数も増すというわけだ。おまけに次元数まで増えてしまった！

そこで本書の冒頭では高次の次元という考え方が、芸術家の遠近法になぞらえて説明されている。また、歴史のおさらいは、著者自らが提唱する最新理論が登場した必然性を踏まえている点で斬新である。新しい難解な理論が生み出される現場を垣間見られるエピソードも楽しい。難点があるとしたら、当事者が語る歴史特有の、細部へのこだわりだろうか。ともあれ、異次元宇宙にワープするには格好の1冊である。

（原題、Warped Passages）

評・渡辺政隆（サイエンスライター）

Lisa Randall　理論物理学者、米ハーバード大教授。

『ぼくには数字が風景に見える』

ダニエル・タメット著　古屋美登里訳

講談社・一七八五円
ISBN9784062139540／9784062778602（講談社文庫）

医学・福祉／社会

「障害」を武器にした驚異の計算力

目を閉じてじっと数字を思い浮かべる。網膜にうっすらと7が浮かぶ。その私の数字には、なんの特別な形も色も感情もともなっていない。がっかりするほど無味乾燥だ。

けれど、サヴァン症候群とアスペルガー症候群という運命を担って生まれてきた青年、ダニエル・タメットにとっての数字は違う。

彼の数字は内気だとか、騒々しいとか、独自の個性をもっている。色もとりどり。動きも自在。質感もある。さらに、舞い落ちる雪のようとか、悲しいとか嬉（うれ）しいとか数字を媒介にいろんな感情もわいてくる。

それはなんと甘美な体験であろうか。が、このひとつの刺激に複数の感覚が連動して生じる「共感覚」は、脳の障害とされているのだ。

この「共感覚」によって、数字の美しき風景の中を散歩するようにして、ダニエルはπの小数点以下2万2千桁（けた）以上を暗唱できる。また、語学の天才となり、10カ国語を自在に操れるようになった。

本書はそんな著者　ダニエルの生まれてから自立するまでの「回想」の記である。

むろん、彼は独特な赤ん坊だった。常に泣き叫び、幼児期は壁に頭を打ちつけ、自閉的で、日常の手順や日課に極端なこだわりを持ち、友もなく、常に孤立していた。

そんな彼がどうやって成長を遂げていったのか。

彼の数字が彼にもたらす喜びや悲しみの感情を回路に他人の感情に気づいていった。「障害」のなせるわざの驚異の計算力や語学力を武器に社会と折り合いをつける道を自力で発見していった。

そして、ついに愛し合う人と出会う。

この困難だけれど、勇気ある彼の人生の経緯を読んでいると、「人の持つ力」の不思議を実感する。ほんとうは、誰もが、それぞれに底知れぬ能力の箱を抱えているのに、それに鍵をかけているだけかもしれない、という気さえしてくる。私にも、ダニエルの語るようなあの美しい風景がちらとでも見えないものかと、じっと目を閉じ、私は私の数字を思い浮かべてみるのである。

（原題、Born on a Blue Day）

評・久田恵（ノンフィクション作家）

Daniel Tammet　79年英国生まれ。特集番組は40カ国以上で放送。

二〇〇七年八月一九日⑤

『青年の完璧な幸福　片岡義男短編小説集』

片岡義男 著
スイッチ・パブリッシング・二四一五円
ISBN9784884182809
文芸

閃き授ける女たち　小説が芽吹く瞬間

本書の4編にはそれぞれ、小説家をめざす青年が登場する。小説は、小説家は、いかにしてつくられるのか?

米国の大学には古くから創作科や講座があり、そこからカーヴァーやアーヴィングが生まれた。しかし「小説作法は学校で習えるものなのか」という議論は根強くある。

1960年代の日本を舞台にする本書では、小説教室は間違いなく別な形で存在する。ベテラン編集者たちは喫茶店やバーでの文学談議を通して、様々なヒントを与えてくれる。日常風景の中にふと扉がひらいて思いがけない小説のレッスンが顔を出す。彼らの創作論が、作中で実践されているのも読みどころだ。

だが、それにもまして青年に閃（ひらめ）きと霊感を授ける詩神は、女たちである。夕立のなか傘に飛びこんできた浴衣姿の人、予期せず恋人になった年上の幼なじみ、元アクション女優のバーの女……。

小説は、どこにあるのだろう? 「美しき他者」という編に出てくる女は、それをチェロ演奏になぞらえ、音楽は楽器という「具体物」の極みから出て、人の頭に入ると「エモーション」というとんでもない抽象物になる」と表現する。わたしはエルンスト・クルトの音楽心理学や「楽譜は影のようなものにすぎない」という考えを繰り返し思う。「音楽」とは人の内面にある何かを表出したものではなく、内面で起きていることそのものなのだ。そう、「小説」もまた、目に見える文字にではなく、作者の心の動きにこそあるに違いない。

青年の心の内だけにある「小説」を、わたしは本書で紛れもなく読んだ。読んだという気持ちになった。一度きりの出会いや、恋人の遠のきが青年の心をゆさぶるとき、そこから架空性は生まれ出てくる。女たちはやがて彼の中でフィクションそのものになり、どこにもいない「幻」になることで、小説を芽吹かせる。なんという幸福だろう。フィクション誕生の瞬間を垣間見た読者にも、青年の高揚感は伝わるはずだ。

片岡義男氏の小説集はデビューから三十数年を経ていっそうみずみずしい。

評・鴻巣友季子（翻訳家）

かたおか・よしお　40年生まれ。『日本語の外へ』ほか著書多数。

二〇〇七年八月一九日⑥

『新聞　資本と経営の昭和史　朝日新聞筆政・緒方竹虎の苦悩』

今西光男 著
朝日新聞社・一四七〇円
ISBN9784022599247
歴史／社会

権力の一大敵国率いた「筆政」の足跡

新聞が時の権力から「一大敵国」と恐れられるほどの発言力と影響力を持っていたことがある。大正時代から昭和初期、新聞各紙は果敢な論説と真相をえぐるスクープで世論を導きつつ、常に華々しいイベントを展開して広く読者を獲得した。

だからこそ、しばしば新聞と権力は対峙（たいじ）した。日中戦争から太平洋戦争にかけて、編集の自由が徐々に奪われ、すべての新聞が大本営の発表をそのままに伝達する国策新聞になる。もっとも最終的に屈服したのは、記者たちではなく、むしろ新聞社の経営陣であったのではないか。

本書は、朝日新聞の編集部門の統括とマネジメントを掌握する最高責任者であった緒方竹虎の言動に焦点をあてつつ、戦前から敗戦にいたる新聞史を検証するものだ。記事や論説の内容ではなく、販売や広告なども含めた経営面から新聞の戦争責任を問う視点が新しい。加えて「権力」と「新聞」との緊張関係、そして「資本」と「経営」とをめぐる社内亢争のあとも丹念に検証する。

緒方は、早稲田大を卒業したのち朝日新聞社に入社、言論弾圧の白虹事件による人事刷新を契機に発言権を増し、いわゆる「筆政」になる。軍閥政府や軍部、右翼などからの攻撃の矢面に立って奮闘すると同時に、編集の自由を確保するため、社外株主を排除するなど経営と編集の分離を推し進めた。しかし副社長にまつりあげられたのち、朝日を去り小磯内閣の国務相・情報局総裁に就任する。

筆者は最終章で、新聞にとって「戦争」は終わっていないと挑発する。戦時下の新聞統制で得た既得権益をもとに、敗戦と占領の激動期を越えて、経営基盤を確立させる。しかし、「筆政」が編集と経営を掌握していた時代ほどには、権力から恐れられることはなかった。新聞は権力によって馴化(じゅんか)された面があるのではないか、と述べる。インターネットなどに企業広告の場が移るなど、新聞というメディアの将来性について議論がさかんな現在だからこそ、本書が投げかけた問題点に注目したい。

評・橋爪紳也(大阪市立大学教授)

いまにし・みつお 48年生まれ。朝日新聞社ジャーナリスト学校主任研究員。

『露の玉垣』

乙川優三郎 著

新潮社・一五七五円
ISBN9784104393039/9784101192253(新潮文庫) 文芸

波瀾(はらん)万丈、手に汗握るといった要素を乙川優三郎の作品に求めてはいけない。英傑・英雄も、秘術・秘剣も登場しない。地道に、真面目(まじめ)に、こつこつと生きる無名者が主役だ。やや地味かもしれないが、読み終わった後、いつも深い思いに襲われる。そういう作家はそれほど多くない。

本書の舞台は、窮乏にあえぐ越後の新発田藩。下僕から代官になった男と、昔、離縁になった主家の女性との交情、寡黙・偏屈の勘定奉行の生き方、隠居し、一切の虚飾を捨てた元中老の隠居、夫の弟によって実弟が斬(き)られた妻のきれぎれの回想など、二〇〇余年にわたる名もない家臣やその家族の歩みを辿(たど)った八編の連作短編集である。

大水、旱魃(かんばつ)、大火、幕府御用の出費など、藩財政はつねに逼迫(ひっぱく)している。質素倹約ではとうていたちゆかない。そのなかで、武士として筋を通し、家をどう守り、どう継いでゆくか。

新発田藩に実在した溝口家に伝わる「世臣譜」という資料に基づいているらしいが、老若男女を問わず、必死に格闘する「普通」の人々のすがたが、丹念な描写と静謐(せいひつ)な文体によって、鮮やかに浮かび上がってくる。近年には珍しい重厚感のある歴史小説だろう。

評・小高賢(歌人)

『暮らしの哲学』

池田晶子 著

毎日新聞社・一四〇〇円
ISBN9784620318202 文芸/人文

「哲学」はムズカシい。あなたもそうおもい込んでいませんか? しかし、池田晶子さんは、専門用語を使わず、日常の話し言葉で哲学の本質を語りつづけたのでした。

この世に生きるとは?

自分とは何者か?

世界をどう理解するか?

癌(がん)を告知されたら?

その他、生まれてから死ぬまで(いや、死後まで)人間が直面する、あまたの重要な出来事を、春夏秋冬の季節の流れにそって書きとめたのでした。

さっきから過去形で述べているのは、ほかでもなくこの本が今年の二月、まだ四十代の半ばで急逝した著者の遺作だからです。

惜しいひとを亡くした。つくづくそうおもいます。「哲学」とは「考える」こと。現象の向こうに本質をとらえること。そんな誰にでもわかる「哲学エッセイ」は、さらに深く豊かな思索が展開されたはず。著者自身、年をとるという醍醐味(だいごみ)が楽しみだと書いているし、現に新しい春を迎えた最終回にその萌芽(ほうが)が見られます。

詩人の伊東静雄は、蝉(せみ)の声を聴いて「一種前世(ぜんしょう)のおもひ」を抱きましたが、日常の時間から解放される夏こそ「哲学=考える」にふさわしく、本書は多くのヒントを与えてくれます。

評・杉山正樹(文芸評論家)

二〇〇七年八月一九日⑨

『テレビニュースは終わらない』

ノンフィクション・評伝／新書

金平茂紀 著

集英社新書・七一四円
ISBN9784087204001

いまの「メディア不信」の構造は、深刻である。そのようなメディア状況を糾弾する評論は数多いものの、著者が指摘するように、現役の報道人による論考は驚くほど少ない。いま、日本のメディアに求められているのは、抽象的なジャーナリズム倫理やネット技術への期待論ではなく、現実的なメディア改革に向けた検証・提言である。

本書は、現役のテレビ報道局長が、イラク報道や選挙報道などを事例に、メディアの現場が直面する「国益・政治権力との距離」や「ネットとの関係性」、「ジャーナリズムにおける組織と個人」といった問題群を丁寧に検証しながらも、その意味をメディア状況全体のなかで論究しようとした意欲的な一冊だ。

故・米原万里さんとのワシントンと鎌倉を結んでの電話対談も興味深い。イラクで人質となった3人の日本人に対してわき起こった「自己責任論」に、一部メディアが同調する姿に、政や官との蜜月のなかで日々仕事をこなす日本の大手メディアに内在する病理を突く。

日本のテレビ報道が置かれた絶望的状況を人一倍憂うがゆえに、テレビの持つ潜在的可能性に希望をつなごうとする著者の、冷静だが熱い想（おも）いが伝わってくる。

評・音好宏（上智大学教授）

二〇〇七年八月一九日⑩

『モーティマー夫人の不機嫌な世界地誌』

文芸／国際

トッド・プリュザン 編　三辺律子 訳

バジリコ・一五七五円
ISBN9784862380456

150年前にイギリスの有名な作家が書いた世界の国ぐに解説本を、なぜ今、ニューヨークの編集者が抄録して出版したかというと、まずそのトンデモな世界観にあきれ、笑う（この作家はほとんど海外に出たことがない！）と同時に、でもこんなトンデモ世界観は現在も先進国の政治家によく見られ、外国への失言暴言は日常茶飯じゃないか、と言いたかったからだ。

イングランドが一番、と信じて疑わないモーティマー夫人が他国をこき下ろす際、最も嫌うのは、偶像崇拝、「まちがった宗教」（仏教、イスラム教はもちろん、カトリックも）、そして飲酒。なんか、タリバンが読んだら、すごく共感しそうだ。続いて、不誠実、醜さ、残酷が欠点とされる。

全体にトンデモだらけなのに、ときどき、はっとする記述がある。アフガニスタンでイギリス人が殺されることに対して、「アフガン人を責めることはできません……彼らは自分の国を守っただけなのです」。

また黒人については、「ただ肌の色が黒いというだけ」で差別されるのは、「まちがったことだと思いませんか？」。

笑えて、やがて（今の世界が）情けなくなる本だ。

評・酒井啓子（東京外国語大学教授）

二〇〇七年八月二六日①

『反転　闇社会の守護神と呼ばれて』

田中森一 著

幻冬舎・一七八五円
ISBN9784344013438／9784344411524（幻冬舎アウトロー文庫）

『近代ヤクザ肯定論　山口組の90年』

ノンフィクション・評伝

宮崎学 著

筑摩書房・一九九五円
ISBN9784480818287／9784480427656（ちくま文庫）

「疎外され裏社会に」訴えどう届く

検事と弁護士。ともに難関の司法試験に合格しながら、一方は被疑者を追い込み、一方は被疑者を守る、とその立場は正反対だ。ただ、検事生活を経てから後年、弁護士に転身する人も少なくないことは、誰もが知っている。

『反転』の著者・田中森一もそのひとりだ。しかし、田中の場合、検事時代と弁護士時代のギャップは〝転身〟と呼ぶにはあまりに大きすぎ、まさに〝反転〟と呼ぶにふさわしい。大阪地検特捜部から東京地検特捜部へ、と出世街道を驀進（ばくしん）した田中は、撚糸（ねんし）工連事件、旧平和相銀不正融資事件など大きな事件に次々とかかわり、政治や経済の不正をただすエース検事の名をほしいままにしてきた。こと細かに書かれている検事時代の捜査や取り調べは読み物としては抜群に面白いが、検察の手法の強引さには驚きも禁じえない。

ところが44歳で弁護士になると、田中のもとには顧問を依頼してくる企業が押し寄せ、収入はあっという間に膨れ上がって個人用のヘリコプターを購入するまでになる。同時にヤクザの幹部や組長、いわゆるバブル紳士と呼ばれた怪しげな人物たちも近づいてきて、一転して田中は〝闇社会の守護神〟というレッテルを貼（は）られるようになるのである。そして00年、石橋産業事件をめぐる詐欺容疑で裏経済界の黒幕・許永中とともに逮捕。控訴審での実刑3年の判決を経て、現在は最高裁に上告中の身である。

天職とまで感じていた検事を辞めて、なぜ弁護士となりアウトローたちに接近したのか。検察庁への不満、モチベーションの低下、母親の病気など検察庁退職の理由はいくつかあるが、いずれも決定的なものではなく、田中自身も何度も自分に問い返す。そしてたどり着く結論が、「根っこは、弱い人間が好きなのだろう」ということだ。長崎県・平戸の貧しい漁村の「勉強すると怒られる」という環境の中で育った自分は、貧困や差別などのハンディを背負ったがゆえにヤクザになったり、犯罪に手を染めるようになったりした者たちの気持ちがなんとなくわかる、というのである。

日本最大のヤクザ組織・山口組の歴史を日本の近代史として論じた宮崎学の『近代ヤクザ肯定論』では、ヤクザは遊び人や犯罪者の集団として成立したのではなく、近代社会から疎外された者、周縁に追いやられた者が「生きんがために結びついた団結のひとつのかたち」だと述べられている。三代目・田岡一雄組長の娘が小学生時代に日記に書いた「『山口組』は、淋（さみ）しい人らが、みんなで集まっているサークルです」ということばを、宮崎は「正しい理解である」と評価する。

田中は、本当に必要なのはそういった弱い人、疎外される人が社会に適応できるようなシステムを作ること、と言うが、今のところ彼らがかろうじて生き延びられるのは、裏社会や闇社会と呼ばれる世界だけだ。それらをただ排除するだけでは何にもならない、と言おうとしている田中や宮崎の声は、治安や社会正義を声高に求める人たちにはどう届くのだろう。

評・香山リカ（精神科医・帝塚山学院大学教授）

たなか・もりかず　43年生まれ。弁護士、元検事。
みやざき・まなぶ　45年生まれ。作家。

二〇〇七年八月二六日②

『神の火を制御せよ　原爆をつくった人びと』

パール・バック 著　丸田浩 監修　小林政子 訳

径書房・二四一五円

ISBN9784770501974

文芸／科学・生物

もし女性科学者が参加していたら…

第2次大戦でアメリカが原爆開発のために組織した「マンハッタン計画」に、もしも若き才女が関（かか）わっていたら？　本書はそんな発想より、美貌（びぼう）の女性科学者ジェーン・アールをヒロインに据え、彼女が内部から行った原爆使用への批判がいかに仲間の男性科学者たちにも影響していくかを描いた、高度にフェミニズム的な原爆小説である。

必ずしもヒロシマ、ナガサキの悲劇が改変されるわけではない。だが、本書は核エネルギーのみならず、ジェーン自身の人間的魅力がもうひとつのエネルギーとして人々を、歴史そのものを動かしえた可能性を、切々と語る。

作者は、中国の農奴社会を舞台にした長編小説『大地』（1931年）で評判を呼び、38年にはアメリカ女性作家として初のノーベル文学賞を受けたパール・バック。しかし、90作を超える作品群のうちでもいちばんの問題作であり、1959年に発表されるやいなやベストセラーとなった本書については、長く品切れが続き、いまでは伝説の作品としてささやかれるのみであった。

その秘密は“Command the Morning”という原題にひそむ。ここには、まず旧約聖書のヨブ記で神がヨブに対し発する問いかけ「おまえは一生に一度でも朝に命令し／曙（あけぼの）に役割を指示したことがあるか」が反響している。「朝」とは、それ自体が「神」とされることの多い「太陽」を指すが、そんな太陽に対して命令を下せるのは「至高の神」のみ。だが、現代科学を推進する人類は「人工の太陽」とも呼ばれる原爆を発明してしまい、至高の神の専売特許すら脅かす。そればかりか、ここでの「朝」は「日章旗」に象徴され史上初めて原爆を投下される国家をも、暗示しよう。

このように、タイトルだけでも思索的な重みをもつ本書は、ジェーンを中核としたロマンティックな物語展開でたちまち読者を引きずりこみながらも、さいごには原爆小説のみならず科学者小説、東西異文化交渉小説としての文学的な深みへと、われわれを誘ってやまない。

（原題、Command the Morning）

評・巽孝之（慶應大学教授）

Pearl S. Buck　1892～1973年。米国の作家。

『路地裏の社会史』

木村和世 著

昭和堂・三二五〇円
ISBN9784812207468

生涯を捧げ「社会悪」報じた労農記者

「社会悪の報告」に生涯を捧（ささ）げた新聞記者がいた。最初の労農記者と呼ばれた大阪毎日新聞の村嶋帰之（よりゆき）である。彼の著述、さらには社会運動家で盟友でもあった賀川豊彦らの言動などから、村嶋の業績を再評価する研究書である。

村嶋は衆院議員の父の元で育ち、早稲田大政治経済学科を経て、大正４（１９１５）年に大阪毎日に入る。社会の底辺で暮らす人々に関心を寄せ、大正６年、連載「ドン底生活」で注目を集める。

他の下層社会に関係する記事の多くが好奇心から社会の「裏面」を捉（とら）えたのに対し、村嶋は統計資料に現場で重ねた聞き書きを加え、そこに等身大の生活を描き出した。賀川は、「人生の暗黒」を報告しながら、まず村嶋自身が泣いていたと人柄を評価した。

翌大正7年の連載「見よ!!　このダークサイドを」では、社会に潜む悪に破邪の剣を振るう。「偽孤児院」の回は、浮浪児や感化院を脱走した子を雇い、孤児と偽って薬や化粧品の行商をさせた慈善団体を批判する。また、著書などでカフェの女給にも注目した。華やかさの内部に織り込まれた「人間苦の諸相」を世に伝えたい思いがあった。

村嶋は労働争議にも深くかかわる。大正8年、賃上げを要求する川崎造船所の労働者1万6千人が、前例のない大規模なサボタージュを行った。村嶋はこの時、戦術を教示するいっぽうで、その内実のスクープものにした。米の急進的労組の冊子からサボタージュを知って「同盟怠業」と訳出したという村嶋は、運動を導く知識人とジャーナリストの両面から、争議と向き合ったわけだ。

村嶋は戦時下でも揺らぐことなくリベラリストを通し、晩年まで「報告者」という役まわりにこだわり続けた。彼の生き様と信念に共感を覚えつつ、一気に読了した。

正義感の強い若者が、日々の不安を抱えて生きる人々に寄り添い、世の矛盾と対峙（たいじ）するなかで社会事業の実践者となる。研究書でありながら、大正デモクラシーを背景に活動を始めた社会派ジャーナリストが、成長を果たす物語として読むこともできる。

評・橋爪紳也（大阪市立大学教授）

きむら・かずよ　神戸大などで非常勤講師を務める。共著に『日本社会福祉人物史』。

二〇〇七年八月二六日④

『川の光』

松浦寿輝 著

中央公論新社・一七八五円
ISBN9784120038501

文芸

応援したくなるネズミ一家の旅物語

わくわくして、どきどきして、はらはらする。ふうっと一息ついたかと思うと、すぐにまた胸が高鳴る場面が訪れる。あぶないよチッチ、がんばれタータ、いいぞお父さん……ページをめくりながら、何度も声をあげそうになった。いや、実際あげた。いい歳（とし）をして恥ずかしい。でも気持ちいい。ひさしぶりだ。それも、うーんと昔の、『シートン動物記』に夢中になっていた小学生の頃以来――夏休みの読書感想文の宿題、いま出してくれたなら、あっという間に書き上げられるのに。

主人公は、クマネズミの一家。お父さんとお兄ちゃんのタータと弟のチッチの、長い旅の物語である。工事のために川べりのわが家を追われた3匹は、新たなすみかを求めて川をさかのぼる。もちろん、その旅は平穏なものではない。老獪（ろうかい）なイタチが追いかけてくる。「帝国」を築き上げたドブネズミが行く手を阻む。空中からごちそうを見つけたノスリが、鋭い爪（つめ）を光らせて急降下してくる……チッチ、危うし！

波瀾（はらん）万丈の旅はまた、素敵（すてき）な出会いの旅でもある。「帝国」に反逆する孤高のドブネズミ・グレン、ゴールデン・レトリーバーのタミー、元気いっぱいのお母さんが率いるモグラ一家、スズメ夫婦に、獣医の田中さん一家……。

だが、「わくわく」や「どきどき」のいちばんの理由は、表面的な事件の起伏ではない。もっと深いところで胸が熱くなるのだ。物語の終盤でネズミ一家を襲う最大のピンチに、作者は初めて顔を出して読者に語りかける。その言葉――3匹のネズミの生命についての、作者の優しくて強くて気高い言葉にこそ、物語全編を貫く主題がある。

「応援」というのは時として傲慢（ごうまん）さと同義になってしまうものだが、それでも、僕はネズミ一家を応援せずにはいられなかった。旅の無事を、タータやチッチの幸せを、心から祈った。川の光とは、生命の光でもある。そのきらめきには僕たち自身の生命も溶けているはずだと信じられたとき、物語はちょっぴり思わせぶりな、心憎い余韻を残して幕を閉じるのだ。

評・重松清（作家）

まつうら・ひさき　54年生まれ。作家、詩人、批評家、東大教授。

二〇〇七年八月二六日⑤

『現代世界とイギリス帝国』

木畑洋一 編著

ミネルヴァ書房・三九九〇円
ISBN9784623049233

歴史／政治

本国と支配地域の現代政治史を描く

イギリス帝国史研究は依然として盛んである。80年代に出現したその研究は、それまでの一国主義的な歴史観を越えるものとして生まれた。しかし世界最大だったイギリス帝国が、脱植民地化によって過去のものとなった今、その研究にはどんな現代的意味があるのか。本書はこの問いに、イギリス本国やその支配した地域の現代政治史を描くことで、正面から答えようとしたものである。

単純化すれば、それには二種類の答えがあるといえよう。一つは、帝国支配の傷跡が脱植民地化後も生きているという、帝国の負の遺産論といった理解である。今日のジンバブエのムガベ政権がどんなに問題のある独裁政権であろうと、ジンバブエがかつてのアパルトヘイトで有名なローデシア共和国から独立した国であり、独立に当たって農村部で少数の白人大農場主の支配が継続したことが、現在の問題の原因の一つであるのは間違いない。

もう一つはかつてのイギリス帝国の支配地域や支配機構が、帝国の解体に伴い民主化されて、以前と別の役割を担うようになっていったことに、21世紀の展望を見いだそうとする考え方である。例えば以前の香港では、イギリス香港政庁側も中国側も、民主的な住民参加の制度の採用には消極的であった。ところが90年代になってイギリスの香港政庁は住民参加に積極的となり、香港での民主化の動きは97年の中国への返還後も持続し、中国全体の民主化を支えているという。

本書では、かつての支配地域の今日のありかたは、こうした相反する二つの要素が結びついている点にあると考えている。例えばイギリス本国では、60年代から有色人種の流入に歯止めをかけつつ国内での民族差別を禁止しようとしているが、そこには民族差別とその解消の双方の動きが見られる。言いかえるとそこでは、克服すべき過去と求められる未来の試みの両方が、一体となって存在しているのである。現代イギリスの抱える困難も希望も、かつての帝国支配と無関係ではないことを示した一書といえよう。

評・赤澤史朗（立命館大学教授）

きばた・よういち 46年生まれ。東京大学大学院総合文化研究科教授。

二〇〇七年八月二六日7

『国鉄改革の真実 「宮廷革命」と「啓蒙運動」』

葛西敬之 著

中央公論新社・一八九〇円
ISBN9784120038495

社会

自らの逆櫓（さかろ）を外しても改革に邁進（まいしん）したのは、国民生活に不可欠な鉄道輸送を守るためだったと、6年前の前著（『未完の「国鉄改革」』）で著者は回顧している。組織（国鉄）の方針に反抗して、分割民営化に傾斜する著者の将来を心配した上司に、「日本国家の国民であることこそが最終の組織人です」と答えた理由もそこにあったはずだ。

分割民営化から20年が過ぎた今日、著者は自分も知らないところで進められたもう一つの改革を明らかにする。それはJR東日本を国鉄改革成功のシンボルにする「看板会社構想」だ。その影響で著者が移籍したJR東海は、東京駅や品川駅の用地および在来線の分割で不利な扱いを受けたほか、東北・上越新幹線の建設に伴う債務のうち、2・3兆円弱も肩代わりさせられたという。

それでも、「日本経済の大動脈」から生じる膨大な需要と新車開発による輸送力増強が奏功して06年にJR東海は東日本、西日本に続き「完全民営化」を達成した。むしろ本当に深刻なのは、上場見通しも立たずにジリ貧が続く北海道、四国、九州のJR3島の各社である。改革の真実というなら自立の展望もないまま、なぜ3島が切り離されたのかも教えてほしい。

評・高橋伸彰（立命館大学教授）

二〇〇七年八月二六日8

『ロシアン・ダイアリー』

アンナ・ポリトコフスカヤ 著　鍛原多恵子 訳

NHK出版・二五二〇円
ISBN9784140812402

ノンフィクション・評伝／国際

著者はロシア人ジャーナリストで、モスクワの新聞「ノーヴァヤ・ガゼータ」紙評論員だった。99年以来チェチェンに通い、戦地に暮らす市民の声を伝えた。「ロシアの失われた良心」と評され、国際人権団体の賞を受ける。06年10月モスクワ市内の自宅アパートで凶弾に倒れた。享年48。

本著は、03年12月から05年8月までを収めた最後の取材記録だ。政治家との丁々発止のやり取りから、北オセチア共和国ベスランの学校占拠事件で家族を亡くした女性の悲痛な叫びまで、丹念に綴（つづ）られる。

「ロシアはふたたび社会的、政治的冬眠期に逆戻りした」と、強権化するプーチン政権批判を続けた。同胞が抗議の声を上げないことに苛立（いらだ）ちながら、西側の助力をあてにするより、自分たちで民主的な自由を取り戻そうと訴える。一度は機上で毒を盛られ重体に陥ったが、回復後は執筆再開。脅しに屈しない記者魂には驚嘆する。

14年冬季五輪の開催地にソチが決まった。ロシアでは「大統領のおかげ」とプーチン礼賛の大合唱が始まったという。国力の回復を象徴する今回の当選だが、著者が明かす「プーチン帝国」の実態は、あまりに衝撃的である。

評・多賀幹子（フリージャーナリスト）

二〇〇七年八月二六日⑨　歴史／文芸

『主人公の誕生　中世禅から近世小説へ』

ぺりかん社・三三六〇円

西田耕三 著

ISBN9784831511737

主人公とは何者か。

坪内逍遥の『小説神髄』が英語のヒーローを「主人公」と訳して以来、この言葉は外来語のように思われているが、本当はれっきとした漢語である。

本書は「主人公」の起源を求めて、禅の公案集『無門関』にさかのぼる。瑞巌師彦（ずいがんしげん）が毎日自分に向かって「おーい、主人公」と呼びかけ、自分で「はい」と返事をしていたという話だ。

著者によれば、この一人二役のうちに近世小説の「主人公」の原形がある。「私」にぴたりと寄り添ってさまよい歩く「もう一人の私」がいる。

そのせいか、近世初期小説の主人公には二人連れが多い。自己と《他己》とが対話しながら旅をする趣向である。著者は、この後者が世態風俗の中で客観化され、増殖し、分封（ぶんぽう）するところに近世文芸の展開を見出（みいだ）す。

井原西鶴の『好色一代女』のヒロインは、当時の《性産業》のほとんど全業種を遍歴するが、作者はこの主人公を突き放したり、同化したり、自由自在に内外を出入りしている。

一代女にこそ近世文学の主人公の典型があるとする論証は明快だ。この達成点からもう一歩進んで、さらに秋成・馬琴へと視界を広げた論も読みたかった。　評・野口武彦（文芸評論家）

二〇〇七年八月二六日⑩　文芸

『村上春樹のなかの中国』

朝日選書・一二六〇円

藤井省三 著

ISBN9784022599261

「村上春樹は中国の深い影響を受けている」。中国文学者である著者は断言し、これまでアメリカの影響が重視されてきた村上文学の中にまず魯迅の「阿Q正伝」の影を追いかける。

さらに第1作「風の歌を聴け」や「中国行きのスロウ・ボート」「ねじまき鳥クロニクル」などの作品に表れた中国、中国人の記述の変化を詳細にたどり、中国という「記号」が村上文学にどんなに重い意味をもつかをあぶりだした。

次に中国語圏での村上人気に取り組んだ筆者は、都市文化の成熟によって、台湾、香港、上海、北京と「時計回り」に火がつき、「経済成長踊り場」や「ポスト民主化運動」の時期に盛り上がる、などといった法則をたてる。

村上的感性は、ウォン・カーウァイ監督らの香港映画にまで浸透している。魯迅、村上、カーウァイとつないで、20世紀東アジアのアイデンティティー形成という視点までもちこんだ。データもふくめ面白い。

日本の近現代はアメリカと中国の間に揺れてきた。村上文学は国内では無国籍的ととらえられがちだが、この「記号」の読解によって、「日本人」モデルとして読まれる可能性が十分あることにも気づかされた。　評・由里幸子（前編集委員）

二〇〇七年九月二日①　人文

『ナショナリズムの由来』

講談社・五〇〇〇円

大澤真幸 著

ISBN9784062139977

普遍的であろうとして特殊性を主張

今日、ナショナリズムという言葉には、「偏狭な」という枕詞（まくらことば）がつくことが多い。自由や人権といった普遍主義的な価値がグローバルな建前になっている現代の世界において、ナショナリズムは、理屈の上ではとうに消滅していてもよさそうなものなのに、世間を見回せばナショナリズムはますます蔓延（まんえん）し、世界を見渡せばますます過激なナショナリズムが跋扈（ばっこ）している印象を受ける。本書の直接の主題は、このギャップの背後にある論理を探ることである。

現代の日本を代表する理論社会学者のひとりである著者には、この課題にあたって、自家薬籠（やくろう）中のツールがある。「第三者の審級」の理論だ。「第三者の審級」とは、自己と他者とのあいだの関係に一貫した意味があることを保証するような規範を、それらのあらゆる関係に先立って設定する特別な立場に現れる者のことである。人類史において、それはたいてい神なのだが、時代が下るにつれてそのような超越性の抽象度は増し、その分だけ、そのあらわれ方が入り組んでくる。

この「第三者の審級」の抽象化の複雑な過程を丹念に解きほぐした先に著者が確認するのは、ナショナリズムは、自己の特殊性を単純直接に主張する言説ではないということだ。ナショナリズムは、その表現としてはたしかに特殊主義的ではあるが、それはむしろ、理念的には普遍主義的な価値主張を受け入れた上で自己の立場を正統化しようとする主体が、現実の世界において他者と向き合うときに、一種の論理的帰結として現れる態度なのだ。なぜなら普遍主義的価値は、原理的に実現の途上にあるものであり、ゆえに現実の世界は、その価値を引き受けて未来に属する自己と、その価値を共有せず現在に属する他者の間に、緊張関係を強いるからである。つまり、ナショナリズムは、世界の普遍主義化にもかかわらず激化しているのではなく、世界の普遍主義化ゆえに激化しているのだ。

　著者は、この世界の普遍主義化の過程を、近代化した世界がその外部を取り込んでいく過程として捉（とら）えている。古典的には、その過程は西洋と非西洋とのあいだに展開したが、グローバリゼーションによって、今日、取り込みの対象となる〈外部〉は、きわめて流動的で散乱した断片として遍在化している。それが古典的な国民国家を横断し、内部から解体するような新しい（そしてしばしば危険な）ナショナリズムを招いているのである。

　著者は、これまでも「第三者の審級」の理論を携えて、オウム真理教や9・11テロなど、「理解を絶した」同時代的事件を積極的に議論の俎上（そじょう）に載せ、鮮やかな解釈を提示してきた。本書での「第三者の審級」の理論の手さばきは、もはや名人芸の域だ。800ページを超える大著だが、心地よい緊張感をもって読みとおせる。あえて言えば、前提になっている世界史の枠組みが教科書的な印象は否めないが、それがむしろパラダイムを内側から総体として描き切る思想的強度を際立たせているともいえる。グローバル化時代におけるナショナリズム論の基準を示す力作である。

評・山下範久（立命館大学准教授）

おおさわ・まさち　58年生まれ。京都大学教授。『性愛と資本主義』『身体の比較社会学』『戦後の思想空間』など著書多数。

二〇〇七年九月二日❷

『資本主義黒書　市場経済との訣別　上・下』

ローベルト・クルツ著　渡辺一男訳

新曜社・上巻六九三〇円、下巻四六二〇円
ISBN9784788510524〈上〉・9784788510593〈下〉　経済

市場経済礼賛論の感染予防に最適

　300年にわたる資本主義的な近代化が、生産の拡大に関する人間の能力を飛躍的に「向上させた」ことは間違いない。しかし、資本主義は貨幣の尺度で測られた「社会の利益」を最大化する一方で、その「能力を万人の生活改善に用いることは……できなかった」と、過激な社会批判で知られる哲学者の著者は指摘する。そもそも「資本主義は勝つか負けるかの……ゲーム」であり、「はじめから勝者よりも敗者を多く生み出してきた」からだ。それは「市場経済（資本主義）そのものの本性」がもたらす帰結でもあり、根本的な解決には資本主義を「停止させるほかない」と著者はいう。

　もちろん、冷戦に勝利した資本主義は現在も繁栄を続けており、「訣別（けつべつ）」の必要はないという声の方が多いかもしれない。しかし、著者によれば蒸気機関の発明により人間の筋肉を機械に置き換えた第一次産業革命や、オートメーションにより人間の労働力を合理化した第二次産業革命のときには、社会保障やケインズ政策による福祉国家が資本主義をも救ったが、新自由主義的な自己責任論が蔓延（まんえん）する今日では、IT革命による第三次産業革命で「人間の労働力」が次々と「余計なものに」されても、それを社会的に補償する「運動」は期待できない。この結果、大量の労働者の「貧困」が不断の価値増殖を求める資本主義を瓦解（がかい）に導く恐れもあるという。

資本主義のオルタナティブ（代替策）として、著者が示すのは社会の全構成員による生産の自主管理（レーテ）である。訳者の渡辺一男氏はこの結論を最初に原著のエピローグで読んだとき「少々がっかりした」と述べているが、すぐに補足しているように「本書の価値と魅力」は、その前の800余（訳書では910）ページに及ぶ壮大な「資本主義」300年の歴史の批判にある。

8年前に出版された原著は、当時ドイツでベストセラー入りしたそうだ。大部の著作を紐解（ひもと）くにはそれなりの覚悟も必要だが、本書は猛威を振るっている市場礼賛論の感染予防には最適である。

（原題、SCHWARZBUCH KAPITALISMUS: Ein Abgesang auf die Marktwirtschaft）

評・高橋伸彰（立命館大学教授）

Robert Kurz　ドイツで社会批判誌発行。

『リトビネンコ暗殺』

A・ゴールドファーブ、M・リトビネンコ 著
加賀山卓朗 訳
早川書房・一九九五円
ISBN9784152088321

『ロシア　闇の戦争』

A・リトヴィネンコ、Y・フェリシチンスキー 著
中澤孝之 監訳
光文社・一八九〇円
ISBN9784334961985

国際

ソ連崩壊後の政治、陰謀、そして暗闘

昨年11月、ポロニウム210という放射性物質により亡命先のロンドンで殺害された元ロシア連邦保安庁諜報（ちょうほう）員がいた。『リトビネンコ暗殺』は、00年にリトビネンコ一家のロシア脱出を幇助（ほうじょ）した旧ソ連反体制科学者の友人が、遺（のこ）された妻の協力を得て著した凄絶（せいぜつ）なるロシアの権力闘争の物語である。

ソ連解体後のロシアは政治と経済の激動期に突入した。急速に成り上がった資本家、息を吹き返した共産主義者、そしてKGBの系譜に連なる情報機関のボスたちの間で、映画「ゴッドファーザー」を髣髴（ほうふつ）させる実力抗争が展開される様は驚愕（きょうがく）に堪えない。

リトビネンコは上司から新興財閥の長、ベレゾフスキーの暗殺を命じられたと98年に内部告発し、連邦保安庁長官のプーチンから裏切り者とみなされるようになる。翌年、エリツィンはプーチンを首相に任命し、年末には大統領の座を譲った。

情報機関の権力掌握を助けたのはチェチェン戦争への国民の支持の獲得だった。『ロシア闇の戦争』はリトビネンコと在米歴史学者の共著。99年にモスクワなどの都市で起き、チェチェン人の犯行とされた一連のアパート爆破テロ事件が実は情報機関の謀略だったことが論証される。

これらの本は情報機関を糾弾する側が書いたものであり、我々が事の是非を判断するには逆の立場の言い分も聞く必要があろう。プーチンが秩序と繁栄をもたらした強い指導者として高い支持を得ているのも事実だ。しかし、訳者の加賀山氏があとがきで記す通り、権力批判者の暗殺や不審死は多く、言論統制は確実に強まっている。プーチン政権の功罪はともに大きく、我々としてはその強権体質を見据えて付き合う必要がある。

先日の本紙は、政権を批判していた女性記者、ポリトコフスカヤが昨年10月に殺害された事件に関し、検事総長がベレゾフスキーの関与を強く示唆したことを報じた。だがこの2冊の本を読んだ後、ベレゾフスキー側の見解を併せて知りたいと思うのは評者だけではないだろう。

評・高原明生（東京大学教授）

二〇〇七年九月二日④

『らも　中島らもとの三十五年』

中島美代子 著
集英社・一四七〇円
ISBN9784087753813/9784087450415(集英社文庫)
文芸

早世の異才と生きた劇的な愛の形は

中島らもさんが52歳で急逝し、早くも3年がたった。らもさんとは、新聞の座談会で一度だけ、ご一緒する機会があった。大阪で生まれ京都で学生時代を過ごした評者にとって、その活躍は衝撃的だった。雑誌や新聞の連載、関西のテレビ局が制作したシュールな深夜番組などで、異能ぶりは誰もが認めるところとなる。劇団活動、そして文学賞も得た一連の小説群など、多方面で評価を獲得した。

本書は、らもさんの連れあいによる回想記である。著者は学生時代の自分自身を「野生種のお嬢さま」、らもさんを「温室育ちのシティボーイ」と説明する。高校生の頃のらもさんの心には大きな虚無が巣くっていたという。授業をボイコットし、シンナーや睡眠薬に手を出し、酒を飲む。将来に何の希望も抱けず、音楽と活字に耽溺(たんでき)して生き延びていた。それがひとりの女性との交際が始まることで、劇的な展開をみせる。

若くして結婚し、子をもうけ、家を建てた。だが、まもなく2人は恋人ではなく家族となってしまったと著者はみる。十分な仕事がないままに、毎晩のように、夫は雑多な友人や、たまたま同席した知人を自宅に招き入れる。ゲストハウスのごとき住まいにあって、慈しみあって子供を育てていれば、相互にほかの異性とつきあうのも自由だと形式的には認めあう。

仕事が多忙を極めるにつれ自宅に帰ることも稀(まれ)になる。しかし気持ちは離れてはいない。晩年は、夫婦の時間を大切に過ごすことで「別れるときは悲しませない」という若い日の約束を、らもさんはしっかりと守った。愛情のかたちは、夫婦ごとにまるで違うものだと改めて実感した。

35年におよぶ2人の歩みは、一幕の芝居のようだ。躁鬱病(そううつびょう)の治療、劇団でのパートナーとなったもう1人の女性と著者との愛憎、大麻不法所持での逮捕と裁判の真相などにも詳しく触れる。らもさんは人生を通じて、「中島らも」という作家を演じたのだろう。ひとりのファンとして、この本に出会い、彼の真の生き様と死に様を知ることができて本当に幸いであった。

評・橋爪紳也(大阪市立大学教授)

なかじま・みよこ　75年に4年の交際を経て、中島らもさんと結婚。

二〇〇七年九月二日⑤

『日本/映像/米国　共感の共同体と帝国的国民主義』

酒井直樹 著
青土社・二三一〇円
ISBN9784791763504
人文/アート・ファッション・芸能

映画に見る太平洋両端の「共振」

映画を通して、日米を中心にした環太平洋関係を考える批評の決定版が、ついに登場した。

たとえば本書は、「ランボー」シリーズに代表されるハリウッド映画のみならず、「ペパーミント・キャンディー」(99年)などアジア映画全体をも考慮しながら、9・11以後、アメリカ合衆国で渦巻く反動が「アメリカの世界支配のどこが悪い」という開き直りをもたらし、過去の「人類への罪」から植民地主義の遺制と責任、ベトナム戦争に至るいっさいがっさいを、国民ぐるみで黙殺するようになったいきさつを指摘する。これまでの知識人が「国民の良心に訴えることで、過去の帝国主義政策の反省を促」してきた「告発の戦略」は、とうに失効したのだ。

だが、さらに本書が発揮する洞察は、日本生まれながら長くアメリカを代表する教育研究機関で日本史を講じてきた、この著者ならではの複合的な立場によっている。

敗戦後の我が国が形成した国民主義は、必

ずしもアメリカのヘゲモニーに対立するものではなく、むしろその一部にすぎなかった経緯を酒井は克明に分析する。そこでは、マイケル・チミノ監督「ディア・ハンター」（78年）において、ベトナム戦争加害者であるのに被害者になりおおせようとしたアメリカと、市川崑監督「ビルマの竪琴」（56年）において、かつての敵国イギリスとの和解をもくろみつつ自らの国民的・民族的・人種的同一性を強化しようとした日本とが、いかに構造的に共振するかが、浮かび上がる。

　このように国家的な矛盾を押し隠しながらも国民全体を荒業でまとめあげてしまう装置を、本書は「共感の共同体」と呼ぶ。その背後には、ベトナム戦争のころ、酒井自身が東京郊外の基地に近い地域で育ち、少なからぬ性労働者を目撃してきた自伝的歴史がひそむ。アメリカの現在を批判するとともに日本の戦後史にも斬（き）り込み、共感の共同体がじつは「共犯の共同体」であることを抉（えぐ）り出す視線は、それ自体が、以後の日米関係を考えるのに不可欠な「批評」である。

評・巽孝之（慶應大学教授）

さかい・なおき　46年生まれ。米国・コーネル大教授（思想史、比較文学）。

二〇〇七年九月二日⑥

『天平冥所図会』

山之口洋 著

文芸春秋・一六五〇円
ISBN9784163261508／9784167773632（文春文庫）　文芸

青丹よし奈良の都のスペクタクル

　不思議な才能があるものだと感心した。一種恐るべき無造作さで新領域をずんずん開拓し、面白おかしい時空スペクタクルを現じてしまう。

　頁（ページ）を繰れば、青丹（あおに）よし奈良の都の景観がまざまざとよみがえり、八世紀日本の若々しい山河へ読者を連れ込む。そのみずみずしさは、歴史小説家の時代考証とは明らかに一味違う三次元コンピューターグラフィクスの感覚だ。

　丹の色も鮮やかな朱雀門はもとより、国家的大事業のため、三笠山が乱伐で禿山（はげやま）にされた光景も出てくる。

　奈良時代は明治の日本とよく似たところがあり、かなり無理をして海外の文物を取り入れて同化しようとした。この四篇（へん）連作の小説が主要な舞台にするのは「八省百官」と謳（うた）われた官僚制度である。

　主人公の葛木戸主（かつらぎのへぬし）は平城宮の小役人である。藤原氏らの中央貴族に押し退（の）けられて没落した古代氏族の末裔（まつえい）で、「変転する政局の中で時々の勝ち組に取り入ってうまい汁を吸うより、役人としてするべきことがある」と考えている霞が関のお手本にしたいような律義者である。

　この人物の周囲で次々と政争がらみの怪事件が起きる。背景は、「三笠山」では聖武天皇の大仏鋳造。「正倉院」では光明皇后とその権力中枢たる紫微中台（しびちゅうだい）。「勢多大橋」では、恵美押勝（えみのおしかつ）こと藤原仲麻呂の乱。「宇佐八幡」では、皇位簒奪（さんだつ）を狙う怪僧道鏡の野望。それを取りひしぐのが戸主の義弟にあたる和気清麻呂（わけのきよまろ）である。年配の読者にはおなじみの名前だろう。

　戸主は物語の途中で事故死するが、以後は霊界探偵として活躍する。憑代（よりしろ）になって助けるのが妻の広虫。実在した女官である。配するに、日本と大陸を何度も往復した当時きっての《国際知識人》吉備真備（きびのまきび）。冥界の視点から透視される古代政治史は、唐・新羅との軍事的危機をはらんだ情勢をよそに天皇一族がふける近親憎悪的な権力争いだ。

　心身ケアを介して孝謙＝称徳女帝と看護禅師道鏡が男女の関係になってゆくところも微笑（ほほえ）ましく書けている。奈良時代がぐっと身近に感じられて何だかいとしくなる。

評・野口武彦（文芸評論家）

やまのぐち・よう　60年生まれ。『オルガニスト』で日本ファンタジーノベル大賞。

二〇〇七年九月二日❼

『せめて一時間だけでも　ホロコーストからの生還』

ペーター・シュナイダー 著　八木輝明 訳

慶応義塾大学出版会・一八九〇円

ISBN9784766414028

歴史

ナチス統治下のベルリンで、戦争の終わりまで隠れて生き延びたユダヤ人は1500人いたという。音楽家コンラート・ラテもその一人だ。本書は、彼の資料と回想に基づく潜伏の記録である。潜伏生活はゲシュタポに捕まる危険と隣り合わせで、日々の食料と宿、仕事や証明書が必要であり、援助するドイツ人なしには成り立たなかった。

本書は、迫害されるユダヤ人を、普通の隣人愛から助けた無名のドイツ人が少数ながらいたことを説明しようとするものだ。それはドイツ人の戦争責任論争に一石を投ずるものだった。ユダヤ人を助けたドイツ人で、国家から罰せられた者はいなかったという。しかし本書を読んでまず感じた点は、官憲から追及される人物がかくまわれ続けることは、戦時下の日本では到底ありえなかったということである。

本書からは、周囲のドイツ人のユダヤ人への偏見や悪意が、どんなに主人公を傷つけて生きる意欲を失わせたのか、逆に人々の好意が、生き抜く内面的な支えになったのかがよくわかる。歴史の大状況の中では、小さな良識や決断が大きな意味を持つ場合があることを、知らせる本ともいえよう。　評・赤澤史朗（立命館大学教授）

二〇〇七年九月二日❽

『カブール・ビューティー・スクール』

デボラ・ロドリゲス 著　仁木めぐみ 訳

早川書房・二一〇〇円

ISBN9784152088406

ノンフィクション・評伝／国際

2001年の米軍による攻撃から半年、タリバン政権崩壊後の混乱にあったアフガニスタンに、ひとりの美容師（！）が降り立った。医療など緊急支援のためのNGOの一員として来たはずなのに、あれよあれよという間に美容院と美容師学校を開き、アフガニスタン人の夫とともに、現地社会にどっぷり浸（つ）かっていく。タフで元気印の、米女性の奮闘記だ。

戦乱のなかで美容院？　なんて能天気な、と思うでしょ？　しかしこれこそがアフガン女性が置かれた生々しい苦悩と自立へのもがきの、日々戦いの場なのだ。そして、彼女たちのおしゃれ（伝統的な派手派手メークも欧米の先端的ファッションも）への、あくなき追求。全編に、現地の女性たちの喜怒哀楽すべての感情が、溢（あふ）れている。

援助してあげました的な、ありがちな自己満足の記録とは、全く違う。出発点は、著者の米国でのDV体験だ。故国で傷ついた著者は、アフガニスタンの人々との交流によって癒やされていく。自分が癒やされた分、アフガン社会にお返ししたい、という思いが、彼女の行動の根底にある。

上段からではない目線に、好感が持てる。

評・酒井啓子（東京外国語大学教授）

二〇〇七年九月二日❾

『女王陛下の影法師』

君塚直隆 著

筑摩書房・三〇四五円

ISBN9784480861184

歴史

「君臨すれども統治せず」。英国の立憲君主制の原則として、よく知られる言葉である。しかし、国王はお飾りではなく、政治や社会の安定のため大きな役割を果たしてきた。その活動を身近で支えたのが、「影法師」こと国王秘書官であった。筆者は、19世紀から現在までの彼らの役割を、国王の日記など王室所蔵の史料を使って丹念に考察している。

例えば、首相の任命について、英国では議院内閣制が定着してきた18世紀以降も、第2次大戦後に至るまで、しばしば国王自らが調整を図ってきた。この際の国王、秘書官、政治家の息の詰まるやりとりが、鮮やかに描かれている。

秘書官とメディアの関係についての分析も、興味深い。エドワード8世が「王冠を賭けた恋」で退位した背景には秘書官との確執があり、逆にダイアナ問題やチャールズ皇太子の再婚問題に王室がかろうじて対処できたのは、シナリオ作りなど秘書官のサポートによるところが大きいという。

有能な「影法師」たる側近が不足しているようにも見える現皇室のあり方を考える上でも、本書の分析は示唆に富む。日本史に関心がある人にも、ぜひ一読をお勧めしたい。

評・奈良岡聰智（京都大学准教授）

二〇〇七年九月九日❶

『オッペンハイマー 「原爆の父」と呼ばれた男の栄光と悲劇 上・下』

カイ・バード、マーティン・シャーウィン 著
河邉俊彦 訳
PHP研究所・上巻二二〇〇円、下巻一九九五円
ISBN9784569692920〈上〉・9784569692937〈下〉

科学・生物／ノンフィクション・評伝

原爆開発後の矛盾を解き明かす

本書は、第2次世界大戦中にアメリカの原爆開発をリードした科学者であり、冷戦期にはアカ狩りによる攻撃で政府の中枢的な地位を追われた、ロバート・オッペンハイマーの伝記である。「原爆の父」と呼ばれた人物が、一転して共産党のスパイ扱いされて追い落とされるというドラマチックな展開から、その真相をめぐってはこれまでにも多くの議論があった。しかしピュリツァー賞を受けた本書は、彼の最良の伝記だろう。

オッペンハイマーに関しては、違法な盗聴記録を含む米連邦捜査局（FBI）の7000ページに及ぶ個人調査ファイルや、彼の追放を決定づける審問委員会の記録が残されていた。本書はさらに、今では亡くなった数多くの人々のインタビューを用いており、非常に複雑で精彩ある彼の風貌（ふうぼう）を伝えている。

著者たちは、アメリカの冷戦外交や核政策に批判的な研究者であり、それがオッペンハイマーの生き方への共感を生み出している。だが迫害された「現代のガリレオ」といった彼の偶像化には、与（くみ）していない。そして彼の個人的な性格に根ざした矛盾や葛藤（かっとう）が、核政策をめぐる重大な政治対立といかに結びついていったかを解き明かそうとするのである。

本書は人類初の原爆実験の成功までを描いた、才能豊かな理論物理学者として活躍する上巻と、国家の核政策決定の中枢に位置する、政治的なエスタブリッシュメントの一員となった時代の下巻とに分かれる。上巻が全体として明るい軽やかな色調で描かれているのに対し、下巻は暗い陰鬱（いんうつ）な叙述で綴（つづ）られている。原爆開発の成功によって、彼の人生はすっかり変わってしまったのである。

本書の底にあるテーマは、同時代のアメリカの中を流れる、合理主義的で自由闊達（かったつ）な世界と、非合理で不寛容な軍事的な重圧との対比にある。オッペンハイマーが生来、自由な世界に生きる人だったことは間違いないが、戦争と冷戦は次第に社会の中の自由の領域を狭め、彼自身も原爆開発を通じて、自ら重苦しい国家の枠組みに入り込んでいった。それが彼を次第に追い詰めていくのである。

彼は一貫して、政治的社会的関心の強い物理学者であった。この政治的関心が彼を、1930年代には共産党に近い人民戦線派に引き寄せ、戦時下には反ファシズムの愛国的な行動に向かわせた。しかし核兵器開発は、思いもかけない巨大な政治問題に彼を直面させる。その中で彼は核の国際管理と核兵器の廃絶を訴えるのである。

戦後の彼は、政府の中枢の一人として冷戦政策に荷担（かたん）していくが、同時に水爆は防御する手段のない武器であるとして水爆開発に反対し、無差別に一般人を殺戮（さつりく）する核報復政策に異論を唱えるのだった。そのリベラル派としての姿勢が、共和党の政権復帰を契機にアカ狩りによる迫害を招くのである。彼の敗北は「アメリカ自由主義の敗北」だったと、著者たちは結論づけている。

今日、世界中への核拡散が新たな脅威をもたらしている。オッペンハイマーの訴えは、より一層切実さを増しているといえよう。

（原題、American Prometheus : The Triumph and Tragedy of J.Robert Oppenheimer）

評・赤澤史朗（立命館大学教授）

Kai Bird 歴史研究家。
Martin J. Sherwin 米タフツ大学歴史学教授。

二〇〇七年九月九日②

『江戸城が消えていく 『江戸名所図会』の到達点』

千葉正樹 著

吉川弘文館・一八九〇円
ISBN9784642056397

歴史

「徳川の平和」の理想、迫真の画法で

たとえば池波正太郎の『剣客商売』の一篇（ぺん）に描かれる風景は、そっくり『江戸名所図会（ずえ）』から写し取られた画面であると著者はいう。本図会には、信頼できる高度な絵画情報が満載されている。

『江戸名所図会』七巻二〇冊、全一〇四四項目。江戸町名主斎藤家が三代にわたって営々と編纂（へんさん）し、天保七（一八三六）年に月岑（げっしん）が完成させた彪大（ぼうだい）な絵入り地誌である。

本書は、その『図会』を江戸の都市メディア史の大きな文脈中に位置づける仕事である。前後二部に分かれ、前半は大まかにいえば江戸絵図の略史。大絵図（全図）から切絵図（区分図）への歩みをたどる。絵図は、一本の線を〇・二ミリで彫るという木版印刷技術を極限まで駆使して地理図像を提供するが、根本に《正確性と情報量の反比例》というジレンマを抱えていたとする指摘は重要であり、この原理が後半の『江戸名所図会』論の理解を助ける。

有名な両国橋図は橋・水面・盛り場・町屋の四種類の空間で構成され、識別可能な人物が一六〇八名数えられるそうだ。莫大（ばくだい）な情報量である。

著者が「江戸の自画像」と名づける本図会は、基本的に「幾何学的遠近法の俯瞰図（ふかんず）」の世界だと規定される。遠距離にある事物を縮小して描く構図が迫真のリアリティを支えている。この画法は「理論的に写真と等しい視覚効果」を発揮するが、実は画面を構成する要素が慎重に選別されていると分析されるのだ。

本図会にはただ一点、駿河町図を除いて、江戸城が描かれていないという。幕府の禁制に触れないよう配慮されているのである。これに対応して絵図でも江戸城の外観は消え、葵（あおい）の紋だけになる。中心部が希薄になるのと引き替えに比重を増すのが場末であり、次々と都市化される周縁部が画面に取り込まれる。

盛り場の人混（ご）みからも犯罪や喧嘩（けんか）や街娼（がいしょう）があらかじめ排除されている。『江戸名所図会』の江戸像は、徳川の平和（パクストクガワーナ）を理想化した「客観的ではないけれどもリアルだ、実感的だという逆説」だったとする見方は、絵画情報解読に大きなヒントを与えてくれる。

評・野口武彦（文芸評論家）

ちば・まさき 56年生まれ。尚絅学院大准教授。著書に『江戸名所図会の世界』。

二〇〇七年九月九日③

『未来への経済論 映画で読み解く私たちの行方』

小村智宏 著

弘文堂・一九九五円
ISBN9784335450280

経済／アート・ファッション・芸能

「エデンの東」にみる分業の本質とは

経済のしくみって、みんな絶対知っておいたほうがいいと思うのね。でも、中高生にもわかる良質な入門書ってなかなかない。吉野源三郎『君たちはどう生きるか』（岩波文庫）や伊東光晴『君たちの生きる社会』（ちくま文庫）が、かつてはその役割を果たしていたと思うんだけど。

『未来への経済論』の著者も似たようなことを考えたんじゃなかろうか。この本は映画を題材に経済を考えようって本なのだ。経済とは「人々が暮らしていくうえで、お互いに支えあう枠組み」のことだと小村さんはいう。で、その本質は「分業」だと。

分業という概念を考える教材は「エデンの東」。農業、製造業、流通業、サービス業というように私たちの社会は役割分担によって成り立っている。ところが分業が高度に複雑化してくると、一見「まっとうでない事業」も生みだされる。「エデンの東」のキャルが手を出した先物取引みたいなね。でもさ、それもまた経済を構成する要素のひとつだったりす

るわけだよ。
と、こんな感じで、「大逆転」で価格のメカニズムを学び、「ローマの休日」や「太陽がいっぱい」の「いちば」の場面に経済の縮図を見、一方では極端に細分化された分業が「モダン・タイムス」のような非人間的な労働現場も生み出すこと、利益や効率を追求する社会は「自転車泥棒」のように失業という事態も出現させること、分業には「社会的分業」や「組織的分業」のほかに「クレイマー、クレイマー」が描いたような家庭の内と外の分業もあることなど、話は多彩に展開する。

経済、仕事、企業、政府、進歩、未来という6章29項に登場する映画は新旧あわせて30作余。映画ファンには邪道といわれそうだが、これもビデオやDVDなどが充実した現代ならではの活用法だ。

〈決して完璧(かんぺき)ではないのは、人も経済も同じです。それを理解し、受け入れることが、より良い未来へ向かう第一歩となるのではないでしょうか〉という著者の視線はあたたかい。経済って結局社会のことだから。人が見えない経済じゃしょうがないんだよ。

評・斎藤美奈子(文芸評論家)

おむら・ともひろ 65年生まれ。三井物産戦略研究所の設立に参加、主任研究員。

『あの戦争から遠く離れて 私につながる歴史をたどる旅』

城戸久枝 著

情報センター出版局・一六八〇円
ISBN9784795847422/9784167843014(文春文庫)
歴史/ノンフィクション・評伝

異国にとり残された父の運命たどる

「昔、小船で河を渡ってきた日本人の子どもが、村の夫婦にもらわれて育ち、本当の両親の元に帰っていった」

そんな物語が中国東北地方、牡丹江のほとりの小さな村で今も語り継がれている。その子どもを孫玉福(スンユイフー)、その養母を付淑琴(フースーチン)という。

孫玉福は、貧しいながらも優しい養母に育てられたが、日本人であることを捨てなかった。数百通もの手紙を日本の赤十字社に送り、自分が戦災孤児であることを訴え、28歳で、帰国を果たした。それは1970年。日中の国交が回復される前、中国では文化大革命の嵐が吹き荒れていた混乱の時代だった。

本書は、その孫玉福の娘、「中国残留孤児二世」の著者が、「父と私と異国の祖母」の物語を渾身(こんしん)の力で書き下ろしたノンフィクション作品である。

著者は、父の帰国後に日本で生まれている。父の苦難の歴史を知らずに、ごく普通の大学生になった。が、なにかに導かれるように21歳で中国に留学。日中の歴史を学び、父を育てた祖母の縁者と出会い、戦争に翻弄(ほんろう)された「父の運命の物語」を10年かけてたどっていくこととなった。

異国に一人、とり残された幼い子どもが、誰に愛をもらい、誰に支えられ、どう生き延びて自分の父となったのか。それが自分につながる大切な物語であり、この父の強さと敵国の子どもを守り育てた養母の愛がなかったら、自分がこの世界に誕生することはなかった……。

そのことに、戦争を知らない若い著者が気づき、「父の物語を書く」使命に突き動かされていく経緯が、この作品を深いものにしている。

著者の父、城戸幹(きどかん)は帰国後も言葉の壁に阻まれ、実の父に思いを伝えられなかった。本書はその人生を報われたものに変えた。そして、私たち日本人にとっても、これは、誰かの手で書き残されねばならない物語であったことを伝え得た。

テーマへ向き合う切実さこそが、力あるノンフィクションの書き手を誕生させる、その思いをあらたにさせられる一冊である。

評・久田恵(ノンフィクション作家)

きど・ひさえ 76年愛媛県生まれ。出版社勤務を経てフリーライターに。

二〇〇七年九月九日⑤

『アサッテの人』

諏訪哲史 著

講談社・一五七五円

ISBN9784062142144／9784062767002（講談社文庫）

文芸

小説に真っ向勝負挑む「熱い前衛」

先日、翻訳同業者の間で、芥川賞受賞作『アサッテの人』を英訳したらどうなるか、という話になり、「題名の『アサッテ』をどう訳す？」とか「『ポンパ』や『チリパッハ』が訳せない」などと言いあった。「おいそれと訳せない」というのも、翻訳者に言わせれば大いなる賛辞なのである。

本作の語り手の叔父はまじめな勤め人だが、突如「タポンデュー」などと意味不明の語を発する奇癖がある。妻の死を境に、彼の「アサッテぶり」は病的な風狂の域に達し、やがて失踪（しっそう）。本書は、叔父の残した日記や詩と、叔父を題材に語り手が書いた小説の草稿を、現在形の叙述でつなぎ、メーキングプロセスをも作中で見せるという、正調の前衛小説だ。

アサッテの叔父や、彼が出くわす「チューリップ男」は、俳句の定律を守るようにきっちりと社会生活を送りながら、日常の小さな裂け目に、字余り・字足らずのごとく〝アサッテの衝撃〟を滑りこませる。定型を破壊し、意味を剥（は）ぐ。叔父の愛する「チリパッハ」は、ロシア語でカメを意味するCHEREPAKHAではなく、そこから意味というカメが這（は）い出たあとの「抜け殻」なのだ。言葉の意味を等価に翻訳することすら難しいのに、さあ、その「抜け殻」をどう訳せばいいか？　我々翻訳者はまた盛りあがった。

思えば、イギリス小説の〝父〟たる『トリストラム・シャンディ』からして、変てこな言葉が迸（ほとばし）る最高の奇人文学であった。現代アメリカには、神経症の探偵の特異な語り口を生かした個性派ハードボイルドもある。翻訳が難しいのは、一語一句に掛け替えのないオリジナリティーがあるということ。しかしそういう翻訳困難な作品ほど、逆説的に翻訳という変容に耐えうる力を有するのだ。

意味不明なものの意味を明確に分析しすぎたきらいはあるかもしれないが、叔父のダダイズム的な闘いを綴（つづ）る作者の筆は思慮深く、ひたむきとさえいえる。小説の黙契や虚構の作為にまっこうから勝負を挑む本書は、そう、「熱い前衛」でもあるのである。

評・鴻巣友季子（翻訳家）

すわ・てつし　69年生まれ。この作品で第50回群像新人文学賞、第137回芥川賞。

二〇〇七年九月九日⑦

『ウナギ　地球環境を語る魚』

井田徹治 著

岩波新書・七七七円

ISBN9784004310907

科学・生物／新書／国際

何か怪しいとは感じていた。子供のころは、仰ぎ見るご馳走（ちそう）だったウナギが、数年前からか、スーパーでも山積みされている。ウナギの生態から、流通、資源としての現状までを詳細にリポートした本書を読めば、その謎は解ける。日本人の一人として、深くウナギに謝罪したくなった。

何と、日本人は世界の7割ものウナギをその胃袋に収めているらしい。そのために、養殖用に川を遡上（そじょう）するウナギの稚魚、シラスが世界中から買い集められ、結果、世界のウナギが激減している。今年、ついに、ワシントン条約で、日本の食卓にも上るヨーロッパウナギの取引が規制された。

では、卵から完全人工養殖すればいいのか。いやいや、太平洋や大西洋の深海で産卵するらしいウナギの生態は、謎に満ち、自然の産卵を見た人はいない。人工的に成熟させてウナギに産卵させ、育てる方法も成功してはいるが、企業化にはほど遠い。

さらに、捕獲を逃れた天然ウナギが暮らす川や湖は汚れ、また遡上しようにも、水門や堰（せき）が邪魔をする。魚道を造るなどの対策も、日本では遅れている。

食文化の中での、身近さゆえなのか。失礼が過ぎはしないか。事はグローバルな問題なのです。

評・四ノ原恒憲（編集委員）

二〇〇七年九月九日❽

『でも、これがアートなの？　芸術理論入門』

アート・ファッション・芸能

シンシア・フリーランド 著　藤原えりみ 訳

ブリュッケ・二九四〇円

ISBN9784434107818

たまたま行くことになった美術館。何だかよく分からない物体が、だだっ広いスペースにポンと置いてあって、頭のなかは「？」なんだけど、周りの人たちが真顔で鑑賞しているので、とりあえずフンフンと頷（うなず）いてみる。しかし心の中では「うーん。でも、これがアートなの？」と思わず唸（うな）ってしまうような人（私だ！）、そんな人にお薦めの一冊である。

著者は米の哲学者で、副題に芸術理論入門とあるが、ノリのいい軽妙な文体で、現代アートが芸術たることの意味、文化や市場と芸術との込み入った関係、芸術とジェンダーとの関係、情報技術と芸術の関係などが語られる。扱われる時期は古代からIT時代にまで及び、アートに詳しくない人でもストレスなく読むことができる。次々と提示される具体例の説明を楽しむうちに、芸術を理解可能なものにする芸術理論の意義と面白みが分かってくる。全体を通して「でも、これがアートなの？」という問いに対する丁寧な回答がなされているといえよう。

訳者も指摘するように、マクルーハンやボードリヤールの扱いに多少物足りなさを感じなくもないが、魅力ある導入の書に仕上がっていると思う。　評・北田暁大（東京大学准教授）

二〇〇七年九月九日❾

『フラット革命』

IT・コンピューター

佐々木俊尚 著

講談社・一六八〇円

ISBN9784062136594

出会い系サイトに刹那（せつな）的に安らぎを求めていく女性や、ネット上の世論とリアルな政治との距離感を測りかねてしまった政治家など、インターネットが私たちの住む世界に何をもたらしつつあるのかを、具体例を挙げながら解き明かそうとしたのが本書である。筆者は、ネットが作りだすフラットな空間では、人間関係や政治的関係性など、あらゆるものが呑（の）み込まれつつあると説く。

それはマスメディアも例外ではない。筆者は、新聞など既存のマスメディアが急速にパワーを失いつつあるとして、その理由を二つ挙げる。一つは、誰もが容易に発信できるというメディア特性により、既存のマスメディアをフラット化させるネット特有の言語空間が出現したこと。そして、もう一つは、「われわれ」の喪失だという。これまでマスメディアが代弁してきた「われわれ」＝社会全体の意見そのものが、分断され、見えなくなってしまったのである。

ネットの出現によって誰もが同じように意見表明できるフラット化した社会では、「公共性」は誰が担うのか。そして、ネットによる草の根型ジャーナリズムは成立しうるのか。筆者からの問いかけは深い。

評・音好宏（上智大学教授）

二〇〇七年九月九日❿

『自衛隊裏物語』

社会

後藤一信 著

バジリコ・一二六〇円

ISBN9784862380630／9784344414099（幻冬舎アウトロー文庫）

現在の憲法改正論議の核心は、自衛隊を「自衛軍」とするか否かに集約されると言える。しかし私たちはそもそも、24万人もの隊員を抱える自衛隊の実態をほとんど知らないのではないか。

そういう人は、長年の〝自衛隊マニア〟とも言える著者が愛を込めつつも、ときには赤裸々にときにはユーモラスにその実態を記した本書を読んで、少なからず驚くであろう。何せ、ほとんどの自衛隊員の関心は国防にはなく、「一般隊員ではギャンブルと酒と女、幹部では自分の出世と老後の安泰」だと言うのだから。しかも、自由も逃げ場もない絶対階級社会の中で常にストレスにさらされ、心を病み、自殺や自傷行為に走る隊員もいる。

「彼らは、自衛隊員である前に、私たちと同じ日本人だ」と主張する著者は、自衛隊も一般社会の縮図なのだから、こういった問題が発生するのもある意味で必然だとする。たしかにその通りであるし、訓練ばかりで実戦もなく「自分が何者かもわからない」状態に陥る職業というのは、ある意味で気の毒であることは確か。とはいえ、ただ笑ってすませるわけにもいかない。マジメな憲法論議の前に一読してみてはいかがだろう。

評・香山リカ（精神科医）

二〇〇七年九月一六日❶

『官邸崩壊　安倍政権迷走の一年』

上杉隆 著

新潮社・一四七〇円
ISBN9784103054719

政治／ノンフィクション・評伝

現代史に刻む「崩壊」までの舞台裏

朝日新聞の世論調査によれば、発足時の2006年9月に63%もあった安倍内閣の支持率は、参議院選挙に大敗した直後の2007年7月末には26%に急落していた。

当初「戦後レジームからの脱却」を呼号して鳴り物入りで船出した政権が、成立後わずか一年に満たないうちにかくも鋭角的に失速したのはなぜか。策源の首相官邸では何が起きていたのか。本書は、手で触れれば火傷（やけど）するくらいホットな政治状況に立ち向かった時局ドキュメントであり、かつまた、やり直しの利かない一回限りの政治劇に独特の《史眼》を閃（ひらめ）かせ、現代日本史にいちばん新しいページを書き込んだ一冊である。

頼山陽の『論権』に曰（いわ）く、「人主、千手万目（せんしゅばんもく）あるにあらざれば、則（すなわ）ち勢として人を使わざるを得ず。大臣（だいしん）を使えば則ち大臣その権を竊（ぬす）み、小臣を使えば則ち小臣その権を竊む」と。「権を竊む」とは君主側近の臣下が権力への通路を占有することだ。権力者は権力を手にした瞬間から運命的に無力になる。

ジャーナリズムの使命は権力の監視にあると自負する著者は、前著『小泉の勝利　メディアの敗北』で、「政治とは権力闘争であり、その権力の最大の源泉は人事である」といい、小泉前首相が長期政権を維持した秘密は「人事の妙」にあったと断じている。最後まで「権を竊」ませなかったのである。

側近はどんな人脈か、政策決定にどんな人物が介在するか、政権では《誰》がどんな役割を果たしているか。そのフィルターを通して見えてくる首相昵近（じっきん）のグループ、別名「チーム安倍」の解剖が本書の独壇場である。

著者はたんなる政治記者風の情報通ではない。①筆が速い、②情報の信頼度が高い、③適度に意地が悪い、と三拍子揃（そろ）ったスタイルが読者を問題の核心に引きずり込む。就任直後の首相に、電撃的な中韓訪問で輝かしいスタートを切らせた若き側近たちの自信、忠誠心競争、功名争いが、間もなく自画自賛と自己顕示に変質し、初期には成功の要因だったチーム編成自体が危機の誘因に反転するアイロニーの分析は冷酷なまでに冴（さ）えている。

続々と明るみに出る首相官邸の内幕は、靖国参拝の「曖昧（あいまい）戦略」とか「カメラ目線」とか話題に富んでいて読者を飽かせない。面白がっている場合ではないが、とんでもない失敗の数々は読んでいて笑える。本書中ではもちろん名指しで、容赦ない批判を浴びせられるのが首相秘書官と首相補佐官である。「何よりも、安倍からの評価、そして安倍といかに自分が近しいかをアピールすることが優先される。仕事の中身は二の次だ」という一文など語り得て妙ではないか。

年金不安、大臣の自殺・更迭のドミノ現象など不測の事態が相次いで安倍政権を襲い、「美しい国」はどこかに霞（かす）んでしまった。改造人事も思うに任せず、首相はついにあの《権力と無力との不可避の内的弁証法》（K・シュミット）を統御しきれずに終わった。

予想や推測によらず、検証力で安倍政権崩壊の必然を洞見していたこのスリリングな一冊は、国民の政治に向ける眼（め）を肥やす。

評・野口武彦（文芸評論家）

うえすぎ・たかし　68年生まれ。衆院議員公設秘書、米紙記者などを経てジャーナリスト。『田中眞紀子の恩讐』『石原慎太郎「5人の参謀」』など。

二〇〇七年九月一六日❷

『神の法VS.人の法　スカーフ論争からみる西欧とイスラームの断層』

内藤正典、阪口正二郎 編著
日本評論社・二六二五円
ISBN9784535584655

国際

一面的な西欧の政教分離主義に疑問

8月末、イスラーム主義を掲げる公正発展党出身の新大統領が選出されて、トルコ国内が揺れている。大統領本人より、大統領夫人が髪を覆うスカーフを被（かぶ）っていることが、大論争の種だ。

国民の多数がイスラーム教徒（ムスリム）ながら、建国以来世俗主義を国家原則としてきたトルコ。公的空間でのスカーフ着用を認めないはずが、ファーストレディー自らスカーフを被るとは、というのが、欧州連合（EU）加盟を課題とするトルコにとって、困惑の背景にある。

過去30年間、西欧ではムスリム女性のスカーフ着用が、移民社会とホスト国間の最大の問題となってきた。スカーフを被った学生を西欧の公立学校から退学させることを、世俗主義原則の共和主義護持に必要と考えるのか、信教の自由に反すると考えるのか。キリスト教とイスラームの文明の衝突、と安易に見られがちなこの問題の背景を、本書は詳細に分析する。

基底をなす主張は、スカーフをイスラームによる女性への社会的抑圧の象徴とみなす、西欧の視点への疑問だ。西欧はスカーフ着用を、イスラーム社会の女性蔑視（べっし）、後進性、あるいは「原理主義」的主張とみなすが、実際には個人の意思で、自らの倫理規範として、スカーフ着用を選択する者が多い。そもそもイスラーム社会には、教会制度のような統括組織がない。スカーフ現象は、むしろ移民個々のアイデンティティー発露の一形態と見るべきだろう。

女性のスカーフばかりを問題視して、政治的イスラーム主義のより直截（ちょくせつ）な表現形態である、男性のあごひげには何も言わない西欧の対応こそが、女性差別的だ、という編者の指摘は、慧眼（けいがん）だ（序章）。

イランやサウジのような国家が宗教を強制することの不自由さは問題視するが、国家による宗教排除の不自由さは問わない、西欧の政教分離主義。問題は、今後リベラル・デモクラシーをいかに共生へと開かれたものに「鍛え直す」かにある（第1編1章）。

中東研究者のみではなく、憲法学の専門家を交えた執筆陣が、画期的。

評・酒井啓子（東京外国語大学教授）

ないとう・まさのり　一橋大教授。社会学。
さかぐち・しょうじろう　一橋大教授。憲法。

二〇〇七年九月一六日❸

『国のない男』

カート・ヴォネガット 著　金原瑞人 訳
NHK出版・一六八〇円
ISBN9784140812518

文芸

軽妙にして深刻な真実のメッセージ

本書は、現代アメリカの偉大な作家カート・ヴォネガットの最新エッセイ集にして遺作である。大好きな作家の新作がもう期待できないというのはなんとも悲しい。だが、ともかくも新作が読める幸せに浸るしかあるまい。

軽妙だが深刻、おかしいが悲しい、荒唐無稽（こうとうむけい）っぽいが妙にリアル。ヴォネガットの小説は、複雑にして単純な人間の姿をみごとに描き出してきた。エッセイにしてもまたしかり。

かつてヴォネガットは拡大家族という概念を提唱した。赤の他人でも家族だと思えば人々の孤独は癒やされ、自（おのず）から世界は平和になるはずといったところか。汝（なんじ）の隣人を愛せよと言い換えてもいい。ただしこれは宗教ではない。

徹底した無神論者にして自由思想家であるヴォネガットは自らを人間主義者と呼ぶ。当然、死後の世界など考えない。したがって、亡くなったヴォネガットに対して、「カートはいま天国にいるよ」というのがいちばん気の利いた最高のジョークとなる。

だが、実の家族どうしでも心はかよわず、平和はいっこうに訪れない。もう怒る元気もない。涙もユーモアも枯れた。「わたしはおもしろいことの言える人間だったのに、もう言えなくなってしまった。……腹立たしいことがあまりに多くて、笑いでは対処しきれなくなってしまったからだ」と、本書でも書いている。「唯一わたしがやりたかったのは、人々に笑いという救いを与えることだ」ったというのに。なんてこった。世の中は、それほど殺伐としてしまった。

本書で語られている言葉はすべて真実を突いている。「みなさんにもひとつお願いしておこう。幸せなときには、幸せなんだなと気づいてほしい」と言われると、不満ばかり言っている自分が恥ずかしくなる。「百年後、人類がまだ笑っていたら、わたしはきっとうれしいと思う」。われわれはこのメッセージをしっかりと受け止め、幸せだと気づける人を一人でも増やしていくしかないだろう。ありがとう、ヴォネガットさん。あなたに神のお恵みを！

（原題、A MAN WITHOUT A COUNTRY）

評・渡辺政隆（サイエンスライター）

Kurt Vonnegut 22年生まれ。作家。今年4月に死去。

二〇〇七年九月一六日④

『シャンパン歴史物語 その栄光と受難』

ドン＆ペティ・クラドストラップ 著

平田紀之 訳

白水社・二七三〇円

ISBN9784560027653

社会

ブドウに殉じた人々の苦難の象徴

現在日本のワイン業界は、ちょっとしたシャンパンブームに沸いている。ただの発泡性ワインではない本物の「シャンパーニュ」ブームだ。ここ10年ほどワイン全体の消費量が横ばいのなか、シャンパンの輸入量は3倍。みんな大好き、シャンパン。ミーハーな私は、恥ずかしながらウンチクの仕込みのつもりで本書を手に取った。そして打ちのめされた。

シャンパン（フランス語風に書けばシャンパーニュ）とは、フランス北東部のシャンパーニュ地方で造られる発泡性のワインであり、その名を称するにあたっては厳格な規制がある。高校で世界史をマジメに勉強した人なら、この地名を中世の商業上の要地として覚えておいでであろう。「シャンパーニュの大市」である。その頃のシャンパーニュのワインに泡はなく、大市で商われることもなかった。そこからいわゆるシャンパンが定着し、ナポレオンがモエのシャンパンを愛飲するあたりまでは、シャンパーニュにまつわる歴史ウンチクのオンパレードだ。

しかし次第に話は深刻になってくる。偽シャンパン問題（市場の発達にともなって、外部の安価な原料を使い、粗悪品を濫造（らんぞう）して輸出する構図は今日の食品偽装問題と同形である）、シャンパーニュの地理的な線引きを巡る内乱寸前の混乱、そして戦争である。

そもそも商業上の要地であるということは、交通の要衝でもあり、シャンパーニュはローマ時代の昔から戦争の色の濃い土地であった。だが、近代以降の戦争、すなわち普仏戦争と2度の世界大戦（特に第1次大戦）は、この地を徹底的にたたきのめした。文字通り戦場となったこの地で、爆弾の雨が降り、塹壕（ざんごう）に切り刻まれるなか、シャンパンを守ることは、おのが生業を守ることであり、父祖伝来の土地を守ることであり、そしてまたシャンパンという象徴を守ることであった。そこにフランス・ナショナリズムのにおいを嗅（か）ぎつけるのはたやすいが、いわばブドウに殉じたひとびとの生きざまは、それを超えて胸をうつ。

なめらかな訳文にも脱帽。

（原題、CHAMPAGNE）

評・山下範久（立命館大学准教授）

Don & Petie Kladstrup アメリカ人ジャーナリスト夫妻。

『ハル、ハル、ハル』

古川日出男 著

河出書房新社・一四七〇円
ISBN9784309018287／9784309410302(河出文庫) 文芸

マジやばいっすよ、この小説は

きみはもう読んだ? 『ハル、ハル、ハル』。マジやばいっすよ、この小説は。読むとテンションの高さがうつるからね。あと口調も。本を読みながら息がハアハア上がるって、あんまりない体験だと思うんだけど、この小説は呼吸と脈拍に影響が出る。それはこの本が読者に「走る」ことを強要するからだ。

表題作に登場するのは3人の「ハル」である。

13歳の晴臣(ハルオミ)は母に捨てられた。8歳の弟といっしょに。金は底をついている。そして拳銃を手に入れた。13歳にして彼は「ノワール(犯罪小説)」に近いところに立ってしまった。

16歳の三葉瑠(ミハル)は家出の常習者である。母は何度も結婚した。家庭は幸福ではない。彼女はこれまで山ほど書かれてきた不幸な「家族小説」の主人公なのだ。

ひょんなことから2人は出会い、タクシーをジャックする。タクシーの運転手、原田悟(ハラダサトル)は41歳。エリート昇進レースから脱落し、会社をリストラされて以来ろくでもない人生だった。そして晴臣と三葉瑠を乗せた瞬間から「ロード・ノベル」に巻き込まれるのだ。

3人の「ハル」はそう、三者三様に社会の矛盾を背負った、いってみれば犠牲者なのだ。だけど、そんなつまんないことを古川日出男はだらだらと説明しない。かわりに巻頭で異例の宣言をする。

〈この物語はきみが読んできた全部の物語の続編だ。ノワールでもいい。家族小説でもいい。ただただ疾走しているロード・ノベルでも。いいか。もしも物語がこの現実ってやつを映し出すとしたら。かりにそうだとしたら。そこには種別(ジャンル)なんてないんだよ〉

かくして3人の「ハル」は疾走し、読者も疾走する。

言葉って、切羽詰まると解体されて文章の体をなさなくなるのね。だから読んでる人の息も上がる。同時収録の他2編もそう。そこにあるのは事件をニュースとして語る言葉(たとえば良識的で他人事(ひとごと)然としたワイドショーのような!)の対極にある言葉である。ともに走れ。絶望を共有せよ。そんな声が聞こえる。

評・斎藤美奈子(文芸評論家)

ふるかわ・ひでお 66年生まれ。著書に三島由紀夫賞受賞の『LOVE』など。

『ヒバクシャの心の傷を追って』

中澤正夫 著

岩波書店・二一〇〇円
ISBN9784000019415 医学・福祉

未曽有の「心の被害」を知る義務

相撲協会から厳しい処分を受けた横綱・朝青龍は、「解離性障害」と呼ばれる心の病に陥ったという。協会の処分が、心の崩壊の危機を招くほどの心的外傷になったというのだろうか。にわかには信じがたいが、もしそれが本当だとしたら、本書の筆者が「史上最悪の外傷記憶」と繰り返す被爆体験は人の心にいったいどれほどの危機をもたらすのか、想像にあまりある。

しかしこれまで被爆体験がもたらす心の障害については、「深刻な傷があって当然」という以上の具体的な報告、分析がほとんどなされてこなかった。その中でこの心の被害を具体的に記載し、構造化する試みに長年、取り組んできた精神科医の筆者は、被爆体験者の心の被害がきわめて特殊かつ重篤なものであることに気づく。

多くの人に心的外傷によるストレス性の後遺症いわゆるPTSDが起きている、というところまでは誰にも想像がつくだろう。ところが被爆によるPTSDでは、一瞬にして被爆当日に連れ戻されたかのように記憶が再現するフラッシュバック体験がいつまでたっても少なくならないのだ。60年後の調査でも、爆心地に近いところで被爆した人の実に4割以上が今なおそれに苦しんでいることがわかった。しかも時間がたつにつれ自分が生き残ったことや犠牲者を救えなかったことへの罪悪感が強くなり、苦悩はより深まっていく。

筆者は、このようにPTSDが薄れずに続くのは「放射能による後障害やその恐れが、次々と、新たなる心的外傷を形成するから」ではないか、と結論づけている。

「ちょっとした猟奇事件がおこるや『心のケア』が叫ばれ」る報道を見るにつけ、筆者は「被爆者と何というちがいだろう」と思い、なぜ彼らの「心の傷」が治療・補償の対象にならないのか、と疑問を感じるという。私たちはつい目の前の「心の傷」に目を奪われがちだが、日本社会には62年たってもなお減衰しない未曽有のPTSDに苦しむ人たちもいることを知る義務が、ここで暮らす誰にもあるのではないだろうか。

評・香山リカ（精神科医）

なかざわ・まさお　37年生まれ。精神科医。『患者のカルテに見た自分』など。

二〇〇七年九月一六日⑦

『夏坂健セレクションⅢ　痛ッ！ゴルフ虫に噛（か）まれたゾ』

夏坂健 著

ゴルフダイジェスト新書・一〇〇〇円
ISBN9784772840811

文芸

6頁（ページ）読み切りの洒脱（しゃだつ）なエッセーが51編収められている。90年代前半に寄稿していた「週刊ゴルフダイジェスト」の連載をまとめた「夏坂健セレクション」の既刊2冊同様、すべてゴルフにまつわる掌編群である。

2000年1月、65歳で没した著者が称賛され続ける理由をやはり考えずにはいられない。「腕のほうはさっぱり」と韜晦（とうかい）しているが、長年月シングルを維持したトップアマとして知られた。通信社の特派員、雑誌編集長、翻訳家、作家と歩んで行く過程で養った筆力も図抜（ずぬ）けている。しかもそれは次々に披露される蘊蓄（うんちく）だけにとどまらない。その代表例が「自惚（うぬぼ）れは、スプーン1杯ほどに」と題した項。夏坂はそこで、謙虚なだけでは闘う心が挫（くじ）けてしまう。ひめやかな自惚れを持たないことには、ゴルフの辛（つら）さに押しつぶされてしまう恐れがある――と綴（つづ）り、心身の綾（あや）をも加味する。不治の病に侵された旧友とのラストゴルフを描く「喜びの日々、泡沫（うたかた）の夢」も忘れがたい。

「行間からゴルフの神髄が滲（にじ）み出す」と再評価される夏坂ワールドだが、文章スタイルは意外性のある枕を振って綺麗（きれい）なオチをつける基本忠実型。

読者を丁重にもてなす「真っ当」の復活が嬉（うれ）しい。

評・佐山一郎（作家）

二〇〇七年九月一六日❽

『無頼の悲哀　歌人大野誠夫の生涯』

ノンフィクション・評伝

坂出裕子 著

不識書院・三一五〇円
ISBN9784861510601

「兵たりしものさまよへる風の市（いち）白きマフラーをまきゐたり哀（かな）し」（『薔薇祭』）などで、戦後歌壇に鮮烈な印象を与えた大野誠夫（おおののぶお）。しかし、近藤芳美、宮柊二などに比べると、いつの間にか、短歌史の波間に隠れてしまった感は否めない。

短歌事典には、多く虚構派、風俗派とある。しかし、そのレッテルで済ませていいのか。本書は、生涯を掘り起こしながら全体像に迫った労作である。

まず、驚かされるのは生い立ちである。利根河畔の大地主の四男として生まれた。父親は入り婿。跡取り娘の母親が思うままに振舞っていた。生まれてすぐ里子に出される。6歳になって家に戻ってきたら、今度は、母親から想像を絶する過酷な扱いを受ける。

人と深く付き合うことを避け、本心を晒（さら）さないのも、事実より抒情（じょじょう）、虚構に力点を置いたのも、その傷痕（きずあと）から生じているのではないか。子どもの作品が多いのもそのせいだという。

数奇な人生だけでなく、作品の読み、素材への追求、さらには里子に出された漱石や、芥川、太宰らとの比較などによって、秘められた内面が次々と明らかにされる。大野誠夫再評価につながるはじめての本格的歌人論ではないか。

評・小高賢（歌人）

二〇〇七年九月一六日❾

『私と20世紀のクロニクル』

文芸

ドナルド・キーン 著　角地幸男 訳

中央公論新社・一六八〇円
ISBN9784120038457

いま85歳の筆者はいうまでもなく日本文学研究の第一人者である。日本文学の海外紹介の道を開拓し、万葉集から現代までの日本文学史を25年かけて完成。80歳直前に明治天皇の生涯を書き上げ、なお足利義政や渡辺崋山にとりくんだ。そんな知的バイタリティーの持ち主による、20世紀の世界的事件とからませての回想記だが、奥行きがある。

生涯の友となった永井道雄、嶋中鵬二をはじめ、源氏物語を英訳したアーサー・ウェイリー、川端康成、谷崎潤一郎、吉田健一、三島由紀夫、安部公房らとの交流はもちろん、伝説的な映画女優グレタ・ガルボなど、驚くような名前もでてくる。母親が逝った日に、日本から菊池寛賞受賞の知らせが届き、悲しみの淵（ふち）から救う。日本との不思議な偶然がたびたび起こる。

大学時代に学んだ一番肝心なことは、「作品を読み、それについて考え、なぜそれらの作品が古典とされているかを自分で発見すること」だったという。

「私は信じられないほど幸運だった」と述懐しているが、その幸運をみちびいたのは、学問のみならず、対人関係でも、この情熱を貫いたからではないか。優れた学究が人生の達人という稀有（けう）な例だと感じた。

評・由里幸子（前編集委員）

二〇〇七年九月一六日❿

『万太郎　松太郎　正太郎　東京生まれの文人たち』

大村彦次郎 著

筑摩書房・二六二五円

文芸／ノンフィクション・評伝

ISBN9784480823601

まず、着想がいい。東京生まれで東京育ちの著者は東京人の美質も弱点もよく知っている。また、文芸編集者だったので、文人たちの内情や心情に通じている。そして、なによりも文章がいい。

久保田万太郎と川口松太郎と池波正太郎は、下町の浅草生まれで互いにかかわりがあった。万太郎と前後して「三田文学」から文壇に出た水上瀧太郎と、広津和郎は山の手生まれだが、瀧太郎はお屋敷育ちで、和郎は貧しかった。硯友社（けんゆうしゃ）の著名な小説家だった父の柳浪が、時代にとり残され、零落していたからだ。

Ⅰ章からⅤ章までの人物像は的確に描きわけられ、構成が連句のようなので、物語としてもおもしろい。

小説だけでなく戯曲も書いた下町の作家たちには、自分の世界を守って一歩も譲らぬ職人気質が共通していた。

Ⅵ章は下町生まれ、Ⅶ章は山の手生まれの文人たちを、明治から現代までたどる。著者の親交した作家も多く挿話も豊富だが、吉田健一の場合、世評高い晩年の評論や小説にふれず、石川淳は「少数の熱狂的な読者の賞賛を得るにとどまった」とある。〈売れるが価値（勝ち）〉の当代以前、部数と文学的評価は、別ものだったはずなのだが。

評・杉山正樹（文芸評論家）

二〇〇七年九月二三日❶

『嬉(うれ)しうて、そして…』
城山三郎 著
文芸春秋・一五〇〇円
ISBN9784163694108／9784167139308(文春文庫)

『城山三郎が娘に語った戦争』
井上紀子 著
朝日新聞社・一二六〇円
ISBN9784022503220／9784022616357(朝日文庫)

ノンフィクション・評伝

理不尽な組織の「大義」に抗し続けて

作家・城山三郎は、この3月22日に茅ケ崎の病院にて亡くなった。享年79。遺稿集『嬉(うれ)しうて、そして…』のあとがきで、最後の2カ月を一緒に過ごした娘の井上紀子さんは「一番心配していた長患いをすることもなく……さらりと逝ってしまった」と書いている。紀子さんによれば、城山は経済小説家として有名だが「原点は戦争でした」(『城山三郎が娘に語った戦争』)という。

17歳の城山が徴兵猶予を返上し「一身を国に捧(ささ)げ」る覚悟で、海軍特別幹部練習生として志願入隊したのは敗戦の3カ月前である。そこで城山が体験したのは「ただ狂ったように、部下を撲(なぐ)りつけるだけ」の非人間的な帝国海軍と、「玉砕と呼ばれる事態を繰り返す他なかった戦争末期」の狂乱だった。戦争とは国民という個人に対する国家という組織の「裏切り」である。言論の自由がなければ個人は組織の理不尽な「大義」に抵抗できない。晩年の城山がテレビに出演したりデモに参加したりして、個人情報保護法に激しく反対したのも同法が「運用次第では言論統制法につなが」る危惧(きぐ)を覚えたからだ。

城山の小説には、組織の「大義」や時代の流れに抗して生きた男たちが多く登場する。その男たちが『官僚たちの夏』や『乗取り』のようなフィクションから、次第に『雄気堂々』の渋沢栄一のようなノンフィクションへと変わった背景について、城山は佐高信氏との対談(『城山三郎の遺志』〈岩波書店〉所収)で「存在そのものが美学であるというような人……を知って、書いてみようという気持ちがだんだん強くなってき」たと述べている。旧平価で金輸出の解禁を断行した浜口雄幸と井上準之助を『男子の本懐』で取り上げたのも、膨張する軍の予算を抑えるためには国民にデフレの痛みを強いても「それしかない」と、命を賭して決断した2人の「覚悟」を書きたかったからである。

00年にかけがえのない容子夫人を亡くしてから、城山の視点は「大切な人を失って、なお生き続けなければならない者」へ移ったと紀子さんは回顧する。そのとき、城山は改めて戦争の理不尽さを実感したのかもしれない。夫人の死後に書き上げた『指揮官たちの特攻』には、共に23歳で世を去った最初と最後の特攻隊員の「花びらのようにはかなかった」幸せな新婚生活の後で、残された家族が敗戦後に送らざるを得なかった長く、切ない余生が綴(つづ)られている。

指導者としての浜口と井上の「覚悟」をテーマにした講演で、城山はイギリスの経済学者J・S・ミルの言葉〝My work is done(我が仕事は為(な)せり)〟を引用し「この一言を残して世を去りたい」と願いを述べた。それが叶(かな)ったことは、紀子さんの「とてもやすらかに、ほっとしたような顔で亡くなりました」という言葉に表れている。城山は逝ったが、城山の作品は生きている。自らの筆によるエッセーと紀子さんに語った積年の思いを通して人間・城山の日常と心の奥を知ることは、作家・城山の作品に対する読者の理解をいっそう深めるに違いない。

評・高橋伸彰(立命館大学教授)

しろやま・さぶろう 1927〜2007年。
いのうえ・のりこ 59年生まれの次女。

二〇〇七年九月二三日❷

『イエズス会宣教師が見た日本の神々』

G・シュールハンマー 著　安田一郎 訳

青土社・二三一〇円
ISBN9784791763535

人文

一神教の目で見た八百万の神の国

真言宗の信者はデウスを大日（だいにち）といい、禅宗では方便といい、浄土宗は阿弥陀といい、法華宗は「妙」という——イエズス会の宣教師が日本人の宗教的な寛容さから受けた印象を語って、これほど簡潔な表現はあるまい。

本書はザビエル研究家のシュールハンマー神父が一九二三年に著した『神道。日本における神々の道』の全訳である。リスボンの古文書を発掘し、日本で布教した同会宣教師の報告書から「見たまま、感じたままの日本の神々の話」を抜粋した労作である。

宣教師が活躍した十六世紀後半から十七世紀初めの百年間、日本の宗教は両部神道に体系化された神仏混淆（こんこう）であった。だが布教の第一線で直面するのは、教義ではなく、寿命・健康・財産・子孫繁栄などさまざまな現世利益を願って一心不乱に祈る民衆の旺盛な信仰心なのである。

広島を旅したジラムの書信には、参拝者で賑（にぎ）わう「美しい島」すなわち厳島神社の壮麗さに驚いた神父がこんな「偶像の建物」を崇拝する人々の「盲目」に驚きを禁じ得なかったと記されている。

奈良の春日大社を訪れたアルメイダは、鬱蒼（うっそう）と繁（しげ）った森と美しい杉並木に「私は生涯でこんなに美しく、こんなに高く、太い木々を見たことがありません」と感嘆する。だが同じ場所がヴィレラには「バアル（フェニキアの異神）の神官とその神殿」と映じて非難の眼差（まなざ）しを向けられる。

フロイスが京都の祇園祭から得た感想は「悪魔はその行列ではキリスト聖体節のまねをしている」というものだ。時に思い浮かべるのは、「日本の国家的聖地、伊勢の日の女神の社を十字架が征服する希望」であった。

神仏を端から悪魔にしてしまう排他性には、初めに記した多神教的な寛容さに比べると、一神教特有の押しつけがましさが否定できない。

キリシタン信徒になった人々の信仰心は疑えないが、イエズス会の活動は貿易実利や医療と無関係ではなかった。天主教の神は日本の弾力的な宗教風土の中に、八百万（やおよろず）の神々の有力な一柱として受容されたと見るのは僻目（ひがめ）か。

（原題、Sin-to）

評・野口武彦（文芸評論家）

Georg Schurhammer　1882〜1971年。イエズス会宣教師。

二〇〇七年九月二三日❸

『タタド』

小池昌代 著

新潮社・一四七〇円
ISBN9784104509027／9784101307817（新潮文庫）

文芸

生と死の境、攫われる時を予感しつつ

なにかにふっと持っていかれそうになる感覚の狂おしさが、この短編集をうっすらとおおっている。引き潮、引力、堰（せき）を切って溢（あふ）れるもの……。川端康成文学賞作の「タタド」を含む3編には、50代の男女が多く登場する。離婚あり、失業あり、挫折あり、そうして彼らはいま人生の半ばを過ぎようとしている。いつか訪れるものの影が、木の間にちらちらと躍り始める頃だ。

「タタド」は、妙なものが出たり入ったりするお話である。夫婦のいる海辺の別荘へ、友人たちが遊びにくる。テレビ局員の夫の客は脇役女優、妻スズコの客は元同僚の男性。男はかつて自分の口を出入りしたスズコの舌を思いだし、女優の顔をちらちら見ているうちに、自分がその顔のなかを「出たり入ったりする虫」に思えてくる。食卓を囲む4人の口の穴には、海藻が「するすると、ずるずると」吸いこまれる、そんな風の強い夕べ。関係の「決壊」はそこまで迫っている。

影はどこからでも這（は）い入ってくる。浅瀬でゆれるウミウチワは、「笑いさざめく死者

の顔」になり、想像のなかで轢(ひ)いた猫は葬れずにいつまでも現れる。その感じは、「波を待って」という編で、どんなに防ごうとも侵食してくる海辺の風、砂、水、光にも似ているだろう。主人公の夫は五十半ばでサーフィンの虜(とりこ)になり、波に「イカレテ」しまった。子供とともに浜で待つ妻は、夫の身を強く案ずる一方、彼がここで消えたとてそれは潮の満ち引きのような現象にすぎない、とも思うのだ。止めようのない力……。次の「45文字」では、元同級生の女に再会した男が、引力にひかれるようにどこかへはみだしていく。

タナトスとエロスは融(と)けあいひとつになる。男と女がふわふわと出たり入ったりするのは、夢とうつつ、眠りと覚醒(かくせい)の境目、つまりは生と死の境をなす穴なのだ。抗(あらが)いえぬ力に攫(さら)われる時を予感しつつ、人々はいまひととき波間にゆれる。そのいまにもほどけそうなあやうさ。気がつけば、わたしは思わず叫びだしそうになっていた。

評・鴻巣友季子(翻訳家)

こいけ・まさよ 59年生まれ。詩人。2000年、『もっとも官能的な部屋』で高見順賞。

二〇〇七年九月二三日❹

『靖国戦後秘史 A級戦犯を合祀した男』

歴史

毎日新聞「靖国」取材班 著

毎日新聞社・一五七五円
ISBN9784620318301/9784044058074(角川ソフィア文庫)

合祀の裏に「戦後体制への強い反発」が

現在の靖国神社は、A級戦犯被告の合祀(ごうし)を正当化する立場に立ち、神社本庁も同様の地点に立っている。しかし本書はこれとは逆に、戦後の靖国神社や神社界では、A級戦犯の合祀に慎重な意見も大きな流れであったことを説明しようとするものだ。

靖国神社で長い間「保留」扱いされていたA級戦犯の合祀は、78年10月に、その3カ月前に就任したばかりの松平永芳宮司の決断によっておこなわれたものであった。松平宮司は、「皇国史観」で知られる平泉澄を師と仰いでおり、戦前は海軍軍人、戦後は陸上自衛官として過ごし、BC級戦犯として刑死した義父の「無念」を晴らそうと考える人物だった。本書は、軍人としては不遇な経歴だった彼が、戦後体制に反発する強烈な信念の人だったことを明らかにしている。その信念は、宮内庁とも「公式参拝」をした中曽根首相とも、摩擦を引き起こすものだった。

しかし、戦後30年以上宮司の職にあった前任の筑波藤麿は、もともと軍人嫌いの独特の平和論者であり、A級戦犯の合祀について慎重な立場をとり続けていた。また戦後の神社界きっての理論家であった葦津珍彦(あしづうずひこ)は、79年にA級戦犯の合祀への批判論を公にしたのである。ただし靖国神社のあり方をめぐって、神社界の中にある松平宮司とは対立する考え方には、諸種の異なる立場があった。本書の問題点は、それらの議論を一つに結びつけようとしている点にあり、そこにやや無理があると思う。

本書は、東京市ケ谷の防衛省の敷地内にあるメモリアルゾーンの叙述で終わっている。03年9月に整備されたそれは、戦後の殉職自衛官1700人以上の名前が刻まれた銘板を収めた追悼施設で、ここへの外国の要人の訪問も始まっているという。自衛隊の海外派遣が増加する中で、21世紀の日本の「戦死者」の追悼施設とされるものは、すでに靖国神社から離れつつあるというのが本書の見方だ。今やA級戦犯を合祀した事実が、靖国神社に重くのしかかっていることを示唆する指摘ともいえよう。

評・赤澤史朗(立命館大学教授)

06年8月の毎日新聞朝刊企画「靖国〜『戦後』からどこへ」を元に書き下ろし。

『アリスの服が着たい』

坂井妙子 著

勁草書房・三〇四五円
ISBN9784326653270

アート・ファッション・芸能

キャラクター子供服から見える世界

アリスが大好き。むろん、ルイス・キャロル原作の「不思議の国」や「鏡の国」に出てくるあのアリス。

ウエーブのかかった長い髪。小さな襟とちょうちん袖のワンピース。ふんわり広がったスカートは裾（すそ）上げタックが3段。胸当て付きエプロンの生地は、洗濯のきくポプリンかしら。靴は、私も子どもの頃はいていたストラップシューズね。あの靴でウサギを追いかけてどこまでも駆けていく。おお、永遠の少女、アリスよ。

でも、この挿画家テニエルの描くアリスのファッションが、百数十年も前のイギリスの保守的なミドルクラスの少女の服だなんてことまで、考えたことはなかった。

しかもアリスの三角ポケット付きのエプロンや横縞（よこじま）のストッキングが、当時、ロンドンで大流行していたなんて。それやこれやを知ると、いっそう、アリスのイメージがいきいきとしてくる。

本書は、この『不思議の国のアリス』をはじめとする、ヴィクトリア朝後期の児童文学と「子供服」の誕生の関連を論じたもので、読んでいると、えっ、そうなの？ という驚きが続出する。

たとえば、この時代の有名な絵本作家、これまた私の大好きなケイト・グリーナウェイが描く少女たちのドレスやモブキャップは、当時から言えば「おばあちゃまの時代のファッション」で、人々の「幼年時代」の郷愁をかきたてて人気を呼んだのだとか。

「マザーグース」に出てくる「ハバードおばさん」ファッションは、子ども仮装舞踏会の定番だったのよ、とか。

この時代、産業革命で急激に社会が変容したイギリスでは、都市部で近代的な消費生活が始まって、子ども中心の核家族が形成されたそうな。

それで「子ども時代特有の文化」が生まれ、「子供服」というファッション領域をついに世界に登場させたらしい。

なるほど、なるほど。

ヴィクトリア朝時代のキャラクター子供服という意表をつく切り口から見える世界は、なかなかにスリリング。イラストもいっぱいで、わが本棚におさめたい一冊だ。

評・久田恵（ノンフィクション作家）

さかい・たえこ 日本女子大人間社会学部准教授。『おとぎの国のモード』など。

『映画篇』

金城一紀 著

集英社・一四七〇円
ISBN9784087753806／9784087465877（集英社文庫）

文芸

映画への深い愛と信頼に満ちて

五つの小説が収められた短編集を読むことは、すなわち五つのラストシーンに出会うということである。小説をその点のみで語ってしまうことの乱暴さは承知しているが、しかし、本書で描かれた五つのみごとなラストシーンは、おそらく——僕自身がそうだったように、読者の胸にいつまでもとどまりつづけるに違いない。

題名どおり映画をキモにした作品を揃（そろ）えた本書、各編のタイトルも「太陽がいっぱい」「ドラゴン怒りの鉄拳」「恋のためらい／フランキーとジョニー もしくは トゥルー・ロマンス」「ペイルライダー」「愛の泉」と映画からとられている（そして全編に登場する最もたいせつな映画があるのだが……それをここで明かすようなヤボなことはしないでおこう）。

共通しているのは、それぞれの映画作品へのオマージュと、なにより「映画を観（み）る」という行為への深い愛と信頼だ。暗闇の中に浮かび上がる映画は、不器用な友情で結ばれた少年たちや、夫を自殺で亡くした妻や、おばあちゃんのために映画の上映会を開こうとする少年の心をとらえて放さない。そして、映画が彼らに力を与える。幸せだった記憶をよみがえらせ、あるいは過去の呪縛を断ち切らせて、前へと進ませる。

金城一紀さんはデビュー以来、繰り返し、いや一貫して、意志の力を描いてきた作家だと僕は思っている。本書でもそれは変わらない。五つの物語はラストシーンにたどりついて確かに閉じられる。しかし、そこには「終わり」と同時に「始まり」の力強さも内包されている。ウェルメイドな短編の余韻を超えて、主人公一人ひとりの意志が、きれいに閉じられたはずの物語をさらにもう一歩先へと進めるのだ。もちろん、その「もう一歩先の物語」は言葉では描かれていない。だからこそ、読者は読了したばかりの本書について、同じ立場の読み手と語りたくなるはずだ。話は尽きないだろう——〈その日見た映画の感想などを夜が更けるまで語り合った〉「太陽がいっぱい」の二人の少年のように。

評・重松清（作家）

かねしろ・かずき 68年生まれ。作家。著書に『GO』『フライ，ダディ，フライ』など。

二〇〇七年九月二三日⑦

『ピースメイカーズ　1919年パリ講和会議の群像　上下』

M・マクミラン 著　稲村美貴子 訳

芙蓉書房出版・各二八三五円
ISBN9784829504031〈上〉・9784829504048〈下〉　歴史

20世紀はいつ始まったのだろうか。自由主義、民主主義、国際主義といった、現代国際政治の有力な指導原理が決定的な意味を持って浮上したという意味では、1919年に第1次大戦を終結させたパリ講和会議こそが、その出発点と位置づけられる。

同会議を主導したのは、米国のウィルソン大統領、英国のロイド・ジョージ首相、仏国のクレマンソー首相。彼ら3巨頭が「新外交」の理念と旧来の秘密外交や国益の間で揺れながら、大戦後の新しい国際秩序を作り出そうと苦闘する様子が、活写されている。

筆者は、小国や非西洋の動向にも丹念に目配りしている。大国の思惑によって、民族自決原理が恣意（しい）的に国境策定に適用された東欧。アラブ人とユダヤ人に対する英国の矛盾した約束が、今なお残るパレスチナ問題の悲劇を生んだ中東。さらに、大戦を機に存在感を増した日本や中国の動きについても、比較的よく描かれている。日本は「自国の目標にこだわり、他のことには一切関心がなかった」という指摘は、現代の日本外交への警鐘として読むこともできよう。

原著にあった文献一覧が省かれているのは惜しまれるが、和訳は読みやすい。

評・奈良岡聰智（京都大学准教授）

二〇〇七年九月二三日⑧

『エルヴィス、最後のアメリカン・ヒーロー』

前田絢子 著

角川学芸出版・一六八〇円
ISBN9784047034136
アート・ファッション・芸能／ノンフィクション・評伝

ロックの帝王エルヴィス・プレスリーが42歳で世を去ってから、今年の8月で30年。ゆかりの地・テネシー州メンフィスでは追悼企画が行われ、いまもアメリカ合衆国にはエルヴィス生存説を信じる向きがあるという。空前絶後のポップスター神話は、どのように構築されたのか？　エルヴィス研究の第一人者が送る最新刊は、彼の背後より、現代アメリカの夢と悪夢を巧妙にあぶりだす。

もちろん1954年、黒人音楽を崇拝してやまない10代のエルヴィスが試行錯誤の末にロックを産み落としてしまう場面は、何度読み返してもドラマティックだ。しかしそれ以上に、1960年代、エルヴィスの音楽がいかに人種問題を反映し、いかに音楽によって黒人牧師マーティン・ルーサー・キングと応答したか、彼のコンサートがいかにゴスペルの宗教的儀式を彷彿（ほうふつ）とさせるものであったかを分析する筆致が迫力十分。

ビートルズを反米とみなし、麻薬取り締まり強化をニクソン大統領に直訴する愛国者エルヴィス自身が、薬物の過剰摂取に陥っていく晩年は皮肉である。本書はさらにフェミニズム的解釈においても異色の仕掛けを秘めているのだが、それは読んでのお楽しみ。

評・巽孝之（慶應大学教授）

二〇〇七年九月二三日⑨

『「愛されたい」を拒絶される子どもたち』

椎名篤子 著　医学・福祉
大和書房・一七八五円
ISBN9784479792109

児童虐待防止活動に取り組む著者が、傷ついた子どもをケアする現場を追った。

取材先は、虐待を受けた乳幼児を育て直す「ペンギンハウス」、児童精神科の入院病棟を持つ「あすなろ学園」などだ。

6歳で〝発見〟された舞ちゃんはそれまで一歩も外に出されず、一日の食事は夕食だけだった。その後遺症には、戦慄（せんりつ）を覚える。

たとえば自分の頭を拳で殴る。子どもにふさわしくない「ですます言葉」で話す。大人に従順すぎるほどの従順さを見せる。自分の心を変形させ理不尽な環境に適応、そのねじれが深い傷を作っていた。

多くの専門家が献身的に回復を支援する。絵カードとひらがな五十音表との照らし合わせを続けた結果、舞ちゃんが文字と音を一致させた瞬間は感動を呼ぶ。ただ虐待した母親も彼女自身の家族に翻弄（ほんろう）された被害者とあり、問題の根深さを痛感する。

全国の児童相談所の虐待対応件数は、06年度は約3万7千件。10年前の9倍と急増した。大人になった被虐待児は「自分を好きになれない」と生きにくさを表現するという。著者の主張する自立援助ホームの全国的設置が必要と痛感した。

評・多賀幹子（フリージャーナリスト）

二〇〇七年九月三〇日②

『リビアの小さな赤い実』

ヒシャーム・マタール 著
金原瑞人、野沢佳織 訳
ポプラ社・一八九〇円
ISBN9784591098615
文芸

恐怖政治の中、夫と子を守った若き母

本書評を執筆中に、本紙に「リビア『普通の国』遠く」という記事が載った（15日付）。リビアという国には、普通でない、反米の奇矯な独裁者の国、というイメージがつきまとう。その中心に君臨するカダフィ大佐は、人民主義ナショナリズムを掲げ、69年軍事クーデターで政権についた。

この話は、その10年後から始まる。父親を政府に不当逮捕され、エジプトに逃げざるをえなかったリビア人たる作者の、自伝ともいえるこの小説には、作者の幼少時の心象風景が折り重なる。

少年の家族を追い詰める出来事は、南欧の景色を髣髴（ほうふつ）とさせるような、美しい映像のなかで語られる。抜けるような空と海の青と、太陽の黄、建物と砂漠の白にクワの実の鮮やかな赤。取り戻せないからこそ、記憶は美しい。

独裁で思い浮かべられがちな、物理的暴力の残酷さを描く個所もあるが、それよりもいつ姿を現すかわからない、監視の目への恐怖、息苦しさが、ひりひりと痛いほどに伝わる。父の友人の逮捕、父の行方不明。無邪気になのか不安感の裏返しからなのか、反逆者の息子とみなされた友人をいじめ、父の秘密を監視者に暴露してしまう少年。

中東だけではない、すべての独裁国家で暮らす緊張感を、子供の日常生活のなかに描いた点で、主人公はこの少年だろう。だが話の核になるのは、母親のほうだ。民主化など政治活動に夫が関（かか）わることの危うさにいらだち、「薬」に逃避する弱い女性と、表面的には描かれているように見える。意に沿わない結婚を強いられた、封建的家族関係の犠牲者とも位置付けられる。

だが政治に首を突っ込んでボロボロになった夫を支え、子供を国から逃がす算段をしたのは、母だ。家族の命を救うためには、夫が裏切り者と思われることも辞さない。

原題は、「男たちの国で」。殺される運命にあって、物語だけで生き延びることに成功した『千夜一夜物語』のシェヘラザードが、しばしば引用される。男たちの世界に振り回されつつも家族を守り続けた、若き母の芯の強さへの、息子からの賛歌でもある。

（原題、IN THE COUNTRY OF MEN）

評・酒井啓子（東京外国語大学教授）

Hisham Matar　70年生まれ。作家。79年にリビアを離れた。

二〇〇七年九月三〇日❸

『共和主義ルネサンス　現代西欧思想の変貌』

佐伯啓思、松原隆一郎 編著
NTT出版・三九九〇円
ISBN9784757141599

政治／人文

帝国に抗う思想の普遍化を多角的に

共和主義は、日本の政治風土に根を下ろした言葉とは言い難い。共和主義を掲げる日本の政治家など私は知らないし、特定の党派を共和主義的だと論評する記事にもお目にかからない。多少ワケ知りな筋にとっても、この言葉はエリート主義の上品な言い換えのようなものでしかない。

共和主義は、ギリシャ・ローマの古典的世界に淵源（えんげん）を持つ。それは共和国のあり方を説く思想である。共和国は帝国と対峙（たいじ）して意味を持つ。もっと正確に言えば、帝国へと変じていく芽を内部に抱えながら、その傾向に抗（あらが）う思想が共和主義なのである。したがって、日本における共和主義の不在は、帝国に抗うということが何を意味するのかが真剣に考えられていないということの表れでもある。

とはいえ、この言葉を明快に定義するのは難しい。公徳心、愛国心、「法」による支配、反集権主義、反金銭主義など、いろいろ挙げられるが、どれを本質的と見るかで共和主義像はかなり異なる。

そのように必ずしも整合的でない多様な要素が、共和主義というひとつの表題の下に書き込まれる原因は、西欧が近代へと多段階的に脱皮していく際に、そのつど自己の起源としての古典的世界への解釈が重ね書きされてきたからだ。しかし、最終的に近代というロケットが西欧から普遍へと打ち上げられたとき、共和主義という名の打ち上げ台は忘却されてしまった。

してみれば、日本のような非西欧の近代社会においてこの語がいかにも疎遠なのは当然でもあるが、逆に言えば、自由や民主主義といった西欧起源の普遍主義的価値は、実はその遺伝子構成のなかに、共和主義的要素を伏在させているということでもある。

本書の各章は、このように西欧思想――特に通常共和主義と対置されることの多いリベラリズムの諸思潮――のすみずみに入り込んでいる隠れた共和主義的主題を緻密（ちみつ）に論ずるものである。それは共和主義思想の良質な現代的入門であるだけではなく、グローバル化の時代にあって、普遍主義的主張に向き合う姿勢の鍛錬の場でもある。

評・山下範久（立命館大学准教授）

さえき・けいし　京都大学教授。
まつばら・りゅういちろう　東京大学教授。

二〇〇七年九月三〇日❹

『喪失とノスタルジア　近代日本の余白へ』

磯前順一 著
みすず書房・三九九〇円
ISBN9784622072744

歴史／人文

深い孤独と他者を求める憧れの間で

本書は、近代日本の知識人の精神史を新たに語り直そうとした思想論集である。著者は宗教学者で歴史家だが、既存の学問の枠には収まりきらない活躍をする人である。本書ではその著者にふさわしく、宗教・歴史・文学などの領域の違いが軽々と乗り越えられているのが特徴だ。

たとえば本書で描かれている主題の一つは、近代日本の知識人の抱いた深い孤独にある。その一例は、親しいものがその死によって隔てられる経験だ。しかしその孤独と同時に、他人とお互いに素直に理解しあいたいという強い憧（あこが）れも主題とされている。つまり一方での隔絶感と、他方での他者との共同性を求めてやまない態度、この二つのあり方が、ここでは繰り返し異なる問題を通して追求されているのである。それは戦争末期に戦死する青年たちを前にして、その救済を求める柳田国男の祖霊信仰論として取り上げられたり、現代の男女の交渉を描いた村上春樹の文学として扱われたりする。

また本書で一貫して重視している主題には、

知識人の言語や論理によっては統制しにくい内面や感情の問題がある。それは宗教の生まれる根源でもある。著者によれば戦前のマルクス主義的な知識人は、かつてその論理によって無視し抑圧していた内面的なものや感情を言語化する中で、足をすくわれ転向を余儀なくされたのだという。

　そしてこれと逆に、戦時下で抵抗し続けたマルクス主義史家の石母田正には、マルクス主義とは異質な宗教的なものを課題として追求する志向があった。それは彼の大衆からの孤立感やその罪の意識の中に見られるという。このように分野を越えて知識人に共通の課題を見ていこうとする著者の斬(き)り口は、なかなか鮮やかといってよい。ただしその説明が、やや舌足らずの時もあるようだ。

　とはいえ本書は宗教史や史学史を扱いながら、現代の孤独な私たちが他人に伝わる言葉を見いだそうとする時の、痛切な言葉に溢(あふ)れている。その切実さが、学問の語り直しを促す著者の迫力を生んでいる理由と思えた。

評・赤澤史朗（立命館大学教授）

いそまえ・じゅんいち　国際日本文化研究センター准教授。

二〇〇七年九月三〇日⑥

『日本の古典芸能　名人に聞く究極の芸』

河竹登志夫 著
かまくら春秋社・二一〇〇円
ISBN9784774003719

アート・ファッション・芸能

一世一代の芸の秘密、含蓄たっぷりと

　古典芸能の世界で「名人」と呼ばれる十人をゲストに招いた対談集である。

　その道で奥義をきわめた人物は必ずしも話し上手とは限らず、そう易々(やすやす)と話が引き出せるものではない。ホスト役の河竹登志夫は、人徳もあろうが対話術の妙を尽くして、めいめいの《芸》の秘密を肉声で語らせるのに成功した。

　対話相手を楽器にたとえれば、ツボを押さえていちばんいい音を鳴らしている。

　各分野に熱心なファン（したがって読者）がいることだから、洩(も)れなく紹介しておくのが公平だろう。狂言の野村万作、能楽の観世栄夫(かんぜひでお)、文楽人形遣いの吉田文雀(ぶんじゃく)、歌舞伎の片岡仁左衛門(にざえもん)・中村芝翫(しかん)、日本舞踊の花柳寿南海(はなやぎとしなみ)、雅楽の東儀俊美(とうぎとしはる)、長唄三味線の杵屋巳太郎(きねやみたろう)、胡弓(こきゅう)の川瀬白秋(はくしゅう)、文楽太夫の竹本住大夫(すみたゆう)という顔触れである。

　どんなにジャンルが多様であり、芸の《畑》が違っていても、日本の古典芸能には「自らの肉体によって創(つく)り出し、身体から身体へと伝えられていく」という普遍的な特質がある。芸とは、演者の肉体と共に消えてゆく一世一代的な技能なのである。伝承されない限りやがて滅びる。

　身体で覚えた芸を言葉で言い表してもらうのは至難の業であるが、この聞き手は相手にたんなる芸談ではなく「率直な心の内」や「ハッとする言葉」や「屈託のない打ち明け話」などを喋(しゃべ)らせるのがうまい。何気(なにげ)ない一言が思いがけぬ閃(ひらめ)きを発するのだ。

　たとえば、観世栄夫「若い役者たちがすぐに表情をし過ぎるんだなぁ」、仁左衛門「七五調ってのは怖いんですよ。つい、うたっちゃうんでね」、芝翫「ボンボーンって突然上がるんですよ。それで上がりそこなった人は、皆駄目ですよ。二度と上がれない」、住大夫「褒めたりべんちゃらを言うてくれはるのはお客さんのほうで、内輪から褒めたらいけまへん」。

　すべて豊かな芸歴・舞台歴をふまえた発言だからたっぷり含蓄がある。文芸もまた《芸》の内であるからには、名人たちが惜しみなく自己を語る言葉から《盗む》べき秘伝がたくさんあるはずだ。

評・野口武彦（文芸評論家）

かわたけ・としお　24年生まれ。演劇研究家。『作者の家』『歌舞伎美論』など。

二〇〇七年九月三〇日⑦

『「雲」の楽しみ方』

ギャヴィン・プレイター＝ピニー 著
桃井緑美子 訳
河出書房新社・二五二〇円
ISBN9784309252117／9784309464343（河出文庫）
アート・ファッション・芸能／科学・生物

暑かった夏もようやく終わり、空を見上げると、さすがに秋めいた雲が浮かんでいる。そういえば最近、呑気（のんき）に雲を眺めるなどという機会をとんともたなかったことに思いいたる。

そんなストレスたっぷりの人生に一息入れたい人にお薦めなのがこの本。著者は、雲鑑賞好きが高じ、なんと「雲を愛（め）でる会」を結成してホームページまで立ち上げてしまったイギリス人。バードウオッチャーならぬ雲ウオッチャーにも市民権を、というわけだ。

ただし本書は単なる雲賛歌ではない。雲の分類を紹介すると同時に、古今東西の神話や伝承からハリウッド映画「未知との遭遇」における雲の特殊撮影に至るまで、眼（め）から鱗（うろこ）の蘊蓄（うんちく）がこれでもかとばかりに満載されている。さらに話題は、雲をめぐる科学的な説明から地球温暖化にまで及ぶ。しかも、例の出し方や比喩（ひゆ）の用い方のあんばいが絶妙。

誰にも、雲にまつわる思い出が一つくらいはある。遭遇した気象現象を勝手にロマンチックに解釈するのもいいが、科学的な説明を知るのも悪くない。それで思い出がもっと輝くかもしれないではないか。科学知識があれば人生はさらに楽しい。そんなことを実感させてくれる本だ。

評・渡辺政隆（サイエンスライター）

二〇〇七年九月三〇日⑧

『楽園　上・下』

宮部みゆき 著
文芸春秋・各一七〇〇円
ISBN9784163262406〈上〉／9784163263601〈下〉／9784167549077（文春文庫〈上〉）・9784167549084〈下〉
文芸

ベストセラーとなった著者の代表作の一つ『模倣犯』で大活躍した女性フリーライター、前畑滋子が主人公をつとめる。前作の影が全編に落ちてはいるが、全く独立した作品として、その世界に入っていける。

「死んだ我が子が、不思議な絵を残している」と前畑を訪ねてきた母がいる。まったく見知らぬ夫婦が、娘を殺し、長く自宅床下に埋めていた事件があった。事件発覚が、息子の死のずっと後なのに、絵の中にその遺体の状況が描かれていたという。「息子は超能力者だったのか知りたい」。そんな母の依頼を受けた前畑の調査の中から、様々な重苦しい人生や、さらなる事件があぶり出される。

それにしても、描かれる人生のなんと辛（つら）いことか。著者は、「楽園」とは「幸せ」のことだという。人々は幸せを求め、必ず、ほんのひとときであれ、己の楽園を見いだす。他から見て、それがいかに奇妙で、危うく、また血にまみれてさえいても。そして、そこに支払った代償が、楽園を過酷な地上にひきずり戻すのだ、と。

確かに、今の時代、幸せとは、何と難しいことか。読後の余韻は重いが、その中に柔らかい風も吹く。決してニヒリズムには落ちない、著者の人間観故に。　評・四ノ原恒憲（編集委員）

二〇〇七年九月三〇日⑨

『ザ・ニューリッチ　アメリカ新富裕層の知られざる実態』

ロバート・フランク 著　飯岡美紀 訳

ダイヤモンド社・二一〇〇円
ISBN9784478001196

社会／国際

アメリカの資産100万ドル以上の世帯は、95年から03年までで倍増し、800万世帯を突破した。ただ金持ちなだけでなく、独自の価値観に従って生きる若き億万長者を、著者は金持ち国に住む「リッチスタン人」と呼ぶ。

家庭で采配を振るうプロの「執事」を雇い、最高級ホテルも見劣りする邸宅に住む彼らの生活は庶民感覚とはかけ離れており、正直言ってどうでもいい。

興味深いのは、彼らの政治的スタンスだ。資産1千万ドルまでのロウアー・リッチスタン人の多くは「自分たちの経済状態を良くしてくれそう」という理由で保守的だが、それ以上のクラスになると、もはや自分の財産を守る必要もないため環境、医療、教育など社会問題に関心が向き、リベラル派が増えるのだという。守銭奴であり続けるよりはマシだが、自分が十分にリッチにならないと弱い人たちに目が向かない、というのはなんとも皮肉な話。また、あまりの格差の広がりに、アメリカ国民全体の幸福感は低下しているという説もある。著者は彼らが「自分たちのお金は授かり物ではなく責任だと気づくはず」と言うが、日本のリッチスタン人たちを見ていても残念ながらとてもそうは思えない。

評・香山リカ（精神科医）

二〇〇七年九月三〇日⑩

『信長は本当に天才だったのか』

工藤健策 著

草思社・一六八〇円
ISBN9784794216267／9784309409771（河出文庫）

歴史

信長の天才性は、桶狭間の戦いでの不利を覆した勝利を始め、経済の時代を見越した楽市・楽座の開設、南蛮人の渡来によって大航海時代に入ったという先進世界の潮流を直感的に見抜いたことなど信長ファンならずとも知っている。これら諸説の幾つかに対し、桶狭間から本能寺の変に至る信長の行動を綿密な資料渉猟によって辿（たど）り、反駁（はんばく）を加えたのが本書である。

わずか二千人の信長軍が奇襲して大軍の今川義元を破った桶狭間の戦い。「軍略の天才」と言われたこの戦も拙劣なもので、たまたまの豪雨に助けられただけにすぎないという。また戦術家として信長の名を高めた長篠の戦いでも、三千丁の鉄砲を用意して武田騎馬軍団を破り、「戦術革命」だとする説に対し、武田軍の内情が原因だと反論。

また一向一揆戦などでの皆殺しの無慈悲な手法が「天才」にふさわしいかと疑問を投げかける。

天才とは、いつも孤独でだれにも理解しがたいことを行う。これに敢（あ）えて反証を試みたところに意義がある。ただ、天才とは何かという概念や定義を明確にするとともに、あの時代の世界に対する信長という人物の眼差（まなざ）しにも触れてほしかった。

評・前川佐重郎（歌人）

二〇〇七年一〇月七日①

『生のあやうさ　哀悼と暴力の政治学』

J・バトラー 著　本橋哲也 訳

以文社・二六二五円
ISBN9784753102563

政治／人文

「9・11以後」の国家の暴力を問う

「9・11以後」はいまや世界を、政治を語るときの欠かせないキー概念になってしまった感がある。現代思想も例外ではなく、というか思想界にこそ、それは衝撃を与えたのかもしれない。日本語に訳された比較的ポピュラーな著作で、エドワード・サイード、ノーム・チョムスキー、スーザン・ソンタグらに触発された読者も少なくないだろう。

ジュディス・バトラー『生のあやうさ――哀悼と暴力の政治学』もまた「9・11以後」モノの一角につらなる一冊である。

〈二〇〇一年秋に私が感じたこと、それは〉と彼女は書く。〈アメリカ合州国が自らをグローバルな共同体の一員として定義する機会を失いつつあること、その代わりにアメリカではナショナリズム言説が力を得て、監視メカニズムが強化され、憲法で保障された権利が停止状態になり、あからさまなものであれ暗黙のものであれ、検閲が蔓延（まんえん）することになってしまったということだった〉

なんてよくわかる序文だろう！　バトラーが「わかる」なんて奇跡に近い。

バトラーは、アクロバティックとさえいえるこみいった文体と難解な思想で、世界中の読者をほとほと困らせてきた著者である。彼女の名前を一躍知らしめた『ジェンダー・トラブル』（竹村和子訳・青土社）は、セックス（生物学的な性）とジェンダー（社会的な性）という、第二波フェミニズムが一貫して用いてきた二分法に疑義をはさみ、「いーえ、セックスやセクシュアリティも社会的に構築されたものなのです」とやって、「そんなの現実と乖離（かいり）した机上の空論じゃん」という一部の反発を招きながらも、それまでのフェミニズムやジェンダー論をぬりかえるほどの衝撃を巻きおこしたのだった。

ジェンダー論と直接的には関係のない本書でも、所与のものとされてきた二項対立の図式を徹底的に疑う姿勢は貫かれている。

収録された論考は全部で5本。

「タリバンやアル・カイーダの構成員」を収容すると称して、「囚人」に非人間的な拘束を強いるグアンタナモ・ベイ捕虜収容所の政治的な意味（「無期限の勾留〈こうりゅう〉」）。ユダヤ人の立場でイスラエルを批判する人々に向けられる脅しの言説（「反セム主義という嫌疑」）。あとの三つは、自由な言論が封殺された中で「暴力」や「哀悼」をどう捉（とら）えるかにかかわる。

理論家で知られるバトラーだが、この本の価値は「左翼的知識人」を自任する著者が見えない圧に抗してリアルタイムで発言する、その行為自体にあるように思われる。

〈「テロリズム」という語の使用はこうして国家に基盤をおかない政治団体が行使する暴力行為を非合法化する機能を果たしており、それはまた同時に既存の国家による暴力的な対応にお墨付きを与えているのだ〉

2001～2003年に書かれた言葉が、いまなお有効性を失っていないのは、いわずもがな。「対テロ戦争」という語を金科玉条とした法案が国会で審議されようとしている日本でも事情はまったく同じである。「9・11」はいまも現在進行形なのだ。

（原題、Precarious Life : The Powers of Mourning and Violence）

評・斎藤美奈子（文芸評論家）

Judith Butler　56年生まれ。米カリフォルニア大学バークリー校教授。『触発する言葉』『アンティゴネーの主張』など。

二〇〇七年一〇月七日❷

『王の記憶　王権と都市』

五味文彦 著

新人物往来社・一八九〇円
ISBN9784404034984

歴史／人文

土地の記憶からたどる中世の内界

一般向けの書物としては、もし初めにもう少しくわしいプロローグが付き、「王権」と「都市」の概念について予備的な輪郭が与えられていたら、本書のキーワードである「記憶」の意味がもっと鮮明になったに違いない。

取り上げられるのは、十二世紀頃からほぼ同時的に発展し始める京都・奈良・博多・鎌倉などの中世都市である。「王権」とは天皇権力に限定されず、鎌倉の頼朝政権にも奥州平泉の藤原政権にも適用される。都市を拠点にして確立される新興政治勢力の原核であると見てよい。

著者のいう「王の記憶」とは、都市の形成に当たって人々の心性に想起され、回帰してくる地霊の伝説のようなものを指すらしい。

中世都市の考古学的発掘は多くの遺跡や遺品を出土させるが、著者がめざすのはそれでは必ずしも見えてこない歴史の内界への潜航である。

原型的に「異文化や文物の交流・交換の場」だった都市では、集まってくるモノの善し悪（あ）しを選べない。物資と疫病はワンセットなのだ。交易の管理と疫神の鎮撫（ちんぶ）とは「王権」の必須条件であり、政治と宗教は一つに撚（よ）り合わされる。地方への権力扶植と神仏混淆（こんこう）や勧請による布教網の拡張は、血管とリンパ管のように相補って組織される。

古くから「大陸の窓口」だった港湾都市博多は、海の記憶に包まれている。航海の安全を守る住吉神社と八幡宮の信仰ラインは、舶来品の交易線と重なって瀬戸内海を横断し、摂津の住吉を経て政治都市京都と結ばれる。

長い間、鴨川の氾濫（はんらん）に苦しめられた京都は、川の記憶に満ちている。賀茂の祭神は王城鎮護の神に転身して古代権力に組み込まれる。

こうして本書は、中世日本に各地で生まれたいくつもの新興市街が、それぞれ独自の「王権」をめざして土地に刻み込まれた古い記憶を励起（れいき）する仕組みを解き明かす。

いちばんダイナミックなのが頼朝の鎌倉だろう。「京の王権」に対抗したこの「東国の王権」の拠点は、頼義・義朝らの祖霊を呼び戻す源氏の故地だったのである。

評・野口武彦（文芸評論家）

ごみ・ふみひこ　46年生まれ。東京大名誉教授。『書物の中世史』など著書多数。

『分裂にっぽん　中流層はどこへ』

朝日新聞「分裂にっぽん」取材班 著

朝日新聞社・一四七〇円
ISBN9784022503305　社会

中流層の崩壊現場を歩き、真偽を検証

06年2月、「分裂にっぽん」の連載が朝日新聞で始まった。格差はどこにでもあり悪いことではない、と小泉元首相が国会で発言した直後である。政権誕生から5年近くを経ても、なお人気が高かった小泉改革の影を抉（えぐ）り出す企画には、社内でも異論が多かったという。そうした逆風に抗して、本書の取材班が真っ先に足を運んだのは戦後日本経済の奇跡を生み、社会の安定を支えてきた中流層の崩壊現場だった。まかり通る格差肯定論の真偽を検証し、日本の分裂と二極化し始めた階層の固定化に歯止めをかけることこそ、「新聞記者の本分」と直感したからである。

資本主義の歴史を紐解（ひもと）けば明らかなように、政府が公的な保障や規制を講じて高齢者や障害者などの弱者、および労働者の権利確保に努めてきたのは、際限なく利潤を求める資本の論理から人々の生活を守るためであり、企業の競争力を削（そ）ぐためではなかった。その成果として誕生した「分厚い中流層」が、戦後日本においても「情緒豊かで平和な社会」を支えてきたのではないだろうか。

ケインズ研究で有名な経済学者の伊東光晴氏によれば、政策評価で重要なことは「観念よりも事実である」。その言葉通り、取材班は日本だけではなく世界中で進行している「分裂」の現場に直接出向き、取材を重ね、多くの事実を発掘することによって、強者の富はいずれ貧しい弱者に滴り落ちるという観念的なトリクルダウン説への反証を試みたのである。

連載時の編集局長だった外岡秀俊氏が本書のはじめで指摘するように、「この本に、『格差』拡大への最終処方箋（せん）が書かれているわけではない」。しかし、「まず現場に向かえ」というジャーナリストの「鉄則」に徹した取材の結晶が、日本社会の実態を知る「最新の診断書」であることは間違いない。小泉政権時代には想像できなかった格差問題への関心の高まりを見ていると、当時の連載を興奮しながら読んでいた評者より、読み過ごした読者のほうがずっと現実感をもって本書を読めるかもしれない。

評・高橋伸彰（立命館大学教授）

06年2月から07年4月まで朝日新聞で連載したシリーズに加筆、再構成した。

二〇〇七年一〇月七日❹

『惑星の思考〈9・11〉以後を生きる』

宮内勝典 著
岩波書店・二七三〇円
ISBN9784000257626
文芸／ノンフィクション・評伝

言葉の力を取り戻す精神の遍歴

宮内勝典が2005年に刊行した『焼身』（集英社）は、9・11同時多発テロをきっかけに書かれた最も切実な長編小説である。1960年代、ヴェトナム戦争に抗議するヴェトナム人僧侶が街路で焼身自殺した事件を探求する語り手が、やがて非暴力が暴力に転じていく「魔」を再確認する物語は、深く重い。

さて本書は、9・11に引き続く2001年12月から2006年9月までのきっかり5年間、著者が非戦活動のかたわらいかに言葉の力を取り戻すべきかと試行錯誤し、いかに『焼身』を執筆し脱稿したか、その過程でいかに文学を復興させるべきかを思索した、精神的遍歴のルポルタージュである。自己のホームページの「海亀日記」をもとに加筆改稿したこれら断章群において、著者独自のリアルタイムにおける即興的な思考とノンフィクション・ノヴェル風ともいえる物語学とが、スリリングに絡み合う。

著者の関心は、たとえばアフガンで投降したタリバン兵士のうちにひとりだけ交じっていた白人アメリカ青年の人生の転機がブラック・ムスリムの雄による『マルコムX自伝』だったことや、ニューヨークへ移民したパレスチナ人青年が『コーラン』を捨てヘミングウェイを読みふけるようになったこと、かのフセインが逃走中にドストエフスキーの『罪と罰』を熟読し、自身も湾岸戦争後に『悪魔のダンス』なる小説を刊行していたことへと赴く。文学が国境を超えて読者をつかんだ歴史は、回心・転向すらもたらす言葉の力とともに、軍事・経済力では決して譲り渡せない民族的ソフトパワーのありかを意識させる。

そんな時代に、全地球的水準の多文化的文学はいかに成立するか？　これが、著者の本質的な問いかけである。それはくしくもポストコロニアリズムの批評家ガヤトリ・スピヴァクやワイ・チー・ディモクらが編み出した超時空的「惑星思考」の比較文学方法論とも共振する。ローマ法皇と『焼身』の仏僧を重ね、文明の衝突ならぬ「文明の共生」を探る大胆な思考は、その最大の結実といえよう。

評・巽孝之（慶應大学教授）

みやうち・かつすけ　44年生まれ。『南風』で文芸賞。『焼身』で読売文学賞。

二〇〇七年一〇月七日❺

『NEXT―ネクストー　上・下』

マイクル・クライトン 著　酒井昭伸 訳
早川書房・各一七八五円
ISBN9784152088529〈上〉・9784152088536〈下〉／9784150412074（ハヤカワ文庫〈上〉）・9784150412081（〈下〉）
文芸

遺伝子研究が行きついた悪夢の世界

「どちらにしても、船は出てしまったわ。とうのむかしにね」

登場人物のひとりがつぶやくこの言葉が、遺伝子研究の現在の姿を端的に表している。彼女が話しているのは、「バイオ研究所に自分の卵子を売る少女たち」の是非についてである。

ちなみにこの少女の話はフィクションではなく実話だそうだが、本書には他にも実在の話を加工したエピソードが満載。激烈な遺伝子の特許取得競争、「患者の体の細胞は本人のものか、それとも治療した病院のものか」の裁判、自らの研究をビジネスチャンスに結びつけようと危険を冒す研究者たち。科学の世界でさえ大きな金と野心がうごめくのはいかにもアメリカ的だが、問題はそれらがすべて「生命」と直結した事柄だということだ。

たとえば、実験段階の「成熟遺伝子」を誤って吸引した不肖の兄が更生したのを見た研究所職員は、経営者と結託し倫理も無視してそれを商品化しようとする。しかし、その遺伝子には「老化を速める」という致命的な欠点が……。まさに悪夢のような世界だ。

あとがきで明かされるが、作者の立場は「遺伝子特許には反対、明確なガイドラインも必要、しかし研究は規制するな」。それゆえか、人間の遺伝子を導入され、言葉を話すチンパンジーやオウムに対する作者のまなざしは温かい（これは実話ではなくフィクションとのこと）。「ときどき悲しくなる」などと語る動物を見たら、無条件に抱きしめられるか、それとも「これは倫理に反する」と嫌悪感を抱くか。読者の人間性と倫理観も天秤（てんびん）にかけられる。

「最先端の遺伝子テクノロジー」とはいかにもマイクル・クライトンが目をつけそうなテーマであるが、あれもこれもとエピソードを詰め込みすぎて、物語としてはやや散漫な印象も受ける。おそらくこれは、作者の予想よりも現実の〝船〟がずっと先に進んでいたためなのだろう。「倫理」の歯止めをかけられるのは、誰なのか。知人の研究者に尋ねたら、「もう遅いよ」とズバリ言われた。

（原題、Next）

評・香山リカ（精神科医）

Michael Crichton　42年生まれ。米ベストセラー作家。

『テオ　もうひとりのゴッホ』

M・A・オザンヌ、フレデリック・ド・ジョード 著
伊勢英子、伊勢京子 訳
平凡社・二九四〇円
ISBN9784582833669
アート・ファッション・芸能／ノンフィクション・評伝

熱情の兄を支えた「善き人」の生涯

星や月の光が空いっぱいに渦巻く「星月夜」とか、花が炎のように身をよじらせている「ひまわり」とか。

ゴッホの絵を見ると、37歳で精神を錯乱させて自ら命を絶った天才画家が、今も、表現の前線でやむことのない戦いに挑んでいるように見える。「ぼくは、この仕事に命をかけている！」と。

このゴッホの唯一の理解者で、生涯無名だった兄を支え続けたのが弟のテオ。彼らの愛の物語は名高い。

ゴッホは、自分の作品を「ぼくらの絵」と呼び、すべての所有権を弟に与え、代わりに経済的な援助を求め続けた。画商として成功したテオは、兄に惜しみない援助を与えたと言われている。

が、真実はどうだったのだろう。テオが支え続けたのは、過剰な熱情に突き動かされ、人生を混乱させてばかりの兄だ。テオ自身の夢や希望は、この兄を支えることでかなえられたのだろうか。

本書は、天才の陰に生きた弟テオの生涯に光を当てた初の伝記である。テオが家族とやりとりした98通の未公開書簡が資料になっている。

テオは、ゴッホとは4歳違い。誰からも愛されるいい子だったらしい。

が、家族の経済の逼迫（ひっぱく）で、15歳で画廊に就職。早い自立を強いられたばかりか、長男のゴッホに失望した両親の期待のすべてが彼に向けられた。父は牧師。両親から愛と自己犠牲を刷り込まれ、「善き人」であり続けることから生涯逃れられなかった。

本書によれば、テオは、家族や兄への仕送りのために安給料に耐え、画商としての独立の夢も断念。繊細で、優しすぎて、複雑で、いつも虚（むな）しかった。しかも、結婚で「平凡な幸福」が手に入ったのも束（つか）の間、病魔に襲われ33歳でこの世を去った。

本を閉じて思わずため息が出る。思わずうなだれてしまう。芸術に殉じることと他者の幸福に殉じること。どちらが美しいのか、そんな問いが浮かぶ。

１００年以上も前の異国に生きた人とは思えない哀切さを、テオの人生に誰もが感じてしまうだろう。

（原題、L'AUTRE VAN GOGH: Une biographie de Theo van Gogh）

評・久田恵（ノンフィクション作家）

M. A. Ozanne　歴史研究家。
F. de Jode　ジャーナリスト。

二〇〇七年一〇月七日❼

『果ての花火　銀座開化おもかげ草紙』

松井今朝子 著
新潮社・一五七五円
ISBN9784104742028／9784101328720(新潮文庫)　文芸

『吉原手引草』で直木賞を受賞した著者の、『銀座開化事件帖（ちょう）』につづく第2集。一話完結の形式だからこれだけで充分楽しめる。

明治8年、銀座の煉瓦（れんが）街に住む久保田宗八郎は、もと旗本で宿敵（かたき）をもつ身だが、家主で旧大垣藩主の子・戸田三郎四郎（のち欽堂〈きんどう〉と号して本邦初の政治小説を戯作〈げさく〉調で書く）や、原胤昭（たねあき）（もと八丁堀の与力で受刑者の更生に尽力する）、おなじ店子（たなこ）で薩摩出身の市来（いちき）巡査とともに六つの事件を解決する。

どれもみな、徴兵制や言論弾圧、株式会社や神風連（じんぷうれん）の乱など、明治初めの激動期を反映する。といえば何やらこちたき大小説めくがとんでもない。練達の作者は、宗八郎の愛人の比呂や御典医の娘の綾（あや）を配し、人情劇も悲劇も風刺劇もあって、それぞれの趣向がおもしろい。

岡本綺堂の『半七捕物帳』は江戸を懐古して風情があったが、こちらは元祖と異なり、旧旗本を主人公にしながら、過去を想（おも）って感傷的にならず、文明開化した日本の裏面を描く。

基督（キリスト）教に帰依した戸田や原や綾と違って、太政官（だじょうかん）政府の大物になった宿敵を討つため、日々をそれこそ実存的に生きる宗八郎の、西南の役の後を知りたく、続編が待たれてならない。

評・杉山正樹（文芸評論家）

二〇〇七年一〇月七日❽

『露探　日露戦争期のメディアと国民意識』

奥武則 著
中央公論新社・一九九五円
ISBN9784120038563　歴史／社会

「露探（ろたん）」とは日露戦争の時代に、敵国ロシアのスパイとみなされた人のことである。本書によれば、この当時「露探」として告発され排撃された人は、全国で相当な数に上るようだ。ただし実際に軍機保護法違反で捕まり有罪となった例は、少数だったという。

「露探」の中で最も有名なのが、秋山定輔の事件である。「露探」の嫌疑をかけられたことで、秋山は衆議院議員の辞職を余儀なくされ、彼が社長であった『二六新報（にろくしんぽう）』紙は発行禁止となった。この事件の背後には秋山と桂内閣との対立や、秋山の「露探」疑惑を書き立てた『万朝報（よろずちょうほう）』紙との競争があったという。そしてこの事例を含め「露探」事件には、権力やジャーナリズムが率先して作り出したケースがあった。

また「露探」の発生には、隣人の中から「露探」を摘発しようとする国民の存在も無視できない。著者は国民の意識の底に、大国ロシアへの根深い恐怖心が潜んでいたと見ている。

「露探」の多くは事実無根だったとはいえ、本書はそれを一括して幻想とは断定していない。それは冷静な事実究明こそ非合理なナショナリズムの跳梁（ちょうりょう）に対処する道だとする、著者の立場を示すものといえよう。

評・赤澤史朗（立命館大学教授）

二〇〇七年一〇月七日⑨

『チョコレートの真実』

歴史／社会

キャロル・オフ 著　北村陽子 訳
英治出版・一八九〇円
ISBN9784862760159

本書の原題は『苦い（ビター）チョコレート』。チョコレート産業の背後で今日なおなくなっていない強制労働が、本書を貫くテーマである。

オルメカ文明の昔から説き起こし、カカオに映し出された植民地主義の歴史を概観して、強制労働によって供給される安価なカカオに依存しつつ、その事実を粉飾し続ける欧米の巨大食品企業の偽善へと話は進む。ハーシー社や〈M&M〉のマーズ社など、おなじみのブランドの起源にも触れられていて、問題の身近さに気づかされる。

圧巻は、コートジボワールを中心とした著者のルポ。同国ではカカオ農園向け労働力として児童の人身売買が横行しているという。巨大企業の搾取と腐敗した政府、問題の構図は古典的だが、暗殺の危険も大げさではないなか、テレビジャーナリストの著者が文字通り命がけで敢行した取材は、映画のような緊迫感で読む者に迫る。カカオ利権が、国家の破綻（はたん）を背景に、内戦や集団虐殺といった陰惨な暴力の連鎖と絡み合っていく一方で、最終章に語られるフェアトレードのような取り組みが（問題を抱えつつも）広がりつつあるところに、この古典的テーマの現代的状況があると言えよう。

評・山下範久（立命館大学准教授）

二〇〇七年一〇月七日⑩

『セカイと私とロリータファッション』

アート・ファッション・芸能

松浦桃 著
青弓社・一六八〇円
ISBN9784787232755

数年前から、「中世ヨーロッパ風の」といえばそういえなくもない豪奢（ごうしゃ）な「ドレス」をまとった女の子たちを街でよくみかけるようになった。ロリータファッションである。映画『下妻物語』で深田恭子が着ていたあれだ。ちょっとおどろおどろしい黒ずくめのファッションはゴシックロリータ（ゴスロリ）。本書は、自身ロリータファッション愛好者である著者によって書かれたロリータファッション／ゴスロリ論である。

著者自身がいうように、本書はロリータファッション、ゴスロリが、「どんなもので」「どこからきて」「どこへいこうとしているのか」について論じている。当事者ならではの繊細さをもってロリータファッションの源流を探し求めていく作業はスリリングだし、嶽本野ばらなどの作品を手がかりに、ロリータファッションという「思想」の核心へと迫っていくくだりも興味深い。

最終章で提示される「私たちは、日常生活を支配するさまざまな政治力から自由になりたくて、ロリータという祝祭を求めている」という一見抽象的に見える分析も、具体的な記述の積み重ねによって説得力を与えられている。アツい「入門書」だ。

評・北田暁大（東京大学准教授）

二〇〇七年一〇月一四日②

『紙芝居と〈不気味なもの〉たちの近代』

人文／アート・ファッション・芸能

姜竣 著
青弓社・三五七〇円
ISBN9784787220233

不条理を覗かせてくれた不思議世界

私が育ったのは、北海道の鉄の街の社宅街。そこにも紙芝居屋はやってきた。時は、昭和20年代末。本書によれば、戦後の街頭紙芝居の絶頂期だったらしい。

外で遊び呆（ほう）けていると、誰かの「紙芝居がきた！」の声がして、一斉に子どもが走る。不衛生でお腹（なか）をこわすから、と飴（あめ）代をもらえなかった私も、兄にすがりつきながら必死でタダ見をした。

そして、まわりから邪険にされつつ見るのは、赤マントの骸骨（がいこつ）や河童（かっぱ）やら、継母に苛（いじ）め抜かれる哀れな子どもの不幸な話。絵もおどろおどろしく、不気味だった。

本書は紙芝居とメディア史と日本民俗学をテーマとするユニークな研究書だが、関係の解明を試みた部分は、難解すぎて歯が立たない。私のような一般読者は、もっぱら、著者がフィールドワークとして、10年も調査研究に打ち込んだという街頭紙芝居の現場の話に魅了される。

とりわけ、子どもに根強い人気を呼んだ

「墓場奇太郎」の怪奇譚（たん）が怖い。これは、胎児を孕（はら）んだまま死んだ妊婦の墓の中から子どもが生まれるという昔話が源流で、著者の熱のこもった解説からは〈不気味な生臭さが、ムンムンとたち上がって〉くる。

　そもそも、日本の紙芝居は見世物小屋の立絵芝居から発して、大流行したのは昭和初期の大不況の頃と、テレビが登場するまでの戦後の一時期。一貫して失業者や復員兵という都市下層の人々の生活史と深くかかわってきた。

　内容も、猟奇的で不気味なものが多く、警察やGHQに検閲されるなどしながら、生き残ってきたとのこと。

　本書によって、忘却の彼方（かなた）だった子ども時代の暮らしの断片が蘇（よみがえ）り、思えば、当時の子どもにとって紙芝居屋とは、夕暮れの原っぱにやってきて、この世の闇と混沌（こんとん）と不条理を覗（のぞ）かせてくれる不思議な存在だったなあ、との思いに至る。

　紙芝居が媒介していたあの世とこの世をつなぐ〈不気味なもの〉の世界を喪失することで、今の子どもたちが失ってしまったものとはなんだろう、と思わずにいられない。

評・久田恵（ノンフィクション作家）

カン・ジュン　66年韓国生まれ。城西国際大准教授。専攻は民俗学、文化人類学など。

二〇〇七年一〇月一四日❸

『暴走老人！』

藤原智美 著
文芸春秋・一〇五〇円
ISBN9784163693705／9784167773267（文春文庫）
文芸／社会

丸くならない「新老人」を生んだのは

　巷（ちまた）ですでに話題沸騰寸前の本である。『暴走老人！』。作家の藤原智美さんによる、「新タイプの老人」考だ。

　人は歳（とし）とともに成熟し、分別を身につけて丸くなる――そんな常識に反し、どうも最近、不可解な行動で摩擦を起こしたり、暴力的な行動に走る老人が目立つ気がするぞ。そう考えた藤原さんが彼らに与えた呼称が「新老人」。

　若者の暴走をしたり顔で分析した本は多いけど（で、その多くは単なる若者嫌いの暴論だったりするのだが）、若者の凶悪犯罪は統計的にはむしろ減っているのである。ところが、65歳以上の犯罪はこの15年強でじつに5倍！

　ああ、やっぱりな。うちのオトーサンもキレやすいもんなぞと思った読者も多いのではないか。それが売れている理由だと思うのだが、「盛大にやっつけてくれ」と願うおおかたの期待（？）に反し、この本自体は暴走しない。

　税務署で病院で高速道路の料金所で著者が実際に目にした例。あるいは新聞で報じられた高齢者が主役の事件。そんなものを手がかりに、著者の目は「何が彼や彼女をそうさせたか」という背景の分析へと向かうのである。

　ケータイやインターネットの普及は時間の感覚を変容させた。高齢化が進む郊外に象徴されるように、外界と隔てられた住環境は独居老人を精神的にも孤立させる。人と人との関係も、コンビニやファミレスのようにマニュアル化され、透明なルールがそこいらじゅうに張り巡らされている。高齢者を疎外する要素には事欠かないのである。

　若者叩（たた）きには嬉々（きき）として興じても、老人批判がしにくいのは「未来の自分」がそこに重なるからだろう。〈社会の情報化へスムーズに適応できないこと〉が彼らを暴走させるという著者の分析は、情報弱者としての老人を浮き彫りにして説得力に富む。

　だが、この本に登場する新老人の暴走なんかまだカワイイもの、ともいえるのだ。ご近所トラブルより始末が悪いのは「権力を持った旧老人」の暴走である。そちらへの言及がないのはやや不満。迷惑の度合いを考えれば、ね。

評・斎藤美奈子（文芸評論家）

ふじわら・ともみ　55年生まれ。92年『運転士』で芥川賞。『群体（クラスター）』『モナの瞳』など。

『拡大するイスラーム金融』

糠谷英輝 著
蒼天社出版・二九四〇円
ISBN9784901916202

『イスラム金融入門』

吉田悦章 著
東洋経済新報社・一八九〇円
ISBN9784492443439

経済／国際

多元的な市場のひとつとして成長

最近、経済紙やビジネス誌にイスラーム金融を扱う記事が目につくようになった。原油価格の高騰を背景に、オイルマネーの運用需要が高まっていること。70年代以降つづく趨勢（すうせい）として（そして9・11以降さらに）、ムスリムのイスラーム回帰志向が高まっていること。そしてイスラームが、その教義において利子を禁じていること。こういったことを断片的に聞きかじってはいたものの、率直に言ってイスラーム金融が、実際にどういったものなのかについて評者は無知であったところ、一般向けの概説書が相次いで刊行された。

利子を禁ずるといっても、事業への投資からの収益や実物の売買から生ずる利ざやや、リース料や手数料は問題ない。イスラーム金融の技術的本質は、シャリーア（イスラーム法）上で適格とされた取引を組み合わせることで、利子を回避した金融商品を開発・運用することである。いまやヘッジファンドまである（シャリーア解釈の厳格な国では認められていないが）イスラーム金融商品の多様さには驚かされる。ムスリムにとって宗教的に満足なだけでなく、場合によっては一般金融よりも有利な商品が生まれることもあるのだ。

これまで経済の観点からのイスラームへの関心といえば、オイルマネーを当て込んだ「バスに乗り遅れるな」式のビジネスチャンスの喧伝（けんでん）か、イスラームに資本主義のオルタナティヴを勝手に投影した左翼オリエンタリズムのいずれかでしかなかったように思われる。

しかし今日成長しつつあるイスラーム金融は、たとえば同じ市場社会でも日本とアメリカとスウェーデンとがそれぞれ異なる文化や制度に支えられているように、多元的な市場社会のひとつのヴァリエーションと捉（とら）えるべきものだろう。法制度の整備など、乗り越えていくべき課題は多いが、つまるところ、それがグローバル化である。

とっつきやすさでは『入門』が半歩勝るが、解説の網羅性では『拡大』に軍配。できれば両書の併読をお勧めしたい。

評・山下範久（立命館大学准教授）

ぬかや・ひでき 国際通貨研究所主任研究員。
よしだ・えつあき 国際協力銀行調査役。

『文字の都市 世界の文学・文化の現在10講』

柴田元幸 編著
東京大学出版会・二九四〇円
ISBN9784130800204

文芸／人文

浮かび上がる「文化の交差点」の風景

「あの高いのは都庁と違います〜？」「うぉおうぅ、そうやろか！」。新宿で観光客が指していたのは、某高級ホテル。プリンストン大学のエメリック氏は、このコミカルな取り違えから「首都（キャピタル）／都市（メトロポリス）」文学論を展開する。森鴎外、田山花袋、大岡昇平のような、首都・東京の存在感が濃厚だった日本文学から「場所感」が薄れだしたのは、村上春樹あたりからだろうか、と。

トポスとしての東京に始まる思索が、しかし真のスリルをおびるのは、その視点が都市論的な「場」を離れ、小説の文体そのものに向かっていく時である。実際の首都に背を向けた文学はいま、標準語という文字の「首都」をも見捨てようとしている、というのだ。求心的なキャピタル文体から「ミックスアップした」メトロポリス文体へ。日本文学はどう変わっていくのだろう。

この刺激的な論考をふくむ本書は、東大大学院教授の柴田元幸氏が他校から講師を招いて主宰した「多分野交流演習」をまとめたものだ。紙幅によりすべて書けないのが無念だが、ロシアのポピュラー音楽史（久野康彦）といった知られざる分野を紹介し、ダンテ、ホメロスを「ローカライズ・流用」の観点から読み直し（栩木（とちぎ）伸明）、愚痴のメカニズムでチェーホフ、ドストエフスキーを読み解き（野中進）……もう、大学講義にあるまじき（いや、あるべき）面白さである。

『魅せられる』ことからはじまる」と帯コピーにあるが、それを最も鮮明に感じさせるのは小沼純一氏の講義だ。コリン・マクフィーなるカナダ人音楽家が、バリ島のガムランに惹（ひ）かれた経緯とその生涯をたどる。その中でマクフィーを起点に、アルトー、ストコフスキー、阿部知二、カナダの作家アトウッドらの〝足跡〟が交わり、歴史的な文化の交差点の風景が描きだされていくさまは、まさに壮観。何かに魅せられた芸術家には、研究者には、それぞれ何ができるのか？　著者の真摯（しんし）な問いかけには、分野を超えて創造の根幹に迫る声が響く。感動した。

評・鴻巣友季子（翻訳家）

ほかに小野正嗣、小沢自然、藤原克己、ロジャー・パルバース各氏の講義も。

二〇〇七年一〇月一四日❻

『私は逃げない　ある女性弁護士のイスラム革命』

シリン・エバディ著　竹林卓訳
ランダムハウス講談社・一九九五円
ISBN9784270002513

社会／国際

イランで目覚めた女性たちを後押し

2003年、イラン人女性弁護士のシリン・エバディがノーベル平和賞を受賞したとき、多くの日本人は、それって誰だ？　と思ったろう。

一方で、彼女がイラン・イスラーム体制に対して民主化、女性の権利擁護を要求してきた、ということを知る人のなかには、欧米のイラン批判を後押しする受賞では、と斜に構える者もいた。折しも米英がイラク政権を武力で転覆し、楽天的に中東の民主化を謳（うた）っていた時期だ。当時のハータミー・イラン大統領の改革路線が、壁にぶつかっていた時期でもある。

しかし本書を読むと、そんな生易しいものではないことが、わかる。国外に亡命し、安全な高みから民主化を叫ぶ亡命知識人は、多い。だが彼女は一貫して、海外に逃げないことにこだわる。

情報機関の暗殺リストに載っても、知識人を狙う連続殺人事件に巻き込まれても、刑務所送りになっても、逃げない。どれも、踵（きびす）を返したくなるようなことばかりだというのに。

そのこだわりは、「私がイランで果たす役割」は、「海の向こうの大陸から……こなせる」ものではない、と筆者が確信しているからだ。ノーベル賞決定後、帰国して最も著者の胸を打ったのは「イラン万歳」という手書きのポスターだった。それが、著者の祖国への愛を示している。

また、欧米の短絡的なイスラーム観にも批判的だ。イランの女性は、イスラームのせいで束縛されているのではない。自由や民主主義はイスラームと矛盾しない――。一貫して著者はそう主張する。

イラン革命によって、実は女性の教育水準は格段に上昇した。これまで伝統的家庭のなかに閉じ込められていたような若い女性が、イラン革命によって政治に覚醒（かくせい）し、革命の「指導者」役になる。彼女たちは、自分にも重要性がある、社会で役割を果たしうる、と気づいたのだ。

革命で女性裁判官という職を奪われた著者が、革命によって目覚めた若い女性たちの社会進出を、後押しする。祖国の現実から逃げない著者の生き様が、力強い。

評・酒井啓子（東京外国語大学教授）

（原題、Iran Awakening）

Shirin Ebadi　47年生まれ。テヘラン市在住。

二〇〇七年一〇月一四日⑦

『つくもがみ貸します』

畠中恵 著

角川書店・一四七〇円
ISBN9784048737869／9784043888023（角川文庫）文芸

愛らしい妖怪も魅力の「しゃばけ」シリーズで人気を集める畠中恵の最新作も、妖怪が大活躍している。

生まれて100年たった器物は妖（あやかし）の付喪神（つくもがみ）になるという。義理の姉弟（きょうだい）お紅（こう）と清次が営む損料屋（レンタルショップ）は、付喪神になった名品を数多く抱えており、貸出先で付喪神が聞いた噂（うわさ）を手掛かりに奇妙な事件を解決していく。収録の5編は、付喪神が語る事件とは無関係に思える情報から、意外な真相を浮かび上がらせるものばかりなのでラストの衝撃も大きい。

結婚は個人のものか、家と家との結び付きなのかを問う「利休鼠（りきゅうねずみ）」、法律では裁けない〝悪意〟の存在に迫る「裏葉柳」など、事件を通して現代人にも共感できるテーマを描いているので、考えさせられることも多い。

物語は一話完結だが、お紅と失踪（しっそう）した商家の若旦那（わかだんな）との恋の行方が全体を貫く趣向になっている。張り巡らされていた伏線が一つにまとまる最終話「蘇芳（すおう）」では、お紅の恋も思わぬ展開になるので、恋愛小説としても、長編ミステリーとしても楽しめるはずだ。

江戸に付喪神が多かったのは、誰もが物を大切にしていたから。ユーモラスな付喪神は、大量消費社会を見直すきっかけになるだろう。

評・末國善己（文芸評論家）

二〇〇七年一〇月一四日⑧

『女子プロ野球青春譜1950』

谷岡雅樹 著

講談社・一六八〇円
ISBN9784062142687 ノンフィクション・評伝

ブルーバード、パールス、レッドソックス、ホーマーからなる在京プロ4球団で日本女子野球連盟が結成されたのは1950年3月のこと。準硬球（トップボール）を使ってたたかわれ、ブームのピークだった50年8月には16チームが全国に存在したという。

ところがその経営基盤はひどく脆弱（ぜいじゃく）で、50年終了時に「連盟」に残ったのはわずかに5チーム。52年からはノンプロに移行し、71年には、あえなく自然消滅してしまう。この間の知られざる経緯に着目し、執筆されたのが本書である。

男性観客が9割というマッチョな空気に晒（さら）されながらも、人気、実力兼備のプロ選手がいたことにまず驚かされる。10日連投の「鉄腕麗人（大島雅子）」と「長嶋茂雄と村山実を合わせたスーパープレーヤー（近藤信子）」がその双璧（そうへき）だろう。

62年生まれの著者が、丹念に拾う元女子プロ選手たちの肉声の数々。彼女たちの多くが、50年当時、10代後半から20代前半で、生年で言えば、昭和ヒト桁（けた）世代ということになる。

美化も誇張もないノンフィクションの秀作だが、女子野球を支えた男たちの多くを情けない人物として描いたところに、この本ならではの妙味がある。

評・佐山一郎（作家）

二〇〇七年一〇月一四日⑨

『カラマーゾフの兄弟』続編を空想する

亀山郁夫 著
光文社新書・八一九円
ISBN9784334034207
文芸／新書

3人兄弟とその父親の葛藤(かっとう)を描いた『カラマーゾフの兄弟』は、自由かパンか、個人か全体か、あるいは父殺しといった、現代にまで続く命題をいくつもかかえる大長編小説だ。ドストエフスキーは13年後を設定した第2の小説を予告していたが、死によって未完に終わった。三男アリョーシャが、もっと大きな父殺し、皇帝暗殺の考えにとりつかれるはずだと当時からうわさされたという。

評判の新訳で、ドストエフスキーは読みやすいというイメージさえ作りつつあるロシア文学者が、その続編を空想する。読みこむうちに伏線がわかってきて、アリョーシャの影響を受けた少年たちが活躍する輪郭が浮かんできたという。

『カラマーゾフの子どもたち』とタイトルをつけ、少年たちのリーダーであるコーリャが、キリスト教的な社会主義者となって皇帝暗殺を計画する。主な登場人物のその後までていねいに付け、秘密警察の監視を前提とした上で、詳細なプロットを練り上げる。そのままミステリーの謎解きのようだ。じっくり味わうには新訳第5巻の解題は必読である。

それにしても、現代のロシアを考えると、続編の射程も21世紀にまで十分に届きそうだ。

評・由里幸子(前編集委員)

二〇〇七年一〇月一四日⑩

『パール判事　東京裁判批判と絶対平和主義』

中島岳志 著
白水社・一八九〇円
ISBN9784560031667
歴史

東京裁判で被告人無罪を主張したインド人判事として、近年パール判事の名は日本のナショナリスト言説の中で頻繁に言及されるようになってきた。けれどもこうした言説のすべてが、いわゆるパール判決書の誤読や付会を免れているとは言えない。その意味でパール判決書をそれ自身の文脈から読み直す研究書が書かれるべき時期が来ていたし、それが現代インドのナショナリズム研究を専門とする著者の手で著された意義は大きい。

本書の目的は厳密なテキスト分析を通じてパールの主張を明確化することで、上述のような解釈上の誤りを批判するところにあると見られるが、著者が判決書の由来をパール自身の中に培われたガンディー主義的思想にまで掘り下げて規定しようとしていることはとりわけ注目に値する。パールは晩年、日本再軍備に対する警鐘を鳴らして止(や)まなかった。その真意は、このガンディー主義的文明解釈を理解することなしには、かれの東京裁判批判と同一次元にとらえることができないからだ。

ガンディーの選択した非暴力不服従が今も有効な方法論であるのか、その再評価を促すという意味では、本書はむしろ護憲派にとっての必読書かもしれない。

評・赤井敏夫(神戸学院大学教授)

二〇〇七年一〇月二一日①

『知られざる宇宙　海の中のタイムトラベル』

F・シェッツィング 著　鹿沼博史 訳
大月書店・三九九〇円
ISBN9784272440368
科学・生物／ノンフィクション・評伝

主役は海、軽妙洒脱に科学を語る

一般読者向けの翻訳科学書には著しい偏りがある。翻訳されている原著の大半は英語で書かれたものという偏りである。紹介されずに埋もれている英語圏以外のおもしろい科学書もあるはず、もっと読みたい。そんな期待に、本書はみごとに応えてくれた。

著者であるシェッツィングはドイツの小説家。２００４年に出版した海洋もののＳＦ大作『シュヴァルム(群れ)』(未訳)が大ヒットし、ハリウッドでの映画化も予定されているという。その内容は、深海で誕生した単細胞の知的生命体の群れがさまざまな異常現象を引き起こし、人類が危機に陥るというスリリングな超大作らしい。

本書は、周到な予備調査を踏まえて書き上げたそのＳＦ大作の余勢を駆って執筆に着手された。ところが、当初は１５０ページ程度の軽いノンフィクションを書くはずだったのに、補足調査を進めるうちに構想が拡大し、結局は海の誕生から生命の進化、果ては海洋開発の将来にまで筆が進み、邦訳書にして６００ページを超える大冊となった。

なるほど、最新の情報は加味されているものの、地球における海の誕生、そこでの生命の起源、三十数億年に及ぶ生物の進化など、紹介されている歴史の筋書きは取り立てて目新しいものではない。しかし、ドイツのマイクル・クライトンとでも言うべき著者の本領は、集めた素材をさばく語り口の巧みさ新鮮さにある。したがって本の厚さなど、さほど気にならない。一口で言えば軽妙洒脱（しゃだつ）、そしていい意味での居直りに徹している点がすばらしい。それでこそ、科学者ではない書き手が科学を語る意味がある。

　たとえば著者は次のように言い切る。「この本は教科書ではない。……これはスリラー小説だ。地球の歴史というのは、筋書きが何度も急展開し予期しない出来事でいっぱいの、ハラハラドキドキさせる物語にほかならない」。たしかに、面白い話を無味乾燥な語り口で語るのは、むしろ罪作りなだけだ。

　それと、「あなたがこの本で絶対的な真理を見つけることはないだろう。そこで見つけるのは、おそらくこうではないかという物語」だという著者の宣言も、きわめてまっとうである。なぜなら、科学は絶対ではない。たとえば生物が進化した経路にしても、これまでに見つかっている化石や、DNAから得られるデータなどを継ぎ合わせることで、とりあえずの筋書きが作られている。これは正しい科学の方法だ。しかし、明日にでも予想を覆すような化石が見つかれば、それまでの筋書きががらりと変更される余地は大いにある。科学とは、そのように客観的な証拠を基に絶えず理論を修正していく作業なのだ。

　本書の主役は海である。最大で深さが1万メートルを超える深海の大半は未知の世界だ。人類は月面に到達したが、日本が世界に誇る有人潜水調査船「しんかい6500」をもってしても、6500メートルの深さまでしか潜れない。そこには著者が言うように、伝説の巨大ウミヘビが潜んでいるかもしれない。科学者だけでなく小説家の探求心を駆り立てるわけだ。

（原題、Nachrichten aus einem unbekannten Universum: Eine Zeitreise durch die Meere）

評・渡辺政隆（サイエンスライター）

Frank Schätzing　57年生まれ。95年に歴史小説『死と悪魔』を発表、ベストセラーとなる。

二〇〇七年一〇月二一日②　　政治／経済

『「小さな政府」の落とし穴』

井堀利宏 著

日本経済新聞出版社・一八九〇円
ISBN9784532352721

最適規模を探り、消費税10％を提言

　小泉元首相が進めた「無駄な歳出の削減」という小さな政府論には落とし穴があった。その穴を埋め財政破綻（はたん）を回避するには早急に増税の必要があると著者は警告する。財政再建の視点から見れば「増税しないで財政危機が解消するほど、日本の財政状況は甘くない」からだ。

　しかし国民に新たな負担増を強いても、本書の最終章で著者が提案する政府の最適規模は、北欧諸国のような大きな政府には程遠い「消費税率10％を上限とする相対的に小さな政府」である。そこでは自助努力と自己責任を基本にして生きることが求められる。実際、著者によれば公的年金は「老後の生活に必要な最小限の給付（基礎年金）に限定し」、支給開始も男性75歳、女性80歳と年齢を引き上げ、医療保険も一律に給付するのではなく若いときから健康管理を「きちんと行ってきた人を優遇する仕組み」が望ましいという。

　こうした提案の背景には、北欧に比し人口の大きな日本では受益と負担に関する国民の信頼を得るのはむずかしく、その一方で経済

の発展にともない「市場メカニズムを活用するメリット」がますます高まっているとの認識がある。確かに、現在でも受益より負担が多いと不満を抱く富裕層や上位の中間層にとっては、政府の規模も役割も小さいほうが良いのかもしれない。しかし、政府が提供する公共サービスに生活の安心と安定を依存せざるを得ない人々には、著者が示す政府は厳しすぎるように思われる。

財政再建のためとはいえ、消費税率10％の負担はけっして軽くない。それでもセーフティーネットが厚くなるなら容認できる面もあるが、現在よりも薄くなるなら何のための負担増かと問いたくなる。小さな政府に固執した小泉元首相の戦略を著者は、「意図的に財政赤字を拡大させ……小泉後の政権ではこれ以上財政赤字を拡大できない」ようにした点で、「したたかな財政運営」だったと評価するが、最終的なツケを回される国民にとってはむしろ「とんでもない財政運営」だったのではないだろうか。

評・高橋伸彰（立命館大学教授）

いほり・としひろ　52年生まれ。東京大学大学院経済学研究科教授。

二〇〇七年一〇月二一日③

『巨大建築という欲望　権力者と建築家の20世紀』

ディヤン・スジック 著
五十嵐太郎 監修　東郷えりか 訳
紀伊国屋書店・三九九〇円
ISBN9784314010313

アート・ファッション・芸能

なぜ権力は巨大建築を求めるのか

かつてヴィクトル・ユゴーは『ノートル＝ダム・ド・パリ』のなかで、15世紀の副司教に「これが、あれを滅ぼすことになるだろう」と語らせた。「あれ」とはノートル＝ダム大聖堂、その壮麗な大建造物を「滅ぼす」とされている「これ」とは、当時の最先端技術＝活版印刷によって生み出された書物である。

この副司教の予言から数百年たったが、いまだ巨大建築の社会的威信は衰えていない。それどころか、20世紀は権力者と巨大建築とが独特な形で関係を深めた時代であったともいえる。枢軸国／連合国、社会主義陣営／資本主義といった違いにかかわりなく、権力は巨大建築を求め、また建築も権力に寄り添っていった。本書は、ヒトラー、スターリンといった権力者たちと巨大建築、都市建設との密接なかかわりあいを、資金と権力と機会を求める建築家たちの姿に照準を合わせながら描き出したものである。

とはいえ、本書で扱われているのは、分かりやすい形をとった権力、いわゆる独裁者と建築とのかかわりだけではない。大統領たちの名を冠した図書館は権力を称（たた）え、壮大なクリスタル大聖堂は途方もない巨大さによって現代的な「聖」を演出する。考えてみれば、あの世界貿易センタービルも、それがアメリカ的世界観の象徴的メディア――アメリカという権力の示威媒体――であったがゆえに標的とされたのではなかったか。

独裁者や資産家たちのどうしようもなく露骨な権力から、「誰の」と属人化することの難しい日常的な社会的権力にいたるまで、さまざまな位相の権力と建築（家）との関係が、抽象的・思想的な注釈に頼ることなく、淡々と具体的に指し示されていく。いい意味でジャーナリスティックな本である。

ネット時代の到来とともに、副司教の予言は、「情報は建築を滅ぼす」という意味でよく引用されるようになっている。しかし、そう言い切ってしまう前に、いまだ巨大建築という欲望に突き動かされている私たちの社会を振り返っておくのも悪くはないだろう。

（原題、The Edifice Complex）

評・北田暁大（東京大学准教授）

Deyan Sudjic　52年生まれ。建築評論家。

『みんなＣＭ音楽を歌っていた　大森昭男ともうひとつのＪ－ＰＯＰ』

田家秀樹 著

徳間書店・一九九五円
ISBN9784198623555

アート・ファッション・芸能／ノンフィクション・評伝

優れた青春小説のホロ苦さにも似て

副題に名前の出てくる大森昭男氏は、1970年代からＣＭ音楽を手がけてきた音楽プロデューサー。矢沢永吉の「時間よ止まれ」や堀内孝雄の「君のひとみは10000ボルト」などＣＭ発の数々のヒット曲を送り出してきた。本書はその大森氏の足跡を軸に、1970年代から80年代前半にかけて――本書に登場する人物の言葉を借りれば〈コマーシャルソングがあんな風に音楽の流行に強い影響力を持つことはもうないのではないだろうか〉という時代のＣＭ音楽の舞台裏をたどるノンフィクションである。

著名なアーティストのエピソードが次々に出てくる。ＣＭと音楽、それぞれのつくり手の方法論の個性も楽しめるし、業界の内幕も覗（のぞ）き見できる。なにより、映画「アメリカン・グラフィティ」よろしくおなじみの（そして懐かしの）ヒット曲が次から次へと登場するのがうれしい。当時を知る読者は、きっとページを繰りながら何曲も口ずさんでしまうだろう。

だが、本書はただ年譜的に事実を追っただけの一冊ではないし、懐古趣味のみに終わるものでもない。

ラジオからテレビへと主戦場を移した広告の世界も、ロックやフォークが市民権を得はじめた音楽の世界も、「新しさ」を求め、また求められていた。あの頃のＣＭ音楽とは、二つのジャンルの「新しさ」が組み合わさった異種交配だった、と大森昭男氏は言う。その言葉に応えて、著者の田家秀樹さんもＣＭ音楽が目指した「新しさ」を丁寧に探っていく。

アーティスト、プロデューサー、アレンジャー、エンジニア、コピーライター、写真家、ディレクター……「新しさ」の旗に集ったクリエイターたちの群像は、どこまでもみずみずしい。

そんな本書を、僕は青春小説のように読んだ。ＣＭ音楽にも青春があった。そして時代は変わり、青春は終わる。本書の表題は過去形で記された。それを優れた青春小説のホロ苦さに重ね合わせるのは、労作のノンフィクションに対して決して非礼な読み方ではないはずだ。

評・重松清（作家）

たけ・ひでき　46年生まれ。雑誌編集長を経て音楽評論家、ノンフィクション作家。

『日本の怨霊』

大森亮尚 著

平凡社・二五二〇円
ISBN9784582466027

歴史／人文

皇位継承めぐる暗闘と鎮魂の古代史

天皇家の歴史を語る書があるのならば、天皇家に祟（たた）る怨霊（おんりょう）の歴史を語る書があっても不思議ではない――と著者は本書執筆の動機を語る。

京都には上下（かみしも）の御霊（ごりょう）神社が鎮座し、「東京に遷都した後の天皇家の負の遺産」を引き継いだかのようにそれぞれ八柱の御霊を祀（まつ）っている。

いちばん有名なのは雷神と化した菅原道真（みちざね）であるが、この一冊で「天皇家に祟る怨霊の中心人物」として主に描かれるのは、井上内親王と早良（さわら）親王という二人の皇族だ。

井上内親王は聖武天皇の皇女で、十一歳から二十年にわたって伊勢神宮の斎王だった聖処女である。退下（たいげ）して白壁（しらかべ）王（後の光仁（こうにん）天皇）と結婚。四十五歳という「神業的出産」で他戸（おさべ）親王を生む。

奈良時代政治史には皇位継承をめぐる暗闘が絶えない。天武天皇の嫡系は競争者を排除しすぎて、称徳女帝の代で途絶え、権力闘争を避けて飲酒に身を晦（くら）ましていた天智天皇系の光仁天皇が六十二歳で即位するに至る。

井上皇后の至福は一年余りしか続かない。宝亀三年（七七二）三月、天皇を呪詛（じゅそ）していたという嫌疑で皇后を廃される。他戸親王も廃太子。母子は同じ日に死ぬ。不審死である。代わりに立太子したのが山部（やまべ）親王（後の桓武天皇）とあればプロットが読めよう。

早良親王は桓武の皇太弟である。こちらは延暦四（七八五）年九月、謀反の容疑で幽閉され、憤激のあまり絶食して死んだと言い伝える。

それから果てしない怨霊の跳梁（ちょうりょう）が始まる。宮中で怪異が続出し、桓武天皇は不安症候や不眠ノイローゼに悩まされる。華やかな平安遷都の裏面には、祟りへの恐怖と不安の影が落ちている。死者の怨念が生者の歴史を動かす。

著者は怨霊の世界を覗（のぞ）くのではなく、魂の重心をあちら側に掛け、歴史の深みに眠る怨霊と交信するが、文体には達観したユーモアがまじり、行きっぱなしにさせず無事にこちら側へ連れ戻す。

日本の「鎮魂の文化」は、怨霊への畏（おそ）れを知り、「勝者が敗者に謝罪し、鎮魂する」希有（けう）な逆転の論理だという指摘が心に訴えかけてくる。

評・野口武彦（文芸評論家）

おおもり・あきひさ　47年生まれ。古代民俗研究所代表。『悲のフォークロア』など。

二〇〇七年一〇月二一日 7

『李方子　一韓国人として悔いなく』

小田部雄次 著

ミネルヴァ書房・二九四〇円　歴史／ノンフィクション・評伝

ISBN9784623049776

1910年の韓国併合に伴い、大韓帝国は日本の植民地となった。皇帝は李王と改称され、やがて最後の皇太子だった李垠（イウン）（り・ぎん）が李王家を継ぐ。本書は、皇族梨本宮家から李垠に嫁ぎ、両国の狭間（はざま）で生きた李方子（イバンジャ）（り・まさこ）の生涯を追った評伝である。

皇族に準じる待遇を受けた李王家は経済的には恵まれていたが、方子が歩んだ道は、苦難に満ちていた。日韓融和のシンボルとして日本政府主導で決められた結婚、日本・朝鮮双方からの猜疑（さいぎ）に満ちた目、毒殺も噂（うわさ）された長男の死。方子が「悲劇の女王」と称されるゆえんである。

戦後、李王家は廃止され、方子と夫は財産を次々と失い、独立した韓国から入国を拒否されるなど、さらなる困難に直面する。晩年にようやく入国を許された方子は、一韓国人「イ・バンジャ」として福祉事業に余生を捧（ささ）げ、韓国におけるボランティアの先駆者の一人となる。著者は、そこに人間としての美しさを見いだし、彼女が日韓の橋渡しとしての役割を全うしたと評価している。

彼女の生涯を辿（たど）ることで、この100年の日本と朝鮮半島の関（かか）わりが見えてくる。日韓の将来を考える上でも、一読の価値がある書である。　評・奈良岡聰智（京都大学准教授）

二〇〇七年一〇月二一日 8

『知られざる魯山人』

山田和 著

文芸春秋・三〇〇〇円　ノンフィクション・評伝

ISBN9784163695709

書、篆刻（てんこく）、陶芸、さらに星岡茶寮を中心に展開された料理など、美の追求者としての魯山人の評価は、ますます高まる一方だ。他方で、身勝手で傲岸不遜（ごうがんふそん）。傍若無人の言動。「唯我毒尊」だったと噂（うわさ）される。こういった二つの顔が、関心を余計集めているのだろう。

父親に親交があったという著者が、膨大な参考文献を徹底的に渉猟、さらに多くの関係者にも取材し、「魯山人とは何か」に迫ったのが本書。おもしろい。

まず、謎めいた「冥（くら）い不分明な出自」。生まれへの絶望的感情が芸術活動の源であったという。奉公先で、のちの竹内栖鳳（せいほう）の行灯（あんどん）看板絵に心動かされ、そこから美への彷徨（ほうこう）が始まる。濡額（ぬれがく）（大板に文字を彫る看板）で名を上げる。各地で見聞を広げ、また多くの数寄者（すきしゃ）、茶人と交流し、次第に創造の世界が広がる。

青山二郎、荒川豊蔵、加藤唐九郎、山口淑子、イサム・ノグチ、小林秀雄、棟方志功、政財界の面々。登場する交友名も豪華だ。果たし合いに近い歯にきぬ着せぬ批評の応酬。

周りにいたものはさぞかし大変だったろうな、と思わせるエネルギーの放出。何かを生み出す人間のもつナマの魅力が十分に伝わってくる。

評・小高賢（歌人）

二〇〇七年一〇月二一日⑨

『内臓感覚　脳と腸の不思議な関係』

医学・福祉

福土審 著

NHKブックス・一〇一九円
ISBN9784140910931

毎朝、通勤電車に乗ろうとすると、おなかがゴロゴロしてきてトイレに行きたくなる。腹痛、冷や汗、動悸（どうき）が耐えがたく、次第に気持ちも滅入（めい）ってくる。消化器科で検査しても、「異常なし。気のせいですよ」で終わってしまう。

こんな過敏性腸症候群と呼ばれる疾患が増えている。背景にストレスがあることがわかってきているが、なぜここまで強烈な身体症状が出るのか。この疾患の第一人者である著者は、臨床データや実験から「脳と腸のあいだにある密接な交流」を明らかにしていく。

医学用語も多いが、説明は分かりやすい。腸は自ら受けた刺激を「内臓感覚」として脳に伝え、脳は自律神経やホルモンを介して腸に影響を与える。私たちが意識していなくとも、このような身体からの情報が脳での情動形成にも深くかかわっている可能性もあるのだ。「たかが腸」などと言うなかれ。

過敏性腸症候群は、内臓と脳や心との関係を教えてくれる重要な疾患であるが、それだけに十分な時間をかけた専門的治療が必要になる。ところが、「時間的余裕も経済的裏づけも急速に悪化」しているいまの医療状況ではそれも困難、とする著者の嘆きにも耳を傾けたい。

評・香山リカ（精神科医）

二〇〇七年一〇月二一日⑩

『マンハッタンを歩く』

文芸／ノンフィクション・評伝

ピート・ハミル 著　雨沢泰 訳

集英社・二四一五円
ISBN9784087734379

著者は新聞記者や作家として、長くマンハッタンで働き暮らす。「運がよければ、たぶんここで死ぬだろう」と言い切る生粋のニューヨーカー。故郷を舞台にした自伝的エッセーには自然に思いがこもる。

マンハッタンの中でもダウンタウンとよばれる南部を歩いて、ブルックリン橋、バッテリー・パーク、トリニティ教会、タイムズ・スクエアなどの歴史に思いをはせる。人物や建築物などについての無数のエピソードは、控えめながら誇らしげでノスタルジアにあふれている。

この本を書くきっかけは01年9月11日の世界貿易センタービル崩壊だった。その朝、「落下したガラスと鋼鉄の衝撃で音の世界は空っぽになった」というすさまじい経験をする。それまで恋愛小説やミステリーなどを発表したが、〝喪失〟後はニューヨークそのものをテーマにするようになったという。もう一度、自分の町を見つめ直したいとの衝動に駆りたてられたのだろう。

本著はマンハッタンのガイドブックとしても最適。生き字引の案内で、〝通〟を自任する人も数々の発見を楽しめ、さらにこの蠱惑（こわく）的な都会に取りこまれること請け合いだ。

評・多賀幹子（フリージャーナリスト）

二〇〇七年一〇月二八日❶

『鏡の中の日本と中国　中国学とコ・ビヘイビオリズムの視座』

歴史／国際

加々美光行 著

日本評論社・二一〇〇円
ISBN9784535585058

「自負心のナショナリズム」を憂える

13億人の人口を抱えつつ爆発的な高度成長を続ける中国に、世界の耳目が集まっている。先週には5年に1回の党大会が閉幕し、新しい指導部が選出されて中国関連情報がメディアにあふれた。しかし、実際のところ私たちは中国の実情についてどれほど知っているだろう。日本の現代中国研究は、どのような課題を抱えているのだろうか。

著者は、60年代以来、激動する現代中国に真摯（しんし）に向き合ってきた政治研究者の一人である。アジア経済研究所を経て、愛知大学に設立された現代中国学部の初代学部長を務めた。著者によれば、戦後日本の現代中国研究は多くの成果を生む一方で、中国認識に多くの歪（ゆが）みを伴ってきた。その事情を、著者は江戸期の「日本漢学」や戦前戦中の「支那研究」にまで遡（さかのぼ）って検証する。

著者は、中国研究も社会科学の一分野である以上、いかなる目的で特定の社会を研究対象とするかという目的論から逃れえないという。日本人研究者であれば、大部分の中国研究は日本社会各界の対中認識や対中政策に影響を及ぼすことを目的とする。場合によっては、その研究成果は日中関係に影響を与えるのみならず、中国の対日政策や内政政策にまで影響を及ぼしうる。しかし、そうした研究の目的や責任について中国研究者の大半が無自覚である。ここに大きな方法論的な問題が存すると著者はいう。

つまり、その無自覚の結果、知らずして自分の目的に合った因果分析を進めてしまいがちになる。また、自分を研究対象に対して優越する位置に置くという「オリエンタリズム」的な近代科学の弊害が生じる。本来、研究の錯誤を防ぐため、検証手続きとして情報開示と説明を対話の形で行うことが求められる。だが日本では、研究対象としての中国社会各界との間で検証手続きを進める積極的な姿勢が欠けていると著者は批判する。

確かに研究目的の自覚は重要だ。何のために外国研究をするのだろう？　評者は日本の町内会に相当する中国の都市コミュニティーを研究対象の一つとしてきた。そのことを若い中国の日本研究者に告げたとき、「その研究は日本にとって何の役に立つのですか」と天真爛漫（らんまん）に尋ねられて絶句したことがある。

著者は「欧米近代」の拡張への抵抗とは無縁な「自負心のナショナリズム」の台頭を憂えている。外国研究が国家主義を超越できるか必ずしも楽観していないようだ。しかしグローバル化の効果には疎外と連帯の両面があろう。日本の中国研究について言えば、確かに海外の研究者との対話は足らない。しかし特に若い研究者の間では、中国に留学し中国人研究者と交流する者が増えている。より大きな問題は、英語で論文を書き、会議報告できる人が少ないことではないか。

広く、多様で、変化の速い現代中国にどのように迫ればいいのか、中国研究者は常に悩んでいる。しかし本書は、そのような自覚された問題意識より更に深いレベルの方法論的根本問題に目を開かせてくれる。「加々美の中の日本と中国」、名にし負う力作である。

評・高原明生（東京大学教授）

かがみ・みつゆき　44年生まれ。愛知大現代中国学部教授。著書に『逆説としての中国革命』『無根のナショナリズムを超えて』など。

『幻想の過去　20世紀の全体主義』

フランソワ・フュレ著　楠瀬正浩訳

バジリコ・五七七五円
ISBN9784862380432

歴史

コミュニズムの幻想を詳細に批判

著者フランソワ・フュレは、フランス革命史研究の大家。本書は10年前に他界した著者最晩年の作品である。

フュレ以前のフランス革命研究は、唯物史観の支配下にあり、革命の本質は階級闘争に求められてきた。これに対してフュレは、自由主義革命としてのフランス革命という見方を打ち出し、革命の本質を政治的自由に求めて、パラダイム・シフトをもたらした。いわばフランス革命史研究の脱マルクス主義化を推し進めたのである。

そのフュレが、コミュニズムを主題とする本書で強調するのは、ロシア革命が、まさにこの政治的自由という本質を欠いているがゆえに、フランス革命とは似て全く非なるものだということである。自由主義に対する敵意、議会制民主主義に対する侮蔑（ぶべつ）といった点で、コミュニズムは、むしろ最初からファシズムと同じ苗床から出てきたものなのだ。

しかし他方で、ロシア革命がフランス革命の正統の相続者であるかのごとき威光をまとったことも事実であり、その威光はコミュニズムの暗黒面が周知となったのちも容易に消えなかった。なにゆえこの「幻想」はかくも強力だったのか。

フランス革命は、進歩には革命が伴うという記憶を遺（のこ）した。コミュニズムはこの記憶をフル活用して人類の普遍的進歩の先導者を僭称（せんしょう）した。これを前提として、世界を革命と反革命に塗り分けるレトリックを駆使すると、幻想からの出口が消える。ナチズムのような絶対悪に反革命のラベルが貼（は）られたことで、コミュニズムを批判することは倫理的に困難になり、その普遍主義は独善の論理に転化した。

本書でフュレは、この構図の反復をロシア革命の前史からフルシチョフ後にいたるまでの個々の状況のなかで詳細に分析している。達意の叙述に急（せ）き立てられるようにしてページを繰り、読後、我に返って気づかされるのは、世界の改造や社会の改革を叫ぶ普遍主義者が、「味方でなければ敵」というレトリックを振り回す状況が、決して「過去」ではないという、うすら寒い現実である。

（原題、LE PASSÉ D'UNE ILLUSION）

評・山下範久（立命館大学准教授）

François Furet　1927年～97年。仏・社会科学高等研究院長などを歴任。

二〇〇七年一〇月二八日③

『談志絶倒　昭和落語家伝』

立川談志 著　田島謹之助 写真

大和書房・二七三〇円
ISBN9784479391623

ノンフィクション・評伝

良き昔を伝えた落語黄金時代の顔

戦後の落語黄金時代は昭和26年に始まる。この年に、ラジオに初めて民放（東京ではラジオ東京・後のＴＢＳ）が誕生し、番組の目玉として落語の放送を始めた。これにより落語家たちの収入は格段に上向き、それまで貧乏を看板にしていた古今亭志ん生など各局で専属契約をめぐっての引き抜き合戦が行われるほどの売れっ子になった。また、昭和28年には初のホール落語「三越落語会」が発足、寄席ではなかなか出来ない人情ばなしなどをじっくり聞かせることが可能になり、そういうネタを得意とする三遊亭円生の評価が一躍高まった。

この写真集には昭和29年から30年にかけて、つまり黄金時代初期に人気を博した落語家たちの高座姿が収められている。それらの写真にコメントをつけるのは当時前座として彼らに接し、また袖でその芸を聞いていた立川談志。

戦後文化史を語る貴重な資料、というだけの本ではない。テレビ時代にわれわれが見慣れた顔よりも少しだけ若い（先代正蔵の精悍〈せいかん〉なこと、先代小さんの元気一杯なこと！）その顔には強烈なノスタルジーの香りがあり、彼らを語る談志も、その香りに準拠することを躊躇（ちゅうちょ）していない。自分が知る以前の各落語家の経歴なども、調べればわかるものを、あえて自分の記憶の範疇（はんちゅう）のみで語っている。調べて書いたものはノスタルジーの域を逸脱するというのだろう。

落語を語る場合、その姿勢は正しい。近代の落語の型を作ったのは明治の三遊亭円朝だが、その創作の基礎には失われた江戸の情景への郷愁があった。近代落語は、その成立のファクターに、すでにノスタルジーが含まれているのである。この本に載っている九代目文治（翁家さん馬）や七代目円蔵は、私も寄席でよく聞いた人たちだが〝昔はよかった〟という話ばかりしていたものだ。

今の落語家たちは、語ろうにも、語る〝良き昔〟を知らない。落語の歴史の中で初めて〝現代〟を語るしかない今の落語家の写真集が作られたなら、そこに載る顔にはどんな香りがあるのだろうか。

評・唐沢俊一（作家）

たてかわ・だんし　36年生まれ。落語家。
たじま・きんのすけ　25年生まれ。写真家。

二〇〇七年一〇月二八日❹『プラスチック・ワード　歴史を喪失したことばの蔓延』

U・ペルクゼン 著　糟谷啓介 訳

藤原書店・二九四〇円
ISBN9784894345942

人文

交換可能な抽象語の不気味な蔓延

小泉内閣が表看板に掲げた「構造改革」は、もともと左翼用語だった。かつてイタリア共産党が唱えた革新的社会政策の理論だったのである。それが百八十度ひっくり返って自民党政権の標語に採り入れられたわけだ。学生運動経験者の官僚が思い付いたアイデアだったかもしれない。

現代社会を支配しているのは、このように左右いずれの政治勢力でも便利に使いこなせるマスターキーのような言葉である。著者はこれを「プラスチック・ワード」と名づけ、「システム」「トレンド」「プロジェクト」などたかだか三、四十語ぐらいの単語が言語ピラミッドの頂点に立ち、現今の世界を動かしていると警告を発する。「構造」もその一つである。

それはたんなる決まり文句ではなく、スローガンでもなく、特定の意図のもとに「たがいに交換可能な規格部品」として使用される用語キットである。著者はこれを言語の「モジュール的用法」と命名すべき「新しいタイプの語」と規定して分析を加える。遠からぬ将来、歴史から切り離された抽象語で作られる文の組み合わせが人間を操作するようになるのではないか。

プラスチック・ワードを並べさえすれば、《Aは特別な開発課題を持つ場所としてBのさらなる造成地に指定されている。住民の新たなニーズに応じてCのコンセプトを作るプロセスが急がれる》といった具合に万能の企画書ができる。Aに地域名、Bに用途目的、Cに誘導目標を代入すればいっちょ上がり。どこへ持って行っても通用する。

ドイツ人の著者は右のプロセスを英語のグローバル支配と結び付け、ドイツ語の危機としても警鐘を鳴らす。日本に押し寄せる《国際化》の意味も考えさせられる。

欧米語の「発展」が自動詞化したという話が参考になった。「出来事が自然現象であるかのように」意識された結果、旧植民地が「発展途上国」と改称されたそうだ。日本語でも「地域の発展」と謳（うた）うと土地が勝手に伸び広がるみたいな印象になる。なぜだか開発業者は、デベロッパーと片仮名で呼ばれる。

（原題、Plastic words）

評・野口武彦（文芸評論家）

Uwe Pörksen　35年生まれ。作家、元・独フライブルク大教授。

二〇〇七年一〇月二八日❺『川柳のなかの中国　日露戦争からアジア・太平洋戦争まで』

中村義 著

岩波書店・三七八〇円
ISBN9784000236690

歴史／文芸／国際

庶民の目線を通して探る中国認識

「支那といふ大きな謎に行き当たり」。これは時事川柳をリードしてきた井上剣花坊が、1927年に詠んだ一句である。中国が見知らぬ他者として立ち上がってきたことに、ハッと気づいた一瞬を表している。

本書は、日露戦争から第2次世界大戦直後までの日本人の中国認識を、約1千句に及ぶ川柳を通してたどろうとしたものだ。川柳には庶民の目線を追求しようとする姿勢があるが、その庶民の中には中国人への蔑視（べっし）も存在した。しかし剣花坊が始めた時事川柳には、その蔑視を乗り越える要素があったといえよう。「支那人のおろかな顔が恐ろしい」。これは剣花坊主宰の川柳誌に載った、満州在住の草明の28年の句である。一見愚かなようで、自立性や反抗性を持った顔をしているのである。

ただ近代川柳の主流は、時事川柳とは異なる生活派的川柳であった。しかし満州事変以降その庶民の生活も次第に変化し、34年から生活派的川柳でも満州の題材が急増するという。「満洲（まんしゅう）へ行く気課長と気が合はず」。ここには満州が職場の不満のはけ口になっていることを、冷やかす気分がある。だが日中戦争が始まると、出征兵士の「子の便り蒋介石を切れとあり」というふうに、だんだん川柳も前線の勇ましさに巻き込まれていくのである。

他方で満州の地に住みついて、高粱（コーリャン）や苦力（クーリー）など満州の異国の風物を詠み込んだ川柳人もいた。華北交通社にいた石原青龍刀もその一人である。彼の41年の句。「徳はなし況（いわん）や言語不通をや」。青龍刀は中国人に威張り散らす現地の日本人たちを、苦々しく見つめていた人だった。

川柳の魅力は、自己の日常の生活感覚を突き放して見た面白さにある。だが戦時中には、面白みのない川柳が増え続けていった。

そして敗戦。その時の青龍刀の一句。「半苦力元皇軍をアゴで指揮」。中国人との支配関係の逆転を軽々と描く精神は、川柳のしたたかな伝統を感じさせるものである。日本人の中国認識の幅や広がりを示した一書といえよう。

評・赤澤史朗（立命館大学教授）

なかむら・ただし 29年生まれ。東京学芸大名誉教授（近代中国史）。

『エレクトリックな科学革命』

D・ボダニス 著 吉田三知世 訳

早川書房・二一〇〇円
ISBN9784152088499

発明・発見の裏にはこんなドラマが

科学と技術はちがうという意見は根強くある。だいいち、科学（この場合は特に基礎科学）は必ずしも実用を目指さないが、技術は役に立ってなんぼの世界じゃないかというのだ。しかし、それ以上の大きなちがいは、技術は理屈や原理がわからなくても役立つことなのではないか。それに対して科学の目的は、あくまでも原理の解明である。本書を読んでそう思った。

たとえば、アメリカのジョセフ・ヘンリーは、電気を流したり切ったりすることで、電線の先につながれた電磁石をカチカチさせて信号を送る電信技術を世界で初めて発明した。モールス信号のモールスは知っているけど、ヘンリーなんて知らないなどと言うなかれ。ヘンリーは独学で研究を続け、プリンストン大学教授になったアメリカの偉人なのだ。モールスは、ヘンリーの発明を横取りしたにすぎない。そのヘンリーだが、電気はどうやって電線を伝わるのかという電信の原理は解明できなかった。それでも画期的な技術を開発できたのだ。

ろう学校の教師だったベルが電話を発明できたのは、聴覚障害者だった恋人への一途な愛のおかげだった。そしてこの場合も、電信の原理が不明なことは、二人の愛の障害にも、発明の障害にもならなかった。

それとは逆に、原理はわかっているのに、必要な技術がなかったせいで実現できなかった技術もある。たとえば、悲運の天才数学者チューリングが考えたコンピューターの原理がそうだ。アメリカで開発中だったトランジスタの存在を知っていれば、あるいは保守的なイギリスではなくアメリカに居場所を見つけていれば、チューリングが毒リンゴをかじることもなく、コンピューターの開発は早まっていたかもしれない。彼は、同性愛の罪で逮捕され、ホルモン治療を強いられたことを苦にして自殺してしまった。

そのほか本書ではレーダー開発秘話や人の気分まで左右する神経伝達物質発見物語など、電気をめぐる科学技術者の悲喜こもごものドラマが練達の筆致で紹介されている。

（原題、ELECTRIC UNIVERSE: How Electricity Switched On the Modern World）

評・渡辺政隆（サイエンスライター）

David Bodanis オックスフォード大で長年科学史を教える。

二〇〇七年一〇月二八日❼ 『この6つのおかげでヒトは進化した』

科学・生物

チップ・ウォルター 著　梶山あゆみ 訳
早川書房・二一〇〇円
ISBN9784152088505

腰痛や肩こりに悩まされると、直立二足歩行というのは、本当にそれほど良いものなのだろうかと思ってしまうことがある。本書はそんな思いを払拭（ふっしょく）してくれる。直立二足歩行こそが、ヒトをヒトたらしめているのだ。私たちの遠い祖先は、気候変動を生き延びるために直立二足歩行を始めた。それを可能にしたのが、他の動物にはない太くて強い足の親指だった。おかげで類人猿よりずっと効率よく、長距離を歩けるようになり、ジャングルのサバンナ化という環境の変化を乗り切ることができた。

私たちが音声言語を操るようになったのも直立して咽頭（いんとう）が下がったからだ。人類の高度な文明はすべて太い足の親指とそれに派生して進化した六つの特徴ゆえに可能になったという。もちろん進化の研究には限界がある。ホモ・サピエンス以前の絶滅してしまったヒト科生物の生活や能力については、化石から推量する以外ない。

だが、科学ジャーナリストである著者の、さまざまな研究者の結論に基づいた推論には説得力がある。進化は偶然の積み重ねであるとはいえ、生き延びようとする意志が、その偶然を必然に変える。ヒトの脳の標本を眺める時のような、不思議な感覚を抱かせる本だ。

評・常田景子（翻訳家）

二〇〇七年一〇月二八日❽ 『野の鳥は野に　評伝・中西悟堂』

ノンフィクション・評伝

小林照幸 著
新潮選書・一一五五円
ISBN9784106035890

人に歴史、いや言葉にも歴史あり。「野鳥」という言葉が、この国に広まり、定着してほんの70年余りだというのには、少し虚をつかれた。鳥を入り口に、今でいうエコロジストとなった中西（1895〜1984）。彼がその「言葉」に込めた思いが胸に響くのは今こそ、という気もする。

仏教や東洋思想を学んだ中西は、自然と一体化する修行の中で、強く鳥に惹（ひ）かれた。野の鳥を守ることは、自然の山河を守り、ひいては人間と文明を守る。そう考え、34年、「日本野鳥の会」を創立、会誌「野鳥」を発刊した。愛鳥とは籠（かご）で飼い、愛（め）でること。そんな時代の常識の逆転が、「野鳥」の原点だった。

生涯かけて育てた「日本野鳥の会」は、一時揶揄（やゆ）されたように「紅白歌合戦」の得点集計係ではない。早くから野鳥と自然環境の保護運動の先頭に立ち、各地で保護を実現する。その活動の根が、中西の東洋的な思想にあったことは、改めて考える価値がある。

中西の提唱の一つに都心のビル屋上に鳥が訪れる樹林を設けるというものがあり、成功例もリポートされている。今、都心に林立する超高層ビルの屋上に樹林を育てたら、果たして野鳥は、来るだろうか。

評・四ノ原恒憲（編集委員）

二〇〇七年一〇月二八日❾ 『古本蘊蓄（うんちく）』

文芸

八木福次郎 著
平凡社・二六二五円
ISBN9784582833737

著者は東京・神田神保町の古書店街の主である。七十余年この街の変遷を見守り続け、九十歳を超えた今も古書情報を発信し続けている。

情報化が急速に進み、とりわけインターネット取引の活発化によって古書店街そのものが激動の時代を迎えている。そうした時代の中で稀本（きほん）・珍本・高価本などさまざまな書物への人の好みや価格の推移などをエッセーとしてまとめたのが本書である。

芭蕉の自筆本『奥の細道』が発見された時のこと、新聞社や週刊誌から、価格をつけるとしたらいくらぐらいか、といった問い合わせがあった。その時著者は「値段のつけようがない。第一現物を見ていないし、見たとしても恐らく値付けなど簡単にできないだろう」としか答えようがなかったという。

また、執念をもっていれば大抵の本はかならず見つかると、我慢強く古書即売展に通い続ける古書マニアの情熱の話など興味深い話題がふんだんに出てくる。読んでいるうちに古書の世界に引き込まれ、その広さと深さがわかってくる。エッセーの末尾に執筆当時の古書の価格が記されているのも、価格の推移を知る手がかりとなる。論評を避け、情報に徹している点でも貴重な一冊である。

評・前川佐重郎（歌人）

二〇〇七年一〇月二八日⑩　人文

『もしもソクラテスに口説かれたら』

土屋賢二 著
岩波書店・一三六五円
ISBN9784000281515

「僕は君の顔も性格も好きじゃないけど、君自身を愛してる」というのは、はたして口説き文句になるだろうか。顔や学歴じゃないとはよく言うが、性格までもどうでもいいというのは珍しい。本書は、この奇妙な文句で表されるソクラテスの口説きに照準しつつ、心身問題や人格の同一性などの哲学的主題を掘り下げている。

著者によるとソクラテスの口説き術は次のようなものだ。「人間（使うもの）と道具（使われるもの）は別のものである」「人間は身体を使うから人間と身体は別ものである」「身体を使うのは魂でもある」「人間も魂も身体を使うものだから、両者は同じものである」「ゆえに人を本当に愛する人は身体ではなく魂を愛するはずだ」「ところで他の人は君の身体を愛しているが、私だけが君の魂を愛している」「だから君自身を愛しているのは私だけだ」。何だかだまされた感じがするが、いざ反論しようとするとなかなか難しい。

この論証をめぐり、土屋先生とゼミ生たちが徹底的に議論を交わす。専門知識は必要ない。読者は著者のユーモアを交えた言葉に導かれ、おのずと刺激あふれる哲学の迷宮へと足を踏み入れることになるだろう。

評・北田暁大（東京大学准教授）

二〇〇七年一一月四日①　人文

『マルクスの亡霊たち』

ジャック・デリダ 著　増田一夫 訳
藤原書店・五〇四〇円
ISBN9784894345898

ゴシック・ロマンスに似た感動

マルクス＝エンゲルス共著の『共産党宣言』（1848年）冒頭は、誰もが知っている――「亡霊がヨーロッパに取り憑（つ）いている――共産主義の亡霊が」。

そしてシェークスピアの『ハムレット』（1600年頃）冒頭が「誰だ？」の一言で始まり、第一幕第五場にて元国王である亡父と対面したデンマーク王子が「時代の蝶番（ちょうつがい）が外れてしまったのだ」と呟（つぶや）き、第三幕第一場の名独白冒頭へ続くことも、誰もが知っている――「生きるべきか死ぬべきか、それが問題だ」。

フランス系ポスト構造主義思想家デリダの後期代表作は、250年ほども隔たるこれらふたつのテキストを一気に接ぎ木してみせるという、驚くべき離れ業で幕を開ける。しかも、西欧形而上学（けいじじょうがく）の歴史においては、比喩（ひゆ）として以外まともに取り上げられることのなかった「亡霊」が中心テーマなのだ。なぜか？

本書のもとになったのは、カリフォルニア大学リヴァーサイド校にて1993年4月に行われた会議の講演草稿であり、同年中に公刊された。当時といえば、1991年に米ソ冷戦が終結し、アメリカを中心とした自由主義が覇権を握り、先代ブッシュ大統領が新世界秩序の構想のもとに湾岸戦争を行った時代。1992年11月に選出されたクリントン大統領に政権交代してもなお、グローバリゼーションの名の下に世界のアメリカ化が続き、マルクスと共産主義は、まったくの過去の遺物として葬られようとしていた時代であった。

折も折、ヘーゲル学者コジェーヴの学統を継ぐフランシス・フクヤマが、冷戦解消直後、1992年に『歴史の終わり』を刊行して、ベストセラーとなる。もともとコジェーヴは、戦後アメリカにおけるマルクス主義的「共産主義」の最終段階は人間を動物性にまでおとしめると断言したが、1959年の日本旅行をはさんで軌道修正し、そうした歴史の終わりにはさらに風流な、よりスノッブな極致があるのであり、それこそは日本的な「ポスト歴史性」だと考え直す。

デリダはそうしたコジェーヴの解釈をシニシズムに彩られた楽観主義と一蹴（いっしゅう）、その理論を発展させたフクヤマもまた、人類の一貫した方向性のある歴史がテロリズムやホロコーストを経由しても「結局はリベラルな民主主義へ導く」と断定した点において軽率で、情状酌量の余地が少ないと批判する。というのも、民主主義とはとうに実現している制度であるどころか、たえず事実と理念とのあいだで失敗し隔たりをもち、「その間隙（かんげき）のなかでしか現れることのできない約束の理念」すなわち「来るべき民主主義」であるからこそ有意義なのだから。存在するか存在しないかのどちらかではなく、存在か非在かを決定するぎりぎり手前のところで踏みとどまる思考の水準において、「亡霊」が特権化されている。マルクスの『資本論』第1巻（1867年）冒頭は商品の使用価値のみならず神秘的性質を洞察したが、そこに斬新なる亡霊の理論を適用することで最大の批評的クライマックスを迎える本書は、あたかも上質のゴシック・ロマンスにも似た感動を与えるだろう。

（原題、Spectres de Marx）

評・巽孝之（慶應大学教授）

Jacques Derrida 1930〜2004年。仏の哲学者。邦訳書に『エクリチュールと差異』『声と現象』など多数。

二〇〇七年一一月四日❷ 文芸

『犬身』

松浦理英子 著

朝日新聞社・二一〇〇円
ISBN9784022503350／9784022645647（朝日文庫〈上〉）・9784022645654（〈下〉）

大の犬好きが犬になってみたら…

寡作で知られる松浦理英子の待望の新作である。『裏ヴァージョン』から7年、『親指Pの修業時代』から数えれば14年。もー長かったよ。だけど待っててよかったよ。

こんなとき、犬だったらどうするだろうか。クウンと鼻を鳴らす？　尻尾（しっぽ）をぱたぱた振る？　本を舐（な）めたり甘噛（が）みするだろうか。『犬身』は、もしも自分が犬だったらと妄想させる小説なのだ。

狗児（くじ）市で『犬の眼』というタウン誌の編集に携わっていた房恵は「種同一性障害」を自認するほどの犬好き。犬になりたい——その願望が現実となる日が来て、房恵は人間としての生活をたたみ、本当にふさふさとした毛の仔犬（こいぬ）になってしまった。しかもオス犬。名前はフサ。愛犬を亡くした女性陶芸家にひきとられ飼い犬らしく去勢手術をほどこされ、なでられたりじゃれついたり、至福の生活がいつまでも続く、はずだった。

が、家政婦ならぬ飼い犬は見た！　飼い主の女性一家の尋常ならざる家族の関係を、そしてあってはならぬ光景を見てしまったのである。ワンワンワンワンワンワン。

『吾輩（わがはい）は猫である』以来、猫や犬を語り手にした小説は手をかえ品をかえ書かれてきた。だが『犬身』は、擬人化された犬ではなく、擬犬化された人の物語だといえるだろう。そこでの「犬」は人間社会の観察者という仕掛け以上の意味をもつ。身体は仔犬のフサ、頭脳は人間の房恵。であればこそ生じる、独特のおかしみともどかしさ。

〈梓がフサの毛をまさぐれば、完全に受け身になって梓の愛撫（あいぶ）に浸りたくて、腹を上に向けてひっくり返り「もっと」と促す〉。性愛を超えたそんな犬と人との接触に対置されるのは、ときに支配／被支配に転じ、暴力にさえ転化する（鬼畜みたいな？）人の男女の性的な営みだ。

房恵を犬に変えたニヒルな狼（おおかみ）人間・朱尾（あけお）がめちゃめちゃクール。彼とフサの間でかわされる批評的な会話が小説全体をひきしめる。『八犬伝』『ホテル・ニューハンプシャー』『実録鬼嫁日記』!?　多彩な意匠を織り込んだビタースイートな変身譚（たん）である。

評・斎藤美奈子（文芸評論家）

まつうら・りえこ 78年に文学界新人賞。94年『親指Pの修業時代』で女流文学賞。

『日本売春史　遊行女婦からソープランドまで』

小谷野敦 著

新潮選書・一二五五円
ISBN9784106035906

歴史

現代の売春を見つめ「聖なる」説を論難

読んで驚く本というものがままあるものだが、この本もその類（たぐ）いの一冊であった。まず、内容が想像とはかなり違う。書名こそ売春史だが、読んでみると、『日本売春論史』とでも言った方が近い。いや、それよりも『日本売春論争史』の方がピッタリするか。これを読むと、学界の定説というものがいかに時代やそのときの状況により変転していくものかがわかって一般読者は仰天するに違いない。

さらに、著者の攻撃的な筆致にも一驚を禁じ得ない。売春史においては遊女の起源を天皇直属の職能人と見る故・網野善彦氏や、巫女（みこ）など宗教系のものを祖としているという佐伯順子氏の学説などがあり、どちらも遊女の起源を聖なるものとしているが、著者はそれらを文学的幻想として、激語で論難している。一方で、女性が自分の性を売る自由を認めようという在野の風俗研究家・松沢呉一氏の論も一刀両断である。論争史どころか、この本自体がそういう論戦の火ダネではないかと思える。不謹慎を素人の特権として言わせてもらえば、こういう高名な研究者たち同士のやりあいにはプロレス的な興奮を覚えてしまうのである。

なにも、こんなひねくれた読み方を人にすすめるわけでは決してない。しかし、良くも悪くも著者の個性派学者としての特質はこういうところに表れていて、攻撃的になったあたりの文章はメリハリの利いた名調子であり、読んでいて痛快である。正確さだけがとりえの無味乾燥な文章を書く学者も少なくない中で、貴重な存在だ。また、著者は単に人の誤謬（ごびゅう）を指摘するばかりでなく、話題になった自書『江戸幻想批判』の、遊女の平均寿命の件に関しては素直に誤りを認めて撤回するという、学者としてのフェアさもきちんと見せている。

そして、歴史学に興味のある若い人たちは、その論争の経緯から、歴史の事実というものは一つだけではなく、見方によりいく通りもの解釈が出来るということが学べるだろう。著者の主張を鵜呑（うの）みにせず、一定の距離さえ置いて読めば、学問の醍醐味（だいごみ）である〝驚き〟を存分に楽しめる。

評・唐沢俊一（作家）

こやの・あつし 62年生まれ。作家、評論家。『もてない男』『聖母のいない国』など。

『有頂天家族』

森見登美彦 著

幻冬舎・一五七五円
ISBN9784344013841／9784344415263（幻冬舎文庫）

文芸

洛中にあやしいキャラがぞろぞろと

桓武天皇の御代、万葉の地をあとにして入来たる人々の造りあげたのが京都である――と、これはあくまで人間の見た歴史だ。狸（たぬき）に言わせれば、平家物語に出てきた武士、貴族、僧侶のうち、三分の一は狸だし、天狗（てんぐ）に言わせれば、王城の地を覆う天界は、古来、彼らの縄張りであった……?!

人を食った出だしの小説である。京都にはいまも、人間と狸と天狗が「三つ巴（どもえ）」で暮らしているというのだ。

本書は、あのジェントルでいけずで奇っ怪な「京風ホラ話」にして、時代を超えたラブコメディーの傑作『夜は短し歩けよ乙女』で人気沸騰中の著者による新作長編だ。今度もまた、氏がテリトリーとする京都の街を舞台に、作者十八番の「偽電気ブラン」や「腐れ大学生」が登場し、あやしいキャラクターがぞろぞろ。なにしろ語り手は、存命中は洛中に名をとどろかせた大狸の「阿呆（あほう）な」三男坊。準主役に、その敵対家と天狗先生たち、マドンナに、天狗顔負けの術を習得した

「半人半天狗」の美女という具合だ。

狸鍋となって死んだ父、宝塚歌劇団狂いの母、四人揃(そろ)ってさえない息子たちの家族愛あり、報われぬ老いらくの恋あり、化かし合いあり。森見風ボキャブラリーを駆使した古風で斬新な文体には、くすぐる小ネタも満載で、どんどん読ませる。

『夜は短し……』では現実世界と魔界のあわいが絶妙に書かれていたが、本作は実在の街(と思われるもの)を舞台にしながら完全に異世界ファンタジーである。人間界を舞台にしながら人間との相違・対比があまりない。そこがわたしにはちょっと勿体(もったい)ない気がした。狸、天狗にしか持ちえぬ視点や世界観、言ってみれば「異類のもたらすセンス・オブ・ワンダー」をもっと体験したかった。作者の前作群においてたとえ人間同士の間にも「異類への驚異」が充(み)ちみちていたように。それにしても、独自のみやびな文体作りの武器であったある種の「含羞(がんしゅう)」から、森見氏はいい意味で解放されつつあるのではないでしょうか。さらなるブレークの予感がする。

評・鴻巣友季子(翻訳家)

もりみ・とみひこ 79年生まれ。03年デビュー。『夜は短し……』で山本周五郎賞。

二〇〇七年一一月四日⑤

『さまよえる工藝　柳宗悦と近代』

土田眞紀 著

草風館・五〇四〇円

ISBN9784883231737　歴史/アート・ファッション・芸能

固有の美と存在理由を求めた歴史

近代日本の工芸史である本書のタイトルは、近代日本の美術の世界で曖昧(あいまい)な地位に置かれていた工芸の担い手たちが、自己の固有の美と存在理由を求めてさまよってきた歴史を、一言で示したものだ。近代日本において織物や陶磁器、漆器などの工芸品は、古めかしい前近代的な産物と理解されていた。それらは個性的な創作とは対極の、型どおりの職人仕事として低く見られていたのである。

本書はこの中で近代の工芸作家たちが、どのように試行錯誤しつつ古い殻から抜け出そうとしたのかを跡づけている。そしてその近代工芸の立場を表現した一つが、思想家の柳宗悦(やなぎむねよし)の民芸の思想だったと位置づけるのである。

民芸が近代工芸の思想だとは、不思議な印象を与えられるだろう。なぜなら民芸品は、地方の無名の工人によって作られた、昔ながらの庶民の実用品だとされたからである。でも、柳の日本民藝(みんげい)館に所蔵された数々のコレクションは、伝統的な価値観から自由な、柳の個人的な「眼(め)」で選ばれた美しい工芸品であった。素朴な美しさを打ち出した民芸の立場は、しばしばアマチュアのもつ新しさを尊重する近代工芸の世界に、一致するものであった。

ただし著者は、作られた工芸品とそれを作る人の思惑との間に、さまざまなズレがあったことを重視している。古い職人世界の否定が、直ちに近代的なデザインの作品を生み出したわけではない。その種のズレは、柳の民芸の思想と彼が蒐集(しゅうしゅう)した民芸品との間にもあった。柳は朝鮮の陶磁器の美を「悲哀の美」と説明したが、彼の朝鮮関係のコレクションはそれに限らぬ多様な美しさに満ちていた。

美術館では近年、見捨てられていた近代日本の工芸品に光をあてる試みをしてきた。学芸員だった著者もその担い手の一人である。本書はこの流れに立って、作られたもの自体が訴えかける美の主張を拾いあげて、そこから近代日本の工芸やその思想の意味を考えようとしている。ものとの対話から生まれた近代日本の工芸史である点に、その新鮮さがあるといえよう。

評・赤澤史朗(立命館大学教授)

つちだ・まき 帝塚山大人文科学部非常勤講師。共著に『近代日本デザイン史』。

二〇〇七年一一月四日❻

『捨てられるホワイトカラー』

バーバラ・エーレンライク 著　曽田和子 訳

東洋経済新報社・一八九〇円
ISBN9784492260852

経済／社会

失業者に扮して職探しに挑戦

貧困と無縁だったホワイトカラーの専門職や管理職が、アメリカでは生活不安に晒（さら）されている。より良い職を求めて自発的に失業することはあっても、会社から「捨てられる」ことはないと信じてきた「中流の立派な」人たちが、いまや「突然に解雇や休業を言い渡されるのではないかと心配してい」るのだ。

コラムニストの著者は、アメリカでミリオンセラーになり昨年邦訳された『ニッケル・アンド・ダイムド』を書くために、ワーキング・プアを体験したが、本書ではホワイトカラーの失業者に扮して職探しに挑戦する。小銭で食いつなぐ生活と比べれば、「負担が少ないものになるだろうと」高を括（くく）っていた著者は、「やがて、そのすべてが間違っていたことを思い知らされる」。捨てられたホワイトカラーが希望通りの職に就くのは「ラクダが針の穴を通る」よりもむずかしいからだ。実際、何百もの会社に履歴書を送り、1回数百ドルも支払って職探しの指南を受け、エレベータースピーチ（自己ＰＲ）の練習に励んでも、まともな会社から「面接をしたい」と返事がくる確率はゼロに近い。

1年近くに及んだ著者の職探しの成果も、わずか2カ所から採用の申し出を受けたにすぎない。それも会社から保険や化粧品の販売委託を受け、売り上げに応じて手数料が入るだけで、健康保険の「特典」もなく「多くの人々が、破産したり……貧困ラインすれすれの収入を稼ぐためにあくせく働いている」ような仕事である。

捨てられたホワイトカラーの多くは失業保険を打ち切られても、貯金が底をつくまで職を探し続け、最後は「社会の階層を下降」していくという。アメリカでは……が、日本でも……になる前に、「報われる保証はない」会社に忠誠を誓うよりも、「経営者の独断や横暴から身を守るために」日本のホワイトカラーは団結すべきではないか。一生懸命働けば安心と安定が得られると喧伝（けんでん）する会社の「おとり商法」（本書の原題）に、いつまでも騙（だま）されていてはならないのである。

（原題、BAIT AND SWITCH）

評・高橋伸彰（立命館大学教授）

Barbara Ehrenreich　41年生まれ。米のコラムニスト。

二〇〇七年一一月四日❼

『廓の与右衛門　控え帳』

中嶋隆 著

小学館・一四七〇円
ISBN9784093861946／9784094088823（小学館文庫）

文芸

中嶋隆のデビュー作は、京の島原と江戸の吉原を舞台に、廓（くるわ）のトラブルをひそかに処理する〝闇の仕事人〟となった大木歳三の活躍を連作形式で描いていく。

時は元禄、犬公方こと綱吉の時代。歳三は仇討（あだう）ちを利用して完全犯罪をもくろむ犯人を追い詰めたり、遊女とその夫のもめごとを裁定したりと、何かと忙しい。

近世文学の専門家だけに、時代考証は細やか。同じ遊廓でも吉原とは異なる島原の風俗が鮮やかに再現されている。ただ専門用語をあまり説明せず流しているところも多いので、最低限の知識がある時代小説マニアはニヤリとできるが、初心者には敷居が高いかも。

といっても、柳生道場四天王と呼ばれた歳三が繰り広げるチャンバラはもちろん、謎解きの要素も加わっているので最後まで飽きさせない。また遊廓で起こる事件ばかりなのでエロチックな要素も満載。娯楽時代小説のあらゆる要素をバランスよく詰め込む手腕は、（月並みな表現ながら）新人離れしており、今後も期待できる。

歳三は底辺で暮らす人々を守ろうとするが、対する武士は権力闘争に明け暮れるばかり。庶民を無視する為政者が多いのがいつの時代も変わらないと思うと、暗い気持ちになってしまう。

評・末國善己（文芸評論家）

二〇〇七年一一月四日⑧　政治／国際

『大量破壊兵器　廃絶のための60の提言』

大量破壊兵器委員会 編
西原正 監修　川崎哲ほか 訳
岩波書店・一六八〇円
ISBN9784000237789

英、仏、スペイン、ロシア、アラビア、中国語に続いて、やっと日本語で出版された。大量破壊兵器（核、生物、化学兵器）の廃絶をめざして、世界の専門家たちがまとめた60の提言がわかりやすく解説されている。専門家委員会の代表は、イラクへの国連査察委員長をつとめたスウェーデンのハンス・ブリクス氏だ。日本からは西原正・前防衛大学校長が加わった。

生物・化学兵器ではすでに禁止条約が発効している。そこで提言では、完全な履行と加盟国の拡大を進めることが重要との見方を示す。生物兵器に関しては、「生命科学を敵対的な目的で使おうといういかなる試み」も禁止条約違反であることを再認識すべきだと強調する。

核兵器も、生物・化学兵器と同様に非合法化すべきであるとも強調する。一見非現実的に見えるが、今日の核世界の矛盾に鋭く切り込む、勇気に満ちた提言だ。核不拡散条約（NPT）は、①米英仏ロ中の5カ国に核保有を当面認めたうえで、それ以上の拡散を防ぐ②5カ国は核軍縮を誠実に交渉する、という枠組みだ。だが現状のままでは、そんな予定調和は幻に終わりかねない。紙背から専門家たちの危機意識がまっすぐ、突き刺さってくる。

評・吉田文彦（本社論説委員）

二〇〇七年一一月四日⑨　科学・生物／社会

『仮説の検証　科学ジャーナリストの仕事』

小出五郎 著
講談社・一六八〇円
ISBN9784062142625

メディアが、専門知識のない一般の人にも解（わか）るように「科学」を説明しようとするとき、より慎重な姿勢が要求される。安易な解釈や演出に逃げ込めば、メディアと科学の不幸な関係を招いてしまう。私がそのことを肌で感じたのは、この1月にデータ捏造（ねつぞう）が発覚した「発掘！あるある大事典Ⅱ」問題の外部調査委員を引き受けた時である。

著者も指摘するように、この事件は「科学番組」全体の信頼を揺るがせることとなった。「納豆がダイエットに役立つ」という仮説は成り立つだろうが、真面目（まじめ）に取材・検証すれば、誤りにすぐ気づくはずだ。ジャーナリストは科学とどう向き合うか。その作法を体験的に綴（つづ）ったのが本書である。

特に著者が責任者として84年に放送した「核戦争後の地球」の制作過程と、その「反響」と向き合った様子を記録した本書の後半は圧巻である。放送後、こういう番組を作るためなら受信料を払うと書いた放送ジャーナリストがいる一方、一部のメディアや研究者からは、「欺瞞（ぎまん）」「偏向」の番組として、非難・圧力が加えられる。

著者たちの攻防には、放送が何を伝え、何を守るべきなのかを改めて考えさせられる。

評・音好宏（上智大学教授）

二〇〇七年一一月四日⑩　IT・コンピューター／新書

『ウェブ炎上　ネット群集の暴走と可能性』

荻上チキ 著
ちくま新書・七三五円
ISBN9784480063915

インターネットの企業や官庁、個人のホームページあるいはブログ（日記形式のサイト）に非難が集中し、ときには閉鎖にまで追い込まれる。ネットの世界では「炎上」と称されるこの現象は、なぜ起きるのか。そもそもネット閲覧はひとりでするものなのに、なぜある時点から集団暴走が起きてしまうのか。

本書では、「炎上」のメカニズムが丹念に解き明かされていく。その原因のひとつ、「サイバーカスケード」とは、最初は個人の考えや発言であったものが、結果的に集団として極端なパターンに流れてさらなる集団行動を引き起こす、というネット特有の現象を指す。しかし、極端化はいつもネガティブとは限らず、「遺失物を探せ」などポジティブな行動につながることもある。

次々と紹介される「炎上」の実例を見ながら、そこに可能性を感じるか恐怖を感じるかは、その人次第。著者のスタンスは中立的で、まず「実態を把握することが必要」と言っている。ただ、「炎上」の被害を受けた経験のある人にとっては興味津々のテーマだろうが、ネットを利用しない人にとっては、これ全体が「存在しない世界の話」かも。その乖離（かいり）が、最大の問題なのではないだろうか。

評・香山リカ（精神科医）

『アレクサンドルⅡ世暗殺　上・下』

E・ラジンスキー 著　望月哲男、久野康彦 訳

NHK出版・各二四一五円
ISBN9784140812327〈上〉・9784140812334〈下〉

歴史／ノンフィクション・評伝

解放者皇帝はなぜテロを招いたか

本作の著者ラジンスキーは、先にラスプーチンの評伝を書いて専門の歴史学者から批判を受けた時、「私は歴史家と名乗ったことは一度もありません。私は歴史について書く小説家なんです」と答えたそうだ。

一八八一年三月一日の午後二時十五分頃、ペテルブルグの運河沿いの道路を走ってきたロシア皇帝の馬車に爆弾が投じられた。狙いは外れて馬車は無事だった。しかし不可解なことには皇帝は馬車を降りて岸辺の道路を歩き出し、そこに二発目の爆弾が投げられて今度は皇帝の足を粉砕した。

この破局的なクライマックスから書き始められるアレクサンドル二世伝は、『皇帝ニコライ処刑』『赤いツァーリ』『真説ラスプーチン』に続く《ロシアの悲劇四部作》の完結編にあたるという。前三篇（ぺん）はどれも膨大な史料や関係者の証言を盛り込んで読者を飽かせなかったが、本作も期待を裏切らない。豊富な情報量で圧倒するばかりでなく、正史の足枷（あしかせ）にとらわれない奔放な想像力を武器に使い、歴史の暗い秘密にかぶせられたカーテンを大胆にめくって見せる。

後進国ロシアをヨーロッパの列に加えようと一八六一年に農奴解放を実施し、「解放者皇帝」と呼ばれたアレクサンドル二世が、なぜ全ロシア社会の反感を買ったのか。ロシアの自由化の成果が、ヨーロッパがかつて知らなかった強力なテロ集団の発生だったのはなぜか。著者はこれら一連の《謎》に導かれて書き進む。過去に向かって発されるこの問いかけは、著者自身が比定するように、ゴルバチョフの自由化がなぜクーデターで倒されたかという現代ロシアの問題と反響し合っている。驚くなかれ、「言論の自由（グラスノスチ）」「雪解け」の二語は、アレクサンドル二世の時代に初使用されたキーワードだったのである。

著者が解きほぐすのは、皇帝爆殺に至るシナリオを織りなす複数の糸である。不徹底な改革は、宮廷保守派の不満と「人民の中へ（ヴ・ナロード）」を叫ぶ革命思想の両勢力を同時に増殖した。政治的陰謀はロマノフ家の遺伝的な情欲で彩られ、高邁（こうまい）な理想主義が、その徹底性の故に容赦のないテロリズムに反転する。著者もさすがに断言は保留しているが、アレクサンドル二世を皇位から除くという一点では反動派と「人民の意志」派の利害関係が合致したと見られなくもない。計画が何度未遂に終わっても、最後の暗殺者は逮捕の網を逃れた。

狂言回しとして登場するドストエフスキーの死をめぐる推理が刺激的だ。この作家が『カラマーゾフの兄弟』の続編を予定し、アリョーシャが皇帝を暗殺する構想を立てていた話は有名だが、ラジンスキーは同じ家にテロリストが入居していた事実に注目する。文豪が死んだ日に、隣室の住人が逮捕連行されたのはたんなる偶然であろうか。

本作の魅力は、宮廷から地下生活者までを重層させる声部の豊かさだ。分厚い社会風俗の渦巻きを皇帝と二十四人の執行委員会の対決に絞り込む作劇術に引き込まれる。行間に「テロとの戦い」の行く末が、黙示録の暗号のように書き綴（つづ）られていないだろうか。

評・野口武彦（文芸評論家）

Edvard Radzinskii　36年生まれ。劇作家として活躍後、歴史ドキュメンタリー小説作家に。

二〇〇七年一一月一一日②

『日本橋バビロン』

小林信彦 著

文芸春秋・一五五〇円
ISBN9784163262901／9784167256289（文春文庫） 文芸

下町の変転を映す和菓子屋の三代記

レトロだとかなんとかって東京の下町は、雑誌なんかにも特集記事が載る、いまや憧（あこが）れの対象だ。だけど私たちはほんとの下町を知らない。下町と聞いて日本橋をイメージする人も多くはないだろう。日本橋って安藤広重の東海道五十三次の？ 橋の上には高速道路が走ってて三越と高島屋があって……。小林信彦が不機嫌になるはずである。

『日本橋バビロン』の舞台は現在の中央区東日本橋。隅田川にかかる両国橋の西岸である。かつてこの一帯は、両国または西両国と呼ばれていた。そして、その一角に享保8年（1723年）から続く老舗（しにせ）の和菓子屋・立花屋本店はあった。本書はこの和菓子屋の八代目と九代目、さらに十代目になりそこねた少年の三代にわたる物語なのだ。

叩（たた）き上げの製菓職人から立花屋に婿入りし、「お祖父（じい）さんは偉い人だった」とみながいう職人気質の八代目。自らオースティンを運転し、映画や演劇を好む趣味人だったがエンジニアになる夢を捨てて家業を継いだ九代目。二人の人生は東京下町の大正昭和の歴史そのものでもある。

最初の試練はいわずと知れた関東大震災。日本橋区はことごとく焼失し、改装したばかりの立花屋も焼けた。2度目の試練はこれもいわずと知れた東京大空襲である。

物語は九代目の長男である「私」の視点から町と一家の変転を丹念にたどってゆくのだが、これがまあ「ひとんちの話」であるというのに、えもいえずおもしろい。

〈「信（のぶ）ちゃん、戦争が始まったよ」〉。少年は〈新聞一面の敵艦の沈む写真をじっくり眺め、大きな活字で戦果を確認〉するために菓子のショウケースの上を飛んだ。

昭和の旧日本橋区を内側から書いた書物は一冊もない。だから書いたのだと著者は述べる。立花屋とはもちろん作者・小林信彦の生家なのだ。

敗戦から40年たって、立花屋があった場所を訪れてみると……という結末が、すばらしい。おおおおお。祖父の執念、あんこに宿り！

私小説ではなく、とある商家と町の物語。雑誌の下町特集がバカらしく思えてくる。

評・斎藤美奈子（文芸評論家）

こばやし・のぶひこ 32年生まれ。作家。『丘の一族』『うらなり』（菊池寛賞）など。

二〇〇七年一一月一一日④

『虫食む人々の暮らし』

野中健一 著

NHK出版・一〇一九円
ISBN9784140910917 科学・生物

自然を熟知してこそ、成り立つ文化

糞虫（ふんちゅう）、コオロギ、ケラ、セミ、イモムシ、タガメ、カメムシ、アリと聞いて、その共通点がおわかりだろうか。みんな昆虫という答えはあたりまえすぎる。

ではこのリストに、クロスズメバチ、イナゴ、蚕のさなぎなどを加えたらどうか。疑心暗鬼ながら、もしかしたらと思う人もいることだろう。そう、いずれもみな、世界各地で食用に供されている昆虫なのだ。それにしても糞虫（牛などの糞を丸めて食べるコガネムシ）やカメムシを食べるなんて、およそ考えられない。だって、臭（にお）いがすごそうじゃないか。

人文地理学が専門の著者は、世界各地の昆虫食を研究テーマの一つとしている。昆虫食イコール下手物（げてもの）食と速断してはいけない。伝統的に行われている昆虫食も、食文化の一部なのだ。その証拠に、昆虫食が行われている土地でも、採れる虫ならなんでも食べているわけではない。しかも、採集方法や調理方法などには、それぞれ秘伝ともいうべき流儀がある。

日本の一部で行われている蜂採りは、地域の人たちにとっては、娯楽であると同時に季節の風物詩でもある。著者によれば、クロスズメバチの巣を庭に移植して収穫時期を待つことまで行われているというからすごい。

東南アジアや南アフリカの市場では、季節になると嗜好（しこう）品として虫が売られており、産業として成り立っているという。それ以上に重要なのは、人と自然とのつながりの中で、昆虫食の文化が維持されているということだ。豊かな自然が残されており、自然を熟知していてこそ、成り立つ文化だということだろう。

そこでカメムシの食べ方だが、南アフリカでは、熱湯をかけて臭み抜きをした上で干物にし、そのまま食べる。一方ラオスでは、そのまま焼いたり炒（いた）めたりして食べる。これは、虫の種類や嗜好の違いによるものなのだろう。

では糞虫は？　お目当ては糞玉の中にいる丸々と太った幼虫なのだが、これは収穫時期が肝心。絶食してさなぎになる直前じゃなきゃいけない。なんとも奥の深い話だ。

評・渡辺政隆（サイエンスライター）

のなか・けんいち　64年生まれ。立教大教授。『民族昆虫学　昆虫食の自然誌』。

『「自由」は定義できるか』

仲正昌樹 著

バジリコ・一五七五円
ISBN9784862380739

人文

「自由をめぐる混乱」をリアルに分析

アメリカのイラク戦争の作戦名は、「イラクに自由を！」。自由の強制がいかに不自由をもたらしたかは、周知の通り。なぜそんなことが起きるのか。それは、「圧政からの自由」を目指したはずが、いつのまにか「アメリカ的な社会の実現への自由」の強制にすり替わってしまったからだ。そして、歴史を振り返ると、このすり替わりは「自由の追求」を始めるとしばしば起きることらしい。さらにその背景には、ホッブズ、ルソー以来、議論されてきた「自由」という概念の違いが関係していそうだ。本書を読むと、こういったことがわかってくる。

このように長い歴史を持つ「自由」問題だが、とくに現代では、「経済」を軸にして「自由」をイメージし、制度化しようとする人たちがその前提とする「自己決定」とその結果である「自己責任」の是非が論争のテーマとなっている。「自己決定」に異議を唱える人たちの主張は、社会的に抑圧されている人に真の「自己決定」はできないのだから、まずその「抑圧からの自由」が必要というもの。私も臨床の場で 心を病む人たちが主張する「自己決定」が病が癒えると簡単に覆る様子を見てきたので、その立場。

しかし著者は、このように抑圧からの全面的解放を求め始めると、冒頭のアメリカのような〝究極の自由〟の幻想にとりつかれ、他人にも強制する危険性がある、と警告を発する。そして、自己決定論の是非を問うことよりも重要なのは、多くの人がそれを十分に行使できるように支援するシステムを作ること、と提案する。まさしくその通りだが、実現は簡単ではない。

「自由」について概説的にわかりやすく述べ、さらに現代社会が直面する「自由をめぐる混乱」をリアルに切り取った意欲作であるが、やたらと「サヨクの人々に文句を言われるのは承知の上で」といったフレーズが出てくるのにはかなり辟易（へきえき）した。「自分こそ正義」と思い込む人に著者が反感を覚えるのは理解できるが、その人たちにこそ本書を読んでもらう必要があったはずなのに残念だ。

評・香山リカ（精神科医）

なかまさ・まさき　63年生まれ。金沢大法学部教授。『思想の死相』など著書多数。

二〇〇七年一一月一一日❻

『中華文明と中国のゆくえ』

ワン・ガンウー 著　加藤幹雄 訳

岩波書店・一七八五円
ISBN9784000238410

国際

「皇帝戴く王朝」からの脱皮を期待

統治は権力行為である。民主主義国家においてもそのことにかわりはない。ただ権力の持続性は、権力を行使される側の同意に依存する。議会制民主主義はこの同意の調達を合理化する過程で生み出されたものだが、この合理化が100％果たされた国などない。権力が正統化されるスタイルは、国ごとの歴史的な経験に大きく依存する。

中国も、もちろんその例外ではない。というより、その歴史的な経験の厚みは他を圧している。この厚みを理解せずに抽象的な原則を振り回しても、中国を理解することはできない。

中国においてこの歴史的経験の厚みは、「文明」と「皇朝（皇帝を戴〈いただ〉く王朝）」の同一視という強固な枠組みを構成した。文明としての中国国家は、自らの道徳的価値の普遍性に関して外部からの挑戦を予〈あらかじ〉め免れるかたちで構築された自己理想の体系であり、皇朝としての中国国家は、現実の統治権力として、首都を掌握する軍事的勝利と「外国」からの承認とを根拠とする。

両者を同一視することの整合性の度合いが中国史のダイナミズムだというのが著者の見立てだ。ツールは単純だが、切れ味は鋭い。鄭和の大航海が突然停止になった理由から、孫文から袁世凱への権力移譲、果ては毛沢東のカリスマ性の根拠まで、縦横に見通しがきく。

その上で著者が強調するのは、中国が現在なお「皇朝国家」から「国民国家」へ脱皮の過程にあるということだ。日露ふたつの脅威に挟まれた前世紀初めの中国にとって、皇朝の論理の代替は、ナショナリズムとコミュニズムという狭い選択肢以外にはなく、蒋介石の党にせよ毛沢東の党にせよ、党は疑似皇朝としてしか持続性を持ちえなかった。

しかし疑似皇朝としての党の正統性にも限界が見え始めている。華僑知識人である著者が期待するのは、「文明」の概念が「皇朝」から切り離されることで、より開放的な国民統合の論理が構築されることだ。決して容易ではないその過程の必須の条件のひとつは、中国を孤立させないことである。

評・山下範久（立命館大学准教授）

Wang Gungwu　30年インドネシア生まれ。華人歴史学者。

二〇〇七年一一月一一日❼

『龍の棲む家』

玄侑宗久 著

文芸春秋・一二〇〇円
ISBN9784163263700／9784167692056（文春文庫）

文芸／医学・福祉

親が突然、別人になってしまう。カフカの『変身』さながらの不条理な出来事が、身辺で日常茶飯のように起きている。虫に変身するわけでなく、外見はまったく変わらぬだけに、対処の仕方がむずかしい。

徘徊（はいかい）をはじめたとき、幹夫の父は子どもの昔に帰っていた。しかし、龍（りゅう）が淵（ふち）公園にくると、かれは、市長の開発計画を阻止して龍が淵の遺跡を守りぬいた市役所の土木課長に戻り、また社会福祉課の課長となって、引き取り手のない遺体を案じたりする。

その公園で出会った介護福祉士の佳代子は幹夫に、ひたすら寄り添うのが介護の原則だと教え、ふたりで父の記憶のなかの人物を演じつづけるうち、互いに共感を抱く。どちらも伴侶と別れたばかりだったし、妻を失った父は嫂（あによめ）の死のあと認知症になったのだ。登場人物は欠損によって共通している。

やがて佳代子が介護ヘルパーとして来宅し、家族の絆（きずな）が生まれようとした時、父の内面に龍が淵の龍のように潜んでいた「自然」が凶暴な本性を現す……。

一筋縄ではゆかぬ病気と介護を描いて巧妙だが、第一作『水の舳先（へさき）』からの読者としては、予定調和の物語を乗り越えてほしい、と願わずにいられない。評・杉山正樹（文芸評論家）

文芸

『ミッドナイト・クライシス』

茅野裕城子 著
集英社・一五七五円
ISBN9784087748758

茅野裕城子は、当代きってのユーモア作家だ。ふつう中高年女性の妊娠・閉経を含む微妙な恋愛心理と聞けば、はなはだ深刻な素材のように響くかもしれないが、いったん彼女の手にかかると、抱腹絶倒の連作短編集が生まれ落ちる。

表題作の主人公・銀子は40代後半。親友のルリが亡くなり、残された彼女の夫・氏家と遺品を整理しネット競売にかけていくうちに、彼と親密な関係になるも、整理が一段落したあとには、もうひとりの親友・有為のいるサンフランシスコへ旅立つ。ところが再会した有為は、これまで「子供なんか必要ない」とくりかえしてきたものの、生理の遅れを理由に「妊娠したかも」と言い出す。「暗い出口のみえないトンネルの中で迷ってしまったような閉塞（へいそく）感から来る現状打破への焦り、これをアメリカでは「ミッドナイト・クライシス」と呼ぶのだと、銀子は聞きかじる。

かくして生と死、生理と整理とが絶妙に絡み合う。と思いきや、何とこの症例名自体が「ミッドライフ・クライシス」の聞き間違いであったことが判明する。

続く2編「ペチカ燃えろよ」「ダライ・ママ」ではさらに、ヒロインたちの人生に衝撃的なひねりが加わり、長編と見ても味わい深い。

評・巽孝之（慶應大学教授）

 政治／国際

『日米同盟というリアリズム』

信田智人 著
千倉書房・二三一〇円
ISBN9784805108840

日米関係史には良書が多い。しかし、対象の巨大さ故に、その多くは共著か日米関係の一側面に焦点を当てたものであり、メッセージ性を持つ単著の通史は、意外にも少ない。これに対して本書は、国際政治理論の分析枠組みを一貫して用いながら、日米同盟を中心とする戦後の日米関係を通観している。

筆者は、国家の安全保障を最重視するリアリズム、国際協調に有効性を見いだすリベラリズムの相克に注目する。冷戦下の日米関係については、吉田茂首相をはじめとして、日本が対内的にリベラリズム重視の姿勢を取りつつも、対外的にはリアリズムに基づく外交を行うことで、バランスが保たれていたと説く。

冷戦後については、一時リベラリズム基調が強くなったものの、朝鮮半島危機や9・11事件以後はリアリズムに回帰し、日米同盟が再び重視されるようになったとする。その上で、依然不安定な東アジアに位置する日本にとって、日米同盟の強化は不可欠だと結論づけている。

筆者も自覚する通り、やや図式的な整理ではあるが、本書の説明は大変明快で分かりやすい。日米同盟を大きな構図から捉（とら）え直すのに好適の書である。

評・奈良岡聰智（京都大学准教授）

 社会

『横浜の関東大震災』

今井清一 著
有隣堂・二四一五円
ISBN9784896602012

都会で激烈な地震被害にあうと、人はどんな行動に出るのか。人口比で見ると関東大震災による罹災（りさい）者の比率は、地震の揺れが大きかった横浜の方が東京よりひどかった。横浜では瞬時に多くの建物が倒壊し、同時に火災が発生し、倒壊を免れた市街地もその日のうちにほとんど焼き尽くされたのである。

東京から小規模の軍の救援隊が到着したのは、2日後の9月3日のことである。しかし軍隊や警察の関心は医療や食糧など被災者の生活援助より、専ら被災地の治安維持に向けられていた。そのため横浜の市民は地震の被害に直面しつつ、孤立無援の中で何日間も自力で生き抜かなければならなかったのである。そこでは見知らぬ人同士が、協力して救助に当たった事例も見られた。だが本書は、差し迫った食糧放出の要求が、やがて地元住民による野放図な略奪に変質していく過程も描いている。

朝鮮人が集団で襲撃してくるとの流言は、横浜で発生した。治安維持を重視していた警察はこのデマを広め、自警団による朝鮮人の大量虐殺を促すことになる。危機における民衆の勇気と非合理な衝動の二つを描いて、考えさせる本といえよう。

評・赤澤史朗（立命館大学教授）

二〇〇七年一一月一八日❶

『荒地の恋』

ねじめ正一 著

文芸春秋・一八九〇円
ISBN9784163263502／9784167559045（文春文庫）

文芸／ノンフィクション・評伝

ひりひりと問いかける、「詩人とは」

「たった、これだけかあ」と心の中で問う声に、「いいじゃないか、これで」と応える詩人の姿から、この長編評伝小説は始まる。主人公は北村太郎。表題の「荒地（あれち）」は、彼が戦後間もない頃に仲間たちと創刊した同人誌の誌名でもある。

妻と子を水難事故で亡くした北村は、再婚をして、子どもたちも一人前に育ち、おだやかな日々を過ごしている。53歳のある日、北村はふと自問する。仲間たちに比べてあまりにも寡作なことへの「たった、これだけかあ」と、ささやかな家庭の幸福への「たった、これだけかあ」——二つのつぶやきに、「いいじゃないか、これで」と自答するのは、夫としての、父親としての、あるいは新聞社の勤勉な校閲部員としての北村太郎である。

その「いいじゃないか、これで」は、一人の女性との出会いによって粉々に砕け散ってしまう。北村は道ならぬ恋に落ちた。妻子を捨てて家を出た。しかも、奇（く）しくも最初の妻と同じ「明子」という名前を持つ恋の相手は、高校時代からの親友・田村隆一の四度目の妻だったのだ。

あらすじだけをとりあげれば、スキャンダラスな話である。北村と明子の恋の顛末（てんまつ）はもとより、酒仙詩人と謳（うた）われた田村隆一の言動もまた、世の常識や良識からは大きくはずれている。しかし、家庭という靴を脱ぎ捨て、素足で不倫の荒地を往（ゆ）く北村太郎には、言葉があった。家を出てからの北村は堰（せき）を切ったように詩を次々に発表し、高い評価を得る。一方で、妻を奪われた田村隆一もまた、どうしようもなく詩人だった。

著者のねじめ正一さんは、田村を〈殺し文句の詩人〉と呼ぶ。

〈殺し文句の詩人は女を殺すだけで愛さないのだった。（略）殺し文句の詩人が大切にしているのは言葉だけである。言葉に較（くら）べたら、自分すらどうでもいいのである〉

そして、家庭人としての日々をまっとうしているからこそ詩が書けなかった、明子と出会うまでの北村については——。

〈詩は道楽から生まれない〉

もはや作家のキャリアのほうが長くなったものの、ねじめさんはもともと詩人である。田村や北村が存命だった80年代には、過激な言葉を縦横無尽に繰り出して活躍をつづけていた。そんなねじめさんが書きあげた戦後詩の巨人たちの物語には、出口のない恋の行く末が描かれていながら、不思議と自由な風が吹いている。おなじみのユーモアをあえて後ろに退けて「詩人とはなにか」をひりひりするような切実な言葉で問いかけた物語は、だからこそ逆に、「自由とはなにか」「人生とはなにか」といった、伸びやかな普遍の主題を得たのかもしれない。

明子に翻弄（ほんろう）されどおしの北村の晩年が幸せだったのかどうかは、読者の判断にまかされるべきだろう。ただ、僕には物語の終わりに「いいじゃないか、これで」のつぶやきが確かに聞こえた。それは、紛れもなく、詩人・北村太郎の声だったのである。

評・重松清（作家）

ねじめ・しょういち 48年生まれ。詩人、作家、民芸店経営。詩集『ふ』でH氏賞、『高円寺純情商店街』で直木賞を受賞。

『江戸城のトイレ、将軍のおまる 小川恭一翁柳営談』

小川恭一 著
講談社・一三六五円
ISBN9784062141932
歴史

お城の中は「儀礼と先例と挨拶」次第

歴史は一見つまらないことから分からなくなる。

江戸城のトイレはどこにあったか。登城した諸大名や日勤する役人たちはどこでどう用を足していたのか。ふだん気に留めない事柄は忘れ去られるのが早い。「神は細部に宿る」といえば綺麗（きれい）事すぎるが、歴史を生きた姿で思い浮かべようとすると、些細（ささい）な事実に関する知識がまっ白なのに気付くことが多い。

つい最近物故した著者は自身を「三田村鳶魚（えんぎょ）の最後の弟子」と位置づけ、江戸幕府制度に造詣（ぞうけい）が深かった在野の研究家である。先師の鳶魚は博識無双の風俗考証家で、その膨大な著述は江戸時代ファンにとって宝庫であるが、よく知られる悪癖があっていっさい出典を記さなかった。本書はいわば《出典を明記する二代目鳶魚》としてその業績を受け継ごうとした仕事だ。自ら名付けて「柳営学」。柳営とは、幕府の異称である。

書名になっている話題の他にも「格付けにこだわる大名たち」「官位と席次は悩みのタネ」「殿中不作法」など、各話で描かれる江戸城は、細かな格付けと席次の社会である。城内の日常は儀礼と先例と挨拶（あいさつ）（心付け）に支配されているといってよい。

慣例を教える専門職があった。『忠臣蔵』で敵役になった吉良上野介らの高家がそうだし、殿中では坊主衆の案内がなければ動きが取れない。行列を一目見て何家の大名かを判別する下座見（げざみ）という世襲の職能集団もいた。初登城する大名が殿中の作法を学ぼうと高い謝礼を支払って師匠を招き、リハーサルを繰り返す姿は涙ぐましい。

現代官僚の無失点主義にもつながっているのは、柳営がシクジリに厳しい職場だったことだ。たとえば顔に吹き出物ができ、バンソウコウを貼（は）って登城してしまった場合はどうするか。将軍のお目障りにならないかと坊主を通じて大目付に届け出、検分してもらうのである。手続きさえ怠らなければクビにならずに済む社会だったといえる。

体系化しにくい材料を『半七捕物帳』の流儀で対話形式の聞き書きに組み立てた編集者の工夫は褒められてよい。

評・野口武彦（文芸評論家）

おがわ・きょういち 1925～2007年9月。『江戸幕府旗本人名事典』など。

『オリエンタリズムとジェンダー 「蝶々夫人」の系譜』

小川さくえ 著
法政大学出版局・二三一〇円
ISBN9784588672071
人文

「従順な東洋女性」の幻影をたどる

外国客の日本観光に付き合った時、着物が買いたいといわれて困ったことは、ありませんか？ 数百万円もする本格的な物が欲しいわけではないから、土産物屋でペラペラの派手な浴衣を紹介すると、風呂上がりのガウンに好（よ）いと言って、喜ばれたりする。

違うんだけどなあ。間違った日本理解を黙認したことに忸怩（じくじ）たる思いを持ちつつも、でも外人向けのキモノは、日本の正しい文化とは別物だと、割り切ろうとする。

日本文化が多少捻（ね）じ曲がっても、ガイジンが喜べばまあいいかと、寛容に対応しようと思うが、欧米映画でトンデモな日本像が描かれると、しばしば不快感が表出する。最近では、中国系女優が主役の日本女性を演じた米映画「サユリ」が、話題になった。

そうしたガイジン仕様の日本に我々が違和感を感じるのは、そこで日本的なるものが、西洋の持つイメージのなかで再構成され、リアルな日本と乖離（かいり）していることが、全く問題にされていないからだ。乖離したまま東洋的イメージ喚起の素材にされ、ジャポニズムという「共有財産」として、西洋で受け継がれていく。

作者はその典型例として、「蝶々夫人」を取り上げる。小説やオペラの「蝶々夫人」に先行する小説「お菊さん」や、ジェンダー的、オリエンタリズム的視角をパロディー化して逆転させた戯曲「M・バタフライ」をも分析対象として、西洋がいかに「従順な東洋女性」という幻影を作り上げていったかを、描く。

そこでは日本人は、見られるだけの「標本」でしかない、と作者はいう。「お菊さん」が日本経験を踏まえた、憧（あこが）れと幻滅の話だったのに対し、その後の「蝶々夫人」では幻影が純化され、西洋が西洋のために作り上げた他者認識として固定化される。19世紀後半以降流行（はや）ったジャポニズムは、西洋の東洋観に根強く潜むオリエンタリズムと同根だ。

最後に取り上げた「M・バタフライ」の分析が、秀逸。ステレオタイプ化された男と女、東洋と西洋の立ち位置を巧みにひっくり返しているところが、面白い。

評・酒井啓子（東京外国語大学教授）

おがわ・さくえ　宮崎大学教授。訳書にシヴェルブシュ『闇をひらく光』など。

二〇〇七年一一月一八日❹

『走ることについて語るときに僕の語ること』

村上春樹 著

文芸春秋・一五〇〇円

ISBN9784163695808/9784167502102（文春文庫）文芸

「文学の悪」に負けない作家の気迫

「我走る、ゆえに我あり」――百キロ走のウルトラマラソンではこんな没我の境地まで経験したランナー作家によるメモワールである。近年、ノーベル文学賞に最も近い日本人の一人と言われながら、寡黙を通す作家の、初の自伝作品としても貴重だ。

「どれぐらい自分の能力を確信し、どれぐらい疑えばいいのか」。走ることと書くことは著者の中で深く通底し、結ばれている。双方勝ち負けがないこと。pain（つらさ）をsuffering（災い）にしないことの大切さ。この〝走る小説論〟の中で印象的だったのは、〝才に恵まれないことの恵み〟についてだ。この大作家に才能がないわけがないと、厭味（いやみ）に感じるかもしれない。が、「優れたランナーではない」彼が、走りの力学を引き合いに出して創作哲学を語るとき、そこにはなにか説得力のある真摯（しんし）さが生まれる。無尽蔵の才能の泉をもたない者は「自前で筋肉をつけ」「訓練によって集中力を養い」穴を掘るうちに、「秘密の水脈」に行きあたることができるのだ。

それにしても、毎日走り込み、毎朝執筆するストイックなランニング＝創作姿勢はいかにして持続されるのか？　それは即（すなわ）ち、村上春樹は結局、凡人とどこが違うのか？

ということだが、答えの一部は第五章にある気がした。小説の執筆は人間の毒素が抽出されてくる「不健康な作業」。だからこそその体内毒に対抗できる免疫システムが必要となる。そう、悪を描いた者は悪に蝕（むしば）まれるか？　「文学と悪の問題」は、古代哲学から『悪の華』をめぐる緒論など、様々に論じられてきたが、村上春樹はきっぱり言う。悪を描きながら悪に負けない免疫体系を維持するには、とにかく「基礎体力」だと。六十前にして加齢を意識したトップランナー作家が、体力的に毒負けする時期を少しでも遅らせるために鍛錬するという言葉には、気迫がある。翻ってわが身のだらしなさにいじけたくもなるが、この精神のサウンドネス（健全）は超人的。万国の読者が彼の作品で癒やされるわけが理解できた。

評・鴻巣友季子（翻訳家）

むらかみ・はるき　49年生まれ。06年、フランツ・カフカ賞（チェコ）など。

『老いてゆくアジア　繁栄の構図が変わるとき』

大泉啓一郎 著
中公新書・七九八円
ISBN9784121019141
医学・福祉／新書／国際

福祉が調わぬまま加速する少産化

アジアに若々しい成長社会のイメージを抱く一方、少子高齢化社会を日本や一部の成熟した先進国に固有の課題だとお考えの読者には、まず認識を改めていただかねばならない。05年のデータで、韓国をはじめとする新興工業経済地域（NIES）の合計特殊出生率はすでに日本を下回り、東南アジア諸国連合（ASEAN）や中国、インドにおいても、ここ十数年のあいだに少産化は加速している。

たしかにある程度事情に通じた方ならば、アジア各国の少子高齢化は既知の話でもあろう。だが他方で、「アジアの活力」を取り込むことで「我が国の将来」を保障しようとする言説が無反省に繰り返される場面に出くわすことも少なくない。事実としては認識していても、パラダイムの更新につながっていないのだ。

本書の分析の中心は、多産少死社会から少産少死社会への転換過程がもたらす経済的有利性（教育の普及、労働投入量の増大、貯蓄率の上昇）が、産業化を促進する効果を検討することにある。この効果は「人口ボーナス」と呼ばれ、アジアでは日本を先頭に、NIES、ASEAN、中国と、波及的に経験されたと著者は指摘する。

だが、この人口ボーナスは永続しない。そればかりか、経済成長へのボーナスとなった世代の高齢化は、転じて福祉負担を増大させる。逆に言えば、人口ボーナス効果が切れる前に、経済成長の果実を持続的な福祉制度に結びつけなければ、大きなツケが回ってくるということだ。

それはまさに今の日本の苦しみであるが、さらに深刻なのは、日本にまして急速に成長を遂げ、同じくボーナス局面も急速に駆け抜け、結果としてベースになる福祉の仕組みも調わぬまま高齢化社会に突入するアジア諸国である。

この大状況に対して、国ベースの福祉に限界を指摘する著者は、一方でローカルな共同体の福祉機能の活性化を、他方でアジア規模の福祉ネットワークの構築を提唱する。その実効性は未知数であるが、平明な筆致で語られる大胆な発想は大いに読む者の蒙（もう）を啓（ひら）いてくれる。

評・山下範久（立命館大学准教授）

おおいずみ・けいいちろう　63年生まれ。日本総合研究所調査部主任研究員。

『長きこの夜』

佐江衆一 著
新潮社・一四七〇円
ISBN9784103090151／9784101466118（新潮文庫）
文芸

迫る老い、語り尽くせぬ思いを胸に

長い介護の末に母が逝ってしまい、この世に取り残されてベッドに横たわる父は九十路を越えた。その父の日々に寄り添いながら、私は私の老いに向かって、今、ゆっくりと歩いている。

まだまだ長い道のりか、と思う。もうすぐ母の逝った場所の入り口に来ているかとも思う。それは定かではないのだけれど、私の中でいつのまにかあの世とこの世が地続きとなり、父が逝ってしまったら、後はとぼとぼとこの道を一人でいくのね、というような思いを抱くようになった。

そんな心境にあるせいか佐江衆一の短編小説集『長きこの夜』に格別な親しみを覚えて読んだ。

とくに〈仄暗（ほのぐら）い路地を亡父が歩いていた〉と胸の衝（つ）かれる一行で始まる冒頭の「風の舟」や橋の上で少年時代の父に出会う「橋の声」など、この世で迷い子になったかのような、心に残ることがあって戻ってきてしまったような、そんな亡き父との心の往還を描く作品が心に沁（し）みる。

思えば、著者の老老介護の日々の壮絶さを赤裸々に描いた小説、『黄落』を読んだのは12年前のことだ。その頃は、こちらも母の介護を巡り、老父との確執に明け暮れていたので、著者の父に対する酷薄さが我がことのように胸に刺さった。

その老父が97歳で満開の桜の日に逝き、以来、「長い人生の折々の姿」で、著者の眠れぬ夜に立ち現れ、彼と手を取り合って語り合うようになったとか。

ほんとうに、逝ってしまう人たちは、みな、なぜかくも語り尽くせなかったものや悔恨ばかりを遺（のこ）していくのだろう、と思わずにいられない。

本書には、他にも、地域で定年後を生きる男たちのとりとめもない日常や異性へのいっときの恋情など、老年の心境を描く作品7編が収められている。筆者の世代には慣れ親しんだ小説の文体に、しみじみとほっとさせられる。

眠れぬ「長き夜」に、ふと忍び寄ってくる不安を癒やすには、熟練の作家の手になるこういった小説はなんとかけがえがないものなのだろう、と思われる。

評・久田恵（ノンフィクション作家）

さえ・しゅういち　34年生まれ。作家。『北の海明け』で新田次郎文学賞。

二〇〇七年一一月一八日❼

『柳生大戦争』

荒山徹 著　講談社・一七八五円　文芸

ISBN9784062143448／9784062768276（文庫）

日本と朝鮮の知られざる歴史を踏まえた伝奇小説で人気を集める荒山徹。その最新作は、得意の日朝秘史に加え、清の台頭で混迷する17世紀の東アジア情勢や、元寇から徳川家光の時代まで約300年にわたる陰謀もからみ、奇想もよりスケールアップしている。

高麗仏教界のトップ晦然（かいねん）は、元に抵抗する旗印にするため、日本の神話を参考に、朝鮮の創世記「檀君（だんくん）神話」を捏造（ねつぞう）する。時は流れて江戸初期、柳生友矩（とものり）は絶妙の男色テクニックで家光を骨抜きにしていたが、その寵愛（ちょうあい）が仇（あだ）になり、幕政を監査する父の宗矩（むねのり）に命を狙われる。だが友矩は、父に重傷を負わせ朝鮮に出奔。宗矩は友矩を斬（き）るため、兄の十兵衛を朝鮮に送る。

捏造された「檀君神話」を盾に、民族至上主義を唱える朝鮮の高官は実にイヤなやつだが、それは〝神国〟だからという根拠のない理由で、アジア諸国を見下す日本のナショナリストの姿と見事なまでに重なる。

また蛮族と蔑（さげす）んでいた清に敗れ政策を変更する朝鮮が、イスラムの伝統を無視しイラク戦争の泥沼にはまったアメリカのパロディーにもなっているなど、柳生の兄弟対決をクライマックスにした物語は、現代の社会問題を暴いているのである。

評・末國善己（文芸評論家）

二〇〇七年一一月一八日❽

『ジダン』

バティスト・ブランシェ、チボー・フレ＝ビュルネ著　陣野俊史、相田淑子訳

白水社・二五二〇円　ノンフィクション・評伝

ISBN9784560049792

サッカー・フランス代表、ジダン主将の頭突き事件で幕を閉じた感さえある06年ドイツ・ワールドカップ。イタリア代表DFマテラッティの挑発の言葉をめぐる大騒ぎが懐かしい。「髪形の乱れをからかった」説から「フーコーが死んで以来、フランス哲学はクズ同然と罵（ののし）った」説までもが当時ジョークとして飛び交ったものである。

本書によると、ジダン最後のレッドカードはキャリア14枚目。「別々の大会の本戦で、二度退場処分を受けた二人目のサッカー選手」として歴史に名を残してしまう。

類書が既に幾つかある中、この本に一日の長があるのは、ジダンの衝動性が情状酌量される理由を丹念に掬（すく）い上げて行くからだ。引っ込み思案と表裏一体の慎み深さや、愛郷心の強さを示す心温まる逸話が、ドーピング歴の疑いすら忘れさせる。ユベントス時代の試合後、リッピ監督がレストランから出てくると、深夜にもかかわらずジダンはアルジェリア人の友だちとボールを蹴（け）って遊んでいたという。

原書の副題は「一人の人間でありたかった神」。フランスを代表するスポーツ紙「レキップ」で執筆する共著者による読みでがある評伝だ。

評・佐山一郎（作家）

『晩年のスタイル』

エドワード・W・サイード 著　大橋洋一 訳

岩波書店・二三一〇円
ISBN9784000244411

著者は、この評論の完成直前に亡くなった。残された論考などを友人が編集したが、素晴らしい評論となっている。

「晩年のスタイル」は、アドルノが晩期ベートーヴェンについての評論で使った用語。自分のつくりあげた世界の破壊もおそれず、妥協を拒み、気難しく、矛盾があって破局的ともいえる「晩年性（lateness）」。それが現代音楽にもつながる境地を切り開いたという分析にサイードは刺激を受け、文学、音楽、映画、思想など幅広く同じような表現の例を探し求めている。

lateは「遅れた、時宜をえない」との意味もある。晩年になっていなくても、そんな「時代錯誤性と変則性」を持つ芸術家もいる。グレン・グールド演奏のバッハの音楽は「時代錯誤的であるとともに自己創造性を誇る」というのだ。

時代から取り残されたものに回帰し再発見することで、時代に先んじる創造が生まれる。そんな逆説の魅力が輝きを放つ。「見えざる最終章」はサイード自身の晩年ではないかという訳者あとがきに共感する。

いまの時代や社会になじめない若い人々にも、「晩年性」を生きる、という新しい思考や希望を与えるのではないか。

評・由里幸子（前編集委員）

『新薬、ください！　ドラッグラグと命の狭間で』

湯浅次郎 著

新潮社・一四七〇円
ISBN9784103056317

ムコ多糖症とは、新生児5万人に1人が発症する進行性の難病。テレビの報道カメラマンである著者は、医師から「取り上げてもらえないか」と相談された。しかし国内の患者がほんの300人ほどと聞いて、当初は躊躇（ちゅうちょ）する。

それが患者の家族などから話を聞くうち未承認薬問題の典型例と気づき、取材を決意した。04年当時、5歳の中井耀くんは、新薬のテストである治験に参加するため父親と渡米。著者は、テキサス子供病院まで足を運んだ。

ムコ多糖症を主題にした番組は05年5月に放映され、翌年、治療薬「アウドラザイム」が承認された。アメリカの初承認から1269日の遅れだった。

欧米の治療薬が日本で認可を得るまで、約4年もかかり、この時間差は「ドラッグラグ」と呼ばれる。硬直した厚労省のルールのせいで間に合わず、無念の最期をとげる患者も少なくない。

日本の医薬品市場は世界第二位の規模を誇る。しかし「諸外国で普通に使われる薬が手に入らない薬貧国」と著者。薬害肝炎など、このところの薬事行政は特に目に余る。健康な人こそ抗議の声を上げるべきでは。

評・多賀幹子（フリージャーナリスト）

『ひきこもりの〈ゴール〉』

石川良子 著

青弓社・一六八〇円
ISBN9784787232762

『ひきこもりは「治る」のか？』

斎藤環 著

中央法規出版・一三六五円
ISBN9784805830062／9784480429957（ちくま文庫）

彼らを理解できない苦しみに光を

ある母親が言った。息子がひきこもって7年。以来、顔を見たことがない、と。

彼女は、時折、深夜に外に出て2階の窓を見上げる。灯（とも）った明かりに人の気配を感じ、息子の成長を想像する。望みはたったひとつ。「澄んだ青い空をあの子に見せたい」。そう言って、母親は涙ぐんだ。

自立期を迎えた子どものいる家庭内で、尋常ならざることが起きている、と取材で知ったのは10年前。このころ、精神科医の斎藤環の『社会的ひきこもり』が出された。臨床現場で問題になっていたこの現象に、精神医学的な位置づけをおこなった最初の本である。

この本で、「ひきこもり」は、精神障害ではなく、社会適応が難しい子どもであること、その期間の長期化は重症化を進めるので治療的介入が必要と、提言された。同時に、その数、１００万人、との推測もされ、にわかにメディアでも取り上げられ、支援団体が次々と生まれた。

さらに10年が経過。

状況は改善されたのだろうか。

石川良子著の『ひきこもりの〈ゴール〉「就労」でもなく「対人関係」でもなく』によれば、近年、ニートなど若者無業者の問題が浮上する中、「ひきこもり」支援の目標が、「対人関係の獲得」や「就労の達成」という外面的な面ばかりが重視されるようになったとか。当人たちの抱える「内面の問題」が解決されないまま、「働け」と追い立てられ、彼らはさらなる葛藤（かっとう）にさらされていると指摘されている。

必要なことは、まず、彼らを理解すること。目下の「ひきこもり」支援策は、この当たり前とも言える主張が再度されねばならない現状にあるらしい。

けれど、長期にわたって「ひきこもり」の子どもを抱え、疲弊し切った親に「理解せよ！」はつらい。その理解できない苦しみにこそ、ずっと苛（さいな）まれてきたのである。

となれば、『ひきこもりはなぜ「治る」のか？』で示される斎藤環の最新治療論が、その理解を助け、「治る」へ向かっての光明を与えてくれるかもしれない。

本書では、これまで実践的知識の普及に努めてきた著者が言い続けてきたこと、「親は当人に一番言いたいことを禁欲せよ」とか「安心してひきこもれる環境を整えよ」とか「会話はあいさつから」などなど、その背景にある考え方、「なぜ、そうすべきなのか」をできうるかぎりの分かりやすさで解説することを試みている。

自己愛とは？　欲望とは？　成熟とは？　自信とプライドとの関係とは？

主にラカン、コフート、クラインなどの精神分析論を駆使しての解説だが、ひきこもる人が、なにに苦しみ、なにに不安を抱いているのかが見えれば、それを取り除くべく知恵を絞るその方向が見えてくる。

「ひきこもり」問題だけではなく、自立というゴールに向けて親が子育てをしていくためにもこの本は示唆に富み、思春期対応策としても役立つにちがいない。

評・久田恵（ノンフィクション作家）

いしかわ・りょうこ　77年生まれ。横浜市立大非常勤講師。

さいとう・たまき　61年生まれ。精神科医。

『ロックフェラー回顧録』

デイヴィッド・ロックフェラー著

楡井浩一訳

新潮社・二七三〇円
ISBN9784105056513

ノンフィクション・評伝

知識人として20世紀文化史を洞察

ロックフェラー・センターといえば、マンハッタンは五番街の目抜き通りでもひときわ輝く名所だ。しかし、それが当初は１９３０年代の大恐慌を生き抜くアメリカの国家的象徴であり、だからこそ80年代末に日本企業に買収されたときには国民からごうごうたる非難を浴びたのだといういきさつは、どれだけ知られているだろうか。

アメリカの代表的大富豪ロックフェラー家は、初代こそ石油産業で名をなしたが、センターを建てた2代目に続き、著者を含む3代目になると、次男のネルソンがフォード政権の副大統領を務め、五男である末っ子のデイヴィッド本人がチェース・マンハッタン銀行の経営拡大でグローバリズム時代を準備し、共産圏を含む各国首脳とも親密な対話をくりかえすばかりか、イラン国王（シャー）の亡命の手助けまでして、20世紀そのものの政財界史を築き上げる。建国の父祖フランクリンの時代より、成り上がり者の自伝はアメリカ文学の伝統を成してきたものの、本書ではまったく逆に、もともと大財閥一家に何不自由なく生まれ育った「国際派」の著者が、むしろ戦後のアメリカ合衆国そのものを全地球的存在にまで、成り上がらせていく。

本書最大の読みどころは、著者がたんなる「金持ち」にとどまらず、シカゴ大学経済学博士号を取得し、かの精神分析学者フロイトや芸術家ピカソとも歓談し、モダニズムの巨匠ガートルード・スタインの美術蒐集（しゅうしゅう）品を購入するなど、並々ならぬ教養と鑑識眼を備えた知識人として、20世紀文化史をも鋭く洞察している点だろう。ロックフェラー家はかつて資本家の代名詞として、マルクス主義を信奉するピーター・コリアーら左翼系論客から激越な批判を受けたが、本書は、当時の批判者がいまでは右翼系論客へと転向してカネを得ている無節操ぶりをさりげなく指摘するなど、いわゆる新保守主義（ネオコン）の正体について、チクリと一矢報いてみせるのも忘れない。ロックフェラー家のみならず現代アメリカ文明自体をめぐる、これはあまりに痛快な批評的自伝である。

（原題、Memoirs）

評・巽孝之（慶應大学教授）

David Rockefeller　15年生まれ。現在も事業や慈善活動に携わる。

『枢密院議長の日記』

佐野眞一 著

講談社現代新書・九九八円
ISBN9784062879118

ノンフィクション・評伝／新書

「日記魔」に注がれた温かなまなざし

ここに長大な日記がある。執筆期間は大正8年から昭和19年までの26年間、分量は〈すべて翻刻すれば、おそらく分厚い本にして五十冊は超える〉――世界最大最長級の日記である。官僚として要職を歴任し、枢密院議長までつとめた倉富勇三郎が書きのこしたこの日記、かねて近代史の超一級史料と目されながら、読み通した者はいなかった。量の膨大さはもとより、〈ペン書きの文字は、まさにミミズがのたくったようで、ほとんど判読不能〉という悪筆が解読を阻んでいたのだ。

そんな倉富日記の翻刻に、佐野眞一さんは7年がかりで挑んだ。取材・執筆に忙殺されているはずの佐野さんが、なぜ？　その原動力は、日記に書かれた事実の追究に加えて、日記魔とも呼ぶべき倉富勇三郎という人間への深い興味だったのではないか。事実と人間の両輪で「時代」を描くことこそが、佐野ノンフィクションの真髄（しんずい）なのだから。

その地道な努力によって、宮中某重大事件をはじめ大正期の事件やスキャンダルへのいくつもの新鮮な視点が与えられたことは、すでに専門家筋が本書に寄せた高い評価が示しているとおりだが、同時に、倉富勇三郎に対する佐野さんの温かなまなざしにも読者は強く惹（ひ）かれるだろう。

時には延々とつづく記述に〈ほとほとうんざりさせられ〉ながらも、佐野さんは倉富を〈その素顔はすこぶる人間的である〉と評する。探していた事件の記述が意外な箇所（かしょ）に見つかったときには〈さすがはわれらが倉富勇三郎である〉と佐野さん自身の快哉（かいさい）まで聞こえてきそうなほどだし、日記から倉富の家族愛を読み取っていわく〈倉富日記は、世界一長い愛妻日記でもある〉……。肉筆の日記を徹底的に「読む」ことで、書き手と読み手は、いわば同志のような関係にまで至るのだ。

そういえば、『直筆で読む「坊っちゃん」』（集英社新書）も話題を呼んでいる。パソコンの文字があふれる時代だからこそ、〈すこぶる人間的〉な肉筆の文字をじっくりと「読む」ことが、読み手をも〈すこぶる人間的〉にしてくれるのかもしれない。

評・重松清（作家）

さの・しんいち　47年生まれ。ノンフィクション作家。『旅する巨人』など。

二〇〇七年一一月二五日④

『生き物たちの情報戦略　生存をかけた静かなる戦い』

針山孝彦 著
化学同人・一八九〇円
ISBN9784759813111

科学・生物

生物と環境をめぐる「なぜ」を探究

タマムシという虫をご存じだろうか。虹色に輝くあの甲虫である。美しい鞘（さや）ばねの金属光沢は、表面の微妙な構造が七色の光を反射し分けるせいで生じている。虫が死んでも色あせないため、法隆寺に伝わる玉虫厨子（たまむしのずし）など、古来、美術品にも用いられてきた。

タマムシはなぜ、あのようにあでやかな色なのか。それに関する面白い講演を聴講したことがある。繁殖期、タマムシの雄はカキなどの梢（こずえ）を飛び回り、葉の表にとまっている雌を探し当て、交尾をする。活字にするとこれだけの話だが、雄はあの虹色のパターンを目当てに雌を視覚で探しているという仮説を、実験と行動観察から巧みに裏づけていく過程を紹介した講演は、ストーリーがよくできていて、とても面白かった。

以来、注目してきたのだがようやくその人の著書が出た。ただし本書に肝心なタマムシは登場しない（まだまだネタはあるということか）。

タマムシの代わりに登場するのは、トビムシ（同じ名前の昆虫と甲殻類がいる）、フナムシ、トンボ、カメムシ、ツェツェバエなど。本書では、それらの動物を狂言回しに、生き物と環境をめぐる「なぜ」を探究すべく、南極からアフリカ、北極圏まで渡り歩きながら積み重ねてきた思索が語られる。

生物の起源や遺伝の仕組みなど、ともすれば教科書的な記述に陥りがちな話題も、旅先のエピソードをからめて抵抗なくするりと読ませてしまう構成はおみごと。

世間には、科学者は話し下手という固定観念がある。しかし、研究とは仮説を構築してそれを検証していく作業であり、ストーリーを組み立てる作業にほかならない。優れた研究者は、本来、優れた語り部の資質の持ち主でもある。その好例が本書だろう。

残念な事実誤認が一つ。エコロジーの語の初出はソローだとあるが、これは日記中のジオロジー（地質学）の筆跡を読み違えたことに端を発する誤伝であり、ましてや『ウォールデン』にその語は登場しない。ただし、その点と、専門書っぽすぎる書名は別にして、お薦めの一冊。

評・渡辺政隆（サイエンスライター）

はりやま・たかひこ　52年生まれ。浜松医科大学教授（動物生理・行動学）。

二〇〇七年一一月二五日⑤

『歴史経験としてのアメリカ帝国　米比関係史の群像』

中野聡 著
岩波書店・三六七五円
ISBN9784000025379

歴史／国際

少数派の視点から見た「帝国」の矛盾

この1世紀間のフィリピンとアメリカの関係を、さまざまな人物の発掘を通して描いたのが本書である。かつてアメリカの植民地だったフィリピンでは、全体に親米的な傾向が強いといえる。しかしその内実を探ると、単純に親米とばかりはいえない複雑な陰影が浮かび上がってくる。

20世紀前半まで対米協力の主軸となったエリート層は、もともとスペイン語の教養を身につけ米軍と戦った知識人であった。そして彼らが対米協力に転じた後も、反米的な色彩の民衆蜂起は各地で発生していた。またアメリカに憧（あこが）れた移民たちは、人種差別に直面してアメリカの市民権を得られずにいた。さらに抗日ゲリラとして米軍とともに戦ったフィリピンの退役軍人は、長い間アメリカ政府の補償から除外されていく。

他方で本書では、フィリピン統治にかかわったアメリカ人も取り上げている。彼らは本国で開発された民主化や貧困層救済の手法を、フィリピン統治に応用していったのだった。

冷戦期には、ニューヨークで少数派の共和党リベラルとして活躍していた政治家が、米中央情報局（ＣＩＡ）の工作員となってフィリピンでの不正選挙の摘発を指導し、親米政権樹立を援助する役割を担った。彼はニューヨークで選挙不正を摘発する市民運動のリーダーだったが、その経験がフィリピンでの工作に生かされたのである。

　このように米比の間には、一筋縄ではいかない関係があった。フィリピン人の親米派にも、アメリカに対して抵抗感を持つナショナリズムの要素があった。そして逆にアメリカの冷戦工作員には、アメリカ政治への批判が隠されていたのだった。

　本書にはフィリピン人が、「帝国としてのアメリカ」のマイノリティーとして存在し続けてきたという視点がある。そしてその疎外されたフィリピン人のアメリカ経験やアメリカの体制批判派の生き方の中にこそ、世界帝国としてのアメリカを変えていく可能性が潜んでいるという視点もある。帝国アメリカの矛盾を照射する鏡として、フィリピンを描いた本といえよう。

評・赤澤史朗（立命館大学教授）

なかの・さとし　59年生まれ。一橋大学大学院教授（米比日関係史）。

二〇〇七年一一月二五日⑦

『マダム貞奴　世界に舞った芸者』

ノンフィクション・評伝

レズリー・ダウナー 著　木村英明 訳

集英社・二六二五円
ISBN9784087734584

　日本人が想像する以上に、海外でよく知られる日本人というのが存在する。本書の主人公「マダム貞奴（さだやっこ）」こと川上貞奴は、その代表であろう。

　伊藤博文など大物政治家から寵愛（ちょうあい）された芸者時代。オッペケペー節で知られる俳優川上音二郎と結婚し、「日本人初の女優」として音二郎一座の興行を支えた女優時代。実業家の愛人となった晩年。演劇さながらに数奇な貞奴の生涯を、筆者は好感を込めて描き出す。

　本書の圧巻は、1899年から約2年間行われた海外公演の実態を、欧米の史料を用いて解明した点にある。日清戦争に勝利した日本は、欧米で一種のブームを巻き起こしており、貞奴たちは広く大衆に受け入れられ、各国の元首や王族に謁見（えっけん）を許されるなど、大歓待を受ける。和洋を巧みに折衷した貞奴の演技は、舞踏家イザドラ・ダンカンや彫刻家ロダンなど多くの芸術家も魅了し、作曲家プッチーニは、オペラ「蝶々夫人」の作曲にあたって、彼女から強い影響を受けたという。

　欧米に鮮烈な日本イメージを広めると共に、欧米の演劇文化を移入する先頭に立った貞奴。その生涯から浮かび上がってくるのは、文化の相互浸透とでも言うべきドラマである。

評・奈良岡聰智（京都大学准教授）

二〇〇七年一一月二五日⑧

『戦争の見せ方　そういうことだったのか！戦争の仕組み』

歴史

三野正洋 著

ワールドフォトプレス・一八〇〇円
ISBN9784846526757

　タイトルに興味を引かれた。湾岸戦争以来、戦争や紛争の当事者たる国の声明や、時には民間の戦争報道にさえ、「この戦争をどう見せていくか」という姿勢が感じられるようになった。いつの時代にも、戦争が起きると、政府は自分たちに都合のいい情報を流し、戦勝は最大に、被害は最小にとどめて発表し、国民の戦意高揚をはかり、戦争に邁進（まいしん）させようとする。国際世論も味方につけて戦況を有利に運ぼうとする。

　メディアの発達によって、他国の戦争や紛争の情報に、日常的にさらされるようになった。しかも、それらの情報がどこまで中立的なものであるのか、判断することは難しい。

　ヒトラーかゲッベルスが言ったという「たとえ嘘（うそ）であっても百回も聴かされれば、いつの間にか真実と思い込むようになる」という言葉が引用されているが、2万人以上のポーランド軍将校の遺体が発見されながら、米ソ関係の影響を受けて、真相が戦後長らく闇に葬られていた「カチンの森虐殺事件」などは、国際状況によって、事実がいかようにも操作され得ることを痛感させる。

　著者の分析への賛否は別として、戦争と国家について考えるよい材料だと思う。

評・常田景子（翻訳家）

二〇〇七年一一月二五日⑨

『現代日本の小説』

尾崎真理子 著

ちくまプリマー新書・七九八円
ISBN9784480687715

文芸

文芸記者による直接の現場取材とその実感に徹底して基づいた現代日本文学のガイドブックである。通史として読みごたえがある。著者によれば、ワープロや電子ツールのせいで、近年「作家の人格と活字の間には微妙な距離が生じ、文学は……悪意を汲（く）み出すブラックボックスと化してきた」。

本書は、パソコン世代の村上春樹、吉本ばなな、俵万智がミリオンセラーを放ち日本近代文学が終わった1987年を分水嶺（ぶんすいれい）に、日本文学界を案内する。そうした中に、80年代には大江健三郎と中上健次が「同時代の作家たちに息をつくスペースを与え、模索する時間を作ってくれたのだ」といった、研究者らの生の証言を惜しみなくさらりと盛り込み、ベテラン記者としての凄（すご）みを感じさせる。

やがて、ワープロは「作者以外の何者かが創作を誘導する」という事態を招き、電子ツールは極端に若い「作家」を大量に生みだした。書き手の身体とディスプレーの間に広がる虚空から、この先どういう小説が生まれてくるのか。その精神は漱石の近代的自我からはほど遠いものだと著者は締めくくる。新書サイズながら重い予言を秘めた一冊だ。

評・鴻巣友季子（翻訳家）

二〇〇七年一一月二五日⑩

『〈性〉と日本語　ことばがつくる女と男』

中村桃子 著

NHKブックス・一〇一九円
ISBN9784140910962

文芸／社会

日本語には、「わたしとボク」に代表される「女／男ことば」がある。この使い分けは自然なもの、と思っている人たちに著者は畳みかけるように問いかける。だとしたら「女の子なんだからもっとていねいな言葉づかいを」とは言われても、「男なんだからもっと乱暴に話しなさい」とは言われないのはなぜ？　これって実は性による自然な使い分けなんかじゃなくて、〝女らしい〟言葉づかいを通して、女性たちを「男に愛されてナンボ」という異性愛市場に組み入れようとしてきたんじゃないの？　だからそれに抵抗する少女たちは、自分のことを「ぼく・おれ・うち」などと呼ぶのだ。

古典からマンガのセリフ、迷惑メールまでを材料に、言葉づかいに刻印された性の規範意識をテンポよく浮かび上がらせていく。そして、時代とともに規範が変われば言葉も変わるのは当然なのだから、そろそろ「最近の女性の言葉づかいの乱れ」を嘆くのはやめようよ、と呼びかける。自分らしさを表現するための言葉なのに、何かの押しつけの手段になるのはつまらない。堅苦しくなりがちなテーマだが、「私らしく話したい！」と元気がわいてくる楽しい一冊に仕上がっている。

評・香山リカ（精神科医）

二〇〇七年一二月二日①

『イスラエル・ロビーとアメリカの外交政策　Ⅰ・Ⅱ』

ジョン・J・ミアシャイマー、スティーヴン・M・ウォルト 著　副島隆彦 訳

講談社・各一八九〇円
ISBN9784062140096〈Ⅰ〉・9784062142588〈Ⅱ〉

政治／国際

米国の国益に反した偏重外交を喝破

衝撃作である。しかも、超ド級の。

何が衝撃か。米国の外交政策はイスラエル・ロビーに振り回されていて、それは米国の国益にならない、イスラエルを特別扱いするな――。そう言い切ったのも衝撃だし、言い切った本がイスラエル・ロビーの圧力にも負けず世界中で出版できたことも、驚きだ。出版後、米国内で一大論議を呼んでいる。

内容は、これまで中東研究者なら誰しも主張してきたことだ。米国がイスラエルを過度に支援することで、中東で外交的に有効な主導権を取れないでいること。アラブ・イスラーム社会で反米意識が高まっていることや、テロ志願者が増えるのは、その米国のイスラエル偏重政策のせいだということ。イラクやシリア、イランは、米国とうまくやれない関係ではないはずなのに、イスラエルの危機意識が、米政権をこれらの国々との衝突、戦争に駆り立てていること。

しかし中東研究者が言ったところで、中東オタクのたわごととしか聞いてもらえないのに（やれやれ、評者もどれだけそういう目にあったか）、本書の衝撃は、筆者がばりばりの米国保守本流の大物政治学者、しかもリアリストと呼ばれる学派に位置づけられることだ。主張する外交路線は、ブッシュ父政権期のベーカー国務長官らの考えに、近い。

筆者が特に標的とするのはブッシュ現政権の核にいたネオコンで、彼らとイスラエル・ロビーが正当化するイラク戦争や対パレスチナ政策のロジックを、ことごとく見事に論理的に反駁（はんばく）していく。その切れ味のよさといったら！　読んでいて爽快（そうかい）感すら覚える。

本書Ⅰではまず、米国の対イスラエル支援がいかに特別で突出したものかを統計的に示し、その上で、米国にとってイスラエルは戦略的に重要なものではない、むしろ「お荷物」だと指摘する。中東産油国から石油を安定的に確保するほうが、よっぽど国益にかなっているはずだ、というのが、いかにもリアリストの発想だ。さらに、占領地政策など、道義的にもイスラエルを支援しがたい理由を挙げ、イスラエルに対して、「イスラエルは、パレスチナ人の権利を侵害した上で建国されたことを認める」べきだ、と求めている（Ⅱ巻終章）。すごい。

圧巻はⅡ巻の、イラク戦争からイラン、シリアとの関係まで、いかにブッシュ政権が間違ってきたかを述べた個所だ。筆者はイラク戦争の開戦理由を、「イスラエルをより安全にするため」と看破する。そして近年高まる米国の対イラン攻撃ムードも、イスラエルのためであって米国のためではない、と断言。米国は中東から軍を引いて、域外から外交によって米国の権益擁護を図るべきだと、結論づける。そして、イスラエルの占領をやめさせることが、最優先課題なのだと。

要するに、米国がイスラエル・ロビーにそそのかされて戦争したり、中東のその他の国々の憎しみの対象になったりするのはまっぴらごめんだ、ということが、とても理路整然と書いてある本。米国の中東政策を理解するうえで、最適の教科書だ。必読。

（原題、The Israel Lobby and U.S. Foreign Policy）

評・酒井啓子（東京外国語大学教授）

John J. Mearsheimer　47年生まれ。シカゴ大政治学教授。
Stephen M. Walt　55年生まれ。ハーバード大行政学教授。

二〇〇七年一二月二日②

『シャンパン　泡の科学』

ジェラール・リジェ＝ベレール 著
立花峰夫 訳
白水社・一九九五円
ISBN9784560027660

科学・生物

美しい泡に魅せられ、謎を追う

よく冷やしたシャンパンの栓をゆっくりと抜き、背の高いフルートグラスに静かに注ぐ。グラスの底からは細かい泡が立ち昇る。グラスを持ち上げ、口元に近づけてみよう。細かな泡が弾（はじ）け、芳香が鼻を刺激する。グラスを傾けると口の中でも泡が弾ける。スパークリングワインならではの贅沢（ぜいたく）だ。

糖がアルコール発酵すると二酸化炭素（炭酸ガス）が出る。これはどんな醸造でも同じ。シャンパンは、ビンの中でさらに2度目の発酵をさせることで炭酸ガスを封じ込める。その結果、コルク栓を開ける前のビンの中はおよそ6気圧に加圧されており、液中にも1リットル当たり12グラムほどの割合で炭酸ガスが溶けている。

シャンパンの泡は、液中に溶けていた炭酸ガスの放出である。放置しておくと、フルートグラスからはおよそ２００万個の泡が立ち昇る。

よく見ると、泡はグラスの内面で形成され、上に向かってまっすぐに上昇している。しかも、少しずつ成長し、スピードを増しながら。考えてみれば不思議な現象だ。シャンパンはなぜ、美しく泡立つのか。本書は、この謎に魅せられたフランス人物理学者のシャンパン賛歌である。

炭酸ガスの泡は、グラスに付着した微細な繊維片のエアポケットで形成される。いくら磨き上げても、そうした不純物は付いているものなのだ。ちなみに、実験的にグラスを塵（ちり）一つない状態にすると、泡は生じない。

シャンパンにはビールの3倍量のガスが溶けている分、泡の発生も多い。おまけに、泡を包み込んで固めてしまう界面活性物質の量がビールよりも少ないため、シャンパンの泡は上昇しながら液中のガスを吸い上げて成長し、そのおかげで浮力が増して加速される。

表面に達した泡はそこで瞬間的にパチパチと弾け、内部の気圧を急速に減少させるため、液体が秒速数メートルで数センチの高さにまで噴出する。すべて物理の言葉で説明できるが、だからといって興ざめではない。むしろ逆に芳醇（ほうじゅん）さが増した気になる。天の恵みシャンパンに、さあ、乾杯しよう。

（原題、UNCORKED：The Science of Champagne）

評・渡辺政隆（サイエンスライター）

Gérard Liger-Belair　フランスのランス大学の物理学助教授。

『集合住宅と日本人　新たな「共同性」を求めて』

竹井隆人 著

平凡社・二九四〇円
ISBN9784582544336　アート・ファッション・芸能／社会

他者を意識した緊張感ある共同体を

かなり論争的な本だ。タイトルを見ると、集合住宅におけるコミュニティーや共同的なまちづくりの重要性が、生温かい理想主義的な雰囲気を伴いながら描かれているのではないか、と私たちは考えてしまう。しかしこの本は、私たちが何となく「善（よ）きもの」と前提しているような「コミュニティー」や「まちづくり」のイメージに違和を決然と表明する。

たとえば、住民たちの交流を推進するコミュニティーの構築について。著者はその重要性を一定程度認めつつも、それが多くの場合曖昧（あいまい）な形で語られ「はなはだ情念的で表面的な意味合いでの人間同士のつきあい」として捉（とら）えられているのではないか、と論じる。コミュニティーをめぐる言論空間のなかで、住民の主体的な政治参加の契機が見失われつつあるのではないか、ということだ。では、住民の自主性が前面化しているようにみえる住民運動はどうか。これについても――「すべての」というわけではないだろうが――「住民運動に透けて見えるのは、自分たちの住宅を既得権とし、それ以後に建設される住宅のみに規制をかけるべきだという身勝手さ、あるいは……無責任さであろう」と手厳しい。著者が目指す「新たな共同性」は、表面的な相互交流（コミュニティー）でも他律的なまちづくりでもなく、住民による主体的な政治的共同性の構築＝ガバナンスを体現した意味空間において立ち現れてくる。それは内輪的なつながりを超え、他者が自らとは異なった存在であるということを前提とした緊張感溢（あふ）れるものとなるだろう。

しばしば異質な他者との出会いを阻むものとして批判されるゲーテッド・コミュニティー（防犯のため構築された閉鎖空間）についても著者独自の分析が加えられており、監視社会論に対する問題提起として受け止めることもできる。評者は著者の「日本人」をめぐる文化論的考察のすべてに同意するものではないが、都市や住居空間の共同性の持つ複雑性について多くの理論的示唆を受け取った。論争を喚起する刺激的な本であることに間違いはない。

評・北田暁大（東京大学准教授）

たけい・たかひと　68年生まれ。著書に『集合住宅デモクラシー』など。

二〇〇七年一二月二日❹

『食通小説の記号学』

真銅正宏 著
双文社出版・三七八〇円
ISBN9784881645789
文芸

「味覚」を他者に伝える困難と魅力

『食通小説の記号学』という何ともソッケない題名には、ある隠し味が潜んでいる。

つまり、〝食〟の味わいはそれを口にする個々の人間の味蕾（みらい）の鋭敏さだとか、育った文化環境などによって、同じ物を食べてもまったく異なる表現がなされる可能性を有するわけで、要するに味覚は極めて主体的で第三者に伝えにくい知覚と言えるだろう。ところが記号学という学問は、大ざっぱに言えば言語記号化という作業が事物や感情といった観念を、いかに客体化し得るか（つまり他者に提示し得るか）を扱うものだ。一見、水と油に見えて、記号学を応用するのに食の分野は極めて魅力的な対象なのである。双方に興味のある人なら、ニヤリとする題名だろう。

一方で、題名からシニフィエだのパロールだのといった堅苦しい記号学用語が並んでいることを予想して、そんな学術のコトバで食の魅力が語れるものか、と拒否反応を起こす読者もいるに違いない。しかし安心してほしい。著者は（少なくとも本文中には）一切、そういう〝頭をよさそうに見せるための〟専門用語を使っていない。そこにあるのは、岡本かの子から織田作之助、谷崎潤一郎といった作家たちが、いかに美味の概念を読者に伝えようと苦心して文を練ってきたかという実例であり、その豊富なデータを列記することで、例えば日本人はビールに対し、その魅力は大いに語っても、味を具体的にほとんど表現していない、というような、興味深い事実も見えてくる。

さらに、今流行の料理のレシピ本にしても、それが成立するのは、文字というものに事象を伝えるシステム、「そもそもそれが指すもの、たとえばりんごという言葉がさすものが、大体のところは同質である、という前提」が出来た場合に限られるわけで、〝それこそが記号学の基本中の基本なのだ〟という指摘にひざを打つ読者も多いと思う。ここまで臭みのない記号学関係書も珍しい。図版も豊富で楽しいし、食文化史本としても面白い。食わず嫌いせず、まずはひと口味わってご覧なさいとお勧めする。

評・唐沢俊一（作家）

しんどう・まさひろ　同志社大教授。『小説の方法』『ベストセラーのゆくえ』など。

二〇〇七年一二月二日❻

『子どもが忌避される時代　なぜ子どもは生まれにくくなったのか』

本田和子 著
新曜社・二九四〇円
ISBN9784788510760
社会

「次世代を作る」を公的な営みと主張

私事になり恐縮だが、私には子どもがいない。決意や選択の結果というより、何も選択せずにいたら自然にこうなった、とこれまで思っていた。

著者は、少子化の根っこにあるのは「子ども忌避」の心性だとする。だとすると私も、自分でも気づかぬうちに「次世代の人間を作り出すという営み」を積極的に忌避していたのだろうか。これはただごとではない。

しかし著者は、この「子ども忌避」は現代女性の意識の変化のみによって起きたものではない、とする。それは、社会の近代化に伴ういくつかの変化の総体なのだ。そして、親子関係、生活空間、都市空間、情報ツールやメディア、犯罪など、それぞれの要素ごとに「子ども感」の変化の歴史を丹念にたどっていく。

たとえば、親子関係に関する章には、西欧文明の輸入である「ホーム主義」と前近代社会の「イエ」概念が結びついた結果としての「緊密な母子関係」がどういうプロセスで変遷していったかが描かれる。家電製品やインスタント食品、塾の普及などの結果、母親は子どもにとって「なくてはならない者」ではなくなっていき、親子は互いに必然性の乏しい存在となってしまった。そしてもちろん、この親子関係の希薄化は、「子どもの忌避」の要因のひとつにしかすぎない。

　なるほど。〝なんとなく子どもがいない私〟も、明治以降の複合的な社会変動のひとつの結果だったということか。「産まない女はワガママ」と責められるよりは「近代化の必然」と言ってもらったほうが気がラクだが、それで問題が解決したわけではない。著者は、「人」という種を絶滅から守るための生殖行為を、単なる私的行為を超えた「大いなる目的に奉仕する『公的』な営み」に位置づけよと主張する。「その責務を果たしていない私っていったい……」とまたまた「私」に拘泥してしまうのが、そもそも近代の病理なのだろう。近代的自我と「子ども」は両立するのか否か。あまりにもむずかしい問題だ。

評・香山リカ（精神科医）

ほんだ・ますこ　31年生まれ。お茶の水女子大元学長・名誉教授（子ども学）。

二〇〇七年一二月二日⑦

『私の男』

桜庭一樹 著　文芸春秋・一五五〇円

ISBN9784163264301／9784167784010（文春文庫）　文芸

　矢継ぎ早に話題作を世に送り出している桜庭一樹の最新作は、ダークな雰囲気の恋愛ミステリーである。

　2008年6月、結婚式を翌日に控えた腐野（くさりの）花は、養父の淳悟（じゅんご）、婚約者の尾崎美郎（よしろう）と会食する。一見すると幸福に思える風景は、花と淳悟が愛するがゆえに肉体関係を持ち、さらに殺人事件にもかかわっていたことが暗示されることで一転。やがて物語は1993年まで時間を遡（さかのぼ）り、語り手を変えながら、二人の謎めいた過去に肉薄していく。

　過去へ遡ることで意外な真相を浮かび上がらせる手法は、類似作も多いので決して珍しくはない。

　だが花と淳悟の関係にしても、殺人の動機にしても、ほのめかされている事実は読者を欺くための前ふりに過ぎず、常に予想を裏切る意外な結末が用意されているので、謎解きの完成度も高い。

　花と淳悟は世間の常識からすればおぞましい関係だが、作中では美しくも魅力的に描かれている。二人の退廃的な愛は、バブル崩壊後の不景気、そして拡大する所得格差によって日本人の常識や倫理観が激変した状況ともリンクしている。社会の〝闇〟が個人の生活に影響を及ぼすという普遍的な構造を明らかにしたところも鮮やかである。　評・末國善己（文芸評論家）

二〇〇七年一二月二日⑧

『出版と社会』

小尾俊人 著　幻戯書房・九九七五円

ISBN9784901998284　歴史／人文

　豊富な文献を通して語る大正の終わりから、戦争直前までの出版興亡史。A5判2段組み、650ページをこえる大著である。

　関東大震災後の「キング」（講談社）創刊、それと雁行（がんこう）するように改造社の山本実彦によって創案された円本。昭和の出版界（著者・編集・印刷・製本・流通・読者）はそれにより一変した。

　その円本の功罪。子どもをめぐっての興文社対アルス、文学全集をめぐっての春陽堂対改造社など多くの激烈な戦い。新聞を舞台にした凄（すさ）まじい宣伝合戦。いまの出版界を凌（しの）ぐ活気とその過激さに驚かされる。

　円本ブーム終焉（しゅうえん）前後の文庫創刊。そこにおける翻訳文化の問題。『資本論』をめぐっての岩波茂雄と河上肇との軋轢（あつれき）。現在も変わらぬが出版は人間臭いことばかりだ。

　忘れていけないのは軍による検閲・弾圧の歴史でもあったことだ。不当な事件の内実も、丹念な資料発掘に基づき詳述されている。

　平易で、おもしろく、しかも読み応えのある昭和出版史。やや高価格なのが気になるが、一度二度、酒を控えても座右に置いていい一冊ではないか。出版人にかぎらず、新聞・テレビ・広告などマスコミ業界の人たちにはとりわけ読んでもらいたい。　評・小高賢（歌人）

二〇〇七年一二月二日⑨

『左右の安全』

アーサー・ビナード 著

集英社・一五七五円
ISBN9784087748826
文芸

職業柄、著者ビナードには以前から興味を持っていた。22歳の時に来日して日本語で詩作を始めたそうだから、すでに十数年以上、日本語で詩を書いていることになる。今さら何を、と言われるだろうが、それでもやはり、外国語で詩を書くなんてすごい、と思わずにいられない。

改行のしかたにも、工夫があって面白い。この詩集に載っている詩は、01年から07年の間に発表されたものだが、来日直後のことを書いた詩もあるからか、池袋や北区あたりの町並みの描写に、不思議な懐かしさを感じさせる。かつてどこにでもあった日本の夕暮れ時の雰囲気が漂っている。一方、母国アメリカでの体験を描いた詩は、また別な空気を感じさせる。

時間と空間の座標軸の取り方に独特の味があり、時間と空間が時々ひらりと変化して、心地よい驚きを与えてくれる。その一瞬、世界が、普段とは少し違った色合いを帯びて立ち上がってくる。空間や時間がそれぞれ伸び縮みするだけでなく、空間というものと時間というものが私が思うほど性格の違うものではないのかもという気もしてくる。

東京の街を自転車で走り回る詩を読んで私も久しぶりに自転車に乗ってみた。

評・常田景子（翻訳家）

二〇〇七年一二月二日⑩

『ネットカフェ難民　ドキュメント「最底辺生活」』

川崎昌平 著

幻冬舎新書・七七七円
ISBN9784344980549
社会／新書

ネットカフェ難民には月最低9万円が必要で、そのうち6万が宿泊代と知って、思わず首を傾（かし）げた。わずか1畳の空間に1泊2千円かける彼らってなに？

お風呂なしで月3万とか4万で6畳の部屋もあるよー、と言いたくなる。

携帯電話を使っての日雇いバイトも実に効率が悪い。あえて継続する仕事に背を向け、まっとうな生活を拒むかのごとき選択だ。

本書は25歳の無気力な若者が、親元を出てネットカフェ難民になった体験記だが、その具体的な日々を知るにつれ、彼らの生活を若年層の「経済格差」の実態と見るだけでは捉（とら）えきれないものを感じる。

ほら、いたでしょう？　ヒッピーとか、フーテンとか、いつの時代にも、家を捨て、街を浮遊して生きる若者たちが。ネットカフェ難民の少なからずは、その系譜に属する若者なのかもしれない。

しかも、豊かさの中で育った彼らは、社会の最底辺に身を置くことでしか、リアルな現実を体験するすべがない。無意識のうちに生きる技術を欲し、自立の修行をしているように見える。本書からは、ネットカフェ難民とは？　というもうひとつの視点が得られるだろう。

評・久田恵（ノンフィクション作家）

二〇〇七年一二月九日①

『望みは何と訊かれたら』

小池真理子 著

新潮社・一九九五円
ISBN9784104098088／9784101440255（新潮文庫）
文芸

濃密な磁力を放ち、ぞくっとした

作家にとっての原点の重みと、それに挑みつづけ、達成を更新しつづける志の熱量に、つくづく圧倒された。

主人公・沙織の長い回想の形で紡がれる物語の主要な舞台は、彼女が学生運動にかかわっていた１９７０年代前半――作家自らの青春時代とも重なるその時代を、小池真理子さんは、直木賞受賞作『恋』をはじめとする諸作で、「あの時代とはなんだったのか」のアプローチをさまざまに変え、深めていきつつ、繰り返し描いてきた。

その系譜に連なる本作で、小池さんは濃密な磁力を持つ三つのアジトを用意した。

一つめは、文字通りのアジト――沙織が入っていたセクトが山中に設けた拠点である。セクトのリーダー・大場修造に惹（ひ）かれる沙織は、〈大場に自分の中にある理知と勇気をほめられ、そのうえで女として注目され、愛されていたかった〉。だが、やがてアジトでは粛清が始まり、沙織は脱走する。そこまでの経緯は、現実の事件や固有名詞を織り交ぜながら、「あのときああしていれば（いなければ)、こうなっていなかった」という反実仮想をベースにした緻密(ちみつ)な悲劇の様式で、あくまでも〈理知〉的に回想される。

ところが、舞台が第二のアジトに移ると、物語は大きく転調する。逃亡中の沙織は、他人との交わりに背を向ける秋津吾郎に匿(かくま)われ、〈動物の巣穴のような小さな家〉で一歩も外に出ることなく半年間を過ごした。〈理知〉や〈勇気〉を捨て、〈吾郎の赤ん坊、吾郎に繋(つな)がれた奴隷〉として生きた淫靡(いんび)で背徳的な日々は、〈人生の最も秘密めいた、甘美な記憶として、わたしの中に密(ひそ)かにとどまり、消えることなく今に至っている〉のだ。

大場の思想や観念に惹かれていた沙織は、秋津によって〈人間性の本質〉を剥(む)き出しにされる。それは小池さんの拓(ひら)いた文学的な地平であると同時に、1歳年上の沙織に託した、1970年代という時代に対する小池さん自身の新たな回答だろう。

ただし、二つのアジトの物語は空間的にも心理的にも閉ざされている。そのうえ1970年代を「あの頃」として封印してしまうと、物語は、作中に印象的に出てくる蝶(ちょう)の標本さながら、美しくはあっても2007年の「いま」を揺さぶることはなく、ただ静かに身を横たえるだけになりかねない。

しかし、小池さんは第三のアジトを「いま」の沙織に与えた。物語は回想で閉じられてはいない。生きている。うごめいている。「あの頃」は決して「いま」と断絶しているわけではない。そのアジトでの出来事を明かすのはさすがにヤボだが、一つだけ――50代半ばになった沙織の妖艶(ようえん)な美しさに背筋がぞくっとしたことは告白しておきたい。

〈人々は、本当のところ、何を考え、何を想(おも)い、何を欲しがり、何にこだわりながら生きているのだろう〉――その問いかけを「いま」の沙織に語らせたところに、小池さんの「あの頃」への思いの深さがにじむ。だからこそ逆に、沙織の自問は世代や時代を超え、「いま」を生きる読者の胸を打つのである。

評・重松清(作家)

こいけ・まりこ 52年東京生まれ。作家。『恋』で直木賞、『欲望』で島清恋愛文学賞、『虹の彼方』で柴田錬三郎賞を受賞。

二〇〇七年一二月九日❷

『ケインズとシュンペーター 現代経済学への遺産』

根井雅弘 著

NTT出版・二三一〇円

ISBN9784757122048

経済

天才的学者の思想の「総合」に挑戦

1883年。マルクスが没し、20世紀を代表する2人の経済学者ケインズとシュンペーターが誕生した。理論よりも政策を重視するケインズは、大不況に苦しむ大量の失業者を救済するために、50歳を過ぎてから主著『一般理論』を著しケンブリッジの伝統的な経済思想に反旗を翻した。これに対し、理論と政策を峻別(しゅんべつ)し「『理論』が『政策』に利用される危険性を熟知していた」シュンペーターは、大不況といえども「不況はイノベーションが創(つく)り出した新事態に対する経済システムの『適応過程』と」静観を続け、30歳前に完成していた『経済発展の理論』の思想を堅持したのである。

目前の難題を解決するためには自分を育ててくれた思想を捨てることも厭(いと)わないケインズと、目前の現象に惑わされることなく「一世紀といえども『短期』である」と言って、資本主義の歴史と本質を見抜こうとしたシュンペーターとでは、「そもそも『経済学』という学問をどのように捉(とら)えるかという肝心の点について」見方が違っていたと、現代経済思想史を専門とする著者はいう。

ただ、大学院時代に「そろそろわれわれも紋切り型のケインズ対シュムペーターという問題の立て方から脱すべき時期にきているのではなかろうか」(『ケインズから現代へ』日本評論社)と問題提起をしていた著者は、それから20年近くを経た本書で、吉川洋氏(『構造改革と日本経済』岩波書店)が唱えるケインズの有効需要とシュンペーターのイノベーションの「好循環」に2人の学説の「総合」を求める。

「一世紀に一人か二人しか出ないほどの天才的経済学者の『思想』は、そうたやすく死ぬものではない」と思いを語る著者が、2人の思想を「総合」しようとする試みは評価できる。しかし、両雄は並び立たないことも忘れてはならない。著者も景気が後退に向かう局面では、2人の理解が「全く異なる」と指摘している。啓蒙(けいもう)書で「総合」に挑戦するのは2人の思想を知り尽くした著者にとっても、容易ではないように思われる。

評・高橋伸彰(立命館大学教授)

ねい・まさひろ 62年生まれ。京都大院経済学研究科教授。『経済学の教養』など。

二〇〇七年一二月九日③

『韓国サーカスの生活誌　移動の人類学への招待』

林史樹 著

風響社・二六二五円
ISBN9784894891173

人文

移動集団と寄り添い、「所有」を考える

韓国社会がサーカスに対して抱くイメージは「哀愁」だという。韓国サーカスの全盛時は、1955年から65年ごろ。100人から200人を擁する団体が11もあった。しかし経済成長を果たし、テレビなど娯楽が多様化するなかで人気は下降した。90年代、各地を巡業する韓国サーカスは20人から30人ほどで構成される4団体にすぎない。

著者は1994年の秋から10カ月にわたって、韓国のサーカス団に入り各地での興行に参加した。その間、サーカス団内外の人間関係、公演の実際、入団と退団といった団員の流動性など、さまざまな聞き取りを重ねた。その生活誌を元に、文化人類学的な考察を加えたのが本書である。

共同生活を行う韓国サーカスの構成員にとって移動する芸能集団そのものが「居場所」であり、また擬制の「家族」である。儒教を重んじ、人の内面が大切と考える韓国社会では、日本よりも物を「所有」することへの執着心が薄く、「場所」への想(おも)いも乏しい。だからこそ韓国の人はしばしば移り住み職場も移るのだと、著者はみる。

芸能の伝播(でんぱ)についても、おおいに考えさせられた。私たちにとってサーカスとは西洋から受け入れた曲芸という印象だ。しかし韓国サーカスの生い立ちは、日本の半島統治の経緯と重なりあう。20世紀前半、矢野サーカスなどが大陸に渡って興行を行った。その影響のもと、韓国にもサーカスと称する移動芸能集団が誕生した。一方で男寺党など伝統的な芸能集団は解散を余儀なくされていく。

実際、韓国サーカスで上演される演目の大半は日本から入ったものだ。著者が調べた日本語に由来する符丁は120語を超える。今日でも日本語に基づく専門用語の習得が、団員としてのアイデンティティーを自覚することと密接な関係があるという。

近年、各界において海外で目覚ましい活躍をする韓国人が多いことを思い出した。移動芸能集団を限定的に題材としつつ、「移動」さらには「所有」に関する日韓の本質的な差異をみいだす著者の視点は、なかなかに興味深い。

評・橋爪紳也(建築史家)

はやし・ふみき 68年生まれ。神田外語大准教授。著書に『韓国がわかる60の風景』など。

二〇〇七年一二月九日④ 文芸

『さよなら僕の夏』

レイ・ブラッドベリ 著　北山克彦 訳

晶文社・一六八〇円
ISBN9784794967138

作者87歳、少年に「不屈の意志」を語る

本書は「事件」である。

87歳のレイ・ブラッドベリの新刊で、50年の時を経て書かれたあの『たんぽぽのお酒』の続編だなんて。

36年も前に読んだ瑞々（みずみず）しい世界。12歳の少年ダグラスのひと夏を描いた『たんぽぽのお酒』は、永久不滅の名作として完結している。少なくとも私には。がっかりしたくない。読むべきか、読まざるべきか。おそるおそるページを繰った。

洪水のような言葉、言葉、言葉。言葉の生命力が横溢（おういつ）していたあのブラッドベリの世界は、さび色の秋の気配のように落ち着きをみせ、物語の主人公、少年ダグラスは14歳になろうとしていた。

そして、この無垢（むく）で万能感の中にあった少年には、凡庸さが忍び寄っている。敵対するもう一人の主人公、クォーターメイン老は頑迷さという鎧（よろい）を着て怒りの中にある。

そう、物語はこの少年と老人の「戦争」ごっこ。そうか。両者共、時間を止めようとする存在なのか。その構図がせつない。少し後悔。読まなければよかったか……。

が、87歳のブラッドベリはひるまない。少年と老人が、お互いの中に自分のまなざしを見るその一瞬を描き切る。

そして、それぞれがとどめることのできない人生の時間を静かに受け入れる経緯が語られる。

老人は聞くのである。「人生について全部知りたいのかね?」。少年はうなずき、老人は言う。「不屈の意志を持つことだ」

著者には、前作で言い残したことがあったのだ。人生の輝きは、一瞬、一瞬過ぎ去り、いろんなものを喪失していくけれど、恐れることはない、新たなものを発見していく喜びは奪い去られることはないのだよ、と少年ダグラスに伝えたかったのだな、と。

生意気にも、老人の性の喪失と、少年のその兆しを描いた最終章はいらない、と今の私は思ったけれど、さらに20年生き延びたら、きっと別の思いを得るのだろう。

老いとは未知への冒険である。不屈の意志を持って作家としての人生を生き切ろうとするブラッドベリは凄（すご）い。

（原題、Farewell Summer）

評・久田恵（ノンフィクション作家）

Ray Bradbury　20年米国生まれ。作家。『華氏451度』など。

二〇〇七年一二月九日⑤ 歴史／科学・生物

『数が世界をつくった　数と統計の楽しい教室』

I・バーナード・コーエン 著　寺嶋英志 訳

青土社・二三一〇円
ISBN9784791763610

数量化の技術で社会を変えた人々

本書の原題は「数の勝利」。「いかにして数えることが、近代生活をかたちづくったか」と副題が添えられている。けだし数量化、すなわち世界や社会を数値で把握することが知識の正しさや確かさを保証すると考える態度の発達は、近代の本質の一部だ。自然を支配する主人としてふるまう近代人は、あらゆるものについて数を数え、量をはかる人間である。

しかし、この数量化の道のりは決して単線的なものではなく、またその道のりが今日、すでに終えられた旅路であるというわけでもない。数量化による知が木石から人間自身へと及ぶにつれ、ある緊張が高まるからだ。人体も物体であり、人間も動物である分だけ、数量化は人間を理解するのにも効果を発揮する。翻って言えば、数量化の技術が上がるほど、人体は物体に近づき、人間は動物に近づくということだ。その先にほの見えるのは、いわば人間が自己家畜化する社会である。

数量化がもたらすこの緊張は、いまではじ

まったものではない。数量化へ向けた技術革新は、つねにある種の暴力・冒涜（ぼうとく）として抵抗を受けてきた。だが、天文学や物理学から始まった数量化が、医学や社会学、そして政策科学へと拡大していくさまを描く著者の筆致は、数量化を推進した者と抵抗した者とを対置するよりもむしろ、推進する立場のなかでの複雑さを提示している。数量化は、必ずしも一元的で一貫した科学的態度ではないのだ。

たとえばM・フーコーやI・ハッキングのような、比較的哲学的な著者の作品に親しんでおられる読者なら、本書が渉猟しているエピソードが、それぞれ科学史・思想史上の重要テーマに触れていることに気がつかれるであろう。だが本書の稀有（けう）なところは、そういうややこしい話抜きに、例えばナイチンゲールが先駆的な統計学の実践家であった逸話（彼女は自らデータをグラフに加工し、病院衛生の改善を訴えた）など、個々のストーリー自体に読み物としての面白さがあることである。本書がこの大家の遺稿となったことが惜しまれる。

（原題、THE TRIUMPH OF NUMBERS）

評・山下範久（立命館大学准教授）

I. Bernard Cohen　1914～2003年。米の科学史家。

二〇〇七年一二月九日⑧

『演出家の仕事』

栗山民也 著

岩波新書・七七七円

ISBN9784004311058

アート・ファッション・芸能／新書

「開かれた劇場」をめざして、新国立劇場の芸術監督を7年つとめた著者が、明晰（めいせき）な話し言葉で、演劇の現在について語りかける。

出発点は、まず聞くこと。「物言う術」より聞く耳をもつこと。相手の言葉を聞き、感情を読みとって対話が始まる。そして、異質の声がぶつかり合う不調和の調和こそ、演劇の真のアンサンブルだ。

では、戯曲はどう読めばよいのか。稽古場（けいこば）で俳優はいかに想像力を働かせればよいか。その具体例を事実に即して述べたあと、世界の演劇人との出会いとすぐれた舞台の実例をあげ、演劇とは何かを問いかける。

その裏づけとして、演出家になるまでの自分史が語られる。金春（こんぱる）流の人間国宝櫻間（さくらま）道雄の能「伯母捨（おばすて）」を観（み）たのが舞台芸術に入るきっかけで、世阿弥の美学に傾倒したという。きわめて尖鋭（せんえい）で、かつ正統的な著者の演出の根底にふれる挿話だ。また、戦争の犠牲者だった父親と、アウシュヴィッツ強制収容所が念頭にあって、いまも沖縄でのワークショップをつづけているともいう。

井上ひさしの近作「ロマンス」の演出日記まで添えた演劇人必見の書で、演劇を志す若者たちばかりでなく、現代劇に関心のある多くの読者に奨（すす）めたい好著。

評・杉山正樹（文芸評論家）

二〇〇七年一二月九日⑨

『若者を見殺しにする国　私を戦争に向かわせるものは何か』

赤木智弘 著

双風舎・一五七五円

ISBN9784902465129

社会

「論座」1月号で衝撃的な戦争待望論を掲げて登場した著者の単行本第一作。デビュー論への左翼各界からの論難に対する反論も収録しており、弱者救済を唱えるリベラルに著者が激しい非難を浴びせた理由がよく分かる。

弱者保護にまつわる利権の保持に汲々（きゅうきゅう）とする左翼リベラルは、不況下で多数の若者が就業機会を喪失したがゆえに団塊世代の安定的雇用が維持されるという差別構造の存続に与（くみ）し、世代間格差が固定化するのを黙止してきた。救済の途を閉ざされた非正規雇用の若者は、もはや戦争が引き起こす混乱でこの差別構造が崩壊するのに希望を託すしかないというのが著者の主張の骨子だ。

この論旨の妥当性についてはいずれ多方面から批判検討の対象になるだろう。むしろ注目したいのは、おのれの私生活を剥（む）き出しにするという捨て身の戦略が、ある意味で私小説的な手法にもとづく表現形態であることだ。強者への道徳の強制という極端な主張は、自らにひそむ業のありように自覚的であるからこそなされたものと見るべきだ。著者が今後とも現代社会に警鐘を鳴らしえるか、それは偏（ひとえ）にこの文体（スタイル）を維持・洗練できるかにかかっているに違いない。

評・赤井敏夫（神戸学院大学教授）

二〇〇七年一二月九日⑩

『ギリシアの神々とコピーライト』 人文

ソーントン不破直子 著

学芸書林・二九四〇円
ISBN9784875170792

19世紀後半、ニーチェは「神の死」を提唱し、20世紀後半、フーコーは「人間の死」を、バルトは「作者の死」を宣告した。彼らの批判的思考の道筋は、西欧文明がいかに長いこと、「神」の権威をモデルに「人間」の権利や「作者」の著作権を保証してきたかを認識させてやまない。

本書がユニークなのは、あらためて「作者という神話」を批判せずとも、古くはギリシャ古典や旧約・新約聖書の時代より、作家とはあくまで神の代理にすぎず、作家が「霊感」を受けたと主張すればするほど、それは個人の独創性ならぬ詩神の権威のほうを裏書きしたのだ、という前提から始めていることである。ルネサンスの人間主義や近代以降のロマン主義を経てようやく、作家の作品を人間側の私有財産、作家を神に成り代わるべき存在と見直す視点が生まれたのだという。

だが20世紀のモダニズム以後、そのように強大化した作者を警戒する意識が生まれ、21世紀の今日ではデジタル共産主義の台頭により、著作権は再びゆらいでいる。かつての霊媒は、いまや亡霊と化した。２５００年にわたる文学史の根幹を問い直す本書は、現代批評理論の入門書としても、広くお薦めできる。

評・巽孝之（慶應大学教授）

二〇〇七年一二月一六日①

『ダーウィンの『種の起源』』 文芸

ジャネット・ブラウン 著　長谷川眞理子 訳

ポプラ社・一五七五円
ISBN9784591099131

『英国紳士、エデンへ行く』

マシュー・ニール 著　宮脇孝雄 訳

ポプラ社・二六二五円
ISBN9784152088697

世界観変えた「種の起源」の謎に迫る

科学の歴史にとって、２００９年は記念すべき年である。進化学の父と讃（たた）えられているチャールズ・ダーウィンの生誕２００年であると同時に、その後の人類の歴史に多大な影響を及ぼした『種の起源』の出版から１５０年にあたるのだ。母国イギリスでは２００９年の7月5日から10日にかけて、ケンブリッジで大々的な祭典が催される予定で、早くも主な行事日程が発表されている。それ以外にもさまざまな計画があると聞く。

ところがダーウィンの『種の起源』は名のみ高く、読まれることの少ない本の一つである。そういうこともあってか、『種の起源』に関しては、意外と知られていない事実が多い。

『種の起源』の構成は、すべての生物は共通の祖先から分かれてきたという考え方（進化論）を読者に納得させると同時に、進化を引き起こす仕組み（自然淘汰〈とうた〉説）を提唱した、一つの長い論証という形をとっている。そして驚くべきことに、岩波文庫版にして約８００ページもあるというのに、ダーウィン自身、この本は自らの研究成果の「要約」であるとことわっている。

ダーウィンは、進化という事実とその仕組みに関する理論に思い至ってからそれを世に問うまで、実に20年あまりも発表を差し控えていた。ならば、満を持して完全な形で発表すればよいものを、なぜ、「要約」などという形を採ったのだろう。あるいは、『種の起源』出版直後の騒動の中で、ダーウィン自身は沈黙を守り通した。なぜなのだろう。

ジャネット・ブラウンの小著は、『種の起源』の伝記という形で、この歴史的な書をめぐるいくつもの「なぜ」に明快に答えると同時に、今に至っても衰えていないダーウィンの慧眼（けいがん）とそれがもたらした影響を手際よく紹介している。

一方、マシュー・ニールの長編小説は、『種の起源』出版前夜にあたる１８５８年の物語である。聖書の記述を頑（かたく）なに信じる地質学者でもあるイギリス人牧師が、タスマニアこそがエデンの園だとの結論にいたり、その証拠を求めてオーストラリア沖に浮かぶかの島を目指す。その物語が、当の牧師、人種差別主義者の医師、先住民アボリジニと白人との混血児、密輸船の船長など、複数の登場人物の視点から重層的に語られる。

その牧師は、科学の使命は神による創造を証明することであるという旧来の科学観の体現者であり、ダーウィン進化論が変えた古い世界にあたる。一方、探検隊に同行した医師の目論見（もくろみ）は、先住民アボリジニが劣等な別種であるとする自説の「科学的証拠」集めにあった。後にダーウィンの自然淘汰説は、優勝劣敗の原理と曲解されることで、この医師のような人種差別主義を正当化する「科学」として誤用され、ホロコーストを招来した。

つまりこの小説は、ダーウィンこそ登場しないものの、まさに『種の起源』が一変させた世界観を要約していることになる。しかも偶然に翻弄（ほんろう）される探検隊一行の運命が、進化の偶然性と相通じる点でもおもしろい。

評・渡辺政隆（サイエンスライター）

Janet Browne、Matthew Kneale

二〇〇七年一二月一六日②

『旗本夫人が見た江戸のたそがれ　井関隆子のエスプリ日記』

深沢秋男 著

文春新書・七六七円
ISBN9784166606061　歴史／ノンフィクション・評伝／新書

風俗から政治の裏面までリアルに

女性の日記文学は必ずしも平安時代の特産ではない。江戸幕府が改革か衰退かの選択を迫られた天保年間、女ざかりの日々の出来事を日記に綴（つづ）った旗本の妻がいた。

その名は井関隆子。江戸城で納戸組頭（なんどぐみがしら）を勤めていた井関親興（ちかおき）の後妻である。天保十一年（一八四〇）から同十五年（一八四四）までの膨大な日記は、長らく桜山文庫に秘蔵されていたが、著者の三十五年にわたる努力で翻刻・研究され、『井関隆子日記』と名付けて世に知られるところとなった。そのサワリを紹介したのが本書である。

夫との間に子は生まれなかったが、隆子は旗本家の刀自（とじ）として一家をてきぱき取り仕切る。九段下の屋敷は庭が広く、種々の草木が植えられて四季折々の自然が楽しめる。田安御門も程近く、江戸城とは手頃な距離にあった。

義理の息子の親経（ちかつね）は広敷用人に出世した。広敷は大奥の受付にあたる部署であり、将軍家斉（いえなり）の公私の接点をなしている。孫の親賢（ちかかた）は世子家慶（いえよし）の小納戸（こなんど）（雑務係）を勤め、ここからも城内の情報が入ってくる。隆子日記の豊富なトピックはあちこちに張りめぐらされたアンテナ網から提供されていたのである。

本書の構成は、前半が江戸の花鳥風月、年中行事、社会風俗の絵巻である。心中事件や破戒僧に向けられるオバサン的好奇心も旺盛だ。後半それが一転して天保改革の話題に切り替わる呼吸がいい。

権力の座に就いた水野忠邦は、家斉の死を待ちかねたように荒療治に取りかかる。追放された旧政権の佞人（ねいじん）に殿中で誰も声を掛けなくなる雰囲気がリアルだ。果断な倹約政治に対してくすぶる不満の声もじわじわと伝わってくる。

忠邦の命運を賭けた上知令（あげちれい）が、それで不利益を蒙（こうむ）る大名・旗本のひそかな結束で葬られてゆく政治の裏面がよくわかる。隆子日記は、家斉薨去（こうきょ）の日付など幕府の公式発表と隠された真相との隙間（すきま）を埋める一級史料でもあるのだ。

隆子の文章にはしっかりした芯（論理性）が通っている。欲をいうなら、原文の達者な和文をもっと大胆に生かしてもよかったと思う。

評・野口武彦（文芸評論家）

ふかさわ・あきお　35年生まれ。元昭和女子大教授。著書に『井関隆子日記』など。

二〇〇七年一二月一六日❸

『臈（らふ）たしアナベル・リイ総毛立ちつ身まかりつ』

大江健三郎 著
新潮社・一四七〇円
ISBN9784103036197
文芸

限界を試し想像力の源泉を問い直す

なんとも不思議なタイトルは、19世紀アメリカ・ロマン派作家ポー晩年の名詩「アナベル・リイ」（1849年）に、戦後、日夏耿之介（ひなつこうのすけ）が施した名訳に則（のっと）る。熾天使（してんし）に妬（ねた）まれ夭折（ようせつ）する美少女アナベルのモチーフは、20世紀に入ると南部作家ウォレンの長編小説『オール・ザ・キングス・メン』（1946年）へ、さらにロシア系アメリカ作家ナボコフの代表作にして、20世紀英語文学ベスト10にも数えあげられることの多い『ロリータ』（1955年）へと受け継がれる。今日の「ロリコン」「ゴスロリ」の原典における美少女ロリータは、主人公ハンバート・ハンバートの夭折した幼なじみアナベルの再来なのである。

こうした世界文学的伝統に、我が国を代表する作家はいかに挑戦したか。

本書は、語り手の作家が旧友の映画監督・木守有（こもりたもつ）と組み、戦後すぐ製作された映画版「アナベル・リイ」に主演した元少女スター「サクラさん」をフィーチャーして、ドイツ作家クライストが19世紀初頭に執筆した中編小説『ミヒャエル・コールハースの運命』を映画化するという計画から始まる。

サクラさんは幼くして孤児となるも、アメリカ人デイヴィッド・マガーシャックに引き取られ、いまや国際的大女優。クライスト作品は、16世紀の末、ブランデンブルク出身のコールハースなる博労が、隣国のサクソニアへ赴いたおりに、新城主となった若殿トロンカの謀略で強壮なる黒馬を取り上げられるばかりか愛妻まで殺され、復讐（ふくしゅう）の鬼と化す物語。

主人公はこれを、自らの故郷である四国でじっさいに起こった農民一揆に置き換え、中心人物であるコールハース役を女性に振り替えるという構想を練る。いちどはスキャンダルで挫折するも、30年の歳月を経て、いよいよ製作再開。暴走する老芸術家たちのみならず、挫折から立ち直った元少女スターが、国家も時代も顧みず「後期の仕事」を共作していくクライマックスは、作家生命の限界を試し創造力の源泉を問い直す作業として、胸を打つ。

評・巽孝之（慶應大学教授）

おおえ・けんざぶろう　35年生まれ。小説の近著に『さようなら、私の本よ！』。

二〇〇七年一二月一六日❹

『近代中国の政治文化　民権・立憲・皇権』

野村浩一 著
岩波書店・三八八五円
ISBN9784000225625
政治／国際

今日も続く伝統文化克服の試み

21世紀の中国がどこへ向かうのかは世界の大問題だ。中国共産党が市場化の道を歩むと宣言してから15年。経済の高度成長が続き、人々の生活水準の向上は目覚ましい。だがその一方で、格差の拡大と社会のまとまりの喪失、拝金主義の蔓延（まんえん）と道徳の退廃を憂える人も増えている。汚職にまみれ、問題解決能力を低下させた政治体制の行方も不透明なままだ。

しかし、長い中国史の文脈で考えれば、今の中国の変動は20年や30年前に始まったことではない。本書では、1911年の辛亥革命を起点とする中華世界の解体と再生が今日もなお続いていると捉（とら）えられる。具体的な分析の対象は20世紀の初めから30年代までの政治文化や思想潮流であり、著者によれば思想、文化こそ秩序形成の方向づけに強く作用する。本書を読むと、実に100年にわたって中国政治の基本課題にほとんど変化がないことに驚かされる。

農民大衆の子であった孫文は、「造反」と「光復」（漢民族主体の回復）という政治文化的伝統、そして公平を求める農民世界の文化的伝統を基に「民権」「共和」の理念を掲げた。しかし混乱にあって現実に権力を支えたのは、袁世凱（えんせいがい）が立脚した皇権的政治文化、すなわち皇帝―官僚支配の政治文化であった。そして後には、救世主の登場による平天下を望む農民の心性が毛沢東の権力獲得を支えた。

このような伝統文化の問題を克服する試みは確かにあった。一つは、地域社会の安定と繁栄を自らの責務とした張謇（ちょうけん）ら開明的士紳層の立憲主義である。もう一つは、新中国の新文明造りを目指し、集合的な民権より個々人の人権の確立を強調した胡適（こてき）ら知識人の自由主義であった。20世紀初頭、伝統的な「公」観念は公平、公正（法治）そして公開（パブリシティ）の主張として表れたのだった。

言うまでもなく、これらの挑戦は今日も続いている。中国の行方を考える上での本質的な問題は何か。中国近現代政治思想史研究の泰斗は、読み手を十分に意識しつつ、ダイナミックな節回しで丁寧に教えてくれる。

評・高原明生（東京大学教授）

のむら・こういち 30年生まれ。立教大学名誉教授（中国近現代政治思想史）。

二〇〇七年一二月一六日⑤

『ビルマ商人の日本訪問記』

歴史

ウ・フラ 著　土橋泰子 訳

連合出版・二六二五円

ISBN9784897722269

生き生きと描かれた戦前日本の記録

著者は、イギリスの植民地下にあったビルマ（現ミャンマー）の民族主義者の商人であった。英語を話せた彼は日本との貿易ルートを開拓するため、1936年夏に単身で日本を訪問するのである。

進取の気性に富んだ彼からすると、経済活動に不熱心なビルマ人同胞の生き方は歯がゆくて仕方がない。ビルマ人は伝統的な生活を守ればいいという旧守的な姿勢で、装飾品には金をかけても商工業に投資することなく、海外に出て自らの進路を切り拓（ひら）くこともせず、貿易はインド人の手に委ねている。彼の訪問記では、そんな同胞の態度を叱咤（しった）する発奮材料として、賭け事をしないなど日本人の生活態度が称賛されている。そのためその日本像は理想化して描かれる傾向にあった。

著者は日本を、自国から手が届く範囲の「模範国」と見ていたようだ。彼は自国経済の産業化の水準に見合った日本の工業に着目し、その製品と技術の輸入を目論（もくろ）むのである。彼は日本各地で繊維産業の工場やゴム草履の工場、自転車の輸出会社などを見て回り、足踏み式製縄機を購入して持ち帰っていた。

なお彼の理想には、家父長的な一面もあった。たとえば彼は往来で日本人女性とぶつかった時、その女性が抗議しなかったのに驚いている。そしてもしビルマだったら女性から罵詈（ばり）雑言を浴びせられただろう、日本では女性の権利が弱いのでこんなにおとなしいのだと推測し、それを称賛しているのである。

ただし彼は、日本の風俗への違和感も記している。日本人が裸体を人前にさらすのが平気であることや、舌足らずな物言い、「はい、はい」と言いながら相手の話をロクに聞いていない場合があることなどである。また入国審査時の係官による、不必要な詳しい質問にも反発を感じていたようだ。彼は同じアジア人として親近感を抱いていたが、日本人も「貪欲（どんよく）さ」では西欧人と同じで、日本を頼るのは危険だと考えていた。日本と自立した貿易関係を築こうとしたビルマ人の視点から、生き生きと描かれた戦前日本の記録といえよう。

評・赤澤史朗（立命館大学准教授）

ウ・フラ 1900年生まれ。63年に死去。原書は39年に刊行された。

二〇〇七年一二月一六日❻　歴史

『時代の目撃者』

ピーター・バーク 著　諸川春樹 訳

中央公論美術出版・三七八〇円
ISBN9784805505489

歴史語る映像史料をどう読み解くか

19世紀、歴史学が近代的学問へと脱皮する際、歴史家は出来事が実際に起こったときに遺（のこ）された文書を史料とすることで、自らが描く過去の像の真実性の証拠にしようとした。以来、複数の文書を照合し、書き手の立場や文書が書かれた状況を勘案して、史料から主観性を排除する手続きは発達をとげ（「史料批判」という）、それは今日でも歴史学の基礎技術となっている。

しかしそこには弊害もあった。歴史には文書に残りやすい現実とそうではない現実があるからだ。文化史や社会史より政治史や軍事史が偏重され、文書を多く遺すひとびとの歴史が文書を遺さないひとびとの存在を闇へ追いやる。20世紀後半以降の歴史学の展開は、いかにこの文書中心主義の弊害を乗り越えるかの歴史であったといっても過言ではない。

著者はこれまでも、地理学や人類学、社会学などの隣接の学問との接合によって、文書中心の歴史学の視界を広げる可能性を追求してきた。そして本書で俎上（そじょう）にのぼったのが、絵画や写真、映画のような視覚イメージの活用である。

と、理論的背景はどちらかといえば玄人向けなのだが、これが読み始めると理屈抜きに面白いのなんの。どこかで見たような名画が、ひとたび史料として分析されるやたちまち雄弁に歴史を語りだし、一見現実離れした画像が当時のひとびとの世界観をリアルに表すかと思えば、写実そのものに見える映像が、背後に潜む偏見を露呈する。本書中の図版だけでも十分楽しめるが、言及された作品の画像をネットで検索しながら読むと楽しさ倍増。一週間は睡眠不足を覚悟されたい。

著者の結論は明快。視覚イメージは文書と同様に史料として大いに役立つ。ただし、文書史料以上に慎重な史料批判が必要。要は画像も文書も時空を隔てた現実の再現媒体という点でひとしくメディアなのだ。その意味ではむしろ視覚史料と同様に慎重な史料批判が翻って文書史料にも求められるというべきか。本書が説く「史料批判」はメディア・リテラシーのレッスンでもある。

（原題、Eyewitnessing: The Use of Images as Historical Evidence）

評・山下範久（立命館大学准教授）

Peter Burke　37年生まれ。英・ケンブリッジ大教授。

二〇〇七年一二月一六日❼　社会

『不安定雇用という虚像』

佐藤博樹、小泉静子 著

勁草書房・二一〇〇円
ISBN9784326653317

急増を続ける非正社員は自らの仕事をどのように考えているのか。首都圏でパートやフリーター、派遣などの呼称で就業する6千人の意識調査を分析した本書の著者は、主婦パートの8割以上が、また派遣の4人に3人が現在の勤務先や働き方に満足しているほか、フリーターが抱く「『正社員』と比較した」給与面の不満も相対的に低いなどの事例を挙げて、多くの非正社員は現在の仕事に満足しているという。

確かに、残業や転勤を拒否できない正社員よりも、「自分のライフスタイルにあった」働き方を選択できる非正社員のほうが給与は低くても望ましいと思う人は多いかもしれない。しかし、不安定雇用だから非正社員は望ましくないという通念が「虚像」なら、正社員は雇用が安定しているから望ましいという見方も「虚像」である。そこには給与差以上に過大なノルマを課して正社員の働き方を魅力ないものに貶（おとし）め、非正社員へと誘導する企業の深慮遠謀が見え隠れしているからだ。

人々は自由か安定かと問われて非正社員を選んだのか、安定の代償に厳しい労働を迫られ正社員を諦（あきら）めたのか、「実像」の炙（あぶ）り出しにはもう一歩踏み込んだ調査と分析が必要なようだ。

評・高橋伸彰（立命館大学教授）

二〇〇七年一二月一六日⑨ 『ロリータ、ロリータ、ロリータ』 文芸

若島正 著

作品社・二五二〇円
ISBN9784861821578

文学の読み方に答えはないと言われるが、本当だろうか？『ロリータ』の訳者・若島正氏は、少なくともナボコフの読解においては、読み方のルールさえ掴（つか）んでいれば一つの「正解」を得ることが可能だと言う。氏によれば、彼の作品は論理の美を結晶させ、詩と科学が接近したチェス・プロブレムのつくりによく似ている。

未亡人の家に、ある絵が掛かっていたのはなぜか？ 作品内の時代には未公開のボクサー映画が引用されているのはなぜか？「再読する以外に読む方法がない小説」として、『ロリータ』の内在作者の意図を著者は鮮やかに解き明かす。露、仏、独、伊、西、中、日の翻訳版『ロリータ』を読み比べ、各国訳者の戦略を浮き彫りにする九章は、鳥肌のたつ思いがした。

情と知、主観と客観。文学はそれぞれの前者を、科学は後者を代表するものとすれば、本書の「読み」は圧倒的に後者寄りだ。そう書くと冷たく聞こえるかもしれない。しかし『アンナ・カレーニナ』で、マフに積もる霜に着目しそっと拾いあげてみせた評論家を例にとり、自分もそういう批評を目指したという若島氏の筆は、終始クールでありながら愛に溢（あふ）れている。

評・鴻巣友季子（翻訳家）

二〇〇七年一二月一六日⑩ 『移りゆく「教養」』 社会

苅部直 著

NTT出版・二三一〇円
ISBN9784757140967

「あの人は教養があるから」という言葉には、微妙なニュアンスがある。単に知識をひけらかす人、または頭の知識だけで実務には疎い、などというマイナスの意味合いが潜む場合が往々にしてあるからだ。

「教養」という言葉がどこか持つエリート臭、説教臭に敏感な著者は、それが発生してくる歴史を丹念に追う。その上で、「教養」と「政治的判断力」とを重ねて考えるところに、独自性がある。

「政治的」といっても、いわゆる「政治」の話ではない。他者とのかかわりを通じて、伝えあい、更新してゆくことが、ひいては社会秩序の全体を支えることになる知恵のようなもの、と規定する。

そう考えると、気は楽になるのだが、難問もある。そんな「政治的」な教養を巡る考察も、西欧では積み重ねがあり、理想像の一つは、結局、古代ギリシャの市民などに行き着く。これを、そんな文化伝統とは無縁のこの国に移植しても意味があるのか。そこで、日本の伝統の中にその可能性を探った和辻哲郎、丸山真男らの試みも取り上げる。

現代に必要な教養とは何か。それを、「教養臭さ」に至らない道筋で考えるヒントにあふれている。

評・四ノ原恒憲（編集委員）

平成二十年

2008

二〇〇八年一月六日❶

『グレイト・ウェイヴ　日本とアメリカの求めたもの』

クリストファー・ベンフィー 著　大橋悦子 訳

小学館・三五七〇円
ISBN9784093566810

歴史／人文／国際

金ぴか米国が発見した古き良き日本

著者は長く19世紀を専攻してきたアメリカ文学者。ところが2003年の本書では一転、南北戦争以後に成り金が横行し腐敗が進んだ「金ぴか時代」のアメリカと、開国以後に近代化の進む「明治時代」の日本とをダイナミックに比較検証して、大反響を呼ぶ。じっさい、当時の日米奇人変人はみだし者たちを中心に語るこの環太平洋文化研究は、全10章で原書330ページ、日本版約400ページの厚さにもかかわらず、ひとたび開ければ一気に読ませてしまう圧倒的なおもしろさだ。

タイトルはかの葛飾北斎が1830年代初頭に製作した連作木版画「神奈川沖浪裏」より。ドラマはまず1841年初頭、捕鯨船員でのちの代表長編『白鯨』(1851年)に日本への憧(あこが)れを刷り込む19世紀作家ハーマン・メルヴィル(当時21歳)と、まったくの同時代に四国からの漂流民としてニューイングランドへ連行され、アメリカで教育を受け、最初の英語入門書を書くジョン万次郎(中浜万次郎、当時14歳)との比較から始まる。

それから12年を経た1853年、アメリカ的フロンティア・スピリットは、極東における捕鯨基地を確保するために、ペリー提督率いる黒船艦隊をもって日本開国を実現。しかし本書は、これをたんに帝国主義的なハードパワーの発揮と受け止めるのではなく、それ以後、とりわけ独立宣言100周年にあたる1876年から世紀転換期にかけてアメリカで勃興(ぼっこう)する日本ブーム(ジャポニスム)に顕著に見られるように、じつは別の意味でもうひとつの開国、つまり日本文化という名のソフトパワーによる「アメリカ開国」をも促したのだ、という前提に立つ。

これを足場に著者は、大コレクターのイザベラ・ガードナーと『茶の本』で著名な美術学的カリスマ岡倉天心の関(かか)わりや、ギリシャ・アイルランド系作家ラフカディオ・ハーン転じては小泉八雲と美術史家アーネスト・フェノロサとの出会いを、劇的に描き出す。

彼ら日本びいきのニューイングランド系知識人たちはみな、南北戦争後のアメリカが惨憺(さんたん)たる混沌(こんとん)へ陥ったからこそ、新たなユートピアを極東の島国のうちに、それも近代化が始まっていまにも消え入りそうな、美しくもはかない「オールド・ジャパン」のうちに再発見しようと試みたのだ。

中世趣味で著名な歴史家ヘンリー・アダムズのように、妻の自殺による傷心を抱え、日本に「涅槃(ねはん)」を求めた者から、博物学者エドワード・モースのように、ダーウィン進化論以後の理論をふまえ、古き良き日本人が「絶滅種」だからこそ愛着を深めた者、はたまた天文学者パーシヴァル・ローウェルのように、ことを惑星進化論にまで押し広げ、日本の水田の網目模様から火星の運河をめぐる仮説を編み出したとされる者まで。

そう、本書を比類なきものにしているのは、金ぴか時代のアメリカを忌避した知識人たちが日本における「滅びゆくもの」を偏愛したゆえんもまた、じつは金ぴか時代を促進させた進化論的学説と無縁ではなかったという、きわめつけのアイロニーなのである。

(原題、THE GREAT WAVE)

評・巽孝之(慶應大学教授)

Christopher Benfey　米マサチューセッツ州マウント・ホールヨーク大学教授。たびたび訪日し、陶芸や柔道の心得もある。

『みなさん、さようなら』

久保寺健彦 著
幻冬舎・一五七五円
ISBN9784344014152／9784344415195（幻冬舎文庫）
文芸

異化された「箱庭の中のヒーロー」

高度成長期には憧（あこが）れの的であったのに、いまでは過疎化と高齢化が進む団地。『みなさん、さようなら』は陰りが見えはじめた80－90年代の団地が主役の物語だ。

物心ついたときから団地に住み、団地の子どもたちが通う小学校を卒業し、団地から一歩も出ることなく暮らすと決めた「おれ」。団地の中には何だってある。遊戯室もトレーニングルームも視聴覚室も図書室も保育園も商店も郵便局も内科医院も。団地の外にある中学校へは不登校で通し、その後は団地内のケーキ屋で働きはじめた。団地の中で恋愛をして婚約にもこぎつけた。結婚しても団地にいようと考えていた「おれ」に、しかし彼女はいったのだ。

「子供はどうするの?」「子供もずっと団地に縛りつけられなきゃならないの?」

団地の中で身体を鍛え、団地の図書室で知識を蓄え、仕事も友達も恋人も団地の中で調達してしまう少年にニックネームを与えれば「箱庭の中のヒーロー」だろう。小学校を卒業した年から30歳になるまでの17年間に、同じ団地に住む107人の同窓生は櫛（くし）の歯が欠けるようにどんどん外に流出してゆく。そんな団地の中をパトロールして歩く彼は、地球防衛隊ならぬ、たったひとりの団地防衛隊の趣すらある。ある意味これは「ちょっとズレたヒーロー譚（たん）」なのだ。なぜ彼が団地の外に出られなくなったのか、その理由（ショッキングです）を知れば、異化されたヒーロー譚という読み方もそう的外れではないと思ってもらえるんじゃないかな。

作者の久保寺健彦さんは、この作品で第1回パピルス新人賞を受賞。2007年には別の作品で第1回ドラマ原作大賞選考委員特別賞と第19回日本ファンタジーノベル大賞優秀賞も獲得、一挙に3冠に輝いた話題の大型新人だ。

若干の不満をいえば、もう一方の受賞作『ブラック・ジャック・キッド』（新潮社）も『みなさん、さようなら』とかぶる作風。両作とも器用にまとめすぎの感ありだ。舞台は箱庭でいいのさ。でも作者には箱庭を壊すゴジラの気概を期待してるよっ。

評・斎藤美奈子（文芸評論家）

くぼでら・たけひこ　69年生まれ。進学塾勤務の傍ら小説執筆。本書で作家デビュー。

『富豪の時代　実業エリートと近代日本』

永谷健 著
新曜社・三五七〇円
ISBN9784788510746
歴史／人文

自信を持てなかった明治の富豪たち

今の日本の中には一方で、学歴も何も関係ないじゃないか、金があることが一番だという考え方がある。しかし社会全体が、こうした価値観で一元化されているわけではない。金があって贅沢（ぜいたく）ができることを素晴らしいと賛美する向きはあるが、金満家たちの行動は金のあるにまかせて粗暴であると、反発する意見も無視できない。

本書によれば、明治期に巨万の富を築いた財閥の当主たちは、幕末に低い身分であったことから受けた屈辱や、財力のある者が身分差別を超えていける実情を目にしたことが動機となって、蓄財に励むようになったという。そこに生じたのは、金銭に大きな価値を見いだすような志向である。実際に彼らは、事業経営で成功し致富（ちふ）することによって爵位まで与えられ、新しいエリート層の一員として社会的に認知されるようになっていった。

とはいえ彼らは、金銭万能という価値観を表明することはなかった。彼らはむしろ、自らの国家への貢献や質素倹約を強調しているのである。著者はその理由に、彼らの蓄財に関するダーティーなイメージがジャーナリズムの上で強かったことを挙げている。

　むろん一方では、成功した実業家への社会の注目度は高く、明治後期には『実業之日本』のように、彼らの生き方を青年の模範とする雑誌も出現した。しかし他面で彼らは成り上がりの「奸商（かんしょう）」といった厳しい世間からの批判にさらされ続けていたのである。

　「富豪」たちの活動を正当化する説明の一つは、彼らが生産的な「実業」という新しい価値に従事しているというものだった。だがその蓄財は、実際はマネー・ゲームの「虚業」にもよっていた。著者は彼らが、社交的な茶会などの実業家文化を育てたものの、社会的な威信を帯びた独自の上流階級文化を創（つく）れなかったと見ている。財閥の当主は「超」のつく金持ちだったが、その彼らにしても外部の批判を恐れ、社会の模範になりえない面があった。彼らを本当の自信が持てなかった階級として位置づけた、ユニークな視点が光る本だった。

評・赤澤史朗（立命館大学教授）

ながたに・けん　63年生まれ。名古屋工業大学大学院工学研究科准教授。

二〇〇八年一月六日④

『新聞記者　疋田桂一郎とその仕事』

柴田鉄治、外岡秀俊 編

朝日選書・一二六〇円
ISBN9784022599339

ノンフィクション・評伝

あるべき新聞記事を追求し続けて

02年、ひとりの著名な記者が亡くなった。「管理職にしては惜しいと考えられた大記者」「朝日新聞の文体をつくった」などといわれた疋田桂一郎である。

　洞爺丸遭難や伊勢湾台風といった大災害や事件の現場報告、取材班を組んで自衛隊や米航空宇宙局（NASA）など巨大な組織の全体像を紹介した長期連載、平和の意味をしばしば論じた「天声人語」など……。本書は、疋田の文章から代表的なものを選び、その足跡を紹介する。

　「何を語るか？　東大生らの遭難」と題した1959年の記事が印象的だ。6人の死者を出した北アルプスの遭難現場に足を運んでまとめた。当時、登山での事故死に人々は寛容で、死者を英雄のごとく扱いたがった。だが、同じスポーツでも円盤投げやフェンシングなら、過失致死事件として捜査がなされるだろう。海難事故では審判が行われるのが当然だ。なぜ山岳事故は違うのか、「英雄扱いはお門違い」と問いかけた。

　新聞の役割、さらにはジャーナリズムに関する論説や講演録も収める。75年、ある銀行のエリート行員が重度障害児の我が子を「餓死させた」という罪で有罪判決を受け、その後、自ら命を絶った。新聞は警察発表そのままに報じたが、あとで供述書や公判記録などを突き合わせると、警察の予断を真に受けた報道の矛盾と限界が見えてくる。「このような事件報道が、人を何人殺してきたのか」と、今日でいう報道被害に警鐘を鳴らす。

　疋田は、武威を張る者や権力に擦り寄る輩（やから）には侮蔑（ぶべつ）のまなざしを向け続け、権威に反する姿勢を貫いた。「日本の社会は何かあると雪崩現象を起こし、一方向に流れやすい。新聞はこれに待ったをかけることが大事だ」と述べ、「ものごとをより多角的、多面的な鏡で乱反射させなければ、今日の読者は満足してくれない」とも主張した。新聞の持つ力とは何か、何のために存在しているのか。インターネットというメディアにその位置を脅かされている今日だからこそ、意義ある問題提起だろう。

評・橋爪紳也（建築史家）

しばた・てつじ　元朝日新聞記者。
そとおか・ひでとし　朝日新聞前ゼネラルエディター。

『親の家を片づけながら』

リディア・フレム 著　友重山桃 訳

ヴィレッジブックス・一二六〇円
ISBN9784863325807

親の人生を受け取る　最後の対話

精神分析の祖、フロイトは、親の死は〈理解と説明のしがたい感情〉を呼び起こすものである、と言っているが、人は、皆、喪(うしな)ってはじめて考え始める。

「親とは、自分にとってなんだったのだろう」と。

親は、自分の命を生み出し、自分が今、ここにいることに深くつながる存在だ。にもかかわらず、謎にみちていて、実は、親のことなどなにも知らなかった、との思いに打ちのめされたりする。

フロイト研究で知られる本書の著者、リディア・フレムもそう。父亡き後、一人暮らしをしていた母を亡くし、両親の残した家を丸ごと片づける、という場面に直面し、彼女は、戸惑い、混乱する。

なにしろ、立ち入ることの許されなかった親の人生の痕跡があらゆる物にしるされているのだ。

母の美しい手縫いのドレス、著者が生まれた時の入院費、電話代の領収書などなど……。ナチスドイツのユダヤ人強制収容所から生き延びた過去を背負う母には、「自分の安否を伝える小さな紙切れ」という遺品もある。

その親から愛された記憶、愛されなかった記憶が蘇(よみがえ)る。誤解を繰り返してきた母と娘の関係の傷が痛みだす。

喪失感、罪悪感、解放感……、著者は、親の家を片付けるという困難の前で途方に暮れ、自問自答のごとくあふれ出てくる言葉を次々と吐き出していく。

著者のこのごく私的な体験の言葉が、読者の「親を喪った」日を思い起こさせる。当時の波立つ感情や苦痛が共振してくる。

喪失の苦痛や混乱は、言葉にすることで整理され、癒やされる感情だ。その意味で、遺品の整理は、親が子どもに与えた最後の対話の時間なのかもしれない。

この時間を経てこそ、苦しみも謎も含めて、親の人生をありのままに受け取っていける。それは自分自身を受け入れ、新しく旅立つために必要な儀式でもあるのだろう。

母の遺(のこ)した揺り椅子(いす)に座り、母の人生の謎に思いを馳(は)せる、そんな時間を私も著者から贈られた気がした。

評・久田恵（ノンフィクション作家）

（原題、Comment j'ai vidé la maison de mes parents）

Lydia Flem　ベルギー在住のフランス人。精神分析学者。

『仏果を得ず』

三浦しをん 著

双葉社・一五七五円
ISBN9784575235944／9784575514445（双葉文庫）

芸道の火花散る、文楽大夫の成長物語

デーンと最初の撥(ばち)音がひびく。と、観客の眼(め)の前で冥界がよみがえる。命のない人形に魂が吹き込まれ、かつて生きられた人間の苦患と激情の暗い道をたどり返す。

そんな文楽の魔力に引き込まれた作者が本作『仏果を得ず』を一気に書き上げた。主人公はまだ若くて修業中の笹本健(ささもとたける)大夫。タイトルは作中で主人公が思いがけぬ抜擢(ばってき)を受けて語る『仮名手本忠臣蔵(かなでほんちゅうしんぐら)』六段目の勘平にちなむ。主君の緊急時に腰元のお軽と密会していて失敗し、敵討ちの仲間に入ろうとして再度しくじり、カンチガイで切腹してしまう粗忽(そこつ)な男だ。

最後にやっと連判に加えてもらうと、仏果を得て成仏するのを拒否し、魂魄(こんぱく)この世に留(とど)まって敵討ちの供をすると絶叫して息絶える。勘平の人気はその未熟さにある。だからといって、忠義などに縁のない現代の若者がいきなりこの大役を語れるのだろうか。

健大夫は、文楽協会が募集する技芸員の中から頭角を顕(あらわ)してきた成長株である。代々の文楽家系出身者との間で、激しく芸道

の火花が散る。

物語は、健大夫がみごとに六段目を語りきるハッピーエンドに向かって進行する。ラブホテルに寝泊まりする貧乏暮らしも、身の上に起きる恋愛事件も主人公の芸を磨く。芸能をテーマにした一種の教養小説といえる。

作中で上演される『女殺油地獄（おんなごろしあぶらのじごく）』『妹背山婦女庭訓（いもせやまおんなていきん）』『心中天の網島』といった名作のハイライトシーンが文楽ファンにはこたえられない。

健大夫は「忠義を描くのではなく、忠義に翻弄（ほんろう）されるひとの心の苦しみと葛藤（かっとう）を描いた」という解釈で勘平切腹を語り切り、「魂が首筋から抜けでて頭のうしろで浮遊する感覚」に取り憑（つ）かれたような熱演で大喝采を博する。

こんなに明るくていいのかと思うほど向日的な作中世界で、気難しい三味線の鷺澤兎一郎（さぎさわといちろう）がひとり異彩を放つ。鳴らされる糸の音色が、時には重く皮肉に、また澄みわたって場面を引き締める。

二人の間にもっと「弾き殺すか、語り殺すか」の真剣勝負のスリルが書き込まれていてもよかったと思う。

評・野口武彦（文芸評論家）

みうら・しをん　76年生まれ。作家。『まほろ駅前多田便利軒』で直木賞。

二〇〇八年一月六日⑦

『中原の虹　全4巻』

浅田次郎 著

講談社・各一六八〇円
ISBN9784062136068〈1〉・9784062137393〈2〉・9784062140713〈3〉・9784062143936〈4〉／9784062767415（講談社文庫〈1〉）・9784062767422（〈2〉）・9784062767798（〈3〉）・9784062767804（〈4〉）

文芸

『蒼穹（そうきゅう）の昴』から約十年、続編となる『中原の虹』が完結した。張作霖が一大軍閥を築くまでを派手な活劇を交えて描く冒険小説、張作霖の下で戦う春雷（チュンレイ）、西太后腹心の宦官（かんがん）となった春児（チュンル）――敵味方にわかれた李兄弟をめぐる人間ドラマ、清朝滅亡後の謀略に満ちた覇権争いを追った政治スリラーと、息をもつかせぬ展開が連続するので、全四巻ながら長さを感じさせない。

天命の象徴とされる「龍玉」の争奪戦というファンタジックな設定を導入することで、複雑怪奇な中国の近代史を分かりやすく活写した手腕は脱帽もの。悪役とされてきた張作霖を民衆の支持を集める馬賊の頭目とする一方、辛亥革命を成功させた孫文を凡庸と評するなど、今までにない独自の歴史解釈が随所に見られるので、目から鱗（うろこ）の発見も多い。

日中関係は先の大戦の影響もあって、負の側面ばかりが強調されている。だが著者は、日本は古くから文化先進国の中国を尊敬し、中国も植民地化されることなく近代国家になった日本を見習うべく多くの留学生を送ったことを指摘する。埋もれてしまった日中の輝かしい交流史を発掘していく本書を読むと、現代と未来のために歴史を学ぶことの重要性が実感できる。

評・末國善己（文芸評論家）

『サーブ＆ボレーはなぜ消えたのか』

武田薫 著 ベースボール・マガジン社新書・七九八円

ノンフィクション・評伝

ISBN9784583100647

「サーブ＆ボレー」とはテニスプレーヤーがサーブを打った後、ネットに飛び出して行く攻撃的戦術。そこには「ローン（芝）テニス時代の肉体の無理を感じさせない自然な流れがある」と該博な知識で鳴らすスポーツライターが懐旧する。

著者はその代表的プレーヤーとしてマッケンロー、エドバーグ、神和住純、鈴木貴男、また女子ではナブラチロワ、井上悦子、ノボトナらの名を挙げる。

だが今、時流に乗っているのは、ダブルハンドによるベースラインからの激しい打ち合いだ。ボルグ、アガシに象徴的だったこのパワーテニスはどこか退屈と著者は本音を明かす。

結果、本家ウィンブルドンの芝の踏み跡は、ベースラインの周りだけ地肌が露出することに。その一大変化の発見と謎解きが本書の読ませどころなのだが、著者が〝パワーの時代〟を嘆かずに済んでいるのは、現役ナンバーワンのロジャー・フェデラー(26)に融合型テニスの究極を見いだすから。〝現人神（あらひとがみ）〟の出現がもしなかったら、と読了後、逆に心配になってきた。

テニスの発展プロセスは、女性を巻き込みつつ逸早（いちはや）くプロ世界を形成した先進性の歴史――という解釈にも目から鱗（うろこ）が落ちる。

評・佐山一郎（作家）

『戦前の少年犯罪』

管賀江留郎 著

築地書館・二三一〇円

歴史／人文

ISBN9784806713555

「最近、少年の凶悪事件が増加している」と聞かない日はないが、本当なのか。戦前の新聞を丹念に読み込んだ著者は、そこから「同級生殺し」「親殺し」「幼女殺人」といった少年や若者による犯罪の記事を徹底的に洗い出す。そして、戦前は数的にも質的にも今よりはるかにひどい少年犯罪があふれていたこと、さらに「いじめ」「ニート」といったいかにも現代ならではと言われる現象も、実はその時代から存在していたことを浮き彫りにする。

なるほど、ここに並べられた目をおおいたくなる事件を眺めていると、〝昔の子どもはよかった〟〝現代の子どもはモンスター〟的な言い方には何の根拠もないことがよくわかる。しかし、「ジャーナリストも学者も官僚なども物事を調べるという基本的能力が欠けていて、妄想を垂れ流し続けています」という著者の憤りはよくわかるのだが、戦前の子どもは「簡単に人を殺し」、現代の子どもは「ほんとにおとなしくなった」とまで言うのもやや断定的すぎるのではないか。データは少年犯罪の増加を示していないのに人々の不安は高まる一方、というところにこそ子どもをめぐる最近の問題の本質があるのでは、とこの労作の著者に尋ねてみたい。

評・香山リカ（精神科医）

『日本人にとって英語とは何か 異文化理解のあり方を問う』

大谷泰照 著

大修館書店・一八九〇円

国際

ISBN9784469245288

一昨年海外に出かけた日本人は約1800万人。史上2番目に多い記録だという。国際化に伴い、交換留学、駅前留学が盛んに行われ、第2公用語化が目指されるなど、英語教育はますます熱を帯びている。

しかし、果たして日本人の英語力は向上しているのだろうか。国際感覚豊かな「国際人」が育っているのだろうか。筆者は、海外旅行や英語の学習は、国際理解のためには意外に無力で、時に偏見や誤解を増幅する危険すらあると説き、安易な異文化理解の「幻想」に警鐘を鳴らす。

興味深いのは、日本人の英語熱が周期的なサイクルを繰り返してきたという指摘である。終戦後、日本人は「鬼畜米英」から手のひらを返して「一億総英語会話」に急変したが、高度成長の達成と共に熱は薄れ、英語教育の時間は一貫して減少し続けた。しかし、バブルの崩壊という「第二の敗戦」以降、英語への異常なまでの接近が再開し、今なおそのブームの中にあるという。英語の礼賛と排斥が繰り返され、人々が踊らされる様が、何とも哀（かな）しい。

言語・文化の多様性と相対性、真の異文化理解のあり方について考えさせられる好著である。

評・奈良岡聰智（京都大学准教授）

二〇〇八年一月一三日❶

『20世紀ファッションの文化史　時代をつくった10人』

成実弘至 著

河出書房新社・一七八五円
ISBN9784309244280

アート・ファッション・芸能

独自の世界観と創造性で社会に挑む

「デザイナーを取りあげた本は少なくないが、その仕事を正しく論じているものはそれほど多くない」

著者は、これまでの服飾文化史に挑戦状を叩(たた)き付ける。ポワレ、シャネル、ディオール、ヴィヴィアン・ウエストウッド、コム・デ・ギャルソンなど著名な10人のファッションデザイナーの足跡を紹介する。その視点と語り口が従来の人物評とは根本的に違うのだ。

デザイナーがどのような人生を送り、どのような作品をつくったかという事実関係だけを学んでも、ことの本質は見えてこない。彼らが、いかに独自の世界観を持ち、旧弊を打ち破ったのか。その創造性に光を当て、今では当たり前に見えるファッションが、発表当初はどれほど斬新で、社会に挑む試みであったかを知ることこそが重要だと著者はみる。

さらには、実際にどの国のどのような階層が彼らの服を受容して着こなしたのか、消費の局面を分析する。加えて、生産システムのありよう、同時代の芸術運動など、デザイナーたちの活動の背景にまで話題を広げていく。社会との関係性をも読み解くことで、彼らの仕事をはじめて正当に論じることが可能になるというわけだ。

ファッションデザインは、19世紀に誕生し、20世紀に飛躍をみた。かつては権威や個性を服装で表現することができた王侯や貴族を除くと、一般の人たちは所属集団のなかで同一化するように装うことが当然であった。しかし新興富裕階層の登場や、さらには大量消費社会の進展で、誰もが流行の服を身にまとい、やがて自分らしさを主張するようになる。ファッションは、私たちの外見の民主化とともに個性化を促した。

冒頭で、19世紀に新しい服づくりに挑んだチャールズ・ワースとリーヴァイ・ストラウスを紹介している点が象徴的だ。前者は、パリで伝説的なファッションハウスを創設し、オートクチュールと呼ばれるハイファッションの端緒を開いた。後者は、ドイツから渡米した移民。彼の会社が手がけた丈夫なワークパンツが、のちにジーンズとして世界を席巻する。高級な既製服と大衆のための作業服、かけ離れた2種類の衣類に20世紀ファッションの原点がある。ふたりの先駆者は、ともに量産システムの進展に歩調をあわせ、大量消費社会を先導する商品を世に送り出した。

著者はまた、早くから偽物をめぐる問題が顕在化した点にも焦点をあてている。そもそもファッションは複製であることが前提であったのではないか、という本質的な問いかけがそこにある。高級ブランドが偽物の取り締まりに躍起になる現状に対して、「本物の領域を偽物が侵犯していくからではなく、本来デザインには『コピー』しかないことが明らかになるのを恐れているからだろう」と言い放つ。刺激的だ。

教科書的な服飾様式史や、著名なデザイナーたちの単なる成功談の類(たぐい)に飽きた人に、まず本書を薦めたい。これほど生き生きとした服飾産業と近代の社会システムとをめぐる物語は、これまで読んだことがない。

評・橋爪紳也（建築史家）

なるみ・ひろし　京都造形芸術大学准教授。専門は社会学、文化研究。著書に『空間管理社会』(共編著)、『モードと身体』(編著)など。

『地震の日本史　大地は何を語るのか』

寒川旭 著

中公新書・八四〇円
ISBN9784121019226

歴史／人文

記録たどり人間の歴史との関係を探る

一九九五年に阪神・淡路大震災が発生した直後、時の村山富市首相が国会演説で「近代的大都市が初めて経験した大地震」と語ったのを覚えている。一九二三年の関東大震災が東京を直撃したのを綺麗（きれい）に忘れていたのである。

地震災害はわが身に降りかかるまでは他人事（ひとごと）である。地震が起きた瞬間から、被害の凄（すさ）まじさしか見えない《局地》に投げ込まれる。破壊規模が大きければ大きいほど、そのパニックで、現場の人間には何が起きたのかとっさに判断が付かないものだ。

住んでいる土地に起きる地震の予備知識は有益だ。

便利な本が出た。著者は早くから「地震考古学」を提唱し、各地の遺跡に残る地震痕跡を研究対象に導入した学者である。日本は千数百年前から地震の年月日、被害状況を正確に記録している世界にも稀（まれ）な国だという。加うるに考古学的な発掘調査によって、断層・地割れ・地滑り・液状化現象などの動かぬ証拠、いや《動いた》証拠が確認される。過去の地震災害が具体的に把握できるのである。

この一冊は、縄文時代から現代に至るまでに「日本列島で発生した大きな地震を網羅」している。おかげで前には『理科年表』を開かなければ調べられなかった被害地震の全部が身近に知られるようになった。地震の年代記であると共に、地震の歴史地図でもあり、読者は自分が住んでいる地面の下がどんな《形状記憶》を留（とど）めているかに著しい関心をそそられよう。

大地震は常に「未曾有（みぞう）」と感じられる。この語例はつとに『日本書紀』の天武天皇十三年（六八四）、土佐に起きた地震の記録が最初らしい。

地殻変動は、不思議に政治的動乱期と一致する。たとえば百年余りの間隔で繰り返すプレート境界性の南海・東南海地震。正平十六年（一三六一）は南北朝の乱、明応七年（一四九八）は戦国時代の始まり、慶長九年末（一六〇五年二月）は江戸開府、宝永四年（一七〇七）は幕府の屋台骨を揺るがせ、安政元年（一八五四）は幕府解体の予兆。自然史と人間史はどこか深い所で呼応するのだろうか。

評・野口武彦（文芸評論家）

さんがわ・あきら　47年生まれ。地震考古学者。『地震考古学』『揺れる大地』など。

『波乱の時代　上・下』

アラン・グリーンスパン 著
山岡洋一、高遠裕子 訳

日本経済新聞出版社・各二一〇〇円
ISBN9784532352851〈上〉・9784532352868〈下〉

経済／国際

前FRB議長が振り返る18年

グリーンスパンが米連邦準備制度理事会（FRB）議長を務めた87年8月から06年1月までの18年強は、アメリカ経済が70年代以降の長期停滞を脱し復活を遂げた時期でもある。ブラックマンデーをはじめ、東西ドイツの壁の崩壊、9・11テロなど、さまざまな危機に見舞われながらも「波乱の時代」を乗り切った背景には、FRBの巧みな市場操作よりも、アメリカ経済の回復力に対するグリーンスパンの信頼があった。

グリーンスパンによれば、アメリカ的な市場資本主義を活（い）かすためにFRBが果たすべき役割は物価安定に尽きる。これに対し選挙区への配慮から雇用を優先する議会は、足元の景気後退を招く金利引き上げには常に抵抗してきた。こうした抵抗がグリーンスパンの在任中にほとんど見られなかったのは、グローバル化に伴う競争市場への膨大な労働力参入によって「ディスインフレ圧力が生まれ」、「『ブレーキに軽くふれる』だけで」インフレを抑制できたからだ。

しかし、幸運はいつまでも続かない。その兆候は「中国からの輸入価格」上昇に現れており、労働力の参入が一段落して「ディスインフレ圧力が緩和すれば、アメリカ国内の物価上昇率と賃金上昇率が上向く」恐れがあるとグリーンスパンはいう。そうなれば物価安定をめざすFRBと議会の利害は対立し、議会の抵抗にFRBが屈するとアメリカ経済はスタグフレーションに陥ってしまうとグリーンスパンは懸念を示すのだ。

本書の邦訳を機に18年強に及ぶグリーンスパンの舵（かじ）取りを高く評価する声も多いが、評者には少なからず異論がある。それは、昨年来のサブプライム（低所得者向け住宅ローン）問題の主因である住宅バブルの引き金をひいたのも、また、根拠なき熱狂ではないかと警告しながら株価の高騰を放置してきたのもグリーンスパン時代のFRBだからだ。

本書はグリーンスパンの素顔と考えを知る回顧録としては価値ある一冊だ。しかし、その政策と分析を評価するには改めて第三者の判断と歴史の審判が必要である。


（原題、The Age of Turbulence : Adventures in a New World）

評・高橋伸彰（立命館大学教授）

Alan Greenspan 26年生まれ。

二〇〇八年一月一三日④ 経済／人文

『戦争の経済学』

ポール・ポースト 著　山形浩生 訳

バジリコ・一八九〇円

ISBN9784862380579

合理的な分析で不合理な戦争を洞察

訳者のネームバリューで社会科学書――特に経済学啓蒙（けいもう）書――が売れる稀有（けう）な翻訳家の手になるこの訳書は、戦争に事例をとった経済学の教科書としての価値が強調されている。通念上では不合理の極みとされる戦争を、科学としての経済学が合理的に説明しうる現象として淡々と分析する本書は、たしかに挑発的な経済学入門である。

だが本書は、第一義的には戦争を論じた本である。経済学は、あくまでそのためのツールだ。そして本書は現代の戦争について三つの洞察を与えている。

第一は、開戦時の遊休生産力の多さや本土における戦闘の不在といった一定の条件を満たしていれば、戦争が国民経済にプラスに働いた時代は、20世紀の前半で終わったということである。本書が直接論じているのはアメリカの事例であるが、アメリカほど巨大な軍産複合体を持たずとも、資本集約的な（つまり兵員1人あたりの兵器が高額な）軍隊を平時から擁する現代の先進諸国では、わざわざ戦争を起こすまでもなく、その経済効果はすでに織り込み済みになっているからだ。

第二に、兵員が労働力であり、兵器が商品である以上、兵員の雇用と兵器の調達も市場の作用のもとにある。ただ軍事にかかわる市場は、強制徴用や独占によって大きく歪（ゆが）められており、合理的に機能しにくい。防衛省の不祥事には構造的な側面もあるのだ。

第三に、今日では、国家間の武力紛争の経済的合理性が低下する（逆に言えばイデオロギー性が増していく）一方で、たとえば市民権が実質を欠く社会では、内戦やテロといった暴力のコストが相対的に下がり、「殉死者」の遺族に約束されるわずかな補償が、自殺行為にさえ経済的合理性を帯びさせる。対処すべきは「不合理な狂信者」ではないということだ。

原著は、大学初年度向けの地味なテキストだが、豊富な図解や例証と軽快な訳文のおかげで、高校生でもすこし頑張れば読みとおせる。安全保障について冷静に考えるために、広く読まれるに値する一書である。


（原題、THE ECONOMICS OF WAR）

評・山下範久（立命館大学准教授）

Paul Poast 米ミシガン大学政治学部の国際政治と経済の研究者。

『エレクトラ　中上健次の生涯』

高山文彦 著

文芸春秋・二五〇〇円
ISBN9784163696805／9784167773908（文春文庫）　文芸

息づかい伝わる「疾駆する神話時代」

〈なぜぼくはものを書いているのだろうか?〉

若き日——まだ芥川賞を受賞する前の中上健次は、エッセー「犯罪者永山則夫からの報告」の中で、こう問いかけている。

〈新しい日本文学をつくるためか?　そんなものは糞(くそ)だ、新しい日本の美をつくるためか?　そんなことを言っているヤカラには、ションベンをのませよ、ぼくはみんなぶちこわしてやりたいのだ〉

荒ぶる一文である。いかにも中上健次らしい、と納得する読者も多いだろう。

ところが、本書『エレクトラ』の読了後にあらためて向き合うと、〈なぜぼくはものを書いているのだろうか?〉の響きが変わる。読者を挑発する問いは、自問のつぶやきでもあったのだと気づく。作家の熱に煽(あお)られてページを繰っていた手がふと止まる。〈ぶちこわしてやりたい〉対象は、作家の外にあるのか、内側にあるのか。やがて、文章の背後にたたずむ作家の姿が変わる。早世した現代文学の巨人が、繊細で、傷つきやすく、臆病(おくびょう)ですらある青年に戻っていく……。

高山文彦さんは、中上健次の生涯を描くにあたって、冒頭で宣言した。〈私がこれから書こうとしているのは、ひとりの文学志望の青年が、作家として目覚め、世の中に出てゆくまでの神話時代についてである〉——それは、中上健次が論じられるときに(少数の例外を除いては)不思議なほどすっぽりと抜け落ちていた時代でもある。

編集者との関係、同人誌仲間との交友、故郷や「家」への愛憎、そして焼失した幻の作品『エレクトラ』……。若き日の中上健次の姿を、高山さんは息づかいが聞こえるほどの臨場感で描く。16年前に亡くなった作家に、もう一度、神話時代を生き直させようとするかのように。

本書の帯に〈文学の獣が、叫び、泣き、疾駆する〉という惹句(じゃっく)がある。叫びながら、泣きながら、若き中上健次は「始まりの前」の日々を疾駆する。そのかたわらには、時代を超えた伴走者をつとめる高山さんの姿も、確かに見えるはずなのだ。

評・重松清(作家)

たかやま・ふみひこ　58年生まれ。作家。『火花　北条民雄の生涯』で大宅賞など。

『白暗淵(しろわだ)』

古井由吉 著

講談社・一三三〇円
ISBN9784062144599／9784062903127（講談社文芸文庫）　文芸

生まれ死んで還っていく「闇」の中へ

本書の題名は天地創造前の闇を表す聖書の「地は定形(かたち)なく、曠(むな)しくして、黒暗淵(やみわだ)の面にあり」から来ている。十二の連作において、男は己の始まりをたずね、たずねあぐねながら、記憶の内奥へと降りてゆく。建築の不正に与(くみ)し薄氷を踏む思いで生きる男、十年前の雨宿りで隣り合わせた老人の殺意に気づく男、追想の底が抜けて糸遊(いとゆう)の彼方(かなた)へ彷徨(さまよ)いでる男……。

人は、所々の辻で別れてきた己の分身といずれ出逢(であ)うというが、雨宿りの男もいつしか老人の背中にわが身を見るようになり、ふたりの眼(め)は入れ替わる。そして、本書の記憶の最深部には、幼くして見た東京空襲と焼け野原の光景が広がっているのだ。

表題作の語り手は、爆風による昏倒(こんとう)から覚めた瞬間、空に一匹の羽虫の飛んでゆくのを見た。家も親もなくした彼には、その時見た「白い宙」が己の太初(はじめ)となる。在と不在、生と滅を分かたぬ虚空。その混沌(こんとん)を聖書は「黒暗淵」と言い、古井氏は「白暗淵」と言う。が、無限の闇と涯(は)てなき白い覚醒(かくせい)は、畢竟(ひっきょう)、似るのではないか。死後への恐怖とは、意識が昏(くら)く途切れることではなく、それが白々と永劫(えいごう)に続くことだと言ったのは、流浪の作家ポール・ボウルズだった。文明社会の「失明」を『白の闇』という書に描いたのは、ポルトガルの作家サラマーゴだ。

古井氏は死後の意識という捉(とら)え得ぬものを捉えようとしてきた。「生前」という言葉は普通人が死んでから使うものだが、著者にとって生前は死の前に始まり、死は落命の刹那(せつな)を超えて継続する。「母は三十年前に死んだ」ではなく「もう三十年も死んでいる」と書くのはそのためだ。『野川』や『辻』などの前作で、死を外側からではなく逝った側から描く極に達した氏は、本書で、万象が生まれ死んで還(かえ)っていく原初の混沌を、「闇が闇の中に闇を産む」ように現出させんとする。

向こう側の暗淵を視(み)たいという人の思いはそれほどに苛烈(かれつ)だ。白明の闇、静寂の躁(さわ)ぎにその境を越そうとする者はうっすらと狂気を萌(きざ)す。戦(おのの)きつつ曳(ひ)かれていく私がいた。

評・鴻巣友季子(翻訳家)

ふるい・よしきち 37年生まれ。芥川賞の『杳子(ようこ)』を始め、谷崎賞の『槿(あさがお)』ほか多数。

二〇〇八年一月一三日⑦

『ポスト韓流のメディア社会学』

人文

石田佐恵子、木村幹、山中千恵 編著

ミネルヴァ書房・四二〇〇円
ISBN9784623048687

本書は、日本でも猛威をふるった「韓流」の持つ意味と意義を、社会学、地域研究、メディア研究などの視点によりつつ、クールに分析した論集である。韓流ブームが一段落した現在、あらためてその意味を問い返そうとする点で、本書は一つのブレークスルーとなりうるものといえよう。

今なおその痕跡を根強く残す「冬ソナ」ブームが日本中を席巻する一方で、「反韓」の立場を明確に示す『マンガ嫌韓流』が40万部を超えるセールスを記録するなど、04年から05年にかけて、日本における韓国イメージはおおよそ接点を持ちえない二つの極に分かれて展開していた。かなりホットな両極の間をぬって、歴史的経緯を参照しながら、冷静に韓流を分析していこう、というのが本書のスタンスだ。

「冬ソナ」再考、NHKハングル講座の変遷、韓流ブームと文化産業との関連、韓国映画の中の「在日」像、ネットにおける「嫌韓」現象、韓流とナショナリズム——こうした様々なテーマ群が、韓流・嫌韓のホットさと一定の距離をもって分析されていく。肯定/否定の彼岸で、ますますグローバル化する隣国の文化を捉(とら)えなおしていく必要性を改めて感じさせられた。 評・北田暁大(東京大学准教授)

二〇〇八年一月一三日⑧

『子どもにいちばん教えたいこと』

教育

レイフ・エスキス 著　菅靖彦 訳

草思社・一五七五円
ISBN9784794216595

著者はほぼ四半世紀、ロサンゼルスの公立小学校で5年生を受け持つ。貧しい移民家庭出身ばかりの教え子は続々と名門大学に進学、医師や弁護士になった。

さらに毎年、児童がロック音楽に乗せて上演するシェークスピア劇が評価され、教師として初めて米国芸術大賞を受けてもいる。

いまアメリカで最も有名な教師が、指導次第で子どもは驚くほど伸びることを実証、ノウハウを公開した。

教室を第二のわが家にしたいと、安心して学べる雰囲気づくりに専念。子どもと膨大な時間を共にして、高度な倫理観を身をもって教える。子どもは、間違えても笑われたり叱(しか)られたりしないので、ハッピーでエネルギッシュだ。毎朝、文法を練習して文章力をつけ、一年で本を一冊書く。算数では地理や歴史を織り交ぜての暗算ゲームに興じる。

驚いたのは、予算内で生活することを学ぶシステム。児童には出納表が配られ、「銀行員役」は取引記録をつける。自分の家ばかりか親の家まで購入した卒業生が多いのも納得がいく。

「秀でた人材を育てるのに近道などない」と著者。奇跡のようなアメリカンドリームは、情熱と知恵と努力に支えられて実現した。

評・多賀幹子(フリージャーナリスト)

文芸／アート・ファッション・芸能

『評伝　観世榮夫』

船木拓生 著

平凡社・三一五〇円
ISBN9784582246070

「能楽界の異端児」。観世栄夫に使われたキャッチフレーズである。名門観世銕之丞家に生まれ、上には寿夫、下には静夫というライバルでもあった兄弟がいた。しかし、彼は能楽だけに留（とど）まっていられなかった。

観世にもかかわらず喜多流の芸養子になることから始まり、他ジャンルへ。役者として、演出家として、あるいは演劇運動家として、狂言、歌舞伎、新劇、映画、オペラ……。次々と分野を越境するエネルギーに誰しもが驚愕（きょうがく）する。もちろんそこには戦後のもつ熱っぽさが後押ししていた。しかし、それだけでは足跡を解くことはできない。

評伝といいながら、本書が能楽を縦糸に、それ以外の演劇（狂言・歌舞伎・新劇など）を横糸に、ページをたっぷりと明治以降の日本演劇史に割く意図もそこに理由があるのだろう。

家元制度や流派、古典摂取と修業の関係、あるいは権力との対峙（たいじ）、さまざまな矛盾をかかえた近現代の能。さらに西洋摂取に苦闘する日本の演劇。網の目のように絡みあった背景抜きに、あふれるばかりの栄夫の舞台への欲望と多彩な試行は理解しにくいからだ。

晩年の能への復帰まで、情熱の根源が分厚く描かれた大作。

評・小高賢（歌人）

『へび女房』

蜂谷涼 著

文芸春秋・一四五〇円
ISBN9784163264509／9784167760021（文春文庫）

文芸

一気に読んだ。表題作「へび女房」を含めて4編、幕末から維新後の激動の時代を生き抜く女たちを主人公とした短編集だ。

「へび女房」は、商家に生まれながら旗本の嫡男に見初められて輿入（こしい）れしたものの、明治維新後は禄（ろく）も失い、気位ばかり高くて気の弱い夫や、寝たきりの姑（しゅうとめ）、幼い子供たちを抱えて、へびから作った漢方薬を売り歩く女の物語。せっかく覚えた武家言葉や作法が、今度は商売の邪魔になる。へび年生まれでもある彼女は持ち前の執念で店を構えるまでになる。

主人公たちの他、登場する女たちの多くが、明治維新による社会の変化に翻弄（ほんろう）され、人生が変わってしまう。地方出身の政府高官の相手をする江戸っ子芸者。はからずも外国人に嫁いだ女。侍に親を切り殺されてしまった町人の娘。江戸から東京に変わっていく町に住んでいた人々は、有形無形の被害や影響をこうむったことは間違いない。

実在の人物も登場するのでどこまでが史実に基づいているのかという疑問が残るし、登場人物が現代的すぎるような気もしなくはないが、思い込みが激しくまっしぐらに進んでいく女たちの物語には、勢いがあって引きこまれる。

評・常田景子（翻訳家）

人文

『アメリカン・コミュニティ　国家と個人が交差する場所』

渡辺靖 著

新潮社・一六八〇円
ISBN9784103060314

永遠に「革命」を続ける社会に肉薄

前著『アフター・アメリカ』で注目を集めた気鋭の文化人類学者によるアメリカ論。いや、アメリカ論というと誤解があるかもしれない。抽象度の高い経済学的・政治学的用語で武装したアメリカ政治論でもないし、もっぱら親米／排米の軸にそって議論をたたかわせているアメリカ国家論でもない。フィールドワークを身上とする文化人類学者が、実際にアメリカの九つの都市を訪れ、様々な社会科学的、文化人類学的データとつき合わせながらアメリカにおけるコミュニティーの多様性、複雑性を描き出した作品である。こう書くと、なにやら堅苦しい本のような印象を持つかもしれないが、著者自身のまなざしを織り込んだ、平易でありながら味わいのある文体は、読む者を確実に引き込むことだろう。

扱われている都市・地域は多岐にわたる。アーミッシュと同じように近代的な文化の特質の多くを拒みながらも、一方で玩具ビジネスによってグローバル経済に対応して生活を営んでいるブルダホフ・コミュニティー。ボストンのバミューダ・トライアングルと呼ばれた過去を持ちながら、コミュニティーによる奇跡的な都市再生を果たしたダドリー・ストリート。過剰なまでのセキュリティー志向ゆえに要塞（ようさい）のような閉じた都市空間を構成するに至ったコト・デ・カザ。かつて「典型的」なアメリカン・ウェイ・オブ・ライフを体現する街として社会学者によって発見された「類がないほど典型的」な都市マンシー。そして、「草の根宗教右派」の牙城（がじょう）となっているメガチャーチ（巨大教会）のあるサプライズや、大規模農牧業とともに生きる街ビッグ・ティンバー等々……。

これらの都市・地域におけるコミュニティーのあり方が、実際に現地に赴いた著者の体験に折り重ねられつつ、分析されていく。「良い調査には、フィールドに深く入り込むことと、フィールドから距離を置くことの両方が不可欠である」という著者らしい、「現場」と「分析」との緊張感ある往還運動を読み取ることができる。

重要なのは、著者がつねにアメリカに関する主流的なディスコース（言説）に対して距離をとり、紋切り型的なディスコースやイメージと齟齬（そご）をきたす（違和を表明する）カウンター・ディスコース＝対抗的言説に繊細なまなざしを向けている、ということだ。様々なコミュニティーを、「アメリカとは……である」という定義に抗（あらが）う一種のカウンター・ディスコースの実践として捉（とら）え返し、アメリカを「安易な烙印（らくいん）や批判を拒むと同時に、自らに足払いをかけながら、永遠に革命を続ける手強（てごわ）い社会」として理解していくこと——それが本書の主眼であるといえる。安易な親米論／排米論、しばしばグローバリゼーションと重ね合わせたアメリカニゼーションへの批判が前提としているアメリカ像では、肯定するにせよ、批判するにせよ、アメリカの実相に迫ることはできない。コミュニティーという局所から「『アメリカ』という永久革命」へと肉薄しようとするスリリングな一著である。

評・北田暁大（東京大学准教授）

わたなべ・やすし　67年生まれ。慶応大学教授。文化人類学。『アフター・アメリカ』で04年のサントリー学芸賞など受賞。

二〇〇八年一月二〇日❷

『王様と大統領　サウジと米国、白熱の攻防』

レイチェル・ブロンソン著　佐藤陸雄訳

毎日新聞社・二九四〇円　人文／国際

ISBN9784620318356

冷戦後の反米イスラーム台頭を解明

英国の中東研究者フレッド・ハリディの名言がある。今の西アジアの政治的不安定は米ソ超大国が冷戦期に垂れ流した廃棄物に起因していて、ソ連からの廃棄物は兵器、米国からのは米が使い捨てた現地の反共ゲリラだ、と。

冷戦期の米国の反共政策で大きな役割を果たしたのが、サウジアラビアだ。石油だけの関係ではない。米国以上に共産主義の浸透に危機感を抱いたサウジアラビアは、60～70年代、米国にとって最も信頼でき、かつ自腹で反共工作活動のできる同胞だった。

ソ連侵攻下のアフガニスタンで、サウジとパキスタンが共同してイスラーム教徒を各地から集め、反共ゲリラに養成したことは有名だが、60年代にはアフリカの共産化を防ぐため、アンゴラやソマリアに援助していた。ニカラグアの反共勢力にも金が流れた。

サウジアラビアが世界中でイスラーム社会に資金援助し、宣教を始めたのは、エジプトなどのアラブ民族主義勢力に対抗してのことだった。60～70年代、民族主義革命の波が広がる中東で孤軍奮闘するサウジのイスラーム化政策は、米国には「有益な利用価値」とみなされたのである。対イスラエル姿勢も、サウジ王政は意外に現実的だった。

　そのサウジ・米関係が、冷戦後に共通の敵を失ってぎくしゃくしたのは、必然だった。90年代のサウジの財政逼迫（ひっぱく）も、王政を追い詰める。

　だが、両国関係の齟齬（そご）を劇的な形で露呈したのは、9・11事件である。実行犯の多くやビン・ラディンがサウジ出身だったため、サウジのイスラーム保守性に対する警戒感が、米国のなかで高まった。

　本書は、米国がいかにサウジと協働してきたか、いかに反米イスラームが台頭し、サウジに支援された若者がアフガニスタンやボスニアに赴いたかを、解明する。今はイラクで「怒りに満ちた歴戦の勇士」となっているように。冷戦終結とイスラーム武闘派台頭の関係を論じた力作だ。

　冒頭、初代米国大使一行が国王謁見（えっけん）後に、アラビア服の裾（すそ）を踏んだ部下の上に折り重なってひっくり返った、とのエピソードが、実に象徴的。

（原題、THICKER THAN OIL）

評・酒井啓子（東京外国語大学教授）

Rachel Bronson　米の外交・国際問題の研究者。

『誠実という悪徳　E・H・カー1892－1982』

ジョナサン・ハスラム 著
角田史幸、川口良、中島理暁 訳
現代思潮新社・六七二〇円
ISBN9784329004543
歴史／人文

20世紀を生き、書いた歴史家の足跡

本書は、外交官、そして歴史家として20世紀英国史におおきな足跡を残したE・H・カーの評伝である。

　おびただしい量のカーの作品のなかで、とりわけよく読まれている作品は二つ。ひとつは『危機の二十年』、いまひとつは『歴史とは何か』だ。前者は国際政治を学ぶ学生にとって、後者は歴史を学ぶ学生にとって、それぞれ今なお必読の古典である。

　もっとも古典には、定義上、その位置づけに定説があり、多くの古典読者は、その定説を確認するためだけに古典を読むことになってしまいがちである。『危機の二十年』にならい、国際政治におけるリアリズムを、『歴史とは何か』にならい、歴史を「過去と現在との対話」とする彼の有名な定義をみつけて安心してしまうのだ。本書第一の効用は、カーのリアリズムを彼の内なるユートピア主義との緊張関係に置きなおし、カーの歴史観の根底にある反相対主義の岩盤を提示することで、紋切り型のカー理解から一歩前に出るきっかけを読者に与えてくれることである。

　だが単なる作品解釈ではなく、評伝として書かれた本書の効用はそれだけではない。衰退するヘゲモニー国家の外交官からロシア／ソ連研究の第一人者となった彼の人生は、それ自体が、20世紀史あるいは冷戦史のひとつの意義深いピースである。彼が何を書いたかではなく、どのようにして書いたかを知ることが、とりわけ若い世代の読者にとっては、この時代を理解するうえで必要な歴史的想像力を提供してくれる。

　そして本書第三の効用は、カーという人物の脱神話化である。学者としての高い名声と超人的な仕事ぶりとは裏腹に、本書では、彼の社会生活や内面生活は灰色を基調に描かれている。カーの文体を特徴づける、真理を突く乾いた皮肉や辛辣（しんらつ）な批判の舌鋒（ぜっぽう）が、防衛的で孤独なパーソナリティーや他者との共感にとぼしい鈍感さと、ある程度まで表裏を成していることを知らされるとき、知的な誠実さということの意味に、深く思いをいたさざるをえない。けだし絶妙のタイトルである。

（原題、The Vices of Integrity）

評・山下範久（立命館大学准教授）

Jonathan Haslam　英・ケンブリッジ大教授。

二〇〇八年一月二〇日⑤

『音楽が聞える』

高橋英夫 著

筑摩書房・二六二五円
ISBN9784480823625

文芸／アート・ファッション・芸能

心をゆさぶる「元素」を探し求めて

詩が生まれ出るとき、詩人はおのずと音楽家になっている。高橋氏のことばを借りれば、「詩は音楽になる以外にどんな通路も持っていない」し、「詩を読むということは（自身が）音楽の状態になるということ」なのだ。詩と音楽は一つと言っていい。

音楽的詩論集である本書は、萩原朔太郎、北原白秋、中原中也ら、音楽を愛し、自ら楽を奏で、詩に音楽を宿らせた10人の詩人をとりあげる。アマチュア音楽家としての側面にも光をあてながら、詩人の楽興から真のポエジーが「沸騰したやかんの湯」のように溢（あふ）れ出す場面の数々を、その場に居合わせるかのように体験させてくれるのだ。体ごと引きこまれる。

例えば、ベートーヴェンの「皇帝」を聴いた宮沢賢治の体からは「霊的な雰囲気」が漂い出し、音楽の中に幻想的な表象を喚（よ）び出しつづける凄（すさ）まじい「音楽的デーモン」と化したという。その心象風景は『春と修羅』に結晶する。あるいは、バッハの協奏曲を聴いたとき、「真向から音楽が世界を鳴りとよも」した高村光太郎の心の動き。この曲を材にした詩「ブランデンブルグ」で紺青の空高く飛翔（ひしょう）した詩人は、智恵子との「言葉なきうた」の境界をついに超え、「元素智恵子」を書くに至った。著者はそう感じる。

光太郎とは百八十度違う光景をバッハに聴きとり、それを詩にした詩人もいる。「バッハの夕空」を書いた尾崎喜八だ。「ドイツ・ロマン派ふう」と著者の評する憂愁のバッハ。むしろ向日性の明るい作風をもつ尾崎の「詩人以前の人間的生地」を高橋氏はそこに読みとる。氏には、彼らの詩だけでなく、その人間性の中にさえ、音楽が聞こえるようだ。こうしたヒューマニスティックな視点が詩論を心地よくふくよかにする。本書にあげられた大詩人たちを大詩人たらしめていたのは、「音楽」への愛だったのだと、読み終えて気づいた。

詩の中の音楽とはなんだろう。著者が探し求めているのは、詩、音楽、絵画、あらゆる芸術に普遍の、人の心をゆさぶる元素のようなものなのではないか。

評・鴻巣友季子（翻訳家）

たかはし・ひでお 30年生まれ。文芸評論家、独文学者。著書に『時空蒼茫（そうぼう）』ほか。

二〇〇八年一月二〇日⑦

『西南戦争　西郷隆盛と日本最後の内戦』

小川原正道 著

中公新書・八六一円
ISBN9784121019271

歴史／人文

近代日本最大、そして日本史上最後の内戦だった西南戦争。本書は、この戦争が「不平士族の反乱」という一言では割り切れない多様な性格を持っていたことに焦点を当てている。

例えば、挙兵の動機は、明治新政府の専制、開化路線に対する反発だったが、その政府批判は、欧米の革命思想から強い影響を受けており、福沢諭吉のように、西郷隆盛の「抵抗の精神」を弁護する啓蒙（けいもう）思想家も存在した。

また、自らの意思で西郷軍、新政府軍に加わった者が全国にいた半面、薩摩にはいずれにも与（くみ）しない旧士族が多数おり、彼らの帰趨（きすう）には旧藩時代からの身分差別も影を落としていた。

多様であるが故に、政府に「尋問」するという矮小（わいしょう）な決起目的しか掲げ得なかった西郷軍。それを辛うじてまとめていたのが西郷という存在そのものであった。著者は、西郷が真情を語ることなく決起のシンボルとなり、やがて神秘化され、様々な夢が仮託されていった軌跡を追う。他方、戦争で示された政府への抵抗のエネルギーは、自由民権運動に転化していったと評価されている。

西南戦争130周年となる年に、その全体像をバランス良く描き出した良き概説書が誕生した。

評・奈良岡聰智（京都大学准教授）

二〇〇八年一月二〇日⑧

『トラや』

南木佳士 著

文芸春秋・一四〇〇円
ISBN9784163265100／9784167545178（文春文庫）　文芸

内田百閒の「ノラや」を類推させる題が示すように飼い猫トラを回想した小説である。ここにあるのは猫への愛情だけではない。猫も人間もふくめた、命のはかなさと生の重さである。

信州の病院で内科医をつとめる「私」は作家でもあり、大きな文学賞を受けた翌年、突然うつ病になる。夕日のころになると強くなる死への誘惑。それをまぎらわせてくれたのが、軒下にやってきた子猫たちの姿で、やがて家の中で飼い始める。とりわけ強く死を意識して刃物を探したとき、足元にからみついた小さな生命の存在に救われる。

そんなトラとの時間に、さまざまな死が語られる。死期をさとって飼っていた百羽の小鳥を放した老女。悪性腫瘍（しゅよう）のため42歳で先立った後輩の医師。寝たきりの父を自宅にひきとっての介護は「私」や家族に疲れをもたらした。だが葬儀を契機に心療内科の通院は終わる。「まぎれもなく、この身は父の死を糧に生き延びたのだった」という一行は重い。時によって変容していく人間の、生死の微妙な響きあいが静かな余韻を残す。

小型の本造りは、病んだ人でも手に取りやすい。まるで、あの子猫のように読者のそばにありたい、というかのように。

評・由里幸子（前編集委員）

二〇〇八年一月二〇日⑨

『わたしのリハビリ闘争　最弱者の生存権は守られたか』

多田富雄 著

青土社・一二六〇円
ISBN9784791763627　医学・福祉

『免疫の意味論』などの著作でも知られる著者が脳梗塞（こうそく）に見舞われ、懸命のリハビリで後遺症と闘う姿は、これまでもしばしば伝えられてきた。ところが厚労省は06年4月、リハビリ医療に上限日数を設定、著者にも打ち切りが通達された。いわゆる小泉改革の一環として医療制度にもメスが入れられ、弱者切り捨てが行われたのだ。

著者はすぐさま朝日新聞の「私の視点」欄に「診療報酬改定　リハビリ中止は死の宣告」を投書し、「一番弱い障害者に『死ね』といわんばかりの制度をつくる国が、どうして『福祉国家』と言えるのであろうか」と強い口調で訴えた。本書は、その投書がきっかけで始まった「リハビリ打ち切り反対闘争」の記録だ。

署名が48万も集まった。厚労省に提出した。しかし梨のつぶてで、医学会も黙認。鶴見和子さんら同志も世を去る。中医協会長が見直しを命じるが、再改定案はとても利用者の期待に沿うものではなかった……。

怒り、希望を抱き、失望して落胆してもまた闘おうとする著者に、「改善の見込みはない」などといったい誰が言えるのだろう。知の世界の巨人である著者が弱者のために振り絞った声に、耳を傾けたい。

評・香山リカ（精神科医）

二〇〇八年一月二〇日⑩

『野口英世とメリー・ダージス』

飯沼信子 著

水曜社・一八九〇円
ISBN9784880652009　人文

野口英世がアメリカで結婚したメリー・ダージスをはじめ、明治・大正時代に国際結婚をした5組の夫婦の生涯が描かれている。

メリーは酒豪の野口の飲み友達だった女性で、いろいろ風評もあるが、結婚後は研究に没頭する野口の精神的な支えだったようだ。

アドレナリン抽出で名をはせた高峰譲吉は、ニューオーリンズの博覧会で知り合った令嬢キャロラインと結婚した。高峰は、胃腸薬「タカジアスターゼ」などの特許で財を築いたが、活躍の背景には、妻の実家の大きな支援があった。

最後の上田藩主の弟、松平忠厚は、アメリカ留学中に知り合ったカリーと結婚した。松平は、測量技師としてブルックリン橋の建設に従事し、測量器具も発明したが、それによって大きな経済的利益を得ることはなかった。

この他、日本薬学の開祖、長井長義と結婚して、日本の女子教育に貢献したドイツ人の妻テレーゼ、鈴木大拙とともに仏教の研究と普及に一生をささげたベアトリスなど、それぞれの分野でパイオニアであった日本人の夫と外国人である妻の物語は、そのバックグラウンドの違いから、夫婦というものについて一層考えさせる。

評・常田景子（翻訳家）

『エピデミック』
川端裕人 著
角川書店・一九九五円
ISBN9784048738019／9784043748044（角川文庫）

『感染地図　歴史を変えた未知の病原体』
スティーヴン・ジョンソン 著　矢野真千子 訳
河出書房新社・二七三〇円
ISBN9784309252186

医学・福祉

疫学のスリリングな歴史とドラマ

寒い季節になると必ずインフルエンザの流行が話題になる。それに加えて最近は、鳥インフルエンザなど新しいタイプの感染症に対する不安も語られるようになってきた。

疫病でも、人類との付き合いが長い病原体は、人類とある種の共存を図っている。感染した相手（ホスト）をじわじわと弱らせ、他のホスト候補との接触の機会を増やせる病原体でなければ存続できないからだ。

しかし鳥インフルエンザやエボラ出血熱など新興感染症のウイルスは、本来、人類を標的としたものではなく、人類との付き合いも短いため、恐るべき毒性を発揮する。そのような感染症が発生したなら、感染ルートを特定して感染源を絶つと同時に、病原体の正体捜しを早急に進める必要がある。そこで活躍するのが疫学である。

ただ、疫学は相関関係、因果性、確率など、不確実性をはらんだ問題がからんでくるせいで、必ずしも単純明快な答えは出ない。たとえば、1996年に社会的大問題となった病原性大腸菌O（オー）157の感染源も、結局は突き止められずに終わった。だが、原因が突き止められないまま終息した感染症の流行よりも、関係者の努力によって手際よく終息させられたり、水際で食い止められたりした感染症の方がはるかに多いはずである。そしてそこには、語られるべきドラマがある。

『エピデミック』は、小説という形で疫学のドラマを語った一級の読み物である。東京近郊の海岸部でインフルエンザに似た謎の致死的感染症が勃発（ぼっぱつ）する。そこに疫学隊員が乗り込み、感染症の原因を突き止める物語なのだ。かつてベストセラーになった海外小説『ホット・ゾーン』に負けない小説が日本人によって書かれたことを喜びたい。しかも、ニセ科学やインチキ商法なども盛り込んだ、空想科学ではない、科学的な小説である。

この小説の中でも触れられているが、疫学の誕生は、19世紀半ばにロンドンで発生したコレラの大流行時とされている。疫学の歴史を語る場合には、コレラの感染源が共用井戸であることを、足を使った丹念な実地調査で明らかにしたエピソードが、必ず紹介されることになっているのだ。

しかし、その詳細について語られることはあまりなかった。『感染地図』は、医師ジョン・スノーが、当時はまだ汚染された空気が原因とされていたコレラ患者の発生場所を地図に落とすことで、問題の井戸とコレラの流行との相関を突き止め、両者の因果関係を追い詰めていったスリリングなノンフィクションである。

おまけに本書は、最初は学者仲間から相手にされなかった革新的な学説が、やがていつの間にか受け入れられ、最後は当たり前の事実になっていく科学革命の過程を語った書としてもおもしろい。それにしても、19世紀ロンドンの公衆衛生のひどさはすさまじい。

ともかく折もよし、疫学を題材にした好著2冊を読んで、病原体に打ち勝とうではないか。

評・渡辺政隆（サイエンスライター）

かわばた・ひろと、Steven Johnson

『大日本帝国のクレオール　植民地期台湾の日本語文学』
フェイ・阮(ユアン)・クリーマン 著
林ゆう子 訳
慶応義塾大学出版会・三三六〇円
ISBN9784766414400
歴史／人文

同化されえない主体性を浮き彫りに

日本語はおおむね日本国内でしか通用しないが、台湾ではきれいな日本語を話す老人に出会うことがある。そのことは時に勘違いを生み出すものだ。日本語を話す台湾人は「親日」的に違いないと。

台湾は小さな島だが、その言語状況は単純ではない。たとえば日常に話す台湾語は大陸の中国語とは大きく違っていて、口語の台湾語を表す文字はないという。日本語は植民地期の同化政策によって導入されたが、この状況下では台湾人が文章語に日本語を選んだからといって直ちに「親日」であるとは限らない。

本書は台湾が植民地だった時代の、台湾に関し日本語で書かれた文学を通して、日本の文化的支配の内実を問うたものである。ここで取り上げられた、台湾人によって日本語で書かれた戦時下の作品は、厳しい検閲を意識して書き手の内心の立場を隠すような、陰影に富んだものだった。著者は、表面的には国策協力のテーマで書かれたそれらの文学が、台湾人の生活をリアルに描こうとする郷土文学派の呂赫若(りょかくじゃく)はもとより、日本への同化を主題とする皇民文学派の周金波の作品までもが、意外にも簡単に同化されえない、台湾人の立場やその文化的な根をあぶり出していることを明らかにしている。

またここでは、佐藤春夫や台湾在住の西川満のような日本人作家の作品も取り上げている。しかしそれらは、日本の統治の仕方への批判意識をにじませている場合もあったが、主に台湾の古い伝統や先住民たちに着目した、異境へのロマンティックな関心に基づいた作品であった。

国語教育を中心とした日本の同化政策は独善的なもので、帝国の支配は多言語の状況を生み出した。しかし本書は台湾人が同化政策に対応しながら、同化とは異なる独自の主体性を育んできたことを明らかにしている。台湾出身で日本に留学しアメリカの大学で教鞭(きょうべん)を執る著者は、自ら多言語を生きる人として本書を書いたものだと思う。著者の中には多層的な視点があるが、屈折に満ちたテキストを読み解く著者の巧みさに、感心させられる力作であった。

(原題、Under an Imperial Sun)

評・赤澤史朗(立命館大学教授)

Faye Yuan Kleeman　コロラド大学準教授。

『綺想迷画大全』
中野美代子 著
飛鳥新社・三八〇〇円
ISBN9784870318243
アート・ファッション・芸能

異文化の絵画の刺激的な謎解き

恥を忍んで告白するが、印象派の絵画というのがよくわからない。ルノワールもセザンヌも、いい絵だとは思うのだが、別に面白みが感じられず、展覧会などに行っても、ひとわたり見た後で、ベンチに座って同行者が見終わるのを退屈しながら待っているのが常である。だが、これがダリのような超現実派や、また聖画、歴史画などの展覧会なら、何時間見ていても飽きないのだから、その絵の嗜好(しこう)の偏りには我ながら呆(あき)れる。

……こういう人は実は多いのではないか。と言うより、本書の著者である中野美代子氏はまさにそういう方だとお見受けしたが、どうだろう。つまり、絵画であれ音楽であれ、芸術を感性でなく、〝知性〟で鑑賞するタイプだ。芸術に意味を求める一派と言ってもいいかもしれない。前口上にある、「勝手に自分の論理を展開することの快楽を得られる絵画」こそが自分にとっての名画なのだ、という言い切りにそれは表れている。

芸術作品をこういう目で見ることにはとかくの批判もある。しかし、感性主義の人たちが言う感性というのは、多くは西欧的なそれであり、これまで触れたことがないアジアやアフリカなどの文化圏の芸術に対してはお手上げの場合が多い。感性の土台となる文化常識がそもそも違うのだ。

本書は中国文学研究の大家である著者が、主にアジア諸国のものを中心に、明治以降われわれが親しんできた西欧絵画とは全く異なった視点・文化的約束事で描かれた、つまりこちらの目から見れば、〝綺想（きそう）〟としか言いようのない絵画群に解説を加えつつ、知の世界を漫歩する、刺激的な読み物である。豊富な図版を眺めるだけでも楽しい。しかし通読するうちに、絵画というものが、文字記号の発明と普及以前には、情報や知識の伝達と保存を担っていた存在だったことも、改めて明白になってくる。

ただ、図版に、文章で謎解きをしている肝心の部分が、本の綴（と）じに重なってしまって見づらい個所がいくつかあった。綴じの隙間（すきま）に隠れるような細部こそが重要な本なだけに残念なことである。

評・唐沢俊一（作家）

なかの・みよこ　33年生まれ。北海道大名誉教授（中国文学）、作家。

二〇〇八年一月二七日⑤

『テレビだョ！全員集合　自作自演の1970年代』

長谷正人、太田省一 編著

青弓社・二五二〇円
ISBN9784787232809　人文／アート・ファッション・芸能

情報を自ら演出して生まれた面白さ

テレビカメラは、出来事を必ずしもそのままに、情報として伝えているのではない。他人事（ひとごと）のように、客観性を装ってはいるが、そこには演出された「現場の雰囲気」が含まれている。だからこそ私たちはテレビ番組を「面白い」と感じるのではないか。

この「情報」と「演出」の間を埋める「テレビ的」とでも呼ぶしかない自立した世界を、著者たちは「自作自演」というキーワードで説明する。70年代、私たちの心中に、その種の放送を受け入れる感性が生まれた。そして80年代以降、意図的に、過剰な「自作自演」の遊戯が画面で展開されることが日常となった。

本書は、70年代の人気番組やCMを取りあげ、分析を加える。たとえば「欽ちゃんのどこまでやるの！」では、ごく普通の茶の間をセットとしてつくり、出演者がテレビドラマのパロディーを見るという設定で番組が進行した。また「夜のヒットスタジオ」では、スタジオの後方で歌手たちが控える様子をわざと放映、彼らの自然な表情が何の作為も演出もなく、ブラウン管に映し出されていた。

それは「情報」でもない。しかし、今日のバラエティー番組ほどに娯楽性豊かな「演出」でもない。まだ無自覚に、また無批判に「自作自演」の世界が展開されていた。それはテレビという媒体が本質として持つ「面白さ」だ。

著者の1人は、「発掘！あるある大事典Ⅱ」の「データ捏造（ねつぞう）事件」について、取材ビデオの「情報」と、バラエティー番組としての「演出」との間に亀裂があったとみる。食材の効用やダイエットの効果を科学的に実証する映像と、スタジオでタレントたちが展開するトークとが完全に分断され、「自作自演」の妙味が欠落した。視聴率を稼ぐには、毎週、探しだして提供できるかどうかにかかってくる。結果、担当者は捏造に走ったのではないか。納得できる分析である。

テレビとはいかなる存在なのか。普遍的なテレビ論を展開するうえで、まず手にするべき論集である。

評・橋爪紳也（建築史家）

はせ・まさと　59年生まれ。早稲田大学文学学術院教授。
おおた・しょういち　60年生まれ。社会学者。

『最後の大奥　天璋院篤姫と和宮』

鈴木由紀子 著

幻冬舎新書・七五六円
ISBN9784344980624

歴史

慶喜の助命を嘆願、歴史表面に

よく歴史は女で作られるといわれるが、実際にどんな過程をたどるのかは必ずしも明らかではなかった。

本書は、幕末政局で女の力強さを発揮した天璋院（てんしょういん）こと薩摩藩島津家の篤姫（あつひめ）をヒロインにして語る「女縁から見た徳川の裏面史」である。

江戸城大奥は、テレビドラマで見るような愛欲と嫉妬（しっと）だけが渦巻く世界だったのではない。この禁域は、将軍家の血統の培養所だったのみならず、妻妾（さいしょう）や奥女中を介して外部から最高権力者の意向に影響を与え得る通廊としても使われたから、絶えず政治の力学が作用する《場》であったと理解しておくべきだ。

将軍家と縁組をした大名は外様（とざま）でも「松平」と称するのを許される。中でも西南雄藩の島津家は、①五代将軍綱吉の養女竹姫が五代継豊（つぐとよ）へ、②一橋家の保姫（やすひめ）が八代藩主重豪（しげひで）へ、③重豪の息女茂姫が十一代将軍家斉（いえなり）へ、④一橋家の英姫（ふさひめ）が十一代藩主斉彬（なりあきら）へと、前後四度にわたって徳川家といわば《相互乗り入れ》し、強固な徳川＝島津姻戚（いんせき）同盟を作り上げている。これらの婚姻を通じて、両家の間には長い間、幕末期に発生した敵対からは想像できない良好な関係が続いていたのである。

著者は用意周到だ。本書のメインプロットに入る前にたっぷり助走距離を取り、《前史》をしっかり書き込んでいるので、篤姫の物語はたんなる幕末ロマンに止（とど）まらぬ政治史の輪郭を整える。

篤姫は島津斉彬の養女である。その上に近衛忠煕（ただひろ）の養女という箔（はく）を付けて十三代将軍家定に輿入（こしい）れしたが、家定は間もなく世を去ったので剃髪（ていはつ）して天璋院と称した。斉彬から政治的使命を託されていたが、その斉彬も死去。十四代家茂（いえもち）に降嫁してきた孝明天皇の皇妹和宮との確執も読みどころの一つだろう。

だが最大の山場は、その天璋院がやはり未亡人となった和宮（静寛院）と手をたずさえ、鳥羽伏見の一戦で薩摩軍に敗れた最後の将軍慶喜（よしのぶ）の助命嘆願に立ち上がる場面だ。

政治の世界には姻戚・閨閥（けいばつ）の隠された半球がある。この一瞬、女の力が歴史の表面に顕然と示されたのである。

評・野口武彦（文芸評論家）

すずき・ゆきこ　47年生まれ。作家。『闇はわれを阻まず　山本覚馬伝』など。

『平田清明　市民社会を生きる』

平田清明 著　遺稿集編集委員会 編

晃洋書房・三〇四五円
ISBN9784771019034

人文

平田清明が逝ったのは95年3月。阪神大震災の惨状を自らの足で確かめ、最後の任地となった鹿児島に帰った直後である。ケネー研究を嚆矢（こうし）として、マルクスの再解釈を試み、晩年はレギュラシオン理論にもアプローチした平田の膨大な仕事を語るのは、弟子の山田鋭夫氏でも「容易ではない」（『資本循環と市民社会——平田清明論序説』鹿児島経大論集）という。

本書に収録された原稿もケネーやマルクス研究の未定稿から、自宅近くで計画された高速道路建設反対の趣意書まで「実に多彩」だ。「その中にあって通底しているものは市民社会論といってよい」と本書を編んだ諸氏は指摘する。それは、国家や資本家の支配から自由を取り戻した個人が協同して形成する社会であり、旧ソ連の国家社会主義とは全く異なるコミュニズムである。

理想の市民社会は未（いま）だ存在しないが、実現に向けて一歩でも近づこうとする日本の市民運動を平田は高く評価した。ここに平田が「理論」だけではなく、大震災の「現場」を歩く『実践』の人でもあった」と評される所以（ゆえん）がある。編者による解題には物足りなさも感じるが、本書を紐解（ひもと）けば平田の思考が「生々しく伝」わってくる。

評・高橋伸彰（立命館大学教授）

二〇〇八年一月二七日❽

『月芝居』

北重人 著　文芸春秋・一六四六円
ISBN9784163265902／9784167744045(文春文庫)　歴史／文芸

昨年『蒼火（あおび）』で大藪春彦賞を受賞した著者の受賞後第一作は、巨大利権に群がり甘い汁を吸う魑魅魍魎（ちみもうりょう）の存在を浮かび上がらせる時代ミステリーである。

天保の改革で江戸屋敷を失った左羽（さばね）家。江戸留守居役の小日向弥十郎は、転居先探しを依頼した尽左衛門から、弟子の鍬蔵（くわぞう）が殺されたことを知らされる。やがて弥十郎は、鍬蔵が水野忠邦や鳥井耀蔵がからむ土地売買の闇を知ったため、消された事実を突き止める。

建築と都市開発が専門の著者らしく、水野忠邦の土地政策という今までにない角度から天保の改革をとらえた点をまず評価したい。

そのため前半は江戸にある武家屋敷の実態、当時の土地取引の方法など膨大な情報が詰め込まれ、消化するのにやや時間がかかるほどである。だが中盤に事件の黒幕が判明してからの展開はスピーディー。探偵役の弥十郎は、忙しい仕事の合間をぬって事件を捜査する等身大の人物なので、宮仕えの悲哀に我が身を重ねる人も多いのではないだろうか。

政策が変更されると庶民の生活は激変するが、業界と結び付いた為政者は損をしない。どこかで見た構図が江戸時代から変わっていないことが分かるので、現代社会の問題点も実感できる。

（平・末國善己（文芸評論家））

二〇〇八年一月二七日❾

『ニューメディア「誤算」の構造』

川本裕司 著　リベルタ出版・二三一〇円
ISBN9784903724089　人文／社会

1980年代、中央官庁がこぞって発表した地域情報政策は、ニューメディアブームを加速させた。キャプテン、CATV、BS・CS放送、地上デジタル放送、そして、現在、注目の「通信と放送」の融合サービスなど、この20年間に登場した「ニューメディア」は、はたして私たちに何をもたらしたのか。

本書は、この手の本にありがちな、結論先にありきのメディア批判や擁護論ではない。筆者は、新聞記者らしく、政策担当者や技術者など当事者に語らせることで、ニューメディアに込められた夢と眩惑（げんわく）に斬（き）り込んでいく。

そこで提示されるニューメディアの開発・普及に関（かか）わった当事者たちの回顧には、自己弁護も含まれてはいるものの、現場に立ち会った者しか知り得ない苦悩や決断が垣間見え、説得力ある内容だ。それらを紡ぐことで、日本の政策決定のメカニズム、そして、メディア資本の持つ問題性まで見えてくるのが、本書の魅力でもある。

ただし、日本のメディア史を振り返ればわかるように、新規メディアの登場にあたっては、必ず大手新聞資本が関わってきた。この20年、新聞は何をしたのか。この点に踏み込めていなかったのは惜しい。

（平・音好宏（上智大学教授））

二〇〇八年一月二七日❿

『芝居の神様　島田正吾・新国劇一代』

吉川潮 著　新潮社・一九九五円
ISBN9784104118052／9784480428226(ちくま文庫)　アート・ファッション・芸能

「瞼（まぶた）の母」「一本刀土俵入」「国定忠治」「人生劇場」「王将」……。かつて多くの日本人が大まかであれ、その筋立てを知り、名せりふの一つも口ずさめた芝居だ。そんな共通の〝教養〟が消えたのはなぜか。人々の好みの変遷もあろうが、それらを当たり狂言とした新国劇の消滅の影響も多々あるような気がする。

坪内逍遥が命名者となり、1917年、沢田正二郎らが結成した新国劇。旧派たる歌舞伎を意識しながら、男っぽい芝居を得意とした。教えを受けた沢正亡き後、辰巳柳太郎とともに、戦前、戦後を通じてその黄金時代を築いた名優、島田正吾の生涯をたどる本書。それは、1987年に経営難から解散した新国劇の興亡史でもある。

「動」の辰巳、「静」の島田。全く対照的な個性にもかかわらず生涯の盟友だった辰巳との友情。脚本を提供した長谷川伸、北条秀司、池波正太郎らとの熱き交流。新国劇が最後に生んだ大スター、緒形拳との師弟愛、96歳まで続けた一人芝居にかける執念……。

なにやらギスギスしたこの時代のせいなのか。人情の機微に満ちた新国劇の脚本そのままのような人生からは、ひたすら懐かしい香りが立ちのぼる。

（平・四ノ原恒憲（編集委員））

『マイ・ドリーム　バラク・オバマ自伝』
バラク・オバマ著　白倉三紀子、木内裕也訳
ダイヤモンド社・二五二〇円
ISBN9784478003626
『合衆国再生　大いなる希望を抱いて』
バラク・オバマ著　棚橋志行訳
楓書店発行、ダイヤモンド社発売・一九九五円
ISBN9784478003534　ノンフィクション・評伝／国際

類型化できない個人史の面白さ

ビル・クリントンこそはアメリカ初の黒人大統領だ――こんな風説を広く知らしめたのは、黒人（女性）としてアメリカ初のノーベル文学賞作家となったトニ・モリスン。たしかに、白人とはいえアーカンソー州の貧しい労働者階級から身を起こし、ジャズ・サックスを吹き、大統領職が終わると黒人街ハーレムに事務所を開いた彼は、かつてリンカーン大統領が象徴した「丸太小屋（ログハウス）から大統領官邸（ホワイトハウス）へ」なる立身出世神話の再現者として人気を呼び、98年の不倫スキャンダルの渦中ですら黒人共同体からの信頼は根強く、いまも名誉黒人としての地位を保つ。

したがって、そんな彼が強力に後押しする夫人ヒラリーと、文字どおり黒人の血を引くオバマが民主党内で激突する大統領選ほどセンセーショナルなものはない。もともと「バラク」は「恵まれたもの」の意。彼と同名の父はケニア出身で、ハワイ大学にてカンザス州出身の白人娘と恋に落ちたのだった。ところが61年、ふたりのあいだに著者が生まれてまもなく、父はハーバード大学の博士課程に進むことになったものの、経済的事情からアフリカへ帰る。のちに人類学者となる母は同じくハワイ大学で知り合うインドネシア人と再婚。その縁で、一家はスカルノ政権が失脚し、共産主義者が一掃された直後の67年、激動のインドネシアへ移住。そこで目撃したのが、アメリカ国内ならふだんは隠されたままで、インディアン居留地の住人や親しい黒人と話して初めて露呈する「力（power）」が街中にあふれ、人間を決して逃さず引き戻し「自分の人生が自分の思い通りにはならない」ことを実感させる世界だった。自伝『マイ・ドリーム』（初版95年）で鮮烈に語られる、オバマの政治的原風景である。

その後の人生は、典型的な中産階級出身のエリート知識人の成功物語と映るだろう。名門コロンビア大学を経てハーバード大学法科大学院へ進み、黒人としては初めて法律専門誌「ハーバード・ロー・レビュー」の編集長を務め、人権派弁護士として活躍、そしてイリノイ州議会議員を経て、２００５年よりアメリカ合衆国上院議員。しかし、『合衆国再生』（初版２００６年）を併せ読むと浮かび上がってくるのは、アメリカ原住民やアフリカ黒人、白人の血とともにキリスト教もイスラームも、ときに仏教すらやすやすと併存し習合しうるひとつの巨大で多文化的な家族史であり、おそらくはそれゆえに、異なる価値観に対しても驚くほど寛容な男の肖像である。たとえば彼は、イラク戦争その他の点でブッシュ大統領の政策には批判的でも、人間としてのブッシュについては偏見なく理解してかかろうとする。著者自身を判断するにも既成の人種的偏見では歯が立たないゆえんだ。類型的な名誉白人にも黒人運動家にも収まらないバラク・オバマという人間のおもしろさは、彼自身の個人史が期せずして「文化のサラダボウル」としてのアメリカを、そして来るべき民主主義という希望の地平を、体現してしまっているところにひそむ。

（原題、Dreams from My Father）
（原題、The AUDACITY of HOPE）

評・巽孝之（慶應大学教授）

Barack Obama　61年生まれ。

二〇〇八年二月三日❷

『ついこの間あった昔』

林望 著

弘文堂・一五七五円
ISBN9784335800559／9784480429698(ちくま文庫)　文芸

昭和の写真に浮かぶ暮らしの原型

ノスタルジーは危険な感覚である。子供のとき聞いた歌謡曲の文句はああだった、いやそうじゃないという、たわいもないことでいい年をしたサラリーマン同士が酒場で口論しているのを見たことがあるが、普段は温厚な人であっても、こと自分の記憶の中の領域を侵されると、急に感情的になったりする。

これほどノスタルジーがブームになっているのは、ひとつには脳のメカニズムが、過去の記憶を、自分にとって美化された、心地よい性質のものに変成してしまうからでもある。実際に記録された映像を見てみると、記憶との落差に愕然（がくぜん）とするものだ。大ヒットした映画のおかげで昭和30年代を理想の時代のように言う人が多いが、あの時代が日本における少年犯罪の一つのピークだったことを覚えている人がどれくらいいるか。

本書は戦前から昭和40年代初期の日本人の生活写真（弘文堂『写真でみる日本生活図引』からのもの）に、林望氏が文章を添えたものである。ここで記録された写真の多くは、現在のブームに乗った〝古き良き過去〟のつもりで見るといささかショッキングかもしれない。そこには美化された記憶から脱落している「貧しさ」「汚さ」「垢抜（あかぬ）けなさ」が露呈した過去がある。ことに、173ページの、胸乳（むなち）をはだけたままお客に茶を出している老婦人の図や、180ページの混浴の湯治場の図には、言葉は悪いが、日本というのはこんなに〝野蛮な〟国だったのか、という感想すらわきかねない。しかし、じっとそれらの図を眺め、経済成長期への安直なあこがれのような、流行の裏にあるものに向き合う感覚で見つめていると、そこには現在の自分とダイレクトにつながっている、日本人の暮らしの原型（アーキタイプ）が見えてくる。〝自分探し〟をしたいなら、スピリチュアルな本などよりも本書を読んだ方がずっと効果的ですよ、と宣伝したい。

ちなみにいえば、林氏の文章の〝頑是（がんぜ）ない〟〝寸地をだに得れば〟〝〜をば〟などという表現にも写真以上のノスタルジーを感じてしまった。この本にしてこの文あり。

評・唐沢俊一（作家）

はやし・のぞむ　49年生まれ。作家、書誌学者。著書に『イギリスはおいしい』など。

二〇〇八年二月三日❸

『カツラ美容室別室』

山崎ナオコーラ 著

河出書房新社・一二六〇円
ISBN9784309018409／9784309410449(河出文庫)　文芸

わかりにくくたって 友情は友情

作家のデビュー作はおうおうにして書き手と重なる同性で同世代の人物が主人公の場合が多いけど、山崎ナオコーラは最初からちがった。文芸賞を受賞したデビュー作『人のセックスを笑うな』は19歳の男子と39歳の女性の恋愛を男の子の側から「オレ」という一人称で綴（つづ）った小説で、妙ちくりんなタイトルやペンネームも含め、そのインパクトはなかなかのものだった。

『カツラ美容室別室』はそんな彼女の最新作。芥川賞こそ逃したものの、今度の視点人物も「オレ」であり、それはしかも、こんな人を喰（く）った書き出しではじまるのだ。

〈「桂美容室別室」の店長、桂孝蔵は、他人の髪の毛を懸命にカットしているが、自分自身はカツラをかぶっている〉

カツラの美容師！　ヤだ、おもしろそうじゃないのっ。

「カツラ」という語に喚起されただろう読者の期待に、しかしいささかも媚（こ）びることなく物語は進行する。

高円寺の桂美容室別室は店長のほかでは若

い女性スタッフが2人いるだけの小さな美容室である。年上の友人に命じられてそこに通うことになった「オレ」は、みなで花見に行ったり、美容師のエリと2人で美術館に出かけたり、徐々に親しさを増してゆく。だけど、いまひとつ進展しない「オレ」とエリの仲。

　事件は店長が東京を去ったあとに起きた。〈小倉でも、カツラかぶって、カツラの美容師やってんのかね?〉。そう口にした客にエリはつかつかと近づき〈グーで客の顔を殴った〉のである。〈『カツラの美容師』って、なんですか?〉〈カツラさんは、カツラを面白がってかぶっていたんじゃないんです〉

　『カツラ美容室別室』は友情の物語なのである。エリが客を殴ったのが店長への友情なら、「オレ」とエリの間に育っていたのも友情だ。〈男女の間にも友情は湧(わ)く。(略)恋愛っぽさや、面倒さを乗り越えて、友情は続く〉恋愛至上主義、セックス至上主義、そしてわかりやすい関係に逃避する小説への、これはやんわりとした異議である。そうだよ、友情は10代の専売特許じゃないんだから。

評・斎藤美奈子(文芸評論家)

やまざき・なおこーら　78年生まれ。『人のセックスを笑うな』で第41回文芸賞。

二〇〇八年二月三日④

『泣き虫ハァちゃん』

河合隼雄 著

新潮社・一三六五円
ISBN9784103791089/9784101252292(新潮文庫)文芸

色とりどりの涙をどうもありがとう

　物語が終わり、谷川俊太郎さんの詩や夫人によるあとがき、初出誌のクレジットとつづいて、河合隼雄さんの遺作もいよいよ文字どおりの巻末に至ったとき――まるでカーテンコールのように、主人公ハァちゃんが再登場する。物語に絵を添えてきた岡田知子さんの描くハァちゃんだ。〈ハァちゃん、どうもありがとう〉と手書きの文字もある。その言葉は、本書を読み終えたすべてのひとの思いを代弁しているのではないか。

　自伝的小説である。ハァちゃんは少年時代の河合隼雄さん。男ばかり6人兄弟の5番目で、兄弟でただ一人の泣き虫。スポーツは苦手でも本読みが得意で、正義感にあふれていながら臆病(おくびょう)なところもあるハァちゃんの幼稚園時代から小学4年生までの日々を、河合さんは、夫人の言葉を借りれば〈置き土産〉のように書きつづった。そのまなざしと語り口の優しさには、回想を超えた祈りさえ感じられる……のは、僕たちがすでに河合さんを惜しみながら見送ってしまったせいだろうか。

淡い初恋がある。親友との別れもある。自我だって少しずつ芽生えてくる。冗談好きのお父さんがいて、優しいお母さんがいて、仲良しの兄弟がいる。泣き虫のハァちゃんが流す涙は、決してひと色ではない。悔し涙もあればうれし涙もあるし、名付けようのない(でも、みんなが「わかるわかる」とうなずく)涙もある。虹のように色とりどりにきらめく、そんな涙のかけらを、最晩年の河合さんは一つずつ優しく取り出して僕たちに見せてくれた。

　ハァちゃんが小学4年生を終えようとするところで、河合さんは脳梗塞(こうそく)に倒れ、物語はやむなく終わる。けれど、亡くなるまで1年近く昏々(こんこん)と眠りつづけた河合さんは、深い深い夢の中でハァちゃんとひとつになって人生の旅路をたどり直していたのかもしれない。そう思いながら巻末の岡田さんの絵とあらためて向き合うと、ハァちゃんの表情は物語の時間をちょっとだけ追い越してオトナっぽくなっているようにも見えて……読者もつい、泣き虫になってしまうのだった。

評・重松清(作家)

かわい・はやお　28年生まれ。07年7月に死去。臨床心理学者、元文化庁長官。

二〇〇八年二月三日⑤

『国際立憲主義の時代』

最上敏樹 著

岩波書店・二九四〇円

ISBN9784000228763

人文

国際機構再生への道筋を考える

ジョン・レノンの「イマジン」に触発されて国際機構を目指した人は、少なくないだろう。国家を超えた自由で平等な世界市民、という理想に向けて、国連は夢への第一歩と見えた時代があった。

それが、どうだ。国連は紛争の制止に役立たないどころか、大国の道具に成り下がったかのような現実がある。国際法などあってなきがごとし、との現実を前提に、カール・シュミット式リアリズムこそが、大人の常識とみなされる今の風潮。違法でも正統であればよし、とする声。

現在進行する「なりふりかまわぬ国際法無視」を批判し国際法の立憲化を主張するのが、本書である。その根源には、9・11以降の米国の、「イチジクの葉」を「かなぐり捨て」て、国連を無視してきたことへの、深刻な危惧（きぐ）がある。著者はイラク戦争に批判的な姿勢を積極的に発言してきたが、国際法学者としての視点、論立ては、ただ心情的な大国批判や反戦を超えた、骨太の議論である。

著者は、大国の国連独占と法の無視が横行する現状にあっても、武力不行使を掲げた国連憲章第2条4項に死亡宣告を下すのは時期尚早だとし、国際機構の思想的存在意義を再確認する。

そこで重要なのは、国際機構が集権的になることは不可避なのか、という問いだ。国際的次元での自由主義がホッブズ的自然状態を意味することを考えれば、国際機構はその自由主義を統御する志向を内包せざるを得ず、そのために「権力創造の志向」が国際機構に入りこむ。また、国内的には国権至上主義を取りながら国際的には国家間の民主主義を要求する、非民主的な国が現れる。

こうした矛盾を乗り越えるために、国家を取り除いてみる。主権を信託する先を国家ではなく、人民、個人におくことができるのではないか。人間の生存権への侵害に対して無国籍的に救済する国際的NGOの姿に、国連の将来の方向性を見ることも可能だ。

ジョンがイマジンと言ったことが、学問的、法的、制度的に精緻（せいち）な議論になって、ここに展開されている。

評・酒井啓子（東京外国語大学教授）

もがみ・としき　50年生まれ。国際基督教大学教授。『いま平和とは』ほか。

二〇〇八年二月三日⑥

『チャップリン暗殺　5・15事件で誰よりも狙われた男』

大野裕之 著

メディアファクトリー・一六八〇円

ISBN9784840120906

人文

意表をつく事実、直感力で危機脱出

1932年5月15日。軍の士官が時の首相・犬養毅を暗殺。日本が軍国主義へ突き進む転換点となった。

実は、この時、喜劇王チャップリンが初来日していた。神戸港から東京へ向かう駅には熱狂するファンがつめかけ、日本にはチャップリン旋風が吹き荒れていたのだった。

この「偶然」のように見える出来事の裏にどんな「必然」が隠されていたのか。

本書の著者はチャップリン研究家で、彼の秘蔵NGフィルムをすべてみた世界に3人しかいないうちの1人とか。その彼の手で、膨大な資料の中から選ばれたこの日のエピソードが、ドキュメントタッチで再現されていて、当時の不穏な時代の空気がひたひたと伝わってくる。

それにしても、5・15事件の首謀者が、日米開戦を狙ってチャップリンの暗殺を計画していたなんて！

一方、チャップリンの傍らには彼を守るべく画策する「コーノ」と高野虎市がいた。

あのチャップリンの秘書は日本人だったのだ！

意表をつく事実を知るにつけ、山高帽にドタ靴姿が目に焼きついているチャップリンの気分屋で、気難しい素顔が浮かび上がる。それがいっそう彼への親近感を募らせる。

この5・15事件を天才的な直感力で逃れたチャップリンは、その6年後にヒトラーを痛烈に批判する「独裁者」の製作を開始。第2次世界大戦前、アメリカでは、まだヒトラーが英雄視されていた時代だったというから、ことの本質を見抜く彼の勘の鋭さと勇気に改めて驚嘆する。

そして、高野はアメリカでスパイ容疑で抑留所に送られたり、チャップリンがアメリカから国外追放されたり、2人の人生はドラマチックに展開する。ついに再会を果たさなかった彼らのその後の人生に触れた記述が胸にしみる。

読了後、巻末の年表をしみじみ眺め、彼らが生きた怒濤（どとう）の時代を思う。そう、チャップリンは戦争の世紀と呼ばれた20世紀の「良心」だったのだ。その彼の右腕だった日本人「コーノ」のことも忘れまい、と思う。

評・久田恵（ノンフィクション作家）

おおの・ひろゆき　74年生まれ。著書に『チャップリン再入門』など。

二〇〇八年二月三日⑦

『日本の人形劇　1867－2007』

人文

加藤暁子 著

法政大学出版局・二九四〇円

ISBN9784588300493

ひょっこりひょうたん島、サンダーバード、新八犬伝……。人形が演じる物語に夢中になった少年の日々を思い出した。

長年、上演現場に携わった著者が、幕末から現在に至る人形劇の変遷をまとめた。当事者が語ることが少なかった大政翼賛体制下の状況にも触れ、140年におよぶ通史としている。

幕末に渡欧し、紙製の蝶（ちょう）を巧みに飛翔（ひしょう）させて喝采をあびた曲芸団・廣八一座から説き起こし、明治27年に来日した英国の糸操り人形芝居のダアク座、第1次世界大戦後に国内の独軍捕虜が演じた人形劇など異国から渡来した芸にも触れる。

わが国における人形劇の近現代を扱う本書の枠組みが、おのずと国境を超えた文化交流の物語となることに納得した。文楽は各国の芸能や芸術に影響を及ぼした。逆に、わが国の劇は東欧などの刺激を受け、テーマパークでは米国生まれの機械仕掛けの人形が人気を集める。

確かに人形を操った表現行為は、民族や時代を超えた普遍的な物語伝達の手段なのだろう。人形遣いを「無生命のものにいのちの痕跡を見つけ、それを蘇生させ、その生をともに語る人」と定義し、人形劇に「現代のアニミズム」を見いだす視点が面白い。

評・橋爪紳也（建築史家）

二〇〇八年二月三日⑧

『越境の声』

文芸

リービ英雄 著

岩波書店・二一〇〇円

ISBN9784000222761

西洋出身初の日本語作家である越境の作家にとって、文学を分かつのは国でも人種でもなく、「その言語に違和感をつきつけられる言葉をもつか否か」のようだ。日本語が完熟したのは古今和歌集で、あとは衰えていく、と書いた三島由紀夫の「進化論」的な言語の捉（とら）え方とまったく違う地点に、この対談・論考集は立っている。書き手を駆り立てるのはむしろ、言葉の軋轢（あつれき）やズレだ。

「美しい日本語」という考え方に対して、美しさとは言語そのものの中にある「葛藤（かっとう）」が生みだすもの、と富岡幸一郎氏は発言する。また、水村美苗氏は、良質の文学とは必ず「間口の狭い」翻訳困難な部分を伴うと言い、大江健三郎氏はフランス文学の訳文と原文を照らし読むうちに、「新しい日本語の森が立ち上がってきた」経験を語る。

「ユニバーサルな」「国際的な」作家とはなにか。きっと日本人が日本語で「日本文学」を書く時でさえ、そこに必要なのは、言葉の自明性をうち砕く越境の意志なのだ。そう思うと、まさに言語の越境の現場である翻訳書において「こなれた訳文」ばかりが好まれるのは残念だ。翻訳者は日本語にもっと波乱を起こすべきかもしれない。

評・鴻巣友季子（翻訳家）

二〇〇八年二月三日❾

『グローバリゼーションと労働世界の変容』

人文

田端博邦 著

旬報社・三三六〇円

ISBN9784845110513

労働組合は誰のために闘っているのか。国によって違うが、正社員を中心にした組織率2割にも満たない組合員のために闘う日本の組合は、世界の非常識に近いと著者はいう。国際的には同一労働同一賃金を目指して、企業を超え、産業を超えて同じ職種や同じ地域で働く全（すべ）ての労働者のために闘うのが常識である。実際、フランスでは組織率は1けたと日本より低くても、「職業選挙」によって選ばれた組合が使用者団体と交渉し、その成果は組合員だけではなく同じ職業に従事する全労働者に適用される。また、組織率80%を超えるスウェーデンでは全国の組合が連帯し、「労働者全体の賃金格差が縮小される」よう中央交渉が行われている。

グローバル化が進展するなかで企業競争が国際化すれば、雇用条件も国際化する。そうなれば日本的な企業内組合では、組合員の生活を守ることとさえ難しい。低い賃金を甘受する非正規労働者の現在は、正社員の近未来でもあるからだ。「労働は商品でない」なら、様々な壁を超えて労働者は相互に協力すべきだ。個人と社会がゆたかになるには、著者が主張するように競争の自由よりも誰もが参加できる組合を作る自由のほうが大切である。

評・高橋伸彰（立命館大学教授）

二〇〇八年二月三日❿

『ミトコンドリアが進化を決めた』

科学・生物

ニック・レーン 著　斉藤隆央 訳

みすず書房・三九九〇円

ISBN9784622073406

本書の原題は『パワー、セックス、自殺』。扇情的なタイトルだが、これこそが、われわれの体を構成する細胞の中にすみついているエイリアン、ミトコンドリアの役割を説明するキーワードなのだ。細胞の中にある小さな器官のような存在だが、そのいちばんの仕事はエネルギーの生産。すなわちパワーの源なのだ。

そもそもなんでこんな器官が細胞の中にあるのか。それは、数十億年前に原始的な細菌が別の細菌の中にすみついたからである。ミトコンドリアは、往時の遺産として自前のDNAまでもっている。

細菌は単細胞生物。その機能には限界がある。しかし細菌どうし共生することでわれわれ多細胞生物が進化する道が開かれた。

ところがそこから、細胞内の2種類のDNAをめぐる攻防が始まった。その結果生まれたのが雄と雌という二つのセックス（性）であり、損傷した細胞を除去するためのアポトーシスという自殺の仕組みだった。

それらすべてにミトコンドリアが絡んでいるという刺激的な仮説を交えながらミトコンドリア研究の最前線を熱く語り、生命のダイナミズムとその深淵（しんえん）をのぞき見るスリルを味わわせてくれる。

評・渡辺政隆（サイエンスライター）

二〇〇八年二月一〇日❶

『死刑　人は人を殺せる。でも人は、人を救いたいとも思う』

人文

森達也 著

朝日出版社・一六八〇円

ISBN9784255004129

廃止か存続か、曖昧でよいのか

あなたは、知らないうちに死刑について考える権利を奪われている。それを知っているか、と本書は問う。

もちろん、日本の極刑は「死刑」ということを知らない人は、まずいないだろう。少しでも社会問題に関心がある人ならば、世界的な流れで見ると死刑は廃止の方向に向かっており、いまや先進国ではアメリカと日本だけが例外的にこれを実施している、ということも知っているはずだ。韓国も昨年末から「事実上の死刑廃止国」となった。

しかし実際には日本の死刑判決は増加しており、世論調査で「死刑もやむを得ない」と答える人は8割を超えている。これも事実だ。

この8割の中には、自分なりにいろいろ考えた結果、存置という回答にたどり着いた、という人もいるだろう。一方、曖昧（あいまい）な気持ちのまま、「どちらかといえば」と手を挙げている人もいるに違いないが、死刑は執行されるか、されないかの二者択一で、「ほどほどに」といった曖昧さの入り込む余地はない制度だ。その厄介さのゆえ、多くの人はそれ以上、突き詰めて考えるのをやめようとする。そもそも、死刑をめぐる情報はきわめて少なく、考えようにもその材料はほとんどないのだ。

　著者もまた、どこか曖昧な気持ちを引きずりながら、死刑について考える旅に出る。ドキュメンタリー映画を作るときと同じ手法で、著者は死刑判決を待つオウム実行犯、冤罪が明らかになって解放された元死刑囚から死刑執行に立ち会った元刑務官や弁護士、政治家、死刑をテーマに作品を描くマンガ家と、さまざまな立場、職種の関係者に取材し、ベールの向こうにある死刑を浮き彫りにしようとする。

　しかし、取材を重ねれば重ねるほど、著者は死刑が「見せる側は隠すし、見る側は視線を逸（そ）らす」という不可視の領域に位置していることを痛感させられる。たとえば、確定死刑囚は、「心情の安定を保つため」という説明のもときわめて制限された生活を送っているのだが、「色鉛筆は赤・青のみ」といった規則の根拠は誰にもわからない。拘置所や刑務所にある執行場は、完全な非公開だ。私たちは、加害者、被害者あるいはその遺族という〝例外的な立場〟となってかかわらざるをえなくなる場合を除いては、死刑については考えずにいるのが最も賢明な選択、という状況に知らないうちに置かれているのだ。

　著者は、国民の誰もがこの国家の制度を支えている限り、死刑制度にも無関係ではないはずという立場で、3年以上にわたって綿密な取材と考察を続ける。そして、その不可視の領域にもかなり接近するのだが、存続か廃止かの決め手になるような論理は構築することができない。最終的には、ごく私的な感情に立ち返って廃止という自らの意思を確認し、著者の旅は静かに終わる。声高な存置論、廃止論ではないだけに、「僕は人に絶望したくない」という著者の声が、いつまでも胸に残る。

評・香山リカ（精神科医・帝塚山学院大学教授）

もり・たつや　56年生まれ。映画監督、作家。オウム真理教に迫った映画「A」「A2」で知られる。著書に『放送禁止歌』など。

『ひげがあろうがなかろうが』

今江祥智 作　田島征三 絵

解放出版社・二九四〇円
ISBN9784759250312

謎めいた設定に反権力の静かな意志

　〈あそこは、この世のいきどまりよ〉。お父（とう）がそう呼ぶ切り立った山のこちら側、崖（がけ）のふもとの大竹林のそばで、たけはお父と暮らしていた。家の裏には小屋があり、「裏住みの男」が絶えず住みついては去ってゆく。お父は竹細工の名人だが、家をあけると何日も帰ってこず、お母（かあ）とはたまにしか会えない。ゆえあって、お母は崖の向こうの町で暮らしているのである。

　今江祥智『ひげがあろうがなかろうが』は、そんな謎めいた設定ではじまる。

　耳に心地よい民話のような読み心地。児童文学界の巨匠が放つ久々の長編だ。しかし民話のように見えるのは表層だけで、これはとてつもなくスケールの大きい冒険譚（たん）であり、少年の成長譚でもある。

　たけは鉈（なた）で竹を割る方法を習い、見よう見まねで弓矢の扱いかたを覚え、はじめての狩りでウサギをしとめ、流れを泳いでわたる術も身につけた。「この世のいきどまり」の下には水をたたえた鍾乳洞があり、泳いでそこを抜ければ城のある町に出るのだ。

次々と新しいステージをクリアしていく少年・たけ。やがて彼はお父とふたり旅に出て、海に出会う。が、そのころ陸では大きな地震が。

本書には前身となる作品がある。1970年に出版された『ひげのあるおやじたち』がそれ。歴史的に「非人」と呼ばれるだろう男たちを主人公にしたこの作品は「差別を助長する」との理由でやむなく絶版になったのである。

どこが問題だったのか。その点は同時収録の「ひげのあるおやじたち」を併読されたいが、37年ぶりに生まれかわった本書では、歴史の表舞台に出てこない山や川や海の者たちのバックステージがじっくり描かれ、「ひげのない」少年や女たちにも活躍の場が与えられる。ブラボー！

〈城の連中は、わしらを消しても人を殺（あや）めたとは思いよらん。そこをちいとずつでもわからせようがために、山越えしてきよった者も川の者たちも、動いてくれておるのよ〉

反権力の静かな意志を底に秘めた骨太な物語。大部の著だが、小学生から大人まで引き込まれること請け合いっ。

評・斎藤美奈子（文芸評論家）

いまえ・よしとも 32年生まれ。著書に『海の日曜日』『ぼんぼん』など。

たしま・せいぞう 40年生まれ。

二〇〇八年二月一〇日③

『戦争の日本史18　戊辰戦争』

保谷徹 著

吉川弘文館・二六二五円
ISBN9784642063289

歴史／人文

内乱の光と闇、軍事史から見通す

戊辰戦争は、慶応四年（一八六八）から翌明治二年まで明治新政権と旧幕府・諸藩の間で東西を二分して闘われた内戦である。本書が挙げる数字では、両軍の死者数は一万三千五百七十二人。幕末日本の人口は約三千二百万とされるから、そのほぼ〇・〇四二四％に当たっている。

一八六五年に終結した南北戦争の戦死者は六十二万。当時のアメリカ人口約三千百万の二％であったのと比較すると、幕末の日本人は内戦体験をかなり《効率》よく潜（くぐ）り抜けたといえないか。

本書は「戊辰戦争の全過程を軍事史の観点からわかりやすく見通す」ことをめざした視野鮮明な著述である。

戊辰戦争の研究史にはすでに分厚い蓄積があるが、主として維新政権の《権力規定》をめぐる論争を軸に展開されてきた。著者は従来の学説史をカッコに入れ、歴史過程をいったん銃器というモノの動きに還元して戊辰戦争それ自体を軍制史の一画期、「ライフル銃段階に照応するある種の軍事革命」と捉（とら）え直す。

内戦の勝敗を決した戦力差は、基本的には、旧式滑腔（かっこう）銃と新式ライフル銃との段階差と図式化できる。佐幕派の東北諸藩が新式銃を整備していなかったという通説は誤解である。問題は「その武器を活（い）かすための軍制（軍隊編制）の近代化」にあり、兵士の動員・武器と弾薬の供給・兵站（へいたん）の確保・軍費の調達などをどう能率的に実行するかの社会的な仕組みにあったのだ。

その眼指（まなざ）しは、幕末史の謎の部分にも向けられる。たとえば勝海舟・西郷隆盛の腹芸で有名な江戸無血開城。総攻撃の中止は、横浜屯集の英仏陸兵隊五百六十名及び五カ国十四隻（砲二百十一門）の艦隊と無関係だったろうか。

戦場には残虐行為が付き物だ。東北戦争では「官軍」が分捕りと称して公然と略奪を働いた。「捕虜」という概念がないので、両軍共に生け捕りにした敵兵を容赦なくなぶり殺した。肝を抉（えぐ）りだして食べた実話も語られる。

近代日本の産みの苦しみだった維新内乱の光と闇を、軍事史の物差しできちんと測定した歴史書である。

評・野口武彦（文芸評論家）

ほうや・とおる 56年生まれ。東大史料編纂所教授。共著『日本軍事史』など。

二〇〇八年二月一〇日❹

『米朝よもやま噺』

桂米朝 著

朝日新聞社・一三六五円
ISBN9784022503619／9784022645616（朝日文庫）　文芸

芸歴60年、次世代に贈る言葉ちりばめ

　桂米朝師匠には、上方芸能に関する研究や著述においても第一級の仕事がある。たとえば舞台となる界隈（かいわい）の歴史や地誌を詳しく紹介した『米朝ばなし　上方落語地図』は、地域研究をもっぱらとする小生にとって座右の一冊だ。

　本書は昨年、芸歴60年の節目を迎えた師匠が、みずからがパーソナリティーを務めるラジオ番組で、電波に乗せた話をまとめたもの。書名の通り、四季折々の生活、かつての大阪の風情、小学生から親しんだ俳句を介した交流歴など、話題はさまざまだ。ただやはり自身が見聞してきた上方の芸能界にまつわる逸話に多くの頁（ページ）を割いている。

　今はなき芸人たちの思い出話は、講談・浪曲・漫才・色物など分野を問わない。柳家三亀坊の立体紙芝居をはじめ、今では見ることも稀（まれ）な珍しい芸を多く紹介する。地方巡業につきものの怪奇談の伝聞、枕があって寝ながら聞いたという戦前講釈場の風情、「平和やないと落語はできん」という四代目米団治の言葉が印象的な終戦直後の落語会の様子など、とびきりの裏話を存分に展開する。

　史料を駆使して堅実な書きぶりであったこれまでの著作とは違い、語り口をそのまま文字に起こしている。以前、酒席で御一緒した際、祭りの芸能に関する私のくどい質問にも、懇切丁寧に応じていただいたことを思い出した。本書の読者も同様に、人間国宝の師匠と一献呑（の）みながら、直接、楽屋噺（ばなし）を聞いているような感覚になる。著者が提供した若かりし日の写真も多く掲載されていて貴重だ。

　後半では、上方落語界にあって将来を嘱望されている若手への期待とともに、枝雀、吉朝、先代歌之助など、師よりも先に逝去した弟子を回顧している。彼らの才能を惜しむ想（おも）いが、行間から溢（あふ）れてくる。また実子である小米朝の成長と五代目米団治襲名に触れつつ、かつての名跡を復活し継承することの大切さを強調する。戦後、危機にあった上方落語の屋台骨を支え、多くの弟子を育てあげ、今日の興隆に道をつけた著者が次世代へ贈るメッセージがちりばめられている。

評・橋爪紳也（建築史家）

かつら・べいちょう　25年生まれ。上方落語を復興し、落語研究家の顔も持つ。

二〇〇八年二月一〇日❻

『朝河貫一とその時代』

矢吹晋 著

花伝社・二三一〇円
ISBN9784763405081　歴史／ノンフィクション・評伝

「世界史を貫く道義」を信じた国際人

　あなたは朝河貫一を知っていますか？

　朝河はエール大学で歴史学教授を務めた初めての日本人。１８７３年、戊辰の役に敗れた旧二本松藩に生まれ、今の早稲田大学を経て渡米し、歴史学を修めた。

　「世界史を貫く道義」の存在を信じた朝河は、平和のために行動する国際的知識人でもあった。日露戦争を終結させたポーツマス条約の交渉中は、代表団のホテルに泊まりこんで正義の戦争に賠償は無用と説き、頭に血が上った日本の新聞記者たちの不興を買った。日露戦争後は日本の朝鮮併合や対華二十一カ条要求を批判し、大隈重信に「覇権なきアジア外交」を進言、日米開戦前夜にはルーズベルト大統領から天皇への親書の原案を起草した。

　他方、本業の中世史研究では、欧米とくに米国の日本史学の源流となる業績を残した。なかでも、鹿児島県の入来院（いりきいん）家に伝わる、平安末期から明治初期に及ぶ古文書を解説したその著作は、日本における封建制度の紹介として高く評価された。また、エール大学東アジア図書館や米国議会図書館のた

めに東アジア学の基本資料を整える基礎を作った人物でもある。

ですが、あなたは朝河貫一を知っていましたか？

朝河の人と学問を紹介する入門書として書かれたのが本書だ。朝河史学が日本ではなぜほとんど知られていないのか、その原因について著者は次のように指摘する。まず、「厚い、読みにくい本」として英語で書かれたこと。そして朝河が一般向けの本を書かなかったこと。さらに、農民が経営者的な感覚で水田を管理した中世日本には農奴がいなかったという朝河の主張は、封建的な農奴制があったからファシズム政治が行われたとする唯物史観の観点とは相容（あいい）れなかった。

著者は著名な現代中国学者だが、定年退職後は全力を挙げて朝河の著書の翻訳に取り組み、その成果を大部の「朝河三部作」に結実させた。歴史学という「熱なき光」で人類社会の来し方と行く末を照らそうとした朝河の精神が、いま甦（よみがえ）る。

評・高原明生（東京大学教授）

やぶき・すすむ　38年生まれ。横浜市大名誉教授。『中国の権力システム』など。

二〇〇八年二月一〇日⑦

『ロスチャイルド家と最高のワイン』

ヨアヒム・クルツ 著　瀬野文教 訳

日本経済新聞出版社・一八九〇円

ISBN9784532352875

歴史／人文

シャトー・ラフィット・ロートシルトとシャトー・ムートン・ロートシルトといえば、ボルドーワインのファンにとっては、ともに垂涎（すいぜん）の的である。ぼつぼつリリースされる05年ものは近年最高の作柄と折からのユーロ高で、日本での実売価格はいずれも1本10万円を超えそうな見通しだ。

二つの名前の中にあるロートシルトは、英語で読めば、ロスチャイルド。そう。両シャトーはともに、19世紀に欧州金融界の頂点を極めたあのロスチャイルド一族内の二家の所有になるものである。ワイン愛好家にとってはよく知られた話だが、本書のユニークさは、このふたつのシャトーの歴史をドイツの経済ノンフィクション作家が、欧州金融史のなかのロスチャイルド家の歴史全体に接続して語りなおしていることである。19世紀以来、段階的にグローバル化してきた世界経済とそのなかでのワインビジネスの変容を俯瞰（ふかん）するうえで、ロスチャイルド家は、絶好の観測定点なのである。

相手が相手だけに、やや取材に甘さも感じられるが、良くも悪くも神話化されすぎたこの一族の歴史を、普通の経営者評伝の水準でケレン味なく書きとおした読みやすい本である。

評・山下範久（立命館大学准教授）

二〇〇八年二月一〇日⑧

『敗戦の記憶　身体・文化・物語　1945－1970』

五十嵐恵邦 著

中央公論新社・二六二五円

ISBN9784120038983

歴史／人文

著者は60年大阪生まれ、現在は米国バンダービルト大学歴史学部準教授。本書は2000年にプリンストン大学より出版された著書の邦訳。

敗戦研究といえば、わが国でも加藤典洋らの仕事があるが、著者もまた、原爆投下と天皇制存続という不可能な取り合わせがいかに連動するに至ったのかを、膨大な史料をもとに再検討する。たしかに、原爆投下が日本にとって明らかな悪でも、アメリカにとっては平和をもたらす手段だったという国民的総意のちがいは、まず埋めがたい。にもかかわらず、戦後の歴史へ一定の連続性を与えようと、日米は力を合わせ、天皇の戦争責任を問わぬまま日本を民主国家へ改造するため、「天皇の聖断による終戦」という、誰にもわかりやすい「物語」を編み出した。その影響で、あるいはそれを批判しようと、戦後日本の文学や文化一般が物語られるようになったことを証明するのに、丸山真男や三島由紀夫、大江健三郎からゴジラまでが射程に入る。

とりわけ、体育会系の著者らしいスポーツ論のうちでも、アメリカ製ゲームを再利用したプロレスラー力道山の必殺技「空手チョップ」をめぐる分析の切れ味は凄（すさ）まじく、誰もがノックアウトされることだろう。

評・巽孝之（慶應大学教授）

二〇〇八年二月一〇日⑨

『昭和十年代の陸軍と政治　軍部大臣現役武官制の虚像と実像』

筒井清忠 著
岩波書店・二七三〇円
ISBN9784000234436
歴史／人文

これまでの通説では、昭和10年代に陸軍が横車を押すための政治的武器になったのが、二・二六事件の後に復活した軍部大臣現役武官制であったという。もし軍部が首相や首相候補者と対立したら、軍部は陸軍大臣を辞任させ後任を推薦しないことで、内閣を辞職に追い込み組閣を阻止できたというのである。

これに対し本書は、この制度が倒閣の決定的武器ではなかったことを論証したものだ。内閣の死命を制したのは、陸軍幕僚層とそれ以外の勢力との間の全体的な力関係であって、この制度ではないという。本書は、首相と陸軍大臣の椅子（いす）をめぐる権力抗争を、裏切りや弁解に満ちたドラマとして描きながら、知られた史実を再整理して通説批判の意外な結論を導き出している。

著者は通説を、陸軍の政治指導権の強さを実際以上に評価させる説明と見ているようだ。それは宮中やマスメディアの役割を、過小評価させるものだという。確かに宮中を、軍部に抵抗する穏健派と位置づけた東京裁判の検察側の論理は、軍部大臣現役武官制の役割を重視したものだった。昭和史の常識とされていた制度を疑うことを通して、未解決の課題があることに気付かせてくれる。

評・赤澤史朗（立命館大学教授）

二〇〇八年二月一〇日⑩

『外交　多文明時代の対話と交渉』

細谷雄一 著
有斐閣・一五七五円
ISBN9784641178014
歴史／人文

外交とは何か。この大きな問いに真正面から取り組んだ意欲作である。

筆者は、「主権国家間で行われる交渉や政策」としての外交が、19世紀欧州で確立するに至った軌跡を、カリエール、サトウ、ニコルソンなど欧米の外交理論家の分析を下敷きに追う。

外交には、とかく「優雅」「社交」といったイメージがつきまとうが、実際は「知性と機転」「誠実さと忍耐」を必要とする地道な営みなのがよく分かる。

20世紀に入ると、第1次大戦後の民主化やナショナリズムの高まりによって「新外交」が登場し、第2次大戦後には、冷戦や国際組織の発達に対応した「現代外交」が展開した。この百年で外交のあり方がいかに大きく変容したかに改めて驚かされる。しかも、その変化は止まることを知らない。著者は、文化や広報を通じて外国に働きかけるパブリック・ディプロマシーや対テロ戦争への取り組みなど、21世紀の外交で何が求められるかも論じている。

国連安保理常任理事国入りの見送り、外交官試験の廃止など、近年わが国の外交をめぐる状況は激変している。このような時だからこそ、立ち止まって、外交の本質について再考したいものである。

評・奈良岡聰智（京都大学准教授）

二〇〇八年二月一七日②

『秋瑾（しゅうきん）　火焔（かえん）の女（ひと）』

山崎厚子 著
河出書房新社・一七八五円
ISBN9784309018461
文芸

男尊女卑と闘い、革命に燃えた人生

懐に短剣、背にモーゼル銃、鹿毛の馬に跨（またが）って駆ける男装の麗人。秋瑾（しゅうきん）は、今もって、中国女性の胸に燦然（さんぜん）と輝く革命家であるという。

誕生は、アヘン戦争後の清朝末期。没したのは1907（明治40）年。清朝打倒の武装蜂起を主導したかどで、33歳で斬首刑。

本書はその炎のごとき女性の評伝である。

まず、表紙の彼女の写真に惹（ひ）きつけられる。和服姿で抜き身の短刀を手に強い眼差（まなざ）しで彼方（かなた）を凝視している。美貌（びぼう）の女性である。

この写真は、日本留学時代のもので、彼女は下田歌子の創設した実践女学校で、女子教育を学んでいた。

29歳で、官吏の夫と子どもを故国に残して留学。中国では、女性の纏足（てんそく）や妾（めかけ）の売買という性差別の象徴というべき旧習が根強く残っていた時代である。

そして、当時の日本は、清国からの官費留学生を中心とした革命派の拠点だった。彼らとの交流で、彼女は過激な道へと駆り立てら

れていく。が、常にその心の底に燃え立っていたのは「中国2億の女性同胞の解放」だった。

留学生たちの前で、「祖国が西欧諸国や日本に後れをとっているのは、男尊女卑の思想がはびこり、女子は学なきをもって徳となす、といった孔子思想を容認しているからだ」と弁じて喝采を浴びたという。が、ただ一人、彼女に反論し、集会の公衆の面前で罵倒（ばとう）された男がいた。後に、秋瑾はその男に陥れられ、悲劇的な最期を遂げる。

長じて後は、即興で漢詩を吟じ、酔えば剣舞を舞う女傑だが、本書で描かれる溌剌（はつらつ）とした無心の少女時代の秋瑾が魅力的である。

一貫して聡明（そうめい）で、凛（りん）とした気品ある女性として彼女を描き切ろうとする著者の思いが伝わってくる一冊だ。

100年前の中国に、これほどの強い「近代的な自我」を持ちえた女性がいたことに驚く。その無防備でまっすぐな心情が、保身の男たちの手で抹殺される結末に思わず憤激。彼女の残した娘は、その後の動乱の中国をどう生き抜いたのかと気に掛かる。

評・久田恵（ノンフィクション作家）

やまざき・あつこ　36年生まれ。『北京恋』で日本文芸家クラブ大賞を受賞。

『Y氏の終わり』

スカーレット・トマス著　田中一江訳

早川書房・二一〇〇円
ISBN9784152088796

理論をちりばめ、魔書の謎を追う

謎の禁断の書が登場したり、一冊の書物が人の生殺与奪に与（あずか）るといった〝ミステリー〟には、ひねりのある名作が多い。エーコの『薔薇（ばら）の名前』、フィシュテルの『私家版』、ダニングの「古書店探偵」シリーズ、サフォンの『風の影』……。物語の合間に書きこまれる本や文学に関するうんちくもお愉（たの）しみのうちである。

『Y氏の終わり』は、魔書をめぐる不思議な小説だ。ヒロインのアリエルはもともとデリダを専攻していたという哲学好きの雑誌記者。取材の一環として、サミュエル・バトラー、ダーウィン、シュレーディンガー、アインシュタインなどの仕事に接するうちに「思考実験」に惹（ひ）かれ、いまはそれをテーマに博士論文を書こうとしている。研究対象に選んだ19世紀の作家トマス・E・ルーマスの「Y氏の終わり」なる小説は、作者本人はもとより、本の関係者が悉（ことごと）く死んでしまったという呪われた書だった。あまつさえ彼女の担当教授までが失踪（しっそう）。アリエルはある薬によって、他人の心に入りこめるようになるが、この本を狙う男たちに追われることに……。

いかにも実在しそうなマイナー作家ルーマスの怪しさが抜群にいい。ヒロインの恋模様をはさみこむサービスもたっぷりだ。宇宙物理学、量子力学、進化生物学、神学、哲学――ビッグバン理論、シュレーディンガーの猫と多世界解釈、LUCA（全生物共通祖先）、デリダの差延の概念――さまざまな学（サイエンス）と理論が賑（にぎ）やかに引用されるが、それらに閃（ひらめ）きを得て、アリエルたちが解き明かそうとするのは、いまここに自分たちが存在することの謎だ。当然ながら、本当のミステリーはこの部分にある。

科学・哲学理論の数々をストーリー展開と絡めていく力業はまさにみごと。作者の用意してくれた鮮やかなラインを追っていくだけでも楽しいが、ここに、読者自身にも思考実験を課すような、人を食ったところがもっとあれば、さらに刺激的だったと思う。よくある「自分探しの物語」とはひと味もふた味も違う労作だ。

（原題、The End of Mr.Y）

評・鴻巣友季子（翻訳家）

Scarlett Thomas　72年英ロンドン生まれ。作家。

『書肆アクセスという本屋があった　神保町すずらん通り　1976-2007』

岡崎武志、柴田信、安倍甲 編
『書肆アクセスの本』をつくる会発行、右文書院発売・二二〇〇円
ISBN9784842107042
文芸

ふらりと立ち寄る本屋さんのように

書肆（しょし）アクセスとは、編者の一人・岡崎武志さんの言葉を借りれば〈大手の新刊書店ではなかなか目に触れない、地方や小出版社の本、そして多くのミニコミを扱ってきた〉書店である。出版の東京一極集中が進むなか〈地方からの微力な電波を受け止め、発信する役目〉を負い、〈十坪という狭い空間に約六千七百点もの本や雑誌たちの主張や心意気が充満していた〉。

そんな書肆アクセスが、昨年11月に閉店した。本書はそれを惜しむひとたちが、本を出す側として、あるいは読者や同業の書店員として、それぞれの立場から思い出を振り返り、惜別の辞をつづった寄稿集――いわば、身内の〈心意気〉に満ちた一冊である（本書の制作にあたっては、カンパによる基金もつくられたという）。

この種の本はアットホームな温（ぬく）もりがある一方で、往々にして部外者には立ち入りづらさも感じさせてしまうものなのだが、本書は違う。ふらりと立ち寄ることのできる町の本屋さんさながら、いちげんさんにも開かれている。じつを言うと書肆アクセスには数えるほどしか入ったことのない僕が、センエツを承知でこの一文を書いている所以（ゆえん）も、そこだ。

本書の中に、こんな一節がある。〈書肆アクセスという小さな場所の大きさと頼もしさ〉――神保町や書肆アクセスという固有名詞をはずし、書店というくくりをもあえてはずして振り返ってみると、居酒屋でもレコード店でも文房具店でもいい、「私たちの町」にもそういうお店はあるはずで、あったはずなのだ。

本書につどう書き手の〈心意気〉は、一軒の小さな書店を語りながら、「地方」や「個」が切り捨てられる時代に対する寂しさとやりきれなさ、そして静かな怒りにも、確かにつながっている。それは「書肆アクセスという本屋があったことも知らない」世代が増えるにつれて、いっそう重く響いてくるだろう。

その意味でも、本書は決して内輪話や古き良き時代への郷愁で閉ざされてはいない。地方在住の若い世代にこそ読んでもらいたい、と思う。

評・重松清（作家）

『希望の政治学　テロルか偽善か』

布施哲 著
角川学芸出版・二六二五円
ISBN9784047021389
人文

政治の欺瞞性をシニカルでなく追求

9・11以降の世界を生きる私たちは、民主主義とか人権といった言葉に、ある種の欺瞞（ぎまん）を嗅（か）ぎつけることがある。民主主義という錦の御旗の下に戦争が展開され、人権の名の下に文化的差異が看過される……政治的な言葉に対する批判は、思想的立場を違える様々な論者から提示されている。政治の言葉への不信が広まりつつある中、ある人は民主主義などの欺瞞性を暴くことに使命を感じるかもしれないし、またある人は「欺瞞であってもあえてコミットする」という姿勢をみせるかもしれない。あくなき欺瞞の暴露とシニカルなコミットメント。しかし私たちにはその二つの道しか残されていないのだろうか。

本書は、政治的な言葉の「偽善性」を徹底的に探究することによって、安易な暴露主義を回避し、さらにはシニカルでない形で政治的な言葉にアクチュアルな意味と力を見いだそうとする試みである。政治的な言葉が「一定の歴史的・文化的条件や制約のもとにありながら、にもかかわらず、なにゆえ現在にい

たってもなお普遍性の表象として機能し得るのか」。

この根底的な問いに答えるべく、民主主義や主権をめぐる古典的な政治理論が検討され、また政治的なるものに固有のあり方を模索すべく、丸山真男、ロールズ、ラクラウ、ジジェクらの議論が俎上（そじょう）にのせられる。政治の言葉は「積極的・具体的な意味内容や指示対象を失ってゆくがゆえに……われわれ人間社会の現実を受け入れるための、いわば政治的枠組み」としての機能をはたす。政治的な言葉の問題性を十分に認識しつつも、シニカルになることなく、政治的なるものの複雑さを踏まえながら、希望への途を正確に見据えていく。序論、第1部で展開されるテロルや敵対性についての考察にも、そうした著者の粘り強い思考が十分に映し出されている。

楽観的でない希望とシニカルでない論（倫）理をいかに追求するか。本書が差し出す問いは、理論的であると同時に、あるいはそうであるがゆえに切実なものといえる。

評・北田暁大（東京大学准教授）

ふせ・さとし　64年生まれ。名古屋大学准教授。現代政治理論。

二〇〇八年二月一七日⑦

『メフェナーボウンのつどう道』

歴史／文芸

古処誠二 著

文芸春秋・一七八五円
ISBN9784163266206

太平洋戦争を題材にしながらも、時代を超えた普遍的なドラマを紡いできた著者が最新作の舞台に選んだのは、大戦末期のビルマ（現ミャンマー）。英印軍の進攻でラングーンの兵站（へいたん）病院からの撤退を命じられた日赤看護婦が、徒歩で約350キロ先のモールメンを目指すことになる。

タイトルのメフェナーボウンは仮面のこと。主人公の静子は、ビルマ人看護婦、衛生下士官、負傷兵、慰安婦たちと行動を共にするが、誰もが仮面を被（かぶ）っている。これはタテマエを重んじる日本人の暗喩（あんゆ）なのだが、次第に肝心の仮面は剥（は）がれ本音がのぞいてくる。

死が隣り合わせの極限状況では、看護婦の博愛主義など自己満足に過ぎず、傷病兵を助けることは本人に負い目を感じさせるだけ。日本軍はビルマを英国支配から解放するも独立は認めず、一方で親日だったはずのビルマ人は、敗色が濃くなると日本人に高値で食料を売り、平然とイギリスに内通する。

状況によって善と悪は入れ替わるし、属する組織によって常識も変わる。その中で人間は、客観的な真理を語れるのか？　この問題を追及した本書は、歴史認識から国際情勢まで、物事を冷静に判断することの大切さを示しているのである。

評・末國善己（文芸評論家）

二〇〇八年二月一七日⑧

『土曜日』

文芸

イアン・マキューアン 著　小山太一 訳

新潮クレスト・ブックス・二三一〇円
ISBN9784105900632

主人公ヘンリー・ペロウンは、40代後半の優秀な脳神経外科医。妻は有能な弁護士。娘は最初の詩集の出版を目前にする詩人。息子はミュージシャン。ロンドンの邸宅に住み、何不自由ない幸せな生活を送る。

ある土曜日未明、炎を上げて空港へ向かう飛行機を目撃したペロウンは、たちまちテロ攻撃と結びつける。ニューヨークの「9・11」以降、すべてが「同じ」ではなくなったのだ。

イラク戦争反対のデモのため車を迂回（うかい）させた道路で、いざこざを起こす。娘との戦争を巡る会話は激しい口論に変わってしまう。安らかな日曜日へと続くはずだったのに、不穏な予兆は具体的な恐怖となって一家に襲い掛かる。

認知症を患う母親や若い女性患者との触れ合いにペロウンの深い考察を織りこんでサスペンスタッチで進み、やがて一条の光が差しこむまでを鮮やかに切り取る。主人公の抱える不安感は、現代に生きる私たちと共有されるべきものなのだろう。

著者は、ブッカー賞など数々の賞を受賞。名実ともに現代英文学を代表する作家の一人。脳外科手術をこれほど優美に描写した作品を私は知らない。それだけでも一読の価値がある。

評・多賀幹子（フリージャーナリスト）

文芸

『テレビニュースの世界像』

萩原滋 編著
勁草書房・三六七五円
ISBN9784326602070

テレビの怖さは、映像と音と文字を駆使して全身に訴えかける点にある。圧倒的すぎて、受信者の方向性を固定し、異なる受容の仕方を認めないのではないか、との危惧（きぐ）を抱く。

本書は、テレビの外国報道のあり方を丹念に分析した好著だ。イラク情勢やテロ、北朝鮮拉致事件など、視聴者はテレビの報じ方によって一体感を持ったり、他人事視したりする。

新聞ではアメリカ関連の報道が多いのに、テレビは日本が関（かか）わったニュースが多い、という指摘は、興味深い。日本人のお茶の間の関心が、日本から外国に広がる、という構造。

だがわかりやすさが必要な分、提示される外国像は、常にステレオタイプ化される。しばしばその国の後進性や貧しさ、凶暴性を強調されて、事件があっても仕方ないと受け止められる。中国製ギョーザや中東の紛争でも、そうした先入観がないだろうか。

テレビを作る側が、外国イメージの固定化に与える影響にさほど自覚的でないことを考えれば、こうした研究はもっと進められるべきだ。ただ、研究自体がテレビの提示する枠組みから完全に自由であることも、至極困難なことなのだが。

評・酒井啓子（東京外国語大学教授）

人文

『魅せられた身体　旅する音楽家コリン・マクフィーとその時代』

小沼純一 著
青土社・二五二〇円
ISBN9784791763733

ガムラン音楽に魅せられ、1930年代にバリ島に渡ったカナダ出身の音楽家コリン・マクフィーの軌跡を追いつつ、音楽における越境について深く広く考察した書である。

マクフィーが初めてガムランを聴いたのは、音質の良くないレコードだった。それでも「聴けば聴くほどその魅力にとりつかれた」マクフィーはバリにおもむき、人生が大きく変わってしまった。マクフィーはバリに滞在してガムランを研究し、その結実として後に3管編成のオーケストラと2台のピアノのための作品「タブー＝タブハン」を作曲したほか、バリ島滞在記『熱帯の旅人』などを残している。

本書は1889年のパリ万国博覧会でジャワのガムランに出合ったドビュッシーや、1931年のパリ植民地博覧会でバリ島の演劇に衝撃を受け、独自の演劇論を展開したアントナン・アルトーをはじめ、異文化に触れることによって変容を遂げたさまざまな芸術家についても追跡している。

音楽というものに本当に国境はないのか？　音楽の越境は、考えられているほど単純なものなのだろうか？　音楽だけでなく、あらゆる分野の国際交流について考えさせられる本である。

評・常田景子（翻訳家）

歴史／人文

『大量虐殺の社会史　戦慄の20世紀』

松村高夫、矢野久 編著
ミネルヴァ書房・四七二五円
ISBN9784623045389

『自動車爆弾の歴史』

マイク・デイヴィス 著　金田智之、比嘉徹徳 訳
河出書房新社・二七三〇円
ISBN9784309224732

虐殺の隠蔽や相対化に対抗するには

世界のあちこちで、虐殺や大量殺戮（さつりく）が起こっている。その国の政府の弾圧だったり、戦争によったり。圧倒的な国家の犯罪を前に、看過してはいけない、事実を暴かなければならない、と考える。それは切実な思いだ。

歴史家が虐殺の事実を明らかにしようとするとき、二つの障害がある。加害者の国家による史実の隠蔽（いんぺい）と、記憶を重視し実証に懐疑的な歴史学による虐殺の相対化である――。

こう主張する『大量虐殺の社会史』が編まれた動機は、明確だ。近年のポストモダン的歴史学は、歴史的事実を究明不可能とする不可知論に陥ってしまい、国家による虐殺という史実を隠蔽するのに加担しているのではないか。改めて史実の実証分析に力点を戻し、記憶ではなく記録に基づいて虐殺を分析し、

比較研究の俎上（そじょう）に載せ、生命の尊厳を守ることに寄与したい。こうした歴史家としての編者の意気込みが伝わってくる編著である。

そこでは、ユダヤ人へのホロコーストやポル・ポトの殺戮、ルワンダ内戦などがあげられているが、朝鮮戦争直後の米軍による韓国避難民攻撃や、クロアチアの対セルビア人虐殺など、知られざる事件にも光を当てる。

しかし、ここで拭（ぬぐ）えない疑問が起きる。誰がそれを虐殺と名づけるのか。誰がどの虐殺を暴き、どの虐殺を無視するのか。本書の目次を見ても、1982年のイスラエル軍によるサブラ・シャティーラの虐殺が入っていないとか、イスラエルの占領地パレスチナ人の扱いをどうするのだとか、英植民地下のインドに対するイギリスのさまざまな殺戮はと、記述されなかった虐殺に、むしろ目がいく。誰がどう記録するかという視点抜きに、史実だけを取り上げるのは難しい。

ある人々の死が不当なものだったという認識が、史実や歴史家や国家によって取り上げることすらしてもらえなかった場合に、ときとしてそれは私的報復を生む。報復する主体が貧しく、組織的バックアップがないほど、「貧者の空軍」、自動車爆弾が活躍する。

『自動車爆弾の歴史』は、自爆テロと一くくりにされやすい爆破事件の起源と背景を追っていく。米国のアナーキストが、映画「死刑台のメロディ」で知られたサッコとヴァンゼッティの冤罪に怒り、荷馬車に爆発物を積んで群衆に突っ込んだのが、自動車爆弾の走りだそうだ。イスラーム主義者の十八番のように言われる自動車爆弾が、実はイスラエルや米国の諜報（ちょうほう）機関が広めたものであること、爆弾の効果を確実にするために自爆というやり方を最大限活用したのは、スリランカの「タミールの虎」だったことなど、持たざる人々の反駁（はんばく）の手段としての乗り物爆弾が、グローバル化する過程を描く。

虐殺を止めるために、動かぬ証拠を確保する。史実をつきつけて加害者を罰しなければ、と思う半面、わかったところからのみ罰していけば、グローバルに隠蔽能力と価値体系を独占するものたちの犯罪は、最後まで暴かれない。虐殺認定を含む国際社会の認識の偏りが正されなければ、非国家主体による報復への流れは止まらない。

（原題、BUDA'S WAGON）

評・酒井啓子（東京外国語大学教授）

まつむら・たかお　慶応大学名誉教授。
やの・ひさし　慶応大学教授。
Mike Davis　アメリカの社会批評家。

『サムライの書斎　江戸武家文人列伝』

井上泰至 著

ぺりかん社・二六二五円
ISBN9784831511812

文芸

太平の世に「サムライ達の物語群」

江戸文学は町人文学だという通念が固定してから長い歳月が経（た）っている。古典文学全集でも文学史でも、わざわざ設けた別枠で客分として扱われる状態が続いていた。

しかし、この時代に支配層の地位を占めていた武士に見るべき文業がなかったということはあり得ない。存在しないのではなく、見落としていたのではないか。本書は、江戸文学研究の《空白域》に進んで鍬（くわ）を入れた意欲的な評伝八篇（へん）の集成である。

主たる対象に選ばれるのは「戦前の有朋堂文庫には入っても、戦後の岩波古典文学大系には入らなかった」近世の軍記や武将評判などの著述である。たとえば軍学者植木悦（えつ）の『慶長軍記』、旗本小林正甫（まさとし）の『織田軍記』、福岡藩士宮川忍斎の『一谷報讐記（いちがやほうしゅうき）』、幕末志士岡谷繁実（おかのやしげざね）の『名将言行録』等々の作品。

著者は、江戸時代に大量に生産された軍記・武将伝の類（たぐい）を一括して「サムライ達（たち）の物語群」と呼んでいる。太平の時代に官僚化した武士も、いざという場合に出進退を潔くすべしという理念から逃れられない。数々の武家説話は、そうした当為規範と自己規定の根元を絶えずリニューアルする精神的な需要に応じる作品と捉（とら）えられる。

ただし、それら戦場の「物語」は、更新する側の時点と立場によって個別に修正・増補・歪曲（わいきょく）・捏造（ねつぞう）・秘匿といった編集が加わるのは避けられない。関ケ原合戦や赤穂事件のような微妙な話題には適宜オブラートをかぶせたり、創作した先祖の武勲をこっそり忍び込ませたりして、自己の「物語」を重層させる。

そのダイナミックな過程をたどる方法は手堅いし、またその一方で、ストーリーテリングに教訓や政治論が混入する雑種性が現代における司馬遼太郎文学の系譜に通じていると見通す構図は斬新だ。

主人公たちの多くは、太平無事の世に軍事を語る武士だった。その生き方自体のアイロニーがもっと持ち味に出せたらと思う。『折たく柴の記』で語られる新井白石の「下半身」は、折り目正しい裃（かみしも）を脱がせきれず、まだ上半身だという気がしなくもない。

評・野口武彦（文芸評論家）

いのうえ・やすし　61年生まれ。防衛大学校准教授。著書に『雨月物語論』など。

『植木等伝「わかっちゃいるけど、やめられない！」』

戸井十月 著

小学館・一四七〇円
ISBN9784093797795／9784094084894（小学館文庫）

文芸

昭和を元気づけたスーダラ男に学ぶ

……困った本を読んでしまった。つまらないのではない。きわめて面白い本なのだが、副作用がある。この本で語られている昭和という時代の魅力の反動で、自分がいま生きている現代が、何となく索漠として見えてくるのだ。

お前はノスタルジー系の本ばかり読んでいるからそうなのだ、と言われるかもしれない。しかし、読んでいて、たとえばこういう一節に出会うと、その通り！　と、膝（ひざ）を打たざるを得ないではないか。「昔の話を年寄りから聞く時、いつも思ってしまう。どうして、登場人物の殆（ほとん）どが綺羅星（きらぼし）の如（ごと）く個性豊かなのだろうかと。奇人変人がぞろぞろ出てきて、一人一人パワフルに輝いている」

2007年に亡くなった植木等の聞き書きからなる本書には、まさに、輝くばかりの才能と個性にあふれた当時の奇人たちのエピソードが目白押しだ。バンドマスターなのに、ある日突然メンバーに、〝辞めさせていただきます〟と言っていなくなってしまった萩原哲晶（はぎわらひろあき）、所属タレントの給料を払うためポーカーをやって稼いでいた渡邊晋（わたなべしん）、飼っているオオコウモリの小便する姿を見せるためだけに仲間を家に呼んだ谷啓……。

そういう奇人たちの中心で最も大きく輝いていたスターである植木本人は、酒も飲めず、大ヒットした「スーダラ節」を、〝こんな歌がヒットするようじゃ日本はおしまいだ〟と本気で思っていたというまじめ人間であることがまたおかしい。もちろん、舞台の本番中に3階席の観客と会話してしまって演出の菊田一夫を激怒させるC調さも十分持ち合わせているのだが。

ヒット曲「だまって俺（おれ）について来い」の〝そのうちなんとかなるだろう〟という無責任な歌詞は植木があの底抜けの陽気さで歌ったとき、昭和の日本人を大きく元気づける文句となった。平成にも無責任な言は多いが、どこかスケールが小さく姑息（こそく）である。その差は何なのか。過去を語った本を読む意義は、〝いま〟をもう一度考えなおすその手がかりを、過去から得るところにある。素直な気持ちで植木等に学んでみたい。

評・唐沢俊一（作家）

とい・じゅうがつ　48年生まれ。作家、映像ディレクター。著書に『越境記』など。

二〇〇八年二月二四日⑤

『新・都市論TOKYO』

隈研吾、清野由美 著

集英社新書・七五六円
ISBN9784087204261

人文

個々の生活デザイン集積に可能性

隈研吾は自身の作風を「負ける建築」と呼ぶ。敷地や環境などの条件に抗(あらが)わず、諸般の制約をあえて逆手にとることで、独創的な造形をものにしてきた。

本書では建築家は、汐留・丸の内・六本木の超高層ビル群、さらには代官山・町田をジャーナリストと巡り、都市開発について対話を重ねる。彼らがそこに見いだした最大の制約は、グローバル化することで肥大化した金融資本のもと、投資家や事業者のリスク管理を最優先せざるを得ないという点だ。結果として、とても洗練され、居心地がよく安全だが、「で、それがどうしたの?」と思うような街区が出現した。

たとえば汐留については、「いわば、壮大なお勉強の場」であったと厳しい。広大な土地を分割、「羊羹(ようかん)」のような超高層ビルがならんだ。「ブランド建築家」が手掛けた個々のビルはいかに優れていても、全体の統一感はない。

対して、ひときわ太いオフィス棟を中心に、商業施設やホテル、放送局や住宅を円環構造にまとめた六本木ヒルズを「金融資本と人間の実態をつなぐ試み」と高く評価する。また低層の店舗と住宅の複合ビルを中心にコミュニティーが育まれ、大都会にありながら「村」のような様相を示す代官山にも好意的だ。

成熟期にある日本の都市では、ひとりひとりが「現実」に向き合うことが重要だと著者は考える。私たちは規制型の都市デザインを欧州から学んだが、誰もが抜け道を探すばかりで前向きな都市像を描けてはいない。米国に由来するテーマパーク型の街は、結局は虚構だ。官が誘導する上からの都市計画ではなく、誰もがみずからの生活をデザイン、その集積が都市の姿となる「逆向きの都市計画」に可能性をみる。

かつて大衆は「都市に行けば幸せになれる」という夢を摩天楼に託した。しかし今を生きる私たちは、超高層ビル街に「幸せ」を感じることができているのか。一読後、今後、日本人が創(つく)る都市の理想とはいかなる絵姿なのか、自らに問いかけた。

評・橋爪紳也(建築史家)

くま・けんご　54年生まれ。建築家。
きよの・ゆみ　60年生まれ。ジャーナリスト。

二〇〇八年二月二四日⑥

『クレーメル青春譜　二つの世界のあいだで』

ギドン・クレーメル 著　臼井伸二 訳

アルファベータ・二八三五円
ISBN9784871985529

アート・ファッション・芸能/ノンフィクション・評伝

旧ソ連と闘い続けた音楽家の苦悩

クラシックを少しでも聴く人なら、バイオリンの巨匠クレーメルの名前は知っているはずだ。しかし、ラトビア出身でモスクワで教育を受けたクレーメルが、旧ソ連の体制と闘い続け、亡命ではなくて「ソ連人のまま自由に出入国する権利」を勝ち取って西側に移ったことを知る人は、少ないだろう。

本書はクレーメルの若き日をつづった自伝なのだが、音楽の話以上にソ連社会の徹底的な管理主義と腐敗について多くが割かれている。海外のコンクールや演奏会に出演するときも、当局から送られた通訳が「影」のようにつきまとい、西側の人たちの接触を阻止しようとする。優秀な芸術家は、国威を誇り外貨を獲得するための「死せる魂」でしかなく、報酬もスケジュールもすべて当局が決定した。こういった状況を「不条理」「弾圧」と感じていたクレーメルの言動を党の中央委員会は極秘裏に調べ上げ、忠告する。「注意なさい!自分ですべてを台無しにしないように」

スパイ小説さながらの攻防、かけ引きを経て、結果的にクレーメルは自由を手に入れて名声を不動のものにする。しかしその後、彼は、ソ連に残って当局から弾圧され続けているシュニトケら新しい作曲家たちの作品を西側に紹介する、という役割も果たした。その上、恋愛にもかなり積極的。芸術的でかつ政治的、そして抑圧されている他者のための努力も惜しまない。クレーメルの精神の自由さやエネルギーには驚かされるばかりだ。

　クレーメルは、長い弾圧や抑圧の下、旧ソ連国民には反抗と追従が混じった独特の内的な空虚さが植えつけられている、と感じる。とくに音楽家たちは、それにエリート意識が混じった「ムジクス・ソヴィエティクス」なる〝珍しい種族〟と皮肉交じりに言うクレーメルだが、本人も「自分はこのイメージをすっかり克服できたのか」と強迫的に自問し続けている。彼ですらまだその悪夢から抜け出せていないソ連とは、いったい何だったのか。改めて考えさせられる。

（原題、Zwischen Welten）

評・香山リカ（精神科医）

Gidon Kremer　47年生まれ。バイオリニスト。

『狼たちの月』

フリオ・リャマサーレス 著　木村榮一 訳

ヴィレッジブックス・一七八五円
ISBN9784789731874

物語は、フランコが軍事蜂起してスペイン内戦が始まった年の翌年、1937年に始まる。時代背景についての前書きで、主人公たちが敗走する人民戦線派の闘士であることが分かる。

　闘士とはいえ、もとはごく普通の労働者たちである。彼らは狼（おおかみ）のように狩られ、信頼できるごくわずかな人々に支えられ、闇に潜み、「死者たちの太陽」と呼ばれる月を仰いで逃亡生活を続ける。39年、フランコ軍がマドリードを占領し内戦の終結を宣言したが、主人公たちは、相変わらず潜伏を続けなければならない。捕らえられれば、拷問の果てに殺されて道端に捨てられるしかないからだ。生き延びるために犯罪にも手を染め、可能な時には報復さえする。そして仲間が1人また1人と死んでいく。

　作者は55年生まれというから、フランコが死んだ年に成人したことになる。内戦時代を生き抜いたわけではないが、それだけに、内戦時代の記憶を風化させたくないという思いが、この作品を書かせたのだろう。今も山の中に永遠に眠っている人々がいると著者は書いている。凍（い）てつき澄み切った空気のような文章が、極限状況で必死に生き延びようとする人間の命を鮮やかに浮かび上がらせる。

評・常田景子（翻訳家）

『心眼で射止めた金メダル』

宮崎恵理 著

新潮社・一五七五円
ISBN9784103061519

06年3月に開かれた第9回冬季パラリンピック・トリノ大会には、39の国と地域、474人が参加。本書の主人公・小林深雪（みゆき）（現在は井口姓・34）も、参加者の一人だった。

98年長野大会での「金」メダル獲得によって彼女は、続く02年ソルトレーク大会でもメダルを期待される。だが結果は6位。周囲の必死さとは裏腹に、日本代表としての態度は〝天然〟。中途半端とも言われた。

　脱皮のきっかけは、日立システムアンドサービスによる先駆的なスポーツ支援による。先天性の視覚障害者である深雪選手にバイアスロン競技でのメダルを狙う環境が一気に整っていく。合併に伴う2部上場という好機を逃さなかった監督の荒井秀樹（53）ら中高年世代の行動力もこの本で活写されるもう一つの魅力だ。障害者スポーツを個人負担で取材し続ける著者の宮崎に対しても雑誌「ターザン」が連載というかたちで応えた。

　そして迎えるトリノでの大団円――。主人公の競技への専心と選手の前を走るガイドに代表される支援の輪がついに実を結び、何度も心が洗われた。「晴眼」「健常」とは実は名ばかり。ものを見る眼（め）が魂にあることを私たちはこの労作で強く知らされることになる。

評・佐山一郎（作家）

二〇〇八年二月二四日⑨

『歴史を記録する』

吉村昭 著
河出書房新社・一六八〇円
ISBN9784309018478
歴史／人文

歴史を研究する者として私が常に心がけているのは、厳密に史実を確定することだ。史料を丹念に発掘、分析し、従来知られてこなかった、または既に忘れ去られた事実を復元する。新しい史実を見いだした時、しばしば切に思う。「事実は小説より奇なり」と。

しかしこの言葉は、吉村昭の小説には当てはまらない。吉村文学は、史実の確定に徹底的にこだわり、虚構を排したところに成立しているからである。吉村の生前の対談を編んだこの本を読むと、彼が並の研究者など寄せつけないほど、史実の探求に大きな精力を注いでいたことが分かる。

例えば吉村は、『桜田門外ノ変』の執筆にあたり、恐るべき執念で、当日の雪が何時にやんだのかを探り当てている。対談者の一人・永原慶二は、こういった成果を「歴史家の仕事」と絶賛している。

城山三郎との対談も興味深い。同年生まれで末期戦中派に属する二人は、終戦前後の価値観の激変を冷静に受け止め、客観的な視点から、戦前の政治や社会を小説として描いた。対談から、二人の歴史に対する真摯（しんし）な姿勢が浮かび上がる。

吉村文学ファンのみならず、広く歴史に関心を持つ読者にお薦めしたい一書である。

評・奈良岡聰智（京都大学准教授）

二〇〇八年二月二四日⑩

『阪急電車』

有川浩 著
幻冬舎・一四七〇円
ISBN9784344014503／9784344415133（幻冬舎文庫）
文芸

先月、集中講義で関西出張し、毎日のように、梅田から阪急電車を利用した。その車中、何の気なしに本書をめくったところたちまち引き込まれ、淡路駅で京都本線から千里線へ乗り換えるのを忘れてしまった。

本書が扱うのは阪急今津線の宝塚駅から西宮北口駅までのたった八つの駅、片道ほんの15分の道程にすぎない。だが、その往復から16の部分的に絡み合うエピソードを紡ぎ出し、さいごにはほのぼのと心温まる印象をもたらすのだから、何という手練（てだ）れだろう。

とくに強烈なのは「宝塚南口駅」で乗る、婚約者を同僚に奪われながらも彼らの結婚式に新婦以上に派手な純白ドレスで乗り込み「討ち入り」を遂げる女や、「逆瀬川駅」で彼女に助言する老婦人、はたまた折り返し地点の「西宮北口」でブランドバッグを放り投げ席取りする中年女性たちの物語だろうか。しかしそれら全体をくるむかたちで、中央図書館で顔見知りだった若いふたりが、車中ふとしたことで会話を交わし愛を育てていく物語が入るのは、まさに『図書館戦争』シリーズ著者の面目躍如。「人数分の物語」を乗せて走る路線自体が「人」「生」の二文字を含むことに気づかせる仕掛けにも、舌を巻く。

評・巽孝之（慶應大学教授）

二〇〇八年三月二日①

『憎悪の世紀　なぜ20世紀は世界的殺戮の場となったのか　上・下』

ニーアル・ファーガソン 著　仙名紀 訳
早川書房・各二九四〇円
ISBN9784152088833〈上〉・9784152088840〈下〉
人文

ありえた歴史を仮想しつつ読み解く

まずファーガソンの著作の初邦訳を喜びたい。1964年生まれの著者は、年齢的には依然「気鋭」という言葉がふさわしい歴史家であるが、なされた仕事から言えばすでに「大家」である。国際金融史からスタートし、ロスチャイルド家の研究（同家が外部の研究者に資料を提供した異例の作品である）で頭角を現したのち、近代世界史を大規模に書き換える論争的な作品を矢継ぎ早に世に問うている。そのいずれもがかなりな大著であるため、邦訳や紹介が遅れていたのである。

ファーガソン史学の特徴は、おおきく三つある。第一は、「反事実的仮定」の手法である。俗に歴史に「もしも」はないというが、逆に歴史は決してあらかじめ決定されたものでもない。彼は実際の歴史とは異なる結果を仮想することで、歴史における偶有性（複数の文脈の重なり合いのなかでの不確実な決定）を開示するセンスに富んでいる。

第二は、顕著な修正主義である。彼は、既存の（時にマルクス主義的な）パラダイムが前提としていることを敢(あ)えて疑うことで、新鮮な知見を引き出している。

　第三は、独自の帝国観である。彼は特に19世紀のイギリス帝国の統治を、世界の近代化の推進力として肯定的に評価する立場を打ち出している。20世紀以降に同じ役割を果たすべきアメリカが、責任感をもってその役割を果たしていないことに彼は批判的である。

　本書の主題は20世紀の戦争、特に第2次世界大戦である。それまでの戦争に比べて、文字通り、けた外れに多くの人命が犠牲になっている。なぜなのか。彼は、20世紀の戦争の構造的要因として、経済の「変動性」(さまざまな経済的指標の変動幅の大きさと変動が起こる頻度)の上昇と、帝国的秩序(前近代的な専制帝国と近代的な植民地帝国の両方)の退潮とを挙げている。彼の認識では、この二つは現在にも当てはまる条件だ。

　だが、20世紀の戦争に特に顕著なのは、敵を人間だとみなさずに殺戮(さつりく)するという行為が、大規模に制度化・組織化されたということである。20世紀のジェノサイドの経験を踏まえ、近代化した社会が自己の外部に絶対悪を措定し、他者にその絶対悪を投影することで、その表象から人間性が剥奪(はくだつ)され、暴力への歯止めが失われるメカニズムを指摘する思想的研究の蓄積はすでに厚い。本書の醍醐味(だいごみ)は、この「憎悪」の心理的メカニズムが、先に述べた構造的な経済的・政治的要因とどのように結びついていくのかが、鮮やかな筆致で歴史的に描かれているところにある。

　時事問題にも積極的に発言する著者は、03年のイラク戦争に際して開戦を支持する立場に立ち、その後アメリカの(帝国としての)コミットメントが不十分だという理由でブッシュ政権を批判している。本書を読めば、そこに「憎悪」の問題はないのかと問いたくなる。異論もまた多い書き手なのだ。しかしなお、幻術師のごとき著者の手さばきは、歴史の真理が単一ではないことに読む者の想像力をひらかせる。その意味で、彼がすぐれてポストモダンな啓蒙(けいもう)歴史家であることは確かである。

(原題、THE WAR OF THE WORLD : History's Age of Hatred)

評・山下範久(立命館大学准教授)

Niall Ferguson　64年英国生まれ。米・ハーバード大学教授。歴史学。原著は06年刊行。

『乳(ちち)と卵(らん)』

川上未映子 著

文芸春秋・一二〇〇円
ISBN9784163270104/9784167791018(文春文庫)　文芸

ラストに胸キュン、泣き笑いの世界

　『乳と卵』。お菓子の材料みたいなタイトルだが、乳は乳房で卵は「らん」と読むのだ、と聞いたら印象はがらりと変わるだろう。池澤夏樹氏からは〈最適な量の大阪弁を交えた饒舌(じょうぜつ)な口語調の文体が巧み〉との賛辞を、石原慎太郎氏からは〈一人勝手な調子に乗ってのお喋(しゃべ)りは私には不快〉との罵倒(ばとう)を引き出した、今期芥川賞受賞作である。

　物語は大阪に住む母娘、巻子と緑子が上京するところからはじまる。母の巻子は39歳にして豊胸手術に夢中。初経年齢に達した娘の緑子は生理に過剰にこだわっている。

〈このバッグっていうのにもようさん種類があるわけよ、ほら、こんなけあるねん、これ見したかってん、まあ色々と病院によって云いはることはちゃうねんけれども、いっちゃんメジャーなんはシリコンジェルってやつ。これな〉

　妹である「わたし」に向かって一方的にしゃべり続ける巻子。他方の緑子はしゃべることを拒否し、ノートに思いの丈を綴(つづ)っ

ている。〈本のなかではみんな生理を喜んで、お母さんに相談して、これで一人前の女、とか、おめでとうとか、実際に友達でも、手当っていうか赤飯とかそういうのしてもらってるねんけどそれはすごすぎる〉

ハイビジョン時代のリアリズムとでもいうか、この小説に内蔵されているのはめちゃめちゃ感度の高いカメラとマイクというべきだろう。川上未映子は前作『わたくし率イン歯ー、または世界』で歯に固執する女性を描き出したのだったが、胸でも卵でもそれは同じ。女性性の記号として物語に奉仕させられてきた乳房と卵。それがここでは性的な意味を剥奪（はくだつ）され、即物的な身体のパーツと化す。

饒舌？　たしかに。でもそれは従来のリアリズムの枠を超えているためで、語り手にいわせれば〈ああ、巻子も緑子もいま現在、言葉が足りん、ほいでこれをここで見ているわたしにも言葉が足りん〉だったりするのだ。

会話を拒んできた緑子が〈玉子まみれの顔〉で〈ほんまのことをゆうてや〉と母に訴えるラストが胸キュン。泣き笑いの世界である。

評・斎藤美奈子（文芸評論家）

かわかみ・みえこ　76年生まれ。07年に「わたくし率イン歯ー、または世界」で坪内逍遥大賞奨励賞。

二〇〇八年三月二日③

『ルポ　貧困大国アメリカ』

堤未果 著

岩波新書・七三五円
ISBN9784004311126

ノンフィクション・評伝／国際

大資本に翻弄される弱者を赤裸々に

9・11同時多発テロに遭遇し、世界貿易センタービルが倒壊する一部始終を著者は隣のビルから目撃した。「しばらく後遺症に苦しん」だという著者が、2年後に訪れたアメリカで見たのは「貧しくてふみつけられて、搾取されてる」弱者だった。その悲惨な現実を命がけの取材で抉（えぐ）り出した前著（『報道が教えてくれないアメリカ弱者革命』海鳴社）のあとがきで「まだ希望がある」と著者が語っていた言葉は、今でも評者の心に残っている。

新たな取材を基にした本書においても、著者の視線は「人間らしく生きるための生存権を奪われた挙（あ）げ句、使い捨てにされてい」る弱者に向けられている。実際、現在のアメリカは束（つか）の間のマイホームの夢と引き換えに、膨大な借金を背負って破産する貧しい移民や、人災とも言えるハリケーンの被害で、住み慣れた土地を追われ路頭に迷う国内難民、また保険会社だけが潤う医療保険の下で過酷なノルマを強いられる医師や、高額の医療費を払えずに病院から排除される患者、さらには甘言に弄（ろう）されて学費欲しさに軍隊を志願し、帰還後は心的外傷後ストレス障害（PTSD）に苦しみ廃人と化す若者や、目先の職と高賃金に引かれて戦地に「民間人」として派遣され、生命を落とす失業者などで溢（あふ）れていると著者はいう。

そうした現実は、教育や医療、果ては国家間の戦争までを民営化したアメリカにはびこる新自由主義の顛末（てんまつ）でもある。いまや「この世界を動かす大資本の力はあまりにも大きく」、かつて福祉国家の領域だった公共サービスの分野に、利益第一の民間企業が次々と侵入しているのはアメリカだけの現象ではない。同じことは小泉改革後の日本でも生じているのだ。

大資本のビジネスに翻弄（ほんろう）される弱者の姿を、著者があえて赤裸々に描くのは読者の同情を買ったり、恐怖感を煽（あお）ったりするためではない。抗（あらが）う勇気を読者に抱いてほしいと願っているからだ。その勇気に著者は希望を託し、弱者の現場で懸命に取材を続けているのである。

評・高橋伸彰（立命館大学教授）

つつみ・みか　ジャーナリスト。『グラウンド・ゼロがくれた希望』など。

二〇〇八年三月二日④

『カラオケ化する世界』

ジョウ・シュン、フランチェスカ・タロッコ 著
松田和也 訳

青土社・二五二〇円
ISBN9784791763870

人文

アメリカ化を超える世界化は可能か

北京を訪れた際、「カ拉OK」「KTV」の文字が街中に溢（あふ）れていることに軽い驚きを覚えたものだ。前者は「カラオケ」、後者は「カラオケTV」のこと。中国人の学生たちに聞くと、彼らも何かの折によく利用しているらしい。またソウルでのシンポジウムに参加したときには、打ち上げの場で延々とカラオケに興じることとなった。アジアの近隣国において、カラオケはすでに日常生活の中に溶け込んでいる。それが日本発かどうかを問うのも意味をなさないほどにグローバルな文化装置＝メディアとなっているのである。

本書は、日本で生まれた（とされる）カラオケというメディア・テクノロジーが、アジアや南北のアメリカ大陸、ヨーロッパなどでどのように受け止められ、生活文化の中に息づいているかを、比較文化論的な視点から概観するものである。

とかくグローバリゼーションというとアメリカニゼーション（アメリカ化）のことを意味するものであるが、カラオケの場合は事情が多少異なっているようだ。

もちろんそこにグローバルな資本の関与がないわけではないが、「あらゆる場所でカラオケはそれ自身の文化を創（つく）り、同時にまた、より広い文化的時代精神を反映する」。カラオケはときに、英語中心主義の媒介者（英語教育の教材）となったりもするが、マイノリティー文化を活性化させたり、海外滞在者たちの愛郷心を下支えしたりもする。グローバルとローカルのせめぎあいのなかにカラオケは位置しているのだ。

音楽、しかも各人が能動的にコミットする音楽技術を媒介としたグローバリゼーションは、市場のグローバル化とは異なる、独特の「グローカル（グローバル＋ローカル）」な複合文化を形成しつつある。その複雑な展開を著者は淡々とした筆致で描き出し、カラオケという「複雑な有機的システム」の実相に迫る。アメリカニゼーションを超えるグローバリゼーションは可能か……そうした射程の長い問いが、本書を通底しているように思える。

評・北田暁大（東京大学准教授）

（原題、Karaoke : The Global Phenomenon）

Zhou Xun　ロンドン大学の研究員。
Francesca Tarocco　英国マンチェスター大学の講師。

二〇〇八年三月二日⑤

『ナイフ投げ師』

スティーヴン・ミルハウザー 著　柴田元幸 訳

白水社・二一〇〇円
ISBN9784560092033／9784560071793（白水Uブックス）

文芸

偏愛する濃密な世界にめまいが

ミルハウザーの今回の短編集『ナイフ投げ師』は、装丁も美しく、秘密の箱入りチョコレートみたい。

そう、一度に食べてはいけないチョコレート。夜ごとに一粒ずつ、こっそり口に入れ、惜しんで味わう。時に、その独特な味に眩暈（めまい）がし、脈拍が速くなり、心臓がぱくぱくしてしまう。

でも、ミルハウザー好きというのはどうも偏った人らしい。どんなふうに偏っているかは、読んでみてもらうしかないけれど。

実は、私がこの作家を知ったのは、最近のことで、不思議の国のアリスが、ウサギの穴を永遠に落ち続ける短編「アリスは、落ちながら」を読んで、ぐぐっときてしまったのだ。

彼は、見せ物芸人、中世の城、奇妙な博物館や遊園地などの世界を偏愛する作家で、なにかにとりつかれ、呪われたようにその極北（本質）まで突き進んで滅びてしまう人を好んで描いている。

その精緻（せいち）な描写、巧みな展開。柴

田元幸の訳が凄（すご）いなあ、といつも思うのだけれど、イメージ喚起的な美しい文章に魅了され、あっというまに、密度の濃い世界に巻き込まれてしまうのだ。

　正直言って、ミルハウザーの作品を読んですぐは、他の小説（とくに最近の）の文章が、すかすかで読めない、という事態に陥ってしまう。

　これが、結構、怖い。

　今回の短編集には、味わいの異なる12の作品がおさめられていて、どれもいいのだけれど、私のお気に入りは、自動人形劇を偏愛する人々の住む街を舞台にした「新自動人形劇場」。それと、過剰なる熱情に衝（つ）き動かされ、地下にどんどん遊園地を広げていく天才オーナーを描いた「パラダイス・パーク」。ミルハウザーらしい傑作だと思う。

　ちなみに、訳者が、解説で言っている。彼の魔法に感染してしまうと「健康を取り戻すことは不可能に近い」と。そうか、感染している私は、書評の書き手として、すでに健康体とは言えないのか。孤独な夜、ひとり、妄想に耽（ふけ）りたい読書偏愛タイプの方にお薦めである。

（原題、The Knife Thrower and Other Stories）

評・久田恵（ノンフィクション作家）

Steven Millhauser　43年米国生まれ。『バーナム博物館』など。

二〇〇八年三月二日⑥

『「皇国史観」という問題　十五年戦争期における文部省の修史事業と思想統制政策』

長谷川亮一 著

白澤社発行、現代書館発売・三九九〇円
ISBN9784768479230

『近代日本の国体論　〈皇国史観〉再考』

昆野伸幸 著

ぺりかん社・五四六〇円
ISBN9784831511928

歴史／人文

歴史認識の枠組みを再考させる迫力

　若手の歴史家による「皇国史観」についての本が、相次いで2冊刊行された。このことは「皇国史観」が、今日の学界で注目を集めるテーマであることを示している。

　天皇統治の正統性を説明する近代日本の国体論や、その戦時期版の歴史観といえる「皇国史観」は、どこか内容がハッキリしない概念である。しかし長谷川亮一の『「皇国史観」という問題』は、これらの用語を広い視野から分かりやすく説明している。「皇国史観」とは、教育・思想統制を担った文部省教学局が、1940年代に『国史概説』など国家公認の歴史書を編纂（へんさん）する中で作られ、ジャーナリズムを通して広められた言葉であったという。

　長谷川によれば「皇国史観」は、時の政府や戦争を正当化するのに都合のよい政治的性格を持つものであった。国家による歴史の編纂には第一線の歴史家が数多く動員され、新たな実証研究の成果も部分的に取り入れられていた。だが「皇国史観」に取り込まれた実証研究者にはその構築に加担したことへの自覚は戦後にも見られなかった。

　これに対し昆野伸幸の『近代日本の国体論』は、長谷川と大きく叙述のスタイルが違っている。それは平泉澄と大川周明を中心に、大正・昭和期の国体論者の歴史観をめぐる激しいイデオロギー闘争史を描いたものだ。そこではこの時代に登場した国体論者たちの歴史観が、新しい歴史学や宗教学・人類学の出現を意識したものであったこと、そして日本の現状に対する政治的な危機感を鋭く反映していることが指摘されている。伝統的な国体論から変化したそれらは、おおむね天皇を支える国民の主体性を重視するものであったという。

　いま、「日本人」の自覚を促すようなナショナルな歴史認識や教育の問題は、大きな社会的争点となっている。過去の「皇国史観」が、それとけっして無関係でないことが、両書を読むと痛感させられる。「皇国史観」の多面性を実証的に発掘することを通じて、現在の歴史認識の枠組みを再考させる迫力を持つ本といえよう。

評・赤澤史朗（立命館大学教授）

二〇〇八年三月二日⑦

『伯林星列（ベルリン・コンステラティオーン）』

野阿梓 著　徳間書店・二三一〇円

ISBN9784198624736／9784198933630（徳間文庫〈上〉）・9784198933647（〈下〉）

歴史／文芸

もしも第2次世界大戦でヒトラーが勝利を収めていたら？　こうした発想の歴史改変小説は「ブレードランナー」の原作で著名なディックの『高い城の男』をはじめ、少なくない。ところが本書は、1936年の二・二六事件、超国家主義のイデオローグ北一輝の『日本改造法案大綱』をバイブルとする皇道派の青年将校たちが統制派を一掃しようとして失敗した昭和史上の大事件を、世界史と連動する危機とみなす。さて皇道派があくまで下から、すなわち国民の側から天皇制を作り替えようともくろんだこのテロが、もしも成功を収め、北一輝が内閣参議になりおおせていたら？

野阿梓はこの仮説から、まさにこの時代、ドイツ留学中だった16歳の美少年、貴族の伊集院操青（みさお）が、ふとした事故で身元を取り違えられたため、実の叔父の奸計（かんけい）により歓楽の館にて性の奴隷に改造され、ユダヤ系シオニストとの取引から東京オリンピック招致へ至る無数の政治的謀略の要所要所で、至上の貢ぎ物として利用されていくという、もうひとつの「下からの革命」を紡ぎ出す。二・二六前後の世界史そのものを耽美（たんび）的なる性の歴史として読み替えるという、これはあまりに大胆な思考実験の成果である。

評・巽孝之（慶應大学教授）

二〇〇八年三月二日⑧

『世界一の映画館と日本一のフランス料理店を山形県酒田につくった男はなぜ忘れ去られたのか』

岡田芳郎 著　講談社・一七八五円

ISBN9784062143608／9784062767132（講談社文庫）

ノンフィクション・評伝

町オンチで味オンチの私だが、酒田市とそのレストラン「ル・ポットフー」だけは好きだ。それはなぜなのかという長年の謎が、本書を読んで氷解した。「ル・ポットフー」は酒田に生まれた佐藤久一という男が心血を注いで作った店だったのだ。本書は、日本海の小都市で「映画」と「食」というふたつの文化に生涯を捧（ささ）げたひとりの男の数奇な人生を追った評伝だ。

ひとことで言えば、妥協を許さない凝り性。採算を度外視しての計画は、当たればホームラン級だがリスクも大きい。20歳で親から経営をまかされた映画館「グリーン・ハウス」は、豪華な内装や一流の接客で「世界一デラックスな映画館」として成功する。その後、食の世界にのめり込んだ佐藤は、今度は酒田に一流のフランス料理店をオープンさせる。次いで家族連れも来やすいように、とデパートに出店したのが「ル・ポットフー」。そのレベルの高さには、開高健や丸谷才一、山口瞳ら食通たちも舌を巻いたという。しかし、材料原価だけで料金を上回る、といった経営で次第に赤字が増え、アルコールに耽溺（たんでき）した佐藤はがんであっさりこの世を去る。

「昭和」からの熱い声が聞こえてきそうな一冊だ。

評・香山リカ（精神科医）

二〇〇八年三月二日⑨

『永遠の故郷　夜』

吉田秀和 著　集英社・一六八〇円

ISBN9784087748741

文芸

1913年生まれ。いまも現役の吉田秀和の連載エッセーを一冊にしたものである。R・シュトラウス、ヴォルフ、ブラームスなどの歌曲を解説、曲に劣らず大事な詩を鑑賞しながら、そこにヨーロッパの自然や色彩、あるいは旅の思い出や人々の回想をタピストリーのように丁寧に織りこんでゆく。

あとがきによれば、今回は「夜」の巻で、これから「薄明」「昼」「黄昏（たそがれ）」と、さらにまとめて全4巻にしたいという。その姿勢だけでも感動してしまうが、一篇（ぺん）一篇の醸しだす味わいがまた格別である。

引用されている楽譜などろくに読めない私でも、とても豊かな気持ちになるのは、おそらくその文章の力なのだろう。バイロイトでの丸山真男、大岡昇平、あるいはヴォルフをうたうフィッシャー＝ディースカウ、パリの小さい宿のあるじ夫妻……。一筆書きのように点描されるスケッチも印象的だ。

詳しく紹介できないのが残念だが、《メリー・ウイドゥのワルツ》にまつわる甘くて切ない吉田少年の失恋なども、ぜひ読んでほしい掌編である。

本書は読み急いではいけない。立ち止まり、こくや匂（にお）いを感じ、また歩みだすという本だからである。

評・小高賢（歌人）

二〇〇八年三月二日⑩　歴史／人文

『てつがくこじんじゅぎょう』

鷲田清一×永江朗 著

バジリコ・一五七五円
ISBN9784862380685

ひらがな書きの書名を見て、子どものころ、「てつがく」を「鉄学」と書く、と信じていたことを思い出した。とても難しそうな学問なので、硬い「鉄」を連想したのだろう。

いや、確かに難しく、長じても敬して遠ざけてきた。でも、哲学科卒ながら、いわば素人であるフリーライターの永江氏が、哲学の専門家である鷲田教授から受けた個人授業を、問答形式で記述した入門書風のこの本を読むと、少々感じが変わってくる。

題材は、古今23人の大哲学者が残した殺し文句的な短い文章。どれも一読超難解。例えば「運動における私の決意と私の身体との関係は、魔術的な関係なのである」（メルロポンティ）。ようわからん。でも、これが、人は車を運転する時、なぜ、一瞬にしてこの細い道を通れるかどうかがわかるか、ということだ、と教えられる。何やら興味がわいてきませんか。

自分探しの苦しさ、すべてが自己責任ですむのか……。常に、現代の身近な事象を例に出しながら進む2人の「ぼけ」と「突っ込み」に満ちた対話は、軽妙にして深遠。「鉄」がゆっくり溶け出し、知的な好奇心を甘くくすぐりはじめる時の快感はなかなかです。

評・四ノ原恒憲（編集委員）

二〇〇八年三月九日❶　人文

『税制改革の渦中にあって』

石弘光 著

岩波書店・二三一〇円
ISBN9784000236744

『現代税制改革史　終戦からバブル崩壊まで』

石弘光 著

東洋経済新報社・七八七五円
ISBN9784492610534

増税隠しを見破る眼力を訴える

著者は82年から06年まで24年間にわたり政府税制調査会（以下、税調と略す）の委員を務め、最後の6年間は会長職にあった。増税論議の必要性を説いた『税制改革の渦中にあって』で、著者が再三強調しているのは、増税は「国民が決めるべき問題であり」、その眼力を子どもの頃から養う租税教育の重要性である。「社会にとって税金とは一体何か」の知識が国民になければ、税調が「公正、中立、簡素」の原則に基づき「社会的インフラたる税制」の改革を提言しても、選挙のたびに「増税隠しに走」る政治家の甘言に弄（ろう）されてしまうからだ。

アメリカのように自助努力をベースにした「低福祉・低負担の仕組みを志向する」なら話は別だが、現状程度の安心と安全を国民が望むなら、それに見合う負担をすべきだと著者は主張する。税制改革の目的がかつての減税や増減税一体から増税に転じた今日、「選挙を気にすることもなく、誰に迎合しなくてもいい立場で」増税の選択肢を示すことが税調に課せられた使命だというのだ。

「増税請負人」の悪役を著者があえて演じてきたのも、選挙目当てに流布される「甘い選択肢に惑わされず」、国民が正面から増税論議に参加することを期待したからだ。しかし、上げ潮路線を掲げる安倍前政権の誕生によって、増税イメージの強かった著者の税調会長再任は結果的に官邸に阻まれ、代わりに成長重視派と目されていた本間正明氏が新しい税調会長に就任した。誤解がないように付言すれば、著者は当時「本間君は頑張ってくれる」とエールを送っていた。ただ増税派と成長派に関係者を二分するマスコミの報道姿勢や、増税を争点にすれば選挙に負けるというトラウマが「色濃く残って」いる「政治の世界」についても同書においても強く批判しており、「在任中には消費税を上げない」と発言した小泉元首相にも、「政治的にタブー化した消費税を避けようとする本能的な姿勢があった」と著者はいう。

短期的な政策要請から、理想的な租税原則が次々と歪（ゆが）められる過程を眺めてきた著者にとって、税調会長の職務は失われた原則を取り戻す格好のチャンスだったはずだ。それにもかかわらず、道半ばで退いた際に

「これでやっと、静かな学究の生活に戻れます」と著者は淡々と述べた。その言葉どおり、会長退任後わずか1年余りで800ページ近い大著『現代税制改革史』を書き上げたのだ。同書は副題にあるとおり「終戦からバブル崩壊まで」の半世紀以上を射程に入れた壮大な「戦後日本の税制改革史」である。税調会長時代の熱い思いを語った『――渦中にあって』と併せて読めば、著者の税制改革に対する情熱と専門家としての矜持（きょうじ）が伝わってくる。

税調会長の報酬を返上し「国のためにタダで働いた」著者は、現在の赤字と将来の財源を考えれば、増税を争点にしない政治家は国民を愚弄（ぐろう）していると批判する。今こそ国民は、著者の書を紐解（ひもと）き、歳出削減は財政再建の足慣らしに過ぎず、上げ潮路線は「間違っている」ことを見抜くべきではないか。

評・高橋伸彰（立命館大学教授）

いし・ひろみつ　37年生まれ。放送大学長、元一橋大学長、元政府税制調査会長。

『近代日本の植民地博覧会』

山路勝彦 著

風響社・三一五〇円
ISBN9784894891258

国威発揚や先進性宣伝を担った功罪

表紙の図像が印象的だ。朝鮮総督府の建物を背景に、日章旗を手にする民族衣裳（いしょう）の女性が描かれている。昭和15年、当時の京城で開かれた朝鮮大博覧会のポスターである。主催は京城日報社だが、後援に総督府や朝鮮軍司令部も名を連ねる。同化政策を推進しようとした為政者の意図が、この画像に託されている。

世界中の物産を一堂に集める博覧会には、しばしば政治的な意思が働く。著者は帝国主義の日本が関（かか）わった「植民地博覧会」に、二つの類型を見いだす。一つは東京や大阪など内地で開かれた植民地を主題とする博覧会。もう一つは植民地統治の一環として外地で催された博覧会である。

本書はまず「植民地主義の起源」として、明治7年の台湾出兵から説き起こす。戦闘の詳細とともに、首狩り、人食いという習俗が誤解を交えて紹介された。結果、台湾の少数民族を禽獣（きんじゅう）のような「野蛮人」とみる通念が、日本人の心象に浸透した。

この蔑視（べっし）が、のちの「植民地博覧会」にも継承されたようだ。たとえば大正元年、東京上野での拓殖博覧会では、北海道、樺太、台湾、朝鮮、関東州などの特産品に加えて、「人」が展示された。伝統家屋が建設され、招かれた人々がそこで暮らしていた。彼らの起居動作そのものが見せ物となり、好奇の目にさらされた。さらに大正3年の東京大正博覧会では、東南アジアの人々も「野蛮」を示す「民族標本」として招かれている。

対照的に朝鮮や台湾の博覧会場では、近代化を果たし躍進する日本の産業や軍事力が誇示された。内地ではアジアに版図を拡大する帝国の姿を提示して国威発揚をうたい、外地ではその先進性を見せつける。この極端な相違に帝国日本の「アジアへの眼差（まなざ）し」を読み取ることはたやすい。

著者はあとがきで、台湾の人々が近年になって、戦前の博覧会を積極的に評価しはじめた事実を紹介する。「植民地博覧会」の全貌（ぜんぼう）を示す本書の刊行を契機として、博覧会というメディアイベントが帝国主義の日本にあって担った功罪をめぐる議論と研究が深まることを期待したい。

評・橋爪紳也（建築史家）

やまじ・かつひこ　42年生まれ。関西学院大教授。著書に『近代日本の海外学術調査』など。

二〇〇八年三月九日③

『オブ・ザ・ベースボール』

円城塔 著

文芸春秋・一二〇〇円
ISBN9784163267302／9784167834012（文春文庫） 文芸

空から降ってくる人を打ち返そうと

空からなにかが降ってくる。聖書では黙示的な意味合いだ。「マグノリア」という映画では蛙（かえる）が、村上春樹の『海辺のカフカ』では魚が、降ってきた。本書では、約一年に一度、空から人が降ってくる。舞台は麦畑しかない小さな町「ファウルズ」。レスキュー隊は落ちてきた人をバットで打ち返すと言われているが、ただ空を見あげているのが仕事のようなものだ。

余所者（よそもの）の語り手は当座しのぎでレスキューに志願し、バーテンの「ジョー」と軽口を叩（たた）きあう――このあたりで、あっ、これは「ライ麦畑から落ちそうになる子供を捕まえる係をして過ごしたい」とモラトリアム青年の主人公が言う、サリンジャーの小説を意識しているなと感じた。キャッチャーならぬヒッター・イン・ザ・ライだ（実際、一説によれば、題名は「バッター・イン・ザ・ライ・オブ・ザ・ベースボール」の略とか）。

物理学や数学や哲学の〝ゴタク〟をごたごたと並べるのが味になっている。全体を包む倦怠（けんたい）感やシャレた会話の応酬、短い断章を重ねる構成は、「ジェイ」というバーテンも出てくる村上春樹の『風の歌を聴け』あたりを彷彿（ほうふつ）とさせる。両作とも四十章から成るが、もしやこれは意図的……かな？

文章には類語反復が多用され（ボルヘス曰（いわ）く「話すということは類語反復に陥ることなのだ」）、名目はあれど内実はあやふやなまま、いつ降るとも知れぬ人を待って毎日を無為に過ごすという話は、もちろんカフカの『城』や、ベケットの『ゴドーを待ちながら』も想起させる。星新一の『おーい でてこーい』の空は過去と繋（つな）がっていたが、本作の空は未来に繋がっている。文学的仄（ほの）めかしによるくすぐりが満載だ。

残酷な結末は唐突に訪れる。が、ラストの語り手の従容とした足どりは、なぜか「前向きの諦観（ていかん）」のようなものを感じさせた。これは最近の前衛小説に共通のことだ。

併録作「つぎの著者につづく」は、虚構の魔術師ボルヘスばりの（?!）手の込んだ意欲作で、大いにうけた。熱烈ファンがつきそう。

評・鴻巣友季子（翻訳家）

えんじょう・とう 72年札幌市生まれ。表題作で文学界新人賞、芥川賞候補。

二〇〇八年三月九日④

『哀れなるものたち』

アラスター・グレイ 著 高橋和久 訳

早川書房・二一〇〇円
ISBN9784152088574 文芸

大どんでん返しに心地よく翻弄され

1881年2月、スコットランドはグラスゴー市のクライド川から引き揚げられた若き妊婦の溺死（できし）体が、天才外科医ゴドウィン・バクスターの手で甦（よみがえ）る。彼はあろうことか胎児の脳を母胎の脳に移し替え、いわばフランケンシュタインの怪物の女性版を創造してしまうのだ。

とはいえ、これはほんの序の口。生まれたばかりの人造美女ベラは、やがて製作者ゴドウィン（通称「ゴッド」）からもその親友たる婚約者アーチボルド・マッキャンドレスからも逃れて愛人と駆け落ちするわ、ヨーロッパ中を巡ったあげくパリの売春宿で働き出すわ、帰還したらしたで、元夫と名乗る国民的英雄のブレシントン将軍が現れ銃をふりまわすわの、てんやわんや。だが最終的には婚約者と元の鞘（さや）に収まって、めでたしめでたし。

……というのが、全4部構成のうち、編纂（へんさん）者を兼ねた作者の「序文」（第1部）に続く第2部、マッキャンドレス自身のゴシック・ロマンスめいた手記。その記述はすぐさま第3部、彼の妻たるベラの手記によって大半がそっぱちであり、彼女の人生の悪魔的なパロディーにすぎないことが糾弾され、にもかかわらず、彼がこれを書きあげたのは、ゴッドおよびベラにはさまれた三角関係のうちで生々しい嫉妬（しっと）と羨望（せんぼう）を覚えていたからであろうという推測が、リアルなまでに展開される。

ところが、さらに第4部、再登場した作者兼編纂者の一見実直な「批評的歴史的な註（ちゅう）」は驚くべきどんでん返しを用意しているのだから、いやはや油断は禁物。

読者は事実かと思えば幻想、妄想かと思えば現実という著者のアクロバティックな語りによって、心地よくも翻弄（ほんろう）されるだろう。1981年の実験的巨編『ラナーク』で一躍世界文学の最先端へ躍り出て、いまやジョイスやガルシア・マルケス、ピンチョンにもたとえられる現代スコットランド文学の巨匠の92年作品は、疑いなく、小説を問い直す小説（メタフィクション）の神髄を成す。ウィットブレッド賞、ガーディアン賞受賞作。

（原題、Poor Things）

評・巽孝之（慶應大学教授）

Alasdair Gray　34年英グラスゴー生まれ。作家、画家、劇作家。

『若松孝二　反権力の肖像』

四方田犬彦、平沢剛 編

作品社・二九四〇円
ISBN9784861821714

アート・ファッション・芸能／ノンフィクション・評伝

性と暴力と政闘のカリスマ

〝ピンク映画の黒澤明〟というのが1960年代の若松孝二の通り名だった。セックスと暴力にあふれた映画を量産し続け、その中の一本「壁の中の秘事」が65年、ベルリン映画祭で上映されたときには〝国辱映画〟だと騒がれ、逆に大いにその名を上げた異色の映画作家・制作者である。

筆者も80年代、オールナイト上映館で「処女ゲバゲバ」や「胎児が密猟する時」などの作品を追いかけていた。見るごとに心が索漠（さくばく）としてくる異様な作品群だったが、この索漠感を幾多の政治闘争の挫折を体験した60、70年代の若い観客たちは共有していたのだろう。若松のもとには大和屋竺（あつし）、足立正生（まさお）などユニークな才能が集まり、次第に若松はカリスマ的存在と化していく。後に日本赤軍に合流する足立を若松は資金面で援助したりしていたらしい。

とはいえ、若松自身は政治運動に直接かかわることなく、ひたすら映画作りに没頭してきた。プロデュース作品にも大島渚「愛のコリーダ」をはじめ、問題作が並ぶ。

近年、かつて政治運動青年たちのカリスマだった若松は映画を研究する若者たちのカリスマに変貌（へんぼう）した。本書は06年に明治学院大主催の「若松孝二シンポジウム」でなされた研究発表を元に構成された本だが、主宰の四方田犬彦をはじめ映画史や映像理論を研究する若松ファンたちが、海外からも含め熱烈な賛辞を贈っている。やや惚（ほ）れ込みすぎの感なきにしもあらずだが、反権力を体現したかのような若松の圧倒的な存在感は、確かに人を惚れ込ませるものがある。評論家たちによるインタビューでピンク映画をやめた理由を問われ、「バカな評論家どもが、やれピンク映画がすごいとかなんとか言って、そうやって市民権をとった時から俺（おれ）は嫌なんだ」と言い放つあたりのひねくれぶりに、若松孝二の真骨頂が見てとれるだろう。

今年、かつて国辱扱いされたベルリンで、若松の最新作「実録・連合赤軍」が最優秀アジア映画賞などを受賞した。この怪物的映画作家を知りたいと思ったときの、まず入門書として手に取って欲しい。

評・唐沢俊一（作家）

よもた・いぬひこ、ひらさわ・ごう　シンポジウムをもとにした論文・インタビュー集。

二〇〇八年三月九日⑧

『キュア』

田口ランディ 著

朝日新聞社・一六八〇円
ISBN9784022503480／9784022645692（朝日文庫） 文芸

男性では2人に1人がかかる病気、がん。今や国民病とまで言われるが、告知や闘病にどう向き合うかはあくまでそのひと個人の問題だと、本書は訴える。

優秀かつ特殊な直観力を持つ外科医の主人公は、自分が進行した肝臓がんにかかっていることを知る。相手が患者なら当然、手術を勧めるところだが、どうしても現代医療のシステムに身体を預ける気になれない彼の前に、不思議な人たちが次々に現れる。「オーラが見える」という看護師、「ゼロ磁場」が細胞に与える影響を研究する旧友、瞑想（めいそう）と覚醒（かくせい）でがんから生還したというカリスマ、そっと寄り添ってくるリストカット少女。しかし、どの人にもがんを消し去る決定的な能力があるわけではなく、主人公は彼らのあいだをさまよいながら、「死とは誰のものか」「医療とは何なのか」と考え続ける。

結局、外科医がたどり着いた地点が本当の救済であったのかどうかは、議論が分かれるところだ。ただ、息が苦しくなるような逡巡（しゅんじゅん）の果て、物語の終わりにおざなりな「奇跡」が用意されていないのは、著者の誠実さの証しと見るべきだろう。重いテーマだが、読みものとしての面白みも十分。若い世代にも読んでほしい。　評・香山リカ（精神科医）

二〇〇八年三月九日⑨

『ライディング・ロケット　上・下』

マイク・ミュレイン 著　金子浩 訳

化学同人・各一八九〇円　ISBN9784759811483〈上〉・9784759811490〈下〉
ノンフィクション・評伝

1978年に宇宙飛行士に採用され、84年にスペースシャトル、ディスカバリー号の初飛行に搭乗、その後2回の軍事機密ミッションで宇宙を飛び、90年に引退した軍人の自伝である。

57年、ソ連が打ち上げた人類初の人工衛星スプートニクは、米ソ両国の威信をかけた宇宙競争の幕を切って落とした。著者はそのとき、スプートニクが描く光の航跡を目を丸くして見上げ、いつか宇宙を飛びたいという夢を抱いた少年の一人だった。その夢を実現すべく士官学校のいじめにも耐えハンディを乗り越えて数々の資格を身につけながら宇宙飛行士を目指した。

と書くと、幼い日の夢をひたすら追い求め実現させた美しい物語にも思えるが、本書はちょっとちがう。軍人出身宇宙飛行士たちのお下劣なジョークやあからさまな性差別などを明け透けに語った暴露本的エピソードが満載だからだ。

ただし、マッチョな自慢話ばかりではない。シャトルの打ち上げや大気圏再突入に際してオシッコをちびりそうになる話やトイレの話、数々の不安で眠れなくなる話など弱みや泣き言も隠さず語っているからだ。宇宙飛行士たちのさわやかな笑顔の陰に隠された裏話がおもしろい。　評・渡辺政隆（サイエンスライター）

二〇〇八年三月九日⑩

『ヒトラー・マネー』

ローレンス・マルキン 著　徳川家広 訳

講談社・一九九五円
ISBN9784062144711／9784286161457（文芸社文庫）
歴史／ノンフィクション・評伝

第2次世界大戦中にナチスが行った英国ポンド紙幣偽造作戦について、ジャーナリストの著者が膨大な資料に基づいて書いたノンフィクションである。

敵国の通貨を偽造するという作戦は、歴史上何度か繰り返されているそうだ。敵国経済を混乱させることが目的だが、ナチスの紙幣偽造は、戦時中よりむしろ、戦後の英国の経済的地位を低下させるという結果になった。偽ポンド紙幣が欧州に出回ったのは、イングランド銀行がポンド紙幣は偽造不可能であるとして偽造疑惑に正面から立ち向かわなかったせいだというのだから、官僚機構の落とし穴にはまったわけだ。

恐るべき点は、機密保持のために、強制収容所にいたユダヤ人技術者たちに偽札を作らせたことだ。作戦責任者のSS（親衛隊）将校は、偽造作戦にかかわるユダヤ人たちに特別待遇を与え保護したが、彼らにとっては、偽造作戦の完了が自分たちの死を意味するという不安な状況だった。そんな状況で専門家にも見分けのつかないほど精巧な偽札を作らせたものの、英国経済を混乱させるという当初の目的を戦時中に成功させられなかった理由が、ナチスの組織内の問題にあったというのも皮肉な話だ。　評・常田景子（翻訳家）

『暗流　米中日外交三国』
秋田浩之 著
日本経済新聞出版社・二三一〇円
ISBN9784532352905

ノンフィクション・評伝

台頭する中国に日米はどう臨むか

中国の台頭は良くも悪くも世界を変えている。相互依存も深まるが、厄介なのは中国が経済力とともに国防力を強化していることだ。今年の予算でも、17・8%の中央財政支出の伸びに対して国防費の増加率は17・7%となっている。「富国と強軍」を目指す中国に、我々はどう対応すればよいのだろう。日本の安全保障上のパートナーであり、覇権国家である米国は、いかなる対中戦略を考えているのだろうか。

本書は米国と中国の権力中枢に光を当て、米中関係の将来を展望した上で、日本が受ける影響とその採るべき対応策について考察する。著者はワシントン特派員や北京特派員を務め、ハーバード大学で研究生活を送った。米特に米政府高官への取材は徹底している。米連邦捜査局（FBI）と中国公安省との協力状況や中国の「台湾海峡米中共同危機管理提案」など、蒙（もう）を啓（ひら）かれる情報が本書には満載だ。

白眉（はくび）は、85歳にして現役の米国防総省幹部であるアンドリュー・マーシャル相対評価室長とのインタビューである。この老軍略家は、兵力を太平洋にシフトさせ、インドや日本との関係を強化して、海洋進出を図る中国に備えることを説く。だが他方で、水不足やエネルギー不足、そして人口の男女比や年齢構成の不均衡が中国の行方にもたらす不確実性にこそ大きな脅威を見いだしている。中国がよくわからないので、強大だった明朝に遡（さかのぼ）ってその振る舞いを研究しているという話には、超大国の凄（すご）みさえ感じる。

著者の予想では、当面は米国が大国化する中国との連携を重視するが、やがては深刻な対立に陥る可能性が高い。その先は、①米軍がアジア関与を続けるか否か、②中国の対外政策が強硬路線に転じるかどうか、という二大変数が日本に大きく影響する。著者によれば日本の選択の余地は狭く、日米同盟を強化して米軍をアジアにつなぎとめる努力を払う一方、日中関係の悪化を防ぎながら自前の防衛力も充実させることが必要となる。

明瞭（めいりょう）な問題意識と周到な取材に裏打ちされた著者の現状分析は鋭く、今後の展望の図示は明快で独創的だ。本書の議論をベースとして、さらに検討を進めるべき問題としては以下を挙げることができよう。①ブレア元米太平洋軍司令官は、台湾がカリフォルニアではなく中国の沖合にあることから、台湾の長期的な安全保障が米国との防衛関係ではなく隣人との安定的な関係にかかっていると説く。この地理的な条件は、だが日本も同じではないのか②ライス国務長官が真剣に検討中と伝えられる、東北アジアにおける多国間安保枠組みの構想をどう評価するか③マーシャル氏が最も恐れる中国の脆弱（ぜいじゃく）性にはどう対応すべきなのか④中東などで日米同盟が活用される可能性を日本人としてどう考えるのか。

いずれも冷静で柔軟な思考が要求される難題だが、米国が日本防衛への関与をやめることへの恐れが先に立てば思考は停止する。変わりつつある、不確実な世界にいかに臨むべきか。本書は、そのカギである日米中関係に正面から取り組んだ快著である。

評・高原明生（東京大学教授）

あきた・ひろゆき　65年生まれ。日本経済新聞社編集局政治部次長兼編集委員。

二〇〇八年三月一六日②

『評伝　菊田一夫』

小幡欣治 著

岩波書店・二七三〇円
ISBN9784000019422

ノンフィクション・評伝

「怪物」の明と暗を絶妙なバランスで

「菊田一夫はますます怪物である」と、戦前すでに喜劇王古川ロッパがその日記に記している（『古川ロッパ昭和日記』昭和13年9月6日）。ロッパ一座の文芸部員として脚本を書きまくり、「花咲く港」などの佳品を生んだ菊田一夫は、戦後、ラジオで「鐘の鳴る丘」「君の名は」の二大ヒットを飛ばし、その後、小林一三の招きで東宝に入社するや「モルガンお雪」のようなミュージカル劇（零落したロッパも出演した）、老舗（しにせ）ものの「暖簾（のれん）」、今なお上演され続けている文芸もの「放浪記」、さらには「風と共に去りぬ」など洋画の舞台化に至るまですべてを大成功させ、日本演劇史上における大作家・演出家・プロデューサーとしてその名を残す。足跡だけをたどればまさに怪物であった菊田は、しかしその一方で芸術コンプレックスにさいなまれ、女性遍歴を繰り返すなど、人間的な弱点も多々、備え持った人物であった。

　大物と呼ばれる人物の評伝は難しい。対象と適度な距離を保ちつつ、その業績の面と個人的な面を有機的に結びつけ、人間としての魅力を描きながら、負の部分への目配りも怠れない。東宝専属の脚本家として菊田の謦咳（けいがい）に接していた著者の筆は絶妙のバランスで菊田の明と暗の両面を描き出し、本書を菊田一夫研究の基本図書の位置に据えた。今後の菊田研究はどのような新しい分析を試みようとも、まず本書の視点を基点にせざるを得まい。それくらい本書に描かれた菊田像は生き生きとしている。常に人の愛に飢え、多数の愛人を作ったのも「愛する女に、惚（ほ）れてもらいたいがために良い本を書く」。

　稚気こそ彼の創作の原点であったから、と見る著者の目は、温かい一方で、〝菊田天皇〟とまで呼ばれた男の虚飾をすっかりはぎとっている。「君の名は」の〝忘却とは忘れ去ることなり〟の台詞（せりふ）を忘却させないためにも、多くの人に読んでもらいたい。

　本書はおそらく生前の菊田を知る人による最後の評伝になるだろうが、今年80歳になる著者の文章の軽やかさにも一読して驚かされる。

評・唐沢俊一（作家）

おばた・きんじ　28年生まれ。劇作家、演出家。作品に「夢の宴」「喜劇の殿さん」など。

二〇〇八年三月一六日③

『中国　都市への変貌　悠久の歴史から読み解く持続可能な未来』

ジョン・フリードマン 著　谷村光浩 訳

鹿島出版会・二九四〇円
ISBN9784306044975

人文／国際

急激な都市化のなか、進むべき道は

　各国の地域計画にも影響を及ぼす都市論の大家が、中国の政治的変化と経済成長を「都市化」という現象から分析した新著である。

　開放政策と近年の経済成長は、農村から都市へと大量の労働者の流入を促した。中国では総人口の3分の1以上が都市に暮らし、なおその比率は年々上昇している。今後、30年以内には、3分の2が都市に住まいを構えることになるようだ。それ以上に現在の4億6千万人から9億人に都市居住者が増加するという実数の予測に驚かされる。人類が経験したことのない、変貌（へんぼう）をとげつつあるわけだ。

　都市化の波は、農村の工業化をも推し進めた。基盤整備を進める地方政府の力量を超え、実務者が策定する都市の将来構想よりも速く、広大な国土にひろがった。いっぽうで社会の都市化は、これまでにはなかった「個人の自律性にかかわる空間の拡大」をもたらした。人々は消費の楽しみを知り、自由な時間の過ごし方を自分で考えるようになった。都市化

とは、重層的に捉（とら）えるべき現象である。

なによりも私たちが本書から学ぶべき点は、このアーバニズムへの移行が、西側社会に「追いつく」ことを目的としたものではないという指摘だ。確かに香港や台湾、外地の華僑、日本や韓国などの資本を受け入れてきた経緯を考えると、この変化はグローバル経済の所産のようにも見える。しかし実際は、伝統を踏まえた内発的な力によって推し進められたと、著者は繰り返し強調する。

著者は持続可能な経済・環境・社会を実現する上でも、「世界の大文明」の一つである中国が果たす役割に期待を寄せる。環境破壊や所得格差の拡大などによる最悪の事態を回避するには、無秩序な成長でもなく停滞でもない「中道」を歩むことが望まれる。

そもそもかつての中国の人々は極端に走るのではなく、然（しか）るべき均衡を見いだすことに長じていた。現世代も、その良き伝統を継承する意志をもつべきだと主張する。碩学（せきがく）のこの信頼に、中国がいかに応えるのか。隣国の私たちにとっても切実な問題だ。

（原題、CHINA'S URBAN TRANSITION）

評・橋爪紳也（建築史家）

John Friedmann　カリフォルニア大学ロサンゼルス校名誉教授。

『ラカンはこう読め！』

スラヴォイ・ジジェク著　鈴木晶訳

紀伊国屋書店・一八九〇円
ISBN9784314010368　人文

難解な理論で大衆文化を分析すると

フランス現代思想のスターの一人であったジャック・ラカンは、その理論の難解さによって知られる。聴衆を前に語られたセミネール（セミナー）の一部が日本語でも読めるようになってから、だいぶ理解しやすくはなった（ような気がする）が、それでも主著である『エクリ』のほうはとんでもなく難しく、歯が立たない。哲学に造詣（ぞうけい）が深くフランス語を解する人たちであってもそうだというから、筋金入りの難解さなのだろう。「ラカンはわカラン」などという駄洒落（だじゃれ）が生み出された所以（ゆえん）である。

本書の著者スラヴォイ・ジジェクは、ラカンの精神分析理論を理論的武器としながら、縦横無尽の批評活動を展開してきたスロヴェニア出身の著述家である。九〇年代半ばに『ヒッチコックによるラカン』『斜めから見る』が邦訳出版されたとき、邦訳の『エクリ』との明日の見えない戦いに明け暮れていた評者は、ラカンを大衆文化分析に援用する見事な手さばきに瞠目（どうもく）した記憶がある。本書もまたそうしたジジェクの冴（さ）えが十分に活（い）かされた書であり、他の著書と同じく、映画や文学、日常的エピソード、社会事象（ハラスメントや宗教的原理主義の隆盛など）から素材を採りつつ、ラカン理論が解説されている。

ラカン入門と銘打っているとはいえ、ラカンについての人物史的評伝が描かれているわけでも、ラカンの重要概念が一般向けに「平易に」翻案されているわけでもない。大衆文化や政治的出来事などを、「大文字の他者」「対象a」「想像界／象徴界／現実界」といったラカンの重要概念を使用しながら解釈することにより、いわば実践的にラカンの理論体系を指し示していくこと……本書でもそうしたジジェクの方法論は貫徹されている。

だがもちろん、「ラカン理論＋大衆文化研究＝ジジェク」というわけではない。この等式の成立を拒む過剰さがジジェクの批評言語にはある。入門書の体裁をとったこの批評書の読者は、いやが応でもその過剰さを体感することになるだろう。

（原題、HOW TO READ LACAN）

評・北田暁大（東京大学准教授）

Slavoj Žižek　49年生まれ。哲学者、精神分析学者。

二〇〇八年三月一六日⑤

『そうか、もう君はいないのか』

城山三郎 著
新潮社・一二六〇円
ISBN9784103108177／9784101133348（新潮文庫）　文芸

見つめ合う夫婦の風景、ほほえましく

妻の茶目（ちゃめ）っ気あふれる小さなエピソードから回想は始まる。昨年3月に亡くなった城山三郎さんの遺稿である。描かれているのは、夫婦の物語――夫よりひと足早く2000年に旅立った妻・容子さんとの、出会いから永訣（えいけつ）まで。

決して大部な書物ではない。エピソードの一つひとつも、たなごころにふわりと乗る程度のボリュームである。〈昭和二十六年早春のある朝の何でもない偶然、そして、誤解から始まった〉二人の旅は、もちろん山あり谷ありではあっても、城山三郎最晩年の筆は、山の高さや谷の深さをことさら強くは描かない。むしろ、その旅路のさなかに夫婦がふと見つめ合い、笑顔を浮かべ合うささやかな幸せをとらえるのだ。

〈間違って、天から妖精が落ちて来た感じ〉――出会いの瞬間の容子さんである。硬骨の作家らしからぬ甘みのある言葉どおり、容子さんはよく笑う。こちらにまで上機嫌が伝わってきそうな、おおらかな女性である。そんな妻を見つめる夫も、不器用でいながら意外なおどけぶりも見せて、いやはやまったく微笑（ほほえ）ましい夫婦の風景である。

しかし、この回想記は容子さんの死後に書かれたのだと気づくと、不意に粛然とした思いに包まれる。巻末に収録された次女・井上紀子さんの一文によると、〈母が桜を待たずに逝ってから、父は半身を削（そ）がれたまま生きていた〉という。〈仏壇にも墓にも母はいない。父の心の中だけに存在していた〉のだ。

原稿用紙に向かう時間は、夫婦の歴史をもう一度生き直し、容子さんとのおしゃべりを楽しむ、かけがえのないひとときだったはずだ。天から落ちてきた妖精は、亡くなったのちも、城山さんの心の中で、原稿用紙の中で、夫婦の歴史の最終章を生きた。夫は書くことで妻と再会し、妻は書かれることで夫の胸を温めつづけたのだ。

死の間際に容子さんは最後の茶目っ気あふれる行動に出る。城山さんがその場面を描き終えたのを確かめてから、妖精はそっと手を取って、夫とともに天に還（かえ）っていったのではないか。

評・重松清（作家）

しろやま・さぶろう　1927年～2007年。『総会屋錦城』で直木賞。『落日燃ゆ』など。

二〇〇八年三月一六日⑦

『「漢奸」と英雄の満洲』

澁谷由里 著
講談社選書メチエ・一五七五円
ISBN9784062584043　歴史／国際

満州事変以降、日本が満州で支配を確立していく過程で、満州の側には、日本の進出を甘受する協力者たちがいた。

彼らは、中国では「漢奸（かんかん）」すなわち国家や漢民族への裏切り者と呼ばれ、今なお厳しく断罪されている。筆者は、張作霖政権の幹部として活躍し、日本に抵抗を試みつつも、やがてその支配に協力する立場に追い込まれ、「漢奸」の名を背負った人々の苦悩を追っている。

対日協力で蓄財に励みつつ、関東軍に抵抗も示した「大漢奸」于沖漢。満州国の国務総理として、日本の傀儡（かいらい）とされたことを悔いながら、戦後の裁判で自分が「売国奴」だとは決して認めなかった張景恵。他方で、張景恵の息子のように、日本に近い立場を取る父を敬慕しながら、反日へと進んでいった人物もいた。断罪でも弁護でもなく、等身大の人物像を浮かび上がらせようとする筆者の姿勢に好感が持てる。

残念なことに、「漢奸」の戦後は十分に明らかにされていない。それは、彼らが戦犯とされ、その後文化大革命でも迫害されたため、ほとんど史料が残されず、消息すら不明な者も少なくないからだという。日中の歴史問題の解決には、今なお困難な面があることを思い知らされる。　評・奈良岡聰智（京都大学准教授）

二〇〇八年三月一六日⑧

『イスタンブールの群狼』

ジェイソン・グッドウィン 著　和爾桃子 訳

文芸

ハヤカワ文庫・九六六円
ISBN9784151775017

中東を舞台としたミステリーといえば、大英帝国時代の香り漂うクリスティや国際スパイ合戦を扱うル・カレなど、危険と陰謀が満載だ。主人公は大抵西洋人で、中東人は悪役か、その手先として登場する。

本書は、オスマン帝国を舞台にトルコ人宦官（かんがん）が大活躍するという、歴史物。19世紀の国際都市イスタンブールの繁栄、下町の猥雑（わいざつ）な世界を舞台に、猟奇的連続殺人事件の謎を追う。

オスマン帝国といえばトルコ、というイメージだが、フランス出身の妃（きさき）やアフリカ出身の官吏の登場は国際帝国だった証し。東欧やロシアとの関係、イェニチェリ軍団の解体と帝国の近代化など、当時の国際政治情勢が反映されている。

訳もよい。中東歴史物は、ついつい千夜一夜物語的な文体になりがちだが、職人気質の親爺（おやじ）、はすっぱな女たちなどの下町ならではの会話が、生き生きしている。

食べ物の記述が多いのも、魅力。世界3大宮廷料理のひとつに数えられるトルコ料理だが、主人公も食への造詣（ぞうけい）が深い。西洋の小説のなかでテロリストとしてしか登場しにくい中東キャラが、モテ系イケ面グルメというのは、なかなかありません。

評・酒井啓子（東京外国語大学教授）

二〇〇八年三月一六日⑨

『白球と宿命　甲子園から生まれた6つの物語』

矢崎良一 監修

日刊スポーツ出版社・一六八〇円
ISBN9784817202529

ノンフィクション・評伝

副題に「甲子園から生まれた6つの物語」とあるように春・夏の高校野球は物語の宝庫。

昨夏の優勝校、佐賀北高校野球部の逸話「奇跡は起こせる！」（文・樫本ゆき）のプロローグから、77年夏の決勝で相見（あいまみ）えた選手同士のその後の交流を描く最終章「バーディーパットをもう一度」（文・高川武将）までのいずれもが味わい深い。

準優勝投手、東邦高校の〝バンビ〟こと坂本佳一は、プロゴルファーになった優勝校東洋大姫路の左翼手、平石武則のキャディーを00年「中日クラウンズ」で志願。その高校野球アイドル坂本も今は商社の室長。時の流れの豊かさを感じさせる佳作だ。

異色作は「あの夏を越える夏を探して」（文・中村計）。4千校を超える高校球界の頂点を極めたワンダーボーイたちはエレベーター式に大学野球部に入る。だが斎藤佑樹以外のレギュラー組は名状しがたい空虚に包囲されていた。青春、いかに生きるべきかの観点と情感が溶け合い、早実ナインの後日譚（たん）の作品化に成功している。

卑近に流れがちなスポーツ報道も意欲さえあれば文学作品に結晶する。被取材者の協力姿勢も清々（すがすが）しく、爽快（そうかい）な読後感に一役買っている。評・佐山一郎（作家）

二〇〇八年三月一六日⑩

『もっとも美しい数学　ゲーム理論』

トム・ジーグフリード 著　冨永星 訳

科学・生物

文芸春秋・二二〇〇円
ISBN9784163700106／9784167651718（文春文庫）

人生がゲームだとしたら、勝つ確実な方法はあるのか。たぶんあると、ゲーム理論は予測する。それどころか経済活動から人間の行動、はては生物進化の過程まで説明できるという。

「囚人のジレンマ」と呼ばれる有名な仮想ゲームがある。重罪を犯した共犯者2人が微罪で逮捕された。2人とも黙秘すればそれぞれ禁固1年の刑。自白して共犯者を売れば、自分は無罪放免で相手は禁固5年の刑。2人とも自白して互いに相手を売ればそれぞれ禁固3年の刑（自白による2年の減刑）。ここで試されているのは共犯者の信頼関係。ただし、相手の出方はわからない。自分は黙秘しても、相手は裏切るかもしれない。詳しくは本書を読んでもらうとして、この場合、双方にとって最も得な戦略は、2人とも自白することである。

これに限らず、どんな種類のゲームでも、参加者全員の利得が最大になるような戦略の組み合わせが必ず存在する。これを証明した数学者はノーベル経済学賞を受賞し、アカデミー賞映画「ビューティフル・マインド」のモデルになった。

世界の動きは数学でどこまで予測できるのか。本書では、ゲーム理論の誕生と発展、その可能性が手際よく語られている。

評・渡辺政隆（サイエンスライター）

『唱歌と国語　明治近代化の装置』
山東功 著
講談社選書メチエ・一五七五円
ISBN9784062584067

『「国語」入試の近現代史』
石川巧 著
講談社選書メチエ・一五七五円
ISBN9784062584050

人文

こんな歌で学んだ国語もあった

明治の国語教育は、現在の基準に照らすときわめて頓狂、「おもしろすぎるぞ」という場合が少なくない。それを私は「書く教育」すなわち作文教育の歴史を調べる過程で知ったのだったが、「読む教育」「歌う教育」でも似たような現象が観察できるらしい。

歌う教育？　国語なのに「歌う」の？

さよう、国語はある側面においては「歌って」体得するものだったのだ。

山東功『唱歌と国語』は、音楽教育と国語教育の接点に位置する唱歌に注目する。

たとえば「汽笛一声新橋を」ではじまるあの「鉄道唱歌」も、じつは地理教育のツールとして発明されたものだった。334番まである「鉄道唱歌」の歌詞の長さは、ひとえに沿線各地の風物、歴史、名産品などを詠みこんだ点に起因する。地理教育用の唱歌は明治期だけで70曲以上もあったという。

しかし「鉄道唱歌」などはまだ理解の範囲にあるというべきで、明治の唱歌には「文典唱歌」なんていう代物まで存在していた。

1番で「国土」を、2番で「国語」を称揚した後、「文典唱歌」は、3番から突然「文法」へとふみこんでいくのである。

「人の心をうつしだす　言葉の数は多けれど　類を分（わか）ちて名づくれば　八品詞とぞなりにける」。八品詞とは名詞、代名詞、形容詞、動詞、副詞、後詞（後置詞）、接続詞、感嘆詞（感詞）を指す。4番ではこれが「物と事との名をしめす　名詞の次に其代理　つとむるものは代名詞　指示・人・疑問の三種あり」となり、9番から57番までは動詞の説明に費やされる。作詞者もあまりに冗長と思ったか、57番の歌詞は「ながき動詞の説明も　こゝに一まず終（おわ）りたり　次にうつらんいざ子ども　膝（ひざ）をすゝめよ我前（わがまえ）に」。

なにゆえこんなケッタイな唱歌が山とつくられたのか。それは、一方では唱歌が「暗記物」や「徳育」の道具としてきわめて有効だと考えられていたからであり、一方ではまた文法の整備こそが西洋近代に追いつくための重要な課題だとされていたからだった。音楽の教科書から歌詞のみを切り取り、アンソロジーとしてまとめると、たちまち国語の教科書と似たものになる、と著者はいう。

こちらが初等教育の国語に主眼をおいた本なら、石川巧『「国語」入試の近現代史』は高等教育の国語に着目し、現代文の読解、すなわち「読む教育」の変遷をたどった本。受験競争がスタートした大正期から共通1次試験の導入された昭和の末までの、主として大学の入試問題が俎上（そじょう）にのせられる。

おもしろいのは唱歌も、そして現代文も、体育と意外に近い場所にあったということだろう。体育が身体の鍛錬なら、国語は精神の鍛錬。唱歌で培われた感性とリズム感を、身体に生かせば体操、言語に生かせば国語。

どちらもマジメな研究書であるから、必ずしも読みやすくはない。が、現代の教育についてもふと考えさせる刺激的な書。国語の重要性を説く人が、ほら、武道も必修にしろといったりするでしょ。その感じは明治の頃からどうやら変わっていないみたいね。

評・斎藤美奈子（文芸評論家）

さんとう・いさお　70年生まれ。
いしかわ・たくみ　63年生まれ。

二〇〇八年三月二三日❷

『文明の接近 「イスラームVS西洋」の虚構』

エマニュエル・トッド＆ユセフ・クルバージュ 著
石崎晴己 訳
藤原書店・二九四〇円
ISBN9784894346109
人文

衝突ではなく、近代化の途上として

著者らは普遍主義者だ。あらゆる社会は近代化する。いかなる宗教もそれを止めることはできない。キリスト教が近代化を妨げなかったように、イスラームも近代化を妨げるものではない。したがって、近代社会に対する脅威をイスラームに投影しようとする発想は、根本的に誤っている。その主張は強烈な「文明の衝突」批判である。

著者らのいう近代化の中身は、煎（せん）じつめると識字率の向上と少子化のことである。識字率が上がると、年少世代は年長世代の言うことを鵜呑（うの）みにしなくなる。少子化が進むと、資源配分のルールを再設定する必要が高まってくる。両者あいまって、近代化は社会的な規範の流動化をもたらし、社会的統合に危機をもたらす。著者らはそれを移行期危機と呼び、今日既に安定した近代社会となっている欧米や日本も、かつてそのような危機を（革命や内戦などのかたちで）経験したと指摘したうえで、いわゆるイスラーム圏の諸社会に今日観察される社会不安も、その反復でしかないと説く。

そのうえで著者らは、その移行期危機の具体的な現れ方を左右する最も重要な要因は、各社会に構築されてきた家族構造（婚姻や相続の慣習的システム）であると論ずる。実際、アフリカから東南アジアまで広がるイスラーム圏の家族構造は多様であり、それに応じて、それら各社会の近代化のこれまでの歩みも多様であることが本書によって一望できる。重要なことは、その多様さは移行期危機の激しさや速度の偏差をもたらすものであって、近代化を阻むものではないということである。いずれにせよイスラームの教義が近代化を阻んでいるなどというのは、表面的にすぎる観察だ。

イスラーム圏の諸社会が移行期危機にあるのなら、それに伴う暴力を緩和するために差し伸べられるべき手はあってしかるべきだ。しかしそれ以上にイスラーム圏の近代化に必要なのは、短慮で傲慢（ごうまん）な介入ではなく、むしろ彼らとの辛抱強い待ち合わせなのだというのが著者らの普遍主義者としての倫理であろう。

（原題、Le rendez-vous des civilisations）

評・山下範久（立命館大学准教授）

Emmanuel Todd　歴史学者。
Youssef Courbage　人口動態研究者。

二〇〇八年三月二三日❹

『手紙のアメリカ』

時実早苗 著
南雲堂・二九四〇円
ISBN9784523293071
文芸

食べることさえできる手紙に宿る魂

「白やぎさんからお手紙ついた／黒やぎさんたら読まずに食べた／しかたがないのでお手紙かいた／さっきの手紙のご用事なあに」

まどみちお作詞、団伊玖磨作曲の「やぎさんゆうびん」は、みなさんおなじみだろう。本書は文学と手紙とアメリカとがいかに関（かか）わり合うかを、18世紀のクレヴクールやフォスターから19世紀のホーソーンやメルヴィルやオルコット、20世紀のバースやピンチョンやウォーカーへおよぶ射程で分析した重厚な研究書だが、BGMとして聞こえてくるのは、何とこのあまりにも軽やかな童謡なのである。

なぜか。本書はまず、小説の起源とされる「書簡体」と物理的に紙にインクで書く「手紙性」とを明確に区分し、やがてその両者が複雑な関係を結んでいくのを辿（たど）り、あくまで人間的で存在論的な「手紙を書く」行為と、電子的でテクスト的な「メールを出す」行為のはざま、いわばアナログとデジタルのはざまで深く苦悩したあげくに、こう洞察するからだ。

「やぎさんの場合のように、手紙は食べられるものでなくてはならない」

そもそも手紙を書くという行為こそは文学の本質を成すために、小説は書簡体小説として始まった。そしてアメリカは当初ヨーロッパの植民地として環大西洋的な手紙のやりとりをくりかえすうちに、アメリカ独自の政治経済網とともに民主主義的な自己を確立し文学を発展させた。しかし著者が注目し続けるのは、にもかかわらず、書簡体という物語技法に回収される以前の無編集の手紙、全く読まずに破くことも燃やすことも、食べることさえできるモノとしての手紙であり、そこにこそ魂が宿るという逆説だ。

そんな視点から、フォークナーの『アブサロム、アブサロム！』が「古き南部である紙に、新しい北部のインクが痕跡を残す」ことで「現在によって過去を浮き出させる作用」が解明される。手紙というメディア（物〈モノ〉）自体が手紙のメッセージ（魂）であることをあざやかに伝える本書もまた、知的スリルに満ちたもうひとつの手紙であった。

評・巽孝之（慶應大学教授）

ときざね・さなえ　千葉大教授。米文学・文学理論。共著に『腐敗と再生』ほか。

『所有と分配の人類学　エチオピア農村社会の土地と富をめぐる力学』

松村圭一郎 著

世界思想社・四八三〇円
ISBN9784790712947

人文

「私のもの」は、本当に私のものなのか

注文した料理がテーブルに運ばれ、いざ食べようとしたとき突然他人が隣の席に座り横から私の料理を食べ始めたら、なぜ「私のもの」を勝手に食べるのかと多くの人は怒るのではないか。そのとき、相手から「お前ひとりで食べるのは不当だ」と言われても簡単には納得できない。「西洋独特の私的所有概念」から見れば、私の料理は「私のもの」だからだ。

だが、突然現れた人がとても貧しく飢えている人だと知ったら私は、「私のもの」を分け与えるかもしれない。また、昔ながらの友人なら運ばれてきた料理だけではなく、追加注文をして、結果的に食べた料理の量が2人の間で差があっても、会計は割り勘で済ませたり、私が「彼／彼女」の分を奢（おご）ったりすることも珍しくはない。

しかし、それ以上に社会学者の立岩真也氏が10年ほど前に「何が私のものとされるのか、何を私のものとするのか」と問うた『私的所有論』（勁草書房）の議論を思い起こすなら、所有論の背景には予想外に奥深い問題が潜んでいる。なぜなら「私のもの」はどこまで私のものかをめぐる議論は生命や遺伝子の決定権や処分権にまで及ぶからだ。

文化人類学の観点から所有論の研究を続ける著者は、エチオピアの農村で土地の権利や穀物のトウモロコシあるいは換金作物のコーヒーなどの所有や分配がどのように行われているのかを、現地の人と実際に生活を共にしながら調査した本書で、「自分のものを自分だけで消費することを認める私的所有の原則が……例外に近いことに、われわれはもっと思いを馳（は）せるべき」だと指摘する。確かに、多くの経済学者は「世界の一割の人間で全世界の八割を超える富を独占」しても正当だというが、人類学者は「ほんとうに……正当なのだろうか」と疑問を呈する。

著者は本書を「『私的所有』という命題へのささやかな挑戦」だと控えめに語るが、評者には私有財産権を盾にして格差の拡大を看過し、すべてを自己責任に帰する主流派経済学者への痛烈な挑戦に見えるのである。

評・高橋伸彰（立命館大学教授）

まつむら・けいいちろう　75年生まれ。京大大学院人間・環境学研究科助教。

二〇〇八年三月二三日⑥

『光の指で触れよ』

池澤夏樹 著

中央公論新社・二三一〇円
ISBN9784120038686/9784122054264（中公文庫） 文芸

離ればなれの家族に「新世界」はあるか

気候変動、エネルギー問題、経済不安、南北問題等々、世界を覆う空気は重い。しかし、とりあえず日々の生活に困っていないとしたら、あなたの日常生活はさほど暗くもないのではないか。不幸の影は、グローバルな問題としてではなく、むしろ家庭というローカルな問題として到来する。

この小説は、「天野家は仲のいい家族だった」のに、「今はばらばらに暮らしている」という前置きから始まる。

ひょんなことから小型の風力発電装置をヒマラヤの奥地に設置した夫は、会社に戻った日常の中で、自分に思いを寄せる職場の若い女性の愛に応えてしまう。かつては夫と何でも論じ合う関係だった妻は、それを知ると何も告げずに幼い娘を連れてヨーロッパに旅立つ。小学校4年のときに父をヒマラヤまで単身で迎えに行った息子は、地方の高校の寄宿舎にいる。これが、天野家のばらばら生活の中身である。

本書は8年前に発表された小説『すばらしい新世界』の続編として、2005年7月から1年余り新聞に連載された小説の待望の単行本化である。語りのテンポがほどよいこともあって、前作を読んでいなくても楽しめる。

奥深いチベット文化と邂逅（かいこう）した夫は、大きな電機会社の中で一目置かれながらも、なんとなく満たされない。グローバルな問題に個人としてできる限りのことはやったが、自分の生き方に関してはかえって惑いを感じている。

一方、環境問題への関心から省エネ機器販売の起業に参加した妻は、同志とも思っていた夫に裏切られ、大地震に見舞われて住処（すみか）を失ったようなショックを受けた。

科学技術を用いて環境エネルギー問題に取り組んでいたはずの夫婦は、離れて暮らす中で、それぞれが自給自足の有機農業にひかれていく。

グローバル対ローカル、先端科学技術対エコ、この対立構造を解決しない限り、すばらしい新世界の実現はないのかもしれない。静かな語り口ながら、問いかけられているテーマは重い。

評・渡辺政隆（サイエンスライター）

いけざわ・なつき 45年生まれ。作家。『スティル・ライフ』で芥川賞。

二〇〇八年三月二三日⑦

『弥勒世　上・下』

馳星周 著

小学館・各一八九〇円
ISBN9784093797825〈上〉・9784093797832〈下〉 文芸

今も米軍の事件が相次ぐ沖縄。返還直前の沖縄を舞台にした『弥勒世（みるくゆー）』は、犯罪小説の手法で沖縄の悲劇の歴史に迫ることで著者が新境地を切り開いている。

英字新聞で働く伊波尚友（いはしょうゆう）は、CIAからスパイになることを依頼される。同じ施設で育ち、左翼活動家とも親しい比嘉政信（ひがせいしん）に近づいた尚友は、政信が米軍基地の襲撃を計画していることを知り、行動を共にする。

奄美出身のため差別されてきた尚友は、沖縄にも、日本にも、アメリカにも愛着がない。欺瞞（ぎまん）に満ちた社会を破壊したいという暗い〝情念〟に突き動かされながらも、あらゆるイデオロギーをシニカルに眺める尚友を冷徹な観察者にすることで、反基地という理想論を掲げながらも、基地に依存しなければ生活できない実態や、経済支援と政治工作で沖縄を食いものにしている日米の利権構造などを白日のもとにさらしていく。

大国のエゴが住民の絆（きずな）を破壊し、それがテロの温床になることを指摘するなど、沖縄から現代の中東情勢にも通じる問題を抽出したところも鮮やかである。

弥勒世とは神々に祝福された理想郷のことだが、沖縄が本当に平穏な場所になることはあるのか？　そんなことも考えさせられる。

評・末國善己（文芸評論家）

二〇〇八年三月二三日❽

『プルーストと身体　『失われた時を求めて』における病・性愛・飛翔』

吉田城 著　吉川一義 編
白水社・五〇四〇円
ISBN9784560031629
人文

プルーストの草稿・生成研究者で名高い著者の遺稿集だ。氏はかつて著書の中で、テクスト生成論の主眼は、作家の側ではなく作品の側を探索することにあると書いた。転換点は90年代に訪れたようだ。晩年は、肉体の病が精神生活に与える影響に関心を寄せた。

本書では、作品に現れる病症から作家自身の病までが論じられる。『失われた時を求めて』で過去が甦（よみがえ）る場面の体験は、アレルギー性喘息（ぜんそく）と同じ構造に基づいているという説が引かれ、プルーストは健康なら意識しない空気の存在、呼吸のリズムなどの生命原理を意識できたのだと結ぶ。また、プルーストが遺伝的神経症を「創造に不可欠な徴（しるし）」と見ていたのは、「自己弁明の試み」ではと推測する。「自分の病気の苦しみと死に関する考察を小説のなかにうつしかえているはずだ」というのが氏の実感だ。身体が文学を特徴づける。作家本人の病理に接近しながら、病跡学の対岸にある書と感じた。

研究の方向転換は著者自身の病状悪化と無縁ではなかった、と編者・吉川一義氏は言う。その病もまた作品を創（つく）ったのだ。著者自身の「病気と文学の関係」を解説する吉田典子氏のあとがきも必読である。

評・鴻巣友季子（翻訳家）

二〇〇八年三月二三日❾

『関西モダニズム再考』

竹村民郎、鈴木貞美 編
思文閣出版・八九二五円
ISBN9784784213795
人文

「阪神間モダニズム」という概念がある。大正から昭和初期、阪神間で先駆的な郊外生活が実践された。甲子園野球や宝塚少女歌劇などの大衆娯楽も発達、関東大震災後に東京から逃避した作家や画家の活躍もあって、東京とは異なるモダニズム文化が展開された。

本書はそれに京都の事例を加えて「関西モダニズム」を提唱する論集である。文芸、美術、建築、技術史、新劇運動など、収載された各論は多岐にわたる。ただ、「関西モダニズム」という新しい枠組みをめぐる挑戦的な議論や、領域を横断する独自の仮説は乏しい。

そのなかで鈴木貞美の論文は意欲的だ。専門ごとに定義や用法が異なるモダニズムの概念を見事に整理し、前時代の「近代化」を否定することで「近代化」を推し進めようとする「近代主義」、ひいては「近代化主義」を批判する。大いに共感を覚える。

鈴木は１９３０年代に日本文化の神髄とされた「わび・さび」「幽玄」など中世の美意識が、高度経済成長期に復活した事実などを例示、同時進行した「モダニズム」と「伝統の再評価」の動きに注目する。時代の尖端（せんたん）と伝統とが錯綜（さくそう）する状況のなかに、関西モダニズム研究の可能性があると確信しているようだ。

評・橋爪紳也（建築史家）

二〇〇八年三月二三日❿

『自閉症ボーイズ　ジョージ&サム』

シャーロット・ムーア 著　相原真理子 訳
アスペクト・二三一〇円
ISBN9784757214439
教育／人文

イギリスに住む著者は、3人の男の子を独りで育てる。長男ジョージ、次男サムは自閉症だ。長男はスニーカーをオーブンで焼き、次男は歯磨きを搾り出して辺りになすりつけ、真夜中にトランポリンに打ち込む。

それでも著者は障害の原因を探して悩むより、「生まれたからにはうまくやっていくしかない」と、あるがままを受け入れる。

母親としてゆるぎない愛情を注ぐと共に、人称代名詞の誤用、ごっこ遊びから学ばないなど、作家としての冷静な観察眼を持つ。大学卒業後、教師をした経験も生かされているのだ。

2人の症状を軽減しようと数々の療法を試す。聴覚統合療法後、長男の言葉づかいなどが改善された。しかしこれは次男には効かず、特定食品を避ける療法などが意思疎通の回復につながったようだ。自閉症児はひとりひとり違うのだ。

力になってくれる人がいかに多いか。先生親族はもとより、友人隣人が善意と気遣いを見せる。同情より、2人を面白いと思ってもらえればうれしいと著者。

日英の事情の違いを超えて、自閉症についての知識と勇気が与えられる優れたテキスト。一般父母や教育関係者にも広く薦めたい。

評・多賀幹子（フリージャーナリスト）

二〇〇八年三月三〇日❶

『日本語と日本思想　本居宣長・西田幾多郎・三上章・柄谷行人』

浅利誠 著

藤原書店・三七八〇円
ISBN9784894346147

人文

助詞「は」から見える巨大な問題領域

最近の話し言葉で、ふつう「である」と結ぶところをデハアル、「にある」をニハアル、「と思う」をトハ思ウと表現する言い方が広まったように感じるのは、書評子の僻耳(ひがみみ)であろうか。助詞ハのこの新奇な用法は、本書が《日本語と日本思想》という巨大な問題領域に向けているレーダーの画面で、何かを告げて点滅する輝点なのではないだろうか。

未踏の地の探索は、学校文法では係り助詞と教えられるハをもっと「怪物的な何ものか」ととらえる問題設定に始まる。

サブタイトルに並ぶ本居宣長・西田幾多郎・三上章・柄谷行人の名前は、一定の論理で配列されている。本書のテーマは、柄谷が提示した《「近代の超克」をいかに乗り越えるか》という課題を日本語文法論の切り口から徹底的に考え抜くことにある。

かつて和辻哲郎が、ドイツ語のザイン(sein)と日本語の「がある(存在)」と「である(繋辞〈けいじ〉)」との比較をこころみたのは記念碑的である。だが問題の焦点は動詞ではなく助詞にあるとするのが著者の着眼だ。

見据えられているのは《繋辞(コプラ)のbe動詞のない日本語は主語のはっきりしないアイマイな言語だ》とする西欧派と、《主語などいちいち言わなくてもよく、繋辞も独自に備わる優れた言語だ》とする超克派との不毛な対立からの脱却である。著者はあえて、民族優越論の罠(わな)に陥った超克派の日本語論を超越的に(批判哲学的に)読み解くことに乗り越えへと転じる可能性を賭ける。

柄谷は宣長のテニヲハ論、西田哲学の「場」の理論、時枝誠記(もとき)の国語学における「詞(ことば)と辞」論の三つに「特権的な重要性」を与えているのだが、著者は、時枝を宣長の正統な継承者と認めず、代わりに三上章をその系譜に据える。『象は鼻が長い』の著書で知られ、一貫して《主語廃止論》を主張してきた孤高の言語学者である。

従来の文法では「象は鼻が長い」式の構文を「二重主語」といった苦しい説明で弥縫(びほう)せざるを得なかった。三上は、日本語の構文的特徴を西洋語のような「主述二本立て」ではなく、「述語一本立て」だと明言する。ハには述語を呼び出す特別な職能が認められる。

著者はこの文法論を《テニヲハには言葉の本末を協(かな)え合わせる定まりがある》といった宣長の系譜に位置づける。日本語の構文には自問自答が内在する。係り結びが滅んでも生き残ったハは、今でも必ず「結び」の手応えを予感しつつ発語されている。

論証の手続きは周到だ。行きつ戻りつ一語一語に吟味を加えて三上と手に汗握る対話を重ねる。「日本語のコプラはハであろう」と三上はいう。だがその説は、コプラなる西洋の概念に相当するものがあればという限定付きであるから「定義の決定打」ではない、と三上文法を読み破るのである。

その前提を取り払い、文末のピリオドをすら越えて前進し、結びの連鎖を先へ先へと進める語勢にハの生命力を見るのが本書の達成点だ。助詞ハが日本語の構文的なリズムを引き出すという直感が躍動している。

評・野口武彦(文芸評論家)

あさり・まこと 48年生まれ。フランス国立東洋言語文化大学助教授。共編著に『他者なき思想』など。

『「中国問題」の内幕』

清水美和 著

ちくま新書・七七七円
ISBN9784480064097

国際

「仮説」に挑むことで近づく確かな判断

巨大で多様な中国を偏見や先入観なく客観的に観察し、状況を判断することは容易ではない。根拠もなくいい加減なことをいう輩（やから）が多い中で、重要なのは信頼できる書き手を見分け、見定めることだ。

本書の著者は、昨年の日本記者クラブ賞に輝いたジャーナリスト。自信を持ってお薦めできる、最も頼りになる中国観察者の一人である。本書が対象とするのは05年以降の日中関係と中国内政だが、定評のある過去の多くの著作と同様、プロをうならせる情報と分析を満載している。

たとえば著者は、07年春の温家宝首相来日の前後、日本の最高裁が日中関係にかかわる二つの問題に判断を下したことに注目する。80年代に日中台を巻き込む外交問題となった光華寮訴訟に関しては中国に有利に、そして強制連行訴訟については、国交正常化時に個人の賠償請求も放棄されたと判断した。著者はこのタイミングを偶然の一致とは見ていない。

翻って中国に関しては、権力と権益をめぐる「特殊利益集団」の熾烈（しれつ）な争いを綿密に分析する。共産主義青年団出身者（「団派」）と前総書記に連なる上海グループ、さらには高級幹部子弟（「太子党」）や軍の間で展開される権力闘争。それが汚職腐敗の摘発や成長か均衡かといった経済政策論争、さらには対日政策にも影響する事情を生々しく描き出す。

著者によれば、中国指導部の意思決定に関する報道や分析は「仮説」に留（とど）まる宿命を負う。確かに本書には随分大胆だなと思わせる断定もある。だが「仮説」に挑むことで確かな判断に近づくという著者の主張には共感できる。重要なのは交錯する情報を取捨選択し、織り合わせて状況判断に至る総合的な力だ。そのためには、長年の観察の積み重ねや情報通の中国人たちとの付き合いも欠かせない。

一般の読者には、どの書き手がそのような力量の持ち主か判断に迷う場合もあろう。2年間の拙評がその役目を果たせたかどうかは覚束（おぼつか）ないが、現代中国についての書評は、その点で一定の役割を担っているのだろう。

評・高原明生（東京大学教授）

しみず・よしかず 53年生まれ。東京新聞論説委員。『中国農民の反乱』など。

『講座　スラブ・ユーラシア学　第1・2・3巻』

家田修、宇山智彦、松里公孝 編
北海道大学スラブ研究センター 監修

講談社・第1巻二一〇〇円、第2・3巻各二三一〇円
ISBN9784062144568〈1〉・9784062144575〈2〉・9784062144582〈3〉

人文

地理的境界で閉ざされた地域でなく

スラブ・ユーラシア学とは、まず聞きなれない言葉である。旧ソ連、というとソ連の影ばかり見た後ろ向きな印象を受けるし、イスラームを共通項とする中央アジア、というと、ロシアのイスラーム社会との連関が切り離される。社会主義圏としてソ連と連動していた東欧は、どうとらえるのか。冷戦構造終焉（しゅうえん）後のソ連・東欧地域をどのような「地域」とみなすべきか、地域概念は流動的で多様な方向に揺れている。

旧社会主義圏だけではない。中東という、西欧植民地支配の名残として名づけられた地域は、アラブ地域と呼ぶべきなのか、イスラーム地域なのか、米国のいう「不安定の弧」なのか。ある社会が持つ政治経済的、文化的ベクトルは、時に国家領域内に収斂（しゅうれん）する一方で、予想もしない広大なエリアに広がる可能性を持つ。地域住民の自覚とは別に、他者から名づけられて成立する地域概

念もある。

「地域」とは固定的な地理的境界によって閉ざされたものではなく、その時の政治文化環境や自己認識、他者のまなざしに左右されて、常に流動する「力の磁場」だ、というのが、本講座3部作が編まれた出発点にある。そこでは、国民国家とグローバルな領域との間に出現する、多重な規範の影響に晒（さら）された空間を「中域圏」と名づける。それは、地域認識の可変性が最もビビッドに現れる、「開かれた場」だ。

そのことは、バルカンという言葉の使われ方（第1巻第5章）や、コーカサスでのアイデンティティー表出のありよう（同第6章）、モンゴルに隣接するブリヤート人のモンゴル性への自己認識（第2巻第6章）など、ふんだんな実証例を挙げた各論で、示される。

民族や宗教が点在して複雑怪奇な地域、と考えると、難しさが先にたって関心が遠のくが、それらが複層的かつ動態的に社会を形成するのが、ソ連なき後のスラブ・ユーラシア地域だ。そう考えると、この地域を見ることが楽しくなってくる。国境などなく、大草原を駆け巡っていた、かつてのユーラシアのパワーに思いを馳（は）せるように。

評・酒井啓子（東京外国語大学教授）

『「家庭教育」の隘路（あいろ） 子育てに強迫される母親たち』

本田由紀 著
勁草書房・二一〇〇円
ISBN9784326653331

教育／社会

格差を助長し、葛藤を深めていないか

「国に頼らず、家庭での教育を見直そう」というスローガンは、現代の日本に広く浸透し、子育てに携わる親たちに内面化されつつある。しかし本当に今のままの形で家庭教育を拡充していくことが、母親にとって、日本社会にとってよいことといえるのか。「子育てに強迫される母親たち」という副題を持つこの本は、子育てをめぐる「格差」と「葛藤（かっとう）」の拡大を実証的なデータに基づいて示し、家庭教育への強迫からの解放を提言する。

家庭の経済状況や母親の子育てに関する考え方や日常的な行動が、子どもたちに対する家庭教育の内実に少なからぬ差異をもたらしている。この状況において、「家庭教育の更なる拡充」を喧伝（けんでん）することは、すでに家庭教育への関与に積極的な層とそうでない層との格差拡大を助長することになるのではないか。これが「格差」の側面。

また、家庭教育の過大視は、「家庭か仕事か」という女性の悩みをいっそう先鋭化するとともに、家庭教育の内実（何が「正しい」家庭教育なのか）をめぐる苦悩を深刻なものとする。これが「葛藤」の側面である。

家庭教育の拡充というと聞こえはよいが、それは経済的・文化的な資源と関連した格差を拡大し、実質的に子育ての主体となっている母親たちの葛藤を深めていくのではないか。インタビュー調査とアンケート調査にもとづき——随所に子育てに苦闘する母親たちへの深い共感を折りはさみながら——『「家庭教育」って言うな！ と言うためのちゃんとした根拠」を探究している。

家庭教育を無責任に奨励し、子育てに関（かか）わる困難・課題を母親や家庭に丸投げするのではなく、子どもの教育や社会化を「公共的に家庭外の社会で広く担うものとしてゆくこと」。それは、母親たちを無節操な自己責任言説から救出することにほかならない。子育てに悩んでいる人にも生きがいを感じている人にも（そしてもちろん、直接子育てに関わっていない人にも社会の一員として）ぜひとも読んでほしい一書である。

評・北田暁大（東京大学准教授）

ほんだ・ゆき 64年生まれ。東京大学准教授。『多元化する「能力」と日本社会』など。

二〇〇八年三月三〇日⑤

『免疫学の巨人イェルネ』

トーマス・セデルキスト 著
宮坂昌之 監修　長野敬、太田英彦 訳
医学書院・四八三〇円
ISBN9784260002387
人文

尋常でない科学者の妖しい生き方

これほど不思議な科学者の伝記を読んだのは初めてだ。主役であるニールス・イェルネという人物が尋常じゃない。おまけにこれは「実存的伝記」だなんて。

ノーベル賞学者である免疫学の泰斗イェルネは、伝説的な人物としてつとに名高い。「ニールス・イェルネの聖性と俗性」と題した序文を寄せている同じ免疫学者、多田富雄氏の「近代免疫学の最後の傑出した理論家、預言者、伝道者」との形容が、そのことを雄弁に語っている。

免疫学者イェルネの最大の業績は免疫系のネットワーク理論の提唱とされる。しかし、免疫学の理論は医学・生物学でも極めて難解な領域であり、理解することは最初から放棄するのが無難だ。それでも本書が魅惑的なのは、実験的確証もなしに網の目のような理論を創案したイェルネという人物の妖（あや）しい生き方にある。

日本びいきの視点から言えば、イェルネの最大の功績は、創設に関与し初代所長を務めたバーゼル免疫学研究所で、まったく無名だった利根川進博士に自由に研究をさせ、ノーベル賞に輝いた研究を開花させたことだろう。

ロンドンで生を受けオランダで育ったデンマーク人イェルネは、同郷人である実存哲学者キェルケゴールに心酔し、女性とワインに耽溺（たんでき）し、プルーストを読みふけって時間の迷宮をさ迷う人生を送った。科学者としての本格デビューは40歳を過ぎてから。行く先々で熱狂的な心酔者を得る一方で、家族への義務はほとんど果たさない。

自分にまつわる思春期以後のほとんどすべての資料を保存し、検閲的な介入もしないイェルネは、伝記作家にとっては夢のような存在だった。しかし、イェルネへのインタビューを重ね、膨大な文書庫で格闘するうちに、伝記作家は精神のバランスを崩しかけたという。巨人の実存を描き出すことはかくも難しい。

かつて科学は科学者の生き様を映し出す営為だった。十字架の前で物思う遺影をあしらった秀逸な表紙が、そんな最後のペルソナの光と陰を象徴している。

（原題、Science as autobiography : the troubled life of Niels Jerne）

評・渡辺政隆（サイエンスライター）

Thomas Söderqvist

二〇〇八年三月三〇日⑥

『精神科医はなぜ心を病むのか』

西城有朋 著
PHP研究所・一二六〇円
ISBN9784569655758

『精神疾患は脳の病気か？』

エリオット・S・ヴァレンスタイン 著
功刀浩 監訳　中塚公子 訳
みすず書房・四四一〇円
ISBN9784622073611
人文

「あいまいなことに不寛容」が背景に

私が精神科医になった今から二十数年前には、精神医療そのものが日陰者扱いだった。その後、心の病への社会の関心が急速に高まり、うつ病は「心のカゼ」とまで言われるまでに。しかし診察室にいると、患者さんの中に「カゼなら薬で治りますよね？」という人と「薬だけは絶対にイヤ」という人、極端に違うふたつの考え方があることがわかる。前者を生物学的精神医学派、後者を人間学的精神医学派と呼ぶことができるが、これは精神医学の世界で起きている分裂がそのまま反映されているとも言える。形勢優位なのは、前者の生物学派だ。

今回、取り上げた2冊は、日本の現場からの告発エッセーとアメリカの学者の研究書という一見、まったく違う体裁の本であるが、いずれも言わんとしていることは同じ、「薬物療法にますます傾き、患者の〝人生の問題〟に時間を割けない現在の精神医療は病んでいる」ということだ。ヴァレンスタインの『精神疾患は脳の病気か？』のほうでは、最近、主流になっている「精神疾患は脳の疾患である」という考え方やさまざまな仮説にも大胆にメスを入れ、それが虚構である可能性を次々と指摘していく。なぜそのような事態になっているのか。それは、製薬会社の巨大な圧力が加わっていると著者はいう。

一方、日本の精神科医は、医師の厳しい労働状況や医療費抑制問題もあるとしながらも、精神科医の資質の低さも深刻、と手厳しい。薬物依存者やセクハラ医師も多い、というくだりには素直にはうなずけないが、「まともな精神科医ほど過労うつに」といったくだりには思わず苦笑。

人間の心は複雑なのだから、その病気の原因もひとつには特定できないし、治療には時間もかかる。誰もがそうわかっているはずなのに、早急で経済効率のよい解決を望んでしまう。その背後にあるのは「不確実であいまいなことに対し寛容でない時代」というヴァレンスタインの指摘は、精神医療関係者のみならず多くの人の心に重く響くはずだ。

評・香山リカ（精神科医）

『寺山修司未発表歌集　月蝕書簡』

寺山修司 著　田中未知 編

岩波書店・一八九〇円　ISBN9784000227711

三十代で歌の別れをした寺山修司に、未発表の歌集があった――。塚本邦雄・岡井隆とかれを中軸に、前衛短歌運動を推進し、後世にかれを伝えるため『寺山修司・遊戯の人』を書いた評者にとって、これは驚きであり、詩歌にかかわる多くの人びとにとっても、ひとつの事件だといえよう。

生前の寺山がひそかに短歌を作っていたことはよく知られており、その成果が期待されてもいた。だが、ついに発表されぬままで終わったからである。

一頁（ページ）一首組みで一八八首選ばれた内容は多彩で、父と母や老年をうたった秀歌が光る。しかし、佐佐木幸綱が解説で指摘しているように既視感のある歌が多く、寺山らしからぬ定型から外れた作品も散見する。なによりも、寺山修司独特の新しい文体（スタイル）や、かつてと異なる世界が提示されてはいない。

後期の天井桟敷には、あえて半世界を描き、残りの半分を観客の想像力にゆだねる芝居があった。同様にこれは、冥界の寺山と田中未知とのコラボレーションの産物ではないか。温存していた歌稿ノートを、没後四半世紀に公刊した理由もわかる気がする。ただ寺山研究の貴重な資料だけに、各作品の成立の背景を詳細に記してほしかった。

評・杉山正樹（文芸評論家）

『文学鶴亀』

武藤康史 著

国書刊行会・二三一〇円
ISBN9784336049919

広く「年譜のおじさん」として知られる文芸評論家が、ここ20年ほどのあいだに新聞雑誌に発表したコラム集。世に蔵書家、愛読家は少なくないが、彼が唯一無二なのは、敬愛する文学者の人生や作品をくまなく調べ上げ、たちまち詳細な伝記兼書誌目録を作り上げてしまうことだ。

だが本書からうかがわれるのは、必ずしも伝統的なビブリオマニアにとどまらず、映画や朗読ＣＤまでをも対象に粋な論評を加える、一流のメディアジャーナリストとしての顔である。書名のゆえんである里見弴から始まり、久保田万太郎や吉田健一、大西巨人に紅野敏郎、そして劇作家・平田オリザへ続くそうそうたる並びのなかで、田中康夫を現代の花柳小説家と喝破してみせる慧眼（けいがん）。俵万智や安東美保といった歌人たちを評価し、矢田津世子が女性作家であるがゆえに受けた仕打ちを抉（えぐ）り、その文脈でアメリカ作家ゼルダ・フィッツジェラルドやシリ・ハストヴェット（ポール・オースターの妻）の位置をも考察していく、洞察に満ちた筆致。読者はまずまちがいなく、批評が文学への愛であることを実感し、それをいとも典雅な日本語で読めることの幸福感に包まれることだろう。

評・巽孝之（慶應大学教授）

二〇〇八年三月三〇日⑨

『イギリス炭鉱写真絵はがき』

文芸

乾由紀子 著
京都大学学術出版会・三五七〇円
ISBN9784876987337

絵はがきが好きで、あちこちで買っているうちに相当な枚数がたまっている。知人が旅先などからくれた絵はがきも、大事に取ってある。もっとも、それらはみな、風光明媚（ふうこうめいび）な名所や名画のたぐいだ。さて、「イギリス炭鉱写真絵はがき」とは、どんなものだろう？

本書の著者は、日本の炭鉱を研究していた時に炭鉱写真と出会い、その後イギリスの炭鉱を題材にした写真絵はがきの存在を知ったという。イギリスでは古い絵はがきの収集家が多く、炭鉱絵はがきのコレクターも多いそうだ。こうした炭鉱絵はがきは、炭鉱から炭鉱へと渡り歩いた炭鉱労働者たちが、旧友や親類に新しい職場の様子を知らせるために送ったものも多い。現在のように誰もがカメラを持ち、簡単に写真が撮れる時代ではなかったということもあるが、ちょっとした文章を書いてそのまま送れる絵はがきという媒体の性格ゆえだろう。

絵はがき以外にも、写真が普及していく過程に登場した他の写真メディアも言及されており、原物そのままの映像のミニチュアを私有するという、今では当たり前のことの精神的意味を改めて思った。実物の口絵も掲載されていて、見ているだけでも楽しい。

評・常田景子（翻訳家）

二〇〇八年三月三〇日⑩

『マガジンハウスを創った男　岩堀喜之助』

ノンフィクション・評伝

新井恵美子 著
出版ニュース社・一五七五円
ISBN9784785201296

美空ひばりを売り出したスターの雑誌である「平凡」は、1952年末には100万部を超えた。しかしその創業者の岩堀喜之助は、雑誌社の社長の枠には納まりきらない人だった。彼は地方や都会の底辺で働いている「平凡」の若い読者を、レクリエーションの団体である平凡友の会に組織して、さらに全国各地にレクリエーションのセンターまで作ろうとした。

岩堀のこうした発想は、娯楽を通して大衆を動かしていく、彼の戦時中の国家宣伝の経験から生まれたように思える。敗戦直後の「平凡」の創刊スタッフは、岩堀がかつて勤務した陸軍の対中国人向けの宣伝部隊や大政翼賛会宣伝部の時代の同僚が主力であった。しかし社員にも読者にも家族のような結びつきを求めた彼のもくろみは、「平凡」が巨大なメディアに成長し雑誌編集のプロが育つにつれ、社内での彼の孤立化をもたらしていく。

岩堀の生涯は奇妙なエピソードに満ちている。彼は大雑誌社の社長になっても底辺で働く読者を意識してか、用務員同様の格好をしていたという。多くの挿話を通じて、無鉄砲にも見える行動力の人だった岩堀の、夢と孤独を描いた本といえよう。

評・赤澤史朗（立命館大学教授）

二〇〇八年四月六日❶

『完全恋愛』

文芸

牧薩次 著
マガジンハウス・一八九〇円
ISBN9784838717675／9784094085952（小学館文庫）

恋愛の痛みと推理の歓びがピタリと

他者にその存在さえ知られない罪を／完全犯罪と呼ぶ／では／他者にその存在さえ知られない恋は／完全恋愛と呼ばれるべきか？——こんな挑発文で始まる本書の著者は「牧薩次」。1970年代にジュブナイル・ミステリーを読みあさった者にとって、彼の名はいつまでも瑞々（みずみず）しい輝きに満ちている。『仮題・中学殺人事件』にはじまる名探偵コンビのひとり「ポテト」こと牧薩次はミステリー作家志望で、なんと自分の名前を入れ替えて「辻真先」なるペンネームまでつくってしまうほどの人物。そう、このシリーズは当時アニメ脚本家としても大活躍していた辻真先が、初めて本格的に放った才気煥発（かんぱつ）の傑作ミステリーだった。

本書の末尾に記されているように、これは辻真先が初めて牧薩次の名で著した長編である。辻は執筆しながら強い手応えを感じたに違いない。そこで持ち前の稚気で本書を長年の分身に贈ったのだろう。辻は本書と同時期にコンパクトな『ぼくたちのアニメ史』も刊行しており、そちらが辻にとってアニメ史の決算なら、本書はミステリー作家としてひとりの一生を振り返った壮大な犯罪叙事詩だ。

主人公の究(きわむ)は少年時代に画家の娘・朋音(ともね)と出会い、恋心を抱く。終戦後、朋音をかばって犯罪の隠蔽(いんぺい)をした究は、富豪のもとへ嫁いだ朋音とその娘を陰から慕い続ける。しかしやがて朋音は亡くなり、その娘も不可解な密室事件で命を落とす。画壇の巨匠へと上りつめた究は、愛する者を奪われた哀(かな)しみから復讐(ふくしゅう)の完全犯罪へと向かってゆく。

究は辻とほぼ同年齢であり、彼の生涯はそのまま辻の生きた昭和から平成の時代に重なってくる。前半は巧みな情景描写と大河小説的な展開で読者を惹(ひ)きつけるが、昭和40年代に入れば「夕刊サン」やスナック「蟻巣(ありす)」など辻ファンにはおなじみの固有名詞が登場し、究もマンガや映画を語るようになる。そして平成に入り、ついに牧薩次が現れる。

後半まで読み進んで、主人公は本当に完全恋愛を達成できるのか、と不安に駆られた。しかしラストシーンで鮮やかな完全恋愛が完遂された瞬間、快哉(かいさい)を叫んだ。恋愛の痛みとミステリーの歓(よろこ)びがぴたりと重なり合う。こんな感覚をいままで体験したことがあっただろうか？　そしてこれほどの厚みを湛(たた)えた本格ミステリー・恋愛小説を、かつて中学生だったあの「ポテト」が書いたのだと思うと、年月の流れを実感して胸が熱くなってくる。

それにしても、辻真先は生涯をかけて完全恋愛ならぬ「完全娯楽」をもくろんでいるのではないか。11年前、「ぼくのミステリーにも、ぼつぼつ幕の下りる時間が近づいたような気がいたします」(『本格・結婚殺人事件』あとがき)と書いたことを払拭(ふっしょく)するこの力作を得て、ふたたび『あじあ号、吼(ほ)えろ！』などの近作を手に取ろうとする読者も増えることだろう。こうなると、辻は最後の最後までしかけてくるのでは、と思いたくなる。史上最高の「完全娯楽」を同時代の読者として目撃できることを心から歓びたい。そしていまなお辻真先は現役であり、歓びはまだ続くのだ。

評・瀬名秀明(作家・東北大学機械系特任教授)

まき・さつじ　32年生まれ。辻真先(つじ・まさき)とも。アニメ脚本家、作家。著書に『アリスの国の殺人』など。

歴史／政治

『江戸の知識から明治の政治へ』

松田宏一郎 著

ぺりかん社・五〇四〇円
ISBN9784831511980

西洋思想をどう統治にいかしたか

福沢諭吉は、明治10年、「事物の改革」について、「あらざる可(べか)らずの法を施すには、先(ま)づ其(その)既にある有様(ありさま)を知ること緊要なり」と記した。西洋に学んだ啓蒙(けいもう)思想家福沢にして、「既にある有様」を知ることの大切さを説く。

政治思想史研究者の著者は諭吉の言に端的に示される、徳川体制から明治新政府の確立の過程における政治思想の連続と転回を、西洋政治思想の受容を参照しつつ論じる。

朱子学者佐久間象山は、蘭(らん)学を学び、開国論者、勝海舟・吉田松陰の師として著名である。象山の言葉に「東洋道徳、西洋芸術」がある。これは、「儒学＝形而(けいじ)上」と「西洋科学＝形而下」との折衷主義、実践的道徳と科学技術の併存の提唱ではない。象山は、朱子学が「泰西物理の学」との邂逅(かいこう)により、知の動揺を経て、道徳と科学を視野に収める知の方法、統治の実学として確立されることを提言した。

福沢諭吉は、19世紀の西洋の思想作品に触発され、それらの提示する概念を日本社会の経験、すなわち「既にある有様」から抽出される概念の構成に利用した。例えば、諭吉が「政権＝ガヴァメント」と「治権＝アドミニストレーション」の概念を述べるとき、それらは政策決定権と行政実務の区分のように見える。しかしそうではない。これらは「政府の職分＝国権」と「国民の職分＝民権」の接する領域を論じるために提示されている。

明治政府は「公務」の外に、「睡眠」「麻痺（まひ）」状態の人民を導く「私務」ともいうべき「職分」を担わざるを得なかった。政府の「私務」とは、人民が自前で担うべき「職分」を「先覚」たる政府が指導せざるを得ないことを示す。同時にこれは、公権力と社会が対抗し相補う中における知的エリートの位置の問題なのだ。日本の現実に即して、日本に適用可能な政治思想体系を構築しようとする諭吉の試みであった。

統治エリートが、いかなる「日本」「亜細亜（アジア）」を考え、「既にある有様」を創（つく）りだしたのかが次のテーマとなる。

評・石上英一（東京大学教授）

まつだ・こういちろう　61年生まれ。立教大法学部教授（日本政治思想史）。

二〇〇八年四月六日③

『3年で辞めた若者はどこへ行ったのか　アウトサイダーの時代』

城繁幸 著

ちくま新書・七五六円
ISBN9784480064141

人文

組織の論理から独立した個人の行方

この本はある意味で〝右からも左からも批判される〟書物である。保守派からは「組織の秩序をこわす」、旧来型左派からは「競争主義的である」といった理由で。しかし本書はそうした批判を超えた内容を多く含む書物である。

本書はベストセラーとなった『若者はなぜ3年で辞めるのか？』の続編だが、タイトルは「3年で辞めた」若者がその後どういう道を歩むことになったかという文字通りの意味とともに、前作で著者が徹底して批判した「昭和的価値観」の先に開かれる、新たな展望を論じた内容であることを示すものだ。

全体を通じての著者の主張の基本線は、組織や集団の論理からの「個人の独立」といえるだろう。本書の前半では外資系やIT業界、MBA留学といった話題が取り上げられるので、ビジネス系の〝サクセス・ストーリー〟志向の内容かという印象を一瞬与えるが、中盤から「独立」の内容は大きく多様化し、バーテンダー、出家僧、フリーター雑誌、NPO等々といった事例が具体的な形で論じられるとともに、「スローワーク」的な価値観にも理解が示される。そして著者の結論は、「構造改革の本質とは、新たな利益の再分配モデルを作り出すこと」「『労働者が適正な報酬を得られるシステム』を確立し、次世代をにらんだ利益配分システムを作り出すこと」に収斂（しゅうれん）する。

「最近の若者」が、一般に論じられているよりもはるかに「優秀」であり、「それ以前の世代よりはずっと努力している」という指摘を含め、著者の議論には共鳴できる部分が多い。

結局、日本社会にとっての課題は、①〝ウチ〟と〝ソト〟を明確に区分するような農村型の関係性や行動様式から脱却し、集団を超えたつながりや規範原理を築いていくこと、②制度改革のための具体的な政策やビジョンを提示していくこと、に集約されるだろう。一部の言及を除き、著者の視野の中にヨーロッパの社会モデルがほとんど入っていないのが残念だが、今後の日本社会のあり方をめぐる議論を喚起するに十分な内容をもった本である。

評・広井良典（千葉大学教授）

じょう・しげゆき　73年生まれ。人事コンサルティング「Joe's Labo」代表。

二〇〇八年四月六日④

『世界史をどう教えるか　歴史学の進展と教科書』
神奈川県高等学校教科研究会社会科部会歴史分科会 編　小林克則、早川英昭 監修
山川出版社・一八九〇円
ISBN9784634640320
歴史／教育

歴史像を変えるための良き指南書

戦後の日本においてごく最近まで、世界史は、大学などの歴史研究者よりも、高等学校などで世界史を教える現場の先生たちの地道な努力によって支えられてきたと言って、過言ではない。

その現場にいる神奈川県の先生たちの危機意識から本書は生まれている。「日進月歩の歴史学研究の進展」の中で、「私たちの認識は、ややもすると自分たちが習った時代のまま」なのではないかと。確かに、80年代以来、歴史研究の変化は著しいものがある。本書は、60～70年代の世界史教科書と比較しつつ「この三十年ほどの歴史研究の進展」をどのように把握して、それを生徒に教えるかを考える10本の論考からなっている。

以前の世界史教科書では、ヨーロッパを中心とした視点から、古代—中世—近代へと段階的に発展する各国史が集められて世界史とされていたが、現在はどうなのか。

まず、ヨーロッパ中心の歴史の見方や概念が各地域の歴史に即して修正されている。たとえば、インドのカースト制度もイギリスが作りあげたものであると。また、ヨーロッパなり中国なりを、輪郭の明確な歴史的単位としてではなく、まわりの世界との交流の中で展開するものと見るようになっている。そして、「海の道」や「イスラーム・ネットワーク」といった観点から、ヨーロッパ、アフリカ、中東、南アジア、東南アジア、東アジア、そして日本など諸地域を関連付けて考える方向が示されているのだと言う。

歴史研究の変化を大きく見た場合、確かにそうである。歴史の専門的研究者よりも、歴史教育者のほうが、大局的に世界史を理解しているのではなかろうか。表現上の工夫が欲しい点も見られるが、本書は全国の世界史教育者へのメッセージである。だがさらに、歴史研究者にたいしても、そのテーマを常に広い世界の中で考え直す必要があるというメッセージを発し、世界史研究者と教育者の交流の促進を訴えている。そしてなによりも、本書は、われわれ読者にとって、歴史像を変えるための良き指南書なのである。

評・南塚信吾（法政大学教授）

松木謙一、古川寛紀、石橋功ら10人で執筆。

二〇〇八年四月六日⑤

『イスラームの人間観・世界観　宗教思想の深淵へ』
塩尻和子 著
筑波大学出版会・二九四〇円
ISBN9784904074046
人文

思想家の苦闘をたどり、共存を説く

イスラームは14世紀にわたる文明の歴史を持ち、その間に多様な宗教思想を展開してきた。昨今は、政治や紛争にかかわるニュースに関心が集まるが、言うまでもなく、それはイスラームのごく一部分の話題に過ぎない。

ところが、もっと基本的な人間観や世界観、自然観はどうなっているのだろうかと思うと、意外に手頃な入門書が少ない。本書は、やや専門性が高いものの、イスラーム神学を専門とする著者が、原典を読みながらイスラームの根本を論じてきた成果をまとめた好著となっている。

神学はアラビア語でカラームと呼ばれるが、これはもともと議論を意味する。思想家たちがあれこれ自説を立て、論争し、解釈を競う学問である。著者は、イスラーム神学の形成期であった西暦8～12世紀ごろの主要な学派について、重要な思想家たちを取り上げながら、イスラームの倫理観や世界観の構造を明らかにしていく。

たとえば、理性主義の学派がどのように厳

しい倫理観を打ち立てたか、宿命的運命論と人間の自由意思という矛盾をめぐっていかなる論議があったか、神が不断に創造を更新し続けるという原子論的宇宙論など、イスラーム神学が格闘した難問が紹介されている。

その一方、イスラームがユダヤ教、キリスト教と兄弟宗教である点に着目して、3者の比較や相関からイスラームが論じられている。さらに、古典期のイスラーム神学者たちが、公正な目でキリスト教を理解していたことなどを紹介し、現代においても三つの宗教が協働すべきことを訴えている。

著者は古典を研究しながらも、現代の宗教状況に対して強い問題意識を持ち、宗教共存の立場から発言を続けてきた。夫の仕事のため30代の終わりになってからようやく学究生活に入ったというが、それまでに現代の中東社会をじっくり見る機会を得たことがプラスとなったと思われる。時代を超える議論には、本来危うさもつきまとうが、本書の立論は非常にバランスが取れている。

評・小杉泰（京都大学教授）

しおじり・かずこ　筑波大特任教授。著書に『イスラームを学ぼう』ほか。

二〇〇八年四月六日❻

『ボローニャ紀行』

井上ひさし著

文芸春秋・一二五〇円

ISBN9784163690902／9784167111281（文春文庫）文芸

理屈抜き、つい、つい、行きたくなる

かつて「ローマの休日」という映画があった。オードリー・ヘプバーンを一躍銀幕の大スターにおしあげた名作であったが、それとはべつに、

――ローマの観光案内として関係者にはこたえられないだろうな――

と思った。あの映画によりローマ旅行の夢を膨らませた人は多かったろう。

『ボローニャ紀行』を十数ページ読んで同じ思いを抱いた。手法はもちろん映画と異なるが、とにかくおもしろい。

〝長靴型の半島は男の脚か女の脚か〟と問いかけたり、腕ききの泥棒に襲われたり、脚よりアタマに話題が集まるサッカーの名選手フランチェスコ・トッティについて秀逸なジョークを紹介したり、ついでに中田英寿選手への思いを伝えたり、まことに多彩で、技が冴（さ）えている。

著者は30年このかたボローニャへの敬愛を抱き続け、それだけに知識の深さは半端ではない。

なぜそんなに好きなのか。読み進むにつれ、この都市の歴史、特異性、演劇への関心の深さ、その背後に潜む〝みんなで住みよい街を作っていく〟という精神が例示されていく。ボローニャ方言で語られ歌われる笑劇が、いつのまにか〝アメリカのグローバリゼーションに対抗するには地元の（小さな街々の）文化しかない〟という主題を明らかにしていく。

ボローニャはナチスと戦い、市民の手で解放を勝ちえた、という輝かしい歴史を持つ都市だ。その後の民生にはボローニャ方式と呼ばれる筋金入りの理念が作用していたらしい。一に家族、二に友だち、三にわが街、なにかと言えば、志を持つ者が集まって協同組合を作り、みんなで難問を解決していく。それがなぜか、この都市ではしなやかに実現されていく。女性の役割を重んじ、保育所を充実させ、職人の技を誇り、街の歴史的景観を見捨てない。

地方の町づくりをどう考えるか、しかつめらしい理屈ではなく、著者のユーモアと確かな筆致が読む者を楽しませてくれる。つい、つい、ボローニャへ行きたくなってしまう。

評・阿刀田高（作家）

いのうえ・ひさし　34年生まれ。作家、劇作家。小説に『吉里吉里人』ほか。

『ヘミングウェイの酒』

オキ・シロー 著　河出書房新社・一六八〇円　文芸

ISBN9784309018430

ＡＮＡで旅をすると、投宿してまず、ホテルのバーに飛び込んで一杯、という気分になることが多い。なぜだろうと思って考えてみたら、機内誌「翼の王国」に連載されていた「フライト・カクテル・ストーリー」という、酒にまつわる短編小説を読むからだと気がついた。オトナの恋の甘くほろにがい味を、カクテルに重ね合わせるしゃれた小品群である。

その作者による本書『ヘミングウェイの酒』は、著者が一途に憧憬（しょうけい）を捧（ささ）げるヘミングウェイの作品と、ゆかりの酒を語りつつ、男の生き方をそのグラス越しに考察してみたという作りのエッセーだ。

フローズン・ダイキリ、モヒート、ブラディ・メアリ、ビターズを垂らしたジン・トニック、椰子（やし）の果汁をソーダ代わりにするトム・コリンズ……個性ある酒の数々が、ヘミングウェイの人生の、その時々の状況にぴたりとはまる脇役、いや陰の主役となる。本当にそうなのか、著者の絶妙の語り口でそう思わされてしまうのか、酒場で洒脱（しゃだつ）な老紳士の話を聞くような気持ちで読んでみたい。決して重くないが、しかしさらりと人生の機微が語られる。時に同じ話が繰り返されたりするのもまた味である。厚み、印刷の色、おなじみ唐仁原教久の挿絵、ほろ酔いで読むことを想定した本の作りがまた憎い。

評・唐沢俊一（作家）

『ミラノ　朝のバールで』

宮本映子 著　文芸春秋・一四五〇円　文芸

ISBN9784163699400

著者は10歳の誕生日に贈られた写真集でイタリアに魅せられ、「ウエートレス募集」の広告に応じて、24歳で渡伊。ミラノの日本料理店で働いていたときにイタリア人のカメリエレ（給仕人）と結婚、2児を出産した。育児のかたわら、今では2軒のレストランを経営する夫を手伝う。

本書は、20年以上イタリアで暮らす著者初のエッセー。友人らとの印象的な触れあいもあるが、義父の豪快で温かいイタリア人気質が圧巻。スーパーに並ぶ食料品の袋を破り試食させる。驚きながらもほおばり、むせた著者に「息子の嫁になる人が、あんたのような人でよかった」の一言。また「人生なんてブリオッシュだよ」と、おいしくて、すぐに食べ終わってしまう甘いパンになぞらえて、俗事を達観するすべを暗に教える。

もっとも、イタリア人のいい加減さにあきれることもたびたびだ。テレビニュースさえ定刻に始まらず、駅員は電車の発車ホームを把握しない。著者は文句を言いながらも、生活を楽しむ天才らとの日々に「イタリアは私の期待を裏切らなかった」。今朝も著者は夫君と、バール（日本のカフェに近い食堂）での朝の1杯を味わっただろう。明るいのにどこか物悲しい不思議な余韻に魅了される。

評・多賀幹子（フリージャーナリスト）

『ピタゴラスの定理　4000年の歴史』

エリ・マオール 著　伊理由美 訳　岩波書店・二九四〇円　科学・生物

ISBN9784000058780

「2」の魔力に圧倒される。そんな一冊だ。ただの2ではない。ＫＹＯＮ（キョン）の右肩に乗れば小泉今日子に化ける「2乗」の2である。

直角三角形の斜辺の2乗はほかの2辺の2乗を足し合わせたものに等しい。このピタゴラスの定理が、古代から現代へ脈々と流れる数理の通奏低音であることがわかる。

自然数の世界をみると、このピタゴラスふうの関係は3乗や4乗などで成り立たない。2乗は格が違うのだ。そのことを示したのが、あのフェルマーの最終定理だった。

ピタゴラスの定理は、近現代の科学を支える土台となった。なんと言っても、二つの点の距離を求めるときのツールになる。アインシュタインの特殊相対論が描く時空でも、2乗したものを足し合わせる式がものを言う。

あえて弱みを探せば、球面の上などでは通用しないことだ。だから、これを宇宙に発信して地球外生物の返事を待つのは、必ずしも得策とはいえない。

小さな天体に住む生き物は、足もとの大地がまるく曲がっていて「その幾何にはピタゴラスの定理は出てこないかもしれない」。

だが、球面の幾何ですら、2乗は顔をのぞかせる。ピタゴラスがえらいのか、それとも「2」がえらいのか。

評・尾関章（本社論説委員）

『理性の奪還　もうひとつの「不都合な真実」』

アル・ゴア著　竹林卓訳
ランダムハウス講談社・一八九〇円
ISBN9784270003039

ノンフィクション・評伝

恐怖を悪用した政権への痛烈な批判

著者はアメリカ合衆国元副大統領、2000年の民主党大統領候補、そしてノーベル平和賞受賞者である。前著『不都合な真実』で地球温暖化に警鐘を鳴らし、本書ではアメリカ政治の現状を告発する。色々な読み方が可能だが、ここでは三つの視点を紹介する。

第一の側面はブッシュ政権に対する痛烈な批判である。とくに政権が事実を捻(ね)じ曲げてイラク戦争に突進し、「テロとの戦争」の名目で個人の自由をさまざまな形で侵害してきた点を容赦なく批判する。「明らかに現ブッシュ政権は、政治プロセスを操作するために恐怖を悪用したのだ」

しかしこうした現象を民主主義に対する脅威という、より大きな文脈でとらえる。著者が強調するのは、特殊利益から大量の政治資金を調達した団体や候補者が流すテレビ広告が、いかに大きくアメリカの政治を歪曲(わいきょく)しているかである。30秒のテレビ広告こそが科学に対する、そして何より「理性に対する攻撃」(本書の原題)なのだとゴアは主張する。

そして、民主主義を奪還し、再活性化するための方法として、インターネットの重要性を強調する。著者によれば、インターネットがテレビと大きく異なる点は、政治資金のある側から一方的に情報が流されるのではなく、個人が自分の意見を容易に公開できることである。それは、思想の新たな自由市場を提供する。市民が確実にインターネットで結ばれていることが極めて重要であるのは、このためである。これが本書の第二の、そしてより普遍的重要性をもつ論点である。ちなみにインターネットの普及は環境問題と並び、著者が好んで「クリントン＝ゴア政権」と呼ぶ政権の副大統領として熱心に取り組んできた政策でもあった(と著者は少し自慢する)。

さらに本書では、例えばブッシュ政権の大型減税について「国民の財産を奪い、それを富裕な特権階級に可能な限りあてがおうとするアメリカ史上例のない過激なもの」と断ずる。ブッシュ大統領の政策は彼の右翼的なイデオロギーに基づくものであり、経済的保守派、外交タカ派、そして宗教的保守派によって支持されるものだ、というのである。しかしながら、税金の水準については多くの国において、小さな政府と大きな政府の思想の間で論争が続いており、どちらかが絶対的真実を独占するとは言い難い。本書は完全に民主党の立場に立つもので、党派的な性格が強い。これが第三の視点である。すなわち本書から、アメリカ政治における激しい政党対立の現実を見てとることもできる。

周知のように、本年の民主党の大統領公認候補選びでは、オバマ、クリントン両上院議員の熾烈(しれつ)な争いが続いている。著者が仲裁に乗り出す可能性も指摘されており、またオバマ候補は著者を閣僚に迎えたい旨を発言した。どうも著者はまだ現実政治からそれほど超然としているわけではなさそうだ。ただし、オバマ候補が乗り越えようとしているのは、まさに右で指摘した熾烈な政党対立であることにも留意する必要がある。

(原題、The Assault on Reason)

評・久保文明(東京大学教授)

Al Gore　48年生まれ。ビル・クリントン政権の副大統領。07年、ノーベル平和賞を受賞。

『イヴァン・ツァンカル作品選』

イヴァン・ツァンカル 著
イヴァン・ゴドレール、佐々木とも子 訳
鈴木啓世 挿画
成文社・一六八〇円
ISBN9784915730658
文芸

強靱な意志力で求め続けた「正義」

イヴァン・ツァンカルは19世紀末から20世紀初頭に生きた、中欧の国スロヴェニアの作家である。本書には掌編と長編が一つずつ収録されたが、長編「使用人イェルネイと彼の正義」は日本語では初めての翻訳出版であり、ツァンカルという作家が日本で本格的に紹介される最初の機会ではないかと思われる。

本書の一番の特色は画家を起用しての本作りだろう。170ページ余の本には20枚を超える数の挿絵が載せられている。一般に挿絵は読者のイメージを限定する危険があり、嫌われることが多い。けれども本書の作り手たちは、あえて訳文と挿絵の協働でもって作品世界を再現―再創造し、読者の想像力に働きかけようと企(たくら)んだ。その狙いは平明な訳文が醸し出す童話的な雰囲気のおかげもあって、成功している。

もっとも物語の中身は、童話がときに残酷な内容を含むのだとしても、童話的というのにはほど遠い。長年主人の下で働いたイェルネイは若主人から追放される。畑も家も自分が働いて作ったものなのに、なぜ追い出されねばならぬのか。イェルネイは正義を求めて放浪する。村長に会い、町の裁判所を訪れ、最後にはウィーンの都に出て皇帝に問おうとする。だが、行く先々でイェルネイは嘲弄(ちょうろう)され、年寄りは主人に慈悲を請うて家に置いてもらうべきだと諭(さと)される。正義とは、所有する人間、支配する人間にとってのみ正義にすぎないのだと、リアルな認識を語る者にも会う。

だが、イェルネイは納得しない。真の正義を求め、ついには神に向かって正義はどこにあるのかと問う。このあたり、旧約聖書「ヨブ記」の反響が聴き取れるだろう。しかし「ヨブ記」とは違い、和解は与えられることなく、イェルネイは村に火を放ち、劫火(ごうか)のなかで虐殺される。

陰惨な話ではあるが、読後感は必ずしも暗くはなく、むしろ正義を求めてやまぬ主人公の強靱(きょうじん)な意志力が印象に残る。なにより、一編を通じて、「正義」という日本語が、より広い場所へと解き放たれた感覚が得られるのは、翻訳というものの一番の功徳だろう。

評・奥泉光(作家)

Ivan Cankar

『友だち地獄 「空気を読む」世代のサバイバル』

土井隆義 著
ちくま新書・七五六円
ISBN9784480064165
社会/ノンフィクション・評伝

「優しい関係」づくりに囚われ続けて

いじめ、引きこもり、リストカット、ケータイ依存。私たち大人はその非社会性に眉をひそめ、異質な存在として若者世代を批判する。あげく、若者たちのコミュニケーション能力や規範意識の欠如に原因を求めて教育改革の柱に据える。この本は、ドラマ、ウェブ日記、歌詞やケータイ小説などを素材として、若者の行動が時代の社会状況に「正常に」適応した帰結であることを主張する企てである。

貫流するキーワードは「優しい関係」。彼らは、互いの対立の回避を最優先課題として高度な人間関係能力を駆使する。対立点をあらわにしないための繊細な気配りが大人の目には人間関係の希薄化と映る。ノリの悪いKYさん(空気が読めない人)は、優しい関係の維持にとって大きな脅威であるがゆえに、忌避される。優しい関係は息苦しい。だからといってそこから撤退すれば、自己肯定感を支える基盤を失ってしまう。

私たちの世代のメンタリティーは、たとえ孤立しようとも我が道を行く人間像を貴んできた。だからKYという流行語にも生理的嫌悪を覚える。80年代以降教育界で目指された個性化教育は、若年世代に規範を押しつけて管理するのではなく、自ら進路を選び取る能力を備えたジャイロスコープ型人間像を掲げた。個性化教育は皮肉にも、自律的人間ではなく、人間関係に敏感なレーダー型人間を量産したと土井さんは分析する。

　私たちの世代は反抗の対象――親世代が作り上げた既成秩序――を持ち得た世代だった。ところが親となった私たちは、次世代にとって、対抗すべき毅然（きぜん）たる行動を失った人々と映る。私たちの人生自体が、そして維持している社会システムが、懐疑に満ちた存在にほかならないからである。対抗すべき対象を失った世代には、自律を渇望する契機と、同時に、純な自分を確認する場が乏しい。

　本書は、大人文化に対抗することすらかなわずに優しい関係の中に囚（とら）われ続ける若者たちの陰が、大人世代の抱える人生の陰によって産み落とされたものであることを教えている。

評・耳塚寛明（お茶の水女子大学教授）

どい・たかよし　60年生まれ。筑波大大学院教授。『〈非行少年〉の消滅』など。

二〇〇八年四月一三日④

『中国　危うい超大国』

スーザン・L・シャーク 著　徳川家広 訳

NHK出版・二六二五円
ISBN9784140812846

ノンフィクション・評伝／国際

権力の正統性に不安を抱く指導者

　台頭する中国をいかに理解するか、世界にどのようなインパクトを及ぼすかという問題は、ここ十数年来誰もが大きな関心を寄せ続けてきた。著者は1980年代に専門家として頭角を現し、90年代後半にクリントン政権の国務次官補代理として対中政策に直接かかわってきた中国研究の重鎮である。評者も幾度か直接意見交換をしたことがあるが、豊富な情報と明晰（めいせき）な分析力による彼女の指摘には説得力があった。

　本書もこうした彼女の本領がいかんなく発揮され、「中国を知る」ための大量の情報がうまく埋め込まれ、同時に「中国を理解する」ための著者の切り込みが新鮮であった。特に興味深かったのは以下の3点である。

　①中国の「危うさ」である腐敗、格差、環境破壊、大衆騒乱などは今日広く知られ、本書でも具体的に紹介されているが、問題はむしろ指導者たちが自らの権力の正統性、党体制の存続に異常なほどの不安と恐怖を抱いていること、そのために軍依存を強め、また世論による非理性的なナショナリズムを阻止できない点にある。②近年多国間外交、周辺外交、新安全保障観を強調し、「責任ある大国」を大いに意識するようになった。が、特に日中、中台、米中の関係は国民感情が絡み中国外交の最難題となっている。3者と中国の関係は「対米関係は面子（メンツ）と国益の問題、対日関係は愛国心の問題、台湾（独立）は共産党体制にとって死活の問題」と特徴付け、それぞれ1章ずつを設けて深い分析を行っている。最後に③民主化を経ないでも難局から脱する方策として、攻撃的なナショナリズムから友好的なそれへの転換、改革の受益者である地方幹部と民間経済人の外交政策決定への参与、軍への文民統制の強化、党のマスコミ統制の緩和などを指摘しており説得力がある。

　ただし日中関係は「強い日本と強い中国」のにらみ合った現状からやがて、中国の強大さが明確になれば日中は良好になるとの中国人の言葉を紹介するにとどめている。日中理解の難しさの故か。

（原題、China-Fragile Superpower）

評・天児慧（早稲田大学教授）

Susan L. Shirk　カリフォルニア大サンディエゴ校大学院教授。

二〇〇八年四月一三日⑤

『戦場から生きのびて　ぼくは少年兵士だった』

イシメール・ベア 著　忠平美幸 訳

河出書房新社・一六八〇円
ISBN9784309204864　ノンフィクション・評伝／国際

「敵だから殺す」と自分に言いきかせ

ラップ大好きな少年が、音楽大会に出るため町に出かけた。ところが一帯は反政府ゲリラに襲撃される。家に戻ろうとしたが、あたりは死体だらけで家族の生死も分からない。どうすればいいんだろう。少年はあてもなく歩きはじめる。

西アフリカ・シエラレオネで93年、12歳のイシメールに実際に起きた事件である。

食べものを盗み、野宿しながら、やっと政府軍のいる村にたどりつく。しかしそこもゲリラに囲まれた。少年は自動小銃を渡される。お前の家族を殺した連中だ、やつらを皆殺しにしろ！

最初は引き金を引けなかった。しかし、1人を殺すとあとは平気になった。

目の前で人間の頭に穴があき、血が噴き出す。捕まえた敵ののどに銃剣を突き刺し、「鋸（のこぎり）刃を当てて回しながら」かき切る。敵だから殺さなければいけないんだ、と自分にいいきかせつつ。

この数年、子ども兵関連の本が相次いで出版された。しかし子ども兵本人が書いた本はこれが初めてだ。崩壊した国家で子どもたちに何が起きていたのか。その現実が本人の口から生々しく語られる。

私も数年前、シエラレオネで元子ども兵の取材をしたことがある。

ある少女は11歳の朝、登校した校門でゲリラに拉致され、兵士にされた。命令で、捕まった住民3人を目の前で射殺する。そうしなければ自分が殺されていたから。

イシメールに起きたことは、この国の子どもたちにはごくふつうに起きていたことなのである。

その後、イシメールはシエラレオネを脱出し、NGOのつてで米国に渡る。彼らの支援で大学に行き、この本を書いた。

記述は具体的だ。物語の展開にリズム感があり、読者はぐいぐいひきこまれる。大変なストーリーテラーの才能である。

こうした才能のある子どもたちの多くが兵士として殺され、または人を殺した悪夢から立ち直れないでいるのだろう。そんなことを思ってしまう本でもある。

（原題、A Long Way Gone : Memoirs of a Boy Soldier）

評・松本仁一（ジャーナリスト）

Ishmael Beah　80年生まれ。国際人権NGOで活躍中。

二〇〇八年四月一三日⑦

『小松左京自伝　実存を求めて』

小松左京 著

日本経済新聞出版社・二六二五円
ISBN9784532166533　ノンフィクション・評伝

小松左京の未完の長編『虚無回廊』には「人工知能」ならぬ「人工実存」が登場する。彼らが宇宙へと乗り出し、次々と他の生命体に接触してゆくこの物語こそ、小松の「実存」にかける思いが炸裂（さくれつ）した傑作だ。人とは何者であり、どこへゆくのか。この根源的な問いに向かうため小説のみならず学問領域やメディアの創出にまで縦横にパワーを発揮してきた小松左京は「作家」という概念を広げたのだ。

これまで小松は何冊か自叙伝を著してきたが、本書はその総集編ともいえる内容だ。第1部は新聞に連載された自伝エッセー、そして全体の7割を占める第2部は小松自身が発刊してきた「小松左京マガジン」連載の解題インタビュー記事。その末尾には初めて小松が詳細に語った、大学時代の友人で作家の高橋和巳についての回想もある。

本書は確かに小松が書き、語った自伝なのだが、同時に小松から言葉を引き出し続けた小松左京研究会という〝聞き手〟たちの総決算でもあると感じられた。そして「最後に考察エッセイをやってみたい、宇宙にとって生命とは何か、知性とは何か。それから文学とは何か」と幾度も語り、生涯の大きな課題に意欲を燃やす小松の言葉が強く印象に残った。これこそ小松左京が発信し続けてきた「希望」だろう。その作品の刊行を心から待ちたい。

評・瀬名秀明（作家）

二〇〇八年四月一三日❽

『言葉を恃む』

竹西寛子 著
岩波書店・二五二〇円
ISBN9784000228800
文芸

言葉への信頼感を「恃（たの）む」と、古風にきっぱりと表明したタイトルにひかれた。著者初めての講演録。小説でも評論でも文章では控えめな人が古典詩歌や野上弥生子、川端康成などを軸にしながら、思いを凝縮させて語っている。

冒頭の「私の広島と文学」は故郷での講演。16歳で被爆したあと、内にたまった「何かこなれの悪いもの」が、本居宣長の著述に出会って風穴ができた、とふりかえる。

「書きながら自分を探っていくということは、書きながらこの広い宇宙を探っていくことなんですね。分からないことがいっぱいなんです」

別の講演では、古今集の四季の歌は、自然の運行や宇宙の呼びかけに対し当時の歌人たちが歌で答えたのではないかと、魅力ある考察を語る。また、藤原俊成の亡妻を思う歌と与謝野晶子の鉄幹への挽歌（ばんか）に、「同じ一つの詩の言葉」をみつけ、時を超えた詩の流れを感じた話も興味深い。

書き言葉でも、話し言葉でも「言葉遣いを粗末にするということは、自分の生き方を粗末にすること」という信念が、凛（りん）として貫かれている。

薄っぺらな言葉がはんらんしている現代にあって、広島の焼け跡のなかで「芭蕉の不易流行の説」を卒論にした人の、揺るぎない姿勢が頼もしい。

評・由里幸子（前編集委員）

二〇〇八年四月一三日❾

『温泉主義』

横尾忠則 著
新潮社・三三六〇円
ISBN9784104110049
文芸／アート・ファッション・芸能

温泉は苦手と自認する画家が、月に1度、夫婦で全国をめぐり、名湯を画題とする絵を描くことになった。本書は、その道中を語る画文集である。

一連の作品には、湯のまち独特の情緒、歴史や文芸、キッチュな博物館や名所風景、ご当地ゆかりの著名人の肖像など、思い浮かんだイメージが描きこまれていく。「なんだか子供の発想に近づいている」と自己分析するほど、古希を迎えてその表現はいっそう奔放だ。

画家は温泉地への旅を、能の舞台と重ねあわす。見知らぬ人物や亡霊と遭遇する状況が似ているというのだ。実際、異界にも足を踏みこむこともあったようだ。秋保温泉では騎乗した伊達政宗が川面を疾走する霊夢に驚き、石和温泉では食べ物のアレルギーで病院に担ぎこまれる。その経験が画題となる点が面白い。鎧兜（よろいかぶと）の武者の姿や自身が乗った救急車までもが絵画に登場するのだ。

他人の支配を受けず、やりたいことだけに時間を費やす、自分なりの「隠居」を画家は実践している。湯に身を癒やし、自由に絵を描く「温泉主義」の日々などは、その神髄なのだろう。「一日が未完で終わるように、人間の一生にも完成なんてないじゃないですか」という言葉に、その人生観が集約されている。

評・橋爪紳也（建築史家）

二〇〇八年四月二〇日①

『幸運な宇宙』

ポール・デイヴィス著　吉田三知世訳

日経BP社・二五二〇円
ISBN9784822283513

科学・生物

ここにいるワタクシの危うさと幸運

おばあさんは2人。ひいおばあさんは4人。「ひい」が九つ並ぶおばあさんなら千人を超す。そのなかの1人が、ちょっとだけ面食いで「ひい」が九つ並ぶおじいさんを拒んでいたら、今のこのワタクシはいなかった。

考えてみれば、ワタクシって危うい。

その危うさは宇宙だっておんなじ。この本は、そこのところを突いてくる。

一例を挙げよう。星々の核反応の様子が少しでも違っていたら、宇宙のなかに炭素はこんなにできず、地球上の生き物も人もワタクシも生まれなかっただろう。原子核で働く力のさじ加減は絶妙なのだ。

なんで、こんなに私たちは幸運なのか。物理学者であり、物理読み物の書き手でもある著者は、その問いに真正面から向き合う。

一つの糸口は、多宇宙論だ。

宇宙は、この宇宙だけではない。数え切れないほどの銀河があるように、その入れものの宇宙もいっぱいある、という説である。

これを応援するのがインフレーション理論だ。経済の話ではない。宇宙の始まりに急膨張があったという学説をいう。その理論をさらに進めると、新しい宇宙が次から次に生まれ続けるという世界像も描きだされる。

もしそうなら、生き物に都合のよい宇宙もよくない宇宙もあるだろう。「自分たちが生物に適した宇宙に暮らしていることに気づいたとしても何の不思議もない。なぜなら、わたしたちのような観測者は、生物を生まぬ不毛な宇宙には出現しえないのだから」

人間原理と呼ばれる考え方だ。

無数の宇宙の一つに人がいてもいい。私たちは、偶然がもたらす「巨大な宇宙福引の当選者」だ——この「多宇宙論プラス人間原理」が幸運の謎解きの一つの答案である。

この本は、ほかの立場もずらりと並べる。

どんなさじ加減であれ、それをきちんと説明づける理論が見つかるはずだという「万物理論」派、だれかがこの宇宙を設計したのだとする「インテリジェント・デザイン(ＩＤ)」派。そもそもこの宇宙は仮想現実だとする「シミュレーション仮説」派……。

では、著者自身の考えはどうか。種明かしはやめにしよう。ミステリーのように読み進む楽しみがある本だからだ。

宇宙といえばスペースシャトルが思い浮かぶが、それはほんの庭先の話に過ぎない。

宇宙は、「ワタクシとは何か」という問いと直結する思索の舞台なのである。

その思索は、頭の柔軟体操にもなる。

たとえば著者は、学生時代にポールの飛距離計算をしていたとき、好きな女の子から言われた一言にこだわる。「どうして紙にいろいろ書いて、ボールがどんなふうに飛ぶかがわかるのよ?」。たしかに、宇宙の万物が数学の言うなりというのも不思議ではある。

ほかにも、物理の法則はひょっとしたら宇宙の一領域だけに通用する「条例」かもしれない、という見方などが紹介されている。

私たちは、凝り固まった近代科学観に縛られてはいないか。科学のことをもっと自由に考えてもいい。そう励まされる本だ。

(原題、The Goldilocks Enigma)

評・尾関章(本社論説委員)

Paul Davies　米国アリゾナ州立大学教授。宇宙論や量子物理を紹介したポピュラーサイエンスの著書が多い。

二〇〇八年四月二〇日❷

『恐竜はなぜ鳥に進化したのか』

ピーター・D・ウォード 著
垂水雄二 訳　川崎悟司 イラスト
文芸春秋・一三五〇円
ISBN9784163699608／9784167651725（文春文庫）

科学・生物

薄い酸素濃度の中、生き延びようと

近年、生命進化や私たちの健康に関して、酸素の果たす役割が熱い注目を集めつつある。酸素は近くの物質とたちまち反応して錆（さ）びつかせる性質があり、もともと生物にとっては危険きわまりない猛毒であった。しかしその反応性の高さゆえに大きなエネルギーを生み出せる。その酸素を取り込むエネルギープラントとなったのが、私たちの体内でも活躍しているミトコンドリアだ。私たちの祖先はミトコンドリアと共生することで好気性生物への道を進み、酸素と闘いながら多くのエネルギーを得て動き、考え、やがて海から陸へと上がっていった。しかしいまだ酸素は危険な物質であり、体内で活性酸素となって私たちの病気や老化を引き起こす。

本書は恐竜が鳥に進化した理由だけを書いた本ではない。地質学や古生物学などさまざまな成果から地球の歴史を振り返り、海中や大気中の酸素濃度がこれまで劇的な変化を続けてきたことを示し、そのような環境が生物の体の設計図（ボディー・プラン）に多大な影響を与えてきたことを述べているのだ。鳥類は人間よりはるかにエネルギー変換効率のよいミトコンドリアを持つ。だが古生物学者である著者は鳥の効率のよい気嚢（きのう）のかたちに着目し、当時の大気酸素濃度が薄かったため、その過酷な環境で生き延びようとした鳥類の姿を見る。

ミトコンドリアと酸素の視点から生命進化について詳細な考察を試みた本にニック・レーン『ミトコンドリアが進化を決めた』があるが、本書『恐竜は…』がおもしろいのは細胞レベルよりも生物のボディー・プランを重視して、酸素を吸って吐く器官の構造に焦点を当てていることだ。エラや軟体動物の殻の形状がどのようにしてできたのか。イカ、二枚貝、ホヤ、昆虫などの呼吸システムが当時の環境に応じてどのようにつくり上げられたのか。どうして温血動物が生まれたのか。著者は地球史に沿って検討を重ねてゆく。邦訳版に付された図表も理解を助ける。

レーンの本との併読がお勧め。生命進化の驚異の歴史をより立体的に楽しめる。

（原題、Out of Thin Air）

評・瀬名秀明（作家）

Peter Douglas Ward　ワシントン大教授。

二〇〇八年四月二〇日❸

『叱り叱られ』

山口隆 著
幻冬舎・一六〇〇円
ISBN9784344014459

アート・ファッション・芸能

まっすぐで、過剰なまでの「好き！」

書店ではおそらく「音楽」「サブカル」の棚に並んでいるだろう。ロックバンド・サンボマスターの山口隆が敬愛する先輩たちを迎えた対談集である。ゲストは山下達郎、大瀧詠一、岡林信康、ムッシュかまやつ、佐野元春、奥田民生という錚々（そうそう）たる6人。しかも皆、１９７６年生まれの山口隆よりずっと年上――最年少の奥田民生でさえ１９６５年生まれ、最年長のムッシュかまやつに至っては１９３９年生まれなのである。

そんな偉大なる先達を相手に、山口隆はとにかく生意気である。笑い交じりとはいえ「岡林信康がそんなことでどうするんですか！」とハッパをかけ、大瀧詠一に「なんだよそれ」とツッコミを入れ、「ライターに責められてるみたい」と山下達郎を苦笑させて……。

ところが、その生意気さが逆に、取材慣れしているはずの大御所たちの心を開く。「君を見てたら、つい心を許しちゃってね」と大瀧詠一が言い、奥田民生が「ほんとにうっとうしいよ」と笑うのは、山口隆の生意気さがゲ

ストに対する「好き！」で貫かれているからだ。山下達郎への「僕は好きだから言っちゃうんですよ」の言葉に嘘（うそ）はないし、それは他のゲストにもあてはまる。トリビュートだのリスペクトだのといった近ごろ流行（はや）りの横文字からはあふれ出てしまう、過剰なまでの「好き！」があるからこそ、山口隆の言葉は無礼ではあっても非礼には響かない。問いかける内容も、ゲストをたじろがせるほどの接近戦となる。そして、大御所たちもその思いに応えて、時にはおとなげなくムキになってまで、心情を吐露するのだ。

〈とにかく断絶をなくしたいんだ〉と山口隆は言う。〈その素敵（すてき）な行為の一つとして、この本を出すことにしました〉と。いきなり丁寧な口調になって言う。そうか。世代や文化の断絶を打ち破るのは、暑苦しいまでにまっすぐな――サンボマスターの曲のように一途な思いなのかもしれない。書店に「コミュニケーション」の棚があるなら、ぜひ、そのど真ん中にうっとうしく並べていただきたい。

評・重松清（作家）

やまぐち・たかし 「サンボマスター」の唄（うた）とギター担当。03年にメジャーデビュー。

『葬儀の植民地社会史　帝国日本と台湾の〈近代〉』

胎中千鶴 著

風響社・四二〇〇円
ISBN9784894891265

人文

日常の悲しみにも「日本式」を強制

親しい身内の葬儀に外部からあれこれ介入されるのは、愉快なことではない。死者をどのように弔うかについては、遺族に独自の価値判断があるからだ。しかし植民地統治下の台湾では、日本の官憲によって葬儀の「風俗改善」が奨励され強制された。本書はそれが現地で、どんな軋轢（あつれき）を引き起こしていったのかを明らかにしたものである。

著者によれば伝統的な台湾の葬儀は、次第に腐敗し異臭を放つ死体の穢（けが）れへの対抗手段という観点を重視したものであったという。つまり葬儀とは、遺体を重厚な棺に納め、女たちが号泣し、棺を自宅や寺廟（じびょう）にとどめて時間をかけて良い埋葬地を選ぶという、「正しい」葬り方をするもので、それによって遺族や共同体が災いを免れ、幸福を招くものと考えられていた。

しかしそれは植民地当局から見れば、非衛生で無知な改善すべき「陋習（ろうしゅう）」であった。死体は衛生上の観点から火葬にし、遺骨を当局が公認の墓地に速やかに埋葬すべきものであり、号泣を含むにぎやかな葬列などは虚栄心に満ちた非文明の象徴だった。葬儀を「日本式」にすることは、葬儀を近代化することと同じとされたのである。

こうした葬儀の「風俗改善」を進んで実行しようとしたのは、地域の支配者層であった。さらに第1次世界大戦後の民族運動家も、新式の葬儀を考案し実行した。しかしその試みは広まらなかったという。こうした中で1936年から始まる台湾の皇民化運動は、伝統的な葬儀を排斥し、「日本式」の葬儀を強制していくのだった。

都市化の進行によって、台湾の葬儀の伝統は変化を余儀なくされる面があった。しかし異民族の風習が植民地下で強要されることは、台湾人の心に深い葛藤（かっとう）や亀裂を生み出すものだった。葬儀のあり方には、その社会の価値観が集積されており、そこには遺族の悲しみも込められているからである。日本の植民地当局の進める近代化とは台湾人にとっては何だったかを、葬儀という日常の生活意識を通して解明しようとした、これまでにない力作である。

評・赤澤史朗（立命館大学教授）

たいなか・ちづる 59年生まれ。目白大、立教女学院短大非常勤講師。

二〇〇八年四月二〇日⑤

『母に歌う子守唄　その後　わたしの介護日誌』

落合恵子 著
朝日新聞出版・一四七〇円
ISBN9784022503985／9784022646033（朝日文庫）
医学・福祉

母への愛に満ちた献身と奮闘の記録

介護の渦中にあった頃は、介護体験の本を読むのはつらかった。自分の中がもういっぱい、いっぱいで、入る余地はありません、という感じ。

でも、長い介護の日々に終止符が打たれてしまったら、どっかがぽっかり空白状態で、さびしくてたまらない。

そんなこともあって、引き寄せられるように手にとって読んだのが本書である。

著者の既刊本、『母に歌う子守唄（うた）』の続編で、在宅で母を看取（みと）ることとなった3年余りの介護の日々が綴（つづ）られている。

母の眠る部屋の室温や湿度に目配りをし、体温の上下に一喜一憂し、スプーン1杯の美味（おい）しいもののために奮戦する。配慮のない医者の言葉に憤慨し、花が咲いたと言っては寿（ことほ）ぎ、今日のお天気が素敵（すてき）だから、と言っては元気を取り戻す……。

著者の母への愛に満ちた献身の介護記録である。仕事と介護を両立させるべく奮闘する著者の日常のひとコマ、ひとコマが、丁寧に選ばれたあたたかな言葉で描かれている。読んでいると、読み手の私の介護の日々もまたいきいきと蘇（よみがえ）っていく。母の口元から不意にこぼれ出た言葉とか、笑わせようとわざと道化て見せるたびに父の見せた微笑など。

そう、振り返れば、著者の語るようにそれは濃密な日々だった。

介護をしながら、実は母や父に支えられていた。共にいることで愛をもらい続けていた。つらさも悲しみもひっくるめて、生きることの意味も、老いることの意味も教えられた……。そんな思いがふつふつと湧（わ）いてきて、思わず涙がこぼれてしまうのだ。

私は著者のように在宅での介護をやり通せなかった。ちょっとの努力だったのに、ああもしなかった、こうもできなかったと悔恨は尽きない。けれど、本書によって、親の最後の人生に寄り添えた時間が、どれほど自分にとってかけがえのないものであったかを思い出させられた。

この本なら大丈夫。介護中の疲れた人を励ましてくれる。介護後遺症に陥った人をきっと癒（いや）してくれるだろう。

評・久田恵（ノンフィクション作家）

おちあい・けいこ　45年生まれ。作家。児童書専門店「クレヨンハウス」主宰。

二〇〇八年四月二〇日⑥

『エクストラテリトリアル』

西成彦 著
作品社・三三六〇円
ISBN9784861821745　人文／アート・ファッション・芸能

「文学における治外法権」の行使とは

政治的弾圧と逆境の中で人々が芸術を創造しうるとすれば、それは、おのおのの言語と文化を用いて、自分たちなりの自由を行使しえた時だ。これを、本書は文学における治外法権＝エクストラテリトリアルな力と呼ぶ。

ここに挙げられたエクストラテリトリアルな作家の多くは、自虐的なユーモアやセルフパロディーをしたたかに発揮する。たとえば、ポーランドからアルゼンチンに亡命した作家ゴンブローヴィッチは、支配層が拵（こしら）えたマイノリティーのステレオタイプ像に対し、「擬装的な服従の姿勢をとって」逆に紋切り型を暴きだす手法をとる。

では、同じポーランド出身のコンラッドが創作に英語を選択したのはなぜか。『闇の奥』でも、ボルネオのオランダ人が無国籍化していく過程を描く『オルメイヤーの狂気』でも、グローバル化したはずの英語は、現地語を前に「局地的な死」に瀕（ひん）する。なるほど、こうして英語を優位に置くかに見えて、コンラッドは支配言語の世界での位置を測っているのだ。西氏の読みはいつもながら鮮烈だ。

イツホク・バシェヴィス（アイザック・シンガー）のようにイディッシュ語での創作を貫く作家もいれば、『ソフィーの選択』のスタイロンのように、英語では書きえないホロコーストの記憶をあえて英語で書く（その「書けなさ」を深く表現する）作家もいる。これらは、ドイツ人が英語を話す映画「シンドラーのリスト」の安直さの対極にあると、著者は指摘する。その一方、アルジェリアが舞台なのにアラビア語が一切出てこない『異邦人』の頑（かたく）なな単一言語使用には、確固たる意図を読むのだ。

著者はさらに、カフカの『変身』で虫の内面を語る語り手にも、「弱者を自己流に解釈するマジョリティ」の目線を感じる。この卓抜な解説にふれたとき、『変身』は孤独な生き物の声を再現する小説から、多数者の「早とちり」を暴く皮肉な滑稽（こっけい）劇へと引っくり返るだろう。その見えざる転覆を見てとるには、読者側にも治外法権的眼力が必要である。

評・鴻巣友季子（翻訳家）

にし・まさひこ 55年生まれ。立命館大教授（比較文学・ポーランド文学）。

二〇〇八年四月二〇日⑦ 『刈りたての干草の香り』

ジョン・ブラックバーン 著　霜島義明 訳

論創社・二一〇〇円　ISBN9784846007577　文芸

「早過ぎた才能」という言葉がある。もっとも実際には〝今読むには遅過ぎた〟才能でしかないものが大半だが。

しかし、世の中には本当にその登場が早過ぎて、この現代まで真の評価を待っていた作家というのがいる。デビュー作である本書が刊行50年目にして翻訳されるジョン・ブラックバーンは、まさにそんな人物だ。旧ソ連との冷戦状況やナチの亡命者などが登場する設定はさすがに古びているが、メーンとなるアイデアは、まるで昨今のホラー映画やゲームの原作と言われても通るほど斬新である。逆に言えばブラックバーンの作品が受け入れられるには、サブカルチャー文化が浸透し、B級ホラーや怪奇ファンタジーにわれわれがなじむまでの土壌整備期間が必要だったのだ。

そして、そんなB級的設定を、確かな構成力と抑制された描写力が支えている。たとえばクライマックスで描かれる〝恐怖〟の存在の描写を、スティーブン・キングやD・R・クーンツの饒舌（じょうぜつ）と比べてみるといい。これは怪談ばなしの本場である英国の、〝本当に怖いところは読者の想像にまかせる〟という伝統に裏打ちされた高度なテクニックなのだ。かつて創元推理文庫で彼の本を追いかけていたオールドファンには感涙、若い読者には新鮮な驚きを与えるであろう傑作ホラーである。

評・唐沢俊一（作家）

二〇〇八年四月二〇日⑧ 『ロハスビジネス』

大和田順子、水津陽子 著

朝日新書・七五六円　ISBN9784022731975　経済

「ロハス」については全く対照的な二つの見方があるだろう。一つはそれを「健康と環境、東洋医学等をつなぐ新しいライフスタイル」として肯定的にとらえるもの。もう一つは「アメリカ出自の、マクドナルドを片手にサプリメントをとるような、人為的で階層化された消費の一形態」として疑問符をつけるもの。私は基本的に後者に近いが、しかし本書はそうしたものを超えたロハスの可能性を示唆する内容となっている。

本書の著者は、日本に初めてロハスを紹介したことで知られるマーケティングの専門家と地域再生コンサルタント。ロハスビジネスを①経営戦略型、②ミッション型、③フロンティア型、④独立起業型に分類しつつ今後の展望が論じられる。扱う領域は多様で、有機農産物の宅配に関する「大地を守る会」など社会起業家的な試みも幅広く紹介されている。特にロハスを地域活性化やコミュニティー再生と結びつけて論じているのがユニークで印象的だ。

ロハスに可能性があるとすれば、健康や自己実現といった「個」のレベルに完結して考えられがちな課題を、コミュニティーや自然といったより大きな文脈につないでいくことにこそあるだろう。そしてそれを「ロハス」と呼ぶかどうかは、各人の好みの問題であるように思われる。

評・広井良典（千葉大学教授）

二〇〇八年四月二〇日⑨

『ジャズの巨人たち』

スタッズ・ターケル 著　諸岡敏行 訳

青土社・二三一〇円
ISBN9784791763917

ノンフィクション・評伝

数々のノンフィクションで知られ、『よい戦争』でピュリツァー賞を受賞したジャーナリスト、スタッズ・ターケルによるジャズミュージシャンの評伝である。本書は1975年に出た改訂増補版の復刊を翻訳したものなので、古いといえば古いが、逆に、75年時点での情報が新鮮なまま残っているとも言える。

デューク・エリントン、ジョン・コルトレーンなど誰もが知る巨匠から、ビックス・バイダーベックなど、さほど知られていないかもしれないミュージシャンまで13人を取り上げているが、かかわりのあったミュージシャンやプロデューサー、評論家なども多数登場して、ジャズ界の相関図を垣間見ることができる。また、ジョー・オリヴァーがルイ・アームストロングを実の息子のように支援したとか、ビリー・ホリデイがベッシー・スミスに強くあこがれていたことなどを強調し、ジャズの大きな流れを描いている。

訳者あとがきによると、事実関係に関しては多少おおらかなところもあるようだが、ターケルの筆致そのものにジャズ演奏のような趣があり、語り口の妙味を楽しめる。音楽にのめりこみ、音楽に生きた人々の人生は、時に悲劇的だが、その肖像に心洗われる思いがする。こんな本が一家に一冊あってもいいと思う。

評・常田景子（翻訳家）

二〇〇八年四月二七日①

『バートルビーと仲間たち』

エンリーケ・ビラ＝マタス 著　木村榮一 訳

新潮社・一九九五円
ISBN9784105057718

文芸

書けなくなった作家の饒舌な物語

今年1年の、いや、いっそのこと、今世紀10年のベスト翻訳書に挙げてしまおう。

『バートルビーと仲間たち』だって?! まず題名にのけぞった。町田康の小説に「ビバ！カッパ！」と叫ぶ河童（かっぱ）が出てくるが、それを凌（しの）ぐ衝撃である。この台詞（せりふ）は、本来、単独者である河童が仲間を讃（たた）えることの不条理を表現したものだが、メルヴィルの描いた代書人「バートルビー」といえば、事務所にいても仕事をせず、対人関係を拒絶し、最後はひっそり餓死してしまう孤独の極北なのだ。「仲間」の反意語と言える。

本書は、「文学的日食」に襲われて書くことをやめ、世の中に「ノー」と言い続けた「バートルビー症候群」の孤高の作家が一堂に会した異色小説である。ソクラテス、ランボー、サリンジャー、ボルヘス、ピンチョン等々。語り手自身も、書けなくなった元作家。彼がバートルビーに直感を得、再び書きだす過程が作中に盛りこまれる。とはいえ出てくるのは、ボードレールの「書かれなかった序文」や、「書けないこと自体が作品だ」というボビ・バズレンの「本文のないメモ」や、無限に逸脱した揚げ句、書くのを放棄した作家たち。語り手が架空の著者と架空の手紙をやりとりし、バスの中で女連れのサリンジャーに会った「実話」などを綴（つづ）るうちに、現実の波打ち際はどこまでも後退し、そのあとには、空漠たる虚構の白浜が広がる……。

メキシコの作家ルルフォはかの『ペドロ・パラモ』の執筆時を振り返り、まるで誰かの「口述」を書きとる感じだったと言い残し、その後ぱたりと書かなくなった。この代書人タイプの「患者」は、文学史的にも重要な位置にある。「作者＝筆生」という考え方は、古代ローマにはすでに見られ、それはさらに、アリストテレスが「まっ新（さら）な書板」に準（なぞら）えた「思考」の概念へと遡（さかのぼ）る。この書板は未（いま）だ起きぬあらゆる可能性を含んだものであり、「何かができる」ことより、「しないこともできる」潜勢力に強調をおく。存在と無の間。肯定でも否定でもないもの。何か頼まれるたびに、I will not(したくない、しない）ではなく、I would prefer not to(しない方がいい）と拒み続けたバートルビーは、まさにそうした宙づりに耐え、あらゆる可能性の「全的回復者」となる、と指摘したのは、哲学者のアガンベンだった。

生涯一編たりとも詩を書かずとも詩人は詩人、などと言うが、私が本書に感じるのは、創造的な非生産力である。書かないソクラテスは弟子を通して「対話文学」を生み、ランボーは書くのをやめたことで詩神となり、カフカは「書けないということを書くしかない」と言って書き、ホフマンスタールは「世界は言葉で表現できない」と延々言う『チャンドス卿の手紙』で文学の新世紀を開いたではないか。そして本書。書か（け）ないことについてこれほど饒舌（じょうぜつ）に書いた書物は滅多（めった）にない。そう、「目に見えないからといってテキストが存在しないわけではない」のだ。未来の萌芽（ほうが）はその中にある。ビバ、バートルビー！

（原題、BARTLEBY Y COMPANIA）

評・鴻巣友季子（翻訳家）

Enrique Vila-Matas 48年スペイン・バルセロナ生まれ。作家。85年発表の『ポータブル文学小史』で広く知られるように。

『あなたがいるから、わたしがいる』

メリッサ・フェイ・グリーン 著
入江真佐子 訳
ソフトバンククリエイティブ・二五二〇円
ISBN9784797329902
ノンフィクション・評伝／国際

エイズ孤児を引き取り、育て続けて

アフリカでは、孤児は地域共同体が吸収して育て、社会問題化することはなかった。しかしＨＩＶ（エイズ）の出現で、共同体の吸収力を大きく超えてしまう。庇護（ひご）を失った孤児は路上に放り出されることになった。

世界には１３００万人のエイズ孤児がいる。うち１２００万人がアフリカに集中しているという。これは、そうした孤児を引きとったエチオピア人主婦の奮闘記である。

ハレグウォインは、首都アディスアベバの高校長夫人として幸せな中流家庭の生活を送っていた。ところが40歳代なかば、夫を心臓発作で失い、次いで娘をがんで亡くす。

世捨て人のようになっている彼女のところに99年、教会の司祭がエイズ孤児の女の子を連れてくる。ハレグウォインは、喪失感を埋めるようにその子の世話をしはじめた。私の肺にまた空気が入ってきた、と感じつつ。

それからが大変だ。うわさを聞いた人々が次々にエイズ孤児を連れてくる。子ども好きなハレグウォインは断りきれない。昨日は兄弟、今日は赤ん坊……。03年、その数はついに30人を超した。

そこへ欧米人夫婦が養子を求めて訪れる。この本の著者もその一人だ。食事とベッド、そして愛情。孤児たちにそういう生活を与えようと、ハレグウォインは養子を欧米に送り出しはじめる。

ジャーナリストである著者が米国の新聞に彼女のことを書いたため、多額の寄付が集まった。それをめぐるやっかみ、密告、突然の逮捕。大波に翻弄（ほんろう）されながら、彼女はなお孤児を育て続ける。

日本のエイズ問題はまだ一般には深刻にとらえられていないようだ。しかしアフリカではそれが隣近所にあふれ、日々の生活に荒々しく入り込んでくる。そんな現実を、襟首つかんで見せつけられるような迫力がある。

本には「エチオピアとは」「エイズとは」「製薬会社の問題」などの一般的な解説が織りまぜて書かれており、そのたびに読者はハレグウォインへの没入を断ち切られる。現地取材がすばらしいだけに、少し残念な構成である。

（原題、There Is No Me Without You）

評・松本仁一（ジャーナリスト）

Melissa Fay Greene 米ジャーナリスト。

二〇〇八年四月二七日③

『裁判員法廷』

芦辺拓 著

文芸春秋・一五七五円
ISBN9784163267906/9784167738020(文春文庫) 文芸

最後にあっと声をあげる仕掛けが

裁判員制度が導入されたある日。読者である〝あなた〟はある事件の裁判員に任命され、法廷に座っている。あなたはあなたの責任において、あなたの目の前にいる被告が有罪か無罪か、また刑の量定までをも判断しなければならない。いま、自信満々に冒頭陳述を行っているのは、若く気の強そうな眼鏡の美人女性検事。それに対峙(たいじ)している弁護人は三十過ぎの、風采のあがらない、しかし大阪なまりもふくめてどことなくユーモラスな雰囲気の男である。名前を、森江春策と言う……。

ここまで読んでなぁんだと思った方も多いだろうが、本書は本格ミステリー界の雄・芦辺拓による名探偵・森江春策シリーズの最新作である。過去と現在が輻輳(ふくそう)する壮大なプロットが見物だった『時の密室』や、黄金時代探偵小説への大胆なオマージュであった『グラン・ギニョール城』に比べると、近未来の現実をバーチャルにシミュレーションして、読者まで参加させる実験小説のおもむきがあるとはいえ、中編三作の連作による法廷推理という構成は、やや地味かもしれない。しかし、そこは名うてのトリック派、芦辺拓である。連作という形式や、シミュレーション小説という形式そのものを逆手にとって、最後にあっと声をあげさせる仕掛けが用意されている(その驚きを満喫するためにも冒頭の作者の指示には従っていただきたい)。

設定が数年後の現代、登場人物にオタク好みの眼鏡女子まで登場させるというイマ風な趣向を凝らしながら、この作品が、いつもの芦辺作品と同じくノスタルジックな雰囲気横溢(おういつ)なのは、主人公をはじめとする登場人物たちが、みな正義を信じ、法を順守し、奇怪な謎の裏に隠された真実を追い求めようとする姿勢を崩さないからだろう。昨今の若手作家が、現実の引き写しのように異常者ばかりを登場させるのにいささか辟易(へきえき)していたミステリーファンとして、この古典的な装いがうれしい。

評者はさまざまな理由から裁判員制度には反対の立場だが、この作品には絶対的に支持を表明するものである。

評・唐沢俊一(作家)

あしべ・たく 58年生まれ。作家。著書に『殺人喜劇の13人』『紅楼夢の殺人』など。

二〇〇八年四月二七日④

『幕末不戦派軍記』

野口武彦 著

講談社・一八九〇円
ISBN9784062145084 歴史

愉快な4人組が案内する幕末史

歴史には、捏造(ねつぞう)されて語られる性質がもともと備わっているようだ。だから史料そのものを読め、と人は言うが、ケータイ世代でなくともそれは不可能というもの。

ところが著者は、その不可能を可能にする達人だ。近世・近代史の膨大な史料を収集して読み込み、必要箇所(かしょ)を引用して示しながら、シロウトにもわかりやすく語ってくれる。かくして読者は、労なくして「幕末を知った」といった満足感に浸ることができる。

とくに本書では、狂言回し役としてお気楽な幕臣4人組が登場。しかも舞台は、長州、上野、日光、会津、そして函館と誰もが知る戦場をダイナミックに北上するのだから、面白くないわけがない。

さて武具奉行として天下泰平を謳歌(おうか)していたこの4人、最大の特徴は何といっても「戦う気がないこと」。それは、長州戦争で駆り出されて大阪に赴いても同じだ。私たちが知る幕末の志士とはほど遠く、行った先々で名産物に舌鼓を打ち、観光に興じ、果ては

「姫回り」と称して今でいう性風俗店にも出入りしている。著者の言う「出張天国」である。
しかし、彼らがいかに太平楽に暮らしたいと願っても、世の中がそれを許さない。官軍に追われて戻った江戸も無政府状態、ついには銃を取って戦線に立たなければならなくなる。武士とはいえ忠義より自分の命、庶民感覚いっぱいの彼らの目から眺めると、あの大鳥圭介も土方歳三も脇役となり、勝海舟に至っては口も人もなかなか悪かったことがわかってくる。「歴史のヒーロー」というのも、もしかすると後世の人たちが作った幻想なのかもしれない。

それにしても驚くのは、この4人が実在の人物であったということだ。律義にも大阪滞在の様子をひとりが詳細に記したものが残っていたため、平成の御世になって彼らは笑われながらも歴史の案内役を務めることとなったのだ。こんな愉快な不戦派を〝発掘〟してきた著者は天晴（あっぱ）れだが、「日記とはまことに恐ろしきものでござる」とつい、武士ことばでつぶやきたくもなる。

評・香山リカ（精神科医）

のぐち・たけひこ　37年生まれ。文芸評論家。日本文学・日本思想史。『幕末気分』など。

『ボスニア内戦　グローバリゼーションとカオスの民族化』

佐原徹哉 著

有志舎・三三六〇円
ISBN9784903426129

人文／国際

「共存」から「殺戮」へと向かった現実

異なる言語と宗教を持ちながらも平和に共存してきていた町の住民が、いつの間にか異なる「民族」だとして、お互いに武器を持って戦い、さらにはジェノサイドによって「民族浄化」をすることになる。これが1992〜95年に旧ユーゴスラビアのボスニアで繰り広げられた「内戦」なのだ。そこには目を覆いたくなるような殺戮（さつりく）の現実があった。しかし、一体なぜこういうことが起きたのか。この強い疑問から本書は生まれた。

1918年の建国から、第2次世界大戦の経験、そして独自の社会主義体制の成立というユーゴスラビアの歴史を押さえた後、本書は、ボスニアに住むセルビア人、クロアチア人、ムスリムのボスニア人が、言語・教育・民族観など「同一文化」をもつがゆえに、共存から武力対立へと等しく追い込まれ、残虐行為に走った過程を、豊富な史料によって解明する。そして、従来のメディアによるプロパガンダ的な諸説を次々と批判する。だが、本書の中心的主張はそこにはない。

一般に「内戦」は、社会主義が倒れたあと、民族主義が人々を対立させた結果だと言われているが、これは違う。社会主義の体制がグローバリゼーションのもとで崩壊し、町や村のローカルな世界で無法状態が現れたとき、戦争時の記憶や経済的格差などローカル世界固有の理由から住民間の対立が顕在化し暴力化した。各地で市民が行った平和を求める運動も暴力で圧殺され、市民自身でローカル世界を再建することができなかった。逆に、他者への恐怖が市民を捕まえ、市民はジェノサイドに参加していった。そして、殺し合いへの参加によって「民族」の一員である自分を発見したのだ。民族主義はいくつかの要因の一つでしかなかったと言う。

確かにグローバリゼーションによるローカル世界のカオスがジェノサイドにつながるという意味で、ボスニアの問題は今日に至る世界的な意味を持っている。ボスニア社会の丁寧な説明や、用語上の考慮が欲しかったりするが、読者を主題に引きずりこむ迫力のある力作である。

評・南塚信吾（法政大学教授）

さはら・てつや　63年生まれ。明治大学准教授。著書に『近代バルカン都市社会史』。

二〇〇八年四月二十七日❻　人文／科学・生物

『地球・環境・人間Ⅱ』

石弘之 著

岩波書店・二二六〇円
ISBN9784000074810

『地球環境「危機」報告』

石弘之 著

有斐閣・二三一〇五円
ISBN9784641173422

迫る危機的状況、どう解決するか

地球環境の危機的状況に慄然（りつぜん）とせざるを得ない3冊である。

『地球・環境・人間Ⅱ』は『地球・環境・人間』の続編であり、絶滅しつつある野鳥、アマゾンの破壊、カエルの大量絶滅、水質汚染といった自然環境の破壊の問題が報告されている。

とくに『地球・環境・人間』では「エイズウイルス感染者四千万人を超える」「武器取引の規制運動、世界に広がる」「世界のスラム、一〇億人を突破」など、地球上の様々な場所で起きつつある人間的悲劇についても、たたみかけるように危機的状況を伝える。これが、この二つの本を一層おもしろくしている。

『地球環境「危機」報告』も、取り上げるトピックの幅広さという点では同様であるが、より豊富なデータを駆使し、掘り下げて記述している。ただ、3冊に共通して、読み進むほど、ところどころで、「ではどうすればよいのか」と考えざるをえなくなる。ある問題を解決しようとすると他の問題が生起してしまう場合も少なくないのだ。

たとえば、砂糖キビなどを原料とするバイオ燃料は最近まで、二酸化炭素ガス排出量削減に効果があるとして、万能薬のように推奨されてきた。ところが現在、まさにその需要増のために、食料品が値上がりしており、暴動すら発生している。アマゾンや東南アジアの熱帯林が畑に転換されつつある。他方で、貧しい砂糖キビ栽培農民にとっては、これは朗報としかいいようがない。

「貧しい国から看護婦を奪うのか」という章では、「途上国が公費を使って育てた医師や看護師を、欧米の先進諸国が横取りしている」といった国際移住機関の報告書が引用されている。しかし、移住によって本人はより多くの収入を手にし、家族も社会も潤う。場合によると現地政府も後押ししている。

多くの問題は、驚き怒る段階を通り越している。今後はさらに巨視的、総合的、包括的に解決策を考えていく必要がある。むろんこの著者の「報告」が、その第一歩であることは間違いない。

評・久保文明（東京大学教授）

いし・ひろゆき　40年生まれ。

二〇〇八年四月二十七日❼　人文／国際

『中国動漫新人類』

遠藤誉 著

日経BP社・一七八五円
ISBN9784822246273

日中関係を論ずる場合、首脳交流、経済交流、貿易、歴史教科書、「靖国」、愛国主義キャンペーンなどが主な話題となる。確かにこれらは重要なテーマである。しかし近年こうした問題の水面下で、極めて重要な日中関係の構造・流れが形成されていることを知らなければならない。今年初めにおこった「冷凍餃子（ギョーザ）毒物混入事件」は、日本の食生活に占める中国の存在の大きさを明らかにした。

本書で取り扱っている日本のアニメと漫画（動漫）は、じつは中国の多くの若者の心をとりこにし、対日イメージにかなり重大な影響を与えるようになった。戦争の歴史や愛国主義教育によって形成された「反日感情」と、アニメや漫画を通して芽生えた「日本への好感」が、一人の若者の内面で奇妙に併存していると筆者は洞察する。05年春に大規模な反日運動が展開されたが、それでもその年に日本に来る中国人留学生の数は増えている。当時なぜという疑問を強く抱いた。本書はその疑問を解くカギを提供してくれたと同時に、政治体制の強い制約の中でも、静かに思想・自我の解放が進んでいる中国の実態を垣間見せてくれた。

著者は中国で幼少期を送り、現在も中国と深くかかわりを持つ。日中関係の本質に迫るバランスの取れた渾身（こんしん）の力作である。

評・天児慧（早稲田大学教授）

二〇〇八年四月二七日⑧

『モダニズムとデザイン戦略』

菅靖子 著　ブリュッケ・三三六〇円　人文

ISBN9784434116124

華やかなCMと官庁の地味な広報というものはなかなかイメージ的に結びつかない。国家が発信する情報は民間のように利潤を追求するためのものではないという固定観念があるからだろう。しかしナチス政権下のドイツでは民族国家というイメージ形成のためにあらゆる分野の芸術が動員されたことを考えれば、両者の結びつきは意外と深いことが分かる。これをファシズム権力が民間への介入を図った特異な例ととってはならない。ドイツと敵対した英国でも、広報活動において官庁が民間の芸術家をしきりに取り込んでいく現象が両大戦間に観察できるからだ。

この時期、英国逓信省が採った広報戦略を歴史的に追跡し、ブランドイメージ形成のために用いられた視覚表現がモダニズム芸術と緊密な関係にあったことを立証するのが本書の眼目といえる。ロゴやキャッチコピーなど現代企業が展開するCI戦略の手法は、実にこの時代にはあらかた出揃(そろ)っていたのだ。

ただしプロパガンダや利潤追求以前に、中産階級には不可欠のお上品さ(リスペクタビリティー)が強くそこに要求されたところが、いかにも英国らしいといえる。審美的な判断にも道徳律が問題とされるこの国ならではの文化的特徴を理解するためには、本書は恰好(かっこう)のテキストとなるはずだ。

評・赤井敏夫(神戸学院大学教授)

二〇〇八年四月二七日⑨

『骨が語る古代の家族』

田中良之 著　吉川弘文館・一七八五円　科学・生物

ISBN9784642056526

九州大学の解剖学研究室で形質人類学を学んだ考古学者が、「人骨を使った考古学」により親族組織分析を分かりやすく記した書。

歯の歯茎から現れている部分を歯冠という。個体間に親子・キョウダイ(親を共通にする男女)の血縁関係があると、何本かの歯種の組み合わせについて、歯冠近遠心径(歯列方向の歯の幅)の相関関係の数値が高いという。

著者は、縄文・弥生・古墳時代の墓出土の歯を計測し、個体間の血縁関係の復元を行う。ある墓から男女一対の人骨が出土すると、素人のみならず考古学者でもすぐ夫婦合葬かと思う。だが、歯冠計測値の相関係数が高ければ、その男女はキョウダイか親子なのだ。そして、人骨の性別、若年・成年・熟年・老年の区別、追葬・改葬、さらに墓の築造過程や遺構遺物により、墓・墓群の埋葬者の血縁・世代関係を復元できる。

縄文時代には、双系(父系・母系並立の親族関係)の部族社会が形成され、弥生時代には首長墓が出現し首長制社会に移行するが、古墳時代になっても人々の親族関係は双系のままであった。ようやく6世紀に、横穴墓などに血縁関係にない男女の合葬、すなわち父系の夫婦墓が現れる。

日本古代社会は、双系制の特質を残しつつ父系親族関係社会へ転換したと提言する。

評・石上英一(東京大学教授)

二〇〇八年五月四日①

『クリエイティブ資本論　新たな経済階級の台頭』

リチャード・フロリダ 著　井口典夫 訳　人文

ダイヤモンド社・二九四〇円

ISBN9784478001738

創造力を持つ「階級」が都市を動かす

「クリエイティブ・クラス」と呼ぶべき階層が世界規模で台頭していることを指摘、知識や創造性を究極の資源とする経済と社会の仕組みを新たに構築する必然性を説く。02年に米国でベストセラーとなった都市経済学の話題書がようやく邦訳された。

科学者、技術者、芸術家、音楽家、建築家、作家、デザイナーといった職能、加えてビジネス・教育・医療・法律など専門家が急増している事実が、本書の前提になる。たとえば米国では、高度な知識や創造力を必要とする職能の従事者は、20世紀初頭には労働力の1割に過ぎなかった。しかし21世紀には、全体の3分の1を占めるほどに増加する。

彼らは脱工業化社会への転換期にあって「勝ち組」となり、経済や政治の中枢で活躍している。ただ他人には無関心で、自己中心的な人が少なくないという批判がある。また何よりも自分たちをまとまった集団とは考えてはいない。彼らが社会問題の責務を積極的に担い、唯一、「21世紀社会の指導者」になると確信する著者は、この層を「クリエイティブ・クラス」と命名、「階級」としての覚醒（かくせい）をうながす。

　知識や創造性が産業を生むという議論は早くからある。近年も伝統的な職人の技やアートの力で、欧州の歴史都市が再生を遂げた先例が「創造都市」の概念とともに日本に紹介された。地域に潜む文化的な資産を再評価、内発的に活力の向上をはかる方法論は横浜や金沢でも応用された。

　しかし本書は、欧州の実践とは一線を画する。とりわけクリエイティブ・クラスのライフスタイルに着目している点が面白い。彼らは自分の能力が生きる職場、より良い生活環境を求めて、転居することをいとわない。結果として彼らが魅力を感じる都市と、そうではない都市とのあいだで経済格差が拡大すると著者は仮説を示す。

　この点を実証するべく著者は、技術・才能・寛容性という三つの指標から、都市や国家の創造力のランキングを試みることの必要性を説く。文化の多様性を認めあい、クリエイティビティに対して開かれた地域に、経済発展の可能性があるとみる理屈だ。原著が出版された際、ゲイ・カルチャーを容認するかどうかを指標として用いた点が話題になったが、必ずしも立論の本質ではない。

　創造力のある優秀な人材は、住みやすさと活躍の場を求めて居住地を移し、時にはやすやすと国境を越える。本書で提示された議論は、フロリダの著作『クリエイティブ・クラスの世紀』でさらに展開されている。併読することをすすめたい。

　もちろんわが国でもクリエイティブ・クラスの台頭があった。しかしその種の現象を「IT長者」「ヒルズ族」などと名づけて、きわめてローカルな世相風俗に矮小（わいしょう）化した感性はいかにも日本的だ。東京を始め日本の各都市も、国際的な都市間競争にあって、クリエイティブ・クラスを誘引する都市基盤の拡充に力を入れる発想が、これまで以上に必要だろう。

（原題、The Rise of the Creative Class）

評・橋爪紳也（建築史家・大阪府立大学教授）

Richard Florida　都市経済学者の著者はトロント大学ロットマン・スクール・オブ・マネジメント教授。本書は15カ国以上で翻訳された。

二〇〇八年五月四日②

『チックタック　上・下』

ディーン・クーンツ 著　風間賢二 訳

扶桑社・上巻七二〇円、下巻七四〇円
ISBN9784594056230〈上〉・9784594056247〈下〉　文芸

どこまでも大まじめにばかばかしく

　チックタック。そしてオッド（奇妙）。近年のクーンツ作品に何度も登場するこのふたつの単語は、エンターテインメントを駆動させる力だ。

　本書は80年代にベストセラー作家へと昇格し、90年代に『心の昏（くら）き川』『インテンシティ』と立て続けに緊密な傑作サスペンスを放ったクーンツが、次の段階へ進む前にあえてB級を目指して書いたペーパーバック・オリジナル長編である。主人公トミーはハードボイルド作家としての人生を歩み始めたその夜、奇妙なぬいぐるみと遭遇する。人形は動き出し、トミーに襲いかかる。人形の内部から膨れ上がった怪物は成長し、どこまでも追ってくるのだ！　パソコン画面には「デッドラインは夜明け」の文字。

　往年の名画「赤ちゃん教育」のような風変わりなロマンチック・コメディーと80年代ホラー映画を融合させたこの物語は、どこまでも大まじめにばかばかしい。ベトナム系アメリカ人という主人公の設定もいいが、ハンバーガー屋の店員なのに大金持ちでプロ顔負けの運転技術を持ち、トミーを助けるお相手女性のキャラが特にイカしている。ご都合主義満載のプロットを緩急つけた文章で最後まで捌（さば）き切る技は見事の一言。

しかしクーンツの本が楽しいのは、ただ娯楽に徹しているからではない。人はときに過酷で理不尽な運命に直面する。逃げ出したい、時を止めたいと思っても針はチックタックと動き続け、私たちは決断し、行動しなければならない。そして私たちの人生はつねにオッド（奇妙）であるからこそ、どんな荒唐無稽（こうとうむけい）な運命がやってきてもユーモアを失ってはならない。この人生観に共鳴する人なら、クーンツの物語はいつでも同志の心強さと戦場の安らぎと笑みに満ちていると感じるだろう。

本書の後、クーンツは文字通りオッドな人生をユーモアで語る主人公を獲得し大成功を収めた。その『オッド・トーマス』シリーズ（既刊4冊、未訳）は彼の人生観の集大成であり代表作となった。

『チックタック』はクーンツが最後に書いた超絶ホラーだ。大いにお楽しみあれ。

（原題、TICKTOCK）

評・瀬名秀明（作家）

Dean Koontz　45年生まれ。米国のベストセラー作家。

『遺稿集』

鴨志田穣 著

講談社・一六八〇円
ISBN9784062145107／9784062767743（講談社文庫）

文芸

自分を肯定できる瞬間を探し続けて

『アジアパー伝』（講談社文庫）でもいいし、「怪人紀行」シリーズ（角川文庫）でもいい。鴨志田穣さんが書いたもの、登場人物になったもの、妻でもあった西原理恵子さんのマンガ、まとめて「カモ本」のどれか1冊読めば、それが本書の序章になる。

アジアへの旅を繰り返した鴨志田さんは、そのたびにニッポンの常識が通じない連中に出会ってしまう。彼らにさんざん翻弄（ほんろう）され、時に激怒しつつ――結局は、彼らの存在をまるごと受け容（い）れてきた。「カモ本」の最大の魅力は、その不器用な人間肯定のドラマなのだと僕は思っている。

だが、その一方で、鴨志田さんは肝心の自分自身を受け容れられずにいたのかもしれない、とも思うのだ。鴨志田さんが描く自分自身は常に自己嫌悪に陥っていた。もがき苦しみ、アルコールにも依存して、自分自身を肯定できる瞬間を探し求めながら、なかなかたどり着けない……。

本書は、そんな鴨志田さんの遺稿集である。昨年3月にがんで逝去する直前までサイトで連載していたエッセーや、未完に終わった長編小説などで構成された本書を、僕は他の「カモ本」に負けないほど読み返すだろう。

これが最後の著作だからというのではない。本書は、自分自身を肯定できる瞬間を探しつづけた鴨志田さんの、文字どおり生涯をかけた旅の記録――だからこそ、かけがえのない1冊なのである。

未完の青春小説「焼き鳥屋修業」の途絶した箇所（かしょ）は、まさしく「せっかく肯定できそうになった自分を、また否定してしまう」場面だった。鴨志田さんは、自分自身の物語では（笑いをまぶしながら）そんな場面ばかり描いてきたひとだったのだ。

だが、その煩悶（はんもん）は、最後の最後に浄化される。本書の掉尾（ちょうび）の一文は、旅の終わりにして、たとえようのない美しい肯定を迎えた瞬間だった。「カモ本」の始まりから終わりまでの長い物語が、いま閉じられた。本書に寄せる読者の喝采を聞くことがかなわなかった鴨志田さんは、しかし、自分の人生を抱きしめて旅立ったのだと、思う。

評・重松清（作家）

かもしだ・ゆたか　64年生まれ。カメラマン、エッセイスト。07年3月に42歳で死去。

二〇〇八年五月四日❹　文芸

『ゲゲゲの女房』

武良布枝 著

実業之日本社・一二六〇円
ISBN9784408107271

夫を支える妖怪の姿も、ほの見えて

　理想化され、神格化される作家というのが、ままいる。だが、水木しげるのように、常に〝妖怪化〟されて語られてきた人というのはめったにいない。怠けものを称賛し、働かずに食べていける南方の島の生活を理想と言う天衣無縫な人生観を持ち、浮世離れした妖怪の世界を描いて暮らしている怪人物。それが、われわれが水木しげるに求めるパブリックイメージだ。当の水木本人は〝怠けているふりをして実は必死で働いていた〟ともしれっとうそぶいているのだが、なかなか本気には受け取れない。なにしろ、戦争体験にしろ貧乏生活のエピソードにしろ、あまりに常識を飛び越えた話ばかりで、実話というよりはファンタジックな世界の話であるかのように思えてしまうのだ。

　だが、長年、水木に連れ添い、赤貧時代から水木を支えてきた布枝夫人の自伝である本書の刊行で、やっと水木しげるが、戦前生まれの日本人男性の典型である、家族のために働き、苦労することを、家長として当然のこととして受け止め、しかしながら、そこに人気商売としての漫画家ならではの悩みもジレンマも持ち合わせている、ごく普通の（しかし、普通とはかなり毛色の異なった才能の持ち主の）人間であることが明白になった。腐りかけのバナナで飢えをしのいだ話も、税務署員にこんな所得で食べていかれるわけがないと決めつけられた話も、水木本人の口から語られるとどことなくユーモラスだが、妻の筆になるそれは、さすがに、そこに切実な危機感が醸し出されている。この証言で、世間に流布されている水木しげる像はようやく立体的になった、と言っていい。

　ただし、本書を、才能ある夫を信じて、貧窮時代を共に暮らした糟糠（そうこう）の妻の自伝という美談的なとらえ方で読むと、ちょっと著者の実像を誤る気がする。妖怪と同一視される人間を信じ切って半世紀、その後をついていくという人生も相当にユニークなのだ。あるいは水木の描く妖怪たちの姿には、どこかに著者のイメージが重ねられているかも知れないのである。

評・唐沢俊一（作家）

むら・ぬのえ　32年生まれ。漫画家の水木しげると61年に結婚した。

二〇〇八年五月四日❺　人文

『創氏改名　日本の朝鮮支配の中で』

水野直樹 著

岩波新書・八一九円
ISBN9784004311188

同化政策に差異を残したチグハグ

　誰でも自分の名前にはこだわりがある。ところが行政当局から突然、半年以内に新しい名前を届け出ろ、今後それを本名にするといわれても、当人は納得しにくいし、知り合いが誰さんなのかも分からなくなり、大混乱に陥るだろう。しかし創氏改名は、それを強行する政策だった。

　名前の付け方は、それぞれの国と民族の家族制度によって決められるものだ。韓国・朝鮮人の場合は、夫の姓と妻の姓が違っている。妻は結婚しても、出身の実家の姓を変えないからである。

　こうした習慣の朝鮮人に、日本人と同じように夫婦に共通する家の称号である氏を新たに作らせ、それを本名にする政策が「創氏」であった。それは朝鮮の家族制度の力を弱め、日本の「イエ」制度を朝鮮に導入するものだった。ついでに下の名前も、日本人風に変えるのが「改名」である。

　本書は、創氏改名の矛盾に満ちた実態を叙述したものである。そこでは創氏は義務の届け出制で、朝鮮総督府をあげて督励し強要さ

れたが、改名は当局の許可制で途中から奨励されなくなった。

　そのため多くの朝鮮人は、創氏の届け出はしたが改名はせず、日本人風の氏と朝鮮人風の名を持つ、日本人に似ていながら日本人との違いが目立つ名前になってしまった。朝鮮人の姓に由来する、日本人には見かけない氏も創（つく）られた。それは日本への同化政策でありながら、完全な同化はさせないで、日本人との差異を残すものだった。日本人の中には朝鮮人への優越意識から、朝鮮人を日本人と同じ氏名とすることに反発する動きがあり、これが実施過程で影響したようだ。

　著者は創氏改名が、朝鮮社会の家族制度を総督府が力づくで変えられると思い込んだ地点に生まれたと指摘している。でもそれは朝鮮人の反感や面従腹背の態度とともに、一部の日本人の反発も呼んだのである。強権的でありながら、どこか首尾一貫しないチグハグな創氏改名の実情を明らかにすることで、単純に同化政策とばかりはいえない、日本の支配の論理の特徴を考えさせる労作だ。

評・赤澤史朗（立命館大学教授）

みずの・なおき　50年生まれ。京都大人文科学研究所教授（朝鮮近代史）。

二〇〇八年五月四日⑦

『もう一回蹴りたかった』

望月重良 著

ぴあ・一四七〇円

ISBN9784835616902

ノンフィクション・評伝

　見た目の屈強さとは裏腹、プロスポーツ選手に身体の異変は付きもの。比較的最近では「エコノミークラス症候群との闘い」という副題を持つ高原直泰著『病とフットボール』が話題を呼んだ。そして本書もまた重い病を予感させるタイトルなのである。

　著者は1990年代後半のJリーグで活躍した元日本代表ミッドフィールダー。サッカーどころの清水に生まれ、小、中、高、大学の各段階で全国制覇を果たし、名古屋グランパス時代には天皇杯優勝歴もある。2000年10月にレバノンで行われたアジアカップ決勝、対サウジアラビア戦（1－0）では貴重な決勝ゴールを決めている。

　そんなサッカーエリートが2005年、31歳時点で「特発性大腿（だいたい）骨頭壊死（えし）症」の診断を下されてしまう。難病であることをひた隠しに隠しながら再起への執念を燃やす過程で望月は初めて「弱者のメンタリティー」にめざめる。横柄、生意気といわれたサッカーエリートが限界を悟り新たに指導者をめざす姿は、嵐が過ぎたあとに訪れる静穏そのもの。ヒーリング効果に近い読後感がもたらされた。

　蛇足になるが、美談以上の深みがあるのは渡辺達也の筆力によるところが大。表紙を見るだけでは共著の実体がわかりにくい本作りは、スポーツ関連書に多い悪習である。

評・佐山一郎（作家）

二〇〇八年五月四日⑧ 『脳は奇跡を起こす』

ノーマン・ドイジ 著　竹迫仁子 訳
講談社インターナショナル・一八九〇円
ISBN9784770040824
科学・生物／医学・福祉

脳研究は、まさしく日進月歩で、新発見が次々となされている。現代科学の初期にあった「脳は精密な機械のようなものだ」という考え方が、今日では塗り替えられつつある。機械は変化や成長をしないが、脳には可塑性があり自ら変わっていくものだということが分かってきたからだ。

本書では、精神科医である著者が脳の可塑性について研究しているパイオニアたちを取り上げつつ、彼らの専門分野から実例を披露している。

例えば、前庭器官の機能を失った人の舌に電気刺激を与えて、平衡感覚を取り戻させた事例。先天的な視覚障害者がものを「見える」ようになる装置。また、脳卒中で半身麻痺（まひ）になった人が復職し、旅やハイキングを楽しむまでになったとか、学習障害児が訓練で弱点を克服していく姿など、「奇跡的」事例が挙げられ、それらはすべて、自ら機能を修復していく脳の可塑性をうまく使ったからだということが解説されている。

精神分析を確立したフロイトが、もともと神経科学者で、彼の理論もニューロンの研究や脳の可塑性についての考察が土台になっているというのも興味深い。

脳が自らを再編していくものだと思うと、高齢化に向けて希望が湧（わ）く一方、脳についての謎はますます深まるようでもある。

評・常田景子（翻訳家）

二〇〇八年五月四日⑨ 『松本清張への召集令状』

森史朗 著
文春新書・九三五円
ISBN9784166606245
文芸

松本清張は私憤をよりどころにして公憤をさぐりあて、事実を精査して、それを巧みなフィクションに替えてつづる作風であった。個人的な恨みをそのまま作品化することは少なく、私小説風のリアリズムは好まなかった。

森史朗は松本清張担当の編集者として創作の現場に繁（しげ）く関（かか）わったライターであり、それだけに今述べた作風を実証的に述べてよどみがない。

松本清張は戦争の末期に応召し、最下級の兵士として理不尽な苦痛を強いられた。これこそ私憤を公憤に替えて訴えるにふさわしいテーマだが、この作者には弱者の恨みを伝える作品が多いわりには戦争を扱ったものは、むしろ少ない。それはなぜか?

その中にあって『遠い接近』は、まさしくこのテーマを執拗（しつよう）に描いた長編ミステリーだ。ほかにもいくつかあって、本書はこのあたりに広く目を配って作家の人と作品に迫っている。タイトルより内容は広く、清張研究として新しさも備えている。

『遠い接近』は、普通なら赤紙の来るはずのない30代の男が召集され、筆舌に尽くせない不幸にさらされる。
——なぜなんだ——
原因をつきとめ、自分の運命をもてあそんだ男に復讐（ふくしゅう）する。作家の個人的体験がどう変化していくか、創造の種あかしが見えて楽しい。

評・阿刀田高（作家）

『ビューティ・ジャンキー　美と若さを求めて暴走する整形中毒者たち』

アレックス・クチンスキー著　草鹿佐恵子訳

バジリコ・二一〇〇円
ISBN9784862380692

ノンフィクション・評伝

完璧な外見を求める欲望の果てには

「整形美人」に会ったことがある。

某整形病院の広告塔として、目、鼻、顎（あご）、胸、太腿（ふともも）、尻の全身を整形した彼女、日本人なのに顔は彫りの深いギリシャ風。でも挙措動作、喋（しゃべ）り方は、はちゃめちゃ。そのアンバランスに眩暈（めまい）がした。おまけに施術したアメリカ帰りの医者は、いささか調子が狂っていて、話の中身はカネ、カネ、カネ。ほとんどマネー・ジャンキーだった。

十数年前の話である。

こんなアブナイ世界が隆盛を誇る日がくるなんてあり得ない！　と思っていたけれど、美容整形市場はここ数年、世界的に拡大の一途にあるらしいのだ。

本書は、その拡大に向かって、目下、暴走状態にあるアメリカの美容整形ビジネスの実態と美に取り憑（つ）かれた人々をあまねく描いたノンフィクションである。

著者は、「ニューヨーク・タイムズ」の元記者、38歳の女性ジャーナリスト。周辺に取材対象者がいくらでもいるみたいで、顔に一本のシワも許せない弁護士男性とか、お尻から吸い取った脂肪を頬（ほお）や鼻の下に注入する管理職女性とか、南アフリカの「整形サファリツアー」に出掛ける大学教授女性とか次々登場する。この国のホワイトカラーの生態は、こういう事態なのかと、驚いたり、笑えたり、感心したりしてしまう。

さらに、美容整形ジャンキーを蔓延（まんえん）させているボトックス注射は、生物兵器のボツリヌス菌。その毒素で筋肉を麻痺（まひ）させ、しわひとつない陶器の肌にしちゃうとか。

ハリウッドの女優たちは、これにハマって、怒りの表情も作れない能面状態。おかげで整形と無縁の脇役中高年女優ばかりがなにかと忙しいのだとか。

ジャンキー予備軍だった著者の体験を含めた、実況中継さながらの美容整形現場のエピソードなどをちりばめ、詳細なデータや資料を駆使し、饒舌（じょうぜつ）な文体で書きまくっていく手法には、迫力がある。

形成外科から美容整形への歴史、治療事故の実例、美を煽（あお）るメディア、なぜアメリカ人はかくも外見にこだわるのか、情報満載のこの本で、美容整形の実態と諸問題を知り尽くした気分になる。

ともあれ、効率と生産性を価値とする社会は、他者からの評価が一瞬で下される。完璧

(かんぺき)な外見は、束(つか)の間の人間関係を繰り返し、勝ち組として生き残っていくための武器にいっそうなりつつある。

アメリカの現状は、いずれは日本社会の姿である。美容整形業界のこの隆盛は、確実に社会の価値観を変え、人間のアイデンティティーのありようもまた変質させてしまうにちがいない。

そのことによって、なにが喪(うしな)われていくのか、そのことをわたしたちは是とするのか否とするのか、なんだかもうお手上げよね、という思いもするけれど、著者がそうであったように、美と若さを求めるわが「内なる欲望」と向き合い、いま一度、それを検証せねばと思わせる一冊である。

(原題、BEAUTY JUNKIES)

評・久田恵(ノンフィクション作家)

Alex Kuczynski　ニューヨーク市在住。「ニューヨーク・タイムズ」紙の記者を経て、コラムニストに。ブリトニー・スピアーズ、仏教などのテーマでも執筆。

二〇〇八年五月一一日②

『米国はどこで道を誤ったか　資本主義の魂を取り戻すための戦い』

ジョン・C・ボーグル 著　瑞穂のりこ 訳

東洋経済新報社・二五二〇円
ISBN9784492443491

人文

倫理なき米資本主義を痛烈に批判

エンロン、アーサーアンダーセン、ワールドコム、そしてニューヨーク証券取引所での多数のスキャンダル。一般従業員平均報酬の280倍もの平均報酬を手にする最高経営責任者(CEO)たち。たしかにアメリカ資本主義は近年その倫理的威信を失った。本書はこのような最近のアメリカ資本主義に対する痛烈な批判である。

著者によれば、病理は三つに分けて分析できる。第一は、企業が経営者(マネジャー)の利益のために経営され、株主(オーナー)が犠牲になっていることである。その責任は、投資家を保護しなければならない公認会計士や取締役にある。

第二は投資のあり方にかかわる問題である。株は今や直接株主(依頼人)でなく仲介者(代理人)に保有されるようになった。50年前までほとんど存在しなかった機関投資家の株式所有は、こんにち株式全体の66％にまで達する。しかし、受託者を代表する義務を負うはずの投資機関は、受益者の正当な権利を無視している。こうした投資機関が長期的投資を疎(おろそ)かにして短期的投資に走り、利益相反行為にも手を出す。

第三の、はるかに深刻で規模が大きい問題が、ミューチュアルファンドのあり方だ。違法行為に手を出し、ファンドのマネジャーは投資家の利益より自らの利益を優先し、管理者ではなく商売人の役割に徹するようになっている。

著者によれば、これを是正するにはファンド投資家を代表する強力な取締役会を整備する必要があり、取締役会の信任義務を定める連邦法も必要である。何より、投資家に情報と知識と理念を提供できる態勢を整える必要がある。

本書を読むと、アメリカ資本主義が近年いかに変質したかに気づかざるを得ない。同時に資本主義の伝統的価値観である誠実、信頼といった倫理を取り戻す必要性も痛感される。著者にとって、まさにこれは原題の「資本主義の魂をめぐる闘争」なのである。

改革が成功するかはわからない。しかし改革は「可能」であると訴える著者の姿勢には共感を覚える。

(原題、THE BATTLE FOR THE SOUL OF CAPITALISM)

評・久保文明(東京大学教授)

John C. Bogle　米国最大の投信会社創始者。

『マーク・トウェインと日本　変貌するアメリカの象徴』

石原剛 著
彩流社・三六七五円
ISBN9784779113345
人文

原作の改変で悪童がヒーローにも

トム・ソーヤーやハックルベリー・フィンの魅力は、何よりもその自由さの中にあるだろう。彼らの生きる環境には、巨大洞窟（どうくつ）やミシシッピの大河などの広い空間があり、彼らは大人や教師の保護や管理に背いて、自分の知恵と力で行動するのである。

その物語を書いたマーク・トウェインは、明治中期以来１９９０年代まで約1世紀にわたって、日本では主に少年児童文学の作家として受容されてきた。しかしその受容には、独特の歪（ゆが）みが伴っていた。本書は彼の作品が日本で翻訳・翻案、そしてアニメ化された時に、原作がどのように改変されていったのかを検証したものである。

翻訳に当たってしばしば削除・訂正された大きな理由は、ハックルベリー・フィンやトム・ソーヤーが、嘘（うそ）をついたり他人を瞞（だま）したり、相当の悪童ぶりを発揮しているからである。これらの物語には社会や大人たちの偽善や愚かさを風刺する、トウェインの意図も込められていた。しかし日本には欧米にある悪童文学の伝統はなく、特に戦前の児童文学には道徳的な教訓を与えようとする傾向が強く、社会を批判する意識にも乏しかった。

興味深いのは敗戦後になって、ハックルベリー・フィンを街頭に溢（あふ）れていた戦災孤児の浮浪児と重ね合わせて見る観点が生じてきたことだ。悪口を吐き煙草（たばこ）を吸い、拘束される生活を徹底的に嫌い、それでいてエネルギーに溢れて独自の正義感を持つハックは、戦災孤児たちにそっくりだった。敗戦直後のアナーキーな状況の中で、初めてハックを矛盾に満ちた、しかし身近な存在として理解できるようになったのである。

これに対し90年代前半に製作されたアニメーションにおいては、原作ではハックが自分の中の黒人差別意識に突き当たって悩むのに、差別撤廃を唱える正義のヒーローに作り替えられ単純化されていたという。トウェインの作品の改変のされ方は、近代日本社会の児童観を映す鏡だったとも言える。本書はその1世紀にわたる変化を追った、注目すべき一冊である。

評・赤澤史朗（立命館大学教授）

いしはら・つよし　71年生まれ。早稲田大准教授（アメリカ文学、アメリカ文化）。

『アテネ　最期の輝き』

澤田典子 著
岩波書店・二九四〇円
ISBN9784000220415
歴史

アレクサンドロスの陰で花開く都市

古代ギリシャの知恵は現代に直結している。そこが他の古代文明とちがう。ギリシャ古典劇は今でもそのまま公演されているし、哲学は生きた英知として親しまれている。

そして民主主義だ。この淵源（えんげん）が古代ギリシャにあったことはよく知られている。本書は直接民主政治のすさまじさを語りながら……まったくの話、激しい論争のすえ排除されれば追放か死刑のうきめ、命がけの論客たちのエピソードを伝えて多彩である。

ＢＣ３３８年カイロネイアの戦いがあった。これはアテネやテーベなどギリシャの都市国家連合軍がマケドニアのフィリポス2世王と干戈（かんか）を交えて敗れた戦だった。テーベは過酷な支配にあえぎ、アテネはなぜか優遇され、快い小康状態が続いた。フィリポス王が暗殺され、アレクサンドロス大王の時代になってもこの状態は続き、大王の早世の後、あとめを争ったアンティパトロスの登場まで大きく変わることはなかった。

カイロネイアの戦い以前からアテネには親マケドニア派と反マケドニア派があって争っ

ていたのだが、小康の時代に入ると、こういう争いから離れて（圧倒的な支配の下ではそんな争いは無意味となり）アテネは民主政治の最期の輝きを享受した、というのが本書の主張である。

従来のヨーロッパ古代史が、カイロネイアの敗北でアテネの繁栄が終わり、アレクサンドロスの東征から一気にヘレニズムが地中海沿岸を覆ったと見るのに対し、これはそのあいまに十数年間ほど注目すべき情況があった、という内容だ。古代ギリシャ随一の雄弁家デモステネスの活躍と沈黙と影響、その他の雄弁家たち、良識家フォキオンの立場など、散逸した史料のすきまを埋めながら新しい考えを示して説得力がある。

学術的な著述だが、なにをどう語るか、筋道があらかじめ提示されているのでわかりやすい。最期の輝きに至る部分が詳説され、輝きそのものの説明が足りないようにも思った。

ともあれ強国のお目こぼしの下での民主政治、他人事（ひとごと）ではない。

評・阿刀田高（作家）

さわだ・のりこ　67年生まれ。静岡大准教授（古代ギリシャ・マケドニア史）。

二〇〇八年五月一一日⑥

『アラブ・ミュージック　その深遠なる魅力に迫る』

関口義人 編

東京堂出版・一八九〇円
ISBN9784490206289

人文／国際

未知の音楽空間にハマってみては

世界のさまざまな音楽が日本に入ってきて、最初は熱狂的ファンだけに支持されたものが、いつしか耳慣れて、私たちの日常的な音楽生活の一部になっている。その例外がまだあるとしたら、アラブ・ミュージックである。アラブの多様なジャンルの音楽に魅せられた10人の執筆者の、その面白さを少しでも日本に伝えたい、という思いが本書には詰まっている。

それぞれのハマリ方は、アラブ音楽に尽きせぬ楽しさがあることをよく物語っている。「フェイルーズへの旅」で、写真家の石田昌隆は、レバノンの歌姫フェイルーズの曲を初めて耳にしてから、ついに13年後にレバノンでの公演を生で聞くまでのアラブ音楽遍歴を語る。各地をめぐる求道の旅のようでもあって、迫力がある。

アルジェリアのポップ音楽「ライ」は、今ではフランスで、移民だけではなくフランス人にも人気があるという（粕谷祐己）。元来はモロッコの周辺的な民俗音楽「グナワ」は、毎年40万人が集まる音楽フェスティバルを開いている（サラーム海上）。カイロは今でも2億6千万人向けのアラブポップスの中心であるが、衛星テレビが多極化を促し、ポップスも多様化の時代を迎えている（中町信孝）。このようなことを知ると、どうやら未知の巨大な音楽空間があることがわかる。

カタカナの人名は初めはとっつきにくいかもしれないが、「モロッコのビートルズ」「砂漠のブルース」などとたとえられると、門外漢にも親近感が湧（わ）いてくる。

楽器の紹介と説明（若林忠宏）、トルコやイランの音楽の全体像（編者）などもあって、広がりのある案内となっている。古典的なアラブ音楽の見取り図を執筆している松田嘉子は、ウード奏者としても知られるようになってきた。ウードは西洋のリュートの基となった弦楽器で、巨大な半球形の胴体から、力強く美しい音色を響かせる。

本文中やディスクガイドでCDが紹介されているので、読後には、ぜひとも、実際の演奏と歌を聴いてみたくなる。

評・小杉泰（京都大学教授）

せきぐち・よしと　50年生まれ。音楽評論家。著書に『バルカン音楽ガイド』。

『アジアの国民国家構想　近代への投企と葛藤』

人文

久留島浩、趙景達 編
青木書店・二九四〇円
ISBN9784250208072

国民という意識を持つ人々からなる国民国家は、19世紀に生まれたものである。グローバリゼーションはそれを乗り越えようとしているように見える。だが今逆に国民国家が強化されている面もあり、その力は依然として強い。またこの間に、歴史学の分野で国民の研究も進んできた。そういう時、改めて19世紀に遡（さかのぼ）って国民国家の意義や限界を探りなおそうというのが、本書の狙いだ。

本書は、日本のほかに朝鮮、中国、ベトナム、トルコなどでの国民国家の構想を比較検討する論考からなっている。日本という国民国家の意義と限界を考えるにはアジアという範囲で考える必要があるという狙いが見える。

19世紀のアジア諸国において、大国主義的な国民国家の方向と、分権的・連邦的な小国主義的国民国家の方向とがあった。日本では前者がとられ、朝鮮や中国やベトナムなどでは、後者がかなりの力を持っていたにもかかわらず、結局はそれが失敗し植民地化されたというのが大筋である。

国民や国民国家の概念が著者の間で不ぞろいである点が気になる。「付論」で論じられているような国民国家についての基礎的な検討が事前にあるべきだったのではと思われる。ともかく、われわれが国民国家を根本から考え直すには必須の書であろう。

評・南塚信吾（法政大学教授）

『日本植民地建築論』

人文

西澤泰彦 著
名古屋大学出版会・六九三〇円
ISBN9784815805807

帝国の版図拡大とともに、日本の建築家たちは台湾や朝鮮、中国の租借地や鉄道経営地に活躍の場を求め、洋風建築やモダニズム建築の優れた作品を多く残した。

建築家に焦点をあてると、彼らの仕事は「日本の建築」の一部になる。対して活動場所でみると、それぞれの地域の建築物として評価されるべきものだ。そのあいまいさゆえに、「植民地建築」は十分に語られることがなかった。

この空白を埋めるべく、著者は20年を超えて研究を継続してきた。集大成である本書は、列強のコロニアル建築と比較し、同時代の世界の建築潮流のなかに日本の「植民地建築」を位置づけることで、日本のみならず東アジア各国の近代建築史学にとっても重要な見解と論点をいくつも示す。

以前、中国の東北地方をめぐった際、大連やハルビンなどで、かつて満鉄が建設した主要な建築が「保護建築」に指定されており、戦時下に日本が建設した建物をも地域の歴史を伝える文化遺産として保全と利活用がはかられている事例を、目のあたりにしたことを思い出す。

「植民地建築の存在は、絶えず日本と日本人に植民地支配を風化させないための信号を送っている」という結びの言葉に、著者の思いが集約されている。

評・橋爪紳也（建築史家）

二〇〇八年五月一一日⑨

『カラシニコフ自伝』

エレナ・ジョリー 著　山本知子 訳

朝日新書・七七七円
ISBN9784022732064　ノンフィクション・評伝

世界中に1億丁以上出回っているといわれるカラシニコフ自動小銃。その設計者からの聞き書き自伝である。本人は88歳で今も健在だ。

貧農の生まれで学歴はないが、機械いじりが大好きだった。1941年、戦車兵として対独戦で負傷する。その体験が自動小銃づくりの契機となった。

著名な技術者たちとの設計競争。故障を防ぐため構造をスカスカにし、部品を「まるで一つひとつが宙に浮いているかのように」設計する。そんなプロジェクトX物語も面白いが、さらに興味深いことがある。

私は新聞連載のため02～04年に3回本人に会い、生い立ちを取材した。ところが彼は、私に隠していたことがあった。11歳のとき、スターリンの富農追放でシベリア送りにされる。その生活に耐えられず、17歳の時に脱走する。それを黙っていたのだ。

この本で初めてその事実を語る。子供や孫たちにさえ怖くて話せなかった、開放の時代になったから明かすのだ、として。

にもかかわらず彼はゴルバチョフを嫌う。スターリンを評価し、社会主義時代を懐かしむ。たたき上げの職人がソ連の始まりから終わりまでをどう生活し、何を考えていたか。そんな読み方もできる本だ。

評・松本仁一（ジャーナリスト）

二〇〇八年五月一八日①

『かもめの日』

黒川創 著

新潮社・一六八〇円
ISBN9784104444038／9784101339818（新潮文庫）　文芸

かすかな心の叫びに耳をすませて

ソ連のガガーリンが人類初の有人宇宙飛行に成功したのは1961年、アメリカのアポロ11号が月面に降り立ったのは1969年――1960年代は、宇宙（と言葉）の時代だったのだと思う。

ガガーリンは、「地球は青かった」と言った。アポロ11号のアームストロング船長は「これは一人の人間にとっては小さな一歩だが、人類にとっては大きな飛躍だ」と言った。そして、1963年6月、女性初の宇宙飛行士ワレンチナ・テレシコワは、ヴォストーク6号から地球に向かって語りかける。

「わたしはかもめ」

その声を遠くに鳴り響かせつつ、この長編小説は幕を開ける。語り手は遠くにいる。上空からひとびとの営みを俯瞰（ふかん）し、水面に向かってすうっと下降するかもめさながら、その中の一点へと降りていき、小さなエピソードを語り終えるとまた空へと舞い上がる。

妻を亡くした作家、男たちに乱暴された少女、デパートの前のベンチで夜を明かした巨体の青年、FMラジオ局で働く男たち、女たち……一見ばらばらな人物や場面でも、じつは彼らにはかすかなつながりがある。ただし、語り手は、その関係に積極的に介入はしない。静かに見つめ、静かに語るだけだ。大空を旋回し、ときおり水面に降りて、登場人物よりむしろ読者の胸に小さな波紋を残して、再び空に戻る。その繰り返しである。

決して親切な小説ではない。だが、語り手のまなざしに寄り添って物語を読み進めていくと、しだいに、ひととひとがかすかなつながりを持ちながら生きていくことと、そのつながりの網目によってかたちづくられる世界――〈幸福と不幸が、いつでも混じりあっているような〉世界そのものが、たまらなく愛（いと）おしくなってくる。

さらに、そんな「まなざし」の美しい移動に文字通り目を奪われる一方で、僕たちの耳は登場人物の「声」も聴いている。

物語の中心になる舞台はラジオ局である。声のメディアである。それも、いったん信号に変換された声を、受信機が再び声に戻すという手続きを踏んだ声だ。作家の書くショートストーリーはラジオで朗読され、少女と青年は携帯のメールで言葉を交わす。いずれも信号として空を飛び、アンテナを持つ受け手のもとへと届けられて声に戻る。「わたしはかもめ」の一言で始まった物語は、無数のかすかな信号が空中で行き交う物語でもある。ひとは誰も、微弱で、ノイズ交じりの、ときには途切れがちにもなる信号を発している。それを受け止めてくれるパラボラアンテナがどこかにあることを信じて。

声を聞き取ること／聞き取ってもらえること――そのつながりこそを、本書は描いているのではないか。「わたしはかもめ」は人類史上初めて宇宙から届いた女性の声である。作家の妻の声は、少女の心の叫びは、誰に、どう聞き取ってもらえるのか。耳をすませて読んでいただきたい。かすかな声が聞こえてくるとき、僕たちもまた、つながりの世界の住人になっているはずなのだ。

評・重松清（作家）

くろかわ・そう　61年京都生まれ。作家、評論家。『もどろき』『イカロスの森』『明るい夜』『若冲の目』など。評論では『国境』、共著に『日米交換船』がある。

『ユダヤとイスラエルのあいだ　民族／国民のアポリア』

早尾貴紀 著

青土社・二七三〇円

ISBN9784791763948

人文／国際

建国と現在の矛盾に立ち向かいつつ

今年はイスラエル建国から60年にあたるそうだ。しかしめでたいと思う人があまりいないのは、パレスチナ領有をめぐる紛争がいまだ解決されぬどころか、一時は希望と見えたオスロ合意と、これに基づく和平プロセスが完全崩壊するに至って、出口の全然見えぬ状況にあるからだ。どうしてそうなってしまうのか？

これを政治史に即してではなく、ユダヤ民族国家として出発したイスラエルが抱える諸問題に限定してとりあげ、政治思想、政治理論の水準で論じたのが本書である。

著者の関心は、近代の「ナショナリズム運動のいわば臨界点で誕生したイスラエル国家」に、日本を含む国民国家がはらむ矛盾点を透かし見るとともに、それら矛盾に向き合った知識人たち、マルティン・ブーバー、ハンナ・アーレント、エドワード・サイードといった人々の思索を俎上（そじょう）にあげ分析することで、問題点を掘り下げるところにある。

離散（ディアスポラ）のユダヤ人が、ホロコーストの経験を経て国家を建設する。となれば、その国家は「ユダヤ人国家」でなければならないと同時に、非ユダヤ人を排斥し抑圧する国家であってはならない――矛盾の一つは、たとえばこれだ。もし一つの地域に住む、文化民族を異にする人々が共存する国家を目指すのなら、わざわざユダヤ人国家を作る必要はない。イスラエル人、パレスチナ人が別々の国家をなすのか、それとも二民族が共存する一国家の建設か。現実には前者の方向が勝利し、いまにいたるわけだが、そこに費やされた知識人の思索は、国境を越えて多数の人間が移動を開始した21世紀において、離散（ディアスポラ）の政治学として有効性を帯びつつあると、筆者はやや遠慮がちに主張する。

遠慮がちなのは、次のような声がたちまち聞こえてくるからだろう。現実政治の世界に置いてみれば、そんなものはただの知識人の玩具じゃないのか？　たしかにそうだ。そのことは十分に認めた上で、しかし日本という自分の場所で、自分たちの生の問題として、考えられるだけのことを考えようとする筆者の構えには共感できる。

評・奥泉光（作家）

はやお・たかのり　73年生まれ。編著に『ディアスポラと社会変容』など。

二〇〇八年五月一八日❸

『台湾外省人の現在　変容する国家とそのアイデンティティ』

ステファン・コルキュフ 著
上水流久彦、西村一之 訳
風響社・二六二五円
ISBN9784894891074
人文／国際

アイデンティティーの行方を考える

「台湾問題をどのように理解するか」という問いは地政学的にも歴史的にも日本にとって極めて重要である。また李登輝・陳水扁と続く「台湾化」の20年を経た後、外省人（第2次世界大戦後に中国各地から台湾に渡ってきた人々）2世の馬英九が3月の選挙で民進党候補に圧勝し、今月20日新総統に就任する。外省人による台湾統治の復活が、今後の台湾自身、中台関係、日本を含む東アジアの国際政治をどのように変えていくのか。かつて李登輝自身が「台湾人としての悲哀」と表現した台湾人アイデンティティーはどこへ行くのか。本書はこうした今日的問いを考えていくうえで極めてタイムリーなものとなった。

李登輝時代の90年代、台湾の政治情勢、政治システムは急激に変化し、新たな政治秩序が形成された。多くの外省人は李登輝の政治に強い不満を抱きながらも、台湾に「根を下ろす」（台湾化、本土化）度合いを強めた。アンケートによれば外省人の多数は今日においても中国人と台湾人を同一種族同一民族であり、台湾は中国の一部で、「両岸統一」は堅持すべき原則と考えている。が同時に台湾人とは異なるとも感じてきた。しかし近年では、「両岸統一のために台湾を犠牲にすることは絶対にできない」「伝統的中国文化は離れられないが、別れて暮らすことと関係を断絶することとは全く別のもの」といった考えも広がった。外省人は政治的困惑を引きずりながらも歴史的必然として「台湾化傾向」を強めていると著者は見る。「新台湾人」を前面に押し出した馬英九の圧勝は、外省人と本省人の重なり始めた台湾化の政治的表出といえるかもしれない。

著者はフランスの気鋭の台湾研究者で、「外省人にとって台湾とは何か」という問いにチャレンジするため、5年間にわたる台湾での研究を踏まえ、自ら実施した膨大なアンケートの結果の分析などを通して進めた研究の成果である。よくある幾つかのインタビューの収録、体験談、新聞や研究機関の世論調査を集めたものではなく、学術的に質の高い書となっている。

評・天児慧（早稲田大学教授）

Stéphane Corcuff　71年生まれ。リヨン政治学院准教授。

二〇〇八年五月一八日❹

『都市計画の世界史』

日端康雄 著
講談社現代新書・一〇五〇円
ISBN9784062879323
人文／新書／国際

街の姿に見える思想や権力の強弱

ギリシャとローマ。パリとロンドン。比べてみたらおもしろい。そんな楽しみ方がこの本にもある。

古代ギリシャの都市は、もともと「不規則な小径（こみち）でできた迷路」の街だったが、持ち前の幾何学を生かした碁盤目の街割りが現れる。設計の立役者はヒッポダモス。建物や広場からなる「街区」を並べていく格子模様だった。

一方、ローマ時代は「互いに直交している道路のパターンが第一の必要条件」で、街区は二の次になったという。

同じ碁盤目でも、浮かび上がる図柄が反転する。街づくりの思想の違いだろうか。

欧州では17世紀ごろから、古代以来の歴史を刻む街が大胆に塗りかえられていく。「バロック都市」の登場だ。「はじめて意識的な都市計画が行われ」たのである。

象徴はパリの大通りだ。「長いヴィスタ」（見通しのよさ）に強い意志が感じられる。それをかなえたのは国王や皇帝の権力だった。

ロンドンでも17世紀の大火後、シティー界隈（かいわい）にウィスタをもたらす再開発構想がもちあがるが、抵抗に遭ってほとんど挫折した。君主制のもとで緩やかに市民社会を醸成した英国の歴史が、曲がりくねったロンドンの街並みに映し出されているようだ。

歴史として楽しく読めるのはそのくらいまで。産業革命以降、社会のひずみと向き合う街づくりの動きが強まる。

英国の田園都市運動は世界に広まるが、多くは「田園都市というより田園郊外」だった。自立にほど遠い、大都市の衛星である。裏を返せば、大都市の苦悩を和らげるには郊外という白いキャンバスに理想郷の絵を描くしかなかったともいえるだろう。

今日につながる話では、街の質を守り、高めるための法制度や大都市の成長を制御する政策などが語られる。

だが、すでにキャンバスが塗り込められた大都市の再生は至難の業だ。たとえば街なかの廃校跡など、ミクロの余白を変えていく。その結果、いつのまにかマクロが一変している。そんな息長い街づくりができればよいのだが。

本を閉じて、そう思った。

評・尾関章（本社論説委員）

ひばた・やすお　43年生まれ。慶応大学名誉教授（都市計画）。

『政局から政策へ　日本政治の成熟と転換』

飯尾潤 著

NTT出版・二四一五円
ISBN9784757140943

政治／人文

「政治改革」で政治はよくなったのか

はたして日本の政治はよくなったのか。難しい問いである。よくなったと言い切るには勇気がいる。しかし、それが本書の基本的な立場である。最近二十数年間の日本政治を振り返り、選挙制度改革や内閣機能の強化などの「政治改革」の流れを肯定的に評価する。

著者によると、わが国の政治は議院内閣制ならぬ官僚内閣制によって統治されており、55年体制も「経済自立人」ではなく「行政依存人」のための政治体制であった。内閣の主体は官僚制を内実とする各省庁にあり、政策運営の第一義的担い手は各省庁であった。中選挙区制の下、政権交代なき政党政治において、政治は「政局」を中心に展開され「政策」は付け足しであった。

ところが、小選挙区制の導入およびその他の改革によって、選挙区での投票によって首相を選ぶ方向に有権者の意識が変わり、日本の政治は大きく変わり始めた。その画期となったのが05年の郵政解散である。有権者と首相が直結し、それによって大きく政治が動いた。小泉内閣の下、官僚内閣制から議院内閣制本来の姿に変貌（へんぼう）し、政治といえば政局という常識が崩れた。政策は官僚に任せる政治から、政局を起こすにも政策、それも個別政策ではなく、一定の（例えば経済自立人的）価値観に立脚した政策体系の提示が必要になった。これが著者の主張である。

しかし、アメリカの（やや行き過ぎとも思われる）固定化した政党対立と比較すると、わが国の政党は指導者も含めて、政策体系を支える基本的価値観の次元で無原則的な揺れが大きく、改革の政党が突如行政依存人の政党になる（あるいはその逆）。政党が提示する政策体系と有権者との安定した結びつきがまだ弱いのではないか。とりわけ政党には原則、信念、一貫性を重視する姿勢が弱い。このあたりが、日本政治の質をさらに高めていくための次なる課題では、とも思われる。

良質の政治評論は少ない。その中にあって本書は近年のわが国政治の軌跡を骨太に理解するのに格好の書である。

評・久保文明（東京大学教授）

いいお・じゅん　62年生まれ。政策研究大学院大学教授（現代日本政治論）。

二〇〇八年五月一八日❻

『戦争と民衆　イラクで何が起きたのか』

小倉孝保 著

毎日新聞社・一七八五円
ISBN9784620318646

『アンディとマルワ』

ユルゲン・トーデンヘーファー 著　平野卿子 訳

岩波書店・一七八五円
ISBN9784000220408

ノンフィクション・評伝／国際

なぜ、平穏な暮らしを奪われたのか

新聞の読者が記者に期待しているのは、論文や評論などではなく、読者が行けない現場からの生々しい報告なのではないだろうか。

『戦争と民衆』の著者は新聞記者だが、治安の崩壊したイラクにひたすら通いつづける。イラク戦争がイラクの人々に何をもたらしたか、それを現地から報告するために。

著者自身がハイウエー強盗に襲われた。覆面の男たちに車をとめられ、銃を突きつけられる。小さな娘の顔が頭に浮かび、死にたくないと思う。そのときふと、銃を構える男の手が震えているのに気がつく。素人の強盗だ。

平凡に暮らしていた市民を強盗に変えてしまう。イラクをそんな国にしたのはだれなのか。著者の体験を通じて、読者は明確に理解する。

米軍の支配にイラク大衆の反発は強まっている。米軍に攻撃をしかけているのは、アルカイダなどより、生活を破壊されて怒る大衆なのだと著者は感じている。

『アンディとマルワ』は同じテーマを、戦死した米兵と負傷したイラク人少女に焦点を当てて掘り下げている。著者はドイツの保守政党「キリスト教民主同盟」（CDU）のスポークスマンだった政治家だ。

ヒスパニック系の米人高校生アンディは18歳。景品の重量挙げ用グラブがほしくて海兵隊の資料請求をする。しかし家にやってきたのは徴募官だった。

訓練後、予備兵にもかかわらず最前線に送られ、バグダッド陥落2日前の03年4月7日、砲弾に吹き飛ばされる。同じ日、12歳のイラク人少女マルワは自宅前にクラスター爆弾が落ち、右足を失った。

著者はバグダッドに行ってマルワに会い、米国を訪れてアンディの家族に会う。そして、なぜ彼らがそんな目に遭わなければならなかったかと問いかける。

イラク戦争の開戦から5年がたった。ブッシュ大統領は、状況は改善されつつあると語る。しかし当のイラク駐留米軍司令官が4月、米軍の撤退は中断すべきだと提言した。どちらが真実か。この2冊だけからも明らかだ。

（原題、Andy und Marwa : Zwei Kinder und der Krieg）

評・松本仁一（ジャーナリスト）

Jürgen Todenhöfer

二〇〇八年五月一八日❾

『光源氏が愛した王朝ブランド品』

河添房江 著

角川選書・一五七五円
ISBN9784047034204

文芸

エルメスのバッグやシャネルのスーツ、バカラのグラス……。舶来ものブランド品は、今もセレブたちのステータスシンボルだけれど、1千年も昔、源氏物語の時代からずっとそうであったとは。

平安朝のセレブ、あの貴公子光源氏もブランド好きで、女性の気を惹（ひ）くために、なにかと高価な舶来物をプレゼントしていたなどと知ると、遠い王朝物語がにわかに身近に感じられてくる。

本書によれば、当時の舶来ブランド品は、唐物と呼ばれていたそうで、その種類はなんとも多彩だ。

陶磁器、瑠璃壺（るりつぼ）（ガラス器）、香料、織物、調度品、さらにロシアン・セーブルなどの高級毛皮や孔雀（くじゃく）や猫、鸚鵡（おうむ）のペットまで。

源氏物語の世界には、この舶来ものの描写が多くちりばめられていて、それが作品をいっそう華やかなものにしているとのこと。

思えば、源氏物語は、当時の読者にとっては、まさしく現代小説。秘色の青磁器とあれば、それがどんな色で、どんな高価なものか

とか、登場人物のファッションが流行遅れか先端かなどなど、たちまち分かって、さぞかし興奮をそそられたに違いない。

　私も源氏物語を同時代の読者として読んでみたかったものだ、と思う。

評・久田恵（ノンフィクション作家）

『欧米人の見た開国期日本　異文化としての庶民生活』

石川榮吉 著

風響社・二六二五円
ISBN9784894891210

歴史／人文

こう見えていた140年前の日本人

　キリスト教文明社会の人々、中でも外交官・軍人・学者などの知識階級が、国際社会への開国、文明社会への教化を使命として日本を訪問・滞在した時の、公務記録、日記・旅行記は、日本社会の過去についての知識を再確認させてくれると共に、あるいは覆し正してくれる。または、それらは、私たちに偏見・差別、誤解・誤認だとの反発も起こさせる。

　石川榮吉は、オセアニア・インドネシア社会調査、ポリネシア史、日本人のオセアニア観・ヨーロッパ観の研究を進めた社会人類学者である。石川は、17世紀末にオランダ商館の医師として滞在したケンペル、19世紀のシーボルト、ペリー、ハリス、オールコック、アーネスト・サトウ、東大で動物学を講じたモースなどの40の記録を網羅し、欧米人の見た近世・維新期、明治前期の日本を紹介する。また、明治11年に東京から北海道まで旅行した英国のイザベラ・バードの旅行記、勝海舟の三男梅太郎の妻となったクララ・ホイットニーの日記など、女性の視点も紹介する。

　1863〜64年に修好通商条約締結のために滞在したスイスのアンベールは、日本人の容姿の印象を、身体は中ぐらい、頭でっかち、胴長短足、顔は扁平（へんぺい）で眼窩（がんか）浅く吊（つ）り目、頬（ほお）骨突出、出っ歯、皮膚はオリーブ色の混ざった褐色と記している。一瞬、この観察は、若者は別として、今の自分たち熟年世代を観察する欧米人のものかなとも思ってしまう。

　ただし、上流階級の女性には抜けるほど色白の者も見受けられたとのこと。また、開国期に来日した欧米人の男性の多くは、日本娘の美しさを礼賛したという。一方、江戸時代、女性は結婚すると眉を剃（そ）り落としお歯黒にするので、娘や未婚者とは容貌（ようぼう）がまるで異なってしまい、彼らには美しいとは評されていなかったという。私たちが時代劇で見る男女の風貌（ふうぼう）・姿は、時代考証を得て化粧し結髪し装ったものではあるが、現代人が演じている限り、当時の欧米人が見た日本人とはだいぶ雰囲気が異なっているのかも知れない。

　日本人の風呂好きも彼らには異様だった。江戸に限らず下田などでも、銭湯では男女混浴が普通に見られた。混浴禁止の町触れは江戸でも度々出されていたのだが。暑い夏の日、男は褌（ふんどし）、女は腰巻きの庶民の半裸姿も、彼らの道徳意識からは批判されるべき習俗だった。だが、欧米人の中にも、羞恥（しゅうち）心とは社会制度であり、「一国民を描くには、まず彼らの内的生活――いかに行動し、考え、かつ彼らの家庭関係が何であり、彼らの美徳と悪徳が何であるか――を知らなければならぬ」（パンペリー日本踏査紀行）との正しい指摘はあった。

異文化理解は、開国期に来日した欧米人の課題であったばかりではない。それは、欧米文化の受容による変貌（へんぼう）とアジアとの関（かか）わりを経験した我々の、複合民族社会化の兆しのもと、グローバル化の時代における、他者認識のあり方の問題でもある。いや、難しい課題は別として、酒と刺し身、草履と下駄（げた）、扇子と懐紙、畳や枕、昔の文化を改めて知りたくなるのがこの本である。

評・石上英一（東京大学教授）

いしかわ・えいきち　1925～2005年。首都大学東京（東京都立大）名誉教授（社会人類学、オセアニア民族学）。『南太平洋物語』で毎日出版文化賞。

二〇〇八年五月二五日②

『東京島』

桐野夏生 著

新潮社・一四七〇円
ISBN9784104667024／9784101306360（新潮文庫）文芸

リアリズムも超越した不敵な野心作

一作ごとに話題を集める作者の新刊である。「無人島への漂着」という古典的なモチーフを、現代文学においてどう料理してみせるのか？

那覇港を出帆したクルーザーがほどなく難破、一組の夫婦が見知らぬ無人島に流れつく。3カ月後には、離島でのきついバイトから逃げてきたフリーターが23人、その後には日本への密航中に捨てられた中国人が10人余り、漂着して自給自足の生活を始める。唯一の女性がセックスの力で島に君臨し、リーダーが入れ替わり、中国勢との対立や裏切りがあり、かくして救出を待って5年、女は父親の定まらない子を孕（はら）む。

18世紀の『ロビンソン・クルーソー』は、無人島の自然と生活を克明に描写して、近代リアリズム文学の起点となった。『東京島』はそれへの挑戦状かもしれない。片方だけ残った靴を描いて持ち主の死を表現した『クルーソー』のリアリズムに対し、本作は止まった腕時計が「喪失」を暗示したりするものの、作品の主眼は現実の「リアルな」描写にはない。船は冒頭であっというまにバラバラになり、人は崖（がけ）から転落すると次には白骨化している。無人島作品が必ず直面する文字の筆記手段の問題にしても、島に唯一の帳面をめぐって「紙と言葉の物語」が展開しかけるが、作者はそんな約束事をも悠々と覆してしまう。

さりとて『蝿（はえ）の王』さながらのサバイバル劇かといえば、島には食物が豊富で、日本の若者たちはアクセサリー作りなどをゆるゆるやっている。舞台は無人島ながら、そこに描かれるのは作者が得意とする都市型の底辺生活なのだ。

凡庸な小説であれば、リアリティーを云々（うんぬん）されかねない。ところが、『東京島』はリアリズムなんてものを振り落とさんばかりの力で突き進む。しまいには、桐野夏生と近代リアリズムの一騎打ちの様相すら呈してくる気がしてゾクゾクした。本作の魅力と凄（すご）みは現代ノベルのそれというより、始めのテイル（tale）のものなのだ。この存在感をリアルと言わずになんと言おう。またも不敵な野心作が登場した。

評・鴻巣友季子（翻訳家）

きりの・なつお　51年生まれ。作家。『柔らかな頬（ほほ）』で直木賞。『メタボラ』ほか。

二〇〇八年五月二五日③

『ワークライフシナジー　生活と仕事の〈相互作用〉が変える企業社会』

大沢真知子 著
岩波書店・二三一〇円
ISBN9784000257640
社会

バランスとれた相乗効果を考える

海外から日本に帰国した時などに特に感じることとして、街を歩く人々の表情が非常に暗く（特に大都市）、疲れて見えるということがある。「仕事と生活のバランス」というテーマは、ある意味で現在の日本人すべてにとっての課題といえるだろう。

本書は、前著『ワークライフバランス社会へ』での著者の議論を一歩進める形で、なぜ「ワークライフバランス」が日本においてなかなか定着しないかの要因を探るとともに、浸透のための対応策を具体例とともに提示し、これらを通じて「ワークライフシナジー（仕事と生活の相互作用・相乗効果）」という新たな考え方を提案するものだ。

本書が打ち出している特徴的な視点として以下の三つがある。第一に、「労働時間が短い国のほうが労働生産性が高い」という論点を積極的に示していること。第二に、かといって「ワークライフバランスは〝生産性向上に寄与するから〟重要だ」という議論に終わるのではなく、「足るを知る」ことといった、人々の価値観そのものの転換について論を展開していること。第三に、「ワークライフバランスはストレスマネジメント」という指摘に示されるように、労働あるいは働き方とストレスの関係という、これまで日本で十分に論じられてこなかった視点を重視していること（私は日本人の最大の健康阻害要因は労働のあり方にあると考えている）。全体を通じ、著者自身の個人的な経験も多く盛り込まれていて読みやすい。

以上のような本書の価値を十分確認した上で半ばないものねだり的なコメントを行うとすれば、①一方での過労、ワーキングプアと他方での失業、ニートという二極化など「分配」をめぐる課題にどう対応していくか、②問題の根本原因として現在の先進諸国の〝供給（生産）過剰〟という構造があるとすれば、本書の議論の延長には労働の問題にとどまらず、「労働生産性から環境効率性（少ない資源消費で生産）へ」といった、環境までも視野に入れたより大きな社会ビジョンが展望されるのではないか。

評・広井良典（千葉大学教授）

おおさわ・まちこ　52年生まれ。日本女子大人間社会学部教授（労働経済学）。

二〇〇八年五月二五日④

『大いなる看取り　山谷のホスピスで生きる人びと』

中村智志 著
新潮社・一六八〇円
ISBN9784103067016／9784101301815（新潮文庫）
ノンフィクション・評伝

最後の安らぎに波乱の人生も蘇る

耳を傾けて聞く人がいて、はじめて語られる人生というものがある。

そこは東京都台東区。かつてのドヤ街、山谷（さんや）の真ん中に02年秋に開設された「きぼうのいえ」でのこと。

人生の終末期を迎えた三十人前後の入居者とスタッフ二十数人、看取（みと）られるものと看取るものが、共にいまを懸命に生きている現場である。

著者は、この「きぼうのいえ」に通いつめ、この場にかかわる人たちが、さまざまに歩んできた人生を丁寧に、誠実に、聞き取っていく。

息子夫婦との確執から家を出た元ホームレスの女性、シベリア抑留体験者、肺がん末期の元料理人、元やくざ、七三一部隊所属の過去を抱えたまま生き続けた人……。

いずれも変転する人生を送り、社会から零（こぼ）れ落ち、路上生活の果てに、あるいは病気で余命宣告を受け、福祉事務所経由で「きぼうのいえ」にたどりついてきた人たちである。多くは、故郷を遠く離れ、家族との絆(きずな)も切れている。けれど、山谷のホスピスと呼ばれるこの場で、人の温かさに触れ、安心を得るのである。

そこは、施設を開設した山本雅基、美恵夫妻が「最後に与えられた時間に、それぞれの人がその人らしく生き直す『座』を獲得するお手伝い」という哲学を持って、運営している場所なのである。

この格差社会の最底辺の場に、お金で買うことのできない志を持った看取りの場が生まれていることに、まずは感慨を覚えずにいられない。

そして、思う。

渦中にあった時は、どんなにかつらかったであろう人生も、最後に「安らぎ」を得れば、波瀾(はらん)万丈の武勇伝となる。聞く人を得て、過去の記憶はいきいきと蘇(よみがえ)る。

本書の著者には、路上生活者の人生を聞き取った『段ボールハウスで見る夢』という作品もあるが、記録しなければ、消え去ってしまう無名の人の人生を、落ち穂拾いのように書き綴(つづ)っていく手法に、打たれる。

それはノンフィクションの書き手のひとつの使命でもあるにちがいない。

評・久田恵(ノンフィクション作家)

なかむら・さとし 64年生まれ。週刊朝日編集部員。『新宿ホームレスの歌』など。

二〇〇八年五月二五日⑤

『子どもの貧困　子ども時代のしあわせ平等のために』

浅井春夫、松本伊智朗、湯澤直美 編

明石書店・二四一五円
ISBN9784750327556

社会

スタートからの格差を克服するには

この論文集が扱っているのは、掛け値なしに重要で目を背けることのできない主題である。著者らによれば、未婚の子を含む世帯の貧困率は約15％、とくにひとり親世帯で高く、また1990年代後半から増加している。

執筆陣には、児童福祉研究者のほか、児童養護施設や婦人保護施設など、福祉の実践者が名を連ねる。現場からの報告は、保育料滞納問題、虐待のハイリスク要因としての貧困等を取り上げており、貧困に起因する諸問題の広がりをあらためて痛感させる。

私自身、近年、教育格差に関心を有するため、この本の企図を貴重だと思う。現代社会は業績に応じて富が配分されることを正当だと認める社会である。競争の結果として富の不平等が生まれるのは当然の帰結に過ぎない。にもかかわらずなぜ、子どもの貧困は、注視されねばならないのか。だれにでも機会が開かれた競争という業績主義社会を支える「公正」の前提が、子どもの貧困の存在によって容易に突き崩されてしまうからだ。子どもの貧困は、富の格差が子世代へと再生産され、人生のスタートラインにおいて機会がけっして平等に開かれているわけではないことを端的に示すからである。

この本の読者は、貧困という現実を生きることを、自己責任からではなく余儀なくされた子どもたちの存在を目の当たりにし、彼らを生み続ける社会構造に対して怒りを共有するだろう。「貧困は見ようとしないと見えない」。それを見せてくれる点に本書の最大の貢献がある。

だが問題は、その次の問いにある。なにをなすべきか。

前政権は再チャレンジ可能な社会の建設を目標に掲げたが、焦眉(しょうび)の急は再チャレンジ以前にある。編者のひとり浅井春夫は、いまの社会福祉政策が子どもの貧困を克服する方向ではなく貧困児童の排除政策の色彩を強めていることを憂う。とくに重要なのは、表面上の機会均等ではなく実効的な機会の均等を保障するために、貧困層を手厚く支援する「積極的格差」原則の提案である。政策転換を期待したい。

評・耳塚寛明(お茶の水女子大学教授)

あさい・はるお、まつもと・いちろう、ゆざわ・なおみ

二〇〇八年五月二五日⑦

『偏屈老人の銀幕茫々』

石堂淑朗 著

筑摩書房・一九九五円　ISBN9784480873583　文芸

〝枯れない老人〟という一群の人々がいる。齢（よわい）70半ばを超え、脳梗塞（こうそく）と心筋梗塞という二つの大病に襲われ、普通なら生への欲求も尽き果てるところを、まだくたばらんぞとギラギラした執着を見せながら周囲を睥睨（へいげい）している老人といったおもむきが、本書の著者、石堂淑朗にはある。

一応表向きには、「私の文筆の仕事は本書で終わりました。後は冥界で実相寺昭雄や今村昌平と会うだけです」と生への未練のなさを表明しているものの、書かれている内容は、亡友への追慕にからめて、若い日々の悶々（もんもん）とした性欲との闘いを、露悪的なまで饒舌（じょうぜつ）に語る〝性〟春記だ。

その記憶力に驚嘆すると共に、ここまで過去の性体験にこだわるのは、いまだこの著者の体内に、その欲望が尽きていない証拠ではないかと読み進みながら思っていたのだが、案の定、本書の元となった雑誌連載の最終回は、心筋梗塞で入院した病院の若い看護師嬢との交合を夢に見る話なのである。本書や、前後して出た団鬼六の『我、老いてなお快楽を求めん』（講談社）などを読んで思うのはこの世代の人々が、性を仲介にして人生の晩期までなお、社会にコミットし続けようとする、その執着力の凄（すさ）まじさだ。それに圧倒され、自分などまだまだ小僧っ子だな、と再認識してしまうのである。　評・唐沢俊一（作家）

二〇〇八年五月二五日⑧

『フタバスズキリュウ発掘物語』

長谷川善和 著

化学同人・一四七〇円　ISBN9784759813142　科学・生物

1968年、いわき市の高校生が川岸で複数の化石を発見し、国立科学博物館へ連絡した。後にフタバスズキリュウと名づけられたこの化石はブームを起こし、藤子・F・不二雄のマンガ『のび太の恐竜』のモチーフともなった。いま日本でこの名を知らない子どもはいないだろう。

科博でこの発掘の先頭に立ってきた著者は、最初に現場に足を踏み入れたときからひとつ、またひとつと重要な化石を見つけ出し、そして骨格を復元してゆくまでのドラマを実に丹念に綴（つづ）っている。その筆致は静かな情熱と気配りの利いた学者のもので、読者は積み重ねられた長い年月を著者と共に追体験する。

本書は『のび太の恐竜』に一度も言及しない。骨盤のかたちからフタバスズキリュウは陸に上がれなかった可能性や、卵生ではなく胎生であった可能性を示唆する。それどころか読者の夢を壊さないよう配慮しながら、しかしフタバスズキリュウが恐竜のグループではないこともきちんと押さえる。そして後年ついに日本で恐竜化石が発見されるまでを描くのだ。その誠実さにロマンを感じる。

映画『のび太の恐竜』のリメーク版が公開された2006年、ようやくフタバスズキリュウの論文が発表され、学名が与えられる。読み終えて38年分の熱い吐息をついた。　評・瀬名秀明（作家）

二〇〇八年五月二五日⑨

『ブータンに魅せられて』

今枝由郎 著

岩波新書・七七七円　ISBN9784004311201　新書／国際

しきりとチベット問題が話題になっているが、チベット仏教文化圏は非常に広い。中でもブータンには、チベット仏教の伝統が色濃く残されている。著者はそれに惹（ひ）かれてブータンを訪れ、政府の顧問として10年も滞在し、その後もこのヒマラヤの高地の国と深くかかわってきた。

それにしても、著者が最初に訪問を企てた30年前のブータンは鎖国中で、有力なツテがあっても3年近くかかってようやく入国できたというから、その徹底ぶりには驚く。

今でもブータンは出入国管理が厳しく、観光客の流れさえも徹底して抑制している。美しい自然と仏教文化に根ざした社会を守ることを国是として、GNP（国民総生産）ではなくGNH（国民総幸福）をめざしてきた。世界中が開発に毒されている昨今、これはブータンの賢明な生き残り策と言える。本書には、暮らしに根付いた仏教について、興味深い記述も多い。

さらに、先代の国王による上からの民主化と自主的な譲位を描いている。時代を先取した国王への著者のまなざしは、個人的な交わりのゆえもあり温かい。

実は評者の勤め先でも、ブータン人の留学生が帰国中に、民主化の中で上院議員として今春当選した。新時代のブータンと日本のいっそうの交流を望みたい。　評・小杉泰（京都大学教授）

二〇〇八年六月一日②

『対称性』

レオン・レーダーマン、クリストファー・ヒル 著
小林茂樹 訳
白揚社・三三六〇円
ISBN9784826901444

科学・生物

物理学者を裏切らない「対称」の魔力

ファッションにワンショルダーという言葉がある。でも両肩を意味するボースショルダーズは、あまり聞かない。片方だから特別なのだ。

人はみな、対称になじんでいる。だが、「なじむ」の域を超えて魅せられた人々もいる。物理学者である。この本は、その魔力を見せつける。

鏡に映しても同じ、という左右対称だけを思い描いてはいけない。ずらすなり回すなり、なにか操作をしても元通りなら対称だ。物理学では、時や所などを変えても同じ法則が成り立つことをいう。

著者が敬意を払うのは、ドイツの数学者エミー・ネーターの仕事である。彼女が1910年代に証明した定理は、対称性が自然界の「保存則」に直結していることを示した。これを「現代物理学の発展を導く上で、これまでに証明された最も重要な数学の定理の一つ」と位置づける。

たとえば、エネルギーの保存則。なにごともゼロサム、というおきてだ。これは、時が移っても法則は不変、という対称性の帰結にほかならない。そうか、対称の魔力の源はこれだったのか。

最強の対称性は、20世紀に量子力学によって花開いた。

「ゲージ対称性」である。量子力学の数式には、じかに観測できない陰の部分があり、その物差しを変えてもよいと考える。このための帳尻合わせとして表出したものが物理世界の力らしい。「今ではすべての力がゲージ対称性によって支配されていることがわかっている」という。

まず、対称ありき。素粒子の顔ぶれも対称性ドラマの配役にすぎない。このドラマに欠かせない役柄の粒子を理論物理学者が予言し、それを実験物理学者が探す。そして実際に見つけてきた。

巨費をかけて造る加速器も対称のための粒子発見をめざす。対称性は、納税者にも無縁ではないのである。

宇宙はもともと対称との見立ては、今のところ物理学者を大筋では裏切っていない。だが、土壇場で大きくひっくり返りはしないか。もしかして、宇宙はワンショルダーが好きかもしれない。そんな皮肉も言ってみたくなる。

（原題、Symmetry and The Beautiful Universe）

評・尾関章（本社論説委員）

Leon M. Lederman　実験物理学者。
Christopher T. Hill　理論物理学者。

二〇〇八年六月一日③

『町人学者　産学連携の祖　浅田常三郎評伝』

増田美香子 編
毎日新聞社・一六八〇円
ISBN9784620318745

文芸

社会に役立つ学問を貫いた学者人生

「産学連携」を唱える経営者や大学関係者は、なにはともあれ本書に目を通すべきだ。学問が社会に貢献するとはいかなることか。その本質を物理学者浅田常三郎の人生に学んで欲しい。

大阪大学教授に就任した浅田は、戦時下にあって焼夷（しょうい）弾の被害を最小限に抑える消火法を研究、また広島に投下された新型爆弾が核兵器かどうかを科学的に実証する。戦後は、エネルギー効率の高い蛍光灯、金属チタン精錬法、人工降雨技術などを研究する。いずれも物理学を「象牙の塔」に押しこめず、学術成果を世に役立てることを念頭に置いたものだ。

敗戦直後の苦労談に感心する。大空襲で焼き尽くされた大阪の街を研究室の学生たちが歩きまわり、廃材を拾い集めた。放棄されていた柱上変圧器から取り出した材料で、強力なX線を放出するベータトロンをつくりあげた。仏像など文化財の内部を透視撮影、美術史の研究方法に新境地を開く。次に溶接個所

のある輸出品の検査に応用した。今日、空港にある金属探知機などにつながる技術なのだそうだ。

高名な学究者でありながら、人柄は気さくであった。講義も親しみやすい大阪弁だ。たとえば「周期二秒で振動していると仮定すると」と語るところが、「二秒おきにあっちゃこっちゃ振れてると思うとくなはれ」となる。

「それ、なんでだんねん?」が浅田の口癖であった。会話のなかで、わずかでも疑問が生じると、間髪を入れず誰にでも問いかけた。彼の純粋な疑問が、しばしば新しい発見につながった。凡人が気づかない課題を見いだす嗅覚(きゅうかく)にたけていたそうだ。

腰は低いが権力に媚(こ)びを売ることなく、社会に役立ちたいという思いから、真摯(しんし)に学術に向き合う。その姿勢と気骨に、誰もが尊敬の念を抱くはずだ。門下からソニーの創業者盛田昭夫、ゴルフクラブの開発や株式投資に物理学を応用した増田正美をはじめ、そうそうたる才能が輩出したのもうなずける。「町人学者」という表題は、浅田への最高の賛辞だ。

評・橋爪紳也(建築史家)

著者は浅田氏の弟子の板倉哲郎、更田豊治郎、住田健二、北川通治、岡田健各氏。

『イラクは食べる 革命と日常の風景』

酒井啓子 著

岩波新書・八一九円
ISBN9784004311256

新書/国際

混迷は極まり、戦火の暮らしは続く

イラクをめぐるニュースは、戦闘やテロなど悲しいものが多い。治安も経済状態も悪く、人口2500万人の1割が国外難民、ほぼ同数が国内難民化している。豊かな農業と産油国のおもかげは、とっくにない。しかし、それでも日常の暮らしは続く。

人々の生活の中で一番大事なものは、日々の食べ物であろう。日本におけるイラク研究の第一人者による新著は、最近の4年間の政治状況を鋭く分析することを縦軸として、横軸では食にまつわるイラクの文化と社会を生き生きと描き出している。前作『イラク 戦争と占領』の続編となるが、料理やお菓子の写真とレシピも掲載され、ユニークな作りの中に貴重な情報が満載されている。

冒頭から、川魚を焼いたマスグーフ料理が登場する。素材はチグリス川でとれる巨大なコイの一種で、それを背開きにして、薪でおこした火で焼く。異国で、戦乱がおさまるのを待っているイラク難民は、望郷の念とともにこの料理を思い出す。

評者が好きなダーウド・パシャというアラブの肉団子も登場する。名称はバグダッド統治者に由来するが、イラクではなぜか別の名で呼ばれ、料理の仕方も少し違うことを初めて知った。近隣のアラブ諸国との食文化の微細な違いも描かれ、非常に興味深い。

イラク情勢は、混迷の極致に見える。最近は宗派対立が前面に出ているが、実態は民兵を擁する党派の権力闘争、と著者は喝破する。過去には、宗派を基盤とする政治組織は全くなかった。不安定な政治の中で力と数の争いが激化し、諸党派が急激に宗派による動員へ傾斜している。

イラク戦争は、超大国の軍事力を利用するという前例のない形で、イスラーム革命をもたらした、と著者はいう。米国にとって不満であろうとも、この現実はもはや変えられない。そして、どの党派もすでに、いつかは来る米軍の撤退後に備え始めている。

平和の訪れまで、どれほどかかるのであろうか。著者も、楽観はしていない。変転する政治情勢を注視しなければならない。

評・小杉泰(京都大学教授)

さかい・けいこ 59年生まれ。東京外国語大教授。『イラクとアメリカ』ほか。

二〇〇八年六月一日⑤

『とける、とろける』

唯川恵 著

新潮社・一四七〇円
ISBN9784104469048／9784101334332（新潮文庫）　文芸

女性が女性の性を描いて、少し怖い

小説って何だろう。先人たちがよい言葉を残している。「読み終えて、ここに人生があると思う。それが小説だ」あるいは「小説とは男と女のことを書くものです」そしてまた「おもしろい話を聞かせることです」などなどと。

9編の短編小説を集めた『とける、とろける』を読んだ。なるほど、ここには人生が……現代の20～30代女性の日常がある。男と女のことが綴（つづ）られている。女性作家が女性の性を書いているから、

「やっぱりそうなのか」

と、おもしろい話である。

たとえば冒頭の『来訪者』ではヒロインは夫に見捨てられている。その女友だちは嫉妬（しっと）深い夫に悩まされながらもべつな男に夢中になり「彼のセックス、最高なの」と次々に告白する。そのすばらしさは尋常ではないらしい。そしてその男を「あなたにも紹介してあげる」とのこと。だが、その実、彼女は心のバランスを崩した病人かもしれないのだ。「あの告白、本当なのかしら」いぶかるヒロインの家に紹介された男が来て立っている。ヒロインもとろけるのだろうか。

二つめに置かれた「みんな半分ずつ」は、愛しあい、なにもかも半分ずつと約束してきた夫婦が離婚することとなり、ヒロインは「あれも半分、これも半分」と家具などの分配を求め、ついには愛人のもとへ走る夫の背中に「あなたの体の半分も私のものよ」と包丁を手に近づく。

性の喜びは女性にとって独特のものだろう。男性のように一様ではない。すこぶる日常的で、だれしもがそれなりに享受できるけれど、特上もあれば無味乾燥もある。現代はそれを選ぶ自由を（一応は）女性に許しているが、この自由は選択も統御もむつかしい。マニュアルはなく、踏み込んで密（ひそ）かに迷うよりほかにない。

本書は軽い風俗小説集を装っているが、同様のドラマを秘めている人は、思いのほか多いのかもしれない。いわゆる女性の〝小さな死〟（エクスタシィ）が本物の死につながるストーリーが多く、少し怖い。

評・阿刀田高（作家）

ゆいかわ・けい　55年生まれ。『肩ごしの恋人』で直木賞。『愛に似たもの』ほか。

二〇〇八年六月一日⑥

『生命徴候（バイタルサイン）あり』

久間十義 著

朝日新聞出版・一八九〇円
ISBN9784022503954／9784022645463（朝日文庫〈上〉）・9784022645494〈下〉　医学・福祉

今、病院は安全で感動の場であるのか

心臓の冠動脈が詰まってしまった。さあどうするか。

心臓外科では胸を切り開き、詰まった冠動脈にちがう血管をつないで、バイパスをつくる手術をする。

ところが最近、画期的な心カテーテル医療が登場した。外科的な開胸手術はしない。足の付け根から動脈に細いカテーテルを入れていき、詰まりを微細なドリルでくりぬく。ロータブレーターという技術だ。

物語は、その最新技術を軸に展開する。

鶴見耀子は大学病院の医師だった。しかし上司から医療ミスの責任を押し付けられ、大学を放逐された。かばってくれた同じ医局の医師、岩下と親密な関係となり、子を宿すが、岩下は教授の娘と結婚してしまう。

耀子は米国に留学する。男児を出産し、シングルマザーとして子育てに奮闘しながら医学を学び、ロータブレーター技術を習得した。7年後、心臓内科の専門医になって帰国した耀子は民間の病院で次々に実績を上げ、脚光

を浴びる。しかしその先には……。

『刑事たちの夏』など刑事ものを得意とする著者が、医療というテーマに挑んだ。描き出されるのは旧態依然の医局制度と責任のなすりあいだ。そのどろどろしたよどみは、米国の医療現場とはあまりにかけ離れている。

登場する医師の一人は「いい病院とディズニーランドには三つの共通点がある」という。安全第一の場所であること。お客さん（患者）がまた来たくなる場所であること。そして、訪れた人間に感動を与える場所であること。

いまの日本の医療は、私たちにそうした病院を提供する努力をしているか、と本は問いかける。日本の病院ほど、医師や看護師や現場の人間たちに過重労働を強いているところもない。見かけは近代的だが、その実態は献身や自己犠牲でささえられているのだ、と。

手術室の描写は詳細で生々しい。著者はかなりの現場取材を積み重ねたのだろう。そのディテールが、日本の医療の危うさを描くこの小説に、強い説得力を与えている。

評・松本仁一（ジャーナリスト）

ひさま・じゅうぎ　53年生まれ。小説家。『世紀末鯨鯢記（げいげいき）』で三島賞。

二〇〇八年六月一日⑦

『舞台を観る眼』

渡辺保 著

角川学芸出版・一九九五円
ISBN9784046211705

文芸

日本を代表する演劇評論家の一人である著者のエッセー集である。白洲正子、三島由紀夫、折口信夫についての章を柱とし、その間に、歌舞伎、新劇、ミュージカル、ダンスなどの舞台についてのエッセーが並ぶ。タイトルのとおり、著者の「舞台を観（み）る眼（め）」、芸術を観る眼、人間を見る眼、その視座が見えてくる。

劇評やエッセーは、90年代前半のものが多いようだが、演劇界が意外に変わっていないことに驚く。私は、この著者とは舞台に求めるものが違うようで、異なる印象を記憶している公演もあるが、著者の視点は明確に伝わってきた。

白洲正子については、親しく接して知った人柄と業績を、三島由紀夫に関しては、戯曲の言葉の特異性とそれを舞台化するための方法論、折口信夫については、歌舞伎の劇評を軸に、彼が目指し、果たせなかったことを論じている。

ミュージカルの現代における意義、前衛が古典になる瞬間に生じる問題、様々なジャンルのダンサーが共通して持つべき資質、久保田万太郎の芝居が今日なぜ面白く上演できないのかなど、演劇好きにとって面白い話題が多い。

歌舞伎役者の芸談の中で、結局その人の生き方が舞台に出るということが語られているが、文章にもその人の生き方が表れるのだろうと感じさせる本だ。

評・常田景子（翻訳家）

二〇〇八年六月一日❽

『加害者は変われるか？　DVと虐待をみつめながら』

信田さよ子 著

筑摩書房・一五七五円　ISBN9784480842831／9784480432476（ちくま文庫）

社会

家族は、正真正銘の暴力をしつけや夫婦げんかとして長い間隠蔽（いんぺい）してきた無法地帯である。著者は、『アダルト・チルドレンという物語』などを通じて、機能不全家族を告発してきた臨床心理士である。

DV（ドメスティック・バイオレンス）や虐待にかかわる援助者は、最近すっかり被害者支援、ケアへと力点を移した。被害者に集中し、加害者を敵視するだけの現場の視線の中で、著者はそれでよいのかと考える。臨床事例と事例から作られた架空の挿話が、加害者とは誰か、彼らは変われるか、被害者はなにを望んでいるのかを問う。

加害者の多くは、虐待とDVの被害経験者、目撃者である。大人になった彼らにとって、妻は自分の思い通りになりどんな自分も受け入れてくれる「母」（であるべき）なのだ。加害者を敵視するだけの問題構成は、そうした理解を妨げ適切な対処方策から目をそらせてしまう。彼らは特殊ではなくどこにでもいる。

著者には、虐待やDVの根を個人の心理に求めるのではなく、夫と妻、親と子の間の非対称的な権力関係の中に位置づける社会学的発想が見える。心理学界ではやや異端かもしれないが、私には常套（じょうとう）手段にとらわれずに真の被害者支援を追求する、勇敢な実践家に思えた。　評・耳塚寛明（お茶の水女子大学教授）

二〇〇八年六月一日❾

『ここにいること　地下鉄サリン事件の遺族として』

高橋シズヱ 著

岩波書店・一七八五円　ISBN9784000228831

ノンフィクション・評伝

著者は、95年3月の地下鉄サリン事件で、霞ケ関駅助役だった夫を失った。平穏な生活を一瞬にして奪われた後は、“被害者遺族”として裁判の傍聴、証人として出廷、さらにメディアへの対応を続けた。壁に当たるとその都度、人々との出会いから新たに進む方向を見いだしてきた。その軌跡を克明に綴（つづ）る。

中でも「地下鉄サリン事件被害者の会」代表世話人としての活動の広がりには、目を見張るものがある。アメリカの「9・11家族連合」副会長を招き、阪神淡路大震災などの遺族と手を携え、社会全体が被害者を支援する体制を求めて奔走する。

しかし、「空回りをしているだけか」と悩む場面も。「被害者の会のお知らせ」にアンケート用紙をつけたのに、回答は一通もなかった。アメリカから帰国後、学んだ活動を生かそうと張り切ったら、「被害者」らしくなく明るいと非難された。正直でまっすぐな著者の戸惑いが痛々しい。

ただ、周囲から事件のことに触れられると刺々（とげとげ）しかった子どもたちが、いつしかカレーを作って帰りを待ち、母の活動に手伝いを申し出る。「自分を支える確かなものを子どもに見た」と著者。努力の継続が家族再生に結実し、胸が熱くなる。

評・多賀幹子（フリージャーナリスト）

二〇〇八年六月八日❶

『国立大学・法人化の行方　自立と格差のはざまで』

天野郁夫 著

東信堂・三七八〇円　ISBN9784887138209

人文

総合的な展望を持ってこその改革を

04年4月1日、「護送船団方式」で国家の手厚い庇護（ひご）と統制のもとに置かれてきた国立大学は、一斉に国立大学法人に生まれ変わった。それから4年、本書はようやくその一端が見えてきた法人化の衝撃を、実態に即して明らかにした唯一の体系的著作である。法人化は何をもたらし、どこに課題があるのか。

法人化は行財政改革という外圧によって、投入される公的資金の削減と一体化されて強行された。ただ、国際的な先端科学技術競争の激化によって、「法人化は国立大学自身にとって避けがたい選択」でもあった。たしかに、ボトムアップからトップダウン型経営体への転換、運営費使途の自由化、企業と同様のPDCA（プラン・ドゥ・チェック・アクション）のサイクルの導入は、大学の自立性と自律性を拡大し、国際競争の中での生き残りに不可欠の基盤を提供するだろう。

問題は、法人化が行財政改革の視点に立ったピンポイント改革にしか過ぎなかったところにある。長期的で総合的な展望に基づく改革構想、すなわち高等教育のグランドデザインを欠く。おそらくはもっとも長く高等教育政策について発言を続けてきた著者のこの主張は、本書でも貫かれている。

法人化は、大学間の隠れた格差構造を可視化・顕在化し、いっそう拡大する役割を果たした。国立大学はその歴史の中で、人的資源、施設設備、教育研究の財源における著しい格差を蓄積してきた。市場と競争原理の導入は、遺産に恵まれない大学を窮地に追い込んでしまうと著者は警鐘を鳴らす。

国際水準の研究大学の育成はむろん重要だが、そのことと経営資源の格差固定化とは同じではない。高い頂点を持った高等教育システムを作り上げるためには、それを支えるがっちりとした基盤が必要である。地方国立大学群の中にトップに準じた大学を育成していかなければ、トップのレベルアップも望みがたい。「選択と集中」をいう前に、国公私立大学がひとつのシステムとしてどのような構造と機能を果たしているのかを十分に把握すること。その上で「選択と集中」政策の対象外に置かれた大学の果たすべき役割を視野に入れた新しい国家戦略が必要だ。

いま、教育投資額の引き上げや数値目標化をめぐって、省庁間の激しい攻防が展開されている。次期中期目標期間を見据えた国立大学法人評価も本格化する。この時期に本書を得たことは幸運である。思いつき政策論者たちに高等教育の将来を委ねるのではなく、著者の主張に耳を傾けたい。グランドデザインを欠いたまま投資額の増額を要求する文科省にとっても、同時に行財政改革の視点のみに囚(とら)われた省庁にとっても耳が痛いはずだ。

本書はその内容にもかかわらず一般読者でもたやすく読むことができる。平明さは、著者の分析眼がなせる技であり、人々への力強い訴求力を生み出す。高等教育研究者は、大学と知識社会の基盤を護(まも)る理論武装家にほかならない。その使命を考えるとき、著者の存在は、なお大きなことを、この本は教えている。

評・耳塚寛明(お茶の水女子大学教授)

あまの・いくお 36年生まれ。東京大学名誉教授。著書に『大学改革の社会学』『教育と選抜の社会史』『日本の高等教育システム』など。

『小説の設計図(メカニクス)』

人文

前田塁 著

青土社・一九九五円
ISBN9784791763955

小説が「わかる」とはどういうことか

夕陽(ゆうひ)に向かって走るメロス、世界の中心で叫ばれる愛に、100万人が同じように感動するなんて、やっぱりヘン。そこには、「読む」という徹底した個人行為と相容(あいい)れないものがある。極めて真摯(しんし)な文芸評論である本書は、こうした異様な一致ぶりを「野合」と呼んで拒む。小説が読む者によってまるで姿を違えるなどと思いもしないのは、「若者が、恋人が自分の前でだけは素顔を見せていると思い込むことに似ている」と。

本書が分析するのは話題の小説5作と漫画1作だ。例えば、心温まる(と評される)『センセイの鞄』に仕掛けられたSとMの原理。それが明らかになる1行とは? 作者の川上弘美は語り手の絶対的な優位性を自覚的に駆使する一方、表向きには心癒やす物語で、「赤子の手を捻(ひね)るように」読者を感動させてしまうと言う。また、あらゆる意味で美しい物語『博士の愛した数式』で、小川洋子は虚構という嘘(うそ)をつききるため、いかに見事な読者目線の誘導を行ったか。あるいは、

「言葉の持つ制度への疑い」が、中原昌也の傑作『点滅……』において、モチーフから「描写」へとどのように侵食したか。

正統的なテクスト批評の手法である。と同時に、丹念なテクスト分析から強烈に焙(あぶ)りだされてくるのは、むしろ書き手の存在だ。文学における「作者の死」から幾星霜、紆余曲折(うよきょくせつ)、やはり読み手は書き手の「束縛」を完全には逃れられないことを痛感させる。

「右岸と左岸は水によって隔てられている。同時に水を共有し……繋(つな)がっている」

この右岸左岸を人に、水を言葉に読み替えよと著者は言う。これは書きがたさと同時に読みがたさを巡る書なのだ。小説が「わかる」とはどういうことか。翻訳学者のベルマンは、批評は作品への接近であり実経験ではないと言ったが、作品に迫っていく前田塁の筆は作者に成り代わらんばかりの熱を時に帯びる。そこにスリルを感じた。

書くことに透徹した疑いをもつ書き手と、書かれた言葉の不審さから目を背けぬ読み手。その間にのみ成立する設計図、それが本書である。

評・鴻巣友季子（翻訳家）

まえだ・るい 雑誌「早稲田文学」のプランナー市川真人が手がける批評ユニット。

二〇〇八年六月八日❸

『新華僑　老華僑　変容する日本の中国人社会』

譚璐美、劉傑 著

文春新書・八九三円
ISBN9784166606313

『日中「アジア・トップ」への条件』

莫邦富 著

朝日新書・七七七円
ISBN9784022732149

国際

変わる華僑の姿を追い、日中を考える

在日中国系人をどのように理解するか、彼らとどう共存・共生していくかは、今まで以上に日本社会の重要なテーマになっている。70年代以降海外に出て高等教育を受け、その後日本企業・ビジネス界・大学などで活躍している人々は「新華僑」と呼ばれる。これに対して老華僑は「三把刀(サンバータオ)」（刃物を使う調理業・理髪業・裁縫業）に象徴される生活・教育水準の低い人々のイメージであった。現在、新華僑は予備軍を含めすでに老華僑の1.5倍（31万人）になる。また、ここ十年来日本国籍を取得する中国人は毎年5千人前後を数える。『新華僑　老華僑』の共著者の劉は、国共対立の政治に翻弄(ほんろう)された華僑の歴史を描きながら、今日重要な変化が始まっており、終戦直後に形成された日本華僑社会の原型が消え去ろうとしているとみる。譚は、唐人街として知られている長崎や神戸、横浜を訪れ、指導的な人々へのインタビューを中心に「老」「新」を超えた華僑の心情に迫っている。「長崎モン」になって長崎独特の文化の一翼を担う長崎華僑、大陸も台湾も共存するフレンドリーで上品な町を生み出した神戸華僑、そして政治に翻弄されたが世界に類のない「チャイナタウンのモデル」を目指す横浜華僑、とそれぞれのニュアンスの違いを描いている点は面白い。

『日中「アジア・トップ」への条件』の著者は、まさに新華僑の草分けとも言うべきジャーナリストである。85年の来日以来、日中間の様々な矛盾や問題、なにげない日常生活のトピックについて、時に中国人からさえも批判を浴びるほど「歯に衣(きぬ)を着せぬ」率直な態度でメッセージを発し続けてきた。歴史上初めてアジアでは日中の「二強時代」を迎えた。成長する中国は多くの分野で謙虚に日本に学ぶべきだ、日本はかつて大平首相や金田一春彦との出会いで受けた「懐の深い日本」をもう一度思い起こし「寛容になれ」と訴える。本書は本紙で連載してきた随筆を集めたものだが、日本と中国への厳しくかつ温かい眼差(まなざ)し、双方の長所を生かし欠点を相補おうとする視点は一貫している。

評・天児慧（早稲田大学教授）

たん・ろみ、りゅう・けつ、モー・バンフ

二〇〇八年六月八日④

『スシエコノミー』

サーシャ・アイゼンバーグ 著　小川敏子 訳

日本経済新聞出版社・一九九五円
ISBN9784532353018

経済

世界に広がる「江戸前」を徹底取材

米国ですしがブレークしたのは、あのカリフォルニア巻きからだという。

60年代後半、カリフォルニアの日本食レストラン「東京会館」で、オーナーの小高大吉郎は、白人受けするすしができないかと考える。板長の真下一郎が職人と頭をひねり、タラバガニの脚とアボカドをマヨネーズであえた巻きずしを考案した。これが当たった。

のりを内側に巻く「裏巻き」は、米国人がのりを気味悪がり、はがしているのを見た職人が思いついた。

19世紀、江戸の町でファストフードとして登場した「江戸前にぎり」は20世紀末、こうして世界に広がった。米国だけでも1万店という。

すしファンの米人ジャーナリストである著者は、日米を往復しながら当事者一人ひとりを探し出し、その歴史を実証していく。なにせ、関係者のほとんどが実名で登場してくるのだからすごい。

一方、すしネタとして最高人気のマグロ。すしのグローバル化につれて高騰していくが、その生産と流通にも焦点をあてる。

リビアは領海から外国船を締め出し、地中海マグロの乱獲を続ける。オーストラリアでは投機目的の養殖が盛んだ。すべてはすしのため、である。インターネットと飛行機の発達で、ついにマグロは空を飛びはじめる。

さらに著者は築地市場を訪れ、セリ人、仲買人、すし店経営者たちに会っていく。

05年12月29日の築地。著者の目の前で、壱岐のクロマグロが1本1120万円で競り落とされる。しかし仲買人は、それを7割引きで得意先の料理店に売ってしまった。

一回ごとの商売では損をしても、いつも最高のマグロを届けるという信用を得ることの方が、仲買人にとっては長期的な利益につながる。一見非合理な「日本方式」の裏にあるリスク分散の構造を、著者は現場で見抜くのである。

すしとマグロという二つの標的を追っているためやや拡散した印象はあるが、徹底した取材は圧倒的で、迫力がある。「ジャーナリズムの手法」の勝利だろう。

（原題、THE SUSHI ECONOMY: Globalization and the Making of a Modern Delicacy）

評・松本仁一（ジャーナリスト）

Sasha Issenberg　米ジャーナリスト。

二〇〇八年六月八日⑤

『済州島四・三事件　「島（タムナ）のくに」の死と再生の物語』

文京洙 著

平凡社・二五二〇円
ISBN9784582454376

ノンフィクション・評伝／国際

封印された事件の真相を強い思いで

大量虐殺は隠蔽（いんぺい）や報道統制を伴うことが多く、たとえ隣国で起こっても事件が伝わらないことがある。今から60年前、現在は韓国のリゾート地である済州島で起きた住民虐殺事件もその一つだ。

38度線を挟んで朝鮮半島に二つの国家が成立した1948年、済州島の左翼の武装隊が蜂起して警察や右翼幹部を襲撃した。この蜂起に対して中央から派遣された軍や警察・右翼団体が、住民の大量虐殺事件を起こす。約28万人の済州島民のうち3万人近くが殺されたともいわれる。殺戮（さつりく）の対象は成年男子から、次第に武装隊員の家族とみなされた老人や女子供など無差別になっていき、完全に消滅した集落まであった。

著者はこの事件の基本的な構図を、軍や警察・右翼団体の凶暴な弾圧に対する、地域の共同体に根ざした済州島民の抵抗にあったと見ている。済州島は伝統的に中央から蔑視（べっし）され、中央政府に反抗した歴史を持つ辺境の地域だった。島は全体に貧しかったが、貧富の差が少なく共同体的な結束が強かった。しかしそのことが、中央政府側からの「アカの島」という認定を生み出したのである。

とはいえ著者は、左翼の武装隊指導者の行動には、地域の自治の伝統に基づく抵抗運動の流れから逸脱した部分があったと考えているようだ。お互いに暴力が振るわれる中で、虐殺された住民の約8割は軍などによって殺されたが、その1割少々は左翼の武装隊による犠牲者だったと本書では指摘している。

やがて韓国は反共国家として確立し、恐怖が済州島の人たちの口を閉ざしていく。虐殺された遺体が埋められた上には飛行場の滑走路が建設された。公式に事件の真相究明がはかられたのは、事件から半世紀以上を経た後だった。民主化の中での済州島の自治運動の復活が、真相究明を促したのである。著者は暴力の応酬を正当化するイデオロギーとは別の地点で、事件を位置づけようとしている。辺境の地に生き続けた反骨の伝統から事件を説明するところに著者のルーツの地への強い思いが伝わってくる本だった。

評・赤澤史朗（立命館大学教授）

ムン・ギョンス　50年生まれ。立命館大教授。著書に『韓国現代史』など。

二〇〇八年六月八日❻

『いまなぜ精神分析なのか』

エリザベート・ルディネスコ 著
信友建志ほか 訳

洛北出版・二五二〇円　ISBN9784903127064

『妄想はなぜ必要か　ラカン派の精神病臨床』

コンタルド・カリガリス 著　小出浩之ほか 訳

岩波書店・三〇四五円　ISBN9784000253024　人文

心をモノとして扱ってよいのか

このどこか似た邦題を持つ2冊の本の著者カリガリス（男性）とルディネスコ（女性）は、どちらもパリでラカン派の洗礼を受けて活躍する精神分析家だ。書かれたのは前者が91年、後者が99年だから、それほど大きな隔たりはない。しかし、両者のベクトルはまったく別方向を向く。

カリガリスの方は、妄想を持つ精神病者を病人としてではなく「そういった精神構造を持つ人」としてとらえ、その理解の仕方やかかわり方を丁寧に述べた、いわば精神分析の王道の書。

ところが、ルディネスコはまさに「だから精神分析は流行（はや）らないんだ」と言う。たしかに世界的に、人間の心の奥に光をあてる精神分析はかげりを見せ、脳にすべての原因を求める薬物療法が隆盛をきわめている。ルディネスコは、その根底に経済的グローバリゼーションがもたらした人間のモノ化を見ようとする。

罪責感やセクシュアリティーなど個人的で内面的な葛藤（かっとう）に苦しむ精神分析的な主体は消え去り、かわりに誰もが「うつ」と診断されるようになり、その原因は脳のセロトニン代謝異常だと一律に説明されるようになった。医者や患者が精神分析より薬物療法を求める理由を、ルディネスコは皮肉まじりにこう説明する。「現代の治療者は、もはや精神構造に長い期間かまけているひまなどないのです。自由な抑うつ社会においては、時は金なりといいますからね」

精神分析業界の中にも内輪もめのような問題もあったことを認めつつ、ルディネスコは人間を差異化していくいまの科学主義は、必然的に民族主義や他者の排除に通じる、とその危険性を指摘する。

精神分析家が自己防衛のために薬物療法を批判し、分析を正当化するような軽い本ではない。凄（すさ）まじい勢いで〝うつ化〟する今の日本社会にもつながる記述も多く見られる。翻訳もすぐれていて読みやすいので、心がモノとして扱われている、と感じているすべての人に読んでもらいたい。精神分析の消滅は、人間性の消滅でもあるのだ。

（原題、Pourquoi la psychanalyse?）
（原題、pour une clinique différentielle des psychoses）

評・香山リカ（精神科医）

『萩原延壽集　6・7』

萩原延壽 著
朝日新聞出版・各三八八五円
ISBN9784022503824〈6〉・9784022503831〈7〉　文芸

01年に逝去した歴史家、萩原延壽の待望の選集が完結した。6・7巻には、単行本未収作を含む、珠玉の評論・エッセーが収められている。

1960年代、イギリス留学から帰国した萩原は、精力的に政治評論を発表した。彼の大きな問いかけは「保守とは、革新とは何か」。社会党など日本の「革新」勢力が硬直的になり、いわば「保守」化していることを明快に指摘した諸論考は、今なお色褪（あ）せず、新鮮である。

その後萩原は、『陸奥宗光』など、幕末・明治の日本を舞台にした執筆活動に力を注いだ。エッセーは、この周辺事情や裏話をよく伝えている。

特に興味深いのが、日本通の英国外交官アーネスト・サトウをめぐる逸話。勝海舟との親交、ワーグナーとの意外な接点など、萩原が発掘した史実から、サトウの豊かな教養や日本社会との深いかかわりが見えてくる。サトウは、日本人の「富への無関心と献身の能力」を尊敬していたという。本書を手がかりに、日本文明のあり方に思いをめぐらせながら、サトウの評伝『遠い崖（がけ）』を読んでみるのもいい。

巻末の杉山伸也氏による解説も、萩原の著述活動全体をカバーし、大変読み応えがある。歴史、政治、思想、そして何より人間に関心を持つ多くの人々に、広く読み継がれて欲しい文章ばかりである。

評・奈良岡聰智（京都大学准教授）

『鉄腕ゲッツ行状記　ある盗賊騎士の回想録』

ゲッツ・フォン・ベルリヒンゲン 著
藤川芳朗 訳
白水社・二六二五円
ISBN9784560026298　人文

「ここは西部だ。伝説と事実があるなら、伝説を事実にする」とは映画「リバティ・バランスを射った男」の中の名セリフだが、西部でなくとも往々にして伝説は事実以上に事実として流布していく。

文豪ゲーテは1773年、戯曲『ゲッツ・フォン・ベルリヒンゲン』を書き、その300年ほど前に実在した鉄の義手をつけた一人の騎士を、悪徳領主たちから農民を解放するために戦う自由のヒーローとして描いて熱狂的な支持を得た。主人公のゲッツはいまだにドイツでは国民的英雄としてたたえられている。

本書は、そのゲーテが創作のネタ本にしたゲッツ自身の自伝の初訳であるが、読んでみると、やはり伝説と事実の間にはかなりの違いがある。彼が主に金を稼いでいたのはフェーデという、いいがかりをつけて決闘を申し込み相手からわび代を取るというもので、なんのことはないユスリ稼業である。なによりゲッツはゲーテの戯曲のように英雄的な死を遂げたりせず、傭兵（ようへい）やフェーデでためた金で、安楽な老後を送り長寿を保った。

しかし、読み進んでいくうちに、この悪漢騎士が作られた英雄像よりずっと人間的に思えてきて、憎めなくなっていくのが面白い。当時としては驚異的に精巧な、その義手のカッコよさも必見である。

評・唐沢俊一（作家）

二〇〇八年六月八日⑨

『現代イスラーム思想の源流』

飯塚正人 著

山川出版社・七六五円

人文／国際

ISBN9784634346901

現代の国際社会を理解するには、欧米やアジアだけでなく、イスラームに関する知識も必須である。とはいえ、歴史上のイスラームと現代イスラームは同じではない。現代を理解するためには、現代特有の問題を知る必要がある。

それに応えてくれる本書は、世界史リブレット・シリーズの一冊としてごく手軽に読める半面、情報量は非常に充実している。概観をつかむには、好適の一冊である。

題名は「現代」となっているが、内容はイスラーム全体の流れも踏まえていて、前近代についての知識なしにすっと読める。19世紀から現代に至る多様で複雑な動きを明快に切り分ける手際は巧みである。最近、マスメディアでもしばしば話題となるスンニ派とシーア派についても、現代的に説明されている。

白眉（はくび）は、イスラーム思想が西洋の近代文明から受けた衝撃と近代化の課題にどう応えようとしたか、その苦衷と思想的な革新を描いたところであろう。大きく分ければ、イスラーム理念によって世直しをするのか、現実に適応するよう理念を見直すのか、今日に至るまでせめぎあいは続いている。

近現代のイスラームに精通した研究者としてよく知られ、国内外の専門家と広範なネットワークを持つ著者の知見が的確に披露されている。

評・小杉泰（京都大学教授）

二〇〇八年六月一五日❶

『コンゴ・ジャーニー　上・下』

レドモンド・オハンロン 著　土屋政雄 訳

新潮社・各二四一五円

文芸／国際

ISBN9784105058517〈上〉・9784105058524〈下〉

混沌の地に、なおロマンを求めて

アフリカのイメージほど、評者が子供のころと今とで変わったものはない。40年ほど前、少年雑誌で読み、想像をたくましゅうしたアフリカは、その奥地にまだ見たこともない太古の生物や、奇怪な魔神を信仰する謎の部族が跋扈（ばっこ）している、神秘とロマンの地であった。

しかし大人になって知ったアフリカの真の姿は、貧困、内乱、飢餓、そしてエイズなどの疾病が蔓延（まんえん）する、この世の悲惨を凝縮したようなところだった。ロマンの地などとアフリカを表現するだけで、無知を糾弾されかねない。

しかし、それでもなお、われわれ文明人は、その文明に疲れたとき、はるかアフリカの地に、夢をはせたがる。イギリスの旅行記作家レドモンド・オハンロンのアフリカでの旅を描いた『コンゴ・ジャーニー』は、アフリカが抱える諸問題から目をそむけず、かつ、われわれが抱く〝神秘とロマン〟がまだかの地に残っていることを教えてくれる希有（けう）

な本だ。

村をまじないで支配する魔法使い。行く手をはばむ肉食アリの群れ。夜中に著者の幻想の中に現れる3本指の精霊・サマレ……まるでかつての冒険少年小説のような道具立てである。そもそも著者のコンゴ行きの目的が、コンゴ川上流の湖に棲（す）むという幻の恐竜モケレ・ムベンベの探索というのだからうれしいではないか。

そして、この本のすごいところは、これらの荒唐無稽（こうとうむけい）に思える〝幻想〟のアフリカが、著者が旅をした1990年ごろの〝現実の〟アフリカとまったく同じフィールドの中で描かれていることだ。一党独裁体制にある社会主義政権（当時）の役人の腐敗と、親類を殺した魔術師との戦いの話を著者は同じ視線で見つめているのである。

もちろん、現代人である著者の理性は、それら魔術や精霊といったものへの傾倒は悲惨な現実から目をそむけるための逃避手段なのだ、といった論理的な説明を試みている。

しかしその著者自身、旅の先に死が待つという占いの結果を恐れ、魔術師から子供の指で作ったお守りを買い求める。えたいの知れない状況の中で西欧的理性はあまりにも無力である。「アフリカでは、おまえたち白人は子供にすぎん」と言う老魔術師の言葉が印象的だ。

現代アフリカの混沌（こんとん）を描くために著者が選択した文体と構成は、読みにくいことこのうえない。旅の途中の思考すべてを記録しようという強迫観念があるのでは、と疑いたくなる著者の冗舌に、旅を共にするアメリカ人の大学教授・ラリーのひねくれた皮肉が加わって、そのやりとりは漫才のようになる。抑制のきいた描写がいい文章の条件、と教えられてきた日本人にはやや辟易（へきえき）する語り口（翻訳もその原文の混乱をよく伝えた実に読みにくい名訳だ）だが、読み進んでいくうちに、その迷彩的文体こそが、アフリカという国をまるごとそのままに描く、最適の文体なのだということに気づかされる。


（原題、CONGO JOURNEY）

評・唐沢俊一（作家）

Redmond O'Hanlon 47年生まれ。旅行記作家。邦訳に『ボルネオの奥地へ』など。

二〇〇八年六月一五日②

『嘘発見器よ永遠なれ 「正義の機械」に取り憑（つ）かれた人々』

ケン・オールダー 著 青木創 訳

早川書房・二六二五円
ISBN9784152089168

人文

人の心をのぞき、歴史まで変えた機械

朝晩の血圧を自分で測るようになってわかったことがある。会社のことが頭をよぎると、きまって高くなる。

体は正直だ。そこに目をつけたのが、俗にいう「嘘（うそ）発見器」（ポリグラフ）である。米国では、被疑者でない人々まで血圧や脈拍などで心を探られてきた。この機械に振り回された大国の裏面史が、この本から見えてくる。

ことの始まりは1920年代初め、カリフォルニアの大学町の女子学生寮であった盗難事件だ。宝飾品などが盗まれ、寮生に嫌疑がかかる。理系の博士号をもつ警察官ラーソンが血圧を連続測定する手製の機械で寮生の一人を追い詰め、自白を引き出した。

同様の機械は、全盛期には企業が社員の忠誠を試す道具ともなって全米に広まった。

連邦政府内で同性愛者さがしに使われたことを書いた後、著者は「エリートたちが躍起になって男らしさを示そうとするあまり、アメリカをベトナム戦争へ導いた」という歴史家の見方を引く。同時代史の裏に、心をのぞ

かれる恐怖もあったのか。

「嘘を暴くために科学技術に目を向けたのはアメリカだけ」という。その背景には、米国流のプラグマティズムと素朴な科学信仰があるようだ。だが皮肉にも、科学で前時代的な捜査を一掃しようとする試みは、ちらつかせるだけで威圧する道具を生んだ。

最新の科学技術は「嘘の本拠地に――つまり脳に――直接乗り込むという魅力的な方法を提示している」。いま関心を集める脳科学の倫理とも無縁ではないのだ。

開発の草分けたちの描写は出色だ。とくに科学者の良心にこだわったラーソンと、その弟子だが実業の夢を追ったキーラーの確執は生々しい。「ラーソンは『開かれた科学』をめざしたが、キーラーは『ノウハウの独占』を追求した」。論文優先かそれとも特許か、という今日の科学が抱える悩みにも通じている。

著者は日本版に寄せた一文で、この機械を捜査に広く使う日本を「同じ道をたどろうとする国」と位置づける。

裁判員の時代を前に、読んでおきたい一冊だ。


（原題、THE LIE DETECTORS : The History of an American Obsession）

評・尾関章（本社論説委員）

Ken Alder 科学史や技術史の著書に与えられる賞を相次いで受賞。

二〇〇八年六月一五日③

『玉ねぎの皮をむきながら』

ギュンター・グラス 著　依岡隆児 訳

集英社・二六二五円
ISBN9784087734591

文芸

隠された場面もほじくり出すように

まだ作家になる以前、デュッセルドルフにいたグラスは仲間とジャズバンドを結成し、レストランで週に3回演奏していた。そこへある日、客の一人がトランペットを吹き鳴らしつつ乱入してきて、スリリングなセッションが繰り広げられる。その「目をぐるぐる回してソロ」をとった黒人トランペッターこそ、かのサッチモ、ルイ・アームストロングその人なのであった――と、グラスは書くのであるが、これは本当にあったことなのだろうか？

いや、だから別に、嘘（うそ）だろうと、いいたいわけではない。けれども、人の記憶くらいあてにならないものはないのであって、それは人間が、過去を一つの完結した「物語」として描かざるをえないことに起因する。「物語」は自分に都合の悪い細部を消し去り、虚構を平気で導き入れる。というより、物語ることは虚構の力なしには可能ではないのだ。このことに深く自覚的な老練の作家グラスは、ここで「想起」という方法を採用する。それが表題の玉ねぎであり、記憶の奥に隠された場面や出来事を、玉ねぎの皮を一枚一枚むくようにして果てしなくほじくり出し、滑らかで傷のない「物語」になろうとする記憶に対置する。

そうしたからといって、自伝が虚構から逃れられるのではない。むしろ虚構性は高くなるとさえいえるだろう。しかし、のっぺりした記憶の「物語」に、「想起」が亀裂を入れるのは間違いなく、それら亀裂の産み出す陰影や歪（ゆが）みから、過去の手触りや存在感、あるいは時代の奥行きが立体的に伝わってくるのだ。歴史なるものの中核にある過去の事実性とは、元来そのようにしてしか示しえないものなのではないだろうか。

本書は17歳のグラスがナチの武装親衛隊員であったことを告白する内容で議論を呼んだ。この履歴についてグラスが長らく黙っていたことの倫理も問われた。だが少なくとも、本書が、何事かを隠蔽（いんぺい）するための饒舌（じょうぜつ）な「物語」でないことだけは信じることができるだろう。ところで、冒頭のサッチモの話、本当だと思いますか？


（原題、Beim Häuten der Zwiebel）

評・奥泉光（作家）

Günter Grass 27年生まれ。ノーベル賞作家。『ブリキの太鼓』など。

二〇〇八年六月一五日④

『フンボルト理念の終焉？　現代大学の新次元』

人文

潮木守一 著

東信堂・二六二五円
ISBN9784887138049

時代を牽引する大学になるためには

ヴィルヘルム・フォン・フンボルト。世界最初の近代大学であるベルリン大学の基本構想を作った人物。19世紀ドイツの大学は、フンボルト理念に導かれて研究中心主義を旗印に世界を席巻した。近代大学の成立を知る上でフンボルト理念の存在を避けることはできない。これが大学史が教える定説である。

他方、いまやフンボルト型大学は時代遅れだという認識も定説になりつつある。研究至上主義で学生の教育を疎（おろそ）かにしてしまう、大衆化した大学にとってもはや現実的有効性を持たない、等々。この本はフンボルト理念にまつわる誤解を解き、定説を吟味してその現代的意義を再評価する企てである。

19世紀初頭のベルリン大学では系統的なカリキュラムはないに等しく、学生はまったく自由に講義を選択した。「自由」な学生は乱暴狼藉（ろうぜき）を働き、些細（ささい）なことで決闘に走った。なぜか。フンボルトは大学自治の守護神のように扱われる。だが彼は教授会に教授選考権を与えることに反対した。なぜか。アメリカや中国、日本へと移植されたドイツ・モデルは変質を経験する。なぜか。

著者にとって、学問とは好奇心を満たす旅であるのだろう。そのため、ミステリー風に、また丁々発止の講談調で、著者自身の謎解きが披露され、飽きることがない。圧巻は、01年にドイツの歴史学者パレチェクが提起したフンボルト理念神話説の検証である。19世紀を通じてフンボルトの存在は知られておらず、その大学構想も100年にわたって倉庫に眠り続けたという。だとすれば、フンボルト理念は後世の人が創作した神話に過ぎない。本当か。

謎解きの末に著者がたどり着いたのは「フンボルトに戻れ」ではない。同時に「フンボルト理念は終焉（しゅうえん）した」でもない。大学が時代の牽引車（けんいんしゃ）たるためになにをなすべきか——フンボルトがその時代に問うた、その問いの中にこそ、フンボルトの現代的意義が発見される。大学の原点に立ち戻るために、私たちはフンボルトの豊穣（ほうじょう）な理想に戻らねばならないのである。

評・耳塚寛明（お茶の水女子大学教授）

うしおぎ・もりかず　34年生まれ。桜美林大招聘（しょうへい）教授。『世界の大学危機』など。

二〇〇八年六月一五日⑤

『米国世界戦略の核心　世界は「アメリカン・パワー」を制御できるか？』

人文／国際

スティーヴン・M・ウォルト 著　奥山真司 訳

五月書房・三九九〇円
ISBN9784772704700

世界は「米国の優位」が不安なのに

世界におけるアメリカの優位の評価をめぐって、アメリカの内と外とでいかに大きな隔たりがあるか、これが本書のテーマである。

アメリカ人はアメリカの優位は世界全体にとっても利益になると信ずる傾向があるが、世界の多くの人びとはそれについて不安に感じており、その認識の違いはいかに大きいかを、ウォルトはさまざまな例を挙げながら、また自らが考案した新しい理論枠組みも駆使しながら論証しようとする。

とくにウォルトが詳しく説明しているのが、多くの国がどのような方法でアメリカを抑止しようとし、そしてそれらの国々が、いかにアメリカのパワーが自国に都合のよい方向で使われるよう腐心しているか、についてである。

ウォルトによれば、とくにブッシュ政権の外交政策ゆえに、アメリカに対する世界の抵抗は強くなっている。抵抗の手段は実にふんだんに存在する。アメリカが目指さねばならないのは、アメリカの優位を世界の人びとにとってもっと受け入れられるものにすることである。

ただし、ウォルトはビンラディンの意図について、「アメリカの存在そのもの」ではなく、それと区別されるアメリカによる「特定の政策」に対する反発であると断定するが、これはどの程度妥当であろうか。

スウェーデンがテロの対象にならないことを例示するが、しかしアラブ穏健派が統治する政治体制はテロの対象となる。アメリカの対イスラエル政策の一部は変更可能であろうが、イスラエルに好意的な態度すべてを改めることは不可能であろう。たとえそうしたところで、ビンラディンから十分評価されるであろうか。「特定の政策」と「存在そのもの」の区別は、ときにそれほど自明でない。

このように考えると、テロリストとそれ以外の行為主体の間に、より根本的な差異を認めた議論が必要であるようにも思われる。いずれにせよ本書で刺激的な議論が展開されていることは確かである。一人でも多くの読者が刺激されることを願いたい。

（原題、TAMING AMERICAN POWER）

評・久保文明（東京大学教授）

Stephen M. Walt　ハーバード大学大学院ベルファー記念教授。

二〇〇八年六月一五日❻

『岩佐又兵衛　浮世絵をつくった男の謎』

辻惟雄 著
文春新書・一二六〇円
ISBN9784166606290
人文／アート・ファッション・芸能

ままならぬ憂世に浮世を描く絵師

伊藤若冲（じゃくちゅう）など、辻惟雄が1970年に『奇想の系譜』で「江戸のアヴァンギャルド」と紹介した画家が、美術展で人気を呼んでいる。辻が「奇想の系譜」の始まりとしたのが、岩佐又兵衛（1578〜1650）である。

浮世絵の元祖とされる菱川師宣（?〜1694）より以前、戦国時代からの初期風俗画が、慶長末〜元和・寛永期（17世紀前半）に、恐らく又兵衛に主導されて当世風風俗画に衣替えしたものが第1期浮世絵である。又兵衛は摂津の武将荒木村重の末子で、村重が信長に叛（はん）した後、一人京に育ち画道を学ぶ。1615年ごろ、越前北之庄（福井）に移り、家康の孫松平忠直、その弟の忠昌の時代に活躍する。

忠直時代の「柿本人麿図・紀貫之図」「金谷屏風（びょうぶ）」に、既にこれぞ又兵衛と言われる、「豊頬長頤（ほうきょうちょうい）」――頬（ほお）が膨らみ下顎（したあご）が長い顔――、マンガ的表情・姿が描かれ、「かたちを歪（ゆが）める遊び」が見られる。又兵衛は、1637年春、将軍家光に招かれ江戸に出て、「浮世又兵衛」の綽名（あだな）が広まる。

又兵衛にかかわる作品は、美術史における論争の対象であった。著者は50年間の研究の成果を提示する。「山中常盤（やまなかときわ）物語絵巻」は、流行の操り浄瑠璃の一つ「山中常盤」を描く。美濃山中宿で殺された母常盤御前の牛若丸による敵討ちの絵巻。80年前、海外流出直前に発見され、又兵衛の作品か否かをめぐり、論争が巻き起こった。辻は、忠直時代に又兵衛を中心に作られ、常盤惨殺までの部分は又兵衛筆とする。1614年ごろ、大阪の陣直前の京の繁栄を描く「舟木家蔵洛中洛外図屏風」は、京都在住期の作品。「かぶく」侍たちの傍ら、大袋を背負う健気（けなげ）な少女の姿に彼の想（おも）いが見える。

又兵衛は、江戸への道中の途次、京の建仁寺の辺りの墓場で、六条河原で2歳の又兵衛を残し信長に処刑された母を偲（しの）ぶ。無常観による憂世（うきよ）の考えは、儘（まま）ならぬ世ゆえに刹那（せつな）の歓楽に身を委ねる浮世の言葉となった。一族虐殺から逃れ浮世を渉（わた）る又兵衛。その故にこそ、血塗られた光景、皮肉と滑稽（こっけい）、「湯女図」の肉体の存在感が共存する。

評・石上英一（東京大学教授）

つじ・のぶお　32年生まれ。東大名誉教授、MIHO MUSEUM館長。

二〇〇八年六月一五日⑦

『ペレ自伝』

ペレ 著　伊達淳 訳
白水社・二九四〇円
ISBN9784560026304

ノンフィクション・評伝

2年前、66歳の時に刊行された『ペレ自伝』の完訳と聞いても「過去の人」とばかりに片付けたがる空気がある。

だが読み始めると、これが予想外に面白い。知ってるつもりになっていた来歴のあれこれに、補足と訂正を誠実にし続ける姿勢がいつも機嫌の良いペレらしくて和(なご)むのだ。

それらは1958年ワールドカップ・スウェーデン大会直後の「パリマッチ」誌の特集を由来とする「キング・ペレ」の呼称から彼自身の浮気の告白にまで及ぶ。あるいはまた数年前、大勢の人から嫌な顔をされたというバイアグラの広告出演についても。

快諾した動機には心臓発作を引き起こす若者たちの乱用をやめさせるスポークスマンとしての役割があったという。酒もたばこもゴルフもやらないペレしか適役はいないというわけである。

「わたしには七人の子供と七人の孫がいます」と記すペレの予約済み墓所は高層ビルのワンフロア。窓からは18年間在籍したサントスFCのスタジアムが見渡せるそうだ。

アリ、ペレという風に各競技のいちばん巧(うま)い選手がいちばん人間的にちゃんとしていた時代がかってあった。いや、それは彼らが老いてもなお続いていくのだという安堵(あんど)の感覚にしばし身を浸すのにふさわしい、ブラジル貧困層から出現した〝王の書〟。

評・佐山一郎(作家)

二〇〇八年六月一五日⑧

『メディアとプロパガンダ』

ノーム・チョムスキー 著　本橋哲也 訳
人文
青土社・二三一〇円　ISBN9784791763993

米国の著名な言語学者であり、ラジカルな体制批判者としても知られるノーム・チョムスキーによるエッセー集である。本書にまとめられている論考は、「Lies of Our Times(現代の迷信)」誌に1990年から93年に掲載されたもので、連載時に発生していた米国の外交問題と、それを報ずる米国の主流とされるメディアの報道内容について、論評しているのだが、15年以上前のエッセーにもかかわらず、いまだにその輝きを失わず読者を引き込んでいく。

それは、著者が新聞紙面の言説を分析することで、米国の主流派メディアが現政権や議会の進める個々の外交事案や政治問題に対して厳しい批判を展開しようとも、本質的には現体制に抗することなく、いかに既存の秩序の維持装置として機能してきたか、つまり、米国の政治とメディアとの共犯関係を暴露するからに他ならない。

例えば、湾岸戦争時、米国の主流派メディアの多くが、トルコ政府のクルド人虐殺にほとんど言及しなかったことは、米国政府と同様にトルコ政府の行為を支持したことと変わらないのだと論ずる。個々の報道の検証過程で示す、論理展開の斬(き)れのよさに、チョムスキーの真骨頂がある。著者の米国メディアに対する手厳しい指摘は、もちろん対岸の火事ではない。

評・音好宏(上智大学教授)

二〇〇八年六月一五日❾

『疑似科学入門』

岩波新書・七三五円
池内了 著　人文／科学・生物
ISBN9784004311317

霊能力者と名乗る人は科学的には見えないが、「科学では証明できない世界が見えている」と信じる人は後を絶たない。一方、あたかも科学的な裏付けがあるかに見せかけつつ、効果が証明されていない健康食品などを高額で売る人もいる。両者は一見、異なって見えるが、非合理的なものを疑いなく信用させるという点では共通性がある。著者は前者を第一種疑似科学、後者を第二種疑似科学に分類して、それを信じてしまう人間の心のからくりを解き明かす。

さらに著者は、いまホットな環境問題、食の安全をめぐる問題なども、真正科学と疑似科学のグレーゾーンに位置する第三種疑似科学である可能性を指摘する。もちろん、これらは人類の重要課題なのだが、たとえば「地球温暖化」が挨拶（あいさつ）代わりになるとそれ以上、科学的に検証するのをやめてしまうクセが人間にはある。「思考停止は疑似科学の入口」と著者は言う。

この手の疑似科学には「信じるのは勝手でしょ」という強力な理屈があり、それを覆すのは実はむずかしい。著者も疑似科学の有害性の説明には苦労しているようだが、アヤシイものを信じることに慣れれば「ご託宣を待ち望むように洗脳されていく恐れがある」というあたりが重要なのではないか。なんでも信じやすい人に読んでほしい。　評・香山リカ（精神科医）

二〇〇八年六月二二日❶

『幻想の帝国　中国の声なき声』

ギ・ソルマン 著　山本知子、加藤かおり 訳
駿河台出版社・二九四〇円
ISBN9784411003812

『中国低層訪談録［インタビュー］どん底の世界』

廖亦武 著　竹内実 日本語版監修　劉燕子 訳
集広舎・四八三〇円　人文／国際
ISBN9784904213001

声なき声を聞き、「影の真実」を描く

いずれの国にも「光と影」の部分がある。「台頭中国」「超大国中国」は光の部分だが、格差・貧困、汚職、環境悪化などは世界を圧倒する影で具体的に目に見えるものである。しかし政治や社会面での影は、当事者や伝達者が多くの政治圧力を受けるため、外からは断片的にしか見えない。出版後亡命を強いられた何清漣の『中国　現代化の落とし穴』（草思社）、発禁になった陳桂棣・春桃の『中国農民調査』（文芸春秋）などは、危険を顧みずあえて国内出版に踏み切った価値ある邦訳本である。そしてここで扱う2冊もまた中国理解に不可欠な「影の真実」を描き出した労作である。

両著書に共通する特徴は直接のインタビューである。抑圧された無告の民、社会の落後者、反社会的な人々などに彼らは実に精力的に会っている。ギ・ソルマンは特に現体制の批判者、犠牲者・抵抗者に絞り、政治体制の転換を強く意識している。インタビューは78年「北京の春」のヒーロー魏京生から始まり、天安門事件のウルケシュ、エイズと闘う医師・高耀潔、キリスト教徒、法輪功などの指導者、改革の犠牲者である農民、改革の成果を疑う知識人、チベット族のリーダー、台湾の馬英九など、最後にベストセラー作家で「反逆の先導者」姜戎で終わる。彼は中国の未来を革命、崩壊の可能性はなく、民主制への漸進的移行は魅力的だが展望が見えず、独裁体制が続く可能性が高いという危機意識を持つ。党が〝声高な中国〟を体現しているからこそ、自分は〝沈黙する中国〟の声を届けねばならないと主張する。が、登場する人々の多くはむしろ代表的な体制批判者たちである。

これに対して廖亦武の著書はまさに「声なき声」の集成である。浮浪児、乞食（こじき）大将、麻薬中毒者から同性愛者、元の地主や紅衛兵、修行者、破産企業家ら実に31名のインタビューから構成されている。彼らの声からは不条理、絶望、諦観（ていかん）などが響いてくる。光からでは見えない別の「真実」を見ることもできる。貧困な農村から他の農村への人身売買、貧困の滞留である。ある人買いは開き直る。「山奥の水と土はとてもいいから、女の子は化粧をしなくても、みずみずしくて白いほっぺに紅が映える。北方で最も

足りないのはこのみずみずしい〝商品〟だ。独り者があまりにも多いから俺（おれ）がめでたい縁組を結んでやったのよ」。あるいはまた老右派の話には生の人間の息づかいが感じられる。「党を愛するか彼女を愛するか」を問われ、「彼女を愛する」と答え、自分は牢獄（ろうごく）へ、彼女は新疆に流刑され、長い歳月を経て最後は「黒い（反動）夫婦」として幸せをつかむ。著者は「馮おじさん、我々の世代に向けた、家族を大切にせよという心の教育に感謝します」と結ぶ。

そこには「中国的特色」ではなく、他国人と同様の感性、意識、願望を持つ人間の群れとしての中国人社会が浮かび上がってくる。「特色ある中国」を強いる現実の社会はそうした人々にはむしろ苦渋であり悲劇なのかもしれない。声なき声、低層から見れば中国は多分「普通の国」を求めているのだろう。

評・天児慧（早稲田大学教授）

Guy Sorman、リャオ・イウ

二〇〇八年六月二二日②

『中世の東海道をゆく　京から鎌倉へ、旅路の風景』

榎原雅治 著

中公新書・八四〇円

ISBN9784121019448

文芸

紀行文をたどって当時の光景を復元

中世の貴族や僧の紀行文を片手の史跡巡り、というつもりで気軽に手に取るならば、鳴海潟徒渉の序章から、著者の狙いは違うと気付く。

熱田宮の鎮座する熱田は、名古屋市の台地の南端で、中世、その南は伊勢湾北端の鳴海潟であった。熱田から鳴海潟東南の鳴海へ、干潮を待ち干潟を徒渉した。飛鳥井雅有（あすかいまさあり）は、歌と蹴鞠（けまり）の家に生まれ、鎌倉幕府と深い関係にあった。彼は「春の深山路」に、鎌倉への途中、弘安3（1280）年11月18日、熱田の蜑（あま）の家で「浦隠れ」と称し酒を飲み干潮を待ったと記す。著者は、歴史地震の研究会の経験を活（い）かし、名古屋港の潮汐（ちょうせき）の推算（ある地点ある日の潮位変化を算出）を示し、彼が午後2時の最低潮位の前後に干潟を渡る必然性を示す。

鎌倉時代、京から鎌倉に向かうには、近江から美濃の不破を越え熱田に至った。そこで、中世の揖斐川・長良川・木曽川の流路変遷を、濃尾地域の地殻変動などから検討し、東海道の景観を河川とのかかわりで復元する。

鳴海からさらに東に進むと浜名湖に至る。通説は、明応7（1498）年の東海地震で浜名湖が沈降し、海水が流入して汽水湖になったとする。著者は、紀行文が描く光景と明応地震史料の分析から通説を批判し、中世の浜名湖は遠州灘と潮入りの水路で結ばれ、橋を架ける渡河点に橋本宿がある景観を復元する。

広重の浮世絵「東海道五十三次」の「由井」に描かれたのは、薩埵（さった）峠の難所と背景の富士の絶景であった。興津（静岡市）から由比へは峠の崖（がけ）下の岫崎（くきがさき）を通る。旅人は、荒磯の「塩干（しおひ）の伝ひ道」を、干潮時に波の隙（ひま）を窺（うかが）いつつ渡った。興津の西の清見も崖と海にはさまれた難所であったが、清見潟の浜では、蜑の潜（かづ）きが見物された。興津の魚の天日干し、蒲原の塩浜で潮を斟（く）む日焼けした女、人々の生活を記す紀行文のくだりも、海とかかわる景観から興趣が増す。

著者は、中世東海道の紀行文を読むという主旋律に乗せ、歴史学、考古学・文学・地理学や地震学・地質学などの事実を合奏させると言う。新しい歴史学の試みの書である。

評・石上英一（東京大学教授）

えばら・まさはる　57年生まれ。東大教授。共編著に『一揆の時代』『村の戦争と平和』。

二〇〇八年六月二二日❸

『赤めだか』

立川談春 著

扶桑社・一四〇〇円

ISBN9784594056155／9784594073626（扶桑社文庫）

文芸

「僕」から「談春（オレ）」へと青春は駆け抜けて

すたたたたんっ、と物語は始まる。名調子である。冒頭の1ページ。決して技巧を凝らしているわけではないのに、言葉がはずむように目に飛び込み、胸にしみる。なにに似ているかと考えたら、漱石の『坊っちゃん』なのだった。なるほど。これはいい。

弟子入りから始まって、前座時代、二ツ目時代、そして真打ち直前まで……。談春師匠の自叙伝は、同時に立川談志師匠率いる立川流の内幕話でもあり、抱腹絶倒にしてホロリと来る若手芸人たちの群像劇でもある。なにより、談志師匠、柳家小さん師匠、そして桂米朝師匠といった御大たちの肖像が素晴らしい。なかでも〈揺らぐ人〉である談志と最晩年の小さんとの微妙で複雑な師弟の情と、それを理解しつつも翻弄（ほんろう）され、もどかしさやせつなさをグッと呑（の）み込んで「師匠とは、弟子とはなにか」を噛（か）みしめる談春さんの情は、芸人の世界のドラマを超えて、読み手の胸にも深く、熱く、迫ってくる。

優れた回想型青春記は、描かれている青春そのものの魅力だけで成立しているのではない、と僕は考えている。それを振り返る作者が、あの頃といまとの距離をどうとっているか。たんに懐かしむだけならつまらないし、オトナの視線でクールに（自分に都合良く記憶を改竄（かいざん）しつつ）振り返ってしまうと、もっとつまらない。かといって過去にべったり入り込みすぎると、それこそ酒の勢いを借りた思い出話となにも変わらなくなってしまうではないか。

その意味で、談春さんの距離の取り方は絶妙――「お話を語る」ことのプロ、ゆえだろうか。談志師匠へのまなざしもそうだ。「物語の中での思い」と「それを描くいまの思い」のずれが、談春さん自身の成長にも重なっているのだ。それを示すかのように、作中の自称も変わる。最初は〈僕〉だったのが、談志師匠の流儀にならって〈談春〉と書いて〈ボク〉とルビを振るようになり、やがて〈談春〉の読み方は〈オレ〉になる。出世魚のような自称の変遷が、若者の成長物語としての本書の魅力をさらにきわだたせているのである。

評・重松清（作家）

たてかわ・だんしゅん　66年生まれ。落語家。84年入門、97年に真打ち昇進。

二〇〇八年六月二二日❹

『日本版スローシティ』

久繁哲之介 著

学陽書房・二六二五円

ISBN9784313814141

人文

人と人がつながる都市の構築を探る

日本を訪れた外国人に対するアンケートで、「日本に来て不便に感じたこと」の1位が「街にベンチが少ないこと」だったのを以前見たことがある。確かに日本の都市、特に大都市は、いかにも〝生産者中心〟にできていて「ファスト」そのものだ。加えて個々の建物が、周囲の環境を顧慮することなくばらばらに作られ互いに〝孤立〟している点を合わせると、日本の都市は「ファスト&クローズド（速く、かつ閉じている）」と言わざるをえない。

こうした現在の日本の都市のあり方とは異なる〝もう一つの道〟を、「スローシティ」という概念を基本にすえて追求しているのが本書である。スローシティとは、イタリアの四つの小都市が「スローフードの精神をまちづくりに適用しよう」という理念のもと、1999年に始めた都市の姿だ。著者は、こうしたスローシティの考え方を、人々のライフスタイルや消費構造などを含めた視点から吟味し、また「サードプレイス」（自宅と職場以外の、都市の中での居場所）の概念を併せて重視しながら、日本におけるスローシティ実現の可能性を様々な事例の分析を通じて議論している。

たとえば、①中心市街地再生に関するコンパクトシティ論で有名な富山市と青森市を対比的に分析したり、②いくつかの地方都市における経済の地域内循環を検証し地域再生のための戦略を吟味したりするなど、「スロー」のための方策と同時に地域経済の活性化などを総合的に検討している点が興味深い。そして著者の議論は「コミュニティ」に収斂（しゅうれん）し、「開放型コミュニティ」の構築こそがスローシティ実現のための必須条件であるとのメッセージに至る。

持続可能な都市、創造都市など都市論は新たな賑（にぎ）わいを見せているが、スローシティは高齢者なども過ごしやすい〝福祉都市〟ともいえる。日本において重要なのは、スローという方向とならび、挨拶（あいさつ）などを含めた人と人との「関係性」の再構築にあるだろう。それが著者のいう「開放型コミュニティ」と重なっているように思われる。

評・広井良典（千葉大学教授）

ひさしげ・てつのすけ　民間都市開発推進機構都市研究センター研究員。

二〇〇八年六月二二日⑥

『磯崎新の「都庁」　戦後日本最大のコンペ』　人文

平松剛 著

文芸春秋・二三〇〇円
ISBN9784163702902

幻の都庁舎を想像するのも刺激的だ

建築家の評伝でも作品集でもない。日本の建築史にあってエポックとなった「出来事」を扱う「建築ノンフィクション」である。

時は、阪神タイガースが21年ぶりの優勝を遂げた85年の秋。舞台はバブルの予感が漂う東京である。主役はポストモダン建築で世界的に高名な磯崎新。建築界の巨匠であり、磯崎の師匠である丹下健三が助演にまわる。この2人の若い弟子たちも証言する。役者はそろった。

新たな庁舎の設計にあたって、東京都は九つの設計事務所に3カ月半で提案をまとめることを依頼し、審査のうえで実施案を選ぶこととした。丹下の研究所も含めて、大所帯の大手事務所が指名されたのは当然だ。加えて超高層ビルを設計した経験のない磯崎のアトリエにも、なぜか声がかかったことから物語は始まる。

「ぶっちぎりで勝とう！」と連呼する先生に、体調の思わしくない高弟が挑む構図だ。結果は周知の通り、副都心の空に丹下の作品がそびえたつことになる。格子状の外観が、古民家の天井を参考にしたという挿話が面白い。「日本国の建築家」を自負する丹下は、ゴシック教会風のツインタワーの立ち姿に「和」の表情を与えた。

対して磯崎は超高層ではなく、広場に面した中層のビルを配置、球体とピラミッド型の造形が浮遊する案を提出した。空中都市は現実味に乏しいが、あえて斬新な作風を示したという風評もあった。しかし本書では、十分に検討された案であったと論証する。

戦後最大の話題となったこの設計競技を軸に、戦前から今日にいたる建築家と国家との関係、建築家たちの思考法とデザインの手順、設計競技でのかけひきや師弟関係のあやなど、話は建築設計という生業全般にひろがる。時に専門的に、時に軽妙に展開する筆致に引き込まれる。

勝者である丹下が晩年に手掛けた台場のテレビ局のビルに、敗者である磯崎の「幻の都庁」との共通点を見るエピソードが印象的だ。建たなかった建築には、私たちの想像力を刺激する権利がある。

評・橋爪紳也（建築史家）

ひらまつ・つよし　69年生まれ。01年に大宅壮一ノンフィクション賞を受賞。

二〇〇八年六月二二日⑦

『嗜好品文化を学ぶ人のために』

高田公理、嗜好品文化研究会 編

世界思想社・二二〇〇円　ISBN9784790713296　人文

グルメブーム以来、文化としての飲食への関心は衰えを見せていない。しかしありきたりのグルメ蘊蓄（うんちく）より深く飲食文化を学ぼうとすると、直面する問題がある。栄養学、人類学、社会学、歴史学など、既存の学術分野での研究は潤沢に公表されているものの、それらを総合的に一瞥（いちべつ）できる簡便な概説書が容易に得がたいためだ。

こうした悩みを一挙に解決できる本が出た。個別の食品を項目化して解説するのはもとより、さまざまな学術分野がどのような姿勢で飲食文化を研究しているかを簡潔に紹介するだけでなく、各分野における古典的業績までを逐一批評するという念の入れようだ。ともすれば分散しがちな飲食文化に関する情報を集約したいという意図が、本の構成じたいからよく読み取れる。

嗜好（しこう）品文化を考えるというのが本書のコンセプトとなっていることに、違和感を抱く向きはあるかも知れない。食中飲料としての自然水を容易に入手できない文化圏では、茶やビールは単なる嗜好品ではなく生活必需品となるからだ。しかし飲食文化に関する情報を一望のもとに集合するためには、嗜好品という括（くく）りは確かに恰好（かっこう）のプラットホームを提供するだろう。飲食文化を学ぼうとする人には貴重な参考文献となるはずだ。

評・赤井敏夫（神戸学院大学教授）

二〇〇八年六月二二日⑧

『闇こそ砦　上野英信の軌跡』

川原一之 著

大月書店・二七三〇円
ISBN9784272540464　ノンフィクション・評伝

『地の底の笑い話』などの炭鉱作家・上野英信について、上野を師とあおぐ著者が書いた評伝集である。

「精神貴族」といわれた男が、京都大学を中退し、家族と許婚者を捨て、小卒と偽って炭鉱に入る。

初めて坑内に下りた冬の夜、炭鉱の納屋で雑魚寝した。男たちは裸になり、破れ布団に2人1組で寝る。体温でたがいに温め合うためだ。「あんちゃんは俺（おれ）と寝な！」

そこから上野の、日本の繁栄を地の底で支えた人々を記録する作業が始まった。

ケータイ文学、というのが流行らしい。指先からちょこちょこ小説が生まれる。一方で炭塵（たんじん）にまみれ、命を張って文章を紡いだ作家がいた。その違いがここにある。

中心は上野の追悼録に書かれた「断崖（だんがい）に求めた文学の道」（89年）だ。だが、著者の思いは最後の章「砦（とりで）の闇のさらなる闇」（98年）にあるのではないか。これは夫人・上野晴子の遺稿集「キジバトの記」の解説である。

上野の夫人への態度は専制君主以上だった。死の直前の夫人から、それは「精神の纏足（てんそく）状態」だったと明かされる。著者はショックを受け、追悼録がきれいごとに終わっていたことを悩む。

没後21年、なぜいま上野英信か。その理由が最後の章にあるようにも思える。

評・松本仁一（ジャーナリスト）

二〇〇八年六月二二日⑨

『堂々たる政治』

与謝野馨 著

新潮新書・七一四円
ISBN9784106102578

ノンフィクション・評伝

安倍内閣で官房長官を務めた与謝野馨氏による、初の著書。安倍内閣総辞職の回顧、政策提言、半生記など、小著ながら充実した内容である。

著者は、小泉構造改革の意義を認めつつ、市場原理主義に偏さない「温かい改革」を訴える。財政再建、社会保障財源の確保のためには、消費税の増税も辞さないとし、自民党内の経済成長重視路線＝「上げ潮」派の主張は、名指しで批判している。安倍内閣期には「アンチ霞が関色」が強すぎたと総括するなど、率直な記述が本書の特色である。

民主党は、本書をどう受け止めるか。中選挙区制復活論や財務省に近いと目される著者の姿勢に対しては、批判もあろう。他方で、消費税の社会保障目的税化など、著者の主張には民主党との共通点も多い。本書が、与野党を問わず、「堂々たる」政策論争の呼び水となることを期待したい。

歴史家として評者が格別に興味を持ったのは、与謝野氏のライフ・ヒストリー。祖父母にあたる歌人の鉄幹・晶子、外交官だった父、著者と続く与謝野家の歴史、恩師の中曽根元首相との親交、豊富な要職経験など、数多くの逸話が綴（つづ）られている。いずれ本格的な回顧録を執筆し、これらをしっかり語り残しておくのも、著者の責務ではないか。そう思わせる好著である。

評・奈良岡聰智（京都大学准教授）

二〇〇八年六月二九日①

『アウシュビッツの沈黙』

花元潔、米田周 編著

東海大学出版会・二六二五円
ISBN9784486017967

『ホロコースト』

芝健介 著

中公新書・九〇三円
ISBN9784121019431

歴史／人文／新書

生命を愚弄した恥ずべき実例を直視

ホロコーストとは、元来ユダヤ教の祭りにおいて獣を丸焼きにして出した供物のことを指した。それが、現代ではナチス・ドイツによるユダヤ人などの大量虐殺を意味する。このホロコーストについては、「冷戦」終了後に改めて研究が進んできた。日本では翻訳が多い中、日本人著者によるものが2冊出た。

『アウシュビッツの沈黙』は、ホロコースト生還者の「記憶」である。ポーランドで行われた聞き取りを、証言者の言葉のままに記録した画期的なものとなっている。アウシュビッツ強制収容所での虐待・飢餓・大量虐殺についての生々しい「記憶」が語られる。とくに幼い子どもの「ゲルマン化」、ユダヤ人やロマの「人体実験」。そういう生還者もまだ差別されているのだ。語り手には、日本の被爆犠牲への共感もあるのか、率直な告白が胸を打つ。

ところで、このホロコーストの原因や展開などの全貌（ぜんぼう）は意外に知られていない。『ホロコースト』は、ナチスがユダヤ人大量殺戮（さつりく）を行うに至った思想、原因、経緯、そして実態と帰結を、最新の研究成果を踏まえて整理している。『アウシュビッツ』が犠牲者の「下から」の眼（め）だとすれば、これはあえて「上から」の視線で見ている。芝は、ホロコーストは狂った独裁者ヒトラーが命令し実行したという単純なものではないという。

過激な人種主義を基礎に「非アーリア」人追放を掲げたナチスは、政権につくやドイツ国内からのユダヤ人やロマの追放を始め、ポーランド侵攻の後は東欧への移送と「ゲットー化」を進めた。だが、ソ連侵攻以降、大量に抱え込んだ「非アーリア」人を処理できず、初めは現場主導の場当たり的な大量虐殺を行ったが、独ソ戦が膠着（こうちゃく）化すると、絶滅収容所での計画的な大量殺戮をトップにおいて決定した。このような「試行錯誤」の過程で600万人余の「非アーリア」人が殺戮されたのだ。

芝によれば、このホロコーストをめぐっては、長年「なぜ」それが起こったのかが論じられ、その責任主体はヒトラー個人か、ナチ体制の構造そのものかが争われてきている。だが、最近は「どのようにして」それが行われたのか、また一般市民の態度はどうだったのかという関心が高まっているという。

　われわれ日本に住む者が、ホロコーストに関心を持つのは何故か。米田と花元は、強制収容所の歴史は、人類がその「生命を愚弄（ぐろう）」した最も恥ずべき実例であり、これを見ずに今日を語ることは許されないと言う。とすれば、われわれはユダヤ人らに代えて日本軍が大戦中に「生命を愚弄」した多くの人々を念頭に置かねばならない。芝は、第2次世界大戦前後のヨーロッパ全体の構造的・文化的共通性の中でこれを考える必要があると言う。だが、日本軍の隣国での虐殺行為、世界各地の強制収容所、アメリカの原爆投下などを含めた、生命と暴力の問題を共通にする「第2次世界大戦期の世界」の歴史として、ホロコーストを位置づける時期に来ているとも言えよう。

評・南塚信吾（法政大学教授）

はなもと・きよし　53年生まれ。
よねだ・ちかし　1942〜2001年。
しば・けんすけ　47年生まれ。東京女子大教授。

二〇〇八年六月二九日②

『脱出　1940夏・パリ』
ハンナ・ダイアモンド 著　佐藤正和 訳
朝日新聞出版・二五二〇円
ISBN9784022504012
歴史／文芸

過酷な逃避行を生き生きと描く

　民間人を巻き込む現代戦の悲劇は、戦場から離れた地点でも起きる。戦乱を逃れて、人々が大量に避難する時に起こる悲劇もその一つだ。

　1940年6月14日、電撃作戦によりドイツ軍はパリに到達した。思いもかけぬ自国の敗戦を前にしてその直前の数週間に、フランス人560万人以上にベルギー人など180万人を加えた民間人が、フランスの南部をめがけて脱出する。それまでフランスではドイツ兵の残虐さが宣伝されており、恐怖が人々の逃亡を促した。

　ドイツ軍の侵攻を阻止するために、橋や道路や鉄道などは破壊された。フランス軍も続々と撤退し、南に向かう道路は兵士と避難民で溢（あふ）れかえった。交通通信網が麻痺（まひ）し寸断された中で、通常の何百倍もの人々の移動が起こる時、そこには怖（おそ）ろしい弱肉強食の世界が出現する。幼児や病人や貧乏人は、過酷な逃避行の中で振り落とされることが多く、ドイツ軍の機銃掃射による犠牲者も含めて、一説によれば10万人の避難民が路上で息を引き取ったという。家族の生き別れも続出した。本書は避難民の日記や体験記を通して、その悲惨な状況を描いたものである。

　この秩序の崩壊状況こそが、事実上の降伏である独仏休戦協定の締結をフランスの指導者や国民に受け入れさせた要因だったと、本書は説明する。やがて避難民は帰還したが、生き別れになった家族との再会が果たせない場合もあった。ドイツに捕虜として連行されたフランス軍兵士や、強制収容所送りとなったユダヤ人もあった。

　敗戦に伴う逃避行は、フランス人には思い出したくもない記憶として残ったという。だが本書を読んで連想したのは、日本の敗戦後の外地からの引き揚げであり、今日の戦争で生まれた難民たちのことであった。フランスでの国内難民の経験は、普遍的な戦争体験に通じるものがある。

　著者は記憶を再現することを通じて、避難民が見通しのつかない中で時々刻々に直面した状況を生き生きと描いてみせた。それには息詰まるドラマを見る思いがする。

（原題、Fleeing Hitler : France 1940）

評・赤澤史朗（立命館大学教授）

Hanna Diamond　英バース大学フランス歴史学の上級講師。

『ザ・ロード』

コーマック・マッカーシー 著　黒原敏行 訳

早川書房・一八九〇円
ISBN9784152089267／9784151200601（ハヤカワepi文庫）

文芸

世界は終わり、荒涼とした道を淡々と

荒涼、沈黙、神なき世界。父と息子は冬にそなえて南へと向かう。空には雲がたれこめ、寒さが募る。荒れた庭で死んだライラックの枝がもつれあい、去っていった息子の母は夢に現れるのみ。家のポーチには何年も前に死んだ男が座り、人食の〈野蛮人〉が襲いくる。生き残ったわずかな人々は限りある資源をめぐって殺しあう。

ピンチョン、デリーロらと並ぶ大作家マッカーシーの最新作は、なにかカタストロフィが起きた後の終末世界の物語である。具体的な経緯はいっさい説明されない。大惨事後に生まれた少年は、野生のキノコをごちそうとして食べ、不満も漏らさないが、世界の深い絶望をおそらく本能的に分かっているのだ。そんな息子を守るために、父は一刻一刻を生き延びようとする。「火を運ぶ者」として。

1950年代にはケルアックによる青春の書『オン・ザ・ロード』が自由を謳（うた）いあげた。「旅の途中」を意味するこの題名からonがとれた『ザ・ロード』では、そこを歩く人間の姿は消え、道だけが残った。

「やるべきことのリストなどなかった。今日一日があるだけで幸運だった。この一時間があるだけで。〝あとで〟という時間はなかった。今がその〝あとで〟だった」

季節の移ろいも、時間の区切りも失った世界は、ただ平坦（へいたん）に薄暗く広がり、そのむきだしのその荒涼を、マッカーシーは淡々と記述する。いかなるメッセージも文脈も剥（は）がれた世界で言葉の無力さを伝える言葉の力強さよ。

「四月は残酷きわまる月。死んだ地にライラックを咲かす」に始まり、「冬には南へまいります」というT・S・エリオットの長詩「荒地」から伸びる道の上に、『ザ・ロード』もまた位置しているのだろう。しかし最後には一縷（いちる）の光を感じさせる。作者独自のスタイルの原文には、カンマがごく少なく、訳者の黒原氏はその文体を生かすために、地の文で読点は（一つのパターンを除いて）使わないというルールを自らに課したと見え、茫々（ぼうぼう）たる荒廃の表現に貢献している。

（原題、The Road）

評・鴻巣友季子（翻訳家）

Cormac McCarthy　33年生まれ。著書に『すべての美しい馬』ほか。

『本棚のスフィンクス　掟破りのミステリ・エッセイ』

直井明 著

論創社・二七三〇円
ISBN9784846007294

文芸

トリックを明かしてこそできる批評

かつてユニークな『推理小説事典』を出版してみようかと夢想したことがある。20冊限定。定価30万円。官憲に問われるものではなく、ただ名作のあらすじを紹介するだけ。ただしトリックや犯人の名を明らかにして……。

推理小説では批評に際しても、それを明かさないのが不文律であり（理由は明白だろう）そのため批評は隔靴掻痒（かっかそうよう）、研究も発表しにくい。20人くらいは大枚をはたいて異色の事典を求める人がいるのではあるまいか。

閑話休題、本書『本棚のスフィンクス』は初めからこの禁を冒す、と断っている。『幻の女』『第三の男』『マルタの鷹』などなど著名な作品ばかりを扱っているから〝ミステリ・ファンなら読んでいるはず〟であり、こうしなければまともな批評はできない。一つの見識であり、本書の特徴であり、私も大賛成だ。

著者の視点は、名作のすばらしさやエピソードを多彩に語りながらも「しかし、この小

説、論理的に少しおかしいんじゃない?」という指摘にまで踏み込んでいて、それが丹念で、おもしろい。私も似たような疑問を抱いたことがある。アガサ・クリスティーの『そして誰もいなくなった』なんて設定からして土台無理な話に、あえて挑戦しているのだから、論理的に鑑賞すればヘンテコなところがあって当然のこと。本書の指摘はいちいち頷(うなず)けるが、その一方で推理小説は、こういう問いかけにどう応えるべきものなのか、ジャンルの根源に関(かか)わる問題も伏在している。直井明は、このあたりも十分に承知のうえで、どこまでが許容されるかを探っている。考慮されてよいテーマだろう。

名作と映画の関係にも繁(しげ)く筆が伸びていて、たとえば『第三の男』では原作者のグレアム・グリーンはハッピーエンドを考え、最後のシーンでは〝アンナがマーティンズの腕に手を通した〟となるはずだったとか。

わかりにくいかもしれないが、これ以上は書かない。推理小説は眴(めくばせ)の文学であり、詳細はあえて語らず、知った者同士が眴で頷きあう楽しみを否定できない。

評・阿刀田高(作家)

なおい・あきら　31年生まれ。『87分署グラフィティ』で日本推理作家協会賞。

二〇〇八年六月二九日⑤

人文／国際

『アフリカ　苦悩する大陸』

ロバート・ゲスト 著　伊藤真 訳

東洋経済新報社・二三一〇円
ISBN9784492211779

「政府が国民を食い物に」と腐敗を指摘

アフリカはなぜ貧しいのか。

「植民地として搾取を受けてきたため」というのが従来の模範解答だった。しかし著者は断定する。

「アフリカが貧しいのは、政府に問題があるからだ」

政府が無策なだけなら、国民は自力で生きていくことができる。しかしアフリカでは「あまりに多くの政府が国民を食い物にしている」とこの本はいうのである。

政府は、権力者が私腹を肥やすために存在する。官僚はわいろを要求する。警官は国民から金品を奪う――。その実例が次々に登場する。

ジンバブエ。役所の非能率で電話がなかなか引けない。そこである民間人が携帯電話会社を設立した。ところが政府は、民間の電話事業を禁ずる法律をつくる。裁判所がそれを違憲と判断すると、政府は事業を免許制に切り替え、免許を大統領の親族に与えてしまった。

カメルーン。著者はビール輸送のトラックに便乗する。ところが５００キロ先の目的地まで4日かかってしまった。なんと47回、検問でとめられたのである。警官は金を渡すまで運転手の免許証を返してくれなかった。

アフリカの多くの政府は国民を支えるどころか、自立しようとする人々を妨害さえしているのである。

国連や世銀などの援助関係者が政府の腐敗を指摘したことはある。しかしそのたびにレイシスト(人種差別主義者)呼ばわりされ、口をつぐんだ。アフリカの政府批判はタブーだった。

しかし最近、タブーを破る発言が相次ぎはじめた。もう黙っているわけにはいかない、という気分。この本もそうした一つである。

著者は英誌「エコノミスト」の元アフリカ特派員。すべての国を調べているわけではないし、順調に国づくりが進むボツワナなどの例もある。だが、同じアフリカ特派員だった私の経験からも、この本の視点は正しいと思う。

「アフリカ独立の時代」から半世紀がたった。その苦悩の真実を正確に把握しておく必要があるだろう。

評・松本仁一(ジャーナリスト)

(原題、THE SHACKLED CONTINENT : Africa's Past, Present and Future)

Robert Guest　エコノミスト誌の元アフリカ担当編集長。

『イスラームから考える』

師岡カリーマ・エルサムニー 著

白水社・二一〇〇円
ISBN9784560031827

人文／国際

二つの文化をしなやかに生きる

これはイスラームについての本ではない。アラブ・イスラームと日本という二つの文化に属する著者が、国際的な文化摩擦と相互理解について考えたエッセー集である。

9・11事件以降、世界中でイスラームに対して警戒心を持つ人が増えた。エジプト人の父を持つ著者が「半分は日本人です」と言うと、「残り半分は?」といつも聞かれる。聞かれた彼女は、アラブやイスラームについての説明役を引き受けざるをえない。

その役は非常にむずかしいが、本書で著者は、しなやかな心とウイットに富んだ文体で、それをこなしている。説明のロジックはとてもわかりやすく、女性としての視点もプラスに働いている。テレビのアラビア語講座の講師を務め、西洋音楽やポピュラー文化が大好きな上、アラブの古典文学や現代詩にも通じているから、トピックも実に豊かである。

ヨーロッパでの体験談もあれば、アラブ系米国人のコメディアンの生きざまも登場する。女性のベールの意味が解かれる一方、イスラームは男女平等の教えなのに、アラブ社会は千四百年たってもまだそれが吸収できていない、という辛口の指摘もある。

特に、現代のアラブ詩が紹介されている部分は、魅力的である。占領下に生きる詩人が、「愛について二〇行書いた／するとこの包囲が／二〇メートル後退したような気がした」と、憎しみではなく愛を謳（うた）う姿が印象に残る。

著者はアラビア語と日本語のバイリンガルなので、翻訳は簡単だと思うと、そうではないらしい。バイリンガルにとって二つの母語は別々のタンスのようなものという。言葉の引き出しは別々のタンスについているため、両方を往復する翻訳は労力を要する上、どちらも母語なので、できあがりの水準に非常にこだわってしまう。

バイリンガルでも、著者のように、日本語とアラビア語という二つの難解な言語で著述できるケースは珍しい。日本でも国際化が進み、多文化共生が大きな課題となっている現在、二つの文化を生きる存在は貴重である。

評・小杉泰（京都大学教授）

もろおか・カリーマ・エルサムニー　70年生まれ。ラジオアナウンサー、慶応大講師。

『「たえず書く人」辻邦生と暮らして』

辻佐保子 著

中央公論新社・一四七〇円
ISBN9784120039317／9784122054790（中公文庫）

文芸

ほぼ半世紀をともにした妻から見た、ほほえましい素顔がいくつも出てくる。

後年、すぐれた映画エッセーを書いたが、最初、芸術映画は嫌いだった。「ハイジ」「家なき子」などの子ども向きアニメが好きで、この読書面に水村美苗さんとの往復エッセー「手紙、栞（しおり）を添えて」を連載したとき、「若草物語」などの題名が出てきても急いで読みつつ調子をあわせることができたという。

それだけではない。美術史家である著者は、辻邦生全集（全20巻）の月報連載のために作品を読み込み、「あたかも熔岩（ようがん）流をたえ間なく噴出する火山のようだった」創造力の源泉をさぐった。歴史的事実の合間に鮮やかに構築されていく虚構に感嘆しつつ、無意識のうちに学者としての分析手法を働かせ、作家の「心の奥底に潜む暗い性格や自信喪失、とりわけ創作衝動が枯渇するのではないかという恐怖感」、それらとの闘いこそが旺盛な創作のエネルギーになっていた、と結論づけた。

言葉や美の世界こそ、空虚な〈生〉を支えることができる。作家自身の口から強い響きでそう聞いたことがある。たえまない闘いに裏打ちされた信念だった。急逝の前年の夏、「これがもしかすると死なのだろうか」と結ばれる歌曲を、よく一緒に聴いた話が余韻を残す。

評・由里幸子（前編集委員）

二〇〇八年六月二九日❽

『性犯罪被害にあうということ』

小林美佳 著　朝日新聞出版・一二六〇円　社会／ノンフィクション・評伝

ISBN9784022504210

2000年8月末、当時24歳の著者は見知らぬ男2人にレイプされた。仕事帰りに道を聞かれ、教えようと近づいたら車内に引きずり込まれたのだ。事件とその後の葛藤（かっとう）を克明につづる。

警察で質問に答え、変わらず仕事に行くが、1カ月で13キロも体重が落ちた。屈辱感と罪悪感で、自分を異臭を放つ動物のように感じた。2年後、形だけでも幸せと呼ばれたいと結婚。しかし夫とのセックス後に決まって嘔吐（おうと）、離婚を申し出た。性犯罪被害者の傷はこれほど深いかと、今さらながら愕然（がくぜん）とする。

著者の視界が開けたのは、ネットで他の性犯罪被害者と交流してから。あるシンポジウムでは、実名で経験を話した。雑誌に紹介されると、事件後は「誰にも話さないで」とクギをさしていた母親から「あんたが死んだら死ぬって決めていた」と打ち明けられた。家族も必死で、自分だけがつらかったわけではなかったのだ。

気持ちを「伝える」ことはなんと難しく、そして重要なことなのだろう。伝われば周囲の理解が得られやすく、被害者の気づきにも通じる。結びの「私なりの活動がしたい」とは、歩み出す宣言なのだろう。ちなみに犯人は不明のまま時効に。男性にこそ読まれるべき一冊だ。　評・多賀幹子（フリージャーナリスト）

二〇〇八年六月二九日❾

『反貧困　「すべり台社会」からの脱出』

湯浅誠 著　岩波新書・七七七円　人文／社会

ISBN9784004311249

この本を最初に私に薦めてくれたのは、「ネットカフェ難民」というコトバを世に広めることになったテレビ・ドキュメンタリストの水島宏明氏だった。自立支援団体を通じて、日本の貧困の現実と向き合い、そこで苦しむ人々への手助けを続ける著者が、その実情と課題、そして希望を語ったのが本書である。

著者は、いまの日本社会は「すべり台社会」だという。頼れる家族や友人、学歴や技能といった「溜（た）め」がない人ほど、足を滑らせると、すぐさま貧困に落ちてしまうと指摘する。そのような現実があるのにもかかわらず、貧困に陥るのは本人の社会認識のなさや、自らの選択によるものとする「自己責任論」が、行政や財界関係者などから語られることを厳しく批判する。貧困問題を認めつつも、その対応に苦慮している欧米に比べても、その存在を軽視する行政を始めとする日本社会総体は、貧困問題に対して、スタートラインにさえ立っていないと論ずる。そのようななかで、筆者たちは「すべり台社会」に歯止めをかけるべく、「たすけあい」のネットワーク化を進めているという。

貧困の厳しい実情を語るのみならず、その解消に向けた具体的処方箋（しょほうせん）を数々提示しているところが本書の魅力でもある。　評・音好宏（上智大学教授）

二〇〇八年七月六日❶

『アメリカ大統領の挑戦　「自由の帝国」の光と影』

本間長世 著　NTT出版・二五二〇円　歴史／政治／国際

ISBN9784757141858

戦争・平和への判断力をどう評価

本書は、ウィルソンやF・D・ローズヴェルトらの大統領を中心に据えてアメリカ史を論じる。ただし、大統領だけに着目するのではなく、自由と平等、移民の受容とそれへの反発、民主化とポピュリズム、そして19世紀における領土拡大と先住民の否定など、アメリカ史につきまとうさまざまな逆説ないし矛盾も強調する。

著者がいうように、大統領を中心に据えた政治史は最近の歴史学界ではめっぽう不人気な分野である。しかし、大統領の資質、とくに戦争・平和に関する判断力は多くのアメリカ内外の人々の運命に多大なる影響を与える。研究がし尽くされたわけでもない。むしろテロの脅威が引き続き存在する時代において、今後ますます研究が必要とされる領域ですらある。

ウィルソンもローズヴェルトも、主として国内政治での改革を自らの課題として大統領に就任したが、皮肉にもそれ以上にはるかに外交に気を取られ、また外交に専念することになる。彼らの評価もかなりの程度その外交政策に対する評価に基づいている。

　数多くのエピソードがちりばめられた本書を貫くテーマは、大統領と参戦問題である。ウィルソンによる第1次世界大戦への参戦は苦渋の決断であった。彼にとって、正義は平和より貴重であった。しかし、戦争には勝利したが、数々の判断ミスがたたり、ウィルソンは国際連盟に加入できなかったことも含めて戦後の秩序形成に失敗する。

　ローズヴェルトはナチスの脅威を深刻に受け止めながらも、参戦には孤立主義的な世論の存在もあり慎重であった。これがリーダーシップの本来のあり方であったか、極めて微妙であると著者は指摘する。彼はまた、トルーマン副大統領らに十分重要な情報を提供していなかった。しかし、それにもかかわらず、トルーマンはウィルソンやローズヴェルトを上回る外交的成果を上げたとして、著者は彼のリーダーシップを高く評価する。

　著者によれば、「アメリカは、光の部分と影の部分を抱え、夢と悪夢が表裏一体となって歴史を刻んできた」。考えてみれば、光と影を持つのはどの国も同じはずである。ただ、アメリカの場合、抱いた夢は壮大であるが、同時にその圧倒的国力と高い期待値ゆえに、悪夢も破壊的である。しかも、アメリカについて、一部の人はことさらに影の部分ばかりを強調するが、光ばかりを見ようとする人も少なくない。著者は過去の参戦を評価しつつ、現ブッシュ政権とその下のアメリカを舌鋒（ぜっぽう）鋭く批判する。

　「ブッシュ大統領の誤った信念に基づく対外政策と内政の失政によって、『唯一の超大国』アメリカの世界におけるイメージが深く傷つけられたあとで、次期大統領の下でのアメリカは、いかにして自己を立て直して、各国と協調して人類共通の切迫した課題に挑戦し、責任あるリーダーシップをふるうことができるのか」。ブッシュ大統領が象徴するアメリカとは違うアメリカも存在する、それが著者が伝えたいメッセージでもある。

評・久保文明（東京大学教授）

ほんま・ながよ　29年生まれ。コロンビア大学大学院などで学び、東大教授、東京女子大教授を経て、東大名誉教授（アメリカ史）。著書に『思想としてのアメリカ』など。

二〇〇八年七月六日②

『限りなき夏』

クリストファー・プリースト 著
古沢嘉通 編訳
国書刊行会・二五二〇円
ISBN9784336047403

文芸

SFの題材を鮮やかな現代小説に

　再評価が進んでいるイギリスの作家プリーストのベスト短編集が登場した。ジャンル小説も現代文学も分け隔てなく愉（たの）しむという人にこそお薦めしたい、魅力的な一冊だ。

　プリーストは手垢（てあか）にまみれたジャンルSFのモチーフをびっくりするような手管で鮮やかな現代小説へと昇華させてしまう一流のアレンジャーだ。彼がつねに信頼を置くその魔術とは、言語の持つ重層性である。言葉は私たちが何かを共有し、明快な概念とするためにつくり出される。しかし言葉は歴史と共に多義性を持ち始める。プリーストはSFのモチーフをその言語の本質的な豊かさで重層的な物語に再構築してゆく。その重なり合いは言葉を超えて私たちの認識そのものとなる。そのときチープと思われがちなジャンル性は、同時に見事なメーンストリーム小説となるのだ。プリーストはジャンルと小説の双方に敬意を払うロマンチックな理想家である。

　本書は時空に隔てられた男女の恋愛を描く

二編、熱気を孕（はら）んだ初期ＳＦ二編、そして数千年も戦争が続く「夢幻群島（ドリーム・アーキペラゴ）」を舞台とする蠱惑（こわく）的な連作四編を収録している。表題作はホログラフに閉じ込められた恋人と再び永遠の愛を獲得する男の物語で、夏に読めば一生忘れられない記憶となるだろう。「奇跡の石塚（ケルン）」の仕掛けには誰もが目を白黒させるだろうし、娼家（しょうか）に迷い込んだ歩兵の眼前で夢の絵画が次々と現実化する「ディスチャージ」はその題名にも戦争から性まで多数の意味が折り重なる。プリーストの長編は言葉の重層性が制御されすぎて、言葉で構築される小説内に閉じ、読了後すべてが本の内側へと収束してしまう印象を受けるが、短編では逆にイメージが鮮やかに広がってくる。

私はプリーストの飛行機の描写が好きだ。本書の「赤道の時」で輸送機が夢幻の島々の上空をゆくさまは本当に美しく、想像力を刺激される。彼の飛行機は権力やマッチョの象徴ではなく、ただ機械として飛ぶ。そこに乗り込み、世界を感じるのは私たち人間なのだ。どこか人と言語・小説の関係に似ている。

（原題、An Infinite Summer）

評・瀬名秀明（作家）

Christopher Priest　英国の作家。著書に『奇術師』など。

二〇〇八年七月六日❹

『シズコさん』

佐野洋子 著

新潮社・一四七〇円

ISBN9784103068419／9784101354156（新潮文庫）

『役にたたない日々』

佐野洋子 著

朝日新聞出版・一五七五円

ISBN9784022504258／9784022645883（朝日文庫）　文芸

虐待、自責、贖罪…母と娘の深い闇

「フロイトは男だったから、母と息子のことしかわからなかったのだ」と『シズコさん』で著者は言う。そして、「それぞれの関係に同じものは二つとない」として、自分と母との壮絶な関係について語るのだ。

何が壮絶なのか。まずは母の虐待だ。戦後、11歳の兄を病気で失った母は、徹底的に冷たく娘に当たり続ける。著者が、「母は本当に兄の代（かわ）りに私に死んで欲しかったのだ」とまで思うのも無理はない。

しかし、本当の壮絶さは実は別のところにある。それは、著者を本当に苦しめたのは、母の虐待ではなくてそういう母を好きになれない、自分への自責の念だということだ。母親のひどさを物語るエピソードが、幼児期にまで遡（さかのぼ）ってこれでもか、と書き連ねられる。そしてその後で、全財産をはたいて高級老人ホームに入所させたのは「母を金で捨てた」と、著者はまた自分を責めるのだ。そして読者は、このあまりに落差の激しい感情の揺れこそが母娘関係の基本にあることに気づかされ、母娘関係の闇の深さに愕然（がくぜん）とするはずだ。

老人ホームに入った母親は80歳で認知症の症状が出始め、一転して〝いい人〟となり、これまで決して口にしなかった「ありがとう」「ごめんなさい」を連発するようになる。その母に添い寝しながら、著者の口から出てきたのは、「ごめんね」という贖罪（しょくざい）の言葉であった。そこで著者の感情は爆発し、許されたという思いが胸を満たす。母は結局、93歳で世を去るが、そのとき著者は70歳に近く、乳がんが骨に転移して闘病中。

「人生って気が付いた時はいつも間に合わなくなっているのだ」という著者の言葉があまりに痛々しいが、日常を日記風につづった『役にたたない日々』では、一転してひとりで老いを迎える著者の生活がなかなか楽しげに描かれていてほっとする。とくに、何にもハマったことのなかった著者が「韓流ドラマに身をもちくずした」と言うほどヨン様に夢中になり、韓国まで出かけて行くくだりは爆笑もの。ぜひ2冊あわせて読むことをおすすめしたい。

評・香山リカ（精神科医）

さの・ようこ　絵本作家。

『ディープエコノミー　生命を育む経済へ』

ビル・マッキベン 著　大槻敦子 訳

英治出版・一九九五円
ISBN9784862760296

経済／社会

在るべきものが在る分散型社会を

まちの広場に1本の大きな木がある。その木陰に年寄りがいて子どもたちに話しかけている。在るべきものが在るべきところに在る風景――。

入社試験で「幸福とは」と問われ、そう答えたように思う。この本を読んでいて三十余年前の記憶が蘇（よみがえ）った。

バブルとその破綻（はたん）、市場主義の席巻を経て、忘れられていた幸福像が戻ってきた。

著者は「量より質」を重んじる経済の必要を説く。それは「集中より分散」によって築かれる、とみる。

集中型の経済は、北海道洞爺湖サミットの焦点である地球温暖化をもたらした。経済成長を追い求め、化石燃料を工業地帯に集めて燃やす。その「度が過ぎた」のである。

失いつつあるのは環境だけではない。「こんなにも多くの物を手に入れるという行動そのものが、地域社会から離れた個人中心の人間に私たちを変えてしまい（中略）孤独にしてしまっているのではないだろうか」と問う。

一方、分散型には太陽光や風力が似合う。「少数の人々が地面から掘り起こすのではなく、非常に多くの人々が地球の表面でそれを捕らえることができる」からだ。

分散したものを分散したまま使う。その発想の強みは多角的に語られている。

食ではファーマーズマーケット。地元農家が消費者にじかに売る場だ。スーパーより、買い物での会話が「一〇倍に増える」ので、食の安心にもつながるに違いない。

メディアでは地元の小さなラジオ局。地球規模のネットはできたのに「自分の周辺に関する事柄を耳にすることは段違いに難しくなった」。だからこそほしい情報源だ。

まちやむらに在るべきものが在る。それが分散型の社会だ。そこに諸々（もろもろ）の難題を解きほぐすカギがあるらしい。

著者は、アタマの柔らかな環境派のようだ。集中型の原発も脱温暖化へのつなぎ役を果たすかもしれないとみて全否定はしない。だが、「未来のもっと画期的な可能性は別のところにある」と強調することを忘れない。

どっちを向いて進むのか。それが大切なのだろう。

（原題、DEEP ECONOMY）

評・尾関章（本社論説副主幹）

Bill McKibben　環境ジャーナリスト。著書に『自然の終焉（しゅうえん）』など。

『変愛（ヘンアイ）小説集』

岸本佐知子 編訳

講談社・一九九五円
ISBN9784062145442／9784062779074（講談社文庫）

文芸

「恋する」欲望と妄想こそが生きる力

「あのね。わたし、木に恋してしまった」

アリ・スミス。英国の女性作家の美しい短編、「五月」は、この一行から始まる。

思わず、動揺する。そう、身に覚えがある。夕暮れの風に、夏椿（なつつばき）の白い花がぽとぽとと落ちてくる中にたたずんでいる時の胸を締め付けられるような切なさ。あれはまぎれもなく木への恋です、なあんてつぶやきたくなる。

レイ・ヴクサヴィッチ。舌をかみそうな名前の米国の男性作家の短編、「僕らが天王星に着くころ」の始まりは、こんなふう。

「モリーに宇宙服が出はじめたのは春だった」

体の皮膚が宇宙服化する奇病が流行（はや）って、人々が次々と空へ旅立っていく話だ。先に飛び立とうとする妻、それを押しとどめようとする夫。

「もう行くしかない」

「まだ行くな！」

その切実で、迫真の悲しみ。読んでいて、

いてもたっても、の気持ちになる。

　それから、それから……。

　バービー人形とつき合い始めた少年や、若い男を飲み込んで、おなかの中で飼う人妻。自分を捨てた恋人が乗っていると信じた飛行船を、人生をかけて、どこまでも追い続ける男の話などなど。

　本書は、現代英米文学の中から、独特で風変わりな愛を描いた11の作品を集めたアンソロジーだが、いやはや、読み出すと止まらない。奇想天外な設定にもかかわらず、それぞれの作品の愛の様相のリアリティーに、気持ちがかき乱されてしまうのだ。

　誰かに、なにかに向けられたひたむきなエロス的情熱である「恋愛」とは、いずれも「変愛」であり、かつ「偏愛」であり、それが「純愛」と呼ばれているものの正体だと、妙に納得してしまう。

　「恋されたい」欲望などなんぼのものか、である。「恋する」欲望に突き動かされた自己完結的な妄想。実は、その熱情によってこそ、人は生きていくことの力を掻（か）き立てられていくのよねえ、というのが読後の感想だ。

　つるっとしていない本の装丁の手触りもよし。お試しあれ。

評・久田恵（ノンフィクション作家）

きしもと・さちこ　60年生まれ。翻訳家。著書に『気になる部分』『ねにもつタイプ』。

二〇〇八年七月六日⑦

『アメリカの毒を食らう人たち』

ロレッタ・シュワルツ＝ノーベル 著
東出顕子 訳
東洋経済新報社・一九九五円
ISBN9784492222812　経済／科学・生物／医学・福祉

　産業優先の政府や、企業におもねる科学者に対する義憤に満ちた本だ。アメリカの危機的状況を告発した本ではあるが、少数の人々の欲が多数の市民の命を脅かし奪っているという主張は、ひとごとでは済まされない。

　アメリカで、幼児が接種を義務付けられているワクチンに添加されている保存剤によって、自閉症児が急増しているという話は衝撃的だが、その保存剤の使用禁止に奔走している上院議員は、孫がワクチン接種後障害児となった人だそうだ。政治家も、わが身に火の粉が降りかかってこないと動かないということか。

　マンモグラフィーに潜在する危険性とか、がんが根絶されると治療が産業として成り立たないので医療研究機関ががん予防に真剣に取り組んでいないという告発に関しては異論も予想されるが、がん検査にもある程度の危険が伴う可能性があることは、覚えておくべきかもしれない。

　一個人が政府や企業に立ち向かうことはできなくても、政府も企業も煎（せん）じ詰めれば人間なのだから、個人の姿勢によって社会を変えていける、という著者の考え方には賛同したい。かつて、資本家が労働者を機械の歯車のように扱った時代があった。今や我々は、消費者という名の歯車にならないように自覚を持つことが必要なのだと思う。

評・常田景子（翻訳家）

二〇〇八年七月六日⑧

『私の履歴書　人生越境ゲーム』

ノンフィクション・評伝

青木昌彦 著
日本経済新聞出版社・一九九五円
ISBN9784532353025

「世の中で当然のこととされている考えやしきたり、いわば社会のゲームのルールというべきものに、チャレンジ」を繰り返すライフスタイル。青木さんという国際経済学者は実は生まれる前から、進取の気質に溢（あふ）れたシリコンバレーあたりの陽光を浴びていたのではないだろうか。

全学連での活動、スタンフォード大学の日本センター創設、最先端を走る多分野の研究者がネットで交流する仮想研究所の開始など、七つの「知的ベンチャー」を軸に自分史を描く。自伝では、書き手の芯となる行動原理が紙背できらめくとき、読み手の中で何かが激しく共振する。様々な「知的ベンチャー」に踏み入る「越境ゲーム」が主題の本書には、著者の英明なチャレンジ精神がたぎり、それがページをめくる者の手を休ませない。

本の構成も洒脱（しゃだつ）だ。ある時代の回顧と、その時代に関連する本についての後年の書評を組み合わせ、自分史と時代史を立体的に編む。たとえば、ボブ・ディランがいたことのあるミネソタ大学に1960年代半ばに留学した思い出を記す。その後に、近年出版されたディラン自伝の書評を収める。ディランと青木さん。無類の読書家である2人に共通するのは、やはり「越境ゲーム」かなと、ふと思ったりもする。　評・吉田文彦（本社論説委員）

二〇〇八年七月六日⑨

『ひっつき虫』

文芸

杉本秀太郎 著
青草書房・一九九五円
ISBN9784903735108

筋のおもしろさに惹（ひ）かれ、息せききって読みすすむ読書もあれば、ゆっくりたのしむという読書もある。

杉本秀太郎の文章はいうまでもなく後者だ。木陰などで本書をひろげ、一、二編読んだら、ときおり夏空を見上げ、ぼんやりとする。また本にむかう。そういう風な気持ちに誘う随想集である。

主に草花や絵画にふれたここ数年の短いエッセーを収録した一冊だが、味わいはじつに濃厚、といってくどくない。さりげない文章でありながら、奥行きが広い。いつのまにか引きずりこまれてしまっている自分を発見する。

草花や絵画、あるいは音楽などは、概してことばで説明されるより見たり、聞いたりする方がいいに決まっている。しかし、「祇園祭二枚の絵」で広げられた久保田米僊、加藤源之助についての解説を読むと、それだけで十分に堪能してしまう。

読みながら、あるいは読み終わって、うまいなあ、と立ち止まることが多かった。引用したくなる個所がいっぱいある。だが、その魅力を要約しようとすると、するりと手から逃げてしまう。もっとも、力のある文章とはそういうものなのだろう。

2千円足らずで、とても豊かな時間が得られる。こういうことは、それほどたくさんある体験ではあるまい。

評・小高賢（歌人）

二〇〇八年七月一三日❶

『ウィキペディアで何が起こっているのか』

山本まさき、古田雄介 著

九天社・一九九五円

ISBN9784861672323

『情報化時代のプライバシー研究』

青柳武彦 著

NTT出版・三九九〇円

ISBN9784757102385

人文／IT・コンピューター／社会

悪意ある書き手を防げぬ危険を指摘

ウィキペディアは、インターネット上でユーザーが参加して作る百科事典である。最近は、単語をインターネット検索にかけると、ウィキペディア項目が最上位に来ることも珍しくない。ある調査によれば、その内容が信用できると思う人は6割に上るという。

ところが、その実態はかなり危うい、というのが、日本で初めてウィキペディアを正面から論じた『ウィキペディアで何が起こっているのか』の結論である。実際のところ、項目が玉石混淆（こんこう）の上、管理者さえ「疑ってかかったほうがいいです」と述べている。それは、制作の構造に起因する。誰でも参加でき、衆知を集める仕組みは、民主的でよさそうに見えるが、無責任体制になっている。

項目は、まず最初に誰かが書いて始まる。誰もが匿名である。内容は、間違いだらけの場合も、専門家による高度な記述の場合もある。間違いがあれば、それを皆で修正して精度を高めよう、という考え方に立脚している。実際には、立派な記述をダメな方に修正する人もいるし、直されても直されても、偏った自説を書き込む人もいる。

ところが、匿名性と民主制のため、悪意ある書き手を止める手段が限られている。管理者と言ってもユーザーのボランティアに過ぎないからである。ウィキペディアは英語版、日本語版など言語ごとに存在するが、日本語版の場合は単なるユーザーグループで、組織でも法人でもないというから驚かされる。人名項目で中傷や不正確な内容が書き込まれても、法律上の責任は負わないのである。

著者は、ウィキペディアのような「ソーシャルメディア」はもともと個人の書き手の集合なので、責任あるメディアに成長しなければ、まもなく法的な規制が必要になると予測している。このように、インターネットの上では、百科事典と称してのプライバシー侵害もおきうる。そんな時代のプライバシーについて、きちんとした社会的認識を確立し、法整備をおこなう必要があると論じているのが『情報化時代のプライバシー研究』である。

プライバシー権は自然権ではなく、現代の高度な文明社会で新たに作られた人権であり、基本的人権と比べると贅沢（ぜいたく）品である。だからこそ大事にしようという。

しかし、プライバシーの過大な解釈に対しては、著者は異議を唱える。個人識別情報は本来社会的に共有されるものであり、秘匿すべき対象ではない。たとえば氏名・住所を隠すのでは、郵便も届かなくなる。その一方、現行法では、個人情報を悪用や名誉毀損（きそん）から十分守ることはできない。能動的な保護が必要である、と著者は主張する。

高度な情報化社会の中で、その利便を享受するためには、互いに共有すべき個人情報と法的に守るべき情報を厳密に線引きすべき時が来ている。本書は、関連する裁判の判例や法的な議論も豊富に紹介しているが、複雑な内容を平明に説く記述は説得的である。知ってもらう権利と知られない権利のバランスを訴える提言は、ネット化された社会の将来像を考える上で大いに参考になるであろう。

評・小杉泰（京都大学教授）

やまもと・まさき、ふるた・ゆうすけ、あおやぎ・たけひこ

二〇〇八年七月一三日②

『甘粕正彦　乱心の曠野』

佐野眞一 著

新潮社・一九九五円
ISBN9784104369041／9784101316406(新潮文庫)

歴史／ノンフィクション・評伝

〝怪物化〟された人物の真の姿に迫る

時代が妖気を帯びるとき、まるでその気を体現したかのような怪人物が歴史の上に登場してくる。ラスプーチンやマタ・ハリなどといった名はその時代の混沌（こんとん）の代名詞として大衆文芸作家たちが好んで筆にのせてきたものである。

甘粕正彦という名も疑いなくその一つだろう。関東大震災の混乱に乗じ、アナーキストの大杉栄・伊藤野枝（及び幼いその甥〈おい〉までも）を惨殺したとされる過去を持ちながら、やがて満州に渡り、その建国に陰で大きな力を発揮、そして満州映画協会（満映）の理事長に就任するや、満州の夜を支配するとまで言われた存在になる。小説や映画で、われわれはどれだけ〝怪物化〟された甘粕像を目にしてきたことだろうか。

本書は、そういうフィクションが形作った虚像を排し、人間としての甘粕の真の姿を、丹念な取材と資料調査で追った労作である。

著者は、本当に大杉を殺害したのは甘粕なのか、という疑問から調査を開始するが、なにぶん、甘粕の死から63年、大杉殺害事件からは85年という長い月日がたっている。関係者のほとんどは鬼籍に入り、その子供たちもかなりの高齢になっている。

どんなささいな証言であっても、という思いで日本全国を回る著者の情熱には頭が下がるが、しかし、その熱い思いを傾けてなお、読後に隔靴掻痒（かっかそうよう）の感が残るのは否めない。著者は大杉殺害の真犯人としてある人物の名を最後に特定するが、これを最終真実として納得するかどうかは読者の間でも意見の分かれるところであろう。

だが、歴史の真実はテレビのキャッチコピーのように安易に〝その決定的証拠が今、目の前に〟出てくるものではない。われわれは、岸信介や森繁久弥、赤川次郎の父親まで登場する甘粕人脈の多彩さに目を見張りつつ、真の姿を何重ものベールの向こうに隠した甘粕と、そのベールをはがそうと苦闘する著者の、その格闘を見守るしかない。しかし読み進むうちに、そのいらだちがやがて、大きな知的興奮に変化してくるのを感じとれるはずである。

評・唐沢俊一（作家）

さの・しんいち　47年生まれ。ノンフィクション作家。『東電OL殺人事件』など。

二〇〇八年七月一三日④

『どうする国有林』

笠原義人、香田徹也、塩谷弘康 著

リベルタ出版・一六八〇円
ISBN9784903724102

社会

森林の公共性とは何かを問い直す

かつて司馬遼太郎は「土地の公有制」を主張し、また「戦後社会は倫理問題をふくめて土地問題によって崩壊するだろう」と発言していた。土地所有というテーマはある意味で日本社会の核心にある問題だが、それは国土の約7割を占める森林、そしてその森林の3割を占める国有林についてもあてはまる。

本書はそうした国有林が、２００６年の行革推進法を受け独立行政法人化の方向で検討が進められている状況を踏まえ、単純な民営化推進論に疑義を呈しつつ、これからの国有林のあり方について包括的な議論を展開するものである。環境問題への関心が高まる中、「森」についての書物は数多く出されているが、森林の「所有」のあり方や「政策」を正面から議論するものは少なく、その点からも貴重な内容だ。

本書の前半では国有林をめぐる戦後の政策展開が概観される。戦後復興期から高度成長期にかけて、広葉樹林を針葉樹林に転換する拡大造林の方針のもと、成長量をはるかに超える伐採を続けた結果、森林資源が枯渇して赤字経営に転落した第1期。「改善計画」が開始されたものの実質は事業縮小にほかならず、累積債務が膨れ上がり事実上の破産宣告に至った第2期。「抜本的改革」が唱えられつつなお理念が定まらぬまま現在に至る第3期。こうした政策展開を検証した上で、後半では今後の国有林のあり方に関する四つの基本理念（①持続性原則②地域原則③公共性原則④公開・参加原則）が提示されるとともに、「国有林基本法」の制定など具体的な提言が行われる。

本書が一貫して問うているのは「森林の公共性とは何か」というテーマであり、また「国有林は誰のものか」という根本的な問いである。そうした追求を通じて、木材自給率が2割にとどまり、「世界有数の森林国であるにもかかわらず、世界有数の木材輸入国」である日本のあり方が問いなおされる。それは、社会保障などを含めて私たち日本人がいま直面している「公共性」をめぐる諸課題の一環をなすものといえるだろう。

評・広井良典（千葉大学教授）

かさはら・よしと　宇都宮大名誉教授。東京林業研究会国有林部会会員が執筆。

二〇〇八年七月一三日⑤

『愚か者、中国をゆく』

星野博美 著

光文社新書・九二四円
ISBN9784334034535

文芸

できるだけ遠くへと愚直にまっすぐ

旅の記録である。時代は1987年、舞台は中国。交換留学で日本から来た女子大生の〈私〉は、留学生仲間のマイケル青年と二人で、香港から列車の旅に出る。〈できるだけ遠くへ。できるだけ誰もまだ行っていない場所へ〉。目指すはシルクロードの街・ウルムチ——。

題名どおり、〈私〉はまったく「愚か者」である。そもそも旅の動機じたい〈自分がどんな無茶（むちゃ）をしてここにいるのかを他者から認めてもらう〉という甘いものだし、間抜けな失敗も数多い。さまざまな場面で困惑し、腹を立て、うんざりもして、長旅でぐったりと疲れきったあげく、マイケルとも気まずくなってしまう。カッコいい場面や泣かせる場面とは無縁の、どうにも困った旅人である。

だが、その「愚か者」の姿が、なんともすがすがしいのはなぜだろう。

まっすぐなのだ。フェアなのだ。セコさも甘さも身勝手さも、言い訳なし、美化なし、強がりなし。著者は、青春の愛すべき愚かさを潔く振り返る。1987年——急激な経済発展を遂げる前の中国に対しても同じだ。旅の道中はもとより、20年以上たってそれを書き綴（つづ）るいまもなお、新鮮な驚きとともに、ときにはムカっ腹を立てながら、本音で向き合っている。

だからこそ、この旅の記録は信じられるのだ。若者が異文化と出会う物語としても、1987年当時の中国を発見する物語としても。

本書には中国の群衆に圧倒される場面が随所に出てくるが、それはまだスピードや合理性とは無縁だった。いまは違う。〈すさまじい速度で激変してゆく〉中国の2008年を思うと、文字どおり愚直な「愚か者」の響きに苦みが増してくる。

駅の切符売り場や長距離列車の安い車両を埋め尽くしていた貧しい人々もまた、他人を出し抜く金儲（もう）けとは無縁で、やがては時代から取り残されてしまう運命にある、愛すべき「愚か者」だったのかもしれない。長距離列車の硬い座席を〈私〉と奪い合った彼らは、いまの中国で幸せに暮らしているのだろうか。

評・重松清（作家）

ほしの・ひろみ　66年生まれ。『転がる香港に苔（こけ）は生えない』で大宅賞。

二〇〇八年七月一三日❻

『沈黙を破る　元イスラエル軍将兵が語る〝占領〟』

土井敏邦 著

岩波書店・二四一五円
ISBN9784000238496　社会／ノンフィクション・評伝／国際

占領地での不正の現実が明らかに

パレスチナ問題を考えるとき、われわれは、パレスチナ人をテロリストと言って攻撃しヨルダン川西側を「占領」する一枚岩のイスラエルをイメージする。イスラエルの政府も軍も社会も一体となっているのだと。だが、最近イスラエルとパレスチナの関係に心を痛ませるイスラエル国民の声が少しずつ漏れ聞こえてきている。その多くは過去にアラブ人と平和に暮らしたことのある年配のユダヤ人のものであったが、若者の間にも危機感が芽生えつつある。

本書は、「占領地」において兵役についていた20歳代の若い元将兵たちが作ったグループ「沈黙を破る」の出した証言集にある発言と、著者のインタビューとからなる。

非武装のパレスチナ人を理由もなく射殺する、少女を撃ち殺す、道路は危険なので壁を破って家から家へと進撃するといった非道、しかも指揮官の明確な指令もなく行われる暴力、これが占領地での現実だという。しかし、そういう占領軍の不正は、将兵自身が認めたがらないし、将兵の親たちも自分の息子たちがそういうことをするとは信じたがらない。パレスチナ社会もそうである。

しかし、理由のない占領と占領地での不正にいたたまれなくなる将兵もいる。このままでは自分は人格的に破滅してしまうと。さらに、こういう不正を認めないイスラエル社会も不健全になっていくと。こういう危機感から、将兵が語り始めたのだ。このグループは2004年に写真展を開き、その後も元将兵への聞き取りを通して、メンバーを増やしている。

われわれは政府や軍の動きだけでなく、こうした民衆の動きも見つめていかねばならない。ほかにも同様に占領側の不正を告発する親の組織もあるという。パレスチナ側についても同じように見たい。双方での同じような転換が、新しい道を開けないか。

こういう「加害者」の自己転換的な反省は、われわれにあっても、無縁なことではない、そこに日本人がこの問題に取り組む意味もあるのだという著者の心情に共感できる。

評・南塚信吾（法政大学教授）

どい・としくに　53年生まれ。フリージャーナリスト。『占領と民衆』など。

二〇〇八年七月一三日❼

『吉野作造と中国』

尾崎護 著

中央公論新社・二三一〇円
ISBN9784120039423　歴史／政治／ノンフィクション・評伝

大正デモクラシーの旗手として知られる政治学者・吉野作造。本書は、彼が強い関心を寄せた中国問題に力点を置きつつ、全生涯をたどった評伝である。

第1次大戦後、国際協調とデモクラシーの風潮を歓迎した吉野は、中国の統一と民主化に期待し、日本による内政干渉や侵略的な動きを強く批判した。また、中国の近代化を担う若者に期待を寄せ、日本に来た留学生を物心共に支援した。吉野の中国論や中国人留学生との交流は、大正～昭和初期の日本における良心を代表するものとして、高く評価されている。

もっとも、吉野の中国観は、紆余曲折（うよきょくせつ）を経て形成されたものであった。吉野は、元々中国にあまり好感を持っていなかったし、第1次大戦中に日本が中国に二十一カ条要求を突きつけた際には、弁護を行っている。また、大戦後に中国人学生の間で新国家建設のモデルとして人気があったのは、日本よりもソ連であり、吉野の中国への思いが、中国側から高く評価されていたわけでは必ずしもない。模索と葛藤（かっとう）の中で、自己の立場を確立し、貫いていく吉野の姿が、興味深い。

日本と中国の将来について真摯（しんし）に考え、論じてやまなかった吉野。今後の日中関係を考える上でも、彼の苦闘は今なお振り返るに値する。

評・奈良岡聰智（京都大学准教授）

二〇〇八年七月一三日⑧

『わが夫、チェ・ゲバラ　愛と革命の追憶』

アレイダ・マルチ 著　後藤政子 訳

朝日新聞出版・一九九五円
ISBN9784022504326　政治／ノンフィクション・評伝／国際

チェ・ゲバラ生誕から80年。没後40年にして沈黙を破り、現在72歳の妻が初めて「思い出」を語った。新しい世代に、創造的精神を持ち夢を実現した人として、ゲバラを知ってほしいと願ったのだ。未公開の手紙や秘蔵写真が多数収録されている。

キューバの農民の子に生まれた著者は、医学を目指したが経済的理由で断念。教職を学ぶ大学在学中にカストロたちの反政府運動に参加した。地下闘争の闘士として活動中、ゲバラと出会う。59年革命新政権樹立後、秘書となり、同年挙式。約6年の結婚生活で2男2女をもうける。

みどころは、妻しか知らない革命家ゲバラの愛のしぐさだ。「シャツの襟を直して」「髪の毛を整えて」と甘え、素足のまま彼女の部屋に入り「要塞（ようさい）占領」と評する。照れをユーモアに包み求愛する人間味に、新しいゲバラの魅力に触れる思いだ。

著者もゲバラの前妻を「ライバルにはなりえない」と自信をもらす一方で、素敵（すてき）な若い女性を事務所で見たときは、すぐさま追い出しにかかった。「評判通り嫉妬（しっと）深い」と告白するおおらかさだ。国会議員を経て、現在はチェ・ゲバラ研究センター所長。「忠実で誠実なお供」であったことが、彼女の生涯変わらぬ誇りと伝わってくる。

評・多賀幹子（フリージャーナリスト）

二〇〇八年七月一三日⑨

『モダン都市の系譜』

水内俊雄、加藤政洋、大城直樹 著

ナカニシヤ出版・二九四〇円
ISBN9784779502637

歴史／人文／社会

本書では京都、大阪、神戸が分析の対象になる。焦点は歴史的な都心の周辺部、「都市計画の暗黒時代」にかたちづくられた市街地だ。

明治末から大正時代、この地域に零細な工場が集積した。あわせて労働者の住宅地や歓楽街が出現する。その後、その外側で計画的な土地利用が進展した結果、無秩序な市街地が同心円状に取り残された。その様子は、JR大阪環状線に沿って、工場地帯、密集した長屋地区、沖縄や朝鮮半島から来阪した人たちの定住地、日雇い労働者の居住地などが連鎖する大阪がわかりやすい。

地理学者である著者たちはこれらの地域を「文化的にも経済・社会的にも都市問題の孵化(ふか)器」とみなし、野宿者の分布など今日まで積み残された諸課題にも言及する。さらに、都市の影の部分をも表現した一連の地図を用意して、華やかさの背後に潜む都市問題を浮かびあがらせる。

地理学の醍醐味(だいごみ)は「読図」にある。部屋の中で地図を眺めつつ、想像の中で街を遊歩し、時に鳥の目で上空から国土を眺める疑似体験は、実に知的な楽しみである。

そのことを意識しつつも著者たちは、あえて都市で生きることの厳しさを読者に示し、深刻な都市問題について真剣に考える機会を用意する。読みごたえのある地理書である。

評・橋爪紳也（建築史家）

二〇〇八年七月二〇日①

『スピヴァク　みずからを語る』

ガヤトリ・スピヴァク 著　大池真知子 訳

岩波書店・二四一五円
ISBN9784000010764

『国家を歌うのは誰か？』

J・バトラー、G・スピヴァク 著　竹村和子 訳

岩波書店・一七八五円
ISBN9784000228855

ノンフィクション・評伝

現実の生きた言葉として読みたい

2007年10月7日、この場所ではフェミニズム理論家J・バトラーの『生のあやうさ　哀悼と暴力の政治学』が紹介されていた。紹介者の斎藤美奈子氏は「アクロバティックとさえいえるこみいった文体と難解な思想で、世界中の読者をほとほと困らせてきた著者」と格闘しながら、9・11以降の「見えない圧」に対する抗議の書としての同書の意義を鮮やかに浮かび上がらせた。私は強い感銘を受け、次はバトラーと同じく難解といわれるスピヴァクをここで紹介しよう、と思ったのだ。フェミニズムにもコミットするスピヴァクだが、その名が注目を集めるようになったのは「自らを語り得ない存在＝サバルタン」論においてである。

そのスピヴァクの『みずからを語る』は、インドのエリート階級に生まれてアメリカに留学した女性がいかにしてラディカルな論客

になっていったか、を探るインタビューから始まる。流行からも何らかの決めつけからも自由な彼女は、アメリカ国籍を持たないままサリーを着てアメリカに住み続けるが、ディアスポラのインド人でもなく、世界中に「本拠地となる家」があると言う。そして次の章では、「サバルタンとは社会における移動手段を全然持っていない人々」などとこの問題がより具体的に語られる。サバルタンは心理的問題ではなく、政治的または社会的な位置として理解されるべき、というのがスピヴァクの主張だ。

　このように自由で実践的なスピヴァクだが、それに続く章では意外な面を見せる。「知識人であることと社会運動にコミットすること」との間の矛盾について問われたスピヴァクは、インタビュー中ではそれに直接、答えず、後から「妙に混乱し、聞かれた質問に答えなかったのでした」と書き加えているのだ。だから、この章のタイトルは「知識人としてきちんと答えたとは言いがたい回答」。そして、社会運動とより長いスパンで不在の受け手に向けて行われる知的活動とは違うこと、そこに葛藤（かっとう）を感じていることも誠実に吐露している。心理学化されることを嫌うスピヴァクだが、私はこの葛藤とそれをインタビュー中に語れなかったことに、彼女の思想を解く鍵があるようにも感じた。

　しかし、バトラーとの『国家を歌うのは誰か？』では、スピヴァクはそんな解釈を拒絶するかのようにハードな議論を展開する。「スペイン語でアメリカ国歌を歌う人たち」に従来の国家の解体の可能性を感じるバトラーにやや懸念を示しつつ、むしろ必要なのは「抽象的な国家の再創生」を目ざす「批判的地域主義」に基づくグローバリズムへの抵抗である、と主張する。

　サバルタンは、紛争が続く遠い国の問題なのか。そうではない。低賃金にあえぎながらどこにも行けず、自己責任と思い込まされている日本の若者も、サバルタンと言ってよいのではないか。多少、誤読があろうとも、スピヴァクは、机上の空論としてではなく、生きた言葉としてあくまでその社会の現実の中で読まれるべきだ。私はそう思う。

（原題、Conversations with Gayatri Chakravorty Spivak）

（原題、Who sings the nation-state?）

評・香山リカ（精神科医・立教大学教授）

Gayatri Chakravorty Spivak　42年生まれ。コロンビア大学人文学教授、批評家。

二〇〇八年七月二〇日❷

『時が滲（にじ）む朝』

楊逸 著

文芸春秋・一三〇〇円

ISBN9784163273600／9784167786021（文春文庫）文芸

書くべき人が、書くべき言語で書いた

　天安門事件の頃から北京五輪前夜までの約20年間。その中国の軌跡とある男の半生を併せて描いた本作は、日本語を母語としない作家の芥川賞初受賞で話題だ。昭和10年制定の同賞は「各紙誌に掲載の純文学の最も優れた短編に呈する賞」であり、例えば英国のブッカー賞、仏国のゴンクール賞のように、作者の国籍、発表国、使用言語などの規定はない。が、どの国、何語で出版されても対象になるわけではなく、そうしたケースは想定外だったのだろう。

　農村に下放された知識人の父をもつ主人公は、大学に合格後は学問に燃え、国を変える大志を抱く。時にテレサ・テンの歌に心奪われ、シェリーの詩を湖畔で諳（そら）んじ、やがて民主化運動に参加して天安門広場へ。しかし民主化を叫ぶ大学生と、日々の生計が先決という労働者は衝突し、主人公らは退学になる。友の裏切りや日和見、苦い挫折……。それは、のちに彼が残留孤児一家の女性と結婚し、来日してからも、香港返還や北京五輪開催に反対しては、味わうものだった。

言語的、社会的な不自由を経て習得した楊逸の小説言語には、ある種の解放と静けさ、そして強靱（きょうじん）なユーモアが宿っている。母語やその環境を離れ、国との距離と言葉の屈折を経てこそもたらされる物語の重層性や跳躍があることが、深く実感された。

自分の作品は政治である以前に小説であると、ある中国系作家は言ったが、それは楊氏の場合にもあてはまるだろう。本作中の人々に引きこまれるのは、政治的メッセージを超えたところで人物造形がなされているからだ。激動の20年をこの紙幅でカバーするには、やや駆け足の観もあったが、人生でいえば青年期にあたるようなこうした瑞々（みずみず）しく力強い物語を書くべき人が、書くべき言語で書いたという充実感を覚えた。

いま世界中で、中国系の作家が大きな文学賞を受けている。フランス国籍の高行健、米国在住のハ・ジン……。「中国文学」は今後、どの国、どの言語の中にも生まれてくるだろう。そして、世界文学の形をきっと変えていく。

評・鴻巣友季子（翻訳家）

ヤン・イー　64年中国ハルビン生まれ。07年デビュー、本作で芥川賞。

『世界を不幸にするアメリカの戦争経済　イラク戦費3兆ドルの衝撃』

ジョセフ・E・スティグリッツ、リンダ・ビルムズ著　楡井浩一訳

徳間書店・一七八五円
ISBN9784198625290

経済／国際

「驚くほど高くついた」戦争のコスト

戦争はとてつもなく高くつく。これが本書のメッセージである。イラク戦争開始前、ブッシュ政権関係者は、戦争はすぐに終わり、イラクの石油を売却すれば戦費もごくわずかしかかからないと主張した。「ところが実際には、戦争は生命と財産の両面で、驚くほど高くつくことになった」。本書の概算では、アメリカに課される財政的・経済的コストの総額は約3兆ドルに達する。

戦争の費用に含まれるのは、直接の武器・人件費はいうまでもなく、退役軍人の障害補償や将来の医療費、負傷した退役軍人を介護するために離職を余儀なくされる家族の収入の喪失、石油価格の値上がりによるマクロ経済的損失などである。ちなみに、本書では、日本が被った経済的損失は1010億ドルから3070億ドルの間と推定される。

それだけではない。著者によれば、ブッシュ政権はさまざまな方法でコストを少なくみせようとしてきた。これは国民を欺く行為である。

著者がとくに強く読者に訴えたいことは、アメリカが3兆ドル負担する能力があるかどうかではなく（著者はそれは可能であると言う）、「機会費用」、すなわち「その三兆ドルがあれば何ができただろうか」という問題である。

思うに、経済的コストは、いかなる戦争においても開戦にあたって重要な判断要因である。ただし、戦費が高いからという理由で、開戦の決定は一切行われないということになるであろうか。

アメリカによるアフガニスタンに対する戦争は、その総コストが政権と国民に認識されていたとしても、また事件当時民主党のゴア政権であったとしても、着手されていた可能性が高いと思われる。

超党派の議会予算局はより控えめな推測をしており、石油価格上昇までコストに含める本書には批判も多い。

しかも、本書では9・11テロがアメリカと世界に与えた経済的コストについては触れていない。こちらにも触れた上で議論を進めた方がより公平ではないか。いろいろな意味で読者の独立した思索を促す書である。

（原題、The Three Trillion Dollar War）

評・久保文明（東京大学教授）

Joseph E. Stiglitz　大学教授。
Linda J. Bilmes　大学講師。

二〇〇八年七月二〇日❹

『やさしいため息』

青山七恵 著

河出書房新社・一二六〇円
ISBN9784309018621／9784309410784（河出文庫） 文芸

ただそれだけのことが心地よい

小説家としてデビューして間もないころ親しい編集者から「本が3万部以上売れたら気をつけてくださいね。小説が甘くなってる証拠です。あなたの小説はそういうタイプですから」と忠告された。

小説は大衆に読まれて初めて存在理由をまっとうするものだと思うけれど、どれほどの読者を持つか、これはタイプによって相当に異なる。広く大衆に親しまれる作風もあれば、ある特定の人たちにのみ痛烈に訴えるものもある。

青山七恵は評価の高い新鋭だが、やたら多くの読者を集めるタイプではあるまい。ストーリー性より人間の微妙な感性に目を配って快い。文体と小説の技法に仕かけがある。20～30代の女性がサラリと読んで楽しめるが、文学ファンは、もっと深い謎を読み取るかもしれない。

主人公は社会人になって5年の独身女性で、アパートで一人暮らしている。気ままな弟が舞い込んで来て、この弟の特技は姉から一日の出来事を聞いて、それを日記に綴（つづ）ること。姉は自分の平凡な毎日が書かれて釈然としない。そこで嘘（うそ）を交える。すると、それがその後の行動に反映したりする。弟の友人が現れ、恋人のような存在になったりして、このあたりに小説らしいストーリーの展開も見られるが、40～50代の読者は、

「このヒロイン、なに考えてるんだ」

と鼻白むかもしれない。

それは、まあ、いっこうにかまわない。この作風を熱く求める読者もいるのだから。やがて弟は去り、弟の友人も去り、ヒロインは自分を包む空気が少し移動したような変化を見いだすが、これをして成長小説（ビルドゥングスロマン）と見るのは辛（つら）い。そういうタイプの小説ではない。本当のところ代筆の日記はなにを言おうとしているのか。そんな思案も生じてくるが、この方向は多くの読者に訴えるものではあるまい。小説家は〝人が歩き、犬がほえ、車が走る〟というただそれだけのことを書いても文章に巧みさが、おもしろさが光る、と私は信じているが、この作家の筆致には、それが漂って、読み心地がよい。

評・阿刀田高（作家）

あおやま・ななえ 83年生まれ。作家。07年、「ひとり日和」で芥川賞。

二〇〇八年七月二〇日❻

『世界の測量 ガウスとフンボルトの物語』

ダニエル・ケールマン 著　瀬川裕司 訳

三修社・一九九五円
ISBN9784384041071 科学・生物／ノンフィクション・評伝

「集める」か「考える」か、知性が激突

なんでもかんでも集めて回る。物事の多様さが好きな科学者がいる。

なんでもかんでもひたすら考える。多様の裏に普遍をみようとする科学者もいる。

その違いは、理系と文系の区分けより大きいのかもしれない。

両派を代表する巨人がオレ流に生きた末に交差する。自然学者アレクサンダー・フォン・フンボルトと数学者カール・フリードリヒ・ガウス。18～19世紀を生きたふたりのドイツ人をめぐる虚実を織り交ぜた小説だ。前段と後段に互いの接触が描かれる。

共通項は測量である。

フンボルトは南米を旅して山に登る。山頂は断念しながら「もっとも高い地点に到達した人間となった」と、とことん記録にこだわる。

ガウスはドイツで、長靴を泥だらけにしながら土地測量に携わるが、電気仕掛けで距離を測る時代を夢みる。「もうすぐこういった作業はすべて些事（さじ）となり果てるだろう」と、どこまでも冷めている。

2人がやり合う場面がおもしろい。磁場の測り方をめぐって「一万以上のデータを集めてきた」と豪語するフンボルトに「ただ足を引きずって歩けばよいというものではない。思考することも必要」とガウスはたしなめる。

世界像は見事に異なる。

フンボルトは「黒いエーテルのなかに浮かんでいる天体のひとつ」である地球の細部に執着する。「洞窟（どうくつ）のなか、海中、陸上、いたるところで植物が繁茂しています」

ガウスは「遠く離れた場所にある裂け目や火山、あるいは鉱山などに何が隠れていようが、それは偶然」で「世界がそのぶんだけ明快になるわけでもない」とみる。

波乱に富んだ2人の半生を絡めながら、科学に流派があることを鮮やかに浮かび上がらせた本だ。文学やアート同様、流派間の論争がもっとあってもよいのである。

訳者あとがきによると、この本は、ドイツでは05年以来、ベストセラーのリストに載りつづけているという。

日本なら信長と秀吉か。科学でそんな歴史小説が成り立つなんて、うらやましい。

（原題、DIE VERMESSUNG DER WELT）

評・尾関章（本社論説副主幹）

Daniel Kehlmann　75年生まれ。演劇一家に育った。小説家。

『江戸の武家名鑑　武鑑と出版競争』

藤實久美子 著

吉川弘文館・一七八五円
ISBN9784642056571　歴史／人文

二十余年前、先輩の研究の手伝いで、武鑑を閲覧したのが、著者の研究の始まりという。日米和親条約締結を主導した老中阿部正弘を、大河ドラマ「篤姫」で知った方も多いであろう。著者の育った東京の文京区西片町は、その阿部家の中屋敷の地であった。西片町に隣する本郷界隈（かいわい）は、伝記小説に武鑑を利用した森鷗外ゆかりの地でもある。鷗外に親しむ著者が、最初に、東京大学の鷗外文庫の武鑑を調査した偶然も、武鑑に惹（ひ）かれる機縁となったという。

武鑑は、寛永20（1643）年の『御大名衆御知行十万石迄』に始まり、大政奉還の慶応3（1867）年に至る、民間の書肆（しょし）が木版で出版した大名や徳川幕府役人の名鑑の総称である。大名・役人の家系・紋所、叙任年月、江戸屋敷の場所、妻子、参勤交代の献上品・拝領品や期日・路程、江戸市中行列の槍（やり）や駕籠舁（かごか）きの羽織の図、幕府大礼の際の服装、大名火消（ひけし）の纏（まとい）や船印の図、所領などを記す。大名や役人の交代に従い改訂され、武士や町人の必需品、ベストセラーであった。

著者は、武鑑の二大板元須原屋と出雲寺（いずもじ）の数十年に及ぶ版権争いの経過を分析し、江戸の出版業の内実に迫る。一方、著者が示す武鑑の読み解き方は、江戸文化へ読者を誘う。そして、読者は古書店で武鑑を探してみたくなる。

評・石上英一（東京大学教授）

二〇〇八年七月二〇日❽

『朝鮮半島の平和と統一　分断体制の解体期にあたって』

白楽晴 著　青柳純一 訳

岩波書店・二四一五円
ISBN9784000238519

政治／社会／国際

民族の分断というわれわれが実感し得ない深刻な現実に直面しその克服に真剣に取り組んでいる韓国において、創造的で柔軟な思考が育まれている。

著者は、「分断体制」という言葉を使う。それは単に朝鮮半島が南北に分断されている体制を言うのではなく、南北を問わずこの分断による危機感を基礎に権力と利権が保証されている体制を指すものである。この意味での「分断体制」は、冷戦の終焉（しゅうえん）以来の「世界システム」の「天下大乱」状態において、動揺しつつある。そういう時こそ、政府の力ではなく、市民の力によって、南北を統一し、さらに日本を含む「アジアの分断」を克服することが具体的な課題になっているのだという。

著者が言うのは、南北の市民交流と市民主体の社会変革との積み重ねによる朝鮮半島の統一である。それは、ベトナム式の武力統一でも、ドイツ式の一方的合併でもない、平和で漸進的な市民参加型の統一過程であり、やみくもな国民国家的「統一」ではなく、国家連合ないしは「低い段階の連邦」を目指す過程なのである。

「平凡な大衆が各自の生活現場で『肩の力を抜いて』統一の道に進む」ことを訴えるが、その視野は朝鮮半島だけでなく、東北アジアへ、そして世界に及んでいる。

評・南塚信吾（法政大学教授）

二〇〇八年七月二〇日❾

『身体と政治』

ロイ・ポーター 著　目羅公和 訳

法政大学出版局・五七七五円　ISBN9784588008870

アート・ファッション・芸能／医学・福祉

例えば「外科医」と言えば反射的に手塚治虫の『ブラック・ジャック』を連想してしまう日本人は少なくない。漫画や映画など、ビジュアル面からわれわれが受けるイメージは非常に強烈だ。ならば逆に、ビジュアル的な医者や病人の描かれ方の歴史をたどれば、その時代ごとの医療に対するイメージが見えてくるはずだ。

本書はそれを実践したもので、02年に55歳で急逝した、近代ヨーロッパ社会史・医学史研究の第一人者、ロイ・ポーターの亡くなる前年の著作であり、健康法と医療の歴史について多数の著作がある彼が、初めて絵画から過去の時代の人びとの思考を分析しようと試みた成果である。

17世紀から20世紀初頭にかけ、主に風刺画や戯画に描かれた医者たちは尊大であったり、人の体を実験動物のように扱ったりと、あまりいい描かれ方をされていない。一方で病人たちもまた、痛風なのに美食をやめない金持ちなどが、皮肉な目で描かれている。

著者が、そういった絵に隠されたメッセージを指摘しつつ、当時の風刺画家にとり医者と病人の関係は国家と国民の関係のアナロジーであった、というところにまで論を進めているのは慧眼（けいがん）というほかない。改めてその早世が惜しまれる。　評・唐沢俊一（作家）

『新聞と戦争』

朝日新聞「新聞と戦争」取材班 著

朝日新聞出版・二四一五円
ISBN9784022504425／9784022617019（朝日文庫〈上〉）・9784022617026（〈下〉） 歴史／政治／ノンフィクション・評伝

なぜ、薄れたのか「新聞人の自覚」

日本の15年戦争は、マスメディアの協力なしには遂行できなかった。しかしこれまでその戦争責任を追及した研究は、外部の学者や元記者によるものであった。その点で朝日新聞が、自社の戦争協力を検証した「新聞と戦争」シリーズは、画期的な仕事といえるように思う。高齢の新聞社OBを探し出して取材する手法は、新聞社ならではのものであった。07年4月から1年間夕刊に連載されたそれは、日本ジャーナリスト会議の大賞を受賞し、連載をまとめた本書は570ページを超える大著となった。

朝日新聞社が満州事変を契機に戦争支持へ社論を転換させ、戦意昂揚（こうよう）を煽（あお）る紙面作りをしたことは、従来から指摘されていた。その際、緒方竹虎など朝日新聞の首脳部の意図は、軍との協調関係を築きながら、他方で軍への批判や抵抗の芽も残しておこうとするものだったのかも知れない。しかし彼らには、どの地点で踏みとどまるべきか、どうしたら反撃に転じられるかということへの、見通しも勇気も欠けていたように見える。

新聞社の戦争協力は、ずるずると多方面に広がっていった。戦争のニュース映画の製作と各地での上映、女性の組織化と国策協力への動員、文学者とタイアップした前線報道や帰国講演会など、そのいずれもが新聞の購読者の拡大につながるものだった。

さらに進んで朝日新聞では、満蒙開拓青少年義勇軍の募集を後援し、戦争末期には少年兵の志願を勧める少国民総決起大会も開催している。そして新聞社が植民地や満州で、さらには南方占領地などで、新聞を発行し経営の手を広げるのにも、軍との良好な関係は大いに役立ったのである。

新聞人は、戦争協力を当然と考えるナショナリズムに囚（とら）われていた。しかし他方で多くの現場の記者は、戦争の実情を公表できないことに矛盾や違和感を感じていたらしい。公表できないのは、軍や内務省の検閲や圧迫が次第に厳しくなっていったためである。しかし同時に官製報道が一般化して特ダネ競争もなくなり、軍の言いなりに書くことに馴（な）れてしまったという実情もあった。

本書は戦時期の新聞社の問題を、国家や軍との距離感が薄らぐ中で、新聞人が次第に軍と一体化していくことに無自覚になった点に見出（みいだ）しているようだ。従軍記者はしばしばピストルで武装し、朝日の社機と航空部員は海軍に徴用された形で、海軍の便宜を図る見返りに、海軍からガソリンを貰（もら）って前線で写した写真を内地に空輸していた。

その軍との一体化の極端な表れは、戦争末期に朝日新聞の社員と社屋がそのまま軍需産業に使われた場合があったことである。新聞製版上で開発された技術が、軍用機の設計図の拡大複写に転用されたのである。技術開発に携わった東京本社の写真部長が中心になって、「護国第4476工場」と呼ばれた軍需工場が造られた。そこでは新聞人としての職業意識も希薄化していった。ジャーナリストがジャーナリストでなくなっていったことにこそ、その最大の悲劇があったともいえよう。

評・赤澤史朗（立命館大学教授）

07年4月から08年3月まで朝日新聞夕刊（一部朝刊）に週5回掲載された連載「新聞と戦争」などをまとめた。

二〇〇八年七月二七日❷

『ゲバルト時代』

中野正夫 著

バジリコ・一八九〇円
ISBN9784862380944／9784480427892(ちくま文庫)

歴史／社会／ノンフィクション・評伝

においまで伝わる現場からの証言

とっぴな連想だが、本書を読んで押井守のアニメ「うる星やつら2ビューティフル・ドリーマー」を思い出した。あのアニメは「永遠に続く学園祭前夜」が舞台になっているが、本書は、67年から73年の日本における「永遠に続く革命前夜」という幻想の中でゲバルト活動に身を投じた、一青年の青春記なのである。

サブタイトルで著者は自分のことを「ヘタレ過激派活動家」と自嘲(じちょう)している。しかしヘタレとは、言葉を換えて言えばそのころの多くの学生運動家が、空虚なイデオロギーに陶酔して目的を見失い、果ては赤軍派のようにテロや内ゲバによる殺人に走った中で客観的な目を失わず、学生運動自体がはらむ矛盾点をきちんと認識し、距離をとっていた、ということでもある。

正直な話、これまでこの時代の革命闘争の記録をいくら読んでも、どこか得心がいかなかった。当時の思想状況や政治状況をいかに解説されても、評者が子供心にあの頃感じていたある種の躁(そう)的な雰囲気が伝わってこないというじれったさがあった。あの騒乱を「革命ごっこ」、若者たちの「パフォーマンス」とシビアな評価でとらえた本書の刊行で、やっとひざを打ったというのが本音である。

著者の目は単にシニカルに学生運動を見ているだけではない。平和を唱えるだけで現実に対抗できていない市民主義者やインテリ文化人を批判し、大学の不正経理を追及した日大生たちの闘争がいかに連帯感、一体感、正義感を共有できた素晴らしい闘いであったかについても力を込めて語っている。4万人集会のデモ行進で、道が本当に波打つように揺れたというくだりには現場にいた者のみが描けるリアリティーがある。

一方でいかにも若者らしい女性問題での喜劇的かつ露悪的なドタバタや酒の上での失敗談もたっぷりと語られる。こういう生きたエピソードのない、理念だけの証言では、決してあの時代のにおいは伝わってこない。本書からは実に濃厚に、それがただよって来ている。この本を補助線にして、今の日本、今の若者に思いを馳(は)せてみて欲しい。

評・唐沢俊一（作家）

なかの・まさお 48年生まれ。高卒後の6年間、ゲバルト活動に明け暮れた。

二〇〇八年七月二七日❸

『マドンナ 永遠の偶像(アイコン)』

ルーシー・オブライエン 著 宮田攝子 訳

二見書房・三六七五円
ISBN9784576080505

アート・ファッション・芸能／ノンフィクション・評伝

強者に媚びず、どこか愛せる自己矛盾

バラク・オバマとヒラリー・クリントン。米大統領選の民主党候補者指名を争う両氏を見て60年代の熱気を思い出した人も多いだろう。ベトナム反戦と「いちご白書」の精神が米国には脈々と生きている。そのことが、この本からも感じとれる。

マドンナはオバマ氏同様、あの熱狂の渦中にいた世代ではない。でも、どこかその雰囲気が漂う。既成の価値を壊していこうとする迫力か。

たとえば、01年の同時多発テロ。直後にコンサートを延期し、寄付を発表した。ここまでなら、スーパースターとしてふつうの反応だろう。

すごいのは、その先だ。ツアーで「暴力は暴力を生むだけよ」と訴え、「U―S―A!」と叫ぶ聴衆を「もちろん、USAは大事よ――でも、全世界に目を向けてみて」とたしなめた。暴力の連鎖と国家主義の過熱にノーを突きつけたのである。

彼女は二つの顔をもつ。

アルバム『ライク・ア・ヴァージン』に凝縮されるように「処女／娼婦（しょうふ）」を内なるテーマにしてきた。このため「キリスト教右派からきわめて扇動的と見なされただけでなく、フェミニストたちからも自分たちの運動に水を差すものだと非難された」。

それは、セックスシンボルとフェミニズムの旗手の二面性ともだぶる。

カンヌ国際映画祭では、カメラの放列の前で絹の着物をするりと脱いだ。「着物の下には、ゴルティエ・デザインの銀色のブラジャーと揃（そろ）いのパンティガードルしか、身につけていなかった」。挑発による解放といえようか。

社会派らしく「世界各地で起きていることを考えれば（中略）ファッションそのものには、もうあまり興味がもてないわ」。なんて言うくせに、キツネの毛皮の帽子をかぶって動物の権利保護派から批判されたりする。どこか愛せる自己矛盾だ。

ともあれ最後の一線では強者に媚（こ）びない。筋金入りのリベラリスト。将来の大統領選で「民主党候補としての出馬を模索する可能性もなきにしもあらず」と著者。ポスト・ヒラリーはマドンナか。

（原題、MADONNA Like An Icon）

評・尾関章（本社論説副主幹）

Lucy O'Brien　62年生まれ。英国の音楽ライター、ジャーナリスト。

二〇〇八年七月二十七日④

『不平等国家　中国』

園田茂人 著

中公新書・七七七円
ISBN9784121019509

社会／新書／国際

「回帰」ではなく「過去へ進化」するのか

中国はこれからの国づくりのカギとして「和諧（わかい）（調和のある）社会」実現を掲げている。それは今日、格差・不平等の問題が極めて深刻であることを意味しているからに他ならない。

本書は、自らが行った多くの社会調査をフルに活用し分析しながら、鋭くかつ説得力のある独自の格差・不平等論を展開している。市場経済の導入が経済発展とともに、格差・不平等社会を生み出した。高学歴化がその不平等な収入を生み出す要因でありながらも、学歴社会に対する中国人の不公正感は弱く、能力主義的価値観へのシフトが強く見られると指摘する。

また都市への流入が激増する農民工（外来人口）問題も不平等・格差を象徴し、都市治安の悪化・不安定化を増大するとの通念がある。しかし実際には都市住民と外来人口の平均収入差はそれほど大きくなく、外来人口の都市生活満足度は高く、彼らが全体的に反政府的な行動に走ることは考えにくいと見る。

もう一つ興味深いのは中間層の分析である。概念自体は多義的だが、その増大が市民社会を形成し政治体制を民主化するとよく言われる。ところが調査では、メディアや地方政府への不信感は強いが中央政府への信頼感は極めて高く、また問題解決のためにデモなどに参加せず、「コネを使う」「お上の意見を聞く」傾向が強い。つまり中国の中間層は、「民主化＝体制崩壊」の担い手ではなく、社会安定への指向性が強く保守的でさえあると見ている。

本書の問題提起と結論の関係も面白い。中国は市場経済を導入することで長く堅持してきた社会主義を自己否定した。その行方はどうなるか。これが問題提起である。そして「過去へ進化する社会主義」に向かっていると結論付ける。単なる過去への回帰ではない、進化だとの指摘に、えーっと読みなおしてしまう。しかし向かっているのはどうやら「伝統的な中華国家」である。社会主義は進化しているのか自己否定されたのか。「常識」的理解にチャレンジし、読者に知的刺激を与えてくれる好著である。

評・天児慧（早稲田大学教授）

そのだ・しげと　61年生まれ。早稲田大教授（中国社会論）。『日本企業アジアへ』。

二〇〇八年七月二七日⑤

『日本人はどこまで減るか　人口減少社会のパラダイム・シフト』

古田隆彦 著

幻冬舎新書・七九八円
ISBN9784344980846

人文／社会／新書

人口許容量と増減サイクルから考察

２００５年から日本の総人口は減少に転じているが、人口に関する議論は、特にマクロレベルで論じられる場合、ある種の〝イデオロギー的な負荷〟を伴いやすい。一方でそれは「人口は〝国力〟の基盤」といった方向に向かい、他方では「人口減少こそ望ましい」といった議論ともなる。本書もそうした側面を免れているとはいえないが、このテーマをめぐる様々な視点が独自の枠組みとともに示されている。

本書の議論の骨格は以下のようなものだ。①生物における「キャリング・キャパシティー」（環境許容量）を人間社会に適用した議論が以前からあるが、著者はそれを「人口容量」として再定義する。②人口容量は人間の歴史において、それぞれの経済発展ないし文明の段階ごとに変化してきており、その結果人類はこれまで五つの「人口波動」（人口の増加期と安定・減少期のサイクル）を経験してきた。③現在は「工業現波」の時代にあたるが、その人口容量には既に達したので当面は「濃縮社会」とも呼びうる、ゆとりや文化、教育などに価値が置かれる社会となる。④その後人口は再び増加に転じ人口容量の枠内で増減を繰り返す。さらにその先の展望としては、現在の工業文明の延長線上にある後期工業文明＝〝集約〟工業文明（自然エネルギーの利用など）か、それをさらに超えた文明（エネルギーそのものの創造など）が考えうる。

著者が「濃縮社会」という方向に関して展開する議論は一定の有効性を持つと考えられるが、他方で「人口容量」「人口波動」などの概念は（著者自身も仮説と断っているが）論争的な内容を多く含んでいる。また、先進諸国間の出生率の多様性や、グローバル化の中での途上国の急速な社会変動などを考えると、より多面的な視点が必要ではないか。いずれにしても、人口をめぐる問題は少子高齢化・社会保障と環境問題、また先進国と途上国の結節点に位置するものであり、これらを包摂したトータルな視座や議論が求められているように思われる。

評・広井良典（千葉大学教授）

ふるた・たかひこ　39年生まれ。現代社会研究所所長、青森大社会学部教授。

二〇〇八年七月二七日⑦

『ダイヤモンド・ドッグ』

ケイト・ダリアンスミス、有満保江 編
佐藤渉ほか 訳

現代企画室・二五二〇円
ISBN9784773808049

文芸

オーストラリアは、私たちが知っているようで知らない国なのかもしれない。本書を読んで、同じ英語圏でもイギリスともアメリカともまったく違う国だということを改めて痛感した。「白豪主義」も今は昔で、１９７０年代以降、多民族による多文化主義を政策としている。この短編集には、「多文化を映す」作品が16編選ばれており、多彩な作風、味わいが楽しめる。

表題作「ダイヤモンド・ドッグ」は、人種を超えた子供たちの友情を描いているが、このタイトルの由来となる事件や、不条理な「カンガルー」は、この国独特の自然の驚異をうかがわせる。

「休暇」はユダヤ系移民同士の絆（きずな）が、時とともに変化していくさまが印象的。英語もよく分からない中国系移民を描いた「北からやってきたウルフ」は、その疎外感が胸を打つ。第２次世界大戦中、日本軍の憲兵だったパプアニューギニアの老人の不幸を描いた「アリガト」は、日本人にとって特別な意味がある。「舌の寓話（ぐうわ）」は、さまざまな民族の家族が一つの舌を共有するという奇想天外な物語。

巻末の解説によると、オーストラリア現代文学にとっては、社会や国家に対して自分たちがどのような帰属意識を持つかということが大きなテーマだという。これも日本の文学とは異なる部分だろう。

評・常田景子（翻訳家）

二〇〇八年七月二十七日⑧

『アンのゆりかご　村岡花子の生涯』

村岡恵理 著

マガジンハウス・一九九五円

ISBN9784838718726／9784101357218（新潮文庫）

ノンフィクション・評伝

戦前までの翻訳家に共通していたのは、自らの仕事を一種ミッション（使命）と捉（とら）えていたことではないか。村岡花子もまた、使命感の人であり、戦時下に進められた『赤毛のアン』の訳業は、文字どおり命がけのものだった。

本書は、そうして歴史的な翻訳を遺（のこ）した村岡の生涯を明かす、初の本格評伝である。孫による丹念な遺品・資料調査と、血縁者でなければ持ちえない自由な想像力が結びついて、村岡の訳した小説を地でいくような躍動感のある評伝ができあがった。

『赤毛のアン』という邦題はいかにして決まったかなど、数々の逸話の中でも目を引かれたのは、まだ15歳の女学生だった花子が、カナダ人校長付きの通訳の訳し方に疑問を抱いたことだ。正確無比と言われたその教師の翻訳に、花子は「致命的」な欠点を感じる。厳格な校長が訓示にそっと含ませるユーモアが無視されているというのだ。このエピソードは、その後の村岡の翻訳観を物語っていると思われてならない。よい翻訳とは「字句の正確な伝達」にとどまらないと、村岡は若くして分かっていたのだ。

今年、著者の姉・美枝が新潮文庫で村岡訳の補完訳を出版した。古典新訳ブームと言われる昨今、村岡姉妹の仕事も、古典の継承、名文の保存の一つのあり方を示している。

評・鴻巣友季子（翻訳家）

二〇〇八年七月二十七日❾

『さらば「受験の国」 高校生ニュージーランド留学記』

池部敦 著
朝日新聞出版・七五六円
ISBN9784022732125　教育／新書

この本は「日本という国はどこかおかしくなっている。私は長い間そう感じていた」で始まる。直截（ちょくせつ）、生硬で、ステレオタイプ的文体というほかない。腰が引けた。

ところが一躍ニュージーランドへ飛んで「理想の授業に出合った」（第1章）あたりで違和感が共感に微妙に変化しはじめた。たとえばメディア研究という授業。メディアが世論を操作する手法を批判的に学び、メディアに支配されない自由で独立した思考力を獲得させる。知識の吸収に終始する日本の高校の授業とは性質が違う。

著者は「たくさんの課外活動に参加した」（第2章）。留学してすぐディベート大会に参加、模擬国連全国大会に出席し、ニュージーランド代表としてオーストラリアへ行く。すさまじい活動である。

著者はエピローグで、「私は、人と共感し、知的で理性的な思考をしようと努力する、リベラルなアクティヴィストだ」と宣言する。日本で何人の若者が、そして大人が、臆面（おくめん）もなく自己をこう定義できるのだろう。

著者が渾身（こんしん）の力で繰り出す直球を、真正面から受け止めて、真っすぐに育てたい。その場が日本には欠けている。著者はいまアメリカの大学で学ぶ。この本はまだ青い、けれども正しい果実である。

評・耳塚寛明（お茶の水女子大学教授）

二〇〇八年八月三日❶

『またの名をグレイス 上・下』

マーガレット・アトウッド 著　佐藤アヤ子 訳
岩波書店・各二九四〇円
ISBN9784000248051〈上〉・9784000248068〈下〉　文芸

事件の全貌を構築しながら読む喜び

「小説っておもしろいものだな」と痛感させられる大作だ。悩みその、かけがえのない喜び、と言ってもよい。

マーガレット・アトウッドはカナダを代表する作家であり、数々の文学賞に輝く、第一人者である。

そして『またの名をグレイス』のテーマは殺人事件。1843年、トロント近郊の屋敷で主人とメード頭が惨殺された。犯人として屋敷で雑用係を務めるマクダーモットと、若くて美しいメードのグレイスがあげられ、前者はその年のうちに罪状が確定して絞首刑に、後者は死刑をまぬがれ、長く収監されることとなった。実際にあった事件であり、広く話題となり、いくつもの論評や作品が発表された。グレイスは下層階級の出身であったが、大変な美少女で、事件の背後に男女関係のもつれがあったことは十分に推測された。それが話題沸騰の一因であったろうが、それとはべつにグレイスには、決定的瞬間の記憶が欠けていたのである。主犯か従犯か。うそをついているのか、精神に異常があるのか、心の闇がいっこうに晴らされず「これが真相だ」「いや、そうじゃない」——人権派や精神科学者の主張も加わって国民的な事件となったらしい。

アトウッドは事件についての情報を広く渉猟し、取捨選択して、正しいと信じうるものを基にイマジネーションの網をかけた。小説の設定は、人権派の依頼を受けた若い精神科医サイモンが、グレイスに親しく接して幼い頃からの記憶や現在の生活について逐一語らせる、という構造。さながらこの本の装画となっているキルトの模様のように、断片的にヒロインの過去と現在が示され、さらに医師サイモンの感想や彼個人の生活事情も入り交じり、関係者の書簡も加わってストーリーの展開はけっして滑らかなものではなく、全貌(ぜんぼう)は「読者の頭の中で構築してください」という仕様になっている。だが、その構築はさほど困難ではなく、とりわけ作品の中核をなすグレイスの告白がえも言われずおもしろい。裁判所の記録など確かな資料を採用しているはずだが、となると、グレイスの告白には、たとえば「女中頭の名前は蜂蜜と同じハニーさんでした。甘いのは名前だけで、蝋燭(ろうそく)消しのように尖(とが)った鼻をした味も素っ気もない人でした」など、おもしろい文句がところどころに散っていて、グレイスはろくに教育を受けていなかったけれど、文学的センスを秘めていたのかもしれない、それがこの女性の魅力の一つであり、ひいてはこの作品の魅力にもなっている、と私は考えた。

事件の起きた1843年は日本では天保14年、作品の背後に漂う精神科学についてもフロイトの登場以前のことだし、

——カナダの人は、こんな遠い事件に今なお関心があるのかな——

と疑念を抱いたが、ここには歴史の短い国の庶民史が鮮やかに綴(つづ)られている。アトウッドのモチーフとも言うべき記憶の問題とあいまって十分に現在性を持つ文学として、ひとときはベストセラーにも名を連ねたらしい。

評・阿刀田高(作家)

(原題、ALIAS GRACE)

Margaret Atwood 39年生まれ。作家、詩人。ブッカー賞など受賞多数。邦訳に『侍女の物語』ほか。

二〇〇八年八月三日❷

『五輪ボイコット　幻のモスクワ、28年目の証言』

松瀬学 著

新潮社・一五七五円
ISBN9784104600038

政治/経済/国際

晴れ舞台消滅で揺れ動く選手の人生

いよいよ北京で五輪が開幕する。今年3月のチベット騒乱で国際的な中国批判が高まった時、五輪ボイコットの可能性が生じた。五輪をめざしてきた選手たちは肝を冷やしたに違いない。一瞬の勝負やコンマ以下の秒数を競う選手たちにとって、4年に一度の晴れ舞台が消滅するほど恐ろしいことはない。

その悪夢が現実になったことがある。1980年のモスクワ五輪では、前年末からソ連軍がアフガニスタンに侵攻したことに対して、カーター米大統領がボイコットを主張した。大統領の国内向けの政治行動であったが、日本もそれに追従することになった。

本書は日本の不参加決定の経緯と背景を、通信社時代からスポーツ畑を歩んできた著者が、当時のスポーツ界の重鎮や五輪代表たちに丁寧に取材して、立体的な像を描き出している。モスクワ五輪をきっかけに揺れ動いた選手たちの人生は、大いなるドラマを内包している。

当時の日本オリンピック委員会（ＪＯＣ）

は、五輪憲章に反して独立組織ではなく、半官の日本体育協会の中の一委員会に過ぎず、政治の圧力に抗する力はなかった。選手や関係者の願いも虚（むな）しく、不参加への流れが作られた。

　当時を証言する一人ひとりに、著者は幻の五輪をめぐる思いを漢字一文字に表現してもらっている。苦・無・労・忍・怒・失などの字を見ると、いかに辛（つら）い経験であったかがわかる。

　しかも、日本のスポーツ界にとって、大変な損失が生じた。一度参加しないと、8年の空白ができ、それがスポーツの実力の深刻な低下につながった。80～90年代の日本の不振は、モスクワ不参加から生じたものであった。

　ＪＯＣはその後、政治から自立するために、独立の財団法人となった。同時に、ＪＯＣは国や企業からの政治的・財政的支援の重要性をも自覚した。それなしにはスポーツの国際競争力もありえない。モスクワの教訓を生かして、ようやく4年前のアテネでは、日本選手たちの大活躍が達成された。さて、北京での帰趨（きすう）はいかに？

評・小杉泰（京都大学教授）

まつせ・まなぶ　60年生まれ。ノンフィクションライター。『汚れた金メダル』など。

二〇〇八年八月三日❸　文芸

『言魂』

石牟礼道子、多田富雄 著

藤原書店・二三一〇円
ISBN9784894346321

ずしりと重く、ゆたかな言葉の往復

『苦海浄土』の作者と免疫学の泰斗との往復書簡集である。分厚い本ではない。余白をたっぷりとって組まれた言葉の数も決して多くはない。だが、読み手は、交わされる言葉一つひとつの持つずしりとした重みと、凜（りん）とした芯、そして豊かなふくらみに圧倒されるはずだ。

　往復書簡を交わすさなかに『苦海浄土・第二部』を完成させた石牟礼道子さんは、〈言葉のなかった長い世紀のゆたかな沈黙〉を信じる。人間の持つ〈あらゆる天性とゆたかな感受性〉が沈黙の中にたくわえられていた頃、〈人間たちの表情は、今よりもふかぶかとしていたのではないでしょうか〉。

　一方、脳梗塞（のうこうそく）に倒れたうえに前立腺がんにも冒された多田富雄さんは、〈日常とは本能的な死との戦いです〉と言う。〈苦しみが日常になっているから、もうそれに耐えることも日常になったのです〉。そんな自分をじっと見つめる〈極限の私〉がいる。〈何が自分を生きさせているのか。何故に耐えているのか、生きる力の元はどこにあるのか、どうして自殺しないのかなど、不思議に自分を凝視しているのです〉

　往復書簡とは「読む」と「書く」の往復でもある。おそらくお二人は、自身の手紙を書くことと同等の――もしかしたらそれ以上の誠実さで相手の言葉を読んできたはずだ。ゆえに多田さんの言葉には石牟礼さんの言葉が溶け込み、石牟礼さんの言葉は多田さんの言葉と共鳴する。〈ゆたかな沈黙〉は多田さんのものでもあり、石牟礼さんもまた自らの〈極限の私〉のまなざしを感じつつ多田さんに返信するのである。

　２００６年節分に多田さんが書き上げた第1信から、２００８年3月に〈何とぞまだ死なないでいて下さいませ〉と石牟礼さんが締めくくる第10信まで、お二人の言葉の数々は、生と死、苦しみとよろこび、生命と魂……さまざまな命題をはらみながら、二重奏として読み手の胸に響く。それは、老いを迎え、死を見据えたお互いのいのちが奏で合う言葉の魂――「言魂（ことだま）」の交歓なのだ。

評・重松清（作家）

いしむれ・みちこ　27年生まれ。作家。
ただ・とみお　34年生まれ。東京大名誉教授。

二〇〇八年八月三日④

『生命というリスク　20世紀社会の再生産戦略』

川越修、友部謙一 編著
法政大学出版局・三五七〇円
ISBN9784588672088

『分別される生命　20世紀社会の医療戦略』

川越修、鈴木晃仁 編著
法政大学出版局・三六七五円
ISBN9784588672095

医学・福祉／社会

歴史的に振り返る「少産少死」型社会

日本が少子高齢化しつつあることへの警告が唱えられてから久しい。しかし今のところ、政府の少子化対策は成功しているとはいえない。

だが、「人口転換」といわれる「多産多死」型の社会から「少産少死」型の社会への転換は、先進各国で19世紀から20世紀にかけての都市化と結びついて進行した共通の現象であった。それは人々の価値観や生き方の変容をもたらすものであった。「人口転換」に伴い、先進国では人命の価値が高まる半面、健康が損なわれ人命が失われることへの危機が強く意識される結果となった。それは国策による出産と育児のコントロールや、高度医療を実現する病院施設の発展と治療に当たる専門医の権威化をもたらすものだった。

ここに取り上げた2冊は、日本とドイツなどの「人口転換」に対する国家の政策的な対応や、人々の意識と行動の変化を、歴史的に振り返ってみようとしたものである。たとえば「人口転換」が日本より早く進行した西ドイツでは、１９６０～70年代には夫婦と子供からなる近代家族像が、離婚や単身世帯の増加によって崩れつつあった。だが西ドイツでは近代家族を正常とする価値観が強く、その崩壊の実態に合わせた政策が提起されにくかったという。このドイツの事例は、今日の日本の問題でもある。

興味深かったのは、両書の全体の約半数が統計や表を駆使した論文で占められていたことだ。出産や育児、医療の中長期的な変化や社会的な分布の特徴を示す表や統計は、時代の客観的な趨勢（すうせい）を示すものである一方、その今後の変化予測については、評価者の思惑や期待に沿ってさまざまな理解が可能である。著者たちは、統計の数値に照らしてこれまでの通説的な理解を批判していくとともに、実際の数値傾向とはズレた将来予測を立てる政策立案者などの政策意図や価値観を暴き出していく。

私たちが現在、医療や出生にかかわる領域でどんな特異な時代に生きているかを、少し長い時間の中で振り返って考えさせる書物といえよう。

評・赤澤史朗（立命館大学教授）

二〇〇八年八月三日⑤

『幕末の外交官　森山栄之助』

江越弘人 著
弦書房・一八九〇円
ISBN9784863290037

歴史

開国へ向かう歴史を最前線で支える

江戸時代、「通詞」は町人の身分だったという。特殊技術を持った専門職人の扱いだったのだろう。

開国を求めて欧米列強が押しよせたとき、交渉の前面に立ったのは通詞たちだった。

彼らは職務を通してアヘン戦争の成り行きを知る。欧米の軍艦にも実際に立ち入る。圧倒的な武力を目の当たりにし、開国以外に道はないことを理解する。

しかし国際情勢を知らない攘夷（じょうい）派はテロを拡大し、攘夷派に担がれた朝廷は「外国打ち払い」を要求する。幕府はその場逃れを繰り返すばかりだ。そんな中で、通詞が主体的に動きはじめた。

「開国」という大事をまがりなりにも成功させたのは、実は通詞の功績だったのではないか。この本は、その一人の森山栄之助を通じてそれを実証しようとする。

１８４８年、漂着した米捕鯨船員15人が長崎に送られた。米国では彼らが虐待されているとのうわさが広がる。米艦が長崎に来航し、強硬に即刻引き渡しを要求する。

慣例では、遭難者はオランダ船でバタビアに送られることになっていた。奉行所はうろたえる。ところが森山は、オランダ商館の助言で船員たちを出島に移し、そこで米艦に乗せるという便法で問題を解決してしまった。

1854年にはペリーとの間で日米和親条約が結ばれる。米側代表団の一人は森山を通詞ではなく「応接掛代理」と呼び、「条約の処理はすべて栄之助の手に委譲されているのかと」推測している。

その年11月にはプチャーチンが来た。日露和親条約でも森山は個人の裁量で下交渉に当たり、プチャーチンと対面で激論を交わすのである。

67年、森山はついに兵庫副奉行に任じられる。町人身分からの大出世だ。だがその直後に、肝心の幕府が崩壊してしまった。

森山は明治4年、51歳の若さで死去する。しかし思い残すことはなかったろう。

組織が制度疲労で機能しなくなったとき、優れた個性が活動を始める。いまの日本でも、いざとなればそんな人が出てくるのだろうか。

評・松本仁一（ジャーナリスト）

えごし・ひろと　35年生まれ。長崎県の元小学校教員で、長崎の歴史や史跡に詳しい。

二〇〇八年八月三日⑥

『ディズニー化する社会』

アラン・ブライマン 著
能登路雅子 監訳　森岡洋二 訳
明石書店・三九九〇円
ISBN9784750328034

経済／社会

「懐かしい場所」へと変化した「異国」

早いものだ。今年は東京ディズニーランドが開園して25周年の節目にあたる。ミッキーマウスとの出会いを楽しみに育った子供たちが、すでに社会で活躍している。

当初私たちは、米国の本家そのままの環境にわが身を置いて、身近な「異国」を楽しんだものだ。しかしリピーター客が増加、独自の第2パークである東京ディズニーシーにも親しむにつれて、日本人にとって「懐かしい場所」として定着した。

その影響力の強さには驚かされる。いまやショッピングセンターなどの設計ではテーマが不可欠だ。公共サービスに至るまで、愛らしいキャラクターは欠かせない。表情をつくりながら接客する「感情労働」は観光業以外にも導入された。四半世紀のあいだに社会の隅々にまでディズニーランドで培われた方法論が浸透、日本人の生活様式や考え方も、すっかり「ディズニー化」した感がある。

本書は、ディズニー・テーマパークの諸原理が、米国社会ひいては世界中に波及する過程を分析したもの。これまで同種の研究では、アトラクションなどにあって歴史的事実を卑小化し、時に伝承や民話を無菌化する傾向を批判、「反ディズニー化」の立場をとる論調が少なくなかった。対して著者は労働管理など経営の本質に踏みこみつつ、「ディズニー化」という現象を、まっとうに評価しようとする姿勢を貫く。

面白いのは「マクドナルド化」との差異に関する指摘だ。生産現場と消費環境を合理化する外食産業から広がったビジネスモデルは「マクドナルド化」と形容される画一化と均一化をもたらした。対して非日常的な経験の創出を目的とする「ディズニー化」はむしろ差異を生み出すと、いくぶん肯定的に解釈する。従来は同根とみなされがちだった双方が、実はまったく違う社会の針路を示しているということだろう。

この仮説が果たして正しいのかどうか。20世紀の米国が生み出した強力な文化様式の行く末を、私たち自らが実験動物になって検証する途上にある。

評・橋爪紳也（建築史家）

（原題、The Disneyization of Society）

Alan Bryman　英国レスター大学教授。

『ベルリン終戦日記 ある女性の記録』

作者不詳 著 山本浩司 訳 白水社・二七三〇円

ISBN9784560092088 歴史／ノンフィクション・評伝

当時34歳の女性ジャーナリストが、45年4月20日から約2カ月間のベルリン陥落前後を日記に記録した。爆撃や首都占領、ヒトラー自殺などの惨状を背景に、ロシア兵によるドイツ人女性への集団暴行を赤裸々につづっている。

匿名で60年にドイツ語版が出ると「ドイツ人女性の名誉を汚す」などとして騒ぎが起きた。身を守るための性的協力は、戦後はタブーとされたのだ。著者は再版を望まず、01年に90歳で死去後、03年に「作者不詳」として新版が再版されたとの経緯をたどる。

著者はロシアを旅行したことがあり、ロシア語を多少話せた。暴行を続けるロシア兵を狼（おおかみ）にたとえ、「強い狼を連れて来て、他の狼どもが近づけないようにするしかない」と決意、敵軍の中から高位のパトロンを探す。

彼女のたくましさには圧倒されるが、同時にバランスの取れた人物観察力には驚嘆する。周囲のドイツ人男女ばかりでなく、ロシア兵さえ様々な背景を持つ〝個人〟として生き生きと描かれる。

待ちに待った婚約者が帰国したのに、「凌辱（りょうじょく）」を巡って2人は気まずくなる。「生き延びたのは幸福だったのか」との自問はあまりに痛々しい。反戦メッセージを充満させて、今にも火を噴きそうな一冊だ。

評・多賀幹子（フリージャーナリスト）

『細野晴臣 分福茶釜』

細野晴臣、鈴木惣一朗 著 平凡社・一五七五円

ISBN9784582833911 文芸／アート・ファッション・芸能

細野晴臣さんは、日本のポピュラー音楽を語る上で最も大切な人間のひとりだ。YMOも作った。でも、大声で自己主張しないしギラギラしたところもないので、知らない人は知らないだろう。

その細野さんが昨年、還暦を迎え、親しい仲間を相手に人生や世の中を味わい深く語ったのがこの本。昔から長老みたいに扱われていた細野さんだけれど、「年をとるってことはいいことなんだよ」「年寄りのロックはむしろどんどん面白くなってきている」と自分に訪れつつある老いを心から楽しんでいるようだ。

「脳が老化してくると、自意識も低下してくるし、それで随分楽になるんだよね」なんて言われると、プライドや劣等感で苦しんでいる若者も肩から力が抜けるかも。

ただ、「百パーセント受け身だね」とまで言う細野さんだが、「憲法改正はいやだ」とラジオで言ってみたのだそうだ。「大きな声じゃなくてもいいんだ。小さな声でもいいから声に出さないと伝わらない」というネイティブ・アメリカンの教えを実行することにした、と言う。脱力系のまま趣味人のまま、言うべきことは言いやるべきときはやる。そんな生き方が可能なんだ、日本にもこんな人がいるんだ、と読んだあなたはきっとうれしくなるだろう。もちろん、音楽の話もいっぱい。

評・香山リカ（精神科医）

『素敵にサイエンス 研究者編』

鳥養映子、横山広美 編著 近代科学社・一五七五円

ISBN9784764950030 教育／科学・生物

女性が科学に向かないわけはなく、まして日本女性がとくにそうだというはずもない。しかし、研究者に占める女性比率は米国24%に対して日本は11%(総務省資料)。

この本は、女子生徒に向けて現役女性研究者たちが発信する、科学研究者の世界への招待状である。6人の女性科学研究者と4人の女性大学院生が、自らの進路選択や研究者生活を語る。

登場する研究者たちは、皆が理数系の得意な科学少女だったわけではない。共通点を強いてあげれば、好奇心が強く、人との出会いを大切にして果断に選択し、努力を惜しまずステップアップを重ねている点か。その結果、理系学部、大学院から大学や研究所へという直線的キャリアではなく、電撃的選択に満ちた、山あり谷ありの、世界を股にかけるジグザグなキャリアが出来上がる。彼女たちのキャリアは、文字通り輝く。

人的資源の半数を占める女性たちからそっぽを向かれては、科学技術立国構想に赤信号がともる。だから政府は、理数系離れを食い止め、また研究と出産・育児などの両立を支援するプログラムを複数走らせて躍起である。

それも不可欠だが、ロールモデルも必要だ。中学生、高校生にぜひ触れてほしい、素敵（すてき）なモデルである。

評・耳塚寛明（お茶の水女子大学教授）

『暴走する資本主義』

ロバート・B・ライシュ 著
雨宮寛、今井章子 訳
東洋経済新報社・二二〇〇円
ISBN9784492443514

経済

消費者・投資家の権力を市民の手に

アメリカには計3年暮らしたが、その「光」の部分を考慮してなお、病理と言いうるような負の側面を感じることがずっと多かった。それは途方もない格差、大量消費・廃棄のシステム、「力」への信仰といったマクロの側面のみならず、中心部の荒廃や街の味わいのなさ、自動車中心社会、食の異様さ等々、日常の生活のあらゆる面に及ぶものだった。それらはかなりの部分、「アメリカ」という社会に固有の現象なのだろうか、それとも資本主義がフル稼働した場合に帰結する普遍的な問題群なのだろうか。

本書は、クリントン政権で労働長官を務めた政治経済学者である著者が、現在の資本主義を「超資本主義（スーパーキャピタリズム）」と規定した上で、その特質や対応のあり方を包括的に論じるものである。著者の議論の骨子は次のように要約される。①第2次大戦が終わった1945年から70年代半ばまで、アメリカの資本主義はある種の黄金時代を享受したが、それは「経済と政治の融合」と総括しうるもので、多くの政府規制や調整、労使交渉のシステム、企業ステーツマンと呼ばれる公的役割を担う経営者等々によって支えられていた。②70年代後半からすべてが一変し「超資本主義」へのシフトが始まった。その本質は「消費者と投資家が権力を獲得し、公共の利益を追求する市民が権力を失ってきた」という点に集約される。③超資本主義を準備したのは冷戦期の輸送・通信技術などの革新であり、それらがグローバル化、新しい生産様式、規制緩和といった事象と相まって、「安定的な寡占システム」としての民主的資本主義を終焉（しゅうえん）させた。④なされるべき対応は何か。鍵は「民主主義」であり、我々の中にある二面性（市民としての自己と、消費者・投資家としての自己）を自覚しつつ、前者をいかに回復していくかにかかっている。

以上が概略だが、一方で、現在の資本主義ないし経済のあり方についての先鋭な分析であり、またアメリカのもっとも「良心的」な部分を代表する書物ともいえる。他方、物足りなさも残る。それは第一に、著者の議論にヨーロッパが十分入っておらず、資本主義の多様性と呼びうる主題が深められていないという点であり、第二に、私利の追求を原動力とする資本主義の「反転」論ともいうべきテーマが掘り下げられていない点である。前者については、ヨーロッパは（相違を含みつつも）政府が様々な再分配を行う「福祉国家的な資本主義」であり、環境政策や社会のありようを含め、アメリカとのコントラストがきわめて大きくなっている。後者については、CSR（企業の社会的責任）への著者の懐疑は一定の共感ができる半面、都市経済学者のフロリダが論じたような、資本主義がその展開の極において、物質的な需要が飽和し、コミュニティーや非貨幣的な価値の重視へと行き着かざるをえなくなるといった、よりダイナミックな議論があってよいのではないか。いずれにしても、現代の資本主義論そしてアメリカ論として貴重な書物である。

（原題、Supercapitalism : The Transformation of Business, Democracy, and Everyday Life）

評・広井良典（千葉大学教授）

Robert B. Reich 46年生まれ。カリフォルニア大バークリー校教授、元米労働長官。米国を代表するリベラル派論客。『勝者の代償』など。

『決壊　上・下』

平野啓一郎 著
新潮社・各一八九〇円
ISBN9784104260072〈上〉・9784104260089〈下〉／9784101290416〈新潮文庫〈上〉〉・9784101290423〈〈下〉〉 文芸

自在な語りで無差別殺人を思想劇に

「悪魔」と名乗る人物のメッセージの付されたバラバラ死体が発見される。殺されたのは家族持ちの平凡な勤め人。一見は無差別殺人が疑われるが、果たして真相は？

と書くと、ミステリーなんだな、と人は思うだろうし、また事実、犯人捜しのサスペンスが本小説を推進する一つの力になっているのは間違いない。けれども、平野啓一郎の新作は平凡なミステリーの定型に収まるものではない。上下2巻、原稿用紙で1500枚に及ぶ長編は、右の事件を中核に、被害者、加害者、その家族係累、友人、恋人、捜査当局、マスコミの報道、ネット上の論評、事件に刺激された者らの動きなどが、さながら巨大な渦をなすがごとくに描き出されていく。

三人称を多視点で用い、対象を遠くからとらえていたかと思うと、ぐっと人物の内面に入り込んでいくという、語りを自在に操る方法は、作家の目に映る風景を心象に溶け込ませて叙情的に描出する技術を磨いてきた日本語の小説の伝統のなかでは、通俗だとされる傾向が根強くある。だが、視点の複数性と対象への距離設定の自在さが、小説というジャンルの大きな武器であるのは間違いなく、ここで平野はその武器を最大限に生かす戦略をとっている。

ごく最近でも、秋葉原、八王子と、無差別殺傷事件は現実に起こっているが、作者が作り出した虚構の犯人は、無差別殺傷の持つ社会へのテロリズムを思想化したうえで実践する。その一方に、悪の思想を正面から受け止める被害者の兄――どこかイワン・カラマーゾフを思わせる――を配することで、一編は思想劇の様相を呈することになる。

連鎖するテロは社会秩序の脆弱（ぜいじゃく）さを露呈させる。と同時に、出来事が「消費」されることで秩序は回復する。だが、出来事を直視し続ける兄は、彼自身テロリストの風貌（ふうぼう）を帯びつつ孤独に思索を深めていく。その果てに待つものは何か？……は本編を読んでもらうとして、思想家である兄の傍らで、言葉は足りぬものの、秩序の世界に生き抜く決意を口にしながら殺害される弟の姿が印象深い。

評・奥泉光（作家）

ひらの・けいいちろう　75年生まれ。「日蝕」で芥川賞。著書に『葬送』など。

『瀾滄江怒江（らんそうこうどこう）伝』

黄光成 著　大澤香織 訳　加藤千洋 解説
めこん・四七二五円
ISBN9784839602123 歴史／人文

大河の流れとともに古代から現代へ

中国大陸は西高東低の地形であり、大河は西から東へ滔々（とうとう）と流れるものと思われてきた。しかし南北に流れる大河もある。青海省、チベット自治区に源流をもち雲南省を縦断し、やがてミャンマーに入りサルウィン川となる怒江、メコン川となる瀾滄（らんそう）江はその代表格である。二つの大河は雲南省に入るころからほぼ並行して南下し、その間に多くの少数民族を包み込み、豊かな自然と文化、歴史を育んできた。著者はこの二つの大河に魅せられ、20年以上にわたりその流域の山河や村人たちに触れ、自然と人間を見つめ続けてきた。

本書は源流の古代の話から始まり、川の流れに沿いながら話題も現代に近づけていく。源流で育まれたチベット族の叙事詩「ケサル王伝」はホメロスの「イリアス」、インドの「マハーバーラタ」をしのぐ壮大な叙事詩と絶賛する。雲南の大渓谷では、1922年に麗江から瀾滄江、怒江流域に入り、その後27年間雲南で過ごし世界的な人類学者・植物学者となったジョセフ・ロックの旅もリアルに再現している。渓谷を過ぎ大地へ悠然と流れる中流域では、蜀をはじめ漢族との接触の歴史が叙述される。お上の力によらず人やキャラバンが一歩ずつ開拓し作った「古道」の話も興味深い。南方のシルクロードといわれ、インドに通ずる「蜀身毒道」も古道の一つである。日本との歴史も登場。抗日戦争の時代の「援蒋ルート」に当たる当地は直接日本軍の攻撃と侵略にさらされ、数々の悲劇があった。

著者は雲南の民族文化研究者であると同時に環境NGOに携わる社会派知識人でもある。読み始めでは、雲南省の環境社会問題が中心テーマかと思っていたが、それは「極めて控えめな表現のメッセージ」(訳者)にとどまっていた。あまりにも長い時の流れ、広大な自然と文化、そこに息づく人々の歴史が描かれているが、「中原中心」「中華と野蛮の区別」という伝統的見方でなく、自由な独自の歴史と文化を持ち、最後には「中華文化の海に融合する」文化を伝えようとする著者の意図は十分に伝わってきた。

評・天児慧(早稲田大学教授)

ホアン・コアンチュン 54年生まれ。

二〇〇八年八月一〇日❹

『日本人のリテラシー 1600-1900年』

リチャード・ルビンジャー著 川村肇訳

柏書房・五〇四〇円

ISBN9784760133901

歴史/人文

格差生む読み書き能力の浸透を描く

アメリカ屈指の日本教育史研究者ルビンジャーが観察しているのは、16世紀終盤から19世紀までの民衆、とりわけ圧倒的多数を占めた農民の読み書き能力である。定説では、江戸期日本社会は寺子屋の普及などによってすでに識字率が高く、それが明治以降の義務教育の普及と急速な近代化を可能にした。このテーゼを近代化流リテラシー研究の関心とすれば、ルビンジャーのスタンスはやや異なる。

彼は、花押(かおう)や署名、日記、農書などの資料を駆使して、読み書き能力が社会諸層に浸透していく過程を描く。だれのどんな読み書き能力がどのように獲得され用いられたのか、そしていかなる社会経済的状況がそれを可能にしたのかに、焦点を合わせる。だから17世紀以降、農村指導層の読み書き能力が次第に農民へと浸透していく過程を明らかにするとき、地域や性別、身分による格差を伴っていた事実を彼は浮かび上がらせる。それをもたらした商業化や交通基盤整備の進展に言及する。

同時に、読み書き能力が人々を差異化し身分を固定化する役割を果たしたことにも注目する。本書で提示された仮説群については、今後専門的な吟味を要するだろう。だが、日本社会の格差に注目した社会史的リテラシー研究の企ては、現代に連なる問題提起として評価されてよい。

明治期、陸軍が新兵の読み書き能力を調べた壮丁調査からわかるように、江戸期の読み書き能力の格差は近代日本に引き継がれた。そしていま、自分の名前を読み書きできるという意味での読み書き能力の格差は、圧倒的に小さくなった。全国学力調査は、学力の地域格差が格段に小さくなったことを教える。

しかし格差の歴史は幕を閉じたのではない。読み書き能力は学力へと姿を変え、地域や性別ではなく経済的文化的階層による学力格差がなお残存し、拡大する兆しを見せる。読み書き能力と同様、学力は地位の差異を固定化する道具として使われる。ルビンジャーが歴史の中に探索したリテラシー問題を、私たちの社会はまだ克服していない。

(原題、POPULAR LITERACY IN EARLY MODERN JAPAN)

評・耳塚寛明(お茶の水女子大学教授)

Richard Rubinger 米インディアナ大学教授。

二〇〇八年八月一〇日⑤　歴史／人文

『「近代の超克」とは何か』

子安宣邦 著

青土社・二三一〇円
ISBN9784791764105

昭和日本のイデオロギーを読み解く

20世紀日本の大半を占めた昭和日本は、アジア・太平洋戦争を真ん中にしてその戦前と戦後によって形作られていた。その昭和日本のイデオロギーとは何であったのか。本書の狙いは、この昭和イデオロギーの解明にある。

本書が注目するのは、開戦直後に京都学派の知識人が持ち出した「近代の超克」という思想である。京都学派においては、明治以来の日本の近代はヨーロッパをまねたものでありその近代の支配を受け入れたものであったが、英米の支配に反発する大東亜戦争はそれをついに超克する思想の体現なのだとされる。大東亜戦争は「近代の超克」として正当化されたのだ。

著者は多角的な分析の末、この京都学派の思想は、戦争の自己弁護的なものに過ぎないとするが、しかし、戦後においてこの思想が竹内好によって高く評価されたことを問題にする。

著者によれば、竹内はかれ自身の「近代の超克」論を展開し、京都学派にはない「アジア」をそこに持ち込んだ。明治以来の「近代日本はアジアに在ってアジアではない」とする竹内によれば、「近代の超克」とはアジアの原理によって近代日本を超克する思想なのだ。近代欧米の駆逐の思想なのではない。そのアジアの原理とはなにか。それは、アジア固有の実態的原理ではなくて、自由や平等のような「西洋の生み出した普遍的な価値をより高めるために西洋を変革する」姿勢である。

竹内は京都学派の「近代の超克」を自らの観点から読み替えたことになるが、実は、著者は竹内の思想を深く理解した上で、それをさらに読み込んで言う。「現代世界の覇権的文明とそのシステムに、アジアから否（ノン）を持続的に突きつけ、その変革の意思を持ち続ける」という姿勢がアジアの原理であり、それは具体的には、「殺し・殺される文明から共に生きる文明への転換」を求める意思であると。そして、そのような意思のない「近代の超克」論は大戦を美化するに過ぎないし、最近のアジア共同体論も戦前の繰り返しになってしまうであろうと警告する。

評・南塚信吾（法政大学教授）

こやす・のぶくに　大阪大名誉教授。日本思想史。『「アジア」はどう語られてきたか』。

二〇〇八年八月一〇日⑦

『四谷怪談地誌』

塩見鮮一郎 著　　文芸／人文

河出書房新社・二一〇〇円
ISBN9784309224848

「隠亡堀」「三角屋敷」「蛇山」……聞くだけで何やら怪しい連想が浮かぶ地名群だ。芝居通なら、いずれも4世鶴屋南北の怪談劇「東海道四谷怪談」に登場する地名である、とすぐわかるだろう。おどろおどろしい幽霊の復讐譚（ふくしゅうたん）のイメージをかたち作る補助として、これらの地名は多大な効果をあげ、記憶に強く刻み込まれている。

人々の行動範囲が限られていた江戸時代は、現代とは比べ物にならないほど土地と人との結びつきが強かった。作者の南北はその土地にまつわる因縁ばなしなどのエピソードをバックグラウンドとして（例えばタイトルの四谷という地名は、お岩のモデルとなった狂女が、この芝居の時代から百数十年前に四谷に住んでいたという記録からつけられたものである）、パッチワークのようにイメージをつづり合わせ、江戸時代を代表する傑作歌舞伎を書き上げた。

ある意味、この戯曲で作者が真に描こうとしたのは、お岩や伊右衛門や直助権兵衛といった登場人物たちが生きて暮らしていた、将軍様のおひざ元としてにぎわう江戸の街の、知られざる裏の姿だったのかもしれない。

陰惨な怪談も、こうして読むとユニークな江戸案内として楽しめる。怖い話が苦手な向きにも安心して薦められる教養的ガイドブックである。

評・唐沢俊一（作家）

二〇〇八年八月一〇日❽

『「百人斬り競争」と南京事件　史実の解明から歴史対話へ』

笠原十九司 著
大月書店・二七三〇円
ISBN9784272520800　歴史／ノンフィクション・評伝／国際

「百人斬（ぎ）り競争」とは、南京攻略戦の途上で日本軍の将校2人が、どちらが先に中国兵100人を軍刀で斬り殺すかを競った事件をさしている。南京事件を否定する人たちは、これを報道した新聞記者の創作だったと主張し、2人の将校の遺族は、この事件を改めて紹介した本多勝一らを名誉棄損で訴えた。

06年12月、裁判は原告側の最高裁での敗訴で終わる。確定した判決は「百人斬り競争」について、新聞報道には誇張があったかも知れないが、決してでっち上げではなく、斬殺競争の事実が存在したことは否定できないと認定した。この裁判で被告側を支援して史実を検証したのが著者であり、本書はその裁判での成果をまとめたものだ。

本書によればこの2人の将校に限らず、日本軍将兵が1人で数十人の中国兵を軍刀で斬り殺したという話は、日中戦争期には数多く見られ、将兵の出身地の地方紙上で報道されていた。だがそれは実際には、敗残兵や捕虜など無抵抗の中国人を斬った場合が多いと推測されるという。

衝撃的なのは、その当時こうした斬殺を、将兵の家族を含む地域社会が称賛し、彼らを郷土の英雄扱いしていたことだ。事件を裏で支えていたのは、マスメディアも含む国民の喝采だったことを、本書は明らかにしたのだった。

評・赤澤史朗（立命館大学教授）

二〇〇八年八月一〇日❾

『なぜ歴史が書けるか』

升味準之輔 著
千倉書房・二九四〇円
ISBN9784805108970　歴史／人文

人はなぜ歴史を書くのだろうか。難問である。おそらく永遠のテーマかもしれない。この問いに対して、著者は答える。「意味や効用があるから歴史を書くのではない。それは、人生のようなものであろうか」

一見、身も蓋（ふた）もない言葉と思われるかもしれないが、そうではない。重大事件に遭遇したとき、人がそれを記録し、意味を考えることは、必然であり、喜びでもある。著者は、そう言っているのである。大著『日本政党史論』など幾多の著作を物した経験に裏づけられた、実に含蓄深い言葉である。

著者は、古代ギリシャ以来の歴史書に拠（よ）り、古今東西の豊富な事例を取り上げながら、歴史の方法論を追求していく。歴史学の核心は、歴史を作り上げた人々の内面的過程を探求することにあると喝破し、伝記こそが最高の歴史であると示唆している点が、とりわけ印象深い。本書を通して、歴史研究には、自然科学、社会科学とは異なる独自性があることが、はっきりと分かるだろう。

「なぜ歴史が書けるか――なぜか歴史が書ける」。最後に著者はこう述べて、歴史とは何よりもまず楽しいものなのだ、というメッセージを送っている。82歳にして本書を上梓（じょうし）した碩学（せきがく）のますますの健筆を期待したい。

評・奈良岡聰智（京都大学准教授）

『iPS細胞　世紀の発見が医療を変える』

八代嘉美 著
平凡社新書・六九三円
ISBN9784582854312
科学・生物／医学・福祉／新書

SFの想像力と科学の目で迫る生命

山中伸弥教授らによるヒトiPS細胞誕生のニュースは再生医療の未来に希望をもたらした。それから半年が過ぎ、一般向けの解説書が相次いで出版されている。世界中の研究者がiPS細胞を少しでも安全に扱えるようしのぎを削り、新たな知見が続出しているいま、自信を持ってこの一冊をお薦めしたい。

若き幹細胞研究者・八代嘉美は、この分野のおもしろさを多くの人にわかりやすい言葉で伝えたいという熱意にあふれている。何よりすばらしいのは、ES細胞やiPS細胞を学ぶことは医療の未来を開くばかりでなく、生命の根源を探求することであり、それはわくわくすることなのだというスタンスに貫かれていることだ。類書にない大きな特長である。

私たちの体は日々再生されている。新しい細胞が生まれ、古い細胞は剥（は）がれ落ち、傷口は治る。さまざまな細胞へ分化してゆく「幹細胞」のおかげである。神経幹細胞はニューロンをつくり、造血幹細胞は赤血球をつくる。ただし会社員がいきなりプロ野球選手になれないように、成長した体の幹細胞はまったく違う細胞には分化しにくい。だが私たちが赤ん坊のころ無限の可能性を秘めていたように、胚（はい）の幹細胞は多能性を持つのだ。どうすれば細胞をリセットし、別の人生を歩ませることができるのだろう。細胞が分化し体をつくってゆくとはいったいどういうことなのか？

無数の可能性の根源となる幹細胞の秘密を解き明かすことは、生命の本質に迫ることに他ならない。クローン羊ドリーも、ES細胞も、その謎に迫るための足跡であり、iPS細胞はそれらの研究の延長上にある。著者の八代は本書の半分以上をかけてこれまでの幹細胞の研究を丹念に振り返る。誰もが読みたいと願うiPS細胞の話をあえてタメにタメて、ES細胞や体性幹細胞の理解を積み重ねてゆく。だからこそついにiPS細胞の解説が始まったとき、読者は生命の本質というロマンを共有して、さらなるビジョンへと飛翔（ひしょう）できる。それは私たちの「知」がタブーさえ超えてゆく未来だ。ES細胞は倫理的問題があったとされた。しかしiPS細胞ができたのは、ES細胞やクローン研究で科学の成果を培ってきたからだ。著者はSFの想像力を引きつつ科学の目で生命を見据え、従来の価値観を変えてゆく。そこまで描き切ろうとする著者の意気に大きな拍手を送りたい。

別の構成力で語る新鋭の良書としては、他に田中幹人編著『iPS細胞　ヒトはどこまで再生できるか？』（日本実業出版社）がジャーナリスティックな筆致で重要点を見事にまとめて手堅い。そしてやはり若き研究者・古谷美央の『iPS細胞って、なんだろう』（アイカム）は患者の側に立った細やかな優しい視線がよい。この本に収録されている写真群は、私たちの体にこれほど多様な細胞があることを改めて教えてくれる。iPS細胞がこれらの美しい細胞へ分化するのだと思うと、生命の源に触れて胸打たれるだろう。それにしても次々と新たな才能がまっすぐな情熱で生命の本質を伝え始めたことは感動的だ。科学の本はますますおもしろくなってきた。

評・瀬名秀明（作家・東北大学機械系特任教授）

やしろ・よしみ　76年生まれ。東京大学大学院博士課程在籍中。研究テーマは造血幹細胞の老化・ストレスにかかわる分子機構の解明。共著に『再生医療のしくみ』。

二〇〇八年八月二四日❷

『アジア三国志　中国・インド・日本の大戦略』

ビル・エモット 著　伏見威蕃 訳

日本経済新聞出版社・一八九〇円
ISBN9784532353131　歴史／政治／国際

繁栄がもたらす「アジアのドラマ」

アジアには歴史の怨恨（えんこん）、未解決の領土など様々な問題が数限りなくある。しかし今日一つのかたまりをなし始めた。それは宗教とか東洋的精神によるものではなく、経済的実利の追求によるものであり、その発想には戦前エコノミスト赤松要が提唱し60年代初頭によみがえった、日本が主導する連鎖的な発展モデルの「雁行（がんこう）形態論」があった。そうした発展の延長上に日中印の三大勢力が併存する未来のアジアが展望される。国家の貧困、破綻（はたん）ではない、隣り合った大国同士の繁栄が何をもたらすかという意味で「アジアのドラマ」が演じられる時代と著者は見る。

しかし各国は、自ら弱点を抱えており、同時に相互不信が強い。中国は経済と社会が激しく変動する中にあるが、高い成長率が矛盾を隠している。民主化も疑わしく共産党独裁が続くだろうが、その点こそ弱点となる。日本は、バブル崩壊まで失業率は低く、80％の人がミドルクラスだと思う「理想的な社会主義」であった。その後経済が脆弱（ぜいじゃく）化し、人口減少と老齢化が始まったが、改革の効果は期待できると見る。ただし歴史問題で失敗を繰り返し、また「最古のライバル中国」が新たな競争相手となってきた。インドへのＯＤＡ供与、海上安全保障協力など急速な接近を図るのはまさに中国を意識してのことだ。インドはここ十数年着実に外向きにシフトし、経済成長も加速するようになり、勢いに乗っている。規制が減れば汚職・腐敗も減り、年齢層も若いので、好循環軌道に乗れる。対外的には長年の敵だった米国との関係を改善、やがてインドは世界の重要国と認められるだろう。

アジアの未来には強い悲観主義と楽観主義が混在している。日中印は欧米の協力を求めながら汎アジア機構をまとめ、その枠組みで対立や意見の相違を取り除いていくことが必要である。これからは政治によって「アジアが創造」されねばならないと著者は説く。重要なスタートが05年末の東アジアサミットだった。3国の実情を踏まえた展望とそれらの絡み合う国際関係を考えるうえで有益な本だ。

（原題、Rivals: How the Power Struggle Between China, India and Japan will Shape Our Next Decade）

評・天児慧（早稲田大学教授）

Bill Emmott　56年生まれ。英「エコノミスト」誌元編集長。

二〇〇八年八月二四日❸

『日本軍「山西残留」』

米濱泰英 著

オーラル・ヒストリー企画発行、星雲社発売・二一〇〇円
ISBN9784434119545　歴史

戦後も軍命で戦い続けた将兵たち

第2次世界大戦の敗戦後も数年間にわたって、再編成された日本軍の一部が中国の山西省で戦っていた。旧陸軍の命令系統を残したその軍隊は、国民党軍に加わり共産党軍と戦っていたのである。だがその将兵は、軍歴上は現地で除隊し自由意思で参加したものとされ、戦死者５５０人の遺族は軍人恩給の受給対象から除外されてしまう。

一昨年公開された映画『蟻（あり）の兵隊』は、この問題を取り上げたドキュメンタリーであり、監督の池谷薫が著したノンフィクション『蟻の兵隊』（新潮社）は、日本軍の基本史料を発掘してその経緯を描いたものだった。

日本軍の国共内戦への参加は、日本軍の武装解除と復員を約束したポツダム宣言に明白に違反する行為であった。この経過を改めて追跡した本書によれば、国民党ではもともと日本の陸軍士官学校出身者が要職にあり、戦後は日本軍への親近感が強まり、国共内戦に日本軍将校を利用しようとしていたという。日本軍高級将校には積極的にこれに応じよう

とする者もおり、協力を渋る者を国民党が戦犯訴追によって脅すケースもあった。こうした国民党の日本軍利用が、山西省では極端な形で行われたのである。

しかしアメリカは日本軍が中国に残留することを危険視して、強力にその復員と帰国を推進する。国民党や日本の支那派遣軍総軍も、それに従わざるをえなかった。だが山西省の支配者の閻錫山（えんしゃくざん）は、国民政府中央の命令に従わず、日本軍を隠して内戦に利用したのである。残留した日本軍の一部の下級将兵は、上級将校による情報統制の中で軍隊内の人間関係に縛られて行動し、ポツダム宣言の意味が理解できていなかった。

本書は、日本の現地軍の指揮官が正式の軍命によって残留部隊の編成を行っていたことを実証し、残留した将兵は実際には現地除隊しておらず、それは日本軍将兵が全員復員したように装う隠蔽（いんぺい）工作だったことを明らかにした。敗戦後に国内では解体した軍とその指揮官の権力が、中国の奥地では残り、将兵たちの運命を左右し続けたのだ。

評・赤澤史朗（立命館大学教授）

よねはま・やすひで　45年生まれ。

二〇〇八年八月二四日❹

『みんな、同じ屋根の下』

リチャード・B・ライト 著　堀川徹志 訳

行路社・一八九〇円　文芸／医学・福祉

ISBN9784875344100

たくさんの記憶の「私」と生きていく

近頃、どんどん老いていく。あっけにとられるスピードで。なんというか、「肉体の衣のほころび」の速さに心（魂）が追いつかない、という感じで、時々、困惑する。息切れがする。私、どんなおばあさんになってしまうのかしら……、と。

ところがいたのである。この小説の中に。そう、「サンセット老人ホーム」に。

主人公のケイ・オームズビー。記憶力の減退におびえながらも、文学や音楽を愛し、時に、ひとり詩を朗読する。難点はやめられない煙草（たばこ）。就寝前のウイスキー。これは、眠りを誘う妙薬か。

ともあれ、断固、精神の自由を守るべく周りには我関せずで、出掛けたい時には勝手にお出掛け。老いるほどに、自己完結して生きる元女教師。ああ、と思う。私もこんな感じがいい、たぶん、そうなる。いや、そうなりたい。たちまち親近感を覚え、惹（ひ）きつけられてしまった。

物語は、その彼女がホームに入居してからのわずか1カ月を描いたものだけれど、そこは、老人たちの記憶や妄想が縦横無尽に交錯する世界。その豊かさゆえに、現実にはなにが起こらなくても、日々がいつもドラマチックでおかしいのである。

そう、記憶とは過ぎ去ってしまったものではなく、それぞれの心身に刻まれたもの。

老いとは、そのたくさんの記憶の「私」と共に生きていくことか。10代の私、20代の私、40代の私、60代の私……、たくさん「私」がいるから、多少、記憶が消えても問題ないかも。誰にはばかることなく、勝手に、はらはら、どきどき生きればいい。人生には、老いた分だけ、甘い記憶もすっぱい記憶も、いろいろとりそろっているから、はたから退屈そうに見えても、きっと退屈なんかしないのだろうな。

「滅びゆく肉体の衣のほころびが　一つふえるたびに／さらに　声を高くして歌うことだ」読了後、冒頭に掲げられているW・B・イエーツの詩を主人公のオームズビーのように、背筋をシャンと伸ばして朗誦（ろうしょう）したくなるのだった。

（原題、SUNSET MANOR）

評・久田恵（ノンフィクション作家）

Richard B. Wright　36年生まれ。カナダの作家。

二〇〇八年八月二四日5

『ベルリン・オリンピック　1936　ナチの競技』

デイヴィッド・クレイ・ラージ 著　高儀進 訳
白水社・三六七五円
ISBN9784560031889
歴史／国際

プロパガンダに利用した五輪の全容

北京五輪の開会式。圧巻は聖火台への点火であった。トーチを高く掲げたまま、宙に舞い上がった最終ランナーが、文字どおり天空を駆けぬけた。背後に各国をめぐった聖火の映像が絵巻物風に投影された。美しい演出に素直に感動しつつも、厳重な警戒下で行われた今回の聖火リレーの記憶がよみがえった。

聖火リレーは古代ギリシャにさかのぼるものではない。１９３６年のベルリン五輪で、ナチスの宣伝部が創案した「でっち上げられた伝統」である。「ナチスの五輪」を検証する本書も、オリンピアの廃虚で行われた点火式から説き起こす。その後、ヒトラーの待つベルリンまで運ばれた聖火は、各国で反ドイツ的感情を高め、一方でドイツ系住民の「民族の誇り」をかき立てた。

そもそも五輪に対して否定的であったナチスが、巨費を投じてまでベルリン大会開催に転じた背景には、国際的な「平和の祭典」をプロパガンダに利用する意図があった。本書は新資料を駆使、当時の国際社会の状況も含めて、巨大スポーツイベントの全容と成果を多面的に分析する労作だ。

五輪の準備段階にもページを割く。米国で展開されたボイコット運動が実らなかった経緯、五輪期間中に限ってユダヤ人に対する迫害政策を緩めた様子も詳述する。読みごたえがあるのは開会式や閉会式、各競技に関する叙述だ。臨場感満点の筆致が素晴らしい。閉会式終了後の暗闇のなか、立ち去らない大観衆が「ハイル、ヒトラー」と叫び出すくだりなど、その場に居合わせたような気分になる。

エピローグで著者は、01年夏に北京招致が決定した際、一党に権力が集中する国での開催という意味からベルリンやモスクワの先例と比較する声があったこと、対して五輪が契機となって「中国の開放性を加速し、人権に関する状況を改善するだろう」とする見解が示された点をあえて指摘する。実際、今回の北京五輪が中国の人々に何をもたらすのか。著者のような歴史家だけではなく、世界中が継続して注視するところだ。

（原題、NAZI GAMES : The Olympics of 1936）

評・橋爪紳也（建築史家）

David Clay Large　米モンタナ州立大学の歴史学教授。

二〇〇八年八月二四日6

『錦』

宮尾登美子 著
中央公論新社・一八九〇円
ISBN9784120039355／9784122055582（中公文庫）
文芸

人間像を生き生きと織りなして

小説の読み始めは舟に乗るときに似ている。大きな舟ではない。猪牙（ちょき）くらいの小舟。

「船頭さん、頼むよ」

快く舟が滑り出すのを感じて、ひとときの悦楽に心身を委ねる。あいにく相性の悪い船頭だったりすると、のっけから不安が募り気分が苛立（いらだ）ち、いっこうに楽しみがやって来ない。けっしてレアケースではあるまい。

長年、佳編を書き続けた宮尾登美子は、さすがに手だれの船頭だ。とりわけこの『錦』は、読みだしたとたんに設定が頭に入り、興趣が増し、

――これは大丈夫――

確かな安心感の中で読み進むことができる。内容は〝龍村の帯〟で知られる典雅な織物の、その創始者、龍村平蔵の生涯を綴（つづ）った伝記小説だ。作品の中では菱村吉蔵と名を変えて虚構化されているけれど、事跡については、また主人公の心の変転については、事実に近いものを追っている、と見てよいだ

ろう。

　大阪・船場で没落した商家の跡取りとして育ち、呉服の行商から京都・西陣で独創的な織物の開発に情熱を傾け、同業者の抵抗にあいながら艱難辛苦（かんなんしんく）のすえ、さまざまな錦を織りあげ、名物裂（ぎれ）を復元し、正倉院の名品から遠い時代の秘宝にまで迫っている。今はボロボロでも、かつては大変な貴品であったにちがいないミイラの顔布からペルシャの技を探るくだりではシルクロードへの夢が膨らむ。

　大阪の職人社会と京都の職人社会、そして台頭する東京のビジネス界、日常の中に散っている人々の気配の差異も
　――こんな感じだったろうなあ――

と、つきづきしい。

　総じていきいきとした人間像が示され〝たった一人の（もちろん協力者はあったが）みごとな美術工芸史〟として読み取れるが、それにつきそうように、主人公を囲む3人の女たち、妻、愛人、弟子が登場して、そのありようもおもしろい。糸の織りあわせも厄介だが、

「こっちも難儀でしたなあ」

　作者の筆はこの方面にも行き届き説得力がある。

評・阿刀田高（作家）

みやお・とみこ　26年生まれ。作家。『序の舞』『クレオパトラ』など多数。

るオシム前日本代表監督との共通性をいくつか見いだす。

　大正14年生まれの伝説的人物が、今もアウトバーンを時速250キロで突っ走るプロローグからして心憎い。礼賛に終始せぬ通好みのする秀作。

評・佐山一郎（作家）

『大和魂のモダンサッカー』

加部究 著

双葉社・一八九〇円
ISBN9784575300420

教育／ノンフィクション・評伝

　年配のサッカーファンの間でドイツ人デットマール・クラマー（83）の名を知らぬ者はいない。64年東京五輪を前にした日本代表チームの強化育成のほかにも、68年メキシコ五輪の銅メダルや今日の隆盛につながる貴重な提言を残した人物だからである。

　「日本サッカーの父」と謳（うた）われる名指導者の仕事ぶりに焦点を当てた本書の書き手・加部は58年生まれ。同時代体験の乏しさから取り掛かるのにまず躊躇（ちゅうちょ）したという。40年以上もの歳月は老将クラマー、岡野俊一郎ら25人の被取材者に微妙な記憶の齟齬（そご）を生じさせ、「その度に確認のため執筆が頓挫した」と明かす。

　そんな悪戦苦闘をしながらも「すべてのインタビューが新鮮で楽しかった」との温故知新の思いはすんなりと伝わってくる。

　クラマーのもとで活躍した八重樫茂生主将は「ヒントを与えながらもオーバーコーチング（教え過ぎ）はしなかった」と証言し、当時の協会関係者にクラマーは「日本人の敏捷（びんしょう）性を生かすべきだ」と他に先駆けて主張したという。著者はまた指導法におけ

二〇〇八年八月二四日❽

『収容所文学論』

中島一夫 著

論創社・二六二五円　経済／人文

ISBN9784846007270

いわゆるグローバリゼーションの進展とともに、資本制のシステムは露骨な支配力を発揮しはじめた。過労死の悲惨、あるいは派遣労働や名ばかり管理職の過酷さなどに端的に現れているように、労働力の商品化の徹底の果て、働く人間が消耗品とされる。そのような「現在とは『強制労働収容所』に包摂されていく『収容所時代』ではないか」と述べる筆者は、戦後シベリアの抑留経験を通じて独自の思索をなした石原吉郎を論じるところから出発するのだが、本書を貫いて何より印象深いのは、「文学」の外へ出て行こうとする強い姿勢である。

ベタな物語が大量消費される現在の「収容所」は、「文学的」なものの蔓延（まんえん）にこそ特徴がある。ここでは「文学」は、疲れきった労働者に慰安や癒やしを与え、労働力を再生産すべき道具でしかないだろう。「文学」は果たしてこの狭い場所から出られるのだろうか。もちろん「文学」なんてどうなったってかまわないので、つまり問題は言葉だ。「収容所」を撃つに足る言葉の獲得――だが、それはいかにして可能か？　絶望的とも思える右の問いに貫かれた本書の言葉は、まさしく批評と呼ばれるにふさわしい。「快楽」や「戯れ」から遠く離れた冬の時代にこそ筋金の入った思考が可能になるのだと、本書は密（ひそ）かに主張する。

評・奥泉光（作家）

二〇〇八年八月二四日❾

『見えないアメリカ　保守とリベラルのあいだ』

渡辺将人 著

講談社現代新書・七七七円　政治／新書／国際

ISBN9784062879491

アメリカについて、日本人は十分に知っていると思い込みがちだ。しかし、観光地、ビジネスの現場、大学などで日本人がよく出会うアメリカ人とは異なるアメリカ人も存在するし、場合によるとそちらの方が多数派であったりする。04年にブッシュ大統領を再選させたのは、南部や中西部の農村地帯に居住し、教会に熱心に通う人々であった。

優れたアメリカ論を複数公刊している著者は、ヒラリー・クリントンの上院議員選挙でアジア系アメリカ人を対象にした集票活動を担当した経歴を持つ。その経験と、最新の学術的研究成果も踏まえた上で展開されるアメリカ論は、深みがあり含蓄に富む。

アメリカでは、小さな政府を目指し、宗教的価値を重視し、力の外交を支持する人々が保守であり、リベラルはその反対である。近年、この対立パターンは固定化しているが、本書はそのような型にはまらないさまざまな対立軸、「アカデミック」保守と「労働者」保守の違い、イラクで戦死した同性愛兵士をめぐる宗教保守派と愛国者の対立、右派だけでなく、アニマルライツ活動家など左派がもつ原理主義などを描写する。民主党の中にも、高学歴リベラルとウォルマート好きの労働者が存在する。これはまさにオバマとクリントンの支持層に対応しているのである。

評・久保文明（東京大学教授）

『戦争特派員　ゲルニカ爆撃を伝えた男』

ニコラス・ランキン 著　塩原通緒 訳

中央公論新社・三三六〇円
歴史／ノンフィクション・評伝
ISBN9784120039621

一人の決死の報告が世界を動かした

スペイン内戦の1937年4月、ゲルニカの町がフランコ反乱軍側のドイツ軍機に爆撃され、数千人の市民が犠牲になった。しかしフランコ側は、飛行機など一機も飛ばしていないと爆撃を否定する。

そのうそを暴いたのが、英タイムズ紙の特派員ジョージ・スティア（当時27）だった。

彼は機銃掃射に身をさらしながらゲルニカに入り、ドイツ機の種類と数をメモしつづける。ユンカース、ハインケル、メッサーシュミット……。そして決定的な証拠を手に入れる。ドイツの武器工場の刻印が押された不発焼夷（しょうい）弾だった。

彼の記事はタイムズに大きく掲載される。記事は詳細で、欧州各紙はきそって転載した。パリでそれを読んだピカソは、怒りをこめて「ゲルニカ」の大作に取りかかるのである。1人の戦争特派員の現場からの報告が、世界を動かした。

スティアの名はあまり知られていない。著者はBBCのプロデューサーだが、ゲルニカ特集の取材中に初めてその名を知って驚く。その驚きからこの本が生まれた。

ほとんど残っていない資料を丹念に拾いあつめ、早世した風雲児の人生と時代を生き生きと再現している。その仕事は貴重だ。

スティアを戦場に駆り立てたのは、ファシズムへの強い憤りだったと著者はいう。

非武装の市民を標的とした爆撃は第2次大戦期から急増する。第1次大戦では11％だったものが、第2次大戦では53％となり、90年代の戦争では90％に達したという。ゲルニカはまさにその実験場だった。何種類もの爆弾、焼夷弾が幼い子どもや母親の上に落とされ、性能が試された。その非人間性にスティアは激しく反発したのである。

そうした不正義を、スティアはすでにエチオピアで経験していた。35年のイタリアのエチオピア侵攻の取材で、イタリア軍がさまざまな毒ガス爆弾を住民に対して使っているのを目撃する。毒ガスは国際法違反だったが、イタリア軍は平然と使いつづけた。これも一種の実験だった。

彼のゲルニカ報道で苦境に立った枢軸側は、マスコミ対策の重要性を認識する。主要メディアを前線に同行させ、「敵が自らゲルニカを炎上させた」という操作情報を流すのである。英国政府は独伊とことを構えたくなかった。枢軸側同行記者の記事が大きくなり、スティアの記事はしぼんでいく。

英国のこうした「事なかれ」はチャーチルが登場するまで続く。その間、ドイツとイタリアはやりたい放題だった。

失意のスティアはタイムズを離れ、別の新聞の特派員としてソ連のフィンランド侵攻の取材にかかわった。しかし第2次大戦がはじまると、ファシズムとの戦争に直接参加することを選ぶ。情報将校としてエジプトやインド、ビルマで宣伝活動に従事。44年、ビルマで事故死する。35歳の若さだった。

時代は変わった。しかし戦争特派員は今もいる。イラク、アフガニスタン、スーダン……。理不尽な暴力に怒りをつのらせながら。

（原題、TELEGRAM FROM GUERNICA）

評・松本仁一（ジャーナリスト）

Nicholas Rankin　BBCワールドサービスのプロデューサー。同社のラジオ番組の制作で国連の二つの賞を受賞。著書に『Dead Man's Chest』。

二〇〇八年八月三一日❷　歴史／人文

『戦う村の民俗を行く』

藤木久志 著

朝日選書・一三六五円
ISBN9784022599438

村人の戦う日常が浮かび上がる

『雑兵たちの戦場』、続く『戦国の村を行く』『飢餓と戦争の戦国を行く』により、私のような大河ドラマ好き読者の覇者中心の戦国時代観を一変させた著者の、第5作。民俗、村人や武家の日常の習わしから見た戦国の世を史料をもとに平明に綴（つづ）る。

本書のはしがきは、村の若者と子どもを通じて、戦国の村の特徴を記す。村の権益・安全を自力で守る「自検断」の建前のもと、村・地域は戦う主体であった。ポルトガル人宣教師が記したごとく、村の男子は成人すると刀を帯び、戦う村人の中心となった。一方、宣教師は、戦場で女・子どもが生け捕られる有り様も記す。戦国時代の村の、武装し自力救済する陽の面、戦乱に曝（さら）され奴隷狩りが行われる陰の面は、著者が伝えたいとしてきたことだ。はしがきを読むや、読者は戦国の光景に引き込まれていく。

1章の「村の百姓と戦国大名」では、伊豆西浦（静岡県沼津市）などの史料から、村の自立性と階層性、村と領主との争い、戦国大名の支配の展開について論じる。村人が、領主の支配に抵抗するための年貢未進・耕作放棄・欠落（かけおち）（逃亡）、年貢減免要求を領主に突き付ける侘言（わびごと）、領主による譲歩である赦免の過程を紹介する。私たちは、抑圧の場としての村という常識が一面的であることを知る。

7章の「戦国板碑（いたび）の世界」は、武蔵国の比企（ひき）（埼玉県比企郡・東松山市）に3千基も残る板石塔婆（いたいしとうば）（板碑）から、14～16世紀の村人たちの信仰の展開を明らかにする。戦国時代には、供養のために組織された結衆が造る板碑に、一人ひとりの名を明記する交名（きょうみょう）型板碑が一般化する。交名の記載は、それ以前の領主・土豪に主導された名前の見えない結衆から、一人ひとりの顔が見える、いわば一揆的な庶民の結衆への変化を示す。越後の山村に育った著者の、民俗の世界への思いが伝わる。

最終章「鎌倉公方の四季」を読み、「鎌倉の祇園会と町衆」（『戦国の村を行く』所収）とあわせて案内となし、15世紀の鎌倉を探る歴史散歩に出かけてみたくなった。

評・石上英一（東京大学教授）

ふじき・ひさし　33年生まれ。立教大名誉教授（日本中世史）。著書に『刀狩り』など。

二〇〇八年八月三一日❸　文芸

『夜』

橋本治 著

集英社・一七八五円
ISBN9784087712445／9784087467123（集英社文庫）

ある日、男はプイと出ていき戻らない

男がある日、プイと出ていってそれきり戻らない。長い月日が流れ、ある日また何事もなかったかのように帰ってくる。いったい男の心にはなにが起きたのか？『夜』は、そうした男の不可解さを、娘や妻、あるいは愛人の目から描く5編から成る短編集だ。男たちは「男というより雄といいたい酷薄さ」を内に秘めているようで、そこが女を惹（ひ）きつけてやまない。

「不在文学」の中でも不条理を極める傑作に、米作家ホーソーンが書いた「ウェイクフィールド」という短編がある。ある日出かけた男が「一週間帰らなかったら妻はどうするだろう？」と思いつき、隣の通りに部屋を借りてなんとなくそのまま20年間「失踪（しっそう）」し、またあるとき、1日ぶりという顔で帰宅する、というものだ。『夜』における不在には、「愛人」というもっと明確な理由があるのだが、「このまま帰らなかったら？」と思わせた一瞬の心のメカニズムと、その計り知れなさは相通ずるだろう。それが歯車を一つずらし、そ

の刹那（せつな）、男はそこにいながら別の宇宙へと墜（お）ちていく。『夜』でも、あるとき妻が「おつかれさま」と言わなければ、新居を建てたいという女に男が「好きにしろよ」と言わなければ、男の不在は始まらなかったかもしれない。

最終編「暁闇」は最も入り組んだ作りで、ゲイの男と本来そうでない男の「カップル」の複雑な感情の軌跡と、微妙だが決定的なすれ違いを描いている。しかし最後に妻となった女から見れば、単に遊んできた男が年貢を納める物語であり、それは、夫をとられた妻がのちに愛人から彼の遺骨を引き取り、何もなかったことにして不在の空白を埋めるという、第一編の「暮色」に繋（つな）がり戻る。

男たちは2人の女の「物語」の狭間（はざま）にいつまでも佇（たたず）む。歯車がずれる瞬間を本書はあえて書かない。女から見た男の心には薄雲がかかったままだ。しかし小説としては去った側より去られた側を描いたほうが、当然読みでがあるのだ。触れえぬ闇をめぐるもどかしさ、それが本作の限りない魅力なのである。

評・鴻巣友季子（翻訳家）

はしもと・おさむ　48年生まれ。作家、評論家。『窯変源氏物語』『双調平家物語』ほか。

二〇〇八年八月三一日④

『昭和の記憶を掘り起こす』

中村政則 著

小学館・一九九五円
ISBN9784096261378

歴史／ノンフィクション・評伝

地獄の体験から尊厳を取り戻して

たしかに「戦争という極限状況は、地震、台風、洪水などの自然現象ではない。戦争は人間が起こし、人間が殺し合い、傷つけ合う極限の状況」である。それを直視するところから明日が見えてくるのだ。

本書は1931年の満州事変勃発（ぼっぱつ）以来の15年戦争において、「地獄のような極限状況に追い込まれた戦闘地域」のうち、「想像を絶する」極限状況に追い込まれた沖縄、満州、ヒロシマ、ナガサキの人々が何を体験し、考え、感じたのかを、直視したものである。

沖縄戦で「集団自決」に追い込まれた島民、満州移民として一瞬の夢を見たあとに奈落に落ちた人々、ヒロシマ、ナガサキの原爆で想像を絶する「地獄図絵」を体験した人々が、生と死を語っている。とくに「戦争は人間を人間でなくする」という言葉が重い。

だが、本書の特徴は、それだけにはとどまらない。本書は、「極限状況から、人間はいかにして立ち直り、人間としての尊厳を回復して、社会変革に立ち向かっていくのか」を明らかにしようとしている。平和活動や障害者教育に取り組む沖縄戦の体験者、人民中国の軍に協力しその後日中友好のために生きる元満州移民、地獄の体験のなかから人間の尊厳を取り戻して反核・平和の運動に立ち上がったヒロシマ・ナガサキの被爆者たちが、本書の中の主役だ。「極限状況」を体験した人々がさまざまな場で、その体験を生かしながら、戦後日本を支えてきたことがわかる。

著者の精力的な取材の成果が遺憾なく発揮されている。しかも、しっかりとした文献研究を基礎にした「オーラル・ヒストリー」なので、安心して読むことができる。ただ、終章が「オーラル・ヒストリー」の方法的まとめに向けられているのは、やや肩透かしの感がある。沖縄、満州、ヒロシマ・ナガサキの「極限状況」を、いわば地域構造的に明らかにしたところから、トータルになにを問うのか、語って欲しかった。そのさい、15年戦争中に「加害者」として「極限状況」に置かれた人々の問題も含めて考えると、議論はどのようになるのだろうか。

評・南塚信吾（法政大学教授）

なかむら・まさのり　35年生まれ。一橋大学名誉教授。著書に『戦後史』など。

二〇〇八年八月三一日⑤

『ホームスクーリングに学ぶ』

リンダ・ドブソン 著　遠藤公美恵 訳

緑風出版・二四一五円
ISBN9784846108090

教育

教育を家庭に戻し、家族中心に楽しく

アメリカでは現在200万から250万人がホームスクール（在宅教育）で初等中等教育を受けている。驚異的な数字である。80年ごろにはほとんどの州で認められていなかったが、長年の運動の結果、現在はすべての州で合法化されている。これも驚きである。本書は、このようにアメリカですでに定着したホームスクーリングにおいて、「教師」を実践している多数の親に向けてそのあるべき姿を説き、一般の親にもその気になれば誰でもよい教師になれることを訴えている。

ホームスクーリングの実践者の多くは実は宗教保守派であり、公立学校の世俗的性格に不満を持つ親たちである。本書はそうした背景には触れていないが、社会的認知を受けるのがいかに困難であったかについては力説している。大学入試の成績が通常の教育を受けた子供と同じ程度であることを自ら証明することができて初めて、受け入れられたというのが実情である。

日本ではホームスクールに関して、不登校生徒との関係で若干の関心があるのみであり、実践者はほとんどいない。しかし、親として子供の教育にどのようにかかわるべきかという観点から、多くのことを本書から学ぶことができる。とくに子供の自立性を最大限重視し、親（同時に教師）に対して「先生」であるよりも「ファシリテーター」（進むべき道を開けてあげる人）であるように説く議論は傾聴に値する。

同時に本書は痛烈な公立学校教育批判でもある。著者によれば、「現代のホームスクーリング運動は、教育を家庭や地域に戻そうとするもの」である。そして「教育というものが、比較的シンプルで、お金のかからない、家族中心の、楽しいプロセスだということ」に気がついて欲しいというのが著者の願いである。

市民の力で政府の責任と考えられていることを実行してしまうアメリカの政治文化の強靱（きょうじん）さ、教育における政府の役割と同時に、教育そのものの性格について根源に立ち返って考えるためにも、きわめて興味深い書である。訳書が出たことを喜びたい。

（原題、What the Rest of Us Can Learn from Homeschooling）

評・久保文明（東京大学教授）

Linda Dobson　米国在住。教育コラムニスト。

二〇〇八年八月三一日⑥

『カニバリストの告白』

デヴィッド・マドセン 著　池田真紀子 訳

角川書店・二三一〇円
ISBN9784047916074

科学・生物

吐き気を催すか、心のストレッチか

まず、ご注意を喚起しておく。この小説は読者を選ぶ。良識だとか、品格だとか、あるいは道徳性だとかというものを創作物の中に求めようとされる方には、本書はお薦めできない。と、いうより、そういった要素の対岸にあるものばかりを寄せ集めて構成された悪趣味小説、と言った方が話が早い。

人の心を操れる究極の料理をテーマにした美食小説、なのだが、まず一般常識人なら読んで催すのは吐き気であろう。主人公の近親相姦（そうかん）的な母親への愛情から始まって、男娼（だんしょう）、乱交、露出症など、新聞の読書面でこんな文字を使っていいのだろうかと不安になるようなものの描写が立て続けに並び、そして、さらにそれらを上回るおぞましい行為の告白が主人公の口から語られる。

本書の構成は、投獄された主人公の告白と、それを分析している精神科医の報告メモとで成り立っているが、さらに悪趣味なことに、天才シェフである主人公が作り出した豪華な料理のレシピがその合間あいまに挟まる。も

ちろん、作者の意図は、その料理の描写で読者の食欲をそそることではない。……その逆なのである。

あまりの内容に、こんな小説を面白い、などと評しようものなら、人間性を疑われるのではないか、と心配になってきさえする。しかし、声をひそめて言ってしまえば、この本は、名誉欲・出世欲にかられた人間の醜悪さを描く現代の寓話（ぐうわ）として、きわめてよく出来た上質の作品だし、悪趣味もここまで徹底して描かれると、むしろユーモラスに感じられる。登場人物たちの性格も強烈に戯画化されており、美食の世界を舞台にしたピカレスク（悪漢小説）として読めば、痛快さすら感じられるかも知れない。

悪趣味の効用、というようなものがあるとすれば、それは、社会的地位や対人関係に縛られて硬直してしまったわれわれの精神を解放させ、人間らしさの本質をそこにのぞかせることである。たまには家族に隠れてこういう作品を読んでみるのも、心のいいストレッチになるだろう。

（原題、CONFESSIONS OF A FLESH-EATER）

評・唐沢俊一（作家）

David Madsen　哲学・神学者という以外、本名や経歴は謎。

二〇〇八年八月三一日⑦

『白い指先の小説』

片岡義男 著　毎日新聞社・一九九五円

文芸

ISBN9784620107271

70年代の片岡義男ワールドになじんだ世代にとって、この短編集は晩夏の夕暮れの白ワインか。もはや「強いジン」ではない。

『スローなブギにしてくれ』とは別のスローな世界の魅力である。

静かで、しかもキリッとした女たちが登場する。彼女たちは、小説の創作欲に突き動かされている。それがストーリーに厚みを与え、ふくよかな読後感をもたらす。

たとえば「投手の姉、捕手の妻」。田舎町を模したジオラマを見ていて着想するのが元野球少年たちの物語だ。その仮想世界にもう1人、キリッとした女が現れる、というフラクタル（入れ子）の妙。

この一冊には、私鉄沿線の商店街とか、バス停界隈（かいわい）の風景とかが次々に出てくる。

隠し味は、どこか懐かしい店々だ。「本を買いにいった」の主人公、裕美子は、起き抜けに「作業テーブルのデスクトップで、古書店の所在地を確認した」。

パソコン頼みは今風（いまふう）だが、それからが違う。その店にたどり着く前にふらりと別の古書店に入り、買いそびれていた全集の一巻を手に入れる。散歩中の植草甚一にばったり出会えそうな世界である。

00年代から70年代を見通すサバービア（郊外）文学か。片岡ワールドに時間軸が感じられるのがうれしい。　評・尾関章（本社論説副主幹）

二〇〇八年八月三一日⑧

『ルポ〝正社員〟の若者たち　就職氷河期世代を追う』

小林美希 著　岩波書店・一七八五円

社会／ノンフィクション・評伝

ISBN9784000236775

それまで七十数％だった大卒就職率は90年代半ばから急速に低下し、00年には55％にまで落ち込んだ。本書が光を当てているのは、この就職氷河期に、首尾よく正社員の地位を手に入れた大卒の若者たちである。取材の対象は、人材派遣会社、大手量販店、SE、金融、コンビニ、看護師など多岐にわたる。

正社員とは名ばかりの彼らは、少しばかりの雇用の安定と引き換えに殺人的多忙を強いられ、その働き方におよそ見合わない賃金にあえぐ。彼らの経験は驚くほど似ている。その類似性が、過酷な労働が若者の過失に起因するのではなく構造的に強制されたものであることを教える。いま大卒就職率は7割まで回復したが、そこには名前だけの正社員が含まれる。

この本のスポットライトの外側に大量の若者たちがいる。安定したキャリアが見込める正真正銘の正社員。そして前著『ルポ正社員になりたい』で光を当てた非正社員たち。著者が写しとったのはそうした全体像の中の部分に過ぎないけれども、生々しい、時代のスナップショットに仕上がっている。

日本経済はいくぶん好転した。それは若者たちを搾取するシステムが整備された結果ではないのか。魂のこもった告発のルポである。

評・耳塚寛明（お茶の水女子大学教授）

二〇〇八年九月七日❷

『生涯発達のダイナミクス　知の多様性　生きかたの可塑性』

鈴木忠 著
東京大学出版会・三三六〇円
ISBN9784130133012

教育／科学・生物

老いの衰えは経験と訓練で償えるか

本書は、人間の生涯発達を、可塑性をキー概念として統合的に明らかにしようとする挑戦的な本である。

第一のテーマは〝老い〟。知的能力は若いうちにできあがり、後は衰えるだけ、ではない。大人になっても、そして老いる過程でも可塑的である。著者はまず、高齢者の知能は訓練で伸びるのかと問う。知能指数で示される一般的知能に限定すれば、訓練は加齢による衰えを抑えるほどの効果を持たない。しかしその範囲を広げて、熟達化がものをいう実践的知能に着目すれば違う結論が得られる。著者はチェスプレーヤー調査などの先行研究を丹念に追う。たしかに身体や脳の生理学的機能は年を取ることで不可避的に低下する。しかし、熟達化の過程で知能の衰えに対処するさまざまな新しいスキルや知恵を手に入れることができる。「実践的知能」の獲得が衰えを補償するのである。それは、どう老いるのかを私たち自身がコントロールして、サクセスフルエイジング（上手に老いる）が可能なことを示唆する。

第二のテーマは進化生物学との対話。遺伝的プログラムが個々の発達を決定づけてしまうとすれば、個体発達は人類の進化にとって重要性を持たない。けれども発達が遺伝子だけに左右されるのではなく可塑性を持つとすれば、個体発達は自然選択（淘汰〈とうた〉）の仕組みの中で人類の進化に影響を与えることになる。それはどういうプロセスを通じてなのだろう。

生まれてから死に至るまでの「生涯発達」が、人類の進化の過程に、そして時代の社会文化的状況の中に位置づけられる。同時に発達は、持って生まれた遺伝子型に支配される一方で、環境に対する私たち自身の能動的な働きかけによっても変異する。本書を読んでいると、こうしたスケールの大きな、そしてダイナミックな、発達をめぐる構図が見えてくる。心理学という学問の枠を超えた知的探求の所産といってよい。

本書は専門書の範疇（はんちゅう）に入るが、門外漢にもわかりやすい。挑戦の名に値する、明晰（めいせき）で、おもしろい本である。

評・耳塚寛明（お茶の水女子大学教授）

すずき・ただし　60年生まれ。白百合女子大学教授。

二〇〇八年九月七日❸

『インターセックス』

帚木蓬生 著
集英社・一九九五円
ISBN9784087753868／9784087467291（集英社文庫）

文芸／医学・福祉

医療倫理、性…闇を覆うベールを剥がす

現役医師にして作家の著者が、現代社会の闇を覆うベールを、また剥（は）がした。

主人公は、若く美しい女性医師・秋野翔子。泌尿器科と婦人科をまたぐ領域「泌尿婦人科医」を名乗る彼女のもとには、生殖器などから性別の判定がむずかしい「インターセックス」という問題を抱えた子どもやその家族がやって来る。外見や性的なアイデンティティーは「真中（まんなか）も許される」という信念を持つ翔子は、性別をどちらかに特定するような整形手術はなるべく避け、度重なる診察や手術で傷ついている子どもたちの心をケアしたい、と考えて奔走する。

一方、医療界の風雲児と目される岸川は、自らの理想を実現したゴージャスな大病院を建て、そこで独自の思想に基づいた最新の生殖医療や移植医療を行っている。インターセックスの患者に対しては積極的にどちらかの性別に特定する手術を施していた岸川だが、翔子との出会いでその考えが揺らぐ。岸川院長は医師としての技術と人間的な魅力をあわ

せ持った翔子をスカウトし、彼女もついにそれに応じる。理想主義の翔子は、はたして実業家院長のもとでどんな医療を実践することになるのだろう。

　このふたりのドラマ、そして日本でも毎年、千人弱は誕生しているというインターセックスの当事者たちの物語だけでも息つく間もないほどの面白さなのだが、途中で翔子の親友の死についての謎が加わり、話の展開はぐっとサスペンス調に。さらに最後には、翔子と岸川、ふたりの卓越した医療者自身のあっと驚く秘密が明らかにされる。

　医療と倫理をめぐる問題。医者のモラルの問題。そしてインターセックスとはという問題と、人間の欲望や善悪の問題。あまりにも盛り込まれているテーマが豊富すぎて焦点が絞りきれなくなりそうになるのが、玉にキズか。ある登場人物が最後に残した言葉、「無関心はとてつもない恥になり、ついには罪になる」を胸に刻んで、ぜひともしっかり読み、エキサイトし、そして医療や人間、性について考えてみたい。

評・香山リカ（精神科医）

ははきぎ・ほうせい　47年生まれ。作家、医師。『閉鎖病棟』『エンブリオ』など。

二〇〇八年九月七日⑤

『波打ち際の蛍』

島本理生 著

角川書店・一三六五円

ISBN9784048738736/9784041003893（角川文庫）文芸

心のあやを文章に乗せて丁寧に

　紛れもない恋愛小説である。冒頭で男女の出会いが綴（つづ）られ200ページを費やして恋のくさぐさと、揺れ動くヒロインの心理と生理が描かれている。

　小説家の立場で言えば、恋愛だけを書くのは、思いのほかむつかしい。とりわけ2人のなれそめは厄介だ。月並みは避けたいけれど……現実はたいていの出会いが月並みだ。加えて、それから少しずつ親しくなっていくだりは……当人たちには切実でも、そのまま描けば、読者から「どうせ仲よくなるんだろ。早く抱き合え」と乱暴なことを言われかねない。

　が、島本理生は第一歩から丁寧に描く。ゆっくりと進む。そのはがゆさが特徴だ。作品のストーリーは……若いヒロインは過去に辛（つら）い男性関係があって男性に触れられるのも厭（いや）、十分に繊細で、エキセントリックで、今はカウンセリングに通っている。そこで知り合ったのが蛍という青年。2人の心のもつれあいがおもしろい。特殊でありながら現実感がある。

　とはいえ、この作品の一番の長所は作者の筆さばきだろう。複雑な心理のあやを文章のあやに乗せて巧みに綴っている。その文章をほんの少し行を詰め中略して引用すれば、

　〝死に、たくはない。会いたい〟〝本当は蛍にだったらなにされたっていい。上にでも下にでもなれる〟〝顔を上げると、アーケードの鉄骨の隙間（すきま）から夕暮れに浮かぶ月が見えた。私は口元に片手を添えた。たった一度、唇が触れただけで、もう私の世界は崩壊を始めてる。どろっと鈍った五感に浸るのは、どこか暗い心地よさだった。その薄皮を破って、そろそろ外へ出なきゃならないことは分かっていた〟

　丁寧で、粘りけがあって美しい。この筆致でもっとストーリー性の豊かな作品を、と思うのは望蜀（ぼうしょく）の嘆だろうか。

　ゴシップ風の記憶を述べれば、04年、金原ひとみ、綿矢りさ、若い2人が芥川賞を受けて輝いたとき、もう一人の有力な20歳が島本理生だった。〝三引く二は一〟となった才媛（さいえん）の活躍を願いたい。

評・阿刀田高（作家）

しまもと・りお　83年生まれ。『リトル・バイ・リトル』で野間文芸新人賞。

二〇〇八年九月七日⑥

『叛逆(はんぎゃく)としての科学　本を語り、文化を読む22章』

フリーマン・ダイソン 著　柴田裕之 訳
みすず書房・三三六〇円
ISBN9784622073895
歴史／科学・生物

科学を広く見渡し縦横に論じる知性

ノーベル賞が通り過ぎていった現代物理の巨人。著者をそう形容したら失礼に過ぎるだろうか。

歴史に残る仕事は、量子電磁力学という理論の完成に貢献したことだ。「くりこみ」という手法を使う朝永振一郎ら3人の「着想をひとつにまとめ」た。だが、この賞に4人目のいすはなく65年、3人だけに物理学賞が贈られた。

それがどうしたというのか。物理学の枠を超えて知性の巨人であることは、この本からも十分にわかる。

自らが生きた戦争の時代を意識しながら、主に科学をめぐるテーマを広く論じた書評や序文、講演録などの22章。

幾章かに見え隠れする縦糸がある。核兵器を産み落とした物理学史と先端科学の行く末をつなぐ視点だ。

たとえば、M・クライトン『プレイ』の書評。ナノテクと生命工学がつくりだした極小ロボットとその自律進化の様子を描く小説に「二一世紀のバイオテクノロジーが二〇世紀の原子力テクノロジー並みに危険」という構図を見てとる。

ここで触れるのが、遺伝子組み換え技術が登場した70年代、乱用を恐れた研究者らが実験の一時見合わせを呼びかけた話だ。急いで開いた国際会議の議論は実験指針につながった。開催地の名からアシロマ会議という。著者は、このように学界が自律に立ち上がったことを高く評価する。

別の章では、核に対する「アシロマ」もありえたという歴史上のイフが、悔いを込めて語られる。

核分裂発見直後の39年、米国で物理学者の会議があった。原爆誕生の可能性を知りながら「大胆に発言し、協議事項に倫理的責任の問題を含めるよう提案する者はだれもいなかった」。アシロマのようには「勇敢な人物は現れなかった」のである。

生物学の流れにも苦言を呈する。西側世界では「遺伝子」に目を奪われ、生き物と地球環境を一つにとらえる「生物圏」を忘れてこなかったか。「両方の種類の生物学が必要」との立場をとる。

母国イギリス風の穏やかな批評精神が心地よい。

(原題、THE SCIENTIST AS REBEL)

評・尾関章（本社論説副主幹）

Freeman Dyson　23年英国生まれ。理論物理学者。

二〇〇八年九月七日⑦

『チャイナフリー』

サラ・ボンジョルニ 著　雨宮寛、今井章子 訳
東洋経済新報社・一八九〇円
ISBN9784492222850
経済／ノンフィクション・評伝／国際

とあるアメリカ人女性が中国製品なしで1年間過ごしてみようと思いつき、気乗り薄の夫を説いて一家で実行するのだが、その動機がよく分からない。別に弾圧を受けた民主化運動家に同情していたのでもなさそうだ。

しかしこのチャイナフリーな1年は理由が分からないなりにスリリングで刺激的だ。子供用玩具などは購入が難しかろうと予想できたものの、手頃なサングラスなどの日用品がほとんどもうアメリカで生産されていないのを知って彼女は愕然(がくぜん)とする。確固たる主義主張に支えられた不買運動ではない分だけ余計に著者とその家族が直面する困惑と難儀には生々しい現実感がある。

結局彼女が知ったのは日用品の分野で中国製品が占める恐るべき寡占状態であり、グローバル化経済がそれを可能にしているとの冷徹な事実なのだが、それだけだろうか。例えば末娘の金髪の中に黒髪を発見して衝撃を受けるあたり（著者は僅(わず)かながら中国系の血を引いているらしい）黄禍論の気配がないではない。楽しく一読するならその種の深読みは不要かもしれないが、ただし最後に一言。日本で同じことに挑戦しない方がいい。チャイナフリーの1年は餃子(ギョーザ)もウナギも食べないアメリカ人だからこそ実現できたのだから。

評・赤井敏夫（神戸学院大学教授）

『老魔法使い　種村季弘遺稿翻訳集』

フリードリヒ・グラウザー 著　種村季弘 訳

国書刊行会・三九九〇円
ISBN9784336049834

『ダ・ヴィンチ・コード』のヒットが記憶に新しいが、西洋稗史(はいし)を素材にした物語は日本でも人気が高いわけで、この分野の我が国第一人者といったら、渋沢龍彦と並んで、04年に亡くなった種村季弘の名前をあげぬわけにはいかないだろう。オカルトとも隣接する稗史は、いわば現代の異界であり、種村季弘は『怪物のユートピア』をはじめとする評論やマゾッホなどの翻訳紹介の仕事を通じて、(オカルトにのめりこむがごとき)野暮(やぼ)から軽々と逃れ、異界で粋に遊ぶ楽しさを多くの読者に教えてくれた。

本書はその種村の遺稿翻訳集である。フリードリヒ・グラウザーは、1930年代を中心に活動したドイツ語圏の作家で、晩年の種村が翻訳に力を入れた作家でもある。『外人部隊』『砂漠の千里眼』など数冊がすでに出版されている。『老魔法使い』は、シュトゥーダーなる刑事を主役に据えた短編と中編からなる探偵小説集であるが、ことミステリーについてはウルサクならざるをえない21世紀日本に棲息(せいそく)する者の目からすると、いささか退屈の感を否めない。むろん小説の退屈さは渋さと裏腹であり、数々の埋もれた「宝」を発掘してきた目利きの仕事だと思えば、また違う感想も生まれそうである。もちろんグラウザーの評価はこれからだ。

評・奥泉光(作家)

『世界陰謀史事典』

ジョエル・レヴィ 著　下隆全 訳

柏書房・二九四〇円
ISBN9784760133772

何か大きな国際事件が起きると、必ずそれがどこだかの陰謀である、と唱える本が出る。大半はまあ、トンデモ本と称される代物ではあるが。とはいえ、先日のグルジア紛争をロシアのプーチン前大統領は〝アメリカの陰謀〟との疑惑を語った。もはや陰謀論は本やネットの中だけのものではない。

実は人間は陰謀論が大好きなのだ。その論に乗っかることで、世の中の混沌(こんとん)の責任を誰かに押し付けることができて、単純化して理解できるからである。こういう大衆心理を利用したヒトラーは、ユダヤ陰謀論を唱えて、ドイツ国民の多くをナチズムに傾斜させた。陰謀論は人を思考停止状態に追い込むのである。

本書は、書名に〝陰謀〟をうたっていても、世の多くの陰謀論本とは一線を画す。世界歴史の中で実際に行われてきた陰謀を神話時代から現代まで紹介し、歴史の裏側に光を当てている。陰謀の検証という誠実な作業を行っているのである。いくつかの検証にはまだ疑問も残るが、人のだましあいの記録は実に面白い。大抵の陰謀論でだます側に立っているアメリカが、イラク戦争ではイランのスパイに見事に一杯食わされたなどという話は、そこらのトンデモ陰謀論などよりよほど興味深いし、情報戦の油断ならなさを教えてくれるのである。

評・唐沢俊一(作家)

『おそろし　三島屋変調百物語事始』

宮部みゆき 著
角川書店・一七八五円
ISBN9784048738590／9784404038661（新人物ノベルス）／9784041002810（角川文庫）

文芸

何層にも増幅されて伝わる哀れさ

江戸は神田三島町に店をかまえる袋物屋、三島屋には、目新しい意匠で人気の鼻緒の他に、もうひとつ、奇妙な評判があった。主人が人を招き入れては、礼金を払って百物語、つまり怪談ばなしを所望するのだ。しかも、聞き手は主人・伊兵衛ではなく、なぜかその美しい姪（めい）のおちかなのである。実はおちかには、人に語れない、ある悲しい過去があった……。

「三島屋変調百物語事始（ことはじめ）」というサブタイトル通り、古風な百物語にちょっと変わった趣向を加え、設定自体に謎めいた魅力を秘めた作りの小説だ。地の文にも会話にも「白地（あからさま）」「おつむり」「先（せん）にも」などという、現代では使われなくなった書き方や言い回しがさりげなくちりばめられており、それによって江戸の人情や情緒がいい具合に醸し出されている。

こういう描写への嫌みのない気の利かせ方が、あいかわらず宮部みゆきという人は抜群にうまい。

しかし、それほど構成や描写に長（た）けている作者でありながら、この小説の組み立てられ方は、かなり普通の作品とは異なっている。主人公・おちかの背負っている悲しみの秘密は途中で早々と明かされてしまうし、なにより、百物語という設定上、語りの中にさらに語りが重ねられたりしており、読んでいて混乱することさえしばしばある。しかしその構成の破格が逆に、読者であるこちらを落ち着かなくさせ、不安にさせる効果をあげているのだとわかると、その筆力にまたまた舌をまくことになる。

繰り返し語られる人間の心の持つ性（さが）の哀れさが、小説の構成と、語られる怪異とに重なって、何層にも増幅されて、こちらに伝わってくる。

思えば怪談ばなしというジャンルそのものが、語り口に大きな比重のかかるものである。語りという行為自体、その人間の内面を吐きだすことなのだ。礼金めあてに作り話をする人が出てくるのではないか、と言うおちかに、三島屋伊兵衛はこう言う。「なぜその客が作り話をしたのか、礼金が欲しかっただけなのか、そこまで見抜けねば仕事は終わりにはならない」と。

この作品の隠れたテーマとして、人と、その人の〝語るという行為〟の関係、という、これまであまりとらえられてこなかった視点があると言えるだろう。

そして、やがてその語りの果てに、おちかは身を挺（てい）して怪異と直（じか）に向き合うことになる。ここらへんは、映像化時代の恐怖のおもむきだ。百物語という古風な習俗を主体にした作品ながら、この作品が古くさくないのは、こういうポイントをきちんと押さえているせいだろう。

怪談というのは古いものではあるが、その中心にある人間の心のあやは、いつの時代にもあてはまる普遍性を持っている。ホラーがブームという時期をとうに過ぎて、現代小説の大きなジャンルとして定着した感があるのはそのためなのである。

評・唐沢俊一（作家）

みやべ・みゆき　60年生まれ。『我らが隣人の犯罪』でオール讀物推理小説新人賞、『理由』で直木賞。『模倣犯』など著書多数。

二〇〇八年九月一四日②

『博物館の裏庭で』

ケイト・アトキンソン 著　小野寺健 訳

新潮社・二六二五円
ISBN9784105900694　文芸

見えないものも見える力強い語り

1行目を読んだとたん、これは正真正銘「偉大なる英国小説」の伝統をひく小説だ！と胸がときめいた。ヨークの町のペットショップを起点に、一族の壮大なサーガがこんな風に語られだす。「あたしは存在している！　玄関ホールをへだてた部屋のマントルピースにのっている置き時計が、深夜十二時を打つのと同時に芽生えるのだ」

見えないはずのことも覗（のぞ）き見て語る「ルビー・レノックス」は、自分が受胎する瞬間から語り起こす。さて、真夜中の時計と受胎とくれば、英国小説の父のひとりローレンス・スターンによる歴史的奇書『トリストラム・シャンディ』が下敷きにあるのは言うまでもない。この語り手は、大時計のねじを巻く父の習慣、自らが懐胎される瞬間、いや、父や叔父の来し方までを見てきたように語ってしまう。ところが、ルビーはさらにパワフルだ。母親、祖母、曽祖母に遡（さかのぼ）る4代のことを細部まで鮮やかに描きだすうえ、型破りのスターンでさえ、知りえぬことを語る際には多少の「伏線」を張ったものだが、アトキンソンはそんな些細（ささい）な障壁はないがごとく跳びこえていく（?!）。

2度の世界大戦や病災、望まぬ結婚や浮気や消息不明があり、したたかな女たちの選択があり、英国で女性小説家の先駆けとなったJ・オースティン、ブロンテ姉妹、G・エリオットらの直系というべき題材や筆運びを存分に堪能させる。そしてこの力強い語りはじつに緻密（ちみつ）でもあるのだ。各章の合間に、過去のフラッシュバックが「補注」として挟まれ、妙（たえ）なる和音を奏でる。形見の銀のロケットが、1個のガラス釦（ボタン）が、1葉の写真が、人から人へ渡って新たな物語を生みだす。

ルビーにはなんでも見えるようだが、「全知の神の視点」かというとそうでないところがこの小説の最大のミソだ。その視野の偏りというか歪（ゆが）みが、本書に多くのサプライズと愉悦をもたらしている。

この滑稽（こっけい）な年代記には、だが数々の喪失の哀（かな）しみが深く遠く谺（こだま）している。だからこそ、そのユーモアが読む者の胸に切々としみいるのだ。

（原題、Behind the Scenes at the Museum）

評・鴻巣友季子（翻訳家）

Kate Atkinson　51年生まれ。本作で95年、ウィットブレッド文学賞。

二〇〇八年九月一四日③

『草すべり　その他の短篇』

南木佳士 著

文芸春秋・一五七五円
ISBN9784163271804／9784167545185（文春文庫）　文芸

人生の山道を踏みしめるいとおしさ

物語の起伏のかわりに、登場人物の見つめる風景が移り変わる。そのひとの生きてきた時間がきめこまやかな陰影をつけ、交わされる言葉よりもむしろ前後の沈黙に、ドラマが静かにひそんでいる。本書は、そんな短編集である。

収録された4作いずれも、南木佳士さん自身とも重なり合う50代の医師が主人公である。数多くの死を見つめすぎたせいで心身ともに疲弊した時期をへて、人生の折り返し点を過ぎた主人公は、山に登る。かつて淡い思いを寄せていた高校時代の同級生と40年ぶりに再会して浅間山の頂を目指す表題作をはじめ、どの作品も、生と死にまつわるさまざまな記憶が、山道を一歩ずつ踏みしめていくようにたどられる。

よみがえる記憶に苦みはある。やりきれなさもある。だが、〈出来事は起こるときには起きるのであり、それはそれでありのまま引き受け、黙々と、淡々と処理するしかないのだと開き直れる年齢まで生き延びてしまった〉主人公の、決して颯爽（さっそう）としているわけではない山歩きに寄り添っていると、やがて読み手の胸も温（ぬく）もってくる。表題作に出てくる上州の寒村の方言を借りれば、〈ぬくとまる〉――〈炭火の掘りごたつにあたってからだがじんわり温かくなってくる〉ように、歳（とし）を重ねること、生きることが、いとおしく感じられるのだ。

しかし、その温もりの芯には、岩清水のような凛（りん）とした冷たさがひそんでいる。決して、すべてをだらしなく受け容（い）れてしまう甘ったるい人生讃歌（さんか）ではない。それは南木さんが、医師として、作家として、いやおうなしに持ってしまった末期の眼（め）ゆえなのか。作者自身を彷彿（ほうふつ）させる物語でありながら、作中からは「私」という一語が厳しく排されているためなのか。

4作の最後に置かれた作品「穂高山」のラストで、感傷にひたっていた主人公は不意に強い風に吹かれて、〈おろおろ、おろおろ〉と山を下りる。南木さんは、その頼りなげな足取りこそに、人生の下山道のリアリティーと、真の意味でのいとおしさを込めているのではあるまいか。

評・重松清（作家）

なぎ・けいし　51年生まれ。作家、医師。『ダイヤモンドダスト』『医学生』など。

二〇〇八年九月一四日❹

『ナショナリズムの狭間から「慰安婦」問題へのもう一つの視座』

山下英愛 著

明石書店・二九四〇円
ISBN9784750328188

歴史／人文／国際

民族主義的世論の狭隘さを指摘

他民族の支配者によって引き起こされた性暴力事件が明るみに出ると、しばしば被支配民族からの怒りの声が沸騰する。韓国社会での日本軍「慰安婦」問題の受け止め方は、そうしたものであった。

日本政府に向けられた民族的反発の盛り上がりは、元「慰安婦」の韓国人女性が公然と名乗り出て、その尊厳を回復することを手助けした。しかしその民族主義的世論は、売春婦出身ではない韓国人「慰安婦」だけを、民族の犠牲の象徴とするものだった。それはさまざまな種類の軍「慰安婦」全員を、性暴力被害者として救済する論理ではなかったのである。

本書は、日本軍「慰安婦」問題を大きな国際問題にまで押し上げた韓国の民族主義的世論にも、男性中心的な狭隘（きょうあい）さが含まれている矛盾を指摘したものだ。著者によれば日本軍「慰安所」制度は、公娼（こうしょう）制度を元にして軍が作ったものだった。公娼制度とは、女性が家や親に縛られた状態の下で、その女性があたかも自由意思で娼妓（しょうぎ）になったという契約によって行われる売春制度である。著者は、娼妓には自己決定権がなく、公娼制度は女性を性奴隷化する装置だとしている。

軍「慰安所」制度には軍が直接かかわり、人種差別的で暴力的な様相が強く、公娼制度より性奴隷化の程度は高いといえる。しかし娼妓も性奴隷である以上、たとえ娼妓出身の軍「慰安婦」であろうと、性暴力被害者であることは変わらないとするのが著者の考えである。それは韓国の民族主義的世論にも、軍「慰安婦」を自由意思の売春婦扱いする日本の右派の見方にも、対立する考え方だった。

日本人の母と朝鮮人の父の間で生まれた「在日」の著者は、ナショナル・アイデンティティーの問題で悩み、ある時から「やましたヨンエ」という日本姓と朝鮮名の呼称を組み合わせた独特の姓名を名乗るようになった。著者は韓国の女性運動が、民族主義的な観点だけに左右されない可能性を持っていることに期待している。ナショナリズムを超えていこうとする彼女の生き方が伝わる本だ。

評・赤澤史朗（立命館大学教授）

やました・よんえ　59年生まれ。立命館大学非常勤講師（女性学）。

二〇〇八年九月一四日⑤

『見えない宇宙　理論天文学の楽しみ』

科学・生物

ダン・フーパー 著　柳下貢崇 訳

日経BP社・二三一〇円
ISBN9784822283254

暗黒エネルギーが宇宙像を変えた

見えるものをじっと見ていたら見えないものが見えてきた。宇宙探究の、そんな皮肉な近況を描いた本である。

最大の事件は暗黒エネルギーの影をとらえたことだ。

10年前、遠いかなたの超新星の観測で宇宙の膨張がどんどん速まっていることがわかった。天体は互いに引き合い、宇宙を縮めようとする。これに逆らって宇宙を広げるエネルギーが、暗黒の虚空には備わっているらしい。

これで宇宙の勢力図は大きく変わった。7割ほどが暗黒エネルギーで、残りの多くは見えない暗黒物質。「私たちに見えている世界は(中略)わずか20分の1未満」だ。

「精密宇宙論」「観測的宇宙論」という言葉が出てくる。観測の精度が上がり、宇宙論はデータで裏打ちされるようになった。そのことで見えないものの存在感が高まり、私たちの世界像に変更を迫っているのである。

そんな宇宙論の揺れ動きを著者は前向きに受けとめる。

たとえば、宇宙は次々に子を生んでおり、私たちの宇宙もその子孫の一つ、という多宇宙論への向き合い方。「このアイデアを発展させる最初の一歩が私の生きているうちに踏み出されたこと」に「畏怖(いふ)の念」を抱くという。

多宇宙論は暗黒エネルギーの謎を解く鍵になる。

謎は、暗黒エネルギーの最もありそうな理論値が観測で得られた値よりけた違いに大きいことだ。それでは宇宙の膨張が速すぎて「生命はそのような宇宙で誕生することはできなかった」だろう。

この問題を解決する新しい理論をぎりぎりまで探していくか、それとも多宇宙論に立って、たまたま人が住めるまれな宇宙に私たちは生まれたのだ、と納得するか。

著者は「あらゆる可能な宇宙の集合を予測する完全な理論」に言及して第三の道をほのめかす。多宇宙論まで包み込む理論への期待である。

理論物理の目標点を見すえつつ、保守的な世界像から踏み出すことを恐れない。

「多くのプロの同僚とは違って私は今でも一般向けの物理学の本を読む」。それが柔らかな発想の原点か。

(原題、DARK COSMOS)

評・尾関章(本社論説副主幹)

Dan Hooper　米国のフェルミ国立加速器研究所で理論研究。

二〇〇八年九月一四日⑥

『世界遺産　ユネスコ事務局長は訴える』

歴史/社会

松浦晃一郎 著

講談社・一八九〇円
ISBN9784062147484

多様な文化を消失させないために

世界遺産は今では広く知られ、テレビ番組も作られ、書籍や雑誌でも人気がある。どの遺産も、自然景観であれ人造の建造物であれ、人類のかけがえのない宝として感動を与えてくれる。実際に出かけるツアーも増えている。

世界遺産の仕組みを担っているユネスコは重要な国連専門機関であるが、世界遺産のおかげでその認知度も高まったようである。しかし、個別の遺産は話題になっても、世界遺産の制度の意義や歴史、運用については意外に知られていない。

それを日本の読者に訴えたいと、現役のユネスコ事務局長が本書を著した。その趣旨がよく伝わる好著である。文章も読みやすく、世界遺産を推進してきた日本の役割もよくわかる。

とはいえ、1972年にユネスコで採択された世界遺産条約に日本が加入したのは92年からであった。それはちょうど、世界遺産の考え方が変わる時期でもあった。

それ以前は西欧諸国が中心で、有形の建造物や歴史遺跡ばかりが登録されていた。場所も西欧が多く、時代的には中世から19世紀まで、宗教的にはキリスト教に偏っていた。一言で言えば、それらは石の文化に立脚している。

今ではそれが是正され、よりグローバルに、より多様な遺産を登録するようになった。日本やアジア諸国の木の文化、アフリカの土の文化などへの理解も深まった。先史時代の遺跡や20世紀の文化遺産も認められるようになった。

しかし、課題も多い。周囲の景観を含めた遺産の保護、保全は大きな努力を必要とする。驚くことに、盗まれた文化財は麻薬、武器と並ぶ密貿易の商品であるし、意図的な遺跡破壊を防止する国際条約も整備されていない。自然災害、戦争のほか、開発や観光客の急増など遺産への脅威は多い。

何よりも、世界遺産の登録が必要とされる背景には、グローバル化と都市化によって多様な文化が消失しつつある事実が横たわっている。そのことにもっと危機感を抱くべきであろう。

評・小杉泰（京都大学教授）

まつうら・こういちろう 37年生まれ。ユネスコ事務局長。『ユネスコ事務局長奮闘記』。

『出星前夜』

飯嶋和一 著

小学館・二一〇〇円
ISBN9784093862073／9784094087963（小学館文庫）

歴史

島原の乱といえば、キリシタンが起こした騒乱との印象も強いのではないだろうか。

だが本書は、島原藩主の松倉家が2倍の年貢を取り、凶作にも手を打たなかったことから物語を始めることで、乱が生きるために帰農した武士が起こした一揆であり、キリシタン騒乱は、失政を隠すために松倉家が流したデマであることを明らかにしていく。

働いても生活が楽にならない庶民がいる一方、武士や豪商が贅沢（ぜいたく）をしていた当時の島原は、明らかに現在の格差社会と重ねられている。その意味で現代のプロレタリア文学ともいえるが、著者は必ずしも搾取する武士を悪、蜂起した農民を善とはしていない。庶民を見殺しにする武士が非道ならば、理想を見失って暴徒化した農民にも問題があるとしているのだ。

その代わりにクローズアップされているのは、乱鎮圧の兵站（へいたん）基地となった長崎の民を守るため幕府と渡り合う長崎代官の末次平蔵、自分が騒乱のきっかけを作ったことを悔い伝染病に立ち向かう寿安（ジュアン）など、どんな状況にも絶望せず、理想を追い求める人々。

平蔵を始めとする優秀な指導者は、乱の原因が宗教ではなく貧困にあることに気づき解決策を模索するが、この展開は物事の表層を見るのではなく、本質を見抜くことの重要性を教えてくれるはずだ。

評・末國善己（文芸評論家）

二〇〇八年九月一四日⑧

『カラヤンとともに生きた日々』

エリエッテ・フォン・カラヤン 著　松田暁子 訳
アルファベータ・二一〇〇円
ISBN9784871985574
アート・ファッション・芸能／ノンフィクション・評伝

クラシック音楽界の帝王と呼ばれた指揮者、ヘルベルト・フォン・カラヤンが亡くなって20年近くが経（た）つ。このほど彼の妻が、夫と歩んだ30年余の日々を初めて綴（つづ）った。今年は、カラヤン生誕100周年。この記念出版は、100歳の誕生日プレゼントという。

著者は南フランス生まれ。父を早くに失い、第2次世界大戦の苦難を乗り越えたあと、パリでディオールに見出（いだ）されトップモデルとして活躍した。18歳のときに船上でカラヤンと出会い、58年に結婚、2人の娘を授かる。

夫は音楽を分析し、自分は感情で作品を感じるので、完璧（かんぺき）に補い合え「私たちはドリームチームだった」と誇らしさにあふれる。夫がリハーサルに自分一人だけを立ち会わせた理由もここにある、とも打ち明ける。

ただ、「若くて見知らぬ、多くの人にとっては全く意味のない妻」に対しては「遠巻きの冷（ひや）やかさ」で接して来るか、「高飛車な態度を隠そうとしない人」もいたと率直である。しかし、思春期には激しい気性だったと告白する著者は、それにひるまなかった。

夫の死後は芸術のメセナとして活動。夫の音楽への献身ぶりを理解したいと重ねた努力が彼女自身の成長を促していて、読後感はさわやかだ。　評・多賀幹子（フリージャーナリスト）

二〇〇八年九月一四日⑨

『若き高杉一郎　改造社の時代』

太田哲男 著
未来社・三六七五円
ISBN9784624601089
歴史／ノンフィクション・評伝

スターリン時代の収容所群島の実情を、シベリア抑留という体験をとおして描いた名著『極光のかげに』にくらべ、その著者高杉一郎が、戦前、雑誌「文芸」（改造社）の編集者だったということは存外知られていない。

次第に、戦時体制に傾斜してゆくなかで、誌面をどう作ってゆくか。それは同時に、どう抵抗してゆくかでもあった。生前の聞き書きを中心に、本書は、1930年代日本の文化状況を側面資料とともに、鮮やかに抉（えぐ）り出す。

高杉の武器はことばであった。エスペラント、フランス語をはじめとして、外国語に堪能であったことによる国際感覚。トーマス・マン、ウェルズ、スメドレーなどをみずから訳しながら、「実質上は高度に政治的であったにもかかわらず、あるいは、それだからこそ、弾圧されないような周到な配慮」の編集作業。

もちろん、ジャーナリストとしての文学者、学者、思想家との交流も仕事をささえていた。三木清、中野重治、宮本百合子から福原麟太郎、渡辺一夫、中野好夫、さらには竹内好をはじめとする中国文学研究会のメンバーまで。しかし、日米開戦によって、次第に抵抗から協力へ……。

改造社という今は存在しない出版社への貴重な証言とともに、一編集者の足跡を通した「時代」が浮かびあがってくる。　評・小高賢（歌人）

二〇〇八年九月二一日①

『森鷗外と日清・日露戦争』

末延芳晴 著
平凡社・二七三〇円
ISBN9784582834079
歴史／人文

文学者は国家の悪にどう対峙するか

日清・日露戦争の時代は、ヨーロッパでは「世紀末文化」の時代であった。その魅力は多くの人を引き付けている。だが、そのほとんどは「芸術のための芸術」を目指し、社会から「逃避」したものであった。ヨーロッパの「文化」が戦争と平和といった社会問題への対応の姿勢を「転換」したのは、ロマン・ロランに見られるように第1次世界大戦が契機であった。前線と銃後を区別しない「総力戦」が「転換」を余儀なくしたのである。

では、この時代の日本の文化はどうであったのか。日本でも、一種の「世紀末文化」が花を咲かせており、夏目漱石、森鷗外、田山花袋、永井荷風、石川啄木など多彩な文学者が輩出していた。しかし、日本の場合、日清・日露戦争という大戦争が起きていて、ヨーロッパより先に、戦争と文学の関係が問われたといえる。

著者は「直接的であれ間接的であれ、文学者は戦争に直面したとき、最も根源的に文学者たるゆえんを問われる」という。なぜなら「戦争は、無条件で個人に国家の意志に服従することを求めて」きて、そのために「個人が国家と対峙（たいじ）し、優越性を主張しようとすることで成り立つ文学の根底」が否定されかねないからである。この観点からすると、森鷗外は日清・日露戦争に軍医とはいえ指導的立場でかかわったことで、「文学者たるゆえんを、最もシビアーな形で問われた文学者であった」。

　本書は、この日清・日露戦争時における森鷗外の書いたテキストを、公的なものから私的な書簡にいたるまで広く読み込んで、鷗外の戦争への姿勢を分析したものである。結論的には、著者は、鷗外が、「戦争そのものの構造的『悪』と非人間的な現実を見据え、戦争と戦争を遂行する国家の『悪』を暴き、批判することを避けてしまった」という。しかし、本書の大部分を費やして分析されているこの時期の鷗外のテキストのなかで、私的な文章においては折にふれて、戦争を批判する「非戦」の声がわずかにせよ記されていることを著者自身が指摘している。

　たとえば、『うた日記』において、「石田治作」が敵将と対決したとき、敵将に銃を捨てさせて、しっかりと手を握らせたのは、無言のうちに「生」への意思を表明した敵将の「非戦」の呼びかけだと著者はいう。

　しかし、結局それは戦争の「悪」の批判にはならなかった。にもかかわらず著者は、そのような私的なテキストに、戦後の鷗外が文学者として立ち直る伏線を見ている。それゆえ、鷗外は1910年の「大逆事件」以来の厳しい言論下において、歴史小説と史伝において国家と戦争を相対化する文学者としての道を歩みえたのだという。

　こうした鷗外の「抵抗」にもかかわらず、一般的に言って日本の「世紀末文化」は、社会から「逃避」する道を歩むことになった。その後、第1次世界大戦で「漁夫の利」を得た日本では、「文化」が自己転換をするのは第2次世界大戦後を待たねばならなかったのだ。

評・南塚信吾（法政大学教授）

すえのぶ・よしはる　42年生まれ。評論家。著書に『メトロポリタン歌劇場』『荷風とニューヨーク』『ラプソディ・イン・ブルー』など。

二〇〇八年九月二一日②　文芸

『20世紀の幽霊たち』

ジョー・ヒル著　白石朗ほか訳

小学館文庫・九八〇円
ISBN9784094081343

巨匠の父を超える短編ホラーの傑作

　いきなり冒頭の「謝辞」欄に組み込まれていた掌編に心奪われた。文学を目指しつつ亡くなった父のタイプライターが夜ごと地下室で音を立て始める。遺族が紙を挟み込むと、そこに幽霊や超自然の物語が次々と紡ぎ出されてゆく。それは父が生前に書いたものよりずっと生き生きしているのだ――不気味だが懐かしく、心地よく、豊かに訴えかける情景の見事さ。このぞくぞくする前振りを読み終えて次ページからの本編に期待しない読者はいないだろう。

　本書は05年に英国の小出版社から刊行されるや絶賛を浴び、主要なホラー文学賞を総なめにした驚異の新人のデビュー短編集だ。著者はホラーの巨匠スティーヴン・キングの実の息子である。だが短編に関してはすでに父を超えている。ホラーのアンソロジストが無名の天才作家を発掘し、その若者に会いにゆき真の恐怖に襲われる最初の短編はその名も「年間ホラー傑作選」。著者は簡明な文章を用いながら一瞬にして作中人物と私たち読者を、虚構から本当の恐ろしさへ突き落とす。

ところが次の短編は、20世紀のさまざまな娯楽映画の記憶を切なく想起させる美しいファンタジーだ。そして続く短編「ポップ・アート」は、なんと風船人形を無二の親友とする若者の人生を描いて万感胸に迫る信じがたいほどの傑作なのである。収録作はどれもがすばらしい出来だが、なかでもロメロ監督の映画にゾンビ役としてエキストラ出演する男女が血糊（ちのり）を噴いて倒れるシーンを演じながら人生の再起を静かに謳（うた）い上げる短編にノックアウトされた。20世紀のホラー・イコンを扱いながら、決して20世紀の作家では描けなかった領域へ著者は軽々と到達している。

父キングは地下室のブギーマンを描き20世紀にモダンホラーを育てた。まさにその文化とともに成長した正統の嫡子は、ついに20世紀のホラーを人生として21世紀の言葉で語り始めた。長年のホラー読者にとって本書は祝祭である。ジョー・ヒルは本書一冊で「20世紀の幽霊」という名の新たな文芸スタイルを打ち立てたのだ。必読である。

（原題、20TH CENTURY GHOSTS）

評・瀬名秀明（作家）

Joe Hill 72年生まれ。本作で英国幻想文学大賞など受賞。

『中国臓器市場』

城山英巳 著

新潮社・一四七〇円
ISBN9784103080817 医学・福祉／ノンフィクション・評伝

倫理より現実優先が生む矛盾の構図

本書は、中国で臓器移植ビジネスがはびこっている実情を肌で感じた著者が、3年近く東奔西走し、関係の仲介業者、医師、裁判官、患者ら多くの人々に粘り強い取材を行い、新聞、インターネット、内部資料など様々な情報を駆使しながら、その実態を明らかにしようとした成果である。06年11月に中国で臓器移植に関するある重要会議があり、05年に中国で1万1千件の臓器移植が実施され、そのほぼすべてのドナーは死刑囚であったことが報告された。臓器移植は人間の倫理と患者の切実な現実とが正面からぶつかる難題である。国際移植学会も日本移植学会も倫理上の立場を主張しており、中国当局も外国人への臓器移植を禁止し、07年1月に死刑執行が厳格化され死刑囚をドナーとすることが難しくなった。

しかし実際には「禁止」以前は無論、その後もモグラたたき的に死刑囚ドナーによる臓器移植は復活している。なぜか。一方で日本、韓国、欧米などでドナーが極端に不足したまま患者が増加している現実がある。他方で大量の死刑執行が実施される中国で、必要な臓器が容易に供給できるという現実もある。そしてそうした現実を「打ち出の小槌（こづち）」のように利用しようとするブローカー、医師、裁判・公安関係者らが群がり、拝金主義のネットワークを作ってしまった。中央がどんなに強い通達を出しても、「上に政策有れば下に対策有り」で、倫理よりも現実が優先されてしまう。地方、現場においては「利益と人脈」、つまり「カネとコネ」で物事が動いていく構造が脈々と生きている。そこでは患者としても幹部らの特権階級や外国人の金持ちが一般民衆より優先され、ドナーとしては死刑囚、貧しい農民、生計のメドがない脱北者といった弱者が選ばれる。もちろん生命が救われた患者からの感謝の声もある。

しかしやはり臓器移植ビジネスは「矛盾だらけの中国社会構造の縮図」だと結論付ける。気鋭の記者が5年余り特派員として中国に滞在し、裏側から中国社会の実像に迫った読み応えのある本格的なルポルタージュとなっている。

評・天児慧（早稲田大学教授）

しろやま・ひでみ 69年生まれ。時事通信記者（外信部勤務）。

二〇〇八年九月二一日⑤

『帰省　未刊行エッセイ集』

藤沢周平 著

文芸春秋・一六〇〇円

ISBN9784163703503

文芸

人柄もこぼれる小品の確かな光

タイトルにそえて〝未刊行エッセイ集〟とあるのを見て

――大丈夫かな――

と不安を抱いた。

小説家には長い駆け出しの時期がある。その間にもいろいろな事情があって原稿を書いて発表している。未刊行のエッセイには、その頃の走り書きが多く、あとで公にされると、作家当人には、

――つらいなあ――

というケースがなくもない。すでに物故し、全集も編まれている藤沢周平についても、同業者として思いを致すところがあったのである。

しかし実際に読んでみると杞憂（きゆう）であった。一つには藤沢周平がつねに一定レベルの執筆に努めていたこと、そしてもう一つ、編集者の配慮も十分にほどこされているから。藤沢ファンとしては快い。

ほとんどが短い。全集刊行のときに見逃されたものだから、新聞・雑誌のコラムや目立たないスペースに綴（つづ）られたものばかりだ。チラリ、チラリと作家の人柄がこぼれるところがあって、おもしろい。

「四月の裏通り」は散歩のくさぐさを語って、小さな発見に満ちている。愛煙家だったから「ひとりで煙草（たばこ）を」と題して、火を貸す喜びやたばこが上杉鷹山のささやかな楽しみであったことなど小説家の目が光っている。清川八郎や鶴ケ岡城のことなど、長く書かれたものには蘊蓄（うんちく）が溢（あふ）れているが、私には短いもののほうが素顔が見えて、むしろ楽しかった。

それにしても、それぞれのエッセイの末尾に書かれた初出の事情を見ると、

――編集者はいろいろ考えるものだな――

と感心してしまう。

コラムの通しタイトルらしいものを拾うと「わが家の事件簿」「私の顔」「私の愛唱歌」「睡眠10分前」「記録への挑戦」「好きな道」「妻への詫（わ）び状」……作家はいろいろなことを書かされている。新聞・雑誌は、こういう小さな入り口から読者を呼び込んで本体を読ませる趣向らしいから、短くてもピカリと光らなければいけない。藤沢周平は苦笑しながらも確かな光を放つ小品を綴っていたにちがいない。

評・阿刀田高（作家）

ふじさわ・しゅうへい　1927～97年。山形県生まれ。『蝉（せみ）しぐれ』など多数。

二〇〇八年九月二一日⑥

『武士はなぜ歌を詠むか　鎌倉将軍から戦国大名まで』

小川剛生 著

角川学芸出版・二七三〇円

ISBN9784047021402

歴史／文芸

人々を教化し結びつけるための和歌

鷹狩（たかが）りに出た太田道灌（おおたどうかん）は雨に遭い、ある小屋で蓑（みの）を借りようとした。若い女から山吹の花一枝を差し出され、花を求めるにあらずと怒った。のち、古歌「七重八重　花は咲けども山吹の　みの一つだになきぞ悲しき」の心と知り、道灌は歌に志を寄せたという。山吹の里伝説の地の一つの近くで育った評者は歌を覚えていたが、勇将道灌が和歌を詠む意味は知らなかった。

和歌といえば公家文化を思う。だが意外にも、冷泉為和（れいぜいためかず）は1531年に駿河に下り、今川義元、甲斐（かい）の武田信虎・信玄らの歌道の師となって19年におよんだ。京都の冷泉家時雨亭文庫に伝わる為和筆の詠草・歌合集には、駿河・甲斐などでの歌道指南や歌会、今川義元・氏真や家臣らの詠歌が詳しく記される。武将と家臣が、歌道を学び歌会を催し詠歌に励んだのは、和歌に人々を教化し結びつける機能があったからだ。

本書は、和歌詠出の場と状況、権力や集団の性格が現れる場としての歌壇の動向を史料

を追って復元し、その上で作品を読解する方法により、中世の人物と社会を明らかにする。関東管領の一族扇谷上杉（おうぎがやつうえすぎ）氏の家宰（かさい）である道灌についてもまず、15世紀の関東における公方（くぼう）・管領、国人領主の合従連衡、戦乱のただ中における行跡が示される。次いで歌道修練、歌書蒐集（しゅうしゅう）、江戸城などでの歌会をたどり、道灌の詠草を鑑賞する。向背（こうはい）定まらぬ国人領主を統合し乱世を治める求心力として、道灌の導く江戸歌壇はその機能を果たした。山吹の里伝説生成の背景を知ることができた。

後嵯峨上皇皇子で鎌倉幕府の将軍となり、鎌倉歌壇の興隆をもたらした宗尊親王（むねたかしんのう）は1266年、鎌倉を追われた。その前年、一品中務卿（いっぽんなかつかさきょう）に叙任されたころ、「いとふぞよ　世にふる河のくだりやな　かかるみくづは　せきなとどめそ」と己を水屑（みくず）に喩（たと）えて詠じていた。そして、和歌の力を信じ和歌に裏切られた廃将軍宗尊の苦い思いは、「あめつちをうごかす道と思ひしも　むかしなりけり　大和ことの葉」の一首にこめられているという。和歌は武家政治のかげの世界も伝えるのだ。

評・石上英一（東京大学教授）

おがわ・たけお　71年生まれ。国文学研究資料館准教授。『二条良基研究』など。

二〇〇八年九月二一日⑦

『乱歩の軌跡　父の貼雑帖から』

平井隆太郎 著

東京創元社・四五一五円

文芸／ノンフィクション・評伝

ISBN9784488024307

世の中には几帳面（きちょうめん）な人がいるものだ。日中戦争が始まった直後、執筆依頼が激減した江戸川乱歩は、手製の自伝『貼雑年譜』の編集に時間を費やした。手紙や新聞広告の現物、住んだ家の手書きの間取り図などを、注記とともに張りつけてゆく。その丁寧さと丹念さ、整理への執念は並大抵ではない。

本書は『貼雑年譜』を、子息であり瓦版研究者でもある著者が読み解くもの。父の随筆や自身の見聞も含めた解説は作家研究の域を超え、戦前の世相風俗を伝える読み物になっている。例えば乱歩が印税を注いで自営した下宿屋の記述からは、当時の貸家経営の実情がうかがえる。

印象的なのは、作家に専念する前の奔放な日々。大学を卒業した乱歩は貿易商店員、古書店主、漫画雑誌の編集、新聞記者、官吏など転職を重ねる。器用に好成績をあげてみせるが長くは続かず、出奔、放浪、失業を繰り返す。

とりわけ20歳代なかば、鳥羽造船所勤務時のエピソードが面白い。編集をまかされた社内報でPR雑誌『日和』の紙面を、自筆の雑文や漫画で構成。加えて劇場や小学校で「お伽噺（とぎばなし）の会」を企画、企業と地域を結びつける活動を展開した。のちの「探偵小説の巨人」が、文化事業のプロデューサーとしての資質にも富んでいたことが分かる。

評・橋爪紳也（建築史家）

二〇〇八年九月二一日⑧

『イーハトーブ温泉学』

岡村民夫 著

みすず書房・三三六〇円

文芸

ISBN9784622073932

宮沢賢治とリゾート。あまり結びつかないような気のする両者だが、賢治の故郷、岩手は火山や温泉が多く、伝統的な温泉文化を持っている。賢治の人生や作品と温泉のかかわりを探る一冊だ。

温泉場で自炊しながら長期の湯治をすることは、昔は珍しくなかったらしい。温泉が山の神の賜物（たまもの）であり、そこで体を癒やすということが、神、自然、そして自分と向き合い、健康を祈る行為でもあったのだろう。今日の温泉や山歩きのブームもそんな伝統を受け継いでいるのだろうか。

1923年、花巻に一大温泉リゾートがオープンした。この「花巻温泉遊園地」の構想、全国に向けた宣伝展開、そして経営の斬新さは、今日のスパ・リゾートに勝るとも劣らない。賢治は造園家として花巻温泉の花壇を設計しながらも、商業主義に抵抗を感じていたという。現実への批判が、「注文の多い料理店」などの童話に鋭い批評性を加えているというのが面白い。

湯治や登山、地質研究など、岩手の風土とのかかわりが、宮沢賢治の作品世界に色濃く反映されているのは確かだろう。宮沢賢治の作品を新たな角度から見直すことができ、何となく不可解だった部分に、光が当てられたような思いがした。賢治ファンならずとも、作家と風土の関係についての考察を楽しめる。

評・常田景子（翻訳家）

二〇〇八年九月二一日⑨

『気骨の判決　東條英機と闘った裁判官』

清永聡 著

新潮新書・七一四円

歴史／政治／新書

ISBN9784106102752

太平洋戦争の最中に、1度だけ総選挙が行われているのをご存じだろうか。それは、「翼賛選挙」と称される形骸（けいがい）化した選挙だった。時の東条英機内閣は、聖戦遂行の美名の下、翼賛政治体制協議会という御用団体の推薦候補によって、議会を支配しようと目論（もくろ）んだ。非推薦候補には、警察などが露骨な選挙妨害を行った。当選議員の約8割が推薦候補だったことからも、この選挙の異常さが理解できよう。

この時、東条内閣に抵抗した議会人がいたことは、よく知られている。芦田均、鳩山一郎らが、あえて「非推薦」として当選を勝ち取っている。

政府と闘ったのは、政治家だけではなかった。落選した非推薦候補たちは、選挙妨害の不当を訴える訴訟を次々と起こしたが、その一つを担当した裁判官たちによって、選挙妨害の実態が明らかにされ、なんと「選挙無効」判決が出されているのである。本書は、この勇気ある裁判官たちが選挙に異を唱える軌跡を追ったドラマである。「わたしは、死んでもいい」とまで述べ、司法の崩壊に抗した裁判官の情熱が、感動的である。

総選挙や裁判員制度の実施が目前に迫る中、立法や司法に現在携わる人たちに果たしてこれだけの「気骨」があるのかどうか、考えさせられた。

評・奈良岡聰智（京都大学准教授）

二〇〇八年九月二八日①

『上海版歴史教科書の「扼殺（やくさつ）」』

佐藤公彦 著

日本僑報社・五〇四〇円

ISBN9784861850752

『歴史の交差点に立って』

孫歌 著

日本経済評論社・二一〇〇円

ISBN9784818820098

歴史／政治／国際

歴史を見直す中国知識人の熱い試み

06年10月の安倍首相訪中時、両国政府合意のもとに「日中歴史共同研究」委員会の設置が決定された。そして今年末までに研究成果の合意が発表されると言われている。時を前後してここ数年来、日中韓の識者の間でも歴史認識を共有する様々な試みがなされてきた。しかしその試みは決して容易な作業ではない。①自国の歴史をどのように見直すか、②他国の歴史をどう理解するか、さらに③国の歴史を超えた新たな歴史認識の枠組み（例えば「地域史」）は創造できるのかがポイントになり、しかも3者が並行的に進み、相互作用することによって初めて歴史の共有が可能となる。

共産党史観の強い中国においても①に関（かか）わる動きが歴史学者の自発的行動として始まっている。06年1月に、公的には反帝愛国主義の民衆行動として高く評価されてきた義和団運動を盲目的非理性的な排外主義行動と見なした歴史論文が、当局のおひざ元「中国青年報」の週刊紙「氷点週刊」に掲載され国内外で話題となった。この事件は結局上からの批判を受け入れる形で一件落着したが、地層ではマグマは動き続けていた。07年9月から使用が決定していた上海の「改訂版高校歴史教科書」はより体系的な歴史の見直しを試みた。マグマの噴出であった。改訂版はマルクス主義階級史観が後退し、毛沢東への言及や日中戦争の記述も減り、「社会生活」「宗教」「人権」「三権分立」、国際化などが重視された。しかし07年5月に突然同市教育委員会は使用中止を決定、中止前後に北京の権威ある学会や歴史家と執筆者らの激しい批判・反批判があったことなどを佐藤氏の著書は詳述している。国内の幾つかの新聞では改訂版支持の論評が掲載され、マグマはまだ動いている。自著の中国翻訳版出版で当局の強い介入があったことにも触れているが、既存の権威ある歴史解釈と新たな解釈をめぐり、議論が国境を超え始めたことは興味深い。

既成の解釈を批判的に見つめ、「アジア」、南京事件・東京裁判などの歴史事件、そしてSARS、沖縄問題、9・11など現代のホットな問題を独自の新鮮な視点で解釈してきたのが孫歌氏の著書である。それは①と②の問題を扱いながら、③のアプローチの創造を試みるという意味でスケールの大きな歴史認識論になっている。彼女は、西洋か東洋か、外来か土着か、自己か他者かといった二項対立的枠組みを否定し、第3のアプローチを模索しようとした竹内好の思想を引き継いでいる。福沢諭吉の評価は二項対立的な「脱亜論」からでなく「文明論之概略」から行うべきであると言う。近代国家形成において日韓では「国民」と「人種」が統合された。しかし中国ではそうでなく、「文化」が統合力になった。中国が「アジア」を語る時イコール中華（文化）という思惟（しい）が今も頑（かたく）なに存在する、故にそれを超えるためにアジアにおける相互作用の「知の共同空間」が必要であると主張する。興味ある指摘は尽きない。歴史認識の地殻変動を試みる中国知識人の問いかけを日本人はいかに受け止めるか。

評・天児慧（早稲田大学教授）

さとう・きみひこ　49年生まれ。東京外国語大学教授。
スン・グー　55年生まれ。中国社会科学院文学研究所研究員。

二〇〇八年九月二八日❷

『新しい貧困　労働、消費主義、ニュープア』

ジグムント・バウマン 著　伊藤茂 訳

青土社・二五二〇円
ISBN9784791764242

経済／社会

貧困の根本原因を掘り下げる貴重な試み

いわゆるワーキングプアや非正規雇用など、労働と貧困をめぐる課題が議論されるようになってかなりの時間がたっている。現に進行している事実をさらに明らかにする作業が重要であることは言うまでもないが、同時に、そうした様々な問題が生じる構造や根本原因を掘り下げ、有効な対応を提示するような追究が併せてなされる必要がある。本書はそうした貴重な試みの一つといえるものである。

本書の議論の骨子は以下のようなものだ。①「労働倫理」というものが近代社会において生まれたが、それは産業化時代の工場労働に典型的なもので、労働は貧困撲滅のための万能薬とされた。②時代はやがて「生産社会」から「消費社会」へと移行したが、それは欲望の無限の拡大を駆動因とする社会であり、消費者の審美的な選択が支配的となる。そこでは労働も「面白く」自己実現的な少数の労働と、「退屈」でルーチン的な大多数の労働に二極化する。さらに20世紀末以降、失業が長期化する中で「余剰」労働者という言い方が一般的となる。③もともと資本主義はその余剰を植民地の開発によって解決しようとしてきたが、今や「私たちの地球は満杯である」。したがって、問題はむしろローカルなレベルで解決されなければならない。④何がなされるべきか。手がかりは賃労働中心の考え方からの脱却であり、「基本所得」（労働と無関係に一定の所得を保障する制度）や「職人の倫理」の復権、「経済成長」への態度変更などが柱となるが、それは私たちの価値観の根本的な転換を伴うものである。

以上が概要だが、私なりに総括すれば、現在の先進諸国における貧困や労働をめぐる課題を、福祉国家や再分配の問題と同時に、生産の過剰や環境問題とのかかわりにおいてとらえ論じているところに本書の最大の可能性がある。しかしその掘り下げはなお端緒にとどまっており、具体的な対応のあり方はわずかな言及にとどまっている。本書が示す視座をさらに発展させていくことが私たちの課題といえるのではないか。

（原題、Work, Consumerism and the New Poor）

評・広井良典（千葉大学教授）

Zygmunt Bauman　25年生まれ。ワルシャワ大学名誉教授。

二〇〇八年九月二八日③

『聖者たちの国へ　ベンガルの宗教文化誌』

外川昌彦 著

NHKブックス・一二一八円
ISBN9784140911174

人文／社会

宗教文化を豊富な調査と深い洞察で

ベンガルは現在のバングラデシュとインドの西ベンガル州を合わせた地域である。もともとベンガル語を話すムスリム（イスラーム教徒）とヒンドゥー教徒が仲良く暮らしていた。英領時代の分断政策のためもあって、現在はイスラームの国バングラデシュとインドに分かれているが、人々の宗教実践を見れば、今でも似通ったところがたくさんある。

その共通項として、著者は聖者廟（びょう）に着目する。廟の多くは、ムスリムにもヒンドゥー教徒にも好まれる参詣（さんけい）地となっている。聖者を尊ぶ考え方は、宗教の違いにかかわらず、修行を通して魂を高める内面的な価値を重視している、と著者は言う。

そこは、伝統的な詩や民俗歌謡があふれる場でもあり、豊かな文化が育まれてきた。たとえば、中北部地方の氾濫（はんらん）原はバングラデシュの中でも最も開発が遅れているとされる。雨期の半年間は大地は水におおわれ、村々は文字通り大海の孤島となる。乾期は、船も使えないために、徒歩で行くしかない陸の孤島となって、援助もろくに届かない。

そんな地方が、実は、一弦琴を用いる吟遊詩人の地であり、近代の南アジアを代表する音楽家が輩出している。物質面では測れない濃密な生活文化が息づいている。農村の若者たちは、聖者廟の祭礼で歌を競い合う。

バングラデシュはかつて仏教国で、やがてヒンドゥー教が広まり、さらにイスラームが浸透した。そうした文化の歴史とベンガルの自然風土が融合した伝統的な宗教文化を、文化人類学者の著者は豊富な現地調査と深い洞察で描き出す。

修行者の姿、聖者廟での儀礼の様子、祭礼と地域社会の結びつきなど、興味深い描写を通して、政治・経済ニュースには出ない生活の文化が見えてくる。それを著者は、いわばベンガル版のスピリチュアルな世界として、日本人にも理解できる形で語る。

ベンガル語の詩や歌が数多く、読みやすい訳で収録されているのも、本書の大きな魅力であろう。写真家大村次郷氏による口絵写真も楽しい。

評・小杉泰（京都大学教授）

とがわ・まさひこ　64年生まれ。広島大学准教授。『ヒンドゥー女神と村落社会』。

『トゥイーの日記』

ダン・トゥイー・チャム 著　高橋和泉 訳

経済界・一六〇〇円
ISBN9784766784282　文芸

戦争に生きた少女の日記が35年後に

　2005年5月、ハノイに住む年老いたゾアン・ゴック・チャムあてにアメリカから荷物が届いた。それは35年前に亡くなった娘ダン・トゥイー・チャムが、ベトナム戦争中につけていた日記であった。

「もうすぐ30歳。（中略）私の青春は戦火の中で過ぎた。戦争は若さと愛でいっぱいだったはずの私の幸福を奪っていった。20代なら誰でも青春を謳歌（おうか）したい、輝いた瞳とつややかな唇でありたいと思う。しかし、今の20代は、幸せになりたいという当たり前の願いさえ捨て去らなければいけないのだ。今の願いはアメリカを倒すこと。国の独立と自由を勝ち取ること」とトゥイーは書いている。

　1960年代から75年まで続いたベトナム戦争で、彼女は軍医として前線で戦い、最後には戦闘で倒れたのである。ハノイの病院の医者である父と薬学者の大学講師の母の家庭に育ったトゥイーは、大学を終えると南ベトナムの戦闘地域へ勤務する。66年12月のことである。それ以来、70年6月まで3年半、トゥイーは、クアンガイ省ドゥックフォーを中心に野戦病院で勤務する。この日記は、68年4月から始まり、70年6月、死の2日前までつづられている。

　考えることの大好きな、自己意識に満ちた少女。人に愛され人を愛さずにはいられない少女。そしてインテリ家庭の出身であるがゆえに、尊敬する共産党としっくりといかない少女。日記の1ページごとにハッとする「言葉」がある。

　こういう少女を含めて多数の若者がベトナム戦争を戦い、命を失っていったのだ。外からは知ることのできないベトナム戦争の現場がここにはある。

　この日記の出現は劇的である。殺されたトゥイーの持っていた布袋に入っていたノートが米兵の手に入り、かれが破棄せずに持ち帰っていた。それを35年後にベトナムにいるトゥイーの母に届けたのだ。それは本国でたちまち大反響をもって迎えられたのである。本書の出現は近年のベトナム・アメリカ関係を象徴するものとしても興味深い。

（原題、THE DIARY OF DANG THUY TRAM）

評・南塚信吾（法政大学教授）

ダン・トゥイー・チャム　1942〜70年。医師としてベトナム戦争に参加。

『ダルフールの通訳　ジェノサイドの目撃者』

ダウド・ハリ 著　山内あゆ子 訳

ランダムハウス講談社・一八九〇円
ISBN9784270003886　政治／ノンフィクション・評伝／国際

政治権力が引き出した邪悪な人間性

　スーダンのダルフールという地域で、政府による住民虐殺が行われている——。

　国際問題に関心がある人なら知っていることだ。しかし虐殺が実際にはどのように行われているか、そこまでは知らない。この本はそれを目の前に突きつけてくる。

　著者のダウドはダルフール出身の青年だ。03年のある日、村が政府軍に襲われる。家族をふくめて多くの村人が殺されるが、自分は命からがら隣国のチャドに逃れた。

　そこで彼は決意する。自分は出稼ぎ経験があり、英語ができる。通訳として、できるだけ多くの欧米人ジャーナリストを現地に案内し、ダルフールで何が起きているかを世界に知らせてもらおう。

　BBC、ニューヨーク・タイムズ、NBC……。依頼があるたびに彼らと国境を越え、襲撃の現場を訪れる。

　もちろん命の危険はしょっちゅうだ。捕まり、殴られ、殺されそうになるのだが、それでも彼はダルフール入りをやめない。

　実際、その旅はすさまじい。全滅した村を

訪れたときのことだ。村を守ろうとした青年たちが、高い木の上に自分の体を縛りつけ、銃を握ったまま息絶えている。遺体は暑さで腐敗し、頭や手足がどさっと落ちてくる。

　81人の男や子どもが、ナタで切り殺された現場にもぶつかる。腐臭で目が痛くなり、ジャーナリストたちは膝（ひざ）をついて吐きつづける。

　おぞましい話の連続だ。それでも読みやすいのは、語り口に生死を超越したようなユーモアがあるからだろう。

　その彼もとうとう捕まってしまう。拷問、そして死の宣告。それを切り抜けるまでの1カ月余は圧巻だ。

　ダルフールの虐殺は今も続く。人間性の中にある邪悪なものを、政治権力が最大限引き出そうとしたらどのような事態が起きるか。それを本書は示している。

　日本政府は自衛隊をスーダンＰＫＯに派遣する方針だという。しかし、現地でいったい何が起きているのか、それにどう対応すべきか、その認識は十分なのだろうか。わが政府には必読の書だろう。


（原題、THE TRANSLATOR）

評・松本仁一（ジャーナリスト）

Daoud Hari　スーダン・ダルフール地方生まれ。

二〇〇八年九月二八日❻

『アカペラ』

山本文緒 著

新潮社・一四七〇円

ISBN9784103080114／9784101360614（新潮文庫）　**文芸**

読了後も気がかりなあの時の脇役

　平穏な日常などなんぼのものか、と独り暮らしになって思うようになった。あんなにも平穏を望んでいたのに。

　ただ一つ、いいことは小説を中断せずに読めることか。

　たとえば、山本文緒の小説。作品に登場してくる誰も彼もが、まるで今をともに生きている親しいあの人この人のようで、にわかに私の日常までもが起伏に富んでくる。

　そう、かつての私のように、作中の誰もが次々と降ってくる人生の面倒に振り回されている。しかもそういう場所から出ていくことがかなわないまま、とってもけなげに生きているのだ。

　著者の久々の作品集である本書には、表題の「アカペラ」を含めて、三つの中編小説が収められている。

　それぞれの主人公たちは、15歳の少女と血の繋（つな）がらぬ祖父、ダメ男と初恋の相手の娘、未婚の姉と病弱な弟、などケアを媒介にして支えあっている人たち。いずれもお互いがお互いの帰る場所であるような彼らの微妙で切実な愛情や絆（きずな）のありようが描かれている。

　そして、この主人公たちに関（かか）わっていたり、ついまきこまれてしまったりする人たちがいて、作品にいい味を出している。

　物語の脇役というのだろうか。家出中で常に「いない母」とか、困った時にだけ思い出される「友人」とか、降って湧（わ）いたように現れて、あっけなく去っていく「年下の男」とか。

　いずれも、その登場なしには、物語が成立しないような誰かである。詳しく描かれていない分だけ、彼らはどんなわけがあって、あの時、あのようであったのだろうか、などと読了後も気がかりで後を引いてしまう。

　そして、自分の人生にも陰影と奥行きを与え、つかの間の日々を起伏に富んだものにしてくれたあの人、この人がいたことを思い出させてくれる。とてつもない懐かしさとせつなさを伴って……。

　こんなふうにね、山本文緒の小説はいつもさりげなくも、思いがけない効用を読者の日常にもたらしてくれるのである。

評・久田恵（ノンフィクション作家）

やまもと・ふみお　62年生まれ。01年『プラナリア』で直木賞。『再婚生活』など。

『ちびの聖者』

ジョルジュ・シムノン 著　長島良三 訳

河出書房新社・一七八五円
ISBN9784309204949

文芸

昨今のエンターテインメントは、過剰なほど読者に呼吸を合わせてくれる。こちらが何も考えなくても息を吸って吐いてドキドキできるよう、呼吸をおぜん立てしてくれる。だからそんな自動性に息苦しさを感じたとき、私はシムノンの小説を手に取る。

本書はアメリカの新聞がシムノンの最高傑作と評した長編だ。20世紀初頭、大家族に生まれ育ったちびの少年ルイは、母を手伝いパリの市場で働く。無口で微笑(ほほえ)みを絶やさない彼はきらきらと光るすべての色彩を全身で感じ、やがてささやかな人生の体験を契機に絵を描き始める。市場の彩りの記憶は彼にとって人間そのものなのだ。第1次大戦と共にルイは才能を開花させ、画家として一歩を踏み出す。その瞬間の描写がなんとまばゆく、鮮やかなことか。やがて読者はこれがシムノンの呼吸で語られた架空の評伝だと知るが、それに気づいたとき私たちの呼吸はシムノンの体温と息遣いに同化し、パリの時空を生きている。

シムノンは生涯で220の長編を著し、最後まで自分の生活の呼吸で執筆を続けた。だから彼の小説はひとりの作家の身体であり、小説の息遣いそのものである。いまシムノンを読むとは小説本来の呼吸に自分をリセットすることだ。シムノンを読めばどんなに忙しくても小説へと還(かえ)ってゆける。

評・瀬名秀明(作家)

『子どもが育つ条件　家族心理学から考える』

柏木惠子 著

岩波新書・七七七円
ISBN9784004311423

教育

赤ちゃんの眼(め)は、はっきりとは見えていないというのは、違うのだそうだ。乳児研究は急速に進み、その視覚がじつは正確でしかも積極的なことが明らかとなった。使える器官を精いっぱい使って外の世界を探索する好奇心を持った〈乳児の発見〉は子育ての常識に再考を迫る。せっかちな教え込みに走れば子育ち不在を招く。自発的、探索的な活動機会を準備してやることのほうがはるかに重要になる。

子育てから子育ちへの視線の転換と並ぶ本書のもうひとつの特徴は、「大人が育つ条件」への注目である。生涯発達心理学の進歩は、大人も成長する存在であることを教える。大人の成長が子どもの育ちに重要な条件であることは論を待たない。本書は、親は子を育て、子は育てられるものだという関係のとらえ直しを迫るものでもある。

育児不安に陥るのは母親だけではない、育休をとった父親にも育児不安が出現する。家族をもつが「家族はしない」、父にはなるが「父親はしない」日本の男性はオスにすぎない。本書を読んでいると随所で、常識が崩され、人間発達観が組み替えられていく感覚を味わう。新しい学問知から引き出された実践知に、無理も押しつけもない。良質の啓蒙(けいもう)書とはこのような本のことをいうのであろう。

評・耳塚寛明(お茶の水女子大学教授)

二〇〇八年九月二八日❾

『内儀(かみ)さんだけはしくじるな』

古今亭八朝、岡本和明 編

文芸春秋・一八〇〇円
ISBN9784163704005

アート・ファッション・芸能／ノンフィクション・評伝

昭和を代表する名人、桂文楽（8代目）、三遊亭円生（6代目）、柳家小さん（5代目）のおかみさんたちのエピソードを、弟子たちの座談形式でまとめた本である。題名を見ただけでひざを打った。

どんなうるさ型の師匠も、女房には弱い。ほとんどの師匠は、まだ売れず、貧乏な時期に所帯を持っており、その当時の生活はおかみさんが支えていた。だから、売れてからも頭が上がらないし、おかみさんの方も、この亭主は私が育てたというプライドがある。とはいえ、売れてくれば亭主には浮気心が当然芽生えてくる……。ユニークな夫婦像がそこに出来上がるわけであって、それを家族と他人の中間の、内弟子という立場で見た逸話が面白くないわけがない。編者の岡本和明氏によれば、この本の企画は編集部との雑談の中で生まれたとのことだが、好企画とはこういう本のことを言うのだろう。

〝長屋の淀君〟と言われたほど権勢をふるった文楽夫人、美人で気位の高い円生夫人、迫力があった小さん夫人。いずれも個性あふれるおかみさんたちだが、さて、タレント化した現代の落語家に、このような書籍が成立するだろうか。これは、師匠と弟子、家庭の絶対関係が必然のものだった、古きよき時代の昔話なのではないか。そう思うと、ちょっと寂しい。

評・唐沢俊一（作家）

二〇〇八年一〇月五日❶

『日本浄土』

藤原新也 著

東京書籍・一七八五円
ISBN9784487802142

アート・ファッション・芸能

多くの生死を見つめ、なお旅の途上

70年代に若者だった世代にとって、第一作『インド放浪』を引っさげて登場してきた藤原新也は、衝撃だった。

熱に浮かされていた政治の季節が過ぎ去り、社会の管理化が推し進められようとしていた時代。どこにも行けない若者が、社会のあちこちで吹き溜(だ)まっていた。

その世代の一人だった私は、藤原新也の写真に釘(くぎ)付けになった。インドの聖地ベレナスの火葬の光景。夕日に染まった河を流れる遺体。その遺体を長い嘴(くちばし)で突く烏(からす)。

冒頭、著者は記していた。

「歩むごとに、ぼく自身と、ぼく自身の習って来た世界の虚偽が見えた」

彼はこの書によって多くの若者を旅に向かわせた。私はどこにも行けなかったけれど、ここではないどこかへ旅立たなければ、なにも分からないのだと思った。

80年代、『東京漂流』で、また衝撃を受けた。アジア13年の旅の後、著者は自分の目に映じた日本社会をしたたかに撃った。この本には、

某誌連載を降板することになった写真が収められていた。インド放浪の折に撮られた野犬が屍（しかばね）を食らう写真だ。

「ニンゲンは犬に食われるほど自由だ」

添えられたコピーに社会が震撼（しんかん）した。

藤原新也は凄（すご）すぎた。唯一無比のアナーキーな社会派。尊敬を通りこし、畏敬（いけい）の念を抱かせた。

それから、25年。

本著、『日本浄土』に私は3度目の衝撃を受けた。気がついたら、遠くにいたはずの著者が傍らにいるではないか。

そして、美しいのである。文章も写真も。やさしくて深い味わいがある。

ここには、多くのものを見てきた人の静かなまなざしがある。頭の先で考えたことではなく、旅をしながら、生身の人々の生死を見つめてきた人の言葉がある。

世界を巡った長い放浪の果ての著者にとって、彼の人生でもっとも目立たない、思い出探しの島巡り、海巡りの旅だと言うこの本に、今、出会えて良かったな、と思う。

著者は、旅をしながら、「今日、佳景に出会うことは大海に針を拾うがごとくますます至難になりつつある」と語っている。

が、その一方で、歩行の速度の中では、「風景の中に息をひそめるように呼吸をしている微細な命が見え隠れする」とも言う。

事実、読者は、一葉のコスモスの写真を回路に、彼の放つ言葉の翼に乗って、記憶という行き着くことが果たせないほどの遠くまで旅立つことができるのだという思いに打たれるにちがいない。

まだ、著者は旅の途上にある。

世界の放浪の果てに立った能登の海さえ、「はじめて見る海の色」と彼に言わしめるのだから、この世の森羅万象、撮るに値しないものなどないのだと思いたい。

「歩くことだけが希望であり抵抗なのだ」と言い切る藤原新也。おそらく、これからもいくたびもの衝撃を私たちに与え続けるにちがいない。

評・久田恵（ノンフィクション作家）

ふじわら・しんや 44年生まれ。作家、写真家。著書に『逍遥游記』『全東洋街道』『メメント・モリ』『末法眼蔵』など多数。

『変わる中国　変わるメディア』

渡辺浩平 著

講談社現代新書・七五六円
ISBN9784062879514

人文／社会／新書

自主経営で視聴率争い、ネット世論も

変わる中国を語るとき、猛烈に発展・増強する経済、軍事力、外交といったハード面の変化が多い。本書はソフトな部分であるメディアの変貌（へんぼう）とそれに伴う人々の意識や行動の分析から、変わる中国に接近している。党と国家の宣伝機関であったメディアは市場化の波の中で98年にはその約90％が自主経営となった。新聞は地方も含め党機関紙の読者離れが顕著となり、商業紙、生活紙に人気が集まる。テレビも衛星放送が一気に広がり中央レベル16、省レベル31と、一般に見られるものが47チャンネルにもなった。そこでは激しい視聴率争いが展開され、特に娯楽番組の工夫が目立つ。05年8月湖南衛星テレビのアイドルオーディション番組「超級女声（スーパー歌姫）」では、一般によるメール投票選考（総数815万票）が行われ、実に4億人の視聴者を集め大人気を博した。筆者は05年が新たな社会現象が生まれた分水嶺（ぶんすいれい）だという。この年の春、実は北京、上海など多くの都市で激しい「反日デモ」が起こり、日本のマスコミは「反日一色」報道

を繰り返していた。なんと対照的な状況の取り合わせか。もっとも新聞・テレビに当局からの規制がなくなったわけではない。やがて氾濫（はんらん）するこの種の娯楽は当局により低俗文化として規制が加えられるようになる。

しかし、インターネットによる表現の「自由空間」は容易に減少しない。率直な意見が飛び交う「ネット世論」、趣味嗜好（しこう）を同じくする「小衆」、携帯動画を取り入れた投稿サイト「土豆網（ポテトネット）」などが続出している。ユーザーは08年2月で2億2千万を超え米国を抜き世界トップ、その80％以上が35歳以下、特に80年代以降生まれの一人っ子世代がその主流となった。もっともここでも自己規制、フィルター規制、検閲はある。国策に反する議論、台湾、少数民族などデリケートな問題は規制される。強固な共産党体制も内部から徐々に蝕（むしば）まれているのか、それとも新しいシステムをつくり出す脱皮を始めているのか。ネット空間は加速度的に増加していると結んでいる。

評・天児慧（早稲田大学教授）

わたなべ・こうへい　58年生まれ。北海道大学准教授（広報広告論）。

『父の戦地』

北原亞以子 著

新潮社・一四七〇円
ISBN9784103892168／9784101414256（新潮文庫）文芸

伝えたかった「早く帰ってきてね」

気持ちの優しいひとだったという。家業の家具作りを継ぎながら、本人は職人よりもサラリーマンに憧（あこが）れていて、ダンスやビリヤードが好きで、お洒落（しゃれ）で、美男で、おしゃべりの話題が豊富で、陽気で、のんきで……。

そんな父親のことを、北原亞以子さんは〈「いい奴（やつ）だあ」と、どうしても口許（くちもと）がゆるんでしまうのである〉と書く。ただし、それは記憶の中の姿ではない。昭和13年生まれの北原さんがかぞえ年で4歳――ものごころつくかつかないかのうちに父親は出征し、戦死してしまったのだ。

だが、父親は七十数通にもおよぶ葉書（はがき）を、戦地から北原さんに書き送っていた。それも、幼いわが子のために絵を添え、文字はすべて片仮名という凝りようである。

本書は、北原さんがいまも大切に持っているその葉書を軸に、戦争と重なる幼年時代を振り返った追想記である。子どもの視線でとらえた戦時中のディテールはこまやかで、文字どおり記憶の糸をほどきながら、豊饒（ほうじょう）な横道や余談を織り交ぜて語られる。そして、時折いまの北原さんが顔を出して、追想をピリッと引き締める。あれから60年以上の年月をへて、静かな怒りと悲しみとともに戦争を見つめる北原さんのまなざしは、年若い読み手の背筋をも伸ばしてくれるはずだ。

父親は、時には全10通にもなる連載葉書を書き、時には〈オテガミヲチョウダイ〉と愛娘（まなむすめ）の返事をせがむ。優しく温かい人柄は、葉書の絵や文章からもしのばれる。娘への葉書には決して戦闘の場面を描かず、娘の成長を思い浮かべて〈コトシハガッコウヘアガルノネ〉と書いてくる父親の命を奪った戦争は、その思いに北原さんが応える機会をも永遠に奪ってしまったのだ。

軍の検閲のために〈当時の私は一番書きたい言葉を書けなかった〉と北原さんは言う。父親への返信を書く際に自ら封じていた言葉は――〈「早く帰ってきてね」という言葉である〉。その一言を伝えられなかった代わりに、北原さんは、娘から父親への慈しみに満ちた、長い長い返信を書いたのかもしれない。

評・重松清（作家）

きたはら・あいこ　38年生まれ。『恋忘れ草』で直木賞。『妻恋坂』など著書多数。

二〇〇八年一〇月五日④　教育

『教育立国フィンランド流　教師の育て方』

増田ユリヤ 著

岩波書店・一六八〇円
ISBN9784000225670

社会のデザインと教育プランが一致

80年代までの教育界では「アメリカでは……」がはやり、彼(か)の地の大学入試制度やバラ色の学校生活を輸入する教育改革の提案が相次いだ。皮肉にもその後、当のアメリカで日本をモデルとする教育改革が進んで、アメリカ「ではの守(かみ)」たちは退場した。

いま教育界の注目はフィンランドに集まる。経済協力開発機構の学習到達度調査で、連続世界一の学力を示したためである。日本はこの調査で、順位をやや下げた。学力低下不安とゆとり教育批判の中で、日本の教育界は成功の秘訣(ひけつ)を求めて尋常ならざる関心をフィンランドに向けた。

著者は05年から5回にわたってフィンランドを訪問し、30カ所にのぼる教育機関を取材した。「どんなにスゴい教育が行われているのか」と意気込んで見たのだが、結論は「何を見ても、どんな話を聞いても、ただ単にまっとうなことを実行しているのみ」。

とはいえ、フィンランドと日本の教育風景は相当に異なる。フィンランド教育を語るためには「すべての子どもに平等な教育を」「現場への信頼」「質の高い教員の養成」という三つのキーワードで足りる。日本の教育も、理念的にはそう違わない。異なるのは、理念を実現するための仕組みが実際に存在し機能しているかどうかだ。理解の遅い子どもを早い段階で手助けし落ちこぼれを未然に防ぐ体制、子どもたちの心の問題にチームでていねいに対処する仕組み――それらが至極当然のように、質の高い教師たちによって実際に機能している様子に、驚きを禁じ得ない。

なぜそれが可能か。著者は言う。「社会のデザインと教育プランが見事なほどに一致」している。どういう社会を作りたいのか、そのために教育はどうあるべきかが国レベルから現場レベルまで一貫している。こう看破する著者に導かれて、私たちは、「なぜ社会と学校現場の間でネジレが生じ、まっとうなことをそのまま実行できないのか」という核心的な問いにたどり着く。答えるのは容易ではないが、「ではの守」たちによる類書をはるかに凌駕(りょうが)する洞察といってよい。

評・耳塚寛明(お茶の水女子大学教授)

ますだ・ゆりや　64年生まれ。教育ジャーナリスト。『「新」学校百景』など。

二〇〇八年一〇月五日⑤　科学・生物

『水の未来　世界の川が干上がるとき』

フレッド・ピアス 著　古草秀子 訳

日経BP社・二四一五円
ISBN9784822246891

水資源の深刻な危機を豊富な事例で

地球温暖化の危機がしきりに説かれているが、それに劣らぬ環境の危機が進行している。河川や地下水が干上がることで生じる水不足である。地球は水の惑星といっても、人間に不可欠な真水の水源は、危機の中にある。

本書はそれに激しく警笛を鳴らしている。最大の原因は世界の人口増加と、それに対応するための食糧増産であった。高収量品種を用いた「緑の革命」は成功したが、それには大量の水が必要であった。たとえば、小麦1キロには千リットルの水が必要という。

そのため、世界の各地で川が涸(か)れ、湿地が失われ、湖が干上がる現象が生じている。地底の帯水層を汲(く)み上げて、後戻りできない浪費をしている場合もある。著者は英国のジャーナリストで、自国の例も含めて、世界中から豊富な事例とデータを提示する。

本書を読み進むと、戦慄(せんりつ)を覚える。しかし、その一方で希望があることもわかる。水はいつかどこかに戻ってくる「究極の還元可能な資源」だからである。

地球の水の循環を考える学問は「水文学(す

いもんがく)」と呼ばれるが、本書はその重要性を訴えている。今の農業に必要なのは、水一滴あたりの収量を増やす「青の革命」であると説く。

雨水を集める伝統的な手法の再活用も、インドや中国でなされている。希少な水の有効活用という観点からは、中東や中央アジアなどの乾燥地域での伝統的なテクノロジーも、大いに意義を持っている。「カナート」などの名で知られる地下灌漑(かんがい)水路は、必要な分だけ水を取り出し、無駄な蒸発を防ぐため、水文学的に優れているという。この技術の復興も検討に値する。

しかし、全体としては、世界各地のダムの功罪の評価も含めて、地球規模での水利用の再考が急務となっている。特に、必要な人々に必要なだけ水が配給されるかどうかが今後の大きな課題である。

水資源は偏在しており、地域格差は激しい。自分の快適な暮らしのために、年2千トンもの水を消費していることを知って、水の環境問題をきちんと意識する必要があると痛感した。

(原題、When the Rivers Run Dry)

評・小杉泰(京都大学教授)

Fred Pearce ロンドン在住のジャーナリスト。

二〇〇八年一〇月五日❻ 人文

『ぼくらの時代には貸本屋があった』

菊池仁 著

新人物往来社・二九四〇円
ISBN9784404035660

大衆の意識のうねりとなった発信源

高度経済成長期の子供たちはなぜ、ああもチャンバラが好きだったのだろうか。いや子供は大人のまねをするもので、評者も子供のころ、大の大人が熱を込めて、眠狂四郎と座頭市が勝負したらどちらが強いか、などということを語りあっているのを聞いたことがある。1950年代末から60年代を通しての日本は、まさにチャンバラ・エージであり、そしてそのブームを陰で支えていたのが貸本屋に並ぶ多くの剣豪小説であった。

これは戦後の、企業国家として新たな秩序を整えつつあった日本で、そこに生きる大衆が〝企業の論理〟に取り込まれつつあることの反映だった。企業戦士である自分たちの姿を、『柳生武芸帳』での、組織の一員として戦う剣士たちに重ね合わせるか、または『眠狂四郎無頼控』の主人公・狂四郎の非現実的なまでのニヒリズムに共感を得てストレスを解消するか。どちらにせよ、貸本をその発信源とする、大衆の意識のうねりというものが、あの時代の日本にはあったのである。

本書は、そのタイトルから最近はやりの昭和30年代ノスタルジーものと思われがちだが、著者の貸本体験をもとに柴田錬三郎、五味康祐、村上元三などの作家を論じた大衆作家論であり、日本戦後論でもある。

著者は椎名誠らが創刊した、ユニークな書評雑誌「本の雑誌」の常連執筆者でこの書き手らしく膨大な読書量を誇りながら、その読書目的は〝とにかく面白いものを読みたい〟という願望に集約され、いわゆる文芸評論的な臭みを排除、というよりは嫌悪している風があった。

今回のこの著作では、いくぶん文芸評論的な部分もあるが、やはり、自分の読書体験の原点を行きつけの貸本屋のおばさんとのやりとりに持ってきているあたり、嫌みがなく、非常に好感が持てる。時代小説中心に語って、最後に恋愛小説や学園ものといったジャンルにさらりと触れている構成もにくい。願わくは、次の本では現在の読書界で忘れ去られている、当時の貸本屋限定の人気作家も取り上げてもらいたい。

評・唐沢俊一(作家)

きくち・めぐみ 44年生まれ。評論活動を展開。著書に『新宿伊勢丹村』など。

二〇〇八年一〇月五日⑦

『古本蟲がゆく　神保町からチャリング・クロス街まで』　人文

池谷伊佐夫 著

文芸春秋・二三〇〇円
ISBN9784163704906

かつては3日とあげずに地元の古書街に足を運び、2カ月に一度は東京の神田神保町に遠征するのが常であった。収穫がなくとも、古本屋に身を置くことで癒やされたものだ。しかし最近は事情が違う。インターネットで日本中の古本屋のサイトから必要な資料を検索、最安値で手に入れることができる。すっかり出無精になってしまった。

しかし本書を手にしたとたん、体内の「蟲（むし）」がワサワサとうごめきだした。古本好きのイラストレーターである著者が、津々浦々で古書渉猟を堪能する。文章が洒脱（しゃだつ）である。「本の世界は海のように奥が深く、また海の家より間口が広い」とは、けだし名言だ。加えて飛翔（ひしょう）する「蟲」の目で、店内や市を俯瞰（ふかん）的に描くスケッチが素晴らしい。棚にある本の傾向がわかる子細な解説があり、「古本蟲」にはたまらない。屋号のままに広い岡山・万歩書店、日本最北端の稚内・はまなす書房など、仕事をさぼってでも出向きたい衝動にかられた。

評者も懇意にさせていただいている建築・都市を専門とする「港や書店」など、力の入った目録を発行している無店舗型の書店も登場する。

「古本蟲」の生態系を守るべく、仕入れに販売にと古書業界のプロたちがいかに奮闘努力しているかが分かる。日々の苦労に敬意を表したい。

評・橋爪紳也（建築史家）

二〇〇八年一〇月五日⑧

『自爆テロ』　人文

タラル・アサド 著　苅田真司 訳

青土社・二五二〇円
ISBN9784791764273

越境の思想家アサドが記した本書は、いわゆる西洋的な理解の誤りをひとつひとつ正すところから始まる。「正しい戦争」と「テロリズム」に決定的な違いはないこと、近代西洋社会が追求してきたリベラル・デモクラシーは、「人の命を救うためには人の命を奪う戦争という暴力も辞さない」という矛盾を内包する。その矛盾をさらに正当化するのが、「文明／非文明」の二項対立を下敷きとする例の「文明の衝突」論だ。これらの決めつけにより、自爆テロはきわめて単純化された動機、すなわち「何かの病的な要因か、そうでなければ、疎外、つまり、西洋文明に適切に統合されていないこと」で語られてしまうことになる。

とはいえ、どんなに〝西洋的〟な文脈で片づけられても、自爆テロが人々に与える根源的なショックについては説明できない。その戦慄（せんりつ）について論じた最終章が圧巻。著者は、戦慄の理由はいずれも西洋人のアイデンティティーの破壊にかかわることであり、近代のリベラル・デモクラシーが抑圧していた暴力が明るみに引きずり出されることを指摘する。それにしても、同時多発テロから7年たった今、私たちはまだ自爆テロに戦慄する感受性を持ち得ているか。日本の読者に向けての詳細な解説を読みながら、気になった。

評・香山リカ（精神科医）

二〇〇八年一〇月五日⑨

『石を置き、花を添える』

川崎徹 著

講談社・一六八〇円　ISBN9784062149037　文芸

ある年齢に達すると、これから手に入れであろうものよりも、これまでに失ってしまったもののほうが多くなる。溜（た）まっていくのは記憶。亡き人々を哀悼する気持ちと、先の見えた自分の人生をいとおしむ気持ちが重なり始める。語り手がある日公園で見つけた色鮮やかな花束。それは何かを埋めたあとに置かれた石のそばに添えられていた。何かを埋め、目印に石を置き、花を添える時に抱く思い。そんな思いが漂う小説が3編収められている。と言っても暗いわけではない。

さりげなくテープを回し録音しておいた夕食の席での父母との会話や、花見の時に撮った映像。両親が亡くなったあと、それらに触れ、ありし日のあれこれを思う。ともに老いつつある兄と妹のお互いを気づかう会話。ふと口にしたひとりごとの声があまりに父に似ていてはっとしたことなど、誰しもが味わうであろう想（おも）いがつづられている。

二つ目の話の、死んだ人の部屋を撮影し続けるカメラマンのくだりでは、思わず自分の部屋を見回してしまう。そこに住んでいた、だがもう帰ってくることはない部屋の主。かつてはいたが今はいなくなってしまった彼ら、そして今はいるが、いつかはいなくなってしまう私たち。過ぎて行く時と流れ去る生を静かに顧みさせてくれる一冊だ。

評・常田景子（翻訳家）

二〇〇八年一〇月一二日①

『アメリカ　自由の物語　植民地時代から現代まで　上・下』

エリック・フォーナー 著

横山良、竹田有、常松洋、肥後本芳男 訳

岩波書店・各三九九〇円
ISBN9784000220446〈上〉・9784000220453〈下〉　歴史／人文

「自由の国」の自由でない歴史も直視

民主主義、繁栄、個人主義、大国など、アメリカを形容することばは無数に存在する。しかし、その中で自由が欠けることはないであろう。それほど、アメリカには、自由の国としてのイメージが強くつきまとう。本書は、そのアメリカにおける自由のあり方の歴史を、植民地時代から1990年代まで叙述した大作である。

いうまでもなく、自由にはさまざまな側面が存在するが、本書では以下の次元で自由が分析される。一つは政治的自由、すなわち公的な事柄に参加する権利、第二は市民的自由、すなわち、個人が権力に抗して主張しうる権利である。第三は道徳、宗教との関係における自由のあり方であり、第四は、経済的自由である。比較的歴史が浅いと見られがちなアメリカにおいても、それぞれの自由の意味や内容がいかに大きく変わってきたかということがよくわかる。

奴隷としての過去をもつ黒人の自由の問題は必然的に中心テーマであるが、女性の権利もそれに劣らず重要な論点である。しかし、それだけではなく、本書ではたとえば一般の労働者の経済的自由、共産主義者など少数派の表現の自由、あるいは女性の中絶が許されるかどうかといった問題も取り上げられている。最後の点は、きわめて宗教的な国であるアメリカの政治の特徴的争点でもある。

興味深い指摘をいくつか紹介したい。植民地時代から建国期においては、十分な財産をもっていることが自由の条件と理解されていた。これは古代ギリシャから同時代のイギリスにまで受け継がれてきた前提である。そして南部では、その財産に黒人奴隷も含まれていた。周知のように、南北戦争で奴隷制は廃止されたが、それは黒人にとって自由の誕生を意味しなかった。南部では、法律によってさまざまな差別制度が新たに形成されたからである。そのような法律が撤廃されたのは、1960年代になってからのことである。

市民的および経済的自由においては1930年代に大きな前進が見られた。ところが、保守派は第2次世界大戦後、ニューディール的な経済的自由の解釈に挑戦し始め、ついには81年にレーガン政権を成立させて、アメリカの政府の規模を比較的小さなものに留（とど）めている。これが、今日もアメリカの特徴である。他国では当然として受け入れられているニューディール的大きな政府は、自由にとって脅威になるとみなされているのである。

原著は98年に刊行された。今回書き加えられた日本語版への序文では、著者は9・11事件後のアメリカの自由のあり方についてきわめて批判的である。アメリカの歴史家の多くは自国のあり方に批判的なリベラル派であり、著者も例外ではない。アメリカに対して改めて否定的な見方を再確認する読者も少なくないであろう。同時に、他の国々と比べて早期に普通選挙権を実現し、また政府批判の自由を確立した側面も見逃してはならない。

なお、多数紹介されている写真や挿絵は、自由がどのようにイメージされていたかを感覚的に示してくれて、大変有益である。

(原題、THE STORY OF AMERICAN FREEDOM)

評・久保文明(東京大学教授)

Eric Foner 43年生まれ。コロンビア大学教授。奴隷解放の意味を問う研究で知られる米国の歴史家。

『われらが歌う時 上・下』

リチャード・パワーズ著　高吉一郎訳

新潮社・各二三一〇円
ISBN9784105058715〈上〉・9784105058722〈下〉　文芸

濃密に積み重ねて「今」を生きる

〝今〟そして〝時〟という漢字の重みをこれほど感じたのは初めてだ。この物語はわれらがこれから体験し、そしてこれまで体験してきた〝今〟への認識を変えてしまう。

ユダヤ系物理学者と黒人音楽生が歴史的コンサートで出会い、恋に落ちる。3人の子が生まれ、長男は見事な声に恵まれて音楽家として時代を拓(ひら)き、次男はピアニストとして兄を助け、妹は人種問題のただ中へ飛び込んでゆく。彼らは少しずつ肌の色も違い、境界に生まれた故の偏見にさらされるが、親は3人を新しい未来として育てる。彼らの歌は父が探究し続けた宇宙の真理と共鳴し、還(かえ)ってゆく。

半世紀以上にわたる時代を描いたこの長編は、しかし決して〝大河〟小説ではない。父が子らに諭すように、時間は流れたりせず、ただ〝ある〟からだ。ここに綴(つづ)られたすべての言葉が複数の〝今〟であり、だからこそ読み進めるわれらは常に今を追いながら、しかし次の瞬間にはもう別の今と対峙(たいじ)している。今は掴(つか)み取れないが今は私たちの中に積み重なる。この長編が濃密なのは、すべてが流れず、われらと共に〝ある〟からだ。

随所に立ち現れる独自の身体描写が今とわれらを結びつける。たとえば音楽生ディーリアが父にユダヤ人の恋人がいると伝える時、「今日、父は石になる。父を石にしたのは彼女だ」。あるいは次男ジョゼフが病床の父を訪ねた時、横に佇(たたず)む恋人の一言を聞き、「私はテレサの肩を抱きしめて、この女の夢を優しく絞め殺した」。語り手であるジョゼフは音楽の才能には恵まれなかったが別の天賦の才を得ていたのではないか。他者の思いや状況を、彼は世間や時代の中で、われらの今として一瞬のうちに了解する。共感ではなく修辞で捉(とら)える。家族とは閉じた絆(きずな)ではない、常に世界の今と共にある。その中でわれらは世界を前進させてゆけるのだという信念、勇気。

「過去に戻るためには、あなたは一度そこにいたことがなければならない」。よって読了後、多数の今を積み重ねたわれらは作家パワーズと共に時を生きる。科学と文学と世界の物語はここまで到達した。

(原題、THE TIME OF OUR SINGING)

評・瀬名秀明(作家)

Richard Powers 57年生まれ。『舞踏会へ向かう三人の農夫』など。

二〇〇八年一〇月一二日❹

『青春の終わった日　ひとつの自伝』

清水眞砂子 著
洋泉社・一八九〇円
ISBN9784862483003　文芸／ノンフィクション・評伝

人生を切り拓く夢や孤独を陰影深く

優れた自伝文学だと思う。著者は児童文学者だが、『ゲド戦記』の訳者としても知られている。ただし本書は、著者が児童文学の批評家として立つことを決意した27歳の時点で終わっている。だが、著者の幼年時代を取り巻く自然との交流も、思春期の深い孤独も、『ゲド戦記』に連なる世界だという気がする。

著者の家族は、北朝鮮での勤め人の生活から、戦後に引き揚げてきて静岡の農家となった一家である。子供たちの数は多く、生活していくことが容易でない貧しさの中で、家族の間にはたえず緊張の種がはらまれ、それは折々人びとの衝突を生み出した。大人たちは戦後、不本意な人生の選択を余儀なくされたことで、思い屈していた。

しかし他方でこの一家は、貧しい中でもお互いに協力して勤勉に働くモラルを持ち、しかも文化や教養への憧(あこが)れを共有していたようだ。その中で育まれた著者の勤勉さや読書の習慣は、学校に通いながら学校に頼ろうとしない、自主的な勉学の姿勢を生み出すものだった。

1960年代初頭までの農家は現金収入が少なく、着物でも食物でも町場の生活とはハッキリと区別されるような貧しい暮らしをしていた。その貧しさは、特に女性が自由に生きる可能性を閉ざすものであった。しかしその中で、強い自負心を持った著者やその姉妹たちは、やがては男たちに左右されない、「誰の世話にもならず食べていけること」を目ざして生きていこうとしていた。

ただし著者は年を取ってから、かつては自分を縛っていると感じていた家族が、実は自分を根本で支え続けてくれた、優しい存在であったことを実感したようである。本書は今では失われた家族の姿を、若い時代の脱出願望と後に回顧して再発見した視点とを交差させて、陰影深く映し出して見せる。そしてそれを通じて、60年代初めまでの戦後という時代を、厭(いや)でたまらなかった貧しさの記憶から、そして困難な中で人生を切り拓(ひら)いていこうとした個人の夢や孤独から、鮮やかに描き出したのであった。

評・赤澤史朗（立命館大学教授）

しみず・まさこ　41年生まれ。児童文学者。『子どもの本の現在』など。

二〇〇八年一〇月一二日❺

『重力波とアインシュタイン』

ダニエル・ケネフィック 著　松浦俊輔 訳
青土社・三三六〇円
ISBN9784791764259　科学・生物／ノンフィクション・評伝

難解でも興味深い「時空のさざ波」

ノーベル賞でもとらないことには、科学の発見はなかなか新聞の1面トップを飾らない。そんななかで、見つければトップ級の快挙と思われているのが重力波である。

別名は「時空のさざ波」。1910年代に重力の理論として登場した一般相対論が、存在を予想した。地球に押し寄せたときに起こる空間の伸び縮みをとらえようと日米欧の科学者が競い合っている。時宜を得た出版といえよう。

だが、この本の真価は別のところにある。それは、科学のだいご味は教科書に書かれた結論ではなく、そこに至る道筋にある、と教えてくれることだ。

科学界には、学説が定まるとそれまでにあった議論を忘れようとする傾向がある。「何かの主題について本当に『論争』があったなどと言うと、しばしば否定されたり拒否されたりする」のである。

著者は、重力波に向けられた過去の懐疑論を丹念に掘り起こす。相対論の生みの親アインシュタイン自身ですら、この波の「ある」

「なし」で大きくぶれたのだという。

今では私たち科学記者も訳知り顔で使う「さざ波」だが、この表現が定着したのも、ここ30〜40年のことらしい。

もともと重力の波という発想は、電磁波とのアナロジー（類推）に支えられていた。電磁力に波があるのと同様に重力にも波がある、というわけだ。だから「総じて言えば、懐疑派は、アナロジーを疑う、あるいは信用しない人々」だった。

相対論研究は、物理の中でも限りなく数学に近い。難題を前にして、直観重視の物理派は「信用できる程度の確かさ」で満足するが、厳密志向の数学派は「きちんと証明したい」と考える。そんな構図も論争の背景にあった。今日では天体観測で重力波があることの傍証が得られ、懐疑論は力を失っている。

この本は、「四重極公式」といった難解な言葉が頻出して科学ファンでも読みづらい。だが、アインシュタインと論文誌編集長との確執など興味深いエピソードも豊富だ。

難しい個所をスキップしても一読に値する。

（原題、TRAVELING AT THE SPEED OF THOUGHT）

評・尾関章（本社論説副主幹）

Daniel Kennefick　米国・アーカンソー大学客員助教授（物理学）。

二〇〇八年一〇月一二日⑥

『室町絵巻の魔力　再生と創造の中世』

高岸輝 著

吉川弘文館・三九九〇円
ISBN9784642079068

歴史／アート・ファッション・芸能

室町幕府が舞台の歴史小説の趣

絵巻は、紙や絹を継ぎ、絵を描き、詞書（ことばがき）を加えた巻物である。絵巻の制作・収集は、南北朝・室町時代、足利歴代の将軍にとって権力の象徴であった。

左大臣西園寺公衡（さいおんじきんひら）は、氏神である春日明神の霊験を描く「春日権現験記（かすがごんげんけんき）絵巻」を制作した。鎌倉時代の傑作とされるこの絵巻は京の北山の西園寺家にあり、彼が1315年に没した後、奈良の春日社に奉納された。1392年に南北朝合体を遂げ権力の絶頂にあった足利義満は、1400年ごろにこの絵巻を春日社から請（しょう）じ、古今の絵巻の優劣を競う絵合（えあわせ）を行った。

義満は1394年に将軍を義持（よしもち）に譲り、翌年出家。次いで受戒して自らを法皇に、97年に造営した北山第（きたやまてい）を仙洞（せんとう）御所に擬したという。北山第は西園寺家の地、現在の金閣寺の地で、絵合はここで行われたと著者は推定する。南都の重宝は京に運ばれ、西園寺邸を継ぐ北山第に披（ひら）かれた。絵合に参じた皇族、春日社を氏神とする藤原氏の公卿（くぎょう）らは、秘宝を前に義満と源氏一統の力を再認識したに違いない。

足利義詮（よしあきら）・義満・義教らの追善に関（かか）わり制作された「融通念仏縁起（ゆうずうねんぶつえんぎ）絵巻」、近江に亡命政権を置いた足利義晴がその地を国土の中心、薬師浄土として制作した「桑実寺縁起（くわのみでらえんぎ）絵巻」なども、足利将軍の盛衰の中に位置づけられる。美術史の書ながら、室町幕府を舞台にした歴史小説を読むがごとくに引き込まれる。

土佐光信画「槻峯寺建立修行縁起（つきみねでらこんりゅうしゅぎょうえんぎ）絵巻」は摂津と丹波の境なす剣尾（けんび）山の月峯寺（げっぽうじ）の縁起を描く。この絵巻は、1493年に将軍足利義材（よしき）（後に義稙〈よしたね〉）を廃する政変を起こした細川政元が、分国支配、西方の敵大内氏の調伏、瀬戸内海の制海権を願って制作したと推定する。光信については、古典学習と抜群のデッサン力を基に、淡彩による空間表現や金銀の色彩化などによる繊細で洗練された新様式を創出したと評価し、絵師から芸術家への転換の可能性を示唆する。

著者は剣尾山を訪れ、光信自らが現地に赴いて霊峰を描いたことを確信した。絵巻のコピー片手に故地巡りをするのも魅力かもしれない。

評・石上英一（東京大学教授）

たかぎし・あきら　71年米国生まれ。東京工大准教授。他に『室町王権と絵画』。

二〇〇八年一〇月一二日❼　文芸

『火を織(おこ)す』

ジャック・ロンドン 著　柴田元幸 訳
スイッチ・パブリッシング・二二〇五円
ISBN9784884182830

長編『野性の呼び声』『白い牙(きば)』で知られる作家だが、文章の淡々とした味わい、緊張感、凄(すご)みは、むしろ短編でいかんなく発揮されている、と私は思う。じつはロンドンは短編がいいのだ。本選集の登場はまさに、待ってました！である。

作風はファンタジーやSFまで幅広く、『蟹工船』ばりに過酷な労働環境と戦いながら(訳者の柴田氏によれば、遠洋航海船の船員や、浮浪者を動員した「失業者軍」、ゴールドラッシュで金探し等々の仕事をした)、『鉄の踵(くびす)』などのプロレタリア文学、戦争文学も残したが、ロンドンが書くとただの社会告発にならず、しばしば不思議な夢想性を帯びる。

本書の表題作では、凍える氷原に男一人と犬一匹。労働中のようだが、どこへ何をしにいくのか分からない。ちょっとした油断から寒さが体に忍びこみ……。ロンドンの作品はどれも際立った身体感覚がまた魅力である。革命のために賞金稼ぎをするボクサーを主人公にした「メキシコ人」、騎乗兵のごく限られた視界と動きで戦いを描く「戦争」、ハワイの伝承を下敷きにした海老(えび)取りの話「水の子」、奇妙な色の実験を題材にした「影と閃光(せんこう)」など、ロンドンの「夢」と「からだ」という特徴が堪能できる名作揃(ぞろ)いである。

評・鴻巣友季子(翻訳家)

二〇〇八年一〇月一二日❽　科学・生物／ノンフィクション・評伝

『ケニア！　彼らはなぜ速いのか』

忠鉢信一 著
文芸春秋・一八五〇円
ISBN9784163704708

北京五輪の男子マラソンでは、ケニアのワンジル選手がぶっちぎりで優勝した。

なぜマラソンはケニアが強いのか。何か特別な理由があるのではないか。

だれでも考えることだ。しかしそこから先に進む人は少ない。好奇心旺盛な著者は、研究者を次々に訪ねて「そこから先」を明らかにしようとする。

ある研究者は「速く走る筋肉遺伝子があるからだ」という。別な学者は、「膝(ひざ)下が長くて質量が小さい」からであると分析する。

いやそうじゃない、高地育ちで脂肪燃焼効率がいいからだという説。ケニアは貧しくてハングリー精神があるからだという説、毎朝20キロ走って学校に行くからだという説、いや、キャンプ訓練の効果があるからだ、という説。

どれにも納得できない著者が最後に到達した結論は、という本である。

登場する研究者が面白い。自分の説こそ正しいのだといいながら、ちらちら横目でスポーツメーカーの方を見ている。さまざまにそれらしい理屈をつけ、ひと山ねらっている様子がありありなのだ。

そのあたりのおかしさを引き出せたのは、なぜ、どうして、と食い下がる著者の取材力のたまものだろう。

諸説どうあれ、とにかくケニアの選手は速いのである。

評・松本仁一(ジャーナリスト)

『授業が変わる　世界史教育法』

教育

鳥山孟郎 著
青木書店・二九四〇円
ISBN9784250208164

なぜ世界史の教育方法が問題になるのだろうか。歴史一般のそれではなくて。これは多くの人が持つ疑問かもしれない。

現実には、講義形式で世界史の教科書を教え、史実の暗記をしっかりさせるのでいいのだと考える先生が多い中で、授業にさまざまな工夫をこらして、高校生に自分の問題として世界史を考えてもらおうとする先生も同じくらい多くいるのだ。

長年世界史教育の理念や方法を考え続けてきた著者は、後者の立場から、さまざまな教育方法の実践をしてきており、それをここで紹介している。「世界史通信」で生徒との交流をはかる、絶えず日本との関係で疑問を投げかけて資料を読ませる、実物を素材にして世界史を考えさせるなど、実例は枚挙にいとまがない。

世界史は生徒にとって自分と直接的な関係がないだけに、それを自分の問題として受け止めてくれる教育ができれば、それこそが歴史教育の本質であるだろう。本書では、歴史一般の教育と、世界史の教育とが、二重に述べられているように見えるが、それは世界史教育にこそ、歴史教育の基本的な問題が集約されているからに他ならない。たとえば、「歴史的思考」の問題は、世界史教育でこそ注目されるのだ。

評・南塚信吾（法政大学教授）

『イラク崩壊　米軍占領下、15万人の命はなぜ奪われたのか』

吉岡一 著
合同出版・一八九〇円
ISBN9784772604352

『中東激変　石油とマネーが創(つく)る新世界地図』

脇祐三 著
日本経済新聞出版社・二一〇〇円
ISBN9784532353223

経済／国際

崩壊と激変をつぶさに観察し克明に

来月の米大統領選挙では、泥沼化したイラクから米軍が撤退へ向かうのか、駐留を続けるのか、選択がおこなわれる。『イラク崩壊』は、イラクでの恐るべき悪循環を断ち切るには米軍が撤退するしかない、と悲痛な声で結論づけている。果たして、その方向に進むであろうか。

著者は、2003年のイラク戦争後に現地に取材に行き、その後07年まで朝日新聞中東アフリカ総局の特派員として、イラクおよび中東諸国を取材し、イラクという国が壊れていく過程をつぶさに見てきた。それは非人間的な暴力の連鎖であり、あたかもそこには「鬼がいる」。

鬼を生んだのは、戦後への十分な展望もなく戦争をおこなった米軍であり、その反作用として生まれたイスラーム過激派である、と著者は言う。米軍が多くの民間人の命を奪ってきたことも、過激派が宗派紛争に走っている事実もそれなりに知られているが、本書はそれを現場での取材と直接的な情報で克明に記している。

若き日にバックパッカーとしてアジアや中米をまわった経験が勇気を生むのか、著者が危険な現場に迫っていくさまは圧巻である。それ以上に、戦争を見た者はそれを伝えなければならない、という使命感が読む者に迫る。その使命感が、副題にあるように「米軍占領下、15万人の命はなぜ奪われたのか」という問いを執拗（しつよう）に追及することとなった。

しかし、中東にあるのは戦争の悲劇だけではない。ダイナミックに発展する中東に経済面から鋭い光を当てたのが、『中東激変』である。中東取材30年のベテラン記者が広い人的ネットワーク、現地取材、長年の観察に基づく洞察を余すところなく示している。文体は、中東になじみのないビジネスマン、一般読者にも、非常にわかりやすい。

中東諸国を規定する基本的な要素として、埋蔵が確認されている世界の原油の6割、天然ガスの4割がこの地域にあること、日本と逆に「多子若齢化」が進んでいること、グローバル経済の中で巨大な資金を運用していることなどがあげられる。特に最近は、急激に進むグローバル化と連動して、この地域はとりわけ変動が激しい。

6年前の前作が『中東　大変貌（へんぼう）の序曲』であったのに、もはや「激変」にたどり着いてしまった。以前の湾岸の産油国は、石油が尽きれば元の砂漠に戻る、というイメージが強かった。しかし、ドバイが示した脱石油のモデルは成功し、他の諸国もその後を追って、新しい国づくりに走り始めている。

彼らの資金力は04年からの石油の高値で急激に膨張した。今回の金融危機でも、湾岸の資金の動きは要注意であろう。とはいえ、いいことずくめではない。各国の急激な開発計画が競合し、人やモノが足りなくなっているし、インフレも進んでいる。多子若齢化は、新世代のための雇用創出を必要とする。教育のいっそうの充実も急務となっている。

最後の章は、そうした中東と日本がよい関係を築くための具体的提言に満ちている。

評・小杉泰（京都大学教授）

よしおか・はじめ　朝日新聞元中東アフリカ総局員。
わき・ゆうぞう　日本経済新聞論説副委員長。

二〇〇八年一〇月一九日②

『メアリー・スチュアート』

アレクサンドル・デュマ著　田房直子訳
作品社・二五二〇円
ISBN9784861821981
ノンフィクション・評伝

波瀾万丈の物語はどんどん進んで

フランスを代表する19世紀の大文豪。あの「三銃士」でおなじみのアレクサンドル・デュマ。彼の168年前の小説の本邦初訳と聞けば、これはちょっと読んでみようかしら、と思ってしまう。しかも「メアリー・スチュアート」の評伝である。

メアリーと言えば、16世紀のスコットランドの女王。王位を巡っての陰謀、暗殺が横行し、王侯貴族に生まれたら幸福な死など願えない、という波瀾（はらん）万丈の時代に生きた女性である。

3度の不幸な結婚の末に19年も幽閉され、ついにはライバルのイングランド女王、エリザベス1世の手で断頭台に送られてしまった。

おまけに、夫殺しの嫌疑もかかっていた恋多き美貌（びぼう）の女王。これがそそられずにおられようか、というのが本作品なのである。

解説によれば、デュマが劇作家から小説家へと踏み出す前の初期作品ということ。なるほど、出だしは幕前の口上風。続いて、1幕目、2幕目と物語がどんどん進む。登場人物の動きもト書き風で、なんだか芝居を観（み）ているような趣だ。そこが独特。

とくにデュマが、気を入れて描いているのが奔放な恋に思慮を失い、自ら不幸を招き寄せるようにして国を追われた女王が、心を寄せる青年に幽閉中の城から救出される場面。はらはらどきどき。そして、物語は最後のクライマックスへと続いていく。

ここでは運命をまっすぐに受け入れ、凛（りん）として断頭台へ向かうメアリーの身に着けた衣装が淡々と事細かに描写されていて、色彩映像が目に浮かぶ。それが女王の悲劇性を物語るようで胸に迫り、さすがデュマ、「イヨッ、大文豪！」と声を掛けたくなる。

思えば、彼の作品とは「モンテ・クリスト伯」を10代に読んで楽しませてもらって以来、四十数年ぶりの再会だ。いや、題名は確か「巌窟王」。あれは当時流行の青少年向けダイジェスト版だったに違いなく、ここはひとつ、本気でデュマの代表作くらいは読破せねばとの思いをかきたてられる。「文豪デュマに親近感」、そんな一冊であった。

評・久田恵（ノンフィクション作家）

（原題、Marie Stuart 1587）

Alexandre Dumas　1802〜70年。『ダルタニヤン物語』など。

二〇〇八年一〇月一九日③

『ブラック・ケネディ　オバマの挑戦』

クリストフ・フォン・マーシャル 著
大石りら 訳
講談社・一五七五円
ISBN9784062147736　政治／ノンフィクション・評伝／国際

古きよき米国の指導者と重ねる夢

本年1月3日のアイオワ州党員集会でオバマが劇的勝利を収めた直後に、彼をケネディの再来と形容したのはドイツの新聞であった。アメリカと世界を大胆に変革するために指導力を発揮してくれる若き指導者の再来といったイメージであった。

海外ではマケインよりオバマの方がはるかに人気者である。本年7月にオバマがブランデンブルク門近くで演説した際には、約20万人を集めた。ただし、最近はヨーロッパで人気のある候補（たとえばゴアやケリー）は落選してきた。アメリカとヨーロッパの距離、とくにアメリカの共和党保守派とヨーロッパの社会民主主義者の距離はとてつもなく大きい。

本書はドイツ人ジャーナリストの視点、すなわちアメリカを外から見る視点から書かれており、結果的に日本人にもわかりやすい部分が多い。

基本的にはオバマに好意的な記述が多いが、興味深い洞察も含まれている。オバマがどの程度、真の黒人なのかについての議論もその例である。本書によると、オバマは黒人・白人という二つの世界をいつでも「自由に往来できる」にもかかわらず、「真のアメリカ黒人男性になるというゴールを目指そうとした」。オバマはそのためにはあまりにアカデミックな教養人となっていたにもかかわらず、高給を捨て、シカゴの黒人貧困街でコミュニティー・オーガナイザーなる道を選び、黒人教会の一員となり、黒人女性と結婚した。オバマを理解する際には、黒人として生きることは選択行為であったことに留意することは重要であろう。そして著者は、多くの黒人指導者がオバマに不信感を抱き続けたのは、単に彼に才能があったからであると手厳しく断定する。

オバマ支持者は、アメリカが世界から再び信頼される国になることを念じている。そしてその夢を、古きよきアメリカの若き指導者であったケネディと重ねあわせる。ここには期せずして、アメリカのオバマ支持者と、依然としてアメリカに大きな期待を寄せる海外のインテリの連合戦線が成立しているのである。

（原題、Barack Obama : Der schwarze Kennedy）

評・久保文明（東京大学教授）

Christoph von Marschall　59年ドイツ生まれ。ジャーナリスト。

二〇〇八年一〇月一九日④

『監獄ビジネス』

アンジェラ・デイヴィス 著　上杉忍 訳
岩波書店・二四一五円
ISBN9784000224871　経済

監獄を廃止し、抜本的見直しを提唱

刑務所民営化のニュースに驚いたことを覚えている。山口県の事例を皮切りに、管理や食事のサービスを民間に委託する施設が話題になった。刑罰は国の機関が執行するのだから、厳密な意味で「民営刑務所」とは言えないのだが、改革の方向性が示された点は注目される。

モデルは米国にあるのだろう。本書によると、「麻薬との戦争」を訴え、厳罰主義を徹底した80年代以降、大量投獄が始まった。世界で約９００万人が刑務所や留置所、少年院、移民収容施設で拘束されているが、2割にあたる２００万人以上が合衆国内の収監者だ。しかも、その数は30年間で10倍に膨れあがった。ここに巨大監獄の新設工事需要に加えて、運営部門でのビジネスチャンスが生まれた。

本書は、「自由の国」でなぜこれほど多くの人々が地域社会から隔離されるようになったのかを検証する。邦題をみると「監獄ビジネス」のノウハウ書とも思うが、そうではない。刑務所をビジネスの対象と考える「産獄複合体」への痛烈な批判の書だ。原題を直訳する

と「監獄は時代遅れではないか?」となる。

背景には有色人種への差別と貧困があるという。たとえば20歳代の黒人男性の場合、3人にひとりが収監体験者であり、しかも常に1割以上が獄中にいる。社会復帰を果たしても貧困から抜け出せない人も多い。加えて監獄には女性に対するひどい差別も現存する。大量投獄の結果、家庭や地域は壊れ、社会的弱者の政治的発言力は奪われた。

著者は監獄の改善を訴えはしない。過激に、その廃止を提案する。そのうえで監獄に代わる政策として、教育の再活性化、医療・福祉の充実、司法制度の抜本的な見直しを提唱する。

「監獄のない社会」を想起するのは至難の業だ。法を犯した人を懲罰する監獄の存在で、市民の安全と自由が守られているとみなすのが常識だろう。しかし監獄ビジネスを極端に発達させた米国で、その必要性を問う議論が巻き起こっている。刑務所の民営化を始めた私たちの社会も、その動向を注視するべきだ。

(原題、ARE PRISONS OBSOLETE?)

評・橋爪紳也(建築史家)

Angela Davis 社会学者。米カリフォルニア大学特任教授。

二〇〇八年一〇月一九日⑤

『ぼくは猟師になった』

千松信也 著

リトルモア・一六八〇円

ISBN9784898152447/9784101368412(新潮文庫)

科学・生物/ノンフィクション・評伝

渾身の力で「どつく」、命のやりとり

京都大学を出て猟師になってしまった男の物語である。

世の中的には「京大卒」と「猟師」は両立しないイメージだ。しかし著者の中ではまったく矛盾していない。

「野生動物が好きだ――獣医を志望するが挫折――柳田民俗学に出会い、自然に敬意を払う生き方を知る――京大文学部へ――バイト先でわな猟と出会う――これだ、と思う」と、ごく自然に流れていく。そして今や猟歴8年のプロである。

山のあちこちにわなを仕かける。けもの道を知り、そこを通る動物一匹一匹の習性(=自然)を知らなければ仕かけることはできない。

銃は遠く離れて命を奪うが、わなでは、捕まえた動物を自分の手で殺さなければならない。どうやって殺すか。棒で「どつく」のである。

初めての獲物は雌シカだった。覚悟を決め、棒を握ってシカに近づく。そして「渾身(こんしん)の力をこめてシカの後頭部をどつきました。一発でした」となる。

大きなイノシシをどつきそこね、逆襲されてあわやということもあった。命のやりとりなのである。

動物の体を感じながら殺す。それによって「命を奪うこと」の重大さを知る。肉を与えてくれた動物に感謝しながら食べる。それは、スーパーのパック肉とは根本的に違うのだ、と著者はいう。

猟場は京都郊外の山の中だ。京都にはこんなにシカやイノシシがいるのか、と驚く。猟期になると仕事も手につかない人々を雇ってくれる会社があるのに、また驚く。

本の後半は、獲物をどう料理するかのレシピ集になっている。写真付きで食欲をそそるのだが、ちょっと分量が多い。それを少し削っても、猟の体験談をもっと書き込んでほしかった。

たとえば、タヌキやサルがかかったときは「リリースする」とあるが、暴れる彼らをどうリリースするのか、かまれたりしないのか。そんな事実こそ読みたい。

それにしても破天荒な本で、一気に読んでしまう。イノシシのあぶり肉、うまそうだなあ、と思いつつ。

評・松本仁一(ジャーナリスト)

せんまつ・しんや 74年生まれ。京都大学文学部在学中に狩猟免許を取得。猟師。

二〇〇八年一〇月一九日⑥

『偶然を生きる思想　「日本の情」と「西洋の理」』

人文

野内良三 著
NHK出版・一〇一九円
ISBN9784140911181

偶然にみえる「必然」か、偶然の「妙」か

行きずりの出会いはときに恋を実らせ、新しい生命を芽生えさせる。その愛の結晶がひとかどの人物に育ち、歴史を変えることもある。

「偶然」は、この世界の隠れた主役である。東西の思想文化がそれとどうつき合ってきたかを描いた一冊だ。

なにより、この本そのものが偶然の産物らしい。著者は学生時代、友人から「西洋史の講演があるぞ」と言われて聴きに行った。ところが「西洋史ではなくて西洋詩」の話だった。それがきっかけでマラルメにひかれ、この詩人が格闘した「偶然」と向き合うことになったのだという。

西洋は「必然」を重んじる。日本では「偶然の『妙』を喜ぶ」。その対比が論考の一つの基調をなしている。

それは、理系世界にも一脈通じる話だ。

この本でも、最近盛んなカオス科学の源流に位置するポアンカレや、名著『偶然と必然』で知られる分子生物学者モノーが登場する。

カオスとは予測困難な変動をさすが、引用されたポアンカレの言葉はその本質を見抜いている。「ごく小さい原因が、吾々の認めざるを得ないような重大な結果をひきおこすことがあると（中略）吾々はその結果は偶然に起ったという」（『科学と方法』吉田洋一訳）。これは、チョウの羽ばたきが遠い国の天候異変につながる、というバタフライ効果にほかならない。

気象のように決定論の力学に従う現象も、原因を細部まで見分けられなければ偶然に等しいということか。

必然志向の西洋流科学がカオスの存在に気づいた。本当は必然なのだが、偶然にしか見えない物事があることを受け入れたのである。

この本を離れて言えば、現代物理の主柱である量子力学も確率論の偶然をはらむ。今日の科学は日本流の感性に近づいているように見える。

一方、モノーの偶然観は「出会い」だという。これは、別の章で論じられるブルトンのシュールレアリスムと見事に重なり合う。

読んでいて、文系理系の壁を越えた偶然談議が聴きたくなった。

評・尾関章（本社論説副主幹）

のうち・りょうぞう　44年生まれ。関西外語大教授。著書に『ランボー考』。

二〇〇八年一〇月一九日⑦

『戦争のある暮らし』

人文

乾淑子 編
水声社・三二五〇円
ISBN9784891766900

戦前の日本では、日常生活の中に国家や戦争のイメージが流れていた。それは、今ならアニメの主人公の絵がついた子供用の茶碗（ちゃわん）に、軍艦や爆弾三勇士の絵柄が描かれるとか、今日のビデオ機に当たる家庭用小型幻灯機で、日露戦争や真珠湾攻撃の光景が映されるという形で存在していた。端午の節句や雛（ひな）祭りにも、軍人姿や大礼服姿の人形が見られた。

軍歌の歌詞が書かれた着物柄もある。「君が代」を分かち書きした女性の赤い襦袢（じゅばん）まであった。ただし図版で見ると、「君が代」は皇室の十六弁の菊の紋章と一緒に描かれており、警察に見つかったら禁止されていただろう。

この本は国家と戦争が、日常の生活雑貨やマイナーな視覚メディアの中に、どのように表現され刻印されていたかを描いたものだ。戦争のイメージは、安価な商品になって、または習俗と結びついて広く流通し、人びとの生活に入り込んだのである。そこでは戦争宣伝が民衆の嗜好（しこう）と結びあって貫かれていたともいえるし、プロパガンダが人びと

の意識や習俗に合うように改変されていたともいえる。

本書で取り上げられた多くは、今では失われた日常のモノである。その掘り起こしは、かつての生活を取り巻いていた思いもかけぬ戦争の姿を、私たちに伝えてくれる。

評・赤澤史朗（立命館大学教授）

二〇〇八年一〇月一九日⑧

『「愛」なき国　介護の人材が逃げていく』

ＮＨＫスペシャル取材班、佐々木とく子 著
阪急コミュニケーションズ・一五七五円
ISBN9784484082172　医学・福祉／ノンフィクション・評伝

本書は、ＮＨＫで２００７年3月に放映され、大きな反響を呼んだ「介護の人材が逃げていく」を追加取材のうえ書籍化したものである。

経済的な理由などを背景に介護従事者の多くが職を離れている現実については既に様々な形で論じられてきた。本書は介護現場における多様な人々の声、介護保険制度の経緯、民間事業者の動向や外国人介護者をめぐる問題など、介護の人材をめぐる課題を幅広い角度から追っており、問題の全体像を概観するのに適した内容となっている。

介護従事者の離職問題の大半は、介護保険での介護報酬の低さに行き着き、それは要するに社会保障の財源問題に行き着く。言い換えれば、保険であれ税であれ、人々が介護に関する公的な支え合いにどれだけお金を出し合うかという合意にかかっている。

本書のあとがきでＮＨＫの担当プロデューサーが記しているように、「介護の問題は『愛』があれば何とかなるという甘っちょろい話ではない」。むしろ「『愛』があったとしてもそれを制度に実現できない日本という国がおかしい」のだ。今求められるのは、「ケア労働の経済評価」への新たな発想と論理とともに、高福祉のためなら高負担を、ということを正面から国民に問うことのできる政治や政党ではないか。

評・広井良典（千葉大学教授）

『杉並区立「和田中」の学校改革』

苅谷剛彦ほか 著
岩波書店・六〇九円
ISBN9784000094382

『公立学校の底力』

志水宏吉 著
ちくま新書・八一九円
ISBN9784480064479

教育

社会の期待に学校は応えられるのか

人間形成や学力向上など人々の学校への期待は尽きることがない。社会もまた、生まれにかかわらず人々に平等な機会を提供して「社会を償う」機能を教育に期待してきた。しかし、そもそも学校はどこまで期待に応えることができるのか。2冊の本はともに、学校に密着した研究をとおして公立学校の可能性に迫った報告である。

『杉並区立「和田中」の学校改革』は、民間人校長藤原和博氏による学校改革が主題である。よのなか科、ドテラ（土曜寺子屋）、夜スペ（学習塾との提携）、地域本部（地域人材の活用）――それらがなぜ可能で、なにをもたらしたのかを、丹念な観察と学力・アンケート調査が追いかけていく。型破りな改革ばかりが注目されがちだが、教師を信頼した「ふつうの公立学校」としての地道な教育活動の尊重が改革の根底にあった。アンケートから、「学校生活が楽しい」と答えた者が不利な家庭環境に置かれた生徒たちで増えたことがわかる。その意義は大きい。藤原校長は「しんどい生徒たち」の居場所づくりにも自覚的だった事実が浮かび上がる。ただ藤原改革がふつうの学校でも可能だと断言することはできない。地域本部を担う住民や学生ボランティアなどの人材がそろわない地域は多い。ネットワークの力によって学校外部の人材を教育に動員するところに藤原流改革の核があったとすれば、「はたしていまの学校には自らの力で自らを変えていくだけの力と余裕があるのか」という深刻な問いが浮上する。

その問いへの一つの回答が『公立学校の底力』である。この本は、西日本を中心とする12の公立小中高校の訪問観察の記録であり、「がんばっている学校」「効果のある学校」が描かれている。効果のある学校とは「しんどい層の基礎学力の下支えに成功している学校」である。教師が育つ学校、子どもを鍛える学校、多文化共生の学校づくりなど学校ごとに特徴的な実践が分析される。最後に、効果のある学校を特徴付ける要因が八つにまとめられ、「スクールバスtogether号」モデルとしてわかりやすく図示される。

学校ベースの教育改革が成功し得ることは論を待たない。だがたとえ卓越した校長のリーダーシップが功を奏し、また効果のある学校が実在しても、だからといって新自由主義的政策に委ねて学校の奮闘努力に期待すればよいということにはならない。ミクロな観察を、広角レンズによって撮影された、より「大きな絵」の中に位置づけておかねばならない。この点に関する教育研究者たちの結論はずっと変わらない。効果のある学校は社会の償いをすることができるのか――その答えは「イエス、ある程度までは」にとどまる。この意味で、学校を支援する教育政策と、社会経済政策の責務は圧倒的に大きい。

だが同時に学校は無力ではない。効果を求めて変身することもできる。家庭環境に恵まれない子どもたちを支援できる場所があるとすれば、公立学校はその筆頭に位置する。二つの福音の書がコンパクトで求めやすい形で出版されたことを喜びたい。

評・耳塚寛明（お茶の水女子大学教授）

かりや・たけひこ　東京大学教授。
しみず・こうきち　大阪大学教授。

二〇〇八年一〇月二六日②　文芸

『マイクロバス』

小野正嗣 著
新潮社・一六八〇円
ISBN9784103090717

言葉なき人間を言葉で描く強い意志

本書の表題作を読んでいると、虚構内に客観的な自然描写というものが真にはあり得ないことを絶え間なく突きつけられる。その意味では、ガルシア・マルケスを彷彿（ほうふつ）とさせた。

併録の「人魚の唄（うた）」と緩やかに繋（つな）がる表題作は、過疎化が進む「浦」の集落を舞台にしている。口のきけない知的障害者の主人公「信男」は、車の運転だけが取り柄（え）。身寄りのない「ヨシノ婆」を中古のマイクロバスに乗せて、海沿いの国道を走るのが日課だ。バスを走らせることで、忘却の淵（ふち）に沈みかけた集落と集落を「縫い合わせる」ために、信男は遣わされてきたのか――と話を纏（まと）めたとたん、これは別な語彙（ごい）と視点による違う物語になってしまう。

「重い雨雲の裾（すそ）をつかんで離さない入り組んだ海岸線を三日三晩に及ぶ格闘の末に振り切って、台風8号が……」と始まる本作は、時空間が歪（ゆが）み、ずれて、溶けあい、現実と夢想は境を喪失する。信男は豚になり、死者になり、自分で自分をバスに乗せて走る。ある人物の目を持ちながらその発語を封じられた語り手はどうするか。主に信男のポジションからものを見、彼を「描く」ことに集中しながら、しかし作者は彼の内面に入りこんで心理をドラマ化しようとはしない。心への妄（みだ）りなアクセスを読者にも禁じる。殴られる信男に「痛い」という語彙はなく、すべてが唸（うな）る蠅（はえ）となって体表を覆うのだ。一行一行が、強力な語りの糸によって織り上げられていく。

知能や記憶の障害を描く場合、多くはそれを拙（つたな）い文章や乏しい語彙で表現する（例えば『アルジャーノンに花束を』）が、本作には恐るべき饒舌（じょうぜつ）があり、話し言葉ではあり得ない複雑な構文が用いられる。だがそれこそが、主人公の言語的空白と、人の内面と外面の度しがたい齟齬（そご）を浮き彫りにするではないか。老婆と信男の間の絆（きずな）とは。親子の間に起きた出来事とは？世界は圧倒的な不分明さの中に残される。言葉なき人間を言葉で描くことのジレンマと正面から向かいあおうとする屈強な意志の元に、この壮大な小説は生まれたのである。

評・鴻巣友季子（翻訳家）

おの・まさつぐ　70年生まれ。作家。『にぎやかな湾に背負われた船』で三島賞。

二〇〇八年一〇月二六日③　政治／社会

『福祉政治　日本の生活保障とデモクラシー』

宮本太郎 著
有斐閣・一五七五円
ISBN9784641178021

「行政不信に満ちた福祉志向」の行方

本書は、「福祉政治」を「生活保障をめぐる政治」と定義しつつ、生活保障が「雇用保障」と「社会保障」から成り立つものと把握した上で、戦後日本におけるその展開と現在そして将来に向けての課題を論じるものである。

本書での著者の主張の骨子は明確である。すなわち、日本における生活保障は、社会保障への支出を抑制したまま、公共事業や業界保護による仕事の分配を通じて成り立っていた。言い換えれば雇用レジーム（雇用の創出・拡大をめぐる政策やシステム）が福祉レジームの肩代わりをしてきたのが戦後の日本だった。それが1980年代ごろから雇用レジームが揺らぎ、しかもそれに代わる社会保障が整備されないまま進行する中で、「頼るべきセーフティネットがないままに失業や貧困に陥る人々が増大する」という状況に至っている。

事態を一層困難なものにしているのは、日本の福祉政治を支えたのが個別的な利害調整であり、その「基本原理は正面から問われないままで来た」ことである。加えて現在、人々は「行政不信に満ちた福祉志向」ともいうべき状況にあり、ある種の膠着（こうちゃく）状況が生まれている。

以上は論旨のごく一部だが、戦後日本の福祉政治の展開を、雇用や関連する経済社会の動きとも連動させつつ、このように包括的な形で論じた書物は稀（まれ）だった。著者の議論は論理の明晰（めいせき）さと多面的な視点からの分析という点において一貫している。

さらに掘り下げてほしい点をあえて挙げれば以下のようになる。日本のシステムがある時期から機能不全に陥っていった背景あるいは構造というものは何か。それは需要の飽和などによる成長経済の終焉（しゅうえん）ということが大きいのか。では〝成長の果実の配分〟ではなく本来の意味の「再分配」を律する原理やシステムはどのようなものとなるか。コミュニティーのあり方など、著者が今後の方向として提起する「ライフ・ポリティクス」の課題群とともに、現在準備中という「ポスト福祉国家論」における展開が大いに期待される。

評・広井良典（千葉大学教授）

みやもと・たろう 58年生まれ。北海道大学大学院教授。編著に『比較福祉政治』など。

二〇〇八年一〇月二六日④

『後期近代の眩暈（めまい） 排除から過剰包摂へ』

ジョック・ヤング 著
木下ちがや、中村好孝、丸山真央 訳
青土社・二九四〇円
ISBN9784791764334

社会

巧妙に排除され、隠される不平等

昨年、邦訳が出て大きな話題を呼んだ『排除型社会』のジョック・ヤングが、次に何を書いたのか。注目の続作だ。広い視野を持った犯罪学者であるヤングは、先進国社会が1960年代後半に、さまざまな層の人々を受け入れる包摂型から、人々を階層化して分断する排除型へ移行したことを豊富な実例とともに指摘し、その時代を「後期近代」と呼んだ。

では、排除をなくせばよいのか。話はそう簡単ではない、と著者は本書で言う。たとえば今や都市では、〝下層〟と言ってもそうではない人たちとの境界は曖昧（あいまい）だ。そういうところでは、包摂と排除、吸収と排斥の両方が同時に起きている。これこそが「過剰包摂型社会」だ。消費や労働の市場はすべての人に開かれているように見えるが、実はそこで特権を享受できるのは限られた人だけだ。貧困層が「身近な人びと」に見えるセレブリティを賞賛（しょうさん）することで社会の不平等や格差は覆い隠され、「ほんの一握りの人間に圧倒的な財と地位の特権が集中するということが自然なことであるかのような様相を呈する」といったまさに眩暈（めまい）がするような事態が生じる。「排除／包摂」といった二分法で考えている限り、私たちは現実を正しく理解することもできないのだ。

まず、二分法を脱し、包摂の一方で巧妙に排除が行われる過剰包摂型社会を認識することが重要なのだが、私たちはつい「日本も含めたこの社会への処方箋（せん）は？」と問いたくなってしまう。これに対して著者は、多様性の自由を認めつつも、他者の苦境は共有して解決する「変形力ある包摂」が可能な政治の必要性を掲げるのだが、そのあたりは前作同様、やや説得力や実現性に欠ける気もする。しかし、労働、福祉、犯罪などの社会問題と排除または包摂といった心理的な問題を大胆につなげ、代案も示さずに現状を分析しっぱなしでおしまい、という態度は著者の性に合わないようだ。そういう意味で学者離れした学者ともいえるヤングは、「後期近代」の重要人物のひとりになりそうだ。

（原題、THE VERTIGO OF LATE MODERNITY）

評・香山リカ（精神科医）

Jock Young 42年生まれ。犯罪学者。

二〇〇八年一〇月二六日⑤　文芸

『三月の招待状』

角田光代 著

集英社・一四七〇円
ISBN9784087712452／9784087467406（集英社文庫）

辛いこともあるが最後はノホホンと

一冊の中編小説と見ることもできるが、やはり連作短編集として読むほうが適切だろう。12話からなり、一つ一つが独立した短編でありながら全体を読み通せば、それなりのまとまりがある。

かつて大学で睦(むつ)みあった数人の男女たち……。10年ほどが過ぎ、今は30代、恋愛もあったし結婚もあったし、敬愛もあったし侮蔑(ぶべつ)もあった。1話ごとに主人公が変わり、それぞれの生活と交友と思案とが綴(つづ)られ、都会に暮らす中流の上くらいの男女の、今風のドラマが浮かびあがる。女性からの視点が多く、この作家の書き巧者ぶりが遺憾なく発揮されていて快い。冒頭で触れたように〝連作短編のようで、中編のようで〟というスタイルを完成するのは、小説の技法として充分(じゅうぶん)にむつかしい。その典型のような味わいがあって小説教室のテキストにもよさそうだ。

作品の始まりはメンバーの一組が離婚式を催す、という設定から。招待状を受けた側の当惑、離婚式の風景、そこでめぐりあった古い仲間たちが、あらたにくっついたり、しらけたり、昔日の慕情を振り切ったり、女性が主導権を握っている描写が多いのだが、

——当節はこうなんだろうなあ——

と納得が広がる。

天下国家を語る小説ではないけれど、この世代の（特に女性の）心のひだに触れ、鮮やかにえぐり出しているところが随所に見られて、これはまちがいなく小説を読む楽しさだろう。

皮肉交じりのユーモアも楽しい。〝裕美子は思い出す。学生のころ、顔を合わせば恋愛の話ばかりしていた。正道に好きな人ができたとか、ヨリを戻すことにしたとか、生真面目(きまじめ)な小学生の朝顔観察日記みたいに、裕美子は充留に報告したし、充留もまた、そうだった〟には笑ってしまうし、学生時代の人間関係について〝やり残し症候群〟とか〝昔の栄光症候群〟とか、言いえて妙である。

悲しいことや辛(つら)いことが次々に描かれているけれど、終局的にはノホホンとした世界であり、軽くて知的な読書にふさわしい。

評・阿刀田高（作家）

かくた・みつよ　67年生まれ。作家。『対岸の彼女』で直木賞。『ロック母』ほか。

二〇〇八年一〇月二六日⑥　政治／経済／国際

『中国　静かなる革命』

呉軍華 著

日本経済新聞出版社・二一〇〇円
ISBN9784532353186

安定に欠かせぬ政治問題を正面から

著者は経済分野で高い評価を受けているチャイナ・ウオッチャーである。しかし本書の目的は、中国の将来を政治的視点から予測することである。なぜ経済学者が政治問題を正面からテーマにするのか。経済を含む今後の中国を動かす最大のポイントは政治にあると見たからである。評者も同感。経済が持続的成長を実現できたとしても、それによって長期的な安定基盤を築くことはできない。

これまで当局は「アメとムチ」の政策を使い、また民衆の間にあるより良き指導者を求める「聖君賢相メンタリティー」と悪い地方幹部をやっつける「水戸黄門メンタリティー」を利用し政治安定を確保してきた。しかし腐敗・汚職・環境の深刻化などに合わせて弱者の直訴や抗議行動は急増し、不安定化が進んでいる。また改革開放の受益者層、経済成長持続の観点からも政治システム民主化の声は急速に高まった。

05年秋、ある雑誌に掲載された中堅幹部意識調査によれば、63％が民主主義の度合いが不十分、85％が政治改革を加速すべきだと答

えている。2012年には胡錦濤・温家宝体制が終わり、共産主義教育が極端に希薄化した新しい指導部が誕生する。この年からの10年間が「天の時、地の利、人の和」がそろった政治改革の絶好のチャンスであり、特に2020年は政治体制移行のターニングイヤーだと主張する。その移行は外部ショックや、下からの大衆革命によるものでなく、党自身の変革を契機とし平和的に実現されると指摘している。

政治研究者としてあえて指摘すると、「近年まで、中国崩壊論が圧倒的影響力を持っていた」との指摘は、マスコミ界はともかく学界ではそうではなく、評者も崩壊論を批判してきている。また中国の民主主義モデルを伝統的文化の「和」＋スウェーデンモデル＋シンガポールモデルの融合と見るにはやや説得力不足である。もっとも経済的側面からの分析と伝統的な政治文化および中国人としての触覚から政治改革の可能性を読み込む作業には大いに啓発され学ぶところが多かった。

評・天児慧（早稲田大学教授）

ウ・ジュンファ　日本総合研究所理事・主席研究員。

『過激な隠遁（いんとん）』　高島野十郎評伝

川崎浹 著

求龍堂・二五二〇円
ISBN9784763008183

アート・ファッション・芸能／ノンフィクション・評伝

精神性の高い写実画で、最近知られるようになった画家高島野十郎（やじゅうろう）。東京帝大水産学科を優秀な成績で卒業するが、独学で画業に専念、「遁世（とんせい）」に近い生活を送った。ヨーロッパにも滞在したが、新しさには背を向け、もっぱら風景を描いた。

著者はロシア文学者。24歳で偶然に知り合った40歳年長の画家との、20年間の交遊や言動を中心に生涯を追った。

最初、アトリエを訪れたとき、イーゼルには渓流を描いた絵があったという。何日も水の流れを凝視していると、水の動きがとまり、岸辺の岩や巌（いわ）が動きはじめ、流れるようになった。その動く巌を描いたと画家は話した。

高島が見ようとしていたものは、普通の「見る」とは異なっていた。風景ではなく空気を、月だけではなく周囲の闇も描こうとし、「在るに非（あら）ず、また在らずに非ざるなり」という信念をもっていた。

縁ある人たちに無償で描いた「蝋燭（ろうそく）」の絵が何十枚もある。画家の遺稿に、「寫実（しゃじつ）の極致、やるせない人間の息づき——それを慈悲といふ」という文章がある。一瞬、その揺らぐ焔（ほのお）が見える気がした。

現代にあっては、変わろうとしないことが過激になる。まるで流れる巌のように。そんな逆説に生きた画家を、著者は共感をもってつづる。

評・由里幸子（前編集委員）

二〇〇八年一〇月二六日❽

『傷ついた画布(カンバス)の物語　戦没画学生20の肖像』

窪島誠一郎 著

新日本出版社・一六八〇円

ISBN9784406051569

アート・ファッション・芸能／ノンフィクション・評伝

作家である著者は97年、長野県上田市に戦没画学生慰霊美術館「無言館」を設立した。今年9月の無言館第二展示館開館を前に、本著に20点の作品を掲載、遺族などの話をもとに創作の経緯や由来をつづった。

紹介された20人は、東京美術学校(現在の東京芸大)、帝国美術学校(現在の武蔵野美大、多摩美大の前身)などで学んだ画学生がほとんど。多くが20代の若者で、外地で戦死や戦病死している。

「祖母なつの像」を描いた蜂谷清さんは、召集令状を受け取った日に祖母にモデルを頼み、幼い彼をおぶるときに羽織った半纏(はんてん)を着るよう注文した。半纏を燃える朱赤色で丹念にぬりこんだとき、「共有した短い歳月を、ひたすら自らの記憶の奥に刻印」したと著者は想像する。

片岡進さんは出征前夜、明け方まで一睡もせず石膏(せっこう)の「自刻像」制作にうちこんだ。それは「デスマスク」ではなく「ライフマスク」であって、作者が今も在る「生」の証しと著者。ともすれば「哀れな戦争犠牲者の遺留品」とされる遺作は、私たちに共感と勇気を与えるという。

それでも収集展示は「当事者である画学生たちの諒解(りょうかい)や賛意」を得ていないと、彼らに許しを乞(こ)う著者の誠実さに打たれた。

評・多賀幹子(フリージャーナリスト)

二〇〇八年一〇月二六日❾

『ウォールストリートの靴磨きの告白』

ダグ・スタンフ 著　椿香也子 訳

ランダムハウス講談社・二三一〇円

ISBN9784270003930

文芸／政治

主人公は、ウォールストリートの大手証券会社の中で靴磨きをしているブラジル移民ギル。トレーダーがトイレでこっそり携帯電話をかけているのを目撃した掃除係が、そのトレーダーの画策で首になる。ギルは、友達である掃除係を復職させたくて、前の職場で親切な客だったグレッグに助けを求める。本書のもう一人の主役であるグレッグは、有名雑誌のライターで、特ダネを探し求めていた。ギルの話からインサイダー取引の匂(にお)いを嗅(か)ぎつけたグレッグはさっそく調査に乗り出す。

昨今何かと話題の証券会社の重役やトレーダーの乱脈な生活ぶりが、靴磨きの目から描かれる。エリート証券マンたちは、自分にとって存在しないも同然の人間である靴磨きの前では、平気で素顔をさらすのだ。

ニューヨークの底辺で、あくせく生活費を稼ぎつつ、上昇志向を失わない移民たちの生活ぶりもリアルに描かれている。複数の靴磨きにインタビューして本書を書いたというが、心情描写には確かに説得力がある。金に踊らされる証券マン、旧悪を隠し通そうとする重役、特ダネをつかむためにギルを利用してしまうジャーナリストのグレッグ。彼らの思惑が渦巻き、ギルは思わぬ危険に放り込まれる。臨場感あふれるスリリングな展開で、一気に読ませる。

評・常田景子（翻訳家）

二〇〇八年一一月二日①

『世界一高いワイン「ジェファーソン・ボトル」の酔えない事情』

ベンジャミン・ウォレス 著　佐藤桂 訳

ノンフィクション・評伝

早川書房・二三一〇円
ISBN9784152089601

渾身の力で追うボトルの真贋は…

1985年12月、1本の古い古い赤ワインが、ロンドンの競売会にて10万5千ポンド（当時約3千万円）で米国人に落札された。「最も高いワイン」は名を轟（とどろ）かせ、シトロエン社は「このヴァン・ルージュ（赤ワイン）に比べたら弊社のヴァン・ルージュ（赤い車）はお安いもの」と皮肉な広告を打ったという。そのワインとは、1787年シャトー・ラフィット。18世紀のボルドー1級とはいえ、普通はここまでの高値はつくまい。ボトルにはTh.J.の頭文字が彫られ、第3代大統領トーマス・ジェファーソンが所有した物と鑑定されたのである。

本書は、80～90年代の欧米ワイン界を巻きこんだ「ジェファーソン・ボトル事件」の経緯と真相に迫る渾身（こんしん）のノンフィクションだ。真贋（しんがん）の問題については、ワインの領域に留（とど）まらぬ文学的な問題提起がなされ、その一方、手に汗握るミステリーのように読ませる。

そもそもワインとは謎である。取り扱いの厄介な飲料でありながら賞味期限などの明記すらなく、鑑定しようと飲んだ時には消えている。味には個体差が激しく、価格設定は芸術品のように気まぐれだ。ワインの値が釣り上がる仕組みは美術品と似て、競売者、収集家、評論家の三者の力が働くが、さて、本書の発端となる時期、彼らは各々（おのおの）どんな立ち位置にいたか？　ボルドーの「最も偉大な年」1982年をポイントに考えてみよう。

この頃、英国クリスティーズが好景気に沸く米国に乗りだし、腕利き競売人ブロードベントがワイン市場を手中に収める。問題のボトルを売ることになるドイツの収集家ローデンストックが、贅沢（ぜいたく）なテイスティング会を始めたのもその頃だ。そして現在世界のワイン価格を左右する評論家ロバート・パーカーが利き酒で名をあげたのが、1982年ヴィンテージであり、米国ではワインへの関心が一気に高まる。ある意味、この一連の事件は、ワインの価値を決める三者が癒着してしまったが故に起きたのである。収集家が超希少ワインを出す食事会に著名人やワイン関係者を招待し、呼ばれた評論家らはそれを称賛する。価値があがったところで別ボトルを競売へ。著名人が落札してまたワインに箔（はく）が付く。こうして飲まない飲み物を取り巻く「空気」に大金が投じられ、錚々（そうそう）たるシャトー、ジャーナリストがその輪に取り込まれていく。その過程を、本書は扇情に陥らない粘り強い筆で描きだす。取材出典も明確かつ豊富だ。

　多くの芸術分野と同じく、ワインの世界でも「原典主義」が権勢を揮（ふる）っているが、本書は古いワインを大作家の初版本や原本に準（なぞら）える。焼失した草稿や、一回きりの初演を見るにはタイムマシンが必要だが、それに乗せてやろうという人間が次々と現れるのである。

　事件の真相は？　ワインおよびサインの真贋の行方は？　ちなみに、落札者の一人が起こした裁判が今も続行中らしい。

　著者は古酒を開けることをこう喩（たと）える。それは「あかあかと燃えてはかなく消える何かに火をつけることにも似ていた」。わたしの今年度「ベスト・ミステリー」は本書だ。

（原題、THE BILLIONAIRE'S VINEGAR）

評・鴻巣友季子（翻訳家）

Benjamin Wallace　ニューヨーク在住のジャーナリスト。「フィラデルフィア」誌編集者などを務めた。本書が初著作。

二〇〇八年一一月二日②

『漢字を飼い慣らす　日本語の文字の成立史』

人文

犬飼隆 著

人文書館・二四一五円

ISBN9784903174181

木簡も一次資料に成立過程を追究

　日本語を文字で書く――簡単にみえることだが、実は、独自の文字を持たなかった古代の人々の大変な努力により実現したのである。漢字には音（おん）と訓（くん）があり、漢字から生まれた仮名には片仮名（カタカナ）と平仮名（ひらがな）がある。日本語は、漢字と仮名により、世界に稀（まれ）な、複雑な方法で書き表される。

　古代日本の言語は、口頭言語と文字言語からなる。口頭言語は日本固有の言語だが、初めは文字を持たなかった。そこに、文字言語である漢字漢文が中国から直接、あるいは高句麗・百済・新羅を介して伝えられた。漢字漢文は政治・外交、思想・仏教に必要な外国語であった。漢字漢文を使用する過程で、日本化された変体漢文も生み出され、日本語を表記するために漢字漢語の日本的用法が展開し、仮名が生み出された。

　このように、中国文字の漢字は「飼い慣（な）らされて」訓よみを与えられ、日本語の文字となる。また万葉仮名として日本語の発音を表すために使われる中で「品種改良」が進み、片仮名・平仮名が生まれた。そして平安時代に至って仮名文や和漢混淆文（わかんこんこうぶん）の表現法など日本語の文字言語が確立し、古今集や源氏物語、今昔物語集などがしるされた。

　国語学者の著者は、日本語の文字言語の成立過程を古代史・考古学の成果を取り入れ学際的研究により追究する。そして、正倉院文書（しょうそういんもんじょ）や、ここ20年ほどで出土例が飛躍的に増大し言語資料として使えるようになった木簡（もっかん）などを、積極的に利用する。これらの一次資料と、「はれ」の文献である古事記・日本書紀、万葉集、風土記の類（たぐい）とを比較することによって、奈良時代の社会における文字文化の層的な差異を把握できる可能性があると著者は示唆する。

　例えば、正倉院文書には筑前・豊前・美濃・下総などの戸籍が残る。戸籍で人名に使われる漢字や、木簡などで日常的、実用的に使われていた万葉仮名は、記紀万葉とは異なる文字使用の層を示し、平安時代の仮名につながる様相を見せるという。

　本書は、記紀万葉を中心に構築されてきた日本語表記史の見直しを提言する。

評・石上英一（東京大学教授）

いぬかい・たかし　48年生まれ。愛知県立大教授。『木簡による日本語書記史』など。

二〇〇八年一一月二日③

『地図男』

真藤順丈 著

メディアファクトリー・一二六〇円
ISBN9784840124164／9784840138260（MF文庫ダ・ヴィンチ）
文芸

地図の上に生まれる物語の迷宮

地図男――。彼は所有する国土地理院発行の「29cm×19cmの関東地域大判地図帖（ちょう）」に無数の物語を記しつつある。それは具体的な場所で生まれた物語であり、地図上の当の場所に細かな文字で書き込まれるだけでなく、付箋（ふせん）や紙切れが次々張り付けられて非常に分厚くなっている。

登場人物が移動すれば、書き込まれる場所も地図上を移動する。その結果、一つの物語を追いかける読者は、どこを読んだらいいか分からなくなってしまう。といって、書かれたものが魅力を失うわけではない。層になった物語群が一種の迷宮をなすことで、一つ一つの断片はむしろ輝きを帯びると想像される。

物語は通常単線的なものである。だが、地図男の物語は平面に広がり、さらに層をなすことで三次元方向にまで拡張される。これは地理に異様に詳しい地図男が、地図を空間的に把握していることに比喩（ひゆ）的に対応しているのだけれど、小説というものの本質にも対応している。

小説は物語そのものではなく、元来単線的である物語を素材に、広がりのある時空間を作り上げる技術だ、という言い方ができるだろう。つまらない小説が物語にただ寄り添うのに対して、面白い小説は、どんなに単線的に見えても、小説世界に奥行きが感じられるものだ。地図男の「書物」は小説の理想であり、ボルヘスの小説にでも登場しそうなこの「書物」は、アイデアがよいだけでなく、そのイメージがリアルな感触で定着されているのが素晴らしい。

さほど長くない小説中で紹介される物語の断片はほんのいくつかでしかない。が、スピード感あふれる文体で記される断片はどれも魅力的だ。そして小説後半、一見脈絡のない地図男の物語群に隠された主題を探るという、謎解きの趣向が導入されるに至って、一編はウェルメードなエンターテインメントとしての着地点を見いだす。そのことに文句はない。文句はないが、ウェルメードであるために失ったものもあるのではないか……と論じるだけの字数がもうない。まずは新たな小説的才能の出現を喜びたい。

評・奥泉光（作家）

しんどう・じゅんじょう　77年生まれ。08年に公募の3新人賞を受賞。

二〇〇八年一一月二日⑤

『誰も国境を知らない　揺れ動いた「日本のかたち」をたどる旅』

西牟田靖 著

情報センター出版局・一七八五円
ISBN9784795848924／9784022617408（朝日文庫）
ノンフィクション・評伝／国際

矛盾に満ちた不自然な現実と出あう

国後島で、沖ノ鳥島で、竹島で、そして対馬で、西牟田靖さんは携帯電話を取り出して電波の状況を確かめる。僕たちがふだん地下街や山間部に出かけたときにそうするように。文中で特に強調されているわけではない、日常的な行為である。だが、本書の魅力は、そこにこそ象徴されているのではないか。

「国境」とは、大日本帝国から日本へという領土の〈膨張と収縮〉に翻弄（ほんろう）されてきた場所である。矛盾や理不尽はいくらでも出てくる。日本の領土なのに隣国に実効支配されている島もある。距離的にはずっと近い隣国と直接には行き来できない島もある。政治的配慮で上陸さえ叶（かな）わない島もあれば、コンクリートで保護しなければ消えてしまいかねない島も……。西牟田さんの旅は、そんな〈不自然な現実〉を次々に目の当たりにする旅でもあったのだ。

1970年生まれの西牟田さんもまた、「国境」に立つと足元の揺らぎを感じてしまう。

自問をつづけ、島々の現状に疑問や憤りを感じながらも、答えや結論の出ないまま旅が終わることもある。だが、その揺らぎを揺らぎのまま描くところが、西牟田さんのフェアネスなのだろう。ナショナリズムや愛国心の力を借りれば結論は容易に（しかも威勢良く）出るからこそ、西牟田さんはそれを自制する。「本土」や隣国からの距離を携帯電話の電波の強弱を通して、いわば等身大で実感しようと試みるのも、そのあらわれだと思うのだ。

　等身大の書き手はまた、等身大の聞き手でもある。「国境」をめぐる国家間の緊張や摩擦を、西牟田さんは、愛国心以前の感情のレベルでとらえ、また島の経済状況から出てくる本音にも目配りを忘れない。すると、国家対国家という大きな枠組みが消えて、人間一人ひとりの姿が浮かび上がるのだ。表題の「誰も国境を知らない」は、「国境に暮らす人を知らない」「国境を訪れる隣国の人を知らない」でもある。西牟田さんは「国境」を旅しただけでなく、さまざまな立場の人々と出会った――それが本書のなによりの収穫なのだと思う。

評・重松清（作家）

にしむた・やすし　70年生まれ。ノンフィクションライター。

二〇〇八年一一月二日❻　国際

『国際緊急人道支援』

内海成治、中村安秀、勝間靖 編
ナカニシヤ出版・三七八〇円

ISBN9784779502477

一刻を争う救援から自立まで詳しく

　世界の各地で、災害や紛争が突発的におこることは多い。その時、家や生活があっという間に破壊され、被災した地域では、多数の人びとが非人道的な状況に陥る。被災者、難民、国内避難民などを少しでも早く助けようとするのが、国際緊急人道支援である。

　自然災害の場合は、被災後72時間以内が人命救助の鍵である。紛争が原因の場合でも、救援は一刻を争う。緊急支援にかかわる組織が、一報から24時間以内に対応する態勢にあることを知って、心強く思う。

　とはいえ、緊急の人道支援に向けた取り組みは、国際機関のレベルでも、日本国内でも、現場でも多くの課題を抱えている。それぞれ第一線で活躍している19人が総力を結集した本書には、そのような支援の理念、歴史、現状、課題について、情報と分析が詰まっている。

　組織としては、三つの国連機関、日本政府の国際緊急援助隊、さらに、NGOのジャパン・プラットフォームについて詳述されている。日本のNGOの活動は、慈善活動の歴史が長い欧米と比べて弱い、とよく指摘されるが、今世紀に入ってから格段に向上しているという。

　支援に絶対に欠かせないのは、家、食糧と水、保健医療であるが、さらに、それに教育が加わる。緊急人道支援に教育支援が必要か、素朴な疑問がわくが、実は教育へのアクセスの回復こそ、すべてを失った被災者や難民に希望をもたらすという。

　緊急援助は、被害を受けた人びとが生活を再建し、心を癒やすところまで続く。「緊急」と言うが、生活の自立まで最低3カ月、場合によっては2～3年以上かかることもある。被災直後の救命や保護から自立のサポートまで「継ぎ目のない」支援が必要とされる。

　最近の日本では、海を越えての人助けや意義ある国際的活動に関心を持つ方も増えている。本書はこのテーマに関して本格的に取り組んでおり、教科書的な叙述がやや硬めであるが、そういう方にぜひ読んでいただきたい。

評・小杉泰（京都大学教授）

うつみ・せいじ、なかむら・やすひで、かつま・やすし　大阪大教授ほか。

二〇〇八年一一月二日⑦

『アキハバラ発〈00年代〉への問い』

大澤真幸 著　岩波書店・一五七五円

ISBN9784000220477　社会／ノンフィクション・評伝

「誰でもよかった」という言葉に私たちは震撼（しんかん）した。6月8日の日曜日、東京・秋葉原の路上が血に染まった。25歳の男が車で突入、17人を次々と殺傷したのだ。事件の直後、おびただしい量の言葉がインターネットで飛び交った。加害者が主張した身勝手な孤独感、絶望や怒りに対し、共感する若者の意見も少なくなかったという。

凶悪な無差別殺人、そして事件に触発された若い世代の声を前に、評論家や作家、社会学者たちは何を考えたか。論文やエッセー、対談を収めた本書では、不安定な非正規雇用の拡大、他者から認められることの難しさなど、事件の背景にあって私たちが目をそらすことができない今日の課題が指摘されている。

森達也氏のルポルタージュは読みごたえがある。加害者が不特定多数を殺傷するまでにいたった心情や理由を探求し、オウム事件以降、私たちが「人は人を明解な動機がないままに殺せることを学習した」点を確認する。

また、加害者が不満や鬱憤（うっぷん）をはらす標的を持ち得なかったがゆえに、正確には「誰でもよかった」わけではなく、「誰でもない誰か」を殺したかったとみるべきだと指摘する。そのとおりだろう。森氏は「ここには本質など何もない」と見きわめ、わずか2時間で殺戮（さつりく）現場を離れている。

評・橋爪紳也（建築史家）

二〇〇八年一一月二日⑧

『オイッチニーのサン「日本映画の父」マキノ省三ものがたり』

高野澄 著

PHP研究所・一七八五円

ISBN9784569702742　アート・ファッション・芸能／ノンフィクション・評伝

この9月に公開されたばかりの映画「次郎長三国志」の監督がマキノ雅彦こと津川雅彦。その父は戦前の映画スター沢村国太郎であり、その妻・智子の父が日本映画の父、マキノ省三である。日本の映画の歴史はまだ、このくらいの代で言い尽くされるほど浅い。しかし、その内情は、波瀾（はらん）万丈きわまるドラマチックなものであり、その波瀾を映画の申し子として一身に体現したのが省三の一生だった。

その破天荒な人生はこれまでにも息子の雅弘の自伝『映画渡世』などで語られていたが、本書は小説の形を借りて省三ばかりでなく、彼を映画の世界に引き込んだ明治時代の興行界の活気と混沌（こんとん）を克明に描く。

主人公・省三は最初から映画の世界にいたわけではない。寄席の息子として育ち、芝居興行に手を染め、そして当時最先端の娯楽であった映画の世界へと身を投じる。登場人物も、やがてマキノ映画の大スターとなる尾上松之助から松竹の創業者・白井松次郎・大谷竹次郎の兄弟、あのモルガンお雪と豪華であり、フランスにも筆が飛んで、特殊撮影の元祖、ジョルジュ・メリエスまでが登場する。

「オイッチニーのサン」は省三独特の撮影スタートの掛け声だが、日本の映画文化にスタートの声がかかった時代を鮮やかに描く力作だ。

評・唐沢俊一（作家）

二〇〇八年一一月二日⑨

『ライト』

M・ジョン・ハリスン 著　小野田和子 訳

国書刊行会・二六二五円
ISBN9784336050267

文芸

未来を描くのに「400年後」とは巧妙な選択だ。

100年先では温暖化の行方などが気になって想像力が鈍る。千年先には人類が続いているかどうか。400年先なら、考えられる最もとんがった世界をイメージできる。

この作品は、400年後の未来物語二つと現代の物語一つで織りなされている。

未来世界に登場する女性2人の対比が暗示的だ。片方の物語の主人公セリア・マウと別の物語の脇役アニー。

セリア・マウは宇宙船の船長だが、肉体がほとんどない。「肉体として残っている部分は、タンクのなかでもどかしげに動いていた」。ものを考えるのも、船に備わる「計算体」と対話しながらだ。「身体がもってる、あの感触がいやなのっ！」

一方のアニーは、宇宙時代なのになぜか人力車を引くリキシャ・ガール。ドーピングの塊のような巨体だが、どこまでもやさしい。寄る辺ない主人公エドを自分の部屋に泊め、エドが夜、目を覚ますと「ぎごちない思いやりを示すように、彼をまるく包み込む姿勢で眠っていた」。

現代物語の主人公は量子コンピューターの研究者。モノばなれしてコトが進む未来世界は量子論の投影だろうか。

パソコンとウェブにはまりつつある人類のあしたが目に浮かぶ。

評・尾関章（本社論説副主幹）

二〇〇八年一一月九日①

『もっとも美しい対称性』

イアン・スチュアート 著　水谷淳 訳

日経BP社・二七三〇円
ISBN9784822283681

科学・生物

数学者たちの格闘に見る宇宙の真理

恋物語を読んでいて、男女を入れ替えてみる。遊び心で、そんな思考実験をしたことはないだろうか。A美をA太に、U太をU美に置き換える。男女雇用機会均等法もあってかなりのところまではうまくいくが、A太がU美の子を身ごもる段になって破綻（はたん）する。

対称性の破れとは、そのようなものだ。置き換えても同じ話が成り立てば対称、ダメならそれは破れている。

この言葉が、ことしほど世間の耳目を集めた年はあるまい。南部陽一郎、小林誠、益川敏英の3氏に贈られるノーベル賞のおかげである。それを予感してか、あるいは偶然か、対称性をめぐる良書の刊行も相次いでいる。レオン・レーダーマンほか著『対称性』（6月1日付読書面で紹介）などを追うように出たのが本書『もっとも美しい……』だ。

まずは、この本が語る宇宙史。「宇宙が誕生したとき、とてつもない高温状態にあった。はじめ、四つの力はすべてまったく同じ振る舞いをしていた。だが宇宙が冷えるにつれてその対称性が破れ、それぞれの力は分化して別々の特徴を持つようになった」

四つの力とは、重力と電磁気力、原子核の2種の力のことだ。原始の宇宙はのっぺりしていて、あらゆる力がとりかえ可能だったらしい。たとえて言えば、恋も家族愛もなく、ひとしく友情のみが支配する世界か。

あれやこれやの置き換えをしても同じ話ができる。相対論と量子論を柱とする20世紀物理は、そんな対称性の高い理論を生みだしてきた。それは、四つの力を一つにとらえる「万物理論」の追求へとつながっている。

著者は、こうした現代物理の密林に踏み込む前に、バビロニア以来の数学史をひもとく。代数方程式などの難題と格闘した先人たちの人生点描を織り交ぜる柔らかな筆致だ。私たちの宇宙は、数学者が紡いだ対称美に根ざすのだ、という自負が伝わってくる。

なかでも描写に力がこもるのは、19世紀フランスの動乱期を生き、謎めいた決闘で命を落としたガロアだ。「群論」という新しい数学を切りひらいた。対称を保つ置き換えの集まりがもつ数理の構造に迫ったのである。

今、万物理論探しは群論なしにありえない。4次元時空を超える多次元世界を舞台に、実数の領域をはみだした数を相手とする対称性の探究だ。ひときわ大きな「超対称性」を想定し、ものの根源は極微のひもの震えにあるとみる理論などが有望視されている。

それにしてもこの世界って、もともとそんなに対称で美しいものだったのか。6月の書評で非対称の装いをもちだして書いた「宇宙はワンショルダーが好きかもしれない」という皮肉を繰り返したくもなる。

ここで目を引くのは、「数学的美しさは（中略）物理的真理の必要条件だということだ。しかし十分条件ではない」という著者の指摘だ。たしかに実験でダメ出しされる美しい理論もあまたあるのだろう。

この宇宙の本質が対称で美しいとしても、それはほんの一握りの対称美というわけだ。残りは人のアタマのなかだけにある？

（原題、Why Beauty Is Truth : The Story of Symmetry）

評・尾関章（本社論説副主幹）

Ian Stewart 英国・ウォリック大学教授、数学者。数理生物学などを研究。著書に『自然の中に隠された数学』など。

二〇〇八年一一月九日② 文芸

『知りすぎた男』

G・K・チェスタトン 著 井伊順彦 訳

論創社・二一〇〇円
ISBN9784846007898

現代につながるリアルなお伽噺

つむじ風のように突然町へ降り立った男が、世界の見え方を一変させてゆく――イギリスの鯨と呼ばれた巨人チェスタトンの小説は、お伽噺（とぎばなし）こそが最高に「リアル」な物語なのだと教えてくれる驚異の喜びに満ちている。「ブラウン神父」ものだけでチェスタトンを知る人は、今春に新訳が出た奇跡的な傑作『木曜日だった男』をぜひ手にして、その精髄を味わってほしい。

チェスタトンはジャーナリストでもあり、つねに大衆の側に立って時事政治評論を発表し続けた。今回初めて一冊の邦訳単行本となった本書は、第1次大戦後のイギリスとアイルランドの紛争を直接の背景としつつ、チェスタトンの国際政治論が盛り込まれた異色の連作ミステリーだ。作家・反主知主義者モーリス・ベアリングがモデルといわれる主人公のホーン・フィッシャーは、初登場のときこそ他のチェスタトンの創造した詩人たちのように現れ、逆説により事件を解決してゆくが、彼はどうしようもない当時の世間を知りすぎている。裕福な家庭に育ち、家族は多くの有力政治家とも交流がある。その彼は社会のことわりを知りすぎているがゆえに挫折も絶望も経験済みで、ひとりの犯罪者の処罰より国家の将来を優先する探偵なのだ。

　その彼が盟友である政治記者の熱い言葉に促され、ついに政治の只中（ただなか）へ入り、世界を自らの人脈と行動で変えようとする。本来詩人であり批評家の才能を持つ探偵が、矛盾に満ちた行き先不安な社会へアクチュアルにかかわろうとしたとき何が起こるか。リアルなお伽噺であったはずのこの世界が、たちまち異様な幻惑を偶然の名の下につくり上げ、彼の真意を覆い隠すという、その皮肉。それに対しフィッシャーはさらなるお伽噺で世界を塗り替えてゆく。連作の終盤で描き出されるこのせめぎ合いは、他のチェスタトンの邦訳小説には見られない特異な迫力に満ちている。

　世間を知りすぎた詩人は何をなすべきか。フィッシャーの運命は21世紀の私たちさえ焦燥に駆り立てる。チェスタトンの問題意識が現代とリンクする、刺激的な一冊だ。

（原題、The Man Who Knew Too Much and Other Stories）

評・瀬名秀明（作家）

G. K. Chesterton　1874〜1936年。『ブラウン神父の童心』など。

二〇〇八年一一月九日③

『李登輝の実践哲学　五十時間の対話』

井尻秀憲 著

ミネルヴァ書房・二六二五円
ISBN9784623052158

政治／国際

主体的に生きよと言う政治家の肉声

　かつて李登輝は司馬遼太郎との対談で「台湾人の悲哀」を語り、同時に「台湾人として生まれた幸せ」を説いた。また「台湾独立」の頭目と見なされながら「私は独立論者ではない」と叫ぶ。なぜか。これが評者の疑問であり関心であった。

　著者との対話から浮かび上がってくる李登輝思想の神髄は、個人、指導者、民族、国家いずれにおいても「如何（いか）に主体的に生きるか」ということに尽きる。青年時代に新渡戸稲造、西田幾多郎、カーライル、魯迅らに共感したのはまさにこの点にある。面子（メンツ）にこだわる中華世界を脱却しようとした劉備、諸葛孔明、黄宗羲らは評価できるのではと問う著者に「思想がない」と一蹴（いっしゅう）する。本書を通して「台湾人の悲哀」も主体的に生きるための試練・場としてみれば生きがいにつながる、「独立」はそれ自体が目的ではなく、国や民族が主体的に生きるという大きな枠組みの中で初めて意味を持つと読みとれる。日本に対しても「もっと主体的になれ」と叱咤（しった）しながら、「情緒と形」を重視し自然との調和を実践する日本はアジアのリーダーになる時期に来ていると強調する。

　他方で、彼自身が政治家として注目されてきた実践の背景に、農業経済を専門にし農業開発に取り組んできた現実感覚がある。90年代前半の静かな革命＝民主化は主体性と実践哲学の輝ける成果だった。今日の台湾に対しても表面的な統一・独立論に流されることなく主体性を堅持した中道路線を歩めと主張する。

　著者にあえて二言。難解な用語、表現が未消化のまま多用されており理解しにくい。もう一つは「ファン」の想（おも）いが出過ぎて「李登輝美化論」へ傾斜の感がなくもない。距離を保ち相対化を心がけた方がリアリティーが出る。

　しかし、いずれ李登輝が近現代アジア史の歴史的人物として冷静に再考される時は来るだろう。特に中国の政治・思想界でそのような状況が生まれるとしたら面白い。アジアも真に思想的大転換を遂げるかもしれない。本書は「生の声」をベースにしており貴重な文献となるだろう。

評・天児慧（早稲田大学教授）

いじり・ひでのり　51年生まれ。東京外国語大教授。

『名探偵クマグスの冒険』

東郷隆 著
集英社・二三一〇円
ISBN9784087712605

文芸

奇人学者がホームズばりに大活躍

出版界に最初の南方熊楠（くまぐす）ブームが巻き起こったのは、没後50年にあたる1991年前後だったと記憶している。一生を在野の学者として通し、まとまった著作を残さなかったために一般的には忘れられた存在となっていた熊楠は、権威に背を向けた破天荒な生き方の魅力で新時代のカルチャー・ヒーローとして再発見され、またたく間に関連本が何冊も刊行され、半生が漫画化されたり、映画化が企画されたりという騒ぎになった。

その後もブームは何度か再燃し、いまや熊楠はすっかり日本の誇る偉人として認識されるようになった。安下宿に住みこんで大英博物館に日参し、高名な英国の学者たちをも瞠目（どうもく）させる学識の冴（さ）えを見せる日本の奇人学者というイメージは、すでにパブリック・ドメイン（共有財産）となっている。だからこそ本書のような、熊楠をシャーロック・ホームズばりの名探偵として英国で活躍させるという知的なお遊びが成立するのである（実際に熊楠の在英期間はホームズものがストランド・マガジンに連載されていた時期と重なっている）。

とはいえ、天下の博学者である熊楠の言動をそれらしく描くのは、作者自身に熊楠なみの博識と語り口が要求されるということでもあり、これはなまなかの書き手には手に余ることと言えよう。その点、本書の著者・東郷隆は、国学院大学で〝博物館学〟を学んだという経歴の持ち主で、博物学者の熊楠に極めて縁がある。

また、初めて直木賞候補になった『人造記』、またその以前に彼の名前を娯楽小説マニアに知らしめた007もののパロディー「定吉七番シリーズ」などでも、歴史や古典文学、銃器や映画などに関するすさまじいまでの博覧強記ぶりで読者を驚かしていた。熊楠を主人公にした小説にふさわしい作者と言えよう。

故意に派手な展開は抑えて淡々と書いてはいるが、熊楠をめぐる有名なフィクションである孫文救出のエピソードなどをちゃっかり取り入れるなど、遊び心も十分に残している。熊楠ファンにはたまらない作りの小説である。

評・唐沢俊一（作家）

とうごう・りゅう 51年生まれ。作家。『狙うて候 銃豪村田経芳の生涯』など。

『追跡・アメリカの思想家たち』

会田弘継 著
新潮選書・一一五五円
ISBN9784106036187

人文

近代合理主義を疑う保守の流れ

アメリカには思想がないという人がたまにいる。ヨーロッパびいきの人に多い。そうでなくても、アメリカの思想ははなから蔑視（べっし）される傾向が強い。しかし、電電公社・専売公社・国鉄の民営化、そして郵政民営化など、わが国で起きた1980年代以来の一連の改革、あるいはフェミニズムの思想、ロールズの正義論などを例にとっても、学界から現実の政治に至るまで、右であれ左であれ、アメリカの政治思想はわが国にさまざまな形で影響を与えてきた。

本書は、現代のアメリカ政治に影響を与えてきた10人あまりの思想家を、その人生や交友関係、そして思想の特徴などに触れながら、一般読者にもわかりやすく解説したものである。ジャーナリストらしく、何人かの対象には直接聞き取り調査をしている。取り上げられている思想家は、ラッセル・カーク、レオ・シュトラウス、ジョン・ロールズ、ウィリアム・バックリーらである。リベラリズムも扱われているが、全体の力点は明らかに保守の側にあり、むしろアメリカ保守思想の諸相と題した方が内容と合致する。

著者が力説するのは、近代の問題性である。アメリカの戦後保守思想の源流と著者が定義するカークは、エドマンド・バークやジョン・アダムズにまで立ち返ることで、自由主義、個人主義、功利主義、プラグマティズム、資本主義をすべて批判した。キリスト教原理主義、南部農本主義、共同体主義にも、近代に対する懐疑が濃厚に備わっている。

新保守主義やリバタリアニズムなど、アメリカの保守の中でも近代の側を代表する思想も存在するが、著者は「一般には市場万能主義の権化のように言われるハイエクだが、自由の追求を通じて行き着いたところは『近代』の合理主義への懐疑だった」と指摘し、アメリカの保守を理解する際のこの問題の重要性を強調する。

単純な市場万能主義と理解されがちなアメリカの保守主義に、意外な深み、屈折、そして影と襞（ひだ）があることを本書は示唆してくれる。

評・久保文明（東京大学教授）

あいだ・ひろつぐ　51年生まれ。共同通信社ワシントン支局長などを経て論説委員。

二〇〇八年一一月九日❻

『一粒の柿の種　サイエンスコミュニケーションの広がり』

渡辺政隆 著

岩波書店・一八九〇円
ISBN9784000058797

科学・生物

みんなでサイエンス井戸端会議を

今年のノーベル賞は、物理学の3人に加え化学賞も日本人が受賞。とはいえ、4人がどんな偉業を成し遂げたのか、一般人にはよくわからない。マスコミも、顔が誰に似ているとか好きな食べ物は何だとか、ごく表面的なエピソードを語るのみ。最先端の難解な科学は、ふつうの市民にとってはますます近寄りがたいものになりつつある。

しかし、サイエンスライターである著者は、それは科学の本来の姿ではないと主張する。日本にもその昔、寺田寅彦や中谷宇吉郎ら「文人科学者」と言うべき語りの達人がいた。また、ダーウィンの『種の起源』にしても、専門家向けの学術書ではなく一般向けの教養書として世に出されたものだ。かつては科学と世間との距離はもう少し近く、サイエンティストとは「本来、人びとに科学を語る人でもあった」と著者は言う。

そして、科学と世間との溝を再び埋めるために著者が提案するのが、〝サイエンスコミュニケーションのすすめ〟だ。タクシーやエレベーターの中で、ミュージアムで活字メディアの場で、井戸端会議をするように気軽に楽しく科学を語ろう。インチキな「ニセ科学」にだまされさえしなければ、科学のポピュラー化、おおいにけっこう。

それにしても、なぜここまでして一般市民を科学に近づけなければならないのか。小中学生にアンケートをしても、「英語や国語は将来役に立つが、理科は役に立たない」と答える生徒が多いのに。こういう疑問に対して著者は、理科で学ぶ知識や考え方は生きていくうえで必要なリテラシーの一つであり、この「科学リテラシー」は一人ひとりが自らの人生をデザインしていくための素養として欠かせない、と言う。

本書には、サイエンスコミュニケーションのためのネタもいっぱいだ。さあ、一読したら科学者も一般の市民もそのあいだをつなぐ著者のようなサイエンスライターも、みんなで外に出てサイエンス井戸端会議をしてみよう。そんな前向きな気持ちになれるなんとも楽しい一冊。

評・香山リカ（精神科医）

わたなべ・まさたか　55年生まれ。サイエンスライター。『DNAの謎に挑む』など。

『原爆投下とトルーマン』

J・サミュエル・ウォーカー 著　林義勝 監訳

彩流社・一九九五円　歴史／政治／国際
ISBN9784779113758

原爆投下に関するアメリカ指導者の意図を検討した、定評ある研究の翻訳である。原爆投下を正当化するアメリカ指導者の説明は、原爆を使わなければ日本本土上陸作戦は不可避で、100万人の米兵の犠牲が出ただろうとするものだ。これに対し、原爆はソ連に対するアメリカの外交的優位を作り出す目的で投下されたという批判論が出され、両者の論争が続いた。

著者によれば80年代には学界の共通の合意として本土上陸作戦に代わる唯一の代替案が原爆投下という説は否定され、100万人の米兵の犠牲という数値は誇張されたものだということが認められたという。ただし著者は詳細な検討の結果、トルーマンの原爆投下の決定には、戦争の早期終結の意図と主観的には何千人かの米兵の犠牲を避けようという「人命救助」の観点が大きかったことを認めている。

この結論は、われわれを複雑な気分にさせる。戦時期の日本とは違って、アメリカでは自国兵士の「人命」の価値が、政策判断に影響するくらい高かったのである。だがそれは、原爆投下で数多くの敵国人が殺される可能性を、まともに考慮しない姿勢と結びついていた。自国民の「人命」の価値の高さが、敵の民間人の大量殺戮（さつりく）をためらわないことにつながる怖さを示す結論ともいえよう。

評・赤澤史朗（立命館大学教授）

『フィンランドを世界一に導いた100の社会改革』

イルッカ・タイパレ 編著　山田眞知子 訳

公人の友社・二九四〇円　人文／社会
ISBN9784875555315

「9・11」のあった2001年の冬にヘルシンキに2カ月ほど滞在したが、アメリカとは対照的な、ゆったりとした豊かさを日常のあらゆる面で感じた。フィンランドはここ数年〝世界一の教育水準〟や国際競争力の高さで大きな注目を集めている。本書は、それを近年日本でも言及される「ソーシャル・イノベーション」という観点から幅広く紹介し論じるものである。

「イノベーション」というと、通常は科学技術や研究開発を連想するが、ここで主題となっているのはもっと広い意味でのイノベーション（革新）だ。それは社会の仕組みや人々の意識などに関するものであり、編著者の「すべての市民に対する社会保障、無料の学校教育等によってもたらされる市民のしあわせと社会の安定」が「特許のないイノベーション」であるという言葉に象徴される。「福祉社会と競争力」は互いにパートナーともいう。

日本とフィンランドは〝後発の産業国家〟、社会変動の速さといった点で意外に似た面もある。現在の日本に必要なのは、狭義の技術革新もさることながら、成熟社会という時代状況に応じた制度や意識の「イノベーション」ではないか。若干〝事典〟的で各項目の記述が物足りない面もあるが、そうした様々な思考を喚起してくれる本である。

評・広井良典（千葉大学教授）

二〇〇八年一一月九日⑨

『世界のなかの日清韓関係史』

岡本隆司 著　講談社選書メチエ・一五七五円

ISBN9784062584203　歴史／政治／国際

西欧起源の主権国家体制が世界を覆っている現在、それ以前の国際秩序というのは容易に想像し難いものになっている。しかし、つい１００年ほど前まで、東アジアには、今日とは異なる国際秩序が存在しており、近年その解明が急速に進んでいる。本書は、16世紀から20世紀初頭に至る東アジア国際秩序の変遷を、壮大なスケールで描き切った力作である。

筆者が特に注目するのは、清国と朝鮮の関係である。両国の間には、宗属関係と言われる一種の優劣が存在したが、筆者は、それが、朝鮮を「属国」と見なすか「自主」を認めるかという、微妙なバランスの上で保たれていたと喝破する。

19世紀に西欧列強が東アジアに進出し、日本が近代化を始めると、そのバランスは崩れた。朝鮮は、清国からの「独立自主」を達成する一方で、列強からの進出を受け、最終的には日本に併合された。国際情勢が朝鮮半島の国家体制に決定的な影響を与えるという構図は、今日まで連綿と続いている。

朝鮮半島は今なお不安定であり、そこに安定した秩序を構築することは、まさに歴史的課題である。秋の夜長に、本書を繙（ひもと）きながら、東アジアの来し方行く末に思いをめぐらせてみてはいかがだろうか。

評・奈良岡聰智（京都大学准教授）

二〇〇八年一一月一六日①

『アメリカは、キリスト教原理主義・新保守主義に、いかに乗っ取られたのか？』

スーザン・ジョージ 著　森田成也ほか 訳

作品社・二五二〇円

ISBN9784861822186

『アメリカの宗教右派』

飯山雅史 著

中公新書ラクレ・七九八円

ISBN9784121502919　政治／人文／新書

信仰を持つ人と持たない人との断絶

２００４年のアメリカ大統領選挙については、ブッシュ大統領が宗教を大動員できたことが勝因であると指摘された。ただし、わが国の理解ではこの現象が一般化され過ぎているように思われる。たとえば92年と96年の選挙に際しては、宗教右派が突出し過ぎたことが、少なくとも共和党の敗因の一つであると解釈できる。すなわち、共和党にとって宗教右派の役割はいわば両刃の剣である。

今回の選挙で宗教右派は、情熱的ではないにせよ、マケインを支持した。出口調査によると、白人のプロテスタントで福音派ないし「ボーンアゲイン」（これまでの生活を悔い改め全面的にキリストの教えに則して生まれかわった体験をもつ人）は有権者の23％を占めるが、73％対26％でマケインを支持した。それに対して教会にまったく行かない有権者（同

16%）は、67%対30%でオバマに投票した。強い信仰心をもつほど、マケインすなわち共和党支持の傾向が強くでることは明らかである。このように、アメリカには、教会に行かない世俗的な人々と強い信仰を持つ人々の間に鋭い断絶が存在する。

ジョージの『いかに乗っ取られたのか?』は、まさにこのような文化的断絶の中、日夜、宗教右派勢力とアメリカにおいて戦っている当事者による強烈な批判の書である。彼女によれば、「一部の福音派キリスト教指導者はまぎれもなく危険なデマゴーグであり、彼らの夢はアメリカ合衆国に疑似ファシスト的神政政治を確立することである」と断言する。ジョージは民主党に対してすら批判的であり、もはや中道右派政党に過ぎないと糾弾する。批判の対象は新保守主義者（ネオコン）のような非宗教的な右派も含まれているが、それに留意しつつ、本書は、ここ30年ほどにわたって展開されてきた文化戦争の一当事者による「戦闘の記録」であるといえよう。アメリカの左派と右派を隔てる壁がいかに厚いかを理解することができる。

それに対して、飯山は長期的な観点から、アメリカ政治における宗教右派の役割を鳥瞰（ちょうかん）する。宗教右派に言及する研究でもごく最近の現象にしか触れない本が多いが、『アメリカの宗教右派』は、19世紀から20世紀前半も射程に入れて、アメリカのプロテスタントが、近代化を受け入れる勢力とそれを拒否し伝統的な信仰を重んじる人々とに分裂したところまで掘り起こす。さらに最近の宗教右派における世代交代の様相や、旧来の勢力と地球環境問題にも関心を示す新たな勢力との間の亀裂にまで触れている。

我が国では、宗教右派について頭から批判したり「きわもの」扱いしたりする風潮がある。しかし、世界の多くの国々はきわめて宗教的である。もちろん我が国のような世俗的な社会に長所はあるが、だからといって宗教的な国や人々を、あるいはそれを政治の場で表出しようとする行為を、ただ批判し、あるいは見下すだけの態度は妥当でないであろう。本書は、なぜアメリカの宗教右派がこのように活動しているかについて、落ち着いた説明を提供してくれる。

（原題、Hijacking America）

評・久保文明（東京大学教授）

Susan George 34年生まれ。仏在住女性活動家。

いいやま・まさし 57年生まれ。読売新聞調査研究本部管理部長。

二〇〇八年一一月一六日②

『日本語が亡（ほろ）びるとき 英語の世紀の中で』

水村美苗 著

筑摩書房・一八九〇円
ISBN9784480814968

文芸／人文

〈読まれる言葉の連鎖〉への参加

本書の題名と、「優れた英語話者の教育が日本の急務」といった提言だけで、様々な議論が巻き起こりそうだ。だが、これは「国民総バイリンガル化」を奨（すす）める書では全くないし、いわんや「英語至上主義」とは最終的に方向性を百八十度異にする。著者が守り、鍛えあげていこうとするのは、無限の可能性を秘めた日本語ひいては日本の文学だ。その背後には、世界に6千はある各言語のかけがえのなさへの重い認識がある。

著者は言語を〈現地語〉〈国語〉〈普遍語〉（ラテン語、漢語など聖典の言葉）の3層に分けて考える。今、各〈普遍語〉をも覆うように広がっている新しい普遍語が英語だ。米国の政治・経済的勝利に加え、インターネットが英語の地位を決定づけたと著者は考える。

本書はまず、各〈国語〉が〈普遍語〉の翻訳を通じて作られ、各国文学が相互に翻訳を行い、発展を遂げた過程を丁寧に解説する。さて、これを「翻訳の対話」と捉（とら）えてみた時、日本は近代文学を持つ国でありながら、この対話に加わっていなかったのに気づかされた。翻訳「する」文化だけが後にずば抜けて発達した希有（けう）な「主要文学の国」なのだ。高感度の受容力は、他言語他文化の「紹介者」として力を発揮したが、大いなる文化の輪、〈読まれる言葉の連鎖〉への能動的な「参加者」であったろうか。

世界の対話の輪に入るため、英語話者の育成をと著者が言う時、それは〈現地語〉レベルの「耳で学ぶ会話力」を指すのではない。徹底すべきは〈普遍語〉レベルでの「読み」の能力であり、その基礎に不可欠なのが日本語力だ。

著者が強調するのは、小説がいかに〈母語〉と結びついて陰翳（いんえい）と成熟を深めてきたかである。それ故に、小説は言語独自の洗練を増すほど、他言語への翻訳可能度を低める状況に陥った。つまり翻訳困難なものほど、翻訳すべきだということではないか？

英語の国・米国は今や、言葉を翻訳「される」ばかりで翻訳書をあまり出さない。この対話の不均衡が英語の地位を揺るがす日が来ないとは、誰にも言えないのではないか？

評・鴻巣友季子（翻訳家）

みずむら・みなえ　作家。著書に『続明暗』『本格小説』などがある。

『キャリアラダーとは何か』

ジョーン・フィッツジェラルド 著
筒井美紀ほか 訳
勁草書房・三八八五円
ISBN9784326602155

経済

賃金上昇へのハシゴをどう作るか

かつてアメリカは多数の底辺労働者にとってさえ、上昇移動の途（みち）が開かれた社会だった。ところが80年代に賃金の二極化が進み、職業構造はピラミッド型から画びょう型（表紙の図参照）へと変容した。低スキルの労働者にとって上昇の機会は閉ざされ、貧困から脱出できなくなった。

キャリアラダー戦略はこの状況に対する処方箋（せん）である。アメリカではここ10年ほどのあいだに何十ものキャリアラダー・プログラムが立ち上がったという。キャリアラダー戦略とは、つづめていえば、仕事をスキルレベルに応じた複数の職階に分け、専門性と賃金を高める上昇移動のハシゴを創出し、人々を賃金のよい仕事にキャリアアップさせる戦略である。本書は医療、保育、伝統的製造業という3領域についてプログラムや政策の評価を行い、成功に導く条件を探っている。

プログラムの成功は容易ではない。とりわけ、仕事を再構造化してキャリアラダーを創出することが雇用主自身にとって利益を生むこと、また、プログラムへの公的財政支出を獲得するためには、国民全体にとって投資に見合った収益が得られることが、実証されねばならない。だからといって本書の意義が小さくなるわけではない。キャリアラダー戦略が「職場内部での仕事＝働かせ方」それ自身へと切り込む根源性を持つからである。就業支援策を講じても働かせ方を所与のものとする限り、名ばかりの正社員や使い捨て非正規労働者はけっしてなくならない。

ニューエコノミーの先進国アメリカはキャリアラダー戦略の先進国でもある。日本が学ぶべきは多い。ただ、日本でのこの戦略の可能性を検討した訳者解説が明示するように、そのまま輸入してもうまくいくわけではない。それゆえにこそ、この若い訳者グループには、日本的文脈の中での分析と政策提言を、次著で期待したい。読者が抱くであろう、まやかしの職階を作ればよいのかといった疑問や反論に対する返答も、訳者によって周到に準備されている。訳者解説の秀逸さを特筆しておく。

（原題、MOVING UP IN THE NEW ECONOMY: Career Ladders for U.S. Workers）

評・耳塚寛明（お茶の水女子大学教授）

Joan Fitzgerald　米ノースイースタン大の社会学教授。

二〇〇八年一一月一六日⑥

『斜めにのびる建築　クロード・パランの建築原理』

クロード・パラン 著　戸田穣 訳

青土社・一八九〇円
ISBN9784791764402　アート・ファッション・芸能

かつての「前衛」理論が普遍性獲得

中国の高層ビル・上海環球金融中心を訪問した。100階に開業した展望台は地上から474メートルの高みにあり、「魔都」の超高層ビル群を眼下に見ることができる。一方、アラブ首長国連邦のドバイでは、800メートルという世界一の超・超高層ビルが建設の途上にある。

摩天楼がニューヨークやシカゴに建設されて、わずか1世紀ほど。私たちは幾重にも床を積み上げ、天空にのびる「垂直都市」を出現させてきた。それは人類文明の象徴であると同時に、膨張しすぎた「水平都市」の課題を解決する手段でもあった。

「垂直都市」のほかに、都市の諸問題を包括的に解決するアイデアはないものか。フランスの建築家である著者は、思想家ポール・ビリリオとともに「斜め」というキーワードに到達した。彼は1970年、斜めの床が特徴的なベネチア・ビエンナーレのフランス館をデザインする。本書は展覧会ののち、そのコンセプトをとりまとめ、「斜めに生きる」ことを大胆に提案したものだ。

専門書ゆえに難解だが、主張は明快だ。古来、そして近代化以降も、私たちは垂直な壁と水平な床で「排他的な専用空間」を築き、自らを囲いこんできた。同時に自動車やエレベーターといった「交通」の機能も発展させた。

しかし、歴史をみると傾斜地に暮らした民族も多い。「斜め」には水平や垂直にない意義がある。居室と交通の統合をはかる空間デザインが可能になる。加えて、水平の床がもたらす「人間をまどろませ、精神を死においやる生温かい快適さ」を打破することもできると、著者は指摘する。

この提言が、今も新鮮であることに驚かされる。近年、世界の建築家や芸術家の意欲的な仕事にも、斜めの床を採用した例がある。国内でも、横浜港大さん橋国際客船ターミナルや岐阜の養老天命反転地など、斜面や傾斜した通路を導入した施設が話題になったのは記憶に新しい。かつての「前衛」の理論が、時代の経過とともに普遍性を獲得したということだろう。

（原題、vivre à l'oblique）

評・橋爪紳也（建築史家）

Claude Parent　23年生まれ。フランスの代表的な建築家。

二〇〇八年一一月一六日⑦

『麦酒（ビール）アンタッチャブル』

山之口洋 著

祥伝社・九〇〇円
ISBN9784396208530　文芸

「映画『アンタッチャブル』を観（み）てから読むと、よりいっそうおいしく楽しめます」と巻末にあるが、まさにその通り。良質の小説を着実に発表し続けてきた山之口洋が、新書の書き下ろしでエンターテインメントに徹しきったこの長編は、なんともビールが旨（うま）くなる極上の一冊。

若きキャリア警官の主人公・魚崎が研修先の財務省酒税課で出会った根津は、なんと禁酒時代のアメリカでカポネとやりあった役人エリオット・ネスに心酔する男。彼はビールを自家醸造する愛好家たちを映画のように颯爽（さっそう）と取り締まりたいと夢想しているのだ。根津は魚崎のことをいつの間にか映画に登場したちびの会計係ウォレスに同一視し、モデルガンを懐に忍ばせネス気取りで無茶（むちゃ）な捜査を進めてゆく。ところが自ビール推進派の親玉もなぜかカポネの真似（まね）を始める。魚崎の恋人まで誘拐してカポネがつきつけた前代未聞の要求とは？

少女が爆弾テロの犠牲になる映画の最初の見所（みどころ）を大笑いのシチュエーションに変えた冒頭から、快調に物語は進んでゆく。

でもこれってただの映画のパロディー？　いや、実は登場人物たちが映画をなぞってゆくこと自体、大胆なトリックになっているのだ。

自家醸造問題にも深く斬（き）り込み終盤の展開はまるで一流のＳＦのよう。一気読み必至の会心作。

評・瀬名秀明（作家）

二〇〇八年一一月一六日❽

『遺言　アートシアター新宿文化』

葛井欣士郎、平沢剛 著

河出書房新社・二九四〇円　ISBN9784309270388
アート・ファッション・芸能／ノンフィクション・評伝

１９６２年にオープンした日本初の芸術映画専門上映館、アートシアター新宿文化の支配人であり、映画製作会社ＡＴＧのプロデューサーであった葛井欣士郎に、75年生まれの映画研究家がインタビューした聞き書きである。60年代、70年代の東京で青春を送った人々には、たまらなく懐かしい内容だろうし、「遺言」というタイトルのとおり、あとの世代にとっては、その時代の文化のある側面を知るための貴重な記録である。三島由紀夫をはじめ、そうそうたる顔ぶれの作家、芸術家、映画監督、演出家、俳優たちの活動も興味深い。

アートシアター新宿文化が、オープン時の上映作品「尼僧ヨアンナ」をはじめ、今では不朽の名作とされる海外の名画を多数日本に紹介したことや、ＡＴＧが日本の映画史に残した足跡の大きさを再認識した。また、アートシアター新宿文化と67年オープンの地下小劇場、蠍（さそり）座で展開した実験演劇活動を振り返ると、現在の日本では、前衛演劇がいかに沈滞しているかを思わざるを得ない。60～70年代は、ベトナム戦争反対運動や学生紛争を背景に価値観の大転換が起き、芸術も時代にふさわしく反骨精神に富んでいた。映画や演劇のみならず、当時の社会思潮が、時代の先端を行った人の肉声で語られる輝きと躍動感がある。

評・常田景子（翻訳家）

二〇〇八年一一月一六日❾

『オーケストラ、それは我なり　朝比奈隆　四つの試練』

中丸美繪 著

文芸春秋・一八〇〇円
ISBN9784163705804／9784122056275(中公文庫)
アート・ファッション・芸能／ノンフィクション・評伝

01年10月24日、朝比奈隆は93歳で指揮台に立ち、大阪フィルハーモニーを指揮した。指揮台に上がれず、団員の肩を借りた。タクトはほとんど動かなかったが、演奏はすばらしかった。その年の暮れ、朝比奈は死んだ。

大阪フィルを育て、54年にわたってそれを指揮してきた男の評伝である。

朝比奈は音楽学校を出ていない。京都大学法学部卒、もう一度入りなおして文学部である。京大オーケストラで、たいしてうまくないバイオリンを弾いていた。音楽歴はそれだけだ。

その男が大阪フィルを創設し、ベルリン・フィルなど欧米の交響楽団を指揮し、世界的な指揮者となっていく。それはなぜなのか。著者は８年にわたって本人を追い続け、80人を超す関係者と会い、その経緯を明かしていく。

約70年前、日本の西洋音楽は黎明（れいめい）期で、アマチュアでも参加できる世界だった。意欲さえあれば技術なんてあとからついてくる。そんなダイナミックさがあった。

その時期、オーケストラに並はずれた情熱を注ぐ人間がいた。それが朝比奈だった。情熱がそのまま実績となった時代――。

日本オーケストラ史の扉を開いた人物を書くことで、著者は時代のダイナミズムをみごとに描き出している。

評・松本仁一（ジャーナリスト）

二〇〇八年一一月二三日❶

『おかしな時代　『ワンダーランド』と黒テントへの日々』
津野海太郎 著
本の雑誌社・二九四〇円
ISBN9784860110864

『東京モンスターランド　実験アングラ・サブカルの日々』
榎本了壱 著
晶文社・二三一〇円
ISBN9784794967336

文芸／人文

東京「サブカル創世記」の異能と熱気

2冊の回想記は、70年代を中心に今日にいたる東京のサブカルチャー・シーンの内幕を伝えるドキュメントである。『おかしな時代』の津野はアングラ劇団を旗あげし、各地で黒テントでの演劇を決行する。また、晶文社に勤務。編集者として雑誌「ワンダーランド」（後の「宝島」）を創刊した。『東京モンスターランド』の榎本は、武蔵野美術大学で粟津潔に師事、寺山修司作品の美術を担当した早熟のアートディレクターだ。後々に雑誌「ビックリハウス」の編集者を経て、デザインに関する賞や組織の立ち上げ、展覧会や博覧会でのプロデューサーとして活躍する。

2人の経験談を通して、偶然と必然の出会いが重なり合い、新たな文化状況が作り出された現場に読者も立ち会うことになる。津野は自らが渦中にあった「サブカルチャーの創世記」を「おかしな時代」とみて、「ふつうではない（かもしれない）人間」と出くわすことができた運の強さを強調する。

同様に榎本も、自身に影響を及ぼした異能の人たち、たとえば団鬼六、萩原朔美、糸井重里、日比野克彦、黒川紀章、岡本太郎、荒木経惟たちを「モンスター」と呼び、彼らとの交流を記述する。それまでの常識に異議を申し立て、前例を覆そうとする才能が、東京に集っていた状況がよくわかる。

ふと、小説家かデザイナーになろうと夢を見た10代の自分を思いだした。なけなしの小遣いで雑多な情報が詰まった晶文社の本を買い求め、植草甚一や片岡義男、小野耕世の文章にはるかなアメリカに思いをはせた。筒井康隆の漫画を収めた『暗黒世界のオデッセイ』のシュールさに度肝を抜かれた。高校生の頃は美術部の部室に毎月、「ビックリハウス」を持参するのが楽しみだった。金言のパロディーを掲載する「御教訓カレンダー」に何度か投稿したが、採用された記憶はない。

年齢は違っても同じ時代の空気を吸って生きてきたがゆえに、他人の回想文に、わが生きざまを重ねあわすことができる。私は高校から大学へと進学するなかで、東京を発信源とするサブカルチャーを伝える出版物に胸を躍らせた。洗練されたデザインと突き抜けた感性は、ホームタウンである京都や大阪にはないように思えた。新宿や渋谷へのあこがれを強く持ちつつも、結局、居心地の良い故郷を離れることができなかった若い日の迷いが鮮明によみがえる。

70年代の文物は、すでに遠くにあって懐かしい。ただし私たちの世代にとっては、「古き良き時代」として凍結されているのではなく、いつでも自在に解凍できるほどに生々しい。あとがきにある、すべてのカルチャーは「サブカル」の煮こごりだという榎本の見解に同意しておこう。あらゆる文化は出発点ではすべてが先鋭的な対抗文化か、「お遊び」のようなサブカルチャーであった。しかし時間とともに広く認知され、文化として定着してゆく。人生もまた同様なのかも知れない。年を重ねるとともに鋭さを失い、遊びを忘れる。ただ現在の己は30年前の自分の煮こごりのようなものだと思えば、妙に安心できる。

評・橋爪紳也（建築史家・大阪府立大学教授）

つの・かいたろう 38年生まれ。
えのもと・りょういち 47年生まれ。

二〇〇八年一一月二三日②

『オオカミ少女はいなかった』

鈴木光太郎 著
新曜社・二七三〇円
ISBN9784788511248 科学・生物／ノンフィクション・評伝

緻密な検証と謎解きで「神話」暴く

オオカミに育てられた2人の少女、アマラとカマラ。発見された当初は、四つ足で歩き生肉を好みオオカミのようにほえた。アマラは発見後1年で死んでしまうが、カマラは養育者の牧師夫妻の献身的努力によって、なんとか立って歩けるようになった。だが言語的能力は遅々として発達しないまま9年後に死んだ。ヒトが人となるためには幼児期や児童期の環境が決定的重要性を持つことを実証する、代表的な発見である。

ところがこの、いまも教科書に載るポピュラーな知識は真っ赤なうそ。脚色と捏造（ねつぞう）の産物なのだという。著者は原典にさかのぼり、証拠とされる写真の、また記述上の不審点をひとつひとつ指摘する。木にのぼるカマラの写真があるがオオカミは木にはのぼらない、彼女たちの目が暗闇で青白く発光したというがヒトの目は眼底反射しない、生肉しか食べようとしなかったというがオオカミの食性は雑食、等々。著者の指摘は的を射ており、オオカミ少女はいなかったのだと納得する。

本書では、オオカミ少女に続いて、サブリミナル効果はあるのか、言語や文化によって色の見え方は違うのか、知能は遺伝か環境か、言語を習得した天才ウマはいたのかなど、八つの心理学上の「常識」が検証され、それらが「神話」に過ぎないことが次々に暴かれていく。暴かれた後には当然、なぜそうした神話が生まれ、受け継がれてきたのかという疑問が生じる。むろん著者はこの問いにも丁寧な説明を用意している。

この本の読後感は、とびきり痛快である。緻密（ちみつ）な検証はスリリングで、冒頭から最後まで連続する謎解きに、興奮し続けることになる。

神話の呪縛に悩むのは心理学など科学の世界にとどまらない。この世界のすべてが神話で満ちている。メディアや教育は、しばしば神話を増幅してしまう。原典にあたること、うわさに頼らぬこと、疑うこと――著者は最後に、神話の呪縛から逃れる術（すべ）をこう述べる。ごく当然のことに過ぎないけれども、感動を覚え、同僚や学生たちに本書を推奨してまわった。

評・耳塚寛明（お茶の水女子大学教授）

すずき・こうたろう 新潟大学教授（実験心理学）。『錯覚のワンダーランド』など。

二〇〇八年一一月二三日③

『秀吉はいつ知ったか』

山田風太郎 著

筑摩書房・一九九五円
ISBN9784480814937／9784480433039（ちくま文庫）
文芸

山田流突飛な発想、歴史考察が出色

短いエッセーを読むのが好きだ。とりわけ強記博覧の作家の筆によるもの。私の場合は（失礼ながら）たいていはトイレットで読む。

これまでの人生を顧みて、いつもいつも読書にふさわしいトイレットに入っていたわけではないけれど、少なく見積もって五十有余年、この方法による読書から知ったことは相当に多いだろう。

そして今日は『秀吉はいつ知ったか』である。初めに作者自身の住む町についてのエッセーが並んでいる。描写の美しさ、おもしろさに引かれるが、散歩が〝ブショー者には唯一無二の運動である〟とあるのを見て膝（ひざ）を打った。私も散歩が大好きだ。散歩は上達を強いられないスポーツなのだ。ハンディもなければ有段者もいない。この作者がノホホンと正しい散歩法を実践していたのがうれしい。

「わが鎖国論」というタイトルでくくられた章は、国政についての考えが多く綴（つづ）られ、突飛（とっぴ）な発想がおもしろいが、「山田さん、いくらなんでもそれは……」と、ため息をつきたくなるケースがないでもない。山田流ですけどね。

出色はやはり歴史についての考察だろう。本の表題となった出来事について、すなわち秀吉がいつ信長の死を知ったか、というテーマは興味深い。定説となっている事情とはべつに秀吉は独自に謀殺を予見する手段が、あるいは仕かけていることがあったのではないか、と説得力がある。光秀の謀反がなく歴史が信長中心に進んでいたら、

――秀吉は信長を殺したのではないか――

と、これは私の人間観察だが、この本の著者も、その疑念を持っていたのではあるまいか。もう少しこのあたりを突っ込んで、山田流の稗史（はいし）を縦横無尽に綴ってほしかった。

「安土城」という小説風の20ページがあって、これは光秀の恐怖がまざまざと書かれている。信長の恐ろしさを伝える小さな出来事を次々に述べ、小さいことにこれだけ執拗（しつよう）なのは逆に恐ろしいという心理を増幅させていくのは、小説力の賜物（たまもの）ですね。

評・阿刀田高（作家）

やまだ・ふうたろう 1922～2001年。作家。『警視庁草紙』など著書多数。

二〇〇八年一一月二三日④

『マキノ雅弘 映画という祭り』

山根貞男 著

新潮選書・一四七〇円
ISBN9784106036217
アート・ファッション・芸能／ノンフィクション・評伝

逆転の視点で「早撮り」読み解いた

「マキノ雅弘は生涯に二百六十本余りの映画を撮った」と、本書の冒頭にある。「余り」というのは共同監督や応援監督作品もあって正確な本数がつかめないからだが、それにしても大変な数であることに変わりはない。そのすごさと共に、マキノ雅弘研究の難しさもこの冒頭にすべて言い尽くされている。

フィルムの現存する作品を全部見尽くすだけでも、大変な作業なのである。黒澤明の全監督作品数は30本（共同監督作品を入れても31本）、多作と言われた市川崑でも七十数本である。日本映画の父・マキノ省三の長男として幼い頃から映画界入りしていたとはいえ、マキノ雅弘がいかにすさまじい勢いで映画を撮りまくっていたかがわかる。

当然のことながら早撮りが特色であり、1936年の作品「江戸の花和尚」の撮影はわずか実質28時間だったという。最近のビデオ映画でもそんなまねはできない。これが「しょせんはマキノ作品は拙速の通俗作品であって、きちんと評価するには値しない」という

偏見を生んだ原因になったのではないか。

　本書の特徴は、当初は効率から編み出されたその早撮りこそマキノ監督の独自の映画手法であった、という逆転の視点でその作品群を読み解いていることだ。早撮りの必要性から生まれた同一カットの繰り返しや中抜き（シーンのまとめ撮り）が、マキノ演出独特のリズムとテンポを作りあげていった。

　その分析の裏に、膨大な数の現存作品に丁寧に目を通すという根気のいる作業があったことは言うまでもない。マキノ雅弘にほれ込んだ著者だからこそ出来た本であろう。

　作品を見ている人にも見ていない人にも楽しさを感じ取ってもらえる紹介を心がけた、とあとがきにある。その試みが見事に実を結んだ、生誕100年にふさわしい刊行物であるが、もし、マキノ雅弘をよく知らない読者であれば、著者が編集に加わっている自伝『映画渡世』（平凡社）をまず、読んでから手に取ることをお勧めしたい。これがまた、破天荒に面白い本なのである。

評・唐沢俊一（作家）

やまね・さだお　39年生まれ。映画評論家。著書に『活劇の行方』『増村保造』など。

二〇〇八年一一月二三日⑤

『もう、服従しない　イスラムに背いて、私は人生を自分の手に取り戻した』

アヤーン・ヒルシ・アリ著　矢羽野薫訳
エクスナレッジ・一八九〇円
ISBN9784767806815　人文／ノンフィクション・評伝

イスラム批判がもたらす脅迫の日々

「イスラムは間違った宗教だ。預言者ムハンマドは変質者だ」とイスラム教徒が口にしたらどうなるか。間違いなく命をねらわれることになるだろう。そう公言した女性の物語である。

　著者のアヤーンはソマリアで育った。性器切除をされ、神と男性への服従を強制され、それに疑問を持つことも許されない。22歳のとき、親の決めた結婚を拒否してオランダに逃れ、国籍を取得した。そして考える。

　オランダは野蛮な異教徒の国といわれた。なのに豊かで、人々は親切だ。異教徒の国の方がイスラム教国より寛容で暮らしやすいのはなぜだろう。イスラムが間違っているのではないか……。

　その率直なイスラム批判が政党の目にとまる。選挙にかつぎ出され、オランダの国会議員になってしまう。そして脅迫が相次ぐようになる。

　そんなある日、彼女の映画化を企画したオランダ人の監督が路上で殺される。脅迫は現実となった。警護官に守られて転々とする生活が始まる。議員辞職に追い込まれ、いまも居場所は極秘だ。

　この本は、イスラムと先進国社会の関係について、多くの根源的な問題提起をしている。たとえば、他の価値観を認めない人々と、宗教の自由とをどうすりあわせるかという問題だ。

　オランダは、難民が持ち込むイスラム社会の慣習もそっくり容認した。そのため移民はオランダ社会に統合されず、「別に暮らし、別に勉強して、別に社会生活を営むように」なっていく。

　彼らはオランダでも女子に性器切除をし、女性をたたき、服従を強制する。その結果、国内で起きている女性や子どもの苦しみを、オランダは無視することになった。やがて国内で宗教テロが行われるようになる。それでいいのか、と彼女は問いかける。

　彼女の意見は尖鋭（せんえい）なイスラム否定で、そのまま受け入れにくい部分も多い。しかし彼女が提起した問題は、グローバル化の中で世界のどこにでも現れてくる現象だ。オランダ社会が受けた衝撃は他人事（ひとごと）ではない。

（原題、INFIDEL）

評・松本仁一（ジャーナリスト）

Ayaan Hirsi Ali　69年ソマリア生まれ。現在は米国在住。

二〇〇八年一一月二三日❻

『キャパになれなかったカメラマン　上・下』

平敷安常 著
講談社・各二五二〇円
ISBN9784062149655〈上〉・9784062149662〈下〉／9784062772648（講談社文庫〈上〉）・9784062772655（〈下〉）
ノンフィクション・評伝

ベトナム戦争従軍記者の様々な容貌

著者は1966年から75年のサイゴン陥落まで、アメリカのテレビ界の三大ネットワークの一つであるABCのカメラマンとして、ベトナム戦争に従軍した。その間に一緒に仕事をした放送記者や、親交のあったカメラマンは数十人に上る。

ベトナム戦争は、テレビで報道された最初の戦争だった。そこは野心を抱いた若手の記者やカメラマンが、ベテランの連中と交じって激しい競争をする世界だった。その競争は彼らを、死の危険のある戦場での取材に駆り立てるものだった。

戦争の最盛期には、派手な戦闘シーン（「バンバンもの」）が好まれ、それ以外の映像は編集するニューヨークの本社に送っても、放映されない傾向があった。しかしそれでも「バンバンもの」でない、矛盾に満ちたベトナムの現実を掘り下げて取材をする放送記者もいた。そして優れた記者やカメラマンたちは、危険な戦場を果敢に往来し、ニューヨークの本社の見方ともアメリカ軍の発表とも異なる事実を発掘して、それを一つのストーリーに仕立て上げる力を持っていた。

戦争ジャーナリストは、基本的には戦う一方の側からしか戦場を描けない。軍隊に保護されて従軍しなければ、戦場には行けないからである。しかしその条件下でも、戦争の真相に迫ろうとして、ジャーナリストたちは工夫を凝らしていく。

著者が尊敬するABCの同僚カメラマンのテリー・クーは、アジア人のカメラマンたちの間でリーダー的存在だった。しかしそのテリーは、戦死した若い北ベトナム兵士の遺品の日記を手がかりに、その兵士の生涯を描こうとして、戦場で殉職することになる。

戦争が、ジャーナリストたちの精神をむしばむこともある。花形の放送記者だったハワード・タックナーは、その後精神を病んで自殺した。戦場の重圧に耐えながら苦闘し、ベトナム戦争を多面的な視点から報道した数多くのテレビ・ニュースのジャーナリストたちの、個性的な風貌（ふうぼう）を伝える書物といえよう。

評・赤澤史朗（立命館大学教授）

ひらしき・やすつね　38年生まれ。元米ABCカメラマン。

二〇〇八年一一月二三日❼

『かぐや姫の結婚』

繁田信一 著
PHP研究所・一四七〇円
ISBN9784569702889
歴史／ノンフィクション・評伝

平安時代、世に「かぐや姫」と呼ばれた姫君がいた。その名を藤原千古（ちふる）という。

かの藤原道長が栄華を極めていた頃の右大臣、藤原実資（さねすけ）の愛娘（まなむすめ）で、いわば名門貴族のお姫さま。その姫君の縁談事情のあれこれが、いきいきと描かれているのが本書だ。

基になっているのは、父、実資の日記「小右記（しょうゆうき）」。王朝時代の姫君の幼少期をうかがい知ることのできる唯一の第一級史料だという。しかも、実資は、あの紫式部とも懇意だった、なあんて知るとわくわくするが、この姫君、結婚運には恵まれなかった。

というのも、実資は娘にめろめろ。なにしろ、二人の姫を幼くして亡くした末に55歳でやっと得た孫みたいな娘である。まるで竹取物語の翁（おきな）のよう。賢人と呼ばれるほどの実力者でありながら、娘の縁談となるとぐずぐず。なにかと判断を過ち、押しも甘い。政敵に邪魔立てされるなどして、良縁を二度にわたって逃がしてしまうのだ。

当時、娘は権勢拡張の重要なカードでもあったのだが、実資は、どうも娘を愛し過ぎちゃったらしい。結果、姫君は申し分のない夫ではなく、そこそこの夫を得るに終わった。「愛しすぎる父の娘」の人生とは、幸なのか不幸なのかと、思わず考えさせられてしまうのだった。

評・久田恵（ノンフィクション作家）

二〇〇八年一一月二三日❽

『鷗外・茂吉・杢太郎 「テエベス百門」の夕映え』

岡井隆 著

書肆山田・五〇四〇円
ISBN9784879957528

文芸

鷗外・茂吉・杢太郎の共通点は何か。答えは医学。3人とも医者である。岡井隆も内科医である。いや、あったというべきかもしれないが、本書はその観点も加味し、3人の人間関係だけでなく、実人生と文学の微妙なずれや、個人的懊悩（おうのう）、時代とのかかわりなどが、日記や周辺資料も駆使して丹念に読み込まれる。

いままであまり振り返られなかった作品の鑑賞や、生涯における錯誤や齟齬（そご）、あるいは周りの証言など、読みすすむにつれ、文学ミステリーの謎解きの現場に立ち会っているような興奮を覚える。

例えば、若き杢太郎に多大な影を投げかけた山崎春雄という友人の存在、杢太郎の本名である皮膚科医・太田正雄の満洲行きの経緯、鷗外の妻しげ女の小説。さらには鷗外の短歌や俳句への芥川龍之介のきびしい批評、鷗外の「我百首」解釈、茂吉の『あらたま』制作時の事情。

ディテールをつかみ出し、多方面に広げ、語ってゆくおもしろさ。作品の背後にある事実への歌人らしい強い興味と短詩型を軸にジャンルを横断する広い目配り。あとがきで著者も自負するとおり、いつの間にか明治の終わりから大正にかけての空気が濃厚に立ち上がってくる。

５００ページもの大著だが、史伝的随筆の味わいは読書という豊かな時間を約束する。

評・小高賢（歌人）

二〇〇八年一一月三〇日❶

『聖母像の到来』

若桑みどり 著

青土社・三五七〇円
ISBN9784791764419

歴史／人文／国際

現地文化と融合し浸透した聖像美術

１５４９年、イエズス会のザビエルが鹿児島に至り、日本にキリスト教を伝えた。１５８２年、九州のキリシタン大名は同会のヴァリニャーノの導きにより、４人の少年使節をスペイン国王とローマ教皇に遣わした。

著者は、近代世界システム構築の渦の中に投げ込まれたこの天正遣欧使節とキリシタンを描いた『クアトロ・ラガッツィ』を、03年に歴史小説のかたちで発表した。本書では、美術史家として、16～17世紀のキリスト教布教・禁圧期の日本における、聖母マリア像の普及と受容を論じている。

カトリック教会はルターの宗教改革に対抗し、宗教文化再編のため聖画像・聖母の崇拝を再確認し、聖母像のモデルを定めた。カトリック復興の担い手として登場したイエズス会は、アジアにおける布教において聖母像を利用した。ザビエルも聖母像を携えて薩摩に上陸した。著者はまず、その聖母像の原型と崇敬の典拠となる原典を分析し、さらに16世紀後半にもたらされた聖母像をヨーロッパに残る画像から明らかにする。

1579年に来日したヴァリニャーノは、現地文化との融合の実践のため、教育制度を重視し、イタリアから画家を招いた。セミナリオでは日本人により聖母像が描かれ銅版画が作られた。それらはカトリックの原型に基づきつつも、様式と材質は日本風であった。

日本のキリスト教絵画の代表とされるのが「聖母十五玄義図」だ。神戸市立博物館所蔵「ザビエル像」と共に伝わった大阪府茨木市のキリシタン遺物史料館所蔵の東本、京大所蔵の原田本があり、16世紀にキリスト教が普及した摂津で1920年と30年に発見された。玄義図は中央にイエスを抱くマリア、その下にザビエルとロヨラ、左下から天辺を経て右下へ、受胎告知・イエス降誕などを示す「聖母の御喜び」、磔刑（たっけい）などを描く「聖母の御悲しみ」、復活・昇天・聖母戴冠（たいかん）などを表す「聖母の栄光」からなる祈祷（きとう）用の画像を描く。

著者は、この玄義図と他の多数の聖画像との比較や教義展開の分析を通して、東本は中世的・ルネサンス的伝統を残存させるのに対し、原田本はより繊細かつ巧みで東本より後の1600年以後の作品と見るなど、カトリック復興期における布教美術の歴史を理解するための新たな視点を提供した。

17〜19世紀の禁教下、隠れキリシタンは密（ひそ）かに聖母子像である納戸神を描き、あるいは観音の陶磁像をマリア像として崇敬した。納戸神は日本風に変装させた聖母画。女性をかたどる観音像は東アジア型聖母像の一種で、中国で生産されたものが用いられた。

世界システムの周縁における布教では、聖母像は現地文化と融合し、民心に浸透した。カトリック教会は女性母神の普遍性を借りて世界布教を実現した。さらに著者は、布教される側の民衆、禁教下の民衆が創造した聖像の美術を評価する必要があるという。

本書は学位請求論文をもとにした遺著である。だが専門書と敬遠する心配はない。明快な文章と200余の図版は、キリスト教美術の見方、深さを教えてくれるはずである。

評・石上英一（東京大学教授）

わかくわ・みどり　1935〜2007年。元千葉大教授、美術史家。著書に『薔薇（ばら）のイコノロジー』『皇后の肖像』など多数。

二〇〇八年一一月三〇日❷

『日本と中国　相互誤解の構造』

王敏 著

人文／新書／国際
中公新書・七九八円
ISBN9784121019660

「異文化」としての相互理解のすすめ

著者は学生時代に「宮沢賢治」の研究を始め、30年以上、日本文化研究を続けてきた在日中国人研究者である。日中はしばしば同文同種の国、中国人は「中国文化の亜流としての日本文化」と理解しがちである。しかし、こうした理解は重大な誤解を生む危険があり、むしろ日中の文化は異文化としてみた方がいいと説く。例えば漢字にはない国字の創造。独特の自然現象や神事、行為規範を表現した「凪（なぎ）」「峠」「榊（さかき）」「躾（しつけ）」などである。仮名文字もまた日本人の繊細な感性の中から創造されたものであった。あるいは「我」の1文字ですむ一人称を日本人は実に100以上の言葉で表現するという。その繊細さは主に自然との一体感を重視する感性から来ている。自然を人間と同等視し自然に感謝する慈しみが、仏教思想とも融合し人間社会にまで温（ぬく）もりをもたらしている。この点では人間を自然より一段高いものとしてみる人間本位主義の中国と異なる。こうした日本人の感性を「自然融合感」と表現する。

物事の是非、論理、説明することを重視す

る中国人は、日本人よりもはるかに西洋人に類似している。中国は主体や因果関係を明確にし徹底的糾弾を要求する謝罪重視文化である。他方、日本では主体や責任関係を曖昧（あいまい）にした謝罪が多く、それ以上に様々な場面で謝意が多用される謝意重視文化で、そこに日中の差異があるという。07年9月、中国・杭州での女子サッカーのワールドカップ終了後、なでしこジャパンの選手が「ＡＲＩＧＡＴＯ　謝謝　ＣＨＩＮＡ！」という横断幕を掲げて観衆の前を歩いたことに日本を罵倒（ばとう）していた中国人たちは衝撃を受けた。今年5月の四川大地震で真っ先に緊急援助隊を派遣し献身的な活動をつづけた日本チームに、中国メディアは感謝に溢（あふ）れた言葉で気持ちを伝えた。相互理解が少しずつ深まっていることを示しているのだろう。

本書は日本理解のためぜひとも翻訳して中国の読者にも読んでもらいたいが、日本人にとっても中国への理解を深めながら日本自身を再認識するための好著となっている。

評・天児慧（早稲田大学教授）

ワン・ミン　54年生まれ。法政大学教授。著書に『謝謝！　宮沢賢治』など。

二〇〇八年一一月三〇日③

『図書館　愛書家の楽園』

アルベルト・マングェル 著　野中邦子 訳

白水社・三五七〇円

ISBN9784560026373

人文

「原始の夢」の過去・現在・未来つなぐ

もとより人間にはふたつの望みがあった。ひとつははるか高みにまで手を伸ばし、空間を征服する欲望であり、そこからバベルの塔が建てられ、その罰として言葉をばらばらにされた。もうひとつはそのあらゆる言語による書物を集め、時間を超越する欲望であり、そこからエジプトのアレクサンドリア図書館が生まれた。図書館とは人間の原始の夢だ！

シルクロードの莫高窟（ばっこうくつ）に700年間埋もれていた中国の仏教文書館には、5万巻におよぶ文献と絵画が所蔵されていたし、一方、ナチ収容所にこっそり作られた図書室には10冊ほどの本しかなかったが、現代のＮＹでは自宅で本の山が崩れて2日間「生き埋め」になった男が消防士に救出され、グーグル・プロジェクトなどのバーチャル図書館が誕生する一方、コロンビアの農村部にはロバによる巡回図書館がある。本書はそれのみならずバベルの図書館やネモ船長の書棚等々、古今東西、現実と架空、リアルとバーチャルの図書館を数々紹介して、その書棚に遊ぶ。

2世紀のアレクサンドリア図書館ではすでに、「一冊の本はこの世界を抽出し、要約したものである」「ある種の本は後世に書かれる本の予兆だ」という、後のルイス・キャロルやボルヘスに通じる考えが確立していた。「ある意味、記憶と図書館は同義だった」と書く著者は、集積しただけの知識は知識にならないとして、叡智（えいち）の有機的な連鎖、融合、蓄積を重視する。今話題の水村美苗『日本語が亡（ほろ）びるとき』はウェブ図書館が英語だけに偏って有利な点を指摘しているが、マングェルはそれに加え、「画面上に呼び出されたテキストには過去がない」「悪夢のように、どこまでも現在でありつづける」点を憂慮し、現代人は「過去が滅びゆくさまを目の当たりにしている」のだと言う。愛書家の愛に溢（あふ）れるが故の厳しい批評であり、その願いは紙と電子媒体の共栄にある。

シビアな目と遊び心を兼ね備え、図書館の過去と現在と未来を繋（つな）ぐ実り豊かな一冊だ。人間の「知」のあり方が問われている。

（原題、THE LIBRARY AT NIGHT）

評・鴻巣友季子（翻訳家）

Alberto Manguel　48年アルゼンチン生まれ。仏在住。随筆、戯曲家。

二〇〇八年一一月三〇日④

『力道山　人生は体当たり、ぶつかるだけだ』

岡村正史 著
ミネルヴァ書房・二六二五円
ISBN9784623052554
ノンフィクション・評伝

プロレスそのものの魅力に迫る

高校時代、友人たちとプロレス会場に足を運ぶのが、ひそかな楽しみだった。なぜかというと、親も教師たちも、それを禁じていたからである。「見るならまっとうなスポーツを見ろ。プロレスなどというのは野蛮な見せ物だ」と、大人たちはわれわれを諭したが、しかしあの会場にただよう異様な高揚感は、「まっとうな」他のスポーツにはちょっとないものだった。それはまさに「野蛮な見せ物」を見に来ているのだという罪悪感が増幅させていた快感だったのかもしれない。

本書の著者岡村正史氏は現役の高校教諭である。三十数年前、私にプロレス観戦を禁じたのと同じ職業の人が、「この本は力道山の評伝であると同時に、ひとつのプロレス論なのである。これから、私なりの視点で、力道山とプロレスについて語っていくことにする」と前書きで宣言しているような本を書く。読んでいて、感無量なところがあった。

著者がわざわざ、「力道山とプロレス」について語る、と強調しているのは、これまで力道山について書かれた本の多くが、戦後日本の混乱とパワーの代名詞として〝社会的に〟力道山をとらえ、肝心のプロレスの魅力を語っていないことを指してのことだ。

力道山がシャープ兄弟を空手チョップで打ち負かすことに国民が熱狂したことを、敗戦国の戦勝国へのコンプレックスからきた現象、と分析するのは簡単だが、しかしその分析にあまりに偏ると、プロレスそのものの持つ魅力を軽視することになる。

力道山がヒーローたり得たのは、何より彼のプロレスが見ていて面白く、魅力があったからに他ならない。現在残る試合のビデオを見て、格闘家として、ショーマンとして力道山が放つオーラに舌を巻いた身として、著者のスタンスに、読んでいて何度も大きくうなずいた。

それだけに、著者の目配りの広さが、逆にプロレスラー力道山を語るという視点への絞り込みを邪魔しているのが残念でもある。徹底して試合内容だけで力道山のすごさを語るような評伝を、著者の筆で読んでみたい。

評・唐沢俊一（作家）

おかむら・まさし　54年生まれ。高校教諭。『知的プロレス論のすすめ』など。

二〇〇八年一一月三〇日⑤

『幸せな子　アウシュビッツを一人で生き抜いた少年』

トーマス・バーゲンソール 著
池田礼子、渋谷節子 訳
朝日新聞出版・一八九〇円
ISBN9784022503473／9784022617156（朝日文庫）
文芸／ノンフィクション・評伝

信念とけなげさに幸運が目を止めた

１９４４年のアウシュビッツ収容所は食べる物さえろくになく、人々はやせ衰え、働けなくなればガス室に送られた。子どもは役に立たないからと、多くが殺された。

その地獄を、10歳で親と引き離されたトミー少年が奇跡的に生きのびる。一体どうやって生き抜いたのか――。

著者のトーマス・バーゲンソールは国際司法裁判所の判事。チェコ生まれの米国人だ。ホロコーストが「歴史化」していく中、その一つ一つの生や死に人間の顔があるのだということを訴えようと、体験を本にした。

生きのびたのは、一言でいえば幸運だったからだ、と著者はいう。

収容所でガス室送りの選別があったとき、親しくなったポーランド人の医師が、リストからトミーの名前をこっそり外しておいてくれた。

チェコを移送される貨車で、食べ物がなくて死にそうになったとき、跨線橋（こせんきょう）から地元の人たちがパンを投げてくれ、おかげで持ちこたえた。

しかしそうした幸運は、トミーが自分から呼び込んでいるように思える。

親衛隊が子どもを選別しているとき、彼は前に出て「大尉殿、僕は働けます」と訴える。面食らった大尉はトミーを選別から外してしまう。

またある時は「子どもは前に」という命令を無視して列の後ろに隠れる。大人に押されても前に出ず、そこでも選別をまぬがれる。

自分は絶対にお父さんやお母さんに会える。彼はそう信じていた。生きることをあきらめた多くの人々の間で、彼の生きようとする信念とけなげさはひときわ光っていたのだろう。だから幸運が彼に目を止めたのだ。

アウシュビッツからの「死の行進」の途中、選別がある。グラウンドを端から端まで走れ。走れなかったらガス室だ。大人が力つきて倒れる中、トミーは親衛隊と軍用犬の間を必死で走りぬけた。ここであきらめるつもりはなかった、と彼はいうのだ。

先行きの見えない時代である。そんな時代にいる私たちに、10歳の子が生き方を教えてくれている。

（原題、A Lucky Child）

評・松本仁一（ジャーナリスト）

Thomas Buergenthal　34年生まれ。

二〇〇八年一一月三〇日❻

『「国連」という錯覚』

内海善雄 著

日本経済新聞出版社・二一〇〇円
ISBN9784532353230

政治／国際

各国の思惑に対抗していくスリル

国連というと、読者の多くは、国連改革や安保理をめぐる駆け引きを連想するに違いない。そうであれば、本書の題名はやや誤解を呼ぶ。

これは、国連傘下の専門機関である国際電気通信連合（ＩＴＵ）の事務総局長を8年間務めた日本人の活動記録である。題名の「錯覚」とは、国連の専門機関ともなれば、世界をよくするための組織と思いきや、意外にも、各国の思惑や上級職員の利害で動くことが多いのが現実であることを指している。

確かに、専門家集団のトップたちを選ぶのに、適性そっちのけで自国の権益確保をめざして投票する各国、横やりばかり入れる外交官、堂々と正論を吐きながら、実は自分を売り込むのに夢中の専門家など、幻滅に値することはたくさんある。国連の専門機関は有益な活動をしているだけに、一皮めくった現実には驚きを禁じえない。

その一方で本書を、そうした障害や国際的な官僚組織の厳しい現実と戦いながら、日本風の「皆のために良かれ」の考え方を貫こうとした物語として読むと、ずいぶん頑張れるものだという感想を持つ。

むしろ、各国の身勝手な論理や旧来の悪弊に対抗したり、裏をかいたり、組織内外の友人たちと助け合ったりして、目標を達成するさまはスリルがあり、実に面白い。

ＩＴＵは国連機関としては地味で知名度は低いが、世界の電話網を管理する重要な組織である。

ところが、電話は各国で国家が独占的に経営してきた通信手段であり、ＩＴＵも世界で最初に設立された古めかしい国連機関であり、インターネット時代に適合していない。その改革を著者がめざしたのは、インターネットが弱小の途上国の発展に役立ちうるからである。

そのため、情報社会サミットまでも開催するに至った。特に、２００５年のチュニジアでの首脳会議には、インターネットの運営権をめぐる討議がなされた点など、多くの実りがあったという。その舞台裏の話も、刺激的なエピソードに満ちている。

評・小杉泰（京都大学教授）

うつみ・よしお　42年生まれ。元ＩＴＵ事務総局長。早大客員教授。

『マインド・ウォーズ　操作される脳』

ジョナサン・D・モレノ 著　久保田競 監訳
アスキー・メディアワークス・二六〇四円
ISBN9784048673624
科学・生物

「これは、SFではない」という帯のコピーがすべてを物語る、恐るべき科学読み物。

　脳科学ブームが続いているが、実用はまだ先、と思っている人もいるのではないか。ところが、それは間違い。アメリカ国防総省の研究機関であるDARPAの最先端脳研究を解説した本書は、すでに最新の脳科学研究で人の脳を電気的、化学的、物理的に操作することがほとんど実現可能、という驚愕（きょうがく）の事実を明らかにしていく。それはたとえば、「脳の活動を完璧（かんぺき）にモニターする」「眠気を感じず寝ない、あるいは冬眠し続ける」「脳に完全な記憶貯蔵システムを作って忘れない」「つらい記憶を消去する」「頭で考えるだけでマシンを動かす」といったことだ。

　では、いったい何のためにこんな研究が行われているのか。研究機関名を見れば想像がつくように、それは軍事利用目的だ。恐怖も眠気も感じない兵士が、本部から脳に直接、与えられる指示に操作され、自分の脳の能力を最大限に増強させて、敵の兵士の思考を読み取り、その脳を破壊。次の世界戦争は、そんな悪夢のような様相を呈するのは間違いない。著者はこの研究は平和目的にも利用できるとやや楽観的だが、本当にそうなのか。エンタメとしても楽しめる科学読み物だが、倫理的な観点からも読まれるべきだ。

評・香山リカ（精神科医）

『伝説のプロ野球選手に会いに行く』

高橋安幸 著　白夜書房・一六〇〇円
ISBN9784861914621
ノンフィクション・評伝

　偉大な10人の野球人が登場する。明治生まれは90歳近いのにTシャツにコットンパンツ、長髪を後ろで束ねている苅田久徳（カバー写真）。大正生まれは西本幸雄、杉下茂ら4人。昭和生まれは関根潤三、中西太ら5人である。

　著者の高橋安幸は１９６５年生まれ。この会見記録を野球専門誌に寄稿していたのは98年から03年にかけてのことだ。その後、天才的名遊撃手として知られた苅田、「猛牛」千葉茂、「和製ディマジオ」小鶴誠、「鉄腕」稲尾和久の4人が相次いで物故したために、より一層モニュメンタルなものとなっている。

　本書は凡百のインタビュー集とは一線を画する。話し言葉の整理の仕方からしてこの上なく丹念だし、ディテール描写による臨場感の再現にも意外な文学性が感じられる。

　象徴的な例が一筋縄では行かない「４００勝投手」金田正一とのやりとりだ。

「……でな、そんな脚色された物語を下敷きにした質問はもう聞き飽きてるんや!」著者は巻末に設けた著名ミュージシャン大滝詠一との「解説的対話」でもそのときの緊張について吐露する。

　とはいえ登場の古武士たちは皆、繊細緻密（ちみつ）な職業プロの世界を夢中になって伝えようとする著者を歓迎している。優れた指導書としての面も持つ希有（けう）な一冊である。

評・佐山一郎（作家）

二〇〇八年一一月三〇日❾　歴史

『歴史学のフロンティア』

秋田茂、桃木至朗 編　大阪大学出版会・二一〇〇円

ISBN9784872592412

歴史を考えるうえで、「国境を線とは考えないでおこう。それは、新たな面になるのだ」。この言葉が本書の趣旨を最も象徴的に表している。これまで、われわれは、国境線によって区切られた国民国家を単位として歴史を考えてきたが、この国民国家を相対化して、世界史へいたる方法を模索しようという試みが、我が国の内外で、１９８０年代以来、意欲的に積み重ねられてきている。大阪大学はそういう試みの先端を走っている。本書はその成果の一端を具体化したものである。

地域としては、日本、沖縄、中国、ベトナム、東欧を、また素材的には、アジアをめぐる通商や仏像の動きをテーマにして、国民国家単位の歴史の意義は認めつつ、それを突き崩す方法を模索する興味深い論考が並んでいる。

例えば、中国史の枠組みについて、中国自身や日本において今日の中国史ではなく、もっとフレキシブルな広がりをもったものとして考えていたのだという指摘。また、ベトナムにおいて山は境界ではなくて外への窓であって、ベトナム史も「多数のベトナム史」として考えるべきであるという提案や、世界を一つの「システム」として考えて国民国家を相対化する方法の新たな展開などが記される。斬新な提案が多く、学ぶべきところの多い本である。

評・南塚信吾（法政大学教授）

二〇〇八年一二月七日❷　社会／国際

『対テロ戦争株式会社』

ソロモン・ヒューズ 著　松本剛史 訳

河出書房新社・二五二〇円

ISBN9784309244563

『戦争サービス業』

ロルフ・ユッセラー 著　下村由一 訳

日本経済評論社・二九四〇円

ISBN9784818820166

軍事の「民営化」の問題点をえぐる

イラクをはじめ、世界の紛争地域で現在起こっている出来事は、20世紀的な戦争のイメージでは捉（とら）えきれないものになっている。その最大の要因は、戦地での軍事行動の多くの部分が私企業の手に委ねられている点にある。武器や食糧の調達搬送にとどまらず、基地の設営警備から情報収集にいたるまで、ほとんど正規軍と変わらぬ役割を民間軍事会社が果たしている現状は、新たな傭兵（ようへい）の時代の到来といってもいいだろう。

利潤の追求を第一義とする企業が戦争を代行する。あるいは、私企業との雇用契約だけに責任を負う社員が武器を手に敵と戦う。この事態は私たちの生きる世界に何をもたらすのか？　この問いに取り組んだ二つの論考が、ほぼ同時期に翻訳出版された。

一つはソロモン・ヒューズという英国のジャーナリストのもの。80年代から顕著になる経済の自由化と、公的事業の民営化の流れのなかで、軍事という、民主主義国家が細心の注意を払って扱うべき領域が民間に委託されていく過程を、主に英米の政財界の動きに即して詳述している。民営は効率がよい。これが民営化を推進する陣営の一番の主張点であるが、軍事の民間委託は決して「安上がり」ではなく、紛争の解決に有効でもなく、犯罪的なスキャンダルという副産物をうみ出しつつ、政界に癒着した軍事関連の企業家を肥え太らせてきただけだと著者は糾弾する。

ドイツ人ロルフ・ユッセラーの著作は、軍事の民間委託の持つ問題点を、さらに大きな文脈のなかで、冷戦終結後の資本制の世界支配下で生じた構造のなかで抉（えぐ）り出す。国家の枠組みがメルトダウンしはじめている貧しい地域で、民間軍事会社は地下資源を得ようとする多国籍企業の用心棒であり、その存在が多くの悲惨を生んでいるばかりでなく、強い国家の民主主義にとっても脅威であると、説得力をもって展開される議論は、この悪夢じみた事態に対抗すべき行動のプログラムにまで射程が及ぶ。世界に向かって想像力を伸ばしていこうとする者にとっては、いますぐ読まなければならない本だ。

評・奥泉光（作家）

（原題、WAR ON TERROR, INC.）

（原題、KRIEG ALS DIENSTLEISTUNG）

Solomon Hughes　フリージャーナリスト。

Rolf Uesseler　フリージャーナリスト。

文芸／人文

『悼詞』

鶴見俊輔 著

編集グループSURE・三四六五円

別れに先立つ出会いの圧倒的豊かさ

長く生きるというのは、それだけ数多くのひとを見送るということである。

86歳の鶴見俊輔氏が初めて追悼文を書いたのは1951年――日銀総裁や蔵相を歴任した池田成彬についてのものだった。ときに鶴見氏29歳。以来半世紀を超える歳月が流れ、鶴見氏が文章で在りし日を偲（しの）んだひとびとの数は125人に達した。本書はそのすべての文章を集めた、いわば「追悼文全集」である。

高橋和巳、花田清輝、橋川文三、林達夫、谷川雁、丸山真男、手塚治虫、赤塚不二夫……といった戦後史に欠かせない面々から野の遺賢まで、その人数とテーマとを額面どおりに受け止めると、ずいぶん湿っぽい一冊だと思われてしまうかもしれない。ところが、違うのだ、それが。落ち着いた空色で彩られた本のたたずまいが示すとおり、鶴見氏の追悼文には過剰な湿り気はない。亡きひととの関係を特権的にふりかざすこともなければ、たとえ志半ばでの死だったとしても、めそめそと未練を語ることもない。惜別の情はむろんある。しかし、それを鶴見氏は、亡きひとへの尽きせぬ敬意と感謝の念で包み込む。

〈これほど多くの人、そのひとりひとりからさずかったものがある。ここに登場する人物よりもさらに多くの人からさずけられたものがある。そのおおかたはなくなった〉

鶴見氏があとがきに書きつけたこの言葉は、本書に登場したひとたちへの献辞を超えて、生者と死者との関係そのものの本質をも言い当ててはいないか。具体的な交友を通じて、あるいは書物や作品を通じて、そのひとから授かったものが確かにあれば、永訣（えいけつ）の後もそのひとは自分の中で生きつづける。ならば別れの言葉にも、涙をぬぐい去る爽（さわ）やかな風が吹くだろう。

〈今、私の中には、なくなった人と生きている人の区別がない。死者生者まざりあって心をゆききしている〉

本書で125人に別れの言葉を贈った鶴見氏は、それだけの数のひとたちと出会ってきた。年若い読み手は、別れに先立つ出会いの豊饒（ほうじょう）さになにより圧倒されるのである。

評・重松清（作家）

つるみ・しゅんすけ　22年生まれ。哲学者。

科学・生物／新書

『生命（いのち）をつなぐ進化のふしぎ　生物人類学への招待』

内田亮子 著

ちくま新書・七五六円
ISBN9784480064417

人間や社会の根源にさかのぼる思考

非常におもしろい本だった。人類学、生物学、脳研究、行動経済学などの近年の知見をわかりやすくサーベイしながら、「食べる」「みんなと生きる」「連れ合う」「育つ・育てる」などといった視点に即して、人間という生き物やその社会の成り立ちについて探究していく。現在のような困難な時代においてこそ、こうした根源にさかのぼった思考が重要な意味をもつのではないか。

本書で扱われる話題は多岐に及ぶが、興味深かったのはたとえば一夫一婦制の意味や起源に関する次のような議論である。食糧探索型、つまり狩猟採集中心の社会においては、食糧供給が予測困難でコントロールできる資源が少ないなどの理由から一夫多妻のポテンシャルは低く、男女の政治的な力関係は平等になりやすい。父子の接触時間も農耕社会より長いという。ところが定住して農耕・牧畜が始まると、領地を所有することで集団間の抗争が激しくなり、雄の重要性が高まるとともにその所有する資源の格差が広がり、かつ女性が男性に望むものの優先順位も変わる。現在の社会では「女性がパートナーに望むものは狩猟採集社会に似た協力性」ではないかと著者はいう。

これは一例に過ぎず、「雌雄のつがい（ペア）がユニットとなって生活している種」が「顕著に大きな脳を持つ傾向」があるといった研究から「連れ合う」ことの意味を考えたり、人間だけが食糧の共有・分配を恒常的に行いそれが平等社会の基盤になっていると論じたり等々、関連分野の近年の成果を踏まえた印象深い考察が展開される。

本書から示唆されるもうひとつの点は、学問のあり方についてである。最近あらためて感じることだが、日本の場合、「理系―文系」といった境界が強く、社会科学の中ですら経済学、社会学、政治学などといった分野の縦割りが一層強まっている。自然科学的な知見をそのまま人間社会に適用することはできないが、学問間の垣根を超えた探究がもっとなされてよいはずだ。そうした可能性も本書は提起していると思われる。

評・広井良典（千葉大学教授）

うちだ・あきこ　60年生まれ。早稲田大国際教養学術院教授（生物人類学）。

二〇〇八年一二月七日⑤

科学・生物

『サイエンス・インポッシブル』

ミチオ・カク 著　斉藤隆央 訳

NHK出版・二五二〇円

ISBN9784140813249

不可能も可能に? 大胆に未来を予測

テレパシーに念力、とくればトンデモ話の定番ではないか。それすらも、科学の本道を行く人が大まじめに論じた。大胆な本である。

まずは著者の原体験。学校で先生が大陸移動説を批判して「ナンセンスですね」と言ったという。今ではプレート論が広く受け入れられ、大陸が動いても驚かない。

「私の半生という短いあいだにも、不可能と思われたものが科学的事実として確立されるのを、何度となく目の当たりにしてきた」

私のような科学記者の胸には、すとんと落ちる言葉だ。著者は、この皮膚感覚で伸びやかに科学の行方を占う。

「不可能」の分類も前向き。いつ可能になるかが目安だ。ざっくり言えば、来世紀までにできるかもしれない技術がⅠ、数千~数百万年先までならⅡ、実現したら物理世界の見方が覆るのがⅢ。

驚くべきことにテレパシーはⅠに格付けされる。だがよく読むと、Ⅰは脳の画像診断技術などで感情や思考のパターンを読むことに限られ、奥深い心の働きをつかむ能力はⅡだという。念力もⅠだが、そこに出てくるのは脳の信号を検出して家電製品を思い通りに操る技術だったりする。

なんだ、至極まっとうじゃないか、という読者もいるだろう。その通り。だが、科学の筋を踏まえつつ、常識を超えることも忘れていない。

たとえばタイムトラベル。過去へ旅して過去を変えたら今の自分がいないかもしれない、という逆説の切り抜け方もしっかり教えてくれる。

使う以上のエネルギーを生む永久機関は3だとしながらも、そのよりどころであるエネルギーの保存則を不磨の大典とは言わない。最近、宇宙には暗黒のエネルギーが満ちていると言われだした。これが保存則を脅かさないかという問いにも真剣に向き合う姿勢を見せる。

終章でも「われわれの知る物理法則は変わるかもしれない」と念を押している。

SFを縦横に語り、シェークスピアも話題に載せる。そんな文学ごころが柔らかな科学観を裏打ちしている。こんな本がもっとあっていい。

評・尾関章（本社論説副主幹）

（原題、PHYSICS OF THE IMPOSSIBLE）

Michio Kaku　米国の理論物理学者。一般向けの著書も多数。

二〇〇八年一二月七日❻

『ガリレオの苦悩』

東野圭吾 著

文芸春秋・一六〇〇円
ISBN9784163276205／9784167110130(文春文庫) 文芸

科学技術用いた新しい密室トリック

若い頃からミステリーを愛読してきた。たとえば江戸川乱歩の探偵小説。犯人が巧妙なトリックを仕かけ、名探偵が謎を解く。トリックをめぐる攻防が命綱だった。

松本清張が登場して探偵小説は推理小説に変わった。松本清張はもちろんトリックも駆使したが、同時に人が罪を犯す動機に注目した。そのことにより人間を捕らえ、社会をえぐる道を開いた。

今日ではもう目新しいトリックは発見しにくい。書き尽くされてしまった。いきおいミステリーは犯罪小説やスパイ小説へと傾く。なにか新しい趣向はないものか。

一つの答えとして科学の進歩があった。江戸川乱歩の頃にも科学的知識を拠(よ)りどころとしたトリックはあった。が、ファンが松本清張を読んでいるうちにも日常の科学はどんどん発達して、そこに新しいトリックの入り込む余地が生じたらしい。本書はそんなミステリー史の中の一里塚である。五つの短編からなる連作集で、天才物理学者が探偵役として登場し、犯人のほうも新しい科学技術を(普通の人にもそれなりに理解できるものだが)用いる。骨子は古典的な探偵小説のスタイル。〝密室〟をめぐる謎が真正面から提示されたりすると、オールドファンはわくわくしてしまう。警察畑にもお決まりの登場人物がいて、このシリーズはしばらく書き続けられそうだ。短編連作としてそれだけの膨らみはある。

トリック型ミステリーを紹介する場合のつねとして肝心な部分を綴(つづ)るわけにはいかないが、マンションの上階から投身死した事件について目撃者が犯人になりうるかどうか、すてきな謎が提示され、読む人の興味をそそる。

作品の長さには多少のばらつきがあるが、事件が解決の部分に入るとストンと終わってしまう。逆に言えば解決までのくさぐさが、ああでもない、こうでもない、と長いのだが、これは短編探偵小説の宿命のようなもの。動機の単純さとあいまって、少したわいない印象がいなめない。この先登場人物の個性がどれだけおもしろくなるか、期待したい。

評・阿刀田高(作家)

ひがしの・けいご 58年生まれ。作家。『容疑者Xの献身』で直木賞。

二〇〇八年一二月七日❼

『インドネシア　展開するイスラーム』

小林寧子 著

名古屋大学出版会・六九三〇円
ISBN9784815805968 人文

インドネシアと日本の歴史的なかかわりは深く、経済的にも結びつきが非常に強い。戦後、日系企業もたくさん進出してきた。インドネシアは国民の9割がイスラーム教徒で、絶対数も世界最大の信徒数を擁する国となっている。

言いかえると、日本にとって最もなじみ深いイスラーム圏のはずであるが、なぜか、長らくこの国はイスラーム色が薄いと思われてきた。そのイメージが変わったのは、この10年ほどにすぎない。

本書では、ずっと忘れられていたインドネシアのイスラームを、20年以上研究してきた貴重な成果がまとめられている。イスラームはもともとは外来の宗教であるが、次第に地元に受容され、土着の文化と適合して展開してきた。それを踏まえた現代社会の実態が、入念な調査で克明に解き明かされている。

多くの島から成るインドネシアでは、多様な文化に対応して多元的なイスラームが発展してきた。独自の法解釈や制度が作られてきた様子も、歴史的な現実として面白い。01年に、豚の酵素を製造過程で使ったことが問題とされて、「味の素事件」がおこったが、その時の法解釈論争も実に正確に活写されている。

これからインドネシアの理解を深めていくうえで、本書は礎の一つとして大いに貢献することであろう。

評・小杉泰(京都大学教授)

経済

二〇〇八年一二月七日❽ 『近代日本の国際リゾート』

砂本文彦 著

青弓社・八四〇〇円　ISBN9784787220318

1930年代、鉄道省国際観光局は国際リゾート地を選定、あわせて点を線で結ぶべく国際観光ルートを定めた。この国策に応じて上高地、雲仙、志賀高原、阿蘇、唐津、日光などに国際観光ホテルが整備されてゆく。

本書は、各地の景勝地に国際リゾートが造られた経緯を詳しく述べた労作である。松島や蒲郡、琵琶湖などのホテルは日本趣味を強調する傾向があった。対して山岳地のホテルでは、スイスの山小屋風デザインが採択されるのが常であった。外国人の滞在を想定しながらも、海辺や湖岸などの水際と山上とではリゾート空間の演出方法が異なっていたという指摘は面白い。

なかには「サアサアいらっしゃい碧(あお)い目のお客様」と新聞があおったところもある。外貨獲得を目標とする観光事業は、あたかも熱病のごとく地方に伝播(でんぱ)した。地方の有力者たちが「わがまちにもぜひ国際ホテルを」と力説した時期があったわけだ。

状況は、70年の時間を経て今日と響きあう。この秋、観光庁が発足した。訪日観光客を年間1千万人に増やすべく、「観光立国」をうたう政府の姿勢を反映したものだ。同時に各地で「観光まちづくり」を競いあっている。今回の国策では、いったいどのような国際リゾートが生み出されるのだろうか。

評・橋爪紳也（建築史家）

政治／社会

二〇〇八年一二月七日❾ 『皇族誕生』

浅見雅男 著

角川書店・一六八〇円
ISBN9784048850018／9784043944897（角川文庫）

数年前、皇室典範改正が検討される中で、女性天皇の是非が議論されたことは、記憶に新しい。改正は見送られ、最近議論は沈静化したものの、皇族に男子が少なく、現状のままでは、近い将来多くの宮家が消滅するという状況は変わっていない。皇位の安定的継承を確保するためには、今後も引き続き、皇族についての議論を深めていくことが必要であろう。

それでは、近代日本において、そもそも皇族はどのような役割を担ってきたのだろうか。実は、天皇研究がかなりの蓄積を持つのに比べ、皇族に関する研究は乏しかった。本書はその欠を埋める労作で、宮家の創設から説き起こし、皇族で唯一首相となった東久邇宮稔彦(なるひこ)王の生涯までを、通史的に論じている。

宮家は、幕末までは4家しか存在しなかったが、明治以降に激増した。その要因の一つは、明治天皇の皇位継承への深い不安にあった。増加した皇族の男子は、軍人となることが義務づけられたが、意に沿わない進路や特別待遇に悩まされるケースも、少なくなかった。筆者は、豊富な史料を用いて、このような天皇や皇族たちの姿を等身大で描いており、彼らの苦労が生々しく伝わってくる。

皇室制度の将来を考える上でも、ぜひ一読をおすすめしたい書である。

評・奈良岡聰智（京都大学准教授）

『悼む人』

天童荒太 著

文芸春秋・一七〇〇円
ISBN9784163276403／9784167814014（文春文庫〈上〉）・9784167814021（〈下〉）

文芸

愛や死への思い問う鏡のような物語

胸がざらつく。どうにも落ち着きようのない思いに包まれる。何度となく本から顔を上げ、息をつき、そしてまた目を戻すと、たちまち物語の深みへと導かれていく。

天童荒太さん8年ぶりの長編小説となる本書を、そんなふうに読み進めた。密度のある物語――構成や描写の目がただ詰んでいるというのではなく、ずしりと持ち重りのする絶対的な質量を持った物語である。

〈ぼくは、亡くなった人を、ほかの人とは代えられない唯一の存在として覚えておきたいんです〉と、〈悼む人〉となった静人は言う。〈誰に愛されていたでしょうか。誰を愛していたでしょう。どんなことをして、人に感謝されたことがあったでしょうか〉と、亡くなった人について尋ねつづける。

なぜそうせずにはいられないのか、そうすることが自分になにをもたらすのか、静人自身にもわからない。むしろ偽善者と呼ばれ、心の病か怪しげな宗教かと警戒されることのほうが多い。死に軽重をつけず、その人のことを決して忘れずにいるというのは、〈人々の安逸（あんいつ）な暮らしを乱し〉〈人々を戸惑わせ、苛立（いらだ）たせる〉ものだから。

物語は、そんな静人をめぐって織りなされる。世の中や人生にすねたルポライター、夫殺しの罪で服役し出所したばかりの女性、さらには末期がんに侵された静人の母親――3人の視点から、天童さんは静人という謎めいた青年を描く。ただし、それはあくまでも外から見た〈悼む人〉の姿であり、3人は誰も静人の内面に入り込むことはできない。だから実像が浮かび上がりそうで浮かばない。焦点が合いそうで合わない。3人の視点に寄り添いながら静人に迫ろうとしても、どうしても届かない。もしかしたら、そこにもどかしさを感じる読み手もいるかもしれない。

だが、おそらく天童さんはすべてを承知したうえで、この描き方を選んでいる。静人は、いわば鏡なのだ。物語の中の3人が静人によって自分自身の〈愛や死に対する考え〉を問い直されるように、物語の中の静人を見つめる読み手のまなざしもまた、そのまま自分自身へと返ってくる。いままであたりまえのようにして受け容（い）れていた〈愛や死に対する考え〉を根底から問い直される。痛みにも似た胸のざらつきがあるだろう。激しく揺さぶられてしまう瞬間もあるだろう。だからこそ、どこまでも美しい光に包まれたラストシーンでは、深いため息が漏れるはずだ。思わず目を閉じて、天を仰ぎ、それから静かにうなだれる――それが物語の中で死者を悼むときの静人の姿と重なり合うことに思いあたったとき、この作品そのものが〈悼む人〉ではなかったかとも気づかされるのだ。

読み手の胸をうずかせた「痛み／悼み」は、本を閉じた瞬間に消え失（う）せるものではない。物語は鏡だった。〈悼む人〉は物語から旅立って、読み手の生きる現実へと渡ってきた。静人の声が遠くから聞こえる。その声は、あなたには自分のことを悼んでくれる人がいますか、あなたが悼みたい相手はいますか、と繰り返し問いかけてくるのである。

評・重松清（作家）

てんどう・あらた　60年生まれ。作家。96年に『家族狩り』で山本周五郎賞、2000年に『永遠の仔（こ）』で日本推理作家協会賞を受賞。

二〇〇八年一二月一四日❷

『ただひたすらのアナーキー』

ウディ・アレン 著　井上一馬 訳
河出書房新社・一九九五円
ISBN9784309205014　文芸／アート・ファッション・芸能

27年ぶり新作の老成した皮肉と魅力

好きな作家の27年ぶりの作品集を読むのは、40代になって高校の同窓会に出かけるようなものだ。初恋の人との再会は楽しみだが、長年抱いていた面影が現実に直面して、失望するのではないかという不安にもかられてしまう。

20代半ばの頃、『羽根むしられて』『これでおあいこ』『ぼくの副作用』といった傑作群に出会い、その才知と文体に驚き、映画人として日本でもようやく認められかけていたウディ・アレンに惚（ほ）れ込んだ者として、27年ぶりに彼の新作が読めるのは、喜びと共に、まさに初恋の人のイメージが崩れはしないかという不安とが相半ばする、複雑な心境だった。

最初の数編を読み始めたとき、ああ、これはやはり年齢による筆力の衰えは否めないかな、と不安が的中したような気分になった。昔の作品にあったイメージの奔放な飛躍とナンセンス度が薄れ、ストーリー（あって無きがごとしといえども）が定型化しているように思えたのである。

中には、かつての才気がまだその輝きを失ってはいない作品もあることはある。

宇宙物理学用語で浮気ばなしを語る「のぼせ上がって」や、ミッキーマウスがアニメ界の友人たちのハリウッド的堕落を嘆く「ディズニー裁判」などは往年の作品を彷彿（ほうふつ）とさせる佳作だが、何かが違うのだ。

もちろん、27年の間に読者であるこちらも年を重ねている。以前には気がつかないでいた点だが、アレンの全作品に共通する過剰なまでに極端な形容（「僕の寿命を十九世紀の炭坑夫のレベルまで引き下げるために作られたフィットネス・プログラムの一環」など）は、〝しゃれた比喩（ひゆ）表現〟にしなければならないという現代アメリカ文学に共通する強迫観念に対してのパロディーではないかと思いあたった。であれば、これはまさにアレン的皮肉である。

昔に比べその比重が大きくなっているのは、年をとったアレンの意地悪じいさん的なユーモアなのだろう。昔のやんちゃさが影をひそめた分、そちらの方を老成したアレンの魅力として楽しみたい。

（原題、Mere Anarchy）

評・唐沢俊一（作家）

Woody Allen　35年生まれ。映画監督、俳優、脚本家、小説家。

二〇〇八年一二月一四日❸

『インド　厄介な経済大国』

エドワード・ルース 著　田口未和 訳
日経ＢＰ社・二五二〇円
ISBN9784822247119　経済／国際

知られざる国の複雑な内情を解剖

インドという国は、われわれが知っているようでいながら、その複雑な内情はほとんど知らない国ではないだろうか。今回のムンバイでの大事件を見ればそういう感を深くする。インド人の妻を持ち、アメリカの新聞社の記者としてインドに5年を過ごした著者は、取材活動による豊富な知見を文献で補いながら、この複雑なインドをさまざまに解剖し、その問題点と解決策を提示してみせる。

著者は、現在のインドはかつてのガンジー＝ネルーのインドではないという。１９９０年代以後、その民主主義、世俗主義、社会主義という遺産は受け継ぎつつ、グローバル化のもとで新しいインドを目指しつつあるのだと見る。そういう中で、19世紀からの指導的政党である国民会議派は、官僚主義と恩顧主義の政党になってしまっている。

しかし、対立するヒンドゥー至上主義は、排他的な文化と政治を主張して、ムスリムとの関係を緊張させて、宗教色を排する世俗主義と民主主義への脅威となっている。その間にあって、下位カーストの諸集団がさまざまなルートで政党と結びついて、社会的公正を求め、その発言力を獲得しつつある。こうして、インドの政治は民主主義を維持しつつ多様性を発揮してきている。しかしその政治は、インド社会の大きな格差、民衆の貧困と無権利を解決することも、隣国のパキスタン、中国などと安定した関係を打ち立てることもできていない。

著者は、国の規模、民主主義、ハイテクの技術などで大きな可能性を持つインドが、今後新しい発展の道を見いだすことを期待しつつ、貧困対策、環境対策、エイズ対策を具体的に提言し、そのためには政・官のエリートが危機意識をもつことを訴えている。

たしかにあの多様性に満ちたインドが、中国とは違った形での発展を成功させるならば、それは世界の歴史にとって大きな事業に違いない。

ただ、グローバル化擁護の自由主義にやや偏りすぎているように見える著者のインド観は、インドではどのように受け止められるのであろうか。

（原題、IN SPITE OF THE GODS : The Strange Rise of Modern India）

評・南塚信吾（法政大学教授）

Edward Luce フィナンシャル・タイムズの元南アジア支局長。

『死んだら何を書いてもいいわ』

萩原朔美 著

新潮社・一五七五円
ISBN9784103168119

アート・ファッション・芸能／ノンフィクション・評伝

自立した晩年の母への深いまなざし

作家の萩原葉子は、昏（くら）い小説を書いた。自伝3部作の「蕁麻（いらくさ）の家」「閉ざされた庭」「輪廻（りんね）の暦」など。母親に捨てられた娘がどんな人生を送ったかを亡き父、朔太郎に伝え切らねば生きられない、というような切実な小説を書いた。

その彼女が84歳で亡くなって3年が経（た）った。

本書は、離婚し、小説家となった母親の波乱の人生につきあい、翻弄（ほんろう）されて育った息子が、「不在となった母」に代わってその晩年を読者に伝えようとしたレクイエムの書である。冷淡で親不孝な息子という位置に一貫して立ち、老いを迎えた母親との交流を淡々と描いている。

だが、端正な文章のそこかしこに母親への敬愛の念が滲（にじ）んでやまない。

「死んだら何を書いてもいいわ」と繰り返したという母親の言葉は、「私が書かなかったことは、あなたが書きなさい」とのメッセージだったのだろう。

不思議なもので、親というものは、不在となって初めてありありとその姿を見せ、子どもに理解される。

60歳を過ぎてからダンスを始め、目を見張る自己解放を遂げた母親のことを、著者はこう振り返る。

「母親は、日常の雑事や自分の過去から、飛ぼうとしたに違いない」

身体を動かすことで、心を動かし、書き続けることで過去を脱ぎ捨てていった彼女の姿を見る著者のまなざしは、深くて優しい。

そして、自分の人生を一人で自己完結して生き抜こうとした萩原葉子の晩年は、とても素敵（すてき）だった。

「弱い母」を見るのが嫌で、同居後は怒ってばかりいたと著者は悔やんでいるが、晩年を存分に、自由かつ強く生きた彼女がついに動けなくなって、小さな声で同居を頼んだ最期の願いを、息子は躊躇（ちゅうちょ）なくかなえたのである。

表現への意欲を捨てることなく一人で老いを生き切り、最期にちょっとだけ誰かの温かい手に支えられ、ふっとこの世から消える。自立した親の老いとはかくあるべし、と教えられる思いがした。

評・久田恵（ノンフィクション作家）

はぎわら・さくみ 46年生まれ。映像作家。著書に『思い出のなかの寺山修司』など。

二〇〇八年一二月一四日⑤

『ヒエログリフ解読史』

ジョン・レイ 著　田口未和 訳

原書房・二五二〇円
ISBN9784562041756　歴史／ノンフィクション・評伝

複雑な暗号めいた古代文字への情熱

不思議な形をした文字はロマンを誘う。簡単に読めない古代の文字となれば、なおさら興味津々となる。

ヒエログリフは古代エジプトの象形文字で、今でもエジプト各地の遺跡では、石に深く刻み込まれた太陽や鳥、動物の絵文字に接することができる。

古代エジプト語およびその後継者となったコプト語は、かつて4700年にわたって使われていたが、その後1千年の断絶を経て、19世紀に解読されることになった。本書は、そのドラマとエジプト学の誕生を描いている。

解読のきっかけとなったのは、ナポレオンが率いた遠征軍がナイル・デルタの要塞（ようさい）で発見した石碑の半片であった。ロゼッタストーンと通称されるこの石には、「神聖文字」であるヒエログリフと、それを崩した形のデモティック（民衆文字）とギリシャ文字が書かれていた。

つまり、それは2種類の文字を用いたエジプト語およびギリシャ語という2カ国語による布告なのであった。古代文字の解明には、このような遺跡が大いに助けになる。

とはいえ、ヒエログリフは単純な絵文字ではない。絵に見えても音だけを表す文字や単語の種類を示す読まない文字も含まれているため、非常に複雑な暗号のようであった。その解読に成功したフランス人シャンポリオンは、並々ならぬ熱情を持つ天才であった。彼は漢字やコプト語も学んで、解読に役立てた。

もっとも先駆者として、イギリス人トーマス・ヤングの功績も重要であった。ロゼッタストーンはすぐにイギリス軍に奪われ、その後も解読をめぐって英仏の争いや学者たちの競争が続いた。今日までも、シャンポリオンとヤングの評価をめぐって、英仏の論争があるという。その経緯も生き生きと描かれていて、本書に精彩を添えている。

現在、ロゼッタストーンは大英博物館にあって、展示物の中でももっとも人気が高い。ポストカードや複製のおみやげなども一番の売り上げという。古代文明をめぐる憧憬（しょうけい）と好奇心を満たしてくれる一冊である。

（原題、The Rosetta Stone : and the Rebirth of Ancient Egypt）

評・小杉泰（京都大学教授）

John Ray　ケンブリッジ大学エジプト学教授、英国学士院会員。

二〇〇八年一二月一四日⑥

『キムはなぜ裁かれたのか　朝鮮人ＢＣ級戦犯の軌跡』

内海愛子 著

朝日選書・一五七五円
ISBN9784022599483　歴史／ノンフィクション・評伝／国際

戦争責任問題への多角的な視点

戦後60年以上たつのに、日本の戦争責任の問題は終わっていない。それは日本政府による戦争被害者への補償が、公平さを欠いていたためである。また戦争の被害と加害の問題は入り組んでいて、理解が難しいからでもある。本書は、朝鮮人元ＢＣ級戦犯の運命に焦点を当てて、戦争責任の問題を考察したものだ。

ＢＣ級戦犯裁判は、捕虜を虐待した罪で裁かれることが多かった。戦犯裁判の記録から知られるのは、南方の捕虜収容所の凄惨（せいさん）な実態である。そこでは捕虜の食糧と医薬品が決定的に不足しており、コレラや赤痢の伝染病患者が急増していく。

軍は捕虜を使って飛行場や鉄道を建設することを決めながら、捕虜の生存の条件を配慮しなかった。現場では無理な完成予定に合わせて病人まで駆り出して使役し、多くの捕虜が死ぬ結果となった。日本の軍や外務省は、捕虜を過酷に扱えば国際問題化するという認識が乏しく、捕虜の国際法上の権利を守ろうとは考えていなかった。

他方で収容所の末端の監視員には、朝鮮人などの軍属があてられていた。戦後に戦犯として裁かれた彼らには、捕虜の扱いについての権限が小さいのに虐待の責任を問われたことへの不条理感があった。また本国が独立したのに、過去に日本人であった資格で裁かれることを、納得しかねていた。

連合国の戦犯裁判の記録と朝鮮人元戦犯の証言とには、食い違いもある。だが著者は両者を付き合わせて事実を究明し、どちらも戦犯裁判の全体像を理解する一部だと位置づけている。

著者はかつて『朝鮮人BC級戦犯の記録』で朝鮮人戦犯が、日本人戦犯には与えられた補償の支給からは除外される差別を描いた。その状況は今も変わっていない。その後著者は、欧米人捕虜の残酷な被害の実態や、その虐待が日本軍の捕虜政策の構造的な特質に由来していたことを解明してきた。簡潔な記述の中にも、著者が発掘してきた戦争責任問題への多角的な視点が、詰め込まれている好著といえよう。

評・赤澤史朗（立命館大学教授）

うつみ・あいこ　41年生まれ。早稲田大学客員教授。『日本軍の捕虜政策』など。

二〇〇八年一二月一四日⑦

『学問の下流化』

竹内洋 著　中央公論新社・一九九五円　人文

ISBN9784120039836

学界の諸先輩の中には何人かの巨人がいる。接するに、該博な知識、枯れることのない知的体力、専門領域を軽やかに越境する教養に圧倒される。著者もその一人である。

著者は国立大学を定年退職して野暮（やぼ）な専門研究の枷（かせ）からようやく解放され、大手を振って、本の大海に埋もれる生活を手に入れたという。本書は、新聞や雑誌に発表したエッセーや書評、評論を集めた雑文集である。著者には大河小説的専門書も多数あるが、この本は雑読系読書人としての面目躍如の書だと思う。

軽い文体の短文が多くを占めるものの、鋭く強烈な含意に満ちている。たとえば書名「学問の下流化」は、今日のアカデミズム、すなわち大衆とジャーナリズムにすりよって受けを狙う、学問のポピュリズム化への危機感に由来する。批判の矛先は、専門学会内部での内輪消費のためだけの研究に自閉化する学問のオタク化にも向けられる。

雑読系の雑文集などと書いたけれども、けなしているのでは毛頭ない。短い書評群は、おそらくは原著以上の知的躍動を読者にもたらし、雑文たちは編まれて独自の教養世界を織りなす。雑文集ではあるが、それゆえにこそ、凝縮され結晶化された竹内ワールドが明瞭（めいりょう）に浮かび上がってくる。すごい。

評・耳塚寛明（お茶の水女子大学教授）

二〇〇八年一二月一四日⑧

『優雅なハリネズミ』

ミュリエル・バルベリ 著　河村真紀子 訳

早川書房・一八九〇円　ISBN9784152089632　文芸

舞台は、お金持ちが住むパリの高級アパルトマン。語り手は、そのアパルトマンの管理人と住人の少女。

管理人は夫を亡くした54歳の女性で、貧しい農家の出身だが、大変な読書家で独学の知識人である。だが、知性を隠して「貧しくて学のない管理人」という世間一般のイメージから逸脱しないように日々努力している。少女は、俗物の父母や姉と共通点がなく、人生の意味を見いだすことができず、13歳の誕生日に自殺しようと決意している。管理人は小津安二郎映画のファンであり、少女は日本のマンガが大好きで、日記に俳句風の詩を書きつける。2人は同じ建物に住みながら、社会階層の違いから、ほぼまったく接点がなく、自分の世界に閉じこもって暮らしている。

そんな2人の前に日本人の紳士オヅ氏が登場。2人の人生が変わり始める。オヅ氏は、異邦人ならではの自由さで社会常識の境界を超え、触媒の働きをする。

本書は、フランスでは口コミで人気が広がり、読後に誰かへの贈り物にするためにまた購入する人が多く、「ギフトセラー」とも呼ばれているそうだ。私も読んでいる間に友人の顔が頭に浮かび、読んでほしいと思った。派手なストーリーではないが、この世界を共有したいと思わせる微妙な味わいがある。

評・常田景子（翻訳家）

本書未収録書評リスト

○一年一月二一日⑤『笑いオオカミ』（津島佑子著）新潮社・一九〇〇円
○一年二月一八日③『偶然の祝福』（小川洋子著）角川書店・九二〇円
○一年三月二五日①『熊の敷石』（堀江敏幸著）講談社・一四〇〇円
○一年四月八日⑧『現代短歌と天皇制』（内野光子著）風媒社・三五〇〇円
○一年四月八日⑩『ゼルダ・フィッツジェラルド全作品』（ゼルダ・フィッツジェラルド著、青山南・篠目清美訳）新潮社・七八〇〇円
○一年四月二二日⑩『カウフマンの証言』（H・カウフマン著）東洋経済新報社・二八〇〇円
○一年四月二九日②『スーパートイズ』（ブライアン・オールディス著、中俣真知子訳）竹書房・一八〇〇円
○一年四月二九日⑫『京都、オトナの修学旅行』（山下裕二、赤瀬川原平著）淡交社・一六〇〇円
○一年五月六日⑧『傷だらけの映画史』（蓮實重彦、山田宏一著）中公文庫・七八一円
○一年五月六日⑫『骨の学校』（盛口満・安田守著）木魂社・一七〇〇円
○一年五月二〇日⑨『痛快！憲法学』（小室直樹著）集英社インターナショナル・一七〇〇円
○一年五月二七日③『北風とぬりえ』（谷内六郎著）マドラ出版・二六〇〇円
○一年五月二七日⑦『田中康夫主義』（田中康夫著）ダイヤモンド社・一四〇〇円
○一年五月二七日⑩『中絶論争とアメリカ社会』（荻野美穂著）岩波書店・三六〇〇円
○一年六月二四日⑥『籠抜け・天の電話』（夫馬基彦著）集英社・一八〇〇円

○一年七月一日⑩『大型類人猿の権利宣言』（P・カヴァリエリほか編、山内友三郎・西田利貞監訳）昭和堂・二四〇〇円
○一年七月一五日①『荒川洋治　全詩集　1971−2000』（荒川洋治著）思潮社・四八〇〇円
○一年七月一五日⑪『ドン・キホーテの独り言』（木村栄一著）岩波書店・二〇〇〇円
○一年七月二二日⑧『土方巽の方へ』（種村季弘著）河出書房新社・二八〇〇円
○一年七月二九日⑪『ぼくたちは、銀行を作った。』（十時裕樹著）集英社インターナショナル・九〇〇円
○一年八月五日④『死んでいる』（ジム・クレイス著、渡辺佐智江訳）白水社・二三〇〇円
○一年八月五日⑧『知られざるゲーテ』（R・ザッペリ著、津山拓也訳）法政大学出版局・三四〇〇円
○一年八月五日⑨『勇気の出る経営学』（米倉誠一郎著）ちくま新書・七二〇円
○一年八月一九日⑪『セルマ』（C・ギブ著、小原亜美訳）アーティストハウス・一八〇〇円
○一年九月二日③『闇を歩く　怖いからゆく「死と再生」の旅』（中野純著）アスペクト・一四〇〇円
○一年九月二日⑨『猫を旅する。』（新美敬子著）河出書房新社・一六〇〇円
○一年九月二三日③『真葛が原』（吉住侑子著）作品社・一六〇〇円
○一年九月二三日⑪『機密費』（歳川隆雄著）集英社新書・六六〇円
○一年九月三〇日⑨『悲しいとき』（いつもここから著）扶桑社・九五二円

○一年一〇月七日⑪『ホストの世界』（沢村拓也著）河出書房新社・一二〇〇円
○一年一〇月一四日④『背く子』（大道珠貴著）講談社・二二〇〇円
○一年一〇月二一日⑩『隠蔽された障害　マンガ家・山田花子と非言語性LD』（石川元著）岩波書店・二三〇〇円
○一年一〇月二一日⑪『牛と日本人　牛の文化史の試み』（津田恒之著）東北大学出版会・二三〇〇円
○一年一一月四日②『宮廷の道化師たち』（アヴィグドル・ダガン著、千野栄一・姫野悦子訳）集英社・一八〇〇円
○一年一一月二五日⑪『華々しき鼻血』（E・ゴーリー著、柴田元幸訳）河出書房新社・一〇〇〇円
○一年一二月二日①『小説作法』（スティーヴン・キング著、池央耿訳）アーティストハウス・一六〇〇円
○一年一二月一六日⑧『Zカー』（片山豊・財部誠一著）光文社新書・六八〇円
○一年一二月一六日⑫『アラビア数学奇譚』（マオバ・タハン著、越智典子訳）白揚社・二二〇〇円
○一年一二月二三日⑨『やがて中国の崩壊がはじまる』（ゴードン・チャン著、栗原百代ほか訳）草思社・一七〇〇円
○二年一月一三日①『半所有者』（河野多恵子著）新潮社・一〇〇〇円
○二年一月二七日⑨『横山源之助全集　第2巻　社会・労働二』（立花雄一編）社会思想社・一二〇〇〇円

○二年一月二七日⑪『象を洗う』（佐藤正午著）岩波書店・一六〇〇円

○二年二月一〇日⑪『明治人のお葬式』（此経啓助著）現代書館・一八〇〇円

○二年二月一七日⑥『手紙』（山本昌代著）岩波書店・一八〇〇円

○二年二月一七日⑪『日本経済「暗黙」の共謀者』（森永卓郎著）講談社＋α新書・七八〇円

○二年三月一〇日⑤『コカイン・ナイト』（J・G・バラード著、山田和子訳）新潮社・二三〇〇円

○二年三月二四日⑨『月』（A・アブダルハミード著、日向るみ子訳）アーティストハウス・一七一四円

○二年三月三一日⑪『ダルタニャンの生涯』（佐藤賢一著）岩波新書・七〇〇円

○二年四月一四日⑨『デフレ下の日本経済と金融政策』（中原伸之著）東洋経済新報社・一六〇〇円

○二年五月五日①『夜明け前のセレスティーノ』（レイナルド・アレナス著、安藤哲行訳）国書刊行会・二四〇〇円

○二年六月二日②『石のハート』（レナーテ・ドレスタイン著、長山さき訳）新潮社・一八〇〇円

○二年六月一六日⑦『愛の手紙』（日本近代文学館編）青土社・二二〇〇円

○二年六月三〇日①『現代韓国短篇選（上・下）』（シン・キョンスクほか著、三枝壽勝他訳）岩波書店・各二〇〇〇円

○二年七月二八日④『「数」の日本史』（伊達宗行著）日本経済新聞社・一八〇〇円

○二年九月一日②『オレンジだけが果物じゃない』（ウィンターソン著、岸本佐知子訳）国書刊行会・二四〇〇円

○二年九月二二日③『海辺のカフカ（上・下）』（村上春樹著）新潮社・各一六〇〇円

○二年一〇月一三日①『雲南の妻』（村田喜代子著）講談社・一七〇〇円

○二年一一月一七日⑦『レーニ・リーフェンシュタール　美の誘惑者』（ライナー・ローター著、瀬川裕司訳）青土社・二八〇〇円

○二年一一月二四日①『浅岸村の鼠』（森荘已池著）未知谷・一四〇〇円

○二年一二月一五日⑨『マックス・ヴェーバーの犯罪』（羽入辰郎著）ミネルヴァ書房・四二〇〇円

○二年一二月二二日②『本の虫　その生態と病理』（スティーヴン・ヤング著、薄井ゆうじ訳）アートン・一五〇〇円

○三年一月二六日④『約束よ』（辻原登著）新潮社・一六〇〇円

○三年一月二六日⑨『名スカウトはなぜ死んだか』（六車護著）講談社・一七〇〇円

○三年二月二日⑨『秋の猫』（藤堂志津子著）集英社・一五〇〇円

○三年二月一六日⑨『タンノイのエジンバラ』（長嶋有著）文芸春秋・一三三三円

○三年二月二三日③『ボディ・アーティスト』（ドン・デリーロ著、上岡伸雄訳）新潮社・一七〇〇円

○三年三月二日⑧『五月の寺山修司』（シュミット村木眞寿美著）河出書房新社・一六〇〇円

○三年三月一六日⑦『色好みの系譜　日本文芸思想史』（大野順一著）創文社・六五〇〇円

○三年三月一六日⑩『ただ時の過ぎゆかぬように』（阿久悠著）岩波書店・一七〇〇円

○三年三月二三日①『アースシーの風』（アーシュラ・K・ル＝グウィン著、清水真砂子訳）岩波書店・一八〇〇円

○三年三月三〇日⑩『ハゴロモ』（よしもとばなな著）新潮社・一三〇〇円

○三年四月六日⑥『「豊かなる衰退」と日本の戦略　新しい経済をどうつくるか』（横山禎徳著）ダイヤモンド社・一八〇〇円

○三年四月一三日⑩『絶望から出発しよう』（宮台真司著）ウェイツ・七五〇円

○三年四月二七日①『フセイン・イラク政権の支配構造』（酒井啓子著）岩波書店・二九〇〇円

○三年四月二七日④『毎月新聞』（佐藤雅彦著）毎日新聞社・一三〇〇円

○三年五月四日⑧『住宅顕信　全俳句集全実像』（池畑秀一監修）小学館・一六〇〇円

○三年五月一八日⑩『鉄腕アトムは電気羊の夢を見るか』（布施英利著）晶文社・一六〇〇円

○三年六月一日⑤『お母さんの恋人』（伊井直行著）講談社・一七〇〇円

○三年六月一日⑨『コヨーテ読書　翻訳・放浪・批評』（管啓次郎著）青土社・二四〇〇円

○三年六月八日④『自由を考える　9・11以降の現代思想』（東浩紀・大澤真幸著）NHKブックス・一〇二〇円

○三年六月二二日⑥『4TEEN　フォーティーン』（石田衣良著）新潮社・一四〇〇円

○三年七月六日②『中国美味礼讃』（阿堅ほか著、鈴木博訳）青土社・三四〇〇円、『上海メモラビリア』（陳丹燕著、莫邦富・廣江祥子訳）草思社・一九〇〇円

○三年七月二七日④『燃えるスカートの少女』（エイミー・ベンダー著、管啓次郎訳）角川書店・一

九〇〇円
○三年八月三日②『能力構築競争　日本の自動車産業はなぜ強いのか』（藤本隆宏著）中公新書・九六〇円
○三年八月二四日①『神話と日本人の心』（河合隼雄著）岩波書店・二五〇〇円
○三年八月二四日③『吾妹子哀し』（青山光二著）新潮社・一六〇〇円
○三年九月七日⑥『女神』（久世光彦著）新潮社・一五〇〇円
○三年九月二一日⑨『ひらがなでよめばわかる日本語のふしぎ』（中西進著）小学館・一四〇〇円
○三年一〇月一二日⑤『博士の愛した数式』（小川洋子著）新潮社・一五〇〇円
○三年一〇月一二日⑨『蹴りたい背中』（綿矢りさ著）河出書房新社・一〇〇〇円
○三年一〇月二六日③『儀式は何の役に立つか　ゲーム理論のレッスン』（マイケル・S-Y・チウェ著、安田雪訳）新曜社・二二〇〇円
○三年一一月九日⑥『夜のミッキー・マウス』（谷川俊太郎著）新潮社・一五〇〇円
○三年一一月三〇日⑨『永遠の文庫〈解説〉傑作選』（齋藤愼爾編）メタローグ・二〇〇〇円
○三年一二月七日①『老人のための残酷童話』（倉橋由美子著）講談社・一六〇〇円
○三年一二月七日②『新しい金融論　信用と情報の経済学』（J・E・スティグリッツ、B・グリーンワルド著、内藤純一・家森信善訳）東京大学出版会・三二〇〇円
○四年一月四日③『くるーりくるくる』（松山巖著）幻戯書房・一九〇〇円
○四年一月一一日①『中国　未完の経済改革』（樊綱著、関志雄訳）岩波書店・二五〇〇円、『中国経済の巨大化と香港』（篠原三代平著）勁草書房・二三〇〇円
○四年二月一日④『イロニアの大和』（川村二郎著）講談社・二五〇〇円
○四年二月一日⑩『黒冷水』（羽田圭介著）河出書房新社・一三〇〇円
○四年二月一五日④『インターネットを創った人たち』（脇英世著）青土社・二二〇〇円
○四年二月二二日⑥『小さな町で』（シャルル＝ルイ・フィリップ著、山田稔訳）みすず書房・二四〇〇円
○四年三月一四日②『家守綺譚』（梨木香歩著）新潮社・一四〇〇円
○四年三月二一日④『日本帝国の申し子』（カーター・J・エッカート著、小谷まさ代訳）草思社・二四〇〇円
○四年三月二八日①『あやめ　鰈　ひかがみ』（松浦寿輝著）講談社・一六〇〇円
○四年三月二八日⑩『逆システム学』（金子勝・児玉龍彦著）岩波新書・七八〇円
○四年四月一一日⑩『声だけが耳に残る』（山崎マキコ著）中央公論新社・一六八〇円
○四年四月一八日④『日本を変える　自立した民をめざして』（川本裕子著）中央公論新社・一七八五円
○四年五月三〇日②『セイビング・ザ・サン』（ジリアン・テット著、武井楊一訳）日本経済新聞社・二一〇〇円
○四年六月二七日①『帝国と国民』（山内昌之著）岩波書店・三五七〇円、『歴史のなかのイラク戦争　外交と国際協力』（山内昌之著）NTT出版・一八九〇円
○四年八月八日④『成功する政府　失敗する政府』（A・グレーザー、L・S・ローゼンバーグ著、井堀利宏ほか訳）岩波書店・三九九〇円
○四年八月二二日⑦『財閥解体　GHQエコノミストの回想』（エレノア・M・ハドレーほか著、R・A・フェルドマン監訳）東洋経済新報社・二三一〇円
○四年九月二六日③『アメリカ人のみた　日本の検察制度　日米の比較考察』（デイビッド・T・ジョンソン著、大久保光也訳）シュプリンガー・フェアラーク東京・三六七五円
○四年一〇月二四日③『「Jリーグ」のマネジメント「百年構想」の「制度設計」はいかにして創造されたか』（広瀬一郎著）東洋経済新報社・二五二〇円
○四年一一月二八日④『市場の中の女の子　市場の経済学・文化の経済学』（松井彰彦文、スドウ・ピウ絵）PHPエディターズ・グループ・一五七五円
○四年一二月一九日③『文芸にあらわれた日本の近代　社会科学と文学のあいだ』（猪木武徳著）有斐閣・二一〇〇円
○五年一月一六日⑥『英語でよむ万葉集』（リービ英雄著）岩波新書・七七七円
○五年二月六日③『プリンストン高等研究所物語』（ジョン・L・カスティ著、寺嶋英志訳）青土社・二三一〇円
○五年二月二七日③『隠された風景　死の現場を歩く』（福岡賢正著）南方新社・一六八〇円
○五年二月二七日⑥『がんは誰が治すのか　治癒のしくみと脳のはたらき』（松野哲也著）晶文社・

一六八〇円
○五年四月三日① 『複雑な世界、単純な法則 ネットワーク科学の最前線』（マーク・ブキャナン著、阪本芳久訳） 草思社・二三一〇円
○五年四月一七日④ 『抗争する人間〈ホモ・ポレミクス〉』（今村仁司著） 講談社選書メチエ・一六八〇円
○五年四月一七日⑥ 『国家の罠 外務省のラスプーチンと呼ばれて』（佐藤優著） 新潮社・一六八〇円
○五年五月八日⑧ 『ITイノベーションの実証分析』（元橋一之著） 東洋経済新報社・三五七〇円
○五年五月一五日④ 『マルク・ブロックを読む』（二宮宏之著） 岩波書店・二五二〇円
○五年五月二二日② 『はじめての環境経済学』（ジェフリー・ヒール著 細田衛士ほか訳） 東洋経済新報社・二五二〇円
○五年六月二六日① 『メイド・イン・ジャパンのキリスト教』（マーク・R・マリンズ著、高崎恵訳） トランスビュー・三九九〇円
○五年六月二六日③ 『中国 経済革命最終章 資本主義への試練』（関志雄著） 日本経済新聞社・一八九〇円
○五年七月三日⑩ 『関係としての自己』（木村敏著） みすず書房・二七三〇円
○五年七月一〇日⑥ 『層としての学生運動 全学連創成期の思想と行動』（武井昭夫著） スペース伽耶・三三六〇円
○五年七月三一日① 『ブローデル歴史集成2 歴史学の野心』（フェルナン・ブローデル著、浜名優美監訳） 藤原書店・六〇九〇円
○五年八月七日⑤ 『国家とはなにか』（萱野稔人著） 以文社・二七三〇円
○五年九月一一日⑥ 『ボブ・ディラン自伝』（ボブ・ディラン著、菅野ヘッケル訳） ソフトバンクパブリッシング・一八九〇円
○五年一〇月九日⑨ 『ハッカー宣言』（マッケンジー・ワーク著、金田智之訳） 河出書房新社・二六二五円
○五年一〇月一六日① 『傍観者からの手紙 FROM LONDON 2003-2005』（外岡秀俊著） みすず書房・二一〇〇円
○五年一〇月二三日③ 『書 筆蝕の宇宙を読み解く』（石川九楊著） 中央公論新社・二三一〇円
○五年一〇月三〇日② 『厄介なる主体1 政治的存在論の空虚な中心』（スラヴォイ・ジジェク著、鈴木俊弘＋増田久美子訳） 青土社・二九四〇円
○五年一一月一三日④ 『証言 戦後日本経済 政策形成の現場から』（宮崎勇著） 岩波書店・三九九〇円
○五年一一月二〇日① 『生きる意味 「システム」「責任」「生命」への批判』（イバン・イリイチ著、デイヴィッド・ケイリー編、高島和哉訳） 藤原書店・三四六五円
○五年一二月一一日① 『マルチチュード 〈帝国〉時代の戦争と民主主義 上・下』（アントニオ・ネグリ、マイケル・ハート著、幾島幸子訳、水嶋一憲・市田良彦監修） NHKブックス・各一三二三円
○五年一二月一一日⑦ 『ワルボロ』（ゲッツ板谷著） 幻冬舎・一六八〇円
○六年一月八日⑥ 『比較の亡霊 ナショナリズム・東南アジア・世界』（ベネディクト・アンダーソン著、糟谷啓介・高地薫ほか訳） 作品社・六〇九〇円
○六年一月二二日⑤ 『法と掟と 頼りにできるのは、「俺」と「俺たち」だけだ！』（宮崎学著） 洋泉社・一六八〇円
○六年一月二九日⑤ 『黒いアテナ 2 上・下』（マーティン・バナール著、金井和子訳） 藤原書店・上五〇四〇円、下五八八〇円
○六年二月五日⑦ 『ウンコな議論』（ハリー・G・フランクファート著、山形浩生訳／解説） 筑摩書房・一三六五円
○六年二月一二日④ 『官邸主導 小泉純一郎の革命』（清水真人著） 日本経済新聞社・一九九五円
○六年二月一二日⑧ 『百万回の永訣 がん再発日記』（柳原和子著） 中央公論新社・一九九五円
○六年三月五日① 『セイヴィング キャピタリズム』（ラグラム・ラジャン&ルイジ・ジンガレス著、堀内昭義ほか訳） 慶応義塾大学出版会・三六七五円
○六年三月一九日② 『日はまた昇る 日本のこれからの15年』（ビル・エモット著、吉田利子訳） 草思社・一二六〇円
○六年三月二六日⑥ 『「みんなの意見」は案外正しい』（ジェームズ・スロウィッキー著、小高尚子訳） 角川書店・一六八〇円
○六年四月九日③ 『ダール、デモクラシーを語る』（ロバート・A・ダール著、伊藤武訳） 岩波書店・二四一五円
○六年四月二三日⑥ 『韓国の教育と社会階層 「学歴社会」への実証的アプローチ』（有田伸著） 東京大学出版会・六五一〇円
○六年五月七日⑥ 『自治体発の政策革新 景観条例から景観法へ』（伊藤修一郎著） 木鐸社・三一五

〇円

〇六年五月一四日⑤『思索日記1 1950-1953』（ハンナ・アーレント著、ウルズラ・ルッツ、インゲボルク・ノルトマン編、青木隆嘉訳） 法政大学出版局・六五一〇円

〇六年五月二一日⑥『シカゴ 大都市政治の臨床的観察』（C・E・メリアム著、和田宗春訳） 聖学院大学出版会・四八三〇円

〇六年五月二八日⑦『政治発展と民主化の比較政治学』（岩崎正洋著） 東海大学出版会・二七三〇円

〇六年六月四日⑤『疾走12年 アサノ知事の改革白書』（浅野史郎著） 岩波書店・一八九〇円

〇六年六月一一日⑥『漱石という生き方』（秋山豊著） トランスビュー・二九四〇円

〇六年七月二日⑩『一極集中報道 過熱するマスコミを検証する』（松本逸也著） 現代人文社・二一〇〇円

〇六年七月一六日①『ニヒリズムの宰相 小泉純一郎論』（御厨貴著） PHP新書・七五六円、『経済財政諮問会議の戦い』（大田弘子著） 東洋経済新報社・一八九〇円、『「小泉改革」とは何だったのか』（上村敏之、田中宏樹編著） 日本評論社・一九九五円

〇六年七月二三日⑥『京都議定書をめぐる国際交渉』（浜中裕徳編） 慶応義塾大学出版会・三九九〇円

〇六年七月三〇日④『反ファシズムの危機』（セルジョ・ルッツァット著、堤康徳訳） 岩波書店・二三一〇円

〇六年八月六日⑨『アメリカの原理主義』（河野博子著） 集英社新書・七一四円

〇六年八月二〇日⑥『大政翼賛会に抗した40人 自民党源流の代議士たち』（楠精一郎著） 朝日選書・一二六〇円

〇六年八月二七日①『子育ての変貌と次世代育成支援』（原田正文著） 新幹社・二一〇〇円、『現代韓国と女性』（春木育美著） 名古屋大学出版会・五八八〇円

〇六年九月三日①『アメリカ憲法の呪縛』（シェルドン・S・ウォリン著 千葉眞ほか訳） みすず書房・五四六〇円

〇六年一〇月一日⑥『道州制ハンドブック』（松本英昭監修） ぎょうせい・三二〇〇円、『地方分権と財政調整制度』（持田信樹編） 東京大学出版会・五〇四〇円

〇六年一〇月二二日①『資本主義に徳はあるか』（アンドレ・コントスポンヴィル著、小須田健、C・カンタン訳） 紀伊国屋書店・二一〇〇円

〇六年一〇月二二日⑤『公共の役割は何か』（奥野信宏著） 岩波書店・一九九五円

〇六年一〇月二九日⑦『2大政党制は何をもたらすか』（川上和久著） ソフトバンク新書・七三五円

〇六年一一月一二日⑤『官のシステム』（大森彌著） 東京大学出版会・二七三〇円

〇六年一一月二六日⑩『メディア・ナショナリズムのゆくえ』（大石裕、山本信人著） 朝日新聞社・一二六〇円

〇六年一二月三日④『政治診断学への招待』（将基面貴巳著） 講談社選書メチエ・一六八〇円

〇六年一二月三日⑥『朝鮮通信使をよみなおす 「鎖国」史観を越えて』（仲尾宏著） 明石書店・三九九〇円

〇六年一二月一七日⑥『アナーキスト人類学のための断章』（デヴィッド・グレーバー著、高祖岩三郎訳） 以文社・二三一〇円

〇七年一月七日⑤『建築紛争 行政・司法の崩壊現場』（五十嵐敬喜、小川明雄著） 岩波新書・八一九円

〇七年一月一四日⑥『宮澤喜一 保守本流の軌跡』（五百旗頭真、伊藤元重、薬師寺克行編） 朝日新聞社・一五七五円

〇七年一月二八日⑤『政治学は何を考えてきたか』（佐々木毅著） 筑摩書房・二九四〇円

〇七年一月二八日⑥『獄中記』（佐藤優著） 岩波書店・一九九五円

〇七年二月四日⑩『報道被害』（梓澤和幸著） 岩波新書・七七七円

〇七年二月一八日⑧『大学病院革命』（黒川清著） 日経BP社・一三六五円

〇七年二月二五日①『金と芸術 なぜアーティストは貧乏なのか?』（ハンス・アビング著、山本和弘訳） grambooks・三五七〇円

〇七年三月四日⑤『地域再生の条件』（本間義人著） 岩波新書・七七七円

〇七年三月一一日⑨『トンボとエダマメ論』（猪口孝著） 西村書店・一〇〇〇円

〇七年三月二五日⑤『立法の制度と過程』（福元健太郎著） 木鐸社・三六七五円

〇七年四月一日⑩『イギリス的風景 教養の旅から感性の旅へ』（中島俊郎著） NTT出版・一六八〇円

〇七年四月八日⑧『ふしぎ盆栽 ホンノンボ』（宮田珠己著） ポプラ社・一五七五円

〇七年四月一五日①『抵抗の場へ あらゆる境界を越えるために』（マサオ・ミヨシ×吉本光宏著） 洛北出版・二九四〇円

○七年四月一五日⑦『政治の品位　日本政治の新しい夜明けはいつ来るか』（内田満著）東信堂・二一〇〇円
○七年四月二二日②『「最後の社会主義国」日本の苦闘』（レナード・ショッパ著、野中邦子訳）毎日新聞社・一九九五円
○七年四月二二日⑨『水はなんにも知らないよ』（左巻健男著）ディスカヴァー携書・一〇五〇円
○七年五月六日②『日韓歴史共通教材　日韓交流の歴史』（歴史教育研究会、歴史教科書研究会編）明石書店・二九四〇円
○七年五月六日④『ポスト・デモクラシー　格差拡大の政策を生む政治構造』（C・クラウチ著、近藤隆文訳、山口二郎監修）青灯社・一八九〇円
○七年五月一三日⑦『ある島の可能性』（ミシェル・ウェルベック著、中村佳子訳）角川書店・二五二〇円
○七年五月二〇日⑩『「戦後革新勢力」の源流』（法政大学大原社会問題研究所、五十嵐仁編）大月書店・四〇九五円
○七年六月三日④『小泉政権』（内山融著）中公新書・八六一円
○七年六月一七日④『国連の政治力学』（北岡伸一著）中公新書・九二四円
○七年六月一七日⑦『黙示の海』（ティム・ボウラー著、金原瑞人・相山夏奏訳）東京創元社・二一〇〇円
○七年六月二四日①『ウィキノミクス』（ドン・タプスコット、アンソニー・D・ウィリアムズ著、井口耕二訳）日経BP社発行、日経BP出版センター発売・二五二〇円
○七年六月二四日④『永田町VS．霞が関　最高権力を奪取する者は誰か』（舛添要一著）講談社・一五七五円
○七年七月八日③『選挙違反の歴史　ウラからみた日本の一〇〇年』（季武嘉也著）吉川弘文館・一七八五円
○七年七月二九日⑥『地方財政改革の政治経済学　相互扶助の精神を生かした制度設計』（小西砂千夫著）有斐閣・三四六五円
○七年七月二九日⑧『天才の脳科学』（ナンシー・C・アンドリアセン著、長野敬・太田英彦訳）青土社・二三一〇円
○七年八月五日⑩『14歳からの政治　2』（浅古瑞紀、柳田隆太、渡部謙太郎著）ゴマブックス・一四七〇円
○七年八月一九日①『民営化で誰が得をするのか』（石井陽一著）平凡社新書・七三五円、『市場原理とアメリカ医療』（石川義弘著）医学通信社・二五二〇円
○七年八月二六日⑥『廣松渉　近代の超克』（小林敏明著）講談社・一二六〇円
○七年九月二日⑩『年金問題の正しい考え方』（盛山和夫著）中公新書・九〇三円
○七年九月九日⑥『外国人犯罪者』（岩男壽美子著）中公新書・八一九円
○七年九月二三日⑩『メディアのなかのマンガ　新聞一コママンガの世界』（茨木正治著）臨川書店・二四一五円
○七年九月三〇日①『人類の足跡10万年全史』（スティーヴン・オッペンハイマー著、仲村明子訳）草思社・二五二〇円
○七年九月三〇日⑤『都道府県改革論　政府規模の実証研究』（野田遊著）晃洋書房・三一五〇円
○七年一〇月一四日①『失われた民主主義　メンバーシップからマネージメントへ』（T・スコッチポル著、河田潤一訳）慶応義塾大学出版会・二九四〇円
○七年一〇月二一日④『「尊厳死」に尊厳はあるか　ある呼吸器外し事件から』（中島みち著）岩波新書・七三五円
○七年一一月一一日③『移民国としてのドイツ』（近藤潤三著）木鐸社・三六七五円
○七年一一月二五日⑥『景観にかける　国立マンション訴訟を闘って』（石原一子著）新評論・二六二五円
○七年一二月二日⑤『コロニアリズムの超克　韓国近代文化における脱植民地化への道程』（鄭百秀著）草風館・二六二五円
○七年一二月九日⑥『インドの衝撃』（NHKスペシャル取材班編著）文芸春秋・一八〇〇円
○七年一二月九日⑦『アメリカにいる、きみ』（C・N・アディーチェ著、くぼたのぞみ訳）河出書房新社・一八九〇円
○七年一二月一六日⑧『ウイスキー通』（土屋守著）新潮選書・一二六〇円
○八年一月二〇日③『日本の地方政治　二元代表制政府の政策選択』（曽我謙悟、待鳥聡史著）名古屋大学出版会・五〇四〇円
○八年一月二〇日⑥『文化人類学とわたし』（川田順造著）青土社・二三一〇円
○八年一月二七日②『グローバル市民社会論　戦争へのひとつの回答』（メアリー・カルドー著、山本武彦ほか訳）法政大学出版局・二九四〇円
○八年二月一〇日⑤『ポスト戦後政治への対抗軸』（山口二郎著）岩波書店・二一〇〇円

○八年二月一七日①『民主化の韓国政治　朴正煕と野党政治家たち1961〜1979』（木村幹著）名古屋大学出版会・五九八五円

○八年二月一七日④『暴力はどこからきたか　人間性の起源を探る』（山極寿一著）NHKブックス・一〇一九円

○八年二月二四日④『フランスの学歴インフレと格差社会　能力主義という幻想』（マリー・ドュリュ＝ベラ著、林昌宏訳）明石書店・二三一〇円

○八年三月九日⑥『貴族院』（内藤一成著）同成社・二九四〇円

○八年三月九日⑦『ワンちゃん』（楊逸著）文芸春秋・一二〇〇円

○八年三月一六日⑥『変容する参加型開発「専制」を超えて』（S・ヒッキィ、G・モハン著、真崎克彦監訳、谷口英里共訳）明石書店・四〇九五円

○八年三月二三日③『地域の力　食・農・まちづくり』（大江正章著）岩波新書・七三五円

○八年四月一三日⑥『漫画ノート』（いしかわじゅん著）バジリコ・二一〇〇円

○八年五月四日⑥『古代インド文明の謎』（堀晄著）吉川弘文館・一七八五円

○八年五月一一日③『小林秀雄　近代日本の発見』（佐藤正英著）講談社・一三六五円、『魂への態度』（神崎繁著）岩波書店・一三六五円

○八年五月一八日⑦『愛しの座敷わらし』（荻原浩著）朝日新聞出版・一八九〇円

○八年五月一八日⑧『死者のゆくえ』（佐藤弘夫著）岩田書院・二九四〇円

○八年五月二五日⑥『稲作渡来民「日本人」成立の謎に迫る』（池橋宏著）講談社選書メチエ・一七八五円

○八年六月一日①『近代・アジア・陽明学』（荻生茂博著）ぺりかん社・七五六〇円、『荻生徂徠』（田尻祐一郎著）明徳出版社・三一五〇円

○八年六月二二日⑤『K・A・ウィットフォーゲルの東洋的社会論』（石井知章著）社会評論社・二九四〇円

○八年七月六日③『戦争を論ずる　正戦のモラル・リアリティ』（マイケル・ウォルツァー著、駒村圭吾・鈴木正彦・松元雅和訳）風行社・二九四〇円

○八年七月一三日③『変貌する民主主義』（森政稔著）ちくま新書・八一九円

○八年七月二〇日⑤『音盤考現学』（片山杜秀著）アルテスパブリッシング・一七八五円、『音盤博物誌』（片山杜秀著）アルテスパブリッシング・一九九五円

○八年七月二七日⑥『切羽へ』（井上荒野著）新潮社・一五七五円

○八年八月一〇日⑥『壊れゆくアメリカ』（ジェイン・ジェイコブズ著、中谷和男訳）日経BP社・一九九五円

○八年八月三一日⑨『プレートテクトニクスの拒絶と受容』（泊次郎著）東京大学出版会・三九九〇円

○八年九月七日①『広田弘毅「悲劇の宰相」の実像』（服部龍二著）中公新書・九〇三円、『昭和天皇・マッカーサー会見』（豊下楢彦著）岩波現代文庫・一〇五〇円

○八年九月七日④『選挙のパラドクス』（ウィリアム・パウンドストーン著、篠儀直子訳）青土社・二五二〇円

○八年九月二一日③『民主主義への憎悪』（ジャック・ランシエール著、松葉祥一訳）インスクリプト・二九四〇円

○八年一〇月一二日③『宿屋めぐり』（町田康著）講談社・一九九五円

○八年一〇月一九日⑨『臨床瑣談』（中井久夫著）みすず書房・一八九〇円

○八年一一月二日④『政治と複数性　民主的な公共性にむけて』（斎藤純一著）岩波書店・二七三〇円

○八年一一月一六日④『輿論と世論　日本的民意の系譜学』（佐藤卓己著）新潮選書・一四七〇円

○八年一一月一六日⑤『先史時代と心の進化』（コリン・レンフルー著、溝口孝司監訳）講談社・二四一五円

○八年一一月二三日⑨『店じまい』（石田千著）白水社・一九九五円

○八年一二月七日①『芸術崇拝の思想　政教分離とヨーロッパの新しい神』（松宮秀治著）白水社・三三六〇円

○八年一二月一四日⑨『きっかけの音楽』（高橋悠治著）みすず書房・三〇四五円

索引

◆本索引は各項目を書評発行年・月・日・番号で示した。

書名索引

【お】

【か】

【き】

【こ】

【す】

【そ】

【た】

【ち】

【つ】

【と】

【な】

【は】

【ひ】

【ま】

【ら】

【り】

著者・編者索引

■五十音順

＊外国人名の表記、姓名の順は書評データにあわせた。

【き】

【け】

【さ】

【ち】

【な】

【は】

【ひ】

【ふ】

【ま】

【み】

【ゆ】

【よ】

■アルファベット順

訳者・監訳者索引

【は】

【ひ】

【ふ】

写真家ほか索引

評者索引

二月一一日⑤、〇五年一二月一八日②、〇六年一月一五日④、〇六年二月一九日①、〇六年三月五日⑨、〇六年三月一九日⑥、〇六年七月一六日⑩

鎌田實……〇一年八月二六日⑫、〇一年一〇月一四日⑩、〇一年一一月一一日⑦、〇一年一二月二三日⑩、〇二年二月三日⑩、〇二年三月三一日⑫、〇二年七月二八日⑧、〇二年八月一八日⑧、〇四年二月二九日⑧

香山リカ……〇六年四月九日⑥、〇六年五月一四日⑥、〇六年六月一一日⑧、〇六年六月二五日⑥、〇六年七月二日⑥、〇六年七月二三日②、〇六年七月三〇日①、〇六年九月一〇日①、〇六年九月二四日⑨、〇六年一〇月二二日⑨、〇六年一一月一九日⑥、〇六年一二月一七日⑦、〇七年一月七日①、〇七年一月二一日⑨、〇七年二月一一日④、〇七年三月四日⑥、〇七年三月一一日⑩、〇七年四月八日①、〇七年五月六日⑨、〇七年五月二〇日⑨、〇七年六月一〇日③、〇七年七月一日⑥、〇七年七月八日⑨、〇七年七月一五日⑥、〇七年七月二二日⑩、〇七年八月二六日①、〇七年九月九日⑩、〇七年九月一六日⑥、〇七年九月三〇日⑨、〇七年一〇月七日⑤、〇七年一〇月二一日⑨、〇七年一一月四日⑩、〇七年一一月一一日⑤、〇七年一一月二五日⑩、〇七年一二月二日⑥、〇八年一月六日⑨、〇八年一月二〇日⑨、〇八年二月一〇日①、〇八年二月二四日⑥、〇八年三月二日⑧、〇八年三月九日⑧、〇八年三月三〇日⑥、〇八年四月二七日④、〇八年六月八日⑥、〇八年六月一五日⑨、〇八年七月六日④、〇八年七月二〇日①、〇八年八月三日⑧、〇八年九月七日③、〇八年一〇月五日⑧、〇八年一〇月二六日④、〇八年一一月九日⑥、〇八年一一月三〇日⑦

唐沢俊一……〇七年四月一日④、〇七年四月一五日④、〇七年四月二九日②、〇七年五月一三日④、〇七年五月二〇日④、〇七年五月二七日⑨、〇七年一〇月二八日③、〇七年一一月四日③、〇七年一二月二日④、〇八年一月二七日④、〇八年二月三日②、〇八年二月二四日③、〇八年三月九日⑤、〇八年三月一六日②、〇八年四月六日⑦、〇八年四月二〇日⑦、〇八年四月二七日③、〇八年五月四日④、〇八年五月二五日⑦、〇八年六月八日⑧、〇八年六月一五日①、〇八年七月一三日②、〇八年七月二〇日⑨、〇八年七月二七日②、〇八年八月一〇日⑦、〇八年八月三一日⑥、〇八年九月七日⑨、〇八年九月一四日①、〇八年九月二八日⑨、〇八年一〇月五日⑥、〇八年一一月二日⑧、〇八年一一月九日④、〇八年一一月二三日④、〇八年一一月三〇日④、〇八年一二月一四日②

苅谷剛彦……〇三年四月六日④、〇三年五月四日⑨、〇三年五月一一日③、〇三年六月一日⑥、〇三年六月一五日⑧、〇三年六月二二日②、〇三年八月三日③、〇三年八月三一日⑩、〇三年九月二八日⑨、〇三年一〇月五日③、〇三年一〇月一九日①、〇三年一一月二日⑩、〇三年一一月二三日④、〇四年一月四日④、〇四年二月八日⑤、〇四年二月二二日⑩、〇四年四月四日⑨、〇四年四月一八日③、〇四年五月二三日③、〇四年五月三〇日⑦、〇四年六月二七日④、〇四年七月一八日⑥、〇四年九月一二日⑦、〇四年一〇月三日①、〇四年一二月一二日④、〇五年一月一六日⑤、〇五年一月三〇日⑤、〇五年二月一三日⑦、〇五年三月一三日①、〇五年三月二七日⑨、〇五年四月二四日③、〇五年五月二九日⑩、〇五年六月五日③、〇五年七月一七日⑩、〇五年七月三一日④、〇五年八月七日⑨、〇五年九月四日⑤、〇五年九月一八日⑩、〇五年九月二五日④、〇五年一二月一一日③、〇六年一月一五日⑥、〇六年一月二二日⑧、〇六年二月二六日⑩、〇六年三月一二日⑥、〇六年三月二六日⑦

河合隼雄……〇一年四月八日⑫、〇一年九月一六日⑩

河谷史夫……〇一年一月二八日③、〇一年二月一一日③、〇一年三月四日②、〇一年三月一一日①、〇一年三月一八日①、〇一年五月一三日⑫、〇一年六月一七日⑫、〇一年九月二三日⑦、〇一年一一月四日⑪、〇二年二月一〇日⑫、〇二年三月二四日⑩、〇二年一〇月一三日⑦、〇二年一一月三日⑨、〇二年一二月八日⑨、〇三年五月一一日⑧

川名紀美……〇一年一一月一八日⑩

川村邦光……〇一年四月一日⑥、〇一年五月六日⑥、〇一年五月二〇日④、〇一年六月一〇日⑥、〇一年七月一日⑥、〇一年七月二二日④、〇一年八月一九日②、〇一年九月一六日②、〇一年一〇月七日④、〇一年一〇月二一日⑤、〇一年一一月一八日⑤、〇一年一二月九日②、〇二年一月二〇日⑤、〇二年二月一〇日④、〇二年三月三日②、〇二年三月二四日③、〇二年四月二八日①、〇二年六月二日⑤、〇二年六月三〇日④、〇二年七月二一日③、〇二年八月二五日④、〇二年九月二二日⑤、〇二年一〇月一三日③、〇二年一一月三日③、〇二年一一月二四日④、〇二年一二月二二日⑤、〇三年一月一九日②、〇三年二月九日③、〇三年三月二日③、〇三年三月二三日④

【き】

菊地悠二……〇一年六月一〇日⑩、〇一年一〇月二一日⑦

北岡伸一……〇一年一月二八日④、〇一年二月二五日③、〇一年三月一八日④、〇一年四月二二日⑤、〇一年五月二〇日⑥、〇一年六月三日⑤、〇一年七月一日①、〇一年七月二九日②、〇一年八月二六日③、〇一年一〇月一四日③、〇一年一一月一一日①、〇一年一二月九日①、〇二年一月二〇日①、〇二年二月一〇日①、〇二年四月一四日⑥、〇二年五月五日⑧、〇二年五月一二日⑥、〇二年五月二六日②、〇二年七月七日⑨、〇二年七月一四日⑥、〇二年八月二五日⑤、〇二年九月二二日①、〇二年一〇月二〇日⑥、〇二年一一月二四日⑥、〇二年一二月一五日③、〇三年一月五日⑤、〇三年一月一九日③、〇三年二月二三日⑥、〇三年三月一六日①、〇三年五月一八日⑥、〇三年七月一三日⑤、〇三年七月二七日⑦、〇三年八月三一日④、〇三年一一月二日⑥、〇三年一一月一六日⑥、〇三年一二月一四日①、〇四年二月八日②、〇四年二月二二日④、〇四年三月一四日①

北上次郎……〇一年一月二八日①、〇一年二月四日⑤、〇一年二月一一日①、〇一年二月二五日⑥、〇一年四月八日⑥、〇一年四月二二日⑥、〇一年五月六日⑤、〇一年五月一三日⑥、〇一年五月二〇日③、〇一年六月一〇日⑤、〇一年六月二四日②、〇一年七月八日④、〇一年七月二九日⑥、〇一年九月二日

〇四年七月二五日⑨、〇四年八月二二日⑤、〇四年八月二九日⑩、〇四年九月一二日⑥、〇四年九月一九日⑤、〇四年一〇月三一日⑤、〇四年一一月一四日⑩、〇四年一一月二八日⑥、〇五年一月一六日②、〇五年二月一三日②、〇五年二月二七日④、〇五年五月八日④、〇五年五月二九日④、〇五年六月一二日⑩、〇五年七月三日③、〇五年七月一〇日①、〇五年八月二八日⑥、〇五年九月四日⑧、〇五年九月二五日⑤、〇五年一〇月三〇日③、〇五年一二月四日⑤、〇六年二月五日⑤、〇六年二月一九日⑧、〇六年二月二六日③、〇六年三月一二日②、〇六年四月一六日⑧、〇六年四月二三日③、〇六年五月二八日①、〇六年六月一八日⑩、〇六年六月二五日⑤、〇六年七月三〇日⑨、〇六年八月二〇日⑤、〇六年八月二七日⑧、〇六年九月三日③、〇六年一〇月一日①、〇六年一〇月八日⑩、〇六年一一月一九日②、〇七年一月二一日⑥、〇七年二月一八日③、〇七年三月一一日②

鴻巣（こうのす）友季子……〇七年四月一日①、〇七年四月一五日⑧、〇七年五月六日③、〇七年五月二七日②、〇七年六月三日③、〇七年六月一七日③、〇七年七月八日②、〇七年七月二二日⑤、〇七年八月一九日⑤、〇七年九月九日⑤、〇七年九月二三日③、〇七年一〇月一四日⑤、〇七年一一月四日④、〇七年一一月一八日④、〇七年一一月二五日⑨、〇七年一二月一六日⑨、〇八年一月一三日⑥、〇八年一月二〇日⑤、〇八年二月三日⑧、〇八年二月一七日③、〇八年三月九日③、〇八年三月二三日⑧、〇八年四月二〇日⑥、〇八年四月二七日①、〇八年五月二五日②、〇八年六月八日②、〇八年六月二九日③、〇八年七月二〇日②、〇八年七月二七日⑧、〇八年八月三一日③、〇八年九月一四日②、〇八年一〇月一二日⑦、〇八年一〇月二六日②、〇八年一一月二日①、〇八年一一月一六日②、〇八年一一月三〇日③

小杉泰……〇八年四月六日⑤、〇八年五月一一日⑥、〇八年五月二五日⑨、〇八年六月一日④、〇八年六月八日⑨、〇八年六月二九日⑥、〇八年七月一三日①、〇八年八月三日②、〇八年九月一四日⑥、〇八年九月二八日③、〇八年一〇月五日⑤、〇八年一〇月一九日①、〇八年一一月二日⑥、〇八年一一月三〇日⑥、〇八年一二月七日⑦、〇八年一二月一四日⑤

小菅幸一……〇五年八月七日⑦

小高賢……〇三年五月一八日⑨、〇三年七月六日⑦、〇三年八月一〇日⑩、〇三年一〇月一二日⑩、〇三年一一月二日⑨、〇三年一一月二三日⑧、〇三年一二月一四日⑨、〇四年一月一八日⑧、〇四年三月二一日⑩、〇四年三月二八日⑦、〇四年五月九日⑩、〇四年六月六日⑧、〇四年六月二七日⑩、〇四年八月二二日⑧、〇四年一〇月三日⑨、〇四年一〇月一七日⑨、〇四年一一月二一日⑦、〇五年二月二七日⑦、〇五年三月二〇日⑧、〇五年四月一七日⑧、〇五年五月一日⑦、〇五年五月二九日⑨、〇五年六月二六日⑧、〇五年七月三日⑨、〇五年九月一一日⑧、〇五年一一月六日⑦、〇五年一二月四日⑧、〇六年一月八日⑧、〇六年二月一九日⑨、〇六年三月一二日⑦、〇六年五月七日⑧、〇六年六月四日⑩、〇六年七月九日⑩、〇六年九月三日⑦、〇六年九月一七日⑩、〇六年一〇月二九日⑧、〇七年一月二八日⑧、〇七年三月二五日⑧、〇七年四月二二日⑩、〇七年六月一〇日⑩、〇七年七月一五日⑩、〇七年八月一九日⑦、〇七年九月一六日⑧、〇七年一〇月二一日⑧、〇七年一二月二日⑧、〇八年一月一三日⑨、〇八年三月二日⑨、〇八年七月六日⑨、〇八年九月一四日⑨、〇八年一一月二三日⑧

小沼純一……〇一年五月六日⑨、〇一年七月二二日⑪、〇一年九月一六日⑧、〇一年一一月二五日⑧、〇二年一月一三日⑦、〇二年二月一七日⑧、〇二年三月三一日⑩、〇二年四月二八日⑧、〇二年六月二日⑦、〇二年六月二三日⑦、〇二年八月二五日⑦、〇二年一〇月一三日⑨、〇二年一一月一〇日⑧、〇三年一月一九日⑨、〇三年三月九日⑩、〇三年四月一三日⑨、〇三年六月一五日⑦、〇三年八月三日⑨、〇六年一月二九日⑩、〇六年三月五日⑩、〇六年三月一九日⑩、〇六年四月九日⑧、〇六年四月三〇日⑧

小林慶一郎……〇六年二月五日⑧

小林照幸……〇一年四月一五日⑪、〇一年七月二二日⑫、〇一年八月二六日⑩、〇二年三月一〇日⑪、〇二年一二月二二日⑧

小谷野敦……〇一年六月一〇日⑨

【さ】

六月一日⑨、〇八年六月二九日⑧、〇八年七月一三日⑧、〇八年八月三日⑦、〇八年九月一四日⑧、〇八年一〇月二六日⑧

竹内敬二……〇三年九月七日⑩、〇四年四月一一日⑦

武田佐知子……〇三年四月六日②、〇三年五月四日①、〇三年六月一日③、〇三年六月八日②、〇三年六月二二日⑧、〇三年七月六日④、〇三年七月二〇日⑤、〇三年八月三一日⑥、〇三年一〇月一二日⑥、〇三年一一月三〇日③、〇四年一月一一日②、〇四年一月一八日②、〇四年二月一日⑥、〇四年二月二九日⑤、〇四年四月一八日②、〇四年五月二三日④、〇四年六月二〇日③、〇四年八月一日③、〇四年九月五日⑥、〇四年九月一二日③、〇四年一〇月二四日⑦、〇四年一一月七日②、〇四年一一月二八日③、〇五年一月三〇日②、〇五年三月六日①、〇五年三月二七日④

武田徹……〇一年四月一五日⑦、〇一年五月一三日⑪、〇一年六月一七日⑦、〇一年七月二九日⑩、〇一年九月二三日⑨、〇一年一一月四日⑨、〇一年一二月九日⑧、〇一年一二月二三日⑧、〇二年一月二七日⑦、〇二年三月一七日⑦、〇二年四月二一日⑦、〇二年六月二日⑧、〇二年七月七日⑧、〇二年九月一日⑨

巽（たつみ）孝之…〇五年四月一〇日③、〇五年四月一七日①、〇五年五月一五日③、〇五年五月二九日①、〇五年六月一二日⑦、〇五年六月一九日⑦、〇五年六月二六日⑨、〇五年七月三日⑤、〇五年七月二四日②、〇五年七月三一日⑥、〇五年八月二一日⑥、〇五年九月一八日③、〇五年一〇月一六日②、〇五年一〇月二三日⑩、〇五年一〇月三〇日⑤、〇五年一一月六日①、〇五年一一月二七日③、〇五年一二月一一日②、〇六年一月二二日⑥、〇六年一月二九日⑦、〇六年二月一九日⑩、〇六年二月二六日①、〇六年三月五日③、〇六年三月一二日⑨、〇六年三月二六日⑧、〇六年四月一六日①、〇六年四月二三日②、〇六年四月三〇日④、〇六年五月七日⑨、〇六年五月二一日⑧、〇六年五月二八日②、〇六年六月一一日④、〇六年六月一八日⑥、〇六年七月九日②、〇六年七月二三日⑤、〇六年七月三〇日⑤、〇六年九月三日④、〇六年九月一〇日⑥、〇六年九月二四日③、〇六年一〇月一日⑧、〇六年一〇月八日⑥、〇六年一〇月二二日②、〇六年一一月五日⑤、〇六年一一月一九日③、〇六年一二月三日⑧、〇六年一二月一〇日③、〇六年一二月一七日②、〇七年一月七日⑧、〇七年一月一四日⑩、〇七年一月二一日④、〇七年一月二八日⑦、〇七年二月一一日⑤、〇七年二月二五日⑤、〇七年三月四日⑧、〇七年三月一八日⑦、〇七年三月二五日⑥、〇七年四月一五日③、〇七年四月二二日⑦、〇七年四月二九日⑤、〇七年五月一三日①、〇七年五月二〇日②、〇七年六月三日⑧、〇七年六月一七日⑥、〇七年七月一日②、〇七年七月八日⑧、〇七年七月一五日③、〇七年七月二二日①、〇七年七月二九日⑨、〇七年八月五日④、〇七年八月二六日②、〇七年九月二日⑤、〇七年九月二三日⑧、〇七年一〇月七日④、〇七年一一月四日①、〇七年一一月一一日⑧、〇七年一一月二五日②、〇七年一二月九日⑩、〇七年一二月一六日③、〇八年一月六日①、〇八年二月三日①、〇八年二月一〇日⑧、〇八年二月二四日⑩、〇八年三月二日⑦、〇八年三月九日④、〇八年三月二三日④、〇八年三月三〇日⑧

田中克彦……〇五年九月一一日⑨

田中三蔵……〇一年九月九日⑨

田中優子……〇一年四月一日⑦、〇一年七月八日⑫、〇一年九月一六日⑪、〇四年一二月一九日⑨

種村季弘……〇一年四月一日⑨、〇二年四月七日④、〇二年四月二一日②、〇二年五月一九日③、〇二年五月二六日⑦、〇二年六月九日④、〇二年七月七日④、〇二年七月一四日⑧、〇二年七月二一日⑤、〇二年八月一八日⑥、〇二年八月二五日⑨、〇二年九月八日①、〇二年九月二二日⑨、〇二年一〇月六日⑥、〇二年一〇月二〇日⑧、〇二年一〇月二七日③、〇二年一一月三日⑦、〇二年一一月一七日⑤、〇二年一二月一日③、〇二年一二月八日①、〇二年一二月一五日⑥、〇三年一月一二日⑤、〇三年二月二日④、〇三年二月一六日②、〇三年二月二三日②、〇三年三月二三日③、〇三年三月三〇日⑨、〇三年四月二〇日②、〇三年四月二七日③、〇三年五月二五日⑤、〇三年六月二九日④、〇三年七月二〇日⑥、〇三年八月三日④、〇三年九月一四日④、〇三年九月二一日⑤、〇三年一一月二日②、〇三年一一月二三日①、〇三年一二月七日⑤、〇四年一月二五日⑤、〇四年二月一五日⑥、〇四年三月一四日⑥、〇四年三月二一日⑨、〇四年四月一一日⑥、〇四年四月二五日①、〇四年五月三〇日⑩、〇四年六月六日⑥、〇四年七月四日⑥、〇四年八月八日⑥

【ち】

中条省平……〇一年四月二九日⑧、〇三年四月六日①、〇三年四月二七日⑤、〇三年五月一一日①、〇三年五月二五日④、〇三年六月一五日②、〇三年六月二二日①、〇三年六月二九日⑨、〇三年七月一三日②、〇三年七月二〇日⑦、〇三年八月三日①、〇三年八月一〇日⑦、〇三年八月二四日⑧、〇三年九月一四日③、〇三年九月二一日⑦、〇三年九月二八日⑥、〇三年一〇月一二日④、〇三年一〇月一九日⑧、〇三年一一月九日②、〇三年一一月二三日⑩、〇三年一一月三〇日②、〇三年一二月一四日⑩、〇四年一月四日①、〇四年一月二五日②、〇四年二月一日③、〇四年二月八日⑨、〇四年二月一五日⑦、〇四年二月二九日⑥、〇四年四月四日⑦、〇四年四月一一日①、〇四年四月一八日⑩、〇四年四月二五日②、〇四年五月九日④、〇四年五月一六日③、〇四年五月二三日⑨、〇四年五月三〇日④、〇四年六月二〇日⑨、〇四年六月二七日⑤、〇四年七月一一日⑦、〇四年七月二五日②、〇四年八月一日②、〇四年八月二二日⑥、〇四年八月二九日③、〇四年九月二六日①、〇四年一〇月一〇日⑥、〇四年一〇月一七日⑥、〇四年一〇月二四日②、〇四年一一月二一日①、〇四年一二月五日⑦、〇四年一二月一二日②、〇四年一二月一九日⑤、〇五年一月九日②、〇五年一月一六日①、〇五年一月三〇日④、〇五年二月六日②、〇五年二月二〇日⑧、〇五年三月六日⑦、〇五年三月一三日②、〇五年三月二〇日⑦、〇五年三月二七日①、〇五年五月一日①、〇五年五月八日⑦、〇五年五月一五日⑤、〇五年五月二二日⑧、〇五年六月一二日②、〇五年六月一九日②、〇五年七月三日④、〇五年七月一七日⑦、〇五年七月二四日①、〇五年七月三一日⑤、〇五年八月七日⑧、〇五年八月二一日④、

④、〇七年九月二三日⑤、〇七年一〇月七日⑥、〇七年一〇月一四日②、〇七年一一月一八日⑥、〇七年一一月二五日①、〇七年一二月二日⑩、〇七年一二月九日④、〇八年一月六日⑤、〇八年二月三日⑥、〇八年二月一七日②、〇八年三月二日⑤、〇八年四月二〇日⑤、〇八年五月一一日①、〇八年五月一八日⑨、〇八年五月二五日④、〇八年七月六日⑥、〇八年八月二四日④、〇八年九月二八日⑥、〇八年一〇月五日①、〇八年一〇月一九日②、〇八年一一月二三日⑦、〇八年一二月一四日④

菱山謙二……〇三年五月一一日⑩

樋田大二郎……〇五年五月一日⑨

広井良典……〇八年四月六日③、〇八年四月二〇日⑧、〇八年五月二五日③、〇八年六月二二日④、〇八年七月一三日④、〇八年七月二七日⑤、〇八年八月一〇日①、〇八年九月二八日②、〇八年一〇月一九日⑧、〇八年一〇月二六日③、〇八年一一月九日⑧、〇八年一二月七日④

【ふ】

船曳（ふなびき）建夫……〇一年五月一三日⑧、〇一年七月一五日⑩、〇一年九月九日⑦、〇一年九月三〇日⑦、〇一年一二月二日⑧

【ほ】

堀江敏幸……〇一年四月一日③、〇一年五月一三日①、〇一年六月三日④、〇一年六月二四日③、〇一年七月一日⑨、〇一年七月一五日③、〇一年八月五日⑤、〇一年九月二日④、〇一年九月二三日②、〇一年一〇月一四日②、〇一年一一月四日⑥、〇一年一一月一八日⑥、〇一年一二月二日④、〇一年一二月二三日②、〇二年一月二〇日②、〇二年二月一〇日③、〇二年三月三日⑧、〇二年三月一七日④、〇二年四月二八日④、〇二年五月二六日③、〇二年六月九日③、〇二年六月三〇日⑤、〇二年八月二五日③、〇二年九月一五日⑤、〇二年九月二九日②、〇二年一〇月二〇日①、〇二年一一月一〇日②、〇二年一二月二二日①、〇三年一月一九日④、〇三年二月九日⑥、〇三年三月二日②、〇三年三月二三日⑦、〇三年四月二〇日③、〇三年五月一八日④、〇三年六月二二日④、〇三年七月二〇日②、〇三年九月七日⑤、〇三年一〇月五日⑤、〇三年一一月九日③、〇三年一二月七日⑥、〇四年一月二五日④、〇四年二月二二日①、〇四年三月一四日⑤、〇四年三月二八日②

【ま】

前川佐重郎……〇三年七月一三日⑧、〇三年八月三一日⑧、〇三年一〇月五日⑧、〇三年一一月九日⑩、〇三年一二月七日⑩、〇四年一月一八日⑦、〇四年二月二二日⑧、〇四年三月一四日⑧、〇四年五月二日⑦、〇四年五月二三日⑦、〇四年九月一二日⑨、〇四年九月二六日⑩、〇四年一〇月三一日⑨、〇四年一二月五日⑩、〇五年一月三〇日⑩、〇五年三月六日⑧、〇五年四月一七日⑦、〇五年五月八日⑩、〇五年六月一九日⑨、〇五年八月二八日⑨、〇五年一〇月二日⑦、〇五年一二月一一日⑧、〇六年一月八日⑦、〇六年三月一二日⑧、〇六年四月二日⑦、〇六年五月二一日⑦、〇六年七月二日⑨、〇六年九月一〇日⑨、〇六年一二月一七日⑩、〇七年四月一日⑧、〇七年五月一三日⑨、〇七年七月一日⑧、〇七年七月二九日⑦、〇七年九月三〇日⑩、〇七年一〇月二八日⑨

増田れい子……〇二年八月四日⑦、〇二年九月一日⑦、〇二年一〇月二七日⑧、〇二年一一月一七日⑩、〇三年一月五日⑨、〇三年二月九日⑧、〇三年五月二五日⑧、〇三年七月一三日⑦、〇三年八月三日⑦、〇三年一一月二三日⑨、〇四年二月八日⑩、〇四年二月二二日⑦、〇四年五月二三日⑩、〇四年六月一三日⑧、〇四年七月一八日⑨、〇四年八月八日⑦、〇四年九月一九日⑩、〇四年一二月一二日⑩、〇五年一月一六日⑨、〇五年二月一三日⑧、〇五年二月二七日⑨、〇五年三月二〇日⑨、〇五年四月二四日⑦、〇五年六月五日⑧、〇五年八月七日⑩、〇五年一〇月一六日⑨

松原隆一郎……〇三年四月一三日⑥、〇三年五月四日⑥、〇三年五月二五日⑥、〇三年六月八日⑦、〇三年六月二九日⑤、〇三年七月二〇日⑩、〇三年八月一〇日⑤、〇三年九月七日④、〇三年九月二一日①、〇三年一〇月五日①、〇三年一〇月一九日④、〇三年一一月二日⑤、〇三年一一月二三日⑥、〇三年一二月一四日②、〇四年一月一一日⑥、〇四年二月八日⑥、〇四年三月七日④、〇四年五月二日③、〇四年五月三〇日③、〇四年六月六日②、〇四年七月四日⑤、〇四年七月一一日⑩、〇四年七月一八日①、○四年八月二二日③、○四年八月二九日⑨、○四年九月一二日①、○四年九月一九日①、○四年九月二六日⑨、○四年一○月二四日④、○四年一一月一四日④、○四年一二月五日①、○五年二月六日⑥、○五年二月一三日⑨、○五年二月二七日⑤、○五年三月六日⑨、○五年三月一三日④、○五年四月一○日⑧、○五年四月二四日⑤、○五年五月二二日⑨、○五年五月二九日②、○五年六月一二日⑤、○五年六月二六日②、○五年七月一七日⑨、○五年七月二四日⑤、○五年七月三一日③、○五年八月二八日②、○五年九月二五日③、○五年一○月一六日⑩、○五年一一月六日⑧、○五年一一月二七日⑤、○五年一二月四日②、○五年一二月一八日①、○六年一月八日⑤、○六年一月一五日①、○六年二月五日⑨、○六年二月二六日⑥、○六年三月一九日③、○六年三月二六日⑨

松本仁一……○八年四月一三日⑤、○八年四月二七日②、○八年五月一一日⑨、○八年五月一八日⑥、○八年六月一日⑥、○八年六月八日④、○八年六月二二日⑧、○八年六月二九日⑤、○八年八月三日⑤、○八年八月三一日①、○八年九月二八日⑤、○八年一○月一二日⑧、○八年一○月一九日⑤、○八年一一月一六日⑨、○八年一一月二三日⑤、○八年一一月三○日⑤

松山巖……○一年一月二一日②、○一年二月二五日④、○一年四月八日②、○一年四月二二日②、○一年四月二九日⑩、○一年五月一三日③、○一年六月三日①、○一年七月一日④、○一年七月二二日⑥、○一年八月二六日②、○一年九月一六日③、○一年九月二三日⑧、○一年一○月七日②、○一年一一月四日④、○一年一一月一八日⑧、○一年一二月二日②、○一年一二月二三日③、○二年一月一三日⑥、○二年二月三日③、○二年二月一七日⑨、○二年二月二四日③、○二年三月一七日②、○二年三月三一日①、○五年一○月二三日⑧

真渕勝……○一年一月二一日①、○一年二月一八日④、○一年四月一五日⑤、○一年五月一三日②、○一年六月三日③、○一年七月一日⑤、○一年七月二九日④、○一年八月二六日①、○一年九月二三日⑤、○一年一○月一四日⑤、○一年一一月四日⑤、○一年一一月二五日⑤、○一年一二月一六日⑤、○二年一月二七日③、○二年二月一七日⑤、○二年四月二一日④、○二年五月一二日④、○二年六月二三日⑥、○二年七月二一日④、○二年九月一五日④、○二年一○月六日⑤、○二年一○月二○日⑩、○二年一一月三日②、○二年一二月八日⑥、○三年一月一二日⑥、○三年二月九日④、○三年三月二日⑥、○三年三月三○日④

【み】

水原紫苑……○一年四月一日⑫、○一年五月六日⑦、○一年六月三日⑫、○一年七月一日⑪、○一年八月五日⑪、○一年九月二日⑫、○一年一○月七日⑫、○一年一一月四日⑫、○一年一二月二日⑫、○二年一月一三日⑫、○二年二月三日⑫、○二年三月三日⑪、○二年四月七日⑧、○二年五月五日⑩、○二年五月一二日⑧、○二年六月二日⑩、○二年六月二三日⑩、○二年七月二一日⑧、○二年八月二五日⑧、○二年一○月六日⑨、○二年一○月二○日⑨、○二年一一月一七日⑨、○二年一二月一五日⑧

南塚信吾……○八年四月六日④、○八年四月二七日⑤、○八年五月一一日⑦、○八年六月二九日①、○八年七月一三日⑥、○八年七月二○日⑧、○八年八月一○日⑤、○八年八月三一日④、○八年九月二一日①、○八年九月二八日④、○八年一○月一二日⑨、○八年一一月三○日⑨、○八年一二月一四日③

耳塚寛明……○八年四月一三日③、○八年五月二五日⑤、○八年六月一日⑧、○八年六月八日①、○八年六月一五日④、○八年七月二七日⑨、○八年八月三日⑨、○八年八月一○日④、○八年八月三一日⑧、○八年九月七日②、○八年九月二八日⑧、○八年一○月五日④、○八年一○月二六日①、○八年一一月一六日③、○八年一一月二三日②、○八年一二月一四日⑦

三宅榛名……○二年二月三日⑧

宮崎哲弥……○三年四月一三日②、○三年四月二七日⑦、○三年五月一八日①、○三年六月一日⑦、○三年六月一五日③、○三年六月二二日⑩、○三年六月二九日②、○三年七月一三日④、○三年七月二七日①、○三年八月二四日⑩、○三年九月七日②、○三年一○月五日⑦、○三年一○月一二日①、○三年一○月二六日⑦、○三年一一月一六日①、○三年一二月七日⑧、○四年一月四日⑤、○四年一月一八日⑥、○四年二月八日⑧、○四年二月一五日②、○四年三月七日⑥、○四年三月二一日⑤、○四年五月九日⑧、○四年五月一六日⑤、○四年五月二三日②、○四年六月六日⑦、○四年六月一三日①、○四年六月二○日⑦、○四年七月四日④、○四年七月一八日⑧、○四年八月一日⑥、○四年八月八日①、○四年八月二九日⑤、○四年九月五日⑧、○四年九月一二日⑩、○四年九月一九日④、○四年一○月一○日④、○四年一○月一七日⑤、○四年一一月七日⑧、○四年一一月一四日⑥、○四年一一月二八日⑦、○四年一二月五日②、○五年一月三○日⑧、○五年二月六日④、○五年二月一三日⑤、○五年二月二○日④、○五年三月六日④、○五年四月三日⑦、○五年四月一七日②、○五年四月二四日⑧、○五年五月一五日⑦、○五年五月二二日⑤、○五年六月五日⑦、○五年六月一九日④、○五年七月一○日⑦、○五年七月一七日⑧、○五年八月七日①、○五年九月一八日⑧、○五年一○月九日①、○五年一○月一六日⑤、○六年二月五日⑥、○六年三月五日②

宮迫千鶴……○一年一二月九日⑩、○五年四月三日⑨

宮田親平……○二年一○月二○日⑦、○二年一一月一○日⑨、○二年一一月二四日⑧、○二年一二月八日⑧、○三年一月五日⑧、○三年一月一九日⑩、○三年二月九日⑦、○三年二月二三日⑧、○三年三月九日⑨、○三年三月三○日⑧、○三年五月四日⑦、○三年七月二○日⑧、○三年八月二四日⑦、○三年九月一四日⑧、○三年九月二八日⑧、○三年一一月九日⑨、○四年一月二五日⑧、○四年二月八日⑦、○四年二月二九日⑦、○四年三月七日⑦、○四年五月二日⑩、○四年六月二七日⑧、○四年九月一九日⑨、○四年一○月一○日⑩、○四年一一月七日⑨、○四年一二月五日⑧、○五年一月一六日⑦、○五年二月一三日⑩、○五年三月一三日⑩、○五年四月三日⑩、○五年四月二四日⑨、○五年五月二二日⑩、○五年六月一九日⑩、○五年八月二一日⑨

宮本昌幸……○二年四月七日⑨

【わ】

出版社索引

【あ】

○五年一〇月九日⑤

飛鳥新社……〇一年四月一五日⑥、〇一年四月二九日⑥、〇一年六月一〇日④、〇一年九月三〇日③、〇一年一二月一六日⑨、〇三年六月一日⑩、〇四年一月二五日⑩、〇八年一月二七日④

アスキー……〇一年五月一三日⑪

アスキー・メディアワークス……〇八年一一月三〇日⑦

アスコム……〇三年一〇月一九日⑨

あすなろ社……〇三年四月二〇日②

アスペクト……〇四年二月一日⑤、〇四年六月六日④、〇四年七月二五日⑤、〇五年四月一〇日②、〇五年五月八日⑥、〇六年一一月五日②、〇七年四月一日⑦、〇八年三月二三日⑩

編書房……〇一年九月三〇日⑩

亜璃西社……〇二年四月一四日⑧

ありな書房……〇三年一月一二日⑦、〇四年一〇月一〇日⑦、〇五年三月一三日⑤

アルク出版企画……〇二年六月三〇日⑨

アルファベータ……〇三年九月一四日①、〇四年八月一日④、〇八年二月二四日⑥、〇八年九月一四日⑧

【い】

イースト・プレス……〇一年六月一七日⑩、〇四年八月二二日⑥

イー・ピックス……〇三年一月二六日⑦

医学書院……〇一年一一月四日①、〇四年一二月一九日②、〇八年三月三〇日⑤

和泉書院……〇二年六月二日⑩

いそっぷ社……〇四年一二月一九日⑩

以文社……〇一年八月一九日⑨、〇三年三月一六日②、〇三年六月二九日⑦、〇七年一〇月七日①

岩波書店……〇一年一月一四日②、〇一年一月二一日④、〇一年一月二八日②、〇一年二月二五日③、〇一年三月四日③、〇一年四月一日①、〇一年四月一日⑧、〇一年四月八日⑤、〇一年四月八日⑨、〇一年四月八日⑫、〇一年四月一五日⑪、〇一年四月二二日③、〇一年四月二二日⑫、〇一年四月二九日③、〇一年四月二九日⑩、〇一年五月一三日⑫、〇一年五月二七日⑥、〇一年六月二四日⑩、〇一年七月二二日⑨、〇一年八月一九日①、〇一年八月一九日⑩、〇一年九月九日⑨、〇一年九月二三日⑦、〇一年九月三〇日①、〇一年一〇月二一日④、〇一年一〇月二八日⑥、〇一年一一月四日⑨、〇一年一一月一八日⑧、〇一年一一月二五日⑧、〇一年一二月二日⑤、〇一年一二月九日③、〇一年一二月一六日⑤、〇二年一月二七日②、〇二年二月三日⑩、〇二年二月一〇日⑫、〇二年二月一七日⑦、〇二年二月二四日⑤、〇二年三月三日⑥、〇二年三月三日⑩、〇二年三月一〇日⑧、〇二年四月七日⑤、〇二年四月二一日⑤、〇二年五月五日⑩、〇二年五月一九日①、〇二年五月二六日⑧、〇二年六月二日⑧、〇二年六月三〇日⑧、〇二年七月七日⑩、〇二年七月二八日⑥、〇二年八月一八日⑩、〇二年九月一日⑥、〇二年九月二二日④、〇二年九月二二日⑧、〇二年九月二九日①、〇二年九月二九日⑦、〇二年一〇月六日⑥、〇二年一〇月一三日⑤、〇二年一〇月一三日⑦、〇二年一〇月二〇日⑤、〇二年一〇月二〇日⑩、〇二年一〇月二七日①、〇二年一一月三日②、〇二年一一月三日④、〇二年一一月一〇日⑦、〇二年一一月一七日①、〇二年一一月二四日②、〇二年一二月一五日①、〇三年一月五日⑨、〇三年二月二日④、〇三年二月二日⑩、〇三年二月二三日⑤、〇三年三月二日⑤、〇三年三月二日⑩、〇三年三月九日⑨、〇三年四月六日①、〇三年四月六日④、〇三年四月二七日③、〇三年五月四日②、〇三年五月一一日②、〇三年五月一一日③、〇三年六月八日⑦、〇三年六月八日⑩、〇三年六月二九日②、〇三年七月一三日⑧、〇三年七月一三日⑨、〇三年八月三日③、〇三年八月三日⑧、〇三年八月二四日⑤、〇三年八月三一日⑦、〇三年九月七日①、〇三年九月七日⑨、〇三年九月一四日⑦、〇三年一〇月五日③、〇三年一〇月二六日⑦、〇三年一一月二日⑦、〇三年一一月九日⑧、〇三年一一月二三日⑥、〇三年一二月七日⑧、〇三年一二月一四日④、〇四年一月一一日③、〇四年一月二五日③、〇四年二月一日⑥、〇四年二月八日⑥、〇四年二月一五日⑤、〇四年二月二二日①、〇四年三月七日①、〇四年三月七日④、〇四年三月一四日①、〇四年三月一四日⑦、〇四年三月二一日⑩、〇四年四月四日②、〇四年四月一八日③、〇四年四月二五日⑤、〇四年五月九日⑧、〇四年五月一六日⑥、〇四年五月二三日⑤、〇四年五月二三日⑩、〇四年五月三〇日⑤、〇四年六月六日⑦、〇四年七月四日①、〇四年七月一一日④、〇四年七月一八日⑥、〇四年七月二五日③、〇四年八月一日⑨、〇四年八月八日⑦、〇四年八月二二日⑩、〇四年八月二九日④、〇四年九月五日⑩、〇四年九月一九日②、〇四年九月二六日⑨、〇四年一〇月二四日②、〇四年一〇月二四日④、〇四年一〇月三一日⑥、〇四年一一月七日①、〇四年一二月一九日④、〇五年一月九日①、〇五年二月六日⑧、〇五年二月一三日⑧、〇五年二月二〇日⑩、〇五年二月二七日①、〇五年三月六日①、〇五年三月二〇日⑨、〇五年三月二七日⑦、〇五年四月三日③、〇五年四月一七日②、〇五年四月二四日②、〇五年五月一日④、〇五年五月八日④、〇五年五月二二日④、〇五年五月二九日③、〇五年六月五日③、〇五年六月一二日⑤、〇五年六月一九日①、〇五年六月二六日⑩、〇五年七月三日②、〇五年七月一〇日⑩、〇五年七月一七日③、〇五年七月二四日①、〇五年七月二四日③、〇五年七月三一日⑥、〇五年八月七日⑨、〇五年八月二一日⑤、〇五年九月二五日①、〇五年九月二五日⑦、〇五年一〇月二三日①、〇五年一〇月三〇日⑦、〇五年一一月六日⑩、〇五年一一月二〇日⑦、〇五年一二月四日⑦、〇五年一二月一一日⑩、〇六年一月一五日⑥、〇六年一月二九日⑥、〇六年二月二六日⑤、〇六年二月二六日⑧、〇六年三月二六日②、〇六年三月二六日⑦、〇六年三月二六日⑧、〇六年四月二日②、〇六年四月二日⑤、〇六年四月九日④、〇六年四月一六日⑩、〇六年四月二三日②、〇六年四月二三日⑧、〇六年四月三〇日⑥、〇六年四月三〇日⑨、〇六年五月二八日③、〇六年五月二八日⑨、〇六年七月九日④、〇六年七月九日⑧、〇六年七月一六日⑤、〇六年七月一六日⑩、〇六年八月二〇日④、〇六年九月一〇日②、〇六年一〇月一五日⑦、〇六年一〇月二九日①、〇六年一〇月

○二年一月一三日⑨、○二年三月一七日⑪、○二年四月七日⑧、○二年一一月一七日⑤、○二年一二月二二日⑦、○三年九月二一日④

実業之日本社……○一年一二月二日⑥、○三年五月一八日⑦、○三年六月二二日⑨、○四年一月四日⑦、○四年一月一一日⑨、○六年四月二日⑦、○六年五月二一日⑤、○六年一一月五日④、○八年五月四日④

信濃毎日新聞社……○六年一一月一九日⑤、○七年七月一五日⑨

思文閣出版……○八年三月二三日⑨

下野新聞社……○四年五月二日⑤

社会評論社……○一年一一月一八日③、○二年五月一二日⑩、○五年四月三日②

集英社……○一年四月二二日②、○一年四月二二日⑨、○一年五月六日⑨、○一年五月二〇日④、○一年六月三日⑪、○一年六月一〇日①、○一年六月一〇日⑧、○一年六月二四日⑪、○一年七月八日⑫、○一年七月一五日③、○一年七月二九日⑥、○一年八月二六日⑤、○一年九月二日⑥、○一年九月二日⑦、○一年一〇月二一日⑧、○一年一〇月二八日⑪、○一年一一月四日⑪、○一年一一月二五日⑩、○一年一二月九日⑨、○一年一二月二三日⑩、○二年一月一三日④、○二年一月二〇日⑥、○二年二月二四日①、○二年五月一九日③、○二年五月二六日③、○二年六月二三日②、○二年六月二三日⑤、○二年六月三〇日⑥、○二年七月一四日⑤、○二年七月二八日⑨、○二年九月一日⑧、○二年九月八日⑥、○二年九月一五日④、○二年九月二二日⑥、○二年一〇月二〇日①、○二年一一月二四日⑦、○三年一月一九日④、○三年二月二三日⑩、○三年三月九日①、○三年三月三〇日③、○三年三月三〇日⑤、○三年四月二〇日⑩、○三年五月二五日⑦、○三年六月一日④、○三年六月一日⑧、○三年六月二二日⑤、○三年六月二九日⑥、○三年七月二七日⑥、○三年八月三日⑩、○三年九月二八日⑨、○三年一〇月二六日⑥、○三年一一月一六日②、○三年一一月三〇日⑤、○四年一月一一日⑩、○四年一月一八日⑩、○四年一月二五日④、○四年一月二五日⑧、○四年二月一日③、○四年二月八日④、○四年二月二九日②、○四年四月一一日⑨、○四年四月一八日①、○四年五月三〇日①、○四年六月二〇日⑦、○四年七月四日⑥、○四年七月一八日①、○四年一〇月一七日⑩、○四年一一月七日⑤、○五年一月一六日②、○五年一月二三日①、○五年三月二〇日⑥、○五年四月一〇日①、○五年四月一七日①、○五年四月一七日⑨、○五年五月八日⑨、○五年七月三日③、○五年八月七日①、○五年八月七日⑦、○五年八月二八日⑥、○五年九月二五日②、○五年一〇月二日⑩、○五年一〇月一六日②、○五年一〇月二三日⑦、○五年一二月四日①、○六年一月八日①、○六年一月一五日③、○六年二月五日①、○六年五月一四日⑨、○六年六月四日④、○六年六月一一日②、○六年六月一八日⑩、○六年七月一六日⑥、○六年九月一〇日①、○六年九月一〇日⑨、○六年九月一七日②、○六年一〇月一日④、○六年一一月五日⑤、○六年一二月一〇日⑥、○七年一月七日①、○七年三月一一日⑦、○七年四月一五日③、○七年五月六日⑥、○七年八月一九日⑨、○七年九月二日④、○七年九月二三日⑥、○七年一〇月二一日⑩、○七年一一月一一日⑧、○七年一一月二五日⑦、○七年一二月二日⑨、○八年一月二四日⑤、○八年三月二日⑨、○八年六月一五日③、○八年八月三一日③、○八年九月七日③、○八年一〇月二六日⑤、○八年一一月九日④

集広舎……○八年六月二二日①

出版ニュース社……○二年七月七日②、○八年三月三〇日⑩

主婦の友社……○一年六月一〇日⑩、○三年二月九日⑦、○三年九月二八日⑧、○四年五月二日⑩

シュプリンガー・フェアラーク東京…○四年五月二日①

春秋社……○一年七月二二日③、○二年四月二八日⑥、○二年九月一日①、○二年九月一五日⑩、○二年一二月二二日⑤、○三年六月一五日⑨、○三年一一月一六日③、○四年五月一六日④、○四年六月一三日②、○四年六月二〇日⑤、○五年二月二七日②、○五年三月一三日④、○五年三月一三日⑧、○五年三月二七日③、○六年二月一二日⑩、○六年七月三〇日①、○七年七月八日⑧

春風社……○五年五月一五日③、○五年一一月二〇日⑩、○七年二月一一日⑤

旬報社……○二年一月二七日⑫、○三年四月一三日⑨、○八年二月三日⑨

翔泳社……○一年一月二一日①

小学館……○一年二月四日④、○一年三月一一日⑥、○一年四月八日⑪、○一年四月一五日②、○一年四月二九日①、○一年五月一三日③、○一年六月一七日②、○一年六月一七日⑧、○一年七月一日⑪、○一年七月二二日②、○二年一月一三日⑩、○二年二月一七日②、○二年三月一七日①、○二年四月七日⑥、○二年四月二八日⑧、○二年五月五日⑤、○二年七月一四日④、○二年八月四日①、○二年八月二五日①、○二年九月一日⑦、○二年一二月一日⑥、○三年一月二六日⑤、○三年四月一三日⑤、○三年四月二七日⑤、○四年二月一五日⑥、○四年三月七日③、○四年五月九日②、○四年五月三〇日⑦、○四年六月一三日⑧、○四年八月二二日②、○四年一〇月三日⑧、○四年一二月一九日⑥、○五年一月九日⑦、○五年五月二二日⑦、○五年七月二四日④、○五年七月二四日⑩、○五年九月一八日③、○六年一月八日⑨、○六年四月二日⑩、○六年四月三〇日②、○六年六月一八日⑧、○六年七月九日①、○六年七月三〇日⑤、○六年八月六日⑩、○六年九月一〇日③、○六年九月二四日②、○六年一〇月一五日①、○六年一〇月二二日④、○六年一二月三日⑤、○七年六月三日⑤、○七年一一月四日⑦、○八年一月六日①、○八年二月二四日③、○八年三月二三日⑦、○八年八月三一日④、○八年九月一四日⑦、○八年九月二一日②

彰国社……○五年一一月六日④

祥伝社……○二年六月九日⑩、○二年九月八日③、○二年九月二九日⑥、○五年七月一七日⑦、○八年一一月一六日⑦

松柏社……○一年九月二日④、○五年八月二一日⑩、○六年一〇月一日③

○一年七月一日⑦、○一年七月一五日⑫、○一年七月二九日⑫、○一年八月一九日⑫、○一年一○月二一日⑨、○一年一一月一八日⑨、○一年一一月二五日②、○一年一一月二五日⑨、○一年一二月一六日⑪、○二年一月二七日①、○二年二月三日⑦、○二年二月一○日⑩、○二年二月二四日⑫、○二年三月一○日④、○二年三月二四日⑫、○二年四月七日①、○二年六月二日③、○二年七月二一日④、○二年一○月六日⑧、○二年一一月一○日⑥、○三年一月一二日⑤、○三年三月九日⑥、○三年五月一一日⑧、○三年五月一八日③、○三年六月二九日⑤、○三年七月一三日⑤、○三年七月二○日②、○三年八月一○日⑤、○三年九月二一日⑦、○三年一○月一九日①、○三年一一月二三日⑩、○三年一二月一四日⑩、○四年一月一一日④、○四年二月二二日⑩、○四年四月一八日②、○四年五月二日⑧、○四年六月一三日⑦、○四年七月一一日①、○四年八月二二日③、○四年一○月三日⑦、○四年一○月一○日⑥、○四年一○月一七日⑦、○四年一二月五日①、○四年一二月一二日②、○四年一二月一九日①、○五年二月六日⑥、○五年三月一三日①、○五年四月一○日⑤、○五年四月一七日⑦、○五年四月二四日⑩、○五年五月一五日①、○五年五月二二日③、○五年五月二九日⑨、○五年六月一九日⑥、○五年七月一○日④、○五年七月一○日⑦、○五年一○月九日⑥、○五年一○月二三日⑧、○五年一○月三○日⑥、○五年一一月一三日②、○六年一月一五日⑨、○六年一月二九日⑧、○六年三月一二日②、○六年四月三○日③、○六年四月三○日⑩、○六年五月二八日②、○六年九月一七日④、○六年九月一七日⑧、○六年一○月八日⑩、○六年一○月二九日④、○六年一一月五日③、○六年一一月一二日⑨、○六年一二月一○日⑧、○七年一月二一日⑧、○七年四月一日④、○七年四月一五日⑨、○七年七月一日⑩、○七年八月二六日①、○七年九月二日⑨、○七年九月一六日⑩、○七年一一月四日⑩、○七年一一月二五日⑨、○八年一月二○日⑤、○八年三月三○日②、○八年四月六日③、○八年四月一三日③、○八年五月二五日⑦、○八年六月一日⑧、○八年一○月二六日①、○八年一一月一六日②、○八年一一月二三日③、○八年一二月七日④

千倉書房……○七年一一月一一日⑨、○八年八月一○日⑨

知泉書館……○三年一○月一二日②

中央公論新社……○一年一月二八日①、○一年二月一一日⑤、○一年二月二五日①、○一年六月一○日②、○一年七月八日②、○一年八月一九日④、○一年九月二日①、○一年九月九日⑤、○一年一○月一四日③、○一年一一月一八日④、○一年一二月二日⑨、○一年一二月九日⑪、○二年一月二七日⑤、○二年二月一○日②、○二年三月三一日⑨、○二年四月二八日①、○二年五月一二日③、○二年五月二六日④、○二年七月七日⑧、○二年九月一日⑨、○二年九月二二日⑩、○二年一○月六日③、○三年一月一二日⑥、○三年一月一九日②、○三年一月二六日③、○三年二月二日⑥、○三年二月二三日⑥、○三年三月二日④、○三年三月三○日②、○三年四月二七日⑩、○三年五月四日⑥、○三年五月一八日⑥、○三年五月一八日⑧、○三年五月二五日③、○三年一○月五日②、○三年一一月九日①、○三年一一月一六日⑦、○四年一月四日⑨、○四年一月一八日⑨、○四年一月二五日⑨、○四年三月二一日③、○四年四月四日③、○四年四月四日⑨、○四年四月二五日⑥、○四年六月六日②、○四年八月二二日⑨、○四年一○月三日①、○四年一○月三日⑩、○四年一一月二一日⑤、○四年一二月一二日⑦、○五年三月一三日⑨、○五年三月二七日①、○五年四月一○日⑦、○五年六月一二日④、○五年六月一九日⑧、○五年七月一○日③、○五年八月二一日⑨、○五年一○月九日⑦、○五年一二月一一日⑧、○五年一二月一八日⑥、○六年一月二二日⑩、○六年三月五日⑤、○六年五月一四日④、○六年五月二一日③、○六年六月一八日④、○六年六月一八日⑨、○六年六月二五日①、○六年七月九日⑨、○六年七月二三日①、○六年七月三○日⑦、○六年八月六日⑥、○六年一○月一日②、○六年一一月一二日②、○六年一一月一九日⑩、○七年七月一五日②、○七年八月二六日④、○七年八月二六日⑦、○七年九月一六日⑨、○七年一○月七日⑧、○七年一一月一八日⑤、○八年一月一三日②、○八年一月二○日⑦、○八年二月一○日⑧、○八年三月二三日⑥、○八年六月二二日②、○八年六月二九日①、○八年六月二九日⑦、○八年七月一三日⑦、○八年七月二七日④、○八年八月二四日⑥、○八年八月三一日①、○八年一一月一六日①、○八年一一月三○日②、○八年一二月一四日⑦

中央公論美術出版……○六年一○月八日⑦、○七年一二月一六日⑥

中央大学出版部……○一年六月三日⑩

中央法規出版……○七年一一月二五日①

沖積舎……○一年四月一日⑫

鳥影社……○四年一月四日⑥、○五年三月一三日②、○五年三月二○日⑧、○六年一一月一九日⑦

【つ】

築地書館……○一年七月一日③、○三年七月二○日④、○四年五月三○日⑧、○五年九月四日⑥、○七年六月一七日⑨、○八年一月六日⑨

筑波大学出版会……○八年四月六日⑤

鶴書院……○六年一一月一二日⑥

【て】

DHC……○四年五月二三日①、○四年八月八日③、○六年六月一一日⑧

TBSブリタニカ…○一年三月四日②、○二年三月三一日⑥

哲学書房……○四年一○月一○日④、○四年一一月一四日⑦

展望社……○二年三月一七日④、○四年二月八日⑩

【と】

東海大学出版部…○六年六月二五日⑦、○八年六月二九日①

冬花社……○七年一月二八日⑧

冬弓舎……○一年九月二三日⑫

東京四季出版……○四年六月六日⑧

東京書籍……○一年一○月一四日⑫、○一年一○月二八日⑩、

四日①、〇五年一一月二七日⑤、〇六年六月一八日⑤、〇六年七月三〇日②、〇六年九月三日④、〇六年九月一〇日④、〇七年一月一四日③、〇七年六月三日①、〇七年七月一日④、〇七年一〇月二八日④、〇七年一一月四日①、〇八年三月二三日②、〇八年三月三〇日①、〇八年八月三日③

婦人之友社……〇三年一二月一四日⑧

扶桑社……〇一年三月二五日②、〇二年八月四日⑨、〇二年九月二二日②、〇二年九月二九日⑩、〇二年一〇月二〇日⑧、〇五年七月一七日⑤、〇六年二月一二日⑦、〇七年八月五日①、〇八年五月四日②、〇八年六月二二日③

双葉社……〇一年六月三日⑦、〇一年九月二日⑪、〇四年一一月一四日⑥、〇五年七月三日⑦、〇五年九月一八日⑨、〇六年七月二日⑧、〇七年一月二一日⑦、〇七年六月二四日⑧、〇八年一月六日⑥、〇八年八月二四日⑦

二見書房……〇八年七月二七日③

芙蓉書房出版……〇六年六月四日⑩、〇六年八月二七日④、〇七年九月二三日⑦

ふらんす堂……〇一年九月一六日⑫

フリースタイル……〇一年二月四日⑤

ブリュッケ……〇二年一月一三日⑦、〇四年一一月二八日⑤、〇七年九月九日⑧、〇八年四月二七日⑧

ブルース・インターアクションズ……〇三年二月二日⑧、〇六年一〇月八日⑨

フレーベル館……〇二年三月三一日②

プレジデント社……〇一年四月一日④、〇三年一月一二日⑨、〇三年七月二〇日⑨

文一総合出版……〇二年一〇月二〇日⑦

ぶんか社……〇一年五月一三日⑨

文化書房博文社……〇五年二月六日⑨

文化通信社……〇一年九月九日⑩

文芸社……〇二年八月二五日⑩

文藝春秋……〇一年一月二八日③、〇一年二月四日⑥、〇一年二月一八日⑥、〇一年三月一一日②、〇一年三月二五日⑥、〇一年四月一五日⑦、〇一年四月二二日⑥、〇一年四月二二日⑧、〇一年四月二九日⑨、〇一年五月六日④、〇一年五月二七日⑫、〇一年六月三日⑤、〇一年六月一〇日⑤、〇一年六月二四日②、〇一年七月一日⑫、〇一年七月二九日②、〇一年九月九日⑧、〇一年一〇月七日③、〇一年一〇月一四日⑨、〇一年一一月一一日②、〇一年一一月一一日⑪、〇一年一一月一八日①、〇一年一二月九日①、〇一年一二月九日⑥、〇一年一二月一六日⑥、〇一年一二月二三日④、〇一年一二月二三日⑧、〇二年一月二七日④、〇二年二月三日⑧、〇二年二月一七日④、〇二年三月三日⑧、〇二年三月一〇日①、〇二年三月一七日③、〇二年三月三一日③、〇二年三月三一日⑦、〇二年四月二八日④、〇二年五月五日⑥、〇二年五月一二日①、〇二年五月一二日⑧、〇二年五月一九日⑥、〇二年六月二日④、〇二年六月一六日⑩、〇二年七月七日⑥、〇二年七月二一日⑥、〇二年七月二一日⑦、〇二年七月二八日⑦、〇二年八月四日⑦、〇二年九月八日⑩、〇二年九月二二日①、〇二年一〇月六日⑦、〇二年一〇月一三日④、〇二年一一月一〇日③、〇二年一一月一七日②、〇二年一一月一七日⑩、〇二年一一月二四日⑥、〇二年一二月一日⑨、〇二年一二月八日⑨、〇三年一月五日⑩、〇三年一月一二日⑩、〇三年二月九日④、〇三年三月二日⑦、〇三年三月三〇日⑥、〇三年四月六日⑤、〇三年四月六日⑩、〇三年五月一八日⑤、〇三年五月二五日①、〇三年五月二五日⑧、〇三年六月一五日④、〇三年六月二二日⑧、〇三年七月一三日⑥、〇三年八月三日①、〇三年八月一〇日③、〇三年九月一四日②、〇三年九月二八日④、〇三年一〇月一九日⑧、〇三年一一月二日①、〇三年一一月九日②、〇三年一一月二三日⑧、〇四年一月四日①、〇四年一月一一日⑥、〇四年二月一日⑧、〇四年二月一五日①、〇四年二月二二日④、〇四年二月二二日⑦、〇四年三月二一日⑦、〇四年四月四日①、〇四年四月四日⑩、〇四年四月二五日⑦、〇四年五月二日⑨、〇四年六月一三日③、〇四年七月二五日⑩、〇四年九月五日⑦、〇四年九月一九日③、〇四年九月一九日⑦、〇四年九月二六日⑤、〇四年九月二六日⑦、〇四年一〇月三日⑨、〇四年一〇月一〇日①、〇四年一〇月一〇日⑧、〇四年一〇月一七日③、〇四年一一月七日③、〇四年一一月二一日②、〇四年一一月二八日⑩、〇四年一二月一九日⑧、〇五年一月二三日⑥、〇五年二月二〇日④、〇五年三月二七日⑩、〇五年五月二九日⑧、〇五年六月五日⑥、〇五年六月一二日⑨、〇五年六月一九日②、〇五年六月二六日⑤、〇五年七月三日④、〇五年七月一〇日⑧、〇五年八月二八日⑩、〇五年九月四日③、〇五年九月一一日⑩、〇五年一〇月二日⑤、〇五年一〇月一六日④、〇五年一一月二〇日⑤、〇五年一一月二七日①、〇五年一二月一一日④、〇五年一二月一一日⑥、〇五年一二月一八日③、〇五年一二月一八日⑦、〇六年一月一五日⑤、〇六年一月二九日⑦、〇六年二月一二日⑥、〇六年二月二六日④、〇六年四月一六日③、〇六年四月一六日⑧、〇六年四月二三日⑤、〇六年五月七日⑤、〇六年六月四日⑥、〇六年六月四日⑧、〇六年六月一八日①、〇六年六月一八日⑥、〇六年六月二五日③、〇六年六月二五日⑤、〇六年七月二日⑦、〇六年七月二三日④、〇六年七月三〇日⑥、〇六年八月二〇日⑤、〇六年八月二七日⑦、〇六年九月三日②、〇六年九月三日⑥、〇六年九月一〇日⑧、〇六年一〇月二二日⑥、〇六年一〇月二九日②、〇六年一一月一二日⑦、〇六年一二月一〇日⑦、〇六年一二月一〇日⑨、〇七年一月七日③、〇七年二月四日④、〇七年二月一一日②、〇七年二月二五日⑥、〇七年三月四日⑩、〇七年三月二五日③、〇七年三月二五日⑦、〇七年四月二九日⑤、〇七年四月二九日⑧、〇七年五月一三日⑨、〇七年七月八日⑤、〇七年七月一五日⑦、〇七年九月二日⑥、〇七年九月二三日①、〇七年九月三〇日⑧、〇七年一〇月一四日③、〇七年一〇月二一日⑧、〇七年一一月一一日②、〇七年一一月一一日⑦、〇七年一一月一八日①、〇七年一一月一八日④、〇七年一二月二日⑦、〇七年一二月一六日②、〇八年一月一三日⑤、〇八年一月一三日⑩、〇八年一月二〇日⑧、〇八年一月二七日⑧、〇八年二月一七日⑦、〇八年三月二日②、〇八年三月九日③、〇八年三月一六日⑩、〇八年四月六日⑥、〇八年四月六日⑧、〇八年四月二〇日②、〇八年四月二七日

キーワード索引

【う】

【お】

【か】

【た】

【は】

【ふ】

＊読書編集長（2001年以降）
中村謙、白石明彦、村本隆史、岩崎進、都築和人、佐久間文子、鈴木京一、吉村千彰

編 集 協 力：用松美穂
データ整理：三省堂データ編集室
本 文 組 版：エディット

朝日書評大成　2001-2008

2017年9月10日第1刷発行

編　者：朝日新聞社文化くらし報道部
発行者：株式会社 三省堂　代表者　北口克彦
印刷者：三省堂印刷株式会社
発行所：株式会社 三省堂
〒101-8371
東京都千代田区三崎町二丁目22番14号
電話　編集　(03) 3230-9411　営業　(03) 3230-9412
http://www.sanseido.co.jp/

落丁本・乱丁本はお取り替えいたします。

Printed in Japan
ISBN978-4-385-15118-2
〈朝日書評2001-2008・2304pp.〉